ANDREAS OSIANDER D. Ä.

GESAMTAUSGABE · BAND 10

ANDREAS OSIANDER D. Ä.
GESAMTAUSGABE

Im Auftrag der
Heidelberger Akademie der Wissenschaften
herausgegeben von Gottfried Seebaß

Band 10

GÜTERSLOHER VERLAGSHAUS

ANDREAS OSIANDER D. Ä.

GESAMTAUSGABE · BAND 10

Schriften und Briefe September 1551 bis Oktober 1552 sowie Posthumes und Nachträge

Herausgegeben von Gerhard Müller
und Gottfried Seebaß

GÜTERSLOHER VERLAGSHAUS

Die Deutsche Bibliothek – CIP-Einheitsaufnahme

Osiander, Andreas:
Gesamtausgabe / Andreas Osiander d. Ä. Im Auftr. der
Heidelberger Akademie der Wissenschaften hrsg. von Gottfried
Seebass. – Gütersloh : Gütersloher Verl.-Haus
Teilw. hrsg. von Gerhard Müller
NE: Müller, Gerhard [Hrsg.]; Seebass, Gottfried [Hrsg.]; Osiander,
Andreas: [Sammlung]
Bd. 10. Schriften und Briefe September 1551 bis Oktober 1552 sowie
Posthumes und Nachträge / hrsg. von Gerhard Müller und
Gottfried Seebass. – 1997.
ISBN 3-579-00134-5

Gedruckt mit Unterstützung
der Heidelberger Akademie der Wissenschaften

ISBN 3-579-00134-5

Gesamtherstellung: MZ-Verlagsdruckerei GmbH, Memmingen
Schutzumschlag und Einband: H. P. Willberg
Printed in Germany

Inhalt

Schriften und Briefe

Nachträge zur Gesamtausgabe

Vergleiche dazu auch u. A. Bd. 2, S. 595-610.

Vorwort

Mit dem vorliegenden Band, der wie schon der vorangegangene das Wirken Osianders im ostpreußischen Königsberg nachzeichnet, schließt unsere Ausgabe. Als Osiander im Oktober 1552 starb, war der osiandrische Streit zwar weder im Reich noch in Preußen selbst beendet. Aber die theologisch-sachliche, gelegentlich auch durchaus unsachlich polemische Argumentation war zu diesem Zeitpunkt bereits erschöpft. Was folgte, waren im wesentlichen kirchenpolitische und politische Auseinandersetzungen, die schließlich zum Sturz auch der letzten ›Osiandristen‹ in Preußen – mit Ausnahme freilich des alten Herzogs Albrecht – führten.

Der Band kann in dem unsere Ausgabe kennzeichnenden Zweijahresrhythmus vorgelegt werden. Er hätte beträchtlich eher abgeschlossen werden können, wären nicht gegen Ende der Arbeiten doch noch einige Dokumente aufgetaucht, die in die vorangegangenen Bände gehört hätten und nun als Nachträge zur Ausgabe an den Schluß des Bandes gestellt wurden. Daß es sich dabei nur um vierzehn Stücke, größtenteils Briefe, handelt, spricht wohl für die Sorgfalt der vor Beginn der Ausgabe erfolgten Recherche. Andrerseits ist selbstverständlich nicht auszuschließen, daß auch weiterhin versprengte Überlieferungsstücke in archivalischen und Bibliotheksbeständen auftauchen.

Der Band umfaßt die Dokumente vom September 1551 bis zum Tode Osianders am 17. Oktober 1552 und darüber hinaus die in diesem und dem folgenden Jahr posthum erschienenen Drucke einiger seiner Predigten sowie versprengte ›verba inter cetera‹. Am Anfang steht das für Osianders Theologie und den osiandrischen Streit zentrale Werk ›Von dem einigen Mittler Jesu Christo und Rechtfertigung des Glaubens Bekenntnis‹, das deutsch verfaßt, aber auch ins Lateinische übersetzt wurde. Im Winter 1551, im Frühjahr des folgenden Jahres und bis in den Sommer hinein folgen dann Streitschriften mit verschiedener Thematik, alle aber in irgendeiner Weise mit dem Streit über die Rechtfertigung zusammenhängend. Hinzukommen seit Herbst 1551 immer wieder Gutachten über Stellungnahmen zu Osianders Bekenntnis und zu den verschiedenen Anläufen, die Herzog Albrecht zur Beilegung der Auseinandersetzungen unternahm, ohne sie freilich zu Lebzeiten Osianders erreichen zu können.

Neben der umfangreichen Darlegung seiner Lehre in dem Bekenntnis ›Von dem einigen Mittler‹, die er dann auch sehr knapp und wohlgeordnet in einer für den dänischen König Christian III. bestimmten Schrift, ›Wie N. N. besser unterrichtet werden könnte‹, vortrug, ging es Osiander zu dieser Zeit um den Nachweis, daß er seine Rechtfertigungslehre schon in den 26 Jahren seiner reformatorischen Wirksamkeit in Nürnberg vertreten habe und darin mit dem Württemberger Johannes Brenz übereinstimme. Johannes Brenz war ja einer der wenigen, der sich – mit Osiander durch die gemeinsame Arbeit an der Brandenburg-Nürnbergischen Kirchenordnung von 1530 bis 1533 eng verbunden – um eine wohlwollende und Osianders Intentionen aufgreifende Stellungnahme zu dessen Rechtfertigungslehre bemühte. Im übrigen setzte sich Osiander immer schärfer und polemischer mit seinen Gegnern auseinander, mit denen in Preußen – vor allem Mörlin –, aber dann auch mit Philipp Melan-

chthon in Wittenberg und schließlich in seinem ›Schmeckbier‹ nur noch summarisch mit der großen Menge der Theologen im Reich, die sich gegen ihn stellte.

Nur weil Herzog Albrecht seinem ›geistlichen Vater‹ unverbrüchlich die Treue hielt und dafür Sorge trug, daß dessen Predigten nachgeschrieben und zum Teil kalligraphisch ausgefertigt wurden, besitzen wir aus dem letzten Lebensjahr Osianders eine ganze Reihe von Predigten, von denen einige aus den zwei großen Predigtzyklen – einer über das Matthäusevangelium, der andere über den Römerbrief – stammen. Doch sind die Zyklen insgesamt nicht mehr erhalten und müssen als verloren gelten.

Von der ›dienstlichen‹ Korrespondenz, die Osiander seit dem Sommer 1551 als Vizepräsident des Bistums Samland zu führen hatte, ist nur wenig auf uns gekommen. Doch zeigt die lange Liste der verschollenen Briefe, in die nur die tatsächlich erwähnten Schreiben, nicht aber die mit Sicherheit zu vermutenden aufgenommen wurden, sowie das erhaltene Material, daß Osianders Korrespondenz, und vor allem die mit Herzog Albrecht, im Verlauf des Streites eher intensiver geworden ist. Tatsächlich hing ja auch Osianders Stellung in Universität, Kirche und Land ganz von der gegen alle Angriffe geradezu parteiisch durchgehaltenen Unterstützung des Herzogs ab.

Wir fügen diesem letzten Band auch die Nachträge ein, die sich im Verlauf der Arbeit an der Edition ergeben haben. Dabei ist vor allem auf die Briefe hinzuweisen, die – gerichtet an Melanchthon und die Nürnberger Kollegen – aus der Zeit des Augsburger Reichstages stammen. Von Bedeutung sind aber auch die neugefundenen Stücke zum Briefwechsel mit Johannes Brenz, die den ersten Beginn der Auseinandersetzungen über die allgemeine Absolution unmittelbar nach Erlaß der Brandenburg-Nürnbergischen Kirchenordnung weiter erhellen. Wertvoll und das bisher aufgrund des textkritischen Vergleichs weithin Erschlossene bestätigend ist die Entdeckung des autographischen Entwurfs zur Pfalz-Neuburger Kirchenordnung von 1542. Dagegen wird man die mit Paul Fagius auf Hebräisch geführte Korrespondenz wohl eher als Spielerei aufzufassen haben, die freilich für die Editoren nur mit großzügiger Hilfe von judaistischer Seite zu bewältigen war.

Lang ist auch diesmal wieder die Liste derer, denen wir für vielfältigen Rat, für großzügig gewährte Hilfe und Unterstützung danken möchten. Dabei nennen wir aus den verschiedenen Bibliotheken und Archiven an erster Stelle Herrn Archivoberrat Dr. *Bernhart Jähnig* vom Geheimen Staatsarchiv Preußischer Kulturbesitz in Berlin, der über die Jahre hin geduldig die immer erneuten An- und Nachfragen beantwortet hat. Dankbar zu erwähnen sind aber ebenso Herr Dr. *Martin Steinmann* von der Universitätsbibliothek Basel, Herr Dr. *Stefan Miedaner* vom Bistumsarchiv Augsburg, Frau Dr. *Ursula Timann* vom Germanischen Nationalmuseum, Herr Dr. *Peter Fleischmann* vom Staatsarchiv und Herr Dr. *Horst-Dieter Beyerstedt* vom Stadtarchiv in Nürnberg. Frau *Lydia Quaas*, Mitarbeiterin am Register zu den Werken Martin Luthers in der dafür am Institut für Spätmittelalter und Reformation in Tübingen bestehenden Forschungsstelle der Heidelberger Akademie der Wissenschaften, sei ebenso dankbar genannt wie die Mitarbeiter der Melanchthon-Forschungsstelle derselben Akademie in Heidelberg, die unter ihrem Leiter, Herrn Dr.

Heinz Scheible, zu steter Kooperation bereit waren. Vieles hätte sich ohne die freundliche Mithilfe von Kollegen der verschiedensten Fachrichtungen nicht klären lassen. Wir erwähnen für die vielen auswärtigen besonders dankbar Herrn Kollegen *Günter Stemberger* vom Institut für Judaistik der Universität Wien sowie Herrn Kollegen *Wolf-Dieter Hauschild* von der Evangelisch-theologischen Fakultät der Universität Münster. In diesen Dank schließen wir die Heidelberger Kollegen ein, von denen *Klaus Berger* und *Manfred Weippert* sowie *Reinhard Düchting* vor anderen erwähnt sein sollen. Zu danken haben wir darüber hinaus Herrn Prof. Dr. *Aharon Agus* von der Hochschule für Jüdische Studien für wertvolle Hilfe. Über die Jahre hinweg hat Akademischer Oberrat *Helmut Weinacht*, Erlangen, unsere Edition unter germanistischen Gesichtspunkten prüfend, korrigierend und kritisch begleitet. So auch bei diesem letzten Band. Die Herausgeber sind ihm besonderen Dank schuldig. Die Redaktion und die koordinierenden und sonstigen Arbeiten der Drucklegung hat auch für diesen letzten Band wieder mit der gewohnten Umsicht und Präzision bis in die Einzelheiten hinein Herr Dr. *Hans Schulz* übernommen, dem dafür ein besonderer Dank gebührt. Er hat auch die notwendigen Nacharbeiten übernommen, die nach der Auflösung der eigentlichen Forschungsstelle noch zu leisten waren.

Beim Abschluß der Ausgabe sollen an dieser Stelle aber auch zusammenfassend die vielen studentischen Hilfskräfte dankbar erwähnt werden, die manchmal sehr kurzfristig und im Blick auf das eigene Studium fast zu zeitintensiv mit den notwendigen Hilfsarbeiten befaßt waren. Ein besonderer Dank gebührt aber auch dem Gütersloher Verlagshaus und in ihm in erster Linie Herrn *Lothar Täuber*, der noch bis in seinen Ruhestand hinein die Ausgabe von Anfang bis Ende in gleichbleibender Verläßlichkeit betreut und vor allem auch manche problematischen Fragen, die sich bei der Drucklegung stellten, einer Lösung zugeführt hat. Und schließlich muß am Ende der Dank an die Deutsche Forschungsgemeinschaft stehen, die den Beginn der Arbeiten an der Osiander-Ausgabe in Erlangen im Jahr 1969 ermöglichte und das Forschungsvorhaben betreute, bis es 1983 in die Obhut der Heidelberger Akademie der Wissenschaften und die Förderung durch den Akademieausschuß der Bund-Länder-Konferenz überging. Der Akademie und ihren Vorständen, nicht zuletzt aber auch dem Geschäftsführer Herrn *Günther Jost* gilt deswegen ebenfalls unser herzlicher Dank.

Man wird verstehen, daß wir diesen letzten Band mit einer gewissen Erleichterung der wissenschaftlichen Öffentlichkeit vorlegen. Wir sind uns bewußt, daß es keineswegs selbstverständlich ist, ein derartiges Editionsvorhaben von der Planung über die Grundlegung und die Durchführung bis zum Ende bringen zu können. Daß dies auch mit vielen verschiedenen Mitarbeitern in gleichbleibender Ausrichtung und Qualität möglich war, gehört zu dem, was uns mit großer Freude und Dankbarkeit erfüllt. Daß Forschung und Lehre aus der nun vorliegenden zehnbändigen Gesamtausgabe der Werke Andreas Osianders d. Ä. für lange Zeit Nutzen und Gewinn ziehen, ist unser Wunsch und unsere Hoffnung.

Erlangen und Heidelberg im November 1995 *Gerhard Müller/Gottfried Seebaß*

Einleitung

Hans Schulz und *Gottfried Seebaß*

1. Grundsätze der Bearbeitung

Im Fortgang der Osiander-Ausgabe waren wir angesichts der durchgehend positiven Aufnahme durch die Kritik nie gezwungen, die Editionsrichtlinien entscheidend zu ändern. Dementsprechend werden auch in diesem, dem letzten Band die Dokumente in chronologischer Folge dargeboten. Ein solches Vorgehen ist unseres Erachtens gerade auch im Blick auf die relativ dichte Überlieferung von Schriften und Korrespondenz für den osiandrischen Streit durchaus sachentsprechend. Der schnellen Orientierung soll die auch diesmal beigegebene Chronologia Osiandrica und der weiteren Forschung die Zusammenstellung der verschollenen Schriften und Briefe von und an Osiander dienen, denn selbstverständlich kann nicht ausgeschlossen werden, daß auch nach der Beendigung unserer Ausgabe noch neue und unbekannte Osiandrica auftauchen. Die Sachgliederung versucht wie in den vorangehenden Bänden einen inhaltlich charakterisierenden Überblick über die publizierten Quellen zu geben. Ebenso gibt es eine Übersicht über die noch im 16. Jahrhundert durch den Druck bekannt gewordenen Werke. Die synoptische Tabelle dagegen dient der schnellen Identifizierung der Nummern unserer Ausgabe mit denen der Bibliographie sowie dem von mir vor dreißig Jahren in meiner Dissertation zusammengestellten Werkverzeichnis[1]. Dabei werden die Nachträge, die sich nach den grundlegenden Recherchen zur Ausgabe noch gefunden haben, stets mit berücksichtigt.

Die orthographische Normalisierung der Texte folgt den in allen Bänden gleichen Regeln unserer Ausgabe. Bis auf wenige Ausnahmen wird dabei die Kleinschreibung angewandt. Zusammenschreibung und Trennung von Worten sowie die Interpunktion folgen den heute gültigen Regeln. Doppelte Anführungszeichen kennzeichnen wörtliche Zitate, einfache Anführungszeichen dienen der Hervorhebung von Begriffen oder bezeichnen von den Bearbeitern verwendete Kurztitel. Die mit Absätzen und Zwischentiteln vorgenommene Gliederung der Texte stammt von den Editoren. In den Texten begegnende Abkürzungen sind, soweit es sich nicht um die in das Abkürzungsverzeichnis aufgenommenen Titel- und Anredeformen handelt, stillschweigend aufgelöst worden. Dieses Verzeichnis enthält bis auf die der biblischen Bücher, die denen der Theologischen Realenzyklopädie folgen, alle im Band verwendeten Abkürzungen. Wo sich in den Texten Zusätze der Bearbeiter finden, sind sie durch Einschließung in eckige Klammern gekennzeichnet.

Bei den frühneuhochdeutschen Texten bleibt der Vokalbestand – mit Ausnahme des vokalischen oder konsonantischen Gebrauchs von u und v sowie i und j – erhalten. Doppelschreibung von Konsonanten am Wortanfang und nach einem anderen Konsonanten haben wir dagegen getilgt. Das gilt allerdings nicht für die s-Laute, die

1. Vgl. *Seebaß*, Bibliographie, passim; *ders.*, Osiander, S. 6-58.

dem Bestand, nicht aber der Form des Zeichens nach unverändert bleiben. Doppeltes n wurde vor folgendem Konsonanten und am Wortende gestrichen, sofern es heutiger Schreibweise widerspricht. Eigennamen des 16. Jahrhunderts beginnen stets mit einer Majuskel, bleiben aber davon abgesehen unverändert.

Für die lateinischen Texte folgen wir den Regeln, die die Empfehlungen zur Edition frühneuzeitlicher Texte vorschlagen: u und v werden immer dem Laut entsprechend verwendet, j wird mit i wiedergegeben, für e-caudata wird stets ae bzw. oe gesetzt. Satzanfänge und Eigennamen sowie Substantive und Adjektive, die von Eigennamen abgeleitet sind, werden groß geschrieben[2].

Die Einleitungen sollen in größtmöglicher Kürze die für Entstehungsgeschichte, Inhalt, Wirkungsgeschichte und Überlieferung notwendigen Informationen bieten. Zur Entlastung und im Blick auf gute Benutzbarkeit wurden in den textkritischen Apparat neben eventuellen Marginalien oder sonstigen Zusätzen nur die Abweichungen aufgenommen, die inhaltlich eine Veränderung bedeuten. Rein orthographische oder lautliche Änderungen sind nicht vermerkt. Stets liegt dem edierten Text eine einzelne Überlieferung zugrunde, bei archivalischen Stücken – wenn vorhanden – das Autograph, andernfalls die älteste Abschrift; bei gedruckten Stücken wurde stets der Erstdruck zugrundegelegt. In den Fällen, in denen sowohl eine alte Handschrift wie ein Druck vorhanden ist, haben wir uns stets der Wirkungsgeschichte wegen für die Wiedergabe der Druckfassung entschieden. Über die Abhängigkeit der Überlieferungen voneinander wird, sofern feststellbar, Auskunft gegeben. Den textkritischen Apparat haben wir benutzerfreundlicher zu gestalten versucht, indem wir offensichtliche Druckfehler im Zusammenhang der Überlieferung aufgelistet haben. Der kommentierende Apparat beschränkt sich auf das, was für den heutigen Benutzer an Erläuterungen notwendig ist und das Verständnis des Textes erleichtert. Zitate und Quellen sind selbstverständlich nachgewiesen, doch konnte dabei trotz aufgewendeter Mühe nicht immer Vollständigkeit erreicht werden. Um die Interpretation in keiner Weise zu gängeln, wurde auf Hinweise von Gedanken anderer Verfasser, die denen Osianders vergleichbar wären, verzichtet.

2. Chronologia Osiandrica
September 1551 bis 17. Oktober 1552

1551, wohl Frühsommer bzw. Beginn des Kirchenjahres, bis 1552, Oktober 2	Predigten über den Römerbrief und das Matthäusevangelium in lectione continua
1551, September 8	Osianders Lehrbekenntnis ›Von dem einigen Mittler Jesu Christo und Rechtfertigung des Glaubens‹ erscheint im Druck

2. Vgl. dazu JHF 1980, S. 85-96, oder ARG 72, 1981, S. 299-315.

1551, Oktober 5	Herzog Albrecht bittet die evangelischen Stände und Städte um Stellungnahme zu Osianders Schrift mit nachfolgender Versendung des Bekenntnisses
1551, Oktober 24	Osianders Bekenntnis in lateinischer Übersetzung
1551/52, ab Winter, Anfang	Die Flut der Gutachten und Gegenschriften zu Osianders Bekenntnis setzt ein
1551/52, Winter	Der herzogliche Rat und Freund Osianders Wolf von Köteritz tritt auf die Seite der Gegner
1551, Dezember 27	Erster Mandatsentwurf Herzog Albrechts zur Beendigung der Streitigkeiten
1552, Januar 1	Übergabe der Confutatio Mörlins ›Von der Rechtfertigung des Glaubens gründlicher, wahrhaftiger Bericht‹ an Herzog Albrecht
1552, Januar, Anfang	Melanchthons erste Schrift gegen Osiander ›Antwort auf das Buch Herrn Andreae Osiandri von der Rechtfertigung des Menschen‹ fertiggestellt
1552, Januar	Das (erste) Württemberger Gutachten zu Osianders Bekenntnis trifft in Königsberg ein
1552, Februar 26	Ersuchen Herzog Albrechts an die Württemberger Theologen, ihr Urteil deutlicher zu erklären
1552, Frühjahr und Sommer	Schriften und Gutachten Osianders zur Verteidigung seines Bekenntnisses
1552, April 21	Osianders Schrift ›Widerlegung der Antwort Philipp Melanchthons‹ erscheint im Druck
1552, Mai 31	Der lange sich hinziehende Druck der Confutatio Mörlins ist fertiggestellt
1552, vor Juni 6	Zweiter Mandatsentwurf Herzog Albrechts
1552, Juli, Anfang	Das (zweite) Württemberger Gutachten trifft in Königsberg ein
1552, vor September 1	Erkrankung Osianders mit anschließender Besserung
1552, nach Oktober 2	Verschlechterung des Gesundheitszustandes Osianders
1552, Oktober	Melanchthons zweite Schrift gegen Osiander ›Oratio, in qua refutatur calumnia Osiandri‹
1552, Oktober 17	Todestag Osianders
1553, Januar 24	Herzog Albrechts Mandat (dritter Entwurf), das sog. ›Ausschreiben‹, zur Beendigung der Streitigkeiten in Kraft
1553, Februar 14	Ausweisung Mörlins aus dem Herzogtum Preußen

3. Sachgliederung September 1551 bis 17. Oktober 1552

1. Schriften zur Theologie
   488, 490, 496
2. Streitschriften
   491, 493, 505, 508, 509, 522, 532, 533, 536, 538
3. Predigten
   503, 504, 514, 515, 518, 520-521, 523-530, 546
4. Gutachten
   511, 516, 537, 539, 540, 543
5. Gebet
   531
6. Bucheinträge
   unter 547
7. Briefe
   487, 489, 492, 494, 495, 497, 498, 499, 500, 501, 502, 506, 507, 510, 513, 517, 519, 535, 541, 542, 544, 545

4. Verzeichnis der im 16. Jahrhundert gedruckten Stücke dieses Bandes

Nr. 488, 490, 491, 496, 503, 504, 505, 508, 509, 514, 515, 516, 520-521, 522, 532, 533, 536, 538, 543, 546

5. Verschollene Schriften und Briefe von und an Osiander September 1551 bis 17. Oktober 1552 und für die Nachträge zur Gesamtausgabe

(Bei den mit * versehenen Stücken läßt sich nicht eindeutig feststellen, ob sie wirklich existiert haben.)

Brenz an Osiander
1533, April, zwischen 12 und 28[1]

1. Brenz verfaßte sein vom Nürnberger Rat erbetenes Gutachten zur allgemeinen Absolution am 12. April 1533 (vgl. u. S. 906, Anm. 8, Nr. 179). Osiander hat es aber bereits am 28. April gekannt, als der Rat erst beschloß, die Prediger darüber zu unterrichten (vgl. u. S. 906,11f, Nr. 179). Brenz hat das Gutachten also auch Osiander zukommen lassen; sein Anschreiben ist verloren.

Brenz an Osiander
1533, vor Juli 12[2]

Georg Zeller an Osiander
1533, April vor 28[3]

Osiander an Brenz
1534, zwischen Mai, Mitte, und Juni, Ende[4]

Brenz an Osiander*
1534, zwischen Mai, Mitte, und Juni, Ende[5]

Thomas Cranmer an Osiander
1534, vor Dezember 30[6]

Justus Jonas an Osiander
1534, vor Dezember 30[7]

Testamentarische Verfügung von Martha Münch
zwischen 1544, Dezember 17, und 1545, Februar 25[8]

2. Die in den Schreiben vom 13. und 16. Juli 1533 von Osiander zitierten Äußerungen von Brenz (vgl. u. S. 914,3, Nr. 181 a, und S. 921,4, Nr. 181 b) fanden sich wohl in dem Schreiben, das Osiander nach eigenen Worten am 12. Juli aus Schwäbisch Hall erhalten hat, ohne daß man genau angeben könnte, wann es Brenz verfaßt hat (vgl. u. S. 915,3f, Nr. 181 a).

3. Vgl. dazu u. S. 907,6f mit Anm. 15, Nr. 179.

4. Unter Nr. 193 a (vgl. u. S. 923f) liegt nur ein Brieffragment vor; der Rest des Briefes ist verschollen.

5. Es läßt sich nicht entscheiden, ob Nr. 193 b (vgl. u. S. 925f) die wortgetreue Wiedergabe eines Briefes von Brenz an Osiander ist oder nicht; vgl. dazu u. S. 925, Anm. 3, Nr. 193 b. In letzterem Fall ist der ursprüngliche Brief verschollen.

6. Vgl. u. S. 929,1, Nr. 198 a. Dieser Brief dürfte wohl im Nov. geschrieben worden sein und Osiander wenige Tage vor seinem Schreiben an Jonas erreicht haben, wenn man berücksichtigt, daß der Briefbote etwa 3-4 Wochen benötigt hat, von Canterbury nach Nürnberg zu gelangen (vgl. dazu Martin Bucers Reise von Straßburg nach London von 5.-24. April 1549, s. TRE 7, S. 264), und, offenbar in Eile zum Hof des Pfalzgrafen nach Neumarkt in der Oberpfalz weitergereist, von dort in Kürze von Osiander zurückerwartet wurde (vgl. u. S. 929,3-5, Nr. 198 a). Eine genauere Bestimmung ist nicht möglich; deshalb erfolgt die Datierung in der o. angegebenen Form.

7. Vgl. dazu u. S. 927,3-5, mit Anm. 1 und 3, Nr. 198 a. Die Datierung erfolgt in dieser Form, weil Osianders Ausdrucksweise nahelegt, daß das Schreiben von Jonas noch nicht lange zurückliegt (vgl. dazu auch ebd., S. 928,7f; es ist auch höchst unwahrscheinlich, daß es weiter zurück im Jahr 1534 oder noch früher zu datieren ist).

8. Gedacht ist an die testamentarische Stiftung eines »stipendiums in theologia« mit den Treuhändern Veit Dietrich und Osiander, die die Nürnbergerin Martha Münch, gest. im o. angegebenen Zeitraum, verfügt hat; vgl. u. S. 986,1f, und Anm. 2, Nr. 338 a.

Osiander an Katharina Besold
1551, September 4[9]

Hans Fürstenauer und Nürnberger Frauen an Osiander
1551, vor September 9[10]

Autographische Kopie eines Schreibens
von Franciscus Stancarus an Herzog Albrecht
1551, vor September 21[11]

Caspar Zeuner an Osiander*
1551, nach September 21[12]

Wolfgang Waldner an Osiander
zwischen 1551, Oktober 18, und 1552, Januar, Anfang[13]

Herzog Albrecht an Osiander
1551, Oktober 27[14]

Autographische Kopie des Briefes von Peter Artopäus
an Osiander vom 5. Oktober (Nr. 494)
1551, vor November 5[15]

Sophia von Gail an Osiander
1551, November 5[16]

9. Vgl. u. S. 47,3 mit Anm., Nr. 487.

10. Vgl. u. S. 302,2, Nr. 489.

11. Vgl. u. S. 320,4-7, mit Anm., Nr. 492.

12. Vgl. u. S. 321,10 mit Anm. 36, Nr. 492.

13. In seiner Schrift ›Beweisung‹, die wohl nach der Jahreswende 1551/52 gedruckt wurde und am 24. Jan. 1552 erschien, schreibt Osiander, daß er von dem Nürnberger Prediger Wolfgang Waldner einen ›ehrenrührigen‹ Brief erhalten habe. Da er durch Hans Fürstenauers Schreiben vom 18. Okt. 1551 über die gegnerischen Umtriebe Nürnberger Prediger unterrichtet war, darf man annehmen, daß Waldners Schreiben Osianders Absicht verstärkte, zu seiner Verteidigung diese Schrift zu verfassen. Waldners Schreiben ist folglich in diesen Zeitraum zu datieren; vgl. u. S. 421f und 446,25-447,3, Nr. 508.

14. Vgl. u. S. 356,9f, Nr. 497.

15. Im Schreiben an den Herzog vom 5. Nov. 1551 vermerkt Osiander, daß er eine eigenhändige Abschrift des Briefes von Peter Artopäus an ihn vom 5. Oktober beilegt; diese Beilage ist verloren; vgl. u. S. 360,2-5, Nr. 497.

16. Vgl. u. S. 360,17-20, Nr. 497.

Erasmus Reinhold an Osiander
1551, vor November 5[17]

Autographische Exzerpte aus Mörlins Konfutation ›Von der Rechtfertigung des Glaubens gründlicher, wahrhaftiger Bericht‹
1552, Januar zwischen 1 und 25[18]

Herzog Albrecht an Osiander
1552, zwischen Januar, Ende, und März, Anfang[19]

Schuldverschreibung des Wolf von Köteritz
vor 1552, März 15[20]

Von der ewigen Vorsehung Gottes, 22 Predigten über Röm 9-11
1552, April, Ende, bis September, Ende[21]

Gebetskollekte
1552, Mai vor 21[22]

17. Vgl. u. S. 359,4-7, Nr. 497.

18. Brenz gegenüber gibt Osiander am 30. Jan. 1552 an, daß er Mörlins Konfutation exzerpiert habe; sie war damals noch nicht gedruckt. Osiander muß die Schrift also vom Herzog zur Durchsicht erhalten haben; dieser hatte sie am 1. Jan. erhalten und ließ am 25. durch v. Köteritz darauf antworten. Vgl. dazu u. S. 462,7f, Nr. 510, und *Stupperich*, Osiander, S. 225 und 231.

19. Die Briefbeilage Nr. 513 läßt auf einen verschollenen Brief Osianders schließen, der ebenso datiert werden muß; vgl. u. S. 487, bes. Anm. 1, 2 und 7, Nr. 513.

20. Die Datierung des Darlehens, das Osiander v. Köteritz gewährte, läßt sich nicht genauer durchführen: v. Köteritz hatte seine Überzeugung Osiander gegenüber im Herbst des Vorjahres verändert, das Darlehen dürfte demnach früher vereinbart worden sein, ohne daß Genaueres angegeben werden kann. Freilich wäre eine spätere Darlehensgewährung, etwa aus Anlaß der Verehelichung v. Köteritz', trotz dessen veränderter Stellung zu Osiander auch denkbar; die Gründe für Osianders überraschende Rückforderung bleiben weiter unklar. Zum Ganzen vgl. u. S. 518f, Nr. 517. .

21. Diese 22 Predigten vom Sommerhalbjahr 1552 hatte Herzog Albrecht zusammentragen und kalligraphisch in einem Folioband vereinen lassen, der 1556 fertiggestellt war. In den Wirren des zweiten Weltkriegs ist er verschollen – der größte bekannte Verlust von Werken Osianders. *Möller*, Osiander, S. 511-517, überliefert nur fragmentarische Auszüge, die in u. A. unter Nr. 523 bis 530 wiedergegeben werden. Zum Ganzen, insbesondere zur Datierung und zum Umfang der verschollenen Predigten, vgl. u. S. 671-679, Nr. 523-530.

22. Osiander dürfte sich für den Auftrag, ein Gebet zu formulieren, einige Tage Zeit genommen haben. Er führte ihn in der gebotenen Form aus als Gebetsvermahnung (nach der Predigt) und erweitertes Kollektengebet mit gleichem Inhalt. Die wie der Predigtannex (vgl. Nr. 531) zu datierende Gebetskollekte ist verloren; vgl. u. S. 694 und 696f, Nr. 531.

Autographische Randnotiz(en) zum zweiten Mandatsentwurf
Herzog Albrechts
1552, Juni vor 5[23]

Osiander an Herzog Albrecht*
1552, Juni 11[24]

Herzog Albrecht an Osiander
1552, Juli, Mitte[25]

Ernst von Rechenberg an Osiander*
1552, August vor 17[26]

Albert Melde an Osiander
1552, August vor 17[27]

23. Herzog Albrechts zweiter Mandatsentwurf, mit dem er auf der Grundlage des ersten Württemberger Gutachtens den Streit zwischen den Parteien zu beenden hoffte, wurde von Osiander und v. Köteritz durchgesehen. v. Köteritz hat den Mandatsentwurf bei einer Unterredung am 5. Juni eingesehen und am Tag darauf dazu Stellung genommen; er spricht dabei u. a. von einer Randnotiz Osianders, aus der er Schlußfolgerungen zieht; vgl. u. S. 799 und Anm. 11, Nr. 539. Osiander hat den Entwurf also bereits vor dem herzoglichen Rat und vor dem 5. Juni durchgesehen: v. Köteritz' briefliche Anmerkung läßt außerdem offen, ob nicht noch weitere Randnotizen Osianders an dem verlorenen Schriftsatz angebracht waren.

24. Osianders ›Sendbrief an einen guten Freund‹ wurde zwar mündlich in Auftrag gegeben – Auftraggeber war sehr wahrscheinlich der Herzog (vgl. u. S. 725 und 727,3-728,2, Nr. 536) –, der fertige Druck aber wurde der Auftragsbitte entsprechend dem ›guten Freund‹ von Osiander mit einem heute verlorenen Beibrief zugesandt (vgl. ebd., S. 728,1f). Die Zusendung könnte auch kurze Zeit nach dem 11. Juni erfolgt sein. Der Stern in der obigen Titelangabe verweist demnach, anders als sonst, nur darauf, daß die Angabe des Adressaten und die des Briefdatums unsicher sind, nicht jedoch die Tatsächlichkeit des Schreibens.

25. Herzog Albrechts zweites Anschreiben an Osiander, ihm für eine Antwort an seinen Schwager, König Christian III. von Dänemark, ein theologisches Konzept zur Rechtfertigungslehre vorzulegen, dürfte nach der Rückkehr von Danzig etwa Mitte Juli 1552 erfolgt sein, vgl. dazu u. S. 734, Nr. 537, und S. 832, Nr. 540.

26. Vgl. dazu u. S. 852,2 und Anm. 2, Nr. 542. Dieses briefliche Gesuch des Amtshauptmanns von Memel war möglicherweise nicht mit einer namentlichen Anschrift Osianders versehen, sondern nur an den zuständigen Amtsträger der Kirchenleitung gerichtet, der die erforderliche Entscheidung treffen konnte. Als Vizepräsident des Bistums Samland hat Osiander diese Aufgabe wahrgenommen; vgl. ebd. mit Anm. 5.

27. Vgl. dazu u. S. 852,5 mit Anm., Nr. 542. Zur Form der Briefadresse gilt das o. in Anm. 26 Gesagte.

6. Synoptische Tabelle zu den Werken Osianders September 1551 bis 17. Oktober 1552)

Unsere Ausgabe Nr.	Bibliographie Nr.	Werkverzeichnis Nr.
487	–	–
488	56	386
489	–	387
490 (vgl. u. A. Bd. 9, Nr. 425/490	57	388
491	58	392
492	–	390
493	–	394
494	–	–
495	–	–
496	59	395
497	–	396
498	–	397
499	–	–
500	–	–
501	–	398
502	–	–
503	75	399
504	73	400
505	61	401
506	–	402
507	–	–
508	62	403
509	63	404
510	–	405
511	–	406
512	–	391
513	–	–
514	71	407
515	76	408
516	74	409
517	–	410
518	–	411
519	–	412
520-521	72	413
522	64	415
523-530	–	414
531	–	–

532	65	418
533	66	–
534	–	428
535	–	–
536	67	419
537	–	417
538	68	420
539	–	421
540	–	416
541	–	–
542	–	422
543	74	424
544	–	425
545	–	423
546	69	426
547	–	–

Abkürzungen und Siglen

a.	anno
a. a. O.	am angegebenen Ort
Abb.	Abbildung(en)
Abdr.	Abdruck
abgedr.	abgedruckt
Abh.	Abhandlung
Abschn.	Abschnitt
Abt.	Abteilung(en)
Anh.	Anhang, Anhänge
Anm.	Anmerkung(en)
ApolCA	Apologia Confessionis Augustanae
Apr.	April
Art.	Artikel
AT	Altes Testament
atl.	alttestamentlich
Aufl.	Auflage(n)
Aug.	August
Ausf.	Ausfertigung
Ausg.	Ausgabe(n)
ausgew.	ausgewählt
autogr.	autographisch
Autogr.	Autograph
A. W.	achtbarer Weiser, achtbare Weisheit
BAW	Bibliothek der Akademie der Wissenschaften
BB	Briefbücher
Bd., Bde.	Band, Bände
bearb.	bearbeitet
Bearb.	Bearbeiter, Bearbeitung
begr.	begründet
Beibd.	Beiband
Beil.	Beilage(n)
Beitr.	Beitrag, Beiträge
bes.	besonders
Bl.	Blatt, Blätter
bzw.	beziehungsweise
c.	caput, capitulum, canon
C.	causa
ca.	circa
CA	Confessio Augustana
cap.	capitulum, Kapitel
cm^2	Quadratzentimeter
Cod.	Codex
CorpIurCan	Corpus Iuris Canonici
CorpIurCiv	Corpus Iuris Civilis

D.	Doktor
d. Ä.	der Ältere
darg.	dargestellt
Decr.Grat.	Decretum Gratiani
ders.	derselbe
Dez.	Dezember
d. Gr.	der Große
d. h.	das heißt
d. i.	das ist
DIN	Deutsche Industrie-Norm
Diss.	Dissertation
dist.	Distinctio
Ditt.	Dittographie
d. J.	der Jüngere
Dr.	Doktor
Drf.	Druckfehler
DSB	Deutsche Staatsbibliothek
dt.	deutsch
durchges.	durchgesehen
E. A. W.	euere achtbare Weisheit
ebd.	ebenda
ed.	edito, edidit, ediert, edited, editus, édité
Ed.	Edition
E. F. D.	euere fürstliche Durchlaucht
E. F. G.	euere fürstliche Gnaden
Einf.	Einführung
eingel.	eingeleitet
Einl.	Einleitung
EKG	Evangelisches Kirchengesangbuch
e. k. w.	euere königliche Weisheit
EM	États-Ministerium
erg.	ergänze, ergänzt
ErgBd.	Ergänzungsband
erkl.	erklärt
erl.	erläutert
erw.	erweitert
etc.	et cetera
f, ff	und folgende(s), fortfolgende
F.	Folge(n)
FB	Forschungsbibliothek
Febr.	Februar
F. D.	fürstliche Durchlaucht
F. E. W.	fursichtige, ehrbare Weisheit(en)
F. G.	fürstliche Gnaden
fl.	Gulden
FLB	Forschungs- und Landesbibliothek
fol.	folio
fortgef.	fortgeführt
fortges.	fortgesetzt

Forts.	Fortsetzung
franz.	französisch
geb.	geboren(e)
gedr.	gedruckt
ges.	gesammelt
gest.	gestorben
gestr.	gestrichen
GNM	Germanisches Nationalmuseum
griech.	griechisch
GrKat	Großer Katechismus
GStAPK	Geheimes Staatsarchiv Preußischer Kulturbesitz
H.	Heft(e)
HA	Hauptarchiv
HAB	Herzog August Bibliothek
HabSchr.	Habilitationsschrift
HBA	Herzogliches Briefarchiv
Halbbd.	Halbband
hebr.	hebräisch
hg.	herausgegeben
Hg.	Herausgeber
hist.	historisch
hl.	heilig
Hom.	Homoioteleuton
Hs., Hss.	Handschrift(en)
HSA	Hauptstaatsarchiv
hsl.	handschriftlich
Inst.	Institutiones
ital.	italienisch
Jan.	Januar
Jg.	Jahrgang, Jahrgänge
Jh.	Jahrhundert
Jr.	Junior
jur.	juristisch
K.	Kasten
Kap.	Kapitel
kay. Mt.	kaiserliche Majestät
KiB	Kirchenbibliothek
Kl.	Klasse
KlKat	Kleiner Katechismus
km	Kilometer
K. Mt.	Kaiserliche Majestät
Konj.	Konjektur
konj.	konjiziert
Konz.	Konzept
Kop.	Kopie
korr.	korrigiert
Korr.	Korrektur(en)

l.	liber
lat.	lateinisch
LB	Landesbibliothek
Lfg.	Lieferung(en)
Lit.	Literatur(hinweise)
LXX	Septuaginta
M.	Magister
MA	Mittelalter
masch.	maschinenschriftlich
m. E.	meines Erachtens
m. g. h.	mein gnädiger Herr
Mitarb.	Mitarbeit(er)
Ms., Mss.	Manuskript(e)
MT	Masoretischer Text
Mt.	Majestät
NA	Neuausgabe
Nachdr.	Nachdruck(e)
Nachtr.	Nachtrag, Nachträge
NB	Nationalbibliothek
n. Chr.	nach Christus
neubearb.	neubearbeitet
Neudr.	Neudruck
NF	neue Folge
N.; N. N.	nomen nescio, nomen nominandum
Nov.	November
Nr.	Nummer
NR	neue Reihe
NS	neue Serie, new series, nouvelle série, nova series
NT	Neues Testament
ntl.	neutestamentlich
NUB	National- und Universitätsbibliothek
o.	oben
o. a.	oben angegeben
o. D.	ohne Datum
o. J.	ohne Jahr
Okt.	Oktober
o. O.	ohne Ort
Ostpr. Fol.	Ostpreußische(r) Foliant(en)
p.	pars
par.	und Parallelstellen
§	Paragraph
Personenreg.	Personenregister
phil.	philosophisch
philol.	philologisch
photomech.	photomechanisch
Prd.	Produkt
Prof.	Professor

q.	quaestio
r	recto
R.	Reihe(n)
RB	Ratsbuch
Reg.	Register(-eintrag)
RegBd.	Registerband
reprogr.	reprographisch
rev.	revidiert
Rst. Nbg.	Reichsstadt Nürnberg
rubr.	rubriziert
RV	Ratsverlaß, Ratsverlässe
s.	siehe
S.	Seite(n); Sankt
SA	Schmalkaldische Artikel
SB	Staatsbibliothek
SBPK	Staatsbibliothek Preußischer Kulturbesitz
sc.	scilicet
Ser.	Serie
Sept.	September
s. f. g.	seine fürstlichen Gnaden
sog.	sogenannt
Sonderbd.	Sonderband
Sp.	Spalte(n)
SStB	Staats- und Stadtbibliothek
St.	Sankt
StadtArch	Stadtarchiv
StA; StArch	Staatsarchiv
StB	Stadtbibliothek
SUB	Staats- und Universitätsbibliothek
Suppl.	Supplement
SupplBd.	Supplementband
s. w.	seine Weisheit, Würden
T.	Teil(e)
Taf.	Tafel(n)
Teilkop.	Teilkopie
Th.	These(n)
theol.	theologisch
tit.	titulus, Titel
u.	unten
u. a.	und andere; unter anderem
u. A.	unsere Ausgabe
u. ä.	und ähnliche(s)
u. a. m.	und andere(s) mehr
UB	Universitätsbibliothek
Ü	Übersetzung
überarb.	überarbeitet
übergeschr.	übergeschrieben

übers.	übersetzt
übertr.	übertragen
ULB	Universitäts- und Landesbibliothek
umgearb.	umgearbeitet
unv.	unverändert
u.ö.	und öfter
usw.	und so weiter
u.U.	unter Umständen
v	verso
v.	von
V.	Vers(e)
v.Chr.	vor Christus
verb.	verbessert
verm.	vermehrt
vf.	verfaßt
Vg.	Vulgata
vgl.	vergleiche
Vol.	Volumen
vorh.	vorhanden
Z.	Zeile(n)
z.B.	zum Beispiel
zit.	zitiert
z.St.	zur Stelle
z.T.	zum Teil
zugeschr.	zugeschrieben
Zus.	Zusatz

Literaturverzeichnis

ADB = Allgemeine Deutsche Biographie, 55 Bde. mit RegBd., Leipzig 1875-1912, Neudr. Berlin 1967-1971.

Adelsgeschlechter = Genealogisches Taschenbuch der Ritter- und Adelsgeschlechter (seit Bd. 7, 1882: der Adeligen Häuser), 19 Bde., Brünn 1870-1894.

AKG = Arbeiten zur Kirchengeschichte.

Albrecht, Ausschreiben = Von Gottes gnaden unser, Albrechten des eltern, marggraffen zu Brandenburg, in Preussen... herzogen, ... ausschreiben an unsere alle liebe getreuen und landschafften..., Königsberg i. Pr. 1553 (bibliographiert bei *Seebaß*, Bibliographie, S. 187, Nr. 74.1-2).

Altenstaig – Tytz, Lexicon = Lexicon theologicum, quo tanquam clave theologiae fores aperiuntur et omnium fere terminorum et obscuriorum vocum... etymologiae, ambiguitates, definitiones, usus enucleate ob oculos ponuntur et dilucide explicantur, post summum laborem *Ioannis Altenstaig*... studio et labore... *Ioannis Tytz*..., Köln 1619, Nachdruck Hildesheim/New York 1974.

Altpreußische Biographie = Altpreußische Biographie, hg. im Auftrage der Historischen Kommission für ost= und westpreußische Landesforschung, Bd. 1, Lfg. 1 bis Bd. 2, Lfg. 3, hg. v. *Christian Krollmann*, Königsberg i. Pr. 1936-1944, Nachdr. Marburg/Lahn 1969/1974, Bd. 2, Lfg. 4-7 und Bd. 3, hg. v. *Kurt Forstreuter* und *Fritz Gause*, Marburg/Lahn 1961-1975, Bd. 4, Lfg. 1ff, hg. v. *Ernst Bahr* und *Gerd Brausch*, Marburg/Lahn 1984ff.

AÖG = Archiv für österreichische Geschichte.

ARG = Archiv für Reformationsgeschichte.

ATD = Das Alte Testament Deutsch.

Bartel, Laski = *Bartel, Oskar*: Jan Łaski, Berlin 1981.

Battaglia, Grande Dizionario = *Battaglia, Salvatore*: Grande Dizionario della Lingua Italiana, Bd. 1ff, Turin 1961ff.

Bauer, Wörterbuch = *Bauer, Walter*: Griechisch-deutsches Wörterbuch zu den Schriften des Neuen Testaments und der übrigen urchristlichen Literatur, 5. Aufl., Nachdr. Berlin/New York 1971.

Baum, Capito und Bucer = *Baum, Johann Wilhelm*: Capito und Butzer, Straßburgs Reformatoren. Nach ihrem handschriftlichen Briefschatze, ihren gedruckten Schriften und anderen gleichzeitigen Quellen dargestellt, Elberfeld 1860 (= LASRK 3).

BBKL = Biographisch-bibliographisches Kirchenlexikon, hg. v. *Friedrich Wilhelm Bautz*, Hamm 1970ff.

Beckherrn, Georgenkirche = *Beckherrn, Carl*: Die St. Georgenkirche zu Rastenburg, in: Altpreußische Monatsschrift 20, 1883, S. 233-300.684.

Benzing, Buchdrucker = *Benzing, Josef*: Die Buchdrucker des 16. und 17. Jahrhunderts im deutschen Sprachgebiet, Wiesbaden 1963 (= Beiträge zum Buch- und Bibliothekswesen 12).

Biblia rabbinica = Biblia rabbinica. A reprint of the 1525 Venice edition. Edited by *Jacob Ben Hayim Ibn Adoniya*, Jerusalem 1972.

BHRef = Bibliotheca humanistica (et) reformatorica.

Biedermann, Geschlechtsregister = *Biedermann, Johann Gottfried*: Geschlechtsregister des Hochadelichen Patriciats zu Nürnberg, Bayreuth 1748.

Bindseil, Melanchthon = *Bindseil, Heinrich Ernst*: Philippi Melanchthonis epistolae, iudicia, consilia, testimonia aliorumque ad eum epistolae quae in Corpore Reformatorum desiderantur, Halle 1874; fotomechanischer Nachdr. mit einem Nachtr. v. *Robert Stupperich*, Hildesheim und New York 1975.

Bizer, Confessio = Confessio Virtembergica. Das Württembergische Bekenntnis von 1551, hg. v. *Ernst Bizer*, Stuttgart 1952 (= BWKG.S 7).

BK.AT = Biblischer Kommentar. Altes Testament.

BKGD = Beiträge zur Kirchengeschichte Deutschlands.

BLVS = Bibliothek des literarischen Vereins in Stuttgart.

Boecker, Recht und Gesetz = *Boecker, Hans Jochen*: Recht und Gesetz im Alten Testament und im Alten Orient, 2. durchges. und erw. Aufl., Neukirchen-Vluyn 1984 (= NStB 10).

Boor, Actum = *Boor, Helmut de*: Actum et Datum. Eine Untersuchung zur Formelsprache der deutschen Urkunden im 13. Jahrhundert, München 1975 (= Bayerische Akademie der Wissenschaften, Phil.-Hist. Kl., Sitzungsberichte, Jg. 1975, H. 4).

Born, Fürstenverschwörung = *Born, Karl Erich*: Moritz von Sachsen und die Fürstenverschwörung gegen Karl V., in: HZ 191, 1960, S. 18-66.

Brandi, Karl V. = *Brandi, Karl*: Kaiser Karl V. Werden und Schicksal einer Persönlichkeit und eines Weltreiches, 6. Aufl., Frankfurt a.M. 1976.

Brandi, Reformation = *Brandi, Karl*: Reformation und Gegenreformation (Unv. Neudr. des Werkes Deutsche Geschichte im Zeitalter der Reformation und Gegenreformation), 5. Aufl., München 1979.

Brecht – Ehmer, Reformationsgeschichte = *Brecht, Martin* und *Hermann Ehmer*: Südwestdeutsche Reformationsgeschichte. Zur Einführung der Reformation im Herzogtum Württemberg 1534, Stuttgart 1984.

BSGRT = Bibliotheca scriptorum Graecorum et Romanorum Teubneriana.

BSLK = Die Bekenntnisschriften der evangelisch-lutherischen Kirche, hg. v. Deutschen Evangelischen Kirchenausschuß, 5. Aufl., Göttingen 1963.

Burger, Ehebuch = Das älteste Ehebuch der Pfarrei St. Lorenz in Nürnberg 1524-1542, bearb. durch *Helene Burger*, Nürnberg 1951 (= Freie Schriftenfolge der Gesellschaft für Familienforschung in Franken 2).

Burger, Totengeläutbücher = Nürnberger Totengeläutbücher, bearb. v. *Helene Burger*. 1.: St. Sebald 1439-1517, 2.: St. Lorenz 1454-1517, 3.: St. Sebald 1517-1572, Neustadt/Aisch 1961, 1967 und 1972 (= Freie Schriftenfolge der Gesellschaft für Familienforschung in Franken 13, 16 und 19).

Burmeister, Rhetikus = *Burmeister, Karl Heinz*: Georg Joachim Rhetikus, 1514-1574. Eine Bio-Bibliographie, 3 Bde., Wiesbaden 1967/68.

BWKG.S = Blätter für württembergische Kirchengeschichte. Sonderheft.

Camelot, Nestorius = *Camelot, Thomas*: De Nestorius à Eutychès: l'opposition de deux christologies, in: Das Konzil von Chalkedon. Geschichte und Gegenwart, hg. v. *Aloys Grillmeier – Heinrich Bacht*, Bd. 1, Würzburg 1962, S. 213-242.

Cantimori, Häretiker = *Cantimori, Delio*: Italienische Häretiker der Spätrenaissance, Basel 1949.

Clark, Reformation = *Clark, Peter*: Reformation and Radicalism in Kentish Towns c. 1500-1553, in: Stadtbürgertum und Adel in der Reformation. Studien zur Sozialgeschichte der Reformation in England und Deutschland, hg. v. *Wolfgang Justus Mommsen* in Verbindung mit *Peter Alter* und *Robert W. Scribner*, Stuttgart 1979 (= Veröffentlichungen des Deutschen Historischen Instituts London 5), S. 107-127.

Conrad, Rechtsgeschichte = *Conrad, Hermann*: Deutsche Rechtsgeschichte. Ein Lehrbuch, Bd. 1: Frühzeit und Mittelalter, Bd. 2: Neuzeit bis 1806, Karlsruhe 1954/1966.

Conrad, Venediger = *Conrad, Georg*: Der Hermsdorfer Kirchenvisitationsrezeß des pomesanischen Bischofs Venediger vom 26. Juni 1568, in: Altpreußische Monatsschrift 35, 1898, S. 334-344.

Cornelius, Augenzeugen = Berichte der Augenzeugen über das münsterische Wiedertäuferreich, hg. v. *Carl Adolph Cornelius*, Münster 1853 (= Die Geschichtsquellen des Bisthums Münster 2), Neudr. Münster 1965 (= VHKW 3).

CR = Corpus Reformatorum, ed. *Carolus Gottlieb Bretschneider* u.a., Bd. 1ff, Halle u.a. 1834ff, Reprint New York and London u.a. 1963 u.a.

Cramer-Fürtig, Osianders Entwurf = *Cramer-Fürtig, Michael*: Andreas Osianders Entwurf der Pfalz-Neuburger Kirchenordnung von 1543. Zur Einführung der Reformation im Fürstentum Pfalz-Neuburg vor 450 Jahren, in: Forschungen zur bayerischen Geschichte. Festschrift für *Wilhelm Volkert* zum 65. Geburtstag, hg. v. *Dieter Albrecht* und *Dirk Götschmann* unter Mitarbeit von *Bernhard Löffler*, Frankfurt/Berlin/Bern/New York/ Paris/Wien 1993, S. 57-98.

Creytz, Christoph von Creytzen = *Creytz, Siegfried von*: Lebenslauf des Oberburggrafen Christoph von Creytzen (1512-1578), in: Preußenland 8, 1970, S. 17-24.

Dalton, Lasco = *Dalton, Hermann*: Johannes a Lasco. Beitrag zur Reformationsgeschichte Polens, Deutschlands und Englands, Gotha 1881.

Decaux – Castelot, Dictionnaire = Dictionnaire d'Histoire de France. Perrin, sous la direction de *Alain Decaux* ... et *André Castelot*, Paris 1981.

Deppermann, Hoffman = *Deppermann, Klaus*: Melchior Hoffman. Soziale Unruhen und apokalyptische Visionen im Zeitalter der Reformation, Göttingen 1979.

Deutsches Geschlechterbuch = Deutsches Geschlechterbuch. Genealogisches Handbuch bürgerlicher Familien, hg. v. *Bernhard Koerner*, Bd. 19ff, Görlitz 1911ff.

DNB = Dictionary of national biography, ed. by *Leslie Stephen* and *Sidney Lee*, 63 Bde., London 1885-1900, 3 SupplBde., London 1901.

DRW = Deutsches Rechtswörterbuch, Bd. 1ff, Weimar 1914ff.

DS = Enchiridion symbolorum, definitionum et declarationum de rebus fidei et morum, hg. v. *Heinrich Denzinger*, neu bearb. und verm. v. *Adolf Schönmetzer*, 35. Aufl., Freiburg i. Br. 1973 (in Klammern werden die Nummern der älteren Auflagen hinzugesetzt).

Dülmen, Täuferreich = Das Täuferreich zu Münster 1534-35. Berichte und Dokumente, hg. v. *Richard van Dülmen*, München 1974.

Eberhard, Fabulae = Fabulae Romanenses Graece conscriptae, ex recensione et cum adnotationibus *Alfredi Eberhard*, volumen prius, Leipzig 1872 (= BSGRT).

EJ = Encyclopaedia Judaica, 16 Bde., Jerusalem 1971-1972.

EKGB = Einzelarbeiten aus der Kirchengeschichte Bayerns.

Endriß, Ulmer Reformationsjahr = *Endriß, Julius*: Das Ulmer Reformationsjahr 1531 in seinen entscheidenden Vorgängen, 2., durchges. Aufl., Ulm 1933.

Engelhardt, Reformation = *Engelhardt, Adolf*: Die Reformation in Nürnberg. Neue Beiträge zur Reformationsgeschichte, 3 Bde., Nürnberg 1936-1939.

Engelland, Melanchthon = *Engelland, Hans*: Melanchthon, Glauben und Handeln, München 1931 (= FGLP 4. R., 1).

Fengler – Gierow – Unger, Numismatik = *Fengler, Heinz – Gerhard Gierow – Willy Unger*: transpress Lexikon Numismatik, 4., bearb. Aufl., Berlin 1988.

FGLP = Forschungen zur Geschichte und Lehre des Protestantismus.

Fligge, Osiandrismus = *Fligge, Jörg Rainer*: Herzog Albrecht von Preußen und der Osiandrismus 1522-1568, phil. Diss. Bonn 1972.

Fligge, Streitschriften = *Fligge, Jörg*: Fünf Streitschriften zu Andreas Osianders Königsberger Theologie, in: Preußenland. Mitteilungen der historischen Kommission für ost- und westpreußische Landesforschung und aus den Archiven der Stiftung Preußischer Kulturbesitz 9, 1971, S. 17-23.

Forcellini, Lexicon = Totius latinitatis lexicon opera et studio *Aegidii Forcellini* lucubratum et in hac editione post tertiam auctam et emendatam a *Josepho Furlanetto* ..., novo ordine digestum amplissime auctum atque emendatum cura et studio ... *Vincentii De-Vit*, Bde. 1-6, Prati 1858-1875.

Frankenburger, Beiträge = Beiträge zur Geschichte Wenzel Jamnitzers und seiner Familie. Auf Grund archivalischer Quellen hg. v. *Max Frankenburger*, Straßburg 1901 (= SDKG 30).

Friedensburg, Wittenberg = *Friedensburg, Walter*: Geschichte der Universität Wittenberg, Halle a. S. 1917.

Fulton, Servetus = *Fulton, John Farquhar*: Michael Servetus, Humanist and Martyr. With a Bibliography of his Works and Census of known Copies by *Madeline E. Stanton*, New York 1953 (= Historical Library, Yale Medical Library and Department of the History of Medicine, Yale University, Publication 22).

Gäbler, Zwingli = *Gäbler, Ulrich*: Huldrych Zwingli. Eine Einführung in sein Leben und sein Werk, München 1983 (= Beck'sche Elementarbücher).

Gaigalat, Ruß = *Gaigalat, Wilhelm*: Chronik der Kirche und des Dorfes Ruß nach traditionellen Quellen, in: Mitteilungen der Litauischen litterarischen Gesellschaft 5, 1900, S. 166-174.

Galen, Münster = Münster 800-1800. 1000 Jahre Geschichte der Stadt. Stadtmuseum Münster, 21. September 1984 bis 30. Juni 1985, Ausstellungskatalog. Gesamtredaktion und Kataloggestaltung: *Hans Galen*, Münster 1984.

Gause, Königsberg = *Gause, Fritz*: Die Geschichte der Stadt Königsberg in Preußen, 3 Bde., Köln/Graz 1965-1971 (= Ostmitteleuropa in Vergangenheit und Gegenwart 10/I-III).

Gebhardt, Handbuch = *Gebhardt, Bruno*: Handbuch der deutschen Geschichte, 9., neu bearb. Aufl., hg. v. *Herbert Grundmann*, 4 Bde., Stuttgart 1970-76.

Gemoll, Wörterbuch = *Gemoll, Wilhelm*: Griechisch-deutsches Schul- und Handwörterbuch, 9. Aufl., durchges. und erw. v. *Karl Vretska*, München/Wien 1979.

Georges, Wörterbuch = Ausführliches Lateinisch-Deutsches Handwörterbuch aus den Quellen zusammengetragen... v. *Karl Ernst Georges*, 2 Bde., 10. Aufl. (= Nachdr. der 8. Aufl. v. *Heinrich Georges*), Hannover 1959.

Germann, Forster = *Germann, W.*: D. Johann Forster, der Hennebergische Reformator, ein Mitarbeiter und Mitstreiter D. Martin Luthers. Festschrift zum 350jährigen Hennebergischen Reformationsjubiläum, Wasungen 1894 (= Neue Beiträge zur Geschichte des deutschen Alterthums 12).

Gesenius, Wörterbuch = *Gesenius, Wilhelm*: Hebräisches und aramäisches Handwörterbuch über das Alte Testament, in Verbindung mit *H. Zimmern*, *Max Müller*, *O. Weber* bearb. v. *Frants Buhl*, unv. Neudr. der 1915 erschienenen 17. Aufl., Berlin/Göttingen/Heidelberg 1962.

GÖK = Geschichte der ökumenischen Konzilien.

Goertz, Reformatoren = Radikale Reformatoren. 21 biographische Skizzen von Thomas Müntzer bis Paracelsus, hg. v. *Hans-Jürgen Goertz*, München 1978.

Götze, Glossar = *Götze, Alfred*: Frühneuhochdeutsches Glossar, 7. Aufl., Berlin 1967 (= KlT 101).

Gottschalk, Kultur = *Gottschalk, Hans L.*: Die Kultur der Araber, in: HKuG.KV: Die Kultur des Islam, S. 7-205.

Graff, Epiklese = *Graff, Paul*: Die Epiklese in reformatorischen Ordnungen, in: MGKK 45, 1940, S. 133-138.

Greschat, Bucer = *Greschat, Martin*: Martin Bucer, in: Gestalten der Kirchengeschichte, hg. v. *Martin Greschat*, 6: Die Reformationszeit II, Stuttgart/Berlin/Köln/Mainz 1981, S. 7-28.

Grimm, Wörterbuch = *Grimm, Jacob* und *Wilhelm Grimm*: Deutsches Wörterbuch, 16 Bde. und Quellenverzeichnis, Leipzig 1854-1971.

Grohmann, Annalen = *Grohmann, Johann Christian August*: Annalen der Universität zu Wittenberg, 3 T. und Anh., Neudruck der Ausg. 1801-1802, Osnabrück 1969.

Grotefend, Zeitrechnung = *Grotefend, Hermann*: Taschenbuch der Zeitrechnung des deutschen Mittelalters und der Neuzeit, 10. Aufl. hg. v. *Th. Ulrich*, Hannover 1960.

Grundmann, Markus = *Grundmann, Walter*: Das Evangelium nach Markus, 2., neubearb. Aufl., Berlin 1959 (= ThHK 2).

Grunebaum, Islam = Der Islam II. Die islamischen Reiche nach dem Fall von Konstantinopel, hg. v. *Gustave Edmund von Grunebaum*, Frankfurt a. M. 1971 (= Fischer Weltgeschichte 15).
GSPK = Grundriß der slavischen Philologie und Kulturgeschichte.
Gußmann, Quellen = Quellen und Forschungen zur Geschichte des Augsburgischen Glaubensbekenntnisses, hg. v. *Wilhelm Gußmann*, Bd. 1,1 und 1,2, Leipzig und Berlin 1911; Bd. 2, Kassel 1930, Nachdr. Hildesheim 1971.
Guttzeit, Kriegsschäden = *Guttzeit, Emil Johannes*: Kriegsschäden im Kreise Heiligenbeil im Hungerkriege des Jahres 1414, in: Preußenland 10, 1972, S. 33-38.

Hammer, Melanchthonforschung = *Hammer, Wilhelm*: Die Melanchthonforschung im Wandel der Jahrhunderte. Ein beschreibendes Verzeichnis, 3 Bde., Gütersloh 1967-1981 (= QFRG 35, 36 und 49).
Hartfelder, Melanchthon = *Hartfelder, Karl*: Philipp Melanchthon als Praeceptor Germaniae, Berlin 1889 (= MGP 7), Neudr. Nieuwkoop 1972.
Hartknoch, Kirchen-Historie = *Hartknoch, Christoph*: Preussische Kirchen-Historia... aus vielen gedruckten und geschriebenen Documenten, Frankfurt a. M. und Leipzig 1686.
Hartmann – Jäger, Brenz = *Hartmann, Julius* und *Karl Jäger*: Johann Brenz, 2 Bde., Hamburg 1840 und 1842.
Hase, Hofprediger = *Hase, Carl Alfred*: Herzog Albrecht von Preußen und sein Hofprediger. Eine Königsberger Tragödie aus dem Zeitalter der Reformation, Leipzig 1879.
Hauschild, Kirchengeschichte Lübecks = *Hauschild, Wolf-Dieter*: Kirchengeschichte Lübecks. Christentum und Bürgertum in neun Jahrhunderten, Lübeck 1981.
Hausrath, Fabeln = Aesopische Fabeln. Zusammengestellt und ins Deutsche übertragen v. *August Hausrath*. Gefolgt von einer Abhandlung: Die Aesoplegende. Urtext und Übertragung, München 1940 (= Tusculum-Bücher).
Haussleiter, Schule Melanchthons = *Haussleiter, Johannes*: Aus der Schule Melanchthons. Theologische Disputationen und Promotionen zu Wittenberg in den Jahren 1546-1560. Festschrift der königlichen Universität Greifswald zu Melanchthons vierhundertjährigem Geburtstag, Greifswald 1897.
HDRG = Handwörterbuch zur deutschen Rechtsgeschichte, hg. v. *Adalbert Erler* und *Ekkehard Kaufmann*, Bd. 1ff, Berlin 1971ff.
Heinemann, Handschriften 1-2 = *Heinemann, Otto von*: Die Handschriften der Herzoglichen Bibliothek zu Wolfenbüttel, Abt. 1: Die Helmstedter Handschriften, 3 Bde., Wolfenbüttel 1884-1888, Abt. 2: Die Augusteischen Handschriften, 5 Bde., Wolfenbüttel 1890-1903.
HEKG = Handbuch zum evangelischen Kirchengesangbuch, hg. v. *Christhard Mahrenholz* und *Oskar Söhngen* unter Mitarbeit v. *Otto Schlißke*, Bd. 1ff, Göttingen 1953ff.
HerChr = Herbergen der Christenheit.
Hirsch, Theologie = *Hirsch, Emanuel*: Die Theologie des Andreas Osiander und ihre geschichtlichen Voraussetzungen, Göttingen 1919.
HKuG.KV = Handbuch der Kulturgeschichte – NA. Abt. 2: Kulturen der Völker.
HKuG.ZD = Handbuch der Kulturgeschichte – NA. Abt. 1: Zeitalter deutscher Kultur.
Hubatsch, Albertus-Universität = *Hubatsch, Walther*: Die Albertus-Universität zu Königsberg/Preußen in Bildern, Würzburg 1966.
Hubatsch, Albrecht = *Hubatsch, Walther*: Albrecht von Brandenburg-Ansbach, Deutschordens-Hochmeister und Herzog in Preußen 1490-1568, Heidelberg 1960 (= Studien zur Geschichte Preußens 8).
Hubatsch, Geschichte = *Hubatsch, Walther*: Geschichte der evangelischen Kirche Ostpreußens, 3 Bde., Göttingen 1968.
Huber, Erwerbung = *Huber, Alfons*: Die Erwerbung Siebenbürgens durch König Ferdinand I. im Jahre 1551 und Bruder Georgs Ende, in: AÖG 75, 1889, S. 481-545.
Hummelberger, Belagerung = *Hummelberger, Walter*: Wiens erste Belagerung durch die Tür-

ken 1529, Wien 1976 (= Militär-historische Schriftenreihe, hg. v. Heeresgeschichtlichen Museum (Militärwissenschaftliches Institut) 33).

HZ = Historische Zeitschrift.

JBBKG = Jahrbuch für Berlin-Brandenburgische Kirchengeschichte.

Jedin, Trient = *Jedin, Hubert*: Geschichte des Konzils von Trient, 4 Bde., Freiburg i. Br. 1949-1975.

Jedin – Latourette – Martin, Atlas = Atlas zur Kirchengeschichte. Die christlichen Kirchen in Geschichte und Gegenwart, hg. v. *Hubert Jedin, Kenneth Scott Latourette, Jochen Martin*, bearb. v. *Jochen Martin*, Aktualisierte Neuausg., bearb. und hg. v. *Jochen Martin*, Freiburg/Basel/Rom/Wien 1987.

Jenny, Luthers Gesangbuch = *Jenny, Markus*: Luthers Gesangbuch, in: Leben und Werk Martin Luthers von 1526 bis 1546, hg. v. *Helmar Junghans*, Göttingen 1983, S. 259-273 und 825-832.

JHF = Jahrbuch der historischen Forschung in der Bundesrepublik Deutschland.

JL = Jüdisches Lexikon, 4 Bde., Berlin 1927-1930.

JLH = Jahrbuch für Liturgik und Hymnologie.

Jöcher, Gelehrtenlexikon = *Jöcher, Christian Gottlieb*: Allgemeines Gelehrten-Lexicon..., 4 Bde., 7 Ergbde. hg. v. *Johann Christoph Adelung, Heinrich Wilhelm Rotermund* und *Otto Günther*, Leipzig usw. 1750-1897, Neudr. Hildesheim 1960-1961.

Jorga, Geschichte = *Jorga, Nikolaus*: Geschichte des osmanischen Reiches. Nach den Quellen dargestellt, 5 Bde., Gotha 1908-1913 (= Allgemeine Staatengeschichte, hg. v. *Karl Lamprecht*, 1. Abt.: Geschichte der europäischen Staaten, hg. v. *A. H. L. Heeren, F. A. Ukert, W. v. Giesebrecht* und *K. Lamprecht*, 37).

Jungmann, Sollemnia = *Jungmann, Josef Andreas*: Missarum sollemnia. Eine genetische Erklärung der römischen Messe, 2 Bde., 4. Aufl., Freiburg i. Br. 1958.

Kahnt – Knorr, Lexikon = *Kahnt, Helmut – Bernd Knorr*: Alte Maße, Münzen und Gewichte. Ein Lexikon, Mannheim/Wien/Zürich 1987.

Kapp – Goldfriedrich, Buchhandel = *Kapp, Friedrich* und *Johann Goldfriedrich*: Geschichte des Deutschen Buchhandels. Im Auftrag des Börsenvereins der Deutschen Buchhändler hg. v. der Historischen Kommission desselben, 4 Bde., Leipzig 1886-1923, Neudr. Leipzig und Aalen 1970.

Kaufmann, Geschichte = *Kaufmann, Georg*: Die Geschichte der deutschen Universitäten, 2 Bde., Stuttgart 1888/1896, unv. Abdruck Graz 1958.

Kawerau, Jonas-Briefe = Der Briefwechsel des Justus Jonas, ges. und bearb. von *Gustav Kawerau*, 2 Bde., Halle 1884/85, Neudr. Hildesheim 1964 (= Geschichtsquellen der Provinz Sachsen und angrenzender Gebiete 17).

Killy, Literaturlexikon = Literaturlexikon, hg. v. *Walther Killy*, 15 Bde., Gütersloh/München 1988-1993.

KKTS = Konfessionskundliche und kontroverstheologische Studien.

Klaus, Dietrich = *Klaus, Bernhard*: Veit Dietrich. Leben und Werk, Nürnberg 1958 (= EKGB 32).

Klettke-Mengel, Fürstenbriefe = *Klettke-Mengel, Ingeborg*: Fürsten und Fürstenbriefe. Zur Briefkultur im 16. Jahrhundert an geheimen und offiziellen preußisch-braunschweigischen Korrespondenten, Köln und Berlin 1986 (= Studien zur Geschichte Preußens 38).

Klettke-Mengel, Sprache in Fürstenbriefen = *Klettke-Mengel, Ingeborg*: Die Sprache in Fürstenbriefen der Reformationszeit, untersucht am Briefwechsel Albrechts von Preußen und Elisabeths von Braunschweig-Lüneburg, Köln/Berlin 1973 (= Studien zur Geschichte Preußens 19).

KIT = Kleine Texte für (theologische und philologische) Vorlesungen und Übungen.

Knipstro, Antwort = Antwort der Theologen und Pastorn in Pommern auff die Confession

Andreae Osiandri, wie der Mensch gerecht wird durch den Glauben an den Herrn Christum. Durch Johannes Knipstrovius, Wittenberg 1552.
KO = Kirche im Osten.
Koch, Briefwechsel = *Koch*, *Franz*: Briefwechsel Joachim Mörlins mit Herzog Albrecht, Wolf von Cöteritz und Christoph von Creutz während der Osiandrischen Wirren in den Jahren 1551 und 52, in: Altpreußische Monatsschrift 39, 1902, S. 517-596.
Köhler, Bibliographia Brentiana = *Köhler*, *Walther*: Bibliographia Brentiana. Bibliographisches Verzeichnis der gedruckten und ungedruckten Schriften und Briefe des Reformators Johannes Brenz, Berlin 1904.
Kohler, Carolina = Die Carolina und ihre Vorgängerinnen. Text, Erläuterung, Geschichte. In Verbindung mit anderen Gelehrten hg. und bearb. v. *Josef Kohler*, 4 Bde., Halle a. d. S., 1900-1915.
Kolb, Amsdorf = *Kolb*, *Robert*: Nikolaus von Amsdorf (1483-1565). Popular Polemics in the Preservation of Luther's Legacy, Nieuwkoop 1978 (= BHRef 24).
Kraus, Psalmen = *Kraus*, *Hans-Joachim*: Psalmen, 2 Teilbde., 6. Aufl., Neukirchen-Vluyn 1989 (= BK.AT 15).
Krieger – Lienhard, Bucer = Martin Bucer and Sixteenth Century Europe. Actes du colloque de Strasbourg (28-31 août 1991), ed. by *Christian Krieger* and *Marc Lienhard*, 2 Bde., Leiden/New York/Köln 1993 (= SMRT 52f).
Krüger – Mommsen – Schöll, Corpus Iuris Civilis = Corpus Iuris Civilis, hg. v. *Paul Krüger*, *Theodor Mommsen* und *Rudolf Schöll*, Bd. 1: Institutiones und Digesta, Bd. 2: Codex Iustinianus, Bd. 3: Novellae, Berlin 1872-1895.
Kulp, Lieder = *Kulp*, *Johannes*: Die Lieder unserer Kirche. Eine Handreichung zum Evangelischen Kirchengesangbuch, bearb. und hg. v. *Arno Büchner* und *Siegfried Fornacon*, Göttingen 1958 (= HEKG, Sonderbd.).
Kurze, Ott Heinrich = *Kurze*, *Barbara*: Kurfürst Ott Heinrich. Politik und Religion in der Pfalz 1556-1559, Gütersloh 1956 (= SVRG 174).
Kuyper, Opera = Joannis a Lasco opera tam edita quam inedita duobus voluminibus comprehensa, ed. *Abraham Kuyper*, Amsterdam 1866.

LASLK = Leben und ausgewählte Schriften der Väter und Begründer der lutherischen Kirche.
LASRK = Leben und ausgewählte Schriften der Väter und Begründer der reformierten Kirche.
Lausberg, Rhetorik = *Lausberg*, *Heinrich*: Handbuch der literarischen Rhetorik. Eine Grundlegung der Literaturwissenschaft, 3. Aufl., Stuttgart 1990.
Lecler – Holstein – Adnès – Lefebvre, Trient II = *Joseph Lecler*, *Henri Holstein*, *Pierre Adnès*, *Charles Lefebvre*: Trient II, Mainz 1987 (= GÖK 11).
Lehnerdt, Anecdota = *Lehnerdt*, *Johann Karl*: Anecdota ad historiam controversiae ab Andrea Osiandro factae pertinentia, 3 T., Königsberg 1841-1844.
Lehnerdt, Auctarium = Auctarium [hg. v. *Johann Ludwig Carl Lehnerdt*, Königsberg 1835].
Leisegang, Denkformen = *Leisegang*, *Hans*: Denkformen, 2., neu bearb. Aufl., Berlin 1951.
Leiturgia = Leiturgia. Handbuch des evangelischen Gottesdienstes, hg. v. *Karl Ferdinand Müller* und *Walter Blankenburg*, 5 Bde., Kassel 1954-1966.
Leutsch – Schneidewin, Corpus = Corpus paroemiographorum Graecorum, ed. *Ernst Ludwig von Leutsch* und *Friedrich Wilhelm Schneidewin*, 2 Bde., Göttingen 1839-1851.
LGBW = Lexikon des gesamten Buchwesens, 3 Bde., Leipzig 1935-1937.
Liebmann, Urbanus Rhegius = *Liebmann*, *Maximilian*: Urbanus Rhegius und die Anfänge der Reformation. Beiträge zu seinem Leben, seiner Lehre und seinem Wirken bis zum Augsburger Reichstag von 1530 mit einer Bibliographie seiner Schriften, Münster 1980 (= RGST 117).
Lienhard – Willer, Straßburg = *Lienhard*, *Marc – Jakob Willer*: Straßburg und die Reformation, Kehl 1981.
Lilienthal, Preussen = Erleutertes Preussen, oder auserlesene Anmerckungen, ueber verschie-

dene zur preussischen Kirchen-, Civil- und Gelehrten-Historie gehörige besondere Dinge..., [hg. v. *Michael Lilienthal*], 5 Bde., Königsberg 1724.

Lipphardt, »Mitten wir im Lebens sind« = *Lipphardt, Walter*: »Mitten wir im Leben sind«. Zur Geschichte des Liedes und seiner Weise, in: JLH 8, 1963, S. 99-118.

Lorz, Linck = *Lorz, Jürgen*: Das reformatorische Wirken Dr. Wenzeslaus Lincks in Altenburg und Nürnberg (1523-1547), Nürnberg 1978 (= Nürnberger Werkstücke zur Stadt- und Landesgeschichte 25).

LThK = Lexikon für Theologie und Kirche, 2. Aufl., hg. v. *Josef Höfer* und *Karl Rahner*, 10 Bde. mit RegBd., Freiburg i. Br. 1957-1967.

LuJ = Luther-Jahrbuch.

Lullus, Opera 2 = Raimundi Lulli opera latina edenda curavit *Friedrich Stegmüller*, Bd. 2, Palma de Mallorca 1960.

MBW = Melanchthons Briefwechsel. Kritische und kommentierte Gesamtausgabe. Im Auftrag der Heidelberger Akademie der Wissenschaften hg. v. *Heinz Scheible*, Bd. 1ff, Stuttgart-Bad Cannstatt 1977ff.

Mejer, Hans Lufft = *Mejer, Wolfgang*: Der Buchdrucker Hans Lufft zu Wittenberg, 2. verm. Aufl., Leipzig 1923.

Menge, Heilige Schrift = Die Heilige Schrift des Alten und Neuen Testaments übers. v. *Hermann Menge*, Stuttgart 1961.

Mengel, Elisabeth und Albrecht = *Mengel, Ingeborg*: Elisabeth von Braunschweig-Lüneburg und Albrecht von Preußen. Ein Fürstenbriefwechsel der Reformationszeit, Göttingen/Frankfurt/Berlin 1954 (= Göttinger Bausteine zur Geschichtswissenschaft 13/14 = Veröffentlichungen der Historischen Kommission für Niedersachsen 12a: Geschichte des Hannoverschen Klosterfonds, Beibd. = Veröffentlichungen der Historischen Kommission für ost- und westpreußische Landesforschung 11).

Merriman, Suleiman = *Merriman, Roger Bigelow*: Suleiman the Magnificent 1520-1566, New York 1966.

Meyer, Messe = *Meyer, Hans Bernhard*: Luther und die Messe. Eine liturgiewissenschaftliche Untersuchung über das Verhältnis Luthers zum Meßwesen des späten Mittelalters, Paderborn 1965 (= KKTS 11).

MGKK = Monatsschrift für Gottesdienst und kirchliche Kunst.

MGP = Monumenta Germaniae paedagogica, 62 Bde., Berlin 1886-1938.

Moeller, Altpreußisches Pfarrerbuch = *Moeller, Friedwald*: Altpreußisches evangelisches Pfarrerbuch von der Reformation bis zur Vertreibung im Jahre 1945, Bd. 1: Die Kirchspiele und ihre Stellenbesetzungen, Hamburg 1968 (= Sonderschriften des Vereins für Familienforschung in Ost- und Westpreußen 11).

Möller, Osiander = *Möller, Wilhelm*: Andreas Osiander. Leben und ausgewählte Schriften, Elberfeld 1870, Neudr. Nieuwkoop 1965 (= LASLK 5).

Mörlin, Bericht = Mörlin, Joachim: Von der rechtfertigung des glaubens gründtlicher, warhafftiger bericht auss Gottes wort etlicher theologen zu Künigsberg in Preussen. Wider die neue, verfürische und antichristische lehr Andreae Osiandri, darinnen er leugnet, das Christus in seinem unschůldigen leiden und sterben unser gerechtigkeit sey. ..., Königsberg in Preußen 1552.

Mörlin, Historia = Mörlin, Joachim: Historia, welcher gestalt sich die Osiandrische schwermerey im lande zu Preussen erhaben und wie dieselbige verhandelt ist, mit allen actis beschrieben, Braunschweig 1554.

Mortensen – Mortensen – Wenskus, Atlas = Historisch-geographischer Atlas des Preußenlandes, hg. v. *Hans Mortensen*†, *Gertrud Mortensen*, *Reinhart Wenskus*, Lfg. 1ff, Wiesbaden 1968ff.

Müller, Das Hohelied = *Müller, Hans-Peter*: Das Hohelied, übersetzt und erklärt, in: *Hans-Pe-*

ter Müller, *Otto Kaiser* und *James Alfred Loader*: Das Hohelied. Klagelieder. Das Buch Ester, übersetzt und erklärt, 4., völlig neubearb. Aufl., Göttingen 1992 (= ATD 16,2).

NASG = Neues Archiv für Sächsische Geschichte und Alterthumskunde.
NDB = Neue Deutsche Biographie, Bd. 1ff, Berlin 1953ff.
NStB = Neukirchner Studienbücher.
NUC = National Union Catalog.

Österley, Äsop = Steinhöwels Äsop, hg. v. *Hermann Österley*, Tübingen 1873 (= BLVS 117).
Ommler, Landstände = *Ommler*, *Norbert*: Die Landstände im Herzogtum Preußen 1543-1561, phil. Diss. Bonn 1967.
Otto, Sprichwörter = *Otto*, *August*: Die Sprichwörter und sprichwörtlichen Redensarten der Römer, Leipzig 1890.

Pechstein, Jamnitzer = *Pechstein*, *Klaus*: Der Goldschmied Wenzel Jamnitzer. In: Wenzel Jamnitzer und die Nürnberger Goldschmiedekunst 1500-1700. Goldschmiedearbeiten, Entwürfe, Modelle, Medaillen, Ornamentstiche, Schmuck, Porträts. Eine Ausstellung im Germanischen Nationalmuseum Nürnberg vom 28. Juni - 15. September 1985, hg. v. *Gerhard Bott*, München 1985, S. 57-85.
Pfeiffer, Nürnberg = Nürnberg – Geschichte einer europäischen Stadt, hg. v. *Gerhard Pfeiffer*, München 1971.
Pfeiffer, Quellen = Quellen zur Nürnberger Reformationsgeschichte. Von der Duldung liturgischer Änderungen bis zur Ausübung des Kirchenregiments durch den Rat (Juni 1524 - Juni 1525), bearb. v. *Gerhard Pfeiffer*, Nürnberg 1968 (= EKGB 45).
Pfnür, Rechtfertigungslehre = *Pfnür*, *Vinzenz*: Einig in der Rechtfertigungslehre? Die Rechtfertigungslehre der Confessio Augustana (1530) und die Stellungnahme der katholischen Kontroverstheologie zwischen 1530 und 1535, Wiesbaden 1970 (= VIEG 60).
PG = Patrologiae cursus completus. Accurante *Jacques-Paul Migne*. Series Graeca, 167 Bde. und 2 RegBde., Paris 1857-1936.
PL = Patrologiae cursus completus. Accurante *Jacques-Paul Migne*. Series Latina, 217 Bde. und 4 RegBde., Paris 1841-1864, 5 SupplBde., Paris 1958-1970.
PPSA = Publikationen aus den (k.) preußischen Staatsarchiven.
PRE = Paulys Real-Encyclopädie der classischen Altertumswissenschaft, neue Bearb., hg. v. *Georg Wissowa* u.a., Bde. 1-24, Stuttgart 1894-1963; 2. R., Bde. 1-10, Stuttgart/München 1920-1972; SupplBde. 1-15, Stuttgart/München 1903-1978.
Preger, Flacius = *Preger*, *Wilhelm*: Matthias Flacius Illyricus und seine Zeit, 2 Bde., reprographischer Nachdr. der Ausgabe Erlangen 1859-1861, Hildesheim/Nieuwkoop 1964.
Pressel, Brentiana = Anecdota Brentiana. Ungedruckte Briefe und Bedenken von Johannes Brenz, ges. und hg. v. *Theodor Pressel*, Tübingen 1868.

QFRG = Quellen und Forschungen zur Reformationsgeschichte.

Rabe, Geschichte = *Rabe*, *Horst*: Deutsche Geschichte 1500-1600. Das Jahrhundert der Glaubensspaltung, München 1991.
Rabe, Interim = *Rabe*, *Horst*: Reichsbund und Interim. Die Verfassungs- und Religionspolitik Karls V. und der Reichstag von Augsburg 1547/1548, Köln/Wien 1971.
Raubenheimer, Fagius = *Raubenheimer*, *Richard*: Paul Fagius aus Rheinzabern. Sein Leben und Wirken als Reformator und Gelehrter, Grünstadt (Pfalz) 1957 (= VVPfKG 6).
RE = Realencyklopädie für protestantische Theologie und Kirche, 3. Aufl., hg. v. *Albert Hauck*, 24 Bde., Leipzig 1896-1913.
Reicke, Nürnberg = *Reicke*, *Emil*: Geschichte der Reichsstadt Nürnberg von dem ersten ur-

kundlichen Nachweis ihres Bestehens bis zu ihrem Übergang an das Königreich Bayern (1806), Nürnberg 1896.
RGG = Die Religion in Geschichte und Gegenwart, 3. Aufl., hg. v. *Kurt Galling*, 6 Bde. und RegBd., Tübingen 1957-1965.
RGST = Reformationsgeschichtliche Studien und Texte.
Ridley, Cranmer = *Ridley, Jasper*: Thomas Cranmer, Oxford 1962.
Röhrich, Sprichwörtliche Redensarten = *Röhrich, Lutz*: Lexikon der sprichwörtlichen Redensarten, 2 Bde., Freiburg i. Br./Basel/Wien 1973.
Rosenkranz, Bundschuh = Der Bundschuh, die Erhebungen des südwestdeutschen Bauernstandes in den Jahren 1493-1517, bearb. v. *Albert Rosenkranz*, 2 Bde., Heidelberg 1927 (= Schriften des Wissenschaftlichen Instituts der Elsaß-Lothringer im Reich 10).

Sakuma, Nürnberger Tuchmacher = *Sakuma, Hironobu*: Die Nürnberger Tuchmacher, Weber, Färber und Bereiter vom 14. bis 17. Jahrhundert, Nürnberg 1993 (= Nürnberger Werkstücke zur Stadt- und Landesgeschichte 51).
Scheible, Brief = *Scheible, Heinz*: Melanchthons Brief an Carlowitz, in: ARG 57, 1966, S. 102-130.
Scheible, Luther und Melanchthon = *Scheible, Heinz*: Luther und Melanchthon, in: Informationen für den Geschichts- und Gemeinschaftskundelehrer 28, 1984, S. 21-34.
Schmauch, Christoph von Stadion = *Schmauch, Hans Peter*: Christoph von Stadion (1478-1543), Bischof von Augsburg (1517-1543), und seine Stellung zur Reformation, phil. Diss. (masch.) München 1956.
Schmeidler, Kopernikus = *Schmeidler, Felix*: Nikolaus Kopernikus, Stuttgart 1970 (= Große Naturforscher 34).
Schmidt, Menius = *Schmidt, Gustav Lebrecht*: Justus Menius, der Reformator Thüringens, 2 Bde., Gotha 1867.
Schornbaum, Briefwechsel = *Schornbaum, Karl*: Zum Briefwechsel Philipp Melanchthons, in: ZBKG 13, 1938, S. 102-106.
Schornbaum, Politik Georgs = *Schornbaum, Karl*: Zur Politik des Markgrafen Georg von Brandenburg vom Beginne seiner selbständigen Regierung bis zum Nürnberger Anstand 1528-1532, München 1906.
Schrötter, Münzkunde = Wörterbuch der Münzkunde, in Verbindung mit *N. Bauer*, *K. Regling*, *A. Suhle*, *P. Vasmer* und *J. Wilcke* hg. v. *Friedrich Freiherr von Schrötter*, Berlin/Leipzig 1930.
Schubert, Spengler = *Schubert, Hans von*: Lazarus Spengler und die Reformation in Nürnberg, Leipzig 1934 (= QFRG 17).
Schulz, Discubuit = *Schulz, Frieder*: »Discubuit Jesus«, in: JLH 25, 1981, S. 27-48.
Schulz, Eid = *Schulz, Hans*: Andreas Osianders reformatorische Lehre vom Eid, in: ARG 84, 1993, S. 185-205.
Schulz, Lutherwort = *Schulz, Hans*: Ein apokryphes Lutherwort zum Interim 1548. Johann Agricola beruft sich auf den Wittenberger Reformator, in: JBBKG 57, 1989, S. 99-123.
Schwarz-Lausten, Skrifter = *Schwarz-Lausten, Martin*: Skrifter af Peder Palladius. Hidtil utruykte latinske skrifter, Kopenhagen 1968.
Schwennicke, Stammtafeln = Europäische Stammtafeln. Stammtafeln zur Geschichte der europäischen Staaten... Neue Folge, hg. v. *Detlev Schwennicke*, Bd. 1ff, Marburg 1978ff.
SDKG = Studien zur deutschen Kunstgeschichte.
Seebaß, Bibliographie = Bibliographia Osiandrica. Bibliographie der gedruckten Schriften Andreas Osianders d. Ä. (1496-1552). Im Auftrag der Reformationsgeschichtlichen Forschungsstelle an der Friedrich-Alexander-Universität zu Erlangen-Nürnberg bearb. v. *Gottfried Seebaß*, Nieuwkoop 1971.
Seebaß, Osiander = *Seebaß, Gottfried*: Das reformatorische Werk des Andreas Osiander, Nürnberg 1967 (= EKGB 44).

Sehling, Kirchenordnungen = Die evangelischen Kirchenordnungen des 16. Jahrhunderts, hg. v. *Emil Sehling* u. a., Bde. 1-5, Leipzig 1902-1913; Bd. 6,1ff, Tübingen 1955ff.

Simon, Kirchengeschichte = *Simon*, *Matthias*: Evangelische Kirchengeschichte Bayerns, 2. überarb. und fortgef. Aufl., Nürnberg 1952.

Simon, Nbg. Pfb. = *Simon*, *Matthias*: Nürnbergisches Pfarrerbuch. Die evangelisch-lutherische Geistlichkeit der Reichsstadt Nürnberg und ihres Gebietes 1524-1806, Nürnberg 1965 (= EKGB 41).

SMRT = Studies in medieval and reformation thought.

SMTG = Schriften der münsterischen Täufer und ihrer Gegner.

Specker – Weig, Einführung = Die Einführung der Reformation in Ulm. Geschichte eines Bürgerentscheids. Vortragsveranstaltungen, Ausstellungskatalog und Beiträge zum 450. Jahrestag der Ulmer Reformationsabstimmung, hg. v. *Hans Eugen Specker* und *Gerhard Weig*, Stuttgart 1981 (= Forschungen zur Geschichte der Stadt Ulm, Reihe Dokumentation, 2).

Sperber, Bible = The Bible in Aramaic. Based on old Manuscripts and Printed Texts, ed. by *Alexander Sperber*, Bde. 1-4 und 4a, Leiden 1959-1973.

Spindler, Handbuch = Handbuch der bayerischen Geschichte, hg. v. *Max Spindler*, Bd. 1: 3. verb. Aufl., München 1975; Bd. 2: München 1969; Bde. 3,1 und 3,2: 2. verb. Aufl., München 1979; Bde. 4,1 und 4,2: München 1974/75.

Spitta, Bekenntnisschriften = *Spitta*, *Friedrich*: Die Bekenntnisschriften des Herzogs Albrecht von Preussen, in: ARG 6, 1909, S. 1-155.

Sporhan-Krempel, Nachrichtenzentrum = *Sporhan-Krempel*, *Lore*: Nürnberg als Nachrichtenzentrum zwischen 1400 und 1700, Nürnberg 1968 (= Nürnberger Forschungen 10).

Spuler, Kultur = *Spuler*, *Bertold*: Die Kultur des islamischen Ostens, in: HKuG.KV: Die Kultur des Islam, S. 207-329.

Stälin, Geschichte = *Stälin, Christoph Friedrich von*: Württembergische Geschichte. In 4 Teilen, Neudr. der Ausg. Stuttgart 1873, Aalen 1975.

Stephanus, Thesaurus = Thesaurus Graecae Linguae, ab *Henrico Stephano* constructus. Post editionem anglicam novis additamentis auctum, ordineque alphabetico digestum tertio ediderunt *Carolus Benedictus Hase*, *Gabriel Rudolfus Ludovicus de Sinner* et *Theobaldus Fix*, 9 Bde., Paris 1831-1865, photomech. Nachdr. Graz 1954.

Strobel, Beyträge = *Strobel*, *Georg Theodor*: Beyträge zur Litteratur, besonders des sechszehnten Jahrhunderts, 2 Bde., Nürnberg und Altdorf 1784-1786.

Strobel, Leben Veit Dietrichs = Nachricht von dem Leben und den Schriften Veit Dietrichs eines um die Evangelisch Lutherische Kirche unsterblich verdienten Theologen als ein geringer Beitrag zur Reformations=Geschichte aus gedruckten und ungedruckten Quellen hg. v. *Georg Theodor Strobel*, Altdorf und Nürnberg 1772.

Stupperich, Köteritz = *Stupperich*, *Martin*: Der herzoglich preußische Rat Wolf von Köteritz und der Osiandrische Streit 1549-1552, in: KO 18, 1975, S. 57-72.

Stupperich, Melanchthon-Studienausgabe = Melanchthons Werke in Auswahl, hg. v. *Robert Stupperich* u. a., Bd. 1ff, Gütersloh 1951ff.

Stupperich, Osiander = *Stupperich*, *Martin*: Osiander in Preußen 1549-1552, Berlin/New York 1973 (= AKG 44).

Stupperich, Reformatorenlexikon = *Stupperich*, *Robert*: Reformatorenlexikon, Gütersloh 1984.

Stupperich, Täufertum = *Stupperich*, *Robert*: Das münsterische Täufertum. Ergebnisse und Probleme der neueren Forschung, Münster 1958 (= Schriften der historischen Kommission für Westfalen 2).

Stupperich, Tetrapolitana = Confessio Tetrapolitana und die Schriften des Jahres 1531, hg. v. *Robert Stupperich*, Gütersloh 1969 (= Martini Buceri Opera Omnia, Series I: Martin Bucers Deutsche Schriften. Im Auftrag der Heidelberger Akademie der Wissenschaften hg. v. *Robert Stupperich*, 3).

THAT = Theologisches Handwörterbuch zum Alten Testament.
ThHK = Theologischer Handkommentar zum Neuen Testament.
ThWAT = Theologisches Wörterbuch zum Alten Testament, hg. v. *Gerhard Johannes Botterweck* und *Helmer Ringgren*, Bd. 1ff, Stuttgart 1970ff.
TRE = Theologische Realenzyklopädie, in Gemeinschaft mit *Horst Robert Balz* ... hg. v. *Gerhard Krause* und *Gerhard Müller*, Bd. 1ff, Berlin/New York 1977ff.
Tschackert, Herzogin Elisabeth = *Tschackert*, *Paul*: Herzogin Elisabeth (gest. 1558), geborene Markgräfin von Brandenburg, die erste Schriftstellerin aus dem Hause Brandenburg und aus dem braunschweigischen Hause, ihr Lebensgang und ihre Werke, in: Hohenzollern-Jahrbuch: Forschungen und Abbildungen zur Geschichte der Hohenzollern in Brandenburg-Preußen 3, 1899, S. 49-65.
Tschackert, Urkundenbuch = Urkundenbuch zur Reformationsgeschichte des Herzogthums Preußen, hg. v. *Paul Tschackert*, 3 Bde., Leipzig 1890 (= PPSA 43-45).

VHKW = Veröffentlichungen der historischen Kommission (der/für die Provinz) Westfalens.
VIEG = Veröffentlichungen des Instituts für europäische Geschichte Mainz.
Virck, Correspondenz Straßburgs 1 = Politische Correspondenz der Stadt Strassburg im Zeitalter der Reformation, Bd. 1: 1517-1530, bearb. v. *Hans Virck*, Strassburg 1882 (= Urkunden und Akten der Stadt Strassburg, 2,1).
Völker, Kirchengeschichte = *Völker*, *Karl*: Kirchengeschichte Polens, Berlin/Leipzig 1930 (= GSPK 7).
Vogt, Briefwechsel = Dr. Johannes Bugenhagens Briefwechsel. Im Auftrage der Gesellschaft für pommersche Geschichte und Alterthumskunde ges. und hg. v. *Otto Vogt*, Stettin 1888, fotomechanischer Neudr. Hildesheim 1966.
Voigt, Albrecht Alcibiades = *Voigt*, *Johannes*: Markgraf Albrecht Alcibiades von Brandenburg-Kulmbach, 2 Bde., Berlin 1852.
Voit, Gallus = *Voit*, *Hartmut*: Nikolaus Gallus. Ein Beitrag zur Reformationsgeschichte der nachlutherischen Zeit, Neustadt a. d. Aisch 1977 (= EKGB 54).
Volz, Luther-Bibel = D. Martin Luther. Die gantze Heilige Schrifft Deudsch Wittenberg 1545. Letzte zu Luthers Lebzeiten erschienene Ausgabe, hg. v. *Hans Volz* unter Mitarbeit von *Heinz Blanke*, Textredaktion *Friedrich Kur*, 2 Bde., München 1972.
VVPfKG = Veröffentlichungen des Vereins für pfälzische Kirchengeschichte.

WA = D. Martin Luthers Werke. Kritische Gesamtausgabe, Bd. 1ff, Weimar 1883ff.
WA.B = D. Martin Luthers Werke. Kritische Gesamtausgabe. Briefwechsel, 14 Bde., Weimar 1930-1970.
Wackernagel, Kirchenlied = *Wackernagel*, *Philipp*: Das deutsche Kirchenlied von der ältesten Zeit bis zum Anfang des 17. Jahrhunderts, 5 Bde., Leipzig 1864-1877, Neudr. Hildesheim 1964.
WA.DB = D. Martin Luthers Werke. Kritische Gesamtausgabe. Die deutsche Bibel, Bd. 1-7, Weimar 1906-31, unv. Nachdr. Graz 1968; Bd. 8-12, Weimar 1954-61, unv. Nachdr. Graz 1972.
Walch, Philosophisches Lexicon = *Walch*, *Johann Georg*: Philosophisches Lexicon, 4. Aufl. Leipzig 1775, reprogr. Nachdr. Hildesheim 1968.
Walter, Reichstag = *Walter*, *Johannes von*: Der Reichstag zu Augsburg 1530, in: LuJ 12, 1930, S. 1-90.
Walther, Proverbia = Proverbia sententiaeque latinitatis medii aevi. Lateinische Sprichwörter und Sentenzen des Mittelalters in alphabetischer Ordnung, ges. und hg. v. *Hans Walther*, 6 T., Göttingen 1963-1969; T. 7/8: Nova series. Aus dem Nachlaß von *Hans Walther* hg. v. *Paul Gerhard Schmidt*, Göttingen 1982/83 (= Carmina medii aevi posterioris Latina 2,1-8).
Wander, Sprichwörterlexikon = *Wander*, *Karl Friedrich Wilhelm*: Deutsches Sprichwörterlexikon. Ein Hausschatz für das deutsche Volk, 5 Bde., Leipzig 1867-1880, Neudr. Aalen 1963.

Wartenberg, Freiberger Gebiet = *Wartenberg, Günther*: Die Einwirkungen Luthers auf die reformatorische Bewegung im Freiberger Gebiet und auf die Herausbildung des evangelischen Kirchenwesens unter Herzog Heinrich von Sachsen, in: HerChr 1981/82 (= BKGD 13), S. 93-117.

Weber – Heider, Reformation = *Weber, Ambros* und *Josef Heider*: Die Reformation im Fürstentum Pfalz-Neuburg unter Pfalzgraf und Kurfürst Ottheinrich 1542-1559, in: Neuburger Kollektaneenblatt 110, 1957, S. 5-95.

Weigel – Wopper – Ammon, Neuburgisches Pfarrerbuch = *Maximilian Weigel, Joseph Wopper, Hans Ammon*: Neuburgisches Pfarrerbuch, Kallmünz 1967.

Weismann, Katechismen = *Weismann, Christoph*: Die Katechismen des Johannes Brenz, Berlin/New York 1990 (= Spätmittelalter und Reformation. Texte und Untersuchungen, hg. v. *Heiko A. Oberman*, 21).

Westermann, Jesaja 40-66 = Das Buch Jesaja. Kapitel 40-66. Übersetzt und erklärt von *Klaus Westermann*, Göttingen 1966 (= ATD 19).

Westermann, Vita Aesopi = Vita Aesopi. Ex Vratislaviensi ac partim Monacensi et Vindobonensi codicibus nunc primum edidit *Antonius Westermann*, Braunschweig/London 1845.

Wien 1529 = Wien 1529. Die erste Türkenbelagerung. Textband. 62. Sonderausstellung des Historischen Museums der Stadt Wien, Karlsplatz, 4. Oktober 1979 bis 10. Februar 1980, Wien/Köln/Graz 1979.

Will, Gelehrtenlexikon = *Will, Georg Andreas*: Nürnbergisches Gelehrten=Lexicon oder Beschreibung aller Nürnbergischen Gelehrten beyderley Geschlechtes nach Ihrem Leben, Verdiensten und Schrifften..., 4 Bde., Nürnberg und Altdorf 1755-1758, fortges. v. *Christian Conrad Nopitsch*, 4 Bde. (= Bd. 5-8), Altdorf 1802-1808.

Windhorst, Hubmaier = *Windhorst, Christof*: Täuferisches Taufverständnis. Balthasar Hubmaiers Lehre zwischen traditioneller und reformatorischer Theologie, Leiden 1976 (= SMRT 16).

Witt, Wehrkirche = *Witt, Ernst*: Sankt Georg, die Wehrkirche zu Rastenburg, in: Kunstwissenschaftliche Studien 14, 1933, S. 1-54.

Zapf, Christoph von Stadion = *Zapf, Georg Wilhelm*: Christoph von Stadion, Bischof von Augsburg. Eine Geschichte aus den Zeiten der Reformation, Zürich 1799.

ZBKG = Zeitschrift für bayerische Kirchengeschichte.

Zeeden, Frühe Neuzeit = *Zeeden, Ernst Walter*: Deutsche Kultur in der Frühen Neuzeit, Frankfurt a. M. 1968 (= HKuG.ZD 5).

Zoepfl, Bistum Augsburg = *Zoepfl, Friedrich*: Das Bistum Augsburg und seine Bischöfe (Bd. 1: im Mittelalter; Bd. 2: im Reformationsjahrhundert), Augsburg 1955 und 1969.

Zorn, Augsburg = *Zorn, Wolfgang*: Augsburg. Geschichte einer deutschen Stadt, 2., verm. Aufl., Augsburg 1972.

SCHRIFTEN UND BRIEFE

Nr. 487
Osiander an Anna Rücker
Königsberg, [1551], September 4

Bearbeitet von *Urte Bejick*

Hannover StArch, Dep. 83 B, Nr. 243, autogr. Ausf.

Bittet um Übergabe des Briefes an seine Tochter Katharina Besold; berichtet, daß sich Johannes Rücker bei Matthäus Vogel aufhält; will bald sein Buch ›Von dem einigen Mittler‹ übersenden.

[Dorsale: Adresse:] Der erbarn und tugenthaften frauen Anna Hans Ruckerin[1], rotferberin[2] zu Nurmberg, im Untern Wehr[3], zu aignen handen.

Gotis gnad zuvor. Liebe Ruckerin, gebt disen brieff[4] meiner tochter Besholtin[5]. Die wirt euch wol sagen, was drin steht. Eur son Johannes[6] ist zum magister Vogel[7] spa-

1. Zur Form des Namens der Ehefrau vgl. u. S. 335, Anm. 12, Nr. 495. Die Heirat der Anna Mauserin mit Hans Rücker im Jahr 1525 ist verzeichnet bei *Burger*, Ehebuch, S. 5, Nr. 83. Der Sterbeeintrag aus dem Jahr 1555 in *Burger*, Totengeläutbücher 3, S. 202, Nr. 5373, lautet: »Anna Hannß Rückerin im Untern Wehr[d]«.

2. Der Stand der ›Färber‹ oder ›Tuchmacher‹ fertigte (Grau-)Tuche aus Wolle, die gewöhnlich blau gefärbt wurden. ›Rotfärber‹ dagegen waren in Nürnberg für die Rotfärbung der Tuche zugelassen. Sie sind seit dem Ende des 15. Jh. nachweisbar; vgl. *Sakuma*, Nürnberger Tuchmacher, S. (48-)57-59.

3. nach Auskunft des StadtArch Nürnberg die heutige Untere Wöhrdstraße in der Lorenzer Altstadt.

4. sc. in der Anlage. Das Schreiben ist nicht erhalten. – Der Bote aus Königsberg muß engere Beziehungen zur Familie Rücker gehabt haben oder besonders an sie gewiesen worden sein, sonst hätte Osiander den kurzen Begleitbrief nicht verfaßt. Denkbar ist, daß durch die persönliche Übermittlung des Beibriefes von Frau zu Frau verhindert werden sollte, daß der Rat der Stadt oder Osianders Schwiegersohn Hieronymus Besold von dem Brief an die Tochter etwas erfuhr; vgl. Anm. 5.

5. Osianders Tochter Katharina, seit 30. Jan. 1548 mit dem Prediger am Heilig-Geist-Spital, Hieronymus Besold, verheiratet; vgl. u. A. Bd. 8, S. 503, Anm. 7, Nr. 343, und Bd. 9, S. 138, Anm. 8, Nr. 376. Besold hatte sich zu einem Gegner seines Schwiegervaters entwickelt; vgl. u. S. 345,8-11 und Anm. 112, Nr. 495.

6. Johannes Rücker (1526-1580), geb. in Nürnberg, seit 1550 Rektor der Domschule in Königsberg, war mit seinem Landsmannn Osiander befreundet. Nach Osianders Tod heiratete er 1556 dessen Witwe Helena; vgl. Altpreußische Biographie 2, S. 574, und *Seebaß*, Osiander, S. 199. Natürlich genossen auch seine Eltern in Nürnberg Osianders Vertrauen.

7. Matthäus Vogel (1519-1591), 1548/49 Diakon an St. Jakob in Nürnberg, war nach Preußen übergesiedelt und auf Empfehlung Osianders seit 1550 Pfarrer in Wehlau; vgl. u. A. Bd. 9, S. 256,7-12 und Anm. 9, Nr. 394.

cirt[8], er het sonst auch geschriben. Uber acht tag wirt wider ein pot gehn[9]. Der soll euch, ob Got wil, mein puch[10] getruckt pringen; sein wol 27 pogen[11]. Seit Got befolhen. Am 4. Septembris. In Eil.

Andreas Osiander

8. verreist. – Wehlau liegt ungefähr 50 km östlich von Königsberg.

9. Zwischen Nürnberg und Königsberg gab es einen regelmäßigen Postverkehr, auch besaß die Stadt eigene Korrespondenten bei Herzog Albrecht; vgl. *Sporhan-Krempel*, Nachrichtenzentrum, S. 26-28 und 83-89. Briefe von Königsberg nach Nürnberg benötigten ungefähr 24 Tage, vgl. u. A. Bd. 9, S. 408, Anm. 14, Nr. 420.

10. Der Druck der Schrift ›Von dem einigen Mittler‹ wurde Ende Juli begonnen. Tatsächlich lag das Werk eine Woche später gedruckt vor; vgl. *Stupperich*, Osiander, S. 206, bzw. u. S. 302,5-7, Nr. 489.

11. Der Umfang des Druckes beträgt 108 ungezählte Blätter, vgl. *Seebaß*, Bibliographie, S. 165, Nr. 56.1. Osianders genaue Angabe zeigt, daß der Druck (fast) schon fertiggestellt war.

Nr. 488/496
Von dem einigen Mittler
De unico mediatore

1551

Bearbeitet von *Hans Schulz*

Einleitung

1. Vorgeschichte

Am 8. Mai 1551 wurde den Theologen der Universität durch herzogliches Mandat ein neues Verfahren zur Beilegung der Auseinandersetzungen eröffnet: Osiander sollte eine Darstellung seiner Lehre abfassen, die man den andern zur Beantwortung zuleiten werde; wenn nötig, solle dieser Schriftwechsel wiederholt und nach seiner Beendigung eine endgültige Entscheidung durch verordnete Räte gefällt werden, die für alle Seiten verbindlich sein solle[1]. Osiander wandte dagegen ein, daß er bei solchem Verfahren benachteiligt sei, und schlug vor, alle Beteiligten sollten ein Bekenntnis ihrer Lehre abfassen[2]. Herzog Albrecht änderte daraufhin das Mandat in diesem Sinne und ließ es am 6. Juni den Theologen durch Mörlin zustellen[3]. Hinweise der Gegner auf den ursprünglichen Wortlaut drangen nicht durch, ebensowenig der Versuch, sich statt eigener Darlegungen auf die Confessio Augustana zu berufen. Der Herzog verlangte unnachgiebig, jeder solle seine Lehre darstellen, wie er es auf Kanzel und Katheder zu tun pflege[4]. Diesem Druck beugten sich die Angesprochenen, und schon am 10. Juni lagen die Bekenntnisse von Hegemon, Mörlin, Staphylus und v. Venediger vor[5]. Osiander dagegen saß noch an der Arbeit.

Die Gegner Osianders waren offenbar mit dem geplanten Verfahren – wohl wegen des beabsichtigten Schiedsspruches durch herzoglich bestimmte Richter – nicht zufrieden[6]. Mörlin und Staphylus brachten das Verlangen vor, der Herzog möge eine freie Synode zur Beurteilung der strittigen Lehren gewähren[7]. Osiander dagegen sah sich in dieser Zeit besonders durch die Polemik Mörlins der Verleumdung ausgesetzt. Seine Verbitterung darüber erkennt man nicht nur an seiner Gegenwehr – er verfaßte die Schrift ›Daß unser lieber Herr‹, die der Herzog jedoch nicht zum Verkauf freigab[8] –, sondern auch an seinen Klagen dem Herzog gegenüber. Am

1. Vgl. u. A. Bd. 9, S. 675-679, Nr. 470, und *Stupperich*, Osiander, S. 151.
2. Vgl. u. A. Bd. 9, S. 680-683, Nr. 471.
3. Vgl. *Stupperich*, Osiander, S. 152.
4. Vgl. ebd.
5. Vgl. *Stupperich*, Osiander, S. 152f. Dort finden sich auch Inhaltsangaben zu den vier Schriften. Gedruckt sind sie in Albrecht, Ausschreiben, Bl. B3b-D3a. D4a-E1a.
6. Vgl. *Stupperich*, Osiander, S. 203.
7. Vgl. ebd., S. 154.
8. Vgl. dazu u. A. Bd. 9, S. 688-690, Nr. 474.

31. Mai schrieb er ihm mit Bezug auf die Konfession, an der er arbeitete: »Und solt es mir gleich leib und leben kosten, solche gottslesterung kan und will ich nicht leiden, sonder dargegen handeln, dieweil sich ein ader in meinem leib und meiner zungen regen kann. Und das sol, ob Gott will, mein letste schrifft und mein testament sein, dan ich sihe, das ich doch nichts ausrichte.«[9]

Osiander muß Gelegenheit erhalten haben, die Konfessionen seiner Gegner einzusehen[10], er konnte bei seinen Darlegungen bereits auf sie antworten[11]. Am 9. Juli hatte er sein ›Bekenntnis‹ fertiggestellt und reichte es am Hof ein[12].

Um diese Zeit mag bei Herzog Albrecht und dem ihn unterstützenden Rat Wolf von Köteritz der Plan gereift sein, die Konfession Osianders dem Urteil der Kirche vorzulegen. Jedenfalls äußerte sich der Herzog Mörlin gegenüber bereits am 23. Juni in Andeutungen und teilte dieses Vorhaben Mitte Juli Melanchthon, Major und Bugenhagen mit[13]. Freilich wollte man deswegen, den Mandaten vom Mai bzw. Juni entsprechend, nicht auf den klärenden Wechsel von Stellungnahmen beider Parteien miteinander verzichten[14]. Die Benachrichtigung der anderen Seite über dieses neu formierte Verfahren erfolgte brieflich am 15. Juli und zwar mit einem vom Herzog redigierten Schreiben, das Osiander aufgesetzt hatte[15]. Dieser war somit über alle Planungen im Bilde und hatte ihnen zugestimmt: Sein Bekenntnis sollte gedruckt und anschließend zur allgemeinen Begutachtung und Einleitung eines Schiedsurteils verschickt werden.

Höchst eigenartig war daraufhin die Reaktion der Osiandergegner. Druck und Verbreitung von Osianders Schrift waren ihnen offenbar sehr unwillkommen, obwohl sie selbst die öffentliche Entscheidung durch eine Synode gefordert hatten. Man gab vor, die neue Schrift Osianders sei völlig überflüssig, der Beschuldigte werde seine Lehre nur beschönigen wollen, seine bisherigen Schriften seien für eine Konfutation von ihrer Seite völlig ausreichend, der Herzog möge eine Synode nach dem Beispiel der alten Kirche gewähren. Die Anrufung der ganzen Kirche um ein Urteil wagten die Gegner zwar nicht abzulehnen, sie versuchten aber, die Bedeutung des kirchlichen Konsenses mit der Feststellung zu mindern, die Kirche richte nicht vor dem Wort Gottes, sondern sei dessen Schülerin. Die ihnen am 12. August übermittelte Schrift Osianders nahmen sie nicht an, sondern ließen sie ungeöffnet zurückgehen. Der Herzog, der diesen Affront sehr wohl empfand, ließ sich in seinem Vorhaben aber nicht beirren, sondern sandte ihnen das Buch umgehend mit dem

9. s. u. A. Bd. 9, S. 687, 3-6, Nr. 473; vgl. *Stupperich*, Osiander, S. 154f, und *Möller*, Osiander, S. 440.

10. Mörlin, Historia, Bl. M2b, teilt mit, daß sie Osiander zugestellt worden seien.

11. Er hat sogar aus ihnen zitiert; vgl. u. S. 228,23f.

12. Vgl. *Stupperich*, Osiander, S. 195. – Von den hsl. Exemplaren, die zweifellos sofort in der Regierungskanzlei erstellt wurden, erkennbar am fehlenden Vorwort des Druckes, hat sich nur eine Kopie erhalten (s. weiter u. die Überlieferung Hs. a); Osianders Autograph ist verloren.

13. Vgl. *Stupperich*, Osiander, S. 203f.

14. Vgl. u. A. Bd. 9, S. 705f, Nr. 476.

15. Vgl. u. A. Bd. 9, S. 699-704, Nr. 475.

ausdrücklichen Befehl zurück[16]: »Damit aber wir fur unsere person zum forderlichsten wissenschafft entpfahen mögen, was doch eure endliche, semptliche und unzertrennete meinung in den streitigen irrungen sey, ist an euch unser begern, ir wollet uns solchs in deutscher sprach unseumlich zu erkennen geben und darinnen auff des Osiandri deducirten gründe der heiligen schrifft und doctoris Martini auslegungen, so er in seiner ›confession‹ angezogen, ... richtige und bestendige vorantwortung thun ...«[17]

2. *Die Drucklegung*

Da beschlossen war, das neue Werk zu drucken und einer breiten Öffentlichkeit zugänglich zu machen, verfaßte Osiander eine an den Fürsten gerichtete ›Epistola dedicatoria‹, die neben einer polemischen Charakterisierung der Gegner einen kurzen Abriß der Entwicklung des Streites enthält und abschließend der Hoffnung Ausdruck verleiht, daß durch die Veröffentlichung die Wahrheit in voller Breite wieder zu ihrem Recht komme[18]. Dieses Vorwort ist aller Wahrscheinlichkeit nach erst Mitte August entstanden[19], als der Druck des Hauptwerkes schon vollauf im Gange war. Größere Nachbesserungen an der ursprünglichen Fassung hat Osiander nicht vorgenommen[20], der Druck wurde vielmehr in aller Eile vorangetrieben[21]. Am 4. August meldete Osianders Schwiegersohn Aurifaber dem Herzog, daß der erste Bogen ausgedruckt sei[22]. Der fertige Druck selbst trägt das Datum des 8. September und den Titel: »Von dem einigen mitler Jhesu Christo und rechtfertigung des glaubens bekantnus. Andreas Osiander.«[23] Die Auflage betrug 1000 Stück. Am 9. September schrieb Osiander nach Nürnberg, daß die ganze Auflage wohl in vierzehn Tagen vor Ort verkauft sein würde, er daher nur wenige Exemplare verschicken könne. Er äußerte sodann den Wunsch, die Schrift in Nürnberg nachdrucken zu las-

16. Vgl. *Stupperich*, Osiander, S. 205f; weiter Mörlin, Historia, Bl. O1b-P1b (Schreiben des Herzogs an Mörlin, Hegemon, v. Venediger, Stancarus und Staphylus vom 12. Aug.) und Bl. Q2b-R1a (Schreiben des Herzogs an Mörlin vom 19. Aug.).

17. Mörlin, Historia, Bl. O4a.

18. s. u. S. 78-98.

19. Für diese Annahme spricht, daß die Bezeichnung der Druckbogen des Vorwortes mit Hilfszeichen erfolgte, während die Druckbogen des Hauptwerkes mit normaler Beschriftung durch Großbuchstaben vorgenommen wurde. Außerdem kam Osiander im Vorwort auf allerneueste Ereignisse zu sprechen: Stancarus und Staphylus hatten sich Mitte August aus Königsberg entfernt; vgl. u. S. 90,12 mit Anm. 91.

20. Vgl. dazu die geringe Zahl echter Textunterschiede (allenfalls Satzteile oder Wendungen) zwischen Hs. a und Druck A nach der Textkritik. Ein Austausch oder eine Umarbeitung ganzer Abschnitte findet sich nicht. Hs. a steht somit der Urfassung von Osianders Schrift nicht wesentlich näher als Druck A.

21. Dafür sprechen die vielen Druckfehler in A.

22. Vgl. *Stupperich*, Osiander, S. 206.

23. Vgl. u. S. 78,1-3, bzw. *Seebaß*, Bibliographie, S. 165, Nr. 56.1.

sen, weil die Königsberger Presse nicht genügend Kapazität habe[24]. Das neue Werk des Professors muß also mit großem Interesse aufgenommen worden sein. In aller Eile wurde auch eine lateinische Übersetzung, bestimmt für nicht-deutsche Gelehrte, hauptsächlich in Polen, gefertigt und erschien, zusätzlich versehen mit einem Vorwort ›Ad lectorem‹[25], unter dem Datum des 24. Oktobers[26]. – Eine zweite Auflage des Werkes in deutscher Sprache wurde in Königsberg nach Osianders Tod im Jahr 1554 herausgebracht[27].

3. Der Inhalt

a) Literarischer Charakter

Mancher Leser von Osianders Bekenntnis wird die Schrift ziemlich unübersichtlich finden[28]. Dieser Eindruck ist nicht unberechtigt und hat verschiedene Ursachen. Als erstes wäre vielleicht die Eile anzuführen, in der das Werk verfaßt wurde. Dazu kommt die sehr unterschiedliche Länge der einzelnen Teile, die eine Übersicht erschwert, aber nicht auf das theologische Gewicht des Inhalts im Gesamtentwurf zurückschließen läßt[29]. Man wird sogar sagen dürfen, daß Osiander theologisch Selbstverständliches und Unbestrittenes sehr knapp ausführen kann, während er anderes, was ihm besonders wichtig ist, wie er selbst betont, um die Unwissenden zu lehren[30], in aller Ausführlichkeit vor dem Leser ausbreitet. Der Eindruck ermüdender Länge ergibt sich aus der übergroßen Menge an Schriftstellen, die immer wieder als Bestätigung des gerade vorgenommenen Gedankenschrittes angehäuft werden. Sie bilden zwar ein hervorragendes Zeugnis für Osianders Schriftkenntnis, unterbrechen aber den Zusammenhang der Darlegung ständig und machen den großen Entwurf des Konzeptes fast unkenntlich. Ähnliches ist auch von den eingeschobenen Auflistungen vieler Lutherzitate zu sagen[31]. Gegen Ende seiner Ausführungen über die Gerechtmachung gerät Osiander so stark in exegetische Einzelheiten, daß

24. Vgl. u. S. 302,14-303,4, Nr. 489; weiter *Stupperich*, Osiander, S. 207. Der Nachdruck in Nürnberg erfolgte offenbar nicht, vgl. u. S. 340,13-341,9, Nr. 495. Zur gleichen Zeit gab Osiander weitere Schriften, u. a. seine Disputatio de iustificatione in deutscher Fassung heraus, vgl. *Möller*, Osiander, S. 452, und u. A. Bd. 9, S. 422-425, Nr. 425/490.

25. Vgl. dazu weiter u. S. 63f. Es dürfte wohl als spätester Textteil des Werkes kurz nach dem 8. Sept. entstanden sein, möglicherweise jedoch auch erst kurz vor Fertigstellung des lat. Drukkes am 24. Okt., da auf die Fortdauer der Abwesenheit von Staphylus Bezug genommen wird (s. u. S. 101,3f, mit Anm.) und die lat. ›Epistola dedicatoria‹ und das Vorwort ›Ad lectorem‹ eine Blattzählung mit Hilfszeichen erhalten haben.

26. Vgl. *Stupperich*, Osiander, S. 207, und *Möller*, Osiander, S. 398.

27. Vgl. u. die Überlieferung.

28. So schon die Zeitgenossen, vgl. weiter u. S. 67 und 70.

29. Vgl. dazu die Angaben bei *Hirsch*, Theologie, S. 183.

30. Vgl. u. S. 96,8(3-12), bzw. S. 276,6-12. Osiander selbst hatte nachträglich den Eindruck häufiger Wiederholungen, für die er sich beim Leser entschuldigt, vgl. u. S. 101,8-10.

31. Vgl. etwa die großen Einschübe u. S. 132,4-136,24 und 170,30-190,16.

der Blick auf die Gliederung verlorengeht und der Eindruck ziellos überbordender Breite entsteht[32]. Zusätzlich strapaziert er den Leser mit der ständigen Wiederholung ihm wesentlicher Bibelstellen.

Der Eindruck der Überfrachtung hängt zudem mit einem wichtigen stilistischen Merkmal zusammen, das sich in weiten Passagen der Schrift Osianders findet. Seine Darlegungen schreiten häufig nicht Punkt für Punkt linear fort, so daß ein Sachverhalt nach und aus dem andern hervortritt. Sehr oft, besonders bei exegetischen Verbreiterungen, sind die Aussagen wieder in sich zurückkehrend, ›meditativ‹, sich kreisförmig schließend und wiederholend überhäufend angelegt. Man kann dabei den Fortschritt des Gedankengangs nicht klar verfolgen. Vielmehr entsteht der Eindruck, als ob dasselbe bereits gesagt worden sei und unermüdlich wieder erscheint[33]. Dieses ›paulinische‹ oder auch ›johanneische‹ Denken[34] zergliedert den behandelten Gegenstand nicht, um ihn darzustellen, sondern umkreist ihn immer neu, wobei die Darstellung durch weitere Aspekte an Festigkeit gewinnt. In der ›schildernden‹ Ausformung liegt daher der Wert solcher Passagen[35]. Für den Leser, der gewohnt ist, abstrakte Gedanken fortschreitend zu erfassen[36], bietet die stilistische Eigenart des kreisenden Denkens aber große Verstehensprobleme[37].

Trotz dieser Schwierigkeiten ist Osianders Bekenntnis systematisch durchgeführt und erkennbar gegliedert, wobei wiederkehrende formelhafte Sätze die Orientierung erleichtern[38]. Besonders besticht die Schrift durch die Klarheit und Schärfe, mit der Begriffe definiert und verwendet werden, und durch Einzelargumente oder Spitzenaussagen, die in ihrer Evidenz, Treffsicherheit und Folgerichtigkeit theologische Durchdachtheit verraten[39]. Das Werk läßt sich durchaus als Gesamtentwurf charakterisieren, mit dem Osiander seine Lehre der Öffentlichkeit vorstellen wollte: Er stellt die beiden Hauptbegriffe des Themas, das Mittleramt Christi und die Rechtfertigung des Glaubens, in den weitgespannten Rahmen der Erlösung des Menschen und bestimmt als Schwerpunkt und Mitte den biblischen Gedanken der Einwohnung Christi im Glaubenden. In der theologischen Erörterung legt der Verfasser Wert darauf, Zug für Zug und Schritt für Schritt seine Übereinstimmung mit der heiligen Schrift und Martin Luther aufzuzeigen und so eine lückenlose Beweisführung für die Richtigkeit der Darstellung zu erbringen. Die Argumente der namentlich nicht genannten Gegner werden einzeln an geeigneter Stelle aufgenommen und im Zuge der Abhandlung zurückgewiesen. Als eigentlichen Anlaß für das Bekenntnis nennt Osiander die Frage nach der Rechtfertigung aus dem Glauben, ob wir von Gott gerecht gesprochen werden und trotzdem Sünder und gottlos bleiben

32. Vgl. dazu u. S. 60.
33. Zum Ganzen vgl. *Leisegang*, Denkformen.
34. Zu Paulus vgl. ebd., S. 88-130, zu Johannes die Fundstellen ebd. im Namensregister.
35. Vgl. ebd., S. 61-142, bes. S. 142. – Osiander kommt übrigens auf dieses Phänomen selbst zu sprechen im lateinischen Vorwort an den Leser, vgl. u. S. 101,9f.
36. Vgl. *Leisegang*, Denkformen, S. 208-286.
37. Vgl. ebd., S. 355-454.
38. Vgl. u. S. 54f, 56 und 58f.
39. Vgl. *Hirsch*, Theologie, S. 183.

oder ob wir durch Gott von den Sünden gereinigt und in Tat und Wahrheit durch den Glauben gerecht werden. Dieses Problem habe er aus unvermeidlicher Not, sein Gewissen zu retten und die Verführten recht zu unterweisen, mit seinem Bekenntnis der Öffentlichkeit vorgetragen[40].

b) Der Gesamtrahmen

Osianders theologischer Einsatzpunkt liegt bei der Sündenverfallenheit des Menschen, dem Zorn Gottes und dem Todesschicksal, und bestimmt als Ziel der Erlösung, daß uns Gott wieder gnädig wird und wir aus dem Tod der Sünden wieder lebendig und gerecht gemacht werden. Der Mensch kann dies von sich aus nicht erreichen. Gott muß seinen Sohn Mensch werden lassen, damit er Mittler zwischen uns und ihm sein kann. Zum Amt des Mittlers gehören zwei Funktionen, nämlich daß er uns einen gnädigen Gott schafft, der uns als seine Kinder annimmt (1), und der uns gerecht macht (2), daß wir Gott gehorsam und wohlgefällig sind, in wahrer Gerechtigkeit und Heiligkeit in jeder Hinsicht unsträflich[41].

Die erste Aufgabe des Mittlers wird nur kurz abgehandelt: Gottes Richteramt erlaubt nicht, daß die Sünde ungestraft und sein Gebot unerfüllt bleibt. Wir können weder für die Sünde genugtun noch die Liebe aufbringen, die das Gesetz fordert. Christus ist an unsere Stelle getreten, ist für unsere Missetat gestorben und hat uns vom Fluch des Gesetzes durch dessen Erfüllung in der Liebe erlöst[42]. Nach dieser stichwortartigen Darstellung erfolgt bereits die Überleitung zur Erörterung der zweiten Aufgabe, die Christus als Mittler hat: Wie Christus nämlich zu unserem Heil mit dem Vater gehandelt hat, so wendet er sich nun zu uns und handelt vom Vater aus als getreuer Mittler durch Predigt und Sakramente, damit wir lebendig gemacht und mit Gott versöhnt werden. Christi Leiden und Sterben, d. h. unsere Erlösung, kann daher noch nicht unsere Rechtfertigung genannt werden, da wir noch nicht geboren waren und, wer gerechtfertigt werden will, glauben muß. Deshalb ist der eigentliche ›Handel unserer Rechtfertigung‹ die andere Aufgabe des Mittleramtes, daß nämlich Christus sich herumwende und sich mit uns befasse, damit wir durch den Glauben lebendig gemacht werden und der noch anklebenden Sünde immer mehr absterben[43]. Diesen ›Handel unserer Rechtfertigung‹ vollziehe Christus durch den Auftrag, Buße und Vergebung der Sünden zu predigen. Denn das Evangelium sei die Predigt der Sündenvergebung im Namen Christi, die seligmachende Kraft Gottes für den Glaubenden (Röm 1,16)[44].

Mit diesen Feststellungen hat Osiander einen Rahmen geschaffen, der die Gliederung des Werkes bis zum Schluß bestimmt: In fünf Hauptabschnitten wird darge-

40. Vgl. u. S. 148,1-20.
41. s.u. S. 100,4-102,24. (Die folgenden Textangaben orientieren sich immer an der deutschen Fassung; die lateinische ist im Druckbild beigeordnet.)
42. s.u. S. 102,25-108,11.
43. s.u. S. 108,12-112,22.
44. s.u. S. 112,23-116,19.

legt, wie das Evangelium sich als Gotteskraft erweist. Dem primo folgt die Darstellung, daß es Christus in unsere Herzen bringt (secundo), daß es uns gerecht macht (tertio), daß es uns heiligt (quarto) und daß es uns schließlich ganz erlöst (quinto)[45]. Mit Abschluß des letzten Punktes ist Osiander am Ziel seines Gedankenganges angekommen. Er schlägt den Bogen zurück, indem er an die doppelte Funktion des Mittleramtes erinnert[46] und in bezug auf den theologischen Einsatzpunkt, die Notwendigkeit allumfassender Erlösung, den Kreis der Argumentation in einem Schlußabschnitt resümiert: So ist nun Christus unsere Erlösung, denn wir haben in ihm und durch ihn alles, was zu unserer Erlösung gehört[47]! Dies ›Geheimnis der Inkarnation‹ wird noch einmal dargestellt in seiner Bedeutung für das Wachstum des Glaubens bis zur Vollendung und mit Väterzitaten untermauert. Die Darlegung der Unsichtbarkeit dieses Wachstums bildet den Abschluß[48].

Vom Anfang der Schrift spannt sich also ein Bogen bis zu ihrem Ende und versieht das vorgegebene Problem mit einer umgreifenden Lösung. Die relativ kurze Darstellung der redemptio, d.h. des Handelns des Mittlers mit Gott und die zum Teil durch Überfrachtung gekennzeichnete der iustificatio, d.h. des ›Handels unserer Rechtfertigung‹, darf den Blick auf die konsequente Durchformung des theologischen Gebäudes, das Osiander aufbaut, nicht verstellen. Auch die Kurzdarstellung des Handelns Christi mit Gott, dem Vater, an unserer Stelle ist in sich ausgewogen und folgerichtig und fügt sich nahtlos in die Formulierung des Gesamtergebnisses, das der Schlußabschnitt herausarbeitet.

c) Die effektive Rechtfertigung

Im folgenden soll der Hauptteil des Bekenntnisses besprochen werden, die Darlegung – wie Osiander den Begriff gebraucht – unserer Rechtfertigung[49]: Die Ausführungen unter primo werden nach der Erörterung von Buße und Sündenvergebung fortgeführt durch die Unterscheidung zwischen innerlichem und äußerlichem Wort, d.h. zwischen dem, was wir denken, und dem, was wir sprechen. Dazu in Parallele tritt die Unterscheidung zwischen Evangelium und Predigt: Die Kraft des Evangeliums kommt aus dem ewigen Ratschluß Gottes, seinen Sohn für die Welt leiden und sterben zu lassen, und die äußerliche Predigt vermittelt die Kunde davon. Eine dritte Unterscheidung wird angereiht: Gottes ewiger Rat ist in Gott selbst ein innerliches Wort, nämlich der Sohn, der zur Erlösung gesandt wird. Osiander zieht nun die Schlußfolgerung: Im Evangelium als innerlichem Wort ergreifen wir durch den Glauben das Wort Gottes Jesus Christus, der in unseren Herzen wohnt und bleibt. Deshalb wird das Evangelium zu Recht Gottes Kraft genannt, die an uns zum

45. Die angegebenen Abschnitte beginnen u. S. 130,11; 144,1; 284,23 und 286,29.
46. s.u. S. 288,10-15.
47. s.u. S. 292,8f.
48. s.u. S. 292,28-300,4.
49. Die Darstellung der anderen Funktion des Mittleramtes mit den fünf Hauptabschnitten umfaßt die Seiten 112,14-292,7, die eigentliche Erörterung der effektiven Rechtfertigungslehre (Abschnitt tertio) die Seiten 144,1-284,22.

Heil wirkt. Der rechte Glaube – im Gegensatz zum falschen, fleischlichen, der Lügen und falsche Lehre glaubt – hält sich an das Evangelium und läßt Gott an sich wirken. So bringt das Evangelium als Kraft Gottes den Schatz der Sündenvergebung und das innerliche Wort des Vaters, Gott den Sohn[50]. Hier beginnt der Gesichtspunkt secundo, der sogleich weiterentfaltet wird:

Mit dem Sohn wohnt die Dreieinigkeit dem Herzen ein, weil das ganze göttliche Wesen unzertrennlich ist. Dazu wird ein Beweisgang mit Bibelzitaten wiederholt, den Osiander bereits in seiner Schrift ›Daß unser lieber Herr‹[51] vorgelegt hat. Die Einwohnung Christi und Gottes bringt Leben und Erleuchtung für den Tod der Sünden mit sich, da im Wort Gottes Licht und Leben sind. In Jesus Christus, dem Wort Gottes nach seiner göttlichen Natur, hat die menschliche Natur die Aufgabe, die Menschen mit diesen Gaben zu versehen, wie der Weinstock die Reben, das Herz des Leibes Glieder. Wir werden erleuchtet, daß wir Gott in Dreifaltigkeit erkennen, seine Erlösungsgesinnung im Sohn verstehen, ihm unseren Glauben schenken und uns als seinen Tempel und Glieder seines Reiches zu eigen geben. Diese Erleuchtung veranlaßt einen ehrbaren Wandel. Gestützt werden diese Ausführungen durch Lutherworte[52].

Der Abschnitt tertio – der längste des ganzen Werkes –, der sich mit der eigentlichen ›Rechtfertigung‹ befaßt[53], wird eingeleitet von einem formelartigen Satz, wie er auch bei den späteren Abschnitten quarto und quinto wiederholt wird und die bisher erörterten theologischen Gedanken stichwortartig zu einer zentralen Aussage verdichtet: Weil das Evangelium – Gottes Wort, – das Gott selbst ist – und Fleisch geworden, – Jesus Christus, – durch den Glauben in unser Herz, Seele und Geist bringt, – daß wir erweckt – in und aus Gott leben, – Gott selbst unser Leben ist, – so erzeigt es seine Kraft weiter – und rechtfertigt uns, das ist, es macht uns gerecht, wie es uns lebendig macht[54]. Erst am Schluß des Satzgefüges, nach dem Motiv der Hauptgliederung (Evangelium als Kraft Gottes), taucht das neue Thema des Abschnitts auf. Zusätzlich wird die für den Fortgang wichtige Stelle I Kor 1,30 eingeführt[55].

Die Erörterung der (effektiven) Rechtfertigung ist in zwei voluminöse Hälften unterteilt[56], von denen die erste das theologische Instrumentarium durch Begriffsklärungen bereitstellt und die zweite die theologischen Gründe für Osianders Hauptaussage darbietet: Jesus Christus ist unsere Gerechtigkeit nach seiner göttlichen Natur. Beide Hälften sind trotz des Anscheins, in die Breite zu gehen, durchgegliedert.

50. s.u. S. 116,20-130,10.
51. Vgl. u.A. Bd. 9, S. 688-698, Nr. 474.
52. s.u. S. 130,11-142,28.
53. Vgl. o. Anm. 49.
54. s.u. S. 144,1-6; vgl. S. 284,23-26 und 286,29-36.
55. s.u. S. 144,17-20; vgl. dazu u. S. 58f.
56. Die zweite Hälfte des Abschnittes tertio beginnt u. S. 210,1.

Die erste Hälfte des Abschnitts tertio enthält sechs Kapitel:

1. Zunächst wird das Zeitwort iustificare definiert[57]. Die heilige Schrift gebraucht es im doppelten Sinn, einen Ungerechten oder Beklagten ›gerechtsprechen‹ oder einen Ungerechten und Gottlosen mit der Tat und in Wahrheit ›gerechtmachen‹. Wenn sie von der Rechtfertigung aus dem Glauben spricht, meint sie aber das tatsächliche Gerecht-machen. Die Bedeutung gerecht-halten oder -sprechen genügt dazu nicht, weil Gott weiß, daß der Gottlose gottlos ist, und er selbst nicht lügen kann, bzw. weil Gottes Wort unmittelbar schafft, was es sagt. Luther selbst hat rechtfertigen mit gerecht-machen oder -werden übersetzt.

2. Auch das Hauptwort iustitia hat in der Bibel einen doppelten Sinn[58]: Es bezeichnet – in seltenen Fällen – den Ernst und Zorn Gottes, der das Übel richtet und straft. Gewöhnlich bedeutet iustitia aber ›Frömmigkeit‹ (probitas), in die alle anderen Tugenden eingeschlossen sind: Gerechtigkeit ist also das, was zu rechtem Tun bewegt und ohne das wir nicht gerecht sein können. Dabei ist zu unterscheiden zwischen menschlicher Gerechtigkeit, die aus eigenen Kräften quillt, und göttlicher Gerechtigkeit, die Gott selbst ist und sich in Christus zu unserer Erlösung inkarniert. Luther hat den neutestamentlichen Begriff Gerechtigkeit Gottes mit der Wendung verdeutscht: ›die Gerechtigkeit, die vor Gott gilt‹, um zu verhindern, daß man den strafenden Zorn Gottes verstehe, wo Gottes ›Frömmigkeit‹ (bonitas) gemeint sei.

3. Man muß außerdem die Gerechtigkeit von ihren Werken und Früchten unterscheiden[59]. Gerechtigkeit ist kein Tun oder Leiden, sondern die Art, die einen gerecht macht und zum rechten Tun bewegt. Wer die Werke und Früchte als Gerechtigkeit bezeichnet, verwendet einen sog. ›tropus‹, eine verblümte Redeweise, bei der der richtige Begriff zum rechten Verständnis erst wieder eingesetzt werden muß.

4. Wenn die heilige Schrift davon spricht, daß wir durch den Glauben gerecht werden[60], dann hat der Begriff Glaube nicht die Bedeutung einer menschlichen Tugend, die für sich selbst bestehen könnte, geradezu leer und bloß. Vielmehr wird Christus vom Glauben im Wort ergriffen und wohnt so im Herzen, daß er unsere Gerechtigkeit ist: Die Schrift bedient sich dabei immer der Synekdoche, einer hinweisenden Redeweise, wie etwa beim Abendmahl vom Kelch gesprochen, aber das Blut Christi gemeint wird. Das Neue Testament kennt folgende Aussagen: Die Gerechtigkeit kommt durch den Glauben, in den Glauben, ist in dem Glauben und entsteht aus dem Glauben – Osiander stellt die einschlägigen Stellen zusammen –, deshalb muß, so argumentiert er, die Gerechtigkeit etwas anderes sein, als der bloße Glaube: sie ist Christus selbst, den der Glaube ergreift und ins Herz schließt. Zum Beweis werden noch einmal die Lutherzitate angeführt, die er schon in den zwei Schriften ›Excerpta quaedam‹[61] und ›Etliche schöne Sprüche‹[62] zusammengestellt hat.

57. s. u. S. 144,29-160,10.
58. s. u. S. 160,11-164,17.
59. s. u. S. 164,18-166,15.
60. s. u. S. 166,16-192,35.
61. Vgl. u. A. Bd. 9, S. 574-581, Nr. 447.
62. Vgl. u. A. Bd. 9, S. 582-601, Nr. 448.

5. Das Verbum ›imputare‹[63], das die Bedeutung hat: jemandem etwas zurechnen, als habe er es empfangen oder bezahlt, obwohl das nicht der Fall ist, wird oft falsch verstanden im Sinne von ›reputare‹, d.h. jemanden für etwas achten, schätzen oder halten. Der Glaube wird uns daher nicht so als Gerechtigkeit imputiert, als halte uns Gott dann für fromm und gerecht – das ist dem Allmächtigen unmöglich. Vielmehr wird das Verdienst des im Glauben einwohnenden Christus imputiert, als hätten wir es verdient und seien so gerecht, wie er es ist. Daß Luther sagt, unsere Gerechtigkeit sei außerhalb von uns, heißt, daß sie ›unser‹ immer nur in dem in uns wohnenden Christus ist; wenn wir ihn verlieren, verlieren wir auch die Gerechtigkeit.

6. Die Lehre von der communicatio idiomatum[64] besagt, daß der einen Person in Christus die Eigenschaften beider Naturen zugesprochen werden. Man soll bei den einzelnen Eigenschaften säuberlich die jeweilige Natur deutlich machen und es mit der heiligen Schrift beweisen. Diese Lehre ist auch auf die Frage anzuwenden, nach welcher Natur Christus uns von Gott zur Gerechtigkeit gemacht sei. Die Antwort muß lauten: nach seiner göttlichen Natur. Man wird niemals beweisen können, daß Christus, seine göttliche Natur hintangesetzt, nach seiner menschlichen Natur allein unsere Gerechtigkeit sei.

Mit diesen sechs Punkten hat Osiander das begriffliche Instrumentarium bereitgestellt und geht inhaltlich zur Darstellung des ›Handels unserer Rechtfertigung‹ über. Nach kurzer Zusammenfassung des bisher Erarbeiteten nimmt er die Überschrift des Gesichtspunktes tertio wieder auf und erweitert sie: Wie das Evangelium das lebendige Wort, Jesus Christus, durch den Glauben in unser Herz bringt, daß wir, aus dem Tod der Sünden erweckt, in und aus Gott wiederum leben, so ist eben dieses Wort Gottes, Jesus Christus, auch unsere Gerechtigkeit und macht uns gerecht durch sich selbst[65]. Angefügt wird das Argument, in der Rechtfertigung des Glaubens sei es unmöglich, daß Gott unser Leben sein und dieses Leben nicht zugleich ein gerechtes sein soll. Als Beweis wird neben der heiligen Schrift ein Zitat von Augustin geboten, das von der Mitteilung der Gerechtigkeit Gottes an uns handelt und die Stelle I Kor 1,30 aufgreift: Jesus Christus ist uns gemacht von Gott zur Weisheit, Gerechtigkeit, Heiligung und Erlösung. Zur Exegese des Kontextes dieser Stelle führt Osiander aus: Wir sind aus Gott in der neuen Geburt durch den unvergänglichen Samen des Wortes Gottes, haben das ganze göttliche Wesen in uns und aus Gnade auch beide Naturen Christi durch die Einwohnung[66] – eine Feststellung, die nicht nur einen rational-spekulativen Zug an seinem Denken zeigt, sondern das unablässige Bemühen, in immer neuen Wendungen die Einwohnung Christi im Herzen, seine Vereinigung mit uns zu beschreiben. Die vier Stichworte der Stelle I Kor 1,30 werden im weiteren erörtert und bilden in ihrer Abfolge eine Art zweiten Rahmen[67]: die Stichworte Weisheit und Gerechtigkeit werden eigens abgehandelt,

63. s. u. S. 194,1-200,5.
64. s. u. S. 200,6-208,31.
65. s. u. S. 210,17-23; vgl. o. Anm. 54.
66. s. u. S. 210,17-222,7.
67. Die Darlegung der vier Stichworte beginnt jeweils auf den Seiten 222,8; 226,16; 284,23 und 286,29.

die Stichworte Heiligung und Erlösung dagegen verschmelzen mit den Gesichtspunkten quarto und quinto der Hauptgliederung: Das Evangelium als Kraft Gottes nach Röm 1,16.

Zum Stichwort Weisheit führt Osiander aus[68]: Christus ist nach seiner göttlichen Natur von Ewigkeit her Gottes Wort und Weisheit. Wenn er durch den Glauben in uns wohnt, dann wird er auch unsere Weisheit. Die Lehre von der communicatio idiomatum führt ebenfalls zum Schluß, daß Christus Gottes Weisheit ist nach seiner göttlichen Natur; seine menschliche Natur kann nicht die Weisheit in Christus sein, da er sie mit uns gemeinsam hat, die Sünde ausgenommen.

Zum Stichwort Gerechtigkeit[69] führt Osiander sechs Punkte aus, die recht unterschiedlichen Charakter haben und von systematischen Unterscheidungen über Begriffs- und Spruchexegese bis zu biographischen Notizen reichen:

Zunächst[70] führt er den Beweis des Satzes: Christus ist unsere Gerechtigkeit nach seiner göttlichen Natur, wieder mit der Lehre von der communicatio idiomatum; er ist unsere Gerechtigkeit nicht nach seiner menschlichen Natur, wenn wir die Gerechtigkeit Gottes auch nicht außerhalb seiner menschlichen Natur finden können. Wenn er durch den Glauben in uns wohnt, dann bringt er seine Gerechtigkeit, die seine göttliche Natur ist, mit sich in uns. Diese wird uns dann zugerechnet, als wäre sie unser eigen. Sie wird uns zugleich geschenkt und fließt dann in uns ein wie aus dem Haupt in die Glieder. Christus ist nicht nur gerecht, sondern die Gerechtigkeit selbst. Damit kann nicht seine menschliche Natur gemeint sein, sondern nur seine göttliche.

Sodann[71]: Auch der Name Gottes, das Tetragramm, spricht für die These, daß Christus unsere Gerechtigkeit nach seiner göttlichen Natur sei: Der Name Gottes bezeichnet das göttliche Wesen selbst; dazu wird Luther zitiert. I Kor 1,30 in Verbindung mit Jer 23,6 bzw. 33,16 (»Der Herr unsere Gerechtigkeit«) ergeben den exegetischen Beweis.

Weiter[72]: Die ganze heilige Schrift nennt die Gerechtigkeit, die wir durch den Glauben empfangen und im Glauben haben, stets und immer Gottes Gerechtigkeit. Diese aber ist Gottes Wesen selbst als seine ewige und wesentliche Gerechtigkeit. Wieder wird Luther als Zeuge angeführt. Außerdem wird eine Zusammenstellung einschlägiger Bibelstellen geboten.

Ferner[73]: Die angegebene These wird auch durch die Art, Kraft und Natur der Gerechtigkeit gestützt: Gerechtigkeit heißt nämlich eigentlich das, was uns bewegt, recht zu tun, und ohne das wir nicht gerecht sein und leben könnten. Wenn wir zu Waffen der Gerechtigkeit werden sollen, so muß Gott die Gerechtigkeit sein, die

68. s. u. S. 222,8-226,15.
69. s. u. S. 226,16-284,22.
70. s. u. S. 226,16-228,13.
71. s. u. S. 228,14-240,19. – *Hirsch*, Theologie, S. 187, gliedert von hier ab etwas anders. Seine Feststellung aber, daß mit der Erörterung des Namens Gottes die sachliche Darlegung der Gerechtmachung erschöpft sei und nur noch testimonia folgten, ist nicht überzeugend.
72. s. u. S. 240,19-246,26.
73. s. u. S. 246,27-248,23.

uns dazu bewegt. Das ist nicht nur bei den Menschen so, sondern auch bei Christus: Seine guten Werke fließen aus seiner Gerechtigkeit, die sein göttliches Wesen ist. Gottes wesentliche Gerechtigkeit ist auch die Gerechtigkeit seiner Menschheit und hat ihn bewegt, für uns zu sterben und uns zu erlösen. Die menschliche Natur in Christus allein, ohne die göttliche wesentliche Gerechtigkeit, hätte dazu nicht ausgereicht. Es wäre nicht nötig gewesen, daß Gott seinen Sohn Mensch werden ließ, ein anderer gerechter Mensch hätte die Erlösung schaffen können. Vielmehr mußte die göttliche wesentliche Gerechtigkeit dasein, die Christus bewegt hat zum Gehorsam im Leiden.

Schließlich[74]: Gott hat in Christus durch seine wesentliche Gerechtigkeit auch seine menschliche Natur vollkommen gerecht und gehorsam gemacht. Wie wir durch Adam als Sünder geboren werden, so müssen wir durch Christus neu geboren und seiner Gerechtigkeit teilhaftig werden. Der Same der neuen Geburt ist das Wort Gottes. Wir empfangen daher in der Wiedergeburt die wesentliche Gerechtigkeit Christi, die Gott selbst ist. Auch die Rechtfertigung Abrahams geschah nicht anders, als daß er den Sohn Gottes im Glauben durch die an ihn ergangene Verheißung ins Herz gefaßt und dieser ihm zur Gerechtigkeit gerechnet wurde. Die Meinung des Apostels Paulus ist, daß Christus uns durch seinen Tod Freiheit vom Gesetz und Vergebung der Sünden erworben hat und Gott uns die göttliche Gerechtigkeit Christi durch den Glauben täglich geben will und gibt; darin erweist sich das Evangelium als Kraft Gottes. Um diese Aussage zu verdeutlichen, greift Osiander auf die Definition des Mittleramtes vom Anfang zurück und erläutert sie mit Hilfe biblischer Texte[75].

Im weiteren werden verschiedene Bibelstellen exegesiert, um wesentliche Aussagen Osianders zu bestätigen. Dabei kreist sein theologisches Denken unentwegt um das Glaubenswunder, daß Gott sich uns in Christus selbst schenkt. Besonders kennzeichnend ist eine biographische Notiz, die völlig unerwartet wie das Bekenntnis eines frommen Mannes mitten zwischen den Ausführungen steht und für das Verständnis von Osianders theologischem Denken noch nicht genug gewürdigt wurde. Er schreibt[76]: »Ich muss bekennen von mir selbs, das ich mein tag offtmals in der kirchen angehebt hab, ein vaterunser mit grossem ernst zu beten, und wan ich bedacht, das Gott der vater darumb unser vater ist, das Jhesus Christus sein eingeborner son unser und nicht allein unser, sonder auch in uns ist und wir aus im als dem unvergencklichen samen des worts Gottes, das ewigklich bleibt und Gott selbs ist, und aus dem heiligen Geist neugeboren sein, kam ich so tieff in das ›-unser‹, das ich wol eine gantze stunde mit verzeret und gleich mein selbs vergas, biss alles in der kirchen aus war, eh dan ich ein vaterunser ausbetet.« Diese kleine Erzählung bezeugt eindrücklich, daß Osianders theologische Aussagen tief meditierte Gedanken beinhalten. Sie

74. Die Abgrenzung dieses Punktes ist nicht so klar, wie die der andern. Man könnte hier weiter unterteilen; s. u. S. 248,24-280,6.

75. s. u. S. 256,3-26.

76. S. 264,23-30.

ist auch ein gutes Beispiel für seine Art zu denken, indem er assoziativ von einem Gedankenkreis zum andern übergeht.

In ähnlicher Weise bietet sich eine Zusammenfassung am Schluß des exegetischen Teils dar, die zugleich den Bogen nach vorn und zurück spannt[77]: Die ganze heilige Schrift will nur die eine Aussage treffen, daß Gottes Wort, Gott selbst, darum Mensch geworden ist in Christus, daß wir, als Sünder und dem Tod verfallen, durch den Glauben und die Taufe Glieder seines Leibes, Fleisch von seinem Fleisch und Gebein von seinem Gebein würden (Eph 5,30; eine Lieblingsstelle Osianders, die er immer in der gleichen Weise erweitert zitiert) und so auch an seiner göttlichen Natur, die unser Leben, Weisheit, Gerechtigkeit und Erlösung ist, Anteil gewinnen.

Zum Abschluß[78] der Darlegungen, daß Christus unsere Gerechtigkeit ist nach seiner göttlichen Natur, bietet Osiander einige biographische Angaben: Er wäre wohl mit seiner Lehre, die er dreißig Jahre vertreten habe, von den Widersachern ›ungebissen‹ geblieben, wenn Luther noch lebte. Er habe schon vor sechzehn Jahren gemerkt, daß manche nur vorgaben, mit Luther übereinzustimmen, ihn aber nicht richtig verstanden. Nun, da der Löwe tot sei, verdürben die Füchse den Weinberg.

Diese Polemik Osianders ist nicht die einzige, doch sollen die Punkte der Auseinandersetzung mit seinen Gegnern, die immer wieder eingestreut sind und das Werk in seinem Umfang erweitern, erst unten zusammengestellt werden, um das Gesamtkonzept nicht aus dem Blick zu verlieren. Als Schlußpunkt unter den gesamten Abschnitt tertio bietet er noch einmal eine formelartige Verdichtung der ihm wichtigen Gesichtspunkte zur These, daß Christus unsere Gerechtigkeit sei nach seiner göttlichen Natur.

Dann wendet er sich dem Abschnitt quarto der Hauptgliederung zu[79], der außerordentlich kurz gehalten ist: Das Evangelium beweist seine Kraft darin, daß der einwohnende Christus uns zur Heiligung wird. Da wir der Heiligung wegen der Sünde ermangeln, Gott sie aber im Gesetz fordert, wird uns Christus zur Heiligung und zwar nach seiner göttlichen Natur, wie die Lehre von der communicatio idiomatum folgern läßt. Solche Heiligung hat uns Christus durch sein Sterben erworben.

Unter dem Gesichtspunkt quinto[80], wiederum ziemlich kurz, führt Osiander aus, das Evangelium erweise seine Kraft nicht nur darin, daß es uns Christus ins Herz bringe, uns lebendig und gerecht mache, sondern abschließend auch darin, daß er uns erlöse von allem, wodurch wir den göttlichen Schatz in irdischen Gefäßen wieder verlieren könnten, bevor wir ins ewige Vaterland und himmlische Jerusalem kommen. Gemeint sind der Teufel, die Welt und unser eigenes sündiges Fleisch. Dann wird das Stichwort Erlösung aus I Kor 1,30 neu im Sinne des allumfassenden Erlösungswerkes Christi angegeben[81], um die doppelte Funktion des Mittleramtes, wie sie zu Anfang des Bekenntnisses formuliert wurde, in Erinnerung zu rufen und

77. s. u. S. 276,1-6.
78. s. u. S. 280,7-284,22.
79. s. u. S. 284,23-286,28; vgl. o. Anm. 45.
80. s. u. S. 286,29-292,7.
81. s. u. S. 288,4-9.

zum abschließenden Hauptteil überzugehen: So ist nun Christus unsere Erlösung, denn wir haben in ihm und durch ihn alles, was zu unserer Erlösung gehört[82].

d) Die Gegenpartei

Die Anschauungen der Gegner, auf die Osiander im Zuge seiner Abhandlung eingeht, finden sich zwar an unterschiedlicher Stelle, sollen hier aber unter systematischen Aspekten zusammengestellt werden.

Als ihren Hauptirrtum bezeichnet Osiander die Meinung, daß der Glaube, für sich selbst genommen, die Gerechtigkeit Gottes sein solle, mit der wir gerechtfertigt werden. Das sei auch die Ursache dafür, daß man seine Lehre abweise, Gottes wesentliche Gerechtigkeit sei unsere Gerechtigkeit in der Rechtfertigung[83]. Die biblische Aussage, der Glaube werde uns zur Gerechtigkeit gerechnet (Röm 4,5), verstünden die Gegner so, als ob Gott uns um des Glaubens willen für fromm und gerecht halte, obwohl wir gar nicht fromm und gerecht sind[84]. Sie können in diesem Zusammenhang auch vom Vertrauen auf Gottes Barmherzigkeit sprechen[85].

Da die Opponenten zwar Christus als unsere Gerechtigkeit bekennen, zugleich aber die göttliche Natur in der Rechtfertigung von ihm trennten, könnten sie nicht mehr sagen, was an oder in Christus unsere Gerechtigkeit zu nennen sei[86]. Folgende Ansichten werden vertreten[87]: Die Gerechtigkeit sei ein Werk Gottes, das Gott in Christus wirkt (1)[88]. Die Gerechtigkeit sei eine ›mittele‹, nicht die göttliche oder menschliche in Christus, bzw. eine kreatürliche (2)[89]. Gottes Gerechtigkeit sei das gestrenge, richterliche Walten zur Strafe gegen die Sünde, Gottes grimmiger Zorn, unsere Gerechtigkeit dagegen sei eine ›andere‹ Gerechtigkeit Gottes, die er uns wie ein Kleid anziehe; dies freilich sei Christus (3)[90]. Die Gerechtigkeit sei Christi Auferstehung (4)[91]. Die Gerechtigkeit sei das Blut Christi (5)[92]. Die Gerechtigkeit sei der Gehorsam Christi, der aus seiner Gerechtigkeit geflossen sei, oder das Verdienst des Gehorsams Christi vor Gott (6)[93].

Manche Gegner gäben zwar die Einwohnung Christi in uns zu – man behaupte inzwischen sogar, niemand habe dem je widersprochen, und auch Melanchthon sehe in diesem Punkt keinen Anlaß zum Streit[94] –, sie lehnten aber die Gerechtigkeit nach

82. s.o. Anm. 47.
83. s.u. S. 190,17-192,2.
84. s.u. S. 150,21; 194,1-3 und 194,25-196,5.
85. s.u. S. 150,21f.
86. s.u. S. 152,18-21.
87. Vgl. die von Osiander etwas anders gestaltete Übersicht u. ab S. 150,18.
88. s.u. S. 110,31f und 152,21f.
89. s.u. S. 154,1f. 2-5 und S. 162,20-24.
90. s.u. S. 246,11-26.
91. s.u. S. 252,24-26.
92. s.u. S. 154,2f; 220,14-16 und 254,4-17.
93. s.u. S. 150,24-26.
94. s.u. S. 266,1-6.

der göttlichen Natur in Christus ab, weil diese uns zu hoch sei und wir sie nicht ergreifen oder ertragen könnten[95]. Andere umgekehrt lehnten die Einwohnung Christi ab, weil er zur Rechten Gottes sitze, und bezeichneten als unsere Gerechtigkeit die Zurechnung des Verdienstes Christi[96]. Insgesamt sei man auf der Gegenseite der Meinung, wir würden um des Glaubens willen gerecht gesprochen wie in einem Gerichtsverfahren vor Gott, unsere Gerechtigkeit sei allein die Sündenvergebung und außerhalb von uns; vom Gerechtmachen werde dabei nicht gesprochen[97]. Einige meinten deshalb auch, die Gerechtigkeit werde uns erst in jenem Leben eingegossen, auf das wir im Glauben warten müßten[98].

Philipp Melanchthon wird von Osiander namentlich nur mit einer exegetischen Argumentation zur Einwohnung Christi attackiert[99], sonst aber anonym angegriffen[100], wobei der Vorwurf, er, Osiander, habe schon vor sechzehn Jahren gemerkt, daß einige Luther nicht recht verstünden[101], wohl ganz generell und ohne Einzelheiten auf das weitgehende Fehlen der effektiven Rechtfertigung in den von Melanchthon völlig umgearbeiteten Loci communes von 1535 hinweisen soll[102]. Der scharfe Ausfall über ›Augendienerei‹ und ›Ohrenfüllen‹ und der beigefügte Vergleich mit dem Verräter Judas[103] haben für den kundigen Leser sicher das Inkognito gelüftet und mußten dem großen Wittenberger Gelehrten und seinen Schülern völlig unerträglich erscheinen.

Im Laufe der Abhandlung werden von Osiander außerdem immer wieder exegetische Fehler der Gegner besprochen[104], wie sie auch schon bei den bisher vorgetragenen Ansichten eine Rolle gespielt haben; für die wesentlichen Punkte des Streites fallen sie aber nicht ins Gewicht.

Wichtig in diesem Zusammenhang erscheint jedoch noch das Vorwort ›Ad lectorem‹ der lateinischen Ausgabe[105]. Es beinhaltet offensichtlich eine erste zusammenfassende Reaktion Osianders auf die Kritik der Königsberger Opponenten, die sofort nach der Veröffentlichung der deutschen Ausgabe laut geworden sein dürfte

95. s. u. S. 152,1-10.
96. s. u. S. 196,6-10.
97. s. u. S. 148,21-150,2; 150,22f. 23f und 256,26-28.
98. s. u. S. 150,23; 196,10f; 252,25f und 270,17-20.
99. s. u. S. 276,13-278,25.
100. s. u. S. 154,3-5.
101. s. u. S. 280,12f.
102. Eine Diskrepanz der Loci communes von 1535 zur Erstausgabe 1521 gibt es nicht nur im Punkt der effektiven Rechtfertigung (vgl. RGG 4, Sp. 838); diese läßt sich aber bereits am Vergleich der Gliederungen feststellen: Während die Erstausgabe unter dem Locus ›De gratia‹ einen Unterabschnitt ›De fide efficacia‹ enthält, ist dieser 1535 verschwunden; an die Stelle der Überschrift ›De caritate et spe‹ ist die Formulierung ›De bonis operibus‹ getreten (vgl. CR 21, S. XI und XIII). Vgl. auch die kurzen Feststellungen Melanchthons im Kapitel ›De gratia et iustificatione‹, die von der Gerechtmachung sprechen, CR 21, Sp. 421f und 428, mit der markanten Darstellung der Loci von 1521, CR 21, Sp. 181-183.
103. s. u. S. 158,17-160,10.
104. s. etwa u. S. 230,28-240,19; 260,32-262,29 oder 282,4-284,4.
105. s. u. S. 99,11-101,10 und o. Anm. 25.

oder nach wie vor angehalten hatte. Man warf ihm vor, daß der Begriff iustitia Dei essentialis nirgends in der Schrift zu finden sei, daß er die Imputationslehre aufhebe und daß er eine Vergöttlichung der Glaubenden lehre. In einer Erklärung an den Leser faßt Osiander deshalb sein ganzes Bestreben in folgendem Vergleich zusammen: Die alten Väter hätten auf dem Konzil von Nizäa über den Rahmen der Schrift hinaus als richtige Aussage zur Person Christi die Bestimmung ›consubstantialis oder coessentialis Patri‹ zugelassen, um die Irrlehre des Arianismus abzuwehren. In gleicher Weise gebrauche er den terminus technicus ›iustitia Dei essentialis‹, um die Rechtfertigung aus dem Glauben (den ›Handel unserer Rechtfertigung‹[106]) darzustellen und eine neue arianische Irrlehre darüber zu verhindern. Wenn die Gerechtigkeit Gottes von allen richtig verstanden werde, sei an der Begrifflichkeit nichts weiter gelegen.

4. Die Versendung

›Von dem einigen Mittler‹ ist wohl die bekannteste Schrift Osianders[107]. Sie hat den Streit, der die Königsberger Theologen beschäftigte, erst allgemein in die Welt hinausgetragen. Der Herzog, unterstützt von Wolf von Köteritz, setzte nämlich den Plan in die Tat um, mit dieser Schrift das Urteil der Kirche anzurufen[108]. Von einem Ausschreiben[109] begleitet, das eine Darstellung der Auseinandersetzungen und der Bemühungen des Herzogs um Schlichtung enthielt, wurde Anfang Oktober 1551 Osianders Konfession »an die örter unser religion und der augspurgischen confession verwanten«[110], also an Fürsten und Städte des Augsburger Bekenntnisses, versandt. Der Fürst ließ dabei verlautbaren: Da die Streitigkeiten durch seine Bemühungen nicht zu Ende kämen, »haben wir uns ... dahin geschlossen, das wir uns zum förderlichsten der christlichen kirchen urteil uber diesen theologischen spaltungen erholen wolten«[111]. Osiander glaube, er werde gegen seine Gegner bestehen. Man hoffe, das Urteil der Kirche werde die Spaltung beseitigen; Osiander jedenfalls habe zugesagt, sich daran zu halten. Länder und Städte seien gebeten, Synoden einzuberufen, die Beurteilung der Konfession schriftlich zu fixieren, die mitwirkenden Theologen unterzeichnen zu lassen und das Urteil so schnell wie möglich zurückzusenden, dabei aber zur besseren Ausführung die ganze Angelegenheit vier Monate geheimzuhalten[112]. Bis Weihnachten, so hoffte der Herzog, könnten die meisten

106. Vgl. u. S. 112,21.
107. So urteilt *Möller*, Osiander, S. 398.
108. Der eigentliche Motor scheint v. Köteritz gewesen zu sein, vgl. *Stupperich*, Osiander, S. 209.
109. Es findet sich bei Albrecht, Ausschreiben, Bl. E1b-F1b, und ist datiert auf den 5. Oktober.
110. Albrecht, Ausschreiben, Bl. E1a.
111. ebd., Bl. E4b.
112. Vgl. *Stupperich*, Osiander, S. 207f.

Antworten eingelaufen sein. In Königsberg selbst hielt man das eingeleitete Verfahren natürlich auch geheim, doch verbreitete sich die ›Neuigkeit‹ durch Indiskretion bereits vier Wochen später[113]. Die vorgesehene Geheimhaltung dürfte sich auch andernorts kaum durchgehalten haben.

Mit der offiziellen Versendung ist nämlich die Verbreitung der Konfession Osianders keineswegs zureichend erfaßt. Umfang und Einfluß reichten wesentlich weiter. Am 5. November etwa wurde vom Königsberger Hof eine Büchersendung der lateinischen Ausgabe dem preußischen Beauftragten am polnischen Königshof, Bernhard Pohibel, zugeschickt, damit er die Verteilung in Polen übernehmen konnte[114]. Auch viele Privatleute – die Gegner Osianders wohl allen voran, selbst wenn sie dem herzoglichen Befehl zur Beurteilung nicht nachkommen wollten[115] – vermittelten die Schrift weiter in alle Richtungen. Osiander selbst verschickte sie an seine Freunde[116]. Daran, daß sich die Stadt Nürnberg in ihrer Antwort an den Herzog vom 27. November über private Zusendung und ungeregelten Verkauf der Schrift beschwerte, zeigt sich deutlich, wie schlecht es um den Plan der Geheimhaltung bestellt war. Die Nürnberger beschwerten sich, daß Osiander immer wieder seine Bücher »under unser burgerschafft und merers theils die unverstendigen handtwercksleut zu schieben« sich untersteht; »sonderlich aber innerhalb zweyer monaten hat er ain antzal deren buechlein, davon E.F.G. uns yetzo zway exemplaria zugesandt, durch ainen kungspergischen potten, Peter genannt, an sondere personen, mit aigner hand vertzaichent, uberschickt, deren auch etlich umbs gellt verkaufft«[117].

Melanchthon seinerseits hatte schon vor Beginn der Ausschreibung Osianders Werk erhalten, das er mit Hilfe seiner umfangreichen Korrespondenz weiter verteilte[118], zugleich aber die nicht unbegründete Befürchtung äußerte, die Befassung fremder Kirchen mit dem Streit könne zu dessen Ausweitung beitragen[119]. Selbst der preußische Kanzler Hans von Kreytzen übte in einem Schreiben an den Herzog vom 25. November Kritik an dem ungeregelten Versand der Konfession in alle Welt; dies werde keine rechte Beurteilung ergeben[120].

113. Vgl. ebd., S. 208.
114. Vgl. ebd.
115. Vgl. *Stupperich*, Osiander, S. 205f und 224; weiter Albrecht, Ausschreiben, Bl. E4a.
116. Vgl. Osianders Schreiben an Hans Fürstenauer in Nürnberg vom 9. Sept. u. S. 301-305, Nr. 489.
117. Berlin GStAPK, XX. HA StA Königsberg, HBA A4, Nürnberg an Herzog Albrecht, 1551 November 27 (K. 227). Der Brief findet sich als Kop. in Nürnberg StArch, BB 146, fol. 89r-90v (Zitate auf fol. 90r).
118. Vgl. CR 7, Sp. 841, Nr. 4961 (Melanchthon an Johannes Stigel, 4. Okt. 1551), und MBW 6, S. 217, Nr. 6224.
119. Vgl. CR 7, Sp. 828, Nr. 4948 (Melanchthon an Hieronymus Besold, 1. Sept. 1551), und MBW 6, S. 202, Nr. 6187.
120. Vgl. *Stupperich*, Osiander, S. 208.

5. *Die ersten Stellungnahmen*

Der Verbreitung an die unterschiedlichsten Adressaten entsprach denn auch der vielfältige Widerhall der Stimmen. Es meldeten sich nicht nur die offiziell um ihr Urteil Gebetenen oder ihre beauftragten Theologen zu Wort, sondern daneben Einzelpersonen, Theologen wie Laien[121]. Herzog Albrecht schrieb am 14. November an Osiander: »Ich will euch nit pergen, das mihr von Wittenperck geschriben wurt also, das ir euch gewislich vermuten moget eines grossen wolckenpruchs«[122].

Die erste Stellungnahme zur Konfession kam am 5. Oktober von dem Prediger Petrus Artopäus in Stettin und enthielt trotz ihrer brieflichen Kürze begeisterte Zustimmung: Ich habe das Werk gelesen, schreibt er, »cum maxima et nova mentis meae illustratione«. Das Schreiben beinhaltet weiteres außerordentliches Lob[123].

Georg Major in Wittenberg antwortete dem Herzog am 12. Oktober, die Wittenberger seien bereit, eine Beurteilung vorzunehmen. Es seien sicherlich viele Stellungnahmen zu erwarten, und Gott werde die wohl strafen, die ihr Urteil nicht abgäben[124]. Bernhard Ziegler in Leipzig, gegen den Osiander 1549 seine ›Epistola‹ im Zusammenhang mit dem Lauterwaldschen Streit gerichtet hatte[125], äußerte sich im Schreiben vom 10. Oktober dem Herzog gegenüber bestürzt: Osianders Schriften bewiesen, daß er »seltzamen, weitleuftigen, hochfliegenden und neufundigen gedanken« Raum gebe. Mit Kummer müsse er feststellen, daß dieser nun auch den Hauptartikel der christlichen Lehre in Zweifel gezogen habe: »Wolte Gott, er hette diesen hohen, schönen und trostlichen artikel unergrublet gelassen«[126]. Erhard Schnepf in Jena lehnte in einem Brief an den Herzog vom 27. Dezember die Berufung zum Bischof des Samlandes wegen der Konfession Osianders ab: Diese sei der Lehre des Apostels Paulus und aller frommen, gelehrten Leute »aller ding entgegen und widerwertig«[127].

Zu den Stimmen von Theologen – besonders der Melanchthonschule – seien noch drei nicht-fachtheologische, freilich von Fürsten und Städten stammende Urteile zur Sache erwähnt: Markgraf Hans von Brandenburg-Küstrin, ein Fürst, der stets eine klare und entschlossene protestantische Haltung gezeigt hatte, etwa 1548 auf dem Reichstag in Augsburg gegen das Interim[128], lehnte im Brief an Herzog Albrecht vom 2. November die Konfession Osianders scharf ab: Osiander müsse als der »leidige teufel selbst« gemieden werden, da er die Confessio Augustana umstoße und den evangelischen Lehrern Irrlehre vorwerfe[129]. – Die Schwiegermutter Herzog

121. Vgl. dazu ebd., S. 215-221.
122. Vgl. u. S. 369,4f, Nr. 499.
123. Vgl. u. S. 331-333 (Zitat S. 331,4f), Nr. 494.
124. Vgl. o. Anm. 120, a.a.O., S. 216.
125. s. u. A. Bd. 9, S. 221-241, bes. S. 221f, Nr. 388.
126. Vgl. o. Anm. 124.
127. Vgl. *Stupperich*, Osiander, S. 217. – Eine weitere Stellungnahme des Pfarrers von Colditz in Sachsen, Martin Unold, wird ebd. besprochen.
128. Vgl. *Rabe*, Interim, S. (431-)443-446.
129. Vgl. *Stupperich*, Osiander, S. 187 und 220.

Albrechts, Elisabeth, Gräfin von Henneberg, früher Herzogin von Braunschweig-Lüneburg, verfaßte ein eigenes ausführliches Gutachten und sandte es dem Herzog und Mörlin zu. Letzterem gegenüber schrieb sie, Osiander äußere sich am Anfang seiner Konfession gut und verständlich, aber umso unbegreiflicher und unverständlicher, je weiter er in seinen Ausführungen komme. Ihr scheine, daß er sich selbst widerspreche[130].

Der Rat der Reichsstadt Nürnberg, die Osiander Ende 1548 aus Anlaß der Einführung interimistischer Maßnahmen durch die Obrigkeit verlassen hatte[131], schrieb am 27. November, daß die Theologen höherer Stände kompetenter für ein Urteil seien, beschwerte sich, Osiander übersende seit einiger Zeit seine Schriften privat an Nürnberger Bürger, er habe gar »in ainem missive an ainen unsern burger mit lautern worten« vermeldet, »der sathan hab unsern predigern die rainen lere aus iren hertzen genommen und spotte also unser«[132], und fuhr dann fort: Weil der Herzog somit ermessen könne, »was mergedachter herr Osiander von unsern predigern und hinwiderumb sie von seiner lere halten und urthailen, achten wir fur unnot, bey inen verrner handlung zu pflegen, sonderlich auch in betrachtung, das dardurch anderst nichts zu gewarten, dann merere weitleufftigkait dises handels, die wir aber in ansehung, wie hochbeschwerlich sich die leufft bey allen christlichen stenden diser zeit ertzeigen, vil lieber verhueten, dann verursachen wollten«[133]. Obwohl das Ressentiment der Stadt gegenüber Osiander ebenso spürbar ist wie die Furcht vor dem kaiserlichen Interim, sollte die Warnung vor Ausweitung die spätere Entwicklung zutreffend kennzeichnen[134].

6. Die Reaktion der Königsberger Gegner

In der Vorrede seiner Konfession hatte Osiander geschrieben, er sei sicher, seine Gegner könnten sein Bekenntnis »mit keinem bestendigen grundt« der heiligen Schrift widerlegen, »vil weniger ir irrige lehr verteidigen«[135]. Tatsächlich schienen die Gegner vor Erscheinen der Konfession im Druck unschlüssig, wie die Sache weiterzuführen sei. Einerseits teilten sie auf den herzoglichen Befehl, die Konfession schriftlich zu beurteilen, mit, daß sie das vom Herzog angestrebte Verfahren, den Streit durch Wechselschriften beider Parteien zu schlichten, nicht unterstützen

130. Vgl. ebd., S. 218-220. Auf dieses Gutachten hat Osiander mit einer Schrift geantwortet, vgl. u. S. 463-483, Nr. 511, und *Stupperich*, Osiander, S. 303-305.

131. Vgl. dazu u. A. Bd. 8, S. 668-672, Nr. 356 und 357.

132. s. o. Anm. 117 (Zitate auf fol. 90r). Der Nürnberger Rat bezieht sich dabei auf Osianders Schreiben an Hans Fürstenauer vom 9. Sept.; vgl. u. S. 303,9-304,9, Nr. 489.

133. s. o. Anm. 117 (Zitat auf fol. 90v). Zur Behandlung der ganzen Angelegenheit in Nürnberg vgl. auch Nürnberg StArch, RB 26, fol. 130r, Eintragung vom 20. Nov. 1551, und fol. 133v, Eintragung vom 25. Nov. 1551.

134. Auch die erste zusagende Antwort König Christians III. von Dänemark und die der Stadt Straßburg werden bei *Stupperich*, Osiander, S. 220f, besprochen.

135. s. u. S. 90,6-8.

wollten[136], andererseits forderten sie vom Herzog Druckerlaubnis für eine öffentliche Schrift zur Widerlegung ihres Widersachers, wie sie es schon vorher getan hatten[137]. Als aber Osianders Werk druckfertig vorlag, drängten sie auf eine eigene Verteidigungsschrift. Am 15. September trug Mörlin Fürstlicher Durchlaucht die Bitte vor, »dieweil sie Osiandro irrige lehr zu trucken gestatten, E.F.D. wolte uns gleichfals genediklichen zulassen, das wir das unser auch trucken und mugen außbringen ... Er (Osiander) bedarfs gar nicht, das er schreiet und schreibet, E.F.D. solle uns anhalten, lauthere rechenschafft zu geben, warumb mier seine lehr verwerfen[138]; mier wollens ohne das thun. Dieweyl er aber solch lesterliches aussruffen beneben der gifftigen lehr nicht privatim, sondern publice in offentlichen truck an alle welt aussgegeben, so wollen mier widerumb solche unsere ... ursachen ... in offentlichen druck auch publice und nicht privatim dargeben«[139].

Mörlin nahm sich diese Konfutation selbst vor und begann um die gleiche Zeit mit der Ausarbeitung[140]. Am 5. Oktober erhielt er die herzogliche Druckgenehmigung mit der Auflage, die Gegenschrift vorher einzureichen, um sicherzustellen, daß keine Verunglimpfungen des Gegners enthalten seien; der Inhalt solle sonst nicht angetastet werden[141]. Als die Gegenschrift fertig war, entschlossen sich Mör-

136. Vgl. o. Anm. 115; ferner das Schreiben der Gegner an den Herzog vom 21. Juli bei Mörlin, Historia, Bl. N3ab, und ihr Schreiben an den Fürsten vom 15. Aug. ebd., Bl. P4b-Q1a.

137. Vgl. das Schreiben der Gegner vom 15. Aug., Mörlin, Historia, Bl. P4b, mit ausdrücklichem Bezug auf ihr Schreiben vom 21. Juli (vgl. ebd., Bl. N3b-4a).

138. Vgl. das Vorwort u. S. 94,4-14.

139. Berlin GStAPK, XX. HA StA Königsberg, HBA J2, 1551 September 15 (K. 968).

140. Vgl. Mörlin, Historia, Bl. S1a. – Daß in der Zeit nach Erscheinen des deutschen Drukkes die Kritik der Gegner sofort wieder einsetzte, beweist das Vorwort ›Ad lectorem‹ der lateinischen Übersetzung (s. o. S. 63f). Man griff nun auch auf Passagen des Textes zurück, wie polemische Ergüsse von Mörlin in seiner späteren Gegenschrift zeigen, die hier freilich nur deshalb wiedergegeben werden, weil sie außerdem Aussprüche Osianders aus dieser Zeit, dem Herbst 1551, referieren. Mörlin, Bericht, Bl. D1b-2a, heißt es: »Damit in aber die spruͤch von dem leiden, sterben, butvergissen und aufferstehung Christi, der die gantze schrifft vol ist, nicht irren, so tichtet er im ein grossen und weiten underscheid zwischen der erloͤsung und rechtfertigung und wil, das dieselbigen spruͤch allein zu der erloͤsung, keinswegs aber zu der rechtfertigung gehoͤren. [D2a:] Wenn er nu dises gruͤndlichen erhalten kuͤnte, so het er mehr denn die helfte gewonnen und musten wir armen meusichen vor einen solchem grossen kathart zu loch kriechen, nicht mit einem woͤrtlein pieppen, noch uns mit dem geringsten vernemen lassen vom leiden und sterben, blut und schweis Christi im artickel der rechtfertigung, welchs doch sonst unsers hertzen einiger und hoͤchster schatz ist, sonder musten uns des begeben, als das vor funfzehenhundert jaren lengest vergossen, vertrucknet und in der erden verwesen, wie er den 22. Septembris dises 51. jars nechst lesterlichen von der cantzel geruffen und ausgegeben hat.« Ähnliches findet sich ebd., Bl. R4b: »Es ist all sein entlich datum mit der communicatione idiomatum dahin gerichtet, das er der menscheit Christi den Titel und nahmen der gerechtigkeit nicht wil neben der gottheit einreumen; die mus heraus und dort hinder sich zuruͤck uber die 1500 jar, als die damals das ire gethan, numehr aber dasselbige blut verwesen und vertruckenet – wie er zum offtern mal von der [cantzel] mit greulichen gottslesterung geschrien – und das dasselbige also in dem handel unser rechtfertigung und seligkeit nichts mehr nuͤtzet noch hilft.«

141. Vgl. *Stupperich*, Osiander, S. 224.

lin, Hegemon und v. Venediger jedoch, daß sie »sie zuvor wolten lassen judicirn, ehedenn sie gedruckt würde«, und sandten sie nach Wittenberg und Magdeburg[142]. Erst am 1. Januar 1552 überreichten sie die Konfutation dem Herzog zur Prüfung mit einem Begleitschreiben, in dem sie ihr Vorgehen zu rechtfertigen suchten[143].

Albrecht ließ durch v. Köteritz am 25. Januar eine Beanstandung vortragen, die die vorzeitige Verbreitung der Schrift im Reich rügte und verschiedene Forderungen, meistens zur Polemik und zu fehlerhaften Darstellungen, auflistete. Außerdem sollte eine ›epistola dedicatoria‹ für den Fürsten an den Anfang gestellt, der Titel entschärft und die Namen der Verfasser genannt werden[144].

Die Gegner kamen diesen Forderungen nur sehr zögernd und halbherzig nach, so daß erst am 4. März die Druckgenehmigung für die Offizin Hans Lufft gegeben wurde[145]. Weitere Schwierigkeiten verzögerten den fertigen Druck im April und Mai aufs neue. Die Forderungen des Herzogs, etwa die Abänderung der anstößigen Stellen im Titel, wurden zum Teil nicht erfüllt[146]. Am 31. Mai übergaben Mörlin, Hegemon und v. Venediger dem Fürsten die Gegenschrift in diesem unzureichenden Zustand[147]. Sie trägt den Titel: »Von der rechtfertigung des glaubens gründlicher, warhaftiger bericht aus Gottes wort etlicher theologen zu Künigsberg in Preußen. Wider die neue, verfürische und antichristische lehr Andreae Osiandri, darinnen er leugnet, das Christus in seinem unschüldigen leiden und sterben unser gerechtigkeit sey«[148].

7. *Melanchthons erste Schrift gegen Osiander*

Schon im Sommer 1551 gewann Melanchthon die Einsicht, daß sich eine Konfrontation mit Osiander nicht würde vermeiden lassen[149]. Als die Versendung der Konfession Osianders durch Herzog Albrecht in die Wege geleitet wurde, bemühte sich Melanchthon um eine gemeinsame Stellungnahme Kursachsens und der benachbarten Fürstentümer, der beiden brandenburgischen Territorien, Anhalts und des ernestinischen Sachsen, doch führten die gegenseitigen Kontakte nicht zu dem erhofften Erfolg[150]. Bezeichnend schreibt er am 26. Januar 1552 an Justus Jonas, daß selbst von den beiden sächsischen Höfen ein gemeinsamer Theologenkonvent abgelehnt worden sei, weil man neue dogmatische Auseinandersetzungen befürchte. Er, Melan-

142. Vgl. Mörlin, Historia, Bl. S1ab (Zitat auf Bl. S1a).
143. Vgl. *Stupperich*, Osiander, S. 225.
144. Vgl. ebd., S. 231f.
145. Zu den Vorfällen im einzelnen vgl. a.a.O., S. 232-235.
146. Vgl. ebd., S. 235f.
147. Das Begleitschreiben vgl. bei Mörlin, Historia, Bl. S4a-T2a.
148. Vgl. *Stupperich*, Osiander, S. 225 und 377 (eine inhaltliche Darstellung auf S. 225-229).
149. Vgl. Melanchthons Schreiben an Osianders Schwiegersohn Besold vom 1. Sept., CR 7, Sp. 828, Nr. 4948, und MBW 6, S. 202, Nr. 6187,1, und an den Nürnberger Ratsherrn Hieronymus Baumgartner vom gleichen Tag, CR 7, Sp. 827, Nr. 4947, und MBW 6, S. 202, Nr. 6186,2.
150. Vgl. *Stupperich*, Osiander, S. 243f.

chthon, klage nicht die Fürsten an, sondern die Leichtfertigkeit seines eigenen Lagers, besonders der jungen Leute, die jede sich bietende Gelegenheit zu Streit nützten[151].

Daß eine einheitliche und vor allem Osiander gegenteilige Antwort nicht so einfach gegeben werden konnte, zeigen Äußerungen Melanchthon gegenüber nach der Verschickung der Konfession Osianders. So erklärte der Hamburger Superintendent Johannes Aepinus etwa Oktober/November seine Übereinstimmung mit Melanchthon bezüglich der Imputationslehre, doch rückte er die Lehre Osianders von der Gerechtigkeit in die Nähe des Augsburger Interims, das eine ›eingegossene Gerechtigkeit‹ darlege. Bezeichnend gab Aepinus auch einen eigenen Eindruck wieder, der für weitere Kreise damals bestimmend gewesen sein dürfte: Man empfinde Begriffe und Vorstellungen Osianders als fremd, ohne dies zunächst definieren zu können[152].

Bis 8. Dezember 1551 hatte Melanchthon ein Gutachten über Osiander verfaßt, das für Ambrosius Moibanus bestimmt war, aber auch anderen zugänglich gemacht wurde[153]. Auf einer Reise nach Dresden zwischen dem 18. Dezember und dem 4. Januar wurde es von ihm überarbeitet und erweitert, da er eigentlich den Plan hatte, eine Abhandlung gegen Osianders Bekenntnis zu schreiben, diesen jedoch nicht zur Ausführung brachte[154]. Ohne eigentliche Bezugnahme auf Osianders Ausführungen bietet Melanchthon eine Darstellung der wichtigsten Anliegen seiner Rechtfertigungslehre, wobei vereinzelt Aussagen Osianders abgelehnt werden. Die Schrift ist kurz und ohne jede Polemik, weist aber deutlich auf den Auftrag hin, Osianders Lehre zu beurteilen. Sie trägt den Titel: »Antwort auf das buch herrn Andreae Osiandri von der rechtfertigung des menschen«[155].

Während Melanchthons Abwesenheit auf der Reise zum Konzil von Trient[156], die ihn nur bis Nürnberg führte[157], bemühte sich der geistliche Administrator des Hochstifts Merseburg, Fürst Georg III. von Anhalt, im Auftrag von Kurfürst Moritz bei den Wittenberger Theologen um eine Antwort auf Osianders Bekenntnis. Bugenhagen, Forster und Eber schlugen die Schrift Melanchthons vor, nicht zuletzt, weil sie eine Widerlegung in hinreichender Form ohne jede Verunglimpfung enthielte[158]. Das kleine Werk, mit wortreichen Zusätzen von Bugenhagen und Forster und dem Abdruck einer Disputation zwischen Melanchthon und Luther von 1536 im Anhang erweitert[159], war inzwischen im Druck erschienen

151. Vgl. ebd., S. 244, und CR 7, Sp. 927, Nr. 5036.
152. Vgl. *Stupperich*, Osiander, S. 245.
153. Vgl. MBW 6, S. 234, Nr. 6268, und *Stupperich*, Osiander, S. 245.
154. Vgl. MBW 6, S. 244f, Nr. 6294 (teilweise gegen *Stupperich*, Osiander, S. 246f).
155. Vgl. CR 7, Sp. 892-902, Nr. 5017, bzw. *Stupperich*, Melanchthon-Studienausgabe 6, S. 452-461. Zu Aufbau und Inhalt der Schrift vgl. weiter u. S. 561-565, Nr. 522.
156. Er reiste am 4. Januar von Wittenberg ab, vgl. MBW 6, S. 245, Nr. 6294.
157. Vgl. *Stupperich*, Osiander, S. 246, Anm. 129.
158. Vgl. ebd., S. 248f, und *Vogt*, Briefwechsel, S. 511f, Nr. 257.
159. Vgl. dazu MBW 6, S. 245f, Nr. 6294, und *Möller*, Osiander, S. 479f.

und wurde dann offenbar als Antwort der kursächsischen Kirche nach Preußen geschickt[160].

8. *Die (erste) Antwort aus Württemberg*

In Herzog Albrechts Dokumentation aus dem Jahre 1553 »Ausschreiben an unsere alle liebe getreuen und landschafften ...«[161] findet sich die Antwort Herzog Christophs von Württemberg mit dem Urteil seiner Theologen, datiert auf den 5. Dezember 1551[162]. Sie traf in Preußen im Januar 1552 als eine der ersten offiziellen Antworten ein[163]. Der süddeutsche Herzog schrieb, daß man eine Synode aus dem gegebenen Anlaß nicht habe halten können, er aber den Reformator Johannes Brenz beauftragt und ihm eine Reihe Theologen zugeordnet habe, im Namen der württembergischen Kirche ein schriftliches Urteil abzugeben. Brenz und Osiander schätzten sich gegenseitig, seit sie zusammen an der Brandenburg-Nürnbergischen Kirchenordnung von 1533 gearbeitet hatten[164], und es ist nicht verwunderlich, daß Herzog Albrecht den mehrfachen Versuch unternahm, Brenz auf den verwaisten samländischen Bischofsstuhl zu holen[165], da eine reibungslose Zusammenarbeit mit Osiander zu erwarten war.

Die württembergischen Theologen fällten ein vermittelndes Urteil, das Aussagen Osianders voll zu ihrem Recht kommen ließ, aber mit Vorsicht die polemische Darstellung der Gegner bewertete und unter der Einstufung, der Königsberger Streit sei ein ›bellum grammaticale‹[166], eine Reihe von Einigungsformeln im Rahmen einer gemeinsamen Interpretation beider Seiten bot[167]. Herzog Albrecht setzte auf den Brenzschen Vermittlungsversuch große Hoffnung und ließ das Gutachten beiden Parteien zukommen mit dem Ersuchen um Stellungnahme[168]. Die Opponenten Osianders antworteten am 9. Februar 1552, indem sie ihren Standpunkt in Übereinstimmung mit dem Gutachten erklärten, dabei aber angaben, daß Osiander anders

160. Vgl. *Stupperich*, Osiander, S. 249. Herzog Albrecht schreibt in einem Brief an Bugenhagen vom 21. März 1552 allerdings nur, »das dem herrn Osiander ein truck zukumen, den Philippus Melanthon unter eurem [= Bugenhagens] und sunst noch eines doctors unterschreiben ausgehn hat lassen« (*Vogt*, Briefwechsel, S. 517, Nr. 259). Der offizielle Charakter dieser Sendung ist nicht ganz eindeutig; vgl. auch die weiteren Ausführungen des Herzogs bei *Vogt*, a.a.O., S. 517f.

161. Bei uns sonst: Albrecht, Ausschreiben.

162. Vgl. Albrecht, Ausschreiben, Bl. F2a-F3a (Antwortschreiben) und Bl. F3b-H1a (Gutachten).

163. Vgl. *Stupperich*, Osiander, S. 266, bzw. u. S. 511, Nr. 516.

164. Vgl. u. A. Bd. 5, S. 37-181, bes. S. 40-49, Nr. 176.

165. Vgl. *Stupperich*, Osiander, S. 265f und 268f.

166. Zu diesem Ausdruck s. ebd., S. 267 bzw. 270.

167. Vgl. ebd., S. 266f.

168. Vgl. ebd., S. 268 und 270.

lehre[169]. Mörlin erklärte in einem Brief an den Herzog kurz zuvor, Brenz habe den eigentlichen Streitpunkt nicht gesehen[!]; es gehe nicht darum, »wie Brentius gesetzt, das Christus nach seiner göttlichen natur unser gerechtigkeit were [sic!], sondern darumb, wie Osiander gesetzt, Christus sey allein nach seiner göttlichen natur unser gerechtigkeit, und were der streit in summa umb die exclusivam ›alleine‹, die man in dem bedencken nicht spüren würde« – so jedenfalls referiert Herzog Albrecht Mörlins Äußerungen[170]. Osiander andererseits erklärte, das württembergische Gutachten stimme mit seiner Lehre überein, warnte jedoch vor den Umtrieben der Gegner[171]. Die Stellungnahme war also eigentlich von beiden Seiten gutgeheißen und für die eigene Lehre mit Beschlag belegt worden; trotzdem kam es zu keiner Einigung. Der Herzog entschloß sich deshalb, die Württemberger ein zweites Mal anzuschreiben. Am 26. Februar übersandte er die gegnerische Konfutation und bat um eine deutlichere Erklärung des ersten Urteils[172]. Damit war eine zweite Deklaration der Württemberger Theologen angefordert, die im Juli 1552 am preußischen Hof eintraf[173].

9. *Weitere offizielle und private Stellungnahmen*

Neben der württembergischen Antwort fanden sich allmählich weitere offizielle Stellungnahmen ein. Weit mehr noch entstanden in der Folgezeit aber Gutachten von Einzelpersonen, die ihre Meinung zu Papier brachten[174]: Der angekündigte ›Wolkenbruch‹ war da! Zur Einführung in Osianders Werk kann es nur darum gehen, eine Übersicht der literarischen Wirkungsgeschichte zu geben und keine inhaltlichen oder systematischen Darlegungen zu diesen Folgeschriften. Deshalb sei hier nur eine Zusammenstellung zunächst der eingetroffenen offiziellen Gutachten vorgelegt[175]: Neben den bereits genannten aus Kursachsen und Württemberg trafen theologische Urteile aus dem Kurfürstentum Brandenburg, dem Herzogtum Mecklenburg, dem Herzogtum Pommern-Wolgast, von den fürstlich-sächsischen Theologen zu Weimar und Coburg, aus der Markgrafschaft Brandenburg-Küstrin, des Grafen Poppo von Henneberg, bzw. seiner Gemahlin, der früheren Herzogin Elisabeth in Münden, der Städte Braunschweig, Hamburg und Lüneburg, Magdeburg sowie ein königlich-dänisches Gutachten von Petrus Palladius, dem Bischof von Seeland, ein[176].

169. Vgl. ebd., S. 268.
170. Albrecht, Ausschreiben, Bl. H3b.
171. Vgl. *Stupperich*, Osiander, S. 268.
172. Vgl. ebd., S. 271.
173. Vgl. ebd., S. 329, bzw. u. S. 855, Nr. 543.
174. *Stupperich*, Osiander, S. 290, zählt 15 offizielle Antworten, soweit sie erhalten sind, und bis Ende 1552 37 private Stellungnahmen.
175. Zum folgenden vgl. *Stupperich*, Osiander, S. 286-290.
176. Zu den nicht abgeschickten Gutachten der Landgrafschaft Hessen und der Hansestadt Bremen vgl. ebd., S. 290.

Zu den inoffiziellen Schriften einzelner Personen[177] gehören einzelne oder mehrere Titel von Fürst Georg III. von Anhalt in Dessau[178], Erasmus Alber, 1551 in Magdeburg, 1552 in Neubrandenburg[179], Alexander Alesius in Leipzig[180], Nikolaus von Amsdorf, 1548 in Magdeburg, 1552 in Eisenach[181], Stephan Bilaw in Oschatz[182], Matthias Flacius Illyricus in Magdeburg, Nikolaus Gallus in Magdeburg, Justus Jonas, 1550 in Coburg, 1552 in Regensburg[183], Matthias Lauterwald in Schulpforta[184], Justus Menius in Gotha, Anton Otho, genannt Hertzberger, in Nordhausen[185], Johannes Pollicarius in Weißenfels[186] und Wolfgang Waldner in Nürnberg[187]. Natürlich gab es, als der Sturm des Streites losgebrochen war, noch weitere Schreiber und Schriften, auch anonyme, die sich gegen Osiander wandten[188].

10. *Überlieferung*

Deutsche Fassung:

Handschrift:

a: Berlin GStAPK, XX. HA StA Königsberg, HBA J2, K. 980, fol. 1r-142r, gleichzeitige Kop. (ohne das Vorwort des Druckes) mit vielen kleinen Varianten bei Artikelkontraktionen, anderer Anführung von Bibelstellen u. ä.; die wichtigeren Varianten von Wörtern, Wendungen und Satzteilen wurden in die Textkritik aufgenommen[189].

177. Zum folgenden vgl. ebd., S. 290-296.
178. Vgl. ADB 8, S. 596; NDB 6, S. 197, und *Stupperich*, Reformatorenlexikon, S. 87.
179. Vgl. TRE 2, S. 168.
180. Vgl. TRE 2, S. 232.
181. Vgl. TRE 2, S. 492.
182. ca 60 km östlich von Leipzig.
183. Vgl. RGG 3, Sp. 856.
184. in der Nähe von Naumburg, etwa 50 km südwestlich von Leipzig. Zu ihm vgl. auch u. A. Bd. 9, S. 91-108, Nr. 370.
185. ca. 80 km westlich von Halle.
186. ca. 35 km südwestlich von Leipzig.
187. Vgl. *Will*, Gelehrtenlexikon 4, S. 161f; *Simon*, Nbg. Pfb., S. 244, Nr. 1493 (etwas ungenau), und *Möller*, Osiander, S. 467 (die Angaben beziehen sich auf Osiander, der als Zeitgenosse doch wohl genau wußte, wo sich Waldner aufhielt).
188. Zu weiteren Schriften gegen Osiander, etwa von den Nürnberger Predigern oder von Staphylus, vgl. *Stupperich*, Osiander, S. 293f bzw. 295, und *Fligge*, Osiandrismus, S. 74.
189. Eine Sammlung von Zitaten aus Osianders Bekenntnis findet sich in Nürnberg StArch, A-Laden, Akten, S. I L. 68, Nr. 19, fol. 50r-51v (fol. 51v leer): zeitgenössische Kop. nach A. Es handelt sich um einen eingelegten Zettel, etwa in halber Foliogröße und in der Mitte gefaltet, mit der Überschrift: »Osiander in seiner bekantnus«, der folgende Textstellen enthält: S. 110,1-6; 110,30-112,2; 112,8-10; 144,5f; 144,15-17; 144,30. 31. 32f und 146,7-9. 10f. 17; 146,19-22 und

Drucke:

A: Königsberg: [Hans Lufft], 1551 = *Seebaß*, Bibliographie, S. 165, Nr. 56.1. Dieser Druck liegt unserer Ausgabe – trotz der vielen Drf. – zugrunde nach dem Exemplar Erlangen UB, Thl. V 108ª 4°.

B: Königsberg: [Johann Daubmann], 1554 = *Seebaß*, Bibliographie, S. 165, Nr. 56.2. Druck nach A. Unwesentliche Varianten sind nicht in die Textkritik aufgenommen[190].

Lateinische Fassung:

Druck:

Ü 1: Königsberg: [Hans Lufft], 1551 = *Seebaß*, Bibliographie, S. 169, Nr. 59. Übersetzung nach A mit ganz geringfügigen, oft für den Leser zum Verständnis notwendigen Textveränderungen[191] und sehr vielen Drf. Der Abdruck erfolgt nach dem Exemplar Nürnberg StB, Theol. 364 4°.[192]

Daraus ergibt sich folgendes Stemma:

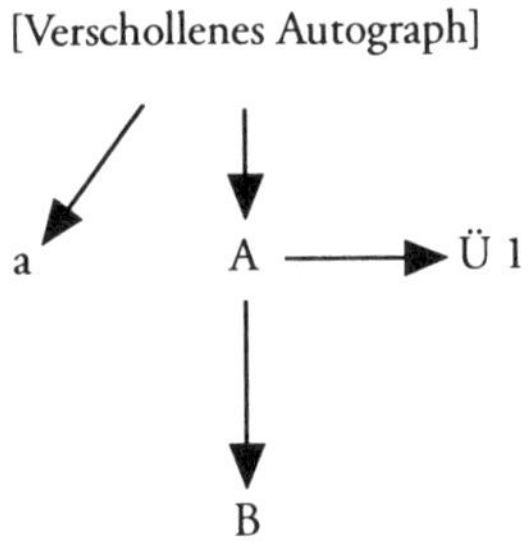

150,15-18. Das Doppelblatt ist einer antiosiandrischen Abhandlung von gleicher Hand (fol. 48r-52r) beigelegt, die die Überschrift trägt: »IHS. Concordantiae de iustificatione collectae a bono christiano etc. G.«

Ein zusammenhängendes Textstück findet sich ebd., Nürnberger Handschriften 417, Bl. 230-235 mit der Überschrift (auf Bl. 229): »Herrn Andreae Osianders lehr von der persönlichen vereinigung beeder naturn in Christo und de communicatione idiomatum, extrahirt aus desselben bekandtnus von dem ainigem mittler Jesu Christy«. Es handelt sich um eine Kop. nach B, etwa um 1580, wie die andern Stücke der Hs. ausweisen, die die Textpassage u. S. 200,6-206,6 enthält.

190. Eine inhaltliche Darstellung mit deutschen Zitaten bietet *Möller*, Osiander, S. 398-409; vgl. *Stupperich*, Osiander, S. 195-200.

191. Die Textveränderungen durch die Übersetzung wurden nicht verzeichnet, ergeben sich aber aus dem Vergleich der deutschen mit der lateinischen Ausgabe.

192. Eine inhaltliche Darstellung mit lateinischen Zitaten bietet *Hirsch*, Theologie, S. 182-188.

11. *Zur Gestaltung des Druckes*

Die Anordnung beider Textwiedergaben erfolgt nebeneinander, nach Abschnitten parallel, so daß sich auf der linken Seite der deutsche und auf der rechten Seite der lateinische Text gegenüberstehen. Für den lateinischen Text erfolgt keine Kommentierung, von wenigen notwendigen Ausnahmen abgesehen, die dann deutlich durch größere Abstände gekennzeichnet sind. Fehlerhafter Zusammen- oder Getrenntdruck des lateinischen Textes wurde nicht in die Textkritik aufgenommen. Die Wiedergabe von Lutherzitaten wurde von Osiander jeweils im deutschen bzw. lateinischen Originaltext vorgenommen und gegebenenfalls entsprechend von ihm in die andere Sprache übersetzt. Wir geben beide Textformen wieder. Die Bibelstellen der lateinischen Übersetzung wurden von Osiander nach der Vulgata zitiert. Stellenangaben von Psalmen schwanken in der Zählung zwischen Lutherbibel und Vulgata. Im lateinischen Text wurden von Osiander stets Vg.-zitate nach LXX verwendet.

Es folgen die Druckfehler im deutschen Text: S. 78,12: eewr; S. 78,13: rpietung; S. 82,23: iu; S. 90,14: vehőr; S. 94,16: glimffps; S. 96,14f: gottfurtige; S. 96,26: flessig; S. 102,1f: befinden (vgl. die Korrekturliste auf Bl. Bb4a); S. 102,18: dem (vgl. die Korrekturliste auf Bl. Bb4a); S. 102,24: sein (vgl. die Korrekturliste auf Bl. Bb4a); S. 106,12: uus; S. 108,17: wende (vgl. die Korrekturliste auf Bl. Bb4a); S. 108,17: hierumb; S. 110,17: Jhesus; S. 110,24: Angabe des Kap. fehlt; S. 112,17: dauck; S. 112,21: rechetfertigung; S. 114,14: 6. (Kap.angabe); S. 120,11: fnrsatz; S. 120,31: begriffen; S. 122,20: im (vgl. die Korrekturliste auf Bl. Bb4a); S. 122,25: noch; S. 122,28: gőtheit; S. 124,23: annemen; S. 126,3: chrilich (vgl. die Korrekturliste auf Bl. Bb4a); S. 130,10: gepranchen; S. 134,7: 2.; S. 134,32: zn; S. 134,32: bereite: 134,35: 6. (vgl. die Korrekturliste auf Bl. Bb4a); S. 136,32: Pauuls; S. 136,33: seins; S. 142,26: dem (vgl. den nachfolgenden Text); S. 144,11: rechtfertig; S. 144,24: erfordet; S. 148,8: rechfertigen; S. 152,12: znsehen; S. 154,4: gerchtigkeit; S. 154,6: Cor. (vgl. die Korrekturliste auf Bl. Bb4a); S. 158,18: augen gedenet; S. 158,22: verekren; S. 160,20: eingoschlossen; S. 162,25f: lechrlich; S. 162,28: hetts; S. 164,12: seine; S. 170,2: anff; S. 170,7: 2.; S. 170,15: enig (vgl. die Korrekturliste auf Bl. Bb4a); S. 174,4: zweierly; S. 178,4: 157. (vgl. den lat. Text und die Abfolge der Belegstellen der Zitate in den Sachanmerkungen); S. 180,22: weinig; S. 182,25: chriliche; S. 182,25: dereo (vgl. die Korrekturliste auf Bl. Bb4a); S. 182,26: 81. (vgl. den lat. Text); S. 184,10f: begrieffen; S. 192,15: ewas; S. 192,23: sprcht; S. 192,24: ans; S. 194,25: lateinschen; S. 198,17: und (vgl. die Korrekturliste auf Bl. Bb4a); S. 200,9: warerm; S. 202,9f: eingenschafft; S. 202,20: furchsehen; S. 202,32: noch; S. 208,2: uus; S. 214,17f: unvregengklichem; S. 214,21: ensserlich; S. 214,37: lebet; S. 216,26: schribet; S. 216,28: weinstockts; S. 216,28 (vorletztes Wort): heilelig; S. 218,4: Jjesu; S. 218,26: teilhafftih; S. 220,10: Crhisto; S. 222,3: mőrdet; S. 222,11: niemad; S. 224,16: nach; S. 230,27: gennnet; S. 232,19: seinem; S. 232,28: erinnernng; S. 232,29: gewischlich; S. 234,8: zwisschen; S. 236,9: herabstiege (vgl. die Korrekturliste auf Bl. Bb4a); S. 238,27: strackts; S. 240,3: heisse; S. 240,32f: wedersacher; S. 242,10: noch; S. 244,15: cappitel; S. 244,26: Jhesu; S. 244,30: Sottes; S. 246,5: allein

(vgl. die Korrekturliste auf Bl. Bb4a); S. 246,20: straffr; S. 250,1: gedorn; S. 250,12: beweisen (vgl. die Korrekturliste auf Bl. Bb4a); S. 250,15: gerech; S. 250,16: grerechtigkeit; S. 250,27f: ausgetrůckteu; S. 258,12f: eben (vgl. die Korrekturliste auf Bl. Bb4a); S. 260,22: 33. (vgl. die Korrekturliste auf Bl. Bb4a); S. 266,4: das; S. 270,20: hirezu; S. 272,3: verteuschet; S. 272,18: apecdechestae; S. 274,13: uun; S. 282,2: diewel; S. 282,12: verbregen; S. 284,9: dan (vgl. die Korrekturliste auf Bl. Bb4a); S. 284,12: eretten; S. 284,17 (vorletztes Wort): gerechtgkeit; S. 286,29: letzen (vgl. *Grimm*, Wörterbuch 6, Sp. 809f); S. 288,28: haben (vgl. die Korrekturliste auf Bl. Bb4a); S. 292,12: vernufft; S. 296,10: mir; S. 296,20: gerechtegkeit; S. 296,30: gerechtigktit; S. 296,30: nach; S. 298,30: zeuguns.

Es folgen die Druckfehler im lateinischen Text: S. 81,15f: Hactemus; S. 83,10: intinis; S. 85,6: redderrentur; S. 85,17: triginita; S. 87,10: aliquod; S. 91,7: sugilata; S. 93,5: illistrissimae; S. 93,5f: celfitudini; S. 95,8f: nogotio; S. 95,19: illustrissmae; S. 95,23: celfitudinis; S. 95,24: ftudebo; S. 97,11: arbirtor; S. 99,31: falfis; S. 101,8: chrstiane; S. 101,17: siat (vgl. die Korrekturliste auf Bl. T3b); S. 103,2: dilgenter; S. 103,6: possumus (vgl. die Korrekturliste auf Bl. T3b); S. 103,15: admiteret; S. 105,28: 4; S. 111,29: uunquam (vgl. die Korrekturliste auf Bl. T3b); S. 111,30: lingnarum; S. 113,14: tenatiter; S. 113,16: negotum; S. 115,2: conscientiis; S. 115,11: poententiam; S. 117,14: puemadmodum (vgl. die Korrekturliste auf Bl. T3b); S. 119,10: deniceps; S. 119,31f: annunctietur; S. 123,28: verae (vgl. die Korrekturliste auf Bl. T3b); S. 125,1: Spritu; S. 125,20: alatrirerque (vgl. die Korrekturliste auf Bl. T3b); S. 125,29: eclesia; S. 127,24: sonstentit; S. 127,28: cotntra; S. 127,29: seniunt (vgl. die Korrekturliste auf Bl. T3b); S. 127,29: doceut (vgl. die Korrekturliste auf Bl. T3b); S. 129,6: obendientia; S. 131,21 (vorletztes Wort): iu; S. 133,8: Chtistum; S. 133,24: mortunm; S. 133,29: abstonditum; S. 135,25: uum; S. 137,29: Chirstus; S. 139,19: augmetum; S. 139,32f: beneplacituum; S. 141,2: caelestum; S. 141,9: excercentur; S. 143,2: sit; S. 143,2: E3 (Bl.angabe); S. 145,18: dostrinam; S. 145,26: primus; S. 147,15: iustifcans; S. 147,22: abomninabilissimo; S. 151,1 (7. Wort): quidem; S. 153,13 (in der 1. Zeilenhälfte): opertum; S. 153,13 (vorletztes Wort): opertum; S. 157,4: redemtionem; S. 163,3: Spritu; S. 163,24: qui; S. 165,12: eum (vgl. die Korrekturliste auf Bl. T3b); S. 167,7: quaedem; S. 171,3: neqauquam (vgl. die Korrekturliste auf Bl. T3b); S. 171,9: pulcherime; S. 173,7: 5; S. 175,7: ilia; S. 175,22: 4; S. 175,28: me (vgl. die Korrekturliste auf Bl. T3b); S. 175,29: Gelat. (vgl. die Korrekturliste auf Bl. T3b); S. 177,7: Colloss.; S. 177,34: qottidie; S. 179,18: nembrum (vgl. die Korrekturliste auf Bl. T3b); S. 183,32: afligunt; S. 185,15: iuduistis; S. 189,21: fit; S. 193,2: caelare; S. 195,5: inclusium; S. 201,9: proprietatis; S. 203,19: Arrianam; S. 209,12: sarcis; S. 211,5: fit; S. 211,25: fimul; S. 211,30: vnuficaret (vgl. die Korrekturliste auf Bl. T3b); S. 211,32: vivet; S. 211,32: diinde; S. 213,1f: coadunata; S. 215,17: Spriritus; S. 215,33: Spriritu; S. 219,9: diligenrer; S. 221,2: sanguis; S. 223,2: quod quanquam (vgl. die Korrekturliste auf Bl. T3b); S. 227,12: secundnm; S. 227,21: possumus (vgl. die Korrekturliste auf Bl. T3b); S. 231,10: ultimus; S. 231,21: deponereur; S. 233,31: siuit; S. 233,31: a deo (vgl. die Korrekturliste auf Bl. T3b); S. 235,18: finceros; S. 237,3: praeocupet; S. 241,11: nque (vgl. die Korrekturliste auf Bl. T3b); S. 241,18: eunici; S. 241,19: iustica; S. 241,20: naitiva;

S. 251,22: inceredulus; S. 253,16: iustiam; S. 255,13: Chrstus (vgl. die Korrekturliste auf Bl. T3b); S. 257,35: irreperhensibilis; S. 261,22: aluatorem (vgl. die Korrekturliste auf Bl. T3b); S. 265,22: comprehenhat; S. 265,23: suma; S. 267,9: nauram; S. 269,16: nomibatur (vgl. die Korrekturliste auf Bl. T3b); S. 271,28 (3. Wort): signifcat; S. 273,10: fine (vgl. die Korrekturliste auf Bl. T3b); S. 277,20: intelligendum (vgl. die Korrekturliste auf Bl. T3b); S. 285,3: suriosas; S. 285,3f: blaphemias; S. 285,28: secundnm; S. 287,30: artieulis; S. 287,30: ofiicii; S. 289,4: illiud; S. 297,37: hac (vgl. die Korrekturliste auf Bl. T3b); S. 297,41: naturalum (vgl. die Korrekturliste auf Bl. T3b).

Text

[::1a:] [a]Von dem einigen[1] mitler Jhesu Christo und rechtfertigung des glaubens bekantnus. Andreas Osiander.

Johannis 5 [44]: »Wie kunt ir glauben, die ir ehre von einander nemet, und die ehr, die von Gott allein ist, sucht ir nicht.«

Kőnigsperg[b] in Preussen, [c]den 8. Septembris 1551[c]. [::2a:]

Dem durchleuchtigen, hochgebornen fürsten und herrn, herrn Albrechten dem eltern, marggraven zu Brandenburg, in Preussen, zu Stetin, Pomern, der Cassuben und Wenden hertzogen, burggraven zu Nűrnberg und fűrsten zu Rugen, meinem gnedigen herrn.

Gnad, frid und barmhertzigkeit von Gott dem vater und von seinem eingebornen son Jhesu Christo, unserm herrn, wunsch ich eur fűrstlichen durchleuchtigkeit mit erpietung meiner alzeit willigen und gehorsamen dinsten, sampt meinem armen gebet zu Gott umb E. F. D. zeitlich und ewige wolfart.

Durchleuchtiger, hochgeborner fűrst, gnediger herr!

E. F. D. weiss one zweiffel, wie ich von anfang meines beruffs zum predigampt nun dreissig gantze jar[2] alweg einerley lehr von der rechtfertigung des glaubens bestendigklich gehalten und geleh-[::2b:]ret hab[3] und dannoch von keinem gelerten, so der rechten, reinen, christlichen lehr zugethon, weder unter augen noch sonst offentlich jemals getadelt worden bin[4], bis ich alhie zu Kűnigsperg in der Alten Stadt mit predigen und in dem collegio[5] mit lesen[6] eben dieselbigen lehre nach der gnad,

a-a) fehlt in a.
b) Gedruckt zu Kőnigßberg: B.
c-c) Anno 1554: B.

1. einzigen.
2. Osiander wurde 1522 als Prediger an St. Lorenz in Nürnberg berufen, vgl. *Seebaß*, Osiander, S. 90.
3. So schreibt Osiander schon im Januar 1551 an seinen Schwiegersohn in Nürnberg; vgl. u. A. Bd. 9, S. 523, 17-21, Nr. 434. Die Erinnerung daran hat aber für den Herzog eine zusätzliche, ganz persönliche Note, weil Albrecht bei seinem Aufenthalt 1524 in der Reichsstadt durch Osianders Predigten für das Evangelium gewonnen wurde und ihn seither als ›geistlichen Vater‹ betrachtete; vgl. u. A. Bd. 1, S. 132, Nr. 16; Bd. 6, S. 189, Anm. 3, Nr. 227, bzw. u. A. Bd. 9, S. 629-638, Nr. 458, und *Seebaß*, Osiander, S. 93f.
4. Vgl. ›Bericht und Trostschrift‹ u. A. Bd. 9, S. 523,34-524,9, Nr. 434.
5. der Universität.
6. Vorlesungen.

Text

[.1a:] De unico mediatore Iesu Christo et iustificatione fidei confessio Andreae Osiandri.

Iohannis 5[44]: »Quomodo vos potestis credere, qui gloriam ab invicem accipitis, et gloriam, quae a solo Deo est, non quaeritis.«

Regiomonte Prussiae, 24. Octobris 1551. [.2a:]

Illustrissimo principi et domino, domino Alberto seniori, marggravio Brandenburgensi, Prussiae, Stetinae, Pomeraniae, Cassuborum et Sclavorum duci, burggravio Nurembergensi et Rugiorum principi, domino suo clementissimo.

Gratiam, pacem et misericordiam a Deo patre et unigenito filio eius Iesu Christo, domino nostro.

Illustrissime princeps et domine clementissime!

Illustrissima vestra celsitudo haud dubie novit, quomodo iam inde a principio vocationis meae ad ministerium verbi usque in tricesimum annum semper eandem de iustificatione fidei doctrinam constanter tenuerim et docuerim, nec tamen ab ullo docto viro, qui quidem sanae et purae doctrinae christianae addictus esset, neque in faciem, neque alioqui, ita ut ad me pervenire potuerit, reprehensus sim, donec hic Regiomonti in Vetere Urbe concionando et in schola praelegendo plane illam eandem doctrinam secundum gra-[.2b:]tiam, mihi a Deo donatam, diligenter tractarim atque plantarim. Nam hic continuo quattuor adversariorum genera extiterunt, qui eam ipsam doctrinam meam clandestinis obtrectationibus me ignorante prosciderunt ac criminati sunt, hodieque criminantur, id quod alibi quoque aliis sinceris verbi ministris iam inde usque a temporibus apostolorum fere semper contigit et adhuc contingit.

mir von Gott gegeben, fleissig getriben[7] und gepflantzet hab[8]. Dann da sein alsbald viererley widersacher entstanden, die gedachte[9] meine lehr mir in ruͤcken hefftig getadelt und verlestert haben und noch lestern[10], wie den anderswo andern frommen predigern sint[11] der apostel zeit her gemeiniglich[12] auch geschehen ist und noch geschicht.

Die ersten habens gethon aus lautrer[13] unwissenheit, als die die heiligen schrifft nie fleissig gelesen, sonder ir meinung von der rechtfertigung einweder aus menschenschrifften oder aber aus eignen gedancken geschopft hetten und dardurch also eingenommen[14] warn, das sie die heiligen schrifft, wie lauter und klar sie auch redet, nicht anderst dan auff ir vorgeschopfte[15], irrige meinung verstehen und deuten konten. Diser sein jederzeit nicht wenig durch guten und fleissigen bericht[16] zu erkantnus der reinen warheit wider kommen, und werden noch teglich etlich derselben gewunnen. Dan sie haben die warheit lieb und irthumb ist in[17] leid, suchen [::3a:] auch die warheit umb der seligkeit und nicht umb weltlicher ehre oder des bauchs willen[18].

Die andern habens gethon aus lautrer hochfart und stoltz, als die sich auff ir gross ansehen und anhang verliessen und mich hochmuͤtigklich verachteten der zuversicht, ich muͤste unter solcher irer verachtung gleich als ein liecht unter einem scheffel zugedeckt und verdruͤckt bleiben[19], damit sie allein alles in allem weren[20]; welchs ich auch warlich von hertzen wol het moͤgen leiden, wan sie allein mein person und nicht auch Gottes warheit getruckt[21] hetten. Dan ich hab es nun von Gottes gnaden schier gelernet, das ich fur mich selbs gern nichts bin[22], ob ich wol meinem nechsten zugut gern iderman allerley sein wolt, damit ich etliche dem herr Christo moͤcht ge-

7. betrieben, behandelt.

8. Osiander wurde nach seinem Weggang aus Nürnberg von Herzog Albrecht in Königsberg im Frühjahr 1549 zum Pfarrer der Altstadt und professor primarius der jungen Universität (gegründet 1544) ernannt; vgl. *Stupperich*, Osiander, S. 28-33.

9. erwähnte.

10. Diese Klage findet sich seit Beginn der Streitigkeiten nach der denkwürdigen Rechtfertigungsdisputation des Königsberger Professors vom 24. Okt. 1550; vgl. etwa u. A. Bd. 9, S. 521,1-3, Nr. 434, u. ö.

11. seit.

12. üblicherweise.

13. reiner, nichts als.

14. derart.

15. vorgefaßte.

16. gute und fleißige Unterrichtung, Unterweisung.

17. ihnen.

18. Vgl. Phil 3,19.

19. unterdrückt, verborgen bleiben. – Vgl. Mt 5,15 par.

20. zur Redewendung vgl. I Kor 15,28.

21. unterdrückt.

22. Wohl ein Hinweis auf seinen Weggang aus Nürnberg im November 1548, vgl. *Seebaß*, Osiander, S. 108-110; *Stupperich*, Osiander, S. 23-29, und u. A. Bd. 9, S. 74-77, Nr. 366.

Ac primi quidem fecerunt hoc ex mera ignorantia, ut qui sacram scripturam nunquam diligenter legissent, sed suam de iustificatione opinionem aut ex hominum commentariis aut vero ex propriis cogitationibus hausissent, iisque ita fascinati essent, ut sacras literas, quanquam clarissime loquentes, non tamen aliter quam iuxta prius haustas erroneas opiniones intelligere et interpretari possent. Horum semper non pauci per rectam et diligentem institutionem ad cognitionem sincerae veritatis redierunt ac quottidie quidam ex eis lucrifiunt. Amant enim veritatem, erroresque detestantur et veritatem propter salutem et non propter inanem gloriam aut ventris causa quaerunt.

Secundi hoc fecerunt ex mera superbia et animi elatione, ut qui et authoritate sua et factionibus niterentur, meque superbissime contemnerent, ea scilicet fiducia, quasi aliter fieri nequiret, quin sub illorum contemptu ceu lucerna sub modio contectus et oppressus perpetuo delitescere cogerer, ut ipsi soli essent omnia in omnibus, id quod re vera aequissimo et libentissimo animo passus fuissem, si meam tantum personam et non simul etiam veritatem Dei opprimere conati fuissent. Hactenus enim gra-[.3a:]tia Dei propemodum didici, ut, quod ad me attinet, libenter nihil sim, quanquam ob utilitatem proximi libenter omnibus omnia fierem, ut aliquos ex eis Christo lucrifacere possem, quippe qui videam, quottidieque experiar in aliis, quantum malorum atque aerumnarum secum afferat, si quis in hoc mundo conatur aliquid esse, nec tamen voluntatem Dei sibi prius exquirendam putat, an hoc illi etiam permittere velit. Nam »superbis resistit, humilibus autem dat gratiam«.

winnen[23], sinteinmal[24] ich sihe und teglich erfar an andern, was es fur unglůck und hertzenleid mit sich pringt, wan man etwas in der welt sein und Gott nicht vor[25] darumb begrůssen[26] und fragen wil, ob ers auch wol[27] zulassen. Dan er »widersteht den hochfertigen, aber den demůtigen gibt er gnad«[28].

Die dritten habens gethon umb ires eignen nutzs und bauchs willen, dann sie besorgeten, wo sie mich etwas sein liessen, [::3b:] so wurde ir grosses ansehen abnemen und sie zu den herrligkeiten, die sie inen getreumet, und den gůttern, die sie in iren gedancken schon verschlungen hetten, nicht moͤgen kommen. Disen ist es eben[29] gangen und wirt in weiter noch also[30] gehn, wie Paulus zun Philippern [3,19] sagt: »Welchen der bauch ir gott ist, derselben ehre wirt zuschanden«.

Die vierten habens gethon umb irer falschen scheinheiligkeit willen. Ich mein aber den groben hauffen, der die obrigkeit verachtet, die armen schindet, die schwachen vertrůckt[31], wuchert, raubt, stilt, leugt, treugt, schwelt[32], huret, ehpricht etc. und fraget im grund seines hertzen gar nichts darnach, welche lehr recht sey; sein auch allen rechtgeschaffnen predigern zugleich feind. Aber damit man sie dannoch auch fur christen halt, sehen sie gern, das man ein solche lehr predige, unter der sie sich auch fur gute christen moͤgen dargeben und verkauffen, und hoͤren derhalben gern, wan die heuchler predigen, unser gerechtigkeit sey nichts anders, dan das uns Gott fur gerecht halt, ob wir gleich boͤse buben[33] seien, und das unser gerechtigkeit ausserhalb unser und nicht in uns sey. Dan bey diser lehr koͤnnen sie auch wol fur heilige leut gehalten werden. [::4a:] Wan wir aber predigen, Christus selbs sey unser gerechtigkeit und in uns und wir sollen im unsere glider zu waffen der gerechtigkeit begeben[34], auff das er als warer Gott in uns wircke beide das wollen und das volpringen[35], da mercken sie alsbald wol, wan dise lehr recht ist – wie sie dan recht ist –, das sie nicht gute christen sein, noch von andern darfur gehalten werden koͤnnen, dan ire werck, wort und geperde reimen sich ubel zu solcher lehr. Darumb fassen sie die gedancken, die im buch der Weisheit am 2. ca. [1-20] geschriben stehn, und zůrnen, liegen, lestern, toben und wutten, wie man sihet, hoͤret und erfehret, und wolten gern alle solche prediger verjagen oder auch wůrgen, wan sie nur tůrsten[36]. Und so sie das nicht koͤnnen, stercken sie doch ire heuchler[37] mit loben, troͤsten, schencken und

23. Vgl. I Kor 9,19-22.
24. sintemal, da, weil.
25. vorher, zuvor.
26. ansuchen.
27. wolle.
28. I Petr 5,5.
29. recht.
30. so.
31. unterdrückt.
32. brennt.
33. Schurken.
34. Vgl. Röm 6,13.
35. Vgl. Phil 2,13.
36. sich getrauten, erkühnten.
37. d.h. die ihnen nach dem Mund reden.

Tertii fecerunt hoc sui emolumenti et ventris causa. Metuebant enim, si me in aliquo numero esse paterentur, magnam suam authoritatem diminutum iri seque ad eas dignitates, quas sibi somniarant, et ad ea bona, quae cogitationibus suis iam dudum devorarant, aspirare non posse. His omnino evenit et in posterum eveniet, quod Paulus ad Philippenses [3,19] dicit: »Quorum Deus venter est, horum gloria in confusionem ipsorum abit«.

Quarti hoc fecerunt propter suam hypocrisin. Loquor autem de crassa colluvie illorum, qui potestates a Deo ordinatas contemnunt, pauperes deglubunt, tenues opprimunt, foenerantur, rapiunt, furantur, mentiuntur, decipiunt, heluantur, scortantur ac ulterantur etc., ac in intimis suis praecordiis prorsus nihil curant, quae doctrina sit sincera; quin etiam omnes pios verbi ministros ex aequo oderunt. Verum enimvero ut tamen etiam pro christianis habeantur, perquam gratum illis est, ut eiusmodi doctrina proponatur, cuius professione ipsi quoque pro veris christianis sese ostentare et venditare possint, quare magna voluptate audiunt, cum [.3b:] adulatores docent iusticiam nostram nihil aliud esse, quam quod Deus nos iustos reputet, etiamsi pessimi nebulones simus, et quod nostra iusticia extra nos et non in nobis sit. Nam hac doctrina stante possunt ipsi quoque pro sanctis hominibus censeri. Quando vero nos docemus, quod Christus ipse sit nostra iusticia et in nobis et quod nos eidem debeamus membra nostra exhibere arma iusticiae, ut ipse, cum sit verus Deus, operetur in nobis et velle et perficere, tum statim animadvertunt, quod, si haec doctrina sit vera – ut certe est vera –, ipsi boni christiani non sint, nec ab aliis pro talibus haberi possint. Nam opera, sermones et mores eorum male consentiunt cum tali doctrina. Quare eiusmodi cogitationibus implentur, cuiusmodi in libro Sapientiae capite secundo descriptae sunt, ac irascuntur, mentiuntur, calumniantur, fremunt et furiunt, sicut videmus, audimus et experimur, vellentque libenter omnes tales ecclesiastas in exilium eiicere aut etiam occidere, si modo auderent. Cumque neutrum efficere possint, confortant tamen suos adulatores laudando, animando, donando, defendendo, tantum ut alacriter reclament nec veritati quantumvis clare illucescenti locum relinquant. Atque ita hypocritici sancti et adulatorii concionatores inter sese alteri alteris plane similes sunt: Qualis populus, talis sacerdos!

schůtzen, das sie nur getrost sollen schreien und der warheit nicht raum geben, wie hell sie auch an tag kombt. Und sein also die falschen heiligen und heuchlerische prediger einer wie der ander: Qualis populus, talis sacerdos[38]!

Als ich nun vermercket[39], das mir der satan dise feind all zugleich auff den hals zu laden anfieng[40], wurd ich verursacht, mein lehr von der rechtfertigung in etlich artickel zu fassen und in einer offentlichen disputation furzulegen und zu verteidigen[41] [::4b:] der hoffnung, ich wolt dardurch, was die gelerten fur mengel daran hetten, erfarn und sie darauff also berichten[42], das sie solten zufride sein und andre auch zufridestellen, damit des tadelns und lesterns einmal ein ende wurd. Aber je mer ich ans liecht kam[43], je hefftiger der satan zůrnet. Und obwol mein lehr in der offentlichen disputation nicht allein unumbgestůrtzt bliebe, sonder auch mit keinem ansehenlichen schein[44] von imand angefochten wurd[45], wie das E. F. D. eigner person angehőret und wol vermerckt hat[46], so wurd doch kein frid, sonder je weniger man mich kont am liecht[47] uberwinden, je[48] mer man mich im finstern[49] lesteret und mit allerley groben lůgen beschweret, nicht allein bey dem einfeltigen[50] gemeinen man[51], sonder auch bey der wirdigen priesterschafft und lőblichem adel und bey allen stenden alhie zu Kůnigsperg und auff dem land[52] und entlich mit heimlichen[53] briefen durch gantz Polen und gantz Teutschland[54], dardurch vil tausent menschen, sonder-

38. Ähnliche Sprichwörter konnten nachgewiesen werden, etwa: Qualis domus, talis dominus; qualis pastor, talis grex (*Walther*, Proverbia 4, S. 47f, Nr. 23233a und bei Nr. 23245; für das Deutsche vgl. *Wander*, Sprichwörterlexikon 2, Sp. 576f, Nr. 918-934). – Vgl. Hos 4,9 (Vg.).

39. bemerkte.

40. Sprichwort, vgl. *Röhrich*, Sprichwörtliche Redensarten 1, S. 375.

41. ihre Wahrheit nachzuweisen; vgl. *Grimm*, Wörterbuch 12,1, Sp. 1877f. – Gedacht ist an die folgenreiche Disputatio de iustificatione vom 24. Okt. 1550, vgl. u. A. Bd. 9, S. 422-425, Nr. 425/490.

42. unterweisen.

43. sprichwörtlich; vgl. *Röhrich*, Sprichwörtliche Redensarten 1, S. 600.

44. irgendwie bemerkenswert.

45. Die Disputationsopponenten konnten gegen Osianders Darstellung keine zwingenden Einwände erheben; vgl. u. A. Bd. 9, S. 423, Nr. 425/490.

46. Der Herzog war bei der Disputation anwesend; vgl. u. A. Bd. 9, S. 422, Nr. 425/490.

47. öffentlich.

48. desto.

49. heimlich.

50. einfachen.

51. Dabei ist wohl auch an die Polemik von der Kanzel zu denken, bei der Joachim Mörlin sich besonders hervortat; vgl. *Stupperich*, Osiander, S. 154-165, und *Hirsch*, Theologie, S. 177f; außerdem weiter u. S. 128,6-13 und S. 220,14-222,4.

52. im Herzogtum Preußen. – Zur Parteinahme der preußischen Öffentlichkeit, bei Hofe, in den drei Städten Königsberg und im Land vgl. *Stupperich*, Osiander, S. 178-183.

53. privaten.

54. Die Streitigkeiten in Königsberg wurden im Reich sehr schnell bekannt, hauptsächlich durch die Wittenberger Theologen, an ihrer Spitze Melanchthon, der von Staphylus immer wieder informiert wurde. Auch in Polen fand der Streit Widerhall. Die Klage wurde laut, daß er die Ausbreitung des Evangeliums behindere; vgl. u. A. Bd. 9, S. 519 Nr. 434, und *Stupperich*, Osiander, S. 183-191, bzw. *Hirsch*, Theologie, S. 176f.

Cum autem animadverterem, quod Satan huiusmodi hostes omnes simul una cervici meae imponere moliretur, permotus sum, ut meam de iustificatione doctrinam in aliquot propositiones [.4a:] coniicerem et in publica disputatione proponerem atque defenderem, hac praecipue spe, quod ita, quid doctis in ea displiceret, conmodissime[!] exploraturus essem, eisque vicissim ita satisfacere possem, ut et ipsi pacatiores redderentur et alios quoque pacatos redderent, quo tandem calumniarum et criminationum finis aliquis inveniretur. Verum quanto magis ego in lucem prodibam, tanto magis irascebatur satan. Et quanquam doctrina mea in publica disputatione non modo non everteretur, verum etiam nullo in speciem probabili argumento impugnaretur, id quod illustrissima vestra celsitudo coram auscultavit et haud dubie perspicue animadvertit, nulla tamen sequuta est pax. Sed quanto minus me palam et in luce poterant vincere, tanto magis in occulto calumniis et omni genere crassissimorum mendaciorum praegravabar non solum apud simplicem vulgum, verum etiam apud venerabiles ecclesiae ministros et apud inclitam nobilitatem atque adeo apud omnes status quum Monteregii, tum in tota Prussia ac tandem etiam occultis multorum literis per totam Poloniam ac totam Germaniam, unde multa milia hominum, in primis autem ii, qui hosce triginta annos evangelium audierunt ex me, graviter et horribiliter sunt scandalisati.

lich[55] aber die, so dise dreissig jar das euangelion von mir gehört haben[56], schwerlich[57] und erschrecklich verergert worden sein.

Darauff befalhe E. F. D. den theologen, sie solten mir in einem freundlichen[58] gesprech anzeigen, was sie fur mengel an meiner lehre hetten[59]. Da funden sich etlich, den [∴ 1a:] mein lehr nicht gefiel. Die stellten sich auch, als weren sie des gesprechs gar fro, villeicht das sie hoffeten, der fehl wurd an mir sein, das es nicht fur sich gieng. Als ich aber in alle weg bereit war, suchten sie mancherley ausflucht, soofft wir zusamenkamen, das nichts gehandelt wurd. Sonderlich aber klaget einer: »Wie kommen wir darzu? Wan wir etwas zuliessen, das denen zu Wittemberg nicht gefiel, so konten wirs nicht verantworten«[60]. Doch erboten sie sich endtlich, sie wolten schrifftlich mit mir handeln; das lies ich mir auch gefallen[61]. Uber etlich tag schickten sie mir ein zedtel, von inen nicht unterschriben, noch mir zugeschriben. Den nam ich nicht an[62]. Bald[63] schickten sie mir, mit iren eignen henden unterschriben, etlich sprüch Lutheri, unvermeldet, was sie mit denselben wolten beweisen, und drey meiner artickel, die solten mit des Luthers lehr nicht ubereinstimmen[64]. Das widerleget ich in[65]. Und dieweil sie furgaben, Christus wer nicht darumb gerecht,

55. besonders.

56. Hier ist vor allem an die Nürnberger Gemeinde zu denken, vgl. dazu seine Schrift ›Bericht und Trostschrift‹ u. A. Bd. 9, S. 519, Nr. 434, sowie das Schreiben Hans Fürstenauers vom 18. Okt. 1551, u. S. 334-353, Nr. 495.

57. schwer.

58. höflichen, vertraulichen.

59. Der Herzog strengte Mitte Januar 1551 Einigungsverhandlungen der streitenden Parteien unter Vermittlung von Joachim Mörlin an; vgl. *Stupperich*, Osiander, S. 124-129.

60. In seiner späteren Schrift »Widerlegung der ungegrundten, undienstlichen Antwort Philippi Melanchthonis« 1552, u. S. 575,4-7 und 666,6-8, Nr. 522, gibt Osiander an, Staphylus habe diesen Ausspruch getan. Ähnliches hatte Osiander schon vorher an der Haltung seiner Gegner bemängelt, vgl. u. A. Bd. 9, S. 226,9-12, Nr. 388, bzw. S. 525,9-11, und 529,32-34, Nr. 434.

61. Die mündlichen Verhandlungen – es kamen nur zwei Sitzungen am 13. und 17. Febr. zustande – erbrachten keine Einigung, obwohl Mörlin Thesen verfaßt hatte, denen Osiander zustimmte; Staphylus blieb jedoch bei seiner ablehnenden Haltung. Man einigte sich lediglich, »die herrn theologen solten schrifftlichen einbringen, was sie denn in Osiandri lehr nachmals straffeten« (Mörlin, Historia, Bl. F2b), und dieser sollte schriftlich darauf antworten; vgl. *Stupperich*, Osiander, S. (127-)129.

62. Anfang März verfaßten die Gegner, anders als vereinbart, eine kurze Schrift, in der sie Lutherzitate und Thesen Osianders aus seiner Rechtfertigungsdisputation einander gegenüberstellten. Die Schrift ›Antilogia seu contraria inter Lutherum et Osiandrum‹ war außerdem weder adressiert noch signiert. Osiander weigerte sich, sie zu akzeptieren, und zwang so seine Gegner, sie wenigstens zu unterschreiben und damit ihre Autorschaft einzugestehen; vgl. u. A. Bd. 9, S. 574, Nr. 447.

63. Sogleich, darauf.

64. Vgl. o. Anm. 62. Osiander nimmt hier auf eine zunächst vorhandene, kürzere Fassung der ›Antilogia‹ Bezug, die jedoch sehr bald von drei auf fünf Punkte erweitert wurde, wie sie sich bei Mörlin, Historia, Bl. F2b-F4b, gedruckt findet; vgl. u. A. Bd. 9, S. 574f, Nr. 447.

65. Diese Widerlegung der drei vermeintlichen Widersprüche findet sich im Brief Osianders an Mörlin vom 18. März, vgl. u. A. Bd. 9, S. 565-571, Nr. 445.

Post haec illustrissima vestra celsitudo theologis mandavit, ut in amico mihi colloquio indicarent, quid in doctrina mea accusarent. Ibi tum prodierunt aliqui, quibus doctrina mea non probabatur, qui etiam prae se ferebant, quasi hoc colloquio indicto vehementer essent ex-[.4b:]hilarati[a], fortassis quod sperarent per me staturum, quo minus colloquium procederet. Verum cum ego in omnem eventum paratus essem, ipsi varie tergiversabantur, ita ut nihil ageretur, quotiescunque conveniebamus. Singulare vero fuit, quod quidam illorum conquerebatur: »Ecquomodo huc pervenimus? Siquid admitteremus, quod Vitebergensibus non probaretur, non possemus ulla responsione excusari«. Verum tamen pollicebantur tandem se scriptis mecum acturos, id quod facile admittebam. Post aliquot dies mittebant mihi chartam, neque ac quoquam ipsorum subscriptam neque mihi inscriptam, quam accipere nolui. Paulo post mittebant mihi aliquot Lutheri dicta, suis manibus subscripta, nihil significantes, quid per illa probare vellent, et addiderant tres meas propositiones, quasi a Lutheri doctrina dissentirent, id quod paucis confutabam. Et quia obtendebant Christum non ideo iustum esse, quod e iusto Patre ab aeterno iustus Filius natus esset, sicut propositio mea 27 sonat, sed quia per mortem et resurrectionem suam legem implevisset, ideo interrogavi ex eis, an Christus in utero matris iustus fuerit nec ne. Verum ipsi aut non poterant aut nolebant mihi respondere, sed promissionem suam de agendo in scriptis statim rescindebant, eique renunciabant.

a) Vorsilbe »ex-« fälschlich nach Seitenwendung auf Bl. .4b wiederholt.

das er von dem gerechten Vater in ewigkeit ein gerechter Son wer geporn, wie der 27. artickel meiner disputation lautet[66], sonder darumb, das er durch sein sterben und aufferstehn das gesetz het erfullet[67] – darauff fraget ich sie, ob Christus in mutterleib wer gerecht gewest oder nicht[68]. Aber sie konten [∴ 1b:] oder wolten nicht antworten, sonder schnitten die schrifftliche handlung[69] alsbald auch stracks und gentzlich ab[70].

Volgendts leget mir E. F. D. auff, ich solt ein volstendig bekantnus von der rechtfertigung des glaubens in teutscher sprach stellen[71]. Das gefiel inen auch seer wol, dan sie hoffeten villeicht, sie wolten darmit spilen, wie sie wolten, ich aber muste[72] dieweil nicht wissen, was sie glaubten, vil weniger ire irthumb hingegen auch zu widerlegen haben. Und ich nams auch gern an, machets, so gut ich in eil konte[73], wie E. F. D. und meniglich[74] alhie sihet und den inhalt bald im ersten eingang[75] kuͤrtzlich[76] zu vernehmen hat. Als aber E. F. D. von inen gleicherweis bekantnus forderte[77], suchten sie abermals ausflucht: Erstlich wolten sie nicht[78], darnach zogen[79] sich etlich auff die Augsburgischen Confession[80], und entlich haben ir vier ein jeder sein bekantnus uberantwort[81], welche seer ungleich und, andre zu lehren, vil zu

66. Vgl. u. A. Bd. 9, S. 432,17f, Nr. 425.
67. Zur Argumentation der Gegner s. u. A. Bd. 9, S. 569, Anm. 39, Nr. 445.
68. Vgl. u. A. Bd. 9, S. 570,1-4, Nr. 445.
69. das schriftliche Verfahren.
70. Osiander hatte, wohl um der öffentlichen Wirkung der ›Antilogia‹ entgegenzutreten, neben seiner Antwort an die Gegner vom 18. März noch eine lateinische und eine erweiterte deutsche Zusammenstellung von Lutherzitaten veröffentlicht, die seine Übereinstimmung mit Luther zeigen sollten, vgl. u. A. Bd. 9, S. 574-581, Nr. 447, und S. 582-601, Nr. 448. Die dadurch hervorgerufene Verärgerung der Gegner führte zur Aufkündigung ihrer Teilnahme an weiteren Einigungsverhandlungen, vgl. ebd., S. 583, Nr. 448.
71. Mit Mandat vom 8. Mai an Rektor und Senat der Universität befahl der Herzog, Osiander solle seine Lehre schriftlich in deutscher Fassung einreichen. Dieses Bekenntnis sollte den Gegnern zur Beantwortung zugeleitet werden. Schließlich war ein für beide Seiten verbindlicher Schiedsspruch vorgesehen; vgl. *Stupperich*, Osiander, S. 151, und das herzogliche Mandat u. A. Bd. 9, S. 675-679, Nr. 470.
72. dürfte.
73. Osiander reichte seine ›Confessio‹, die wesentlich umfangreicher war als die seiner Gegner, erst am 9. Juli bei Hofe ein, vgl. o. S. 50.
74. jedermann.
75. zu Beginn, am Anfang.
76. kurz.
77. Dem Herzog gegenüber kritisierte Osiander das Mandat vom 8. Mai, da er allein aufgefordert wurde, seine Lehre darzustellen, die Gegner aber nur deren Beurteilung vornehmen sollten, und brachte in Vorschlag, von jedem einzelnen Theologen eine Darstellung seines Glaubens zu verlangen. Der Herzog modifizierte daraufhin sein Mandat am 6. Juni im Sinne dieses Vorschlags; vgl. o. S. 49.
78. Mörlin und Hegemon wiesen dem Herzog gegenüber auf den ursprünglichen Wortlaut des Mandats hin, mußten sich aber dem Befehl des Herzogs fügen, vgl. ebd.
79. bezogen.
80. Gemeint sind wiederum Mörlin und Hegemon, vgl. a.a.O.
81. Es handelt sich um Hegemon, Mörlin, Staphylus und v. Venediger, vgl. o. S. 49. Isinder

Deinde illustrissima vestra celsitudo mihi iniunxit, ut plenam de iustificatione confessionem lingua Germanica conscriberem, id quod illis quoque vehementer placuit, fortassis enim sperabant se pro sua [..1a:] libidine eidem illusuros esse, ita ut ego interim ignorare cogerer, quid ipsi crederent, multo minus illorum errores vicissim confutandi facultatem obtinere possem. Et ego quoque idipsum libenter in me recipiebam, confecique, quam bene id festinando fieri potuit, sicut illustrissima vestra celsitudo et universi ac singuli hic vident, argumentumque primo statim ingressu breviter intelligere possunt. Verum cum illustrissima vestra celsitudo eodem modo ab ipsis quoque confessiones postularet, iterum tergiversabantur: Primum nolebant, deinde quidam illorum referebant se ad confessionem Augustanam, et tandem quattuor ex eis quisque suam confessionem obtulerunt, quae inter sese valde dissimiles et ad docendum alios nimis breves, verum ad prodendam illorum inscitiam satis superque longae sunt, id quod illustrissima vestra celsitudo in confutatione mea Deo volente brevi poterit intelligere.

kurtz, aber, iren unverstand anzuzeigen, ubrigs[82] lang genug sein, wie E. F. D. in meiner widerlegung, ob Gott wil, bald wirt haben zu verstehn[83].

Nachdem aber E. F. D. mein bekantnus inen auch, zu urtheiln[84] und zu widerlegen, zugestellt, bin ich gewisslich bericht[85], das sie dieselben nicht angenomen, sonder [∴ 2a:] sambt dem schreiben an sie E. F. D. ungebrochen[86] wider zugeschickt haben[87]. Es nimbt mich auch nicht wunder, dan ich getrau in Gott dem herrn, das sie mein bekantnus mit keinem bestendigen[88] grundt der heiligen schrifft koͤnnen widerlegen, vil weniger ir irrige lehr verteidigen. Daher kombts auch, das, so sie itzo irer lesterung, wider mich ausgegossen, sollen rechenschafft geben und beweisen, das mein lehr so schedlich sey, wie sie von inen ist ausgeschrien, und von mir widerumb gewarten[89], das ich ire irthumb auch auffdecke, uberzeuge[90] und der gantzen christenheit fur augen stelle, so fliehen etliche darvon[91], ob sie wol niemand jaget, und haben dannoch mitler zeit[92] dem gemeinen man statlich eingepildet[93], sie koͤnnen zu keiner verhoͤr, zu keiner verantwortung und zu keiner handlung[94] kommen[95], damit sie E. F. D. unterthanen nicht allein wider mich, sonder auch wider E. F. D.

und Tetzel waren wegen Krankheit nicht aufgefordert worden, vgl. *Stupperich*, Osiander, S. 151.

82. übermäßig, allzu.

83. Zum Inhalt der vier Schriften vgl. *Stupperich*, Osiander, S. 152f, und o. S. 49, Anm. 5. Bemerkenswert ist, daß Osiander die gegnerischen Schriften eingesehen und in seiner Konfession bereits auf sie geantwortet hat – auch Mörlin, Historia, Bl. M2b, teilt dies mit! (Sie können daher im Sachapparat zur Verdeutlichung der gegnerischen Positionen herangezogen werden.) Mit Osianders Einsichtnahme war das vom Herzog geplante Vorgehen eigentlich umgedreht, mindestens jedoch ein erster Schritt gegenseitiger Beurteilung vorgezogen.

84. beurteilen.

85. unterrichtet, informiert worden.

86. unerbrochen, ungeöffnet.

87. Tatsächlich lehnten die Gegner es ab, die Konfession Osianders, die ihnen am 12. Aug. zugestellt wurde, entgegenzunehmen. Stancarus brachte sie dem Herzog zurück, zusammen mit seinem Abschiedsgesuch. Albrecht ließ sich jedoch auf diese Ablehnung nicht ein, sondern übergab den Gegnern Osianders Bekenntnis ein zweites Mal mit dem ernsten Befehl, ihre Antwort in deutscher Sprache mitzuteilen; vgl. o. S. 50f, und *Stupperich*, Osiander, S. 205f.

88. unwiderlegbaren.

89. erwarten, darauf gefaßt sein.

90. überführe.

91. Gemeint sind Stancarus und Staphylus, die sich beide etwa Mitte August aus Königsberg entfernt hatten, Stancarus offenbar nach Stettin und Staphylus nach Danzig. Beide kamen nicht nach Königsberg zurück; vgl. *Stupperich*, Osiander, S. 177 und 205, bzw. *Möller*, Osiander, S. 448 und 454f; weiter Albrecht, Ausschreiben, Bl. E4b.

92. in der Zwischenzeit.

93. gehörig vorgelogen. – Zur Kanzelpolemik der Gegner vgl. o. S. 84, Anm. 51.

94. Verhandlung.

95. Diese Klage muß bei den Gegnern umgelaufen sein, da auch im Schreiben des Herzogs vom 15. Juli darauf Bezug genommen wird; vgl. u. A. Bd. 9, S. 702,4f, Nr. 476. Die Klage läßt sich als Reflex auf die Vertrauensstellung verstehen, die Osiander bei Herzog Albrecht innehatte.

Postea vero quam confessio mea illis quoque iudicanda et confutanda exhibita est, certo certior factus sum, quod eam recipere detrectarint, sed una cum literis illustrissimae vestrae celsitudinis, non resignatis, eidem remiserint. Neque vero admiror, confido enim in domino Deo, quod confessionem meam nullo firmo sacrarum literarum argumento possint evertere, multo minus erroneam suam doctrinam defendere. Hinc etiam evenit, ut, cum iam suarum calumniarum, contra me effusarum, rationem reddere et, quod doctrina mea tam noxia sit, quam est ab illis sugillata, probare ac, ut ego errores ipsorum vicissim detegam, convincam et toti ecclesiae ob oculos ponam, a me expectare [..1b:] deberent, nonnulli ex ipsis profugiant, cum nemo illos persequatur. Interim tamen vulgo serio persuaserunt se, neque ut audiantur, neque ut ad respondendum vel agendum admittantur, impetrare posse, quo figmento subditos illustrissimae vestrae celsitudinis non solum contra me verum etiam contra illustrissimam vestram celsitudinem exacerbare conati sunt, cum contrarium eius sit verissimum, quod scilicet illustrissima vestra celsitudo eos neque hortando, neque mandando ad propositas actiones prosequendas et ad candide et diserte respondendum unquam potuerit adducere.

selbs zu verpitern unterstanden, so doch das widerspil[96] war ist, das E. F. D. sie weder mit vermanen noch gepieten zun furgeschlagnen handlungen und richtigen antworten hat jemals können vermögen[97].

Ja, das noch vil mehr ist, haben sie sich unterstanden, mich on urtheil, on richter und beisitzer, unüberwunden, unverhört, unangeklagt, uncitirt, unvermanet, on allen schein göttlichs und natürlichs rechtens und on all mein vorwissen, als wehre ich [∴2b:] samt meiner lehr[d] verurteilt und aller meiner befolhenen ambter unhebig[98], zu verkleinern[99] und zu beschweren[100] und E. F. D. den schuldigen gehorsam im consistorio darüber entzogen[101], desgleichen frevel im gantzen babstumb, da doch alle tyranney wider Gottes wort in vollem schwanck geht[102], noch nie ist erhört worden. Darumb mag E. F. D. ires geists und, wes sie sich trösten[103], wol warnemen!

Wie ich aber on alles auffhören und on allen grund der warheit auffs allergreulichst auff der cantzel gelestert wird[104], wil ich, ob[105] Gott wil, bald der gantzen christenheit klagen. Auff dismal wil ich allein melden, was der göttlichen majestat selbs zu unerhörtem hon, spot und lesterung reicht. Dan es ist einer, der, mein lehr von der gerechtigkeit Gottes zu tadeln, hat fragen thüren[106], ob man uns die wesenlichen gerechtigkeit Gottes in eim filtzhütlein pring, ob man sie uns durch ein triechter eingiess, ob man sie uns hinten oder fornen eingiessen muss, und ferner gesagt, der teuffel hole dise gerechtigkeit, ich nicht[107]. Bin derhalben der guten hoffnung,

d) lehr schon: B.

96. Gegenteil.
97. veranlassen, bringen. – Zu diesen Andeutungen vgl. etwa die Vorgeschichte zu den Bekenntnissen Osianders und seiner Gegner o. S. 49f.
98. verlustig.
99. herabzusetzen.
100. belasten, beleidigen.
101. Die Gegner lehnten nicht nur Osianders Lehre ab, sondern auch seine Maßnahmen als Vizepräsident der samländischen Kirche; vgl. u. A. Bd. 9, S. 747,7-748,7, bes. Anm. 3, Nr. 484. Sie verweigerten deshalb etwa das Zusammenwirken mit Osiander bei theologischen Examina und versuchten, Kirchenverwaltungsaufgaben eigenmächtig wahrzunehmen. Der Herzog, der dieses Verhalten eigentlich als Verletzung des Gehorsams gegen ihn verstehen mußte, wie Osiander richtig angibt, konnte sich diesbezüglich aber nicht zu strafendem Vorgehen entschließen; vgl. *Stupperich*, Osiander, S. 162-165, und *Möller*, Osiander, S. 444-448.
102. in ... Schwange geht; üblich ist (Redewendung, vgl. *Grimm*, Wörterbuch 9, Sp. 2225f).
103. worauf sie sich verlassen.
104. Vgl. o. Anm. 51.
105. wenn.
106. zu fragen gewagt.
107. Diese Äußerungen, mehr oder weniger richtig wiedergegeben, sind Joachim Mörlin zuzuschreiben, vgl. u. A. Bd. 9, S. 688, Nr. 474, und Mörlins eigene Darstellung in seiner Historia, Bl. K1b-K3b. Bl. M2a schreibt er: »Mir hette der liebe Gott befohlen, nicht gense oder köhe zu hüten, sondern die gemeine, so er mit seinem teuren blut erworben hat, die leiden keinen schertz und gülte derhalben nicht schlaffen noch schlummerns, sondern warnens, ruffen und predigens«. Vgl. *Stupperich*, Osiander, S. 154-158; *Hirsch*, Theologie, S. 177f mit Anm.; vgl. weiter o. Anm. 51.

Imo, quod longe atrocius est, me sine sententia definitiva, sine iudice et assessoribus, non convictum, non auditum, non accusatum, non citatum, non admonitum, sine omni specie divini et humani iuris, nihil tale suspicantem, quasi essem una cum doctrina mea iamdudum damnatus et ad omnia munia mihi demandata inhabilis, deformare et praegravare sunt conati, atque hoc praetextu illustrissimae vestrae celsitudini debitam obedientiam in consistorio subtraxerunt, cuiusmodi enormitas in toto papatu, ubi tamen varia tyrannis contra verbum Dei pleno impetu exercetur, nondum unquam est audita. Quare tempestivum est, ut illustrissima vestra celsitudo, quo spiritu agantur et quorum fiducia hoc audeant, diligenter animadvertat!

Quomodo autem sine intermissione, sine tamen ulla veritatis specie horribilissime in concio-[..2a:]nibus proscindar, brevi Deo volente toti ecclesiae conquerar. In praesentiarum hoc solum commemorabo, quod ipsimet divinae maiestati in contumeliam et blasphemiam inauditam vergit. Est enim quidam, qui, ut doctrinam meam de iusticia Dei calumniaretur, ausus est in publica concione interrogare, an iusticia Dei essentialis nobis in pileolo afferatur, an per infundibulum nobis infundatur, an eam nobis ante vel retro – horresco referens – infundi oporteat. Deinde subiunxit, diabolus quaerat hanc iusticiam, non ego. Quare confido illustrissimam vestram celsitudinem et omnes pios et timentes Dei christianos ex hoc facile coniecturam facturos, quis nam spiritus sit non solum in eo, qui talia declamat, verum etiam in iis, qui ea cum voluptate audiunt.

E. F. D. und alle fromme, gottsfurchtige christen werden hieraus wol abnemen, was fur ein geist sey nicht allein in dem, der solchs redet, sonder auch in denen, die ein wolgefallen daran haben. [∴ 3a:]

Dieweil aber diser geist des lesterns und liegens kein ende macht, bit ich E. F. D. unterthenigst und umb der ehre Christi willen, sie wolte bey den ubrigen theologen, so mein lehr verworfen haben, ernstlich anhalten, das sie mussen ires verwerfens lautre rechenschafft geben, damit ich mein gegenbericht meiner notturft[108] nach hinwider auch moͤg[109] thun, und wo sie das nicht koͤnten oder aus fursetzlichem ungehorsam nicht thun wolten, sich ferner gegen inen erzeigen, wie sie gepurt[110]. Dann solten sie also den kopf allein mit beharlichem ungehorsam aus der schlingen ziehen[111] und nichtsdesteweniger mit irem tadeln das unauffhoͤrlich lestern stercken, das wurd ein boͤss exempel und vil ergernus geben, darzu verursachen, das vil andre irem frevel wurden nachfolgen, dardurch dan die einfeltigen gewissen jemerlich betruͤbt, verwirret und in immerwerenden unfrid gesetzt wurden.

Dann disem erschrecklichen jamer, den ich zum theil erzelet, zum theil umb glimpfs[112] willen verschwigen, zum theil noch vor mir sihe und nicht weis, wo er hinauswil, zu steuren und zu wehren, hab ich willigklich mer erbeit auff mich genommen, dan mir auffgelegt war, und mein bekantnus also gestellet, wie ich dieselbigen aus unvermeidlicher noth, der gantzen christenheit durch [∴ 3b:] den truck furzutragen, bey mir het beschlossen[113]. Sage derhalben E. F. D. grossen danck, lob, ehr und preis von hertzen, das sie die sach so gnedigklich und christlich erwegen und, solch mein bekantnus zu trucken, hat zugelassen und befolhen[114]; wils auch

108. meinem Bedürfnis.

109. kann.

110. Mehrere Durchgänge gegenseitigen Schriftwechsels waren schon im Mandat vom 8. Mai bzw. vom 6. Juni vorgesehen (s. o. Anm. 71 und 77) und wurden im Schreiben des Herzogs vom 15. Juli, für das Osiander die Vorlage geliefert hatte, erneut vorgeschlagen (vgl. u. A. Bd. 9, S. 699-704, Nr. 475). In welcher Weise sich Osianders letzte Bemerkung verstehen läßt, ist nicht ganz klar: Einerseits hat der Herzog in der Ausfertigung des Briefes vom 15. Juli Osianders Anregung weggelassen, die Schriften der Gegner mit fehlerhaftem Inhalt zu deren eigener Schande in Druck zu geben (vgl. ebd. S. 702,13-703,3, und Anm. m-m, Nr. 475), andererseits am Schluß eine nicht zu überhörende Strafandrohung »gegen dem bruchfelligem teil« zugefügt (vgl. ebd., S. 703f, Anm. c (Zitat S. 704), Nr. 475).

111. der Gefahr … entgehen, der schwierigen Lage … entrinnen wollen (Sprichwort, vgl. *Röhrich*, Sprichwörtliche Redensarten 2, S. 857).

112. der Ehre, des guten Namens.

113. Zur Entschlossenheit, mit der der Königsberger Professor sein Werk abgefaßt hat, vgl. auch u. S. 148,17-20.

114. Das Schreiben des Herzogs an die Theologen vom 15. Juli bestimmte, daß Osianders Bekenntnis gedruckt werden sollte; vgl. u. A. Bd. 9, S. 701,16f, Nr. 475. Da Osiander das Konzept dieses Briefes geliefert hat, ging das nun eingeschlagene Verfahren, ein Urteil der ganzen Kirche zum Streit in Königsberg zu initiieren, letztlich auf ihn selbst zurück; vgl. *Stupperich*, Osiander, S. 203f und 206f.

Quia vero spiritus iste calumniarum et mendaciorum nullum facit finem, rogo illustrissimam vestram celsitudinem suppliciter et per gloriam Christi, ut dignetur reliquis theologis nostratibus, qui doctrinam meam improbarunt, serio instare, quo cogantur tandem suae improbationis claram rationem reddere, ut et ego vicissim pro, ut res ipsa postulabit, defensionem meam in medium possim afferre. Quod si hoc facere vel non potuerint, vel ex destinata inobedientia noluerint, tum illustrissima vestra celsitudo velit sese porro ita erga eos gerere, quemadmodum aequitas ipsa requirit. Nam si ad hunc modum tantum contumaci inobedientia ex hoc negotio sese eximendi [..2b:] facultas illis permitteretur, cum interim tamen nihilominus suis obtrectationibus infinitam criminandi mei licentiam augerent, res futura esset pessimi exempli plurimumque scandalorum allatura, atque adeo occasionem datura, ut multi eorum temeritatem imitarentur, unde simplices conscientiae miserabiliter perturbarentur, implicarentur et in perpetuam inquietudinem coniicerentur.

Nam ut horribili huic calamitati, quam partim recensui, partim modestiae causa reticui, partim adhuc ob oculos obversantem intueor et, quo evasura sit, nondum assequor, pro mea virili obviam irem et resisterem, plus laboris, quam imponebatur, sponte suscepi et confessionem meam talem institui, qualem invincibili necessitate coactus toti ecclesiae typis excusam proponere apud meipsum constitueram. Quare illustrissimae vestrae celsitudini ex animo gratias immortales ago, eamque ut omni laude et honore dignam effero, quod hanc causam tam clementer tamque christiane expenderit et confessionem meam in publicum edi non modo permiserit, verum etiam mandarit, id quod per omnem vitam meam debita obedientia et omni officiorum genere precibusque ad Deum pro illustrissimae vestrae celsitudinis incolumitate et salute conceptis promereri studebo.

mein leben lang in aller unterthanigkeit mit meinen willigen, gehorsamen dinsten und armen gepet gegen Gott umb E. F. D. zu verdienen unvergessen sein.

Dann ich hoff zu Gott, dem almechtigen, die grossen, ungeheuren luͤgen, so ein zeitlang her wider mich schier durch die gantzen christenheit sein aussgegossen worden, sollen durch disen weg wider aussgetilget und meine feind daruͤber zuschanden werden[115], desgleichen alle fromme, betruͤbte gewissen, so vor verergert und verfuret worden sein, sollen dardurch getroͤst und widerumb auffgerichtet werden, vil unverstendige und unwissende gelehrt, vil gelerte, gottsfurchtige menner, mir beyzustehn und die erkanten warheit zu vertheidigen, aufferweckt und etlich auch, sich deste lieber zu unserer schule[116] zu begeben, bewegt werden, zuvor[117] wan sie vernemen, das diejenigen, so bis anher viler unrhue stiffter gewest, nun, durch ir eigene gewissen geschlagen, aus eigner bewegung hinwegfliehen.

Solte aber ja in diser meiner bekantnus etwas schedlichs oder irrigs gefunden [∴4a:] werden, des ich mich doch nicht versihe, so bit ich alle fromme, gelerte, gottfurchtige menner, die bessers wissen und mit gewissem grund der heiligen schrifft beweisen koͤnnen, sie wolten dasselbig Gott zu ehren und gemeiner christenheit zugut nicht unterlassen und mein daran gar nichts verschonen. Dan ich erkenne mich noch fur ein schuͤler, doch nur des einigen lehrmeisters Jhesu Christi, und wo ich desselben wort und geist werd hoͤrn und spuͤren, da wil ich mich gern lassen weisen[118]. Die jungen unzeitigen[119] schreiber aber wil ich hiemit gewarnet haben, sie wolten mich mit unrechtmessigen lesterschrifften, dermassen Michel Roting[120] neulich wider mich hat ausgegeben[121], unangetastet lassen, dan ich gedenck den eseln die lewenhaut also abzuziehen[122], das sie niemand mer zu schrecken unterstehn, sonder von yderman gespottet werden sollen.

E. F. D. aber bit ich hiemit unterthanigst, sie wolt dis mein bekantnus in gnaden annehmen und fleissig erwegen[123], mein gnediger herr sein, mich und die meinen wie

115. Vgl. u. A. Bd. 9, S. 701,8-702,4, Nr. 475.

116. Universität. – Erst 1544 vom Herzog gegründet, hatte die Königsberger Alma mater doch schon beachtlichen Studentenzulauf; vgl. *Gause*, Königsberg 1, S. 295 und 299f.

117. vor allem.

118. Dieses Angebot hat Osiander schon früher gemacht, freilich verbunden mit einer scharfen Attacke gegen die ›praeceptores‹ in Wittenberg; vgl. u. A. Bd. 9, S. 397,1-401,10, Nr. 418.

119. voreiligen.

120. Michael Roting (1494-1588), Latein- und Griechischlehrer am Gymnasium in Nürnberg, gehörte offenbar schon in den Jahren von Osianders Wirksamkeit in der Reichsstadt nicht zu dessen ›Freundeskreis‹, vgl. *Will*, Gelehrtenlexikon 3, S. 410-414, und *Seebaß*, Osiander, S. 256.

121. Gemeint ist dessen Schrift »Testimonium ... contra falsam Andreae Osiandri de iustificatione sententiam, quam in Prussia libellis ac propositionibus spargit« (o. O. und o. J.), die den Nachweis erbringen sollte, Osiander sei der Antichrist; vgl. *Stupperich*, Osiander, S. 186.

122. Sprichwörtliche Redewendung nach einer Fabel Aesops, in der ein Esel im Wald eine Löwenhaut fand, sich verkleidete und Mensch und Tier erschreckte; er wurde jedoch bald entlarvt; vgl. *Röhrich*, Sprichwörtliche Redensarten 1, S. 242.

123. überdenken.

Spero enim in Deo omnipotente grandia ista et horribilia mendacia, quae iam aliquo tempore per totum fere christianum orbem contra me iactata sunt, hac ratione rursus extinguenda, inimicos meos confundendos, item perturbatas pias conscientias, antea scandalisatas et seductas, per hoc ite-[..3a:]rum consolandas et erigendas, multos imperitos et ignorantes erudiendos, plures doctos et timentes Dei viros, ut mihi auxilio sint ac cognitam veritatem defendant, excitandos, quosdam etiam, ut tanto libentius sese academiae nostrae addicant, esse permovendos, praesertim cum audierint eos, qui hactenus multarum perturbationum authores fuerunt, propriis conscientiis accusatos et convictos sua sponte hinc profugisse.

Porro, si quid in hac mea confessione deprehenderetur vel noxium vel erroneum, quod quidem non arbitror, rogatos volo omnes pios et doctos viros, qui meliora sciunt et firmis sacrarum literarum testimoniis probare possunt, propter gloriam Dei et utilitatem ecclesiae christianae, ut hoc ipsum nulla ratione omittere, nec mihi in hac causa parcere velint. Agnosco enim me adhuc esse discipulum, verum tamen unius tantum magistri, domini nostri Iesu Christi. Et ubicunque illius verbum et spiritum audiero et sensero, ibi libenter cedam et obtemperabo. Iuniores autem et immaturos scriptores interim admoneo, ne me illegittimis et famosis libellis, cuiusmodi nuper Michael Rotingus contra me evomuit, aggredi et molesti esse velint. Decrevi enim huiusmodi asinis Cumanis[1] pellem leoninam ita detrahere, ut nemini amplius terrorem incutere possint, sed omnibus ludibrio esse cogantur.

Illustrissimam vero vestram celsitudinem supplex oro, ut hanc confessionem meam clementer suscipiat, diligenter perpendat et sua clementia [..3b:] me meosque sicut hactenus foveat, defendat ac protegat, donec veritas pure, limpide et clare elu-

1. Vgl. S. 96, Anm. 122. Die Herkunft des Esels verweist auf die in der kleinasiatischen Landschaft Aiolis (der Insel Lesbos in der Ägäis schräg gegenüber) gelegene Stadt Kyme, deren Bewohner im Altertum »wegen ihrer Gutmütigkeit ein Gegenstand des Spottes« waren; vgl. PRE 11, Sp. 2475f.

bis anher[124] in gnedigem schutz und schirm erhalten, bis die warheit lauter, rein und klar an tag kombt zu trost und freude den armen, betrůbten gewissen und zur ehre Gottes durch Jhesum Christum, unsern herrn. Der wolle E. F. D. in langweriger[125] gesuntheit, glůcklichem regiment, bestendigem frid [.˙.4b:] und in rechter, reichlicher erkantnus seines heiligen worts, sampt E. F. D. gemahel[126] und freulein[127] und allen, E. F. D. getreuen zugethanen und unterthanen zu trost der christlichen gemein und iro selbst ewigen seligkeit gnedigklich erhalten. Amen.

Datum Kőnigsperg, am 8. Septembris 1551.

E. F. D. williger, untertheniger

Andreas Osiander[a]. [A1a:]

124. jetzt.

125. lang währender.

126. Seit 16. Febr. 1550 war Herzog Albrecht in zweiter Ehe verheiratet mit Anna Maria, Tochter Herzog Erichs I. von Braunschweig-Calenberg und Herzogin Elisabeths, der späteren Gräfin von Henneberg; vgl. *Hubatsch*, Albrecht, S. 276f und 289.

127. Edelfräulein, Tochter. – Aus erster Ehe hatte Herzog Albrecht eine Tochter, Prinzessin Anna Sophia, geb. 11. Juni 1527; vgl. *Hubatsch*, Albrecht, S. 265 und 289.

cescat ad consolationem et gaudium miserarum et perturbatarum conscientiarum et ad gloriam Dei patris per dominum nostrum Iesum Christum, qui illustrissimam vestram celsitudinem in bona valetudine, felice rerum administratione, perpetua pace, sincera et abundante salutiferi verbi sui cognitione una cum illustrissimis principibus coniuge et liberis atque omnibus fidelibus addictis et subditis ad utilitatem ecclesiae vestramque et ipsorum aeternam salutem per gratiam suam conservare dignetur. Amen.

Datum Monteregii, 24. Octobris anno Domini 1551.

Illustrissimae vestrae celsitudini deditissimus

Andreas Osiander, etc. [..4a:]

Ad Lectorem.

Quo maiore fructu et minore offensione hanc meam confessionem perlegas, christiane lector, paucis te putavi admonendum, ne calumniis adversariorum de iusticia Dei essentiali et de inhabitatione Christi in nobis quicquam credas. Nam cum iusticia Dei in sacris literis nusquam vocetur essentialis, clamant me nescio quid novi monstri velle inducere. Ego vero testor Deum et dominum nostrum Iesum Christum, qui venturus est iudicare vivos et mortuos, quod, cum iusticiam Dei essentialem nomino, nihil aliud intelligi volo, quam quod Paulus simpliciter iusticiam Dei appellat, cum dicit: »Iusticia Dei revelatur ex fide in fidem«, item cum dicit: »Ad ostensionem iusticiae suae, ut sit ipse iustus et iustificans eum, qui est ex fide Christi«, Rom. 3 [26]. Quod autem voco essentialem, id facio gravissimis et iustissimis de causis atque adeo exemplo patrum, qui in Nicaena synodo[2] ad opprimendam haeresin Arianam[3] filium Dei vocarunt patri homousion, id est consubstantialem sive coessentialem[4], quamvis scriptura sacra hoc verbum nusquam usurpet. Cum enim Arius concederet Christum filium Dei esse, Deum verum ante omnes creaturas genitum, non factum, per quem omnia facta essent, et tamen haec omnia male intelligeret et falso interpretaretur, ita ut filium Dei nihilominus creaturam esse sentiret[5], idque patres animadvertissent, sapienter fecerunt, quod hac una voce homousii omnes Arii falsas interpretationes excluserunt ac sustulerunt. Ita et nunc, cum prophani quidam philosophastri concedant iusticiam fidei esse iusti-[..4b:]ciam Christi, esse iusticiam aeternam, esse iusticiam Dei[6] et tamen haec omnia falsis interpretationibus ita torqueant et pervertant, ut nihil aliud significent quam hoc ludibrium, Deus propter fidem nos reputat pro iustis, cum iusti non simus[7], coactus sum et ego vocabulo essentialis hunc tam tetrum errorem excludere. Quod si iusticia Dei ab omnibus recte intelligeretur, facile patiar omitti vocabulum essentialis. Cum assero Chri-

2. Zum ökumenischen Konzil von Nikaia 325 n. Chr. vgl. RGG4, Sp. 1453, LThK7, Sp. 966f.

3. Zum Arianismus vgl. u. S. 202, Anm. 451.

4. Vgl. TRE 3, S. 705f.

5. Zur Lehre des Arius vgl. u. S. 238, Anm. 562.

6. Vgl. u. S. 149,19-157,10.

7. Vgl. u. S. 149,1-18.

Von dem einigen mitler Jhesu Christo
und rechtfertigung des glaubens.
Andreas Osiander.

Dieweil wir alle von natur geboren werden kinder des zorns[128], erstorben durch ubertrettung der[e] sůnde, wie Paulus zun Ephe. am 2. cap. [1] bezeuget, so ist von-noͤten, wollen wir anders[129] selig werden, das uns Gott der herr, der gerechte richter[130], den wir durch die sůnde zum hoͤchsten erzurnet haben, widerumb gnedig und wir aus dem todt der sůnden widerumb lebendig und gerecht gemacht werden. Nun konnen wir aber der beider keins durch unser eigne kreffte, werck und vleis erlangen. Darumb hat Got »seins einigen sons nicht verschonet, sonder in fur uns alle dargeben«[131], »welchen er auch hat furgestellet zu einem gnadenstul durch den glauben in seinem blut, darmit er seine gerechtigkeit darbiete«, »auff das er allein gerecht sey und gerecht mache den, der da ist des glaubens an Jhesu Chri-[A1b:]sto«, Rom. 3 [25f], denn der ist der mitler[132] zwischen Gott und dem menschen, der durch seinen gehorsam den Vater uns versohnet hat und mit seiner gerechtigkeit durch den glauben uns gerecht macht.

e) und: a.

128. Vgl. Eph 2,3.
129. überhaupt.
130. Vgl. II Tim 4,8.
131. Röm 8,32.
132. Vermittler.

stum esse nostram iusticiam et in nobis, calumniantur quidam me tollere imputationem, quod est falsissimum, nec ulla ratione sequitur. Alii calumniantur me asserere, quod credentium quisque fit naturaliter Deus, inter quos vel praecipuus est, profugus ille et vagus[8], ne dicam vanus Senetio[9], qui nobis nuper ex arca lignea Deum fabricavit[10]. Verum id quoque faciunt impudentissime, plurimum enim interest inter filium Dei, qui descendit de coelo et incarnatus est, et inter nos miseros peccatores, qui aliquando delictis mortui per fidem tandem Christum apprehendimus et in eo divinae naturae consortes efficimur[11]. His calumniis exclusis, christiane lector, confessionem benevolo animo perlege et crebras earundem rerum repetitiones, non sine magnis causis factas, boni consule et vale. [A1a:]

De unico mediatore Iesu Christo
et iustificatione fidei.
Andreas Osiander.

Quum omnes natura nascamur filii irae, mortui delictis ac peccatis, sicut Paulus ad Ephesios secundo capite [1] testatur, necessarium est, si modo salvi esse volumus, ut dominus Deus, iustus iudex, quem peccatis nostris supra modum ad iram provocavimus, rursus nobis propicius fiat, nosque a morte peccati rursus vivificemur et iustificemur. Neutrum autem horum nostris ipsorum viribus, operibus et industria consequi possumus. Quare »proprio filio suo non pepercit Deus, sed pro nobis omnibus tradidit illum«, »quem etiam proposuit propiciatorium per fidem in sanguine ipsius ad exhibitionem iusticiae suae per remissionem praeteritorum peccatorum, quae Deus toleravit, ut exhiberet iusticiam suam in praesenti tempore, ut sit ipse iustus et iustificans eum, qui est ex fide Iesu Christi«, quemadmodum Paulus ad Romanos tertio capite [25f] scripsit. Hic enim est mediator inter Deum et homines, qui obedientia sua Patrem nobis reconciliavit et iusticia sua nos per fidem iustificat. [A1b:]

8. Damit dürfte Staphylus gemeint sein, der seit Mitte August aus Königsberg abgereist war, ohne daß sein Dienstverhältnis gelöst gewesen wäre; vgl. o. S. 90, Anm. 91. Osiander nimmt damit also auf den neuesten Stand der Dinge Bezug.

9. »Senecio, Bruder des Bassianus, den Constantin d. Gr. mit seiner Schwester Anastasia verheiratet und zum Caesar bestimmt hatte, stiftete diesen gegen Constantin an« (PRE 2. R., 2, Sp. 1457, Art. Senecio 2). Dieses Beispiel wird von Osiander offenbar auf die theologisch führende Rolle des Staphylus unter den Königsberger Gegnern übertragen. Staphylus hatte schon die Einigung bei den Februargesprächen verhindert, er korrespondierte mit Melanchthon über die umstrittenen Probleme, reichte mit den andern sein eigenes Bekenntnis am Hofe ein und forderte die Beseitigung der Lehre Osianders, selbst wenn er sich im Sommer 1551 allmählich aus Königsberg zurückzog (vgl. dazu *Stupperich*, Osiander, S. 128, 152f und 175-177).

10. Vgl. u. S. 231,15-30. – Dieser Hinweis gestattet uns, wenigstens einige der exegetischen Argumente der Gegner mit dem Namen des Urhebers zu versehen: Es ist wahrscheinlich, daß Staphylus nicht nur dieses Beispiel, sondern auch die andern zur Verwendung und Bedeutung des Gottesnamens gebraucht hat, die Osiander u. S. 231,30-233,1 referiert.

11. Vgl. I Petr 1,4.

Wir konnen auch den weg zu unserer seligkeit nicht leichtlicher finden und begreiffen, denn das wir disen mitler und sein ampt vleisig ansehen, wie er uns in der heiligen schrifft ist furgemalet. Und sollen das zum ersten[f] wissen, das »ein mitler«, wie Paulus zun Galat. 3 [20] spricht, »nicht ist eins einigen mitler«, sonder auffs wenigst zweier parteien, also das er mit jeder in sonderheit[133] vleissig handel, das sie etwas thu, leide oder nachgebe, sonst, wan er mit einer partei allein handelet, so moͤcht man in wol ein potten, fuͤrsprecher oder furbitter nennen, aber einen mitler kuͤnt man in nicht eigentlich nennen. Die zwo partey aber, zwischen denen unser lieber herre Jhesus Christus mitler ist, sein auff einer seiten Gott der herr, der uns erschaffen hat, auff der andern seiten aber wir armen menschen, die wir Gott den herren mit unsern suͤnden erzurnet haben.

Ferner aber ist auch das noͤtig zu wissen, das wir nur diesen einigen mitler, den herren Jhesum Christum, allein haben und sonst kein ander mitler mer zwischen Gott [A2a:] und uns zu unserer versonung und rechtfertigung sein kan. Dann so einer wolte mitler sein und Gott neme in nicht an und hoͤret in nicht, so kuͤndt er schon nicht mitler sein. Neme er in aber an und hoͤret in, so durften[134] wir schon keins andern mehr, sintemal Gott einig ist. Darumb spricht Paulus in der ersten zum Timo. am 2. cap. [5f]: »Es ist ein Gott und ein mitler zwischen Gott und den menschen, nemlich der mensch Jhesus Christus, der sich selbs gegeben hat fur alle zur erloͤsung.« Dann er ist »einmal in das heilige eingegangen und hat eine ewige erloͤsung erworben«, wie geschriben ist zun Hebreern am 9. [12].

So ist nun dises einigen mitlers ampt, das er uns ein genedigen Gott mach, der uns fur seine kinder anneme und uns gerecht mach, das wir Gott gehorsam und wolgefellig und in wahrer gerechtigkeit und heiligkeit aller ding unstrefflich seien.

Es leidet aber das gottlich recht und gericht nicht, das suͤnde ungestrafft und Gottes gebot unerfullet bleibe, wie geschriben stehet [g]im letzten buch Mosis am[g] 32. [35] und zun Roͤmern am 12. [19]: »Mein ist die rache, ich wil vergelten, spricht der Herr«, und Christus spricht Matthei am 5. [18]: »Es wird nicht ein tittel[135] vom gesetz vergehen, bis das es alles geschehe«. Solten[h] aber wir die straff fur unser [A2b:] suͤnde, das ist den zorn Gottes, den todt und die helle, selbst versuchen, leiden und tragen, so muͤsten wir darunter und darinne verzweiffeln und ewigklich gefangen und verloren sein und bleiben. Dann in der helle kuͤnten wir kein gutte gedancken haben, sonder wuͤrden fur und fuͤr ewigklich in der suͤnde verharren und darinne verhertet werden und also der helle auch fuͤr und fuͤr ewigklich werd[136] sein und blei-

f) allerersten: B. – g-g) Deutero.: a. – h) Sollen: a.

133. besonders.
134. bedürften, brauchten.
135. Strich, Abschnitt.
136. wert.

Neque vero viam salutis nostrae facilius inveniemus atque comprehendemus, quam si hunc mediatorem et officium eius diligenter consideraverimus, quemadmodum nobis in sacris literis ob oculos est depictus. Atque hic inprimis scire debemus, quod »mediator«, ut Paulus ad Galatas tertio capite [20] inquit, »non est unius«, sed ut minimum duarum partium, ita ut cum utraque singulatim diligenter agat, quo aliquid faciat, patiatur aut concedat. Alioqui, si cum una parte tantum ageret, possemus eum quidem vel nuncium vel advocatum vel intercessorem nominare, mediatorem vero proprie nominare non possemus. Duae autem partes, inter quas dominus noster Iesus Christus mediator est, sunt hinc quidem dominus Deus, qui nos creavit, hinc vero nos miseri homines, qui dominum Deum peccatis nostris ad iram provocavimus.

Porro autem et hoc scitu est necessarium, quod non nisi hunc unicum mediatorem, nempe dominum nostrum Iesum Christum, solum habemus, quodque praeterea nullus alius mediator inter Deum et nos ad reconciliationem et iustificationem nostri esse possit. Nam si quispiam mediator esse vellet, Deus autem illum non admitteret, neque audiret, iam profecto mediator esse nullo modo posset, sin autem eum admitteret atque audiret, iam statim nullo alio mediatore amplius indigeremus, quoniam quidem Deus unus est. Propterea inquit Paulus in prima ad Timotheum secundo capite [5f]: »Unus est Deus, unus et mediator Dei et hominum, homo Christus Iesus, qui dedit redemptionem semetipsum [A2a:] pro omnibus«. »Semel enim introivit in sancta aeterna redemptione inventa«, sicut scriptum est ad Hebraeos capite nono [12].

Est itaque huius mediatoris officium, ut nobis Deum propicium reddat, qui nos pro filiis suis recipiat, nos autem iustificet, ut Deo obedientes et bene placentes in iusticia et sanctitate vera omnino simus irreprehensibiles.

Ius autem et iudicium divinum non patitur, ut peccata impunita et mandata Dei maneant inconfecta, sicuti scriptum est in Deuteronomio capite trigesimo secundo [35] et ad Romanos duodecimo [19]: »Mea est vindicta, ego retribuam,« inquit Dominus, et Christus Matthei quinto capite [18]: »Non cadet apex de lege, donec omnia fiant«. Iam vero, si poenam peccatis nostris debitam, hoc est iram Dei, mortem et infernum ipsum, ipsimet gustare, pati et perferre deberemus, non possemus non sub eis et in eis desperare atque in aeternum captivi damnatique esse ac manere. In inferno enim nihil boni cogitare possemus, sed perpetuo et in aeternum in peccato perseveraremus atque obduraremur et ita inferno quoque perpetuo et in aeternum digni essemus et maneremus, sicut David in sexto psalmo [6] dicit: »In morte non est, qui memor sit tui, in inferno, quis confitebitur tibi?« Quod si autem inferno in aeternum digni essemus ac maneremus, cogeremur etiam in eo captivi esse ac manere, nec possemus inde evadere, sicut Abraham diviti Lucae decimo sexto [26] dicit: »Magnus hiatus inter nos et vos firmatus est, ita ut nemo isthinc huc ad nos possit transmeare«. [A2b:]

ben, wie David im 6. psalm [6] spricht: »Im todt gedenckt man dein nicht, wer wolt dir in der helle dancken?« So wir aber der helle ewigklich werdt weren und blieben, so muͤsten wir auch darinne gefangen sein und bleiben und kuͤnten nicht herauskommen, wie Abraham zum reichen man Luce im 16. [26] spricht: »Es ist ein grosse klufft zwischen uns und euch befestiget, das niemandt von euch heruͤber zu uns faren kan«.

Und ob wir schon – das doch aller ding unmuͤglich – fur unser suͤnd genug thun und leiden und aus der helle wider ledig werden konten, so were doch das gesetz alsbald wider da und wolt aller dinge volkommenlich furohin[137] erfullet sein. Dann so Adam, da er noch gerecht war, kont durch ubertrettung des gepots in die suͤnde, Gottes zorn und in den todt fallen[138], wievil mer wuͤrden wir, die wir sunder geporen sein, wann wir das gesetz furohin nicht hielten, durch ubertrettung des [A3a:] gesetzes von neuen widerumb in Gottes zorn und in den todt fallen. Dann Christus, wie obgemelt[i], spricht Matthei am 5. [18]: »Ich sage euch warlich: Bis das himel und erde zergehe[k], wird nicht zergehen der kleinest buchstabe noch ein tittel vom gesetz, bis das es alles geschehe«.

Nun fordert das gesetz die liebe, wie Christus Matthei am 22. [37-40], da in die phariseer fragten, welches das furnembst gepot im gesetz were, bezeuget und spricht[l]: »Du solt lieben Gott, deinen herren, von gantzem hertzen, von gantzer seele und von gantzem gemuͤt. Dis ist das furnemste und groͤste gepot. Das ander aber ist dem gleich: Du solt deinen nechsten lieben als dich selbst. In disen zweien gepoten hangt das gantze gesetz und die propheten«. Die liebe aber ist Gott selbs, wie Johannes in seiner ersten epistel am 4. cap. [16] bezeuget und spricht: »Gott ist die liebe; und wer in der liebe bleibt, der bleibt in Gott, und Got in im«. Darumb, wer das gesetz mit der liebe erfullen sol, der mus in Gott sein und Got in im, wie Johan. am gedachten ort spricht: »So wir uns untereinander lieben, so bleibt Gott in uns«[139], und abermals: »Wer lieb hat, der ist aus Gott geboren«[140]. Dieweil wir aber suͤnder und unter Gottes zorn sein, wohnet Got nicht in uns. Darumb ist unmuͤglich, das wir das gesetz erfullen solten, wie geschriben ist zun Roͤm. [A3b:] am 8. [7]: »Fleischlich gesinnet sein ist ein feintschafft wider Got, sintemal es dem gesetze Gottes nicht unterthan ist, dan es vermags auch nicht«.

Dieweil wir dan weder die straff der sunden ertragen, noch das gesetz aus eignen krefften erfullen konten, so ist unser lieber herr Jhesus Christus, der einige mitler, fur uns an unser stadt getretten und hat zum ersten aller welt suͤnde auff sich genommen, wie Johannes der teuffer zeugt Johannis am 1. [29]: »Sihe, das ist Gottes lamb, das der welt suͤende tregt«, und Jesaias am 53. [6]: »Der Herr warf unser aller suͤnde auff in«, desgleichen Paulus 2. Corin. 5 [21]: »Gott hat den, der von keiner suͤnde

i) vorgemeldt: a. – k) zergehet: a. – l) sprach: a.

137. forthin, weiterhin.
138. Vgl. Gen 3.
139. IJoh 4,12.
140. IJoh 4,7.

Quin etiamsi – quod tamen omnino impossibile est – pro peccatis nostris satisfacere patique et ex inferno iterum liberari valeremus, statim tamen iterum adesset ipsa lex, velletque omnino perfecte in posterum impleri. Nam si Adam, cum adhuc iustus esset, potuit per transgressionem mandati in peccatum, in indignationem Dei et in mortem corruere, quanto magis nos, qui peccatores nati sumus, si legem deinceps non servaremus, per transgressionem legis denuo in indignationem Dei et mortem recideremus. Christus enim, ut supra memoratum est, ait Matthei 5 [18]: »Amen dico vobis, donec transeat caelum et terra, iota unum aut apex unus non praeteribit de lege, donec omnia fiant«.

Atqui lex exigit caritatem, sicut Christus Matth. 22 [37-40], cum pharisaei eum interrogassent, quod nam esset praecipuum mandatum in lege, testatur et ait: »Diliges dominum Deum tuum ex toto corde tuo et in tota anima tua et in tota mente tua. Hoc est maximum et primum mandatum. Secundum autem simile est huic: Diliges proximum tuum sicut teipsum. In his duobus mandatis tota lex et prophetae pendent«. Caritas autem est Deus ipse, sicut Iohannes 1. Iohannis 4 [16] testatur et ait: »Deus caritas est, et qui manet in caritate, in Deo manet, et Deus in eo«. Quare, quisquis legem caritate adimplere debet, necesse est, ut ipse in Deo sit et Deus in eo, sicut Iohannes ibidem dicit: »Si diligamus nos invicem, Deus in nobis manet«, et iterum: »Qui diligit, ex Deo natus est«. Quam diu autem peccatores et sub ira Dei sumus, Deus non habitat in nobis. Quare [A3a:] impossibile est, ut legem impleamus, sicut scriptum est ad Rom. 8 [7]: »Affectus carnis inimicitia est adversus Deum, nam legi Dei non subditur, siquidem ne potest quidem«.

Cum autem neque poenam peccati perferre, nec legem propriis viribus implere possimus, Iesus Christus dominus noster, unicus mediator, pro nobis in locum nostrum successit ac primo totius mundi peccata in se recepit, sicut Iohannes baptista testatur Iohannis 1 [29] inquiens: »Ecce agnus Dei, qui tollit peccata mundi«, et Esaias capite 53 [6]: »Dominus posuit in eum iniquitates omnium nostrum«, similiter et Paulus 2. Corin. 5 [21]: »Deus eum, qui peccatum non noverat, pro nobis peccatum fecit«. Atque ita pro nobis passus est, quicquid poenarum nos peccato merueramus, sicut scriptum est ad Rhom. 4 [25]: »Traditus est propter delicta nostra«, item 1. Corin. 15 [3]: »Mortuus est pro peccatis nostris secundum scripturas«, et Esa. 53 [5.8]: »Vulneratus est propter iniquitates nostras et attritus propter scelera nostra«, et iterum: »Abscissus est de terra viventium; propter scelera populi mei percussi eum«. Descenditque ad inferos, sicut scriptum est psalmo 17 [Vg.; 18,5f]: »Circumdederunt me dolores mortis et torrentes iniquitatis conturbaverunt me. Dolores in-

wuͦst, fur uns zur suͦnde gemacht« etc., und hat also fur unser suͦnde gelitten alles, das wir darmit verschuͦldet hetten, wie geschrieben stehet zun Roͤmern am 4. [25]: »Er ist umb unser suͦnde willen dahingegeben«, 1. Cor. 15 [3]: »Er ist gestorben umb unser suͦnde nach der schrifft«, Jesaie am 53. [5.8]: »Er ist umb unser missethat willen verwundet und umb unser suͦnde willen zuschlagen«[141], und abermals: »Er ist von dem land der lebendigen gerissen, da er umb die missethat meines volcks geschlagen ward«, und ist abgestigen zur helle, wie geschriben stehet psalm 17 [Vg.; 18,5f]: »Es umbfingen mich des todtes bande, und die beche Belials erschreckten mich, der hellen bandt [A4a:] umbfiengen mich, und des todes strick uberweldigten mich«. Er ist aber nicht in der helle gebliben, wie geschrieben ist psalmo 16 [10] und Acto. 2 [27]: »Du wirst meine seele nicht in der helle lassen«, und psalmo 86 [13]: »Du hast meine seele errettet aus der tieffen helle«, und hat uns also vergebung der suͦnde erworben, wie Johannes in seiner ersten epist. am 2. capitel [2] spricht: »Er ist die versoͤnung fur unser suͦnde und nicht allein fur die unsern, sonder auch fur der gantzen welt«. Und zu dem allem hat er wahrer Gott und mensch mussen sein. Dan wer er nicht ein wahrer mensch gewest, so hette er, was wir suͦndige menschen verschuͦldet hetten, nicht leiden kuͦnnen, und wehre er nicht wahrer Gott gewest, so hette ers nicht uberwinden, noch ausstehen kuͦnnen.

Zum andern, dieweil nach vergebung der vergangnen suͦnden[142] das gesetz dennoch volkommen wil und muss gehalten sein und wir es doch im alten wesen unserer ersten geburt, ehe dan wir aus wasser und Geist Gottes kinder neu geboren werden[143], zu halten keinswegs vermoͤgen, nach der neuen geburt aber, dieweil[144] wir in diesem leben sein, von wegen der »suͦnde, die noch in uns wonet«, Rom. 7 [20], und »uns hefftig anklebt«, Hebre. 12 [1], auch nicht volkommen halten koͤnnen, damit [A4b:] uns das gesetz nicht anklag und unter den fluch werfe, so ist unser lieber herr Jhesus Christus, der einige mitler, alhie auch fur uns an unser stadt getretten und hat das gesetz rein und volkommenlich fur uns und uns zugut erfullet, auff das es uns nicht zugerechnet werde, noch darumb verflucht sein mussen[145], das wir das gesetz in diesem leben nicht volkommenlich erfullen. Darumb spricht er selbs Matthei am 5. [17]: »Ich bin nicht kommen, das gesetz auffzuloͤsen, sondern zu erfullen«. Er erfullets aber also, das er nicht allein thut, was das gesetz gebeut, sonder auch den fluch des gesetzes, den wir durch die ubertrettung verdienet haben, auff sich nimbt und uns darvon erloͤset, wie Paulus bezeuget zun Galat. 4 [4f] und spricht: »Da die zeit erfullet war, sendet[m] Gott seinen son, geborn von eim weibe und unter das gesetz gethan, auff das er die, so unter dem gesetz waren, erloͤsete, das wir die kindschafft empfiengen«. Desgleichen spricht er am 3. cap. [13f]: »Christus hat uns erloͤset von dem

m) sandte: a.

141. zerschlagen.
142. Vgl. II Petr 1,9.
143. Vgl. Joh 3,5.
144. solange.
145. Vgl. Gal 3,13.

ferni circumdederunt me, praeoccupaverunt me laquei mortis«. Verum non permansit in inferno, sicut scriptum est psal. 15 [Vg.; 16,10] et Act. 2 [27]: »Non derelinques animam meam in inferno«, item psalmo 85 [Vg.; 86,13]: »Eruisti animam meam ex inferno inferiori«. Et ad hunc modum promeruit nobis remissionem peccatorum, sicut Iohannes 1. Ioh. 2 [2] ait: »Ipse est propitiatio pro peccatis [A3b:] nostris, non pro nostris autem tantum, verum etiam pro totius mundi«. Et ad haec omnia necesse fuit, ut esset verus Deus et verus homo. Nisi enim fuisset verus homo, non potuisset ea pro nobis pati, quae nos peccatores merueramus, et nisi fuisset verus Deus, non potuisset ea vincere, nec superare.

Secundo: Quum praeteritis peccatis remissis lex tamen adhuc perfecte debeat impleri, nos vero eam in vetustate prioris nostrae nativitatis, antequam ex aqua et spiritu filii Dei renascamur, implere nullo modo possimus, post regenerationem autem, quam diu in hac vita sumus, propter »peccatum, quod adhuc in nobis habitat«, Rhom. 7 [20], et »tenaciter inhaeret«, Hebr. 12 [1], non perfecte implere valeamus, ne lex nos accuset ac sub maledictionem coniiciat, successit et hic dominus noster Iesus Christus, unicus mediator, pro nobis in locum nostrum et legem pro nobis ac in nostrum bonum pure perfecteque implevit, ne nobis scilicet imputetur, nec eam ob rem maledicto obnoxii esse cogamur, quod legem in hac vita non perfecte implemus. Ideo ipse dicit Matth. 5 [17]: »Non veni solvere legem, sed adimplere«. Ita autem legem adimplevit, ut non solum, quicquid lex praecipit, fecerit, verum etiam maledictionem legis, quam transgrediendo merueramus, in se receperit, nosque ab eadem liberaverit, sicut Paulus testatur Galat. 4 [4f] dicens: »Ubi venit plenitudo temporis, misit Deus filium suum, factum [A4a:] ex muliere, factum sub lege, ut eos, qui sub lege erant, redimeret, ut adoptionem filiorum reciperemus«. In eandem sententiam et 3. capite [13f] inquit: »Christus nos redemit de maledicto legis, factus pro nobis maledictum – quia scriptum est: ›Maledictus omnis, qui pendet in ligno‹ –, ut in gentes benedictio Abrahae veniret in Christo Iesu«. Et ad haec quoque necesse fuit, ut esset verus Deus et verus homo. Nisi enim fuisset verus homo, non potuisset subdi sub legem. Quis enim Deo in sublimi sua divina maiestate legem imponeret? Si vero non fuisset verus Deus, non potuisset eam propriis viribus adimplere, siquidem lex exigit caritatem, quae Deus ipse est, id quod supra sufficienter probavi. Similiter nisi fuisset verus homo, non potuisset pendere in ligno, fierique maledictum; si vero non fuisset etiam verus Deus, non potuisset maledictionem vincere et in aeternam benedictionem convertere.

fluch des gesetzes, da er wurd ein fluch, dann es stehet geschriben: ›Verflucht ist jederman, der am holtz hangt‹, auff das der segen Abrahams unter die heiden keme in Christo Jhesu«. Und hierzu hat er auch mussen wahrer Gott und wahrer mensch sein. Dann wer er nicht ein warer mensch, so hette er sich nicht koͤnnen unter das gesetz geben, dann wer wolt [B1a:] Gott, dem herren, [in][n] seiner hohen goͤtlichen majestat ein gesetz aufflegen? Wer er aber nicht warer Gott gewest, so het ers aus eignen krefften auch nicht erfullen koͤnnen, sintemal das gesetz fordert die liebe, die Gott selbs ist, wie ich droben gnugsam hab bewisen[146]. Desgleichen, wer er nicht[o] warer mensch, so hette er nicht koͤnnen am holtz hangen und ein fluch[p] werden[147]; wer er aber nicht auch warer Gott, so hette er den fluch nicht koͤnnen uberwinden und in einen ewigen segen verwandeln.

Wie er nun als ein getreuer mitler durch volkommene erfullung des gesetzes und durch sein leiden und sterben fur unser suͤnde gegen Got, seinem himlischen vater, von unserswegen gehandelt und erworben hat, das er uns die suͤnde vergeben und nicht mehr darumb verdammen wil, uns auch unser schwacheit und schuld, das wir das gesetz in disem leben keinswegs erfullen, dieweil es Christus fur uns erfullet hat, nicht zurechnet, also wendet er sich auch herumb zu uns und handelt von Gottes, seines himlischen vaters, wegen als ein getreuer mitler durch die predigt der puss und seins heiligen euangelions und durch seine heilige sacrament, nemlich die tauffe, schluͤssel und abentmal[148], auch mit uns und schaffet bey uns, das wir durch die puss, vergebung der suͤnde anzunemen, be-[B1b:]girig und, in todt Christi zu bewilligen, geneigt werden, desgleichen durch den glauben und die tauff vom tod der suͤnde wider lebendig, gerecht, neugeborne kinder Gottes mit Gott versonet werden. Das meinet der heilig Paulus, da er 2. Cor. 5 [17-21] also schreibet: »Ist jemand in Christo, so ist er ein neue creatur; das alt ist vergangen, sihe, es ist alles neu worden! Aber das alles durch Gott, der uns mit im[149] selber versonet hat durch Jhesum Christum und[q] das ampt gegeben, das die versonung predigt. Dann Gott war in Christo und versonet die welt mit im selber und rechnet inen ire suͤnde nicht zu und hat unter uns auffgerichtet das wort von der versonung. So sein wir nun botschafft[r] an Christus stadt, dann Gott vermanet durch uns; so bitten wir nun an Christus stadt: Lasset euch versonen mit Gott! Dann er hat denen[!], der von keiner suͤnde wuͤste, fur uns zur suͤnde gemacht, auff das wir wuͤrden in im die gerechtigkeit Gottes.«

n) mit a und B konj.
o) nicht eyn: a. – p) fluch fur uns: a.
q) Davor Notiz am linken Rand in a: καταλλαγὴ καὶ οὐχ ἱλασμός.
r) potschafften: a.

146. Vgl. o. S. 104,17-31.
147. Vgl. Gal 3,13 und I Petr 2,24.
148. Osiander zählt die Einzelbeichte bzw. -absolution zusammen mit Taufe und Abendmahl zu den Sakramenten, vgl. etwa seine Katechismuspredigten 1533 u. A. Bd. 5, S. 190f, bzw. S. 310,24-334,13, Nr. 177.
149. sich.

Quemadmodum igitur, ut fidelis mediator perfecta impletione legis ac passione morteque sua cum Deo, caelesti patre suo, nostri causa egit, atque impetravit, ut peccata nobis remittere, nec ob ea damnare nos velit insuper et infirmitates ac debita nostra, quod legem in hac vita non adimplemus, cum Christus eam pro nobis impleverit, nobis nolit imputare, ita se vicissim convertit ad nos et nomine Dei, coelestis patris sui, ut fidelis mediator per praedicationem poenitentiae sanctique sui evangelii perque sacramenta sua, nempe baptismum, [A4b:] claves et caenam, agit etiam nobiscum et efficit apud nos, ut vere poenitentes remissionem peccatorum cupide amplectamur et in mortem Christi complantari facile consentiamus, similiter ut per fidem et baptismum a morte peccatorum revivificati, iusti, renati filii Dei Deo reconciliemur. Hoc sentit sanctus Paulus, cum 2.Cor. 5 [17-21] ita scribit: »Si quis est in Christo, nova creatura est, vetera praeterierunt, et ecce nova facta sunt omnia. Omnia autem ex Deo, qui reconciliavit nos sibi per Iesum Christum, deditque nobis ministerium reconciliationis, quandoquidem Deus erat in Christo, mundum reconcilians sibi, non imputans eis peccata sua, et posuit in nobis verbum reconciliationis. Pro Christo ergo legatione fungimur, tanquam Deo exhortante per nos. Rogamus pro Christo, reconciliemini Deo. Eum enim, qui non novit peccatum, pro nobis peccatum fecit, ut nos efficeremur iusticia Dei per illum«.

Es ist aber offenbar, das alles dasjenig, das Christus als der getreue mitler von unsernwegen durch erfullung des gesetzes und durch sein leiden und sterben mit Gott, seinem himlischen vater, gehandelt hat, das ist fur funfzehenhundert jaren und lenger geschehen, da wir noch nicht geporen gewest [B2a:] sein. Darumb kan es, eigentlich zu reden, nicht unser rechtfertigung gewest sein, noch genennet werden, sonder nur unser erlösung und gnugthuung fur uns und unser sünde. Dann wer gerechtfertigt sol werden, der mus glauben; sol er aber glauben, so mus er schon geporen sein und leben. Darumb hat Christus uns, die wir itzo leben, und [s]andere vor uns durch erfullung des gesetzes und sein leiden und[s] sterben nicht gerechtfertigt; aber erlöset sein wir dardurch von Gotts zorn, todt und helle. Dann man kan ein menschen wol erlösen und befreien, der auch noch nicht geboren ist; als wan man ein leibeignen man aus der Türckei[150] mit gelt erlöset, so wird nicht allein er von der leibeigenschafft ledig, sonder auch alle seine kinder, so noch von im geboren sollen werden[151], die doch sonst, wan ir vater in der leibeigenschafft bliebe, alle leibeigen geporen würden. Aber man kan keinen gerecht und from machen, ehe dann er geporen wird.

Darumb auch die erfullung des gesetzes und das leiden und sterben unsers lieben herren Jhesu Christi in der heiligen schrifft so offt und viel unser redemptio, erlösung, und[t] propiciatio, versonung oder gnugthuung, genennet wird, als Lu. am 1. [68]: »Gelobet sey der Herr, der Gott Israel, dann er hat besucht und erlöset sein volck«, und Matt. am 20. [28]: »Des men-[B2b:]schen son ist nicht kommen, das er im dienen lasse, sonder das er diene und gebe sein leben zur erlösung fur viel«, und Ephe. am 1. [7] und Col. 1 [14]: »An welchem wir haben die erlösung durch sein blut, nemlich die vergebung der sünde nach dem reichthumb seiner gnaden«, und 1. Petri 1 [18f]: »Wisset, das ir nicht mit vergenglichem silber oder goldt erlöset seid, sonder mit dem teuren blut Christi«, und Hebre. am 9. [12]: »Er ist durch sein eigen blut einmal in das heilige eingangen und hat eine ewige erlösung erworben«, und 1. Johan. 2 [1f]: »Ob jemand sundigt, so haben wir ein fursprecher bey dem Vater, Jhesum Christum, der gerecht ist. Derselbig ist die versonung fur unser sünde, und nicht allein fur die unsern, sondern auch fur der gantzen welt«, und abermals am 4. [10]: »Got hat uns geliebet und gesand seinen son zur versunung fur unser sünde«. Das[u] aber die erfullung des gesetzs und das leiden und sterben unsers herren Jhesu

s-s) fehlt in B.
t) Davor Notiz am linken Rand in a: ἱλασμός.
u) Dazu am linken Rand ein unleserliches Wort mit Sternchen zugeordnet in a.

150. Das türkische Reich hatte zur Zeit Osianders unter der Herrschaft Sultan Suleimans des Prächtigen (1520-1566) seinen Höhepunkt erreicht und bedeutete für die europäischen Mächte, besonders für das Haus Habsburg eine dauernde Gefahr. 1529 etwa war der Sultan bis Wien vorgestoßen und hatte die Stadt belagert; vgl. RGG 6, Sp. 1073f, und u. A. Bd. 7, S. 343f, Nr. 279, und S. 469f, Nr. 282.

151. Zur Leibeigenschaft im Islam vgl. *Gottschalk*, Kultur, S. 287, und *Spuler*, Kultur, S. 287; zur Sklaverei im Osmanischen Reich vgl. *Grunebaum*, Islam, S. 87-93.

Manifestum est autem, quod quicquid Christus ut fidelis mediator nostri causa impletione legis ac passione morteque sua cum Deo, patre suo caelesti, egit, factum id esse ante mille quingentos et eo amplius annos, cum nos nondum essemus nati. Quare, si proprie loqui volumus, non potuit illud nostra iustificatio neque esse, neque nominari, sed tantum nostra redemptio et satisfactio pro nobis ac peccatis nostris. Oportet enim eum, qui debet iustificari, credere. Porro, si credere debet, necesse est, ut iam sit natus et vivat. Quare Christus nos, qui iam vivimus, et alios ante nos impletione legis ac passione morteque sua non iustificavit. Verum libe-[B1a:]rati sumus per illa ab ira Dei, morte et inferno. Potest enim fieri, ut homo redimatur ac liberetur, antequam nascatur, ut, si servus emptitius e Turcica regione pecunia redimatur, non ipse solum a servitute liberatur, verum etiam omnes eius posteri adhuc ex eo procreandi, qui alioqui, si pater eorum in servitute maneret, omnes nascerentur servi, verum, nemo potest iustus et bonus fieri, antequam nascatur.

Ideoque impletio legis ac passio morsque domini nostri Iesu Christi in sacris literis toties ac tam crebro nostra redemptio et propiciatio vel satisfactio nominatur, ut Lucae 1 [68]: »Benedictus dominus Deus Israel, quia visitavit et fecit redemptionem plebis suae«, et Matth. 20 [28]: »Filius hominis non venit, ut sibi ministraretur, sed ut ipse ministraret utque daret animam suam redemptionem pro multis«, item ad Ephes. 1 [7] et Coloss. 1 [14]: »Per quem habemus redemptionem per sanguinem ipsius, remissionem peccatorum, secundum divitias gratiae suae«, et 1. Pet. 1 [18f]: »Scientes, quod non corruptibili auro aut argento redempti estis, sed praecioso sanguine quasi agni incontaminati et immaculati Christi«, et Hebr. 9 [12]: »Per proprium sanguinem introivit semel in sancta aeterna redemptione inventa«, item 1. Ioh. 2 [1f]: »Si quis peccaverit, advocatum habemus apud Patrem, Iesum Christum iustum; et ipse est propiciatio pro peccatis nostris, non pro nostris autem tantum, sed etiam pro totius mundi«, et ibidem 4 [10]: »Deus dilexit nos, et misit filium suum propiciationem pro peccatis nostris«. [B1b:] Quod autem impletio legis ac passio morsque domini nostri Iesu Christi ut opera sint nostra iustificatio aut iusticia, hoc in sacris literis, quantum scire possum, per omnem aetatem meam nunquam reperi, nec possum capere, quod secundum veram proprietatem linguarum sic dici possit.

Christi als ein[v] werck solten unser rechtfertigung oder gerechtigkeit sein[152], das hab ich in der heiligen schrifft meines wissens all mein tage noch nie gefunden, kan auch nicht begreiffen, das es sich nach rechter eigenschafft der sprachen also reden las.

Das ist aber war und ungezweivelt, das er uns durch die erfullung des gesetzes und durch sein leiden und sterben von Gott, seinem himlischen vater, dise grosse und uberschwen-[B3a:]ckliche gnad verdienet und erworben hat, das er uns nicht alleine die suͤnde hat vergeben und die untreglichen burd des gesetzes, wie es Petrus Actorum am 15. [10] nennet, von uns genommen, sondern uns auch noch durch den glauben an Christum wil rechtigen[w153], das ist gerecht machen oder gerechtfertigkeit[x] eingiessen, und durch wirkung seines Geists und durch den tod Christi, darein wir durch die tauff Christo eingeleibt sein[154], die suͤnde, so uns schon vergeben, aber doch in unserm fleisch noch wonet und anklebt, abtoͤdten, ausfegen und gantz vertilgen, soferne wir nur wollen folgen.

Darumb ist nun das ander teil des ampts unsers lieben, getreuen herren und mitlers Jhesu Christi, das er sich itzo zu uns herumbwende, wie gesagt ist, und mit uns armen suͤndern als mit der schuͤldigen partey auch handele, das wir solche grosse gnad erkennen, durch den glauben mit danck annemen, auff das er uns durch den glauben von dem tode der suͤnde lebendig und gerecht mache und die suͤnde, so schon vorgeben ist, aber doch noch in unserm fleisch wonet und anklebet, so wir in seinem tode absterben[155], in uns gantz und gar abgetoͤdtet und vertilget werde. Und das ist allererst[156] der handel[157] unser rechtfertigung, welchen unser lieber herr und heiland Jhesus Christus auff dise weise volfuret: [B3b:]

Zum ersten bevilhet er seinen aposteln, das sie in seinem namen sollen predigen puss und vergebung der suͤnden unter allen voͤlckern, Luce am 24. [47], item: »Gehet hin in alle welt und predigt das evangelium allen creaturn. Wer da gleubt und getaufft wird, der wird selig, wer aber nicht glaubt, der wird verdampt werden«, Marci am 16. [15f], »und taufft sie im namen des Vaters und des Sons und des heiligen Geists

v) fehlt in a.
w) rechtfertigen: B.
x) gerechtigkeit: a, B.

152. Staphylus formuliert in seinem Bekenntnis, »das es ein andere gerechtigkeit sey, da Gott mit gerecht ist, und ein andere gerechtigkeit, da Gott den armen ungerechten mit bekleidet und fur gerecht achtet, und ist zwar diese gerechtigkeit ein werck Gottes in Christo Jesu, wie denn auch widerumb jene Gott der schöpfer selbst« (Albrecht, Ausschreiben, Bl. B3b-4a). »Wenn nu gefraget wird, was die gerechtigkeit sey, die uns durch den glauben wird zugerechnet, antwort ich, das sie sey ein werck Gottes in Christo Jesu« (ebd., Bl. C1a, vgl. Bl. C1b). Vgl. dazu u. S. 154, Anm. 266.
153. als recht, richtig hinstellen (vgl. *Grimm*, Wörterbuch 8, Sp. 418).
154. Vgl. Röm 6,3.
155. Vgl. II Kor 4,11.
156. erst, eigentlich.
157. die Sache, der Vorgang.

Hoc autem verum est et indubitatum, quod impletione legis ac passione morteque sua maximam hanc et superabundantem gratiam a Deo, patre suo coelesti, nobis meruerit impetraveritque, ut nobis non solum peccata remiserit et onus legis, quod – ut Petrus Acto. 15 [10] ait – portare non poteramus, a nobis abstulerit, verum etiam nos per fidem in Christum iustificare, hoc est iustos efficere, aut iusticiam nobis infundere et operatione Spiritus sui sancti ac morte Christi, in quam per baptismum insiti sumus, peccatum, iam ante condonatum, verum in carne nostra adhuc habitans et tenaciter inhaerens, mortificare, expurgare ac prorsus extinguere velit, modo illi obtemperare volerimus.

Quare altera pars officii domini nostri et fidelis mediatoris Iesu Christi est, ut sese iam ad nos convertat, sicut dictum est, ac miseris nobiscum peccatoribus tanquam cum parte rea itidem agat, ut tantam gratiam agnoscamus et per fidem cum gratiarum actione recipiamus, ut nos per fidem a morte peccati vivos et iustos restituat et peccatum, iam condonatum, adhuc tamen in carne nostra habitans et tenaciter inhaerens, ubi in morte ipsius decesserimus, in nobis prorsus mortificetur et extinguatur. Et hoc demum est negotium nostrae iustificationis, [B2a:] quod dominus et servator noster Iesus Christus ad hunc modum perficit:

Primo mandat apostolis suis, ut in nomine ipsius praedicent poenitentiam et remissionem peccatorum in omnes gentes, Lucae 24 [47]. Dicit enim: »Ite in orbem universum et praedicate evangelium omni creaturae. Qui crediderit et baptizatus fuerit, salvus erit. Qui vero non crediderit condemnabitur«, Marci 16 [15f], »et euntes docete omnes gentes, baptizantes eos in nomine Patris et Filii et Spiritus sancti, docentes eos servare omnia, quaecunque mandavi vobis«, Matthei. 28 [19f]. Ita enim et ipse praedicationem suam post baptismum suum incepit et dixit: »Impletum est tempus et appropinquavit regnum Dei. Poenitentiam agite et credite evangelio«, Marci 1 [15].

und leret sie halten alles, was ich[y] bevolhen hab«, Matthei am 28. [19f]. Dann also hat er selbseigner person sein predig nach seiner tauff auch angefangen und gesprochen: »Die zeit ist erfullet, und das reich Gottes ist herbeykommen. Thut puss und glaubt dem evangelio«, Marci 1 [15].

Die puss aber kompt aus rechtem verstand des gesetzes. Dann wan wir aus dem[z] gesetz die sůnde erkennen und den zorn Gottes sampt dem fluch des gesetzs in unsern gewissen empfinden, so werden wir der sůnden feind und wolten ir gerne loss und mit Gott wider versonet werden. Wann wir dan mercken, das wir das mit eignen krefften nicht erlangen kǒnnen, und doch nicht gerne wolten unter dem fluch bleiben, so gehen uns dan die augen auff[158], das wir der verheissung von dem kůnftigen heilandt, der uns helfen sol, warnemen[159]. Und da findet sich dann rechte, wahre [B4a:] puss, darzu man uns vor und neben dem heiligen evangelio durchs gesetz vermanen und treiben solle. Dann wo man rechtschaffene puss thut, da hat das gesetz sein ampt ausgericht. Darumb spricht Christus Matt. 11 [13] und Luce am 16. [16]: »Das gesetz und die propheten weissagen bis auff Johannem«, das ist, wann Johannis ampt, das die puss predigt, angehet und dem herren Christo den weg bereitet, so hat das gesetz sein ende[160], darumb es eingesetzt ist, erlangt, und volgt der herr Christus, der des gesetzes ende ist, Rom. 10 [4], durch die predigt des heiligen euangelions alsbald hernach. Es wird uns aber die puss furnemlich umb dreier ursach willen gepredigt: Erstlich, das wir Christum, den heiland, mit seiner gnugthung[!] und gerechtigkeit dester lieber annemen, dieweil wir erkennen, das wir sůnder und unter Gottes zorn sein und uns selber nicht helfen kǒnnen; zum andern, das wir deste lieber in den todt Christi, darin wir durch die tauffe eingeleibt werden[161], bewilligen und dester gedultiger absterben, dieweil wir wissen, das die sůnde, uns von Adam angeboren, nicht dann[162] im todt gantz und gar ausgefegt und vertilget wird; zum dritten, das wir unser leben lang, soofft wir sůndigen umb vergebung der sůnde bitten und sprechen: »Vergib uns unser schuld«[163], und das [B4b:] ampt des lǒseschlůssels, das ist die absolution[164], dester fleissiger suchen[a].

Nach der puss, wann wir nun hungerig und důrstig sein nach der gerechtigkeit, lest uns der herr Christus auch predigen vergebung der sůnde in seinem namen[165],

y) ich euch: a.
z) dem das: B.
a) suchen. Zum ander: a.

158. sprichwörtlich, vgl. *Röhrich*, Sprichwörtliche Redensarten 1, S. 76.
159. Vgl. Lk 24.
160. Ziel.
161. eingefügt werden. – Vgl. Röm 6,4.
162. außer.
163. Mt 6,12.
164. Osiander meint damit die Privatabsolution, die er beim langjährigen Streit um die Allgemeine Absolution in Nürnberg immer verfochten hat; vgl. u. A. Bd. 5, S. 335-344, Nr. 178, und S. 412-490, Nr. 186.
165. Vgl. Lk 24,47.

Poenitentia autem oritur ex recta intelligentia legis. Quum enim ex lege peccatum cognoscimus iramque Dei et maledictionem legis in conscientiis nostris sentimus, peccatum odisse incipimus, ab eoque liberari et Deo reconciliari optamus. Quando vero animadvertimus, quod hoc ipsum propriis viribus assequi non possumus, neque tamen sub maledicto libenter permanere vellemus, tum demum aperiuntur oculi nostri, ut promissiones de futuro salvatore, a quo salvandi sumus, observemus. Et hic tandem existit vera poenitentia, ad quam et ante evangelium et sub evangelio per legem adhortandi et urgendi sumus. Ubi enim vera poenitentia agitur, ibi lex officio suo perfuncta est. [B2b:] Ideo Christus Matth. 11 [13] et Lucae 16 [16] inquit: »Lex et prophetae usque ad Iohannem prophetaverunt«, hoc est: Cum officium Iohannis, poenitentiam praedicans, incipit et Christo domino viam praeparat, tum lex finem suum, propter quam lata est, assequuta est. Et Christus dominus noster, qui finis legis est, Roman. 10 [4], per praedicationem evangelii statim subsequitur. Poenitentia vero propter tres potissimum causas nobis praedicatur: Primo, ut Christum salvatorem cum sua satisfactione et iusticia tanto libentius suscipiamus, cum nos peccatores et sub ira Dei esse agnoscamus nobisque ipsi salutem praestare non possimus. Secundo, ut tanto pronius in mortem Christi, in quam per baptismum complantamur, consentiamus tantoque patientius moriamur, cum sciamus, quod peccatum nobis ex Adamo agnatum non nisi in morte omnino ac penitus expurgetur et eradicetur. Tertio, ut per omnem vitam, quoties peccaverimus, remissionem peccatorum petamus ac dicamus: »Remitte nobis debita nostra«, et officium clavis solvendi, hoc est absolutionem, tanto diligentius requiramus.

Post poenitentiam, cum iam esurimus et sitimus iusticiam, etiam remissionem peccatorum in nomine suo nobis Christus dominus noster praedicari curat et hoc est evangelium, cui credere debemus. Atque hic admiratione dignum ac prorsus visu et auditu iucundum est, quod dominus noster Iesus Christus illud ipsum, quod apud Patrem suum coelestem impletione legis ac passione morteque sua pro peccatis nostris effecit atque [B3a:] impetravit, nempe remissionem peccatorum, iam verbo inditam et inclusam per praedicationem nobis offerri curat, quam cum vera et firma fide apprehenderimus, tunc iustificamur. Evangelium enim proprie ea contio est, quae nobis annunciat remissionem peccatorum in nomine Christi. Hoc autem significat in nomine Christi remissionem peccatorum praedicare, cum docetur, quod ipse implendo legem pro nobis ac sua passione morteque pro peccatis nostris eam impetrarit iamque dominus eiusdem sit, ita ut nemo alia via remissionem peccatorum assequi possit quam per fidem in ipsum, sicut Petrus in Actis cap. 4 [12] dicit: »Non est in aliquo alio salus, neque enim aliud nomen sub coelo datum est hominibus, in quo oporteat nos salvos fieri«. De hoc evangelio inquit Paulus ad Rom. 1 [16]: »Non me pudet evangelii Christi, virtus enim Dei est ad salutem omni credenti«. Et haec

das ist dan das evangelium, dem wir sollen glauben. Und ist alhie wunderlich[166] und lieblich zu sehen und[b] hoͤren, das der herr Jhesus Christus eben das, das er bey seinem himlischen vater mit erfullung des gesetzes und leiden und sterben fur unser suͤnde hat ausgericht und erworben, nemlich vergebung der suͤnde[c], itzo in das wort fasset und einschleust und lests uns durch die predigt furtragen; und wen wirs mit rechtgeschaffnen, festen glauben fassen, so werden wir[d] gerechtfertigt. Dann das euangelion ist eigentlich die predigt, die uns verkuͤndigt vergebung der suͤnde im namen Christi. Das heist aber im namen Christi vergebung der suͤnde predigen, wann man predigt, das ers mit erfullung des gesetzes fur uns und mit seinem leiden und sterben fur unsere suͤnde erworben hab und nun herr daruͤber sey, das niemand durch keinen andern weg koͤnne vergebung der sund erlangen dann durch den glauben an in, wie Petrus in Geschichten der apostel am 4. cap. [12] [C1a:] spricht: »Es ist in keinem andern kein heil, ist auch kein anderer name den menschen gegeben, dardurch wir sollen selig werden«. Von disem evangelio spricht Paulus Rom. 1 [16]: »Ich scheme mich des euangelions nicht, den es ist ein krafft Gottes, die da selig macht alle, die daran gleuben«, welche treffeliche[167] wort wol werd sein, das man inen fleissig nachdencke. Dann solche krafft des euangelions steht[168] nicht in der stimme des predigers, die [e]im lufft[e] gehet und auffhoͤret, sonder in der meinung und im verstand der wort, die wir empfangen, glauben und im gedechtnus behalten.

Das recht zu verstehen, sol man mercken, das zweierley wort ist, nemlich ein innerlichs wort und ein eusserlichs wort. Das innerlich wort ist alles, was wir wissen und gedencken, wann wir gleich stillschweigen. Das eusserlich wort ist die rede, die in unserm munde anhebt, durch den lufft dahinfehret in die ohren der zuhoͤrer und verschwindet dann wider; und ist das eusserliche wort gleichwie ein wagen, darinnen das innerlich wort daherfehret und durch die ohren zu einem andern auch kuͤmpt, der es vileicht vorhin nicht hat. Als wan ich in meinem hertzen glaub, das Christus fur unser suͤnde sey gestorben, das ist ein innerlich wort, das in mir verbor-[C1b:]gen lebet. Wann ichs aber in der predigt sag in deutscher sprach, so ist die sprach ein eusserlich wort, in dem doch das innerlich wort eingefasset und eingewickelt mit dem eusserlichen dahinfehrt und kompt in die hertzen der zuhoͤrer, wie es vorhin in meinem hertzen ist, und lebt in inen auch verporgen; das eusserlich aber, das ist die stimme und sprach, verschwindet im lufft und hat alsbald sein ende. Wann nun das innerlich wort also in dem eusserlichen wort daherfehret und kompt in die ohren, die nicht hoͤren, sonder taub sein, so empfangen dieselbigen ohren weder das eusserlich noch das innerlich wort, dann sie empfinden der stimme nicht, in der doch das innerlich wort ausgesprochen und andern mitgeteilt muss werden. Kompt

b) und zu: a, B. – c) sund und erledigung vom gesetz: a.
d) wir dadurch: a. – e-e) in der lufft: B.

166. wunderbar.
167. vorzüglichen, bedeutenden, gewaltigen.
168. besteht.

gravissima verba plane digna sunt, quae diligentissime expendantur. Talis enim virtus evangelii non consistit in voce praedicantis, quae in aere vadit ac desinit, sed in sententia et intelligentia verborum, quam accipimus, credimus et in memoria conservamus.

Quod ut recte intelligamus, notandum est duo esse genera verbi, scilicet internum et externum. Internum verbum est, quicquid scimus et cogitamus, etiamsi taceamus. Externum verbum est loquela, quae in ore nostro incipit perque aerem defertur in aures audientium et iterum evanescit. Estque verbum externum quasi vehiculum, [B3b:] in quo internum verbum advehitur, et per aures etiam ad alium pervenit, qui fortassis hoc antea non habet. Ut cum in corde meo credo Christum pro peccatis nostris esse mortuum, hoc iam verbum internum est, quod in me occulte vivit. Cum autem id in concione sermone intelligibili eloquor, tum sermo ille verbum externum est, in quo tamen verbum internum comprehensum et involutum una cum verbo externo defertur, pervenitque in corda audientium, quemadmodum iam ante in corde meo est, ut etiam in ipsis occulte vivat. Externum autem verbum, hoc est vox et sermo, evanescit in aere et statim finem suum habet. Cum igitur internum verbum in externo ad hunc modum defertur pervenitque ad aures, quae non audiunt, sed surdae sunt, tunc eiusmodi aures neque internum, neque externum verbum hauriunt, non enim sentiunt vocem, qua tamen verbum internum exprimi et aliis communicari oportet. Cum autem pervenerit ad aures, quae audiunt quidem, sed sermonem non intelligunt, tunc verbum externum solum pervenit ad aures, homo autem verbo interno carere et eius expers esse cogitur. Cum vero pervenerit ad aures, quae non solum audiunt, verum etiam sermonem intelligunt, tunc tam internum quam externum verbum ad eas pervenit, et externum quidem evanescit in aure, internum vero apprehenditur et concipitur ab intellectu. Quod si homo contemnit, obliviscitur et rursus perdit illud, aut, etiamsi non obliviscatur, [B4a:] tamen absque fructu manet nihilque operatur, sed iacet neglectum ut calciamentum vetus atque detritum in angulo. Quod si autem homo magni pendat, preciosum existimet ac neutiquam contemnat,

es aber zu ohren, die da wol hoͤren, aber der sprach nicht verstehen, so kompt das eusserlich wort allein in die ohren, und der mensch mus des innerlichen worts mangeln und beraubt sein. Kompt es aber zu ohren, die nicht alleine hoͤren, sonder auch die sprach verstehen, so kompt beide eusserlich und innerlich wort zu inen; das eusserlich verschwindet im ohr, das innerliche aber wird ergriffen und angenommen vom verstand. Verachtets nun der mensch, so vergist ers und verleurt es wider, oder, wan ers schon nicht vergist, so bleibt es doch on frucht und wircket nichts, sonder ligt da [C2a:] wie ein alter, verworfner[169] schuch in eim winckel. Helts aber der mensch fur wichtig, koͤstlich und verachtet es nicht, so tregts der verstand auch ins gedechtnus, da beradtschlagen und urteilen denn der verstand und das gedechtnus gleich als mit gemeinem rath[170], ob das wort war sey, ob man es sol annemen und ob man sich froͤlich[171] darauff verlassen moͤg oder nicht. Und alda ist nun das wort kommen fur die inwendigen, geistlichen ohren des hertzen, und wer da hat ohren zu hoͤren, der hoͤret[172], das ist, er glaubt. Durch den glauben aber geht das wort ins hertz, verendert dasselbig und macht im ein neuen sinn; darvon hernach weiter[173]. Aus dem ist nun offenbar, das es sich mit dem innerlichen wort eben helt wie mit einem leiblichen licht. Dann der ein leiblich licht hat, dem leuchtet es; und wann andere gleich viel tausent liecht von[174] im anzunden, so behelt er doch sein liecht on allen abgang[175], und die andern bekommen auch gleiche liecht, von denen man ferner auch andere liecht anzunden kan, und so fortan on ende. Also wer ein innerlich wort als ein liecht in seinem hertzen hat, der kans durch das eusserliche wort in verstendlicher sprache den anderen auch mitteilen, das sie das liecht des innerlichen worts in ire hertzen auch bekommen, und der es inen mitteilet, behelt gleichwol sein innerlich wort [C2b:] und liecht on allen abgang, ja, je mehr ers mitteilet, das ist, je mehr er darvon redet, je heller und klerer es wird[f].

Dieweil dann das euangelion ein krafft Gottes ist, die da selig macht alle, die daran glauben[176], und seine krafft nicht in der stimme des predigers, die im lufft verschwindet, sonder in der meinung und verstand[177], das ist in dem innerlichen wort, steht, so sollen wir billich[178] gar fleissig warnemen, woher dises innerlichs wort und liecht ursprunglich herkomme. Dann wan wir seinen ursprung haben, so koͤnnen wir seine krafft auch dester leichtlicher glauben und begreiffen. Es ist aber gewis, das wirs durch das gehoͤr haben von denen, die uns, das wort Gottes zu predigen, von

f) wirt in ime: a.

169. weggeworfner.
170. in gemeinsamer Beratung.
171. froh, getrost.
172. Vgl. Mt 11,15 par.
173. Vgl. dazu u. S. 210,17-218,4 und Anm. 478.
174. an.
175. Verlust.
176. Vgl. Röm 1,16.
177. dem Verständnis, dem Sinn, der Bedeutung.
178. mit Recht.

tunc intellectus defert etiam in memoriam, atque hic intellectus et memoria quasi communi consilio consultant ac iudicant, an verbum sit verum, an sit recipiendum et an alacriter in illud confidendum sit nec ne. Et sic tandem verbum pervenit ad aures interiores et spirituales cordis et, qui hic habet aures audiendi, ille audit, hoc est, credit. Per fidem autem verbum ingreditur in cor, mutatque illud ac novum illi sensum ingenerat, qua de re paulo post plura. Ex hoc iam manifestum est, quod verbum internum perinde se habet ut lumen corporeum. Qui enim lumen corporeum habet, ei lucet illud et, si alii etiam multa milia luminum ex eo accendant, ipse tamen lumen suum absque ullo detrimento retinet, alii vero etiam similia lumina nanciscuntur, ex quibus ulterius alia lumina accendi possunt, sicque deinceps usque in infinitum. Ita etiam, si quis verbum internum quasi lumen quoddam in corde suo habuerit, is potest illud per verbum externum sermone intelligibili etiam aliis communicare, ut et ipsi lumen interni verbi in cordibus suis consequantur, et qui illis impertit, nihilominus verbum suum internum et lumen sine omni detrimento retinet, imo vero, quanto magis communicat, hoc est, quanto magis de eo disserit, tanto splendius et clarius evadit.

Quoniam autem evangelium virtus Dei est ad salutem omni credenti et virtus eius non in voce praedicantis, quae in aere evanescit, sed in sententia et intelligentia, hoc est in verbo interno, sita est, merito summa diligentia observare debemus, unde nam hoc verbum internum et lumen originaliter adveniat. Nam cum originem eius investigatam habemus, tum etiam virtutem eius tanto facilius credere et comprehendere valebimus. Certissimum autem est, quod idipsum habeamus ex auditu ex iis scilicet, qui ad praedicandum nobis verbum Dei a Deo missi sunt, sicut Paulus ad Rom. 10 [14f.17] testatur inquiens: »Quomodo credent ei, quem non audierunt? Quomodo autem audient sine praedicante? Quomodo vero praedicabunt, nisi mittantur«, et iterum: »Ergo fides ex auditu, auditus autem per verbum Dei,« hoc est, Deus ab aeterno apud semetipsum decrevit, quod nos miseros peccatores post lapsum per obedientiam unigeniti Filii sui, domini et servatoris nostri Iesu Christi, qua legem pro nobis exacte adimplevit et per passionem mortemque suam, qua pro nostris atque adeo pro totius mundi peccatis perfecte satisfecit, ab onere et maledicto legis liberare ac omnia peccata nostra condonare et, quod amplius est, hoc ut nobis annuntietur, curare ac, si credamus, per idipsum nos vivificare et iustificare velit. Hoc aeternum consilium propositum et decretum Dei etiam verbum internum in Deo est et Deus ipse est et plane idem Deus, qui homo [C1a:] factus est, et est Iesus Christus dominus noster, iam verus Deus et verus homo. Quicquid enim in Deo est ab

Gott gesandt sein, wie Paulus zun Romern am 10. [14f] zeugt und spricht: »Wie sollen sie glauben, von dem sie nichts gehoͤrt haben? Wie sollen sie aber predigen, wo sie nicht gesand werden«, und abermals [17]: »So kumpt nun der glaub aus der predig, die predig aber durch Gottes wort«. Das ist: Gott hats von ewigkeit her bey sich[g] beschlossen, das er uns arme suͤnder nach dem fahl durch den gehorsam seins einigen Sons, unsers lieben herren und heilands Jhesu Christi, damit er das gesetz fur uns volkummenlich erfullet und durch sein leiden und [C3a:] sterben, damit er fur unsere und der gantzen welt suͤnde volkummenlich genug gethan hat, von der purd und fluch des gesetzes entledigen und all unsere suͤnd vergeben und, das noch mer ist, uns solchs lassen predigen und, so wirs glauben, uns dardurch lebendig und gerecht machen wolle. Soͤlcher ewiger rath, fursatz und beschlus Gottes ist in Gott auch ein innerlichs wort und ist Gott selbst und eben der Got, der da ist mensch worden, und ist Jhesus Christus, unser herr, itzo warer Gott und mensch. Dan alles, was[h] in Gott von ewigkeit ist, das mus Gott selbst sein. Darumb spricht Johannes am 1. cap. [1.14]: »Gott war das wort«, und: »Das wort ist fleisch worden«. Nun hat Gott dises sein innerlichs wort, das in im Gott selbst ist und aus Maria der juͤngfrauen auch warer mensch geboren ist, in das eusserliche wort gefasset und es[i] uns durch Christum und seine propheten und apostel lassen verkuͤndigen. Da hoͤren wir dan erstlich das eusserliche wort in der menschlichen sprachen, die da wider verschwindet in unsern ohren. Wan wir aber das innerliche wort, das darinne verborgen ist, verstehen, mercken und behalten, bis wirs auch glauben, so ergreiffen wir durch den glauben eben dasselbig innerlich wort, das nun warer Gott und mensch ist, und es bleibt und wohnet in uns. Darumb [C3b:] spricht Christus Johan. 15 [14,23]: »Wer mich liebet, der wird meine worte behalten, und mein Vater wird in auch lieben, und wir werden zu im kommen und wohnung bey im machen«. Dan wan Christus, der das lebendige wort Gottes ist, in dem glaubigen hertzen ist und wonet, so wohnen Gott der vater[k] und der heilige Geist, der vom Vater und wort ausgehet, auch in demselbigen glaubigen hertzen.

Es sol sich aber alhie niemandt lassen irren, das Gottes ewigs innerlichs wort, das in Gott und Gott selbs ist, unmeslicher- und unentlicherweis mehr in sich schleust, den wir durch das eusserlich wort in disem leben begreiffen und aussprechen koͤnnen. Dan das ist ohn zweiffel und unwidersprechlich war, das es die gantze goͤttliche weisheit ist, darin er von ewigkeit[l] weiss, erkent und gedenckt alles, was sein gantzes goͤttlichs wesen ist, was er vermag, was er gethon hat und noch thun wil etc., von dem allen uns nur ein wenig, das wir begreiffen[m] und zu unserer seligkeit vonnoͤten ist, gepredigt wird. Darumb spricht Paulus in der 1. Cor. 13 [9-12]: »Unser wissen ist stuͤckwerck, und unser weissagen (das ist predigen und lehren von Christo), das ist auch stuͤckwerck. Wan aber kommen wird das volkommen, so wird das stuͤckwerck auffhoͤren. Itzt erken ich stuͤckweis, denn aber werde ich erkennen, gleichwie ich erkennet bin«. [C4a:] Aber nichtsdesterweniger, wo Gottes innerlichs wort gleich nur

g) sich selbst: a. – h) dass: a.
i) hats: B. – k) vather, dess dass wort ist: a.
l) ewigkeit her: a. – m) begreiffen konnen: a.

aeterno, hoc, ut Deus ipse sit, necesse est. Unde Iohannes 1. cap. [1.14] dicit: »Deus erat verbum et verbum caro factum est«. Deus autem hoc verbum suum internum, quod in ipso Deus ipse est et ex Maria virgine etiam verus homo natus est, in verbum externum inclusit, idque nobis per Christum et prophetas apostolosque ipsius praedicari curavit, ubi et audimus primo quidem verbum externum sermone humano, qui rursus evanescit in auribus nostris. Cum autem verbum internum, quod in eo involutum est, intelligimus, memoriae mandamus et conservamus, donec id etiam credamus, tunc fide apprehendimus plane idem internum verbum, quod iam verus Deus et verus homo est, idque manet et habitat in nobis. Ideoque Christus dicit Iohan. 15 [14,23]: »Si quis diligit me, sermonem meum servabit et Pater meus diliget eum et ad eum veniemus et mansionem apud eum faciemus«. Cum enim Christus, qui est vivum Patris verbum, in corde credentis est et habitat, tum et Deus pater et spiritus sanctus, qui a Patre et verbo procedit, in eodem credentis corde inhabitant.

Nemo autem ob hoc perturbari debet, quod aeternum et internum verbum, quod in Deo et Deus ipse est, in immensum et infinitum plus in se contineat, quam nos per verbum externum in hac vita comprehendere et effari possimus. Hoc enim absque dubio et sine controversia verum est, quod illud ipsum est absoluta sapientia Dei, qua ab aeterno scit, novit ac cogitat, quicquid tota eius essentia est, quicquid possit, quicquid fecerit et quicquid [C1b:] adhuc facturus et permissurus sit etc., de quo toto modicum tantum, quod comprehendere possumus et ad salutem nostram necessarium est, nobis praedicatur. Quapropter Paulus 1.Cor. 13 [9f.12] dicit: »Ex parte cognoscimus, et ex parte prophetamus«, id est, de Christo praedicamus et docemus. »Cum autem venerit, quod perfectum est, evacuabitur, quod ex parte est. Nunc cognosco ex parte, tunc autem cognoscam, sicut et cognitus sum«. Verum nihilominus, ubi verbum internum Dei per externam praedicationem ex parte tantum ad nos pervenerit et per fidem apprehensum fuerit, ibi totum verbum internum Dei, Iesus Christus, in cordibus nostris praesens est; est enim indivisibile. Etenim hominem quoque ex parte tantum videmus, atque cognoscimus interdum faciem, manus et vestimenta tantum, et si omnino nudus esset, ex altero tamen latere tantum cerne-

stuͤckweis durch die eusserlichen predig zu uns kompt und durch den glauben ergriffen wird, da ist das gantz innerlich goͤttlich wort, Jhesus Christus, in unsern hertzen gegenwertig, dan es ist unzertrenlich. Sehen wir und erkennen doch einen menschen auch nur stuͤckweis, etwo nur das angesicht, die hend und die kleider; und wan er schon blos wehre, so sehen wir doch nur eine seiten; und wan wir in schon auswendig auff einmal gar[179] koͤnten sehen, so sehen wir doch sein inwendigs nicht; und wan er gleich durchsichtig wehre wie ein cristal, so sehen wir doch seine gedancken nicht etc. Nichtsdesterweniger, wo wir den menschen nur ein wenig stuͤckweis sehen und erkennen, daselbst ist der gantz mensch mit leib und seel unzertrennet gegenwertig. Also auch, ob wir gleich das innerlich wort Gottes, das Gott selbs und nun auch warer mensch Jhesus Christus ist, durchs euangelion nur stuͤckweis in unsern gleubigen hertzen sehen und erkennen, so ist dannoch derselbig Christus in unsern hertzen warhafftig gantz und unzertrennet auch gegenwertig. Das erweiset sich fein aus den worten unsers lieben herren Jhesu Christi, Johan. 8 [25], da in die Juden fragten: »Wer bistu«, und er antwortet: »Erstlich (oder furnemlich[180]) [C4b:] eben das, das ich mit euch rede« (dan also lautet es eigentlich in der ursprunglichen kriechischen sprach)[181]. Nun ist das offenbar, wann die Juden gleich alles geglaubt hetten, das inen Christus sagt, so were dennoch ir wissen oder erkennen stuͤckweis gewest. Nichtsdesterweniger spricht Christus, er sey eben das, das er mit inen rede. Darumb, hetten sie im geglaubt, so hetten sie in nicht stuͤckweis, sonder gantz und unzertrennet durch den glauben in ire hertzen empfangen.

Dieweil nun das euangelion, so wirs hoͤren, verstehen und glauben, durch das eusserliche wort das innerliche, lebendig und ewig wort Gottes, das warer Gott und mensch, Jhesus Christus, unser herr und heiland ist, in unsere hertzen bringt, so wird es billich Gottes kraft[182] genand. Dann es ist nach dem innerlichen wort nicht eins menschen, auch nicht eins engels, sondern Gottes wort, das Gott selbst ist; und wird das woͤrtlin ›krafft‹ alhie von Paulo eben gebraucht, als da er bald darnach spricht: »Gottes unsichtbares wesen und seine ewige krafft und gotheit wird ersehen, so man des warnimbt, an den wercken, nemlich an der schoͤpfung der welt«[183]. Dann Gottes krafft, dieweil er sie ewig nennet, ist Gott selbs und mus auch Gott selbs sein, dan es kan nichts Gottes oder in Gott von ewigkeit her sein, das nicht Gott selbs sey. [D1a:]

Soͤlche goͤttliche krafft aber, so in dem heiligen evangelio verporgen ist, wircket nichts zum heil der menschen, wann sie dem evangelio nicht gleuben, dann »wer nicht gleubt, der wird verdampt werden«, Marci 16 [16], ja, »wer nicht glaubt, der ist schon gerichtet«, Johan. am 3. [18], dann »wer Gott nicht glaubt, der macht in zum luͤgner«, 1. Johan. 5 [10]. Darumb ist vonnoͤten, das wir auch wissen, was der recht glaub sey.

179. ganz.
180. vor allem, hauptsächlich.
181. NT graece: τῆν ἀρχὴν ὅτι καὶ λαλῶ ὑμῖν. Vg.: principium quia et loquor vobis.
182. Vgl. Röm 1,16.
183. Röm 1,20.

retur, et si externa eius omnia unico intuitu videre possemus, interna tamen eius non perspiceremus, et si perspicuus esset cristalli instar, cogitationes tamen eius non videremus. Nihilominus, ubicunque hominem utcunque et ex parte tantum videmus atque cognoscimus, ibi totus homo corpore et anima indivisus praesens est. Ad eundem modum, etiamsi internum verbum Dei, quod Deus ipse et nunc verus homo quoque Iesus Christus est, per evangelium ex parte tantum in cordibus nostris videmus atque cognoscimus, idem tamen Christus in cordibus nostris totus et indivisus praesens est. [C2a:] Et hoc probatur pulchre ex verbis domini nostri Iesu Christi Iohan. 8 [25], cum Iudaei interrogarent eum: »Tu quis es«, ipseque responderet: »Principio, quod et loquor vobis« (ita enim proprie in Graeco sonat). Manifestum est autem, quod, etiam si Iudaei omnia credidissent, quae Christus illis dicebat, cognitio tamen eorum ex parte tantum fuisset. Nihilominus tamen Christus dicit se esse illud idem, quod cum eis loquatur. Quare, si ei credidissent, haud dubie eum non ex parte, sed totum et indivisum per fidem in corda sua excepissent.

Quoniam igitur evangelium, cum a nobis auditur, intelligitur et creditur, per verbum externum internum illud vivum et aeternum verbum Dei, quod verus Deus et verus homo Iesus Christus, dominus et salvator noster est, in corda nostra affert, merito vocatur virtus Dei. Est enim secundum internum verbum non hominis nec angeli, sed ipsius Dei verbum. Et Paulus vocabulum ›virtutis‹ eodem significatu usurpat, quo paulo post cum dicit: »Invisibilia ipsius a creatione mundi per ea, quae facta sunt, intellecta conspiciuntur sempiterna quoque eius virtus et divinitas«. Virtus enim Dei, cum eam sempiternam appellet, Deus ipse est ac necesse est, ut sit Deus ipse. Nihil enim est vel Dei vel in Deo ab aeterno, quod non Deus ipse sit.

Haec autem virtus Dei, quae in evangelio latet, nihil operatur ad salutem hominum, nisi evangelio credant. »Qui enim non crediderit, [C2b:] condemnabitur«, Marci 16 [16]. »Imo, qui non credit, iam iudicatus est«, Iohan. 3 [18]. Nam »qui non credit Deo, mendacem facit eum«, 1. Iohan. 5 [10]. Quare necesse est, ut etiam sciamus, quidnam vera fides sit.

Es kan aber ein mensch zweierleyweiss gleuben, erstlich aus vermoͤge der fleischlichen natur on den heiligen Geist, als wan die Tuͤrcken glauben[184], Machomet sey ein prophet gewest und sein lehr und gottesdinst, den er hat angerichtet[185], sey recht und Gott angeneme, so es doch nicht war[186], sonder falsch und eitel[187] betrug und irthumb ist, item da ein mensch dem andern glaubt in sachen, die Gottes wort und unser seligkeit nichts betreffen, als wan wir neu zeitung[188] glauben, die zuzeiten nicht[n] war sein, oder wann wir[o] menschenverheissung[p] glauben, die zuzeiten gehalten, zuzeiten nicht gehalten werden. Soͤlcher natuͤrlicher, flaischlicher glaub kan in allewege ebensowol an die unerkanten luͤgen glauben als an die warheit und also offtmals betrogen werden. Darumb wirt er billich ein natuͤrlicher, fleischlicher und falscher glaub [D1b:] [genen]net[q], sonderlich so er sich in goͤttliche sachen einmenget[189]. Und ein solchen fleischlichen, falschen glauben hetten Petrus und Johannes, da sie der Magdalena glaubten, man hette den leib Christi aus dem grabe hinweggenommen und anderswohin begraben[190]. »Dann sie verstunden die schrifft noch nicht, das er von todten aufferstehen muͤste«, wie das Johannes am 20. cap. [9] selbs bekennet und zeuget.

Uber das kan ein mensch auch auff ein andere und hoͤher weis glauben, nemlich wann im Gottes wort, das seine vernunft und fleischlich natur nicht begreiffen kan, gepredigt wirt und Gott heimlich in im wirckt, das er sein vernunft gefangen gibt unter den gehorsam Christi, 2. Cor. 10 [5], und thut im das hertz auff wie der purperkremerin, Acto. 16 [14], das er acht hab auff das wort, im fleissig nachdenck und also entlich auch festigklich gleub, das es nicht allein war sey, sonder auch in angehe, [r]er sich dessen[r] anneme und froͤlich darauff vertrau, das er dardurch sehlig werde. Das ist der rechte, ware, christliche glaub, der das euangelion annimpt und ergreifft, welchen kein mensch aus seinen eignen krefften hat, noch haben und leisten kan, sonder Got mus in in uns wircken, wie Christus spricht Jo. 6 [44]: »Es kan niemand zu mir kommen, es sey dann, das in der Vater ziehe, der mich ge-[D2a:]sandt hat«. Darumb nennet in Paulus Coloss. 2 [12] »den glauben, den Gott wirckt«, und spricht 2. Tessa. am 3. [2]: »Der glaub ist nicht idermans ding«. Und eben darumb,

n) war, zuzeiten nicht: a. – o) wir den: B.
p) menschlichen verheischungen: a.
q) Wort aus der Custode von Bl. D1a ergänzt. – r-r) sich desselb: B.

184. Seit 960 n. Chr. breitete sich der Islam unter den meisten der aus Innerasien stammenden Turk-Stämmen aus. Die amtliche Religion des Osmanischen Reiches, der eigentlichen Türkei, war der sunnitische Islam, vgl. RGG 6, Sp. 1071 und 1078-1080.

185. Zu Mohammed (etwa 570-632 n. Chr.), dem Gründer des Islam, vgl. TRE 16, S. 320-328; RGG 4, Sp. 1187-1189. Zum Wesen und Inhalt dieser Religion vgl. TRE 16, S. 328-335; RGG 3, Sp. 907-920.

186. wahr.

187. reiner.

188. neue Nachricht(en), Neuigkeiten.

189. eindrängt.

190. Vgl. Joh 20,1-3.

Dupliciter autem homo credere potest: primo ex viribus carnalis naturae sine Spiritu sancto, ut quando Turci credunt Mahomedem fuisse prophetam, doctrinamque eius una cum cultu Dei, quem instituit, esse veram et Deo acceptam, cum tamen non vera, sed falsissima ac mera deceptio atque error sit, item cum homo homini credit de rebus ad verbum Dei et salutem nostram nihil pertinentibus, ut cum credimus novis rumoribus, qui interdum falsi sunt, aut promissionibus hominum, quae interdum servantur, interdum non servantur. Huiusmodi autem naturalis et carnalis fides omnibus modis aeque mendaciis, nondum discussis, credere potest ac veritati et sic saepe decipi. Quare merito naturalis et carnalis fides vocatur, praecipue vero cum sese rebus divinis immiscet. Et talem carnalem et falsam fidem habuerunt Petrus et Iohannes, cum crederent Mariae Magdalaenae[!] corpus Christi e monumento sublatum et alibi positum. »Nondum enim intelligebant scripturas, quod oporteret eum a mortuis resurgere«, id quod Iohannes ipse 20. cap. [9] confitetur atque testatur.

Preterea[!] potest homo alio sublimiori modo credere, nempe cum ei verbum Dei, quod carnalis ipsius ratio ac natura capere non potest, prae-[C3a:]dicatur Deusque in eo occulte operatur, ut cogitationes suas captivet in obsequium Christi, 2. Cor. 10 [5], aperitque illi cor sicut purpurariae, Acto. 16 [14], ut verbo intendat illudque diligenter expendat et ita tandem etiam firmiter credat non solum verum esse, verum etiam ad se quoque pertinere, ita ut illud acceptet alacriterque in eo confidat, quod per illud salvandus sit. Haec est vera christiana fides, quae evangelium amplectitur et apprehendit, quam nullus hominum ex propriis viribus habet, nec habere ac praestare potest, sed necesse est, ut Deus eam in nobis operetur, sicut Christus dicit Iohan. 6 [44]: »Nemo venit ad me, nisi Pater, qui misit me, traxerit eum«. Ideoque Paulus ad Coloss. 2 [12] nominat eam »fidem operationis Dei«, id est, quam Deus operatur, dicitque 2. Thess. 3 [2]: »Fidem non esse omnium«. Et plane ob hanc ipsam causam, quod hanc fidem ex propriis viribus habere non possumus, sed a Deo in nobis eam effici oporteat, rogant apostoli Christum dicentes: »Domine, adauge nobis fidem«, Lucae 17 [5], et tota ecclesia Christi in Germania canit: »Rogemus sanctum Spiritum pro recta fide potissimum«.

das wir disen[s] glauben aus eignen krefften nicht haben können, sonder Gott mus in in uns wircken, bitten die apostel den herren Christum und sprechen: »Herr, mehre uns den glauben«, Luce am 17. [5], und die gantze christlich gemein im teudschen lande singet: »Nun bitten wir den heiligen Geist umb den rechten glauben allermeist«[191] etc.

Und diser ware, christliche glaub kan an kein lügen noch falsche lehr gleuben, wie der erst, naturlich, fleischlich und falsch glaub thun kan und leider alzuvil und -offt thut. Dann dieweil den rechten glauben niemandt hat, noch haben kan, es wircke in den Gott in im, so ist gewislich zu schliessen, das Gott den menschen nit bewegt und zeucht, der lügen zu glauben, sonder allein seiner göttlichen warheit. Wo aber die menschen den lügen und falscher, verfurischen lehre glauben, da geschicht es gewislich aus anreitzen und treiben des satans. Darumb, wo lügen und falsche lehre gehen[192], da ist bey den zuhörern, die inen glauben, nimmermehr kein rechter, warer, bestendiger, unüberwindlicher, christlicher glaub, sonder allein der natürlich, fleischlich, falsch, forchtsam, liechtflüchtig und wetter-[D2b:]wendisch glaub, der in keiner anfechtung bestehen kan. Dieweil aber die lügen und falsche lehr aus dem teuffel ist[t], desgleichen, das man daran glaubt, auch des teuffels geschefft und trib[193] ist, so volget, das solche leut nicht vom heiligen Geist regirt, sonder vom teuffel getriben werden und desselben sinn, der ein lügner und mörder ist[194], an sich nemen und gewinnen. Darumb, dieweil sie irer falschen lehr und ires falschen glaubens kein gezeugnus des heiligen Geists in iren hertzen empfinden noch haben[195] – dan der heilig Geist gibt gezeugnus unserem geist, das wir Gottes kinder sein, Rom. 8 [16] –, so mussen sie ires dinges im grundt ires hertzen ungewis sein und bleiben. Daher entstehet dann ein heimliche forcht, ir lehr, die sie fur recht angenommen und geglaubt haben, möcht[196] mit heiliger, göttlicher schrifft angefochten, uberwunden und gestürtzt werden. Derohalben setzen sie iren trost auff fleisch und blut, machen heimliche anheng, meuterey, bundtnus, auch mit eidespflichten[197], scheuen und flie-

s) diesen rechten: a.
t) sein: a.

191. Mittelalterliches Pfingstlied, schon im 13. Jh. bekannt, von Martin Luther mit weiteren Strophen ausgestaltet; vgl. HEKG 3,1, S. 390-393, und Sonderbd., S. 164-166.
192. entstehen, umgehen (vgl. *Grimm*, Wörterbuch 3,1,2, Sp. 2430 und 2457).
193. Betreiben.
194. Vgl. Joh 8,44.
195. Vgl. u. S. 296,13f.
196. könnte.
197. Hier läßt sich an Osianders Angriff auf die ›Melanchthonschule‹ in seinem Adiaphoristengutachten 1550 erinnern, vgl. u. A. Bd. 9, S. (397,12-)398,11-399,1(-12), Nr. 418. Die eidliche Verpflichtung hatte für Osiander immer etwas Antichristliches an sich, vgl. z. B. seine gegen das Papsttum gerichtete Schrift ›Coniuratio papistarum‹ u. A. Bd. 9, S. 122-133, Nr. 374, die Äußerung in ›Bericht und Trostschrift‹ ebd., S. 525,24f mit Anm., Nr. 434, und die Wiedergabe und Kommentierung des Wittenberger Doktoreides u. S. 487, Nr. 513, bzw. S. 574,7-582,17, bes. mit Anm. 45, Nr. 522. Zum Ganzen vgl. *Schulz*, Eid, S. 185-205.

Et haec vera christiana fides non potest ulli mendacio aut falsae doctrinae credere, sicut prior illa naturalis, carnalis et falsa fides facere potest et heu nimis quam saepe facit. Cum enim nemo veram fidem habeat, nisi Deus operetur eam in illo, evidentissime concludendum est, quod Deus hominem non moveat aut trahat ad credendum mendatio, sed tantum divinae suae veritati. Ubi autem [C3b:] homines mendaciis et falsae doctrinae credunt, hoc certe fit incitatione et impulsu satanae. Quare, ubi mendacia et falsa doctrina vigent, ibi in auditoribus nunquam est ulla recta, vera, constans, invicta christiana fides, sed tantum illa naturalis, carnalis, falsa, timida, lucifuga, inconstans fides, quae in nulla tentatione perdurare potest. Quoniam autem mendacium et falsa doctrina ex diabolo sunt, similiter et quod eis creditur, itidem diaboli negotium et impulsus est, sequitur tales homines non a Spiritu sancto regi, sed a diabolo agitari, eiusque sensum, qui mendax et homicida est, eos imbibere et nancisci. Quare, cum suae falsae doctrinae suaeque falsae fidei testimonium Spiritus sancti nullum in cordibus suis neque sentiant, neque habeant – »nam Spiritus sanctus testimonium reddit spiritui nostro, quod sumus filii Dei«, Rom. 8 [16] –, necesse est eos suarum rerum in intimo cordis sui prorsus incertos esse ac manere. Et inde existit occultus metus doctrinam suam, quam pro vera receperunt ac crediderunt, posse testimoniis sacrarum literarum impugnari, convinci et subverti. Ideoque fiduciam suam collocant in carnem et sanguinem, conflantes occultas conspirationes, clancularia et seditiosa consilia, item confoederationes, etiam iuramento firmatas, horrentes et fugientes lucem, metuentes strepitum folii, pacem et quietem neque habentes, neque ferentes, sicut Esaias testatur inquiens: »Non est pax impiis, dicit Dominus«. Et cum vel unicum tantum verbum verae ac sanae doctrinae audiunt, quod cum illorum fal-[C4a:]sa doctrina non consentit, statim lites et concertationes commovent, multa in angulis contra blacterantes, scripturas falso inducentes et coram indoctis falsos syllogismos, qui nihil concludunt, connectentes. In primis vero clamant, scribunt et furiose effundunt aperta mendacia et non ferendos libellos famosos, quos cum clam tum palam inter imperitos spargunt contra personas eorum, qui non idem cum illis sentiunt ac docent. Cumque tandem confidunt se vulgus sibi conciliasse et contra sinceros doctores vehementer exacerbasse, tum demum incipiunt irasci, minari, provocare ac tandem etiam vim intentare, id quod hactenus in multis haereticis, papistis et fanaticis experti sumus.

hen das licht[198], furchten sich fur einem rauschenden plat[199], kͤonnen weder frid noch ruhe haben, noch leiden, wie Jesaias sagt: »Die gottlosen haben kein frid, spricht der Herr«[200]. Und wann sie nur ein wort von der rechten, reinen lehre hͤoren, das mit ihrer falschen lehre nicht gleichstimmet, so heben sie ein hader und gezenck an, blaudern vil in winckeln darwider[201], furen die [D3a:] schrifft felschlich[202], machen fur den ungelerten falsche argument, die nicht schliessen[203], sonderlich aber schreien, schreiben und toben sie mit offentlicher unwarheit und beschwerlichen lesterschrifften, die sie heimlich und offentlich unter die unverstendigen ausstreuen[204], wider die personen, so nicht gleich mit inen halten und lehren. Und wan sie dan meinen, sie haben die leut an sich gezogen und wider die rechten lehrer wol erpittert, so fahen sie dan an zu zͤornen, trowen und trotzen, darnach auch auff gewalt zu pochen[205], wie wir dan[u] bey vielen ketzern, papisten und schwermern bis anher wol erfahren haben.

Aber der rechte, ware, christliche glaub, den Gott in uns wirckt, thut nicht also, dan wa der ist, kan der teuffel nicht herrschen, sonder [v]der glaub[v] ergreifft das heilige euangelion, das Gottes gewiss, wares wort und Gottes krafft ist, zum heil allen, die daran gleuben[206].

So erzeigt das euangelion auch sein gͤottliche krafft gantz gewaltigklich. Dan zum ersten bringt es uns im eusserlichen wort den unaussprechlichen schatz, den Christus durch sein gehorsam und erfullung des gesetzes, durch sein leiden und sterben, darmit wir erlͤoset und versonet sind, uns hat erworben, nemlich das wir, vom gesetz

u) und dess: a.
v-v) ehr: a.

198. sprichwortartig, vgl. *Röhrich*, Sprichwörtliche Redensarten 1, S. 600.

199. Sprichwort, vgl. z. B. *Wander*, Sprichwörterlexikon 1, Sp. 394, Nr. 10, 12 und 33, bzw. Lev 26,36.

200. Jes 48,22; 57,21.

201. Dieser Vorwurf wird von Osiander unablässig wiederholt, vgl. z. B. u. A. Bd. 9, S. 522,7-9, Nr. 434.

202. führen … falsch an.

203. schlüssig sind. – Zu denken ist etwa an die ganz auf Mörlin als Dompfarrer eingestellte Gemeinde des Kneiphofs. Osiander soll nach Mörlins Bericht seine Schrift ›Daß unser lieber Herr‹ im Untertitel ›an oder für die verführten Schafe im Kneiphof‹ gerichtet haben, vgl. u. A. Bd. 9, S. 689, Nr. 474, und *Stupperich*, Osiander, S. 178-183.

204. Hier ist etwa an die Erstform der gegnerischen ›Antilogia‹ zu denken, die zunächst anonym umlief, vgl. o. Anm. 62 (und 64). Aber auch anonym auftauchende Schmähgedichte dürften gemeint sein, wie sie sich schon 1549 fanden, vgl. u. A. Bd. 9, S. 209f, Nr. 383-385.

205. Ein häßliches Beispiel zum Gewaltaufruf von der Kanzel wird bei *Hirsch*, Theologie, S. 177, Anm. 16 wiedergegeben: Mörlin erboste sich, es sei den Hörern tausendmal mehr nütze, daß sie im Blut wateten bis über die Knie, daß der Türke vor die Stadt käme und alle ermordete, als daß sie durch diese teuflische Ketzerei vergiftet würden; vgl. Mörlin, Historia, Bl. Q2a, und *Hirsch*, Theologie, S. 177-180. Der Vorwurf, zur Gewalt aufzurufen, wurde umgekehrt natürlich auch von den Gegnern erhoben, vgl. Mörlin, Historia, Bl. L1a, und *Stupperich*, Osiander, S. 156. Vgl. außerdem u. S. 222,2f.

206. Vgl. Röm 1,16.

Sincera autem et vera christiana fides non sic agit; ubi enim ea est, ibi satanas dominari non potest. Sed fides apprehendit sanctum evangelium, quod certum et verum Dei verbum et virtus Dei est ad salutem omni credenti.

Evangelium vero etiam exerit divinam suam potentiam valde efficaciter. Nam in primis affert nobis in verbo externo ineffabilem illum thesaurum, quem Christus obedientia sua et impletione legis per passionem mortemque suam, quibus redempti et reconciliati sumus, impetravit, nempe quod a lege et maledicto eius liberati remissionem peccatorum habemus, qui thesaurus nobis antea, quam evangelium audivissemus, incognitus, attamen in Deo quasi gazophylacio bene conditus iacuit, ita ut nihil de eo sciremus, [C4b:] et proinde nihil etiam de tam divite thesauro praesumere neque eo uti poteramus. Quare sub lege et peccato in morte iacebamus captivi. Postea vero quam nobis ex hoc gazophylacio depromitur et in externo verbo nobis offertur, apprehendimus eum fide ad iustificationem nostri scientes, quod eundem in verbo interno, quod in corde nostro manet, certo habeamus, ac de eo in omnibus certaminibus conscientiae contra omnes portas inferorum confidere, gaudere ipsoque uti possimus.

und seinem fluch frey gemacht[w], vergebung der suͦn-[D3b:]de haben, welcher schatz uns vorhin, ehedan wir das euangelion gehoͤrt haben, unbekant, aber doch in Gott als[x] einer schatzkammer verporgen und wol verwahret ist gelegen, also das wir nichts darvon wuͦsten und uns derohalben auch solchs teuren schatz nicht konten troͤsten, noch gebrauchen. Derhalben lagen wir unter dem gesetz und der suͦnd im todt gefangen. Nun er uns aber aus solcher schatzkammer herfurgebracht und im eusserlichen wort furgetragen wird, so empfahen wir in durch den glauben zu unser rechtfertigung und wissen, das wir in also im innerlichen wort, das in unserm hertzen bleibt, gewislich haben, koͤnnen uns auch desselbigen in aller anfechtung des gewissens wider alle porten der helle[207] troͤsten, freuen und geprauchen.

Zum andern bringt[y] das heilige euangelion im eusserlichen wort das innerlich wort Gottes des[z] vaters, welchs er bey im selbs und aus im selbs von ewigkeit her gepiret[208], das auch wahrer Gott und Gott selbs ist, wie Johan. am 1. cap. [1] spricht: »Im anfang war das wort, und das wort war bey Gott, und Gott war das wort.« Solchs wort aber kompt nicht gantz und gar blos, wie es in seiner goͤttlichen natur allein ist, dann also koͤnten wirs nicht fassen, sonder wie es ist mensch worden, und ist unser lieber herr, heilandt und einiger[a] mit-[D4a:]ler Jhesus Christus, Gottes und Marie son, wahrer Gott und mensch, fur unser suͦnd gestorben und umb unser gerechtigkeit willen wider aufferstanden[209]. Der wohnet dan durch den glauben in unserm hertzen, seel und geist als warer Gott und mensch. Und dieweil das einig, ewig, goͤttlich wesen des Vater, Sons und heiligen Geists unzerteilet und unzertrenlich ist, so wonen auch der Vater und der heilig Geist in uns. Dann obwol das wort, das ist der son Gottes, allein ist mensch worden und nicht der Vater noch der heilig Geist, so wohnen doch der Vater und der heilige Geist auch in Christo, dieweil das goͤttlich wesen unzertrenlich[210] und die menscheit Christi ein tempel des gantzen goͤttlichen wesens ist, wie Paulus zun Colo. am 2. [9] zeugt und spricht: In Christo »wonet die gantze fulle der gottheit leibhafftig«, und der herr Christus selbs spricht von seiner menscheit Johannis am 2. [19]: »Brechet disen tempel, und am dritten tage wil ich in wider auffrichten«. Darumb spricht er auch zu Philippo Johannis am 14. [9-11]: »Philippe, wer mich sihet, der sihet auch den Vater. Glaubstu nicht, das ich im Vater und der Vater in mir ist? Die wort, die ich rede, die rede ich nicht von mir selbs. Der Vater aber, der in mir wonet, derselbig thut die werck. Glaubt mir, das ich im Vater und der Vater in mir ist; wo nicht, so gleubt mir doch umb der werck willen«. Wo-

w) gemacht und: B.
x) als in: a, B. – y) bringet uns: a.
z) fehlt in a. – a) fehlt in B.

207. Redewendung, vgl. Mt 16,18.
208. Vgl. das Symbolum Nicaenum (BSLK, S. 26,7f) und das Symbolum Athanasii (BSLK, S. 29,43f), wo diese Aussagen über den Sohn Gottes gemacht werden.
209. Vgl. Röm 4,25.
210. Zur Perichorese der drei göttlichen Hypostasen bzw. zum Grundsatz ›opera ad extra sunt indivisa‹ – beides der altkirchlichen Trinitätstheologie zugehörig – vgl. RGG 6, Sp. 1029f, und RE 20, S. 115f.

Secundo sanctum evangelium affert nobis in verbo externo internum verbum Dei patris, quod apud se et ex se ab aeterno generat, quod etiam verus Deus et Deus ipse est, sicut Iohannes primo capite [1] dicit: »In principio erat verbum, et verbum erat apud Deum, et Deus erat verbum«. Hoc autem verbum non venit omnino nudum, sicut in sua natura divina absolute est, ita enim non possemus ipsum apprehendere, sed sicut est caro factum, et est dominus, salvator et unicus mediator noster Iesus Christus, Dei et Mariae filius, verus Deus et homo, propter peccata nostra mortuus et propter iustificationem nostram excitatus. Is deinceps per fidem habitat in corde, anima et spiritu nostro ut verus Deus et verus homo. Et cum unica, aeterna et divina essentia Patris, Filii et Spiritus sancti sit indivisibilis et indissolubilis, etiam Pater et Spiritus sanctus in nobis habitant. Etsi enim verbum, hoc est filius Dei, tantum sit homo factus et non Pater, nec Spiritus sanctus, [D1a:] tamen Deus pater et Spiritus sanctus etiam habitant in Christo, cum divina essentia indissolubilis et humana natura Christi templum totius divinae essentiae sit, sicut Paulus ad Coloss. 2[9] testatur inquiens: »In Christo inhabitat omnis plenitudo divinitatis corporaliter«. Et Christus ipse de sua humana natura dicit, Iohan. 2 [19]: »Destruite templum hoc, et in triduo excitabo illud«. Ideoque dicit etiam Philippo, Iohan. 14 [9-11]: »Philippe, qui vidit me, vidit et Patrem. Non credis, quod ego in Patre sum et Pater in me? Verba, quae ego loquor, a me ipso non loquor. Pater autem in me manens, ipse facit opera. Credite mihi, quod ego in Patre sum et Pater in me. Alioqui propter ipsa facta credite mihi«. Porro si Pater et Spiritus sanctus habitant in Christo et Christus in nobis, tum profecto Christus, verus Deus et homo, una cum Patre et Spiritu sancto etiam habitant in nobis.

nen aber der Vater und heiliger Geist in Christo [D4b:] und Christus in uns, so wonet gewislich Christus, warer Gott und mensch, sampt dem Vater und heiligen Geist auch in uns.

Und das dem also sey, hab ich zuvor in einem teudschen bůchlein, so durch den druck ausgangen ist[211], mit etlichen zeugnussen der heiligen schrifft gnugsam bewisen, wil aber doch baide umb der einfeltigen[212] und umb der halstarrigen willen, den man nichts offt gnug sagen kan[213], die furnemsten[214] aus denselben widerumb erzelen[215]:

Das Christus, warer Gott und mensch, durch den glauben in uns wone:

Paulus zun Ephesern am 3. cap. [17] bittet, das Gott der vater wolle geben, das Christus durch den glauben in unsern hertzen wone. Christus Jo. am 6. ca. [53-58] spricht: »Warlich, warlich sag ich euch: Werd ir nicht essen das fleisch des menschensons und trincken sein blut, so habt ir kein leben in euch. Wer mein fleisch isset und trincket mein blut, der hat das ewig leben, und ich werd in aufferwecken am jŭngsten tag. Denn mein fleisch ist die rechte speise, und mein blut ist der rechte tranck. Wer mein fleisch isset und trincket mein blut, der bleibt in mir und ich in im. Wie mich gesand hat der lebendig Va-[E1a:]ter und ich lebe umb des Vaters willen, also wer mich isset, der lebt umb meinenwillen. Das[b] ist das brot, das vom himel kommen ist. Wer das brot isset, der wird leben in ewigkeit«. Christus Johannis am 14. cap. [19f] spricht: »Es ist noch umb ein kleins, so wirt mich die welt nicht sehen; ir aber solt mich sehen. An demselbigen tag wert ir erkennen, das ich im Vater bin und ir in mir und ich in euch«. Christus spricht Johan. am 15. cap. [3f]: »Ir seid itzt rein umb des worts willen, das ich zu euch gesagt hab. Bleibt in mir und ich in euch«. Bald darnach [5]: »Wer in mir bleibt, und ich in im, der bringt vil frucht«. Christus Johan. am 17. cap. [22f] spricht: »Ich hab inen die herrligkeit geben, die du mir gegeben hast, das sie eins seien, gleichwie wir eins sein, ich in inen und du in mir, das sie volkommen seien in eins.« Bald darnach [26]: »Ich hab inen deinen namen kundthun[216], auff das die liebe, damit du mich liebest, sey in inen und ich in inen«. Paulus

b) Diess: a.

211. Osiander bezieht sich auf seine in der ersten Junihälfte erschienene Schrift ›Daß unser lieber Herr‹ (vgl. u. A. Bd. 9, S. 688-690, Nr. 474), in der er mit Hilfe von Schriftbeweisen folgert, daß »der einige, ware Gott, vater, son und heilige geist, der durch den glauben in uns wonet, auch unser gerechtigkeit sey« (ebd., S. 694,27-30, Nr. 474).

212. der einfachen (Leute).

213. Der Verkauf der Schrift war vom Herzog untersagt worden (u. A. Bd. 9, S. 690, Nr. 474); sie konnte daher wohl kaum für Osianders Anliegen werben.

214. wichtigsten.

215. Der folgende Text bis S. 136,24 ist bis auf die Numerierung der Bibelstellen wörtlich aus ›Daß unser lieber Herr‹ zitiert (vgl. u. A. Bd. 9, S. 691,20-694,26, Nr. 474), und zwar so unrevidiert, daß auch die Druckfehler ebd., S. 692, Anm. a, und S. 693, Anm. b, übernommen wurden, vgl. die Druckfehlerliste o. S. 75 zum Text S. 134,7 und 134,32.

216. kundgetan.

Quod autem res ita habeat, iamdudum in libello Germanico, qui et typis excusus est, aliquod sacrarum literarum testimoniis sufficienter probavi; volo autem cum propter simplices tum etiam propter obstinatos, quibus nihil satis dici potest, potissima ex eis iterum recensere:

Quod Christus, verus Deus et homo, per fidem in nobis habitet, testimonia scripturae:

Paulus ad Ephesios 3 [17] praecatur, ut Deus det »Christum per fidem habitare in cordibus nostris«. [D1b:] Christus Iohan. 6 [54-59] dicit: »Amen, amen dico vobis: Nisi manducaveritis carnem filii hominis et biberitis eius sanguinem, non habebitis vitam in vobis. Qui manducat carnem meam et bibit meum sanguinem, habet vitam aeternam; et ego resuscitabo eum in novissimo die. Caro enim mea vere est cibus et sanguis meus vere est potus. Qui manducat meam carnem et bibit meum sanguinem, in me manet et ego in illo. Sicut misit me vivens Pater et ego vivo propter Patrem, ita, qui manducat me, et ipse vivet propter me. Hic est panis, qui de coelo descendit. Qui manducat hunc panem, vivet in aeternum«. Item Iohan. 14 [19f]: »Adhuc modicum, et mundus iam me non videbit, vos autem videtis me. In illo die cognoscetis, quia ego sum in Patre meo et vos in me et ego in vobis«. Item Iohan. 15 [3f]: »Iam mundi estis propter sermonem, quem loquutus sum vobis. Manete in me et ego in vobis«. Et paulo post [5]: »Qui manet in me et ego in illo, hic fert fructum multum, quia sine me nihil potestis facere«. Item Iohan. 17 [22f]: »Claritatem, quam dedisti mihi, dedi eis, ut sint unum, sicut et nos unum sumus, ego in eis et tu in me, ut sint consummati in unum«. Et paulo post [26]: »Notum feci eis nomen tuum et notum faciam, ut dilectio, qua dilexisti me, in eis sit et ego in ipsis«. Paulus ad Rom. 8 [10]: »Si Christus in vobis est, corpus quidem mortuum est propter peccatum, spiritus autem vita est propter iustificationem«. [D2a:] Item 2. Cor. 13 [5]: »Vosmetipsos tentate, an sitis in fide; ipsi vos probate. An non cognoscitis vosmetipsos, quod Christus Iesus in vobis est? Nisi forte reprobi estis«. Item ad Galat. 2 [20]: »Vivo, iam non ego; vivit vero in me Christus«. Item ad Coloss. 1 [26f] dicit sibi concreditam dispensationem »mysterii, quod absconditum fuit a seculis, nunc autem manifestatum sanctis, quibus Deus voluit revelare divitias gloriae sacramenti huius in gentibus, quod est Christus in vobis«.

2. Cor. am 13. cap. [5] spricht: »Versucht euch selbs, ob ir im glauben seit; průfet euch selbs. Ober erkennet ir euch selbs nicht, das Christus in euch ist? Es sey dann, das ir untůchtig seid«. [E1b:] Paulus zun Rőmern am 8. cap. [10] spricht: »So Christus in euch ist, so ist der leib zwar todt umb der sůnde willen, der geist aber ist das leben umb der gerechtigkeit willen«. Paulus zun Gal. am 2. cap. [20] spricht: »Ich lebe, aber doch nun nicht ich, sondern Christus lebt in mir«. Paulus zun Colos. am 1. cap. [25-27] sagt, im sey befohlen, Gottes wort reichlich zu predigen, »nemlich das geheimnis, das verborgen gewest ist von der welt her, nun aber offenbart ist seinen heiligen, welchen Gott hat wollen kundthun, welcher da sey der herrliche reichthumb dises geheimnis unter den heiden, welches ist Christus in euch«.

Das der Vater und der Son durch den glauben samptlich in uns wonen:

Christus spricht Johan. am 14. cap. [23]: »Wer mich liebet, der wird mein wort behalten, und mein Vater wird in lieben, und[c] werden zu im kummen und wonung bey im machen«.

Das der heilig Geist durch den glauben in uns wone:

Johannes der teuffer Matt. am 3. [11], Marci am 1. [8] und Johan. am 1. [33] spricht: »Christus wird euch teuffen mit dem heiligen Geist und feur«. [E2a:] Christus in Geschichten am 1. cap. [5] spricht: »Johannes hat mit wasser getaufft, ir aber sollet mit dem heiligen Geist getaufft werden nicht lang nach disen tagen«. Christus Johan. am 14. cap. [16f]: »Ich wil den Vater bitten, und er sol euch einen andern trőster geben, das er bey euch bleybe ewiglich, den geist der warheit, welchen die welt nicht kan empfahen, denn sie sihet in nicht und erkent in nicht, ir aber kennet in, denn er bleibt bey euch und wird in euch sein«. Paulus 1. Cor. 3 [16f] spricht: »Wisset ir nicht, das ir Gottes tempel seid und der geist Gottes in euch wonet? So jemand den tempel Gottes verderbet, den wird Gott verderben, denn der tempel Gottes ist heilig; der seit ir«. Item daselbst am 6. cap. [19]: »Wisset ir nicht, das euer leib ein tempel des heiligen Geists ist, der in euch ist, welchen ir habt von Gott, und seid nicht euer selbs?« Item daselbst am 12. cap. [3]: »Ich thu euch kundt, das niemand Jhesum verflucht, der durch den heiligen geist Gottes redet; und niemand kan Jhesum einen herrn heissen on durch den heiligen Geist«. Paulus zun Rőmern am 8. [9] spricht: »Wer den geist Christi nicht hat, der ist nicht sein«. Paulus 2. Cor. 5 [5] spricht: »Der uns zu demselben (ewigen leben) bereitet, das ist Gott, [E2b:] der uns das pfand, den Geist, gegeben hat«. Paulus zun Ephe. am 1. cap. [13f] spricht: »Da ir gleubet dem euangelio, seit ir versigelt worden mit dem heiligen Geist, welcher ist das pfand unsers erbes«. Daselbst am 4. cap. [30]: »Betrůbet nicht den heiligen Geist, mit welchem ir versigelt seit auff den tag euer erlősung«. Paulus [in der 1.][d] zun Tessalo. am 4. cap. [8] spricht: »Wer euch verachtet, der verachtet nicht menschen, sondern Gott, der seinen heiligen Geist gegeben hat in euch«. Paulus 2. Timo. am 1. cap. [14] spricht: »Dise gute beilag (die reine lehre) bewar durch den heiligen Geist, der in uns wonet«. Paulus zum Tito am 3. cap. [5f] spricht: »Er hat uns selig gemacht durch das bad der widergeburt und durch erneuerung des heiligen Geists, welchen er uber uns ausgossen hat reichlich durch Jhesum Christum, unsern heiland«. Petrus

c) und wir: a. – d) konj. in A.

Quod Pater et Filius simul in nobis habitent:

Christus Iohan. 14 [23] dicit: »Si quis diligit me, sermonem meum servabit et Pater meus diliget eum et ad eum veniemus et mansionem apud eum faciemus«.

Quod et Spiritus sanctus per fidem in nobis habitet:

Iohannes baptista Matthei 3 [11], Marci 1 [8], Iohan. 1 [33] dicit: »Christus baptisabit vos Spiritu sancto et igni«. Christus Acto. 1 [5] inquit: »Iohannes baptisavit aqua, vos autem baptisabimini Spiritu sancto non post multos hos dies«. Item Iohan. 14 [16f]: »Ego rogabo Patrem et alium paracletum dabit vobis, ut maneat vobiscum in aeternum, spiritum veritatis, quem mundus non potest [D2b:] accipere, quia non videt eum, nec scit eum; vos autem cognoscetis eum, quia apud vos manet, et in vobis erit«. Paulus ad Rom. 8 [9.11]: »Si quis spiritum Christi non habet, hic non est eius. Quod si spiritus eis, qui suscitavit Iesum a mortuis, habitat in vobis, is, qui suscitavit Iesum Christum a mortuis, vivificabit et mortalia corpora vestra propter inhabitantem spiritum eius in vobis«. Item 1. Cor. 3 [16f]: »An nescitis, quod templum Dei estis, et spiritus Dei habitat in vobis? Si quis autem templum Dei prophanat, hunc perdet Deus. Nam templum Dei sanctum est, quod estis vos. Item ibidem 6 [19]: »An nescitis, quod corpus vestrum templum est inhabitantis in vobis Spiritus sancti, quem habetis a Deo et non estis vestri?« Item ibidem 12 [3]: »Notum vobis facio, quod nullus per spiritum Dei loquens dicit anathema Iesum, et nemo potest dicere dominum Iesum, nisi in Spiritu sancto«. Item 2. Cor. 5 [5]: »Qui autem paravit nos in hoc ipsum, Deus est, qui dedit nobis pignus Spiritus«. Item ad Ephe. 1 [13f]: »Credentes signati estis spiritu promissionis sancto, qui est pignus haereditatis nostrae«. Item ibidem 4 [30]: »Nolite contristare spiritum sanctum Dei, quo signati estis in diem redemptionis«. Item 1. Thes. 4 [8]: »Qui spernit, non hominem spernit, sed Deum, qui etiam dedit Spiritum suum sanctum in nobis«. [D3a:] Item 2. ad Timo. 1 [14]: »Bonum depositum custodi per Spiritum sanctum, qui habitat in nobis«. Item ad Titum 3 [5f]: »Salvos nos fecit per lavachrum regenerationis et renovationis Spiritus sancti, quem effudit in nos abunde per Iesum Christum salvatorem nostrum«. Petrus 1. Pet. 4 [14]: »Si probris afficimini in nomine Christi, beati estis, quoniam gloria et spiritus eius super vos requiescit. Iuxta ipsos quidem blasphematur, iuxta vos vero glorificatur«.

in der ersten am 4. cap. [14] spricht: »Selig seit ir, wenn ir geschmecht werd uber dem namen Christi, denn der Geist, der ein geist der herrligkeit und Gottes ist, der ruget[217] auff euch. Bey inen ist er verlestert, aber bey euch ist er gepreiset«.

Das der einig, ewig, ware Gott, der da ist Vater, Son und heiliger Geist, durch den glauben in uns wone: [E3a:]

Paulus in der ersten zun Cor. am 14. cap. [24f] spricht: »Wenn ir alle weissagete« etc. »so wuͤrde der leie auff sein angesicht fallen, Gott anbetten und bekennen, das Gott warhafftigklich in euch ist«. Paulus in der andern zun Cor. am 6. cap. [16] spricht: »Ir seit der tempel des lebendigen Gottes, wie denn Gott spricht: ›Ich wil in inen wonen und in inen wandeln, und wil ir Gott sein‹«. Petrus in der andern am 1. Cap. [3f] spricht, durch die erkentnis Gottes »seien uns die allertheuersten verheissung geschenckt, das wir durch dieselbigen theilhafftig werden der goͤttlichen natur«. Johannes in seiner ersten epistel am 3. cap. [9] spricht: »Wer aus Gott geborn ist, der thut nicht suͤnde, denn der same Gottes bleibet bey im«. Daselbst am 4. cap. [12]: »So wir uns untereinander lieben, so bleibet Gott in uns, und sein lieb ist voͤllig in uns«. Daselbst [15]: »Welcher bekennet, das Jhesus Gottes son ist, in dem bleibt Gott und er in Gott«. Daselbest [16]: »Gott ist die lieb, und wer in der lieb bleibet, der bleibet in Gott und Gott in im«.

Dise spruͤche alle geben einerley einfeltige mainung, nemlich das Gott nach seinem waren, goͤttlichen wesen in den recht-[E3b:]gleubigen wonet. Denn wo Christus ist, da ist auch sein goͤttliche natur und goͤtlichs wesen; wo aber der son Gottes nach seinem goͤttlichen wesen ist, da sein auch der Vater und der heilig Geist unzertrennet, denn Vater, Son und heiliger Geist sein ein einigs, ewigs, unzertrennets, goͤttlichs wesen.

Dieweil wir dann durch den glauben das ewig, lebendig wort Gottes, das Gott selbs ist, nemlich den herren Jhesum Christum, sampt dem Vater und heiligen Geist ergreiffen und in uns also wonend haben, so beweiset das euangelion, dem wir glauben, ferner seine krafft also, das wir durch das wort vom todt der suͤnden in Gott wider lebendig und erleuchtet werden. Dan im wort ist das leben, und das leben ist ein liecht der menschen, und das liecht leuchtet in der finsternus[218], wie das Christus bezeuget Johan. am 5. [24] und spricht: »Warlich, warlich sag ich euch: Wer mein wort hoͤret und glaubt dem, der mich gesand hat, der hat das ewig leben«, und Paulus zun Ephesern am 2. [4f]: »Gott, der da reich ist von[219] barmhertzigkeit, durch seine grosse liebe, damit er uns geliebet hat, da wir todt waren in suͤnden, hat er uns sampt Christo lebendig gemacht«, und Christus abermals Johannis am 5. [25f]: »Warlich, warlich, ich sag euch: [E4a:] Es koͤmpt die stundt, und ist schon itzt, das die todten (verstehe: die in suͤnden todt sein) werden die stimme des sons Gottes hoͤren, und die sie hoͤren, werden leben. Dan wie der Vater hat das leben in im selbs, also hat er auch dem Son gegeben, zu haben das leben in im selbs«. Darumb spricht er auch Johannis am 6. [57]: »Wie mich gesandt hat der lebendig Vater, und ich lebe umb des Vaters

217. ruhet.
218. Vgl. Joh 1,4f.
219. an.

Quod unicus, aeternus et verus Deus, qui est Pater, Filius et Spiritus sanctus, per fidem in nobis habitet:

Paulus 1. Cor. 14 [24f] inquit: »Si omnes prophetetis, intret autem quis infidelis aut idiota« etc., »cadens in faciem adorabit Deum pronuncians, quod vere Deus in vobis sit«. Item 2. Cor. 6 [16]: »Vos estis templum Dei viventis, quemadmodum dixit Deus: Inhabitabo in illis et inambulabo et ero illorum Deus«. Petrus 2. Pet. 1 [4]: »Per quem maxima et preciosa promissa donavit, ut per hoc efficiamini divinae naturae consortes«. Iohannes 1. Iohan. 3 [9] inquit: »Omnis, qui ex Deo est, peccatum non facit, quoniam semen ipsius in eo manet«. Item ibidem 4 [12]: »Si diligamus invicem, Deus in nobis manet et caritas eius in nobis perfecta est. [D3b:] Item ibidem [15]: »Quisquis confessus fuerit, quod Iesus est filius Dei, Deus in eo manet et ipse in Deo«. Ibidem [16]: »Deus caritas est, et qui manet in caritate, in Deo manet et Deus in eo«.

Haec dicta omnia unam ac simplicem exprimunt sententiam, nempe quod Deus secundum suam veram divinam essentiam in vere credentibus habitet. Ubi enim Christus est, ibi est etiam ipsius divina natura seu divina essentia; ubi vero filius Dei secundum suam divinam essentiam est, ibi sunt etiam Pater et Spiritus sanctus indivisibiliter. Nam Pater, Filius et Spiritus sanctus sunt una, aeterna, indivisibilis, divina essentia.

Cum autem aeternum et vivum verbum Dei, quod ipse Deus est, videlicet dominum nostrum Iesum Christum, una cum Patre et Spiritu sancto, per fidem apprehendimus et hoc modo inhabitantem in nobis habemus, tum evangelium, cui credimus, vim suam ulterius exerit, ita ut per verbum a morte peccati in Deo iterum vivificemur et illuminemur. Quia in verbo vita est, et vita est lux hominum, quae in tenebris lucet, sicut Christus testatur Ioh. 5 [24] inquiens: »Amen, amen dico vobis: Qui verbum meum audit et credit ei, qui me misit, habet vitam aeternam«, et Paulus ad Ephe. 2 [4f]: »Deus, qui dives est in misericordia, propter multam suam caritatem, qua dilexit nos, cum essemus mortui per delicta, convivificavit nos cum Christo«, et Christus iterum Iohan. 5 [25f]: »Amen, amen dico vobis, quod venit hora et nunc est, quando mortui (scilicet: qui per delicta mortui sunt) audient [D4a:] vocem filii Dei et, qui audierint, vivent. Sicut enim Pater habet vitam in semetipso, sic dedit et Filio vitam habere in semetipso«. Ideo dicit etiam Iohan. 6 [58]: »Sicut misit me vivens Pater, et ego vivo propter Patrem, ita qui manducat me (id est, qui credit in me), et ipse vivet propter me«. Si enim vita est in verbo et verbum in nobis, utique et vita est in nobis, nosque vivimus per eam vitam. Quod autem Iohannes dicit: »In ipso (scilicet verbo) vita erat«, perinde est, ac si diceret: Verbum vita est. Ideo Christus quoque dicit Iohan. 14 [6]: »Ego sum via, veritas et vita«, item Iohannes epistola prima circa finem [5,20]: »Sumus in vero filio eius Iesu Christo. Ipse est verus Deus et vita aeterna«.

willen, also wer mich isset (das ist, wer an mich gleubt), der lebt umb meinetwillen«. Dan so das leben im wort ist und das wort in uns, so ist auch das leben in uns, so leben wir auch durch desselben leben. Das aber Johannes spricht: »Im wort war das leben«[220], das ist ebensovil, als spreche er: Das wort ist das leben. Darumb spricht auch Christus Johannis am 14. [6]: »Ich bin der weg, die warheit und das leben«, und Johannes in seiner ersten epistel am ende [5,20]: »Wir sein in dem warhafftigen, in seinem son Jhesu Christo. Diser ist der warhafftig Gott und das ewig leben«.

Es sol aber niemandt hie gedencken, das wan wir sagen, das wort, das ist die gőttlich natur in Christo, sey unser leben, das wir darumb wolten die menschliche natur absundern und ausschliessen, als hette[e] sie ni-[E4b:]chts darzu, das wir durch sein gőttliche natur lebendig werden. Das sey ferne von uns! Und obwol etliche uns desselben schuld geben[221], so werden sie es doch nimmermehr beweisen, sonder mit iren lůgen in schanden stehen. Dann gleichwie die rebe den safft und geist, darvon sie grun und fruchtbar wirt, aus dem weinstock nicht empfangen kan, sie sey dann mit dem stamme und holtz des weinstocks ein leib, also auch wir kőnnen kein gőttlich leben, gerechtigkeit, heiligkeit noch andere gőttliche krafft in keinen wege aus dem gőtlichen wesen empfahen noch erlangen, wir sein dann zuvor durch den glauben und tauff in den herren Jhesum Christum eingeleibt, wie Paulus zun Ephe. am 5. [30] sagt und spricht: »Wir sein glider seines leibs, von seinem fleisch und seinem gepein«. Wie nun das natůrlich leben des menschen aus dem hertzen entspringt und durch alle glider des leibs durchdringt, also entspringt auch das gőttlich leben, das im wort ist, in Christo Jhesu, der das wort ist, und[f] durchleuchtet alle seine glider seins geistlichen leibs, das ist die gemeine der gleubigen, und macht sie alle lebendig in im selbs, der da ist wahrer Gott und das ewig leben. Darvon redet Paulus zun Ephe. am 4. cap. [15f] also: »Lasset uns aber rechtgeschaffen [F1a:] sein in der lieb und wachsen in allen stůcken an dem, der das heupt ist[g], Christus, aus welchem der gantze leib zusamengefugt, und ein gelidt am andern hangt durch alle glenck, dardurch eins dem andern handreichung thut nach dem werck eins jedlichen[h] glids in seiner masse[222], und machet, das der leib wechset zu sein selbs besserung, und das alles in der lieb«. Und gleichwie wir das gőttlich leben aus Gott im wort durch die menschliche natur Christi, dero glieder wir sein, erlangen und empfangen, also empfangen wir auch das gőttlich liecht, das eben dasselbig leben und wort Gottes, Gott selbs ist, und werden darmit im glauben also erleuchtet, das wir durch den glauben im selben liecht mit unsern geistlichen augen sehen und erkennen, was Gott ist, nemlich ein einiges, ewiges, almechtiges, weises, gůttigs wesen, das da Vater, Son und

e) thete: a. – f) und durchgehet und: a.
g) ist, nemlich: B. – h) itzlichen: a.

220. Joh 1,4.
221. v. Venediger formuliert in seiner Confessio: Osiander schreibe in seiner Disputation, »das Christus unser gerechtigkeit sey, nicht das er fur uns gelitten, aufferstanden und das gesetz erfüllet hab, sondern das er von dem gerechten Vater geborn sey von ewigkeit, mit welcher lere er uns denn in die blosse Gottheit füret …« (Albrecht, Ausschreiben, Bl. D1b-2a).
222. in seinem Maß, seinem Maß entsprechend.

Nemo vero hic cogitare debet, cum dicimus, verbum, hoc est divinam naturam in Christo, esse vitam nostram, quod ideo velimus naturam humanam separare et excludere, quasi nihil conferret ad hoc, ut per divinam ipsius naturam vivificemur. Absit hoc longe a nobis. Et quamvis non desint, qui nos hoc nomine calumnientur, nunquam tamen hoc probare poterunt, sed ob mendacia sua tandem ignominiosi erunt. Etenim sicut palmes succum et spiritum, quibus viret et fructificat, ex vite nullo modo concipere potest, nisi sit cum stipite et ligno vitis unum corpus, ita nec nos possumus divinam vitam, iusticiam, sanctitatem aut ullam aliam divinam virtutem e divina essentia percipere aut assequi ulla ratione, nisi prius per fidem et baptismum domino nostro Iesu Christo simus incorporati, sicut Paulus ad Ephe-[D4b:]sios 5 [30] testatur inquiens: »Membra sumus corporis eius, de carne eius et ossibus eius«. Ergo sicut naturalis vita hominis e corde oritur et per omnia membra corporis diffunditur, ita etiam divina vita, quae in verbo est, oritur in Christo Iesu, qui ipsum verbum est, et illustrat omnia membra mystici sui corporis, quod est ecclesia credentium, et vivificat ea omnia in se ipso, qui est verus Deus et vita aeterna. Et de hoc Paulus ad Ephes. 4 [15f] ad hunc modum loquitur: »In caritate crescamus in illo per omnia, qui est caput, Christus, ex quo totum corpus compactum et connexum per omnem iuncturam subministrationis secundum operationem in mensura uniuscuiusque membri augmentum corporis facit in aedificationem sui in caritate«. Ac quemadmodum divinam vitam ex Deo in verbo per humanam naturam Christi, cuius membra sumus, consequimur atque percipimus, ita percipimus etiam divinam lucem, quae plane eadem vita et verbum Dei, Deus ipse est, atque per eam in fide ita illuminamur, ut per fidem in illa ipsa luce spiritualibus nostris oculis videamus et cognoscamus, quid Deus sit, nempe unica, aeterna, omnipotens, sapiens et bona essentia, quae est Pater, Filius et Spiritus sanctus, et quomodo erga nos affectus sit, scilicet quod nos ita dilexerit, »ut Filium suum unigenitum daret, ut omnis, qui credit in eum, non pereat, sed habeat vitam aeternam«, Iohan. 3 [16], similiter quid a nobis postulet, videlicet ut in Filium credamus, eumque in nobis sicut [E1a:] Deum in suo templo et dominum in suo regno habitare sciamus, cum eo unum corpus simus, ex ipso et per ipsum vivamus, iusticiam, sapientiam et gloriam percipiamus, nosque ita gubernari permittamus, ut in nobis impleatur id, quod Paulus ad Philippen. 2 [13] dicit, nempe: »Deus est, qui in vobis operatur et velle et perficere secundum beneplacitum suum«.

heiliger Geist ist, und wie er gegen uns gesinnet ist, nemlich das er uns also geliebt hat, das er seinen einigen Son hat lassen mensch werden und in fur uns alle dargeben, »auff das alle, die an in gleuben, nicht verloren werden, sonder das ewig leben haben«, [i]Johan. 3[i] [16], desgleichen was er von uns begeret, nemlich das wir an den Son glauben und ime durch den glauben in uns als Gott in seinem tempel und herren [F1b:] in seinem reich lassen wohnen, mit im ein leib sein, von im und durch in leben, gerechtigkeit, weisheit und herrligheit[!] empfahen und uns also lassen regiren, das in uns erfullet werde, das Paulus zun Philip.[k] am 2. [13] sagt und spricht: »Gott ists, der in euch wirckt beide, das wollen und das thun nach seinem wolgefallen«.

Soͤlchs alles wuͤsten wir vorzeitten und von natur nicht. Darumb waren wir blindt und wandelten in tieffer unwissenheit und unverstandt aller himlischen und goͤttlichen ding, welche blindtheit und unwissenheit die heilige schrifft gar mit einem lieblichen gleichnus finsternus und nacht nennet, gleichwie sie das wort Gottes[l] liecht und tag[223] und Christum, den herren, die sonne der gerechtigkeit nennet[224]. Wie nun die menschen von natur am tag gern erbarlich wandeln[225] und schemen sich am liecht vor den augen der menschen, nerrisch und unzuͤchtig zu geparen, aber im finstern und in der nacht und allenthalben, da es entweder gar niemandt oder ja nur ire mitgenossen sehen, da gehet bey den boͤsen alle buͤberey, unzucht, dieberey, reuberey und dergleichen in vollem schwanck, also auch die gleubigen, die durchs wort Gottes erleuchtet sein und im liecht wandeln, furen ein fei-[F2a:]nen, unstrefflichen, erbaren, gottseligen wandel[226], die ungleubigen aber, die solchs goͤttlichs leben und liecht in inen nicht haben, sonder noch im finsternus der unwissenheit sein [m]und in allerley irthumb wandeln[m], die thun viel greulicher suͤnd, die sie auch zum teil nicht fur unrecht noch suͤnd, sonder fur eitel recht und tugent halten. Darumb vermanet uns der heilig Paulus zun Ephe. am 4. cap. [17f] zum gottseligen wandel und spricht: »So sage ich nun und zeuge in dem Herren, das ir nicht mer wandelt, wie die andern heiden wandeln in der eitelkeit ires sinnes, welcher verstand verfinstert ist und sind entfremdet von dem leben, das aus Gott ist, durch die unwissenheit, die in inen ist durch die blindheit ires hertzen«, desgleichen am 5. cap. [8f]: »Ir waret weiland[227] finsternus, nun aber seidt ir liecht im Herren. Wandelt wie die kinder des liechts«, desgleichen zun Rom. 13 [12-14]: »Die nacht ist vergangen, der tag ist herbeykommen. So last uns nun ablegen die werck der finsternus und anlegen die waffen des liechts. Last uns erbarlich wandeln als am tag, nicht in fressen und sauffen, nicht in kammern und unzucht, nicht in hader und neidt, sonder zihet an den herren Jhesum Christum«. Dieweil aber nicht iderman dises liecht auffnimpt, sonder etliche [F2b:]

i-i) fehlt in a. – k) Colossernn: a.
l) Gottes dagegen: a. – m-m) fehlt in B.

223. Vgl. Joh 12,35f; Eph 5,8; I Petr 2,9 u. ö.
224. Vgl. Mal 3,20.
225. Formelhafter Anklang an Röm 13,13.
226. Vgl. u. S. 212, Anm. 478.
227. vormals, früher.

Haec omnia olim et naturaliter ignorabamus. Quare caeci eramus atque in profunda ignorantia et ruditate omnium rerum caelestium versabamur, quam caecitatem et ignorantiam sacrae litterae venusta metaphora tenebras et noctem nominant, sicut e diverso verbum Dei lucem et diem, dominum vero Iesum Christum solem iusticiae appellant. Sicut igitur homines natura in die honeste ambulant, verenturque in luce sub oculis hominum scurriliter et impudice se gerere, in tenebris autem et noctu ac, ubicunque vel omnino nemo vel certe complices eorum tantum vident, ibi inter malos omnis nequitia, impudicitia, furta, rapinae et similia pleno – ut sic dicam – impetu exercentur, ita etiam credentes, qui per verbum Dei illuminati sunt et in luce ambulant, vitam ducunt irreprehensibilem, honestam et piam, increduli autem, qui hanc divinam vitam et lucem in seipsis non habent, sed adhuc in tenebris ignorantiae sunt atque in omni genere errorum versantur, multa committunt horribilia peccata, quorum partem etiam nec pro iniusticia, nec pro peccato, sed pro mera iusticia et virtute habent. [E1b:] Ideo sanctus Paulus ad Ephe. 4 [17f] hortatur nos ad piam conversationem inquiens: »Hoc dico et testificor in Domino, ut iam non ambuletis, sicut reliquae gentes ambulant in vanitate mentis suae, tenebris obscuratum habentes intellectum, alienati a vita Dei per ignorantiam, quae est in illis propter caecitatem cordis ipsorum«, similiter et 5. cap. [8] inquit: »Eratis aliquando tenebrae, nunc autem lux in Domino. Ut filii lucis ambulate«, item ad Rom. 13 [12-14]: »Nox praecessit, dies autem appropinquavit. Abiiciamus ergo opera tenebrarum et induamur arma lucis. Sic ut in die honeste ambulemus, non in commessationibus, non in cubilibus, ebrietatibus et impudicitiis, non in contentione et aemulatione, sed induamini dominum Iesum Christum«. Quia vero non omnes hanc lucem recipiunt, sed aliqui oderunt et persequuntur, quapropter tandem etiam iudicabuntur et condemnabuntur, ideo Christus dominus admonet nos et omnes homines Iohan. 3 [19-21] dicens: »Hoc est iudicium, quia lux venit in mundum, et dilexerunt homines magis tenebras quam lucem; erant enim eorum opera mala. Omnis enim, qui mala agit, odit lucem et non venit ad lucem, ut non arguantur opera eius. Qui autem facit veritatem, venit ad lucem, ut manifestentur opera eius, quia in Deo facta sunt«.

[n]hassen und vervolgen[n] [es][o], darumb sie auch entlich[228] gerichtet und verdampt werden, warnet uns und alle menschen Christus, der herr, und spricht Johannis am 3. [19-21]: »Das ist das gericht, das das liecht in die welt kommen ist und die menschen liebten die finsternus mehr den das licht, dann ire werck wahren[!] boͤss. Wer arges thut, der hasset das liecht, auff das seine werck nicht gestrafft werden. Wer aber die warheit thut, der kombt an das liecht, das seine werck offenbar werden, dann sie sindt in Gott gethan«.

Das alles hat auch D. Martinus Luther in der auslegung des euangelions am Christag[!][229] auffs allerklerist dargeben, dan daselbst schreibt er unter andern also: »Es ist kein leben ausser disem wort und son Gottes. In im allein ist das leben. Der mensch Christus, so er ledig[230] und on Gott wehre, so were er kein nuͤtz«[231], und bald darnach spricht er also: »Das wort Gottes im anfang und Gott selbst mus unser leben, speis, liecht und seligkeit sein. Darumb ists nicht der blossen menscheit Christi zuzuschreiben, das sie uns lebendig mache, sonder in dem wort ist das leben, welchs in dem fleisch wonet und durchs fleisch lebendig machet«[232], item bald darnach: »Wie man [p]Christi wort[p] auslegt, da er sagt: Ich bin das leben[233], also sol man dis auch auslegen (verstehe: da Johannes spricht: Im [F3a:] wort war das leben[234]), und gar nicht von dem leben der creatur in Gott auff philosophisch, sondern widerumb, wie Gott in uns lebe und seins lebens uns teilhafftig mache, das wir durch in, von im und in im leben«[235], item bald darnach: »Glaubstu, das in Christo solch leben sey, das auch im todt bliben ist und den todt uberwunden hat, so leuchtet dir das liecht recht und bleibt dir auch in deinem todt ein liecht und leben. So mus nun volgen, das ein solch leben und liecht muͤge kein creatur sein, dan kein creatur mag den todt weder in ir selbs noch in einem andern uberwinden«[236], item bald darnach: »Also ist die art dises liechts, das es scheinet in finsternussen, aber die finsternussen (das ist[q], die im unglauben bleiben) wirt nichts deste liechter darvon. Aber in den glaubigen scheinet es nicht allein, sonder es machet sie durchleuchtig[237] und sehent und lebt in inen, das es recht wol mag heissen: Das leben ist ein liecht der menschen«[238].

n-n) hassens und verfolgens: B (beachte die folgende Anm.).
o) konj. mit B in A. – p-p) die wort Christi: B. – q) seyn: a.

228. schließlich, letztlich.
229. Gemeint ist die Predigt über das Evangelium in der hohen Christmesse Joh 1,1-14, Weihnachtspostille 1522, WA 10,1,1, S. 180,4-247,3. Aus dieser Predigt hat Osiander bereits in der Schrift ›Etliche schöne Sprüche‹ mehrfach zitiert (vgl. u. A. Bd. 9, S. 599,6-600,11, Nr. 448), im folgenden hier jedoch weitere Zitate angefügt.
230. frei, alleinig.
231. WA 10,1,1, S. 198,22-24.
232. WA 10,1,1, S. 199,13-16.
233. Joh 14,6.
234. Joh 1,4.
235. WA 10,1,1, S. 199,23-27.
236. WA 10,1,1, S. 209,3-7.
237. strahlend, durchscheinend.
238. Vgl. Joh 1,4. – Das Zitat findet sich WA 10,1,1, S. 213,12-16.

Haec omnia etiam D. Martinus Lutherus in enarratione evangelii die Nativitatis Christi clarissime tradidit. Illic enim inter caetera sic scribit: [E2a:] »Nulla est vita extra hoc verbum et filium Dei. In ipso solo est vita. Homo Christus, si vacuus esset et sine Deo, nihil prodesset«, et paulo post ita dicit: »Verbum Dei in principio et Deus ipse debet noster cibus, lux et salus esse. Quare non est nudae humanae naturae asscribendum[!], quod nos vivificet, sed vita est in ipso verbo, quod in carne habitat et per carnem vivificat«, item paulo post: »Quomodo verba Christi solemus interpretari, cum dicit: Ego sum vita, ita debemus et haec interpretari (videlicet ubi Iohannes dicit: In verbo vita erat), et prorsus non de vita creaturae in Deo philosophice intelligi, sed contra, sicut Deus in nobis vivit et vitae suae nos participes facit, ut nos per ipsum, ex ipso et in ipso vivamus«, item paulo post: »Si credis, quod in Christo talis vita est, quae etiam in morte mansit et mortem vicit, tum haec lux recte tibi lucet, manetque tibi etiam in morte tua lux et vita. Iam necessario sequitur, quod talis vita et lux non possit esse creatura. Nulla enim creatura potest mortem neque in seipsa, neque alio vincere«, item paulo post: »Itaque ea est natura lucis huius, ut in tenebris luceat, sed tenebrae (hoc est, ii qui in incredulitate manent) nihil fiunt lucidiores ex ea. Atqui in credentibus non solum lucet, verum etiam illustres eos facit et videntes et vivit in eis, ita ut rectissime dicatur: Vita erat lux hominum«. [E2b:]

Zum[r] dritten: Dieweil uns das euangelion Gottes wort, das Gott selbs und, aus der reinen juͤngfrauen Maria geborn, fleisch worden, Jhesus Christus, unser herr und heilandt ist, durch den glauben also in unser hertz, seel und geist bringt, das wir durch dasselbig[s] erweckt, in Gott [F3b:] und aus Gott wider leben, ja Gott selbs unser leben ist, so erzeigt es[t] seine krafft weiter und rechtfertigt uns auch, das ist, es macht uns gerecht, eben und in aller masse, wie es uns auch lebendig macht. Dann Paulus spricht zun Gal. am 3. [21]: »Wen ein gesetz gegeben were, das da lebendig machen kuͤnte, so keme warhafftiglich die gerechtigkeit aus dem gesetz«, und zeigt mit solchen worten gewaltigklich an, das uns nichts rechtfertigen koͤnne, das da nicht lebendig mach, und widerumb das, was uns lebendig machen koͤnne, es sey gleich das gesetz oder, was es wolle, das rechtfertigt uns auch. Nun ist aber gewis, das uns, die wir in suͤnden und ubertrettungen todt waren, Ephe. am 2. [1], nichts lebendig gemacht, noch lebendig machen hat koͤnnen dan nur das wort Gottes, das Gott selbs und mensch worden ist, Jhesus Christus, der da warer Gott und das ewig leben ist. Daraus volgt unwidersprechlich, das uns auch nichts rechtfertigen oder gerecht machen kan dan eben dasselbig wort Gottes, das Gott selbs und unser leben und gerechtigkeit ist, nemlich Jhesus Christus, unser herr, wie Paulus spricht 1. Cor. 1 [30f]: »Christus ist uns von Gott gemacht zur weisheit, zur gerechtigkeit, zur heiligung und zur erloͤsung, auff das, wie geschriben steht, ›wer sich ruͤhmet, der ruͤhme sich des Herren‹«. [F4a:]

Dieweil aber[u] Satan dise lehr von der rechtfertigung und Gottes gerechtigkeit von anfang der welt her alwege[239] hefftigklich gehasset, vervolgt, verfelscht und, wa im das Gott umb der menschen undanckbarkeit willen zugelassen, mit gewalt gantz und gar vertilget hat und noch nicht auffhoͤret, so[v] erfordert die not, das ich umb der einfeltigen willen etlich sein verfelschung der sprachen und der heiligen schrifft, damit er vil leuten ein nebel fur die augen gemacht und etlich gar geblendet hat, auffdecke, ans licht bringe und widerlege, auff das sie hernach das helle liecht der goͤttlichen warheit dester klerlicher ansehen, verstehen und erkennen moͤgen.

Sonderlich ist hoch vonnoͤten, zu wissen und fleissig zu mercken, wie das woͤrtlein ›iustificare‹ in der heiligen schrifft auff zweierley weis furnemlich gebraucht wird: Einmal heist es ›ein ungerechten oder beklagten gerecht sprechen‹, wie ein richter oder ein zeug oder sonst einer den andern gerecht spricht, er sey gleich gerecht oder nicht[240]. Also braucht es Esaias 5 [22f] und spricht: »Weh denen, die helden sein, wein zu sauffen, und krieger zur fullerey, die den gottlosen rechtfertigen (das ist, gerecht sprechen) umb geschenck willen«, und Christus Matt. 12 [37], da er spricht:

r) Davor am linken Rand Notiz in a: Der hauptstriedt.
s) dasselbig von dem todt der sunden: a.
t) es auch: B. – u) aber der: a. – v) fehlt in a.

239. immer.
240. Vgl. dazu These 6 aus Osianders Rechtfertigungsdisputation 1550 u. A. Bd. 9, S. 428,8f, Nr. 425.

Tertio: Quum evangelium nobis verbum Dei, quod Deus ipse et, ex purissima virgine Maria natum caro factum, Iesus Christus dominus et salvator noster est, per fidem ad hunc modum in cor, animam et spiritum nostrum affert, ut per illud suscitati in Deo et ex Deo iterum vivamus, imo Deus ipse nostra vita sit, tum virtutem suam ulterius exerit et nos etiam iustificat, hoc est, nos iustos efficit plane et omni modo, quo nos etiam vivificat. Paulus enim ad Galat. 3 [21] dicit: »Si lex data esset, quae posset vivificare, vere ex lege esset iusticia«, demonstratque his verbis efficacissime, quod nihil nos possit iustificare, quod non vivificet, et e diverso, quod quicquid nos vivificet, – sive id lex sit, sive[b] aliud, quicquid volueris –, id nos etiam iustificet. Certum est autem, quod nos, qui delictis et transgressionibus mortui eramus, Ephe. 2 [1], nihil vivificavit, neque vivificare potuit praeter verbum Dei, quod Deus ipse est et homo factus est, Iesus Christus, qui verus Deus et vita aeterna est. Ex quo sequitur irrefragabiliter, quod etiam nihil nos iustificare aut iustos efficere possit quam idem plane verbum Dei, quod Deus ipse et vita nostra ac iusticia est, nempe Iesus Christus dominus noster, sicut Paulus 1. Cor. 1 [30f] dicit: »Christus factus est nobis sapientia a Deo et iusticia, sanctificatio et redemptio, ut sicut scriptum est, qui gloriatur, in Domino glorietur«.

Quia vero satan hanc de iustificatione et iusticia Dei doctrinam iam inde ab origine mundi semper atrociter odivit, persequutus est, corrupit, et, ubicunque Deus propter hominum ingratitudinem permisit, violenter funditus extir-[E3a:]pavit, nec dum desinit, valde necessarium est, ut propter simplices aliquod corruptelas linguae et sacrarum literarum, quibus multis hominibus tenebras ob oculos effudit, quosdam etiam plane excecavit[!], retegam, in lucem protraham ac confutem, ut deinceps clarissimam lucem divinae veritatis tanto perspicacius intueri, intelligere et cognoscere possint.

In primis autem valde necessarium est cognitu diligenterque notandum, quod verbum ›iustificare‹ in sacra scriptura duobus modis praecipue usurpetur: Uno modo significat iniustum aut reum iustum pronunciare, sicut iudex vel testis aut alioqui alius alium iustum pronunciat, sive ille iustus sit sive non. Et ita usurpat Esaias cap. 5 [22f] et dicit: »Vae qui potentes estis ad bibendum vinum et fortes ad miscendam ebrietatem, qui iustificatis (id est, iustum pronunciatis) impium pro muneribus«, et Christus Matth. 12 [37], cum dicit: »Ex verbis tuis iustificaberis, et ex verbis tuis condemnaberis«, hoc est: Ex verbis tuis elicientur causae, propter quas aut iustus pronuncieris aut iniustus, et Lucae 7 [29]: »Omnis populus et publicani iustificaverunt Deum«, hoc est, iusticiam illi tribuerunt et fatebantur ac dicebant eum esse iustum, item Paulus ad Rom. 2 [13], ubi dicit: »Non auditores legis iusti sunt apud Deum, sed factores legis iustificabuntur«, hoc est, iusti pronunciabuntur vel iusti iu-

b) konj. für fälschliche Ditt.: sit.

[F4b:] »Aus deinen worten wirstu gerechtfertigt werden, und aus deinen worten wirstu verdampt werden«, das ist: Aus deinen worten wirt man ursach nemen, dich gerecht zu sprechen oder ungerecht zu schelten, und Luce am 7. [29]: »Alles volck und die zoͤlner rechtfertigten Gott«, das ist, sie gaben im recht und bekenten und sprachen, er were gerecht, und Paulus zun Roͤmern am 2. cap. [13], da er spricht: »Fuͤr Gott sein nicht gerecht, die das gesetz hoͤren, sonder, die das gesetz thun, werden gerechtfertigt«, das ist, gerecht gesprochen oder gerecht geurteilt. Das ander mal heist es ›einen, der nicht gerecht, sondern gottlos ist, mit der that und in der warheit gerecht machen‹[241], als da Paulus spricht zun Roͤmern am 4. [5]: »Dem, der nicht mit wercken umbgehet, glaubt aber an den, der die gottlosen rechtfertigt (das ist, gerecht macht), dem wirt sein glaub zugerechnet zur gerechtigkeit«, desgleichen am dritten [26], da er spricht: »Auff das er (verstehe: Gott, der herr) allein gerecht sey und rechtfertige (das ist, gerecht mache) den, der da ist des glaubens an Jhesum Christum«[w], und abermals [30]: »Es ist ein einiger Got, der da rechtfertiget (das ist, gerecht macht) die beschneidung aus dem glauben und die vorhaut durch den glauben«, item am 8. [30]: »Welche er beruffen hat, die hat er auch ge-[G1a:]rechtfertigt«, und bald darnach [33]: »Gott ist hie, der da rechtfertigt (das ist, gerecht macht)« etc., desgleichen zun Gala. am 3. [8], da er schreibt: »Die schrifft hats zuvor ersehen, das Gott die heiden durch den glauben rechtfertigt«, das ist, gerecht macht. Darumb hat auch der[x] Luther nicht unrecht gethon, das er an disen orten allen und andern mehr, da des glaubens gedacht wird, fur das woͤrtlein ›rechtfertigen‹ im neuen testament gedolmetscht hat ›gerecht machen‹ oder ›gerecht werden‹[242]. Es kan aber kein mensch auff erden, ja auch kein engel im himmel einen gottlosen menschen, der in suͤnden empfangen und geborn und ein kind des zorns ist, mit der that und in der warheit gerecht machen, sonder es gehoͤrt Gott, dem herren, allein zu, wie Paulus spricht Rom. am 3. [26]: »Auff das er allein gerecht sey und gerecht mach den, der da ist des glaubens an Jhesum«, item am 4. [5]: »Den, der nicht mit wercken umbgeht, glaubt aber an den, der den[y] gottlosen gerecht macht, dem wird sein glaub gerechnet zur gerechtigkeit«. Dann in disen spruͤchen hoͤren wir, das der allein gerecht machen muss, der auch allein gerecht ist, und wir sollen an den glauben, der den gottlosen gerecht macht. Darumb muss er Gott selbs sein. Dan kont uns ein ander gerecht machen dan Gott allein, so moͤchten, ja muͤsten [G1b:] wir an denselben auch gleuben, das wer dan abgoͤtterey, und wuͤrde uns derselbig glaub zur gerechtigkeit gerechnet, das were nicht recht, und keme also die gerechtigkeit durch die allergreulichsten suͤnde, nemlich durch die abgoͤtterey, und were suͤnde und gerechtigkeit ein ding – das ist aber allerding[243] unmuͤglich. Darumb kan kein blosse creatur die gottlosen mit der that und in der warheit gerecht machen, sondern nur Gott allein.

w) fehlt in a. – x) D.: a. – y) die: a.

241. Vgl. dazu These 4 der Rechtfertigungsdisputation u. A. Bd. 9, S. 428,4f, Nr. 430.

242. In der Reihenfolge der angegebenen Bibelstellen: WA.DB 7, S. 41, S. 39, S. 41, S. 55 (zwei Stellen) und S. 181.

243. in jeder Hinsicht.

dicabuntur. Alio modo significat aliquem, qui non iustus, sed impius est, re ipsa et in veritate iustum efficere, ut cum Paulus dicit ad Rom. 4 [5]: »Ei, qui non operatur, credenti autem in eum, qui iustificat impium [E3b:] (idest, iustum efficit), reputatur fides eius ad iusticiam«, similiter et 3 [26], ubi dicit: »Ut sit ipse (scilicet: dominus Deus) iustus et iustificans (hoc est: iustum efficiens) eum, qui est ex fide Iesu Christi«, et iterum [30]: »Unus est Deus, qui iustificat (id est, iustum efficit) circumcisionem ex fide et praeputium per fidem«, item 8 [30]: »Quos vocavit, hos et iustificavit«, et paulo post [33]: »Deus, qui iustificat«, hoc est, iustos efficit, item ad Galat. 3 [8]: »Providens autem scriptura, quod ex fide iustificat gentes Deus«, id est, iustos efficit. Quare non male fecit D. Lutherus, quod in his locis omnibus et aliis pluribus, ubi mentio fidei fit, verbum ›iustificare‹ in novo testamento transtulit ›iustum efficere‹ aut ›iustum fieri‹. Nullus autem homo in terris, ac ne angelus quidem ullus in coelis potest impium hominem, in peccatis conceptum et natum et filium irae, re ipsa et in veritate iustum efficere, sed hoc pertinet ad solum dominum Deum, sicut Paulus dicit ad Rom. 3 [26]: »Ut sit ipse iustus et iustificans eum, qui est ex fide Iesu Christi«, item ibidem 4 [5]: »Ei, qui non operatur, credenti autem in eum, qui iustificat impium, fides eius imputatur ad iusticiam«. Nam ex his dictis audimus, quod ille solus iustificare potest, qui solus iustus est, nosque in eum credere debeamus, qui iustificat impium. Quare necesse est, ut sit Deus ipse. Nam si alius nos iustificare posset quam solus Deus, tum possemus, imo deberemus in eundem etiam credere, quod quidem esset idololatria, et imputaretur nobis ea fides ad iusticiam, quod esset absurdum, veniretque iusticia ex abominabilissimo peccato nempe ex idololatria, essetque peccatum et iusticia unum et idem, quod [E4a:] est omnino impossibile. Quare nulla nuda creatura potest impios re ipsa et in veritate iustos efficere, sed solus Deus.

Hie ist nun die frag, wan die schrifft spricht, »der mensch werd gerechtfertigt durch den glauben«, zun Roͤmern am 3. [28], ob man das woͤrtlein ›rechtfertigen‹ in dem ersten oder[z] andern verstand[244] sol vernemen, das ist, ob uns Gott, [a]dieweil wir[a] in suͤnden und gottlos geporn sein, durch den glauben mit der that und[b] der warheit gerecht mache und von der suͤnd reinige oder[c] ob er uns allein von wegen des glaubens als umb eins geschencks oder wercks willen gerecht sprech, so wir doch nicht gerecht sein und er uns auch nicht gerecht mache, sondern lass uns bleiben, wie wir vorhin waren, wie die falschen richter thun, uber die Esaias klagt, sie »rechtfertigen den gottlosen«[245], das ist, sie sprechen, er sey gerecht, und thun dasselbig »umb geschenck willen«[246], lassen in derhalben ungestrafft ein buben bleiben, wie er vor war und sie mit im. [G2a:] Antwort: Ich halt wol darfur, es werden alle fromme, rechtschaffne christen, ja auch wol die vernunftigen, natuͤrlichen menschen alhie gedencken, ob ich toll und toͤricht sey, das ich ein solche frembde, ungeschickte frag furbring. Dan wer wolt so nerrisch sein, werden sie sagen, das er solt glauben, das Gott also solt irren, das er einen gottlosen fur gerecht hielt, gleich als wuͤste er nicht, das der gottlos gottlos were, oder, so ers wuͤste, das er als ein falscher richter und schalcksfreundt[247] solt sprechen, er were gerecht, so er doch gottlos were. Aber in der warheit wirt es die that und erfarung bezeugen, das ich dise frag aus unvermeidlicher not, mein gewissen zu retten und die verfurten recht zu berichten[248], furgelegt und zu erortern furgenommen hab.

Dann es sein etliche, die halten, lehren und schreiben, wir werden umb des glaubens willen gerecht gesprochen[249], aber vom gerechtmachen schweigen sie gantz und gar still[250] und setzen die ursach, das woͤrtlein ›rechtfertigen‹ sey ein gemein[251]

z) ader im: a. – a-a) die wir alle: a.
b) und in: a. – c) ader aber: a.

244. zweiten Sinn.
245. Vgl. Jes 5,23.
246. ebd.
247. falscher Freund.
248. zu unterrichten, zurechtzuweisen.
249. Hier läßt sich auf die vierte und fünfte Antilogie der Gegner verweisen (vgl. dazu u. A. Bd. 9, S. 574f, Nr. 447). Dort heißt es: »Lutherus affirmat nos propter solam iustitiam fidei imputatam iustos esse coram Deo« (Mörlin, Historia, Bl. F3b; vgl. Bl. G1b-2a), und: »Lutherus affirmat iustitiam fidei imputatam, qua coram Deo sumus iusti, esse adhuc extra nos, id est in spe expectari, nondum esse in re« (ebd., Bl. F4a; vgl. Bl. G2a).
250. Alle vier Bekenntnisse von Staphylus, Mörlin, v. Venediger und Hegemon enthalten tatsächlich keine Aussage zur effektiven Rechtfertigung. Anders dagegen Melanchthon in seinem Brief an Osiander vom 1. Mai 1551. In der Beilage befaßte er sich ausdrücklich mit einem Kreis solcher Themen, die der sanctificatio zuzuordnen sind; vgl. u. A. Bd. 9, S. 672,5f, aber auch S. 671, Anm. 9, Nr. 469. Auch Melanchthons Brief an Staphylus vom gleichen Tage enthält dazu eine ausführliche These, die offenbar von den streitbaren Königsberger Gegnern Osianders nicht beachtet wurde: »Filius Dei est in sanctis et est efficax, ergo in sanctis est et novitas et ipse filius Dei, cuius iusticia et meritum nobis imputatur« (Berlin GStAPK, XX. HA StA Königsberg, HBA J2, K. 967).
251. gewöhnliches, allgemein gebrauchtes.

Hic oritur quaestio, quando scriptura dicit »hominem iustificari per fidem«, Rom. 3 [28], an verbum ›iustificare‹ in prima vel in secunda significatione accipi debeat, hoc est, an Deus nos, cum in peccatis et impii nati simus, per fidem re ipsa et in veritate iustos efficiat et a peccato emundet, an vero nos propter fidem quasi propter munus aut opus aliquod tantum iustos pronunciet, quum tamen iusti non simus, ipseque nos minime iustos efficiat, sed sinat nos manere, quales antea eramus, quemadmodum iniqui iudices, de quibus Esaias conqueritur, quod iustificent impium, hoc est, pronunciant eum iustum, idque faciunt propter munera dimittuntque eum proinde impunitum, ut maneat scelestus, sicut antea, et ipsi una cum illo. Respondeo: Equidem plane arbitror omnes probos et sinceros christianos, imo etiam rationales et animales homines, hic cogitaturos, an delyrus aut fatuus sim, qui tam alienam et ineptam quaestionem proponam. Quis enim – dicent – tam stultus fuerit, ut credat Deum ita errare, ut impium pro iusto habeat, quasi nesciat impium esse impium, aut, si sciat, quod tanquam iniquus iudex et iniquitatis amans pronunciet eum esse iustum, quum ille tamen impius sit? Verum revera res ipsa et experientia testabuntur, [E4b:] quod hanc quaestionem ex inevitabili necessitate ad conscientiam meam salvandam et seductos recte docendos proposuerim et determinandam susceperim.

Sunt enim quidam, qui sentiunt, docent et scribunt nos propter fidem iustos pronunciari, verum de eo, quod re ipsa iusti fiamus, omnino tacent, ponuntque causam, quod verbum ›iustificare‹ sit verbum vulgare e rebus forensibus desumptum, nihilque aliud significet, quam reum iudicio iustum et absolutum pronunciare, quemadmodum populus Romanus Scipionem, cum accusatus esset rei publicae male gestae, pro iusto habuit et absolvit. In quancunque vero sententiam hoc dictum est, tamen philosophicus, carnalis et impraemeditatus sermo est. Quisquis enim hasce cogitationes apprehenderit nos per fidem non aliter iustos fieri, quam sicut Scipio Romanus per populi Romani suffragia iustus pronunciatus est, ille necessario sic cogitabit: Si Scipio Romanus iustus et innocens fuit, populus Romanus nullam ei gratiam aut beneficium contulit. Si autem iniustus fuit et rem publicam male administravit, populus Romanus eum quidem suis suffragiis et absolutione e periculo liberavit, nulla vero eum ratione iustum et innocentem effecit, sed improbum et furem dimisit, sicut antea fuit; fieri enim nulla ratione potuit, ut eum sua absolutione iustum et innocentem efficerent. Atqui nos dicere non possumus, quod coram Deo iusti et innocentes fuerimus, sicut Scipio fortasse dicere potuit se iuxta leges Romanas innocentem fuisse. Quare ex praedicta doctrina sequitur, quod [F1a:] per fidem tantum pro iustis reputemur et pronunciemur, nulla autem ratione per fidem re ipsa et in veritate iusti efficiamur. Verum tamen, cum sacra scriptura iusticiam fidei nominet, quam et iusticiam Dei praedicat atque laudat, quam per fidem assequimur, sequitur ulterius ex praedicto errore, quod quidam nudam fidem in seipsa, quidam fiduciam misericor-

wort, von den gerichtshendeln[252] genommen, und heis nichts anders, den das man einen beklagten vor gericht gerecht und ledig sprech[253], gleichwie das roͤmisch volck den Scipion, der da beklagt war, als wer er gemeinem nutz nicht treulich vorgestanden, fur gerecht hielt und ledig zelet[254]. [G2b:] Solchs sey nun gemeinet, wie es wolle, so ist es an im selbs ein philosophische, fleischliche und unbedachte rede. Dann wer da die gedancken fasset, wir werden durch den glauben nicht anderst gerechtfertigt, dan wie der Scipio zu Rom durch des roͤmischen volcks urteil gerechtfertigt worden ist, der muss aus not also gedencken: Ist der Scipio gerecht und from gewest, so hat im das roͤmisch volck kein gnad oder wolthat bewisen; ist er aber ungerecht und untreu gewest, so hat im das roͤmische volck mit seinem urteil und ledigzelen wol aus der gefahr geholfen, hat in aber keinswegs gerecht und from gemacht, sonder einen schalck[255] und dieb lassen bleiben, wie er vorhin war – dan es ist unmuͤglich, das sie ine mit irem urteil solten from und gerecht gemacht haben! Nun koͤnnen wir nicht sprechen, das wir fur Gott gerecht und from gewest sein, wie Scipio sprechen moͤcht, er were dem roͤmischen recht nach from[256] gewest. Darumb volgt aus obgedachter lehre, das wir durch den glauben allein fur gerecht und from gehalten und gesprochen, aber keinswegs durch den glauben mit der that und in der warheit gerecht und from gemacht werden. Dieweil aber dannoch die heilige schrifft eine gerechtigkeit des glaubens nennet, die sie auch Gottes gerechtigkeit ruͤmet und preiset[257], [G3a:] welche gerechtigkeit wir durch den glauben bekommen[258], so volgt weiter aus obgedachtem irthumb, das etliche den blossen glauben an im selbs, etliche das vertrauen auff die barmhertzigkeit Gottes, etliche allein die vergebung der suͤnde, etliche, das uns Gott zum ewigen leben anneme, etliche die gerechtigkeit Christi ausserhalb unser, etliche den gehorsam Christi, der aus seiner gerechtigkeit hergeflossen ist, etliche den verdienst des gehorsams Christi fur solche gerechtigkeit Gottes, die uns durch den glauben zugerechnet werd, halten und lehren[259].

252. Gerichtsprozessen.
253. Vgl. These 6 der Disputatio de iustificatione u. A. Bd. 9, S. 428,8f, mit Anm. 1, Nr. 425.
254. Osianders Bemerkung bezieht sich auf die sog. Scipionenprozesse der Brüder P. Cornelius Scipio Africanus und L. Cornelius Scipio Asiagenus (vgl. PRE 4, Sp. 1462-1483, Nr. 336 und 337), die jedoch stärker in die Geschichte des ersteren gehören (vgl. ebd., Sp. 1475). Die Ereignisse des Jahres 188 v. Chr. lassen sich, wie folgt, zusammenfassen: »Bei der Rechenschaftsforderung wegen der Ablieferung von Geldern nach dem Kriege gegen Antiochus, die, sachlich unberechtigt, sich gegen L. Scipio richtete, aber zugleich ein Mißtrauensvotum gegen beide Brüder enthielt, rechtfertigte P. seinen Bruder dadurch, daß er die Rechnungsbücher zwar holen ließ, sie aber vor den Augen der Senatoren zerriß« (ebd., Sp. 1470). Der zweite Prozeß gegen die Brüder wegen Bestechung verlief weitaus ungünstiger (vgl. ebd.).
255. Bösewicht.
256. rechtschaffen, brav, tüchtig.
257. Vgl. z.B. Röm 1,17.
258. Vgl. z.B. Röm 4,16.
259. Zu dieser Zusammenstellung vgl. die Ausführungen über die Gegenpartei Osianders o. in der Einleitung S. 62-64. Im allgemeinen sind damit Osianders Königsberger Gegner Hegemon, Mörlin, Staphylus und v. Venediger gemeint, aber auch Melanchthon (und die Wittenberger ›Schule‹), wie sich aus den jeweiligen Kommentaren zu seinen Ausführungen ergibt. In der

diae Dei, quidam remissionem peccatorum tantum, quidam acceptationem nostri ad vitam aeternam, quidam iusticiam Christi extra nos, quidam obedientiam Christi, quae ex illius iusticia fluxit, quidam meritum obedientiae Christi pro tali iusticia Dei, quae nobis per fidem imputetur, habeant atque doceant.

Etliche aber, wan sie mit heiliger schrifft gedrungen werden, so bekennen sie, das Christus selbs unser gerechtigkeit und in uns sey[260]. Sie wollen in aber nach seiner gőttlichen natur nicht unser gerechtigkeit lassen sein, sonder trennen in der rechtfertigung die gőttliche natur Christi von seiner menschlichen natur und lassen uns nur ein stůck von Christo, ja, das noch vil erger ist, sie trennen auch die gottheit voneinander und machen zwen gőtter. Dan sie bekennen mit dem munde, Gott wone durch den glauben in uns, und schreien doch daneben darwider und streitten, Gottes wesenliche gerechtigkeit, die Gott selbs ist, sey nicht unser gerechtigkeit, kőnn es auch nicht sein, dan sie sey uns zu hoch, und wir [G3b:] kőnnens nicht ergreiffen noch leiden[261]. Ist aber Gottes wesenliche gerechtigkeit, die Gott selbs ist, nicht unser noch in uns, so ist auch in der warheit der ware Gott nicht unser noch in uns. Darumb mőgen sie wol zusehen, wer der Gott sey, der in inen wonet und doch die wesenliche gerechtigkeit Gottes, die Gott selbs ist, nicht neben sich leiden kan. Dan es ist zu besorgen, es sey der Gott, von dem Paulus 2. Cor. am 4. cap. [3f] schreibt: »Ist unser euangelion verdeckt, so ists in denen, die verloren werden, verdeckt, bey welchen der gott diser welt der unglaubigen sinn verplendet hat, das sie nicht sehen das helle liecht des euangelions von der klarheit Christi, welcher ist das ebenbildt Gottes«. Dise, dieweil sie Christum unser gerechtigkeit bekennen und doch die gőttliche natur in der rechtfertigung von im trennen, werden sie alle erschrecklicherweiss irr, kőnnen weder sagen noch wissen, was an Christo oder in Christo sey, das sie unser gerechtigkeit sollen setzen oder sprechen. Einer sagt, es sey ein werck

Schrift ›Wider den lichtflüchtigen Nachtraben‹ vom Jan. 1552 schließlich stellt er 14 Arten von Gerechtigkeit zusammen, die seine Gegner namhaft gemacht haben; vgl. dazu u. S. 410,12–412,7, Nr. 505.

260. Schon im Brief an den Vermittler Mörlin vom 6. April, in dem die Gegner weitere Verhandlungen aufkündigten, stellten sie fest, »daß Osiander ihnen Gewalt antue, wenn er behaupte, sie leugneten, daß Christus in uns wohne und unsere Gerechtigkeit sei« (*Stupperich*, Osiander, S. 134). Ähnlich äußerten sich v. Venediger und Hegemon in ihren Bekenntnissen, vgl. Albrecht, Ausschreiben, Bl. D3a und D4a. Einen besonderen Hinweis verdient Melanchthons frühes Schreiben an Staphylus vom 1. Mai, in dem er den Gegnern eine Beurteilung der Lehre Osianders zuleitete. Darin schreibt er u. a.: »Concedendum esse habitare filium Dei in sanctis …, de quaestione hac non pugnes« (Berlin GStAPK, XX. HA StA Königsberg, HBA J2, K. 967; vgl. *Stupperich*, a. a. O., S. 184).

261. ertragen. – Dazu dienen v. Venedigers Ausführungen als Beispiel; freilich pointiert Osiander die eigene Darstellung im Sinne seines Anliegens. Von Venediger schreibt: »Nicht leugne ich …, das Christus von ewigkeit gerecht sey gewest, aber weis auch, das mir die gerechtigkeit nicht geholfen het, wenn er nicht fur mich … gestorben were als warer Gott und mensch. Damit ich auch den irrthumb ausgeschlossen wil haben, … das Christus allein nach seiner menscheit meine gerechtigkeit were, … und weiss, Gott lob, wenn er purer mensch were gewesen, nicht warer und gerechter Gott mit, er das hohe werck der versönung nicht hette können ausrichten … Die schrifft (weist uns) auff die gerechtigkeit allein …, da unser sünde vertilget ist …, nicht ein blosse selbwesende Gottheit oder gerechtigkeit, welche eigentlich ausserhalb der menschwerdung des mitlers … nichts anders dieser verderbten natur ist als ein verzerend fewer …« (Albrecht, Ausschreiben, Bl. D2ab). Auch Hegemon schreibt, Osiander bezichtige die Gegner zu Unrecht, daß sie die Gerechtigkeit allein der menschlichen Natur Christi zuschöben, vgl. ebd., Bl. D4b.

Quidam vero, cum sacris literis urgentur, fatentur Christum ipsum nostram esse iusticiam et in nobis. Non tamen admittunt eum secundum suam divinam naturam esse nostram iusticiam, sed in iustificatione separant divinam Christi naturam ab humana eius natura, relinquuntque nobis unam tantum partem de Christo, imo, quod longe deterius est, dissecant etiam divinitatem per medium, faciuntque duos Deos. Nam ore confitentur Deum per fidem habitare in nobis et tamen interim reclamant et pugnant essentialem Dei iusticiam, quae Deus ipse est, non esse nostram iusticiam, nec esse posse, ut quae sublimior sit, quam ut a nobis possit apprehendi aut ferri. Si vero iusticia Dei essentialis, quae Deus ipse est, nec nostra, nec in nobis est, tum revera nec verus Deus noster et in nobis est. Quare viderint ipsi, quisnam Deus sit, qui in ipsis habitat, et tamen iusticiam [F1b:] Dei essentialem, quae Deus ipse est, apud sese pati non potest. Verendum enim est eum esse Deum, de quo Paulus 2. Cor. 4 [3f] scribit: »Si apertum est evangelium nostrum, his, qui pereunt, est apertum, in quibus Deus huius seculi excaecavit mentes infidelium, ut non fulgeat eis illuminatio gloriae Christi, qui est imago Dei«. Hi omnes, quia Christum iusticiam nostram confitentur et tamen divinam naturam in iustificatione ab eo separant, in horribiles incidunt errores potentes neque dicere neque scire, quid nam Christi aut in Christo sit, quod nostram iusticiam statuant aut asserant: Alius dicit esse opus Dei, quod Deus in Christo operetur; alius dicit esse mediam quandam iusticiam, non divinam, nec humanam; alius dicit esse sanguinem Christi; alius dicit essentialem iusticiam Dei creare in nobis novam iusticiam, sicut ille idem ulterius delyrat et dicit essentialem vitam Dei creare in nobis novam vitam; alius aliud dicit – et, ut Paulus 1. Timo. 1 [7] dicit, »volentes esse scripturae doctores non intelligunt, neque quae loquuntur, neque de quibus affirmant«. Fingunt enim nobis iusticiam, quae Christus quidem sit, Deus vero non sit, hoc est ex Christo meram creaturam facere. Cum autem nullus Christus sit neque in coelo neque in terra, qui mera creatura est, sequitur, quod Christus ipsorum etiam merum nihil sit. Quomodo autem potest talis ficta mera creatura et merum nihil nostra iusticia esse? Utique sed talis iusticia, quae odio, invidia, mendaciis, calumniis, ira, minis et seditione praegnans est, talesque fructus ut plurimum subinde parit.

Gottes, das Gott in Christo wirck[262]; ein ander sagt, es sey ein mittele gerechtigkeit, nicht die gőtlich, auch nicht die menschlich gerechtigkeit[263]; ein ander sagt, es sey das blut Christi[264]; ein ander sagt, die wesenliche gerechtigkeit Gottes erschaffe ein neue creatűrliche gerechtigkeit in uns, gleichwie er auch weiter narret[265] und sagt, das we-[G4a:]senliche leben Gottes erschaffe in uns ein neues creatűrlichs leben[266]; ein ander sagt ein anders, und wollen, wie Paulus 1. Timo. 1 [7] spricht, »der schrifft meister sein und verstehen nicht, was sie sagen oder was sie setzen«. Dann sie tichten uns eine gerechtigkeit, die sol Christus sein und[d] doch nicht Gott sein. Das heist aus Christo ein pur lautere creatur gemacht. Dieweil aber kein Christus ist weder im himel noch auff erden, der ein pur lautere creatur ist, so volgt, das ir Christus auch ein

d) und sol: a.

262. Vgl. o. Anm. 152.

263. Vgl. u. S. 162,20-28. – Diese Auffassung läßt sich der Predigt Mörlins vom 27. Mai zuordnen, die Osiander veranlaßte, seine Schrift ›Daß unser lieber Herr‹ dagegen zu publizieren; vgl. u. A. Bd. 9, S. 688f, Nr. 474. Mörlin habe neben seiner maßlosen Polemik behauptet, »das die gerechtigkait Gottis vaters, sons und heiligen gaists nicht kon unser gerechtigkait sein, die gerechtigkait Christi als eines menschen auch nicht, sonder es sey ein mittele gerechtigkait« (ebd., S. 685,9-12, Nr. 473). Im vorausgehenden Briefwechsel zwischen Mörlin und Osiander vom April 1551 ringen beide um die angemessene Terminologie für die Glaubensgerechtigkeit; vgl. ebd., S. 621,6-8, Nr. 454; S. 644,9f, Nr. 460; S. 648,28f und 649,5-12, Nr. 462, und S. 657,24f, Nr. 464. Vgl. außerdem ebd., S. 697,20-22 und S. 698,4-7, Nr. 474.

264. Damit ist wiederum Mörlin gemeint, der das Blut Christi als zentral für die Rechtfertigungslehre immer wieder herausstellte. In seiner Predigt vom 18. Juni 1551 lesen wir: »... und behalt dieses sehr woell, doe ehr saget, [daß wir] durch sein bludt gerecht, gerecht, gerecht worden sint. Woe du nhu gefragt wordest, wes [= was] ist deine gerechtigkeit, ist es die selbstendige gottliche, unzerthrenliche gerechtigkeit Gott des vaters, shoens, heiligen geistes ..., andtwort: Nein, ... es ist das sterben und bludtvorgissen meines eynigen erlosers ...« (Berlin GStAPK, XX. HA StA Königsberg, HBA J2, 1551 Juni 18 (K. 974), fol. 3r); vgl. auch u. A. Bd. 9, S. 651,18-20, Nr. 462. Zu Mörlins Theologie vom Blut Christi vgl. *Hirsch*, Theologie, S. 243.

265. wie ein Narr redet.

266. Der Terminus ›iustitia creata‹ begegnet zwar auch im Briefwechsel zwischen Osiander und Mörlin, wurde jedoch hervorgehoben von Philipp Melanchthon in seinem Brief an Staphylus vom 1. Mai verwendet, wobei er eine Parallele zwischen iustitia und vita zog. Er schreibt: »Cum [Osiander] ait: Essentiali iusticia sumus iusti, declarat ipse: Essentiali vita vivimus. Hic certe de effectione loquitur. Et tamen aliud est causa vita Filii increata et vita nostra creata. Ita discerni et iusticiam increatam et creatam res ipsa postulat« (Berlin GStAPK, XX. HA StA Königsberg, HBA J2, K. 967). Vgl. dazu auch Osianders Äußerung in seiner Schrift ›Widerlegung‹ 1552 gegen Melanchthon u. S. 602,9-16, Nr. 522. – Auch Staphylus unterscheidet einen zweifachen Gebrauch des Begriffs Gerechtigkeit, vgl. o. Anm. 152. In seinem Bekenntnis schreibt er dazu weiter: »So nun dieses gehorsam bis zum tode des creutzes ... weder kan noch sol sein oder geheissen werden die wesentliche gerechtigkeit Gottes, so schlies ich festiglich hieraus, das auch nicht die gerechtigkeit Gottes, damit der mensch gerecht gemacht wird von Gott, kan die wesentliche gerechtigkeit genennet werden« (Albrecht, Ausschreiben, Bl. C1b). Auch Mörlin schloß sich nach Ende seiner Vermittlertätigkeit der Sichtweise von der zweifachen Gerechtigkeit an, vgl. seinen Brief an Osiander vom 18. April u. A. Bd. 9, S. 620,19-622,15, Nr. 454.

pur lauter nichts ist. Wie kan aber ein solche pur lautere, gedichte[e] creatur, die auch ein pur lauter nichts ist, unser gerechtigkeit sein? Ja, wol ein solche gerechtigkeit, die mit neid, hass, luͤgen, lestern, zuͤrnen, treuen[267] und auffrur schwanger gehet und solche fruͤcht den meisten teil teglich gebirt!

Soͤlche irren all sehr greulich, erstlich das sie das woͤrtlein ›rechtfertigen‹ verstehen und auslegen allein fur ›gerecht halten und[f] sprechen‹, und nicht ›mit der that und in der warheit gerecht machen‹, darnach auch in dem, das sie gar kein unterscheid halten zwischen der erloͤsung und zwischen der rechtfertigung, so doch ein grosser unterscheid ist, wie man darbey wol kan verstehen, das[g] menschen einen dieb vom galgen koͤnen erloͤsen, koͤnnen in aber nicht from und gerecht machen, ferner auch in dem, das sie nichts be-[G4b:]stendigs[268] koͤnnen setzen, was doch die gerechtigkeit Christi sey, die durch den glauben in uns muͤss sein und uns zugerechnet werden, und entlich irren sie auch in dem am allergrobsten, das sie die goͤttliche natur Christi von der gerechtigkeit absundern und Christum zertrennen und auffloͤsen, welchs gewislich des leidigen teuffels werck ist.

Es wil sich aber in keinen wege leiden, das man das woͤrtlin ›rechtfertigen‹ ins glaubens rechtfertigung solt allein fur ›gerecht halten‹ oder fur ›gerecht sprechen‹ und nicht fur ›gerecht machen‹ verstehen und auslegen, dan das were der goͤttlichen majestet zur lesterung und der gantzen schrifft zuwider gesetzt. Dann solt Gott einen gottlosen, den er nicht zugleich mit der that und in der warheit gerecht machet, danoch[!] fur from und gerecht halten und sprechen, er wer gerecht, so must er eintweder irren und nicht wissen, das der gottlos gottlos were, – das ist aber unmuͤglich, dann »er weis alle ding«[269], »und ist keine creatur vor im unsichtbar, sonder alles blos und entdeckt fur seinen augen«, Hebre. 4 [13] – oder aber er muͤste liegen und ein schalcksfreund sein – das ist auch unmuͤglich, dan er ist warhafftig und die warheit selbs und kan nicht liegen, Tito 1 [2], ist auch »nicht ein gott, dem gottlos wesen gefahl«, psalm 5 [5]. [H1a:] Und ob er schon wolt irren und[h] liegen – Gott verzeih mirs, das ich umb der irrigen leut willen also reden muss –, so koͤnte doch aus einer andern ursach nichts daraus werden, dan sein wort ist almechtig und »er ruffet dem, das nicht ist, das es sey«, Rom. am 5. [4,17]. Sobald nun Gott einen gottlosen from und gerecht nenete, so muͤste er eben umb desselben almechtigen nennens und[i] ruffens wegen alsbald mit der that und in der warheit from und gerecht und nicht mehr gottlos sein[270]. Darumb, wo man von der rechtfertigung des glaubens handelt, sol man das woͤrtlein ›rechtfertigen‹ nicht auff menschliche, juristische und sophisti-

e) fehlt in a.
f) ader: a. – g) das die: B.
h) ader: a. – i) ader: a.

267. Drohen.
268. Dauerhaftes, Unwiderlegliches.
269. Sir 42,19.
270. Vgl. Röm 4,17.

Tales omnes horribiliter errant, primo quia [F2a:] verbum ›iustificare‹ tantum pro ›iustum reputare et pronunciare‹ intelligunt atque interpretantur et non pro eo, quod est ›re ipsa et in veritate iustum efficere‹, deinde etiam in hoc, quod nullam differentiam tenent inter redemptionem et iustificationem, quum tamen magna differentia sit, sicut vel inde intelligi potest, quod homines furem a suspendio redimere possunt, bonum autem et iustum efficere non possunt, porro etiam in hoc, quod nihil certi statuere possunt, quid tandem iusticia Christi sit, quam per fidem in nobis esse nobisque imputari oporteat, ac postremo errant omnium rudissime etiam in hoc, quod divinam naturam Christi a iustificatione separant et Christum dividunt atque solvunt, id quod haud dubie execrandi satanae opus est.

Nullo autem modo convenit, ut verbum ›iustificare‹ in iustificatione fidei tantum pro ›iustum reputare‹ aut ›iustum pronunciare‹ accipiatur et exponatur; hoc enim divinae maiestati vergeret in blasphemiam, totique scripturae esset contrarium. Si enim Deus impium, quem non simul re ipsa et in veritate iustum efficeret, tamen bonum et iustum reputaret et pronunciaret esse iustum, tum necesse esset eum aut errare et nescire, quod impius esset impius, quod est impossibile, omnia enim novit, »nec ulla creatura est invisibilis in conspectu eius, sed omnia nuda et aperta sunt oculis ipsius«, Hebre. 4 [13], aut necesse esset eum mentiri et amicum iniusticiae esse, quod etiam est impossibile, nam verax est et ipsa veritas, nec potest mentiri, Tit. 1 [2], neque est »Deus volens iniquitatem«, psalm 5 [5]. [F2b:] Porro, etiam si vellet errare et mentiri – ignoscat mihi Deus, quod propter erroneos homines ita loqui cogor –, tamen ob aliam causam succedere non posset, quia verbum ipsius est omnipotens, »et vocat ea, quae non sunt, tanquam ea, quae sunt«, Rom. 4 [17]. Statim igitur, ut Deus impium nominaret bonum et iustum, oporteret eum ob illam ipsam omnipotentem nominationem et vocationem esse re ipsa et in veritate bonum et iustum et non impium. Quare, ubi de iustificatione fidei agitur, ibi verbum ›iustificare‹ non humano, forensi et sophistico more est intelligendum, sed divino modo; Deus enim non solum pronunciat nos iustos propter fidem, verum efficit nos etiam re ipsa et in veritate iustos in Christo Iesu per fidem.

sche[271] weis verstehen, sonder auff gőttliche weiss, dan Gott spricht uns nicht allein gerecht umb des glaubens willen, sonder macht uns auch mit der that und in der warheit gerecht in Christo Jhesu durch den glauben.

Darumb hat auch D. Luther fast an allen őrten des neuen testaments, da[k] der rechtfertigung des glaubens meldung geschicht, das wőrtlein ›rechtfertigen‹ nicht lassen bleiben, wie es im kriechischen steht, sonder hat an sein stadt gesetzt das wőrtlein ›gerecht machen‹, als zun Rőm. am 3. [26]: »Auff das er allein gerecht sey und gerecht mache«[272] etc., und baldt darnach [30]: »Es ist ein einiger Gott, der da gerecht macht die beschneidung«[273] etc., und am [H1b:] 8. cap. [30]: »Welche er hat beruffen, die hat er auch gerecht gemacht, und welche er hat gerecht gemacht, die hat er auch herrlich gemacht«[274], und bald darnach [33]: »Gott ist hie, der da gerecht macht[l]«[275], und zun Gal. am 3. [8]: »Die schrifft hats zuvor ersehen, das Gott die heiden durch den glauben gerecht macht«[276], und dergleichen an mehr őrten; alles darumb, das er verhűttet und verlegte[277] den irthumb derjenigen, die da meinen, Gott halte sie umb des glaubens willen[m] gerecht, so sie doch gar nicht gerecht sein und er sie auch in disem leben nicht gerecht mache, sonder inen die gerechtigkeit erst[n] in kűnftigen leben werd eingiessen[278]. Es hat aber nichts geholfen bey denen, die im wol augengedienet[279] und die ohren gefullet und sich gestellet haben, als halten sie seine lehr hoch und sein person in grossen ehren[280], sein im aber im hertzen gram gewest[281] und noch und unterstehn, sein gantze lehre von der gerechtigkeit des glaubens verdeckterweiss zu verdunckeln und durch ir philosophische und sophistische geucherey[282] gantz und gar zu verkeren, villeicht darumb, auff das die papisten unser

k) da von: a. – l) macht etc.: a.
m) willen fur: a. – n) allererst: a.

271. spitzfindige, trügerische.
272. Vgl. Luthers Deutsche Bibel von 1546 WA.DB 7, S. 39.
273. Vgl. WA.DB 7, S. 41.
274. Vgl. WA.DB 7, S. 55.
275. Vgl. ebd.
276. Vgl. WA.DB 7, S. 181.
277. versperrte, widerlegte.
278. Vgl. dazu weiter u. Anm. 441.
279. ihm … geschmeichelt haben, vor ihm … gekrochen sind; vgl. *Grimm*, Wörterbuch 1, Sp. 805.
280. Zu ähnlich polemischen Äußerungen über seine Gegner hat sich Osiander schon 1550 dem Herzog gegenüber hinreißen lassen, vgl. u. A. Bd. 9, S. 397,2-6, Nr. 418. Zu seinen Beweggründen vgl. weiter u. S. 280,7-16 und Anm. 715.
281. Es ist unschwer zu erkennen, daß diese Polemik gegen Melanchthon gerichtet ist. Besonders dessen Bemerkung im Brief an Christoph von Carlowitz vom 28. April 1548: »Tuli etiam antea servitutem paene deformem, cum saepe Lutherus magis suae naturae, in qua philoneikia erat non exigua, quam vel personae suae, vel utilitati communi serviret« (CR 6, Sp. 880, Nr. 4217; vgl. MBW 5, S. 281, Nr. 5139), hat bereits bei den Zeitgenossen als Beleg für Spannungen im Verhältnis zwischen beiden gegolten; vgl. dazu *Scheible*, Brief, S. 116-119.
282. Betrügerei.

Propter hoc etiam D. Lutherus in omnibus fere locis novi testamenti, ubi de iustificatione mentio fit, verbum ›iustificandi‹ in sua Germanica translatione submovit, nec, ut est in Graeco, retinuit, sed in locum eius substituit haec verbula ›iustos efficere‹, ut Rom. 3 [26]: »Ut sit ipse iustus et iustum efficiens« etc., et paulo post [30]: »Unus est Deus, qui iustam efficit circumcisionem« etc., et 8. cap. [30]: »Quos vocavit, hos et iustos effecit, et quos iustos effecit, hos et glorificavit«, et paulo post [33]: »Deus est, qui iustos efficit«, et Galat. 3 [8]: »Praevidens autem scriptura, quod ex fide iustos efficit gentes Deus« etc., et similia pluribus locis, tantum ut excluderet et confutaret errorem eorum, qui putant se ipsos propter fidem a Deo reputari iustos, cum prorsus iusti non sint, ipseque eos in hac vita iustos non efficiat, sed ipsis iustitiam in futura demum vita infundat. [F3a:] Verum hoc nihil profuit apud eos, qui ei quidem ad oculum servierunt auresque blandiciis impleverunt et simularunt sese doctrinam illius magni aestimare et de ipso praeclare sentire, cum interim tamen eum occulte odio prosequuti sint hodieque oderint, ac nitantur totam illius de iustificatione fidei doctrinam tectim obscurare et per philosophica et sophistica delyramenta prorsus invertere, fortassis ideo, ut papistae doctrinam nostram in concilio tanto facilius maioreque specie possint damnare. Quia enim Christus inter duodecim apostolos proditorem habuit, haud dubie inter tot milia discipulorum etiam erunt aliqui forte non pauci nec leves proditores, nam nec Iudas levis fuit inter apostolos, sed Christi oeconomus, ita ut Spiritus sanctus eum in 55. psalmo [Vg.: 54,14] vocet vicarium, ducem et familiarem ipsius. Et facile fieri potest, ut diabolus ita excaecet eos, ut ignorent, quid faciant, et putent sese ludere, donec Christus una cum sua doctrina condemnatur. Ac tum demum aperientur illis oculi et conscientia eorum palpitabit. Utinam autem tum non exemplo Iudae etiam desperent.

lehre in irem concilio deste leichter und mit grosserem schein[283] kȏnnen verdammen[284]. Dan hat Christus unter zwelf aposteln einen verreter gehabt[285], so werden gewislich unter so vil tau-[H2a:]sent jŭngern auch etliche und villeicht nicht wenig noch geringe verreter sein; dann Judas war auch nicht gering unter den aposteln, sonder Christi pfennigmeister[286], also das in der heilig Geist im 55. psal. [14] nennet seinen vicarien, sein hauptman und sein verwanten[287]. Es kan sie auch der teuffel wol blenden, das sie nicht wissen, was sie thun, vermeinen, es sey ein schertz, bis[o] Christus mit seiner lehre verdampt wirt. Alsdann werden inen erst die augen auffgehen und sich ir gewissen regen[288]. Gott geb, das sie nicht alsdan – wie Judas – auch verzweiffelen[289].

Und dieweil wir von der rechtfertigung reden, wil auch hoch vonnȏten sein, das man das wȏrtlein ›gerechtigkeit‹ recht verstehe, dan es wirt zweierleyweiss verstanden: Erstlich wirt es genommen und gebraucht fur den ernst und zorn, der das ubel richtet und strafft, es straffe gleich Gott oder die weltliche ȏbrigkeit. Also aber nemen und gebrauchen wirs alhie nicht, dan es wirt in der heiligen schrifft auff dise weis gar selten gepraucht, sonder wirt gewohnlich zorn und grim genant als im 6. psalm [2]: »Herr, straff mich nicht in deinem zorn und zŭchtige mich nicht in deinem grimme«. Darnach wirt es auch gantz offt und schir[290] durch die gantze heilige schrifft durchaus fur ›frommikeit‹[291] genommen und gebraucht, [H2b:] also das in solcher frȏmmkeit alle andere tugent gemeint und eingeschlossen sein. Und auff dise weiss prauchen wirs auch hie, wan wir von der gerechtigkeit des glaubens reden. Und ob jemand wolte fragen, was doch dise gerechtigkeit und[p] frȏmmikeit sey, so antwort ich: Gerechtigkeit ist eben das, das den gerechten, recht zu thun, bewegt und on das[q] er weder gerecht sein, noch recht thun kan[292].

o) biess sie sehen, dass: a.
p) ader: a.
q) das, das: B.

283. Ansehen, Schein des Rechts.
284. Osiander wußte sicher, daß das Konzil von Trient am 1. Mai 1551 wiedereröffnet worden war. Bereits in seiner ersten Tagungsperiode 1545-1548 hatte das Konzil in Dekreten über Schrift und Tradition, Erbsünde, Rechtfertigung und Sakramente gegen die Reformation Stellung bezogen; vgl. RGG 6, Sp. 1014.
285. Zu Judas Ischarioth vgl. Mt 10,2-4 par.; TRE 17, S. 296-307, und RGG 3, Sp. 965f.
286. Schatz-, Zahlmeister. Vgl. Joh 12,6.
287. seinen Freund.
288. Vgl. Gen 3.
289. Vgl. Mt 27,3-5.
290. eigentlich, beinahe.
291. probitas, integritas, pietas (Tüchtigkeit, Güte, Rechtschaffenheit, Reinheit, Unbescholtenheit).
292. Vgl. u. A. Bd. 9, S. 615,4-8, Nr. 452.

Quia vero de iustificatione disserimus, summopere necessarium est, ut vocabulum ›iusticiae‹ recte intelligamus. Dupliciter autem intelligitur: Primo usurpatur pro severitate et ira, quibus malefacta puniuntur, sive Deus puniat sive magistratus. Sic autem nos in praesentiarum non accipimus, raro enim in sacris literis ad hunc modum usurpatur, sed frequenter ira et furor appellatur, ut psalm 6 [2]: »Domine, ne in furore tuo arguas me, neque in ira tua corripias me«. Deinde valde saepe et propemodum [F3b:] per totam sacram scripturam accipitur et usurpatur pro ›probitate‹, ita ut in tali probitate omnes aliae virtutes intelligantur inclusae. Et in hunc modum accipimus et hic, cum de iusticia fidei loquimur. Et si quis quaerat, quid nam haec iusticia seu probitas sit, respondeo: Iusticia est plane illud ipsum, quod iustum ad iuste agendum movet et sine quo nec iustus esse, nec iuste agere potest.

Ferner ist not zu wissen, das, auff itzt gedachte weiss zu reden, zweierley frömmkeit oder gerechtigkeit ist, nemlich ein menschliche und ein göttliche: Die menschliche frömmgkeit[!] oder gerechtigkeit ist die, die der mensch, durch das[r] gesetz und andre menschliche zucht getriben, aus eigenen krefften on den heiligen Geist erzeigen[s], uben und leisten kan, und schleust in sich alle menschliche tugend, die gleicherweis aus eignen krefften und on den heiligen Geist getriben werden. Die göttliche frömmkeit oder gerechtigkeit aber ist die, die Gott selber hat, ja die Gott selbst ist, nemlich die, die er von ewigkeit her bey und in sich gehabt und beschlossen hat, dieselbigen im wort, das Gott selbs ist, wan es mensch wirt[t], mit seiner menscheit zu vereinigen und also dieselbigen allerheiligsten menscheit unsers herren [H3a:] Jhesu Christi mit solcher seiner ewigen gerechtigkeit und frommkeit gerecht zu machen, zu bewegen, zu leiten und zu furen zu allem gehorsam und guten wercken biss zu volkomner erfullung des gantzen gesetzes und zu aller gedult, fur uns und unser sünde zu leiden, sein blut zu vergissen, zu sterben des allerschmehlichsten tods am creutz[293] und entlich auch gen helle zu fahren, das er uns erlösete, und dan umb unser rechtfertigung willen wider erstunde. Diser zweier gerechtigkeit gedenckt der heilig Paulus zun Philippern [3,8f] und spricht: »Ich hab alles fur schaden geachtet« etc., »auff das ich Christum gewinne und in im erfunden werde, das ich nicht hab mein gerechtigkeit, die aus dem gesetz, sonder die durch den glauben an Christo kombt, nemlich die gerechtigkeit aus Gott, die im glauben ist«. Das aber etliche die dritten auch tichten, die nicht ein menschliche, auch nicht ein göttliche gerechtigkeit sey, sonder etwas mitels und anders, das dannoch auch Gottes gerechtigkeit genennet werd, nicht darumb, das sie warlich Gottes gerechtigkeit sey, sonder allein darumb, das sie uns von Gott geschenckt werd[294], das ist ein pur lauter gedicht[295], hat kein gezeugnus der heiligen schrifft – wie hernach sich finden wirt – und ist sehr lecherlich zu hören. Dan auff die weiss möcht [H3b:] einer auch wol sagen, sein weib wer Gottes weib, dan Gott hat im sie gegeben, sein kind wer Gottes kind, dann Gott hats[u] im gegeben.

Damit aber iderman die gezeugnus der schrifft, die ich hernach einfuren wil, deste bas[296] verstehe, so ist zu wissen, das allenthalben im[v] neuen testament, wo D. Luther verdeutscht hat ›die gerechtigkeit, die fur Gott gilt‹, da hat die heilig schrifft solcher wort gar nicht, sonder nennets alwege frey, dürr heraus ›die gerechtigkeit Gottes‹[297], als zun Rom. 1 [16f] spricht Paulus: »Das euangelion ist ein krafft Gottes, sintemal

r) fehlt in a.
s) erzeugen: a. – t) werde: a.
u) hat sie: a. – v) im ganzen: a.

293. Vgl. Phil 2,8.
294. Vgl. o. Anm. 263.
295. Erdichtung, Erfindung, Phantasie.
296. desto besser.
297. Dieses Argument verwendet Osiander schon früher, vgl. u. A. Bd. 9, S. 698,8-12, Nr. 474.

Porro sciendum est, quod in hanc sententiam loquendo duplex est iusticia, humana scilicet et divina. Humana probitas seu iusticia est ea, quam homo per legem et alia disciplinae genera impulsus ex propriis viribus sine Spiritu sancto exerere, exercere et praestare potest, includitque omnes humanas virtutes, quae similiter propriis viribus et sine Spiritu sancto praestantur. Divina vero probitas sive iusticia est ea, quam Deus ipse habet, imo quae Deus ipse est, nempe quam ab aeterno apud se et in se habuit, decrevitque eandem in verbo, quod Deus ipse est, cum homo fieret, una cum humana eiusdem natura unire et ita sanctissimam illam humanam naturam domini nostri Iesu Christi eadem sua aeterna iusticia seu probitate iustam constituere, movere, agere et ducere in omnem obedientiam et bona opera usque ad perfectissimam impletionem universae legis et in omnem patientiam, ut pro nobis et peccatis nostris pateretur, sanguinem suum effunderet et moreretur turpissima morte crucis denique et ad inferos descenderet, ut nos redimeret, et tandem propter iustificationem nostram iterum resurgeret. [F4a:] Harum duarum iusticiarum mentionem facit Paulus ad Philippenses [3,8f] dicens: »Omnia detrimentum duxi, et arbitror ut stercora, ut Christum lucrifaciam, ut et inveniar in illo, non habens meam iusticiam, quae ex lege est, sed illam, quae ex fide est Christi, quae ex Deo est iusticia in fide«. Quod autem nonnulli etiam tertiam fingunt, quae nec sit humana nec divina iusticia, sed aliquid medium et diversum, quod tamen etiam divina iusticia vocetur, non quod revera iusticia Dei sit, sed tantum quia nobis a Deo donetur, hoc merum est figmentum, nullum habens sacrae scripturae testimonium – id quod paulo post deprehendetur –, et est valde ridiculum auditu. Hoc enim modo posset aliquis dicere uxorem suam esse uxorem Dei, quia Deus eam illi donasset, filium suum esse filium Dei, quia Deus eum illi donasset.

Verum ut omnes ea testimonia scripturae, quae deinceps allegaturus sum, tanto rectius intelligant, sciendum est, quod ubicunque D. Lutherus in novo testamento Germanice vertit ›iusticia, quae coram Deo valet‹, ibi sacra scriptura huiusmodi verba prorsus non habet, sed perpetuo ac simpliciter nominat ›iusticiam Dei‹, sicut Paulus ad Rom. 1 [16f] dicit: »Evangelium virtus Dei est, iusticia enim Dei in eo revelatur«, et 3. cap. [21]: »Nunc autem sine lege iusticia Dei manifestata est«, et paulo post [25]: »Ad ostensionem iusticiae suae (scilicet Dei)«, et iterum [26]: »Ad ostensionem iusticiae suae in hoc tempore, ut sit ipse iustus et iustificans eum, qui est ex fide Iesu Christi«, [F4b:] similiter cap. 10 [3]: »Ignorantes iusticiam Dei et suam quaerentes statuere iusticiae Dei non sunt subiecti«. Certum autem est D. Lutherum hoc bono animo fecisse, nempe ut errorem eorum excluderet, qui, cum audiunt ›iusticiam Dei‹, nihil aliud intelligunt quam severam iram et furorem Dei, quibus peccata punit, quae intelligentia non est genuina. Iusticia enim Dei proprie significat ipsius bonitatem, id quod D. Lutherus diligentissime in sua postilla super evangelio primae dominicae Adventus, fol. 10, indicat. Ac praeterea quoque passim multis in locis sufficienter testatus est, quod iusticia, quae coram Deo valet – ut ipse vocare so-

darin offenbart wirt die gerechtigkeit Gottes«[298], und am 3. [21]: »Nun ist on zuthun des gesetzes die gerechtigkeit Gottes offenbart«[299], und bald darnach [25]: »Damit er (verstehe: Gott) sein gerechtigkeit darpiete«[300], und abermals [26]: »Das er zu disen zeiten darpiete sein gerechtigkeit, auff das er allein gerecht sey und gerecht mach den, der da ist des glaubens an Jhesum«[301], [w]desgleichen am 10. cap. [3]: »Sie erkennen die gerechtigkeit Gottes nicht und trachten ir eigne gerechtigkeit auffzurichten und sind also der gerechtigkeit Gottes nicht unterthan[w]«[302]. Es hats aber D. Luther on zweiffel gutter meinung gethan, nemlich dem miss-[H4a:]verstand derjenigen zu wehren, die da, wan sie ›Gottes gerechtigkeit‹ hören nennen, nichts anders verstehen denn Gottes gestrengen ernst, zorn und grimme, darmit er die sünd strafft, welcher verstand nicht recht ist[303]. Dann Gottes gerechtigkeit heist eigentlich sein frombkeit, wie D. Luther gantz fleissig und klerlich in seiner postil im evangelio des ersten sontags im Advent [x]am 10. blat[x] anzeigt[304]. So hat er auch sonst hin und wider genugsam bezeugt, das die gerechtigkeit, die fur Gott gilt, nemlich die gerechtigkeit des glaubens, sey warlich Gottes gerechtigkeit, die Gott selbs ist, sonderlich in der predig am fest Petri und Pauli, da er spricht: »Ich bin gebauet auff die gerechtigkeit, die Got selbs ist; dieselben kan er nicht verwerfen, sonst müst er sich selbs verwerfen[305]«.

Noch eins ist not zu wissen, nemlich das das wörtlein ›gerechtigkeit‹ zuzeiten gepraucht wirt fur die werck und frucht der gerechtigkeit, so doch die gerechtigkeit kein werck, kein thun, kein leiden ist noch sein kan, sonder sie ist die art, die denjenigen, der sie bekümpt und hat, gerecht macht und, recht zu thun und zu leiden, bewegt, und muss alwege zuvor da sein, ehe dann die werck und frucht der gerechtigkeit herausprechen und wachsen[306], dan »es kan kein böser baum gutte früchte

w-w) fehlt in a.
x-x) fehlt in a.

298. Vgl. WA.DB 7, S. 31.
299. Vgl. WA.DB 7, S. 39.
300. Vgl. ebd.
301. Vgl. ebd.
302. Vgl. WA.DB 7, S. 61.
303. Vgl. o. Anm. 297.
304. Luthers Ausführungen finden sich in seiner Adventspostille von 1522, WA 10,1,2, S. 36,22-37,22. S. 36,4-6 schreibt er: »Ich wollt auch, das das worttle Justus, iustitia, ynn der schrifft, noch nie were ynnß deutsch auff den brauch bracht, das es gerecht, gerechtickeytt hiesse, denn es heyst eygentlich frum und frumkeytt«.
305. WA 17,2, S. 450,29-31 (aus Roths Festpostille 1527). Vgl. u. A. Bd. 9, S. 696,16-697,2, Nr. 474.
306. Hier ist auf eine briefliche Kontroverse mit Mörlin hinzuweisen, die in der u. Anm. 500 wiedergegebenen Äußerung Osianders vom 27. April ihren Höhepunkt fand und die Gegner heftig erschütterte, vgl. *Stupperich*, Osiander, S. 147 und 153f. Auch v. Venediger hat sich dazu in seinem Bekenntnis geäußert: Osiander habe Mörlin auf die Frage nach der Gerechtigkeit vorgehalten, er antworte ihm nur »von den wercken, leiden und verdienst, die nicht gerechtig-

let –, nempe iusticia fidei, sit revera iusticia Dei, quae Deus ipse est, praecipue vero in sermone, quem habuit in die festo Petri et Pauli, ubi dicit: »Edificatus sum super iusticia, quae Deus ipse est; hanc non potest reiicere, alioqui cogeretur se ipsum reiicere«.

Adhuc unum quiddam scitu est necessarium, scilicet quod vocabulum ›iusticiae‹ interdum usurpatur pro operibus et fructibus iusticiae, cum tamen iusticia non sit, nec esse possit ullum opus, ulla actio aut ulla passio, sed est ea virtus, quae eum, qui ipsam assequitur ac habet, iustum efficit ac ad iuste operandum et ad patiendum movet, oportetque eam semper adesse, anteaquam opera et fructus iusticiae erumpant et pullulent; »nulla enim mala arbor potest bonos fructus ferre«. Quin etiam haec virtus, scilicet iusticia, perpetuo in nobis manet, etiam cum dormimus et nihil agimus, [G1a:] patimur aut cogitamus, nisi eam per incredulitatem aut alia peccata amittamus. Quare opera et fructus iusticiae quam diligentissime a iusticia ipsa distinguenda sunt ac sciendum, quod, cum opera iusta aut actio vocatur iusticia, tropus aut metaphora in eo sermone sit, quibus in pugna nihil potest probari, nisi verbum proprium iterum reponatur in locum eius, quod per tropum aut metaphoram suppositum fuerat, ut cum Iohannes 1. Iohan. 3 [7] dicit: »Qui facit iusticiam, iustus est, sicut ipse Christus iustus est«. Hic in verbo ›iusticia‹ tropus est, poniturque pro ›vere iustis operibus‹ aut ›fructibus iusticiae‹. Iam si quis ex his verbis vellet probare opera esse iusticiam, is profecto nihil ageret. Oportet enim tropicum verbum, cum aliquid probandum est, dimitti et proprium ac nativum verbum in locum eius reponi. Quare etiam D. Lutherus ita interpretatus est: »Qui iuste agit, iustus est«.

tragen«[307]. Es bleibt auch solche art, das ist die gerechtigkeit, [H4b:] on unterlas in uns, wan wir schon schlaffen und nichts thun, leiden, noch gedencken, es sey dan, das wirs durch den unglauben oder andere suͤnde verlieren. Darumb sol man die werck und fruͤcht der gerechtigkeit auffs allerfleissigst von der gerechtigkeit selbs underscheiden und wissen, das, wan man die werck[y] oder das thun ›gerechtigkeit‹ nennet, das es ein tropus[308], das ist ein verwechselte[309] oder verbluͤmbte red, ist, die im streit nichts beweisen kan, man setze dann das ausgewechselte und eigentlich recht, natuͤrlich wort wider an die stadt des frembden, verbluͤmten worts, als da Johan. in der 1. epi. am 3. cap. [7] spricht: »Wer gerechtigkeit thut, der ist gerecht, gleichwie er, Christus, gerecht ist«. Da ist das wort ›gerechtigkeit‹ ein verbluͤmbt wort und gesetzt fur ›rechte, gute werck‹ oder ›fruͤcht der gerechtigkeit‹. Wo nun jemand darmit wolt beweisen, die werck weren die gerechtigkeit, der wuͤrd nichts schaffen[310]. Dan man muss das verbluͤmbte wort, wan man etwas beweisen wil, fahren lassen und das recht naturlich wort an sein stadt setzen. Darumb hats auch D. Luther also verdeutscht: »Wer recht thut, der ist gerecht«[311].

Dieweil nun die schrifft sagt, wir werden durch den glauben gerecht, Rom. 3 [28], [I1a:] und der glaub werd uns zur gerechtigkeit zugerechnet, Rom. 4 [5], so ist auch vonnoͤten, das man fleissig erwege, wie man das woͤrtlein ›glaub‹ alhie verstehen sol. Dan es wil alhie nicht genug sein, das man unterscheid wisse zwischen dem falschen, fleischlichen glauben und dem rechten, waren, christlichen glauben, den Gott in uns wirckt, wie ich droben gnugsam bericht darvon gethan hab[312], sondern man mus wissen und dessen gewiss sein, das der glaub alhie verstanden werden muss nicht lehr und blos, wie er an im selbs ein tugent ist[313], sonder das er den herren Jhesum Christum, waren Gott und Mensch, gantz und gar unzertrennet ergreiff und in sich schliesse, das also der herr Jhesus Christus selbs unser gerechtigkeit sey, wie Paulus 1. Cor. am 1. [30] sagt, er sey unser weisheit, gerechtigkeit, heyligung und erloͤsung.

Dan es ist sehr gemein in der heiligen schrifft, das man die worter also braucht, das sie wol anfenglich dasjenig zu verstehen geben, des namen sie sein, aber mit demselben alsbald noch etwas anders mehr, das dem ersten anhangt, nachvolgt oder in im

y) mit a konj. für: gerechtigkeit: A, B.

keit sein, sondern früchte und wercke der gerechtigkeit etc. Solchs«, fährt v. Venediger fort, »wie ichs gelesen, Gott weis, mir gantz frembd und heidnisch fürkomen, und höchlichen darüber erschrocken und betrubt bin worden« (Albrecht, Ausschreiben, Bl. D2b).

307. Lk 6,43 par.

308. Fachausdruck für: bildlicher Ausdruck, Redeweise, Sinnbild (vgl. *Grimm*, Wörterbuch 11,1,2, Sp. 895f). Zur rhetorischen Bedeutung vgl. *Lausberg*, Rhetorik, S. 282-285 und 829-831.

309. ausgetauschte.

310. gewinnen, erreichen.

311. WA.DB 7, S. 333.

312. Vgl. o. S. 124,1-128,18.

313. Vgl. dazu These 10 von Osianders Rechtfertigungsdisputation u. A. Bd. 9, S. 428,15-18, Nr. 425.

Cum autem scriptura dicat nos fide iustificari, Rom. 3 [28], et fidem nobis ad iusticiam imputari, Rom. 4 [5], valde necessarium est, ut diligenter expendamus, quomodo fidei vocabulum hic sit intelligendum. Neque enim hoc loco satis est, si differentiam inter falsam et carnalem fidem et inter rectam et veram christianam fidem, quam Deus in nobis operatur, tenuerimus, de quo supra lectorem satis institui, sed oportet nos scire atque adeo quam certissimos esse, quod fidem hic intelligi oporteat non inanem et nudam, sicut in se ipsa virtus quaedam est, verum ut dominum Iesum Christum, verum Deum et hominem, totum et in-[G1b:]divisum apprehendit et in sese includit, ut ita dominus Iesus Christus ipse iusticia nostra sit, sicut Paulus 1. Cor. 1 [30] dicit eum esse nostram sapientiam, iusticiam, sanctificationem et redemptionem.

Valde enim usitatum est in sacris literis, quod vocabula sic usurpantur, ut primo quidem nobis illa ipsa significent, quorum nomina sunt, verum una cum illis ipsis statim aliquid aliud insinuent, quod priori adhaeret, consequens est, aut in eo continetur, et ut plurimum hoc posterius praecipuum est in negotio, cuius maxima ratio habenda est, ut cum evangelista dicit: »Similiter et calicem« etc., non tantum calix, verum etiam vinum, quod in calice erat, intelligendum est et vinum fuit praecipuum in eo negotio, sine quo inanis calix nihil ad rem fecisset; similiter cum Paulus dicit: »Hic calix novum testamentum est«, non solus calix intelligendus est, sed et verus sanguis Christi, qui in calice fuit, et fuit hic quoque sanguis Christi praecipuum in eo negotio, sine quo inanis calix nihil ad rem fecisset. Ita et hic, cum scriptura dicit fidem nobis imputari ad iusticiam, non oportet fidem solam intelligi, verum etiam Christum, verum Deum et hominem, quem fides in verbo apprehendit et in sese includit, ita ut Christus per fidem in nobis habitet et nos membra corporis eius, caro de carne eius et os ex ossibus eius fiamus, ut etiam divina eius natura in nos quoque ut membra eius veniat, ipseque ita totus et indivisus nostra vita, sapientia, iusticia et sanctitas sit, et hic quoque Christus est verum et praecipuum caput negotii, sine quo fides [G2a:] ipsa per se ad iustificationem nihil faceret. Hunc usum vocabulorum,

begriffen ist, und ist gemeinlich das ander das furnembste in dem handel, daran am meisten gelegen ist, als da der evangelist spricht: »Desselbengleichen nam er auch den kelch«[314] etc., dan [I1b:] da muss man nicht alleine den kelch verstehen, sonder auch den wein, der darinnen war, und ist der wein das furnemste stůck in demselben handel, on den der kelch allein zur sache nichts gedienet hette; item, da Paulus spricht 1. Cor. 11[z] [25]: »Diser kelch ist das neue testament«[a], da muss man auch nicht den kelch alleine verstehen, sonder auch das warhafftige blut Christi, das im kelch war; und ist alda das blut auch das furnembst stůck im handel, on welchs der kelch allein zum testament nichts gedienet hette. Also auch, wann die schrifft spricht, der glaub werd uns zur gerechtigkeit zugerechnet[315], da muss man nicht den glauben allein verstehen, sonder auch Christum, waren Gott und menschen, den der glaub im wort ergreifft und in sich schleust, also das Christus durch den glauben in uns wone[316] und wir seines leibs glider, fleisch von seinem fleisch und gepein von seinem gepein[317] werden, auff das auch sein gőttliche natur durch sein menscheit in uns als seine glider auch komme und er also gantz und unzertrennet unser leben, weisheit, gerechtigkeit und heiligkeit[318] sey, und ist Christus alhie auch das recht heubtstůck, on welchen der glaub allein nichts zur rechtfertigung dienet. Sőlchen brauch der wőrter, [I2a:] da sie etwas mehrers, nőtigers und pessers mit, neben oder in dem, das sie deuten, zu vorstehen geben, nennen die gelehrten in iren redkůnsten synecdochen[319].

Das aber der glaub nicht blos, sonder Christus im glauben muss verstanden werden, das er unser gerechtigkeit sey, ist mit heiliger schrifft leichtlich zu beweisen. Dan es ist nur ein ort im gantzen neuen testament, nemlich zun Rőmern am 4. [5], das da sage, der glaube werd uns zur gerechtigkeit zugerechnet. Die andern őrt alle zeugen nicht, das der glaub an im selbs allein unser gerechtigkeit sey, sonder das die gerechtigkeit komme durch den glauben und in den glauben und sey im glauben und aus dem glauben[b]: ›Durch den glauben‹, spricht Paulus zun Rőmern 3 [22]: »Ich sage von solcher gerechtigkeit, die da kompt durch den glauben an Jhesum Christum«, und bald darnach [30]: »Gott macht gerecht die vorhaut (das ist: die unbeschnitten heiden) durch den glauben«, und am 5. cap. [1]: »Nun wir[c] sind gerecht worden durch den glauben, so haben wir frid mit Gott«, und zun Gala. am 2. cap. [16]: »Dieweil wir wissen, das der mensch durch des gesetzes werck nicht gerecht wirt, [I2b:]

z) 2: a. – a) testament etc.: B.

b) In A folgt eine nach der Korrekturliste auf Bl. Bb4a als fehlerhaft bezeichnete Textverdoppelung (vgl. den folgenden Text): und durch den glauben.

c) wir dann: a.

314. Lk 22,20.

315. Vgl. Röm 4,5.

316. Vgl. Eph 3,17.

317. Vgl. Eph 5,30.

318. Vgl. I Kor 1,30.

319. Vgl. dazu These 16 der Rechtfertigungsdisputation u. A. Bd. 9, S. 430,15f, Nr. 425. Zur rhetorischen Bedeutung vgl. *Lausberg*, Rhetorik, S. 295-298 und 822.

quo aliquid aliud magis necessarium et praestantius una cum eo, quod native significant, subintelligendum offerunt, eruditi in artibus dicendi synecdochen vocant.

Quod autem fides non nuda, sed Christus in fide intelligendus sit esse iusticia nostra, ex sacris literis facillimum probatu est. Nam unus tantum locus est in toto novo testamento, videlicet ad Rom. 4 [5], qui dicat fidem nobis imputari ad iusticiam, reliqua loca omnia testantur, non quod fides per se ipsam iusticia nostra sit, sed quod iusticia veniat per fidem et in fidem, sitque in fide et ex fide: ›Per fidem‹ inquit Paulus ad Rom. 3 [22]: »Iusticia Dei per fidem Iesu Christi in omnes et super omnes, qui credunt«, et paulo post [30]: »Unus Deus, qui iustificabit praeputium per fidem«, et ad Galatas 2 [16]: »Scimus hominem non iustificari ex operibus legis, nisi per fidem Iesu Christi«, item ad Philippen. 3 [9]: »Non habens meam iusticiam ex lege, sed eam, quae per fidem est Christi, quae est ex Deo«. ›In fidem‹ inquit Paulus ad Romanos 1 [17]: »Iusticia Dei revelatur ex fide in fidem«. ›In fide‹ inquit Paulus ad Philippenses 3 [9]: »Non habens meam iusticiam, quae ex lege est, sed eam, quae per fidem est Christi, quae ex Deo est, in fide«. [G2b:] ›Ex fide‹ inquit Paulus ad Rom. 1 [17]: »Iusticia Dei revelatur ex fide in fidem«, et 3. cap. [30]: »Unus Deus, qui iustificabit circumcisionem ex fide«, item 5. cap. [1]: »Iustificati ex fide pacem habemus«, item cap. 10 [6]: »Quae ex fide est iusticia, sic loquitur« etc., et Galat. 3 [24]: »Lex paedagogus noster fuit in Christum, ut ex fide iustificemur«. Quoniam autem iusticia per fidem et in fidem venit, in fide est et ex fide existit, erumpit et sese cognoscendam exhibet, sequitur necessario iusticiam aliquid aliud esse quam nudam fidem in se ipsa. Verum ea nihil aliud esse potest quam Iesus Christus, verus Deus et homo, qui »per fidem habitat in cordibus nostris«, Ephe. 3 [17], »nobisque factus est sapientia a Deo et iusticia, sanctificatio et redemptio«, 1. Cor. 1 [30], de quo Ieremias [23,6] dicit: »Et hoc est nomen, quo vocabunt eum: Deus iusticia nostra«. Quare unicus ille locus, ubi Paulus dicit ad Rom. 4 [5]: »Fidem nobis imputari ad iusticiam«, eodem modo

sonder durch den glauben an Jhesum Christum, so glauben wir auch an Christum Jhesum, auff das wir gerecht werden durch den glauben an Christum«. ›In den glauben‹ spricht Paulus zun Rom., 1. cap. [17]: »Die gerechtigkeit Gottes wirt geoffenbart aus dem glauben in den glauben«. ›In dem glauben‹ spricht Paulus zun Philippern, 3. cap. [9]: »Das ich nicht hab mein gerechtigkeit, die aus dem gesetz, sonder die durch den glauben an Christum kumpt, die gerechtigkeit aus Gott, die im glauben ist«. ›Aus dem glauben‹ spricht er zun Rom. am 3. cap. [30]: »Gott macht gerecht die beschneidung aus dem glauben«. Dieweil dann die gerechtigkeit durch den glauben und in den glauben kumpt, im glauben ist und aus dem glauben entstehet, herfurbricht und sich zu erkennen gibt, so muss vonnoͤten die gerechtigkeit etwas anders sein dan der blosse glaub an im selbst. Sie kan aber nichts anders sein den Jhesus Christus, warer Gott und mensch, der »durch den glauben in unsern hertzen wonet«, Ephe. 3 [17] und »uns von Gott worden[d] ist zur weisheit, zur gerechtigkeit« etc., 1. Cor. 1 [30], von dem Jeremias [23,6] sagt, man werd in nennen: Gott, [I3a:] der unser gerechtigkeit ist. Darumb muss man das einig ort, da Paulus spricht zun Rom. 4 [5], der glaub werd uns zur gerechtigkeit zugerechnet, auch also verstehen, wie die andern spruͤche alle lauten, nemlich das Christus, den der glaub ergreifft, in sich schleust und in[e] in unser hertzen bringt, sey unser gerechtigkeit und werd uns seine gerechtigkeit zugerechnet – und gar nicht der blosse glaub; nicht das wir den glauben verachten oder verwerfen, dan durch in und in in kuͤmpt Christus, die wahre gerechtigkeit, sonder das gleichwie ein lerer becher nichts thut, den durst zu leschen, wann aber getranck darin ist, so dienet er gar fein darzu, das man den durst mit dem getranck lesche, ob er wol selbs das getranck nicht ist, sonder helt es zusammen und tregts zu unserem munde, das wir darmit[f] erquickt werden, also auch der glaub: Wan es moͤglich wer, das er leer blib und Christum nicht ergriff, so thet er warlich gar nichts, uns zu rechtfertigen; dieweil er aber Christum ergreifft und in sich schleust, so dienet er gar fein darzu, das wir gerecht werden, dann er bringt Christum in unsere hertzen und erhelt in darin, das er unser gerechtigkeit sey und wir durch in und in im lebendig und gerecht werden.

Soͤlchs hat D. Luther auch zum allerfleissigsten und -treulichsten[320] gelert, wie ich [I3b:] desselben etliche ausserlesene spruͤch von der rechtfertigung aus seinen besten buͤchern zusamengelesen und in truck lateinisch und deutsch gegeben hab[321]. Die will ich alhie zum teil auch widerumb erzelen, nicht das ich gezeugnus in goͤttlichen sachen von menschen wolle betteln, dann sie gelten on gezeugnus des worts Gottes nichs, sonder das alle welt sehe, das meine widersacher iren furnembsten lehrmeister nicht allein nicht verstehen, sonder auch nie mit fleis gelesen haben und, so sie mein

d) gemacht: a.
e) fehlt in a. – f) fehlt in a.

320. zuverlässigsten, gewissenhaftesten.
321. Osiander meint seine in der zweiten Märzhälfte entstandenen Schriften ›Excerpta quaedam‹ und ›Etliche schöne Sprüche‹, s. u. A. Bd. 9, S. 574-581, Nr. 447, und S. 582-601, Nr. 448.

est intelligendus, sicut et alia loca omnia sonant, nempe quod Christus, quem fides apprehendit, in sese includit et in corda nostra affert, sit iusticia nostra, eiusque iusticia nobis imputetur – et nequaquam nuda fides; non quod fidem vituperemus aut reiiciamus, per eam enim et in eam venit Christus, vera iusticia, sed quemadmodum calix inanis nihil facit ad extinguendam sitim, cum autem potus inest, iam belle facit ad hoc, ut sitim potu levemus, etiam si ipse potus non sit, sed potum contineat deferatque ad os nostrum, ut eo irregemur, ita et fides: Si fieri posset, ut inanis maneret, nec [G3a:] Christum apprehenderet, nihil profecto ad iustificationem nostri faceret; quoniam autem Christum apprehendit et in se continet, pulcherrime facit ad hoc, ut iustificemur, Christum enim affert in corda nostra, retinetque eum, ut sit ipse iusticia nostra et nos per ipsum et in ipso vivi et iusti fiamus.

Hoc etiam D. Luth[erus] diligentissime fidelissimeque docuit, cuius ego aliquot exquisitas de iustificatione sententias ex optimis illius libris decerptas Latine et Germanice curavi typis invulgandas, quarum partem hic iterum recensebo, non quod testimonia in divinis rebus ab hominibus emendicare velim, cum sine testimonio verbi Dei prorsus nihil valeant, verum ut totus orbis videat, quod adversarii mei praecipuum suum doctorem non modo non intelligant, verum etiam ne legerint quidem diligenter, cumque voluerint doctrinam meam reprehendere, cogantur prius ut ingrati Lutherum ipsum reprehendere et ignominia afficere.

lehr wollen antasten, das sie zuvor als die undanckbarn[322] mů̊ssen den[g] Luther selbs antasten und zuschanden machen[323].

D. [h]Mar[tinus] Luther in[h] dem bů̊chlein ›von dreierley gerechtigkeit‹, 1517[324]:

»Die gerechtigkeit, so der erbsunde entgegengesetzt wirt, ist uns auch angeborn (verstehe: durch die widergeburt), ist eßentialis[!], das ist wesentlich[325], erblich, und ein frembde gerechtigkeit, nemlich die gerechtigkeit Christi, wie Johannis am 3. [5] geschriben ist: ›Es sey denn, das imand von neuen geborn werd aus dem wasser und Geist, so kan er nicht in das reich Got-[I4a:]tes kommen‹, und Johannis am 1. [12f]: ›Wie viel in auffgenommen haben, den hat er macht gegeben, Gottes kinder zu werden, die da an seinen namen gleuben; welche nicht von dem geblů̊t noch von dem willen des fleisches noch von dem willen eins mannes, sonder von Gott geborn sein‹, und in der [1.] epistel Johannis am 3. [9]: ›Wer aus Gott geborn ist, der sundigt nicht (das ist, er ist kein sů̊nder), denn sein same bleibt bey im, und kan nicht sundigen, denn er ist von Gott geborn‹, und zun Rö̊mern am 5. [18f]: ›Wie durch eines sů̊nde die verdamnis uber alle menschen kommen ist, also ist auch durch eines gerechtigkeit die rechtfertigung des lebens uber alle menschen kommen. Denn gleichwie durch eines menschen ungehorsam viel sů̊nder worden sind, also auch durch eins gehorsam werden vil gerechten‹.«[326] Item daselbst: »Der apostel sagt zun Rö̊mern am 5. cap. [14], Adam sey ein bilde des, der zuků̊nftig war, nemlich das, gleichwie Adam mit einer einigen sů̊nde macht alle die, so aus im geborn werden mit derselbigen seiner eignen sů̊nde, die inen frembd ist, schů̊ldig und gibt, das er hat, also auch Christus mit seiner gerechtigkeit macht alle die, so aus im neu geborn werden, mit derselbigen seinen einigen gerechtigkeit, die inen frembd und unverdienet ist, gerecht und selig, das, [I4b:] gleichwie wir durch frembde sů̊nde verdampt werden, also werden wir auch durch frembde gerechtigkeit erlö̊set.«[327] Item daselbst: »Dar-

g) den D.: a. – h-h) Luthers spruch aus: a.

322. gegen ihren Willen.

323. Vgl. dazu ähnliche Ausführungen in ›Bericht und Trostschrift‹ u. A. Bd. 9, S. 523,24-33, Nr. 434.

324. »Sermo de triplici iustitia« 1518, vgl. WA 2, S. 41.

325. Osiander beläßt in seiner Übersetzung hier absichtlich den lateinischen Begriff ›essentialis‹ und überträgt ihn erst anschließend (so noch nicht u. A. Bd. 9, S. 585,4f, Nr. 448), um deutlich zu machen, daß Luther die gleiche Terminologie verwendet. Der Begriff ›iustitia essentialis‹ hatte sich als Hauptdifferenzpunkt beider Parteien nach Ende der fruchtlosen Vermittlungsbemühungen des Herzogs bzw. Mörlins herausgebildet und wurde von den Gegnern Osianders in ihrem Brief an den Vermittler Mörlin vom 6. April benannt; vgl. *Stupperich*, Osiander, S. 133f. Daß bei ihnen eine andere Auffassung zum Tragen kam, läßt bereits die Argumentation von Staphylus ahnen, mit der er am 17. Febr. eine Einigung zurückwies: Er verteidigt die Überzeugung, daß die menschliche Natur nicht dazu diene, mit der gleichen Gerechtigkeit wie Gott wesentlich gerecht zu sein, mit dem Vergleich, daß ein Kranker durch Arznei geheilt werde: Die Medizin mache ihn zwar gesund, sei aber nicht die Gesundheit selbst; vgl. ebd., S. (127-)129, außerdem o. Anm. 263 und u. Anm. 416.

326. WA 2, S. 44,32-38, in der Übersetzung Osianders.

327. WA 2, S. 45,18-22.

D. Mart[inus] Lutherus in libello ›de triplici iusticia‹, 1517:

»Iusticia huic (scilicet peccato originali) contraria similiter est natalis, essentialis, originalis, aliena, quae est iusticia Christi, Iohan. 3 [5]: ›Nisi quis renatus fuerit ex aqua et Spiritu sancto, non poterit introire in regnum Dei‹, item Ioan. 1 [12f]: ›Quotquot receperunt eum, dedit eis potestatem filios Dei fieri, his qui credunt in nomine eius, qui non ex sanguinibus neque ex voluntate carnis, [G3b:] neque ex voluntate viri, sed ex Deo nati sunt‹, et 1. Iohan. 3 [9]: ›Qui natus est ex Deo, non peccat‹, id est, non est peccator, ›sed generatio Dei conservat eum‹, et ad Rom. 5 [18f]: ›Sicut per unius delictum in omnes homines in condemnationem, sic et per unius iusticiam in omnes homines [in][c] iustificationem vitae. Et sicut per unius hominis inobedientiam peccatores constituti sunt multi, ita et per unius obedientiam iusti constituentur multi‹.« Item ibidem: »Apostolus dicit, quod Adam sit forma futuri, scilicet, sicut Adam uno peccato omnes ex se natos facit eodem suo peccato proprio, illis iam alieno, reos et dat, quod habet, ita Christus sua iusticia omnes ex se renatos facit eadem sua iusticia, illis aliena et immerita, iustos et salvos, ut sicut alieno peccato damnati sumus, ita aliena salvemur iusticia«. Item ibidem: »Et ideo essentialem hanc dixi et aeternam, quia manet semper, nec cessat aliquando sicut actualis, iuxta illud psalmi 112 [Vg.: 111,9]: ›Iusticia eius manet in seculum seculi‹. Solus Christus est aeternus; ideo iusticia eius quoque est aeterna et tamen nostra«.

c) konj. nach Vg.

umb hab ich sie genennet ein wesentliche und ewige gerechtigkeit, den sie bleibt alweg, wie der 112. psalm [9] sagt: ›Sein gerechtigkeit bleibt ewiglich‹. Christus ist allein ewig, darumb ist sein gerechtigkeit auch ewig, und ist doch unser.«[328]

Aus dem buͤchlin ›von zweierley gerechtigkeit‹, 1517[329]:

»Die erst gerechtigkeit ist frembd und uns von aussen eingegossen. Die ists, damit Christus selbs gerecht ist, wie 1. Cor. 1 [30] geschriben ist: ›Er ist uns von Gott gemacht zur weisheit, zur gerechtigkeit, zur heiligung und zur erloͤsung‹.«[330] Item daselbs: »Dise gerechtigkeit wird den menschen gegeben in der tauff und zu ider zeit der warhafftigen puss, also das der mensch getrost in Christo ruͤhmen thar[i] und sprechen[331]: Mein ists, das Christus gelebt, gethan, geredt, gelidten und gestorben ist, nicht anderst, denn wenn ichs selbst also gelebt, gethan, geredt, gelidten het und gestorben were, wie der breutigam hat alles, was die braut hat, und die braut hat alles, [K1a:] was des breutgams ist; denn alle ding haben sie beide gemein. Also auch Christus und sein gemein sind ein geist, und sind uns, als 2. Petri 1 [4] gemeldet ist, ›die theuristen und allergroͤsten verheissung geschenckt, das wir dardurch teilhafftig werden der goͤttlichen natur‹.«[332] Item daselbst: »Dise unaussprechliche gnad und segen, ist fur zeiten dem Abraham verheissen, Gene. 12 [3]: ›In deinem samen‹, das ist in Christo, ›sollen gesegnet werden alle geschlecht auff erden‹, und Esaias am 9. cap. [5]: ›Ein kind ist uns geborn, und ein son ist uns gegeben.‹ ›Uns‹ spricht er, denn er ist unser gantz und gar mit allen seinen guͤttern, so wir an in glauben, wie Paulus zun Roͤmern am 8. [32] spricht: ›Er hat seines eignen sons nicht verschonet, sondern hat in fur uns alle dahingegeben, wie solt er uns nicht alles mit im geschenckt haben‹. So ist nun alles unser, was Christus hat, uns unwirdigen aus lauter barmhertzigkeit geschenckt«[333] etc.[k] – »So wirt nun die gerechtigkeit Christi durch den glauben in Christum unser gerechtigkeit, und alles, was sein ist, ja er selbs auch, wird unser. Darumb nennet sie der apostel Paulus Gottes gerechtigkeit, da er spricht Rom. am 1. cap. [17]: ›Die gerechtigkeit [K1b:] Gottes wirt im evangelio geoffenbart aus dem glauben in den glauben, wie geschriben stehet: Der gerecht wird seines glaubens leben‹. Und solcher glaub wird auch genennet die gerechtigkeit Gottes, wie daselbst am 3. cap. [28] geschriben ist: ›Wir halten es nu, das der mensch gerecht werde durch den glauben‹. Das ist ein unendtliche gerechtigkeit, und wer in Christum gleubet, der hangt an Christo und ist eins mit Christo, hat ebendieselbigen gerechtigkeit mit im.«[334] – »Also sol man verstehen, das im 71.[l][335] psal. [1f] gesagt ist: ›Herr, ich trau

i) darf: B. – k) fehlt in a.
l) 31.: a; 7.: B.

328. WA 2, S. 45,23-26.
329. »Sermo de duplici iustitia« 1518, gedr. 1519; vgl. WA 2, S. 143.
330. WA 2, S. 145,9-12, in der Übersetzung Osianders.
331. zu rühmen und zu sprechen wagt.
332. WA 2, S. 145,14-22.
333. WA 2, S. 145,26-146,1.
334. WA 2, S. 146,7-13.14f.
335. WA 2, S. 146,20 ist die Parallelstelle Ps 30,2(Vg.) angegeben (vgl. den lat. Text).

Ex libello ›de duplici iusticia‹:

»Prima iusticia est aliena et ab extra infusa, qua Christus iustus est, sicut 1. Cor. 1 [30] dicitur: ›Qui factus est nobis sapientia a Deo, iusticia, sanctificatio et redemptio‹ etc.« Item ibidem: »Haec iusticia datur hominibus in baptismo et omni tempore verae poenitentiae, [G4a:] ita ut homo cum fiducia possit gloriari in Christo et dicere: Meum est, quod Christus vixit, egit, dixit, passus est, mortuus est, non secus, quam si ego illa vixissem, egissem, dixissem, passus essem et mortuus essem, sicut sponsus habet omnia, quae sunt sponsae, et sponsa habet omnia, quae sunt sponsi; omnia enim sunt communia utriusque, sunt enim una caro. Ita Christus et ecclesia sunt unus spiritus. Sic benedictus Deus et pater misericordiarum, secundum sanctum Petrum, ›maxima et pretiosa donavit nobis in Christo, ut per ea efficiamur divinae naturae consortes‹.« Item ibidem: »Haec gratia et benedictio ineffabilis olim promittebatur Abrahae, Gene. 12 [3]: ›In semine tuo‹, id est Christo, ›benedicentur omnes tribus terrae‹, et Esaiae 9 [6]: ›Parvulus natus est nobis, et filius datus est nobis‹. ›Nobis‹ inquit, quia noster est totus cum omnibus bonis suis, si in illum credimus, sicut Rom. 8 [32] dicitur: ›Proprio filio suo non pepercit, sed pro nobis omnibus tradidit illum, quomodo non omnia nobis cum illo donavit?‹ Omnia ergo sunt nostra, quaecunque habet Christus gratis et indignis nobis ex mera misericordia donata«. Et paulo post: »Igitur per fidem in Christum fit iusticia Christi nostra iusticia, et omnia, quae sunt ipsius, imo ipsemet, noster fit. Ideo appellat eam apostolus iusticiam Dei, Rom. 1 [17]: ›Iusticia Dei revelatur in evangelio, sicut scriptum est: Iustus ex fide vivet‹. Denique et fides talis vocatur iusticia Dei, ut eiusdem 3 [28]: ›Arbitramur hominem iustificari per fidem‹. Haec est iusticia infinita et omnia peccata in uno momento absorbens. [G4b:] Et qui credit in Christum, heret in Christo, estque unum cum Christo, habens eandem iusticiam cum ipso«. Item: »Sic intelligatur illud, psalm 31 [Vg.: 30,2]: ›In te Domine speravi, non confundar in aeternum, in iusticia tua libera me‹; non in mea, sed in tua, inquit, id est, in iusticia Christi, Dei mei, quae est per fidem, per gratiam, per misericordiam Dei nostra facta«. Item: »Unde et apostolus ad Galat. 2 [20]: ›Vivo iam non ego, vivit vero in me Christus‹, et ad Ephesios 3 [17]: ›Ut det vobis Christum per fidem habitare in cordibus vestris‹.«

auff dich, las mich nimmermehr zuschanden werden, errette mich durch dein gerechtigkeit‹ – nicht ›durch meine‹, sonder ›durch deine‹ gerechtigkeit, das ist durch die gerechtigkeit Christi, meines Gottes, die da ist durch den glauben, durch die gnad, durch die barmhertzigkeit unser worden.«[336] – »Daher thar[m] Paulus zun Galatern am 2. cap. [20] sagen: ›Ich lebe, aber nu nicht ich, sonder Christus lebt in mir‹, und zun Ephesern am 3. [17]: ›Gott gebe euch, das Christus durch den glauben wone in euren hertzen‹.«[337]

›Uber das vierzehend capitel Johannis‹, im 1538. jar[338]:

Am 24. blat: [K2a:] »Allein ist es darumb zu thun (wil Christus sagen), das ir die augen recht auffthut und nicht ansehet, wie es fur[339] denselben gehet und stehet, sondern was ich rede und sage, das ich euch nicht wil lassen, noch von euch bleiben, sondern zu euch kommen und euch zu mir nemen, also das ich bey euch und ir bey mir bleybet. Das hat S. Paulus also ausgelegt, das wenn wir getaufft sind, so haben wir schon Christum in und bey uns wonend[n], und sind bereit gesetzt, spricht er Coloss. am 1. [13] und Ephe. am 1. [2,19], aus disem schendlichen wesen und reich der finsternis in das geistliche, himlisch wesen, da wir sind »bůrger mit den heiligen und Gottes hausgenossen«[340]. Am 132. blat, uber dise wort: »An demselben tag werd ir erkennen, das ich im Vater bin und ir in mir und ich in euch«[341], spricht Luther: »In summa, die welt weis und erferets nimmermehr, ja sie wils darzu nicht hőren, noch leiden, denn sie helt es fur die hőchsten thorheit und ketzerey. Darumb ist und bleibt es wol der christen kunst, und ist eben die recht christliche heubtlere und -verstand, das sie des gewis sein und, wie er hie sagt, erkennen, das der man Christus warhafftig und eigentlich sey in Gott und Gott in im, also das er selbs warhafftiger, lebendiger Gott ist, und darnach, das derselbige, [K2b:] so in Gott und Gott in im ist, auch sey in uns und wir in im. Wer das hat und weis, der hat es gar[342]. Am 133. blat: »Das wirt und sol sein das recht erkentnis und hohe kunst der christen etc., das ir mich ergreifft (spricht Christus), und so ir das thut, so důrft[343] ir nicht mehr furchten weder Gottes zorn, gesetz, teuffel, todt noch helle, denn ir seit in mir und, weil[344] ir in mir seit, bin ich auch in euch. So ist gewislich der Vater, welcher in mir ist und ich in im, auch in

m) darf: B.
n) wonen: a.

336. WA 2, S. 146,20-23.
337. WA 2, S. 146,25-28.
338. »Das 14. und 15. Kapitel S. Johannes durch D. M. Luther gepredigt und ausgelegt« 1538, vgl. WA 45, S. XXXIXf.
339. vor.
340. WA 45, S. 487,24-32.
341. Joh 14,20.
342. ganz. – WA 45, S. 587,23-30.
343. braucht.
344. solange, während.

Ex ›commentario super 14. cap. Iohannis‹, 1538:

Folio 24, iuxta primam editionem: »Tantum hoc requiritur (vult Christus dicere), ut oculos aperiatis et non confideretis, quomodo coram illis res vel habeant vel gerantur, sed quid ego dicam, quod scilicet vos non relinquam, nec a vobis abero, sed ad vos veniam et vos ad me ipsum recipiam, ita ut ego apud vos et vos apud me maneamus. Hoc Paulus sic interpretatus est, quod, cum baptisati sumus, iam tum habemus Christum in nobis et nobiscum habitantem et sumus iamdudum (ut ad Coloss. 1 [13] et Ephe. 1 [2,19] inquit) ex hac confusione et regno tenebrarum collocati in spiritualia et caelestia, ubi sumus »cives sanctorum et domestici Dei«. Fol. 132 super haec verba: »In illa die cognoscetis, quod ego in Patre sum et vos in me et [H1a:] ego in vobis«, inquit Lutherus: »In summa, mundus hoc nec scit, nec experietur unquam, imo nec vult audire, neque ferre, existimat enim summam esse stulticiam et haeresem. Quare est et manet sane christianorum scientia, estque caput verae et christianae doctrinae atque intelligentiae, ut certi sint et, ut Christus hic dicit, cognoscant, quod iste vir Christus vere et proprie sit in Deo et Deus in eo, ita ut ipsemet sit verus et unus Deus, deinde, quod ille ipse, qui in Deo est et Deus in eo, etiam sit in nobis et nos in ipso. Qui hoc novit, totum habet«. Fol. 133: »Haec erit et esse debet vera cognitio et sublimis christianorum scientia« etc., »ut me apprehendatis« (inquit Christus), »quod si feceritis, non erunt vobis amplius neque ira Dei neque lex neque mors neque diabolus neque infernus pertimescendi, quia estis in me, cumque in me sitis, sum et ego in vobis. Quin etiam Pater, qui in me est et ego in illo, in vobis quoque est. Quis igitur vobis nocebit?« Ibidem: »Ita oportet nos extra et supra nos in ipsum extolli, imo penitus et omnino in ipsum incorporatos et illius proprios esse, ut qui in ipsum baptisati sumus et ipsius sacram eucharistiam in hoc sumimus«. Folio 137: »Quare oportet hanc scientiam meditatam esse, si quis vult vincere et diabolum superare, ut omnino statuamus, quod in Christo simus, hoc est, quod ipse dominus et salvator noster sit, qui pro nobis mortuus est, et nos per illius iusticiam et vitam a peccatis et morte liberati si-[H1b:]mus, deinde quod et in nobis sit, in nobis loquatur et operetur, quicquid in ecclesia facimus et agimus, quod is hoc ipsum vocet suum facere et agere, quodque nostrae linguae, oculi, aures, manus, corda et omnia illius sint«. Folio 151: »Neque vero hoc solum erit, quod ego et Pater meus diligemus eum, qui me diligit, sed et ad eum veniemus et mansionem apud eum faciemus, ut non solum tutus sit a ventura ira, morte, diabolo, inferno et omni malo, verum etiam hic in terris nos apud se manentes habebit, volumusque quotidie hospites, imo domestici et commensales ipsius esse«. Item ibidem: »Iam nunc habetis certam mansionem in caelis, et eritis etiam in terris arx et habitatio nostra, ubi manebimus usque ad finem«. Item ibidem: »Hoc vere est abundanter consolari et summe honorare.

euch. Wer kan euch denn schaden?«[345] °Item daselbst°[346]: »Also muͤssen wir uber uns und ausser uns in in schwingen[347], ja gar und gantz in im verleibet[348] und sein eigen sein, als die auff in getaufft und sein heiliges sacrament darauff empfangen.«[349] Am 137. blat[350]: »Darumb muss dise kunst gelernet sein, wer da wil bestehen und dem teuffel obligen, das wir gentzlich schliessen[351], das wir in Christo sind, das ist, das er unser lieber herr und heiland ist, so fur uns gestorben, und wir durch sein gerechtigkeit und leben von suͤnde und todt erloͤset sind, darnach auch, das er in uns sey und aus uns rede und wircke, was wir schaffen und thun in der christenheit, das er solchs heist [K3a:] sein thun und schaffen, und unser zunge, augen, ohren, hende, hertz und alles sein sey.«[352] Am 151. blat: »Und hierbey, spricht er weiter, sol es nicht bleiben, das ich und der Vater in liebhaben[353], der da mich liebet, sondern wir wollen zu im kommen und wonung bey im machen[354], das er nicht allein sicher sol sein fur dem zukuͤnftigen zorn, teuffel, todt, helle und allem ungluͤck, sondern sol auch hie auff erden uns bey im wonend haben, und wollen teglich sein geste, ja hausgenossen und tischgenossen sein.«[355] Item daselbs: »Ir habt schon ein gewisse wonung im himel, so sollet ir auch auff erden unser schlos und wonung sein, bey denen wir wollen bleiben bis ans ende.«[356] Item daselbs: »Das heist ja reichlich getroͤstet und uber die mas hoch geehret. Denn was kan fur groͤsser ehre und herrligkeit genennet werden, denn das wir arme, elende leute auff erden sollen der goͤttlichen majestet wonung, lustgarten und paradis, ja sein himelreich sein, und, was du redest und thust, sol im gefallen und durch in geredt und gethon heissen?«[357]

›Uber das 15. cap. Johannis‹[358]:

Am 216. blat: [K3b:] »Wer ein christ sein sol, der mus sein natuͤrlich geborn und gewachsen aus dem weinstock Christo.«[359] Am 217. blat: »Summa, grund und boden meines hertzens wirt verneuert und verendert, das ich gar ein neu gewechs

o-o) Am 136. blat: a.

345. WA 45, S. 588,26f.30-34.
346. Fehlerhafte Angabe, die sich daraus erklärt, daß Osiander die zitierten Stellen aus seiner Schrift ›Etliche schöne Sprüche‹ übernimmt und dabei ein Zitat mit der Blattangabe ausgelassen hat; richtig wäre: Bl. 136; vgl. u. A. Bd. 9, S. 588,18-589,2, Nr. 448.
347. zu ihm hin-, emporschwingen.
348. mit ihm ein Leib werden.
349. WA 45, S. 591,15-18.
350. Die unrevidierte Übernahme der Zitate aus ›Etliche schöne Sprüche‹ geht sogar soweit, daß Osiander den Druckfehler in der Blattzahl mitübernimmt; vgl. u. A. Bd. 9, S. 589, Anm. e, Nr. 448, und die Druckfehlerliste o. S. 75 zum Text S. 178,4.
351. behaupten, schlußfolgern.
352. WA 45, S. 592,15-22.
353. Vgl. Joh 14,21.
354. Vgl. Joh 14,23.
355. WA 45, S. 605,17-22. – Vgl. Eph 2,19.
356. WA 45, S. 605,27f.29f.
357. WA 45, S. 605,31-35.
358. s. o. Anm. 338.
359. WA 45, S. 666,38f. – Vgl. Joh 15,5.

Quis enim honor, quae gloria maior vel nominari potest, quam quod nos miseri et abiecti homines in terris debeamus esse habitaculum, hortus et paradisus, imo coelum divinae maiestatis, et, quicquid loquaris et facias, illi placeat ac per ipsum dicta factaque habeantur?«

›In cap. 15 Iohannis‹:

Folio 216: »Quisquis christianus esse debet, hunc oportet naturaliter natum esse et crevisse ex vite Christo«. Folio 217: »Summa: Intima cordis mei innovantur et immutantur, ut fiam omnino nova planta, implantata in vitem Christum et ex ipso au-[H2a:]gescens. Nam mea sanctitas, iusticia et puritas non sunt ex me, sed tantum in et ex Christo, in quo radicatus sum per fidem, quemadmodum succus ex vite sese in palmites diffundit etc., et iam sum ei similis et eiusdem generis, ut ambo, ipse et ego, unius naturae et substantiae simus, egoque in ipso et per ipsum fructus feram, qui non mei, sed ipsius vitis sint«. Ibidem: »Ita fit ex Christo et christiano una massa et unum corpus, ut possit bonos fructus ferre, non Adami nec proprios, sed Christi. Quod enim baptisat, docet, consolatur, hortatur, agit et patitur, hoc non facit ipse ut homo ex Adamo, sed Christus in eo, ita ut os et lingua eius, quibus verbum Dei tractat et confitetur, non sint ipsius, sed Christi os et lingua, manus eius, qua operatur proximoque servit, sit manus vel membrum domini sui Iesu Christi, qui in ipso est, ut hic dicitur, et ipse in Christo«.

werde, gepflantzt in den weinstock Christum und aus im gewachsen. Denn meine heiligkeit, gerechtigkeit und reinigkeit kompt nicht aus mir, sondern ist allein aus und in Christo, welchem ich eingewurtzelt bin durch den glauben[360], gleichwie der safft aus dem stock sich in die reben zeucht etc., und bin nun im gleich und seiner art, das beyde, er und ich, einerley natur und wesens sind und ich in im und durch in frucht trage, die nicht mein, sondern des weinstocks sein.«[361] Item daselbst: »Also wirt aus Christo und den christen ein kuch und ein leib, das er kan rechte frucht bringen, nicht Adams oder sein eigne, sondern Christi. Dann das er teuffet, predigt, troͤstet, vermanet, wircket und leidet, das thut nicht er als ein mensch von Adam, sondern Christus in im, also das sein mund und zunge, damit er Gottes wort handelt und bekennet, ist nicht sein, sondern Christi mund und zunge, sein hand, darmit er wirckt und dem nehesten dienet, das ist seines herren Christi hand oder glid, [K4a:] der da in im ist, wie er hie sagt, und er in Christo.«[362]

›Uber das 17. capitel‹[363]:

Am 68. blat und forthin: Uber dise wort Christi: »Gleichwie du, Vater, in mir, und ich in dir, das auch sie in uns eins seien, auff das die welt gleube, du habst mich gesandt«[364] etc., spricht Luther also, das das die meinung Christi sey: »Summa, das sie alle eins und eitel[365] eins seien in uns beiden, ja so gar ein kuche, das sie alles haben, was du und ich vermoͤgen etc., also das wir auch mitgenossen werden der goͤttlichen natur, wie S. Petrus sagt 2. Petri am 1. cap. [4].«[366] Item [p]am selben ort[p][367]: »Ich sage es auff mein seel, sovil ich gesehen und erfaren habe, beide prediger und schreiber, so itzt die besten sein wollen und sollen, gar wenig ausgenommen, wissen doch von disem stuͤck gar nichts, und ob sie gleichwol zuweilen einmal hinzuraten[368] und treffen, so ists doch als in eim traum geredt oder gehoͤret. Bapst, muͤnch und pfaffen, schelten koͤnnen sie wol, aber des rechten grundes, darmit man das bapstumb und allerley falsche lere stuͤrtzen mus, wissen ir warlich wenig. Darumb mus ich auch so fleissig vermanen, das man solche spruͤch und dis gantz capitel lerne wol ansehen, [K4b:] denn ich weis sonst nirgen dises heubstuͤck der gantzen christlichen lehre so reichlich und auff einen hauffen gefasset und mit so gewaltigen[369] worten getriben[370], nemlich das wir alles in dem Christo haben, was wir haben sollen, und nichts in uns

p-p) ahm 69. blat: a.

360. Vgl. Eph 3,17; Kol 2,7.
361. WA 45, S. 667,24-31.
362. WA 45, S. 667,32-668,3.
363. »Das (16. und) 17. Kapitel Johannes von dem Gebet Christi« 1530, vgl. WA 28, S. 33f und 38.
364. Joh 17,21.
365. nur.
366. WA 28, S. 183,32-35.
367. Bl. 69 (vgl. Anm. 346 und p-p).
368. hinraten, es erraten.
369. eindringlichen, unwiderleglichen.
370. behandelt, gelehrt.

›In cap. 17‹:

Folio 68 et deinceps: Super haec verba: »Sicut tu, Pater, in me et ego in te, ut et ipsi in nobis unum sint, ut mundus cognoscat, quod tu me misisti« etc., inquit Lutherus: »Hanc esse sententiam Christi, ut scilicet omnes unum et merum unum sint in nobis ambobus, imo usque adeo una massa, ut omnia habeant, quaecunque tu et ego possumus, ita ut etiam consortes fiamus divinae naturae, sicut Petrus 2. Pet. 1 [4] dicit«. [H2b:] Item ibidem: »Dico in animam meam, quantum ego quidem vidi et expertus sum, tam concionatores quam scriptores, qui hoc tempore optimi esse volunt et habentur, paucissimis exceptis, nihil prorsus hac de re sciunt, et quamvis interdum tandem quasi divinando rem recte attingant, perinde tamen est, ac si per somnium dictum vel auditum esset. Papae, monachis et sacerdotibus conviciari optime didicerunt, verum autem fundamentum, per quod papatum et omnis generis falsas doctrinas everti oportet, paucissimi revera ex eis noverunt. Ideoque cogor tam diligenter admonere, ut huiusmodi sententias atque adeo totum hoc caput discant recte considerare. Nusquam enim alibi hanc totius christianae doctrinae summam tam abunde in unum acervum congestam, tamque potentibus verbis tractatam inveni, videlicet quod omnia in hoc Christo habeamus, quaecunque habere debemus, et non in nobis aut ullo alio homine. Simplicia plane verba sunt. Quod et in causa est, ut scioli spiritus ea transvolent et contemnant, quasi iamdudum una cum puerilibus calceamentis contriverint, et interim suis somniis et cogitationibus propriis mundum scribendo et docendo compleant«. Item folio 70: »Fides non est pigra et evanida cogitatio, sed vivida, seria, erecta et indubitata fiducia cordis de tam ingenti gloria, per quam cum Christo et per ipsum cum Patre unum sumus, et ita unum, ut sicut Christus a Patre separari non potest, ita nec ecclesia nec ullum membrum christianum possit ab ipso separari, ut ita omnia in unum coagmentata et colligata sint, sicut satis dictum est«. [H3a:]

oder einigem menschen. Einfeltig und alber[371] sind die wort. Das macht auch, das die klugen geister darůberrauschen und verachten, als hetten sie es lang an kinderschuhen zutretten[372], und dieweil mit iren treumen und eignen gedancken die welt volschreiben und -predigen.«[373] Item am 70. blat: »Der glaub ist nicht ein fauler, loser gedancke, sonder ein lebendige, ernstliche, trőstliche und ungezweifelte zuversicht des hertzen solcher treffenlicher[374] herrligkeit, dardurch wir mit Christo und durch in mit dem Vater ein ding sein und also ein ding, das, so wenig Christus vom Vater kan getrennet oder gesondert werden, so wenig mőge[375] die christenheit und ein iglich christlich gelid von im geteilet werden, und also alles ineinander gehengt und gebunden, wie genug gesagt ist.«[376]

Aus der ›auslegung der epistel zun Galatern‹[377], aus dem latein verdeutschet[378]: Am 79. blat: »Der ware glaub ist ein gewisse zuversicht des hertzen und ein festes annemen, [L1a:] damit Christus ergriffen wirt, also das Christus sey der gegenwurf[379] des glaubens, ja nicht der gegenwurf, sonder – das ich also sag – Christus ist im glauben gegenwertig. Darumb ist der glaub ein erkentnis oder ein finsternis, darin man nichts sihet, und sitzet doch Christus in solcher finsternis, durch den glauben begriffen, wie Gott auff dem berg Sinai und im tempel sass mitten in der finsternis.«[380] Item: »So rechtfertigt nun der glaube darumb, das er disen schatz ergreifft und hat, nemlich Christum gegenwertig. Wie er aber gegenwertig ist, kőnnen wir mit unsern gedancken nicht begreiffen, denn es ist ein finsternis, wie ich gesagt hab. Wo nu ein ware zuversicht des hertzens ist, da ist Christus gegenwertig in der finsternis und glauben.«[381] Item: »Wie die sophisten sagen, das die liebe dem glauben das wesen gebe, also sagen wir, das Christus das wesen gebe dem glauben oder sey des glaubens wesen. Darumb Christus, durch den glauben ergriffen und in unsern hertzen wonend, ist die christliche gerechtigkeit, umb dero willen uns Gott fur gerecht helt und das ewig leben gibt.«[382] Am 80. blat: »Der glaub ergreifft Christum und hat in gegenwertig, helt in auch [L1b:] in sich eingeschlossen wie ein gůldener ring einen edeln stein. Und wer erfunden wirt in disem glauben oder zuversicht, das er Christum ergriffen hab im hertzen, den helt Gott fur gerecht.«[383] Am 100. blat:

371. Einfach und schlicht.
372. längstens in Kinderschuhen (schon) zertreten, abgenutzt.
373. WA 28, S. 185,23-35, und S. 186,20-22.
374. großer, gewaltiger.
375. kann.
376. WA 28, S. 187,31-36, und S. 188,17f.
377. »In epistolam S. Pauli ad Galatas commentarius, ex praelectione D. M. Lutheri collectus« 1531, erstmals gedr. 1535, WA 40,1, S. 1 bis 40,2, S. 184.
378. Es handelt sich dabei um Osianders eigene Übersetzung; vgl. u. A. Bd. 9, S. 577,10-581,31, Nr. 447, und S. 592,1-597,21, Nr. 448.
379. der Gegenstand, das Objekt.
380. WA 40,1, S. 228,33f, und S. 229,15-18.
381. WA 40,1, S. 229,22-25.
382. WA 40,1, S. 229,27-30.
383. WA 40,1, S. 233,17-19 nach der Überlieferung CDE.

Ex ›commentario in epistolam ad Galatas‹:

Folio 79: »Vera fides est quaedam certa fiducia et firmus assensus, quo Christus apprehenditur, ita ut Christus sit obiectum fidei, imo non obiectum, sed – ut sic dicam – in ipsa fide Christus adest. Fides ergo est cognitio quaedam vel tenebra, quae nihil videt, et tamen in istis tenebris Christus, fide apprehensus, sedet, sicut Deus in Synai et in templo sedebat in medio tenebrarum«. Item ibidem: »Iustificat ergo fides, quia apprehendit et possidet istum thesaurum, scilicet Christum praesentem. Sed quomodo praesens sit, non est cogitabile, quia sunt tenebrae, ut dixi. Ubi ergo vera fiducia cordis est, ibi adest Christus in ipsa nebula et fide«. Item ibidem: »Sicut sophistae dicunt caritatem formare et imbuere fidem, sic nos dicimus Christum formare et imbuere fidem vel formam esse fidei. Ergo fide apprehensus et in corde habitans Christus est iusticia christiana, propter quam nos Deus reputat iustos et donat vitam aeternam«. Fol. 80 in fine: »Fides apprehendit Christum et habet eum praesentem, inclusumque tenet ut annulus gemmam. Et qui fuerit inventus hac fiducia apprehensi Christi in corde, illum reputat Deus iustum«. Folio 100: Docet Paulus, »quae sit iusticia christiana, ea scilicet, qua Christus in nobis vivit, non quae est in persona nostra«. Et paulo post: »Hic oportet Christum et conscientiam meam fieri unum corpus«. [H3b:] Folio 101: »Certo statuamus eum esse iusticiam et vitam nostram nihil morantes minas et terrores legis, peccati, mortis, irae ac iudicii Dei. Nam Christus, in quo intenti et fixi haeremus, in quo sumus, quique vivit in nobis, est victor et dominus legis, peccati, mortis et omnium malorum«. Item ibidem: »Iam non ego, sed Christus in me vivit. Is est mea forma ornans fidem meam, ut color vel lux parietem ornat. Sic crasse res illa exponenda est, non enim possumus spiritualiter comprehendere tam proxime et intime Christum haerere et manere in nobis, quam lux vel albedo in pariete haeret. Christus ergo, inquit, sic inhaerens et conglutinatus mihi et manens in me, hanc vitam, quam ago, vivit in me, imo vita, qua sic vivo, est Christus ipse. Itaque Christus et ego iam unum in hac parte sumus«. »Vivens autem in me Christus abolet legem, peccatum damnat, mortem mortificat, quia ad praesentiam ipsius illa non possunt non evanescere. Est enim Christus aeterna pax, consolatio, iusticia et vita. His autem cedere oportet terrorem legis, moerorem animi, peccatum, mortem et infernum. Sic Christus in me manens et vivens tollit et absorbet omnia mala, quae me cruciant et affligunt«. Item ibidem: »Quantum attinet ad iustificationem, oportet Christum et me esse coniunctissimos, ut ipse in me vivat et ego in illo – mirabilis est haec loquendi ratio! Quia vero in me vivit ideo, quicquid in me

»Paulus leret, welches da sey die christlich gerechtigkeit, nemlich die, da Christus lebt in uns.«[384] Und bald darnach: »Da mus Christus und[q] mein gewissen gleich ein leib werden.«[385] Am 101. blat: »Wir sollens gewislich darfur halten, das Christus sey unser gerechtigkeit und unser leben, und nicht acht haben auff das trowen und schrecken des gesetzes, der suͤnde, des todes, des zorns und gerichts Gottes, dann Christus, auff den wir sehen, an dem wir hafften und hangen, in dem wir sein und er in uns lebet, ist ein uberwinder und herr des gesetzes, der suͤnd, des todes und alles ubels.«[386] Item: »›Itzt lebe nicht ich, sondern Christus lebt in mir‹[387]; der ist mein wesentliche gestalt, der meinen glauben ziret, wie[r] farb oder das liecht ein wand ziert. So grob muss mans furlegen, denn wir koͤnnens nicht geistlicherweise begreiffen, das Christus so nahend und so innerlich an uns klebe[s], wie das liecht oder die farb an der wand klebt. Dar-[L2a:]umb Christus, der also anhanget und mir angehefftet ist und in mir bleibt, spricht er, der lebet in mir dises leben, das ich fuͤre. Ja, das leben, das ich also lebe, ist Christus selbs. Derhalben sey Christus und ich in disem fall eins.«[388] Item: »Christus aber, der also in mir lebet, vertilget das gesetz, verdampt die suͤnd und toͤdtet den todt, denn in seiner gegenwertigkeit muͤssen sie verschwinden. Denn Christus ist ewiger frid, trost, gerechtigkeit, leben. Dafur muͤssen weichen das schrecken des gesetzes, traurigkeit des gemuͤts, suͤnd, todt und helle. Also nimbt Christus hinweg und verschlinget alles ubel, das mich peiniget und plaget.«[389] Item: »So vil die rechtfertigung belanget, mussen Christus und ich auffs allergnauest zusamen vereinigt werden, das er in mir leb und ich in im – das ist ein wunderliche weise zu reden! Darumb aber, das er in mir lebet, was in mir ist der gnaden, gerechtigkeit, lebens, frids und seligkeit, das ist alles Christi und ist doch auch mein durch die vereinigung und das anhangen, das durch den glauben ist, durch welchen Christus und ich gleich ein leib im Geist werden. Dieweil dann Christus in mir lebet, so mus vonnoͤten sampt im dasein gnad, [L2b:] gerechtigkeit, leben und ewige seligkeit und das gesetz, suͤnd und todt hinweg sein.«[390] Am 102. blat: »Man sol den glauben rein leren, nemlich das du durch denselben mit Christo also vereinigt werdest, das aus dir und im gleich ein person werde, die man nicht sondern koͤnne, sonder im alweg anhange, also das du froͤlich magst sagen: ›Ich bin Christus‹, das ist, die gerechtigkeit Christi und sein uberwindung etc. ist mein, und Christus widerumb sage: ›Ich bin diser suͤnder‹, das ist, sein suͤnd und todt etc. sein mein, denn er hanget an mir und ich an im; denn wir sein miteinander vereinigt durch den glauben in ein

q) fälschlich Ditt: und und: A.
r) wie die: a. – s) klebet: a.

384. WA 40,1, S. 282,17f nach der Überlieferung CDE.
385. WA 40,1, S. 282,21.
386. WA 40,1, S. 283,13-16.
387. Gal 2,20.
388. WA 40,1, S. 283,26-32.
389. WA 40,1, S. 283,33f und S. 284,13-16.
390. WA 40,1, S. 284,20-28 nach der Überlieferung CDE.

est gratiae, iusticiae, vitae, [H4a:] pacis, salutis, est ipsius Christi et tamen illud ipsum meum est per conglutinationem et inhaesionem, quae est per fidem, per quam efficimur Christus et ego quasi unum corpus in spiritu. Quia ergo vivit in me Christus, necesse est simul cum eo adesse gratiam, iusticiam, vitam ac salutem aeternam et abesse legem, peccatum, mortem«. Folio 102: »Fides pure est docenda, quod scilicet per eam sic conglutineris cum Christo, ut ex te et ipso fiat quasi una persona, quae non possit segregari, sed perpetuo adhaerescat ei, ut cum fiducia dicere possis: ›Ego sum Christus‹, hoc est, Christi iusticia, victoria, vita etc. est mea, et vicissim Christus dicat: ›Ego sum ille peccator‹, hoc est, eius peccata, mors etc. sunt mea, quia adhaeret mihi et ego illi; coniuncti enim sumus per fidem in unam carnem et os, Ephe. 5 [30]: ›Membra sumus corporis Christi, de carne eius et ossibus eius‹.« Folio 125: »Audire vocem sponsi, audire sermonem fidei; is sermo fidei auditus iustificat. Quare? Quia affert Spiritum sanctum, qui iustificat«. Folio 139: »Christus est perfecte iustus formaliter, cuius iusticia est tua, peccatum tuum est illius«. Folio 211 super haec verba: »Quotcunque baptisati estis, Christum induistis« inquit Lutherus: »Christum induere evangelice non est imitationis, sed nativitatis et creationis novae, quod videlicet ego induor ipso Christo, hoc est ipsius innocentia, iusticia, sapientia, potentia, salute, vita, spiritu etc.« [H4b:] Item ibidem: »In baptismo non datur vestitus legalis iusticiae aut nostrorum operum, sed Christus fit indumentum nostrum. Is autem non est lex, non legislator, non opus, sed divinum et inenarrabile donum, quod donavit nobis Pater, ut esset iustificator, vivificator et redemptor noster. Quare Christum evangelice induere non est legem et opera, sed inaestimabile donum induere, scilicet remissionem peccatorum, iusticiam, pacem, consolationem, laeticiam in Spiritu sancto, salutem, vitam et Christum ipsum«. Folio 212: »Hic dicit Paulus omnes baptisatos Christum induisse, quasi dicat: Non accepistis per baptismum tesseram etc., sed quotquot, inquit, baptisati estis, Christum induistis etc. Ideo non estis amplius sub lege, sed novo indumento, id est iusticia Christi vestiti estis. Docet ergo Paulus baptismum non signum, sed indumentum Christi, imo ipsum Christum indumentum nostrum esse«. Folio 214: »Fanatici spiritus hodie loquuntur more sophistarum de fide in Christum, somniantes eam esse qualitatem haerentem in corde excluso Christo. Is perniciosus error est. Verum ita proponendus est Christus, ut praeter eum plane nihil videas, nihil tibi esse propius et intimius ipso credas. Non enim sedet ociosus in coelo, sed praesentissimus est nobis, operans et vivens in nobis, ut supra [Gal] cap. 2 [20]: ›Vivo, iam non ego, sed vivit in me Christus‹ etc., et hic: ›Christum induistis‹.« Item ibidem: »Ea est vera fides Christi et in [I1a:] Christum, per quam membra fimus corporis eius, de carne et ossibus eius. Ergo in ipso vivimus, movemur et sumus. Ideo vana et impia est fanaticorum hominum speculatio de fide, qui somniant Christum spiritualiter, hoc est speculative, in nobis esse, realiter vero in coelis. Oportet Christum et fidem omnino coniungi, oportet simpliciter nos in coelo versari et Christum esse, vivere et operari in nobis. Vivit autem et operatur in nobis non speculative, sed realiter, praesentissime et efficacissime«. Folio 237: »Quicunque articulo iustificationis excidit, ignorans Dei est et idololatra. Ideo perinde est, sive postea redeat ad legem, sive ad cultum idolorum; perinde est, sive appelletur monachus, sive Turca, Iudaeus, anabaptista etc. Sublato enim articulo

fleisch und gepein, wie zun Ephesern am 5. [30] geschriben ist: ›Wir sein glider seines leibs, fleisch von seinem fleisch und gepein von seinem gebein‹.«[391] Am 125. blat: »Hören[392] die stim des breutigams, hören das wort des glaubens; dasselbig wort rechtfertigt. Warumb? Darumb, das es uns bringet den heiligen Geist; derselbig rechtfertigt.«[393] Am 139. blat: »Christus ist volkommenlich gerecht formaliter (das ist mit rechter, wesentlicher gerechtigkeit); desselben gerechtigkeit ist dein, und dein sünd ist sein.«[394] [L3a:] Am 211. blat uber disen worten: »Sovil eur getaufft sein, habet[t] Christum angezogen«[395], spricht Luther: »Christum anzihen auff evangelische weise stehet[396] nicht im nachvolgen, sonder in der widergeburt und neuen creatur, nemlich das ich bekleidet werde mit Christo selbs, das ist mit seiner unschuld, gerechtigkeit, weisheit, gewalt, heil, leben und geist.«[397] Item: »Im tauff wirt uns nicht gegeben das kleid der gerechtigkeit, des gesetzes oder unserer werck, sonder Christus wird unser kleid. Der ist aber nicht das gesetz noch ein gesetzgeber noch einiges werck, sonder ein göttlich und unaussprechlich geschenck, das uns geschenckt hat der himlische Vater, das er sey unser rechtfertiger, unser lebendigmacher und unser erlöser. Derhalben, Christum auff evangelische weise anzihen, ist nicht, das gesetz und die werck, sonder ein unaussprechlich geschenck anzihen, nemlich vergebung der sünd, gerechtigkeit, frid, trost und freud im heiligen Geist, seligkeit, leben und Christum selbs.«[398] Am 212. blat: »Hie sagt Paulus, das alle getauffte Christum haben angezogen[399], gleich als sprech er: Ir habt durch die tauff nicht ein schlecht[400] zeichen empfangen, sondern, so vil euer getaufft sein, habt Christum an-[L3b:]gezogen, darumb seit ir nicht mehr unter dem gesetz, sonder seit mit einem neuen kleid, das ist mit der gerechtigkeit Christi bekleidet. Und leret also Paulus, das der tauff nicht ein blos zeichen, sonder ein anziehen Christi, ja das Christus selbs unser kleidung sey.«[401] Am 214. blat: »Die schwermerischen geister reden heutiges tages eben wie die sophisten vom glauben in Christum und lassen inen treumen, es sey ein qualitas, geschickligkeit, die da an dem hertzen hange, also das Christus ausgeschlossen sey. Das ist ein verderblicher irthum. Sonder also sol man Christum furstellen, das du on in schlechts nichts sehest, dir nichts neher und nichts inwendiger gleubest. Denn er sitzt nicht müssig im himel, sonder ist uns auffs allergegenwertigst, wirckt und lebt in uns, wie er droben [Gal] im 2. cap. [20] gesagt hat: ›Ich lebe,

t) haben: B.

391. WA 40,1, S. 285,24-27, und S. 286,15f nach der Überlieferung CDE.
392. Höret.
393. WA 40,1, S. 336,30f.
394. WA 40,1, S. 369,24f.
395. Gal 3,27.
396. besteht.
397. WA 40,1, S. 540,17-19.
398. WA 40,1, S. 540,33f, und S. 541,16-20.
399. Vgl. Gal 3,27.
400. schlichtes, einfaches.
401. WA 40,1, S. 541,24-26 (nach der Überlieferung CDE).29.30-33.

isto nihil amplius restat quam merus error, hypocrisis, impietas, idololatria, ut maxime in speciem appareat summa esse veritas, cultus Dei et sanctitas etc.« Folio 238: »Quicunque ab ista doctrina excidit, ille necessario ruit in ignorantiam Dei, non intelligit, quae sit christiana iusticia et sapientia, qui sint veri cultus Dei. Est idololatra manens sub lege, peccato, morte et diaboli imperio, et omnia, quae facit, sunt perdita et damnata«.

nu nicht ich, sonder Christus lebt in mir‹, und wie er hie sagt: ›Ir habt Christum angezogen‹.«[402] Item: »Das ist der recht glaub Christi und in Christum, durch den wir glider werden seins leibs, von seinem fleisch und von seinen beinen. Darumb leben, weben[403] und sein wir in im[404]. Derhalben ist der schwermer gedancken von dem glauben eitel[405] und gottlos, die inen treumen lassen, Christus [L4a:] sey geistlich, das ist gedichterweise in uns, warhafftiglich aber im himel. Es mus allerding Christus und der glaub zusamengefugt werden; es mus schlechterweise geschehen, das wir im himel wandeln und Christus sey, lebe, und wircke in uns. Er lebt aber und wirckt in uns nicht gedichterweise, sonder warhafftiglich auffs allergegenwertiglichst und auffs allerwircklichst.«[406] Am 237. blat: »Welcher vom artickel der rechtfertigung felt, der kennet Gott nicht und ist abgoͤttisch. Darumb gilts darnach gleich, er kere sich zum gesetz oder zun abgoͤttern; es gilt gleich, man heis in ein muͤnch oder Tuͤrcken, ein Juͤden oder widerteuffer. Dann wenn diser artickel verloren ist, so ist nichts mehr da denn eitel[407] irthumb, heucheley, gotteslesterung, abgoͤtterey, wens gleich am hoͤchsten scheinet als sey es eitel warheit, gottesdienst und heiligkeit[u].«[408] Am 238. blat: »Welcher von diser lere felt, der felt aus not in unwissenheit Gottes, verstehet nicht, welchs da sey die christlich gerechtigkeit und weisheit, welchs sein die waren gottesdienst. Er ist ein abgoͤttischer, bleibt unter dem gesetz, unter der suͤnd, unter dem todt und unter des teuffels gewalt, und alles, das er thut, ist verlorn und verdambt.«[409] [L4b:]

Aus der ›auslegung der andern epistel Petri‹[410]:

Uber dise wort: »Durch welche[v] uns die teuren und allergroͤsten verheissung geschenckt sind«[411]: »Das setzt S. Peter darumb hinzu, das er die natur und art des glaubens verklere, wenn wir in fur Gott erkennen, so haben wir durch den glauben das ewig leben und goͤttliche krafft, damit wir todt und teuffel uberwinden. Aber wir sehens und greiffens nicht. Es ist uns aber verheissen. Wir habens wol alles, doch scheinet es noch nicht, aber am juͤngsten tag werden wirs gegenwertig sehen. Hie fehet[412] es an im glauben, wir habens aber noch nicht volkommen. Die verheissung haben wir aber, das wir hie in goͤttlicher krafft leben und darnach ewigklich selig wer-

u) Nach Korrekturliste auf Bl. Bb4a in A zu korr. aus: herrligkeit.
v) welchen: a.

402. WA 40,1, S. 545,24-30.
403. regen uns, sind wir tätig.
404. Vgl. Act 17,28.
405. unnütz.
406. WA 40,1, S. 546,21-28 nach der Überlieferung CDE.
407. bloßer, reiner.
408. WA 40,1, S. 602,12-17 nach der Überlieferung CDE.
409. WA 40,1, S. 605,19-22 nach der Überlieferung CDE.
410. »Die andere Epistel S. Petri und eine S. Judas gepredigt und ausgelegt« 1524, vgl. WA 14, S. 2f.
411. II Petr 1,4.
412. fängt.

Ex ›commentario super secundam epistolam Petri‹:

Super haec·verba: »Per quae maxima et preciosa nobis promissa donavit«: »Hoc Petrus ideo [I1b:] addit, ut naturam et vim fidei declaret. Cum eum pro Deo agnoscimus, habemus per fidem vitam aeternam et virtutem divinam, per quam mortem et diabolum vincimus. Verum id neque videmus, neque sentimus. Promissum vero nobis est. Et habemus quidem totum, sed nondum apparet, verum in novissimo videbimus praesenter. Hic incipit in fide, sed nondum perfecte habemus. Promissionem autem habemus, quod hic in virtute divina vivamus et deinceps in aeternum salvi futuri sumus. Hoc, qui credit, habet, qui non credit, non habet et in aeternum peribit. Quam magna autem et preciosa haec res sit, Petrus latius explicat et dicit: ›Ut per hoc divinae naturae efficiamini consortes, fugientes eius, quae in mundo est, concupiscentiae corruptionem‹. Hoc habemus, inquit, per virtutem fidei, quod consortes sumus et societatem vel communionem divinae naturae habemus. Hoc dictum eiusmodi est, cuius nihil simile ponitur neque in novo, neque in veteri testamento, quanquam apud infideles levicula res sit, quod ipsiusmet divinae naturae communionem habere debeamus. Quid est autem divina natura? Est aeterna veritas, iusticia, sapientia, aeterna vita, pax, gaudium et, quicquid boni vel nominari potest. Quisquis igitur divinae naturae particeps fit, is assequitur haec omnia, ut in aeternum vivat et aeternam pacem, gaudium et salutem habeat et purus, mundus, iustus et omnipotens adversus diabolum, peccatum et mortem sit. Itaque Petrus hoc vult dicere: Quam non potest Deo eripi, quo mi-[I2a:]nus sit aeterna vita et veritas, tam non potest etiam vobis eripi. Quicquid contra vos sit, contra ipsum fit«.

den. Wer nun das gleubet, der hat es, wers nicht gleubet, der hat es nicht und mus ewig verloren sein. Was nun das fur gros und theur ding sey, spricht S. Peter weiter aus und spricht: ›Nemlich das ir durch dasselbig teilhafftig werdet der gőttlichen natur, so ir flihet die vergencklichen lust der welt‹[413]. [M1a:] Das haben wir, sagt er, durch die krafft des glaubens, das wir teilhafftig sind und geselschafft oder gemeinschafft der gőttlichen natur haben. Das ist ein solcher spruch, desgleichen nicht stehet im neuen und alten testament – wiewol es bey den ungleubigen ein gering ding ist, das wir der gőttlichen natur selbst gemeinschafft sollen haben. Was ist aber Gottes natur? Es ist ewige warheit, gerechtigkeit, weisheit, ewigs leben, frid, freud und seligkeit und, was man guts nennen kan. Wer nu Gottes natur teilhafftig wirt, der uberkombt das alles, das er ewig lebt und ewigen frid, freud und seligkeit hat und lauter, rein, gerecht und almechtig ist wider teuffel, sűnd und todt. Darumb wil S. Peter also sagen: Als wenig mans[w] Gott kan nemen, das er nicht das ewig leben und ewige warheit sey, so wenig kan mans auch euch nemen. Thut man euch etwas, so mus mans im thun, denn wer einen christen unterdrűcken wil, der muss Gott unterdrűcken.«[414]

[x]Das sey auff dismal genug aus des Luthers schrifften angczaigt[x].

Und hiermit ist gnugsam widerlegt, uberzeugt[415] und gestűrtzt der erste irthumb von der rechtfertigung, nemlich derjenigen, die da meinen, sagen, lehren und schreiben, der glaub allein, fur sich selbs, sey die gerechtigkeit Gottes, darmit wir gerechtfertigt werden. Und aus dem irthumb ist [M1b:] auch anfenglich der recht haubtirthumb entstanden, der da leugnet, das Gottes wesentliche gerechtigkeit unser gerechtigkeit sey[416]. Dan sie haben also gedacht: Ist der glaub unser gerechtigkeit, so ist es Gottes gerechtigkeit nicht, dann Gott darf[417] niemandt nichts glauben, er weis vorhin alle ding. Darumb ist er[y] nicht Gottes gerechtigkeit, er ist aber unser gerech-

w) man: a. – x-x) fehlt in a.
y) der glaub: a.

413. II Petr 1,4.
414. WA 14, S. 18,24-19,15.
415. überführt, erwiesen.
416. Vgl. o. Anm. 325. Wie die fehlende Darstellung der effektiven Rechtfertigung (vgl. o. Anm. 250) findet sich bei allen vier gegnerischen Bekenntnissen die Ablehnung dieser Auffassung Osianders: Zu Staphylus vgl. o. Anm. 266; zu v. Venediger s. o. Anm. 261. Hegemon schreibt, Osiander gebe vor, »das wir durch die selbwesende göttliche gerechtigkeit von ewigkeit gerecht sein on das verdienst des leidens (Christi) …« (Albrecht, Ausschreiben, Bl. D4b), und Mörlin legt dem Herzog dar (ebd., Bl. C2b-3a): »Dargegen gibt Osiander für negative, unser gerechtigkeit sey nicht dis, das Gott warer mensch stirbt und von den todten widerumb auffersteheṫ; das heist er, gnedigster herr, ein ander frage, wie er an E. F. G. gegen dem Newen Haus selbs geschrieben und ich desselben schreibens E.F.G. eigene hand habe, ja wider den heiligen Paulum schreibt er tröstlich an mich, wie ich mit seiner eigenen hand beweisen kan, das solcher gehorsam des Sons mit leiden und aufferstehen keine gerechtigkeit sey – zum andern affirmative, unser gerechtigkeit aber sey die selbstendige, selbwesende gerechtigkeit Gott des vaters, sons und heiligen geistes, damit sie selbst gerecht seien.«
417. braucht … zu.

Et haec in praesentiarum sufficiant ex Lutheri scriptis indicata.

Et hactenus quidem satis confutatus, convictus et eversus est primus error de iustificatione, nempe eorum, qui opinantur, dicunt, docent et scribunt, quod fides per se sola sit iusticia Dei, qua iustificemur. Et ex hoc errore iam tum a principio defluxit capitalis ille error, qui negat iusticiam Dei essentialem esse nostram iusticiam. Sic enim cogitaverunt: Si fides nostra iusticia est, non est ea iusticia Dei; Deus enim non opus habet, ut quicquam cuiquam credat, cum iam ante omnia sciat. Itaque fides non est iusticia Dei, est autem nostra iusticia. Non est igitur Dei iusticia nostra. Ad hunc modum perpetuo unus error parit alium.

tigkeit. Darumb ist Gottes gerechtigkeit nicht unser gerechtigkeit. Also gepirt immer ein irthumb den andern.

Und dieweil wir beide gerechtigkeit, nemlich die gŏttlichen und menschlichen, bewisen und erkleret haben, kan ich dem christlichen leser das auch nicht verhalten, das das gesetz Gottes in seinem rechten verstandt an uns foddert die gŏttlichen gerechtigkeit und wil sich mit der menschlichen gar nicht settigen, noch bezalen lassen. Darumb spricht Paulus zun Rŏmern am 8. cap. [3f]: »Gott hat seinen Son gesandt« etc., »auff das die gerechtigkeit, [z]vom gesetz erfordert[z], in uns erfullet wurde«, und am 2. cap. [13] spricht er: »Fur Gott sein die nicht gerecht, die das gesetz hŏren, sonder die das gesetz thun, die werden gerecht sein«, das ist: Welche die gŏttliche gerechtigkeit, die das gesetz[a] foddert, hetten und derselbigen volkommenen gehorsam leisteten und aller ding darnach the-[M2a:]ten, die wůrde Gott fur gerecht erkennen und annemen. Nun wir aber vor der widergeburt, weil wir unter dem gesetz sein, die gŏttlichen gerechtigkeit nicht haben, und sie doch das gesetz foddert und mit dem fluch treibt, das wir ja etwas thun mussen[418], so bringen wir gemeinklich unser schwache, menschliche gerechtigkeit daher und vermeinen, dem gesetz darmit gnugzuthun. Da wirt dan unser menschliche gerechtigkeit ein gerechtigkeit des gesetzes genennet und ire werck des gesetzes werck, nicht darumb, das das gesetz mit solcher menschlichen gerechtigkeit und iren wercken erfullet kŏn werden, sonder darumb, das es uns nichts bessers abnŏtigen kan, dieweil auch nichts bessers in uns ist; und wan es uns auffs allerhŏchst treibt und schreckt, so verursacht und bringt es doch nichts bessers heraus dan menschliche gerechtigkeit mit iren wercken. Daher kommen die feinen sprůch Pauli, da er spricht zun Philip. am 3. [9], er wolle nicht haben sein gerechtigkeit, die aus dem gesetz kombt, sonder die aus Gott im glauben ist, und zun Romern am 3. [20], aus den wercken des gesetzs mag kein fleisch fur Gott gerecht sein. Und wer das gesetz also vorstehet, das er meint, man kŏnne es mit menschlicher gerechtigkeit und[b] iren wercken erfullen, [M2b:] der verstehet das gesetz nicht recht, sonder fleischlich, so es doch geistlich ist, Rom. am 7. [14]. Und solcher fleischlicher, falscher verstandt ist bedeut durch den furhang, der uber Moises angesicht gedeckt war. Aber der rechte verstand, von dem ich droben meldung hab gethan, nemlich das es foder an uns die gŏttliche gerechtigkeit, der ist bedeutet durch das klar und glantzende angesicht Moisi, welches die kinder Israel nicht ansehen konten, 2.Cor. am 3. [13-18], wie dan solchen hohen, rechten und wahren verstand noch heutigs tags kein fleischlicher heuchler, schwermer und ketzer leiden kan, sonder toben darwider, als seien sie unsinnig.

z-z) die das gesetz fordert: B.
a) Nach der Korrekturliste auf Bl. Bb4a in A einzufügen.
b) und mit: a.

418. Vgl. Gal 3,10.

Quoniam autem utramque iusticiam, divinam scilicet et humanam, demonstravimus et declaravimus, non possum christianum lectorem celare, quod lex in suo genuino sensu a nobis postulat divinam iusticiam, nec patitur sibi satisfieri humana illa iusticia. Ideoque Paulus dicit ad Rom. 8 [3f]: »Deus filium suum misit etc., ut iustificatio legis in nobis impleretur«, et in eadem epistola 2. cap. [13]: »Non auditores, sed factores legis iustificabuntur apud Deum, hoc est, quicunque divinam illam iusticiam, quam lex requirit, haberent eique perfectam obedientiam prae-[I2b:]starent prorsusque secundum eam facerent, eos Deus pro iustis agnosceret et acceptaret. Quia vero ante regenerationem sub lege existentes iusticiam Dei non habemus, quam tamen lex requirit et maledicto urget, ut omnino aliquid facere nos oporteat, afferimus ut communiter nostram infirmam humanam iusticiam in medium, arbitrantes nos eadem legi satisfacturos esse. Ibi tum nostra humana iusticia appellatur iusticia legis et opera eiusdem opera legis, non quod lex huiusmodi humana iusticia et operibus illius impleri possit, sed quia nobis nihil melius extorquere potest, cum nihil melius in nobis sit. Et quamvis nos ad summum urgeat et terreat, nihil tamen melius efficit et extorquet quam humanam iusticiam cum operibus suis. Hinc manarunt pulcherrimae sententiae Pauli, qui dicit ad Philippen. 3 [9] se nolle habere suam iusticiam, quae sit ex lege, sed eam, quae ex Deo in fide est, et ad Rom. 3 [20]: »Ex operibus legis non iustificabitur omnis caro coram Deo«. Et quisquis legem ita intelligit, ut opinetur eam humana iusticia et operibus eius impleri posse, is legem non recte intelligit, sed carnaliter, cum ipsa tamen sit spiritualis, Rom. 7 [14]. Et huiusmodi carnalis et falsa intelligentia figurata est per velamen, quo facies Mosis tecta erat. Vera autem intelligentia, de qua supra mentionem feci, nempe quod postulet a nobis divinam iusticiam, significata est per claram et coruscantem faciem Mosis, in quam filii Israel intendere non poterant, 2. Cor. 3 [13-18]; sicut nec hodie ullus carnalis hypocrita, fanaticus aut [I3a:] haereticus hanc sublimem, rectam et veram intelligentiam ferre potest, sed contra fremunt non aliter, quam si furiant.

Es steckt auch bey vilen ein grosser greulicher irthumb in dem wo͗rtlein ›zurechnen‹, da Paulus spricht zun Ro͗mern am 4. [5]: »Der[c] da gleubt an den, der die gottlosen gerecht macht, dem wirt sein glaub zugerechnet zur gerechtigkeit«. Dann der spruch im ersten buch Mosi am 15. cap. [6], da die schrifft vom Abraham also sagt: »Abraham glaubet dem Herren, und er rechnet es im zur gerechtigkeit«, der hat in der hebreischen sprach ein fein, einfeltig wort, das, wie es daselbst in seine umbstend[419] gefasset ist, eigentlich ›zurechnen‹ heist. Desgleichen der spruch Pauli zun Rom. 4 [5] hat in der kriechischen sprach auch ein fein, einfeltig wort, das, in seine [M3a:] umbstend verfasset, auch eigentlich ›zurechnen‹ heist. Aber der, so die bibel vorzeiten lateinisch hat gemacht[420], es sey gleich Hieronimus[421] oder ein ander – dan es ist ungewis[422] –, der hat diser feinen, einfeltigen wort beider gefeilet[423] und ›reputare‹ darfur gesetzt, so er doch solt ›imputare‹ darfur gesetzt haben. Dann ›reputare‹ heist eigentlich, ein ding hin und wider ermessen und es also oder also achten, schetzen und halten[424]. Der aber ein ding also achtet, schetzet und helt, der irret gemeinklich[425] oder ist ja auffs allerwenigst ungewis. ›Imputare‹ aber heist eigentlich zurechnen, und das auff zweierley weis: einmal, wan man einem ein ding zurechnet, als hab ers empfangen, so ers doch nicht empfangen hat, sonder ein anderer, dem ers ist schuldig gewesen, das ander mal, wan man einem ein ding zurechnet, als hab ers bezalet, so ers doch nicht bezalet hat, sonder ein anderer hats fur in bezalet[426]. Und auff dise letste weis wirt uns aller verdienst Christi und darnach auch sein gerechtigkeit, dieweil er durch den glauben in uns wonet, zugerechnet, als hetten wirs selbs gethon und verdienet, was er gethan und verdienet hat, und weren selbs gerecht, wie er in uns gerecht ist. Aber solchen verstand ko͗n-[M3b:]nen die nicht ersehen, noch fassen, die der hebreischen sprach[d] und krichischen[e] unku͗ndig sein und allein an dem lateinischen wo͗rtlein ›reputare‹, das hieher nicht geho͗rt, hangen mu͗ssen. Dan sie nemen den sinn daraus, das uns Gott umb des glaubens willen fur from und gerecht acht, schetz und halte, so wir doch noch nicht from und gerecht sein. Nun hab ich droben schon bewisen, das solchs Gott dem herren unmu͗glich ist[427], darumb ist al-

c) Aber: a. – d) fehlt in a.
e) krichischen sprach: a.

419. in seinen Zusammenhang.
420. Gemeint ist die Vulgata, jene in einer langen Entwicklung sich herausbildende lateinische Textform, die die lateinische Kirche etwa seit dem 9. Jh. als maßgeblich verstanden hat; vgl. RGG 1, Sp. 1196f; LThK 2, Sp. 382f; 10, Sp. 901f, und TRE 6, S. 172-181.
421. Sophronius Eusebius Hieronymus (347 oder 348 bis 420), Kirchenvater, vgl. TRE 15, S. 304-315; RGG 3, Sp. 315f, und LThK 5, Sp. 326-329.
422. Hieronymus hat eine Bibelübersetzung geschaffen, die der Vulgata zugrundeliegt, vgl. TRE 15, S. 309f; LThK 2, Sp. 382; 10, Sp. 901f.
423. diese beiden … Worte verfehlt.
424. Vgl. *Georges*, Wörterbuch 2, Sp. 2336.
425. allgemein, überall.
426. Vgl. *Georges*, Wörterbuch 2, Sp. 121f.
427. Vgl. o. S. 156,16-158,3.

Infixus est autem multis etiam nunc horribilis error super verbo ›imputandi‹, ubi Paulus dicit ad Rom. 4 [5]: »Credenti autem in eum, qui iustificat impium, reputatur fides eius ad iusticiam«. Nam locus Genesis 15 [6], ubi scriptura de Abrahamo dicit: »Credidit Abraham Deo et imputatum est ei ad iusticiam«, habet in Hebraea lingua aptum ac simplex verbum, quod, ut illic in suas circumstantias inclusum est, proprie significat ›imputare‹. Similiter et locus Pauli ad Rom. 4 [5] habet in lingua Graeca itidem aptum et simplex verbum, quod in suas circumstantias inclusum etiam proprie significat ›imputare‹. Verum is, qui olim sacra biblia in Latinam linguam transtulit, sive Hieronymus ille sit sive alius – nam incertum est –, a proprietate amborum istorum aptorum et simplicium verborum prorsus excidit et ›reputare‹ pro eis transtulit, cum debuerit interpretari per ›imputare‹. ›Reputare‹ enim proprie significat rem varie iam in hanc, iam in illam partem perpendere et sic vel sic existimare, arbitrari et sentire. Quisquis autem de re aliqua sic existimat, arbitratur et sentit, ut plurimum errat, aut certe ut minimum incertus est. ›Imputare‹ autem proprie significat aliquid alicui in rationibus conficiendis asscribere, idque duplici ratione: primo cum aliquid alicui expensum fertur, quasi ipse acceperit, cum tamen non ipse, sed alius, cui ille debebat, acceperit, secundo cum aliquid alicui acceptum fertur, quasi [I3b:] ipse persolverit, cum tamen non ipse, sed alius pro eo satisfecerit. Et hoc posteriore modo omne Christi meritum, deinde etiam ipsius iusticia, siquidem per fidem in nobis habitat, nobis imputatur non aliter, quam si nos ipsi fecissemus et meruissemus, quicquid ipse fecit ac meruit, et nos ipsi iusti essemus, sicut ipse in nobis iustus est. Verum hanc intelligentiam ii neutiquam perspicere et comprehendere possunt, qui Hebraea et Graeca lingua destituti, soli Latino verbo ›reputandi‹, quod huc non quadrat, inhaerere coguntur. Hanc enim sententiam potius hinc colligunt, quod Deus nos propter fidem pro bonis et iustis reputet, cum tamen nondum boni et iusti simus. Iamdudum autem supra probavi, quod hoc Deo factu sit impossibile. Quare hic quoque confutatus, convictus et eversus est error eorum, qui sentiunt, docent et scribunt Deum nos propter fidem tantum reputare iustos, et acceptet nos ad vitam aeternam, cum tamen nondum iusti simus – nec ipsi ullius praeterea iusticiae, ne uno quidem verbo, mentionem faciant, quam per fidem consequi debeamus!

hie auch widerlegt, uberwunden und gestůrtzt der irthumb derjenigen, die da halten, lehren und schreiben, Gott halt uns allein umb des glaubens willen fur gerecht und neme uns an zum ewigen leben, so wir doch noch nicht gerecht sein – und sie auch keiner gerechtigkeit gedencken, auch mit einem einigen wort nicht, die wir sollen durch den glauben bekummen[428]!

Uber das irren auch etliche aus denen, die das wőrtlein ›zurechnen‹ schon recht verstehen. Dann sie bekennen, es werd uns der verdienst und die gerechtigkeit Christi zugerechnet, aber doch nur also, das ja Christus mit seiner gerechtigkeit nicht in uns wone, sondern allein droben in himmel zur gerechten[429] Gottes sitze, wie doctor Luther gespotsweiss wider sie sagt, als in einem schwalbenneste[430], und die recht, [M4a:] ware gerechtigkeit werd uns erst im kůnftigen leben eingegossen werden[431]. Solche, sie sagen gleich mit dem mund, was sie wollen – so sein sie doch im hertzen alle zwinglisch[432] und halten vom heiligen sacrament des leibs und bluts Christi nicht recht. Dan es ist unmůglich, das der, so nicht gleubt, das Jhesus Christus, wahrer Gott und mensch, mit allem, das er ist und an seiner person hat, durch den glauben in uns wone, solte glauben, das sein warer leib und blut uns warhafftiglich werd im abentmal gegeben[433], wie ich das vorlangst[434] in meiner disputation[435] auch gemeldet und meine widersacher so hart darmit geschlagen hab, das sie vor rechtem wehmut[436] nicht wissen, was sie antworten sollen[437]. Derhalben fahen sie an, wider ir gewissen und wider die natur auff mich zu liegen[438], ich wolle das heilige sacrament mit fůssen tretten[439]. Aber dieweil der heilig Paulus in der 2.[f] Cor. 13 [5]

f) 1.: a.

428. Vgl. o. S. 148,1-23, mit Anm. 250.

429. Rechten.

430. Osiander dürfte damit auf eine Äußerung Luthers in seiner Schrift ›Vom Abendmahl Christi. Bekenntnis‹ von 1528 anspielen: »Ach kindisch und alber reden sie vom hymel, auff das sie Christo einen ort droben ym hymel machen wie der stork ein nest auff eym baum, und wissen selbst nicht, was und wie sie reden« (WA 26, S. 422,8-10 bzw. 26-28).

431. Vgl. dazu etwa die fünfte Antilogie der Gegner o. S. 148, Anm. 249.

432. Fast wörtliche Wiedergabe der Disputationsthese 70; vgl. u. Anm. 435 und u. A. Bd. 9, S. 442,22f, Nr. 425.

433. Deutliche Anlehnung an die Disputationsthese 71; vgl. u. Anm. 435 und u. A. Bd. 9, S. 444,1-3, Nr. 425.

434. schon.

435. Osianders Rechtfertigungsdisputation vom 24. Okt. 1550, im Druck 1550 und 1551 erschienen, vgl. u. A. Bd. 9, S. 422-447, Nr. 425/490.

436. Zorn.

437. Die im Disputationsverfahren vorgesehenen Hauptopponenten, damals Melchior Isinder und Martin Chemnitz, konnten keine gravierenden Einwände erheben. Der Domprediger Peter Hegemon schließlich erklärte, Osiander habe seine Thesen so mit der Heiligen Schrift befestigt, daß er nicht zu widersprechen wisse, doch hätten sie in Königsberg bisher anders gelehrt! Vgl. u. A. Bd. 9, S. 423, Nr. 425/490.

438. gegen mich zu lügen.

439. Es dürfte Mörlin gemeint sein; vgl. dazu u. S. 220,14-16.

Praeterea errant nonnulli alii ex iis quoque, qui verbum ›imputandi‹ recte intelligunt. Fatentur enim meritum et iusticiam Christi nobis imputari, sed sic tantum, ut omnino Christus cum sua iusticia in nobis non habitet, sed tantum superne in coelo ad dextram Dei patris sedeat, tanquam, ut Lutherus in eos iocatur, in nido hirundinis, et genuina ac vera iusticia nobis demum in futura vi-[I4a:]ta infundatur. Tales, quicquid dicant ore, tamen omnes Zuingliani sunt in corde, nec recte de sacramento corporis et sanguinis Christi sentiunt. Est enim impossibile, quod is, qui non credit Iesum Christum, verum Deum et hominem, cum omnibus, quicquid est et in persona sua habet, per fidem in cordibus nostris habitare, credat, quod verum corpus eius et sanguis in caena Domini nobis vere exhibeatur, id quod iam pridem in disputatione mea admonui et adversariis meis hoc dicto tam altum vulnus inflixi, ut prae dolore et amentia ignorent, quid respondeant. Quare iam incipiunt contra conscientiam et contra rerum naturam in me mentiri me velle hoc sacramentum pedibus conculcare. Verum cum S. Paulus 2. Corint. 13 [5] dicat: »Tentate vos ipsos, num sitis in fide; vos ipsos probate. An non cognoscitis vos ipsos, quod Christus in vobis est, nisi forte reprobi estis«, iisque verbis haud dubie significat omnes eos, in quibus Christus non habitat, reprobos et reiectos esse, item cum ad Rom. 8 [9] dicat: »Qui spiritum Christi non habet, hic non est eius«, ex quo immediate concluditur eum, qui spiritum Christi non habeat, pertinere ad regnum diaboli, et cum 2. Cor. 5 [21] dicat: »Deus eum, qui peccatum non noverat, pro nobis peccatum fecit, ut nos efficeremur iusticia Dei in ipso«, unde irrefragabiliter probatur nos non posse iustificari aut iusticiam Dei consequi, nisi simus in Christo membra corporis eius, de carne eius et ossibus eius, Ephesi. 5 [30], [I4b:] iam profecto hoc quoque necessario sequitur nemini iusticiam imputari, in quo Christus et Spiritus eius sanctus non habitant. Tales enim sunt reprobi, reiecti, non pertinent ad Christum, sed ad regnum diaboli.

spricht: »Versucht euch selbs, ob ir im glauben seit; bruͤfft euch selbs. Oder erkennet ir euch selbs nicht, das Jhesus Christus in euch ist, es sey dan, das ir untuͤchtig seit«, und damit on allen zweiffel gewislich zu verstehen gibt, das alle die, in denen Christus nicht wonet, [M4b:] untuͤchtig und verworfen sein, item dieweil er zun Rom. am 8. [9] spricht: »Wer den geist Christi nicht hat, der ist nicht sein«, daraus on mittel[440] zu schliessen ist, das[g], wer den heiligen Geist nicht hat, der gehoͤret ins teuffels reich, und dieweil er 2. Cor. 5 [21] spricht: »Er hat den, der von keiner suͤnde wuͤst, zur suͤnde gemacht, auff das wir wuͤrden in im die gerechtigkeit Gottes«, daraus unwidersprechlich zu beweisen, das wir nicht koͤnnen gerecht werden, noch die gerechtigkeit Gottes erlangen, wir seien dan in Christo, glider seines leibs, fleisch von seinem fleisch und gepein von seinem gepein, Ephe. 5 [30], so mus vonnoͤten das auch volgen, das die gerechtigkeit keinem wirt zugerechnet, in dem Christus und sein heiliger Geist nicht wonen, dan solche sein untuͤchtig, verworfen, gehoͤren Christum nicht an, sonder gehoͤren ins teuffels reich.

Darumb ist alhie auch widerlegt, uberwunden und gestuͤrtzt der irthumb derjenigen, die da sagen, lehren und schreiben, die gerechtigkeit sey ausserhalb unser und werd uns erst in jenem leben eingegossen[441]. Und obwol D. Luther etwo spricht, unser gerechtigkeit sey ausserhalb unser[442], so koͤnnen sie doch iren irthum darmit nicht schutzen, dann sie haben in nicht recht verstan-[N1a:]den, sinteinmal er sich genugsam erkleret und vilfeltig bezeugt hat, das Christus mit seiner gerechtigkeit in den glaubigen wone[443]. Er redet aber also[444] umb der einfeltigen willen, die erst anfangen zu lernen, was gerechtigkeit ist; denselben bildet er Christum fur[445] als den, der allein gerecht ist und alle gerechtigkeit in im[446] hat. Die ist ja ausserhalb unser, alldieweil wir noch nicht glauben; und wann schon Christus mit seiner gerechtigkeit durch den glauben in uns kombt und wonet und uns gerecht macht, so kan man dannoch in einem rechten verstandt sprechen, die gerechtigkeit sey nicht in uns, sondern in Christo, dan sie ist in Christo eingewurtzelt und ewigklich befestiget. Verlieren wir Christum, so verlieren wir die gerechtigkeit auch; behalten wir Christum, so behalten wir die gerechtigkeit auch. Dann wann sie an uns hinge und also in uns were als andere natuͤrliche tugent, so wuͤrde volgen, wan wir sie durch suͤnde oder

g) fehlt in a.

440. unmittelbar.

441. Die von den Gegnern vorgelegte fünfte Antilogie (vgl. dazu u. A. Bd. 9, S. 574f, Nr. 447) formuliert: »Lutherus affirmat iustitiam fidei imputatam, qua coram Deo sumus iusti, esse adhuc extra nos, id est in spe expectari, nondum esse in re. Osiander eam videtur velle iam simpliciter esse in nobis, non extra nos« (Mörlin, Historia, Bl. F4a). Untermauert wird diese Behauptung mit WA 46, S. 44,34-37.

442. a.a.O. heißt es von der Gerechtigkeit des Glaubenden, daß sie »kurtz gar nichts in uns, sondern gar ausser uns in Christo ist …«.

443. Vgl. o. S. 170,30-190,16.

444. so (gemeint ist das angeführte Lutherzitat).

445. schildert er, stellt er hin.

446. sich.

Quare hic confutatus, convictus et eversus est etiam eorum error, qui dicunt, docent et scribunt iusticiam esse extra nos et nobis demum in futura vita infusum iri. Et quanquam Lutherus alicubi dicat iusticiam nostram esse extra nos, non poterunt tamen errorem suum per hoc defendere, neque enim eum recte intellexerunt, quippe qui se satis declaravit ac multifariam testatus est, quod Christus cum sua iusticia in credentibus habitet. Verum propter simplices sic loquitur, qui primum incipiunt discere, quid sit iusticia. Illis enim depingit Christum ut eum, qui solus iustus est, omnemque iusticiam in se habet, quae certe est extra nos, quamdiu nondum credimus. Quin etiam posteaquam Christus cum sua iusticia per fidem in nos venit et in nobis habitat nosque iustificat, tamen in aliquo vero sensu dici potest iusticiam non in nobis, sed in Christo esse, est enim in Christo radicata et in aeternum confirmata. Quare, si perdimus Christum, perdimus et iusticiam, si retinemus Christum, retinemus et iusticiam. Quia si nobis inhaereret et ita in nobis esset sicut aliae naturales virtutes, tunc sequeretur, quod, si eam per peccata vel infidelitatem amitteremus, prorsus evanesceret et omnino in merum nihil reverti cogeretur. Atqui est iusticia aeterna, sicut Daniel 9. cap. [24] vocat, quare ita est in Chri-[K1a:]sto et extra nos, ut sive retineamus, sive amittamus Christum, tamen iusticia in aeternum manet in ipso et in omnibus iis, qui ei per fidem sunt incorporati.

unglauben verluͤren, das sie muͤst gantz und[h] gar verschwinden und allerding zunichte werden. Nun ist es aber ein ewige gerechtigkeit, wie Daniel am 9. cap. [24] sagt, darumb ist sie also in Christo und ausserhalb unser. Wir behalten Christum oder verlieren in, so bleibt die gerechtigkeit ewiglich in im und in allen denen, die im durch den glauben eingeleibt sein. [N1b:]

Ehe dann ich aber wider zur haubtsach komme, muss ich vor auch ein wenig vom handel reden, den man im latein communicationem idiomatum, das ist gemeinschafft der eigenschafft, in Christo nennet[447]. Dann der gibt uns bericht, wie wir von dem herren Jhesu Christo als warem Gott und menschen recht und unstrefflich reden, ergerliche, irrige und ketzerische rede meiden und, wan andere unrecht reden, dasselbig urteilen und erkennen koͤnnen und sollen; und helt sich kuͤrtzlich[448] also:

Der herr Jhesu Christus hat zwu natur, nemlich die goͤttlichen und die menschlichen, er ist aber nur ein einige person, in der kein natur von der andern immer und ewiglich mehr kan geschiden werden. Die zwo natur haben ein jede ire[i] namen und besondere eigenschafften. Die erst wirt genant die goͤttliche natur und gottheit, und sein das ire eigenschafft: ewig, unsterblich, allmechtig[k], schoͤpfer und, was mehr von dem einigen, waren Gott mag geredet werden. Die ander natur wirt genennet menschliche natur und menscheit, und sein das ire eigenschafft: geborn werden, wachsen, hungern, duͤrsten, muͤd werden, schlaffen, wachen, trauren, freuen, leiden, sterben und, was mehr von einem waren menschen, der on suͤnd ist, eigentlich mag geredt werden. [N2a:] Die namen aber der einigen person, [l]in der[l] die beide natur, goͤttliche und menschliche, unzertrenlich miteinander vereinigt sein, sein dise: Jhesus Christus, Gottes son, Marie son, Davids son, Davids zweig, erloͤser, seligmacher und, was mehr fur namen sein, die den herren Jhesum Christum fur seine gantze person und sonst niemandt angehoͤren.

Nun helt man dise bescheidenheit[449] hierin, das wan man die gantze[m] person nennet, die beide natur in sich hat, so mag man ir alle die eigenschafft zulegen und von ir sagen, die den beiden naturen, der goͤttlichen und der menschlichen sambtlich oder sonderlich zugehoͤren; wan man aber der naturn eine nennet, so sol man ir der andern natur eigenschafft keine uberal zulegen oder von ir sagen. Als zum exempel ›Gottes son‹ ist ein name der person. Darumb mag ich ir zulegen beiderley eigenschafft, goͤttliche und menschliche; die goͤttlichen also: Gottes son ist von ewigkeit

h) fehlt in a.
i) iren: a. – k) allmechtig und ein: B.
l-l) die in: B. – m) fehlt in a.

447. Vgl. TRE 16, S. 726-772; RGG 1, Sp. 1762-1789; RE 4, S. 254-261, und kurz zusammenfassend, ganz im Sinne dessen, was Osiander weiter ausführt, LThK 5, Sp. 607-609. Auch hier gibt es einen kontroversen Hintergrund zwischen Osiander und Mörlin, vgl. dazu *Stupperich*, Osiander, S. 144-147.
448. kurz.
449. Bestimmung, Bedingung.

Antea vero quam ad capitale negotium redeam, pauca de communicatione idiomatum dicam. Hic enim erudimur, quomodo de domino nostro Iesu Christo ut vero Deo et homine recte et irreprehensibiliter loquamur, scandalosas, erroneas et haereticas locutiones vitemus, cumque alii perperam loquantur, illud diiudicare et cognoscere possimus ac debeamus. Ita vero res habet:

In domino nostro Iesu Christo duae sunt naturae, scilicet divina et humana. Ipse vero unica tantum persona est, in qua neutra natura ab altera in aeternum separari potest. Harum duarum naturarum una quaeque suas habet proprietates. Prior vocatur divina natura vel divinitas, et hae sunt illius proprietates, quod ob eam vocatur: aeternus, immortalis, omnipotens, creator et, quicquid aliud de unico vero Deo dici potest. Altera vocatur humana natura et humanitas, et hae sunt illius proprietates: nasci, adolescere, esurire, sitire, fatigari, dormire, vigilare, tristari, gaudere, pati, mori et, quicquid praeterea de vero homine, qui tamen sine peccato est, proprie dici potest. Nomina vero unicae personae, in qua utraque natura, divina et humana, inseparabiliter unitae sunt, haec sunt: Iesus Christus, filius Dei, Mariae filius, filius Davidis, germen Davidis, redemptor, salvator et, quaecunque praeterea nomina sunt, quae domino nostro Iesu Christo secundum totam personam et praeterea nemini competunt. [K1b:]

Atqui hoc discrimen hic servatur, ut cum tota persona nominatur, quae utramque naturam in se continet, tum possunt eidem omnes proprietates attribui et de ea praedicari, quae utrique naturae, divinae scilicet et humanae, coniunctim vel distinctim competunt; cum autem una naturarum nominatur, tum non debet eidem ulla alterius naturae proprietas attribui aut de ea praedicari. Exempli gratia ›filius Dei‹ est nomen personae. Quare possum ei attribuere utrasque proprietates, divinas et humanas; divinas ad hunc modum: Filius Dei est ab aeterno in aeternum, filius Dei est omnipotens; humanas vero ad hunc modum: Filius Dei natus est ex Maria, filius Dei adolevit, filius Dei manducavit et bibit, filius Dei pro nobis passus est, filius Dei pro peccatis nostris mortuus est. Haec omnia recte et christiane dicuntur. Cum autem loco nominis personae ponitur nomen naturae, ut est ›divinitas Christi‹, tum nulla ei proprietas humanae naturae est attribuenda. Non enim dici debet: Divinitas Christi est ex Maria virgine nata, adolevit, comedit, bibit, passa et mortua est. Nam huiusmodi formulae omnes essent falsae et haereticae. Similiter, quando loco nominis personae humana Christi natura ponitur, tum nulla ei proprietas divinae naturae attribuenda est. Neque enim dici debet: Humana natura Christi est ab aeterno, humanitas Christi est omnipotens, humanitas Christi creavit coelum et terram. Nam huiusmodi formulae quoque essent omnes falsae et haereticae. [K2a:]

zur ewigkeit, Gottes son ist allmechtig[n]; [o]die menschlichen also:[o] Gottes son ist aus Maria geborn, Gottes son ist gewachsen, Gottes son hat geessen und getruncken, Gottes son hat fur uns gelitten, [N2b:] Gottes son ist fur unser sůnde gestorben. Das alles ist recht, wol und christlich geredet. Wann man aber fur den namen der person ein namen der natur setzet als ›gottheit Christi‹, so sol man ir schon kein eigenschafft der menschlichen natur mer zulegen. Dan man sol nicht sagen, die gottheit Christi ist[p] aus Maria geboren, ist gewachsen, hat geessen und getruncken, hat gelitten und ist gestorben, dan dise rede weren alle falsch und ketzerisch. Desgleichen, wan man fur den namen der person die menscheit Christi setzet, so sol man ir auch kein eigenschafft der[q] gőttlichen natur mehr zulegen. Dan man sol nicht sagen, die menschliche natur Christi ist[r] von ewigkeit her, die menscheit Christi ist allmechtig, die menscheit Christi hat himmel und erden geschaffen, dan dise rede wehren[450] auch alle falsch und ketzerisch.

Man muss sich aber wol fursehen fur den namen, die zweierley deuttung haben. Als ›Gottes son‹ heist einmal die ander person in der gottheit allein, auch on die menscheit, darnach heist es auch Jhesum Christum, waren Gott und menschen zugleich. Darumb ist vonnőten, wan ›Gottes son‹ solle die gantze person Christi heissen oder [N3a:] deuten, das man noch ein wort hinzusetze als Jhesus oder Christus oder sprech: Gottes und Marie son, so ist dem misverstandt gewehret. Desgleichen sol man sich auch wol fursehen vor den eigenschafften, die stracks widereinander sein als sterblich und unsterblich. Dann obwol zur zeit, eh dan Christus starbe, beides war war: Christus ist sterblich, Christus ist unsterblich, so lautets doch an im selbs ubel, das man von einer person zu einer zeit sol ja und nein sagen. Darumb sol man in solchem fall die natur mit melden als: Christus nach seiner menschlichen natur oder als ein mensch ist sterblich, Christus nach seiner gottlichen natur oder als warer Gott ist unsterblich.

Sonderlich aber ist das auch wol zu mercken, das man der person die eigenschafften beider natur zulegt, aber nicht die natur selbs. Dann man spricht nicht: Christus ist die gottheit oder die gőttliche natur, sonder nur: Christus ist Gott, man spricht auch nicht: Christus ist die menscheit oder menschliche natur, sonder nur: Christus ist ein mensch. Es wollen auch die gelerten theologi nicht, das man sprechen sol: Christus ist ein creatur, man setze dan darzu: nach seiner menschlichen natur oder menscheit, dann es lautet ergerlich und furderte die arrianischen ketzerey[451]. Darumb muss [N3b:] man vor allen dingen auff die heilig schrifft sehen und nicht fre-

n) almechtig, Gottis sohn ist ein schepfer himels und der erden: a.
o-o) Nach der Korrekturliste auf Bl. Bb4a in A zu erg.
p) fehlt in a.
q) fälschlich Ditt.: der der: A.
r) fehlt in a.

450. wären.
451. Zum Arianismus vgl. TRE 3, S. 692-719; RGG 1, Sp. 593-595, und LThK 1, Sp. 842-848.

Diligenter autem observanda sunt nomina, duas significationes habentia, ut ›filius Dei‹: Primo significat secundam personam in divinis tantum, etiam sine humana natura, deinde significat etiam Iesum Christum, verum Deum et hominem simul. Quare conveniens est, ut, cum ›filius Dei‹ debet totam Christi personam significare, adhuc unum vocabulum addamus, ut Iesus vel Christus, vel dicamus ›Dei et Mariae filius‹; ita enim error excluditur. Similiter et proprietates immediate contrariae diligenter observandae sunt, ut sunt mortalis et immortalis. Nam etsi eo tempore, quo Christus nondum erat mortuus, utrunque verum erat, scilicet Christus est mortalis, Christus est[d] immortalis, tamen non bene sonat, cum de una et eadem persona eodem tempore ›est et non‹ dicitur. Quare in tali casu natura simul exprimenda est, ut Christus secundum humanam naturam vel ut homo est mortalis, Christus secundum divinam naturam vel ut verus Deus est immortalis.

Praecipue vero hoc quoque bene notandum est, quod personae utriusque naturae proprietates attribuntur, verum non naturae ipsae. Non enim dicitur: Christus est divinitas aut divina natura, sed tantum: Christus est Deus, nec dicitur: Christus est humanitas aut humana natura, sed tantum: Christus est homo. Quin etiam doctiores theologi nolunt Christum dici debere creaturam, nisi addatur: secundum humanam suam naturam vel humanitatem, nam non sine offendiculo diceretur, promoveretque Arianam haeresim. [K2b:] Quare ante omnia sacra scriptura inspicienda est, nec temere aut incogitanter de Christo aliis et novis formulis loquendum, quam quibus sacra scriptura de eo loquitur.

d) erg. nach der Korrekturliste auf Bl. T3b.

venlich oder unbedechtlich von Christo auff andre, neue weiss reden, dan wie die heilige schrifft von im redet[452].

Dieweil aber Christus also ein einige, unzertrente person ist, das er dannoch nichtsdesteweniger zwu unterschidliche natur hat und beider natur eigenschafft der person zugelegt und von ir gesagt werden, so wil einem gelerten, christlichen theologo gebůren, das er von allen eigenschafften, die von Christo gesagt werden, kőnne rechenschafft geben, von welcher natur sie herfliessen. Dann wan man[s] spricht: Jhesus Christus, Marie son, hat himmel und erd geschaffen, so ist es ja recht und wol geredt, wan ich aber einen theologen frag: Nach welcher natur hat Marie son himmel und erd erschaffen, so ist er schůldig, mir zu antworten, und sol sagen: Nach der gőttlichen und nicht nach der menschlichen natur hat er himmel und erd erschaffen – und es ist dannoch noch nicht gnug, sonder er sol es mit der heiligen schrifft beweisen als: »Im anfang schuff Gott himmel und erden«[453], und dergleichen. Wann er aber wůrde felen[454] und sagen, Christus het nach seiner menscheit himmel und erden geschaffen, so redet er schon ketzerisch; und wolt ers dannoch dar-[N4a:]zu verteidigen und vil plaudern, Marie son het himmel und erden geschaffen, Christus aber het allein sein menschliche natur von Maria und nicht die gőttlichen, darumb, dieweil hie Marie son genennet wurd, so must man verstehen, das Christus nach seyner menschlichen natur het himmel und erden geschaffen und nicht nach der gőttlichen, sihe, so were er schon ein zeitiger[455] ketzer, den man nach zweien oder dreien vermanungen solt verdammen, verbannen und meiden[456]. Also auch wann man spricht: Jhesus Christus, warer gottesson, hat sein blut fur uns vergossen und ist fur uns gestorben, so ist es ja auch recht, wol und christlich geredt. Wan ich aber einen theologum frag: Nach welcher natur hat Gottes son sein blut vergossen und ist gestorben, so ist er mir ja auch schůldig zu antworten und sol sagen: Nach seiner menschlichen natur hat er sein blut vergossen und ist gestorben und nach der gőttlichen natur gar nicht – und es ist dannoch nicht gnug, sonder er sol es mit heiliger schrifft noch krefftiglich kőnnen beweisen. Wann er aber wůrde felen und sagen, Christus nach seiner gőttlichen natur het[t] blut vergossen und wer gestorben, so redet er schon ketzerisch; und wolt ers dannoch darzu verteidigen und vil geiffern, [N4b:] Gott gebere je kein menschen, sonder ein Gott, im gleich, der sein son ist, dieweil aber Gottes son gestorben sey, so mus man es von der gőttlichen natur und nicht von der menschlichen natur verstehen, sihe, so were er schon ein uberzeitiger

s) Nach der Korrekturliste auf Bl. Bb4a in A zu erg.
t) het sein: B.

452. Die Schrift selbst gebraucht die ›communicatio idiomatum‹ z.B. Lk 1,35; Joh 1,14; Act 3,15; Röm 1,4f; Phil 2,6f u.ö., natürlich ohne die spätere Systematisierung der Lehre; vgl. LThK 5, Sp. 607.

453. Gen 1,1.

454. (sich) irren.

455. reifer.

456. Vgl. die biblische Regel zur Gemeindezucht bei Mt 18,15-18.

Quoniam autem Christus ita unica et indivisibilis persona est, ut nihilominus tamen duas diversas naturas habeat et utriusque naturae proprietates personae attribuantur ac de ea praedicentur, competit erudito theologo, ut de singulis proprietatibus, quae de Christo praedicantur, rationem possit reddere, ex qua natura profluant. Nam cum dicitur, Iesus Christus, Mariae filius, creavit caelum et terram, rectus et sanus sermo est. Cum autem ex theologo quaero: Secundum quam naturam filius Mariae creavit caelum et terram, tum profecto officii eius est, ut mihi respondeat, debetque dicere: Secundum divinam et non secundum humanam suam naturam. Neque vero adhuc satis est, sed debet id ipsum etiam sacris literis probare ut: »In principio creavit Deus caelum et terram«, et similibus testimoniis. Porro si hic a vero aberraret et diceret Christum secundum suam humanam naturam creasse coelum et terram, tum profecto iam loqueretur haeretice; quod si insuper etiam defendere vellet multaque blaterare filium, scilicet Mariae, creasse coelum et terram, Christum autem solam suam humanam naturam habere ex Maria, quare, cum hic Mariae filius nominetur, intelligi oportere, quod Christus secundum suam humanam naturam creasset coelum et terram et non secundum divinam, tum profecto esset maturus haereticus, qui post unam et [K3a:] alteram admonitionem deberet damnari, excommunicari et vitari. Eodem modo, cum dicitur, Iesus Christus, verus Dei filius, sanguinem suum pro nobis effudit, estque pro nobis mortuus, tum id quoque recte, sane et christiane dicitur. Cum autem theologum interrogo: Secundum quam naturam effudit filius Dei sanguinem suum et mortuus est, tum profecto ibi quoque illius officium est, ut mihi respondeat, debetque dicere: Secundum humanam suam naturam effudit sanguinem suum ac mortuus est, secundum divinam vero naturam nullo modo. Neque vero satis est, sed debet id ipsum insuper sacris literis firmiter posse probare. Porro si et hic a vero aberraret et diceret, quod Christus secundum suam divinam naturam sanguinem effudisset, tum profecto iam loqueretur haeretice; quod si insuper defendere vellet multaque garrire, quod Deus scilicet non generet hominem, sed Deum sibi aequalem, qui et filius eius sit, cum autem filius Dei mortuus sit, hoc intelligendum esse de divina et non de humana natura, tum profecto esset haereticus plusquam maturus, tractandus, ut supra dictum est. Similiter, cum dicitur, Iesus Nazarenus est verus ille Christus, tum id de utraque natura est intelligendum, in eadem persona simul unitis. Nam divina natura sola non est Christus, humana natura sola etiam non est Christus. Quod si theologus alterum illorum vellet ponere et defendere, is quoque esset manifestus haereticus, per omnia tractandus, ut supra dictum est. [K3b:] Et ut tandem ad finem huius negotii perveniam, eodem modo est iudicandum, cum dicitur: »Semen mulieris conteret caput serpentis«, Gene. 3 [15], et: »In semine Abrahami benedicentur omnes gentes«, Gene. 22 [18], et: Germen Davidis nominabitur Iehova – sic enim adversarii mei pronunciant proprium et magnum nomen Dei –, et: »Iehova est iusticia nostra«, Ieremiae 23 [6] et 33 [16], et: »Christus factus est nobis sapientia a Deo et iusticia« etc., 1. Cor. 1 [30]. Dico enim ac insulto etiam portis inferorum, ut quae contra hiscere non audeant: Semen mulieris, quod conterit caput serpentis, est verus Deus et homo, semen Abrahami, in quo benedici-

ketzer, zu halten, wie oben gemeldet ist. Desgleichen wann man spricht: Jhesus von Nazaret ist der recht, ware Christus etc., so sol es verstanden werden von beiden naturn, in einer person zugleich vereinigt. Dann die gȍttliche natur allein ist nicht Christus, die menschliche allein ist auch nicht Christus. Und so ein theologus der eins wolt setzen und verteidigen, der wer auch ein wissenlicher, bekanter ketzer, aller mass zu halten, wie oben gesagt ist. Und das ich dises handels zum ende kom, so ist eben auch also zu urteilen, wann man spricht: »Des weibs samen wirt der schlangen das heubt zutretten«, Gene. am 3. [15], und: »In Abrahams samen werden alle vȍlcker gesegnet«, Gen. 22 [18], und: Des Davids zweig wirt – wie meine widersacher den eignen, grossen namen ›Gott‹[u] lesen und aussprechen[!] – Jehova genant werden[457], und: »Jehova ist unser gerechtigkeit«, Jeremie 23 [6] und 33 [16], und: »Christus ist uns von Gott zur weisheit und gerechtigkeit gemacht«, 1. Cor. 1 [30]. Dan ich [O1a:] sage trotz allen porten der hell[458], das sie darwider muncken[459]: Des weibs samen, der der schlangen das heubt zutrit, ist warer Gott und mensch, des Abrahams samen, in dem wir gesegnet werden, ist warer Gott und mensch, des Davids zweig ist warer Gott und mensch, Jhesus Christus, unser heiland, ist warer Gott und mensch, alles[v] der einig Christus, Gottes und Marien son.

So frag ich nun meine widersacher, ich het schir gesagt meine theologen: Hat des weibs samen der schlangen heubt nach seiner gȍttlichen natur allein oder nach seiner menschlichen natur allein zutretten oder habens beide natur zugleich in einer person gethan? Hirauff gehȍrt eine richtige, reine, christliche antwort, die man darnach gar gewaltiglich mit heiliger schrifft beweise. Item, ob uns Abrahams samen segne nach seiner gȍttlichen natur allein oder nach seiner menschlichen natur allein oder aber ob beide natur zugleich, in einer person vereinigt, uns mussen segnen. Darauff gehȍrt auch ein richtige, reine, christliche antwort, die man darnach gar gewaltigklich mit heiliger schrifft beweise. Item, ob Davids zweig nach seiner gȍttlichen natur allein oder nach seiner menschlichen natur allein den eignen, grossen namen Gottes hab und fure oder ob er beiden naturn zugleich, in einer einigen person verei-[O1b:]nigt, zugehȍre und gegeben sey. Darauff gehȍrt auch ein richtige, reine, christliche antwort, die man darnach gar gewaltigklich mit heiliger schrifft beweise. Item, ob Christus, uns von Gott zur gerechtigkeit gemacht, nach seiner gȍttlichen natur allein oder nach seiner menschlichen natur allein unser gerechtigkeit sey oder[w] ob die beyde natur zugleich, in einer einigen person vereinigt, unser gerechtigkeit seien. Und hierauff sonderlich gehȍrt eine richtige, reine, christliche antwort, die man dar-

u) Gottis: a. – v) als: B. – w) ader aber: a.

457. Vgl. Jer 23,5f.
458. Vgl. Mt 16,18.
459. mucksen, den Mund auftun.

mur, est verus Deus et homo, germen Davidis est verus Deus et homo, Iesus Christus, salvator noster, est verus Deus et homo, prorsus unicus et idem Christus, Dei et Mariae filius.

Interrogo igitur nunc meos adversarios, pene dixeram theologos: Utrum semen mulieris contriverit caput serpentis secundum naturam suam divinam tantum, an secundum humanam tantum, an vero utraque natura simul in unica persona hoc fecerint? Hic debent rectum, sanum et christianum responsum dare, quod deinde sacrarum literarum testimoniis perquam potenter confirmetur. Item, utrum semen Abrahae nobis benedicat secundum naturam suam divinam tantum, an secundum humanam tantum, an vero utranque naturam simul in unica persona nobis benedicere oporteat? Et hic quoque debent rectum, sanum et christianum responsum dare, quod deinde sacris literis perquam potenter confirmetur. Item, utrum [K4a:] germen Davidis secundum naturam suam divinam tantum, an secundum humanam tantum proprium et magnum nomen Dei habeat ac sustineat, an vero utrique naturae simul in unica persona unitis competat ac datum sit? Et hic quoque rectum, sanum et christianum responsum dare debent, quod deinde sacris literis perquam potenter confirmetur. Item, utrum Christus, factus nobis a Deo iusticia, secundum naturam suam divinam tantum, an secundum humanam tantum nostra iusticia sit, an vero utraque natura simul in unica persona unitae nostra iusticia sint? Et hic praecipue rectum, sanum et christianum responsum dare debent, quod deinde perquam potenter sacris literis confirmetur. Hic enim est caput rei, propter quod haec omnia molimur.

nach gar gewaltigklich mit heiliger schrifft beweise. Dan das ist der rechte heubtpunct, darumb es uns alles zu thun ist[460].

Und alhie, hoff ich, sol der betrug offenbar werden, darmit man die leute bis anher neben vil unehrlichem schelten, schmehen, liegen, klagen, weinen, rotten[461] und troen also geblendet, bezaubert und unrugig[462] – het schier gesagt auffruͤrisch – gemacht hat, wie vor wol mehr beschehen. Dann gleichwie nicht volgt, wan man spricht: Marie son hat himmel und erde geschaffen, das es darumb die menscheit und nicht die gottheit gethon hab, also volgt auch nicht, wan man spricht: Das zweig Davids furt den [O2a:] eignen, grossen namen Gottes, das in darumb die menscheit allein und nicht die gottheit fure. Desgleichen, wann man spricht: Christus ist unser gerechtigkeit, so volgt noch vil weniger, das darumb seine menscheit allein und nicht die gottheit unser gerechtigkeit sey. Sonder hierauff gehoͤrt, wie vor gesagt ist, ein klare, gewaltige und ungezweiffelte beweisung, ja beweisung sag ich und schrey noch immerdar: Beweisung, beweisung, beweisung! Wo bleibt sie dann? Ich hab ja noch kein wort noch sylben noch einigen buchstaben aus der heiligen schrifft hieruber je gehoͤrt – greulicher scheltwort und ungegruͤndter reden hab ich wol vil bis zum verdrus gehoͤrt! Ich bin auch gewiss, das weder menschen noch teuffel noch engel vom himmel noch sonst kein creatur[463] werd immer und ewigklich beweisen, das Jhesus Christus, sein goͤttliche natur hindangesetzt, nach seiner menscheit allein, die alsdann ein lautere creatur were, unser gerechtigkeit sey oder sein koͤnne, wie hernach an seinem ort weiter und reichlicher soll bewisen werden[464]. Dann das ist je gewiss – damit ich sie doch warne, wiewol sie dessen nimmer werdt sein, werdens auch, als ich achte, von mir nicht annemen – [O2b:] quod omnis iusticia, proprie de iusticia loquendo, aut est divina iusticia et essentia Dei, aut est[x] humana iusticia et qualitas creata, nullo autem modo actio aut passio, das ist, das alle gerechtigkeit, wan man eigentlich von dem wort gerechtigkeit reden wil, ist antweder goͤttliche gerechtigkeit und goͤttlich wesen selbs oder aber menschliche gerechtigkeit und ein erschaffne qualitas[y] (die fur sich selbs und ausserhalb des menschen kein wesen hat), aber in keinen weg kans ein thun oder leiden sein – sie moͤgen hierwider schwirmen[465], was sie wollen; und hiemit von disem handel auff dismal und an dem ort genug!

x) fehlt in a.
y) qualitas ader geschickligkait: a.

460. In Osianders Schlußfrage verbirgt sich der gesamte Streit um die Rechtfertigung, wie er sich bis zur ›Antilogia‹ der Gegner und Osianders Antwort im März entwickelt hat, vgl. dazu u. A. Bd. 9, S. 574f, Nr. 447, und S. 569,3-570,4, mit Anm. 39, Nr. 445. Die von Osiander dort aufgeworfene Frage, ob Christus nicht schon im Mutterleib gerecht gewesen sei, zielt in die gleiche Richtung.

461. zusammenrotten.

462. unruhig.

463. Vgl. Gal 1,8 und Röm 8,38f.

464. Vgl. u. S. 226,16-228,13(-242,21).

465. schwärmen, schwärmerisch reden. – Vgl. dazu o. S. 154, Anm. 263.

Et hic tandem, uti spero, manifestabitur dolus, quo tot homines hucusque cooperantibus multis inhonestis conviciis, criminationibus, probris, mendaciis, quaerelis, lachrimis, conspirationibus et minis occaecati, fascinati et inquieti, ne dicam sediciosi, facti sunt, sicut antea quoque aliquoties factum est. Nam quemadmodum non sequitur, si quis dicat: Mariae filius creavit coelum et terram, quod hoc humana et non divina natura fecerit, ita etiam, cum dicimus: Germen Davidis sustinet proprium et magnum nomen Dei, nullo modo sequitur, quod humana natura tantum et non divina illud sustineat. Similiter cum dicitur: Christus est iusticia nostra, multo minus sequitur, [K4b:] quod humana eius natura tantum et non divina nostra iusticia sit. Sed hic requiritur, ut supra dixi, clara, firma et indubitata probatio – probatio inquam et clamo adhuc, ut probationes afferant! Certe enim verbum nullum, syllabam nullam, nec literam ullam e sacris literis hucusque super hoc unquam audivi. Horribilia convicia et inania sophismata quam plurima usque ad nauseam audivi. Ac sum omnino certus, quod neque homines, neque daemones, neque angeli e coelo, nec ulla alia creatura possit unquam in aeternum probare, quod Iesus Christus, seposita ipsius divina natura, secundum humanam tantum, quae tum mera esset creatura, iusticia nostra sit aut esse possit, id quod in sequentibus suo loco latius et copiosius confirmabimus. Nam hoc omnino certum est – ut eos tamen admoneam, quamvis iam indigni sint, nec, ut opinor, admonitionem curabunt –, quod omnis iusticia, proprie de iusticia loquendo, aut est divina iusticia et essentia Dei aut est humana iusticia et qualitas creata, nullo autem modo actio aut passio – delyrent ipsi in contrarium, quicquid eis libuerit! Et hac de re in praesentiarum hoc loco satis.

Dieweil ich aber, sovil sich in der eil hat wollen leiden[466], nach meinem vermoͤgen erkleret hab, das man das woͤrtlein ›rechtfertigen‹ in des glaubens sachen fur ›gerecht machen‹ soll verstehen und das Gott allein gerecht machen kan[467], auch, dieweil ein goͤttliche und eine menschliche gerechtigkeit ist[468], das die goͤttliche und nicht die menschliche gerechtigkeit uns durch den glauben zugerechnet werd und wie man das woͤrtlein ›zurechnen‹ verstehen soll[469], darbey das in der heiligen schrifft nirgen geschriben sey ›die gerechtigkeit, die vor Gott gilt‹, sonder allein dise zwey duͤrre und klare wort ›Gottes gerechtigkeit‹[470], und das man mit verbluͤmbten worten nichts kan beweisen, man setze dan [O3a:] die eigentlichen, natuͤrlichen wort an ir stat[471], desgleichen das man den glauben in dem handel der rechtfertigung nicht blos fur sich selbst, sonder, wie er Christum ergreifft und in unser hertz bringt, verstehen sol[472] und das das gesetz die waren, goͤttlichen gerechtigkeit an uns fordere, aber uns nur die menschlichen gerechtigkeit abnoͤtige[473], und entlich wie man von den zweien naturn in Christo und von seiner einigen person recht reden sol[474], so kum ich nun wider auff meinen dritten artickel von der krafft des euangelions, da ichs vor gelassen hab[475], und sage also:

Gleichwie das euangelion das innerlich, lebendig wort Gottes, das Gott selbs und aus der reinen jungfrauen Maria geborn, fleisch worden, Jhesus Christus, unser herr und heilandt ist, durch unsern glauben also in unser hertz bringt, das wir durch dasselb vom todt der suͤnden erweckt, in Gott und aus Gott widerumb leben, ja Gott selbs unser leben ist, also ist eben dasselbig wort Gottes, das Gott selbs, Jhesus Christus, unser herr und heiland ist, auch unser gerechtigkeit selbs und macht uns gerecht durch sich selbs. Dann als einig das goͤttlich wesen des worts Gottes ist, als einig sind leben und [O3b:] gerechtigkeit, dardurch wir ewigklich sollen selig sein. Mit der menschlichen gerechtigkeit und unsern naturlichen leben helt es sich vil anderst und ist ein grosser unterschid darzwischen, sintemal[476] wir das natuͤrlich leben alzumal ehe haben dann die heidnischen oder menschlichen gerechtigkeit, dieweil diselbig durch lehre, zucht, gesetz und straff in uns mus getriben werden[477]. Aber in der rechtfertigung des glaubens ists unmuͤglich, das Gott solt unser leben sein

466. Zur kurzfristigen Entstehung dieser umfangreichen Schrift vgl. o. die Einleitung S. 49f.
467. Vgl. o. S. 144,29-146,37.
468. Vgl. o. S. 160,11-162,16.
469. Vgl. o. S. 192,3-200,5.
470. Vgl. o. S. 162,29-164,7.
471. Vgl. o. S. 166,3-15.
472. Vgl. o. S. 166,16-26(-170,29).
473. (mit Gewalt) abnehme. – Vgl. o. S. 192,3-23.
474. Vgl. o. S. 200,6-206,17(-208,31).
475. s. o. S. 144,1-20.
476. da, weil.
477. uns gelehrt, eingeprägt werden muß.

Cum autem, quantum in transcursu fieri potuit, pro mea virili declararim, quod verbum ›iustificare‹ in causa fidei pro ›iustum efficere‹ debeat intelligi et quod solus Deus iustos efficere possit, deinde, cum una divina, altera humana iusticia sit, quod illa divina, non haec humana, nobis per fidem imputetur et quomodo verbum ›imputandi‹ sit intelligendum, hinc quod nusquam [L1a:] in sacris literis scriptum sit ›iusticia, quae coram Deo valet‹, sed tantum haec duo solida et clara verba ›iusticia Dei‹ et quod verbis tropicis nihil possit probari, nisi propria et nativa in locum eorum substituantur, similiter quod fides in negotio iustificationis non nude pro se ipsa, sed, ut Christum apprehendit et in corda nostra sistit, intelligenda sit et quod lex veram illam et divinam iusticiam a nobis postulet, sed tantum humanam nobis extorqueat, postremo quomodo de duabus naturis in Christo et de unica eiusdem persona recte loquendum sit, redeo iam ad tertium articulum meum de virtute evangelii, unde antea digressus sum, et dico sic:

Quemadmodum evangelium internum et vivum verbum Dei, quod Deus ipse, ex pura virgine Maria natum, caro factum, Iesus Christus, dominus et salvator noster est, per fidem nostram in corda nostra ita adducit, ut per ipsum a morte peccatorum resuscitati in Deo et ex Deo iterum vivamus, imo Deus ipse vita nostra sit, ita idem plane verbum Dei, Deus ipse, Iesus Christus, dominis et salvator noster, est etiam iusticia nostra et iustificat nos per se ipsum. Nam quae unitas est essentiae verbi Dei, eadem est et vitae et iusticiae, per quam in aeternum salvi esse debemus. De humana iusticia et nostra naturali vita res longe aliter habet, multumque inter se distant, siquidem naturalem vitam omnes prius habemus quam philosophicam vel humanam iusticiam, cum necessarium sit eam nobis doctrina, disciplina, legibus et poenis infigi. Verum in iusti-[L1b:]ficatione fidei impossibile est Deum esse vitam nostram, ut non simul etiam sit iusta vita. Quare et Paulus ad Galat. 3 [21] dicit: »Si data esset lex, quae posset vivificare, tum vere ex lege esset iusticia«, quo dicto potentissime testatur, quod nihil nos possit iustificare, nisi quod vivificet, et e contrario, quod, quicquid nos vivificet, hoc nos etiam vere iustificet. Adeo vita et iusticia in unica divina domini nostri Iesu Christi essentia unum sunt, ut nec sacrae literae declarent, an vita ex iusticia, an vero iusticia ex vita existat. Nam cum Paulus dicit, si lex vivificaret, tum vere ex ea esset iusticia, apparet iusticiam ex vita sequi, verum cum dicit: »Iustus ex fide vivit«, ita sonat, quasi oporteat nos per fidem prius iusticiam, deinde per iusticiam ipsam vitam consequi. Sed, ut dixi, impossibile est nos divinam vitam in nobis habere, ut non sit etiam iusta vita, aut iusticiam Dei in Christo Iesu in nobis esse et nos tamen nondum vivere, sed adhuc peccatis ac delictis mortuos esse. Hinc est, quod Christus tam diligenter praedicat et docet sese esse vitam et tam pauca dicit de iusticia. Qui enim unum intelligit, intelligit et alterum, qui unum consequutus est, habet et alterum. Quare omnia testimonia sacrae scripturae, quae dicunt verbum Dei, quod Deus ipse et caro factum est, Iesum Christum dominum nostrum esse vitam nostram, ea per consequens aeque potenter testantur illud idem verbum esse etiam nostram iusticiam in Christo Iesu. [L2a:]

und solt nicht auch zugleich ein gerechtes leben sein[478]. Darumb spricht auch Paulus zun Gal. am 3. [21]: »Wann ein gesetz gegeben wer, das da lebendig machen kŏnte, so keme warhafftigklich die gerechtigkeit aus dem gesetz«, und bezeugt gewaltigklich darmit, das uns nichts gerecht machen kŏnne, dann das da lebendig mache, und widerumb, was uns lebendig mache, das mache uns auch warhafftigklich gerecht. Und sein also leben und gerechtigkeit so gar in dem einigen gŏttlichen wesen unsers herren Jhesu Christi vereiniget, das auch die heilige schrifft nicht erkleret, ob das leben aus der gerechtigkeit oder die gerechtigkeit aus dem leben komme. Dann da Paulus spricht, wann das gesetz lebendig machet, so keme die gerechtigkeit warhafftigklich daraus, da lest sichs [O4a:] ansehen, als solte die gerechtigkeit aus dem leben volgen, aber da er spricht: »Der gerechte wirt seins glaubens leben«[479], da lautet es eben, als mŭssen wir vor[480] durch den glauben die gerechtigkeit und darnach durch die gerechtigkeit das leben erlangen. Aber wie ich gesagt hab, so ist es unmŭglich, das wir das gŏttlich leben solten in uns haben und es solte doch nicht ein gerechtes leben sein oder das wir solten Gottes gerechtigkeit in uns haben in Christo Jhesu und solten doch noch nicht leben, sonder noch in sŭnden und ubertretungen todt sein. Daher kumbts auch, das Christus so fleissig[481] predigt und lehret, wie er das leben sey[482], und so wenig sagt von der gerechtigkeit. Dann wer eins verstehet, der verstehet das ander auch; wer eins erlangt, der hat das ander auch. Darumb alle die gezeugnus der heiligen schrifft, so da sagen, das das wort Gottes, das Gott selbs und fleisch worden ist, Jhesus Christus, unser herr, sey unser leben, die zeugen auch aus der volge ebenso starck, das eben dasselbig wort sey auch unser gerechtigkeit in Christo Jhesu.

Das ist auch die ursach, das S. Augustinus in der epistel zum Consentio das leben und die gerechtigkeit so fein zusamengefasset und miteinander beschriben hat, wie hernach volget. [O4b:] Sanct Augustinus schreibt dem Consentio in der 85. epistel[483] unter andern also: »Die gerechtigkeit, die in ir[484] selbst lebet, ist on[z] zweiffel Gott selbst und lebet unwandelbar. Gleich aber wie sie, dieweil sie in ir selbs das leben ist, auch unser leben wirt, wan wir ir teilhafftig werden, also auch, dieweil sie in ir selbs gerechtigkeit ist, wirt sie auch unser gerechtigkeit, wan wir ir anhangen und gerecht leben. Wir sein auch so vil mehr oder minder gerecht, wie vil mehr oder minder wir ir anhangen. Daher ist von dem eingebornen son Gottes geschriben, dieweil

z) ohn allen: a.

478. Um das Wirken Gottes durch Christus im Herzen zu verdeutlichen, sah sich Osiander sogar genötigt, in seinen Vorlesungen den ›sensus Spiritus sancti‹ zu erläutern, der im Glaubenden durch die Gerechtmachung erweckt wird; vgl. u. A. Bd. 9, S. 645f, Nr. 461.

479. Gal 3,11.

480. zuvor, vorher.

481. nachdrücklich.

482. Vgl. Joh 11,25.

483. »Augustinus Consentio ad quaestiones de Trinitate sibi propositas«, Epistola 120 in PL 33, Sp. 452–462.

484. sich.

Et hac de causa Augustinus ad Consentium vitam et iusticiam, tam pulchre coadunatas, simul descripsit, ut sequitur. S. Augustinus ad Consentium epistola 85 inter caetera sic scribit: »Ea porro iusticia, quae vivit in se ipsa, procul dubio Deus est et incommutabiliter vivit. Sicut autem, cum sit in se ipsa vita, etiam nobis fit vita, cum eius efficimur participes, ita, cum in se ipsa sit iusticia, etiam nobis fit iustitia, cum ei cohaerendo iuste vivimus. Et tanto magis minusve iusti sumus, quanto magis minusve cohaeremus. Unde scriptum est de unigenito filio Dei, cum sit utique Patris sapientia atque iusticia et semper in se ipso sit, quod factus sit nobis a Deo sapientia et iusticia et sanctificatio et redemptio, unde, quemadmodum scriptum est, qui gloriatur, in Domino glorietur«.

er ja des Vaters weisheit und gerechtigkeit ist und alwege in im selbs ist, das er auch uns von Gott gemacht sey zur weisheit, gerechtigkeit, heiligung und erlo̊sung, auff das, wie geschriben steht, wer sich růhmet, der růhme sich des Herren«[485].

Nun wollen wir den spruch Pauli in der 1. Cor. 1 [28-31], darauff sich Augustin alhie gegrůndet, auch fleissig besehen. Paulus spricht also: »Gott erwelet, das da nichts ist, das er zunichte mache, was etwas ist, auff das sich fur im kein fleisch růhme. Aus demselben seit auch ir (also lauten Pauli wort in seiner sprach:) in Christo Jhesu, der uns worden [P1a:] ist zur weisheit von Gott und zur gerechtigkeit und zur heiligung und zur erlo̊sung, auff das, wie geschriben stehet, wer sich růhmet, der růhme sich des Herren«. Hie ist zum ersten wol zu mercken, das Paulus spricht: »Aus demselben seit auch ir«. Wer ist derselbig? Gott, der da erwelet, das da nichts ist. Wie sein wir dann aus im? Nicht in der ersten geburt, dann daselbst sein wir aus Adam geborn, sonder in der neuen widergeburt, darvon Johannes am 1. [12f] sagt: »Er hat macht gegeben, Gottes kinder zu werden, denen, die an seinen namen glauben, die nicht aus dem geblůt noch aus dem willen des fleisches, noch aus dem willen eins mannes, sondern aus Gott geborn sein«. Wie werden wir dann aus Gott[a] geboren? Petrus 1. Petri 1 [23] spricht: »Nicht aus vergengklichem, sonder aus unvergengklichem samen, nemlich aus dem lebendigen wort Gottes, das da ewigklich bleibt«.

Hie ist ja klar, das wir durch den glauben an das euangelion darzu kommen, das der unvergengkliche samen des lebendigen und ewigen worts Gottes (das ist das innerliche wort Gottes, in das eusserlich gefasset) in unser hertz kůmbt. Wo aber das lebendig, ewig wort Gottes ist, da ist auch der heilige Geist, darumb spricht Christus Johannis am 3. [5]: »Es sey dan, das jemand ge-[P1b:]boren werd aus wasser und dem Geist, so kan er nicht in das reich Gottes kommen«. Sein wir dan neugeborn, so ist der same diser neuen geburt Gottes wort, Gott selbst und Gottes geist; Gott selbst ist in dem wort. So̊lcher same Gottes bleibt bey uns, 1. Johan. 3 [9]. Und das Petrus spricht, wir sein neue geborn aus dem lebendigen wort Gottes, das ewigklich bleibt, ist nicht allein zu verstehen, das es in im selbst ewiglich bleib, sonder auch, das es in den ausserwelten ewigklich bleib, gleichwie auch Christus von dem heiligen Geist sagt, Johannis am 14. [16f]: »Ich wil den Vater bitten, und er sol euch einen andern tro̊ster geben, der da bey euch bleib ewiglich, den geist der warheit, den die welt nicht kan empfahen, dan sie sihet in nicht und kennet in nicht, aber ir kennet in, dan er bleibt bey euch und wirt in euch sein«. So aber Gottes wort, Gott selbst, und heiliger Geist, Gott selbs, der same unserer neuen widergeburt in uns sein und ewigklich bleiben, so kan uns das nicht feilen: Gott der vater, von dem das wort geboren – und von denen der heilig Geist aussgehet –, wirt auch in uns sein und bey uns bleiben, wie Christus sagt Johannis am 14. [23]: »Wer mich liebet, der wirt mein wort [P2a:] behalten, und mein Vater wirt in lieben, und wir werden zu im kommen

a) im: a.

485. PL 33, Sp. 461, Kap. 4, Abschn. 19 nach der Übersetzung Osianders.

Iam locum Pauli 1.Cor. 1 [28-31], cui Augustinus hic innititur, diligenter expendemus. Paulus ita inquit: »Deus elegit ea, quae non sunt, ut ea, quae sunt, destrueret, ut non glorietur ulla caro in con-[L2b:]spectu eius. Ex ipso autem et vos estis in Christo Iesu, qui factus est nobis sapientia a Deo et iusticia et sanctificatio et redemptio, ut, quemadmodum scriptum est: Qui gloriatur, in Domino glorietur«. Hic primo diligenter notandum est, quod Paulus dicit: »Ex ipso autem et vos estis«. Quis vero est ille ipse? Deus, qui eligit ea, quae non sunt. Quomodo autem sumus ex ipso? Non ex priore nativitate, illic enim ex Adamo sumus nati, sed ex nova regeneratione, de qua Iohannes 1. cap. [12f] dicit: »Dedi potestatem filios Dei fieri his, qui credunt in nomine eius, qui non ex sanguinibus, neque ex voluntate carnis, neque ex voluntate viri, sed ex Deo nati sunt«. Quomodo autem ex Deo nascimur? Petrus 1.Pet. 1 [23] dicit: »Non ex corruptibili, sed incorruptibili semine per verbum vivum Dei et permanens in aeternum«.

Hic utique clarum est, quod per fidem in evangelium eo pervenimus, quod incorruptibile semen vivi et aeterni verbi Dei (quod est verbum Dei internum in externo comprehensum) venit in corda nostra. Ubi autem vivum et aeternum verbum Dei est, ibi est etiam Spiritus sanctus, ideo dicit Christus Iohan. 3 [5]: »Nisi quis renatus fuerit ex aqua et Spiritu, non potest introire in regnum Dei«. Si vero renati sumus, tum semen huius novae regenerationis est verbum Dei, Deus ipse et spiritus Dei; Deus ipse est in verbo. Hoc semen Dei manet in nobis, 1.Iohan. 3 [9]. Et quod Petrus dicit nos esse renatos per verbum vivum Dei, permanens in aeternum, non solum est intelligendum, quod in se ipso maneat in aeternum, verum etiam, quod in electis quoque maneat in aeternum, [L3a:] sicut Christus etiam de Spiritu sancto dicit, Ioh. 14 [16f]: »Rogabo Patrem, et alium paracletum dabit vobis, ut maneat vobiscum in aeternum, spiritum veritatis, quem mundus non potest accipere, quia non videt eum, nec scit eum; vos autem cognoscitis eum, quia apud vos manet et in vobis erit«. Quod si vero verbum Dei, Deus ipse, et Spiritus sanctus, Deus ipse, semen scilicet nostrae novae regenerationis in nobis sunt et in aeternum manent, fieri non potest, ut non et Pater, ex quo verbum genitum est et ex quo[12] Spiritus sanctus procedit, etiam in nobis sit et apud nos maneat, sicut Christus dicit Iohan. 14 [23]: »Si quis diligit me, sermonem meum servabit, et Pater meus diliget eum, ad eum veniemus et mansionem apud eum faciemus«, haud dubie aeternam mansionem, sicut de verbo et Spiritu iam probatum est. Ergo Pater, Filius et Spiritus sanctus, tota essentia divina, est in nobis, et Pater regenerat nos per semen suum denuo et innovat veterem hominem nostrum penitus et omnino, ita ut fiamus nova creatura. Creatura sumus et manemus creatura, quantumcumque gloriose innovemur. Verum semen Dei et

12. Beachte die dt. Vorlage.

und wonung bey im machen«, on zweiffel eine ewige wonunge, wie vom wort und Geist bewisen ist. So ist nun Vater, Son und heiliger Geist, das gantz goͤttliche wesen in uns, und der Vater gebirt uns durch seinen samen wider von neuen, das ist, er verneuet unsern alten menschen gantz und gar, das wir eine neue creatur werden. Ein creatur sein wir und bleiben wol ein creatur, wie koͤstlich[486] wir auch verneuert werden, aber der same Gottes und das gantze goͤttlich wesen, das also aus gnaden in uns ist wie in Christo von natur und bleibt ewigklich in uns, das ist Gott selbs und kein creatur, wirt auch in uns oder von unsernwegen nimmermehr kein creatur werden, sonder wol warer Gott ewigklich in uns bleiben.

Derhalben haben wir nun aus gnaden auch beide naturn, nemlich nicht allein die menschlichen, erstlich aus vater und mutter nach dem fleisch geborn, darnach durchs wort und Geist in Christo widerumb neugeborn, sonder wir sein auch der goͤttlichen natur teilhafftig, wie Petrus in seiner 2. epi. am 1. cap. [4] zeugt und spricht, [P2b:] es sein uns in Christo die groͤssisten[b] verheissungen geschenckt, nemlich das wir durch dasselbig[!] teilhafftig werden der goͤttlichen natur; darumb spricht auch Paulus: »Aus demselben seit auch ir«[487], nemlich aus Gott. Dann dieweil der same Gottes ewiglich in uns bleibt und wir der goͤttlichen natur teilhafftig werden, so sein wir, sovil dasselbig belangt, »nicht aus dem gebluͤt noch aus dem willen des fleisches, noch aus dem willen eins mannes, sonder aus Gott geborn«[488], wie Paulus zun Galat. am 3. [26] spricht: »Ir seit alle Gottes kinder durch den glauben an Christo Jhesu«. Das ist, das Paulus spricht: »Aus demselben seit auch ir«. Woher haben wir dan dise gnad, das wir aus Gott geborn[c], der goͤttlichen natur teilhafftig sein? Antwort Paulus: In Christo Jhesu! Dann weren wir nicht durch den glauben und die tauff in Jhesum Christum also eingeleibt, das wir glider seines leibs, fleisch von seinem fleisch und gebein von seinem gebein und mit im ein fleisch weren, wie Paulus zun Ephesern am 5. cap. [30] schreibet, so koͤnten wir seiner goͤttlichen natur nicht teilhafftig werden. Dan gleichwie ein weinrebe, der vom weinstock abgeschnitten ist, nicht kan des saffts des weinstocks teilhafftig sein[489], und wie ein glid vom leib abgehauen, kein leben von [P3a:] der seele empfangen kan, also koͤnnen auch wir der goͤttlichen natur oder des goͤttlichen wesens, das unser leben, liecht und gerechtigkeit ist, nicht teilhafftig werden, wan es nicht aus seiner menscheit als aus dem heubt in uns als seine glider herflusse.

Darumb hab ich auch den spruch Pauli zun Colossern so fleissig und schier in allen predigen getriben, den er am 2. cap. [9] setzet und spricht, es wone in Christo die gantze fulle der gottheit leibhafftig, das ist: Wiewol das wort allein ist fleisch worden und nicht der Vater noch der heilig Geist, so sein doch der Vater und der heilig Geist auch in Christo, dann das goͤttlich wesen kan nicht zurtrennet werden, und die

b) allergrössisten: a. – c) geborn und: B.

486. kostbar.
487. I Kor 1,30.
488. Joh 1,13.
489. Vgl. Joh 15,4.

tota essentia divina, quae per gratiam ad hunc modum in nobis est sicut in Christo a natura et manet in nobis in aeternum, Deus ipse est et non creatura, neque erit in nobis aut nostra causa unquam in aeternum creatura, sed manebit in nobis verus Deus in aeternum.

Quapropter habemus iam ex gratia nos quoque utramque naturam, videlicet non solum humanam, primum ex patre et matre secundum carnem [L3b:] natam, deinde per verbum et Spiritum in Christo denuo regeneratam, verum sumus etiam divinae naturae consortes, ut Petrus 2. Pet. 1 [4] testatur et dicit: »Maxima et preciosa nobis promissa in Christo donata, per quae efficiamur divinae naturae consortes«, ideo dicit Paulus: »Ex ipso estis et vos«, nempe ex Deo. Quia enim semen Dei manet in nobis in aeternum, et nos divinae naturae consortes efficimur, non sumus, quantum ad hoc attinet, ex sanguinibus, neque ex voluntate carnis, neque ex voluntate viri, sed ex Deo nati, sicut Paulus ad Galat. 3 [26] dicit: »Omnes filii Dei estis per fidem, quae est in Christo Iesu«. Hoc est, quod Paulus dicit: »Ex quo estis et vos«. Unde autem habemus hanc gratiam, quod ex Deo nati divinae naturae consortes sumus? Respondet Paulus: In Christo Iesu. Nisi enim per fidem et baptismum in Iesum Christum ita incorporati essemus, ut membra corporis eius, de carne eius et ossibus eius et cum eo una caro essemus, ut Paulus ad Ephesios 5 [30] scribit, non possemus divinae eius naturae consortes fieri. Sicut enim palmes, e vite excisus, non potest succi e vite particeps esse, et sicut membrum, e corpore recisum, non potest vitam ab anima suscipere, ita nec nos divinae naturae sive divinae essentiae, quae vita, lux et iusticia nostra est, participes esse possumus, nisi per humanam eius naturam tanquam e capite in nos tanquam illius membra promanaret.

Propterea etiam locum Pauli ad Colossenses tam diligenter et fere in omnibus contionibus tractavi, [L4a:] qui secundo capite [9] asserit et dicit in Christo inhabitare omnem plenitudinem divinitatis corporaliter, hoc est: Quanquam verbum solum sit caro factum et non Pater nec Spiritus sanctus, tamen Pater et Spiritus sanctus etiam sunt in Christo; divina enim essentia non potest dividi, et humana natura Christi est habitatio et templum totius divinitatis, id quod ideo tam diligenter urgebam, ut omnes discerent nos neque Patrem neque verbum neque Spiritum sanctum investigare, invenire et habere posse nisi in Christo Iesu, cum ipsius membra fieremus.

menscheit Christi ist eine leibliche wonunge und tempel der gantzen gottheit. Das trib ich darumb so fleissig, das jederman lernen solt, das wir weder den Vater noch das wort noch den heiligen Geist antreffen, finden oder haben koͤnten dan in Christo Jhesu, wan wir seine glider wuͤrden.

Eben umb derselbigen ursach willen trib ich auch so fleissig alle spruͤch, die da zeugen, das Christus durch den glauben in uns wonet, bis es den teuffel so ubel verdros, das er durch etliche seine lestermeuler dise erschreckliche und ergerliche rede wider [P3b:] mich ausspeiet, ich predigte zwen Christus, einen, der zur gerechten Gottes sesse, und den andern, der durch den glauben in unsern hertzen wonete[490], gleich als koͤnte der einige Christus nicht zugleich im himmel zur gerechten Gottes sitzen und zugleich im heiligen sacrament und in unsern hertzen auch sein[491]. Und dieweil ich aus solcher lesterung spuͤrete, das die lesterer nicht recht vom heiligen sacrament hielten, trib ich auch die lehr vom heiligen sacrament des leibs und bluts Christi fleissig und bezeugte, das es warlich der ware leib Christi, fur uns in todt gegeben, und warlich das wahre blut Christi, zur vergebung unser suͤnden vergossen, wer und sein muͤste[492], dan es neben andern vil fruͤchten, die es bey uns wurcket, auch darumb furnemlich eingesetzt were, das es uns ein gewisses zeugnus und pfand were, das Jhesus Christus, warer Gott und mensch, durch den glauben warlich in uns wonen und uns also in sich ziehen und einleiben wolt, das wir warlich seine glider, fleisch von seinem fleisch und gepein von seinem gepein werden[493], auff das, so wir mit seiner menscheit vereinigt, [wir][d] auch seines goͤttlichen wesens, lebens und gerechtigkeit moͤchten teilhafftig werden. Deshalben muͤste es[e] warlich sein fleisch und blut sein und nicht [P4a:] schlecht brot und wein, dan brot und wein koͤnten uns keineswegs versichern und vergewissen, das Christus also durch den glauben unser und in uns wolt sein, das wir fleisch von seinem fleisch und gepein von seinem gepein und derhalben auch seiner goͤttlichen natur solten teilhafftig werden.

Aber das alles hat mich nichts geholfen, sondern, da der leidig teuffel mercket, das er mit seiner zwinglischen ketzerey[494] und andern, schedlichen irthumben mehr, die

d) konj. in A wegen Satzverschränkung.
e) es auch: a.

490. So klagte Osiander schon am 21. Febr. seinem Nürnberger Schwiegersohn Besold, vgl. u. A. Bd. 9, S. 555,4-6, Nr. 441.

491. Vgl. o. S. 196,8-10 und Anm. 430.

492. Hier ist wiederum an Osianders Disputatio de iustificatione zu erinnern, in deren Thesenreihe die Ausführungen über das Sakrament zur Stützung seines Hauptanliegens verwendet werden, vgl. die Thesen 41 und 56-58 u. A. Bd. 9, S. 436,13f und 440,8-16, Nr. 425.

493. Vgl. Eph 5,30.

494. Gemeint ist die o. Z. 8f bzw. S. 196,8f wiedergegebene Auffassung, daß Christus ›certo loco‹ im Himmel sei, die die zwinglische Abendmahlslehre stärker zu unterstützen scheint als die lutherische Ubiquitätslehre; vgl. u. A. Bd. 2, S. 537-578, Nr. 90, und o. S. 196, Anm. 430. Beachte dazu die subtilen Erwägungen Melanchthons in seinem Brief an Osiander vom 1. Mai, die offenbar weder von dem Königsberger Professor noch von dessen Gegnern in ihrer Breite erfaßt wurden, u. A. Bd. 9, S. 673,2-674,4, Nr. 469.

Et plane ob eandem causam urgebam etiam tam diligenter omnia loca, quae testantur Christum per fidem habitare in nobis, donec ea res satanam tam male haberet, ut per quaedam calumniatricia ora suorum hanc horribilem et scandalosam calumniam contra me evomeret me praedicare duos Christos, unum, qui ad dextram Dei sederet, et alterum, qui per fidem in cordibus nostris habitaret, quasi unicus ille Christus non possit simul in coelo ad dextram Patris sedere simulque in sacramento et in cordibus nostris quoque esse. Cumque ex huiusmodi calumnia deprehenderem calumniatores de sacramento corporis et sanguinis Domini non recte sentire, urgebam etiam doctrinam de eodem sacramento diligenter contestans illud vere verum corpus Christi, pro nobis in mortem traditum, et vere verum sanguinem Christi, in remissionem peccatorum nostrorum effusum, [L4b:] esse et esse oportere, quippe quod praeter alios complures fructus, quos in nobis operaretur, ob hoc quoque praecipue institutum fuisset, ut nobis certum testimonium et pignus esset, quod Iesus Christus, verus Deus et homo, per fidem vere in nobis habitare nosque in se ita attrahere sibique incorporare velit, ut revera membra ipsius, caro de carne eius et os ex ossibus eius fieremus, ut humanae ipsius naturae uniti etiam divinae naturae, vitae et iusticiae participes fieri possemus. Quare oporteret illud vere carnem et sanguinem et non merum panem et vinum esse, nam panis et vinum nulla nos ratione certos et securos efficere possent, quod Christus per fidem ita noster et in nobis esse velit, ut caro de carne eius et os ex ossibus eius et ita etiam divinae ipsius naturae participes fieri deberemus.

Verum haec omnia nihil mihi profuerunt, sed cum satan intelligeret, quod Zuingliana sua haeresi et aliis noxiis erroribus, quos tectim oppugnaram, nihil contra me posset efficere neminique persuadere, quod Christus ideo in sacramento et cordibus nostris esse non posset, quia in coelo ad dextram Patris sederet, sed Deus per me fidem defenderet, quod Christus ob hoc ipsum, quia super omnes coelos exaltatus, Ephe. 4 [10], sederet ad dextram Dei, Hebre. 7 [26], tanto certius possit esse, ubi velit, ibi tum satanas tartarea sua invidia et odio et suis impudentibus, manifestis, convictis, homicidialibusque mendaciis castrametabatur in altero latere, insaniebat, rabiebat, quasi conaretur millecuplo[13] peior esse quam unquam antea, ex quo mundus esse coepit, mentiens contra me, quod doceam iusticiam [M1a:] Dei extra Christum quaerere, quod reiiciam incarnationem Christi et dicam neminem ullam spem in ea collocare aut in eam confidere debere; iactatque – tartareus ille draco – se id mea manu docere posse, quod nullo aevo unquam praestare poterit, clamat, tumultuatur,

13. Wortform nicht nachgewiesen; Bildung wohl in Analogie zu ›decuplo‹.

ich verdeckterweis angefochten[495], nichts wider mich kont schaffen und niemand bereden, das Christus darumb nicht solt oder kont im sacrament noch in unsern hertzen sein, dieweil er im himmel zur gerechten des Vaters sesse, sonder Gott durch mich den glauben erhielte, das Christus eben darumb, das er uber alle himmel erhaben, Ephese. am 4. [10] und Hebre. am 7. [26], zur gerechten Gottes sitzt, nur dester gewislicher kont sein, wo er wolt, da legt sich der leidige sathan mit seinem hellischen neid und hass und mit seinen unverschembten, greifflichen[496], uberweislichen[497], moͤrdischen luͤgen auff die andern seiten[498], tobet und wuͤttet, als wolt er gern tausentmal erger sein, dan er vormals je gewest, weil[499] die welt gestanden ist, [P4b:] leugt auff mich, ich lere Gottes gerechtigkeit ausser Christo suchen, ich verwerfe die menschwerdung Christi und sage, das sich derselben niemand troͤsten, noch darauff vertrauen soll, ruͤmet sich auch – der hellisch drach – unverschembt, er habe dasselbige mit meiner handschrifft zu beweisen[500], das sich nimmermehr finden wirt, schreiet und poltert, ich trete das leiden und sterben Christi sampt seinem teuren, rosenfarben blut[501] mit fuͤssen und habs im sinn, das ich auch das heilig sacrament des leibs und bluts Christi wolle zunichte machen und auch mit fuͤssen tretten, lestert mich ein Juͤden und, die mich hoͤren, juͤdengenossen, und andere greuliche luͤgen mehr[502], also das, wan ich den teuffel nicht kennet, mir mein hertz wol in tau-

495. Vgl. dazu etwa seine Kritik an der Exegese von Stellen zu Taufe und Abendmahl in Caspar Crucigers Johanneskommentar u. A. Bd. 9, S. 527,7-529,8, Nr. 434.

496. greifbaren.

497. beweisbaren.

498. sprichwortartig, vgl. *Röhrich*, Sprichwörtliche Redensarten 2, S. 941.

499. solange.

500. könne ... beweisen. – Nicht nur die Anhäufung der polemischen Anschuldigungen weisen auf Joachim Mörlin hin, den Osiander hier angreifen will (vgl. o. S. 92, Anm. 107), sondern Mörlins eigene Confessio, die auf die schriftlichen Beweise zu sprechen kommt, auf die hier wiederum Osiander sich bezieht; s. dazu o. S. 190, Anm. 416 das Zitat des Dompfarrers: Das erste dort von Mörlin erwähnte Schreiben, das der Herzog ihm in Kopie übersandte, ist der sog. ›Beichtbrief‹ Osianders an den Herzog in Schloß Neuhausen vom 21. April (vgl. *Stupperich*, Osiander, S. 141-143 und 149); die von Mörlin verkürzt wiedergegebene Äußerung des Professors lautet: »Und was ist doch das fur ein teuflische calumnia ..., wanns gleich war were, das ich kain wort de merito Christi geredt hette ...? Solt ich dan strefflich sein, wan ich gleich ein gantze stund redet, was die gerechtigkait des glaubens ist, und behielt mir bevor, von den andern fragen, wer sie verdient hab und wie sie zu uns komme, ein andermal zu reden, zuvor dieweil vormals auch offt darvon ist von mir gehandelt worden«, u. A. Bd. 9, S. 634,3f.5f.7-11; vgl. S. 633,21-634,11, Nr. 458. Vgl. auch Mörlins Kritik im April u. A. Bd. 9, S. 610, Nr. 452, und S. 645, Nr. 461, bzw. S. 620,11-15, Nr. 454. Das zweite von Mörlin zum Beweis angeführte Schreiben dürfte Osianders Brief an ihn vom 27. April sein, in dem es heißt: »Cum ego quaeram de iustitia, tu mihi respondeas de operibus, passione et meritis, quae non sunt iustitia, sed opera et fructus iusticiae. Oportuit enim Christum esse iustum, antequam quicquam iuste operaretur, cum mala arbor non possit bonos fructus gignere« (ebd. S. 660,12-15, Nr. 465; vgl. S. 625,7f mit Anm. 5, Nr. 456, bzw. S. 610-614, Nr. 452, und o. Anm. 306).

501. Vgl. o. Anm. 264.

502. Als Beispiel für Mörlins Kanzelpolemik sei hier aus der Nachschrift seiner Predigt vom 18. Juni 1551 zitiert: »... wie sich die neuen schwermer treumen lassen, die da offentlichen unvorschempt durfen den heiligen, teuern schweis, sterben und bludtvorgissen ... Jesu Christi

quasi passionem et mortem Christi una cum praecioso ipsius sanguine pedibus conculcem quasique in animo habeam, quod etiam sacramentum corporis et sanguinis eiusdem annihilare et pedibus conculcare velim, criminaturque me Iudaeum eosque, qui me docentem audiunt, iudaisantes, aliaque multa insuper mendacia effundit, ita ut, nisi satanam novissem, cor meum vel in mille partes disrumpi possit, exacerbat ad hunc modum imperitos homines contra me et contra eos, qui mihi favent, ut libenter pugnis rem gererent ac propemodum seditio pertimescenda sit, quibus signis spiritus ille, mendax et homicida, in cordibus eorum facile deprehendi potest. Verum, cui gubernatio a Deo concredita est quique ditionem ac populos regere debet et amittere potest, illi profecto incumbit, ut diligenter provideat, ne spiritus iste, mendax et homicida, nimis invalescat et seditionem moveat – satis enim diu illi indultum est!

sent stůck zerspringen mőcht[503], verpittert also die unerfaren leut wider mich und wider[f], die mir guts gőnnen, das sie gerne mit der fauste dran wolten, und schier ein auffrur zu besorgen[504], darbey man den geist, der ein lűgner und mőrder ist[505], in iren hertzen wol kan spűren. Wollan, wem das regiment von Gott bevohlen[506] und wer land und leut zu regiren und zu verlieren hat, der mag, wie er schűldig ist, wol zusehen, das der lűgengeist und mordegeist nicht zu starck werd und ein auffrur anricht – im ist lang gnug zuge-[Q1a:]sehen[507]!

Ich kom wider auff S. Paulus' wort. Der spricht weiter, Christus sey uns worden zur weisheit von Gott[508], wiewol mans gemeiniklich verdeutscht, er sey uns von Gott gemacht zur weisheit. Es ist aber das wőrtlein ›gemacht‹ vil zu tőlpisch[509] zu disem handel[510], und wirt niemand beweisen, das das kriegisch wőrtlein ἐγενήθη[g] (egenethe), das Paulus gebraucht hat, alhie ›machen‹ heis, sondern allein ›werden‹. So sagt auch[h] Paulus nicht, das er von Gott gemacht sey, sonder das er worden sey eine weisheit von Gott, das also nicht das machen von Gott sey, weil kein machen dastehet, sonder das die weisheit von Gott und eine gőttliche und nicht eine menschliche weisheit sey, dan Christus ist nach seiner gőttlichen natur von ewigkeit her das gőttlich wort und gőttlich weisheit fur sich selbs. Wan er aber durch den glauben in uns wonet, so wirt er auch unser weisheit. Das vermőgen[511] S. Pauli wort und nichts anders, wie auch S. Augustin, droben gemeldet, fein mitstimbt[512].

f) fehlt in a; wider die: B.
g) fehlt in a.
h) fehlt in B.

nicht genügsam heyssen, das es uns solte seligk machen, welches doch erger ist, den in alle Jüden und Judegenossen gelestert ader geschendet haben« (Berlin GStAPK, XX. HA StA Königsberg, HBA J2, 1551 Juni 18 (K.974), fol. 2v). Vgl. *Möller*, Osiander, S. 439. Daß der Dompfarrer mit seiner Polemik nicht einhielt und auch vor dem Herzog nicht zurückschreckte, zeigt sein Brief vom 15. Sept. an den Fürsten. Er schreibt: »Diejenigen, so Osiandri lehr und glauben anhangen, haben derselbigen kaine gewisse zeugnisen der hailigen ... schrifft. Derhalben synd sie mitt ierer lehr und glauben so guet als Juden, Turcken und Haiden« (ebd., HBA J2, 1551, September 15 (K.968)).

503. Vgl. dazu Osianders Klage an seinen Schwiegersohn in Nürnberg vom Januar des Jahres u. A. Bd. 9, S. 522,18-523,9, Nr. 434. Wie sehr ihn die polemischen Injurien verletzten, schildert er auch Herzog Albrecht in seinem sog. ›Beichtbrief‹ vom 21. April, vgl. ebd., S. 636,9-638,6, Nr. 458.

504. Vgl. o. S. 84, Anm. 51, und S. 128, Anm. 205.

505. Vgl. Joh 8,44.

506. Vgl. Röm 13,1.

507. Vgl. dazu Osianders ›väterliche‹ Ermahnung an Herzog Albrecht in seinem ›Beichtbrief‹, u. A. Bd. 9, S. 637,26-30, Nr. 458; weiter *Möller*, Osiander, S. 440.

508. Vgl. I Kor 1,30.

509. grob, ungeschickt.

510. dieser Sache.

511. bedeuten, ergeben.

512. dazu paßt. Vgl. o. S. 212,26-214,3.

Ad verba Pauli redeo, qui deinceps dicit Christum factum esse nobis sapientiam a Deo, quod fere semper sic accipitur, quasi sit nobis a Deo factus sapientia, ita ut verbum ›factus est‹ intelligatur significationem suam accipere a verbo ›facio‹, et non a verbo ›fio‹. Verum in [M1b:] hac significatione nimis crassum est ad hoc negotium, neque quisquam probabit Graecum verbum ἐγενήθη, quo Paulus hic usus est, habere significationem faciendi, sed fiendi tantum. Neque etiam Paulus dicit, quod sit a Deo factus, sed quod fiat nobis sapientia a Deo, ut ita non ipsum facere a Deo sit, cum nullum facere hic sit, sed quod sapientia a Deo divinaque et non humana sapientia sit; Christus enim secundum suam divinam naturam est ab aeterno verbum divinum et sapientia divina in se ipso. Cum autem per fidem in nobis habitat, fit etiam nostra sapientia. Hoc efficiunt verba Pauli et nihil aliud, sicut et Augustinus, supra allegatus, pulchre concordat.

Bedůnckt aber jemandt, ich thu den worten Pauli unrecht, so wollen wirs auff die wage legen[513], und sag also: Dieweil Paulus spricht, Christus sey uns worden zur weisheit von Gott, und Christus ein name der einigen person ist, in der beide gőttliche und menschliche naturn vereinigt sein, so ist [Q1b:] nun die frag, nach welcher natur Christus unser weisheit sey. Da sag ich richtig und klar, Christus sey unser weisheit nach der gőttlichen natur und nicht nach der menschlichen natur, gleichwie er himmel und erden geschaffen hat nach der gőttlichen und nicht nach der menschlichen natur, und wil es auch gewaltigklich mit der heiligen schrifft beweisen. Dann zum ersten ist allen theologen wol bekandt und aller ding unwidersprechlich, das Gottes weisheit nichts anders ist dan eben Gottes wort, das Gott selbs ist, durch das alle ding gemacht sein. Dasselbige wort aber ist mensch worden und ist Jhesus Christus, unser herr. Darumb ist offenbar, das Jhesus Christus ja nach seiner gőttlichen natur die gőttlich weisheit ist, die in sprűchen Salomonis am 8. capitel [22-31] also spricht: »Der Herr hat mich gehabt im anfang seiner wege; ehe er was machet, war ich da. Ich bin eingesetzt von ewigkeit, von anfang, vor der erden. Da die tieffen noch nicht waren, da war ich schon bereit. Da die brűnnen noch nicht mit wasser quallen[i], ehe dan die berge eingesenckt waren, vor den hűgeln war ich bereit. Er het die erden noch nicht gemacht und, was darinnen[k] ist, noch die berge des erdbodens. Da er die himmel bereitet, war ich daselbs, da er die tieffe mit [Q2a:] seinem zil verfasset, da er die wolcken droben festet[514], da er festiget die brunne der tieffen, da er dem meer das zil setzet[l], da er den grundt der erden leget, da war ich der werckmeister bey im und hatte mein lust teglich und spilete fur im allzeit und spilete auff seinem erbodem[!], und meine lust ist bey den menschenkindern«. Das aber seine menscheit oder[m] menschliche natur nicht eine weisheit sey, das ist offenbar, dan er hat ja eben die menschliche natur, die wir haben, allein die sűnde ausgenommen. Nun ist ja kein ander mensch weis, vil weniger die weisheit selbs, sonder er allein als warer Gott und mensch ist weis und die weisheit selbs; er muss auch aller glaubigen weisheit sein und werden. Daraus ist offenbar, das kein menscheit oder menschliche natur weisheit ist, die menscheit Christi auch nicht, sonder sein gőtliche natur allein ist die ewige, gőtliche weisheit selbs. Darumb spricht auch Paulus zun Rom., 16. ca. [27]: »Dem Gott, der allein weis ist, sey ehr«, und 1. Cor., 1. cap. [23f]: »Wir predigen den gecreutzigten Christum, Gotes krafft und Gottes weisheit«. Gleichwie wir sprechen: Der gecreutzigte Christus hat himmel und erden geschaffen, aber er hats allein nach seiner gőtlichen natur erschaffen und gantz und gar nicht nach seiner menscheit oder menschlichen natur, also ist er auch Gottes krafft und Gottes weis-

i) quollen: a. – k) dran: a.
l) sezet, und den wassern, dass sie nicht ubergehen seinen bevhel: a.
m) ader sein: a.

513. sprichwortartig, vgl. *Röhrich*, Sprichwörtliche Redensarten 2, S. 1117.
514. befestigte.

Si quis autem putat me verbis Pauli vim facere, age expendamus ea quasi in trutina, dico autem sic: Paulus dicit Christum fieri nobis sapientiam a Deo, Christus autem est nomen unicae personae, in qua utraque natura, divina et humana, uitae sunt. Existit igitur quaestio, secundum quam naturam Christus nostra sapientia sit. Hic respondeo diserte et clare Christum esse sapientiam nostram secundum divinam suam naturam et non secundum humanam, quemadmodum etiam coelum et terram creavit secundum divinam et non secundum humanam naturam. Et hoc ipsum sacris literis potenter probabo. Principio enim omnibus theologis notissimum est et omnino extra controversiam positum sapientiam Dei plane nihil aliud esse quam verbum Dei, quod Deus ipse est, per quod omnia facta sunt. Hoc autem verbum caro factum [M2a:] est et est Iesus Christus dominus noster. Quare manifestum est Iesum Christum dominum nostrum secundum divinam suam naturam esse sapientiam Dei, quae in Proverbiis Salomonis, 8. capite [22-31] sic loquitur: »Dominus possedit me initio viarum suarum, antequam quicquam faceret a principio. Ab aeterno ordinata sum et ex antiquis, antequam terra fieret. Nondum erant abyssi, et ego iam concepta eram. Nec dum fontes aquarum eruperant, nec dum montes gravi mole constiterant, ante omnes colles ego parturiebar. Adhuc terram non fecerat et flumina et cardines orbis terrae. Quando praeparabat coelos, aderam, quando certa lege et gyro vallabat abyssos, quando aethera firmabat sursum et librabat fontes aquarum, quando circumdabat mari terminum suum et legem ponebat[e] aquis, ne transirent fines suos, quando appendebat fundamenta terrae, cum eo eram cuncta componens et delectabar per singulos dies ludens coram eo omni tempore, ludens in orbe terrarum, et deliciae meae esse cum filiis hominum«. Quod autem humanitas sive humana natura eius non sit sapientia, manifestum est, eandem enim habet naturam humanam quam nos solo peccato excepto. Iam vero nullus alius hominum sapiens est, multo minus sapientia ipsa, sed ipse solus ut verus Deus et homo est sapiens et sapientia ipsa; oportetque eum omnium credentium sapientiam esse vel fieri. Ex quo manifestum est, quod nulla humanitas seu humana natura sapientia sit, ac ne Christi quidem humanitas, sed divina eius natu-[M2b:]ra tantum est aeterna et divina sapientia ipsa. Quapropter et Paulus ad Rom., 16. cap. [27] inquit: »Soli sapienti Deo per Iesum Christum honor et gloria in secula seculorum, amen«, et. 1. Cor. 1 [23f]: »Nos praedicamus Christum crucifixum, Dei virtutem et Dei sapientiam«. Et quemadmodum dicimus: Christus crucifixus creavit coelum et terram, sed creavit ea tantum secundum divinam suam naturam et omnino non secundum humanitatem suam aut humanam naturam, ita etiam est virtus Dei et sapientia Dei et, sicut hoc loco nominatur, sapientia a Deo tantum secundum divinam suam naturam et omnino non secundum humanitatem seu humanam naturam. Alioqui sequeretur, quod Deus ab aeterno, donec Christus homo nasceretur, fuisset sine sapientia, quod ut horribilis haeresis et blasphemia merito in tota ecclesia damnaretur et anathema pronunciaretur.

e) mit Vg. korr. aus: poneret.

[Q2b:]heit[n] und, wie er in alhie nennet, weisheit von Got allein nach seiner goͤttlichen natur und gantz und gar nicht nach seiner menscheit oder menschlichen natur – sonst wůrd volgen, das Gott von ewigkeit her, bis das Christus mensch geboren ist, were on weisheit gewest, welchs alles eine greuliche ketzerey und gottslesterung, billich[515] in der gantzen christenheit verdampt und verbannet wurd.

Das gestehen wir aber keinem menschen, das er dise goͤttliche weisheit koͤn finden, erlangen oder ir teilhafftig werden on allein durch den glauben an Jhesum Christum, waren Gott und menschen. Dan wan der durch den glauben in unsern hertzen wonet, so bringt er dise seine goͤttliche weisheit mit sich in uns. Die wirt uns dan zugerechnet, als wer sie unser eigen, ja sie wirt uns auch geschenckt und fleust dann aus seiner menscheit als aus[o] dem heubt auch in uns als[p] seine glider und eroffnet sich uns in disem leben durch den glauben, sovil wir ir bedůrfen und fehig sein, bis wir in jenem leben Gott volkomenlich werden erkennen, wie wir von im erkennet sein, 1. Cor. 13 [12]. Da werden wir dann volkomenlich weis sein in Christo Jhesu, unserm herren. [Q3a:]

Ferner spricht Paulus, er sey uns auch worden zur gerechtigkeit[516], und wiewol gern volgen wil, das dieweil er unser weisheit nach der goͤttlichen natur ist, das er auch unser gerechtigkeit nach der goͤttlichen natur sey – dann die wort, in einerley handel[517] gesprochen, werden auch billich auff einerley weis und art verstanden –, dannoch, dieweil dis der heubtstrit ist, wil ichs auch auff die wage setzen und sprich: Dieweil uns Christus worden ist zur gerechtigkeit und Christus ist ein name der gantzen, unzertrenten person, in der beide, goͤttliche und menschliche natur vereinigt[q] sein, so ist nu die frag, nach welcher natur er unser gerechtigkeit sey, gleichwie man fragt, nach welcher natur er schepfer himmels und der[r] erden sey oder nach welcher natur er gestorben sey. Hie ist nun mein lautere, richtige und klare antwort, das er nach seiner goͤttlichen natur unser gerechtigkeit sey und nicht nach der menschlichen natur, wiewol wir solche goͤttliche gerechtigkeit ausserhalb seiner menscheit nicht koͤnnen finden, erlangen oder ergreiffen[s]. Sonder wan er durch den glauben in uns wonet, so bringt er seine gerechtigkeit, die seine goͤttliche natur ist, mit sich in uns, die wirt uns dann auch zugerechnet, als wer sie unser eigen, ja sie wirt [Q3b:] uns auch geschenckt und fleust dan aus seiner menscheit als aus dem heubt auch in uns als seine glider und bewegt uns, das wir unser glider begeben zu waffen der gerechtigkeit Gott dem herren, wie Paulus zun Roͤmern am 6. [13] sagt. Das alles beweis ich mit heiliger schrifft also: Paulus spricht, Christus sey uns worden zur gerechtigkeit. Aber ›gerechtigkeit sein‹ ist vil mehr dan ›gerecht sein‹. Dann

n) Silbe »-heit« nur in der Custode auf Bl. Q2a gedr. in A.
o) fehlt in a. – p) alss in: a. – q) beschlossen: a.
r) fehlt in a. – s) begreiffen: B.

515. zu Recht.
516. Vgl. I Kor 1,30.
517. in einem Zuge, im gleichen Zusammenhang.

Verum hoc nemini mortalium concedimus, quod hanc divinam sapientiam possit invenire, consequi aut eius particeps fieri, nisi per fidem in Iesum Christum, verum Deum et hominem. Nam cum hic per fidem in cordibus nostris habitat, tum affert hanc divinam suam sapientiam secum in nos, que[!] deinde nobis imputatur, ac si esset nostra propria, imo et donatur nobis manatque ex ipsius humana natura tanquam ex capite etiam in nos tanquam ipsius membra panditque se nobis in hac vita per fidem, quantum eius indigemus et capaces sumus, donec in futura vita Deum perfecte cognoscamus, sicut ab ipso cogniti sumus, 1. Cor. 13 [12]. Ibi tum perfecte sapientes erimus in Christo Iesu domino nostro. [M3a:]

Deinde dicit Paulus eum nobis etiam factum esse iusticiam. Et quanquam libenter sequatur, quod, cum Christus nostra sapientia sit secundum divinam naturam, idem nostra etiam iusticia sit secundum divinam naturam – verba enim, in eodem negotio prolata, merito eodem modo et habitu intelliguntur –, attamen, cum hic sit caput totius controversiae, appendam rem in trutina et dico: Quum Christus factus sit nobis iusticia et Christus sit nomen totius indivisae personae, in qua utraque, divina et humana natura unitae sunt, quaeritur iam, secundum quam naturam Christum iusticia nostra sit, quemadmodum quaeritur, secundum quam naturam sit creator coeli et terrae aut secundum quam naturam sit mortuus. Hic ego diserte et clare respondeo, quod secundum divinam suam naturam sit nostra iusticia et non secundum humanam naturam, quamvis hanc divinam iusticiam extra eius humanam naturam non possimus invenire, consequi aut apprehendere; verum cum ipse per fidem in nobis habitat, tum affert suam iusticiam, quae est eius divina natura, secum in nos, quae deinde nobis etiam imputatur, ac si esset nostra propria, imo et donatur nobis manatque ex ipsius humana natura tanquam ex capite etiam in nos tanquam ipsius membra et movet nos, ut exhibeamus membra nostra arma iusticiae Deo, sicut Paulus Rom. 6 [13] dicit. Et id totum probo testimoniis sacrarum literarum ad hunc modum: Paulus dicit Christum factum esse nobis iusticiam. Esse aut iusticiam multo plus est quam esse [M3b:] iustum. Qui enim iustitiam[!] habet eiusque particeps est, hunc iustum quidem nominare possumus, verum nulla adhuc ratione sequitur, quod is iusticia ipsa sit. Paulus autem vocat Christum non simpliciter iustum tantum, sed iusticiam ipsam, quae certe humana eius natura esse non potest. Humana enim natura potest iusticiam habere vel non habere et tamen humana natura manere, non potest igitur esse ipsa iusticia. Alioqui nemo hominum posset esse sine iusticia et peccator, sed amittendo iusticiam simul amitteret etiam totam humanam naturam, transformareturque in pecudem. Quare humana natura in Christo iusta quidem est, quia iusticiam divinam habet, sed iusticia ipsa esse non potest – verum divina eius natura tantum est ipsa vera et aeterna iusticia. Hic enim recte dici potest et est chri-

wer gerechtigkeit hat und ir teilhafftig ist, den mag man wol gerecht nennen, aber es volgt darumb noch lang nicht, das er die gerechtigkeit selbs sey. Paulus aber nennet Christum nicht schlechterweis gerecht, sonder gerechtigkeit selbs. Das kan nun seine menschliche natur nicht sein. Dan menschliche natur kan gerechtigkeit haben und nicht haben und dannoch menschliche natur bleiben; darumb kan sie nicht die gerechtigkeit selbs sein. Es kȏnte sonst kein mensch on gerechtigkeit und ein sůnder sein, sonder wan er die gerechtigkeit verlůre, so must er die gantzen menschlichen natur darmit verlieren und zum vihe werden. Darumb kan die menschliche natur an Christo wol gerecht sein, dieweil sie die gȏttlichen gerechtigkeit hat, aber die gerechtigkeit selbs ist sie nicht – sonder allein seine gȏttliche natur ist [Q4a:] die recht, war und ewig gerechtigkeit. Dann da lest es sich reden und ist christlich und wol geredt, wan man spricht: Gott ist gerecht und die gerechtigkeit selbs, Gott ist weis und die weisheit selbs, Gott ist warhafftig und die warheit selbs.

Aber vil gewaltiger[518] ist es darmit zu beweisen, das Paulus spricht, er sey uns darumb worden zur gerechtigkeit, »auff das, wie geschriben stehet, wer sich růhmet, der růhme sich des Herren«[519]. Nun stehet das nirgent geschriben dann im propheten Jeremia am 9. capitel [23], wie ichs vor im truck auch bezeugt hab[520]; und stehet daselbst der ainig[t] und grosse namen Gottes יהוה, der nichs anders heist dann das plosse gȏttlich wesen in Christo. Ist uns nun Christus worden zur gerechtigkeit, auff das wir uns Gottes oder des gȏttlichen wesens rhumen sollen, so muss er ja nach seiner gȏttlichen natur und wesen unser gerechtigkeit sein, wir růhmeten uns sonst nicht des gȏttlichen wesens, sonder nur einer creatůrlichen gerechtigkeit, die erschaffen ist[521], wie einer aus meinen widersachern geschriben hat, die gerechtigkeit Christi sey nur ein werck Gottes in Christo[522], darmit er lauter zu verstehen gibt, das er Christum weder nach der gȏttlichen oder nach der menschlichen natur fur unser gerechtigkeit halte. [Q4b:] Das heist Christum auff einmal gar zunichte gemacht!

Es stimmet aber der prophet Jeremias nicht allein an gedachten ort mit dem heiligen Paulo, sonder gibt sonst noch an zweien ȏrten klare gezeugnus, das Christus als warer Gott mit seinem gȏttlichen wesen unser, der gleubigen, gerechtigkeit sey; dann er spricht am 23. cap. [5f] also: »Es kumpt die zeit, spricht der Herr, das ich dem David ein gerechtes gewechs erwecken wil, und sol ein kůnig sein, der wol regiren wirt und recht und gerechtigkeit auff erden anrichten. Zur selbigen zeit sol Juda geholfen werden, und Israel sol sicher wonen. Und das wirt sein name sein, das man

t) eigne: a.

518. eindringlicher, unwiderleglicher, zwingender.

519. 1Kor 1,31.

520. Osiander meint Ausführungen in seiner Anfang Juni im Druck erschienenen Schrift ›Daß unser lieber Herr‹, vgl. u. A. Bd. 9, S. 695,9-28, Nr. 474.

521. Zu dieser hauptsächlich im Briefwechsel zwischen Mörlin und Osiander vorhandenen kontroversen Begrifflichkeit vgl. *Stupperich*, Osiander, S. 142-145, bzw. die Belegstellen o. in Anm. 263, und u. A. Bd. 9, S. 634,24-635,2, Nr. 458, und S. 697,20-22 und 698,4-7, Nr. 474.

522. So Staphylus in seiner Confessio, vgl. o. S. 112, Anm. 152.

stiane et optime dictum, cum dicitur: Deus est iustus et iusticia ipsa, Deus est sapiens et sapientia ipsa, Deus est verax et veritas ipsa.

Verum id multo potentius probatur per hoc, quod Paulus dicit Christum nobis ideo factum esse iusticiam, »ut, sicut scriptum est, qui gloriatur, in Domino glorietur«. Hoc autem nusquam scriptum est quam Ieremiae capite nono [24], sicut iam ante libello edito testatus sum; poniturque illic proprium et magnum nomen Dei, scilicet יהוה, quod nihil aliud significat quam nudam divinam essentiam in Christo. Igitur si Christus factus est nobis iusticia, ut nos in Deo vel divina essentia gloriemur, certe oportet eum secundum divinam suam naturam et essentiam nostram esse iusticiam; alioqui non gloriaremur in divina essentia, sed tan-[M4a:]tum in iusticia creata, sicut quidam ex adversariis scripsit iusticiam Christi nihil aliud esse quam opus Dei in Christo, quo dicto manifeste prodit se Christum neque secundum divinam, neque secundum humanam ipsius naturam pro nostra iusticia agnoscere. Hoc est Christum semel totum pro nihilo ducere!

Verum propheta Ieremias non solum praedicto loco cum Paulo concordat, sed et alias duobus locis clare testatur, quod Christus ut verus Deus sua divina essentia nostra, credentium iusticia sit; nam cap. 23 [5f] ita dicit: »Ecce dies veniunt, dicit Dominus, et suscitabo Davidi germen iustum, et regnabit rex et sapiens erit et faciet iudicium et iusticiam in terra. In diebus illis salvabitur Iuda, et Israel habitabit confidenter; et hoc est nomen, quo vocabunt eum: Dominus, iusticia nostra«. Sic enim est in Hebraeo, poniturque hic quoque proprium et magnum nomen Dei, quod nihil aliud significat quam nudam divinam essentiam in Christo, ita ut sententia prophetae clara et minime ambigua sit, quasi diceret: Divina essentia est nostra iusticia. Hoc testimonium repetit Ieremias cap. 33 [15f] ornatque verbis copiosius, concludit vero tandem plane praedictis verbis, scilicet: »Vocabunt eum יהוה iusticia nostra«. Quum autem Christus rex et germen Davidis nominetur, eaque sint nomina unicae et indivisae personae Christi, quae utramque, divinam et humanam naturam habet, est et hic quaestio, an nomen יהוה domino Iesu Christo secundum divinam suam naturam, an vero secun-[M4b:]dum humanam competat. Hic ego clare et diserte respondeo, quod hoc nomen divinae naturae tantum competat, id quod iam inde a temporibus Mosis usque ad hanc nostram aetatem semper controversia caruit. Et hoc probatur ex ipsis Ieremiae verbis. Hic enim loquitur Deus pater, qui certe non est factus

in nennen wirt: Der Herr, der unser gerechtigkeit ist«. Und steht da auch der[u] grosse name Gottes, der nichts anders heist dan das blosse goͤttliche wesen in Christo, also das die meinung des propheten[v] klar und dur[523] ist, als sprech er: Das goͤttlich wesen, unser gerechtigkeit. Soͤlchs gezeugnus widerholet Jeremias am 33. cap. [15f] und macht es von worten reicher, beschleust aber entlich[524] auch eben mit den vorigen worten: »Man wirt in nennen: יהוה, unser gerechtigkeit«. Dieweil aber hie Christus ein koͤnig und gerechtes gewechs Davids genant wirt und das namen [R1a:] der einigen, unzertrenten person Christi sein, die beide goͤttliche und menschliche natur hat, so ist hie auch die frag, ob der name יהוה dem herren Christo nach seyner goͤttlichen natur oder nach seiner menschlichen natur zugehoͤre. Da ist mein klare, helle, duͤrre antwort, das diser name allein der goͤttlichen natur zugehoͤre; und das ist vom Mose her bis auff unsere zeit alweg unwidersprochen bliben. Das beweiset sich aus dem spruch Jeremie selbst. Dan da redet Gott der vater, der ja nicht mensch worden ist, und Jeremias nennet in dannoch[w] eben mit dem namen, damit er unser gerechtigkeit nennet und spricht: »Es kumpt die zeit, spricht יהוה, das ich wil auffrichten« etc., »und er sol heissen: יהוה, unser gerechtigkeit«[525]. Alhie ist ja offentlich zu sehen und gleich zu greiffen, das diser name nicht der menscheit Christi, sonder allein seiner goͤttlichen natur, darin er mit dem Vater und heiligen Geist ein unzertrentes, ewigs, goͤttlichs wesen ist, zugehoret und eignet. Dann solte es ein name seiner menschlichen natur sein, so muste der prophet Jeremias der groste ketzer sein, der je auff erden kommen ist, dieweil er Gott den vatter mit einem solchen namen nennet, daraus man verstehn und schliessen muste, das Gott der vater ein mensch were. [R1b:] Darumb schreibt auch doctor[x] Luther im buͤchlein »Von den letzten worten Davids«[526] also: »Hie stehet der grosse und eigene name Gottes[y], der nichts anders bedeut dan allein Gott selbs in seiner natur oder wesen«[527], desgleichen im buͤchlein »Vom schem hamphorasch«[528], er bedeute Gottes wesen von ewigkeit, das drey person genennet werden[529].

Solchs bekennen meine widersacher selbs, nemlich das er bedeut das goͤttlich wesen, Vater, Son und heiligen Geist. Noch duͤrfen[530] sie den gestanck daran hencken, die heilige schrifft gebe disen namen auch andern dingen, die nicht Gott sein. Wie das aber on allen grund der warheit geredt, ja gedichtet ist, wil ich klerlich beweisen:

u) der eigen und: a. – v) propheten lauter: a.
w) fehlt in a. – x) D.: a; doctor M.: B.
y) Gottes יהוה: a.

523. dürr, hier im Sinne von: unverhüllt, einfach.
524. schließlich.
525. Jer 23,5.6.
526. Luthers Schrift »Von den letzten Worten Davids« 1543, WA 54, S. 28-100.
527. WA 54, S. 71,35-37.
528. Luthers Schrift »Vom Schem Hamphoras und vom Geschlecht Christi« 1543, WA 53, S. 579-648.
529. WA 53, S. 608,8-10.
530. Dennoch wagen … zu.

homo, et Ieremias tamen appellat eum plane eodem nomine, quo et iusticiam nostram appellat inquiens: »Ecce dies venient, dicit יהוה, et suscitabo« etc. »Et hoc est nomen, quo vocabunt eum: יהוה, iusticia nostra«. Hic utique manifeste videtur et quodammodo manibus tenetur, quod hoc nomen non humanae naturae Christi, sed tantum ipsius divinae naturae, secundum quam cum Deo patre et spiritu sancto indivisibilis aeterna et divina essentia est, competat ac proprium sit. Si enim esset nomen humanae illius naturae, tum propheta Ieremias necessario esset absurdissimus haereticus inter omnes, quos terra unquam tulit, siquidem Deo patri eiusmodi nomen tribueret, ex quo intelligere et concludere cogeremur, quod Deus pater homo factus esset. Propterea etiam D. Lutherus in libello »de ultimis verbis Davidis« ad hunc modum scribit: »His ponitur magnum et proprium nomen Dei, quod nihil aliud significat quam Deum ipsum solum in sua natura vel essentia«, similiter in libello »de schem hamphoras« dicit hoc nomen significare essentiam Dei aeternam, quae tres personae nominantur.

Hoc ipsimet adversarii mei fatentur, nempe quod significet divinam essentiam, Patrem [N1a:] et Filium et Spiritum sanctum. Et tamen audent hunc foetorem allinere sacras literas hoc nomen etiam aliis rebus tribuere, quae non sint Deus. Quam impudenter autem hoc et sine omni fundamento veritatis sit dictum, imo fictum, iam clare probabo. Afferunt autem verba Mosis Num. 10 [35f], ubi sic scriptum est: »Cum elevaretur arca, dicebat Moses: Surge, Domine, et dissipentur inimici tui, et fugiant, qui oderunt te, a facie tua. Cum autem deponeretur, aiebat: Revertere, Domine, ad multitudinem exercitus Israel«. Haec verba sic intelligenda sunt: Deus promiserat Mosi, quod vellet supra arcam testamenti, hoc est supra propiciatorium inter duo cherubin, habitare et inde illi praecipere cuncta, quae per ipsum mandaturus esset filiis Israel, Exodi 25 [10-22]. Cumque filii Aharonis arcam loco movebant, rogabat Moses verum vivum Deum, qui iuxta divinam suam promissionem invisibiliter inter cherubin habitabat, ut exurgeret et comitaretur eos, et quando arca iterum deponebatur, tum rogabat Deum, ut et ipse quiescere et cum eis manere vellet. Adversarii vero mei dicunt Mosen non cum Deo, sed cum arca lignea locutum esse et ad eam dixisse: ›Surge, יהוה‹, et ita arcae nomen Dei יהוה fuisse attributum. Eodem modo dicunt Abrahamum eum montem, in quo filium mactare voluerat, vo-

Sie bringen fur, die wort Mosis am 10. cap. [35f] des vierten buchs, da also geschriben stehet: »Wan die lade zog, so sprach Mose: Herr, stehe auff, las deine feind zurstreuet und, die dich hassen, fluchtig werden vor dir! Und wan sie ruget, so sprach er: Kom wider, Herr, zu der menge der tausent Israel«. Dise wort sein also zu verstehen: Gott het dem Mose zugesagt, er wolt auff der laden des testaments, das ist auff dem gnadenstul zwischen den zweien cherubin, wonen und am selben ort mit im reden alles, was er im, an die kinder Israel zu werben[531], gebieten wolt, Exo. 25 [10-22], und wan des Aharons soͤ-[R2a:]ne, die laden von stadt[532] trugen[533], so bate Moses den lebendigen, waren Gott, der seinem goͤttlichen zusagen nach unsichtbarlich zwischen den cherubin wonet, er wolt sich auffmachen und mitziehen, und wan die lade wider zu ruge gesetzt wuͤrde, so bat er, Gott wolte sich auch wider zur ruge setzen und bey inen bleiben. Meine widersacher aber sagen, Moses hab nicht mit Gott, sonder mit der huͤltzern laden geredt und zu ir gesprochen: ›יהוה, steh auff‹ etc., und sey also die lade יהוה genennet worden[534]. Also sagen sie auch, es hab Abraham den berg, darauff er seinen son Isaac wolt geopfert haben, Herr oder יהוה genant, Gene. am 22. [14], und Moses einen altar, Exodi am 17. cap. [15][535]. Aber es ist nicht also, sonder Abraham nennet den[z] ort: »Der Herr sihet«, und Moses nennet den altar: »Der Herr mein panyr«. Das ist ja vil ein andere meinung[536]. Gleich als wan ein vater seinen son nennet Gottfrid, so ist gewislich seine meinung nicht, das er ›gott‹ sol heissen, vil weniger, das man in fur gott sol halten[a]. Dan wan er da hinaus wolt, das sein son solt gott heissen und der son wolt sich auch gott lassen nennen und sich fur gott lassen halten, so weren sie beide wirdig, das man sie mit feur verprennet[537]. [R2b:] Es ist auch gewislich seine meinung nicht, das er ›frid‹ sol heissen, sonder die gantze rede sol beyeinander bleiben, und er sol Gotfrid heissen zur erinnerung, das Gott ein Gott des frids ist und allein waren frid geben kan. Also wil auch gewis Abraham nicht, das der berg sol ›gott‹ heissen, er wil auch nicht, das er sol ›sihet‹ heissen, sonder die gantz red sol beyeinander bleiben, und der berg sol heissen ›Gott sihet‹ zur erinnerung, das Gottes fursehung in allen dingen gespuͤrt wurd. Also wil[b] gewislich Moses auch nicht, das der altar[c] sol ›gott‹ heissen, auch nicht ›mein panyr‹, sonder die rede sol gantz bleiben, und der altar sol heissen ›Gott mein panyr‹ zur erinnerung, das Gott vor seinem volck herzeucht und ire feinde ausreutet[538]. Solchs

z) dass: a. – a) heissen: a. – b) fälschlich in A, B: wil ich.
c) Nach der Korrekturliste auf Bl. Bb4a in A zu korr. aus: aber.

531. bringen.
532. vom Platz weg.
533. Vgl. dazu Dtn 10,8.
534. Nach Osianders Angaben hat Staphylus so argumentiert; vgl. dazu o. S. 101,3-5 mit Anm. 10.
535. Auch hier dürfte Staphylus gemeint sein (vgl. ebd.).
536. ein ganz anderer Sinn.
537. Vgl. Dtn 7,5.
538. Vgl. etwa Ex 40,36; Dtn 4,38 u. ö.

casse יהוה, Genesis 22 [14], item Mosen quoque altare quoddam, Exodi 17 [15]. Verum non est ita, sed Abraham nominat locum: »יהוה videbit«, et Moses nominat altare: »יהוה exaltatio mea« sive signum meum. [N1b:] Quae quidem longe alia sententia est, quemadmodum si pater filium suum nominaret ›Quod-vult-Deus‹ (ad quendam huius nominis multa scripsit Augustinus[14]), certe mens eius non esset, quod vellet eum nominari ›deum‹, multo minus, quod velit eum haberi pro deo. Nam si eo tenderet, quo filius eius vocaretur deus et filius quoque vellet dici et haberi deus, tum ambo digni essent, qui igni exurerentur. Neque vero mens eius est, quod debeat appellari ›quod‹ vel ›vult‹, sed totus sermo debet incorruptus cohaerere et filius ›Quod-vult-Deus‹ nominari, ut admoneamur voluntatem nostram voluntati Dei esse conformandam. Ita haud dubie Abraham non vult, quod mons vocetur ›deus‹, neque vult, quod vocetur ›videbit‹, sed totus sermo debet incorruptus cohaerere, et mons ›Deus videbit‹ appellari, ut admoneamur providentiam Dei in omnibus rebus deprehendi. Sic certe Moses quoque non vult, quod altare vocari debeat ›deus‹, neque etiam ›exaltatio mea‹ vel ›signum meum‹, sed totus sermo debet incorruptus cohaerere, et altare ›Dominus exaltatio mea‹ vel ›Dominus signum meum‹ vocari, ut admoneamur, quod Deus populum suum tanquam signum militare praecedat, inimicos eorum extirpet et ipsis victoriam praestet. Hoc etiam pueri sciunt et intelligunt, nam si quis diceret Pauperculum vocari culum, Puerperam vocari peram, Μισόθεον vocari θεὸν, hunc utique cachinno exciperent et deriderent. Attamen adversarii mei audent huiusmodi praestigias obtendere et sperare sibi creditum iri, suisque crassis et stolidis erroribus speciem aliquam inde posse acquiri. [N2a:] Porro si quis interrogat: Quomodo convenit hoc, aut quomodo probabunt Mosen cum arca testimonii et non cum Deo ipso loqui, praesertim cum promissio Dei in sacris literis manifeste nobis ob oculos posita sit, quod supra arcam inter cherubin velit habitare ibique verbum suum promulgare? Hic audiat magnam illorum sapientiam, dicunt enim: Deus neque sedet, neque ambulat, neque surgit, ergo cum Moses dicit: Surge, Domine, necessario intelligitur, quod loquatur cum arca et non cum Deo. Quis hic non videret ingentem, severam et ardentem iram Dei super ingratitudine nostra, quum tales homines, qui alios docere et sicut stellae in coelo lucere deberent, per satanam ita excaecari sinit, ut usque adeo non videant, quid agant, et nos quoque eo usque infatuari sinit, ut super huiusmodi hominum caecitate etiam exultemus eosque celebremus, quasi nostro bono e coelo in terras ceciderint – revera, e coelo in terras ceciderunt! Nam dic mihi, christiane lector, per Deum immortalem, an non faciunt sanctum illum virum Dei, Mosen, fatuum, qui loquatur cum arca lignea, cum illa non audiat, an non faciunt eum reum horribilissimae idololatriae, quae unquam in terris extitit, cum asserunt eum ad arcam ligneam dicere: Surge, Domine, an non hoc peccatum grandius esset, quam cum Iudaei vitulum conflabant et adorabant? Ille enim erat aureus et simulachrum animae viventis; nec tamen attribuebant ei nomen illud magnum Dei, sed vocabant eum tantum elohim, quod nomen scriptura

14. Zur Korrespondenz zwischen dem Bischof Augustin und dem Diakon Quodvultdeus vgl. PL 33, Sp. 999-1002, Epistola CCXXI-CCXXIV.

verstehen und wissen auch die jungen kinder wol, dan wan jemand wolt sagen, Pfennigmeister hies pfennig, Weinreich hies wein, Gothart hies gott, so wůrden sie sein lachen und darzu spotten. Noch durfen meine widersacher solche alfentzerey[539] furgeben und hoffen, es sol geglaubt werden, und iren groben und tollen irthumen ein schein machen[540]. Fragt aber jemand: Wie reimet sich das, oder wie wollen sie beweisen, das Moses mit der laden des gezeugnus und nicht mit Gott selbs rede, zuvor[541] dieweil Gottes zusagen in der heiligen schrifft offentlich fur augen stehet, das er auff der laden zwisch-[R3a:]en den cherubin wolle wonen und sein wort daselbst lassen horen[542]? Da hőr, grosse weisheit, sie sprechen: Gott sitzet, gehet und stehet nicht, darumb, da Moses spricht: Stehe auff, herr Gott, da mus man verstehen, Moses rede mit der laden und nicht mit Gott! Wer wil hie nicht sehen den grossen, ernstlichen, grimmigen zorn Gottes uber unser undanckbarkeit, das er solche leute, die andere lehren und wie die stern am himmel solten leuchten[543], durch den leidigen satan also lest verblenden, das sie so gar nicht sehen, was sie thun, und lest uns darzu also betőren, das wir uber solcher leute blindheit noch frolocken und růmen solche leute, als sein sie uns zugut vom himmel herabgefallen – ja freilich, wol vom himmel herabgefallen[544]! Dann sag mir doch, christlicher, lieber leser, umb Gottes willen: Machen sie nicht den heiligen man Gottes, den Mosen, zu einem narren, der mit der hůltzern lade redet, so sie doch nicht hőret? Machen sie in nicht schůldig der allergrősten abgőterey, die jemals auff erden kommen ist, da sie sagen, er spreche zur hůltzern laden: Steh auff, herr Gott? Můste nicht dise sůnde grősser sein, dann da die Jůden das kalb machten und anbeteten[545]? Dan dasselbig war doch gůlden und ein bildnus eines lebendigen thires; gaben im dannoch den grossen namen Gottes nicht, sonder nenneten es [R3b:] nur ›elohim‹[546], welchen namen die schrifft auch den richtern, heubtleuten und regenten gibt[547]. Moses aber sol eine hůltzerne laden, die keins lebendigen dings bildnus ist, fur Gott anreden und ir den grossen, einigen[d] namen Gottes geben und ir den rechten gottesdinst beweisen, nemlich anruffen umb hůlf wider die feind[548], darneben den allmechtigen Gott, der eben auff der laden ist und

d) eignen: a.

539. solche Narretei, Posse; solchen Betrug.
540. Anschein, Wert geben.
541. vor allem.
542. Vgl. Ex 25,15.
543. Vgl. Dan 12,3.
544. Vgl. etwa Apk 6,13; 12,4.7-9.
545. Vgl. Ex 32,1-6.
546. Vgl. Ex 32,4.
547. Es ist nicht genau auszumachen, welche Bibelstellen Osiander im Auge hat. Zum Begriff selbst vgl. *Gesenius*, Wörterbuch, S. 39f. Nach Auskunft von Prof. Dr. *Manfred Weippert*, Heidelberg, sind sämtliche Stellen umstritten, an denen der Ausdruck eine andere Bedeutung hat als ›Gott, Götter‹: Für Ex 21,6; 22,7f wird manchmal die Bedeutung ›Richter‹ angenommen, für Ps 45,3 und 82,1.6 ›Herrscher, Könige‹. Zum Ganzen vgl. auch *Kraus*, Psalmen 1, S. 490f.
548. Vgl. z.B. Num 10,35.

etiam iudicibus, [N2b:] praefectis et magistratibus tribuit. Mosi autem affingunt, quod arcam ligneam tanquam Deum alloquatur eique magnum et proprium nomen Dei attribuat ac verum cultum Dei exhibeat, nempe invocationem in auxilium contra hostes, et interim omnipotentem Deum, qui supra arcam erat seque illic fore verbo suo obligarat, contemnat seque ita gerat, quasi de eius praesentia nihil sciat. Si haec non est caecitas supra omnem caecitatem et blasphemia supra omnem blasphemiam, tum ego profecto ignoro, quid sint caecitas et blasphemia. Quod si huic fundamento inniti volent, scilicet quia Deus neque sedeat, neque ambulet, neque surgat, ideo hoc verbum ›Surge, Domine‹ intelligendum esse quasi ad arcam prolatum, quid dicent ad alia loca scripturae, ubi ea dicit: Surge, domine Deus, cum tamen arca nulla illic sit? Imo, quid ad Symbolum Nicaenum respondebunt, quod de filio Dei dicit: Descendit de coelis et incarnatus est? An eo etiam arcam aliquam ligneam pertrahent, quae de coelo in castissimum uterum virginis Mariae descendat et homo fiat? Videsne tandem, christiane lector, quid satan cogitet? Divinitatem Christi nobis reiecit, blasphemavit, eique maledixit, quasi non sit nostra iusticia. Personam Christi in iustificatione divisit relinquens nobis humanitatem solam divinitate prorsus erepta. Corda discipulorum suorum tartarea invidia et odio iam dudum ita exacerbavit et infecit, ut hasce ipsius abominationes libenter vi et armis defenderent et sinceros doctores trucidarent. Et iam nititur nobis divinitatem Christi prorsus eripere, quum dicit: Deus neque sedet, neque ambulat, neque surgit, non [N3a:] ascendit, neque descendit, quare aliquid aliud intelligendum est quam Deus, cum scriptura dicit: Deus surgit aut descendit de coelo. Intelligant igitur aliquid aliud, quicquid velint, tum statim convicti sunt, quod non credant Deum esse incarnatum, aut quod Christus sit verus Deus et ita prorsus nullum habent Christum. Huc tendebat satan et hoc volebat! Ex his omnibus iam perspicis, christiane lector, quod merae diabolicae praestigiae sint, cum dicunt magnum et proprium nomen Dei, quod nihil aliud quam divinam essentiam significat, tribui arcae ligneae et aliis rebus, in quibus aut per quas aut apud quas praesentia Dei deprehensa sit. Et stat adhuc firmum contra omnes portas inferorum, quod Ieremias, cum dicit: »Vocabunt eum יהוה, iusticia nostra«, potenter testetur, quod divina natura Iesu Christi domini nostri sit nostra iusticia.

sich, da zu sein, mit seinem wort het verbunden[549], verachten und sich gleich stellen, als wůste er in nicht? Ist das nicht blindheit uber alle blindheit und lesterung uber alle lesterung, so weis ich nicht, was blindheit oder lesterung ist! Und wan sie auff dem wollen bestehen, Gott sitzet, gehet und stehet nicht, darumb můsse das wort: Steh auff, herr Gott, als zu der laden geredt verstanden werden, was wollen sie dan zu andern orten der schrifft sagen, da sie spricht: Steh auff, herr Gott[550], da doch die lade nicht darbey ist? Was wollen sie zum Symbolo Niceno sagen, das von dem son Gottes sagt, er sey vom himmel herabgestigen und mensch worden[551]? Wollen sie daher[552] auch eine hůltzerne laden ziehen, die vom himmel herabsteige in den reinen leib der jungfrauen Marie und[e] mensch werd? Sihestu schir[f][553], christlicher leser, was der satan [R4a:] im sinn hat? Er hat uns die gotheit Christi verworfen, verlestert und vermaledeit, das sie nicht unser gerechtigkeit sey. Er hat die person Christi in der rechtfertigung schon getrennet, lest uns die menscheit allein und reisset die gotheit dahin. Er hat seiner schůler hertzen mit hellischem neid und hass schon also verbittert und vergifftet, das sie solche seine greuel gern wolten mit gewalt und schwert verteidigen und die rechten lehrer todschlagen. Und nun wolt er uns gern die gottheit Christi gantz und gar nemen und sprechen: Gott sitzet, geht und steht nicht, er steigt nicht auff und ab, darumb mus man etwas anders verstehen dan Gott, wan die schrifft spricht, Gott steht oder steigt vom himmel. Wolan, so lass sie nun etwas anders verstehen, was sie wollen, so sein sie schon uberzeuget[554], das sie nicht glauben, das Got sey mensch worden oder das Christus warer Gott sey, und haben also gar kein Christum. Ja, da wolt der teuffel hinaus, also wolt ers haben! Aus dem allen sihestu nun, christlicher leser, das es eitel[555] teuffelsgeucklerey ist, das sie sagen, der grosse, eigne name Gottes, der da nichts anders den das gőttlich wesen bedeutet, werde der hůltzern laden und andern dingen mehr zugeeignet, in welchen [R4b:] oder durch welche oder bey welchen die gegenwertigkeit Gottes sey gespůrt worden. Und stet noch fest wider alle porten der helle[556], das Jeremias, da er spricht: »Man wirt in nennen: יהוה unser gerechtigkeit«[557], gewaltigklich zeuge, das das gőttlich wesen Jhesu Christi, unsers Herren, unser gerechtigkeit sey.

Warumb gauckeln sie aber also[558]? Ich wil nicht wissen, was meine widersacher im sinn haben, sonder was der teuffel im sinn hat, vor dem wir uns hůtten sollen. Den es geschicht offt, das der teuffel die menschen ubereilet[559] und verfurt, das sie ir-

e) fälschlich Ditt.: und und: B. – f) fehlt in B.

549. verpflichtet.
550. z.B. Ps 7,7 u.ö.
551. Vgl. BSLK, S. 26,13-15.
552. dahin.
553. ungefähr, wohl.
554. überführt.
555. reine, pure; nichts als.
556. Vgl. o. Anm. 207.
557. Jer 23,6.
558. treiben … solche Narrenpossen.
559. überrascht, überfällt.

Quare igitur sic praestigiantur? Equidem nolo scire, quid adversarii mei cogitent, sed quid satanas, quem cavere debemus, cogitet. Saepe enim fit, ut satan homines praeoccupet et ita seducat, ut erroneam doctrinam concipiant et effundant et tamen ignorent eam erroneam esse, ac multo magis, quae detrimenta sit allatura, cum velut incendium sparsa fuerit ac vires acquisierit. Satan autem utrumque optime novit ac valde astute officia distribuere didicit, ita ut unus aliquis primum errorem quasi fundamentum ponat; deinde satan exuscitat alium haereticum, qui alios errores super aedificat, sive hoc priori placeat, sive displiceat. Ita [N3b:] hic quoque, si semel hunc errorem per adversarios confirmaret aliisque doctis viris in corda ipsorum infigeret, nempe quod magnum et proprium nomen Dei aliis etiam rebus quam divinae naturae tantum attribueretur, tum statim alios haereticos excitaret, qui dicerent eodem modo etiam de Christo esse intelligendum, scilicet quod non esset essentialis Deus, sed ideo tantum vocatus esset יהוה, quia divinitas suam praesentiam per ipsum et apud ipsum demonstrasset. Ex quo deinde sequeretur, quod per universam sacram scripturam veteris testamenti non posset amplius probari, quod Christus verus Deus

thumb fassen und ausstreuen, und wissen doch[g] nicht, das es irthumb sein, vil weniger, was die irthumb fur schaden werden bringen, wann sie nun[h] wie ein feur auskommen und umb sich fressen. Der teuffel weis es aber beides wol und kans meisterlich und schalckhafftiglich[560] austeilen, das einer den ersten irthumb legt wie ein grundstein; darnach erweckt der teuffel einen andern ketzer, der bauet andre irthumb darauff, es sey dem ersten lieb oder leid[561]. Und also, wan er einmal den irthumb durch meine widersacher bestetigt und den andern gelerten ins hertz gebracht hette, nemlich[i] das der gros, eigen name Gottes andern dingen dann der goͤttlichen natur allein[k] zugelegt wurde, so wurd er alsbald [S1a:] andre ketzer auffwecken, die da sagten, es were mit Christo auch also, er wehre nicht warer, wesenlicher Gott, sonder allein darumb, das die gottheit ire gegenwertigkeit durch in und bey im erzeigt hette, da were er יהוה genennet. Daraus wuͤrde dan volgen, das man mit der gantzen heiligen schrifft des alten testaments nicht mehr beweisen kont, das Christus warer Gott ist, und wuͤrd also die alt allergifftigste und allerschedlichste ketzerey des Arii[562] widerumb neu und mit gewalt zum verderben der christenheit einreissen. Dan gleichwie Gott alle creatur erhelt in irem wesen, also erhelt auch sein goͤttlicher, grosser, eigner name, wan er seiner goͤttlichen natur allein zugeeignet wirt und bleibt, alle gezeugnus [l]der heiligen schrifft[l] von Christo in irem rechten verstandt; wirt er aber andern dingen zugemessen und angehenckt, so sein sie schon alle verderbt und unkrefftig. Das koͤnnen meine widersacher nicht sehen, aber der teufel sihet es wol und wolt es gerne furtstellen[563], aber Gott wirts im wehren, amen. Ich wil im auch hierin, ob Gott wil, nicht weichen, wan er gleich noch so seer tobet beide mit liegen und trowen. Das aber dem also sey, wie ich von den gezeugnussen der schrifft gesagt hab, wil ich mit einem exempel gnugsam erkleren [S1b:] und beweisen: Wir haben nach dem grossen, eignen namen Gottes kein stercker gezeugnus, das Jhesus Christus warer, wesenlicher Gott sey, dan das die heilig schrifft so stracks[m][564] gebeut, es sollen Christum anbeten nicht allein die menschen, sonder auch die engel im himmel, [n]psalm 96 [Vg.; 97,7][565] und Hebr. 1 [6][n], und gebeut doch ebendieselbig schrifft, man sol Gott allein anbeten[566]. Daraus schleust sich recht und

g) fehlt in a. – h) fehlt in a.
i) fehlt in a. – k) fehlt in a.
l-l) fehlt in a. – m) starck: a.
n-n) fehlt in a.

560. arglistig, heimtückisch.
561. Redewendung; vgl. *Grimm*, Wörterbuch 6, Sp. 908.
562. Zur Lehre des Arius (etwa 260-336), der den Logos als erstgeschaffene Kreatur und damit dem Vater wesensungleich ansah, vgl. TRE 3, S. 692-719; RGG 1, Sp. 593-595, und LThK 1, Sp. 829f und 842-848.
563. fortsetzen.
564. unbedingt.
565. Nur Vg. hat ›angeli‹ nach LXX.
566. Vgl. Ex 20,2-6 par.; Mt 4,10 par. u. ö.

est, et ita vetus illa venenatissima et pestilentissima haeresis Arii renovaretur et violenter iterum in ecclesiam irrumperet. Sicut enim Deus omnes creaturas in suo esse conservat, ita etiam divinum ipsius proprium et magnum nomen, cum ipsius divinae naturae tantum attribuitur et proprium manet, conservat omnia testimonia sacrae scripturae de Christo in sua genuina sententia. Quod si autem hoc nomen aliis rebus attribuitur, tum omnia ea testimonia corrumpuntur et invalida fiunt. Hoc adversarii mei non possunt perspicere, sed satan optime perspicit, idque libenter promoveret, sed Deus increpabit eum, amen. Et ego quoque in hoc negotio illi Deo volente non cedam, etiamsi multo amplius fureret simul mentiendo, simul comminando. Quod autem res ita habeat, sicut dixi de testimoniis scripturae, id vel unico exemplo satis declarabo et probabo. Post magnum et pro-[N4a:]prium nomen Dei nullum fortius testimonium habemus, quod Iesus Christus verus essentialis Deus sit, quam quod sacra scriptura tam directe praecipit, ut Christum adorent non tantum homines, verum etiam angeli in coelo, psal. 96 [Vg.; 97,7] et Hebr. 1 [6], et tamen haec eadem scriptura praecipit solum Deum adorandum esse. Ex quo recte et invicte concluditur, quod Christus sit verus et essentialis Deus; ita sane, si יהוה nihil aliud quam divinam essentiam significat, tunc invicte concludit. Statim autem ut admitteretur, quod יהוה interdum aliquid aliud quam divinam naturam significaret, non possemus per adorationem amplius concludere, quod Christus Deus sit. Cogeremur enim confiteri, quod Christus appelletur יהוה, nec tamen possemus hoc nomine evincere, quod Deus sit, quia admisissemus, quod יהוה non semper Deum significaret. Praecipit autem scriptura, ut ipsum יהוה adoremus. Ex quo sequitur, quod Christum possemus et deberemus adorare, etiamsi non Deus esset. Ac tum non sequeretur amplius, quod oporteret eum esse Deum, quia adorari iubetur. Ad hunc modum et reliqua testimonia veteris testamenti omnia fierent invalida, si admitteretur, quod proprium et magnum nomen Dei aliquid aliud significaret quam ipsammet essentiam Dei.

unuͤberwindlich, das Christus mus warer, wesenlicher Gott sein; ja, wan יהוה nichts anders dan das goͤttlich wesen heist, so schleust es unuͤberwindtlich. Sobald man aber zuliesse, das יהוה zuzeiten etwas anders hiesse oder deutete dan die goͤttliche natur, so koͤnten wir mit dem anbeten schon nicht mehr schliessen, das Christus Gott ist. Dan wir muͤsten bekennen, das Christus יהוה hiesse, und koͤnten doch mit dem namen nicht beweisen, das er Gott ist, dieweil wir zugelassen hetten, das יהוה nicht alweg Gott hies. Nun gebeut die schrifft, man sol den יהוה anbeten. Daraus wurde volgen, das man Christum moͤchte[567] und muͤste anbeten, ob er schon nicht Gott were. So volgte auch nicht mehr, das er muͤste Gott sein umb des anpetens willen. Also wurden die andern gezeugnus des alten testaments alle auch krafftlos, sobald man zuliesse, das der eigen, [S2a:] grosse name Gottes etwas anders hiesse oder deutete dan das goͤttlich wesen selbs.

Hiemit ist unuͤberwindlich geschlossen, das vilgedachter, grosser, eigener name Gottes nichts anders heist, noch heissen kan, dan das goͤttlich wesen oder goͤttliche natur; und dieweil Paulus und Jeremias einhelligklich zeugen, das Christus unser gerechtigkeit sey, und Jeremias spricht, יהוה sey unser gerechtigkeit[568], Paulus aber spricht, Christus sey uns darumb zur gerechtigkeit worden, das, wer sich ruͤhme[o], sich des herren יהוה ruͤhme[569], so leidet es auch kein zweiffel mehr, Christus ist nach seiner goͤttlichen natur unser gerechtigkeit. Und wan wir gleich dise gewaltige zeugnus nicht hetten, so solt dannoch das allein zeugnus gnug sein, das Christus nach seiner goͤttlichen natur unser gerechtigkeit ist, dieweil die heilige schrifft die gerechtigkeit, die wir durch den glauben empfangen und im glauben haben beyde im alten und neuen testament klerlich und bestendigklich Gottes gerechtigkeit nennet. Dan wir sein ja nicht schuͤldig, uns durch menschenglos und -gedicht von der eigenschafft und natur der hellen, klaren und duͤrren wort Gottes auff frembden, fleischlichen verstand[570] verfuren zu lassen, [S2b:] sonder muͤssen bey gefar unserer seel[p] seligkeit bey dem natuͤrlichen, gebreuchlichen verstand der wort bleiben, es zwinge uns dan ein artickel des glaubens mit vil gezeugnussen der schrifft darvon. Ich bin aber gewis in dem Herren, das weder mensch noch engel[571] kein artickel des glaubens noch kein gezeugnus der heiligen schrifft immer und ewigklich werden anzeigen und darthun, darmit bestendiglich widerfochten werden kont, das die goͤttliche natur Christi nicht solt unser gerechtigkeit sein. Darumb, dieweil meine widersacher auch bekennen, das Gottes eigene gerechtigkeit sey sein ewigs, goͤttlichs wesen, so lassen wir das wort ›Gottes gerechtigkeit‹ in seinem naturlichen verstand bleiben, nemlich das es heisse ›Gottes ewige und wesenliche gerechtigkeit‹.

o) rühme, der: B. – p) fehlt in a.

567. könnte.
568. Vgl. Jer 23,6.
569. Vgl. I Kor 1,30f.
570. fremdes, fleischliches Verständnis.
571. Vgl. Gal 1,8.

Ex his prorsus invicte concluditur, quod saepe memoratum magnum et proprium nomen Dei nihil aliud significet nec significare possit quam divinam essentiam aut divinam naturam. Et quoniam Paulus et Ieremias concorditer testantur [N4b:] Christum esse iusticiam nostram, et Ieremias dicit ipsum יהוה esse iusticiam nostram, Paulus autem dicit Christum ideo nobis factum esse iusticiam, ut qui gloriatur, in domino יהוה glorietur, ne dubitari quidem amplius potest, quin Christus secundum suam divinam naturam sit iusticia nostra. Porro etiamsi haec invicta testimonia non haberemus, tamen vel hoc unum satis testaretur Christum secundum divinam suam naturam esse iusticiam nostram, quod sacra scriptura iusticiam, quam fide accipimus et in fide habemus, tam in veteri quam in novo testamento clare et constanter vocat iusticiam Dei. Neque enim pati debemus nos per glossemata et figmenta hominum a nativa proprietate perspicuorum, clarorum et exactorum verborum Dei in alienum et carnalem sensum abduci, verum cogimur sub periculo salutis animarum nostrarum in naturali et usitata verborum significatione nos continere, nisi articulus aliquis fidei una cum multis sacrarum literarum testimoniis nos cogat ab ea discedere. Certus autem sum in Domino, quod neque homines neque angeli ullum articulum fidei aut ullum testimonium sacrae scripturae in aeternum producere et indicare poterunt, quo constanter evinci possit, quod divina natura Christi non sit nostra iusticia. Quare cum adversarii mei quoque confiteantur, quod iusticia Dei propria sit ipsius aeterna essentia, retineamus hoc verbum ›iusticia Dei‹ in sua nativa significatione, nempe quod significet Dei aeternam et essentialem iusticiam. [O1a:]

Und ficht mich gar nichts an, das D. Luther an etlichen örten fur die wörtlein ›Gottes gerechtigkeit‹ verdeutscht hat: ›die gerechtigkeit, die vor Got gilt‹, dan warumb ers hat gethan, hab ich droben angezeigt[572]. Ja, er selbs hats angezeigt, und ist gewis, das [er][q] so er die gerechtigkeit, die vor Gott gilt, nennet, nichts anders meinet dan die[r] wesenliche gerechtigkeit Gottes, die Gott selbs ist[573]. Darumb schreibt er in der postill, im 1532. jar getrückt[574], in der predig auffs fest Petri und Pauli[575], am 124. blat also: »Ich [S3a:] bin gegründet auff die gerechtigkeit, die Gott selbs ist. Die kan er nicht verwerfen, er müst sonst sich selbs verwerfen. Das ist der einfeltig, richtig verstand, davon lass dich nicht furen«[576]. Item daselbst[577], auff den virten sontag nach Ostern[578], am 43. blat schreibt er also: »Auff Christo ligt aller welt sünde, und des Vaters gerechtigkeit, welche in Christo ist, wil aller welt sünde verschlingen«[579]. Das ist ja gut, rund und durr gesagt, das einerley gerechtigkeit des Vaters und des Sons ist, das sie Gott selbs ist und unser sünde verschlinget. Desgleichen uber die wort Petri: »Das ir durch dasselbig teilhafftig werdet der götlichen natur«[580], spricht er also: »Das ist ein solcher spruch, desgleichen nicht stehet im alten und neuen testament, das wir der götlichen natur selbs sollen gemeinschafft haben. Was ist aber Gottes natur? Es ist ewige warheit, gerechtigkeit, weisheit, ewigs leben« etc.[581] Hie höret ja jederman klerlich, das D. Luther bekennet, ja mit[582] S. Petro streitet[583], das wir der göttlichen natur, die da ist weisheit, gerechtigkeit und ewigs leben, teilhafftig sein. Darumb ist gewis, das er Gottes gerechtigkeit, die die göttliche natur ist, und die gerechtigkeit, die vor Gott gilt, fur ein einige gerechtigkeit helt. [S3b:]

Nun wil ich die furnembsten gezeugnus erzelen, da die gerechtigkeit, die wir durch den glauben erlangen, Gottes gerechtigkeit genennet wirt.

Christus spricht Matt. am 6. cap. [33]: »Trachtet am ersten nach dem reich Gottes und nach seiner gerechtigkeit«. Es ist aber gewis, das das wörtlein ›seiner‹ auff Gott

q) konj. in A. – r) die ewigen: a.

572. Vgl. o. S. 164,7-11.
573. Vgl. o. S. 164,11.14f.
574. Gemeint ist Stephan Roths Festpostille 1527 mit Predigten Luthers, 1532 wiederaufgelegt, WA 17,2, S. 249-516; vgl. u. A. Bd. 9, S. 696, Anm. 28 und 29, Nr. 474.
575. 29. Juni.
576. WA 17,2, S. 450,29-32; vgl. u. A. Bd. 9, S. 696, Anm. 30, Nr. 474.
577. Wohl versehentlich falsch angegeben, vgl. u. Anm. 579.
578. Sonntag Cantate.
579. Es handelt sich um ein Zitat der Predigt vom 18. Mai 1522 (WA 10,3, S. 124-133, Nr. 25), die in Einzel- und kleineren Sammeldrucken zwischen 1522 und 1526 erschienen ist (vgl. ebd., S. IC-CII). Die Stelle selbst findet sich WA 10,3, S. 125,29-31.
580. II Petr 1,4.
581. WA 14, S. 19,5-8.
582. zusammen mit.
583. dafür streitet, eintritt.

Ac nihil me movet, quod D. Lutherus aliquot locis pro ›iusticia Dei‹ in Germanicum transtulit: ›iusticia, quae coram Deo valet‹, nam quare hoc fecerit, supra a me ostensum est. Imo ipsemet indicavit, et est certum, quod, cum iusticiam, quae coram Deo valet, nominat, nihil aliud intelligat quam essentialem iusticiam Dei, quae Deus ipse est. Et ideo in postilla, quae anno 1532 excusa est, sermone festi Petri et Pauli, folio 124 ita scribit: »Aedificatus sum super iusticiam, quae Deus ipse est; hanc non potest reiicere, alioqui cogeretur semet ipsum reiicere. Haec est simplex et genuina sententia, a qua ne patiaris te deduci«. Item ibidem dominica quarta post festum Paschatis, folio 43 ita scribit: »In Christo iacent totius mundi peccata, et iusticia Patris, quae in Christo est, vult totius mundi peccata absorbere. Hoc certe rotunde et exacte dictum est, quod una et eadem iusticia Patris et Filii sit et quod ea Deus ipse sit ac peccata nostra absorbeat«. Similiter super haec verba Petri: »Ut per hoc efficamini divinae consortes naturae« etc., sic dicit: »His talis locus est, cuius nihil simile est in veteri et novo testamento, quod ipsiusmet divinae naturae consortes futuri simus. Quid est autem divina natura? Est aeterna veritas, iusticia, sapientia, vita aeterna etc.« Hic certe omnes mortales audiunt, quod D. Lutherus fatetur, imo una cum Petro asserit, quod divinae naturae, quae est sapientia, iusticia et vita aeterna, consortes simus. Quare certum est, quod iusticiam Dei, quae divina natura est, et iusticiam, quae coram Deo valet, pro una et eadem iusticia habeat. [O1b:]

Iam vero praecipua testimonia enumerabo, quibus iusticia, quam per fidem acquirimus, iusticia Dei appellatur:

Christus Matthaei cap. 6 [33] dicit: »Primum quaerite regnum Dei et iusticiam eius«. Certum est autem, quod particula relativa ›eius‹, idest ἀυτοῦ, refertur ad Deum et non ad regnum, idest βασίλειαμ, sicut omnes, qui Graecam linguam intelligunt, optime noverunt et confiteri coguntur, et perinde sonat, ac si diceret: Quaerite regnum Dei et iusticiam Dei. Quia vero Christus ipse hic loquitur et tamen non dicit: Quaerite iusticiam meam, sed: »Quaerite iusticiam Dei«, certum est eum de iusticia Dei patris sui loqui, quae in divina essentia etiam Filii et Spiritus sancti iusticia est. Paulus ad Rom. 1 [16f] dicit: »Evangelium est virtus Dei ad salutem omni credenti. Iusticia enim Dei revelatur in eo«. Hic nota, quod non loquitur de aliqua iusticia, quae demum in nobis creanda sit, sicuti quidam somniant, sed de iusticia, quae iam quidem olim est, sed nobis, antequam crederemus, abscondita fuit, sicut ibidem dicit: Ira Dei revelatur de coelo, non quod ira Dei tum primum crearetur, sed quod ira Dei, qua Deus impietati semper irascitur, tum manifestaretur et sentiretur. Et haec iusticia prorsus eadem est, de qua Daniel cap. 9 [24] dicit: »Adducetur iusticia sempiterna«. Si adducenda est, oportet eam iam ante alicubi esse, nec de novo in nobis creanda est. Quod si est etiam aeterna, tum necesse est, ut sit Dei iusticia et Deus ipse. Nam Daniel non simpliciter vocat eam aeternam, quasi in futurum tantum respiciat, sed nominat eam iusticiam aeternitatum, unde necesse est eam esse ab aeterno et manere in aeternum. [O2a:] Ad Rom. 3 [21f]: »Nunc sine lege iusticia Dei manifestata est. Iusticia autem Dei per fidem Iesu Christi in omnes et super omnes,

deutet und nicht auff das reich[584], [s]wie alle die wol wissen und bekennen muͤssen, so die kriechischen sprachen koͤnnen[s], und ist eben sovil gesagt als: Trachtet nach dem reich Gottes und nach der gerechtigkeit Gottes. Dieweil aber Christus alhie selbst redet und spricht doch nicht: Trachtet nach meiner gerechtigkeit, sonder: nach der gerechtigkeit Gottes, so ist gewis, das er die gerechtigkeit Gottes, seines vaters, meinet, die auch die gerechtigkeit des Sons und des heiligen Geistes im goͤttlichen wesen ist. Zun Roͤmern am ersten [16f] spricht Paulus: Das euangelion »ist eine krafft Gottes zum heil allen die dran gleuben, sintemal darinnen geoffenbart wirt die gerechtigkeit Gottes«. Und merck alhie, das er nicht von einer gerechtigkeit sagt, die erst in uns erschaffen sol werden, wie etliche treumen, sonder von einer gerechtigkeit, die vorhin[585] ist, aber uns, eh dan wir gleubten, noch verborgen gewest ist, gleichwie er daselbst sagt, Gottes zorn [S4a:] werde auch von himmel geoffenbart[586], nicht das Gottes zorn erst erschaffen werde, sonder das der zorn, damit Gott alweg uber das gottlos wesen zuͤrnet, geoffenbart und empfunden werde. Und ist [t]gedachte gerechtigkeit[t] eben die gerechtigkeit, von der Daniel am 9. capitel [24] sagt: »Es sol eine ewige gerechtigkeit gebracht werden«. Sol sie gepracht werden, so mus sie vorhin etwo[587] sein und darf nicht erst in uns erschaffen werden. Ist sie dann ewig, so mus sie Gottes und Gott selbs sein, dan Daniel nennet sie nicht schlecht[588] ewig, als auffs zukuͤnftig allein, sonder er nennet sie iustitiam aeternitatum[u][589], darumb mus sie von ewigkeit her sein und auch ewiglich bleiben. Zun Roͤmern am 3. [21f]: »Nun ist on zuthun des gesetzes die gerechtigkeit Gottes offenbart, bezeugt durchs gesetz und die propheten«, die gerechtigkeit Gottes, »die da kompt zu allen und auff alle, die da gleuben«. Alhie merck die zwey wort ›geoffenbart‹ und ›die da kompt‹. Item daselbst: »Damit er (versteh Gott) darbiete seine gerechtigkeit«[590], und abermals: »Das er zu disen zeiten darbiete seine gerechtigkeit, auff das er allein gerecht sey und gerecht mache den, der da ist des glaubens an Jhesum«[591]. [S4b:] Item am 10. cap. [3]: »Sie erkennen die gerechtigkeit Gottes nicht und trachten, ir eigne gerechtigkeit auffzurichten, und sein der gerechtigkeit Gottes nicht unterthan«. Item in der andern zun Cor. am 5. [21]: Gott »hat den, der von keiner suͤnde wuͤst, zur suͤnde gemacht, auff das wir in im wurden die gerechtigkeit Gottes«. Im 71. psalm [2] spricht Christus zu seinem himelischen Vater: »Errette mich durch deine gerechtigkeit«, item:

s-s) fehlt in a. – t-t) fehlt in a. – u) aeternitatem: B.

584. ζητεῖτε … τὴν δικαιοσύνην αὐτοῦ.
585. vorher, zuvor.
586. Vgl. Röm 1,18.
587. irgendwo, einmal.
588. schlicht, einfach.
589. Osiander übersetzt aus dem Hebräischen (צֶדֶק עֹלָמִים) zur Pointierung ins Latein! Vg. hat dagegen: iustitia sempiterna.
590. Röm 3,25.
591. Röm 3,26.

qui credunt«. Hic duo nota, scilicet ›manifestata‹ et ›(quod venit) super omnes et in omnes‹. Item ibidem: »Ad ostensionem iusticiae suae«, et iterum: »Ad ostensionem iusticiae suae (subintellige Dei) hoc tempore, ut sit ipse iustus et iustificans eum, qui est ex fide Iesu Christi«. Item cap. 10 [3]: »Ignorantes iusticiam Dei et suam quaerentes statuere iusticiae Dei non sunt subiecti«. Item 2. Cor. 5 [21]: Deus »eum, qui non noverat peccatum, pro nobis peccatum fecit, ut nos efficeremur iusticia Dei in ipso«. Item psalmo 71 [Vg.: 70,2] Christus dicit ad Patrem suum coelestem: »In iusticia tua libera me«, item: »Os meum annunciabit iusticiam tuam«, item: »Domine, memorabor iusticiae tuae solius«, item: »Lingua mea tota die meditabitur iusticiam tuam«. Et si omnia loca Psalterii tantum enumerare deberem, in quibus iusticia fidei vocatur iusticia Dei, nimis longum ac molestum futurum esset. Iam si iusticia Dei in his locis omnibus aliquid aliud intelligendum esset quam aeterna Dei et essentialis iusticia, quae est ipse Deus, quomodo Spiritus sanctus usque adeo perpetuo tacere potuisset, ut nobis ne semel quidem declarasset, quid tandem illud ipsum esset, quod iusticiam Dei nominasset? Optime enim novit fidem nostram hominum glossulis inniti non posse, neque ipse ferre potest, ut eis credamus. [O2b:]

»Mein mund sol verkuͤndigen deine gerechtigkeit«[592], item: »Ich preis (oder predig) dein gerechtigkeit alleine«[593], item: »Meine zunge tichtet teglich von deiner gerechtigkeit«[594]. Und solt ich alle oͤrt allein im psalter erzelen, da die gerechtigkeit des glaubens wirt genennet Gottes gerechtigkeit, so wuͤrde es vil zu lang und zu verdrisslich werden. Wan nun die gerechtigkeit Gottes an disen oͤrten allen solt etwas anders verstanden werden dan Gottes ewige und wesenliche gerechtigkeit, die er selbs ist, wie hette doch der heilige Geist so gar koͤnnen stillschweigen, das er uns nicht nur[595] ein einiges mal het gelert, was er doch Gottes gerechtigkeit nennete? Dan er weis je wol, das wir an menschenglosslin[596] nichts glauben koͤnnen, und er wils auch nicht haben, das wir dran glauben sollen. [T1a:]

Es kommen wol etliche mit einem faulen[597] glosslein daher getrollet und sprechen: Gottes gerechtigkeit sol hie nicht verstanden werden sein gerechtigkeit, die er selbs ist, sonder eine andere gerechtigkeit, die er uns anziehe[598]. Denselbigen antwort ich: Lieben glosirer, wer seit ir, das man euch wider so vil unuͤberwindliche gezeugnus der schrifft glauben sol? Wamit beweiset irs, das wir nicht betrogen werden? Wie, wan ir eure gloss selbs nicht verstuͤndet? Wuͤrden wir nicht fein durch euch angefurt[599]? Ich bin aber gewiss, das derjenig, der dise gloss am ersten gegeben hat, nichts anders hat wollen sagen, dan das man alhie nicht die gestrengen, richterlichen gerechtigkeit, das ist Gottes ernstlichen, grimmigen zorn und rach, damit er die suͤnde strafft, verstehen soll, sonder seine gerechtigkeit, die er uns als ein kleid anzeucht. Dieselbig gerechtigkeit aber ist Christus selbs, wie Paulus zun Galatern am 3. [27] bezeugt und spricht: »Wievil eur getaufft sein, [v]habt ir[v] Christum angezogen«. Und zun Rom. am 13. [14] vermanet er uns und spricht: »Ziehet an den herren Jhesum Christum«. Der ist auch das hochzeitlich kleidt, darvon im evangelio meldung geschicht, und wer das kleid nicht anhat, der wirt in die eussersten finsternus geworfen[600]. [T1b:]

Ferner ist es auch mit der art, krafft und natur der gerechtigkeit zu erweisen[w], das Christus nach seiner goͤttlichen natur mus unser gerechtigkeit sein; dan das ist ja und heist eigentlich gerechtigkeit, das uns bewegt, recht zu thun, und[x] on das wir nicht gerecht sein, noch recht leben koͤnten. Nun ist je klar, das uns die goͤttliche natur gerecht machen und recht zu thun bewegen, reitzen und treiben muss, dan Paulus spricht zun Philippern am 2. cap. [13]: »Gott ists, der in euch wirckt beide das wol-

v-v) haben: B. – w) beweysen: a. – x) und das: B.

592. Ps 71,15.
593. Ps 71,16.
594. Ps 71,24.
595. auch nur.
596. Auslegungen, Erklärungen von Menschen.
597. üblen, schlechten.
598. Bezogen auf Staphylus' Ausführungen in seinem Bekenntnis, vgl. o. S. 112, Anm. 152, und S. 154, Anm. 266.
599. irregeführt.
600. Vgl. Mt 22,11-14.

Veniunt quidem aliquot afferentes rancidum glossema et dicunt iusticiam Dei hic non esse intelligendam ipsius iusticiam, quae Deus ipse est, sed aliam quandam iusticiam, qua ipse nos induat. Quibus ego respondeo: Optimi glossatores, qui nam estis vos, ut vobis contra tot invicta testimonia divinarum scripturarum credi postuletis? Quomodo probatis hoc, ne forte decipiamur? Quid, si bellum hoc vestrum glossema ipsi non intelligatis? An non pulchre per vos seduceremur? Ego vero certus sum, quod quisquis hoc glossema primus in lucem extulit, nihil aliud dicere voluerit quam, quod hic non iusticiam vindicatricem, hoc est severam Dei et ardentem iram, qua peccata punit, intelligere debeamus, sed ipsius iusticiam, quam nobis sicut vestimentum induit. Ea autem iusticia est Christus ipse, sicut Paulus ad Galatas 3 [27] dicit: »Quotquot baptisati estis, Christum induistis«. Et ad Rho. 13 [14] admonet nos et dicit: »Induimini dominum nostrum Iesum Christum«. Ipse etiam est vestis nuptialis, cuius mentio fit in evangelio, qua, qui caruerit, proiicietur in tenebras exteriores.

Porro, quod necesse sit dominum nostrum Iesum Christum esse iusticiam nostram secundum suam divinam naturam, etiam ex virtute et natura iusticiae probari potest. Hoc enim est et proprie vocatur iusticia, quod nos movet ad iuste agendum et sine quo nec iusti esse, nec iuste vivere possemus. Iam vero clarum est, quod divina natura nos iustos facere et ad iuste agendum movere, excitare et impellere debet, Paulus enim ad Philippen. 2 [13] dicit: »Deus est, qui in nobis operatur et velle et [O3a:] perficere iuxta beneplacitum suum«, item ad Rom. 6 [13]: »Exhibete membra vestra arma iusticiae Deo«. Si vero debemus membra nostra exhibere arma et instrumenta iusticiae, ita ut ipsa tanquam artifex membris nostris utatur tanquam instrumentis suis, et debemus ea tamen exhibere ipsimet Deo, certe necesse est ipsummet dominum Deum esse iusticiam. Item ad Rom. 8 [14]: »Qui spiritu Dei aguntur, hi sunt filii Dei«. Neque vero in nobis tantum res ita habet, verum etiam in Christo ipso, cuius iusticia est ipsius divina essentia seu divina natura ipsa. Quare, ut testaretur, quod sua bona opera non ex iusticia creata, sed ex divina iusticia, quae est ipsius divina essentia, promanarent, dicit Ioh. 14 [10]: »Pater in me manens ipse facit opera«, et paulo ante passionem suam dicit: »Pater, si possibile est, transeat a me calix iste; verum tamen non mea, sed tua fiat voluntas«, quo dicto etiam testatur, quod divina Patris voluntas, quae etiam est Filii et Spiritus sancti divina voluntas, Deus

len und das thun nach seinem wolgefallen«, item zun Roͤmern am 6. [13]: »Begebet[601] euer glider Gott dem herren zu waffen der gerechtigkeit«. Soͤllen wir aber unsere glider zu waffen und zum werckzeug der gerechtigkeit dargeben, also das sie wie ein werckmeister unser glider als iren werckzeug gebrauche, und sollen sie doch Gott dem herren selbs geben, so muss Gott der herr die gerechtigkeit selbs sein. Item zum Roͤmern am 8. [14] spricht er: »Welche der geist Gottes treibt, die sein Gottes kinder«. Und das ist nicht allein in uns also, sonder auch in Christo selbs; dessen gerechtigkeit ist sein goͤttlich wesen oder goͤttliche natur selbs. Darumb, zu bezeugen, das seine gutte werck nicht aus einer creatuͤrlichen gerechtigkeit, sonder aus der goͤttlichen gerechtigkeit, die das goͤttlich wesen selbs [T2a:] ist, herfliessen, so spricht er Johan. am 14. [10]: »Der Vater, der in mir wonet, der thut die werck«, und kurtz fur seinem leiden spricht er: »Vater, ists muͤglich, so gehe diser kelch von mir; doch nicht mein, sonder dein wil geschehe«[602], darmit er auch bezeuget, das des Vaters goͤtlicher will, welcher auch des Sons und heiligen Geists goͤtlicher wil, Gott selbs und Gottes wesenliche gerechtigkeit ist, sey seiner menscheit gerechtigkeit, die ine, fur uns zu sterben und uns zu erloͤsen, bewegt, gereytzt und getriben hat. Die menschliche natur in Christo allein one die goͤttlichen wesenlichen gerechtigkeit wuͤrde es nicht gethon haben, es were sonst nicht vonnoͤten gewest, das Gott sein Son het lassen mensch werden, sonder het wol ein andern gerechten menschen moͤgen[603] schaffen, der nicht Gott wehre gewest und uns dannoch erloͤset hette. Aber es muste goͤttliche wesenliche gerechtigkeit dasein. Und die gerechtigkeit, die Christum bewegt hat, gehorsam zu sein und recht zu thun, die muss uns auch bewegen, es wirts gewislich kein andere thun!

Das wil auch der heilig Paulus, da er zun Roͤmern am 5. cap. [19] spricht: »Wie durch eins menschen ungehorsam vil suͤnder worden sein, also auch durch eins gehorsam werden vil gerecht«. Dan gleichwie uns des Adams suͤnde, da er sie thut, noch nicht zu suͤndern macht, [T2b:] sonder da die[y] suͤnde sein gantze natur verderbt und zur suͤndlichen natur macht und wir darnach, aus derselben seiner suͤndlichen natur geborn, eben derselben suͤnde teilhafftig werden, also macht uns auch der gehorsam Christi, da er im werck gehorsam ist, noch nicht gerecht[604] – wir weren sonst, die wir itzo leben, funfzenhundert jare zuvor gerecht gewest, eh dan wir sein geboren; das were aber spoͤtlich zu hoͤren, dieweil wir alle in suͤnden geborn, von natur kinder des zorns sein[605] –, sonder, dieweil er durch sein goͤttliche wesenliche gerechtigkeit, die Gott selbs ist, auch seine menschlich natur volkomlichen gerecht

y) seyn: a.

601. Übergebet, gebet … hin.
602. Mt 26,39 par.
603. können.
604. Diese und ähnliche Feststellungen, etwa in der Form, »daß das Leiden und Sterben Christi nicht ausreiche zur Rechtfertigung des Menschen vor Gott«, wie sich der Osianderanhänger und Gräzist Johannes Sciurus vernehmen ließ, mußten die Gegner sehr verbittern; vgl. dazu *Stupperich*, Osiander, S. 138 bzw. 147; u. A. Bd. 9, S. 612f, Nr. 452, und o. S. 164-166, Anm. 306, bzw. S. 190, Anm. 416.
605. Vgl. Eph 2,3.

ipse et Dei essentialis iusticia, sit humanae suae naturae iusticia, quae ipsum, ut pro nobis moreretur nosque redimeret, movit, excitavit et impulit. Humana enim natura Christi sola sine divina et essentiali iusticia hoc non effecisset, alioqui nihil fuisset necesse, ut Deus filium suum sineret incarnari; potuisset enim alium iustum hominem creare, qui non esset Deus et nos tamen redimeret. Verum oportuit divinam et essentialem iusticiam adesse. Et necesse est, ut ea iusticia, quae Christum permovit ad obediendum et recte agendum, nos quoque permoveat, nam certum est hoc nullam aliam effecturam esse! [O3b:]

Hoc etiam vult divus Paulus, cum ad Rom. 5 [19] dicit: »Sicut per unius inobedientiam peccatores constituti sunt multi, ita per unius obedientiam iusti constituentur multi«. Sicut enim peccatum Adami, cum ab eo committitur, nondum nos peccatores constituit, sed posteaquam peccatum totam ipsius naturam corrupit et naturam peccatricem effecit, nosque ex eadem ipsius peccatrice natura nati eiusdem plane peccati participes facti sumus, ita etiam obedientia Christi, cum ipse re ipsa obediens est, nondum facit nos iustos – alioqui nos, qui iam vivimus mille quingentis annis antea iusti fuissemus, quam nati sumus, quod esset absurdum auditu, cum omnes nati in peccatis, natura simus filii irae –, sed cum ipse sua divina et essentiali iusticia, quae Deus ipse est, etiam naturam suam humanam perfecte iustam et obedientem effecerit, tum necesse est, ut in Christo plane renascamur et eiusdem ipsius iusticiae participes fiamus, sicut antea ex Adamo nati peccati illius participes facti sumus. Verum semen nostrae novae regenerationis est verbum Dei, quod Deus ipse est, sicut Petrus dicit: »Renati estis non ex corruptibili, sed incorruptibili semine, nempe per verbum Dei viventis, quod permanet in aeternum«, similiter et Spiritus sanctus, sicut Christus ipse dicit Iohan. 3 [5]: »Nisi quis renatus fuerit ex aqua et Spiritu sancto, non intrabit in regnum Dei«. Ubi autem verbum Dei et Spiritus sanctus sunt, ibi est etiam Deus pater. Quare in nova regeneratione attrahimus essentialem iusticiam Christi, quae est Deus ipse, quemadmodum in prima nativitate peccatricem natu-[O4a:]ram Adami contraximus, atque ita nostra iusticia est Deus ipse in Christo, sicut antea copiose est probatum. Haec eadem sententia Pauli est, cum ad

und gehorsam gemacht hat, so mů̊ssen wir eben in Christo neu geborn und derselben[z] seiner gerechtigkeit teilhafftig werden, wie wir zuvor, von Adam geboren, seiner sů̊nde sein teilhafftig worden. Nun ist aber der same unserer neuen geburt Gottes wort, das Gott selbs ist, wie Petrus sagt: Ir seit »widergeborn, nicht aus vergenglichem, sonder aus unvergenglichem samen, nemlich aus dem lebendigen wort Gottes, das ewig bleibt«[606], desgleichen der heilig Geist, wie Christus selbs sagt Johannis am 3. [5]: »Es sey dan, das jemand geborn werd aus wasser und dem Geist, so kan er nicht in das reich Gottes kommen«. Wa[607] aber Gottes wort und der heilig [T3a:] Geist sein, da ist Gott der vater auch, darumb empfahen wir in der neuen widergeburt die wesenlichen gerechtigkeit Christi, die Gott selbs ist, gleichwie wir in der ersten geburt die sů̊ndlichen natur des Adams empfangen haben, und ist also Gott unser gerechtigkeit in Christo, wie vor reichlich ist bewiesen. Eben das ist auch die meinung Pauli, da er spricht zun Rom. am 3. [25f], Gott hab Christum »furgestelt zum gnadenstull« etc., »auff das er allein gerecht sey und gerecht mache den, der da ist des glaubens an Jhesum Christum«. Dan so Gott allein gerecht ist, so muss sein gö̊ttlich wesen seine gerechtigkeit sein; so er aber auch die, so an Christum glauben, gerecht macht, so mus er inen sein gö̊ttliche und wesenliche gerechtigkeit mitteilen, sie wů̊rden sonst nimmermehr gerecht; und bleibt doch er allein gerecht, dieweil wir keine eigne, sonder nur Gottes gerechtigkeit haben.

Eben das beweiset auch die rechtfertigung Abrahams, Gen. am 15. [1], da Gott also zu im spricht: »Fů̊rcht dich nicht, Abraham! Ich bin dein schild und dein seer grosser lohn (oder gewin)«. Das ist die heubtverheissung und -zusagung Gottes, darin Gott sich selbs dem Abraham zusagt und [T3b:] gibt, da er spricht: Ich bin dein schilt und bin dein sehr grosser lohn, gewin, ewiger reichthumb, schatz und alles. Es versteht auch Abraham wol, das wan Gott sein eygen ist, das alle creaturn auch sein eigen mů̊ssen sein. Darumb spricht Paulus zun Rom. am 4. [13], es sey dem Abraham verheissen, »das er solte der welt erbe sein«, so doch solchs mit ausgetrů̊ckten worten noch nie geschehen war. So nun Abraham das verstehet, gedenckt er: Sol ich dan die welt erben, und habe doch[a] keinen samen, der sie nach mir erbe, ewigklich besitze und regiere, und fragt also heimlich nach Christo und spricht: »Herr, was wiltu mir geben? Ich gehe dahin one kinder!«[608] Da verheist im Gott auch samen, wie die sterne am himmel, die man nicht zelen kan[609], und spricht die schrifft darauff: »Abraham glaubte dem Herren, und das rechnet er im zur gerechtigkeit«[610]. Hie ist ja klar, das Abraham zum ersten hat mů̊ssen glauben, das sich Gott im zu eigen gebe, dan wer er da ungleubig gewest, so hette in aller andrer glaub nichts geholfen, ja er hette in allen andern verheissungen kein rechten glauben kö̊n-

z) fehlt in a. – a) fehlt in a.

606. I Petr 1,23.
607. Wo.
608. Gen 15,2.
609. Vgl. Gen 15,5.
610. Gen 15,6.

Rom. 3 [25f] dicit: Deus proposuit Christum propiciatorium etc., »ut sit ipse iustus et iustificans eum, qui est ex fide Christi«. Si enim Deus iustus est, tum necesse est divinam eius essentiam esse iusticiam eius; quod si autem et eos, qui in Christum credunt, iustos efficit, tum necesse est, ut eis divinam suam et essentialem iusticiam communicet, alioqui nunquam in aeternum iusti fierent; et tamen ipse solus iustus manet, cum nos nullam propriam, sed solius Dei iusticiam habeamus.

Hoc idem probat etiam iustificatio Abrahami Gen. 15 [1], ubi Deus ita illum alloquitur: »Noli timere, Abram! Ego protector tuus et merces tua magna nimis.« Haec est principalis promissio Dei, in qua Deus semet ipsum Abrahamo promittit et donat, cum dicit: »Ego protector tuus et merces tua magna nimis«, quasi dicat: Ego sum tibi merces, lucrum, emolumentum, diviciae aeternae thesaurus inexhaustus et omnia. Ac Abraham quidem optime intelligit, quod, cum Deum tanquam proprium habeat, omnes etiam creaturas se habere tanquam proprias. Ideoque Paulus ad Ro. 4 [13] insinuat Abrahamo promissum fore ipsum haeredem mundi, cum tamen hoc verbis expressis nondum usquam esset factum. Cum autem Abraham hoc intelligat, sic cogitat: Ego ne haeres mundi sum, cum tamen non habeam semen, quod post me possideat et in aeternum regat etc.? Et ita tectim [O4b:] quaerit de Christo et dicit: »Domine, quid dabis mihi? Ego vadam absque liberis«. Ibi tum Deus ei promittit etiam semen sicut stellas coeli, quae numerari non possunt, dicitque scriptura: »Credidit Abraham Deo et imputatum est ei ad iusticiam.« Hic certe clarum est, quod oportuerit Abrahamum primum credere, quod sese Deus ipsi ut proprium donaret, nam si hic incredulus fuisset, nulla alia fides ei quicquam profuisset, imo non potuisset in reliquis promissionibus omnibus veram fidem habere. Cum autem hoc ipsum credit, tum apprehendit Deum, qui se ipsi donat, per fidem, hoc est filium Dei, qui postea ex ipso nascendus et semen ipsius futurus erat, in quo benedicerentur omnes gentes. Itaque haec ipsa fides una cum filio Dei, quem per fidem apprehendit et in corde suo amplectitur, imputatur ei ad iusticiam, sicut supra quoque copiose probavi et declaravi. Haec iusticia, hoc est filius Dei, quem Abraham per fidem apprehendit et in corde suo complexus est, movet, excitat et impellit Abrahamum quoque, ut recte agat, nempe ut det gloriam Deo, sicut Paulus dicit: »Non est infirmatus fide, nec consideravit corpus suum emortuum, cum fere centum esset annorum, et emor-

nen haben. So er aber das glaubt, so ergreifft er Gott, der sich im gibt, durch den glauben, das ist den son Gottes, der kuͤnftiglich von im gebo-[T4a:]ren und sein samen werden solt, in dem die voͤlcker gesegnet werden[611], und wirt im also diser glaube sampt dem son Gottes, den er durch den glauben ergreifft und in sein hertz fasset, zur gerechtigkeit gerechnet, wie ich droben auch reichlich bewisen und erkleret hab. Dise gerechtigkeit, das ist der son Gottes, den Abraham durch den glauben ergriffen und in sein hertz gefasset hat, bewegt, reitzt und treibt den Abraham auch, das er recht thut, nemlich Gott die ehre gibt, wie Paulus sagt: »Er ward nicht schwach im glauben, sahe auch nicht an seinen eignen leib, welcher schon erstorben war, weil er fast hundertjerig war, auch nicht den erstorbnen leib der Sara«[612], das ist, er gab sein vernunft gefangen unter den gehorsam des glaubens, welchs ist ein abtoͤttung des alten menschen, »und gab Gott die ehre und wuͤste auffs allergewissest, das, was Gott verheist, das kan er auch thun«[613]. Gott aber die ehre geben, ist der hoͤchst gottesdinst und kan on verneuerung des alten menschen nicht geleistet werden. Desgleichen auffs allergewissest wissen, das Gottes zusagen geschehen werden, ist ein frucht des Geistes, der im hertzen schon auch da ist und dem wort Gottes gezeugnus gibt. [T4b:] Dieweil aber Abrahams glaub die gerechtigkeit, die Gott selbs ist, also het ergriffen und dieselbige gerechtigkeit solche grosse, herrliche frucht in im wirckete, spricht Paulus, es sey im zur gerechtigkeit gerechnet[614]. Aber das sol man nicht also verstehen, das Abraham umb der werck willen gerecht wer gehalten, sonder das die werck als die guͤtten frucht zeugen, das Abraham die gerechtigkeit Gottes durch den glauben recht ergriffen und also ein gutter baum worden sey[615]. Das ist der recht und einfeltig[616] verstand des 4. capitels zun Roͤmern und stimmet mit der gantzen schrifft uberein. Das aber etliche die letsten wort desselben capitels, da Paulus spricht, Christus sey umb unser gerechtigkeit willen aufferweckt[617], wollen unrecht deuten und sagen, sein aufferstehung sol unser gerechtigkeit sein, das thun sie wider die natur der sprache. Dan so die aufferweckung umb der gerechtigkeit willen geschicht, so muss die gerechtigkeit etwas anders sein dan die aufferweckung, welchs sie nicht koͤnnen ersehen[618], und zeigen darmit offentlich an, das sie noch gar kein wort verstehen, was gerechtigkeit ist. Dan Paulus sagt nichts anders dan das: Wan Christus nicht erstanden wehre, so koͤnten wir nicht glauben, das er uns von suͤnde, zorn, tod [V1a:] und helle erledigt hette, wan wir aber nicht gleubten, so koͤnten wir auch die gerechtigkeit nicht ergreiffen, wie man zu Ostern singet:

611. Vgl. Act 3,25.
612. Röm 4,19.
613. Röm 4,20f.
614. Vgl. Röm 4,22.
615. Vgl. Mt 7,16-20.
616. einfache.
617. Vgl. Röm 4,25.
618. sehen, erkennen.

tuum uterum Sarae«, hoc est, captivabat rationem suam in obedientiam fidei, quod est mortificatio veteris hominis, »et dabat gloriam Deo plenissime sciens, quod, quaecunque promisit Deus, potens est et facere«. Deo autem gloriam dare summus Dei cultus est, nec potest praestari sine innovatione veteris hominis. Simi-[P1a:]liter plenissime scire, quod promissiones Dei non possint fieri irritae, fructus est Spiritus, qui dudum etiam in corde adest verboque Dei testimonium perhibet. Cum autem fides Abrahami iusticiam, quae Deus ipse est, ad hunc modum apprehendisset et illa ipsa iusticia tam magnos et praestantes fructus in ipso proferret, dicit Paulus ei imputatam esse ad iusticiam. Hoc autem non sic est intelligendum, quasi Abraham propter opera iustus habitus sit, sed quod opera tanquam boni fructus testimonium perhibuerint, quod Abraham iusticiam Dei per fidem recte apprehendisset et ita arbor bona factus esset. Haec est simplex et genuina intelligentia quarti capitis ad Rom. et consentit cum universa scriptura. Quod autem quidam ultima verba eiusdem capitis, ubi Paulus dicit [25]: »Excitatus est propter iustificationem nostram«, torquent et dicunt resurrectionem ipsius esse nostram iusticiam, hoc faciunt contra naturam sermonis. Nam si excitatio fit propter iustificationem, necesse est iusticiam aliquid aliud esse quam ipsam excitationem, id quod ipsi perspicere non possunt, ostenduntque manifeste se plane necdum uno verbo intelligere, quid sit iusticia. Nam Paulus nihil aliud dicit quam, quod si Christus non resurrexisset, nos non potuisse credere, quod per ipsum a peccato, ira, morte et inferno essemus liberati. Si vero non crederemus, tum nec iusticiam apprehendere possemus, sicut festo Paschatis Germanice canimus: Si non surrexisset, mundus interisset. Quare, cum [P1b:] oporteret nos in Christum credere et per fidem iusticiam consequi, necesse fuit, ut Christus resurgeret, hoc est, quod dicit Christum excitatum esse propter iustificationem nostram.

»Wer er nicht erstanden, so wer die welt vergangen«[619]. Darumb, solten wir an Christum glauben und durch den glauben die gerechtigkeit erlangen, so můste Christus aufferstehen, das heist, umb unser gerechtigkeit willen aufferwecket sein.

Ebenso groͤblich irren etliche, da Paulus zun Roͤmern am 5. [8f] spricht: »Gott preiset sein lieb gegen uns, das Christus fur uns gestorben ist, da wir noch sůnder waren. So werden wir je vil mehr durch in behalten werden fur[620] dem zorn, nachdem wir itzo durch sein blut gerecht worden sein«, dan daraus wollen sie schliessen, das das blut Christi unser gerechtigkeit sey[621], aber es volgt gar nicht! Dan man kan auch wol sagen: Der ist doctor worden durchs gelt, es volgt aber nicht, das darumb das gelt die doctorey[622] sey; wir musten sonst bekennen, das, die das gelt empfangen, die hetten auch die doctorey, und der das gelt het ausgeben, der hette kein doctorey, sonder nur ein lehren beuthel[623]. Also spricht auch Paulus recht: Wir sein durchs blut Christi gerecht worden, es volgt aber darumb auch keinswegs, das das blut die gerechtigkeit sey, als wenig das geldt die doctorey ist, sonder wie man die docto-[V1b:]rey umb gelt erkaufft, also hat uns Christus die gerechtigkeit mit seinem blut erkaufft, und wie doctorey nicht gelt ist, also ist gerechtigkeit nicht blut, sonder die goͤttliche natur in Christo Jesu ist unser gerechtigkeit. Darumb ist das eigentlich die meinung Pauli, das, wie uns Christus durch sein gehorsam, leiden, sterben und blutvergiessen freiheit vom gesetz und vergebung der sůnde verdienet, erworben und teur erkaufft hat, also hat er uns durch dasselbig sein blutvergiessen auch erworben und erkaufft, das uns Gott die goͤttlichen gerechtigkeit Christi durch den glauben geben will und teglichs gibt, und dasselbig eben durch das euangelion, welchs uns verkůndigt, das Christus sein blut fur unser sůnde vergossen hat. Und beweiset sich also das euangelion, das es Gottes krafft ist, die uns durch den glauben und im glauben mit goͤttlicher gerechtigkeit gerecht macht. Aus dem kan nun jederman das unwarhafftig, auffrurisch geschrey derjenigen, die da schreien, man woll inen das blut Christi nemen und mit fůssen tretten etc.[624], wol urteilen[625], welchs ich auch ein an-

619. So beginnt die zweite Strophe des wohl ältesten deutschen Osterliedes »Christ ist erstanden«, das bereits im 12. Jh. bezeugt ist; vgl. HEKG 3,1, S. 323-325, und Sonderbd., S. 129-132.

620. vor.

621. Gegen Mörlin gerichtet (vgl. o. Anm. 264), wie es auch der folgende Vergleich mit dem Doktorgrad nahelegt. Mörlin wurde 1540 in Wittenberg mit ausdrücklicher Billigung Luthers zum Doktor promoviert; vgl. RE 13, S. 238; ADB 22, S. 322f, und *Schulz*, Eid, S. 196 mit Anm. 55.

622. der Doktorgrad, die Doktorwürde.

623. Dieser anzügliche Vergleich hat nicht so sehr mit Mörlin, als mit Osiander selbst zu tun, der keinen akademischen Grad erworben hatte; vgl. Osianders sog. Beichtbrief an Herzog Albrecht vom 21. April u. A. Bd. 9, S. 637,13-18, Nr. 458. Man muß nicht annehmen, daß bei Mörlins Promotion Unrechtes geschehen sei. Der Vergleich bezieht sich eher auf die Universitätsstatuten, die für den Erwerb des Doktorgrades auch finanzielle Abgaben vorsahen; vgl. *Grohmann*, Annalen, S. 110f; *Friedensburg*, Wittenberg, S. 186f. Zur Wittenberger Universitätsreform vgl. u. A. Bd. 9, S. 397, Anm. 218; S. 398, Anm. 224 und 227, Nr. 418.

624. Gemeint ist Mörlin, vgl. o. S. 220,14f und Anm. 500.

625. beurteilen, kritisieren.

Aeque imperite errant quidam in verbis Pauli ad Rom. 5 [8f], ubi dicit: »Commendat autem suam caritatem erga nos Deus, quod, cum adhuc essemus peccatores, Christus pro nobis mortuus est. Multo igitur magis nunc iustificati in sanguine ipsius (idest per sanguinem vel propter sanguinem; nam usitatus Haebraismus est) salvi erimus ab ira per ipsum«, hinc enim probare volunt sanguinem Christi esse nostram iusticiam, verum prorsus non sequitur! Nam et hoc quoque recte dici potest: Hic factus est doctor per pecuniam, et tamen nullo modo sequitur, quod pecunia sit ipse doctoratus; alioqui cogeremur confiteri, quod ii, qui pecuniam accepissent, abstulissent etiam doctoratum, et qui pecuniam expendisset, nullum haberet doctoratum, sed tantum inanem crumenam. Ita Paulus quoque recte dicit nos esse per sanguinem vel propter sanguinem iustificatos, nulla tamen ratione sequitur, quod sanguis sit ipsa iusticia, sicut nec pecunia est ipse doctoratus, sed sicut doctoratus pecunia comparatur, ita et Christus nobis iusticiam sanguine suo meruit, et sicut doctoratus non est pecunia, ita iusticia non est sanguis, sed divina natura in Christo est iusticia nostra. Quare haec est sine dubio Pauli sententia, quod sicut Christus per suam obedientiam, passionem, mortem et sanguinis effusionem nos a lege li-[P2a:]beravit et remissionem peccatorum nobis meruit, impetravit et praeciosissimo precio comparavit, ita etiam eiusdem sui sanguinis effusione meruit et comparavit nobis, quod Deus divinam iusticiam Christi nobis per fidem communicare vult quottidieque communicat, idque plane per evangelium, quod nobis annunciat Christum sanguinem suum pro peccatis nostris effudisse. Et ita evangelium sese ostendit, quod vere sit virtus Dei, quae nos per fidem et in fide divina iusticia iustificet. Ex his iam omnes facile iudicare possunt, quam vani et seditiosi sint eorum clamores, qui vociferantur, quod velimus ipsis sanguinem Christi eripere et pedibus conculcare, quos alias, ut merentur, confutabo, in praesentiarum autem, ne iusto sim prolixior, omittam.

dermal verantworten[626] wil[b]. Jetzt wil ichs lassen ruhen, auff das ichs jetzo nicht zu lang mache.

Also mus man auch die wort des 32. psalms [1f] verstehen, die Paulus zun Rom. am 4. cap. [7f] einfurt. Dan daselbst hat David das [V2a:] gantz ambt des mitlers auffs allerkuͤrtzist gefast und gesprochen: »Wol, dem die ubertrettung vergeben sein, dem die suͤnd bedeckt ist! Woll dem menschen, dem der Herr die missethat nicht zurechnet, in des geist kein falsch ist!« Dan das ampt des mitlers ist, das er uns durch sein gehorsam, leiden, sterben und blutvergiessen vom zorn, fluch, suͤnd, tod und helle erloͤse und vergebung der suͤnde erwerbe; darvon spricht David: »Woll, dem die ubertrettung vergeben sein!« Darnach soll er uns das euangelion lassen predigen und uns durch den glauben an dasselbig sein goͤttliche gerechtigkeit, darvon bisher so vil gesagt ist, als ein kleid anziehen, unser suͤnde mit zudecken und uns darmit als seine braut schmuͤcken; darvon spricht David: »Woll, dem die suͤnd bedeckt ist!« Die suͤnd aber lest sich mitnichte anders zudecken dan mit der gerechtigkeit Christi allein, das mus man wol mercken. Darnach, weil[627] die suͤnd vergeben, aber noch in uns ist, sol er sein gehorsam, darmit er das gesetz erfullet hat, uns schencken und fur uns darsetzen, auff das es uns nicht zugerechnet werde, das wir das gesetz noch nicht koͤnnen erfullen, sonder noch teglich suͤndigen und straucheln; darvon spricht David: »Woll dem menschen, dem der Herr die missethat nicht zurechnet!« Und entlich soll er die suͤnde in uns durch sein Geist und durch sein tod, [V2b:] darein wir durch die tauffe eingeleibt sein, abtoͤdten; und dieweil die suͤnd im fleisch nicht gar ausgetilget wirt, weil[628] wir leben, sol doch ein neu leben im Geist angefangen sein und immerdar zunemen, bis die suͤnd und der suͤndlich leib gar miteinander sterben, das wir mit Paulo moͤgen sprechen, Rom. 8 [7,25]: »Ich diene mit dem gemuͤt dem gesetz Gottes, aber mit dem fleisch dem gesetz der suͤnden«; und darvon spricht David: »Wol dem, in des geist kein falsch ist!« Und da sihet man abermals, wie greulich die irren, die mit diesem spruch Davids und Pauli wollen beweisen, das unser gerechtigkeit nichts anders sey dan vergebung der suͤnd allein, dan sie haben das zudecken der suͤnde mit der gerechtigkeit Christi, den wir durch die tauffe anziehen, ubersehen. Sie haben auch die verneuerung des inwendigen menschen, so durch die widergeburt geschicht, von der rechtfertigung hinwegkgeworfen, welchs billich jederman bewegen sol, nicht einem jeden geist zu glauben, sonder die geister zu pruͤfen, ob sie aus Gott sein oder nicht, wie uns Johannes in seiner [1.] epistel [4,1] vermanet.

Ich soll und kan auch den schoͤnen und gewaltigen spruch Pauli von der gerechtigkeit Gottes zun Philippern am 3. [6-10] nicht ausslassen[!], sonder dieweil er noch nie recht ins teutsch kommen ist, wil ich in von wort [V3a:] zu wort erzelen, wie in Paulus geschriben hat. Ich bin, spricht er, »nach der gerechtigkeit im gesetz gewesen

b) wyl, wie es werdt ist: a.

626. beantworten, beweisen.
627. da doch.
628. solange, während.

Ad hunc modum etiam verba psalmi 32 [Vg.: 31,1f], quae Paulus ad Rom. 4 [7f] citat, intelligenda sunt. Illic enim David totum officium mediatoris brevissime complexus est et dixit: »Beati, quorum remissae sunt iniquitates et quorum tecta sunt peccata. Beatus vir, cui non imputavit Dominus peccatum, nec est in spiritu eius dolus«. Officium enim mediatoris est, ut nos per suam obedientiam, passionem, mortem et sanguinis effusionem ab ira, maledicto, peccato, morte et inferno redimat et remissionem peccatorum impetret. De hoc dicit David: »Beati, quorum remissae sunt iniquitates«. Deinde debet curare, ut nobis evangelium annuncietur, nobisque per fidem, cum evangelio credimus, iusticiam suam divinam, de qua hactenus tam multa dicta sunt, tanquam vestem induere, peccata nostra illa sua iusticia tegere nosque veluti sponsam suam eadem illa sua iusticia ornare. [P2b:] De hoc dicit David: »Et (beati,) quorum tecta sunt peccata«. Peccatum autem nulla alia re se tegi patitur quam sola iusticia Christi; id quod diligentissime est notandum. Postea, cum peccatum sit remissum et tamen adhuc in nobis haereat, debet ipse obedientiam suam, qua legem adimplevit, nobis donare ac pro nobis ponere, ne nobis imputetur, quod legem nondum possumus adimplere, sed adhuc quottidie peccamus et offendimus. De hoc dicit David: »Beatus vir, cui non imputavit Dominus peccatum«. Et tandem debet peccatum, quod haeret in nobis, per Spiritum suum et mortem suam, in quam per baptismum plantati sumus, mortificare. Et licet peccatum in carne non penitus extinguatur, quamdiu vivimus, debet tamen nova vita in Spiritu inchoata esse et de die in diem adolescere, donec peccatum et corpus peccati simul una moriantur, ut cum Paulo Rom. 8 [7,25] possimus dicere: »Mente quidem servio legi Dei, carne autem legi peccati«. Et de hoc dicit David: »Beatus, in cuius spiritu non est dolus«. Et hic rursus apparet, quam horribiliter errent ii, qui hoc dicto Davidis et Pauli nituntur probare, quod iusticia nostra nihil aliud sit quam remissio peccatorum sola, nam, quod peccata nostra iusticia Christi, quem per baptismum induimus, tegenda sint, non animadverterunt. Quin etiam innovationem interni hominis, quae per regenerationem fit, a iustificatione reiecerunt, quod omnes [P3a:] christianos merito commovere debet, ne cuivis spiritui credant, sed spiritus probent, an ex Deo sint nec ne, sicut Iohannes in [1.] epistola sua [4,1] nos admonet.

Pulcherrimum vero et potentissimum illum locum Pauli, qui ad Philippen. 3 [6-10] de iusticia Dei extat, omittere nec debeo nec possum, sed quia non satis commode adhuc in Germanico redditus est, recensebo eum de verbo ad verbum, quemadmodum a Paulo scriptus est: »Fui«, inquit, »secundum iusticiam, quae in lege est, irreprehensibilis. Sed quae fuerunt mihi lucra, ea arbitratus sum propter Christum damnum esse. Quin etiam arbitror omnia damnum esse propter excellentiam cognitionis Christi Iesu domini mei, propter quem omnia damnum duxi et habeo ut stercora, ut Christum lucrifaciam utque reperiar in illo, non habens meam iusticiam, quae est ex lege, sed eam, quae est ex fide Christi, quae est ex Deo, iusticia in fide ad cognoscendum illum et virtutem resurrectionis ipsius«. Nam hic locus quoque clare

unstrefflich. Aber was mir gewin war, das hab ich umb Christus willen fur schaden geachtet. Ja, ich achte auch alles fur schaden gegen der uberschwencklichen erkantnus Christi Jhesu, meines herren, umb welches willen ich alles fur schaden gerechnet hab, und achte es fur dreck, auff das ich Christum gewinne und in im erfunden werde und nicht hab mein gerechtigkeit, die aus dem gesetz, sonder die durch den glauben an Christum[c], die gerechtigkeit aus Gott im glauben, zu erkennen in[629] und die krafft seiner aufferstehung«. Dan diser spruch zeugt auch klerlich, das die gerechtigkeit des glaubens die gerechtigkeit aus Gott sey und kom durch den glauben und sey im glauben. Darumb muss sie etwas bessers und hoͤhers sein dan der glaube selbst, nemlich die gerechtigkeit aus Gott, das ist Gottes wesenliche gerechtigkeit selbs. Dan Paulus nennet hie eben die gerechtigkeit aus Gott, wie er zun Ephe. am 4. [18] nennet das leben aus Gott, und wil an beiden orten verstanden haben das leben, das Got selbs ist, und die gerechtigkeit, die Gott selbs ist.

Darvon spricht D. Luther uber das euangelion Johannis am Christag[630] am 95. [V3b:] blat der neuen postil[631]: »Das wort Gottes im anfang und Gott selbs muss unser leben, liecht und seligkeit sein. Darumb ists nicht der blossen menscheit Christi zuzuschreiben, das sie uns lebendig mache, sonder in dem wort ist das leben, welchs im fleisch wonet«[632]. Aus disen worten D. Luthers ist zu schliessen, das, dieweil uns die blosse menscheit Christi das leben aus Gott nicht gibt, noch lebendig macht, sonder das wort Gottes, das Gott selbs ist und im fleisch wonet, ist unser leben, so wirt uns gewisslich die blosse menscheit Christi die gerechtigkeit aus Gott auch nicht geben, noch uns gerecht machen, sonder das wort Gottes, das Gott selbs ist und fleisch worden, ist unser gerechtigkeit, die aus Gott ist.

Das bezeuget Moses Deut. am 30. [12-14] und Paulus zun Rom. am 10. [5-8] auffs allergewaltigst, da Paulus Moses wort in seine wort fasset und also spricht: »Moses schreibt woll von der gerechtigkeit, die aus dem gesetz kompt: ›Welcher mensch dis thut, der wirt darinnen leben‹[633] (das ist, wer des gesetzes werck thut, den toͤdtet man nicht). Aber die gerechtigkeit aus dem glauben spricht also (merck, das Paulus sagt, die gerechtigkeit rede alhie selbs): ›Sprich nicht in deinem hertzen: Wer will hinauff gehn himel faren?‹ Das ist nichts anders, dan Christum [V4a:] herabholen. Oder: ›Wer wil hinab in die tieffe faren?‹ Das ist nichts anders, dan Christum von den todten holen. Aber was sagt sie (merck, das Paulus zum andernmal widerholet, das die gerechtigkeit alhie selbs rede): ›Das wort ist dir nahe, nemlich in deinem munde und in deinem hertzen!‹ Das ist das wort des glaubens, das wir predigen«, spricht Paulus. Hie bezeugt Moses, das die gerechtigkeit des glaubens sey das wort Gottes, Gott

c) Christum kompt: a.

629. ihn.
630. Das ›Evangelium in der hohen Christmesse‹ am 25. Dez., Joh 1,1-14.
631. Es handelt sich um die Kirchenpostille, 1522 erstmals erschienen, die in der Druckerei von Hans Lufft in Königsberg mehrere Auflagen erfahren hat. Die letzte von 1543 mag Osiander gemeint haben; vgl. WA 10,1,1, S. VIII.
632. WA 10,1,1, S. 199,13-16.
633. Lev 18,5.

testatur, quod iusticia fidei sit iusticia ex Deo et veniat per fidem et sit in fide. Quare necesse est, ut sit aliquid melius ac sublimius quam fides ipsa, nempe iusticia ex Deo, hoc est ipsiusmet Dei iusticia essentialis. Nam Paulus hic plane eodem modo nominat iusticiam ex Deo, quomodo Ephe. 4 [18] nominat vitam ex Deo, et utrobique vult intelligi vitam, quae Deus est, et iusticiam, quae Deus est.

Hac de re dicit D. Lutherus super evangelio Iohannis die Nativitatis Christi, folio 95 novae [P3b:] postillae: »Oportet verbum Dei in principio et Deum ipsum nostram vitam, lucem et salutem esse. Quare non est nudae humanitati Christi asscribendum, quod nos vivificet, sed in verbo est vita, quod in carne habitat«. Ex his verbis D. Lutheri concluditur, quod cum nuda humanitas Christi vitam ex Deo nobis non det, nec vivificet, sed verbum Dei, quod Deus ipse est et in carne habitat, sit nostra vita, tum certe nuda humanitas Christi iusticiam ex Deo similiter nobis non dabit, nec iustificabit, sed verbum Dei, quod est Deus ipse et caro factum, est iusticia nostra, quae ex Deo est.

Hoc testantur Moses Deu. 30 [12-14] et Paulus Rom. 10 [5-8] potentissime, ubi Paulus verba Mosis in sua verba includit et dicit: »Moses scribit de iusticia, quae est ex lege, quod qui fecerit ea[!] homo, vivet per illa (idest, qui facit opera legis, non occiditur). Sed quae ex fide est iusticia, sic loquitur (nota, quod Paulus dicit ipsam iusticiam hic loqui): Ne dixeris in corde tuo: Quis ascendet in coelum? Hoc est Christum ex alto deducere. Aut: Quis descendet in abyssum? Hoc est Christum ex mortuis reducere. Sed quid dicit (nota, quod Paulus hic secundario repetit, quod ipsamet iusticia hic loquitur): Prope tibi est verbum in ore tuo et in corde tuo. Hoc est verbum fidei, quod praedicamus«, inquit Paulus. Hic testatur Moses, quod iusticia fidei sit verbum Dei, Deus ipse, quod de Christo ore tractamus, docemus, praedicamus et confitemur, quodque non solum Deus est, verum etiam per fidem in cordibus nostris est, et ita tacite nos ducit in cognitionem interni verbi Dei, quod est Deus [P4a:] ipse, et externi verbi, quod tantum vox est, habetque in ore doctoris initium, sed in auribus auditorum iterum finitur. Internum autem verbum venit in illo, per illud et cum illo in corda credentium et manet in eis, sicut supra prolixe descripsi. Hoc testimonium Mosis apprehendit Paulus et concludit ex eo apud semet ipsum ita: Si verbum Dei, quod filius Dei et Deus ipse est perque fidem in nobis habitat, ipsa unica et vera iusticia est, qua iustificamur et salvamur, et idem ipsum verbum et filius Dei cum Mose colloquia habuit facie ad faciem, sicut solet homo loqui ad amicum suum, Exod. 33 [11], tum profecto sequitur, quod ipsamet iusticia fidei cum Mose locuta sit. Ex quo sequitur ulterius, quod iusticia etiam haec verba, quae Paulus hic tractat,

selbs, das man von Christo mit dem munde treibt[634], lehret, predigt und bekennet, das nicht allein in Gott ist, sonder durch den glauben auch in unsern hertzen ist, und furet uns also stilschweigend in erkentnus des innerlichen worts Gottes, das Gott selbs ist, und des eusserlichen worts, das nur ein stym und sprach ist, und hat ins lehrers mund sein anfang, aber in den ohren der zuhörer nimpts widerumb sein endt. Das innerlich wort aber kompt darin, dardurch und darmit in die hertzen der gleubigen und bleibt darinnen, wie ichs droben nach lengs[635] beschriben hab[636]. Solchs gezeugnus Mosis nimpt Paulus an und schleust darauff bey im[637] selbs also: Ist das wort Gottes, das Gottes son und Gott selbs ist [V4b:] und durch den glauben in uns wonet, die rechte einige und ware gerechtigkeit, dardurch wir gerecht und selig werden, und hat ebenderselbig son und wort Gottes mit Mose geredet »von angesicht zu angesicht, wie ein man mit seinem freunde redet«, Exodi 33 [11][638], so wil warlich volgen, das die gerechtigkeit des glaubens selbs mit Mose geredt hat. Daraus volgt weiter, das die gerechtigkeit dise wort, die Paulus hie handelt, auch geredt hat, dan Moses hat nichts gelert aus seinem eignem kopf, sonder hats alles vorhin von diser unserer gerechtigkeit, dem son Gottes, gehört. Solchs liecht und hohen verstand der wort Mosis hat one zweiffel Paulus aus dem heiligen Geist empfangen. Und dieweil es ein uberschwencklich liecht ist, hat ers mit kurtzen worten gegeben, das es fasse, wer da kan, und die schwachen dannoch darmit nicht uberschüttet[639] werden. Darumb meldet er zweymal, das der son Gottes, der mit Mose redet, sey die gerechtigkeit des glaubens selbs[d].

Daher hat auch Esaias den schönen spruch am 53. cap. [11] geschöpft, da er spricht: »Durch sein erkentnus wirt mein knecht, der gerechte, vil gerecht machen.« Wir erkennen aber Christum durchs wort, welchs ist sein göttliche natur, [X1a:] wie Christus selbs zeugt und eben disen, des propheten spruch, darmit recht und klerlich auslegt, Johannis am 17. [3], da er spricht: »Das ist das ewig leben, das sie dich, einigen waren Gott, und den du gesant hast, Jhesum Christum, erkennen«. Hie wirt ja das erkantnus das ewig leben gesprochen[640]. Das ewig leben aber ist im wort, ja es ist das wort Gottes und Gott selbs. Macht uns aber Christus gerecht mit seinem[e] erkantnus, so ist schon klar, das er uns mit seiner göttlichen natur, die das wort und leben ist, gerecht macht.

Hie kan ich nicht unterlassen, dieweil ich an den propheten Esaiam komen bin, ich muss den unverschembten betrug und straffliche felscherey meiner widersacher

d) fehlt in a.
e) Labialstrich in A nach a und B als ›m‹ aufgelöst.

634. verbreitet, einprägt.
635. ausführlich.
636. Vgl. o. S. 116,17-118,25.
637. sich.
638. Zu dieser Auffassung des Königsberger Professors vgl. seine Schrift ›An filius Dei‹ von 1550, u. A. Bd. 9, S. 468,28-30, und 469,9-11, Nr. 427.
639. zu sehr beladen, belastet.
640. die Erkenntnis als das ewige Leben bezeichnet.

dixerit, quia Moses nihil docuit e suo proprio capite, sed omnia prius ex hac nostra iusticia, scilicet filio Dei, audivit. Hanc lucem ac sublimem verborum Mosis intelligentiam Paulus haud dubie a Spiritu sancto accepit. Et cum sit exuberantissima lux, paucis eam verbis tantum perstrinxit, ut capiat, qui capere potest, et infirmiores tamen eadem non obruantur. Ideoque bis commemorat, quod filius Dei, qui cum Mose loquitur, sit ipsamet iusticia fidei.

Hinc etiam Esaias pulcherrimam hanc sententiam hausit, quam cap. 53 [11] dixit: »In scientia sua (idest, dum ipse cognoscitur) iustificabit iustus servus meus multos«. Christum autem cognoscimus per verbum, quod est divina ipsius natura, sicut ipse testatur [P4b:] et hoc ipsum huius prophetae dictum simul recte et clare interpretatur Iohan. 17 [3] dicens: »Haec est vita aeterna, ut cognoscant te solum verum Deum et, quem misisti, Iesum Christum«. Hic utique cognitio vita aeterna pronunciatur; sed vita aeterna est in verbo, imo est verbum Dei, Deus ipse. Iam si Christus nos iustos efficit cognitione sui, clarum est, quod nos iustos efficit divina sua natura, quae verbum et vita est.

Non possum hic omittere, cum ad prophetam Esaiam perventum est, quin impudentem dolum et flagitiosam falsationem adversariorum meorum attingam et detegam, qui ex eiusdem prophetae cap. 45 nituntur probare, quod iusticia fidei sit creatura. Propheta vero vaticinatur multis amoenis et quasi redundantibus verbis, quomodo Cyrus rex Persarum Iudaeos e captivitate Babylonica sit liberaturus, sicut et factum est, et in medio eiusdem vaticinii inquit: »Rorate coeli desuper, et nubes pluant iustum; aperiatur terra et germinet salvatorem, et iusticia oriatur simul. Ego Dominus creavi eum (subintellige Cyrum)«. Haec verba: »Ego Dominus creavi eum«, sic habentur in Hebraeo, sicut iam recensui, et in tota ecclesia Latina hucusque Latine sic etiam canuntur et leguntur. Ac Lutherus quoque principio sic est interpretatus et retulit ad Cyrum, sicut et hodie glossema, in margine positum, testatur ad hunc modum: »De rege Cyro loquitur, quod venturus sit et populum Israeliticum liberaturus.« Adversarii vero mei ex impudente audacia affirmare audent a propheta

anziehen[f][641] und auffdecken, die da aus des gedachten propheten am 45. capitel unterstehen, zu beweisen, das unser gerechtigkeit ein creatur sein soll[642]. Der prophet aber weissagt mit vilen, schoͤnen und gleich uberfluͤssigen[643] worten, wie der koͤnig Cores oder Cyrus aus Persia die Juͤden aus der babilonischen gefencknus wider werde lossmachen, wie dan geschehen ist, und spricht mitten in derselben weissagung: »Treuffelt, ir himmel, von oben, und die wolcken regnen die gerechtigkeit. Die erde thu sich auff und bring heil, und gerechtigkeit wachs mit zu. Ich, [X1b:] der Herr, schaffe in (versteh: den kuͤnig Cores)!«[644] Dise wort: »Ich, der Herr, schaffe in«, stehn in der hebreischen sprach also, wie itz erzelt ist[645], und sein in der gantzen christenheit bis auff dise stund in der lateinischen sprach auch also [g]gesungen und[g] gelesen[646]. Es hat sie auch[h] Luther erstlich[647] also verdeutscht und auff den Cores gedeutet, wie heutigs tags sein glos, am rand dabeigesetzt, zeugnus gibt, die also lautet: »Von kuͤnig Cores redet er, das er kommen sol und helfen dem volck Israel«[648]. Meine widersacher aber doͤrfen[649] aus unverschembter tollkuͤnheit furgeben, es sey vom propheten gesagt: Ich, der Herr, erschaffe sie – und nicht: in, und wollens dan auff die gerechtigkeit deuten und also mit solcher felscherey beweisen, das die gerechtigkeit des glaubens ein geschaffene gerechtigkeit sey[650]. Nun koͤnnen sie solche ir felscherey weder mit der hebreischen, noch kaldeischen noch kriechischen noch lateinischen noch mit des Luthers deutschen bibel noch mit der alten veter auslegung schmuͤcken, vil weniger beweisen, und haben doch vil leute darmit verfurt und geblendet, das es billich zu erbarmen ist. Und obgleich des Luthers letste bibel hat: »Ich, der Herr, schaffe es«[651], so ist es doch nichts anders gesagt dan: [X2a:] Ich, der Herr, schaffe, das Cores ein gewaltiger kuͤnig nicht allein in Persia, sonder auch in Chaldea und Babilon werde und mein volck [i]ledig und[i] loss gebe. Soͤlche felscherey wirt niemand koͤnnen entschuͤldigen, als sey sie aus unverstand der sprach geschehen, dan meine widersacher haben alweg leut unter sich gehabt und noch, die wol wissen, das die hebraisch sprach nicht leiden kan, das mans verdolmetsche: Ich, der Herr, schaffe sie. Darumb ist es ein fursetzliche, offentliche felscherey, die einer grossen, starcken straffe werd were.

f) anzeigen: a. – g-g) fehlt in a.
h) auch D.: a; auch D. M.: B. – i-i) fehlt in a.

641. anführen, nennen, zur Sprache bringen.
642. Vgl. o. Anm. 521.
643. gleichsam, geradezu überströmenden, übermäßigen.
644. Jes 45,8. – Zur Auslegung der Stelle vgl. *Westermann*, Jesaja 40-66, S. (116f. 124-)132f.
645. Der hebräische Text hat: בְּרָאתִיו.
646. Vg. hat: ego Dominus creavi eum.
647. zuerst.
648. Randglosse zur Übersetzung 1528, WA.DB 11,1, S. 136.
649. wagen ... zu.
650. Vgl. dazu o. S. 154, Anm. 263 und 266.
651. So die Bibel von 1545, WA.DB 11,1, S. 137.

dictum esse: Ego Dominus creavi eam – [Q1a:] et non eum, referuntque deinde ad iusticiam et hac falsificatione nituntur probare, quod iusticia fidei sit iusticia creata. Atqui hanc falsificationem suam neque Hebraea neque Chaldaea neque Graeca neque Latina neque Lutheri Germanica bibliorum editione neque patrum enarrationibus palliare, multo minus probare possunt. Et tamen hac sua falsificatione tam multos homines seduxerunt et occecaverunt, ut merito commiseratione moveamur. Et quamvis Lutheri ultima editio habeat: »Ego Dominus creavi illud«, nihil tamen aliud dicit nisi: Ego Dominus efficio, ut Cyrus, non tantum in Persia, verum etiam Chaldaea et Babylonia potentissimus rex, evadat et populum meum liberet. Hanc illorum falsificationem nemo poterit excusare quasi ex imperitia linguarum profectam, nam adversarii mei semper habuerunt inter se et adhuc habent viros doctos, qui optime noverunt, quod Hebraea lingua nulla ratione pati possit, ut interpretemur: Ego Dominus creavi eam. Quare praemeditata et manifesta falsificatio est, quae severam et austeram poenam meretur.

Ich muss noch ein spruch aus Esaia furen[652], der am 9. cap. [5f] also spricht: »Uns ist ein kind geboren, ein son ist uns gegeben, welchs herrschafft ist auff seiner schulter, und er heist wunderbar, rath, krafft, held, ewig-vater, fridfurst, auff das seine herrschafft gros werde und des frids kein ende auff dem stul Davids und seinem kůnigreich, das ers zurichte und stercke mit gericht und gerechtigkeit von nun an bis in ewigkeit. Solchs wirt thun der eyver des Herrn Zebaoth«. In disem spruch beschreibt uns der prophet den herren Jesum Christum, waren Gott und menschen, in einer einigen person nach seinen beiden naturn, goͤttlicher und menschlicher, auffs allerfleissigst und spricht, er sey uns geborn und sey uns gegeben. Darmit stimmet auch Paulus zun Ro. 8. [32] und spricht: [X2b:] »Gott hat seins einigen[k] sons nicht verschonet, sonder hat in fur uns alle dargeben; wie solt er uns nicht mit im alles schencken?« Und fleust solchs alles aus der furnemsten zusagung, dem Abraham beschehen, da der Herr spricht: »Furcht dir[l] nicht, Abraham, ich bin dein schilt, und bin dein sehr grosser lohn (oder gewin)«[653], wie ich droben gemeldet hab[654]. Daher spricht auch die christlich gemein als die braut Christi von dem herren Christo, irem breutigam[655], im Hohenlied Solomonis mehr dan einmal: »Mein freund ist mein, und ich bin sein«[656]. Dieweil uns aber Christus geboren, geschenckt und alles mit im geschenckt ist, so ist er ja unser; dan wer er nicht unser, so were er uns weder gegeben, noch geschenckt. Nun ist er uns aber geborn, gegeben, geschenckt und unser, ja unser seer groͤsser lohn und gewin wie des Abrahams, dieweil wir Abrahams kinder sein. Darumb můsten wir ja seer undanckbar und grobe leute sein, groͤber den das vihe, wan wir im[657] nicht fleissig nachdencken wolten, was es in sich schleust, das er unser ist. Ich zwar[658] muss bekennen von mir selbs, das ich mein tag offtmals in der kirchen angehebt hab, ein vaterunser mit grossem ernst zu beten, und wan ich bedacht, das Gott der vater darumb unser vater ist, das Jhesus Christus sein eingeborner [X3a:] son unser und nicht allein unser, sonder auch in uns ist und wir aus im als dem unvergencklichen samen des worts Gottes, das ewigklich bleibt und Gott selbs ist, und aus dem heiligen Geist neugeboren sein, kam ich so tieff in das ›-unser‹, das ich wol eine gantze stunde mit verzeret und gleich mein selbs vergas, biss alles in der kirchen aus war, eh dan ich ein vaterunser ausbetet. Und wolt Gott, das alle christen fleissig und vil fleissiger den ich betrachteten und zu hertzen nemen, das unser lieber herr Jhesus Christus uns geboren, gegeben, geschenckt und unser, ja noch darzu in uns ist, auff das nicht von uns moͤcht[m] gesagt werden der feine spruch im 49. psalm [21]: »Wan ein mensch in der wirde ist und hat kein verstand, so ist er gleich dem vihe, das zunichte wirt«.

k) eignen: a. – l) dich: B. – m) mög: a.

652. anführen.

653. Gen 15,1.

654. Vgl. o. S. 250,20-252,22.

655. Vgl. Eph 5,28-32.

656. Cant 2,16; 7,11. – Zur Auslegung des Hohenliedes vgl. TRE 15, S. 499-514; zu beiden Stellen vgl. *Müller*, Das Hohelied, S. 32f und 77.

657. dem.

658. wahrlich, in der Tat.

Adhuc unum locum ex Esaia citabo, qui cap. 9 [6f] ita dicit: »Parvulus natus est nobis, et filius datus est nobis, et factus est principatus super humerum eius, et vocabitur nomen eius admirabilis, consiliarius, deus, fortis, pater futuri seculi, princeps pacis. Multiplicabitur eius imperium, et pacis non erit finis super solium David et super regnum eius, ut confirmet illud et corroboret in iu-[Q1b:]dicio et iusticia amodo et usque in sempiternum. Zelus Domini exercituum faciet hoc.« Hoc loco describit nobis propheta dominum nostrum Iesum Christum, verum Deum et hominem, in una unica persona secundum ambas naturas, divinam et humanam, quam diligentissime et dicit eum nobis natum et nobis datum. Cui consonat etiam illud Pauli ad Rom. 8 [32] dicentis: »Proprio filio suo non pepercit Deus, sed pro nobis omnibus tradidit illum, quomodo non etiam cum illo omnia nobis donavit?« Et hoc totum fluit ex principali promissione Abrahamo facta, ubi Dominus dixit: »Noli timere Abraham, ego protector tuus et merces tua magna nimis (sive lucrum, emolumentum, thesaurus)« etc., sicut supra commemoravi. Hinc etiam ecclesia ut sponsa Christi de domino Christo, sponso suo, in Cantico Canticorum Salomonis saepius dicit: »Dilectus meus mihi, et ego illi«, idest iuxta phrasin Hebraeae linguae: »Dilectus meus est meus, et ego sum illius.« Cum autem Christus nobis natus, datus, et omnia cum eo donata sint, iam profecto est noster, et nisi noster esset, nobis neque natus neque datus esset. Nunc autem nobis natus, datus, donatus, imo merces nostra magna nimis et lucrum nostrum est, sicut et Abrahami, siquidem filii Abrahami sumus. Quare profecto valde ingrati et socordes homines essemus vel pecudibus stupidiores, nisi diligentissime meditaremur, quid hoc [Q2a:] in se comprehendat, quod ipse noster est. Equidem de me ipso fateri cogor, quod hactenus in templo saepe incepi orationem dominicam summa animi intentione dicere, cumque cogitarem, quod Deus pater ideo pater noster esset, quia Iesus Christus unigenitus filius eius noster, neque solum noster, verum etiam in nobis est, nosque ex eo ut ex incorruptibili semine verbi Dei, quod manet in aeternum et Deus ipse est, et ex Spiritu sancto renati sumus, tam profunde rapiebar in hoc ›noster‹, ut vel integram horam eo meditando consumerem meique quasi obliviscerer, donec caeremoniae in templo prorsus finirentur, antequam vel semel integram orationem dominicam absolverem. Atque utinam omnes christiani quam diligentissime ac multo quam ego diligentius considerent et in cordibus suis meditentur, quod dominus noster Iesus Christus nobis natus, datus, donatus et noster, imo etiam in nobis est, ne in nos torqueri possit praeclarum hoc dictum psalmi 49 [Vg.: 48,21]: »Homo, cum in honore esset, non intellexit, comparatus est iumentis insipientibus et similis factus est illis.«

Nun bekennen meine widersacher, mů̈ssens auch on iren danck[659] bekennen, das Christus, warer Gott und mensch, durch den glauben in uns wone – Gott gebe, das es ir ernst sey! Das aber etliche schreien, es hab mirs niemand je widersprochen[660], das wissen vil frommer leute vil anderst[661]. Auch was des Philippi schrifft, der etliche alhie warnet, sie sollen nicht widerfechten[662], das Gott in uns wone, fur anzeigung und zeugnus gibt[663], werden verstendige leut wol wissen [X3b:] zu urteilen. So dan Christus unser ist und in uns und warer Gott und mensch zugleich ist, wolt ich gern von meinen widersachern hő̈ren, ob der gantz Christus unser und in uns were oder nicht. Sprechen sie, es sey alleine seine menscheit unser [n]und in uns[n] und nicht die gottheit, so haben sie schon die person getrennet, das ist, die gottheit von der menscheit gerissen, welchs ein vorlengst[664] verdampte ketzerey ist[665]. Sprechen sie dan, es sey die gottheit auch unser und in uns, so muss je sein selbs wesenliche gerechtigkeit auch unser und in uns sein, dan seine wesenliche gerechtigkeit ist ja nichts anders dan seine gottheit. Nun wolt ich ir subtiligkeit[o][666] ja von hertzen gerne wissen und in schrifften haben, wie Gottes wesenliche gerechtigkeit oder gottheit soll unser und in uns sein und sol doch nicht unser gerechtigkeit sein[667]. Es ist gleich, als wan ich sprech: Der rock ist mein, ist aber nicht mein rock. Wan sie mir hierauff antworten, so sollen sie mich daheim finden[668], ob Gott will! Wolten sie dan ja sprechen, die gotheit Christi were unser und in uns, aber sein wesenliche gerechtigkeit were nicht unser oder nicht in uns, so hetten sie schon den einigen, waren Gott in seinem gő̈ttlichen wesen voneinander gerissen und zwen gő̈tter daraus gemacht, deren einer in uns, der ander nicht in uns wonete, welchs die [X4a:] grő̈ste, ungeheuriste und gotslesterlichste ketzerey were, die je auff erden gehő̈rt worden. Dan obwoll etliche recht teufflische ketzer gewest, die zwen gő̈tter gesetzt haben, sein sie doch solche narren nicht gewest, das sie zwen gleiche gő̈tter gedichtet hetten – dan das kő̈nte die natur nicht leiden –, sonder sie haben den einen gut, als[p] von dem alles guts

n-n) fehlt in a.
o) suptilitet: a. – p) fehlt in a.

659. gegen ihren Willen, ohne ihr Zutun.
660. Vgl. o. S. 152, Anm. 260.
661. Vgl. dazu etwa Osianders Ausführungen in ›Bericht und Trostschrift‹ vom Januar 1551 u. A. Bd. 9, S. 525,5-527,6, Nr. 434.
662. bestreiten.
663. Es handelt sich um Melanchthons Brief an Osiander vom 1. Mai (vgl. u. A. Bd. 9, S. 670-674, Nr. 469), den der Königsberger schon in seiner Schrift ›Daß unser lieber Herr‹ als Zustimmung zu seiner Lehre gewertet hat, vgl. ebd., S. 697,3-18, Nr. 474.
664. schon längst.
665. Vgl. dazu o. S. 152,1-156,4, bzw. 238,9-11 und 14-16. Osianders Ausführungen sollen die Gegner treffen, gehen jedoch nicht auf deren Argumente ein; vgl. etwa o. S. 152, Anm. 261.
666. ihren Scharfsinn.
667. Vgl. dazu o. S. 154, Anm. 266, und S. 190, Anm. 416, bes. aber S. 172, Anm. 325.
668. sprichwortartig, hier wohl mit dem Sinn: so werde ich wohl zu antworten wissen. Vgl. *Grimm*, Wörterbuch 2, Sp. 678.

Atqui adversarii mei confitentur, coguntur que vel ingratis confiteri, quod Christus verus Deus et homo per fidem in nobis habitet. Atque utinam hoc confiteantur ex animo! Quod autem quidam illorum vociferantur neminem mihi unquam in hoc contradixisse, multi probi homines noverunt rem longe aliter habere; quidque Philippi literae, quibus quosdam nostratium admonuit non debere negari Deum habitare in no-[Q2b:]bis[f], sibi velint quidque indicent ac testentur, prudentes homines optime iudicabunt. Iam si Christus est noster et in nobis et verus Deus atque homo simul est, vellem libenter ex adversariis meis audire, an totus Christus noster et in nobis esset nec ne. Si dixerint, tantum ipsius humanam naturam in nobis esse et non divinam, tum statim personam Christi diviserunt et divinam naturam ab humana distraxerunt, quod est iam olim damnata haeresis; sin autem dixerint divinitatem etiam nostram et in nobis esse, tum necesse est, ut ipsiusmet essentialis iusticia quoque sit nostra et in nobis, quia essentialis ipsius iusticia nihil sane aliud est quam ipsius divinitas. Iam vero subtilitatem ipsorum ex animo libenter scire et in scriptis habere vellem, quomodo iusticia Dei essentialis aut divinitas possit esse nostra et in nobis, ut tamen non sit nostra iusticia. Id enim perinde est, ac si ego dicerem: Haec tunica est mea, sed non est tunica mea. Hic si mihi responderint, invenient me Deo volente domi paratum! Quod si tandem vel sic dicere vellent divinitatem quidem Christi esse in nobis, sed ipsius essentialem iusticiam non esse nostram aut in nobis, tum statim unicum et verum Deum in sua divina essentia distraxissent et ex eo duos diversos deos effecissent, quorum unus habitaret in nobis, alter non habitaret in nobis, id quod maxima, absurdissima et summe blasphema haeresis esset omnium, quae unquam in terris auditae sunt. Nam quamvis aliquot vere diabolici haeretici fuerint, qui duos esse deos posuerunt, tam fatui tamen [Q3a:] non fuerunt, ut duos deos aequales finxerint – hoc enim rerum natura ferre non posset –, verum unum quidem posuerunt bonum, ut a quo omnia bona orirentur, alterum autum finxerunt malum, ut a quo omnia mala derivarentur. Sed omittamus haereticos omnes simul ferri et revertamur ad scripturas.

f) Silbe »-bis« fälschlicherweise nur in der Custode auf Bl. Q2a.

herkom, gesetzt, den andern aber boͤs, als[q] von dem alles ungluͤck herkom, gedichtet[669]. Wir lassen aber ein ketzer mit dem andern faren und kommen wider zur schrifft.

Es moͤchten villeicht etliche gute hertzen auch gern wissen, wie es Paulus meinet, da er 2. Cor. 5 [21] also spricht: Gott »hat den, der von keiner suͤnde wuͤst, fur uns zur suͤnde gemacht, auff das wir wurden in im die gerechtigkeit Gottes«, dan diser spruch ist nicht leichtlich zu verstehen denjenigen, so der hebraischen sprache nicht recht kuͤndig sein. Paulus aber wil also sagen, Gott habe Christum zur suͤnde gemacht, das ist, er hab auff in aller welt suͤnde geworfen, Esaie am 53. cap. [6], und in also mit frembden suͤnden so hart uberschuͤttet und beladen, das, wan man nach der[r] menig[670] unserer und der gantzen welt suͤnde, desgleichen nach seinem leiden, sterben, blutvergiessen und gen-helle-faren urteiln solt, moͤcht man schir sprechen, er were eitel[671] suͤnde und nichts dan suͤnde. [X4b:] Gleichwie das volck Israel, wan sie ein pock fur ir suͤnd wolten opfern, leget die gantz gemein die hend auff in und deuteten darmit, das sie ire suͤnd alle auff in legten und in also mit iren suͤnden beschwerten und schuͤldig machten, das er als ein opfer fur die suͤnde sterben must[672]. Solchen pock nenneten sie schlechts ›suͤnd‹[673], gleichwie Paulus hie Christum auch suͤnde nennet[674], die unsern teutschens zuzeiten[675] suͤndopfer[676]. Wie nun der pock des volcks suͤnde trug und wurd suͤnd genant, also wirt auch Christus vom tauffer nicht ein pock, sonder ein lemlein genennet, das der welt suͤnde tregt[677]. Dieweil aber unser suͤnd auff Christum gelegt sein, so wurcken sie an im, sovil sie koͤnnen, nemlich das er, als hette er selbs aller welt suͤnde gethon, mus leiden, sterben, sein blut vergiessen und gen helle faren, und das alles fur uns. Dargegen wan wir durch den glauben in im sein und er in uns, so werden wir in im auch Gottes gerechtigkeit, wie er suͤnd worden ist, das ist, er uberschuͤttet und erfullet uns mit seiner goͤttlichen gerechtigkeit, wie wir in mit unsern suͤnden uberschuͤttet haben, das Gott selbs und alle engel, dieweil Christus unser und in uns ist, eitel gerechtigkeit in uns sehen von we-

q) fehlt in a. – r) fehlt in B.

669. Damit dürfte auf die Lehre der Manichäer Bezug genommen sein, in der die Herkunft von Gut und Böse, Licht und Finsternis durch die Annahme zweier sich von Anfang an gegenüberstehenden Reiche erklärt wird: Im Reich des Lichtes wohnt der ›Vater der Größe‹, im Reich der Finsternis herrscht der König der Finsternis; vgl. TRE 22, S. 31(-34); RGG 4, Sp. 716(-719); LThK 6, Sp. 1352-1354.

670. Menge.

671. nur, lauter.

672. Vgl. Lev 4,13-21.

673. חַטָּאָה (Lev 4,3 u. ö.) heißt ›Sünde‹ und ›Mittel, die Sünde zu entfernen‹, bes. ›Sündenopfer‹, vgl. *Gesenius*, Wörterbuch, S. 224.

674. II Kor 5,21: »… ὑπὲρ ἡμῶν ἁμαρτίαν ἐποίησεν …«; vgl. *Bauer*, Wörterbuch, S. 86 die Parallelität des hebräischen und griechischen Sprachgebrauchs.

675. bisweilen.

676. etwa Hebr 10,6.8.

677. Vgl. Joh 1,29.

Fortassis non desunt pia quaedam pectora, quae libenter scirent, quid Paulus sentiret, cum 2. Cor. 5 [21] dicit: Deus »eum, qui peccatum non noverat, pro nobis peccatum fecit, ut nos efficeremur iusticia Dei in illo«. Nam hic locus non est facilis intellectu iis, qui Hebraeae linguae non sunt exacte periti. Paulus autem hoc vult dicere, quod Deus Christum fecerit peccatum, hoc est, quod imposuerit in eum omnia peccata mundi, Esa. 53 [6], eumque alienis peccatis ita obruerit et oneraverit, ut si secundum multitudinem nostrorum et totius mundi peccatorum, similiter et secundum ipsius passionem, mortem, sanguinis effusionem et ad inferos descensionem sit iudicandum, propemodum dici posset eum esse merum peccatum et nihil aliud nisi peccatum. Quemadmodum cum filii Israel caprum pro peccatis suis oblaturi essent, tota ecclesia illi manus imponebant et per hoc significabant, quod omnia peccata sua illi imponerent eumque peccatis suis ita onerarent et reum facerent, ut tanquam hostia pro peccatis mori cogeretur. Eum caprum simpliciter nominabant ›peccatum‹, quemadmodum et Paulus hic Christum quoque peccatum nominat, nostri interdum interpretantur ›hostiam pro peccato‹. Sicut igitur caper peccata populi – in figura – portabat et peccatum nominabatur, ita et Christus a baptista non [Q3b:] caper, sed agnus vocatur, qui tollit peccata mundi. Quia autem peccata nostra Christo imposita sunt, operantur in eo, quantum possunt, nempe quod ipsum non aliter, quam si totius mundi peccata ipsemet commisisset, pati, mori, sanguinem suum fundere et ad inferos descendere oportuit, et hoc totum pro nobis. Econtra, cum per fidem in ipso sumus et ipse in nobis, efficimur nos quoque in ipso iusticia Dei, sicut ipse factus est peccatum, hoc est, ipse obruit et implet nos iusticia sua, sicut et nos ipsum nostris peccatis obrueramus, ita ut Deus ipse et omnes angeli, cum Christus noster et in nobis sit, meram iusticiam in nobis videant propter excellentissimam, aeternam et infinitam iusticiam Christi, quae ipsius divinitas est et in nobis habitat. Et quamvis peccatum adhuc in carne nostra habitet et tenaciter inhaereat, tamen perinde est sicut stilla immunda respectu totius purissimi maris, et propter iusticiam Christi, quae in nobis est, Deus illud non vult observare, sicut Esaiae 38 [17] scriptum est: »Proiecisti post tergum tuum omnia peccata nostra«, multo minus vult nobis illud imputare, sed tandem extirpare, sicut deinceps audiemus. Igitur quemadmodum peccata nostra in Christo operantur, quantum possunt, ita vicissim iusticia Christi operat in nobis, quantum potest ac debet. Peccata autem nostra non poterant in Christo efficere, ut ipse in sua persona peccator fieret. Ideo Paulus dicit eum peccatum non novisse. Sed hoc operabantur in eo, ut poena peccato debita, illi [Q4a:] patienda et perferenda esset. Verum iusticia Christi utrunque in nobis operatur, primum ut praemium, scilicet regnum aeternum, propter iusticiam Christi certo habeamus, si in fide manserimus, deinde ut etiam in nostris personis eadem ipsius iusticia, quae Deus ipse est, iusti efficiamur et in aeternum iusti perseveremus, sicut Daniel cap. 9 [24] vaticinatus est aeternam iusticiam nobis per Christum adducendam esse.

gen [Y1a:] der allerhoͤchsten, ewigen und unentlichen gerechtigkeit Christi, die seine gottheit selbs ist und in uns wonet. Und ob schon noch suͤnd in unserm fleisch wonet und anklebt, so ists doch eben als ein unreines troͤpflein gegen einem gantzen reinen meer, und Gott wils umb der gerechtigkeit Christi willen, die in uns ist, nicht sehen, wie Esaie am 38. [17] geschriben ist: »Du wirfst all mein suͤnd hinter dich zuruck«, vil weniger will er sie uns zurechnen, sonder entlich ausfegen, wie wir hernach hoͤren werden. Wie nun unser suͤnde an Christo wurcken, was sie koͤnnen, also wurckt auch die gerechtigkeit Christi an uns, was sie kan und sol. Unser suͤnd aber konten an Christo nicht wurcken, das er fur sein person ein suͤnder wuͤrde. Darumb spricht Paulus: Er wuͤste von keiner suͤnde[678]. Aber das wirckten sie an im, das er [s]der suͤnde[s] straff fur die suͤnd must leiden und tragen. Aber die gerechtigkeit Christi wirckt beides in uns, erstlich das wir den lohn, das ewig reich, umb der gerechtigkeit Christi willen gewis haben, wan wir im glauben bleiben, darnach das wir auch fur unser person durch dieselbigen sein gerechtigkeit, die Gott selbs ist, gerecht werden und ewiglich gerecht bleiben, wie Daniel am 9. [24] geweissagt hat, uns sol durch Christum ein [Y1b:] ewige gerechtigkeit gepracht werden.

Es stossen sich auch etliche an den spruch Pauli zun Galatern am 5. [5], da wir im teutschen also lesen: »Wir aber warten im Geist durch den glauben der gerechtigkeit, der man hoffen muss«[679], und schliessen daraus, das uns die gerechtigkeit erst in jenem leben eingegossen werd[680]. Was sol ich aber hierzu sagen? Es ist ein grober, greulicher irthumb, der warlich nicht zu leiden ist, und hat doch sein ursprung eben aus disem spruch Pauli, der in der warheit unrecht und seer ubel verdeutscht ist. Und macht mir diser und etliche ander spruch mer die gedancken, das ich gros daruͤber verwetten thuͤrste[t][681], D. Luther wer nicht allmall darbey gewest, wann man an der bibel geteutscht hat[682]. Es solt aber also verdeutscht worden sein: ›Ir seit abgefallen von Christo, die ir durch das gesetz gerecht wolt werden, und seit aus der gnad gefallen. Dan wir empfangen (oder ergreiffen) durch den Geist aus dem glauben die

s-s) die: a. – t) dorft: a.

678. Vgl. II Kor 5,21.

679. So die Lutherbibel 1546, vgl. WA.DB 7, S. 187. Luthers NT von 1522 bietet eine andere Übersetzung, jedoch nicht den weiter u. von Osiander vorgeschlagenen Wortlaut; s. ebd., S. 186.

680. Vgl. dazu die fünfte Antilogie der Gegner o. S. 148, Anm. 249. Beachte dazu Melanchthons vorsichtige Auslegung von Gal 5,5, in der er einen Unterschied zwischen diesem und dem künftigen Leben nach der Auferstehung angibt, und Osianders kräftige Entgegnung u. S. 610,29-611,1 und 612,1-8, Nr. 522.

681. viel … zu wetten wagte.

682. Tatsächlich hat Luther über Jahre hinweg mit den verschiedensten seiner Freunde sich um die Verbesserung des Bibeltextes bemüht, es hat sogar verschiedene ›Bibelrevisionstagungen‹ gegeben, vgl. WA.DB 3, S. Vf. Zur Stelle Gal 5,5 konnte aber keine protokollarische Notiz gefunden werden, vgl. WA.DB 4, S. 386 und 481f.

Multi quoque impingunt in locum Pauli ad Galatas 5 [5], praesertim ii, qui Germanica translatione Lutheri utuntur, quae hanc sententiam habet: »Nos autem expectamus in Spiritu per fidem iusticiam, quam sperare oportet«. Vulgata editio sic habet: »Nos enim Spiritu ex fide spem iusticiae expectamus«. Hinc enim concludunt, quod iusticia nobis in futura demum vita infundatur. Quid hic dicam? Crassus et horribilis error est, qui profecto tolerari non debet, et tamen irrepsit occasione horum verborum Pauli, quae revera male translata sunt Germanice, nec multo melius Latine. Et hoc loco aliisque compluribus moveor, ut ausim magno aliquo pignore certare D. Lutherum non semper adfuisse, cum biblia in Germanicam linguam transferrentur. Oportuit autem sic transferri: ›Exaruistis a Christo, qui in lege iustificamini, a gratia excidistis. Nos enim Spiritu ex fide fiduciam iusticiae amplectimur‹. Paulus enim non dicit ›in spiritu‹, alioqui cogeremur humanum nostrum spiritum intelligere; Paulus autem sentit [Q4b:] de Spiritu sancto, quare vel transferendum vel certe intelligendum fuit, ac si diceret: Spiritu, quem ex fide habemus, sicut antea cap. 3 [2] meminit interrogans: »Ex operibus ne legis Spiritum accepistis, an ex auditu fidei?« Nec ἐλπὶς semper significat spem rerum futurarum, sed saepe etiam fiduciam rei praesentis, sed quae non videtur, ut cum Paulus 2. Cor. 5 [11] dicit: »Spero et in conscientiis vestris nos manifestos esse«, item ad Rom. 8 [24]: »Spe salvi facti sumus. Spes autem, quae videtur, non est spes; nam quod quis videt, quid et sperat?« His locis manifestum est, quod Paulus vocabulum ἐλπίδος pro certa fiducia rerum dudum praesentium, sed nondum visarum usurparit; non enim sperat se apud Corinthios manifestandum, sed iam pridem manifestatum esse. Cui consonat, quod spem vocat non eius, quod nondum assit, sed eius, quod nondum videatur. Et utitur verbo sperandi plane eodem modo, quo sacra scriptura utitur verbo Hebraeo ›hasa‹, quod multo saepius fiduciam rei praesentis, sed occultae, quam spem sive expectationem rei absentis et venturae significat. Quin etiam verbum ἀπεκδέχεσθαι non semper significat expectare, verum etiam suscipere, apprehendere, amplecti, et tum quoque, cum significat expectare, significat rei iam inceptae finem et perfectionem

zuversicht der gerechtigkeit‹[683]. Dan Paulus spricht nicht ›im geist‹, wir muͦsten sonst unsern menschlichen geist verstehen; Paulus aber meinet den heiligen Geist. Darumb solt mans ›durch den Geist‹ verteutschet haben, den wir ›aus dem glauben‹ haben, wie er zuvor am 3. cap. [14] gemeldet hat. Es heist auch das kriechisch wort ἐλπίς[u] (elpis) nicht alweg hoffnung zukunftiger ding[684], [Y2a:] sonder offt und vil ein zuversicht eins gegenwertigen, aber unsichtlichen[685] dings, als da Paulus 2. Cor. 5 [11] spricht: »Ich hoff, das wir auch in euern gewissen geoffenbart sein«, und zun Rom. am 8. [24]: »In hoffnung sein wir selig worden. Die hoffnung aber, die man sihet, ist nicht hoffnung; dan wie kan man das hoffen, das man sihet?« In disen spruchen ist offenbar, das Paulus das woͤrtlein ἐλπίς[v] (elpis) fur ein gewisse zuversicht der ding, die da schon da sein, aber noch nicht gesehen werden, gebraucht hat[686]. Dan er hoffet nicht, das er erst bey den Corinthiern sol geoffenbart werden, sonder das er schon geoffenbart sey. Damit stimmet, das er hoffnung nennet, nicht dessen, das noch nicht da sey, sonder dessen, das man noch nicht sihet; und braucht solchs worts eben wie die heilige schrifft des hebraischen worts ›hasa‹[687], welchs vil offter ein zuversicht eins verborgenen gegenwertigen dings, dan ein hoffnung eins abwesenden kuͦnftigen dings bedeutet. Zudem heist das kriechisch woͤrtlein ἀπεκδέχεσθαι[w] (apecdechestai) nicht alweg warten, sonder auch annemen, ergreiffen[x], empfangen[688], und da es schon warten heist, da heist es eins angefangenen dings end[689] und volkomenheit mit begird und gedult erwarten, wie ein verwundter man, den der artzt schon angehebt hat zu heilen, die ertzney mit begird annimpt [Y2b:] und der heilung der wunden mit gedult erwartet, laufft nicht vom artzt hinweg, thut nichts, das der wunden schadet, sonder volgt dem artzt, bis er gar heil wirt etc.[690] Demnach ist das der recht verstand Pauli, das, die durchs gesetz wollen gerecht werden, die sein wie ein verdorbener, durrer rebe, von dem weinstock Christo abgestorben und aus Gottes gnade gefallen[691]. Wir aber, die wir wollen gerecht werden durch den glauben, dieweil wir den Geist aus dem glauben empfangen haben, so ergreiffen und

u) fehlt in a. – v) fehlt in a.
w) fehlt in a. – x) ergreiffen und: B.

683. Gal 5,4f in Osianders Übersetzung. Zu seinen weiteren Ausführungen den griechischen Text der Bibelstelle: »ἡμεῖς γὰρ πνεύματι ἐκ πίστεως ἐλπίδα δικαιοσύνης ἀπεκδεχόμεθα«.

684. Vgl. z.B. Röm 5,2.

685. unsichtbaren.

686. Vgl. auch Hebr 11,1.

687. חזה heißt ›Gott schauen‹ (z.B. Ex 24,11 u.ö.), wird aber auch ›von prophetischen Visionen‹ gesagt (z.B. Jes 1,1 u.ö.), vgl. *Gesenius*, Wörterbuch, S. 220.

688. Für die von Osiander angegebene zweite Bedeutung konnte kein Beleg gefunden werden; vgl. *Bauer*, Wörterbuch, Sp. 165.

689. Ziel.

690. Dieser ursprünglich von Staphylus gebrauchte bildhafte Vergleich wird hier von Osiander in seinem Sinne ganz anders verwendet; vgl. o. S. 172, Anm. 325.

691. Vgl. Joh 15,6 und Gal 5,4.

cum desiderio et patientia praestolari, sicut vulneratus, quem medicus chirurgus iam curare incepit, medicinam cum desiderio amplectitur et curationem cum patientia expectat, non [R1a:] profugit a medico, neque quicquam facit, quo vulnus exasperetur, sed obtemperat medico, donec perfecte curetur. Hinc genuina sententia verborum Pauli est, quod, qui per legem volunt iustificari, velut emortui et aridi palmites a Christo, qui vera vitis est, excisi sint et a gratia Dei exciderint. Nos vero, qui volumus iustificari per fidem, quoniam Spiritum ex fide accepimus apprehendimus et amplectimur cum gaudio certam fiduciam, quod Deus revera iamdudum inceperit nos iustificare, quamvis nondum videri queat. Nam si non, certe nec Spiritum haberemus. Quare sine omni haesitatione in fide manebimus et finem nostrae iustificationis cum patientia expectabimus. Haec intelligentia consentit cum universa scriptura sancta, praecipue vero cum tota epistola ad Galatas, estque doctrinae D. Lutheri conformis, qui super epistolam festi Nativitatis Christi ad Tit. 3 [4-7] in sua postilla, folio 76 scribit: »Tota vita, quam verus christianus ducit post baptismum, nihil amplius est quam expectatio manifestationis salutis, quam iam habet. Et habet eam certissime totam, sed in fide occultam. Ea fides, si esset abolita (hoc est, si videretur, quod creditur, et adest), tum salus manifeste esset in ipso, id quod contingit in morte corporis, sicut 1. Ioh. 3 [2f] scribitur: ›Carissimi, nunc filii Dei sumus, et nondum apparuit, quid futuri simus. Scimus autem, quod, cum apparuerit, similes ei erimus, quia videbimus eum, sicuti est. Et omnis, qui habet hanc spem in eo, sanctificat se, sicut et ille sanctus est‹. [R1b:] Quare ne patiaris te ab operariis seduci, qui fidem contemnunt et ponunt salutem tuam longe ante te compelluntque eam operibus assequi. Non sic, mi homo, salus est in te intus, et totum iam peractum est, sicut Christus dicit Lucae 17 [21]: ›Regnum Dei intra vos est‹. Quare reliqua vita post baptismum nihil aliud est quam praestolatio, expectatio et desiderium, ut manifestetur, quid in nobis sit, et ut comprehendamus id, quod nos comprehendit, sicut Paulus ad Philip. 3 [12] dicit: ›Sequor autem, si quomodo comprehendam, in quo et comprehensus sum a Christo Iesu‹, hoc est, ut tandem videam, quae bona mihi in arca fidei donata sint.« Haec D. Lutheri verba ideo libenter recensui, ut ii, qui opinantur, ponunt, scribunt et clamant veram iusticiam, quae Deus ipse est, nobis in futura demum vita dari, tandem videre possent sese non tantum in sacras literas, verum etiam in D. Lutherum ipsum impingere, quanquam dedecus est, si christianus plus tribuat homini quantumvis docto quam sacrae scripturae, a Spiritu sancto inspiratae.

empfangen wir mit freuden ein gewisse zuversicht, das Gott warlich schon hab angefangen, uns gerecht zu machen, ob mans wol noch nicht sihet[692]; dan wo nicht, so hetten wir auch den Geist nicht. Darumb wollen wir on alles wancken im glauben bleiben und das end unserer rechtfertigung mit gedult erwarten. Diser verstand stimbt uberein mit der gantzen heiligen schrifft, sonderlich aber mit der gantzen epistel zun Galatern, und ist auch des D. Luthers lehre gemes, der uber die epistel am Christag[693] Tit. am 3. [4-7] in seiner postill[694] am 76. blat also schreibt: »Alles das leben, das ein rechtgleubiger christ furet nach der tauff, ist nicht mehr dan ein warten auff die offenbarung der seligkeit, [Y3a:] die er schon hat. Er hat sie gewislich gantz, doch im glauben verborgen. Derselbig glaub, wan er abgethon[695] were (das ist, wan man sehe, das man glaubet, und gewislich da ist), so were sie offenbarlich in im, welchs geschicht im leiblichen sterben, wie 1.[y] Johannis am 3. [2f] stehet: ›Meine liebe, wir sind nun Gottes kinder, und ist noch nicht erschinen, das wirs sein, wir wissen aber, wan es erscheinen wirt, das wir im gleich werden sein, dan wir werden in sehen, wie er ist. Und ein jeglicher, der solche hoffnung hat zu im, der reinigt sich, gleichwie er rein ist‹. Darumb lass dich die werckheiligen nicht verfuren, die den glauben verachten, setzen deine seligkeit weit fur dich und treiben dich mit wercken, sie zu holen. Nein, lieber mensch, sie ist in dir inwendig! Es ist schon alles geschehen, wie Christus sagt Luce am 17. [21]: ›Das reich Gottes ist inwendig in euch‹. Darumb ist das ubrige leben nach der tauff nichts anders dan ein harren, warten und verlangen, das da offenbart werd, was[z] in uns ist, und das wir das begreiffen, das uns begriffen hat, wie S. Paulus Philip. 3 [12] sagt: ›Ich jag im nach, ob ichs auch ergreiffen mȏcht, nachdem ich von Christo Jhesu ergriffen bin‹, das ist, das ich doch sehe, was mir fur gůtter in dem schrein des glaubens gegeben sein«[696]. [Y3b:] Dise wort D. Luthers hab ich auch darumb gern angezeigt, das diejenigen, so da halten, setzen, schreiben und schreien, die ware gerechtigkeit[a], die Gott selbs ist, werd uns allererst in der kůnftigen welt gegeben[697], doch sehen mȏchten, das sie nicht allein wider die heiligen schrifft, sonder auch wider den D. Luther selbs anlauffen[698], wiewol es schand ist, das ein christ mer auff ein menschen, wie gelert er auch ist, dan auff die heiligen schrifft, die der heilig Geist eingegeben hat, sehen soll[699].

y) fehlt in A, B (Drf.?). – z) das: a.
a) gerechtigkeit Gottis: a.

692. Vgl. Hebr 11,1.
693. 25. Dez.
694. Luthers Weihnachtspostille 1522, WA 10,1,1, S. 1-728. Die Predigt über die »Epistel in der Früh-Christmeß« findet sich ebd., S. 95,9-128,7.
695. beendet, vollendet.
696. WA 10,1,1, S. 108,6-109,4.
697. Vgl. o. Anm. 680.
698. anstürmen, anrennen.
699. Vgl. o. S. 170,32-172,2.

Und was sol ich vil sagen? Ist doch das die gantze schrifft, das Gottes wort, Gott selbs, darumb sey mensch worden, Jhesus Christus, unser herr, auff das [wir][b], nachdem wir durch die suͤnd in todt gefallen sein, durch den glauben und die tauff widerumb glider seines leibs, fleisch von seinem fleisch und gepein von seinem gepein wurden[c], Ephe. 5 [30], und also auch seiner goͤttlichen natur, die unser leben, weisheit, gerechtigkeit, heiligkeit und erloͤsung ist, theilhafftig wurden[d]. Ich hab auch so vil gezeugnus der heiligen schrifft von der gerechtigkeit nicht darumb eingefurt[700], das dise meine, ja, nicht meine, sonder Christi lehre zweifelig sey, sonder das ich die, so dise meine schrifft lesen, unterrichte, wie sie sich in die gantzen heiligen schrifft sollen schicken, damit sie disen hohen, ubernatuͤrlichen, goͤttlichen han-[Y4a:]del von unserer rechtfertigung, daruͤber Got ewigklich wil gelobt und gepreiset werden[e], recht verstehen lernen.

Dan wan ich hierin allein mit meinen widersachern, feinden und tadlern het wollen hadern, zancken und streitten, wolt ich gewislich uber zwen oder drey spruͤch der heiligen schrifft nicht eingefurt, sonder sie an dieselbigen irem unverstand und frevel nach haben anlauffen lassen; und wolt noch heutigs tags gerne sehen, wie sie meine lehr von der rechtfertigung stuͤrtzen und die iren erhalten wolten, wan ich allein den einigen spruch Pauli zun Rom. am 8. [9] fur mich neme, da er spricht: »Wer den geist Christi nicht hat, der ist nicht sein«, und behelf mich daneben des kleinen gloͤslins [f]ires preceptoris[f] Philippi Melanthonis, der da sagt, man sol den spruch Solomonis am 10. [2]: »Gerechtigkeit erloͤset vom tode«, nicht allein vom zeitlichen, sonder auch vom ewigen tode verstehen[701]. Dan weil der spruch steht: »Wer den geist Christi nicht hat, der ist nicht sein«, so moͤgen sie eine gerechtigkeit traumen, dichten, setzen, malen, nehen, weben, stricken, schnitzen, kochen, sieden, praten, pflantzen oder bauen, wie sie wollen – wan dieselb nicht das goͤttlich wesen selbs ist, so kan sie nicht erloͤsen vom tod. Dan da stehts, wirt auch wol stehen bleiben wider

b) konj. in A. – c) worden: a; würden: B.
d) werden: B. – e) sein: a.
f-f) fehlt in a.

700. angeführt, angegeben.

701. Diese Glosse Melanchthons konnte nicht wörtlich nachgewiesen werden. In der »Explicatio Proverbiorum Salomonis« finden sich folgende Zitate: Melanchthon schreibt in der Praefatio (CR 7, Sp. 5): »... Et de salute post hanc vitam [dicit Salomon]: Sperat iustus in morte sua«. Die von ihm angeführte Stelle Prov. 14,32 lautet nach Vg.: »In malitia sua expelletur impius, sperat autem iustus in morte sua«. Zur Darstellung Osianders bedarf es also nur eines kleinen Gedankenschrittes. – Zu Prov 10,3 führt Melanchthon aus (CR 7, Sp. 20): »Communis doctrina est de providentia ... Discernit autem Deus recta et non recta aeternis praemiis et poenis, quia hic est ordo iusticiae, ut recta conserventur, et non recta destruantur ...« Vgl. auch CR 7, Sp. 28f. – Über den Zusammenhang zwischen iustificatio und vita aeterna in der Theologie Melanchthons vgl. *Engelland*, Melanchthon, S. 325f.

Et quid multis agam, cum hoc sit universa scriptura, quod verbum Dei, Deus ipse, factus sit homo, Iesus Christus, dominus noster, ut, posteaquam per peccatum in mortem corrueramus, per fidem et baptismum rursus membra corporis eius, caro de carne eius et os ex ossibus eius fieremus, Ephe. 5 [30], et ita etiam divinae ipsius naturae, quae nostra vita, sapientia, iusticia, sanctitas et redemptio est, participes evaderemus? Neque etiam tot [R2a:] testimonia scripturae de iusticia ideo induxi, quod doctrina mea, quae tamen non est mea, sed Christi doctrina, dubia sit, sed ut eos, qui scripta mea legunt, instituam, quomodo totam sacram scripturam debeant observare, ut excellentissimam, supernaturalem et vere divinam, hanc de iustificatione nostri rationem, super qua Deus in aeternum laudari vult et celebrari, recte discant intelligere.

Nam si in hoc tractatu tantum cum adversariis, inimicis et calumniatoribus meis voluissem rixari, confligere et pugnare, profecto non ultra duo aut tria testimonia scripturae adduxissem, sed eos pro sua inscitia et temeritate in ipsa impingere permisissem. Ac vellem hodieque libenter videre, quomodo doctrinam meam eversuri suamque defensuri essent, si hoc unum Pauli dictum ad Rom. 8 [9] pro me producerem: »Qui spiritum Christi non habet, hic non est eius«, deinde in subsidium advocarem brevem annotatiunculam praeceptoris ipsorum Philippi Melanchthonis, qua dicit hanc sententiam Salomonis: »Iusticia liberat a morte«, Proverb. 10 [2], non tantum de morte corporis, sed etiam de morte aeterna esse intelligendam. Stante enim hoc dicto Pauli: »Qui spiritum Christi non habet, hic non est eius«, possunt illi quidem iusticiam sibi somniare, fingere, ponere, pingere, consuere, contexere, connectere, sculpere, coquere, plantare vel aedificare, qualemcumque volunt – verum si ea non est ipsamet divina essentia, [R2b:] non potest liberare a morte. Stat enim ac omnino firmiter stabit in aeternum contra omnes portas inferorum: »Qui spiritum Christi non habet, hic non est Christi«. Spiritus autem Christi profecto est Spiritus sanctus, Deus ipse et tota essentia divina, sicut et Filius est Deus ipse et tota essentia divina, item Pater quoque est Deus ipse et tota essentia divina, et sunt tamen tres distinctae personae in eadem divina essentia, ex quibus solus Filius homo factus est, Iesus Christus dominus noster, et tamen Pater et Spiritus sanctus etiam sunt in Christo, essentia enim divina non potest dividi. Ideo Paulus ad Coloss. 3 [2,9] dicit: »In Christo inhabitat tota plenitudo divinitatis corporaliter«. Qualemcunque igitur homo iusticiam habeat, si non habet Spiritum sanctum, non est Christi; si non est Christi, non est Dei; si non est Dei, est diaboli, et si sic manet, haud dubie cum diabolo in aeternum damnabitur. Nemo autem potest spiritum Christi habere, nisi habeat Christum ipsum sitque membrum corporis eius, caro de carne eius et os ex ossibus eius, Ephe. 5 [30], ut per talem unionem etiam divinae ipsius naturae consors fiat, 2. Pet. 1 [4], atque ita in eo et per eum renascatur »non ex corruptibili, sed ex incorruptibili semine, nempe ex verbo Dei, quod manet in aeternum«, 1. Pet. 1 [23], idque ex aqua et Spiritu, Iohan. 3 [5]. Ubi autem hoc semen Dei in nobis est et in nobis manet, sicut Iohannes 1. Iohan. 3 [9] dicit, ibi est etiam Deus pater, cuius hoc semen est, et ita Deus pater, filius et spiritus sanctus faciunt nos in humana Christi natura et per eandem, cuius membra sumus, suae divinae naturae consortes. [R3a:] Cum au-

alle porten der helle[702] ewiglich: »Wer den geist Christi nicht hat, [Y4b:] der ist nicht Christi«. Der geist Christi aber ist ja der heilig Geist, Gott selbs und das gantz goͤttlich wesen[703], [g]gleichwie auch der Son ist Gott selbs und das gantz goͤttlich wesen[g] und der Vater auch ist Gott selbs und das gantz goͤttlich wesen[h], und sein doch drey unterschidliche person in demselben einigen, goͤttlichen wesen, aus denen allein der Son ist mensch worden, Jhesus Christus, unser herr, und sein dannoch der Vater und der heilig Geist auch in Christo, dan das goͤttlich wesen kan nicht zertrennet werden[704]. Darumb spricht Paulus zun Colossern am 3. [2,9]: »In Christo wonet die gantze fulle der gottheit leibhafftig«. So habe nun der mensch fur ein gerechtigkeit, was er wolle, hat er den heiligen Geist nicht, so ist er nicht Christi, ist er nicht Christi, so ist er nicht Gottes, ist er nicht Gottes, so ist er des teuffels, und bleibt er also, so wirt er ewiglich mit dem leidigen[705] teuffel[i] verdampt sein. Nun kan aber niemand den geist Christi haben, er habe dan Christum selbs und sey ein gelid seines leibs, fleisch von seinem fleisch und gepein von seinem gepein, Ephe. 5 [30], auff das er durch solche vereinigung auch seiner goͤttlichen natur theilhafftig werde, [k]2. Petri 1[k] [4], und werd also in im und durch in neugeborn, »nicht aus vergengklichem, sonder aus unvergenglichen samen, nemlich aus [Z1a:] dem wort Gottes, das in ewigkeit bleibt«, 1. Petri 1 [23], und dasselbig aus wasser und Geist, Johannis 3 [5]. Wo aber solcher goͤttlicher same in uns ist und in uns bleibt, wie Johannes 1. Joha. 3 [9] sagt, da ist auch Gott der vater, des der same ist, und machen uns also der Vater, Son und heiliger Geist, ein einigs goͤttlichs wesen, in und durch die menschliche natur Christi, der gelider wir sein, irer goͤttlichen natur teilhafftig. So uns dan nichts vom tod erloͤsen und lebendig machen kan dan die goͤttliche natur Christi, so ist auch die goͤttliche natur in Christo unser gerechtigkeit[706]. Und wer dise gerechtigkeit nicht hat, der ist nicht Christi, er hab gleich sonst fur ein gerechtigkeit, was er wolle.

Das uns aber nichts koͤn lebendig machen oder vom tod erloͤsen dan die gerechtigkeit[l] Christi, ist offenbar, dan sie ist das wort Gottes, Gott selbs; »in im ist das leben« etc., Johannis 1 [4]. Darumb spricht auch D.[m] Luther, wie vorgemelt[707]: »Das wort Gottes im anfang und Gott selbs muss unser leben sein. Darumb ists nicht der blossen menscheit Christi zuzuschreiben, das sie uns lebendig mache, sonder im wort ist das leben, welchs im fleisch uns lebendig macht«[708], und am 97. blat da-

g-g) fehlt in a.
h) Der in der vorigen Anm. fehlende Halbsatz wurde in a nachträglich hier angefügt.
i) teuffel mussen: a.
k-k) 1. Petri 2: a.
l) gotheit: a. – m) Doc. Martinus: B.

702. Vgl. Mt 16,18.
703. Vgl. u. A. Bd. 9, S. 698,1-3, Nr. 474.
704. Vgl. o. S. 130, Anm. 210.
705. widerwärtigen.
706. Vgl. o. S. 152, Anm. 261.
707. Vgl. o. S. 258,14-18.
708. WA 10,1,1, S. 199,13-16.

tem nihil nos a morte liberare et vivificare possit, nisi divina natura Christi, tum profecto divina natura in Christo est iusticia nostra. Et qui hanc iusticiam non habet, hic non est Christi, qualemcunque aliam habeat iusticiam.

Quod autem nihil nos possit vivificare aut a morte redimere praeter iusticiam Christi, est manifestum, ea enim est verbum Dei, Deus ipse. »In ipso est vita« etc., Iohan. 1 [4]. Ideo etiam dicit D. Lutherus, sicut antea commemoravi: »Verbum Dei in principio et Deus ipse debet esse vita nostra. Quare non est nudae humanae naturae asscribendum, quod nos vivificet, sed vita est in ipso verbo, quod in carne habitat et nos vivificat«, et ibidem fol. 97: »Homo Christus, si vacuus esset et sine Deo, nihil prodesset. Verum e contra Deus inveniri neque vult neque potest quam per hanc et in hac humana natura«, et paulo post: »Nulla creatura potest mortem neque in se ipso, neque in alio vincere«. Ex his verbis Lutheri certe concluditur, quod, si nihil nisi divina natura a morte liberare potest, iusticia autem liberat a morte; necesse est ipsummet Deum esse iusticiam.

selbst: »Die menscheit wer kein nůtz, wan die gotheit nicht drinnen were. [Z1b:] Doch widerumb wil und mag Gott nicht gefunden werden dan durch und in diser menscheit«[709], und bald darnach: »Dan kein creatur mag den todt weder in ir selbs noch in einem andern uberwinden«[710]. Aus disen worten des[n] Luthers schleust sich ja, das, so[o] nichts dan die gottheit vom todt erlősen kan, die gerechtigkeit aber erlőset vom todt, so muss auch Gott die gerechtigkeit selbs sein.

Und zwar[711], het D. Martinus Luther gelebt bis anher, ich were mit meiner lehre, die ich 30 gantze jar unangefochten also gefurt hab[712], von den widersachern wol ungebissen[p] bliben. Dan weil der lewe lebet und Christus, der rechte lewe vom stam Juda[713], in im lebet, műsten sich hund, seu, fűchsen und andre wilde thier wol furchten und mit irer philosophischen, fleischlichen und ertreumbten theologia gemach thun und sie also schműcken[714], als stimmeten sie mit im uberein, so ichs doch lenger den vor 16 jarn wol gemerckt, das ir etlich in nicht recht verstunden[715]. Aber der lewe, wie ich gesagt, wehrete, das sie nicht sonders offentlichen schaden thun konten (was sie aber heimlich gethan, wirt noch wol offenbar werden), und ich[q] war auch one sorg. Nun aber der lew ligt und todt ist[716], tretten die seu die perlen ins kot[717], die hunde marren[r][718], und die fűchse verderben den weinberg[719], darin Christus der recht wein-[Z2a:]stock ist[720]. Aber ich lass michs alles nicht schrecken, dan der heilig Geist spricht Cant. 2 [15]: »Fahet uns die fűchse, die kleinen fűchse, die die weinberg verderben«[721]. O, wie werden sie noch so fein in iren eigenen lochern, li-

n) D.: a. – o) fehlt in a, B.
p) unangetastet: a. – q) ich zwar: a.
r) murren: a.

709. WA 10,1,1, S. 208,22-24.
710. WA 10,1,1, S. 209,6f.
711. wahrlich, in der Tat.
712. Vgl. den Anfang der Vorrede o. S. 78,16-18.
713. Vgl. Gen 49,9 und Apk 5,5.
714. beschönigen, verhüllen.
715. Im Jahr 1535, auf das sich Osiander bezieht, erschienen die von Melanchthon völlig umgearbeiteten ›Loci communes‹ in zweiter Auflage. Osiander dürfte besonders an der veränderten Darstellung der Rechtfertigungslehre Anstoß genommen haben; vgl. dazu o. S. 63, Anm. 102. Offenbar hatte er schon früher Ähnliches bemängelt, vgl. u. A. Bd. 9, S. 397,2-6, Nr. 418, bzw. S. 529,25-30, Nr. 434.
716. Luthers Sterbetag war der 18. Febr. 1546, vgl. RGG 4, Sp. 494.
717. Bezogen auf die sprichwörtliche Stelle Mt 7,6. Was man dabei unter den Perlen verstehen könnte, hat Osiander kurz und bündig an seinen Nürnberger Freund Fürstenauer geschrieben, vgl. u. S. 303,9-304,9, Nr. 489.
718. knurren.
719. Vgl. u. Z. 19f. – Ähnlich äußerte sich Osiander schon im August 1550, vgl. u. A. Bd. 9, S. 400,5-10, Nr. 418.
720. Vgl. Joh 15,1.
721. Zur Auslegung der Stelle vgl. *Müller*, Das Hohelied, S. 31f; vgl. weiter o. S. 264, Anm. 656.

Ac profecto, si D. Lutherus hucusque vixisset, nemo adversariorum meorum neque me, neque doctrinam meam, quam per totos triginta annos a nemine reprehensus explicavi, mordere ausus fuisset. Dum enim leo vivebat, et Christus, verus leo de tribu Iuda, in ipso vivebat, canes, sues, vulpes et reliquae ferae non poterant non timere, cogebanturque cum sua philosophica, carnali et male somniata theologia caute agere eamque sic palliare, [R3b:] quasi cum illo consentirent, cum ego tamen iam sedecim et eo amplius annis facile animadverterim plerosque ipsorum illum non recte intellexisse. Verum leo, ut dixi, obstabat, quominus manifeste magnum detrimentum afferrent (quid autem occulte fecerint, suo tempore palam fiet), et ego quoque securus eram. Iam vero cum leo iaceat ac mortuus sit, porci margaritas in luto conculcant, canes ringuntur et vulpes demoliuntur vineam, in qua Christus vera vitis est. Sed haec omnia nihil me terrent, quia Spiritus sanctus Cantic. 2 [15] dicit: »Capite nobis vulpes, vulpes parvulas, quae demoliuntur vineas.« O quam festive tandem capientur in suis foveis, dolis, consiliis, conspirationibus et fanaticis opinionibus, quia necesse est eos capi, cum Spiritus sanctus praeceperit, ut capiantur. Amen.

sten, anschlegen, puntnussen und schwermereien gefangen werden! [s]Dan sie muͤssen doch gefangen werden[s], dieweil es der heilig Geist hat geboten, sie sollen gefangen werden. Amen.

Und damit jederman sehe, was es fur fuͤchsen sein, wil ich irer fuͤchslist einen anzeigen. Sie hinderschleichen[722] einfeltige leut und sagen, mein lehr sey gar neue – sie antworten aber auff S. Augustinus' spruch[723] nichts – und sey gestracks wider doctor Luthers lehre[724]; das zu beweisen, halten sie inen dan fur die vorred vor der epistel zun Roͤmern im neuen testament[725] und fahen an am 14. underschid[726], der also anhebt: »Glaub ist ein lebendige, erwegene[727] zuversicht«[728] etc., und lesen also furt, so lest es sich dan alles fein auff ire irthumb felschlich deuten. Aber die nechsten unterschidt darvor, die da also anhebt[729]: »[t]Aber glaub[t] ist ein gottlich werck in uns, das uns wandelt und neugebirt aus Gott«[730] etc., das verbergen sie mit fleiss. Dan die Wort ›neugeborn aus Gott‹, [Z2b:] ja sag ich: neugeborn und aus Gott, sein ir pestilentz, todt und hellisch feur, dan sie haben wol sorg, es wolle der same aus Gott, da Petrus von sagt[731], alsbald volgen, nemlich das unvergencklich wort Gottes, das ewig bleibt, und der heilig Geist, von dem Christus sagt, wir muͤssen neugeborn werden aus wasser und Geist, Johan. 3 [5]. Gebirt uns aber der glaub neu, so gebirt er uns als ein mutter, dan er empfehet von Gott dem vater den samen des worts und den heiligen Geist; die sein beide Gott selbs. Und volgt daraus, das wir eben darumb durch den glauben gerecht werden, das er die gerechtigkeit, die Gott selbs ist, nemlich das wort und den Geist, ergreifft und empfahet. Weren sie nun nicht recht[u] listige und schalckhafftige fuͤchsen, so solten sie dise wort nicht allein nicht verbergen, sonder fleissig anzeigen und ausstreichen[732], als an denen es alles gelegen ist und nimmer koͤnnen genug ausgelegt werden. Dan es helt sich on das mit der heiligen schrifft also wie mit den edlen steinen und perlen, dan dieselbigen sein woll klein, aber schoͤn, liecht, edel und grosses schatzs werd. Also sein auch die alleredelsten und teuristen spruͤch der heiligen schrifft gantz klein und kurtz von worten, derhalben man sie bald uber-[Z3a:]sihet[v], aber sie sein schoͤn, lauter, liecht, durch-

s-s) fehlt in a.
t-t) fälschlicherweise in B: Aber=glaub.
u) fehlt in a.
v) versihet: a.

722. betrügen.
723. s. o. S. 212,26-214,3.
724. So schon in ›Bericht und Trostschrift‹, u. A. Bd. 9, S. 522,5-7, Nr. 434.
725. »Vorrede auff die Epistel S. Pauli an die Römer« aus der Deutschen Bibel 1549, WA.DB 7, S. 3-27.
726. Abschnitt.
727. entschlossene.
728. WA.DB 7, S. 11,16 (vgl. bis Z. 19).
729. anfängt.
730. WA.DB 7, S. 11,6f (vgl. bis Z. 9).
731. Vgl. I Petr 1,23.
732. herausstellen.

Et ut omnes intelligant, cuiusmodi vulpes sint, vel unum vulpinum eorum dolum indicabo. Circumveniunt simplices et dicunt doctrinam meam esse novam – sed ad locum Augustini, a me citatum, nihil respondent –, esseque doctrinae Lutheri ex diametro contrariam. Hoc ut probent, proponunt eis praefationem Lutheri in epistolam ad Romanos, novo testamento insertam, et incipiunt legere a decimo quarto paragrapho, qui incipit: »Fides est viva et firma fiducia« etc., et pergunt deinceps legendo. Sic enim omnia facile patiuntur se depravari et in ipsorum erroneum sensum torqueri. Sed praecedentem paragraphum, qui sic incipit: »Fides autem est opus divinum, quod [R4a:] nos immutat et regenerat ex Deo«, diligenter dissimulant et occultant. Haec enim verba ›regenerare ex Deo‹, haec inquam verba: regenerare et ex Deo, sunt ipsorum pestis, mors et ignis infernalis. Facile enim praevident semen Dei, de quo Petrus loquitur, necessario sequuturum, nempe semen incorruptibile, verbum Dei, permanens in aeternum, et Spiritum sanctum, de quo Christus dicit nos renasci oportere ex aqua et Spiritu, Iohan. 3 [5]. Si vero fides nos regenerat, regenerat ut mater, concipit enim ex Deo patre semen verbi et Spiritum sanctum, qui ambo sunt Deus ipse. Sequiturque, quod plane ob hoc ipsum per fidem iustificamur, quia fides iusticiam, quae Deus ipse est, nempe verbum et Spiritum apprehendit et complectitur. Iam si non essent genuinae, dolosae et maliciosae vulpes, debebant huiusmodi verba non modo non tegere, verum etiam diligentissime indicare et explicare, ut a quibus totum negotium pendeat, quaeque nunquam satis possint enarrari. Nam et alioqui sacrae literae ita se habent ut gemmae et margaritae; hae enim parvae quidem sunt, sed pulchrae, lucidae, praestantes et valde praeciosae. Ita etiam praestantissima et praeciosissima sacrae scripturae dicta sunt quidem brevia et paucis verbis inclusa et ob id etiam facile negliguntur, sed interim sunt etiam pulchra, pura, lucida, perspicua et plena spiritus, sapientiae et eminentis cognitionis. Quare insidiosa vafricies et dolus malus est talia dicta et praeciosas margaritas tegere et occultare[g]. [R4b:] Possem etiam plures huiusmodi dolos eorum vulpinos indicare, qui tamen non diu consistere poterunt.

g) Zweite Worthälfte »-tare« fälschlicherweise nur in der Custode auf Bl. R4a.

leuchtig und vol geists, weisheit und hohes verstands[733]. Darumb ist es ein rechter heimlicher tuck und boͤss stuͤck, solche spruͤch und edle perlen unterschlagen und verbergen. Ich koͤnte auch[w] solcher irer fuͤchslist wol mehr anzeigen, [x]die doch[x] in die lenge[734] nicht bestehen werden[y].

Mich wundert auch uber die massen sehr, warumb sie doch der goͤttlichen natur in Christo so feind sein, das sie ir den tittel und ehr, das sie unser gerechtigkeit sey, nicht goͤnnen, sonder so greulich darwider schreien, toben und wuͤten, das ich ire wuͤtende lesterung noch zur zeit nicht mag erzelen, so doch gewiss ist, das, wan wir den geist Christi und also das gantz goͤttliche wesen – dieweil wir der tempel Gottes sein sollen[735] – nicht in uns haben, das wir Christum nicht angehoͤren und nicht koͤnnen selig werden. Dan es stehet je fest: »Wer den geist Christi nicht hat, der ist nicht sein«[736], und was nicht vom todt erretten und lebendig machen kan, das ist nicht gerechtigkeit. Der geist Christi aber ist Gott, und niemand macht uns lebendig dan Gott. Darumb ist auch Christus als warer Gott יהוה nach seiner goͤttlichen natur unser gerechtigkeit, [Z3b:] wie droben aus Paulo und Jeremia bewisen ist[737].

Hiemit wil ich disen artickel, das der herr Jhesus Christus, warer Gott und mensch, nach seiner gottheit unser gerechtigkeit sey und solche gerechtigkeit durch seine heilige menscheit, dero glider wir sein[738], auch in uns kum, uns zugerechnet, geschenckt und in uns fruchtbar werde und das wir ausserhalb Christo weder goͤttlichs leben, liecht oder gerechtigkeit koͤnnen bekommen, auff dismal beschliessen und nun ferner[739] von der krafft des euangelions, wie ichs angefangen, auffs kuͤrtzist reden.

Zum vierdten beweiset das euangelion seine krafft noch weiter. Dan dieweil es den herren Jhesum Christum, waren Gott und menschen, durch den glauben also, wie bewisen ist, in unsere hertzen bringt und mit im auch den Vater und heiligen Geist, so wirt er uns, wie Paulus sagt, 1. Cor. 1 [30], auch zur heiligung oder heiligkeit. Und ist solchs hoch vonnoͤten. Dann Paulus zun Ephesern am 1. cap. [4] spricht, Gott hab uns durch Christum erwelet, ehe dan der welt grund gelegt war, das wir solten sein heilig und unstrefflich vor im. Dieweil wir aber der heiligkeit umb der suͤnde willen mangeln, so fordert sie Gott im gesetz an[z] [Z4a:] uns und spricht Levitici am 19. [2]: »Ir solt heilig sein, dan ich bin heilig, der herr, eur Gott«, und wil uns eben mit solchem gebot treiben, das wir die heiligkeit in Christo suchen und wider erlangen sollen, dan er ist uns, wie gesagt, zur heiligkeit worden. Nun ist aber hie auch die

w) fehlt in a. – x-x) sie werden aber: a.
y) fehlt in a. – z) von: a.

733. hoher Bedeutung.
734. auf die Dauer.
735. Vgl. I Kor 3,16f.
736. Röm 8,9.
737. Vgl. o. S. 226,16-240,19.
738. Vgl. I Kor 6,15; 12,12f.
739. weiter.

Miror etiam supra, quam dici potest, cur divinae in Christo naturae tam sint inimici, ut hunc ei titulum et honorem, quod sit nostra iusticia, tribui non ferant, sed tam horribiliter contra vociferentur, tumultuentur et furiant, ut furiosas eorum blasphemias recensere animus adhuc refugiat, cum tamen certum sit, si spiritum Christi et sic totam divinam essentiam – cum templum Dei esse debeamus – non habeamus in nobis, quod ad Christum minime pertineamus nec salvi fieri possimus. Stat enim omnino firmiter: »Qui spiritum Christi non habet, hic non est eius«, et quicquid non liberat a morte nec vivificat, non est iusticia. Spiritus autem Christi Deus est, neque quisquam nos vivificat nisi Deus. Ideo etiam Christus ut verus Deus יהוה secundum naturam suam divinam est nostra iusticia, sicut supra ex Paulo et Ieremia probatum est.

His dictis hunc articulum, quod dominus noster Iesus Christus, verus Deus et homo, secundum divinam suam naturam iusticia nostra sit et quod haec iusticia per humanam eius naturam, cuius membra sumus, etiam in nos veniat, nobis imputetur, donetur et in nobis fructificet et quod extra Christum neque divinam vitam neque lucem neque iusticiam adipisci possimus, in praesentiarum concludam et deinceps ulterius de virtute evangelii, sicut cepi, breviter disseram. [S1a:]

Quarto demonstrat evangelium virtutem suam adhuc amplius. Quia enim dominum nostrum Iesum Christum, verum Deum et hominem, per fidem eo modo, quo probavimus, in corda nostra affert et cum eo etiam Patrem et Spiritum sanctum, fit nobis idem Christus iuxta Paulum, 1. Cor. 1 [30], etiam sanctificatio seu sanctitas. Idque valde est necessarium. Paulus enim ad Ephe. 1 [4] dicit Deum nos in Christo elegisse ante constitutionem mundi, ut essemus sancti et immaculati in conspectu eius. Quia autem sanctitate propter peccatum caremus, Deus eam in lege a nobis requirit et dicit Levi. 19 [2]: »Estote sancti, sicut et ego sanctus sum, dominus Deus vester«, atque hoc ipso mandato vult nos urgere, ut sanctitatem in Christo quaeramus et acquiramus, quia ipse factus est nobis sanctitas, ut dictum est. Iam vero hic quoque oritur quaestio, an Christus secundum suam divinam, an vero secundum humanam suam naturam sit nostra sanctitas. Sed responsio est prae manibus facilis et clara, quod hic quoque secundum suam divinam naturam sanctitas nostra sit. Cum enim Christus Iohan. 17 Deum, patrem suum coelestem, pro apostolis suis et omnibus credentibus orat, inter caetera dicit [17]: »Sanctifica eos in veritate tua. Sermo tuus veritas est«, et his verbis clare ostendit, quod Deus pater nos sanctificet; et sanctificet nos veritate sua, quae veritas plane est ipsius verbum, quod est apud Deum et Deus ipse, et hoc est divina natura in Christo, secundum quam cum Patre et Spiritu sancto una divina essentia est. Ex quo sequitur, [S1b:] quod, si Pater nos sanctificat et verbum ipsa sanctitas est, qua nos sanctificat, tum sanctificat nos etiam Spiritus sanctus. Ideo enim Paulus eum »Spiritum sanctificationis« vocat, ad Rom. 1 [4]. Hu-

frag, ob Christus nach seiner göttlichen oder nach seiner menschlichen natur unser heiligkeit sey. Aber die antwort ist vor der hand leicht und klar, das er alhie auch nach seiner göttlichen natur unser heiligkeit ist. Dan da Christus Johannis am 17. seinen himlischen vater fur seine aposteln und alle gleubige bittet, spricht er unter andern [17]: »Heilige sie in deiner warheit; dein wort ist die warheit«, und zeigt darmit lauter und klar an, das uns Gott der vater heiligt; und heiligt uns in seiner warheit, welche warheit ist eben sein wort, das bey Gott und Gott selbs ist, das ist die göttliche natur in Christo, nach der er mit dem Vater und heiligen Geist ein göttlich wesen ist. Daraus volgt, das, so uns der Vater heiligt und das wort die heiligkeit ist, damit er uns heiligt, so heiligt uns auch der heilig Geist; dan darumb nennet in Paulus zun Rom. am 1. [4] den »Geist, der da heiliget«. Seine menscheit aber, ob sie wol heilig ist, so ist sie doch nicht die heiligkeit selbs, [Z4b:] dann sie selbs ist auch durch die gottheit, mit der sie in[a] ein einige person vereinigt ist, geheiliget worden, wie Christus Johannis am 10. [34-36] bezeugt und spricht: »Steht nicht geschriben in eurem gesetz: ›Ich hab gesagt: Ir seit götter?‹ So er dan die götter nennet, zu welchen das wort Gottes geschahe, und die schrifft kan nicht gebrochen werden, sprecht ir dan zu dem, den der Vater geheiligt und in die welt gesant hat: Du lesterst Gott, darumb das ich gesagt hab: Ich bin Gottes son?« Dan hie hören wir, das Gott der vater Christum geheiligt hat. Nicht nach seiner gottheit, die von ewigkeit her heilig ist, sonder nach seiner menscheit hat er in mit dem wort, das Gott selbs ist, geheiligt. Dan es ist die heiligkeit selbs und wirt auch unser heiligkeit, so Christus durch den glauben in uns wonet und sein heiligkeit von im als dem heubt[740] auch in[b] uns als seinen glidern mitgeteilt wirt. Dan ausserhalb[c] Christi können wir keine heiligkeit finden, erlangen oder haben. Sölche heiligung hat uns Christus auch durch sein leiden, sterben und blutvergiessen erworben, gleichwie er uns auch die rechtfertigung durch sein blut hat erworben, Rom. 5 [9]. Darumb spricht Paulus zun Ephesiern am 5. [25f], Christus hab geliebet die gemeine und sich selbs fur sie gegeben, auff das er sie heiliget. [Aa1a:]

Zum fünften und letzten: Dieweil uns das euangelion Gottes wort, das Gott selbs ist[d] und, aus der reinen jungfrauen Maria geboren, Jhesus Christus, unser herr und heiland, ist, durch den glauben in unser hertz, seel und geist bringt, das wir durch dasselbig göttlich leben, liecht, weisheit, gerechtigkeit und heiligkeit in uns haben und solchen himlischen, göttlichen schatz, wie Paulus 2. Cor. 4 [7] spricht, in irdischen gefessen tragen, so erzeigt es sein krafft weiter und erlöset uns auch von allem dem, dardurch wir disen unsern köstlichen schatz, ehe dan wir in unser ewigs vaterland und himlisches Jerusalem[741] kommen, wider möchten verlieren. »Dan unser

a) fehlt in B. – b) fehlt in a.
c) ausserhalb der menscheit: a. – d) fehlt in a.

740. Vgl. Eph 1,22; Kol 1,18.
741. Vgl. Apk 21,2.

mana autem ipsius natura, quanquam sancta sit, non tamen est sanctitas ipsa, nam ea quoque per divinam naturam, cum qua in unam personam unita est, sanctificata est, sicut Christus Iohan. 10 [34-36] testatur et dicit: »Nonne scriptum est in lege vestra: ›Ego dixi: Dii estis?‹ Si illos dixit deos, ad quos sermo Dei factus est, et non potest solvi scriptura, quem Pater sanctificavit et misit in mundum, vos dicitis blasphemare, quia dixi: Filius Dei sum?« Hic enim audimus, quod Deus pater Christum sanctificarit non quidem secundum divinam illius naturam, quae ab aeterno sancta est, sed secundum humanam illius naturam sanctificavit eum verbo, quod Deus ipse est; illud enim est ipsamet sanctitas et fit etiam nostra sanctitas, cum Christus per fidem in nobis habitat et sanctitas ipsius ab eo tanquam capite etiam nobis tanquam membris ipsius communicatur. Nam extra Christum nullam sanctitatem reperire, apprehendere aut habere possumus. Hanc sanctificationem Christus quoque per suam passionem, mortem et sanguinis effusionem nobis meruit, sicut etiam iustificationem nobis meruit per sanguinem suum, Rom. 5 [9]. Ideo Paulus ad Ephe. 5 [25f] dicit: »Christus dilexit ecclesiam, et se ipsum tradidit pro ea, ut illam sanctificaret.«
[S2a:]

Quinto et ultimo: Cum evangelium nobis verbum Dei, quod Deus ipse et ex purissima virgine Maria natum Iesus Christus dominus et salvator noster est, per fidem ad hunc modum in cor, animam et spiritum nostrum adfert, ut per illud divinam vitam, lucem, sapientiam et sanctitatem in nobis habeamus et hunc coelestem et divinum thesaurum in vasis fictilibus, ut Paulus 2. Cor. 4 [7] ait, portemus, tum virtutem suam ulterius exerit et liberat nos ab omnibus, per quae praeciosissimo hoc nostro thesauro, antequam in aeternam nostram patriam et coelestem Hierosolymam perveniamus, iterum spoliari possemus. Nam »adversarius noster diabolus«, ut Petrus 1. Pet. 5 [8] dicit, »tanquam leo rugiens circuit quaerens, quem devoret«. Cui auxilio est etiam mundus et propria nostra caro, in qua peccatum adhuc habitat, Rom. 7 [17], et tenaciter inhaeret, Hebre. 12 [1], ita ut adhuc in periculo simus et redemptione maxime opus habeamus. Quemadmodum autem Christus factus est nobis sapientia a Deo et iusticia, ita factus est nobis in hoc casu etiam redemptio. Quia vero haec redemptio unus ex praecipuis articulis officii mediatoris est, ut eo melius intelligi possit, repetam breviter, quomodo officium mediatoris a principio iuxta scripturam diviserim, nempe sic:

widersacher, der teuffel«, wie Petrus 1. Petri 5 [8] sagt, »geht umher wie ein bruͤllender lew und sucht, welchen er verschlinge«. Dem hilft dan auch die welt und unser eigen fleisch, darin die suͤnd noch wonet, Rom. 7 [17], und hart anklebt, Heb. 12 [1], also das wir noch in gefahr stehen und der erloͤsung zum hoͤchsten bedurfen. Gleich aber wie Christus uns worden ist zur weisheit von Gott und zur gerechtigkeit[e], also ist er uns[f] in disem fahl auch zur erloͤsung worden[742]. Dieweil aber dise erloͤsung ein heubtartickel in dem ampt des mitlers ist, damit man sie deste bass[743] verste-[Aa1b:]hen moͤge, wil ich kuͤrtzlich widerholen, wie ich das ampt des mittlers anfengklich[744] nach der schrifft geteilet hab, nemlich also:

Christus, der einige mitler, sol von unsern wegen fur Gott tretten und uns ein gnedigen Gott machen, der uns fur sein kinder anneme und zu erben Gottes und miterben Christi mach, Rom. 8 [17]. Er sol auch von Gottes wegen mit uns handeln und das euangelion lassen predigen und uns dardurch gerecht machen, das wir entlich Gott wolgefellig, in warer gerechtigkeit [g]und heiligkeit[g], aller ding unstrefflich, im moͤgen dienen, ja mit im regiren immer und ewigklich[745]. Einen gnedigen Gott hat er uns darmit gemacht, das er, unter das gesetz gethan[746], das gesetz fur uns erfullet hat, auff das so wirs auch nach der widergeburt nicht rein und volkommen erfullen, das uns solcher mangel, gebrech und schuld nicht zugerechnet, sonder uns vergeben und die erfullung Christi fur uns dargesetzt werd, darnach aller welt suͤnde auff sich genommen, fur dieselbigen gelitten, gestorben, sein blut vergossen und fur die ubertretter gebeten[747] und also den zorn Gottes, unter dem wir von der suͤnde wegen lagen, [Aa2a:] gestillet, versoͤnet und gantz auffgehaben, also das wir, [h]die wir[h] an in glauben, umb keiner suͤnde willen verdampt werden. Dan »er ist die versonung fur unser suͤnd, und nicht allein fur die unsern, sondern auch fur der gantzen welt«, 1. Johan. 2 [2]. Gerecht macht er uns damit, das er uns das euangelion lest predigen und uns durch den glauben seins lebens, liechts, weisheit, gerechtigkeit teilhafftig macht und also selbs nach seiner goͤttlichen natur unser gerechtigkeit ist. Darnach, dieweil[748] die suͤnd noch in unserm fleisch wonet und wir derselben halben noch in gefahr sein, wuͤrget er die suͤnd in uns und toͤdtet den todt, das wir durch die aufferstehung von aller gefahr ledig werden, darin wir itzo noch stehen. Und das ist die erloͤsung, darvon wir itzo handeln. Das er[i] aber sich selbs uns zur gerechtigkeit geben

e) gerechtigkeit und zur heyligkeit: a.
f) uns auch: a. – g-g) fehlt in a.
h-h) fehlt in a.
i) Nach der Korrekturliste auf Bl. Bb4a in A zu korr. aus: er uns.

742. Vgl. I Kor 1,30.
743. desto besser.
744. Vgl. o. S. 102,22-24.
745. Vgl. Apk 22,3.5.
746. Vgl. Gal 4,4.
747. Vgl. Jes 53,12.
748. solange.

Christus, unicus mediator, debet pro nobis intercedere apud Deum eumque nobis propicium reddere, ut nos pro filiis suis recipiat nosque haeredes Dei, cohaeredes autem Christi instituat, Rom. 8 [17]. [S2b:] Debet etiam nomine Dei nobiscum agere et evangelium curare praedicari nosque per illud iustos efficere, ut tandem Deo bene placentes in vera iusticia et sanctitate omnino irreprehensibiles ei servire, imo vero cum eo in aeternum regnare possimus. Per hoc autem Deum nobis propicium reddidit, quod factus sub lege legem pro nobis adimplevit ideo, ut, quamvis eam etiam post regenerationem non pure et perfecte impleamus, tamen huiusmodi defectus, infirmitas et debitum nobis non imputetur, sed condonetur, et impletio Christi pro nobis substituatur. Deinde totius mundi peccata in se recepit, pro illis passus, mortuus, sanguinem suum effudit et pro transgressoribus oravit atque ita iram Dei, cui propter peccatum subiecti eramus, placavit, sedavit ac omnino sustulit, ut nos, qui in ipsum credimus, ob nullum peccatum damnemur. »Ipse enim est propiciatio pro peccatis nostris, non pro nostris autem tantum, sed etiam pro totius mundi«, 1. Iohan. 2 [2]. Iustos autem efficit nos per hoc, quod curat evangelium nobis praedicari nosque per fidem suae vitae, lucis, sapientiae, iusticiae participes facit et ita ipsemet secundum suam divinam naturam iusticia nostra est. Postea, quia peccatum adhuc habitat in carne nostra nosque propter illud etiamnum in periculo sumus, interficit peccatum in nobis et mor-[S3a:]tem occidit, ut per resurrectionem ab omnibus periculis, quibus adhuc circumdati sumus, liberemur. Et haec est redemptio, de qua hoc loco agimus. Quod autem se ipsum nobis iusticiam donare et peccatum in nobis interficere debeat, est plane illud, quod Paulus ad Rom. 3 [23] dicit: »Omnes peccaverunt et egent gloria Dei«. Nam Adam erat sine peccato et particeps gloriae, hoc est cognitionis et spiritus Dei, antequam laberetur. Filius enim Dei semet ipsum illi per verbum, opera et beneficia exhibuit cognoscendum, unde et de Christo et ecclesia prophetavit: Erunt duo in carne una. Cum autem laberetur et peccaret, amisit gloriam Dei et peccatum pervasit omnem illius naturam et vitiavit eam. Ex quo secutum est, ut omnes, qui ex eo nascuntur, peccatum, quod ex eo contrahunt, secum afferant et carent verbo cognitionis et spiritu Dei. Quare, si salutem assequi debemus, oportet, ut non solum gloriam suam, hoc est vitam, lucem, sapientiam, iusticiam et sanctitatem suam, nobis communicet, verum etiam peccatum in nobis occidat et tandem funditus extirpet.

und die sůnd in uns erwurgen muss, das ist eben, das Paulus zun Rom. am 3. [23] sagt: »Sie haben alle gesundigt und manglen der herrligkeit Gottes«. Dann Adam war on sůnd und teilhafftig der herrligkeit, das ist des erkantnus und geists Gottes, eh dan er fiel, dan Gottes son gab sich im durchs wort, werck und wolthat zu erkenen[749], und er weissagt von Christo [Aa2b:] und der christlichen gemeine, sie zwey werden ein fleisch[750]. Da er aber fiel und sůndigte, da verlor er die herrligkeit Gottes, und die sůnde durchgieng alle sein natur und verderbet sie. Daraus ist erfolgt, das alle die, so von im geboren werden, bringen die sůnde mit inen, die sie von im ererben, und mangeln des worts, der erkentnus und des geists Gottes, die Adam gehabt und wir alle haben sollen[751]. Darumb, wollen wir selig werden, so muss er uns nicht allein sein herrligkeit, das ist sein leben, liecht, weisheit, gerechtigkeit und heiligkeit mitteilen, sonder auch die sůnd in uns erwůrgen und entlich gantz und gar vertilgen.

Und hie můssen wir wissen, das wir durch die tauff Christo also eingeleibt sein, das wir nicht allein seiner gőttlichen natur durch seine menscheit theilhafftig sein, wie reichlich bewisen ist, sonder sein auch in seinem tod getaufft[752], das ist, wir haben in tod bewilligt, auff das wir der sůnde ledig werden, und er hat sich mit uns verbunden, das wir nicht in Adams todt, sonder in seinem todt sterben sollen; dan Adams todt ist der soldt der sůnden, Rom. 6 [23], und ein eingang zur helle. Dieweil aber der todt kein recht uber Christum gehabt, als der on sůnd war[753], [Aa3a:] und er den todt willigklich auff sich hat genommen, wie er spricht Johan. 10 [18]: »Niemand nimbt mein leben von mir, sonder ich lasse es von mir selber«, so hatt er auch den todt in im selbs geheiliget, das nun sein todt nicht der soldt der sůnd ist – dan so uns die sůnde vergeben ist, wie solten wir umb irowillen getődtet werden –, sonder er ist ein ertzney wider die sůnd, dardurch die sůnde in unserm fleisch erwůrgt und vertilget wirt. Er ist auch nicht ein eingang zur helle, sonder zum himmel. Nun sein wir wie die peltzzweig[754] aus dem alten Adam und seinem todt ausgerissen und durch die tauff also in die menscheit Christi eingepeltzt[755] und eingeleibt, das wir nicht allein durch dieselben seiner gőttlichen natur teilhafftig werden, sonder auch seines tods. Dan ist das heubt gestorben, so můssen die glider auch sterben, [k]ist das heubt widererstanden, so werden die glider auch widererstehen[k]. Daher spricht Paulus zun Rom. am 6. [3-7]: »Wisset ir nicht, das alle, die wir in Christum getaufft

k-k) fehlt in a.

749. Eine ausführliche Darstellung der praelapsarischen Wirklichkeit Adams hat Osiander in seiner Schrift ›An filius Dei‹ 1550 geliefert, vgl. u. A. Bd. 9, S. 474,30-479,16, Nr. 427.

750. Vgl. Eph 5,31. – Die Eigenart von Osianders spekulativer Sichtweise in seiner Schrift ›An filius Dei‹ wird u. a. auch an der Ausdeutung dieser Schriftstelle von Adam auf Christus facettenhaft deutlich; vgl. u. A. Bd. 9, S. 476,16-24, Nr. 427.

751. Der postlapsarische Zustand Adams und seiner Nachkommen findet sich in der gleichen Schrift in ausführlicher Darstellung u. A. Bd. 9, S. 479,17-480,30, Nr. 427.

752. Vgl. Röm 6,3.

753. Vgl. II Kor 5,21; I Joh 3,5.

754. Pfropfzweige.

755. eingepfropft.

Atque hic sciendum est, quod per baptismum Christo ita insiti sumus, ut non solum divinae ipsius naturae per humanam eiusdem naturam consortes sumus, id quod abunde probatum est, verum etiam in mortem ipsius baptisati sumus, hoc est, consensimus in mortem, ut a peccato liberemur, et ipse spopondit nos non morte Adami, sed sua ipsius morte morituros esse. Nam mors Adami [S3b:] est stipendium peccati, Rom. 6 [23], et introitus ad infernum. Quia vero mors nullum ius in Christum habuit, ut qui sine peccato erat, mortemque sponte subivit, sicut dicit Iohan. 10 [18]: »Nemo tollit animam meam a me, sed ego pono eam«, factum est, ut mortem sanctificarit in se ipso, ita ut mors eius non sit stipendium peccati – cum enim peccatum remissum sit, quomodo occideremur propter illud –, sed est medicina contra peccatum, per quam peccatum in carne nostra occiditur atque deletur; nec est introitus ad infernum, sed in coelum. Nos autem sumus tanquam surculi, ex Adamo et morte ipsius evulsi et per baptismum in humanitatem Christi plantati et incorporati, ut non solum divinae ipsius naturae per eam participes fiamus, verum etiam mortis eius. Nam si caput mortuum est, necesse est, ut et membra moriantur, si caput resurrexit, resurgent et membra. Hinc est, quod Paulus ad Rom. 6 [3-7] dicit: »An ignoratis fratres, quod quicunque baptisati sumus in Christum Iesum, in mortem ipsius baptisati sumus? Consepulti enim sumus cum illo in mortem, ut, quomodo Christus surrexit a mortuis per gloriam Patris, ita et nos in novitate vitae ambulemus. Si enim complantati sumus similitudini mortis eius, simul et resurrectionis erimus hoc scientes, quod vetus homo noster simul crucifixus est, ut destruatur corpus peccati, ut ultra non serviamus peccato. Qui enim mortuus est, iustificatus est a peccato.« [S4a:]

sein, die sein wir in seinen todt getaufft? So sein wir je mit im begraben durch die tauff in den todt, auff das, wie Christus ist aufferweckt von den todten durch die herrligkeit des Vaters, also sollen auch wir in einem[l] neuen leben wandeln. So wir aber sampt im gepflantzt werden zu gleichem [Aa3b:] todt, so werden wir auch der aufferstehung gleich sein, dieweil wir wissen, das unser alter mensch sampt im gecreutzigt ist, auff das der suͤndliche leib auffhoͤre, das wir hinfuro der suͤnd nicht dienen. Dan wer gestorben ist, der ist gerechtfertiget von suͤnden«.

So ist nun Christus unser erloͤsung, dan wir haben in im und durch in alles, das zu unser erloͤsung gehoͤrt. Dan fichtet uns der satan, die welt und unser eigen fleisch, vernunfft und philosophia an und wil uns in irthumb, schwermerey[756] und ketzerey furen, so haben wir Christum, das wort Gottes, das ist das geistliche schwert, Ephe. 6 [17], darmit koͤnnen wir uns sein erweren und unser vernunft gefangen nemen unter den gehorsam Christi, 2.Cor. 10 [5]. Wollen sie uns aber mit gewalt vom wort Gottes dringen, so haben wir den todt Christi, der ein ertzney fur die suͤnde und ein eingang zum himel ist; darumb dorfen wir in nicht furchten, dan er kan uns nicht schaden, sonder muss uns auch der suͤnde abhelfen[757]. Wollen sie uns dan listigklich locken und durch unser fleisch in suͤnde furen, so haben wir den heiligen Geist, der streitet wider das fleisch, Galat. 5 [17]; bedorfen wir betens und wissen nicht, was wir pitten sollen, wie sichs gebuͤrt, so vertrit uns der heilige Geist mit unaussprechlichem seuffzen, Rom. 8 [26]. Und ob wir [Aa4a:] durch suͤnde aus der gnade wider in Gottes zorn fielen, so sollen wir durch die puss und absolution oder durchs euangelion wider auffstehen und Christum wider ergreiffen wie vor, so wirt es uns nicht schaden. In summa, Christus uberwindet in uns und durch uns alles, das wider uns ist, wie geschriben ist Rom. 8 [31]: »So Gott fur uns ist, wer mag wider uns sein«, und abermals [37]: »Wir uberwinden weit umb des willen, der uns geliebet hat«. Soͤlchen kampf aber und uberwindung sollen wir erhalten[758] durch das gantze leben und koͤnnen in auch erhalten, so wir in Christo bleiben.

Auff das wir aber ja in Christo bleiben, wirt das wort des euangelions [m]immer getriben[m] und das heilig sacrament des leibs und bluts Christi aussgeteilt, auff das wir nicht allein erinnert werden, das er fur uns gestorben und sein blut zu vergebung der suͤnden fur uns vergossen hab, sonder das wir auch darmit als mit einem gewissen pfande[759] versichert werden, wan wir nun[n] gleuben, das er warlich in uns sein und uns also in sich ziehen wolle, das wir sein fleisch und blut werden, fleisch von seinem fleisch und gepein von seinem gepein[760], [Aa4b:] gleichwie wir sonst die narung aus der natuͤrlichen speis in uns ziehen und in unser fleisch und blut verwandeln.

l) jenem: a. – m-m) fehlt in B. – n) nur: a.

756. falsche Gedanken, Phantastereien.
757. von der Sünde befreien.
758. durchhalten, aushalten.
759. Vgl. II Kor 1,22.
760. Vgl. Eph 5,30.

Est itaque Christus nostra redemptio, habemus enim in ipso et per ipsum, quicquid ad redemptionem nostri pertinet. Nam, si tentat nos satan, mundus et caro nostra, ratio et philosophia nosque in errores, fanatica delyramenta et haereses inducere nituntur, habemus Christum, qui est verbum Dei, quod est gladius spiritus, Ephe. 6 [17], quo nos defendere rationemque nostram in obsequium Christi captivare possumus, 2. Cor. 10 [5]. Quod si nos per vim a verbo Dei deterrere moliuntur, habemus mortem Christi, quae est medicina contra peccatum et introitus in coelum, quare non est nobis pertimescenda, cum non modo nocere non possit, sed etiam a peccato nos liberet. Quod si nos per blandicias allicere et per carnem nostram nos in peccata inducere conantur, habemus Spiritum sanctum, qui contra carnem pugnat, Galat. 5 [17]; si opus est, ut oremus, et tamen, quid oremus, sicut oportet, nescimus, Spiritus intercedit pro nobis gemitibus inenarrabilibus, Rom. 8 [26]. Quod si per peccata rursus a gratia sub iram Dei recideremus, per poenitentiam et absolutionem sive evangelium iterum resurgere Christumque sicut antea rursus apprehendere debemus, sic enim nobis non nocebit. In summa: Christus vincit in nobis et per nos, quicquid contra nos est, sicut scriptum est Ro. 8 [31]: »Si Deus pro nobis, quis contra nos«, et iterum [37]: »In his omnibus superamus per eum, qui dilexit nos«. [S4b:] In hac autem pugna victoriam obtinere debemus per omnem vitam, atque adeo etiam obtinere possumus, si in Christo manserimus.

Ut autem in Christo maneamus, verbum evangelii semper tractatur et sacramentum corporis et sanguinis Christi dispensatur, ut non solum admoneamur, quod pro nobis mortuus sit et sanguinem suum in remissionem peccatorum pro nobis effuderit, verum etiam ut eo tanquam certissimo pignore confirmemur, posteaquam credimus eum in nobis esse velle nosque in se ita attrahere, ut caro et sanguis eius fiamus, caro de carne eius et os ex ossibus eius, quemadmodum alioqui nutrimentum ex naturali cibo in nos attrahimus et in carnem et sanguinem nostrum commutamus.

Und da kan man nun fein sehen und verstehen, wie die gantze menscheit Christi darzu dienet, auff das die gottheit, damit sie ein einige person worden ist, in uns auch komme und alles in uns wurcke, gleichwie der gantz weinstock darzu dienet, das die reben, so am weinstock sein, mit im einer natur sein und frucht tragen[761]. Dann im weinstock sein auch zwu[762] natur: Eine ist des holtzes natur; dieselbigen behelt der weinstock, wan er schon verdorret, so lang, bis er verfaulet oder verbrennet wirt. Die ander ist eben die verborgen, fruchtbar weinnatur, die da ein ursach ist, das der weinstock frucht gibt, und nur wein und nicht ŏpfel oder pirn, ja es ist eben die natur, die er verleurt, wan er verdoret. Wie nun die reben nicht konten die weinnatur bekommen, wan sie nicht holtz vom holtz des weinstocks weren, also kŏnten auch wir nicht die gŏttlichen natur von Christo bekommen, wan wir nicht durch glauben und tauff in in eingeleibt, fleisch, plut und gepein von seinem fleisch, plut und gepein wern worden; und widerůmb, gleichwie der weinstock, wan er verdorret und [Bb1a:] der weinnatur beraubt worden wer, dem reben nichts kont geben, also auch die menscheit Christi, wan sie on Gott wehre, spricht D. Luther, so were sie kein nůtz[763]. Darumb, wan man spricht, Christus ist unser gerechtigkeit, so muss man verstehen sein gottheit, die durch seine menscheit in uns kombt. Wan er spricht: »Ich bin das brot des lebens«[764], so mus man verstehen seine gottheit, die durch seine menscheit in uns kompt und unser leben ist. Wan er spricht: »Mein fleisch ist die rechte speis, und mein blut ist der rechte tranck«[765], so mus man verstehen, das uns seine gottheit, die im fleisch und[o] blut ist, speise und trencke. Darumb spricht er: »Das fleisch ist kein nutz (verstehe: on die gottheit), die wort, die ich rede, sein geist und leben«[766]. Dan das innerliche wort, das durch das eusserliche kombt und Gott selbs ist, das ist unser leben. Also auch da Johannes spricht 1. Johannis 1 [7]: »Das blut Christi macht uns rein von aller sůnde«, da muss man auch verstehen die gottheit Christi, die im blut ist[p], dan Johannes redet hie nicht vom blut Christi, wie es am creutz vergossen ist, sonder wie es im glauben sampt dem fleisch Christi unser himlische speise und tranck ist. Und das ist das grosse geheimnus, im euangelio geoffenbart, das der man Jesus [Bb1b:] Christus von Nazareth sol warer Gott und mensch sein und uns, die wir an in glauben, auff dise weis aus all unserm verderben erretten und selig machen, von welchem geheimnus Paulus zun Ephesiern [3,9f] sagt, es sey von der welt her in Gott verborgen gewest, auff das[q] itzo (durchs euangelion und sein krafft) kund wůrde den fůrstenthumben und herrschafften im himmel an der gemeine Christi die mannigfeltig weisheit Christi.

o) und im: a. – p) fehlt in a.
q) in A, B fälschlicherweise: das es.

761. Vgl. Joh 15,1-6.
762. zwei.
763. s. o. S. 142,10-15 und 280,1 mit Anm. 709.
764. Joh 6,35.48.
765. Joh 6,55.
766. Joh 6,63.

Et hic facile perspicere et intelligere possumus, quomodo tota humana natura Christi in hoc prosit, ut divinitas, cum qua una persona facta est, in nos quoque deveniat, sicut tota vitis ad hoc servit, ut palmites in vite cum ea unius naturae sint et fructum ferant. Nam in vite quoque duae naturae sunt; una est natura ligni, quam retinet, etiamsi exarescat, donec vel putrefiat vel exuratur, altera est plane occulta, fructifera et vinifera natura, quae in causa est, quod vitis fructus producit et non nisi botros, non poma nec pira, et est plane ea natura, quam vitis perdit, quando exarescit. Sicut igitur palmites non possent viniferam consequi naturam, nisi lignum de ligno vitis essent, ita nec nos possemus divinam Christi naturam assequi, nisi per fidem et baptismum ipsi ita incor-[T1a:]porati caro, sanguis et os ex carne, sanguine et ossibus illius facti essemus. Et e contra, sicut vitis, si exaresceret et vinifera natura privaretur, palmiti nihil conferre posset, ita etiam humana natura Christi, si sine Deo esset, inquit Lutherus, nihil nobis prodesset. Ideo, cum dicitur, Christus est nostra iusticia, intelligenda est ipsius divinitas, quae per humanam eius naturam in nos devenit. Cum ipse dicit: »Ego sum panis vitae«, intelligenda est ipsius divinitas, quae per eius humanam naturam in nos devenit et vita nostra est. Cum dicit: »Caro mea vere est cibus, et sanguis meus vere est potus«, intelligendum est, quod ipsius divinitas, quae in carne et sanguine est, nos cibet et potet. Ideoque dicit: »Caro non prodest quicquam (intellige: absque divinitate), verba, quae loquor, sunt spiritus et vita«, Iohan. 6 [64]. Nam verbum internum, quod per externum advenit quodque Deus ipse est, est vita nostra. Ita etiam cum Iohannes dicit 1. Iohan. 1 [7]: »Sanguis Christi emundat nos ab omni peccato«, ibi quoque intelligenda est divinitas Christi, quae in sanguine est – Iohannes enim hic non loquitur de sanguine Christi, pro ut in cruce effusus est, sed pro ut in fide una cum carne Christi coelestis noster cibus et potus est. Et hoc est magnum illud mysterium, in evangelio revelatum, quod iste vir Iesus Christus a Nazareth sit verus Deus et homo et nos, qui in ipsum credimus, ad hunc modum ab universo nostro interitu liberet et salvos faciat. De quo mysterio Paulus ad Ephesios [3,9f] dicit fuisse illud a se-[T1b:]culis absconditum in Deo, »ut nunc innotescat principatibus et potestatibus in coelestibus per ecclesiam multiformis sapientia Dei«.

Das ist aber auch noth zu wissen, das, ob wir wol durch den glauben alles schon volkomlich in uns haben, was zu unser rechtfertigung und erloͤsung gehoͤrt, so wirckt es doch noch nicht volkomenlich in uns. Dan wir sein der gerechtigkeit Gottes, die in uns ist, noch nicht gar gehorsam, und die suͤnd, die in unserm fleisch wonet, ist noch nicht gar gestorben, sonder es nimbt beides von tag zu tag zu, je lenger je mer, und wirt alles erst volkommen, wan wir nun sterben und durch die krafft des, der in uns wonet, vom todt wider auffstehen, wie Paulus Rom. 8 [11] spricht: »Der Christum von den todten aufferweckt hat, der wirt auch eure sterbliche leibe wider lebendig machen umb des willen, das sein geist in euch wonet«. Darumb muͤssen wir mit gedult erwarten, bis es also volendet und zuletzt offenbar werde, das [Bb2a:] wir warlich Gottes kinder sein, dan »wir wissen, wen es offenbar wirt«, wie Johannes am 1. Johannis 3 [2] sagt, »das wir im werden gleich sein«. Amen.

Ob nun jemand dise lehre wolt fur neue, frembd und alzu hoch achten, als spuͤrete man nichts dergleichen an uns armen, suͤndigen menschen, der sol wissen, das sie ja nicht neu, sonder der aposteln und alten propheten lehr ist, darzu auch der heiligen veter als Augustini, wie droben angezeigt[767], und Chrisostomi[768], der uber die wort Pauli zun Roͤmern: Die gerechtigkeit Gottes wirt offenbar durchs euangelion[769] etc., klerlich zeugt, das die ebrecher, weichling[770], diebe und andere grobe betrieger durch den glauben nicht allein vergebung der suͤnde und nachlassung der straff erlangen, sonder werden auch gerecht durch die allerhochsten gerechtigkeit[771]. Were aber ein andere gerechtigkeit des glaubens, dann die Gott selbs ist, so were sie ja nicht die allerhochste. Sie wirt auch vil unbillicher[772] fur frembd gehalten, dieweil alle christliche lehrer muͤssen bekennen, das, wer den heiligen Geist nicht hat, der gehoͤre Christum nicht an[773]. Nun ist je gewiss, das, wo der heilig Geist ist, da ist auch der Vater und der Son, das ist das gantz goͤttlich wesen, [Bb2b:] trotz allen teufeln, allen ketzern und allen menschen, das sie das umbstossen. Ist dann Vater, Son und heiliger Geist, das gantze goͤttliche wesen in uns, warumb sol es nicht unser gerechtigkeit auch sein? Ja, warumb sol die menscheit Christi nicht auch in uns sein?

Ja, sprechen etlich, ich kans nicht glauben, das Gott in mir und mein gerechtigkeit sey. Antwort: Wan du es nicht glaubest, so ist er[r] weder dein gerechtigkeit noch in dir. Und, das noch vil[s] mer ist, die es vor gegleubt und sich wider darvon lassen re-

r) ehr gewislich: a. – s) wol: a.

767. s. o. S. 212,26-214,3.

768. Johannes Chrysostomus (354-407), Kirchenvater; vgl. TRE 17, S. 118-127; RGG 1, Sp. 1818f; LThK 5, Sp. 1018-1021.

769. Vgl. Röm 1,17.

770. Onanisten (vgl. *Grimm*, Wörterbuch 14,1,1, Sp. 527, und I Kor 6,9f).

771. Die Stelle findet sich in Chrysostomus' »Commentarius in epistolam ad Romanos«, Homilia 2,6., (= PG 60, Sp. 409): »Deinde, quia vix credibilis sermo videtur esse, quod moechus, mollis, sepulcrorum effossor, praestigiator, confestim non modo a supplicio eripiatur, sed etiam justus fiat, et justus suprema justitia ...«.

772. unangemessener.

773. Vgl. Röm 8,9.

Verum hoc quoque cognitu est perquam necessarium, quod, licet per fidem totum iam perfecte in nobis habeamus, quicquid ad iustificationem et redemptionem nostram pertinet, nondum tamen perfecte est efficax in nobis. Nam iusticiae Dei, quae in nobis est, nondum perfecte obedimus, et peccatum, quod in carne nostra habitat, nondum omnino est mortificatum, sed utrumque procedit de die in diem magis atque magis et tum demum prorsus perficietur, quum moriemur et per virtutem eius, qui in nobis habitat, a morte resurgemus, sicut Paulus ad Romanus 8 [11] ait: »Qui Christum suscitavit a mortuis, vivificabit et mortalia corpora vestra propter inhabitantem spiritum suum in vobis«. Quare per patientiam expectare nos oportet, donec ita in nobis perficiatur et tandem manifestum fiat, quod revera simus filii Dei; »scimus enim, quod, cum apparuerit«, ut inquit Iohannes 1. Iohan. 3 [2], »similes ei erimus.« Amen.

Iam si quis hanc doctrinam tanquam novam, absurdam et nimis alta sapientem despicere volet, quasi nihil tale in nobis miseris et peccatoribus hominibus animadvertatur, is sciat neutiquam esse novam, sed apostolorum et priscorum prophetarum, quin etiam sanctorum patrum ut Augustini, quod supra indicatum est, et Chrysostomi, qui super verbis Pauli ad Romanos: »Iusticia Dei revelatur per evangelium« etc., inquit adulteros, molles, fures et deceptores per fidem non [T2a:] modo poenas effugere, verum etiam iustos effici excelsissima iusticia. Porro si alia esset iusticia fidei quam ea, quae est Deus ipse, tum illa profecto non esset excelsissima. Multo etiam iniquius habetur pro absurda, cum omnes christiani doctores authoritate Pauli cogantur confiteri, quod, qui Spiritum sanctum non habet, non pertineat ad Christum. Certum est autem, quod, ubi Spiritus sanctus est, ibi etiam sint Pater et Filius, hoc est tota essentia divina, id quod nulli homines, nulli haeretici, nulli diaboli evertere poterunt. Quod si Pater et filius et Spiritus sanctus, tota scilicet essentia divina in nobis est, quid causae comminisci potest, cur non sit et nostra iusticia? Imo quare non humana Christi natura quoque in nobis esset?

Sed dicunt nonnulli: Equidem non possum credere, quod Deus in me et iusticia mea sit. Respondeo: Si hoc non credis, tum certe nec est iusticia tua, neque in te, et, quod horribilius est, qui hoc antea crediderunt et sese rursus ab eo deduci passi sunt, ii Deum et Christum amiserunt cecideruntque a vera fide et e regno Dei tam graviter, quam si e summo coelo in profundum inferni delapsi essent, et contigit eis id, quod Christus Lucae 11 [24-26] prodidit dicens: »Cum spiritus immundus exierit de homine, ambulat per loca inaquosa, quaerens requiem et non inveniens dicit: Revertar in domum meam, unde exivi. Et cum venerit, invenit eam scopis mundatam et ornatam. Tunc vadit et assumit alios septem spiritus, nequiores se, et ingressi habitant ibi. Et fiunt novissima hominis illius peiora prioribus«. [T2b:] Neque vero doctrina haec mea, quae tamen non mea, sed Christi est, nimis alta videri debet, cum Paulus dicat Ephe. 3 [10], quod »per ecclesiam multiformis sapientia Dei innotescat principatibus et potestatibus in coelestibus«. Oportet enim non leve quiddam, sed altissimum atque adeo supra captum cogitationum naturalium omnium hominum altum esse, id propter quod Deus filium suum voluit incarnari quodque principes et potestates in coelestibus ignoraverunt, donec per evangelium in miseris et persequutioni obnoxiis

den, die haben Gott und Christum verloren, sein so tieff vom rechten glauben und aus Gottes reich gefallen, als weren sie vom obersten himel bis in abgrund der hellen gefallen, und ist in gangen, wie Christus Luce am 11. [24-26] sagt: »Wan der unsauber geist vom menschen ausferet, so durchwandelt er durre stete, sucht ruge und findet ir nicht. So spricht er: Ich wil wider umbkeren in mein haus, daraus ich gangen bin! Und wan er kombt, so findet ers mit besem[!] gekeret und geschmuͤckt. Dan geht er hin und nimbt sieben ander geister zu sich, die erger sind dan er selbs, und wan sie hineinkommen, so wonen sie da, und wirt hernach mit demselbigen menschen erger dan vorhin«. Es solt auch zwar niemand mein lehr, die doch nicht mein, sonder Christi ist, zu hoch [Bb3a:] duͤncken, dieweil Paulus spricht, das die fuͤrstenthumb und herrschafften im himmel die mannigfeltigen weisheit Gottes an der christlichen gemein erfahren[774]. Es muss nicht gering ding sein, sondern hoch und uber aller menschen natuͤrliche gedancken hoch, darumb Got sein son hat lassen mensch werden, und das die fuͤrstenthumb und herrschafften im himel nicht gewist haben, bis es durchs euangelion an den armen, verfolgten christen ist offenbar worden. Das man aber nicht grosse, wunderliche, ubernatuͤrliche dinge an den christen spuͤrt, darumb hat man nicht ursach, die lehre zu verachten und zu verdammen. Dan Christus selbs ist warer Gott und mensch und hat doch dreissig gantze jar[775] innegehalten, das man nichts sonderlichs an seiner person gespuͤrt hat. Darzu hat er die vierdhalb[776] jar hernach bis an sein aufferstehung im gehorsam seines himlischen Vaters, die welt zu erloͤsen, auch also gefuͤrt[777], das in dannoch der meiste teil der welt nicht allein nicht fur Gott, ja nicht fur ein propheten[778], sonder noch wol fur ein verfurer und auffruͤrer haben gehalten. Ist es dan ein wunder, das er sein gottheit in uns auch verbirgt, die wir kein welt zu erloͤsen, noch sonst wunderwerck zu thun haben? [Bb3b:] Er verpirgts aber aus vilen ursachen: Erstlich muss der teuffel nicht wissen, was Gott[t] in uns wircket. Zum andern muͤssens die gottlosen nicht sehen, welches rechte christen sein oder nicht. Dan wollen sie dem wort nicht glauben, so moͤgen sie fahren[779], wie sie faren. Zum dritten were es auch uns selbst nicht nuͤtz, das wirs anderst, den im glauben verporgen, solten haben. Darumb sollen wir uns am glauben, darin »der heilig Geist zeugnus gibt unserm geist, das wir Gottes kinder sein«, Rom. 8 [16], und an dem zeugnus, das Paulus spricht 1. Cor. 12 [3]: »Niemand kan[u] sprechen: ›Herr Jhesu‹, on durch den heiligen Geist«, billich lassen genuͤgen und im glau-

t) er: a. – u) könn: a.

774. Vgl. Eph 3,10.

775. Osiander gibt die traditionell-kirchliche Auffassung wieder, nach der Jesus bei seiner Taufe 30 Jahre alt gewesen sei (vgl. Lk 3,23; so schon in seinen ›Coniecturae‹ von 1544, s. u. A. Bd. 8, S. 178,8-180,2 (lat.), bzw. 179,10-181,2 (dt.), Nr. 306/315). Zur Chronologie des Lebens Jesu vgl. TRE 16, S. 710f; RGG 1, Sp. 1693; 3, Sp. 624-626; LThK 2, Sp. 422f; 5, Sp. 924f.

776. dreieinhalb. – Vgl. die lat. Formulierung S. 299,5.

777. vollendet, erfüllt. – Auch hier folgt Osiander der traditionellen kirchlichen Auffassung, die sich wohl an den drei Passahfesten Joh 2,13.23; 6,4; 11,55 orientiert hat. Vgl. die Angaben o. Anm. 775 und u. A. Bd. 8, S. 180,3-182,2 (lat.) und 181,3-183,2 (dt.), Nr. 306/315.

778. Vgl. Mt 16,13f par.

779. (da)hinfahren.

christianis manifestum factum est. Quod autem nihil magnum, nihil admirabile, nihilque supernaturale in christianis animadvertitur, non satis causae est, cur haec doctrina contemnatur et damnetur. Nam Christus ipse est verus Deus et homo et tamen totos triginta annos ita se continuit, ut nihil singulare in ipsius persona observaretur. Ad haec tres deinceps annos cum aliquot mensibus usque ad resurrectionem suam in obedientia Patris sui coelestis, ut mundum redimeret, etiam ita transegit, ut maxima pars hominum ipsum non solum non pro Deo ac ne quidem pro propheta, sed potius pro seductore et sedicioso habuerint. An igitur mirum est, si divinam naturam suam in nobis quoque ita occultet, praesertim cum nullum mundum redimere nec alioqui miracula edere debeamus? Occulte autem habet suam divinitatem in nobis multis de causis: Primo, quia diabolus debet ignorare, quid Deus operetur in nobis. Secundo, quia impios debet latere, qui nam sint veri chri-[T3a:]stiani et qui non. Nam si verbo credere nolunt, vadant, sicut vadunt. Tertio, quia nec nobis quidem utile esset hunc thesaurum aliter habere quam in fide. Iure igitur fide contenti esse debemus, in qua »Spiritus sanctus testimonium reddit spiritui nostro, quod simus filii Dei«, Rom. 8 [16], et testimonio Pauli, qui dicit 1. Cor. 12 [3]: »Nemo potest dicere: Dominus Iesus, nisi per Spiritum sanctum«, et in fide tanquam infans in utero matris conservari, donec perfecta, beatifica regeneratione in regnum unigeniti filii Dei, domini, mediatoris et redemptoris nostri Iesu Christi recipiamur, ibi enim erit Deus omnia in omnibus, »quia videbimus eum, sicuti est«. Finis.

ben wie ein kind in mutterleibe verwart bleiben, bis wir durch volendung der seligen widergeburt in das reich des eingebornen sons Gottes, unsers lieben[v] herren, mitlers und erlösers Jhesu Christi, genommen werden, da Gott wirt alles in allem sein[780]. »Dan wir werden in sehen, wie er ist«[781]! Amen, amen, amen.

v) fälschlich nur die Silbe »lie-« gedruckt in A.

780. Vgl. I Kor 15,28.
781. I Joh 3,2.

Nr. 489
Osiander an Hans Fürstenauer
Königsberg, 1551, September 9

Bearbeitet von *Urte Bejick* und *Hans Schulz*

Handschriften:

a: Nürnberg StArch, A-Laden, Akten, S.I L.68, Nr. 19, fol. 1r-2v, gleichzeitige Kop.[1], mit folgenden Notizen auf fol. 1r in der oberen, linken Ecke von dritter Hand: »v. Osiander«, auf fol. 2v in der unteren Hälfte von der Hand des Kopisten: »Ein sendbrief Andree Osiandri an etliche gute freundt«, darunter von gleicher (anderer?) Hand: »Geschrieben an N., schachtelmacher unter dem kurschenhauss zu Nuremberg bey Unser Frauen Kirchen«. Die Edition folgt dieser Handschrift.

b: Breslau UB, Ms. R 2899, fol. 4r-6r, Kop. des 16. Jh.[2], mit der Überschrift: »Sendtbrief Andree Osiandri an ettliche gute freundt«.

Edition[3]:

Ed. 1: *Strobel*, Beyträge 2, S. 113-116, nach a, mit der Überschrift: »Osiander an einen Freund in Nürnberg«.

Antwortet auf einen Klagebrief aus Nürnberg; übersendet einige Exemplare des Bekenntnisses ›Von dem einigen Mittler‹ und bittet um Drucklegung auch in Nürnberg; möchte seinen Nürnberger Freunden weiterhin ein guter Seelsorger sein; berichtet vom Druck und Verkauf des Werkes in Königsberg und kündigt eine lateinische Ausgabe an; warnt nachdrücklich vor den ihm feindlich gesinnten Predigern in Nürnberg. Der Brief solle allen Liebhabern der reinen Lehre weitergeleitet werden; grüßt besonders Caspar Ulrich, Wolf Geitzenberger, Peter Roth und Jörg Stettner; fragt nach der Reaktion des Nürnberger Rates auf Michael Rotings Streitschrift »Testimonium contra falsam Andreae Osiandri de iustificatione sententiam«.

[1r:] Gnad[a], fried und barmhertzigkeit von Gott dem vater und von[b] Jhesu Christo, unserm herrn, amen.

a) Genad und: Ed. 1.
b) fehlt in b.

1. Die Kop. wurde für den Nürnberger Rat erstellt, nachdem der Brief in der Stadt eingetroffen und bekannt geworden war.
2. nach Auskunft der UB Breslau.
3. Teiledition nach a bzw. Ed. 1 bei *Möller*, Osiander, S. 455f.

Lieber freundt und bruder in Christo[4]!

Ich hab euer und etlicher erbarer frauen clagschreiben[5] vernomen und mit grosem hertzenleidt beseuftzet und beweinet, und jamert mich von hertzen der herde, die keinen getreuen hirten hatt[6], und wolte Gott, das ich kont doch in abwesen[7] noch ein hirt sein, wils[c] auch fleissig versuchen[d] und an mir nicht fehlen lassen[e]. Ich schicke hiemit etliche[f] wenige meiner buchlein »Von dem einigen mitler Jhesu Christo und der rechtfertigung des glaubens«[8], daruber[9] ich kempfe biss zu gefahr meines lebens, unter den falschen brudern zu Wittembergk erwachsen[10], wie euch, der die bucher bringt[11], wohl wirt [g]wissen zu[g] sagen. Aber Got lob, der in mir sieget und furo[12] siegen wirt, zu bestetigen euer aller glauben in Christo zur ewigen[h] seligkeit[13], und so ir die stimme Christi in mir noch kennet[14], will ich nicht ablassen, euch mitzutheilen, was ich schreib, jha auch[i] umb euer willen schreiben, worin ir berichts, trost oder harnisch[15] bedorft. Allein last mich wissen, was euch mangelt, und [1v:] besehet vor allen dingen, ob ir kont in truck bringen, was ich euch schick, es seie zu

c) welchs ich: b. – d) mit b konj. für: besuchen: a, Ed. 1.
e) lassen will: b. – f) fehlt in Ed. 1. – g-g) fehlt in b.
h) entlichen: b. – i) euch: b.

4. Nach der Anrede in Hs. b (vgl. u. S. 304,15, Anm. v) und den Daten des Antwortschreibens (vgl. u. S. 334,4 und 353,8, Nr. 495) handelt es sich bei dem Adressaten um den Nürnberger Bürger Hans Fürstenauer, der von Beruf Schachtelmacher (Schreiner) war und im Bereich der Frauenkirche wohnte (vgl. o. die Beschreibung der Hs. a und den Sterbevermerk für seine Ehefrau 1544/5 in *Burger*, Totengeläutbücher 3, S. 120, Nr. 3085). Die Nürnberger Grundverbriefungsbücher teilen mit, daß er 1555 ein Haus beim Kürschnerhaus verkauft hat, vgl. Nürnberg StadtArch, B 14/I, LL 71, fol. 54r.

5. Dieses Schreiben konnte nicht ermittelt werden.

6. Vgl. Mt 9,36 par.

7. Osiander hatte nach jahrzehntelanger Wirksamkeit Ende 1548 die süddeutsche Reichsstadt verlassen, weil der Rat zwangsweise interimistische Maßnahmen durchführte, vgl. u. A. Bd. 8, S. 668-672, Nr. 356 und 357.

8. Osianders Bekenntnisschrift ›Von dem einigen Mittler‹ war einen Tag vorher, am 8. Sept., im Druck erschienen, vgl. o. S. 51, Nr. 488/496.

9. für das.

10. Gemeint ist die sog. ›Wittenberger Schule‹; alle Königsberger Gegner Osianders waren Schüler Melanchthons. Seit 1549 wurde dieser durch Friedrich Staphylus über die Streitigkeiten in Königsberg unterrichtet. Seine warnenden Briefe gaben die Entwicklung auch nach Nürnberg weiter. In der preußischen Residenzstadt wurde Osiander durch seine Gegner so stark angefeindet, daß die Gefahr eines tätlichen Angriffs auf den Straßen der Stadt bestand; vgl. *Stupperich*, Osiander, S. 179-181 und 183-186.

11. Zwischen Königsberg und Nürnberg bestand ein regelmäßiger Postverkehr; vgl. *Sporhan-Krempel*, Nachrichtenzentrum, S. 26-28 und 83-89. Der volle Name des Boten Peter (vgl. u. S. 340, Anm. 59, Nr. 495) konnte nicht ermittelt werden.

12. forthin, in Zukunft.

13. Vgl. II Tim 4,17f.

14. Vgl. Joh 10,4.

15. hier wohl im Sinn von: Gegenwehr.

Nurmbergk[16] oder anderswo. Dann wir haben hie nur ein[k] press, darinnen nur drei persohn[17]. Und wiewol man meiner buchlein eintausent hat getruckt[18], sols[l] doch nicht viel fehlen, sie solten[m] in 14 tagen alle alhie in der ringmauer[19] verkaufft werden. Ich hab kaum ein wenig hinaus mogen[20] schicken. Darumb sehet, das [sie][n] bei euch draussen nachgedruckt werden. Es wirt hie auch lateinisch alsbald getruckt werden[21]. Mitlerzeit[22] khan nichs ander getruckt werden, ob ich wol viel het in truck zu geben.

Trostet euch untereinander[23]! Dieweil[24] ich lebe, soll, ob[25] Gott will, die rheine lehr bleiben bei allen, die ir begern und sie kennen. Ir habt imer sorg gehapt, der keiser werde euch die prediger nemen[26], und weil[27] ir auf den keiser sehet, schleicht der

k) ein druckerey nur mit einer: b. – l) solts: b.
m) sollen: Ed. 1. – n) konj. in a.

16. Nürnberg war neben Wittenberg im Zeitalter der Reformation ein Zentrum des Buchdrucks, vgl. u. S. 352, Anm. 173, Nr. 495.

17. Königsberg besaß damals drei Druckereien: als älteste die des Hans Weinreich, von 1524-1553 in Betrieb (vgl. Altpreußische Biographie 2, S. 786), die auf einen polnischen Leserkreis ausgerichtete des Alexander Augezdecky (vgl. a.a.O., 1, S. 23) und die seit 1549 mit einer Druckerlaubnis ausgestattete Filiale des Wittenberger Druckers Hans Lufft, die bis 1553 bestand (vgl. *Mejer*, Hans Lufft, S. 45). Die letztere, in der auch die Schrift ›Von dem einigen Mittler‹ gesetzt wurde, unterstand Andreas Aurifaber, dem früheren Schwiegersohn Luffts und damaligen Schwiegersohn Osianders (vgl. *Stupperich*, Osiander, S. 63, bzw. Altpreußische Biographie 1, S. 24), und dürfte von Osiander gemeint sein; sie stellte das wichtigste Instrument zur Verbreitung seiner Schriften dar. Auf Ersuchen des Herzogs eingerichtet, wurde die Filiale von Lufft als Experiment betrachtet, in das er nicht viel investieren wollte. Die Kapazitäten waren eher auf eine geringe Zahl von Aufträgen ausgerichtet, deren Anschwellen im Laufe des Streites nicht vorauszusehen war; vgl. *Mejer*, Hans Lufft, S. 46f.

18. Die Schrift Osianders sollte nach dem Plan des Herzogs an alle Stände und Städte des deutschen Reichs, die sich zur Confessio Augustana bekannten, zur Beurteilung verschickt werden. Dies geschah Anfang Okt., vgl. o. S. 64, Nr. 488/496. Offenbar hat man den neu erschienenen Druck aber auch in Königsberg zum Verkauf angeboten.

19. Gemeint ist die Befestigung der Altstadt Königsberg; vgl. *Gause*, Königsberg 1, S. 41f und die Abb. auf S. 26.

20. können.

21. Die lateinische Ausgabe des Werkes »De unico mediatore« wurde am 24. Okt. fertiggestellt; sie war vorwiegend für die gebildete Öffentlichkeit in Polen bestimmt und wurde am 5. Nov. durch den preußischen Gesandten am polnischen Hof präsentiert; vgl. o. S. 52 und 65, Nr. 488/496.

22. Inzwischen.

23. Vgl. II Kor 13,11.

24. Solange.

25. wenn, so.

26. Vor Einführung des Interims in Nürnberg, schon im Sept. 1548 hatte Osiander das Bedenken geäußert: »... und kont dan die sach dahin wol gerathen, das sie, die predicanten, entwer der K. Mt. uberantwurtet werden oder aber sonst aus Nornberg wegkziehen musten« (u. A. Bd. 8, S. 664,2-4, Nr. 354). Er selbst hat Ende des Jahres seinen langjährigen Wirkungskreis verlassen, vgl. o. Anm. 7.

27. während.

teuffel hinten herein und nimpt euch nit die prediger, sonder die reine lehr aus den[o] hertzen der prediger[28] und spottet nur euch, gleich als sprech er: »Wolan, der keiser soll euch keinen prediger nemen, sonder ir solt sie haben und must sie haben – und wenn ir[p] gerne andere hett! Also habt ir nur die lehre schalen und wurmige nuss!« Dann was ist alles, das man unter dem namen [2r:] Christi predigen khan, wann man uns Christum aus dem hertzen, seel und geist reiset, sein gotlich leben, gerechtigkeit und herrligkeit nicht unser leben, gerechtigkeit und herrligkeit lest sein. Und was konth der teuffel ergers lestern, dann [q]euere prediger[29] lestern[q], die dise lehr[30] des teuffels[r] und anthicrists[s] lehr lestern[31]. Wollan, sie werden erfarn, was sie thun! Ir aber stehet vhest auf dem felsen, darauf ir erbauet[t] seit[32], und forcht euch nit[33]! Gott hat erwelet, was nichs ist, auf das er, was etwas sein will, zuschanden mache[34]! »Die gnade Christi sei mit euch allen«[35]!

Datum Kungspergk, in groser eill, unter viel schweren geschefften, am 9ten tag Septembris[u] 1551.

Lieber N.[v][36], mir ist unmuglich gewest, allen guten freunden zu schreiben. Darumb hab ichs in einem brief wollen aussrichten, bitt euch, ir wollet diesen brief lassen lesen alle rechtgeschaffene liebhaber der rechten lehr, die ir kennet, sonderlich[37] Caspar Ulrich, goltschmidt[38], Wolffen Geitzenberger[39], Peter Rot, Beck gnant, den

o) dem: Ed. 1. – p) ir gleich: b.
q-q) fehlt in b durch Hom.
r) teuffels treiben: b. – s) andre Christus: b.
t) Schreibfehler in a: erbauen.
u) Septembris an[n]o: b. – v) Furstenhawer: b.

28. Zu dieser Provokation der Nürnberger Prediger vgl. u. S. 345f, Anm. 116, Nr. 495.
29. Zu Osianders Gegnern in Nürnberg, den Predigern Michael Besler, Hieronymus Besold – Osianders Schwiegersohn –, Wolfgang Waldner und dem Lehrer Michael Roting vgl. den Antwortbrief Fürstenauers u. S. 341,10-344,7, Nr. 495.
30. sc.: als …
31. Vgl. dazu u. Anm. 46.
32. Vgl. Eph 2,20.
33. Vgl. I Petr 3,14 u. ö.
34. Vgl. I Kor 1,27f.
35. Röm 16,20 u. ö.
36. Auch hier wurde, wie bei der Angabe der Adresse, der Name des Briefempfängers vom Nürnberger Kopisten, wohl aus Gründen der Geheimhaltung, weggelassen; vgl. o. die Überlieferung von Hs. a.
37. besonders.
38. Er wird 1549 in den Nürnberger Grundverbriefungsbüchern als Testamentszeuge aufgeführt, vgl. Nürnberg StadtArch, B 14/I, LL 66, fol. 154r (Name; fol. 151v das Datum). Sein Todestag lag zwischen dem 26. Mai und dem 15. Sept. 1556, vgl. *Burger*, Totengeläutbücher 3, S. 209, Nr. 5580.
39. Zum Schulmeister Wolf Geitzenberger, der auch als Osianders Anwalt in Nürnberg fungierte, vgl. u. A. Bd. 9, S. 548, Anm. 26, Nr. 439.

weinschencken[40], Jorgen Stetner[w], pleicher[41], und alle, die sich noch eroffnen werden[42]. [x]Und trauet nicht[x] leichtlich denen, die vor[y][43] gelestert[z] haben; urtheilt nicht nach fleis[c]h und bluet[44]! Und schreibt mir mit wissen der andern, [2v:] wie ein erbar rath gegen Röting[45] gesinnet ist, der das henckermessig lesterbuch[46] wider mich meuchlich hat lassen aussgehen. Got mit euch!

Andres Osiander, pfarher der Alten Stadt.

w) Stetner, den: Ed. 1.
x-x) Ditt. in b. – y) fehlt in Ed. 1.
z) mit b und Ed. 1 konj. in a für unsinniges: gelesen.

40. In den Nürnberger Grundverbriefungsbüchern findet sich 1550 von ihm eine Urkunde über den Verkauf eines Hauses, vgl. Nürnberg StadtArch, B 14/I, LL 65, fol. 148r (Name; fol. 149r das Datum): Er wird dort als Weinschenk bezeichnet. Sein Sterbeeintrag für die Zeit zwischen 19. Febr. und 21. Mai 1567 lautet: »Peter Rot, Peck genant, im Neuen Spital« (*Burger*, Totengeläutbücher 3, S. 312, Nr. 8610).

41. Dieser Familienname ist in Nürnberg für die damalige Zeit mehrfach belegt, nicht jedoch der angegebene Vorname und Beruf, vgl. Nürnberg StadtArch, B 14/I, Personenreg. 19, S. 60. Beides findet sich aber 1540 in einem Eintrag der Nürnberger Grundverbriefungsbücher für einen ähnlich klingenden Familiennamen: Dort wird als Vormund ein ›Stetter, Jorg, Bleicher‹ angegeben, den man wohl mit der von Osiander gegrüßten Person gleichsetzen darf (es könnte sich um einen Schreibfehler des Briefkopisten handeln); vgl. Nürnberg StadtArch, B 14/I, LL 52, fol. 218r (Name; fol. 219r das Datum).

42. auftun werden, interessiert zeigen. – Fürstenauer hat dieser Bitte auch entsprochen, wie die Grußliste seines Antwortschreibens (vgl. u. S. 353,1-5, Nr. 495) zeigt.

43. vorher, früher.

44. Vgl. Joh 8,15.

45. Michael Roting (1494-1588) hatte in Wittenberg studiert und war seit 1526 Lehrer am Melanchthongymnasium in Nürnberg; vgl. u. A. Bd. 5, S. 413, Anm. 7, Nr. 186, bzw. *Will*, Gelehrtenlexikon 3, S. 410-414.

46. Roting hatte in seiner 1551 erschienenen Schrift »Testimonium contra falsam Andreae Osiandri de iustificatione sententiam« Osiander mit dem Antichrist gleichgesetzt, vgl. *Stupperich*, Osiander, S. 186. Der Druck war freilich nicht von ihm, sondern von dem Schulmeister von St. Egidien, Joachim Heller, gegen den Willen des Nürnberger Rates erfolgt. Während der Rat sich Roting gegenüber unerwartet milde zeigte, erhielten Heller und der von ihm angeworbene Drucker Hans Daubmann Turmhaft bei Wasser und Brot; vgl. dazu die Mitteilung Fürstenauers und den Wortlaut des Ratsverlasses u. S. 350,14-351,2, und Anm. 171, Nr. 495.

Nr. 490
Eine Disputation von der Rechtfertigung
1551

Bearbeitet von *Gunter Zimmermann*

s. u. A. Bd. 9, S. 422-447, Nr. 425/490.

Nr. 491
Rechte, wahre und christliche Auslegung
1551

Bearbeitet von *Urte Bejick*

Einleitung

1. Vorgeschichte

Die Schrift »Rechte, wahre und christliche Auslegung« stellt eine Reaktion Osianders auf die seit Mai 1551 andauernde Kanzelpolemik seiner Gegner und auf deren Übergabe von Gutachten zur Rechtfertigungslehre an Herzog Albrecht dar. In der kleinen Schrift verteidigt Osiander seine Ansicht, daß allein Christi wesentliche Gerechtigkeit, d.h. seine göttliche Natur, die Gläubigen gerecht mache. Er wendet sich damit gegen die von den Gegnern vertretene These, Christi Leiden, Tod und Auferstehung stellten die Gerechtigkeit des Glaubens dar. Diese Heilsereignisse sahen sie in Jesu ›Gang zum Vater‹ zusammengefaßt. So hatte Joachim Mörlin in einem Gutachten im Juni ausgeführt: »Nemlichen, das unsere gerechtikait, die wir auch nennen die gerechtikait des glaubens, ist nichts anders dan der schmeliche, bittere todt, unschuldige schwaiß und auferstehung unseres geliebten herren und heilands Jesu Christi. Und uber das, das dies ist der verstand der gantzen bibel, Luc. 24, so probiere [= beweise] ichs kurtzlich domit, dan er, der Herr selbst sagt, das sei die gerechtikait, nemlich das er zum Vatter gehet, Joan. 16«[1]. Ähnlich hatte Friedrich Staphylus in seinem »Bedenken von der neuen lehr Andreae Osiandri« im Mai 1551 argumentiert: »Diese gerechtigkeit nemlich, die Gottes werk ist in Christo Jesu, ist erworben und wirt gegeben den gleubigen durch das gerecht gewechs Davids, das auf erden hat gerechtikeit angericht und ist zum Vater gegangen [am Rand: Joh. 16], durch den gerechten knecht Gottes, der unsere schwacheit hat getragen«[2]. Auch Peter Hegemon berief sich auf Joh 16: »Item Christus spricht Johan. 16, da er redet, das der heilige Geist werde die welt straffen, unter andern also: umb die gerechtigkeit aber, das ich zum Vater gehe, das sie stehe [= bestehe] im gehen zum Vater etc.«[3] Gegenüber diesem Verständnis will Osiander in der genannten Schrift die ›rechte‹ Auslegung von Joh 16 darbieten. Sie erschien am 20. September 1551 im Druck[4].

1. Das Gutachten findet sich in Berlin GStAPK, XX. HA StA Königsberg, HBA J2, Joachim Mörlin an Herzog Albrecht, 1551 Juni 9 (K. 974), in zwei Fassungen: Zitat nach Fassung I, fol. 1r.

2. Berlin GStAPK, XX. HA StA Königsberg, HBA J2, Bedenken von der neuen lehr Andreae Osiandri (K. 956), fol. 3rv.

3. Albrecht, Ausschreiben, Bl. D4b.

4. Vgl. u. S. 310,3.

2. *Inhalt*

Osiander versteht in seiner Auslegung von Joh 16,8-11 das ›Strafen‹ der Welt durch den Heiligen Geist im Sinne von ›überzeugen, in einer Disputation überwinden‹[5]. Inhalt dieses Überzeugens durch den Geist ist der Erweis der Gerechtigkeit Christi, die aus seinem Gang zum Vater ablesbar sei. Hier beginnt die eigentliche Auslegung von Joh 16,10; Osiander legt dabei besondere Betonung auf das durch Christus gesprochene ›Ich‹, die Tatsache, daß allein Christus zum Vater gegangen sei, und auf den Inhalt des ›Zum-Vater-Gehens‹. Zwei Aussagen entnimmt er dem Ausspruch Christi: Erstens: Christus sei imstande, zum Himmel aufzusteigen, obwohl er die Sünden der Welt getragen habe und zur Hölle hinabgestiegen sei; zweitens: Allein von Christus könne dies ausgesagt werden. Die Fähigkeit, ›zum Vater zu gehen‹, ist für Osiander allein Resultat der göttlichen Natur Christi. Gemäß der augustinischen Regel ›opera trinitatis ad extra sunt indivisa‹ wird die Rettung der menschlichen Natur Jesu gleichermaßen Gott Vater, Sohn und Heiligem Geist zugeschrieben. Bibelstellen, die von einer Erlösung aus Tod und Hölle durch Gott reden, sollen bestätigen, daß die Werke der göttlichen Natur des Sohnes der ganzen Trinität zuzuordnen sind.

Als weiterer Beweis, daß allein die göttliche Natur Christi Aufstieg bewirkt habe, wird Joh 3,13 zitiert: Wenn allein der, der vom Himmel herabgestiegen ist, auch dorthin zurückkehren könne, so beziehe sich diese Aussage auf die göttliche Natur, denn die menschliche sei in Maria gebildet worden.

Aus Joh 16,10 wird weiter folgende soteriologische Konsequenz gezogen: Menschen könnten nur dann in den Himmel gelangen, wenn die ihnen verliehene Gerechtigkeit mit der göttlichen Natur Christi identisch sei. Nur Taufe, Glaube und die im Abendmahl vollzogene Vereinigung mit Christus bewirkten, daß Leib und Seele sich von der Sünde entfernten, und ermöglichten die Entrückung in den Himmel, wie sie IThess 4,17 verheiße. Allen, die bestritten, daß die göttliche Gerechtigkeit Christi göttliches Wesen sei, wird zugleich die Möglichkeit abgesprochen, in den Himmel zu kommen; sie seien letztlich dem Teufel anheimgegeben. Die Schar der Erwählten, die Christi Gerechtigkeit recht verstehen, werde Christus dagegen mit sich in den Himmel führen. Allerdings sei die Einwohnung der wesentlichen Gerechtigkeit in den Gläubigen nicht offenkundig; sie geschehe ›heimlich‹ und sei nur im Glauben faßbar.

Osiander vertritt in dieser Schrift zum Teil wörtlich Ansichten, die er bereits während seiner Nürnberger Zeit in verschiedenen Predigten dargelegt hatte: so seine Interpretation des ›Strafens‹ durch den Heiligen Geist[6], die These, daß Christi göttliche Natur seinen Aufstieg bewirkt habe[7], und die Folgerung, daß durch die Einwohnung Christi in den Gläubigen deren Nachfolge in den Himmel ermöglicht werde[8]. Wendet sich die Auslegung in den Nürnberger Predigten zum Johannes-

5. Vgl. dazu die Ausführung vor Anm. 6.
6. Vgl. die Predigt zu Joh 14,16-19 und 16,7-11 von 1535, u. A. Bd. 6, S. 79,15-18, Nr. 206.
7. Vgl. die Katechismuspredigten von 1533 u. A. Bd. 5, S. 272,8f, Nr. 177.
8. Vgl. die Schrift ›Grund und Ursach‹ 1524, u. A. Bd. 1, S. 240,9-12, Nr. 20.

evangelium gegen eine Gerechtigkeit aus menschlichem Verdienst und wird in der Schrift ›Grund und Ursach‹ die Einwohnungslehre gegen Seelenmessen und Fegefeuerlehre angeführt, geht es in der oben besprochenen Schrift ›Rechte, wahre und christliche Auslegung‹ darum, das Wesen dieser den Menschen zugerechneten Gerechtigkeit darzulegen mit dem Argument, daß Christi göttliches Wesen seinen die Gläubigen rettenden ›Gang zum Vater‹ ermöglicht hat.

3. Nachwirkung

Als Reaktion auf Osianders Schrift ließ Mörlin gegen Ende September an der Universität eine der ›studierenden Jugend‹ gewidmete Schrift kursieren, in der er Osianders Thesen über den Hingang zum Vater karikierte und seine Schlußfolgerungen ad absurdum zu führen suchte[9]. Osiander antwortete Ende September oder Anfang Oktober mit einer Gegenschrift in lateinischer Sprache[10]. Diese öffentliche Auseinandersetzung in Flugschriften führte dazu, daß v. Köteritz Herzog Albrecht ein Druckverbot für beide Parteien empfahl, solange von kirchlicher Seite noch nicht über Osianders Rechtfertigungslehre entschieden sei[11].

Auf die ›Rechte, wahre und christliche Auslegung‹ geht auch der achte Punkt des Gutachtens der Gräfin Elisabeth zu Henneberg, der Schwiegermutter Herzog Albrechts, vom 20. Dezember 1551 ein: Sie fragt darin nach dem Verbleib und der Rolle der menschlichen Natur bei der Herabkunft und Auffahrt Christi und bezieht das Strafen des Geistes nicht auf die Erkenntnis der Gerechtigkeit, sondern auf den Unglauben der Menschen[12].

4. Überlieferung

Königsberg: Hans Lufft, 1551 (= *Seebaß*, Bibliographie, S. 168, Nr. 58). Für unsere Ausgabe wurde das Exemplar in Leipzig UB, Syst. Theol. 678$^{\underline{d}}$(5), verwendet. Es finden sich folgende Druckfehler: S. 311,18: herrn; S. 313,29: wvre; S. 314,7: Thesselo.; S. 316,6: »daran« nur in der Custode auf Bl. B4a.

Text

[A1a:] Rechte, ware und christliche auslegung uber die wort des Herrn Johannis am 16. [10]: »Ich geh zu meinem Vater, und ir sehet mich fort nicht mehr«. Wider die

9. Zu Mörlins Schrift vgl. u. S. 322, Nr. 493.
10. Diese Gegenschrift vgl. u. S. 322-330, Nr. 493.
11. Vgl. *Stupperich*, Osiander, S. 212.
12. Vgl. u. S. 466, Nr. 511; *Stupperich*, Osiander, S. 220, bzw. *Lehnerdt*, Auctarium, S. CXLVIII.

neuen ketzerey[1], die die goͤttlichen gerechtigkeit unsers herrn Jhesu Christi verwirft und verlestert, als sey sie nicht durch den glauben unser und in uns.

Andreas Osiander, Koͤnigsperg in Preussen, den 20. Septembris 1551.

[A2a:] Rechte, ware und christliche auslegung uber die wort des Herrn Johan. am 16. cap. [10]: »Ich geh zu meinem Vater, und ir sehet mich fort nicht mehr«.

Andreas Osiander.

Wiewol ich durch lange erfarung[2] und vil lesens wol vermerckt und verstanden hab, wie mancherleyweis und wie wunderbarlich[3] die heilig schrifft von den ketzern verkert und felschlich ausgelegt wirt, sonderlich itzt in disen letzten zeiten von den neuen ketzern, die die goͤtlichen gerechtigkeit der goͤtlichen natur in Jhesu Christo, unserm herrn, verwerfen und verlestern und sie nicht wollen lassen die gerechtigkeit sein, die uns durch den glauben zugerechnet, unser und in uns sey, so hab ich mich doch noch nie versehen, das sie so kuͤn und unverschampt solten sein, das sie sich unterstunden, die gemelten wort Christi auff iren [A2b:] ketzerischen sinn und falschen verstand[4] zu ziehen, bis ichs in iren schrifften gelesen, aus iren predigen erfarn und desselben durch vil gute freund bericht worden bin[5]. Dann es sein in der gantzen heiligen schrifft nicht wort, die irer ketzerey gewaltiger[6] widerstehn dan eben dise wort, die Johannes in seinem evangelio also gefasset und geschriben hat: »Wann der troͤster kombt, so wirt er die welt straffen umb die suͤnd und umb die gerechtigkeit und umb das gericht: umb die suͤnd, das sie nicht gleuben an mich, umb die gerechtigkeit, das ich zu meinem Vater gehe und ir mich fort[7] nicht sehet, umb das gericht, das der fuͤrst diser welt schon gerichtet ist«[8].

In disen worten zeuget der herr Christus, das die welt gantz und gar nichts verstehe, was suͤnd, gerechtigkeit und goͤttlich gericht im reich Christi sey, sonder der heilig Geist, von himel herabgesandt, muss es die welt lehren, und nicht allein lehren, sonder auch mit ir daruͤber gleich hadern und zancken, als die es nicht gern glauben wil, sonder allerley einred furpringt und hefftig widerpart helt und schlechts[9] von irem blinden sinn und irrigen verstand nicht wil abweichen. Dan das woͤrtlein ›straffen‹ heist alhie eigentlich ›uber disputirn, uberwinden, [A3a:] mit guten, gegruͤndten argumenten uberzeugen‹, wie man in den schulen thut, und

1. Gemeint sind die Hauptgegner Osianders, nach dem Weggang von Stancarus und Staphylus in erster Linie Joachim Mörlin, Peter Hegemon und Georg v. Venediger.

2. Zu den Erfahrungen Osianders mit ›Ketzern‹ (Müntzer, Karlstadt, Sakramentierer, Täufer, Ruprecht von Mosham und Kaspar von Schwenckfeld) in seiner Nürnberger Zeit vgl. *Seebaß*, Osiander, S. 111-135.

3. sonderbar.

4. falsches Verständnis.

5. s. o. die Einleitung S. 307.

6. überwältigender.

7. fortan.

8. Joh 16,8-11.

9. schlechthin.

also die irthumb straffen, das sie erkennet und hingelegt[10] werden. Nun ist aber gewiss, das der heilig Geist solches straffen nicht fur sich selbs ubet, sonder durch die aposteln und andre geistreiche leut treybt[11] und ubet er solche straff. Derhalben ist offenbar, das, weil[12] die welt steht und noch geistreiche leut in der welt sein, dises hadern, zancken, disputirn und straffen nicht auffhoͤren wirt, noch auffhoͤren kan; dann der heilig Geist lest seines straffens nicht, so lest die welt ires widersprechens auch nicht.

Wann nun der heilig Geist kombt und die welt strafft, als die nicht weis, was gerechtigkeit ist, wiewol sie meint, sie wisse es gar wol, lieber, wie strafft er sie? Warmit uberzeugt er sie? Was lehret er sie fur ein wunderliche gerechtigkeit, die kein mensch verstehn kan, es uberwinde in dann der heilig Geist? Antwort: Er lehret und zeuget, das unser herr Jhesus Christus zum Vater geh. Und aus demselben sollen wir verstehn, was die ware und ewige gerechtigkeit sey, dardurch wir mussen selig werden.

Wir mussen aber fleissig acht haben auff das woͤrtlein ›ich‹, da Christus spricht: »Ich geh zu meinem Vater«. ›Ich‹ spricht er, [A3b:] das ist: ich und kein andrer, ich und sonst niemand, wie er das auffs allerklerist bezeugt Johan. am 3. [13] und spricht: »Niemand fehret gehn himel, dann der vom himel herniderkomen ist, nemlich des menschen son, der im himel ist«. Dieweil aber Christus, der herr, allein gen himel fehret und zum Vater geht, so wil vonnoͤten sein, das wir eigentlich[13] wissen, was es sey, das er zum Vater geht. Es ist aber nichts anders dann, nachdem er aller welt suͤnd auff sich genomen hat[14], das er durch sein leiden und sterben genug dafur thue[15] und durch sein aufferstehung und himelfart sich auch nach seiner menschlichen natur zur gerechten[16] Gottes [des] vaters setze. Und darinne sein zwen sondre heubtpunct fleissig zu mercken und hoch zu verwundern: Erstlich das, wiewol aller welt suͤnd auff im gelegen und er darumb hat muͤssen sterben und gen helle farn[17], das er dannoch nicht darinne bleibt, sonder suͤnd, todt und helle und allen zorn Gottes also uberwindet, das er dannoch wider zum Vater geht und sich zu seiner rechten setzt als ein herr uber alles[18]; dan daher haben wir vergebung der suͤnd[19]. Zum andern, das er allein und sonst niemand gen himel fehret und zum Vater geht; dann daraus kombt der recht rein verstand, was die ware, ewige gerechtigkeit sey, die der heilig Geist mit hadern und zancken [A4a:] wider die heiden und ketzer in der welt erhalten muss.

10. zunichtegemacht.
11. betreibt.
12. solange.
13. genau, zutreffend.
14. Vgl. Jes 53,5f.
15. Vgl. I Petr 2,24.
16. Rechten.
17. Vgl. das Gutachten über die Höllenfahrt Christi u. A. Bd. 9, S. 324-327, Nr. 412, und *Seebaß*, Osiander, S. 270f.
18. Vgl. Eph 1,20-22.
19. Vgl. Eph 1,7.

Wollen wir nun dise gerechtigkeit recht verstehn, was sie sey, so mussen wir wissen, dieweil Christus warer Gott und mensch ist, woher er die krafft hab, das er allein gen himel feret und zum Vater geht, dieweil ja sonst niemand gen himel feret dan er, das ist, ob er aus krafft seiner goͤttlichen natur oder aus krafft seiner menschlichen natur gen himel far und zum Vater gehe. Und da ist alsbald die heilig schrifft lauter und klar mit unzelichen gezeugnussen, das es allein aus krafft seiner goͤttlichen natur geschicht. Solchs recht zu verstehn, muss man wissen, das, wan Christus etwas von wercken seiner goͤttlichen natur sagen wil, so schreibt ers gemeinigklich[20] dem Vater zu; dann daraus volget alsbald, das es auch werck des Sons sein, wie er spricht Johan. 5 [19]: »Was der Vater thut, das thut zugleich auch der Son«, ja auch der heilig Geist nach der gemeinen[21] regel: »Opera Trinitatis ad extra sunt indivisa«[22].

Das er aber allein aus krafft seiner goͤtlichen natur und nicht aus krafft seiner menschlichen natur gen himel far und zum Vater gehe, das zeuget die schrifft in allen stuͤcken gewaltigklich. Den Gott der vater hat sein seel aus der helle erloͤset, wie er spricht im sechzenden psalm [10] [A4b:] und Acto. am 2. [27]: »Du wirst mein seele nicht in der helle lassen«, und psalm 86 [13]: »Du hast mich erloͤset aus der untersten helle«. Gott der vater hat in[23] vom tod aufferweckt, wie geschriben ist in den Geschichten am 2. [24]: »Disen Christum hat Gott aufferweckt und auffgeloͤset die schmertzen des tods«, item am 3. [15]: »Ir habt den fuͤrsten des lebens getoͤdtet; den hat Gott aufferweckt von den todten«, item 1. Cor. 6 [14]: »Gott hat den herrn aufferweckt, und wirt uns auch aufferwecken durch sein krafft«. Gott der vater hat in auch in himel genomen, wie Petrus Acto. 2 [33] zeugt und spricht: »Nun er durch die rechten Gottes erhoͤhet ist« etc., und Paulus zun Philipp. am 2. [9]: »Gott hat in erhoͤhet und im ein namen geben uber alle namen«. So aber Gott der vater die seel Christi aus der helle erloͤset und sein gantze menschliche natur vom todt auffweckt und in erhoͤhet hat bis zu seiner gerechten, so ist ungezweiffelt, der Son und heilig Geist habens auch gethon; dan sie drey sein ein einigs, goͤttlichs wesen und goͤttliche natur. Darumb ist gewiss, das Christus in krafft seiner goͤttlichen natur aus der helle geht, vom tod auffsteht und gen himel zu seinem Vater fehret. Das ists auch, das Christus selbs sagt Johan. 3 [13]: »Niemand fehret gen himel, dan [B1a:] der vom himel herniderkommen ist, nemlich des menschen son, der im himel ist«. Christus aber ist allein nach seiner goͤttlichen natur von himel herniderkommen; dan sein menschliche natur hat allererst in dem reinen leib der hochgelobten alweg jungfrauen Marie durch wirckung des heiligen Geists angefangen und ist nicht von himel

20. gewöhnlich.
21. allgemeinen.
22. In Augustins Schrift »De Trinitate« finden sich mehrere Äußerungen, die sich zu dieser Formel zusammenfassen ließen, z.B. 1,4,7: »Quamvis Pater et Filius et Spiritus sanctus, sicut inseparabiles sunt, ita inseparabiliter operentur. Haec et mea fides est, quando est catholica fides« (PL 42, Sp. 824), und 4,21,30: »Sed plane fidenter dixerim, Patrem et Filium et Spiritum sanctum unius ejusdemque substantiae, Deum creatorem, Trinitatem omnipotentem inseparabiliter operari« (PL 42, Sp. 909); vgl. auch 2,1,3 (PL 42, Sp. 847).
23. ihn.

herabkommen, wie etliche ketzer genarret haben[24]. Darumb fehret Christus auch in krafft derselbigen goͤttlichen natur wider gen himel. Desgleichen, da er das redet, da war er allein nach seiner goͤttlichen natur im himel, nach der menschlichen aber auff erden. Darumb fehret er eben in krafft derselbigen goͤttlichen natur gen himel, nach der er im himel ist. Dan seine wort sein lauter und klar: »Niemand feret gen himel, dan der vom himel kommen ist und im himel ist«.

Nun wolten wir ja auch gern in himel kommen und im reich der himmel ewigklich bey dem Vater, Son und heiligen Geist bleiben. Das geschicht aber nicht, wir werden dan vorhin[25] gerecht, wie Christus zeuget Matt. 5 [20] und spricht: »Es sey dan eur gerechtigkeit besser dan der schrifftgelerten und phariseer, so wert ir nicht in das himmelreich kommen«. Darumb muͤssen wir nicht allein gerecht sein, sonder auch [B1b:] ein pessere gerechtigkeit haben dan die schrifftgelerten und phariseer. Das kan aber kein andre sein dan die goͤttliche gerechtigkeit Christi, welche ist sein goͤttliche natur und goͤttlich wesen selbs. Dann wan er durch den glauben in uns wohnet, so haben wir sein gerechtigkeit in uns. Die wirt uns auch zugerechnet und geschenckt, und wirckt allerley gute frůcht in uns[26], wan wir unsere glider ir zu waffen der gerechtigkeit dargeben[27], bis wir im gehorsam volkommen werden in der aufferstehung.

Wan wir nun gehn himel wollen fahren und fragen nach der gerechtigkeit, die uns in himel bringen sol, so steht Christus da und spricht: »Niemand fehret gen himel, dan der vom himel herabkommen ist, nemlich des menschen son, der im himel ist«, und ist ebensovil geredt, als da er spricht: »Ich geh zum Vater«[28]. Da last uns nun, liebe christen, die ohren des geists auffthun und recht hoͤren und verstehn[29], wie Christus dise wort meinet und verstanden haben wil. Dann es ist ebensovil gesagt, als sprech er: ›Ich bin als warer gottesson und Gott selbs, dazumal noch nicht mensch, von himel kommen und hab auff erden menschliche natur an mich genomen und bin doch bey und mit dem Vater und heiligen Geist im himel ein goͤttlich wesen bliben. Und nachdem ich mensch bin worden, bin ich, [B2a:] eben der vorig ware Gott, wider gen himel gefaren, gleichwie ich als warer Gott bin hernider kommen, und hab doch mein menschliche natur nicht verlassen, sonder, warer Gott und mensch, mich zur gerechten meins Vaters gesetzt. Und fehret sonst niemand gen himel aus eigner krafft dan ich, der einige son Gottes, warer Gott. Darumb, wolt ir auch gen himel faren, so must ir durch den glauben und die tauff in mich eingeleibt[30] und glider meines leibs werden, fleisch von meinem fleisch und gepein von meinem

24. Der 451 auf dem Konzil von Chalkedon verurteilte Eutyches soll gelehrt haben, der Logos habe sein Fleisch vom Himmel her mitgebracht. Er selbst bestritt, diese Lehre zu vertreten, vgl. *Camelot*, Nestorius, S. 237.

25. vorher.

26. Vgl. Phil 1,11; Röm 3,22.

27. Vgl. Röm 6,13.

28. Joh 16,10.

29. Vgl. Jes 50,4; Mk 4,12.

30. Vgl. Röm 6,4; Kol 2,12.

gepein[31], und in mir meiner goͤttlichen natur auch theilhafftig werden[32]; die wirt dann in euch wohnen. Und wan die sůnd durch den todt aussgefeget und vertilget wirt[33], so wirt mein goͤttliche natur, die da durch das mittel meiner menschlichen natur in euch wohnet, euch mit leib und seel auch gen himel fůren und erhoͤhen und zum Vater bringen. Dan wo mein goͤtliche natur nicht ist, die von himel hinabgestigen und wider hinauffgefarn ist, da wirt kein mensch ewigklich gen himel koͤnnen fahren‹. Hierauff hat auch der heilig Paulus gesehen, da er 1. Thessalo. am 4. cap. [16f] spricht: [B2b:] »Die todten in Christo werden aufferstehn zuerst, darnach wir, die wir leben und uberbleiben, werden zugleich mit denselben hingezuckt[34] werden in den wolcken dem Herrn entgegen«. Dann da hoͤren wir, das alle ausserwelte nicht auss eigner krafft gen himel faren, sonder durch ein andre krafft dem herrn Christo entgegen hingezuckt werden, ja, sagt er, hingezuckt werden! Soͤlches hinzucken aber wirt durch keinen engel geschehen, sonder die goͤttliche natur unsers Herrn Jhesu Christi, der durch den glauben in uns wonet, wirt uns hinzucken, fůren und erhoͤhen, gleichwie der heilig Geist Philippum vom kammerer aus morenland hinwegrucket, das in der kammerer nicht mer sahe, und bracht in gen Assdod, Acto. 8 [39f].

Aus dem versteht man nun leichtlich, was es fur ein gerechtigkeit ist, umb der willen der heilige Geist in seinen aposteln und predigern mit der welt muss disputirn, hadern, zancken und sie straffen, nemlich die goͤttlich gerechtigkeit, welche auch ist die goͤttlich natur Christi, der durch den glauben in uns wonet[35]. Und ist gleich, als sprech der heilig Geist durch irgeneinen seiner prediger: ›Ir arme, elende, blinde, verfurte menschen, was sucht, tichtet[36] und lehret ir doch so mancherley gerechtigkeit. Wolt ir nicht hoͤren, glauben, verstehn, das [B3a:] Christus allein der man ist, der zum Vater geht? Last ir euch dan nicht sagen, das niemand gen himel fehret, dan der herab ist kommen? Wolt ir gerecht sein und das reich Gottes ererben[37], so muss warlich der in euch sein, der allein gehn himel feret und zum Vater geht, das ist Gottes son, Gott selbs, der von himel kommen ist, sonst werdt ir nimmermehr gen himel farn noch zum Vater kommen. Was hůlfe es dan euch, wan ir gleich alle gerechtigkeit hett, die menschen und engel erdencken koͤnten, und hettet dise einige[38], ewige gerechtigkeit nicht, die der son Gottes nach seiner goͤttlichen natur mit dem Vater und heiligen Geist selbs ist, dieweil euch kein andre gerechtigkeit in himel erheben und zum Vater bringen kan? Wan ir aber dise gerechtigkeit durch den glauben ergreifft und Christus in euch ist, was kan euch doch mangeln, das ir nicht in seiner gottheit reichlich, uberflůssig und unentlich genug habt?‹ Herwiderumb, in welchem Christus durch den glauben nicht wonet, der ist untůchtig und verworfen, 2. Cor. 13 [5]. Wer den geist Christi, das ist den heiligen Geist, der Gott selbs und das gantz goͤtt-

31. Vgl. Eph 5,30.
32. Vgl. II Petr 1,4.
33. Vgl. I Kor 5,7.
34. hingezogen, aufgenommen.
35. Vgl. Eph 3,17.
36. erfindet.
37. Vgl. Gal 5,21.
38. einzige.

lich wesen ist, nicht hat, der ist nicht Christi[39]; ist er nicht Christi, so ist er auch nicht gerecht.

Und auff dise weiss disputirt, hadert und zanckt der heilig Geist mit der welt uber [B3b:] der waren, ewigen gerechtigkeit, die Gott selbs ist, und strafft sie umb iren unverstand, das sie so gar nichts darumb weis noch versteht, und uberzeuget sie mit disem kurtzen woͤrtlein allein, das Christus gesagt hat: »Ich geh zum Vater«, das kein andre gerechtigkeit vor Gott gilt dan die goͤttlich gerechtigkeit Jhesu Christi, seines lieben Sons, die er vom Vater und mit dem Vater und heiligen Geist gemein hat, das ist sein goͤttlich wesen selbs, das von himel kommen, menschliche natur an sich genomen, wider gen himel gefarn und zum Vater gangen ist. Und wan die menschen ein andre gerechtigkeit tichten, so helt er in[40] das woͤrtlein immer fur die nasen: Christus geht zum Vater! Dise eur getichte gerechtigkeit ist nicht Christus, Gottes son, der vom himel herabgestigen ist, darumb wirt sie auch nicht hinauffahren, vil weniger euch hinauffuren. Sie ist nicht Christus, der zum Vater geht, darumb wirt sie euch auch nicht zum Vater furen.

Aber das alles hilft bey der tollen welt nichts, sie wil schlechts diser goͤttlichen gerechtigkeit, darvon der heilig Geist mit ir disputirt, nicht haben noch hoͤren, sonder verwirfts, verleugts und verlesterts auffs allergreulichst, wie es irem fuͤrsten, dem teuffel[41], nur wol gefellet. Aber sie hat ir urteil! Dan wer dise gerechtigkeit nicht hat, der ist [B4a:] nicht Christi[42], sonder des teuffels; wer sie verlestert, der redet nicht aus dem heiligen Geist[43], sonder der teuffel redet aus im; wer sie verflucht und spricht: ›Der teuffel sol sie holen[44], [von dem] ist zu besorgen, er suͤndig in[45] den heiligen Geist und hab kein vergebung weder hie noch dort, sonder sey schuͤldig eins ewigen gerichts[46].

Doch ist dises disputirn, zancken und hadern des heiligen Geists nicht on frucht. Dan es finden sich immerdar etlich, die dise goͤttliche gerechtigkeit nicht verwerfen noch verachten – dan sie hat Christum, unsern herrn, sein leiden, sterben und blutvergissen kostet, darmit er sie uns verdienet und erworben hat –, sonder nemens an, haltens fest im glauben und begeben ir ire glider zu waffen der gerechtigkeit, das sie geheiligt werden[47]. So ergreifft sie dise gerechtigkeit, der son Gottes, auch und

39. Vgl. Röm 8,9.
40. ihnen.
41. Vgl. Joh 12,31; 14,30; 16,11.
42. Vgl. I Joh 3,10.
43. Vgl. Mt 10,20.
44. Vgl. dazu Osianders Beschwerde über eine polemische Äußerung Mörlins in einer Predigt: »Dan es ist einer, der, mein lehr von der gerechtigkeit Gottes zu tadeln, hat fragen thuͤren, ob man uns die wesenlichen gerechtigkeit Gottes in eim filtzhuͤtlein pring, ob man sie uns durch ein triechter eingiess, ob man sie uns hinten oder fornen eingiessen muss, und ferner gesagt, der teuffel hole dise gerechtigkeit, ich nicht« (o. S. 92,15-19, Nr. 488). Vgl. auch die von Osiander in einem Brief vom 31. Mai 1551 zitierten Äußerungen Mörlins in einer Predigt vom 28. Mai, u. A. Bd. 9, S. 685,7-686,3, Nr. 473.
45. gegen.
46. Vgl. Mk 3,29.
47. Vgl. Röm 6,19.

nimbt sie an zu glidern seiner heiligen menscheit, wonet in inen und furet sie in krafft seiner goͤttlichen natur entlich[48] gen himel und bringt sie auch zum Vater, da sie dan immer und ewig selig sein. Dann wir sein alle einer in Jhesu Christo, wie Paulus zeuget, Galat. 3 [28].

Das alles aber geht heimlich[49] im glauben zu, das wirs nicht sehen noch empfinden. Darumb ergert sich auch die welt so greulich [B4b:] daran. Aber gleichwie wir Christo gleuben, wann er spricht: »Das ist mein leib, das ist mein blut«[50], ob wirs wol nicht sehen, schmecken, richen, greiffen oder empfinden, also sollen wir im hie auch gleuben, das er in uns und wir in im seien[51], das er nach seiner goͤttlichen natur unser gerechtigkeit sey, die uns gen himel fuͤren und zum Vater bringen werdt. Und darumb spricht er auch: »Ich gehe zum Vater, und ir sehet mich furo[52] nicht«, gleich als spreche er: ›Wie ich fur mich selbs in goͤtlicher krafft zum Vater gehe und mein menschliche natur mitfuͤre, also wil ich auch in euch sein und in euch auch zum Vater gehn und euch mitfuͤren. Das soll eur gerechtigkeit sein. Aber ir werdt mich nicht sehen[53], sonder must es gleuben; dan eben darumb geh ich hinweg, das ir das sehen und empfinden must faren lassen und euch an den glauben halten: Dan selig sein, die da nicht sehen und dannoch glauben‹[54]. Das ist der recht verstand diser wort Christi, und wer ein andern bringt, der verfurt die einfeltigen[55] und wirt sein urteil muͤssen tragen[56].

Ende.

48. am Ende.
49. verborgen.
50. Mk 14,22-24 par.
51. Vgl. Joh 17,23.
52. in Zukunft, forthin.
53. Vgl. Joh 16,16.
54. Vgl. Joh 20,29.
55. einfachen Leute.
56. Vgl. Gal 5,10.

Nr. 492
Osiander an Caspar Zeuner
1551, September 21

Bearbeitet von *Hans Schulz*

Lilienthal, Preussen 3, S. 313-317.

Beklagt die Diffamierung seiner Person; zählt Königsberger Gegner auf, die seine Rechtfertigungslehre bekämpfen, eigentlich aber seine Berufung zum Bischof des Samlandes hintertreiben wollten. Unmäßige Kanzelpolemik Mörlins; Drohungen gegen sein Leben; einige Gegner hätten die Stadt verlassen; man habe ihn als Antichrist bezeichnet. Sendet Bücher; bittet um Unterstützung seiner Überzeugung.

[313: Adresse:] Ornatissimo et doctissimo viro, domino Casparo Zeunero, pastori ecclesiae Friburgensis et vicinarum ecclesiarum superintendenti[1], suo in Domino carissimo fratri.

Salutem in Christo domino nostro!

Vix audeo ad humanitatem tuam scribere, optime et doctissime vir, quanquam optatissima occasione, adeo mendaciis impudentissimis esse nomen meum [evulgatum][a] per totam hanc Europam[2] ab iis hominibus, quos [314:] ego columnas veritatis credideram ac senectuti meae praesertim exulanti[3] solatio fore speraveram[4], ita ut mihi impudens videar, si quem virum bonum, illorum mendaciis deceptum, sive

a) konj. (dieses oder ein ähnliches sinnpassendes Wort muß hier ausgefallen sein).

1. Zu Caspar Zeuner (1492-1565), seit 1539 Superintendent in Freiberg in Sachsen, vgl. *Wartenberg*, Freiberger Gebiet, S. 100, 103f und S. 113, Anm. 51. Den Literaturhinweis verdanke ich Herrn *Walter Thüringer*, Heidelberg. (Bei *Stupperich*, Osiander, S. 177, und *Seebaß*, Osiander, S. 68 und 301, sind die entsprechenden Angaben zu berichtigen.)

2. Diese von Osiander oft wiederholte Klage findet sich auch in seinem kurz zuvor erschienenen Bekenntnis ›Von dem einigen Mittler‹, vgl. o. S. 78,15-80,5; 92,4-11; 96,3-6, Nr. 488.

3. Osiander hatte Ende 1548 in Nürnberg seinen Dienst gekündigt und war im Alter von 52 Jahren ins ›Exil‹ gegangen; vgl. *Seebaß*, Osiander, S. 108-110, und u. A. Bd. 1, S. 18; Bd. 8, S. 668-672, Nr. 356 und 357.

4. Denkt man nicht an die Königsberger Gegner, die Osiander vor seiner Übersiedlung gar nicht kannte, dann darf man unterstellen, daß diese bitteren Worte sich auf Melanchthon beziehen. Osiander hatte zwar in Nürnberg über Jahre hinweg mit Luther und Melanchthon korrespondiert und nach seinem Weggang von dem Wittenberger eine Professur in Leipzig oder Wittenberg angeboten bekommen; vgl. etwa u. A. Bd. 6, S. 152-157, Nr. 220 u. ö., und Bd. 8, S. 677f, Nr. 359. Seit der Zunahme der Streitigkeiten sah Osiander jedoch hinter seinen Königsberger Gegnern auch Melanchthon, vgl. etwa u. A. Bd. 9, S. 399,12-401,10, Nr. 418, und o. S. 158,17-160,10, bzw. 280,7-282,3, Nr. 488.

apologia alloqui aut erecto saltem vultu aspicere audeam. Fuerunt mihi statim inimici, cum huc vocatus essem[5], magister Fridericus Staphylus[6], homo prodigiose haereticus ac virulentia ipsa virulentior, sed tardissimo ingenio[7], deinde magister Matthias Lautervaldus[8], doctor Petrus Hegemon[9], doctor Johannes Bretschneider medicus[10]; his brevi accessit magister Fabianus Stoͤsser[11]. Hactenus tolerabilis fuit simultas. Verum ubi mortuus est episcopus Sambiensis[12], veriti, ne ego episcopus constituerer[13] – quod tamen principem nunquam cogitasse sensi –, tum accesserunt doctor Georg[ius] Venetus nobilis[14], ambiens episcopatum, doctor Joachimus Moerlinus[15], homo – ut ego quidem iudico – simpliciter daemoniacus[16], item doctor Franciscus Stancarus Italus[17], nuper ad professionem Hebraeae linguae me procu-

5. Zu den Streitigkeiten, die an der erst 1544 gegründeten Universität Königsberg im Gange waren und in die Osiander sofort hineingezogen wurde, vgl. *Stupperich*, Osiander, S. 13-33 und 36-109.

6. Zu Friedrich Staphylus (1512-1564), seit Frühjahr 1546 Professor der Theologie in Königsberg, vgl. a.a.O., S. 16 und Anm. 32.

7. Das zunächst freundschaftliche Verhältnis zwischen beiden entwickelte sich zu einer ausgeprägten Feindschaft, vgl. a.a.O., S. 80-84, 116-119 und 172-178, und u. A. Bd. 9, S. 495-502, Nr. 429 und 430.

8. Zu Matthias Lauderwald (1520 - nach 1553) und dem nach ihm benannten Streit vgl. *Stupperich*, Osiander, S. 36-53 und 88-92, bzw. u. A. Bd. 9, S. 91-108, Nr. 370.

9. Zu Peter Hegemon (1512-1560), Theologieprofessor und Pfarrer am Dom, bzw. seiner Gegnerschaft zu Osiander vgl. *Gause*, Königsberg 1, S. 298, *Stupperich*, Reformatorenlexikon, S. 99f, und *Stupperich*, Osiander, S. 29, Anm. 110; S. 34, Anm. 133, und S. 69-73.

10. Zu Johannes Brettschneider (1514-1577), zu seiner Auseinandersetzung mit Osiander und seinem Abgang aus Königsberg vgl. *Stupperich*, Osiander, S. 14, 76 und 85-89.

11. Zu Fabian Stosser, seiner Beteiligung an den Streitereien und seinem Verweis aus der Stadt vgl. a.a.O., S. 41, 43, 76 und 89f, und Altpreußische Biographie 2, S. 707.

12. Zu Georg von Polentz (1477 oder 78 bis 1550) vgl. *Stupperich*, Osiander, S. 31, Anm. 119, und *Stupperich*, Reformatorenlexikon, S. 168f. Sein Sterbetag war der 28. April, vgl. *Stupperich*, Osiander, S. 95; weiter *Gause*, Königsberg 1, S. 63 und 305.

13. Tatsächlich darf man annehmen, daß Osiander vom Herzog favorisiert wurde, zumindest für das Präsidentenamt des Bistums Samland. Deshalb wurde er in dieser Zeit auch hart angefeindet. Zum Bischof wollte der Herzog allerdings Johannes Brenz gewinnen; vgl. *Stupperich*, Osiander, S. 95. Ähnliches schrieb Osiander am 19. Juni 1550 seinem Nürnberger Schwiegersohn; vgl. u. A. Bd. 9, S. 338,6-12, Nr. 414. Trotz der Feindseligkeiten wurde Osiander schließlich doch zum Vice-Präsidenten des Bistums ernannt, so daß die Gegner im Sommer 1551 die Zusammenarbeit in der kirchlichen Verwaltung ablehnten, selbst examinierten, Pfarrstellen besetzten oder Gemeindeglieder von Taufe und Abendmahl ausschlossen. Der Herzog konnte diese Spaltung der kirchlichen Aufsicht nur sehr mühevoll beseitigen; vgl. *Stupperich*, Osiander, S. 161-165.

14. Zu Georg von Venediger (1519-1574), aus altpreußischem Adel (gebürtig aus Venedien bei Mohrungen), der später Bischof von Pomesanien wurde, vgl. *Stupperich*, Osiander, S. 126, Anm. 100; *Gause*, Königsberg 1, S. 339; Altpreußische Biographie 2, S. 756, und *Stupperich*, Reformatorenlexikon, S. 213.

15. Zu Joachim Mörlin (1514-1571) vgl. u. A. Bd. 9, S. 572, Anm. 2, Nr. 446.

16. Zu dieser Einschätzung vgl. etwa Mörlins Polemik von der Kanzel bei *Stupperich*, Osiander, S. 154-158, und *Hirsch*, Theologie, S. 177f mit Anm.

17. Zu Franciscus Stancarus aus Mantua (um 1501-1574), der als Glaubensflüchtling Ende

rante vocatus[18]. Hi omnes non aliter, quam si totum genus humanum perdidissem, concitati sunt in [315:] me, simulantes se moveri periculis ecclesiae[19], qui doceo Jesum Christum ut verum Deum secundum divinam naturam esse iustitiam nostram, revera autem – id quod princeps optime intelligit – nihil aliud agentes, quam ut me ab episcopatu, quem mihi destinatum falso suspicati sunt, deiicerent[20]. Incredibile autem revera, incredibile inquam, quam furiat mendaciis et blasphemiis Mörlinus, qui per ludibrium in publica concione interrogare non erubuit, ›an iustitia Dei nobis ante vel retro infundatur‹[21]! Is tanta iam conspiratione factus est, ut etiam principi sit metuendus[22], eiusque mancipia mihi minantur se globo bombardae me traiecturos[23],

April 1551 nach Preußen kam, wegen seiner scharfen Parteinahme gegen Osiander aber schon im August die Kündigung erhielt, vgl. *Stupperich*, a.a.O., S. 166-171.

18. Herzog Albrecht nahm den Flüchtigen auf Empfehlung der Königin von Ungarn, Isabella, und des polnischen Grafen Andreas Gorka auf und ließ ihm die Lektur für Hebräisch übertragen; vgl. ebd., S. 166f.

19. Mörlin z.B. äußerte sich am 15. Juni 1551 dem Herzog gegenüber zum Streit wie folgt: »Was wier darynnen alhier und [mit] E.F.D. ... handeln, das gehört nicht allain für uns, sondern an die gantze Christenheit« (*Koch*, Briefwechsel, S. 564, Beil. Nr. 15).

20. Für den Herzog ergaben sich Probleme sowohl bei der Besetzung des Präsidenten- wie des Bischofsamtes für das Samland, vgl. *Stupperich*, Osiander, S. 94f, und o. Anm. 13.

21. Vgl. dazu o. Anm. 16. Auch im Vorwort zu seinem großen Bekenntnis führt Osiander diese geschmacklose Äußerung mit Entrüstung auf, vgl. o. S. 92,15-19, Nr. 488.

22. Die Gegner ließen sich in ihrem Kampf gegen Osiander mit allen Mitteln auch durch Maßnahmen des Herzogs nicht beirren: Das mehrfach erneuerte Verbot der Kanzelpolemik wurde von ihnen nur bezüglich der anderen Seite als gerechtfertigt anerkannt. Man war nicht davon abzubringen, daß eine neue, ketzerische Lehre vorliege, die entlarvt werden müsse; die weltliche Obrigkeit habe dabei keine Weisungsbefugnis. Mörlin etwa schrieb an den Herzog am 15. Juni: »Die neue schwermerey und giftige lehr ist vorhanden erger, den unter dem Antichrist, dem Bapst, Je gewesen ... Nuhn khan ich Ja den armen schaffchen Christi die vergifte waide nicht verschwaigen ...« (*Koch*, Briefwechsel, S. 565, Beil. Nr. 15). Am 21. Juli schreiben die Gegner, ihre Aufgabe sei es, »die Scheffichen Christi vor vorgiffter lehr und frembder stimmen [zu] warnen, denn des haben wir ernstliche, geschwinde mandata des alleröbersten Herren« (Mörlin, Historia, Bl. N3b). Und am 5. Juni findet sich bei Mörlin dem Herzog gegenüber eine wenig verschlüsselte Auslassung, die deutlich macht, wie weit er zu gehen gewillt war: »... solten lesterschrifften in druck auskomen ..., so würd ich auch dem Lesterer nach erheischung meiner Vocation widerumb antworten, das ers solte füelen ... Zeug aber meinen lieben Erlöser, das ich noch bis auff heutigen tag eben E.F.D. als meines gar lieben und fromen Landesfürsten – wie billich – vorschonet und noch hinfürder gerne thun wolte ...« (Mörlin, Historia, Bl. L2b). Dementsprechend lehrten sie auch in Konsequenz, Osiander habe sich des Vizepräsidentenamtes »de facto« selbst enthoben »und untüchtig gemacht« (Mörlin, Historia, Bl. N4a), und zogen die Verwaltungsaufgaben der Kirchenleitung eigenmächtig an sich (vgl. o. Anm. 13).

Der Herzog konnte dieser aggressiven Gegnerschaft nur wenig entgegensetzen, wenn er sie auch zurechtwies und etwa Mörlin vorhielt, »das Ier also selbst mit ungewaschenen henden einplatzet, und Ier die sach auch nicht weytter, sondern wenig erweget« (*Koch*, Briefwechsel, S. 567, Beil. Nr. 16). Er bestand jedoch darauf, das Verfahren für eine Lösung des Streites selbst festzusetzen, befahl weiterhin, alle ›Schmähungen‹ zu unterlassen, und wies die Ablehnung der Präsidentschaft Osianders zurück; vgl. *Stupperich*, Osiander, S. 164f.

23. Die Bevölkerung war von den Gegnern so aufgewiegelt, daß Osiander und die Leute seiner Partei mit Drohungen an Leib und Leben bedacht wurden und sich nicht mehr unbewaff-

ut coactus sim a lectionibus in collegio principe absente abstinere[24]. Quid scribam plura – historia incredibilis est! Lautervaldus, Stösserus et Bretschneiderus iam dudum abierunt[25]. Nuper autem Staphylus et Stancarus, desperantes se defendere posse, quae contra me moliti sunt, sponte decesserunt[26]. Stancarus cum adhuc hic esset, finxit me esse antichristum personaliter[27], tentavitque numerum Apocalypsis nominis scilicet be-[316:]stiae[28] in me torquere, idque in literis ad principem scriptis, quas ego vidi et descripsi[29]. Hunc secutus Moerlinus in publica concione dixit me esse ipsissimum antichristum, nec ullum alium expectandum, ›denn die welt wůrde mit mir beschliessen‹[30]. Vide quaeso furorem! Maluit Lutherum et omnes confoede-

net auf die Straße trauten; vgl. o. S. 128, Anm. 205, Nr. 488, und *Stupperich*, Osiander, S. 179-181 (dort auch die oben wiedergegebene Drohung). Der dabei gegebene tödliche Ernst der Lage darf nicht übersehen werden, wie Vorfälle an der Universität Wittenberg aus dieser Zeit beweisen: Ein Student erstach 1521 den damaligen Rektor, nachdem er von ihm relegiert worden war, und wurde zur Bestrafung enthauptet. 1555 wurde Melanchthon von einem betrunkenen Studenten mit gezogenem Messer bedroht, als er eine Gruppe laut Randalierender am späten Abend aufforderte, nach Hause zu gehen. Vgl. *Grohmann*, Annalen, S. 200f.

24. Wie im Frühjahr hielt sich der Herzog etwa von Mitte Juli bis Mitte August in Schloß Neuhausen auf (vgl. u. A. Bd. 9, S. 627, Nr. 457, und S. 716, Nr. 478; vgl. auch Mörlin, Historia, Bl. N1a und P1b, die Schreiben des Herzogs vom 15. Juli und 12. Aug. aus Königsberg; dagegen am 18. Juli einen Brief aus Neuhausen bei *Koch*, Briefwechsel, S. 578, Beil. Nr. 19). Die scharfe Kanzelpolemik Mörlins setzte seit Ende Mai ein und nahm zu (vgl. *Stupperich*, Osiander, S. 154-158, 179-181). Man darf daher annehmen, daß Osiander in der Zeit der Abwesenheit des Herzogs im Sommer seine Vorlesungen einstellen mußte.

25. Lauterwald wurde vom Herzog am 15. Juli 1550 befohlen, seine Studien in Wittenberg fortzusetzen (vgl. *Stupperich*, a. a. O., S. 92), Stosser am gleichen Tag die griechische Lektur gekündigt und im Herbst aus der Stadt verwiesen (vgl. ebd., S. 89f). Brettschneider erhielt wegen finanzieller Unklarheiten während seines Rektorats vom Herzog den Abschied und verließ Königsberg nach Verhandlungen über seine Abfindung im Sommer 1550 (vgl. ebd., S. 87f).

26. Dies wird auch im Vorwort zur Schrift ›Von dem einigen Mittler‹ angegeben, vgl. o. S. 90,12 mit Anm., Nr. 488.

27. Vgl. *Stupperich*, Osiander, S. 171. In einer zusätzlichen Darlegung zu seinem Schreiben an Herzog Albrecht vom 29. Juli 1551 formuliert Stancarus: » ... dogma Osiandri, quod est aperta doctrina Manichaei et antichristi ...« (Berlin GStAPK, XX. HA StA Königsberg, HBA J2, 1551, Juli 29, fol. 2r, K. 974).

28. Vgl. Apk 13,17f.

29. Solche Schriftstücke konnten nicht gefunden werden.

30. Osiander kannte Mörlins polemische Ausfälligkeiten genau. Hier nimmt er Bezug auf dessen Predigten vom 29. und 30. Juli (vgl. *Stupperich*, Osiander, S. 157), die ein ›sachkundiger‹ Freund, der sie im Gottesdienst hörte, niederschrieb und ihm zukommen ließ. Osiander hat die Auflistung der ›bemerkenswerten‹ Äußerungen mit der Überschrift versehen: »Etliche artickel aus baiden gedachten predigen, auffgezaichent von einem, ders selbs gehort und den handel wol versteht«, und zur weiteren Verwendung aufgehoben, wie wir aus diesem Brief ersehen. Das Schriftstück findet sich Berlin GStAPK, XX. HA StA Königsberg, HBA J2, K. 961 (unfoliiert), und ist abgedruckt – ohne Osianders Überschrift – in *Lehnerdt*, Auctarium, S. 104f, Anm. 31, Nr. 25. Mörlins Worte, auf die sich der Königsberger Professor bezieht, lauten nach dem Berliner Schriftstück: »Derhalben will ich dich gewarnet haben, du wollest des antichrist und teuffels lehr nicht annemen, dan er es nicht mit der schrifft beweisen khan. Und er ist auch

ratores Saxoniae[31] accusare, quod papae iniuriam fecerint tenentes eum pro antichristo[32], quam virus suum in me non effundere – qua de re cogito breviter aliquid iudicium scriptum edere[33], ut diabolica eorum malitia totae Europae innotescat.

Misi libellos meos[34], quos potui corradere omnes, ut humanitas tua ex eis cognoscat historiam ex parte et genus doctrinae meae, quod certe cum summa modestia tractavi[35], quamdiu nemo me intolerabilibus iniuriis oneravit. Quod superest, rogo humanitatem tuam, ut, si mea de iustificatione doctrina sincera videtur, eam mecum defendas ac pro me ores! Nam intra mille annos nemo hominum impudentioribus mendaciis et calumniis impeditus est quam ego. Sin autem secus tibi videbitur, nihil mihi gratius facere poteris, quam [317:] ut ea de re copiosissime ad me perscribas[36]. Nunquam me contradictores irritaverunt, tantum mendacia et manifestas calumnias detestor, nec in ullius praeter Christi verba iuravi[37].

Bene vale in Christo, frater charissime.

Datae Cönigsbergae Prussiae, 21. Septembris anno 1551.

A. Osiander, pastor ecclesiae Veteris Urbis, lector theologiae ordinarius et episcopatus Sambiensis vice-praesidens.

der recht und ware antichrist; du darfst [= brauchst] auff kheinen andern warten, und es wird auch mit [ihm] beschliessen!« (Vgl. *Lehnerdt*, ebd., S. 105, Anm. 31, Punkt 4.)

31. Dies dürfte eine Anspielung auf den Schmalkaldischen Bund (vgl. RGG 5, Sp. 1455f) und Melanchthons Schrift ›De potestate et primatu papae tractatus‹ von 1537 sein, deren Titel den Zusatz enthält: »per theologos Smalcaldiae congregatos conscriptus« (BSLK, S. 469). Besonders ›pikant‹ an der von Osiander zitierten Polemik Mörlins ist die dem Domprediger vielleicht unbekannte Tatsache, daß Osiander einer der ersten Mitunterzeichner des Traktats gewesen ist; vgl. BSLK, S. 497.

32. Zur Gleichsetzung des Papstes mit dem Antichristen im o. angegebenen Traktat vgl. BSLK, S. 489,1f. Zum reformatorischen Gebrauch im allgemeinen vgl. TRE 3, S. 28-32. Osiander selbst hat die Vorstellung vom Papst als Antichristen so verwendet, vgl. u. A. Bd. 9, S. 122-133, Nr. 374. Daß auch Mörlin diesen Gebrauch kennt, zeigt das Zitat aus seinem Brief vom 15. Juni o. in Anm. 22. Die von Stancarus aufgebrachte polemische Deutung verweist mit ihrem apokalyptischen Rahmen auf den linken Flügel der Reformation, vgl. TRE 3, S. 34.

33. In den folgenden Monaten war Osiander allzu beschäftigt mit der Verteidigung seines Bekenntnisses ›Von dem einigen Mittler‹, um dieses Vorhaben verwirklichen zu können. Man kann allenfalls auf seine Schrift ›Wider den erlogenen Titel‹ vom Juni 1552 hinweisen, in der er sich u. a. auch mit Mörlins Predigttätigkeit befaßt und auch auf den Vorwurf eingeht, seine Lehre sei ›antichristisch‹, vgl. u. S. 698-710, bzw. bes. S. 706,11-707,19, Nr. 532.

34. Zu den beigefügten Büchern gehörte sicher auch sein Bekenntnis (vgl. o. S. 78-300, Nr. 488), wie seine Ausführungen im folgenden vermuten lassen, da dieses Werk die Entwicklung des Streites und seine Lehre ausführlich darstellt.

35. Tatsächlich trieb Osiander keine derart überzogene Polemik wie seine Gegner, vgl. o. S. 62-64, Nr. 488/496; *Stupperich*, Osiander, S. 158-161, und *Hirsch*, Theologie, S. 177-180.

36. Eine Antwort Zeuners ist nicht bekannt.

37. Diese Versicherung, die Osiander als Reformator der ersten Generation auszeichnet, steht im Gegensatz zur Berufung Mörlins auf den von ihm in Wittenberg 1540 geleisteten Doktoreid; vgl. etwa u. A. Bd. 9, S. 397,1-401,10, Nr. 418, bzw. o. S. 86,8-10, Nr. 488, oder *Schulz*, Eid, S. 195-205.

Nr. 493
Replik zu Mörlins Erwiderung auf ›Rechte, wahre und christliche Auslegung‹
[1551, zwischen September 27 und Oktober 5][1]

Bearbeitet von *Urte Bejick* und *Hans Schulz*

Einleitung

1. Vorgeschichte

In seiner am 20. September 1551 erschienenen Schrift ›Rechte, wahre und christliche Auslegung‹[2] hatte Osiander Christi ›Gang zum Vater‹ (Joh 16,10) als Folge der ›wesentlichen‹ Gerechtigkeit seiner göttlichen Natur dargestellt. Sein Hauptgegner Joachim Mörlin reagierte darauf drei Tage später mit einer polemischen Predigt[3] und einem Flugblatt, das er an der Universität Königsberg kursieren ließ. Von dieser Schrift sind eine deutsche und eine lateinische Fassung[4] handschriftlich erhalten:

Mörlin will mit seiner Deutung des ›Ganges zum Vater‹ Osianders ›lügenhafte‹ Auslegung entlarven. Der Satz: »Transitus Christi ad Patrem est iusticia nostra«, wird von ihm so verstanden, daß Christi Tod und Auferstehung der Grund unserer Gerechtigkeit ist. Dabei beruft er sich auf die Autorität Luthers. Diesem Verständnis stellt er die These Osianders entgegen, daß die Gottheit, nicht die Menschheit Christi unsere Gerechtigkeit sei. Auf Osianders Argumentation geht er nicht ein, sondern versucht dessen Konklusionen ad absurdum zu führen. Am Ende ruft Mörlin die Studenten zum Gebet wider Osiander auf.

Um die Monatswende, etwa zwischen dem 27. September und dem 5. Oktober, reagierte Osiander mit einer Replik[5].

1. Zur Datierung vgl. weiter u. Anm. 5.

2. s. o. S. 307-316, Nr. 491.

3. Dies berichtet der Hofprediger Johannes Funck in seiner Widerlegung des Mörlinschen Flugblattes: »... und dasselbig buchlein [Osianders] hatt den doctor Joachim Morlein, prediger zur Kneiphoff, so gar toll, toricht und unsinnig gemacht, das er den nochsten mittwoch darauf, nemlich den 23. Septembris, in seiner predig den Osiander dermassen zerscholten und verlestert hat, das vil leut gemaint haben, er sey mit dem teuffel besessen« (Wolfenbüttel HAB, Cod. Guelf. 317.43 Th. 4°, fol. 31v).

4. Die deutsche Fassung findet sich: Berlin GStAPK, XX. HA StA Königsberg, HBA J2, K. 974, fol. 1r-2v; die lateinische findet sich ebd., fol. 12v-13v.

5. Eine ungefähre Datierung läßt sich aus der Tatsache erschließen, daß Johannes Funck in seiner Entgegnung auf Mörlins Schrift (vgl. Wolfenbüttel HAB, Cod. Guelf. 317.43 Th. 4°, fol. 31r-32r) vom 27. Sept. Osianders Antwort noch nicht kannte und daß v. Köteritz mehrere Kopien von Osianders Flugblatt am 5. Okt. an Herzog Albrecht versandte (vgl. *Stupperich*, Osiander, S. 212).

2. *Inhalt*

In seiner lateinisch verfaßten Antwort geht er am Text der Mörlinschen Vorlage entlang, indem er sie abschnittsweise zitiert und kommentiert:

Den Vorwurf, lügenhafte Argumente zu verbreiten, weist er zurück und wirft wiederum Mörlin vor, im Dienste des Satans zu stehen. Den Satz: »Transitus Christi ad Patrem est iusticia nostra«, will Osiander – ebenfalls in Berufung auf Luther – ›tropisch‹ verstanden wissen: ›iustitia nostra‹ stehe in diesem Sinne für Grund und Verdienst unserer Rechtfertigung; nur in dieser Hinsicht könne der ›Gang zum Vater‹ als ›Gerechtigkeit‹ bezeichnet werden. Dies sei schon daraus abzulesen, daß die Gerechtigkeit Gottes ewig sei, es sich bei dem Gang Christi aber um einen zeitlich begrenzten Akt gehandelt habe. Mörlin sei nicht fähig, den tropischen Charakter der These zu verstehen, und ziehe daher falsche Schlüsse. So stelle er die Aussage, die göttliche Natur Christi sei die Gerechtigkeit, wie sie in der Schrift ›Rechte, wahre und christliche Auslegung« erörtert werde, in einen falschen Zusammenhang, ohne seine eigene Behauptung zu beweisen.

Die Unmöglichkeit eines wörtlichen Verständnisses des umstrittenen Satzes vom ›Gang zum Vater‹ demonstriert Osiander an einigen absurden Folgerungen, die aus Mörlins Interpretation zu ziehen seien: Wenn Gott (Jehova) unsere Gerechtigkeit sei – was Mörlin zugebe –, gleichzeitig aber auch der ›Gang zum Vater‹, ergäben sich ganz unsinnige Syllogismen. Entgegen diesen häretischen Fehlschlüssen habe er die Trinität niemals mit dem ›Transitus‹ gleichgesetzt. Diese Annahme sei der Verlogenheit und Besessenheit Mörlins zuzuschreiben, ebenso die Unterstellung einer Quaternität. Er dagegen sage ganz einfach, daß Christus kraft seiner göttlichen Natur zum Vater in den Himmel aufgefahren sei. Auch sei die Unterscheidung der göttlichen Personen von ihm stets gewahrt worden, wenn er auch von einer einzigen Essenz der drei ausgehe, während Mörlin die Personen so trenne, als handle es sich um drei Essenzen und drei Gottheiten. Nicht er, wohl aber Mörlin müsse daher als Häretiker bezeichnet werden, gegen den gebetet werden müsse.

3. *Nachgeschichte*

Wolf von Köteritz übersandte Herzog Albrecht am 5. Oktober 1551 einige Abschriften des Osiandrischen Flugblattes und riet dem Herzog zu Zurückhaltung in dieser Auseinandersetzung. Ein darauf folgendes vorläufiges Druckverbot für beide Parteien bis zur kirchlichen Entscheidung über Osianders Rechtgläubigkeit war wohl durch diese Polemik in Flugblättern mitbedingt[6].

6. Vgl. *Stupperich*, Osiander, S. 212 und S. 214, Anm. 13.

4. Überlieferung

Handschriften:

Osianders Replik ist nur in zwei Exemplaren erhalten:

a: Berlin GStAPK, XX. HA StA Königsberg, HBA J2, K. 968, fol. 1r-3r: Konzept mit vielen Verbesserungen, liegt wegen der größeren Genauigkeit unserer Edition zugrunde.

b: Berlin GStAPK, XX. HA StA Königsberg, HBA J2, K. 970, fol. 13v-17r: gleichzeitige Kop.

Text

[1r:] Andreas Osiander:

Hasce nugas plusquam[a] venenatas sparsit Ioachimus Moerlinus inter studiosos adolescentes et eruditos cives, ad quas propter salutem miserarum et seductarum animarum paucis respondebo. Recensebo autem verba eius bona fide, sed ita, ut, ubi necesse est, interloquar. Tu, studiose lector, iudica!

Moerlinus:

»Ioachimus Moerlin bonis adolescentibus salutem[b] in Domino et constantiam! Ut omnes studiosi videant, quam nullis praestigiis amplius, sed tantum crassis et apertis mendaciis religionem et fidem christianam Satan[c] irrideat, volui breviter connectere argumenta illius explicationis, quam dedit nobis propheta novus et magister fidei die dominico praeterito[1] super haec verba ›vado ad Patrem‹, Joh. 16 [10], ut in schola sub ferulis indicent et helleborum nigrum adferant ad purgandum cerebrum«[2].

Osiander:

Deum immortalem, quam apte, quam recte, quam vere loquitur Moerlinus de se ipso: principio enim et me et totam ecclesiam versutissimis praestigiis decepit, quasi recte et mecum omnino de iustificatione sentiret. Paulo vero post cepit scurrilibus conviciis et impudentissimis mendaciis in me debacchari et errores suos[d] tectim seminare. Nunc vero Satan per os ipsius veritatem Dei aperte deridet, sicut clare osten-

a) übergeschr. für gestr. Wort in a.
b) Schreibfehler: saultem: a.
c) übergeschr. und eingewiesen in a.
d) übergeschr. in a.

1. Gemeint ist die am 20. September erschienene Schrift ›Rechte, wahre und christliche Auslegung‹, vgl. o. S. 307, Nr. 491.

2. Zitat aus der lateinischen Fassung des Mörlinschen Flugblattes; s. Berlin GStAPK, XX. HA StA Königsberg, HBA J2, K. 970, fol. 12v: Ein in der Vorlage auf »adferant« folgendes »ei« ist ausgelassen worden.

dam. Pertrahite igitur eum sub ferulas et bene dedolatote[e]. Afferte illi[f] helleborum nigrum, quod vobis dabo artificiosissime conditum, nam multum attuli revera mecum e Nurenberga[3].

Moerlinus:

»Argumentum fidei et veritatis in sancto Luthero: Transitus Christi ad Patrem est iusticia nostra. Transitus Christi ad Patrem est mors et resurrectio ipsius. Ergo: mors et resurrectio Christi est iusticia nostra[4]. Maiorem et minorem negare neque potest, neque debet Satan virulentus, etiamsi rumpatur«[5].

Osiander:

Ad maiorem propositionem respondeo eam esse tropicam[6]. Et tropus est in praedicato, scilicet iusticia nostra[g] ponitur enim tropice pro causa et merito iustificationis nostrae, id quod probo authoritate et ratione: Authoritate Lutheri sic, quia ipsemet explicat tropum suum, fol. 224, facie 2, dicens, Christus ipsemet est iusticia nostra, sicut Paulus 1. Cor. 1[h] [30] dicit eum nobis factum esse sapientiam a Deo et iusticiam etc. Et paulo post asserit iusticiam nostram esse positam ad dexteram Patris[7]. Christus autem non est transitus suus[i] et transitus non sedet ad dexteram Patris. Ergo: transitus non potest dici iusticia nisi tropice, scilicet pro causa et merito [1v:] iustificationis nostrae. Ratione vero probo sic: Iusticia nostra est aeterna, Danielis 9 [24]. Transitus Christi non est aeternus, quia est actio transiens in tempore, quae iam olim cessavit. Ergo: non potest dici nostra iusticia, nisi tropice.

Nullum autem verbum tropicum aut metaphoricum debet ingredi syllogismum, sed omnia proprie et sine ambiguitate sunt enuncianda. Itaque maior propositio, scilicet transitus Christi est iusticia nostra, si accipitur tropice, ut Lutherus accipi vult

e) Silbe »-te« am Ende übergeschr. in a.
f) übergeschr. und eingewiesen in a.
g) danach gestr. Wort in a. – h) 2: b.
i) übergeschr. in a.

3. Bis Nov. 1548 war Osiander als Prediger an St. Lorenz in Nürnberg tätig; vgl. u. A. Bd. 8, S. 668-672, Nr. 356 und 357, und *Seebaß*, Osiander, S. 109.

4. Diese Folgerung läßt sich aus mehreren Äußerungen Luthers ziehen; vgl. z. B. die in der Sommerpostille von 1526 enthaltene Predigt über Joh 16 vom 18. Mai 1522, WA 10,3, S. 129,25-130,5, Nr. 25. – Mörlin und Osiander bedienen sich hier und im folgenden der Argumentationsform des ›Syllogismus‹: »Der syllogismus simplex, und zwar absolutus, heißt derjenige, der ordentlich aus drey Ideen, oder Terminis und aus drey Sätzen bestehet, welche dergestalt mit einander verbunden sind, daß der eine Satz vermittels des andern den dritten beweiset …« (*Walch*, Philosophisches Lexicon, Sp. 1056).

5. Zitat aus der lateinischen Fassung des Mörlinschen Flugblattes; s. Berlin GStAPK, XX. HA StA Königsberg, HBA J2, K. 970, fol. 12v.

6. Zu Osianders Verständnis ›tropischer‹ Redeweise vgl. o. S. 166,3-8, Nr. 488.

7. Vgl. Luthers »Sermo de triplici iusticia« von 1518: »… ut essemus iusticia dei in illo et I Cor. 1: Qui factus est nobis a deo iusticia et sapientia et sanctificatio et redemptio … Hoc est quod dixi: Nullus salvatur nomine suo proprio, sed appellativo (id est non ut Petrus, Paulus, Ioannes, sed ut Christianus), sicut ait Ioan. III: Nemo ascendit in caelum nisi qui descendit, filius hominis, qui est in caelo …« (WA 2, S. 45,2f.30-33).

[k]et accipi necesse est[k], tunc est verissima, ornatissima et suavissima. Sin autem accipitur sine tropo, ut Moerlinus eam accipit et ab aliis accipi vult, tunc est falsissima, absurdissima et haereticissima et contra ipsummet Moerlinum, qui ponit iusticiam creatam[8], quam oportet esse in praedicamento qualitatis, transitus autem est in praedicamento actionis. Non intellegit igitur stupidissimum illius ingenium discrimen praedicamentorum, facit praestigias tropicis verbis, habet in syllogismo quattuor terminos, nam iusticia nostra in maiore non idem significat quod in conclusione. Quare: Moerline, sub ferulas! Merito autem addit [l]maiorem et minorem[l], negare neque potest, neque debet Satan virulentus, etiamsi se[m] rumpat. Nam maior in sensu Moerliniano est falsissima, ut probavi, quare virulentus Satan eam non negat, sed potius[n] per os virulenti Moerlini eam haeretice asserit et tam impudenter et impotenter asserit, ut videatur velle disrumpi, si non persuadeat.

Moerlinus:

»Argumentum[o] Satanae et synagogae novae: Transitus Christi ad Patrem est iusticia nostra. Transitus Christi ad Patrem est mors et resurrectio ipsius[p]. Ergo: divinitas est iusticia nostra, non humanitas Christi«[9].

Osiander:

Ego et qui mecum sentiunt talem syllogismum imo »morologismum« numquam somniavimus, sed mendax Satan eum per Moerlinum in synagogam suam [q]novam[r][10] evomuit[q], quare dignissimo ornatus est titulo, habeat igitur sibi sua impudentissima mendacia. Ego si syllogismos nectere voluissem, sic collegissem: Quicquid Christum[s] perduxit ad Patrem, est iusticia. Natura divina perduxit Christum ad Patrem. Ergo: natura divina est iustica[t]. Et reliqua consequenter, quae sparsim populari sermone de hac materia contexui[11].

Moerlinus:

»Minorem concedit his verbis, fo. A3, facie 2: ›Dieweil aber Christus, der herr, allain[u] gen himel feret [2r:] und zum Vater geht, da will vonnoten sein, das wir aigentlich wissen, was es sey, das er zum Vater gehet. Es ist aber nichts anders dan, nochdem er aller welt sund auff sich genomen hat, das er durch sein leiden und sterben

k-k) vom linken Rand eingewiesen in a.
l-l) vom linken Rand eingewiesen in a.
m) fehlt in b. – n) übergeschr. und eingewiesen in a.
o) danach gestr.: »syn-«: a. – p) fehlt in b.
q-q) übergeschr. und eingewiesen für gestr.: effudit: a.
r) fehlt in b. – s) vom linken Rand eingewiesen in a.
t) danach gestr.: Item: a. – u) danach gestr.: zum Vater: a.

8. Eine ›iustitia creata‹ zu postulieren, hatte Osiander Mörlin bereits in einem Brief im April 1551 vorgeworfen, vgl. u. A. Bd. 9, S. 644,9-11, Nr. 460.

9. Zitat aus der lateinischen Fassung des Mörlinschen Flugblattes; s. Berlin GStAPK, XX. HA StA Königsberg, HBA J2, K. 970, fol. 13r.

10. Vgl. Apk 2,9.

11. Diese Predigt ist nicht erhalten.

genug darfur thuet und durch sein aufferstehung und himelfart sich auch nach seiner menschlichen natur zur rechten Gottis vaters setze‹[12]. Hic magister ille veritatis«.

Osiander:

Quid sibi vult fanaticus iste ardelio[v]? Cur probat minorem, quam nemo[w] unquam negavit[x]? Maiorem autem in sensu Moerliniano falsissimam, [y]absurdissimam et haereticissimam[y] non probat, [z]cum eam solam omnibus ingenii viribus, si posset, probare deberet[z]. An hoc est proprium fanaticorum et haereticorum ea, quae nemo negat, verbosa blacteratione probare, ea vero, quae sola probatione indigent, non attingere, sed[a] dissimulare et [b]ab eis[b] tanquam ab angue calcato fugere? Cur perpetuo simulat me hanc propositionem concedere: Transitus Christi est iustitia nostra, cum ego eam [c]in sensu Moerliniano non[d] concedam, sed [e]ut falsam[e], absurdam et haereticissimam condemnem, quamvis eam [f]in sensu tropico[f] [g]ut innocuam [h]admittam et[h] feram[g]? An non hae sunt praestigiae plusquam diabolicae? Gratias tamen illi ago, quod verba mea non depravavit et veritati, quod sim magister fidei, tanquam alter Caiaphas testimonium perhibuit[13].

Moerlinus:

»Aut sic: Transitus Christi[i] ad Patrem est iusticia nostra[k]. Tota trinitas est operata transitum Christi. Ergo: sumus iusti essentiali iusticia Dei.

Funiculus ex arena, qualem nectere solent haeretici, ut inquit Ireneus[l] libro 1[14].«

Osiander:

Quae te intemperiae agitant[m], mendax et furiose ardelio? Ubi nam ego sic argumentor? An putas te toti orbi perpetuo huiusmodi impudentibus, sceleratis, sedicio-

v) übergeschr. für gestr.: spermologus: a.
w) übergeschr. für gestr.: »ut vides n-«: a. – x) korr. nach b für: negavi: a.
y-y) vom linken Rand eingewiesen in a. – z-z) vom linken Rand eingewiesen in a.
a) übergeschr. und eingewiesen in a. – b-b) vom linken Rand eingewiesen in a.
c-c) aus der Zeile darunter eingewiesen in a. – d) fehlt in b.
e-e) übergeschr. und eingewiesen in a.
f-f) gekennzeichnet und mit übergeschr. Zahl 1 erst nach den Worten der folgenden Anm. in a. – g-g) gekennzeichnet und mit übergeschr. Zahl 2 vor den Worten der vorausgehenden Anm. in a. – h-h) vom linken Rand eingewiesen in a.
i) danach gestr. Wort in a. – k) übergeschr. und eingewiesen in a.
l) Jerem.: b. – m) danach gestr.: furiose: a.

12. Mörlin zitiert in seinem Flugblatt aus Osianders Schrift ›Rechte, wahre und christliche Auslegung‹, s. o. S. 311,18-23, Nr. 491. Mörlins Umrahmung des Zitats lautet freilich, wie folgt: »Plus enim in conclusione quam in praemissis. Minorem concedit in verbis, fol. A3, facie b: [es folgt Osianders Ausführung]. Haec magister ille fidei«.

13. Vgl. Mt 26,65; Joh 11,49f; 18,22.

14. Zitat aus der lateinischen Fassung des Mörlinschen Flugblattes; s. Berlin GStAPK, XX. HA StA Königsberg, HBA J2, K. 970, fol. 13v. – Irenaeus führt in seiner Schrift ›Contra Haereses‹ 1,8,1 nach der Beschreibung des valentinianischen Systems dieses ursprünglich griechische Sprichwort an: »Cum sit igitur tale illorum argumentum, quod neque prophetae praedicaverunt, neque Dominus docuit, neque apostoli tradiderunt, quod abundantius glorientur plus quam caeteri cognovisse; de iis, quae non sunt scriptae legentes, et, quod solet dici, de arena resticulas nectere affectantes ...« (PL 7, S. 519). Vgl. *Otto*, Sprichwörter, S. 160.

sis, homicidialibus et diabolicis mendaciis illusurum? An non metuis aliquando tempus futurum, ut tandem[n] propter huiusmodi tua plusquam satanica mendacia, quibus non me, sed te et auditores tuos perdis, poena de te sumatur. Si haereticorum est funiculos ex arena nectere – quod et[o] concedo et cum Ireneo assero –, tu certe haereticus es, qui hunc funiculum[p] ex arena nexuisti! Ego quidem[q] certe non feci.

Vis autem audire, fanatice, ut et in te non mendacio [r]sicut tu in me[r], sed solidissima veritate[s] vicissim ludam? Audi: sic enim[t] habet tua non theologia, sed haeretica battologia[u]: יהוה est iusticia nostra (hanc enim concedis). Transitus Christi est iusticia nostra. Ergo: transitus Christi est יהוה. [v]Hanc conclusionem iam e tuis delyramentis consequentem contra te arripio, et nisi ad metam redargutionis impelli te patiaris, tibi perpetuo tanquam a te assertam exprobro[v]. Deinde sequetur[w]: Transitus Christi est in praedicamento actionis. [2v:] יהוה est transitus Christi. Ergo: יהוה est in praedicamento actionis. Item: Praedicamentum actionis cum omnibus inclusis est accidens. יהוה est in praedicamento actionis. Ergo: יהוה est accidens. Item: יהוה creavit coelum et terram. יהוה est accidens. Ergo: accidens creavit coelum et terram. Item: יהוה est Pater, Filius et Spiritus sanctus. יהוה est transitus. Ergo: Pater, Filius et Spiritus sanctus sunt transitus. [x]Haec diabolica portenta omnia [y]et plura etiam[y] sequuntur ex diabolica tua battologia et – puteo – abyssi magistri tui Satanae[x]. Videsne tandem audacissima, mendacissima, furiosissima et diabolicissima belua[z], in quod barathrum errorum te spiritus Satanae coniecerit, posteaquam[a] ex mera invidia, odio et perdendi mei cupiditate (ut cum tuis complicibus[15] pro stolidissima vestra libidine[b] soli regnetis et animas Christi sanguine redemptas propter ventrem vestrum perdatis) veritatem agnitam impugnare occepisti[c]?

Moerlinus:

»Aut sic[d] vult: Nihil est iusticia nostra nisi transitus ad Patrem. Sed tota trinitas est transitus ad Patrem, ergo: tota trinitas est iusticia nostra«[16].

n) übergeschr. für gestr. Satzstück in a. – o) übergeschr. in a.
p) danach zwei gestr. Wörter in a. – q) vor den linken Rand geschrieben in a.
r-r) vom linken Rand eingewiesen in a. – s) danach gestr. Wort in a.
t) übergeschr. für gestr. Wort in a. – u) battalogia: a.
v-v) vom linken Rand und unteren Folioende eingewiesen in a.
w) übergeschr. für gestr. Wort in a; sequitur: b.
x-x) vom linken Rand eingewiesen in a.
y-y) übergeschr. und eingewiesen in a.
z) danach gestr. Wort in a. – a) übergeschr. für gestr. Wort in a.
b) danach gestr.: animas: a. – c) danach gestr. Wort in a. – d) fehlt in b.

15. Neben Mörlin waren Osianders Hauptgegner in Königsberg Peter Hegemon und Georg v. Venediger. Alle drei hatten im Sommer wie Osiander dem Herzog ihr eigenes Lehrbekenntnis zur Frage der Rechtfertigung eingereicht; vgl. o. S. 49, Nr. 488/496.

16. Zitat nach der lateinischen Fassung des Flugblattes; s. Berlin GStAPK, XX. HA StA Königsberg, HBA J2, K. 970, fol. 13r.

Osiander:

Hactenus diabolus[e] agitavit Moerlinum, ut mentiretur contra me, quantum Satan voluit. Nunc [f]autem sua sponte[f] praecurrit et vincit etiam[g] ipsum Satanam: mentitur tam impudenter de me, ut ipsi[h] Satanae quoque[i] admirationi esse possit, cum fingit me hanc propositionem [k]in suo Moerliniano falso, absurdo et haeretico sensu[k] admittere, docere et asserere, scilicet[l]: Nihil est iusticia nostra nisi transitus ad Patrem. Ego enim constanter assero et defendo ipsum יהוה esse iusticiam nostram. יהוה autem non est transitus, sed verus et[m] aeternus Deus[m], propter nos homines et propter nostram salutem homo factus[17]. Hunc autem illius furorem longissime adhuc superat, quod mihi – ut multis daemoniorum legionibus obsessus[18] – affingit me docere totam trinitatem esse transitum. Profecto hic Moerlinus non uno nec septem nec[o] unica[p] legione tantum daemoniorum est obsessus, sed est velut alvearium apertum et sepulchrum patens[19], in quod omnes daemones ociose convolant et iterum, cum lubet, evolant, plenum omni immundicia, spurcitia, cadaveribus, sanie, tabe, scaturiens vermibus, qui in ipsa putredine commorientes[q] alios subinde vermes ebulliunt, tam tetrum, gravem, pestilentem et infernalem odorem ex sese exhalans[r], ut paulo propius accedentes inficiantur insanire et furere incipiant, nihilque nisi odium, invidiam, mendaciam, seditionem et cedes spirent, etiam [s]matronae imbelles[s] et puellae virgines. Tanta vis est veneni e barathro[t] pectoris illius, quod est nidus, arx et quasi quoddam asylum[u] omnium daemoniorum, exhalantis et fumi instar conglobati sese in perniciem hominum effundentis. [3r:]

Moerlinus:

»Quaero: Quis est Pater, ad quem transit trinitas? Quaternitasne?«[20]

Osiander:

Ex praedictis meis confutationibus manifestum est Moerlinum hac quaestione fortiter insanire, quin hoc quoque apparet eum sic tres personas distinguere, quasi

e) korr. aus Schreibfehler: diabobolus: a.
f-f) übergeschr. und eingewiesen in a; danach übergeschr. und gestr.: satanam: a.
g) übergeschr. und eingewiesen in a.
h) übergeschr. für zwei gestr. Wörter in a.
i) übergeschr. für gestr.: ipse: a.
k-k) vom linken Rand eingewiesen in a.
l) übergeschr. und eingewiesen in a.
m) fehlt in b. – n) danach gestr. Wort in a.
o) fehlt in b. – p) übergeschr. für gestr.: tota: a; una: b.
q) Silbe »com-« übergeschr. und eingewiesen in a. – r) korr. in a.
s-s) vor den linken Rand geschrieben für gestr.: mulieres: a. t) barastro: b.
u) vom linken Rand eingewiesen für gestr.: regnum Satanae: a.

17. Vgl. das Symbolum Nicaenum, BSLK, S. 26,12-15.
18. Vgl. Lk 8,2-30.
19. Vgl. Mt 23,27; Lk 11,44.
20. Zitat aus der lateinischen Fassung des Flugblattes; s. Berlin GStAPK, XX. HA StA Königsberg, HBA J2, K. 970, fol. 13r.

sint etiam tres essentiae et tres dii. Ego simpliciter dico, Christum virtute divinae suae naturae ascendisse in caelum ad Patrem, ex quo nihil sequitur absurdi. Sed Moerlinus sequelas suas ex haereticissimo suo cerebro, Satana eum excaecante et agitante, confixit.

Moerlinus:

»Haec distinctio personarum: »Ego vado ad Patrem«, et particula addita posthac: »non videbitis me«[21], stat contra omnes astucias, munitiones, celsitudinem[!] et nequitias Sathanae«[22].

Osiander:

Hic Moerlinus iterum loquitur de se ipso et contra se ipsum. Per ipsum enim Satan exercet suas astutias et nequitias horribilissime. Ego enim hanc personarum distinctionem diligentissime conservam semper et conservo, illarumque[v] unicam essentiam esse credo, confiteor et defendo. Itaque cum dico Christum virtute suae divinae naturae inisse ad Patrem et furiosus Moerlinus vult consequi, quod Pater quoque et Spiritus Sanctus inerint ad Patrem[w], manifestum est[x] eum non credere, quod divina natura [y]sive essentia[y] filii Dei sit eadem, quae Patris et Spiritus sancti, vel[z] quod personas confundat[a] vel inducat quaternitatem haereticissime, ut illius verbo utar[23]. Igitur ipse est hoc pessimum Satanae organum, cancer et scorpius tam[b] ecclesiae quam[c] scholae nostrae, contra quem orare suadet et nos orare brevi sentiet[24]. Amen.

v) danach gestr. Wort in a.
w) danach übergeschr. und gestr.: igitur: a; Patrem igitur: b.
x) übergeschr. und gestr.: vel: a.
y-y) vom linken Rand eingewiesen in a.
z) übergeschr. und eingewiesen für gestr.: manifestum est etiam: a.
a) danach gestr.: haereticissime: a.
b) übergeschr. und eingewiesen in a.
c) übergeschr. für gestr.: et: a.

21. Joh 16,10.
22. Zitat aus der lateinischen Fassung des Flugblattes; s. Berlin GStAPK, XX. HA StA Königsberg, HBA J2, K. 970, fol. 13r.
23. Mörlins Flugblatt hatte Osiander vorgeworfen: »Et fit omnium hereticissime ex trinitate quaternitas, ut ludit vocabuli similitudine Augusti[nus] contra hereticos« (ebd., fol. 13r).
24. Mörlins Flugblatt endet mit dem Ausruf: »Igitur nos optimi adolescentes orate mecum, fundite lacrimas susperia agite in caelum usque ad patrem liberatoris nostri Jhesu Christi ut hoc pessimum organum, cancerum et scorpionem illum ecclesiae et scholae nostrae quemadmodum cepit, confundat, ut suum nomen sanctificetur, suum regnum adveniat, sua voluntas apud nos fiat. Amen. Amen. Amen« (ebd., fol. 13r).

Nr. 494
Peter Artopäus an Osiander
Stettin, 1551, Oktober 5

Bearbeitet von *Urte Bejick*

Handschriften:

a: Wolfenbüttel HAB, Cod. Guelf. 70 Helmst., fol. 40r, autogr. Ausf., liegt unserer Edition zugrunde.

b: Berlin GStAPK, XX. HA StA Königsberg, HBA J2, K. 973, fol. 4r-5r, zeitgenössische Kop.

Edition:

Ed. 1: *Lilienthal*, Preußen 3, S. 317-319, mit der Überschrift: »Epistola Artopaei ad Osiandrum«.

Äußert seine Zustimmung zu Osianders Bekenntnis ›Von dem einigen Mittler‹, berichtet vom Aufenthalt des Franciscus Stancarus bei Hans von Küstrin; er wie Curio haben Osianders Lehre verteidigt; bittet Osiander, eine Neuausgabe der lateinischen Bibel zu erstellen.

[40r: Adresse:] [a]Reverendissimo viro[b] domino Andreae Osiandro Regiomontanae ecclesiae superattendenti et professori primario, domino et amico suo observandissimo[a].

Perlegi[c] praeclaram confessionem tuam de iustificatione[1], vir[d] ornatissime, cum maxima et nova mentis meae illustratione, unde Domino et tibi, excellenti eius organo, amplissimas ago gratias. Idemque procul dubio facient, qui candide et dextre iudicabunt. Dominum precor, ut benigne in te augeat et conservet eam, quam tibi contulit gratiam, ad divini sui nominis gloriam et ecclesiae eius illustracionem et aedificationem. De adversariis tuis non est necesse, quod te moneam ad constantiam, dum video te a Domino donatum pari sapientia et constantia. Neque hoc mirum et novum est, dum Christus ipse nihil potuit tam syncere dicere aut facere, quod non in calumniam raperent adversarii; atque ipsi non de media plebe, sed ut habebantur doctis-

a-a) fehlt in Ed. 1.
b) viro ac: b.
c) Salutem. Perlegi: b, Ed. 1.
d) mi: Ed. 1.

1. Artopäus und Curio erhielten die Schrift ›Von dem einigen Mittler‹ am 1. Oktober 1551 durch einen von Königsberg über Stettin nach Leipzig reisenden Buchhändler; vgl. *Möller*, Osiander, S. 454.

simi, sanctissimi et potentissimi. Ad extremum tamen veritas perstitit victrix. Ita nil dubita, quin pervinces et praevalebis veritate adversus omnes portas inferorum[2].

Stancarus[3] tertia Octobris hac iter fecit Costrinum versus ad marchionem Ioannem[4]. Portentosa, monstrosa, calumniosa et blasphema[e], quae narravit, non est iam scribendi locus. Monstravit aliquot opuscula[5], quibus tuas disputationes[6] et novam hanc tuam confessionem deformare minatur. Et, quia Germanica nescit[7], Dantiscanus quidam adolescens, ut aiebat, ex Regiomonte ipsi[8] transmisit aliquot locos inde Latine versos, quibus ait te adseverare[f] per inhabitationem, quotquot credunt, esse natura deos et homines aeque ut Christum[g] etc.[9] Dominus doctor Curio[10] et ego tuas partes fidelissime defendimus, sed, quae fuit viri vehementia, nihil plane admisit, perpetuo clamavit[h]: »Vos nescitis, non intelligitis eius dolum! Aperite oculos, aut decipiet et subvertet vos!« Tandem, quia frustra fuit omnis opera, reliquimus hominem.

Tu tamen constanter perge et macte divina hac[i] in te virtute. Non dubito[k], quin

e) in a korr. aus: blasphemia.
f) asserere: Ed. 1.
g) in a korr. aus: christiani.
h) clamabat: Ed. 1.
i) fehlt in Ed. 1; danach gestr. Ditt. in a: virtute.
k) dubita: Ed. 1.

2. Vgl. Mt 16,18.

3. Franciscus Stancarus (1501-1574), geb. in Mantua, gelangte nach seiner konfessionell motivierten Emigration aus Italien auf Empfehlung des polnischen Grafen Andreas Gorka im April 1551 nach Königsberg, wo er den Osiandergegner Andreas Wißling als Professor für Hebräisch ersetzte. Auch Stancarus wandte sich schon bald gegen Osiander und kam nach einem Angriff auf die den ehemaligen Nürnberger Reformator unterstützenden herzoglichen Räte seiner Entlassung am 23. August durch die Abreise aus Königsberg zuvor. Auf dem Weg nach Frankfurt/Oder machte er in Stettin und Küstrin Station; vgl. *Stupperich*, Osiander, S. 166-171.

4. Zu Hans von Küstrin, Markgraf von Brandenburg (1513-1571), vgl. NDB 10, S. 476f. Der Markgraf war im Februar 1551 durch Herzog Albrecht über die Vorgänge in Preußen informiert worden, in einem Antwortbrief vom 2. November 1551 äußerte er seine Ablehnung der Osiandrischen Lehre gegenüber; vgl. *Stupperich*, Osiander, S. 186f.

5. Gemeint sind vielleicht die schriftliche Stellungnahme von Stancarus zu einer im Juli 1551 durch v. Köteritz ergangenen Instruktion, sich in der öffentlichen Austragung theologischer Streitigkeiten der Polemik zu enthalten, und ein am 29. Juli 1551 verfaßtes Votum zur Revision des Verfahrens gegen Gnapheus; vgl. *Stupperich*, Osiander, S. 168f.

6. Zu Osianders Disputationen ›De lege et evangelio‹ und ›De iustificatione‹ vom Frühjahr und Herbst 1550 vgl. u. A. Bd. 9, S. 422-447, Nr. 425/490, und S. 506-513, Nr. 431.

7. Als Italiener konnte Stancarus kein Deutsch. Er hatte auch gefordert, Osianders Bekenntnis ins Lateinische zu übersetzen, vgl. *Stupperich*, Osiander, S. 207.

8. sc. Stancarus.

9. Osiander führt in seinem Werk ›Von dem einigen Mittler‹ aus, daß Christus nach seiner göttlichen Natur unsere Gerechtigkeit sei; vgl. dazu o. S. 226,25-33; 228,8-13 und 228,14-26, Nr. 488.

10. Zu dem Stettiner Arzt Georg Curio vgl. u. S. 486, Anm. 15, Nr. 512.

Dominus per te novam evangelii lucem accendet in Polonia totaque Sarmatia etc.[11] Quam optarem, quod te aliquoties rogavi, ut Latina biblia nobis dares[12], si liceret, per negotia adversariorum. Non dubito, quin depugnatis hostibus Dominus tandem tantum tibi ocii suppeditabit[l]. Ipsi te, tuamque uxorem[13], liberos, totamque familiam[14] et ecclesiam fidelissime commendo!

Stetini, 5. Octobris, anno 1551[m].

Petrus Artopeius

l) suppeditarit: Ed. 1.
m) 1551. Tuus: Ed. 1.

11. Für die nicht deutschsprachigen Interessenten wurde Osianders ›Confessio‹ ins Lateinische übersetzt. Am 5. November erhielt der preußische Beauftragte am polnischen Hof ein lateinisches Exemplar zur weiteren Verbreitung; vgl. *Stupperich*, Osiander, S. 208.

12. Artopäus' Bitte erinnert daran, daß Osiander im Rahmen seiner frühen humanistischen Studien im Dezember 1522 eine Ausgabe des lateinischen Bibeltextes vorgelegt hatte; vgl. *Seebaß*, Osiander, S. 73.

13. Helena Magenbuch, mit der Osiander seit 1545 verheiratet war; vgl. *Seebaß*, Osiander, S. 198.

14. Lukas und Agnes Osiander, die seit 1550 mit Aurifaber verheiratet war, sowie die Kinder aus der Ehe mit Helena Magenbuch, von denen bei Osianders Tod noch die Töchter Elisabeth und Ursula lebten, vgl. *Seebaß*, Osiander, S. 199.

Nr. 495
Hans Fürstenauer an Osiander
Nürnberg, 1551, Oktober 18

Bearbeitet von *Hans Schulz*[1]

Berlin GStAPK, XX. HA StA Königsberg, HBA J2, 1551, Oktober 18 (K. 976): zeitgenössische Kop.[2], fol. 1r-6r (fol. 6v leer), mit Fehlern.

Bedankt sich für Osianders Schreiben vom 9. September; teilt Gerüchte über ihn in Königsberg mit und zitiert Teile aus einem Brief des Wittenberger Geistlichen Sebastian Fröschel an seine Verwandte, die Witwe des Nürnberger Bürgers Thoman Lutz, verheiratete Zeileisen, u. a. weitere Erzählungen vom Hörensagen über Osianders Rechtfertigungsdisputation, Michael Rotings antiosiandrische Schrift »Testimonium contra falsam Andreae Osiandri de iustificatione sententiam«, eine angebliche Petition der drei Städte Königsberg gegen Osiander und kolportierte Sentenzen des Professors. – Hat, wie erbeten, über Friedrich Pistorius und Hieronymus Baumgartner beim Nürnberger Rat um Druckerlaubnis für die Schrift ›Von dem einigen Mittler‹ angesucht, erwartet ablehnenden Bescheid. Berichtet von Aussprüchen der Gegner Wolfgang Waldner und Michael Besler. Übersendet der Familie Osianders etliche bemalte Schmuckschachteln, ihm selbst, Johannes Funck und Ulrich Fischer die Schrift Rotings – auch Osianders Schwiegersohn gehöre zur Gegenpartei –, schickt außerdem ihm und Funck zwei Exemplare der Verteidigungsschrift der Nürnberger Prediger »Christlicher und gründlicher bericht von der rechtfertigung des glaubens, einwonung Gottes und Christi in uns«. Gibt ausführlich wieder, wie er heute von dem Pfarrer Besler in Wöhrd (bei Nürnberg) nach langem und heftigem ›Glaubensverhör‹ als Anhänger Osianders vom Abendmahl ausgeschlossen wurde, und bittet um Rat und Hilfe. – Sebastian Heller habe unter Umgehung der Zensur des Rates Rotings Buch bei Hans Daubmann drucken lassen und sei wie der Drucker zu einer Woche Turmhaft verurteilt. Schlägt vor, arbeitslose Drucker in Nürnberg oder Wittenberg für Königsberg und die Verbreitung von Osianders Schriften zu gewinnen; wünscht sich selbst, aus Nürnberg auswandern zu können; übermittelt Grüße Nürnberger Handwerker.

[1r:] Gnad, frid und barmhertzikeytt von Gott dem vatter und von unserm herrn Jesu Christo.

Ach[t]bar, wirdiger herr!

Ich habe E.A.W. schreiben, den 9. Sept[embris] an mich gethon[3], den 12. Octo-

1. Unter Benutzung von Vorarbeiten von *Urte Bejick*.
2. Nach Auskunft des Archivs.
3. Vgl. o. S. 301-305, Nr. 489. Zur Person des Absenders vgl. o. S. 302, Anm. 4, Nr. 489.

br[is] in hertzlichem verlangen mit grossem[!], unausprechlichen[!] freuden entpfangen. Denn man hatt so grosse, ungeheure, grobe[a] lugen bey uns ausgeben, welche ich den zehenden teil nicht kan erzelen, nemlich:

E.A.W. solde aller ehren entsetzt und geurlaubt sein[4]. Hingegen hats ein ander – nemlich ein student, zu Dinckelspuel[5] doheim, von Kunigsperg hieher kummen[6] – besser gelogen, E.A.W. habe dem d[urchläuchtigen], hochgebornen fursten, hertzogen Albrecht, 30 tausent fl. geliehen[7], welchs Lenhart Knodel[8] widersprochen, und sein hart aneinanderkummen etc.

Item: Ungefer fur 6 wochen ist ein schentlicher brieff von Wittenberg hyher geschrieben worden, aus welchem E.A.W. abgunstige[9] vil genomen, gemert und fur warheytt ausgeben haben, welchen brieff doctor Flock[10] mir zustellete, ich solte in lesen. Do würde ich sehen, sprach doctor Flock, was der Osiander lerte etc. Und die unterschrifft war ausgelescht, das ich nit kundt sehen, wer in geschrieben hett. Ich forschett aber am Andres Zencklein, dem boten[11], der den brieff bracht hatte, wer doch der Thoma Lucin[12] – die jetzundt [b]E. Zeil-

a) übergeschr. und eingewiesen.

b-b) konj. für doppelten Abschreibfehler des Kopisten: R. Zelleisen (vgl. Anm. 13).

4. entlassen sein. – Schon im Dez. des Vorjahres beklagte Osianders Schwiegersohn Besold Gerüchte, die in der süddeutschen Reichsstadt umliefen, vgl. u. A. Bd. 9, S. 492,16-493,5, Nr. 428.

5. Dinkelsbühl.

6. Der Name des Studenten konnte nicht ermittelt werden.

7. Zu Osianders wirtschaftlichen Verhältnissen in Nürnberg wie in Königsberg und den damit verbundenen Angriffen vgl. *Seebaß*, Osiander, S. 209-216.

8. Leonhard Knödl war bis 1559 Diakon an der Frauenkirche in Nürnberg; vgl. *Simon*, Nbg. Pfb., S. 111, Nr. 652, und S. 317; Nürnberg StadtArch, B 14/I (14), S. 202f.

9. übel Gesonnene, Feinde.

10. Erasmus Flock (1514-1568) hatte in Wittenberg studiert, war später dort Professor und seit 1545 auf Empfehlung Melanchthons Arzt in Nürnberg; vgl. *Will*, Gelehrtenlexikon 1, S. 449f, und Nürnberg StadtArch, B 14/I, LL 71, fol. 157v. Es ist anzunehmen, daß er den ehemaligen Prediger an der Lorenzkirche gekannt hat.

11. Nach Auskunft des StArch Nürnberg ließ sich ein Nürnberger Bote dieses Namens für die Zeit um 1551 nicht feststellen. Doch findet sich in den ›Briefbüchern‹ des Archivs folgender Beleg: Der Nürnberger Rat schreibt am 21. Juni und am 18. Dez. 1574 wegen der Witwe »unsers geweßnen burgers Endres Zenckleins, welcher uf dem nechstverschiennen ostermarckt zu Leipzigk mit todt abgangen«, an den Stadtrichter zu Leipzig, Magister Georg Franckenstein, daß es unbillig und ganz ungewöhnlich sei, der Witwe aufzuerlegen, »von allem dem, so der verstorbene Zencklein zu Leipzick verlassen, den dritten pfennig zu bezalen« (Nürnberg StArch, BB 189, fol. 48rv und 232v). Der Nürnberger ist somit im April 1574 gest.

12. Nach damaliger Sitte benannte man die Ehefrau mit dem – hier freilich fehlenden – eigenen Vornamen und der weiblichen Form des Familiennamens (des Gatten), hier Lutz, also Lutzin; hatten verschiedene Eheleute den gleichen Familiennamen, so fügte man noch den Vornamen des Mannes, hier Thoman, wie zu einem Doppelnamen bei (vgl. dazu *Burger*, Totengeläutbücher 3, passim bzw. Reg. sub nomine). Der Vorname der Frau war wohl Katharina, vgl. u. Anm. 13. Ihr vollständiger Name lautete demnach: Katharina, verwitwete Thoman Lutzin, verheiratete Erhard Zeileisnin. – Der erste Ehemann läßt sich wohl mit dem im Herbst

eisen[b13] zu einem man hatt – einen brieff von Wittenberg geschrieben hett. Sprach er: »Ein caplan zu Wittenberg, heist magister Sebastianus Froschell[14], predigett auch zuzeiten« etc. Denselbigen brieff hab ich abgeschrieben, doch nit den gantzen brieff, sonder allein das, was E.A.W. zu schmach und zu verkleinerung[15] geschrieben war. Folgen die wort desselbigen briefs[16]:

»Der Osiander in Preussen richtet ein gros, grausam spiel[17] an und grosse, unchristliche ergernus, das einem christen darfur grauet, so er nur ein wenig davon ho-

1538 gest. Kaufmann Thoman Lutz identifizieren, von dem man annehmen darf, daß er geschäftlich in Wittenberg zu tun hatte (vgl. u. S. 338,4-339,3). Sein Sterbeeintrag für die Zeit zwischen 18. Sept. und 18. Dez. 1538 lautet: »Thoman Lutz, kaufman neben der Gulden Gens« (*Burger*, ebd., S. 75, Nr. 1925).

13. Zur Identifizierung der angegebenen Person ist zu berücksichtigen, daß der herzogliche Kopist die ihm unbekannte Namensform ohne weiteres verlesen konnte, vgl. o. die Anm. b-b. Ein Vorname mit dem Anfangsbuchstaben R läßt sich für die Sippe der Zeileisen nicht nachweisen. Es gab drei Brüder Erhard, Hans d.Ä. und Ulrich Zeileisen (vgl. Nürnberg StadtArch, B 14/I, LL 78, fol. 98r, und 87, fol. 72r). Der Anfangsbuchstabe H läßt sich am wenigsten in R verlesen, während dies bei E und U (hier sehr gut) möglich erscheint. – Folgende historische Spuren führen zu der Annahme, daß der begüterte Erhard Zeileisen und seine erste Ehefrau Katharina gemeint sind: Der Ehemann besaß neben mehreren anderen Liegenschaften auch ein Anwesen am Fischbach; vgl. dazu den Sterbeeintrag der Ehefrau weiter u. und Nürnberg StadtArch, B 14/I (18), S. 384f. Ebd., LL 63, fol. 75rv wird von einem Besitz der beiden in der Pfarrei St. Sebald »hinder dem tuchhaus bey der Gulden Genss herabwärts« gesprochen (vgl. ebd., LL 70, fol. 205v). Diese Notiz bezieht sich wohl auf das ehemalige Wohnhaus der Ehefrau (vgl. o. Anm. 12). Ebd., LL 63, fol. 74rv wird der Verkauf einer Liegenschaft an einen »Jorg Froschel« beurkundet; es dürfte sich dabei um einen Verwandten des Wittenberger Briefschreibers gehandelt haben, der seinerseits mit der Adressatin verwandt war; vgl. u. Anm. 14 und S. 333,1.4. Da ebd., fol. 75v (datiert Ende 1555) angegeben wird, daß die Ehefrau des Erhard Zeileisen erkrankt ist, und LL 75, fol. 82r (datiert Sept. 1559) eine zweite Gattin Ursula genannt wird, darf man das Sterbedatum der ersten Ehefrau nach dem Eintrag in *Burger*, Totengeläutbücher 3, S. 220, Nr. 5919, zwischen dem 15. Sept. und dem 15. Dez. 1557 ansetzen: »fraw Katharina, Erhardt Zeyleisens eewirtin am Vischbach«. – Allerdings läßt sich nicht ausschließen, daß Ulrich Zeileisen und seine zweite Ehefrau, ebenfalls mit dem Vornamen Katharina, gemeint sein könnten. Ulrich Zeileisen war Kantor der Hauptkirche St. Sebald; seine erste Gattin Ursula verstarb 1546 (vgl. *Burger*, a.a.O., S. 130, Nr. 3341). Seine zweite Ehefrau Katharina (Eheschließung 1546; vgl. Nürnberg Landeskirchliches Archiv, Seb. 1546, fol. 229A, und Nürnberg StadtArch, B 14/I (18), S. 386, bzw. LL 75, fol. 13v) war Mutter von neun Kindern und hat ihren Gatten bis 1563 überlebt (nach Angaben des Landeskirchlichen Archivs Nürnberg; zum Bestattungseintrag vgl. ebd., Seb. 1563, fol. 100v). Der Vermerk des Totengeläuts für den Ehemann, der am 18. Dez. 1560 bestattet wurde (vgl. Nürnberg, Landeskirchliches Archiv, Seb. 1560, fol. 55r), lautet: »Ulrich Zeileisen, cantor bei sanct Sebald« (*Burger*, a.a.O., S. 249, Nr. 6784). (Der dritte Bruder Hans d.Ä. war ebenfalls verheiratet und hatte Kinder; der Name der Ehefrau wird jedoch nicht genannt; vgl. Nürnberg StadtArch, B 14/I, LL 87, fol. 74r.)

14. Sebastian Fröschel (1497-1570), aus Amberg in der Oberpfalz, studierte in Leipzig und erwarb 1519 den Magistergrad. Seit 1528 bis zu seinem Tod wirkte er als Diakon an der Wittenberger Stadtkirche. Auch als Prediger hatte er neben den anderen Reformatoren seine Bedeutung; vgl. ADB 8, S. 149f; RE 6, S. 295f, bzw. *Stupperich*, Reformatorenlexikon, S. 83.

15. Herabsetzung, Entehrung, Schande.

16. Der Brief Fröschels konnte nicht gefunden werden.

17. abscheuliche, schändliche Verwirrung (vgl. *Grimm*, Wörterbuch 10,1, Sp. 2312).

rett. Denn er verwirft öffentlich in allen seinen [1v:] predigen und lectionibus, die er in der kirchen und schulen[18] thut, das verdinst unsers einigen[19] heilands Jesu Christi, Gottes sons, als das wir durch sein leiden, sterben und aufferstehung nicht gerecht werden fur Gott oder auch selig, ja, das auch nit diene zur selikeitt. Und sindt alle doctores und magistri und gelerten zu Konigsperg in der universitet wider in[20]; allein der furst und konig stehen bey[c] im[21]. Es zihen die gelerten nacheinander daselbst hinwegk[22], will der keiner bey im oder[d] inen bleiben umb der grossen, grausamen gotteslesterung willen, furchten sich fur Gottis[!] zorn, domit leicht Gott das gantze landt mocht straffen[23]. Es haben sich auch die gelerten also wider inen[24] in der disputation[25] auffgelehnet und im so gutte geben[26] und so eingetrieben[27], das der furst, so dabey in der disputation gesessen, schamrott ist worden und das angesicht nidergeschlagen, wie man den alle tage herausschreibt mit hauffen[28], und wollen herkummen[29] und solchs sagen und anzeigen.

c) übergeschr. und eingewiesen. – d) korr. aus Schreibfehler: oden.

18. Universität. – Osiander war Pfarrer der Altstadt Königsberg und professor primarius der Theologie an der 1544 gegründeten Albertus-Universität; vgl. *Stupperich*, Osiander, S. (15), 28-33.

19. einzigen, einen.

20. Osianders Hauptkontrahenten im Herbst 1551 waren Joachim Mörlin, Peter Hegemon und Georg von Venediger, vgl. etwa *Stupperich*, Osiander, S. 225.

21. Herzog Albrecht, der Landesherr, betrachtete Osiander als seinen ›geistlichen Vater‹ und versuchte auch über den Tod hinaus, den entstandenen Streit zu schlichten; vgl. a.a.O., S. 62-66 und passim, bes. S. 355-359. Die Erwähnung des Königs – gemeint kann nur der König von Polen sein – ist wohl ein Fehler des Briefschreibers.

22. Im Laufe der Streitigkeiten, die mit Osianders Wirken in Königsberg verquickt waren, verließen verschiedene Gegner die Stadt: Matthias Lauterwald wurde vom Herzog ›zu weiterem Studium‹ nach Wittenberg gesandt, Johannes Brettschneider und Fabian Stosser wurde gekündigt; alle drei verließen Königsberg bereits im Sommer 1550. Franciscus Stancarus floh aus der Stadt im August 1551, und Friedrich Staphylus kehrte von einer Reise zur gleichen Zeit nicht mehr nach Preußen zurück, obwohl ihn der Herzog weiter in Dienst behalten wollte. Die Gründe des ›Wegzugs‹ der einzelnen Gegner Osianders waren freilich sehr unterschiedlicher Natur und setzten den Professor keineswegs ins Unrecht. Vgl. *Stupperich*, Osiander, S. 83-94 und S. 170f, bzw. S. 177.

23. Vgl. Num 25,3f u. ö.; II Reg 3,27; Ps 21,10; 110,5; Jes 9,18; Jer 10,10; 52,3 u. a. m.

24. ihn.

25. Gemeint ist Osianders folgenschwere Disputation über die Rechtfertigungslehre vom 24. Okt. 1550, die – anders, als Fröschel kolportiert – zu einem ›glänzenden Erfolg‹ des Professors vor einem großen Auditorium wurde, zu dem auch Herzog Albrecht gehörte. Die Opponenten waren nicht(!) in der Lage, Osianders Thesen zu widerlegen; vgl. dazu u. A. Bd. 9, S. 422-424, Nr. 425/490.

26. so gut Widerpart gegeben (vgl. *Grimm*, Wörterbuch 4,1,1, Sp. 1687).

27. ihn so in die Enge getrieben.

28. aus (sc.:) Königsberg in Fülle, reichlich schreibt.

29. sc. nach Wittenberg. – Dazu darf angemerkt werden, daß die Königsberger Streitigkeiten besonders durch die Wittenberger, an ihrer Spitze Melanchthon, im Reich bekannt gemacht wurden; vgl. *Stupperich*, Osiander, S. 183-186.

Das buchlein wirdt im[30] erst recht wehethun, das Michel Roting bey euch[31] wider in hatt drucken lassen[32]. Er ist den Wittenbergern spinlich feindt[33], schilt uns ketzer[34], das sie seine irthumb und gotteslesterung nicht annemen wellen und das sie auch zuvor[35] seine irthumb verdampt haben wol vor 13 jaren[36], als euer hauswirt seliger[37] die hundert floren[38] oder taler hierein brochte vom rath zu Nurmberg fur das

30. sc. Osiander.

31. sc. in Nürnberg.

32. Michael Roting (1494-1588), Lehrer am Melanchthongymnasium in Nürnberg hatte eine Schrift mit dem Titel »Testimonium contra falsam Andreae Osiandri de iustificatione sententiam« veröffentlicht; zu ihm und diesem Druck vgl. o. S. 305, Anm. 45 und 46, Nr. 489.

33. spinnefeind.

34. Osiander hat zu seiner Verteidigung im Januar des Jahres tatsächlich eine derartige Verdächtigung gegen die ›Wittenberger Schule‹ in seiner Schrift »Bericht und Trostschrift« veröffentlicht, vgl. u. A. Bd. 9, S. 524,10-525,9 und 527,18-528,12, Nr. 434.

35. schon früher.

36. Da die folgenden Ausführungen von Fröschel historisch nicht verifiziert werden können, läßt sich nur vermuten, welches Ereignis angesprochen sein soll. Es ist jedoch sehr wahrscheinlich, daß der Wittenberger eine ›Verurteilung‹ Osianders in bezug auf dessen Rechtfertigungslehre meint, weil sein Brief bisher von diesem Thema handelt. Fröschel kennt Osianders gedruckte Verteidigung ›Bericht und Trostschrift‹, die den Häresievorwurf gegen Wittenberg enthält, und wird somit auch die darin enthaltenen Ausführungen Osianders zum Urteil der anderen Theologen über die Predigt am 10. Febr. 1537 in der Stadtkirche von Schmalkalden noch im Gedächtnis haben, zumal er selbst sich an anderer Stelle ausführlich zu diesem Ereignis geäußert hat: Osiander hatte den gleichen Text aufgegriffen, den Luther am Vortag auslegte, und wesentliche Gedanken seiner Rechtfertigungslehre zu Gehör gebracht. Im Gegensatz zur Darstellung des Königsberger Professors war, wie eine Tischrede Luthers wiedergibt, die Aufnahme seiner Ausführungen bei den Zuhörern nicht zustimmend, sondern ablehnend; vgl. u. A. Bd. 9, S. 523,34-524,9, und bes. Anm. 36, Nr. 434. Fröschel selbst beschreibt die Vorgänge folgendermaßen: »Als Doctor Martinus seliger für den Fürsten und der gantzen Gemein den ersten Paragraphum der ersten Epistel Johannis des vierden Capitels gerprediget hat ..., da ist Osiander den andern tag auffgetreten für den Fürsten und der gantzen Gemeine und eben denselben Text ... genomen ... und den Text und die Predigt und auslegung Doctoris Martini gar umbgekert und verkert, und jederman, auch Doctor Mart. Lut., Licentiaten Ambsdorff und Domi: Philip. lassen zuhören, das also der Licentiat Ambsdorff ungedültig ist darüber worden und gesaget zu D. Mar. Lut. und domino Philipp, das mus ja ein unverschempter Mensch sein, der das darff sagen« (WA 45, S. XVI). Man kann daher vielleicht annehmen, daß der eigene Eindruck Fröschels auch in seinem Brief nach Nürnberg wiedergegeben ist, freilich dann mit der ungenauen zeitlichen Rückdatierung um 13 Jahre. Die vielen Schreibfehler, die sich in der Briefkopie finden (vgl. die Textkritik!), legen jedoch die Vermutung nahe, die Zahl könne aus 15 verschrieben sein. Wenn man bei dieser Annahme, wie üblich, Anfangs- und Endjahr des angegebenen Zeitraums mitberechnet, ergibt sich die vermutete Jahreszahl 1537: vgl. auch u. Anm. 39.

37. Zum verstorbenen – ersten – Ehemann der Nürnberger Verwandten Fröschels vgl. o. Anm. 12.

38. floreni, Gulden.

urteil[39], welchs gelt ich dem schwager seliger Thoma Lucen[!][40] half ins kloster[41] uberantworten D. Martino seliger und den andern herrn und theologen zu derselbigen zeit.

Liebe mumme[42], man hatt diese tage vor warheytt[43] hieher gen Wittenberg aus Preussen geschrieben, wie alle drei rethe zugleich[44] der dreyer stet Konigsperg[45] in Preussen, do der Osiander ist, beschlossen haben eintrechtigklich, das sie zu irem hertzogen, marg[graf] Albrechten, gehen wollen und in bitten, er wölle Osiandrum, hominem furiosum et obsessum, wegthun; also[46] schreiben sie von im[47]. Wo aber solchs der hertzog nicht thun wirdt oder will, so wollen sie, die drei rethe der dreier stette, des konigs hulf anruffen von Poln, der ir obriste obrikeytt ist[48]. Es ist auch kein wunder, dan der Osiander machts so grob, das nit wunder were, Gott straffete das gantze landt von seiner gottes-[2r:]lesterung wegen. Dan also hatt er offentlich gelert und gepredigett und disputirt: ›Opera non iustificant. Passio Christi est opus. Ergo passio Christi non iustificat‹, das ist: ›Werck machen uns nicht gerecht noch selig. Das leiden Jesu Christi ist ein werck. Darumb macht uns das leiden Christi nit

39. Dabei dürfte es sich um die Entlohnung eines von der Reichsstadt bei den Wittenberger Theologen bestellten Gutachtens gehandelt haben. Für den Zeitraum von 1536-1539 ist jedoch nur ein Auftrag aus Nürnberg bekannt: Als 1536 der Streit um die Allgemeine Absolution erneut aufflammte und Melanchthon bei einem Besuch der süddeutschen Stadt im Okt. vermitteln konnte, beschloß der Rat im Nov., die Wittenberger Fakultät um ein Gutachten, insbesondere zur Position Osianders, zu ersuchen. Die Theologen antworteten schon Ende Nov., freilich nur in einer kurzen Form, für die man sich wegen Arbeitsüberhäufung entschuldigte und ein ausführliches Gutachten versprach. Dieses wurde zwar weiterhin von Nürnberg erwartet, aber aus unbekannten Gründen nicht mehr verfaßt. Die von Fröschel referierte Geldsendung, für die es nach Auskunft des StArch Nürnberg keine Unterlagen gibt, dürfte im Zusammenhang mit diesen Vorgängen stehen. Die kurze Auskunft der Wittenberger enthielt keine strikte Verurteilung Osianders, sondern eher eine vermittelnde Stellungnahme. Offen muß die Frage bleiben, ob Fröschel sich polemisch zu zwei verschiedenen Ereignissen (vgl. o. Anm. 36) oder nur zu einem einzigen geäußert hat. Zum Absolutionsstreit vgl. *Klaus*, Dietrich, S. (156-)159-162. (Der Streit um die Elevation 1537/38 dürfte an dieser Stelle nicht angesprochen sein, vgl. *Seebaß*, Osiander, S. 263f.)

40. Zu Fröschels Schwager Thoman Lutz vgl. o. Anm. 12.

41. Das ehemalige Augustinerkloster in Wittenberg, das der Kurfürst Luther und seiner Familie überlassen hatte; vgl. TRE 21, S. 521.

42. Name für eine weibliche Verwandte, meist Nichte oder Tante.

43. als wahr.

44. zusammen.

45. Die drei Städte Königsberg, Altstadt, Kneiphof und Löbenicht, waren damals noch selbständige Kommunen, vgl. *Gause*, Königsberg 1, S. 24-40, 77-84 und 319f.

46. so.

47. Die drei Städte Königsberg übergaben im Sommer 1551 Herzog Albrecht eine Bittschrift zu den Religionsstreitigkeiten. Man bat darin um die Schlichtung der theologischen Auseinandersetzungen; vgl. u. S. 872, Anm. 13 und 15, Nr. 545.

48. Nach dem Friedensvertrag von Krakau wurde am 10. April 1525 Markgraf Albrecht als Herzog vom polnischen König mit dem säkularisierten Fürstentum Preußen belehnt; vgl. *Hubatsch*, Albrecht, S. 132-137. Ein Vorhaben der drei Städte, wie es im Brief genannt ist, wird in den Bittschriften nicht aufgeführt; vgl. o. Anm. 47 und u. S. 872,2-6, Nr. 545.

gerecht noch selig‹[49]. Das er solchs offentlich gelert und disputirt habe, das ist gewislich war. So schreibt Osiander auch an einen gutten freundt zu Wittenberg also: ›Dolet me detrahere auctoritatem[e] Wittenbergensibus, ac nisi faciam, turpissime mihi pereundum est. Amen.‹[50] Was das heist, wirt euch eur hauswirt wol anzeigen. Dan er[51] hatt nun das festiglich furgenomen und stehet schon an[52], das er die universitet zu Wittenberg gar zunichte und zuschanden machen will und sunderlich[53] den armen Philippum Melanc[h]t[h]onem[54], der im doch alles guts gethon hatt. Andere habens nicht enden[55] kunnen, es soll im auch felen[56]«. – Alsovil hab ich aus demselbigen brieff geschrieben etc.

Das E.A.W. schreibt, [er][f] wolle unser hirt sein abwesens[57], kein vleis sparen, uns schrifftlich trösten und monirn[58], wie das mich und andere vil[g] mit mir trostet, und was es uns fur einen mut und freude macht, ist mir nit muglich auszusprechen oder zu schreiben. Ich hab ein buchlein vom Peter [N.][59] entpfangen, nemlich das ›Von dem einigen mitler Jesu Christo‹ etc.[60], und habe laut eurem begern noch versucht,

e) korr. aus: »aud-«. – f) konj. – g) danach gestr.: mehr.

49. Dieser polemische Syllogismus kursierte bereits im Frühjahr in Königsberg. Mörlin schreibt z.B. am 2. Mai an den Herzog: »Man saget alhier von einem neuen argument, nullum opus iustificat, mors Christi est opus, ergo non iustificat, Ich habe es nicht erdacht, das weiß ich für wahr, woher es aber kohme, laß ich Gott richten« (*Koch*, Briefwechsel, S. 558, Beil. Nr. 11). Die Polemik dürfte freilich aus dem Kreis um den Domprediger stammen, mit dem Osiander im April einen Briefwechsel über die iustitia Dei geführt hatte. Am 27. April etwa schreibt er an Mörlin: »Cum ego quaeram de iusticia, tu mihi respondeas de operibus, passione et meritis, quae non sunt iustitia, sed opera et fructus iusticiae« (u. A. Bd. 9, S. 660,12-14, Nr. 465). An dieser Aussage wird sowohl die Meinung Osianders als auch die Wurzel der gegnerischen Polemik deutlich.

50. Da diese Osiander in den Mund gelegte Polemik mehr als durchsichtig ist, darf man auch annehmen, daß die angegebene Korrespondenz frei erfunden wurde, zumal für Osianders Königsberger Zeit von ihm kein Schreiben nach Wittenberg bekannt ist. Vgl. aber u. A. Bd. 9, S. 81-87, Nr. 368, und S. 670-674, Nr. 469.

51. sc. Osiander.

52. ist schon angetreten.

53. besonders.

54. Osiander wendete sich zumeist gegen seine Königsberger Gegner, die fast alle in Wittenberg studiert hatten, sparte aber auch den Praeceptor Germaniae nicht aus, wenn er es für notwendig hielt; vgl. etwa für das Jahr 1551 folgende polemische Ausführungen: u. A. Bd. 9, S. 529,9-34, Nr. 434; S. 583,8-584,21 und 600,24-601,3, Nr. 448, und o. S. 280,7-282,3, mit Anm. 715, Nr. 488. Er konnte freilich auch Melanchthon für sich als Zeugen anführen; vgl. u. A. Bd. 9, S. 697,3-18, Nr. 474.

55. vollbringen, ausführen.

56. mißlingen, fehlschlagen.

57. trotz Abwesenheit.

58. belehren, zureden, aufrichten. – Vgl. o. S. 302,4-7, Nr. 489.

59. Peter [N.] war der Bote, der Fürstenauer den Brief Osianders überbrachte; vgl. Berlin GStAPK, XX. HA StA Königsberg, HBA A4, Nürnberg an Herzog Albrecht, 1551 November 27 (K. 227).

60. Vgl. o. S. 78-300, Nr. 488.

obs hie erlaubt wurde zu drucken[61]. Habe es durch einen drucker ansuchen lassen beim A.W. herrn N., apt zu sanct Egidi[62], derselbige hats dem w[ürdigen] herrn Hieroni[m]o Baumgartner[63] zugestelt, der hats fur ein[64] eim E.W. rath anbracht, obs[h] ein E.W. rath vergonnen wolte zu drucken. Das geschach den 12. Octob[ris]. Item, am 17. Octobris habe ich mitsampt dem drucker beim A.W. hern apt widerumb angesucht. Da bat der apt, wir solten noch 3 tage verzihen[65], so wurde man im antwort geben, welchs ich gerne thue. Wo mans aber – wie ich forcht – nit zu drucken vergunnen wolte[66], so will ich mich doch bevleissen, das [es][i] anderswo gedruckt werde. Ich wolte je gerne, das [es][k] alle die haben solten und uberkommen[67] kondten, die es gerne haben wolten, dero alhie sehr vil sein[68]. Sein hinwider auch sehr vil, die es auffs allerschendtlichst schelden, [2v:] schenden[69] und ketzerisch ausschreien und verdammen, und habens doch dieselbigen lesterer nicht gelesen. Ja, irer vil wollens nicht lesen, sprechen, wie ich von etlichen gehort: »Pfui, wer wolts oder solts lesen! Ich hoff«, sagen sie, »meine herrn[70] werdens gar verbietten« etc. Ich aber[l] hoffe, wans ir vil zu lesen uberkomen konden, es wurde sich das schenden und tadeln zum teil abfressen[71] und minder werden. Unsere praedicanten aber weren[72], als vil in muglich, das [es][m] nicht druckt[73], sonder untergedruckt werde. Den ich gedenck, sie thuns Rotzing – Röting solte ich sagen – zu gefallen, weil sie sich in iren

h) übergeschr. für gestr.: als. – i) konj. – k) konj.
l) übergeschr. und eingewiesen. – m) konj.

61. Zum Wunsch Osianders vgl. o. S. 302,14f, Nr. 489.
62. Gemeint ist Friedrich Pistorius, der letzte Abt des Benediktinerklosters St. Egidien und seit 1534 Bücherzensor in Nürnberg, ein enger Freund Osianders; zu ihm vgl. u. A. Bd. 9, S. 88, Anm. 2, Nr. 369.
63. Hieronymus Baumgartner (1498-1565), Ratsherr und Kirchenpfleger in der süddeutschen Reichsstadt; zu ihm vgl. u. A. Bd. 8, S. 671, Anm. 1, Nr. 357, u. ö.
64. Entweder irrtümliche und ungenaue Ditt. oder ›für ihn‹.
65. warten.
66. Der Nürnberger Rat faßte folgenden Beschluß (Nürnberg StArch, RV 1069, fol. 4v vom 16. Okt. 1551): »Dem abbt zu sandt Egidi das begert nachtrucken herrn Anndreas Osiannders puechleins und bekantnus seines glaubens von der rechtfertigung des glaubens in das verdienst Christi, von aines andern wegen geschehen, ablaynen, auch sovil müglich verhuetn, das nichts darauf gemacht noch getruckt werde. Her J[eronymus] Paumgartner.« Man war also in der Reichsstadt der ganzen Angelegenheit gegenüber sehr zurückhaltend. Vgl. weiter u. Anm. 171.
67. erhalten.
68. Aus einem Schreiben des Nürnberger Rates an den Herzog vom 27. Nov. geht hervor, daß einige der von Osiander an Fürstenauer geschickten Exemplare seiner Schrift ›Von den einigen Mittler‹ sogar unter der Hand verkauft wurden; vgl. Berlin GStAPK, XX. HA StA Königsberg, HBA A4, Nürnberg an Herzog Albrecht, 1551 November 27 (K. 227), bzw. o. S. 65, Nr. 488/496.
69. verunglimpfen, schmähen, tadeln.
70. sc. der Nürnberger Rat.
71. vergessen.
72. wehren (ab).
73. gedruckt.

sermonibus – das klage ich Gotte, meinem lieben herrn und heilandt Jesu Christo und euch – noch[74] den[!] unseligen buchlein, welchs Röting mit irem vorwissen und wolgefallen gespeit hatt, [richten][n]. Denn sie sein teglich beyeinander; und wehn[o][75] sie wissen, der wider Rotings buchlein ist oder der eur A.W. lehr lobt, den brechten sie[p], wens in moglich wer, umb alles etc. Ich forchte, es werde Gott die wolverdinten straff umb diser muttwilligen blindheytt uber uns gehn lassen[76]. Wen ich von [hier][q] hinwegk gezogen wer, do E.A.W. von hinnen zug[77], und man sagte mir jetzundt von der blindtheytt oder – wie ichs nennen soll – von der verkerten lere, die unser besten[r] praedicanten offentlich predigen, so kunte ichs nicht glauben – ich wurde gedencken, man redets[s] inen zu neid.

Item: Am 4. Julii, da sagt herr Wolffgang von Steiher[78] frey heraus auff dem predigstuel[79]: »Wenn man dich in deim letzten ende und in deiner hochsten not mit der einwonung Christi trosten will, so ist dirs vil zu hoch[80]! Sonder man mus dich mit der vergebung der sunden und mit dem glauben trosten« etc. Ach Gott, wie seind wir versorgt[81]!

Item econtra: Am 12. Julii sagt Michel Pessler[t] zu Werd[82]: »Man soll dich[u] mit der einwonung Christi nit trosten bis[83] in der letzten nott« – stracks wider herr[!] Wolfgangs [Äußerung][v] am 4. Julii[w]! Und sie besprochen[!] sich doch teglich miteinan-

n) konj. – o) mehrfach korr. aus: wenn. – p) danach gestr.: gern.
q) konj. – r) korr. aus: »p-«. – s) korr. aus: red es.
t) korr. aus: Pesles[!]; doch den Schreibfehler am Wortende belassen.
u) danach gestr.: in. – v) konj. – w) korr. aus: Iunii.

74. nach.

75. wen; jeder, den.

76. Vgl. o. Anm. 23; weiter Dtn 28,28 u. ö.; Eph 4,18.

77. Osiander hatte im Nov. 1548 die süddeutsche Reichsstadt wegen der Einführung interimistischer Änderungen der Kirchenordnung verlassen; vgl. u. A. Bd. 8, S. 668-676, Nr. 356, 357 und 358.

78. Gemeint ist der evangelisch gewordene ehemalige Benediktinermönch Wolfgang Waldner (gest. 1583), der in Nürnberg und später in Regensburg wirkte; vgl. *Will*, Gelehrtenlexikon 4, S. 161f, und *Simon*, Nbg. Pfb., S. 244, Nr. 1493 (anders, als hier angegeben, hat er, wie der Brief ausweist, bereits 1551 in Nürnberg gewirkt). Er entwickelte sich zu einem literarischen Gegner Osianders, vgl. u. S. 746f, 773,1-777,18, Nr. 538.

79. der Kanzel.

80. so ist dir diese Weisheit viel zu hoch, tröstet dich nicht (vgl. *Grimm*, Wörterbuch 4,2, Sp. 1598).

81. Dieser ›pastorale‹ Seufzer Fürstenauers bezieht sich wohl auf Osianders Klage über seine ehemalige Nürnberger Gemeinde: »Und jamert mich von hertzen der herde, die keinen getreuen hirten hatt« (o. S. 302,3f, Nr. 489). Vgl. dazu weiter u. die Ausführungen Fürstenauers S. 346,14-347,2, bzw. S. 352,11-14.

82. Magister Michael Besler (1512-1576) war seit 1547 Pfarrer in Wöhrd (bei Nürnberg). Er war der Nachfolger des wegen des Interims noch vor Osiander nach Preußen ausgewanderten Johannes Funck; vgl. *Simon*, Nbg. Pfb., S. 23, Nr. 96, und S. 71, Nr. 379; und *Will*, Gelehrtenlexikon 1, S. 103f.

83. außer.

der, wie sie selbst sagen – und leren auff der cantzel widereinander! So den[84] wir schuler sagen, es muss[x][85] nit der heilige Geist sein, derselbige sey einig, so seind sie uns so feind: wen sie uns in todt wusten[y] zu ubergeben, sparten sie keinen vleis. [3r:]

Item: Am 18. Julii sagte herr Wolffgang: »Die vergebung der sunden mus vorerst[86] dasein ader zuforderst, die unser rechte gerechtikeytt ist, dadurch wir vor Gott bestehn«. Trennen also Christum, den glauben und die acceptatio oder reputatio, die doch, wie S. Lutherus sagt, beyeinander bleiben mussen[87] etc., machen also uns einfeldige[88] schuler gantz irre. Oder[89] eur buchlein ›Von dem einigen mittler Jesu Christo‹ leucht jetzundt und furt uns in rechte erkentnus Christi[90]! Darumb sey Gott lob, preis, ere und danck gesagt immer und ewiglich, amen.

Item: Magister Pessler zu Werdt sagt frey auff der cantzel heraus offentlich: »Christus ist unser gerechtigkeit nit darumb, das er von ewikeit warer Gott ist, sunder darumb, das er das gesetz erfult hatt und vor[91] uns gelitten und gestorben ist«; item, sagt auch offentlich: »Las dich dię neuen schwermer nicht bereden, die do sagen, es sey Gott dem menschen holt[92] oder Gott hab den menschen lieb. Sey allein der sunde feind, die der satan in den menschen gepflantzet[z] hatt[93]. Es ist«, sprach er, »erlogen! Gott ist dem gantzen menschen, wie er ein mensch ist mit leib und seele, feind« etc.

Item: Den 11. Octob[ris] sagte magister Michel zu Werd: »Es sein neue schwirmer, die bringen aus iren spitzigen[94] köpfen herfur, das in der heiligen schrifft der propheten[a] und apostell nicht gegrundet[95] ist, nemlich, wenn schon Adam nit gefal-

x) korr. aus: mus.
y) danach gestr.: »zuber-«.
z) korr. aus: gepflantzet.
a) Schreibfehler: propheter.

84. Wenn dann.
85. kann.
86. zuvor, zuerst.
87. Fürstenauers laienhafte Formulierung dürfte in der Theologie Luthers am besten mit dem Stichwort ›fröhlicher Wechsel‹ umschrieben sein, vgl. TRE 21, S. 544-547, bes. S. 545; RGG 5, Sp. 834f.
88. einfache.
89. Aber.
90. Anklang an Bibelworte wie Ps 119,105.
91. für.
92. zugeneigt, gnädig, gewogen.
93. Diese Aussagen sind auf Osianders Ausführungen in seiner Schrift ›An filius Dei‹ bezogen: Adam wurde nach dem Ebenbild Gottes geschaffen und trug diese Ebenbildlichkeit an Leib und Seele bis zum Sündenfall; Gott wohnte in ihm wie in seinem Tempel, und Adam lebte in Gerechtigkeit durch das Wort Gottes. Diese Ursprungsgerechtigkeit ging mit dem Fall verloren; die Sünde hat die Gottebenbildlichkeit des Menschen stark geschwächt oder ganz verdorben. Christi Erlösungswerk ist es, die einst gegebene Gottesbildlichkeit und Gottesnähe in den Gläubigen wiederherzustellen; vgl. dazu u. A. Bd. 9, S. 450-491, bes. S. 451-453, Nr. 427.
94. spitzfindigen.
95. begründet.

len wer, so wer dennoch Christus mensch worden[96]. Lieber«, sprach[b] er, »rechne du es selbs aus und sage mir: Warumb schuffe oder machete Gott die sonne? Darumb, das [es][c] finster war! Were es liecht gewest, so were nicht vonnoten gewest, das liecht oder sonne zu schaffen. Also auch, da Adam gefallen war, do war er in der finsternus, da war es vonnoten, das Christus mensch wart, das er Adam in der finsternus erleuchtet« etc. »Stehe«, sprach er, »derselbigen fantasten mussig, die dich lehren, wengleich Adam nit gefallen wer, were Christus dannoch mensch worden«[d].

Ich bitte eur A.W. umb Christi willen, wolt mir nicht verargen, das ich E.A.W. mit solchem langem geschwetz bemuhe zu lesen. Ich kans ja nicht lassen, es thut mir von hertzen wehe, wen sie so offentlich wider die warheytt lestern. Mich deucht[97], sie thuns muttwilliglich oder[e] halstarriglich – wo nicht, so vergeb ins[98] Gott und erleuchte sie, amen. [3v:]

Ich schicke E.A.W. in einer schachtel eingemacht[99] etliche [bemalte Schachteln][f] euer erbarn hausfrauen und euern tochtern[100]. Wolt dobey meinen geneigten, gutten willen kegen E.A.W. spurn und prufen[g] und wolt mich E.A.W. lassen bevolen sein. Die tr[ühlein][h] mache ich, und mein weib[101] molt[102] sie; ich habs schlecht[103] in mein krott[104] genomen, dy ich jetzundt E.A.W. schicke[105]. Ich will einmal fleissiger und

b) korr. aus: »spa-«. – c) konj.
d) danach gestr.: etc. – e) korr. aus: oden.
f) Wort als Textlücke vom Kopisten ausgelassen; zur Konj. vgl. Anm. 105.
g) korr. aus: pruft.
h) Wort vom Kopisten nicht zu Ende geschrieben; zur Konj. vgl. Anm. 105; zur Wortform vgl. *Grimm*, Wörterbuch 11,1,2, Sp. 1332-1334.

96. Vgl. den Titel von Osianders Schrift 1550, in der diese Frage bejaht wird. Osiander war freilich nicht der erste theologische Denker, der diese heilsgeschichtliche Problematik erörtert hat; sie hat vielmehr eine lange dogmengeschichtliche Tradition; vgl. u. A. Bd. 9, S. 458,17-460,13; 481,1-491,6, Nr. 427.

97. Mich dünkt, mir scheint.

98. es ihnen.

99. eingepackt.

100. Zu Osianders dritter Ehefrau Helena, geb. Magenbuch, und den in Königsberg lebenden Töchtern Agnes (seit 1550 mit Andreas Aurifaber verheiratet), Veronika, Ursula und Elisabeth vgl. u. A. Bd. 9, S. 116, Anm. 8 und 9, Nr. 373. Seine älteste Tochter Katharina war in Nürnberg mit Hieronymus Besold verheiratet; vgl. etwa u. A. Bd. 9, S. 67, Anm. 2, Nr. 364. Auch Osianders einziger Sohn Lukas lebte bei der Familie in Königsberg, vgl. ebd., S. 116, Anm. 10, Nr. 373.

101. Fürstenauers zweite Ehefrau Barbara; ein Eintrag zu ihr aus dem Jahr 1555 findet sich Nürnberg StadtArch, B 14/I, LL 71, fol. 54r. Seine erste Gattin war Anfang 1545 gest., vgl. *Burger*, Totengeläutbücher 3, S. 120, Nr. 3085.

102. malt, bemalt.

103. einfach.

104. ›kratte‹: Korb (vgl. *Grimm*, Wörterbuch 5, Sp. 2070); gemeint ist wohl das ›Frachtgut‹, das Fürstenauer für Osiander zurechtgemacht hat.

105. Nach Auskunft von Frau Dr. *Ursula Timann* vom GNM Nürnberg handelt es sich bei der Sendung mit großer Wahrscheinlichkeit »um bemalte Schachteln, entweder Spanschachteln oder kleine Holzschachteln (oder Trühchen). Die Schachteln wurden bemalt oder mit ko-

besser E.A.W. schicken, wie mich den mein weib teglich bitt, ich sols thun, welche als wol als ich E.A.W. von hertzen holt ist umb des worts Gottis willen, welchs wir eine lange zeit von E.A.W. rein und treulich unterrichtet sein worden[106] etc.

Schick euch auch 3 des Rotings schmehebuchlein[107] – eins magistro Johann Funcken[108], das ander herrn Ulrich Fischer[109] – der hoffnung, E.A.W. werde einmal verschaffen[110] und verhelfen, das [es][i] gedeutscht werde und glosirt, das der allergelertest Roting einen spiegel hette, darinne sich andere seine adjuvanten auch zu besehen hetten[111], denn er ist noch lieb und werdt [gehalten][k], sunderlich von E.A.W. eiden[112], hern Wolffgang und magister Michel zu Werd. Sie sein alle 4 teglich beyeinander und sein uber eurem edlen buchlein ›Von dem einigem mitler Jesu Christo‹ etc. schon beyeinander in einem garten gewest und habens aufs ergst getadelt. Der Roting ist in so lieb – ich habe sorge, er habe sie verfurt und wird sie noch in alles verderben bringen!

Item: Es ist die sag[113] – kans aber vor warheytt[114] nit sagen –, meine herrn haben inen auffgelegett[115], weil sie E.A.W. lere falsch nennen, sie sollen die rechten lere von christlicher gerechtikeytt in druck aus lassen gehn; so haben sie ein buchlein von christlicher gerechtikeytt lassen drucken und von vergebung der sunden[116] etc.

i) konj. – k) konj.

lorierten Holzschnitten beklebt, was häufig durch Angehörige des Schachtelmachers, in diesem Fall also Fürstenauers Frau, durchgeführt wurde. Solche Schachteln, von denen sich einige in der Sammlung des GNM befinden, wurden gerne verschenkt.«

106. Osiander war von 1522 bis 1548 Prediger an der Lorenzkirche in Nürnberg; vgl. *Seebaß*, Osiander, S. 90 und 109.

107. Vgl. o. Anm. 32.

108. Zum Hofprediger Johannes Funck (1518-1566), der noch vor Osiander aus Nürnberg (Wöhrd) nach Preußen ausgewandert war, vgl. u. A. Bd. 9, S. 67, Anm. 6, Nr. 364 und o. Anm. 82.

109. Ulrich Fischer, ehemals am Neuen Spital in Nürnberg, verließ als Gegner des Interims wie Osiander 1548 die Stadt und erhielt in Preußen Ende 1549 die Pfarrstelle in Germau; vgl. u. A. Bd. 9, S. 242,6-11, mit Anm. 2, Nr. 389, S. 256,6f, Nr. 394 und *Stupperich*, Osiander, S. 65.

110. bewirken.

111. Osiander hat in seiner 1552 erschienenen Schrift »Schmeckbier«, in der er Ausführungen verschiedener Gegner dem Leser zur ›Qualitätsprobe‹ anbietet, auch Roting berücksichtigt. Er gibt Teile seiner Schrift unter der Überschrift: »Schmeckbier aus Michel Rotings fass«, in Übersetzung wieder, nicht ohne eine Bemerkung über dessen schlechtes Latein zu machen; vgl. u. S. 769,10-772,24, Nr. 538.

112. Eidam, Schwiegersohn: Gemeint ist Hieronymus Besold; vgl. o. Anm. 100. Schon Ende Dez. 1550 berichtet Osiander dem Herzog von Versuchen seiner Gegner, diesen Schwiegersohn gegen ihn einzunehmen; vgl. u. A. Bd. 9, S. 492,16-493,5, Nr. 428.

113. Es geht das Gerücht.

114. als wahr.

115. hätten sie verpflichtet.

116. Wie man aus dem Antwortschreiben des Nürnberger Rates an Herzog Albrecht in bezug auf Osianders Bekenntnis erfährt, fühlten sich die Nürnberger Prediger durch Osianders Brief an Fürstenauer provoziert, denn er hatte geschrieben, der Satan habe ihnen die reine Lehre aus dem Herzen genommen (vgl. o. S. 304,1f, Nr. 489). Ohne Wissen des Rates hätten sie

Der[117] schick ich E.A.W. 2, eins magistro Johann Funcken. Sie haben eine vorrede drein gestellt, mich deucht, es hab es h[err] Wolffgang gethon, er nennt sich aber nit[118]. Und schicke es E.A.W. darum, das E.A.W. sehen kan, wie sie im finstern mausen[119], thuren[120] sich nicht nennen – wer kennt sich[l] denn mit trosten[121]?

A.W. herr, ich kans nicht lassen, mus euch klagen, was mir heut am 18. Octob[ris] zugestanden[122]: Ich gieng gen Werdt[123], wolte, wie mein brauch gewest ist von der zeit an, da E.A.W. von uns gezogen[124] bis auff disen tag, das ich gen Werd zur predig und zum hochwirdigen sacrament gangen bin, heute zum sacrament [4r:] gehen, aldo trost und vergebung meiner sunden holen und vom pfarherr ein absolution empfahen, wie ich vor[125] offt gethon habe. »Lieber herr«, sprach ich, »Gott geb e[urer][m] wirde[126] einen gutten morgen!« »Habt danck«, sagt er. Ich sprach: »Wirdiger herr, ich bitt, wolt mich verhören[127] und mir das trostliche wort Christi, dy absolution mitteiln[128]; ich will zum hochwirdigen sacrament gehn.« »Ich wils nit thun«, sprach er, »gehett in eure pfarr[129]!« »Wo ist denn meine pfarr?« sprach ich. Er sprach:

l) Schreibfehler: sie. – m) konj.

sich zu einer öffentlichen Antwort entschlossen; vgl. *Stupperich*, Osiander, S. 221, und das o. Anm. 68 angegebene Schreiben. Unter dem Titel: »Christlicher und gründlicher bericht von der rechtfertigung des glaubens, einwonung Gottes und Christi in uns«, erschien 1551 eine Zitatensammlung (vorh. z.B. Wolfenbüttel HAB, 231.155 Th 4°) aus der Bibel und aus Schriften von Luther, Brenz und Urbanus Rhegius, die die genannten Autoritäten gegen Osiander ausspielen wollte. Das zugehörige Vorwort war mit den Buchstaben »W.W.« signiert, und Osiander vermutete hinter dieser Abkürzung zurecht Wolfgang Waldner. In seiner Schrift »Schmeckbier« ging er ausführlich auf den Nürnberger Druck ein; vgl. u. S. 773,1-777,18, Nr. 538. Zum Inhalt der Schrift vgl. S. 746f, Nr. 538.

117. Von diesen.

118. Vgl. o. Anm. 116.

119. Redewendung »von hinterlistigem oder tückischen gebahren«: heimlich umherschleichen, auflauern; vgl. *Grimm*, Wörterbuch 6, Sp. 1826f.

120. wagen ... zu.

121. wer könnte sich damit abfinden (vgl. *Grimm*, Wörterbuch 11,1,2, Sp. 980f).

122. zugestoßen, begegnet ist (vgl. *Grimm*, Wörterbuch 16, Sp. 422 und 848f).

123. Das Dörfchen Wöhrd (vgl. o. Anm. 82) lag 1,5 km östlich vor den Mauern der süddeutschen Reichsstadt. Da Fürstenauer in der Nähe des Hauptmarktes wohnte (vgl. u. Anm. 154), benötigte er zu Fuß nur eine kurze Zeit, um durch das Wöhrder Tor in das Dorf zu gelangen. Vgl. die hist. Karte in *Reicke*, Nürnberg, vor S. 159.

124. Vgl. o. Anm. 77.

125. vorher.

126. Michael Besler; vgl. o. Anm. 82.

127. Gemeint ist das sog. ›Beichtverhör‹, bei dem die Kenntnis der wichtigsten Katechismusstücke befragt wurde; vgl. TRE 18, S. 6.

128. Zu den interimistischen Maßnahmen, die seit Nov. 1548 in den Kirchen des Nürnberger Territoriums eingeführt waren, gehört auch die Einzelabsolution, vgl. u. A. Bd. 8, S. 671, Anm. 2, Nr. 357.

129. Pfarrei, Kirchspiel. – Seit der Karolingerzeit erfolgte mit der Dezentralisation des Bistums als tragende Kirchenverfassung die Entstehung von eigenrechtlichen Pfarrsprengeln mit Pfarrzwang der zugehörigen Gemeindeglieder: Die »Pfarrgerechtigkeit verpflichtete die Ein-

»Beim Osiander in Preussen; derselbige ist eur rechter hirt! Ich weis wol, was er euch fur ein brieff geschrieben hatt, ich sey kein treuer hirt[n][130]!« »Ja, herr«, sprach ich, »er hatt mir nicht unrecht geschrieben, denn wenn dein sacrament des leibs und bluts Christi« (welchs wir noch gantz in beider gestalt, wie es Christus eingesetzt hatt, entpfahen konnen[131]) »also zerrissen wer, wie ir Gottis wort zurreist, so wolte ich das sacrament von euch nit nemen noch begern!« »Was hab ich denn zurissen?« sprach er. »Ir habt offentlich gesagt, Christus sei unser gerechtikeit nicht darumb, das er von ewikeit warer Gott ist, sonder darumb, das er das gesetz erfult, fur uns gelitten und gestorben ist. Do habt ir ja Christum zurissen und im die gottheit genomen, an[132] welche er das gesetz nicht hette konnen erfullen noch den tod uberwinden.« Do sprach er: »Das hab ich nicht geredt!« Ich sprach: »Ich will euch mit dem gantzen hauffen uberweisen[133]!« Do sprach er: »Ich will nit ›osianderisch‹ sein, das will ich gestehn – und wil, das mans von mir sage! Ich will die gestrenge gerechtikeit, die der Osiander lert[134], nit; behalt sie euch und seid ir ›osianderisch‹!« »Herr«, sprach ich, »der Osiander lert mich Christi wort, ich will gerne mit Christo und dem Osiander verfurt und verspottet sein!«

Ich sprach weiter: »Lieber herr, ich bitt, ir wolt nit zornen und wolt mich hören!« [4v:][o] »Ja«, sprach er, »ich will nicht zornen.« »Ich bitt euch, wirdiger herr, umb Gottis [p]und Christi[p] willen«, sprach ich, »ir wolt doch des A.W. herrn Osianders buchlein ›Von dem einigen mitler Jesu Christo‹ lesen, und wen irs gelesen habt, so sagts, wens nit reine gottliche warheit ist.« »Ich wils nit lesen«, sprach er, »ich will nichts lesen, was Osiander schreibt!« »Herr«, sprach ich, »mus man doch eins[q] ketzern schrifft lesen, auff das man wisse, dafur zu warnen. Ich bitte noch einmal umb

n) unter das Zeilenende geschrieben und eingewiesen.
o) Die Kustode auf fol. 4r lautet: Da.
p-p) übergeschr. und eingewiesen. – q) korr. aus: eines.

gepfarrten, die geistlichen, insbesondere sakramentalen Leistungen ausschließlich bei ihrem sacerdos proprius zu empfangen«. Die Reformation hat die Parochie als tragendes Fundament der Kirchenverfassung übernommen; der Gemeindezwang freilich hat sich im Laufe der Zeit gelockert. Vgl. RGG 5, Sp. 118f (Zitat ebd.).

130. Gemeint ist Osianders Äußerung in seinem Brief an Fürstenauer vom 9. Sept., vgl. o. Anm. 81.

131. Dieser Einschub Fürstenauers in das referierte Gespräch bezieht sich auf die Einführung des Kelchs beim Abendmahlsgenuß als Merkmal des reformatorischen Aufbruchs gerade auch in Nürnberg; vgl. u. A. Bd. 1, S. 143, Nr. 18; S. 169,5f, Nr. 19, u. ö.

132. ohne.

133. reichlich (sc. mit allem, was Ihr geredet habt) überführen; vgl. *Grimm*, Wörterbuch 4,2, Sp. 587, und 11,2, Sp. 640.

134. Zu diesem polemischen Argument, das die Gegner aus der theologischen Überzeugung vom absoluten Vergebungswillen Gottes entwickelten, indem sie Osianders Auffassung vom Gerechtsein Gottes bei sich und der redemptorischen Notwendigkeit, daß der Gerechtfertigte nicht nur gerecht erklärt und weiterhin sündig ist, sondern sein Wesen durch Gottes Kraft in der Gerechtigkeit wächst, in bezeichnender Weise verkürzt haben, vgl. o. S. 152,7-10, Nr. 488, und u. S. 406,31-408,4, Nr. 505.

Christi willen, des wort es ist, ir wolts lesen und nicht verdammen, ehe irs lest! Hort, wie mirs gangen ist: Da ich den andern[135] pogen, das B, las[136], da erschrack ich von hertzen und statzett[137]; da ich aber fortlas, da gab der heilige Geist zeugnus in meinem hertzen[138], das es das rechte, reine wort Gottis, welchs Christus, unser herr, selbs ist, war. Denn ich habe nie kunnen unterschiedlich[139] reden von meiner erlosung und von meiner rechtfertigung; ich habe allemal ane unterschied von beiden geredt. Und das hatt den a[chtbaren] herrn Osiander vil muhe gekost, das er mirs und jederman, der nur will, so deutlich, so verstentlich, ja so kindisch[140] [gemacht hat][r], das schier[141] ein kind[s] von 6 jaren verstehn solt. Und das buchlein wirt, ob Gott will, vil gutter theologos machen und gutte christen, unter gelerten, auch unter einfeltigen ungelerten.« »Ich wils nicht thun«, sprach er, »und wils nicht lesen! Ich weis ebenalswol als ir, was im B, auch was im K[142] st[e]het!« Do sprach ich: »So wolt ir muttwilliglich verderben und werdet andere vil mit euch ins verderben furen!«

Weiter sprach ich: »Herr, ich will euch noch eins vorhalten, was ir mehr zuwider Gottis wort gelert habt.« »Was?« sprach er. – »Es ist nicht uber 3 wochen, do spracht ir: ›Las dich die neuen schwermer nicht verfuhren, die dich lehren, es sey Gott der sunde allein feindt, die der satan in menschen gepflantzt hatt, und sey dem menschen, seiner creatur, holt. Es ist erlogen‹, spracht ir, ›las dichs nicht bereden! Es ist Gott dem gantzen menschen, wie er von leib und seele ein mensch ist, eben als feind als der sunden.‹«[143] [5r:] »Ja«, sprach er, »das hab ich geredt. Ist es unrecht?« »Ja, herr«, sprach ich, »es ist unrecht!« »Was«, sprach er, »ist denn am menschen, das Gott lieb hatt?« Ich sprach: »Seine creatur hatt Gott lieb[144], und wen die sunde, die vom teuffel kompt, im menschen nicht wer, so hette Gott den menschen, seine crea-

r) konj. – s) korr. aus Schreibfehler: keind.

135. zweiten.

136. Fürstenauer nimmt zweifelsohne Bezug auf die in Druckbogen B des Deutschen Textes (Bl. B1a-3a) wiedergegebene Darstellung Osianders von der ›Gerechtmachung‹, die er von der vor 1500 Jahren geschehenen ›Versöhnung Gottes durch Christus‹ unterscheidet (vgl. o. S. 108,12-112,21, Nr. 488); dies zeigt die Fortsetzung des Gesprächs.

137. mundartliche Form, hier wohl im Sinne von: stutzte, stockte, hielt inne, staunte; vgl. *Grimm*, Wörterbuch 10,2,1, Sp. 1067, und 10,4, Sp. 760-764.

138. Vgl. Röm 8,16.

139. unterschieden, von einander getrennt.

140. kindlich, kindgemäß.

141. fast.

142. Der Druckbogen K des deutschen Textes enthält nur Lutherzitate(!) zur ›Gerechtigkeit, die Christus ist, der durch den Glauben in uns wohnt‹. Besler gibt mit seiner Äußerung ein Zeugnis dafür, daß den Gegnern Osianders besonders die Unterscheidung von Gerechtsprechen und Gerechtmachen und die betonten Ausführungen des Letzteren als eines eigenen Geschehens mit überreichlichen Belegen aus der Feder Martin Luthers ein Ärgernis war. Osiander hat diesen Aspekt in seinem Bekenntnis streitbar eingesetzt, vgl. o. S. 170,30-172,2 und 180,20-182,4, Nr. 488.

143. Vgl. o. S. 343,14-18, und Anm. 93.

144. Vgl. Gen 1,31.

tur, lieb.« Da sprach er: »Der teuffel ist auch Gottis creatur[145], warumb hatt in Gott nit lieb?« »Herr«, sprach ich, »das kan ich euch nicht sagen. Aber das will ich euch sagen: Die gantze schrifft ist voll von der liebe Gottis gegen uns; weil[146] wir noch sunder waren, hatt er seinen einigen Son fur uns geben[147] etc. Ich wils dem A.W. herrn Osiandro und dem[t] herrn magistro Johann Funcken schreiben, denn der erber magister Johann Funck hatt disen artickel [gelehrt][u], man sol fleissig unterscheiden, das Gott dem menschen holt sey, oder[148] der sunde, die vom teuffel ist, ist Gott feindt, und wolte der gutige Gott jhe[149] gerne die sunde in uns abtilgen und seine creatur selig machen[v]. Ich hoffe, herr magister Funck werde mir eine trostschrifft schicken.« »Fart hin[150]!« sprach er, »ich will euch auch fur mein schefflein nimer haben[151]!« »Ja, herr«, sprach ich, »ich ken auch euere stimme nicht mehr, wils auch nicht mehr horen[w][152]!«

Ging also von im; ich blib aber in der kirchen, bis das ampt[153] aus war. Und do man zum sacrament ging, kont ichs nit lassen, ich muste von hertzen weinen, und die augen gingen mir mit wasser uber, ja das nit allein, ich konts nicht lassen, ich muste mit hendtauffheben und mit allen geberden erzeigen, das mir ein gros hertzenleid widerfahren war, und klagts also Gott und meinem herrn Christo. Gieng also mit nassen augen heim in mein haus[154] und schrieb disen brieff, uber welchem ich vil zeher[155] vergossen habe; das klag ich E.A.W. auch, bitte, wolt euchs lassen zu hertzen gehn und mich trosten. Ich will nit vil mehr in seine kirchen gehn; es ist keinem das hochwirdige sacrament versagt zu Werdt, auch heut auff den tag[156] nit, denn

t) Schreibfehler: derr(?). – u) konj. – v) Schreibfehler: macher.
w) unter das Zeilenende geschrieben und eingewiesen.

145. Zu Satan als Engelsgeschöpf vgl. etwa Hi 2,7 oder Lk 10,18, bzw. RGG 6, Sp. 705-707.
146. solange, als.
147. Vgl. Joh 3,16.
148. aber.
149. ja.
150. Vgl. Mt 25,41.
151. Vgl. Joh 10,26.
152. Vgl. Joh 10,3f.27. – Fürstenauer berichtet mit diesen Worten gleichsam über seine eigene ›Exkommunikation‹. Die Reformation hatte zur Kirchenzucht den sog. kleinen Bann, d.h. den Ausschluß vom Abendmahl, in ihre Kirchenordnungen aufgenommen. Er wurde vom Pfarrer aufgrund des ›Verhörs‹ vor dem Abendmahl vorgenommen. Zur damaligen Zeit war es offenbar noch nicht notwendig, die Gemeinde, kirchenleitende Theologen oder die weltliche Obrigkeit mitwirken zu lassen; vgl. RGG 2, Sp. 830, und 3, Sp. 1600; auch TRE 19, S. 176f und 280f. Auch die Osiandergegner in Königsberg, bes. Mörlin, verhängten ungefragt eine derartige Strafe, wenn der Betroffene nach ihrer Meinung der ›falschen Lehre‹ anhing; vgl. *Stupperich*, Osiander, S. 163f.
153. der Gottesdienst.
154. Fürstenauer wohnte in der Nähe der Frauenkirche am Hauptmarkt; vgl. o. S. 302, Anm. 4, Nr. 489.
155. Tränen.
156. bis heute.

mir! Ich soll in Preussen zu [5v:] euch gehen, ir seit mein hirt. Er wiss woll, was ir mir geschrieben habt. Den brieff, den ir mir geschrieben, den hab ich lassen lesen und abschreiben alle, die ich fur liebhaber der reinen ler halte[157]. Also ist der brieff durch einen fur[158] in kommen, weis[x] aber nicht durch wen; derhalben hatt er mir heut das sacrament versagt, daruber ich von gantzem hertzen vil geweint habe. So[159] schlagen mir, die mich kennen, so vil seltzamer opiniones fur; der eine: »Wilstu also stillschweigen? Ich wolt in frogen, was er von mir wust!« Ein ander sagt: »Lieber, er hatt dich nit angegriffen[y], sunder deinen glauben. Derhalben mustu nicht schweigen« – und des dings[160] vill. Ich aber will schweigen und wils Gott beveln[161] und eur A.W., meines hirten und pfarrhers, trost erwarten. Ich hoffe, ir werdt mich ungetrost nicht lassen[z]!

Ich bitte, E.A.W. wolte diesen brieff den erbarn magister Johann Funcken lesen lassen.

Item: Der Roting wird von meinen herrn erlich gehalten[162] wie vor in seim alten ampt; er lest sich horen: ja, er habe das buchlein[163] gemacht und bekenn, das sein sey alles, was drinne ist, den[164] die uberschrifft nit, er welle es auch wol verantworten; darzu stercken in sunderlich eur A.W. eyden und die andern zwen[165] etc. Der Heller, schulmeister zu S. Egidien[166], der den tittel gestelt[167] und des Rotings buchlein in druck gefertigt[168], auch selbs gen der Neuenburg[169] auff die mess

x) korr. aus: wen. – y) Silbe »-ge-« an passender Stelle übergeschr.
z) unter das Zeilenende geschrieben und eingewiesen.

157. Osiander selbst hatte diesen Wunsch geäußert, vgl. o. S. 304,15-305,2, Nr. 489.
158. vor.
159. Dagegen.
160. desgleichen.
161. Vgl. Ps 39,10 und 37,5 bzw. Röm 12,19; Fürstenauer, der auf ein eigenes Vorgehen gegen das ihm zugefügte Unrecht verzichten will, hat wohl noch Osianders Predigt im Gedächtnis, in der eine solche Haltung als richtig und fromm dargestellt wurde; vgl. etwa u. A. Bd. 8, S. 660,9-11, Nr. 354.
162. ehrenvoll belassen. – Vgl. u. Anm. 171. Osiander hatte von Fürstenauer auch zu erfahren gewünscht, wie sich die Nürnberger Obrigkeit Roting gegenüber verhalte, vgl. o. S. 305,3-5, Nr. 489.
163. Vgl. o. Anm. 32.
164. nur.
165. Vgl. o. S. 345,6-9.
166. Joachim Heller (um 1518-um 1590) war 1543 auf Empfehlung Melanchthons nach Nürnberg gekommen als Rektor und später auch als Mathematiklehrer am Gymnasium von St. Egidien; vgl. *Will*, Gelehrtenlexikon 2, S. 84-86.
167. erstellt, formuliert.
168. für den Druck aufbereitet. – *Will*, Gelehrtenlexikon 2, S. 85, teilt mit, daß Heller sich neben seinem Beruf über Jahre mit der Drucklegung gelehrter Schriften beschäftigte, ja eine eigene Druckerei betrieb.
169. wohl Neuburg an der Donau (knapp 100 km südlich von Nürnberg, bzw. ca. 20 km westlich von Ingolstadt). Unter Pfalzgraf Ottheinrich hatte Osiander 1543 im Fürstentum

gefurt[170], der ist acht tag auff einen thorm gestrafft, und der drucker, ders druckt hatt, auch acht tage[171] etc.

Wen ich wuste, das [es][a] E.A.W. und meinem gnedigen herrn, marggraffen Albrechten, ein dinst wer und wolten etwas drauff wogen[!], so wolte ich forschen hie und zu Wittenberg, da woll vil ubrige[172] buchdrucker sein, die nicht vil zu drucken

a) konj.

Pfalz-Neuburg die Reformation eingeführt. Im Zuge des Schmalkaldischen Krieges zerstörte der Kaiser das evangelische Kirchenwesen, doch nach dem Aufstand der deutschen Fürsten gegen Karl V. 1552 konnte die Reformation im Fürstentum wieder einziehen; vgl. u. A. Bd. 7, S. 569-878, bes. S. 569-574, Nr. 293, und *Sehling*, Kirchenordnungen 13, S. 21-25. (Der Vermutung von *Möller*, Osiander, S. 456, es müsse sich um Naumburg handeln, läßt sich kaum zustimmen.)

170. auf dem Jahrmarkt verkauft. – Nach Auskunft des StArch Augsburg gab es zur damaligen Zeit in Neuburg Jahrmärkte und Dulden. Freilich bleibt unklar, wie im interimistischen Neuburg ein evangelischer Druck aus Nürnberg angeboten werden konnte.

171. Die Strafe der Turmhaft war in Nürnberg nicht ungewöhnlich und wurde für ›leichtere‹ Delikte verhängt, in diesem Fall wegen Mißachtung der Zensur (vgl. etwa u. A. Bd. 6, S. 410, Anm. 19 und 20, Nr. 237). Die Strafrechtspflege der Stadt war hart, ohne besonders grausam zu sein. Die Gefangenen verbüßten ihre Strafe vermutlich im Schuldturm auf der Insel Schütt in der Nähe des Heilig-Geist-Spitals; vgl. *Pfeiffer*, Nürnberg, S. 173, und *Reicke*, Nürnberg, S. 159f mit Abb. S. 161 und der hist. Karte vor S. 159. – Der Beschluß des Rates zur ganzen Angelegenheit vom 24. Sept. hat folgenden Wortlaut (Nürnberg StArch, RV 1068, fol. 12rv vom 24. Sept. 1551): »Joachim Heller, dem schulmeister bey sandt Egidien auff sein verlesene verantwurtung und entschuldigung erstlich seines hinwegkziehens und langen aussenpleybens halben ain strefliche red sagen ... [12v:] Das er aber das puechlein, das magister Michel Röting wider herrn Anndreas Osiannder geschryben, also on wissen und erlaubdtnus meiner herrn trucken lassen und Hannsen Taubman, puchtrucker, darzu beredt, als obs nit wider meine herrn sein werde, sol man ime zu anzaig meiner herrn mißfallens darumb acht tag thurenstraff[!], mit dem leib zu verpringen, auflegen und ain monat frist darzu geben mit vermeldung, das es nur auß gnaden geschehe, dann on das het er wol ain andere straf und so vil damit verdient, das meine herrn ursach gnug gehabt, ine gar von hynnen zu weysen, weil im weder das noch etwas anders on wissen und erlaubdtnus ains erbern raths oder irer darzu verordenten personen zu trucken noch in truck zu geben gepürt hab und noch nit gepüren kon. – Und dieweyl Hanns Taubman mit söllichen trucken des puechleins außtrücklich wider die ordnung und sein pflicht gehandelt, sol man ine mit anzaig desselben alßpaldt auf ain thuren verschaffen und dann seinthalb weitter rätig werden. – Und obwol magister Michel Röting auch nit wol gethan, das er das puechlein wider den Osiannder, weils seins ampts und beruffs nit ist, geschryben, sol mans doch auß allerlay guten ursachen und sonderlich darumb, damit Osiander und seine anhenger nit dafür achten mügen, als ob mein herrn sein opinion in disem fahl auch gefallens truegen etc., also ungeandet stillschweigendt hingeen lassen. Her H[ans] Geuder.« Taubmann war am Montag, den 28. Sept., und noch am Freitag, den 2. Okt., in Turmhaft (vgl. a.a.O., RV 1068, fol. 18r, 21v, 23r und 25v). Heller hatte offenbar gebeten, ihm die Strafe zu erlassen; dies wurde abgelehnt, jedoch die Frist des Strafantritts verlängert, weil seine Frau im Kindbett lag (vgl. a.a.O., RV 1068, fol. 35r vom 9. Okt. 1551).

172. zu viele.

haben[173], ob einer willens wer, zu euch gen Konigsperg zu zihen[174]. Den ich hoffte, es wurde der gantzen christenhait und sunderlich deutschem landt[b] nutz sein, wen E.A.W. vil bu[c]her drucken lies.

Was E.A.W. mir schreibt[175], danach will ich mich richten und [6r:] keinen moglichen vleis nit sparen. Wolte Gott, das ich meine narung bey euch kunte oder wuste zu haben oder mich mit meiner erbeit[176] bey euch konte neren, ich wolte hie nit bleiben, als gern ich allezeitt hie gewest, und sunderlich weil E.A.W. hie ward! Da habe ich Gott, meinem herrn, teglich gedanckt, das er mir meine narung an eim solchem ort beschert, da ich Gottes[!] wort also rein von E.A.W. gehort. Ich danck noch Gott, das ich schrifftlich durch Gottes wort und mit Gottes wort von euch getrostett werde. Alhie haben wir Gottis wort gar nicht mehr – was wir haben, wer besser, wir hettens nicht! Sie wollen rechte lerer sein – trotz, wer anders sage! – und seind doch erger den offentliche bapisten, wie der zeit erfahrung mit grossem schaden ausweisen wirdt[177]!

b) korr. aus: landen.

173. Nürnberg und Wittenberg waren im Reformationszeitalter Zentren des Buchdrucks: Osiander hat während seines Wirkens als Nürnberger Reformator in beiden Städten drucken lassen, vgl. *Seebaß*, Bibliographie, S. 243 sub nomine. Für das Jahr 1551 lassen sich in der Stadt Luthers sieben Druckereien feststellen, darunter bekannte Namen wie Hans Lufft und Georg Rhau Erben (vgl. *Benzing*, Buchdrucker, S. 467-469, Nr. 10, 13, 16, 19, 20, 21 und 22). In der süddeutschen Reichsstadt sind es zum genannten Zeitpunkt nicht weniger als elf, obwohl die bekanntesten Drucker Nürnbergs, Friedrich Peypus und Johann Petreius, schon gest. waren (vgl. ebd., S. 334-338, Nr. 21, 23, 26, 32, 33, 35, 37, 39, 40, 41 und 42). Auch der o. Anm. 171 angeführte Hans Daubmann (a.a.O., Nr. 37) gehörte zur Zunft. Er wanderte 1554 aus nach Königsberg, verlegte u.a. auch Werke Osianders (s. *Seebaß*, Bibliographie, S. 238 sub nomine) und starb dort 1573 (vgl. *Benzing*, Buchdrucker, S. 245, Nr. 5). Auch Joachim Heller muß man (als zwölften) zu den Nürnberger Druckern rechnen, selbst wenn er damals noch eine vom Rat nicht geduldete ›illegale‹ Presse betrieb (vgl. o. Anm. 168 und Nürnberg StArch, RV 1068, fol. 12r vom 24. Sept. 1551: »... auch sein aigne truckerey wider von sich zu thun ...«). 1563 wanderte er nach Eisleben aus (vgl. *Benzing*, Buchdrucker, S. 338, Nr. 43, und S. 95, Nr. 3: Die hier vorliegenden Angaben sind durch Anm. 166 o. zu erg.).

174. Osiander hatte Fürstenauer gegenüber den Wunsch, sein Bekenntnis in Nürnberg drucken zu lassen, damit begründet, daß in Königsberg nur eine Druckerei zur Verfügung stehe; vgl. o. S. 302,14-303,2 mit Anm. 16 und 17, Nr. 489.

175. Osianders persönliche Appelle fließen an mehreren Stellen in den Text seines Briefes an Fürstenauer ein; vgl. o. S. 301-305, Nr. 489.

176. Fürstenauer war von Beruf Schachtelmacher; vgl. o. S. 302, Anm. 4, Nr. 489.

177. In den folgenden Jahren kam es in Nürnberg ebenfalls zu Streitigkeiten zwischen den Gegnern Osianders und den Gemeindegliedern und Geistlichen, die Osiander weiter die Treue hielten; eine besondere Rolle spielte dabei Osianders ›Mitstreiter‹ gegen die Einführung des Interims 1548 Leonhard Kulmann, Prediger an der Hauptkirche St. Sebald (zu ihm vgl. *Simon*, Nbg. Pfb., S. 41, Nr. 204 (Lit.!), und u. A. Bd. 8, S. 623-629, Nr. 352, und S. 671, Anm. 2, Nr. 357). Auf Ersuchen des Rates reiste Melanchthon 1555 nach Nürnberg und beendete die ›osiandrischen Wirren‹; vgl. dazu *Simon*, Kirchengeschichte, S. 336; *Engelhardt*, Reformation 3, S. 127 (fehlerhaft); *Will*, Gelehrtenlexikon 1, S. 229, und *Fligge*, Osiandrismus, S. 324-339.

Damit wunsch ich E.A.W. sampt allen denen, die E.A.W. guttes gonnen, vil seliger zeit, amen. Es grussen E.A.W. Casper Ulrich, goltschmidt[178], Wentzel und Albrecht Gametzer, goltschmide[179], Lorentz Trunck, goltschmidt[180], Diling Henlein, rotschmidt[181], und ein grosser hauff E.A.W. schuler. Wen ichs alle nennen solte, so wurde es vil zu ein langes regis[t]er werden.

Datum zu Nurnberg am 18. Octobris anno 1551.

E.A.W. williger und allezeitt gehorsamer

Hans Fürstenhauer

178. Zu Caspar Ulrich vgl. o. S. 304, Anm. 38, Nr. 489.

179. Albrecht (gest. 1555) und Wenzel (1508-1585) Jamnitzer, aus Wien stammend, waren über Nürnberg hinaus bekannte Goldschmiede, die auch kaiserliche Aufträge erhielten; vgl. *Frankenburger*, Beiträge, S. 1-41; *Pechstein*, Jamnitzer, S. 57-85, und *Pfeiffer*, Nürnberg, S. 225 mit Abb. 217.

180. Der Goldschmied Lorenz Trunck und seine Ehefrau Barbara werden mehrfach in Nürnberger Urkunden erwähnt; sie besaßen ein Haus am Platnermarkt; vgl. Nürnberg StadtArch, B 14/I (2), S. 218f; (12), S. 178; weiter *Burger*, Totengeläutbücher 3, S. 268, Nr. 7364.

181. Zu dem in Nürnberg zahlreich vertretenen Berufsstand der Messingschmiede, die verschiedene Berufsbezeichnungen hatten, vgl. *Pfeiffer*, Nürnberg, S. 176 und 226. Für 1547 ist die Meisterernennung eines »Ägidius [= »Dilling«] Hainlein, drechsler« verzeichnet, vgl. Nürnberg StadtArch, E5, Rotschmiede Nr. 79, fol. 7r. Zum Jahr 1565 findet sich die Eintragung des Totengeläuts für seine Ehefrau: »Barbara Egidius Henlin, rothschmidin am Mellmarckt« (*Burger*, Totengeläutbücher 3, S. 296, Nr. 8142).

Nr. 496
De unico mediatore
1551

Bearbeitet von *Hans Schulz*

s. o. S. 49-299, Nr. 488/496.

Nr. 497
Osiander an Herzog Albrecht
Königsberg, 1551, November 5

Bearbeitet von *Gunter Zimmermann*

Handschriften:

a: Berlin GStAPK, XX. HA StA Königsberg, HBA J2, 1551 November 5 (K. 976), autogr. Ausf. Der Brief selbst ist unfoliiert; die Foliierung wurde vom Bearbeiter vorgenommen.

b: Berlin GStAPK, XX. HA StA Königsberg, HBA J2, 1551 November 5 (K. 970: Abschriften verschiedener Briefe, meistens von Osiander, an den Herzog Albrecht, fol. 17v-21r), zeitgenössische Kop.

Edition:

Ed. 1: *Lehnerdt*, Auctarium, S. 114-122, Nr. 109, nach b.
Hs. b und Ed. 1 werden textkritisch nicht berücksichtigt.

Dankt für einen Brief Herzog Albrechts; berichtet von zahlreichen Provokationen und Zwischenfällen, in die Herzogin Anna Maria, Joachim Mörlin und Georg v. Venediger verwickelt waren; wird von Erasmus Reinhold die ›Preußischen Tafeln‹ zugeschickt erhalten; die Wittenberger werden nichts gegen ihn veröffentlichen; das Flugblatt »Wie fein der rabe Osiander primarius ...« sorgt für Aufregung; auch Erzählungen von Angriffen auf den Buchhändler Adrian Krüger haben sich als Gerücht erwiesen; Petrus Artopäus und Johannes Brenz loben Osianders theologische Argumentation; erinnert an die Auszahlung des dem Pfarrer Matthäus Vogel zugesagten Betrags, die Balthasar Gans und Caspar von Nostitz bisher verweigert haben.

[1r:] Gottis gnad, frid und barmhertzigkait wunsch ich eur F.D. sambt erpietung meiner unterthanigen, willigen dinst und armen gepets fur E.F.D. lang leben, fridlich regiment, zeitliche und ewige wolfart alzeit. Durchleuchtiger, hochgeborner furst, gnediger herr!

Das ich[a] eur F.D. bis anher[1] von der zeit ires abraisens[2] nichts geschriben, ist allain darumb unterblieben, das ich nicht sonders[3] zu schreyben gehabt, das nicht pil-

a) danach verwischt: von: a.

1. jetzt.
2. Herzog Albrecht hatte sich Anfang Oktober 1551 ziemlich plötzlich entschlossen, zum polnischen König nach Wilna zu reisen, vgl. *Koch*, Briefwechsel, S. 529.
3. Besonderes.

licher[4] und pesser von andern kont und solt geschriben werden dan von mir. Zudem dieweil mir meine herrn in der Alten Stat den inhalt eurer F.D. schreybens[5] anzaigten, vermutet ich daraus, villeicht unrecht, eur F.D. hette mir zur selben zeit auch geschriben, zuvor[6] dieweil D. Morlein in seinen predigen rhumet, eur F.D. hette im geschriben[7], wie ich hernach anzaigen will[8]. Dieweil mir aber kain brief wurd, must ich in anfechtung stehn[9], als mochte eur F.D. schreiben an mich unterschlagen sein und vil mer, was ich eur F.D. schreyben wurd, unterschlagen werden, sinteinmal lauter[10] zu sehen, das meines sons, D. Andreassen[11], und m[agister] Funcken[12] brief an ire hausfrauen, eh dan sie uberantwortet[13], geoffnet warn. Als ich aber eur F.D. schreyben, am 27. Octobris gegeben[14], empfangen hab den ersten Novembris, hab ich nicht mogen unterlassen, eur F.D. zu beantworten.

Und danck zum ersten dem Almechtigen durch Jesum Christum, seinen son, das er eur F.D. bis anher gesund erhalten und, dise fahrliche rayß glucklich auszurichten, gelaitet und geholfen hat, dann ruchtbar gewest, eur F.D. solte in k[öniglicher] m[ajestät] ungenade sein[15], darauff etliche Kneiphofer gemumelt[16], wo das gewiß sein würd, sie wolten woll wissen, wie sie sich gegen eur F.D. halten solten, dessen vil guthertziger leut erschrocken.

Ich danck auch eur F.D. ires gnedigen, guten willens gegen mir und den meinen, das sie so gnedig begert zu wissen, wie es mir [1v:] gehe, und zaig darauff eur F.D. unterthanigst an, das ich sambt den meinen in zimlicher[17] gesundhait pin, Got sey lob und danck. So vil aber andre geschefft belangt, geht es zimlich ungeschickt zu, und pin in eur F.D. abwesen auff dismal herter mit allerlay ungeheürn, unnaturlichen und unmoglichen lugen beschwert worden, dan vormals ye geschehen, also das ichs nicht schreyben mag noch zu schreyben fur gut ansihe. Will allain die allergeringsten anzaigen, durch welche eur F.D. in erfarung mocht kommen, wer die authores solcher ungeheurer reden seien.

4. angemessener.
5. Vgl. den Brief Herzog Albrechts an den Rat der Alten Stadt vom 3. Okt. 1551, Berlin GStAPK, XX. HA StA Königsberg, HBA Konzepte J2, 1551 Oktober 3 (K. 1302).
6. besonders.
7. Vgl. den Brief Herzog Albrechts an Joachim Mörlin, Berlin GStAPK, XX. HA StA Königsberg, HBA Konzepte J2, 1551 Oktober 3 (K. 1302).
8. Vgl. u. S. 357,18-24.
9. befürchten.
10. deutlich, klar.
11. Andreas Aurifaber, Leibarzt Herzog Albrechts, vgl. zu ihm u. A. Bd. 9, S. 258, Anm. 35, Nr. 394.
12. Hofprediger Johannes Funck, vgl. zu ihm u. A. Bd. 9, S. 67, Anm. 6, Nr. 364.
13. ausgehändigt.
14. Dieses Schreiben konnte nicht ermittelt werden.
15. In den Beziehungen zwischen Herzog Albrecht und dem polnischen König ergaben sich immer wieder politisch bedingte Spannungen, vgl. z.B. *Hubatsch*, Albrecht, S. 249f.
16. vorsichtig geäußert.
17. angemessener, leidlicher.

Als eur F.D. hinweggeriten[18] und mein gnedige frau[19] doctor Moerlein in seinem haus besucht, in auch volgend im schloß hat lassen predigen, all sein predig besucht, in meiner predig kaine mer kommen, bin ich bey irer F.D. angegeben und in der gantzen stat ausgetragen[20], als solt ich ir F.D. sambt dem marschalck[21] am sontag, den 18. Octobris, in meiner predig offenlich und mit namen in pan gethon haben und dem teufel ergeben, so ich doch nicht ain ainig[22] wort geredt noch gedacht hab, das man dahin mocht deuten, wolt auch ungern den allergeringsten menschen dergestalt in pan thun, zu dem das ich irer F.D. furhaben nicht allain in meinem hertzen, sonder auch bey andern leuten, die sich hart darab entsetzt, entschuldigt hab und gesagt, ich zweifel nicht, es geschehe aus sonderm rhat und werd was guts daraus ervolgen, dan ich gedacht an die Esther, die den Haman zu gast lude[23], und hoffet, ich armer Jud Mardocheus[24] wolte dardurch aus dem hatz kommen[25], wie ich noch hoff. Hierauff mag nun eur F.G., da sie es fur gut ansihet, ir gemahel fragen, wer ir F.D. vom pan gesagt hab, dan das geschray ist so starck gangen, das mir gerhaten wurd, ich solt mich bey irer F.D. entschuldigen, wais auch, das es ir F.D. [2r:] etlichen geklagt hat. Das ich aber still geschwigen, ist aus grossen ursachen geschehen.

Vil andre und noch beschwerlichere reden sein wider mich gangen, die ich nicht mag schreyben. Doctor Morlein aber hat sich auff der cantzel also lassen hören, eur F.D. hab im geschriben, er soll das volck vleyssig vermanen zu piten – was er weiter geredt, wais ich nicht, es habens aber fast alle menschen also verstanden, wie ich etlich daruber gefragt und in der gantzen stat ruchtig ist –, das Got der almechtig eur F.D. wolte erledigen[26] aus dem irthumb, darin eur F.D. verhafftet sey. Soll also eur F.D. in solcher irer schrifft bekennet haben, das sie in irthumb stecke etc. Also hat mans aus doctor Moerleins mund verstanden[27].

Und ob in wol die sach zwingt, von seiner rechtfertigung etwas stiller zu sein, so lest er doch sein lestern nicht, sonder hat neulich an einem sontag in der predig gesagt, man solte mich mit ruten zur stat hinaus hauen lassen.

Aus disen zwaien reden Morleins ist entstanden, das ir vil wollen wetten, wan eur F.D. wider zuhause kom, so werde sie mir den predigstul verpieten, etlich, man werd

18. zum Besuch des polnischen Königs; vgl. o. vor und mit Anm. 15. Reisebeginn war der 5. Okt., vgl. Mörlin, Historia, Bl. S1a.

19. Herzogin Anna Maria; vgl. zu ihr u. A. Bd. 9, S. 69, Anm. 19, Nr. 364; S. 314, Anm. 19, Nr. 409 u. ö. Vgl. auch *Stupperich*, Osiander, S. 222f.

20. verleumdet.

21. Friedrich von der Oelsnitz (um 1485-1553), seit 1533 Obermarschall, von Anfang an ein Gegner Osianders, vgl. Altpreußische Biographie 2, S. 478.

22. einziges.

23. Vgl. Est 5,8; 6,14 und 7,1-10.

24. Vgl. Est 2,5f u. ö.

25. Vgl. *Grimm*, Wörterbuch 4,2, Sp. 560.

26. befreien.

27. Aus dem überlieferten Brief Herzog Albrechts (vgl. o. Anm. 7) lassen sich derartige Aussagen nicht entnehmen. Es ist möglich, daß Mörlin diese Gedanken aus den Unterredungen mit Herzogin Anna Maria gewonnen hat, die seiner Auffassung nach im Auftrag ihres Mannes handelte, vgl. *Koch*, Briefwechsel, S. 529.

mich aus dem lande jagen, etlich, man werd mich mit ruten ausshauen, etlich, man werd mich verprennen, wan ich nicht widerruffe. Und hat sunderlich einer im Kneiphoff umb 10 last[28] saltz wollen wetten, man werd mir vor weyhenächten das predigen verpieten.

Sovil eur F.D. befelh belanget, an die drey stett gethon[29], haben sich die Altenstetter wolweyßlich und ernstlich erzaigt, ein mandat angeschlagen alle sontag und predigtag bis anher, das nymand tadelt, die Kneyphofer ein solchs, daraus, wie ich hoer, die leser verstanden, das ine nicht ernst, ist bey 6 stunden gestanden und sinther nicht mer gesehen. Vom Lebenicht hab ich nichts sonders gehort. [2v:]

Unser rector aber, D. Georgius Venediger[30], hat ein mandat angeschlagen, darin dise wort das haubstuck sein: Scripsit ad nos illustrissimus princeps et serio mandat, ut scholasticos ad modestiam et tranquillitatem adhortemur. Praecipue vero interdicit, ne quis vim ullam d[omino] Osiandro intentet aut schedulas, quas pro more scholae[b] de suis lectionibus forte affigat, confoedet vel discindat. Quare omnibus praecipimus scholasticis, ut quieti sint et ab omni violentia ac petulantia sese contineant nobiscumque non corporalibus, sed spiritualibus armis, quae ex verbo Dei nobis subministrantur, adversus satanam pugnent[31].

Wiewol im senatu scholastico ist meldung geschehen, das er soll gedencken und nichts in das mandat einmengen, das mich mocht beschweren, so hat ers doch nicht gehalten, sonder die mainung geben, man soll wider mich als wider den teufel oder teufelsdiener nicht mit solchen kindischen waffen, sonder sambt dem rector und seinem anhang mit andern waffen kempfen, deren ich doch noch kains aus der heiligen schrifft herfurgebracht gesehen, gespürt oder geschmeckt hab. Dis mandat ist von vilen abgeschriben und, mich zu verkleinern[32], ausgeschickt, wirts auch nymand anderst verstehn, dan wie ich geklagt. Ist nun das eurer F.D. gehorsam gelaist und mit rhat des senats und nicht wider den aid gehandelt, so verstehe ichs nicht.

Solche ding und, was ich noch schweyg, mochten wol ein steheln[33] man waich machen. Aber ich kan noch woll adamantin[34] sein. Allain pricht mir das hertz, das so

b) danach gestr.: suis: a.

28. Im Handel Bezeichnung für eine größere Gewichtseinheit von örtlich allerdings höchst unterschiedlichem Umfange; vgl. *Grimm*, Wörterbuch 6, Sp. 250.

29. Vgl. Herzog Albrechts Schreiben vom 5. Okt. 1551, Berlin GStAPK, XX. HA StA Königsberg, HBA Konzepte J2, 1551 Oktober 5 (K. 1302), außerdem *Stupperich*, Osiander, S. 181. Zu Königsberg gehörten damals die drei selbständigen Kommunen Altstadt, Kneiphof und Löbenicht, vgl. u. A. Bd. 9, S. 68, Anm. 7, Nr. 364 u. ö.

30. Der Theologe Georg v. Venediger (vgl. zu ihm u. A. Bd. 9, S. 561, Anm. 10, Nr. 443) war im Wintersemester 1551/52 zum Rektor der Universität gewählt worden, vgl. *Hubatsch*, Albertus-Universität, S. 69.

31. Zum Inhalt des Mandats vgl. das Schreiben Herzog Albrechts an Rektor und Senat der Universität Königsberg vom 5. Okt. 1551, Berlin GStAPK, XX. HA StA Königsberg, HBA Konzepte J2, K. 1302.

32. herabzusetzen.

33. stahlharten.

34. diamanten.

vil seelen, fur die Christus gestorben, so greulich verergert, verfurt und mit teuflischen lugen und mordischen neyd vergifftet werden, das zu besorgen, das gifft sey in vil jarn nicht wider auszuheben. [3r:]

Von Witteberg wais ich noch nichts anders, dan das magister Erasmus Reinhold[35] mir zum freundlichsten geschriben und angezaigt, das die ›Tabulae Prutenicae‹[36] ausgangen und er schick mir und meinem aiden[37] yedem ein exemplar, zuforderst aber eur F.D. Bin derselben all stund gewertig, bit, mich zu verstendigen, ob ichs eur F.D. zuschicken oder bis auff ir zukunft[38] verwarn soll. Er schreybt auch darneben an m[agister] Jagenteufel[39], als wissen sie zu Wittemberg noch nicht, warumb doch meine feind wider mich fechten oder fehls an mir haben, daraus ich vermute, das sie noch lang wider mich nicht schreyben werden, wie etlich gern wolten und, als schon geschehen, lang gerhumet haben. Und wiewol ich mich derhalben eins gantzen wolckenpruchs von puchern wider mich versahe, die man nicht auff wagen, sonder auff schiffen zufurn muß, ist doch nichts daraus worden, dan das meine und Morleins brief gegeneinander, wie er sie vor schrifftlich ausgestreuet, mit etlichen seinen vorteylischen unterreden[40], wais nicht, wo oder durch wen, getruckt kommen[41]. Sein drey pogen. Desgleichen ist ein offner pogen papirs, auff einer seiten allain getruckt, ausgangen on den namen des tichters, truckers und orts, ein recht libell famoß[42], untersteht sich zu beweysen, das mein lehr des Luthers widerwertig sey, furt kain schrifft, schleust nichts, sonder lestert mich, wie solcher vogel art ist[43]. Und das sein alle nova von Witteberg und sonst nichts.

Vom Adrian[44], unserm buchfurer[45], ist gesagt, er sey zu Leyptzig[46] verstrickt wor-

35. Erasmus Reinhold (1511-1553), aus Saalfeld/Thüringen stammend, hatte 1536 an der Universität Wittenberg den Lehrstuhl für höhere Mathematik, d.h. Astronomie, übernommen. Er war ein einflußreicher Anhänger der kopernikanischen Konzeption, vgl. *Burmeister*, Rhetikus 1, S. 28.

36. Eine von Erasmus Reinhold aus dem kopernikanischen System entwickelte Sammlung von Rechenvorschriften für die Vorhersage der Planetenbewegungen, 1551 veröffentlicht, vgl. *Schmeidler*, Kopernikus, S. 182f. – Osiander selbst hatte 1543 das Hauptwerk von Kopernikus mit einem Vorwort versehen und drucken lassen; vgl. u. A. Bd. 7, S. 556-568, Nr. 292.

37. Schwiegersohn.

38. Ankunft.

39. Vgl. zu ihm u. A. Bd. 9, S. 746, Anm. 2, Nr. 482 Beil.

40. voreingenommenen Bemerkungen, vgl. *Grimm*, Wörterbuch 11,3, Sp. 1718.

41. Die theologische Korrespondenz zwischen Osiander und Mörlin vom April 1551 wurde vermutlich im Sept. oder Okt. gedruckt, vgl. u. A. Bd. 9, S. 618, Druck A (mit Anm. 3), Nr. 454.

42. Pamphlet. – Gemeint ist die Flugschrift: »Wie fein der rabe Osiander primarius ...«, vgl. *Stupperich*, Osiander, S. 238f.

43. Vgl. zu dieser Schmähschrift die Einleitung zu Osianders Erwiderung ›Wider den lichtflüchtigen Nachtraben‹, u. S. 398f, Nr. 505.

44. Adrian Krüger, vgl. *Gause*, Königsberg 1, S. 275.

45. Buchhändler.

46. In Leipzig fanden im Frühjahr und Herbst die bedeutendsten Buchmessen des deutschen Reiches statt, vgl. HDWSG 1, S. 443.

den umb meiner puchlein ›Confession‹[47] willen. Und da mans hie am allerhefftigsten saget, da kam er, und ist nichts dran gewest. Der erstling aber, der mein ›Confession‹ gelesen, geurtailt und mir geschriben, ist Petrus Artopoeus, superattendent zu Stetin. Hat mich mit einem feßlein schoner opfel verehret. [3v:] Dessen schreybens gantze copey hab ich hie beygelegt[48].

D. Joh[annes] Brentius schreybt mir auffs allerfreundlichst, zaigt an, wie er gehalten werd, neulich in Engelland an Butzers stat[49] gefordert, aber nicht hab abkommen mogen, meldet auch, er kon nicht verstehn, warumb wir streitten[50], on zweifel daher, das er nicht glaubt, das mein lehr, die er woll wais, von ymand, sonderlich von eurer F.D. zugethonen, solt getadelt werden. Kan aber nicht achten, das er mein ›Confession‹ gesehen, sonder allain die ›Disputation‹[51]. Ich verstehe auch, das er, weil[52] sein furst[53] auffrichtig[54], nicht kan noch wil weg stellen[55]. Soferne aber demselben was zustunde, das er bey im nicht bleyben kondte, so wolt er aintweder in Dennemarck oder in Preussen. Bit mich auch, eur F.D. hochsten und unterthanigsten danck zu sagen des gnedigen willens gegen ime, den er auß eur F.D. schriffte, die ich im zugeschickt[56], verstanden hab.

Frau Sophia, weiland N. Gablerin, wirtin zum Gulden Creutz zu Nurmberg[57], eur F.D. gevatter, ytzo aber Veiten Geylels von Presburg, k[önig] Ferdinandt kriegssecretarien etc.[58], ehlich gemahel, zu Langingen[59] wonend, lest eur F.D. unterthanigst grussen, schreybt mir[60], wie ir gemahel in Sibenburgen geschriben, das der Turck vier starcke her hab und sie teglich gewarten, wan er sie aus Sibenburgen zu

47. Osianders Schrift ›Von dem einigen Mittler‹, vgl. o. S. 78-300, Nr. 488.

48. Vgl. den Brief Peter Artopäus' vom 5. Okt. 1551, o. S. 331-333, Nr. 494.

49. Martin Bucer war am 1. März 1551 in Cambridge gestorben, vgl. z.B. TRE 7, S. 264.

50. Zu diesen Angaben vgl. den Brief Johannes Brenz' vom 23. Aug. 1551, u. A. Bd. 9, S. 754-757, Nr. 486.

51. Wohl die ›Disputatio de iustificatione‹, die in zweiter Auflage zusammen mit der ›Disputatio de lege et evangelio‹ gedruckt wurde, vgl. u. A. Bd. 9, S. 506f, Nr. 431.

52. solange.

53. Herzog Christoph von Württemberg (1550-1568, geb. 1515); vgl. zu ihm ADB 4, S. 243-250, und NDB 3, S. 248f.

54. aufrecht, noch am Leben.

55. weggehen.

56. Vgl. u. A. Bd. 9, S. 754,4-6, Nr. 486.

57. Vgl. zu ihr *Burger*, Totengeläutbücher 3, S. 213, Nr. 5710. – Es dürfte sich um die bereits um 1500 bekannte Gastwirtschaft ›Zum goldenen Kreuz‹ in der Zisselgasse, der heutigen Albrecht-Dürer-Straße, in der Sebalder Altstadt handeln, vgl. das Verzeichnis der Wirtschaften Nürnbergs (Nürnberg StadtArch, Av3213, 4°), Bl. 142.

58. Die von Gail (Gayl, Geyl), am 12. Mai 1545 wegen ihrer Verdienste um das Haus Habsburg in den Reichsadel erhoben, stammen aus dem Bistum Lüttich und sind um 1400 in Köln nachweisbar, vgl. Adelsgeschlechter 2, S. 294. Über Veit v. Gail ist jedoch leider nichts bekannt.

59. Der Ort konnte nicht ermittelt werden; vielleicht ist Lauingen an der Donau gemeint. Möglicherweise handelt es sich um einen Schreibfehler.

60. Der Brief von Sophia von Gail, der nur kurze Zeit vorher Osiander erreicht haben dürfte – dafür spricht die als letzte Information gleichsam nachgeschoben wirkende Mitteilung Osianders –, konnte nicht gefunden werden.

schlagen werd unterstehn[61] etc. Was sie irenhalben schreybt, will ich eur F.D. vermelden, wan eur F.D. wider zuhaus kombt. Es ist nichts notigs noch eill werck[62].

Das hab ich, durchleuchtiger, hochgeborner furst und herr, auff eur F.D. begern, wie es mir gehe, wollen anzaigen. Eur F.D. wolle mir das lang geschwetz zugut halten[63]. Wais ytzo sonst nichts, das eur F.D. zu melden, dan das [4r:] ich weder von Balthassar Gansen[64] noch vom rendtmaister[65] kain gelt bekommen kan, so mich doch der pfarher zu Welau[66], dem die 300 fl. zugehoren, unfreuntlich und mir gar beschwerlicher weyse manet. Versihe mich, eur F.D. werde doch einmal schaffen, das sie den ernst spüren und ich aus der last komme. Es ist der gantz rest 419 taler, deren 250 man mir Michaelis nechstverschinen vor ainem gantzen jar[67] solt bezalt haben, den ubrigen rest zu Ostern nechstverschienen[68]. Bit derhalben eur F.D. nachmals, wollen der sache abhelfen. Das will ich umb eur F.D. unterthanigst zu verdienen geflissen sein.

Der Almechtig wolle eur F.D. langwirig[69] in glucklichem und gotseligen regiment, iro selbs und allen unterthanen zur furdrung der seligkait, gnedigklich erhalten. Amen.

Bedanck mich auch der mitgetailten zeitungen[70], mich unterthanigst befelhende.

Datum in Konigsperg, den 5. Novembris anno Domini 1551.

E.F.D. williger, unterthaniger

Andreas Osiander etc.

61. Wegen der in seinen Augen widerrechtlichen Übertragung der Herrschaft über Siebenbürgen an König Ferdinand von Ungarn erhielten Mehmed Sokollu, der Beglerbeg von Rumelien, und andere Statthalter im September 1551 den Befehl des Sultans, Truppen zu sammeln und Siebenbürgen zu erobern, vgl. *Huber*, Erwerbung, S. 518.

62. dringende Angelegenheiten.

63. nicht verübeln.

64. Zu ihm vgl. u. A. Bd. 8, S. 117, Anm. 14, Nr. 300.

65. Caspar von Nostitz; zu ihm vgl. u. A. Bd. 9, S. 550, Anm. 42 und 43, Nr. 439.

66. Matthäus Vogel; zu ihm vgl. u. A. Bd. 9, S. 256, Anm. 9, Nr. 394. – Zu dem von dem Altstädter Pfarrer im folgenden geschilderten Vorgang vgl. a. a. O., S. 748,8-749,6, Nr. 483.

67. 29. Sept. 1550.

68. 29. März 1551.

69. lange.

70. Nachrichten.

Nr. 498
Osiander an Herzog Albrecht
Königsberg, 1551, November 13

Bearbeitet von *Gunter Zimmermann*

Handschrift:

a: Berlin GStAPK, XX. HA StA Königsberg, HBA J2, 1551 November 13 (K. 970: Abschriften verschiedener Briefe, meistens von Osiander, an den Herzog Albrecht, fol. 21v-22v), zeitgenössische Kop.[1]

Edition:

Ed. 1: *Lehnerdt*, Auctarium, S. 122-124, Nr. 28, nach a. Ed. 1 wird textkritisch nicht berücksichtigt.

Schlägt einen Pfarramtswechsel für Labiau vor; berichtet über die polemischen und blasphemischen Predigten Mörlins; bittet, ihm jedesmal sogleich im Druck antworten zu dürfen.

[21v: Adresse:] Dem durchleuchtigen, hochgebornen fursten und herrn, herrn Albrechten, marggraven zu Brandenburg etc., hertzogen in Preussen etc., meinem gnedigen herrn zu eignen handen.

[22r:] Gottes gnad sambt mein underthenigen, willigen dinsten zuvor. Durchleuchtiger, hochgeborner furst, gnediger herr!

Ich hab E.F.D. den 5. Novembris geschrieben[2], versiehe[3], es sei geantwortet[4], derhalben ich auch itzo nicht viel zu schreiben weis. Es sein zwene feine priester zu mir komen, einer, Johannes Lenckener[5], pfarherr zu Labda[6], ein betagter, schwerer[7] man, der zeigt an, er konne seiner pfarr nicht mehr vorstehen, es sei im der muhe und arbeit beide im haushalten und der kirchen zuviel, der ander, Vincentius Snetal[8], pfarher zu Rossiten[9], der sagt, er hab vorgunst[10] von seinem[a] kirchspil, das er moge

a) danach gestr.: pfarherr.

1. Das Autograph des Schreibens konnte nicht ermittelt werden.
2. Vgl. o. S. 355-361, Nr. 497.
3. erwarte.
4. übergeben.
5. Vgl. zu ihm *Moeller*, Altpreußisches Pfarrerbuch, S. 82.
6. Laptau, Dorf ca. 20 km nördlich von Königsberg.
7. schwerfälliger.
8. Über ihn konnte nichts in Erfahrung gebracht werden.
9. Dorf an der Ostsee, ca. 50 km nördlich von Königsberg. – In *Moeller*, Altpreußisches Pfarrerbuch, S. 78 ist als erster evangelischer Pfarrer dieser Gemeinde Johann Woyser (1555-1565) genannt.
10. Genehmigung.

die pfarr zu Labda annehmen. Ferner sagen sie beide, das solchs Joachim Borck[11], vogt zu Vischausen[12], von E.F.D. wegen[13] zugelassen hab, und sagten mir solchs an [als][b] dem vicepresidenten[14], damit ich auch wissen hette. Wan nun solcher wechsel E.F.D. gefelt, so mus man einen andern gen Rossiten haben. Bitt, E.F.D. wolle mir bericht thun, dan der alt von Labda wolt auch gern wider ein leichte condition[15] haben und sol der wechsel erst auf Ostern geschehen.

Auch ist ein feiner, gelerter Poll, ein stipendiat, gewest, der begert auch ein conditionem ecclesiasticam, kan aber kein sprach dan Lateinisch und Polnisch, ist ein feiner, gelerter, junger man[16].

Auch kan ich E.F.D. nicht bergen, das, nachdem m[agister] Funck am sontag vergangen[17] ein vermanung an D. Morlein geschickt hat[18], ist er volgende mitwoch und donnerstag in seinen predigen so ungeschickt gewest als vor nie, beide mit schelten und falscher lehr, gibt uns schult, wir wollen ein blutbad anrichten, so ich im doch [22v:] noch sunst niemand nicht mit einem einigen[19] wort beledigt hab. Was Paulus[c] von im selbest und seinem leben redet vor der bekerung zun Rom. am 7. [5-25] und Philippern am 3. [4-7], das deutet er auf S. Pauli leben, nachdem er bekert und den h[eiligen] Geist empfangen, welchs nicht allein irrig, sonder auch lesterlich ist. Hab derhalben die meinung Moerlins, wie sie etlich aufgeschrieben, hiemit eingeschlossen[20].

Ich wolt je zu zeiten gerne nur einen bogen oder zwene trucken lassen und solche spruche, die Moerlin unrecht deutet, recht auslegen, das mans alsbalt den andern[21] oder dritten tag mocht lesen, wan E.F.D. mir das vergonnen wolt. Dan sol ichs alweg[22] vorhin E.F.D. zuschicken[23], so verlaufft die recht gelegenheit und ich kom zu

b) konj. für: an (Ditt.).
c) danach gestr.: sonst.

11. Joachim von Borcke (um 1500-1572) trat 1541 in den Dienst des Herzogs ein und wurde nach seiner Tätigkeit in Fischhausen 1558 zum Obermarschall berufen, vgl. Altpreußische Biographie 1, S. 71.
12. Kleinstadt, ca. 35 km westlich von Königsberg.
13. in E.F.D. Namen.
14. Osiander war Anfang des Jahres 1551 zum Vizepräsidenten des Bistums Samland ernannt worden, vgl. u. A. Bd. 9, S. 636, Anm. 66, Nr. 458.
15. Arbeitsbedingung; Pfarrstelle.
16. Der Name dieses Stipendiaten konnte nicht ermittelt werden.
17. 8. Nov.
18. Das Schreiben Funcks an Mörlin vom 7. Nov. 1551 ist abgedr. *Hase*, Hofprediger, S. 167-170.
19. einzigen.
20. Wie das Original selbst ist auch diese Beilage verlorengegangen.
21. zweiten.
22. immer.
23. Am 15. Juli 1551 hatte Herzog Albrecht den Königsberger Theologieprofessor gebeten, er solle jede Stellungnahme zu Aussagen seiner Gegner zuerst ihm vorlegen, vgl. u. A. Bd. 9, S. 706,7-11, Nr. 476.

langsam. Er hat am mitwoch den spruch: Das gesetz ist gaistlich[24], so ungeschickt gehandelt, das es zu erbarmen ist. Ich hette gerne alsbalt den rechten verstand[25] gegeben, so ist mir der truck zum allerhefftigsten gesperret. Darumb mus ichs gehen lassen, wie es geht.

Bitt E.F.D. umb gnedige antwort, der ich mich auch underthenigst hiemit befilhe.

Datum Konigsperg, 13. Novembris anno 1551.

E.F.D. williger, underthaniger

A. Osiander

24. Vgl. Röm 7,14.

25. Verständnis.

Nr. 499
Herzog Albrecht an Osiander
Tilsit, 1551, November 14

Bearbeitet von *Gunter Zimmermann*

Danzig BAW, Ms. 1326, fol. 82r-85v (84v.85r leer), autogr. Ausf.

Antwortet Punkt für Punkt, aber ohne wesentlich weiterführenden Inhalt, auf Osianders Schreiben vom 5. November.

[85v: Adresse:] Dem achparen und hochgelerten, unserm rat, vatter und gevattern, hern Anderea Oseandro etc., zu s[einer] l[iebden] eigen hant etc.

[82r:] Gottes gnad unde barmherczigkeit zuvorn! Geliebter vatter und gevatter[1]!

Euers hochen wunsch von Got und treuen erbitens euers dinstes und gebetes thu ich mich gancz hochlich bedancken. Das ir aber anzeigen thut, das darumb verpliben[2], das andre etc. pilliger solches thun solten[3], zum andern, was euer vermutung gewest etc.[4], ist nit an[5]. Es mogen wol sein, dy mehr mus[6] als ir zu schreiben. Dy vermutung aber belangendt, ist nicht an, es mag von mihr sc[h]lecht bedacht sein, das nit vonnoten, euch als dem gehorsamen zu schreiben. Was derhalben ubersehen und nicht bedacht, bitte ich umb verzeihung, den ich wil mich nicht versehen einiger unterschlahung[7].

Das aber das vermuten gestercket, weil euers sones und Funckii briff an ire hausfrauen, ehe dan si uberantwordet[a], geoffent[8], stehet keinem frumen zu, wen es furseczig beschihet. Were hirumb gut, das man auff den grundt keme, so wolt ich auch sehen, was mihr gepuret. Bedancke mich, das ir, mihr zu antworten, nicht unterlassen etc. Dem lieben Got sey auch lob und danck gesagt, der euch und uns alle gesunt erhalten.

Das aber ruchpar gewesen und etzliche Kneiphofer gehoffet[9], dancke ich Got, der

a) korr. aus: uberantworrdet.

1. Herzog Albrecht war Taufpate bei Osianders Tochter Anna Elisabeth, vgl. u. A. Bd. 9, S. 366,12f, Nr. 416.
2. unterblieben.
3. Vgl. o. S. 355,6f, Nr. 497.
4. Vgl. o. S. 356,3-5, Nr. 497.
5. (ist nicht ohne:) trifft zu.
6. Muße haben.
7. auch nur eines einzigen Versäumnisses.
8. s. o. S. 356,7-9, Nr. 497.
9. Vgl. o. S. 356,14-17, Nr. 497.

seine schaff vor den wolfen zu behuten weis. Der were[10] weiter und las nicht zu, was mihr bos leut gunnen.

Der dancksagung meines guten willens kegen euch[11] ist nicht hoch vonnoten, sunder mihr gepuret fylmehr, euch zu dancken fur dy geistlichen woldat, mihr erzeiget. Got, der wolle euchs noch belonen und mich in aller danckparheit kegen euch erhalten. Amen.

Und solt euch gewislich zu [b][m]i[h]r tr[öst]en[b], das mihr euer und aller der euern wolfart zum hogsten erfreulich, und kan euch allen immer so wol gehen, ich gunte es euch dausentmal mehr und besser. Ist mihr auch ein grosse freude, das ir alle gesunt.

Das aber in anderm thun zimlich ungeschickt gehet[12], ist mihr leit, das ichs itziger zeit nit pessern kan. Mus mit meinem herren Christo leiden und das [Kreuz][c] tragen, hoffe aber, er werde uns alle einmal erretten.

Das ir aber mit solchen sweren lugen bedastet worden, mehr den vor[13], hore ich nicht gern. Aber das sol unser freude sein, das dy bosen [leu]t[d] keyn warheit reden, und gibt dy geringste anzeigung genung, was fur geister si sein, [so][e] solches anrichten. Hoffe auch, ich wolle noch etwas von derselben erfaren – [ic]h[f] here bereit[s] ein vogelein. [82v:] Got gebe, [daß][g] dis nurt [!] vortsinge. Und ist meines abwesens fyl beschehen, das mihr auch gar nichts gefallen, habe auch unbeschriben nicht gelassen. Aber in suma, es sindt lange hemder und kurcze sinn[14], und der reicher das groste, den dy leut sein leicht zu ferfuren. Sich an si nicht keren, dem ps[almis]ta volgen: Noly [!] confidere[15] etc., hab mich horen lassen. Pin gewis, das ir dem zu glug und gluger [als][h] Morlein, der mich nit geschonet, Got vergeb es im, domit ich mein vaterunser recht bete. Ir aber habt weislich gethon mit euer entschuldigung und gedancken[16], wywol solche leut nit den verstandt zu solchen sachen haben. Was aber beschehen, ist ane meinen bewust, das weis Got. Bins auch ubel zufriden. Was sol ich aber thun, das ich nicht bos erger mach etc.

Was mein schreiben anlanget[17], ist nit gar erlogen, sunder wahr, das ich Morlen geschriben[18], darzu er mich verursachet mit einem schreiben, das mihr auff fischerey

b-b) konj. (die in Klammern gefaßten Buchstaben sind durch Tintenfleck unleserlich).
c) im Text als Kreuzeszeichen geschrieben.
d) konj. (die in Klammern gefaßten Buchstaben sind durch Tintenfleck unleserlich).
e) konj. (durch Tintenfleck unleserlich).
f) konj. (die in Klammern gefaßten Buchstaben sind durch Tintenfleck unleserlich).
g) konj. – h) konj.

10. wehre, behüte.
11. Vgl. o. S. 356,18f, Nr. 497.
12. Vgl. o. S. 356,21, Nr. 497.
13. s. o. S. 356,22f, Nr. 497.
14. wohl: es sind unverständige Leute. Zu dieser Redewendung vgl. *Grimm*, Wörterbuch 5, Sp. 2825.
15. Ps 146,3 [Vg.].
16. Vgl. o. S. 357,8-12, Nr. 497.
17. Vgl. o. S. 357,18, Nr. 497.
18. Dieser Brief Herzog Albrechts an Mörlin konnte nicht gefunden werden.

zukam[19]. Welches schreiben ich euch auff vertrauen schicke[i], bitte, ir wollest [!] weiter nicht kumen lassen. Das schreiben hab ich nicht umbgehen mogen. Weil kein schreiber vorhanden, hab ichs mit eigner hant selbst beantwort, hab aber kein copey bey mihr, den ich schrib meinem gemahel alle sachen zu, auch was ich an Morlein schribe. Hilft mihr Got heim, hoffe ich, dy schrift an mein gemahel zu erlangen, den ich sribe ir, sy solt [sie][k] mihr zu notdorft[20] behalten.

Kan mich erindern, das mit[21] ier l[iebden][22] nit zufriden, das ich in dy sach gemenget, den es trug sich zu, das sy mit mihr in rede kam und zumb hogsten bete, ich wolle ir gestaten, das si zwischen euch und Morlen handeln mochte, sy hoffet, etwas fruchpars auszurichten. Darauff ich geantwort, es sey vergebens, das wisse ich, so[23] sey sy dem handel fyl zu gering und unferstendig. Das si zugelassen, doch angehalten, es ernte so fil gutes. Hab ich ir gesagt, ich wol mit dem handel zufriden sein und von ir gehabt haben, das si sich nit mercken lasse, das ich etwas darvon wisse, weil si aber ja[24] handeln, wolle ich ir zuschreiben, mit was massen si an doctor Morlen kumen sol; ehe und zuvor si das hab, solle si gar nichts thun. Das si bewilliget und mich gefraget, ab sy auch nicht in sein predig gehen [dürfe][l], den man hylt ir hart darumb an. Das hab ich entlich[25] nicht gestaten wollen, und hat mihrs auch an mein hant zugesaget, das si's nicht thun wolle, und aber wy vor[26] gebeten. Bin ich aber voriger meinung pliben und also entlich gescheiden [!][27], das meinem bitten nachgangen solt werden. Wy im aber nachgangen, pringt das schreiben[28], [83r:] so ich euch schicke. Warauff ich ubel zufriden war, wy aus Morlein anderm schreiben[29] zu sehen, das er mein gemahel entschuldiget.

Kegen Morlein aber, sofyl ich mich noch erindern kan, war ich unduldig auff mein weib, wolt mit der sach nichts zu thun haben, were auch nicht meyn befelich und hette alle dy bedencken zuvor bey mihr selbst gehabt. Weils im den[30] so swer, mocht er sehen, was er det aber[31] lisse. Dise sach were an dy gemeine christliche kirchen ge-

i) korr. aus: schicken.
k) konj. – l) konj.

19. Der Brief Mörlins an Herzog Albrecht vom 5. Okt. ist gedr. bei *Koch*, Briefwechsel, S. 579, Nr. 21.
20. für alle Fälle.
21. sc. mit dem Brief.
22. Zu den Bemühungen Herzogin Anna Marias, im Streit zwischen Mörlin und Osiander schlichtend einzugreifen, vgl. auch o. S. 357,1-16, Nr. 497.
23. außerdem, dazu.
24. doch.
25. letztlich, schließlich, doch.
26. noch einmal wie vorher.
27. entschieden, Bescheid gegeben.
28. d.h. Mörlins Brief vom 5. Okt.
29. Dieser Brief des Dompredigers vom 8. Okt. ist ebenfalls gedr. bei *Koch*, Briefwechsel, S. 581, Nr. 22.
30. denn.
31. oder.

stellet[32], do hoft ich in kurcz einen ausgang. Darauff er mihr zum andern schreibt[33], wy ir auch zu sehen. Hang aber das daran, er solts also mit seinem predigen machen, wy er in kurcz aus dem schreiben und befelich bescheid erlangen wurde.

Kan mich aber nit erindern, ab ich mich auch in der kirchen gebete befolen aber nicht. Es wurdets aber das schreiben an mein gemahel geben. Hat sich aber daraus dis gespunnen, wy euer schreiben meldet, so were besser, mein weib het alles, was beschehen, unterlassen, domit dise ergernus auch verpliben. Und wolte im raten, es lernet[34] nit, wen man zur staupen hauen[35] solle, domit yn das ewangelium mit leren derfe: Richte nicht, das du selbst auch nicht gerichdet, und mit dem mas, domit du gern sehest, gemessen wurde, das dir auch nicht also widerfare[36], und wurt der spruch Johan' in der ersten epistel erfullet: Wer sein bruder hasset, hab dy liebe nicht. Wer den dy liebe auch nicht hat, ist auch nicht aus Got. Ist er nicht aus Got, so mus er einen andern hern haben[37] etc.

Got gebe aber dem mit den 10 losten[38] und alle, dy gern sehen, wy sy darvon reden[39], das ynen on der bruderlichen liebe das begegne, wy si gern euch geschehen sehen. Amen.

Es gehet uns auch recht nach der schrift: Weil man dy warheit nicht haben wil, schicket Got lugenrede genung – wil anders sweigen! Der rector hette auch wol fursichtiger handeln mogen[40], sol im auch von mihr nicht unter den stul gestossen sein[41].

Den lieben Got bitte ich, er stercke euch und erhalte euch in der warheit, domit ir nicht alleint ein starker diamant[m] pleibet[42], sunder den deufel mit al seinem anhangk seinen gram[43] gar verderbet. Des[44] es thut hoch vonnoten! Sihe und mercke auch, das fyl gelerter ober euch wollen zu ritter werden[45]. Ich bitte aber, Got wolle si sturczen. Amen.

Ich hore auch herczlich gern, das ir von Wittenpergk nichts anders wisset, den das magister Erasmus[n] Reinholt euch zum freuntlichsten geschriben und ›Tabulas Pru-

m) korr. – n) korr.

32. Osianders Bekenntnis ›Von dem einigen Mittler‹ war Anfang Oktober an alle bedeutenden protestantischen Fürsten und Städte versandt worden, vgl. *Stupperich*, Osiander, S. 207.
33. d.h. in seinem Brief vom 8. Okt., vgl. *Koch*, Briefwechsel, S. 581, Nr. 22.
34. lehrte (ihn).
35. niederschlagen, niederstrecken, vgl. *Grimm*, Wörterbuch 10,2,1, Sp. 1196f.
36. Vgl. Mt 7,1f.
37. Vgl. IJoh 2,9-11; 3,15; 4,20f.
38. Vgl. o. S. 358,2f, Nr. 497.
39. Vgl. o. S. 357,28-358,2, Nr. 497.
40. Vgl. o. S. 358,10-26, Nr. 497.
41. nicht vergessen werden.
42. Vgl. o. S. 358,27f, Nr. 497.
43. Kram, d.h. Geschäft, Handel, vgl. *Grimm*, Wörterbuch 5, Sp. 1988.
44. Das, dessen.
45. euch besiegen wollen. – Zu dieser Redensart vgl. *Grimm*, Wörterbuch 8, Sp. 1054f.

tenicas‹ etc. zuschicken thut. Und kan das zuschicken der tabel wol verzug leiden, bis ich zu euch kum[46]. [83v:]

Mich nymbt aber wunder, wie ers[o] gemeinen mag mit dem schreiben an m[agister] Jagendeufel[47], den ich wil euch nit pergen, das mihr von Wittenpergk[p] geschriben wurt also[48], das ir euch gewislich vermuten moget[49] eines grossen wolckenpruchs. Zweifel auch nicht, ir habet zu Kungspurgk einen tractat eines ganczen bogens, aber nurt auff dy halbe[q] seiten getruck[50], ist der tittel: »Wy fein der rab Oseander primarius mit dem erwirdigen, hochgelerten hern doctor Ma[r]tino Luterus seliger gedechtnus ubereinstimet im artickel der rechtfertigung, nachdem [er][r] rumet in al seinen schreiben, des Luters lere von der rechtfertigung sein sein lere und widerumb seine sey des Luters: [s]Doctor Martin Luter: Aus dem 7. pusps[alm], anno 26 getruckt[s]. – [t]Oseander primarius: Aus der andern disputatio, propo[sitio] 53 …, aus seinem bekentnus im pusstaben[!] S und V[t]«[51].

Mir schreibet einer von Wittenpergk, das man euer confession gar cerczerisch[!] halte auff predigstulen, auch in Oberdeuschlandt wider predig und fyl darwider schreiben wollen. Zu Nurenpergk[u] lest man sich vernemen, das ich dy predig nie do also getriben[52], und hab ein puch gesehen, das an dy marggraff geschriben, in dem der auctor kurcz das leiden Christi unser gerechtigkeit nennet[53] etc. Zweifel aber nicht, ir habt euch auff alles gerust, und wurt gewislich an[54] einer[!] grossen wolckenpruch nicht abgehen, den dy leut beginnen zu jubiliren, dy kopf aufheben und sagen, es sey unmuglich, wider dy clare spruch etwas aufpringen. Ich hore imerzu zu

o) korr. aus: es. – p) Schreibfehler: Witterpergk. – q) Schreibfehler: habe.

r) konj. nach dem Wortlaut des Titels; vgl. u. S. 398, Nr. 505.

s-s) Beide Halbsätze in zwei Zeilen auf die linke Hälfte der Seite geschrieben (wie im zitierten Flugblatt auf der linken Foliohälfte).

t-t) Die drei Halbsätze in vier Zeilen den vorausgehenden Halbsätzen auf der rechten Hälfte der Seite gegenübergestellt (wie im zitierten Flugblatt auf der rechten Foliohälfte).

u) Schreibfehler: Nmrenpergk.

46. Vgl. o. S. 359,4-8, Nr. 497.

47. Vgl. o. S. 359,8-10, Nr. 497.

48. Dieser Brief aus Wittenberg konnte nicht ermittelt werden.

49. gefaßt machen könnt.

50. Vgl. dazu o. S. 359,17-20, Nr. 497.

51. Zu dieser Flugschrift vgl. die Einleitung zu Osianders Entgegnung ›Wider den lichtflüchtigen Nachtraben‹, u. S. 398f, Nr. 505.

52. ›treiben‹ bedeutet ›einprägen‹, ›lehren‹, vgl. *Götze*, Glossar, S. 54; das Zeitwort ist hier nicht transitiv (aktiv), sondern passivisch (intransitiv) zu verstehen: »… daß mir … eingeprägt, gelehrt wurde«. Zum besseren Verständnis ist daran zu erinnern, daß Herzog Albrecht 1524 in Nürnberg durch Predigten Osianders für die Reformation gewonnen wurde, vgl. u. A. Bd. 1, S. 132, Nr. 16, u. ö. Ein zur Aussage des Herzogs passendes Schreiben aus Nürnberg konnte nicht gefunden werden.

53. In seiner Schrift ›Testimonium … contra falsam Andreae Osiandri de iustificatione sententiam …‹ hat Michael Roting diese These entwickelt, vgl. *Stupperich*, Osiander, S. 186.

54. ohne.

und bitte Got umb seinen geist, auf das ich gelerter werde. Ich forchte nichts mehr, den man werde euch gar uberschutten werden mit schriften, domit ir mehr muhe krigen. Und bin erfreuet, das etzlich gefunden, dy es mit uns halten[55], Got gebe, das[v] si's alle werden! Hoffe auch, das Prenctius auch einer sein tarf[56]; wolt Got, er were bey uns!

Kegen der Gablerin bedancke ich mich, das sy meiner gedenckt, Got vergelts ir, und so ich zu euch kum[w], wil ich gern anheren, was weiter dy gewercke sein[57].

Was aber nun euer gelt angehet[58], hat mihr dise stundt Wa[lt]hasar[59] geschriben, was verhindert, und vertrostung gethon, dardurch hoff [ich][x], d[er][y] zu Wela[60] sey entricht und ir in kurczen dagen, den es ist Got lob verhanden.

Und bitte, wolt mihr mein eilent schreiben zugute halten, den ich bin itziger zeit also mit gescheften beladen[61], hab in der nacht und halb auch schlaffend schreiben mussen[z]. [84r:] Befile euch alle sambt mihr Gottes gnaden, [er][a] behute uns und wehre[b] allem ubel und erhalte uns in seiner gnade. Amen. Grust mihr meyn liebe gevatter und euer kinder.

In eyle zur Dilse[62] geschriben, den 14. Novembris anno[c] 1551.

Albrecht etc. marg[graf] etc.

v) davor am linken Rand von anderer Hand: Brentius.
w) Schreibfehler: kunn. – x) konj.
y) Buchstaben durch Tintenfleck unleserlich.
z) Danach fälschlicherweise nicht gestr. (Ditt.): »Be-«.
a) konj. – b) korr.

55. Vgl. dazu o. S. 359,22-360,16, Nr. 497.
56. zu sein wagt.
57. anliegt. – Vgl. o. S. 360,17-361,2, Nr. 497.
58. Vgl. dazu o. S. 361,5-13, Nr. 497.
59. Balthasar Gans, vgl. zu ihm u. A. Bd. 8, S. 117, Anm. 14, Nr. 300.
60. Matthäus Vogel, Pfarrer zu Wehlau, vgl. o. S. 361, Anm. 66, Nr. 497.
61. Herzog Albrecht führte in dieser Zeit schwierige Verhandlungen mit dem polnischen König, vgl. z. B. *Koch*, Briefwechsel, S. 529.
62. Festung Tilsit, ca. 100 km nordöstlich von Königsberg.

Nr. 500
Herzog Albrecht an Osiander
[Königsberg oder Insterburg], 1551, Dezember 4

Bearbeitet von *Gunter Zimmermann*

Berlin GStAPK, XX. HA StA Königsberg, Ostpr. Fol. 1008, fol. 553v-554r, Reg. mit der Überschrift: An Andream Osiander, den 4. Decembris[1].

Bittet, den Scheidungsprozeß Hans Meurers so bald wie möglich durchzuführen.

[553v:] Gegenwertiger[2] zeiger, meister Hans Meurer[3], beclagt sich, wie ehr bey dem geistlichen recht[4] einen ehehandell ungeorthert hangende[5] habe, des entschafft[6] ehr seiner gelegenheit nach gerne sehen mochte, uns demnach inen[7] an euch[8] zu verschreiben hohes vleisses anlangen lassen. Dieweill wir dan bericht, das der guthe mann mit der person, welche ime zur ehe geben, ubel versehen worden, so haben wir ine auch sein bitlich ansuchen umb soviel weniger abtzuschlahen gewust. Demnach an euch unser gnediges begeren, ir wollet bey dem offitiall[9] und sonsten das einsehen und die verschaffung thun, damit obgedachtem Meurer schleunig rechts verholfen und ehr der personen, weil es anderer gestalt mit ihr, dann ehr sich verhoft [554r:] und ime zugesagt, sich zugetragen, lossgetzelt[10] werden mochte. Solchs gereicht etc.

A[ndreas] Muntzer[11]

1. Das Original des Schreibens konnte nicht ermittelt werden. – Der Registereintrag beinhaltet das offizielle Schreiben des Fürsten, selbst wenn es vom Kanzleischreiber gegengezeichnet wurde.
2. Vor euch stehender.
3. Über ihn ist nichts weiter bekannt.
4. Gericht.
5. unentschieden in der Schwebe.
6. Ende.
7. ihn, d.h. den Prozeß.
8. Als Vizepräsident des Bistums Samland war Osiander Vorsitzender des Ehegerichts, vgl. u. A. Bd. 9, S. 684, Anm. 2, Nr. 472.
9. Martin Lembke, vgl. u. A. Bd. 9, S. 684, Anm. 4, Nr. 472.
10. losgesprochen.
11. Zu ihm vgl. u. A. Bd. 9, S. 62, Anm. 21, Nr. 362.

Nr. 501
Osiander an Herzog Albrecht
Königsberg, 1551, Dezember 7

Bearbeitet von *Gunter Zimmermann*

Handschriften:

a: Berlin GStAPK, XX. HA StA Königsberg, HBA J2, 1551 Dezember 7 (K.976), autogr. Ausf. Das Schreiben selbst ist unfoliiert; die Foliierung wurde vom Bearbeiter vorgenommen.

b: Berlin GStAPK, XX. HA StA Königsberg, HBA J2, 1551 Dezember 7 (K.970: Abschriften verschiedener Briefe, meistens von Osiander, an den Herzog Albrecht, fol. 22v-23r), zeitgenössische Kop.

Edition:

Ed. 1: *Lehnerdt*, Auctarium, S. 125-136, Nr. 29, nach b.
Hs. b und Ed. 1 werden textkritisch nicht berücksichtigt.

Bittet um Druckerlaubnis für seine Schrift ›Wider den lichtflüchtigen Nachtraben‹.

[1v: Adresse:] Dem durchleuchtigen, hochgebornen fursten und herrn, herrn Albrechten dem eltern, marggraven zu Brandenburg etc., hertzogen in Preussen, meinem gnedigen herrn zu aignen handen.

[1r:] Gnad, frid und barmhertzigkait von Got dem vater und unserm herrn Jesu Christo. Amen. Durchleuchtiger, hochgeborner furst, gnediger herr. Mein willig, unterthanig dinst sambt meinem armen gepet sein E.F.D. alzeit bevor!

Und fug[1] E.F.D. zu wissen, das ich zway schreyben von E.F.D. miteinander empfangen hab, eins mit D. Morleins zwaien brieven[2], das ander presidentisch handel[3] belangend[4] etc., und versihe mich, on schaden zu sein, auff dieselbigen nicht zu antworten, bis E.F.D. wider zuhause kombt[5].

Mich berichten aber vil gute freund, wie aus dem ainigen[6] pogen, darvon E.F.D. auch meldung thut[7], ein solch geschray durch etliche prediger hin und wider[8], son-

1. gebe.
2. Herzog Albrechts Schreiben vom 14. Nov. 1551, vgl. o. S. 365-370, Nr. 499.
3. Angelegenheiten.
4. Herzog Albrechts Schreiben vom 4. Dez. 1551, vgl. o. S. 371, Nr. 500.
5. Herzog Albrecht war Anfang Oktober zu Gesprächen mit dem polnischen König nach Wilna aufgebrochen, vgl. o. S. 355, Anm. 2, Nr. 497.
6. einzigen.
7. Vgl. o. S. 369,6-13, Nr. 499.
8. an vielen Orten.

derlich aber zu Nurmberg[9], zur verwirrung viler gewissen ausgegossen werd, als lehrete ich die leut durch die richterlichen gerechtigkait Gottis gerecht werden, welchs doch ein unverschembte, greiffliche[10] unwarhait ist. Hab derhalben ein kurtze schrift[11] darwider gemacht, die wolt ich mit E.F.D. erlaubnis in truck geben. Bit, eur F.D. wolle dieselben, hie beygelegt[12], gnedigklich verlesen und irer F.D. gemuet daruber furderlich eroffnen. Das will ich umb eur F.D. alzeit zu verdienen geflissen sein.

Datum in eil zu Konigsperg am 7. Decembris anno 1551.

E.F.D. williger, unterthaniger

A. Osiander etc.

9. Zu den Reaktionen in Nürnberg vgl. *Engelhardt*, Reformation 3, S. 127.
10. offensichtliche.
11. Osianders Schrift ›Wider den lichtflüchtigen Nachtraben‹, vgl. u. S. 398-414, Nr. 505.
12. Das beiliegende Exemplar konnte nicht gefunden werden.

Nr. 502
Herzog Albrecht an Osiander
Insterburg, 1551, Dezember 10

Bearbeitet von *Gunter Zimmermann*

Danzig BAW, Ms. 1326, fol. 86r-87v, autogr. Ausf. mit Überschrift von fremder Hand auf fol. 86r: »Von den gottesslesterungen der caplen in der Alten Statt«.

Bittet um Abstellung mißverständlicher Predigten der Kapläne an der Altstädter Kirche.

[87v: Adresse:] Dem wirdigen, achparen und hochgelerten, unser samblendischen kirchen vicepraesidenten[1], lieben vatter und gevatter[2], d[omino] Andrea Oseandro etc. zu eigner hant etc.

[86r:] Gottes gnad durch Christum sey mit euch und uns allen. Geliebter vatter und gevatter!

Wywol ich nun nichts besunders habe, euch zu schreiben, sunder zu dem lieben Got hoffe, wy ich auch deglichs herczlichen bitte, das dy erstandne zwispalt, dardurch der geist der einigkeit betrubet, filer selen gewissen ir gemacht und nicht erbauet, einmol durch wirckung des ewigen Gottes wider zu fride und einigkeit gestellet, wille ich euch doch als meinem lieben gevattern nicht pergen, das an mich gelanget, wy sich euere capellone[3] deglich auff der canczel etzlichermassen unerhorte gotteslesterung groblich vernemen sollen lassen und unter das grobe, gemeine volck[4] ausgissen, sagendt, das plut unsers herren Jesu Christi helfe uns ewensofyl, gleichwy der pauer seinen spis treget hinder sich[5]. Welches, weil ich in euern predigen noch confessionschrift nie von euch verstanden, das ir so schimpflich von dem leiden Christi hiltet ader prediget und leret, kan ich swerlichen glauben, das euere cappellent [!] so unbescheiden[6], das si das leiden Christi so gar gering scheczen, verechtlich, schimpflich und so gotteslesterlich darvon leren solten, wil auch nicht hoffen, das ir von solcher verachtung euerer capellon wissenschaft tragen werdet, den ich kan nicht glauben, das irs von ynen gedulden wurdet, kans auch auff dy capellen

1. Osiander war im Herbst 1550 Vizepräsident des Bistums Samland geworden, vgl. u. A. Bd. 9, S. 636, Anm. 66, Nr. 458.

2. Herzog Albrecht war Taufpate von Osianders Tochter Anna Elisabeth, vgl. u. A. Bd. 9, S. 366,12f, Nr. 416.

3. Neben Nikolaus Jagenteufel (zu ihm vgl. *Stupperich*, Osiander, S. 322, Anm. 105) waren damals Franziscus Freudenhammer und Peter Groß Diakone an der Altstädter Kirche; vgl. *Moeller*, Altpreußisches Pfarrerbuch, S. 67.

4. die Bevölkerung.

5. d.h.: es hilft uns nichts; vgl. *Grimm*, Wörterbuch 11,1,1, Sp. 1105.

6. so schlecht unterrichtet sind.

nicht glauben, abwol offentlich darvon geredet wil werden, als sols her Francz[7] gethon haben.

Den ich erwege bey mihr, weil alwegen geclaget, wy man fyl unwarheit in fremde orter ausgissen solle, das sich jederman pillich[8] zu huten, das mit keinem grundt der warheit das wenigste auff ynen gepracht mochte werden. Solte aber im grundt der warheit auff euer capellen einen solches gepracht werden, besorget ich mich hechlich, das allem dem, so zuvor mit unwarheit ausgossen, nun allererst von denen, dy leicht zu bereden, stat und glauben geben wurde, und was weiter nurt[!] erdacht mochte werden, jedermann sagen wurde, es were wahr. Solches aber zuferkumen [86v:] und domit gotteslesterung nicht gepilliget, sunder verhutet wurt – ich weis, das euer hercz sich alwegen gotteslesterung hoch bewegen lassen –, zweifel ich nicht, ir werdet als der hochferstendig disem dun[9] sein mas zu geben wissen und uns allen in disem land nicht gunnen, das wir mit warheit mochten gescholten werden verechter des allerheiligsten leidens Christi, unsers herren und heilandes, dardurch wir von sunden, thot, deufel und helle erloset, den er ist je umb unser sunden willen gestorben und uns zur gerechtigkeit wider auferstanden[10]. Wy ich leider hore, das aufflandes bey etzlichen gehalten, wen wihr einmol den heiligen Geist entpfangen, so kunnen wihr nicht mehr sundigen, wo pleibet den Paulus, do er spricht, wer do sundiget, sey ausser Got und der geist Gottes s[e]y nicht bei im[11]; item: »Vergib uns unser schult«[12]: Haben wir den den heiligen Geist entpfangen, wie wihr in der dauff und sacrament des leibs und plutes Christi den entphahe[n], kunnen wihr nun nicht sundigen, warumb bitten wihr den deglichs: Vergib uns unser schult? Und wurde der liebe Davit ubel gebetet haben im 51. psalm [4]: »Amplius lava me ab iniquitate mea et a peccato meo munda me« etc.

Den vatter unsers herre Jesu Christi, der auch unser vatter ist, den Christus nit vergebens uns leret betten: »Unser vatter, der du bist«[13] etc., bytte ich herczlich und kintlich, er wolle uns ja vor falscher lere behuten und mit der herlichen zukunft[14] unsers herren Jesu Christi, do er kumen wurt, aufzubecken[15] dy lebendigen und dy dotten, uns zeitlich und ewiglich pald erfreuen. Amen. Dem befile ich euch auch sambt allen den eurigen und mich auch getreulichen und bitte, wollet fleissig fur mich bitten.

In eyle, Insterpurgk, den 10. Decembris anno 1551.

Albrecht der elter, marggraff, in Preussen etc. herczog etc.

7. s. o. Anm. 3.
8. zu Recht.
9. Tun.
10. Vgl. I Kor 15,3f.
11. Vgl. Röm 8,9.
12. Mt 6,12 par.
13. Mt 6,9 par.
14. Ankunft.
15. aufzuwecken.

Nr. 503
Predigt über Röm 6,3f
1551, Dezember 28

Bearbeitet von *Hans Schulz*

Einleitung

1. Osianders Predigttätigkeit in Königsberg

Die 1553 posthum erschienenen Predigten Nr. 503, 504, 514, 515, 520-521, 546 und die Predigt ›Vom hochwürdigen Sakrament‹ Nr. 518 wurden von Osiander im Zuge seiner Predigttätigkeit als Pfarrer der ›Alten Stadt‹ Königsberg im letzten Lebensjahr gehalten. Von seiner pastoralen Wirksamkeit in den Jahren zuvor ist uns nur ein kurzer Predigtauszug zu Röm 1,16 vom 28. Juli 1551 überliefert[1]. Osiander hatte die Verpflichtung, sonntags, montags und dienstags zu predigen[2]. Wie er selbst angibt, hatte er sich seit 1551 die Auslegung von Römerbrief und Matthäusevangelium in lectione continua vorgenommen[3].

Es ist daher nicht ungewöhnlich, daß wir die Auslegung des Vaterunsers als letzte Predigt besitzen[4]; eher ist bedauerlich, daß uns nur dieses eine Zeugnis seiner Matthäusauslegung überliefert ist: Osiander war Anfang Oktober 1552 mit dieser Predigtreihe bis zum Herrengebet vorgedrungen, als er schwer erkrankte und etwa 14 Tage später starb[5]. Die meisten der uns erhaltenen Predigten sind Auslegungen zum Römerbrief[6], doch konnte er aus Anlaß des Kirchenjahres bzw. der Passionszeit auch andere Texte wählen und seiner Predigt zugrundelegen[7]. Im Sommer 1552 hat er, wie er es angekündigt hatte, außerdem über Röm 9-11 gepredigt; die Nachschriften der zugehörigen Predigten müssen, bis auf einen kleinen Rest, jedoch leider als verloren gelten[8].

Wie aus der Titelei der als erste nach seinem Tode veröffentlichten Vaterunserpredigt hervorgeht[9], hatte Osiander einen großen Hörerkreis in seiner Pfarrkirche[10], der nach seinem Tod mit Erwartung dem Druck Osianderscher Predigten entgegensah[11]. Sicher waren die im Laufe des Jahres 1553 in unregelmäßigen Abständen

1. Vgl. u. A. Bd. 9, S. 707-709, Nr. 477.
2. Vgl. u. S. 381, Anm. 2.
3. Vgl. u. S. 546,12-17 mit Anm., Nr. 520/521. Mit der Predigtreihe über den Römerbrief dürfte er im Frühsommer 1551 begonnen haben, vgl. u. A. Bd. 9, S. 707, Nr. 477.
4. Vgl. u. S. 875,1-3, bzw. S. 874-886, Nr. 546.
5. Vgl. *Stupperich*, Osiander, S. 352, und *Möller*, Osiander, S. 519f.
6. Vgl. u. S. 379-397, Nr. 503, 504, und S. 488-510, Nr. 514, 515.
7. Vgl. u. S. 520-540, Nr. 518, und S. 544-560, Nr. 520-521.
8. Vgl. u. S. 546, Anm. 17, Nr. 520-521, und u. S. 671-693, Nr. 523-530.
9. Vgl. u. S. 875,3, Nr. 546.
10. Vgl. *Stupperich*, Osiander, S. 180; zur Sympathie des Herzogs vgl. ebd., S. 156 und 182.
11. Vgl. u. S. 875,3f, Nr. 546.

edierten Predigten[12], bei denen zunächst weder für die Texte noch für den Inhalt Kriterien der Auswahl erkennbar werden, in der ehemaligen Gemeinde sehr gefragt. Osianders Predigten wurden während des Gottesdienstes mitgeschrieben[13], und diese Nachschriften dienten als Grundlage für den Predigtdruck.

Eine derartige Predigtnachschrift hat sich in handschriftlicher Form erhalten und kann uns über die Vorlagen der Drucke unterrichten. Es handelt sich um die Predigt vom 29. März 1552 »Vam hochwerdigen sacrament«[14], vom Schreiber nach preußischem Lokalkolorit[15] in deutscher Schönschrift ausgeführt, wobei Bibelstellen und hervorgehobene Satzteile in lateinischen Buchstaben rubriziert wurden. Diese aufwendige Ausfertigung ist sicher Ergebnis einer Bearbeitung der ursprünglichen Predigtmitschrift, die ja, wenn es keine von Osiander selbst ausgearbeitete schriftliche Fassung gab, bei fortlaufender Kanzelansprache gefertigt werden mußte und vermutlich in Form und Inhalt Mängel aufwies, die erst nachträglich korrigiert werden konnten. Solche Ausfertigungen in Schönschrift dürften auch den Folioband der 22 Predigten zu Röm 9-11 gefüllt haben, den *Wilhelm Möller* noch in der zweiten Hälfte des letzten Jahrhunderts einsehen konnte[16]. Man darf sogar die Vermutung äußern, daß es der gleiche Schreiber war, der auch diese verlorenen Nachschriften angefertigt hat, weil *Möller* eine der Predigt ›Vom hochwürdigen Sakrament‹ entsprechende Beschreibung der Handschrift liefert[17]. Da solche Ausfertigungen zu erstellen zeitaufwendig und teuer war und der damit Beschäftigte auch die Fähigkeit der schnellen Mitschrift des Gehörten beherrschen mußte, dürfen wir annehmen, daß ein berufsmäßiger Schreiber mit der Aufgabe betraut war, Osianders Predigten regelmäßig[18] mitzuschreiben. Mühe und Kosten, die sich über lange Zeit mit dieser Aufgabe verbanden – der Folioband mit 22 Predigten wurde erst 1556 (!) fertiggestellt[19] – lassen deshalb nur auf einen Auftraggeber schließen, dem alle Ausfertigungen von Osianders Predigten zugeeignet wurden, nämlich Herzog Albrecht, der Osiander als seinen geistlichen Vater betrachtete[20].

Herzog Albrecht dürfte auch die Drucklegung der verschiedenen Predigten veranlaßt, mindestens gebilligt haben. Dabei muß eine zweite Überarbeitung der Pre-

12. Soweit Druckangaben vorliegen, läßt sich folgende Übersicht erstellen: Die Predigt vom 2. Okt. 52 wurde Neujahr 1553 ediert (vgl. u. S. 875,4, Nr. 546), die vom 29. Dez. 51 am 29. Jan. 53 (vgl. u. S. 389,6, Nr. 504), die vom 28. Dez. 51 am 11. Febr. 53 (vgl. u. S. 387,14, Nr. 503) und die vom 22. Febr. 52 am 10. Juni 53 (vgl. u. S. 510,12, Nr. 515). Auch die anderen gedruckten Predigten wurden 1553 ediert; vgl. die Überlieferung weiter u. S. 389, Nr. 514 und S. 545, Nr. 520-521.

13. Vgl. u. S. 389,3f, Nr. 504, und S. 522,4, Nr. 518; vgl. außerdem den Wortlaut des Titels u. S. 546, Anm. 17, Nr. 520-521.

14. Vgl. u. S. 520-540, Nr. 518.

15. Vgl. die Überlieferung u. S. 521, Nr. 518.

16. Vgl. *Möller*, Osiander, S. 560, Anm. 163, bzw. u. S. 546, Anm. 17, Nr. 520-521.

17. ebd.

18. Dies ergibt sich aus der Zusammenstellung der Predigten über Röm 9-11 vom Sommer 1552, vgl. a. a. O.

19. Vgl. ebd.

20. Vgl. u. A. Bd. 6, S. 189, Anm. 3, Nr. 227, Bd. 8, S. 306, Anm. 12, Nr. 311 Beil., S. 675, Anm. 20, Nr. 358, u. ö.

digtnachschriften stattgefunden haben, bei der die sprachlichen und inhaltlichen Unebenheiten, die der Schreiber zu Papier gebracht hatte, beseitigt und die Form der deutschen Hochsprache wiederhergestellt wurde, in der Osiander zu predigen pflegte. Man wird daher beim Text der Predigten wegen der Qualität des Ausdrucks oder der Ausführlichkeit eines Gedankens immer einrechnen müssen, daß Osianders Darlegungen durch das Medium zweier ›Rezensionen‹ gegangen sind[21]. Weitergehende Rückschlüsse zur Erstellung der Predigtnachschriften und ihrer Veröffentlichung lassen sich nicht ziehen.

Was die literarische Form der Predigten angeht, sind nur geringe Änderungen gegenüber der Art seiner Nürnberger Zeit zu erkennen[22]: Einer gewöhnlich kurzen Wiederholung des Inhalts der Predigt zum vorausgehenden Text folgt meist eine Zielangabe der nun folgenden Ansprache in einem Satz und danach eine kommentierende Darstellung der einzelnen Sinneinheiten des gewählten Bibeltextes, in die auch thematisch selbständige Stücke, Rückgriffe auf frühere Darlegungen und systematisierende Strukturen oder Exkurse eingebaut sein können, von der Darstellung gegnerischer Meinungen und ihrer Zurückweisung ganz zu schweigen. Die Darlegung endet oft in einer Zusammenfassung wichtiger theologischer (pädagogischer) Gesichtspunkte oder einem theologischen Ausblick.

Die vorliegenden Predigten haben also kein übergeordnetes Thema[23], etwa in Ausrichtung auf den osiandrischen Streit, der sich inzwischen von Königsberg auf die protestantische Welt ausgeweitet hatte. Vielmehr weisen alle einen pastoralen Charakter auf[24]: Nichts findet sich über Zeitereignisse oder die Lage der Gemeinde in Königsberg; gegnerische Meinungen werden nur anonym und im Zusammenhang übergreifender Ausführungen dargestellt und zurückgewiesen. Das muß allerdings nicht durchlaufendes Kennzeichen der Predigten Osianders gewesen sein, sondern könnte auf die für die Veröffentlichung vollzogene Auswahl zurückgehen. Dennoch sind die Ausführungen Osianders typisch für seine Theologie und Persönlichkeit. Sie lassen sogar mit großer Farbigkeit erkennen, wie Osiander als Prediger in seiner Gemeinde gewirkt hat. Neben die Dokumente, die seine Tätigkeit als professor primarius erhellen[25], treten mit diesen Nachschriften Zeugnisse, die das pastorale Engagement Osianders in gleicher Weise bekunden, wie dies aus den Jah-

21. Als Beispiel sei auf den Predigtabschnitt u. S. 550,32-551,7, Nr. 520-521, verwiesen: Der als Stichwort eingeführte Begriff ›Wechsel‹ wird nicht weiter entfaltet, vielmehr wendet sich der Gedankengang dem Gehorsam Christi zu. Vgl. auch die Gedankenverschränkung zwischen der Formulierung u. S. 505,28-30, Nr. 515, und dem Duktus des Zusammenhangs u. S. 505,26-508,12, Nr. 515. – Es läßt sich natürlich auch annehmen, daß die im Gottesdienst gefertigten Notizen des Schreibers bei den gedruckten Predigten sogleich einer hochdeutschen Überarbeitung unterzogen wurden – jedenfalls hat sich bei den Predigtdrucken keine handschriftliche Überlieferung erhalten. – Vgl. auch, was *Möller*, Osiander, S. 510f, über die 22 Predigten sagt.

22. Vgl. etwa u. A. Bd. 5, S. 182-334, Nr. 177, und Bd. 6, S. 52-121, Nr. 201-214; s. auch *Möller*, Osiander, S. 511.

23. Für die 22 gesammelten Predigten zu Röm 9-11 war dies anders, vgl. u. S. 546, Anm. 17, Nr. 520-521; Osiander selbst hat das Thema benannt, vgl. u. S. 546,13f, Nr. 520-521.

24. Vgl. *Möller*, Osiander, S. 511.

25. Zu Osianders Stellung vgl. *Stupperich*, Osiander, S. 26-33.

ren seiner Wirksamkeit in der Reichsstadt Nürnberg bekannt ist. Es ist verständlich, daß die bei Freunden und Gegnern hochaktuellen Themen der Rechtfertigung und Einwohnung Christi auch hier zur Darstellung kamen (mit vielen Parallelen zu seinem Hauptwerk ›Von dem einigen Mittler‹) und wichtige ›Spitzenaussagen‹ enthalten sind, manchmal auch Exkurse zu speziellen Themen. Besonders bemerkenswert ist die ›theologische Psychologie‹ des frommen Christen, die Osiander mehrfach darstellt und die theologiegeschichtlich weit in die Zukunft weist. Auch bei den vorliegenden Predigten, insbesondere was ihre Darlegungen zu Rechtfertigung und Einwohnung Christi anbelangt, darf man von einer »Vervollständigung unseres Einblicks in Osianders Lehre« sprechen, wie dies *Möller* über die von ihm referierten und leider verlorenen Predigten des gleichen Jahres gesagt hat[26]. Man könnte Osianders Predigten in ihrer pastoralen Zielsetzung aber auch als sein ›geistliches Vermächtnis‹ bezeichnen – seine Freunde und Herzog Albrecht haben sie jedenfalls so verstanden[27].

2. Übersicht über die posthum erschienenen Predigten

Nr. 503	Röm 6,3f	S. 379-387
Nr. 504	Röm 6,5-7	S. 388-397
Nr. 514	Röm 8,1-4	S. 488-499
Nr. 515	Röm 8,9-11	S. 500-510
Nr. 518	›Vom hochwürdigen Sakrament‹: I Kor 11,23-32	S. 520-540
Nr. 520-521	Phil 2,5-8.9-11	S. 544-560
Nr. 546	Mt 6,9-15	S. 874-886

3. Inhalt

In seiner Predigt vom 18. Dezember 1551 über Röm 6,3f führt Osiander aus: Durch die Taufe sind wir in Christi Tod und Auferstehung eingebunden: Unsere Sünden werden zugedeckt und seine Gerechtigkeit wird uns angezogen. Wie ein Zweig einem Baum aufgepfropft und von ihm genährt wird, so empfangen wir von Christus durch den Tod das Leben.

Für das Sterben und Leben des Christen gibt es je zwei Weisen: Die Seele stirbt in Christus dann, wenn wir von Herzen einwilligen, daß wir durch Christus den Sünden absterben; wenn der Leib stirbt, legt er mit allen Begierden auch die Sünde ab. Wie man im Gemüt und nach dem Leib stirbt, so leben wir auch wieder in zweifacher Form neu: Nach dem Sterben im Gemüt durch die Taufe hören wir das Evange-

26. Zitat bei *Möller*, Osiander, S. 511.

27. Osiander hatte auch in seinem alten Wirkungskreis in Nürnberg eine treue Anhängerschaft, die seine Predigten dankbar entgegennahm. Die in Königsberg verlegten Drucke kursierten in der süddeutschen Reichsstadt und wurden sogar abgeschrieben; vgl. als Beispiel die Überlieferung zur Predigt vom 22. Febr. 1552, u. S. 501, Nr. 515.

lium, glauben und werden vom Wort Gottes lebendig gemacht: Christus lebt in uns; wir leben im Geist, trotz Sünde im Fleisch. Wenn Gott den Leib auferweckt, wird das Leben offenbar, das wir jetzt schon im Glauben haben.

Paulus ermahnt uns, nicht den Sünden, sondern für Gott zu leben: Christi Tod fließt in uns hinein, wenn wir glauben, daß wir den Sünden im Gemüt absterben; dann folgt, daß wir im Geist wieder auferstehen und in einem neuen Leben wandeln, wie Christus auferstanden ist. Wer zum Richtplatz geführt wird, legt das alte Denken ab; so sollen auch wir die Sorgen dieser Welt verlassen und für das künftige Leben auferstehen durch ein neues Denken.

Wenn wir Glieder Christi werden, kommt sein Tod und Leben in uns hinein, zuerst im Gemüt, dann im Leib; die Sünde wird dabei ausgerottet, das Leben offenbar. Sein Sterben und Leben geht auf uns über. Wenn wir nicht in ihm sterben, werden wir auch Leben und Gerechtigkeit nicht in uns haben.

4. Überlieferung

Königsberg: Hans Lufft, 1553 = *Seebaß*, Bibliographie, S. 189, Nr. 75. Unserer Edition liegt das Exemplar Berlin SBPK, Dm 1/8 R zugrunde. Folgende Druckfehler werden von uns stillschweigend berichtigt: S. 382,15: erste; S. 383,1: sintemael; S. 385,32: sorgrt; S. 386,14f: blutvergeissen.

Text

[A1a:] Ein trôstliche predigt des ehrwirdigen und achtbarn herrn Andreae Osiandri etc., seeligen[1], uber die wort S. Pauli Roma. 6 [3]: »Wisset ir nicht, das alle, die wir in Jesum Christum getaufft sind« etc., die er gethan hat den 28. Decembris des 1551. jars. Galat. 3 [26f]: »Denn ir seid alle Gottes kinder durch den glauben an Christo Jesu. Denn wieviel eur getaufft sind, die haben Christum angezogen«. Kônigsberg in Preussen anno 1553. [A1b:]

S. Paulus Roma., 6. cap. [3f]: »Wisset ir nicht, das alle, die wir in Jesum Christum getaufft sind, die sind in seinen tod getaufft? So sind wir je mit im begraben durch die tauffe in den tod, auff das, gleichwie Christus ist aufferwecket von den todten durch die herrligkeit des Vaters, also sollen auch wir in einem neuen leben wandeln«. [A2a:]

Ein predigt des ehrwirdigen und achtbarn herrn Andreae Osiandri aus dem 6. cap. [3] an die Rômer etc.: »Wisset ir nicht, das alle, die wir in Jesum Christ getaufft« etc.

1. Osiander war am 17. Okt. 1552 gestorben, vgl. *Stupperich*, Osiander, S. 352.

Wir haben am negsten[2] gehoͤrt, wie die gnade Gottes durch die gerechtigkeit viel fuͤrtrefflicher und krefftiger sey denn die suͤnde durch den tod[3] und das etliche fleischliche menschen daraus den falschen won[4] schoͤpfen, als solte es zur ehre Gottes gelangen, wenn sie viel suͤnd theten. Diesen falschen won verwirft der heilige Paulus mit diesem stuͤck, das wir in der tauff in den tod verwilliget haben und also der suͤnden sind abgestorben. Dieweil aber dis auch ein treffliche[5] lere ist, die fleisch und blut nicht begreiffen kan[6] und menschlicher vernunft viel zu hoch ist[7], so nimpt das der heilige Paulus und erklerts durch dis gantze capitel und leret uns, das recht verstehen. [A2b:]

Wir mussen aber fleissig achthaben, das wir seine rede recht verstehen, denn er redet hie vom tod und leben, wie der mensch zusamengesetzt ist aus leib, seel und geist[8]. Derhalben kan er auch auff zweierley weis sterben und auff zweierley weis leben. Er spricht aber also: »Wisset ir nicht, das alle, die wir in Jesum Christ getaufft sind, die sind in seinen tod getaufft?« Denn es moͤcht[9] jemand sprechen: Das ist ein hohe[10] rede. Was sagstu, das wir der suͤnden sind abgestorben? Das koͤnnen wir nicht verstehen. Darauff fraget wider der heilige Paulus: Wisset ir nicht, auff wen ir getaufft seit? Und redet inen solches zur schande, als sprech er: Das wer ja ein grosse schand, das, die ir christen seit und durch die tauff seit christen worden, nicht wissen solt, was ir in der tauff gethan habt; denn sie solten ja wissen, das sie durch die tauff in den tod Christi sind eingeleibet[11].

Auff das wir aber die folgende wort recht verstehen, so mussen wir wissen, das wir durch die tauff nicht allein in den tod Christi sein eingeleibet, sondern auch in sein leben, das ist, in sein aufferstehung, wie solchs der heilige Paulus zun Galatern am 3. [27] bezeugt, da er also spricht: »Wie-[A3a:]viel euer getaufft sind, die haben Christum angezogen« etc., legt uns also die tauff fuͤr, als wuͤrden wir mit Christo angezogen und gezieret. Daraus wir denn zweierley haben: Erstlich, das mit dem kleid[12] unsere suͤnde[n] zugedecket werden, bis das sie gantz und gar werden ausgerottet; zum andern, das das die ware und ewige gerechtigkeit sey. Derhalben haben

2. das letztemal. – Osiander predigte dreimal in der Woche (vgl. u. A. Bd. 9, S. 636,12, Nr. 458). Wie sich aus den Angaben u. S. 389,14, Nr. 504, und S. 489,17 bzw. 492,30, Nr. 514, ergibt, predigte er montags und dienstags während der Woche. Als Pfarrer der Altstädter Kirche predigte er außerdem am Sonntag (vgl. *Stupperich*, Osiander, S. 28). – Die Predigt, auf die sich Osiander bezieht, wurde also am Vortag, dem 27. Dez., oder, falls er sonntags nicht nach der lectio continua des Römerbriefes gepredigt hat, am Dienstag, dem 22. Dez., gehalten.

3. Vgl. Röm 5,(12-)20f.

4. Wahn.

5. außerordentliche, wichtige.

6. Vgl. I Kor 15,50.

7. Vgl. I Kor 1,20f.

8. Vgl. u. S. 383,8f. Zur theologischen Anthropologie vgl. TRE 22, S. 464-567; RGG 1, Sp. 414-418; LThK 1, Sp. 619-622.

9. könnte.

10. gewichtige, schwer verständliche.

11. einverleibt, eingefügt. – Vgl. Röm 6,4; Kol 2,12.

12. sc. Christi.

sie in der christenheit denen, die getaufft werden, ein weis kleid angezogen[13] und befolen, das sie es unbefleckt fur den richtstuel Gottes brechten[14], das ist, das sie auff kein andere gerechtigkeit ir vertrauen setzen solten denn allein auff die gerechtigkeit unsers herren Jesu Christi, die er uns in der tauff anzeucht. Derhalben, wenn wir also in den herrn Christum kriechen[15], so wirt er nicht allein unser ehrenkleid, sondern wir werden auch glieder seines leibes, fleisch von seinem fleisch und gebein von seinem gebein, wie der heilige Paulus zun Ephesern am 5. [30] darvon redet, und werden im also eingeleibet, wie ein peltzzweig[16] einem stammen oder baum eingepeltzet wirt[17], wie wir in der nechsten[18] predigt gehoͤret haben[19].

Derhalben mussen wir uns das fein[20] fuͤrbilden[21], das, wenn wir Christo sind eingeleibet, wir alles beides von im haben und in uns ziehen, nemlich das leben und den tod. Gleichwie ein peltzzweig, der in einen andern baum gepeltzt wirt, empfehet[22] den safft von demselbigen baum, und wenn der baum auffhoͤret, den safft von sich [A3b:] zu geben, so fallen die fruͤcht ab, desgleichen auch die bletter, wenn er aber den safft und die narung von sich gibt, so bekummen die este bletter und grunen und werden fruchtbar – also auch wir in Christo mussen alles beides von im empfangen: Wenn er stirbt, so sterben auch seine glieder, wenn er aber lebet, so leben auch wir in im[23]. Denn darumb sind wir im eingeleibet, das uns sein tod auch sol durchkriechen[24] und in uns und uber uns kumen, damit zu seiner zeit sein leben, gerechtigkeit und heiligkeit auch in uns kome und uns lebendig, gerecht und heilig mache[25].

Also gedencket der heilige Paulus zum ersten des, das erstlich mus vollendet werden. Denn woͤllen wir in im das leben bekomen, so mussen wir vorhin[26] seinen tod bekomen. Denn der tod mus vor dem leben hergehen – ich rede aber von dem ewi-

13. Zur altkirchlichen und mittelalterlichen Sitte, dem Täufling nach dem Taufakt ein weißes Taufkleid anzuziehen vgl. Leiturgia 5, S. 52, 260f, 396f u. ö. Während Luthers Taufbüchlein die Sitte noch vorsieht (vgl. ebd., S. 357f, 360 und 396f), haben sie die meisten reformatorischen Kirchenordnungen aufgegeben (vgl. ebd., S. 468f). Zu beachten ist, daß auch die Brandenburg-Nürnbergische Kirchenordnung von 1533, die von Brenz und Osiander gestaltet wurde, das Westerhemd, entgegen der Angabe in Leiturgia 5, S. 468, sehr wohl kennt; vgl. u. A. Bd. 5, S. 132,29-133,4, Nr. 176.

14. Noch Luthers Taufbüchlein von 1523 sieht bei der Überreichung des Westerhemdes als liturgische Formel vor: ›Nimm das weiße, heilige und unbefleckte Kleid, das du ohne Flecken bringen sollst vor den Richtstuhl Christi, daß du das ewige Leben habest ...‹ (Leiturgia 5, S. 358; vgl. S. 469). Dieser Passus fehlt bereits im Taufbüchlein 1526; vgl. ebd., S. 360.

15. einziehen.

16. Pfropfzweig.

17. aufgepfropft wird. – Vgl. dazu o. S. 290,25-30, Nr. 488.

18. vorangehenden.

19. Vgl. o. S. 381,1-4 und Anm. 2.

20. fest, klar.

21. vorstellen, vorhalten.

22. empfängt.

23. Vgl. etwa Röm 14,7f.

24. durchdringen.

25. Vgl. I Kor 1,30.

26. vorher, zuvor.

gen leben –, sintemal[27] der herr Christus ist nicht in sein leben und herrligkeit eingangen[28], bis das er vorhin gestorben war, wie er denn zu seinen juͤngern spricht, da er mit in ghen Emaus gieng: »Muste nicht Christus solchs leiden, und zu seiner herrligkeit eingehen«, Luc. 24 [26]. Also gehet vorher der tod, dem folget denn das leben. Derhalben meldet der heilige Paulus zuvor den tod und spricht: »Wisset ir nicht, das alle, die wir in Jesum Christ getaufft sind, die sind in seinen tod getaufft?«

Woͤllen wir aber das recht verstehen, so mussen wir underscheiden beide das leben und auch [A4a:] das sterben, denn wir leben und sterben auff zweierley weis, dieweil wir leib, seel und geist sind[29], [1.] Thes. 5 [23]. Die seele stirbet in Christo auff ein sondere[30] weis, desgleichen auch der leib, nemlich also: Wenn man dem menschen predigt, das er ein suͤnder sey, und der mensch verstehets durchs gesetz und fuͤlet, das die suͤnde durch das gesetz nicht kan gezwungen und untergedruckt werden, sondern das sie nur krefftiger und mechtiger wirt durchs gesetz[31], und hoͤret darzu, das er verflucht sey, wenn er das gesetz nicht helt[32], so verzaget er in sich selbst und gedenckt, er koͤnne ja nicht durch sich selbst der suͤnden loswerden, noch dem gesetz genug thun[33]. Und dieweil er fuͤlet, das er unter dem zorn Gottes ist, so sucht er, wie er von dem zorn Gottes und von der vermaledeiung und von der suͤnden moͤge loswerden[34]. Alsdenn lest im der herr Christus predigen, wie er fur uns gestorben sey und wolle uns widerumb gerecht machen.

Indes aber mus er das hoͤren, wie hie der heilige Paulus spricht, wil er erloͤset sein, so mus er der suͤnden sterben, das ist, er mus also sterben, das die suͤnde mit im sterbe und die suͤnde auch nimmermehr widerkum, wenn er widerkumpt und wider lebendig wirt. Denn die gottlosen sterben auch, aber die suͤnde verlest sie nicht, sondern geleitet sie bis in die helle und in den ewigen tod[35]. Diejenigen aber, die in Christo sind, die sollen nicht allein gleuben, das sie das leben empfangen, sondern auch den tod, auff das die suͤnde [A4b:] auffhoͤre. Welche nu das recht verstehen, die verwilligen darein von hertzen und sprechen: O Gott, vater unsers herrn Jesu Christi, dieweil du deinen lieben Son durchs leiden und den tod in das leben gefuret hast, so wil ich auch gern sterben, auff das du mich auch also in das leben fuͤrest. Mach's nur mit der suͤnden ein ende und gib mir darnach das ewige leben. Wer also von hertzen in den tod verwilligt und begert zu sterben, der ist schon im hertzen, seele und geist vor Gott tod, denn er hat in den tod verwilliget und begeret zu sterben, und je ehe es geschicht, je lieber es im ist. Dis ist die erste weis zu sterben, welches geschicht im gemuͤt und geist.

Zum andern sterben wir auch leiblich zu seiner zeit, wenn es Gott gefelt, welches

27. da, weil (ja).
28. Vgl. Hebr 9,24.
29. Vgl. o. S. 381,11f.
30. besondere, eigene.
31. Vgl. Röm 5,20.
32. Vgl. Röm 2,12; Gal 3,10.13.
33. Vgl. Röm 3,20; 7,7; Gal 3,11.
34. Vgl. etwa Röm 2,5; 4,15.
35. Vgl. Mt 25,46.

geschicht, wenn die seele von dem leibe abscheidet. Darvon darf[36] man nicht viel predigen, denn allein, das, der da stirbt, der zuͤrnet nicht mehr, er ist nicht mehr geitzig, es hungert oder duͤrst in nicht mehr, er ist nicht mehr stoltz, er achts nicht mehr, wie in die leute sehen oder was sie von im sagen etc., denn solchs stirbet alles mit im ab. Derhalben so die seele der suͤnden feind ist, so bleibet auch keine suͤnde in der seelen, und stirbet also die suͤnde mit dem leibe und verschwindet. So denn die seele wider zu dem leibe kumpt und der leib keine suͤnde mehr hat und die seele auch keine und gefelt der mensch also Gott, alsdenn lest sich Gott im menschen sehen und seine klarheit, die leucht in im[37].

Also sterben wir auch zweierleyweis, ein-[B1a:]mal in dem gemuͤt, wenn wir in den tod Christi verwilligen, darnach auch nach dem leibe. Wie wir nu auff zweierley weis sterben, also leben wir auch auff zweierley weis, nemlich nach dem gemuͤt und geist, darnach auch nach dem leib.

Denn wenn wir also in dem gemuͤt gestorben sind in der tauff[38] und hoͤren das evangelium und glauben dem, so werden wir wider lebendig, sintemal[39] der glaube ergreifft das wort, das ist den son Gottes, der mensch ist worden[40], und ergreifft in also, das er durch den glauben in uns sey[41]. In im aber ist das leben, und er selbst ist das leben[42]. Derhalben so leben wir auch durch sein leben, denn wir haben das wort in uns, welches das leben selber ist.

Wenn wir denn also im geist leben, wie der heilige Paulus hernach spricht[43], so tragen wir dennoch den tod in unserm fleisch ebensowol als die suͤnde und mussen zum andern der offenbarung des lebens nach dem leiblichen tod erwarten[44]. Denn itzt leben wir im geist, und niemand sichts, das wir leben, das ist, das Christus durch den glauben in uns lebe, und kuͤnnens kaum selbst im glauben fuͤlen[45]. Wenn aber auch der leib stirbt und stirbt also, das er der suͤnden loswirt, alsdenn kumpt das leben, das wir itzt im glauben haben, mit der seelen zum leibe, und wirt der leib also herfuͤrgebracht ohn alle gebrechen und ist gantz himlisch[46]. Alsdann reget sich nicht allein das leben in uns, das wirs fuͤlen, sondern thut [B1b:] sich auch herfuͤr, das alle engel sehen kuͤnnen, das Gott in uns sey und lebe[47]. Also mus man beide das sterben und

36. braucht.
37. Vgl. etwa Mt 13,43; IJoh 3,2.
38. Vgl. den Predigttext Röm 6,3f.
39. zumal.
40. Vgl. Joh 1,14.
41. Vgl. etwa Joh 14,18-20. – Vgl. auch Osianders Ausführungen o. S. 130,11-22, Nr. 488.
42. Vgl. Joh 1,4; 11,25; 14,6.
43. s. etwa Röm 6,11-13.
44. Vgl. Röm 8,18f; I Kor 15; I Thess 4,13-18.
45. Zur Verborgenheit des neuen ›geistlichen‹ Lebens vgl. auch o. S. 298,16-32, Nr. 488. Osiander kennt aber auch einen ›Sinn‹ des Glaubenden für die Gegenwart Christi im Herzen; vgl. ebd. und u. A. Bd. 9, S. 646,7-14, Nr. 461.
46. Vgl. I Kor 15,40-50.
47. Vgl. I Petr 1,3-12.

das leben auff zweierley weis verstehen. Denn erstlich leben wir in dem gemuͤt im glauben, darnach wirt auch das leben in uns offenbar.

Also verstehen wir die wort Pauli, welche sehr troͤstlich sind. Denn er vermanet uns, das wir nicht sollen der suͤnden leben, sondern Gott, und spricht: »Wisset ir nicht, das wir, die wir in Jesum Christ getaufft sind, die sind in seinen tod getaufft«, das ist, wir sind im also eingeleibet, wenn wir an in gleuben, das auch sein tod in uns fleust. Und weil wir sehen, das er durch den tod in seine herrligkeit ist eingegangen, so sollen wir auch in den tod Christi verwilligen, so ists denn im gemuͤt ebensoviel, als weren wir schon gestorben. Also kumpt der tod Christi in uns, und wir sterben endlich der suͤnden gar ab. Wenn wir denn in seinen tod eingeleibet sind und sein tod sol in unser gemuͤt und leib kommen, so kumpt er alsbald in das gemuͤt, wie Paulus sagt: »Ich beger, auffgeloͤset zu werden und bey Christo zu sein«, Philip. 1 [23]. In den leib aber kumpt er erst, wenn wir hie zeitlich sterben.

Daraus schleust der heilige Paulus: So wir denn sind in den tod Christi eingeleibet, »so sind [B2a:] wir je mit im begraben durch die tauff in den tod, auff das, gleichwie Christus ist aufferweckt von den todten durch die herrligkeit des Vaters, also sollen auch wir in einem neuem leben wandeln«[48]. Wir sind in den tod Christi eingeleibet durch die tauff, aber wir sind nach dem leibe noch nicht gestorben, sondern im gemuͤt sind wir tod, denn wir haben in den tod verwilliget. Was folget denn? Gleichwie er, der herr Christus, nicht ist im tod geblieben, sondern ist aufferwecket durch die herrligkeit des Vaters, das ist, durch die goͤttliche krafft Gottes, des vaters, die auch ist des sons und des heiligen geistes, welche Christum von den todten aufferwecket und in wider lebendig gemacht hat – wie er nu durch die krafft Gottes erstanden ist, also mussen wir auch nicht im tod bleiben! Denn wir haben in den tod verwilliget, das ist ebensoviel, als legen wir mit Christo im grabe; wir mussen aber nicht im grabe bleiben, sondern mit im wideraufferstehen, gleichwie wir auch mit im gestorben sind. Wie sind wir aber gestorben? Nemlich im gemuͤt und geist.

Derhalben stehen wir auch im gemuͤt und im geist wider auff, das ist, wir wandeln in einem neuen leben, so wir das alte leben lassen und legen ab das suͤndliche wesen und fahen ein neues und geistliches leben an[49]. Gleich als wenn ein mensch zum tod gefuͤret wirt und weis, [B2b:] das er sterben mus, der verlest alles das, das zu diesem leben gehoͤret, er sorget nicht umb herberg oder umb kleider, er sorget auch nicht auff den winter etc., sondern sein gedancken sind, wie er wol[50] fur dem richtstul Gottes durch Christum bestehen moͤge[51]. Wie nu der ableget alle alte gedancken und hat gar andere und neue gedancken, also auch wir: Wenn wir uns einmal in den tod ergeben haben und wissen, das wir im glauben ein neues leben empfangen, so wil der heilige Paulus, das wir auch im gemuͤt bald[52] sollen wider aufferstehen, das ist, die sorge dieser welt verlassen und gedencken auff das kuͤnftige leben, das ist, wie wir

48. Vgl. den Predigttext Röm 6,4.
49. Vgl. etwa Röm 13,12; Eph 4,22-24.
50. gut.
51. Vgl. Mt 25,31f; Act 17,31; Röm 2,16; II Kor 5,10 u. ö.
52. sogleich.

durch den glauben das wort behalten, wie wir durch das wort des heiligen Geists teilhafftig werden[53], wie wir darnach durch den heiligen Geist unsere glieder sollen dargeben zur gerechtigkeit Gott, dem herrn[54]. Denn wir sind der suͤnden abgestorben, wenn wir begeren, in Christo zu sterben, auff das die suͤnde auffhoͤre[55], und sind wider aufferstanden durch neue gedancken. So folget auch, das wir nach dem neuen menschen, das ist nach dem gemuͤt, welches im wort und heiligen Geist lebet, vom tod gefreiet sein, obwol die suͤnde noch im leibe uns anklebet[56].

Derhalben last uns solchs daraus schlissen, das wir hinfort nicht suͤndigen sollen, welchs die fleischlichen leut nicht schlissen. Sondern aus dem, das der heilige Paulus spricht: »Wo die suͤn-[B3a:]de mechtig worden ist, da sey auch die gnade viel mechtiger worden«[57] etc., schlissen sie also: Je groͤsser die suͤnde ist, je groͤsser auch Gottes gnad ist[58]. Wir aber sollen wissen, was wir in der tauff empfangen haben, und betrachten, das Christus fur uns gestorben sey und hab fur unser suͤnd gnug gethan[59] und uns mit seinem himlischen Vater versoͤnet durch sein leiden, sterben und blutvergiessen[60]. Aber uber dis alles mus auch das werck volbracht werden, das wir im eingeleibet und glieder seines leibes werden. Denn also fleust auch sein leben, gerechtigkeit und heyligkeit in uns, und sein tod kumpt auch in uns, der die suͤnde in uns ausfeget. Wo das nicht geschicht, so ist uns das erste nichts nuͤtz. Denn er ist wol gestorben fur die sunde der gantzen welt[61], es fromet[62] aber den Tuͤrcken und heyden gar nichts, dieweil sie nicht an in gleuben. Derhalben ist das das fuͤrnemst, das wir durch das wort teilhafftig werden seynes lebens, seyner gerechtikeyt und seiner heyligkeit, darzu auch seynes todes, welcher in uns die suͤnde und alles ubel, welches aus der suͤnden entstanden ist, austilget.

Derhalben last uns das mit fleis mercken, wie wir in Christo sind eingeleibet und wie sein tod in uns kome als aus dem heupt in alle glider[63], erstlich in das gemuͤt, darnach auch [B3b:] in den gantzen leib, und das wir wissen, das auch ein neues leben folgen sol. Denn wenn das nicht folget, so ist der tod Christi nicht in uns. Denn das mus folgen, wie Christus nach dem tod ist aufferstanden, also sollen wir ein unstreffliches und heiliges leben fuͤren[64]. Hernach saget der heilige Paulus, wie wir auch nach dem leibe sterben mussen[65]; dem folget, wie wir auch leiblich aufferstehen werden[66].

53. Vgl. Joh 14,9-19.
54. Vgl. Röm 6,13 und 19.
55. Vgl. Röm 6,6.
56. Vgl. Hebr 12,1.
57. Röm 5,20.
58. Vgl. o. S. 381,1-4.
59. Vgl. I Kor 15,3 u. ö.
60. Vgl. Röm 5,10.
61. Vgl. I Joh 2,2.
62. nützt.
63. Vgl. Eph 1,22f par.; 4,15f.
64. Vgl. Eph 1,4; 5,27.
65. s. Röm 6,5f.
66. s. Röm 6,8-10.

Dis ist nu unser gantzes christliches leben, was Christus in seiner person bey seinem himlischen Vater von unserntwegen hat ausgericht. Das lest er uns durch die predigt fuͤrtragen, auff das wirs gleuben. So wirs denn gleuben, so folget alsdenn, das wir durch den glauben im eingeleibet werden und glieder werden seines leibes, teilhafftig seines todes und lebens, auff das sein tod die suͤnde ausreute, erstlich im gemuͤt, darnach auch im leibe; sein leben aber ist in unserm geist im glauben verborgen, wirt aber hernach in der aufferstehung offenbar werden. Solche werck des herrn Christi last uns wol behalten. Denn das er erstlich[67] thut, das thut er darumb, auff das das ander folgen sol. Denn werden wir in Christo nicht sterben, so wirt uns auch sein tod nicht von suͤnden freien[68]. Und werden wir nicht glieder seines leibes, so werden wir auch kein leben, gerechtigkeit in uns haben. Derhalben sollen wir uns [B4a:] im glauben uben und lernen, was der glaube vermag, nemlich das das alles, wie droben gesagt, hernach folge. Das verleihe uns Gott allen, amen.

Gedruckt zu Koͤnigsberg in Preussen durch Hans Lufft, den 11. Februarii 1553.

67. zuerst.
68. befreien, freimachen.

Nr. 504
Predigt über Röm 6,5-7
1551, Dezember 29

Bearbeitet von *Hans Schulz*

Einleitung

1. Osianders Predigttätigkeit in Königsberg

Aus Osianders letztem Lebensjahr ist eine Reihe von Predigten erhalten; vgl. dazu o. S. 376-379, Nr. 503.

2. Inhalt

In seiner Predigt vom 29. Dezember 1551 über Röm 6,5-7 ergänzt Osiander vorab die Predigt vom Vortag: Paulus will nicht nur neuen Wandel in Taten, sondern neues Leben. Wenn wir Christus ergreifen, werden wir seines Lebens teilhaftig.

Zum neuen Textabschnitt führt er aus: Paulus spricht nun vom leiblichen Sterben und Auferstehen in Christus. Wie Zweige dem Baum sind wir mit Christus verbunden; wir werden ihm gleich in Tod und Auferstehung bis zur Herrlichkeit.

Daß unser alter Mensch mit ihm gekreuzigt ist, heißt, wir sollen im Herzen fühlen, daß Christus unschuldig gelitten hat, als seien wir gekreuzigt worden, und unsere Schuld empfinden. Seit der Taufe lebt der Christ in einer doppelten Entwicklung: Er ist neu geboren und soll wachsen, bis er vollkommen wird; nach dem Fleisch aber beginnt er täglich mehr der Sünde abzusterben. Christi Kreuz ist dafür Vorbild. Der Christ ist in sich gegen sich selbst: im Gemüt dient er Gott, im Fleisch noch der Sünde; der Mensch soll Gott aber ganz gehorsam werden. Wenn die Sünde nicht zur Tat wird, sondern, vom Geist unterdrückt, ruht – wie Christus im Grab –, so wird sie wegen des Glaubens nicht zugerechnet. Wir werden befreit von der anklebenden Sünde zunächst im Gemüt, wenn wir einwilligen, mit Christus zu sterben und aufzuerstehen, später leiblich. Christus hat dazu den Weg gewiesen.

Rechtfertigen heißt eigentlich, den Menschen von Sünden befreien, so daß er stattdessen Gerechtigkeit hat. Bevor Gott Gerechtigkeit eingießen und Sünde austilgen kann, müssen wir von seinem Zorn befreit werden. Das tut Christus als Mittler. Wenn wir mit Gott versöhnt sind, nimmt er uns als Kinder an, gießt seine Gerechtigkeit ein und fegt die Sünde aus.

Manche lehren nur, Christus sei für uns gestorben und habe uns mit dem Vater versöhnt, lassen aber die Hauptsache weg, nämlich Christi Einwohnung, durch die wir erneuert werden. Wenn sie nicht gelehrt wird, haben die Menschen den falschen Glauben, als seien sie gerecht, sind es aber nicht. Versöhnung und Rechtfertigung sind zu unterscheiden, müssen aber aufeinander folgen.

3. Überlieferung

Königsberg: [Hans Lufft], 1553 = *Seebaß*, Bibliographie, S. 186, Nr. 73. Unserer Edition liegt das Exemplar Leipzig UB, Syst. Theol. 678 e (5) zugrunde. Der Druckfehler S. 390,7: bleb, wird stillschweigend berichtigt.

Text

[A1a:] Ein troͤstliche predigt des ehrwirdigen und achtbarn herrn Andreae Osiandri etc. seeligen[1] uber die wort Pauli zun Roͤmern am 6. [7]: »Denn wer gestorben ist, ist gerechtfertigt von der suͤnde«, die er gethan hat den 29. Decembris 1551, und ist im mit fleis nachgeschrieben worden. Paul. Rom. 3 [23]: »Denn es ist hie kein unterschied, denn sie haben allzumal[2] gesuͤndiget und mangelten der herligkeit Gottes«. Koͤnigsperg in Preussen, den 29. Ianuarii 1553. [A1b:]

Paul. zun Roͤmern cap. 6 [5-7]: »So wir aber sampt im gepflantzt werden gleichwie er in seinen todt, so werden wir auch der aufferstehung gleich sein, dieweil wir wissen, das unser alter mensch sampt im gecreutziget ist, auff das der sundliche leib auffhoͤre, das wir hinfort der suͤnde nicht dienen. Denn wer gestorben ist, der ist gerechtfertiget von der suͤnde«. [A2a:]

Ein predigt des ehrwirdigen und achtbarn herren Andreae Osiandri aus dem 6. cap. [5] an die Roͤmer etc.: »So wir aber sampt im gepflantzt werden« etc.

Wir haben gestern[3] gehort, warumb wir nicht mehr sollen in suͤnden leben, nemlich das wir der suͤnden abgestorben sein durch die tauff[4] und das beide das absterben und das neue leben zweierley sein, nemlich das wir erstlich im gemuͤt sterben, wenn wir von hertzen in den tod Christi verwilligen[5], und darnach auch am leibe, wenn wir aus diesem leben scheiden[6]. Also leben wir auch im glauben und wort Gottes wider, sobald wir das wort durch den glauben ergreiffen[7]; dan wenn wir von den todten aufferstehen, so leben wir oͤffentlich[8] in Gott und aus Gott[9]. Wan wir aber nach dem gemuͤt gestorben sein und durch den glauben wider auferstanden, also das wir auch ein neues leben fuͤren, das ist dan, geistlich von den todten aufferstehen[10].

1. Osiander war am 17. Okt. 1552 gestorben, vgl. *Stupperich*, Osiander, S. 352.
2. alle.
3. Montag, den 28. Dez. 1551.
4. Vgl. Röm 6,3f.
5. Vgl. o. S. 383,10-34, Nr. 503.
6. Vgl. o. S. 383,15-384,9, Nr. 503.
7. Vgl. o. S. 384,14-24; 385,28-386,7, Nr. 503.
8. offenbar, offenkundig.
9. Vgl. o. S. 384,24-385,2; 386,8-31, Nr. 503.
10. Vgl. o. Anm. 7.

Und in diesen worten ist sonderlich[11] mit fleis zu mercken, das der heilige Paulus nicht spricht, das wir allein ein neuen wandel fuͤren sollen. Dan wenn er also sprech, so wuͤrden etzliche meinen, das sie nur neue werck [A2b:] solten fuͤren[12] und die alten, boͤsen werck lassen; der vor[13] truncken wer gewesen, das er nur nuͤchtern lebe, der vorhin[14] die ander[n] betrogen hab, das er sich nur durch seine arbeit redlich nehre, und dergleichen. Das moͤcht[15] ein neuer wandel heissen, und wuͤrden also die werck vorandert[16], und blieb der mensch, wie er vor gewest ist, welches den heuchlern gemein[17] ist, die wol gute werck thun und doch nicht neugeborn seind. Sonder der heilige Paulus spricht, das wir in einem neuen leben wandeln[18], das ist, unser gantzes leben sol neu sein, nemlich das es ein solches neues leben sey, das wir vorhin nicht gehabt haben.

Was ist aber das neue leben? Das verstehen wir nicht, dan so wir[19] wissen, aus welcherley tod uns dasselbige neu leben herwiderbringe[20]. Paulus aber spricht, das wir durch die ubertrettung in den tod sein gefallen[21]. Wer aber in suͤnden stirbt, der mangelt der herrligkeit Gottes[22] und ist derhalben on Gott und on leben[23]. Derhalben spricht Christus selbst: »Ich byn der weg, die warheit und das leben«[24]. Darumb mussen wir Christum, der das leben ist, durch den glauben ergreiffen, das wir seines lebens teilhafftig werden. Dan gleichwie der mensch tod ist, wan die seele nicht im leibe ist, also ist die seele tod in suͤnden, wenn Gott von wegen der suͤnde nicht da ist und der heilige Geist sie nicht lebendig macht. Derhalben mussen wir vor allen das leben haben, welches wir auch warhafftig haben, so wir anders[25] gleuben, und aus dem leben entstehet auch ein neuer wandel. Wir mussen vor[26] ein neues leben haben, so folget dan leichtlich ein neuer wandel.

Bisher hat der heilige Paulus geredt vom tod und von der aufferstehung und leben, soviel das gemuͤt und geist belanget[27]. In den folgenden worten [A3a:] erklert er das andere stuͤck, nemlich wie wir auch leiblich sterben und aufferstehen, auff das

11. besonders.
12. durch-, ausführen.
13. früher.
14. früher.
15. könnte.
16. geändert.
17. eigen.
18. Vgl. Röm 6,4.
19. wenn wir nicht.
20. wieder-, zurückbringe.
21. Vgl. Röm 5,(12), 14, (17-19).
22. Vgl. Röm 3,23.
23. Zum Verlust der Ursprungsgerechtigkeit Adams, die dem Stand des Menschen ohne Christus entspricht, hat sich Osiander ausführlich in seiner Schrift ›An filius Dei‹ 1550 geäußert; vgl. u. A. Bd. 9, S. 478,13-480,13, Nr. 427.
24. Joh 14,6.
25. überhaupt, nämlich.
26. zuerst.
27. Osiander schließt hier die Erläuterung seiner Predigt vom Vortag über Röm 6,3f ab und wendet sich dem neuen Predigttext zu.

das geistliche sterben und aufferstehen, welches im glauben verborgen ist, zu seiner zeit geschehe und öffentlich von allen gesehen werde. Und spricht der heilige Paulus: »So wir aber sampt im gepflantzet werden gleichwie er in seinen todt, so werden wir auch der aufferstehung gleich sein«[28].

Wir haben aber gehört, das wir durch die tauffe sein eingeleibet und eingepflantzet in den tod Christi[29]. Dieweil wir dan im eingeleibt[30] sein, so wil gewis folgen, das wir auch leiblich mussen sterben, wie er gestorben ist, gleichwie die este des zweiges, der do eingepelzet[31] wird in ein andern baum, empfangen den safft aus demselbigen baum, dem sie eingepflantzt sein, wan er den safft von sich gibt, und verliren den safft, wan der baum denselbigen zu sich zeucht. Also auch gleichwie er, der herr Christus, gestorben ist und hat seinem leib das leben entzogen, also entzeucht ers auch uns, und wir mussen sterben, gleichwie er gestorben ist.

Daraus folget, das wie er, der herr Christus, seinem leib das leben nach dreien tagen widergiebet[32] und giebt im ein neues und himlisches leben, das er auch uns, nachdem wir gestorben sein, widergebe ein neues und geistliches leben. Dan je[33] komet nicht allein die seele wider zum leib, sonder bringet [A3b:] im auch ein leben, das aus Gott ist und Gott selbst. Dan werden wir nicht allein leben, sonder auch herrlich sein und leuchten wie die sonne, wie dan der herr Christus spricht[34]. Das wil der heilige Paulus mit diesen kurtzen worten: »So wir mit im gepflantzet werden in gleichen tod, so werden wir auch der aufferstehung gleich sein«[35], das ist, sterben wir leiblich, wie wir vorhin geistlich gestorben sein, so werden wir auch leiblich aufferstehen und werden seiner aufferstehung gleich sein. Das ist es, das der heilige Joannes in seiner [1.] epistel [3,2] spricht: »Ir lieben, wir wissen, das wir kinder Gottes sein; es ist aber noch nicht erschinen[36], was wir werden sein. Wan es aber erscheinen wird, so wissen wir, das wir im werden gleich sein«, das ist, wir werden nicht allein wider leben, sonder ein solches leben haben, als der herr Christus selbst hat.

Warumb mussen wir auch nach dem leib sterben und dem herrn Christo gleich werden? Darumb, spricht der heilige Paulus, »dieweil wir wissen, das unser alter mensch sampt im gecreutzigt ist, auff das der sündliche leib auffhöre, das wir hinfurt der sünde nicht dienen«[37]. Wie sollen wir das vorstehen, das wir gecreutziget sein, ehe dan wir geborn sein? Da mus man fleissig mercken: Dieweil Christus gecreutziget ist und nicht von seinentwegen, son-[A4a:]dern fur uns und fur unser sünde, das wir alle solten gecreutziget werden, das ist, eines schendlichen todtes als ubelteter sterben und gehn helle fahren von wegen unser sünd, da wir dan ewiglich hetten

28. Röm 6,5.
29. Vgl. Röm 6,3f bzw. die Predigt vom Vortag o. S. 376-387, Nr. 503.
30. einverleibt, dem Leibe angegliedert.
31. ein-, aufgepfropft.
32. Vgl. Mt 26,61 par.; 27,63, bzw. das Apostolische Glaubensbekenntnis BSLK, S. 21,14f.
33. ja.
34. Vgl. Mt 13,43.
35. Röm 6,5.
36. sichtbar geworden.
37. Röm 6,6.

mussen bleiben. Dan in uns wer kein krafft und unschuld gewest, das wir hetten koͤnnen herauskomen. Der herr Christus aber ist fur uns gecreutziget und fur uns eines schendlichen tods gestorben und feret fur uns gehn helle, dieweil wir es verschuldet hatten, und leidet von unserntwegen. Dieweil er aber unschuldig ist, bleibet er nicht in der helle[38], und dieweil er warer Gott ist, kan er auch die helle zubrechen[39], dem teufel sein gewalt nemen und das gefencknis gefangen fůren, wie der apostel spricht[40].

Derhalben zeiget uns allen der Herr in dem, das er den herrn Jesum Christum creutzigen lest, das wirs verdienet haben, das wir gecreutziget wůrden. Also sind wir mit im gecreutziget, das ist, wir soltens alle in unsern hertzen fůlen, erschrecken und ein erbarmung[41] haben, das der son Gottes gecreuziget ist von unserntwegen, und soltens also fůlen, als ob wir selbst gecreutziget wurden in dem, das wir bekennen, das wirs verdinet haben[42]. Also ist unser alter mensch gecreutziget, das ist, es ist angezeiget, das wirs vordinet haben, das unser die schand und schmach ist, das der son Gottes fur uns gecreutziget ist, derhalben ist es, gleich als weren wir gecreutziget.

Warumb saget er aber: der alte mensch[43]? Wir mussen wissen, wan der mensch gleubet und getaufft wird, das er gleich zweierley sey: Im gemůt ist er neu geboren und noch nicht volkomen, aber nach dem fleisch hebet er an zu sterben, aber noch nicht volkomen. Derhalben ist er zweier-[A4b:]ley: Der neu mensch sol teglig je mehr und mehr zunemen und wachsen bis so lang, das er volkomen wird; der alte mensch aber sol teglich je mehr und mehr sterben und abnemen so lang, bis er in die erde kome, alsdan stirbt mit im die sůnd. Also findt es sich, das der alte mensch gecreutziget ist mit Christo, das ist, es ist gezeuget[44], das der alte mensch verdinet habe, das er gecreutziget wůrde, und nicht allein das, sondern auch, wan die sůnde vergeben sind, wie sie dan in Christo sind vorgeben[45], das er dennoch mus gecreutziget werden derhalben, das er der sůnden absterbe, wie gestern darvon gesagt ist[46]. Wan Christus nur fur uns gestorben were und het uns vordienet vorgebung der sůnden und der alte mensch nicht getoͤdtet und neu wůrde, so were uns jens[!] nicht nůtze, wie es dan den Tůrken und Juden nichts nůtze ist[47]. Derhalben ist der herr Christus nicht allein darumb gestorben, das er fur unser sůnde bezalet, sondern auch das er mit seinem todt am creutz ein exempel gebe und mit der that beweiset, wie wir der sůnden solten los werden.

38. Vgl. Act 2,31.
39. zer-, aufbrechen.
40. Vgl. Eph 4,8.
41. Erbarmen, Mitleid(en).
42. Vgl. Jes 53,4-6.
43. Vgl. Röm 6,6.
44. bezeugt.
45. Vgl. IJoh 2,12.
46. Vgl. o. S. 383,20-34, Nr. 503.
47. Vgl. o. S. 386,18-20, Nr. 503.

Dan wiewol die suͤnde vergeben ist, so klebet sie doch noch in uns[48] und wehret so lange, bis das wir sterben. Derhalben ist Christus gestorben, das er uns zeiget, das wir durch den tod der vergebenen suͤnden abkomen[49], und wir sind auch mitgecreutziget. Das ist eben, als spreche der Vater: »Das ist mein lieber Son, in dem ich ein wolgefallen habe«[50], der treget eure suͤnde, der mus sterben, so er wil in das leben eingehen[51] und ledig werden von euren suͤnden. [B1a:] Also auch ir, ir werdet nicht besser sein dan mein Son. Obgleich die suͤnde vergeben ist, so ist sie doch noch in euch, und koͤnt ir nicht los werden, ir gehet dan den weg, den mein Son gegangen ist[52], das ist, ir musset sterben! Das ist es, das er[53] spricht, »das unser alter mensch mit im gecreutziget ist«[54]. Wie Christus ist gestorben und den sabbat uber im grab geblieben[55] und die feiren[56] gehalten, also mussen wir auch sterben und im tod lernen, den sabbat halten[57] und von den suͤnden feiren[58], dan do hoͤret der suͤndlich leib auff. Dan wan wir sterben, so geizen wir nicht mehr, das hertz ist nicht mehr bitter, das blut entzuͤndet sich nicht mehr in zorn, das gemuͤt tichtet[59] nichts boͤses, das alles hoͤret auff, und lernet der mensch feiren, und der alte leib feiret von suͤnden. Denn[60] stirbet die suͤnde und bleibet aus und kumpt nimehr wider. Also hoͤret auff der sterbliche leib, und wir dienen nicht mehr der suͤnde.

Itzt aber sind wir zum teil der neuen geburt, zum teil der alten geburt. Derhalben spricht der heilige Paulus in dieser epistel am 7. capitel [25]: »Mit dem gemuͤte diene ich dem gesetz Gottes, mit dem fleisch aber dem gesetz der suͤnden«. Daraus sehen wir, das wir in uns wider uns selbst sein. Es ist aber nicht genug, das wir im gemuͤt dem gesetz Gottes gehorsam sein, sondern der gantze mensche sol gehorsam sein. Dieweil wir aber in diesem leben dem gesetz der suͤnden dienen, so mussen wir sterben, auff das das fleisch auffhoͤre, der suͤnden zu dienen.

Hie habt aber fleissig acht, wie Joannes zu verstehen sey, da er spricht: »Wer aus Gott geborn ist, der thut nicht suͤnde, dan sein same bleibt in im, und kan nicht suͤndigen, dan er ist von Gott [B1b:] geborn«[61], und Paulus spricht: »Ich weis, das in mir, das ist in meinem fleisch, wohnet nichts gutes«[62]. Diese zweierley und widderige[63]

48. Vgl. Hebr 12,1.
49. von den ... loskommen, frei werden.
50. Mt 3,17 par.
51. Vgl. Mt 19,17 u.ö.; Hebr 9,12.24.
52. Vgl. Joh 14,4-6.
53. sc. Paulus.
54. Röm 6,6.
55. Vgl. Mt 28,1 par.
56. Ruhe.
57. Ruhe (von Arbeit und Geschäft) halten; vgl. Ex 31,12-17 par., und *Grimm*, Wörterbuch 3, Sp. 1433f.
58. von ... ausruhen, mit ... aufhören, vgl. ebd., Sp. 1436f.
59. plant, erfindet.
60. (als)dann.
61. IJoh 3,9.
62. Röm 7,18.
63. doppelte und gegensätzliche.

rede sol man durch die ungleichen geburt verstehen; wie dan der heilige Paulus spricht: »Mit dem gemuͤt diene ich dem gesetze Gottes«; so er dan dem gesetz Gottes dienet, so dienet er ja nicht der suͤnde, aber mit dem fleisch dienet er dem gesetz der suͤnden, und also thut er das boͤse, das er nicht wil[64]. Also suͤndiget der neu mensch nicht, aber der alte mensch kan nicht one suͤnde leben. Aber wenn man nicht nach dem fleisch lebet, das ist, wan die suͤnde nicht herfuͤrbricht ins werck[65], sonder mit dem Geist wird untergedruckt, so wird sie uns nicht zugerechnet umb des glaubens willen in Christum, wie der heilige Paulus spricht, es ist kein verdamnus denen, die in Christo Jesu wandeln[66].

Also mus der alte mensch auffhoͤren, das wir gantz und gar gefreiet[67] werden von der dienstbarkeit der suͤnden. Derhalben hat auch Christus gesprochen: »Wer da suͤnde thut, der ist der suͤnden knecht«[68], das ist, die suͤnde wird sein herr, plagt, engstet und beklaget in im gewissen, und kan ir nicht los werden, sonder sie klebet an im[69] und treibet in zu allerley suͤndlichen wercken. Aber wir werden gefreiet von der dienstbarkeit der suͤnden, erstlich im gemuͤt, wan wir verwilligen in den tod und stehen wider auff, zum andern wan wir auch leiblich sterben und wider aufferstehen. Also sehen wir, das der herr Christus nicht allein fur die suͤnde gestorben sey, sondern das er uns auch hat wollen den weg zum leben weisen, wie der apostel zun Hebreern am 2. cap. [10] spricht: »Gott habe den hertzog unsers heiles durchs [B2a:] leiden volkommen gemacht«. Do heist er in ein hertzogen unsers heiles, der uns durch den tod zum leben fuͤre[70]. Also sind wir alle mit im gecreutziget, das ist, sein creutzigen zeuget, das wir suͤnder sein und das wir das solten leiden, das er vor[71] uns gelitten hat. Zum andern, wan die suͤnde vorgeben ist und koͤnnen ir nicht los werden, so sterben wir, auff das die suͤnde gantz und gar ausgefegt werde, auff das keine boͤse begirligkeit mehr da sey und kein suͤndlich natur.

Er zeigt aber, wie wir von suͤnden frey werden, dan er spricht: »Wer gestorben ist, der ist gerechtfertiget von der suͤnde«[72]. Diesen spruch solt ir wol in acht haben und fleissig ansehen. Dan er ist das haupt[73] unser seligkeit, aus welchen wir die gantzen meinung[74] unser gerechtfertigung verstehen koͤnnen. Dan gerechtfertigen heist eigentlich: den menschen von suͤnden freien[75], das er kein suͤnde mehr habe, sonder an der stad der suͤnde gerechtigkeit habe. Die gerechtfertigung hebt an im menschen,

64. Vgl. Röm 7,19.
65. sich nicht in die Tat umsetzt.
66. Vgl. Röm 8,1.
67. befreit, frei gemacht.
68. Joh 8,34.
69. Vgl. Hebr 12,1.
70. Vgl. Hebr 2,10.
71. für.
72. Röm 6,7.
73. summa rei, status causae (vgl. *Grimm*, Wörterbuch 4,2, Sp. 604f).
74. die ganze Bedeutung, den ganzen Sinn.
75. Vgl. dazu Osianders Erklärung des Zeitworts iustificare in seinem Bekenntnis ›Von dem einigen Mittler‹ o. S. 144,29-160,10, Nr. 488.

wan er anfehet zu gleuben, und wird volendt, wan er gestorben ist. Daraus sehen dan wir, was da heisse gerechtfertigen:

Wir sind suͤnder und unter dem zorn Gottes. Sol er uns die gerechtigkeit eingissen und die suͤnde austilgen, welches das rechtfertigen ist, so mussen wir vorhin von dem zorn Gottes gefreiet werden[76]. Dan gerechtigkeit eingissen und die suͤnd vertilgen, das thut Gott nicht, dieweil[77] wir noch in [B2b:] seinem zorn sind. Dan wer wolte seinem feinde solche grosse wolthaten erzeigen[78]? Derhalben mus Christus darzwischenkomen und ein mitler werden, sein blut vergissen und sterben, auff das Gott seinen zorn gegen uns, die wir seine feinde waren, fallen lies und die suͤnde vorgebe. Alsdan so sind wir im also versoͤnet, das er uns zu kindern annimbt, sein gerechtigkeit eingeust und die suͤnde ausfegt[79].

Also sehen wir, wie die gerechtfertigung geschege[!], dan Paulus spricht: »Wer da gestorben ist, der ist gerechtfertiget von den suͤnden«: Solang du nicht der suͤnden abstirbst und hebest an, Gott zu loben, bistu nicht gerecht. Wir aber seind tod im gemuͤt und geist in dem, das wir verwilliget haben in den tod Christi. Derhalben, so wir der suͤnden abgestorben sein im gemuͤt und geist, seind wir auch durch den glauben gerechtfertiget im gemuͤt und geist. Dan das aus Gott geborn ist, das suͤndiget nicht[80]. Nach dem leibe aber sind wir noch nicht tod. Derhalben sind wir auch nach dem fleisch noch nicht gerechtfertiget, dan die suͤnde klebet im fleisch[81] und mus ausgefeget werden. Daraus sehet ir, das gerechtfertigen heist, die suͤnde ausfegen und die gerechtigkeit widergeben. Diese wort sollen wir fleissig ins hertz schreiben und wol bewegen, das wir sie recht verstehen und uns befleissigen, das wir den unterscheid lernen. Derhalben ist es ein kalt[82] ding, das etliche leren, Christus sey fur uns gestorben und uns mit Gott, dem himlischen vater, versoͤnet[83], und lassen doch das heupt aus[84], darumb solches alles geschehen ist. Dan es sey dan, das dieses folge, so ist jenes umbsunst.

Dan es mus die suͤnde ausgefeget und [B3a:] die gerechtigkeit eingegossen werden, welches dan durch den glauben anhebet. Dan wan wir an den herrn Christum gleuben, so ergreiffen wir in durch den glauben; der wonet dan in uns und bringet in unser gemuͤt und geist, die der suͤnden abgestorben sein, sein leben, gerechtigkeit und heiligung, und wir sind gerecht darumb, das wir der suͤnden abgestorben sein und

76. Vgl. dazu o. S. 102,25-108,11, Nr. 488.

77. solange.

78. Vgl. dazu auch o. S. 156,16-27, Nr. 488.

79. Vgl. dazu Osianders Definition des Mittleramtes Christi in seinem Bekenntnis o. S. 102,22-25, bzw. 108,12-23, Nr. 488.

80. Vgl. I Joh 3,9.

81. Vgl. Hebr 12,1.

82. unbedeutendes, nichtssagendes.

83. Diesen Vorwurf gegen die Wittenberger ›Schule‹ erhebt Osiander schon in seiner Disputatio de iustificatione vom 24. Okt. 1550, vgl. u. A. Bd. 9, S. 444,7-9, Nr. 425; vgl. weiter o. S. 148,21-150,18, Nr. 488.

84. zu verstehen im Sinn von Anm. 73, daß die Gegner die Hauptsache, d.h. die Gerechtmachung auslassen.

den, der die gerechtigkeit und das leben ist, in uns haben, und, wan wir auch nach dem leibe der suͤnden absterben und wider aufferstehen, das der mensch nicht mehr mit allen seinen glidern der suͤnde lebe[85], sondern gebe sie in den gehorsam Gott dem herren, das Gott in uns nach seinem wolgefallen wircke[86]. So sind wir auch nach dem leib gerechtfertiget, das ist, Christus, der unser gerechtigkeit ist, wohnet in uns, und die suͤnde ist ausgefegt.

Wo solches nicht gelert wird, do thun die menschen nicht recht, sonder gehn dahin und verlassen sich auff das, das der herr Christus fur die suͤnde gestorben ist, und lernen nichts oder gedencken nichts, das sie die gerechtigkeit uberkomen[87] und die suͤnde ausgefeget werde. Die gehen dahin in einem falschen wahn, als ob sie gerecht weren, und haben doch noch nie gelernt, was gerechtigkeit sey[88].

Derhalben ist zu mercken, das Christus durch sein leiden und durch sein sterben uns mit Gott versoͤnet hat und die suͤnde bezalet. Das hat er alles darumb gethan, auff das, wan wir mit Gott versoͤnet sein, uns das euangelion wuͤrde gepredigt[89], die gerechtigkeit und das leben widergegeben und die suͤnde abgetoͤdtet wuͤrde[90]. Und summa summarum, wan wir tod sein, so sein wir gerechtfertiget[91], dan was der suͤnden abstirbt, das le-[B3b:]bet Gott[92]. Was aber das sey, werd ir aus dem heiligen Paulo in diesem capitel bald hernach hoͤren[93].

Derhalben so last uns das behalten und mercken, das die gerechtfertigung heist: der suͤnden absterben und Gott leben[94]. Und diese zwey stuͤck, nemlich unser versoͤnung und unser gerechtfertigung, sol man im gemuͤt unterscheiden, nicht das eins an[95] das ander sey; dan der nicht gleubet, uber dem bleibet der zorn Gottes, und die erloͤsung ist im kein nuͤtz. Derhalben sol mans unterscheiden, dan es ist ein anders, das Christus bey seinem himlischen Vater von unserntwegen handelt, auff das uns die suͤnde vorgeben werden, und ein anders, das er sich herumb zu uns keret und mit uns handelt, das wir der suͤnden absterben und die gerechtigkeit ergreiffen[96]. Und es mus alles beides sein: Wir koͤnnen nicht gerechtfertiget werden, es sey dan, wir sind

85. Vgl. Röm 6,13.
86. Vgl. Röm 6,13.16f.19; Phil 2,13.
87. bekommen, erhalten, erwerben.
88. Vgl. o. S. 82,11-84,3, Nr. 488.
89. zur Funktion der Predigt des Evangeliums vgl. o. S. 112,14-116,19, Nr. 488.
90. Zum ganzen Gedanken vgl. u. Anm. 97.
91. Vgl. Röm 6,7.
92. Vgl. Röm 6,10.
93. Vom Inhalt dieser Predigt, die, der lectio continua der Predigttexte folgend (vgl. den Beginn dieser Predigt und der vom Vortage o. S. 389,14f, und S. 381,1f, Nr. 503), noch in der Woche nach Weihnachten oder der darauf folgenden gehalten worden sein dürfte (zu Osianders Predigtverpflichtung vgl. o. S. 381, Anm. 2, Nr. 503), ist nichts bekannt. Die nächste uns erhaltene Predigt Osianders ist datiert auf den 9. Febr. 1552, vgl. u. S. 488-499, Nr. 514.
94. Vgl. Röm 6,11.
95. ohne.
96. Osiander gibt hier mit wörtlichem Anklang die Definition des Mittleramtes Christi wieder, die er in seinem großen Bekenntnis formuliert hat; vgl. o. S. 395, Anm. 79.

mit Gott versoͤnet und sey der gerechtigkeit Gottis genug geschehen fur unser suͤnde. Aber wan das geschehen ist, so mus folgen, das wir neu geborn werden und zum neuen menschen werden. Das ist die rechte rechtfertigung, welche geschicht, wan wir durch das wort und den heiligen Geist neu geborn werden[97]. Das ist unser leben, gerechtigkeit und heiligung.

Gedruckt zu Koͤnigsperg in Preussen.

97. Zu dieser Abfolge im ›Vorgang der Rechtfertigung‹ vgl. o. S. 288,10-292,27, Nr. 488.

Nr. 505
Wider den lichtflüchtigen Nachtraben
1552

Bearbeitet von *Urte Bejick* und *Hans Schulz*

Einleitung

1. Vorgeschichte

In einem Brief vom 5. November 1551 informierte Osiander Herzog Albrecht über gegen ihn ergangene Schmähungen und Angriffe und berichtete: »Desgleichen ist ein offner pogen papirs, auff einer seiten allain getruckt, ausgangen on den namen des tichters, truckers und orts, ein recht libell famoß, untersteht sich zu beweysen, das mein lehr des Luthers widerwertig sey, furt kain schrifft, schleust nichts, sondern lestert mich, wie solcher vogel art ist«[1]. Die erwähnte anonyme Schrift war kurz nach Erscheinen des Bekenntnisses ›Von dem einigen Mittler‹, wohl Anfang November in Umlauf gebracht worden unter dem Titel »Wie fein der rabe Osiander primarius mit dem ehrwirdigen, hochgelarten herrn doctor Martino Luther seliger gedechtnis ubereinstimmet im artickel von der rechtfertigung, nachdem er rhůmet in all seinem schreiben, des Luthers lere von der rechtfertigung sey seine lere und widerumb seine lere sey des Luthers«[2]. Beabsichtigt war mit dem Pamphlet – nach Osianders Worten –, seine Lehre so darzustellen, »als lehret ich wider den Luther, wir wůrden durch den glauben gerecht mit Gottes gestrenger, richterlicher gerechtigkeit, damit er unsere sůnd strafft«[3]. Zu diesem Zweck stellt der Verfasser eine Reihe von Lutherzitaten in einer Spalte Auszügen aus Osianders Schriften, vorwiegend aus seinem Bekenntnis, in einer zweiten gegenüber. Die Reihe der Lutherzitate beginnt programmatisch mit einer Zeile aus Luthers Schrift ›Die sieben Bußpsalmen‹ 1525: »Hie ist zu mercken, das das wőrtlin ›dein glaube‹ und ›deine gerechtigkeit‹ nicht heisst die, da Gott mit gleubet und gerecht ist, als etliche viel meinen, sondern die gnade, damit uns Gott gleubig und gerecht macht durch Christum«[4]. Es folgen weitere Belege, die die ›Gerechtigkeit‹, d.h. die durch den Glauben erfaßte Gnade und Sündenvergebung, als das aus Barmherzigkeit angerechnete Werk Chri-

1. o. S. 359,17-20, Nr. 497.
2. Der Druck (mit Randbemerkungen von der Hand Herzog Albrechts) findet sich in Berlin GStAPK, XX. HA StA Königsberg, HBA J2, K. 976: Das Flugblatt im Doppelfolioformat ist nur einseitig bedruckt (fol. 1v und 2r; fol. 1r und 2v leer). Zum Zeitpunkt der Veröffentlichung vgl. *Stupperich*, Osiander, S. 238.
3. u. S. 408,2-4 (vgl. o. S. 373,1f, Nr. 501).
4. a.a.O. in Anm. 2, fol. 1v (= WA 18, S. 522,27-30).

sti in seinem Tod, Auferstehen und Gang zum Vater erweisen sollen[5]. Die dem ›Osiander primarius‹ gewidmete Spalte wird eingeleitet mit der 53. Disputationsthese vom Oktober 1550: »Daher sein wir mit seiner (Gottes) wesentliche[n] gerechtigkeit gerecht«[6]. Um die Gegenüberstellung der Aussagen zu verschärfen, zitiert der anonyme Pamphletist aus Osianders Bekenntnis die scheinbar gegen Luther gerichteten Ausführungen: »Es ficht mich gar nichts an, das D. Luther an etlichen orten fur die wo̊rtlin ›Gottes gerechtigkeit‹ verdeudscht hat ›die gerechtigkeit, die fur Gott gilt‹ ..., und ist gewis, das [er], so er die gerechtigkeit, die fur Gott gilt, nennet, nichts anders meinet, denn die wesentliche gerechtigkeit Gottes, die Gott selbs ist«[7]. Weitere Belege aus dieser Schrift, in denen Osiander verschiedene Anschauungen seiner Gegner wiedergibt, die ablehnen, daß Gottes wesentliche Gerechtigkeit die unsere wird, obwohl sie die Einwohnung Christi zugestehen, schließen sich an; es folgen Ausführungen, in denen er darlegt, daß Christus vor 1500 Jahren gelitten und uns damit nur erlöst, nicht aber gerechtfertigt habe, und Zitate, in denen er nochmals gegnerische Meinungen abweist, das Blut Christi oder die Vergebung der Sünden sei unsere Gerechtigkeit[8]. Den Abschluß des Flugblattes bildet ein angebliches Lutherzitat[9], das mit antisemitischem Unterton und dem Wortspiel Rabe – Rabbi polemisch auf Osianders Hebräischkenntnisse Bezug nimmt.

In seinem Brief vom 5. November hatte Osiander das Erscheinen der Flugschrift noch im Zusammenhang mit Neuigkeiten aus Wittenberg angeführt[10]. Ein auf Osianders Widerlegung der Schmähschrift am 9. Februar 1552 Bezug nehmender Brief des Studenten Erhard von Kunheim an die Tochter des Herzogs, Anna Sophia, nennt als Verfasser des Pamphlets ebenfalls einen Wittenberger, ohne ihn jedoch zu identifizieren[11]. Als Kandidat für die Verfasserschaft könnte eventuell auch Osianders Nürnberger Gegner Wolfgang Waldner[12] in Betracht kommen; immerhin hat

5. Es finden sich nacheinander Zitate aus folgenden Werken Luthers: Adventspostille 1522, Predigt über Mt 21,1-9 zum 1. Sonntag im Advent, WA 10,1,2, S. 36,22-24.25-37,2; Roths Sommerpostille 1526, Predigt über Mt 9,1-8 zum 19. Sonntag nach Trinitatis, WA 22, S. 316,15-21; ›Die ander Epistel Sanct Petri ... gepredigt und ausgelegt‹ 1523/24, WA 14, S. 15,22-24 – danach das Zitat aus CA 4, BSLK, S. 56,5-7, mit einer Erläuterung des Pamphletisten –; ›Vorrede auf die Epistel S. Pauli an die Römer‹ 1522, WA.DB 7, S. 11,27-30; ›Vorrede auf das Neue Testament‹ 1522, WA.DB 6, S. 8,5.7-10; ›Ein Sendbrief D.M. Luthers. Vom Dolmetschen ...‹ 1530, WA 30,2, S. 642,15-19, und Hauspostille 1544, Predigt über Joh 16,5-25 zum Sonntag Cantate (mit teilweise falscher Überschrift), WA 52, S. 293,34f; 294,13-16; 295,5f.

6. a.a.O. in Anm. 2, fol. 2r (= u. A. Bd. 9, S. (438,20) 439,24, Nr. (425) 490).

7. a.a.O. in Anm. 2, fol. 2r (= o. S. 242,1-5, Nr. 488).

8. o. S. 150,20-26, S. 152,1-3.6-10, S. 110,1-6.8f, S. 110,31-112,3, S. 254,4-8, S. 256,26-28, Nr. 488.

9. »Lutherus: Ebraistae grammatistae sunt in sensu scripturae rabinistae, id est animal sine intellectu« (a.a.O. in Anm. 2, fol. 2r; vgl. *Stupperich*, Osiander, S. 239).

10. Vgl. o. S. 359,4-17, Nr. 497.

11. Vgl. *Stupperich*, Osiander, S. 242. Möglicherweise wird man aber auch an alle Glieder der ›Wittenberger Schule« denken können.

12. So meint jedenfalls *Möller*, Osiander, S. 467; vgl. aber *Stupperich*, Osiander, S. 242. – Zu Waldner vgl. *Simon*, Nbg. Pfb., S. 244, Nr. 1493; *Will*, Gelehrtenlexikon 4, S. 161f. Vgl. auch o. S. 342,11-14; 343,4-6; 345,16-346,3 mit Anm. 116, Nr. 495.

die weite Verbreitung des Flugblattes, besonders bei den Predigern in Nürnberg, Osiander zur Widerlegung veranlaßt[13]. In seiner Schrift »Schmeckbier« vom Sommer 1552 bezeichnet der Königsberger Professor Waldner dann zwar als »nurmbergischen uhu«, »liechtflüchtigen man« und der »liechtflüchtig uhu«[14], geht aber nur auf dessen Gegenschrift, nicht auf das Flugblatt ein[15].

In seiner Widerlegung des Pamphlets dagegen vermutet Osiander als Verfasser einen Gegner, der »unter dem getichtem [= fiktiven] namen D. Martini Rheni zu Lůbeck«[16] ein ebenfalls undatiertes Pasquill »Widder Andream Osiandrum, zwinglischen schwermer der stad Konigsbergk und gantzer christenheit scorpion«[17] verfaßt hatte. Darin unterscheidet der Autor Christi wesentliche und die durch den Gehorsam erworbene Gerechtigkeit, die er allein als Glaubensgerechtigkeit des Menschen gelten lassen will. Eine Bezugnahme auf Luther, die die gleiche Person als Verfasser des Flugblattes ›Wie fein der Rabe Osiander‹ nahelegen könnte, fehlt freilich in dieser Schrift. Osianders Schwiegersohn Andreas Aurifaber aber vermutete, hinter dem Pseudonym Rhenus verberge sich Joachim Mörlin[18]. Immerhin findet sich in der von dem Pfarrer am Dom später, d.h. im Frühjahr 1552 gedruckten Verteidigungsschrift gegen Osianders Bekenntnis die Gegenüberstellung von Luther und Osiander sowie Aussagen, die in mehrfacher Hinsicht an das Flugblatt ›Wie fein der Rabe Osiander‹ erinnern: Mörlin führt aus, daß Luther »keinmal ›die gerechtigkeit Gottes‹, sondern allezeit gleich mit vorgesatztem vleis verdeudscht hat ›die gerechtigkeit, so vor Gott gilt‹, und hilft nicht, wie Osiander sagt, das er hat müssen sorge tragen, es hette mügen nach gemeiner weise von der richterlichen, gestrengen gerechtigkeit verstanden werden. Ach Lutherus war kein Osiander …, der dem text … rem ipsam solte geraubet und genomen haben …, darzu kein unzeittiger kopf, der allein die raben und corven der Juden gelesen und ausgesogen …«[19].

Tatsächlich wird man auch für das Flugblatt ›Wie fein der Rabe Osiander‹ den Kreis um den Dompfarrer verantwortlich machen dürfen. Denn nicht nur die antisemitische Polemik gegen Osiander weist auf Hegemon, Mörlin und v. Venediger. Bereits im März hatten die Königsberger Gegner eine anonyme Schrift gegen Osiander verfaßt und sich erst nach längerem Druck zwingen lassen, durch die eigene Unterschrift die Verfasserschaft zuzugeben. Das kleine Werk enthielt ebenfalls Zitate Luthers und Osianders, die als ›Antilogien‹ einander gegenübergestellt wa-

13. Vgl. o. S. 372,11-373,4, Nr. 501.
14. u. S. 773,2.20; 773,19 und 775,36; 776,4, Nr. 538.
15. Die Vermutungen in *Möller*, Osiander, S. 510 (mit Anm. 161) dürften nicht zutreffen; vgl. dazu *Stupperich*, Osiander, S. 324.
16. u. S. 405,13f.
17. Zu dieser Schrift vgl. *Fligge*, Osiandrismus, S. 125 und 650, Anm. 66, bzw. *Möller*, Osiander, S. 468 und Anm. 121, und *Stupperich*, Osiander, S. 191f.
18. Vgl. *Stupperich*, Osiander, S. 192.
19. Mörlin, Bericht, Bl. M2b.3a.

ren[20]. Schon damals und immer wieder klagte Osiander, daß die Gegner das Licht scheuten und hinter seinem Rücken üble Gerüchte gegen ihn verbreiteten[21].

Untersucht man die beiden Zitatenreihen des Flugblattes, fällt zusätzlich auf, daß praktisch die gesamte Palette der Streitthemen der seit etwa einem Jahr anhaltenden Auseinandersetzung über die Rechtfertigungslehre in verdeckter Weise angesprochen wird:

a) Die jeweils ersten beiden Zitate beider Reihen drehen sich um das umstrittene Hauptthema mit dem Stichwort ›wesentliche Gerechtigkeit Gottes‹, von der die Gegner unermüdlich behaupteten, sie sei für den Menschen ›zu hoch‹, ›wie ein verzehrendes Feuer‹, und könne nach Luther nur als richtender Zorn Gottes verstanden werden. Daß Osiander Luther ebenfalls zitierte und sogar nachweisen konnte, daß dieser von der Barmherzigkeit Gottes auch als der ›offenbaren, uns eingegossenen Gerechtigkeit Gottes‹ sprach, hat die Gegner nicht zu einer Korrektur ihrer Auffassung bewogen[22].

b) In allen Lutherzitaten des Flugblattes fehlt das Thema der Einwohnung Christi. Das hat Osiander im Frühjahr des Jahres in seinen Schriften, auch mit Lutherzitaten, moniert[23], ohne daß diese darauf eingingen, bis Melanchthon am 1. Mai an Staphylus und Osiander zwei Briefe schrieb, in denen die Einwohnung Christi konzediert wurde[24]. Mörlin schloß sich daraufhin sogleich Melanchthon an[25].

c) Besonderen Anstoß nahmen die Königsberger Gegner an Osianders historisierender Argumentation zu Christi Sühnetod (nach Mörlins Sprachgebrauch: dem Gang zum Vater[26]), weil sie offenbar befürchteten, die sühnende Erlösungstat am Kreuz könne aus dem Zentrum der Rechtfertigungslehre als ›Vorspiel‹ an den Rand gerückt werden. Das Osianderzitat: ›Darum hat Christus uns, die wir jetzt leben, durch sein Leiden und Sterben nicht gerechtfertigt‹, das nach seinem theologischen Sprachgebrauch stricte dictu eine folgerichtige Spitzenaussage darstellt, hat in der sachlich verkürzenden Schlußfolgerung eines Parteigängers Osianders, Johannes Sciurus, dementsprechend zu einer mit aller Härte geführten Sekundärdiskussion geführt – und Mörlin forderte von der Kanzel, diese Lehre dürfe nicht geduldet werden[27].

d) Das Stichwort ›Blut Christi‹ im letzten Osianderzitat ist ebenso wie der ›Gang

20. Die Gegenüberstellung von Luther- und Osianderzitaten erfolgte durch die Königsberger Gegner zum ersten Mal in der Schrift »Antilogia seu contraria inter Lutherum et Osiandrum« vom März 1551; vgl. u. A. Bd. 9, S. 565-571, Nr. 445.

21. Vgl. etwa den Wortlaut des Titels der Schrift ›Bericht und Trostschrift‹, u. A. Bd. 9, S. 521,1-3, Nr. 434, oder Osianders Antwort auf die gegnerische Schrift ›Antilogia‹, ebd., S. 566,1-567,14, Nr. 445.

22. Zum Ganzen vgl. u. S. 406,31-408,4 mit Anm.

23. Vgl. u. A. Bd. 9, S. 574-601, Nr. 447 und 448.

24. Vgl. u. A. Bd. 9, S. 671, Anm. 9, und S. 674, Anm. 29, Nr. 469.

25. Vgl. Osianders Schrift ›Daß unser lieber Herr‹ und Mörlins Reaktion darauf, u. A. Bd. 9, S. 688-698, bes. S. 689f, Nr. 474.

26. Vgl. z.B. o. S. 322f, Nr. 493.

27. Zu diesen Vorfällen vom April 1551 vgl. u. A. Bd. 9, S. 612f, Nr. 452.

zum Vater‹ Sprachgebrauch Mörlins, der theologisch in verdichteter Form das Blut Christi als ›Erlösungsmittel‹ verstand[28].

e) Im letzten Osianderzitat klingt, ähnlich wie in der ganzen Reihe der Lutherzitate, ein weiterer Streitpunkt zwischen den Parteien an: die rein forensische Rechtfertigungsauffassung der Gegner. Osiander hat dagegen das Argument gesetzt: Jemanden für gerecht erklären und halten, bedeutet noch nicht, daß seine sündige Natur geändert wird, dies jedoch muß zur Erlösung des Menschen nach dem Fall in der Rechtfertigung geschehen. Die von den Gegnern bekämpfte theologische Folgerung, es sei irrig, die menschliche Gerechtigkeit allein als Sündenvergebung zu verstehen, liegt in unmittelbarer Nähe[29].

Obwohl sich der Streit auch in anderen Gedankenbahnen bewegte, ist deutlich, daß diese Zusammenstellung von strittigen Problemen am ehesten in Königsberg selbst von einem Autor entworfen wurde, der den Verlauf der Auseinandersetzung miterlebt und -gestaltet hatte. Es ist daher mehr als wahrscheinlich, daß das Flugblatt ›Wie fein der Rabe Osiander‹ von dessen Königsberger Gegnern verfaßt wurde. Osiander stritt mit seiner Entgegnung ›Wider den lichtflüchtigen Nachtraben‹ also, ohne daß er es wußte, unmittelbar mit seinen Widersachern vor Ort[30].

Nachdem bereits der Hofprediger Johannes Funck dem Herzog Thesen gegen das Pamphlet zugeschickt hatte[31], verfaßte auch Osiander eine Gegenschrift. Am 7. Dezember 1551 bat er, beunruhigt durch heftige Debatten, die es unter ›etlichen Predigern, insbesondere in Nürnberg‹, ausgelöst hatte, den Herzog in einem Schreiben um die Druckerlaubnis für eine bereits fertiggestellte Schrift, die er dem Brief beilegte[32]. Die erbetene Erlaubnis wurde zweifellos erteilt und der Druck rasch durchgeführt[33], denn am 10. Januar 1552 bereits kam die Schrift aus der Presse[34] mit dem Titel: »Wider den liechtflůchtigen nachtraben, der mit einem einigen bogen papiers, ein falschen schein zu machen, unterstanden hat, als solt mein lehr von der rechtfertigung des glaubens doctor Luthers seligen lehr entgegen und gantz widerwertig sein«.

28. Vgl. dazu die o. S. 62, Anm. 92, Nr. 488/496, angegebenen Texte mit Anm.

29. Vgl. dazu schon die Epistola dedicatoria in Osianders Bekenntnis o. S. 82,15-21, Nr. 488, und in dieser Schrift selbst o. S. 148,1-150,17, Nr. 488.

30. Verfasser des Flugblattes muß freilich nicht unbedingt einer der drei Hauptgegner gewesen sein. In Betracht kommt auch ein unbekannterer Parteigänger, wie sich aus der Affäre zwischen Johannes Sciurus und Bartholomäus Wagner ergibt; vgl. dazu weiter u. S. 711-713, Nr. 533.

31. Vgl. *Stupperich*, Osiander, S. 239f.

32. Vgl. o. S. 372,11-373,6, Nr. 501.

33. Die schriftliche Mitteilung des Herzogs ist verloren.

34. Zur Datierung vgl. u. S. 404,5. Druck- und Custodenfehler sprechen für eine eilige Drucklegung.

2. *Inhalt*

In seiner Entgegnung berichtet Osiander zunächst vom Erscheinen des gegnerischen Flugblattes kurz nach der Veröffentlichung seines Bekenntnisses ›Von dem einigen Mittler‹ und vermutet einen anonymen Autor aus Lübeck[35]. Das Pasquill sei ohne Angabe von Autor, Drucker, Ort und Datum veröffentlicht und verstoße damit gegen die kaiserlichen Zensurgesetze; auch könne er Klage wegen übler Nachrede erheben.

Theologisch unterscheide Luther zwei Gerechtigkeiten, die richterlich strafende und die freundliche, Gutes spendende, die beide als wesentlich anzusehen seien, da in Gott nichts Akzidentielles sei. Die Gerechtigkeit des Glaubens beziehe sich immer auf die freundliche, annehmende Gerechtigkeit Gottes, was auch er, Osiander, immer vertreten habe. Das Flugblatt dagegen unterstelle ihm, daß er die richterliche Gerechtigkeit Gottes meine.

Wo Luther den Tod Christi als unser Leben und seinen Gang zum Vater als unsere Gerechtigkeit bezeichne, handele es sich um ›tropische‹, nicht wörtlich zu verstehende Redeweise. Der Gang zum Vater als ein Werk sei daher nicht eigentlich als Gerechtigkeit zu verstehen, Luther nehme hier auf die göttliche Natur Bezug, die ihn bewirkt habe. Diese sei es auch, die die Gläubigen in den Himmel nachziehe. Der Pamphletist dagegen könne zwischen tropischer und genauer Redeweise nicht unterscheiden.

Dieser Mangel bewirke auch, daß sich seine Gegner nicht einigen könnten, was denn die Gerechtigkeit des Menschen ausmache. Je nach Bibelspruch erklärten sie diese abwechselnd als den Glauben, die Zurechnung der Gerechtigkeit, den Gehorsam Christi, seine Wunden, sein Leiden und Sterben oder als seine Auferstehung und Himmelfahrt. Dieselbe Konfusion herrsche bei ihren Definitionsversuchen als Werk Gottes in Christus, als die Annahme zum ewigen Leben, als Verdienst Christi, als eine ›mittlere‹ oder im Menschen neu geschaffene ›kreatürliche‹ Gerechtigkeit. Müßten sie zugeben, daß Christus unsere Gerechtigkeit sei, so trennten sie beide Naturen und leugneten die Einwohnung der göttlichen Natur im Menschen.

Demgegenüber legt Osiander seine eigene Lehre noch einmal kurz dar: Christus sei aufgrund der Barmherzigkeit Gottes Mensch geworden, habe aller Menschen Sünde auf sich genommen und durch Leiden, Tod, Höllenabstieg und Auferstehung die Gabe der Rechtfertigung und das ewige Leben erworben. Dies soll gepredigt werden. Durch den Glauben und die Taufe werde der Mensch gerechtfertigt. Der Glaube ergreife Christus, so daß er in uns wohne und unsere Gerechtigkeit sei. So in uns wohnend, sei er unsere Gerechtigkeit nach seiner göttlichen Natur, wie auch Luther lehre. Er stimme mit Luther überein. Das Flugblatt dagegen konstruiere falsche Gegensätze.

35. Vgl. dazu o. S. 400.

3. Nachgeschichte

Osianders Widerlegung fand nach ihrem Erscheinen rasche Verbreitung, so daß schon wenige Wochen später ein preußischer Student in Wittenberg über sie schreiben konnte[36]. Beide Schriften, das Flugblatt wie die Entgegnung, zogen im Jahr 1552 eine Reihe von Pamphleten nach sich, in denen Aussprüche Luthers gegen Osiander verwandt wurden und dieser als ›Rabe Osiander‹ bezeichnet wurde[37].

4. Überlieferung

Unsere Edition folgt dem 1552 bei Hans Lufft in Königsberg erschienenen Druck (= *Seebaß*, Bibliographie, S. 172, Nr. 61) nach dem Exemplar Nürnberg StB, Theol. 363 4°/3. Es folgen die in u. A. stillschweigend berichtigten Drf.: S. 405,3: gab; S. 405,5: wederlegen; S. 407,31: liechfluchtig; S. 409,3: liechflůchtige; S. 410,16: heygen; S. 411,11: kutrz; S. 411,18: cratůrliche; S. 412,16f: gerechfertigt; S. 412,30: seinem; S. 413,7: nachraben.

Text

[A 1a:] Wider den liechtflůchtigen nachtraben[1], der mit einem einigen[2] bogen papiers, ein falschen schein zu machen, unterstanden hat, als solt mein lehr von der rechtfertigung des glaubens doctor Luthers seligen lehr entgegen und gantz widerwertig[3] sein.

Andreas Osiander.

Kŏnigsperg in Preussen, 10. Januarii 1552[a].

»Wer arges thut, der hast das liecht«[4].

[A 2a:]Wider den liechtflüchtigen nachtraben. Andreas Osiander.

Las dichs nicht wunder nemen, christlicher, lieber leser, das ich einem gelerten man ein solchen seltzamen namen gib, dann Gott weis, das ich in[5] lieber bey seinem rechten namen nennen und im sein gebůrlichen oder verdienten tittel geben wolt.

a) Die Jahreszahl findet sich im Druck im Anschluß an den hier folgenden Bibelvers.

36. Vgl. dazu o. S. 399.
37. Vgl. *Stupperich*, Osiander, S. 242 und Anm. 107.

1. Als Vogelart ist nicht der Rabe gemeint, sondern eine Nachtreiher- oder Eulenart, deren Name sinnbildlich für einen Feind der Wahrheit gebraucht werden konnte; vgl. *Grimm*, Wörterbuch 7, Sp. 204.
2. einzigen.
3. widerstreitend.
4. Joh 3,20.
5. ihn.

Aber ich kan und muss[6] itzo nicht wissen, wer oder wo er ist, denn es helt[7] sich mit im also: Nachdem ich mein bekentnis von dem einigen mitler Jesu Christo und rechtfertigung des glaubens in truck hab gegeben[8], hat diser nachtrabe bald darnach ein einigen bogen papiers, darzu nur auff einer seiten gedruͤckt[!], wider mich lassen aussgehn und untersteth sich doch nicht, mein lehr mit heiliger, goͤttlicher schrifft zu widerlegen, vil weniger die seine zu erhalten[9], wie er [A2b:] doch[b] billich thun solt, wen ers kondt, und die gewissen troͤsten und nicht vielmer betruͤben wolt etc., sonder setzt allein etliche truͤmmer und lumpen, die er mit seinem zerreissen gefelscht und verderbt, beide auss D. Luthers und meinen schrifften gegeneinander, ein schein zu machen[10], als solt mein lehr von der gerechtigkeit des glaubens mit des Luthers nicht ubereinstymmen. Und das das allergroͤste ist, verschweigt er seinen namen und ist so redlich nicht, das er sich zu solcher seiner schrifft thuͤrste[11] bekennen. Ich halts auch darfur, er sey eben derjenig, der neulich ein schentliche lesterschrifft unter dem getichtem[12] namen D. Martini Rheni zu Luͤbeck wider mich getichtet[13], so ich doch keinen dises namens weder zu Luͤbeck noch anderswo kan erfahrn, zweiffel auch nicht, solche lesterschrifft wurde in der loͤblichen stad Luͤbeck nicht geduͤldet. Darumb, weil ich sein namen nicht wissen muss[14], sol er mir der liechtfluchtig nachtrabe heissen, als der sich seines namens, thuns und schreibens schemet[15].

Nun hat keiser Karl mit wissen und willen aller reichstenden untern andern auch das gepoten, das man nichts neues truͤcken sol, man setze denn des truͤckers und des dichters[16] und der stadt namen sampt der jar-[A3a:]zal darzu, und ist solchs gepot der gantzen christenheit nuͤtz und gut[17]. Darumb die unterthanen bey vermeidung

b) korr. nach der Custode von Bl. A2a für Drf.: noch.

6. brauche.
7. verhält.
8. Vgl. o. S. 51f, Nr. 488/496.
9. behaupten, beweisen.
10. den Anschein zu erwecken.
11. wagte … zu.
12. erfundenen.
13. Vgl. *Möller*, Osiander, S. 554, Anm. 121: »Wider Andream Osiandrum, Zwinglischen[!] schwermer … durch Martin Rhenium Doctor zu Lübke«. Abschriften finden sich in Berlin GStAPK, XX. HA StA Königsberg, HBA J2, K. 956, 968 und 970 (Angaben nach *Fligge*, Streitschriften, S. 23, Anm. 40). Eine Person dieses Namens hat es nach Auskunft von Prof. Dr. *Wolf-Dieter Hauschild*, Münster, nicht gegeben. Die von Osiander benannte Schrift ist auch nicht identisch mit einer Gegenschrift des Lübecker Predigers Georg Barth: »Korte und gründlike declaration«; zum Ganzen vgl. *Hauschild*, Kirchengeschichte Lübecks, S. 249f.
14. zu wissen brauche.
15. Der Bezug auf den Titel und die gewählte Bibelstelle ist hier besonders deutlich.
16. Verfassers.
17. Eine allgemeine Zensur wurde in den Reichstagsabschieden von Nürnberg 1524, Speyer 1529 und in der Reichspolizeiordnung von 1548 angeordnet, die Angabe von Drucker und Druckort im Reichsabschied von Augsburg 1530 verbindlich gemacht; vgl. *Conrad*, Rechtsgeschichte 2, S. 259, und HDRG 3, Sp. 1903. Gemäß dem Reichsabschied von Nürnberg 1524

Gottes zorns, urteils und straff gehorsam schůldig sein, wie Paulus zun Rȏm. am 13. cap. [1f] gantz hefftig dringet. So hat F.D. in Preussen, unser gnediger herr, auch gar statlich[18] verpoten, das niemand nichts in truck soll geben, es sey dann zuvor seiner F.D. oder denjenigen, so darzu verordnet, zu besichtigen gegeben und zugelassen. Solchs alles hat diser liechtfluchtiger nachtrabe nicht geachtet, sonder mit ubertrettung und sůnden wider der obrigkeit und Gottes gepot sein schrifft lassen aussgehn, darumb sie on zweiffel fůr[19] Gott verdampt und verworfen ist als ein teuffelswerck und bȏss exempel, das zu allerley schaden in geistlichem und weltlichem regiment ursach geben kan.

Zum andern ist sie von dem tichter selbs verdampt; denn het er solche seine schrifft fůr warhafftig, gerecht, on falsch, on bȏse důck, fůr nutz und gut gehalten, so hett er seinen namen darzu gesetzt und das liecht nicht gescheuhet, denn der herr Christus spricht selbs: »Wer die warheit thut, der kumpt ans liecht, das seine werck offenbar werden, denn sie sein in Gott gethan. Wer aber arges [A3b:] thut, der hasset das liecht und kumpt nicht an das liecht, auff das seine werck nicht zuschanden werden«, Johannis 3 [20f].

Zum dritten ist sie von dem trucker selbs auch verdampt, dann wann er nicht bewogen und bey sich selbs geurteilt hette, das im[20] schand, schaden, nachrede und straff daraus mȏcht entstehn, so hett er doch seinen und der stat namen darzugesetzt und nicht so schendtlich wider Gottes und der obrigkeit gepot gehandelt.

Zum vierdten ist sie noch in ein andern weg[21] nach dem keiserlichen rechten verdampt. Denn dieweil der tichter mich »raben Osiander« nennet und mein lehr als ketzerisch im finstern verdechtig machen will, so greifft er mich beide an meinen bůrgerlichen und christlichen ehren an und begert mich, mein weib und kind, sovil an im ist, an leib und leben, ehr und gut zu beschedigen, das also sein winckelschrifft, dieweil er seinen namen verschweigt, ein recht libell famoss, das ist ehrnrurische lesterschrifft, ist, mit der er ein scharfe straff verwirckt hat (›De lib[ellis] fam[osis]‹, l[ege] unica)[22]. Wer nun lust hat, von [A4a:] einem solchen verdampten lehrer, der das liecht fleucht und wider Gott und recht handelt, zu lernen, [c]der will[c] ja mutwilliglich verfůrt sein und dem teuffel selbs in die schos entgegenlauffen.

Wollan, wir wollen hȏren, was er sagt, und besehen, wie es gegrundet[23] sey. Dieweil der heilig Paulus die gerechtigkeit des glaubens so offt die gerechtigkeit Gottes

c-c) konj. für Drf.: derweil.

sollten die Stände als ›Schützer und Schirmer des heiligen christlichen Glaubens‹ für die Einhaltung der Zensur sorgen, vgl. HDRG, a.a.O.

18. ganz streng.

19. vor.

20. ihm.

21. auf eine andere Weise.

22. Vgl. CorpIurCiv, Codex Iustinianus, l. 9, c. 36: »De famosis libellis« (= *Krüger – Mommsen – Schöll*, Corpus Iuris Civilis 2, S. 387). Vgl. dazu auch u. S. 419, Anm. 21, Nr. 507.

23. begründet.

nennet und der gemein man, wenn man in teudscher sprach die gerechtigkeit Gottes nennet, nichts anders versteth denn den zorn Gottes, da er als ein gestrenger richter das ubel und die suͤnd strafft, so hat D. Luther desselben fleissig wargenomen und, den gemeinen man zu unterrichten, zweyerley gerechtigkeit Gottes anzeigt und unterschieden[24]:

Die ersten nennet er Gottes gestrenge und richterliche gerechtigkeit, damit[25] Gott die boͤsen strafft. Die andern nennet er Gottes freuntliche, gutthetige gerechtigkeit oder froͤmbkeit[26], damit Gott als ein frommer, gnediger Gott uns in Christo alles guts thut. Die richterlichen gerechtigkeit nennet er die innerlichen, selbwesenden gerechtigkeit, darumb das sie[d] [A4b:] in Gott verborgen ist und erst am jungsten tag wird recht offenbar werden, wenn er alle gottlose in abgrund der helle verstossen und ewiglich darin verderben wirdt lassen. Dargegen nennet er die guͤtthetige gerechtigkeit oder fruͤmbkeit[!] Gottes ein aussgegosne, geoffenbarte und uns eingegosne gerechtigkeit; die ist in Christo durchs euangelion schon herauss an tag gegeben und geoffenbart, Rom. 1 [16f]. Sie sein aber beide selbwesentlich, denn ist sein richterliche gerechtigkeit selbwesentlich, so ist die guͤtthetige froͤmbkeit auch selbwesentlich, wie er sie im buͤchlein ›von zweierley gerechtigkeit‹ aussdruͤcklich also nennet, nemlich »essentialem«[27]. Dann alles, was in der goͤttlichen natur ist, das ist wesentlich, quia in Deum non cadit accidens[28].

Wenn nun die heilig schrifft von der gerechtigkeit des glaubens, die auch Gottes gerechtigkeit genennet wirdt, redet und handelt, so spricht doctor Luther, man soll es nicht von der strengen, richterlichen gerechtigkeit Gottes verstehn, denn wir muͤssen fuͤr derselben erschrecken, sonder man sol es von seiner froͤmbkeit, das ist von der freundtlichen, gnedigen barmhertzigkeit, guͤtthetigen gerechtigkeit oder froͤmbkeit, verstehn, damit er uns durch sich selbs gerecht macht. Dan fuͤr diser gerechtigkeit darf[29] niemand er-[B1a:]schrecken, sonder jederman sol sich ir freuen, wie dise meinung in der kirchenpostil am 9. und 10. bladt klerlich zu lesen ist[30]. Und auff dise meinung[31] hab ich auch allezeit gelehrt, geschriben und gewarnet, man soll nicht die gestrengen, richterlichen gerechtigkeit Gottes verstehn, wan man hoͤret, das Gottes gerechtigkeit durch den glauben kom zu allen und auff alle, die da gleuben, Rom. 3 [22], und dergleichen spruͤch mehr. Aber diser liechtfluͤchtig nachtrabe

d) Danach folgt nur in der Custode von Bl. A4a fälschlich: auch.

24. Zu diesem Ansatz bei Luther vgl. schon Osianders Bekenntnis o. S. 162,29-164,17, Nr. 488.
25. mit der.
26. Rechtschaffenheit, Güte.
27. Osiander meint offensichtlich eine Stelle aus Luthers Schrift »von dreierley gerechtigkeit« 1517, die er auch in seinem Bekenntnis zitiert, vgl. o. S. 172,3-6, Nr. 488. Zur Gerechtigkeit Gottes als Zorn bzw. Güte bei Luther vgl. auch ebd., S. 162,29-164,17.
28. Dieser theologisch unumstrittene scholastische Grundsatz findet sich bei Osiander immer wieder, vgl. etwa u. A. Bd. 9, S. 646,13f, Nr. 461, und *Stupperich*, Osiander, S. 159.
29. braucht … zu.
30. Vgl. dazu o. S. 164,7-13, und Anm. 304, Nr. 488.
31. Art.

und lumpenflicker dringt auff mich[32] wider meine offentliche, getrůckte schrifften[33] und wider sein eigen gewissen dise schendliche lůge, als lehret ich wider den Luther, wir wůrden durch den glauben gerecht mit Gottes gestrenger, richterlicher gerechtigkeit, damit er unsere sůnd strafft.

Und dieweil der liechtfluchtig nachtrabe wol merckt, das solche lůgen kein bestand haben kan, sonder mit der zeit jederman werd offenbar werden, das beyde Luther und ich nicht von der richterlichen gerechtikeit[!], sonder von der wolthetigen frŏmbkeit und gůte Gottes reden, so wolt er gern ein andern falschen schein machen, als redet D. Luther von einer andern gutthetigen frŏmbkeit Gottes denn ich, bringet derhal-[B1b:]ben vil sprůch des Luthers von vergebung der sůnd, von seinem leiden, sterben und aufferstehung, vom glauben und von seinem gang zum Vater[34] – er versteht aber selbs nicht, was er liset oder was er sagt!

Denn er solt zum ersten wissen, das man in solchen hŏhen[!], freudenreichen, průnstigen[35] sachen wie auch in den traurigen und zornigen ausserhalb des streits vil verblůmbte red mit verwechselten[36], frembden worten fůret, welche die gelerte ›tropos‹ und ›schemata‹ nennen[37]. Im streit aber, da man die reinen warheit sucht oder verteidigt, da gelten sie nichts, sonder můssen hindan gesetzt werden: Als[38] Christus spricht durch den propheten Hosea am 13. cap. [14]: »Todt, ich wil dein gifft sein, hel, ich wil dein pestilentz sein«, und ist sehr lieblich[39] und průnstig geredet; aber was wůrd darauss werden, wenn man dise wort im streit, da man fraget, was Christus sey, wolt einfůren und darmit beweisen, Christus were gifft und pestilentz. Item: Wann ich sprech: ›D. Luther ist des babsts teuffel gewest‹, und ein papist wolt darnach mit[40] beweisen, der Luther wer ein teuffel gewest und Osiander het solchs selbs von im gesagt, meinstu auch, ob ich nicht zu einem solchen papisten sagen thůrst, er wer ein bub[41] und verfelschet mir mein wort? [B2a:]

Also auch, wenn D. Luther auff ein vil leidlichere[42] und lieblichere weis spricht: ›Der todt Christi ist unser leben, vergebung der sůnd‹, oder: ›Der gang zum Vater ist unser gerechtigkeit‹[43], so redet er nicht einfeltig[44], recht und schlecht[45] mit natůr-

32. drängt mir auf.

33. Vgl. etwa Osianders gedruckte Sammlungen von Lutherzitaten »Excerpta quaedam« und »Etliche schöne Sprüche«, u. A. Bd. 9, S. 574-601, Nr. 447 und 448.

34. Vgl. dazu o. S. 398f.

35. inbrünstigen, innigen.

36. vertauschten, dafür gesetzten.

37. Vgl. *Lausberg*, Rhetorik, S. 282-307, § 552-598 (Tropi), und S. 308-310, § 600-606 (Figurae, Schemata). Vgl. auch o. S. 166,3-15, Nr. 488.

38. Etwa wenn.

39. liebreich, gefällig, anmutig.

40. damit.

41. Bösewicht.

42. annehmbarere, erträglichere.

43. Osiander bezieht sich hier natürlich, wenn auch nicht ganz wörtlich, auf einige Lutherzitate des Flugblattes; vgl. o. S. 399, Anm. 5: WA 22, S. 316,15-21; 30,2, S. 642,15-19, und 52, S. 293,34f (294,13-16; 295,5f).

44. einfach.

45. schlicht.

lichen worten proprie, sonder es sind verblůmbte, verwechselte, frembde wort und ›tropi‹ auss freudenreichem hertzen geredet und můssen vil anderst verstanden werden, denn sie lauten. Aber hiervon weiss der liechtflůchtige nachtrabe nichts, dann er kan weder grammatica noch dialectica noch rhetorica, sonder ist und bleibt ein nachtrabe. Es solt ja ein kind verstehn, das leben nicht todt und todt nicht leben ist und der todt Christi nicht unser leben sein kan, denn Paulus zun Rőm. am 5. [10] spricht: »Wir werden selig (das ist: wir bekommen das ewig leben) durch das leben Christi«. Leben wir aber durch das leben Christi, so ist sein todt nicht unser leben, wenn man einfeltig, dűrr, bloss und eigentlich reden wil. D. Luther aber hat ausserhalb einigs streits[46] bey denjenigen, von denen er gehalten hat, sie verstehn in sehr wol, mit verblůmbten worten und ›tropo‹ aus freuden-[B2b:]reichem[e] gemůt gesagt, der todt Christi sey unser leben, und hat nicht unrecht, sonder lieblich geredt, wann mans recht verstehn wil, nemlich das Christus durch sein todt uns das ewig leben erworben hab.

Also solte der nachtrabe billich verstehn, das der gang Christi zum Vater, wan man einfeltig, ungeferbt, unverblůmbt und eigentlich oder ›proprie‹ will reden, nicht unser gerechtigkeit ist. Denn der gang ist ein werck, kein werck aber ist gerechtigkeit, sonder alle gute werck fliessen auss der gerechtigkeit, und wan alle werck auffhőren, als wan der mensch schlefft und gantz und gar nichts thut, so muss die gerechtigkeit dannoch dableiben[47], denn sie muss ewig sein. Darumb ist gewiss, das doctor Luther hierin auch verblůmbter-, lieblicherweis geredt hat, und ist sein meinung[48], das die gőttlich natur in Christo – in dero[49] krafft er sűnd, todt und hell uberwunden, widererstanden und zum Vater gangen ist – sey unser gerechtigkeit und in uns und werd uns auch in himel zum Vater fűhren, wie er das klar genug zu verstehn gibt in der postill am sontag Trinitatis am 156. blat uber dise wort: »Niemandt fehret gen himel, denn der vom himel herniderkommen ist, nemlich des [B3a:] menschen son, der im himel ist«[50], denn daselbst schreibt er also: »So ist nun die meinung[51]: Das er herab- und hinauffehret und droben ist, das ist sein[52] und hilft uns noch nichts; er hat disen gewalt, und kans im niemands nachthun. Aber wenn er also spricht: ›Ich hab fűr mich alles und bin droben im himel, aber ich wil nicht also allein fahren, sonder die menschen mit mir hinauffziehen, die sonst nicht kőnten hinauffahren. Das soll also zugehn, das sie sich an mich sollen hengen. Ich will mich lassen creutzigen und aufferstehn. Welche denn an mich gleuben, das ich fűr sie ge-

e) nur in der Custode auf Bl. B2a.

46. unbestritten.
47. Ein von Osiander oft wiederholtes Argument mit biblischen Wurzeln, vgl. etwa o. S. 164,18-166,3, Nr. 488.
48. seine Auffassung.
49. deren.
50. Joh 3,13.
51. der Sinn.
52. Pronomen possessivum; erg.: eigen.

storben bin, dieselbigen, ob sie auss irer krafft nicht in himel kummen, will ich sie dannoch mit mir ziehen‹, also tregt er uns und hengt uns an seinen hals, wo er hinfehret. Darumb ist es nicht unser, sonder frembde krafft, das wir selig werden«[53] etc. Hie solt der nachtrabe, wenn er sehen und hoͤren kuͤndte, ja gemerckt haben, das D. Luther spricht, das Christus herab- und hinauffehret, das hilft uns noch nicht. Du aber, christlicher leser, mercks wol: Es hilft uns noch nichts, spricht er – was hilft denn? Die frembde krafft hilft, die nicht unser, [B3b:] sonder Christi ist, in welcher krafft er herab- und hinauffgefahren ist. Wann dieselbig, sein goͤttlich krafft in uns auch ist, so wirdt sie uns auch wol selig machen und gehn himel fuͤren, denn sie ist unser leben und unser gerechtigkeit, wie ich vormals[54] uber die wort Johannis am 16. [5]: »Ich geh zum Vater« etc., reichlicher geschriben und bewisen hab[55].

In summa: Das ist der fehl[56] an disen[!] nachtraben und seinsgleichen, das sie solche verwechselte, verbluͤmbte und geschmuͤckte rede nicht kennen, noch von den einfeltigen, unverbluͤmbten, eigentlichen und natuͤrlichen reden unterscheiden koͤnnen noch wollen. Darumb haben sie schier so mangerley gerechtigkeit, so mangerley spruͤch sie in der heyligen schrifft von der gerechtigkeit lesen. Denn lesen sie: »Abraham hat Gott geglaubt, und es ist im zur gerechtigkeit zugerechnet«[57], so machen sie schon zweierley gerechtigkeit: Ein[f] teil felt[58] auff das wort ›glauben‹ und spricht: Der glaub ist unser gerechtigkeit. Der[g] ander teil felt auff das wort ›zurechnen‹ und, das uns Gott gerechtigkeit zurechne und uns fuͤr gerecht helt, wiewol wirs nicht seien: das sey unser gerechtigkeit[59]. Lesen[h] sie denn: »Wir sein durch sein blut gerechtfertigt«[60], so sprechen sie: ›Der theure schweis Christi ist [B4a:] unser gerechtigkeit‹[61]. Lesen[i] sie aber: »Wie durch eines menschen ungehorsam vil suͤnder, also sein durch eines gehorsam vil gerecht worden«[62], so sprechen sie bald[63]: ›Der gehorsam Christi ist unser gerechtigkeit‹[64]. Lesen[k] sie dann: »Er ist umb unser gerech-

f) Davor am linken Rand: 1. – g) Davor am linken Rand: 2.
h) Davor am linken Rand: 3. – i) Davor am rechten Rand: 4.
k) Davor am rechten Rand: 5.

53. WA 21, S. 548,7-16.
54. früher.
55. Gemeint ist die Schrift ›Rechte, wahre Auslegung‹, o. S. 307-316, Nr. 491.
56. Fehler, Irrtum.
57. Gal 3,6. – Zur Auslegung der Stelle durch Osiander vgl. sein Bekenntnis S. 250,20-252,22, Nr. 488.
58. verfällt, stürzt sich.
59. Zu beiden Meinungen vgl. die Einleitung zu Osianders Bekenntnis o. S. 62 mit den Belegen in Anm. 83 und 84, bzw. S. 63 mit Anm. 97, Nr. 488/496.
60. Röm 5,9.
61. Vgl. die Einleitung zur Schrift ›Von dem einigen Mittler‹ o. S. 62 mit Anm. 92, Nr. 488/496.
62. Röm 5,19.
63. gleich.
64. Vgl. o. S. 62 mit der Belegstelle Anm. 93, Nr. 488/496.

tigkeit willen aufferstanden«[65], so sprechen sie flugs: die aufferstehung Christi sey unser gerechtigkeit[66]. Lesen[l] sie dann: Der heilig Geist wird die welt straffen umb die gerechtigkeit, denn ich geh zum Vater[67], so fallen sie alsbald darauff und sprechen: der gang Christi sey unser gerechtigkeit[68]. Lesen[m] sie den: »Wir werden gerecht on verdienst auss seiner gnad«[69], so muss alsbald Gottes gnad und barmhertzigkeit unser gerechtigkeit sein[70]. Lesen[n] sie aber: »Darmit er die gerechtigkeit darpiete, indem das er sünd vergibt«[71], so sagen sie alsbald: vergebung der sünd sey unser gerechtigkeit[72]. Lesen[o] sie aber: »Durch seine wunden sein wir geheilet«[73], so sagen sie: die eiterigen wunden Christi seien unser gerechtigkeit[74].

Sihe, da, christlicher leser, hastu schon neunerley gerechtigkeit, hab sie dennoch umb kurtz[75] willen noch nicht al erzelet, und stimmen gar ubel zusamen, dann es stöst ein jede in sonderheit[76] etlich der andern zu poden. Noch erger wirds[p], [B4b:] wan man die gerechtigkeit, die sie aus iren eigen köpfen ertichten, darzuzelet. Dann[q] etlich sagen: die gerechtigkeit sey ein werck Gottes, das er in Christo wirckt[77], etlich[r]: es sey, das uns Gott zum ewigen leben annympt[78], etlich[s]: es sey der verdienst Christi[79]. Etlich[t] sagen von einer mitlen gerechtigkeit[80] und können doch nicht anzeigen, was sie sey. Etlich[u] sagen: die wesentlich gerechtigkeit Gottes erschaffe in uns ein neue, creatürliche gerechtigkeit[81]. Und also ist des tichtens und treumens

l) Davor am rechten Rand: 6. – m) Davor am rechten Rand: 7.
n) Davor am rechten Rand: 8. – o) Davor am rechten Rand: 9.
p) nur in der Custode auf Bl. B4a.
q) Davor am linken Rand: 10. – r) Davor am linken Rand: 11.
s) Davor am linken Rand: 12. – t) Davor am linken Rand: 13.
u) Davor am linken Rand: 14.

65. Röm 4,25.
66. Vgl. o. S. 62 mit dem Beleg Anm. 91, Nr. 488/496.
67. Joh 16,7-10.
68. Vgl. dazu die Schrift Mörlins über den ›Gang zum Vater‹, die Osiander in seiner Gegenschrift entkräften wollte, o. S. 322-330, Nr. 493.
69. Röm 3,24.
70. Vgl. die Einleitung zu Osianders Bekenntnis o. S. 62 mit Anm. 85, Nr. 488/496.
71. Röm 3,25f.
72. Vgl. die Einleitung zu Osianders Bekenntnis o. S. 62 mit Anm. 97, Nr. 488/496.
73. Jes 53,5.
74. Mit dieser Aussage dürfte Mörlin angesprochen sein, vgl. o. Anm. 61 (und 68).
75. der Kürze.
76. für sich.
77. Vgl. dazu die Einleitung der Schrift ›Von dem einigen Mittler‹ o. S. 62 mit den Belegen in Anm. 88, Nr. 488/496.
78. Vgl. o. S. 63 mit den Belegen in Anm. 98, Nr. 488/496.
79. Vgl. o. Anm. 64.
80. Vgl. o. S. 62 mit den Belegen in Anm. 89, Nr. 488/496.
81. Vgl. ebd.

kein end, und wann sie schon durch Paulum und Jeremiam[82] gedrungen werden zu bekennen, das Christus selbs unser gerechtigkeit sey, so wollen sie doch seine gottheit nicht unser gerechtigkeit lassen sein, sonder setzen in entweder gar ausserhalb unser[83] und verleugnen, das er durch den glauben in uns wone, oder aber trennen seine gottheit von der menscheit und sprechen: Gott sey nicht unser gerechtigkeit, denn wir koͤnnen in nicht leiden[84], er sey ein verzerend feur[85], welchs wol war ist, aber nur den gottlosen, denn den glaubigen ist er liecht und leben, Johan. 1 [4].

Wie ist im[86] denn nun? Welches ist noch[87] die rechte und ware gerechtigkeit? Ich verstehe es also[88]: 1. Aus lauter gnad und barmhertzigkeit Gottes ist es hergeflossen, das [C1a:] er seinen einigen son fuͤr uns hat dargegeben. 2. Der son ist mensch worden und unter das gesetz gethan und hat uns vom gesetz und von dem fluch des gesetz erloͤset. 3. Er hat aller welt suͤnd auff sich genommen, fur dieselbigen gelitten, gestorben, sein blut vergossen, gen helle gefahren, wider erstanden und also suͤnd, todt und hell uberwunden, uns vergebung der suͤnd, versonung mit Gott, die gnad und gabe der rechtfertigung und ewigs leben erworben. 4. Das sol man in alle welt predigen. 5. Wer das glaubt und getaufft wirdt, der wird durch solchen glauben gerechtfertigt und selig. 6. Der glaub ergreifft Christum, das er durch den glauben, in unsern hertzen wonet, Ephe. 3 [17]. 7. Christus, durch den glauben in uns wonendt, ist unser weissheit, gerechtigkeit, heiligkeit und erloͤsung, 1. Corinth. 1 [39] und Jeremie 23 [6] und 33 [16]. 8. Christus, warer Gott und mensch, durch den glauben in uns wonend, ist unser gerechtigkeit nach seiner goͤtlichen natur, wie doctor Luther sagt: »Ich bin gegrundet auff die gerechtigkeit, die Gott selbs ist, die kan er nicht verwerfen, er must sonst sich selbs verwerfen. Das ist«, spricht D. Luther, »der einfeltig, richtig verstand[89], darvon lass dich nicht fuͤren«[90].

Dise jetzt erzelte artickel alle sein in D. Luthers schrifften auffs allergewaltigst[91] [C1b:] dargethon und mit heiliger schrifft bewisen, und stymmet in inen allen mit mir und ich mit im[92], das wirdt kein nachtrab widerlegen. Ist im aber hin und wider etwo ein wort entwischt, das diser artickel einem widerwertig[93] scheinet, so ist es gewisslich ein ›tropus‹ und darf[94] einer ausslegung, wie vor angezeigt ist. Dann der lebt nicht, der sich, wann er frey und on alle sorgen bey seinen freunden redet, die in ver-

82. Osiander meint die von ihm immer wieder herangezogenen exegetischen Beweisstellen I Kor 1,30 und Jer 23,6; 33,16. Vgl. die Einleitung zu seinem Bekenntnis o. S. 59, Nr. 488/496.

83. Vgl. etwa die 5. ›Antilogie‹ aus der gegnerischen Schrift vom März 1551 in Mörlin, Historia, Bl. F4a; weiter u. A. Bd. 9, S. 565-571, Nr. 445, und o. Anm. 72.

84. ertragen.

85. Vgl. o. S. 62f mit dem Beleg in Anm. 95, Nr. 488/496.

86. es.

87. trotz alledem.

88. so.

89. das ... Verständnis.

90. WA 17,2, S. 450,29-32; vgl. o. S. 164,15-17, Nr. 488.

91. Unwiderleglichste.

92. Vgl. u. A. Bd. 9, S. 523,24-33, Nr. 434.

93. widerstreitend, widersprüchlich.

94. bedarf.

stehn, sich aller ›tropos‹ enthalten kondte. Darumb wer alle des Luthers wort stracks[95] on ›tropos‹, on auslegung, nach dem blossen, duͤrren buchstaben will verstehn wie diser nachtrab, der wirdt gar waidlich anlauffen[96] und des Luthers lehr nimmermehr zusamen koͤnnen stymmen, denn er wird auffs wenigst auch funferley gerechtigkeit im Luther finden, dero keine, wenn man dem blossen buchstaben nach fahren[97] will, mit der andern ubereinstymmet. Darumb ists kein wunder, das solche nachtraben mein und des Luthers lehr fuͤr misshellig[98] halten, dieweil Luther nach iren tollen koͤpffen mit im[99] selbs uneinig sein muss: Denn stymmet er mit mir, da er spricht, er sey auff die gerechtigkeit gepauet, die Gott selbs ist, so muss er ja nach des nachtraben meinung mir widerwertig sein, wann er spricht, der todt und aufferstehung seien unser gerechtigkeit und leben[100]; denn Gott selbs ist ja nicht der tod; [C2a:] er[101] meint aber, gerechtigkeit und leben seien uns durch seinen todt und aufferstehung erworben; das ist auch war, aber des nachtraben meinung zuwider – darumb lassen wir solche nachtraben fahren und nachtraben bleiben!

Wer aber die hebraisten, grammatisten, rabinisten und ›animalia sine intellectu‹[102], ja auch ›pecora campi‹ seien, will ich solchen nachtraben, ob Gott will, bald fein zeigen. Dann ob sie mich woll wider die offenbaren warheit ein Juͤden schelten, haben sie mich dennoch so fuͤrchtsam noch nicht gemacht, gottlob, das ich mich der ebreischen sprach wider sie nicht thuͤrste gepranchen[103]. Und hiemit sey dem liechtfluͤchtigen nachtraben auff dismal geantwortet, bis es ein andermal besser wirdt.

95. streng.
96. tüchtig sich den Kopf einrennen.
97. gehen.
98. uneins.
99. sich.
100. Vgl. o. S. 408,5-409,14.
101. sc. Luther.
102. Vgl. dazu den Schlußsatz des Flugblatts o. S. 399 mit Anm. 9.
103. Osiander galt seinen Zeitgenossen, natürlich auch Luther und Melanchthon, als Koryphäe des Hebräischen, vgl. etwa *Seebaß*, Osiander, S. 71-73 und 80-85; die in u. A. ed. Korrespondenz zwischen den beiden Wittenbergern und Osiander, weiter u. A. Bd. 6, S. 407-434, Nr. 237; Bd. 8, S. 122-149, Nr. 302-304; S. 150-271, Nr. 306/315; u. S. 661,1-663,29, Nr. 522, und S. 931-937, Nr. 231a. Er war damals einer der wenigen Gelehrten, die nicht antisemitisch eingestellt waren; vgl. u. A. Bd. 7, S. 216-248, Nr. 257.

Nr. 506
Osiander an Herzog Albrecht

[Königsberg], 1552, Januar 19

Bearbeitet von *Achim Jillich*

Berlin GStAPK, XX. HA StA Königsberg, HBA J2, o. D. [1552, Januar 19] (K. 978), autograph. Ausf., unfoliiert. Foliierung vom Bearbeiter. Auf fol. 2v die zeitgenössischen Notizen: »Andreae Osiandri beschwerung, den 19. Ianuarii anno 52sten. Der abschidt leit dabey eadem die et anno«. Auf fol. 1r am linken oberen Rand aus späterer Zeit: »Geistl[iche] Sachen. Consistorial=Sachen. 1552«.

Bittet als Vizepräsident des samländischen Bistums den Herzog um Rat für sein Verhalten bei der Beschlußfassung im Konsistorium angesichts der Meinungsverschiedenheiten der Mitglieder und der Unklarheit der Rechtslage sowie um Anweisung für sein Vorgehen gegen die Pfarrer von Hermannsdorf und Georgenburg.

[1r:] Durchleuchtiger, hochgeborner furst, gnediger herr.

Ich kan nicht umbgehn[1] aus vilen ursachen, auch meins gewissens halben, dieweil ich als ein vicepresident mit consistorialsachen beladen pin[2], ich muß bericht[3] bey eur F.D. suchen, wie hernach volget:

Erstlich, ob ich den merern stymmen[4] volgen soll und also auff frembd gewissen urtailen, unangesehen das es wider mein gewissen ist.

1. anders.

2. Das Konsistorium bestand als bischöfliches Organ auch nach der Einführung der Reformation in Preußen 1525 weiter fort. Genauere Nachrichten über seine Arbeit haben wir erst mit dem »Abschied für das Bistum Samland« vom 3. Juni 1550, in dem Herzog Albrecht nach dem Tode des samländischen Bischofs Georg von Polentz im April 1550 eine Übergangsregelung für die rechtliche Organisation der kirchlichen Arbeit schuf, vgl. u. A. Bd. 9, S. 328-336, Nr. 413. Osiander war seit Sommer 1550 Vizepräsident des Konsistoriums und hatte deshalb nach der Erkrankung des Präsidenten Isinder im April 1551 die Sitzungen des Konsistoriums zu leiten, vgl. *Stupperich*, Osiander, S. 94f und S. 149, sowie Osianders Brief an Herzog Albrecht vom 19. Mai 1551, u. A. Bd. 9, S. 684, Nr. 472. Er wurde aber von anderen Mitgliedern des Gremiums abgelehnt, da sie inzwischen zu seinen theologischen Gegnern geworden waren. Im Juli 1551 war es über Examinations- und Ordinationsfragen zum Streit gekommen, vgl. *Stupperich*, Osiander, S. 162f, 165. Der Herzog mußte die Ablehnung Osianders durch seine Gegner als »Vorwaltherpraesident« (Verwaltungspräsident des samländischen Bistums) vom 21. Juli 1551 am 12. Aug. 1551 ausdrücklich zurückweisen, vgl. Mörlin, Bericht, Bl. N4a und P1a. Zur Absage Brenz' auf das Angebot des Herzogs, samländischer Bischof zu werden, vgl. u. A. Bd. 9, S. 754, Anm. 3 und 4, Nr. 486.

3. Unterrichtung, Auskunft, Weisung.

4. der Stimmenmehrheit.

Zum andern, so ich das tun solt, wie, wan die assessores[5] in gleicher anzal zwu widerwertige[6] maynung rhieten und wurd kain mehrers.

Zum dritten, so ich nicht auff das mehrer, sondern auffs recht soll sehen, welchs ich unter disen dreyen dem andern soll furziehen, nemlich heilige schrifft, gaistlich recht[7] und landsordnung[8].

Zum vierten, da[9] die landsordnung wider die heiligen schrifft wer, wie ich mich soll halten[10].

Zum funften, da die assessores des rechten verstands[11] der landsordnung oder andrer rechten nicht ainig, wo ich fernern bericht soll nehmen.

Und in summa, ob ich auff mein verstand und gewissen mag[12] urtailn, wie ich das gegen Got und eurer F.D. getrau zu verantworten, unangesehen das, die merern seyn[a], mir nicht beyfielen.

Item, es tregt sich auch zu, das die partheien in schrifften einander schmehlich an

a) Schreibfehler: seym.

5. Der Konsistoriumssitzung vom 25. Mai 1551 beispielsweise gehörten neben Osiander die Theologieprofessoren Hegemon, v. Venediger und Staphylus, Dompfarrer Mörlin, Hofprediger Funck sowie Hofgerichtsrat Lohmüller an, vgl. u. A. Bd. 9, S. 684, Anm. 4, Nr. 472. Mit Ausnahme von Staphylus, der im Aug. 1551 Königsberg verließ, und des Juristen, über den wir sonst nichts Näheres wissen, dürfte das Konsistorium auch zum Zeitpunkt der vorliegenden Anfrage Osianders an den Herzog mit diesen Personen besetzt gewesen sein.

6. zwei entgegengesetzte.

7. Gemeint ist die geltende Kirchenordnung. Es galt die »Ordnung vom äußerlichen Gottesdienst« 1544, eine leichte Überarbeitung der Ordnung von 1525, vgl. *Hubatsch*, Geschichte 1, S. 35-38; *Tschackert*, Urkundenbuch 1, S. 214-224. Die Kirchenordnung von 1525 ist abgedruckt in *Sehling*, Kirchenordnungen 4, S. 30-38, Nr. 2 (vgl. dazu S. 6). Dort finden sich S. 61-72 auch die Kirchenordnung von 1544 (vgl. dazu S. 21f). Die Kirchenordnung von 1525 spricht in ihrer Vorrede davon, daß sich alle Kirchenbräuche, sofern sie von Christus selbst eingesetzt sind, ausschließlich nach der Heiligen Schrift zu richten haben, vgl. *Sehling*, Kirchenordnungen 4, S. 30.

8. Es handelt sich um die Landesordnung Preußens von 1525, gedruckt 1526, und ihre Ergänzungen von 1540, vgl. *Hubatsch*, Geschichte 1, S. 37f; *Tschackert*, Urkundenbuch 1, S. 127f, 208. Teilabdrucke der Landesordnungen von 1525/26 und 1540 finden sich in *Sehling*, Kirchenordnungen 4, S. 38-41, Nr. 3, und S. 53-56, Nr. 8 (vgl. dazu auch S. 6f und S. 20). Die Landesordnung von 1525 bestimmt zur Erwählung der Pfarrer, daß sie vom Lehensherren zusammen mit der Kirchengemeinde dem Bischof vorgeschlagen und dann von diesem oder von seinen Delegierten examiniert werden. Gerade an solchen Examinationen war es im Sommer im Gefolge des theologischen Streites seiner Mitglieder zu Auseinandersetzungen gekommen, vgl. o. Anm. 2 und *Sehling*, Kirchenordnungen 4, S. 38.

9. wenn, wo.

10. verhalten.

11. Verständnisses.

12. kann.

tasten und injuriern[13], wie demselben zu wehren und was straff in auffgelegt soll werden. Dan der official[14] beschwert sich in disem fall zum hochsten. [1v:]

Item, official zaigt an, wie Abraham N., pfarher zu Hermansdorff[15], etlich betgewand[16], so im Michell Mulner, pfarher [von] Ludwigswald[17], zu treushanden[18] befolhen, in seiner vollen trunkenhait zerhauen, zerstochen und die feddern im dorf ausgestreuet, und als er derhalben citirt, ist er hieher in die stat kommen, aber fur gericht nicht erschinen, was weiter gegen im furzunehmen.

Item, es kombt grosse klag, doch nicht der lehre, sonder nur des lebens halben, über den pfarherr zu Jorgenburg[19]. Ob nun der official in citirn und objurgirn soll oder die klagenden an eur F.D. weysen.

Bit, eur F.D. wolle mir gnedigklich zu mer gelegenhait[20] unterricht[21] mittailen, damit ich meinem ambt, bis ich darvon entledigt, deste treulicher moge vorstehn. Der almechtig wolle eur F.D. erhalten zu seinen ehren und iro seligkait, auch seiner kirchen zu sonderm trost. Amen.

Eur F.D. williger unterthaniger
A. Osiander, vicepresident etc.

13. Die Polemik gegen Osiander hatte sich nach dem Erscheinen seines Buches ›Von dem einigen Mittler‹ verstärkt. Zu den in diesem Zusammenhang in Königsberg umlaufenden Streitschriften und Pasquillen vgl. *Stupperich*, Osiander, S. 180, 182 und 272.

14. Der Offizial, ursprünglich Stellvertreter eines Bischofs in Angelegenheiten der geistlichen, insbesondere der Ehegerichtsbarkeit, war ein rechtskundiges Mitglied des Konsistoriums. In den 1530er Jahren waren es Pfarrer aus der Umgebung Königsbergs, die dieses Amt ausübten, vgl. *Tschackert*, Urkundenbuch 1, S. 113. Nach Osianders Gutachten zur Visitation vom 9. Febr. 1551 bekleidete es der Kaplan Martin Lembke, vgl. u. A. Bd. 9, S. 536, Anm. 35, Nr. 435.

15. Hermsdorf, ca. 40 km südwestlich von Königsberg. Zur älteren Bezeichnung ›Hermannsdorff‹ oder ›Hermannsdurff‹ vgl. *Conrad*, Venediger, S. 335, Anm. 1, und *Guttzeit*, Kriegsschäden, S. 36. Der Name des dortigen Pfarrers konnte nicht ausfindig gemacht werden; dem Altpreußischen Pfarrerbuch von *F. Moeller* ist er nicht zu entnehmen.

16. Bettzeug.

17. Ludwigswalde, ca. 8 km südlich von Königsberg.

18. zu treuen Händen.

19. Georgenburg, ca. 3 km nördlich von Insterburg (85 km östlich von Königsberg).

20. zu weiteren Fragen, Fällen.

21. Weisung, Auskunft.

Nr. 507
Herzog Albrecht an Osiander
[Königsberg, 1552, Januar 19][1]

Bearbeitet von *Achim Jillich*

Berlin GStAPK, XX. HA StA Königsberg, HBA J2 (K. 978), vielfach verbessertes Konzept des Kanzlers Hans von Kreytzen[2], unfoliiert, Foliierung vom Bearbeiter.

Beantwortet Osianders Anfrage vom gleichen Tage mit Anweisungen für das Verhalten im Konsistorium und für das Vorgehen gegen die Pfarrer von Hermannsdorf und Georgenburg.

[1r:] [a]Uff etzlich he[rr]n Andree Osiandri, vicepresidenten[3], ubergebene artickel, di consistorialischen sachen betreffend[4], geben F.D. disen bescheid[a]:

Erstlichen, sovil[b] dy funf[c] [d]aneina[n]derhange[n]den[d] artickel, darinne her Osiander bericht[5] begeret, ob ehr unangesehen der mehreren stimmen und anders uf seinen vorstand und gewissen allein urteiln möcht, ahnlangt[6], erwegen[e] [f]F.D.[f], wiewol sie[g] den he[rr]n Osiandrum in geistlichen und weltlichen rechten nicht ungegrundet[7] achten, das gleichwol dy landesordnung[h][8], welche mit einer gantzen landschaft[9]

a-a) vom linken Rand eingewiesen für gestr.: des hern cantzlers bedencken uff etzliche artickel, so her Andreas Osiander zu erholung berichts ubergeben. Sovil nun.
b) übergeschr. – c) Schreibfehler: furf.
d-d) übergeschr. – e) korr. aus: erwoget.
f-f) übergeschr. für gestr.: der her cantzler.
g) übergeschr. für gestr.: er. – h) danach gestr.: »nicht hi-« und »also hi-«.

1. Diese Datierung ergibt sich aus der Kanzleinotiz der Anfrage Osianders, die diesem Bescheid zugrundeliegt: »der abschidt leit dabei eadem die et anno«, vgl. o. S. 414, Nr. 506, Beschreibung der Handschrift.
2. Der hier vorliegende Bescheid Herzog Albrechts an Osiander war ursprünglich als Schreiben des Kanzlers Hans von Kreytzen abgefaßt gewesen, dann aber von diesem als Konzept für eine Antwort des Herzogs selbst umformuliert worden. Daraus ergeben sich viele der Veränderungen am Text, wie sie im textkritischen Apparat dokumentiert sind.
3. Osiander leitete nach der Erkrankung des Präsidenten Isinder im April 1551 als Vizepräsident des Samländischen Bistums die Sitzungen des Konsistoriums, vgl. o. S. 414, Anm. 2, Nr. 506.
4. Osianders Eingabe an den Herzog ist abgedruckt o. S. 414-416, Nr. 506.
5. Unterrichtung, Anweisung.
6. Diese fünf Punkte finden sich in der Eingabe Osianders o. S. 414,5-415,9, Nr. 506.
7. nicht ohne Kenntnisse, Verständnis.
8. Die Landesordnung von 1525 und ihre Ergänzungen, vgl. o. S. 415, Anm. 8, Nr. 506.
9. die Landstände.

vorwissen geschlossen[10], nicht also eintzelich[11] hindangesetzt sein wyll[i]. Besonder wo ettwas, des den gotlichen[k] und beschribenen rechten widerig, darinne befunden, muste solchs nicht unpillig mit einer gantzen erbarn landschaft vorwissen erpessert[12] werden. Das man auch die mehrern stimmen nit[l] vorgehen lassen[m][13] und allein uf eins menschen stimme urteln solt, achten F.D.[n], sey wider alle gebreuch. Dan sovil [o]ire F.D.[o] berichtet, werde bei allen richterstulen uf di meisten stimmen geurtelt[14]. So dan solchs bey[p] andern hohen und nidern potentaten gebreuchlich, kan[q] F.D. nit für ratsam erachten[q], das in disem auch eine sonderung[r][15] gemacht. [1v:] Und ob sichs begebe, das di assessores[16] im gaistlichen gericht [s]des rechten oder anders halb[s] nicht einig[t], must[u] ferner bericht bey andern consistorien[v][17] erholet werden in bedacht, solt es bei F.D. oder den hofgerichtsrethen[18] gescheen, so were hernach di appellation vordechtig[19]. [w]Und ist hiebei zu erwegen, sold das urteil allein uf einen men-

i) korr. aus: wollen. – k) danach gestr.: »re-«.
l) danach gestr.: solt. – m) übergeschr. – n) korr. aus: achtet er.
o-o) übergeschr. und eingewiesen für gestr.: ehr.
p) danach gestr.: »all-«.
q-q) übergeschr. für gestr.: er nit rathen.
r) danach gestr.: »moch-«. – s-s) vom linken Rand eingewiesen.
t) korr. aus: ainig. – u) danach gestr.: der. – v) korr. aus: »ri-«.
w-w) vom linken Rand eingewiesen für die gestrichene Passage: Doch solle solchs alles und sonderlich, ob F.D. wider anderen nationen brauch dy mehrern stimmen uf ein ort [danach gestr.: setzen] stellen und allein das urtheil einer person in ihr gewissen setzen will, anheim und bey irem hohen furstlichem bedencken stehen. Sold nu dan dasselb gescheen, so were.

10. Die Landesordnungen von 1526 und 1540 waren auf den Landtagen vom 6. Dez. 1525 bzw. am 29. Sept. 1540 von den Landständen bewilligt und angenommen worden, vgl. *Hubatsch*, Geschichte 1, S. 36, und *Sehling*, Kirchenordnungen 4, S. 19.
11. einzeln.
12. verbessert, korrigiert.
13. übergehen.
14. Das Mehrheitsprinzip hat sich seit dem Hochmittelalter immer mehr durchgesetzt, vgl. HDRG 3, Sp. 431-438, Art. Mehrheitsprinzip.
15. Absonderung, Trennung.
16. Die Mitglieder des Konsistoriums waren neben dem als Vorsitzenden fungierenden Vizepräsidenten des Samländischen Bistums Osiander und einem Offizial: v. Venediger, Mörlin, Funck und Hegemon, vgl. o. S. 415, Anm. 5, Nr. 506.
17. Dabei dachte der Herzog wohl vornehmlich an das Wittenberger Konsistorium, zumal er sich in ähnlichen Angelegenheiten schon öfter dahin gewandt hatte (vgl. *Tschackert*, Urkundenbuch 1, S. 210f) und die Verbindung zum Ursprungsland der Reformation auch in der Kirchenordnung festgehalten wurde, vgl. *Sehling*, Kirchenordnungen 4, S. 62.
18. Im landesfürstlichen Gericht, dem Hofgericht, sprachen in Vertretung des Herzogs die Hofgerichtsräte Recht, vgl. HDRG 2, Sp. 206-209.
19. Appellation ist die abermalige Verhandlung und Entscheidung eines Rechtsstreites durch den nächsthöheren Richter (›Berufung‹). Im Deutschen Reich hatte sie in den geistlichen Gerichten seit dem hohen Mittelalter Tradition. Nächsthöhere Appellationsinstanz nach dem geistlichen Gericht war das Hofgericht, vgl. HDRG 1, Sp. 196-200. Dieser Instanzenweg sollte nach dem vorliegenden Bescheid Herzog Albrechts nicht durch eine vorschnelle Rechtsaus-

schen und eine stimme gestellet werden, so were[w] auch[x] das consistorium[y] oder [z]die assessores[z] – wo ire stimmen, di sie uf schwere pflicht von sich geben[20], nicht creftig sein sollen – zu verordenen nicht notig.

Dy[a] parteyen, welche einander in schriften injuriern, werden pillig wie bey andern gerichten[21] gestraft, damit solche injurien nachpleiben[22], doch muste die straf publiciret, die procuratores zuvorn dessenthalben publice vorwarnet werden. [b]Wie und uf wes mass aber di peenen zu setzen, sollen sich der her[c] vicepresident mit dem[d] offitial[23] und andern beysitzern vorgleichen[24]. So wollen F.D. solchs[e] besichtigen und zu zimlichen[25] wegen konformiren[b].

Den pfarher zu Hermandorf angehend[26], ist sein beginnen, wo sichs also erheldet[27], [2r:] nicht gut, geschee auch derhalben pillig einsehen[28] und must [f]F.D.[f] erachtens derselb, weil er nicht erschinen[29], ferner[g] uf seine hulfrede[30] citiret[h] und volgig

x) übergeschr. – y) danach gestr.: zu halten nit notig.
z-z) korr. aus: der assessor.
a) korr. aus: das; danach gestr.: dy.
b-b) vom linken Rand eingewiesen.
c) danach gestr.: »pres-«.
d) korr. aus: denen andern. – e) danach gestr.: »z-«.
f-f) übergeschr. für gestr.: der her cantzler.
g) danach gestr.: »citi-«.
h) danach gestr.: werden.

kunft zum Streit im geistlichen Gericht des Konsistoriums durch die Vertreter des Hofgerichts übersprungen werden. Im Falle der Appellation wären diese Personen als Richter im Hofgericht befangen.

20. Die Assessoren wurden in ihr Amt im Konsistorium berufen, vgl. u. A. Bd. 9, S. 684, Nr. 472.

21. Die gültige Rechtsordnung im Reich, die »Carolina« von 1532, sieht wie schon die Bambergische Halsgerichtsordnung von 1507 vor, daß der Verfasser eines anonymen Pasquills mit derselben Strafe belegt werden soll, die er dem Geschmähten zugedacht hatte. Bestraft werden sollte auch eine solche Schmähung, die sich als nicht unbegründet herausstellen sollte, vgl. *Kohler*, Carolina 1, S. 59, Nr. 110, und u. A. Bd. 8, S. 302, Anm. 87, Nr. 311. Die Rechtsordnung im Herzogtum Preußen stand mit der »Carolina« in einem engen Zusammenhang. Mit dem Verfasser ihrer Vorgängerin, der Bambergischen Halsgerichtsordnung 1507, Johannes Freiherr von Schwarzenberg und Hohenlandsberg, hatte sich der »größte deutsche Gesetzgeber der Reformationszeit« 1526/27 als Berater Herzog Albrechts in Königsberg aufgehalten. Auf ihn geht die Neuordnung des Hofgerichts ebenso zurück wie die Anerkennung der Carolina in Preußen, vgl. *Hubatsch*, Albrecht, S. 194f.

22. unterbleiben.

23. der Kaplan Martin Lembke, vgl. o. S. 416, Anm. 14, Nr. 506.

24. abstimmen.

25. angemessenen.

26. Vgl. o. S. 416,3-7, Nr. 506.

27. wenn es sich so verhält.

28. Rüge, Strafe.

29. Gemeint ist sein Erscheinen vor dem geistlichen Gericht des Konsistoriums.

30. Entschuldigung, Verteidigung.

zu gepurender massen gegen ime procediret werden. [i]Compariret er dan nicht, solle man solchs F.D. berichten, so wollen sie dis einsehen pflegen, damit der ungehorsam gestraft[i].

Den pfarher zu Gorgenburgk berurend[31], wissen solch F.D. zu berichten, das sy [k]vorrigter zeit[32] irem[k] cantzler[l] bevolhen, inen furtzunemen und seins[m] lebens halben[n] mit geburlichen scharfen worthen zu straffen, des auch[o], als F.D. jungst zur Insterburg gewesen[33], gescheen und der pfarher zugesagt, sein leben zu endern und zu bessern, darumb mocht[34] mans nun ein we[i]l ansehen, ob solche besserunge volgt, wo ni[c]ht, must anderer gestalt andern zur s[c]heu[35] mit ime gehandelt werden etc.

Princi[pi] sic placuit
praesente Burg[gravio][36],
Cancel[larius][37]

i-i) vom linken Rand eingewiesen.
k-k) übergeschr. und eingewiesen.
l) davor gestr.: dem herrn.
m) danach gestr.: ungeburlichen.
n) danach gestr.: »zu s-«.
o) danach gestr.: gescheen.

31. Vgl. o. S. 416,8-10, Nr. 506.
32. neulich, früher.
33. Herzog Albrecht hielt sich etwa einen Monat zuvor in Insterburg auf. Dies wird belegt durch einen Brief, den er am 10. Dez. 1551 von dort aus an Osiander in Königsberg geschickt hat, vgl. o. S. 374f, Nr. 502. Zu den häufigen Reisen des Herzogs vgl. *Hubatsch*, Albrecht, S. 273-275, und *Tschackert*, Urkundenbuch 1, S. 211.
34. kann.
35. Abschreckung.
36. Christoph von Kreytzen (1512-1578) war seit Anfang 1549 Burggraf in Königsberg, vgl. *Creytz*, Christoph von Creytzen, S. 21.
37. Hans von Kreytzen (1516-1575), Bruder des Burggrafen Christoph, war in Preußen fast vierzig Jahre lang Kanzler, vgl. Altpreußische Biographie 1, S. 365.

Nr. 508
Beweisung, daß ich dreißig Jahre immer einerlei Lehre von der Gerechtigkeit des Glaubens gelehrt habe
1552

Bearbeitet von *Achim Jillich*

Einleitung

1. Vorgeschichte

Spätestens im Winter 1550/51 hörte Osiander Vorwürfe aus seiner langjährigen Wirkungsstätte Nürnberg, er vertrete in Königsberg eine irrige Rechtfertigungslehre. Zur Widerlegung dieser Angriffe hatte er den Traktat ›Bericht und Trostschrift‹[1] verfaßt und an seinen Schwiegersohn, den Nürnberger Prediger am Heilig-Geist-Spital, Hieronymus Besold, geschickt, der ihm die Gerüchte mitgeteilt hatte[2]. Aus dieser Schrift erfahren wir auch deren Inhalt: Die einen behaupteten, Osiander sei nach Luthers Tod von dessen Lehre abgefallen, andere wiederum meinten, er habe schon in Nürnberg falsch gelehrt[3]. In ›Bericht und Trostschrift‹ beteuerte Osiander, daß er mit Luther übereinstimme und »nu uber die achtundzwentzig jar öffentlich, bestendiglich und on alles wancken gepredigt und geleret« habe[4]. Doch im Verlauf des Jahres 1551 sollten die Anschuldigungen in Nürnberg nicht nur nicht verstummen, sondern weiter ausgestreut werden. Unter den Gegnern Osianders formierte sich ein Kreis, der die Kritik seiner Lehre in Briefen, Predigten und Publikationen fortsetzte. Zu ihm gehörten der Prediger am Dominikanerkloster Wolfgang Waldner[5], der Pfarrer des Nürnberger Vororts Wöhrd Michael Besler[6], Osianders eigener Schwiegersohn und der Lateinlehrer am Gymnasium Michael Roting[7].

Letzterer ließ eine Schrift »Testimonium ... contra falsam Andreae Osiandri de iustificatione sententiam ...« drucken, in der er die Rechtfertigungslehre Osianders als antichristlichen Angriff auf die apostolische Lehre des in der Kirche tradierten

1. Vgl. u. A. Bd. 9, S. 519-530, Nr. 434.
2. Vgl. u. A. Bd. 9, S. 521,1-3.6-11, Nr. 434, wo Osiander auf diese Mitteilung Bezug nimmt. Der Brief Besolds an Osiander über die in Nürnberg laut gewordene Kritik selbst ist nicht mehr erhalten. – Zur Person Besolds vgl. u. A. Bd. 8, S. 503, Anm. 7, Nr. 343.
3. Vgl. u. A. Bd. 9, S. 522,1-9, Nr. 434.
4. Vgl. ebd., S. 523,20f, Nr. 434.
5. Zu Wolfgang Waldner (gest. 1583) vgl. *Simon*, Nbg. Pfb., S. 244, Nr. 1493, und *Will*, Gelehrtenlexikon 4, S. 161f.
6. Zu Michael Besler (1512-1576) vgl. *Simon*, Nbg. Pfb., S. 23, Nr. 96.
7. Zu Michael Roting (1494-1588) vgl. *Will*, Gelehrtenlexikon 3, S. 410-414.

und durch Lehrer wie Luther bewahrten Evangeliums brandmarkte[8]. Von Wolfgang Waldner erschien ein ›Christlicher und gründlicher Bericht von der Rechtfertigung des Glaubens‹, in dem er Osiander die Trennung von Erlösung und Rechtfertigung sowie die Herleitung der Gerechtigkeit des Menschen vor Gott aus der göttlichen Natur Christi vorwarf und dagegen eine Reihe von Zitaten aus der Schrift, von Luther, Brenz und Urbanus Rhegius zusammenstellte[9]. Osiander wurden beide Schriften durch ein ehemaliges Gemeindeglied in Nürnberg, den Handwerker Hans Fürstenauer, zugeschickt, der in einem Brief von den Aktivitäten der Gegner berichtete[10]. Waldner schrieb schließlich auch selbst an Osiander[11]. Fürstenauer selbst beklagte sich außerdem in seinem Schreiben, daß er durch Besler vom Abendmahl ausgeschlossen und an ›seinen Hirten in Preußen‹ verwiesen worden sei[12].

Diese Geschehnisse im zweiten Halbjahr 1551 mußten Osiander alarmieren. Die Vorwürfe, er vertrete eine Irrlehre, waren für ihn deshalb so schmerzlich, weil sie aus der Stadt kamen, in der er selbst maßgeblich an der Einführung der Reformation und über Jahrzehnte an ihrer Festigung mitgewirkt hatte[13]. Der Nürnberger Reformator mußte sein Lebenswerk in Frage gestellt sehen und betrachtete die Reichsstadt als von der Irrlehre seiner Gegner bedroht, bis hinein in seine Familie, gehörte doch der Ehemann seiner Tochter Katharina[14] selbst zu deren Kreis. Osiander faßte deshalb den Entschluß, die Vorwürfe aus Nürnberg öffentlich zu entkräften. Dieser Plan muß kurze Zeit nach dem Eintreffen von Fürstenauers Brief etwa Mitte November[15] gefaßt und danach in die Tat umgesetzt worden sein. Der wohl nach der Jahreswende begonnene Druck wurde rasch durchgeführt[16], und am 24. Januar 1552 erschien die neue Schrift Osianders mit dem Titel: »Beweisung, das ich nun uber die dreisig jar alweg einerley lehr von der gerechtigkeit des glaubens gehalten und gelehret hab, nemlich das unser her Jhesus Christus, Gottes und Marie son, warer Gott und mensch, nach seiner götlichen natur unser, der rechtgleubigen, gerechtigkeit sey«.

8. Zu bibliographischen und inhaltlichen Angaben vgl. u. S. 744f, Nr. 538.
9. Zu bibliographischen und inhaltlichen Angaben vgl. u. S. 746f, Nr. 538.
10. Vgl. o. S. 345,4-346,4, Nr. 495.
11. Dieser Brief hat sich allerdings nicht gefunden; Osiander weist aber u. S. 446,25-447,1 auf ihn hin.
12. Vgl. dazu o. S. 346,11-347,2, Nr. 495.
13. Vgl. dazu *Seebaß*, Osiander, passim, und das Entlassungsgesuch von 1548 u. A. Bd. 8, S. 668-670 mit Anm., Nr. 356.
14. Zu ihr vgl. u. A. Bd. 8, S. 502, Anm. 6, Nr. 343.
15. Der Postweg von Nürnberg nach Königsberg dauerte über drei Wochen, vgl. u. A. Bd. 9, S. 137,3, Nr. 376.
16. Dafür sprechen die vielen Drf. in Druck A (vgl. u. die Überlieferung), der wohl vor Druck B erschienen sein muß, weil ihn Osiander sicher sogleich seiner Tochter in Nürnberg hat zukommen lassen (vgl. dazu die Einleitung weiter u.); das Beischreiben ist allerdings verschollen.

2. *Inhalt*

Osiander ist bestrebt, die Kontinuität seiner Lehre »uber die dreisig jar« durch allgemein überprüfbare Zeugnisse aus seiner Wirksamkeit in Nürnberg von seiner Antrittspredigt 1522 an zu belegen. Bereits in dieser ersten Kanzelrede habe er seinen Zuhörern über die Rechtfertigung des Menschen durch den Empfang des fleischgewordenen Wortes im Herzen gepredigt. Im weiteren will er sich ausdrücklich auf nachprüfbare Zeugnisse berufen, die entweder große Breitenwirkung in der Öffentlichkeit gehabt haben oder schriftlich verfaßt sind.

Als ersten Beleg für die Übereinstimmung seiner Lehre in Vergangenheit und Gegenwart führt er das Nürnberger Religionsgespräch von 1525 an. Neben den Protokollen, die der Rat der Stadt von diesem für die Einführung der Reformation entscheidenden Ereignis anfertigen ließ, hatte auch der Propst von St. Lorenz, Hektor Pömer, eine Mitschrift erstellen lassen, die er vor seinem Tode 1541 Osiander übergab. Daraus zitiert er seine damaligen Beiträge zu den Themen Gerechtigkeit und gute Werke: Es gebe nur eine ›Gerechtigkeit, die vor Gott gilt‹, diese sei Gott selbst. Wir könnten Gott nur erkennen durch sein Wort, nämlich Christus; ihn empfingen wir im Glauben; Gott in uns mache uns ›rechtfertig‹; die guten Werke seien Früchte der Gerechtigkeit, weil wir im Glauben Christus empfingen, der uns regiere; sie folgten unmittelbar aus dem Glauben, denn dieser empfinge das Wort, mit ihm den Heiligen Geist und die Liebe, die gute Früchte wirke; nicht die Werke seien die Gerechtigkeit, vielmehr müßten wir gerecht sein, bevor wir gute Werke tun könnten: Die Gerechtigkeit sei demnach Gottes Wort, Christus, im Glauben empfangen und in uns wirkend. Als Zusatzzeugnisse werden die Marburger Artikel 1529 und Luthers Bekenntnis vom Abendmahl 1528 angeführt.

Als zweiten Beweis beruft sich Osiander auf Rat und Hilfe, die er Melanchthon in der Rechtfertigungsfrage beim Augsburger Reichstag 1530 gegeben habe. Der Spruch Jer 23,6 und 33,16: »Gott unsere Gerechtigkeit« (in I Kor 1,30 aufgegriffen), besage, daß Christus, wahrer Gott und Mensch, selbst nach seiner göttlichen Natur unsere Gerechtigkeit sei. Ein Gespräch zwischen ihm, Brenz, Urbanus Rhegius und Melanchthon habe Klarheit gebracht, daß Gottes eigener Name (das Tetragramm) Gottes Wesen bezeichne und der hebräische Text »unsere Gerechtigkeit« ursprünglich sei. Melanchthon habe sich überzeugen lassen. Auch Urbanus Rhegius lehre in seiner Schrift ›Dialogus von der schönen Predigt‹, daß Christus nach seiner göttlichen Natur unsere Gerechtigkeit sei.

Als drittes Zeugnis zitiert Osiander aus der Brandenburg-Nürnbergischen Kirchenordnung von 1533, die von ihm verfaßt, von den Wittenberger Theologen gebilligt und unter Mitwirkung von Brenz korrigiert wurde. Im Kapitel ›Vom Evangelium‹ wird dargelegt, daß Christus in das Herz des Gläubigen komme, mit dem Vater und dem Heiligen Geist, und in uns wohne wie in seinem Tempel. Durch Gottes Gegenwart würden wir erneuert, eine neue Kreatur. Die Vergebung der Sünden und das Geschenk der Gerechtigkeit Christi seien die Gerechtigkeit des Glaubens (die Rechtfertigung); die guten Werke folgten. Diesen Zitaten fügt Osiander an: Wenn Gott in uns wohne, dann auch seine Gerechtigkeit. Rechnet Gott den ganzen Chri-

stus zu, dann auch dessen Gerechtigkeit, seine Gottheit; das aber sei die Gerechtigkeit, die im Glauben empfangen werde. In dieser Überzeugung habe er zusammen mit den anderen Nürnberger Theologen die Kirchenordnung verfaßt.

Viertens erinnert er an die Versammlung des Schmalkaldischen Bundes 1537. Vor vielen Laien und Theologen habe er damals über I Joh 4,1-3 gepredigt, daß Christus nicht nur einmal ins Fleisch gekommen sei, sondern durch den Glauben täglich zu uns komme und nach seiner göttlichen Natur unser Leben, unsere Gerechtigkeit und unsere Heilung sei, wir aber Gottes Tempel; der Antichrist aber wolle dies nicht bekennen. Luther, Melanchthon, Bugenhagen, Brenz, Bucer u.a. seien anwesend gewesen; niemand habe seine Predigt getadelt.

Als fünften Beweis greift er den Großen Nürnberger Ratschlag auf, den er 1524 zusammen mit Dominikus Schleupner und Thomas Venatorius verfaßt hatte. Darin stehe, daß Christus durch den Glauben in uns wohne, sein Geist in uns lebe. Christus müsse unsere Gerechtigkeit nicht nur im Himmel beim Vater sein, während wir in Sünden (weiter-)lebten, sondern er müsse in uns sein; Gottes Geist und die Liebe seien dann in unsere Herzen gegossen. Den lebendigen Glauben nenne Paulus die Gerechtigkeit Gottes nicht allein deshalb, weil sie vor Gott gelte, sondern weil wir mit Gott vereinigt würden und Gott in uns wirke.

Zusammenfassend fragt Osiander, warum seine Lehre Jahrzehnte nicht getadelt wurde, bis Luther gestorben und er ins Exil gegangen sei. Wer ihm vorhalte, er verbreite in Preußen eine neue Lehre, streue Lügen aus gegen das eigene Gewissen. Nürnberger Prediger, namentlich Wolfgang Waldner, werden von ihm angeklagt. Der Rat der Stadt habe bereits auf die Unruhe unter den Bürgern reagieren müssen. Er, Osiander, hoffe jedoch, daß die alte Lehre, die er 27 Jahre in der Reichsstadt vertreten habe und die gegen das Papsttum, zwinglianische, wiedertäuferische und andere sektiererische Bestrebungen im Bauernkrieg 1525 und gegen den päpstlichen Nuntius Chieregati 1523 geholfen habe, weiter in Ehren gehalten und den Lügnern Einhalt geboten werde.

3. Wirkung

Obwohl die Stückzahl der Druckauflage nicht bekannt ist, läßt sich annehmen, daß die Schrift Osianders rasch verkauft und vergriffen war. Denn nur so kann man erklären, daß ein zweiter Druck mit neuem Satz, aber gleichem Erscheinungsdatum angefertigt wurde[17]. Rasch dürfte sich die Schrift auch verbreitet haben. Dafür, daß sie nach Nürnberg gelangte und auch den Gegnern dort zur Kenntnis kam, dient das von Osiander seiner Tochter Katharina gewidmete Exemplar als Beweis[18]; es wurde sicher von seinem Schwiegersohn Besold gelesen.

In Magdeburg entstand im Jahr darauf eine Gegenschrift des streitbaren Matthias

17. Vgl. u. die Überlieferung, Druck B.
18. Vgl. das u. in der Überlieferung bei Druck A angegebene Exemplar der UB Erlangen.

Flacius Illyricus[19] mit dem Titel: »Brentii und Osiandri meinung vom ampt Christi und rechtfertigung des sünders«[20]. Flacius wandte sich darin nicht nur gegen die von Osiander behauptete Einmütigkeit mit Brenz, sondern auch gegen die Heranziehung der Brandenburg-Nürnbergischen Kirchenordnung von 1533 als Beweis dafür. Er zitiert den Abschnitt der Kirchenordnung ›Vom Evangelio‹ und fordert den Leser auf, diese Passagen mit den Ausführungen Osianders in der Schrift ›Beweisung‹ zu vergleichen. Flacius selbst kommt zu dem Ergebnis, daß Osiander und Brenz damals – noch zu Lebzeiten Luthers – ganz richtig den Gehorsam Christi gegen Gott und die Erfüllung des Gesetzes als die uns von Gott angerechnete Gerechtigkeit bezeichnet hätten und von der wesentlichen Gerechtigkeit Gottes kein Wort erwähnt sei. Brenz habe diese richtige Lehre beibehalten; Osiander dagegen habe nach Luthers Tod eine neue, irrige und zuvor nicht vertretene Rechtfertigungslehre verkündet, die dem Magdeburger als ›Ketzerei‹ und ›Schwärmerei‹ erscheint.

4. *Überlieferung*

Drucke[21]:

A: Königsberg: [Hans Lufft], 1552 = *Seebaß*, Bibliographie, S. 173, Nr. 62. Bei einigen Exemplaren des Druckes ist die Blattfolge des Bogens D durcheinandergeraten: D1a, D1b, D3a, D3b, D2a, D2b, D4a, D4b. Unsere Edition gibt diesen Druck wieder nach dem Exemplar Erlangen UB, 4° Thl. V, 207b (die fehlerhafte Blattabfolge wird stillschweigend berichtigt). Am rechten unteren Rand des Titelblattes des Erlanger Exemplars findet sich eine autogr. Widmung Osianders: »Katharina Pesoldin, meiner [lieben thochter]«[22]; vgl. die Abb. in *Seebaß*, Bibliographie, S. 174. Es finden sich folgende Druckfehler: S. 428,23: geleristen; S. 430,2: vicren; S. 432,3f: ritterschaffe; S. 432,19: wore; S. 433,26: uud; S. 434,5: thrilhafftig; S. 434,6: anss; S. 438,10: nennene; S. 438,13: communibns; S. 439,3: kirchenoodnung; S. 440,30: des; S. 441,7: vergenchlichen; S. 441,7: unvergklichen; S. 441,12: geschffen; S. 441,25: glanben; S. 442,4: rhar; S. 442,5: wilenl; S. 443,14f: desselblgen; S. 444,9: gerechfertigt; S. 445,1: ratschlah, und S. 445,15: leher.

B: Beweisung: || Das ich nun vber || die dreissig jar / alweg einerley || Lere / Von der || Gerechtigkeit des Glaubens / || gehalten / vnd geleret hab / Nemlich / das || vnser HERR Jesus Christus / Got= || tes vn Mariae Son / warer Gott || vnd Mensch / nach seiner Gőt= || lichen Natur / vnser / der || rechtgleubigen Ge= || rechtigkeit sey. || Andreas Osiander. || Matthei lo: || Haben sie den Hausuater Bel-

19. Zu ihm vgl. TRE 11, S. 206-214.

20. Zu den bibliographischen Angaben vgl. NUC 174, S. 423, bzw. *Preger*, Flacius 2, S. 552.

21. Die Beschreibung der Drucke A und B ergänzen die Angaben von *Seebaß*, Bibliographie, S. 173, Nr. 62.

22. Nach dem letzten Binden und Schneiden dieses Exemplars gingen die Buchstaben der geklammerten Worte verloren, nur die Oberlängen sind noch erkennbar. Unserer Forschungsstelle liegt eine ältere Titelblattkopie vor, auf der im Gegensatz zu o. a. Abb. auch die Schriftzüge des Wörtchens »meiner« klar erkennbar sind.

zebul geheissen? || wie viel mehr werden sie seine Hausgenossen al= || so heissen? Darum fuͤrchtet euch nicht vor jnen. || Koͤnigsperg in Preussen || Den 24 Januarij. || 1552. ||

4°, 16 ungezählte Blätter, A1a-D4b (A1b und D4ab leer), vorh. in Danzig BAW, Leipzig UB, Paris NB, Thorn UB.

Der Druck wird textkritisch nicht berücksichtigt.

Text

[A1a:] Beweisung, das ich nun uber die dreisig jar alweg einerley[1] lehr von der gerechtigkeit des glaubens gehalten und gelehret hab[2], nemlich das unser herr Jhesus Christus, Gottes und Marie son, warer Gott und mensch, nach seiner goͤtlichen natur unser, der rechtgleubigen, gerechtigkeit sey. Andreas Osiander.
Matthei 10 [25]: »Haben sie den hausvatter Belzebul geheissen, wievil mer werden sie seine hausgenossen also heissen! Darumb furchtet euch nicht vor inen.«
Künigsperg in Preussen, den 24. Ianuarii 1552.

[A2a:] Andreas Osiander dem christlichen leser.

Gottes gnad, segen und liecht in Christo Jhesu, unsern einigem liecht[3], der die warheit und das leben[4] ist[5], und bitte, das der liebe herr Jesus Christus alle diejenigen auch ins liecht fuͤre und erleuchte[6], die mich mit ungrund aussgeben[7] und beschuͤldigen, heimlich und offentlich, schrifftlich und muͤndlich, mit vilen ungegruͤndten aufflagen[8], unter welchen dise nicht die geringste ist, das sie mir ubel und an[9] grund zumessen, ich hab zu Noͤrenberg anders von der gerechtigkeit des glaubens gehalten und gelehret, den ich itzund halt und lehre[10], und hab dise meine lehre, die ich heutigs tags bekenne, lehre und in meinem bekantnus in truck geben hab[11], allererst in

1. immer ein und dieselbe.

2. Das Argument von der Kontinuität seiner Lehre verwendet Osiander schon in seinem Bekenntnis ›Von dem einigen Mittler‹, vgl. o. S. 78,16-18, Nr. 488, sowie in seiner Schrift ›Bericht und Trostschrift‹, vgl. u. A. Bd. 9, S. 523,17-23, Nr. 434.

3. einen, einzigen Licht. – Vgl. Joh 1,4; 8,12 u. ö.

4. Vgl. Joh 14,6.

5. An dieser Stelle scheint durch einen Schreib- oder Druckfehler eine Stelle ausgefallen zu sein, etwa: »wünsche ich dir«.

6. Vgl. Joh 1,9.

7. ohne Grund austragen, verdächtig machen.

8. grundlosen Anschuldigungen.

9. ohne.

10. Vgl. hierzu o. die Einleitung S. 421.

11. Osiander entfaltete seine Rechtfertigungslehre am ausführlichsten in seinem Bekenntnis ›Von dem einigen Mittler‹, das am 8. Sept. 1551 in deutscher Sprache und am 24. Okt. 1551 lateinisch in Königsberg erschien, vgl. o. S. 49-300, Nr. 488/496.

Preussen herfurgebracht und an tag gegeben[12]; damit sie vil einfeltiger[13] leut verfuͤret und noch verfuͤren und betriegen muͤgen[14]. Es ist auch kein wuͤnder, den wenn es war were, als es nicht war ist, so muͤst ich selbs bekennen, das sie billich[15] verdechtig gehalten wuͤrd, so lang biss sie fleissich gegen der heiligen schrifft gehalten[16], derselbigen gemess und darinne gegruͤndet erfunden wuͤrd.

Wiewol nun nicht grosse macht daran gelegen ist[17], wie lang ich fuͤr mein person solche lehr gehalten und gefuͤret hab, sonder daran ligt die [A2b:] gantze macht, das man beweise, das sie der heiligen schrifft gemess und in derselbigen wol[18] gegruͤndet sey, desgleichen das sie von der aposteln zeit her durch die heiligen und gotsgelerten veter[19] auff uns geerbet sey, wie ichs den[20] beides erwisen hab[21] und mit Gottes huͤlf teglichs je lenger je besser erweisen wil, so hab ich dennoch dise frevele und unverschembte derselben angeben[22] in allen stuͤcken unwiderlegt nicht wollen lassen hingehn, damit jederman sehen und greiffen[23] moͤg, was es fuͤr ein geist sey, der sich so sperret[24] und zerret, so tobet und wuͤtet wider solche meine, ja Christi lehr und umb derselbigen willen auch wider mein person[25].

Das ich aber alweg einerley von der gerechtigkeit des glaubens gelehret hab, zeugen gewisslich fast alle meine predigt in allen hertzen derjenigen, so mich vleissig gehoͤrt, recht verstanden und meine wort in frischem gedechtnus behalten haben; sonderlich mein allererste predig, die ich im 1522. jar am sontag nach Cathedra Petri[26] uber dem gleichnus vom seeman[27], Matt. 13 [3-9], zu Noͤrenberg in S. Sebalds kirchen[28] gethon hab[29], denn daselbst zeiget ich an, wie der same des worts Gottes, das

12. ans Licht der Öffentlichkeit gebracht habe, vgl. *Grimm*, Wörterbuch 11,1,1, Sp. 39f.
13. einfache.
14. können. – Zum Hintergrund dieses Vorwurfes vgl. o. die Einleitung S. 421f.
15. zu Recht.
16. mit verglichen.
17. nicht viel daran liegt.
18. gut.
19. Kirchenväter.
20. denn.
21. Vgl. hierzu etwa das längere Augustinzitat in seinem Bekenntnis o. S. 212,26-214,3, Nr. 488.
22. Angaben, Aussagen.
23. begreifen, erkennen.
24. widersetzt.
25. Unter Anspielung auf Bibelstellen wie Mk 1,26; 9,20 und Lk 9,39 meint Osiander hier wohl vor allem Mörlin, dem er geradezu Besessenheit vorwerfen konnte, vgl. z. B. u. S. 458,4-7, Nr. 510.
26. Das Kirchenfest Cathedra Petri liegt auf dem 22. Februar. Im Jahr 1522 fiel dieses Datum auf einen Freitag, vgl. *Grotefend*, Zeitrechnung, S. 202. Osiander hielt seine erste Predigt in Nürnberg somit am 24. Febr. Die Angaben bei *Möller*, Osiander, S. 8 (23. Febr.), und *Seebaß*, Osiander, S. 6 und 90 (22. Febr.), sind also zu korrigieren.
27. Sämann.
28. St. Sebald ist die ältere der beiden Hauptkirchen Nürnbergs. Osiander wurde danach Prediger an St. Lorenz; vgl. *Seebaß*, Osiander, S. 90, und *Pfeiffer*, Nürnberg, S. 16.
29. Vgl. Lk 8,11.

Gott selbs ist und fleisch worden ist[30], muͤste durch die predigt in unsere hertzen gesehet[31] und durch ein rechten glauben empfangen werden[32], das, gleichwie der same im acker den besten safft des ackers an sich zuͤge und in sich verwandelte, also[33] zuͤge auch Christus, durch den glauben in unsere hertzen gesehet und wonend, das best von unserer menschlichen natur, das ist dasjenig, das Gott an uns erschaffen hat – die suͤnde und alle geprechlicheit, so auss der suͤnde entstanden ist, [A3a:] hindangesetzt –, und verwandelte uns also in sich, das wir in im[34] Gottes kinder wuͤrden[35] und gutte fruͤcht truͤgen, Rom. 7 [4].

Aber ich wil solcher gezeugnus[36] nicht gebrauchen, den es moͤcht[37] jemand gedencken, ich verliesse mich auff der zuhoͤrer vergessenheit, zuvor[38] uber so vil jar, und dichtet[39], ich hette geredet, das ich doch nicht geredet hette. Und so mir schon etlich, die es noch in gedechtnus hetten, zeugnus geben, moͤcht man sagen, sie thetens auss guͤnstiger zuneigung, die sie zu mir truͤgen, und were nicht gleublich[40], das sie es so lange zeit und so eben[41] gemerckt hetten. Darzu wuͤrd ir gezeugnus nicht weit, vil weniger in frembde land koͤnnen reichen[42], das ich also mit irem gezeugnus, wenn es schon auffs allerreichist were, nichts sonders[43] kont aussrichten. Solche gezeugnus aber will ich brauchen[44], die sich in offentlichen handeln[45], die[46] weit erschollen, [zugetragen][a] oder sonst in glaubwirdige schrifften verfasset und zum teil auch im truck aussgangen sein, also das sie von keinem vernunftigen in zweyffel moͤgen gezogen werden.

Das erste gezeugnus:

Im 1525. jar, da grosse spaltung zwischen den predicanten zu Noͤrnberg war, denn etlich warn und blieben bebstisch[47], etlich aber, die gelertisten und besten, lehreten

a) konj. in A.

30. Vgl. Joh 1,14.
31. gesät.
32. Vgl. Mt 13,23.
33. so.
34. ihm.
35. Vgl. Röm 8,14 u. ö.
36. Zeugnisse, Beweise.
37. könnte.
38. besonders, zumal.
39. behauptete.
40. glaubhaft.
41. genau.
42. Gemeint ist die weite Entfernung von Nürnberg nach Preußen, das in seiner Reichszugehörigkeit umstritten war, seit der Ordensstaat 1525 aufgelöst worden war, vgl. TRE 2, S. 188.
43. Besonderes.
44. gebrauchen, heranziehen.
45. Angelegenheiten.
46. sc. von denen die Kunde.
47. Die Prediger der beiden Mönchsklöster der Franziskaner und der Dominikaner sowie

mit mir das euangelion recht[48], dardurch vil gewissen, getrőstet und gesterckt, sich offentlich zum evangelio bekenneten und beschwerd trůgen, das man die babstischen mit irer verwirrten[49], irrigen lehr und les-[A3b:]terungen solt leiden, da wurd ein erbar weiser rhat verursacht[50], ein offentlich, freuntlich gesprech zwischen allen iren predicanten uber etlichen artickeln anzustellen[51]. Das wurd gehalten auff dem rhathauss im grossen sahl[52] in gegenwertigkeit eines gantzen erbarn weisen rhats, irer doctorn und der genanten, dero biss in[53] dreyhundert und der ›grosse rhat‹ genennet werden[54], sampt vilen gelerten und erbarn leuten, denen darbeyzusein vergůnnet wurd[55].

Und verordnet ein erbar weiser rhat vier gelerte menner, die alles treulich und fleissig und, so vil immer můglich, von wort zu wort solten auffschreiben alles, was durch die predicanten von der lehre geredt wůrd[56]. Und dieweil wir auch eins exemplars, uns zu erinern, was von beiden teilen geredt worden, wol bedorften, ein erbar weiser rhat aber der vier exemplar keins wolt entperen, erlanget der erwirdig, hochgelert herr Hector Poemer[57], der rechten doctor und probst zu S. Laurentzen, dazu-

der beiden Nonnenklöster St. Klara und St. Katharina hatten sich der reformatorischen Bewegung in Nürnberg versagt, vgl. *Seebaß*, Osiander, S. 90-92.

48. Die evangelische Lehre wurde in Nürnberg zu dem hier gemeinten Zeitpunkt des Religionsgespräches im März 1525 vertreten von Dominikus Schleupner (Prediger an St. Sebald), Thomas Venatorius (Prediger am Neuen Spital), Wolfgang Volprecht (Augustinerprediger), Sebastian Fürnschild (Prediger an St. Egidien), Georg Koberer (Kartäuserprior), Blasius Stökkel (ehemaliger Kartäuserprior) und Jakob Dolmann (Prediger an St. Jakob); vgl. u. A. Bd. 1, S. 504, Nr. 42.

49. verworrenen, unklaren.

50. veranlaßt.

51. Der Rat der Stadt Nürnberg hatte vom 3.-14. März 1525 ein Religionsgespräch mit dem Ziel der Vereinheitlichung der Predigt veranstaltet. Zu dieser ›Handlung mit den Prädikanten‹ vgl. u. A. Bd. 1, S. 501-540, Nr. 42. Die Grundlage dafür bildeten die ›Zwölf Artikel‹ Osianders, vgl. u. A. Bd. 1, S. 454-463, Nr. 39. Mit diesem Religionsgespräch setzte sich in Nürnberg die evangelische Lehre endgültig durch.

52. Wegen der großen Zahl der Teilnehmer wurde das Religionsgespräch im ›Großen Saal‹, dem sog. ›Tanzsaal‹ des Rathauses abgehalten, vgl. u. A. Bd. 1, S. 504, Nr. 42, und *Pfeiffer*, Nürnberg, S. 294 und Abb. 58.

53. die bis an die.

54. Der ›große Rat‹ in Nürnberg setzte sich aus dem (kleinen) Rat, dem eigentlichen Träger der Regierungsgewalt, und den über 200 ›Genannten‹, als Honoratioren mit beratender Stimme, zusammen. Zur Nürnberger Verfassung vgl. *Pfeiffer*, Quellen, S. 18*-20*. Zum Nürnberger Religionsgespräch versammelten sich beide Organe. Zu den Namen der Ratsherren vgl. u. A. Bd. 1, S. 504, Anm. 18, Nr. 42.

55. Als Zuhörer war eine Anzahl Rechtsgelehrter, Mediziner und anderer Personen zugelassen worden, vgl. u. A. Bd. 1, S. 504, Nr. 42.

56. Bei diesen vier Protokollanten handelte es sich um die drei vom Rat beauftragten Schulmeister Sebald Heyden, Johann Ketzmann und Leonhard Kulmann, sowie für die altgläubige Seite den Ratsschreiber Johann Durlmeier, vgl. u. A. Bd. 1, S. 512f, Nr. 42.

57. Hector Pömer (1495-1541) wurde 1520 zum Propst von St. Lorenz gewählt, danach in Bamberg zum Priester geweiht und in Wittenberg 1521 zum Doktor beider Rechte promo-

mal mein herr[58], das er moͤchte magistern Georgen Ebner, pfarhern zu Leinberg, weiland sein padagogen[59], auch nidersetzen und neben den andern vieren schreiben lassen. Die wuͤrden alle mit eidt verpflicht, treulich zu schreiben etc. Gedachts magister Georgen Ebners exemplar ist in des herrn probsts henden und gewalt beliben, biss er kuͤrtzlich[60] fuͤr seinem endt mich beschicket und fraget mich, ob ichs wolt haben; es moͤcht darzu kommen, das ich sein[61] zur not beduͤrf-[A4a:]te, so wolt er mirs zustellen. Das nam ich mit danck an[62]. Und steht im selben exemplar, das ich uber dem dritten artickel, so die rechtfertigung belanget, in die federn von wort zu wort also geredet hab, und zweiffel gar nichts, die andern exemplar stimmen von wort zu wort auch mit zu:

»Osiander: Damit ich aber von wegen aller meiner mitgenossen, herrn und bruͤder auff ir verbesserung, was die gerechtigkeit sey, die fuͤr Gott gilt und uns selig macht, anzeige, so sag ich erstlich: Wir wissen nicht dan nur ein einfeltige[63], einige, lautre gerechtigkeit, die fuͤr Gott gilt, und die ist Gott selbs, wie das der prophet Jeremias am 23. [5f] klerlich anzeigt und spricht: ›Sihe zu, die tag kommen, spricht der Herr, und ich werd aufferwecken dem David ein gerechtes zweig, und wird regiern ein koͤnig, und wird weiss sein, er wird auch anrichten gerechtigkeit und gericht auff erden. Und das ist der name, dabey man in nennen wird: Gott unser gerechtigkeit‹. Derhalben Paulus 1.Cor. 1 [30] auch spricht: ›Christus ist uns gemacht von Gott zur weissheit, zur gerechtigkeit, zur heiligung und zur erloͤsung‹.

Denn wie vor[64] auss dem gesetz gewaltig[65] angezeiget ist[66], begeret Gott von uns die lieb, welche Gott selbs ist, wie das genugsam angezeigt ist. Nun koͤnnen wir Gott nicht begreiffen dan durch sein wort, welchs Gott selbs ist, [A4b:] wie das bezeuget wirt durch Johannen den teuffer, der also spricht: ›Gott hat niemand je gesehen, sonder der eingeporn Son, der da ist im schoss des Vaters, der hats uns verkuͤndigt‹[67].

viert. Nach dem Antritt der Propstei im April 1521 wirkte er als Förderer der Reformation, vgl. *Will*, Gelehrtenlexikon 3, S. 205-207.

58. Als Propst von St. Lorenz war Pömer der Dienstvorgesetzte Osianders, vgl. *Seebaß*, Osiander, S. 90.

59. früher sein Lehrer. – Zu Georg Ebner, Pfarrer von Leinburg im Nürnberger Land (ca. 15 km östlich von Nürnberg), gest. 1540, vgl. *Simon*, Nbg. Pfb., S. 52, Nr. 269. Zu seinem engen Verhältnis zu Pömer vgl. *Will*, Gelehrtenlexikon 5, S. 266.

60. kurz.

61. es.

62. Dieses Protokoll wurde Osiander also 1541 übergeben. Heute ist es nicht mehr erhalten; vgl. u. A. Bd. 1, S. 513, Nr. 42.

63. einfache.

64. zuvor.

65. unwiderlegbar.

66. Osiander meint damit die dem Thema ›Gerechtigkeit‹ vorausgehende Diskussion über das ›Gesetz‹; vgl. u. A. Bd. 1, S. 520,11-521,25, Nr. 42.

67. Joh. 1,18.

Der eingeporn Son aber ist je Christus der herr, welcher spricht: Ich bin anfengklich das, das ich rede[68]. Nundan[69] Gott unser gerechtigkeit[70] ist und wir Gott nicht ergreiffen den[71] durchs wort, so volget, wie er selbst spricht: ›Welcher mich lieb hat, der wird meine wort behalten, und mein Vater wird in auch lieben, und wir werden zu im kommen und wonung bey im machen‹[72]. ›Das wort behalten‹ ist gleuben; das aber Christus in uns wonet, volget auss dem glauben; die gutten werck sein die frůcht, darvon wir hernach werden sagen[73].

Auss disem allem sihet iderman kůrtzlich, das Gottes wort, das Gott selbs ist, auch unser gerechtigkeit ist. Man sihet zum andern, das der glaub das wort entpfehet und uns rechtfertig macht, den er bringt oder empfehet Gott in uns. Die gutten werck aber, die etlich auch zur gerechtigkeit machen[74], sein nicht die gerechtigkeit, sonder die frůcht der gerechtigkeit, wie Christus spricht Johan. 15 [5]: ›Welcher in mir bleibt, und ich in im, der wird vil frůcht bringen‹ und an einem andern ort: ›An[75] mich kŏnt ir nichts thun‹[76]. Darauss man sihet, das kein unterschiedt ist zwischen der gerechtigkeit, die Christus ist, und zwischen der gerechtigkeit des glaubens. Den der glaub empfehet Christum, der das wort ist, dem man gleubet. Und ist kein Christus, wo kein glaub ist, ist auch kein glaub, wo nicht Christus ist. [B1a:] Und wiewol etlich vil glauben tichten[77], so stŏsts doch Paulus alles umb, der da spricht zun Ephesiern [4,5]: ›Es ist ein Gott, ein glaub, ein tauff‹ etc. Das aber Paulus ein gedichten[78] glauben nennet und man sonst[79] eins todten glaubens gedenckt, darzu sagen wir: Als wenig ein gemalet bilde ein mensch ist und genennet werden mag, als wenig sol der geticht oder todte glauben ein glaub genennet werden. Damit ist genug angezeigt, das Christus und der glaub nicht zweierley gerechtigkeit sein[80], sonder die einig gerechtigkeit Christus selbs ist.

Das man aber will sagen, gerechtigkeit sey gewest in Johanne, in Jeremia und im

68. Vgl. Joh 8,18.26.
69. Wenn (nun).
70. Vgl. Jer 23,6.
71. außer.
72. Joh 14,23.
73. Vgl. u. S. 432,29-433,21.
74. Osiander nimmt hier Bezug auf die beim Religionsgespräch diskutierte altgläubige Rechtfertigungslehre. Sie wurde von dem Franziskaner Lienhard Ebner vertreten. Als Belege für die von ihm behauptete Rechtfertigung aus den Werken hatte er Jak 2,14-18 und Gal 5,6 angeführt, vgl. das Gesprächsprotokoll in u. A. Bd. 1, S. 522,9-13, Nr. 42.
75. ohne.
76. Joh 15,5.
77. Osiander meint hier noch einmal (wie Anm. 74) die altgläubige Rechtfertigungslehre mit der Unterscheidung von fides informis und fides caritate formata, vgl. *Altenstaig – Tytz*, Lexicon, S. 329f, und das Protokoll in u. A. Bd. 1, S. 522,15-24, Nr. 42.
78. erdichteten.
79. darüber hinaus.
80. Vgl. dazu u. S. 433,24-29.

Samson, die noch nicht gegleubt haben in eignen glauben[81], das leidet sich nicht[82], denn der glaub darf keiner[83] vernunft, sonder die vernunft streitet hertigklich[84] wider den glauben[85]; darumb Paulus 2. Cor. 10 [4f] spricht: ›Die waffen unserer ritterschafft sein nicht fleischlich, sonder mechtig aus Gott‹ etc., ›damit wir gefangennemen alle vernufft[86] unter den gehorsam Christi‹. So ist gesagt zu den Hebreern [11,6]: ›Es ist unmuglich, das man Gott on den glauben gefall‹. Derhalben gewisslich Johannes, der in mutterleib mit dem heiligen Gaist erfullet ist[87], den glauben an Christum gehabt hat, dessgleichen wir auch von Jeremia sagen, wiewol dieselbigen wort nicht von Hieremia, sonder von Christo geredet sein, denn er spricht, er habe in[88] gesetzt zum propheten unter die heiden[89], welchs nicht Hieremias, sonder Christus [B1b:] gewest ist, und Gott redet nicht von Hieremia, sonder von seinem wort, welchs Gott ist und durch Hieremiam verkůndigt wurd, das es entlich[90] mensch solt werden und in mutterleib geheiligt.

Also sihet man, das kein andre gerechtigkeit ist den Gottes wort, welchs wir durch den glauben empfangen, und es in uns wirckt, wie der prophet spricht: ›All unser werck hastu in uns gewirckt‹[91]. Wan wir nun durch Christum, der durch den glauben in uns wonet, geregieret und zu guten wercken getrieben werden, so sollen und mőgen dieselbigen werck dannoch nicht gerechtigkeit genennet werden[92], sonder es ists und bleibts allein die gerechtigkeit des glaubens, das ist: das wort des Vaters, Christus der herr, den wir durch den glauben empfangen. Dann Paulus zun Ephes. am 2. [8f] sagt: ›Ir seit durch gnad selig worden, und das nicht auss euch. Es ist ein gab von Gott und kompt nicht auss den wercken, auff das sich niemand rhůme‹, wie auch Esaias sagt: ›Umb meines namens willen, spricht der Herr, wil ich hinwegthun meinen zorn und mit meinem lob dich zemen, das du nicht verderbest. Umb meinen willen, umb meinen willen wil ichs thun, das ich nicht gelestert werd, und meinen preiss wil ich keinem andern geben‹[93]. Derhalben auch Paulus zun Rőmern am 4. [22-24] spricht, das Abraham der glaub zugerechnet sey zur gerechtigkeit. Es sey aber nicht umb seinen willen geschriben, sonder umb unsern willen, welchen es auch zugerechnet wirt, wan wir glauben an in. [B2a:] Damit wir aber in sol-

81. Der Einwand meint, der alttestamentliche Held Simson, der Prophet Jeremia und Johannes der Täufer könnten als historisch vor Christus aufgetretene Gestalten keinen Christusglauben gehabt haben. Er wurde im Religionsgespräch von den Altgäubigen vorgebracht, vgl. u. A. Bd. 1, S. 522,3-6, Nr. 42.

82. geht nicht an, verträgt sich nicht.

83. braucht keine.

84. hart.

85. Vgl. I Kor 1,20 und u. A. Bd. 1, S. 522,19f, Nr. 42.

86. Vernunft.

87. Vgl. Lk 1,15.

88. ihn.

89. Vgl. Jer 1,5.10.

90. schließlich.

91. Jes 26,12.

92. Vgl. u. S. 433,14-16.

93. Jes 48,9.11.

cher gewaltiger und bestendiger meinung nicht verlestert werden, als verputen[94] wir oder verachteten gute werck, wollen wir kurtzlich, wie die werck dem glauben folgen, anzeigen, wiewol es ein sondern und nachvolgenden artickel, hernach gesetzt, hat[95].

So wir denn durch den glauben Gottis wort, unser gerechtigkeit empfangen, bringt das wort Gottes on zweiffel und on mittel[96] den heiligen Geist mit sich, wie Christus Johan. 7 [38] sagt: ›Welcher an mich gleubt, werden fluss des lebendigen wassers auss seinem leib springen‹, und das redet er von dem geist, den die entpfangen solten, die an in gleubten. Wo nun Gottes geist ist, da ist auch die lieb, wie Paulus zun Roͤm. [5,5] sagt: ›Die liebe Gottes ist durchgossen in unsere hertzen durch den heiligen Geist, der uns gegeben ist‹. Die liebe aber erfuͤllet das gesetz[97]. Also sihet man, das die gerechtigkeit des glaubens on mittel die guten werck bringt, und so wenig Gottes wort und geist koͤnnen gescheiden[98] werden, so wenig mag ein rechter glaub on gute werck sein, den Christus spricht: ›Es kan kein gutter baum boͤse fruͤcht tragen, und kein boͤser baum kan gute fruͤcht tragen‹[99]. Noch[100] steth es fest, das die werck nicht die gerechtigkeit sein und uns nicht selig machen, dan wir muͤssen zuvor, eh wir einigs unstrefflichs und guttes werck thun, die gerechtigkeit haben, welche Gottes wort und Got selbs ist; im wort aber ist das leben[101]. Derhalben man gnug versteht, warumb Paulus spricht: ›Es ist ein gab von Gott und nicht auss den wercken‹[102]. [B2b:] Hiemit sihet man, was gerechtigkeit ist, nemlich Gottes wort, Christus unser herr, welchen wir durch den glauben empfangen und der in uns fruͤcht bringt. Das ist kuͤrtzlich ein einige und nicht dreifaltige[103] gerechtigkeit«[104].

So ferne[105] hab ich, christlicher leser, dazumal fuͤr mich und alle, so neben mir der reinen lehr anhengig waren, wider die papisten von disem artickel geredet, und hat meiner mitgenossen keiner nichts darvon oder darzu gethon. Damit man es aber recht verstehe, ist zu wissen, das der papistisch parfuͤssermuͤnch vor mir geredet und dreierley gerechtigkeit getichtet und fuͤrgetragen hette: die erst war Christus selbs, die ander der glaub, die dritt die werck, und meinet, es muͤste auss disen dreien unterschiedlichen gerechtigkeiten ein einige und doch dreifaltige gerechtigkeit werden[106].

94. verböten.
95. In der ›Handlung mit den Prädikanten‹ war dem Thema der guten Werke ein eigener Diskussionsgang gewidmet worden, vgl. u. A. Bd. 1, S. 528,23-530,15, Nr. 42.
96. unmittelbar.
97. Vgl. Röm 13,8.10.
98. mittelhochdeutsch: geschieden, vgl. *Grimm*, Wörterbuch 8, Sp. 2402.
99. Mt 7,18.
100. Dennoch.
101. Vgl. Joh 1,1.4.
102. Röm 6,23.
103. Vgl. u. Z. 27-29.
104. Hier endet das Zitat aus dem Protokoll des Religionsgespräches, das o. S. 430,11 beginnt. Vgl. dazu das wesentlich kürzere Protokoll in u. A. Bd. 1, S. 522,13-24, Nr. 42.
105. So weit, in dieser Weise.
106. Der Beitrag des Franziskaners findet sich in u. A. Bd. 1, S. 522,2-12, Nr. 42.

Ich hette mich auch hernach im 1529. jar zu Margpurg den[107] verglichen artickeln[108] keineswegs unterschriben[109], wan D. Luther seliger dise klare und gewaltige wort nicht het hineingesetzt, nemlich das uns Gott »zu gnaden nimpt umb seines Sons willen, an welchem wir also gleuben, und dardurch seines Sons gerechtigkeit und lebens und aller guter[110] genissen und theilhafftig werden«[111] etc. Dan seines Sons gerechtigkeit und leben, der wir theilhafftig sollen werden, fliessen auss seiner goͤttlichen natur und sein Gott selbs und lassen sich keineswegs anderst glosirn oder deuten. [B3a:] Noch klerer hat ers zur selben zeit in seinem bekantnus[112] gesetzt also: Es »ist unmuͤglich, das mer heiland, weg oder weise seien, selig zu werden, on[113] durch die gerechtigkeit, die unser heiland Jesus Christus ist, und hats uns geschenckt und fuͤr uns gegen Gott gestellet als unser einiger gnadenstul, Rom. 3 [25]«[114].

Das ander[115] gezeugnus:

Im 1530. jar auff dem reichstag zu Augsspurg, da auch die confession, die man die augspurgischen nennet, entlich gemacht und keiserlicher majestat[116] von den sachsischen und iren mitverwandten[117] uberantwort ist worden[118], sahe und horet ich schier teglich[119] Philippi Melanchthonis kleinmuͤtikeit und zerstreute gedancken, mit denen er schwerlich[120] angefochten und betruͤbet war, darumb auch D. Martinus, der heilige man, verursacht, allerley schrifft an in zu thun, wie sie auch zum theil im truck sein[121]. So hett ich auch zuvor, etliche jar her, auss seinen schrifften vermer-

107. die.

108. Die Marburger Artikel von 1529 sind in der von Osiander im Druck herausgegebenen Form ediert in u. A. Bd. 3, S. 414-424, Nr. 119.

109. Vgl. u. A. Bd. 3, S. 423,14, Nr. 119.

110. sc. Güter.

111. Vgl. den 7. Marburger Artikel in u. A. Bd. 3, S. 419,14-16, Nr. 119.

112. Dieses Bekenntnis stellt eine von Luther ursprünglich als Anhang seiner Schrift ›Vom Abendmahl Christi‹ von 1528 veröffentlichte Zusammenfassung und verbindliche Interpretation seiner Glaubensauffassungen dar, vgl. WA 26, S. 241-509.

113. außer.

114. Vgl. WA 26, S. 504,19-22.

115. zweite.

116. Karl V.

117. Gesinnungsgenossen, Verbündete.

118. Zu der Übergabe der Confessio Augustana und ihren Unterzeichnern vgl. BSLK, S. (XV-)XVIII und S. 136f.

119. Osiander war vom 28. Juni bis etwa 27. Juli 1530 auf dem Reichstag in Augsburg anwesend, vgl. u. A. Bd. 4, S. 65-67, Nr. 140-141.

120. schwer.

121. Zum Verhältnis zwischen Luther und Melanchthon während des Augsburger Reichstages vgl. *Scheible*, Luther und Melanchthon, S. 38-52; zum Hintergrund der Veröffentlichung der von der Coburg an Melanchthon geschriebenen Briefe Luthers, die Matthias Flacius Illyricus 1549 vornahm, vgl. WA.B 14, S. 400-408 und 587-590; weiter *Hammer*, Melanchthonforschung 1, S. 83-86, Nr. 87-90; 3, S. 45f. Osiander hatte während seiner Anwesenheit auf dem Reichstag in einem Brief an seine Nürnberger Kollegen vom 5. Juli vor der Gemütslage Melan-

cket[122], das er vom artickel der rechtfertigung etwa[123] nicht so lauter[124] und klar gieng[125] als D. Luther seliger gedechtnus[126]. Gedacht derhalben, wie ich im doch ein kleine huͤlf moͤcht thun, das er, ermannet[127], ein fein, rein und liecht[128] bekentnus von unser rechtfertigung thete, dardurch etliche unnuͤtze und verwirrete gezenck zwischen uns und den papisten[129] moͤchten auffgehaben oder je etwas gemiltert werden; und nam fuͤr mich den schoͤnen spruch Hieremie am 23. [6] und 33. [16]: »Das ist der name, damit [B3b:] man in (den herrn Jesum) nennen wirt: Gott, unser gerechtigkeit«, und pracht denselbigen auffs allerglimpfigst[130] und unverdechtigst auff die ban[131], gleich als geschehe es an als gefehr[132] – den ich hette vorhin[133] offt erfarn, wie ungern sich etlich lehren lissen, wen sie merckten, das man sie lehren wolt –, troͤstet mich und andre mit gedachtem spruch, das wir uns bey unserer lehr nicht solten fuͤrchten, dieweil die heilig schrifft auff unser seiten stuͤndt etc., sonderlich[134] diser schoͤner spruͤch, denn da stuͤnde der grosse, eigne namen Gottes יהוה, der keiner creatur koͤnt zugelegt werden, sonder allein der goͤttlichen natur oder goͤttlichem wesen, das da ist Vater, Son und heiliger Geist, wie das beide bey Juͤden und christen unwidersprechlich, und wuͤrde von im gesagt, das er unser gerechtigkeit were. Dieweil aber Christus, warer Gott und יהוה were, auch durch den glauben in uns wonet, so were Christus selbs nach seiner goͤtlichen natur unser gerechtigkeit, denn das were auch gewiss und unwidersprechlich, das in der hebreischen bibel nicht stuͤnde: ›Gott יהוה unser gerechter‹, wie es in der alten lateinischen bibel steht[135], sonder es stuͤnde: »יהוה, unser gerechtigkeit«[136], wie es den Paulus 1. Cor. 1 [30] auch also dargegeben hat, da er spricht, Christus sey uns worden zur weissheit von Gott, zur gerechtigkeit und zur heiligung etc. Das thet ich aber darumb, das ich hoffet, wen dises grosses liecht, das D. Luther schon angezuͤndet hette, auff dem reichstag offentlich herfuͤrbreche und den papisten unter die augen leuchtete, es solt das gezenck vom

chthons gewarnt und Abschriften eines ›Trostbriefs‹ Luthers beigelegt, vgl. u. A. Bd. 4, S. 108,8-109,5, Nr. 143.

122. gemerkt, bemerkt.

123. irgendwo.

124. rein.

125. redete, urteilte (vgl. *Grimm*, Wörterbuch 4,1,2, Sp. 2439f).

126. An welche Schrift Melanchthons Osiander denkt, bleibt unklar. Zur Rechtfertigungslehre des Wittenberger Reformators vgl. RGG 4, Sp. 839; 5, Sp. 835f, und knapp und präzise TRE 22, S. 392f.

127. gestärkt, aufgerichtet.

128. klares.

129. Osiander denkt hier wohl an die Verhandlungen zwischen Evangelischen und Altgläubigen im sog. Vierzehnerausschuß, der im Aug. 1530 in Augsburg tagte; vgl. dazu u. Anm. 137.

130. allerschicklichste, -angemessenste.

131. brachte, schlug … vor; regte … an; erwähnte …

132. ohne jede böse Absicht.

133. zuvor, früher.

134. besonders.

135. Jer 23,6 Vg.: »Dominus iustus noster«.

136. יהוה צִדְקֵנוּ.

›sola‹ und ›de fide formata‹ auffhoͤren[137]. Denn wen sie verstanden hetten, [B4a:] das wir nicht den blossen glauben allein als ein tugend, sonder Christum selbs, der durch den glauben ergriffen wirt und in uns wonet, fur unser gerechtigkeit hielten, so hetten sie auch wol verstanden, das wen wir sprechen, der glaub allein macht gerecht, das wir mit dem woͤrtlein ›allein‹ nichts anders ausschluͤssen den die werck – und nicht unbillich[138], den die werck des gesetzs rechtfertigen nicht, Gala. 2 [16]; die recht guten werck aber geschehen erst, wen wir schon gerechtfertigt sein. Sie hetten auch ir aristotelisch[139] gezenck ›de fide formata‹ wol muͤssen fallen lassen, wen sie verstanden hetten, das unser glaub Christum selbs in sich hette etc. Das warn dazumal meine gedancken.

Als mich aber Philippus gehoͤret, fraget er, ob man auch solchen verstand[140] des propheten Hieremie[141] nach der grammatica und rechter art der sprach bey christen und Juden moͤcht erhalten[142]. Da saget ich ja. Da sprach er bald darauff: »Lieber, des moͤcht ich gern gewiss sein.« Da saget ich: »Wollan, so nemet euch ein gelegnen tag fuͤr[143], so wollen wir zu doctor Urbano Regio gehn« – der war dazumal prediger zu Augspurg[144] –, »der hat ein hebreische und chaldeische bibel mit den commentariis[145]; da wollen wirs fein sehen.« Bald darnach, auff ein gelegnen tag, kam Philippus

137. Bei den Verhandlungen über die CA zwischen der evangelischen und der altgläubigen Seite kam es innerhalb des sog. Vierzehnerausschusses am 16. Aug. 1530 zu einer Disputation über die Rechtfertigungslehre, die die von Osiander angesprochenen Gegensätze widerspiegelt: Johannes Eck konnte damals Melanchthon dazu bewegen, auf das »sola« in der Aussage »sola fide iustificamur« zu verzichten. Brenz und Bucer sahen darin ein Zurückweichen nicht nur in der Formulierung, sondern auch in der Sache; dies entsprach freilich nicht der Intention Melanchthons. Unter »fides formata« verstand Eck den in der Liebe tätigen Glauben, wobei für ihn die Liebe und nicht der Glaube die eigentlich rechtfertigende Kraft darstellte. Melanchthon hielt gegenüber Eck an der Rechtfertigung des Menschen vor Gott durch den Glauben allein fest; vgl. *Pfnür*, Rechtfertigungslehre, S. 256-264; weiter BSLK, S. XXIIf.

138. zu Unrecht.

139. auf die Kategorien des Aristoteles zurückgehender, polemischer Ausdruck, wohl für: spitzfindiges.

140. solches Verständnis.

141. Gemeint ist die Bibelstelle Jer 23,6.

142. beweisen.

143. vor.

144. Urbanus Rhegius war 1523/24-1530 Prediger am Karmeliterkloster in Augsburg, vgl. LThK 8, Sp. 1305, und *Liebmann*, Urbanus Rhegius, S. 166f; S. 190-194; S. 306-312.

145. Hierbei handelt es sich um die bei Daniel Bomberg in Venedig 1517/18, 1524/25 und noch einmal 1525/28 gedruckte sog. ›Biblia rabbinica‹, also den um die Targume sowie rabbinische Kommentare ergänzten hebräischen Text; vgl. RGG 1, Sp. 1351. Der Herausgeber war Jakob Ben Hayim Ibn Adoniya. Zum Verständnis der Bezeichnung ›chaldäische Bibel‹ ist die reformationszeitliche Verwendung von ›chaldäisch‹ für ›babylonisch‹ bzw. ›aramäisch‹, sowie die Beschreibung der Targume als ›aramäische Bibel‹ zu beachten. Auch der von Osiander weiter unten im Text zitierte ›Dialogus von der schönen Predigt‹ des Urbanus Rhegius bezieht sich in der Auslegung von Jer 23,6 auf den Targum Jonathan; vgl. Urbanus Rhegius, Dialogus von der schönen Predigt (zur Bibliographie vgl. u. Anm. 162), Bl. 94a und 219a der vom Bearbeiter benutzten 2. Auflage von 1539 nach dem Exemplar der UB Heidelberg, Q 907-6.

selbander oder selbdritt[146]. So[147] fůret ich Brentium auch mit zu doctor Urbano [B4b:] Regio, namen die bibel fůr uns, und half mir doctor Urban fleissig, und zeigeten Philippo und den andern, erstlich[148] das die Jůden bekennen, das Jeremias da von Christo rede, denn da im Jeremia steht: »Ich wil dem David auffrichten ein gerechtes zweig«[149], da hat die chaldeisch bibel, der kein Jůd widersprechen thar[150], dise wort: »Ich will dem David auffrichten Christum, den gerechten«[151], und der commentator oder aussleger spricht: »Das gerechte zweig, das ist Christus«[152]; darnach zeigeten wir, das in den worten »Gott unser gerechtigkeit«[153] steht der gross, eigne name Gottes יהוה, der keiner creatur kan zugeleget werden, den er heist oder deutet[154] nichts anders den Gott, goͤttliche natur oder das goͤtlich wesen. Darumb auch die chaldeisch bibel hat: »Uns wirt widerfaren gerechtigkeit, die goͤttliche natur ist, in seinen tagen«, und der aussleger spricht[155]: »Man wirt in nennen יהוה unser gerechtigkeit darumb, das uns in seinen tagen auffgerichtet wirt die gerechtigkeit Gottes, und wirt nicht von uns genommen«[156]. Ferner zeigten wir an, das das woͤrtlein ›zidekenu‹[157] noch[158] der grammatica und rechter art der sprachen nicht koͤnt heissen ›unser gerechter‹, sonder ›unser gerechtigkeit‹, und beweisetens mit vil exempeln, zudem das die chaldeisch bibel und der ausleger, wie gehoͤrt ist, auch mit stimmeten[159] und es Paulus selbs 1. Cor. 1 [30] nicht anderst het verstanden und dargeben. Und als wir solches volendet hetten, stellet sich Philippus gantz froͤlich und [C1a:] sprach: »Nun wolt ich warlich nicht vil gelts dafůr nemen, ich wůste es dann!«

Aus diser handlung[160], die Brentius und Philippus angehoͤret und sich iro zu erinnern wissen als ehrliche leut, zweiffel ich nicht, das sie auch zu zeugen[161] wissen werden. Darauss je offenbar ist, das nicht allein ich, sonder auch D. Urbanus Regius gegleubt und gelehrt haben, wie ichs noch gleub und lehre, das unser herr Jesus Christus, warer Gott und mensch auss dem stamme Davids, unser gerechtigkeit sey

146. mit einer oder zwei weiteren Personen. – Wer der oder die Begleiter Melanchthons waren, läßt sich nicht mehr feststellen.
147. Ebenso.
148. erstens.
149. Jer 23,5.
150. zu ... wagt.
151. Vgl. das Targum Jonathan in der Biblia rabbinica, S. 155 (s. o. Anm. 145), bzw. in der kritischen Edition bei *Sperber*, Bible 3, S. 188.
152. Vgl. den Kommentar des Rabbi David Kimchi in der Biblia rabbinica, S. 155 (s. o. Anm. 145).
153. Jer 23,6.
154. bedeutet.
155. Vgl. das Targum Jonathan in der Biblia rabbinica, S. 155, bzw. in der kritischen Ausgabe von *Sperber*, Bible 3, S. 188.
156. wie Anm. 152.
157. Vgl. o. Anm. 136.
158. nach.
159. damit übereinstimmten.
160. Verhandlung.
161. bezeugen.

nach seiner goͤttlichen natur. Und ob jemand D. Urbani halben wolt zweifeln, der lese seinen dialogum oder gesprech, das er mit seiner hausfrauen gehalten und in truck hat geben[162], am 103. blat; da stehn unter andern dise wort: »In summa, es kan niemand auff erden genugsam bedencken und aussprechen, was das fur reichtumb sey, das Christus, Gottes warer, naturlicher son selbst unser gerechtigkeit ist worden«[163], und bald darnach spricht er: »Vor diser unentlichen gerechtigkeit kan kein suͤnd bestehn, sie muss verleschen, gleich als wen ein klein fuͤncklin feurs ins gross meer fellet«[164] etc. Nun ist je kein gerechtigkeit unentlich, kan auch keine unentlich sein dan die gerechtigkeit, die Gott selbs ist. Darumb spricht Urbanus weiter von dem spruch: »Man wirt in nennen יהוה unser gerechtigkeit«[165], am 134. blat also: »יהוה mag keiner creatur zugelegt werden, sonder allein dem einigen goͤttlichen wesen«[166]. Und zwar[167], daß diser Name יהוה der goͤtlichen natur allein zugehoͤre, ist Philippus in seinem [C1b:] gewissen überwunden, den er beweiset in ›Locis communibus‹ eben mit disem spruch: »Man wirt in nennen יהוה unser gerechtigkeit«, das Christus muss warer Got sein, darumb das man in יהוה nennet[168]. So volget je ebenso starck, das unser gerechtigkeit auch muss Gott selbs sein, den יהוה ist unser gerechtigkeit.

Uber wenig tag nach diser handlung wurd ich von Augspurg wider abgefoddert gen Noͤrnberg, eh denn die confessio gemacht und keiserliche majestat uberantwort wurde[169]. Und wen das nicht geschehen were, hette ich villeicht mit Gottes huͤlf und andern theologen beistandt verursacht, das der artickel von der rechtfertigung[170] etwas reichlicher und klerer were gesetzt worden.

Das dritte gezeugnus:

Im 1533. jar haben der durchleuchtig, hochgeborn fuͤrst und herr, herr Georg, marggrave zu Brandenburg etc.[171], hochloͤblicher gedechtnus, und ein erbar weiser rhat

162. Zur Bibliographie des ›Dialogus von der schönen Predigt, die Christus … getan hat‹ vgl. *Liebmann*, Urbanus Rhegius, S. 396-398, Nr. 115. Diese didaktisch durch Verwendung fiktiver Lehrgespräche geschickt aufgebaute Auslegung biblischer Stellen zur Rechtfertigungslehre und der auf sie bezogenen Christologie wurde 1537 gedruckt und erlebte zahlreiche Nachdrucke und Neuausgaben bis weit in das 17. Jh. hinein.

163. In dem vom Bearbeiter benutzten Exemplar der UB Heidelberg (s. o. Anm. 145) befindet sich diese Stelle auf Bl. 95a.

164. Bl. 95b im Exemplar der UB Heidelberg (s. o. Anm. 145).

165. Jer 23,6.

166. Bl. 219b des Exemplars in der UB Heidelberg (s. o. Anm. 145).

167. wahrlich, tatsächlich.

168. Vgl. CR 21, Sp. 265.

169. Der Ablauf der Ereignisse wird von Osiander nicht richtig wiedergegeben: Als Osiander am 28. Juni 1530 in Augsburg eintraf, war das Augsburgische Bekenntnis bereits drei Tage zuvor, am 25. Juni, übergeben worden. Die Heimkehr Osianders nach Nürnberg wurde vom Rat am 26. Juli 1530 verfügt. Zwischen dem 28. und 31. Juli 1530 traf Osiander wieder zu Hause ein, vgl. *Seebaß*, Osiander, S. 140f, und u. A. Bd. 4, S. 65-67, Nr. 140-141. Zu diesem Gedächtnisfehler Osianders vgl. auch *Gußmann*, Quellen 1,1, S. 469, Anm. 23.

170. CA 4 (in BSLK, S. 56,1-15).

171. Markgraf Georg der Fromme von Brandenburg-Ansbach (1484-1543); zu seiner Person vgl. NDB 6, S. 204f.

der stadt Noͤrnberg, dazumal meine hern, ein gemeine kirchenordnung[172], in beiden herrschafften gleichfoͤrmig zu halten, im truck lassen aussgehn[173] und allen pfarhern und kirchendienern, sich darnach zu richten, gepoten[174]. Solche kirchenordnung[175] hab ich zum ersten kuͤrtzlich entworfen[176]; ist darnach von den andern theologen beider herrschafft gemehret und gebessert[177], uber das auch den theologen zu Wittemberg zu urteilen ubersendet, daselbst fuͤr unstreflich erkant mit dem einigen anhang[178], man spuͤret mancherley stilum darinnen[179]. Darumb rhieten [C2a:] sie, man solts einem allein unter die hende geben, der sie also fasset, das die art der sprach durchauss[180] einerley were[181]. Das wuͤrd letzlich[182] widerumb mir befohlen und mir der achtbar, wirdig, wolgelert magister Johan Brentius zugegeben[183]. Sein also bey sechs wochen zu Noͤrnberg in meinem hauss daruͤbergesessen[184], haben an der meinung[185] nichts geendert, an den worten auch weniger dan wir wol fug[186] gehabt hetten; ist also zum andern mal widerumb von beiden herrschafften besichtigt[187], berhatschlagt und in truck verfertigt worden[188].

172. Die Brandenburg-Nürnbergische Kirchenordnung von 1533 ist ediert in u. A. Bd. 5, S. 37-177, Nr. 176.

173. Der Druck der Kirchenordnung erfolgte zum Jahreswechsel 1532/33, vgl. u. A. Bd. 5, S. 55, Nr. 176.

174. Seit dem 1. Jan. 1533 stand die Brandenburg-Nürnbergische Kirchenordnung in der Stadt Nürnberg, im Landgebiet seit dem 9. Febr. 1533, im Fürstentum Brandenburg-Ansbach vom 1. März 1533 an in Geltung, vgl. u. A. Bd. 5, S. 57-59, Nr. 176.

175. zuerst, zunächst.

176. Osianders erster Entwurf zur Brandenburg-Nürnbergischen Kirchenordnung reicht zurück bis in das Jahr 1530. Er findet sich in u. A. Bd. 3, S. 468-546, Nr. 126.

177. Die Arbeit der Nürnberger und der Ansbacher Theologen an der Kirchenordnung im Verlauf des Jahres 1531 ist dokumentiert in u. A. Bd. 4, S. 219-256, Nr. 153-157, sowie S. 373-396, Nr. 169.

178. der einen Bedingung.

179. Die markgräflich-ansbachischen Statthalter und der Nürnberger Rat baten am 17. Juli 1532 Luther, Jonas, Melanchthon und Bugenhagen in Wittenberg um ihr Urteil zum ›Neuen Begriff‹ der Kirchenordnung; vgl. WA.B 6, S. 335-337, Nr. 1947. Die Antwort erfolgte am 1. Aug. 1532; vgl. WA.B 6, S. 338-340, Nr. 1949. Darin bemängelten die Wittenberger Theologen nicht allein die stilistische Uneinheitlichkeit, sondern auch einige Bestimmungen zum Bann, zur Kommunion, zur Obrigkeit und zur Lehre vom Gesetz; vgl. u. A. Bd. 5, S. 38f, Nr. 176.

180. durchgehend.

181. Vgl. WA.B 6, S. 341,75-342,119, Nr. 1949.

182. schließlich, wieder.

183. beigegeben. – Dies geschah auf Wunsch sowohl der Ansbacher Statthalter als auch des Nürnberger Rates, vgl. u. A. Bd. 5, S. 40, Nr. 176.

184. Brenz kam am 7. Sept. 1532 in Nürnberg an und beriet Osiander bei dessen Arbeit an der Kirchenordnung bis zur Fertigstellung am 5. Okt. 1532, vgl. u. A. Bd. 5, S. 40, Nr. 176.

185. Sinn.

186. Recht.

187. durchgesehen.

188. Zur Korrespondenz über die Kirchenordnung nach der Fertigstellung durch Osiander und Brenz sowie über die letzten Änderungen vgl. u. A. Bd. 5, S. 49-55, Nr. 176; zur Drucklegung vgl. ebd., S. 55-57, Nr. 176.

In derselbigen kirchenordnung, da gehandelt wirt von der lehr unter dem tittel »Vom evangelio« am 16. blat, steht also geschriben: »Das euangelion bringt Christum selbs warhafftigklich in des gleubigen hertz, und nicht allein Christum, sonder auch den Vater und den heiligen Geist, wie Christus spricht Johan. 14 [23]: ›Wer mich liebet, der wirt mein wort behalten, und mein Vater wirt in lieben, und wir werden zu im kommen und wonung bey im machen‹, und Paulus 2. Cor. 13 [3]: ›Ir sůchet, das ir gewar werdet des, der in mir redet, nemlich Christus‹, und abermals am selbigen ort: ›Pruͤfet euch selbs, oder erkennet ir nicht, das Christus in euch ist‹[189], und Johan. 17 [22f]: ›Ich hab in[190] geben (spricht Christus zum Vater) die herrligkeit, die du mir geben hast, das sie eins seien, gleichwie wir eins sein, ich in inen, und du in mir, auff das sie volkommen seien in eins und die welt erkenne, das du mich gesandt hast und liebest sie, gleichwie du mich liebest‹, und Paulus zun Gala. am 2. [19f]: ›Ich bin mit Christo gecreutzigt; ich lebe, aber doch nun nicht ich, sonder Christus lebt in mir.‹ [C2b:] Und Johan. am 7. [38f] spricht Christus: ›Wer an mich gleubt, wie die schrifft sagt, von des leib werden stroͤme des lebendigen wassers fliessen; das saget er aber von dem Geist, welchen empfangen solten, die an in gleubten‹. Und die Galater haben den heiligen Geist empfangen durch die predigt vom glauben, Gala. 3 [2], desgleichen Cornelius und alle, die bey im waren, Act. am 10. [44], und Paulus 1. Cor. 3 [16] spricht: ›Wist ir nicht, das ir Gottes tempel seit, und der geist Gottes wonet in euch‹, und abermals: ›Der tempel Gottes ist heilig, der seit ir‹[191], und aber[192] am 6. cap. [19]: ›Wist ir nicht, das eur leib ein tempel des heiligen Geists ist, der in euch ist, welchen ir habt von Gott, und seit nicht eur selbs‹, und 2. Cor. 6 [16]: ›Ir seit der tempel des lebendigen Gottes, wie den Gott spricht: Ich wil in inen wonen und in inen wandeln und wil ir Gott sein, und sie sollen mein volck sein‹, und zum[!] Roͤmern am 8. [9]: ›Wer den [geist][b] Christi nicht hat, der ist nicht sein‹, und Christus: ›Ir seit nicht, die da reden, sonder der Geist eurs vaters im himel redet in euch‹[193] etc. Wen nun Gott in uns wonet durch den glauben, so wirt er gewisslich auch in uns herschen und regirn nach seinem goͤttlichen willen, wie hernach volget«[194].

Item: »Wir werden durch das euangelion neu geborn, dan[195] wen wir Gott durch unsern herrn Jesum Christum im glauben also anschauen und erkennen und er in uns wonet als in seinem tempel, so werden wir durch solche seine gegenwertigkeit verneuert, verendert und, gleichwie ein spiegel von der gegenwertigkeit eines menschen ein menschenbild empfehet, also empfahen [C3a:] auch wir die klarheit und

b) mit B konj. in A.

189. II Kor 13,5.
190. ihnen.
191. II Kor 3,17.
192. noch einmal.
193. Mt 10,20.
194. Vgl. u. A. Bd. 5, S. 92,27-93,27, Nr. 176.
195. denn.

herligkeit Gottes und werden im gleich nach dem inwendigen menschen, wie Paulus bezeuget 2. Cor. 3 [18]: ›Nun aber spiegelt sich in uns des Herrn klarheit mit auffgedecktem angesicht, und wir werden verkleret in dasselbige bilde von einer klarheit zu der andern als vom geist des Herrn.‹ Von diser neuen gepurt spricht der Herr Johannis am 3. [3]: ›Es sey den, das der mensch neu geporn werd, so kan er das reich Gottes nicht sehen‹, und Petrus 1. Pet. 1 [22f]: ›Habt einander bruͤnstig lieb, als die da widergeborn sein, nicht auss vergengklichen, sonder auss unvergengklichen samen, nemlich auss dem lebendigen wort Gottes, das da ewigklich bleibet.‹ Und dise neue geburt wirt auch genennet ein neuer mensch und ein neue creatur, als Gala. 6 [15]: ›In Christo gilt weder beschneidung noch vorhaut etwas, sonder ein neue creatur‹, und zun Ephesiern am 4. [23f]: ›Erneuert euch im geist euers gemuͤts und ziehet den neuen menschen an, der nach Gott geschaffen ist in rechtgeschaffner gerechtigkeit und heiligkeit‹. Und umb diser neuen geburt willen werden wir Gottes kinder genennet, wie Johan. in seiner [1.] epistel im 3. [2] sagt: ›Meine lieben, wir sein nun Gottes kinder, und ist noch nicht erschinen, das wirs sein; wir wissen aber, wen es erscheinen wirt, das wir im gleich sein werden, den wir werden in sehen, wie er ist‹«[196].

Item am 15. blat steht also: »An der vergebung der suͤnde und schencke[197] der gerechtigkeit Christi, durch den glauben empfangen, ist die einig, war-[C3b:]hafftig rechtfertigung und gerechtigkeit des glaubens gelegen«[198], und bald darnach am 16. blat: »Gutte werck sein nicht die gerechtigkeit, die vor Gott gilt, sonder die gerechtigkeit Christi, uns geschenckt«[199], item am 14. blat: »Wer an Christum gleubet, dem rechnet Gott den gantzen Christum zu, mit allen seinen guͤtern fuͤr eigen«[200].

So ferne redet die kirchenordnung. So denn Christus sampt dem Vater und heiligen Geist durch den glauben in uns wonet, so wonet ja sein ewige gerechtigkeit, die Gott selbs ist, auch in uns. Rechnet er aber uns den gantzen Christum zu mit allem, das er ist und hat, so muss er uns warlich die gerechtigkeit Christi, die seine gottheit selbs ist, auch zurechnen, es wuͤrde uns sonst nicht der gantz Christus zugerechnet. Und das ist die gerechtigkeit Christi, die uns geschenckt und durch den glauben von uns empfangen ist. Also hab ichs gemeint, da ich die kirchenordnung schribe, und dise meinung[201] geben und erzwingen die wort, habens auch die andern theologi zu Noͤrnberg, die darzuholfen, gleicherweiss also[202] verstanden und fuͤr recht gehalten[203].

196. Vgl. u. A. Bd. 5, S. 93,28-94,12, Nr. 176.
197. dem Geschenk, der Gabe.
198. Vgl. u. A. Bd. 5, S. 92,3-5, Nr. 176.
199. Vgl. u. A. Bd. 5, S. 92,24-26, Nr. 176.
200. Vgl. u. A. Bd. 5, S. 89,6f, Nr. 176.
201. diesen Sinn, dieses Verständnis.
202. ebenfalls so, genauso.
203. Zur Mitarbeit der Nürnberger Prädikanten Dominikus Schleupner und Wenzeslaus Linck sowie des Kartäuserpriors Georg Koberer an der Kirchenordnung als Mitglieder der vom Rat am 16. Juli 1529 beauftragten Kommission vgl. u. A. Bd. 3, S. 469 und 475-482, Nr. 126. – Wenn sich Osiander hier auf diese Übereinstimmung mit seinen Kollegen beruft,

Das vierdte gezeugnus:

Im 1535. jar[204] wurd ein bundstag zu Schmalkaln gehalten; dahin komen nicht allein weltliche fürsten und herrn[205], sonder sie brachten auch mit sich ir fürnembste theologen[206], und ein erbar weisen rhat der stadt Nörnberg schickten mich mit andern auch dahin[207]. Da wurd mir wider meinen willen, ein predig zu thun, aufferlegt; die thürst ich [C4a:] nicht abschlagen[208]. Da nam ich für mich den text auss der [1.] epistel Johannis am 4. cap. [1-3], der also lautet: »Ir lieben, gleubt nicht einem iglichen geist, sonder prüfet die geister, ob sie von Gott sein, den es sein vil falscher propheten aussgangen in die welt. Daran solt ir den geist Gottes erkennen: Ein iglicher geist, der da bekennet, das Jhesus Christus ist in das fleisch kommen, der ist von Gott, und ein idlicher[!] geist, der da nicht bekennet, das Jesus Christus ist in das fleisch kommen, der ist nicht von Gott. Und das ist der geist des antichrists, von welchen ir habt gehöret, das er kommen würde; und ist itzt schon in der welt.« Und uber disen text thet ich mein predigt und zeiget an, das er nicht allein von der zukunft des sons Gottes in sein eigen fleisch oder menscheit, die er von Maria der jüngfrauen hat an sich genommen, zu verstehn were, wie etlich meinen, er sey allein wider den ketzer Cherintum[209] gerichtet – denn auff dise weiss were er allerding und greiflicherweise[210] falsch, sintemal[211] vil tausent menschen bekennen, das der herr Jesus warer Gott und mensch sey, die dennoch verdampt werden –, sonder man müst in auch und fürnemlich[212] verstehn von dem, das eben derselbig sohn Gottes durch den glauben in uns kommen ist und noch teglich kompt, auff das er nach seiner göttlichen natur unser leben, gerechtigkeit und heiligung were, und also [C4b:] unsere

spricht er wohl eine für alle selbstverständliche Einigkeit an, weil in der Alternativvorlage der anderen Geistlichen zu Osianders Entwurf von 1530 keine Ausführungen zur Rechtfertigungslehre enthalten sind, vgl. u. A. Bd. 3, S. 477-480 und S. 546-606, Nr. 126. Der Abschnitt »Vom Evangelio«, aus dem Osiander hier zitiert, wurde von ihm zusammen mit Brenz im September 1532 bei den Schlußarbeiten an der Kirchenordnung kurz vor ihrem Druck 1533 eingefügt, vgl. u. A. Bd. 5, S. 40; 43; 86-97, Nr. 176.

204. Diese Angabe ist nicht richtig, vielleicht ein Drf.; Osiander meint die Versammlung zu Schmalkalden vom 10. bis 24. Febr. 1537, vgl. BSLK, S. XXIVf.

205. Zum protestantischen Schutzbündnis des Schmalkaldischen Bundes vgl. RGG 5, Sp. 1455f.

206. Die Namen der 1537 in Schmalkalden anwesenden Theologen finden sich zum größten Teil auf der Unterschriftenliste der Schmalkaldischen Artikel, vgl. BSLK, S. 463,4-468,5. Dazu kommen noch Brenz, Bucer, Ambrosius Blarer, Bonifatius Wolfhart, Paul Fagius und Johannes Fontanus, vgl. BSLK, S. XXV, und u. A. Bd. 6, S. 219,5-13, Nr. 230.

207. Der Nürnberger Rat hatte die Theologen Osiander und Veit Dietrich, die beiden Ratsherren Hieronymus Baumgartner und Erasmus Ebner sowie den Juristen Valentin Kötzler nach Schmalkalden gesandt; vgl. *Seebaß*, Osiander, S. 154.

208. wagte ich nicht abzuschlagen. – Osiander hielt seine Predigt am 20. Febr. 1537. Luther hatte kurz zuvor schon einmal über denselben Text gepredigt, vgl. *Seebaß*, Osiander, S. 154.

209. Zur bis auf Irenäus zurückreichenden Hypothese vom Häretiker Kerinth, gegen den I Joh geschrieben sei, vgl. TRE 17, S. 188,25-49.

210. wahrnehmbar.

211. zumal.

212. vor allem.

leib Gottes tempel wůrden[213]. Wer das bekennet, der ist auss Gott geborn[214]. Aber der antechrist und all sein anhang[215] woltens und kontens nicht bekennen, und all, die es nicht bekenneten, weren des antichrists anhang und glider, sie stellen sich gleich so christlich, geistlich, als sie immer wolten.

In diser predig, die vil weitleufftiger[216] war, den hie zu erzelen vonnőten, haben ja D. Marti. Luther, Philippus[217], Pomeranus[218], Brentius, Bucerus und andere treffenliche theologi[219] klerlich vernommen, das ich lehre, Christus kom durch den glauben nicht allein in unser seele, sonder auch in unser fleisch oder leibe, die Gottes tempel sein, und sey nach seiner gőttlichen natur unser leben und gerechtigkeit etc. Und ist doch solche lehr von niemand, das ich wůste, getadelt worden, aber etlich danckten Gott, das sie es gehőret hetten[220].

Das fünfte gezeugnus:

Und was soll ich vil sagen? Haben doch ich und Dominicus Sleupner[221] und Thomas Venatorius[222], alle[223] prediger zu Nőrnberg, im 1523. jar ein rhatschlag[224] auff desselbigen jars reichstag gestellet[225] – den es war allen stenden des reichs befolhen, von iren gelerten rhatschleg auff den reichstag zu bringen, wie man die zwispalt der reli-

213. Vgl. I Kor 6,19.
214. Vgl. I Joh 4,2.
215. seine Anhängerschaft.
216. ausführlicher.
217. Melanchthon.
218. der in Pommern geborene Johannes Bugenhagen.
219. Zu den in Schmalkalden anwesenden Theologen vgl. o. Anm. 206.
220. Entgegen Osianders Darstellung an dieser Stelle ist seine Predigt in Schmalkalden nicht ohne Kritik geblieben. Zeugnisse dafür aus dem Munde Luthers sowie Nikolaus von Amsdorfs wurden bereits von *Möller*, Osiander, S. 212 und S. 537, Anm. 13 zusammengestellt. Zu den dort gemachten Angaben wäre noch zu ergänzen, daß es sich bei dem von v. Köteritz in seinem Brief an Herzog Albrecht zitierten Gewährsmann für diese kritischen Äußerungen um den Prediger von Colditz, Martin Unold, handelt, vgl. *Stupperich*, Köteritz, S. 62. *Seebaß*, Osiander, S. 155, Anm. 174, weist außerdem noch auf eine von Sebastian Fröschel im Jahre 1565 erinnerte Tischrede Luthers hin, vgl. WA 45, S. XVI; WA.TR 4, S. 478,14-20, Nr. 4763 und S. 634,20-635,3, Nr. 5047. Die Mitteilung Fröschels stimmt mit dem von *Möller*, Osiander, S. 537, Anm. 13, zitierten Zeugnis Erasmus Albers überein. Die Kritik Luthers und v. Amsdorfs an der Predigt Osianders begegnet schließlich noch in einem Brief Melanchthons an Hieronymus Baumgartner in Nürnberg vom 24. Okt. 1550 (vgl. *Schornbaum*, Briefwechsel, S. 104f, und MBW 6, S. 103, Nr. 5927, wo die Datierung *Schornbaums* korrigert wurde).
221. Zu Dominikus Schleupner vgl. u. A. Bd. 1, S. 45, Anm. 4, Nr. 1, bzw. S. 140, Anm. 30, Nr. 17.
222. Zu Thomas Venatorius vgl. u. A. Bd. 1, S. 140, Anm. 27, Nr. 17, u. ö., bzw. *Simon*, Nbg. Pfb., S. 235, Nr. 1439.
223. sc. beide.
224. Der ›große Nürnberger Ratschlag‹ wurde ed. in u. A. Bd. 1, S. 299-386, Nr. 25-28.
225. Der Ratschlag wurde nicht 1523, sondern erst im Jahr danach verfaßt. 1523/24 fand in Nürnberg zwar ein Reichstag statt, doch wurde das Schriftstück nicht während seiner Dauer oder für ihn verfaßt, sondern erst aufgrund des Reichsabschieds vom 18. April 1524; vgl. u. A. Bd. 1, S. 299-306, Nr. 25-28.

gion moͤcht vereinigen[226] – und desselbigen rhatschlags die heuptstuͤck, ausserhalb Noͤrnberg im 1524. jar zu trucken vergundt[227], wiewol ein kluͤgling daruͤber ist kommen, der capitel und titel seins gefallens mit grossem unverstand darin ge-[D1a:]macht hat[228]. Im selbigen rhatschlag ist eben dise lehr auch hell und klar dargethon, welchs man auss disen volgenden worten, die im buchstaben D am letzten blat stehn, wol vernemen kan: »So nun durch den glauben das wort Gottes, Christus unser herr, in uns wohnet, und wir mit im eins sein worden, so moͤgen wir mit Paulo wol sprechen: ›Ich lebe, lebe aber nicht ich, sonder Christus lebt in mir‹[229]. Und da sein wir den durch den glauben gerechtfertigt, den es leben nicht wir, das ist, wir leben nicht nach dem fleischlichen sinn, sonder der sinn und geist Christi ist und lebt in uns; der kan je nicht anderst denn gerecht und gerechtigkeit – das ist gerechte werck – in uns wircken. Darumb spricht er Johannis am 15. [5]: ›On mich koͤnt ir nichts thun‹, und Esaie am 26. [12]: ›Herr, du wirst uns frid geben, denn all unsere werck hastu in uns gewirckt‹. Und also muss Christus unser gerechtigkeit sein, nicht das er im himmel zur gerechten des Vaters allein gerecht sey und wir hieniden in allen suͤnden und unflat wolten leben und den[230] sprechen, Christus were unser gerechtigkeit. Er muss in uns, und wir in im sein. Und so das geschicht, haben wir auch den heiligen Geist, durch den die lieb in unser hertzen gegossen wirt, wie Paulus Rom. 5 [5] sagt. Also sihet und versteht man, die wir durch Gottes wort Gott erkennen und also in Gottes wort leben«[231] etc., und bald darnach: »Das alles aber ist nicht volkommen, dieweil[232] wir in disem leben sein, sonder nur angefangen, und wechst von tag zu tag«[233] etc. [D1b:] Item darnach im buchstaben E am ende des 3. blats steht also: »Den rechten, lebendigen glauben nennet Paulus die gerechtigkeit Gottis, nicht allain darumb, das sonst kein gerechtigkeit vor Got gilt dan die gerechtigkeit des glaubens, sonder auch, das wir durch den glauben mit Gott verainigt werden und er alsdan sein eigne gerechtigkeit selbs durch den glauben in uns wurckt – das ist, er wirckt in uns, was sein aigne gerechtigkeit erfodert[!] –, wie Jeremi. am 23. [6] sagt von Christo: ›Das ist der name, den man von im aussruffen wirt: Gott ist unser gerechtigkeit‹«[234] etc.

226. Dieser Auftrag an die Stände war Bestandteil des Reichsabschieds, vgl. ebd.

227. Der erste Druck des Ratschlags entstand in Wertheim am Main bei dem Bamberger Drucker Georg Erlinger. Er trägt das Druckdatum 1524, doch kann man vermuten, daß der Druck tatsächlich erst 1525 erfolgte, vgl. u. A. Bd. 1, S. 308 und 317, Nr. 25-28.

228. Osiander kritisiert hier die Zwischenüberschriften und Zusätze, die der in Nürnberg bei Hans Hergot 1525 hergestellte Druck des Ratschlags gegenüber dem Manuskript aufweist, vgl. u. A. Bd. 1, S. 317 (Druck C), Nr. 25-28, bzw. *Seebaß*, Bibliographie, S. 29, Nr. 7.3.

229. Gal 2,20.

230. dann.

231. Vgl. u. A. Bd. 1, S. 340,34-341,13, Nr. 25. Der letzte Halbsatz wird freilich von Osiander mit einer Auslassung zitiert, die mit ihren Anschlußwörtern lautet: »... also im glauben, das ist in Gottes wort leben«.

232. solange.

233. Vgl. u. A. Bd. 1, S. 341,21f, Nr. 25.

234. Vgl. u. A. Bd. 1, S. 346,15-20, Nr. 25.

Vill mehr gezeugnus koͤnt ich fuͤrbringen auss gedachtem rhatschlag und andern meinen schrifften, im truck aussgegangen, und handlungen. Aber ich lass es umb kuͤrtz willen bey disem[!] bleiben, denn sie sein starck genug zu beweisen, das ich nie anderst gelehrt hab, denn das Jesus Christus, warer Gott und mensch, durch den glauben in uns wone und nach seiner goͤttlichen natur, da er das wort Gottes und Gott selbs ist, sampt dem Vater und heiligen Geist unser gerechtigkeit sey und »wircke in uns beide das wollen und volbringen nach seinem goͤttlichen willen«, wie Paulus zun Philippern am 2. [13] zeuget.

Dieweil nun dem also ist, moͤcht ich je gern wissen, wen dise lehr solt neu, verfuͤrisch und antichristisch sein, wie sie von etlichen verlestert wirt[235], wie es doch zugangen wer, das sie weder von papistischen noch evangelischen theologen ist getadelt worden, biss der ehrwirdig, hochgelert D. Martinus Luther gestorben ist[236] und ich ins elend[237] [D2a:] kommen bin. Ist den kein theologus im gantzem Noͤrenberg 27 gantze jar gewest, der mein irthumb het verstehn koͤnnen? Ist kein so gelerter man bey dem gesprech auffm rhathauss gewest[238], der mein lehre het widerlegen koͤnnen, wen sie wer falsch gewest? Und glaube gewisslich, Philippus Melanchthon und Brentius, wo sie mangel gehabt[239], wuͤrden doctori Urbano Regio und mir zu Augspurg den irthumb auch angezeigt haben, welchs Philippus fuͤrnemlich solt gethan haben, dieweil er nicht willens war, solches liecht in der confession an tag zu geben[240]? Und warumb haben sie zu Wittemberg die kirchenordnung, in der dise lehr begriffen ist, inen[241] gefallen lassen[242]? Wie, das in beiden herrschafften, da die kirchenordnung angenomen ist, kein theologus einige einrede[243] gethon hat?[244] Warumb haben sie zu Schmalkaln mich nicht gestrafft[245]? Warumb ist bey D. Luthers leben keiner auffgestanden, der da, wen er schon meins namens het wollen verschonen, doch die lehr erzelet und sie – mein unvermeldet[246] – mit heiliger schrifft widerlegt het?

Wollan, ich fahr zu hoch[247]. Ich wil itzo nicht beweisen, das mein lehr recht sey,

235. Die Gruppe der Nürnberger Kritiker Osianders wird o. in der Einleitung beschrieben, vgl. S. 421f.

236. Luther war am 18. Febr. 1546 gestorben, vgl. RGG 4, Sp. 494.

237. Exil. – Osiander hatte im Dez. 1548 Nürnberg wegen des Interims verlassen und war der Einladung Herzog Albrechts nach Preußen gefolgt, vgl. u. A. Bd. 8, S. 668-682, Nr. 356-361.

238. Vgl. o. S. 428,21-433,29.

239. wo es ihnen entgangen wäre (vgl. *Grimm*, Wörterbuch 6, Sp. 1543).

240. zu veröffentlichen. – Vgl. o. S. 436,11-438,21.

241. sich.

242. Vgl. o. S. 438,23-439,14.

243. einen (einzigen) Widerspruch.

244. Vgl. o. S. 438,23-439,14.

245. Vgl. o. S. 442,2-443,11.

246. ohne mich zu erwähnen.

247. etwa: ich verlange zuviel (sc. an Erkenntnis, Einsicht); vgl. *Grimm*, Wörterbuch 4,2, Sp. 1598.

den ich habs vorhin gethon[248] und wils noch weiter thun, wo es vonnöten sein wirt, sonder wil allein beweisen, das diejenigen unverschembterweiss und mit ungrund mir zu kurtz thun[249], die mir antichten, ich hab in Preussen erst ein neue lehr an tag geben. Denn sie müssen ja alle unwidersprechlich irren; den haben sie mich zu Nörnberg nicht gehört, noch meine schrifft[250] gelesen[c], [D2b:] so ist inen ja nicht muglich zu wissen, was ich daselbst gelehrt hab. Darumb, wenn sie sagen, ich lehre jetz anders, dann ich vor gelehret hab, so thun sie wider ir eigne gewissen. Dan sie sein gewiss und wissens eigentlich, das sie nicht wissen, was ich gelehrt hab, und reden, schreien und lestern doch, als wüsten sie es gar wol. Das heist ja unverschembt und unbedechtig gangen. Haben sie mich aber gehört oder meine schrifft gelesen, so müssen sie ja wissen, wie ich itzo bewisen hab, das ich von anfang eben das gelehrt hab, das ich noch lehre. Dieweil sie aber auch sagen, schreien und lestern, ich lehre itzt ein neue, verfels[ch]te, antichristische lehr, so reden sie vil unverschembter und gantz verfürischerweiss wider ir eigne gewissen als diejenigen, die mich wider[251] gehört noch meine schrifften gelesen haben. Darauss leicht zu urteiln ist, was für ein geist sie zu solchem schreien und lestern treibt, nemlich der geist, welchen uns die schrifft zeigt, das er in der warheit nicht ist bestanden[252].

Und wiewol ich mich solcher unverschembten unwarheit billich[253] zu beschweren hab, sie kom gleich her, wo sie wolle, so beschwert sie mich doch zum höchsten, und thut mir in meinem hertzen weh, das solche ungeheure aussgeben, auch zu Nörnberg von etlichen jungen predigern und noch darzu auff dem predigstul[254] aussgegossen werden[255]. Den ich hab nicht allein gewisse kundschafft[256], das ir etlich beides getadelt haben, eins, das Gott durch den glauben in uns wone[257], das ander, das Gott, Christus unser heiland, nach seiner göttlichen natur unser gerechtigkeit sey[258], sonder mir hat auch Wolf [D3a:] Waldner, prediger im Predigerkloster daselbst[259], ein unverschembten, ehrnrurigen lesterbrieff[260], darin wenig warheit, zu-

c) in A nur in der Kustode auf Bl. D2a.

248. sc. in seinem großen Bekenntnis o. S. 49-300, Nr. 488/496.
249. mir grundlos Unrecht, Schaden tun (vgl. *Grimm*, Wörterbuch 5, S. 2830, und 12,1, Sp. 705).
250. Schriften.
251. weder.
252. beständig. – Vgl. I Joh 4,3.6.
253. zu Recht.
254. der Kanzel.
255. Ähnlich hatte Osiander schon im Jan. 1551 geklagt; vgl. u. A. Bd. 9, S. 522,1-523,16, Nr. 434. – Zur öffentlichen Polemik einiger Nürnberger Prediger gegen ihn vgl. o. die Einleitung S. 421f.
256. Kunde, Nachricht.
257. Diesen Vorwurf der Nürnberger Prediger hatte ihm Hans Fürstenauer in seinem Brief vom 18. Okt. 1551 mitgeteilt, vgl. o. S. 342,11-14, Nr. 495.
258. Vgl. den gleichen Brief o. S. 343,11-13 und 347,7-9, Nr. 495.
259. Zu ihm vgl. o. S. 421, Anm. 5.
260. Dieser Brief ist nicht mehr erhalten.

geschickt, darin er dise lehr ein neue, selbs erdichte schwermerey schilt, und uberzeuget sich darmit[261], das er nicht weiss, was ich zu Noͤrnberg gelehrt hab, und die kirchenordnung[262] noch nie mit fleiss gelesen hat. Solche unwarheit aber beschwert mich nicht umb meiner person willen, den ich koͤnte, sovil mein person belangt, solcher und andrer erdichtung, dero etlich hundert in wenig jarn[263] uber und wider mich gangen sein[264], wol lachen und mich nach dem wort Christi selig darunter duͤncken[265], sonderlich dieweil sich meine aussgeber[266] darmit verrhaten, das sie der leidige[267] luͤgengeist[268] in seinem gewalt hab und seins gefallens treibe, sonder umb derowillen beschwert sie mich, die dardurch betruͤbet, in anfechtung gesetzt oder wol gar von der warheit verfuͤrt werden. Denn solche schreier, luͤgner und lesterer haben zu Noͤrnberg ein solch getuͤmel und gepolter mit irem predigen angericht, das sie auch einem erbarn weisen rhat gedancken gemacht und sie[269] zu thatlicher, ungewonlicher handlung[270] bewegt haben[271]. Dieweil ich aber noch nicht weiss, wohin solche handlung entlich gereicht oder noch reichen werde, wil ich noch lenger zusehen und zuhoͤren und mich versehen[272], ein erbar weiser rhat werde bedechtlich und weisslich[273] hendeln[!], sich solche luͤgenhafftige schreier und lesterer nicht lassen irr machen, sonder mein lehr, die sie 27 jar fuͤr recht gehalten, noch fuͤr recht erkennen und den lestrern die meuler stopfen[274]. [D3b:] Denn das ist ja noch die alte, unverruͤckte und unverfelschte lehr, die ich anfengklich[275] bey inen gepredigt hab, die vor 26 jaren auff dem rhathauss durch fuͤnf geschworene, gelehrte menner auss meinem

261. gibt damit zu erkennen.

262. die Brandenburg-Nürnbergische Kirchenordnung, vgl. o. Anm. 172.

263. Gedacht ist wohl an die Zeit seit seiner Ankunft in Preußen 1548, nach der die Anfeindungen sogleich begannen, vgl. *Stupperich*, Osiander, S. 28-33.

264. Zum ›Wolkenbruch‹ der Gegenschriften auf sein Bekenntnis, den Osiander sicher meint, vgl. o. S. 66-73, Nr. 488/496.

265. Vgl. Mt 5,11.

266. meine Austräger, d. h. diejenigen, die Behauptungen über mich aufstellen.

267. widerwärtige.

268. Vgl. Joh 8,44.

269. sc. die Ratsherren.

270. ungewöhnlichem Vorgehen (vgl. *Grimm*, Wörterbuch 4,2, Sp. 404, und 11,1,1, Sp. 320).

271. In seinem Schreiben an Herzog Albrecht vom 27. Nov. 1551 verweigerte der Nürnberger Rat eine Stellungnahme zu dem ihm zugesandten Bekenntnis Osianders und verwies auf die bereits bekanntgewordene Ablehnung seiner Lehre durch die Nürnberger Prediger, vgl. *Stupperich*, Osiander, S. 221; weiter o. S. 67 und Anm. 132 und 133, Nr. 488. Auch eine Nürnberger Druckgenehmigung für sein Werk erhielt Osiander nicht; vgl. o. S. 340,10-341,9, Nr. 495.

272. hoffen.

273. weise.

274. Sprichwort, vgl. *Röhrich*, Sprichwörtliche Redensarten 2, Sp. 630. – Im weiteren Verlauf der Auseinandersetzungen um die Lehre Osianders hat der Nürnberger Rat den Streit in der Reichsstadt später tatsächlich beendet, allerdings nicht im Sinne seines früheren Predigers. Im Sept. und Okt. 1555 ließ er durch einen Theologenkonvent unter Führung Melanchthons die Rechtfertigungslehre Osianders verurteilen und enthob seine Anhänger ihrer Ämter; vgl. *Fligge*, Osiandrismus, S. 324-339.

275. von Anfang an.

mund auffgeschriben worden ist[276], die sie von den babstischen irthumen erledigt hat, die iren papisten ir geucklerey erniderlegt hat, die den sacramentierern, widerteuffern und andern secten gewehret hat[277], die in der baurn auffruhr[278] ire unterthanen im gehorsam erhalten hat[279], die mich, der auffrhuͤrischen trowung, das sie mich auff dem predigstul erschiessen wolten[280], zu verachten, gesterckt hat, die den bebstischen nuncium, der mich mit gewalt vom predigstul zu reissen gedacht, auss dem land verjagt hat[281], die ein solcher guter geruch gewest ist[282], das die erbarn papisten vilmals gesagt haben, wen man uberal also predigt, so were es wol zu leiden. Die allergifftigisten und -moͤrdisten[283] aber, die ja nicht guts reden koͤnten, muͤsten dannoch sagen, die von Noͤrnberg wern die allerfroͤmbsten unter den ketzern[284]. Und unter diser lehr muss auch das fegfeur und alles, was daran hangt, zunichte werden[285]. Solten sie nun, des ich mich noch nicht versihe, nicht allein den luͤgenern und

276. Vgl. o. S. 429,10-430,10.

277. Zu Osianders Auseinandersetzung mit schwärmerischen Bewegungen in Nürnberg vgl. *Seebaß*, Osiander, S. 111-135; in u. A. finden sich dazu folgende Stücke: Bd. 1, S. 255-266, Nr. 21; S. 267-282, Nr. 22-23; S. 405-417, Nr. 32; S. 418-424, Nr. 33; Bd. 2, S. 337-343, Nr. 75 (müntzerisch-karlstadtische Bewegung in Nürnberg); S. 393-402, Nr. 83; S. 502-512, Nr. 86; Bd. 8, S. 192,11-194,2, Nr. 306; S. 381, Nr. 311 (Sakramentierer); Bd. 3, S. 49-56, Nr. 92; S. 60-105, Nr. 94; S. 249-261, Nr. 99; S. 262-269, Nr. 100; S. 312-324, Nr. 108, S. 325-330, Nr. 109; S. 331-334, Nr. 110; S. 611-616, Nr. 128; S. 617-621, Nr. 129; Bd. 4, S. 257-266, Nr. 158; S. 267-280, Nr. 159; S. 295-299, Nr. 161; Bd. 5, S. 497-501, Nr. 189; Bd. 6, S. 144-151, Nr. 219; Bd. 7, S. 56-65, Nr. 249 (Wiedertäufer); Bd. 7, S. 66f, Nr. 250 und S. 68-70, Nr. 251 (Ruprecht von Mosham); Bd. 7, S. 507-514, Nr. 288 (Kaspar von Schwenckfeld).

278. im Bauernkrieg 1525.

279. Osiander hatte sich in seiner Lätare-Predigt vom 26. März 1525 mit der von Luther übernommenen Unterscheidung zwischen »christlicher« und »weltlicher« Freiheit gegen die aufständischen Bauern des Nürnberger Landgebietes gewandt. Der Rat der Reichsstadt hatte dieser Predigt zu breiter Wirkung verholfen, indem er sie mit einer Vorrede Osianders bereits Anfang April drucken und den Pfarreien und Predigern zukommen ließ, vgl. u. A. Bd. 2, S. 79-100, besonders S. 80f, Nr. 47.

280. Auch in seinem Brief vom 25. April 1549 an Hieronymus Baumgartner in Nürnberg schreibt Osiander im Rückblick auf die Ereignisse in der Reichsstadt während des Bauernaufruhrs von Drohungen einiger aufsässiger Bürger, ihn mit einem Steinhagel zu überschütten, vgl. u. A. Bd. 9, S. 75,3f, Nr. 366.

281. Bei seiner Anwesenheit auf dem Nürnberger Reichstag 1522/23 hatte der päpstliche Legat Chieregati die Absetzung und Inhaftierung von vier Predigern, darunter auch Osiander, gefordert. Der Rat der Stadt hatte sich aber hinter die Prediger gestellt, vgl. *Schubert*, Spengler, S. 379-383, 387f, bzw. u. A. Bd. 1, S. 68, Nr. 4; S. 99, Anm. 47, Nr. 7, und S. 284, Nr. 24.

282. solchen guten Ruf hatte.

283. allermörderischsten.

284. Osiander denkt hier wohl auch an einige ›ehrbare‹ altgäubige Theologen, denen er in Augsburg während seines Aufenthaltes auf dem Reichstag im Juli 1530 begegnet war. Am 5. Juli schrieb er an seine Nürnberger Kollegen, daß der kaiserliche Beichtvater Juan de Quintana und der Hofprediger des Kaisers Frai Gil Lopéz de Bejar der evangelischen Lehre viel Verständnis entgegenbrächten; vgl. u. A. Bd. 4, S. 108f, Nr. 143. Es ist gut denkbar, daß die Redeweise von den ›frömmsten unter den Ketzern‹ ebenfalls auf diesem Reichstag vorkam.

285. Zur Ablehnung des Fegfeuers in den reformatorischen Schriften Osianders vgl. etwa in seiner Abhandlung ›Grund und Ursach‹ von 1524 u. A. Bd. 1, S. 233,22-241,18, Nr. 20, das Kap.

lesterern nicht weren, sonder auch noch selbs dise lehr, waserley[286] gestalt es auch sein moͤcht, unterstehn zu beschweren[287], wuͤrd ich nicht allein fuͤr sie alle hertzlich[288] leid tragen, sonder auch den lieben Gott getreulich biten, das den ubrigen gewissen, so die warheit von mir gelernet haben, von mir gedienet und sie vor irthumb errettet und erhalten werden moͤgen[289].

Der [D4a:] Gott des frides wolle das erkentnus Christi unter uns erhalten und mehren und einhelligkeit der reinen lehr allenthalben wider auffrichten. Amen. Amen. Amen.

über die Abschaffung der Seelenmessen. Besonders kennzeichnend für Osianders Meinung mag etwa der Satz sein: »So dann nun Christus in uns ist und wir in im, wer kann begreiffen, daß wir erst mit Christo und Christus mit uns nach dem tod sölten in das fegfeuer gesetzt werden?« (ebd., S. 239,17-19, Nr. 20).

286. welche.

287. be-, unterdrücken.

288. von Herzen.

289. Ein ähnliches Anerbieten hatte Osiander bereits im Sept. 1551 Fürstenauer gegenüber vorgebracht; es wurde freudig angenommen. Vgl. o. S. 302,2-5, Nr. 489, und S. 340,10-13, Nr. 495.

Nr. 509
Brentii Lehr von der Rechtfertigung des Glaubens
1552

Bearbeitet von *Achim Jillich*

Einleitung

1. Entstehung und Inhalt

Im Januar 1552 trafen in Königsberg die ersten offiziellen Gutachten zum Bekenntnis Osianders »Von dem einigen Mittler« ein. Inoffizielle und private Reaktionen auf das diesbezügliche Ausschreiben des Herzogs Albrecht hatten diesen schon im Herbst 1551 erreicht[1]. Das Urteil der württembergischen Theologen unter der Federführung des Johannes Brenz vom 7. Dezember 1551 gelangte ebenfalls im Laufe des Januar 1552 nach Preußen[2]. Ob Osiander es zum Zeitpunkt der Abfassung der hier vorliegenden Schrift »Brentii Lehr« kannte, ist nicht mit Sicherheit festzustellen, aber wahrscheinlich, zumal der vorliegende Druck erst Ende des Monats, am 28. Januar 1552, erschien.

Osiander sah in dem Württemberger Reformator jedenfalls nach wie vor einen Freund, wie er dies auch dessen letztem Brief vom 23. August 1551 entnommen hatte[3]. Es ist auch gut möglich, daß er auf den am 15. Januar wiederholten Versuch des Herzogs, Brenz für den verwaisten Bischofsstuhl von Samland zu gewinnen, Einfluß genommen hat[4]. Brenz hatte sich nun im Württemberger Urteil zu der Schrift ›Von dem einigen Mittler‹ zwar positiv zu einigen Aussagen Osianders geäußert, aber andererseits auch theologische Positionen von dessen Gegnern gewürdigt. Darüber war Osiander nicht sehr glücklich, was er dem Herzog gegenüber auch zum Ausdruck brachte. Möglicherweise suchte er deshalb einen Weg, um die vollständige Übereinstimmung von Johannes Brenz mit ihm und seiner Lehre der Öffentlichkeit zu dokumentieren und ergriff dazu selbst die Initiative. So veröffentlichte er eine Passage aus dem Johanneskommentar von Brenz, in der er seine Lehre von der Gerechtigkeit des Menschen bestätigt zu finden glaubte[5]. Der Titel dieses Kommentars lautet: »Evangelium quod inscribitur secundum Ioannem usque ad hi-

1. Zu diesen Antworten auf das herzogliche Ausschreiben vom Oktober 1551 vgl. *Stupperich*, Osiander, S. 215-221, 265-267 und 286-296.

2. Vgl. *Stupperich*, Osiander, S. 266.

3. Dieser Brief ist abgedruckt in u. A. Bd. 9, S. 754-757, Nr. 486. Die Freundschaft zwischen den beiden Theologen reicht zurück bis zum Marburger Religionsgespräch von 1529. Zu ihrer weiteren Zusammenarbeit vgl. ebd., S. 755, Anm. 7, Nr. 486.

4. Zum Werbungsschreiben des Herzogs an Brenz vgl. *Stupperich*, Osiander, S. 265, und u. A. Bd. 9, S. 754, Anm. 3, Nr. 486.

5. Vgl. Osianders Stellungnahme zum württembergischen Gutachten über sein Bekenntnis am 26. Febr. 1552, u. S. 515,1-516,6, Nr. 516.

storiam de Lazaro a mortuis suscitato, octuaginta duabus homiliis explicatum per Ioannem Brentium«. Er war 1545 bei Peter Frentz und Petrus Braubach in Schwäbisch Hall erstmals gedruckt und dann 1549 und 1551 in Frankfurt a.M. erneut aufgelegt worden[6].

Osiander wählte die Auslegung zu Joh 5,25 aus. Die betreffende Passage befindet sich in der Ausgabe von 1545 auf fol. 176r-177r: Der Württemberger Theologe deutet in seinem Kommentar die Stelle Joh 5,25 als Christuswort über die geistliche Auferweckung des Menschen aus dem Tod der Sünden zu einem Leben der Gerechtigkeit vor Gott. Wer im Evangelium die Stimme Christi hört, der empfängt von ihm das Leben, das der Vater »in ihm selber« trägt und dem Sohn geschenkt hat. Denn der Glaubende wird ein Glied Christi und hat so Anteil an dessen göttlicher Natur, deren Leben mit der Gott eigenen Gerechtigkeit identisch ist.

Osiander kommentiert die Ausführungen von Brenz in seiner Edition von 1552 nicht. Er übersetzt nur die lateinische Vorlage ins Deutsche und formuliert einen Vorspann. Auch sein Name ist nirgends aufgeführt. Auf diese Weise konnte er auch am leichtesten das immer noch bestehende Druckverbot des Herzogs umgehen[7]. Die Verfasserschaft Osianders ist jedoch dadurch gesichert, daß er sich zu ihr in einem Brief an den Herzog bekannte.

2. *Wirkung*

Obgleich der schwäbische Reformator Osiander persönlich weiterhin verbunden blieb, vermied er es, für dessen Lehre in einer die Gegner ausschließenden Weise Partei zu ergreifen[8]. Die Haltung von Brenz blieb die der Vermittlung zwischen den in Königsberg Streitenden, die er angesichts der drohenden Schwächung der evangelischen Einheit gegenüber dem Tridentinischen Konzil auch für die allein angemessene hielt[9]. Diese Position ließ ihn aber auch zu dem Versuch Osianders, ihn für dessen Lehre als Autorität in Anspruch zu nehmen, in Distanz treten. Brenz nahm brieflich Joachim Camerarius in Leipzig gegenüber am 27. April 1552 auf den vorliegenden Druck von »Brentii Lehr« Bezug, indem er von Büchern sprach, in denen Osiander seine Übereinstimmung mit ihm behaupte, und verwahrte sich mit der Bemerkung dagegen, daß nun seine Mäßigung und seine Bemühungen um Eintracht mißbraucht würden, obgleich er sich bisher mit großer Vorsicht davor gehütet habe, in die Königsberger Streitigkeiten verwickelt zu werden[10]. Osiander gegenüber

6. Vgl. *Köhler*, Bibliographia Brentiana, S. 60f, Nr. 142; S. 68, Nr. 160; S. 72f, Nr. 169 und 170, und S. 83f, Nr. 195 und 196.

7. Zu diesem Druckverbot vgl. *Stupperich*, Osiander, S. 160 und S. 212.

8. Vgl. u. S. 478,5-8, Nr. 511.

9. Vgl. u. A. Bd. 9, S. 755,10-756,18, Nr. 486.

10. Brenz schreibt: »Cavi hactenus studiosissime, ne me turbae eius immiscerem, sed vidi libellos, in quibus affirmat me sibi esse ὁμόψηφον; et cum Illustrissimus princeps Borussiae cuperet audire ea de re sententiam Theologorum mei principis, adhibitus fui et ego ei collocutioni. Dedimus omnem operam, ut rationem aliquam ostenderemus, qua concordia inter

brachte Brenz diese Kritik freilich nie zum Ausdruck. Vielmehr erneuerte er seinen Vermittlungsversuch Anfang Juni in einem weiteren Gutachten und in Briefen an Herzog Albrecht, Andreas Aurifaber und an Osiander selbst[11].

3. Überlieferung

Unsere Edition gibt den 1552 in Königsberg bei Hans Lufft erschienenen Druck (= *Seebaß*, Bibliographie, S. 175, Nr. 63) wieder nach dem Exemplar Nürnberg StB, Theol. 363 4°/4.

Text

[A1a:] Des achtbar, wirdigen, wolgelerten ehrn[1] Joh[annis] Brentii lehr von der rechtfertigung des glaubens, aus seinen buchern, da er am allerkleristen[2] redet, gezogen.

Psal. 68 [2-4]: »Es stehe Gott auff, das seine feind zustreuet werden und, die in[3] hassen, vor im[4] fliehen. Vertreib sie, wie der rauch vertriben wirt; wie das wachs zuschmeltzt vom feur, so mussen umbkomen die gotlosen fur Gott. Die gerechten aber muͤssen sich freuͤen und froͤlich sein vor Gott«.

[A1b:] Des achtbar, wirdigen, wolgelerten ehrn Johannis Brentii lehr von der rechtfertigung des glaubens, aus seinen buchern, da er am allerkleristen redet, gezogen.

In der auslegung des evangelii S. Johannis, die nun zum offtern mal in truck ist aussgegangen[5], uber diese wort des Hern, Johannis am 5. cap. [25]: »Warlich, warlich ich sag euch: Es kompt die stund und ist schon itzt, das die todten werden die stimme des sons Gottis hoͤren; und die sie hoͤren werden, die werden leben«, da schreibt ehr Johan Brentius also[6]:

»Dieweil hie abermals der aufferweckung der todten gedacht wirt, so moͤcht einer gedencken[7], Christus widerholet alhie, das er droben gesagt hat, nemlich: ›Wie der Vater die todten aufferweckt und macht sie lebendig, also auch der Son macht leben-

nos constitueretur, sed audio nunc eos nostra moderatione abuti« (*Pressel*, Brentiana, S. 333f.).

11. Vgl. hierzu *Stupperich*, Osiander, S. 329-333.

1. Herrn.
2. allerklarsten.
3. ihn.
4. ihm.
5. Vgl. dazu o. S. 450f, sowie *Köhler*, Bibliographia Brentiana, S. 60f, Nr. 142; S. 68, Nr. 160; S. 72f, Nr. 169 und 170; S. 83f, Nr. 195 und 196.
6. Hier beginnt das Zitat aus dem Johanneskommentar des Johannes Brenz. Es findet sich in der Ausgabe von 1545 auf fol. 176r-177r, vgl. o. die Einleitung.
7. denken.

dig, welche er wil‹[8]. Aber es sein dreierley aufferweckung der todten: Aine ist, wan die todten aufferweckt werden, zu empfahen und volfurn dieses leibliches leben, also das sie wider sterben mussen[a], wie dan der widwen [A2a:] son[9] und Lazarus[b] aufferweckt worden sein. Die ander ist, wan die, so in sunden erstorben sein, aufferweckt werden zum leben der gerechtigkeit, das ist, wan die gotlosen gerechtfertigt werden. Die dritte ist, wen die, so leiblich tod sein, am jungsten tag in der gemeinen[10] aufferstehung aufferweckt werden, das ein yder empfange, nach dem er gehandelt hat[c], es sey gut oder boͤss[11]. Und von der ersten hat Christus droben geredt, da er spricht: ›Der Son macht lebendig, welche er will‹[12]. Von der letsten wirt er hernach predigen[13].

Itzt aber redet er von der anderen[14] aufferweckung, da die gotlosen lebendig gemacht werden mit der gerechtigkeit, und spricht: ›Es kompt die stund und ist schon itzt, das die todten werden hoͤren die stim des sons Gottes; und die sie hoͤren werden, die werden leben‹. Die todten werden alhie genennet die gotlosen und furnemlich[15] die abgoͤttischen heiden, darumb das sie in suͤnden tod gewest sein und nicht gedienet haben dem lebendigen Gott, sonder den todten und ertichten[16] abgoͤtteren. Also nennet Christus auch anderswo die gottlosen todten, da er spricht: ›Lass die todten ire todten begraben‹[d], und Paulus, da er spricht: ›Wach auff, der du schleffst, und stehe auff von den todten, so wirt dich Christus erleuchten‹[e], und abermals: ›Da ir tod ward in suͤnden und in der vorhaut eurs fleischs, hat er euch auch mit im lebendig gemacht‹[f].

Die stim aber des sons Gottes ist das euangelion[g] [A2b:] das durch die aposteln aussgepraitet ist unter die heiden[17]. Derhalben weissaget Christus von der bekeruͤng[!] der sunder und fuͤrnemlich von der beruffung der heiden und spricht: ›Es

a) am linken Rand: Luc. 4.
b) am rechten Rand: Iohan. 11 [1-45].
c) am rechten Rand: 2. Cor. 5 [10].
d) am rechten Rand: Matth. 8 [22].
e) am rechten Rand: Eph. 5 [14].
f) am rechten Rand: Colos. 2 [13].
g) Die Silbe »-on« wird nur in der Custode angeführt, nicht aber auf dem folgenden Blatt A2b.

8. Joh 5,21.
9. Vgl. Lk 7,11-17, nicht Lk 4, wie der Hinweis am Rand des Druckes (s. Anm. a) irrtümlich angibt.
10. allgemeinen.
11. Vgl. II Kor 5,10.
12. Joh 5,21.
13. Brenz spricht in seinem Johanneskommentar von dieser dritten Art der Auferstehung auf fol. 177v-181r bei der Auslegung der Verse Joh 5,28f.
14. zweiten.
15. vornehmlich, vor allem.
16. erdichteten, erfundenen.
17. Vgl. Act 6,7; 12,24 u. ö.; II Tim 4,17.

kompt die stund und ist schon itzt, das die todten werden hoͤren die stim des sons Gottis; und die sie hoͤren werden, die werden leben‹. Das ist: Der Vater hat mir nicht allein gegeben, das ich ein oder etliche todte aufferwecken sol zur volfurung dises leiblichen lebens, sonder hat mir auch gegeben, das ich durch mein euangelion gerecht mach die gottlosen[18]. Dan einen gottlosen gerecht machen, ist nicht ein geringers werck, dann einen todten aufferwecken. Ich aber will mein euangelion ausspraiten nicht allein unter die Juden, sonder auch unter die heiden, die von euch Juden gleich als die todten geachtet werden, auff das alle, die es hoͤren, ires glaubens leben[19], das ist, fur Gott gerecht geacht werden, welches ist das warhafftig und geistlich leben.

Es lehret uns ja Christus mit disem spruch grosse und merckliche[20] ding, erstlich[21], das er die gottlosen todte nennet. O, wie ein scheuchtzlich[22] schauspil stellet er uns fur, wann wir den grossen hauffen der menschen mit geistlichen augen anschauen! Dann der groste tail der menschen sein gottlos, die doch mit solcher grossen gewalt, weissheit, reichtumb, tapferkeit und wirden begabet sein, das man meinet, sie allain seien die lebendigen auff erden. Aber doch, wann du sie recht besichtigst, so sein sie nichts anders dann todte leichen, in inen selbs erstorben, in denen aber der lebendig teufel [A3a:] unter den menschen umhergeht. Ich weis wol, das sie nach naturlicher weise rechte menschen sein, dann sie sein von leib und vernunftiger seele zusamengesetzt. Wann man aber urtailt nach irer gottlosigkeit, umb dero willen der satan uber sie herschet, so magstu sie furwar nicht unpillich gleich todte leiche nennen, darumb das sie entfrembdet sein von dem lebendigen Gott und gleich des teufels larven[23], darumb, das sie durch des teufels mutwillen in allerley laster getriben werden. Wer solt aber ab[24] disem scheuchtzlichem schauspil nicht erschrecken? Wer solt nicht mit vollem lauff ir geselschafft, gemainschafft und gesprech so vil muͤglich fliehen[25]?

Darnach, da er spricht: ›Und die sie werden hoͤren, die werden leben‹, das ist: Welche durch das hoͤren des euangelions des sons Gottis an in glauben, die werden gerecht gemacht werden, da lehret er klarlich, das der mensch vor Gott gerecht gehalten werd nicht umb die verdienst der werck, sonder durch den glauben umb Christus willen. Dan das er spricht: ›Die es hoͤren werden, die werden leben‹, das ist allerding eben das, das der prophet spricht: ›Der gerecht wirt seins glaubens leben‹[h][26], und Paulus zun Romern: ›So halten wir nun, das der mensch gerecht werd

h) am rechten Rand: Habacuc 2 [4].

18. Vgl. Röm 4,5.
19. Vgl. Röm 1,17 mit 10,17.
20. bemerkenswerte.
21. zunächst.
22. abscheuliches.
23. Masken.
24. über, vor.
25. Vgl. II Tim 3,2-5.
26. Röm 1,17, wo Hab 2,4 zitiert wird.

durch den glauben on des gesetz' werck‹[i], und zun Galatern: ›Wir wissen, das der mensch durch des gesetzs werck nicht gerecht wirt, sonder durch den glauben an Jesu Christo‹[k]. Und das ist die lehr, die in der christenheit, das ist in der ainigen[27], waren re-[A3b:]ligion, das hauptstuck ist; und dieweil wir anderswo[28] reichlich darvon gehandelt haben, wollen wir jetzt in dem, das wir unter handen haben, fortfahrn.

Was ist aber die ursach, das, der die stymm des sons Gottis hoͤret, dardurch lebendig wirt, das ist, wer das euangelion Christi durch den glauben annymbt, fur gerecht gehalten wirdt[29]? Volget: ›Dan wie der Vater hat das leben in im selber, also hat er auch dem Son gegeben das leben in im selber‹[30]. Alhie hastu auch zwo person, den Vatter und den Son, aber nur ein einige, goͤttliche natur allein und nur einen Gott allein. Dan eben das leben, das der Vatter hat, das hat auch der Son. Es ist ein leben, ein natur, ein wesen.

Dieweil aber alhie von der rechtfertigung geredet wirt, so ist es lauter und klar, das man das leben auch fur die gerechtigkeit verstehn muss. Wie nun der Vater hat in im selbs die gerechtigkeit, dan er ist die gerechtigkeit selbs[31], also hat er auch dem Son gegeben, zu haben die gerechtigkeit in im selbst. Dan sovil die goͤttlichen natur des sons Gottis belanget, hat er die gerechtigkeit also in im selbst, das er auch die gerechtigkeit selbst ist. Sovil aber sein menschliche natur belanget, hat er kein suͤnde gethon, und ist kein betrug in seinem mund erfunden[l]. Wer aber sein stym hoͤret, welche ist die stym des euangelions, und nimbt sie durch den glauben an, der wirt durch den glauben ein glid Christi[32]. Das Glid aber wirt theilhafftig der na-[A4a:]tur desjenigen, des es ein glid ist. Derhalben, obwol der mensch in seiner natur ungerecht ist, dannoch, so er die stym des sons Gottis hoͤret und wirt ein glid desselbigen durch den glauben, so wirdt er vor Gott fuͤr gerecht gehalten[33]. Dan der Son ist die ware und volkommene gerechtigkeit[m]. Dan wann der son Gottis die gerechtigkeit nicht hette, so wurde der, so an in glaubet, nicht gerecht gemacht. Nun aber hat er in im selbst die gerechtigkeit, ja er selbs ist die gerechtigkeit. Dann er ist der ware Gott

i) am rechten Rand: Rom. 3 [28].
k) am rechten Rand: Galat. 2 [16].
l) am linken Rand: 1. Pet. 2 [22]; Isaie 53 [9].
m) Drf.: gerechtgkeit.

27. einzig.
28. Brenz entfaltete die Rechtfertigungslehre in seiner Römerbriefauslegung von 1538 und in seinem Galaterkommentar von 1546, vgl. TRE 7, S. 177f.
29. Vgl. Röm 3,24.28; Gal 3,24 u. ö.
30. Joh 5,26.
31. Zum biblischen Hintergrund der ›Gerechtigkeit Gottes‹ vgl. TRE 12, S. 408-410, 416-419 (Lit.!).
32. Vgl. II Kor 6,15.
33. Osiander ließ an dieser Stelle den Zusatz »propter filium« im lateinischen Text von Brenz unübersetzt.

und hat menschliche natur an sich genomen, und[n] alle gepuͤr[34] der waren gerechtigkeit erfullet. Darumb volget vonnoͤten[35], das, der an in glaubt, fur gerecht gehalten werd, ob er gleich in im selbs ungerecht ist. Und hiervon kan man so wenig nicht sagen, es pringt dannoch den gottseligen den allerhoͤchsten trost. Man kan auch so vil darvon nicht sagen, es bleibt dannoch vil mer uber, das noch zu sagen were. Darumb lassen wirs hiebey bleiben und greifen zu dem, das hernach volget«.

Getruckt zu Koͤnigsberg [o]in Preussen[o] am 28. Ianuarii 1552.

n) konj. für Drf.: uns.
o-o) Im Druck wurden die beiden Worte »in Preußen« fälschlich zwischen die Angaben »Ianuarii« und »1552« gesetzt.

34. Anforderungen, Ansprüche.
35. notwendig.

Nr. 510
Osiander an Brenz
Königsberg, 1552, Januar 30

Bearbeitet von *Achim Jillich*

Wolfenbüttel HAB, Cod. Guelf. 29.4 Aug. 2°, fol. 261r-262r, Abschrift des Johannes Parsimonius (1525-1588)[1].

Bedankt sich für das Gutachten von Brenz und den anderen württembergischen Theologen, das seine Lehre gutheißt, aber auch versucht, seine Gegner zu entschuldigen; hält Mörlin für seinen bösartigsten Gegner; für dessen Kanzelpolemik gibt er Beispiele und vergleicht ihn mit Balthasar Hubmaier, da er wie dieser das Volk aufhetze; sieht sich durch ihn an Leib und Leben bedroht, so daß er sogar zeitweise auf seine Vorlesungstätigkeit verzichten mußte; wird von ihm nur wegen der Aussage verfolgt, daß Christus als wahrer Gott unsere Gerechtigkeit ist. Mit den Anschauungen von Brenz über die Gerechtigkeit stimmt er im wesentlichen überein. Mörlin hat eine Gegenschrift gegen sein Bekenntnis verfaßt (›Von der Rechtfertigung des Glaubens gründlicher und wahrhaftiger Bericht‹); mitunterzeichnet haben auch Peter Hegemon, der Mörlin aus der Pfarrei des Kneiphofes weichen mußte, und Georg v. Venediger, der Ambitionen auf das vakante Bistum des Samlandes hat. Mörlin selbst erfüllt seine Amtspflichten in Pfarrei, Universität und Konsistorium nicht. Diese drei sind gegen ihn. Ihre Gegenschrift wurde ihnen vom Herzog zurückgegeben mit der Auflage, die Beschuldigungen zu streichen.

[261r:] Optimo et doctissimo viro, domino Iohanni Brentio, Christi servo, suo in Domino charissimo fratri[2].

Tuus ex animo A. Osiander[3].

Gratiam et pacem a Deo patre et domino nostro Iesu Christo[4]. Amen.

Gratias ago Deo patri misericordiae[a] et totius consolationis per Christum dominum nostrum[5], qui me non solum vivifico verbo et spiritu suo confortat intus,

a) danach gestr.: »p-«.

1. Vgl. *Heinemann*, Handschriften 2, 5, S. 304.
2. Die Adresse stand ursprünglich sicher auf der Außenseite des Briefes, nicht wie in der hier edierten Kop. am Anfang des Brieftextes.
3. Die Unterschrift Osianders stand ursprünglich sicherlich am Ende des Briefes. Der Abschreiber setzte sie zur besseren Übersichtlichkeit bei der Durchsicht durch die Archivalien hinter die Anrede. Zu ähnlichen Fällen vgl. u. A. Bd. 8, S. 141, Anm. a, Nr. 304, und S. 143, Anm. 3, Nr. 305.
4. Vgl. die ntl. Briefanfänge Röm 1,7; I Kor 1,3 u. ö.
5. Vgl. II Kor 1,3.

verum etiam per te tuique similes consolatur foris. Legi enim scriptum theologorum Wirtenbergensium[6], quibus te non solum affuisse verum etiam praefuisse arbitror[7], in quo probatur mea doctrina quaeriturque species excusandorum adversariorum[8], quod mihi non displicet, quamvis de ipsis nihil boni sperem, praesertim de Ioachimo Moerlino, qui tantis me mendaciis tam atrocibus conviciis tamque satanicis blasphemiis impugnat[9] – taceo furiosos et seditiosos clamores[10] –, ut non dubitem eum peccasse et peccare in Spiritum sanctum[11] esseque vere a Satana obsessum[12].

Nuper enim in concione dixit: Der teuffel soll mich und meinen Christum mit seiner wesenlichen gerechtigkeit in abgrund der hellen stürtzen, et post paucos dies in alia concione: Wann es in meiner und der meinen macht stünde, so wolten wir nicht allein donner und plitzen von himel, sonder auch alle teuffel aus der helle fordern, die den ketzer und alle seine anhang vom erdboden vertilgten, item ante aliquot menses in quadam concione: Wann ich schlaffen gehe, so lege ich alle meine sorg mit dem hembd hinweg, bette ein vatterunser und bitte ihn, er wölle mir geben, was mir zu leib und seel nutz sey, so weis ich, daß ers thut – ich liess in auch wol druss und peilen haben[13], das ich in betten wolt, wann ers mir nicht geben wolt! Infinita sunt huius modi, specimen tantum tibi praebere volui, ad quae ego prorsus nihil respondeo, sed expecto auxilium a Domino, cui causum meam committo.

Sed inquies: Cur princeps tolerat hominem? Respondeo: Et ipse fatetur se nimis

6. Im Jan. 1552 war die württembergische Beurteilung von Osianders Bekenntnis in Königsberg eingetroffen. Zu deren Fundort und Inhalt vgl. *Stupperich*, Osiander, S. 266f und o. S. 71f, Nr. 488/496.

7. Die Namen der Mitverfasser des württembergischen Gutachtens vom 5. Dez. 1551 neben Brenz konnten nicht ermittelt werden. Weder die in Berlin GStAPK befindlichen drei Abschriften dieses Gutachtens noch die Kopie im Hauptstaatsarchiv Stuttgart noch sein Abdruck in Albrecht, Ausschreiben, Bl. F3b-H1a, enthalten eine Liste der Unterzeichner. Es ist jedoch gut denkbar, daß es sich um die gleiche Gruppe von Theologen handelt, die das zweite württembergische Gutachten zu Osianders Bekenntnis vom 1. Juli 1552 verantworteten. Dieses ist abgedruckt bei Albrecht, Ausschreiben, Bl. J3b-K1a, und nennt neben Brenz: Matthäus Alber, Martin Frecht, Jakob Beurlin, Jakob Andreae, Johannes Eisenmenger (Isenmann), Kaspar Gräter (Gretter), Johannes Otmar Mailänder, Martin Cles und Valentin Vannius. Alle diese Theologen – außer dem noch jungen Andreae – hatten auch einer herzoglichen Beratungskommission angehört, die bereits im Juni 1551 zusammengetreten war, damals in der Konzilsfrage; vgl. *Bizer*, Confessio, S. 19.

8. Diejenigen Passagen im württembergischen Urteil, die Osianders Gegner und deren Anschauungen würdigen, finden sich in Albrecht, Ausschreiben, Bl. G2b-H1a.

9. Die öffentliche Polemik Mörlins gegen Osiander setzte im Mai 1551 ein. Vgl. zu dieser Kanzelpolemik *Stupperich*, Osiander, S. 154-158, sowie *Hirsch*, Theologie, S. 177f.

10. Auch in seinem Brief an Petrus Artopäus vom Herbst 1551 äußerte Osiander solche Vorwürfe gegen Mörlin, vgl. o. S. 484,5-485,1, Nr. 512.

11. Vgl. Mt 12,32 par.

12. Diesen Vorwurf der Besessenheit äußerte Osiander schon in seinem »Beichtbrief« an Herzog Albrecht vom 21. April 1551, vgl. u. A. Bd. 9, S. 634,12-16, Nr. 458.

13. Drüsen und Beulen, vgl. *Grimm*, Wörterbuch 2, Sp. 1459. Gemeint ist wohl, daß Mörlin Gott die Pest anwünschen wollte für den Fall, daß sein Gebet nicht erhört wird. Eben dies findet Osiander unerträglich.

diu fuisse lenem[14] – confidit enim bonitati causae nostrae – et iam non potuit, nisi tui similium quam plurimorum iudicio et sententiis adiutus, hominem eiicere. Conspirant enim [261v:] cum eo fere omnes consiliarii, magna pars nobilitatis et civium[15]. Et res prorsus ita habet, ut sani omnes uno ore dicant esse incredibile auditu, se nulli mortalium fuisse credituros narranti quod coram et vident et audiunt.

Videtur mihi Moerlinus proxime referre doctorem Balthasarum Hubnerum[b 16], qui propter simulata adulteria – quibus honestissimas matronas non spe potiundi, sed studio nocendi infamabat – Ingolstadio eiectus[17], Ratisponae die ›Schön Maria‹ auffrichtet[18], postea anabaptista factus[19] et horribilibus haeresibus infectus vivus exustus est[20]. Nam sicut illuc homines fanatici sine ulla evidente causa tanquam daemoniis subito arrepti currebant, ubi – quod compertum habeo – virgines et matronae paulo formosiores constuprabantur[21], ita curritur ad conciones Moerlini, ut, si quis crederet magiam hoc efficere posse, facile persuaderetur eum incantationibus uti[22], hoc uno Balthasare prior, quod auditores et auditrices non stupris inquinat sed

b) am linken Rand: Doctor Balthasarus Hubnerus.

14. Möglicherweise handelte es sich um eine mündliche Bemerkung des Herzogs gegenüber Osiander.

15. Spätestens seit Ende 1551 war der größte Teil der Räte und Diener Herzog Albrechts zu Osiandergegnern geworden. Dazu gehörten so einflußreiche Leute wie der Burggraf Christoph von Kreytzen und Wolf von Köteritz, der bis dahin Osiander und seiner Lehre freundlich gesonnen war, vgl. dazu *Stupperich*, Osiander, S. 182f, 262-264, 272-275, und *ders.*, Köteritz, S. 63. Auch unter den Bürgern Königsbergs hatte sich der Streit ausgebreitet. Der Herzog hatte dem am 6. Juli 1551 mit einem Verbot öffentlicher Äußerungen über den Streit zu begegnen versucht. Nur in Osianders Gemeinde, der Altstadt, wagte man es, sich öffentlich hinter ihn zu stellen, vgl. *Stupperich*, Osiander, S. 179-181.

16. Die folgende Charakterisierung belegt, daß es sich um den Täufer Balthasar Hubmaier (1480/85-1528) handelt, vgl. TRE 15, S. 611-613.

17. Der Grund für Hubmaiers Wechsel von Ingolstadt nach Regensburg ist nicht genau bekannt bzw. in der Forschung umstritten, vgl. *Windhorst*, Hubmaier, S. 126. Ob tatsächlich, wie hier Osiander behauptet, Ehebruch mit im Spiel war (vgl. auch u. Zeile 11f), läßt sich nicht belegen. Osiander teilt hier wohl Erinnerungen aus seiner Studienzeit mit, da er ab dem Sommer 1515 in Ingolstadt immatrikuliert war, vgl. *Seebaß*, Osiander, S. 71. Hubmaier predigte dort 1512-1516.

18. Hubmaier schaltete sich als Domprediger von Regensburg (1516-1520) in die Auseinandersetzungen zwischen der Bürgerschaft und den Juden ein. Diese wurden 1519 aus der Stadt ausgewiesen. Mit auf Betreiben Hubmaiers wurde an der Stelle der abgerissenen Synagoge die Kapelle »Zur schönen Maria« errichtet. Rasch wurde sie Mittelpunkt einer Wallfahrtsbewegung mit Hubmaier an der Spitze, vgl. *Goertz*, Reformatoren, S. 126f.

19. Hubmaier vertrat ab Anfang 1525 offen täuferische Anschauungen und ließ sich Ostern 1525 selbst wiedertaufen. Von da ab wirkte er als Täufer in Waldshut und 1526/27 in Nikolsburg/Mähren, vgl. TRE 15, S. 612.

20. Hubmaier wurde im Sommer 1527 verhaftet und am 10. März 1528 wegen Aufruhr und Ketzerei verbrannt. Seine Frau wurde kurz darauf ertränkt; vgl. TRE 15, S. 612.

21. Vgl. o. Anm. 18.

22. Magie und Zauberei hatten im Alltag des Spätmittelalters und der frühen Neuzeit einen hohen Stellenwert, vgl. *Zeeden*, Frühe Neuzeit, S. 396-398. Der Zauberei verdächtigt zu wer-

spiritum mendaciorum et homicidii[23] replet, quotquot eum diu et sine iudicio audiunt.

Nam huius modi omnes cupiunt me extinctum, minantur mihi bombardas, caedes, expugnationem aedium, direptionem bonorum[24] ita, ut suadentibus bonis et piis omnibus ipso etiam principe iam fere trimestre abstinuerim lectionibus[25]. Nam schola sita est in parochia Moerlini[26] ac ne in arcem quidem ad principem vocatus securus sum, adeo furit homicida spiritus Moerlini, transfusus in suos auditores, propter hanc unam sententiam: Christus filius Dei ut verus Deus est iusticia nostra[27]. Coetera, quod tu quoque ais iusticiam vocari posse et esse nostram[28], non solum concedo, sed assero esse nostram, tantum in hoc magis proprie loquor, quod voco ea fructus iusticiae, interim ultro admonens, sicut in confessione vides, fructus vel opera iustitiae vocari etiam iusticiam, sed non sine τρόπῳ[29]. Non igitur habent, quod iure accusent, sicut illustrissimus princeps optime intelligit et mecum sentit.

Conscripsit idem Moerlinus confutationem confessionis meae eamque obtulit illustrissimo principi ipsis calendis Ianuariis[30], cui subscripserunt doctor Petrus Hegemon[c], homo tam indoctus, ut princeps eum a parochia, quam nunc habet Moerlinus, et a lectione theologica amovere et eum in tertiam [262r:] parochiam, quae quasi suburbium est, retrudere coactus sit[31]; item Georgius Venetus[d], recens doctor Wit-

c) am linken Rand: Doctor Petrus Hegemon.
d) am linken Rand: Doctor Georgius Venetus.

den, war nicht ungefährlich, da es gerichtliche Konsequenzen und harte Strafen nach sich ziehen konnte; vgl. *Kohler*, Carolina, S. 30f, Art. 44 und S. 59, Art. 109.

23. Vgl. Joh 8,44.

24. Um die Gefährdung Osianders an Leib und Leben zu beseitigen, mußte der Herzog Anfang Oktober ein Mandat erlassen, das für Bedrohung oder auch nur Beleidigung harte Strafen ankündigte, vgl. *Stupperich*, Osiander, S. 181.

25. Vgl. dazu o. S. 320, Anm. 24, Nr. 492.

26. Die Universität lag auf der Insel des Kneiphofes, ebenso der Dom, wo Mörlin ab 1550 Pfarrer war, vgl. *Stupperich*, Osiander, S. 401, Karte.

27. Diese These vertritt Osiander in seinem Bekenntnis ›Von dem einigen Mittler‹ öfters, vgl. z.B. o. S. 284,14f, Nr. 488.

28. Im württembergischen Urteil zu Osianders Bekenntnis macht Brenz einen Vorschlag zur Einigung in der Frage des Rechtfertigungsverständnisses, indem er eine Reihe neutestamentlicher Stellen zur Gerechtigkeit anführt, von denen er glaubt, sie seien auf beiden Seiten unstrittig, vgl. Albrecht, Ausschreiben, Bl. G2b-G4a.

29. So schreibt es Osiander schon in seinem Bekenntnis, vgl. o. S. 164,18-166,15, Nr. 488.

30. Die Gegenschrift zu Osianders Bekenntnis trägt den Titel »Von der rechtfertigung des glaubens gründtlicher, warhafftiger bericht auss Gottes wort etlicher theologen zu Kůnigsberg in Preussen. Wider die newe verfürische und antichristische lehr Andreae Osiandri ...«, Königsberg 1552. Sie wurde von ihren Autoren Mörlin, Hegemon und v. Venediger am 1. Jan. 1552 dem Herzog übergeben; vgl. *Stupperich*, Osiander, S. 225.

31. Peter Hegemon war ab Sept. 1550 Pfarrer an der Löbenichtschen Kirche und hatte die Dompfarrei sowie die damit verbundenen universitären Aufgaben an Mörlin abgeben müssen, vgl. *Stupperich*, Osiander, S. 114, und *Stupperich*, Reformatorenlexikon, S. 99f.

tenbergensis, qui cum stipendio principis Witebergae disceret[32], audita morte episcopi Sambiensis[33] ignorante principe doctoratum impetravit spe episcopatus obtinendi, quia est ex infima nobilitate[34], cuius studium in ea re conficienda sibi non defore credidit, sed nihil efficitur. Duxit nuper pedissequem dominae principis[35], virginem adultam, tam virulenter doctrinam meam incessentem, ut nec principi parcat, alioqui ablegandam, nisi ille duxisset, et sperat iam, ut aiunt, episcopatum sibi quasi dotis nomine obventurum, praesertim cum mortuo reverendo patre et domino doctore Paulo Sperato iam uterque episcopatus vacet[36]. Quid futurum sit, nescio nec curo[37]. Hoc vero ex animo video, quod ambitione episcopatus excoelatus pessimam sibi bestiam desponsavit, rem poenitendam, etiamsi episcopatus accesserit. Is nullam adhuc habet vocationem nec in schola nec in ecclesia, tantum Witebergensis doctor ociose obambulat, nunquam legit publice, nunquam concionatus est nullumque omnino specimen de se praebuit[38].

Moerlinus[e] ipse vocatus, ut parochiam eadem conditione, qua ego meam et antecessor eius[39] suam haberet, hoc est, ut hebdomadatim bis in theologia legeret, ordinarie disputaret in senatu scholastico et consistorio episcopali adesset[40], conscientiae

e) am linken Rand: Doctor Moerlinus.

32. Georg von Venediger (ca. 1519-1574) hatte ab 1541 in Wittenberg Theologie studiert und war dabei von Herzog Albrecht durch ein Stipendium unterstützt worden. Am 2. Okt. 1550 war er promoviert worden; vgl. Altpreußische Biographie 2, Sp. 756.

33. Georg von Polentz, seit 1519 Bischof von Samland, war am 28. April 1550 in Königsberg gestorben, vgl. ADB 26, S. 382-385.

34. Georg von Venediger entstammte einem alten preußischen Adelsgeschlecht. Er wuchs auf dem väterlichen Rittersitz Venedien bei Mohrungen auf, vgl. ADB 39, S. 604.

35. v. Venediger hatte im Frühjahr 1551 die Kammerjungfer Maria von Eisleben geheiratet. Sie war am 28. Dez. 1549 mit ihrer Herrin Anna Maria von Braunschweig-Calenberg von Münden nach Königsberg aufgebrochen, wo diese im Febr. 1550 mit dem Herzog vermählt wurde, vgl. *Mengel*, Elisabeth und Albrecht, S. 44, Nr. 30; S. 153, Nr. 164, und S. 160, Nr. 168.

36. Paul Speratus, seit 1530 Bischof von Pomesanien, war am 12. Aug. 1551 in Marienwerder gestorben, vgl. *Stupperich*, Reformatorenlexikon, S. 198-200.

37. In der weiteren Entwicklung wurden die beiden Bischofsstühle nach der Vakanz zunächst nicht neu besetzt. Osiander war zwar seit Sommer 1550 Vizepräsident des samländischen Konsistoriums, konnte sich aber keine Hoffnungen auf den Bischofsstuhl machen, vgl. o. S. 414, Anm. 2, Nr. 506. 1554 erhielt Samland in Johannes Aurifaber einen Präsidenten. Für Pomesanien wurden immer nur kurzfristige Übergangslösungen gefunden. 1568 wurde das Bischofsamt restituiert; in Samland wurde es Mörlin, in Pomesanien v. Venediger übertragen, vgl. *Hubatsch*, Geschichte 1, S. 29.

38. Allerdings bekleidete v. Venediger im Wintersemester 1551/52 das Amt des Universitätsrektors, vgl. o. S. 358,10, Nr. 497.

39. Peter Hegemon, vgl. o. Anm. 31.

40. Sowohl Mörlin als auch Osiander waren Pfarrer und zugleich Theologieprofessoren, womit auch Aufgaben im Senat der Universität und im Konsistorium des samländischen Bistums verbunden waren, vgl. u. A. Bd. 9, S. 636,11-13, Nr. 458, und *Stupperich*, Osiander, S. 29-33, 114.

suae inscitiae victus, sibi statim novos labores ascivit tractandi publice catechismi[41], cum id antea per ministros eodem modo, quo Norinbergae[42] fieret, ut legendi, disputandi, examinandi, ordinandi, consultandi de rebus scholasticis et consistorii episcopalis labores[f] subterfugeret negatque se vocatum nisi ad concionandum, cum princeps mihi saepe dixerit eum mentiri, sed vocatum ea conditione qua praedecessor[43].

Hi tres stant quasi in acie contra me. Et confutatio ab ipsis subscripta[44], a principe lecta et per me excripta[45], illis reddita est cum mandato, ut tollant mendacia et convicia[46]. Nam multa impudentissime sunt scripta, de quibus princeps iam ad alios candidissime et vere perscripsit[47], ut iam se ipsum mendacii suspectum faceret, si illorum mendacia invulgari pateretur. Deus pater domini nostri Iesu Christi libera ecclesiam suam a furore Moerliniano. Nam reliqui aut emendarentur aut certe ut nihil ut parum nocere possent.

Quare rogo, ut pro nobis ores et pro veritate etiam milites facturus Deo, ecclesiae, principi et mihi officium gratissimum. Bene vale in Domino, charissime frater. O quam vellem mihi coram licere in sinum tuum effundere meas cogitationes et curas, nam omnia scribere non expedit.

Datum Königsbergi Prussiae 3. cal[endas] Febr[uarii][48] anno 1552.

f) übergeschr. und eingewiesen.

41. s.u. Anm. 43.

42. In Nürnberg war mit dem 8. Okt. 1531 der regelmäßige Katechismusunterricht an den beiden Pfarrkirchen aufgenommen worden. Zunächst wurde er von Osiander und Dominikus Schleupner gehalten, ab dem 9. Jan. 1532 dann von den Kaplänen übernommen. Vgl. dazu u. A. Bd. 5, S. 182f, Nr. 177.

43. Am 18. Juli 1551 hielt der Herzog Mörlin in einem Brief vor, mit seinem Katechismusunterricht, den er oft überziehe und zeitlich ungünstig gelegt habe, die studentischen Hörer von den Vorlesungen an der Universität abzuhalten, vgl. *Koch*, Briefwechsel, S. 577, Nr. 19. Auf diese Verhaltensweise Mörlins spielt Osiander hier wohl an.

44. Damit ist die Gegenschrift zu Osianders Bekenntnis gemeint, die Mörlin, Hegemon und v. Venediger am 7. Dez. 1551 beendet hatten, vgl. o. Anm. 30.

45. Aus dieser Stelle geht hervor, daß Osiander schon Anfang 1552 die Gegenschrift vom Herzog zur Lektüre erhalten und Auszüge daraus angefertigt hat. Diese Auszüge sind nicht erhalten.

46. Der Herzog ließ am 25. Jan. 1552 Mörlin, v. Venediger und Hegemon durch seinen Rat Wolf von Köteritz eine Beanstandungsschrift verlesen, in der er eine neue, von Polemik gereinigte Fassung ihrer Confutatio forderte, vgl. *Stupperich*, Osiander, S. 220-236, und o. S. 69, Nr. 488/496.

47. Der Herzog bemühte sich in seinen Briefen um eine ruhige und sachliche Darstellung des Streites um die Rechtfertigungslehre in Königsberg, vgl. etwa sein Begleitschreiben zur Versendung von Osianders Bekenntnis ›Von dem einigen Mittler‹ an die Reichsstände Augsburgischen Bekenntnisses vom 5. Okt. 1551 in Albrecht, Ausschreiben, Bl. E1b-F1b.

48. 30. Jan. (vgl. *Grotefend*, Zeitrechnung, S. 17).

Nr. 511
Gutachten zu einem Gutachten der Gräfin Elisabeth von Henneberg über das Bekenntnis ›Von dem einigen Mittler‹
[1552, zwischen Januar, Mitte, und März, Ende][1]

Bearbeitet von *Achim Jillich*

Einleitung

1. Die Anteilnahme der Gräfin Elisabeth von Henneberg am Osiandrischen Streit

In ihrem Gutachten vom 20. Dezember 1551 antwortet die Gräfin Elisabeth[2] auf das Ausschreiben des preußischen Herzogs vom 5. Oktober 1551, in dem dieser Osianders Bekenntnis ›Von dem einigen Mittler‹ an die Reichsstände und Theologen Augsburgischer Konfession zur Stellungnahme versandt hatte[3]. Über diesen aktuellen Anlaß hinaus steht dieses Gutachten der Fürstin in dem größeren Zusammenhang ihrer intensiven Beschäftigung mit dem Osiandrischen Streit von Juni 1551 an bis weit über den Tod des Königsberger Professors hinaus, die auch einen erheblichen Anteil an der Korrespondenz mit ihrem Schwiegersohn, Herzog Albrecht, bildet[4]. Die Motive Elisabeths für ihre Anteilnahme und Ausgleichsbemühungen in

1. Die Datierung des vorliegenden Gutachtens läßt sich nur erschließen. Anhaltspunkte für die zeitliche Eingrenzung auf Mitte Jan. bis Ende März 1552 bietet die Korrespondenz zwischen Elisabeth und Albrecht. Der Postweg von Münden nach Königsberg dauerte gewöhnlich knappe drei Wochen; vgl. *Mengel*, Elisabeth und Albrecht, passim, bzw. etwa die Datenangaben von S. 87, Nr. 61, und S. 90, Nr. 65, oder S. 153, Nr. 158-163, und S. 153-159, Nr. 165-167, bzw. S. 153, Nr. 164, und S. 160, Nr. 168. Das von Elisabeth verfaßte Gutachten vom 20. Dez. 1551 traf demnach vor Mitte Jan. 1552 in Königsberg ein. Osiander wird es mit einem – leider verschollenen – Beischreiben des Herzogs, das den Auftrag zur Begutachtung enthielt, kurze Zeit später erhalten haben. Wiederum bestätigt die Fürstin dem Herzog mit Schreiben vom 20. April (vgl. ebd., S. 157-159, Nr. 167), daß sie Osianders Gutachten erhalten habe. Es dürfte daher spätestens Ende März aus Königsberg abgeschickt worden sein, da Osiander das fertige Schriftstück dem Herzog sicherlich mit einem – ebenfalls nicht mehr aufgefundenen – Begleitschreiben übermittelt hat und der Fürst es vor der Versendung natürlich erst zur Kenntnis genommen hat. (Für die bei *Stupperich*, Osiander, S. 303, Anm. 1 gegebene Datierung ließ sich kein Beleg finden.)

2. Elisabeth, Herzogin von Braunschweig-(Lüneburg-)Calenberg (1510-1558), nannte sich seit ihrer Heirat mit Poppo XII. von Henneberg 1546 ›Gräfin und Frau zu Henneberg‹, vgl. *Tschackert*, Herzogin Elisabeth, S. 54, und NDB 4, S. 443f.

3. Zum Hintergrund der Versendung von Osianders Bekenntnis ›Von dem einigen Mittler‹ durch den Herzog vgl. o. S. 49-52 und 64f, Nr. 488/496.

4. Diese Korrespondenz über den Osiandrischen Streit zwischen der Gräfin Elisabeth und Herzog Albrecht ist besprochen in *Klettke-Mengel*, Fürstenbriefe, S. 72-81. Die Autorin verweist dort auf ihre Edition des Briefwechsels in *Mengel*, Elisabeth und Albrecht.

dem theologischen Streit liegen nicht nur darin begründet, daß Herzog Albrecht im Februar 1550 ihre Tochter Anna Maria zur Gemahlin genommen hatte[5], sondern auch darin, daß Joachim Mörlin, einer der Hauptgegner Osianders in Königsberg, bis zur Jahreswende 1549/50 Superintendent in Göttingen war und dann von Elisabeth nach Preußen vermittelt wurde[6]. Daraus, sowie aus ihrer Frömmigkeit und ihrer theologischen Bildung[7], ergab sich für die Fürstin eine Mitverantwortung angesichts des öffentlich ausgebrochenen Streites um die evangelische Kernlehre über die Rechtfertigung sowie ein engagiertes Bemühen um Vermittlung in der drohenden Uneinigkeit der Kirche.

So teilte sie bereits in einem Brief vom 16. Juni 1551 dem Herzog ihr »mit leiden« mit und stimmte mit ihm darin überein, daß »es dem Osiander mehr aus hass als aus verschuldung wider feret«[8]. Kurz darauf, am 20. Juni 1551, machte sie dem Herzog erste Vorschläge zur Beilegung des Streites, nämlich die Trennung von Mörlin und Osiander, die Ernennung Osianders zum Bischof von Pomesanien[!] und die Klärung der Fragen um die Rechtfertigungslehre durch den Fürsten Georg von Anhalt und Melanchthon; die Uneinigkeit mit Wittenberg sei der Kirche nicht dienlich. Die Gräfin war vom Gelingen solcher Verständigungsbemühungen überzeugt, da sie in den ihr zugesandten Schriften Osianders keine Irrtümer in der Rechtfertigungslehre fand[9]. Am 10. August 1551 riet sie dann dem Herzog, daß der Streit auf einer Synode in Preußen durch den Austausch von schriftlichen Stellungnahmen der Beteiligten auf der Grundlage der Heiligen Schrift und im Hören auf den »radt des heiligen Geistes« beigelegt werden sollte. Andernfalls könnten die gewechselten Schriften an die Gelehrten der kursächsischen Universitäten und der norddeutschen Städte sowie an andere Theologen verschickt und aufgrund von deren Urteil die Eintracht in der Lehre wiederhergestellt werden[10]. Die Überzeugung vom Erfolg der Suche nach Ausgleich spricht auch aus einem Schreiben der Gräfin an Herzog Albrecht vom 12. August 1551[11]. Sie übermittelt ihm darin einerseits Stimmen zu seinem Verhalten, das von allen als allzu freundlich gegen Osiander empfunden wurde, und zu der aufkommenden allgemeinen Ablehnung von Osianders Rechtfertigungslehre. Elisabeth habe dagegen ihn selbst und Osiander bei anderen entschuldigt. Andererseits bittet sie Albrecht, sich gegenüber Mörlin »lanckmutig« zu zeigen, zumal sie selbst ihn ebenfalls zu besänftigen versuche.

Inzwischen hatte Herzog Albrecht in Preußen bereits im Juni 1551 eine ähnliche

5. Zu dieser Heirat vgl. *Tschackert*, Herzogin Elisabeth, S. 54f, und *Klettke-Mengel*, Fürstenbriefe, S. 11-19.

6. Zum Wechsel Mörlins von Göttingen nach Königsberg vgl. die Korrespondenz zwischen der Gräfin und Herzog Albrecht in *Mengel*, Elisabeth und Albrecht, S. 94, Nr. 71; S. 95, Nr. 73; S. 97, Nr. 82 u. ö.

7. Zur Frömmigkeit und Begabung der Fürstin als theologische Schriftstellerin vgl. *Tschakkert*, Herzogin Elisabeth, S. 51f und S. 57-65.

8. *Mengel*, Elisabeth und Albrecht, S. 127, Nr. 128.

9. Vgl. ebd., S. 134f, Nr. 135.

10. Vgl. ebd., S. 137, Nr. 143 (Regest), und *Klettke-Mengel*, Fürstenbriefe, S. 79-81 (Abdruck des Briefes).

11. Vgl. *Mengel*, Elisabeth und Albrecht, S. 138-142, Nr. 144.

Vorgehensweise eingeschlagen, wie ihm seine Schwiegermutter etwas später, am 10. August, geraten hatte. Osiander und seine Gegner wurden zu schriftlichen Zusammenfassungen ihrer Anschauungen veranlaßt. Osianders Bekenntnis ›Von dem einigen Mittler‹, das Anfang September in deutscher Fassung gedruckt vorlag, wurde Anfang Oktober an zahlreiche Fürsten, Städte und Theologen im Reich zur Stellungnahme verschickt[12]. Gräfin Elisabeth erhielt das Bekenntnis zusammen mit Osianders Disputation über die Rechtfertigung mit einem Schreiben des Herzogs vom 24. Oktober 1551[13]. Ihr Gutachten, das sie nach ihren eigenen Worten ohne Mithilfe von Theologen erstellte, sandte sie am 20. Dezember 1551 nach Königsberg. Es dürfte dort noch vor Mitte Januar 1552 eingetroffen sein[14].

2. *Das Gutachten der Fürstin*

Inhaltlich greift Elisabeth einige ihr bedeutsam erscheinende Punkte aus den ihr zugesandten Schriften heraus und kommentiert sie kritisch. Zu Beginn würdigt sie jedoch positiv, daß sich Osiander dem allgemeinen Urteil der Kirche unterwerfen will, und stimmt den Aussagen über die Mittlerschaft Jesu Christi für die Erlösung des Menschen, die Sündenvergebung, Rechtfertigung und Versöhnung des Menschen mit Gott zu. Dies bezieht sie jedoch nur auf das von ihr so bezeichnete ›erste Bekenntnis‹ Osianders, womit sie wohl die ihr ebenfalls zugeschickte Disputation vom 24. Oktober 1550 meint und vermerkt, daß sie hierzu im Bekenntnis ›Von dem einigen Mittler‹ Widersprüche finde[15]. So kritisiert sie die dort festzustellende Trennung der Gerechtigkeit des Menschen von seiner Erlösung sowie die Aussage, daß das Leiden und Sterben Christi noch nicht die Gerechtigkeit des Menschen ausmachten. Die Ineinssetzung der göttlichen Natur Christi mit der Gerechtigkeit des Menschen zerstöre die Einheit der beiden Naturen in der Person Christi[16]. Gegen die Trennung von Sündenvergebung und Gerechtwerdung durch die göttliche Natur Christi wendet die Gräfin auch ein, daß die Rechtfertigung gerade die Sündenvergebung zum Thema habe, die uns der Mittler Jesus Christus durch seinen Opfertod erworben habe. Die Schrift weise uns nicht auf eine wesentliche Gerechtigkeit Gottes, sondern auf den ›Sündenträger‹ Jesus Christus, der die Ursache und das ›Instrument‹ Gottes für unsere Gerechtigkeit sei, die uns im Glauben geschenkt werde. Dies sei gegen Osiander einzuwenden, der nicht wolle, daß wir um des Glaubens willen für gerecht gehalten werden[17]. So möchte die Gräfin hinsichtlich der Zwei-

12. Vgl. o. Anm. 2.
13. Vgl. *Mengel*, Elisabeth und Albrecht, S. 151, Nr. 152. Dies schreibt die Gräfin auch in ihrem Gutachten; vgl. Berlin GStAPK, XX. HA StA Königsberg, A2a, Elisabeth von Henneberg an Herzog Albrecht, 1551 Dezember 20 (K. 102), fol. 1r.
14. Vgl. Anm. 13, a.a.O., fol. 1r-9r. Zum Inhalt des Gutachtens vgl. auch *Stupperich*, Osiander, S. 218-220. Zu den Zeitangaben vgl. o. Anm. 1.
15. Vgl. Anm. 13, a.a.O., fol. 1r-2v.
16. Vgl. ebd., a.a.O., fol. 2v-3v.
17. Vgl. ebd., a.a.O., fol. 4r-6v.

naturenlehre die Einheit der Person Christi festhalten, in der er uns erlöst habe, und im Blick auf die Rechtfertigungslehre betonen, daß Christi Tod vor ›mehr als 1500 Jahren‹ nicht nur zu unserer Erlösung, wie Osiander meint, sondern auch zu unserer Gerechtigkeit geschehen sei[18].

Nach der breiten Kritik an den Aussagen Osianders zur Frage der Gerechtwerdung des Menschen greift sie gegen Ende ihres Gutachtens noch einmal Einzelfragen zur Himmelfahrt Christi, zur Auslegung von Joh 16,8 und zur Zweinaturenlehre auf, um zum Schluß noch einen Tadel an einer von Osiander berichteten Polemik Mörlins gegen seine Anschauung von der Rechtfertigung durch Eingießung der wesentlichen Gerechtigkeit anzubringen[19].

Gräfin Elisabeth resümiert in ihrem Gutachten, daß sie eine Verständigung zwischen Osiander und seinen Gegnern unter der Voraussetzung für möglich halte, daß er ›der Erlösung, auch dem Glauben, die Gerechtigkeit in und durch Christum zuschriebe‹, und, was menschlich sei, zugebe, daß auch er irren könne[20].

3. Osianders Gegengutachten

Osiander erhielt von Herzog Albrecht das Gutachten der Gräfin Elisabeth zusammen mit demjenigen des Markgrafen Hans von Küstrin (ihres Bruders), um nun seinerseits dazu Stellung zu beziehen[21]. In dieser Stellungnahme, dem vorliegenden Gutachten Osianders, erwähnt er zwar die Schrift des brandenburgischen Markgrafen, geht aber inhaltlich nicht auf sie ein, sondern konzentriert sich auf die Schrift der Gräfin. Formal geht er dabei so vor, daß er die von ihm kritisierten Stellen benennt und zitiert und sich dann zu ihrem Wortlaut äußert.

Zunächst stellt er klar, daß er Erlösung und Rechtfertigung nicht voneinander trennen, sondern unterscheiden wolle, so daß die Erlösung des Menschen durch den Tod Christi als Voraussetzung seiner Rechtfertigung beschrieben werden könne.

Den größten Raum seiner Ausführungen nimmt dann seine Anschauung von der Rechtfertigung im kritischen Gegenüber zu den Aussagen der Gräfin Elisabeth ein. Gerechtfertigt wird der Mensch durch die ungeschaffene, ewige Gerechtigkeit, die dem Wesen Gottes gleich ist. Sie zieht in der Gestalt der göttlichen Natur Jesu Christi in das Herz des Glaubenden ein. Dieses Geschehen kann Osiander auch als Einwohnung des Heiligen Geistes im Menschen beschreiben, der ihm das göttliche Wesen bzw. die wesentliche Gerechtigkeit Christi im ewigen Wort schenkt, das der Mensch im Glauben aus der Predigt empfängt. Die Vergebung der Sünden oder die reine Zurechnung der fremden Gerechtigkeit Christi extra nos kann daher nicht als Rechtfertigung angesehen werden; dabei handele es sich letzten Endes um einen ›getichten Glauben‹.

18. Vgl. ebd., a.a.O., fol. 6v-7r.
19. Vgl. ebd., a.a.O., fol. 7v-9r.
20. Vgl. ebd., a.a.O., fol. 8v.
21. Vgl. u. S. 469, Anm. 4.

Zur Verdeutlichung des Vorganges der Rechtfertigung im Sinne der Einwohnung der wesentlichen Gerechtigkeit im Menschen erzählt Osiander ein Gleichnis. Ein ungehorsamer Sohn mißbraucht eine von seinem Vater, einem Arzt, hergestellte giftige Substanz, so daß er stirbt. Allein durch das verzeihende Nachsehen des Vaters würde der Sohn nicht wieder lebendig werden, auch nicht durch das Eintreten eines anderen durch Bezahlung des teueren Giftes, durch tätigen Einsatz oder durch dessen Leiden. Dazu sei eine zusätzliche Tat erforderlich, nämlich eine Wiederbelebungsmaßnahme, gefolgt von einer reinigenden und heilenden Entgiftungskur. Übertragen auf die Rechtfertigungsthematik bedeutet dies nach Osiander: Durch die Sünde Adams, der vom verbotenen Baum des Lebens gegessen hat, ist die menschliche Natur wie durch Gift verdorben und des Lebens, das Gott selbst ist, beraubt. Christus hat nun durch seinen Kreuzestod zwar die Vergebung des Vaters erworben, aber nicht schon die Gerechtigkeit und ein neues Leben für den Menschen. Christus bewegt allerdings durch seinen Sühnetod den Vater, uns in einem zusätzlichen ›neuen Werk‹ die Gerechtigkeit zu schenken. Dies geschieht durch die Eingießung der göttlichen Natur Christi und der sich daraus ergebenden Lebendigmachung des Menschen. Osiander faßt thesenartig so zusammen: »Ich hais aber gerechtigkait das gotlich wesen in Christo, und die rechtfertigung nenne ich die eingiessung desselben«.

Als Zeugen für diese Anschauung nennt Osiander Luther, Urbanus Rhegius und Johannes Brenz, dessen Auslegung zu Joh 5,25 er in Königsberg kurz zuvor hatte drucken lassen. Wer anders lehrt, meint Osiander, vertreibe Christus aus den Herzen der Glaubenden, bestätige die allgemeine Unbußfertigkeit und verhindere Trost im Leiden. Denn die Lehre einer bloß zugerechneten und nicht ›eingegossenen‹ Gerechtigkeit bestreitet die wirkliche Gegenwart Gottes im Menschen. Seine Lehre habe demgegenüber den ›Nutzen‹, daß die Glaubenden nicht in einem falschen Vertrauen auf die fremde Gerechtigkeit extra nos bestätigt, sondern zur Abwendung der Sünden und zur Besserung des Lebens bewegt würden.

Gegen Ende geht Osiander noch auf einige Einzelaussagen der Gräfin zur Zweinaturenlehre, zur Himmelfahrt Christi, zur Auslegung von Joh 16,8 und zum Verhältnis der Gerechtigkeit zur Person Christi ein.

Zum Schluß äußert Osiander die kritische Vermutung, daß das ihm vorliegende Gutachten der Gräfin Elisabeth wohl von mehreren Personen verfaßt worden sei, die zum Teil sein Bekenntnis ›Von dem einigen Mittler‹ nicht einmal richtig gelesen hätten. Die Note am Schluß seiner Stellungnahme für den Herzog entspricht dem Inhalt und dem Tonfall seiner Stellungnahme im ganzen, die von einer kritischen und seine Überzeugung verteidigenden Haltung geprägt ist.

4. *Wirkung*

Obwohl Osianders Gutachten eine Privatarbeit für den Herzog darstellt und nicht eigentlich an die Gräfin gerichtet war, beeindruckte das Schriftstück Elisabeth, der es Albrecht umgehend übermittelt hatte, so sehr, daß man von einem Meinungsum-

schwung der Fürstin reden darf[22]. Am 20. April schrieb sie an den Herzog, Osianders Gutachten habe ihren Beifall gefunden und gefalle ihr nicht übel, während sie im gleichen Brief zu Mörlin stärker auf Distanz ging[23]. Durch das Gutachten hat sie also ihre ablehnende Haltung Osiander gegenüber aufgegeben, die sie noch in ihrem eigenen Gutachten vom 20. Dezember bestimmt hatte, selbst wenn sie auch in der Folgezeit weiterhin zwischen beiden Parteien zu vermitteln suchte[24].

5. Überlieferung

Handschriften:

a: Berlin GStAPK, XX. HA StA Königsberg, HBA J2, o. D. [1552, zwischen Januar Mitte und März Ende] (K. 982, fol. 1r-9v): Autogr. Ausf.; die Foliozählung lautet nach Auskunft des Archivs: fol. 1-2, 2a, 3-9 (fol. 9r leer). Auf fol. 9v die Kanzleinotiz: »Osiandri schreiben an F.D.«; auf fol. 1r die archivalische Notiz: »Os[iander], berurend die schrift der m[ark]gräf[in] Elisabeth und des markgr[afen] Joh[ann] von Cüstr[in] [15]52«. Diese Handschrift liegt unserer Edition zugrunde.

b: Berlin GStAPK, XX. HA StA Königsberg, HBA J2 (K. 970, fol. 45v-55v), zeitgenössische Abschrift.

Editionen:

Ed. 1: *Lehnerdt*, Auctarium, S. 137-214, Nr. 30.
Ed. 2: *Lehnerdt*, Anecdota, S. 7-23.
Die Editionen bleiben textkritisch unberücksichtigt.

Text

[1r:] Durchleuchtiger, hochgeborner fürst, gnediger herr! Mein unterthanig, willig dinst sambt meinem armen gepet sind eur F.D. alzeit bevor.

Gnediger furst und herr!

Ich hab die zwu schrifften, aine der durchleuchtigen hochgebornen furstin und frauen, frauen Elisabethen etc.[1], die andern des durchleuchtigen, hochgebornen fursten und herrn, hern Johannsen, marggraven zu Brandenburg etc.[2], mein bekant-

22. Vgl. *Stupperich*, Osiander, S. 305 und 346.
23. Vgl. *Mengel*, Elisabeth und Albrecht, S. 157f.
24. Vgl. *Stupperich*, Osiander, S. 346f.

1. Elisabeth von Braunschweig-Lüneburg(Calenberg), Gräfin von Henneberg, vgl. o. S. 463, Anm. 2.

2. Markgraf Johann I. (Hans) von Brandenburg-Küstrin (1513-1571), Bruder der Gräfin Elisabeth. Er hatte 1535 die Reformation in der Neumark eingeführt und 1548 gegen den Willen seines Bruders, des brandenburgischen Kurfürsten Joachim II., dem Interim widerstanden. Zu diesem theologisch gebildeten Fürsten vgl. ADB 14, S. 156-165.

nus[3] und lehr belangend, gelesen und, was ich in eil darauff zu antworten bedacht, kurtzlich hernach verzaichnet[4].

Und zum ersten auff frauen Elisabethen etc.:

Im §, der anfahet: »Zum dritten, so sere« etc.[5], kann ich mich nicht genug verwundern, wie es doch zugeht, das klarer text gerhumet[a6] und doch nirgen angezaiget wirt, dan ich wolt in warlich gern sehen und horen. Ich gesteh auch nymand, das ich die erlosung und gerechtigkait voneinander taile oder trenne[7]. Dan wan ich sprech: Der man ist nicht die fraw, und die fraw ist nicht der man, so hab ich ja darmit die ehleut nicht voneinander geteilet; distinguere non est separare. Wer nicht erloset und versonet ist, der kan nicht gerechtfertigt werden, und wer nicht gerechtfertigt wirt, dem ist die erlosung kain nutz.

Das auch gemeldet[8] wirt, Christo sey nach seiner menschait ein namen uber alle nahmen gegeben[9], das versteh ich nicht, dan Christus nach seiner menschait spricht: »Der Vater ist grosser dan ich«[10]. Der gantze Christus hat den namen, aber er kombt von seiner gotthait her.

Ferner wirt gemeldet, die wesenliche gerechtigkait Gottis des almechtigen sey ungeporn, [b]aber die gerechtigkait, die Christus ist, sey geporn[b11], mit mehrerm anhang[12], alles zur sachen undinstlich und, das ich nicht gern melde, unchristlich, dann

a) danach gestr.: wirt: a.
b-b) fehlt in b.

3. Osianders Bekenntnis ›Von dem einigen Mittler‹, vgl. o. S. 49-300, Nr. 488.

4. aufgezeichnet, niedergeschrieben. – Herzog Albrecht hatte Osianders Bekenntnis am 5. Okt. 1551 an die Augsburgischen Konfessionsverwandten im Reich verschickt, und ab Dez. 1551 trafen die ersten Antworten ein, vgl. o. S. 64-73, Nr. 488/496. Das Gutachten des Markgrafen Hans von Küstrin (Berlin GStAPK, XX. HA StA Königsberg, HBA A3, K. 162) ist datiert auf den 2. Nov. 1551, dasjenige der Gräfin auf den 20. Dez. 1551 (Berlin GStAPK, XX. HA StA Königsberg, HBA A2, K. 102; Regest in *Mengel*, Elisabeth und Albrecht, S. 151, Nr. 154). Osiander geht im weiteren Verlauf seiner Stellungnahme auf das Gutachten des Markgrafen nicht mehr ein. Dies könnte darin seinen Grund haben, daß die Gräfin detailliert auf Einzelaussagen Osianders Bezug nimmt, während ihr Bruder nur allgemein vom ›Irrtum‹ Osianders und von dessen Abweichung von der CA spricht (vgl. sein oben zitiertes Gutachten, fol. 1r). – Wenn in den folgenden Sachanmerkungen das Gutachten der Gräfin Elisabeth zitiert wird, geschieht dies sowohl nach der Originalhandschrift Berlin GStAPK, XX. HA StA Königsberg, HBA A2, K. 102, fol. 1r-9r, als auch nach der Edition in *Lehnerdt*, Anecdota, S. 5-23.

5. Vgl. das Gutachten der Gräfin o. Anm. 4, a. a. O., fol. 2v-3v; bzw. *Lehnerdt*, Anecdota, S. 6-9.

6. Die Gräfin meinte in ihrem Gutachten vom 20. Dez. 1551, daß der ›klare Text‹, also der eindeutige Sinn der Heiligen Schrift, zeige: Das Leiden Christi für uns ist unsere Gerechtigkeit, vgl. o. Anm. 4, a. a. O., fol. 2v.

7. Vgl. o. Anm. 4, a. a. O., fol. 2v.

8. erwähnt, angeführt.

9. Vgl. o. Anm. 4, a. a. O., fol. 2v; *Lehnerdt*, Anecdota, S. 7. – Vgl. Phil 2,9.

10. Joh 14,28.

11. Vgl. o. Anm. 4, a. a. O., fol. 2v-3r; *Lehnerdt*, Anecdota, S. 7.

12. weiterem Zusatz.

Gottis wesenliche gerechtigkait ist Got selbs und nichts anders dan Got selbs oder das gottlich wesen. Solte nun die wesenliche gerechtigkait ungeporn sein, so musste [1v:] Christus nicht wesenlicher Got sein, dan er ist in baiden naturn geporn. Das ist in der warheit schrecklich zu hören, und solten sich die theologi[13], so ir F.D. also unterrichtet, mein lehr zu urtailn, pillich enthalten und es gelertern befolhen haben. In summa, es fehlet daran, das man nicht versteht oder ye nicht verstehn will, was gerechtigkait ist oder haist, nemlich das, daraus es herfleust, das man gerechte oder gute werck thut; das muß vor allen wercken da sein, und wan alle werck auffhorn, so muß es dannoch da pleiben, das ist in Christo sein gottliche natur und in uns auch, wan er durch den glauben in uns wohnet. Darumb nennet sie Daniel »zedeck olamim«[14], das ist ein gerechtigkait der ewigkaiten, numero plurali, dan sie ist von ewigkait her und bleibet ewiglich.

Im §: »So finden wir auch«[15], wirt mir unpillich aufgelegt[16], das ich der kirchen und dem heiligen gaist gewalt thue mit dem wortlein ›wesenlich‹, dann doctor Mart[in] Luther hats vor mir auch gepraucht[17]. So hab ichs auch nicht umbgehn konnen, dieweil die gerechtigkait, so in der heiligen schrifft Gottis gerechtigkait genennet wirt und ist, mit allerlay falschen und unchristlichen glosen also verderbet war, das wan ich sie schlechts[18] Gottis gerechtigkait genennet hette, wurd mich nicht ein ainiger[19] mensch verstanden haben.

Die vermanung, das »sich nymand mit der wesenlichen gerechtigkait bekommern soll«[20], ist sehr kalt und unzeitig[21], gleich als wan ich sprech: Bekommer sich nymand mit dem spruch Pauli: »Got ists, der in euch wurckt baide das wollen und das volpringen«[22], oder: »Wer den gaist Christi nicht hat, der ist nicht sein«[23], und dergleichen spruch mer. [2r:]

Und §: »Und deucht mich«[24] etc.[25], wer pillich geschwigen, den er zeuget groblich, das kain theologus bey disem urtail ist gewest. Es haist: »Opera trinitatis ad extra sunt indivisa«[26], das ist, was die heilig drifaltigkait ausserhalb ir selbs wurckt, das

13. Osiander denkt hier an die Prediger in der Grafschaft Henneberg, die nach seiner Vermutung das Gutachten der Gräfin Elisabeth verfertigten, vgl. u. S. 483,3-5.

14. Vgl. Dan 9,24.

15. Vgl. o. Anm. 4, a.a.O., fol. 3r und 3v; *Lehnerdt*, Anecdota, S. 8.

16. zu unrecht vorgeworfen.

17. Vgl. z.B. WA 2, S. 44,32-38; S. 45,23-26.

18. schlicht, einfach.

19. einziger.

20. Vgl. o. Anm. 4, a.a.O., fol. 3r und 3v; *Lehnerdt*, Anecdota, S. 8.

21. unpassend.

22. Phil 2,13.

23. Röm 8,9.

24. scheint mir.

25. Vgl. o. Anm. 4, a.a.O., fol. 3v; *Lehnerdt*, Anecdota, S. 9.

26. Diese trinitätstheologische Schulregel geht zwar nicht wörtlich, aber dem Inhalt nach zurück auf Augustinus, vgl. etwa: De trinitate 1,4,7 (PL 42, Sp. 824); 2,1,3 (PL 42, Sp. 847); Contra sermonem Arianorum 1,4 (PL 42, Sp. 686); 1,11 (PL 42, Sp. 691) u. ö.

gehort allen dreien personen zugleich zu, und ist diser spruch ein gemaine[27], unwidersprechliche regel bey allen theologen in der gantzen christenhait, hat in auch doctor Martinus vleyssig getriben[28]. Und ist gar nichts daran, das die embter also solten ausgetailt sein, das dem Vater die schopfung, dem Sohn die[c] erlösung und dem Gaist die heiligung[d] zugeaignet sey[e]. Dan Christus spricht zum Vater, da er fur alle glaubige bitet: »Heilige sie in deiner warhait, dein wort ist die warhait«[29]. Da wirt ja die heiligung dem Vater und dem wort, das ist dem[f] Son, gleich sowol zugelegt als dem heiligen Gaist. Und da David spricht: »Verbo Domini coeli firmati sunt, et spiritu oris eius omnis ornatus eorum«[30], da wirt dem wort und Gaist die schopfung gleichsowol zugelegt als dem Vater. Und wir singen: »Veni creator Spiritus«[31] – wollen sie nicht mitsingen, so mogen sie schweigen!

Im §, der anhebt: »Zum vierdten«[32], gesteh ich abermals nicht, das ich gotthait und menschait voneinander taile, dan unterschieden ist ja nicht tailen. Es will freilich Athanasius[33] Christum auch unzertailet haben und unterschaidet dannoch die naturn und spricht in seinem Symbolo: »Er ist dem Vater gleich noch der gotthait, aber minder[34] dan der Vater nach der menschait«[35]. Man lehret auch in allen theologischen schulen[36] einhelligklich, das man die naturn in Christo unterschaiden soll[37], wie ich in meinem bekantnus auffs allerklerist angezaigt hab[38], darf[39] hie kains widerholens, hat mans dort nicht gelesen, so wirt mans alhie vil weniger lesen. Das aber der spruch zun Hebreern am 8. [6,11!] angezogen[40] wirt: »Sie haben Gottis sohn gecreutzigt«, das thut nichts zur sache. [2v:] Wann aber geschriben wer: Sie haben die gothait oder gotliche natur gecreutzigt, so schlusse es wider mich[41]. Wer wolt

c) danach gestr.: »e-«: a. – d) danach gestr.: solt: a.
e) verb. aus: seyn: a. – f) Schreibfehler: den: a.

27. allgemeine.
28. gebracht. – Vgl. z.B. WA 49, S. 293,3f; 53, S. 57,35f; S. 59,17; S. 65,23.
29. Joh 17,17.
30. Ps 33,6 [Vg.: Ps 32,6].
31. ›Veni creator spiritus‹ ist ein mehrstrophiger Pfingsthymnus, der auf Hrabanus Maurus (776-856) zurückgeht. Nach Luthers Verdeutschung und seiner Aufnahme in alle lutherischen Gesangbücher seit dem ›Geistlichen Gesangbüchlein‹, Wittenberg 1524, gehörte er zum Grundbestand des reformatorischen Liedgutes, vgl. *Kulp*, Lieder, S. 158-162.
32. Vgl. o. Anm. 4, a.a.O., fol. 3v und 4r; *Lehnerdt*, Anecdota, S. 9.
33. der griechische Kirchenvater Athanasius von Alexandrien (295-373), vgl. TRE 4, S. 333-349.
34. kleiner, geringer.
35. Vgl. den Text des Athanasianischen Symbols in BSLK, S. 29,49-51, das allerdings nicht von Athanasius stammt.
36. Hochschulen, Universitäten.
37. Die sog. Zweinaturenlehre wurde auf dem Konzil von Chalkedon 451 verbindlich formuliert, vgl. TRE 7, S. 668-675.
38. Vgl. o. S. 200,6-206,17, S. 488.
39. bedarf, braucht.
40. herangezogen, angeführt.
41. so wäre der Rückschluß gegen mich gerichtet.

aber nicht greiffen, das es unrecht geredet wer? Von der gantzen person Christi sagt man, was der gotlichen und menschlichen natur zugehoret. Wan man aber die ain natur allain nennet, so soll man ir die aigenschafft der andern natur nicht zulegen. Das ist in allen theologischen schulen unstrittig. Darumb wan ich die person nenne und sprich: Christus oder Marie son oder Davids zweig[42] ist unser gerechtigkait, so ist es recht geredet. Wan ich aber die ain natur allain nenne und sprich: Die menschlich natur oder die menschait Christi ist unser gerechtigkait, so ist es schon nicht mer recht. Dann die gerechtigkait gehort seiner gottlichen natur zu und fleust ursprungklich aus derselbigen auch in die menschait.

Der volgende §, der da anfahet: »Zum funften« etc.[43], wer wol[44] gar[45] ausgelassen, dan er nicht mit einem wort zur sache dienet, dan das er mich beschwert[46] und ein argwon macht, als lehrete ich im zuwider. Es ist die frag gar nicht, ob wir vergebung der sund dorfen und wa[47] sie herkomme, dan das alles hab ich reichlich genug gehandelt in meinem bekantnus, wan mans lesen mocht[48]. Das ist aber die frag, ob die vergebung sey die gerechtigkait, darvon Paulus sagt zun Rom. am 3. [21f]: »Nun ist on zuthun des gesetzs die gerechtigkait Gottis geoffenbart. Ich sag aber von solcher gerechtigkait Gottis, die da kombt durch den glauben an Jesum Christum zu allen und auff alle, die da glauben«. Und da sag ich lauter und klar, durr und rund[49]: Nain! Vergebung der sunde muß man haben, und sie gehort zur rechtfertigung, wie das ross zum wagen. Aber sie ist nicht die gerechtigkait, als wenig das roß der wagen ist. Wie aber das roß, am wagen gespannet, [2a r:] geht vor her[50] und zeucht den wagen hinach[51], also wirt die vergebung zum ersten gepredigt, und wan man der predig glaubt, so kombt die gerechtigkait Gottis zu uns und auff uns, die wir glauben. Und sein das meine ursach: Dan wan vergebung die gerechtigkait were, so were Adam nicht gerecht gewest vor dem fall, wir hetten auch dieselben gerechtigkait, die Adam gehabt und wir alle solten behalten haben[52], durch den glauben[g] noch nicht bekommen, es were auch Christus nicht gerecht, Gott der vater auch nicht, ja kain Engel im himel, dan die alle sein on vergebung der sunde[h] gerecht. Ist nun Christus gerecht und hat oder bedarf doch der vergebung der sunde nicht, so hat er ein andre gerech-

g) danach Ditt.: durch den glauben: b.
h) sunden: b.

42. Vgl. Jer 23,5; 33,15.
43. Vgl. o. Anm. 4, a. a. O., fol. 4r und v; *Lehnerdt*, Anecdota, S. 10.
44. besser.
45. ganz.
46. belastet, gegen mich spricht.
47. wo.
48. wollte. Vgl. o. S. 100,4-13; 288,6-24, Nr. 488.
49. einfach und schlüssig.
50. vorne.
51. zieht den Wagen nach, hinter sich her.
52. Osiander hatte sich in der Schrift »An filius Dei« von 1550 u. a. mit der Frage der Gerechtigkeit des Menschen im Urstand beschäftigt, vgl. u. A. Bd. 9, S. 450-491, Nr. 427.

tigkait dan wir und wir ein andre dan er, und er kan und soll die unsre, nemlich die vergebung, nicht haben, so kan er auch unser gerechtigkait nicht sein in kainen weg[53], dan unser gerechtigkait geht in in[54] nicht, und er ist ir[i] nicht fähig, so ist Paulus, 1. Cor. 1 [30], und Esaias am 45. [24] und Jeremias am 23. [6] und 33. [16] capiteln gantz falsch und irrig, dan sie zeugen ainhellig, das יהוה unser gerechtigkait sey. Nun haist יהוה aigentlich das gotlich wesen oder gotliche natur. Oder wir musten bekennen, das die vergebung der sunde were der יהוה selbs, da wolt dan volgen, das die vergebung himel und erde erschaffen hette und were vor der welt von ewigkait her gewest. Da volget dan weiter, das auch ein ewige sund von ewigkait her gewest wer, die must dan Got selbs gewest sein, dan wo kein sund ist, da ist auch kain vergebung. Und geschicht doch kain vergebung on plut, wie zun Hebreern am 9. cap. [22] bezeuget ist, so musten wir dan ein ewigs blut auch haben, das ist aber das blut Christi nicht, so fiele Christus gar von[55] seinem ambt und wer ein verfurer gewest. Wir hetten auch ein neue drifaltigkait, nemlich ein ewige sund, [2a v:] ein ewigs blut und ein ewige vergebung. Also pflegts zu gehn, wan man Gottis wort nach menschen duncken richten[56] will.

Das aber gemeldet wirt, ausserhalb Christo sey kain wesenliche gerechtigkait, dan er sei Got und alles in allen[57], das ist recht und fur mich, wider sie, dann also lehr ich auch. Ist er nun als warer Got alles in allen, wie Paulus sagt, so muß er ja als warer Got in uns sein und als warer Got unser gerechtigkait sein, er were sonst nicht alles in allen.

Darumb ists auch war, das im volgenden §, der sich anhebt: »Zum sechsten« etc., gemeldet wirt, es sey mein maynung, das nymand on die wesenlichen gerechtigkait Gottis selig werd[58], dan es steht fest wider alle porten der helle[59], das, »wer den gaist Christi nicht hat, der ist nicht sein«[60]. Der gaist Christi aber ist der heilig Gaist, warer Got und das gantz gottlich wesen selbs; wer den in Christo nicht hat, der ist nicht Christi. Wer nicht von neuem geporn wirt, nicht aus vergencklichem, sonder unvergencklichem samen, nemlich aus dem lebendigen wort Gottis, das ewig bleybt, 1. Petri 1 [23], und aus wasser und Gaist[61], der kan Gottis reich weder sehen noch verstehn, vil weniger darein kommen[62]. Nun ist aber gewiß, das der unvergenckliche same des lebendigen und ewigen worts Gottis Got selbs und eben die gotlich natur Christi ist. Darumb kan nymand selig werden on das gottlich wesen, das ist eben die

i) fehlt in b.

53. keineswegs.
54. geht in ihn.
55. aus.
56. nach menschlicher Einbildung zurechtmachen.
57. Vgl. o. Anm. 4, a. a. O., fol. 4v; *Lehnerdt*, Anecdota, S. 11. – Vgl. I Kor 15,28.
58. Vgl. o. Anm. 4, a. a. O., fol. 4v; *Lehnerdt*, Anecdota, S. 11.
59. Vgl. Mt 16,18.
60. Röm 8,9.
61. Vgl. Joh 3,5.
62. Vgl. ebd.

wesenlich gerechtigkait Christi. Dan der same Gottis, das wort und der Gaist, mussen bey uns bleyben, wie Joh[annes] in seiner [1.] epistel [2,14] sagt.

Ferner werden meine wort in gedachtem[63] § verendert und vil anderst erzelet, dan ich geschriben hab[64], darumb nym ich mich sein nicht an. War ists aber, das ich sag, diejhenigen irren, die da mainen, sie werden umb ires [3r:] getichten[65] glaubens willen fur gerecht gehalten, so sie doch kaine ware gerechtigkait haben, das ist, so sie nicht glauben, das Christus ir gerechtigkait sey und durch den glauben in inen wohne und inen die gerechtigkait Christi darumb zugerechnet werd, das er in inen ist und sein gerechtigkait mit sich pringt. Solt nun dise meine lehr nicht apostolisch sein? Warumb spricht dan Paulus zun Galatern [2,20]: »Ich lebe, aber nun nicht ich, sonder Christus lebt in mir«, und 2. Corinth. 13 [5f]: »Erkennet ir euch selbs nicht, das Jesus Christus in euch ist? Es sey den, das ir untuchtig seit«? Hie horet man ja, das die, in denen Christus nicht ist und lebet, untuchtig sein. Wie konnen sie dan gerecht sein? Ist dise lehr nicht apostolisch, so muß die apostolisch sein, die da sagt, wir seien durch ein vermainten glauben gerecht allain darumb, das uns Got fur gerecht halt, so wirs doch nicht seien und weder Christus noch heiliger Gaist in uns sein. Ach Got, solt das ein apostolische lehr sein? Weh den kirchen, die dise lehr und kain andre gehort haben! Soll[k] man Got daruber loben? Ich wolt lieber tod sein, dan das ich dises jamers und hertzelaids vil horen, sehen und erfarn solt!

Mich wundert aber uber die massen, das man allenthalben so geschwind und unbedacht wider mich herausfehret[66], zuvor[67] in einer solchen hohen und wichtigen sache, und doch nichts wider mich auffgepracht[68] wirt, dan nur das elende aigne gutduncken aigner vernunft. Ich bin villeicht zu gering darzu, das man mich horen oder mein schrifft vleyssig lesen soll. Wer also gesynnet ist, der lese doch, was doctor Luther in seiner postill uber die epistel am Christag am 64. blat schreybet[69], da wirt er dise wort finden: »Also geht Christus durchs euangelion zu den ohren ein in dein hertz und wonet alda durch deinen glauben, da bistu dan reyn [l]und gerecht[l], nicht durch dein thun, sondern durch den [3v:] gast[m], den du im hertzen durch den glauben hast empfangen. Sihe, wie reiche, kostliche guter das sind. Wan nun solcher glaub in dir ist und du nun Christum hast im hertzen, darfstu nicht dencken, das er bloss und arm kom. Er bringt mit sich sein leben, Gaist und alles, was er ist, hat und vermag. Darumb spricht S. Paulus, das der Gaist wirt gegeben umb kainer werck

k) solt: b.
l-l) fehlt in b.
m) geist: b.

63. erwähntem.
64. Osiander spielt hier auf eine Stelle in seinem Bekenntnis ›Von dem einigen Mittler‹ an, vgl. o. S. 144,29-162,28, Nr. 488.
65. erdichteten, erfundenen.
66. mir so heftig widerspricht.
67. zumal, vor allem.
68. vorgebracht.
69. Vgl. WA 10,1,1, S. 48,16-49,7.

willen, sonder umb solchs euangelions willen[70]; wan das kombt, so bringts Christum, Christus mit sich seinen Gaist. Da wirt dan der mensch neu und gottlich, alles, was er dan thut, ist wol gethon« etc. Das sein alles des Luthers wort, mit dem sag ich einhelligklich[n], das, wer ein andre gerechtigkait dichtet oder treumet dan den herrn Jesum Christum, der durch den glauben in uns wonet und seinen heiligen Gaist mit sich pringt, bey denen on zweyfel der Vater auch ist, der fehlet allerding[71] und ist vergeblich auffgeplasen, helt sich nicht on das haupt[72] etc., wie Paulus sagt.

Das man mich aber gern fragen wolt, ob man in einem haus wonen konte, eh dan es gepauet were[73], da ist gut zu antworten: Nein, es kan aber auch wol sein, das ein haus schon gepauet ist und dannoch der, so von rechts wegen darinne wonen solt, noch ein lange zeit nicht darein zeucht. Und die frag thut nichts zur sache. Wan man aber also fraget: Dieweil unser leib ein tempel des heiligen Gaists ist, [o]1. Cor. 6[o] [19], oder ye sein soll und unser leyb in muterleyb schon formirt worden ist, wer weihet disen tempel, das er Gottis wonung werd und Got einziehe, das mocht etwas zur sache thun. Da wolt ich antworten: Got selbs muß in weihen, und ist zwischen dem weihen und einziehen nicht ein augenplick unterschied, dan das weihen ist eben das einziehen, und das einziehen ist das weihen. Dan wie solt Got wonen in einem menschen, der nicht neu geporn ist? Ist er[p] aber neu geporn, so ist er aus Got neu geporn, nemlich aus dem wort [4r:] und Gaist[74], und ist der Vater sambt dem wort und Gaist schon eingezogen.

Was ferner hernach volget[75], ist alles dahin gericht[76], das man gern ein schein[77] machen wolt, als were die vergebung unser gerechtigkait, aber da ist kein schrifft noch schliessend[78] argument, damit mans beweysen kont. Das beweyset man wol, das wir vergebung der sunde bedorfen und das sie Christus mit seinem leiden, sterben, blutvergiessen und gantzen gehorsam erworben hat. Aber es ist eitel vorgebne arbait[79], dan es hat kain stritt. So hab ichs selbs klar genug dargethon, das man mirs unpillig furzelet[80], gleich als were ich jemals darwider gewest.

Dieweil man sich aber uber disem allergaistlichsten handel[81] so frembd stellet[82],

n) einhellig: b.
o-o) vom linken Rand eingewiesen in a.
p) übergeschr. in a.

70. Vgl. I Thess 1,5.
71. irrt in jeder Hinsicht.
72. Vgl. Eph 1,22; Kol 1,18.
73. Vgl. o. Anm. 4, a. a. O., fol. 5r; *Lehnerdt*, Anecdota, S. 14.
74. Vgl. Joh 3,5.
75. Vgl. o. Anm. 4, a. a. O., fol. 5r-6v; *Lehnerdt*, Anecdota, S. 15-18.
76. zielt alles darauf ab.
77. den Anschein, den Eindruck.
78. schlüssiges, durchschlagendes.
79. sinnlose, vergebliche Mühe.
80. vorzählt, vorhält.
81. dieser in höchstem Maße geistlichen Sache, Angelegenheit.
82. befremdet, verwundert.

gleich als wolt man in mutwilligklich nicht verstehn, will ich in durch ein weltlich, irdisch gleichnus furstellen[83], das auch kinder begreiffen mogen[84], damit noch die, so es gern verstehn wollen, unterrichtet und von denjhenigen, die es schlechts[85] nicht verstehn noch horen wollen, abgesondert werden.

Ein kunstlicher[86] artzt beraitet todlich gifft mit kostlichen specereien[87], das es lieblich zu riechen und zu essen ist, und er wais es on sund und on schaden zu geprauchen. Er hat aber ein jungen, ainigen, lieben sohn, des hat er sorg, er mocht vom gifft essen und sterben, verpeut[88] im derhalben bey hochster straff, er soll nicht darvon essen. Der son gedenckt, der vater verpiets im allain darumb, das es kostlich und teur ist, lest sich die lust uberwinden, isset das gifft, wirt kranck, geschwillet und stirbt.

Hie sein nun vier ding zu bedencken, erstlich des sohns ungehorsam, darnach der schade, das er das teur confect umbpringt[89], darnach, wie er wider lebendig gemacht [4v:] werd, und zuletst, wan er wider lebet, wie man das gifft aus im purgirn[90] soll, das er volkommen gesundt werd.

Wann nun der vater so kunstlich were, das er den son wider lebendig machen kont, aber so ernstlich, das ers nicht thun wolt, es wurde dan des sons ungehorsam vor[91] gestrafft und der schade bezalet, und keme einer, der alles fur in thet, lide [q]und bezalete[q] und machet im also ein gnedigen vater, der im von hertzen den ungehorsam und den schaden verzihe, so ist da die frag, ob der todte son von solcher verzeihung oder vergebung wegen[r], wan der vater sonst nichts mer zur sachen thete, alsbald wider lebendig und gesund wurd oder nicht. Und da muß gewißlich alle welt sagen: Nain, sonder wann im der vater schon alles verzihen und vergeben hat, so muß er noch erst ein anders werck anheben[92], im die seel wider in den leib pringen und das gifft wider aus den glidern treyben, alsdan ist er wider lebendig und gesund. Und wiewol die gnugthuung, versonung und verzeihung on alles widersprechen vonnoten sein, soll der todt wider lebendig und gesund werden, so geben sie doch das leben durch sich selbs nicht, vil weniger sein sie das leben[s] selbs, sonder das leben ist etwas anders und hohers, und das lebendigmachen ist auch ein ander werck dan

q-q) vom linken Rand eingewiesen in a.
r) danach gestr.: als: a.
s) danach gestr.: »d-«: a.

83. vorstellen, darlegen.
84. können.
85. schlicht, einfach.
86. gelehrter, erfindungsreicher (vgl. *Grimm*, Wörterbuch 5, Sp. 2711).
87. pflanzlichen Wirkstoffen.
88. verbietet.
89. das teuere Wirkstoffgemisch zunichte macht.
90. reinigen, abführen.
91. zuvor.
92. in Gang setzen.

das verzeihen. Wer das nicht verstehn will, der wirt sein leben lang nymmermehr verstehn, was Christus ist!

Das gleichnus hab ich nicht darumb gestellet[93], das es in allen puncten gleich zutreffen soll, ich hette sonst mehr vleyss daran gewendet, sonder allain, das man den unterschied zwischen der vergebung und zwischen dem lebendigmachen und dem gesunden[t] leben[u] recht und lauter[94] verstehe, dan daran ligt es alles. [5r:]

Nun wollen wir besehen, was dises gleichnus uns furbildet[95]. Got ist der gut künstreich artzt; der hat den paum des wissens, des guten und posen mit seinen früchten im paradeis zugericht[96]; er wais wol, warzu[97] er gut ist. Adam aber ist das liebe kind mit seiner Eva; den warnet Got, er soll nicht vom selben paum essen, er werd sonst sterben[98]. Adam wirt ungehorsam, isset und ubertrit das gepot und wirt ein sunder[99]. Die sund verderbt sein gantze natur, wie ein gifft den leib verderbt, und beraubt in des lebens, das Got selb ist, dan Gottis wort und der heilig Gaist woneten in im[100], eh dann er sundiget; und war also der Vater auch da, und die heilige drifaltigkait war also seiner seele leben, wie die seele des leibs leben ist. Dises lebens, sag ich, hat die sund den Adam beraubet[101]. Und wir werden alle vom Adam also geporn, das wir solches edlen lebens, das Got selbs ist, auch mangeln, wie Paulus spricht: »Sie haben alle gesundigt und mangeln der herligkait Gottis und sein in sunden gestorben«[102] etc. Es hat aber kayn zweyfel, Got kan uns das leben, das er selbs ist, widergeben. Er wils aber nicht thun, es geschehe dan vor genug fur unsern ungehorsam und unsere sund. Das hat aber unser lieber herr Jesus Christus ausgerichtet, da er fur unser sund gestorben und das gesetz fur uns erfullet hat. Da ist genugthuung, vergebung und versonung, on die nymand das leben bekommen kann, sie sein aber das leben nicht, sonder sie bewegen Got, das er uns das leben, das er selbs ist, widergeben will. Da gehort nun uber die gnugthuung[v], vergebung und versönung noch ein anders, neues werck, nemlich das man uns Christum predig und wir glauben und also Christus, warer Got und mensch, unser leben, durch die ohren in unser hertz kom und mit im[103] der Vater und heiliger Gaist und also unser leben und ge-

t) verb. aus: »be-«: a.
u) danach gestr.: sey: a.
v) danach gestr.: versonung: a.

93. verfaßt.
94. klar.
95. darstellt.
96. Vgl. Gen 2,9.
97. wozu.
98. Vgl. Gen 2,16f.
99. Vgl. Gen 3,1-24.
100. in ihm.
101. Osiander führte in seiner Schrift ›An filius Dei‹ aus, daß in Adam vor seinem Fall Gott wohnte und der Sündenfall zum Verlust der Gegenwart Gottes im Menschen führte, vgl. u. A. Bd. 9, S. 478,13-481,4, Nr. 427.
102. Röm 3,23.
103. mit ihm.

rechtigkait seien, wie droben aus des Luthers postill erzelet ist[104], und in der vorred der epistel zun Romern also vermeldet wirt[105], gnad und gaben sind [5v:] des unterscheids, das gnad aigentlich heist Gottis huld oder gunst, die er zu uns tregt bey sich selbst, aus welcher er geneiget wirt, Christum und den Gaist mit seinen gaben in uns zu giessen. Gleich aber wie es ein gestalt hat mit dem leben[106], also ist es auch mit der gerechtigkait, dan leben und gerechtigkait sein in disem fall ain ding, wie in meinem bekantnus [Bl.] F3[ab][107] klarlich angezaigt und durch ehrn[108] Johan Brentium uber das 5. cap. Joh., das ich in truck gegeben[109], genugsam erweyset ist. Dann es ist schlechts unmoglich, das ein mensch, der in sunden noch tot ist, solt vor Got gerecht sein, oder das ein mensch in Got solt leben und doch solchs leben nicht gerecht sein. Wie nun der mensch vergifftet noch leben kan, also kan er auch, vom tod wider lebendig gemacht, noch vergifftet sein, das er rainigens und gantzes gesundmachens bedarf, also kan Christus sambt dem Vater und heiligen Gaist durch den glauben in uns wonen und unser leben sein, das die sunde dannoch in uns anklebe und ausfegens bedorf. Das geschicht aber durchs blut Christi, wan wir gaistlich mit besprengt werden, wie Petrus 1. Petri 1 [2] meldet, und es gaistlich trincken, wie Christus Joh. 6 [22-59] lehret, und durch den heiligen Gaist[w] und durch den tod Christi, darein wir durch die tauff eingeleybt sein[110]. Dieweil aber dises stuck kain sondern strit[111] hat, wiewol es wenig leut verstehn, will ich ytzo nicht weiter darvon reden.

Aus disem allem ist nun klar, das wir in der genugthuung, vergebung und versönung allerding ains seien. So ist all mein widertail[112] mit klarer schrifft dermassen fur den kopf gestossen, das, ob sie woll anfengklich widersprochen haben, Got, Christus, unser herr, wone durch den glauben nicht in uns, mussen sie es doch ytzt[x] on danck[113] bekennen und verlaugnen[114] noch darzu, das sie es widersprochen haben[115].

w) danach gestr.: »d-«: a. – x) übergeschr. in a.

104. Vgl. o. Anm. 69.
105. Vgl. WA.DB 7, S. 8,10-14.
106. wie es sich mit dem Leben verhält.
107. Vgl. o. S. 144,1-20, Nr. 488.
108. Herrn.
109. Ende Januar 1552 hatte Osiander einen Abschnitt aus dem Johanneskommentar von Johannes Brenz, nämlich die Passage über Joh 5,25, in Königsberg drucken lassen, vgl. o. S. 450-456, Nr. 509.
110. Vgl. Röm 6,3-5.
111. Streit.
112. meine Widersacher, Gegner. – Gemeint sind die Gegner in Königsberg, also vor allem Mörlin, Hegemon und v. Venediger.
113. gegen ihren Willen.
114. leugnen.
115. Peter Hegemon schreibt in seiner Zusammenfassung der Rechtfertigungslehre für den Herzog am 10. Juni 1551: »Kan mich auch nicht gnug verwundern, diweil die sache noch streitig ist, das Osiandro von E.F.G. zugelassen wird, fortzufaren im druck, noch ein buch zu drucken, darin er uns wider die warheit lestert und verunglimpft, als solten wir leren, daß Christus durch den glauben nicht in uns wone, oder der Vater, der Son und der heilige Geist, so das un-

[6r:] Und bleybt allain das der strit: Sie sagen, nochdem Christus fur uns genug gethon, vergebung erworben und uns mit Got, seinem himelischen Vater, versonet hab, so volge daraus, das uns Got der vater fur gerecht halt, so wirs nicht seien, und rechne uns ein pur lauter nichts zur gerechtigkait zu. Darzu sag ich getrost: Nain, und wil und muß nain sagen, weil[y][116] mein zung reden kan. Sonder das volget daraus, das nachdem Christus fur uns gnug gethon, vergebung erworben und uns mit seinem und unserm Vater versonet hat, so geust uns nun der Vater aus lautrer[z] gnaden, die[a] durch die versönung erlangt ist, Christum und den heiligen Gaist ein durch die predig und unsern glauben, und helt uns fur gerecht darumb, das Christus und der heilig Gaist, ja der Vater auch selbs in uns wohnen und die gerechtigkait Gottis, die Got selbs ist, in uns pringen, der wir unsere gelider zu waffen der gerechtigkait sollen dargeben[117], das dieselbig gerechtigkait, Got selbs, gerechte werck in uns mog wurcken. Da wirt uns dan nicht ein pur lauter nichts, wie meine widersacher sagen, sonder Gottis gerechtigkait, die uns eingegossen und Got selbs ist, zugerechnet, als wer sie unser. Und damit sie uns von rechts wegen zugerechnet mog werden, wirt sie uns frey zu aigen geschenckt und ewigklich nicht von uns genomen. Da sihet man den grossen unterschaid zwischen meiner und des widerparts lehr. Ich gib dem verdienst des leidens, sterbens, blutvergiessens und gehorsams Christi alles das zu, das sie im zugeben, und ich gib im des noch mer zu, das er uns gerechtigkait und rechtfertigung erworben hab. Ich hais aber gerechtigkait das gotlich wesen in Christo, und die rechtfertigung nenne ich die eingiessung desselben. Sie aber nennen gerechtigkait, das ein pur lauter nichts ist, und rechtfertigung haissen sie, wan uns Got felschlich fur gerecht helt, wiewol wirs nicht sein. Als wenig nun Christus und Belial[118] verainigt werden, als wenig werd ich mit inen verainigt, sie widerruffen dan ir lehr und lassen [6v:] sie farn.

So wollen wirs nun gegeneinander auff die wag setzen und baiderlay lehr nutz und schaden besichtigen. Ich setz – doch ungestanden –, das ich irr. Was thue ich? Ich nenne Christum, den waren Got, unser gerechtigkait, wie Paulus 1. Cor. 1 [30], Jeremias 23 [6] und 33 [16] und Esaias 45 [24]. Und wan er gleich nicht unser gerechtigkait were, so mußt er dannoch in uns sein, oder wir konten nicht selig werden, [b]wie meine widersacher mussen bekennen[b][119], und glaub, bekenn und lehre sonst alles von Christo, was man in der gantzen christenhait von im lehret. Derhalben, wan

y) danach gestr.: so: a.
z) lauter: b.
a) danach gestr.: die: a.
b-b) vom linken Rand eingewiesen in a; danach gestr.: derhalben: a.

sere lectiones und predigten anders beweisen und bezeugen« (Albrecht, Ausschreiben, Bl. D4a). Zur Datierung vgl. *Stupperich*, Osiander, S. 153, Anm. 56.
116. solange.
117. Vgl. Röm 6,13.
118. Vgl. II Kor 6,15.
119. Vgl. o. Anm. 115.

ich gleich irret, so thet ich doch nichts ergers, dan das ich das wort gerechtigkait verrucket und versetzet, gleich als wan ein tischdiener [c]den tisch mit aller zugehorung[120] recht und ordenlich beraitet[c], ein yedes an sein gepurlichen ort leget, irret alain in dem, das er ein pecher ein loffel nennet und also den namen loffel verrucket und auff den pecher wendet; ein solcher aber wurd[d] mer verlachet dan gestrafft.

Dargegen schafft mein lehr, sovil an ir ist, disen nutz, das die[e] leut erinnert werden, das sie Gottis tempel seien und Got in inen wohne[121], dardurch sie bewegt werden, sich vor groben sunden zu huten und ire glider zu waffen der gerechtigkait[122] darzugeben Got dem hern, und werden in aller widerwertigkait und geferligkait getrost und unverzagt, konnen mit David sagen: »Wann ich schon mitten in des todes schaten wandelte, so forcht ich doch kain ubel, dan du pist bey mir«[123].

Wan aber mein widertail irret, wie er dan in der warhait irret, was thut er? Er thut den allergrosten schaden, den menschen und teufel in der welt thun konnen.

Dan zum ersten reissen sie die glaubigen[f], gotseligen menschen, die zuvor vom Luther[124], Urbano Regio[125], Johanne Brentio[126] und andern vil frommen, gotsgelerten mennern, auch von mir, schrifftlich und mundtlich gelernet haben, das Christus, [7r:] warer Got und mensch, durch den glauben in uns wone und als warer Got unser gerechtigkait sey, dieselbigen, sag ich, reyssen sie von Christo und Christum von inen, machen, das sie Christum aus dem tempel irer hertzen[127] verjagen. Dann es ist unmuglich und allerding wider Gottis natur und wider sein wort, das er in einem solchen hertzen solt bleyben und desselben menschen gerechtigkait und leben sein, der[g] da spricht und lestert, es sey ein ketzerische, teufflische lehr, wan man lehret,

c-c) fehlt in b.
d) danach gestr.: »p-«: a.
e) danach gestr.: »glau-«: a.
f) globigen: b.
g) übergeschr. für gestr.: das: a.

120. Zubehör.
121. Vgl. I Kor 3,16; 6,19.
122. Vgl. Röm 6,13.
123. Ps 23,4.
124. Osiander widmete dem Versuch, aus den Schriften Luthers Belegstellen für seine Rechtfertigungslehre zusammenzustellen, eine eigene Schrift, vgl. u.A. Bd. 9, S. 582-601, Nr. 448.
125. Osiander kannte Urbanus Rhegius noch aus der gemeinsamen Studienzeit in Ingolstadt (1515-1519). Schon während des Reichstages in Augsburg 1530 zog Osiander Rhegius zusammen mit Brenz zu einem Disput mit Melanchthon über die Rechtfertigungslehre hinzu, vgl. o. S. 434,12-438,21, Nr. 508, und *Liebmann*, Urbanus Rhegius, S. 246-251. Rhegius entfaltete sein Verständnis der Rechtfertigungslehre u.a. in dem weit verbreiteten und oft gedruckten ›Dialogus von der schönen Predigt, die Christus … getan hat‹ von 1537, vgl. o. S. 438, Anm. 162, Nr. 508.
126. Osiander denkt wohl zunächst an den Johanneskommentar von Brenz, aus dem er ja kurze Zeit zuvor, Ende Januar 1552, einen Ausschnitt hatte drucken lassen, vgl. o. Anm. 109. – Zur Rechtfertigungslehre von Brenz vgl. TRE 7, S. 177f.
127. Vgl. I Kor 3,16; 6,19.

Got sey unsre gerechtigkait. Wo aber[h] Christus aus einem glaubigen hertzen also vertriben wirt, da[i] zeucht der teufel mit siben ergern gaistern[128] wider ein, und wirt eins solchen menschen letstes erger dan das erste. Darumb sein meine widersacher in disem fall die allergreulichsten seelmorder, die ye auff erden kommen sein.

Zum andern verschliessen und verrigeln sie aller derjhenigen hertzen, die Christum noch nicht ergriffen haben, das er zu inen durch den glauben nicht eingehn noch wonung bey inen machen kann[129]. Dan wie solt er bey inen wonen und ir leben und gerechtigkait sein, dieweil sie es nicht glauben, sonder widersprechen und verlestern, sagen, er sey ein verzerendes feur, wir konnen in nicht erleiden[130]? Halten also mit irer falschen, verfurischen lehr die pürg[131] der menschlichen hertzen innen, wie die auffrurischen, verwegnen kriegsleut, wollen Got, den rechten, naturlichen herren nicht lassen einziehen und sein reich darinnen lassen anrichten und sein derhalben die grosten auffrürer und schedlichsten feinde Gottis und des laidigen teufels soldaten.

Zum dritten, dieweil sie predigen, Got halt uns fur gerecht, ob wirs wol nicht seien, oder setzen unser gerechtigkait ausser und uber uns, machen sie die leut sicher und ruchloß, das sie ir leben nicht pessern, sonder gedencken: Was sol ich vil sorgen, helt mich doch Got fur gerecht, wan ichs gleich nicht pin, oder Christus droben im himel ist fur mich gerecht. Daher [7v:] kombts, das sie den leuten so angenehm sein und ir lehr dem unpusfertigen hauffen so wolgefelt. Aber Christus spricht: »Weh euch, wan euch iderman wolredet, dann also theten ire veter den falschen propheten auch«, Luc. 6 [26].

Zum vierdten machen sie die leut mit solcher irer lehr verzagt und forchtsam in allerlay leiden und widerwertigkaiten. Dan wan sie nicht glauben, das Got in inen ir leben und ir gerechtigkait sey, sonder sitz allain ferne droben im himel, so mussen sie wol verzagt werden und sich vor einem rauschenden blat forchten, wie der gotlosen art ist[132]; der gerecht aber ist mutig wie ein leo, dan er ways und glaubt, das Got im 91. psalm [15] spricht: »Ich bin bey in[133] in der trubsal, ich will in erretten und herlich machen«.

Zum funften, dieweil sie Christum also außheben[134] und den teufel an sein stat einsetzen, so volget, das sie und alle ir zuhorer, die von inen verfurt werden, auch des

h) danach gestr.: einen: b.
i) verb. aus: das: a.

128. Vgl. Mt 12,45.
129. Vgl. Joh 14,23.
130. Vgl. Ex 24,17. – Osiander verweist hier auf eine Stelle im Bekenntnis v. Venedigers vom 10. Juni 1551, wo dieser von der selbstwesenden Gerechtigkeit Gottes sagt, sie erscheine der »verderbten natur« des Menschen wie ein »verzerend fewer«; vgl. Albrecht, Ausschreiben, Bl. D2b.
131. die Burg.
132. Vgl. Lev 26,36.
133. ihm.
134. vertreiben.

teufels art an sich nehmen und werden voll neid und haß, vol liegens und lesterns, vol zorns, rachgir und mordes[135]. Dann es sein, ingemain zu reden, nicht pitterer, gifftiger leut auff erden, die die rechten, waren christen und die rainen lehr hefftiger verfolgen dan sie und nymbt mich zum hochsten wunder, das sie es an inen selbst nicht mercken, das sie von solcher lehr teglich nur erger, irriger und wilder werden, so es doch sonst die kinder auff der gassen mercken. Und das sey hiervon auff dismal genug.

Der §: »Es irret uns auch nicht«[136], ist gar falsch. Dan weder die heilig schrifft noch die veter noch die concilia noch die hohen schulen noch wir etwas der gothait zulegen, das aigentlich der menschait ist, noch der menschait, was aigentlich der gotthait ist, sonder baider naturn aigenschafft werden der gantzen person zugelegt. Das hat kain stritt. [8r:]

Der §, so sich anhebet: »Zum achten«[137], thut mir unrecht, dann mein maynung ist nicht, das die gothait one die menschait sey gen himel gefahrn, het auch nicht gemaint[k], das es irgenein mensch auff erden also verstehn oder deuten solt, sonder mein mainung ist, das, wie das herabsteigen der gottlichen natur uns unbegreifflich ist, also sey uns das auffsteigen Christi, sovil seine gotthait antrifft, auch unbegreifflich[138]. Wie aber der heilig Gaist die welt umb die gerechtigkait strafft[139], hab ich im truck lassen ausgehn[140]; das mag man lesen.

Der §, so anhebet: »Osiander schreibt«[141] etc., stellet sich eben, als were Christus nicht Got selbs, menget die werck Christi und sein person durcheinander. Ich sag ja lauter und klar, Christus hab uns durch sein leiden und sterben erlöset. Ich sag aber nicht, das sein person allain unser erlösung sey. Ich sag auch ebenso lauter und klar, das Christus in seiner person selbs und nicht seine werck unser gerechtigkait sey. Das er aber unser gerechtigkait ist[l], das kombt von seiner gotthait. Wer er nicht Got, so kont er unser gerechtigkait nicht sein.

k) danach gestr.: »irg-«: a.
l) fehlt in b.

135. Vgl. Mt 15,19; Röm 1,28-31; Gal 5,20.
136. Vgl. o. Anm. 4, a.a.O., fol. 6r und 6v; *Lehnerdt*, Anecdota, S. 20.
137. Vgl. o. Anm. 4, a.a.O., fol. 7r und 7v; *Lehnerdt*, Anecdota, S. 20.
138. Die hier angedeutete Stelle findet sich nicht in Osianders Bekenntnis ›Von dem einigen Mittler‹, auf das sich die Gräfin in ihrem Gutachten meist bezieht, sondern in seiner Schrift ›Rechte, wahre Auslegung‹ vom 20. Sept. 1551, vgl. o. S. 312,1-313,7, Nr. 491. Gräfin Elisabeth muß diese Schrift Osianders also vom Herzog zugesandt bekommen haben. Dies ist ohne weiteres möglich, auch wenn wir darüber keine direkte Mitteilung in der Korrespondenz zwischen der Gräfin und Herzog Albrecht finden. Wenn Gräfin Elisabeth am 20. Juni 1551 den Empfang von Osianderschriften bestätigt, ist dies ein Hinweis darauf, daß der Herzog auch sonst seine Schwiegermutter mit Schriften aus Königsberg versorgte, vgl. *Mengel*, Elisabeth und Albrecht, S. 134, Nr. 135.
139. Vgl. Joh 16,8.
140. Wie schon bei Anm. 138 geht es auch hier um eine Stelle in Osianders Schrift ›Rechte, wahre Auslegung‹, vgl. o. S. 314,16-34, Nr. 491.
141. Vgl. o. Anm. 4, a.a.O., fol. 7v-8r; *Lehnerdt*, Anecdota, S. 21f.

Und was darfs vil antwortens, so in den zwaien §, die sich anfahen: »Das Christus warer Got«[142] etc., und: »Christum nach seiner gotlichen natur«[143] etc., mein lehr gantz gar[144] bestettigett wirt? Ich kan nicht glauben, das dise lange schrifft aus ainerlay kopfen kom[145], und werden einstails mein bekantnus auch nicht ainmal gantz gelesen haben.

So vil hab ich, durchleuchtiger, hochgeborner furst und herr, auff dise schrifft, eur F.D. ferner gedancken zu machen, wollen auffzaichnen; zweyfel nicht, eur F.D. werde vil pesser nach aller umbstend gelegenhait[146] zu antworten wissen, dan ich gedencken kan. Got woll uns bey seiner warhait erhalten und andre auch erleuchten. Amen[m].

m) Amen. Andreas Osiander: b.

142. Vgl. o. Anm. 4, a. a. O., fol. 8v; *Lehnerdt*, Anecdota, S. 22.
143. Wie in der vorhergehenden Anm.
144. ganz und gar.
145. Gräfin Elisabeth schreibt gegen Schluß ihres Gutachtens, es sei »in eil one radt gelerter theologen« entstanden, vgl. o. Anm. 4, a. a. O., fol. 9r; *Lehnerdt*, Anecdota, S. 22.
146. gemäß der Beschaffenheit der Umstände.

Nr. 512
Osiander an Peter Artopäus
[Königsberg, 1552, Januar bis Februar][1]

Bearbeitet von *Urte Bejick* und *Hans Schulz*

Lilienthal, Preußen 3, S. 317-319, mit der Überschrift »Epistola Andreae Osiandri ad Petrum Artopaeum«[2].

Kämpft für sein Bekenntnis ›Von dem einigen Mittler‹ gegen seinen schlimmsten Gegner Joachim Mörlin, bedauert dessen Einfluß auf Adel und Bürgerschaft; lobt das Gutachten der Württemberger Theologen unter Führung von Johannes Brenz; übersendet eine Schrift Melanchthons; bittet den Adressaten, sein zustimmendes Urteil druckfertig zu gestalten; sendet ihm und Georg Curio eigene Schriften.

[317:] Gratiam et pacem a Deo et domino nostro Jesu Christo. Amen!

Civem hunc tuum[3] sine meis literis ad te demittere nolui, praesertim cum eum et tui amantem et in negotiis tuis sagaciter diligentem animadverterim. Non autem habeo, quod tibi scribam, nisi quod adhuc super doctrina et confessione mea[4] lucter cum omnium mortalium teterrimo monstro Joachimo Mörlino[5], theologiae – si Christo placet – doctore. Is enim est omnium, quos vidi, quos fando audivi, quos in [318:] historiis legi, vanissimus, impudentissimus, mendacissimus, inconstantissimus, virulentissimus, seditiosissimus, blasphemissimus, sycophan-

1. Der vorliegende Brief ist ein Antwortschreiben auf den Brief Artopäus' vom 5. Okt. 1551, in dem dieser begeistert seine Zustimmung zu Osianders Bekenntnis ›Von dem einigen Mittler‹ ausdrückte, vgl. o. S. 331-333, Nr. 494. Denn Osiander bittet hier den Stettiner Theologen, sein Urteil druckfertig zu gestalten, vgl. u. S. 486,1f. Der Brief ist nach dem Eintreffen des ersten Württemberger Gutachtens in Preußen im Laufe des Januar 1552 geschrieben (vgl. o. S. 511, Nr. 516), er nimmt nämlich darauf Bezug (vgl. u. S. 485,10-14). Offenbar weiß Osiander zum Zeitpunkt der Abfassung aber noch nicht, daß Herzog Albrecht Ende Februar die Württemberger Theologen um ein zweites Gutachten ersucht hat, sonst hätte er diese wichtige Entwicklung doch im gleichen Zusammenhang mitgeteilt. Als ungefähre Datierung des vorliegenden Schreibens ergibt sich daraus der Zeitraum zwischen Anfang Jan. und Ende Febr. 1552.

2. Peter Artopäus (Becker; 1491-1563). Er hatte in Wittenberg studiert, war dann Rektor in Stettin und danach Pfarrer an der dortigen Marien- und Stiftskirche. Nach der Verurteilung des Osiandrismus in Pommern durch eine Synode 1554 wurde er zwei Jahre später entlassen und aus der Stadt verbannt; vgl. *Fligge*, Osiandrismus, S. 176 und 339-346.

3. Die Identität dieses Stettiner Boten konnte nicht ermittelt werden.

4. Osianders Bekenntnis ›Von dem einigen Mittler‹, vgl. o. S. 49-300, Nr. 488/496.

5. Mörlin, der um diese Zeit mit der Abfassung seiner Widerlegungsschrift beschäftigt war, hatte natürlich seinen Kampf gegen Osiander nicht aufgegeben; vgl. *Stupperich*, Osiander, S. 224-236(238).

tissimus, calumniosissimus. Parum dico, cum non dubitem te ista omnia supra naturam rerum putare; sed si hic esses, faterere me parum dicere. Nihil tamen succedet ei, cum princeps vigilet[6], et, qui ipsum audiunt, pro alveario daemoniorum habent. Licet convicium nullum in eum unquam dixerim ac diligenter caveam, ne usquam sese commovere possit. Dementavit magnam partem nobilitatis et civium[7], non aliter quam Simon Magus[8], sed stoliditas ipsis obstat et gustus praeteritarum seditionum, ne, quod cupiunt, efficiant[9]. Non expedit dicere, quid moliantur consiliis et conatibus eorum dissipatis; scribam totam historiam in publicum[10] deo volente!

Brentius non modo doctissimus, verum etiam insigni probitate, candore et pietate theologus, consultus a principe nostro cum aliis regionis eius theologis[11], doctrinam meam esse sincerissimam respondit. Quod si adversarii concedant Deum ipsum esse nostram iustitiam, tunc posse et illorum dicta commode interpretari[12]; nondum enim novit furias illorum.

Allatus hic libellus quatuor chartarum Philippi Melanchthonis, in quo plane ῥίψασπις est[13].

6. Der Herzog versuchte, das Brenzsche Gutachten zu Osianders Bekenntnis zur Grundlage der Einigung zwischen beiden Seiten zu machen und verlangte die Änderung der anstößigsten Äußerungen in der Konfutation der Osiandergegner, vgl. *Stupperich*, Osiander, S. 231-236 und 265-272.

7. Osianders Anhängerschaft fand sich hauptsächlich in der Altstadt Königsberg. Mörlin hatte seine Zuhörer dagegen im Kneiphof, der selbständigen Kommune, in der sich der Dom befand; die Mehrzahl der herzoglichen Räte und die junge Herzogin Anna Maria besuchten seine Predigten; vgl. *Stupperich*, Osiander, S. 180-182.

8. Vgl. Act 8,9-24.

9. Es ist nicht genau auszumachen, was Osiander damit andeuten will. Befürchtungen um sein Leben waren verständlich, da Anhänger der Gegner auch vor Morddrohungen nicht zurückschreckten; vgl. *Stupperich*, Osiander, S. 180f.

10. Eine ausführliche Darstellung der Auseinandersetzungen, wie sie hier angekündigt wird, wurde nicht durch Osiander, aber durch seinen Gegner Mörlin verwirklicht: 1554 erschien in Braunschweig dessen – parteiliche – Schrift: »Historia, welcher gestalt sich die Osiandrische schwermerey im lande zu Preussen erhaben und wie dieselbige verhandelt ist« (in u. A. zit. als Mörlin, Historia).

11. Osianders Bekenntnis wurde ganz offiziell durch den preußischen Hof Anfang Okt. 1551 an alle Stände und Städte des deutschen Reiches, die sich zur Confessio Augustana bekannten, zur Stellungnahme versandt, so auch an Herzog Christoph von Württemberg. Dieser beauftragte einen Kreis von Theologen unter der Federführung von Johannes Brenz, ein offizielles Gutachten für die württembergische Kirche zu verfassen; vgl. o. S. 64f, Nr. 488/496, und S. 511, Nr. 516.

12. Das Gutachten der Württemberger beurteilte Osianders Lehre als richtig, gestand den Gegnern freilich auch ihre Ausdrucksweise zu und formulierte einen für beide Seiten akzeptablen Einigungsvorschlag, vgl. dazu o. S. 511f, Nr. 516.

13. Diese Schrift Melanchthons läßt sich nicht sicher identifizieren. Es könnte sein Brief an den Königsberger Professor vom 1. Mai 1551 gewesen sein, in dem er den Begriff ›iustitia essentialis‹ verwendet; vgl. u. A. Bd. 9, S. 670-674, bes. S. 674,11-13, Nr. 469.

Utinam tu iudicium tuum[14] sic scriberes vel quasi ad principem vel quasi ad me vel quasi ad alium amicum interrogatus, ut mihi illud tua voluntate edere liceret.

Mitto tibi et Curioni[a][15] [319:] aliquot libellos[16].

De tuo libello[17] scribam plus otii nactus, nunc sum occupatissimus.

Vale!

a) verb. für Drf.: Curionis.

14. Artopäus hatte am 5. Okt. 1551 seine begeisterte Zustimmung zu Osianders Bekenntnis geschrieben; vgl. o. S. 331,4f(-332,2), Nr. 494.

15. Georg Curio (Kleinschmidt; 1490 bis um 1580), Arzt, Dozent in Wittenberg, Rostock und Lüneburg, seit 1550 Leibarzt Herzog Barnims von Pommern und Stettin; vgl. ADB 16, S. 108f; *Fligge*, Osiandrismus, S. 177.

16. Vermutlich hat Osiander seine neuesten Veröffentlichungen beigelegt, vielleicht die Schriften ›Wider den lichtflüchtigen Nachtraben‹ und ›Beweisung, daß ich dreißig Jahre immer einerlei Lehre von der Gerechtigkeit des Glaubens gelehrt habe‹; vgl. o. S. 398-414, Nr. 505, bzw. S. 421-449, Nr. 508.

17. Vielleicht das »Testimonium Petri Artopaei de D. Andrea Osiandro« vom Sept. 1551 (vorh. Wolfenbüttel HAB, 317.43 Th. 4°, fol. 34v-36v), eine Stellungnahme zu Osianders Rechtfertigungslehre; zu weiteren Werken von Artopäus s. *Fligge*, Osiandrismus, S. 176 und 864f.

Nr. 513
Osiander an Herzog Albrecht; Briefbeilage
[Königsberg, 1552, Januar, Ende, bis März, Anfang][1]

Bearbeitet von *Hans Schulz*

Berlin GStAPK, XX. HA StA Königsberg, HBA J2, Cedula[2] von Osianders Hand, o. D. (K. 991).

Bittet um den Wortlaut des Wittenberger Doktoreneids.

Ich bit auch unterthanigst eur F.D., wolt mich der wittebergischen doctorn aydt[3] auch lesen lassen[4], dann ich hoffet, es solt zu gutem und kainem argen dienen[5], so ich in aigentlich[6] wüste etc.

Idem[7] A. Osiander

1. Der kurze Text ist undatiert. Die früheste Mitteilung des Wittenberger Doktoreneides findet sich in Osianders Schrift ›Widerlegung der unbegründeten Antwort Philipp Melanchthons‹ vom 21. April 1552; vgl. u. S. 561-670, bes. S. 566, Nr. 522. Osianders Bitte, den Wortlaut kennenzulernen, muß also in der Zeit erfolgt sein, als er Vorbereitungen traf, Melanchthons Antwort auf sein Bekenntnis ›Von dem einigen Mittler‹ zu widerlegen: etwa zwischen Ende Januar und Anfang März 1552. Leider ist für diesen Zeitraum keine Korrespondenz zwischen Osiander und Herzog Albrecht erhalten, so daß wir die Briefbeilage nicht zuordnen können. Zum Ganzen vgl. *Schulz*, Eid, S. 197-199.

2. Es handelt sich um ein versprengtes, kleines Einzelblatt (etwa DIN A6), auf dem sich nur die wiederzugebende Nachricht findet. Abgelegt ist es zusammen mit anderem archivalischen Material zum Thema des akademischen Eides; vgl. ebd., S. 199, Anm. 69. Die Anrede an den Fürsten und die Formulierung der Unterschrift beweisen, daß es sich um eine Briefbeilage Osianders an den Herzog handelt.

3. Zum Wortlaut des Eides vgl. u. S. 574,11-20, Nr. 522. Er wurde bei der Reform der theologischen Fakultät von Wittenberg durch Melanchthon mit Billigung von Luther, Jonas und Bugenhagen 1533 in die Universitätsstatuten aufgenommen. Seit dieser Zeit hat er wohl auch Verwendung gefunden; vgl. *Schulz*, Eid, S. 195-197.

4. Der Herzog hatte immer wieder Korrespondenz mit den Wittenberger Reformatoren und auf diese Weise wohl auch den Wortlaut des Eids erhalten. Selbstverständlich kannte er auch Melanchthons Schrift gegen Osiander mit den polemischen Zusätzen von Bugenhagen und Forster. Noch am 21. März 1552 schrieb er nach Wittenberg, daß das Erscheinen der Schrift die Einigungsbemühungen im osiandrischen Streit gestört habe; vgl. u. S. 561f, Nr. 522.

5. Osiander hat den Wortlaut des Eides dazu benutzt, seiner Schrift gegen Melanchthon mit der Erörterung der eidlichen Verpflichtung der Wittenberger Universität einen polemischen Rahmen zu geben; vgl. u. S. 566, Nr. 522. Zur inhaltlichen Analyse vgl. *Schulz*, Eid, S. 199-204.

6. genau, ausdrücklich.

7. Daraus läßt sich schließen, daß Osiander uns unbekannte briefliche Ausführungen bereits unterzeichnet hatte, als er seine Bitte anfügte.

Nr. 514
Predigt über Röm 8,1-4
1552, Februar 9

Bearbeitet von *Hans Schulz*

Einleitung

1. Osianders Predigttätigkeit in Königsberg

Aus Osianders letztem Lebensjahr ist eine Reihe von Predigten erhalten; vgl. dazu o. S. 376-379, Nr. 503.

2. Inhalt

In seiner Predigt vom 9. Februar 1552 über Röm 8,1-4 führt Osiander aus: Paulus lehrt, wie wir (1.) von den anklebenden Sünden befreit werden und worin (2.) unsere Gerechtigkeit besteht.

1. Anklebende und ererbte Sünde ist ohne Taufe verdammenswert. Nach der Wiedergeburt sollen die Christen die anklebenden, inneren Sünden nicht äußerlich in die Tat umsetzen und nach dem Fleisch wandeln. Nach dem Geist wandeln heißt, sich reizen zu lassen zu gerechtem Tun. Gerechtigkeit ist, was uns bewegt und antreibt, recht zu tun: Sie ist gleichbedeutend mit der Einwohnung des einen göttlichen Wesens. Wandeln im Geist bedeutet, in die Tat umzusetzen, was der Geist lehrt.

Die Sünde verdammt uns nicht, sofern Gottes Geist durch den Glauben an Christus in uns wohnt. Alle Apostel haben die Einwohnung Christi gelehrt. Das Gesetz des Geistes ist Gottes Wille in unseren Herzen, der uns die Gesinnung Christi gibt und uns frei macht vom Gesetz der Sünde, die zu bösen Taten reizt und zur Verzweiflung treibt: Der Geist reizt stärker, hilft uns und tröstet gegen Schrecken mit Christi Genugtuung.

2. Röm 8,3f beschreibt den Hauptgrund der Rechtfertigung: Ursprünglich war das Gesetz gegeben zur Sündenabwehr und für die Frömmigkeit der Menschen; gefordert war die Liebe, d.h. Gott selbst mit seiner Gegenwart. Da wir in Sünden geboren sind, konnte das Gesetz nicht fromm machen; der Mangel lag bei uns. – Was das Gesetz nicht tun konnte, nahm Gott selbst in die Hand: Gottes Sohn wurde Mensch, um die Sünde zu vernichten. Das alttestamentliche Sündopfer ist Hinweis auf Christi Opfer: Auf ihn ist die Sünde gelegt; sie wird an uns nicht mehr bestraft und hindert fortan nicht die Einwohnung Gottes: Durch Predigt und Glauben kommt Christus in unser Herz, wir werden Glieder seines Leibes, er bringt seine Gerechtigkeit mit, Gott selbst. Man muß zwischen Bezahlung der Sünden und Wiedergeben der Gerechtigkeit unterscheiden, d.h. zwischen Christi Erwirken der Sün-

denvergebung und Einwohnen des Wortes. Der Wandel nach dem Geist ist die Erfüllung der Gerechtigkeit.

Das Geheimnis der Inkarnation: Der Sohn trägt die Sünde und bringt Gerechtigkeit in die Gläubigen als seine Glieder.

3. Überlieferung

Königsberg: [Hans Lufft], 1553 = *Seebaß*, Bibliographie, S. 184, Nr. 71. Unserer Edition liegt das Exemplar Berlin DSB, Dm 900 (8) zugrunde. Folgende Druckfehler werden von uns stillschweigend berichtigt: S. 492,5: Gttes; S. 493,19: reizeit.

Text

[A1a:] Ein sehr troͤstliche und nuͤtzliche predigt des ehrwirdigen und achtbarn herrn Andreae Osiandri seligen[1] uber die wort S. Pauli zu den Roͤmern am 8. cap. [1]: »So ist nu nichts verdamlich an denen« etc., am 9. Februarii des 1552. jars geschehen. 2. Corinth. 5 [21]: »Gott hat denen[2], der von keiner suͤnde wuste, fur uns zur suͤnde gemacht, auff das wir wuͤrden in im die gerechtigkeit Gottes«. Koͤnigsberg in Preussen 1553. [A1b:]

S. Paulus zu den Roͤmern am 8. cap. [1-4]: »So ist nu nichts verdamlich an denen, die in Christo Jesu sind, die nicht nach dem fleisch wandeln, sondern nach dem Geist. Denn das gesetz des Geistes, der da lebendig machet in Christo Jesu, hat mich frey gemacht von dem gesetz der suͤnden und des todes. Denn das dem gesetz unmuͤglich war, sintemal[3] es durch das fleisch geschwecht ward, das thet Gott und sandte seinen Son in der gestalt des suͤndlichen fleisches und verdampt die suͤnde im fleisch durch suͤnd, auff das die gerechtigkeit, vom gesetz erfoddert[4], in uns erfuͤllet wuͤrde, die wir nu nicht nach dem fleisch wandeln, sondern nach dem Geist«. [A2a:]

Ein predigt uber die wort S. Pauli Rom. 8 [1]: »So ist nu nichts verdamlich an denen, die in Christo Jesu sind« etc.

Wir haben am nechsten[5] gehoͤret, wie der heilige Paulus uber die suͤnde klagt, die noch in seinem fleisch wonet und im anhanget, also das er zum teil, wie wir auch alle, ein neugeborner mensch sey, zum teil aber noch das suͤndliche fleisch und den alten Adam an sich trage, also das er nach dem gemuͤt und inwendigem oder neuen men-

1. Osiander war am 17. Okt. 1552 gestorben, vgl. *Stupperich*, Osiander, S. 352.
2. den.
3. da, weil.
4. gefordert.
5. zuletzt, das letztemal. – Osiander hatte am Tag zuvor gepredigt; vgl. u. S. 492,30, und o. S. 381, Anm. 2, Nr. 503.

schen Gott diene, aber nach dem fleisch diene er dem gesetz der suͤnden[6]. Itzunden[7] aber wirt er uns gewaltigklich[8] leren, wie wir von der suͤnden gefreiet werden, auff das wir nicht werden verdammet, und warinnen unser gerechtigkeit stehe[9], und spricht: »So ist nu nichts verdamlich an denen, die in Christo Jesu sind« etc. [A2b:]

Die suͤnde, die uns anklebet[10], ist nichts anders denn suͤnde. Und wenn wir gleich nichts boͤses mehr theten, denn das wir die angeborne suͤnde in uns hetten, so wuͤrden wir dennoch verdammet, es wehr[11] denn, das wir dem herrn Christo durch die tauff eingeleibet[12] wurden. Solchs giebt uns unser gemeiner glaube[13], und es kans ein jeder leichtlich selbs fassen und begreiffen. Denn wenn eines Juden oder Tuͤrcken kind geboren wirt, so hat es kein andere suͤnde denn eben die, daruͤber der heilige Paulus im siebenden cap. geklagt hat, das sie im menschen hersche und im angeboren sey[14]. Darumb wirt es auch umb derselbigen suͤnde willen verdammet, viel mehr aber, wenn im alter seine wuͤrckliche suͤnde[15] auch darzukummen. Aber die christen haben diesen vorteil fur allen andern voͤlkern, das, wenn sie in Christo und neugeboren sind, also das sie nach dem inwendigen menschen recht geschaffen sein, inen die suͤnde, die noch in irem fleisch ist, nicht wirt zugerechnet. Gott stellet sich, als wuͤst ers nicht, und wils auch nicht wissen umb des bundes willen, den er mit inen in der tauff gemacht hat[16], das er die suͤnde woͤl[17] ausfegen; und hat solchs auch schon angefangen. Er wirts aber vollenden, wenn sie sterben[18].

Also hoͤren wir, das auch die angeborne suͤnde im fleisch verdamlich wehr, wenn wir nicht christen weren. Dieweil wir aber in Christum gleuben und in in getaufft sein[19] und also glieder worden seines leibes[20], so ist uns das nicht ver-[A3a:]damlich, das andern, Tuͤrcken, Juden und heiden, verdamlich ist. Derhalben spricht er: »So ist nun nichts verdamlichs an denen, die in Christo Jesu sind«.

Was sind aber das fur leute? Es seind die, die da aus dem lebendigen wort Gottes und heiligem Geist neugeborn sind[21] und die da nach dem neuen, inwendigen menschen dem gesetz Gottes holt[22] sein und nach demselbigen menschen dem gesetz

6. Osianders damalige Predigt dürfte sich mit Röm 7,14-25 befaßt haben (vgl. u. Z. 10f).
7. jetzt, nunmehr.
8. eindringlich, unwiderleglich.
9. bestehe.
10. Vgl. Hebr 12,1.
11. wäre.
12. einverleibt, eingefügt, eingegliedert.
13. gemeinsamer, allgemeiner Glaube. – Zu denken ist wohl an Mk 16,16; Röm 6,3f; Tit 3,5-7 u.ä.
14. Vgl. etwa Röm 7,5.7 u.ö.
15. die ›wirkliche‹ Sünde im Sinn von ›getane‹.
16. Vgl. I Petr 3,21.
17. wollte.
18. Vgl. o. S. 389,14-22 mit Anm., Nr. 504.
19. Vgl. Röm 6,3.
20. Vgl. I Kor 6,15; Eph 5,30.
21. Vgl. Joh 3,5 und I Petr 1,23.
22. treu (ergeben), geneigt.

dienen[23]. Nach dem alten menschen aber erreget sich im fleisch die suͤnde[24], welche inen doch nicht schadet, wenn sie nicht nach dem fleisch, sondern nach dem Geist wandeln[25]. Also ist nichts in den christen, das man kuͤnde straffen denn allein die innerliche suͤnde, die sich wider unsern willen in uns reget. Solchs aber, spricht Paulus, »ist nicht verdamlich denen, die in Christo Jesu sind, die nicht nach dem fleisch, sondern nach dem Geist wandeln«[26].

Nu kumpt er auff den auswendigen[27] wandel und wil, das die christen nicht nach dem fleisch sollen wandeln, das ist, das sie die suͤnde, die irem fleisch noch anklebet[28] und sich wider iren willen reget[29], nicht sollen lassen herfuͤrbrechen, sondern wenn uns boͤse gedanken einfallen, so sollen wir sie wider lassen faren und sie nicht la-[A3b:]ssen ins werck kommen[30]. Also wirt uns das nicht verdamlich sein.

Sie sollen aber auch nicht allein nicht nach dem fleisch wandeln, das ist, der suͤnden nicht raum und stad geben und sie nicht lassen ins werck komen, sondern sie sollen auch nach dem Geist wandeln. Damit lert er uns, das alle christen den heiligen Geist bey sich haben. Denn 1. Corinth. 12 [3] zeuget[31] er, das niemand koͤnne sagen: Herr Jesu, on den heiligen Geist. Wer nun von hertzen gleubet und bekennet, das der herr Jesus unser Herr sey, der hat den heiligen Geist. Ein Jude lisse sich ehr[32] verbrennen, denn er das bekennet. Dieweil wir denn den heiligen Geist haben, so sollen wir auch nach dem heiligen Geist wandeln, das ist, wie wir im 6. capittel [13] gehoͤrt haben, wir sollen unsere glieder dargeben zu waffen der gerechtigkeit, und sollen sie Gott dargeben. Der heilige Geist aber ist warer Gott gleichwie auch der Vater und das wort. Darumb so wir nach dem Geist wandeln sollen, so sollen wir auch das thun, das er uns leren, darzu er uns reitzen und treiben[33] wirt, und sollen demselbigen in den wercken auch fleissig nachkummen.

Also hoͤren wir hie abermal[34], was die gerechtigkeit sey. Denn das ist die gerechtigkeit, das uns beweget, ubet, treibet und lustig[35] macht, recht zu thun[36]. Wir haben aber gehoͤret, das der heilige Geist warer Gott sey, und es ist kein un-[A4a:]derscheid, wenn wir sagen, Christus ist unser gerechtigkeit, oder: der heilige Geist ist unser gerechtigkeit, oder: Gott ist unser gerechtigkeit, oder: der Vater oder der Son

23. Vgl. Röm 7,25.
24. Vgl. Röm 7,23 u.ö.
25. Vgl. Röm 8,1.
26. ebd.
27. äußeren.
28. Vgl. Hebr 12,1.
29. Vgl. Röm 7,14f.
30. zur Tat werden.
31. bezeugt.
32. eher.
33. antreiben, lehren.
34. Dieser Hinweis bezieht sich wahrscheinlich auf die vorangegangene Predigt; vgl. o. Anm. 5.
35. begierig.
36. Diese Definition findet sich in ähnlicher Form bereits in Osianders Bekenntnis ›Von dem einigen Mittler‹, vgl. o. S. 160,22-24; 164,18-23, oder 246,28-30, Nr. 488.

ist unser gerechtigkeit. Denn es ist ein einiges[37] gőttliches wesen, das mus – doch aus gnaden – in uns sein, in uns wonen, uns lebendig und gerecht machen; on das haben wir keine gerechtigkeit, das die gerechten, recht zu thun, beweget. Wenn nu der mensch also neugeboren ist aus dem unvergencklichen samen, das ist aus dem lebendigen wort Gottes, 1. Pet. 1 [23], und aus dem heiligen Geist, Jo. 3 [5], so sol er nicht nach dem fleisch, sondern nach dem Geist wandeln[38], das ist, er sol thun, was in der heilige Geist leret, und demselben in wercken auch nachkummen.

Wie gehet aber solchs zu, das den christen die angeborne sűnde im fleisch nicht verdamlich ist, dieweil[39] sie doch den andern verdamlich ist? Er setzt die ursach und spricht: »Denn das gesetz des Geistes, der da lebendig macht in Christo Jesu«[40] etc. Das ist die ursach, warumb die sűnde nicht verdamme. »Denn das gesetz des Geistes«, spricht er, »der da lebendig macht in Christo Jesu, hat mich frey gemacht von dem gesetz der sűnden und des todes«, gedencket hie abermal des heiligen Geists, der da lebendig macht. Denn wir [A4b:] sein von natur in sűnden todt, das ist, wir haben von wegen der sűnden anfengklich Gott nicht in uns. Wo aber Gott nicht in uns wonet, so ist die seele tod, gleichwie auch der leib tod ist, wenn die seele nicht da ist. Wenn wir aber den heiligen Geist empfangen, so ist Gott in uns, der macht uns lebendig, und solcher Geist wirt genennet: der Geist, »der da lebendig macht in Christo Jesu«. Warumb aber in Christo Jesu? Darumb, das der Geist keinem gegeben wirt, er gleube denn an Christum und werde im durch die tauffe eingeleibet, das er ein glied Christi und also auch in Christo Jesu sey. Denn wo Christus nicht ist, da ist auch nicht sein geist. Wir mussen vorhin[41] – also[42] darvon zu reden – Christum in uns haben; der bringet denn den heiligen Geist auch mit sich. Denn sie beide sind ein geist und ein Gott[43] mit dem Vater.

Das sind wol hohe[44] ding, aber den aposteln sehr gemein[45], welches sie auch allezeit treiben[46], nemlich wie wir in Christo sőllen sein und Christus in uns und mit im der Vater und der heilige Geist. Denn wir sind der tempel Gottes, 1. Corinth. 3 [16]; 6 [19]; 2. Corinth. 6 [16], und Gott ist nicht allein in uns, sonder ist auch unser leben, gerechtigkeit und heiligkeit selber. Derselbige Geist [B1a:] aber hat ein gesetz, ja er ist dasselbige gesetz, wie wir denn gestern[47] vom gőttlichen gesetz[48] gehőrt haben, nemlich wenn uns Gott seinen willen durch den heiligen Geist in unsere hertzen

37. einziges.
38. Vgl. Röm 8,1.
39. obwohl, während.
40. Röm 8,2.
41. vorher, zuvor.
42. (um) so.
43. Vgl. Joh 4,24.
44. schwierige.
45. vertraut, bekannt.
46. lehren.
47. Osiander dürfte sich hier auf die gleiche Predigt beziehen, die er o. S. 489,17-490,4 referiert hat. Demnach hat er also auch am Vortag, dem 8. Febr., gepredigt.
48. Vgl. Röm 7,25.

schreibet, das ist, wenn er uns ubet und macht uns eben gesinnet, wie Christus ist[49].

Das gesetz, spricht nu Paulus, »hat mich frey gemacht von dem gesetz der suͤnden und des todes«[50]. Was ist nun das gesetz der suͤnden und des todes? Das gesetz der suͤnden und des todes ist in dem[51] – wie ir nun offt von mir gehoͤrt habt –, das uns die suͤnde zu aller bosheit und mishandlung reitzet und anfenglich dringet und wolts auch gern ins werck bringen. Darumb treibet und locket sie uns zur suͤnde und erreget in uns allerley lust zu suͤndigen. Wenn wir aber gesuͤndiget haben, so fecht[52] sie an, uns zu schrecken, das wir anheben, fur Gottes zorn und gericht zu fliehen. Und treibet uns die suͤnd endlich zum verzagen und zur verzweifflung, das ist denn der rechte tod. Und das ist nun das gesetz der suͤnden und des todes: Denn erstlich ist es ein sonderliches[53] ringen nach suͤndlichen wercken, darnach aber schrecken und angst. Solch gesetz, spricht Pau[lus] Rom. 7 [23], »nimpt mich gefangen«, nicht das es in[54] in verzweifflung treibe oder das ers ins werck brechte, sondern das es sich in im reget wider seinen willen[55]. Aber er lests nicht ins werck komen, viel weniger sich in ver-[B1b:]zweifflung. Es reget sich aber gleichwol in im, also das ers nicht weren kan. Wo aber der heilige Geist ist, der macht uns frey vom gesetz der sünden und des todes.

Wie gehet aber das zu? Also: Wenn uns die suͤnde locket und reizet, unrecht zu thun, so ist der heilige Geist da, der reitzet uns viel zu einem bessern und hilft uns auch, das wirs thun. Darumb, wenn uns das gesetz der suͤnden locket und treibet zu suͤndigen, so richts doch nichts aus, sondern das gesetz des Geistes macht uns darvon frey. Ferner aber, wo wir suͤnde haben, die uns woͤllen schrecken und zur verzweifflung treiben, so ist alsbald der heilige Geist da und troͤstet uns und spricht: Thut rechtgeschaffne pus und gleubet[56], das Christus fur euch genug gethan hab, das euch eure suͤnde vergeben sei und ir nicht verzagen solt! Also wehret der Geist mit seinem gesetz, das wir nit verzweifeln, leitet und treibet uns, das weder die suͤnde noch der tod bey uns raum und stadt finden. Wenn wir die zwey stuͤck haben, erstlich das uns der Geist leitet und fuͤret, das wir nicht in mort, ehebruch und dergleichen suͤnde fallen[57], darnach uns erhelt, das wir von wegen der suͤnden nicht verzagen, sondern gleuben, das sie uns alle umb des herren Christi willen vergeben werden, so freiet[58] uns denn der Geist mit seinem gesetz von dem gesetz der suͤnden und des todes.

49. Vgl. Phil 2,5.
50. Röm 8,2.
51. besteht darin; besagt, beinhaltet.
52. fängt.
53. besonderes.
54. ihn.
55. Vgl. Röm 7,19.
56. Vgl. Mt 3,8 par. und Mk 1,15 par.
57. Vgl. Mt 15,19; Gal 5,19-21 u.ö.
58. befreit.

Das wil uns nu der heilige Paulus mit diesen kurtzen, aber seer gewaltigen[59] worten leren und spricht nu weiter: [B2a:] »Denn das dem gesetz unmuͤglich war, sintemal es durch das fleisch geschwecht ward, das that Gott und sandte seinen Son in der gestalt des suͤndlichen fleisches und verdampt die suͤnde im fleisch durch suͤnde, auff das die gerechtigkeit, vom gesetz erfoddert, in uns erfuͤllet wuͤrde«[60]. Hie gehet er nun zum rechten hauptgrund unser rechtfertigung und zeiget uns, warumb der heilige Geist in uns muͤsse uns vom gesetz der suͤnden und des todes frey machen[61].

Zuvor war das gesetz nur zu versuchen[62] gegeben, ob es der suͤnden weren[63] und uns frum machen koͤnte, nit das es Gott vorhin nicht solt gewuͤst haben, das es umbsunst were und das es solchs in uns nicht koͤnt ausrichten, sondern das es die menschen nicht wolten gleuben, sie versuchten es denn. Darumb ist das gesetz von Gott gegeben, das es die rechten, waren gerechtigkeit Gottes von uns erfoddern solt, welche uns auch selig macht, wenn wirs theten und es hilten. Denn es foddert von uns, das wir Gott sollen lieben »von gantzem herzen, von gantzer seel, von gantzem gemuͤte« und aus allen krefften und den »nechsten als uns selbst«[64].

Die liebe aber, welche das gesetz erfoddert, ist Gott selbst, wie solchs S. Johannes in seiner ersten epistel am 4. capitel [16] bezeuget und spricht: »Gott ist die liebe, und wer in der liebe bleibet, der bleibet in Got und Gott in im«. So ist nu des gesetzes anfoddern, das es spricht: »Du solt Gott lieben von gantzem hertzen«[65] etc. Das ist gleichsoviel, als sprech es: Gott [B2b:] sol in dir wonen; der sol durch sein wort in dir leben und dich lebendig machen und dich durch den heiligen Geist anzuͤnden zur liebe, wie auch der heilige Paulus spricht Roma. 5 [5]: »Die liebe Gottes ist ausgegossen in unser hertze durch den heiligen Geist, der uns gegeben ist« etc. Darumb ist uns nun das gesetz gegeben, auff das es die liebe und die ewige gerechtigkeit, die Gott selbs ist, von uns erfoddern und versuchen sol, ob wirs leisten koͤnnen.

Er spricht aber, es war dem gesetz unmuͤglich[66]. Denn ich wolte den gern sehen, der einem nacketen koͤnte einen rock abziehen oder das abzwingen, das er nicht het, noch haben kan. Also[67] erfoddert auch das gesetz die liebe, welche Gott selbst ist, und wir sind ohne Gott geboren, denn wir sind in suͤnden empfangen und geboren, psal. 51 [7]; derhalben auch Paulus Rom. 3 [23] spricht: »Sie sind alzumal suͤnder und mangeln der herrligkeit Gottes«. Wir alle sind in suͤnden geboren, darumb ist auch die herrligkeit Gottes nicht in uns, sondern wir mangeln ir. Darumb ist es dem gesetz unmuͤglich, das es uns koͤnte from machen. Es saget uns wol, wie wir sein solten,

59. eindringlichen, unwiderleglichen.
60. Röm 8,3f.
61. Vgl. o. S. 395,20f, Nr. 504.
62. prüfen.
63. wehren.
64. Vgl. Mt 22,37.39 par.
65. ebd.
66. Vgl. Röm 8,3.
67. Ebenso.

aber es kans uns nicht geben. Darumb spricht Paulus: »Das dem gesetz unmuͤglich war, sintemal es durchs fleisch geschwecht war, das thet Gott«[68] etc.

Das gesetz solt solche leut aus uns machen, in welchen Gott wonet, lebet, webet und regiret. Aber es war im unmuͤglich. Warumb? Das[69] es durchs fleisch geschwecht ist – das ist soviel gesagt: [B3a:] Der mangel ist nicht am gesetz, sondern an uns! Denn der heilige Paulus spricht Rom. 7 [14]: »Das gesetz ist geistlich, ich aber bin fleischlich«, das ist, der mensch, welchen das gesetz unter sich nimpt, der ist fleischlich; darumb kan er auch nicht heilige werck thun, denn er hat nicht den heiligen Geist. Darumb richtet das gesetz in uns nichts aus, denn es erfoddert den heiligen Geist und die liebe und findet doch solchs nicht in uns, dieweil es durchs fleisch geschwecht ist.

Wans nun das gesetz nicht thun kan, so nimpt es Gott selber unter die hende. Darumb spricht er[70]: »Das dem gesetz unmuͤglich war« etc., »das thet Got und sandte seinen Son«[71] etc. Wer kunte es auch besser thun denn Gott, sintemal es darumb zu thun ist, das er in uns wonen, leben, weben und regiren solle. Wie thut er aber das? Setzet er sich in einen suͤndlichen menschen, der im und seinem gesetz feind ist? Das kan nicht geschehen, es mus zuvor ein vertrag geschehen. Darumb spricht Paulus: »Das thet Gott«. Wie thet ers? »Er sandte seinen Son in der gestalt des suͤndlichen fleisches« etc. Er spricht, »er sandte seinen Son«, das ist den herren Jhesum Christum, den hat Gott lassen vom himel herabsteigen und einen menschen geboren werden durch wirckung des heiligen Geistes aus der reinen jungfrauen Maria[72]. So wirt nu der son Gottes mensch und bleibet doch auch warer Gott und ist also warer Gott und warer mensch, doch ohn alle suͤnde, denn er ist von [B3b:] dem heiligen Geist empfangen und von der reinen jungfrauen Maria geboren: Darumb spricht Paulus, Gott hab in gesandt »in der gestalt des suͤndlichen fleisches«[73]. Er ist nicht in dem suͤndlichen fleisch gekomen, aber er hat die gestalt des suͤndlichen fleisches, dieweil er alles an sich genomen, das ein warer, natuͤrlicher mensch an sich hat[74], ausgenomen die suͤnde. Darumb ist er auch sonst allenthalben dem menschen gleich gewest.

Warumb hat er in aber gesant in der gestalt des suͤndlichen fleisches? Wir hetten alle mit unsern suͤnden den tod und die helle verdienet, und wir alle solten solchs leiden. Aber Gott der vater hat sich uber uns erbarmet und »hat die welt also geliebet, das er seinen einigen son gab, auff das alle, die an in gleubten, nicht verloren wurden, sonder das ewige leben hetten«[75]. Darumb must Christus unsere suͤnd auff sich nemen, darfur leiden, sterben und sein blut vergissen. Denn damit verdampt Gott die

68. Röm 8,3.
69. Darum das, weil (vgl. *Grimm*, Wörterbuch 2, Sp. 817).
70. sc. Paulus.
71. Röm 8,3.
72. Vgl. den Wortlaut des Symbolum Nicaeno-Constantinopolitanum BSLK, S. 26,12-15, und Lk 1,26-38.
73. Röm 8,3.
74. Vgl. Phil 2,6f.
75. Joh 3,16.

sůnde im fleisch durch sůnde[76], welchs alles auff jůdische weise nach dem gesetz geredet ist[77]: Denn wenn man fur die sůnde opfern wolt, so nam man ein lamb, kalp oder bock, der ward unter die gemein dargestelt[78] und hette kein sůnde, denn er war kein mensch. Und dieweil er kein sůnde hette, so legeten die menschen, die in opferten, alle ire sůnde auff in und legeten ire hende auff sein heupt, so hart und starck, bis sie in zu boden drucketen, und legeten also ire sůnde auff das opfer. Darnach schlachtet man [B4a:] das opfer und zugleich mit im die sůnde; und ward also das opfer mit der sůnde verbrent und gar auffgehaben, als wers nicht mehr da. Ein solch opfer aber ward mit einem schlechten und einfeltigen[79] wort ein ›sůnd‹ genennet[80]. Solchs opfer aber ist nur ein deutung oder figur[81] gewesen eines andern und hőhern opfers, nemlich unsers herrn Jesu Christi. Darumb so wil nu der heilige Paulus also sagen, das Christus sey ein mensch worden und geboren in der gestalt des sůndlichen fleisches, auff das er in demselbigen fleisch kőnt unsere sůnd und schuld auff sich nemen, darfůr leiden und sterben und gnug darfůr thun. Daher spricht S. Johannes: »Das ist das lamb Gottes, das der welt sůnde tregt«[82]. Also ist die sůnde, welche in unserm fleisch wonet und hinderte, das Gott nicht in uns wonen kőnt, auff den herrn Christum gelegt; der ist unser sůndenopfer worden, welchs in der hebreischen sprach schlecht ›sůnd‹ genennet wirt.

So verdammet nu Gott die sůnde in unserm fleisch, aber in Christo, auff den sie geleget sein, und verdammet sie in Christo am creutz und lest in zur hellen faren etc. und »verdammet also die sůnde durch sůnde«[83]. Das letzt, das er[84] saget ›durch sůnde‹, das ist soviel als: durch das sůndopfer, welches ist Christus[85]. Ir verstehet aber ja das wol, das die sůnde nicht sol zweimal gestrafft werden, und es ist auch im gesetz mit ausgedruckten[86] worten verboten gewest, das man von einer sach nicht sol zweimal urteilen[87]. Dieweil denn die sůnde auff den herren Christum gele-

76. Vgl. Röm 8,3.

77. Zum folgenden vgl. die Bestimmungen des Sündopfergesetzes Lev 4,13-21.22-35; weiter EJ 11, Sp. 140f, und RGG 4, Sp. 1643, Punkt II,2d. Vgl. auch o. S. 268,13-16, Nr. 488.

78. vor … hingestellt.

79. schlichten und einfachen.

80. Osiander meint das hebräische חַטָּאָה, das sowohl ›Sünde‹ als auch ›Mittel, die Sünde zu entfernen, bes. Sündopfer‹ bedeuten kann, vgl. etwa Lev 4,3.14.23f u. ö., bzw. *Gesenius*, Wörterbuch, S. 224.

81. Gleichnis, Symbol.

82. Joh 1,29.

83. Röm 8,3.

84. sc. Paulus.

85. Luther sieht den Satzzusammenhang anders als Osiander und übersetzt dementsprechend nicht wie er. Aber auch Osianders Auffassung ist möglich, vgl. *Bauer*, Wörterbuch, Sp. 1278.

86. ausdrücklichen.

87. Ein derartiges Verbot konnte nicht gefunden werden, wohl aber läßt sich auf eine positiv formulierte Gesetzesbestimmung hinweisen; Lev 24,22 heißt es: מִשְׁפַּט אֶחָד יִהְיֶה לָכֶם. Dabei ist zu beachten, daß משפט folgende Bedeutung haben kann: Gericht; das, worüber gerichtet wird; Recht. Die Bedeutung Gericht läßt sich wiederum aufgliedern in: Handlung des Richtens, Gerichtsverhandlung und Ort derselben, Richterspruch (vgl. *Gesenius*, Wörterbuch,

[B4b:]get ist und er ist das opfer worden fur unsere suͤnde und Gott verdampt die suͤnde auff im, das ist, er strafft unser suͤnde an dem herren Christo, dieweil er sie auff sich genomen hat, und nachdem sie Gott einmal gestrafft hat an dem herrn Christo, so strafft er sie nicht mehr an uns, sondern es ist nu alles vertragen[88], daraus folget denn, so unser suͤnde gestrafft ist und verdammet an dem herrn Christo, das sie nicht mehr hindere, das Gott nicht in uns forthin wonen sol.

Darumb aber, spricht er, sind unser suͤnde durchs suͤndopfer oder suͤnde gestrafft, »auf das die gerechtigkeit, vom gesetz erfoddert, in uns erfullet wurde«[89]. Hie merck mit fleis, was doch die gerechtigkeit sey, welche das gesetz erfoddert: Das gesetz erfoddert die liebe; die liebe aber ist Gott selbst[90]. Derhalben ist die gerechtigkeit, welche das gesetz erfoddert, nichts anders, denn als sprech das gesetz: Du solt ein tempel Gottes sein[91], Gott sol in dir leben, wonen und regieren[92], das ist, er sol dein leben, gerechtigkeit und heiligkeit sein, der dich durch seinen heiligen Geist anzuͤnde mit goͤttlicher liebe, auff das du das gesetz kuntest halten und liebest Gott, deinen herrn von gantzem hertzen, von gantzer seele, von allen krefften und von gantzem gemuͤt[93]. Solche gerechtigkeit wirt von uns durchs gesetz erfoddert, wir haben aber sie nit.

Dieweil aber S. Paulus spricht, »die gerechtigkeit, vom gesetz erfoddert, sol in uns er-[B5a:]fullet werden«, so sehet ir fein, wie die irren, welche die gerechtigkeit lassen in Christo allein stecken und leren, unser gerechtigkeit musse ausserhalb unser sein[94], welchs denn falsch ist, und wenngleich die gantze welt mit inen stimmet[95]. Denn die gerechtigkeit sol in uns sein und in uns erfuͤllet werden. Aber in dem stehet die gerechtigkeit, das Gott in uns wonet und uns durch seinen heiligen Geist regie-

S. 472f; zum terminus technicus vgl. weiter THAT 2, Sp. 1004-1009, und ThWAT 5, S. 93-107). Die zitierte Gesetzesbestimmung kann demnach nicht nur übersetzt werden: »Es soll einerlei Recht unter euch sein« (so der Text der Lutherbibel; vgl. dazu auch EJ 6, Sp. 993 z. St., und JL 4,1, Sp. 1165), sondern ebensogut: Ein (einziges) Gericht(surteil) soll bei euch statthaben. Zu Osianders Darstellung danken wir Herrn Prof. Dr. *Manfred Weippert*, Heidelberg, für die Auskunft: »Lev 24,22 könnte mit den Mitteln der antiken jüdischen Hermeneutik wohl so ausgelegt werden. Ursprünglich bedeutete sie allerdings, daß für Einheimische und Fremde dieselben Gesetze gelten (Parallelstellen in Ex 12,49; Num 9,14; 15,15f.29)«. – Für die Rechtsprechung bei den Israeliten war die örtliche Rechtsgemeinde zuständig. »Es gab keine Gerichtsinstanz, die der örtlichen Rechtsgemeide vor- oder übergeordnet gewesen wäre. Die Möglichkeit der Appellation an ein höheres Gericht war also nicht gegeben. Das Gerichtsforum der Ortsgerichtsbarkeit entschied einen Rechtsfall endgültig« (*Boecker*, Recht und Gesetz, S. 32; zum alttestamentlichen Gerichtsverfahren vgl. ebd., S. 20-32). Höhere Gerichtsinstanzen und die Möglichkeit der Appellation an sie setzten sich in Israel erst in späterer Zeit durch, vgl. JL 1, Sp. 404-407; 2, Sp. 1032-1036, und 4,1, Sp. 1166.

88. vergangen.
89. Röm 8,4.
90. Vgl. I Joh 4,16.
91. Vgl. I Kor 3,16 u. a.
92. Vgl. Eph 3,17.
93. Vgl. Mt 22,37 par.
94. Vgl. o. S. 62, Nr. 488/496, und 150,23f, Nr. 488.
95. ihnen zustimmt, mit ihnen übereinstimmt.

ret. »Darumb«, spricht Paulus, »sandte Gott seinen Son«, auff das er ein mitler wuͤrde[96]. Denn Gott wonet nicht in uns, es sey denn die suͤnde gestrafft. Derhalben nimpt Christus unser suͤnde auff sich, stirbet und bezalet fur dieselbigen, auff das die suͤnde nicht mehr hindere, das Gott in uns wone. Solchs geschicht aber also:

Wenn uns Christus wirt gepredigt und wir gleuben, das er unser suͤnde auff sich genomen und sie getragen hab und an dem herrn Christo gestraffet sind und uns von des glaubens wegen an in vergeben werden, so empfahen wir den herren Christum durch den glauben in unsere hertzen und werden mit im ein leib, glieder seines leibs, fleisch von seinem fleisch und gebein von seinem gebein, Ephes. 5 [30][97]. Alsdenn bringt er auch mit sich seine gerechtigkeit, die ist Gott selbst, und kumpt also durch in die gerechtigkeit in uns, welche das gesetz erfoddert, welche auch in ewigkeit in uns gleubigen bleibet und bleiben sol.

Derhalben sol man fleissig unterscheiden, wie die suͤnde bezalet und wie die gerechtig-[B5b:]keit widergegeben werde. Es ist nichts, das wir uns eine gerechtigkeit tichten[98], die keine ist, wie denn etzliche thun und leren, Gott achte uns gerecht, ob wirs wol nicht sein[99]; etliche aber ertichten eine gerechtigkeit, die nicht in inen sey[100]. S. Paulus spricht aber, »die gerechtigkeit, vom gesetz erfoddert, sol in uns erfuͤllet werden«[101]. Darumb sol man sehen, was ein jedes werck Christi wircke. Da er geboren wirt und hanget am creutz, da treget er unser suͤnde, auff das sie uns vergeben werden und nicht verhindern, das Gott in uns wone. Wenn er aber nu durchs wort in uns kumpt, so wont er in uns, und Gott ist in uns und ist selber unser leben, gerechtigkeit und heiligkeit.

Wie wird sie aber erfüllet? Also wird sie erfuͤllet, das Gott in uns wone, wenn »wir nicht nach dem fleisch wandeln, sondern nach dem Geist«[102]. Denn wenn wir den herrn Christum also durch den glauben ergriffen haben, das er in uns sey und sey selber die gerechtigkeit, die vom gesetz erfoddert wird, alsdenn stehet es recht, aber wir mussen nicht nach dem fleisch wandeln, sondern nach dem Geist. Denn wenn sich ein christ, in dem der heilige Geist wonet, lest die[103] suͤnde einnemen und uberwinden und wird ein ehbrecher, ein dieb oder todschleger[104] etc., so weicht der heilige Geist von im, und [B6a:] verleurt also die gerechtigkeit wider. Denn der heilige Geist bleibet nicht da, wo man nach dem fleisch wandelt, sondern weicht hinweg. Es ist aber auch das notwendig zu wissen, das man die gerechtigkeit nicht allein einmal in der tauff und im ersten glauben bekumme; sondern so offt wir ware reue und leid

96. Vgl. Röm 8,3; Gal 4,4f.
97. Vgl. o. S. 276,1-6, u. ö., Nr. 488.
98. erfinden, ausdenken.
99. Vgl. o. S. 62, Nr. 488/496, und 194,25-196,5, Nr. 488.
100. Vgl. o. Anm. 94.
101. Röm 8,4.
102. ebd.
103. sc. von der.
104. Vgl. o. Anm. 57.

uber unser sůnde haben und gleuben an den herrn Christum, alsdenn kume der herr Christus und Gott wider in seinen tempel und wone alda[105].

Das sein einfeltige und klare wort, darvon last euch nicht fůren[106]! Es mus die gerechtigkeit in uns sein; die ist Gott selbst. Sie kumpt aber nicht in uns, es sey denn die sůnde bezalet. Das hat aber der herr Christus gethan. Und durch die predigt des evangelii, darinnen uns verkůndiget wirt, das der herr Christus solches gethan habe, zeucht Gott zu uns ein als in seinen tempel. Und ist also unser gerechtigkeit in uns, die ist Gott selbst, nemlich Gott der vater, Gott der son und Gott der heilige geist. Und wir werden darumb fur gerecht gehalten, das die gerechtigkeit Gottes, die in uns ist, nicht unser, sondern des herrn Christi ist; und wird uns geschenckt, als wer sie unser eigen[107]. [B6b:]

Derhalben sollen wir lernen, wie wir wandeln sollen, wenn wir gerecht worden sind, nemlich das wir dem heiligen Geist und nicht dem fleisch folgen sollen[108]. Folgen wir aber dem fleisch, so verlieren wir die gerechtigkeit, bekummen sie aber wider durch ware bus und reu und durch den glauben.

Das ist das grosse geheimnis, warumb Gott seinen Son in die welt gesandt hat[109], nemlich das er nicht allein unser sůnde trůge, sondern auch, das er die gerechtigkeit brechte nicht allein in seine heilige menscheit, sondern auch in alle gleubigen als in seine glieder[110].

Also haben wir durch den glauben Gott in uns. Derselb ist unser leben, gerechtigkeit und heiligkeit und wirt uns behůten fůr allem ubel[111], das wir sein tempel bleiben bis ans ende und in Christo selig werden[112]. Das verley uns Gott allen. Amen.

Gedruckt zu Kőnigsperg in Preussen.

105. Vgl. Joh 14,23.
106. abbringen.
107. Vgl. dazu auch o. S. 226,8-12, Nr. 488.
108. Vgl. Röm 8,4.
109. Vgl. 1Tim 3,16 und Gal 4,4 u. ö.
110. Vgl. o. S. 294,1-34, Nr. 488.
111. Vgl. Ps 121,7.
112. Vgl. Mt 10,22 par.

Nr. 515
Predigt über Röm 8,9-11
1552, Februar 22

Bearbeitet von *Hans Schulz*

Einleitung

1. Osianders Predigttätigkeit in Königsberg

Aus Osianders letztem Lebensjahr ist eine Reihe von Predigten erhalten; vgl. dazu o. S. 376-379, Nr. 503.

2. Inhalt

In Ergänzung zur vorausgehenden – nicht erhaltenen – Predigt über die geistlichen und fleischlichen Menschen weist Osiander in seiner Predigt vom 22. Februar 1552 über Röm 8,9-11 auf das Kennzeichen hin, das den geistlichen Sinn erkennen läßt: Wer Jesus von Herzen als Herrn erkennt, ist geistlich gesinnt.

Der behandelte Textabschnitt lehrt, was der heilige Geist und die neue Geburt in uns wirken.

Christus gibt uns einen neuen Sinn; die anklebende Sünde soll unterdrückt werden, wir werden ›geistlich‹ genannt. Der Geist Gottes wohnt in uns, wirkt nicht nur aus der Ferne, sondern ist gegenwärtig. Viele in der Christenheit haben den Geist verloren, gehören nicht mehr zu Christus. Wer Christus durch den Glauben annimmt, der bekommt Gottes Geist, Gott wohnt in ihm.

Der Mensch stirbt zweifach den Sünden ab, erst im Gemüt, dann mit dem Leib; er steht aber auch zweifach wieder auf, im Gemüt, um mit Christus schon jetzt zu leben, und leiblich am Jüngsten Tag. Wenn Christus in uns wohnt, soll der sündige Leib unterdrückt werden, als wäre er tot (der Leib schämt sich vor Christus, übel zu tun); der Geist, Gott selbst, ist in uns und damit Leben und Gerechtigkeit. Leib und Geist stehen gegeneinander.

Wie man im Gemüt geistlich stirbt und aufersteht, so wird Christus auch den Leib auferwecken; beides deshalb, weil wir Gottes Wohnung sind. Seit der Taufe sterben wir den Sünden ab und leben durch den Geist, und wenn wir leiblich sterben, werden wir auch auferweckt am Jüngsten Tag.

Bei der Taufe ist der Same, das Wort Gottes, zu unterscheiden von der Änderung, die gewirkt wird: Wir werden eine ›neue Kreatur‹. Gott, der uns ändert, ist selbst unsere Gerechtigkeit; beides ist aber nicht zu trennen.

Der durch Wort und Sakrament uns einwohnende Christus bewirkt das Wachstum des geistlichen Menschen, bringt Adams Verlust wieder zurück, tilgt das Werk des Teufels aus.

3. Überlieferung

Handschrift:

a: Nürnberg StB, Will VII, 1152 a/1 (= fol. 9r-14v): Kop. von A aus der 2. Hälfte des 16. Jh.[1] mit sehr vielen Fehlern (textkritisch bis auf eine Ausnahme nicht berücksichtigt).

Druck:

A: Königsberg: [Hans Lufft][2], 1553 = *Seebaß*, Bibliographie, S. 190, Nr. 76. Unserer Edition liegt das Exemplar Nürnberg StB, Theol. 536.4°, 4. Beibd., zugrunde.

Text

[A1a:] Ein schoͤne predigt des ehrwirdigen und achbarn[!] herrn Andreae Osiandri seligen[1] etc. uber die wort S. Pauli zun Roͤmern am 8. [9]: »Ir aber seid nicht fleischlich« etc., den 22. Februarii des 1552. jars geschehen. 1. Corinth. 6 [11]: »Ir seid abgewaschen, ir seid geheiliget, ir seid gerecht worden durch den namen des Herrn und durch den geist unsers Gottes«. Koͤnigsperg in Preussen 1553. [A1b:]

S. Paulus zun Roͤmern am 8. cap. [9-11]: »Ir aber seid nicht fleischlich, sondern geistlich, so anders[2] Gottes geist in euch wonet. Wer aber Christus geist nicht hat, der ist nicht sein. So aber Christus in euch ist, so ist der leib zwar tod umb der suͤnden willen, der geist aber ist das leben umb der gerechtigkeit willen. So nu der Geist des, der Jesum von den todten aufferweckt hat, in euch wonet, so wird auch derselbige, der Christum von den todten aufferwecket hat, eure sterbliche leibe lebendig machen umb des willen, das sein Geist in euch wonet«. [A2a:]

Ein schoͤne predigt über die wort S. Pauli Rom. 8 [9]: »Ir aber seid nicht fleischlich, sondern geistlich, so anders Gottes geist in euch wonet« etc.

Wir haben am nechsten[3] gehoͤrt, wie uns der heilig Paulus leret und unterweiset, wie das zweierley menschen sein, nemlich geistliche und fleischliche, und was dasselbige

1. Vgl. u. A. Bd. 8, S. 572, Nr. 348: Hs. g.
2. Der Name des Druckers ist erschlossen; die Druckbeschreibung von *Seebaß* muß an dieser und an folgender Stelle korrigiert werden: Die Predigt reicht nicht bis Bl. B6a, sondern nur bis Bl. B5b.

1. Osiander war am 17. Okt. 1552 gestorben, vgl. *Stupperich*, Osiander, S. 352.
2. wenn überhaupt.
3. zuletzt, das letztemal. – Der dieser Predigt zugrunde liegende Text war wohl Röm 8,5-8 entsprechend Osianders lectio continua, vgl. den Predigttext vom 9. Febr. o. S. 489,7-14, Nr. 514. Da Osiander sonntags, montags und dienstags predigte (vgl. dazu o. S. 381, Anm. 2, Nr. 503), kommen für die Predigt der 14., 15., 16. oder der 21. Febr. in Betracht. Wie die restli-

fur menschen sein. Neben dem haben wir auch gehoͤrt, das die geistlichen nicht allein schlecht[4] geistlich sind, heimlich und verborgen, sondern das sie auch einen geistlichen sin haben, also das sie auch, wo sie anders acht selbst darauff geben, die verenderung, die durch die neuen geburt geschehen ist, künnen mercken[5].

Denn es ligt an einer schlechten und doch an einer holtseligen[6] prob, wie denn solches der heilige Paulus zun Corinth. in der ersten am 12. cap. [3] [A2b:] bezeugt, das niemand koͤnne sagen: Herr Jesu, denn allein durch den heiligen Geist. Wer nun den herrn Jesum von hertzen fuͤr einen herrn erkent und helt, als der in erstlich erschaffen, darnach auch von suͤnd und tod, teufel und helle erloͤset habe, der hat gewislich den heiligen Geist und ist geistlich gesinnet, ja er kan nicht anders, er mus den herrn Christum lieben und im geneiget sein und nicht allein sein wort fleissig hoͤren, sondern auch im zu gefallen leben. Solchs kan aber kein Jude, Tuͤrcke oder heide thun. Es ist auch unmuͤglich, das man solche gedancken in ir hertz kuͤnde bringen, solange sie in irem falschen glauben bleiben[7].

Dieweil wir den unterscheid wissen, was geistliche und fleischliche menschen sein und das die fleischlichen nach dem fleisch gesinnet sein, dieweil sie in allem das ire suchen, und die geistlichen auch ires geistlichen sinnes empfinden[8], denn sie lieben den herrn Christum, so leret uns nu der heilige Paulus weiter, was der Geist und die neue geburt in uns wircke, und troͤstet uns auch, das wir uns sollen darfuͤr halten, das wir geistlich sind. Denn es gehet den menschen schwerlich[9] ein, und es mus eine sonderliche[10] gnade Gottes sein, wenn sie solchs durch den glauben fassen sollen, das Christus unser und in uns sey, gebe uns seinen heiligen Geist, der uns endere und zu solchen menschen mache, die da Gottes tempel sind[11], und das wir durch in geheiliget werden[12] etc. Darumb mus man gemach[13] und freundlich mit [A3a:] den leuten umbgehen, ehe sie das hohe[14] werck Gottes begreiffen. Denn der mensch wil alzeit zuruͤckweichen, wenn er seine schwacheit und grosse suͤnde ansicht, und ist im nerrisch[15] zu hoͤren, was man von solcher goͤttlicher einwonung saget, und spricht: Was, solt Gott in mir wonen und durch seinen heiligen Geist in mir wircken? Ich bin viel

chen Predigttermine von ihm genutzt wurden, wissen wir nicht. Aus einer Bemerkung des Professors u. S. 546,2-4, Nr. 520-521, geht hervor, daß er zur gleichen Zeit auch über das Matthäusevangelium gepredigt hat.

4. schlicht, einfach.

5. Vgl. dazu Osianders Äußerungen in seiner Vorlesung vom 23. April 1551, die von Mörlin heftig angegriffen wurden, u. A. Bd. 9, S. 646,7-14, Nr. 461. Vgl. weiter o. S. (385,3-)385,28-386,7, Nr. 503.

6. freundlichen, treu(herzig)en.

7. Vgl. o. S. 491,13-18, Nr. 514.

8. Vgl. o. Anm. 5.

9. schwer.

10. besondere, eigene.

11. Vgl. I Kor 3,16 u. ö.

12. Vgl. I Kor 6,11; Eph 5,26 u. ö.

13. ruhig.

14. wichtige, bedeutungsvolle, schwer zu verstehende.

15. kaum begreiflich.

zu ein armer, elender mensch und zu ein grosser sůnder, ein sterblich und vergengklich erdenklotz[16]. Und gehet im also solche hohe lere gar schwer ein.

Aber der heilige Paulus spricht: »Ir seid nicht fleischlich, sondern geistlich«[17], gleich als sprech er: Nachdem ir an Christum gleubet, ob irs wol von euch selbs nicht wissen noch fassen kůndet, das ir geistlich seid, so sage ichs euch doch, und ir solt mirs als einem apostel Gottes auch gleuben, das ir nicht mehr fleischlich, sondern geistlich seid. Denn alle, die an den herren Christum gleuben, die haben seinen geist. Der gibt inen auffs wenigst einen neuen sin[18], den die Juden, Tůrcken und heiden nicht haben, noch haben kůnnen. Dieser neue sin zeuget denn, das sie geistlich sind.

Wir mussen aber fleissig[19] unterscheiden: Denn ob wir wol durch den heiligen Geist geistlich sein, so ist doch die fleischliche natur noch in uns, und klebet die sůnde noch darinnen[20]. Dar-[A3b:]umb moͤcht[21] jemands billich[22] fragen: Dieweil wir nach dem geistlichen teil geistlich genennet werden, warumb werden wir nicht auch nach dem fleischlichen teil fleischlich genennet? Solchs wird der heilige Paulus hernach verantworten[23]. Und wiewol wir die fleischliche natur sampt der sůnden noch in uns haben, so mus sie dennoch nicht in uns herschen[24], das ist, wir sollen ir nicht folgen und sie nicht lassen ins werck komen[25], sondern sie sol unterligen, als ob sie tod were. Darumb werden wir nach dem besten teil genennet, dieweil dieses herschet und jenes tod ist. Derhalben spricht er zu allen christen: »Ir seid nicht fleischlich, sondern geistlich«.

Also[26] haben wir nu nicht einmal, sondern schon zum offtermal gehoͤret, das der geist Gottes in den rechtgleubigen wone[27]. Und mercket das woͤrtlein ›wonen‹ mit vleis, dieweil es nicht vergebens also gered wird. Denn es sind etliche irrige geister, die es nicht anders verstehen wollen, denn das der geist Gottes in uns wircke und sey doch nicht in uns. Und das ist also zu verstehen: Gleichwie die sonne im acker oder im garten wircket, das der same, der da geseet ist, auffgehe und frucht bringe, und kumpt doch die sonne nicht in den acker, sondern bleibet ein grosse, treffliche[28] weite zwischen der sonnen und dem acker, also wollen sie auch den leuten einbilden[29], das der heilige Geist nicht in uns sey, sondern wircke nur in uns[30]. Aber das ist

16. Erdenkloß, vgl. Gen 2,7.
17. Röm 8,9.
18. Vgl. o. Anm. 5.
19. sorgfältig, genau.
20. Vgl. Hebr 12,1.
21. könnte.
22. zurecht.
23. beantworten. – Vgl. dazu weiter u. S. 506,12-16.
24. Vgl. Röm 6,12.
25. zur Tat werden.
26. So.
27. Vgl. Röm 8,9.
28. gewaltige.
29. einprägen, vorlügen.
30. Den gleichen Vergleich verwendet Osiander in seiner ›Widerlegung‹ Melanchthons, vgl. o. S. 600,12-19; 601,18-23, Nr. 522.

[A4a:] falsch, unchristlich und verdamlich, wie wir mit der zeit mehr darvon sagen werden.

Und diesen falschen verstand[31] wehret der heilige Paulus mit dem woͤrtlein ›wonen‹. Denn der heilige Geist wirckt nicht allein in uns, sondern ist auch mit seinem goͤttlichem wesen warhafftig gegenwertig in uns. Und damit wir ja daran nicht solten zweifeln, so hat der herr Christus nach seiner himelfart den heiligen Geist ein lange zeit sichtiglich in feurflammen gegeben[32], auff das man sehe und mercke, das es nicht allein ein wirckung were, sondern der heilige Geist selber. Darumb ist er auch auff den herrn Christum in der tauff in einer taubengestalt von himel herabgekomen und auff im geblieben[33], auff das wir gewis weren, das der heilige Geist auch in uns wonen und bleiben solt. Darumb spricht Paulus: Dieweil der geist Gottes in euch wonet, seid ir nicht fleischlich, sondern geistlich[34]. Denn wir mussen also geistlich, lebendig und gerecht sein, das ob er sich gleich nicht mercken lest, sondern feiret[35] und in uns nichts wircket, das wir dennoch geistlich, lebendig und gerecht sein. Gleichwie nach der welt[36] ein fromer[37] man bleibt ein fromer man, ob er gleich schlefft und nichts thut. Warumb? Denn er hat eine frome, redliche und unstreffliche art oder tugent; die ist in im, der thu etwas oder thu nichts. Also sein wir auch geistlich, lebendig und gerecht. Warumb? Darumb, das der geist Gottes in uns wonet, ob wir gleich nichts thun, sondern schlaffen. [A4b:] Darumb stehet[38] es in dem, das alle christen geistlich sein, ja so der geist Gottes in inen wonet; er wonet aber in allen, die einen rechten glauben haben. Darumb wer rechtschaffen gleubet, der hat den heiligen Geist und ist geistlich.

Die gantze christenheit aber ist gemengt. Denn es sein in der christenheit menschen, die den namen haben und sind getaufft, aber sie fuͤren ein boͤses, ergerlichs leben, das sie also durch iren unglauben und verachtung der reinen lere wider tod werden, den glauben und den heiligen Geist wider verlieren, und dieselbigen, dieweil sie den geist Christi nicht mehr haben, sein sie nicht mehr geistlich, sondern sein widerumb fleischlich worden. Denn hie gehet[39] die gemeine[40] regel, welche uns der heilige Paulus so ernstlich fuͤrhelt und spricht: »Wer den geist Christi nicht hat, der ist nicht sein«[41]. Wir mussen des herrn Christi eigen sein, denn er hat uns erschaffen und von suͤnd, tod, teufel und hell erloͤset; so mus er auch unser herr sein. Wenn wir aber seinen geist durch den glauben nicht empfangen oder aber widerumb verlieren, so sind wir nicht sein, das ist, er helt uns nicht fuͤr seine glieder[42], und wir sein im nicht ein-

31. dieses falsche Verständnis, diesen falschen Sinn.
32. Vgl. Act 2,3f.
33. Vgl. Mt 3,16 par.
34. Vgl. Röm 8,9.
35. ruht.
36. der Weise der Welt nach, vor der Welt.
37. tüchtiger, braver, rechtschaffener.
38. besteht.
39. gilt.
40. allgemeine.
41. Röm 8,9.
42. Vgl. Eph 5,30.

geleibet[43]. Darumb sein wir auch seiner goͤttlichen natur nicht teilhafftig[44], sondern sein und blei-[B1a:]ben feinde Gottes, bis das wir uns zu im durch ware buss bekeren und recht gleuben. Die sein nu nicht Christi, wes sind sie denn? Warlich, sie werden unter der gewalt des teufels sein, und wenn sie also blieben, weren sie in ewigkeit verdampt!

Darumb so mercket den punckt mit fleis: »Wer den geist Christi nicht hat, der ist nicht sein«, das ist, der ist nicht ein lebendig glid seines leibes, so ist er auch nicht seiner goͤttlichen natur teilhafftig, sondern ist fleischlich und in dem reich des satans. Daraus folget denn unwidersprechlich, das nichts anders sey, das uns mit der that selig, lebendig und gerecht mache, denn das der heilige Geist in uns sey. Der heilige Geist aber kumpt nicht in uns, es sey denn, das wir zuvor den herrn Christum durch den glauben ergreiffen, denn der bringt mit sich den heiligen Geist und den Vater. Die sind denn unser leben, unser gerechtigkeit und unser heiligkeit etc. Denn der herr Christus hat uns durch sein leiden, sterben, blutvergissen und gantzen gehorsam das verdienet und erworben, das uns Gott erstlich die suͤnde vergibt und das er darnach durch den glauben zu uns wil komen und wonung bey uns machen[45]. Wenn wir nu Christum also durch den glauben annemen, so wonet denn der Vater und der heilig Geist auch in uns[46], und werden also durch sie lebendig, gerecht und heilig, und ist also Gott selbs unser gerechtigkeit[47]. Denn wo der heilige Geist ist, da ist zuvor der herr [B1b:] Christus, und der Vater ist auch da. Denn wo der Vater und der Son nicht sein, da ist auch der heilige Geist nicht. Wo aber der heilige Geist nicht ist, da ist der mensch verloren. Darumb sag ich, das der herr Christus durch sein leiden, sterben und blutvergiessen uns das erworben habe, das Gott in uns wonen wolle. Wenn er nu bey uns und in uns wonet, so mus er ja selber unser gerechtigkeit sein[48]. Wo aber das nicht geschicht, so sind wir verloren, und bey dem wirds gewislich bleiben. Darumb sagt der heilige Paulus: »Wer den geist Christi nicht hat, der ist nicht sein«, und spricht hernach weiter: »So aber Christus in euch ist«[49] etc.

Nun zeiget er an, was solcher Geist in uns wircke, und spricht: »So Christus in euch ist, so ist der leib zwar tod umb der suͤnde willen, der Geist aber ist das leben umb der gerechtigkeit willen«[50]. Zuvor hat er gesaget: »Wer den geist Christi nicht hat, der ist nicht sein«, itzt spricht er: »So Christus in euch ist« etc., damit wil er anzeigen: So wird auch sein geist in euch sein. Diese wort verkeren auch etliche falsche geister und sagen, der herr Christus sey nicht anders in uns, denn nur allein durch den heiligen Geist. Denn sie hangen an der Zwinglischen schwermerey und gleuben nicht, das der ware [B2a:] leib und das ware blut im sacrament des altars sey[51]. Dar-

43. einverleibt, einbezogen, eingegliedert.
44. Vgl. II Petr 1,4.
45. Vgl. Joh 14,23 und o. S. 102,22-24; 108,12-23, Nr. 488.
46. Vgl. u. A. Bd. 9, S. 688-698, Nr. 474.
47. Vgl. Jer 23,6; 33,16.
48. Vgl. I Kor 1,30.
49. Röm 8,9f.
50. Röm 8,10.
51. Vgl. o. S. 196,8-10; 218,5-220,1, Nr. 488; vgl. weiter u. A. Bd. 9, S. 442,22-444,6, Nr. 425.

umb gleuben sie auch viel weniger, das der herr Christus in uns sey, sondern nur der heilige Geist, und wöllen die wort Pauli also glosiern[52], das Gott nicht anders denn durch den heiligen Geist in uns sey. Aber solche glos ist auch von den alten vetern verworfen, als vom Chrisostomo, der zeuget mit klaren worten, das diese glos falsch sey[53]. Denn wo der heilige Geist ist, wie sol da auch nicht zugleich sein der Vater und der Son. Also auch wo der herr Christus ist, da ist er gantz und gar, nemlich Gott und mensch. Darumb mus man in Christo anheben, der mus in uns sein, und wir in im[54], auff das wir glieder werden seines leibs[55]. So werden wir auch teilhafftig seiner göttlichen natur[56], nemlich seines worts und des heiligen Geists, welchs[!] da lebendig macht[57]. Denn der heilige Geist ist bey dem wort und quillet aus dem wort[58]; wo nu der Son und der heilige Geist ist, da ist auch der Vater. Derhalben spricht Paulus: »So Christus« und sein geist »in euch ist, so ist der leib zwar tod umb der sünde willen«[59]. Damit wil er erkleren, das er zuvor gesagt hat: »Ir seid nicht fleischlich, sondern geistlich«[60]. Warumb denn geistlich und nicht fleischlich? Darumb das Christus in euch ist, und sein geist auch in euch ist, »darumb ist der leib tod umb der sünde willen«.

Wir haben droben im sexten capitel gehört, wie der mensch auff zweierley weise sterbe und auff zweierley weise lebe, erstlich im gemüt, dar-[B2b:]nach im leibe und in der gantzen natur[61]. Wenn der mensch durch das gesetz sich fur einen sünder erkennet und bekennet, das er den tod verdienet habe, und ob in gleich Gott zu gnaden anneme, so konne er doch der sünden nicht gar los werden, er sterbe denn – darumb spricht er auch: Ich wil gern sterben, denn darumb bin ich durch die tauff dem tod Christi eingeleibet[62], auff das ich der sünden absterbe –, also ist er im gemüt tod, darnach aber nach 20, 30, 40 etc. jaren, so stirbet auch der leib. Wenn er denn nu also im gemüt gestorben ist, so stehet er durch den glauben wider auff und gleubet, das er mit Christo ewiglich leben werde. Darnach stehet der leib am jüngsten tag auch wider auff. Da wird denn leib und seel wider miteinander vereiniget und leben alsdenn in ewigkeit[63].

Auff diese geistliche weise spricht der heilige Paulus: »So Christus in euch ist, so ist der leib wol tod umb der sünde willen«. Denn der herr Christus, der in euch ist,

52. erklären, deuten, verdrehen.

53. Vgl. dazu u. S. 604,13-605,2, Nr. 522.

54. Vgl. Joh 17,21.

55. Vgl. Eph 5,30.

56. Vgl. II Petr 1,4.

57. Vom Sinn des Satzes (nach Überlieferung A und a!) auf das ›Wort‹ zu beziehen; vgl. dazu Joh 5,21 u.ä. (Zur Parallelaussage für den ›Geist‹ vgl. Joh 6,63 u.ö.)

58. Vgl. Joh 4,14.

59. Röm 8,10.

60. Röm 8,9.

61. Osiander greift auf seine Predigt vom 28. Dez. 1551 über Röm 6,3f, o. S. 376-387, Nr. 503, zurück.

62. Vgl. Röm 6,4.

63. Vgl. auch o. S. 389,14-22, Nr. 504.

der wil nicht, das die suͤnde in euch hersche[64], sondern das ir sie druͤcket[65] so lang, bis sie gantz und gar ausgereutet werde, wil also den leib untertruͤcken, nachdem wir geistlich neugeboren sind, auff das die suͤnde nicht in uns hersche. Also ist der leib tod, das ist, er mus nicht leben nach seinem fleischlichen sin, sondern dem herrn Christo und seinem geist raum geben, das wir leben, wie es dem herrn Christo wolgefelt, das ist, das er sagt: »Der leib ist tod umb der suͤnde willen«[66]. [B3a:]

Gleichwie die kriegsknecht, die das grab des herrn Christi bewachten, da sie sahen den engel des herrn, der den stein von des grabes thuͤr hinwegthet, des »gestalt war wie der blitz und sein kleid weis als der schnee«[67] – spricht der evangelist: »Sie erschracken fuͤr forcht und wurden als weren sie tod«[68], das ist, es dorft sich keiner unter inen nicht regen[69], und sie kundtens auch nicht fuͤr[70] schrecken und grosser forcht. Also auch wenn Christus in uns ist, so ist die suͤnd in uns tod, das ist, der suͤndliche leib wird durch die gegenwertigkeit des herrn Christi nidergedrucket, das er sich vor im schemen mus. Denn wenn der herr Christus in uns wonet, so schemet sich der leib, ubel zu thun, zu stelen, hurerey zu treiben, todschlagen, wuchern[71] etc., ja, er schemet sich auch, etwas von solchen zu gedencken. Also ist der leib umb der suͤnden willen tod. Wenn aber die suͤnd nicht im leibe were, so moͤcht[72] sich der leib regen und wegen[73], denn er thete nichts anders, denn das dem herrn Christo wolgefiel. Aber dieweil[74] er noch die suͤnde in sich hat, so sol er sich innen halten und nicht suͤnde thun. Das merket mit allem fleis: »Der leib ist tod umb der suͤnde willen«, das ist, umb der suͤndlichen natur willen, die noch im fleisch stecket.

Weiter spricht der heilige Paulus: »Der Geist aber ist das leben umb der gerechtigkeit willen«[75]. Wenn wir den geist Christi haben, so ist der Geist unser leben. Denn gleichwie der leib nicht lebet, wo die seel nicht da ist, also auch lebet die seel nicht, wo sie nicht mit dem heiligen [B3b:] Geist begabet ist und Gott in ir wonet. Und hie gilt es gleich, man nenne den Vater oder den Son oder den heiligen Geist; denn ein jeder ist unser leben. Darumb auch Christus spricht Johan. 6 [57]: »Wie mich gesand hat der lebendige Vater und ich lebe umb des Vaters willen, also, wer mich isset, derselbige wird auch leben umb meinenwillen«, und Johannes der evangelist spricht Johan. 1 [1.4]: »Gott war das wort« etc., »in im war das leben, und das leben war das liecht der menschen« etc. Also ist Gott der vater, Gott der son und Gott der heilige geist bey uns und in uns[76]. Und wenn wir den heiligen Geist haben, so ist er auch un-

64. Vgl. Röm 6,12.
65. Vgl. I Kor 9,27.
66. Röm 8,10.
67. Vgl. Mt 28,1-3 par.; Zitat V. 3.
68. Mt 28,4.
69. es wagte keiner … sich zu regen.
70. vor, aus.
71. Vgl. Gal 5,19-21 u. ä.
72. könnte.
73. sich bewegen, rühren.
74. solange.
75. Röm 8,10.
76. Vgl. o. Anm. 46.

ser leben. Warumb? Der leib ist tod. Warumb das? Umb der sůnde willen und, das sůnde in [ihm][a] ist. Warumb ist aber der Geist das leben? Er spricht: »Umb der gerechtigkeit willen«. Denn gleichwie der leib sůnde hat und ist sůndlicher natur, also ist der Geist das leben und die gerechtigkeit und hat in sich die gerechte natur. Darumb wenn wir den heiligen Geist haben, so ist er selber unser leben und gerechtigkeit. Denn also mus es gegeneinander gesetzt sein, das gleichwie der leib tod ist umb der sůnde willen, also mus der Geist das leben sein umb der gerechtigkeit willen. So ist ja nu klar, das Gott mus unser leben und gerechtigkeit sein, doch nicht ausserhalb Christo. Und wenn wir den heiligen Geist nicht haben, so sind wir nicht gerecht und gehőren nicht zum herrn Christo, sonder sind tod.

Wir haben aber droben auch gehőrt, wie wir geistlich sterben und leben, welches geschicht, wenn der leib also stirbt, das der heilige Geist in uns lebe[77]. Nu folget weiter, wie es auff den jůngsten tag werde zugehen: [B4a:] »So nu der Geist des, der Jesum von den todten aufferwecket hat, in euch wonet, so wird auch derselbige, der Christum von den todten aufferwecket hat«[78], etc. Hie hőren wir abermal, das der heilige Geist nicht allein in uns wircke, sondern auch in uns wone, denn er spricht: »So der geist des, der Jesum von den todten aufferweckt hat (das ist der geist Gottes des vaters, der auch des Sons geist ist, denn er gehet aus vom Vater und vom Sone[79]) in uns wonet«, so folget, das auch derselbige, des der Geist ist, nemlich Gott der vater, unsere sterbliche leibe werde lebendig machen[80]. Warumb? Er hat Christum von den todten aufferweckt, und dieweil die gőttliche natur in Christo so viel gewirket hat, das er nicht hat kőnnen im tod bleiben, sondern hat in von den todten wider aufferwecket, so wird auch der geist Christi und des Vaters, der in unserm leibe wonet, verursachen, das uns Gott zu seiner zeit wird auch lebendig machen. Denn das wir leiblich mussen sterben, das erfaren wir teglich, und man darf[81] nicht viel darvon predigen. Wenn du aber geistlich stirbst und druckest die sůnde unter und lest sie nicht in dir herschen, so wird der heilige Geist, den du durch die tauff und durch den glauben bekummen hast, in dir bleiben und dich lebendig machen. Wie du aber nu geistlich gestorben bist im gemůt und darnach auch geistlich widerumb aufferstanden, stirbst aber darnach auch leiblich, also wirstu auch warhafftig in dem leiblichen tode nicht bleiben, sondern auch mit [B4b:] dem leib widerumb aufferstehen. Denn wie kan der tempel, darinnen Gott wonet[82], im tode bleiben? Nein, warlich! Sondern »der den herrn Christum von den todten hat aufferweckt«[83], der wird auch un-

a) konj. in A; uns: a.

77. Vgl. o. S. 506,17-28.
78. Röm 8,11.
79. Vgl. dazu BSLK, S. 27,2f. Zur dogmatischen Formel ›filioque‹ vgl. RGG 2, Sp. 1280; TRE 12, S. 203,20-204,11.
80. Vgl. Act 2,24 u. ö.; I Kor 6,14 u. ö.
81. braucht … zu.
82. Vgl. I Kor 3,16 u. ö.
83. Röm 8,11.

sere leibe aufferwecken. Warumb? Darumb das sein Geist in uns wonet und das wir seine wonung sein und das er in ewigkeit in uns bleiben wolle, darumb kan auch der leib nicht im tode bleiben. – So gehet es nu in unser neuen geburt zu. Nach der neuen geburt sterben wir der sünden immerzu ab, das wir nicht darein verwilligen, und werden widerumb durch den heiligen Geist lebendig und gerecht. Und wie wir werden leiblich sterben, also werden wir auch widerumb leiblich am jüngsten tag aufferwecket, darumb das sein Geist in uns wonet.

Wir mussen aber in der widergeburt zwey ding ansehen, zum ersten den samen, der in uns geseet wird, derselbige aber ist das wort Gottes[84] und der heilige Geist, zum andern die enderung, welche derselbige same in uns wircket, das wir aus fleischlichen menschen geistliche menschen werden. Wo man das also recht unterscheidet, so verstehet man den heiligen Paulum leichtlich. Denn er redet unterschiedlich[85] darvon: Er heist uns neue menschen[86] und ein neue creatur[87], die wir durch den heiligen Geist geendert werden. Aber Gott selbst, der uns endert, heist er unser gerechtigkeit, leben, heiligkeit und herligkeit[88]. [B5a:]

Und solchs mus[89] man nicht untereinandermengen. Denn es sein etzliche irrige geister, welche, so sie hören, das der heilige Paulus uns, die wir geendert sein, ein neue creatur nennet, so fassen sie das wort creatur und meinen darnach, unser gerechtigkeit sey auch ein creatur[90], welchs doch falsch ist. Darumb mus man den unterscheid zwischen der gerechtigkeit und der enderung wol behalten[91]. Denn das wort und der heilige Geist sind der same, der uns endert; unser natur aber ists, die verendert wird durch den samen. Gott bleibet Gott und bleibet in uns. Der verheisset, uns seinen Geist zu geben, und spricht: Ich wil euch meinen Geist geben[92], der sol ewiglich bey euch bleiben! Darumb ists ein anders: das leben, die gerechtigkeit und die heiligkeit, und ein anders: der neue mensch, der verneuert wird und ein neue creatur ist – und sein doch also ineinander vermenget, das sie nicht getrennet sollen werden.

Solchs alles aber wircket der herr Christus durch das evangelium und durch die hochwirdigen sacrament[93]. Denn wenn wir dem evangelio gleuben, so gehet der herr Christus ein durch die oren in unser hertz, nimpt dasselbig gantz und gar ein und wonet denn in uns als warer Gott und mensch mit dem Vater und heiligen Geist[94]. Wenn er nu also in uns ist, so gebirt er uns neu nach dem gemüt und fehet denn auch

84. Vgl. I Petr 1,23.
85. unterscheidbar, verschieden.
86. Vgl. Eph 4,24 par.
87. Vgl. II Kor 5,17 u. a.
88. Vgl. I Kor 1,30.
89. darf.
90. Vgl. o. S. 154,2-5, Nr. 488.
91. Die gleiche Unterscheidung trifft Osiander in seiner ›Widerlegung‹ Melanchthons, vgl. o. S. 644,3-645,13; 655,30-656,10, Nr. 522.
92. Vgl. Joel 3,1 par.; Gal 3,14; I Thess 4,8 u. ä.
93. Vgl. o. S. 108,17-23, Nr. 488.
94. Vgl. o. S. 116,20-118,15; 130,11-132,3, Nr. 488.

an, nach seiner gôttlichen natur die sûnde in uns zu vertilgen und auszufegen, bis solang[95] wir durch den tod gantz und gar der sûnden ab-[B5b:]sterben und on alle sûnde widerumb aufferstehen. Wie aber nu Christus durch sein wort, wenn wir dem evangelio gleuben, in uns wonet und uns durch seinen heiligen Geist regieret, lebendig, gerecht und heilig macht, also werden wir auch durch das sacrament seines leibs und bluts vergewiset[96] und versigelt[97], das er wolle in uns wonen und sich mit uns also vereinigen, das wir in ewigkeit nicht gescheiden sollen werden[98], richtet also dasjenige, das durch Adam verloren war[99], widerumb auff durch das wort und durch die sacrament und tilget aus, das der teufel in uns angerichtet hat[100]. Und also werden wir geistlich und unsterblich, das wir mit dem herrn Christo in ewigkeit auch werden leben und regieren[101]. Darzu helfe uns Gott allen, amen.

Gedruckt zu Kônigsperg in Preussen, den 10. Iunii 1553.

95. daß.
96. versichert.
97. erhalten, verbrieft.
98. Vgl. o. S. 218,11-26, Nr. 488.
99. Vgl. u. A. Bd. 9, S. 478,13-480,13, Nr. 427.
100. Vgl. o. S. 292,8-27; 294,28-296,12, Nr. 488.
101. Vgl. Röm 8,17; Apk 22,5.

Nr. 516
Gutachten zum ersten Württemberger Gutachten über das Bekenntnis ›Von dem einigen Mittler‹

1552, Februar 26

Bearbeitet von *Achim Jillich*

Einleitung

1. Das erste Württemberger Gutachten

Als eine der ersten offiziellen Stellungnahmen zu Osianders Bekenntnis ›Von dem einigen Mittler‹ auf das Ausschreiben des Herzogs Albrecht vom 5. Oktober 1551 hin traf im Laufe des Januar 1552 in Königsberg das Gutachten aus dem Herzogtum Württemberg vom 5. Dezember 1551 ein[1]. Es war von einem Gremium der hervorragendsten Theologen in Württemberg unter der Federführung von Johannes Brenz im Auftrag des Herzogs Christoph verfaßt worden[2].

In ihrer Stellungnahme[3] geben die Verfasser zunächst ihrer Verwunderung darüber Ausdruck, welche schwerwiegenden Vorwürfe zwischen Osiander und seinen Gegnern in Königsberg gewechselt werden. Inhaltlich gehen sie dann im weiteren Verlauf so vor, daß sie in einem ersten Hauptteil Osianders Aussagen über die Rechtfertigung durch Christus nach seiner göttlichen Natur, die Erwerbung der Sündenvergebung durch Christus in seinem Leiden nach seiner menschlichen Natur sowie den Christusbezug des Glaubens als mit der allgemeinen christlichen Lehre übereinstimmend würdigen[4].

In einem zweiten Hauptteil äußern sie die Vermutung, daß aber auch Osianders Gegner die Bedeutung der göttlichen Natur Christi für die Rechtfertigung des Menschen anerkennen und sie lediglich darauf hinweisen wollen, daß der im Glauben ergriffene Christus uns durch sein Leiden nach seiner menschlichen Natur mit Gott versöhnt hat. Die Württemberger Theologen kommen dabei zu dem Schluß, daß eine Einigung möglich sei, und formulieren dazu auch einen für beide Seiten akzeptablen Vorschlag[5].

In einem dritten Schritt gehen Brenz und seine Mitarbeiter auf die unterschiedliche Bestimmung des biblischen Begriffes der Gerechtigkeit bei Osiander und seinen Gegnern ein[6]. Dabei erkennen sie zwar Osianders Redeweise vor der ›wesentlichen

1. Vgl. o. S. 71f, Nr. 488/496.
2. Zu den Namen der Mitarbeiter von Brenz vgl. o. S. 458, Anm. 7, Nr. 510.
3. Das Württembergische Gutachten vom 5. Dez. 1551 ist abgedruckt in Albrecht, Ausschreiben, Bl. F3b-H1a.
4. Vgl. ebd., Bl. G1a-G2a.
5. Vgl. ebd., Bl. G2ab.
6. Vgl. ebd., Bl. G2b-G4a.

Gerechtigkeit‹ Christi in seiner göttlichen Natur an, weisen aber auch auf die Berechtigung der Ansicht seiner Gegner hin, daß Christus durch seine Werke und sein Leiden die Gerechtigkeit erworben hat. Dabei führen sie die Bibelstellen Röm 3,24; 4,3; 4,25; 5,19; Gal 5,22; IJoh 1,7 und Apk 1,5 an und belegen damit, daß Christus auch nach seiner menschlichen Natur unsere Gerechtigkeit sei und nach dem neutestamentlichen Sprachgebrauch mit ›Gerechtigkeit‹ auch die Sündenvergebung und das blutige Leiden Jesu Christi gemeint seien, wie Osianders Gegner betonen.

Zum Schluß ihres Gutachtens erinnern die Württemberger Theologen an das Gebot Christi zur Einheit unter den Christen (Joh 17,21), was angesichts der vom Trienter Konzil ausgehenden Gefahr für die Evangelischen von besonderer Bedeutung sei und eine Einigung gerade in der Kernlehre, der Rechtfertigungslehre, erforderlich mache[7].

2. *Die Stellungnahmen Osianders und seiner Gegner*

Herzog Albrecht übergab das Württemberger Gutachten sowohl Osiander wie auch seinen Opponenten Mörlin, v. Venediger und Hegemon zur Begutachtung. Die letzteren übergaben ihr Urteil am 9. Februar 1552[8]. Sie meinten, daß das württembergische Gutachten kaum eine Einigung herbeiführen werde. Denn Osiander erkenne die dort vertretene Auffassung nicht an, daß Christi Gehorsam als unsere Gerechtigkeit zu verstehen sei, die uns von Gott geschenkt werde. Von weiteren Verhandlungen mit ihnen möge der Herzog absehen, da sie ihr Gewissen nicht beflekken könnten, zumal er durch sein Vorgehen auch eine größere Öffentlichkeit gesucht habe.

Kurz zuvor hatte sich Mörlin in einem Brief auch persönlich an Herzog Albrecht gewandt[9]. Er meinte, Brenz habe den eigentlichen Kontroverspunkt verkannt, wenn er Osianders Ansicht von der Rechtfertigung durch die göttliche Natur Christi zustimme. Denn Osiander behaupte die Rechtfertigung allein durch die göttliche Natur und setze damit die menschliche Natur Christi herab.

Osiander antwortete dem Herzog mit dem vorliegenden Gutachten am 26. Februar 1552[10]. Entsprechend der Vorgehensweise der Württemberger Theologen, zunächst die Aussagen Osianders zu würdigen, dann aber auch den Ansichten seiner Gegner zuzustimmen, kann Osiander nur den ersten Teil des Gutachtens aus Württemberg begrüßen. Die seiner Meinung nach falsche Exegese der Bibelstellen zum Begriff der Gerechtigkeit lastet er nicht Brenz, sondern dessen Kollegen an. Die ungerechtfertigt positive Haltung zu seinen Widersachern hält er ihrer Unkenntnis über das Ausmaß der Polemik gegen ihn zugute. Osiander betont gegenüber dem

7. Vgl. ebd., Bl. G4b-H1a.
8. Es ist abgedruckt in Albrecht, Ausschreiben, Bl. H4a-J1b.
9. Dieser Brief Mörlins wird von Herzog Albrecht referiert in Albrecht, Ausschreiben, Bl. H3b.
10. Zur Datierung vgl. die Kanzleinotiz auf Hs. a weiter u. in der Überlieferung.

Herzog in diesem Zusammenhang, daß die Streitigkeiten nicht durch ihn, sondern durch die heftige Kritik seiner Gegner und deren Korrespondenz mit Wittenberg und Nürnberg hinter seinem Rücken ausgelöst worden seien. In der Überzeugung, die Heilige Schrift auf seiner Seite zu haben, versichert er, bei seiner Lehre bleiben zu wollen.

3. Zur Wirkung des Württemberger Gutachtens und der Stellungnahme Osianders

Herzog Albrecht teilte in seinem Ausschreiben von 1553 sein Motiv mit, die Württemberger Theologen trotz ihres Gutachtens vom 5. Dezember 1551 noch ein zweites Mal um eine Stellungnahme zu bitten[11]. Er meinte, die Gegner Osianders wollten die Aussagen von Brenz und seinen Kollegen für sich vereinnahmen. Um darüber Klarheit zu gewinnen und auch über den Sinn der von ihnen ausgelegten Paulus- und Johannesstellen, habe er die Württemberger aufgefordert, weitere Wege zur Einigkeit zu suchen.

In seinem diesbezüglichen Brief an Herzog Christoph von Württemberg vom 26. Februar 1552[12] weist er darauf hin, daß mit Hilfe des Gutachtens seiner Theologen bisher leider keine Verständigung zustandegekommen sei, wie die beiliegenden Kopien zeigten, womit er wohl die beiden Stellungnahmen Osianders und seiner Gegner zum Württemberger Gutachten meinte. Wenn er um ein zweites Gutachten bitte, so sollten dabei auch die anderen beigelegten Schriften berücksichtigt werden, nämlich weitere Drucke Osianders und auch die Konfutation der Gegner. Herzog Albrecht knüpfte daran die Bitte, Christoph möge auch auf die sächsischen Theologen einwirken, daß nicht vorschnell von einer Kirchenspaltung gesprochen, sondern weiterhin Möglichkeiten der Verständigung gesucht würden.

Herzog Albrecht wollte durch seine Bitte um ein zweites Württemberger Gutachten eine Verurteilung der Lehre Osianders verhindern. Da die bis zum Februar 1552 in Königsberg eingetroffenen Stellungnahmen zu Osianders Bekenntnis ›Von dem einigen Mittler‹ ganz überwiegend negativ ausgefallen waren[13], sah er in Brenz einen der wenigen, mit dessen Hilfe eine Ablehnung der Lehre Osianders durch das allgemeine kirchliche und theologische Urteil verhindert werden konnte. Mit dieser Haltung wird auch im Zusammenhang stehen, daß er Brenz schon öfter, zuletzt am 15. Januar 1551, für den Bischofsstuhl von Samland gewinnen wollte[14]. Diese Vorgehensweise stimmte mit den Interessen Osianders überein. Von ihm hat er sicher

11. Vgl. Albrecht, Ausschreiben, Bl. J3ab.

12. Der Brief des Herzogs Albrecht an Herzog Christoph von Württemberg ist gedruckt in Albrecht, Ausschreiben, Bl. J3b-K1a.

13. Vgl. die Beschreibung der Urteile o. S. 66f, 69-71, Nr. 488/496, und in *Stupperich*, Osiander, S. 215-221; 245-250; 281-296.

14. Vgl. dazu u. A. Bd. 9, S. 754, Anm. 3, und S. 757, Anm. 18, Nr. 486, sowie *Stupperich*, Osiander, S. 265.

erfahren, daß Osiander und Brenz seit ihrer gemeinsamen Arbeit an der Brandenburg-Nürnbergischen Kirchenordnung von 1533 gegenseitige Hochschätzung verband[15]. Osiander versuchte im Januar 1552 auch von sich aus, die Übereinstimmung seiner Lehre mit der von Brenz zu beweisen. Dieser Absicht sollten die beiden Drucke ›Beweisung‹ vom 24. Januar 1552[16] und ›Brentii Lehr‹ vom 28. Januar 1552[17] dienen.

4. *Überlieferung*

Handschriften:

a: Berlin GStAPK, XX. HA StA Königsberg, HBA J2 (K. 978), autogr. Ausf., unfoliiert (Foliierung vom Bearbeiter). Fol. 2r leer; auf fol. 2v die Kanzleinotiz: »Do[mini] Osian[dri] antwort uff die öbirlendischen bedencken, 26. Febru[arii] anno etc. 52«; darüber kopfstehend die weitere archivalische Notiz, die nicht mehr zutrifft: »Albertci[!] f[ürstliches] schreiben an die theologos, auch derselben antwor[t]h«. Diese Handschrift liegt unserer Edition zugrunde.

b: Berlin GStAPK, XX. HA StA Königsberg, HBA J2 (K. 977), S. 61-63: Zeitgenössische Kop. von a, Vorlage für c, mit redaktionellen Anweisungen für den Druck des Gutachtens von der Hand von Herzog Albrecht.

c: Berlin GStAPK, XX. HA StA Königsberg, HBA J2 (K. 975), fol. 27v-28v, mit der Überschrift: »D[omini] Andreae Osiandri in das wirtenbergissche erkantnus verwilligung«: Teilweise fehlerhafte Abschrift von b, Vorlage für Ed. 1.

Editionen[18]:

Ed. 1: Königsberg: Hans Lufft, 1553 = *Seebaß*, Bibliographie, S. 187, Nr. 74.1, Bl. H1b-H2b.

Ed. 2: Königsberg: Hans Lufft, 1553 = *Seebaß*, Bibliographie, S. 187f, Nr. 74.2, Bl. H1b-H2b.

15. Zur Freundschaft zwischen den beiden Reformatoren vgl. u. A. Bd. 9, S. 755, Anm. 7, Nr. 486.

16. Vgl. o. S. 421-449, Nr. 508.

17. Vgl. o. S. 450-456, Nr. 509.

18. Eine Teiledition bietet *Pressel*, Brentiana, S. 348, Nr. 188. Sie umfaßt etwa die erste Hälfte des Briefes und reicht bis »wider meniglich zu verthedigen«, vgl. u. S. 516,5f. Dieser Abschnitt wurde nämlich in einem Brief von Nikolaus von Amsdorf, Erhard Schnepf, Justus Menius u. a. an Brenz vom 14. Jan. 1553 zitiert, den *Pressel* ediert.

Text

[1r:][a] Durchleuchtiger hochgeborner furst, gnediger herr!
Dieweil eur F.D.[b] auffs kurzist zuverstehn begert[c][1], ob und wie ich mit des Brentii und seiner mitverwandten[2] schrifft[3] zufriden sey oder nicht, gib ich eur F.D. underthanigklich zu verstehn, das ich vom anfang derselben schrifft bis auff den paragraphum »wiewol nun die werck der gerechtigkait etc.«[4] kain einred hab, sonder lass mirs alles gefallen. Dann sie bekennen und lehren christlich und recht, allain das sie sich zu meinen widersachern versehen[5], sie bekennen solchs auch[6], da wais ich das widerspill[7], versehe mich auch, eur F.D. wisse es auch anderst.

Aber von gedachtem paragrapho an bis ans end[8] wirt ein getrungene[9] und erzwungene entschuldigung meiner widersacher gesucht, [d]die, glaub ich, sey guter maynung gesucht[d], dieweil sie aber selbs bekennen, das sie das gerechtigkait nennen, das nicht die gerechtigkait selbs, sonder nur werck der gerechtigkait sein[10], nym ich solchs bekantnus an und laß es darbey bleyben.

Sie furen auch etliche spruch, als Rom. 5[19] und dergleichen[11] und deutens auff

a) davor: D[omini] Andreae Osiandri seliger in das wirtenbergissche erkantnus verwilligung: Ed. 1, Ed. 2 (vgl. Überlieferung Hs. c).
b) G.: c, Ed. 1, Ed. 2.
c) begern: b, c, Ed. 1, Ed. 2.
d-d) fehlt: c, Ed. 1, Ed. 2

1. Eine entsprechende schriftliche Aufforderung an Osiander ist uns nicht mehr erhalten. Die archivalische Notiz auf fol. 2v des vorliegenden Briefes beweist ebenfalls, daß es sie gegeben haben muß, vgl. o. S. 514, Überlieferung von a.
2. Gesinnungsgenossen, Verbündeten. – Zu den Namen der württembergischen Mitarbeiter von Brenz vgl. o. S. 458, Anm. 7, Nr. 510.
3. Gemeint ist die württembergische Stellungnahme zu Osianders Bekenntnis ›Von dem einigen Mittler‹, worum Herzog Albrecht in seinem diesbezüglichen Ausschreiben vom 5. Okt. 1551 die Augsburger Konfessionsverwandten gebeten hatte. Johannes Brenz und seine Kollegen schickten ihre Antwort am 5. Dez. 1551 ab; sie traf im Laufe des Januar 1552 in Königsberg ein. Herzog Albrecht ließ sie 1553 in seinem Ausschreiben, Bl. F3b-H1a, drucken. Vgl. dazu *Stupperich*, Osiander, S. 266, und o. S. 71f, Nr. 488/496.
4. Albrecht, Ausschreiben, Bl. F3b-G2b.
5. daß sie von meinen Widersachern erwarten, erhoffen.
6. Vgl. Albrecht, Ausschreiben, Bl. G2b.
7. Gegenteil.
8. Albrecht, Ausschreiben, Bl. G2b-H1a. Ab der hier zitierten Stelle wollen die Verfasser des Württemberger Gutachtens auch einige Aussagen der Gegner Osianders zu ihrem Recht kommen lassen.
9. gezwungene.
10. Vgl. Albrecht, Ausschreiben, Bl. G2b.
11. Folgende Bibelstellen werden angeführt: Röm 5,19, vgl. Albrecht, Ausschreiben, Bl. G2b; Gal 5,22, vgl. ebd., Bl. G3a; Röm 4,3, vgl. ebd., Bl. G3a; Röm 4,6, vgl. ebd., Bl. G3b; Röm 3,24, vgl. ebd., Bl. G3b; Röm 4,25, vgl. ebd., Bl. G3b; I Joh 1,7, vgl. ebd., Bl. G4a; Apk 1,5, vgl. ebd., Bl. G4a.

ein unbestendige[12] weyß, welchs ich nicht dem Brentio, sonder den mitverwandten und der grossen begird, frid zu machen, zumisse[13]. Zweifel auch nicht, wan Brentius meiner widersacher ungestummigkait und alle umbstend gewist, es were wol unterwegen bliben[14]. Behalt mir derhalben in albeg[15] bevor, solche sprüch in irem rechten, aigentlichen, gottlichen verstand[16] zu handeln[17] und wider menigklich[18] zu vertaidigen.

Ich hab anfengklich nicht vermutet, das die theologi alhie solten mir zugegen lehren[19], derhalben mein lehr in der kirchen und schul von des glaubens gerechtigkait frolich gefurt[20], bis ich erfur, das sie mir haimlich dermassen widersprochen[e], das es durch haimliche schrifft schon gen Witteberg und Nurmberg[21], darzu nicht an[22] ein-

e) widersprechen: b, c, Ed. 1; widersprachen: Ed. 2

12. nicht stets gleiche, haltlose, falsche.
13. zumesse; vgl. *Grimm*, Wörterbuch 6, Sp. 2116.
14. unterblieben. – Diese Ansicht Osianders könnte der Grund dafür sein, daß er in seinem Brief vom 30. Jan. 1552 an Brenz seine Ansichten über die Gegner berichtet, vgl. o. S. 458,3-462,7, Nr. 510.
15. auf jeden Fall.
16. Verständnis, Bedeutung.
17. behandeln.
18. jedermann.
19. Vor der Disputation Osianders am 24. Okt. 1550 waren es vor allem der Präsident des Bistums Samland Johannes Briesmann (1488-1549) sowie die Professoren Peter Hegemon und Friedrich Staphylus, die Bedenken an der Rechtfertigungslehre Osianders äußerten, vgl. *Stupperich*, Osiander, S. 69, 80-84, 110.
20. dargelegt.
21. Vielleicht bezieht sich Osiander hier auf Staphylus, der seine Zweifel an Osianders Rechtfertigungslehre zunächst nicht veröffentlichte, sondern privat dem Herzog mitteilte, vgl. *Stupperich*, Osiander, S. 80. Er berichtete Melanchthon in Wittenberg regelmäßig über die Streitigkeiten mit Osiander in Königsberg, vgl. dazu die Regesten in MBW 6, S. 54, Nr. 5803 (19. Mai 1550); S. 63, Nr. 5829 (18. Juni 1550) und vor allem den Brief vom 1. Aug. 1550 (Regest: MBW 6, S. 80, Nr. 5866), in dem wir von einer Disputation des Staphylus mit Osiander in Gegenwart des Herzogs erfahren. Auch Peter Hegemon stand mit Wittenberg in Verbindung; ungefähr Mitte Oktober 1550 schickte er den Vorabdruck der Disputationsthesen Osianders zur Rechtfertigungslehre an Melanchthon, vgl. MBW 6, S. 102, Nr. 5923. Von Briefen aus Königsberg nach Nürnberg über die Rechtfertigungslehre Osianders vor der Disputation am 24. Okt. 1550 ist nichts bekannt. In der Korrespondenz Melanchthons mit Hieronymus Baumgartner in Nürnberg, soweit sie uns überliefert ist, spielt der Osiandrische Streit erst seit dem 24. Okt. 1550 eine Rolle, vgl. dazu MBW 6, S. 103, Nr. 5927; S. 122, Nr. 5978 (14. Jan. 1551)); S. 152, Nr. 6059 (21. April 1551); S. 179, Nr. 6130 (12. Juli 1551); S. 185, Nr. 6141 (25. Juli 1551); S. 202, Nr. 6186 (1. Sept. 1551); S. 225, Nr. 6246 (28. Okt. 1551); S. 288, Nr. 6402 (6. April 1552). Zu denken wäre auch an den Briefwechsel zwischen Melanchthon und Osianders Schwiegersohn Hieronymus Besold in Nürnberg, vgl. dazu MBW 6, S. 116f, Nr. 5963 (15. Dez. 1550); S. 125, Nr. 5985 (22. Jan. 1551); S. 132, Nr. 6004 (25. Febr. 1551); S. 137, Nr. 6017 (11. März 1551); S. 202, Nr. 6187 (1. Sept. 1551).
22. ohne.

gemengte unwarhait kommen war. Da leget ich inen allererst mein disputation[23] fur. Und sage warlich, das ich mein tag mit kainem gezanckt noch zu zancken begert, der da bekennet hat, das die gotlich natur Christi unser ewige ware gerechtigkait und in uns sey, obgleich darneben etliche rede, der aigenschafft dises handels ungemeß, neben eingefallen sein[24]. Ja, ich hab auch auff kainen aigner [1v:] bewegung[25] nie inquirirt, was er lehre, sonder meins beruffs gewartet[26], wer derhalben dis gezenck, sovil an mir gewest, wol ewigklich unterwegen bliben, wan nicht etliche sew meine perlen ins kot getretten und etliche hund mich zu zerreyssen unterstanden hetten[27].

Was nun meine widersacher[28] werden thun, wais ich nicht, ich gedenck bey der heiligen gottlichen schrifft zu bleiben, und ob ich schon andre nicht zwingen noch bereden kan[f], das sie es mit mir mussen halten, sonder muß leiden, das sie aus iren kopfen anderst, dan die heilig schrifft thut, reden, so will ichs inen doch warlich kainem lebendigen menschen zu gefallen nachthun, sonder, wan ich spur, das schade daraus kombt, unwiderlegt nicht lassen.

Das hab ich eur F.D. auff ir[g] begern[29] auffs kurzist wollen anzaigen, den almechtigen bittend, er wolle eur F.D.[h] in seiner warhait erhalten, mich unterthanigst hiemit bevelhend etc.

[i]Eur F.D.[k] williger unterthaniger
Andreas Osiander etc[i].

f) mag: b, c, Ed. 1, Ed. 2. – g) ire: b, c, Ed. 1.
h) G.: Ed. 1, Ed. 2. – i-i) fehlt: c.
k) G.: Ed. 1, Ed. 2.

23. Die ›Disputatio de iustificatione‹ vom 24. Okt. 1550, vgl. u.A. Bd. 9, S. 422-447, Nr. 425/490.
24. der Eigenheit dieser Sache unangemessen, daneben aufgetaucht sind.
25. aus eigenem Antrieb.
26. meinen Beruf, meine Aufgabe wahrgenommen.
27. Vgl. Mt 7,6, und o. S. 280,7-282,3, Nr. 488.
28. Die gegnerischen Theologen in Königsberg: Mörlin, Hegemon, v. Venediger.
29. Vgl. o. Anm. 1.

Nr. 517
Osiander an Wolf von Köteritz
Königsberg, 1552, März 15

Bearbeitet von *Hans Schulz*

Berlin GStAPK, XX. HA StA Königsberg, HBA J2, 1552 März 15 (K.978): Kop. von der Hand Herzog Albrechts (mit vielen Fehlern, da der Fürst Latein kaum verstand).

Verlangt die geliehenen 100 Taler zurück.

[a]Subscriptio:
Nobili et eximio viro, domino Welgangero Cotreczio[1], veteri suo amico etc[a].

Quam tibi roganti peccuniam[!] mutuo dedi, nempe centum taleros[2], eos nunc, quia tanto temporis[b] spatio sponte non reddidisti[c][3], quod tamen omnino a te viro nobili[4], qui multo chirograpfo[d][!] nobilitatis sue insingnis[!] munito fidem suam obpingnerasset[!][5], minimo[e] cicius futurum speravi, tam[f] autem urgentibus causis reposcere cogor[6]. Rogo igitur humanitatem tuam per [g]se: Quit[g][!] est, quod te movere potest,

a-a) Die Adresse stand ursprünglich auf der unteren Hälfte des entfalteten Briefbogens. Der Herzog hat sie in seiner Abschrift mit dem Zusatz ›subscriptio‹ im Anschluß an den Brieftext festgehalten. Dieses Postscript wurde vom Bearbeiter als Adresse an den Anfang versetzt.
b) konj. für: tempore. – c) konj. für: reddisti.
d) korr. aus: »gi-«. – e) konj. für: menino. – f) korr. (aus: »f-«?).
g-g) fälschlicherweise zusammengeschrieben: sequit[ur?].

1. Zum herzoglichen Rat v. Köteritz vgl. *Stupperich*, Osiander, S. 30, *ders.*, Köteritz, S. 57-60, und u. A. Bd. 9, S. 287f, Nr. 403. Bis zum Herbst 1551 stand er auf der Seite Osianders, dann wandelte sich seine Überzeugung, und er nahm dem Herzog gegenüber gegen ihn Stellung. Diese Wandlung war, obwohl er sie nicht öffentlich zur Schau trug, zum Zeitpunkt dieses Briefes Osiander lange bekannt, vgl. *Stupperich*, Osiander, S. 262f, und *ders.*, Köteritz, S. 60-66, bes. S. 61.

2. Eine nicht unbeträchtliche Summe, wenn man bedenkt, daß Osianders Vorgänger im Pfarramt der Altstadt ein Jahresgehalt von nur 140 fl. bekommen hatte und Osiander – neben den 200 fl. für dieses Amt – für seine Professorentätigkeit 100 fl. bekam, vgl. *Stupperich*, Osiander, S. 28; *Seebaß*, Osiander, S. 216, und u. A. Bd. 9, S. 63-70, Nr. 364 und 365.

3. v. Köteritz schrieb dazu an den Herzog, daß Osiander ihn bisher nicht gemahnt habe zurückzuzahlen, vgl. u. Anm. 6. Man darf daher annehmen, daß v. Köteritz das Geld von Osiander geborgt hat, als beide noch in gutem Einvernehmen standen.

4. Der sächsische Adelige stammte aus Meißen, vgl. *Stupperich*, Köteritz, S. 58.

5. Diese Schuldverbriefung, die sicher an Osiander gerichtet war, ist nicht mehr erhalten.

6. Osiander gibt seine Gründe nicht genauer an. Von Köteritz, den die Rückforderung überrascht und in Not versetzt hat, weiß sie auf seine Weise auszulegen. Noch am gleichen Abend wandte er sich mit einem Schreiben an den Fürsten, schilderte die Umstände und be-

ut meam mihi peccuniam, si qua fides tua est, mihi restituer[i]s initurus apud me haud dubie maiorem gratiam, quam ego aput[!] te, cum ego tibi mutuo traderem[h]. Nec spero me peticione mea aput te frustratum iri, cum sciam te merito tuo tot locupletos habere amicos, qui tibi multo facilius minoreque sue rei familiaris detrimento possunt talem sum[m]am peccunie superpe[!] datare, quam ego nunc mea carere[7]. Res seria est. Quare fac, integrante et promisso[i] tenacem te ostendis! Et tamen vale ac me, ut soles, ama!

Datis in edibus meis[k8], 15[l]. Marcii anno 1552.

A[ndreas] Osiander

h) Schreibfehler: trederem. – i) Schreibfehler: promusso.
k) korr. aus: maeis. – l) korr. aus: 5.

klagte sich: »Heute, wie ich zu abend esse, schickt mir Osiander diss briefflein und besticht mich darynne uff allen seyten, ungeacht das er mich bisanhero noch nie gemanet, und er wol weis, das ich dis yar uber 1000 fl. meiner vorehelichunge halben ausgeben mussen, und yne keine nott drengett. Ich spuere aber, das yn meine unparteyligkeytt drucket und zu solchem bewegt« (Berlin GStAPK, XX. HA StA Königsberg, HBA J2, v. Köteritz an Herzog Albrecht, 1552 März 15 (K.978)).

7. Zu den ›reichen Freunden‹ – eine der vielen spitzen Bemerkungen des Briefes – muß man nicht unbedingt den Herzog zählen, an den sich v. Köteritz dann tatsächlich um Rat gewandt hat. Der Brief Osianders lag dem o. a. Schreiben von Köteritz' bei. Herzog Albrecht erkannte offenbar die Problematik, die sich hinter dem Vorgang verbarg, und hat Osianders Rückforderung eigenhändig abgeschrieben, um sie wohl bei geeigneter Gelegenheit zur Verfügung zu haben. Dadurch ist uns der ›hochstilisierte‹ Brief erhalten geblieben. – Von einer eigenen Notlage Osianders oder Einbußen für Familie und Haushalt zur damaligen Zeit ist nichts bekannt.

8. dem Pfarrhaus der Altstädter Kirche; vgl. *Stupperich*, Osiander, S. 28, und *Hase*, Hofprediger, S. 132.

Nr. 518
Predigt über I Kor 11,23-32
›Vom hochwürdigen Sakrament‹

1552, März 29

Bearbeitet von *Hans Schulz*

Einleitung

1. Osianders Predigttätigkeit in Königsberg

Aus Osianders letztem Lebensjahr ist eine Reihe von Predigten erhalten; vgl. dazu o. S. 376-379, Nr. 503.

2. Inhalt

In seiner Predigt ›Vom hochwürdigen Sakrament‹ vom 29. März 1552 über I Kor 11,23-32 führt Osiander aus:

Zum Verständnis des Altarsakraments gehören zum ersten die Kenntnis der Einsetzung durch Christus und zum anderen die Erklärung der Frucht, die es bringt. Neben der Darstellung des Paulus sind auch die anderen Überlieferungen heranzuziehen.

Paulus wurde wie die anderen Apostel von Christus mit der Ordnung, wie das Sakrament gehalten werden soll, beauftragt: In seiner Darstellung werden die ›Worte des Glaubens‹ von zwei Befehlen eingefaßt.

Der erste Befehl Christi lautet: Nehmet, esset und trinket! Dies will Christus von uns, schreibt aber keine Zeiten vor. Der Kelchentzug ist in jedem Fall antichristlich.

Zu den Worten des Glaubens: Christus spricht bei der Einsetzung zum Brot: Das ist mein Leib, der für euch gegeben wird! Wir sollen glauben, daß Christus als Brot des Himmels seinen Leib am Kreuz geopfert hat und ihn nun im Sakrament gibt. Brotbrechen heißt nach hebräischer Art, daß jeder einen Anteil davon bekommt. Jeder empfängt mit dem Brot Christus ganz und zwar Leib und Blut Christi, die am Kreuz zur Sündenvergebung geopfert wurden. Im Blick auf die Frage, wie Gott das bewirken kann, muß man die Vernunft unter Gottes Wort gefangen geben; er ist allmächtig. Die Einsetzungsworte zum Kelch haben analoge Bedeutung; der Kelchinhalt, das Blut Christi, bezeichnet den neuen Bund im Gegensatz zum alten.

Die ›Worte des Befehls‹ Christi (das Gedächtnis), die den Worten des Glaubens folgen, besagen, daß wir uns im Sakrament stets an das Sterben Christi erinnern sollen; Leib und Blut Christi sind Siegel und Pfand für Sündenvergebung und himmlische Güter.

Das Sakrament wird unwürdig gebraucht bei Unbußfertigkeit, Unglauben und

›erkalteter‹ Nächstenliebe. Ein jeder solle deshalb sein Gewissen prüfen. Gottes Strafe dient als ›väterliche Rute‹ dem Anreiz zur Umkehr.

Daneben ist der Nutzen des Sakraments zu klären: Man unterscheidet zwei Arten der Nießung, die sakramentliche, d.h. den Empfang mit dem Mund, und die geistliche, d.h. den Empfang im Glauben, daß wir Gottes Kinder sind, Christus in uns wohnt und wir gerecht gemacht werden. Der Glaube erhält durch das Sakrament Stärkung und Bekräftigung. Wie jedermann tägliche Nahrung braucht, muß er sich täglich im Wort Gottes üben und benötigt Vergewisserung, daß Christus in ihm wohnt und ihn nach seiner Art gesinnt macht.

Gottheit und Menschheit, in Christus vereinigt, werden im Sakrament als Brot des Lebens angeboten; das Leben ist die göttliche Natur in Christus. Zwei Punkte sind festzuhalten: Am Kreuz hat Christus beim Vater Vergebung der Sünden erworben; im Sakrament werden wir dessen vergewissert, und Christus wohnt in uns mit allen himmlischen Gütern, damit wir als sein Tempel nur für ihn leben.

3. Überlieferung

Berlin GStAPK, XX. HA StA Königsberg, HBA J2, K. 977, fol. 1r-15v (fol. 1v leer): gleichzeitige Reinschrift von unbekannter Hand[1], die unserer Textausgabe zugrundeliegt. Die Zählung erfolgt nach der vom Archiv als authentisch ausgewiesenen Foliozählung am unteren Rand. Die Hs. fällt trotz ihrer kalligraphischen Ausführung aus dem üblichen Rahmen. Sie enthält viele Schreibfehler und sehr viele Korrekturen. Ungewöhnlich ist auch der Konsonantenbestand vieler Worte, der wohl nicht allein durch die preußische Mundart erklärt werden kann. Auf fol. 2r, 3v, 6v und 8v sind Custoden angebracht, die von uns nicht wiedergegeben werden[2].

Es folgt die Liste der Schreibfehler, die wir im Text stillschweigend berichtigen: S. 523,24: zuerichtem; S. 524,16: befiltht; S. 524,23: nennet; S. 525,13f: seimen; S. 526,6: saaament; S. 526,22: enptfhahe; S. 529,17: bumdte; S. 529,17: bindt; S. 529,30: dem; S. 531,31: effe (korr. aus: effte:?); S. 532,5: werts; S. 533,14f: verheyhung (korr. aus: verheyzung); S. 534,19: hiffft; S. 535,7: war; S. 535,23f: bewebtigen; S. 537,3: dir (korr. aus: die); S. 537,7: dast (korr. aus: dasz[!]); S. 538,9: gleichwir; S. 538,28: lieben; S. 540,6: zum; S. 540,13: dem; S. 540,23: bekonnen (korr. aus: bekennen); S. 540,24: kamen.

Es folgt eine Zusammenstellung der vom Schreiber der Hs. selbst ausgeführten Wortkorrekturen; wir geben im folgenden jeweils die unkorrigierte Wortform, im Text dagegen die Verbesserungen des Schreibers wieder: S. 522,3: nber; S. 522,6: hochwurdigen; S. 523,21: auszzurteilen; S. 523,30: gedechtnus; S. 524,4: gehat; S. 524,7: hinzueseczt(?); S. 524,8: vorstanden; S. 525,2: ffreverlich; S. 525,4: nachzukammen; S. 525,7: darin; S. 525,7: veyl; S. 525,13: brachs; S. 525,13: gab; S. 525,19: »auß-«; S. 526,3: opffert; S. 526,4: krauczesz; S. 526,9f: krauczes; S. 526,18: »sche-«; S. 526,23f: glauben; S. 526,25: aber; S. 527,1: fasthalten; S. 527,2: dann; S. 527,3: zangen; S. 527,6:

1. Zur Hs.-Beschreibung vgl. auch o. S. 377f, Nr. 503, und u. S. 671f, Nr. 523-530.
2. Vgl. auch u. S. 533,8, Anm. v, und S. 539,12, Anm. p.

»fer-«; S. 527,10: wor; S. 527,26: gelauben; S. 528,1: glaben; S. 528,4: hir; S. 528,12: fflegt; S. 528,13: dann; S. 528,16: aff; S. 528,27: alhir; S. 529,1: krauczes; S. 529,2: glychw[i]e; S. 529,7: »de-«; S. 529,7: vorgosst; S. 529,10 (6. Wort): huse; S. 529,12f: vorgassen; S. 529,16: glauben; S. 529,21: wir; S. 529,24: glauben; S. 529,30: wort; S. 529,31: wann; S. 529,34: for; S. 530,2: darzulost; S. 530,20: leratt; S. 530,21: vorgassen; S. 530,24: sigill; S. 530,25: vorgassen; S. 531,7: sterbt; S. 531,7: vorharret; S. 531,9: name; S. 531,15: unwerdich; S. 531,16: de; S. 531,17: begriffen; S. 531,24: geringschatzen; S. 531,24: dey; S. 532,9: »bet-«; S. 532,11: glaube; S. 532,15: »art-«(?); S. 532,15: Wann; S. 532,16: dann; S. 532,16: kuniglich; S. 532,16: gutem; S. 532,24: gawertig; S. 532,25: herr; S. 533,2: kamen; S. 533,4: isz; S. 533,4: hir; S. 533,8: last; S. 533,12: mynsch; S. 533,16: wirth; S. 533,22: van; S. 533,26 (4. Wort): unlesbar; S. 533,28: pflagt; S. 533,28: last; S. 534,5: reyszen; S. 534,7: vordanmet; S. 534,8: dorheym; S. 534,11: alszo; S. 534,27 (1. Wort): kraucz; S. 534,27 (12. Wort): kraucz; S. 534,30: »wari-«; S. 535,8 (5. Wort): denn; S. 535,13: hir; S. 535,25: glaubt; S. 535,26: und; S. 535,28 (8. Wort): unlesbar; S. 536,2: ja; S. 536,3: dorch; S. 536,4: gassen; S. 536,4: verdauth; S. 536,5: aauch; S. 536,7: auserlich; S. 536,10: dardorch; S. 536,12: dein; S. 536,16 (11. Wort): de; S. 536,20: moste; S. 536,21: essen; S. 536,22: prester; S. 536,23: prester; S. 537,1 (12. Wort): geglauben; S. 537,2: imit; S. 537,6: prester; S. 537,6: van; S. 537,6: essen; S. 537,7: isz; S. 537,7: dorch; S. 537,20: glaubest; S. 537,24: isz; S. 537,25: cathachiszmi; S. 538,1 (4. Wort): ja; S. 538,1 (6. Wort): ja; S. 538,5: ja; S. 538,6: ja; S. 538,8: herlicheyt; S. 538,8 (7. Wort): ja; S. 538,8 (9. Wort): ja; S. 538,8f: vollenkomener; S. 538,12: wann; S. 538,25: »lere-«; S. 539,4: gehert; S. 539,7: wann; S. 539,9 (10. Wort): unlesbar; S. 539,10: erwarmen; S. 539,12: de; S. 539,14: mon; S. 539,21: merchen; S. 539,24f: belossr; S. 539,27: »unatch-«(?); S. 540,10: »we-«; S. 540,12: flesch; S. 540,14: dasz; S. 540,19: furnement; S. 540,24: hir; S. 540,24: uberwunden; S. 540,26: vorlehe.

Text

[1r:] Vam hochwerdigen[1] sacrament des leibs und bluts Jhesu Christi.

Ein schone und trostliche predige des erwirdigen und hochgelerten ern Andreae Osiandri seligen, so er uber die wort Pauli der ersten epistel zun Cor. am elften ca. [23-32] gethan, ime in der predigt auffs fleissigst nachgescriben.

Anno 1552, 29. Mart[ii]. [2r:]

Dewil[2] man dise zeit[3] etwasz gewenlicher[4] denn andere zeyt zu dem hochwyrdigen sacrament desz leybesz und blutes unsers hern und heilandes Jhesu Christi gehet,

1. hochwürdigen.

2. Dieweil, weil.

3. Der 29. März war im Jahr 1552 der Dienstag nach Sonntag Lätare, lag also mitten in der Passionszeit. – Osiander nimmt Bezug auf den einmaligen Abendmahlsgang der Bevölkerung um Ostern, der sich seit dem 4. Laterankonzil von 1215 durchgesetzt und sich auch in den reformatorischen Kirchen anscheinend bald wieder ergeben hatte; vgl. RGG 1, Sp. 42.

4. üblicher, gebräuchlicher.

sunderlych[5] aber dasz yunge volck[a], welchs hernachwechst, so habe ich diese wort desz h[eiligen] Pauli fur mich genhomen, einen bericht darausz[6] zu thun fur die jungen und auch fur die alten. Solche ler aber vam hochwyrdigen sacrament kann man leychtlych lernen, wenn men nur fleyssyg auff die wort merket, myt welchen esz der her Christus eingesecz hatt. Dann so lernt man feyn, wie man sich darzu schicken sol und wasz man darbey suchen sol. Darum wellen wir solche lehr kurczlich teilen yin zwei stuck:

Denn zum ersten sol man fleyssig mercken und achthaben, wasz unsz der her Jhesus Christus bey diesem grossen geheymnus befolen hat, dasz wir thun sollen, zum andern, wasz er unsz auch vorborgenerwysz furhelt und anczeigt, warum entlich[7] der her Christus solch hohesz geheimnus und heiligs sacrament habe eingesaczt. In solchem allem aber mus man nicht allein dieszen text, sundern auch ander orter der heiligen schrifft ansehen, auff dasz man den rechten vorstant[8] darauszbring, nemlich worum esz entliech ge-[2v:]than sey und wasz die entliche[9] frucht sey, welche wir ausz dem heiligen sacrament entpfangen und bekummen.

Zum ersten aber, wasz unsz der her Christus bey diesem hochwyrdigen sacrament bevolen habe, leret unsz der heilige Paulus in den nachfolgenden [worten][b]. Vorher aber spricht er alszo: »Ich habe es vom Hern entpfangen«[10], dasz ist: Gleichwie ander apostolen ein bevelich entpfangen haben vam hern Christo, do er noch leyplicher gestalt auff erden ummegangen ist und myt inen dasz abentmal hylt vor seinem leiden, das sacrament seines leybes und blutes auszzueteilen[11], alszo habe auch ich, Paulus, solchen bovely[c]h[12] nicht van menschen, sundern van Christo selbst entpfangen. Darum spricht er[c] ferner: »Dasz ich euch gegeben hab«[13], dasz ist: Wie ich bie euch die ordnung, solchs zuerichten und zu entpfangen, angerichtet hab[14], eben dasz habe ich vam Hern entpfangen, er hat mirs gegeben und mirs aufferlecht, alszo bevolen und mich solchs geleret.

Wasz ist dann dasz, mocht imandes fragen. Spricht Paulus: »Denn der her Jhesus, in der nacht, da er vorraten wart, nam er das brot, dancket und brachs und sprach: Nemet, esset, das ist mein leib, der für euch gebrochen wirt! Solchs thut zu meinem gedechtnys! [3r:] Desselbengleichen auch den kelch nach dem abentmal und sprach:

a) übergeschr. – b) konj.
c) danach gestr.: und.

5. besonders.
6. einen Vortrag, eine Unterweisung darüber.
7. warum überhaupt, zu welchem Zweck.
8. das rechte Verständnis.
9. endgültige, letztliche.
10. I Kor 11,23.
11. Vgl. Lk 22,14-20.
12. Befehl.
13. I Kor 11,23.
14. Zur Gründung der Gemeinde von Korinth durch Paulus auf seiner zweiten Missionsreise vgl. Act 18,1-18.

Dieser kelch ist das neuve testament in meinem blut. Solches thut, soofft irs trinket, zu meinem gedechtnus«[15] etc.

Da haben wir nun dasz wort desz gelaubens eingefast und geleich in die mitten gestelt zwischen die wort desz bevelichs; denn es gehet vorher ein bovelich und folget entlich auch einer hernach[d].

Der erste bevelich aber ist, dasz der her Christus spricht: ›Nemet, esset[16]! Nemet und trinchet!‹ Denn obwol der hey[lige] Paulus nicht hirherseczt, do er vam kilch redet: Trincket alle darausz, so wil er doch das verstanden haben und anczeigen, da er spricht: »Desselbengleichen auch den kelch«[17], wey denn die hieligen evangelisten, sunderleich aber S. Mateus, auszdruglich lernen[18] und bey dem kelich desz bluts Christi sprechen: »Trinket alle daraus! Das ist mein blut des neuen testamentes«[19]. So sollen nu euer leibe[20] alhey furerst[21] auff beyde theyle des ersten befelichs unsers hern Christi ffleyssig merken:

Zum ersten, dasz man den leib desz hern Christi esse und solch hochwyrdick sacrament keineszwegesz geryngschecz oder voracht oder aber sich gar zulange davan enthalte. Denn der her Christus wils ja von unsz haben und bevilcht es[e] uns auch, dasz wyr darvon essen und trincken sollen. Dem bovielich sollen wier nachkommen, szo leib[22] unsz unser selenheyl und selickeit ist. Und obwol der her Christus unsz keine gewysse zeit bestymmet oder furschreibt, wie offt im jar oder die zeit unsers lebens, so wyl er doch, dasz wyr uns der zur nottrufft[23], szoofft [3v:] wyr solchs notturftig seyn, gebrauchen und unsz der ganczen gemein in dem vorgleychen[24], auff dasz wir niemant darmit ergerleich sein[25].

Zum anderen[26], da er spricht: Nemet hin und trinket[27] – dann darin stehet[28] der ander[29] teyl desz ersten bevelichs, darausz gantz klar erscheinet, dasz wir unsz an den bevelich und die enderung desz entechrists[30], szo er yn dem hochwyrdigen sa-

d) danach gestr.: denn. – e) übergeschr.

15. I Kor 11,23-25.
16. V. 24.
17. V. 25.
18. lehren.
19. Mt. 26,27f.
20. sc. Liebe (als Anrede).
21. vor allem andern, allem zuvor.
22. lieb.
23. dessen (= es) bei Bedarf.
24. gleichstellen, angleichen.
25. Vgl. dazu u. Anm. 86.
26. Vgl. o. Z. 12f.
27. Vgl. Mt 26,27.
28. besteht.
29. zweite.
30. des Antichrists. – Gemeint ist der Papst (vgl. u. S. 534,24) bzw. des Verbot des Laienkelches durch das Konstanzer Konzil 1415; vgl. u. A. Bd. 1, S. 205, Anm. 135, Nr. 20, und RE 1,

crament desz hern Christi angerichtet, nicht sollen keren, da er der gemeine Christi den kelch desz blutz Christi mutwillick und ffreventlich wider desz hern Christi bovelich und eynszeczung entczogen hat[31]. Darum sollen wir unsz in dem ffall an solchen bovelich des hern Christi, demselben nachzukommen, keinem menschen hindern, noch an er[32] keine mynschleyche szatzung binden lassen, sundern gancz ffrey bleyben[33]. Dyeweyll aber solcher miszbrauch und ffreventliche enderung desz sacraments Christi bey unsz auffgehaben ist, darfen[34] wyr davan nicht vyel sagen, sondern wollen bey solcher unser christlicher ffreyheit bleyben.

Auff diesen bevelich aber des hern Christi volgen nu die wort desz glaubens. Denn die wort, die balde hernach ffolgen, seindt nicht worde desz beveylychs, sundern seindt wort desz leebens und der krafft: Denn der herre Christus nimpt ein brot, welchs [4r:] fur sich selbs ein warhafftigesz und naturliches brot war, wey esz fur im auff dem tisch ist gelegen, dasselbyge nimpt er, danckt und brychts und gybt esz seinen jungern und spricht: »Nemet, esset, das ist mein leib«[35] etc.; szo soll man ungeczweyvelt[36] festichleich glauben, dasz dem warhafftig alszo ist, wie Christus spricht, nemlich dasz dasz brot auch warhafftich sein leib sey. Dasz aber[f] S. Paulus hirzuseczt: »Der fur euch gebrochen wirt«[37], und die evangelisten sprechen: »Der fur euch gegeben wirt«[38], darumb mussen wyr ungeczweyffelt glauben, dasz esz eben der leyb ist, welcher ffur unsz am stamme desz heyligen krauczesz ist aufgeoffert worden und fur unszer sunde gelitten hat und gestorben ist.

Darum redet der her Christus einfeltig[39] Joannes am 6. capi. [51]: »Das brot, dasz ich geben werde, ist mein fleisch, welchs ich geben werde fur dasz lebent der welt«. Hie merket, dasz er zuvor und hernach spricht, dasz er inen werde himelsch brot ge-

f) danach gestr.: der.

S. 64. Zur reformatorischen Gleichsetzung von Papst und Antichrist vgl. TRE 3, S. 28-32. Daß Osiander diese Auffassung schon sehr früh geteilt hat, zeigt seine ›Einführung in die Passion‹ 1524, vgl. u. A. Bd. 1, S. 130-136, Nr. 16.

31. Zum Kelchentzug vgl. u. A. Bd. 8, S. 91, Anm. 58; S. 107, Anm. 186, Nr. 298, und S. 518, Anm. 91; S. 523, Anm. 147, Nr. 344. – Die Gewährung des Laienkelchs bzw. die Feier des heiligen Abendmahls unter beiden Gestalten war geradezu ein Kennzeichen des Aufbruchs der Reformation, vgl. RGG 1, Sp. 42f. Zu den diesbezüglichen Änderungen in der Reichsstadt Nürnberg, dem früheren Wirkungsbereich Osianders, und seiner führenden Rolle dabei vgl. u. A. Bd. 1, S. 165-254, bes. S. 205,1-206,19, Nr. 19 und 20.

32. ihrer.

33. Vgl. Osianders Ausführungen im ›Nürnberger Ratschlag‹ vom Dez. 1524 u. A. Bd. 1, S. 375,4-12, Nr. 25.

34. brauchen.

35. Mt 26,26 par.

36. ohne Zweifel.

37. I Kor 11,24.

38. Lk 22,19.

39. einfach, schlicht.

ben oder brot vam himmell, nicht schlecht[40] brot, sondern ein solch brot, dasz vom himell kamen ist, und dasz es dasz szey, dasz er geben werde fur dasz leben der welt[41]. Denn hie haben wyr zwe geheimnusz: Erstlich gybt er dahin seinen leib und oppfert in fur unser sunde am stammen desz heiligen kreuczesz, auff dasz er uns dasz ewyge leben erwerbe. Zum andern gybt er unsz auch eben densselben seinen leib im hochwirdigen sacrament. Darum spricht er: »Nemet, esset, das ist mein leib«.

Dasz aber [4v:] der h[eilige] Lucas schreybt: »Der fur euch gegeben wirt«, Paulus aber: »Der fur euch gebrochen wirt«, das seyndt woll nicht einerley wort, aber S. Lucas syhet darauff, wie der leyb desz hern Christi am stamme desz heiligen kreucczes fur unser sunde ist dahingegeben werden, der heylige Paulus aber siehet mit dem brechen darhin, wie unsz der leib des[g] hern Christi im hochwyrdigem sacrament gegeben wyrt. Denn da wirt der leyb auszgeteilet, wie man ein brot bricht und auszteilet, welches doch e[uere] l[iebe] nicht alszo vorstehen soll, alsz entpfahe ein ider nur ein stucklein van dem leibe desz hern Christi, sundern dasz brechen szol nach[h] hebreysscher art[i] vorstanden werden[k]. Denn dasz brotbrechen wirt bey den Hebraern in irer sprache nicht schlecht darfur vorstanden, wie man dasz brot mith den fingern brycht, sondern[l] fur speysze oder brott auszteylen, eym idern[42] seyn teyl geben[43], er breche esz geleich mit den henden oder schneide esz mit einem messer, denn[m] daran ist nichts gelegen. Darum wil der heilyge Paulus sagen: Der leib, der wirt unsz auszgeteilet.

Dasz aber nicht einer alleine den leyb desz hern Christi entpfhahe, auch keiner nur ein stuck, sundern ein ider entpfhahe yn gancz, dasz mussen wyr gelauben, wyr konnen esz nicht begreyffen, noch myt unserer vornunft fassen, und mussen gleuben, dasz esz nicht allein der leib sey desz hern Christi und sein blut, sundern auch dasz esz eben der leyb sey und dasz blut, welcher fur unsz darhyngegeben ist und zur vergebung der sunden vergossen und welchs unsz allen im hochwerdigen sacrament desz abentmalsz alsz eine hymelyssche speyse bereytet wirt. Und da muszen wier unsere vernunft gancz gefangen-[5r:] nemen[44] und unsz allein an Gottesz wort

g) übergeschr. für gestr.: unsers.
h) danach gestr.: dem. – i) danach gestr.: alszo.
k) übergeschr. und eingewiesen.
l) danach gestr.: »sz-«. – m) konj. für: der.

40. schlichtes, einfaches.
41. Vgl. Joh 6,33.41.50.58 und 6,48.
42. jeden.
43. Diese Sitte wird mehrfach im NT bezeugt, vgl. etwa Mk 6,42 par., 8,6 par., 14,22 par.; Lk 24,30. Zu Jesu letztem Mahl heißt es bei *Grundmann*, Markus, S. 285: »... der Bericht (setzt) ein mit dem Tischsegen über dem Brot, seinem Brechen und Verteilen ...; das gemeinsame Essen des Segensbrotes schließt die Mahlteilnehmer zur Tischgemeinschaft zusammen. Das gilt für jedes Mahl«. Das Brechen des Brotes und verteilen an die Tischgenossen hängt nicht zuletzt damit zusammen, daß im Vorderen Orient seit Jahrtausenden nicht Brotlaibe, sondern Brotfladen gebacken wurden, die gewöhnlich auch möglichst frisch verzehrt wurden, vgl. JL 1, Sp. 675f.
44. Vgl. II Kor 10,5.

festhalten, sunst werden wyr weyt betragen[45] werden, wie dann offt geschehen, dasz treffentleyche[46], gelerte leute daruber versturczet seindt[47]. Denn da musz man die zungen und vernunft zusperren und nicht darauff sehin, wie unsz beduncke, wasz wir da entpfangen, sundern da sollen unsere ohren den hern Christum horen, der da spricht: Isz, dasz ist mein leib! Trinck, dasz ist mein blut! Und da mussen wyr unsz ffurnemlich[48] erinneren, dasz Got almechtich ist und dasz im nichts unmuglich ist. Denn alle, die hie erst diszputiren wollen, ob esz mugleych sey oder nicht und wie solchesz zugehe, die fallen unversehener sache vam glauben und konnen nicht glauben, dasz Got almechtich ist. Denn dieweill ja Gott almechtich ist und alle ding vermag, szo kann er ja nicht alleine dasz schaffen, dasz, das zuvor schlecht brot war, nun auch zugleich sey der ware leib desz hern Christi, und dasz zuvor schlechter weyn war, sey nu auch dasz ware blut unsersz hern Jhesu Christi, sundern hat auch wol mer alsz einen weg, dadurch er solchs vermag und thun kan; darum ist er almechtich! Szo musz ja ffolgen, dasz ersz nicht allein vermag und thun kann, sundern auch auff alle wege, die ime gefellich seyn. Darum ist esz nicht gut, dasz man erst fragen wil, wie solichs muglich sey oder zugehe, sundern da sol man die jugent balde[49] darzur gewenen[50], dasz sie lernen, auff Gottesz wort allein sehen und dem festichlich glauben und nicht mit der vernunft darinne grubelen[51], sunst felt man balde vam ersten artickell unsers christleychen gelaubens, da wir bekennen und sagen: [5v:] Ich gelaube an Got den vater, almechtigen[52] etc. Denn die da erst fragen wallen und nachdencken, wie solchs zugehe, dieselbigen mussen schlechts urteilen und sagen: Auff die weisze kann esz nicht zugehen, esz mus auff ein ander weisze geschehen, und tichten sich denn selbst in iren narrischen kopf etwasz und meinen, esz musse alszo seyn, wie sze esz haben wollen, [n]und nicht anders[n], und fallen alszo, ee dann se esz recht gewarwerden, in unglauben und vorliren den glauben und konnen nicht geleuben, dasz Got almechtich sey. Darum ist sich hierinne wel forzusehen, wie auch in anderen fellen, Gotts wort und unsere selicheit belangende, dasz wyr woll achthaben und wissen, wasz wir in unserm christleychen gelauben bekennen, dar wir sprechen: Ich gelaube an Got den vater, almechtigen etc. Alszo leren hievon auch alle altveter[53], wenn Got mit unsz redet in seynen wort, dasz wier nicht erst se-

n-n) vor den linken Rand geschrieben und eingewiesen.

45. betrogen.
46. vorzügliche, große, bedeutende.
47. zugrunde gegangen sind.
48. zuerst, vor allem.
49. früh.
50. daran gewöhnen.
51. grübeln.
52. Vgl. das Apostolische Glaubensbekenntnis BSLK, S. 21,7.
53. altehrwürdigen Väter (Lehrer der Kirche); vgl. *Grimm*, Wörterbuch 1, S. 274. – Die folgenden Ausführungen konnten bei Scholastikern und Kirchenvätern so nicht nachgewiesen werden. Ambrosius von Mailand etwa predigt: »Wenn also eine solche Kraft im Wort des Herrn Jesus ist, daß das einen Anfang nahm, was nicht war, wie viel mehr kann es bewirken, daß Dinge, die vorhanden waren, existent bleiben und in anderes verwandelt werden?« (De

hen söllen, wie solchesz zugehe, sundern dasz wir glauben sollen, dasz esz ungeczweyffelt war sey, wie er esz redet.

Und solchs ist in dem brauch desz hochwerdigen sacraments desz leibs und blutsz des hern Christi sunderlich hoch vannoten, dasz wir hie gelauben schlecht und recht, wie da die wort lauten: »Das ist mein leib, der fur euch gegeben wert«[54] etc., und vam kelche: »Dasz isz der kelch des neuen testaments in meinem blut, das für euch vergassen wirt«[55]. Und hir mussen wir abermal der[56] hebreyschen sprachen gewonen, denn solchesz ist nach hebreyschar art geredet:

Der her Christusz nimpt den kelch mit dem weyn und spricht: »Der kelch ist dasz nuve testament in meinem blut«[57]. Denn dasz der her Christus spricht ›in meinem blut‹, dasz mochten[58] wir auff unsser deutzsch sagen ›mit meinen blut‹, wie man sunst [6r:] pflegt zue reden: Dasz ist ein kelch oder becher myt weyn oder ein glasz myt bier oder eine kandel[59] myth meth[60]. Denn alszo sindt auch desz hern Christi worte zu verstehen, da er spricht: »Der kelch in meinem blut«, als spreche er: Der kelch mit meynem blut. Und wie man nicht furnemlich auff den becher, glasz oder kandell sicht, sundern auff den wein, bier oder methe, alszo szol auch nicht auff den kelch, darin der her Christus seinen jungeren seyn heyligs blut dargericht hatt, geseheen oder darvan vorstanden werden, sundern van dem blut desz hern Christi, szo ym kelche war und unsz auch noch tegleich gereycht wirt.

Darum ist auch wol zu merken, wie und worum der her Christus den kelch nennet einen kelch desz neuwen testaments und nicht spricht: Mein blut ist dasz blut des neuwen testaments[61], nemlich dasz esz noch hebreyscher art geredet ist und mus doch vam dem heiligen blut unsers hern Christi vorstanden werden.

Ferner aber mussen wyr auch ebendasz vam blut desz heiligen sacraments glauben, wie wyr zuvor vam leibe desz hern Christi gehoret haben, nemlich: Gleychwie der leyb desz hern Christi eben der lib ist, den er fur unszer und der ganczen welt sunde dahingegeben und aufgeoppfert hatt, alszo sollen und mussen wir alhie auch desz gewisz szeyn und festichleych[62] glauben, dasz dasz blut auch ebendasz blut sey,

sacramentis 6,15). Das Mittelalter hat freilich gelehrt, daß Gottes Wort allmächtig ist, vgl. *Altenstaig – Tytz*, Lexicon, S. 937. Man darf auch die scholastische Auffassung anführen, daß die im sakramentalen Zeichen gesetzte Gnade wirksam ist, »nisi impediat obex peccati mortali«, vgl. ebd., S. 803f (Zitat S. 804). Das Wort Augustins: »Accedit verbum ad elementum et fit sacramentum« (Tractatus in Ioannem 80,3), hat für das Verständnis vom Wesen des Sakraments dabei geradezu normierende Wirkung erhalten; vgl. ebd., S. 295 und 803; weiter TRE 1, S. 82-84.

54. Lk 22,19.
55. Lk 22,20.
56. wir uns erneut an die.
57. I Kor 11,25.
58. könnten.
59. Kanne.
60. Met (Honigwein, gegorener Honigsaft; noch im Mittelalter als allgemeines Getränk neben Wein und im Rang vor dem Bier stehend, vgl. *Grimm*, Wörterbuch 6, Sp. 2141).
61. Vgl. Mt 26,28 par.
62. festiglich.

dasz der her Christus am stammen desz heiligen kreuczes fur der ganczen welt sunde vergossen hatt. Denn gleychw[i]e esz nicht genuch ist, dasz ich glaube, esz szey der leyb Christi, sundern mus [6v:] auch gelauben, esz szey der lib, der fur unsz gelitten hat und gestorben ist und widerum aufferstanden etc., alszo ist esz auch nicht genuch, dasz ich gelaube und bekenne, dasz esz dasz blut Christi sey, sundern mus desz auch gewisz seyn und festichlich gelauben, dasz es[o] ebendasz blut sz[e]y, dasz der her Christus unsz zugut durch sein bitter leiden vergossen hat, und dasz durch sollich blut dasz nuwe testament sey auff[ge]richtet, welchesz neue testament der propheta Jeremias am 31. cap. [31.34] beschriben hat, da Gott der her alszo spricht: »Ich wil mit dem hause Israel und mit dem hause Juda einen bunt machen« etc. »Denn ich wil in[63] ire sunde vorgeben und irer missethat nimmermer gedencken«. Denn der her Christus hat fur der ganczen welt sunde sein heyligsz blut vorgossen, wie dann der evangelist sanct Mateus auszdrucklich in den worten dar eynszatzung desz hochwerdigen sacraments meldet: »Das ist mein blut des neuen testaments, welches vergassen wirt fur vile zur vergebung der sunden«[64].

Wenn wir denn gleuben und die sunde unsz vorgeben sindt, szo stehen wyr myt Gott in einem neuen bundte und sindt nicht myt den Juden in dem alten bundt, welcher darauff stundt, szo sze wurden dasz gesecz halten, szo wolte Got ir Gott sein. Solchen neuen bunt aber hat der her Christus in disem hochwerdigen sacrament seines waren leybesz und blutzs eyngesecz und auffgerichtet und durch sein bitter leiden und sterben volzogen, alszo dasz, wer an yn glaubet, das er fur in gelitten habe, seyn blut vor seine sunde vergassen, gestorben, zur helle geffaren und wider aufferstanden etc., de[r] ist in dem neuwen bunt und hat verge-[7r.]bung der sunden und das ewige leben. Darum sollen und mussen wir dasz alles festichleich gleuben, dasz esz szey dasz blut des hern Christi, dasz es sz[e]y vorgassen fur der ganczen werlt sunde und dasz esz sey dasz blut des neuwen testaments oder bundts, dann dasz neuwe testament oder der neuwe buntd ist dardurch auffgereychtet.

Nach disen worten desz glaubens und der krafft desz hochwyrdigen sacraments folget nun der ander bevelich, darvon im anfang meldung geschehen[65]. Der stehet in den wo[r]tten dessz hern Christi: »Solch thut zu meinem gedechtnus«[66], und vam blut: »Solchs thut, soofft irs trinket, zu meinem gedechtnus«[67]. Dann wenn wyr gleych zu viel malen essen den leib desz hern Christi und trinken seyn blut und wusten nicht oder bodechten nicht, woher esz queme[68], vam weme und wortzu esz eingeseczt worden, wasz were es, wasz kunte esz bey unsz fur frucht schaffen, wasz

o) übergeschr. für gestr.: dasz.

63. ihnen.
64. Mt 26,28.
65. Vgl. o. S. 524,3-5.
66. I Kor 11,24.
67. I Kor 11,25.
68. käme.

hetten wir mer nuttzes darvon, dann eyn unsinniger mensch[69] – da doch euer liebe wissen, dasz man solche nicht darzulest? Was söllen wir dann bei solchem essen und trinken thun? Wir sollen desz hern Christi darbey gedencken. Was wirt das fur ein gedencken sein? Dasz leret unsz der heylige Paulus yn den nachfolgenden worten, da er alszo spricht: [7v:] »Denn soofft ir von disem brot esset und von disem kelch trinket, solt ir des Hern todt verkundigen, bis das er kumpt«[70].

Hie sollen wir aber unsz zum ersten nicht irren lassen, dasz der heylige Paulus spricht, wer »von deisem brot isset«, dasz er dasz heilige sacrament ein brot nennet, denn er syhet hiermit auff die schonen und gewaltigen[71] wort desz hern Christi Joannis am 6. [41.33], da er alszo spricht: »Ich bin das brot, das vom himel kamen ist und gibt der werlt das leben«. Da wissen wyr ja, dasz nicht nur brot oder ein stuckleyn brot vam himel kamen ist, sondern der szon Gottes; der nennet sich ein brot. Darumme seyndt solch wort desz heyligen Pauli eben van dem brot zu verstehen, davon der her Christus spricht: »Das ist mein leib«[72], wie sich auch Christus selbst im heyligen Johanne[p] ein brot nennet, dasz vam himel kamen ist, und solle nicht vor[73] einen iden brott vorstanden werden, dasz du oder ein ander auff seinen tissche hatt.

Wir sollen aber desz Hern gedencken, alszo das seyn todt verkundiget werde, bisz das er kumpt, dasz ist: Wir sollen unsz hiebey erinnern seinesz unschuldigen leydens und sterbens, dasz er um unserntwillen auszgestanden hat und, wie unsz dasz heilige euangelion lerett, dasz er seinen leib fur unsz auffgeoppfert habe und sein blut zue einer uberschwenglichen[74] abwaschung unser sunden vergassen, dardurch wir widerumme zu Gotts [8r:] gnaden komen, vorgebung der sunden erlangen und teylhafftich werden aller himlischen guter. Und solches alles zu einer gewissen vorsycherung und zu einem gewissen sigell und pfandt wirt unsz ebender leib und ebendas blut, welcher fur uns gelitten und welchs umme unserntwillen vergassen ist, zu essen und zu trincken im hochwyrdigen sacrament furgetragen und gegeben[75].

Wasz dieser hauptbevel aber, der in sich schleust den nucz und ffrucht desz hochwerdigen sacraments, weyter handell[76] und sey, erklaret der heilige Paulus in nachfolgenden worten, da er unsz leret, wie wir unsz dargegen halten sollen, und spricht: »Welcher nu unwerdich van disem brot isset oder von dem kelche des Herrn trin-

p) danach gestr.: »b-«.

69. verrückter Mensch; einer, der von Sinnen ist.
70. I Kor 11,26.
71. starken, groß(artig)en.
72. Vgl. Mt 26,26 par.
73. von, für.
74. überreichlichen.
75. Zu diesem im Sinn von ›auftragen, vorlegen (offerre)‹ gegen die Lehre vom Meßopfer gerichteten Aspekt vgl. Osianders Erläuterungen über das Opfer Melchisedeks in seinem großen Interimsgutachten 1548 u.A. Bd. 8, S. 598,15-601,14, Nr. 348.
76. behandle.

cket, der ist schuldich an dem leib und blut des Hern«[77]. Wie man esz aber unwyrdich gebrauchet, dasz ist weytlaufftich; solches aber zu erkleren, spricht ferner der heylige Paulus: »Der mensche pruffe aber sich selbs, und alszo essze er von diesem brot und trincke van disem kelch. Denn welcher unwerdich isset und trinket, der isset und trincket im[78] selber das gerichte damit, das er nicht unterscheidet den leib des Hern«[79].

Denn wann einer in sunden steckt, darinne verharret, lest[q] ime die nicht leyt sein, alszo dasz er begeret, irer loszzuwerden, und wolte sich doch gleychwol in disz hohe geheymnus desz hochwyrdigen sacraments einmengen, der neme esz warlich unwyrdich. Wenn auch einer[r] [8v:] gleich[s] reu und leidt truge uber seiner sunde und hort die wort der einszezung und glaubete denen nicht und gebrauchet doch desz hochwyrdigen sacraments, der entpfhehet es auch warlich unwyrdich. Wer sich auch desz hochwyrdigen sacraments gebrauch und durch dasz geheimnus wil seyn ein leyb myt Christo und seyner gemeine und wolt sich nicht seines niegsten alsz seinesz mitgelids annemen[80], der gebraucht es auch unwirdich. Und in dieszen dreyen stucken, nemlich in der unbusfertickeit, ungelauben und erkalter leibe[81] gegen den negsten, begreiffen wir die gancze unwyrdickeyt, wie die mag[82] namen haben.

Welche nu in solcher unwerdickeyt sich desz hochwyrdigen sacraments desz leybs und bluts Christi gebrauchen, die werden schuldich an dem leibe und an dem blute desz hern Christi, nicht dasz unsz der heylige Paulus hiemit wolte abschrecken und abhalten von dem gebraucht desz hochwyrdigen sacraments, sonder dasz er unsz darmit wil auffwecken, das wir solche wolthaten Gottes nicht vorachten oder geringschetzen, sundern unsz der myt rechtem ernst, geburlicher demut und dancksagung gebrauchen. Er spricht aber nicht, szye seyndt schuldich am brot und wein desz hern, sundern an dem leib und blut desz hern Christi. Dasz isz ja deutliech genuch gesagt, dasz die, welche esz unwyrdich brauchen, die begehen eyn unehr am leib [9r:] und blut desz hern Christi. Darum sollen sich ja billich[83] solche ffursehen und sich desz vil liber enthalten, denn zu irem furderben gebrauchen.

Und darum spricht der heylige Paulus: »Der mensch prufe sich selbes und also esse er van diesem brot und trincke van diesem kelche«[84] etc. Damit stellet esz der heylige Paulus einem iden in sein gewissen. Denn esz ist ja unmuglich, dasz ein seel-

q) übergeschr. und eingewiesen.
r) danach gestr.: schon. – s) danach gestr.: reyn wer.

77. I Kor 11,27.
78. sich.
79. I Kor 11,28f.
80. Vgl. I Kor 12,12-27.
81. Liebe.
82. kann.
83. zu Recht.
84. I Kor 11,28.

sorger oder prediger eynen yden seinen gebrechen konnte antzeygen und ime rathen, wo er alszo gesinnet were, dasz er sich desz hochwerdigen sacraments enthilte. Darum sol eyn ider seyn eygen gewissen fragen, dasz wirth ime solchs wol anczeygen, wie er geschickt[85] sey oder nicht. Darum wirt der brauch in der christleichen kirchen gehalten, dasz sich ein ider zuvor bey den dinern desz worts anczeyg und die absolucion entp[f]hahe, damit nicht imant on verbetrachtung seiner sunde und der hochdringenden not allein ausz gewonheit darhingehe und sich nicht zuvor mit Gott vorsone und dasz gewissen[t] alszo nicht allein on allen trost bleibe, sundern noch wol mer beschweret werde[86]. Darum sol ein ider allesz zuvor wol betrachten und erwegen, ob er beger, der sunde loszzuseyn und denen zu sterben, und sich desz hern Christi vortroste, ob er auch gleube, dasz der her Christus einen ewygen und neuen buntd zu vergebung unser sunde durch seyn leyden, sterben und blutverg[i]essen habe auffgericht und zuwegenbracht, und ob er auch von herczen seynem negsten seine feyle vergebe, gleichwie sich Got uber yn erbarmet und ime seyne feile nicht zurechnet, sundern ausz veterlicher gnade verczeyget[87]. [9v:] Wenn er sich denn alszo befindet, szo mach[88] er kunilich[89] und mit gudem gewissen darzugehen und sich dessz gebrauchen. Dann alszo wirt er der vergebung der sunden versichert, und wirt seyn gewissen getrostet, kann sich des heuptsz, desz hern Christi[90], mit dem er eyn leib worden ist[91], in allen anfechtungen vertrosten[u].

Und spricht der hiylige Paulus ferner: »Denn welcher unwerdich isset und trincket, der isset und trincket im selber dasz gericht, darmit dasz er nicht underscheidet den leib des Hern«[92] etc. Solche wort desz heyligen Pauli seindt nicht von dem gericht zu verstehen, welchs am jungsten tag geschehen wyrt[93] und des ein ider, szo in sunden verharret, gewertig sein mus, szolange er nicht busse thut, sundern heyszet dasz dasz gericht, da Gott der her balde hinder unsz heer ist, wenn wir unsz an dem hochwyrdigen sacrament vorgreyffen. Denn alszdenn strafft unsz Gott myt dem

t) vor den linken Rand geschrieben und eingewiesen.
u) Silbe »ver-« übergeschr. und eingewiesen.

85. vorbereitet, tauglich.
86. Zur Abendmahlsanmeldung und Privatabsolution nach reformatorischem Brauch vgl. TRE 5, S. 423f; RGG 1, Sp. 1552f; RE 2, S. 537,18-29. Im Beichtverhör vor dem Empfang des Abendmahls wurde abgefragt, ob der einzelne über den Katechismus, d. h. nicht nur die Zehn Gebote, das Glaubensbekenntnis und das Vaterunser, sondern auch über die Taufe, die Beichte und das Abendmahl Bescheid wußte. Zur Unterweisung der Bevölkerung, besonders der Jugend, hat die Reformation eigens Katechismuspredigten eingeführt. Zum Ganzen vgl. TRE 17, S. 748-760; 18, S. 6, bzw. RE 2, S. 537,20-27; 6, S. 395,13-16; 10, S. 131,39-42; S. 137,3-142,29, und u. A. Bd. 5, S. 182-334, Nr. 177.
87. Vgl. Mt 6,12.14f par.; 18,21-35.
88. kann.
89. kühn(lich).
90. Vgl. Kol 1,18 u. ä.
91. Vgl. Eph 4,16 u. ä.
92. I Kor 11,29.
93. Vgl. Mt 25,31-46 u. a.

zeitlichem tode oder sunst myt einer anderen harten widerwertigkeit und strafft unsz darum, auff dasz wir in betrachtung kommen unsers vorgehenden[94] lebens, wie wir Got und seyn wort vorachtet haben und unsz desz hochwyrdigen sacrament miszbrauchet. Dasz ist dasz gericht, darvon der heilige Paulus hie redet. Und darumme spricht er ferner: »Darumb sindt auch also viel schwacken und krancken under euch, und ein gut teil schlaffen«[95]. Denn wenn Gott der herr szyhet, dasz sich ein mensch nicht wyl lassen zuchtigen[96], esz szey dann alleyn in den letzten todesznoten, so lest er in in schwere, totliche kranckheit fallen[97] und entlich[98] sterben, szo[v] [10r:] er in villeych vyl lenger hette lassen leben, wenn er sich hette wollen zuchtigen lassen und besseren!

Warumb kumpt ober ein solcher in das gericht? Darumb dasz er nicht unterscheidet den leyb desz hern, dasz isz, das er nicht gedenckt: Ich armer, sundiger mensch, wasz suche ich hie? Da ist der leyb und das blut unsers hern Christi, dasz szol ich entpfahen, nicht allein, das ich in meynem gewissen gotlicher gnaden und der verzeyhung meyner sunden verwyssert werde und nun ein tempell Gotts[99] oder desz hern Christi werde, sundern auch, dasz mych dysze speysze in sich zihe und verendere (wie hernach[100] sol gesagt werden). Szo stecke ich ja noch in sunden und byn unbuszfertig! – Und warleych, esz gehen viele hierzu, alsz wann szy zu einem wolleben[101] gyngen, da zu essen und zu trincken, und bedencken gar weinig[102], wasz inen da fur eine speisze werde furgetragen, wie sze sich darzu schicken, die entpfahen und nutzleich brauchen sollen! Darumb fallen sie auch in Gotts gericht und werden von Gott heymgesucht und gestrafft.

Esz sezeth aber der heylige Paulus balde[103] den trost hynzu und spricht: »Denn wo wir uns selber richteten, szo wurden wir nicht gericht«[104]. Wann wir unser sunde selber erkennen, der feynt werden und der begern loszzuwerden und nach Gotts willen zue leben und vertroßthen uns der gnade und barmharczigkeit Gottes und richten unser leben nach seinem willen, szo sucht unsz Got myt lyblicher[105] schwacheit und anderem ubell nich daheim, damit er[w] die andern pflegt heimzusuchen, sonder lest im dasz wolgefallen und ist darmit zufride, dasz wir unszer schwackheit erkennen und

v) auf Seitenbeginn Ditt.
w) übergeschr. und eingewiesen.

94. vorangehenden, vergangenen.
95. I Kor 11,30.
96. Vgl. Hi 5,17; Prov 13,1; Weish 3,11.
97. Vgl. etwa Ex 9,1-12; 12,29-33; Dtn 28,58-60; II Chr 21,18; Hi 2 u. ö.
98. schließlich.
99. Vgl. I Kor 3,16; II Kor 6,16.
100. Vgl. u. S. 534,30-540,15, bes. 538,18-21.
101. Fest, Schmaus.
102. wenig.
103. sogleich.
104. I Kor 11,31.
105. leiblicher.

bey ime hulf und erret-[10v:]tung suchen. Wenn wyr unsz aber nicht erkennen noch besseren, szo kumpt der leybe Got mith der rutten, alsz ein liber vater unsz zu zuchtigen und zu straffen[106]. Und thut doch solchs nicht, dasz er unsz verderb und verdamme, wenn wir uns nur an dasz drouwen seiner ruten keren und unsz bessern, sundern vielmer unsz zur bussze zu reyzen und zu hilfen.

Darumb spricht auch der heylige Paulus: »Wenn wir aber gericht werden, so werden wir von dem Hern getzugtigt, auff dasz wir nicht sampt der werlt verdammet werden«[107], dasz ist: Got sucht unsz myt leiblicher straffe darumb darheym, auff dasz wir unsz bessern und szelich werden und alszo der ewigen straffe und dem ewygen thode und verdamnisz entrinnen, der die gotlosze welt gewertig sein mus; dasz ist ja noch ein gnedig gericht unsers lyeben hern Gotts! Alsz wann ein frommer vater, der esz treulich und gut meinet, sein liebesz kindt mit ruten stupet[108], szo thut ers ja nicht, auff dasz er esz ummebringe oder vorterbe, sondern vilemer, dasz er ein erbe aller seiner gutter bleibe und eyn liebesz kint in seinem hausze[109]. Wen aber auch solche veterliche straffe und zuchtigung bey unsz keine stat findet, szo folget gewisz darausz dasz ewige vordamnusz, welchs dann den halsterrigen kindern geburt[110], [x]wie der h[eilige] Paulus[x] hiermyt anczeiget, [y]da er[y] spricht, er thu esz darumb, »auff dasz wier nicht verdampt werden«, darausz denn folgen will, wo solchs bey unsz nicht hilft, dasz wir alszdann verdampt werden.

Alszo haben euwer liebe auffsz kurczeste und [11r:] eintfeltigste gehort vom ersten stuck, wasz wier bey disen hohen geheimnus desz h[e]ylligen sacraments thun sollen und unsz van Christo befalen und aufferlegt wirt, nemlich dasz wir sollen essen und trincken, dasz ist, dasz gebrauchen und nicht unterlassen, uns dasselbige auch nicht lassen trennen[111], wie denn im babstum leider geschicht[112], und dasz wir glauben sollen, dasz unsz da warhafftich der ware leyb desz hern Christi zu essen gegeben wyrdt und dasz ware blut Christi zu trincken und ebender leib, der am kreucz fur unsz den tot gelitten, und ebendasz blut, dasz am kreucz fur unsz vergassen ist zur vergebung unser sunde, und entleych, dasz weyr esz auch alszo gebrauchen, dasz wir seinen tot darbey verkundigen.

Nun wallen wyr auch weyter sehen, warum dasz hochwyrdige sacrament von dem hern Christo ist[z] auffgericht und eyngeseczt, denn die hauptursachen haben wir

x-x) vor den linken Rand geschrieben und eingewiesen.
y-y) Ditt.: daer er.
z) danach gestr. Schreibfehler: »af-«.

106. Vgl. Prov 13,24; Sir 30,1 u.ä.
107. 1Kor 11,32.
108. stäupt, züchtigt.
109. Vgl. Prov 13,1.24; 29,19 u.ä.
110. Vgl. Prov 29,1.
111. zerteilen, zerreißen.
112. Vgl. o. S. 524,24-525,3.

noch nicht gehort. Denn esz ist nicht allein darumb zu thun, dasz wir unsz desz erinneren, wie der her Christus fur unsz gelitten habe und seyn blut vergassen zur vergebung unserer sunde. Denn dasz konnen wir und sollens auch sonst wol thun, ob wir gleych nicht dasz hochwyrdige sacrament gebrauchen, wie denn fast[113] in allen predigten geschicht. Esz sollen aber euwer liebe wissen, dasz zweyerley essen ist und zweyerley trincken; dasz szol euwer liebe alszo ferstehen:

Wan wir dasz hochwyrdige sacrament in den munt und in den leib entpfahen und nemen, szo wirt dasz daß sacramentlich esszen und trincken genennet. [11v:]

Zum anderen aber, wenn wir esz alszo entpfangen haben, szo bedencken wir unsz, wasz der herr Christus damit meine und haben will, dasz er unsz seynen leib zu essen und seyn blut zu trincken gybt, dar mussen wir unsz etwas weyter ummsehen.

Dann esz ist hie darum zu thun, dasz wir glauben, dasz der herr Jhesus Christus durch sein unschuldigesz leiden und bitteren tot uns die vorgebung der sunden und Gottes gnade und barmharczigkeyt darumb erworben und zuwege bracht hat, auff dasz sich nun Got widerumb zu uns wende und unsz fur seine kinder auffneme, in unsz wone[a] und sey unser leben, heyligkeyt, gerechticheit und herligkeit[114]. Denn alszo spricht doctor Martinus Lutherus in einer predigt vam hochwyrdigen sacrament: Wann Christus spricht: Nempt hin und esset, nempt hin und trincket, szo ist es eben, alsz sprech Christus: »Da byn ich selber, der fur dich wirdt darhingegeben! Den schacz schencke ich dir. Wasz ich habe, dasz[b] saltu[115] auch haben; wenn dirs mangelt, solt mirsz auch mangelen. Da hastu meine gerechtichkeit, leben und seligkeit, das dich wider sunde noch todt, helle noch vordamnus noch alles ungeluck beweltigen[116] sol. Szolange ich gerecht byn und lebe, szolang soltu auch from[117] und lebendich bleyben«[118]. Darum, wer da gleubt, dasz der her Jhesus Christus seyn leyb und blut uns darume zu essen und zu trincken gibt, auff das[c] unser gelaube dardruch erfrischt und gestercket werde, dasz wenn wir dem evangelio gelauben, dasz der herr Christus nicht [12r:] allein fur unsz[d] darhingegeben sey, szondern auch in unsz durch den glauben wone und lebe und das allesz, wasz desz hern Christi ist, auch unser ist, nemlich seyn leben, gerechtigkeyt und seligkeit, der isset und trinckt den leib und dasz blut desz hern Christi geistleych.

a) Buchstabe o durch Verwischung unleserlich.
b) danach gestr.: ich. – c) übergeschr. und eingewiesen.
d) danach gestr.: »g-«.

113. eben, immer.
114. Diese Ausführungen Osianders entsprechen der Definition des Mittleramtes Christi in seinem großen Bekenntnis, vgl. o. S. 102,22-24 und 288,10-30, Nr. 488; weiter o. S. 396,23-26, Nr. 504.
115. sollst du.
116. überwältigen.
117. recht, tüchtig.
118. Zitat aus der Predigt am Gründonnerstag, 24. März 1524, WA 15, S. 498,19-24.

Und habt nur acht auff die naturliche speysze, auff das wyr den handel[119] etwasz durch gleychnus erkleren: Ir zwe essen eine spisze und[e] genyssen der spisze auff einerley weysze, dasz sze de durch den mund in magen bekumen[f]. Einer aber, der sie gessen hat, der verdeuth szie, und bekumpt im szer woll; der ander aber, der hat sze auch wol gesszen, kann sze aber nicht vordeuwen, sunder wirt darvon hoch[120] beschwert. Da mocht man sagen, dasz man die spisze im munt nimpt und isset szie, dasz were ein euserlich essen, dasz sze aber der magen vordeuet[g] und alle glider dardurch gestercket werden, dasz szey eyn innerleych essen – alszo auch vom sacrament: Dasz wir das[121] essen und trincken, dasz ist ein sacramentlich essen und trincken. Wenn esz aber durch den glauben angenhomen wirt und er dardurch erfrischet und gestercket wirt und dahin kumpt, dasz er schleust: Christus ist in mir, und ich in ihme[122], und byn nu eyn fleysch myt ime worden, sein leyb und blut haben meine natur eingenomen[123], und der herr Christus wyll szie reinigen von den uberigen und anklebenden sunden[124] und selber seyn mein lebent, meyne gerechtigkeit, herlickeyt und seligkeit[125], siehe, der isset recht geistleich solch[h] sacrament desz libs und bluts Christi und – alszo zu reden – verdowet diszer recht die speysze, die er zu sich genhomen und gesszen hatt, [12v:] und kumpt im zunutze, wirt darvon erfrischet, starck und frolich im glauben.

Solchesz iszt auch im alten testament fein furgemalet, denn die pryster assen von allen offern, die dem Hern geoppfert wurden; und szo alles meste[126] vorbrennet werden, szo war doch allewege etwasz andersz da, dasz die prester assen[127]. Wir sind aber in Christo alle pryster worden[128]. Szo dann der her Christus ein oppfer worden ist und fur unsz auffgeoppfert, szo mussen wir in auch alsz die pryster essen und sein blut trincken. Dasz ist, wie wir gehort haben: Wenn der herr Christus dorch seyne diner unsz vormanet und spricht: Esset und trincket, szo solt ir nicht gedencken, dasz er nichts anders damit meyne oder van unsz haben wil, denn das wirs in den munt nemen und in leib essen, szondern dasz er auch will, dasz solch essen und trincken ein geystlich essen und trincken szey und dasz wyr glauben sollen, dasz der leib fur unsz gegeben szey und dasz blut zur vergebung unser sunde vergassen sey,

e) danach gestr.: »zw-«(?).
f) Ditt. der Silbe »-ku-«, danach gestr.
g) danach gestr.: »al-«.
h) übergeschr. und eingewiesen.

119. die Sache, Angelegenheit.
120. sehr.
121. sc. das Sakrament unter beiden Gestalten.
122. Vgl. Joh 17,22f.
123. Vgl. Eph 5,30.
124. Vgl. Hebr 12,1.
125. Vgl. Joh 11,25; 14,6; I Kor 1,30.
126. mußte.
127. Vgl. Lev 6, bes. 9-11.19.22f u.ö.
128. Vgl. I Petr 2,5.9 u.ä.

und dasz wir auch glauben, dasz der herr Christus durch solchen glauben in unsz wonen wol, auff dasz ›wir mit im eine kuche seyn‹, wie doctor Martinus Luterus in[i] der epistel Pauli zun Galatern spricht[129], [k]und das er sein regiment in uns habe[k].

Wann wiyr dan dahin komen, szo haben wir auch dasz heilige sacrament geystleich gessen und getruncken, darum es dann auch von Christo ist eingeseczt worden. Dann wie die pryster im alten testament von den oppfern assen, alszo szollen wir auch van unserm oppfer[130] essen, dasz ist, den hern Christum durch rechtschaffenen glauben fassen, dasz er in unsz und wir in [13r:] ime seyn. Denn wenn wir recht glauben, szo werden wyr dem hern Christo eyngeleybet, dasz, wo er ist, wir auch seyn[131], wie er denn Joannis am 6. [53-58] spricht: »Warlich, warlich sage ich euch: Werdet ir nicht essen das fleisch des menschensones und trincken sein blut, so habet ir kein leben in euch. Wer mein fleisch isset und trinket mein blut, der hat das ewige leben, und ich werde in am jungsten tage aufferwecken. Den mein fleisch ist die rechte speise, und mein blut ist der rechte tranck. Wer mein fleisch isset und trincket mein blut, der bleibt in mir und ich in ime. Wie mich gesant hat der lebendige Vater und ich lebe umme des Vaters willen, also wer mich isset, derselbige wirt auch leben um meinentwillen. Dis ist das brot, dasz vom himel komen ist« etc.

Esz moch[t][132] aber imant fragen: Konnen wir denn auch den leyb unsers hern Christi essen und sein blut trincken ausserhalbe desz hochwyrdigen sacraments? Darauff ist die antwort: Ja! Denn wenn du gleubest dem wort Gotts, dasz van Christo gepredigt wirt, dasz du durch Christi leyden und sterben mit Gott versonet bist und Christus in dir ist durch den glauben, szo hastu schon seinen leib gessen und sein blut getruncken[133]. Szo jemants aber fraget: Warum sol ich den zun hochwirdigen sacrament ghehen, darauff ist die eintfaltige[134] antwort: Hettestu doch auch genuch an der lere desz cathechiszmi[135] und gehest doch gleichwol in die predigten

i) übergeschr.
k-k) fälschlicherweise gestr. und wieder übergeschr.

129. Luthers Vorstellung, daß die Gläubigen mit Christus ›ein Kuchen sind‹, findet sich öfter in seinen Werken, wenn sie auch nach Auskunft der Weimarana-Register-Stelle in Tübingen für die Galatervorlesung nicht nachgewiesen werden konnte. WA 2, S. 748,17f z. B. heißt es: »... und [wir] seyn alßo durch gemeynschafft seyner guter und unßers unglucks [mit Christus] eyn kuche, eyn brott, eyn leyb, eyn tranck, und ist alls gemeyn«. WA 10,1,1, S. 74,17f findet sich die Formulierung: »Er [= Christus] liebt, ßo glewben wyr, da wirt eyn kuch auß«.
130. sc. dem für uns geschehenen Opfer Christi.
131. Vgl. Joh 12,26.
132. könnte.
133. Vgl. *Altenstaig – Tytz*, Lexicon, S. 515: »Manducare spiritualiter est Christo incorporari, quo modo manducant, quicunque in Christum credunt ac per charitatem ei uniuntur et per hoc corpori suo mystico incorporantur secundum illud [verbum] Aug[ustini]: »Crede et manducasti«. Das Augustinzitat findet sich in seiner Schrift ›In Ioannis Evangelium‹ Tractatus 25, c. 12 (= PL 35, Sp. 1602).
134. einfache.
135. Zum Katechismusunterricht in der Reformationszeit vgl. TRE 17, S. 710-718 und 744-774; außerdem u. A. Bd. 5, S. 182-334, Nr. 177.

und hebst an je lengk[136] je mer bessern verstant desz cath[e]chismi zu fassen und zu lernen und solcher ler gewisser zu werden ausz dem gepredigten wort Gottesz. [13v:] Alszo auch, ob du wol gelaubest, dasz Christus in dir lebe, szo ist doch sollicher gelaube noch schwach und bedarf, dasz er bekrefftigt und gewisser wer; darum ist esz uns nicht allein seer gat[137], sundern auch hoch vannoten, das wir je lenger je mer hinangehen und nicht allein gotlicher gnaden und der vorgebung der sunden, auch seyner gegenwertigkeit in unsz, seines lebens, szeyner gerechticheit und herlickeyt gewysz werden und unser glaub je lengk je krefftiger werde und vollenkomner. Dann gleichwie einer, ob er woll eynmal sich satt gesszen hat, noch den[138] noch[l] teglich[m] imer mer essen mus, und wie ein, der schon einmal zum erkenntnusz Gotts und seynes worts kommen ist, noch imer darf[139] teglichs lesens, horens und unterrichtens, alszo auch, wenn wir schon einmal angefangen haben zu glauben, dasz Christus durch den glauben in unsz wone, szo bedarf doch solcher glaube teglicher versicherung und vergewisserung und, dasz wir unser augen, oren und alle vernufft in den glauben zwingen lernen. Darumb mussen wier unsz zu dem hochwirdigen sacrament desz leibs und bluts Christi halten. Denn dieweil wir da[n] seinen waren leib und sein waresz blut entpfangen, so kann ja unszer hercze schlissen: Christus ist ja warhafftich in mir, denn ich werde in ja nicht verzeren wie andere naturliche speisze, szondern er wirt vilmer mich in sich zihen und mich nach ime gesinnet und geartet machen, dasz ich anfhange, nach seynem willen zu leben.

Derhalben, wer nicht glaubet, dasz Christus warhaff-[14r:]tig durch den glauben in unsz wonet nicht allein nach der gotheit, szundern auch noch seiner menscheit, wasz solte ein solcher vom heiligen sacrament desz leibs und bluts Christi halten – wie man dann siehet, wie unbestendige[140] dinge szey darvon leren[141]! Wasz konnen szey aber davon sagen? Dasz stehet inen im wege, dasz der herr Christus spricht: Dis ist die speise, welche der welt das leben gibt[142], und solche spise isz es, die vom himel komen ist[143]! Wie gibt er uns denn das leben, wen wir sein flesch essen und sein blut trincken? Warlich darumb, dasz seyn gotliche natur darmit voreiniget ist! Denn die ist esz, die vom himel kommen ist, und szo die nicht im flesch[o] und blut

l) übergeschr. und eingewiesen.
m) danach gestr.: noch.
n) übergeschr. für gestr.: denn.
o) danach gestr.: ware.

136. länger.
137. gut (vgl. *Grimm*, Wörterbuch 4,1,6, Sp. 1225f).
138. nach dem, danach.
139. braucht.
140. ungültige, falsche, haltlose.
141. Vgl. Osianders Ausführungen in seinem Bekenntnis o. S. 196,6-21, Nr. 488.
142. Vgl. Joh 6,33.
143. Vgl. Joh 6,41.51 u.ö.

were, szo kunte unsz solche spise nicht dasz ewige leben geben, wie denn D. Martinus Luterus spricht: Wan der lib Christi one Got were, so were er kein nutz[144]. Den das wort Gotts, welchs Got selbest ist und hat in im das leben, das mus auch unser leben werden, aber – wie wir denn zum offtern mal gehort haben – nicht anders, denn allein in Christo[145]!

Und solchs merket an dem gleichnus: Der weyn macht den menschen truncken und frolich, wenn er getruncken wirt, und thut solches der gancze weyn, und thut esz doch nort[146] ausz seyner sunderlichen art[147], die er in sich hat und die man nicht nennen kann, welche art, wann sze ausz dem weine verreucht[148], szo wirt ausz dem wein eyn essig, und hat nicht mer die krafft, den menschen zu erwermen und frolich zu machen. Wenn du aber fragest: Wasz ist dasz, dasz ausz dem weyn verrochen[149] ist, dasz den[p] [14v:] menschen kunte frolich machen, da ist die antwort: Man kann esz einen nicht zeygen oder in dem weyn underschidlich sehen. Wenn man esz aber haben wil, szo kann man esz nergent andersz finden, denn allein im wein, und keineszwegesz auserhalbe des weinesz.

Alszo auch in Christo: Der gancze her Christusz ist das brot desz lebens und ist zugeleich warer Gott und[q] mensche. Wann er aber die gottheit nicht hette, szo kunte er dasz brot desz lebens nicht seyn, und kann doch solch leben auserhalbe der perszon oder dem ganczen herren Christo nicht gefunden oder ergriffen werden, oder wyr desz teylhafftich gemacht werden[150].

Darum sollen euwer liebe dasz furs ander stuck mercken, dasz wir auch darum den leib desz hern Christi im hochwyrdigen sacrament essen und seyn blut trinken, auff dasz wir alszo desz lebens, welchs in Christo ist, teylhafftig werden. Denn solch leben gibt unsz der leib und dasz blut Christi, nicht aber fur sich selbst alsz eyn bloser naturlicher leib und ein blos naturlichs blut, szondern darum, dasz esz der leib desz hern Christi und seyn blut ist, welcher leib und welchs blut myt der gotlichen natuer vereinigeth ist unaussprechlicher- und unzertrenlyecherweisze. Darumb gibt unsz solches die gotleyche natur. Denn dissze krafft, dasz leben zu geben, hatt de

p) auf Seitenbeginn Ditt.
q) danach gestr.: »Vate-«.

144. Das Zitat aus der Predigt Luthers über das Evangelium in der hohen Christmesse (Weihnachtspostille 1522) ist vermutlich durch die Mitschrift im Gottesdienst nicht ganz wörtlich, gehört jedoch zu den von Osiander mehrfach gebrauchten Aussprüchen Luthers; der Wortlaut ist eindeutig erkennbar: WA 10,1,1, S. 198,23f; vgl. o. S. 142,10f, Nr. 488.

145. Vgl. dazu etwa o. S. 142,9f oder 198,17-200,5, Nr. 488.

146. nur (vgl. *Grimm*, Wörterbuch 7, Sp. 998f).

147. Dieses Beispiel hat Osiander mehrfach beschäftigt. Anders gewendet gebraucht er es o. S. 294,1-16, Nr. 488.

148. verraucht, sich verflüchtigt.

149. Vgl. die vorige Anm.: starke Flexionsform nach *Grimm*, Wörterbuch 12,1, Sp. 993. Möglich ist die gleiche grammatische Form von ›verriechen‹; s. ebd., Sp. 1013.

150. Vgl. II Petr 1,4. – Vgl. auch o. S. 206,30-208,17; 224,1-226,15, Nr. 488.

speisze oder dasz brot, dasz vom himmell herabkomen ist[151]; solchesz aber[r] ist die gotliche natur in Christo. [15r:]

Darum szo glauben und bekennen wir auch nicht allein, dasz der herr Christus seinen leib fur unsz seinem himlischen Vater auffgeoppfert habe und sein blut zur vergebung der sunden vergossen, szondern auch, dasz er unsz solchen seinen leib und seyn blut zu einer speisze und trancke gegeben habe. Am stamme desz heiligen chrauczes hat er seinen leib gegeben und seyn blut vergassen, auff dasz er szeynem Vater unsz widerumb versonet, gnade und vergebung der sunde erwerbe; hie aber im hochwyrdigen abentmal gibt er esz darumb, auff dasz wir solcher seyner woltaten vergewissert werden und er sampt dem Vater und heyligen Geyste in uns wone, unser leben und gerechticheit und heyligkeit sey[152], wie er dann selber spricht: »Wer mein fleisch esset und trinket mein blut, der bleibt in mir und ich in im«[153]. Dasz ist der nutz und die frucht, den weir in deisem[154] sacrament desz leibs und bluts Christi finden und bekummen, szoofft wir desz wirdich und mit rechtem glauben enthpfahen.

Und sollen euwer leibe die zwey stuck stetesz fur augen haben, wasz der her Christus bey seinem himlischen Vater von unserntwegen habe auszgericht, nemlich dasz er unsz einen gnedigen Got dorch seyn leiden und sterben gemacht hat und wasz er nu ferner bey unsz thu und mit uns furneme, das wir unsz zu Got bekeren, van unsern sunden abstehen [15v:] und glauben dem evangelio und werden tempell desz lebendigen Gotts[155], in den Gott wandel und lebe und sein wolgefallen habe[156].

Alszo werden wir durch solchen brauch desz hochwerdigen sacraments unszer szeligkeit gewisz, denn da bekomen wir die gerechtigkeit und dasz leben in unsz und konnen alszo hie allesz uberwynden und hindurchkempfen, dasz weir auch dorth in ewiger[s], unauszsprechlicher ffrouden, dasz Got wert allesz in allen szeyn[157], imer und ewiglick leben und herlich sein[158]. Dasz vorleyhe unsz Gott allen, amen, amen, amen.

r) übergeschr. und eingewiesen.
s) danach gestr.: »fr-«.

151. Vgl. Joh 6,41.
152. Vgl. o. S. 130,20-136,27, Nr. 488.
153. Joh 6,56.
154. wir in diesem.
155. Vgl. I Kor 3,16 u. ö.
156. Vgl. Mt 3,17 par. – Vgl. außerdem o. S. 535, Anm. 114, und o. S. 509,28-510,11, Nr. 515, bzw. u. S. 554,14-555,2, Nr. 520-521.
157. Vgl. I Kor 15,28.
158. Vgl. Apk 21,3-5; 22,5.

Nr. 519
Osiander an Vertreter einer weltlichen Obrigkeit
Königsberg, [1552][1], April 5

Bearbeitet von *Hans Schulz*

Berlin GStAPK, XX. HA StA Königsberg, HBA J2, [1552] April 5 (K. 961): gleichzeitige Kop.[2]; auf der frei bleibenden Halbseite nach der Unterschrift von anderer Hand die Notiz: Osiandri[3].

Setzt als Vizepräsident des Bistums Samland den von David Tegetmeyr beschuldigten Heinrich Hanck wieder ins Predigtamt ein.

[1r:] Gottis gnad sambt mein willigen diensten zuvar[!], gonstige, liebe herrn!

Mir zeigt[a] Heinrich Hanck[4] neben andern mer glaublich an, das er durch ein verdechtige person, nemlich David Tegetmeyr[5], mit ungrund beruchtigt[6], als solt er in der predig am 3. Aprilis[7] etliche wart[!] geredt hoben, der er nicht gesteht[8], darauff ir im das predigen bis zum austrag der sachen[9] verpoten solt haben[10] mit fernerm an-

a) korr. aus Schreibfehler: zagt.

1. Diese Jahreszahl ergibt sich aus dem Inhalt des Briefes und dem Verlauf der Streitigkeiten in Königsberg: Der sog. ›Kanzelkrieg‹ zwischen den Parteien hat erst im Frühsommer 1551 begonnen; vgl. *Stupperich*, Osiander, S. 154-161 und 178-183. Die Denunziation eines Predigers im Monat April war daher erst im folgenden Jahr möglich.

2. nach Auskunft von GStAPK Berlin.

3. Da es sich um ein Einzelblatt ohne gültige Foliierung handelt, bezeichnen wir die Vorderseite mit 1r, die Rückseite mit 1v.

4. Ein mit dem Amt betrauter Pfarrer oder Prediger (vgl. u. S. 542,8f) gleichen Namens konnte bei *Moeller*, Altpreußisches Pfarrerbuch, nicht gefunden werden. Der Nachweis der Besetzung von Pfarrstellen im 16. Jh. ist freilich immer wieder durch Lücken gekennzeichnet. Auch in den Findbüchern von Berlin GStAPK ist der Name nicht verzeichnet.

5. Auch über ihn konnte Berlin GStAPK keine Angaben machen.

6. zu Unrecht verleumdet, ins Gerede gebracht wurde.

7. im Jahr 1552 Sonntag Judica (14 Tage vor Ostern).

8. die er nicht einräumt, abstreitet (vgl. *Grimm*, Wörterbuch 4,1,2, Sp. 4216).

9. bis die Sache ins Reine gebracht ist.

10. Aus dem weiteren (u. S. 542,1) geht hervor, daß es sich bei den Adressaten um weltliche Vertreter der zuständigen Obrigkeit, des Lehensherrn, des Amthauptmanns oder eines Magistrats handelte. Im 1540 verabschiedeten Kirchengesetz »Artikel von erwelung und underhaltung der pfarrer…« findet sich folgender Passus: »Nachdem aber befunden, das an etlichen orten, one vorwissen, genugsame ursachen und bewilligung eines ganzen kirchspils, die pfarrer geurlaubt und hinweg geiagt werden, wöllen wir, ob auch einer gleich das kirchen lehen hett, das er one guten rat der gepürenden obrigkeit, oder derselben verordenten, auch ansehenliche notdurftige ursachen, keinem pfarrer urlaub gebe, viel weniger alsbald hinweg jage. So aber hirüber ein pfarrer one erkentnus entsetzt oder weg gejagt, söllen dieselbigen vorjagte pfarrer

hang[11], die sach sey gaistlich und gehor nicht fur euch, sonder fur den presidenten[b], bischoff ader furstliche durchleuchtigkait[12]. Nymbt mich[c] aber als den vicepresidenten, von F. D. geordnet[13], nicht wenig wunder, das ir bekennet, ir kont nicht richter sein, und wolt doch den beklagten Heinrich Hancken verurtailn und im sein ambt erniderlegen[14], ehdan er uberwisen[15] und uberwunden[d] ist, welchs in der gantzen welt nie recht gewest ist. Will in derhalben als der geordnet von F. D. vicepresident hiemit von solchem[e] eurm unzeitigen[16] befelh, des[f] ir auch kain macht habt, entledigt haben und[g] endledige in hie von rechts wegen und befelhe im wider zu predigen, wie er darzu beruffen ist, solang und sovil[h], bis auff[17] in mit guten[i], bestendigen[18] grund erwisen wirt, darumb man ursach hat, in abzusetzen[19]. Und bit euch, ir wollet hierwider ferner nichts thadlichs[20] furnemen und mir nicht ursach geben zu dem, des[k] ich lieber uberhaben[21] sein wolt. [1v:] Dan auff die weyss[l] walt ich leichtlich alle prediger absetzen, wan ich eurm exempel nachvolgen wolt; ja wie leichtlich kont man

b) korr. aus Schreibfehler: »pred-«.
c) übergeschrieben für gestr.: ich.
d) korr. aus Schreibfehler: »ubert-«.
e) danach gestr.: eueren. – f) korr. aus: das.
g) danach gestr. Schreibfehler: »enled-«.
h) zwischen den beiden Silben Ditt. »viel« gestr.
i) Schreibfehler: gmten. – k) korr. aus: das.
l) korr. aus: wayss.

fur allen dingen, und aufs erste, wider eingesatzt und restituirt, alsdan klag und antwort gehört, und daraus erkent, was recht, verner ein pfarrer entsatzt, oder nicht entsatzt werden. So dann einem pfarrer gewalt gescheen, und er des schaden erlitten, ihm sölche seine scheden, durch seine widerpart, auch aufgericht werden, das wöllen wir also, und nicht anders gehalten haben« (*Sehling*, Kirchenordnungen 4, S. 47 und 48).

11. mit der angefügten Bemerkung.

12. Da es sich um eine Anzeige in bezug auf die Lehre handelte, d. h. um eine ›geistliche‹ Angelegenheit, waren die weltlichen Rechtsorgane nicht zuständig. Die geistliche Gerichtsbarkeit wurde für das Bistum Samland vom Konsistorium in Königsberg ausgeübt, dem der Bischof, bzw. der Präsident, damals der Vizepräsident Osiander, vorstand (vgl. die folgende Anm.); der Herzog hatte sich jedoch auch in diesen Belangen Mitspracherecht und letzte Verantwortung vorbehalten, vgl. *Hubatsch*, Geschichte 1, S. 28, und u. A. Bd. 9, S. 328-336, Nr. 413.

13. Osiander nahm seit der Erkrankung des Präsidenten Isinder im April 1551 als Vizepräsident alle Leitungsaufgaben des Konsistoriums im Bistum Samland wahr; vgl. *Stupperich*, Osiander, S. 94f. 149, und u. A. Bd. 9, S. 684, Anm. 2, Nr. 472.

14. Vgl. dazu den o. in Anm. 10 zitierten Artikel.

15. überführt.

16. unangebrachtem, voreiligem.

17. gegen.

18. festem, unzweifelhaftem.

19. Der beschuldigte Prediger wird die autogr. Ausf. Osianders mit sich genommen und dem adressierten Gremium zu seiner Entlastung überbracht haben. Eine Kop. verblieb bei den Akten.

20. Gewaltsames; vgl. *Grimm*, Wörterbuch 11,1,1, Sp. 320.

21. entledigt.

euch aller euerer[m] ambter und ehren entsetzen, wan es genug wer, das ainer ein grobe lugen auff euch teht und ein ander sprech: Steh deins ambts mussig, bis[n] du es austregest! Sehet fleisig zu, welchem gaist ir folget[22]! Das hab ich euch am besten[23] unangezaigt nicht wollen lassen.

Datum 5. Aprilis in meinem hauss[24].

Andreas Osiander,

F[o]. D. verordenter vicepresident des bistumbs Samlands.

m) danach gestr.: ambten.
n) danach gestr.: das. – o) davor gestr. Ditt.: F.

22. Vgl. I Joh 4,1.
23. bester Meinung.
24. dem Pfarrhaus der Altstädter Kirche; vgl. *Stupperich*, Osiander, S. 28, und *Hase*, Hofprediger, S. 132.

Nr. 520-521
Zwei Predigten über Phil 2,5-11
1552, April, zwischen 10 und 12

Bearbeitet von *Hans Schulz*

Einleitung

1. Osianders Predigttätigkeit in Königsberg

Aus Osianders letztem Lebensjahr ist eine Reihe von Predigten erhalten; vgl. dazu o. S. 376-379, Nr. 503.

2. Inhalt

[Über Phil 2,5-8:]

In der Karwoche erinnert Phil 2 an die höchste Frucht des Leidens Christi:

Gesinnt sein wie er, heißt nicht nur, ein frommer Mensch sein, sondern die Gesinnung wie Christus haben, als er noch in göttlicher Gestalt beim Vater war. Er nahm sich vor, seine Gottheit in der Knechtsgestalt des Menschen zu verbergen, um uns allen zu helfen. Diese Gesinnung sollen wir erwerben: Nicht das Unsere zu suchen, sondern wie Christus für uns, so sollen wir für die Armen dasein. Wir bekommen diesen Sinn, der in Gott war, durch Glauben und heiligen Geist; Gott gibt ihn uns ins Herz mit der Neugeburt.

Die Knechtschaft Christi bedeutet, daß er Gottes Natur nicht hinter sich gelassen hat, aber ganz Mensch geworden ist, die Sünde ausgenommen. Der Grund für die ›Erniedrigung‹ des Sohnes war der Gehorsam gegen den Vater bis zum Tode: In einem Wechsel hat er getan, was wir nicht konnten; wir haben Sündenvergebung, sind versöhnt und zu Gottes Kindern geworden, können seine Gesinnung, d.h. Gott selbst, gewinnen. Freilich besteht noch ein Unterschied zwischen Christi Sinn und unserem Gehorsam, der immer unvollkommen bleibt. Wir können aber auf die Sündenvergebung, die Christus erworben hat, vertrauen und mit Christi Sinn für den Nächsten dasein, d.h. ›geistlich gesinnt‹ werden.

Wenn man an das Leiden Christi denkt, muß man auf das Ziel sehen, nicht nur auf die erworbene Sündenvergebung, sondern auf die wachsende Gesinnung Christi, die wir als Glieder seines Leibes erhalten.

[Über Phil 2,9-11:]

Weil die Erniedrigung Christi größer war als beim Menschen je möglich, folgt seine Erhöhung über alles. Christi Geschick ist dabei Vorbild für das, was uns in der Auferstehung geschehen wird.

Paulus greift zurück auf Jes 45,18.23-25 und deckt Phil 2,9 die unter der Knechts-

gestalt verborgene göttliche Herrlichkeit Christi wieder auf: Weil Gottes Sohn sich so erniedrigt hat, hat ihn Gott über alles erhöht zur Anbetung. Die Gerechtigkeit, von der Jesaja spricht, erhalten wir in Christus, der Gott selbst ist, durch sein Menschsein, nirgends sonst.

Paulus zeigt uns Christi Exempel, seine Erniedrigung und Erhöhung, dazu den Grund unserer Seligkeit (Versöhnung und Vergebung) und schließlich Christi tägliches Wirken, so daß wir durch Wort und Glauben gesinnt werden wie er.

Nach der besonderen Erklärung, daß auch die Verdammten Christus als Herrn anerkennen müssen, schließt die Predigt mit der Mahnung, wir sollten nicht nur eifrig hören, was Christus getan hat, sondern auch eifrig beobachten, wie er in uns wirkt und unsere Gesinnung wandelt.

3. Überlieferung

Königsberg: Hans Lufft, 1553 = *Seebaß*, Bibliographie, S. 185, Nr. 72. Unserer Edition liegt das Exemplar Erlangen UB, Thl. V, 108^{eb} zugrunde. Folgende Druckfehler werden von uns stillschweigend berichtigt. S. 552,8: wil; S. 553,21: koͤnuen; S. 560,17: Dedruckt.

Text

[A1a:] Zwo schoner predigten des ehrwirdigen und achtbarn herren Andreae Osiandri etc. seligen[1], so er zum eingang[2] der passion uber die wort des heiligen Pauli zun Philippern am andern [5]: »Ein jeder sey gesinnet, wie Jesus Christus auch war« etc. in der marterwochen[3] des 1552. jars gethan hat[4]. Paul[us], 2. [cap., 13], an die Philippern: »Gott ists, der in uns wircket beide[5] das wollen und das volbringen, das etwas geschehe, das im wolgefellig ist«. Koͤnigsberg in Preussen anno 1553. [A1b:]

Paulus an die Philippern, cap. 2 [5-11]: »Ein jeglicher sey gesinnet, wie Jesus Christus auch war, welcher, ob er wol goͤttlicher gestalt war, hielt ers nicht fur ein raub, Gott gleich sein, sondern eussert[6] sich selbst und nam knechtesgestalt an, ward

1. Osiander war am 17. Okt. 1552 gestorben, vgl. *Stupperich*, Osiander, S. 352.
2. Anfang, Beginn.
3. Karwoche.
4. Die Karwoche fiel 1552 auf den 10.-16. April, vgl. *Grotefend*, Zeitrechnung, S. 196. Da Osiander wöchentlich sonntags, montags und dienstags predigte (vgl. o. S. 381, Anm. 2, Nr. 503), sind die beiden vorliegenden Predigten zwischen Palmsonntag, den 10., und Kardienstag, den 12. April, anzusetzen. Möglicherweise hat er beide Predigten wegen des fortlaufenden Textes an zwei aufeinanderfolgenden Tagen gehalten.
5. sowohl ... als auch.
6. entäußerte.

gleichwie ein ander mensch und an geberden wie ein mensch erfunden, ernidriget sich selbst und ward gehorsam bis zum tode, ja zum tode am creutz. Darumb hat in auch Gott erhőhet und hat im einen namen gegeben, der uber alle namen ist, das in dem namen Jesu sich beugen sollen aller der[7] knie, die im hiemel und auff erden und unter der erden seind, und alle zungen bekennen sollen, das Jesus Christus der herre sey zur ehre Gottes des vaters«. [A2a:]

Die erste predigt des ehrwirdigen und achtbarn herren Andreae Osiandri etc. seligen uber die wort des heiligen Pauli aus dem 2. cap. [5] an die Philippern: »Ein iglicher sey gesinnet, wie Jesus Christus auch war«.

Dieweil man zu dieser zeit[8] umb der jungen leute willen etwas vom sacrament und vom leiden und sterben und aufferstehung des herren Christi pfleget zu handeln[9] und sein in der ordnung der evangelien[10] komen bis auff die schone predigt, die der herr Christus auff dem berge gethan hat[11], und seint in der epistel zun Rőmern komen auff das hohe[12] geheimnis der ewigen vorsehung Gottes[13], wie es umb die ein gestalt habe[14], die do verdampt werden, und wirs zu dieser zeit[15] nicht hetten kőnnen aushandeln[16], so habe ichs mit fleis wollen underlassen bis nach Ostern[17], auff das es nicht also[18] zurteilet euch am verstand[19] hindern mőcht; und wollen itzt und

7. derer (derjenigen).

8. d.h. in der Karwoche mit dem Gründonnerstag, dem Tag der Einsetzung des Abendmahls.

9. behandeln, erörtern.

10. Osiander hat also neben der kontinuierlichen Auslegung des Römerbriefes auch laufend ein Evangelium in seinen Predigten behandelt. Mit dem Matthäusevangelium (vgl. die folgende Anm.) hatte er wohl seit Beginn des Kirchenjahres begonnen. Von diesen Predigten ist uns bis auf seine letzte Predigt vom 2. Okt. 1552 (vgl. u. S. 874-886, Nr. 546) nichts bekannt.

11. Gemeint ist: bis zur sog. Bergpredigt Mt 5-7. Osiander hat also über das Matthäusevangelium bis zum Ende von cap. 4 gepredigt.

12. große, tiefe.

13. Gemeint ist Röm 9-11, vgl. dazu u. Anm. 17. Osiander hat in den 6 Wochen, die seit seiner Predigt vom 22. Febr. über Röm 8,9-11 (vgl. o. S. 500-510, Nr. 515) vergangen waren, nur noch das achte Kapitel dieses Briefes zu Ende behandelt. Auch von diesen Predigten ist uns nichts weiter bekannt.

14. wie es um die stehe.

15. in der Karwoche.

16. zu Ende behandeln, abschließen.

17. Diesen Plan hat Osiander später ausgeführt. 22 Predigten über Röm 9-11 wurden von einem Unbekannten nachgeschrieben und gesammelt. Nach den Angaben von *Möller*, Osiander, S. 560, Anm. 163, fand sich in der Universitätsbibliothek Königsberg ein Folioband mit sehr sauberer und deutlicher Reinschrift – die biblischen Textstellen in roter Tinte – mit dem Titel: »Von der ewigen versehung Gottes. Etliche schonne und trostliche predigtenn des Erwirdigenn und hochgelertenn Ernn Andreae Osiandri seligenn uber das 9. 10. unnd 11. Cap. der Epistel Pauli zun Romerenn, ime in denn praedigtenn fleissig nachgeschribenn. Anno 1556« (vgl. *Lehnerdt*, Auctarium, S. 251, Nr. 140). Der Nachschriftenband muß wohl als verloren gelten. Zu den kurzen Auszügen bei *Möller*, Osiander, S. 511-517, vgl. u. S. 671-693, Nr. 523-530.

18. so.

19. Verständnis.

die folgende zeit etwas vom leiden und sterben [A2b:] und aufferstehung unsers herren Jhesu Christi handeln und auch vom sacrament, wie man sich darzu schicken sol und was man fur frucht daraus gewarten sol[20]. Ich habe aber diese wort Pauli im anfang[21] gerne genomen, dan sie weisen und fuͤren uns auff die allerhoͤgste frucht, die wir aus dem leiden und sterben unsers herren Jesu Christi haben, uber welche wir nicht koͤnnen hoͤher kommen, das es uns also wie ein ziehl fuͤrgestelt ist, darnach wir uns richten sollen und alle andere lere nach dieser wenden und vorstehen[22].

Es befielt aber der heilige Paulus, das »ein iglicher gesinnet sol sein, wie der herr Jesus Christus auch war«[23]. Und seint seine wort sehr gewaltig[24], als sprech er: Das sol ein jeder under uns in sich selbst fuͤlen, das er also gesinnet sey, wie es dan in dem herren Christo auch gewesen ist. Das seint sehr hohe[25] wort, das wir einen solchen schonen sin[26] sollen haben, wie der herr Christus selbst gehabt hat. Wo sollen wir in[27] aber nemen, oder wie sollen wir in bekummen? Das koͤnnen wir nicht ehr[28] vorstehen, wir wissen dan zuvor, was das fur ein syn sey. Dan dieweil der herr Christus warer Gott und mensch ist, so mussen wir fleissig mercken, was das mus fur ein sin sein, den wir ebensowol in uns fuͤlen sollen, als wie er in dem herren Christo gewesen ist. [A3a:]

Er fuͤret uns aber noch hoͤher. Dan es wehr schon nach unserm beduncken hoch genug, wan man saget, das wir gesinnet sollen sein wie der herr Christus in seiner menscheit und wie ein frumer mensch allein, der nicht gesuͤndiget het. Aber der heilige apostel Paulus, der wil hoͤher und erkleret auffs allergewaltigste[29], welchen sin er meine. Dan wan wir nur gesinnet solten sein wie Adam, ehe dan er suͤndiget, und solt nichts bessers sein dan ein schlechter[30] menschlicher sin, der doch one suͤnde wer[31], so kuͤnde dein sin in mir und meiner in dir nicht sein, und koͤnde auch des herren Christi sin in mir nicht sein, sondern ein jeder hette seinen sin, und ob sie gleich alle gleich gesinnet weren, so were doch des einen sin nicht des andern sin, gleichwie meine seele nicht deine seele ist. Hoͤret aber den apostel: Wir sollen den sin Christi haben, wir sollen gesinnet sein, gleichwie er gesinnet ist, wir sollen den sin entpfin-

20. Auch von diesen Predigten wissen wir weiter nichts. Die Predigt ›Vom hochwürdigen Sacrament‹ vom 29. März 1552 (vgl. o. S. 520-540, Nr. 518) hat nichts mit Osianders obiger Ankündigung zu tun, obwohl sie in der Passionszeit gehalten wurde.

21. Phil 2,5-11; zu Beginn.

22. ausrichten und verstehen.

23. Phil 2,5.

24. eindringlich.

25. tiefsinnige, wertvolle, edle, wichtige.

26. eine solche schöne Gesinnung.

27. sc. sie.

28. eher.

29. unwiderleglichste.

30. schlichter, einfacher.

31. In seiner Schrift ›An filius Dei‹ 1550 hat Osiander ausführlich Adams Gesinnung vor dem Fall dargestellt, vgl. u. A. Bd. 9, S. 474,30-480,13, Nr. 427.

den, der in Christo ist, und spricht weiter: »Welcher, ob er wol goͤttlicher gestalt war, hielt ers nicht fur einen raub, Gott gleich sein«[32].

Hie thut er den sin auff[33]: Er spricht, der son Gottes, do er in goͤttlicher gestalt war, do er bey dem Vater gewesen ist, mit Gott [A3b:] dem vater und heiligem geist in einem goͤttlichen wesen, do er noch nicht mensch war, sondern in goͤttlicher gestalt und herrligkeit, da hat er einen sin gehabt. Den sin sollen wir auch entpfangen, und sol eben der sin sein. Es seint uber die masse hohe wort, aber wir mussen sie fleissig bewegen[34]. Er redet von dem son Gottes, wie er in gleicher herrligkeit bey dem Vater ist, und ist noch nicht ein mensch: Do het er einen sin und het in von ewigkeit.

Was ist es dan fur ein sin? Erstlich spricht er: »Ob er wol goͤttlicher herrligkeit oder gestalt war, so hielt ers dennoch nicht fur ein raub, Gott gleich sein«. Er ist Gott dem vater gleich, mit im in gleicher macht und herrligkeit[35], welches in diesem leben unbegreifflich ist. Und spricht[36], er habe es nicht fur einen raub gehalten. Wan man etwas fur einen raub helt, so pranget[37] man damit. Dan wan man kriegt und schlecht[38] den feind und raubet, da gedenckt ein jeder, es sey gluͤck genug, das der feind geschlagen ist, und die guͤtter, die man raubet, die helt man fur eitel[39] gewin; man pranget damit, man ruͤhmet sich damit und lest sie sehen und teilet sie under gutte freunde. Hier schencken wir einem ein beutfennig[40][!] etc., da stecken wir die fanen in den tempel[41] und treiben also gepreng. Also thut aber der herr Christus mit seiner herrligkeit nicht; er helt sie nicht fur ein raub, sondern verbirget sie. Es mus hie nicht gepranget sein [A4a:] und sich sehen lassen und wollen geruͤmet sein, als sey er der Herr aller creaturen[42], sondern eussert sich selbest derselben und beschleust den rath mit seinem himlischen Vater, das er wol[43] mensch werden[44] und seiner herrligkeit nicht im gepreng brauchen zu[45] der zeit, sondern uns mit derselben helfen und uns vordeckterweis zu der herrligkeit bringen. Darumb spricht S. Pau-

32. Phil 2,6.
33. eröffnet, erschließt er, sc. die Gesinnung.
34. erwägen. – Vgl. Lk 2,19.
35. Vgl. Joh 17,5.
36. sc. Paulus.
37. prahlt, treibt ... Gepränge.
38. Krieg führt und schlägt.
39. lauter, reinen.
40. Beute(an)teil.
41. Da diese Redewendung sonst nicht belegt werden konnte, ist es notwendig, sie im Zusammenhang des Kontextes zu interpretieren, der von Raub- und Kriegszug handelt: Zum Zeichen einer siegreich erbeuteten Ortschaft wird die eigene Fahne auf die Spitze des Kirchturms gepflanzt, so daß sie weithin sichtbar den Sieg verkündet; vgl. *Grimm*, Wörterbuch 10,2,1, Sp. 1301 und 1321. Gemeint sein könnte auch die Sitte, erbeutete Fahnen von Kriegsgegnern in der Kirche aufzuhängen.
42. Vgl. Kol 1,15.
43. wolle.
44. Vgl. Gal 4,4.
45. während.

lus, er eussert sich, das ist, er stellet sich, als sey er nicht der Herre aller creaturen, und decket seine herrligkeit zu mit seiner menschlichen natur, die er an sich genomen hat. Das ist, das er spricht: »Sondern eussert sich selbs und nam knechtsgestalt an«[46].

Dan ein mensch als ein mensch, dieweil er ein creatur Gottes ist[47], so ist er auch schuldig zu dienen und sein knecht zu sein. So thut derhalben der herre Christus das in seinem ewigen raht. Wiewol er Gott ist und sicht uns in suͤnden tod und im ewigen verderben, so gedencket er doch: Hie ist nicht zeit prangens und meine herrligkeit zu sehen lassen, dan dardurch werden nurt[48] die menschen geschreckt und koͤnnen nicht gegen mir[49] thun, das sie sollen, sondern ich wil meine herrligkeit zudecken und mich stellen wie ein knecht. Ich wil mensch werden, ich wil fur sie leiden und sterben und sie also aus suͤnden und Gottes zorn erretten. So wirds darnach auch entlich zeit sein, das ich meine herr-[A4b:]ligkeit sehen lasse. Derhalben bittet er seinen himlischen Vater in der zeit vor seinem leiden, das er im die herrligkeit wider wol geben, die er bey im gehabt hat, ehe dan der welt grund geleget ward[50], das ist: Dieweil er dieselbige seine herrligkeit mit seinem knechtlichem schein[51] und menschlicher gestalt zudecket und gleich uberschatet, das sie niemand sehen kuͤnd, so bittet er, das der Vater im dieselbe also widergebe, das sie herfurleuchte, das ist, das er die menschliche natur also licht mache, das die herrligkeit dardurchscheine und nicht verborgen sey[52].

Das ist der sin, den der herre Christus gehabt hat, do er noch bey dem Vater war, ehe dan er mensch wuͤrde, das er sich seiner herrligkeit eussert und wird mensch und hilft uns. Den sin mussen wir auch haben und wol ermessen, nicht das wir in nach den wercken solten messen, sundern den einfeltigen[53] sin durch den heiligen Geist haben, nicht das wir solche nerrische gedancken wolten fassen und sagen: Sol ich gesinnet sein wie Christus, so mus ich auch zu Jerusalem gecreutziget werden und sterben etc. – dan das wer gar kindisch! Wir mussen tieffer hineinsehen in den rechten sin und nicht in die werck: Sein sin ist, das er nicht das seine suche, sondern uns helfe. Dieweil es dan im gebuͤret, das er den sin mit mensch-werden und sterben etc. erfuͤlle, so gebuͤrt uns ein anders, die wir ein ander geschefft[54] haben, das ich auch nicht das meine suche, sondern den armen helfe. [B1a:] Mercket aber mit fleis, das das Gottes sin sey, ehe dan er mensch wird, und das wir den sin auch sollen haben und nach demselben gesinnet sollen sein.

Wie bekummen wir dan den sin, dieweil er in Got und Gottes sin ist? Warlich nicht anders, dan das wir durch den glauben mit dem herren Christo voreiniget wer-

46. Phil 2,7.
47. Vgl. Gen 1,27.
48. nur.
49. mir gegenüber.
50. Vgl. Joh 17,5.
51. in seiner Erscheinung als Knecht, unter dem Augenschein eines Knechtes.
52. Vgl. Mt 17,1-9 par.
53. einfachen.
54. eine andere Bestimmung.

den und durch die voreinigung seinen heiligen Geist bekumen, welcher Gott selbest ist; der giebt uns den sin in unsere hertzen[55]. Ja er selbst ist der sin, dan der heilige Paulus spricht zun Roͤmern am 8. [6]: »Geistlich gesinnet sein, ist leben und fried«, und zuvor [5] spricht er: »Die do geistlich sint, die seint auch geistlich gesinnet«. Wiltu den geistlichen sin haben, so mustu auch geistlich sein. Geistlich aber kanstu nicht sein, du seist dan aus Geist und wasser neu geboren[56] und der geist Christi sey in dir. Derhalben spricht Paulus: »Wer den geist Christi nicht hat, der ist nicht sein. So aber Christus in euch ist, so ist der leib zwar tod umb der suͤnde willen, der Geist aber ist das leben umb der gerechtigkeit willen«[57]. Hie haben wir, das, wer geistlich gesinnet wil sein, der mus geistlich sein, wer aber wil geistlich sein, der mus den heiligen Geist haben, wer den heiligen Geist wil haben, der mus den herren Christum [B1b:] in sich haben und er mus in Christo sein[58]. Also bekumpt man den sin und nicht auff ein ander weise, und wer nicht also gesinnet ist, das ist, wer den heiligen Geist nicht hat, der gehoͤret Christum nicht an.

Nun last uns seine wort weiter sehen. Er spricht: »Er nam knechtsgestalt an, wart gleichwie ein ander mensch und an geberden als ein mensch erfunden«[59]. Hie mercket immerdar, das der son Gottes, der in der herrligkeit Gottes war, seine goͤttliche natur nicht hinder im[60] gelassen habe, sondern habe zur goͤttlichen natur auch knechtsgestalt an sich genomen und sey wie ein ander mensch, ausgenomen die suͤnde, und in allen geberden erfunden wie ein mensch, das ist: Alles, was nicht suͤnde ist, das tregt und leidet er. Es freurt[61] in wie unsereim, derhalben ist er gekleidet wie wir; es hungert und duͤrstet in, derhalben ist und trinckt er wie wir; er wird muͤde, derhalben ruhet und schlefft er wie wir und leidet alles mit uns, das wir leiden, ausgenomen die suͤnde, und mussen doch immerdar gedencken, das darhinderstecke der son Gottes, der da ist in gleicher herrligkeit mit dem Vater. Also ist der ware Gott ein knecht und mensch worden und hat sich seiner goͤttlichen herrligkeit geeussert und in knechtsgestalt bey uns gewest. [B2a:] Warumb thut er dan das? Auff das er dem Vater in seiner menscheit gehorsam wuͤrde, das ist, das er warer Got in seiner menschlichen natur liede[62] und truge die straffe fur unser suͤnde und also fur dieselbigen genugthet. Das ists, das er[63] spricht: »Ernidriget sich selbst und wart gehorsam bis zum tode, ja zum tode am creutz«[64].

Dan da ist ein wechsel geschehen: Da wir nicht kunden thun, was wir solten, da must es der son Gottes fur uns thun; und do wir gesuͤndiget hatten und die straffe verdienet, do must sie der son Gottes fur uns leiden. Das ist der wille des Vaters; das

55. Vgl. Röm 5,5; II Kor 4,6.
56. Vgl. Joh 3,5.
57. Röm 8,9f.
58. Vgl. o. S. 502,5-508,10, Nr. 515.
59. Phil 2,7.
60. sich.
61. friert.
62. litte.
63. sc. Paulus.
64. Phil 2,8.

ist auch der wille des Sones, das er das also gethan hat und dem Vater also tieff ist gehorsam geworden, das er nicht allein sich fur uns in den tod gegeben hat, sondern auch in den allerschmelichsten tod, welcher nicht allein fur der welt der vorechtlichste war, sondern den auch Gottes wort verwirft und vorflucht, dan im gesetz stehet geschrieben: »Vorflucht sey, der am holtz hanget«[65], und ist also fur uns ein fluch worden, wie der heilige Paulus zun Galatern [3,13] spricht: Er ist fur uns ein fluch worden, auff das er uns vom fluch erlŏsete. [B2b:]

Das sollen wir fleissig mercken, das er also gehorsam sey worden, dan er hat fur uns das gesetz erfůllet; daraus haben wir den nutz: Wan wir neu geboren sein und werden doch durchs fleisch vorhindert, das wir nicht kŏnnen volkomen nach dem willen Gottes leben, so sicht Gott nicht auff das, das wir nicht kŏnnen volkommen gehorsam sein, sondern sicht auff das, das sein allerliebster Son, unser herre Jesus Christus, das gesetz fur uns erfůllet hat, und nicht allein das, sondern Gott leget auch auff seinen Son alles das, das wir vordienet hetten und noch vordienen, und er tregts auch willigklich. Also haben wir durch seinen gehorsam erstlich vorgebung der sůnden, darnach auch, das uns unser gebrechligkeit nicht zugerechnet wird, dieweil er das gesetz fur uns erfůllet hat und uns nu Gott gnedig ist und wir mit im versŏnet, das er uns nu zu kindern annimpt. Das ist der ware und erstliche grund unsers christlichen glaubens.

Aber wir mussen noch bas[66] dran und – wie der heilige Paulus spricht – dahinkomen[67], so wir wollen kinder Gottes sein, erben Gottes und miterben Christi[68], das wir seinen sin gewinnen[69] und seines sinnes teilhafftig werden – und, das das allergrŏste ist: des sinnes, den der son Gottes gehabt hat in seiner gŏttlichen herrligkeit, ehe dan er mensch worden ist[70]. [B3a:] Was ist es dan fur ein sin? Warlich, er ist so hoch, das in auch kaum zwey oder drey personen erreicht haben, das sie zum ziel gekomen weren! Wir werden davon hŏren zun Rŏm. am 9. cap.[71] Dan wir sollen also gesinnet sein, das wir das unser nicht suchen, gleichwie Christus nicht das seine gesucht hat, sondern sich willigklich seiner herligkeit geeussert allein darumb, das er uns helfe. Dan er ist uns zugutte gekommen, hat fur uns das gesetz erfůllet und ist fur uns gestorben. Dan er selber spricht: »Niemands hat je grŏssere liebe gehabt, dan das er sein seele dahingebe fur seine freunde«[72]. Das hat uns Christus volkomen ge-

65. Gal 3,13; vgl. Dtn 21,23.
66. besser.
67. Osiander greift auf seine Ausführung vom Anfang der Predigt zurück, vgl. o. S. (547,8-) 547,27-548,1.
68. Vgl. Röm 8,17.
69. Vgl. Phil 2,5.
70. Vgl. o. S. (548,3-) 549,21-33.
71. Zweifellos hat Osiander mit diesem Hinweis seine für die Zeit nach Ostern geplanten Römerbriefvorlesungen gemeint (vgl. o. S. 546,13-17). Seine Ausführungen sind uns jedoch – bis auf wenige Reste – nicht erhalten, vgl. u. S. 671f, Nr. 523-530. Allenfalls ließen sich die Auszüge aus der Predigt zu Röm 9,1-3 in den Zusammenhang hier stellen: Osiander führt zu Röm 9,3 drei weitere Beispiele der ›Aufopferung‹ an, nämlich von Moses, Pinhas und Elia, die auf Christi Opfer verweisen; vgl. u. S. 680f, Nr. 523.
72. Joh 1,5.13.

than. Moises kumpt wol genau[73] hinzu, aber es ist nicht volkomen, da er spricht: Herr, vorzeihe dem volck ire missethat oder lessche[!] mich aus dem buch der lebendigen[74], als wolt er sagen: Ich begere verdammet zu sein, bis[75] nurth dem volck gnedig. Der heilige Paulus spricht auch, er beger verdammet zu werden, auff das seine freunde seelig wuͤrden[76].

Den sin sollen wir haben. Wir koͤnnen im aber nicht gentzlich nachkomen, dieweil[77] wir in diesem leben sein. Und der sin ist nichts anders dan der sin des heiligen Geistes und des sones Gottes, und so wir einfeltig und scharf[78] davon wollen reden, so ist er Gott selbst. Und wan wir die stuͤcke haben, das wir begreiffen, wie der herre Christus gegen uns gesinnet sey, fur uns das gesetz erfuͤllet und [B3b:] uns vom fluch des gesetzes erloͤset und hats dahin gebracht, das uns Gott der vater zu kindern annimpt und gebiert uns neu, so mussen wir wissen, das wir dahin komen sollen, das wir den sin in uns haben und fuͤlen, den der herre Christus bey seinem himlischen Vater in seinem goͤttlichen wesen gehabt hat. Das ist das ander[79] und der letzte graed[80] unsers heiles. Wan wir dahin komen und das erlangen und ergreiffen, so seint wir seelig, wan wir nurth in dem vorharren bis ans ende[81].

Wir mussen aber das mit fleis lernen, das der sin Christi und unser gehorsam, den wir im leisten, underschiedlich sein. Wir haben den sin Christi, wie Paulus spricht, aber wir koͤnnen mit unserm schwachen fleisch nicht nachkomen. Das ist nicht anders, dan das der heilige Geist, der in uns ist, der giebet uns zu vorstehen, wie wir solten sein, und wir entpfindens auch, aber der gehorsam wil nicht hernach. Derhalben mus mans fleissig mercken: Unser leben, gerechtigkeit und geistlicher sin mussen ein solch ding sein, das an im[82] selber volkommen sey, ob wir gleich nicht volkommen gehorsam sein, sonst were es alles vorderblich. Derhalben, dieweil Christus durch den glauben in uns ist und wir in im und sein heiliger Geist macht uns geistlich gesinnet, so haben wir auch seinen sin und sein doch schwach, denselben so volkomen zu erzeigen, als in der herre Christus erzeiget hat. [B4a:]

Derhalben mus man das gantze ampt des herren Christi ansehen, dan er thut mit uns nicht weniger grosse und wunderliche werck, dan das er bey seinem himlischen Vater gethan hat. Es sein seer grosse ding, das sich Gott also herniderlest, eussert sich seiner majestet und decket sie mit seiner menscheit zu, leidet und stirbet fur unser suͤnde, giebt sich under das gesetz und erfuͤllet das fur uns. Es ist ein hohes und wunderliches ding, und damit macht er uns den Vater gnedig, aber es gehoͤrt noch mehr darzu. Nemlich wan uns Gott so gnedig ist, so mussen wir seine kinder wer-

73. (ganz) nahe.
74. Vgl. Ex 32,32.
75. sei (Imperativ, vgl. *Grimm*, Wörterbuch 10,1, Sp. 242).
76. Vgl. Röm 9,3.
77. solange.
78. einfach und genau.
79. zweite. – Vgl. o. S. 551,18f.
80. Grad.
81. Vgl. Mt 10,22 par.
82. sich.

den, neu geboren und seiner art und seines sinnes, wie der heilige Paulus mit einfeltigen worten anderswo spricht: »Niemand suche das seine, sonder ein jeder suche, das des negsten ist«[83]. Derhalben hat auch der herre Christus das also erfůllet und alles, darumb wir von unserntwegen solten sorgen, das hat er fur uns ausgericht, als sprech er: Seit nit sorgfeltig[84] fur euch, wie ich auch fur mich nicht sorgfeltig gewesen bin, sondern seit sorgfeltig fur euren negsten, gleichwie ich fur euch sorgfeltig gewesen bin und bin fur euch gestorben und euch vom tode errettet. Und ob jemand sprech: Ja, du bist Gott selbest und bist vorhin[85] seelig, derhalben ist es nicht vonnőten, das du fur dich sorgest, sondern kanst fur andere sorgen. Ich bin ein armer sůnder und bin sterblich und bin under dem zorn Gottes, derhalben mus ich fur mich sorgen und kan nicht anders, dan ich wil ja nicht ver-[B4b:]dampt werden, so antwort der herre Christus: Ja, es ist war, aber auff das du ein kind Gottes seist, so neme ich deine sorge auff mich. Ich trage deine sůnde, ich lasse mich zurschlagen, zurgeisseln, creutzigen und tődten. Darumb bis[86] nicht sorgfeltig von wegen der vordamnus. Ich bin fur dich zur helle gefaren – und so fortan.

Dieweil er dan also fur dich sorget, so hastu auch weil[87] und zeit, fur andere zu sorgen, und kanst bey dir also schlissen[88]: Ich habe schon alles; die sůnde seint mir vorgeben, das reich Gottes ist mir zugesagt und bin schon im himel, was darf[89] ich dan sorgen? Sich[90] nu auff deinen negsten, der das noch nicht hat, der davon noch nicht weis, der noch schwach ist; dem hilf, gleichwie dir der herre Christus geholfen hat, alsdan wirts recht gehen! Sprichstu aber: Wir kőnnen ja nicht alle leren und predigen, so thu deinem negsten, was du sonst kanst – spricht doch der herre Christus: »Was ir dem allergeringsten aus den meinen thut, das habt ir mir gethan«[91].

Also wan der herre Christus unser sůnde bezalet hat und das gesetz fur uns erfůllet, so hat er noch wunderbarliche ding bey uns zu thun, bis ers dahin bringe durch sein wort und durch den heiligen Geist und durch die sacrament, das wir neu geboren werden und seinen sin bekummen, ja den gőttlichen sin, den er im schos seines Vaters gehabt hat[92], ehe dan er mensch wor-[C1a:]den ist. Das ist der sin des heiligen Geistes, und das heist, geistlich gesinnet sein.

Also mus man stetes[93], soofft man das leiden unsers herren Jesu Christi bedenckt, auff das ziel sehen[94]. Dan du must nicht allein darauff sehen, wie er unser sůnde getragen habe und dir nun deine sůnde vorgeben sind, sondern du must auch gesinnet werden, wie er ist, und dich im herren Christo spigeln und gedencken: Das ist ein

83. Vgl. I Kor 10,24.
84. sorgenvoll, besorgt.
85. ohnehin.
86. Vgl. o. Anm. 75.
87. Ruhe, Muße.
88. folgern.
89. brauche … zu.
90. Sieh.
91. Mt 25,40.
92. Vgl. Joh 1,18.
93. stets.
94. Vgl. Phil 3,14.

feiner man, der sich seines negsten noth also angenomen hat und in vom tode, von der suͤnden und helle errettet. Schau, das du auch also gesinnet werdest! Dan was ists, das du den herren Christum mit dem munde lobest und im hertzen sprichts: Ich wil nicht so sein? Sondern du must im gleich sein und seinen sin haben, nicht allein den, den er als ein mensch gehabt hat, sondern auch, den er bey seinem Vater gehabt hat, ehe dan er mensch worden ist. Derhalben nennet in Paulus zun Hebreern den hertzog unsers heiles, der uns den weg zur seeligkeit weise[95]. Darumb giebt er uns auch sein heiliges wort, und durch das wort giebt er uns seinen sin.

Das ist eben das, das wir in der epistel zun Roͤmern gehoͤret haben von der gerechtigkeit des glaubens: Es seint wol andere wort, aber es ist ebendieselbige meinung[96], da Paulus spricht, »das Gott uns seine gerechtigkeit darbiete«[97]. Das ist ebensoviel, als wie er hie spricht, das wir seinen [C1b:] sin sollen haben. Dan gesinnet sein wie Gott, ist ebensoviel, als gerecht sein, wie Gott gerecht ist[98].

Das bekennen wir, wenn man uns predigt vom leiden und sterben unsers lieben herrn Jesu Christi. Dan wan wir das gleuben und durch den glauben im hertzen behalten, alsdan wonet der herr Christus in uns und wir sind in im[99] und sind glieder seines leibes[100] und werden teilhafftig seiner goͤttlichen natur[101]. Und alsdan findet sich auch sein goͤttlicher sin in uns, und gehet also vonstaet[102], das wir im je lenger je mehr gehorsam werden, bis so lang, das dieser sterblicher leib abstirbet und die suͤnde durch den tod ausgefeget wird und wir widerumb geistlich und himlisch auffersteben[103]. Alsdan werden wir gesinnet sein wie Gott, und Gott wirt alles in allem sein[104], und wird unser gerechtigkeit herdurchleuchten wie die sonne[105].

Darumb sollen wir das leiden und sterben unsers lieben herren Jesu Christi offt widerholen, das er fur unser suͤnde gestorben sey und uns vergebung der suͤnden erworben habe, das gesetz fur uns erfuͤllet, auff das wan wirs nicht koͤnnen erfuͤllen, das uns dasselbe nicht werde zugerechnet. Darnach sollen wir auch sehen, das wir durch solchen glauben dahin komen, das wir den herrn Christum ergreiffen, das er unser leben, gerechtigkeit und heiligkeit sey, [C2a:] und seinen sin in uns haben, welcher nichts anders ist, dan das wort Gottes, das Gott selbst ist, und der heilige Geist, der auch Gott selbst ist, welchen wir durch den glauben bekummen und im

95. Vgl. Hebr 2,10.
96. Bedeutung.
97. Röm 3,25f. – Über diese Predigt Osianders, die er im Zuge seiner Römerbriefauslegung wohl vor Weihnachten 1551 (vgl. o. S. 381, Anm. 2, Nr. 503) gehalten hat, ist sonst nichts bekannt. Wie der Königsberger Professor die Stelle auslegte, läßt sich o. S. 613,29-626,10, Nr. 522, nachlesen.
98. Vgl. dazu u. A. Bd. 9, S. 646,7-14, Nr. 461.
99. Vgl. Joh 14,20.23 u. ä.
100. Vgl. Eph 5,30.
101. Vgl. II Petr 1,4.
102. vonstatten.
103. Vgl. o. S. 383,20-384,9, Nr. 503, und S. 391,5-26, Nr. 504.
104. Vgl. I Kor 15,28.
105. Vgl. Mt 13,43.

glauben behalten, und also hindurchkempfen bis ans ende und also seelig werden[106]. Das verleihe uns Gott allen. Amen. [C2b:]

Die ander[107] predigt von den folgenden worten desselben capitels [Phil 2,9.11]: »Darumb hat in auch Gott erhöhet« etc. »zur ehre Gottes des vaters«.

Wir haben gestern[108] gehöret, wie sich der herre Jesus Christus umb unserntwillen ernidriget und gedemütiget habe in allem gehorsam bis in den tod und bis in den tod des creutzes[109], in welchem wir zweierley fleissig mussen bedencken: erstlich das wir gehört haben, das er uns zugutte gekommen sey, dan er hat fur unser sünde gelitten und fur dieselben genuggethan und uns vorgebung der sünden erworben[110]; zum andern mussen wir auch sehen, was er in seiner person wircke. Dan dieweil er sich so tieff in den gehorsam gegeben hat, also das im kein lebendiger mensch in der gantzen welt im leiden, in der demut und in der ernidrigung gleich sey, so folget auch, das in Gott erhöhen wolle und erhöhet in auch uber alles[111] so weit, das er nicht allein nach seiner göttlichen natur – da er sich seiner herrligkeit zur zeit[112] geeussert –, sondern auch nach seiner menschlichen natur also erhaben ist, das er in der herrligkeit des Vaters ist. [C3a:]

Das exempel aber sollen wir wol ansehen, dan gleichwie er der nidrigest gewest ist und ist der allerhöhest worden, also wird uns auch geschehen. Dan jo[113] wir mehr leiden, jo wir mehr vorfolget werden, jo wir auch nidriger undergedruckt werden, so fiel mehr werden wir in jenem leben erhaben werden[114]. Darumb spricht der herre Christus selber: »Wer sich ernidriget, der sol erhaben werden«[115]. Derhalben sollen wir uns das lassen ein exempel sein. Dan wir haben in der epistel zun Römern gehöret, »das wir mit dem herren Christo zu gleicher herrligkeit werden erhaben werden, so wir anders mit im leiden werden«[116].

Wir haben aber gestern gehört, das wir nicht allein auff das sehen sollen, das Christus fur uns geliden hat und uns vorgebung der sünden erworben, sundern das wir auch gesinnet sollen sein gleichwie er[117], das ist, in im und durch in gerecht werden, wie Paulus zun Römern geleret hat[118]. So kumpt nu der heilige Paulus widerumb auff den handel[119], aber doch mit vordeckten worten, und spricht: »Darumb hat in

106. Vgl. Mt 10,22 par.
107. zweite.
108. Vgl. o. S. 545, Anm. 4.
109. Vgl. Phil 2,8.
110. Vgl. o. S. 550,15-551, 24.
111. Vgl. Phil 2,9.
112. zeitweise.
113. je.
114. Vgl. Mt 5,4.10.
115. Lk 14,11 par.
116. Röm 8,17. – Über diesen Vers hat Osiander in der Zeit nach dem 22. Febr. gepredigt (vgl. o. Anm. 13). Über den Inhalt der Predigt ist nichts bekannt.
117. Vgl. o. S. (547,8-550,14) 551,24-554,8.
118. Vgl. o. S. 554,9-13 und Anm. 97.
119. die Angelegenheit (zu sprechen).

auch Gott erhőhet, und hat im einen namen gegeben, der uber alle namen ist, das in dem namen Jesu sich beugen sollen aller der knie, die im himel und auff erden und under der erden sint, und alle zungen bekennen sollen, das Jesus Christus der Herre sey, zur ere Gottes, des vaters«[120]. [C3b:]

Mit diesen worten sicht der heilige Paulus in den propheten Jesaiam, der im 45. capitel [18.23f] also spricht: »So spricht der Herr«, das ist der ware Gott selber: »Ich schwere bey mir selbs, und ein wort der gerechtigkeit gehet aus meinem munde, da sol es bey bleiben, dann mir sollen sich alle knie beugen und alle zungen schweren und sagen: Im Herren haben wir gerechtigkeit und stercke«. Und darnach [25] spricht er: »Dan im Herren werden gerecht aller samen Israel und sich sein rühmen«.

Last uns die wort recht ansehen. Der ware und ewige Gott spricht, das er bey sich selbs geschworen habe. Das ist das grőst, das Gott unserm glauben zugutte thun kan, wan er bey sich selber schwert. Was hat dan der ewige und ware Gott geschworen? Er hat geschworen: »Ein wort der gerechtigkeit ist aus meinem munde gangen, bey dem sols bleiben«, das ist mein wort, das ich rede, das heilige evangelium, wie es aus [C4a:] meinem munde gangen ist, wie es mein wort ist, und ist fleisch worden[121]: Das wort ist ein wort der gerechtigkeit! Und in dem wort – wan wirs durch den glauben ergreiffen und das das wort Gottes, wie es aus seinem munde gangen ist, in uns bleibet – sein wir gerecht; und der Herr spricht: Es mus darbey bleiben, das ist, er wil keinen andern weg, weis oder lere wissen noch zulassen, dan das wir das wort alleine, das aus seinem munde gehet und Gott selbest ist, ergreiffen.

Und spricht weiter: »Mier sollen sich alle knie beugen, und alle zungen schweren«. Das ist die ursach, darumb er kein andere lere oder gerechtigkeit woll zulassen, dan das sein eingeborner Son, unser herr Jesus Christus – der das wort ist und ist fleisch worden –, durch den glauben in uns sey, in uns lebe und regire, und spricht: »Mir sollen sich alle knie beugen«, das ist: Wan Gott ein ander gerechtigkeit zuliesse dan die, die Gott selbst ist, so machet uns dieselbe gerechtigkeit seelig und gerecht, so weren wir auch schuldig und hettens[!] fueg[122], das wir der gerechtigkeit die knie beugeten, und die gerechtigkeit were ein herr uber Gott. Dan wan wir dieselbe gerechtigkeit hetten, so můst uns Gott seelig machen. So sie dan etwas anders ist dan Christus unser herr, der das wort ist, das aus dem munde Gottes gangen ist – so es etwas anders were, sage ich, so were sie nicht Gott und were doch ein herr uber Gott und wir beugeten ir die knie – sie were gleich, was sie wol[123]! Gott aber [C4b:] hat bey im selber geschworen, das es dahin in ewigkeit nicht komen sol, sondern im alleine sollen sich beugen alle knie und alle zungen schweren.

Das ist aber wol geredt auff mosaische weise, der dem volck gebot, das sie bey keinem falschen Gott schweren solten, sondern allein bey dem waren Gott[124]. Derhalben, da er spricht, alle zungen sollen mir schweren, das ist ebensoviel, als sprech

120. Phil 2,9-11.
121. Vgl. Joh 1,1.14.
122. Fug, Recht.
123. Vgl. o. S. 154,3f, und Anm. 263 bzw. 266, Nr. 488.
124. Vgl. Dtn 5,1 und 6,13f.

er: Alle zungen sollen bekennen, das ich der einige, ware Gott sey. Und hie haben wir, das Gott selbst in seiner göttlichen majestet redet und füret den grossen namen[125], welcher keiner creaturen wird zugeleget, noch zugeleget werden sol, sondern allezeit dem einigen, waren und lebendigen Gott, der do ist Gott vatter, son und heiliger geist. Der spricht: Die gerechtigkeit sol sein das, das aus meinem munde gehet, und mir sollen sich beugen alle knie, das ist: Mein wort sol sein die warheit und das leben[126] – auff das er bleibe der einige, ware Gott, der da gerecht sey und alleine gerecht mache denen[127], der da ist des glaubens an Christum[128]!

Hier decket nun der heilige Paulus den herren Christum wider auff, der sich verborgen het unter der gestalt eines knechtes und seine herrligkeit nicht sehen lies[129] und ist doch der ware Gott gewest, der da spricht: »Mir sollen sich beugen alle der knie«[130] etc., der da ist das wort Gottes des vaters, der unser leben, weisheit und gerechtigkeit ist[131], und spricht[132]: Darumb das sich der son [D1a:] Gottes also verkleidet hat in die menschliche natur und sich also ernidriget bis in den tod des creutzes, darumb hat in Gott also widerumb erhöhet, das nicht allein seine göttliche natur, sondern auch die menschliche mitsampt der göttlichen erhöhet ist, und spricht, Gott habe im einen namen gegeben, der da sey uber alle namen[133]. So man aber das wil einfeltig[134] vorstehen, so mag[135] mans also verstehen, das er fur Gott gehalten werde und sey Gott und werde als warer Gott angebetet. Aber aus dem namen, dem man vor der menschwerdung des Sones nicht hat können lesen, noch nennen[136], wan man nur einen buchstaben darzuthut, so wird der name Jesus daraus[137], und scheinet, als sey das der einfeltige und rechte verstand[138]. Dan Gott hat einen namen, den nie-

125. Gemeint ist das Tetragramm, das sowohl bei Jes 45,24 als auch in Dtn 6,13 im Hebräischen angegeben ist; vgl. dazu o. S. 228,14-230,27, Nr. 488, und u. Anm. 136.

126. Vgl. Joh 14,6.

127. den.

128. Vgl. Röm 3,26.

129. Vgl. Phil 2,6f.

130. Jes 45,23.

131. Vgl. I Kor 1,30.

132. sc. Paulus.

133. Vgl. Phil 2,6-9.

134. einfach.

135. kann.

136. Osiander nimmt Bezug auf das Tetragramm יהוה, den Namen Gottes im AT, dessen Aussprache bei den Juden aus religiöser Scheu verboten war. An seiner Stelle wurde ein Ersatzname (שֵׁם אֲדֹנָי oder κύριος) gelesen. Vgl. TRE 16, S. 438-441; RGG 3, Sp. 515f; 6, Sp. 703f; LThK 5, Sp. 855f; 9, Sp. 1382; außerdem o. Anm. 125.

137. Gedacht ist offenbar an die Einfügung eines שׁ in das Tetragramm, so daß folgende Buchstabenreihe entsteht: יהשוה. Osiander hat den Gottesnamen wohl wie seine Zeitgenossen mit ›Jehowa‹ – üblich seit dem 13. Jh. aus Unkenntnis des wahren Sachverhalts (vgl. LThK 5, Sp. 855f) – gelesen, punktiert aber den geänderten Namen, wie folgt: יְהֵשׁוּה, vgl. u. A. Bd. 6, S. 318,28-31, Nr. 233. Zu Osianders Aufgeschlossenheit für ›kabbalistische‹ Spekulationen vgl. *Seebaß*, Osiander, S. 80-82(85).

138. das … Verständnis. – Philologisch ist der Name Ἰησοῦς die gräzisierte Form des hebräischen יְהוֹשֻׁעַ (Josua; vgl. Jos 1,1 u. ö.) und wohl mit ›Gott ist edel; Gott ist großmütig‹ zu

mand ausreden[139] kan, dan er ist unbegreifflich. Do aber Gott mensch wird und wir in erkennen, do wird sein name, das man in lesen kan, und ist der name Jesus. Darumb, ob er spricht: »Im namen Jesu sollen sich beugen alle knie«, damit wil er schlecht[140] anzeigen, das unser herr Jesus Christus sey ebenderselbige ware und natuͤrliche Gott, der mit dem propheten Jesaia geredt hat[141]. Und dieweil das also ist, so mussen wir in im die gerechtigkeit haben, dan der prophet Esaias spricht: »In im haben wir gerechtigkeit und stercke«[142]. Was ist es aber? Gott spricht in seinem goͤttlichen wesen: »Ein wort der gerechtigkeit ist aus meinem munde gangen, und dabey sol es [D1b:] bleiben«[143]. Das wort aber ist der herr Christus, und das wort in Christo, das ist seine goͤttliche natur, ist unser gerechtigkeit. Das geschenck aber koͤnnen wir nicht haben, dan allein in dem Herren, der knechtsgestalt an sich genomen hat[144], der da gelitten hat und ist gestorben, das ist: In der menschlichen natur unsers herrn Jesu Christi finden wier die goͤttliche natur, nemlich das wort mit dem heiligen Geist, welches – scharpf davon zu reden – unser gerechtigkeit ist.

Derhalben dieweil wir unser gerechtigkeit in dem herren Christo finden und sein goͤttliche natur, das wort, unser gerechtigkeit ist, so ists auch recht, das wir dem herrn Christo die knie beugen und alle zungen im bekennen[145]. Das ists, das der prophet saget: Alle zungen sollen im schweren[146], das ist, sie sollen bekennen, das er der ware Gott sey. Das redet auch der heilige Paulus mit den worten, da er spricht: »Alle zungen sollen bekennen, das Christus der Herr sey«[147]. Was fur ein herr? Warlich der, der mit dem propheten Jesaia gered hat, der ware Gott und herr, der nu auch warer mensch ist. Und obgleich der Herr durch den propheten mehr dan einmael[!] spricht, das er seine ehr keinem andern geben wol[148], so ist es doch nicht unrecht, das er sie diesem seinem Son gibt, dan er ist warer Gott mit dem Vater und heiligen Geist und hat solche ehre von ewigkeit gehabt. Das er aber ist mensch worden und dem Vater gehorsam, das sol er nicht entgelten[149]; dan es ist Gott ein ehr, wan er seinen Son erhoͤhet, dieweil er sich ernidriget hat. Derhalben sol-[D2a:]len alle zungen bekennen, das der herr Christus warer Gott und mensch sey in der herrligkeit des Vaters und ein herr uber himel und erde und das im der Vater diese herrligkeit reiche[150].

Das wil uns der heilige apostel Paulus leren, nemlich das wie der herr Christus fur uns gelitten hat, vor unser sünde gnuggethan und uns vergebung der suͤnden erwor-

übersetzen; vgl. *Gesenius*, Wörterbuch, S. 291f und S. 814. Diese philologische Herleitung wird jedoch von Osiander ausdrücklich abgewiesen, vgl. u. A. Bd. 6, S. 318,31f, Nr. 233.

139. aussprechen.
140. schlicht.
141. Vgl. o. S. 556,5.
142. Jes 45,24.
143. Jes 45,23.
144. Vgl. Phil 2,7.
145. Vgl. Phil 2,10f.
146. Vgl. Jes 45,23.
147. Phil 2,11.
148. Vgl. Jes 42,8; 48,11.
149. dafür soll er nicht büßen, bezahlen, bestraft werden.
150. Vgl. Phil 2,11.

ben, also gehe er itzt damit umb, das wir gesinnet werden, gleichwie er ist; das ist, das wort, das aus Gottes munde gehet, sey unser gerechtigkeit[151]. Dan so wir ein ander gerechtigkeit haben dan Christum, so wirt sie ein falscher Gott sein, und wird Gott die ehre nemen, und werden sich alle knie nicht Gott beugen, sondern der falschen gerechtigkeit[152]. Gott wil aber das nicht und hat bey im selber geschworen, das es bey dem sol bleiben, das das wort, welchs aus seinem munde gangen ist, die gerechtigkeit sey.

So lernen wir nun bey diesem schonen text erstlich das exempel Christi, der sich selber demuͤtiget und darnach erhoͤhet wird, darnach den grund unser seeligkeit, das er fur uns gelitten, gestorben und erstanden sey, uns vergebung der suͤnden erworben habe, und das er darnach uns auch durch sein heiliges wort, wan wir daran gleuben, also zurichte[153], das wir also gesinnet werden, wie er war, do er noch bey dem Vater in seiner goͤttlichen herrligkeit war und noch nicht mensch war worden[154]. Das ist die ware gerechtigkeit, das wort Gottes, in welchem das leben ist, und das fleisch ist worden[155], und ist unser herr Jesus Christus, der durch den glauben in uns wonet[156]. [D2b:] Darumb habe ich gesaget, das uns der heilige Paulus hie hoch fuͤre[157], wie wir das leiden und sterben unsers herren Jesu Christi sollen betrachten, nemlich das wir nicht allein darauff mercken sollen, was er bey seinem himlischen Vater ausgericht habe, sondern das wir auch lernen, was er noch teglich in uns ausrichte, nemlich das er durch das wort in uns kumpt und das das wort, welchs Gott selbst ist, unser gerechtigkeit sey und mache uns gesinnet, wie er ist[158], und das es also bleibe, das sich alle knie im mussen beugen.

Hie entstehet aber eine frage, dieweil der heilige Paulus hie dreierley nennet der[159], »die im himel und auff der erden und under der erden sint«[160], was er mit denen, die under der erden seint, meine. Das versteht man aber leichtlich, wan man sihet, wie der spruch zun Roͤmern am 14. [10f] lauth[161], dan es spricht der heilige Paulus daselbst also: »Wir werden alle fur den richtstuel Christi dargestellet werden, nachdem[162] geschrieben stehet: ›So war, als ich lebe, spricht der Herr, mir sollen alle knie gebeuget werden, und alle zungen sollen Gott bekennen‹«. Mit den worten zeiget der heilige Paulus an, das er nicht allein sage von denen, die do selig werden, sondern auch von den verdampten, die mussen dannoch auch bekennen, das der herr Christus der Herr sey, und sie mussen im ire knie beugen und bekennen, das sie die

151. Vgl. Jes 45,23.
152. Vgl. o. S. 556,27-34.
153. ausrüste, ausstatte, bilde.
154. Vgl. o. S. 547,8-549,33.
155. Vgl. Joh 1,4.14.
156. Vgl. Eph 3,17.
157. sc. zur höchsten Erkenntnis führe (vgl. *Grimm*, Wörterbuch 4,2, Sp. 1598). – Vgl. o. S. 547,3-7.18, und 548,3-8.
158. Vgl. o. S. 552,27-553,7.24-29; 554,23-555,1.
159. derer, derjenigen.
160. Phil 2,10.
161. lautet.
162. da, weil.

straff wol verdienet haben. Man gedencke nu, wie sie under der erden sein oder wie sie am jůngsten tage ver-[D3a:]dammet werden, daran ist nicht gelegen – allein das wir das wissen, das dieser spruch auch die verdampten in sich fasse! Dan die mussen auch bekennen, das unser herr Jesus Christus die gerechtigkeit sey und das sie dieselbe veracht haben und das sie billich[163] verdampt werden. Darumb mussen wir den gantzen verstand wol mercken, dan wir werden des bedůrfen, wan wir wider zum geheimnis der ewigen vorsehung Gottes werden komen[164].

Dieweil wir dan das gar[165] wissen, so sollen wir uns nicht allein befleissen, das wir das fleissig hŏren und auch gleuben, wan wir hŏren, was uns der herr Christus zugutt hab ausgericht, sondern auch fleissig acht nemen, wie das wort, das wir durch den glauben ergriffen haben, in uns wircke, wie es uns lebendig und gerecht mache[166], wie es uns gesinnet mache, wie der herr Christus ist[167], und bring in uns das wort der gerechtigkeit, das aus dem munde Gottes ist ausgangen[168] – das wir in Christo und durch Christum seiner gŏttlichen natur teilhafftig werden[169] und er unser leben, gerechtigkeit und heiligkeit sey und wir in im, wan es offenbar wird werden, ewigklich seelig sein und regiren[170]! Das verleihe uns Gott allen, amen.

Gedruckt zu Kŏnigsberg in Preussen durch Hans Lufft.

163. zurecht.
164. Osiander wollte nach dem Osterfest 1552 die Auslegung des Römerbriefes in seinen Reihenpredigten wiederaufnehmen, vgl. o. S. 546,13-17 und Anm. 17.
165. ganz, vollauf.
166. Vgl. o. S. 554,9-13; 555,26-28.
167. Vgl. Phil 2,6.
168. Vgl. Jes 45,23.
169. Vgl. II Petr 1,4.
170. Vgl. Röm 8,17; I Joh 3,2 und Apk 22,5.

Nr. 522
Widerlegung der Antwort Philipp Melanchthons

1552

Bearbeitet von *Hans Schulz*

Einleitung

1. Melanchthons Urteil über die Schrift ›Von dem einigen Mittler‹ und Osianders Reaktion

Melanchthons erste Schrift gegen Osiander trägt den Titel: »Antwort auf das buch herrn Andreae Osiandri von der rechtfertigung des menschen«[1]. Bis 8. Dezember 1551 verfaßte der Wittenberger Professor ein Gutachten über Osianders Lehre, das für Ambrosius Moibanus in Breslau gedacht war, später aber auch anderen zugänglich gemacht wurde[2]. Er plante zwar eine eigene Abhandlung, diese kam jedoch nicht zustande. Vielmehr überarbeitete er das genannte Gutachten auf einer Reise nach Dresden zwischen dem 18. Dezember 1551 und dem 4. Januar 1552. An diesem Tag brach er zur Reise zum Konzil von Trient auf und hatte die Überarbeitung fertiggestellt[3]. Der Gesamtrahmen des Gutachtens ist in der Überarbeitung beibehalten und durch verschiedene Passagen erweitert. Der Vergleich weist die für Moibanus bestimmte Schrift eindeutig als Vorform der Abhandlung gegen Osiander aus[4].

Im Januar 1552 bemühte man sich in Kursachsen um eine offizielle Antwort auf Osianders Bekenntnis. Die Wittenberger Professoren Bugenhagen, Forster und Eber schlugen dafür Melanchthons Schrift vor, weil sie eine Widerlegung Osianders ohne jede Verunglimpfung enthalte[5]. Zugleich überreichten sie einen Druck der kleinen Schrift, der inzwischen – wohl ohne Wissen Melanchthons[6] – angefertigt worden war und als Zusätze zwei zum Teil polemische Konsenserklärungen von Bugenhagen und Forster, dazu den Wortlaut einer Disputation zwischen Melanchthon und Luther über die Rechtfertigung aus dem Jahr 1536 enthielt[7]. Eber hatte diese erweiterte Fassung in Druck gegeben[8] und ihr damit gewissermaßen die Form einer offiziellen Lehrauskunft verliehen. Am 12. Januar bereits schickte Georg von

1. Vgl. CR 7, Sp. 892. Sie ist auf den Sp. 892-900 im Wortlaut abgedruckt. (Titelangabe auch in TRE 22, S. 388.)

2. Vgl. MBW 6, S. 234, Nr. 6268, und S. 245, Nr. 6294; dazu und zum folgenden vgl. weiter o. S. 70, Nr. 488/496.

3. Vgl. MBW 6, S. 245, Nr. 6294.

4. Vgl. MBW 6, S. 234, Nr. 6268.

5. Vgl. o. S. 70, Nr. 488/496.

6. Vgl. *Möller*, Osiander, S. 478, und a. a. O. in Anm. 3.

7. Vgl. o. S. 70, Nr. 488/496, und u. S. 655, Anm. 736, bzw. S. 657, Anm. 758.

8. Vgl. *Möller*, Osiander, S. 479. Vgl. auch MBW 6, S. 251, Nr. 6310, und WA.B 12, S. 190, Anm. 1, Nr. 4259a.

Anhalt im Auftrag des Kurfürsten Osianders Buch und Melanchthons Schrift, wohl in der Form des Druckes, an die theologischen Fakultäten von Wittenberg und Leipzig[9].

Osiander hat das literarische Paket der Wittenberger Professoren offenbar aber nicht in Form der offiziellen Antwort aus Kursachsen kennengelernt, sondern durch Übermittlung von privater Seite[10] und konnte deshalb den Vorgang nicht anders als einen Angriff der ›Wittenberger Schule‹ auf sich verstehen, nicht aber als das kursächsische Urteil über seine Lehre. Als Hauptursache dieser Reaktion muß wohl die übereilte und erweiterte Drucklegung in Wittenberg gelten, die eine öffentliche Verurteilung suggerierte und rasche öffentliche Verbreitung zur Folge haben mußte. Beides verstieß gegen die vom Ausschreiben des preußischen Hofes gesetzten Bitten, die Angelegenheit dem Urteil einer Synode zu übertragen, das Ergebnis schnellstmöglich nach Preußen zu senden und vier Monate Geheimhaltung zu wahren[11]. In jedem Fall war die Wittenberger Drucklegung eine Störung des eingeleiteten Klärungsprozesses weit über die antiosiandrisch ausgerichteten Zusätze von Bugenhagen und Forster hinaus und konnte von dem Königsberger Professor nur als Affront empfunden werden, zumal Osiander versichert hatte, sich bei Verfahrensende dem Urteil der Kirche zu beugen.[12]

Auch der herzogliche Hof sah sich durch diesen Fehlgriff Ebers in seinen Einigungsbemühungen gestört. Noch am 21. März schrieb Herzog Albrecht an Bugenhagen, die Schrift Melanchthons habe ihn u.a. deshalb betrübt, weil sie im Druck erschienen sei. Es habe ein Weg zur Versöhnung der Parteien gefunden werden sollen. Vor dem Urteilsspruch der Kirche sollte keine Schrift in Druck gehen. Angesichts der Mißachtung seiner Bitten könne man nun Osiander nicht davon abhalten, seine Ehre mit Hilfe der Heiligen Schrift zu verteidigen[13].

Der ergrimmte Königsberger Professor ließ sich auch bald vernehmen, »es were ym werck, das domino Philippo uff seine antwort widerumb solte ein ader geschlagen werden, das das blut durch gantz Deutzschland fliessen wurde«[14]. v. Köteritz, der diesen Ausspruch dem Herzog am 18. Februar bekanntgab und hinzufügte, es seien Osiander deshalb schon »allerley beschwerliche nachsage« entstanden, verfaßte sogar einen Ratschlag, der für Osianders Gegenantwort ein Druckverbot empfahl. Er fürchtete nämlich, wie er dem Herzog schrieb, »das sölch aderlassen E.F.G. person und landen vilmehir[!] nachteylig fürfallen wölle denn domino Philippo«[15].

9. Vgl. MBW 6, S. 245, Nr. 6294.
10. Vgl. o. S. 71, Anm. 160, Nr. 488/496.
11. Vgl. o. S. 64, Nr. 488/496.
12. Vgl. ebd.
13. Vgl. *Stupperich*, Osiander, S. 249.
14. Berlin GStAPK, XX. HA StA Königsberg, HBA J2, Wolf von Köteritz an Herzog Albrecht, 18. Febr. 1552 (K. 978). Melanchthon erreichte die finstere Ankündigung am 4. April, vgl. CR 7, Sp. 974, Nr. 5085 (s. auch MBW 6, S. 287, Nr. 6399); vgl. weiter *Stupperich*, Osiander, S. 250, und *Möller*, Osiander, S. 481.
15. Zitate und Bedenken a.a.O. in Berlin GStAPK. *Stupperich*, Osiander, S. 250f, bietet den Inhalt des Bedenkens.

Osiander war also Mitte Februar bereits mit der Ausarbeitung seiner Gegenschrift beschäftigt. Seine affektgeladene Ankündigung geriet nicht in Vergessenheit, sondern gelangte nach Wittenberg und wurde von Melanchthon selbst mehrfach anderen brieflich mitgeteilt[16].

Der Druck der Gegenschrift Osianders dürfte ihrer Ausarbeitung unmittelbar gefolgt sein, vielleicht schon während dieser Zeit begonnen haben. Am 8. April war mindestens ein Drittel der Druckbogen fertiggestellt[17]. Kurz vor Abschluß des Druckes hat Osiander aber noch an der Vollendung des Manuskriptes gearbeitet. Denn auf Blatt R3a[18] nimmt er Bezug auf die erste Gegenschrift von Matthias Flacius Illyricus ›Widerlegung des Bekenntnisses Osiandri‹, die dieser mit einem auf den 1. März 1552 datierten Schreiben Herzog Albrecht zugesandt hatte[19]. Die Sendung muß kurz vor Abschluß des Druckes in Königsberg eingetroffen sein, so daß Osiander davon Kenntnis erhielt[20]. Unmittelbar danach[21] nimmt er in seiner Schrift Bezug auf Mörlins Gegenschrift, die um diese Zeit sich zwar im Druck befand, trotz langer Druckdauer aber immer noch nicht erschienen war[22]. Auch diese Notiz dürfte erst kurz vor Ende der Drucklegung verfaßt worden sein. Als Osianders Manuskript schließlich fertig gesetzt war, zeigte sich, daß zwei Druckseiten des letzten Druckbogens leer bleiben würden. Um diesen Raum nicht zu vergeuden[23], verfaßte Osiander eine kurze Auslegung zu Jes 45,23-25, die das wichtigste Anliegen seiner Schrift noch einmal herausstellte, und ließ sie auf den Seiten R3b und R4a abdrukken[24].

Osianders Schrift gegen Melanchthon lag am 21. April 1552 vollständig gedruckt vor[25]. Sie trägt den Titel: »Widerlegung der ungegrundten, undienstlichen antwort Philippi Melanthonis sampt doctor Johannis Pomerani unbedachtem und doctor Johannis Fŏrsters falschem lestergezeugnus wider mein bekantnus, zu Wittenberg ausgangen«[26]. Im gleichen Jahr wurde, wiederum von der Druckerei Hans Weinreich, eine weitere Auflage mit gleichem Satz herausgebracht[27].

16. Vgl. *Stupperich*, Osiander, S. 251f.

17. v. Köteritz schreibt: »Ich hab auch nechten[s] drey bogen als B, C, F, die man uff der gassen vorstreuet gefunden, gelesen ...« (Berlin GStAPK, XX. HA StA Königsberg, HBA J2, Wolf von Köteritz an Herzog Albrecht, 8. April 1552, K. 979). Die vielen Druckfehler, Fehler bei Blattangaben und Custoden und mehrfach notwendige Konjekturen lassen auf einen schnellen Druckvorgang schließen; vgl. die Überlieferung, Druck A, und die Textkritik.

18. Vgl. u. S. 668,7-10.

19. Vgl. *Möller*, Osiander, S. 490.

20. Am 26. April jedenfalls war der Bote, der das Anschreiben brachte, noch nicht wieder abgefertigt, vgl. ebd.

21. Vgl. u. S. 668,11f.

22. Vgl. o. S. 69, Nr. 488/496.

23. Vgl. u. S. 669,16.

24. Das autogr. Manuskript Osianders ist verloren.

25. Vgl. u. S. 670,9f.

26. Vgl. u. S. 571,1-3.

27. Vgl. weiter u. die Überlieferung. Die Druckerei ist u. S. 670,9 ersichtlich.

2. Charakter und Inhalt von Melanchthons erster Schrift gegen Osiander

Da Osiander in seiner Gegenschrift Wort für Wort Melanchthons Gutachten zitiert und Abschnitt für Abschnitt seine Ausführungen entgegenstellt, ist es notwendig, zunächst Melanchthons Schrift zu besprechen.

Wer erwarten sollte, daß der Wittenberger Professor auf Darlegungen Osianders in seinem Bekenntnis eingeht, wird sich enttäuscht sehen. Melanchthon spricht zwar davon, daß er über Osianders Schrift ein Urteil abgeben wolle, bietet aber eine eigene, andere Darstellung, die nur selten auf Äußerungen Osianders zu sprechen kommt. In ihrem Verlauf scheint die Abhandlung eigenartig schwebend, assoziativ fortschreitend und im Gedankengang wenig gegliedert. Was Melanchthon mit diesem Gutachten vor allem unterstreichen wollte, schreibt er in einem Brief an David Chyträus vom 4. Januar: »Sylvulam responsionis de Libro Osiandri scripsi rogatus to geronti Moibano non contentiose nec akribos. Sed hoc quod est koryphaiotaton recitavi, in iustificatione semper oportere comprehendi meritum Christi, et remissionem peccatorum, quod manifestissimum est ex ipso Pauli dicto Roman. 3. Et de necessaria consolatione dixi«[28]. Die von Melanchthon genannten Punkte sind also die wichtigsten Anliegen seiner wenig geordneten ›sylvula responsionis‹. Man wird mit Recht vermuten dürfen, daß Osiander auf sein umfangreiches und weit ausgreifendes Bekenntnis eine besser gefügte und ausführlichere, immer wieder unmittelbar Bezug nehmende Antwort des Praeceptors Germaniae erwartet hatte. Im folgenden sei der Gedankengang von Melanchthons erster Gegenschrift, der sich um die von ihm angegebenen drei Hauptpunkte rankt, kurz wiedergegeben[29]:

Der Wittenberger Professor erinnert zunächst an das Ausschreiben zu Osianders Bekenntnis und hält für gut, daß auch andere über dieses urteilen, da er von ihm namentlich, aber zu Unrecht darin angegriffen werde. Er habe sich und seine Bücher stets dem Urteil der Kirche unterworfen und nie anders als Luther lehren wollen. Da es ihm nun befohlen sei, wolle er ein Urteil abgeben.

In Röm 5,15 spreche der Apostel von gratia et donum, d.h. von Sündenvergebung und Gegenwart Christi: beides geschieht durch den Glauben und muß zusammen festgehalten werden; Mittler ist dabei der ganze Christus, Gott und Mensch. Gott wirke in der Bekehrung Leben und Trost und wohne in uns. Über diese Gegenwärtigkeit Gottes gebe es zwischen ihm und Osiander keinen Streit.

Gott wohne in den Bekehrten, das ewige Leben fange im jetzigen an, es gebe aber einen Unterschied zwischen den Heiligen nach der Auferstehung und den Heiligen in diesem Leben. In diesem Leben warteten sie auf die vollkommene Erfüllung und seien noch voll Unreinigkeit und Sünde. Deshalb müßten sie den Trost haben, daß sie auch nach der Wiedergeburt durch Gehorsam und Verdienst des einen Mittlers nach Röm 3,24f Vergebung erlangten, denn in dieser Stelle sei vom Verdienst Christi in menschlicher Natur die Rede. In der Aussage: wir werden gerecht, könne nicht

28. CR 7, Sp. 902, Nr. 5018.
29. Vgl. MBW 6, S. 244-246, Nr. 6294.

allein der Sinn liegen: wir werden gerecht durch die wesentliche Gerechtigkeit des Vaters, Sohns und heiligen Geistes, »sondern wir müssen Vergebung der Sünd und Gnad mit fassen, und den Verdienst des Sohns, der da ist zum Erlöser gestalt [= bestellt], unterscheiden vom Vater und heiligen Geist«[30]. Osiander gebe dem Gehorsam Christi einen andern Sinn: »›durch eines Gehorsam‹, das macht er durch die Gottheit, die ihn hat gehorsam gemacht, ›werden andre auch gehorsam‹«. Es gehe jedoch um das Verdienst Christi: »durch Gehorsam eines Menschen«[31].

Die Trostpredigt der Sündenvergebung durch das Verdienst Christi benötigten die Heiligen auch nach der Wiedergeburt. Wenn Osiander spreche: Ich heiße Gerechtigkeit dieses, das uns macht recht tun, so komme darin die Sündenvergebung nicht vor. Dagegen nennt Melanchthon in eigener Definition »Gerechtigkeit den Herrn Christum, dadurch wir haben Vergebung der Sünden und einen gnädigen Gott, und dazu in uns göttliche Gegenwärtigkeit«, Röm 3,24f. In der Angst vor dem Zorn Gottes und in Todesgefahr sei jeder zu Christus zu weisen, der auch nach der Wiedergeburt Mittler, Hoherpriester und Fürbitter, das umbraculum für Gnade und Trost bleibe. Die Ausdrucksweise dagegen: Gerechtigkeit ist dieses, das uns macht recht tun, sei nicht weit entfernt von der Feststellung: novitate sumus iusti, gleichsam ein Wechsel zwischen causa und effectus. Wenn Osiander vorgebe, es mache sichere Leute, wenn man lehre, wir würden gerecht um Christi willen durch den Glauben, so sei festzuhalten: Man soll Sünde bestrafen, aber den erschrockenen Herzen wahrhaftigen Trost bieten.

Jer 23,5f rede vom ganzen Christus und der ganzen Wohltat, von gratia et donum; Sündenvergebung und Verdienst Christi dürften nicht ausgeschlossen werden. Für die betrübten Gewissen sei folgende Ordnung wichtig: Wir sollen Trost in Christus, Gott und Mensch, suchen durch den Glauben, und in solchem Glauben will Gott in uns wohnen und wirken. Wer diese Ordnung merke, könne den Streit besser verstehen. Nur der Hauptpunkt sei hier besprochen und vieles übergangen, um weitere Streitigkeiten zu vermeiden. Zu Osianders Verwendung von Äußerungen Luthers sei anzumerken, daß dieser manchmal de effectione, manchmal de consolatione spreche. Aus dessen Disputation mit ihm über die Rechtfertigung 1536 sei ersichtlich, was er darüber denke.

3. Charakter und Inhalt der Schrift Osianders gegen Melanchthon

Die Antwort des Königsberger Professors auf das Wittenberger Gutachten ist ähnlich ungegliedert verfaßt wie dieses selbst, hauptsächlich dadurch bedingt, daß Melanchthons Ausführungen abschnittweise die Vorgabe für Osianders Kommentierungen liefern; dabei geraten sie manchmal in einen neuen Gedankenkreis, den Osiander bestimmt hat. So ist es ratsam, beim Lesen die Melanchthonschen Ausführungen im Kontext immer wieder separat zu prüfen, um Rede und Gegenrede der bei-

30. CR 7, Sp. 896, Nr. 5017.
31. Beide Zitate ebd.

den Kontrahenten klar in den Blick zu nehmen. Es gibt in Osianders Gegenschrift jedoch auch schwerpunktartige Ausführungen, in denen ganze Bedeutungskomplexe zusammenhängend dargestellt werden[32]. Im Überblick ist die Schrift noch ungeformter und unregulierter als sein Bekenntnis ›Von dem einigen Mittler‹[33]. Das bedeutet freilich nicht, daß Osianders Konzeption nicht in sich folgerichtig und schlüssig sei, ebensowenig wie dies für Melanchthon behauptet werden soll. Vielmehr kann man im Fortgang beider Schriften die einander entgegenstehenden Spannungsbögen der Argumente mit ihrer jeweiligen Akzentuierung sehr gut erkennen: Trost der Sündenvergebung durch Verdienst und ewige intercessio Christi sowie Gegenwärtigkeit Gottes in uns auf Melanchthons Seite – Sündenvergebung und Einwohnung mit Gerechtmachung durch Gottes Wirkung in uns auf Osianders Seite.

Vordergründig fällt freilich an Osianders Werk die übermäßige Polemik auf, in die sich der Verfasser hineinsteigert. Dies steht in Gegensatz zum vorsichtigen und klärenden Ton von Melanchthons Äußerungen und der streitbaren Art mit Maß, die Osiander selbst bisher seinen Königsberger Gegnern gegenüber auszeichnete. Ein Grund dafür mag gewesen sein, daß Osiander wohl gemerkt hat, daß der Wittenberger sich eigentlich nicht mit der von ihm aufgeworfenen zentralen Problematik befaßt hat, sondern ein eigenes theologisches Gemälde ohne Rücksicht auf das umfangreiche Königsberger Bekenntnis vorlegt. In seiner Antwort holt er den bisher fehlenden Schlagabtausch der Argumente nach.

Es gab jedoch noch weitere Gründe für Osianders Ärger, die *Wilhelm Möller* in kurzer Wertung zusammenfaßt: »Bei dem ungünstigen Eindruck, welchen die Maßlosigkeit und Feindseligkeit dieser Schrift macht, ist doch nicht zu übersehen die herbe Spannung, welche das Interim zwischen ihn und Wittenberg gebracht hatte, die fanatische und ungeschickte Art, mit welcher seine Königsberger Gegner unter Berufung auf Wittenberg ihn angegriffen hatten, und der Umstand, daß der unter den Epigonen der Reformationszeit überhandnehmende enge theologische Kastengeist ihn mit einer nicht unberechtigten Indignation erfüllte«[34].

Der Hauptduktus Osianders in seiner Gegenschrift liegt darin aufzuzeigen, daß Melanchthon keinen einzigen Punkt seiner Lehre widerlegt und nichts von seinen eigenen Ausführungen bewiesen habe. Dabei ist Osiander durchaus imstande, alle wichtigen Übereinstimmungen mit Melanchthon festzustellen – natürlich auch die Differenzen! Das meiste, was der Wittenberger ausführt, wird jedoch als ›Sophisterei‹ eingestuft, die nicht gegen Osiander spreche, ihn aber in der Öffentlichkeit verdächtig machen könne, als lehre er anderes oder nichts dergleichen.

In der durch die Kommentierung des Melanchthontextes sehr locker gefügten Schrift lassen sich folgende Argumentationszentren angeben:

1. Melanchthons Urteil über Osianders Bekenntnis und die eidliche Verpflichtung der Wittenberger Universität[35]. (Dieses Thema dient auch als Rahmen der polemischen Schrift.) 2. Osianders ›Hauptstreit‹ (seine wichtigsten Fragen: Wie wirkt

32. Vgl. dazu weiter u. diese S.
33. Vgl. dazu o. S. 52-54, Nr. 488/496.
34. *Möller*, Osiander, S. 481.
35. Vgl. u. S. 574,1-583,20(589,14).

Christus die Rechtfertigung, und: Was ist die Gerechtigkeit des Glaubens) und die Exegese beider zu Röm 5,15f (Gnade und Gabe)[36]. 3. Osianders Differenzierungen zur Gegenwärtigkeit Gottes[37]. 4. Die besonders ausführliche, exegetische Auseinandersetzung beider über Röm 3,24f/23-26 und das Verdienst Christi[38]. 5. Melanchthons ›Trostansatz‹ und seine Gegenüberstellung von Worten Osianders[39]. 6. Die Exegese von Jer 23,5f[40]. 7. Melanchthons Schlußthese (Sündenvergebung nicht von der Rechtfertigung ausschließen) gegen die Osianders (nichts widerlegt, nichts bewiesen; bzw. seine Zusammenfassung in bezug auf Luther)[41].

Vergleicht man Osianders ›Widerlegung‹ mit seinem Bekenntnis ›Von dem einigen Mittler‹, so werden zwei Akzente deutlich, die die Problemstellung stärker konfigurieren: Einmal stellt Osiander hier noch deutlicher als in seinem Bekenntnis die entscheidenden kontroversen Fragen heraus, die es nach seiner Meinung zu beantworten gilt. Sodann betont er hier noch nachdrücklicher als in seinem Bekenntnis die Gültigkeit des biblischen Wortes: Gott (selbst) ist unsere Gerechtigkeit. Formulierungen wie: Gottes wesentliche Gerechtigkeit in Christus, oder: Christus nach seiner göttlichen Natur, treten etwas zurück hinter den Osiandrischen Zentralstellen Jer 23,6; Jer 33,16; Jes 45,24 und I Kor 1,30: Es scheint, als habe Osiander seine Lehraussagen über die dogmatisch konsequenten Formulierungen hinaus noch tiefer im Wortlaut der Heiligen Schrift durch anhaltendes Bibelstudium bestätigt gefunden und festgemacht[42].

Die Kommentierung der Zusätze Bugenhagens und Forsters, sodann der Unterschriften der drei Wittenberger Professoren und eine kurze Exegese von Jes 45,23-25 schließen das Werk ab.

4. Melanchthons zweite Schrift gegen Osiander

Am 7. Mai hielt Melanchthon Osianders ›Widerlegung‹ in Händen und muß über deren Polemik sehr indigniert gewesen sein[43]. Nachdem er die Schrift gelesen hatte, teilte er Georg Major am 1. Juni seinen Eindruck mit und entschloß sich, hart zu antworten[44].

Melanchthon hatte den Fehdehandschuh aufgenommen, ohne freilich den Streit weiter in die Gemeindeöffentlichkeit zu tragen: Die zweite Schrift gegen Osiander

36. Vgl. u. S. 589,15-597,11.
37. Vgl. u. S. 597,12-607,14.
38. Vgl. u. S. (607,15)613,13-635,2(639,7).
39. Vgl. u. S. 639,8-646,5.
40. Vgl. u. S. 646,6-649,18.
41. Vgl. u. S. 649,19-658,13.
42. Zu Osianders zwei Hauptfragen (s. u. S. 589,15-591,4) vgl. die inhaltlichen Angaben für sein Bekenntnis o. S. 56.58f (Gerechtmachung), bzw. S. 59 (göttliche Natur), S. 488/496. Zur Bedeutung von I Kor 1,30 vgl. ebd., o. S. 58f; zu Jer 23,6 und 33,16 vgl. ebd., S. 59. Jes 45,24 ist in Osianders Bekenntnis nicht ausgelegt.
43. Vgl. CR 7, Sp. 998, Nr. 5113.
44. Vgl. CR 7, Sp. 1009, Nr. 5128.

verfaßte er daher im Oktober 1552 lateinisch, im November schon konnte er sie versenden[45]. Sie trägt den Titel: »Oratio, in qua refutatur calumnia Osiandri, reprehendentis promissionem eorum, quibus tribuitur testimonium scripturae«[46]. Wie angekündigt, gab der Wittenberger Professor seine Zurückhaltung auf und die Polemik, die ihn aus Königsberg erreicht hatte, in scharfer Form zurück.

Melanchthons zweite Schrift gegen Osiander – kaum länger als seine erste – geht ebenso wie diese nicht auf den vorangehenden Angriff Osianders ein, außer in zwei Punkten. Schon gar nicht greift Melanchthon die theologische Problemlage auf, die Osiander in seiner ›Widerlegung‹ vorgegeben hat. Er läßt sich auf keine Diskussion ein, sondern stellt sein Urteil kurz und knapp den breiten Ausführungen Osianders entgegen, wie er es bereits in der ersten Gegenschrift getan hatte. Die gleichen Argumente zur Rechtfertigungslehre und die gleichen Vorwürfe gegen Osiander werden wieder vorgebracht – und alles erst gegen Ende seiner ›Oratio‹. Einige zentrale Formulierungen seien hier wiedergegeben: »[Osiander] iactitat se … attulisse novam iusticiae definitionem. Iusticia est, quae efficit ut iusta faciamus … Sed non pertinent [haec verba] ad dictum: Iustificati fide pacem habemus. In vero agone et sensu irae Dei non hoc disputatur, an iusta faciamus, sed fatemur nos miseram et pollutam massam esse, et quaerit mens quomodo accipiat remissionem peccatorum, ac reconciliationem. In hac lucta Mediator ostenditur … Etsi autem cum hac consolatione filius Dei ipse corda erigit et vivificat, ac Spiritum sanctum in hunc qui fide sustentatur, effundit, iam domicilium et templum Dei est homo renatus, tamen anteferenda est obedientia filii Dei, his ipsis divinis actionibus quanquam excellentibus …«[47]. Diese Ausführungen finden sich bereits mehrfach in Melanchthons erster Antwort an Osiander, hier dagegen sind sie verkürzt und verdichtet.

Man gewinnt freilich den Eindruck, als sei die theologische Darlegung nicht das Wichtigste für den Wittenberger. Zudem findet sich vor Melanchthons kurzer theologischer Argumentation eine summarische Beurteilung Osianders, die in ihrer pauschalen, zusammentragenden, verdächtigenden und abwertenden Ausdrucksweise die Absicht erkennen läßt, den Königsberger Professor aus dem Kreis der rechtgläubigen Lehrer auszuschließen. Zusätzlich fügt Melanchthon polemische Urteile bei, die stichwortartig Lehre und Wirken Osianders völlig entwerten[48].

Diesem Versuch, Osiander zu desavouieren, fügen sich die beiden Punkte ein, die Melanchthon aus Osianders ›Widerlegung‹ aufgreift, obwohl sie kaum etwas mit dem umstrittenen Rechtfertigungsproblem zu tun haben. Der Wittenberger Professor greift die Ausführungen gegen die eidliche Verpflichtung in Wittenberg und die interpretierenden Äußerungen zu den Artikeln der Confessio Augustana auf[49] –

45. Vgl. *Stupperich*, Osiander, S. 258f.

46. Vgl. ebd., S. 259. Gedruckt ist sie in CR 12, Sp. 5-12, Nr. 132.

47. CR 12, Sp. 10f, Nr. 132.

48. Vgl. ebd., Sp. 10. – Melanchthon hat auch noch kurz vor Ende seiner Schrift Osiander gegenüber den Vertretern des weltlichen Regiments verdächtig machen wollen, vgl. ebd., Sp. 11f.

49. Vgl. o. die Einleitung S. 566.

beides in einem polemischen und für den Königsberger Professor sehr gefährlichen Gegenangriff, der die Hauptmasse der ›Oratio‹ Melanchthons ausmacht:

Mit vielen sinnvollen, durchaus beachtenswerten Gründen wird die Verpflichtung der Examenskandidaten auf den Lehrkonsens der Kirche, besonders gegen sektiererische Umtriebe, verteidigt[50]. Dieses letzte Moment zeigt die Speerspitze, die der Wittenberger in Ansatz bringt: Nicht, wie Osiander will, eine Auslieferung der rechten, wahren Lehre an die fehlerhafte Normierung einer ›Schule‹ sei zu verhüten, sondern die Wahrheit der Lehre, die von allen anerkannt sei, müsse gegen abweichende Bestrebungen einzelner Fanatiker geschützt werden. Die Zielscheibe, die Melanchthon anvisiert, lautet in seinen Worten: »Petimus verae doctrinae adservationem ... ad Ecclesiae concordiam ad frenandam audaciam fingendi nova dogmata ... etiam propter Osiandrum ..., qui aliquoties monstrosas oponiones genuit«[51]! In der gleichen Zielrichtung werden auch Osianders Ausführungen über die Interpretation der Confessio Augustana aufgegriffen und zum Vorwurf ausgebaut, er greife die Confessio selbst an[52].

Gleichsam als Schlußstrich fällt der Praeceptor schließlich folgendes ›milde‹ Urteil, das zwar in der Redeform einer professoralen Aussage geformt ist, in der Wirkung aber wie ein Schiedsspruch ex cathedra gelten soll: »Cum igitur Osiander nec integrum doctrinae corpus recitaverit, nec se evolverit, et in sermonibus suis significaverit se in multis rebus a nobis dissentire, non moveamur eius censura, ut hoc simplex et perspicuum doctrinae genus, quod multarum Ecclesiarum testimonia habet, quae sunt vox Spiritus sancti, abiiciamus«[53].

Die Absicht der ›Oratio‹ Melanchthons ist deutlich. Sie war ja auch nicht an Osiander selbst, sondern an die Gelehrten gerichtet[54]. Der Praeceptor Germaniae hatte – wie vorgenommen – ›graviter‹ geantwortet. Die Standpunkte beider Kontrahenten treten einander unversöhnlich entgegen. Die sachliche Diskussion war nicht aufgenommen und keineswegs entschieden. Melanchthons Schrift hat auch keine direkte Entgegnung mehr gefunden. Osiander war am 17. Oktober 1552 in Königsberg gestorben[55]. Er hat die Schrift nicht mehr kennengelernt.

Es ist deshalb kein Wunder, daß der Streit um die Rechtfertigungslehre weiterging und nicht geschlichtet werden konnte: Osiander, der Melanchthons Argumente auf- und angriff, starb zu früh, um die Durcharbeitung weiterführen zu können, und Melanchthon hatte keine Bereitschaft gezeigt, eine theologische Diskussion mit der Gegenseite zuzulassen. Die Fronten waren verhärtet über den Tod Osianders hinaus.

Melanchthon hat freilich noch in umfangreicherer Weise seine Wirksamkeit gegen Osiander entfaltet. Es ist selbstverständlich, daß die Anhänger Wittenbergs, an die die zweite Gegenschrift gerichtet war, Osianders Anschauung einhellig ablehnten. Der Wittenberger Reformator mühte sich zusätzlich darum, daß die offiziellen Stel-

50. Vgl. CR 12, Sp. 5-9, Nr. 132.
51. ebd., Sp. 8.
52. Vgl. ebd., Sp. 10-12.
53. ebd., Sp. 12.
54. Vgl. den Titel der Gegenschrift o. S. 568.
55. Vgl. *Stupperich*, Osiander, S. 259, Anm. 66, und S. 352-355.

lungnahmen, die nach Preußen geschickt wurden, die Lehre des Königsberger Professors ablehnten. Dieses Bemühen blieb nicht ohne Erfolg[56].

5. Überlieferung der Gegenschrift Osianders

Drucke:

A: Königsberg: Hans Weinreich, 1552 = *Seebaß*, Bibliographie, S. 176, Nr. 64.1.1. Dieser Druck liegt unserer Ausgabe zugrunde nach dem Exemplar Rostock UB, Fg 1099 (4). Folgende Druckfehler in A werden stillschweigend berichtigt: S. 574,24: confessiion; S. 575,21: im; S. 576,15 (11. Wort): sacraments; S. 576,28: gerechcigkeit; S. 578,5: vierzehnerleo; S. 578,5: gerechtgkeit; S. 578,9: schreiden; S. 579,9: bleibn; S. 579,14f: angfochten; S. 579,23: ann; S. 580,1: ntstanden; S. 581,5: gerinste; S. 583,4: geierten; S. 585,11: Philappus; S. 588,14: diesebige; S. 591,1: austailung; S. 592,27: Philppus; S. 594,34: vergenglkich; S. 595,20: zntretten; S. 595,24: darduch; S. 595,29: zueretten; S. 596,10f: vorpergen; S. 596,21: gruͤud; S. 598,31: rcichen; S. 601,5: Ehpesiern; S. 602,21: mainug; S. 603,13: tcd; S. 604,18: capitles; S. 607,28: philosophise; S. 607,30: baidenhtndisch; S. 608,8: schriff; S. 608,13 (9. Wort): Philippuͤs; S. 608,14: reder; S. 608,18: daun; S. 609,3: gegenwertigkeir; S. 610,14: außgegruckt; S. 610,20: Gotris; S. 610,29: anfaben; S. 612,8: sintelmal; S. 612,23: inu; S. 612,28: glanben; S. 613,22: christlichei; S. 614,1: eroͤsung; S. 614,28 (1. Wort): gesttz; S. 615,13: wonug; S. 615,22: gesuͤndig; S. 616,15: widergepure; S. 616,18: zurechnee; S. 617,5: abtr; S. 617,12: gnadestul; S. 618,9: mainnng; S. 618,26: sondes; S. 620,20: fünden; S. 622,15: anffs; S. 623,9: redes; S. 623,15: zeyttn; S. 623,32: garpeut; S. 624,30: gerchtigkeit; S. 625,1: creatuͤlichen; S. 625,12: gerchtigkeit; S. 626,23: guad; S. 628,8 (2. Wort): nuu; S. 628,11f: mainug; S. 628,20: teybt; S. 628,33: doͤffen; S. 629,12: ihu; S. 629,13: vergebuug; S. 631,4: gerecheigkeit; S. 631,18: grechtigkeit; S. 633,15: nuu; S. 633,23: zn; S. 634,4: koͤnntn; S. 635,27: gerechtigkei; S. 635,31: bekatnus; S. 636,6: anch; S. 638,20: ges; S. 640,17: Philppus; S. 641,10: Buchstabe r in der Wortfolge ›das er‹ kopfstehend und spiegelverkehrt; S. 641,22: vergebuug; S. 642,23: deu; S. 644,8: reht; S. 644,27: sprich; S. 647,13: lociis; S. 648,1: se; S. 648,6: schriff; S. 649,12: noch; S. 652,21: nd; S. 653,32: zuverficht; S. 654,27: effettione; S. 655,8: sruͤcht; S. 655,9: Philppus; S. 655,18: gehaudelt; S. 655,29: aber (für die Wortfolge ›ob er‹); S. 657,4 (vorletztes Wort): dar; S. 657,13: gepredigr; S. 659,1: bekantnns; S. 660,10 (6. Wort): uud; S. 661,24: Buchstabe n in ›nicht‹ kopfstehend; S. 661,31: spureu; S. 663,28: ungerleten; S. 664,19: niche; S. 664,20: 4. Buchstabe (= n) in ›inen‹ kopfstehend; S. 668,4: herausgefarhn; S. 669,21: gerechfertigt; S. 669,22 (2. Wort): Gottrs; S. 669,32: glaubeus.

B: Königsberg: Hans Weinreich, 1552 = *Seebaß*, Bibliographie, S. 176, Nr. 64.1.2.[57]

56. Vgl. ebd., S. 259 und 262, bzw. zur weiteren Wirksamkeit Melanchthons die Seitenangaben des Personenregisters; weiter *Fligge*, Osiandrismus, S. 143-145 und S. 317-324.

57. Eine Zusammenfassung mit Teilzitaten (bei der freilich Teilstücke nicht referiert werden) findet sich bei *Möller*, Osiander, S. 481-489; vgl. *Stupperich*, Osiander, S. 252-258.

Text

[A1a:] Widerlegung der ungegrundten[1], undienstlichen antwort Philippi Melanthonis[2] sampt doctor Johannis Pomerani[3] unbedachtem und doctor Johannis Foͤrsters falschem lestergezeugnus[4] wider mein bekantnus, zu Witteberg ausgangen. Und ist Philippi antwort sambt der andern zeugnussen hierin von wort zu wort eingeleibt[5].

Andreas Osiander.

Rom. 3 [13-18]: »Ir schlund ist ein offen grab; mit iren zungen handeln sie truͤglich. Otterngifft ist unter iren lippen; ir mund ist vol fluchens und pitrigkeit. Ir fues sind eilend, blut zu vergiessen; in iren wegen ist eitel[6] unfal und hertzenlaid, und den weg des frides wissen sie nicht. Es ist kein forcht Gottes fur iren augen.«

Konigsperg in Preussen, 1552. [A2a:]

Widerlegung der ungegrundten, undienstlichen – ich wils auff dißmal nicht anderst nennen – antwort Philippi Melanthonis sambt den zweien gezeugnussen, im eingang des titels gemeldet, wider mein bekantnus, zu Witteberg ausgangen.

Andreas Osiander.

Allen frommen, gotsfuͤrchtigen liebhabern des rainen, seligmachenden worts Gottis gnad, frid und barmhertzigkeit von Gott dem vatter und von seinem eingebornen son Jesu Christo, unserm herrn und heiland, durch gezeugnus des heiligen Geists, damit[7] ir, gesterckt und bestendig gemacht, allen betrug des satans wider die goͤttliche warheit mocht erkennen, urteiln und uberwinden. Amen.

Ich danck dem allmechtigen, ewigen, barmhertzigen Gott und vatter unsers herrn Jesu Christi[8], »der uns allezeit syg gibt in Christo und offenbaret den geruch seines erkentnus durch uns an vilen orten«[9]. Dann sint[10] ich umb der rechten, rainen lehr von [A2b:] der rechtfertigung des glaubens willen von etlichen, die zum glauben untuchtig und zerruͤtter[11] synn sein[12], bin angetastet und offentlich auff den cantzeln und haimlich durch boͤse brieff mit greulichen und vormals[13] unerhorten unwarhei-

1. unbegründeten.
2. Vgl. o. die Einleitung S. 561.
3. Bugenhagen.
4. Zu diesen Beiträgen vgl. o. S. 561.
5. eingefügt, aufgenommen.
6. nur, lauter, nichts als.
7. wodurch.
8. Vgl. II Kor 11,31.
9. II Kor 2,14.
10. seit.
11. zerrütteter.
12. Vgl. II Tim 3,8; auch u. A. Bd. 9, S. 630,14-631,2, Nr. 458.
13. früher, bisher.

ten ausgetragen worden[14], sein nur dester mer frommer, gotsfurchtiger hertzen beide unter den gelerten und ungelerten aufferweckt worden, die da mit allem fleis und ernst nicht allein mein unschuld, sonder auch den rechten, wahren und engen weg zur seligkeit[15] erforschen und erfahrn. Und obwol dieselbigen alsbald meynem, ja Christi exempel nach auch mussen verfolgung leiden, vil nachred und lesterns hṓren und also dem herrn Jesu Christo ir creutz nachtragen[16], das sie mogen[17] seine junger werden, so dienet es[18] doch in zwen wege, die warheit bey den ausserwelten zu furdern[19]: Dann erstlich werden die falschen, heuchlerischen lehrer kṻn und fraydig dardurch, das sie sich mit irer falschen, flaischlichen lehr wider unser rechte, rayne lehr offenlich an tag und gantz ploß geben, das man sie erkennen und meiden kan[20]. Darnach sihet man an den verfolgern, dieweil sie so greulich ding liegen, so pitterlich lestern und so hefftig troen, das sie, des heiligen Gaists beraubet, allain durch den gaist getriben werden, der ein lṻgner und mṓrder gewest ist von anfang, wie Christus selbs sagt Johann. am 8. [44].

Also »sind wir Gott ein guter geruch Christi beyde unter denen, die da selig werden, und unter denen, die verloren werden, disen ein geruch des todts zum tod«[21], dann sie verlestern die erkanten warheit wider ir gewissen und sundigen in den heiligen Gaist, »jenen aber ein geruch des lebens zum leben«[22], dann sie kennen die stym ires hirten Christi, volgen derselben[23] und dancken Gott [A3a:] fur solche reiche erkentnus Christi[24]; der gibt inen dann das ewig leben[25]. Dann wir sind nicht wie etlich vil, die mit Gottes wort kremerey treiben, sonder als aus lauterkeit und als aus Gott fur Gott reden wir in Christo, nemlich das er, warer Gott und mensch, das gesetz fur uns erfṻllet, unser sund auff sich genommen, darfur gelitten, gestorben, sein blut vergossen und uns also vergebung der sund erworben hat, welchs uns im heyligen evangelio darumb gepredigt wirt, auff das wirs glauben und Christus sambt dem Vatter und heiligen Gaist durch den glauben in uns wonen, unser leben, weisheit, gerechtigkeit und heiligkeit seyen, die sund in uns uberwinden und endtlich durch den todt gar austilgen, wie das alles in meinem bekantnus[26] nach lengs[27] ist dargethan.

14. Als Osiander am 24. Okt. 1550 seine Disputation über die Rechtfertigungslehre (vgl. u. A. Bd. 9, S. 422-447, Nr. 425/490) gehalten hatte, entwickelten sich die schon vorher vorhandenen Verdächtigungen zum Streit, der im sog. Kanzelkrieg seit Ende Mai 1551 in aller Öffentlichkeit ausgetragen und durch die meinungsbildende Rolle Wittenbergs in ganz Deutschland bekanntgemacht wurde; vgl. *Stupperich*, Osiander, S. 110-194.

15. Vgl. Mt 7,14; Act 16,17.

16. Vgl. Lk 23,26.

17. können.

18. sc. Osianders Verfolgung.

19. fördern.

20. Vgl. I Tim 6,20; Tit 3,10.

21. II Kor 2,15f.

22. II Kor 2,16.

23. Vgl. Joh 10,27.

24. Vgl. II Kor 4,6; Phil 3,8.

25. Vgl. Joh 10,28.

26. ›Von dem einigen Mittler Jesu Christo und Rechtfertigung des Glaubens Bekenntnis‹, vgl. o. S. 78-300, Nr. 488. Zu den einzelnen Aussagen dieser Zusammenfassung vgl. ebd.,

Wider dasselbig mein bekantnus hat Philippus Melanthon ein buchlein lassen außgehn, des tittel ist: »Antwort auff das buch herrn Andreae Osiandri von der rechtfertigung des menschen. Philippus Melanthon. Gedruckt zu Witteberg durch Veit Creutzer 1552«[28]. Im selben buchlin hat er sich vil mehr beflissen, das er ein falschen schein[29] mache, als hett ich gelehrt, das ich doch nie gelehrt, noch gedacht hab, dann das er dasjenig, das ich in der warheit lehre, mit heiliger schrifft widerlege. Dann er ist solcher rhetoricken[30] wol geuͤbet und kan den lesern gar meisterlich mit seiner sophisterey[31] ein plauen dunst fur die [A3b:] augen machen[32], wie es sich hernach auß meiner antwort, ob Gott will, fein und reichlich soll erfinden. Dieweil er mich aber darmit uber die massen hart beschwert und bey allen denjenigen, so die gelegenheit[33] diser sachen nicht wissen, mich wider Gott, die warheit und sein aigen gewissen, sovil an im ist, seer verdechtig macht, erfordert die not, das ich im fleissig antwort und solche sein geschwinde[34] anschleg auffdecke und an tag pring[35], damit sie erkennet und die goͤttlich warheit nicht umb meiner person willen verlestert und untergetruckt werde. Und damit die warheit allenthalben dester klerer und heller herfurleuchte, will ich gedachts sein[36] puchlein von wort zu wort hieher in diß mein puch setzen und meinen notwendigen gegenbericht von stuck zu stuck alspald darauff thun, damit ein jeder christlicher leser nicht allein sehen, sonder auch gleich greiffen mug, das ich Philippo seine wort weder im puchstaben noch in der mainung verkuͤrtz, verender oder verker, auch das nichts darinne wider mich ist, das ich nicht mit gutem grund der warheit verantworten koͤnn und derhalben mit listigem stillschweigen ubergehn muste. Das wirdt dann dem leser auch zu liechtem verstand[37] dienen, dieweil er mein antwort alsbald hoͤret, ehe dann er Philippi wort vergist oder aus der acht lest.

Er fehet aber sein puchlein also an[38]:

S. 106,19-108,11; 104,32-106,18; 112,14-22; 112,23-114,4; 122,22-32; 103,22-132,3 und die summierende Stelle S. 288,4-290,18.

27. ausführlich.

28. Vgl. dazu o. die Einleitung S. 49-51 und 69-71, Nr. 488/496. Der von Osiander in seiner Antwort wiedergegebene Text stimmt bis auf wenige Varianten mit CR 7, Sp. 892-902, Nr. 5017, überein; die einzelnen zitierten Abschnitte werden nicht jeweils nachgewiesen.

29. Anschein.

30. Melanchthon, als akademischer Lehrer der artes liberales den Idealen des Humanismus verschrieben, verfaßte u.a. eine griech. Grammatik und eine Rhetorik, vgl. TRE 22, S. 386; RGG 4, Sp. 834.

31. Vernünftelei, die trügerisch ist (vgl. *Grimm*, Wörterbuch 10,1, Sp. 1752).

32. Sprichwörtliche Redensart, vgl. *Röhrich*, Sprichwörtliche Redensarten 1, S. 217.

33. Beschaffenheit.

34. gefährlichen, bösen.

35. Redensart, vgl. *Röhrich*, Sprichwörtliche Redensarten 2, S. 1056.

36. sein erwähntes.

37. klarem Verständnis.

38. Im folgenden zitiert Osiander Melanchthons Schrift von Wort zu Wort ohne Sinnentstellung. Viele lateinische Formulierungen Melanchthons sind dabei übersetzt. (Die Zitate werden nicht eigens in Anführungszeichen gesetzt.)

Philippus Melanthon:

Dem christlichen leser wunscht Philippus Melanthon Gottis gnad durch Jesum Christum, unsern ainigen[39] mittler und heiland. Ich hab seer gern vernommen, das bey vilen rechten kirchen, darinne durch Gottis gnad on zweifel vil predicanten und andre personen warhafftige glidmas Christi sind, gesucht wirt, das sie ir bedencken von Osianders puch anzeigen wollen[40]. [A4a:]

Andreas Osiander:

Wer dises, des Philippi Melanthonis frolocken recht verstehn soll, der muß wissen, das, wer zu Witteberg doctor in der heyligen schrifft werden will, der muß disen nachvolgenden ayd schweren.

Der doctorn aidspflicht: »Ich gelob dem ewigen Gott, vater unsers herrn Jesu Christi, schopfer des menschlichen geschlechts und seiner kirchen, sambt seinem Son, unserm herrn Jesu Christo, und dem heyligen Gaist, das ich mit Gottes hülf der kirchen treulich dienen will mit der lehr des euangelions on alle verfelschung und bestendigklich vertaidigen die drey symbola, nemlich der aposteln, des nicenischen concilions und Athanasii[41], und will bestendig bleiben in der ainhelligkeit der lehr, die begriffen ist in der ›Augspurgischen confession‹, die von diser kirchen ubergeben ist dem kayser im 1530. jar[42]. Und wann finstere und schwere strit furfallen, will ich allein nichts darin sprechen, sonder vor[43] rhatschlagen mit etlichen der eltern[44], so die kirchen lehren, und behalten die lehr der ›Augspurgischen confeßion‹«[45].

Andreas Osiander:

Disen fehrlichen[46] aydt schweren diser zeyt nicht allein die doctores der heiligen schrifft, sonder, als[47] etlich sagen, auch die magistri, oder, wo das nicht ist, schweren sie doch fast dergleichen, nemlich das sie von der ›Augspurgischen confession‹ nicht wollen weichen, wie daraus zu erkennen ist, das da einer diser geschwornen ein un-

39. einzigen.

40. Melanchthon bezieht sich auf die Versendung von Osianders Bekenntnis ›Von dem einigen Mittler‹ an die Stände und Städte des Reichs, die sich zur Confessio Augustana bekannten, um ihr Urteil darüber anzufordern; vgl. o. S. 64f, Nr. 488/496.

41. Die drei altkirchlichen Glaubensbekenntnisse vgl. BSLK, S. 21-30.

42. Zur Confessio Augustana vgl. BSLK, S. 31-137, und u. S. 660, Anm. 784.

43. zuvor.

44. Älteren.

45. Osianders wörtliche Mitteilung des Doktoreides dürfte historisch die früheste sein (vgl. *Strobel*, Beyträge 2, S. 192; weiter RGG 4, Sp. 279). Der Professor kommt auf den Eid jedoch schon im Jahr zuvor zu sprechen, vgl. u. A. Bd. 9, S. 633,14-20, Nr. 458, bzw. *Stupperich*, Osiander, S. 142. Der Eid selbst ist bei der Erneuerung der Statuten der theologischen Fakultät in Wittenberg 1533 durch Melanchthon mit Billigung der anderen Theologen eingeführt worden (vgl. *Strobel*, Beyträge 2, S. 195f; CR 12, Sp. 7, bzw. RGG 4, Sp. 279, und TRE 4, S. 625) und entspricht inhaltlich der Aufgabe, die reine Lehre zu überwachen, die der Fakultät anvertraut war; vgl. u. A. Bd. 9, S. 525, Anm. 50, Nr. 434; weiter *Schulz*, Eid, S. 195-205.

46. gefährlichen.

47. wie.

pillich, ungegrundt gezenck von der puß wider mich anfieng[48], schlug er offentlich ein zettell an[49], darin er meldet, er thete solchs, seiner preceptoren eher[50] zu vertaidigen und dem aydt, den er der schul Witteberg geschworen hette, genug zu thun[51]. Deß-[A4b:]gleichen lies sich magister Friderich Staphylus[52] in unserm angestelten gesprech von der rechtfertigung[53] auch hoͤren und sprach: Lieber Gott, wie kommen wir darzu! Wann wir etwas annemen oder zuliessen, das denen zu Witteberg nicht gefiel, so koͤnten wirs nicht verantworten[54]. So sihe du nun, christlicher leser, mit allem fleis, was dises für ein aydt sey! Dann da werden sie allein an die drey symbola und an die ›Augspurgischen confession‹ gepunden; die mussen sie vertaidigen und handhaben[55]. Und wann ein sach furfellet, die in den symbolis und in der ›Confession‹ nicht geortert ist, so thuren[56] sie nichts schlieslichs[57] darvon reden, sie haben dann zuvor die eltisten wittebergischen lehrer und dannoch[58] nur diejenige, so die ›Confession‹ festhalten, daruber rhats gefragt. Ebensowenig thůren sie reden von den strittigen sachen, so in der ›Confession‹ unrecht dargethon moͤchten sein. Und wirt da der heyligen, goͤtlichen schrifft, »die, von Gott eingegeben«, als Paulus sagt 2. Timo. 3 [16f], »nutz ist zur lehr, zur straff, zur pesserung, zur zuchtigung in der gerechtigkeit, das ein mensch Gottis volkommen sey« etc., nicht mit einem einigen wort gedacht. Will man nůn disen aydt nach rechtem, naturlichen verstand seiner wort annemen und verstehn, so wirt sich daraus schliesslich und unwidersprechlich finden, das solche magistri und doctores in den strittigen sachen, die in den dreien symbolis und in der ›Augspurgischen confession‹ nicht erklert worden sein, on vorwissen Philippi Melanthonis und seinesgleichen, so zu Witteberg die eltisten sein und die ›Confession‹ festigklich handhaben, nichts ernstlichs, bestendigs und entlichs[59] thůren urteiln, und was die Witteberger setzen, [B1a:] das můssen sie annemen, unangesehen das sie ein anders in der heiligen schrifft lesen. Dann sie haben geschworen, sie wollen in der einhelligkeit, nicht der heyligen schrifft, sonder der

48. Gemeint ist Matthias Lauterwald, der, frisch von Wittenberg als Magister nach Königsberg zurückgekommen, bei Osianders Antrittsdisputation ›De lege et evangelio‹ am 5. April 1549 gegen dessen Lehre von der Buße Widerspruch erhob; vgl. u. A. Bd. 9, S. 91, Nr. 370.

49. Lauterwald schlug am Tag darauf öffentlich zwölf Gegenthesen an; vgl. ebd. Der Wortlaut der Thesen findet sich bei *Haussleiter*, Schule Melanchthons, S. 77-79.

50. Ehre.

51. Die letzte der Thesen lautet: »Haec themata pauciora Christianae confessionis seu professionis gratia proposita voluimus etiam pluribus vel meae vitae periculo defendere; cuilibet enim liberum est in tali articulo suam confessionem edere, ut satisfaciat iuramento baptismi, et nos iuramento praestito celeberrimae Academiae Vitebergensi.«

52. Zu ihm vgl. *Stupperich*, Osiander, S. 16f, und Anm. 32.

53. Zu den vom Herzog angestrengten Vergleichsverhandlungen vom Febr. 1551 vgl. o. S. 86, Anm. 61, Nr. 488.

54. Zu diesem Ausspruch vgl. schon Osianders Bekenntnis o. S. 86,8-10, Nr. 488.

55. schützen.

56. wagen ... zu.

57. Schlüssiges.

58. dazu noch.

59. Endgültiges.

›Augspurgischen confession‹ bestendig bleiben, sie musten sich sonst aydtpruchig lassen schelten[60].

Nun ist offentlich am tag[61], das die drey symbola, welche doctor Martinus Lutherus verteuͤtscht und in truck geben hat[62], kein wort melden, was die gerechtigkeit sey und welcher gestalt wir durch den glauben gerechtfertigt werden. Die ›Augspurgisch confessio‹ aber redet im 4. und 5. artickel zu kurtz und finster[63] darvon, nemlich also:

»4. Item man lehret, das die menschen nicht koͤnnen gerechtfertigt werden fuͤr Gott durch eigene[a] krefft, verdienst oder werck, sonder wir werden umbsonst gerechtfertigt umb Christi willen durch den glauben, wann sie glauben, sie werden zu gnaden genomen und inen die sund vergeben umb Christi willen, der mit seinem todt fur unser suͤnd hat genuggethon. Disen glauben rechnet uns Gott zu fur[64] ein gerechtigkeit vor im, Rom. 3 [21-28] und 4 [5][65].

5. Das wir den glauben erlangen, ist eingesetzt das ampt, zu lehren das euangelion und zu raichen die sacramenta. Dann durchs wort und die sacramenta wirt uns als durch instrument der heylig Gaist geschenckt, der den glauben wuͤrckt, wo und wann es Gott gefelt, in denen, die das euangelion hoͤren, nemlich das Gott nicht umb unser verdienst willen, sonder umb Christi willen rechtfertige diejenigen, so da glauben, sie werden umb Christi willen zu gnaden genommen«[66].

Aus disen worten der ›Confession‹ kann noch nyemand nichts[67] gewiß schliessen, wie wir gerechtfertigt wer-[B1b:]den und was die gerechtigkeit des glaubens sey, dann es verstehts immer einer anderst dann der ander. Doctor Martinus Luther hats also[68] verstanden, das wir umb Christi willen gerechtfertigt werden, das ist, er hab durch sein leiden, sterben, blutvergiessen und erfullung des gesetz fur unser suͤnd genuggethon, vergebung und gnad, darzu die rechtfertigung erworben und wir werden durch den glauben gerechtfertigt, dann der glaub empfahet Christum wie der mundt die speis und tranck und Christus wonet durch den glauben in uns und sey selbs unser gerechtigkeit und dasselbig in seiner goͤtlichen natur, dann also schreibt er uber die epistel am Christag am 64. plat der kirchenpostill[69] also: D. Martinus Lu-

a) konj. nach dem lat. Text von CA 4 (BSLK, S. 56,3f) für Drf.: einige: A.

60. Vgl. o. S. 126,20-128,2, Nr. 488.
61. Redensart, vgl. *Grimm*, Wörterbuch 11,1,1, Sp. 39.
62. Gemeint ist Luthers Schrift ›Die drei Symbola oder Bekenntnis des Glaubens Christi‹ 1538, WA 50, S. 262-283.
63. dunkel, unverständlich, unsicher.
64. als.
65. Vgl. BSLK, S. 56.
66. Vgl. BSLK, S. 58.
67. etwas (doppelte Verneinung).
68. so.
69. Im folgenden ist nicht – wie angegeben – auf Luthers Epistelauslegung für den Christtag (25. Dez.) Bezug genommen, sondern für die Messe in der Christnacht (24. Dez., über Tit 2, 11-15). Sie findet sich in der Weihnachts- bzw. Kirchenpostille 1522, WA 10,1,1, S. 18-58.

ther: »Christus geht durchs euangelion zu den ohren ein in dein hertz und wonet alda durch deinen glauben. Da bistu dann rein und gerecht, nicht durch dein thun, sonder durch den gast, den du durch den glauben im hertzen hast empfangen. Sihe, wie reiche, koͤstliche guͤtter sind das! Wann nun solcher glaub in dir ist und du nun Christum hast im hertzen, darfstu[70] nicht dencken, das er ploß[71] und arm kombt. Er bringt mit sich sein leben, gaist und alles, was er ist, hat und vermag. Darumb spricht S. Paulus, das der Gaist wirdt gegeben umb keiner werck willen, sonder umb solches euangelions willen. Wann das kompt, so pringt es Christum, Christus mit sich seinen gaist. Da wirt dann der mensch neu und goͤttlich«[72] etc. Item uber die epistel zun Galatern[73] am 125. blat spricht er: »Hoͤren[74] das wort des glaubens. Dasselbig wort rechtfertigt. Warumb? Darumb, das es uns pringt den heiligen Gaist; derselbig rechtfertigt«[75]. [B2a:] Item am 139. plat spricht er: »Christus ist volkommenlich gerecht formaliter (das ist mit rechter, wesentlicher gerechtigkeit), desselben gerechtigkeit ist dein«[76]. Das ist ja klarlich betzeuget, das Christus selbs unser gerechtigkeit ist und rechtfertigt uns mit seiner wesenlichen gerechtigkeit, nemlich mit dem wort, das sein goͤttliche natur ist, und mit dem heiligen Gaist, der auch warer Gott ist. Noch klerer redet er in der andern[77] epistel Petri[78] also: »Das haben wir durch die krafft des glaubens, das wir tailhafftig sind und gesellschafft oder gemeinschafft haben der gottlichen natur. Was ist aber gotliche natur? Es ist ewige warheit, gerechtigkeit«[79] etc. Hie horen wir ja, das gottliche natur gerechtigkeit ist und wir sein derselben durch den glauben tailhafftig. Item in der predig auff Petri und Pauli[80] spricht er: »Ich bin gebauet auff die gerechtigkeit, die Gott selbs ist, die kan er nicht verwerfen, er must sonst sich selbs verwerfen«[81] etc. Wie es nun Luther verstanden hat, also habens vil andere fromme, gelerte und gotsfurchtige menner, der ich den wenigern tail kenne, auch verstanden und gelehrt als Urbanus Rhegius[82], Johannes Brentius[83], Pe-

70. brauchst du.
71. nackt.
72. WA 10,1,1, S. 48,16-49,6.
73. »In epistolam S. Pauli ad Galatas commentarius ex praelectione D.M. Lutheri collectus« 1531, erst 1535 gedr., vgl. u. A. Bd. 9, S. 576 und Anm. 14 und 15, Nr. 447.
74. Höret.
75. WA 40,1, S. 336,30f in Osianders Übersetzung, vgl. u. A. Bd. 9, S. 595,1-4, Nr. 448.
76. WA 40,1, S. 369,24f in Osianders Übersetzung, vgl. u. A. Bd. 9, S. 595,5-7, Nr. 448.
77. zweiten.
78. »Die andere Epistel S. Petri und eine S. Judas gepredigt und ausgelegt« 1524; vgl. WA 14, S. 2f.
79. WA 14, S. 19,3-5.7f.
80. Der Gedenktag der Apostel Petrus und Paulus ist der 29. Juni. Das Predigtzitat findet sich in Stephan Roths Festpostille 1527; vgl. u. A. Bd. 9, S. 696, Anm. 28-30, Nr. 474.
81. WA 17,2, S. 450,29-31.
82. Zu Urbanus Rhegius (Rieger; 1489-1541) vgl. RGG 5, Sp. 1081f, und *Liebmann*, Urbanus Rhegius, passim.
83. Zu Johannes Brenz (1499-1570) vgl. TRE 7, S. 170-181; RGG 1, Sp. 1400f.

trus Artopoeus[84] und dergleichen, unter welchen ich als der allergeringste[85] auch albeg[86] also gelehret hab, wie mein ›Beweisung‹, im truck ausgangen[87], erzeuget[88], und in disem verstand[89] ist die ›Confessio‹ recht. Das es aber Philippus Melanthon nicht also verstanden und gemeint hab, das zeugen seine pucher[90] und seine discipel[91], die wol vierzehnerley gerechtigkeit daraus gelernet haben[92], der keine die recht ist, wie ich ›Wider den nachtraben‹ angetzeigt hab[93], und will doch ein jeder, sein ertichte gerechtigkeit sey die recht, darvon die ›Augspurgisch confessio‹ rede. [B2b:] Es zeu̍gets auch das werck und die that an ir[94] selbs[95], dann wann er des Luthers lehr hielt, so kont er in disem fahl wider mich nicht schreiben[96]; das soll hernach alles klerer werden.

Nun hat ja Philippus Melanthon die ›Confession‹ gestelt[97]. Darumb kan man im nicht wehren, die deu̍ttung steht bey im, wie ers gemeint hab. Daraus volget, das alle die, so darauff schweren, die mu̍ssens in dem verstand annemen, den inen Philippus gibt, sonderlich sind[98] der Luther gestorben ist[99]. Daher kombts auch, das wa[100] Philippus anderst redet oder schreibet dan[101] der Luther, da muß der Luther unrecht haben. Was wurckt nun dieser aydt anders, dann das er diejenigen, so in[102] schweren, von der heyligen schrifft abreist und an die symbola und des Philippi lehr pindet? Darumb mogen die eltern wol bedencken, was sie thuen, wan sie ire so̍n zu Witten-

84. Petrus Artopäus (Bäcker) war Prediger in Stettin; vgl. *Fligge*, Osiandrismus, S. 176, 339-346 und 864f, außerdem o. S. 331-333, Nr. 494, bzw. S. 484-486, Nr. 512.

85. Vgl. I Kor 15,9.

86. immer.

87. Osianders Schrift ›Beweisung, daß ich nun über die dreißig Jahre allweg einerlei Lehre von der Gerechtigkeit des Glaubens gehalten und gelehrt habe‹ war etwa ein Vierteljahr früher als dieses Werk am 24. Jan. 1552 im Druck erschienen, vgl. o. S. 421-449, Nr. 508.

88. bezeuget.

89. Sinn.

90. Gemeint ist Melanchthons ›imputative‹ Rechtfertigungslehre, die er auch hier im weiteren ausführt; vgl. RGG 4, Sp. 839, und 5, Sp. 835f. Sehr viel Material zum Thema stellt *Engelland*, Melanchthon, S. 258-367, zusammen.

91. Die meisten Gegner Osianders hatten in Wittenberg studiert und waren Schüler Melanchthons; vgl. dazu etwa u. A. Bd. 9, S. 397,1-401,10, Nr. 418.

92. Solche listenartigen Zusammenstellungen gegnerischer Definitionsversuche finden sich schon in der Schrift ›Von dem einigen Mittler‹; vgl. o. S. 62f, Nr. 488/496.

93. Zu Osianders Schrift ›Wider den lichtflüchtigen Nachtraben‹ vgl. u. S. 585, Anm. 171. Die 14 Definitionen, die er wohl selbst durchgezählt hat, wie der Druck ausweist, finden sich o. S. 410,16-412,7, Nr. 505.

94. sich.

95. sc. Melanchthons Gegenschrift.

96. Osiander hat sich von Anfang an massiv auf Zeugnisse Luthers gestützt, vgl. u. A. Bd. 9, S. 574-581, Nr. 447, und S. 582-601, Nr. 448.

97. hergestellt, abgefaßt. – Vgl. dazu BSLK, S. XV-XVIII.

98. besonders seit.

99. Luthers Sterbetag war der 18. Febr. 1546.

100. wo, wenn.

101. als.

102. ihn.

berg lassen magistros und doctores werden, dan da nimbt man das gelt von inen und macht sie magistros und doctores! Wan dan die eltern mainen, ir son sey ein treffenlich[103] wolgeuͤbter man in der heiligen schrifft, der allen schwirmern und ketzern das maul stopfen koͤnn[104], so ist er ein armer, gefangener man, mit aydspflichten in seinem gewissen verstrickt[105] und verwirret, dann er hat Gottis wort verschworen[106] und auffs Philippi lehr geschworen, hat im[107] den knebel lassen ins maul binden[108], das er in wichtigen sachen des glaubens nichts schließlichs reden woͤl, er habs dan zuvor mit den eltisten, so die ›Confession‹ festhalten, berathschlaget, und mit denselben muß er bey seinem aydt in der ainhelligkeit der ›Confession‹ bleiben, wann schon die heylig schrifft ein anders sagt, oder muß sich aydpruchig schelten lassen, ist also ein heimlicher pundsgenoß einer solchen conspiration, die mehr auff menschen [B3a:] dann auff Gottis wort sihet und derhalben der christenheit nicht wenig schedlich ist.

Daher ist es auch gefloßen, das da mein lehr von der wonung Gottis in uns angefochten wurd und ich sie mehr dann mit dreissig gezeugnuͤs der heiligen schrift bezeugete, die ich auch im druck ausgehn liesse[109], wuͤrd es dannoch von ettlichen veracht und verhoͤnet, als hets ein spitzpub[110] geredet. Alsbald aber Philippus Melanthon nur ein kleines brieflein hieher schribe, man solts nicht widersprechen, man must es zulassen[111], da geschahe alsbald ein solche endrung, das, da man mir zuvor in allen winckeln hett widersprochen und furstliche durchleuchtigkeit, meinen gnedigen herren[112] wollen bereden, er solt es fur ein ketzerey halten[113], da fiengen sie an und laugneten. Ich muͤst mich auch von doctor Joachim Morlein[114] schendlich hieruͤber lassen schelten, wann er offentlich auff der cantzel außschrie, es wer erstuncken und erlogen, man hett mir nie widersprochen, das Gott in den glaubigen wonet[115],

103. außerordentlich, besonders.

104. Redensart, vgl. *Röhrich*, Sprichwörtliche Redensarten 2, S. 630.

105. verpflichtet, verhaftet.

106. verleugnet, abgeschworen; vgl. *Grimm*, Wörterbuch 12,1, Sp. 1231.

107. sich.

108. Redewendung, vgl. *Grimm*, Wörterbuch 5, Sp. 1375f.

109. Die Schrift ›Daß unser lieber Herr ... durch den Glauben in allen wahren Christen wohne und ihr Gerechtigkeit sei‹, die eine Zusammenstellung von mehr als 30 Bibelstellen zum Thema enthält, erschien am 15. Juni des Vorjahres im Druck, wurde aber auf Verlangen der Gegner vom Herzog nicht zum Verkauf freigegeben; vgl. u. A. Bd. 9, S. 688-698, bes. 688-690, Nr. 474.

110. Betrüger (im Gegensatz zum ehrlichen Mann); vgl. *Grimm*, Wörterbuch 10,1, Sp. 2578.

111. Es kann sich dabei nur um Melanchthons Brief an Staphylus vom 1. Mai 1551 handeln, in dem er u.a. schreibt: »Concedendum est habitare filium Dei in sanctis iuxta multa dicta« (Berlin GStAPK, XX. HA StA Königsberg, HBA J2, 1551 Mai 1 (K. 967), fol. 1v; vgl. MBW 6, S. 159, Nr. 6077).

112. Herzog Albrecht.

113. Die Anschuldigung, Osianders Lehre sei ›ketzerisch‹, wurde mehrfach an den Herzog herangetragen, vgl. *Stupperich*, Osiander, S. 158, 174 und 180.

114. Zu D. Joachim Mörlin, dem Prediger am Dom im Kneiphof und schärfsten Gegner Osianders, vgl. a.a.O., S. 113, Anm. 21 (Lit.), und passim.

115. Vgl. ebd., S. 156.

so doch solchs widersprechen, von meinen widersachern entstanden, schier durchs gantz Teutschland gekrochen ist[116] und alhie auff diese stund noch nicht aufgehoͤret hat. Und da sichstu, christlicher leser, wie viel des Philippi wort bey disen leuten mehr gilt dan Gottis wort und sein einigs briefflein bey inen krefftiger ist dan sechsunddreyssig gezeügnus der heiligen schrifft[117]! Das schafft alles gedachte aydspflicht. Aus dieser schedlichen aidspflicht ist auch entsprungen, das einer oder zwen vermainte[118] doctores mein lehr schon verdambt haben, und koͤnnen doch nicht sagen, was man anstat meiner lehr glauben soll, allerwenigst aber koͤnnen sie mit heiliger schrifft beweisen, das mein lehr unrecht sey, sonder plaudern allein daher, es duncke sie, mein lehr stimme mit iren kirchen nicht uberein[119]. [B3b:] Warumb? Ey, das ist gut zu gedencken, dann sie gefelt dem Philippo nicht. Darumb werdens alle die mussen verdammen, die im ainhelligkeit in der ›Confession‹ geschworen haben – unter denselben, acht ich, wollen sie nicht gern die letsten sein! Also ist Philippus Melanthon ein zeitlang her in den roren gesessen, hat im pfeiffen seins gefallens geschnitten[120] und ein orgeln gemacht; wann er die greift, so pfeifft sie im sein liedlein[121] seins gefallens.

Das hab ich nun darumb nach lengs wollen erzelen, das ein jeder christlicher leser mog verstehn, wie es umb die pundtnus ein gestalt hab, wie sie sich auffeinander verlassen und mainen, sie haben in alle weg[122] ein gewunnen spil[123], niemand konn in widerstand thun, sie nemen gleich fur, was sie wollen. Daher sein uns so vil junge[124] interim geporn[125], dann Philippus und sein anhang gedencken, es thur in niemand einreden, dann die gelerten seien inen den maisten theil geschworen. Die inen aber

116. Diese Klage findet sich schon Anfang Febr. 1551, vgl. u. A. Bd. 9, S. 522,1-9, Nr. 434.

117. Osianders Anspielung bezieht sich auf die Ereignisse Ende Mai 1551, als er sich durch Mörlins Kanzelpolemik so angegriffen fühlte, daß er die Schrift ›Daß unser lieber Herr‹ mit 36 Bibelstellen zur Einwohnung Christi veröffentlichte, vgl. o. Anm. 109.

118. sogenannte.

119. Ein Vorgriff auf die Beiträge von Bugenhagen und Forster u. S. 658,24-665,15.

120. Zwei miteinander verbundene Redensarten, etwa im Sinn: er hat lange gearbeitet, um viele Parteigänger zu finden; vgl. *Röhrich*, Sprichwörtliche Redensarten 2, S. 775.

121. Vgl. die Redewendung: einem ein Lied singen, d.h. ihm zu Liebe reden, vgl. ebd., 1, S. 601.

122. in jedem Fall, bereits.

123. sprichwortartig, vgl. *Röhrich*, Sprichwörtliche Redensarten 2, S. 973f.

124. neue.

125. Osiander lehnte das Augsburger Interim kategorisch ab (vgl. z.B. u. A. Bd. 8, S. 563-616, Nr. 348; S. 623-652, Nr. 352 und 353). Er ist deshalb auch aus Nürnberg weggezogen (vgl. ebd., S. 668-670, Nr. 356). Die Entwicklung in Kursachsen hat er sicherlich genau verfolgt und wohl von der Landtagsvorlage von Leipzig vom Dez. 1548, von der ›Georgsagende‹ 1549 und vom schließlich veröffentlichten ›Auszug‹ aus dieser Kirchenordnung gewußt, zumal die Anhänger von Matthias Flacius Illyricus in Magdeburg gegen diese Entwicklung erbittert zu Felde zogen (vgl. u. Anm. 153). Diese hatten auch polemische Bezeichnungen wie ›Leipziger Interim‹, ›Kleines Interim‹ u.ä. erfunden, vgl. TRE 16, S. 235, Anm. 2. Osiander selbst hat gegen die Mitverfasser des fälschlich sog. ›Leipziger Interim‹, Major und Pfeffinger, Herzog Albrecht gegenüber Stellung bezogen; vgl. u. A. Bd. 9, S. 369-401, Nr. 418; weiter *Stupperich*, Osiander, S. 95-98.

nicht geschworen sein, die sein bey inen verdechtig, verhast und werden von inen heimlich getruckt[126], verklainert, verspottet und verunglimpft[127]. Dan sag mir, wer da kan: Welcher gelerter man hat jemals in disen dreißig jaren[128] von Witteberg ein gut gezeugnus bekommen, der inen nicht geschworen gewest ist? Ich thurste auch woll wetten, das wer nicht die geringste ursach, darumb mir der philippisch hauff so feind ist, das ich mir kein solchen aydt nie haben wollen lassen an hals werfen[129], noch den knebel also lassen ins maul pinden[130]!

Das ist nun die ursach, darumb Philippus, wie er schreibt, gern sihet, das bey vilen rechten kirchen und predicanten, die Christi glidmas sein, gesucht wirdt, was sie von Osiandri buch halten[131]. Dann haben sie zu Witteberg geschworen, so mussen sie Philippo zufal-[B4a:]len und mir abfallen oder mussen aydpruchig gescholten werden, sinteinmal[132] unser strit in den symbolis nicht ist geortert noch gehandelt. In der ›Confession‹ aber ist er finster, schlipferig[133], zweifelig, und aller ding zu kurtz gehandelt, das man in mancherley weis deůten kan und schier, wahin man will. Darumb mussen sie es Philippum lassen deuten und bey im in einhelligkeit der ›Confession‹ bestendig bleiben. Haben sie aber nicht geschworen und wolten Philippo zuwider urteiln, wie schon ettlich gethon[134], oh, so kan man bald sagen, es sein nicht rechte kirchen und ire predicanten sein nicht glidmas Christi, darumb gilt ir urteil nichts! Wie wirdt es aber Philippo gefallen, wann die besten und ansehenlichsten[135] seiner geschwornen, die unbedacht und gleich blindtlich[136] hinter[137] disen aydt sein kommen, sich bedencken und erkennen werden, das sie diser aydt vor Gott nicht allain nicht pindet, sonder Gottes wort wie donner und plitz darein

126. (nieder)gedrückt.

127. Osiander führt diese Klage wohl beispielhaft in bezug auf seine Person: Melanchthon, durch Staphylus informiert, hatte in seiner weiten Korrespondenz vermehrt auf Osiander aufmerksam gemacht, vgl. *Stupperich*, Osiander, S. 82 und 183f.

128. Osiander meint die Jahre seiner Wirksamkeit als Prediger und Reformator seit 1522, vgl. *Seebaß*, Osiander, S. 71-73.90-94. Er hatte über all die Jahre ein distanziertes Verhältnis zum Kreis der Wittenberger Reformatoren; vgl. z. B. den Streit um die Allgemeine Absolution 1533-1536 u. A. Bd. 5, S. 335-344, Nr. 178; S. 412-490, Nr. 186; Bd. 6, S. 166-185, Nr. 224, und *Klaus*, Dietrich, S. 147-168, bzw. *Seebaß*, Osiander, S. 254-261.

129. Redewendung, vgl. *Röhrich*, Sprichwörtliche Redensarten 1, S. 375. Osiander tut so, als habe man ihm zum Doktorat gedrängt, er aber nicht gewollt.

130. Osiander hat als Reformator der ersten Stunde keinen akademischen Grad erworben (vgl. *Seebaß*, Osiander, S. 71-73) und hielt den Eid zeit seines Lebens für ein problematisches Unterfangen; vgl. ebd., S. 176f, und u. A. Bd. 5, S. 208,26-209,5, Nr. 177, oder Bd. 9, S. 122-133, Nr. 374, und u. Anm. 139. Zum Ganzen vgl. *Schulz*, Eid, S. 185-205.

131. Zur Versendung von Osianders Bekenntnis an die protestantischen Reichsstände vgl. o. S. 64f, Nr. 488/496.

132. zumal.

133. doppeldeutig.

134. Man darf hier vielleicht an die positiven Stimmen denken, die Osianders Bekenntnis begrüßt haben, vgl. o. S. 66 und 71f, Nr. 488/496.

135. angesehensten.

136. gleichsam blind.

137. unter.

schlecht[138] und schreckt sie darvon, das sie in mussen fahren lassen[139] und bekennen, das sie umb weltlicher ehr willen darin gesundigt haben? Dann es lest ja Gott der vatter vom himel herab sein stym horen und spricht uber Jesum Christum, unsern lieben herrn: »Das ist mein lieber son, an dem ich wolgefallen hab. Den solt ir hőren«[140]. ›Den‹ spricht er und nicht Philippum oder andere menschen, die dir den knebel ins maul pinden und wollen, du solt nicht aus der schrifft, sonder nach irem rhat und mit inen einhellig reden. So spricht Christus selbs auch: »Ir solt euch kein meister auff erden nennen. Dan es ist nur einer euer meister, Christus im himel«[141]. Welche nun das bedencken, die werden freilich den aydt verachten und auff Gottis wort mercken und aller menschen schrifft nach demselben und nicht nach der erzwungenen [B4b:] und geschwornen witebergischen einhelligkeit richten und urteiln[142]. Das gebe Gott, amen. Und obs gleich nicht geschehe, des ich doch kein sorg trag, so stehet doch das urteil uber die rainen lehr nicht bey den gelerten, die umb gelts und ehrn willen studirt haben und ir ja und nein failtragen[143], sonder bey den schefflein Christi, das ist bey der gantzen christlichen gemein; dann die kennen die stim Christi und hőren der frembden stim in die lenge nicht[144], es thun gleich die hochgelerten darzu, was sie wollen. – Wir wollen Philippum weitter hőren.

Philippus Melanthon:

Denn dieweil ich in sonderheit[145] von im mit namen und heßlich[146] angriffen bin[147], ist mir lieb, das andre christliche, verstendige menner gleich als richter sind[148].

Andreas Osiander:

Merck alhie, christlicher leser, das ›heslich angreiffen‹ an diesem ort nichts anders ist, dann mitt der warheit angreiffen. Dann warheit gepirt haß[149], als Terentius

138. sprichwörtlich, vgl. *Röhrich*, Sprichwörtliche Redensarten 1, S. 143 und 207.

139. Ein Eid, der Gott geschworen, aber gegen Gottes Wort gerichtet ist, hat keine bindende Kraft; vgl. u. A. Bd. 2, S. 67 und 70,5-9, Nr. 45. Gegen den ›leichtfertig‹ geschworenen Eid kann Osiander an Mt 5,33-37 erinnern; vgl. u. A. Bd. 5, S. 208,26-30, Nr. 177. Vgl. auch u. A. Bd. 9, S. 399,4f, Nr. 418: »Ein vergeblicher aid ist wider das ander gepot«.

140. Mt 17,5 par.

141. Mt 23,10.

142. Die scharfe Entgegensetzung von Christus und der Wittenberger Schule findet sich schon im Gutachten gegen Major und Pfeffinger 1550, vgl. u. A. Bd. 9, S. 397,1-400,12, Nr. 418.

143. verkaufen.

144. auf die Dauer nicht. – Vgl. Joh 10,4f.

145. besonders.

146. gehässig.

147. Osiander hatte Melanchthon in seinem Bekenntnis mehrfach anonym, einmal mit Namensnennung angegriffen; ein namenloser Vergleich mit dem Verräter Judas muß dabei nicht nur dem Wittenberger Reformator als ›unerträglich‹ vorgekommen sein; vgl. o. S. 63, Nr. 488/496.

148. ebenso … (da) sind.

149. Sprichwort, vgl. *Wander*, Sprichwörterlexikon 4, Sp. 1754, Nr. 211: »veritas odium parit« (Zitat aus der Komödie ›Andria‹ 1,1,41, des Terentius, nach *Forcellini*, Lexicon 3, S. 574, Sp. 1).

sagt[150]. Auch merck, das er andere gelerte nicht schlechts[151] zu richtern annimbt, sonder nur quasi iudices, gleich[152] als richter. Dan gefelt im ir urteil, so muß es gelten, gefelt es im aber nicht, so sein sie nicht die rechten richter, sonder werden verachtet, wie die gelerten menner zu Magdeburg[153].

Philippus Melanthon:

Wie ich alzeit mich und alle meine schrifften den warhafftigen kirchen diser landen und stetten, da raine lehr des euangelions gepredigt wirt, unterworfen hab und noch also will unterworfen sein.

Andreas Osiander:

Es ist recht geredt, wie er sich alzeit unterworfen hatt, also unterwirft er sich noch, das ist, er unterwirft sich gar nichts, dann er will, das die geschwornen iren aidt halten und nichts wider die eltisten in dieser wichtigen sachen reden, sonder in der ein-[C1a:]helligkeit der ›Confession‹ bestendig bleiben sollen, und darumb hat er doctor Pommers unbedachtes und doctor Fo̊rsters falsches lestergezeůgnus lateinisch – damit der gemein mann die greiflichen[154] unwarheit nicht verstehe und anspeie – an dises sein buchlein lassen anhencken[155], das alle geschworne sollen gedencken, die eltisten zu Witteberg haben schon wider den Osiander geurteilt, darumb thůren wir im nicht beyfallen, wir wůrden sonst aydtprůchig. Ja, also unterwirft sich der babst auch dem concilio, da nyemand gleich als richter ist, dann die im geschworen sein[156].

Philippus Melanthon:

Hab derwegen bis anher still gehalten.

Andreas Osiander:

Ich danck im seins stillhaltens nichts uberall, dann ob woll vor disem buchlein nichts offentlich wider mich in truck hat geben, so hat er mich doch durch heimliche

150. Gemeint ist der römische Komödiendichter Publius Terentius Afer, 2.Jh. v. Chr.; zu ihm vgl. PRE 2. R., 5, Sp. 598-650, Nr. 36.

151. schlicht, einfach.

152. gleichsam.

153. Die Theologen in Magdeburg, allen voran Matthias Flacius Illyricus, führten einen jahrelangen Kampf gegen das Interim, besonders seine Ausprägung in Kursachsen; vgl. o. Anm. 125 und TRE 13, S. 512-514 (S. 518f Lit.); 16, S. 234f. Da sich die ›gelehrten Männer zu Magdeburg‹ im Streit um die Rechtfertigungslehre gegen Osiander wandten, dürfte dieser Satz von ihm später nicht wiederholt worden sein; vgl. o. S. 73, Nr. 488/496, und u. S. 668,7-11, Nr. 488.

154. greifbaren.

155. Zu den beiden Zusätzen zu Melanchthons Schrift (CR 7, Sp. 900-902, Nr. 5017) vgl. o. die Einleitung S. 561. Sie werden von Osiander ebenfalls zitiert und kommentiert, vgl. u. S. 658,24-665,15.

156. Den Vergleich mit den eidlichen Verpflichtungen im päpstlichen System benützt Osiander schon 1550 im Gutachten gegen Major und Pfeffinger (vgl. u. A. Bd. 9, S. 398,11-399,1; 399,6-21; 400,11f, Nr. 418). Zur Bindung der Teilnehmer eines päpstlichen Konzils vgl. u. A. Bd. 8, S. 345,3-12 und 347,12-348,12, Nr. 319, weiter Bd. 9, S. 122-133, Nr. 374.

brieff, durch lose geschwetz unter seinen verwanten[157], durch stichwort[158] und ungegrundte argument in seinen offentlichen lectionibus[159], letzlich auch durch seine themata, so er den studenten im 1551. jar vor Michaelis[160] offenlich in die federn hatt gelesen[161], mit namen verkleinert, verachtet und verdechtig gemacht[162], und hat solchs nicht neulich angehebt, wie ichs zu meiner gelegenheit[163] weiter will melden und beweisen. Nun wer mir vil lieber, er hette vorlangst offentlich wider mich geschriben, so hett ich doch antworten kȍnnen. Aber es ist seiner natur gemeßer, also heimlich das gifft außgiessen und sich nicht ehe lassen mercken, das er feynd sey, biß er schaden hat gethon, dann das er offentlich am liecht solt handeln und dem man richtig unter augen gehn[164].

Philippus Melanthon:

Und Gott gepetten und pitt noch teglich, er woll umb seiner ehr willen sein [C1b:] warheit erkleren und erhalten, das wir in recht anruffen und preisen, und wȍll im[165] unter uns fur und fur gnedigklich ein ewige kirchen sammeln.

157. Freunden, Anhängern. – Tatsächlich hat Melanchthon, bereits im Spätsommer 1549 durch Staphylus unterrichtet, bis Anfang 1550 immer wieder seine Besorgnis über Osianders Wirken andeutungsweise in seiner weiten Korrespondenz zum Ausdruck gebracht, vgl. *Stupperich*, Osiander, S. 82f und 183-186.

158. stichelnde Reden.

159. Der Königsberger Professor muß in Wittenberg schon frühzeitig völlig abgelehnt worden sein. Herzog Albrecht wurde 1551 berichtet, daß Melanchthon und Bugenhagen ihn in fast jeder Predigt oder Vorlesung mißbilligend anführten. Es wurde behauptet, Polen würde längst das Evangelium angenommen haben, wenn nicht ›dieser hoffärtige Tropf‹ eine solche Spaltung angerichtet hätte, vgl. *Stupperich*, Osiander, S. 183.

160. 29. Sept.

161. Es handelt sich um 86 Propositiones, hauptsächlich zur Rechtfertigungslehre, die Melanchthon in seiner Vorlesung über den ersten und zweiten Timotheusbrief (1550/1) vorgetragen hat; vgl. *Haussleiter*, Schule Melanchthons, S. 87-94 (bes. S. 94 u.), und *Hartfelder*, Melanchthon, S. 564. Die Thesen enthalten viele theologische Argumente, die sich in Melanchthons Antwort auf Osianders Bekenntnis wiederfinden. Sie sind gedr. in CR 12, Sp. 399-436, bzw. in *Haussleiter*, Schule Melanchthons, S. 95-108 (teilweise).

162. In These 40 wendet sich Melanchthon gegen Osiander (vgl. *Haussleiter*, a.a.O., S. 87f). Dies geschieht in einer solch charakteristischen Art und Weise, daß sich ein Vergleich mit Formulierungen seiner Antwort auf Osianders Bekenntnis anbietet. Die These soll deshalb hier abgedruckt werden: »Usitatum est hic interpretari verbum iustificamur, id est, ex iniustis efficimur iusti, et id intelligunt Thomas et similes de qualitatibus in nobis, ex non obedientibus efficimur habentes obedientiam, ut si dicam, Aqua frigida fit calida. Hi cogitant conversum iustum esse propriis qualitatibus, et nihil dicunt de remissione peccatorum et de imputatione. Deinde Osiander, ne de nostris qualitatibus loquatur, dicit: Paulus fit ex iniusto iustus, id est, habens iam in sese iusticiam Dei essentialem. Nos dicimus, ex iniusto fieri iustum esse, ex reo et inobediente fieri habentem illam iusticiam, de qua loquuntur promissiones, et de qua dicit Paulus: Iusticia Dei in Evangelio manifestatur, quae est remissio peccatorum, et imputata iusticia propter filium Dei, et aeterna vita et iusticia tunc cum consummabitur« (CR 12, Sp. 410f).

163. wenn es mir gelegen ist (vgl. *Grimm*, Wörterbuch 4,1,2, Sp. 2943).

164. sprichwortartig, vgl. *Wander*, Sprichwörterlexikon 1, Sp. 181, Nr. *346.

165. sich.

Nachdem ich aber nun befelh hab, auch darzu zu reden, und von vilen hohen und andern personen angesucht werd[166], hab ich dises klar und ainfeltig bedencken nicht lang und nicht zenckisch gestellet, sonder zur anleitung viler, die durch disen streit in diser hochwichtigen sachen in groß betrubnus und zweifel kommen, das sie mercken, warvon der streit sey und was inen zu irer seelen trost nottig sey.

Andreas Osiander:

Das dises bedencken Philippi nicht klar noch einfeltig sey, das wirstu, christlicher leser, hernach woll vernemen, deßgleichen das es zenckisch sey und mehr zancks anzurichten geartet, das wirdt die erfahrung wol geben, wann nun sein aigne jůnger darůber unainig und miteinander zancken werden.

Philippus Melanthon:

Und sprich abermals, das mein gemut nie gewesen ist, in meinen schrifften, sonderlich in disem hochwichtigen artickel anders zu lehren, dann des ehrwirdigen herren doctoris Martini Lutheri meinung und der gemein[167] verstand bey den verstendigen in diser kirchen ist, hab auch nicht zweifel, dise lehr ist die ainig, warhafftig lehr, durch den son Gottis geoffenbaret und in der propheten und aposteln schrifft außgedruckt.

Andreas Osiander:

Das der ehrwirdig, hochgelert herr doctor Martinus Luther seliger gedechtnus von der rechtfertigung des glaubens recht und den prophetischen, apostolischen schrifften gemeß gelehret, das hab ich allzeit nicht allein bekennet, sonder auch gestritten[168], unangesehen das er an etlichen orten also redet, das es die unverstendigen und flaischlichen, wan [C2a:] man inen mitt seinen pesten und kleristen spruchen nicht gewaltigklich[169] wehret, mochten unrecht deuten und ein verkerten synn dareintragen, wie etlich[170], sonderlich der nachtrab[171], schon[172] unterstanden. Das aber

166. Zu Melanchthons Mitwirken im Verein mit anderen Theologen an der Antwort Kursachsens vgl. o. S. 69-71, Nr. 488/496, bzw. o. die Einleitung S. 561f.

167. allgemeine, gewöhnliche.

168. dafür gestritten. – Vgl. dazu seine Ausführungen in ›Bericht und Trostschrift‹ u. A. Bd. 9, S. 523,24-33, Nr. 434.

169. eindringlich, zwingend.

170. Bereits Osianders Gegner in Königsberg hatten im Frühjahr 1551 eine Gegenüberstellung von Luther- und Osianderzitaten vorgenommen in ihrer Schrift ›Antilogia‹, vgl. dazu Osianders Antwortschreiben vom 18. und 19. März u. A. Bd. 9, S. 565-573, Nr. 445 und 446.

171. Osiander meint ein anonymes Flugblatt, das Mörlin oder Wolfgang Waldner in Nürnberg (über ihn vgl. o. S. 342,11-15, Nr. 495, und u. S. 773,12-14, Nr. 538, weiter *Simon*, Nbg.Pfb., S. 244, Nr. 1493) zugeschrieben wird und den Titel trägt: »Wie fein der rabe Osiander primarius mit dem ehrwirdigen ... doctor Martino Luther ... ubereinstimmet im artickel von der rechtfertigung ...« In ähnlicher Form wie die gegnerische Schrift ›Antilogia‹ vom Frühjahr 1551 (vgl. u. A. Bd. 9, S. 565-573, Nr. 445 und 446) stellt es Lutherzitate und Osianderäußerungen in frei gewählter Gegensätzlichkeit zusammen (vgl. o. S. 398f, Nr. 505). Der Königsberger Professor antwortete darauf mit seiner Schrift »Wider den liechtflüchtigen nachtraben ...« im Januar (s. o. S. 398-414, Nr. 505) und benützt diese Bezeichnung hier wieder, um den anonymen Verfasser zu brandmarken.

172. erg.: sich.

Philippus auch also gelehret hab wie Luther, das widersprechen seine aigne puͤcher und seine juͤnger, die in gehoͤret haben. Ich wils auch, ob Gott will, vil anderst beweisen – darfuͤr soll in weder sein rhetorica noch sophisterey helfen! Dan hett er gelehret wie Luther, so hetten mich seine juͤnger und geschworne wol unangefochten gelassen[173].

Philippus Melanthon:

Das aber Osiander mich mit hochbeschwerlichen reden schmehet, daran er mir unrecht thut, das will ich Gott befelhen, der aller menschen hertzen sihet und richter ist[174].

Andreas Osiander:

Das ist ein stuck von der philippischen rhetoriken und sophisterey, damit er die leut so maisterlich blenden kan. Warumb zaigt er nicht an, welchs die beschwerlichen schmachwort seien? Er hat sorg, ich mocht beweisen, das ich im nicht unrecht gethon hab, und die leut wuͤrden sprechen: Sihe wie zuͤrnt der so kindisch umb solcher geringen wort willen! Nun ers aber verschweigt, hofft er, ich werd nicht koͤnnen antworten, dieweil ich nicht koͤnn wissen, was[175] er klage, sonder mues mich mit stillschweigen schuldig geben und der gemein mann, der des handels gelegenheit[176] nicht wais, werde gedencken, ich hab in hundertmal hoͤher beschwert, dann ich gethon. Also pfleget die rhetoricka aus einer mucken ein elephanten zu machen[177], und wills dannoch nicht gethan haben. Mich wundert aber, das er nicht bedenckt, das man mich lang zuvor zu Witteberg on alle redliche ursach auffs allergreuͤlichst, darzu mit unerfindtlichen luͤgen als ein schwermer und ketzer hat außgetragen [C2b:] und schier durchs gantz Teutschland beruchtiget und das er selbs auch in seinen offentlichen lectionibus mein nicht verschonet hat[178], ehe dann ich ein einigen buchstaben wider ihn im truck hab lassen ausgehen. Dann ich hab ja seines namens am ersten gedacht in dem buͤchlein ›Bericht und trostschrifft‹[179] und von demselbigen an, bis er diss buͤchlein hat lassen außgehn, kain wort von ihm geschriben, das nicht die pur, lauter warheit sey. Meine warheit soll hochbeschwerliche schmach haissen, ihr unwarheit aber und verleumbdung soll tugend sein, das haist den splitter in deines nechsten aug gesehen und des palcken im aignen aug nicht empfinden noch gewar werden[180].

173. Diese Anschuldigungen und Feststellungen finden sich schon im Adiaphoristengutachten 1550 (vgl. u. A. Bd. 9, S. 397,2-6; 400,5-10, Nr. 418) und in seinem Bekenntnis (vgl. o. S. 280,7-282,3, Nr. 488).

174. Vgl. Ps 33,15; 44,22 u. ä., bzw. Ps 7,9.12 oder Hebr 12,23 u. ö.

175. worüber.

176. die Beschaffenheit der Sache.

177. Sprichwort, vgl. *Röhrich*, Sprichwörtliche Redensarten 2, S. 658.

178. Vgl. dazu o. S. 583,25-584,6 mit Anm.

179. Vgl. u. A. Bd. 9, S. 519-530, Nr. 434. Diese Schrift erschien Anfang 1551 im Druck. Zur Polemik gegen Melanchthon vgl. ebd., S. 525,5-11; 525,24-526,2.19f; 529,17-34.

180. sprichwörtlich nach Mt 7,3-5 und Lk 6,41, vgl. *Röhrich*, Sprichwörtliche Redensarten 1, S. 92, und 2, S. 981.

Philippus Melanthon:

Ich hab ihn allzeyt geliebt und geehret, wie meniglich[181] wais.

Andreas Osiander:

Jha freilich, es ist je gewißlich war, er hat mich geliebt und geehret, wie menigklich wais! Das ist nichts und hinder sich[182], wie die pauern die spies tragen[183].

Philippus Melanthon:

Und wundert mich, wovon dise grosse bitrigkeit herfleußt.

Andreas Osiander:

Welche pittrigkeit? Ists dann so ein pitter ding umb die warheit? Ich hab die warheit lieb und hab im dieselbigen gesagt und das darzu nicht ehe, bis die unvermeidlich not von wegen der grausamen lesterung, die seine geschworne, sein lehr zu vertaidigen, uber und wider mich außgeschůttet, mich darzu gezwungen haben. Ist sie im nun pitter, das ist nicht meiner warheit, sonder seins geschmacks und zungen schuld, die mag er im[184] lassen fegen und schaben[185]!

Ich frag aber Philippum widerumb: Wo kompt doch die unerhőrte pitrigkeit her, das man mich umb [C3a:] diser allerteuristen vier wort willen, die Jeremias am 23. [6] und 33. [16], Esaias am 45. [24], Paulus 1. Cor. 1 [30], Augustinus zum Consentio[186] auch mitt grossen ernst geschriben und bezeuget haben, nemlich: »Got ist unser gerechtigkeit«, zu Konigsperg, zu Witteberg, zu Nurmberg[187] und schier an allen orten, da seine jůnger und geschworne die predigstul innenhaben[188], ein schwermer, ein ketzer, den antichrist, ein Juden, ein schwartzen teuffel, ein drachen, ein gotsbőswicht, ein flaischpőswicht, ein seelmőrder, ein feind Christi[189], der da, ›wann ich kőnt, im ein pfeil durchs hertz schiessen wůrd‹[190], und dergleichen unzelig vil gescholten und gelestert hat und noch schilt und lestert? Woher kompt die pitrigkeit, das man neher dann[191] in einem jar[192] mer dann hundert greůlicher, greiflicher lugen

181. jedermann.

182. umgekehrt (vgl. die folgende Anm.).

183. Redensart, vgl. *Grimm*, Wörterbuch 10,1, Sp. 2442.

184. sich.

185. sprichwörtlich, im Sinne von: säubern (vgl. *Grimm*, Wörterbuch 16, Sp. 588).

186. Gemeint ist das Augustinzitat über die Gerechtigkeit, das Osiander schon in seinem Bekenntnis angeführt hat, vgl. o. S. 212,26-214,3, Nr. 488. Auch die beiden Sprüche Jeremias sind dort besprochen, vgl. o. S. 228,27-230,22, Nr. 488. Die Paulusstelle hat dort sogar die Funktion eines die Erörterung übergreifenden Rahmens gewonnen, vgl. o. S. 56 und 58-62, Nr. 488/496.

187. Vgl. dazu die Einleitung von ›Bericht und Trostschrift‹ u. A. Bd. 9, S. 519, Nr. 434.

188. Zur Parteinahme etwa in Preußen vgl. *Stupperich*, Osiander, S. 178f. – Besonders Mörlin ließ sich zu heftiger Polemik in seinen Predigten hinreißen, vgl. u. A. Bd. 9, S. 688, Nr. 474, und o. S. 128, Anm. 205, S. 154, Anm. 263 und 264, und S. 520-522, Anm. 502, Nr. 488.

189. Zur Polemik, die vor allem Mörlin von der Kanzel aus verbreitete, vgl. *Stupperich*, Osiander, S. 157.

190. Zur akuten Lebensgefahr für Osiander vgl. ebd., S. 181.

191. weniger als.

192. Der ›Kanzelkrieg‹ Mörlins gegen Osiander begann Ende Mai 1551; vgl. ebd., S. 154-158.

auff[193] mich gelogen hat als: Wo ich gehe, da gehn zwen teuffel mit mir in schwartzer hundsgestalt, die nicht jederman sehe; ich hab ein teuͤfel, der schreibe in der obern stuben fur mich, wann ich in der untern mit den leuten esse und trincke, er schuͤtte mir gelt zum dach ins haus – und dergleichen und noch groͤber? Woher kompt die moͤrdische pitrigkeit, das man mir troet, mich aus dem land zu verjagen, das haus zu sturmen, mein gut zu nemen, mich zu erstechen, zu erschiessen und umbzupringen, wie man koͤnne[194]? Und wer[195] noch zu verachten, wann nicht dergleichen moͤrdische troung auch uber die giengen, die meine predig hoͤren, welchs alles, wie gemeldet, umb der allertheuristen vier wort willen geschicht, das ich sag: »Gott ist unser gerechtigkeit«. Wollan, will mirs Philippus nicht sagen, so will aber ichs im sagen! Dise unerhorte, unmenschliche, auffrurische und teuflische pitrigkeit wider Christum, waren Gott und unser gerechtigkeit, kompt in etliche des [C3b:] gemeinen volcks und hoͤhere leut aus den predigen und lesterungen des Philippi jungern und geschwornen, in dieselbige kompt sie aus des Philippi lehr und puͤchern, dieweil er lehret, die reputatio sey unser gerechtigkeit – ich aber lehre, Gott selbs sey unser gerechtigkeit[196] –, die puͤcher aber kommen aus des Philippi hertzen, das ist der recht ursprung und prunquel aller diser pittrigkeit! Dan wo das wort ausgeht, da geht der gaist auch aus, und wie das wort ist, so ist auch der gaist, und widerumb.

Philippus Melanthon:

Ich bin zu disen grossen sachen wider meinen willen gezogen worden und erken mich vil zu gering, hab also die zeit, da vil ungereimbter opiniones irr geloffen, fleis gethon, die summa rechter und noͤtiger lehr zusammenzuziehen[197] und, sovil mir muͤglich gewest, aigentlich[198] darvon zu reden; das hab ich treulich gemaint der armen jugent zugut, und wais wol, das alle meine schrifften vil zu gering und zu schwach sein, darumb ich sie auch unserer kirchen urtail allzeit unterworfen, und wer darvon vil zu reden, das ich jetzund unterlassen will, und will im namen Gottis von disem streit reden.

Andreas Osiander:

Philippus redet hie fuͤrnemlich von seinem puch, das er ›Locos communes‹[199] nennet, doch nicht vom selben allein. Das er sich aber jetzo rhümet und vorlangst auch

193. gegen, über.

194. Zur Parteinahme in den drei Städten Königsberg und am herzoglichen Hof vgl. *Stupperich*, Osiander, S. 179-183. Tatsächlich fühlten sich Osiander und andere seiner Partei tätlich bedroht, so daß der Herzog ein Mandat erlassen mußte, in dem er dagegen die ›Leibstrafe‹ in Aussicht stellte, vgl. ebd., S. 181.

195. Das wäre.

196. Diese Gegensatzbildung ist schon in Osianders Disputationsthesen über die Rechtfertigung vom 24. Okt. 1550 zu finden (vgl. die Thesen 4 und 6 in u. A. Bd. 9, S. 428,4f.8f, Nr. 425) und wird auch in seinem Bekenntnis vorgetragen, vgl. o. S. 144,21-164,17(-200,5), Nr. 488.

197. s. u. Anm. 199.

198. sicher, zutreffend.

199. Melanchthons »Loci communes rerum theologicarum seu Hypotyposes theologicae« von 1521 und ihre verschiedenen Bearbeitungen finden sich CR 21; vgl. RGG 4, Sp. 835f, und TRE 22, S. 386.

gerhůmet hat, er hab aigentlich von den sachen geredet, das hat sovil gewůrckt, das seine jünger und geschworne, wo er anderst redet dann Luther, des Luthers lehr lassen fahrn, ja noch wol verdammen und hangen des Philippi lehr an, aber warlich zu irem schaden²⁰⁰. Und das er sich auch stellet, als halt er seine schrifften fur gering und unterwerfs der kirchen, ist greifliche heucheley, dann wann es war wer, wie kőnt er leiden, das gedachts sein puch disen [C4a:] hohen und gőttlichen tittel furete ›opus sacrosanctum‹²⁰¹, welcher tittel der heiligen, gőttlichen schrifft allein gepůrt und hatt in dannoch biß anher im prauch²⁰² noch nie bekommen. Dann es haist aigentlich ein heiligs werck, das also angenommen, geweihet und mit majestat geziret ist, das niemand nichts darwider thůr furnemen. Wann er wůste oder vermutete, das solchem puch nach seinem tod, wann ers nymmer wehren kőnte, diser tittel solt gegeben werden, so solt es im pillich²⁰³ ein leiden sein, vil weniger solt ers bey seinem leben leiden, und will dannoch gesehen sein, als veracht und unterwerf er seine schrifften, darauff er andre ein aydt schweren lest: Ad populum phaleras²⁰⁴!

Von dem haubtstrit.

Dieweil aber Philippus sagt, er woll im namen Gottis von disem stritt reden, so ist vonnőten, das man zuvor wiß, was der haubtstritt sey. Damit ichs aber auffs allerkůrtzist anzeig, will ichs aus meinem bekandtnus nemen und albeg den puchstaben, damit der pogen bezaichnet, und die zal des plats, daran es geschriben steht, vermelden²⁰⁵, auff

---

200. »Melanchthons eigenständige Theologie bildet sich in den kritischen Jahren 1522-29 langsam heraus. In vollen Umrissen ist das Neue, Eigengewachsene erkennbar in dem Römerbriefkommentar von 1532 und in den Loci von 1535. Diese, in den kommenden Jahren immer wieder umgearbeitet und neu aufgelegt, sind gegenüber dem ersten Entwurf von 1521 im Grunde ein neues Werk; Luther vermißte mit Recht an ihnen die ursprüngliche Inbrunst der Überzeugung. Dafür wird jetzt eine systematische Gesamtdarstellung der christlichen Lehre gegeben, die zwar in allen Einzelheiten von der reformatorischen Wahrheit bestimmt ist, zugleich aber mit den Wahrheitsmomenten der Philosophie in Übereinstimmung und ... als die gesamtkirchliche Wahrheit aller Zeiten aus Kirchenvätern und Konzilen erwiesen wird« (RGG 4, Sp. 838). Vgl. auch o. S. 63, Anm. 102, Nr. 488/496, und S. 280, Anm. 715, Nr. 488.

201. Diese Polemik findet sich schon in ›Bericht und Trostschrift‹, vgl. u. A. Bd. 9, S. 525,11, Nr. 434.

202. tatsächlich.

203. zurecht.

204. sprichwörtlich; *Forcellini*, Lexicon 3, S. 699, Sp. 3, erklärt: »hoc est coram populo jacta fortunae bona, qui stupet in titulis et imaginibus; phalerae enim sunt equestris ordinis ornamenta«.

205. Zur Blattzählung der damaligen Bücher muß man wissen, in welcher Weise die gedruckten Einzelblätter zu einem ganzen ›Codex‹ vereinigt wurden. Der Fachbegriff Lage bedeutet dabei »die Zusammenfassung von mehreren gefalteten Blättern, Doppelblättern, von gleicher Größe zu einem Heft« (LGBW 2, S. 288, Art. Lage). Gewöhnlich bestand eine Lage aus 4 Blättern (gefaltet, d. h. 4 Bogen: ›Quatern‹), vgl. LGBW 3, S. 71, Art. Quatern; 1, S. 235, Art. Bogen. Um die Reihenfolge der Blätter und Lagen zu ordnen, wurde die eine Hälfte der gefalteten Doppelblätter einer Lage mit einem Buchstaben versehen und mit römischen Ziffern durchgezählt. Mit Hilfe dieser Doppelnotierung aus Buchstaben und jeweils untergeordneten Ziffern konnten die einzelnen Lagen aufeinander bezogen und die restlichen Blatthälften bezeichnet werden;

das die, so es daselbst sehen und weiter lesen woͤllen, nicht lang duͤrfen[206] suchen.

Am [Bl.] A2[a] hab ich also geschriben: »So ist nun dises ainigen mitlers ampt, das er uns ein gnedigen Gott mach, der uns fur seine kinder anneme, und uns gerecht mach, das wir Gott gehorsam und wolgefellig und in warer gerechtigkeit und heiligkeit aller ding unstreflich sein«[207]. Das hab ich dann am selben ort weiter außgestrichen[208] mit vil gezeugnussen der schrifft, nemlich das uns Christus hab ein gnedigen Gott gemacht [C4b:] in dem, das er all unser sund auff sich genommen, darfur gelitten, gestorben, sein blut vergossen und also vergebung der sund erworben hab, und dieweil wir das gesetz nicht erfullen konten, derhalben auch dem fluch des gesetz unterworfen warn, hat Christus das gesetz fur uns erfullet und ist am creutz ein fluch worden, auff das er uns vom fluch des gesetzs, ja auch von der puͤrd des gesetzs erloͤsete, und das er zu disem allem hab muͤssen sein warer Gott und mensch. Dan wer er nicht ein mensch, so hett er nicht koͤnnen fur unser sund leiden, sich unter das gesetz geben und ein fluch werden; wer er aber nicht warer Gott, so hett er das leiden nicht koͤnnen uberwinden, das gesetz aus aignen krefften nicht koͤnnen erfullen, noch den fluch in segen verwandeln. Das alles findestu vom [Bl.] A2[a] bis an das [Bl.] B[1a][209]. Uns aber, hab ich weiter geschriben, mach Christus also[210] fromm, nemlich das er uns puß und vergebung der sund laß predigen, und so wirs glauben, so haben wirs auch, und pring das wort des euangelions Christum in unsere hertzen, das er sampt dem Vatter und heiligen Gaist in uns wohne und sey unser leben, liecht, gerechtigkeit, weißheit und heyligkeit etc. Das findestu am [Bl.] B3[b][211] und weret[212] fast durchs gantz buch. In sonderheit aber wirt am [Bl.] E4[ab] und Aa4[b] fleißig gemeldet, das die menscheit Christi nicht außgeschlossen wirdt, wann man spricht: Wir werden durch sein goͤttlich natur lebendig, gerecht und heylig etc.[213] Daher dann offenbar ist, das mir die unrecht thun und mein bekantnus aintweder nicht fleißig gelesen oder mutwilligklich wider die warheit streben, die mir schuld geben, ich verwerf die menscheit Christi und weise die leut auff die plossen gottheit[214]. [D1a:] Dise

schließlich ließ sich das ganze Werk binden; vgl. LGBW 2, S. 284f, Art. Kustode und Kustos; 3, S. 283f, Art. Signatur. – Den von Osiander aus seinem Bekenntnis ›Von dem einigen Mittler‹ zitierten Stellen wird zur genaueren Bezeichnung das Kürzel [Bl.] vorangestellt; zusätzlich wird in Klammern die Länge des Zitats angegeben.

206. brauchen (zu).

207. s. o. S. 102,22-24, Nr. 488.

208. ausgeführt.

209. Vgl. o. S. 102,25-108,11, Nr. 488.

210. auf die (folgende) Weise.

211. Die Zusammenfassung Osianders umfaßt die Bl. B3b-E4a, vgl. o. S. 112,23-138,7, Nr. 488.

212. erstreckt sich.

213. Vgl. o. S. 138,8-30 und 294,1-34, Nr. 488.

214. Dieser Vorwurf findet sich schon in Osianders Bekenntnis, vgl. o. S. 138,8-13 mit Anm. 221, Nr. 488. Auch Mörlin hat die Beschuldigung aufgenommen, vgl. seine Schrift »Von

meine auftailung des ampts unsers mittlers Jesu Christi, das er mit erfullung des gesetzs und seinem tod Gott den vatter uns gnedig mach, darnach durch die predig des euangelions die glaubigen hertzen einneme und darinnen wohne und uns gerecht mach[215], ist so schlecht und recht, so lauter und klar und in der heiligen schrifft so wol gegründet, das sie Philippus nicht allein nicht tadelt, noch tadeln kan, sonder nimbt sie auch an, volgt mir darinnen nach, so er doch vormals auff solche weis und so lauter[216] nie gelehrt hat, dann er schreibt weiter also:

Philippus Melanthon:

S. Paulus spricht Rom. 5 [15]: »Die gnad Gottis und die gab durch die lieb gegen einem menschen, Jesu Christo, ist gegen vilen mechtiger gewesen« dann die sund etc. Hie fast S. Paulus zway ding, die gnad, das ist gnedige vergebung der sund und annehmung unserer person bey Gott, und zugleich wirt mitgegeben die gabe, das ist die götlich gegenwertigkeit in uns, dardurch wir verneuert werden und fulen trost und ewigs leben.

Andreas Osiander:

Hie sihest und hörestu ja, christlicher, lieber leser, das Philippus im Paulo ersehen und frey bekennet, wie ich gesagt hab, das Christus zum ersten ein gnedigen Gott macht, das nennet Paulus gnad, darnach durch den glauben in uns wonet und den Vater und heiligen Gaist mit sich pringt, das nennet Paulus gab, Philippus aber nennets göttliche gegenwertigkeit in uns, dardurch wir verneuet werden und ewigs leben haben und empfinden. Das behalt fleißig und las dirs weder teuffel noch menschen wider nemen.

Und merck nun eben, was der haubtstrit ist: Man fraget: Was thut Christus fur ein werck, [D1b:] wann er uns rechtfertigt oder gerecht macht? Dann soll er uns gerecht und from machen, so muß er warlich etwas thun. Weitter fragt man: Was ist die gerechtigkeit, damit er uns gerecht macht und umb derowillen wir gerecht sein? Dise frag zu verantworten[217], muß man in das ampt des mitlers sehen, dann dieweil er zwaierley werck thut, nemlich ein gnedigen Gott macht und durchs euangelion in die glaubigen hertzen eingeht und darinne wonet, so muß er uns durch diser zweier werck eins gerecht machen. Da sprich ich mit den propheten, aposteln und den gaistreichisten vetern, ja auch mit D. Luthero, Urbano Rhegio, Johanne Brentio und andern mehr[218], das er uns gerecht mach, wann er uns das euangelion lest predigen, den glauben in unser hertz gibt und also sampt dem Vatter und heiligen Gaist in unsere glaubige hertzen eingeht und in uns wonet. Da folget dann die antwort auff die andern frag von ir selbs, nemlich das Gott selbs

der Rechtfertigung des Glaubens gründlicher, wahrhaftiger Bericht« 1551, Bl.D1a. Melanchthon führt bei seinen Ausführungen in die Nähe dieses Vorwurfs, vgl. u. S.635,11-14.

215. Vgl. o. S.102,22-24 und 112,14-20, Nr.488.

216. klar.

217. beantworten.

218. Vgl. o. S.577,23-578,1. Urbanus Rhegius und Johannes Brenz werden von ihm besonders im Zusammenhang der weiter u. geschilderten Begebenheit auf dem Reichstag von Augsburg 1530 als Zeugen aufgeführt, vgl. u. S.647,2-9, mit Anm.

unser gerechtigkeit ist. Vil andere sagen nain darzu und streitten hefftigklich, Christus hab uns gerecht gemacht, da er das gesetz erfullet und fur unser sund gestorben sey. Daraus volget, das er uns gerecht hett gemacht, ehedann wir geporn weren[219]. Das ist aber wider Paulum, der da spricht: »Wir werden durch den glauben gerechtfertigt«. Dann wir mussen ja vor geporn sein, ehe wir glauben, neugeporn und gerechtfertigt werden, darumb heist es ein widergepurt etc. Dise alle konnen auff die andern frag, nemlich was die gerechtigkeit sey, nichts bestendigs antworten, sonder trennen sich und haben schon wol vierzehnerley gerechtigkeit gedichtet, wie ich ›Wider den nachtraben‹ angezeigt hab[220]. [D2a:]

So ist nun der haubtstritt zwischen mir und inen, ob Gott unser gerechtigkeit sey oder nicht! Und dieweil ich fest darauff stehe, das Christus sambt dem Vater und heiligen Gaist unser gerechtigkeit sey, wird ich uber[221] disem ainigen artickel von meinen widersachern, die man allenthalben wol kennet, dermassen gehasset, das sie mich auffs allerschendlichst mit greiflichen luͦgen verleumbden, auffs allerpitterst schelten, lestern und vermaledeien, darzu auffs allerhefftigst verfolgen, das ich leibs und lebens nicht sicher bin[222], so gar gaistreich sein die hohen heiligen mit iren vierzehen gerechtigkeiten. Sie moͤgen aber wol bedencken, was sie fur ein gaist haben. Dann die rechten christen koͤnnen und werden urtailn, obs der heilig Gaist sey oder jener gaist, der ein luͦgner und moͤrder von anfang gewest ist[223]. Und nimbt mich sehr wunder, das sie untereinander viertzehen gerechtigkeit koͤnnen leiden, das keiner den andern schilt, lestert oder verfolgt, und koͤnnen doch die ainigen gerechtigkeit, die Gott selbs ist, nicht leiden.

Wiewol nun Philippus im ampt des mittlers mit mir stymbt, dardurch der haubtstritt fein lauter zu verstehn ist, kan ich doch unvermeldet nicht lassen, das er den text Pauli an zweien orten verendert, nemlich da Paulus spricht und Luther recht verteutscht: »Gottis gnad und gab ist vilen reichlicher widerfaren durch die gnad des ainigen menschen Jesu Christi«[224], da setzt Philippus: Gottes gnad und gab ist gegen vilen mechtiger worden durch die lieb gegen dem ainigen menschen Jesu Christo. Dann das Gottes gnad und gab vilen reichlicher widerfehret, ist vil ein andere red, dann das gnad und gab [D2b:] gegen vilen mechtiger wirt. Dan dise red kan man wol verstehen, das Gottis gnad und gaben ausserhalb unser seien wie die sonn und gegen uns mechtig werd, wie die sonn gegen uns scheinet und wermet. Jhene red aber will schlechts, das die gab Gottis in uns drinnen sein sol, dan man mochts auch wol aigentlich also teutschen: Die gnad und gab Gottis ist reichlich uber- oder ausgeflossen in vil menschen[225]. Ob es nun gleich scheinet, als sey

219. Vgl. dazu o. S. 110,1-15, Nr. 488.
220. Vgl. o. S. 578, Anm. 93, und S. 585, Anm. 171; weiter o. S. 62f, Nr. 488/496.
221. wegen.
222. Vgl. o. S. 588, Anm. 194.
223. Vgl. Joh 8,44.
224. Röm 5,15. – WA.DB 7, S. 45 (Ausgabe 1546).
225. NT griech.: »ἡ χάρις … καὶ ἡ δωρεὰ ἐν χάριτι τῇ τοῦ … Χριστοῦ εἰς τοὺς πολλοὺς ἐπερίσσευσεν«.

nichts an diser enderung gelegen, so wollen wirs doch mercken; ist ein betrug darhinder, so wurd es sich fein selber finden.

Dieweil wir dann den haubtstritt haben, so wöllen wir nun mit allem fleis warnemen, ob Philippus mein lehr zum tail oder gar[226] werd widerlegen oder derselben zum tail oder gar werd beyfallen und sie recht sein lassen.

Ich hab auch weiter am [Bl.] B2[b] zu ende also geschriben: »Das ist war und ungezweiflet, das uns Christus durch die erfullung des gesetzs und durch sein leiden und sterben von Got, seinem himlischen vater, dise grosse und uberschwenckliche gnad verdienet und erworben hat, das er uns nicht allein die sund hat vergeben und die untreglichen purd des gesetzs, wie es Petrus Acto. am 15. [10] nennet, von uns genomen, sonder uns auch noch durch den glauben an Christum will rechtfertigen, das ist gerecht machen oder gerechtigkeit eingießen, und durch wurckung seines Geists und durch den tod Christi, darein wir durch die tauff Christo eingeleibt sein[227], die sund, so uns schon vergeben, aber doch in unserm fleisch noch wonet und anklebt, abtöden, ausfegen und gantz vertilgen«[228]. An diser meiner lehr kan Philippus auch nichts taddelen, sonder bestettigt sie mit disen worten, die er volgends also schreibt:

Philippus Melanthon:

Und dise baide haben [D3a:] wir durchs verdienst Jesu Christi, wie diser text offenlich[229] sagt, das wir solchs haben von wegen der liebe, die der ewig Vatter zu disem Son hat, welchen sanct Paulus hie nennet den menschen Jesum Christum, und wirt solchs nicht durch unsere werck verdienet, sonder allein durch den glauben an den herrn Jesum Christum erlanget, welcher glaub in uns in rechter bekerung angezündet wirt, so wir das euangelion hören, damit der herr Jesus Christus selber würckt; dann Gott wirt durch sein ewigs wort und den heiligen Gaist geoffenbart.

Andreas Osiander:

Dise wort Philippi sein ja nicht mit einem einigen buchstaben wider mich, und ob ich wol der papisten lehr, die durch werck wollen gerechtfertigt werden, in meinem bekantnus wenig gedenck, so ist dannoch darin und daraus klar und uberklar zu vernemen, das, wie Philippus alhie sagt, weder gnad noch gab durch unsere werck erlanget, sonder allein durch den glauben an Christum ergriffen werden[230]. Eben deßgleichen sind seine volgende wort auch nichts wider mich, darumb will ich sie schlechts erzelen[231]; dann solt ich mein gleichlauttende lehr, die ich an vilen orten geschriben, auch vorhersetzen, das würd zu lang, ist genug, das niemand kein widerwertigs mir zumist, noch zumessen kan.

226. ganz.
227. Vgl. Röm 6,3f.
228. Vgl. o. S. 112,4-13, Nr. 488.
229. offen, ohne Rückhalt.
230. Vgl. etwa o. S. 128,14-130,22, Nr. 488.
231. berichten, angeben.

Philippus Melanthon:

Und diser glaub muß fur und fur beides annemen und behalten, die gnad und gab umb des mitlers Christi willen, auch wan gleich die widergepurt angefangen ist. Gleich also redet Johannes auch: »Die gnad und die warheit ist worden durch den herrn Jesum Christum«[232]. Gnad haist gewißlich gnedige vergebung der sunden und gnedige annemung der person on unser [D3b:] verdienst umb Jesu Christi willen. Aber warheit heist hernach die goͤttlich gegenwertigkeit, ewigs leben, ewige herrligkait, seligkeit und freud in uns, als wolt er sprechen: Das euangelion pringt nicht schatten und sterbliche gaben, sonder warhafftige, unvergenckliche guͤtter.

Und dises muß mit glauben angenommen werden, wie zuvor[233] gesagt ist, und vertrauet diser glaub fur und fur auff den gantzen herrn Jesum Christum, Gott und menschen, wie auch derselbig herr Christus Gott und mensch, mittler und erloͤser ist nach beiden naturn. Dann obgleich allein die menschliche natur wunden und leiden gefuͤlet hat, so ist doch der gantz Christus mittler und erloͤser. Dann dises leiden wer nicht die bezalung gewesen, wan der erloͤser nicht zugleich auch Gott were. Auch soll diser mitler leben und seligkeit widergeben und der schlangen den kopf zutretten[234]. Darumb ist er auch Gott etc.

Andreas Osiander:

Dise wort Philippi alle, wie ich gesagt hab, sein nicht in einem einigen buchstaben wider mich, wann man sie nur in irem rechten, gesunden, natuͤrlichen synn und verstand lest bleiben. Dann ich verstehe sie also, das Gott nicht allein in uns gegenwertig sey, sonder auch in uns wuͤrcke. Und so er gegenwertig ist in uns, so ist er selbs unser leben, gerechtigkeit und herrligkeit nach seinem goͤttlichen wesen etc. So er aber in uns wuͤrckt, dieweil er ewigklich in uns bleibt, so sein die gutter, die er in uns wuͤrckt, auch ewige guͤtter als ewige freud, ewige subtiligkeit[235] oder gaistlicheit unsers leibs und andere ewige gutter unzelig vil. Man muß aber ja aus rechter not nach dem urteil der heiligen schrift fleißig unterschiden, was uns Gott selber ist, wann er in uns ist, und was er in uns wuͤrckt, wann er in uns ist und in uns wuͤrckt. Dann man muß ja sein goͤtlichs wesen [D4a:] und seine werck nicht untereinandermengen; es were gar ein vil zu grober greuͤl und machet vil abgoͤtterey. Doch[236] werden sie baide sein wesen und seine werck, die er in uns wuͤrckt, warheit genennet. Dann er ist das ware leben, das ware liecht, die ware heiligkeit und herligkeit etc. So wuͤrckt er auch ware freuͤd, ware verklerung unserer sterblichen leib und andere warhafftige guͤtter mehr, die nicht falsch, vergengklich und also betruͤglich[237] sein, das, wann man sie am liebsten hett, sie verschwinden, wie die gesundheit des leybs, leibliche wollust[238] und andere vergengkliche, irdische guͤtter mehr. Aber wiewol seine werck und die guͤtter, die er in uns wuͤrckt, war-

232. Joh 1,17.
233. vorher, weiter oben.
234. zertreten. – Vgl. Gen 3,15.
235. feine, geistige Beschaffenheit.
236. Dennoch.
237. trügerisch, täuschend.
238. Begierde, Lust.

hafftig, bestendig und unvergengklich sein, so ist doch er selbs alles, was er uns nach seinem goͤtlichen wesen guts ist, viel einer hoͤhern weyß[239] warheit und warhafftigk. Ich wil aber dannoch Philippum in dem nicht tadeln, das er beyde das warhafftigk leben, das Gott in uns ist, und die warhafftigen werck oder guͤtter, die er in uns wuͤrckt, unter das ainig woͤrtlein ›warheit‹ zusamenfast[b], dann ich vermute nicht, das ainige ungeschicklicheit[240] daraus erfolgen sol.

So hab ich aufs allerklerist geschriben, das Christus nach beiden naturn mitler und erloͤser sey, nemlich also: Wer er nicht warer mensch, so koͤnt er nicht leiden, sich unter das gesetz nicht geben und am kreutz ein fluch werden[241]. Wer er nicht warer Gott, so koͤnt er das leiden nicht uberwinden, das gesetz auß aignen krefften nicht erfuͤllen und den fluch nicht in segen verkeren[242]; deßgleichen das wir kein goͤtlich leben, gerechtigkeit oder heiligkeit aus dem goͤtlichen wesen empfangen, wir seien dan vor in Christum eingeleibt, glider seines leibs, von seinem flaisch und gepain, wie Paulus Ephes. 5 [30] sagt. Das findestu in meinem bekantnus auffs allerreichlichst am [Bl.] E4[b] – F1[a][243], Aa4[ab][244] und fortan[245]. [D4b:]

So gefelt mir das auch wol, das Philippus bekennet, das der mitler, dieweil er der schlangen den kopf zutretten sol, auch Got muß sein[246], dan Paulus zeuget solchs zun Rom. am letzten [16,20], da er spricht: »Got des frides, zutrette den satan unter eure fuͤß in kuͤrtz«, das ist: So Christus der schlangen, dem satan, den kopf zutretten sol, so muͤssen wir, die wir seine glider sein, in auch zutretten. Aber gleichwie wir unsere fuß darzuthun, das er zutretten werd, und doch die krafft, durch die er zutretten wirt, nicht unser ist, sonder Gottis, dan Got selbs zutritt in unter unsern fussen, also ist es auch in Christo: Sein menschliche natur tritt der schlangen auff den kopf und sie sticht in in die versen, aber die krafft, dardurch er zurknuͤrscht[247] wirt, kombt von seiner gottlichen natur und nicht von der menschlichen. Darumb sagt Philippus recht: Er muß Got sein, der der schlangen das haubt zutretten soll. Das sag ich umb der willen, die in dem groben irthumb sein, das sie mainen, dieweil die schrifft spricht: »Des weibs samen sol der schlang das haubt zutretten«, es muͤß es die menscheit Christi allein thun, dieweil dieselbig auch allein des weibs samen sey, und nicht die gotheit, dan gleicherweiß verfelschen sie auch den spruch Jeremiae am 23. [5f], da er spricht, Davids zweig sol genennet werden »יהוה unser gerechtigkeit«, und geben fur, dieweil da Davids

b) Drf. (Ditt.) durch Trennung: zu-zusamenfast: A.

239. in viel höherer Weise.
240. Unzuträglichkeit.
241. Vgl. Gal 3,13.
242. Vgl. o. S. 106,14-17 und 108,3-11, Nr. 488 (Bl. A4a und A4b-B1a).
243. Vgl. o. S. 138,8-140,9, Nr. 488.
244. Vgl. o. S. 292,28-294,16, Nr. 488.
245. weiterhin (sc. immer wieder).
246. Vgl. Gen 3,15; weiter o. S. 206,6-208,17, Nr. 488.
247. zerknirscht.

zweig genennet wird und die menscheit Christi allein iren ursprung vom David hab und nicht die gotheit, so sol mans von der menscheit Christi verstehen, das sie unser gerechtigkeit sey. Wie so gar aber das nicht bestehen kan, hab ich in meinem bekantnus reichlich bewisen[248] und wils noch weiter erweisen, soofft es not thut, und wirt sich hernach finden, das es[249] Philippus selbs widerspricht[250]. [E1a:]

Hat nun Philippus dises alles, darin wir noch ainhellig sein, darumb geschriben, das er andre unterricht, so sey es gut. Hatt ers aber darumb eben in die antwort auff mein puch, darin er pillich nötigers solt gehandelt haben, eingeflickt, das er ein falschen schein mache, als lehret ich vil ein[251] anders und eben das widerspil[252], so wirdt es Gott wol rechen[253], und er sol mirs, ob Gott wil, auch nicht lang vergengen. Es soll sich aber niemand verwundern, das ich hierüber im zweifel stehe. Dann vil meiner widersprecher[254] haben solchen bösen, satanischen tuck[255] baide in predigen und schrifften wider mich gebraucht und seer geschrien und getobet wider etliche falsche schwirmerey, die da niemand bey uns helt und lehret, und dannoch dem gemeinen man den argwon dardurch eingepildet[256], als lehret ich solche schwirmerey, so ichs doch in mein synn nie hett genommen[257]. Aber Gott sey gedanckt, das solche unmenschliche untreu anhebt, offenbar zu werden und zu stincken. Es sey im[258] gleich nun mit Philippo, wie im woll, so sihest und hörestu, christlicher leser, lautter und klar, das er noch nichts, das meiner lehr widerwertig[259] ist, hat furgepracht, vil weniger aus heiliger schrifft etwas wider mich erhalten[260], am allerwenigsten aber meine gründ und beweysung, die ich aus der heiligen schrifft, aus Augustino[261], aus Chrisostomo[262] und aus Luthero[263] hab dargethon, widerlegt und gestürtzt, ja er hat auch des haubtstrits, ob Christus nach seiner göttlichen natur unser gerechtigkeit sey oder nicht, noch mit keinem wort gedacht. Und das muß ich melden, villeicht zum öfftern mal! Dann ich wais, das etlich leut so ainfeltig sein, das sie nicht mercken, wer mit gutem grund der heiligen schrift sein lehr beweis oder nicht beweis, [E1b:] sonder wann sie hören oder

248. Vgl. o. S. 228,14-230,27, Nr. 488.
249. ihm.
250. Vgl. u. S. 228,6-232,28.
251. etwas ganz.
252. Gegenteil.
253. Vgl. Röm 12,19.
254. Widersacher, Gegner.
255. solche ... Tücke, Hinterlist.
256. eingeprägt.
257. Zu dieser Anschuldigung vgl. verschiedene Beispiele o. S. 220,6-222,4, Nr. 488.
258. es, das.
259. entgegengesetzt, zuwiderlaufend.
260. erwiesen.
261. Vgl. o. S. 587, Anm. 186.
262. Vgl. o. S. 296,14-22, Nr. 488.
263. Von der umfangreichen Verwendung von Lutherzitaten in Osianders Bekenntnis sei nur an die Zusammenstellung o. S. 170,30-190,16, Nr. 488, erinnert, die sich schon in früheren Schriften findet; vgl. dazu ebd., S. 170, Anm. 321.

selbs lesen, das Melanthon wider den Osiander schreibt, gedencken sie alsbald: Oh, Philippus hat ein groͤser ansehen dann Osiander, und haltens vil seiner juͤnger und geschwornen mit im, darumb muͤß Osiander ungerecht sein[264]! Aber nain, nicht also, lieber bruder, also urtailn die christen nicht, sonder wer sein lehr mit der heiligen schrifft also beweiset, das sie im fein allenthalben zusamenstymbt, der hat recht[265].

Was nun Philippus weiter beweisen wirt, das woͤllen wir auch hoͤren. Ich bitt allein, jederman, der dise meine schrifft liset, woͤll fleißig auffmercken. Dann volgends werd ich mit seiner tunckeln, schlipferigen sophisterey und blauen duͤnsten, damit er die leut betreugt, vil zu schaffen gewinnen, und wirdt mich vil schwere muͤhe und arbeit kosten, soll ichs auffwickeln und an tag pringen, das es die ainfeltigen[266] auch verstehn. Dannoch woͤllen wirs versuchen und in weiter hoͤren.

Philippus Melanthon:

Also bekennen wir klar und haben dises allezeit gelehret, wie alle kirchen zeugen moͤgen, das war ist, das in uns verendrung geschehen muß und das gewißlich Gott vatter, sohn und heiliger gaist den trost und leben in der bekerung in uns wurcken und also in uns sind und wonen, so das euangelion mit glauben angenommen wirt, dardurch das ewig wort, der sohn Gottis, wuͤrckt und im ein kirchen samlet. Als da erstlich der sohn Gottis das euangelion im paradeis eroͤffnet hat und gesprochen: Des weibs samen wirt der schlangen den kopf zutretten[267], hatt er zugleich in Adams und Eva hertzen trost und leben gewuͤrckt und den Vatter inen geoffenbart, wie Johannes spricht: »Der Sohn, der [E2a:] in des Vatters schoß ist, der hat es außgesprochen«[268].

Andreas Osiander:

Hie hebt sichs nun an, regnet, schneiet und hagelt eitel lauter sophisterey in des Philippi buͤchlein. Dann er solt sagen, ob Christus sambt dem Vatter und heyligen Gaist durch den glauben warhafftigklich in uns wonen und unser gerechtigkeit seyen oder nicht und was er sambt seinen juͤngern und geschwornen bisanher darvon gelehrt hab. So fehrt er mit prachtigen worten daher, das man soll gedencken, es sey im ernst und er woll richtig auff mein puch antworten und sagt: Wir bekennen klar, das in uns verendrung geschehen muͤsse. Lieber Gott, wer hatt in doch hierumb gefragt, oder wann ist es jemals strittig gewesen? Ich wais es selbs woll, das sie es alletzeit gelehrt haben, und hat er an aller kirchen gezeugnus nicht genug, er neme das mein darzu! Ich wolt aber gern wissen, was er doch fuͤr ein synn hatt, das er der gantzen christenheit mit seiner sophisterey so sicher spotten thar. Man fragt in: Wa geht der weg hinaus, so antwortet er: Ich hau junge specht aus. Ach, er kann und will nicht richtig antworten. Dann soll er ja sagen, so rechtfertigt er mein lehr, wider die er so vil geplaudert hat, und verdambt sich selbs. Soll er

264. unrichtig sein, Unrecht haben.
265. Vgl. o. S. 595, Anm. 246.
266. einfachen (Leute).
267. Vgl. Gen 3,15.
268. Joh 1,18.

aber nain sagen, so wais er, das er mit heyliger schrifft uberwunden wirdt, ja schon uberwunden ist. Und was wuͤrden seine geschworne darzu sagen.

Ferner bekennet er, das gewißlich der Vatter, Sohn und heylig Gaist den trost und leben in der bekerung in uns wuͤrcken und also in uns sind und wonen, so das euangelion mitt glauben angenommen wirdt, dardurch das ewige wort, der sohn Gottis wurcket etc. [E2b:] Was soll ich hierzu sagen? Hilf, almechtiger, ewiger Got, wie verlest sich der man so trotzlich[269] auff sein rhetoriken und sophisterey! Ich glaub furwar, das er gedenck, es sey kein mensch auff erdtrich mehr, der es verstehen koͤnn. Er hat vor gesagt, Gottis gab sey die goͤttlich gegenwertigkeit in uns, dardurch wir verneuert werden und fuͤlen trost und anfang des ewigen lebens. Daraus hab ich verstanden, er bekenn frey, lautter und klar, das Jesus Christus, warer Gott und mensch, sambt dem Vater und heyligen Gaist durch den glauben in uns wonen und sey also Christus unser leben nach seiner goͤtlichen natur, die er mit dem Vater und heyligen Gaist gemein hat, habs auch aus der heyligen schrifft von jugendt auff also gelernet und derhalben kein ursach thuͤren schoͤpffen, das ich des Philippi wort anders verstuͤnde. Dann die heylig schrifft spricht Joha. 1 [1.4]: »Got war das wort, in im war das leben, und das leben war ein liecht der menschen«, und Johan. 6 [57]: »Wie mich der lebendig Vatter gesandt hat, und ich lebe umb des Vaters willen, also, wer mich isset, der lebt umb meinenwillen«, und Johan. 14 [6] spricht Christus: »Ich bin der weg, die warheit und das leben«, und in der [1.] epistel Joh. 5 [20]: »Er, Christus, ist der ware Gott und das ewig leben«. Hiemit stimmen Augustinus zum Consentio, von mir in meiner bekantnus und sonst offt angezogen[270], desgleychen Cyrillus[271] uber das euangelion Johannis, libro 2, cap. 74: »Christus macht lebendig, die an ihn glauben. Dann dieweil er von natur das leben ist, wonet er in den glaubigen«[272]. Und D. Luther uber das euangelion am Christag[273] schreibet also: »Das wort Gottis im anfang und Gott selbs mus unser leben, speyß, liecht und seligkeit sein. Darumb ists nicht der plossen menscheit Christi zuzuschreiben, das sie uns lebendig mach, sonder in dem wort ist das [E3a:] leben, welchs im fleysch wonet und uns durchs flaisch lebendig macht«[274] etc. Lise die gantzen predig Lutheri daselbst, da wirstu reichen verstandt[275] und wort des lebens finden. Nun spricht aber Philippus alhie

269. stolz, anmaßend.

270. herangezogen, zitiert. – Zur Augustinstelle vgl. o. S. 587, Anm. 186, und u. A. Bd. 9, S. 600,12-22, Nr. 448.

271. Zu Cyrillus von Alexandrien (ca. 380-444) vgl. TRE 8, S. 254-260; LThK 6, Sp. 706-709, und RGG 1, Sp. 1894f.

272. Die Stelle findet sich im Kommentar Cyrills zu Joh 3,36 in seiner Schrift »Expositio sive commentarius in Ioannis evangelium«, l. 2, cap. 3 (= PG 73, Sp. 285, griechischer Wortlaut, Sp. 286, lateinischer Text). Sie lautet: »Vivificat igitur Christus credentes in se, puta cum sit ipse secundum naturam vita, ac demum habitet in ipsis«.

273. Das folgende Zitat findet sich in der Weihnachtspostille 1522 zum Bibeltext Joh 1,1-14 (vgl. u. A. Bd. 9, S. 599, Anm. 143, Nr. 448).

274. WA 10,1,1, S. 199,13-16 (vgl. o. S. 142,8f.12-15, Nr. 488).

275. reiches Verständnis.

erstlich[276], das Vater, Sohn und heyliger Gaist wůrcken in uns trost und leben, und bald darnach spricht er zum andern mal, Gottis sohn hab durchs euangelion in Adams und Eva hertzen gewůrckt trost und leben[277], und gibt darmit lauter, klar und unwidersprechlichen zu verstehen, das er nicht redet vom leben, das Gottis sohn selbs ist, sonder von eim andern vil geringern, creatürlichen leben, das der sohn Gottis in uns wirckt[278]. Dann das ist je gewißlich war, das Gottis sohn sich selbs nicht wůrcket noch wůrcken kan, sonder wirdt von ewigkeit zur ewigkeit von seinem himlischen Vater geporn. Wann er aber wůrckt, so wůrckt er ein creatur[279], das kan niemand widersprechen. So bin ich nun durch dise Philippische sophisterey schon gantz meisterlich betrogen, das ich aus seinen schonen worten, da er spricht, Gottis gab sey gǒtliche gegenwertigkeit in uns, dardurch wir verneuert werden und empfinden trost und anfang des ewigen lebens etc., nach meiner ainfalt und darumb, das es die heylige schrifft auch also bezeůgt, verstanden hab, er rede von dem leben, das Got selbs ist. Dann ich finde hie lauter und klar, das er von einem andern leben redet, das nicht Gott ist, sonder ein creaturlich leben, das Got in uns wůrckt.

So ich dann also mit dem leben von im betrogen bin, wie, wann ich mit der gegenwertigkeit auch also betrogen wer? Dann es wirdt schwerlich on ursach sein, das er so frembde[280] red füret und die weise, wie der heilig Gaist in der heiligen [E3b:] schrifft zu reden pfleget, so fleißig vermeidet. Dann der heilig Gaist spricht, Got wone in uns[281], wir seien Gottis tempel[282], aus Gott geporn[283], sein same bleib in uns[284], wir seien Christo vermehelt, glider seines leibs, von seinem flaisch und gepain[285], wir seien all in Christo ainer[286] etc. Diser rede keine fůret Philippus an disem ort, sonder meldet allein die gegenwertigkeit. Nun find ich aber dreierley gegenwertigkeit Gottis in den creaturn[287]: Die erste ist, wie er allenthalben gegenwertig ist in allen creaturn, erhelt sie in ihrem wesen und wůrckt an inen nach seinem gǒtlichen wolgefallen etc., und auff dise weis ist er auch den gotlosen gegen-

276. erstens, zunächst.

277. Vgl. o. S. 597,14-16.18.20f.

278. Vgl. dazu u. S. 602,9-14.

279. Vgl. das Symbolum Nicaenum in BSLK, S. 26,6-12. – Osianders Argumentation richtet sich gegen einen von Gegnern vertretenen Standpunkt, vgl. o. S. 154,1f.3-5; 162,20-24, Nr. 488.

280. befremdliche, seltsame.

281. Vgl. z.B. Eph 3,17.

282. Vgl. z.B. I Kor 3,16.

283. Vgl. z.B. Joh 1,13.

284. Vgl. I Joh 3,9.

285. Vgl. Eph 5,(25-33)30.

286. Vgl. Gal 3,28.

287. Osianders Ausführungen zur Gegenwärtigkeit Gottes in den Kreaturen richten sich nach dem Vorbild altkirchlicher Differenzierung. Augustin etwa unterscheidet in seiner Epistola 187 de praesentia Dei ad Dardanum (PL 33, Sp. 832-848; zum folgenden vgl. bes. Sp. 848), »quod aliter est Deus in omnibus creaturis, aliter in sanctis, aliter in Christo per unionem« (*Altenstaig – Tytz*, Lexicon, S. 289).

wertig, ja allen plumlein auff der haide und allen creaturn bis in die helle hinunter. Und von diser gegenwertigkeit redet Paulus in den Geschichten am 17. cap. [27f] und spricht: »Er ist nicht ferne von einem jeglichen unter uns, dann in im leben, weben und sind wir«, desgleichen spricht auch David im 139. psalm [8]: »Fuͤr ich gen himel, so bist du da. Pettet ich mir in die helle, sihe, so bistu auch da«. Und von dieser gegenwertigkeit hat man ein gemein spruͤchlein in allen theologischen schulen vil hundert jar umbgetriben, nemlich: Enter[288], praesenter Deus est et ubique potenter[289], das ist: Got ist allenthalben wesenlich, gegenwertigklich und allmechtigklich. Und dise gegenwertigkeit ist so gar unverporgen, das sie auch die haidnischen philosophi und poeten, die da glaubten, das ein Gott were, begriffen haben, daher auch Paulus gegen den haiden zu Athene den poeten Aratum[290] uber dieser gegenwertigkeit Gottis an allen orten zum zeuͤgen einfuͤret[291]. [E4a:] Es sein aber ettliche recht philosophische und flaischliche koͤpf, die dise gegenwertigkeit Gottis nicht anderst verstehen und zulassen dann nur effective, das ist nach der wirckung. Als wann die sonn in einem gepirg wirckt, das metall darin wechst, oder in den acker und garten scheinet, das getreid und obs[292] darin wechst, so doch die sonn nicht im gepirg noch im acker noch im garten sey, sonder allein darinne wuͤrck und bleib mit irem wesen am himel[293], also sagen sie, sey auch Got im himel, wuͤrck aber an allen orten, wie sie treuͤmen. Dise sein gar toll und toͤricht, wissen weniger, was Got ist, dann ein vihe, dann Got spricht Jeremie am 23. [23f]: »Bin ich nicht ein Got, der himel und erde erfuͤllet«, und Salomon 3. Regum 8 [I Reg 8,27]: »Die himel aller himel begreiffen dich nicht« etc. – Die ander gegenwertigkeit ist unaußsprechlich hoͤher und unbegreifflicher dann die erst und ist die, da Gott vater, sohn, und heiliger gaist den heiligen engeln gegenwertig sein und in ihnen wonen[294] etc., welche gegenwertigkeit der sathan verlorn hat[295] und also ewigklich unselig worden ist. – Die dritte gegenwertigkeit ist so hoch uber die andern[296], als hoch die ander uber die ersten ist, und ist die, da Got vater, sohn und heiliger gaist gegenwertig sein und wonen in allen denen, die durch den glau-

288. mittellateinische Adverbbildung zum selten gebrauchten Participium praesentis activi von esse.

289. Das von Osiander angeführte Proverbium ist ein Hexameter mit ›springenden‹ Reimen, vgl. *Walther*, Proverbia 1, S. 892, Nr. 7122. Die Scholastik lehrte, »quod ubicunque est Deus, sive per naturam sive per gratiam, est essentialiter, potentialiter, praesentialiter« (*Altenstaig – Tytz*, Lexicon, S. 289, Art. Esse in omnibus; vgl. S. 930, Art. Ubique).

290. Gemeint ist der griechische Dichter Aratos (um 270 v. Chr., aus Soloi in Kilikien, Kleinasien), vgl. *Menge*, Heilige Schrift, S. 211, Fußnote, und PRE 2, Sp. 391-399, Nr. 6.

291. Vgl. Act 17,28 (aus der Areopagrede des Paulus), wo der Dichter zwar nicht mit Namen genannt, aber mit dem Anfang seines im Altertum berühmten Gedichts ›Phainomena‹ zitiert wird; vgl. dazu TRE 2, Sp. 395.

292. Obst.

293. Vgl. o. S. 592,30-33.

294. Vgl. etwa Jes 6,1-4; Ez 1; Apk 19,1.

295. Vgl. Lk 10,18; Apk 12,7-9.

296. zweite.

ben lebendige glider Christi sein. Dann Gott wohnet nicht schlechterweiß[297] in der menscheit Christi, wie er in den engeln wonet, sonder Got und mensch sein in Christo ein einige, unzertrente person, welchs man von kainem engel kan sagen. »So sein wir glider des leybs Christi, von seinem flaisch und von seinem gepain«, zun Ephesiern am fůnften capitel [30]. [E4b:] Darumb sein wir auch seiner gőttlichen natur thailhafftig, 2. Petri 1 [4]. Dann wir sein all in Christo ainer, Galat. 3 [28]. Darumb wohnet Gott durch den glauben aus gnaden auch in uns als in den glidern Christi, wie er in Christo als in unserm haubt[298] wonet, und solchs einwohnen wirt genennet ein annehmen, wie man dann spricht, Gott hat menschliche natur angenommen, welchs den engeln diser hohen gestalt nicht widerfehret. Dann es steht geschriben: »Er nimbt nirgen die engel an sich, sonder den samen Abrahams nimbt er an sich«, Hebr. 2 [16]. »Sein wir aber Christi, so sein wir Abrahams samen«, Galat. 3 [29]. Und umb diser hohen ainigkeit willen, da wir als die glider Christi in Christo von Gott angenommen sein, das er auff solche hohe weis mit uns verainigt ist und in uns wonet, erkennen uns die engel in Christo fur ire herrn und dienen uns gern, wie geschriben ist, Heb. 1 [14]: »Sein sie nicht allzumal dienstbare gaister, außgesandt zum dienst umb der willen, die ererben sollen die seligkeit«? Wann nun Philippus allein von der ersten gegenwertigkeit redet, die auch den philosophen und poeten bekanndt gewest ist, und mainets darzu nur effective[299], das ist wůrcklicherweis, wie die sonn im acker und garten soll gegenwertig sein, ich aber verstůnd seine wort von der dritten und allerhőchsten gegenwertigkeit in uns, darin wir auch die engel ubertreffen, wer ich nicht grőblich von im betrogen? Ja freylich wer ich betrogen wie von einem geůckler, der mir ein feigen weiset[300] und geb mir darfůr ein alten roßzan in mund[301].

Wollan, wir wollens ernstlich und fleißig suchen, wie ers gemaint hab, auff das er uns mit seiner sophisterey nicht betrieg! Er hat im vergangenen [F1a:] 1551. jar den ersten Maii aigner hand an mich geschriben ein langen brieff, darin das die letsten wort sein: »Essentialem iusticiam Christi in nobis efficacem esse«, das ist, die wesentlich gerechtigkeit Christi sey in uns thetig oder krefftig oder wůrcklich[302]. Das kőnt ich ja noch[303] der heyligen schrifft nicht anderst verstehn, dann

297. einfach.

298. Vgl. etwa Eph 1,22; 4,15.

299. Zu dieser Begrifflichkeit vgl. auch Melanchthons Brief an Osiander vom 1. Mai 1551 in u. A. Bd. 9, S. 674,7-10, Nr. 469; vgl. MBW 6, S. 158, Nr. 6075f.

300. sprichwörtlich, mit dem Sinn: Jemanden höhnisch zurückweisen, ihn derb verspotten, vgl. *Röhrich*, Sprichwörtliche Redensarten 1, S. 262.

301. Diese Redewendung konnte nicht gefunden werden. Zur Orientierung lassen sich folgende Verweise angeben: *Grimm*, Wörterbuch 7, Sp. 1692, Art. Pferdezahn; *Stephanus*, Thesaurus 2, Sp. 684, Art. γνωμων, und *Wander*, Sprichwörterlexikon 3, Sp. 776, Nr. *252; Sp. 1321, Art. Pferdefeige, Pferdehändler. Am besten paßt wohl folgendes Sprichwort: Er schmiert ihm das Maul und gibt ihm einen Dreck drein (*Wander*, ebd., Sp. 520, Nr. *495). Der ganze Satz hätte dann den Sinn: Freilich wäre ich betrogen wie von einem Gaukler, der mich derb verspottete und mir mit wertlosen Angaben zu schaffen machte.

302. Vgl. u. A. Bd. 9, S. 674,9f, Nr. 469, und S. 697,16-18, Nr. 474.

303. nach.

das die wesentlich gerechtigkeit Gottis, die Gott selbs ist, in uns wonete und mit uns also verainigt were, das sie in uns wuͤrckt, unsern willen regiret und unsere glider ihr selbs zu waffen und werckzeuͤgen gepRauchet, das sie als die ewig ware gerechtigkeit gerechtes wollen und gerechte werck in uns anrichtet[304], wie Paulus zun Philip. 2 [13] sagt: »Got ists, der in euch wuͤrcket baide das wollen und das volpringen nach seinem wolgefallen«.

Als ich aber solchen seinen brieff ettlichen gutten freuͤnden zaiget, die sein handschrifft kenneten und ihn eben verstunden wie ich, da liessen sie es laut werden, das verdross mein widerpart. Derhalben wischeten sie[305] alsbald mit einem andern brieff herfur, welchen auch Philippus und eben zur selben zeyt an sie oder an ihr einen allein geschriben hett[306], in dem er ihnen klerlich zu verstehn gibt, das ers alles nicht anderst noch pesser meyne, dann das die wesenliche gerechtigkeit Christi also und in der gestalt in uns thetig sey, das sie ein andre creaturliche oder erschaffne gerechtigkeit in uns wircke. Desgleichen redet er auch vom leben[307], das er ja nicht zugebe, das das wesentlich leben, das im wort Gottis ist, unser leben sey, sonder ein anders creaturlichs, erschaffens leben, und verderbt mir darzu meine wort wider die natur der sprachen und sein eigen gewissen, da ich sprich: Wir leben durch oder aus dem wesentlichen leben Gottis, und nimbts an als fur un-[F1b:]gezweifelt, ich maine mit dem wesenlichen leben Gottis nichts anders, dann das es in uns wuͤrcke ein creaturlich, erschaffen leben. So frevenlich thar[308] er mir meine wort und mainung verkeren, und ich soll in dannoch nicht schelten! Also sein wir gewiß, das er die wesenlichen gerechtigkeit Gottis in Christo, die Gott selbs ist, nicht will lassen unser gerechtigkeit sein, mit der wir durch den glauben gerecht werden, sonder dichtet uns ein andre creaturliche, erschaffne gerechtigkeit, welchs stracks dem spruch Jeremiae am 23. [6] zuwider ist, der da spricht: »יהוה ist unser gerechtigkeit«[309], dieweil on allen strit ist, das יהוה allain Gottis wesen hais und keiner creatur zugelegt werde[310]. Deßgleichen sein wir auch gewiß, das er nicht will noch zulest, das das wesenlich leben Gottis, das im wort ist und das Christus selbs ist, unser leben sey, das wir durch den glauben bekommen nach dem wort des propheten und Pauli: »Der gerecht wirdt seins glaubens leben«[311], und nach dem wort, das Christus selbs redet, Johan. 6 [57]: »Wie mich

304. Vgl. Röm 6,13.

305. kamen sie schnell (wie ein Wisch).

306. Gemeint ist der Brief an Staphylus ebenfalls vom 1. Mai 1551, vgl. u. A. Bd. 9, S. 671, Anm. 6 und 9; S. 674, Anm. 29, Nr. 469.

307. Der entsprechende Passus des Briefes lautet: »Cum ait: Essentiali iusticia sumus iusti, declarat ipse: Essentiali vita vivimus. Hic certe de effectione loquitur, et tamen aliud est causa vita filii increata et vita nostra creata. Ita discerni et iustitiam increatam et creatam res ipsa postulat« (Berlin GStAPK, XX. HA StA Königsberg, HBA J2, Melanchthon an Staphylus, 1551 Mai 1, fol. 1r (K. 967); vgl. MBW 6, S. 159, Nr. 6077.2 und 3).

308. wagt … zu.

309. Vgl. o. S. 587,16-19.

310. Vgl. dazu die Lutherzitate in Osianders Bekenntnis und die Feststellung, auch die Gegner seien dieser Meinung, o. S. 230,23-29, Nr. 488.

311. Gal 3,11.

der lebendig Vater gesandt hat und ich lebe umb des Vaters willen, also, wer mich isset, der lebt umb meinenwillen«. Dann der Vater schafft nicht ein creaturlich leben in dem Son, sonder gibt im das leben, das er selbs ist und hat[312]. Also schafft auch Christus in den glaubigen nicht ein creaturlich leben, dan dasselbig haben sie zuvor[313], sonder gibt inen das leben, das er selbs ist und vom Vater hat, wie er sagt: »Ich bin der weg, die warheit und das leben«[314], item: »Ich bin die aufferstehung und das leben«[315] etc. Sihe den Luther in der predig am Christag[316], so wirstu Philippum lernen kennen, du seiest dann gantz und gar blindt!

Nun wir aber sehen, das er mit dem leben und mit [F2a:] der gerechtigkeit falsch ist und sophisterey treibt, so wollen wir auch sehen, wie ers mit der gegenwertigkeit Gottis mainet. Er hat ein lange außlegung geschriben uber die gantzen epistel Pauli zun Rо̊mern[317], und da er am 8. cap. [10] an dise wort kompt, da Paulus also spricht: »So aber Christus in euch ist, so ist der leib zwar tod umb der sund willen, der Gaist ist aber das leben umb der gerechtigkeit willen« etc., da schreibt er also: »Das Paulus spricht: ›So Christus in euch ist‹, das ist zu verstehn: durch den Gaist«[318]. Hie horestu ja, christlicher, lieber leser, klarlich, das er nicht will, das Christus selbs in uns sey, sonder nur der gaist Christi. So er aber nicht glaubt, das der gantz Christus, warer Gott und mensch, in uns sey, wie solt er dann glauben, das er als ein mensch in uns sey? Wie solt er glauben, das er uns im heiligen sacrament sein flaisch zu essen und sein blut zu trincken gebe[319]? Das ers aber nicht glaube, das gibt sein brieff, an mich geschriben, auch zu verstehn[320], deßgleichen dises sein puchlein, dieweil er schreibt, das Vater, Son und heyliger Gaist trost und leben in uns wůrcken und also in uns wonen[321]. Dann mit disen worten gibt er uns zu verstehn, das der Vater, Sohn und heyliger Gaist sollen nicht anderst in uns wonen, dan das sie trost und leben in uns wůrcken, gleichwie die sonn nicht anderst im acker ist, dann das sie wirme und bewegung des samens darin wurcke[322].

So last uns nun weiter sehen, wie ers mitt dem Gaist maint: Es ist je gewiß, das Vatter, Sohn und heiliger Gaist ein ainigs, unzertrennets gо̊ttlichs wesen und doch

312. Vgl. Joh 5,26.

313. ohnehin.

314. Joh 14,6.

315. Joh 11,25.

316. Vgl. o. S. 598,25-31, und o. S. 142,8-28, Nr. 488.

317. 1532 verfaßte Melanchthon seine »Commentarii in epistolam Pauli ad Romanos«, gedr. CR 15, Sp. 493-1052.

318. »Quod inquit: Si Christus in vobis est, intelligendum est per Spiritum sanctum, sicut postea inquit: Spiritus eius qui excitavit Jesum, habitat in vobis« (CR 15, Sp. 662).

319. Vgl. Joh 6,51.53f. – Die gleiche Bezugnahme von der Einwohnung Christi auf die Nießung des Sakraments findet sich bereits in den Thesen der Rechtfertigungsdisputation Osianders; vgl. die Thesen 71 und 72 in u. A. Bd. 9, S. 444,1-6, Nr. 425.

320. Melanchthon erörtert darin die Differenzierung zwischen der altkirchlichen Überzeugung: Christus est ubique (personaliter), und Augustins Aussage: Corpus Christi est certo loco; vgl. u. A. Bd. 9, S. 673,2-6.9-674,4, Nr. 469.

321. Vgl. o. S. 597,14-16 und 598,31-599,6.

322. Vgl. o. S. 600,12-19.

drey unterschidliche personen sein, der keine die ander ist. Dann der Vatter ist nicht der Sohn, der Sohn ist [F2b:] nicht der heilig Gaist, und der heilig Gaist ist nicht der Vater. So dann Philippus nicht zugibt, das Christus weder mit seiner gantzen person, da er ist Gott und mensch, noch mit seiner goͤttlichen person, da er ist das wort oder der sohn Gottis, sonder allein nach dem Gaist in uns sey, so ist schon am tag, das er mit dem woͤrtlein ›gaist‹ auch sophisterey treibt. Dann wann er glaubet, das der heilig Gaist warlich und wesenlich in uns wonete, so muͤst er bekennen, das das wort und der Vatter auch in uns woneten, dann das goͤttlich wesen der drey personen ist ainig und unzertrennet[323], und wann er glaubet, das uns Christus warlich sein flaisch und blut zu essen und zu trincken gebe, so muͤst er auch glauben, das Christus warlich als warer Gott und mensch nach seinen baiden naturn in uns wonet, und doͤrft also diser stinckenden glosa gar nicht, das Christus nur durch den Gaist in uns sey[324]. Was mag er dann wol mainen mit dem woͤrtlein ›Gaist‹? Ich halts darfur, er maine, das Christus durch seinen heiligen Gaist in uns wuͤrcke, doch also, das sie beide im himel bleiben, wie die sonn im acker und garten wuͤrckt und doch am himel bleibt, und helt also den Gaist, durch den Christus in uns soll sein, fur nichts anders dann fur die wurckung des Gaists. Das ist darmit zu beweisen, das er im anfang gedachts capitels uber dise wort Pauli: »Das gesetz des Gaists, der da lebendig macht in Christo Jhesu, hatt mich frey gemacht vom gesetz der sunden und des todts«[325] etc., thurstigklich[326] schreibt, »die regirung der gaistlichen bewegung sey der Gaist«[327]. Dise falsche außlegung und unchristliche glosa ist vorhin gnug widerlegt in meiner bekantnus durch gezeugnus der heiligen [F3a:] schrifft im buchstaben E [Bl. D4b-E3b] und durchs gezeugnus doctor Luthers in den buchstaben K und L [Bl. I3b-M1a], ist derhalben nicht vonnoͤten allhie zu widerholen. Deßgleichen hat sie auch der heilig Chrisostomus[328] vor vil hundert jarn verworfen. Dann uber gedachte wort Pauli: »So Christus in euch ist«[329], hat er also geschriben: »Das hat Paulus gesagt, nicht das er den heiligen Gaist Christum nenne – immer hinweg mit solcher glosa –, sonder er zaiget an, das, der den Gaist hat, von dem wirt nicht allein gesprochen, das er Christi sey, sonder er hat auch Christum selbs. Dann es kann nicht sein, das, so der Gaist gegenwertig ist, Christus nicht auch solt gegenwertig sein. Dann wa ein person der heiligen drifeltigkeit gegenwertig ist als der heilig Gaist, da ist die

323. Vgl. dazu die von Osiander mehrfach zum Druck gebrachte Beweisführung, daß durch die Einwohnung Christi die ganze Trinität im Gläubigen wohne; vgl. u. A. Bd. 9, S. 688-698, Nr. 474, und o. S. 132,4-136,24, Nr. 488.

324. Vgl. auch Melanchthons Brief an Osiander vom 1. Mai 1551 in u. A. Bd. 9, S. 672,5-10; 673,6-8, Nr. 469.

325. Röm 8,2.

326. kühn, vermessen, frech.

327. »Ergo intelligit (Paulus) spiritum gubernantem, id est, illa gubernatio, motus spiritualis, qui vivificat apprehensione Christi, ille motus est spiritus« (CR 15, Sp. 655).

328. Zum Kirchenvater Johannes Chrysostomus (344/354-407) vgl. RGG 1, Sp. 1818f; LThK 5, Sp. 1018-1021.

329. Röm 8,10.

gantze drifeltigkeit gegenwertig, dann sie ist unzertrenlich in ir selbs und auffs aller-aigentlichst verainigt«[330] etc.

Da hastu nun, christlicher, lieber leser, des Philippi Melanthonis theologian, damit er neben und hinter D. Luthern im finstern und unter dem huͤtlein gespilet[331] und unzelig vil feiner, junger leut verfurt hat, nemlich das Gott vater, sohn und heiliger gaist nicht anderst in uns wohnen dann auff die ersten weis, die auch die philosophi und poeten begriffen haben, das ist, wie die sonn im acker oder garten ist[332], und das Christus mit seinem wesentlichen leben nicht unser leben sey, sonder schaffe in uns ein geringer, creatuͤrlich leben, welchs ein lauter gedicht ist, und das Christus mit seiner wesentlichen gerechtigkeit nicht unser gerechtigkeit sey, die wir durch den glauben bekommen, sonder schaff auch in uns ein creaturliche gerechtigkeit, welchs auch ein lauter gedicht wider sein aigne wort ist[333], und das er, wo die schrifft vom heiligen Gaist in uns redet, nichts anders versteht [F3b:] dann die wurckung und bewegung, die der heilig Gaist von ferne in uns wurcke. Da hastu, sag ich, sein gantze philosophische, sophistische und flaischliche theologian recht gecontrafeiet[334]! Das wais ich furwar, wils auch aus seinen puͤchern erhalten[335] und auff ihn[336], so offt es die noth erfordert, erweisen. Sprichstu aber: Ey, er hat doch je zuzeytten anderst und ein wenig pesser geredet! Antwort: Ja, ich wais es wol, er hat mich auch lange zeyt darmit betrogen und auffgehalten. Aber das ist war, er hat sein lebtag so gut und wol nicht geschriben, er und die seinen koͤnnens durch vorerzelte sein theologian verglosirn[337] und verkeren, das es nichts nuͤtz bleibt, sonder nur schaden wuͤrckt. Und damit menigklich[338] das aus dem grunde verstehn koͤnne, wil ich ein sonder[339] geheimnus anzeygen und auffdecken, das unter den gelerten, den verkerten[340], die umbs pauchs, gelts, ehrn und wirden willen und nicht Got zu ehrn und umb des nechsten hails willen studirt haben und ihr lehr dahin richten, das sie gut, ehr, frid und der weldt gunst erlangen und behalten[341], heimlich umbschleicht und geuͤbet wirdt. In strittigen sachen bedencken sie zum ersten den stercksten tail, von dem sie

330. Die Stelle findet sich in Homilia 13 »in epistolam ad Romanos« zur angegebenen Stelle (= PG 60, Sp. 518f, griechischer Wortlaut, und Parallel-Sp. 519, lateinischer Text). Sie lautet: »Hoc autem dicebat, non quod Spiritum Christum diceret: absit; sed ostendens eum, qui Spiritum habet, non modo Christi esse dici, sed etiam ipsum habere Christum. Non potest enim, Spiritu praesente, non adesse Christus. Ubi enim una Trinitatis hypostasis adest, tota adest Trinitas: non potest enim omnino separari, et accuratissime unita sibi est.«

331. Redensart mit dem Sinn: betrogen (vgl. *Röhrich*, Sprichwörtliche Redensarten 1, S. 460).

332. Vgl. o. S. 599,25-600,22.

333. Vgl. o. S. 602,11-14 und S. 601,28-30.

334. abgemalt, nachgezeichnet.

335. beweisen.

336. an ihm.

337. mit Glossen (Erklärungen) versehen.

338. jedermann.

339. besonderes.

340. Zu diesem Sprichwort vgl. *Grimm*, Wörterbuch 4,1,2, Sp. 2970f.

341. Dazu und zum folgenden vgl. o. S. 82,5-10.11-21, Nr. 488.

vermuten, er werd den sieg behalten nach der weldt, und nemen also desselben tails mainung an, fragen gar nichts darnach, wie die sach vor Got stehe. Dieweil sie aber mitten unter dem andern tail, der dem sterckisten widerpart helt, wonen und besoldung haben, so wollen sie derselben liedlein auch singen[342] und werden also zweyzuͤngig[343], ja auch wol dreyzuͤngig[344] wie die schlangen, deren zungen drey spitzen haben[345], und reden iren herrn, von den sie geld haben, zu gefallen, was sie nur wollen, aber mit solchen verdeckten, ungewonlichen, schlipferigen, sophistischen worten, das mans albeg auf der andern part mei-[F4a:]nung deuͤten kan. Sie beweisen auch solch ihr mainung nicht mit der heyligen schrifft, wo sie es umbgehn koͤnnen. Muͤssen sie aber ja heylige schrifft gebrauchen, so thun sie es so schalckhafftigklich, das man ihns leychtlich erniderlegen und sie uberweisen[346] kan, das sie die schrifft nicht recht gefurt[347] haben. Ist auch ihr mainung, das es geschehen soll. Dargegen gehn sie mit der andern mainung, die sie heimlich im hertzen haben, also umb: Sie lassen sich nicht leychtlich mit klaren worten mercken, das es ihr mainung sey, sonder tragens sonst offt und fleyßig fur unter dem namen der widersacher und beweisens und vertaidigens auffs allersterckst, so sie koͤnnen, und wollen doch dessen kein wort haben, sonder sprechen, die widersacher beweisens und vertaidigens also. Wann ihn dann wolt gepuͤrn, das sie dieselben beweisung der widersacher, wie sie die furgeben, solten verlegen[348], so singen sie dir ein weil ein liedlein vom Bentzenauer[349], aintweder klagen uber boͤse zeyt oder thun ein heuͤchlerisch gepetlein und trehen sich also darvon[350] und antworten nichts auf der widersacher beweisung, wie sie schuldig weren. Es ist auch kein wunder, dann es sein nicht allein der widersacher beweisung, sonder ihr selbs mainung, allein das sie sich umbs pauchs, geldts, frides und menschen gunst willen nicht darzu wollen bekennen. Nichtsdesteminder wirdt der gemein man durch solch listig furtragen und beweisen unter frembden namen, das nicht verlegt wirt, eingenomen, gefangen und jemmerlich verfuͤret. Wann man dann fraget: Woher kombt doch diser irthum unter das volck, so wischen sie das maul[351], als sein sie nie dagewest, und sagen: Haben wir uns doch albeg[352] lassen hoͤren, das uns dise mainung nicht gefall! Wer sie nun erkennen und sich vor ihn huͤten kan, der thue es, dann es ist hoch vonnoͤten. [F4b:]

342. sprichwörtlich, vgl. *Röhrich*, Sprichwörtliche Redensarten 1, S. 601.

343. doppeldeutig.

344. im bildlichen Gebrauch für einen, der mit dem Mund anders redet, als er es im Herzen hat (vgl. *Grimm*, Wörterbuch 2, Sp. 1399).

345. Schon im Altertum war bekannt, daß die Zunge der Schlangen gespalten ist. Daß sie drei Spitzen haben könne, geht wohl auf ein antikes Mißverständnis zurück; vgl. PRE 2.R., 2, Sp. 496, und *Stephanus*, Thesaurus 7, Sp. 2487, Art. τριχώδης.

346. überführen.

347. gebraucht.

348. widerlegen.

349. wohl im Sinne von: überspielen sie ihre Verlegenheit. Die Redewendung konnte nicht nachgewiesen werden.

350. winden sich so heraus.

351. Redensart, vgl. *Röhrich*, Sprichwörtliche Redensarten 2, S. 631.

352. immer.

Ich weiß wol, das vil fromme ainfeltige leut dises puͤchlein Philippi darfur angesehen haben, als sey es vil fur mich. Ja, ich wais auch, das es seiner juͤnger und geschwornen vil fur den kopf gestossen hat[353], als verdamme er sie und geb mir recht; werden sich derhalben nicht wenig verwundern, warumb ich doch so fleyssig den verstand[354] darinne such, der wider mich ist, so ichs doch in vil stuͤcken hett koͤnnen fur mich deuͤtten. Denselben sag ich: Gott darf[355] solcher sophisterey gar nichts, seine goͤtliche warheit zu erhalten, und wann ich mich auff des Philippi wort, die da scheinen, als streitten sie fur mich, verlassen hett als auff ein eyss, so wuͤrd er mir zuletst seine wort mit der heimlichen deuͤtung und sophistischem verstand, die ich gesucht hab, selbs genomen, und also das eiss unter mir eingeprochen und mich vorsenckt haben. Dann da hett ich mussen hoͤren: Vorsteht doch Osiander nicht ein wort in des Philippi schrifften! Was solt er dann im Luther und in der bibel vorstehn? Nain, du laidiger satan, ich kenne deine gifftige anschleg! – Wolan, wir wollen Philippum weiter hoͤren.

Philippus Melanthon:

Item: »In ihm war das leben, und das leben war das liecht der menschen«[356]. Also fuͤr und fuͤr samlet diser sohn Jesus Christus ein ewige kirchen, erhelt das predigambt und wuͤrckt dardurch und gibt den heyligen Gaist, der trost, anruffung und sterck pringet, wie 1. Johan. 4 [13] geschriben ist: »Darbey erkennen wir, das wir in ihm pleiben und er in uns, dann er gibt uns von seinem gaist«, item psal. 18 [6: Vg.; 19,5]: »Soli posuit tabernaculum in eis«. Er ist die sonn in seiner kirchen und gibt liecht und leben allen, die in rechter bekerung zuflucht zu ihm haben mit glauben; item Ephes. 3 [17]: »Das Christus durch den glauben in eurn her-[G1a:]tzen wone«, item: Er ist warhafftig Emanuel, das ist: Gott mit uns[357].

Andreas Osiander:

Hie hoͤrestu, christlicher leser, nicht ein ainigs wort, das ich nicht zum allerpesten auff mein lehr deuten koͤnt. Widerumb ist da auch nicht ein ainigs wort, das Philippus nicht auff sein philosophische, flaischliche, ertraumbte theologian, die ich neulich[358] erzelt hab, ziehen[359] koͤnte. Und ist mir furwar wunderlich[360], das ers also spitzig[361], schlipferig, baidenhendisch[362] hat ertichten koͤnnen. Geschwindere[363] sophisterey hab ich all mein lebtag von keinem lebendigen menschen erfahren. Dar-

353. Redensart, vgl. *Röhrich*, Sprichwörtliche Redensarten 1, S. 527.
354. die Bedeutung.
355. bedarf, braucht.
356. Joh 1,4.
357. Vgl. Mt 1,23.
358. gerade.
359. beziehen.
360. verwunderlich.
361. voller Spitzen (vgl. *Grimm*, Wörterbuch 10,1, Sp. 2630).
362. Adjektivbildung zum Substantiv ›Beidenhänder‹ (vgl. *Grimm*, Wörterbuch 1, Sp. 1365), im Sinne von: auf beiden Händen, Achseln tragend, gleißnerisch, doppelzüngig.
363. Listigere, tückischere.

umb will ich auch jetzo nichts darauff antworten, bis er sich weiter erkleret, wie ers doch maine. Will er nicht, so will aber ich seine puͤcher fur mich nemen und in wol anderst suchen[364], dann ich jetzo thue, da soll sichs wol finden, was im grund hinter im steck. Das will ich dich aber, christlicher leser, gleichwol hiemit zum ander mal[365] erinnern, das er noch nichts mit klaren, hellen, duͤrren worten wider mein lehr gesetzt hat. Vil weniger hat ers mit heiliger schrifft bewisen. Dann alle die schrifft[366], die er anzeucht, beweisen nichts dann dasjenig, das unstrittig ist. Noch vil weniger hat er meine grund und gezeugnus der heiligen schrifft, die ich eingefurt hab, mit einem ainigen wort angeruͤret, will geschweigen, das ers widerlegen solt.

Philippus Melanthon:

Von diser gegenwertigkeit sagt Osiander.

Andreas Osiander:

Halt still, Philippe, ich hab hier einzureden! Wann Philippus hie von der ersten gegenwertigkeit redet, da Gott den bluͤmlein auff der [G1b:] haide, ja auch in der helle gegenwertig ist[367], so rede ich warlich von der dritten gegenwertigkeit und inwonung Gottis, auch unserer verainigung in Christo mit im, darin wir, wie vor gemeldet, die engel ubertreffen[368]. Wie kann er dann sagen, ich rede von der gegenwertigkeit, davon er redet, so doch groͤssere unterschid hie ist dann zwischen hell und himel? Wil er aber von der gegenwertigkeit und verainigung unser mit Gott in Christo verstanden sein, davon ich rede, warumb hat er nicht ein einig wort geredet, darbey man in halten koͤnt, sonder alles so schlipferig furgeben, das ich nicht spuͤren kann, das er solche hohe ding glaub?

Philippus Melanthon:

Darvon zwischen uns kein stritt ist.

Andreas Osiander:

Wie kan und mag doch ein mensch, ja ein gelerter man fur Gott, seinen engeln und der gantzen christenheit so unverschembt sein, das er solche offenliche, greifliche unwarheit thar in truck geben? Dann es ist je offenlich am tag, das man mir uber diser gegenwertigkeit und einwonung auffs allerhefftigst widersprochen und mich ein schwirmer und ketzer daruͤber gescholten hat[369], nicht allein in winckeln, sonder vor furstlicher durchleuchtigkeit, meinem gnedigen herrn, doch mir in rucken[370], nicht

364. prüfen, angreifen.

365. Vgl. o. S. 596,18-23.

366. Schriftstellen.

367. Vgl. o. S. 599,25-600,22.

368. Vgl. o. S. 600,26-601,18.

369. Vgl. dazu Osianders Schriften u. A. Bd. 9, S. 519-530, Nr. 434; S. 565-571, Nr. 445; S. 574-581, Nr. 447; S. 582-601, Nr. 448, und S. 688-698, Nr. 474. Eine Wende in die gegnerische Polemik brachte Melanchthons Brief an Staphylus vom 1. Mai 1551 (vgl. u. A. Bd. 9, S. 674, Anm. 29, Nr. 469, und o. S. 579,14-580,6; gegen *Stupperich*, Osiander, S. 130-136).

370. Am 9. Juni 1551 schreibt Mörlin an den Fürsten: »... und sollen E.F.D. fein erfahren, was wunderliche, grausame Irrthumb und Ketzereyen er [= Osiander] aus seinem Jehova tre-

allein in gantzen Preussen, sonder schier im gantzen teutschen land[371], und ist noch keins auffhörens, haben doch etlich, durch Michael Roͤting verfuͤret[372], zu Nuͤrmberg offenlich darwider gepredigt[373], und ist Michael Roͤting diser gegenwertigkeit Gottis so feind, das er sie in seinem ketzerischen puch wider mich[374] nicht mit rechten namen nennen mag, sonder nennets »commenticiam subitionem seu commixtionem«, das ist ein ertichte einschleichung oder vermischung[375]. [G2a:]

hen wirdt« (*Koch*, Briefwechsel, S. 563, Beil. 14). Am 15. Juni formuliert er: »Die neue schwermerey und giftige lehr [Osianders] ist vorhanden erger den unter dem Antichrist, dem Bapst, Je gewesen« (ebd., S. 565, Beil. 15).

371. Zu dieser oft wiederholten Klage vgl. etwa schon u. A. Bd. 9, S. 522,1-9, Nr. 434.

372. Zu Michael Roting vgl. u. A. Bd. 5, S. 413, Anm. 7, Nr. 186, bzw. o. S. 96, Anm. 120, Nr. 488. Zur Anschuldigung vgl. u. Anm. 374.

373. Tatsächlich hat man in der fränkischen Reichsstadt gegen Osiander gepredigt, der in seinem alten Wirkungskreis noch viele treue Gemeindeglieder hatte. Gegen Ende Okt. 1551 sah sich der Rat der Stadt veranlaßt, in den Kirchen, auf den Gassen und Plätzen und in den Gasthäusern ›Kundschafter‹ – wie man es nannte – einzusetzen, die mitteilen sollten, was über die Prediger und Osiander in der Bürgerschaft gesprochen würde. Eine Meinung hat das Protokoll der Spitzelbeiträge für den Rat »Anzeig, was die prediger wider Osiander gepredigt haben. 1551« (Nürnberg GNM, Merkel-Hs. 790) am 26. Okt. festgehalten, wie folgt: »Der sechst, so sonst uffgestellt, des redens achtzuhaben, sagt, wie der Taubmann, buchtrucker, jüngst von kay. Mt. wegen uffm thurm gelegen, wer[e] er Osianders zu red worden und gesagt, die hieigen prediger weren hart wider ihn, wann er aber gegenwertig seyn sollt, wurd er seiner lehr halben ihnen allen die mäuler dermaßen stopfen, daß ir keiner im weiter würde antwurt geben konnen.«

Es ist anzunehmen, daß die Nürnberger Prediger Rotings Buch gekannt haben. Doch dürfte es weniger Eindruck auf sie gemacht haben als Osiander selbst. Der ehemalige Lorenzer Prediger hatte die in Nürnberg gebliebenen brieflich scharf angegriffen mit der Feststellung, der Teufel nehme ihnen die reine Lehre aus dem Herzen (vgl. o. S. 303,10-304,2, Nr. 489). Die Beschuldigten dürften auf den Kanzeln versucht haben, diesen Vorwurf zurückzuweisen; vgl. o. S. 67, Nr. 488/496. Auch sonst übte Osiander durch seine Korrespondenz mit Nürnberger Bürgern und die Zusendung seiner Schriften mancherlei Einfluß aus; vgl. etwa das o. a. Überwachungsprotokoll. Selbst später noch erhob er ähnliche Vorwürfe, vgl. etwa seine Schrift ›Beweisung‹ vom Jan. 1552 o. S. 578,2 und 446,20-22, Nr. 508.

374. Gemeint ist Rotings Schrift »Testimonium ... Michaelis Rotingi, unius e populo ecclesiastico, contra falsam Andreae Osiandri de iustificatione sententiam«, die noch vor Erscheinen von Osianders Bekenntnis in dessen Hände gelangte; vgl. o. S. 96, Anm. 121, Nr. 488, und S. 305, Anm. 46, Nr. 489. Teile davon sind abgedr. in Osianders Schrift ›Schmeckbier‹, vgl. u. S. 769,10-772,24, Nr. 538.

375. Roting spricht nicht von der Gegenwärtigkeit Gottes, wohl aber von der Einwohnung. Seine mit schärfster Polemik – er warf Osiander vor, der Antichrist zu sein (vgl. a. a. O. Bl. E1a) – vorgetragene Auffassung läßt sich in wenigen Sätzen zitieren: »(Christus) non sic venit in carnem nostram, ut nobis propter hanc eius [= Osiandri] commenticiam subitionem aut commixtionem esset iusticia ... coram Deo ... Quid enim iusticiae vel reliquum esse potest, si de hac carnali inhabitatione Patris, Filii incarnati, Spiritus sancti ad iusticiam credendum est, cum apostolica doctrina id tradat propter eam fidem, quae credat remissionem peccatorum propter Christum nos iustos reputari« (Bl. E4b).

Philippus Melanthon:

Und beschweret unsere kirchen, gleich als redeten sie nichts von diser gegenwertigkeit Gottis in uns, daran er uns offenlich unrecht thut.

Andreas Osiander:

Das ist auch ein offenliche, greifliche unwarheit, mit spitziger sophisterey vermengt, dann ich hab alweg bekennet, gerhůmet und gestritten, das doctor Luther auffs allerhertzlichst, recht und wol von diser gegenwertigkeit Gottis gelehret und geschriben hab[376], dessen lehr haben ja etliche gotsfurchtige menner, die auch das evangelium predigen, angenommen, verstanden und andre auch also gelehret. Daher ja die kirchen, da doctor Luther und solche menner gepredigt haben und noch predigen, můssen solche lehr, das Gott in uns wone, hőren und haben. Und ob schon kein prediger mehr were, der in seinen außlegungen etwas darvon redet, so haben dannoch die kirchen die schrifft des neuen testaments, die man inen vorlist, von wort zu wort, darin dise lehr klarlich außgedruckt und wol gegrundet[377] ist; da hőren sie ja die stymme des rechten hirten und hören der frembden stymme nicht[378]. Darumb thut mir Philippus selbs offenlich unrecht. Ich hab mein lebtag nicht ein einige kirchen beschuldigt, das sie nichts von der gegenwertigkeit Gottis in uns rede, sonder allein die falschen lehrer[379]. Aber Philippus wolt die kirchen gern allesambt wider mich erpittern mit diser sophisterey, das, was ich wider die schedlichen, falschen propheten rede, das solt wider die heiligen gemain[380] Gottis geredet sein. Und dieweil er wol wais, das diejenigen die ich maine, aus seinen jungern und geschwornen sein, wolt er uns gern bethőren, als weren dieselben die kirche wie im babstumb, da der babst und sein cardinel allein wőllen die kirche sein[381] – wir nehmens aber nicht an! [G2b:]

Philippus Melanthon:

Wiewol nun war ist, das Got in den bekerten wonet, wie Johan. am 14. [23] geschriben ist: »Wir wollen zu ihm kommen und wonung bey ihm machen«, und das ewig leben, welchs der herr Christus wůrcket, wie er spricht: »Ich gib ihnen das ewig leben«[382], in disem jetzigen leben anfahen muß, so ist dannoch unterschaidt zwischen den heyligen nach der aufferstehung und heyligen in disem jetzigen leben, davon S. Paulus redet Galat. am 5. [5]: »Durch den gaist aus glauben warten wir auff die hoffnung der gerechtigkeit« etc. Die gerechtigkeit, die wir noch hoffen und darauff wir warten, ist nicht vergebung der sunde, sonder ist, das Gott alles in allen sein

376. Vgl. etwa die Schriften ›Excerpta quadam‹ und ›Etliche schöne Sprüche‹ u. A. Bd. 9, S. 574-581, Nr. 447, und S. 582-601, Nr. 448.

377. begründet.

378. Vgl. Joh 10,3.5.

379. Vgl. dazu etwa ›Bericht und Trostschrift‹ u. A. Bd. 9, S. 519-530, Nr. 434.

380. Gemeinde.

381. Zu dieser reformatorischen Polemik gegen das römisch-katholische Kirchenverständnis (vgl. dazu LThK 6, Sp. 172f; TRE 18, S. 227-240) vgl. etwa Luthers Schrift ›An den christlichen Adel deutscher Nation‹ 1520, WA 6, S. 407,10-411,7.

382. Joh 10,28.

wirdt[383] und, wie 1. Johan. 3 [2] geschriben ist, wir werden ihm gleichformig sein. Aber in disem jetzigen leben, obgleich Got in den heyligen wonet, so ist dannoch unser aller natur noch vol grosser unreinigkeit und sundlich geprechen und naigungen, wie der psalm [143,2] spricht: »Vor dir ist kein lebendiger gerecht«.

Andreas Osiander:

Philippus nennet offt die bekerung und die bekerten, welchs ungewohnliche wort sein, der er sich dann gern vleyst[384], und will mein achtens darbey verstanden haben die neuen gepurt und die neugepornen und bekennet, das Got in ihnen wone[385]. Es ist aber ungewiss welcher gestalt, wie ich droben angezeygt hab[386]. Das ist aber gewiss, das er das ewig leben nicht Christum selbs in uns lest sein, sonder tichtet ein ander, geringes, creaturlichs leben, welches Christus in uns soll wůrcken[387]. Christus aber wůrckt sich selbs nicht[388], aber sich selbs kan er uns geben, [G3a:][c] wie ihnen[389] auch der Vater uns gibt. Darumb, da er spricht: »Ich gib ihnen das ewig leben«[390], soll man nicht verstehen: Ich erschaff in ihnen ein creaturlich leben, sonder das er sich uns selbs gebe und sey unser leben, wie droben auch reychlich gemeldet und bewisen ist[391].

Das er aber sagt, es sey unterschaidt zwischen den heyligen nach der aufferstehung und zwischen den heyligen in disem jetzigen leben, das ist war. Dann in disem leben wonet die sund noch in unserm flaisch, in jhenem leben werden wir rain sein von aller sunde; in disem leben sein alle unsere gutte werck und aller gehorsam unvolkommen, darumb wir vor Gottis gericht nicht mit bestehen kǒnten, in jhenem leben, da Got alles in allem wirt sein[392], werden wir auch volkommen sein; in disem leben hangen uns an allerley schwacheit, kranckheit und die sterblicheit, in jhenem leben wirdt der keins mehr sein; in disem leben haben wir einen naturlichen leyb gleychwie Adam, auch ehe dann er sundiget, in jhenem leben werden wir haben ein geystlichen vorklerten leyb gleychwie Christus nach seiner aufferstehung. Aber aus dem allen will noch nicht volgen dasjhenig, das Philippus gern sagen wolt und doch nicht sagen thar, dann er wais gewißlich wol, das ers mit der heyligen schrifft nicht kan erhalten, nemlich das auch zwo gerechtigkeit wern, aine in disem leben und die ander in jhenem leben nach der aufferstehung. Und die gerechtigkeit in disem leben solt sein vergebung der sund, die gerechtigkeit aber im kunftigen leben solt sein Got

c) Blattangabe fehlt bei der Custode in A.

383. Vgl. I Kor 15,28.
384. befleißigt.
385. Vgl. o. S. 594,7f und 297,14-16.
386. Vgl. o. S. 598,3-599,24 und 605,3-15.
387. Vgl. o. S. 599,4-6.
388. Vgl. o. S. 599,6f.
389. ihn.
390. Joh 10,28.
391. Vgl. o. S. 598,11-31 und 602,27-603,8.
392. Vgl. I Kor 15,28.

selbs, da er alles in allen ist[393]. [G3b:] Wiewol aber Philippus alhie den spruch Pauli zun Galatern[394] unrecht fůret und deůtet, will ichs doch auff dißmal lassen hingehn, dann ich hab ihn vorhin[395] auffs allerfleyssigst und -reychlichst gehandelt in meinem bekandtnus im buchstaben Y [Bl. 1b-3b][396]. Das nim ich aber an, das er bekennet und bekennen muß, das Got selbs in seinem gǒtlichen wesen im kůnftigen leben werd unser gerechtigkeit sein, dann daraus volget unwidersprechlich, das eben derselbig Got mit seiner wesenlichen gerechtigkeit auch in diesem leben unser gerechtigkeit sey, sintemal Daniel am 9. [24] spricht, Christus soll getǒdet und »ein ewige gerechtigkeit gepracht« werden[397]. Wann wir nun ein andre gerechtigkeit hetten in disem leben und ein andre in jehnem leben, so hett uns Christus nicht ein ewige gerechtigkeit gepracht, sonder nur ein vergengkliche, die nicht lenger weret, dann bis an den jůngsten tag. Solchs lest sich aber nicht verantworten, sonder es muß einerley gerechtigkeit sein baide in disem und jehnem leben, ob wir wol in disem leben der gerechtigkeit, die Got selbs in uns ist, nicht volkommen gehorsam sein, darumb das in unserm flaisch noch sünd wonet, im kůnftigen leben aber, wann die sünd auffhǒret und der leyb gaistlich wirdt, gantz und volkommen gehorsam werden. Und irret nichts, das Paulus spricht: Wir hoffen die gerechtigkeit[398] etc. dann zun Rome. 8 [24] stehet es klar vor augen, das er[399] hoffen haist, wann man auff die offenbarung eins dings wartet, das schon gegenwertig, aber doch noch gantz verdeckt ist, dann er spricht: »Wir sind wol selig, doch in der hoffnung. Die hoffnung aber, die man sihet, ist nicht hoffnung. Dan wie kan man das hoffen, das man sihet«, das ist: Wir sind warlich selig, aber man sihets noch nicht, es wirdt aber zu seiner zeyt offenbar werden – also [G4a:] auch: Gott ist warlich in uns und unser gerechtigkeit, aber man sihets noch nicht, wanns aber offenbar wirdt, so werden wir ihm gleich sein[400]. Dann [es][d] schreibt D. Luther in der postill[401] am 76. plat also: »Alles das leben, das ein rechtglaubiger christ fůret nach der tauff, ist nicht mehr dann ein warten auff die offenbarung der seligkeit, die er schon hat. Er hat sie gewißlich gantz, aber doch im glauben verporgen. Derselbig glaub, wann der abgethon were«[402], spricht er (das ist, wann man ihm den sterblichen leyb, darmit er bedeckt ist, abzůge), so wůrd man se-

d) konj. in A.

393. Vgl. ebd.
394. Gal 5,5.
395. früher schon.
396. Vgl. o. S. 270,17-274,30, Nr. 488.
397. Vgl. dazu u. A. Bd. 5, S. 87,16-18, Nr. 176, bzw. Bd. 7, S. 604,5-7, Nr. 293.
398. Vgl. Gal 5,5.
399. sc. Paulus.
400. Vgl. I Joh 3,2.
401. Das folgende Zitat stammt aus Luthers Predigt über die Epistel zum 25. Dez. in seiner Weihnachtspostille von 1522 WA 10,1,1, S. 95,9-128,7.
402. Bis hierher wird Luther von Osiander zitiert; WA 10,1,1, S. 108,6-10 (vgl. o. S. 274,6-24, Nr. 488). Im weiteren paraphrasiert er dessen Worte: »... ßo were sie offenbarlich ynn yhm, wilchs geschicht ym leyplichen sterben« (Z. 10f).

hen, wie der inwendig mensch, mit Gott verainigt, leben, gerechtigkeit, herrligkeit und alle seligkeit schon in ihm drinnen hat.

Das aber Philippus meldet, wie in disem leben unser natur noch vol grosser unreynigkeit und sündlicher geprechen und naigung sey, dienet allein darzu, das man den Osiander verdechtig mach, als wust, bekennet und lehret er solchs gar nicht, sonder verschweige es oder lehret noch wol das widerspil, dann mit solchen poͤsen tuͤck haben mir meine widersacher bißher baide in schrifften und predigen den groͤsten schaden gethon. Dann wann sie schreien: Las dir das leyden Christi nicht nemen, las dir sein bluttigen schwais nicht mit fuͤssen tretten[403] etc., was soll der arm, ainfeltig, gemein man anderst gedencken dann: Osiander will uns das leyden Christi nemen und sein blut mit fuͤssen tretten? Was gilts aber, der teuͤffel wirdt in disen schendlichen lugen und listen zuletst ein greuͤlichen gestanck hinter im lassen[404]!

Philippus Melanthon:

Hie muͤssen nun auch die heyligen trost haben und wissen, wie sie vergebung der sünd und gnad haben, das ist, wie sie Got gefellig[405] sind. Disen ist der trost furgestelt, das sie auch nach der widergepurt fur und fur vergebung der sünd und gnad empfa-[G4b:]hen und behalten umb des mittlers Jesu Christi willen durch verdienst seines gehorsams, darin er ein opfer fur uns worden ist, von welchem gehorsam dise wort reden im 40. psalm [9]: »Deinen willen, mein Gott, thue ich gern«.

Andreas Osiander:

Dise wort sein eben des vorigen schlags[406], dienen, ein verdacht anzurichten, gleich als lehret ich nicht auch also, und du, christlicher leser, wirst sehen, das ich nun furtan fast bis ans end mit Philippi puchlein am maisten wider solchen untreuen fuchslist[407] muß fechten. Hierbey will ich dich nun zum dritten mal[408] wider erinnern, das Philippus noch nicht mit einem ainigen wort bewisen noch zu beweisen unterstanden[409] hat, das etwas anders dann Gott, Jesus Christus, unser herr und hailand, unser gerechtigkeit sey, vil weniger hat er unterstanden, meine gruͤnd und zeugnus, die ich in meinem bekantnus eingefurt[410] hab, zu widerlegen.

Philippus Melanthon:

Und gehoͤrt[411] diser haubtspruch Rom. 3 [24f] auff alle menschen in der bekerung und hernach: »Wir werden gerecht on unsere verdienst umb seiner gnaden willen

403. Gemeint ist Mörlins Kanzelpolemik, vgl. o. S. 154,2f; 220,14-16; 254,4-17, mit Anm., Nr. 488.

404. sprichwörtlich, vgl. *Röhrich*, Sprichwörtliche Redensarten 1, S. 42, und 2, S. 1073.

405. sc. wohlgefällig.

406. der vorigen Art. - Redewendung, vgl. *Röhrich*, Sprichwörtliche Redensarten 2, S. 842.

407. Der Fuchs gilt im Volksmund als besonders listig, vgl. a.a.O., 1, S. 292; weiter o. S. 280,18-282,5, Nr. 488.

408. Vgl. o. S. 596,18-23 und 608,4-9.

409. unternommen, gewagt.

410. an-, aufgeführt.

411. bezieht sich.

durch die erloͤsung, die da ist durch Christum Jesum, welchen Gott zum versoner furgestelt hat durch glauben in seinem blut«.

Andreas Osiander:

O, wie prennet diser spruch Pauli alle meine widersacher in die hend wie ein gluͤend eisen, wie lassen sie in so bald fallen, keiner erklert in gar[412], ja keiner ertzelt in gar! Sie wolten wol gern dise drey woͤrtlein ›in seinem blut‹ allain heraus haben[413] wie der beer das honig auß einer pin-peuten[414]. Aber es ist ein huͤltzener klotz fur das loch gehenckt; wann der beer denselben hinwegstoͤst und will [H1a:] hoͤnig naschen, so kumbt der klotz wider und schlecht in, das er taumelt. Also geschicht inen mit disem spruch auch. Paulus aber schreibt eigentlich von wort zu wort also: »Sie seyn allzumal sunder und mangeln der herrlichkeit Gottis und werden on verdinst gerecht aus seiner gnad durch die erloͤsung, so durch Christum Jesum geschehen ist, welchen Gott hatt fuͤrgestelt zu einem gnadenstul durch den glauben in seinem blutt, darmit er sein gerechtikeit[!] darpiete von wegen der vergebung der sunden, die vor gewest warn unter gottlicher gedult, auff das er zu disen zeiten darpoͤte sein gerechtigkeit, auff das er allein gerecht sey und gerecht mache den, der da ist des glaubens an Jesum«[415]. Disen spruch hab ich in meinem bekantnus im buchstaben T [Bl.] 3[a][416] kurtzlich[417] außgelegt; dieweil er aber jetzo wider auff die pan kumbt[418], will ich in mit allem fleis noch einmal handeln[419], das jederman sehe, warumb in meine widersacher also verhauen[420] und stummeln und in ir keiner gantz handeln will.

Und zum ersten zaiget uns Paulus kurtzlich an unsern mangel, den Christus widererstatten soll, und spricht: »Sie sein allzumal sunder und mangeln der herrligkeit Gottis«[421]. Es hatt aber die suͤnd nicht allein Gott ertzuͤrnet, sonder auch unser natur gar verderbt, das wir auch nach der neuen gepurt in disem leben Gott dem herren nicht volckommenen gehorsam koͤnnen laisten. Darumb must Christus unser sund auff sich nemen, darfur leiden, sterben und sein blut vergiessen, auff das er Gottis zorn stillet, gnad und vergebung der sund erwuͤrbe. Deßgleichen must er auch das gesetz erfullen und nach dem gesetz ein fluch am holtz werden, auff das [H1b:] er uns vom fluch und von der puͤrd des gesetzs erloͤset[422]. Deßgleichen, dieweil Adam vor dem fahl durch wort, werck, wolthat, segen und getreue warnung Gottis Gott erkennet und ine durchs erkantnus in seinem hertzen, seele und gaist hette, der sein leben, gerechtigkait und herrligkait war, ine aber durch die sund von sich gestossen,

412. ganz.
413. Vgl. dazu o. S. 613, Anm. 403.
414. Bienen-Beute (hohler Baum für Waldbienen, vgl. *Grimm*, Wörterbuch 1, Sp. 1750).
415. Röm 3,23-26.
416. Vgl. o. S. 250,12-19, Nr. 488.
417. kurz.
418. Redensart mit dem Sinn: erscheint, herauskommt (vgl. *Grimm*, Wörterbuch 1, Sp. 1077).
419. behandeln.
420. zerhauen, zerstückeln.
421. Röm 3,23.
422. Vgl. o. S. 590,6-17, und o. S. 288,15-25, Nr. 488.

ja vilmehr von im abgewichen war, must Christus durch die predig des euangelions, so wir glauben, sich wider in unsere hertzen, seel und gaist setzen und widerumb sampt dem Vatter und heiligen Gaist unser leben, weißhait, gerechtigkeit, heiligkeit und herrligkeit werden[423] und neben dem durch sein wort und gaist und durch seinen todt, darein wir durch die tauff eingeleibt sein, und durch die entlichen aufferstehung und verklerung unserer sterblichen leib die sund in uns gar vertilgen und unser verderbte natur wider zurechtpringen, auff das alles auffs allerreichlichst in den glaubigen wider erstattet wurde, was in Adam war verloren[424]. Das aber Gott also im Adam vor dem fahl gewohnet und sein leben, gerechtigkeit und herrligkeit gewest sey, bekennet Philippus selbs in der vorred des bůchleins vom ehestand[425], das er am 1. tag des Maien im 1551. jahr lateinisch hat lassen außgehn, und spricht also: »Es ist uns ein klares bild furgestelt in der histori des fals unserer ersten eltern, welche zuvor warn ein wonung Gottis, und leuchtet in inen der son Gottes als die sonn, und die gab von sich flammen warhafftiger tugendt«[426] etc., und hat solchs gewißlich aus meinen schrifften gelernet[427], dann er hat vor alle sein tag nie also geschriben; kann mich derhalben nicht genug verwundern, das er nicht [H2a:] sihet, wann er disen ainigen artickel zugibt, das on mittel[428] und aus not hernach volget alles, was ich von der rechtfertigung des glaubens lehre. Dann wonet der son Gottis im Adam und gibt von sich flammen tugendt wie die sonn, so muß er ja Adams gerechtigkeit sein, wie er dann Malach. 4 [2 = 3,20] ein »sonn der gerechtigkeit« genennet wirdt; ist er aber Adams gerechtigkeit, so ist ers ja nach seiner gottheit, dann die menscheit des sohns Gottis war noch nicht, und wann Adam nicht gesůndigt hett, so were der sohn Gottis, wie sie wider mich schreien und toben, sonderlich Michael Rőting[429], nimmermehr mensch worden[430]; ist aber der sohn Gottis nach seiner gőttlichen natur des Adams gerechtigkeit gewesen vor dem fahl, so muß er warlich unser gerechtigkeit auch sein, es hette sonst Christus, was durch Adams fahl verderbt und verloren war, nicht herwider pracht[431]. – Zum andern zaiget uns Paulus kurtzlich an, das das gesetz und unser verdienst oder gutte werck nichts zu diser widerpringung thun, da er spricht: »Wir werden on verdienst« oder umbsonst »gerecht aus seiner

423. Vgl. o. S. 590,18-23 und I Kor 1,30; weiter o. S. 288,25-27, Nr. 488.

424. Vgl. o. S. 288,27-292,7, Nr. 488.

425. Die Vorrede zur Schrift »De coniugio piae commonefactiones collectae a Phil. Mel.«, Wittenberg 1551, findet sich CR 7, Sp. 769-775, Nr. 4884 (vgl. MBW 6, S. 156f, Nr. 6071).

426. Das von Osiander übersetzte Zitat lautet: »Ac imago illustris proposita est in historia lapsus primorum parentum, qui cum antea fuissent domicilium Dei, et fulsisset in eis filius Dei, tanquam Sol verae virtutis flammas in eis spargens ...« (CR 7, Sp. 769, Nr. 4884).

427. Zu denken wäre an Osianders Schrift ›An filius Dei‹ 1550, in der er ausführlich entfaltet, wie Adam nach Christi Bild geschaffen wurde; vgl. u. A. Bd. 9, S. 452, Nr. 427.

428. unmittelbar.

429. Vgl. o. S. 609, Anm. 372.

430. Roting hat sich in seiner Schrift ›Testimonium‹ (vgl. o. S. 609, Anm. 374) gegen Osianders gegenteilige These zu dieser Frage (vgl. u. A. Bd. 9, S. 450-491, Nr. 427) ausgesprochen.

431. Diese These wird von Osiander in ›An filius Dei‹ vertreten, vgl. u. A. Bd. 9, S. 452f, Nr. 427.

gnad durch die erloͤsung, so durch Jhesum Christum geschehen ist«[432], das ist: Wir habens nicht verdienet, koͤntens auch nimmermehr verdienen, sonder ist eitel[433] gnad Gottis gegen uns, aber Christus hats mit seinem leiden, sterben, blutvergießen und gantzem gehorsam reichlich und uberfluͤßig[434] wol verdienet. – Zum dritten, dieweil wir durch die sund in Gottis ungnad und zorn gefallen, darzu unser natur durch sund also verderbt ist, das in disem gantzen leben nymand on sund sein und volkommen gehorsam laisten kan, auch nach der widergepurt nicht, solt sich Gott wider zu uns thun, in uns wonen, unser leben, gerech-[H2b:]tigkeit und herrlicheit selbs sein, wie ers zuvor im Adam auch selbs gewest ist, so must furwar zuvor ein mitler, versoͤner und heylandt fursehen[435] und verordnet sein, der unser sund auff sich neme, darfur lide, stuͤrbe, sein blutt verguͤß und also fur unser sünd genugthete, desgleychen sich unter das gesetz begebe, das gesetz fur uns erfuͤllete, fur uns ein fluch wurd, auff das wir paide vom fluch und von der untreglichen purd des gesetzes erloͤset würden, auff das uns Gott unser geprechlicheit und unvolkommenen gehorsam, auch nach der widergepurt, nicht zurechnete, auff das also Gott vom anfang des fahls Adam her biss ans end der weldt auff disen mitler und auff unsern glauben an ihn sehe und uns umb seinenwillen wider zu gnaden nehme, sünd vergebe und die schwacheit nicht zurechne, auff das er sich wider zu uns als zu den versoͤneten gnedigklich, freuͤndtlich und veterlich on verletzung seines gerechten gerichts mocht wenden, in uns wonen und unser leben, gerechtigkeit und herrlicheit selbs sein. Darumb und das alles feyn zu erkleren, stellet uns der heylig apostel Paulus das gantz priesterthumb Christi auffs kuͤrtzist fur und gedenckt des gnadenstuls und bluts Christi[436], darinnen es alles begriffen und einschlossen ist, welchs recht zu verstehen vonnoͤten ist, das wir die haubtsumma von dem gnadenstul des alten testaments, der ein figur[437] Christi gewest ist, zimlich[438] wissen. Es ist aber alles feyn beschriben im andern buch Mosi am 25. capittel [10-40] und im dritten am 16. cap. [1-17.29-31] und zun Hebre. am 9. [1-10], nemlich das die huͤtte des gezeuͤgnus, in der wuͤsten auffgerichtet, und darnach der tempel zu Jerusalem[439] hett zum ersten das forder thail, dar-[H3a:]innen war der leuͤchter, der tisch mit den schaubroten und der altar etc., und das hies das heylige; hinder dem aber war das allerheyligst als ein chor on fenster, on liecht, allenthalben vermacht[440], und hett allein in der wand gegen[441] dem heyligen ein kleyne thuͤr, darvor hieng ein furhang, so prait und lang, als die gantz wand war, von koͤstlicher seyden auffs tickest gewuͤrckt, der auch zur

432. Röm 3,24.
433. lauter.
434. mehr als notwendig.
435. vorgesehen (vgl. *Grimm*, Wörterbuch 4,1,1, Sp. 805 und 808).
436. Vgl. Röm 3,25.
437. Wahrzeichen, Bild, Symbol.
438. geziemend, angemessen, genug.
439. Zum salomonischen Tempel vgl. I Reg 6f.
440. verschlossen (ohne Fenster).
441. gegenüber von.

stund des sterbens Christi mitten entzwei gerissen ist[442]. In disem allerheyligsten war nichts dann die lade des testaments von forherm[443] holtz, mit gold uberzogen, darinnen die tafeln des testaments, Aharons rutten, die gegruͤnet hett, und ein gefess vol himelbrodts behalten wurden, und auff der laden stundt der gnadenstul von lautterm getichtem[444] gold wie ein altar, auff dem gnadenstul aber waren die zwen cherubin. In dises allerheyligste thuͤrste niemand gehn dann nur der hohepriester im jar einmal, nemlich am tag der versoͤnung – welcher war der zehend Septembris nach des monds lauff[445] –, und nicht on blut, damit er seine und seins hauss und des gantzen volcks sünde – doch nur deuͤtlicherweyß[446] – versoͤnet, und must das plut erstlich sprengen mit seinem finger auff den gnadenstul gegen dem auffgang[447], darnach sibenmal nicht auff den gnadenstul, sonder nur gegen dem gnadenstul etc. Diser gnadenstul hatt, wie Paulus klerlich zeuͤget, Christum bedeuͤtet, dann er spricht, Got hab ihn furgestellet zum gnadenstul[448] – und laß dich nur die nicht irr machen, die fur das wort ›gnadenstul‹ deuͤdschen ›ein versoͤner‹, dann es ist nicht recht! Wa aber der gnadenstul ist, da mus ein hoherpriester, ein opfer und des opfers blutt sein, darzu ein volck, das gesündiget hat und der versoͤnung begert. [H3b:] So sihe nun und merck mit allem fleyß, wie Paulus so aigentlich von der sache redet und die vergebung der sünd so klarlich von der gerechtigkeit unterschidet, dann er spricht: »Wir werden gerecht on verdienst aus seiner gnad durch die erloͤsung, so durch Jesum Christum geschehen ist«[449], das ist: Unser verdienst thut nichts darzu, sonder es fleuͤßt aus pur lauterer gnad Gottis daher, welche uns Christus durch sein erloͤsung erworben hat. Und hab nur fleyssig acht auf das woͤrtlein ›durch die erloͤsung‹, dann Paulus will nicht sagen, das die erloͤsung die gerechtigkeit selbs sey, sonder nur, das wir durch die erloͤsung mit Gott versoͤnet und wider zu gnaden kommen seien, aus welcher gnad es herfleuͤßt, das er sich zu uns thut und unser leben, gerechtigkeit und herrlicheit selbs sein will.

Hierauff volget dann fein kuͤrtzlich, wie die erloͤsung ist zugangen, nemlich also: Christus ist »ein priester ewigklich«, psalm 110 [4] und »hat sich selbst on wandel[450] durch den heyligen Gaist Got geopfert« und ist »durch sein aigen blut in das heyligst eingangen und hat ein ewige erloͤsung gefunden«[451], wie zun Hebre. am 9. [14.12] reychlich geschriben ist. Item, er ist selbs der gnadenstuel oder gulden altar, wie Paulus alhie[452] sagt, und »hat unser sünd selbs geopfert an seinem leyb«, wie Pe-

442. Vgl. Mt 27,51 par.
443. föhrenem (von der Föhre; vgl. *Grimm*, Wörterbuch 3, Sp. 1870).
444. solidem (vgl. a.a.O., 2, Sp. 1057).
445. der 10. Tag des (7.) Monats Tishri nach dem Mondkalender; vgl. Lev 16,29 par.; EJ 5, Sp. 43-48 und 1376-1387; RGG 2, Sp. 913 und 1758, oder RE 20, S. 577.
446. bildlich, andeutend (vgl. *Grimm*, Wörterbuch 2, Sp. 1042).
447. nach Osten.
448. Vgl. Röm 3,25.
449. Röm 3,24.
450. unwandelbar.
451. bewirkt.
452. Vgl. Röm 3,25.

trus in der 1. Pet. 2 [24] schreibt, welchs alles uns armen sündern, die wir der erloͤsung bedorfen und begern, durch unsern glauben zugut kombt, dann wann wir nicht glauben, so ist uns solche erloͤsung kein nuͤtz. Das ist nun, das Paulus sagt: »Wir werden gerecht on verdienst aus seiner gnad durch die erloͤsung, die durch Christum Jesum geschehen ist, welchen Gott hat furgestelt zum gnadenstul durch den glauben mit seinem plut«[453].

Alhie pricht nun Philippus ab und vorkuͤrtzt die [H4a:] wort Pauli, nicht on listige sophisterey. Es ist auch kein wunder, dann sie dienen ihm nicht, sonder sein stracks wider ihn und sein mainung, das wollen wir hoͤren:

Paulus zaiget ferner klarlich an, das dise erloͤsung nicht allain umb ihr selbs willen sey geschehen, das es also bey der erloͤsung allain solt pleyben, sonder es soll noch ettwas mehr hernach volgen, umb des willen – auff das wirs erlangeten – wir auch erloͤset und zu gnaden genomen sein, und dasselbig ist eben, das ich zuvor gesagt hab, nemlich das nachdem wir durch Christum wider zu gnaden gepracht worden sein, das sich Got widerumb zu uns als zu den begnadeten und versoͤneten gnedigklich, freuͤndlich und veterlich wende durch den glauben an Christum, das er uns also versoͤnet hab, wonung in unsern hertzen mach und also selbs wie von anfangs unser leben, gerechtigkeit und herrlicheit sey. Dann Paulus spricht weitter, Got hab Christum darumb zum priesteropfer und gnadenstul, mit seinem aignen plut besprenget, uns, an ihn zu glauben, furgestellet, damit oder auff das »er darpiete sein gerechtigkeit«[454]. Hie hoͤren wir ja, das die gantz erloͤsung also und darumb geschehen ist, damit oder auff das etwas mehrers[455], groͤssers und hoͤhers hernach volgen soll, nemlich: »auff das er«, das ist Got, der Christum zum gnadenstul furgestellet hat, »darpiete sein aigne gerechtigkeit«, und ist das woͤrtlein ›darpieten‹[456] in der kriechischen sprach sonderlich lieblich, dan Chrisostomus spricht uber dise wort Pauli[457], es hais nicht allein also darpieten, das mans anschauen kan, sonder auch das mans gebe und gleych mit einer lieblichen zartlicheit und herrlichen gepreng darpiete und gebe[458].

453. Röm 3,24f.

454. Röm 3,26.

455. Weiteres.

456. NT griechisch: »πρὸς τὴν ἔνδειξιν τῆς δικαιοσύνης αὐτοῦ«.

457. Die Ausführungen von Chrysostomus zur Stelle Röm 3,26 – ganz im Sinne Osianders – finden sich in Homilia 7 zum Römerbrief; sie lauten (PG 60, Sp. 444): »In ostensionem justitiae suae. Quid est, ostensio justitiae? Ut divitiarum ostensio, quatenus non ipse solus dives sit, sed alios quoque divites reddat; et vitae pariter, quod non ipse solus vivat, sed etiam mortuos vivificet; et potestatis, quod non ipse solum potens sit, sed etiam infirmos corroboret: sic et ostensio justitiae est, quod non solus ipse sit justus, sed etiam alios in peccatis corruptos, statim justos faciat. Hoc igitur et ipse interpretans, subjunxit quae sit ostensio: Ut sit ipse justus, et justificans eum, qui est ex fide Jesu.«

458. Osiander bezieht sich auf Ausführungen von Chrysostomus zu den Versen Röm 1,16f in Homilia 2,6 seiner Römerbriefauslegung (PG 60, Sp. 409): »[Paulus] postquam dixit, [evangelium potentia Dei est] Ad salutem [V. 16], rursus auget donum, ostendens non praesentis temporis solum esse, sed et ulterius progredi; hoc enim significat his verbis: [V.] 17. Justitia enim Dei in ipso revelatur ex fide in fidem, sicut scriptum est: Justus autem ex fide vivet (Habac. 2,4). Qui ergo justus effectus est, non in praesenti solum saeculo, sed et in futuro vivet. Neque hoc

Es spricht aber Paulus nicht, das er uns darpiete [H4b:] die gerechtigkeit, die aus dem gesetz kombt, welche er fur schaden helt, Philip. 3 [9.8], auch nicht, das er uns allain fur gerecht halt oder schetze on darpietung ainiger gerechtigkeit, wie ettlich treumen[459], sonder pildet[460] uns ein rechtes, wares darpieten der gerechtigkeit ein, als die in der warheit etwas ist, das er darpieten und wir empfangen und behalten koͤnnen und sollen, nennet auch solche gerechtigkeit nicht die gerechtigkeit, die vor im gilt[461], sonder schlechts ›sein gerechtigkeit‹ und zeucht solchs darpieten seiner gerechtigkeit, mit fleis auff die person des Vatters, der nicht mensch worden ist, auff das wir ja kein menschliche gerechtigkeit, sonder die waren, ewigen gerechtigkeit, die Gott der vatter sambt dem Sohn und heiligen Gaist in irem goͤttlichen wesen haben, ja selbs sein, verstehn sollen, doch nicht ausserhalb der menscheit Christi, wie ich in meinem bekantnus genugsam betzeuget hab[462].

Wie nun Paulus ursach hat angetzeigt, warumb Gott uns Christum mit seinem blut zum gnadenstul hab furgestelt, nemlich das er uns, nachdem wir durch Christum versonet und wider zu gnaden sind gepracht, seine aigne gerechtigkeit darpuͤte, auff das wir, von ime zu kindern angenommen und neu geborn, auch seiner art weren und seiner goͤttlichen natur thailhafftig, wie Petrus spricht[463], also zaiget er nun weiter ursach an, warumb uns Gott eben sein selbs[464] gerechtigkeit darpiete, und setzt zwo ursach, aine, die uns belangt, die andern, die Gott belangt.

Und von der ersten, die uns belanget, spricht Paulus also: »Damit er sein gerechtigkeit darpiete in dem, da er sund vergibt«[465], etc. Das lautet aber in der kriegischen [I1a:] sprach, die Paulus gepraucht hat, vil anderst[466], nemlich also: Damit er sein gerechtigkeit darpiete umb der vergebung der sunden willen oder von wegen der vergebung der sunden oder darumb, das er die sund vergeben hat. Dann das kriechisch wortlein ›dia‹, dieweil ein accusativus hernach volget, zaiget an, das die volgenden wort die ursach melden[467], warumb er seine gerechtigkeit uns darpiete. Ists aber nicht ein schande, das solche leut solch gering schulerding aintweder nicht wissen oder aber je mutwilligklich dem heiligen Gaist zu trotz nicht wollen wissen. Es will aber Paulus also sagen: Eben darumb, das uns Christus, der hohepriester, versonet und uns Gott umb seines bluts willen die sund vergeben und uns wider zu gnaden

solum; sed et aliud subindicat, hujusmodi nempe vitae splendorem et claritatem. Quia enim potest quis cum dedecore servari: ut multi ex regia clementia a supplicio eripiuntur; ut ne quis salutem audiens hoc suspicetur, addidit: Et justitiam; et justitiam non tuam, sed Dei; ejus largitatem et facilitatem subindicans.« Osiander hat die Ausführungen des Kirchenvaters paraphrasiert.

459. Vgl. dazu o. S. 82,11-21; 148,1-150,18, Nr. 488.

460. prägt.

461. Zu dieser Ausdrucksweise, die Luther verwendet hat, vgl. o. S. 162,30-32 und 242,1-5, Nr. 488.

462. Vgl. o. S. 114,13-19, Nr. 488.

463. Vgl. II Petr 1,4.

464. eigene.

465. Röm 3,25.

466. NT griechisch: »εἰς ἔνδειξιν τῆς δικαιοσύνης αὐτοῦ διὰ τὴν πάρεσιν«.

467. Vgl. *Gemoll*, Wörterbuch, S. 194.

angenommen hat, will nun Got als ein gnediger vatter gegen uns vetterlich geparn[468] und sich ja auffs allergutigst erzeigen, auff das wir in der that mogen spuren, das er gnedig und ubergnedig sey, und peut uns sein gerechtigkeit an, die er selbs ist, zertelt[469] darzu mit uns und pranget gar herrlich mit seiner gerechtigkeit, wie Chrisostomus sagt[470], gleich als sprech er: Wollan, lieber son oder liebe tochter, mein liebes kind, mein ainiger, naturlicher, allerliebster son Jesus Christus, an dem ich ein wolgefallen hab[471], hat fur dein sund gelitten, ist gestorben, hat sein blut vergossen und also mir fur dein sund genug gethon, hat auch das gesetz fur dich erfullet und den fluch des gesetzs fur dich auff sich geladen und hat fur dich als fur ein ubertretter gepetten[472], den hab ich auch erhoͤrt, darumb das er mich in ehren hat; vergib dir derhalben alle deine sund und nimme dich wider zu gnaden an, das du solt mein kind und erbe, ja ein mitterbe Christi sein[473]. [I1b:] Du pist aber noch ein sünder, dann die sund wonet noch in deinem flaisch und klebt dir hart an[474], bist nicht gerecht, thust noch nichts guts, kanst es auch nicht, das will mir nun als dem Vater, des kind du werden solst, getzimen zu wenden und zu pessern. Dann solt ich der gerechte Vatter, der ich auch ein ainigen, naturlichen, gerechten Sohn hab, der mit mir gleichs goͤttlichs wesens und gleicher gerechtigkeit ist, andre erwelte und angenommene kinder, die nicht gerecht wern, mit meinem gerechten Sohn lassen erben, das wurd meinem namen zur unehre raichen[475]. Derhalben mustu ja auch gerecht werden. Wa wiltu nun gerechtigkeit suchen und finden? Du hasts lang in deinen selbserwelten wegen und wercken gesucht und nichts gefunden, sonder dein sach ist nur erger darin worden. So hab ich dir darpey[476] mein gesetz geben, das hat dir auch zur gerechtigkeit nichts geholfen, sonder, dieweil du meinen willen darin erkenntest, und doch nicht volpringen kontist, verstundestu nur dester gewißer, das ich uberfluͤßige[477] ursach gehabt hette, dich ewigklich zu verdammen, wann mein Son nicht fur dich gepetten hette. Wa mainstu nun, das die gerechtigkeit zu suchen sey? Oder wie mainstu, das ichs mit dir muͤß furnemen, das ich dich gerecht mach, dann also, wie du jetz pist, taugest mir nicht zum kind und erben? Nun bin ich ein gerechter Gott, des gerechtigkeit unentlich von ewigkeit zur ewigkeit wehret[478], hab auch ein gerechten, ainigen, naturlichen Sohn, von ewigkeit geporn, der eben dieselben mein gerechtigkeit hat, die ich hab, und geht von uns paiden aus der heylig Gaist, der eben mit derselben gerechtigkeit gerecht ist, dann solche gerechtigkeit ist unser ainigs, untzertren-[I2a:]nets, gottlichs wesen selbs. Dise gerechtikeit hatt mein Son, da er mensch ist

468. sich verhalten.
469. geht zart ... um.
470. Vgl. o. Anm. 458.
471. Vgl. Mt 3,17 par.
472. Vgl. Jes 53,12 bzw. Lk 23,34.
473. Vgl. Röm 8,17.
474. Vgl. Hebr 12,1.
475. Vgl. o. S. 156,16-158,3, Nr. 488.
476. darüberhinaus.
477. mehr als genug.
478. Vgl. Ps 119,160.

worden, mit der menschlichen natur also in einer einigen person verainigt, das er als warer Gott die gerechtigkeit selbs ist, als warer mensch aber eben durch dieselbigen gerechtigkeit ewigklich, unendtlich und unuberwintlich gerecht ist, also das aller weldt sund gegen seiner gerechtigkait sein wie ein kleins tropflein wassers gegen dem gantzen meer[479]. Wie dunckt dich nun? Wann ich dir solche meins Sons gerechtigkeit auch gebe, das du dieselben warlich und wesenlich in dir hettest, mainstu auch, das es ein volkommene, ewige gerechtigkeit sein und bleiben wůrd? Glaubst du auch, das ich dir so gnedig sey, das ich dirs geben wolle? Glaubstu auch, das ich an dir umb solcher gerechtigkeit meins Sohns willen, wann sie in dir ist, ein wolgefallen werd haben und dich fur gerecht halten, obwol die sund noch in deinem flaisch wonet? Glaubstu auch, das dise gerechtigkeit dein sund untertrucken, abtodten und endtlich außfegen und gar vertilgen werd? Wolan, sey getrost, du solt sie haben, nicht on mittel von mir, sonder von meinem Son, nicht on mittel von seiner gőtlichen natur, sonder in und durch sein menschliche natur – du mőchtest sonst stoltz werden und dich lassen beduncken, du werest etwas fur[480] mir, so du doch nichts dann ewige helle verdienet hast – also aber soltu sie bekommen! Ich will dir das euangelion von meinem Son predigen lassen, wie ich dir in zum ewigen hohenpriester gemacht hab, das er sich selbs fur deine sund opferte und der recht gaistlich gnadenstul sey, mit seinem eignen blut besprenget, damit er dich versonet und mich erpetten hat, das ich dich zu gnaden neme, deßgleichen das er das gesetz fur dich erfullet und dich vom gesetz und seinem fluch erledigt hab, und was das euangelion mehr in sich begreifft, das soltu alles [I2b:] festigklich glauben. So wirdt mein sohn Jhesus Christus zu deinen ohren in dein glaubig hertz eingehen und darin wonen als warer Got in seinem tempel[481] und als kőnig aller kőnig und herr aller herrn in seinem reych[482] – da werden dann ich und der heylig Gaist auch gegenwertig sein –, und wirdt also sein[483] ewige, wesenliche gerechtigkeit, die auch mein und des heyligen Gaists ewige, wesenliche gerechtigkeit ist, in dir auch sein, die soll dir dann zugerechnet werden, als wer sie dein aigen und keme von dir selbs her – so sie doch nicht von dir herkombt, sonder meines sohns Jhesu Christi ist, der sie vom himel herab mit ihm gepracht hat –, jah, sie soll auch dir geschenckt und dein sein, dann so du durch den glauben ein glid des leybs Christi bist, »von seinem flaisch und seinem gepain«, wie Ephe. 5 [30] geschriben ist, so wirdt solche seine gerechtigkeit in dich auch fliessen und sich in dir ergiessen, also das, wann du in Christo bleibst, sie ewiglich nicht mehr von dir soll genomen werden. Da wirt sie dann in dir wůrcken, das du deine glider ihr zum gehorsam begebest[484] und von tag zu tag jhe lenger je gehorsamer werdest, bis dein gehorsam volkommen werd. Sie wirdt auch die sund in dir unthertrucken, abtődten und außfegen, bis sie gar vertilget und du von allen sünden

479. Zu diesem bildhaften Vergleich s. o. S. 270,2-4, Nr. 488.
480. vor.
481. Vgl. etwa I Kor 3,17.
482. Vgl. I Tim 3,15f.
483. sc. seine.
484. Vgl. Röm 6,13.19.

gereynigt werdest. Aber diser baider wirdt keins in disem leben vollendet, sonder nur schwechlich angefangen, auff das du nicht aus dem glauben trettest und anhebest, auff deinen aignen gehorsam zu vertrauen, aber in der seligen aufferstehung, wann nun dein leyb geystlich und verkleret wirdt, da wirstu allererst gar on sünd und der goͤtlichen, wesentlichen gerechtigkeit volkommenlich gehorsam werden. Dann du must dich in disem leben nicht auff dein gehorsam, [I3a:] noch auff dein rainigkeit verlassen, sonder auff den gehorsam und rainigkeit meins Sohns, der das gesetz volkommenlich fur dich erfüllet hat, dann sein gerechtigkeit wirdt dir von mir nicht zugerechnet, darumb das sie dise oder jhene grosse oder geringe werck in dir wuͤrckt, sonder allein darumb, das sie durch den glauben in dir ist.

Auff dise ainfeltige weyß hab ich nach meiner ainfeltigkeit und schwacheit das darpieten der goͤtlichen gerechtigkeit, darvon Chrisostomus sagt, es geschehe mit zarter lieblicheit und herrlichem prangen[485], den schwachen und einfeltigen wollen furbilden. Dann Got geht warlich zartlich und lieblich mit uns umb und spilet gleych mit uns als mit seinen jungen, lieben kindlein und pranget doch auffs allerherrlichst mit seiner gerechtigkeit, die er uns darpeuͤt als, die das hoͤchste gut in himel und auff erden ist, nemlich sein goͤttlich wesen selbs, dessen wir dermassen in Christo durch den glauben thailhafftig werden[486], das wir auch die engel darinnen ubertreffen[487]. Aber lieber, barmhertziger Got, wie sein unsere hertzen so eng und schwer, das sie dises hoͤchstes gutt, das du selbs bist, so schwerlich fassen und sich so gar nicht in die hoͤch koͤnnen schwingen, das sie glaubten, das du warlich unser Vater bist und wir, aus dir neugeporn, den samen deines worts und Gaists[488] als die glider Jhesu Christi, deines sohns, ewigklich in uns sollen haben und behalten! O Herr, hilf unsern unglauben[489]!

Das ist nun die rechte mainung diser wort Pauli, da er spricht: Damit oder auff das »er sein gerechtigkeit darpiete von wegen der vergebung der sund, die vor gewest warn unter Gottis gedult«[490]. Dann darumb, das er uns die sünd hat vergeben und uns wider zu gnaden genomen, peuͤt er uns nun auch seine gerechtigkeit dar. [I3b:] Wann aber jemandt byßanher durch die gemeynen[491] tolmetschung, die da spricht, er piete uns seine gerechtigkeit dar in dem, das er sünd vergibt, dahin verfuͤrt were, das er mainet, die darpietung der gerechtigkeit sey nichts anders dann vergebung der sunde, wie dann vil auch der gelerten in disem irthumb verblendet sein[492], der merck nur mit allem fleyß auff alle volgende wort Pauli, so wirdt er baide aus der sprach und aus der natur des handels[493] aigentlich vernemen, das ers greiffen muss, das nicht muͤglich ist, das solchs die mainung des heyligen Pauli solt gewest seyn. Dann das

485. Vgl. o. Anm. 458.
486. Vgl. II Petr 1,4.
487. Vgl. Hebr 1,4-6; 2,5-9.
488. Vgl. I Petr 1,23 und I Joh 3,9.
489. Vgl. Mk 9,24.
490. Röm 3,25.
491. übliche.
492. Vgl. o. S. 148,21-23; 150,22f und 256,26-28, Nr. 488.
493. der Sache, Angelegenheit.

wirdt keyner, der kriechische sprach kan, mit guttem gewissen koͤnnen sagen, das Paulus sprech, Got piet uns sein gerechtigkeit dar in dem, das er sund vergibt. Er spricht nicht ›in dem‹ wie ich vorhin bewisen hab[494], sonder er spricht: Gott piete uns sein gerechtigkeit darumb oder von dessenwegen dar, das er sund vergeben hat, und gibt uns lauter und klar zu verstehn, das uns Gott Christum darumb und aus diser hochwichtigen ursach zum gnadenstul furgestellet und unser sünd durch ihn am creutz durch sein blutt hat versoͤnen lassen, auff das er uns darnach sein gerechtigkeit darpiete, und widerholet Paulus solche volg zum andern mal, auff das sie ja nicht vor unsern ohren hinwegflieg, sonder in den hertzen hafften bleib. Und redets zum ersten auff die weyß, Got hat uns den gnadenstul furgestellet etc., damit er sein gerechtigkeit darpiete, darumb das er uns die sünd vergeben hat[495], zum andern hengt ers eben wider an dise wort und redet auff die mainung, die sünd sein vergeben etc., auff das er zu disen zeytten darpiete sein gerechtigkeit[496]. Und merck nur mit vleyß, das Paulus spricht: [I4a:] »Auff das er zu disen zeytten darpoͤte sein gerechtigkeit«[497]. Dann dieweil er spricht ›zu disen zeytten‹, macht er ein unterschid zwischen der vergebung und der gerechtigkeit. Dann Christus hat unser sünd am creuͤtz geopfert, wie Petrus sagt 1. Pet. 3 [18], und ist »ainmal in das allerheyligst eingangen durch sein aigen plut und hat ein ewige erloͤsung gefunden«, Heb. 9 [12], »dann mit einem ainigen opfer hat er in ewigkeit volendet, die geheyligt werden«, Heb. 10 [14]. Das ist jah unwidersprechlich vor fuͤnfzehenhundert jarn geschehen[498]; das darpieten aber der gerechtigkeit Gottis, spricht Paulus, geschicht zu disen zeytten, das ist zur jeden zeyt, wann man das euangelion predigt. Darumb muss ain underschid zwischen der vergebung und zwischen der gerechtigkeit sein, sie doͤrften[499] sonst nicht zwaierley namen, konten auch die volge nicht leyden, das die gerechtigkeit darumb dargepoten werd, das die sünd zuvor vergeben ist. Dann die sünd ist ja vergeben, da Christus gestorben ist und sein blut vergossen hat, ob es wol disem und jhenem erst heut verkuͤndigt wirdt. Dann wie kont sonst die schrifft sagen: »Er hat fur die ubeltheter gebeten«, Esaie 53 [12], und: »Er ist erhoͤrt worden, darumb das er Got in ehrn hette«, Heb. 5 [7], und: »Er ist die versoͤnung fur unser und der gantzen weldt sünd«, 1. Johan. 2 [2]. Die gerechtigkeit aber empfangen wir erst, wann wir glauben.

Und das sey genug von der ersten ursach, darumb uns Gott sein aigne und kein andere gerechtigkeit darpeut, nemlich das er mit dieser allerhochsten gab beweyse, das er uns warlich umb der gnugthuung Christi willen auffs allerhoͤchst gnedig worden sey. Wir wollen die andern ursach auch hoͤren.

Die ander ursach, darumb uns Got sein aigne, wesenliche gerechtigkeit, die er selbst ist, in Christo darpeuͤt und nicht ein andre creaturliche gerechtigkeit in [I4b:] uns erschafft, die trifft Gott den herrn und sein goͤtliche ehr selbst an, und redet Paulus also darvon, Gott piete zu disen zeiten sein gerechtigkeit dar, »auff das er allein

494. s. o. S. 619,24-26.
495. Vgl. Röm 3,25.
496. Vgl. Röm 3,26.
497. ebd.
498. Vgl. o. S. 248,30-32, Nr. 488.
499. brauchten.

gerecht sey und gerecht mach denjenigen, der da ist des glaubens an Jesum«[500] etc., und lehret uns mit disen worten gewaltigklich[501], das Gott der herr schlechts kein gerechtigkeit will wissen, hören, noch annemmen fur gerechtigkeit, dann sein aigne gerechtigkeit allein, damit er von ewigkeit zu ewigkeit gerecht ist. Das ist seine wesenliche gerechtigkeit, die er selbs ist. Derhalben ob man wol vil und mancherleyweis in der welt von gerechtigkeit redet und mancherley gerechtigkait unterschidet, so ists doch alles vor Gott kein gerechtigkeit, sonder es ist aintweder gerechtigkeit aus dem gesetz, die vor Gott nicht gilt, darumb sie Paulus fur kot helt, Philipp. 3 [8], oder ist solche heidnische gerechtigkait, die dem gesetz entgegen ist als der haidnische gotsdienst. Der ist vor Gott als greuliche sund verdambt oder ist aber gar nichts dann ein gedicht[502] und traum der flaischlichen vernunft, als da etlich sprechen: Gott halt uns fur gerecht, ob wirs woll nicht seien und dasselbig allain sey unser gerechtigkeit[503], welchs doch unmuglich und wider goͤttliche natur ist[504]. Darumb ist auch kein rechte, ware, bestendige gerechtigkeit weder im himel noch auff erden, die Got fur gerechtigkeit helt und annimbt, dann sein aigne gerechtigkeit allein, die er selbs ist.

So gedenck du nun selbs, christlicher leser, was fur abgoͤttercy volgen wurd, wann uns Gott mit einer andern gerechtigkait dann mit seiner aignen gerechtigkait, die er selbs ist, gerecht machet. Dann zum ersten, muͤst je solche gerechtigkeit ein creatur sein. [K1a:] Nun bekent Philippus selbs, das die gerechtigkeit vom ewigen todt erloͤse[505]. Daraus volget, das die gerechtigkeit muß aintweder das ewig leben selbs sein oder muß aber des ewigen lebens mechtig sein. Dann wo die gerechtigkait ist, da mus ir das ewig leben aus unvermeidlicher not nachvolgen und anhangen. Nun ist aber das ewig leben Gott selbs, wie Johan. 1 [1.4] zeuget: »Gott war das wort, in im war das leben«, und Christus selbs: »Ich bin der weg, die warheit und das leben«, Johan. 14 [6], und Johannes in seiner [1.] epistel am ende [5,20]: »Er ist der ware Gott und das ewig leben«. Ist nun die gerechtigkeit das ewig leben selbs, so ist sie Gott selbs und kein creatur, wie ich bekenn und lehre. Ist sie aber ein creatur und errettet doch vom ewigen todt, so steht das leben, das Gott selbs ist, in der creaturlichen gerechtigkeit hand und gewalt, und muß Gott, der das leben ist, gehorsam und unterthenig sein und nachvolgen der gerechtigkeit, die doch ein creatur ist, gleichwie der schatten dem leib nachvolget. So wirt alsdann Gott nimmer Gott sein, sonder die creatuͤrlich gerechtigkeit wirt Gott sein, und wir sein auch nicht mehr schuldig, Gott dem herrn unsere knie zu piegen[506] und im umb sein ewig leben zu dancken, sonder wir moͤgen[507], ja sollen der creaturlichen gerechtigkeit dancken und die knie piegen, darumb das sie uns das ewig leben zuwegen pringt. Sein das nicht greul uber alle greul? Weiter: Sein wir gerecht durch ein creaturliche gerechtigkeit, so ist gewiß, das

500. Röm 3,26.
501. unwiderleglich, zwingend.
502. eine Dichtung, Erfindung.
503. Vgl. o. S. 148,21-150,18, Nr. 488.
504. Vgl. o. S. 620, Anm. 475.
505. So erklärt Osiander schon in seinem Bekenntnis, vgl. o. S. 276,19-22 mit Anm., Nr. 488.
506. Vgl. Phil 2,10f; Eph 3,14.
507. können.

Gott dieselbigen creatuͤrlichen gerechtigkeit in im nicht hat, noch von derselbigen wegen gerecht genennet wirt. Daraus volget dann weiter, das nicht er allain gerecht ist, wie Paulus sagt[508], sonder wir sein mit einer pessern gerechtigkeit gerecht [K1b:] dann er selbs, dann unsere creaturliche gerechtigkeit zwinget Gottis wesenliche gerechtigkeit, das sie unser ewigs leben sein muß. Lieber, sag mir doch, koͤnt auch der satan selbs greulichere gotslesterung erdencken, dann aus diser lehr volgen, so die gerechtigkeit des glaubens ein creaturliche oder erschaffne gerechtigkeit setzet. Last uns noch weiter sehen. Paulus spricht, Got mach gerecht, die des glaubens an Jesum sein[509]. Macht er uns aber mit einer creatuͤrlichen gerechtigkeit gerecht, so muß er auch derselbigen gerechtigkeit schoͤpfer sein. Dan wo nicht, so wurden wir auch den dritten got bekommen, der die creaturlichen gerechtigkeit erschaffete. Ist nun unser Got der schoͤpfer, was zeicht[510] er sich dan, das er ein gerechtigkeit erschafft, die sein herr wirt, und im seine gotheit raubt? Ja warumb gibt er uns dieselben gerechtigkeit zur ewigen gerechtigkeit, dieweil alle die, so sie haben, dardurch auch seine herrn und eitel goͤtter uber in werden. Ists aber ein anderer, der dise creatuͤrliche gerechtigkeit erschafft, so muß[511] sie nicht lenger vom todt erloͤsen und unsern waren Gott nach ir ziehen, dann[512] es irem schoͤpfer wolgefelt, und moͤcht bald alles falsch werden, was sie von diser geschaffnen gerechtigkait leren. Ich muß auffhoͤren, dann mir grauet von hertzen, gepain und marck ab[513] disen greuln. Ich hab mich offt gewundert uber den greulichen ketzereien, von denen Ireneus schreibt[514], aber jetzo sihe ich, aus welchem abgrund sie herriechen und -stincken. Es ist furwar nur schertz[515] gewest mit Carolstadt[516], Zwingli[517], Storch[518] etc.

Darumb, lieben christen, last uns bey den ainfeltigen worten Pauli bleiben, der uns lehret, das Gott allain gerecht sey und uns eben mit derselben seiner [K2a:] gerechtigkeit gerecht mach, die er selbst hat und ist, wie Esaias am 45. [24] und Jeremias am 23. [6] und 33. [16] und Paulus 1. Corinth. 1 [30] zeugen[519], das Christus un-

508. Vgl. Röm 3,26.
509. Vgl. ebd.
510. bemüht, unterfängt (vgl. *Grimm*, Wörterbuch 15, Sp. 511f).
511. kann.
512. sc. nur soweit, als.
513. ob, über.
514. Zu Irenäus von Lyon (gest. um 200) vgl. TRE 16, S. 258-268; LThK 3, Sp. 773-775; RGG 3, Sp. 891f. Sein bekanntestes Werk, die fünf Bücher »Adversus haereses«, befaßt sich mit der Überführung und Widerlegung gnostischer Häresien, vgl. TRE 16, S. 258-260.
515. eine Geringfügigkeit, Harmlosigkeit (vgl. *Grimm*, Wörterbuch 8, Sp. 2596).
516. Zu Andreas Bodenstein (1486-1541, genannt Karlstadt nach seinem Heimatort), der den ersten Bildersturm 1521/22 in Wittenberg auslöste, vgl. TRE 17, S. 649-657; RGG 3, Sp. 1154f, und *Goertz*, Reformatoren, S. 21-29.
517. Zum Züricher Reformator Ulrich Zwingli (1484-1531) vgl. RGG 6, Sp. 1952-1969; LThK 10, Sp. 1433-1441, und *Gäbler*, Zwingli.
518. Zu Nikolaus Storch, Wortführer der ›Zwickauer Propheten‹, die 1521/22 in Wittenberg Einfluß gewannen, vgl. RGG 4, Sp. 487; 6, Sp. 1951, und *Goertz*, Reformatoren, S. 33f. 212f.
519. Vgl. o. S. 587,16-19.

ser gerechtigkeit sey als der ainig, ware Gott, der da יהוה heist, welcher name allain dem goͤttlichen wesen gepurt und zugeaignet ist, wie meine widersacher selbs on iren danck[520] muͤssen bekennen[521]. Aus dem allen ist nun klerer dann die sonne, das kein sterckerer spruch im neuen testament ist, der gewaltiger wider meine widersacher streitte dan eben diser. Noch[522] sein sie so kuͤn, das sie in verkurtzen, das pest verschweigen und das ander unrecht deutten und also vermainen, meine raine lehr damit zu verfinstern und unterzudrucken[523]. Und wil dich hiemit, christlicher leser, zum vierden mal[524] erinnern, das Philippus Melanthon noch nicht den geringsten artickel meiner lehr widerlegt, noch mein beweissung angegriffen, vil weniger das sein, da es wider mich ist, mit heiliger schrifft bezeuget hat.

Philippus Melanthon:

Nun ist offentlich, das der text hie redet vom gehorsam und verdienst Christi in menschlicher natur, wie auch das wort ›bezalung‹, apolytrosis, hie steht, das offt widerholet wirt.

Andreas Osiander:

Wer nicht wuͤste, was sophisterey ist, den solt Philippus bald zu narren machen, wie er dann etlich tausent studenten mit solcher seiner sophisterey bethoͤret und irr gemacht hat. Paulus handelt zweierley, wie gehoͤrt ist, nemlich was gerechtigkeit sey und wie sie erworben sey. Von der erwerbung redet er, sie komm nicht aus unserm verdienst, sonder aus Gottis gnad, welche gnad Christus erworben hab mit seinem gehorsam und verdienst, da er selbs hoherpriester, selbs das opfer, selbs der gnadenstul oder guͤlden altar mit seines selbs blut bespreng-[K2b:]ung unser sund versoͤnet, gnad und vergebung verdienet und ein ewige erloͤsung gefunden hat. Darzu hat er müssen warer Got und mensch sein, die menschlich natur allein hets nicht vermocht, wie Philippus villeicht gern sagen wolt, und hat ja Paulus alhie, da er von erwerbung der gerechtigkeit redet, den verdienst Christi müssen melden und preysen, was wolt er sonst furgeben, dardurch die gerechtigkeit solt erworben sein? Wer redet hiervon anderst? Da er aber anhebt[525] zu erkleren, was die gerechtigkeit sey, da redet er kein wort, ja kein sylben vom verdienst Christi, sonder spricht zwaimal, Got piete uns sein gerechtigkeit dar[526], sein, sein gerechtigkeit und nicht ein andre creaturliche, und thuts darumb, auff das er allein gerecht sey und uns mit seiner gerechtigkeit auch gerecht mach. Ists aber nicht ein wunder, das solche gelerte leuͤt den unterschid zwischen der bezalung und zwischen dem gut, das durch die bezalung unser aigen wirt, nicht ersehen koͤnnen oder ja mutwilligklich nicht sehen wollen, sonder die armen leuͤt noch darzu bethoͤren? Gleich als wann einer sprech, sein kleid wer umb geld erkaufft worden, ein anderer aber verkeret ihm seine wort und sprech,

520. gegen ihren Willen.
521. Vgl. o. S. 602, Anm. 310.
522. Dennoch.
523. Vgl. o. S. 230,27-238,23, Nr. 488.
524. Vgl. o. S. 613, Anm. 408.
525. anfängt.
526. Vgl. o. S. 623,8-13.

das geld wer sein kleyd, der dritt aber machet es noch grober und sprech, sein kleyd wer von eytel müntz gemacht, und erhuͤb sich dann ein getzenck, obs portugaleser[527] oder engellotten[528], ungerisch oder reynisch guͤlden[529], taler[530], patzen[531], groschen[532] oder pfenning[533] weren; eben also helt[534] sich die lehr auch, die uns ein andre gerechtigkeit tichtet, dann die Gott selbs in Christo Jhesu, unserm herrn, ist.

Philippus Melanthon:

Und kan im wort: Wir werden gerecht, nicht allein diser verstand sein: Wir werden gerecht durch die wesentliche gerechtigkeit [K3a:] des Vaters, Sohns und heyligen Gaists, sonder wir mussen vergebung der sund und gnad mit fassen und den verdienst des Sohns, der zum erlöser gestellet ist, unterscheiden vom Vater und heyligen Gaist.

Andreas Osiander:

Das kan mir doch ja ein sophisterey sein uber alle sophisterey. Ist doch schier kein wort in diser Philippischen rede, darin er nicht ein besonder sophisterey treibe. Ich kan nicht wissen, was er sagen will! Will er sagen, das wir gerecht werden durch Gottis gnad, die Christus verdienet und erworben hat, wie ich droben mit Paulo darvon geredt hab, so redet er recht. Es volget aber nicht, das der verdienst Christi die gerechtigkeit selbs sey, als wenig der rock das gelde selbs ist, dardurch er erkaufft

527. Portugaleser ist die deutsche Bezeichnung für die schwere portugiesische Goldmünze Portuguez (etwa 40 Gramm fast reines Gold), die bis 1557 geprägt wurde, oder ihre norddeutschen Nachahmungen; vgl. *Schrötter*, Münzkunde, S. 526f; *Kahnt – Knorr*, Lexikon, S. 58 und 232; *Fengler – Gierow – Unger*, Numismatik, S. 373 (Abb.!).

528. Engellot (Angelot): die nach franz. Vorbild von Heinrich VIII. bis Elisabeth I. in England am meisten geprägte Goldmünze; vgl. *Grimm*, Wörterbuch 3, Sp. 475; *Schrötter*, Münzkunde, S. 28f und 176.

529. Der ungarische Gulden, im Wert eines Dukaten, war eine von Ungarn geprägte, weit verbreitete Goldmünze (vgl. *Grimm*, Wörterbuch 4,1,6, Sp. 1057; *Schrötter*, Münzkunde, S. 167 und 714; *Kahnt – Knorr*, Lexikon, S. 114), der rheinische Gulden eine Gemeinschaftsgoldmünze der vier rheinischen Kurfürsten von Köln, Mainz, Trier und der Pfalz (vgl. *Grimm*, a.a.O., Sp. 1058; *Kahnt – Knorr*, a.a.O.).

530. die 1484 als Äquivalent für den Goldgulden entstandene, seit etwa 1525 Taler genannte, große deutsche Silbermünze; vgl. *Grimm*, Wörterbuch 11,1,1, Sp. 301f; *Schrötter*, Münzkunde, S. 676; *Kahnt – Knorr*, Lexikon, S. 308-312 (mit Abb.!). Ein Taler hatte den Wert von 24 Guten Groschen oder 288 Pfennigen (s. *Kahnt – Knorr*, ebd., S. 308, 111 oder 219).

531. Batzen: eine Silbermünze der Schweiz und Süddeutschlands von geringerem Wert, gegen Ende des 15. Jh. erstmals geprägt; vgl. *Grimm*, Wörterbuch 1, Sp. 1159; *Kahnt – Knorr*, Lexikon, S. 33.

532. Der Groschen war eine Silbermünze, in der 2. Hälfte des 16. Jh. im Wert von 1/21 des Goldguldens und 1/24 des Talers; vgl. *Grimm*, Wörterbuch 4,1,6, Sp. 447-454; *Kahnt – Knorr*, Lexikon, S. 111f.

533. Seit der Karolingerzeit war der Pfennig die grundlegende Münzeinheit in weiten Teilen Europas; im 16. Jh. wurde er nicht mehr nur aus Silber, sondern vereinzelt schon aus Kupfer geprägt, mit dem o. Anm. 530 angegebenen Umrechnungswert; vgl. *Grimm*, Wörterbuch 7, Sp. 1665-1668; *Kahnt – Knorr*, Lexikon, S. 219.

534. verhält.

worden ist. Und wann das sein mainung ist, so solt er warlich die wesentlichen gerechtigkeit des Vaters, Sohns und heyligen Gaists nicht darein gemengt haben. Dann wann er spricht: Wir werden nicht allein gerecht durch die wesenlichen gerechtigkeit etc., sonder auch durch vergebung der sünden, so kan und soll mans jah aus natur der sprach nicht anderst verstehn, dann das die wesentlich gerechtigkeit Gottis und vergebung der sünd in gleychem ampt nebeneinander stehen, dann das woͤrtlein ›durch‹ muss in diser red nur einerley und nicht zwaierley verstandt[535] haben. Dieweil nun die vergebung nicht die gerechtigkeit selbs ist, sonder wůrckt nur und verursacht, das wir gerechtigkeit bekommen, so will volgen, das sein mainung sey, das die wesentlich gerechtigkeit Gottis auch nicht unser gerechtigkeit sey, sonder wůrck nur, das wir gerecht werden. Und alhie muß ich wider zweyfeln, ob Philippi mainung sey, das die wesenlich gerechtigkeit Gottis ein [K3b:] creaturliche gerechtigkeit in uns erschaffe oder ob sie selbs unser gerechtigkeit sey, wie ich droben gleyche sophisterey auch auffgedeckt hab[536]. Das er aber haimlich halt, Got sey nicht unser gerechtigkeit, sonder schaff nur in uns ein creaturliche gerechtigkeit, des geben dise wort stattliche vermutung, da er spricht: Man muß den verdienst des Sohns unterscheyden vom Vater und heyligen Gaist. Wer hat aber all sein lebtag solche unbedachte rede vormals je gehort? Hat dann Philippus sorg, wir halten den verdienst Christi, der ja nicht Christus selbs ist, fur ein wesenlichen Gott, der mit dem Vater und heyligen Gaist on unterschied ein ainigs, goͤttlichs wesen sey, oder treybt er solche sophisterey darumb, das er hofft, die leut sollen gedencken, der Osiander sey so gar toll, toͤricht und unsinnig worden, das er den verdienst Christi fur goͤtlich wesen halt? Und warumb sollen wir den verdienst Christi allein vom Vater und heyligen Gaist und nicht von Christo selbs auch unterscheyden? Vermaint der frevel[537] sophist uns zu begauckeln, das wir Christum und seinen verdienst fur ein ding oder ainig wesen sollen halten? Es lauten aber seine wort fast[538] dahin, das Christi verdienst die gerechtigkeit verdiene und der Vater, Sohn und heyliger Gaist die gerechtigkeit erschaffen, und dieweil weder der verdienst Christi noch Got selbs unser gerechtigkeit seyen, sonder nur wůrcken, so můs man dannoch die wůrckung unterscheiden, dann es ist vil ein anders, gerechtigkeit verdienen und gerechtigkeit erschaffen. Solt aber sein mainung sein, das der Vater, Son und heyliger Gaist warlich und wesenlich unser gerechtigkeit seyen, wie sie dann in der warheit unser gerechtigkeit sein, so hett er nicht doͤrfen sorgen[539], das wir aus dem verdienst Christi die vierdten person in der Gotheit [K4a:] und ein gantz goͤtlich wesen macheten. Er hett unser, jah sein selbs pillich mit diser stinckenden warnung verschonet, das wir den verdienst Christi vom Vater und heyligen Gaist unterscheiden solten. Wir wissens gotlob als wol[540] oder pesser dann er! Es scheinet aber alhie, als wolt er den unfursichtigen gern in die

535. Sinn, Bedeutung.
536. Vgl. o. S. (601,25-602,25) 624,16-626,10.
537. dreiste, unverschämte, eigensinnige.
538. ganz.
539. Sorge tragen brauchen.
540. genausogut.

ohrn blasen[541], das sie verstunden, wann er spricht: Christus ist unser gerechtigkeit, das er nicht die person Christi, sonder nur sein verdienst mainet, und er dannoch laugnen koͤnt, er hett solchs nie gelehret. Er solt auch nicht gesagt haben, das wir nicht allein durch den Vater, Sohn und heyligen Gaist gerecht wurden, dann das wer in disem fahl sovil geredet, als das der Vater, Sohn und heyliger Gaist wern allein nicht genug zu unser gerechtigkeit. Dann wa Vater, Sohn und heyliger Gaist ist, da ist kein mangel und must ein unseliger mensch sein, der sich nicht wolt mit solcher gerechtigkeit settigen lassen, wie fast[542] ihn auch nach der gerechtigkeit důrstet, dieweil sich David[543] aus angebung und erleůchtung des heyligen Gaists mit[544] settigen lest und spricht: »Wann ich nur dich hab, so frag ich nichts nach himel und erde«[545]. Und kombt uns hie das vorige argument vom wortlein ›durch‹ wider unterhanden[546], dann ist Got unser gerechtigkeit und wir seien aber nicht allein durch ihn, sonder auch durch die vergebung gerecht, wie Philippus sagt, so mus man verstehn, das wie Got unser gerechtigkeit sey, also sey die vergebung auch unser gerechtigkeit; nun ist die vergebung nicht Gott selbs, darumb will folgen, das uns Philippus ein gerechtigkeit lehre, die von zweien sehr ungleichen dingen zusamengesetzt sey, nemlich vom goͤtlichen wesen und vom verdienst Christi – das wirt er aber nymmermer wider[547] mit der heyligen schrifft noch sonst beweisen, des pin ich wol gewiß und sicher! [K4b:]

Villeicht steckt aber die haubtsophisterey im woͤrtlein ›fassen‹, da er spricht: Wir mussen die vergebung und gnad mit fassen und wirt villeicht wöllen laugnen und sprechen, es sey sein mainung nie gewest, das die vergebung oder gnad unser gerechtigkeit sey, sonder allain der Vatter, Son und heilig Gaist, der ainig, ware Gott, den wir durch den glauben ergreiffen und seiner goͤttlichen natur thailhafftig werden[548] als die lebendigen glider Christi[549], in dem die gantze fůlle der gottheit wonet leibhafftig[550] etc., sonder er woll allain, das wir durch ein rechten glauben fassen sollen, Christus hab uns erloͤset, Gottis gnad und vergebung der sund erworben etc. Wann das sein mainung ist, wider wen schreibt er dann? Oder wer lehret anderst? Hab ich nicht solchs auffs allerfleißigst in meinem bekantnus vom ersten thail des mittlerampts am blat A2[a], A3[ab] und A4[ab] gehandelt[551], deßgleichen am blat B3[b][552]? Soll das ein antwort auff mein buch haissen, darinnen das angefochten wirt, das ich selbs auch anficht, und das vertaidigt, das ich selbs auch vertaidige? Oder geschichts auch darumb, das man dem ainfeltigen, gemainen man ein plauen dunst fur die au-

541. Redensart, vgl. *Röhrich*, Sprichwörtliche Redensarten 2, S. 697.
542. sehr, stark.
543. Ps 73,1 steht die Angabe: Ein Psalm Asaphs.
544. damit.
545. Ps 73,25.
546. Vgl. o. S. 628,6f.
547. weder.
548. Vgl. II Petr 1,4.
549. Vgl. I Kor 6,15.
550. Vgl. Kol 2,9.
551. Vgl. o. S. 102,22-24 und 104,17-108,11, Nr. 488.
552. Vgl. o. S. 112,23-114,5, Nr. 488.

gen mach[553], das sie sollen gedencken, Osiander lehret nichts und helt nichts von der gnugthuung und erloͤsung, durch Christum geschehen, item von der gnad Gottis und vergebung der sunden? Ich soll und will nicht schelten, wann ich aber gleich gern schelten wolt, wa soll ich wort nemen, darmit ich solche listige untugendt recht und genug abmalen koͤnt?

Und warzu dienet doch solche, tieff gesuchte sophisterey, dann nur die armen, ainfeltigen, schwachen gewissen, umb derowillen Christus gestorben ist, irr [L1a:] zu machen? Warumb bekent er sein glauben nicht frey heraus? Kan man doch aus allen seinen buchern nichts gewises und bestendigs von seinem glauben schliessen. Das wais ich furwar und wils im fahl der not oder, wann ich sonst zeit und raum hab, beweisen und gut thun[554]! Er hat uns droben geplagt mit der schlüpferigen, ungewisen rede, Gott würck in uns das leben[555], das wir nicht wissen, ob er zulasse, das Gott selbs unser leben sey, oder ob er woͤlle, Gott erschaffe allein in uns ein creaturlich leben[556]. Jetzo plagt er uns mit der sophisterey, wir werden nicht allein durch die wesenlichen gerechtigkeit Gottis gerecht[557], das wir nicht wissen, ob er sag, Gott sey wol unser gerechtigkeit, aber nicht allain, oder ob er sag, Gott wuͤrck allain ein creaturliche gerechtigkeit in uns, damit wir gerecht werden, und die vergebung und das verdienst wurcken auch mit. Item, da er spricht: Wir mussen die vergebung auch mit fassen[558], wissen wir nicht, ob wir sie allain im glauben fassen sollen oder ob wir sie in die gerechtigkeit hineinstecken sollen, als die ein wesentlich stuck der gerechtigkeit sey. Item, da er uns heist, den verdienst vom Vatter und heyligen Gaist underschiden[559], wissen wir nicht, ob er wolle, wir sollens nicht fur einerley wesen halten oder ihnen nicht einerley wuͤrckung zuschreiben oder sie fur zwo unterschidliche gerechtigkeit halten.

In summa: Es ist eitel[560] tieff gesuchte, lang studirte, wol geuͤbte sophisterey, und sein fast alle seine buͤcher ins glaubens sachen der art. Daher kombts auch, das die, so sie kostlich[561] halten und fleissig lesen, solche wunderliche opiniones und seltzame grillen daraus empfangen, das sie uber die zwaintzigerley gerechtigkeit[562] schon geticht haben, will anderer, wunderlicher grillen auff dißmal geschweigen. Warumb sagt er nicht frey, duͤrr[563] heraus, [L1b:] ob Christus, warer Gott und mensch, nach

553. sprichwörtlich, vgl. *Röhrich*, Sprichwörtliche Redensarten 1, S. 217.

554. gut machen.

555. Vgl. o. S. 597,14-16.20f.

556. Vgl. o. S. 598,3-16 und 598,31-599,16.

557. Vgl. o. S. 627,4f.

558. Vgl. o. S. 627,9.

559. Vgl. o. S. 627,10f.

560. rein(e).

561. sc. für kostbar, wertvoll.

562. Seit Osianders Schrift ›Wider den lichtflüchtigen Nachtraben‹ vom Jan. des Jahres, in der er 14 Definitionen der Gerechtigkeit durch die Gegner zusammengestellt hat (vgl. o. Anm. 93 und 220), war ein knappes Vierteljahr vergangen und manch weitere gegnerische Schrift erschienen, die wieder eine neue Begriffsbestimmung enthielt (vgl. etwa u. S. 659,30-34), so daß es Osiander nicht schwer gefallen sein wird, über 20 Versuche festzustellen.

563. einfach, unverhüllt.

seiner gotheit mit dem Vatter und heiligen Gaist unser gerechtigkeit sey oder nicht, ob die wesenlich gerechtigkeit des Vatters, Sons und heiligen Gaists zu unserer seligkeit genug sey oder ob man noch etwas mehr der heiligen drifeltigkait zu hilf müß hinanflicken, ob derselbig zusatz fur sich selbs ein gerechtigkeit sey, das wir also zwo gerechtigkeit haben, oder ob er mit dem göttlichen wesen sambtlich[564] ein ainige gerechtigkait sey? Item, wann er nicht glaubt, das Gott unser gerechtigkait sey, warumb sagt er nicht frey, dürr und klar heraus, was dann unser gerechtigkait sey und beweiset es mit der heiligen schrifft?

Ich sag fur mein person lauter und klar, on alle sophisterey und schlipferige rede, das Jesus Christus, warer Gott und mensch, in seinen baiden naturn unzertrennet, hab fur unser sund genuggethon, hab das gesetz fur uns erfullet, hab uns mit Gott versönet, hab gnad und vergebung der sund erworben und hab uns das noch mehr – das merck eben – darzu verdienet, das uns Gott, so wir das alles glauben, durch den glauben und die tauff in die menschlichen natur Christi also einleiben[565] will, das wir seine glider werden und er widerumb nach seiner gotlichen natur, sambt dem Vatter und heiligem Gaist, in uns auch einfliesse und sey also unser leben, gerechtigkeit und herrlicheit. Das, sag ich, hat uns Christus alles erworben und verdienet. Ferner sag ich, das solcher verdienst noch nicht die gerechtigkeit ist, und will darmit dannoch dem verdienst unsers lieben herrn Jhesu Christi nichts abgeprochen haben. Dan spricht jemand, wir konnen an[566] disen verdienst nicht selig werden, so bekenn und lehr ich auch, das es unmuglich gewest were on disen ver-[L2a:]dienst gnad und vergebung zu erlangen. Vil weniger wurd Gott in uns gewonet haben und unser gerechtigkait worden sein, wann diser verdienst, auff den Got von anfang der welt her hat gesehen, uns nicht ein gnedigen Gott gemacht hett. Preiset, rhümet und erhebt jemand disen verdienst hoch, ich preise, rhüme und erhebe in auch, als hoch ich kan. Lehret und treibt[567] jemand disen verdienst fleißig, ich lehre und treib in auch fleißig und getraue zu Gott, ich hab mein fleis, nach der gab, mir von Gott verlihen[568], hierin nicht weniger erzaigt dann die hochgelerten doctores. Das, sag ich aber, sey unser gerechtigkait, wann wir durch den glauben und die tauff in Christum eingeleibt, seine glider und seiner göttlichen natur, wie offt gemeldet, thailhafftig worden sein, so ist alßdann sein göttliche natur unser gerechtigkait, die wils auch allain sein und kein zusatz leiden. Dann wa Gott der vatter und der son und der heilig gaist sein, da ist unendtlich leben, gerechtigkeit und herrlichait etc. Dise gerechtigkait ist uns durch Christum erworben und verdienet und must, weil wir sie im Adam verloren hetten, widerumb durch Christum verdienet und erworben werden. Aber diser verdienst, dardurch die gerechtigkeit verdienet ist, kann nicht die gerechtigkait selbs sein. Warumb redet aber Philippus seine mainung nicht auch so klar, wann sie gleich wider mich ist? Darvon wöllen wir ein andermal reden.

564. zusammen.
565. einverleiben, einfügen.
566. ohne.
567. betreibt, prägt ... ein.
568. Vgl. I Kor 7,7; 14,1 u.ö.

Philippus Melanthon:

Und dieweil etlich auch von diser rede ›merito Christi‹, das ist vom verdienst Christi, disputirn und sagen, es sey nicht in der schrifft, darauff gib ich antwort, das vil ein stercker wort in der schrifft offt widerholet wirt: lytron, antilytron, apolytrosis[569], welchs aigentlich haist ein bezalung, da man etwas gibt zu jemands erloͤsung[570]. [L2b:]

Andreas Osiander:

Lieber, wer sein doch dise schwermer, ketzer und gotslesterer, die da thuͤren sagen, Christus hab uns nichts verdient? Hab ichs doch mein lebtag von keinem menschen gehort, noch in keinem puch gelesen, das weder christen noch ketzer sagen, das uns Christus nichts verdienet hab! Warumb macht sie Philippus nicht namhafftig? Jah, warumb tregt er disen schwarm[571] und ketzerey in das büchlein, das da sol haissen: Antwort auff Osianders puch? Ich thuͤrste theuͤer wetten, es wer ein stinckends gedicht und von Philippo darumb in disem puͤchlein furgetragen, das der ainfeltig, gemeyn man soll gedencken, es wirt aintweder Osiander sein oder etlich andere, die mit ihm gleychs glaubens sein, die da sagen, Christus hab uns nichts verdienet. Jah wie, wenn ich noch kuͤner wer und sprech, Philippus wer es selbst, der dises gifft haimlich in seine juͤngern wolt stecken[572] und durch dieselben in die christenheit außgiessen und darnach wie die gaistlich ehebrecherin oder falsche lehr in spruͤchen Salomonis[573] das maul wischen[574], als hett er nie keyn uͤbel thun[575]? Lieber, last uns sehen, wie er mit umbgeht:

Dann zum ersten tregt ers fleyßig fur, es seyen ettlich, die da disputirn, Christus hab uns nichts verdienet. Zum andern setzt er[576] ihre beweysung, es stehe in der schrifft nichts darvon geschriben, welchs die allersterckste beweysung wer, die man haben kont – ja, wans war wer! Zum dritten stelt er sich, als woll ers widerfechten[577] und widerlegen. Zum vierdten pringt er solche argument, gezeuͤgnus oder grunde, die gantz und gar nichts taugen noch beweysen, dann lytron, antilytron und apolytrosis sein solche woͤrter, die allein dienen, wann man ein pfand wider loͤset, ein gefangenen man von den feinden wider erkaufft oder ein uͤbeltheter mit gelt oder geltswert wider vom gericht und der verdienten straff erledigt[578]. [L3a:][e] Nun wirt mir

e) Blattangabe fehlt bei der Custode in A.

569. λύτρον: Mt 20,24 par.; ἀντίλυτρον: I Tim 2,6; ἀπολύτρωσις: Lk 21,28; Röm 3,24; 8,23; I Kor 1,30 u. ö.

570. Lösegeld bzw. Loskaufen eines Gefangenen, Freikauf eines Sklaven, vgl. *Bauer*, Wörterbuch, Sp. 954; Sp. 149; Sp. 190.

571. diese Schwärmerei.

572. in die Köpfe seiner Jünger … (hinein)stecken.

573. Vgl. Prov 30,20.

574. Redensart, vgl. *Röhrich*, Sprichwörtliche Redensarten 2, S. 631.

575. getan.

576. gibt er (als) … an.

577. bestreiten.

578. Vgl. o. Anm. 570.

alle menschen müssen zeuͤgen, das wann einer ein gut versetzt oder verpfendt und loͤsets wider, das sichs nicht leyden will, das man sprech, er hab dasselbig gut verdienet. Und wann einer ein gefangen christen aus der Tuͤrckey mit gelt oder geltswert wider ledig macht[579], wil sichs nicht leyden, das man sprech, er hab den man verdienet, auch nicht, das man spreche, er hab im sein freyheit verdient. Vil weniger leydet sichs, wann man ein uͤbeltheter von seiner straff ledig kaufft, das man spreche, man hab ihn oder sein leben verdienet. Dann dienen oder verdienst wil den gantzen menschen haben, das er mit seinem leyb, sterck, verstand und geschicklichait hinangehe und verdiene. Aber lytron und antilytron haissen geldt oder war, damit man etwas erledigt, erkaufft oder vergleycht, und kan alles wol on verdienst geschehen. Apolytrosis aber haist solche erledigung, erkauffung oder vergleychung. Darumb stell ich einem jeden in sein urteil, ob verdienst, da der gantz mensch hinan muß, oder die bezalung, die mit dem gut on des leybs muͤhe, arbeidt und leiden geschehen kan, ein stercker und gewaltiger wort sey. Ich halts[!] das verdienen fur stercker, gewaltiger und wichtiger dann die bezalung. Wann nun junge und gelerte leuͤt lesen, das etlich sagen, Christus hab uns nicht verdient, und beweysens mit dem starcken grund, das die schrift nichts vom verdienst Christi meld, Philippus aber sag wol, er hab uns verdienet, beweise es aber nicht anderst, dan mit disen dreien worten, die nicht den dienst des gantzen menschen begreiffen, sonder nur bezalung, wie sol es anderst gehn, dan das sie urteiln, jener tail hat recht und Philippus hat unrecht, sonderlich wann sie in der schrift suchen und finden nit bald ein klaren spruch, der vom verdienst Christi rede[580]. Und mit disem list wirdt die christenheit jetzt hart geplagt, da ettliche scharfsinnige, [f]flaischliche lerer[f], [L3b:] den menschen zu gefallen, sagen und lehren, das sie doch selbs nicht glauben, practicirn aber darneben unther frembden namen, das das widerspill gewaltig bewisen werd und die ainfeltigen demselben zufallen, und sols also niemandt mercken, das sie schuldig daran sein. O, wie hat diser list des Zwingels ketzerey so weyt unter die gelerten pracht[581]!

Wollan, kan Philippus den verdienst Christi nicht pesser beweysen, so will ichs mir und ihm zugut versuchen, ob ichs pesser koͤnt. Paulus spricht Philip. 2 [7], Christus, ob er wol in goͤttlicher gestalt war, hab er knechtsgestalt an sich genomen, davon Esaias im 41. cap. bis in das 53. vilfeltigklich geweyssagt hat. Ein knecht aber ist und haist darumb ein knecht, das er dienet, wie dann in der hebraischen sprach ein knecht ›ebed‹, das ist ein diener[582], genennet wirdt. Nun ist die frag, ob Christus als

f-f) Fälschlicherweise nur als Custode auf Bl. L3a in A.

579. freikauft. – Gedacht ist an die christlichen Kriegsgefangenen, da die Türkei damals für die europäischen Mächte eine ständige Bedrohung darstellte, vgl. dazu o. S. 110, Anm. 150, Nr. 488. Zu Sklaverei und Leibeigenschaft im türkischen Reich vgl. ebd., Anm. 151.

580. Tatsächlich gebraucht Paulus den Begriff ›Verdienst‹ nur im Gegensatz zu ›Gnade‹, nicht aber in einer Genitivverbindung mit ›Christus‹, vgl. Röm 3,24 u. ö.

581. Vgl. den gleichen Vorwurf in Osianders Bekenntnis o. S. 196,12-14 und 218,27-220,1, Nr. 488.

582. עֶבֶד (vgl. *Gesenius*, Wörterbuch, S. 556).

ein knecht und diener ettwas verdienet hab oder nicht. Zwar[583] von uns sagt er, wann wir alles gethon haben, was wir thun sollen, so sollen wir dannoch sprechen, wir seien unnütze knecht[584]. Warumb? Darumb: Wir haben schon so vil wolthaten von Got empfangen, das wir sie mit unsern diensten nicht vergleychen kὄnnten, wie solten wir dann von neuem etwas verdienen? Ich halts auch darfur, das uns Christus darumb lehre, das wir uns fur unnütze knecht sollen halten, die nichts verdienen, auff das er uns haimlich zu verstehn gebe, das er allein ein solcher knecht sey, der etwas verdiene. Im[585] sey nun in dem fahl, wie im woll, so zeűget der prophet Esaias am 62. capitel [11], das Christus als ein knecht jah uns alles verdienet hab, und spricht: »Sagt der tochter Sion: Sihe dein heyland kombt und sein lohn mit ihm und sein werck vor ihm«. Nun leydet sichs[g] [L4a:] nicht, das mans wolt deűten: sein lohn, den wir verdient haben und den er uns geben solt, dann das wer wider Paulum Rom. 11 [6], sonder es mus von dem lohn, den er selbs verdient hat, doch nicht fur sich, sonder fur uns, verstanden werden. Und damit nicht jemandt gedenck, er hab solchen lohn allein in seiner menscheit verdient, so zeűcht Esaias seine gotheit mit ein wie Paulus, und redet eben dise wort auch am 40. capit. [10] also: »Sihe der Herr יהוה kombt gewaltiglich, und sein arm wirdt herschen. Sihe sein lohn ist mit ihm, und sein werck vor ihm (oder: vor seinem angesicht)«, das ist: Wann Christus kombt, so gibt er uns, was er verdinet hat, sicht allein auff die werck, die er in uns wűrcket; die andern alle sein flaischlich, und gefallen ihm nichts.

Philippus Melanthon:

Und die ehr Christi zu verstehn, mus man baides wissen, seine verdienst und seine wűrckung. Er ist seligmacher merito et communicatione sui, das ist, in dem, das er uns verdienet, und in dem, das er sich selbs uns mitthailt.

Andreas Osiander:

Hie abermals neue sophisterey: Im teűtschen helt er uns fur Christi verdienst und wűrckung, im latein helt er uns fur Christi verdienst und, das er sich selbs uns mitthailt. Soll nuhn das latein mit dem teűtschen ainhellig sein, so ist offenbar und klar am tag, das er mit den worten, das sich Christus uns mitthaile, nichts anders maine, dann das er in uns wűrcke wie die sonn im acker, darvon droben auch vil gehandelt ist[586]. Glaubt er aber, das sich Christus uns warhafftig und wesentlich mitthail und in uns wone, auch unser leben, gerechtigkeit und herrlicheit sey, so sein der stűck drey, wie ich auch glaub, bekenn und lehr, nemlich das uns Christus alles verdient hab, nach seiner gὄtlichen natur unser gerechtig-[L4b:]keit sey und wűrcke in uns »paide das wὄllen und volpringen nach seinem wolgefallen«, Philip. 2 [13]. Er aber hat im teűtschen, das Christus sich uns mittaile, außgelassen, im lateinischen aber

g) Fälschlicherweise nur als Custode auf Bl. L3b in A.

583. In der Tat.
584. Vgl. Lk 17,10.
585. Es.
586. Vgl. o. S. 600,12-26; 601,18-24.

hat er die wuͤrckung Christi in uns außgelassen. Was soll aber solche tieff gesuchte und lang studirte sophisterey?

Philippus Melanthon:

Vom verdienst reden dise spruch offenlich: Rom. 5 [9]: »Wir sein gerecht worden durch sein blut«.

Andreas Osiander:

Das ist wider doctor Moͤrlein, der hat nicht genug daran gehabt, das uns die gerechtigkeit durchs blut Christi verdienet sey, sonder hat stracks gestritten[587], das blut Christi selbs sey unser gerechtigkeit[588].

Philippus Melanthon:

Item: »Durch eines gehorsam werden vil gerecht«[589]. Wiewol nun Osiander disen und dergleichen spruͤch vil anderst deuͤtet, nemlich: ›durch eines gehorsam‹, das macht er durch die gotthait, die in hat gehorsam gemacht, ›werden andre auch gehorsam‹, so ist doch offentlich, das hie vom verdienst geredt ist. Und mag ein jeder verstendiger selbs bedencken, so dise frembde[590] deuͤttung recht wer, hette Paulus nichts von der menscheit Christi geredt, so er außtrucklich spricht: ›durch gehorsam eines menschen‹.

Andreas Osiander:

Ach lieber Gott, wie gehts doch zu, das Philippus der schrifft so feind ist, das er schier nimmer kein spruch derselben unverendert und unverkuͤrtzt einfuret. Paulus schreibt also: »Wie durch aines sund die verdamnus uber alle menschen [M1a:] kommen ist, also ist auch durch eines gerechtigkeit die rechtfertigung des lebens uber alle menschen kommen. Dan gleichwie durch eines menschen ungehorsam vil sunder worden sein, also auch durch eines menschen gehorsam werden vil gerechte«[591]. Dise gewaltige wort Pauli leget doctor Martinus in der vorred der epistel zun Roͤmern also aus: »Paulus thut ein lustigen außpruch und spacirgang und ertzelet, wa baide sund und gerechtigkeit, todt und leben, herkommen, und helt die zwen fein gegeneinander, Adam und Christum, will also sagen, darumb must Christus kommen, ein ander Adam, der sein gerechtigkeit auff uns erbete[592] durch ein neue gaistliche gepurt im glauben, gleichwie jener Adam auff uns geerbet hat die sund durch die alten flaischlichen gepurt«[593] etc. Ich aber habs in meinem bekantnus, [Bl.] T2[a-3a], also gehandelt: »Gleichwie des Adams sund, da er sie thut, uns noch nicht zu sundern macht, sonder da die sund sein gantze natur verderbt und zur sundtlichen natur macht und wir darnach, aus derselbigen seinen sundtlichen natur ge-

587. behauptet.
588. Zur ›Blut- und Leidenstheologie‹ Mörlins vgl. o. S. 154,2f; 220,14-16; 254,3-17, Nr. 488, und *Hirsch*, Theologie, S. 243f.
589. Röm 5,19.
590. seltsame, sonderbare.
591. Röm 5,18f.
592. (ver-)erbte.
593. WA.DB 7, S. 18,3-8 (Ausgabe 1522), bzw. S. 19,3-8 (Ausgabe 1546).

porn, eben derselben sund thailhafftig werden, also macht uns auch der gehorsam Christi, da er im werck gehorsam ist, noch nicht gerecht – wir weren sonst, die wir jetzo leben, funftzehenhundert jar zuvor gerecht gewest, ehedann wir sein geporn; das were aber spötlich zu hören, dieweil wir alle in sunden geporn, von natur kinder des zorns sein –, sonder, dieweil er durch sein göttliche wesenliche gerechtigkeit, die Gott selbs ist, auch sein menschliche natur volkommenlich gerecht und gehorsam gemacht hat, so müssen wir eben in Christo neu geporn und derselben seiner gerechtigkeit thailhafftig werden, wie wir zuvor, von Adam geporn, seiner sund sein thailhafftig worden. [M1b:]

Nun ist aber der same unserer neuen gepurt Gottis wort, das Gott selbs ist, wie Petrus sagt: Ir seit »widergeporn, nicht aus vergencklichem, sonder aus unvergencklichem samen, nemlich aus dem lebendigen wort Gottis, das ewig bleibt«[594], deßgleichen der heilig Gaist, wie Christus selbs sagt Johan. 3 [5]: »Es sey dann, das jemand geporn werd aus wasser und Gaist, so kan er nicht in das reich Gottis kommen«. Wo aber Gottis wort und der heilig Gaist sein, da ist Gott der vater auch, darumb empfahen wir in der neuen widergepurt die wesenlichen gerechtigkait Christi, die Got selbs ist, gleichwie wir in der ersten gepurt die sundtlichen natur des Adams empfangen haben; und ist also Got unser gerechtigkait in Christo, wie vor reichlich ist bewisen«[595].

Was hat nun Philippus mangels an disen baiden außlegungen? Wie untreulich er meine mainung furgetragen hat, ist offenbar. Er spricht aber, Paulus rede hie vom verdienst, das ist, da er spricht, wir seien durch eins menschen gehorsam gerecht worden, sey die mainung[596], Christus hab uns durch seinen gehorsam die gerechtigkait verdienet. Das ist ja wider in selbs und aller ding fur mich! Warumb hat er aber den ersten tail des spruchs nicht auch angesehen, da Paulus die gerechtigkait und nicht den gehorsam nennet? Und ist sein[597] mainung: Wie wir, aus Adam geporn durch sein sund, also sein sunder worden, das wir dem verdamnus unterworfen warn, also werden wir, aus Christo neu geporn durch sein gerechtigkait, also gerechtfertigt, das wir auch das ewig leben und seligkait erlangen – setzt also gegeneinander unser alte gepurt und die neue gepurt, Adams sund und Christi gerechtigkait, verdammnus und ewigs leben. Darnach redet er auch [M2a:] vom verdienst, wie Philippus selbst will, und ist Pauli mainung: Wie Adam durch sein ungehorsam verschuldet hat, das sein gantze natur sundtlich worden und alle seine nachkommen in im aus seiner sundtlichen natur zu sundern worden sein, also hat Christus durch seinen gehorsam erworben und verdienet, das alle, die aus im neu geporn werden, aus seiner wesenlichen gerechtigkait gerecht sein.

Nun urtail du selbs, christlicher leser, ob ich Paulum recht eingefuret und erkleret hab oder nicht, so wirstu in alle weg finden, das Philippus meiner lehr noch nicht einbuchstaben widerlegt und sein furgeben noch nichts bewisen hat[598]. Ja er ist so keck

594. I Petr 1,23.
595. Vgl. o. S. 248,26-250,12, Nr. 488.
596. der Sinn, die Bedeutung.
597. sc. des Paulus.
598. Vgl. o. S. 626,7-10.

nicht, das er sein mainung frey heraus sag, dann er weis, das ers nicht erhalten kan. Er wolt gern sagen, die gnad Gottis oder die annemung, acceptatio nostri, oder der verdienst Christi oder die vergebung oder das zurechnen wer unser gerechtigkeit[599], wie er bißanher in seinen buchern mancherleyweis unbestendig[600] und on grund darvon gehandelt hat, und beweiset auch on alle not die ding, so nicht strittig sein, als nemlich das wir der gnad bedůrfen, das uns Gott umb Christi willen gnedig ist und das er uns anneme, item das uns Christus alles verdienet hab, das wir vergebung der sunden durch in haben und das uns die gerechtigkait des sohns Gottis zugerechnet wer, soferne er durch den glauben in uns wonet, welchs alles unstrittig ist, und niemand im widerspricht. Das er aber beweisen solt, das ettwas anders die gerechtigkait sey, damit wir durch den glauben an Christum zum ewigen leben gerecht gemacht werden, dan die gŏttlich natur in Christo, [M2b:] der durch den glauben in uns wonet, das ist ihm unmůglich, er mus es ewigklich anstehen lassen, des bin ich gewiss.

Philippus Melanthon:

1. Joh. 1 [7]: »Das blut Jhesu Christi rainiget uns von allen sünden«.

Andreas Osiander:

Das blut Jhesu Christi, am creůtz vergossen, hat vergebung der sünd erworben. Das blůt Jhesu Christi, wann es sambt seinem flaisch durch einen rechten glauben geystlich geessen und getruncken wirt, wie Joh. 6 [48-58] darvon geschriben ist, das rainigt von sünden, doch nicht anderst, dann wie D. Luther in der postill am 95. plat[601] schreibt, nemlich, »wann der mensch Christus ledig und on Got were, so wer er kein nütz«[602], wie er[603] selbs sagt Johan. 6 [63]: »Das flaisch ist kein nütz«, und bald darnach[604]: »Das wort Gottis im anfang, Got selbs, mus unser leben, speys, liecht und seligkeit sein«[605], item uber den 51. psalm ůber die wort [9]: »Entsündig mich ...«, nach lengs[606], das magstu lesen etc. Und darvon redet auch Petrus 1. Pet. 1 [2], wir seyen erwelet »zur besprengung des bluts Jhesu Christi«, und, Hebre. 10 [22], »besprenget in unsern hertzen« etc.

Philippus Melanthon:

Ebre. 10 [10]: Wir sind geheiligt durch das opfer des leybs Christi auff einmal.

599. Zur Auffassung Melanchthons von gratia und iustificatio vgl. *Engelland*, Melanchthon, S. 309-320.

600. unsicher, unvereinbar, nicht stichhaltig.

601. Gemeint ist die Weihnachtspostille 1522 und darin die Predigt über das Evangelium der Christmesse Joh 1,1-14; vgl. o. S. 142, Anm. 229, Nr. 488.

602. WA 10,1,1, S. 198,23f; vgl. o. S. 142,10f, Nr. 488.

603. sc. Christus.

604. sc. Luther a. a. O.

605. WA 10,1,1, S. 199,13f; vgl. o. S. 142,12f, Nr. 488.

606. der Länge nach, ausführlich. – Gedacht ist wohl an die Ausführungen WA 40,2, S. 402,11-403,39 aus Luthers ›Enarratio Psalmarum LI »Miserere mei Deus« et CXXX »De profundis clamari«‹ 1538.

Andreas Osiander:

Das stehet nirgen in der epistel zun Hebreern, sonder Philippus felschet die schrifft hie groblich. Also stehet aber geschriben, da er erzelet, wie Christus im 40. psalm [8f] spricht: »Sihe, ich kom, zu thun, Got, deinen willen«[607], redet der apostel weitter also: »In welchem willen wir sind geheyligt, die wir durch das opfer des leybs Jhesu Christi, einmal geschehen (verstehe!), versönet sein« – dann die rede ist verkürtzt, wie solcher verkürtzten red wol mehr in der schrifft sein[608] und ist sein mainung: Wann wir durch [M3a:][h] das opfer Christi versönet sein, und nun Gott in uns wohnet und unser gerechtigkeit ist, so würckt sein götlicher will, der eben auch sein göttliche, wesenliche gerechtigkeit ist, in uns, wiewol unsern halben schwachlich, das wir unsere glider dargeben ihm zu dienst und zu waffen der gerechtigkeit[609]. Derselbige gottiswill, der in uns würckt, der ists, der uns auch heyligt und in dem wir geheyligt werden, wie Paulus zun Röm. 6 [19] spricht: »Begebt nun eure glider zu dienst der gerechtigkeit, das sie heylig werden«, und 1. Thessa. 4 [3]: »Das ist der will Gottis, euer heyligkeit« etc., und Esaie am 8. [13f]: »Heyliget den Herrn Zebaoth, und last ihn eur furcht und schrecken sein. So wirdt er euch ein heyligung sein«, und 1. Corinth. 1 [30]: »Er ist uns worden zur weyßheit von Gott, und zur gerechtigkeit, und zur heyligung«. Das mus nicht ein opfern oder ein anders werck sein, das in der zeyt anfahet und wider ein end nimbt, sonder es mus der Herr Zebaoth selbs sein, wie Esaias sagt[610], »auff das, wer sich rhümet, der rhüme sich des Herrn«, wie Paulus[611] und Jeremias[612] sagen.

Was Philippus weitter hernach schreibet, ist eitel spiegelfechten[613], dienet ains thails darzu, das er mich verdechtig mach, als lehret ich, das ich doch nicht lehr, und lehret das gar nicht, das ich doch mit allem vleyß allbeg gelehret hab und noch lehr, eins tails dienet es darzu, das der gemain man soll gedencken, er schreib und beweis vil wider mich, so er doch nichts uberal wider mich beweiset, sonder beweiset nur dasjenig, das kein stritt hat[614]. Das zu verstehn, merck, das der stritt nicht ist dann nur, was unser gerechtigkeit sey[615]: Da sol Philippus beweisen, aintweder das die göttlich natur Christi, die auch des Vaters und heyligen Gaists ist, nicht unser gerechtigkeit [M3b:] sey, oder aber das die götlich natur allein nicht genug sey, sonder man muß noch etwas mehr hinanflicken und was dasselbig sey und wo es die schrifft ein gerechtigkeit nenne. Das ist er schuldig zu thun, und wo ers nicht thut, so bleybt mein lehr stehn und die sein, die mir widerspricht, verdambt. Und wirdt ihn nichts

h) Blattangabe fehlt bei der Custode in A.

607. Hebr 10,9 (bezogen auf Ps 40,8f).
608. Zu dieser Redeform vgl. o. S. 164,18-170,29, Nr. 488.
609. Vgl. Röm 6,13.
610. s. o. Z. 15-17.
611. I Kor 1,31.
612. Jer 9,23.
613. lauter Vorgauckeln, Heuchelei.
614. Vgl. o. S. 636,37f.
615. Vgl. dazu o. S. 589,15-591,7 und 596,23-25.

helfen, das er so emsig mit vil spruͤchen der schrifft beweiset, das wir Gottis gnad, barmhertzigkeit und vergebung der sund bedurfen und uns derselbigen in aller angst durchs gantz leben sollen troͤsten, dann das sage, lehr und streit[616] ich auch, ob Gott wil, nicht [mit][i] wenigerm vleyß und nutz dann Philippus. Aber daraus wil noch nicht folgen, das etwas anders unser gerechtigkeit sey, dann die goͤtlich natur in Christo Jesu, sonder er muß es vil anderst beweysen. Das hat er bißanher nicht gethon, wir wollen hoͤren, ob ers noch thun werd.

Philippus Melanthon:

Esaie 53 [5]: »Durch seine wunden sind wir geheylet«. Welchs alles muß also verstanden werden, das wir vergebung der sünden haben und angenem sind vor Got durch den verdienst Christi, so wir mit warhafftigem glauben den herrn Christum annemen und glauben, das uns Got umb dises mitlers willen sünd vergeben und gnedig sein wolle, und ist zugleych war, das alßdann Got in uns wonet, so wir durch disen trost aus rechter angst errett werden. Dise lehr und diser trost, wie die heyligen auch nach der widergepurt klagen uber die vorigen sünd und angeborne unreinigkeit und trost suchen an dem mitler durch glauben, ist von anfang fur und fur durch die propheten geprediget in allen spruͤchen, darin sie zuflucht zur barmhertzigkeit lehren. Dann die barmhertzigkeit ist verheyssen umb des mitlers willen und von wegen seiner verdienst, und vertrauen also die prophe-[M4a:]ten auff den versoͤner, Got und samen Abrahe. Also spricht Daniel: »Erhoͤr uns nicht von wegen unser gerechtigkeit, sonder durch dein grosse barmhertzigkeit, umb des Herrn willen«[617]. Item: »Selig sind die, welchen die sünd gedeckt sind«[618].

Andreas Osiander:

In diser langen predig Philippi ist kein wort wider mich beweiset, auch nicht mit ainer syllaben, was gerechtigkeit sey oder nicht.

Philippus Melanthon:

Nun spricht Osiander offt also: Ich haiß gerechtigkeit dises, das uns macht recht thun[619]. In disen worten ist nichts geredt von vergebung der sünden. Dargegen sagen wir also, wir nennen gerechtigkeit den herrn Christum, durch den wir haben vergebung der sünden und ein gnedigen Got und goͤtliche gegenwertigkeit, welchs alles S. Paulus fasst in seinem haubtspruch zun Roͤm. 3 [24f]: »Wir werden on verdienst gerecht aus der gnad Christi, welchen Got hat furgestellet zu einem gnadenstul durch den glauben in seinem blut« etc., und Esaie am 53. [11]: »Und mein knecht,

i) konj. in A.

616. dafür streite.
617. Dan 9,18.
618. Röm 4,7 (Ps 21,1).
619. Vgl. dazu Osianders Definition von Gerechtigkeit in seinem Bekenntnis o. S. 160,(11-)22-24, oder 246,28-30, Nr. 488.

der gerechte, wirdt durch sein erkandnus vil gerecht machen«. Hie faßt er on zweyfel baides gnad und die gab, wie droben gesagt ist[620].

Andreas Osiander:

Wie gehts zu, das, wiewol ich so vil in meinem bekandnus von der gerechtigkeit geschriben und gestritten hab, das die goͤtlich natur in Christo selbs unser gerechtigkeit sey, Philippus sich dannoch also stellet, als hett ichs kaum ein wenig gemeldet, und wil alle meine beweysung, deren er keine widerlegen kan, nicht sehen, noch wissen? Haist das auff mein buch geantwort? Zwickt dieweil ein kleynes woͤrtlein heraus, da ich umb der schwachen willen auff menschliche weiß geredet und gesagt hab, die gerechtigkeit sey, das uns mach recht thun[621]. Warumb meldet er [M4b:] nicht auch, das ich so fleißig treib, Christus selbs nach seiner gottheit sey solche unser gerechtigkait, und das ich die zwen spruͤch darzu gefurt hab, Philip. 1 [9f]: »Ich bitt, das ir unanßstoͤßig [!] seit bis auff den tag Christi, erfullet mit fruchten der gerechtigkeit, die durch Jesum Christum geschehen in euch zur ehre und lob Gottis«, und damit es nicht der blossen menscheit Christi zugeschriben wuͤrde, spricht er am 2. cap. [13]: »Gott ists, der in euch wurcket baide das woͤllen und das thun nach seinem wolgefallen«? Meint Philippus auch solches gegen mir, ja gegen der gantzen christenheit christlich und gut? Und was ist das fur ein neue weißhait, das er spricht: »In disen worten ist nichts geredt von vergebung der sunden«? Auff die weis mocht er mich auch sophistisch spotten und sprechen, wann Osiander ein vatterunser petet, so redet er nichts vom leiden, sterben und blutvergiessen Christi. Wie, wann ich in aber widerspottet und sprech, Philippus sagt offt, das sey gerechtigkeit, das uns Gott fur gerecht schetzt, und sprech darauff: In disen worten wirt nichts geredt von der gegenwertigkeit Gottis und, das er unser gerechtigkait sey? Wie er nun mir wolt antworten, also antwort er im selbs auch! Er bekennet die gegenwertigkait Gottis in uns und stelt sich, als laß er die person Christi unser gerechtigkait sein; warumb hat er aber solchs vormals in allen seinen puͤchern nie gelehrt, noch bekennet, bis ichs im in disem 1551. jar mit der heiligen schrifft abgedrungen hab[622]?

Was er weiter sagt von der zusammenfassung gratiae et doni, das ist der gnad und gab, das ist alles stracks wider in und auffs allersterckist fur mich, wie ich droben aus gedachtem spruch Rom. 3 [23-26], den er [N1a:] aber einmal[623] verhauet, zerstummelt, und zerkruͤppelt, genugsam, reichlich und uberfluͤßig[624] bewisen hab[625]. Dann die gnad ist ja nicht die gabe, die gab auch nicht die gnad; sie wirdt uns aber aus gnaden gegeben. Das nun Christus fur uns hat gelitten, fur unser sund genug gethon, das gesetz fur uns erfullet, uns ein gnedigen Gott gemacht, der uns die sund vergibt, das ist die gnad. Das er aber durch den glauben sich selbs uns gibt und in uns wonet, unser leben, gerechtigkait und herrligkait ist, das ist die gabe. Die fasse ich also zusa-

620. Vgl. o. S. 591,8-14.

621. s. o. Anm. 619.

622. Osiander meint damit sein Bekenntnis, das im Sept. des Vorjahres im Druck erschienen ist; vgl. o. S. 51f, Nr. 488/496.

623. noch einmal, wiederum. – Vgl. dazu o. S. 613,29-614,17.

624. in Fülle, ausreichend.

625. Vgl. o. S. 613,29-626,10.

men, das mans baide glauben soll, aber nicht, das sie baide zugleich miteinander die gerechtigkait sein sollen, vil weniger leid ich, das man die gnad allein wolt gerechtigkait nennen, und der gab, die, Gott selbs, unser gerechtigkait ist, wolt geschweigen; dann eben darumb, das uns Gott gnedig worden und umb Christi willen die sund vergeben hat, darumb hat er uns durch den glauben auch die gerechtigkait, die er selbs ist, geschenckt, gleichwie der vatter mit dem verlornen son, Lucae 15 [11-32] handelt, erbarmbt sich sein, nimbt in zu gnaden, halset[626] und kuͤsset in – darnach gibt er im erst den koͤstlichen rock und gulden ring. Das annemen, halsen und kussen war nicht der rock und der ring, sonder nur die versonung. Aber der rock und ring, die er im eben darumb gibt, das er in zu gnaden hat genommen, bedeuten die gerechtigkeit und herrligkeit. »Wie vil euer getaufft sein, habt Christum angezogen«, zun Galatern am 3. [27], »der ist unser gerechtigkait«, 1. Corinth. 1 [30].

Warumb klagt er aber, das ich sag: Christus, der uns macht recht thun – das ist, wurckt in uns frücht der gerechtigkeit, nemblich das woͤllen und das thun –, der sey unser gerechtigkait, und rede nichts von der [N1b:] vergebung? On zweiffel darumb, das er gern wolt sagen, die vergebung wer die gerechtigkait, und ich solts auch sagen – und er thars doch nicht sagen, dann er kans nicht beweisen! Und warumb spricht er: Wir nennen gerechtigkait den herrn Christum, dardurch wir haben vergebung der sunden und ein gnedigen Gott, und nicht vil mehr: »Christus ist unser gerechtigkait«[627]? Dann das[628] er gern wolt sagen, gnad und vergebung weren die gerechtigkait und Christus were nicht die gerechtigkait, sonder wurd allain darumb gerechtigkait genennet, das er uns gnad und vergebung, die er[629] fur gerechtigkait helt, erworben hab – dann wan er recht und von hertzen glaubet, das Christus selbs unser gerechtigkait und in uns ist, so were es unmuͤglich! Ja ich wais, das es unmuͤglich wer, das er mich durch sich selbs und durch seine zwen zeugen so schendlich, lesterlich und gifftigklich het koͤnnen antasten[630]. Warumb sagt ers aber nicht frey heraus? Er kans nicht beweisen, noch erhalten. Esaias spricht, Christus werd uns durch sein erkantnus gerecht machen[631], das ist durch sein wort, dardurch wir in erkennen, das ist aber nach dem innerlichen wort[632] sein goͤttliche natur, die ist auch unser gerechtigkait, darumb streitet er auch wider Philippum, wie ich vor in meinem bekantnus im buchstaben X [Bl. 1a] bald im anfang, bewisen hab[633]. Aber solche tieffgelehrte leut duͤrfen nichts darauff antworten, ist genug, das sie ein anders plaudern und doch nichts beweisen. Warumb? Sie haben so vil jungern, magistros und doctores, die geschworen haben, sie wollen mit inen in der ainhelligkait bleiben[634].

626. umarmt, liebkost.
627. I Kor 1,30.
628. Nur weil, doch nur weil.
629. sc. Melanchthon.
630. Zur Entstehungsgeschichte der Schrift Melanchthons vgl. o. S. 561f.
631. Vgl. Jes 53,11.
632. Zu Osianders Unterscheidung zwischen innerlichem und äußerlichem Wort vgl. o. S. 116,20-120,11, Nr. 488.
633. Vgl. o. S. 260,22-31, Nr. 488.
634. Vgl. o. S. 574,9f.16.

Wann die all in ain horn plasen[635], so mainen sie, es werd so laut erschallen, das man sie allein und sonst niemand můß hören. Wollan, wir wollen sehen, was Got darzu thun wölle! [N2a:]

Philippus Melanthon:

Und betracht ein jeder den grossen ernst und die angst selbs, so jemand im todt ist und Gottis zorn fulet, diser ist zum herrn Christo zu weisen, der fur und fůr, auch nach der widergepurt, mitler, hoherpriester und furpitter bleibet, und ist das umbraculum, darunter wir gnad und trost finden. Also lehret uns der Herr selbs, da er spricht: »Kommet zu mir alle, die ir in engsten seit«[636]. Also lehren uns peten alle propheten. David schreiet: »Domine, ne in furore tuo arguas me. Salvum me fac propter misericordiam tuam«[637]. Und wiewol auch die[638] zeit Gott in im ist, so leuchtet doch die göttlich freud nicht allzeit gleich; da er verjagt wirt und fulet Gottis zorn wider sein vorige sund und die jetzige ergernus, da Absalom die auffrur erreget hat und schendet im seine frauen, deren on zweiffel etliche heilige personen warn[639] etc., bedarf er trost durch den verhaissen heiland, daher muß sich das hertz wenden[640]. Also wir alle im teglichen gepet, so wir anfahen zu peten, mussen wir den mitler Jesum Christum, Got und menschen, ansehen und uns gleich als in seine wunden legen[641] und disen warhafftigen trost fassen: Wir haben vergebung der sund und werden erhört umb dises mitlers willen! Und wiewol alßdann in solchem trost Got in uns ist und wurckt, wie der spruch auch sagt: »Spiritus interpellat pro nobis gemitibus inenarrabilibus«[642], so ist dannoch der glaub gegrundet auff den herrn Christum, Gott und menschen, und auff seinen verdienst und furbitt, wie der spruch sagt: »Was ir den Vatter pittet in meinem namen, das wirt er euch geben«[643]. Also lehren uns betten der herr Christus selbs und die prophetten.

Andreas Osiander:

In diser langen predig ist [N2b:] auch kein wort wider mich, es wolt dann Philippus hie auch den argwon machen, als lehret ich das widerspill, das ich doch nie gethon, wirts auch keiner nimmermehr auff mich war machen.

Philippus Melanthon:

Was nun volget, so man disen trost aus den augen thut[644] und weiset dich zur wesentlichen gerechtigkeit in dir, das woll ein jeder bey ihm selbs betrachten.

635. sprichwörtlich, vgl. *Röhrich*, Sprichwörtliche Redensarten 1, S. 438.
636. Mt 11,28.
637. Ps 6,2.5 Vg.
638. sc. (in) diese(r).
639. Vgl. II Sam 15f.
640. Vgl. Ps 3, bes. V. 1-3.
641. Vgl. Joh 20,27.
642. Röm 8,26.
643. Joh 16,23.
644. Redewendung, vgl. *Grimm*, Wörterbuch 1, Sp. 795.

Andreas Osiander:

Hat Philippus schwirmer und ketzer unter seinen juͤngern und geschwornen, die das ambt des mitlers, da er gegen Gott handelt, unser sünd auff sich nymbt, darfur leydet, stirbet und sein blutt vergeuͤßt, das gesetz fur uns erfuͤllet und also fur uns gnug thut, uns mit Got versoͤnet, ein gnedigen Got macht, der uns die sünd vergibt, den leuͤten aus den augen thun, so mag er dieselbigen als die allerschedlichsten schwirmer und ketzer wol unter die rhuten nemen[645], sie scharpf straffen und ihrer verfuͤrischen gotloserey[646], sovil ihm muͤglich, fleyssig wehren. Und wust ich, wer und wo sie wern, ich wolt das mein auch darzuthun. Ich hab aber dergleichen noch nichts erfarn, glaub auch nicht, das solche gotlose lehrer unter uns seyen, sonder mus mich alhie auch besorgen, Philippus woͤl mich haimlich und meuͤchlings verdechtig machen, wie sein art ist, als wer ich derjenig, der solchen trost den leuͤten aus den augen thet. Ich weiß aber und bin des gewiß, gibt mir auch mein gewissen zeuͤgnus im heyligen Geyst, das mirs kein frommer biderman[647] mit warheit zumisst, noch zumessen kan. Sein aber etliche untuͤchtige leut, die mir solchs antichten und mich wider ihr aigen gewissen damit anstincken, die werdens doch nimmermehr auff mich warmachen, sonder muͤssen daruber zuschanden werden, dann ich habs in meinen predigen, lectionibus [N3a:] und schrifften wol furkommen[648], sonderlich in meinem bekantnus, da ich baide thail des ambts des mittlers vleyssig nach meinem vermoͤgen gehandelt hab[649], nemlich das er zum ersten uns ein gnedigen Gott mach, der uns die sünd vergeb, zum andern uns dasselbig predigen lass und, so wirs glauben, er sambt dem Vater und heyligen Gaist in uns wonen, unser leben, weyßheit, gerechtigkeit, heyligkeit und herrlicheit seyen, und hab das erste thail allweg vleyssiger triben dann das ander. Ist auch wol muͤglich, wann mich meine widersprecher nicht darzu gedrungen, ich hett von dem andern thail auch weniger geredt und geschriben, dann die hohe noth erfordert hat[650]. Was aber fur schaden daraus entstanden ist, das etlich den ersten thail also haben gehandelt, wie die pücher zeugen, und von dem andern wenig und finster geredet, etlich gar davon stillgeschwigen[651], etlich noch darzu wi-

645. Redewendung für: in Zucht nehmen (vgl. a.a.O., 8, Sp. 1561).

646. gottlosen Lehre.

647. braver Ehrenmann.

648. bewältigt, bestritten, behandelt, abgehandelt; vgl. *Grimm*, Wörterbuch 4,1,1, Sp. 762, Punkt 21, bzw. 12,2, Sp. 1237.

649. Vgl. o. S. 589,17-591,5.

650. Dieses Urteil Osianders bezieht sich auf seine gesamte theologische Lehrtätigkeit. Die beiden Seiten des Mittleramtes sind in seinem Bekenntnis ›Von dem einigen Mittler‹ freilich äußerst ungleich ausgeführt (vgl. o. S. 54f, Nr. 488/496); doch läßt die unterschiedliche Länge der einzelnen Teile nicht auf ihre theologische Wichtigkeit zurückschließen. Osiander konnte sich in überbordende Darlegungen stürzen, um den Gegnern Sachverhalte zu beweisen; vgl. ebd., S. 52f, und *Hirsch*, Theologie, S. 183.

651. Vgl. dazu Osianders Angriff auf die ›Wittenberger Schule‹ mit Hilfe des Johanneskommentars von Caspar Cruciger in seiner Abhandlung ›Bericht und Trostschrift‹ vom Febr. 1551 in u. A. Bd. 9, S. 519-530, Nr. 434.

derfochten, verlestert und vermaledeiet haben[652], das ist vor augen und wirdt jhe lenger jhe mehr an tag kommen.

Philippus Melanthon:

Dise red: Gerechtigkeit ist dises, das uns macht recht thun, und: Wir sein gerecht umb unser neůigkeit willen, sein reden, die nicht ferne voneinander seyen, und ist ein wechsel cause et effectus[653].

Andreas Osiander:

Ey, wie thut die kurtze red, da ich gesagt, gerechtigkeit ist, das uns mach recht thun[654], dem Philippo so bitter weh! Ich glaub furwar, er hab sorg, sie werden dem gemainen man die augen auffthun, das er Philippi theologey bas kőn urteiln[655], dann bißanher ettlich der hochgelerten gekont haben, dann er hat wunder[656] vil feiner leůth mit seiner sophisterey geplendet. Wer kan aber zweyffeln, dieweil er dise lehr so heßig[657] tadelt, [N3b:] er mus ein solche gerechtigkeit haimlich bey sich getichtet haben, die niemand macht recht thun, er lehre gleych mit dem mund, was er wolle? Das er aber sagt, es sey nahe[658] sovil geredt, als sprech ich, unser neůigkeit ist unser gerechtigkeit, das ist mir frembd zu hőren. Dann wann er also wil sophisticiren und der gantzen christenheit so sicher daher spotten, und ich sprech, derjenig, der himel und erden geschaffen hat, ist unser Got, so mocht[659] er auch sagen, es wer nahe sovil geredt, als sprech ich, himel und erd wer unser Gott. Wer wil hie nicht greyffen, das Philippus hie wider sein aigen gewissen in solchen wichtigen sachen sophisticirt und spottet aller weldt? Solt Got nicht mein gantze sündige natur kőnnen rainigen und verneůen, also das er dannoch mein leben, gerechtigkeit und herrlicheit plibe und nicht die neůigkeit selbs mein gerechtigkeit wůrde? Solt er nicht allerley frůcht der gerechtigkeit und allerley guts-wollen und guts-thun in mir konnen wůrcken, also das er dannoch mein gerechtigkeit plib und nicht die gutten werck mein gerechtigkeit wurden?

Er spricht weitter, es sey ein wechsel causae et effectus, das ist des werckmeisters und seins wercks. Und das ist auch der tůckischen, fůchsischen sophisterey eine, dann niemand kan aus den worten verstehen, was er sagen wil. Darumb mus ich den fuchs in seinem loch suchen. Will er sagen, das in meiner rede, Got als der werckmeister der neůigkeit, die gerechtigkeit genennet werd, aber in der andern seiner rede werd die neůigkeit als das werck gerechtigkeit genennet, so ists wol war. Aber was thut das wőrtlein ›wechsel‹ darbey, und warumb spricht er, die zwu rede seyen nicht

652. Wohl ein Hinweis auf die maßlose Kanzelpolemik, der besonders Mörlin erlegen war; vgl. o. S. 587, Anm. 188. Vgl. auch u. A. Bd. 9, S. 691,12-19, Nr. 474.

653. Vgl. Melanchthons Brief an Osiander vom 1. Mai 1551 u. A. Bd. 9, S. 674,7-13, Nr. 469.

654. Vgl. o. S. 639,27-29.

655. besser beurteilen könne.

656. erstaunlich.

657. gehässig.

658. fast.

659. könnte.

fern voneinander, so sie doch im verstand[660] ferner voneinander sein dann himel und erd? Mainen solche sophisten und rhetorculi, ich koͤnn ihre [N4a:] figuratas locutiones nicht verstehen? Wil er dann sagen, ich selbs hab die woͤrter verwechselt und Gott als den werckmeister mit dem mund und der federn unser gerechtigkeit genennet, so ich doch im hertzen nichts anders fur gerechtigkeit halte, dann das werck der neuͤigkeit, so thut er mir unrecht und wider sein aigen gewissen, dann er weyß, das mein glaub, hertz, mund und feder anderst klingen. Wil er aber fur sich selbs sagen, Got koͤnn nicht unser gerechtigkeit sein, sonder wann man Gott unser gerechtigkeit nenne, so mus mans verstehen, das Gott in uns ein neuͤigkeit wuͤrcke, die unser gerechtigkeit sey, so ists ein gewiss gezeuͤgnus, das er in allen seinen worten, da er von der gegenwertigkeit Gottis in uns redet, nichts anders im hertzen hat, dann Got sey alleyn durch die wuͤrckung in uns wie die sonn im acker[661]. Ach, warumb redet er nicht verstentlich – kont ers doch wol thun!

Philippus Melanthon:

Das aber Osiander sagt, dise lehr mach sichere leuͤt, so man spricht: Wir sind gerecht, das ist ›Got angenem‹, allain umb des herrn Christi willen durch den glauben, darauff ist unser antwort: Man sol recht lehren, Got sein ehr geben und sund straffen und dargegen den erschrocknen hertzen warhafftigen trost furhalten, obgleych die zuhoͤrer nicht alle gleych sein, seine zuhoͤrer sein auch nicht alle gleych.

Andreas Osiander:

Hie thut mir Philippus aber[662] einmal unrecht auffs allerunverschambtist und mischt gleychwol sein zweyzuͤngige sophisterey mit ein. Ich hab gesagt und geschriben, das, wann man lehre, wir seyen gerecht allein daher, das uns Christus vergebung der sünd hab erworben und Got halt uns umb Christi willen fur gerecht, ob wirs wol nicht seyen, und er uns kein gerechtigkeit gebe, und verschweig darbey, das Christus durch den glauben in uns wonet und unser gerechtigkeit [N4b:] sein soll, das mach sichere und rohe leut[663], wie auch vor augen und hart daruͤber geklagt wirt. Wann ich jetzgedachte wort Philippi geredt het, so mainet ichs also: Wir sind gerecht (das ist, Christus wonet in uns) und Gott angenem (dann Christus hat uns zuvor ein gnedigen Gott gemacht) allain umb des herrn Christi willen, das ist, wir haben nichts daran verdienet durch den glauben, dann wir muͤssen die vergebung glauben und also durch den glauben Christum selbs auch ergreiffen. Aber doch het ich also gesagt: Wir sind Gott angenem und gerecht, dann wir muͤssen vor versonet werden, gnad und vergebung haben, ehedann sich Gott uns selbs zur gerechtigkait gibt, und schickten sich die wort auffs allerartlichst[664] zu disem meinem verstand. Aber Philippus Melanthon mainets gewißlich nicht also, es wer sonst zwischen mir und im kein stritt. Darumb sein dise wort zweizungig, wie ich gesagt hab. Ich wolt im zwar

660. Sinn.
661. Vgl. o. S. 600,12-22; 601,18-24.
662. wieder.
663. Vgl. o. S. 82,11-21, Nr. 488, und S. 481,15-20, Nr. 511.
664. allerbeste, allerschönste.

sein mainung auch wol herzelen, wie er gedachte seine wort vil anderst versteht, und wolt nicht felen, aber ich will in, ob Gott will, dahin dringen, das ers selbs thun muß!

Das er aber antwortet, man soll recht lehren, das ist wol war, aber er hat noch nicht bewisen, das sein lehr recht sey, versihe mich auch, er werd es noch wol ein weil anstehn lassen; das ubrig ist keiner antwort werdt.

Philippus Melanthon:

Der schoͤne spruch Jere. am 23. [5f] redet vom gantzen herrn Christo und von der gantzen wolthat, da er spricht: »Ich will David ein gerechts gewechs erwecken« etc. »Und das wirt sein name sein, das man in nennen wirdt, Jehova, unser gerechtigkeit«. [O1a:]

Andreas Osiander:

Also schreibt Jeremias: »Sihe, es kommen die tag, das ich dem David ein gerechts gewechs erwecken will, und soll ein koͤnig sein, der wol regirn und recht und gerechtigkait auff erden anrichten wirt. Zu seiner zeit wirt Juda geholfen werden und Israel sicher wonen, und das ist der name, das man in nennen wirt: der Herr, der unser gerechtigkait ist«[665]. Hie ist offenbar und hat kein stritt nie gehabt, das diser gantze spruch vom gantzen Christo und von seiner wolthat redet, dann soll er Davids gewechs sein, so muß er auch ein warer mensch sein, soll er יהוה, das ist der Herr, haissen, so muß er auch warer Gott sein[666], soll er dem volck helfen, so muß er das gesetz erfullen, leiden, sterben und aufferstehn, soll er unser gerechtigkait sein, so muß er auch durch den glauben in uns wonen. Ich sag aber mit fleis vom gantzen spruch, dann wann man in zergentzet[667] und nimbt allain die letzten wort: »Man wirt in nennen: der Herr, der unser gerechtigkait ist«, so reden sie schon nichts mer von seinen wolthaten. Dann seine wolthaten oder werck sein nicht unser gerechtigkait, sonder der herr יהוה selbs. Nun zeuget doctor Pomeranus uber disen spruch auch, das der name יהוה in der gantzen schrifft niemand werd zugelegt dann dem goͤttlichen wesen allain[668].

Philippus Melanthon:

Er sagt von einer person, die vom geplůt Davids herkombt, und ist zugleich warhafftiger Gott; dise person, spricht er, ist unser gerechtigkait.

665. Jer 23,5f.

666. Vgl. o. S. 228,27-230,12 und 230,23-29, Nr. 488.

667. zerteilt.

668. In seinem Jeremiakommentar führt Bugenhagen zu Jer 23,5f aus: »Messiam fatentur [Iudaei] nobiscum hic promitti, sed Ieremias dicit eum vocandum Iehova Dominum ..., de quo nomine diximus supra cap. XVI, quod ubique in scripturis nulli tribuitur nisi soli divinae essentiae« (In Ieremiam prophetam commentarium Iohannis Bugenhagii Pomerani ..., Wittenberg 1546, Bl. AAaa4a (= CCLXIVa); vgl. seine Ausführungen über das Tetragramm im Kommentar zu Jer 16, Bl. Lll3a-Mmm3b (= CCXIa-CCXVb), bzw. folgende Zitate auf Bl. Lll3ab (= CCXIab): »Non est hic dissimulandum de nomine Dominus, quod est tetragrammaton Hebraeis, et nulli in scripturis tribuitur hoc nomen, nisi vero Deo ... Iehova, id est existentem essentiam vel substantiam verum Deum ... Docebo gentes [dicit Dominus] ... nomen meum Iehova, ut sciant et praedicent essentiam meam, quod ego sum Pater et Filius et Spiritus sanctus ...«

Andreas Osiander:

Gott sey gelobt, das dises nun ein schoͤner spruch worden ist und das man bekennet, das die person Christi unser gerechtigkait ist. Vor 22 jarn, da ich in dem Philippo auff dem [O1b:] reichstag zu Augspurg erkleret[669], wie ich neuͤlich[670] in meiner ›Beweisung‹ angezeigt hab, da blib er verschwigen[671], und kont dise hohe warheit nicht in die ›Augspurgischen confession‹ kommen[672]. Were sie aber hineinkommen und darbey angezeigt worden, das Christus durch den glauben in uns wonet und wurcket das woͤllen und das thun in uns, zweiffel ich gar nicht, die ›Confeßion‹ het ein ander ansehen gewonen. Es must aber nicht allein unterbleiben, sonder Philippus hat sich hernach unterstanden, disem spruch seine krafft zu nemen, und dieweil unmuͤglich war, das er das wort יהוה oder Herr solt anderst dann auff das göttlich wesen deuten, da nam er das ander wort fur sich, nemlich ›unser gerechtigkait‹, verkeret dasselbig und machet daraus unser rechtfertiger, wie man in seinen ›Locis‹ mag sehen[673]. Darnach volget weiter, das zweierley teutsche bibel zu Witteberg und zu Leipzig getruckt wurden[674], darin diser spruch auch verkert ist, und fur unser gerechtigkait unser rechtfertiger gesetzt worden. Aber doctor Luther hat in bald hernach wider zurechtgepracht[675].

669. Osiander hat im Auftrag der Reichsstadt Nürnberg den Reichstag in Augsburg vom 28. Juni bis 27. Juli 1530 besucht; vgl. u. A. Bd. 4, S. 65-67, Nr. 140-141. Zu den Vorgängen bei den Gesprächen zwischen ihm und Melanchthon vgl. S. 434,12-438,21, Nr. 508; außerdem ebd., S. 442,1-443,11, und u. A. Bd. 9, S. 523,34-524,9, Nr. 434.

670. vor kurzem.

671. In seiner im Januar erschienenen Schrift ›Beweisung‹ (s. o. Anm. 87) schildert Osiander, daß Brenz, Rhegius und er mit Melanchthon sogar den hebräischen Text, die chaldäische Übersetzung und die jüdischen Kommentare zu Jer 23,5f untersucht hätten, und als sich herausstellte, daß es dort von Gott nicht ›Gerechter‹ (so die Vg.!) heißen könne, sondern »Gerechtigkeit« (צִדְקֵנוּ) heißen müsse, da »stellet sich Philippus ganz frölich« (vgl. o. S. (434,12-)436,11-437,20 (Zitat S. 437,19), Nr. 508. Zu diesem Bericht vgl. *Liebmann*, Urbanus Rhegius, S. 246-251.

672. Vgl. o. S. 576,5-22, und ausführlicher o. S. 438,17-21, Nr. 508. Osianders Behauptung ist nicht richtig, da die Verlesung der CA bereits am 25. Juni stattfand (vgl. u. Anm. 784), Osiander aber erst am 28. in Augsburg eintraf (vgl. o. Anm. 669). Die Umstimmung Melanchthons, von der Osiander berichtet, kann daher erst in den Tagen danach stattgefunden haben.

673. In allen drei Bearbeitungen der Loci Melanchthons findet sich folgende Parallelstelle zu Jer 33,16: »Et hoc est nomen quod vocabunt eum, Dominus iustificator noster. Hic tribuit(ur) Christo et nomen Dei proprium et nomen iustificatoris« (CR 21, Sp. 265 = Sp. 361; vgl. Sp. 624).

674. Die erste Vollbibel des Luthertextes kam 1534 in Wittenberg bei Hans Lufft heraus, ebenso wie die weiteren Ausgaben 1535, 1536, 1539, 1540, 1541 und 1545. Die Ausgabe 1546 wurde erst nach Luthers Tod fertiggestellt; vgl. TRE 6, S. 241; RGG 1, Sp. 1204, bzw. WA.DB 11,2, S. XIII. Natürlich gab es Nachdrucke der Vollbibel in verschiedenen größeren Städten, darunter in Leipzig bei Nikolaus Wohlrab in den Jahren 1541, 1542, 1543 und 1544. Zu den Wittenberger Bibeldrucken und den Nachdrucken andernorts vgl. WA.DB 2, S. 543-690; zu den Leipziger Drucken vgl. ebd., S. 643, 655f, 664-666 und 673.

675. Der Jeremiatext der Lutherübersetzung 1532 lautet Jer 23,6 (und 33,16): Der »Herr, der uns gerecht macht«, der der Lutherbibel 1545 dagegen: Der »Herr, der unser Gerechtigkeit ist«; vgl. WA.DB 11,1, S. 264f (S. 304f). Die Protokolle der Bibelrevision von 1539-1541 – bei diesen sich über Jahre hinziehenden Revisionen wirkten neben Luther und Melanchthon auch

Wollan, die warhait pricht herfur[676] wie ein zeitigs kind[677], sie sey allen meinen widersachern lieb oder layd[678]. Philippus muß bekennen, er thue es gleich gern oder nicht, das des propheten mainung sey, das die person unser gerechtigkait sey. Daraus volget unwidersprechlich, das kein werck diser person unser gerechtigkait sein kan. Vil gewaltiger volgets aus dem, da der prophet spricht, der herr יהוה sey unser gerechtigkeit, dann es ist unserm glauben und der heiligen schrifft unleidlich, das man ein werck solt יהוה, das ist herr und Gott, nennen. Es ist auch recht geredet, das die person unser ge-[O2a:]rechtigkeit sey, dann was man von der menschlichen oder gőttlichen natur Christi sagen kann, das mag und soll man auch von der person sagen[679]. Dann ist es recht, das man spricht: Die gőttlich natur ist unser gerechtigkeit, so ists auch recht, das man spricht: Christus ist unser gerechtigkait. Nichtsdestoweniger, wann man fragt: Nach welcher natur ist er unser ewige gerechtigkait, so muß man bekennen, das er nach seiner gőttlichen natur unser ewige gerechtigkeit sey, dieweil Jeremias sagt, יהוה, das ist die gőttlich natur oder gőttlichs wesen, sey unser gerechtigkeit. Man muß auch bekennen, das sein menschliche natur nicht die gerechtigkait selbs sey, dann wie kőnt ein leibliche natur die gerechtigkait in abstracto sein[680]? Aber doch ist sein menschliche natur volkommenlich gerecht, darumb das sie mit der gőttlichen natur, das ist mit der wesenlichen gerechtigkait Gottis, in ein ainige person verainigt ist und sein menschliche natur derselbigen gőttlichen gerechtigkeit gantz und gar volkommenlich gehorsam ist[681]. Und wann wir durch den glauben seine lebendige glider werden, so werden wir solcher seiner wesenlichen gerechtigkait auch thailhafftig, dann er wonet in uns. Aber wir sein ir nicht volkommenlich gehorsam, ja der gehorsam hat kaum ein wenig angehebt; er soll aber von tag zu tag zunemen und in der aufferstehung volkommen werden. Mitler zeit[682] rechnet uns Gott seine wesenliche gerechtigkait zu, allain darumb, das sie in uns ist, unangesehen, das wir ir nicht volkomenlich gehorsam sein, wie wir solten[683]. Hiervon hab ich in meinem bekantnus in den buchstaben N [Bl. 1b-] und O[2b] reichlich geschriben[684], das mit doctor Luthern, den vetern, concilen und heiliger schrifft

andere mit (vgl. WA.DB 4, S. XI-LVIII) – bieten für Jer 23,6 folgende Notizen: »Deus iusticia nostra. Non docent Euangelium. – Herr, (der uns gerecht macht): Herr, der unser gerechtigkeit ist«; vgl. WA.DB 4, S. 104,25-27; s. auch S. 115,12f. Die Revisionskommission hat also die Verbesserung vorgenommen.

676. Redensart, vgl. *Röhrich*, Sprichwörtliche Redensarten 2, S. 1119.

677. geburtsreifes Kind. – Redensart, vgl. *Grimm*, Wörterbuch 15, Sp. 585.

678. formelhaft, vgl. a.a.O., 6, Sp. 655.

679. Vgl. o. S. 200,12-202,13, Nr. 488.

680. Vgl. o. S. 226,34-228,13, Nr. 488.

681. Vgl. o. S. 248,7-23, Nr. 488.

682. Inzwischen.

683. Vgl. o. S. 286,29-292,27, Nr. 488.

684. Wie aus dem folgenden Lutherbeispiel hervorgeht, bezieht sich Osiander auf seine gesamten Ausführungen zur Lehre von der communicatio idiomatum auf den Druckbögen N und O, vgl. o. S. 200,6-208,31, Nr. 488, und u. Anm. 686. Seine weiteren Ausführungen oben sind an anderer Stelle (vgl. die vorangehende Anm.) besser zu finden.

gantz uberainstymmet, das magstu lesen[685]. Und ob dir daselbst das exempel[686], das [O2b:] auch Luther einfuret[687], nicht gnug thette, nemlich, Marie sohn hat himel und erde geschaffen und doch nur nach seiner goͤtlichen natur und nicht nach der menschlichen, sambt andern exempeln mehr, so nym das darzu, das Christus Joannis am 3. [13] spricht: »Niemand fehrt gen himel, dann nur, der vom himel herniderkommen ist, nemlich des menschen sohn, der im himel ist«. Dann hie nennet er sein person selbs und nennet sie mit einem solchen namen, der von seiner menschlichen natur herraicht, nemlich den menschensohn, und spricht, er sey im himel, so er doch dazumal allein nach der goͤtlichen natur im himel war und nach der menschlichen noch auff erden. Also nennet Jeremias die person Christi auch mit einem namen, der von seiner menschlichen natur herkombt, nemlich ein gewechs Davids, und spricht, er sey unser gerechtigkeit[688], so er doch allein nach der goͤtlichen natur unser gerechtigkeit ist, dan er spricht, »יהוה sey unser gerechtigkeit«, und יהוה haist allein goͤtlich natur und wesen, wie das kein stritt hat. Ich sonder aber darmit die menschlichen natur Christi nicht ab von unserer rechtfertigung, vil weniger trenn ich die person, sonder hab mich in meinem bekantnus auffs allerfleyßigst erklert, was die menschlich natur zu unserer rechtfertigung thue, sonderlich [Bl.] E4[ab] und Aa4[b-Bb1a][689], ja durch das gantz puch aus, darumb ists on noth, alhie widerumb zu erholen.

Philippus Melanthon:

Hie sollen wir ja nicht vergebung der sünd ausschliessen, sonder gerechtigkeit also verstehen, das wir durch ihn haben gratiam et donum, das ist gnad und gab.

Andreas Osiander:

Man sol ja die vergebung der sünd nicht ausschliessen aus dem glauben, dann sie mus geglaubet sein, dieweil Christus befilhet, man sol puss [O3a:] und vergebung der sund predigen in seinem namen[690]. Wann man aber fragt, was gerechtigkeit sey, so mus man antworten: Christus, durch den glauben in uns wonend, ist unser gerechtigkeit nach seiner gotheit, und die vergebung der sund, die nicht Christus selbs ist, sonder durch Christum erworben ist, die ist ein zuperaitung und ursach, das uns Got sein gerechtigkeit, die er selbs ist, darpeuͤt, wie ich droben uber den spruch Rom. 3 [23-26] vom gnadenstul nach lengs und gewaltiglich hab bewisen[691].

Und das er sagt, wir haben gnad und gab durch Christum[692], ist gantz recht nach der schrifft geredt, aber es ist alles stracks und gewaltigklich wider ihn, dann Christus hat uns durch sein gnugthuung gnad und vergebung erworben, die gehoͤrn zusamen, dann man kan kein gnad verstehen, wo nicht vergebung der sünd ist. Aber

685. Zur Lehre von der communicatio idiomatum, auf die sich Osiander mit den von ihm genannten Zeugen bezieht, vgl. o. S. 200, Anm. 447, Nr. 488.

686. Vgl. o. S. 204,7-13 und 208,6-8, Nr. 488.

687. Vgl. z.B. WA 47, S. 77,34-36; S. 87,2-4, oder WA 39,2, S. 280,20f.

688. Vgl. Jer 23,5f.

689. Vgl. o. S. 138,8-140,9 und 294,1-28; weiter S. 218,7-9, Nr. 488.

690. Vgl. Lk 24,47.

691. Vgl. o. S. 613,29-626,10.

692. Vgl. o. S. 591,8-14.

die gab ist die gőtliche gerechtigkeit, davon ich immerdar sag. Das aber gnad und vergebung nicht gerechtigkeit seyen – ob wir wol die gab der gerechtigkeit nicht konten erlangen, wann wir nicht zuvor gnad und vergebung hetten –, das ist gewaltig zu beweysen Rom. 5 [17], da Paulus spricht: »So umb des ainigen sünd willen der todt geherschet hat durch den einen, vilmehr werden die, so da empfahen die fůlle der gnade und der gabe der gerechtigkeit, herschen im leben durch einen, Jhesum Christum«. Nun sind gnad und gab underschidlich, wie du hie sihest und Philippus bekennet. So nennet Paulus außtrucklich die gerechtigkeit die gabe und gar nicht die gnad der vergebung, darumb kan weder gnad noch vergebung die gerechtigkeit sein. Das man aber etwo im teůtschen an jetzgemelten orth Pauli liset: »der gabe zur gerechtigkeit«[693], das ist falsch, es soll und mus haissen: »der gabe der gerechtigkeit«[694]. [O3b:] Noch gewaltiger beweysens die folgende wort Pauli am selben orth, da er spricht: »Gleychwie die sünd geherschet hat zum tode, also auch hersche die gnad durch die gerechtigkeit zum ewigen leben durch Jesum Christum«[695]. Dann soll die gnad herschen durch die gerechtigkeit, so mus gewißlich ein unterschid zwischen der gnad und gerechtigkeit sein, darumb kan auch vergebung nicht gerechtigkeit sein, dann sie ist in der gnad begriffen, und kan den hohen namen יהוה nicht ertragen, darumb gepůrt ihr auch der titel der gerechtigkeit nicht.

Philippus Melanthon:

... wie droben gesagt ist[696], das ist dises alles: vergebung der sünden, heyligung, ewigs leben und ewige seligkeit, wie S. Paulus dises alles zusamenfasset, da er spricht 1. Corin. 1 [30]: Christus ist uns geporn von Got, das er sey unser »weyßheit, gerechtigkeit, heyligung und erlősung«, welche wort auch von der gantzen person reden und fassen den verdienst und vergebung der sünden, dann er nennet [ihn][k] die erlősung.

Andreas Osiander:

Ich hab mein lebtag kaum so grobe, tőlpische und frevele sophisterey gehort, als Philippus hie treybt. Er spricht, Paulus fasset dises alles zusamen – ist war, wie aber oder warein? Er fassets in ein feine, kurtze lehr unther die wolthat Christi, aber er fasset es warlich nicht unter das ainig wort gerechtigkeit, sonder gibt einem jeden seinen aignen, rechten namen[697]! Wie kombt dann die arme, elende sophisterey darzu, das sie uns wil blenden und bereden, es sey und heiß alles gerechtigkeit? Und wann es sich schon im Paulo also lies sophisticirn, so hilft es doch in diser sachen den Philippum nichts, dann Paulus nennet die vergebung nicht und er kan nicht sagen,

k) konj. in A nach CR 7, Sp. 889, Nr. 5017.

693. WA.DB 7, S. 44 und 45 (Ausgaben 1522 und 1546).
694. NT griechisch: »τῆς δωρεᾶς τῆς δικαιοσύνης«.
695. Röm 5,17.
696. Fortsetzung des Melanchthonzitats von S. 649,21 mit Bezug auf S. 591,8-14.
697. Zu diesem für Osiander besonders wichtigen Spruch der Schrift vgl. seine Auslegung und den Aufbau seines Bekenntnisses o. S. 56, 58f und 61, Nr. 488/496.

das erloͤsung, das ist apolytrosis, die vergebung sey, sonder sie erwirbt [O4a:] nur die vergebung[698], und da er schliessen und aus dem spruch Pauli folgern sol, das vergebung die gerechtigkeit sey, verzweyfelt er selbs daran, dann er sihet, das ers nicht thun kan und singt uns dafur ein liedlein, wie troͤstlich die vergebung sey. In summa, er sol beweysen, das vergebung gerechtigkeit sey, so beweyst er, wir durfen der vergebung, gleych als were jemand, der das widerspreche, und hofft mitler zeyt, man sol mich verdencken[699], als sey ich der verfluchte ketzer, der solchs thue.

Mich wundert aber[700], warumb sie doch der gottheit Christi so feind sein, das sie ihr einsthails den namen der gerechtigkeit nicht goͤnnen, einstails aber der gotheit allein nicht goͤnnen, sonder wollten gern noch ein andern neuͤen und von ihn selbs geschnitzten, ja gedichten abgot dem waren Got an die seyten setzen, das sie zwen miteinander ein einige gerechtigkeit und einigs ewigs leben musten sein. Und was hat ihn doch der name gerechtigkeit zulaid gethon, das sie ihn also hin und wider werfen und an keinem einigen ding wollen lassen bleiben[701], so sie doch mit andern namen nicht also thun? Ich hab furwar sorg, der laidige teuͤffel sey allzu gewaltig in disem spill und seien das seine gedancken und anschleg, als sprech er: Ich wais wol, das der rechten, waren christen gerechtigkeit und leben Got selbs ist und darzu in ihnen wonet, wie er dann auch mein gerechtigkeit und leben in mir nach englischer maß[702] gewest were, wann ich ihn nicht verlassen hette und sein feynd wer worden[703], derhalben thut mir der neydt wehe, das er in ihnen sol sein und nicht mehr in mir. Ich empfind auch ein sondre pein und qual, wann ich den christen, in denen Got wonet, zu nahe kom und kan mein poͤß furnemen weder gegen ihnen noch gegen andern, die gern umb sie sein, meins gefallens [O4b:] außrichten. Darumb muß ich fleyß ankeren[704], das solcher leuͤt nicht vil werden und kein fried haben. Darumb wil ich dise lehr in alle muͤgliche weg anfechten und falsche lehrer auffwecken, die da sagen, Gott wone nicht in den christen oder sey ir gerechtigkait nicht oder sey es nicht allain oder sein menscheit sey nicht darbey, vil weniger sein leib und blut in irem sacrament[705]. Wann sie dann inen glauben, so koͤnnen sie Gottes gerechtigkait nicht bekommen und die, die sie schon haben, die muͤssens wider verlieren und nicht mehr Gottis tempel sein[706] – dise folge kan nicht fehlen! Wann nun der tempel Gottis, nemlich die glaubigen hertzen, also entweihet sein und Gott nicht mehr drinnen wonet, so mainet der teuffel, er woͤll in jedes in sonderheit seiner ergsten gesellen si-

698. Vgl. o. S. 632,26-30.

699. mich in Verdacht haben.

700. Zum folgenden vgl. o. S. 284,5-11, Nr. 488.

701. Vgl. Osianders Angabe, die Gegner hätten vierzehn, ja zwanzig Gerechtigkeiten erdichtet, o. S. 630, Anm. 562.

702. nach Weise der Engel.

703. Zur Engelsgestalt Lucifers und zum Höllensturz Satans vgl. Lk 10,18 und RGG 4, Sp. 553.

704. anwenden.

705. Zu diesem wiederholten Vorwurf vgl. o. S. 218,11-26, bzw. 292,28-35, Nr. 488; weiter u. A. Bd. 9, S. 442,22-444,6, Nr. 425.

706. Vgl. o. S. 296,29-298,9, Nr. 488.

ben oder mehr hineinstecken[707] und wő̈ll dann seiner art nach lűgen außschütten wie schne, scheltwort und lesterwort außgiessen wie regen, neid, haß und zorn anzunden wie feur, verachtung, untreu und ungehorsam gegen der von Gott gesetzten obrigkait anrichten, dem exempel soll dann der pőbel auch volgen[708], die kinder wider die eltern, die weiber wider die menner streben[709], darvon soll die ainfeltig[710] jugendt wie mit pestilentz vergifftet werden, will darneben mit verfolgung, gelt, wollust und pracht wie vom anfang her auch etlich abreissen, bis ichs alle verderb! Und ob mir Gott schon wehret wie bißher, so will ich doch mein lust an meinen knechten pűssen, die mir darzu helfen, und inen den lohn geben wie dem verretter Juda[711]. Solchs, glaub ich, seien des teuffels gedancken oder noch erger. Darumb sey gewarnet, wer sich warnen will lassen, und ker wider[712], wer widerkeren kan[713]. Wir wőllen Philippum weiter horen, was er fur ein liedlein singe. [P1a:]

Philippus Melanthon:

Also sind dise spruch trostlich, so man vergebung der sünden darinnen erkennet, dann on disen trost konnen wir nicht fur Gott tretten. Wir műssen erstlich den artickel des glaubens ›credo remissionem peccatorum‹ betrachten und mit glauben fassen und, so wir uns also trősten, alßdann ist dises auch war, das Gott warhafftigklich in uns wonet und der herr Christus selbs in uns wűrcket, wie er spricht: »Ego vitam aeternam do eis«[714], item: »Nemo rapiet [eos][l] ex manibus meis«[715].

Andreas Osiander:

Uber disen worten ist kein stritt, und dűrfen keiner andern antwort, dann das er den leuten das maul schmiret[716], damit sie vergessen, das er beweisen soll, wie die vergebung die gerechtigkait sey, dieweil ers nicht kan!

Philippus Melanthon:

Aus disem allem schließ ich, das ich den verdienst Christi und vergebung der sund nicht außschliesse, so S. Paulus spricht: Wir werden gerecht durch den glauben an

l) konj. in A nach CR 7, Sp. 899, Nr. 5017.

707. Vgl. Lk 11,24-26.
708. Vgl. dazu o. S. 222,1-7 und 82,11-15, Nr. 488.
709. Vgl. Mt 10,21f; Lk 21,16f.
710. einfache.
711. Vgl. Mt 27,3-5.
712. kehre um.
713. Eine Warnung, die Osiander schon einmal den Nürnberger Stadtvätern hatte zukommen lassen, um die Einführung des ›gottlosen‹ Interims, der den Protestanten von Kaiser Karl V. zwangsweise auf dem Reichstag zu Augsburg 1548 auferlegten Kirchenordnung, zu verhindern; vgl. u. A. Bd. 8, S. 615, 4f, Nr. 348.
714. Joh 10,28.
715. ebd.
716. Redewendung, vgl. *Röhrich*, Sprichwörtliche Redensarten 2, S. 630.

Christum[717], und halt dise form in meinem gepet: Allmechtiger, warhafftiger Gott, ewiger und einiger vatter Jesu Christi, schaffer himels und der erden, engeln und menschen und aller creaturn, sambt deinem aingepornen sohn Jesu Christo und heyligen Gaist, erbarm dich mein, vergib mir meine suͤnd und mach mich gerecht umb deines sons Jesu Christi willen und durch in und heilige mich mit deinem heiligen Gaist, etc. Auch spricht Augustinus[718]: Des gantzen vertrauens sicherhait steht im teuern blut Christi, »totius fiduciae certitudo est in praecioso sanguine Christi«[719].

Andreas Osiander:

Das ist warlich ubel geschlossen: Er soll schliessen, das der verdienst Christi oder die vergebung die gerechtigkeit sey, das kan er [P1b:] nicht, darumb thar[720] ers auch nicht gerechtigkeit nennen, sonder schleust nur, er wols nicht außschliessen. Das man sie aber in glauben einschliessen soll, und wie vergebung der sund ein ursach sey, das uns Gott sein gerechtigkeit darpiete, das hab ich vorhin genug gesagt und bewisen, Rom. 3 [23-26][721]!

Sovil aber sein gepet antrifft, wais ich wol, das wann er offentlich petet oder offentlich weinet, das er gewißlich ein geschwinden griff[722] im synn hat, und wundert mich, das ein solcher gelerter man, der sein lebtag mit den redkunsten umbgangen ist, sein gepet nicht pesser in schrifft hat koͤnnen fassen, dann das es lautet gleich, als hett der ewig, ainig Vater nicht allain himel und erden, engel und menschen, sonder auch den Sohn und heiligen Gaist erschaffen. Er glaub, was er woͤlle – die wort stincken greuͤlich und starck auff juͤdisch und arrianisch und sein recht zwizuͤngig gesetzt! Ist darnach sein mainung, das Christus und der heilig Gaist selbs unser gerechtigkeit und herrligkait seien, so bestettigt er mein lehr, die er doch will fur unrecht gehalten haben. Maint ers aber anderst, so kan ers nicht beweisen, und wais niemand, was er maint. S. Augustin redet recht, dann hette Christus sein blut nicht fur uns vergossen, so koͤnten wir das vertrauen, das uns Gott gnedig sey und sund vergeb, nicht haben. Aber was thut das wider mich?

Philippus Melanthon:

Mich wundert auch, warumb Osiander dise erklerung verwirft, das wir in unsern kirchen sprechen, der glaub, darvon Paulus spricht: »So wir nun gerechtfertigt sein durch den glauben, so haben wir frid«[723], sey ein zuversicht der barmhertzigkait, die uns umb des mittlers willen verhaissen ist. Es muß ja unterschid sein zwischen dem [P2a:] glauben, den auch die teuffel haben[724], und disem glauben, der die verhaissung annimbt und dardurch das hertz troͤstet und freud erlanget, welcher gewißlich ist er-

717. Vgl. Röm 5,1; Gal 3,24.
718. Zu Aurelius Augustinus (354-430) vgl. TRE 4, S. 646-698; RGG 1, Sp. 738-748.
719. Augustinus, Liber Meditationum, c. 14 (= PL 40, Sp. 910).
720. wagt … zu.
721. Vgl. o. S. 613,29-626,10.
722. eine schnelle List, Tücke.
723. Röm 5,1.
724. Vgl. Jak 2,19.

kantnus der barmhertzigkait und ein vertrauen auff Christum, davon psal. 2 [12] geschriben ist: »Selig sind alle, die auff in vertrauen«, auch wo die propheten von der barmhertzigkeit reden, fordern sie den glauben.

Andreas Osiander:

Ich kann mich nicht erinnern, das ich dise erklerung angegriffen und verworfen het, sonder Philippus treibt hie abermals sophisterey. Das sag ich aber, das Jesus Christus selbs unser gerechtigkeit sey und nicht solche unsere zuversicht, gleichwie er selbs auch bekennet, der glaub als ein tugendt sey nicht unser gerechtigkeit[725]. Was er ferner predigt, das stehe[726] in seinem werdt, es dienet gar nichts zu unserm stritt.

Philippus Melanthon:

Das sey in diser eil genug zu erinnerung viler betruͤbter leut, das sie wissen, das man trost am herrn Christo, Gott und menschen, suchen soll durch glauben und das in solchem trost Gott gewißlich in uns wonen und wuͤrcken woͤl. Wer dise ordnung mercket, der kan besser verstehn, wo man streittet, und wirt nicht irr in disen frembden disputationibus. Ich hab auch vil stuck ubergangen, groͤsser gezenck zu verhuͤten. Der herr Jesus Christus woͤll uns gnedigklich regirn. Amen.

Andreas Osiander:

Ja freilich hat er vil ubergangen, meine beweisung nicht widerlegt, sein lehr nicht erwisen, sonder nur sophisterey getriben, also das niemand aus seinen worten grundtlich und bestendigklich[727] schliessen kan, was er anfechte, was er [P2b:] lehr und was er fur gerechtigkeit halt. Das wil ich allen gotsfürchtigen, gotsgelerten christen, bey sich selbs zu ermessen und zu urthailn, haimgestellet[728] haben.

Was er weitter schreibt, ist lateinisch und lauttet zu teuͤtsch also:

Philippus Melanthon:

Und dieweil herr Osiander des Luthers spruͤch anzeuͤcht, sollen die leser wissen, das er an ettlichen orten de effectione, das ist von der wuͤrckung, an etlichen orten aber von der troͤstung redet. So sehe man nun die außlegung des 51. psalms [3]: »Got erbarm dich mein«[729], und des 130. psalms [1]: »Aus der tieffe« etc.[730], item den inhalt des 32. psalms [1]: »Wol, dem die sünd vergeben sein«[731], item die predig aus dem 16. capit. Johannis[732], item die propositiones wider die antinomer[733].

725. Eine solche Formulierung Melanchthons konnte nicht nachgewiesen werden. Zur Bedeutung des Glaubens in der Theologie des Wittenberger Reformators vgl. *Engelland*, Melanchthon, S. 346-367, 387-403.

726. bestehe, bleibe.

727. begründet und unwiderlegbar.

728. anheimgestellt, überlassen.

729. Vgl. WA 40,2, S. 315-470.

730. Vgl. WA 40,3, S. 335-376.

731. Vgl. den Text in WA.DB 1, S. 484f.

732. Vgl. WA 46, S. 1-111.

733. Vgl. WA 39,1, S. (334-)342-358.

Andreas Osiander:

1. Wann man uns predigt, Christus hab fur uns gelitten und das gesetz erfuͤllet, gnad und vergebung der sünd erworben, das nennet Philippus trost. 2. Wann wir aber solcher predig glauben, so werden wir gerechtfertigt, also das Christus durch den glauben in unsern hertzen wonet und ist nach seiner gotheit unser gerechtigkeit selbs, davon schweiget Philippus jetzo still. 3. Wann aber Got unser gerechtigkeit in uns ist, so wuͤrckt er auch in uns, und wuͤrckt zum ersten verneuͤerung unsers alten Adams, darnach fruͤcht der gerechtigkeit, guts wollen und thun, wie Paulus zun Philip. am 1. und 2. capit. [1,27-2,16] zeuͤget[734]. Das nennet Philippus alhie effectionem[735] mit einem ungewohnlichem wort, das die schrifft nirgen praucht, wie er dann in andern artickeln wol mer zu thun pflegt, und wolt uns also gern die augen und ohren so gar an den trost und auff die wuͤrckung wenden und pinden, das wir des mitlern stuͤcks, nemlich das Got unser gerechtigkeit sey, solten vergessen, gleych als redet [P3a:][m] Luther nichts darvon, sonder allain von der vergebung als dem ersten, und von der wuͤrckung als dem dritten stuͤck; das ander und mitler wolt er jah gern untherdrucken.

Also hat er in seiner disputation, mit dem Luther im 1536. jahr schrifftlich gehalten, darvon er hernach meldung thut[736], auch gehandelt, Luther lehret, Christus sey unser gerechtigkeit selbs etc. Das gefelt dem Philippo nicht und hat ihm nie gefallen, er hett sonst mein erinnerung aus dem 23. capit. Jeremie, zu Augßpurg auffm reychßtag im 1530. jahr in beysein Johan Brentii und Urbani Regii an ihn gethon[737], stadgeben und gefolget. Darumb nymbt er Lutherum fur sich gleychwie der sathan den herrn Jhesum Christum in der wuͤsten, versucht ihn zur rechten und zur lincken[738], ob er ihn auff sein philosophische, flaischliche mainung, die er nicht aus der schrifft, sondern aus seinem aigenen hirn erdichtet und in die schrifft hineingenoͤttigt hat, nur mit einem ainigen wort pringen konth, auff das er sein falsche mainung darmit moͤcht schmucken, und versucht ihn zur rechten, ob er wolt bekennen, das gnad oder vergebung oder barmhertzigkeit unser gerechtigkeit were, und zur lincken, ob er wolt bekennen, das die verneuͤerung und gutte werck unser gerechtigkeit wern. Aber Luther stehet fest wie ein maur, ja wie ein felß und spricht, wir seien allein gerecht daher, das wir widergeporn sein[739]. Nun merck, in der widergepurt sein

m) Blattangabe fehlt bei der Custode in A.

734. Vgl. Phil 1,9-11; 2,12-16.

735. Vgl. u. A. Bd. 9, S. 674,7-13, Nr. 469; weiter o. S. 601,18-602,21.

736. Vgl. u. S. 657,24-26. Im Wittenberger Druck 1552, der Osiander vorlag, war die Disputation nach den Zusätzen von Bugenhagen und Forster abgedruckt unter der Überschrift »Disputatio Philippi Melanchthonis cum D. Martino Luthero, Anno 1536«; vgl. WA.B 12, S. 189-196, Nr. 4259a, bzw. *Bindseil*, Melanchthon, S. 344-348, und o. S. 561.

737. Vgl. dazu seine Ausführungen in der Schrift ›Beweisung‹ (s. o. Anm. 87), o. S. 434,12-438,21, Nr. 508; weiter o. S. 577,23-578,1 und 647,3-5.

738. Vgl. Mt 4,1-11 par.

739. In der o. Anm. 736 angegebenen Disputation findet sich folgender Passus: »Phil.: Quaero de Paulo renato: Qua re Paulus, postquam renatus est, iam deinceps iustus, id est ac-

zwey ding: der same, daraus wir widergeporn werden, und die verneuͤung, darumb wir, wir, sag ich, wir widergeporn haissen. Der same ist Gottis ewigs wort, Gott selbs, 1. Petri 1 [23], und der heilig Gaist, Johan. 3 [5]. Die verneuͤerung aber unsers alten Adams nennet die [P3b:] schrifft ein neue creatur, Gala. 6 [15]. Nun bekennen Lutherus und Philippus zugleych, das unser neuͤigkeit nicht unser gerechtigkeit sey[740], und wans jemand sagete, so wolt ich ihms doch nicht zulassen, er wer gleych so hoch gelehrt, als er wolt. Darumb muß der same unserer neuͤen gepurt, das ist Gottis wort, Got selbs, und der heylig Gaist, Got selbs, auch unser gerechtigkeit sein, zuvor dieweil Johannes der evangelist 1. Johan. 3 [9] zeuͤget, das solcher same in uns bleibe. Darumb solt Philippus sich solcher disputation billich[741] schemen und still darvon schweygen. Dann was ist doch das fur ein wunderlich ding, das Philippus D. Luthern lenger dann 16 gantze jahr nicht allein gehort, sonder auch bey und neben ihm selbs gelehret hat[742] und fragt ihn allererst, was er fur ein gerechtigkeit halt und lehre. Und wirt es vonnoͤten sein, so will ich ein sonders[743] püchlein wider dise Philippi disputation schreiben, das sol die rechte glosa sein uber die epistel Philippi an Carlowitz, wider doctor Luthern geschriben[744]. Aus dem allem ist klar, das Philippus in seinen obgedachten worten nichts anders thut, dann als sprech er: Lieber, leset des Luthers pücher nicht, da er lautter, klar, aus reychem, prünstigem[745] gaist von der gerechtigkeit redet, sonder leset in allein, wo er von trost und wuͤrckung redet, so kan ichs auff mein mainung verglosirn[746] und ihr werdt nicht koͤnnen spüren, das ich bißanher von der gerechtigkeit nichts recht gelehret oder verstanden hab!

ceptus sit? Luth.: Scilicet nulla re [*Bindseil* erg.: alia], sed sola illa renascentia per fidem, qua iustus factus est, permanet iustus perpetuo et acceptus« (WA.B 12, S. 192,38-41, Nr. 4259a; vgl. *Bindseil*, Melanchthon, S. 345).

740. Zu Beginn der o. Anm. 736 angegebenen Disputation findet sich folgender Passus: »Phil.: Augustinus, vt apparet, extra disputationes commodius sensit quam loquitur in disputationibus. Sic enim loquitur, quasi iudicare debeamus nos iustos esse fide, hoc est nouitate nostra. Quod si est verum, iusti sumus non sola fide, sed omnibus donis ac virtutibus ... Vos vero, vtrum sentitis Hominem iustum esse illa nouitate, ... an vero imputatione gratuita ... et fide ...? Luth.: Sic sentio et persuasissimus sum ac certus hanc esse veram sententiam Euangelii et Apostolorum [*Bindseil* erg.: quod sola imputatione gratuita sumus iusti apud Deum]« (WA.B 12, S. 191,1-4.6f.9f, Nr. 4259a; vgl. *Bindseil*, Melanchthon, S. 344).

741. zu Recht.

742. Melanchthon hielt am 29. Aug. 1518 seine Antrittsrede als Professor der Artistenfakultät. Am 9. Sept. 1519 erwarb er das theologische Bakkalaureat. Auf Bitten Luthers beim Kurfürsten wurde er dann 1526 mit einer theologischen Professur zusätzlich betraut. Luther und Melanchthon wirkten an der theologischen Fakultät in Wittenberg gemeinsam 20 Jahre. Vgl. *Hartfelder*, Melanchthon, S. 62-64.68-72, und *Friedensburg*, Wittenberg, S. 193f.

743. besonderes, eigenes.

744. Gemeint ist Melanchthons Brief an den kursächsischen Rat Christoph von Carlowitz vom 28. April 1548 (CR 6, Sp. 879-885; vgl. MBW 5, S. 281f, Nr. 5139), der wegen einer stark mißverständlichen Aussage über sein früheres Verhältnis zu Luther (vgl. o. S. 158, Anm. 281, Nr. 488) schon bei den Zeitgenossen höchst umstritten war; vgl. dazu *Scheible*, Brief, S. 102-130.

745. leidenschaftlichem, feurigem.

746. verdrehen.

Er solt auch billich vil anderst gehandelt haben, nemlich die sprüch des Luthers, die ich onzeűch[747] und zu gezeűgnus fűre, solt er haben widerlegt und uberzeűgt[748], das sie falsch und ketzerisch wern oder das sie ein andern verstand, syn und mainung hetten, dann wie ich sie verstehe und einfűre. Aber ich bin gewiß, das er der keins thun [P4a:] kan, darumb muß er mit solcher sophisterey umbgehn.

Was er aber von des Luthers schreyben meldet und uns darauff weiset, thut nichts wider mich, dann ob man schon ein wort oder zwey darinnen fűnde, die mir zuwider lauteten, darvon ich doch nichts waiß, so ist es doch vorhin[749] ›Wider den nachtraben‹[750] reychlich verantwort, und wirdt jemand klarer mit herausfahren[751], so will ichs auch noch reychlicher verantworten.

Der 32. psalm [1f] sagt nicht unterschidlich[752], was gerechtigkeit sey, sonder zelet vier stűck, die zur seligkeit gehőren: erstlich vergebung der sund, die im euangelio gepredigt wirdt, zum andern bedeckung der sünd, wann wir Christum und sein gőtliche gerechtigkeit durch den glauben wie ein kleydt anzihen und unser sünd, die noch im flaisch wonet, darmit zudecken, zum dritten, das uns dieselbige bedeckte sünd, dieweil sie warlich noch sünd ist, nicht zugerechnet werd, zum vierdten, das wir nach dem inwendigen menschen, also aus Gott, der unser gerechtigkeit ist, neűgeporn seyen, das kain betrug in unserm gaist, das ist in dem gaistlichen neűen wesen, das aus Gaist geporn ist[753], erfunden werd[754]. Paulus aber spricht die gerecht aus demselben psalmen, denen Gott die gerechtigkeit zurechnet[755]. Was solt er ihn aber fur ein gerechtigkait zurechnen dann die gerechtigkeit Christi, den sie wie ein klaid mit seiner gerechtigkeit haben angezogen[756]? Lis den psalm selbs, so wirstu es klarlich sehen.

Philippus Melanthon:

Und vor 16 jarn hab ich ihm[757] selbs fragen furgelegt und gepeten, das er die antwort klerlich mit seiner handt darzuschribe[758]. Wiewol aber dazumal der stritt allain war mit den papisten, so kan doch aus denselbigen antworten vorstanden werden, was Lutherus gehalten hat. [P4b:]

747. heranziehe.
748. erwiesen.
749. ohnehin.
750. Zu Osianders Schrift ›Wider den lichtflüchtigen Nachtraben‹ vgl. o. S. 578, Anm. 93, und S. 585, Anm. 171.
751. dem Sinne nach: deutlicher damit gegen mich kämpfen (vgl. *Grimm*, Wörterbuch 4,2, Sp. 1031).
752. genau.
753. Vgl. Joh 3,5.
754. Vgl. o. S. 256,3-34, Nr. 488.
755. Vgl. Röm 4,5-8.
756. Vgl. Gal 3,27 u. ö.
757. sc. Luther.
758. Vgl. o. S. 655f. Zur Entstehung der heute verschollenen Urschrift der Disputation im Jahr 1536 – Melanchthon formulierte die Fragen, Luther die Antworten – vgl. WA.B 12, S. 189, Nr. 4259a.

Andreas Osiander:

Sihe, ob das nicht ein fuchslist, hindersatz[759] und fahrlichs anwenden gegen D. Luther gewest sey, das er klare antwort mit D. Luthers hand gefodert[760] hat! Warumb? Hat er sorg gehabt, er koͤnn es sonst nicht mercken, oder kont ers nicht selbs auffschreiben, wann ers im mundtlich saget? Nain! Oder hat es D. Luther in seinen buͤchern noch nie geschriben gehabt? Nain! Warumb ist es dann zu thun gewest? Wer wolt nicht greiffen, das sich Philippus mit diser lang studirten disputation unterstanden und verhofft hat, er woll dem Luther die zungen ziehen[761] und ettwas herauslocken, das er darnach fur sich koͤnt geprauchen und den Luther mit seiner aignen handschrifft halten[762], das er aintweder ine mit seinen philosophischen, flaischlichen gedancken muͤst lassen walten oder sich mit seiner aigen hand lassen uberzeugen[763], er wer unbestendig und hett zuvor anderst gelehrt? Aber es hat im gefelt[764], des bin ich gewiß, wils auch zu seiner zeit klerer an tag pringen!

Philippus Melanthon:

Ich, Philippus Melanthon, hab mit eigner hand unterschriben.

Andreas Osiander:

Es ist sonst nicht der prauch, das man die puͤcher, so man in truck gibt, mit aigner hand unterschreibe. Darumb muͤß hie was anders darhinterstecken, sonderlich dieweil doctor Pomer[765] und doctor Foͤrster[766] mit langem geplerr auch zeugen und mit aignen henden unterschreiben – darvon hernach weiter[767]. Ich will zuvor ire vermainte zeugnus, die sie allain iren geschwornen pundsgenossen[768] zum schrecken hinangehenckt haben, auch teutschen, damit der gemain man moͤg urteiln und erkennen, aus welchem gaist sie hergeflossen sein. [Q1a:]

Das unbedacht gezeugnus D. Johan. Bugenhagens, Pomers, pfarhers zu Witteberg[769]:

Ich, Johannes Bugenhagen, Pommer, doctor und pfarher der kirchen zu Witteberg, bitt on unterlaß den Vater im namen des Sons durch den heiligen Gaist mit dancksa-

759. Wohl im Sinne von: Hinterlist, (Heim-)Tücke (vgl. *Grimm*, Wörterbuch 4,2, Sp. 1489f, Punkt II,1,e und f, bzw. 8, Sp. 1839f, Punkt 4).

760. gefordert.

761. Redensart, vgl. *Röhrich*, Sprichwörtliche Redensarten 2, Sp. 1188.

762. festbinden.

763. überführen.

764. ist ihm mißlungen.

765. Zu D. Johannes Bugenhagen (1485-1558, mit dem Beinamen Pommer nach seinem Heimatland) vgl. ADB 3, S. 504-508; NDB 3, S. 9f; TRE 7, S. 354-363; RGG 1, Sp. 1504-1506.

766. Zu D. Johann Forster (1496-1558), einem ehemaligen Kollegen Osianders in Nürnberg, vgl. ADB 7, S. 165f; NDB 5, S. 304; RGG 2, Sp. 1005f; *Simon*, Nbg. Pfb., S. 65, Nr. 346, und *Germann*, Forster, passim.

767. Vgl. u. S. 665,16-666,10.

768. Vgl. o. S. 574,7-582,17.

769. Vgl. o. Anm. 765.

gung, das er uns erhalt in diser lehr und bekantnus von Christo, der unser mitler und unser gerechtigkeit ist bis auf jenen tag, da wir dem sohn Gottis werden gleych sein[770] und Gott alles in allem wirt sein ewigklich[771] etc., welche lehr und bekantnus alhie schreibt und offenlich bekennet der ehrwirdig, unser lehrmaister Philippus Melanthon zur ehre des grossen heilands, unsers herrn Jesu Christi, zum hail viler menschen wider die neůe zweifelung[772] Osiandri. Dise lehr, die durch den heiligen Gaist gewiß ist, haben wir bißanher nach vater Lutero offentlich geleret in unsern kirchen und schulen, die in Christo sein, und habens mit unsern schriften verteidigt, Christo sey gedancket! Die gantze kirche Christi zeůget das von uns, und der teufel mit seyner gantzen welt verfolget uns darumb. Christus der herr durch seinen heiligen Gaist erhalt mich und uns alle in diser heilsamen lehr und heiliger bekantnus ewiglich. Ich bit alle heiligen, das ist ware Christen, Gottis kinder, das sie eben das fur uns pitten, dan wir begern, durch den heiligen Gaist zu bleiben in der gemeinschaft der heiligen. Christe, du sohn des lebendigen Gottis, der du geporn pist von Maria, der jungfrauen, und fur uns gelitten hast und sitzest zur gerechten des Vaters und pittest fur uns, erbarm dich unser und nim unser schmach von uns. Amen.

Das hab ich geschriben mit meiner hand aus meinem hertzen vor dem angesicht Christi und seiner engel.

Andreas Osiander:

Waher kombt doch dem alten vatter Pomerano dise ungewonliche, vermeßne kunheit her, das er wider mein lehr will zeugnus geben, so sie doch noch nicht in dem allergeringsten artickel uberwunden ist, und will des Philippi sophisterey rechtfertigen, die er fur[773] Gott in der warheit nicht versteht? Und soll ihm und allen widersachern wol [Q1b:] ewig uberbleiben, das sie beweisen, das des Philippi lehr und doctor Luthers lehr zusamenstimmen, und sey inen nur hoher trotz gepotten! Ja, wie thar er so unverschembt mein lehr schelten und lestern als neue zweiffelung, so ich doch kein zweiffelichen artickel darin setze, sonder alles mit heiliger schrifft in irem gewissen, bestendigen verstand[774] also bewisen, befestigt und mit Gottis harnisch[775] bewaret hab, das ein verzagter hund ein igel ehe soll angreiffen dann sie mein lehr? Vil weniger gib ich den leuten zu zweiffeln ursach! Soll man nicht pillicher meiner widersacher lehr fur neue zweiffelung halten, dieweil sie mehr dann 14 gerechtigkait lehren[776] und keine mit rechtem grund der warheit beweisen, darzu von tag zu tag immer mehr neue gerechtigkait tichten, wie neůlich einer geschriben hat, epiikia Gottis sey unser gerechtigkeit[777]? Was er mit maint, kan ich noch nicht

770. Vgl. I Joh 3,2.
771. Vgl. I Kor 15,28.
772. Wohl im Sinne von: Anzweifelung (sc. der rechten Lehre, die in Wittenberg gelehrt wird).
773. vor, bei.
774. unwiderleglichen Sinn.
775. Vgl. Eph 6,11.
776. Vgl. o. S. 592,8f mit Anm.
777. ἐπιεικ(ε)ία, Nachsicht, Milde: vgl. II Kor 10,1. – Der Verfasser der angegebenen Bestimmung konnte nicht ermittelt werden.

wissen. Ich main ja, das soll die leut in zweiffel jagen! Er kombt daher mit schönem, gleissenden[778] gepet, aber wann er einen ainigen[779] spruch der schrifft in seinem rechten verstand wider mich furete, so richtet er mehr mit aus, dann wann er den gantzen Psalter sibenzigmal außpetet[780]. Rechte, ware, goͤttliche lehr lest sich nicht mit heuchlerischem gepet schlagen[781]; falsche lehr lest sich nicht mit erhalten.

Das falsch lesterzeugnus doctor Johannis Forsters:

Und ich, Johannes Foͤrster, der heiligen schrifft doctor und der hebraischen sprach in der Wittebergischen schul[782] lerer, bezeug mit diser meiner aignen handschrifft, das die lehr des berhoͤmbtisten mans Philippi Melanthonis von der rechtfertigung, in disem [Q2a:] buͤchlein begriffen, sey gottselig und wahr und styme uberain nicht allain mit der mainung und schrifften des ehrwirdigsten, unsers vaters D. Martini Lutheri seligster gedechtnus, sonder auch mit aller propheten und aposteln lehr, welchs nicht so fast[783] aus der ›Augspurgischen Confeßion‹, kaiserlicher majestat und des gantzen reichs stenden uberantwort[784], als aus desselbigen Philippi, unsers allerachtbar-wirdigsten praeceptoris, [›Apologie‹[785] offenbar][n] und heller dann der liecht mittag ist. Wir sein auch, Got lob, nicht eins fingers brait, als man spricht, von diser ainmal erkanter und angenommener rainen lehr biß auff den heütigen tag abgewichen, sonder, wiewol böser leut haß und lesterung tobeten und allenthalben wider uns striten, haben wir dannoch uns dessen sonderlich beflissen, das die hailsame lehr, so durch Christum aus dem schoß des ewigen Vaters[786] geoffenbaret und herfurgepracht, baide in unsern schulen und kirchen klenge und auff die nachkommen gepracht wurde.

Andreas Osiander:

Bißher hat er Philippo waidlich[787] geheuchelt, nun wirt er mich aus pitterm neid und haß auffs allergreulichst schelten und lestern, doch mit unverschembten luͤgen als ein beseßner mensch, und sein der luͤgen schier so vil als seiner wort, darumb will ich sie dir, christlicher leser, mit ziffern bezaichnen und fein furzelen, darnach darauff antworten:

n) konj. in A nach CR 7, Sp. 901 (lat.), Nr. 5017.

778. glänzenden, heuchlerischen.
779. einzigen.
780. durchbetet. – Redensart, vgl. *Grimm*, Wörterbuch 7, Sp. 2200.
781. bekämpfen, besiegen.
782. Hochschule, Universität.
783. sehr.
784. Die Verlesung des Bekenntnisses der protestierenden Fürsten und Städte vor Kaiser Karl V. fand am 25. Juni 1530 statt; vgl. *Brandi*, Reformation, S. 184f, und BSLK, S. XVIII.
785. Zu der von Melanchthon im Sept. 1530 verfaßten Apologie des Augsburger Bekenntnisses vgl. BSLK, S. XXIIf.
786. Vgl. I Joh 1,18.
787. tüchtig.

D. Johann Foͤrster:

Das aber in disen allertruͤbseligsten zeiten, in denen von wegen der schwebenden[788] allerschweristen gefahr die gottseligen lehrer zu christlicher ainigkait geraitzt werden solten, (1.) Osiander unsere, furnemblich von der rechtfertigung lehr [Q2b:] anfichtet (2.) und mit greßlicher geuͤcklerey (3.) und sophisterey, (4.) mit denen er die einfeltigen und groben gemuͤt bezaubert und zu stuͤrtzen untersteht[789], (5.) das thut er nicht so fast aus falschem verstand der schrift (6.) und verkerter zwingung der schrifften doct[or] Martini Lutheri (7.) und anderer gotseligen menner (8.) als aus schautragen seins ingenii oder verstands, (9.) als der, mit ehrgeytzigkeit endprandt, (10.) seinem alten ingenio oder art nachsetzet, (11.) uber das[790], das er auch gantz vil (12.) und die allerwuͤtigsten lesterwort (13.) wider uns unschuldige (14.) hoffertigklich (15.) und schmelich außgeuͤßt, (16.) darzu auch mit frecher unzucht (17.) und gotloserweyß (18.) vil (19.) wider die wuͤrcklicheit des worts Gottis (20.) und wider des leydens (21.) und sterbens des sohns Gottis verdienst (22.) ausspeyet. (23.) Und im artickel der iustification unterstehet er sich aus pur lautterer unwissenheit der hebraischen sprach, (24.) dero er im doch selbs ein ubertreffliche erkantnus (25.) vor andern (26.) unverschembterweyß zumist, (27.) auffs allergreulichst (28.) sein gotlose mainung zu vertaidigen und zu bestetigen.

Andreas Osiander:

Wann Christus nicht spreche: »Selig seyd ihr, wann euch die menschen umb meinen willen schmehen und verfolgen und reden allerley ubels wider euch, so sie daran liegen«[791], so wer nicht ein wunder, das mich diese und dergleychen erschreckliche luͤgen aintweder verzagt oder aber zornig machten. Ich sag zu der ersten, ich hab den krieg nicht angefangen, sonder da ich auffs allerainfeltigst lehret, Christus wonet durch den glauben in uns und were selbs unser gerechtigkeit, wie Philippus jetz, durch gezeuͤgnus der heyligen schrifft gezwungen, auch bekennen mus, da wurd ich in rucken schier durchs gantz [Q3a:][o] Teuͤdschlandt, jah auch Polen, verunglymft als ein schwermer und ketzer, und was ich sindher gethon hab, ist ein pur lautter notwehr gewest, Gottis warheit und meinen christlichen namen zu retten[792]. Sie haben sich unterstanden, die warheit zu untherdrucken. Ich hab mich weniger darumb bekummert, was sie lehren, dann villeycht gutt gewest ist. So sie nuhn spuren, das sie den sig verlieren, heuͤlen und schreyen sie wider mich unverschembterweyß, als hett ich den krieg angefangen, so sie es doch wol anders wissen und die ursach auch wissen, warumb man sich also zu mir genoͤttigt[793] hat.

Zur 12. und 13. luͤge sag ich, ich hab niemand mit namen genennet, sonder wider

o) Blattangabe fehlt bei der Custode in A.

788. drohenden.
789. umzukehren sich untersteht.
790. darüber hinaus.
791. Mt 5,11.
792. Vgl. dazu o. S. 579,14-580,6, und o. S. 84,4-94,3, Nr. 488.
793. etwa im Sinn: sich … mir (gewaltsam) aufgezwungen.

falsche lehrer ingemain geredt[794]. Nymbt sich desselben doctor Forster sambt andern an, so muͤssen sie zuvor bekennen, das sie aus denselben falschen lehrern seien, das moͤgen sie meinenhalben wol thun.

Zur 23., 24., 25. und 26. luͤge sag ich, ich kan mich nicht genug verwundern, warumb Philippus mich, im truck offenlich die spruͤch Salomonis aus dem hebreischen ins latein zu pringen, vermanet hat[795], als der ich fur andern darzu geschickt solt sein, und lest mich jetzo in seinem buch außtragen, als der aus pur lauter unwissenheit der hebraischen sprach irre[796]. Ich hab aber den fuchs geschmeckt[797] und vilen gutten freuͤnden vor der zeyt[798] und alspald angezeygt, was Philippus darmit suche. Warumb begert er nicht, das ich Mosen oder Esaiam solt ins latein pringen – so hett ichs nicht so leychtlich verstanden? Und wie thar D. Forster sagen, ich irre aus pur lauterm unverstand der hebraischen sprach, so ich sie doch in keinem strittigen wort gepraucht hab, es sey [Q3b:] dann, das er maint, ich solt im Jeremia lesen: Gott ist unser rechtfertiger, und nicht: unser gerechtigkeit[799]? Wie gefelts ihm aber, das D. Luther seliger solchen falschen verstand verworfen und aus der bibel wider außgemustert hat und Philippus selbs, der ihn erdichtet hat, zu vertaidigen nicht getrauet[800]? Ich hab mir nie uberschwenckliche erkandtnus hebraischer sprachen zugemeßen, wie D. Forster mich anstinckt, mich reuͤet aber mein muͤhe und kosten nicht, die ich 36 jahr und lenger daran gewant hab[801]. Aber dem Forster hat villeycht getraumbt, er hab mir die hebraischen sprach auff[802] einem wald geraubt oder des nachts gestolen und kons nun als[803] allain wie des Esopi gesell[804] und ich koͤnn nichts

794. Vgl. dazu etwa o. S. 62f, Nr. 488.

795. Melanchthons Aufforderung, die ein hohes Lob Osianders enthält, findet sich in der Herzog Johann Albrecht von Mecklenburg gewidmeten Vorrede zur Explicatio Proverbiorum Salomonis, die im Mai 1550 gedruckt wurde – zu einer Zeit, als zwischen beiden die Spannung theologischer Auseinandersetzung bereits bestand; vgl. CR 7, Sp. 705, Nr. 4829, und MBW 6, S. 41f, Nr. 5771.

796. Osiander – in seinen frühen Jahren Hebräischlehrer im Augustinerkloster in Nürnberg (vgl. *Seebaß*, Osiander, S. 71-73) – galt auch seinen Zeitgenossen als Koryphäe für das Hebräische und konnte zu anderer Zeit sogar von Melanchthon um Rat gefragt werden; vgl. u. A. Bd. 6, S. 152-157, Nr. 220; weiter Bd. 9, S. 497, Anm. 19, Nr. 429.

797. den listigen, verschlagenen Menschen bemerkt (vgl. *Grimm*, Wörterbuch 4,1,1, Sp. 338).

798. schon früher.

799. Vgl. dazu o. S. 647,9-17, mit Anm.

800. Vgl. ebd.

801. Ein interessanter Hinweis auf Osianders Studienzeit, der selten sein dürfte: Da er 1515 in Ingolstadt immatrikuliert wurde und 1520 als Hebräischlehrer in Nürnberg begann (vgl. *Seebaß*, Osiander, S. 71 und 73), läßt sich damit angeben, daß er ziemlich bald nach oder bereits mit Studienbeginn in Ingolstadt Hebräisch zu lernen anfing.

802. in (sc. bei einem Überfall).

803. alles (vgl. *Grimm*, Wörterbuch 1, Sp. 246).

804. Die Anspielung bezieht sich auf die Gestalt des Enus: Wie in der Äsoplegende (zur literarhistorischen Gestaltung des Äsopromans vgl. *Hausrath*, Fabeln, S. 114-140) erzählt wird – zum folgenden vgl. *Österley*, Äsop, S. 30-33 (lat.) bzw. S. 67-70 (dt. des 15. Jh.) oder *Westermann*, Vita Aesopi, S. 44,9-48,9, cap. 19 (griech.), bzw. *Eberhard*, Fabulae, S. 285,19-290,8, cap.

mehr. Das zu erfahren, obs also sey, bitt ich ihn, er woll mir sagen, was die zwey wo̊rtlein ›ahar kabod‹[805] im 73. psalm [24] und im 2. capit. Zacharie [12] bedeůten.

Gegen den andern lůgen allen und diesen auch sambtlich und sonderlich, aber furnemlich gegen der 16. bis auf die[806] 23. sag ich, das mir kein fromm, ehrlich biderman, der nur ein fůncklein christlichs gemůts, jha der nur ein tro̊pflein ehrlichs geblůts in seinem gantzen leyb hat, solche greůliche, unchristliche und unerhorte untugend zumißt. Sonder doctor Johann Forster, der diese lůgen aus seinem gifftigen hertzen gespeyet, und Philippus Melanthon, der sie in sein buch, mich zu verderben, hat eingeleybet, und alle diejhenigen, so es solten und kondten geweret haben, das sie nicht getruckt wurden, und habens doch bewilligt, desgleychen der trucker, der sich darzu hat lassen geprauchen[807], die liegen und stincken mich hiemit an als die allergro̊sten und -greůlichsten ›etcetera‹, und mugen sie und andre dises wort ›etcetera‹ verstehen und deůten, wie es dise [Q4a:] erschreckliche lůgen und lesterung woll verdienen. Und ob sie sich stellen wolten, als verstunden sie es nicht, wil ichs ihnen selbs pald hernach glosirn und außlegen, das sie des kein gefallen sollen haben. Es soll auch ihr keyner nymmermehr solche lůgen und lesterung auff mich wahrmachen, sonder ihm mus daruber seines leybs und lebens, ehrn und guts, kunst[808] und weyßheit und all seiner freůnd zerrinnen, des bin ich in Got meinem heyland gewiß; dann obwol der teůffel greůlich liegen und morden kan, so kan er doch kein lůgen zur warheit machen. Ich danck auch dem almechtigen, ewigen Gott und vater unsers herrn Jesu Christi, dem Vater aller barmhertzigkeit und alles trosts, das er im abgrund seines unerforschlichen gerichts[809] uber und wider seine und meine feynd geurthailt und sie also mit greyflicher blindheit und wansynnigkeit ihrer hertzen geschlagen hat, das sie mit so manichfeltigen, offentlichen lůgen und greůlichen lesterungen also herausgefahrn sein und noch teglich herausfarn, das auch der gemain man versteht, wie mir allenthalben hergeschriben wirdt, das sie vom sathan getriben werden, auff das die gelerten ihr falsche lehr nach der schrifft, die ungelerten aber ihren gaist aus ihren frůchten erkennen[810] und urthailn mo̊gen.

24-26 (griech.) –, hat der kinderlose Äsop, inzwischen zum Berater des Königs von Babylonien aufgestiegen, den jungen Mann Enus an Sohnes statt angenommen. Der jedoch verleumdet ihn als Verräter beim König mit gefälschten Briefen. Äsop entgeht der drohenden Todesstrafe durch Flucht, »sed bona eius assecutus est Enus« (*Österley*, Äsop, S. 31, vgl. S. 67). Als der König erneut in der Not dringenden Rat benötigt, kann Äsop sein Versteck verlassen, und das Ränkespiel wird aufgedeckt. Enus selbst »conscientiaque compunctus, quod falso Esopo capite accusaverat« (ebd., S. 33, vgl. S. 70), setzt seinem Leben ein Ende.

805. אַחַר כָּבוֹד, nach Ehre (Pracht, Herrlichkeit, sc. Gottes).

806. bis zur.

807. Melanchthons Gegenschrift wurde 1552 bei Veit Creutzer in Wittenberg gedruckt, vgl. CR 7, Sp. 892.

808. Kenntnis, Wissen.

809. Vgl. Röm 11,33.

810. Vgl. Mt 7,16 par.

D. Johan Forster[!]:

Derhalben außsag ich bey guttem glauben, das des Osiandri irthumb alhie recht und pillich gestrafft und mit warhafftigen und bestendigen beweisungen, auch mit unserer zulassung und bewilligung, widerlegt werden.

Andreas Osiander:

Ach, es ist nicht war! Wans war wer, so dorften sie des greulichen liegens und lestern nichts. Und mercke doch da, christlicher leser, wa es die leuͤtt hinpringen wollen, jah schon dahin gepracht [Q4b:] haben, das man inen soll und muͤß auff ire plosse wort on alle zeugnus der schrifft in solchen wichtigen sachen, die on mittel[811] unser seligkait betreffen, glauben und vertrauen! Was hat doch der babst jemals ergers gethon? Und dise lausige bettler wollens im gleichthun. Wer da die augen nicht auffthun, sonder sich also blindtlichs dahin in die schantz schlagen[812] will, der ist woll wirdig, das in der teuffel mit leib und gut, weib und kind wider in das alte babstumb reiß!

D. Johann Foͤrster:

Und endtlich verman ich alle gottselige kluge und, die der kirchen rhue lieb haben, das sie sich von des Osianders wuͤten und toben wollen abwenden und fliehen.

Andreas Osiander:

Es ist in alles darumb zu thun, das man nur mich nicht hör und meine puͤcher nicht lese, dann bey mir findet man ainfeltige, ainhellige, raine, bestendige warheit, bey inen aber ungleiche, schlipferige, irrige, falsche lehr, die kein recht betruͤbt gewissen troͤsten kan. Darumb haissen sie dich fliehen; thustu es aber, so machen sie dich mit irem gaist züm luͤgner und lesterer, wie sie sein, wie man das biß anher mit grosser verwunderung hat erfahrn.

D. Johann Foͤrster:

Und sampt uns mit warhafftigem und pruͤnstigen seuffzen den ewigen Gott, vater unsers herrn Jesu Christi, von gantzem hertzen pitten, das er aller feind der kirchen unsinnigkeit[813] untertrucke[p] und dise wunderliche ergernussen und irsgleichen nach seiner barmhertzigkait hinwegneme und das angezundte liecht des euangelions umb Christi des mitlers willen in disen kirchen erhalte und der andern gotseligen lehrer gemuͤt in gottseliger und hailsamer ainigkait fur und fur durch sein heiligen Gaist bestendig und fest machen. Amen. [R1a:]

Andreas Osiander:

Ey, wie ein andechtig man ist das? Solt man einem solchen nicht ein luͤgen oder 28 glauben? Da hastu, christlicher leser, doctor Johann Foͤrsters falschs lestergezeugnus! Obs im und dem Philippo und der gantzen schul zu Witteberg zun ehrn oder

p) Drf. (Ditt.) durch Trennung: unter-tertrucke: A.

811. unmittelbar.

812. blindlings aufgeben, einsetzen, opfern.

813. Unverständlichkeiten, Ketzereien, Gottlosigkeiten (vgl. *Grimm*, Wörterbuch 11,3, Sp. 1399 und 1402).

zur schand werd dienen, das sollen sie kurtz erfahren. Mir wirdts, ob Gott will, nichts schaden, als wenig mir andere lesterschrifften, schandlieder, gesprechbůchlein, pasquillus Pegasi[814], reimen, tragoedien und comoedien, das sein schauspill, die wider mich geticht sein, biß anher geschadet haben[815]. Ich muß ir von hertzen lachen, dann ich wais woll, das wann meine widersacher solche lesterschrifft lesen, das inen das gőttlich, naturlich und kaiserlich recht sambt iren aignen gewissen gar ein wunderliche predig thun, nemlich das der, so solche lesterschrifft getichtet und gemacht hat, der sey ein unman[816] und, der es außpraitet, sey auch nicht pesser, und wann man darhinterkeme, so wurden sie poena capitali gestrafft und ehrloß gemacht, wolt man anderst dem rechten ein genůgen thun[817]. Darumb můst mir laid sein, das sie so frőlich solten darůber sein als ich. Ich danck Gott, das ich wirdig bin, solchs umb der warheit willen zu leiden[818], und lach ir, das sie nicht sehen, das man villeicht mehr schand auff die tichter mit der warheit mőcht pringen, dann sie auff mich ertichten und liegen kőnnen. Und wan es einmal Gott verhenget, wie solte woll der hencker so vil mit inen zu thun gewinnen[819]! [R1b:]

Beschlus:

Dise zway falsche gezeugnus sein nicht umb des gemainen mans willen geschriben, sie hettens sonst selbs teutsch gemacht, sonder sie sein umb der gelerten willen, die zu Witteberg geschworen haben[820], in truck gegeben, auff das sie darmit geschreckt sollen werden, das ja keiner mein lehr thur[821] recht sprechen, wan ers gleich fur recht erkennet, er wolle dann aidpruchig gescholten sein. Dann sie mussen also gedencken: Sihe, da hatt Philippus mit aigner hand unterschriben, Pomer und Forster geben zeugnus und dasselbig auch mit aigner hand, das Osianders lehr sey gestrafft

814. Wohl damals gebräuchlicher Ausdruck der gebildeten Sprache für eine dichterische Satire. Der Begriff, dessen Gebrauch sonst nicht nachgewiesen werden konnte, dürfte wohl im 16. Jh. entstanden sein, da er den ebenfalls damals erst neu gebildeten Ausdruck pasquillus (lat.) bzw. pasquillo (ital.) voraussetzt; vgl. *Battaglia*, Grande Dizionario 12, S. 730 (vgl. ebd., Art. Pasquinata und Pasquino 1); weiter *Grimm*, Wörterbuch 7, Sp. 1483f. Der attributive Genitiv, der sich auf das geflügelte Fabelpferd des Bellerophon (vgl. u. A. Bd. 9, S. 463, Anm. 42, Nr. 427) bezieht (vgl. PRE 19, Sp. 56-62; *Forcellini*, Lexicon 6, S. 444, oder *Battaglia*, Grande Dizionario 12, S. 932f, Art. Pegaso 1), bezeichnet übertragen »attività poetica« oder »inspiratione appassionata e ardente, estro della poesia« (*Battaglia*, ebd., Unterpunkt 3). Vgl. auch *Killy*, Literaturlexikon 13, S. 307-309, Art. Flugschrift.

815. Zu den Flugschriften gegen Osiander vgl. *Stupperich*, Osiander, S. 180.

816. Ehrloser, Übeltäter, Bösewicht.

817. Die Bambergische Halsgerichtsordnung von 1507, Art. 134 (*Kohler*, Carolina 2, S. 54), und die Constitutio Criminalis Carolina von 1532, Art. 110 (*Kohler*, Carolina 1, S. 59), bestimmen beide, daß der Verfasser einer anonymen Schmähschrift mit der Strafe bedacht werde, die sein Opfer für die Verleumdungen zu erleiden gehabt hätte. – Zur poena capitalis vgl. auch u. A. Bd. 9, S. 214,6 mit Anm. 3, Nr. 384.

818. Vgl. II Thess 1,3-5.

819. bekommen.

820. Vgl. o. S. 574,7-582,17.

821. wagt … zu.

und widerlegt – es ist aber nicht war –, das ist ja die wittebergisch ainhelligkait[822], darein wir haben geschworen, darbey muͤssen wir bleyben und des Osianders lehr auch verdammen, wollen wir anderst nicht aydpruͤchig gescholten werden. Darumb ists auch nicht mer vonnoͤten, das wir Osianders puͤcher lesen, wir moͤgens wol unverlesen[823] verwerfen, wie etlich schon gethon haben. Dann wann wir schon etwas guts darin finden, so thuͤren wirs doch nicht annemen, wie magister Fridericus Staphylus alhie[824] saget: Wie kommen wir darzu? Wann wir etwas annemen, das denen von Witteberg nicht gefiel, so koͤnten wirs nicht verantworten[825]. Darumb mag sich Philippus wol freuen, das man seinen geschwornen pundtschuch[826] gleich als richter auch fraget. Aber was gilts, die freud soll nicht lang weren!

Es hat Philippus vil jar her ein sonder sprichwort stets im maul gehabt: Wan ein schlang nicht die andern frist, so wirt sie kein drach[827], das maint er also: Wann ain gelehrter mann nicht den andern untertruͤcket, so wirt er nicht ein hochberuͤmbter man. Das hat er am [R2a:] Luther, wie der brieff Philippi an Carlwitz zeugt[828], und an mir, wie dises buͤchlein beweiset, gewaltigklich versucht und noch nichts außgerichtet. Wie, wann er aber an mir nicht ein schlangen, die er fressen kont, wie er sich vermist, sonder ein schlangentretter[829], unter dem er aus Gottis krafft zu trümmern gehn muͤst, gefunden hett – als Paulus zun Romern am letzten [16,20] schreibt: »Der Gott des frids zertrette den satan unter euern fuͤssen in kurtz«. Amen.

Darumb, christlicher leser, thue du im also: Las dich duncken, Philippus Melanthon sey ein vorsinger an einem abendreygen und der gantze geschworne pundtschuch stehe alda in einem krais und, wie es inen Philippus vorsinget, so muͤssen sie alle miteinander hinach singen. Daraus volget dann: Wann ir gleich sechzigtausent wider mich[830] schrien und schriben, so ist es doch alles nichts dann des ainigen Philippi gesang. Derhalben, wiltu unbetrogen sein, so mustu alhie ebensowenig auff die menig[831]

822. Vgl. o. S. 574,16f.

823. ungelesen.

824. sc. in Königsberg.

825. Zu dieser von Osiander mit besonderem Nachdruck immer wieder zitierten Bemerkung vgl. o. S. 575,4-7 mit Anm.

826. Der Bundschuh, d.i. der gebundene Schuh des Bauern im Gegensatz zum Stiefel des Ritters, fand sich Ende des 15., Anfang des 16. Jh. auf der Fahne der Bauern in mehreren Aufständen, ebenso während des Bauernkrieges 1525. Seit dieser Zeit erhielt der Begriff die übertragene Bedeutung: Empörung, Verschwörung; vgl. RGG 1, Sp. 927, und *Grimm*, Wörterbuch 2, Sp. 522-524; vgl. weiter *Rosenkranz*, Bundschuh.

827. Sprichwort (vgl. *Wander*, Sprichwörterlexikon 4, Sp. 222, Nr. 11 und 25, Sp. 223, Nr. 47), aus der Antike und von Arsenius (über ihn vgl. PRE 2, Sp. 1273-1275, Nr. 3) in seiner Sprichwortsammlung 'Ιωνιά 42,11 (= *Leutsch – Schneidewin*, Corpus 2, S. 596,13, Nr. 79) überliefert. Melanchthon benützt es in einem Brief an Brenz vom 6. Dez. 1536 (vgl. CR 3, Sp. 202, Nr. 1495) und in einem offenen Brief an Matthias Flacius Illyricus vom 1. Okt. 1549 (vgl. CR 7, Sp. 481, Nr. 4604).

828. Vgl. dazu o. S. 656,15f mit Anm.

829. Vgl. Gen 3,16 und *Grimm*, Wörterbuch 9, Sp. 471.

830. Vgl. II Chr 12,2-4.

831. Menge.

und grossen hauffen sehen als im babstumb, sonder hab acht darauff, welcher sein lehr mit klarer schrifft beweis. Dann wilt du den philippianern wider mich glauben, darumb das ir vil ist, so mustu uber ein weil[832] dem babst und concilio wider die philippianer auch glauben, darumb das ir weit mehr ist dann der philipianer[!], und wůrdest entlich also das gantz euangelion wider verlieren. Und hiemit wirdt offenbar, das man vermőg aller rechten[833] den philippianern wider mich nichts glauben soll, vil weniger kőnnen sie richter uber mein lehr sein, dieweil Philippus der haubtsacher[834] ist, unter dessen lehr-[R2b:]namen ich verunrůigt[835] und angetast worden bin[836], wider den ich auch, mein lehr und ehr zu retten, als den haubtsacher fechten mus. So sein ihm die andern mit einem unpillichen[837], unchristlichen aydt[838] verpflichtet und derhalben verdechtig.

Wer aber gezeůgnus der heyligen schrifft in rechtem bestendigen verstand wider mich fůret, da Gott fur sey, der sol im selben fahl nicht fur ein philippianer, sonder fur ein apostel oder propheten gehalten werden, welchs doch noch weder Philippus noch kein andrer biß anher gethon hat, wie ich das hernach mit Gottis hilf so klarlich und greyfflich weiter beweysen will, das es auch kinder von zwelf jaren, so nur den catechismum gelernet haben[839], verstehn sollen. Und danck dem almechtigen Gott und vater unsers herrn Jhesu Christi, das es mit meinen widersachern dahin komen ist, das sie ihre irrige gedancken auffs papir pringen und in truck geben, damit sie furo mer nicht laugnen kőnnen, was sie geredet und gelehret haben[840]. Dann man hat biß anher wol gemerckt, wie unbestendig, schlupferig und wetterwendisch etliche gewest sein und wie offt dasjhenig, so vilmal von ihnen geredet, darnach wider verlaugnet worden ist[841].

832. nach einiger Zeit.
833. kraft allem, was recht ist.
834. Urheber, Hauptverursacher.
835. beunruhigt, angegriffen.
836. Vgl. etwa o. S. 666,7f oder auch u. A. Bd. 9, S. 453-455, Nr. 427.
837. unrechtmäßigen.
838. Vgl. o. S. 581, Anm. 130.
839. Die evangelische Kirche hat schon früh dem Katechismusunterricht der Jugend große Sorgfalt gewidmet. Neben die Katechismuspredigten für die Erwachsenen traten die für die Kinder, die man auch zum Erlernen des genauen Wortlauts des Katechismus anhielt. Osiander selbst hatte auf Anordnung des Nürnberger Rats 1531/32 als Prediger von St. Lorenz 22 Kinderpredigten verfaßt, die durch ihre Aufnahme in die Brandenburg-Nürnbergische Kirchenordnung ein Jahr später rasch Verbreitung fanden und vorbildliche Wirkung entfalteten; vgl. RGG 3, Sp. 1186f; TRE 17, S. 750-753, und u. A. Bd. 5, S. 182-334 (bes. S. 182-184), Nr. 177, bzw. Bd. 7, S. 343, Nr. 279.
840. Osianders Königsberger Gegner haben ihre Vorwürfe in der ersten Hälfte des Vorjahres lange aufrechterhalten, ohne sich zu schriftlichen Darlegungen ihrer eigenen Standpunkte bereit zu finden; vgl. o. S. 86,10-90,2, Nr. 488. Auch Melanchthon gewann erst im Sommer 1551 die Meinung, sich mit Osiander auseinandersetzen zu müssen, vgl. o. S. 69, Nr. 488/496.
841. Vgl. dazu o. S. 579,14-580,6.

Es haben ihr etwo vil wider mich geschriben[842]. Ein thail sind gefragt worden, was sie von meiner lehr halten, und haben ihr urtail wol von sich, aber noch nicht in truck geben[843]. Got woll, das sie sich furo[844] noch weyßlicher halten[845]! Ein thail haben geeylet und sein durch den truck herausgefahrn, als Philippus Melanthon, doctor Johan Bugenhagius Pomer und doctor Forster, wie man alhie sihet[846]. Ettlich aber haben sich selbs zu mir und wider mich genoͤttigt, als Michel Roting[847] und ein andrer uhu zu Nuͤrmberg[848], darnach [R3a:][q] auch magister Matthias Flacius Illiricus[849], der nicht allain ain puch in truck gegeben, sonder auch dasselb mit einem unwarhafftigen, gifftigen lesterbrieff wider mich F.D. in Preuͤssen, meinem gnedigen herrn, zugefertigt hat[850], villeycht der hoffnung, ich soll sein nicht innenwerden, was er im selben auff und wider mich liege. So ligt doctor Joachim Moerlein jetz auch in kindsnoͤten[851] und gepirt ein lang, dick puch wider mich[852]. Was aber in denen allen fur offenliche, greyffliche unwarheit, schwirmerey, verfelschung der heyligen schrifft, ketzerey und gotslesterung begriffen seyen, wil ich, ob Gott will, bald mit kurtz anzeygen, die feßlin anzepfen und jederman auffs wenigst schmeckpier daraus zu versuchen geben[853], damit man merck, das nichts guts darin sey, und jederman sein urthail auffhalt, biß ich mit meiner rechten, volligen antwort hernachkom[854].

Der allmechtig, ewig, barmhertzig Got und vater unsers herrn Jhesu Christi woll alle diejhenigen, so die warheit erkennen, in derselben erhalten, die irrigen erleuͤch-

q) Blattangabe fehlt bei der (fehlenden) Custode in A.

842. Osiander nimmt hier Bezug auf die Antworten zu seinem Bekenntnis ›Von dem einigen Mittler‹. Er selbst hatte einen ›Wolkenbruch‹ von Gegenschriften erwartet; vgl. o. S. 64-73, Nr. 488/496.

843. Die Drucklegung der Urteile über Osianders Bekenntnis war im Verfahren nicht vorgesehen. Der Wittenberger Druck hat die Prozedur sozusagen unterlaufen; vgl. o. S. 561f.

844. weiter.

845. klüger verhalten.

846. Vgl. o. S. 69-71, Nr. 488/496, bzw. o. S. 573,1-4 und 583,13-16.

847. Vgl. o. S. 609,2-6 mit Anm.

848. Gemeint ist Wolfgang Waldner, den Osiander auch in seiner Schrift ›Schmeckbier‹ als »den nürnbergischen uhu« bezeichnet, vgl. u. S. 773,20, Nr. 538. Zu ihm vgl. *Simon*, Nbg. Pfb., S. 244, Nr. 1493, und o. S. 585, Anm. 171.

849. Zu Matthias Flacius Illyricus (1520-1575) vgl. TRE 11, S. 206-214; RGG 2, Sp. 971.

850. Vgl. dazu o. S. 563.

851. Redensart, vgl. *Grimm*, Wörterbuch 5, Sp. 760.

852. Zur Gegenschrift der Königsberger Gegner und ihrem immer wieder verzögerten Erscheinen vgl. o. S. 67-69, Nr. 488/496.

853. Osiander hatte also bereits zu diesem Zeitpunkt den Entschluß gefaßt, den Kreis seiner Gegner gleichsam im ›Rundumschlag‹ mit einer einzigen Schrift zu erledigen, deren Titel er bereits konzipiert hatte. Die von ihm zusammengestellte Liste von ›vierzehn Gerechtigkeiten‹ gab dazu gewissermaßen den richtigen Anlaß. Die Schrift ›Schmeckbier‹ kam bereits im Juni heraus und verwendete im weiteren Titel den von ihm oben angegebenen bildhaften Vergleich; vgl. u. S. 742-796, Nr. 538.

854. Ähnlich hat sich Osiander nochmals in seiner Schrift ›Schmeckbier‹ geäußert, vgl. u. S. 795,4f, Nr. 538.

ten, die halsstarrigen zur puß erwaichen und, was untůchtig ist und zum tod wider den heyligen Gaist sundigt[855], zu schanden machen und hinwegraumen wie den vorrheter Juda[856], damit wir mit ainhelligem mund und hertzen den herrn Jhesum Christum sambt dem Vater und heyligen Gaist in der hailigen christenheit moͤgen loben und preysen hie zeytlich und dort ewiglich. Amen, amen, amen[r]. [R3b:]

Esaias am 45. capit. [23-25] schreibt
von der gerechtigkeit des glaubens
von wort zu wort also:

»Ich hab bey mir selbst geschworn, spricht der Herr, es ist ausgangen aus meinem mund die gerechtigkeit, das wort, und wirdt nicht zurůckgehn, dann mir sollen sich piegen alle knye und schweren alle zungen: Allain im יהוה, sprach er zu mir, ist gerechtigkeit und sterck, zu ihm wirdt man kommen, und werden zuschanden alle, die sich wider ihn setzen. Im יהוה werden gerecht sein und gerhůmet werden aller samen Israhel«.

Andreas Osiander:

Damit dise zwey pleter[857] nicht lehr bliben, hab ich disen gewaltigen spruch daher gesetzt, in dem erstlich das zu mercken ist, das Gott nicht bey ihm selbs schweret dann in wichtigen sachen, die unser verderben oder seligkeit antreffen, auff das wir jah gewiß und sicher seien, das sein wort nicht fehlen[858] werd, damit wir durch die troung zur pusse und durch die verhaissung zum glauben bewegt werden, darnach, das die ware und ewige gerechtigkeit, damit wir gerechtfertigt sollen werden, sey das wort Gottis, das von ewigkeit aus Gottis mund gangen ist, das ist das wort Gottis, Got selbs, Johan. 1 [14], das flaisch worden ist, Jhesus Christus, warer Got und mensch, unser herr und heyland, von dem Micheas[859], der prophet, am 5. capit. [1] zeůget, das sein außgang von anfang und von ewigkeit her ist.

Und das, das Got bey ihm also geschworn hat, soll nicht zuruckgehn, das ist, es sol vor Gott kain [R4a:] andre gerechtigkeit gelten dann die goͤtlich natur in Christo, der durch den glauben in uns ist, und wir in ihm. Dann wann ein andre gerechtigkeit were dann die goͤtliche natur, so moͤchten, ja můsten wir derselbigen die knye piegen, das will aber und kan Got nicht leyden. Darumb spricht er auch: »Allain im יהוה ist gerechtigkeit«, gleychwie Paulus spricht Rom. 3 [26]: »Auff das er allain gerecht sey und gerecht mach den, der da ist des glaubens an Jhesum« etc. Das redet auch Esaias hernach auffs allerklerist, da er spricht: »Im יהוה werden gerecht sein aller samen Israel«[860]. Ich versihe mich aber, es sey nuhn fast[861] in der gantzen chri-

r) Es fehlt die Custode in A.

855. Vgl. Mt 12,31f par.
856. Vgl. Mt 27,3-5.
857. Gemeint sind vom Druckbogen R die Bl. R3b und R4a.
858. irren, fehlschlagen, mißlingen.
859. Namensform nach LXX: Μιχαίας (vgl. auch *Gesenius*, Wörterbuch, S. 419).
860. Jes 45,25.
861. völlig, sehr.

stenheit lauter und klar am tag, das der grosse, aigne, heilige, hebreische name Gottis יהוה, den etlich Jehova lesen, nichts anders haisse dann die gantzen gotheit, goͤttlich wesen, goͤttliche natur, wie in der gantzen christenheit biß anher kain strit ist[862]. Darumb bin ich ungezweyffelt[863], ich lebe oder sterbe[864], so muͤssen alle die, so sich wider dise meine lehr setzen, zuschanden werden, dann den grund, den nicht ich, sonder die aposteln und propheten gelegt haben, ich aber, nachdem in des Philippi schul aristotelisch grass daruͤber gewachssen[865], wider auffgedeckt hab, sollen alle porten der helle nicht umbstossen[866]. Amen.

Gedruckt zu Koͤnigßperg in Preuͤssen[s] durch Hanns Weynreich anno 1552, den 21. Aprilis[t].

s) Wohl versehentlich nicht völlig ausgedruckt in A und B: »Preuss-« (danach undeutliche Druckspieße).
t) Vielleicht Drf. in A und B: Aprill (oder ein Druckkürzel bzw. Druckspieß). Die Monatsangabe im Text erfolgt deshalb nach der damals üblichen lat. Form.

862. Vgl. o. S. 602,26f mit Anm.; weiter o. S. 208,21-28, Nr. 488.
863. ohne Zweifel.
864. Vgl. Röm 14,8.
865. sprichwörtlich, vgl. *Röhrich*, Sprichwörtliche Redensarten 1, S. 343, bzw. *Wander*, Sprichwörterlexikon 2, Sp. 125, Nr. *66. Zum Einfluß der Philosophie auf die Theologie bei Melanchthon vgl. o. S. 589, Anm. 200, und LThK 7, Sp. 248: »Mit Luther teilte Melanchthon in den ersten Jahren seiner reformatorischen Tätigkeit die Abneigung gegen die Philosophie. Später sicherte er ihr jedoch einen festen Platz innerhalb des Protestantismus. Seine eigene Philosophie lehnte sich an Aristoteles und Plato, in der Ethik an die Stoa und Cicero an.«
866. Vgl. Mt 16,18.

Nr. 523-530
Predigten über Röm 9-11
(nach dem Referat von *Wilhelm Möller*)
1552, [April, Ende, bis September, Ende][1]

Bearbeitet von *Hans Schulz*

Einleitung

1. Entstehung und Überlieferung der Predigten

In der Karwoche 1552 äußerte sich Osiander, er sei mit seinen Reihenpredigten über den Römerbrief »komen auff das hohe geheimnis der ewigen vorsehung Gottes, wie es umb die ein gestalt habe, die do verdampt werden«, und habe es »mit fleis wollen underlassen bis nach Ostern«[2], d.h. bis nach Mitte April, dann wollte er die Predigten fortsetzen. Diesen Plan hat er ausgeführt.

Seine Kanzelreden wurden von einem ausgebildeten Schreiber – wohl im Auftrag Herzog Albrechts – mitgeschrieben und später in Schönschrift ausgearbeitet[3]. Nach Osianders Tod im Oktober des Jahres[4] hat dieser Unbekannte 22 Predigten[5] in einem Folioband zusammengetragen unter dem Titel »Von der ewigen versehung gottes. Etliche schonne und trostliche predigtenn des Erwirdigen und hochgelertenn Herrn Andreae Osiandri seligenn uber das 9.[6] 10. und 11. Cap. der Epistel Pauli zun Romerenn. ime in denn praedigtenn fleißig nachgescribenn. Anno 1556«[7]. *Wilhelm Möller* konnte in der zweiten Hälfte des vergangenen Jahrhunderts die Sammlung in der Universitätsbibliothek Königsberg einsehen und beschrieb sie als »Folioband mit sehr saubrer und deutlicher Reinschrift, die bibl[ischen] Textstellen mit rother Dinte«[8]. In den Wirren des zweiten Weltkrieges ist der Band verschollen und muß heute als verloren gelten[9]. Wir können aber einen Eindruck von der Art seiner kalligraphischen Ausstattung gewinnen, wenn wir die Handschrift der Predigt Osianders »Vam hochwerdigen sacrament«, die er am 29. März 1552 gehalten hat, betrach-

1. Zur Datierung vgl. die Einleitung weiter u. S. 678.
2. o. S. 546,13-15.16, Nr. 520-521.
3. Vgl. o. S. 376f, Nr. 503.
4. Vgl. *Möller*, Osiander, S. 519; *Stupperich*, Osiander, S. 352.
5. Vgl. *Lehnerdt*, Auctarium, S. 251, S. 140; *Möller*, Osiander, S. 511.
6. In der Titelangabe bei *Möller* (s. die folgende Anm.) Drf., den *Lehnerdt*, a. a. O., nicht aufweist: 8.
7. *Möller*, Osiander, S. 560, Anm. 163; vgl. *Lehnerdt*, Auctarium, S. 251, Nr. 140.
8. *Möller*, a. a. O.
9. Der Folioband findet sich nicht mehr unter den Restbeständen der ehemaligen Königsberger Bibliotheken, die in GStAPK Berlin und in der Biblioteka Glowna Thorn aufbewahrt werden. Weitere Anfragen in Kaliningrad und Polen ergaben keine Hinweise.

ten[10]: Der gleiche Schreiber, der die 22 Predigten ausgearbeitet hat, dürfte auch diese Handschrift verfertigt haben[11].

Bedauerlicherweise referiert *Wilhelm Möller* den Inhalt des Foliobandes nur auswahlweise. Da wir keine andere Quelle besitzen, muß sich unsere Ausgabe an diese bruchstückhafte Wiedergabe halten, um wenigstens ansatzweise eine Periode Osianderscher Predigttätigkeit zu dokumentieren, die den ganzen Sommer 1552 ausgefüllt hat. Dabei ist zu beachten, daß zu der ersten Überarbeitung, die vom Konzept der Predigtmitschrift beim Hören zur kalligraphisch ausgeführten Nachschrift führte[12], eine zweite durch die Auswahl *Möllers* gekommen ist, die die damals vorhandene Sammlung ausführlicher Predigtnachschriften auf wenige Passagen verkürzt hat. Eine kritische Untersuchung der von ihm referierten Texte ist nötig, um dem Wortlaut von Osianders Predigten wieder so nahe wie möglich zu kommen.

2. *Untersuchung der Zitatenauswahl*

Möller schreibt: »Wir müssen uns begnügen, aus diesen Predigten eine Ährenlese zu geben. Besonders möge das zur Vervollständigung unseres Einblicks in Osianders Lehre dienen, was er aus Anlaß von jenen Kapiteln des Römerbriefs über ewige Versehung und Erwählung und ihr Verhältnis zu menschlicher Schuld und Freiheit sagt. Speculative und practische Tendenzen ringen hier miteinander, freilich ohne die letzte, noch nie gefundne Lösung zu bringen.«[13] Er hat also die im Folioband vorgegebene Thematik spezifiziert und als Maßstab für die Auswahl seiner ›Ährenlese‹ benützt. Alle Ausführungen Osianders, die sich diesem Thema nicht einordnen ließen, wurden nicht beachtet. Die Auswahl *Möllers* hat sich sehr viel stärker auf das von ihm gewählte Thema konzentriert, als es in der ursprünglichen Predigtsammlung gewesen sein dürfte. Ein Beispiel haben wir noch für diesen Sachverhalt: *Möller* hat eine Passage gleich aus der ersten Predigt Osianders über Röm 9,1-3[14], die eine sehr schöne typologische Exegese, aber keinerlei Ausführungen zu Vorsehung und Erwählung enthielt, in seine Auswahl aufgenommen. Dieser Abschnitt liefert den Beweis, daß die Predigten des Königsberger Professors trotz einer zusammenfassenden Thematik keine systematisierende Abhandlung darstellten, sondern – wie er es bei seinen Ansprachen gewohnt war – mit pastoraler Zielsetzung den biblischen Text in seinem Verlauf auslegten[15]. Auffällig ist auch, daß sich keine Ausführungen Osianders zu Rechtfertigung und Einwohnung Christi in den Herzen der Gläubigen, wie er sie gerade auch in anderen Predigten gerne geboten hat[16], in der Auswahl

10. Vgl. o. S. 520-540, Nr. 518. Zur Hs. vgl. ebd. S. 521.
11. Vgl. o. S. 377, Nr. 503.
12. Vgl. ebd.; außerdem das Urteil *Möllers* in *Möller*, Osiander, S. 511.
13. *Möller*, Osiander, S. 511.
14. Vgl. u. S. 680f, Nr. 523.
15. Vgl. dazu o. S. 378, Nr. 503.
16. Vgl. dazu o. S. 379, Nr. 503.

Möllers finden. Auch diese ›Fehlanzeige‹ dürfte nicht auf die Predigten, sondern auf *Möllers* Auswahl zurückzuführen sein.

Möllers Zusammenstellung von Predigtabschnitten[17] weist Unklarheiten auf, die nicht immer zu erkennen geben, wie einzelne Textstücke und angegebene Bibelstellen zusammengehören; letztere werden meist nach dem Anfangsvers und mit der Abkürzung ›ff‹ bezeichnet, so daß auch über die Länge des der Predigt zugrundeliegenden Bibeltextes keine Klarheit besteht. Zur genaueren Abgrenzung im einzelnen werden folgende Überlegungen angestellt:

Möller bietet nicht von jeder Predigt des verlorenen Foliobandes Auszüge: Die Reihenfolge der biblischen Texte weist Lücken auf[18]; man darf annehmen, daß auch die zugehörigen Predigtdarlegungen fehlen. Die Vermutung, daß die in Textblöcken häufig verwendeten Gedankenstriche (manchmal sogar zwei unmittelbar hintereinander)[19] den nachfolgenden Abschnitt einer anderen Predigt zuordnen sollen, läßt sich aber nicht verifizieren: Die Textblöcke bieten nämlich übergreifende Themenstellungen, die den Gedankengang zusammenhalten[20]. Auch ergibt die Anzahl der durch die Gedankenstriche und die vorgesetzten biblischen Angaben gebildeten ›Absätze‹ nicht die Summe von 22[21]: In *Möllers* Auswahl können daher nicht Abschnitte aus allen Predigten Osianders gesammelt sein. Vielmehr legt sich die Annahme nahe, daß die von *Möller* gesetzten Gedankenstriche große bzw. sehr große Auslassungen innerhalb einer Predigt bedeuten, wie die Zeichen ›…‹, ›etc.‹ und ›u.s.w.‹ auf kleinere Auslassungen hinweisen. Im Überblick ergibt sich deshalb die Schlußfolgerung, daß *Möllers* Zusammenstellung Textpassagen bietet, die jeweils einer angegebenen Bibelstelle zugeordnet sind und damit jeweils einer Predigt zugehörig waren, auch wenn dabei Auslassungen markiert wurden, die aber übergreifend einen zusammenhängenden Gedankenbogen wiedergeben, wie *Möller* ihn verkürzt wiedergeben wollte. Dieses Ergebnis muß bei der Untersuchung der fortlaufenden Textteile im einzelnen bestätigt werden. Zunächst geht es jedoch um die genauere Bestimmung der angegebenen Bibelstellen.

Osiander hat nur höchst selten sehr lange biblische Abschnitte oder ganze Kapitel einer Predigt zugrundegelegt, gewöhnlich nur einige Verse, oft in lectione continua[22]. Dies dürfen wir auch für die verlorenen 22 Predigten annehmen und den Versuch unternehmen, die für die restlichen überlieferten Textpassagen angegebenen Bibelstellen genauer abzugrenzen. Zunächst ist festzustellen, daß bei den 90 Versen von Röm 9-11 im Durchschnitt etwa vier Verse als biblische Grundlage einer Predigt Verwendung fanden. Tatsächlich lassen sich mit diesem ungefähren Maß schon die meisten Bibelstellen, die angegeben sind, abgrenzen, besonders wenn man zu-

17. Vgl. *Möller*, Osiander, S. 511-517.
18. etwa zwischen Röm 9,1-3 und Röm 9,10[-13], zwischen Röm 9,19[-24] und Röm 10,7, oder nach Röm 11,7[-10]; vgl. dazu a.a.O., S. 511f, 515f und 517.
19. Vgl. a.a.O., S. 512, 515 und 517.
20. Vgl. dazu weiter u. S. 674.
21. sondern nur höchstens 18.
22. Vgl. o. S. 376, Nr. 503, und u. A. Bd. 6, S. 52-121, Nr. 201-214.

sätzlich überprüft, wieweit der Zusammenhang der angegebenen biblischen Aussage reicht, bzw. bis zu welchen Versen biblische Zitate, Anklänge oder Motive in den Ausführungen der Predigt gegeben sind; manchmal erfolgt die Abgrenzung des Bibeltextes auch durch die nächste Bibelstellenangabe. Folgende Versangaben *Möllers* lassen sich damit begrenzen: Röm 9,10[-13]; Röm 9,14[-24]; Röm 11,5[f] und Röm 11,7[-10].

Die Besprechung der einer Bibelstelle zugeordneten Textpassagen im einzelnen soll nun folgen. Die Zugehörigkeit eines fortlaufenden Textes zu einer Predigt, selbst wenn er Auslassungen enthält, wird neben der übergeschriebenen Bibelstelle am besten bestätigt durch die Einheitlichkeit der dargebotenen Thematik. Bei der Überprüfung im einzelnen werden aber auch die restlichen Texte mit beurteilt:

1. Für den Textabschnitt zu Röm 9,1-3[23] ist die Thematik deutlich: Es geht um die Aufopferung einzelner biblischer Personen nach dem Vorbild Christi.

2. Die lange Passage Röm 9,10[-13][24] bietet trotz mancher Auslassungen die volle Struktur einer ganzen Predigt, wie wir sie schon früher bei Osiander kennengelernt haben: Zusammenfassung der vorausgehenden Predigt, Zielangabe, Exegese des Bibeltextes mit pastoraler Anwendung, diese besonders im Schlußteil[25].

3. In der längeren Passage zu Röm 9,14[-18][26] findet sich ein einheitlicher Exkurs zum Willen des Menschen, der auf die Ausgangsthese zurückbezogen wird.

4. Die Begrenzung der nächsten Bibelstelle kann Röm 9,19[-24][27], aber auch 9,19[-29] lauten, wenn man auf die Ausführungen des Apostels Paulus Bezug nimmt. Trotz der großen Auslassung, die angezeigt ist, erscheint die Exegese in sich einheitlich sowohl durch das Beispiel Davids, als auch durch das Motiv vom Wissen Gottes um den mangelnden Willen der Verdammten.

5. Der Textabschnitt zur Angabe ›Röm 10,7ff‹[28] ist zu kurz, um die Bibelstelle eingrenzen zu können; der angegebene Vers beginnt zusätzlich noch mitten im Satz und im Argument des Paulus. Wenn es sich um einen Druckfehler oder eine fehlerhafte Angabe *Möllers* handelt, wäre besser folgende Abgrenzung zu treffen: Röm 10,[6-10] oder – wegen des in den Ausführungen erwähnten Gebets – Röm 10,[6-13].

6. Die Einschätzung der folgenden Textpassage[29] wirft Probleme auf: Zwischen den zwei genannten Bibelstellen ›Röm 10,16ff‹ und ›11,1f‹ liegen sechs Verse. Andererseits zielt der Gedankengang des Apostels von Röm 10,(16)19 ab auf den erwählten Rest des Volkes Israel in Röm 11,4. Da für die folgende Predigt als biblische Grundlage Röm 11,5[f] angegeben ist, könnte man hier den ganzen Abschnitt Röm 10,16[-11,4] zugrunde legen. Dies wäre die einfachste Lösung, obwohl der Bibeltext

23. Vgl. *Möller*, Osiander, S. 511f.
24. Vgl. ebd., S. 512f.
25. Vgl. o. S. 378, Nr. 503.
26. Vgl. *Möller*, Osiander, S. 513-515.
27. Vgl. ebd., S. 515f.
28. Vgl. ebd., S. 516.
29. Vgl. ebd., S. 516f, gemeint ist der u. S. 690f, Nr. 528, wiedergegebene Text.

sehr viele Verse umfassen würde. Die Frage bleibt, warum *Möller* mitten im Text eine Bibelstellenangabe poniert (sc. ›11,1f‹)[30], als solle sie den Abschnitt einer neuen Predigt anzeigen. Diesbezüglich könnte man annehmen, daß in der Predigtnachschrift für den der Bibelstelle folgenden Satz[31] ein vorausgehendes Zitat von Röm 11,1f (wohl V.1-2a!) vorhanden war, das als Bezugspunkt für den Satz gedient hat und von *Möller* als Stellenangabe vorausgestellt wurde, um den Einzelsatz zitieren zu können, während er auf weitere exegetische Ausführungen Osianders zur Stelle verzichtete. Die Angabe der Bibelstelle wäre dann zur Verdeutlichung des Sachverhalts hinzugesetzt und nicht, um eine neue Predigt anzuzeigen.

Die Überprüfung des fortlaufenden Textes auf eine einheitliche Thematik bietet gewisse Schwierigkeiten, weil in den drei Hauptabschnitten[32] unterschiedliche Themen behandelt scheinen: zunächst daß Gott weiß, daß die Verdammten aus eigener Schuld gerichtet werden, zweitens daß sich das Gläubigsein einer besonderen Gottesgnade verdankt, und drittens daß menschliche Vernunft nicht spekulieren soll, Gott aber keine Schuld von den Verdammten zugeschoben werden kann, weil sie einen freien Willen haben. Auffällig ist freilich, daß der dritte Abschnitt, der eine Zusammenfassung (»In summa ...«)[33] darstellt, auf das Thema des ersten Abschnitts zurücklenkt.

Schiebt man nach Abschnitt eins zusätzlich den oben erwähnten exegetischen Satz zur Versangabe Röm 11,1f[34] als eigene Thematik ein, so ergeben sich vier thematische Bereiche, die ineinander geschlossen sind und Gottes Vorsehung in Beziehung setzen zum Willen der Ungläubigen und zum Glauben der Gläubigen. Auch in diesem Text findet sich also ein einheitlicher Gedankengang und zusätzlich eine Schlußzusammenfassung, wie sie bei Osianders Predigten üblich ist[35]. Wir dürfen daher auch hier die Wiedergabe einer einzigen Predigt annehmen, selbst wenn der zugrundeliegende Bibeltext ungewöhnlich viele Verse umfaßt und der Strukturabschnitt des Predigtanfangs von *Möller* nicht referiert wurde.

7. Das Thema des Textstücks Röm 11,5[f][36] ist von *Möller* selbst hinzugesetzt worden, während die Angabe ›ff‹ für die Bibelstelle als Druckfehler gelten muß[37].

8. Die Angabe Röm 11,7[-10][38] richtet sich danach, daß Paulus seinen Gedanken in Vers 10 abrundet. Der gedruckte Predigtabschnitt ist für eine Bestimmung zu kurz.

Nunmehr läßt sich *Möllers* ›Ährenlese‹ aus Osianders Predigten insgesamt beurteilen: Die Zitate, die er uns überliefert hat, sind bestenfalls Bruchstücke der einst reichen Sammlung, die zwar als ›typisch‹ für Osianders theologischen Geist be-

---

30. Vgl. u. S. 690, Anm. b, Nr. 528.
31. Vgl. u. S. 690,11, Nr. 528.
32. Vgl. u. S. 690,1-10; 690,12-691,2 und 691,3-11, Nr. 528.
33. u. S. 691,3, Nr. 528.
34. Vgl. u. S. 690,11, Nr. 528.
35. Vgl. o. Anm. 25.
36. Vgl. *Möller*, Osiander, S. 517.
37. Vgl. dazu u. S. 692, Anm. a, Nr. 529.
38. Vgl. *Möller*, Osiander, S. 517.

zeichnet werden können, aber keineswegs den tiefen Eindruck des radikalen ›Kahlschlags‹ überdecken, den *Möller* in seinem Bericht über die Predigten vorgenommen hat: Von den 22 Kanzelreden werden nur acht zitiert, dazu nur in Ausschnitten, die eine Länge zwischen zwei Druckseiten und vier Druckzeilen aufweisen. Wenn man annehmen kann, daß Osianders Predigten gewöhnlich zwischen 10 und 20 Druckseiten umfassen[39], muß man nicht nur den Verlust eines großen exegetischen Kommentars bezüglich der völlig verlorenen 16 Predigten beklagen, sondern kann die überlieferten Abschnitte nur noch als ›Bruchsteine‹ werten, die die Gestalt des ursprünglichen Gesamtgebäudes der Reden in keiner Weise mehr erkennen lassen. Daran ändert auch *Möllers* Auswahlkriterium[40] nichts, selbst wenn es im Titel des Foliobandes vorgegeben war. *Möller* hat mit der natürlich verdienstvollen Wiedergabe dieser wenigen und kurzen Textstücke wirklich eine ›Ährenlese‹ betrieben – die ›Garben der Ernte‹ sind indessen verloren gegangen.

Die uns erhaltenen Zitate zeigen – wenn man von der Predigt zu Röm 9,1-3 absieht – trotzdem eine gewisse Geschlossenheit. Sie bieten wichtige Einsichten zum Thema ›Von der ewigen Vorsehung Gottes‹, wie es alles im verlorenen Sammelband der Predigten formuliert war. Die vorgetragenen Argumente ergänzen sich gegenseitig zu einer einheitlichen Sichtweise, die das Problem der Erwählung aus der Sicht des Glaubens darstellt. Auch die Aussagen über ewige Verdammnis und menschliche Vernunft sind dieser Sicht zugeordnet. Gerade weil Osiander zu den Reformatoren der ersten Generation gehört, muß unterstrichen werden, daß er bei diesem Thema – wie sonst immer – ›beste‹ reformatorische Theologie bietet, Darlegungen vom Standpunkt des Glaubens aus. *Möllers* leicht geschriebenes, rationalisierendes Urteil, auch Osiander habe ›die letzte, noch nie gefundene Lösung‹ nicht vorgelegt[41], wird inhaltlich der von ihm vorgenommenen Zusammenstellung von Zitaten keineswegs gerecht und übersieht gerade das, was ihren Wert ausmacht, nämlich die reformatorisch-theologische Qualität.

3. Inhalt der überlieferten Predigtabschnitte

a) Zum Predigtabschnitt über Röm 9,1-3 (Nr. 523)

Vom Selbstopfer zum Heil der anderen vor Gott finden sich in der Schrift drei Beispiele: Mose, Pinhas und Elia. Christi Opfer zum Heil der Welt ist für diese der Grund und die Quelle.

39. Vgl. dazu den Umfang der Predigten o. S. 376-397, Nr. 503 und 504; S. 488-510, Nr. 514 und 515; S. 544-560, Nr. 520-521, und u. S. 874-886, Nr. 546.

40. Vgl. o. S. 672.

41. Vgl. o. S. 672.

b) Zum Predigtabschnitt über Röm 9,10-13 (Nr. 524)

Gottes Vorsehung gilt allein für die Gläubigen, die Schuld des Unglaubens liegt allein bei den Verdammten. Menschliche Vernunft versucht zu glauben, um selig zu werden, dies steht nicht in ihrer Macht, sondern bei Gott, der letzte Ursache allen Geschehens ist. Auch Christi Sendung geschah nach seinem Wohlgefallen. Über Erwählung und Verwerfung schon vor der Geburt wundert sich der Mensch. Wer sich nach dem Zeugnis des Heiligen Geistes gerechtfertigt fühlt, kann froh und getrost die Erwählung Gottes bejahen, kann jedes Geschick ertragen, weil Gott ihn erwählt hat. Wer noch nicht berufen ist, soll nicht die Vorsehung Gottes, sondern das Evangelium überdenken.

c) Zum Predigtabschnitt über Röm 9,14-18 (Nr. 525)

Glaube und Unglaube kommen aus dem Vorsatz Gottes. Zu glauben liegt nicht in des Menschen Hand, obwohl jeder an seinem Verderben selbst schuld ist und nicht Gott. Der Wille des Menschen kommt aus sich selbst und wird durch niemand getrieben. Er kann die Seligkeit aber nicht erlangen ohne Zutun Gottes. Deshalb muß er seine Art aufgeben und sich Gottes Willen unterwerfen. Was geschieht, kann aus Gottes Willen und unserem zugleich herkommen; Gottes Wille ist aber oft auf anderes gerichtet als unserer, wie der Verrat des Judas zeigt. Wer berufen ist, soll sich deshalb an Gottes Erwählung halten: Mit Gottes Hilfe findet er immer wieder aus Sünden heraus. Aus Gottes Vorsehung folgt weder, daß er ungerecht ist, noch, daß wir tun und lassen können, was wir wollen, oder daß alles umsonst ist.

d) Zum Predigtabschnitt über Röm 9,19-24 (Nr. 526)

Alles geschieht nach Gottes Vorsatz, obwohl es nicht immer so erkennbar ist. Etliche werden verdammt, damit wir den großen Ernst der Erwählung erkennen. Der Verstand schiebt Gott die Schuld zu, hat aber Unrecht: Gott erträgt die Nichterwählten in Geduld, ohne ihnen Ursache für seinen Zorn zu geben; diese kehren aber nicht um aus eigenem Willen, und Gott weiß, daß sie nicht wollen.

e) Zum Predigtabschnitt über Röm 10,6-10 (Nr. 527)

Etliche werden nicht selig. Obwohl niemand darüber mehr weiß, sollen wir zur Bekehrung für sie bitten.

f) Zum Predigtabschnitt über Röm 10,16-11,4 (Nr. 528)

Gottes ewiger Rat spricht nicht alle selig, gibt aber keine Ursache zur Verdammnis; diese geschieht freilich nicht allein durch menschlichen Mutwillen, sondern nach Gottes Vorsehung. Im Glauben bleiben nur die Erwählten, weil der Glaube aus Gottes Gnade kommt, aus seiner Vorsehung. Gott zwingt nicht zu glauben, schul-

dig sind aber, die nicht glauben. Vernunft kann das nicht begreifen; Spekulationen sind nutzlos. Gott handelt nach seiner Vorsehung, wir nach unserem freien Willen. Ihm kann die Schuld nicht gegeben werden, weil er unserem Willen keine Ursache zur Verdammnis gibt.

g) Zum Predigtabschnitt über Röm 11,5f (Nr. 529)

Selig wird der Mensch nur aus der Gnade und Erwählung Gottes, er selbst kann nichts darüberhinaus erwirken.

h) Zum Predigtabschnitt über Röm 11,7-10 (Nr. 530)

Gott kann von den Verdammten nicht beschuldigt werden; er beläßt sie in ihrem ungläubigen Wollen.

4. *Datierung der Predigten*

Eine Schlußfolgerung zum Umfang des verlorenen Foliobandes und zur Predigttätigkeit des Altstädter Pfarrherrn drängt sich noch auf: *Möllers* letzte Textwiedergabe ist dem Abschnitt Röm 11,7[-10] zugeordnet. Da er sich vorgenommen hatte, eine ›Ährenlese‹ aus der Gesamtheit der Predigten zu geben, und deshalb sehr wahrscheinlich aus der letzten Predigt genauso zitierte wie aus der ersten, das 11. Kapitel des Römerbriefs aber 36 Verse hat, läßt sich vermuten, daß dieses Kapitel in den Predigten nicht bis zum Ende behandelt worden ist. Jedenfalls könnte man etwa sechs Bibelabschnitte für Predigten hinter Röm 11,10 anordnen, bis man zum letzten Vers des Kapitels käme – *Möller* hätte diese Reden übergangen! Die lange Reihe der überzähligen Verse bleibt in jedem Fall auffällig. Der Schluß scheint naheliegend, daß Osiander ähnlich, wie er bei seiner Predigtreihe über das Matthäusevangelium bis zum Vaterunser Mt 6,9-15 gekommen ist[42], bevor er erkrankte und starb, beim Römerbrief 11,7[-10] seine Predigtexegese beendet hat. Diese letzte Predigt über den Römerbrief muß man daher kurz vor Sonntag, den 2. Oktober 1552, wohl auf Sonntag, Montag oder Dienstag, den 25., 26. oder 27. September ansetzen[43], wenn er in diesen Tagen soweit gesund war, daß er die Kanzel besteigen konnte[44]. Mit aller deshalb gebotenen Vorsicht lassen sich daher Osianders verlorene Predigten und damit *Möllers* Zitatenauswahl genauer datieren auf die Zeit zwischen Ende April und Ende September 1552.

42. Vgl. o. S. 376, Nr. 503.
43. Zu Osianders wöchentlichen Predigtpflichten vgl. o. S. 381, Anm. 2, Nr. 503.
44. Schon Anfang September klagte Osiander über »leibsschwachheit ..., die mich etlich tag hart beschwert hat« (vgl. u. S. 868,13f, Nr. 544). Nach der Predigt vom 2. Okt. erkrankte er ernsthaft (vgl. o. Anm. 4).

5. *Überlieferung und Formalien der Textwiedergabe*

Unsere Edition folgt der einzigen Überlieferung in *Möller*, Osiander, S. 511-517. Dabei sind folgende Gesichtspunkte bezüglich der Textwiedergabe anzuführen:

Möller hat nicht nur durch Auswahl der Abschnitte in die Texte der Predigten eingegriffen, er hat möglicherweise auch durch Begriffe und summierende Sätze seiner Sprache – der des 19. Jh. – kürzend in den sprachlichen Fluß eingegriffen. Beispiele dafür sind die Begriffe ›Leute‹ und ›Sündenfälle‹, die bei Osiander keine (oder höchst seltene) Verwendung finden. Diese Redaktionsschicht wird in unserer Edition nicht herausgelöst, weil sie kaum vom Text der zugrundeliegenden Predigt zu trennen ist[45]. Beibehalten wird die Schreibweise der Wörter, die *Möller* dem Normalmaß seiner Zeit angepaßt hat. Groß- und Kleinschreibung werden aber nach der Maßgabe unserer Edition angewendet; gleiches gilt auch für die Interpunktion. *Möllers* ergänzende und erläuternde Zusätze werden herausgenommen und im textkritischen Apparat angegeben; von ihm vorgenommene Sperrungen, die der Themenstellung seiner Auswahl dienen sollten, sind aufgehoben.

Von *Möller* gesetzte Gedankenstriche, einfach oder doppelt, werden als Auslassungen kleinerer oder größerer Länge gewertet und durch Auslassungspunkte ersetzt. Die von ihm gesetzten Auslassungspunkte werden von uns ebenso wiedergegeben. Die Bemerkungen ›u.s.w.‹ und ›etc.‹ – letztere im 16. Jh. in häufigem Gebrauch – werden von uns nur dort nicht als Auslassungen (mittels Punkten) wiedergegeben, wo die inhaltlichen Ergänzungen klar auf der Hand liegen. Die erschlossenen Bibelstellen sind in eckigen Klammern angegeben. Mit diesen formalen Hilfen wird ein Text erstellt, der in seiner Lesbarkeit weitgehende Authentizität in bezug auf die Darlegungen Osianders ausstrahlt.

45. Vgl. dazu die Einschätzung der sprachlichen Echtheit bei *Möller*, Osiander, S. 511. Es läßt sich nicht angeben, ob die gemeinten ›Unebenheiten‹ von *Möller* oder/und bereits vom Schreiber des 16. Jh. stammen. Es dürfte sich außerdem nur um einzelne Worte oder kurze Wendungen im Zusammenhang des Textes handeln. Die Hauptmasse der Ausführungen weist die Originalität der Sprache Osianders auf.

Nr. 523
Abschnitte aus einer Predigt über Röm 9,1-3

Text

[511:] [a]Es finden[a] sich von der hier ausgesprochenen aufopferung[b1] nur noch drei exempel in der schrift.

Zuerst bei Moses[c2]: Das heißt recht, ihm[3] selbst absagen und ihm sich selber nehmen und sich dem herrn Christo ergeben und ihm ähnlich werden, daß man gesinnt sei, als[4] Christus gesinnt ist[5]. Und Moses ist da nicht Moses, sondern ist in Christo, gesinnt wie er, welcher auch lieber sterben wollte, dann daß die ganze welt umkomme, ewiglich sterbe und verdammt werde. Es ist aber unmöglich, daß Gott ein solch herz, welches so hoch[6] Gott liebet und Gottes ehre viel höher schätzt denn seiner selbst seligkeit ..., solle verdammen[d].

Der zweite ist Pinehas[e7], hoch angesehen, in Gottes hulde und seiner seligkeit gewiß. Aber zur wegschaffung des aergernisses um der seligkeit des volks willen schlägt er in die schanze[8] sein eigen leben[f], sein priesterthum[g], ja seine seligkeit[h], gibt sich in [512:] leiblichen und ewigen tod und begehrt, alles zu leiden, damit dem aergernis gewehret werde. Da fähret Gott heraus[9] und lobet ihn. ...[i]

Der dritte ist Elias, der die baalspfaffen schlachtete, obwohl er deß keinen ausdrücklichen befehl von Gott hatte[10].

a-a) *Möller*, Osiander, S. 511: Zu Röm 9,1-3 sagt Osiander, es fänden.
b) *Möller*, ebd., erg. in Klammern: ich habe gewünscht, verbannet zu sein von Christo etc.
c) *Möller*, ebd., erg. in Klammern: 2. Mos. 32,32.
d) verdammen etc. (von *Möller*, ebd., wohl erg.)
e) *Möller*, ebd., erg. in Klammern: 4. Mos. 25,6ff.
f) *Möller*, ebd., erg. in Klammern: denn wer menschenblut vergießt u.s.w.!
g) *Möller*, ebd., erg. in Klammern: denn mord, ja unwillkührliche tödtung macht dazu unfähig.
h) *Möller*, ebd., erg. in Klammern: wegen der uebertretung des göttlichen gebots!
i) Auslassungspunkte anstelle von »u.s.w.« bei *Möller*, Osiander, S. 512.

1. Vgl. Röm 9,3.
2. Vgl. Ex 32,31f im Kontext.
3. sich.
4. wie.
5. Vgl. Phil 2,5, und o. S. 544-560, Nr. 520-521.
6. sehr.
7. Vgl. Num 25,6-13.
8. Redensart: etwas für jemanden einsetzen, aufs Spiel setzen; vgl. *Röhrich*, Sprichwörtliche Redensarten 2, S. 801.
9. von kämpferischem Vorgehen, raschem, freudigen Reden: hier in bezug auf die Rede Gottes mit Mose über Pinhas; vgl. Num 25,10-13, bzw. *Grimm*, Wörterbuch 4,2, Sp. 1031.
10. Vgl. I Reg 18,17-41.

Das vierte exempel ist erst der grund und der rechte brunnquell dieser gewaltigen thaten, nämlich unser herr Jesus Christus, der aller welt sünde auf sich genommen und sich selber für uns alle unter Gottes zorn in den tod und das verdammnis geworfen und dahingegeben hat[11].

11. Vgl. Röm 8,32 u.ä.

Nr. 524
Abschnitte aus einer Predigt über Röm 9,10[-13][a]

Text

[512:] Das[b 1] ist nun der erste eingang[2] in das geheimnis von der ewigen versehung[3] Gottes, nämlich daß Gottes versehung allein den gläubigen zugehöre und daß die schuld nicht Gottes, sondern derjenigen ist, die verdammt werden, daß ihnen die zusage, so Abraham und seinem samen geschieht, nicht gehalten wird[4], nämlich daß sie derselben nicht glauben. Hiermit ist nun die menschliche vernunft noch wohl zufrieden und gedenket, die sache stehet noch recht. Dieweil Gott niemand gerecht macht dann allein, die er versehen[5] und erwählet hat, und dieweil sie hört, daß diejenigen, so selig werden, die seien, die da glauben, so gedenket sie: Ich will auch glauben, auch also selig werden – und meinen also die menschen, es stehe noch in ihrer hand[6], und sehen nicht auf die macht und beständigkeit der ewigen versehung Gottes. Darum beweist Paulus nun weiter[c 7], daß es nicht in unsrer hand stehe, sondern daß es Gottes ewige versehung und sein wille sei, welcher glaube und nicht glaube, und hierin stößt sich die menschliche vernunft[8]. …

Warum thut das[d] Gott? Er will allein Gott sein und bleiben! Über Gott aber kann keine andre ursache sein, um welcher willen er etwas thue oder nicht thue, denn er, Gott selbst, allein[9]. …

Darum hat er uns Christum gesandt, auf daß er um seinetwillen uns alles erzeigte[10], was wir bitten[11]. Denn solches geschieht nicht um unserer dürftigkeit[12] wil-

a) Angabe erschlossen, vgl. Predigt u. S. 684, Anm. a, Nr. 525. Die Angabe bei *Möller*, Osiander, S. 512, lautet: Zu Röm 9,10ff.
b) *Möller*, Osiander, S. 512, erg. in Klammern: früher Erörterte.
c) *Möller*, ebd., erg. in Klammern: an Esau und Jacob.
d) *Möller*, ebd., erläutert in Klammern: V. 11ff.

1. Die (durch *Möllers* Ergänzung in Anm. b erläuterte) Stelle ist als Hinweis auf eine vorausgehende Predigt ein Beleg dafür, daß *Möller* bei seiner ›Ährenlese‹ aus dem Folioband ganze Predigten übergangen hat; vgl. dazu die Einleitung o. S. 672-676.
2. Zugang, Anfang.
3. Vorsehung.
4. Vgl. Röm 9,7 und o. Anm. 1.
5. vorgesehen, vorherbestimmt.
6. Redewendung: liege noch in ihrer Macht, vgl. *Röhrich*, Sprichwörtliche Redensarten 1, S. 383.
7. Bezugnahme auf den zugehörigen Predigttext, vgl. o. Anm. 1.
8. langt die menschliche Vernunft an ihrem Ende an; ist die menschliche Vernunft ratlos.
9. Vgl. Röm 9,15.
10. dartäte, darlegte, erwiese.
11. Vgl. Joh 15,16; 16,23.
12. Bedürftigkeit.

len oder von wegen unsrer frömmigkeit[13], sondern um des herrn Christi willen, welcher wahrer Gott ist. Also thut Gott alles aus seinem freien willen und nach seinem wohlgefallen, denn man soll keine ursach über Gott setzen, weil keine über Gott ist. …

Darum soll man auch nicht sagen, Gott wußte es voraus, daß Esau bös wird sein, Jacob aber fromm[14]. Man soll nicht die würdigkeit des verdienstes[15] über Gott setzen. Daß aber Gott erwählet, wen er will, auch ehe man geboren wird, und daß es nach dem fürsatz Gottes muß hinausgehen[16], daß, wen er erwählet, derselbige soll selig werden, und wen er verwirft, daß der verworfen sein muß, deß[17] verwundert sich die menschliche natur und darüber hebt sie an zu disputiren. …

Wenn du die rechtfertigung fühlst und die herrlichkeit, d.i. das zeugnis des heiligen Geistes, daß du ein kind [513:] Gottes seist[18] und daß er durch den glauben in dir wohnet, so magst[19] du fröhlich in die ewige versehung Gottes sehen. Denn solches bringt dir große freude und tröstet dich, daß du also gedenkest: Siehe, Gott hat mich berufen und gerechtfertigt und seine herrlichkeit ist in mir[20] – wiewohl noch verborgen –, denn ich fühle den heiligen Geist, wie denn Paulus spricht, daß »niemand kann Jesum einen herrn heißen ohne durch den heiligen Geist«[21]! Darum schließe ich ungezweifelt[22], daß mich Gott von ewigkeit versehen hat und sich fürgesetzt, mich selig zu machen! Darum wird es gewißlich auch also geschehen, und wird der teufel keineswegs mich aus den händen Gottes reißen[23]. Also sollen wir in der ewigen versehung Gottes unsern beruf[24], unsre rechtfertigung und herrlichkeit[25] ansehen und gewiß machen. Dieweil Gott, das ewige leben und wahre gerechtigkeit, in mir ist und ich in ihm, so es möglich wäre, daß ich in die hölle geworfen würde, so kann ich doch darin nicht bleiben, denn Gott kann nicht in der hölle bleiben und kann mich auch keineswegs verlassen.

Die aber noch nicht berufen und gerechtfertigt sind, sollen sich mit der ewigen versehung Gottes nicht einlassen, sondern sich an das evangelium halten und zusehen, daß sie zur erkenntnis kommen[e][26].

e) kommen etc. (von *Möller*, ebd., S. 513, wohl erg.).

13. Tüchtigkeit, Rechtschaffenheit.
14. Vgl. Röm 9,13.
15. Vgl. Röm 9,12.
16. Vgl. Röm 9,10f.
17. über all das.
18. Vgl. Röm 8,16.
19. kannst.
20. Vgl. Röm 8,30.
21. I Kor 12,3.
22. folgere ich ohne Zweifel.
23. Vgl. Joh 10,28f.
24. unsere Berufung.
25. Vgl. Röm 8,28-30.
26. Vgl. I Tim 2,3f.

Nr. 525
Abschnitte aus einer Predigt über Röm 9,14[-18][a]

Text

[513:] Der glaube stehet nicht in des menschen eignen kräften. Daß etliche glauben und etliche nicht, das fleußt her aus der ewigen versehung Gottes, denn der vorsatz Gottes muß bestehen nach seiner wahl[1].

Ob es wohl an Gottes erbarmen allein liegt, so ist es doch falsch, daß die menschen dichten[2] und fürgeben, als ob sie wollten und liefen, und erbarmte sich dennoch Gott ihrer nicht und sei also ihr wollen und laufen umsonst[3]. Denn sie können weder wollen noch laufen, es sei denn Gottes wille und hülfe dabei. Dies ist der erste fehlgriff der menschlichen natur in diesem handel[4], daß die leute meinen, sie seien solche menschen, die da könnten wollen und laufen. Das wahrhaftige wollen und laufen haben die nicht, welche die erbarmung und die gnade Gottes nicht haben[5] – aber wiederum: Der mensch ist selber schuldig an seinem verderben und kann Gott nicht die schuld geben, unangesehen daß Gott alles nach seinem vorsatz und nach seiner wahl thut.

Es gilt hier verstehen, was des menschen wille sei: Der wille des menschen ist eine solche art und kraft der seelen, daß es gehet aus sich selbst ohne alles andere bewegen[6]. Ein mensch kann bei sich selbst schließen[7], was er will, und wird weder von Gott noch von irgendeiner creatur getrieben[8]. Und kann sich ein mensch in seinem willen daherschwingen[9] und ein wollen herfürbringen und spricht: Das ist mein willen, zu dem hab ich lust, und läßt sich nichts rathen noch jemand wehren. Das muß man sich fleißig einbilden[10], auf daß man den heiligen Paulus recht verstehen lerne. Denn wenn der wille einen [514:] andern herrn hätte, der ihn zwänge und triebe wider seinen willen, so wäre er kein wille mehr, denn der wille muß das wollen aus sich selbst herfürbringen, soll er anders[11] ein natürlicher wille heißen.

a) Angabe erschlossen, vgl. die Predigt u. S. 687, Anm. a, Nr. 526. Die Angabe bei *Möller*, Osiander, S. 513, lautet: Zu Röm 9,14ff.

1. Vgl. Röm 9,18.
2. fälschlich sagen, lügen.
3. Vgl. Röm 9,14.
4. dieser Sache, Angelegenheit.
5. Vgl. Röm 9,16.
6. Zutun, Anstoß.
7. beschließen.
8. (dazu) angetrieben.
9. sich aufschwingen (vgl. *Grimm*, Wörterbuch 9, Sp. 2703, Punkt 6,m).
10. einprägen, vor Augen halten.
11. überhaupt.

Wiewohl unser wille nicht kann wollen, was unsre seligkeit belangt ohne zuthun des heiligen Geistes und ohne die kraft des worts Gottes[12], dadurch wir verneuert werden, daß wir anfangen, einen bessern willen zu haben, so hat doch der natürliche mensch seinen willen für sich, wie in denen zu sehen, die noch nicht neugeboren sind. Darum, was Gottes wort und unsere seligkeit belanget, muß unser wille seine art und natur lassen und dem willen Gottes unterworfen sein. Ohne den willen Gottes aber und ohne den heiligen Geist kann der mensch wohl wollen, was natürlich ist. Ferner aber ist zu beachten, daß auch einerlei werk und thun kann aus Gottes und unserm willen herkommen, daß es scheinen möchte[13], als wäre Gottes und unser wille ein wille, und ist doch Gottes wille viel auf ein anderes gerichtet denn unser wille und bleibt darum von unserm willen weit unterschieden. So bei der that des Judas[14]!

Es ist wahr: Gott hat es versehen[15], daß Christus von Judas verrathen würde, aber warum? ... Gott meint es gut und darum thut er recht, daß ers also bei ihm[16] beschlossen hat. Was thut aber Judas mit seinem willen? Der weiß nichts von dem willen Gottes und ist derhalben unbekümmert und hat es nicht im sinn, daß sein wille dem willen Gottes gleichförmig und gemäß sei, sondern hat seinen willen für sich aus dem unglauben und gottlosen wesen und thut es für sich und nicht von Gott gezwungen, daß er den herrn Christum verräth.

Dementsprechend soll auch, wer glaubig geworden, gerechtfertigt ist und das zeugnis des heiligen Geistes von der kindschaft hat[17], gedenken: Das ist nicht allein mein wille, sondern ist auch der wille Gottes. Und darum wird es nicht zurückgehen[18], und niemand wird mich von Christo reißen[19]! Wir sind berufen nach dem fürsatz Gottes[20]. Wenn dem nicht so wäre, möchte ein mensch gedenken: Ob ich schon heute glaube, so kann ich morgen wieder fallen. Darum soll man zu hilfe nehmen den fürsatz Gottes und sich damit trösten auch in sünden und sündenfällen; denn den ewigen rath Gottes wird ja niemand brechen noch hindern. »Der gerechte fällt« des tages »siebenmal und stehet wieder auf«[21], denn Gott hält über ihn seine hand[22], ergreifet ihn und richtet ihn auf.

Das ist der wahre, beständige und letzte grund, der uns unbeweglich[23] im glauben erhält wider alle pforten der hölle[24] – allein daß wir nicht zu früh und vor der zeit

12. Vgl. Röm 3,23f.
13. könnte.
14. Vgl. Mt 26,14-16 par. 47-50 par.
15. vor(her-)gesehen, vorherbestimmt.
16. so bei sich.
17. Vgl. Röm 8,16.
18. Anklang an Jes 50,5; vgl. auch Osianders Ausführungen zu Jes 45,23 o. S. 556,5-22, Nr. 520-521.
19. Vgl. Joh 10,28.
20. Vgl. Röm 8,28.
21. Prov 24,16.
22. Vgl. Ps 73,23; 139,5 u.ö.; Ps 34,16; 37,17.39.
23. entschlossen, unverrückbar.
24. Vgl. Mt 16,18.

uns mit dem ewigen rathe Gottes bekümmern! Welche noch wild und roh sind, die sollen damit nicht umgehen. Den erstern aber geschieht es nicht, daß sie sich daran stoßen und meinen, es [515:] folge daraus, daß Gott ungerecht sei[25] und daß diejenigen, die verdammt werden, dazu genöthigt würden und die schuld Gottes sei – welchs doch alles hieraus nicht folgt. Denn eines jeden verderben entsteht aus seinem eignen willen, und der fürsatz Gottes thut keinen drang dazu, sondern der mensch ist aus seinem willen böse[26]. Darum sollen wir uns mit allem fleiß vor sünde hüten und nicht, wie etliche grobe und wilde leute thun, gedenken: Bin ich versehen, so werde ich selig werden, ich thue, was ich woll[b]! Aber auch niemand soll trauern und erschrecken bei dem gedanken: So ich nicht erwählet bin, so ist alle meine müh und arbeit umsonst! Ein solcher hebe zuerst von unten an und lasse die wahl Gottes stehen, als ob er nichts davon wüßte, thue buße etc.[27]

b) woll etc. (von *Möller*, ebd., S. 515, wohl erg.).

25. Vgl. Röm 9,14.
26. Vgl. dazu o. S. 684,4-13.
27. Die Ergänzung ist wohl im Sinn von Mk 1,15 u. ä. gemeint.

Nr. 526
Abschnitte aus einer Predigt über Röm 9,19[-24][a]

Text

[515:] Etliche dinge werden gemacht und können nicht anders sein, wie das, wovon Gott spricht: Dies oder jenes will ich machen[b][1]! Etliche dinge aber geschehen, welche nicht müssen geschehen und wohl unterwegen mochten bleiben[2], und etliche bleiben unterwegen, welche wohl geschehen konnten. Und bleibt dennoch wahr, daß Gott alles macht nach seinem fürsatz und nach seiner wahl; exempel: 1. Sam. 23 [1-28]: Wenn David in der stadt[3] geblieben wäre, so wäre er gefangen worden[c]. …

Auf daß wir aus rechtem grunde verstehen lernen, daß es eine überschwenglich große und göttliche herrlichkeit sei, die uns Gott erzeiget[4], so will Gott, daß etliche verdammt werden[5], auf daß wir an solchem großen ernst, den Gott wider die gottlosen braucht, da er sie verdammt, seine große grundlose[6] barmherzigkeit und unsre große herrlichkeit mögen erkennen lernen. Das ist der rath Gottes, und niemand hat ihm darein zu reden[7]!

Wenn aber die vernunft kommt und spricht: Hat mich Gott verworfen, so muß es geschehen, und er ist schuldig an meiner verdammnis, und nicht ich[8] – dazu spricht der heilige Paulus nein[9], und ist eben, als gedächte Paulus widerum: Gott hat in seinem ewigen rath beschlossen, daß David soll ein könig sein[10] und daß Christus von ihm sollte geboren werden[11]; das sollte also geschehen, und bleibet auch bei dem. Dennoch, wann David in der stadt Kegila[d] geblieben wär[12], so wär er gefangen worden. Nun ist es aber nicht geschehen, denn Gott hatte es in seinem rathe nicht also

a) Angabe erschlossen; vgl. dazu die Einleitung o. S. 674. Die Angabe bei *Möller*, Osiander, S. 515, lautet: Zu Röm 9,19ff.
b) machen etc. (von *Möller*, ebd., S. 515, wohl erg.).
c) worden etc. (vgl. Anm. b).
d) entweder Drf. oder Lesefehler *Möllers*: Regila.

1. Vgl. Gen 1.
2. unterbleiben könnten.
3. Gemeint ist Kegila (andere Namensform: Keïla), im Hügelland von Judäa etwa 30 km südwestlich von Jerusalem gelegen (vgl. u. Z. 18); David wurde von Saul verfolgt.
4. Vgl. Röm 9,23.
5. Vgl. o. S. 684,1-3, Nr. 525, und u. S. 690,1f, Nr. 528.
6. unermeßliche.
7. Vgl. Röm 9,15f.
8. Vgl. Röm 9,19, bzw. o. S. 684,4-13, Nr. 525.
9. Vgl. Röm 9,20f.
10. Vgl. I Sam 16,1-13, und II Sam 2,4.
11. Vgl. Lk 1,27 u. ö., bzw. Mt 1,1-17 und Lk 3,23-38.
12. s. o. Z. 6.

beschlossen, und hätte doch wohl geschehen können. Darum sagt Paulus[e], Gott habe »mit großer geduld getragen die gefäße des zorns«[13], d.i.: Gott thut gegen ihnen alles, was immer zu thun ist, auf daß sie selig werden; er strafet sie wohl mit verdammnis, auf daß er seinen zorn und seine macht an ihnen beweise[14], er gibt ihnen aber nicht ursache, daß sie seinen zorn verdienen und auf sich laden. Sondern vielmehr, wenn sie Gottes zorn muthwillig verdienen und thun, das sie wohl lassen könnten, [516:] so ist Gott geduldig, trägt sie mit langmüthigkeit, ermahnt sie zur buße, gibt ihnen sein gesetz, straft sie mit zeitlichen und leiblichen strafen, auf daß sie in sich selbst schlagen etc[15]. Aber sie thun es nicht – sie könnten es aber wohl thun, wenn sie nur wollten! Denn wenn sie nur wollten, so würde ihnen Gott dazu helfen. Gott weiß, daß sie nicht wollen[16]! Derhalben, da Gott beschlossen hat, daß er will an ihnen seinen zorn erzeigen und seine macht an ihnen kundthun, daß sie eine ursach sind, trägt er sie dennoch etc[17]. So sind sie ja selber schuldig an ihrem verderben und nicht er!

e) *Möller*, Osiander, S. 515, erläutert in Klammern: V. 22.

13. Röm 9,22.
14. Vgl. ebd.
15. Vgl. dazu Osianders Ausführungen in seiner Predigt ›Vom hochwürdigen Sakrament‹ o.S. 531,30-534,19, Nr. 518.
16. Vgl. dazu u. S. 690,1-10, Nr. 528.
17. Vgl. Röm 9,22.

Nr. 527
Abschnitt aus einer Predigt über Röm 10,[6-10][a]

Text

[516:] Obwohl etliche fallen, so ist es doch nicht bestimmt noch erklärt, welche fallen sollen[1]. Dieweil wir denn das nicht wissen, sollen wir nichtsdestoweniger für sie bitten, auf daß etliche sich bekehren und selig werden[2].

a) Versangaben erschlossen, vgl. dazu die Darlegung in der Einleitung o. S. 674. Die Angabe bei *Möller*, Osiander, S. 516, lautet: Zu Röm 10,7ff.

1. Vgl. dazu o. S. 682,11f(-16), Nr. 524, und u. S. 690,1f, Nr. 528.
2. Vgl. Röm 10,10-13.

Nr. 528
Abschnitte aus einer Predigt über Röm 10,16[-11,4][a]

Text

[516:] Gott weiß und hats in seinem ewigen rathe beschlossen und auch versehen, daß nicht alle menschen selig werden[1]. Aber Gottes wille, rath und versehung gibt ihnen keine ursache, daß sie nicht glauben, sondern ihres herzens härtigkeit und mutwille ist die schuld, denn sie wollen nicht hören und nicht glauben[2]. Und geschieht das nach Gottes vorsehung[3] und nicht allein aus der menschen mutwillen, daß man nicht sagen möchte[4]: Gott weiß nicht, wie es geht, und: Niemand kann wissen, wer heute oder morgen glauben werde. Nein wahrlich, Gott weiß es wohl – und weiß es nicht allein, sondern hat auch schon verdammet in seinem ewigen rath[5], welche da sollen sein »gefäße des zorns« und »zugerichtet zur verdammnis«[6] und welche sein sollen »gefäße der barmherzigkeit, bereitet zur heiligkeit«[7]. ...

Es[b] bleibt niemand beim glauben, denn die Gott versehen hat[8]. ...

Warum sind aber etliche gläubig? Solches geschieht aus sonderlicher[9] gottesgnade, denn daß sie selig werden, das kommt nicht her aus ihrem glauben, sondern ursprünglich aus dem rath und der versehung Gottes[10]. So weit Gott und creatur voneinander sein, so weit ist auch das[11] unterschieden und hanget nicht aneinander; denn Gott thut, was er versehen hat und wie ers in seinem ewigen rath beschlossen hat, und läßt uns damit zufrieden. Und solche versehung zwinget und dringet[12] uns nicht, sondern wer da glaubt, der glaubt, und wer da nicht glaubt, der glaubt nicht. Und ist die schuld deß, der nicht glaubt[13]; und wer da selig wird, zwingt Gott nicht mit seinem glauben, ihn selig zu machen, sondern, daß er glaubt und selig wird, das fleußt her aus der versehung Gottes[14]. Darum macht Gott selig, die er selig haben

a) Versangaben erschlossen, vgl. dazu die Darlegungen in der Einleitung o. S. 674f.
b) Davor von *Möller*, Osiander, S. 516, erg.: Zu 11,1f (vgl. dazu die Einleitung o. S. 674f).

1. Vgl. Röm 10,16, bzw. o. S. 684,1-3, Nr. 525.
2. Vgl. dazu o. S. 684,11-13, Nr. 525, und S. 687,13-688,14, Nr. 526.
3. Vgl. Röm 9,15.
4. könnte.
5. Vgl. dazu o. S. 688,11, Nr. 526.
6. Röm 9,22.
7. Röm 9,23.
8. Vgl. u. S. 692,1f, Nr. 529.
9. besonderer.
10. Vgl. Röm 9,16 bzw. 11,1-4.
11. sc. Vorsehung und Glaube.
12. nötigt.
13. Vgl. o. Z. 2-4.
14. Vgl. Röm 9,16.

will[15]. Solches soll aber nicht dahin verstanden werden, als machte Gott jemand selig ohne den glauben. ...

In summa, es geht wunderlich zu, daß es menschliche vernunft nicht begreifen kann[16]. Darum muß man wohl unterscheiden und keine folgen[17] machen. ...[c] [517:] Festzuhalten ist, daß Gott nicht eine ursache sei des verderbens derer, die nicht glauben[18]; denn damit, daß er sie nicht[19] versehen hat, gibt ihnen Gott keine ursache zum unglauben, sondern sie bleiben für sich selber ungläubig. Was Gott thut, das thut er nach seiner versehung, und was wir thun, das thun wir nach unserm freien willen; und unser wille kann dem willen Gottes und seiner versehung keine schuld geben, dieweil Gottes versehung unserm willen keine ursach gibt[20]. Dabei ist zu bleiben!

c) Auslassungspunkte anstelle von »u.s.w.« bei *Möller*, Osiander, S. 516.

15. Vgl. Röm 9,15.23f;11,4.
16. Vgl. dazu o. S. 684,7-9, Nr. 525, und S. 687,13-15, Nr. 526.
17. sc. Schlußfolgerungen, Konsequenzen.
18. Vgl. o. S. 684,11-13, Nr. 525, und S. 687,13-15, Nr. 526.
19. sc. zur Seligkeit.
20. Vgl. dazu die Predigt über Röm 9,14[-18] o. S. 684,4-686,7, Nr. 525.

Nr. 529
Abschnitte aus einer Predigt über Röm 11,5[f][a]

Text

[517:] Niemand bleibt beständig und wird selig denn allein die, welche Gott aus gnaden ansieht[1] und aus dem großen haufen ausliest und erwählet[2] – als wenn ein ganz volk zum tode verurtheilt wird und einer, der deß macht hätte, ließe daraus etliche personen, die ihm gefallen, und entledigte die also vom tode, die andern aber alle ließe er umbringen nach ihrem verdienst[3]. Niemand kann wissen, warum die einen ausgelesen werden, denn allein, daß es geschieht aus gnaden; an den erwählten personen ist keine ursach zu finden[4]. ...

Wie wir nichts dazu gethan haben, daß Adam gesündigt hat, und wir dadurch alle kinder des zorns worden sind, und wie wir auch nichts dazu gethan haben, daß der sohn Gottes mensch geworden ist etc.[5], so sollen wir auch wissen, daß wir noch heute auch nichts können dazu thun, daß wir selig werden, sondern leiden allein in uns das werk Gottes[6].

a) Angabe erschlossen, vgl. Predigt u. S. 693, Anm. a, Nr. 530. Die Angabe bei *Möller*, Osiander, S. 517, lautet: Zu [Röm] 11,5ff; danach fügt er hinzu: Wahl und Gnade!

1. Vgl. dazu o. S. 690,11, Nr. 528.
2. Vgl. Röm 11,4 und 5.
3. Vgl. Röm 10,1-10.
4. Vgl. o. S. 689,1f, Nr. 527.
5. Vgl. dazu Osianders Abhandlung ›An filius Dei‹ 1550 u. A. Bd. 9, S. 450-491, Nr. 427. Wie intensiv und anhaltend Osiander über die Eckpfeiler der Heilsgeschichte nachdachte, zeigt sich nicht nur an der Ausführlichkeit dieser Schrift über eine, wie es scheint, theoretische Frage (er selbst schreibt, er habe sich mit den ersten Kapiteln der Genesis beschäftigt und dabei seien ihm die Zusammenhänge klargeworden; vgl. ebd., S. 461,1-16, Nr. 427) oder an der Rahmengestaltung seines großen Bekenntnisses ›Von dem einigen Mittler‹ (vgl. o. S. 54f, Nr. 488/496), sondern auch an dieser Stelle, die durch ihren für Osiander untypischen ›Determinismus‹ auffällt (vgl. auch den folgenden Text). Sicher darf man auch die ganze Predigtreihe des Sommers 1552 über Vorsehung und Erwählung unter den Aspekt der Bemühung um das ›Geheimnis der Inkarnation‹ – wie man es auch benennen könnte – einbeziehen (vgl. o. S. 294,28-34, Nr. 488, und S. 499,16-19, Nr. 514).
6. Vgl. dazu o. S. 684,7-10, Nr. 525.

Nr. 530
Abschnitt aus einer Predigt über Röm 11,7[-10][a]

Text

[517:] Ob man wohl sagen möchte, daß es Gottes schuld ist, daß, die nicht erwählet sind, so verdammet werden[1], so können sie dennoch Gott nicht beschuldigen[2], denn sie haben für sich ihren freien willen, und – also zu reden – wann sie gleich Gott erwählete, so würden sie doch nicht wollen glauben[3]. Darum erwählet sie auch Gott nicht, denn er weiß aus der maßen[4] wohl, was ihr wille ist[5]. Darum läßt er sie auch also in ihrem willen bleiben und thut ihnen alles, das er auch den auserwählten thut, damit er ihnen keine ursach zu ihrem verderben gebe[6].

a) Angabe erschlossen; vgl. dazu die Einleitung o. S. 674f. Die Angabe bei *Möller*, Osiander, S. 517, lautet: Zu [Röm] 11,7ff.

1. Vgl. o. S. 687,13-15, Nr. 526.
2. Vgl. Röm 11,7(-10).
3. Vgl. o. S. 684,11-686,7, Nr. 525, und S. 691,5-11, Nr. 528.
4. über die Maßen; vgl. *Grimm*, Wörterbuch 1, Sp. 823, und 6, Sp. 1736.
5. Vgl. o. S. 690,7-9, Nr. 528.
6. Vgl. o. S. 688,2f(-11), Nr. 526.

Nr. 531
Gebet

1552, Mai, vor 21

Bearbeitet von *Hans Schulz*

Einleitung

1. Entstehung und Wirkung

Als im Frühjahr 1552 viele Gutachten zu Osianders Bekenntnis ›Von dem einigen Mittler‹ am preußischen Hof eintrafen[1] und der Herzog sich Mitte Mai etwa wieder mit dem Plan beschäftigte, zur Klärung und Beendigung der Lehrstreitigkeiten ein Regierungsmandat zu erlassen[2], beauftragte er Osiander, ein Kirchengebet zu verfassen[3], in dem »vor die gemeine, anligende not der kirchen und gantzen christenheit«[4] vor allen Lügen und Ränkespielen des Widersachers gebeten werden sollte. Der herzogliche Auftrag zur Formulierung eines Gebetes ist nicht als ungewöhnlich, sondern eher als ›normal‹ einzustufen, ebenso die zweifellos umgehende Ausführung durch Osiander, denn der Professor primarius hatte schon mehrfach Gebete entworfen, die durch herzogliche Verfügung mittels Rundschreiben an die einzelnen Ämter in allen Kirchen des Landes Verwendung fanden[5]. Dementsprechend wählte Osiander zur Ausführung des Auftrags auch die übliche Form und verfaßte zwei Teile, eine Gebetsvermahnung (Predigtannex) und ein Gebet (d.h. eine sicher etwas umfangreichere Kollekte), die beide den gleichen Inhalt besaßen[6]. Die fertigen Formulare wurden gedruckt und von der Hofkanzlei an die Regierungsämter verschickt[7]. Der Herzog forderte am 21. Mai auch Osianders Hauptgegner Mörlin, den Pfarrer am Dom im Kneiphof schriftlich auf, Vermahnung und Gebet vom folgenden Tag ab im Gottesdienst zu gebrauchen[8]. Diese Anweisung war, obwohl die Dompfarrei wohl zu den amtlichen Adressaten gehörte, auch dadurch veranlaßt, weil Mörlin wußte, daß Osiander die Gebete verfaßt hatte[9], und der Fürst

1. Vgl. *Hartknoch*, Kirchen-Historie, S. 349, bzw. *Stupperich*, Osiander, S. 286-296.

2. Vgl. u. S. 797f, Nr. 539.

3. Die übliche schriftliche Beauftragung ist nicht erhalten. – Die Ausführungen über das Gebet bei *Möller*, Osiander, S. 493f, und *Stupperich*, Osiander, S. 312-314, sind historisch und inhaltlich ungenau, wie sich einem Vergleich mit *Spitta*, Bekenntnisschriften, S. 6-19, und Mörlin, Historia, Bl. S2b-3a, entnehmen läßt.

4. s. das diesbezügliche Anschreiben des Herzogs an Mörlin vom 21. Mai 1552 in Mörlin, Historia, Bl. S3a; vgl. *Hartknoch*, Kirchen-Historie, S. 349.

5. Vgl. u. A. Bd. 9, S. 202-208, Nr. 381 und 382, und S. 245,13-246,18, Nr. 390; außerdem Mörlin, Historia, Bl. S3a, bzw. *Hartknoch*, Kirchen-Historie, S. 349.

6. Vgl. u. A. Bd. 9, S. 205, Nr. 381 und 382.

7. Vgl. Mörlin, Historia, Bl. S3a.

8. Vgl. ebd.

9. Vgl. a.a.O.

ähnlichen Schwierigkeiten, wie sie sich 1549 am Dom und in der Löbenichtschen Kirche ergeben hatten, zuvorkommen wollte[10], zumal die Gegner Osianders sich zur gleichen Zeit den berechtigten Korrekturwünschen des Herzogs an ihrer Verteidigungsschrift gegen Osiander in spröder Weise widersetzten[11].

Ein Königsberger Bürger berichtet brieflich die Ereignisse, die der herzoglichen Anordnung in der Hauptstadt folgten[12]: In der Schloßkirche und in der Altstädter Kirche, der Pfarrei Osianders – so dürfen wir ergänzen –, wurden die Gebete eingeführt, am Dom und in der Löbenichtschen Kirche dagegen – dort amtierte der Osiandergegner Hegemon[13] – wurde ihre Verwendung unterlassen.

Mörlin selbst verfaßte noch am 21. Mai, also unter dem unmittelbaren Eindruck der herzoglichen Anweisung, eine Erklärung seiner Verweigerung[14], in der er zwar zugestand, daß man den Wortlaut auch unverfänglich interpretieren könne[15], die Gebete aber, nach dem ›ketzerischen‹ Verständnis Osianders (!) ausgelegt, als Teufelswerk ablehnte[16] und die teuflisch aufgezwungene Gebetsbelehrung verweigerte[17]. Um zu zeigen, welche für heutiges Verständnis geradezu unglaublichen Mittel der Verleumdung der fanatische Dompfarrer gegen Osiander einzusetzen sich nicht entblödete, seien zwei kennzeichnende Passagen des Pamphlets wiedergegeben. Mörlin schreibt: »Dieweil ich aber weis, das Osiander ein abgesagter feind Christi, seine kirchen auch mein[e], der hats [das Gebet] gemacht – ich weis auch, was der teuffel in ihm damit sucht –, und sehe, es ist alle hoffnung aus, diese lehre soll fortgehen wollen, so las ichs die meinung und vorstand Osiandri haben … [und] will meine recusation auf seine[!] meinung … gesetzt haben«[18]. »Das haist, das vaterunser Christo im munde umbwenden und sagen: Geschendet werde dein name: ja ich schende ytzo deinen namen, zukomme dein reich: ja ich tilge ytzund dein reich, dein wille geschehe nun und nimmermehr: ja ytzund thu ich entgegen, was ich kann … Also betet der teuffel und sein Osiander. Ich will seins gebets in meiner kirchen nicht haben, da ich ein pfarrer bin«[19]. – In seinem späteren Bericht über die Streitigkeiten äußert er sich devoter und gemäßigter, freilich auch durchsichtiger, so daß sich sein Vorwissen und seine Widersetzlichkeit verdeutlichen: »Dieweil ich nun bereit[s] von dem gebet in der druckerey gehort und seine meinung und dichter

10. Vgl. u. A. Bd. 9, S. 204f, Nr. 381 und 382.

11. Vgl. o. S. 67-69, Nr. 488/496, bzw. *Stupperich*, Osiander, S. 231-238.

12. Vgl. Berlin GStAPK, XX. HA StA Königsberg, HBA J2, Andreas Brachmann an Tobias Brachmann, 1552 Mai 21 (K. 979), bzw. *Stupperich*, Osiander, S. 313.

13. Vgl. o. Anm. 10.

14. Mörlins Schreiben findet sich in Wolfenbüttel HAB, Cod. Guelf. 64.13 Extrav., fol. 112r-114v, mit dem Titel: Recusation auff Osiandri vermanung und gebet doctoris Joachim Mörlins, pfarrers im thumb, anno 1552, den 21. Maii, zum exempel und getreuer warnung aller rechtschaffenen christlichen hertzen«. Vgl. *Hartknoch*, Kirchen-Historie, S. 350, bzw. *Stupperich*, Osiander, S. 313.

15. Vgl. ebd., fol. 112v.

16. Vgl. ebd., fol. 112v-113r.

17. Vgl. ebd., fol. 114r.

18. a.a.O., fol. 112v-113r.

19. a.a.O., fol. 114r.

wuste, lies ich F.D. untertheniglich anzeigen, ich wolte mich in allen billichen sachen gern gehorsamlich erzeigen, aber das gebet Osiandri wolt ich nicht ablesen«[20]. – Immerhin wird in beiden Gegenschriften die Verfasserschaft des Gebets eindeutig bestätigt.

Sicherlich hat der herzogliche Hof gegen die mangelnde Erbietigkeit am Dom und im Löbenicht protestiert und auf der Anordnung bestanden; die beiden Prediger dagegen müssen ihre Weigerung auch öffentlich erklärt haben. Denn wenige Tage später, am 26. Mai, teilte der herzogliche Rat v. Köteritz dem Fürsten den Widerhall aus der Bevölkerung mit: »Es ist ein gross weheclagen uber das neue, gedruckte und publicirte gebete, welches E.F.G. befehl anhengig wurden und yn alle ampt vorschickt sein sol. Dan weyl es Osiandri stilus, so ist leichtlich zu vorstehen, was damit gesucht, wiewoll es auch uff des andern parts meynunge könte gedeutet werden, dan die wort seint mit sehir[!] vordeckten schein gesetzt, das dan ym gebet nicht sein solt, wie wir ym heyligen vaterunser sehen, da alles einfeltig und unzweyffelhafftig, was zu bitten ist, von dem Christo geleret ist«[21]. Deshalb empfiehlt er dem Herzog, »solche scripta« auszusetzen, bis das (zweite) Gutachten aus Württemberg eingetroffen sei[22]. Dieser Rat v. Köteritz' mag sinnvoll gewesen und befolgt worden sein, um die Ruhe in der Bürgerschaft zu erhalten. Seine Ausführungen zeigen freilich, daß der Hofrat, der nicht mehr zur Partei Osianders gehören wollte[23], bereits durch zwei polemische Unterstellungen Mörlins befangen war: das Gebet nur nach ›Stil und Meinung‹ Osianders zu interpretieren und den ›verdeckten Schein‹ des Verderbens zu entlarven, der sich im Vaterunser nicht findet.

2. *Überlieferung*

Das von Osiander verfaßte eigentliche ›Gebet‹ (die Kollekte) ist verloren, die Gebetsvermahnung (der Predigtannex) dagegen erhalten, und zwar in der Form, die Mörlin überliefert hat[24]. Bei der textkritischen Überprüfung zeigt sich an stilistischen Anhaltspunkten, daß der Dompfarrer die Vermahnung sehr wohl wörtlich zitiert, aber offenbar auf ihm wesentliche Punkte, die er durchzählt, reduziert hat[25]. Der von uns edierte Text gibt somit die von Osiander wirklich verfaßte Gebetsvermahnung wieder, die jedoch bei den von Mörlin aufgezählten Punkten und bei der

20. Mörlin, Historia, Bl. S3ab.

21. Berlin GStAPK, XX. HA StA Königsberg, HBA J2, Wolf v. Köteritz an Herzog Albrecht, 1552 Mai 26 (K. 979), fol. 1v; vgl. *Stupperich*, Osiander, S. 313f.

22. Vgl. Berlin GStAPK, ebd.

23. Vgl. *Stupperich*, Osiander, S. 262-264.

24. s.u. Ed. 1.

25. Mörlin zählt inhaltliche Punkte durch: dies widerspricht gänzlich der liturgischen Gebetssprache (nach der Zahl 4 wird sogar der Satzzusammenhang zu Punkt 3 durch die Konjunktion ›und‹ quasi apokopierend fortgeführt: auch daran zeigt sich, daß der ursprüngliche Gebetstext nicht durchgezählt war); ›etc.‹-Anhängsel lassen auf Kürzungen schließen. Zum Ganzen vgl. die Textkritik.

Darlegung des Gebetsvorsatzes am Schluß stilistische Weiterungen gehabt haben dürfte, wie sie für den gottesdienstlichen Rahmen tradiert und angemessen waren[26]. Weder das Autograph Osianders noch die Erstdrucke sind überliefert. Unsere Wiedergabe stellt eine textkritisch überarbeitete Form von Ed. 1 dar nach dem Exemplar Erlangen UB, 4° Thl. V,102.

Editionen:

Ed. 1: Mörlin, Historia, Bl. S2b-3a.
Ed. 2: *Hartknoch*, Kirchen-Historie, S. 349: nach Ed. 1.

Text

[S2b:] Dieweil der satan nicht allein mit krieg[a], sondern auch mit falscher, verfůrischer lehre wider die kirchen tobet und wůtet[1] und sich unterstunde, die rechten, reinen lehr des heiligen evangelii von Jesu Christo, der uns mit Gott versoͤnet, durch den glauben in uns wonet, unser leben, weisheit, gerechtigkeit und heiligkeit ist[2], mit groben, greifflichen[3] lůgen und lesterungen zu vordunckeln, vordechtig zu machen und den einfeltigen[4] aus dem hertzen zu reissen[b], sie dargegen mit neid, has und moͤrderischen gedancken zu vorgifften[c], die fromen, bestendigen mit mancherley creutz[5] zu vorfolgen[d], und[e] allerley ungehorsam, ja thatliche handlung wider die von Gott geordente obrigkeit[6] zu verursachen[7]: das in [S3a:] Gott mit seinen lůgen und morderischen[f] anschlegen bald zutretten wolte[g][8].

a) krieg etc.: Ed. 1.
b) reissen, zum andern: Ed. 1, Ed. 2.
c) vorgifften, zum dritten: Ed. 1, Ed. 2.
d) vorfolgen, zum vierden: Ed. 1, Ed. 2.
e) fehlt in Ed. 2. – f) fehlt in Ed. 2.
g) wolte etc.: Ed. 1.

26. Vgl. u. A. Bd. 9, S. 206-208, Nr. 381 und 382.

1. Vgl. Joh 8,44. – Daß Osiander auf diese biblische Überzeugung Bezug nimmt, wird nicht nur durch die zwei Begriffspaare Krieg – Mörder, falsche Lehre – Lügen signalisiert, sondern indirekt gerade dadurch, daß in Preußen unter Herzog Albrecht Frieden herrschte.
2. Vgl. Röm 5,10; II Kor 5,18; Eph 3,17; I Kor 1,30 u. a.
3. greifbaren.
4. einfachen Leuten.
5. Last, Bürde.
6. Vgl. Röm 13,1.
7. Zu der durch die Kanzelpolemik seit etwa einem Jahr gänzlich zerrütteten Atmosphäre in der Öffentlichkeit und den Umtrieben unter den Bürgern vgl. *Stupperich*, Osiander, S. 179-183.
8. Vgl. Gen 3,15.

Nr. 532
Wider den erlogenen, schelmischen, ehrendiebischen Titel auf D. Joachim Mörlins Buch

1552

Bearbeitet von *Urte Bejick*

Einleitung

1. Die Konfutation der Gegner und der Streit um ihre Drucklegung

Bereits vor der Drucklegung von Osianders Konfession ›Von dem einigen Mittler‹ hatten seine Gegner Joachim Mörlin, Peter Hegemon, Georg v. Venediger, Friedrich Staphylus und Franciscus Stancarus Herzog Albrecht in einem Brief am 21. Juni 1551 gebeten: »So las man uns mit der kirchen als ire gliedmas frey offentlich wider Osiandrum schreiben, drucken und nach billigkeit handeln«[1]. Nach der Veröffentlichung des Lehrbekenntnisses am 8. September wurde ihr Wunsch nach einer unzensierten, in öffentlichem Druck erscheinenden Stellungnahme immer dringender; für den Oktober berichtet Mörlin: »Ich hab mitlerweil unsere confutationem zugericht und gefertiget«[2]. Die am 7. Dezember fertiggestellte Schrift wurde zunächst nach Wittenberg und Magdeburg gesandt und erst am 1. Januar 1552 Herzog Albrecht überreicht[3]. Sie trug den Titel: »Von der rechtfertigung des glaubens gründtlicher, warhafftiger bericht auss Gottes wort etlicher theologen zu Künigsberg in Preussen. Wider die neue, verfürische und antichristische lehr Andreae Osiandri, darinnen er leugnet, das Christus in seinem unschüldigen leiden und sterben unser gerechtigkeit sey«[4].

Wie Mörlin berichtet, stieß die Übergabe der Konfutation auf wenig Gefallen, »do mir S.F.D. mit grosser ungedult dieselbige, auch ehe sie den titulum gesehen oder das exemplar von mir angenomen, in meinen henden verdampt, als das nichts denn eitel calumniae und convicia weren«[5]. Der Herzog fühlte sich brüskiert, weil die Schrift bereits außerhalb Preußens versandt worden war. Vor Erteilung der Druckerlaubnis ließ er durch Wolf von Köteritz eine Liste von Beanstandungen zusammenstellen, die vor der Drucklegung korrigiert werden müßten. So sollten alle den Herzog beschuldigenden und verunglimpfenden Stellen gestrichen werden. Zudem sollten auf dem Titelblatt die Namen der Verantwortlichen aufgeführt werden, damit nicht der Eindruck entstehe, alle Königsberger Theologen hätten Anteil an der Schrift und Osiander stehe allein. Aus dem Titel sollten die Worte ›verführe-

1. Mörlin, Historia, Bl. N3b.
2. ebd., Bl. S1a.
3. Vgl. *Stupperich*, Osiander, S. 225.
4. Mörlin, Bericht, Bl. *1a. Zum Inhalt der Schrift vgl. *Stupperich*, Osiander, S. 225-230.
5. Mörlin, Historia, Bl. S1b.

risch‹ und ›antichristisch‹ ersetzt werden durch die Formulierung: »Wider das bekantnus Osiandri von dem einigen mitler Jesu Christi und der rechtfertigung des glaubens«[6] – und anderes mehr.

In einem Schreiben vom 13. Februar 1552 weigerten sich Mörlin, v. Venediger und Hegemon – Staphylus und Stancarus hatten Königsberg bereits vor Fertigstellung der Konfutation verlassen – in Berufung auf ihr Gewissen, an der Schrift Änderungen vorzunehmen, erklärten sich aber später schließlich doch zur Abfassung einer vom Herzog geforderten ›epistola dedicatoria‹ bereit, die anders als bisher die Verfassernamen enthalten sollte[7]. Die Drucklegung in der Filiale Hans Luffts, die im März in die Wege geleitet wurde, verlief aufgrund von Interventionen des Druckereileiters Andreas Aurifaber, der Osianders Schwiegersohn war, und Schwierigkeiten mit der herzoglichen Druckerlaubnis äußerst schleppend. Empört berichtet Mörlin: »... das wir, so offt ein quatern in der druckerey fertig war, denselbigen F.D. hatten lassen, wie sie denn begereten, untertheniglich zustellen, und hat also F.D. bald von anfang die praefationem im druck gesehen und eine gute zeit bey sich gehabt, dagegen aber ferner nichts geredet bis itzund, da man das werck schliessen solt, ward uns furgehalten, das wir die praefationem solten haussen lassen oder dieselbige nochmals zu ander leut gefallen vorandern, darzu das wort im tittel (verfürischen) lassen fallen«[8]. Obwohl v. Köteritz mehrmals von der Forderung des Herzogs, ›verführerisch‹ und ›antichristisch‹ aus der Überschrift zu streichen, Mitteilung gab, erschien die Konfutation am 23. Mai mit vollem, unverändertem Titel[9].

2. *Die Schrift gegen den Titel der Konfutation*

Die Streitigkeiten um den Titel der Konfutation boten Osiander den Anlaß, am 28. Mai 1552 mit einer Verteidigung: »Wider den erlognen, schelmischen, ehrndiebischen titel auf D. Joachim Mörleins buch von der rechtfertigung des glaubens, zu dem er seinen namen ans liecht zu setzen aus pösem gewissen gescheuhet hat«, an die Öffentlichkeit zu treten.

Bereits im Untertitel dieser Gegenschrift zitiert Osiander – wie auch seine Gegner in der Konfutation – Ps 10,7 und 140,12 und gibt so den Vorwurf, ein Lästerer zu sein, zurück. Zunächst schildert er kurz die Entstehungsgeschichte der Konfutation, für die er Mörlin allein verantwortlich macht, und drückt dann seine Empörung über den Titel aus. Zu den Worten ›neu‹, ›verführerisch‹ und ›antichristisch‹ stellt er der gegnerischen Schrift sieben Thesen entgegen, die die ›Lügen‹ der Gegner zurückweisen sollen:

1. Seine Lehre sei in seiner eigenen theologischen Entwicklung nicht ›neu‹, er habe sie schon immer vertreten.

6. Vgl. *Stupperich*, Osiander, S. 231.
7. Vgl. ebd., S. 233.
8. Mörlin, Historia, Bl. S2a.
9. Vgl. *Stupperich*, Osiander, S. 236.

2. Auch im Hinblick auf die Lehre anderer Theologen sei seine Auffassung von der Rechtfertigung nicht ›neu‹, wie er in seiner Sammlung und Veröffentlichung von Lutherzitaten bereits bewiesen habe[10]. Auch Brenz habe in der Stellungnahme der Württemberger Theologen bestätigt, daß er, Osiander, von der Rechtfertigung richtig lehre, daß er die menschliche Natur Christi und das Verdienst seines Leidens und Sterbens zur Vergebung der Sünden nicht verwerfe und der rechtfertigende Glaube Christus ganz ergreife. Ebenso billige Urbanus Rhegius seine Lehre.

3. Ein Verweis auf Augustin und Clemens von Alexandrien will beweisen, daß seine Lehre auch gegenüber den Kirchenvätern nicht ›neu‹ sei.

4. Vor allem im Hinblick auf Propheten und Apostel lehre er nicht ›neu‹, wie die reichlichen biblischen Belege in seiner Schrift ›Von dem einigen Mittler‹ bezeugten.

5. ›Verführerisch‹ sei seine Lehre keineswegs, sie führe freilich die Menschen von dem ›Wittenbergischen Bundschuh‹ zu Christus und Gott.

6. Energisch wendet er sich gegen die Beschuldigung, ›antichristisch‹ zu lehren: Kennzeichen des Antichristen sei nach 1Joh 4,2f die Leugnung, daß Jesus Christus ›im Fleisch‹ gekommen sei. Er aber habe immer gelehrt, daß Christus Mensch geworden sei und daß er durch den Glauben in uns wohne.

7. Er habe nie geleugnet, wie der Titel der Konfutation vorgibt, daß Christi Leiden und Sterben unsere Gerechtigkeit sei. Er lehre vielmehr, daß Christus, Gott und Mensch, in Geburt, Kreuz, Tod und Auferstehung bis ans Ende der Welt unsere Gerechtigkeit sei.

Schließlich bezichtigt er Mörlin selbst der Ketzerei, da dieser in einem Gutachten vom Juni 1551[11] allein Christi Leiden, Kreuz und Auferstehung als unsere Gerechtigkeit bezeichnet habe; Tod und Auferstehung seien aber nicht Christi göttliche oder menschliche Natur, sondern Ereignisse und ›Werke‹ Christi. Mörlin habe ja auch gepredigt, Christus sei weder nach seiner göttlichen noch seiner menschlichen Natur unsere Gerechtigkeit, sondern nur nach seinem ›Amt‹. In Zukunft werde er gegen Mörlin, dessen Lüge, er trete das Blut Christi mit Füßen, jetzt auch gedruckt verbreitet werde, so vorgehen, wie es ein ehrendiebischer Bösewicht verdient habe.

3. Nachwirkung

Den am 28. Mai fertiggestellten Druck ließ Osiander am folgenden Tag, einem Sonntag, an die Tore der Altstadt und die Wände der Altstädter Kirche kleben und griff Mörlin in seiner Predigt scharf an. Dieser berichtet darüber: »Darauff richtet Osiander in der eil einen kleinen druck zu wider den titel meiner confutation, liesse flugs den 29. eiusdem – welchs war dominica Exaudi – den tittel desselbigen seines drecks oder drucks frue an alle thor in der Alten Stadt und seiner kirchen, darinne

10. Gemeint sind die Schriften ›Excerpta quaedam‹ und ›Etliche schöne Sprüche‹ vom März 1551; vgl. u. A. Bd. 9, S. 574-601, Nr. 447 und 448.

11. Mörlins Gutachten findet sich in zwei Fassungen in Berlin GStAPK, XX. HA StA Königsberg, HBA J2, K. 974: Fassung I (fol. 1r-3r) und Fassung II (fol. 1r-3v).

dieser thesam [= Moschus] und weyrauch uberaus wol roch und angenem war, ankleistern, schalt mich ubel und nennet mich mit seinem eigenen namen. Damit aber solche schöne frucht dieses leibs nicht bald vergieng und er seinen lust ja gnugsam büssen mochte, lies ers nachmals den 11. Junii noch einmal drucken, und hiessen es die studenten sowol als die bürger ›den schelmen Osiandri‹«[12]. Die starke Nachfrage nach Osianders Entgegnung machte also eine Neuauflage des Druckes nötig. Die angedrohte »vollige antwort« blieb jedoch aus.

4. *Überlieferung*

Drucke:

A: Königsberg, [Hans Weinreich], 1552 = *Seebaß*, Bibliographie, S. 177, Nr. 65.1. Diese Ausgabe liegt unserem Abdruck zugrunde nach dem Exemplar Leipzig UB, Syst. Theol. 678$^{\underline{e}}$ (13). Sie enthält folgende Drf.: S. 706,8: puͤndischuch; S. 707,7: Epes.; S. 708,18: christli-licher (Drf. durch Trennung).

B: Königsberg, [Hans Weinreich], 1552 = *Seebaß*, Bibliographie, S. 177, Nr. 65.2: geringe orthographische Abweichungen von A, die textkritisch nicht aufgenommen sind.

Text

[*1a:] Wider den erlognen, schelmischen, ehrndiebischen titel auff D. Joachim Moͤrleins buch »Von der rechtfertigung des glaubens«, zu dem er seinen namen ans liecht zu setzen aus poͤsem gewissen gescheuhet hat. Andreas Osiander. Psalm 10[7]: »Sein mund ist vol fluchens, falsches und trugs. Sein zung richtet muͤhe und arbeit an«. Psalm 140[12]: »Ein boͤß maul wirt kein gluͤck haben auff erden«[1].

Gedruckt zu Konigsperg in Preussen, 28. Maii 1552.

[*2a:] Andreas Osiander, vicepraesidens des bistumbs auff Samland, professor theologiae in der schul[2] und pfarrherr in der Alten Staht zu Koͤnigsperg, dem christlichen leser und allermenigklich[3], denen dise meine schrifft zu lesen oder anzuhoͤren furkombt: Gnad, frid und barmhertzigkait von Gott dem vater und von seinem eingepornen sohn Jhesu Christo, unserm herrn, durch gezeuͤgnus des heyligen Gaists. Amen.

Und thu hiemit zu wissen, das, nachdem ich mein bekantnus »Von dem ainigen mitler Jesu Christo und rechtfertigung des glaubens«[4] an den durchleuͤchtigen,

12. Mörlin, Historia, Bl. S2b.

1. Mörlins Konfutation zitiert ebenfalls beide Verse; vgl. Mörlin, Bericht, Bl. *1a.
2. Universität.
3. jedem, jedermann, allen.
4. Vgl. o. S. 49-300, Nr. 488/496.

hochgebornen fursten und herrn, herrn Albrechten den eltern, marggraven zu Brandenburg etc., hertzogen in Preuͤssen etc., meinen gnedigen herrn, wie mir von seiner F.D. aufferlegt[5], gestellet und uberantwort hab[6], da hat doctor Joachim Moͤrlein ein ander buch wider dasselbig mein bekantnus geschriben, und haben sich doctor Petrus Hegemon oder Hertzog[7] und doctor Georg Venediger[8], villeicht darumb, das sie nicht aigne buͤcher haben woͤllen machen, mit ihm unterschriben[9], welchs ich ihnen noch heuͤtigs tags, soferne sie selbs wollen, zum glimpf[10] und nicht zum unglimpf gemeldet haben wil. Dann ich kan ja noch nicht glauben, das ihr ainer, wann er fur sich selbs hett sollen schreiben, ein solch lesterlich buch – ob ihnen schon mein lehr nicht gefellet – wider mich wurd geschriben haben. Darumb wil ich den Moͤrlein alleyn fur dises buchs tichter halten, es stehe mit den andern gleych, wie es wolle[11].

Dasselbige buch geht nun im truck aus unter disem tittel: »Von der rechtfertigung des glaubens, gruͤndtlicher, [*2b:] warhafftiger bericht etlicher theologen zu Koͤnigßperg in Preuͤssen«[12]. Nach disen worten volget alßbald ein neues, erlogens, erstunckens, boͤßwichtisch, schelmisch und ehrndiebisch capitelein wider mein lehr und person, das lautet also: »Wider die neue, verfuͤrische und antichristische lehr Andreae Osiandri, darinnen er leuͤgnet, das Christus in seinem unschuldigen leyden und sterben unser gerechtigkeit sey«[13]. In disen kurtzen worten leuͤgt gedachter D. Joachim Moͤrlein mich und mein lehr sibenfeltig an als ein loser[14], leychtfertiger, unverschambter bub, boͤsewicht, schelm und erhndieb. Das will ich jetzo alßbald in diser kurtzen schrifft auff ihn erweysen.

Dann erstlich: Wil er sagen, mein lehr sey meiner person halben neu und ich hab nicht allweg also gelehret, so leuͤgt er mich an[15], wie oben gemeldet ist. Das hab ich

5. Am 8. Mai 1551 hatte Herzog Albrecht ein Mandat erlassen, demzufolge Osiander seine Rechtfertigungslehre schriftlich darlegen sollte und seine Gegner Stellung dazu nehmen könnten. Nach einem Einspruch Osianders beim Herzog wurden beide Parteien mit eigenen Darstellungen beauftragt; vgl. *Stupperich*, Osiander, S. 151f.

6. Gemeint ist die am 9. Juli am Hof eingereichte Konfession ›Von dem einigen Mittler‹; vgl. ebd., S. 154.

7. Peter Hegemon (1512-1560), seit 1550 an der Stadtkirche im Löbenicht; vgl. Altpreußische Biographie 1, S. 257.

8. Georg v. Venediger (1529-1574), seit 1551 an der Universität Königsberg; vgl. Altpreußische Biographie 2, S. 756.

9. Hegemon und v. Venediger hatten dem Herzog am 10. Juni 1551 eigene kurze Gutachten eingereicht. Beide finden sich in Berlin GStAPK, XX. HA StA Königsberg, HBA J2, K. 974.

10. zur Ehre.

11. Nach eigenem Bericht übernahm Mörlin die Verantwortung für sein Werk; vgl. Mörlin, Historia, Bl. S1a. Wie die Wittenberger, die sich ›durch die Härte erschreckt‹ zeigten, über die Konfutation urteilten, vgl. *Stupperich*, Osiander, S. 230.

12. s. o. S. 698.

13. Grund für Osianders Ärger war, daß Mörlin diesen Untertitel der Konfutation nicht änderte; s. o. S. 698f.

14. unverschämter.

15. spricht er lügnerisch von mir. – Vgl. hierzu Mörlin, Bericht, Bl. B2a: »Dieweil aber aus vorigem ansehen, so dieser man nicht allein bey andern leuten, sondern auch bey uns selbst ge-

schon reychlich bewisen und im truck lassen außgehn, und hat dasselbige bůchlein den tittel »Beweysung«[16] etc.

Zum andern: Will er sagen, mein lehr sey derhalben neu, das sonst keyn anderer namhafter theologus zu unsern zeytten also gelehret hab wie ich[17], so leůgt er mich abermals an, wie oben gemeldet ist. Dann Luther hat in seinen besten sprůchen eben die lehr gefůrt, die ich fůre. Das hab ich schon auch bewisen, mehr dann mit fůnftzig zeůgnussen, aus doctor Luthers půchern gezogen und in truck geben. Und hat dasselbig bůchlein den tittel: »Etliche schǒne sprůch von der rechtfertigung des glaubens D. Martini Lutheri«[18]. Ist auch noch keiner gefunden, der dieselbigen hett widerlegt; und trotz allen meinen widersachern, das sie nur dises ainig[19] kleyn sprůchlein Lutheri widerlegen oder mir nemen, da er spricht: »Christus, durch den glauben ergriffen und in uns wonend, ist die christlich gerechtigkeit, umb dero willen uns Got fur gerecht helt«[20] etc. [*3a:]

So hat der achtbar ehr Johann Brentius[21] sambt andern vilen oberlendischen theologen[22] auff F.D. in Preůssen, unsers gnedigen herrn, gnedigs fragen von meiner lehr also geurtailt: »Osiander lehret hierinne, sovil wir aus seiner confession vernemen mǒgen und wir ihm auch als einem feinen, gelerten, christlichen lehrer zugetrauen, christlich und wol, das Christus, warer Gott und mensch, sey nach seiner gǒtlichen natur unsere rechte, ware und ewige gerechtigkeit, wie dann auch allein Got unser rechts liecht, leben, weyßheit und seligkeit ist.

Darneben aber erklert er sich auch, das er hiemit weder die menschliche natur Christi noch iren verdienst verworfen und vernichtigt[23] haben wǒlle, sonder lehret, das Christus als ein getreuer mitler durch volkommene erfullung des gesetzs und

habt, da er noch in reiner, einhelliger lere und mit uns bey der Augspurgischen Confession geblieben ...«

16. Gemeint ist die Schrift ›Beweisung, daß ich nun über die dreißig Jahre alweg einerlei Lehre von der Gerechtigkeit des Glaubens gehalten und gelehrt habe‹ o. S. 421-449, Nr. 508.

17. Vgl. hierzu Mörlin, Bericht, Bl. L3a: »Es ist von anfang der welt her kein prophet, kein apostel, kein lerer gewesen, der also gepredigt oder geschrieben hette, und ist uns billich diese neuerung verdechtig«.

18. Vgl. u. A. Bd. 9, S. 582-601, Nr. 448.

19. einzige.

20. Das Zitat stellt eine Übersetzung aus dem Galaterkommentar dar und lautet im Original: »Ergo fide apprehensus et in corde habitans, Christus est iusticia Christiana, propter quam Deus reputat nos iustos et donat vitam aeternam« (WA 40,1, S. 229,27-30).

21. Johannes Brenz (1499-1570) hatte schon in Osianders Nürnberger Zeit mit diesem in Kontakt gestanden (vgl. u. A. Bd. 5, S. 40-57, Nr. 176) und stand während der Königsberger Auseinandersetzungen mit ihm in Korrespondenz; vgl. o. S. 457-462, Nr. 510. Zu Brenz vgl. TRE 7, S. 170-181.

22. süddeutschen Theologen. – In einem auf den 5. Dez. 1551 datierten Gutachten, das im Jan. 1552 Herzog Albrecht erreichte, versuchten Johannes Brenz und andere Württemberger Theologen, deren Namen nicht genannt werden, einen Vergleich zwischen Osiander und seinen Königsberger Gegnern zu erzielen; zu den möglichen Verfassern vgl. o. S. 458, Anm. 7, Nr. 510.

23. für ungültig erklärt.

durch sein leyden und sterben fur unser sund gegen Got, seinem himlischen vatter, von unsernwegen gehandelt und erworben hat, das er uns die sund vergeben und nicht mehr darumb verdammen will, uns auch unser schwacheit und schuld, das wir das gesetz in disem leben keinswegs erfullen, dieweil es Christus fur uns erfullet hat, nicht zurechnet.

So verwirft und außschleust er auch nicht den glauben, sonder sagt: Wann wir solchs mit rechtgeschaffnem und festem glauben fassen, so werden wir gerechtfertigt, und helt recht vom glauben, das man den glauben verstehn soll nicht lehr und ploß, wie er an im[24] selbst ein tugendt ist, sonder das er den herrn Jesum Christum, waren Gott und menschen, gantz und gar unzertrent ergreiff und in sich schließe, das also der herr Christus selbs unser gerechtigkait sey.

Das ist nun unsers verstands die gemaine[25] christliche lehr, so biß anher aus Gottis gnaden in der rechten christlichen kirchen auff solche kurtze weis getriben[26] worden ist, [*3b:] nemlich das wir gerechtfertigt werden nicht durch den verdienst unserer werck, sonder durch den glauben allain von wegen Jesu Christi, unsers heilands«[27].

Deßgleichen schreibt Brentius mehr dan an einem ort uber das euangelion Johannis, sonderlich uber das funft und sechst capitel[28]. Item, doctor Urbanus im »Dialogo« spricht: Christus, Gottis warer, natuͤrlicher sohn selbs, ist unser gerechtigkeit worden[29], und andere schoͤne spruͤch mehr, die ich umb kuͤrtz willen auff ein andere zeit sparen will[30].

Zum dritten: Will er dann sagen, mein lehr sey darumb neu, das die alten veter nicht also gelehret haben[31], so leuͤgt er mich abermals an, wie oben gemeldt ist. Dann

24. sich.

25. allgemeine.

26. gelehrt.

27. Osiander zitiert hier das Württemberger Gutachten; vgl. Albrecht, Ausschreiben, Bl. G1b-G2a.

28. Vgl. hierzu Osianders Veröffentlichung einiger Zitate aus Brenz' Johanneskommentar o. S. 450-456, Nr. 509.

29. Vgl. den 1537 durch Urbanus Rhegius (1489-1541; zu ihm vgl. RGG 5, Sp. 1081f, und RE 16, S. 734-741) veröffentlichten Disput mit seiner Frau »Dialogus von der schoenen predigt, die Christus Luc. 24 von Jerusalem bis Emmaus den zweien juͤngern am ostertag aus Mose und allen propheten gethan hat …« (Heidelberg UB, Q 907$^{\underline{6}}$), Bl. 95ab: »Und weil er mein ist, ob ich wol suͤnde in meiner person habe, die sind mir leid, so habe ich doch dagegen auch eine ewige gerechtigkeit aus gnaden, nemlich Christum selbs in seinem leiden und aufferstehung, den kan ich dem strengen zorn Gottes entgegenhalten und mich hinder in als den rechten gnadenstuel verbergen … In summa: Es kan niemand auff erden gnugsam gedencken und aussprechen, was das fuͤr reichthum sey, das Christus Gottes warer, natuͤrlicher son selbs unser gerechtigkeit ist worden; wenn er allein fuͤr sich selbs from odder gerecht were, das huͤlffe nicht, weil aber er selbs mein gerechtigkeit wird, lieber, wenn ich das fest gleube, wer wil mir schaden, wer wil mich erschrecken?«

30. Auf Luther, Brenz und Rhegius beruft sich Osiander mehrfach, so in der 1552 veröffentlichten Schrift ›Wie N. N. besser mocht bericht werden‹ u. S. 838,11, Nr. 540.

31. Vgl. Mörlin, Bericht, Bl. K4b: »Und reumet damit die rechtfertigung rein hinwegk, verdampt die gantze kirche aller patriarchen, propheten, apostel und teuren marterer, so iren sau-

ich hab ihm und andern meinen widersachern das zeůgnus Augustini zum Consentio mehr dann einmal fur die nasen geschriben[32]. Aber ihr keiner kan ihn widerlegen, sollens auch wol ewig anstehn lassen[33]. Zudem schreibt Clemens Alexandrinus, der vor vierzehendhalbhundert jarn gelebt hat[34], die gerechtigkeit sey ein gleicheit, und das wir des leutseligen Gottis theylhafftig sein etc.[35]

Zum vierdten: Will er dann sagen, mein lehr sey darumb neu, das sie in der aposteln und propheten schrifften nicht begriffen sey[36], so leůgt er mich abermals an, wie oben gemeldet ist. Dann ich habs in meinem bekantnus reychlich bewisen[37]. Und hilft ihn nicht, das er so schendtlich und unverschembt als ein plinder, der mutwilligs ihm selbs die augen außgestochen hat[38] und nicht sehen will, in seinem buch wider mich leůget, ich beweise sie nicht mit einem ainigen wort[39]. Dann ich habs bewisen aus dem 23. und 33. capit. Jeremiae, der da spricht, man werd Christum nennen »יהוה, unser gerechtigkeit«[40], das ist: gotliche natur oder gȫtlichs wesen, unser gerechtigkeit[41]. Ich hab auch genugsam bewisen, das יהוה nichts anders dann gȫtliche [*4a:] natur und gȫtlichs wesen haiß. Ich habs bewisen aus dem 45. cap. Jesaiae wider Philippum[42]; item aus Paulo, 1. Corin. 1 [30f]: »Christus ist uns worden zur

ren schweis und blut darüber mit so viel grosser marter und pein, die sie vor irem end erlitten, gelassen haben.«

32. In der Schrift ›Von dem einigen Mittler‹ zitiert Osiander Augustinus' Brief »Consentio ad quaestiones de Trinitate sibi propositas« (= Epistola 120, PL 33, Sp. 452-462), vgl. o. S. 212,27-214,3, Nr. 488).

33. unterlassen müssen.

34. Clemens' Lebensdaten sind nicht genau bekannt, sie liegen im Zeitraum von 140-221 n. Chr., vgl. TRE 8, S. 101f.

35. In seiner Reminiszenz bezieht sich Osiander auf Clemens' Vorstellung von der Vergöttlichung des Menschen durch den Logos, der mit dem Vater eins ist und dessen gerechte Wesenheit er repräsentiert (vgl. Clemens, Paedagogus VIII, PL 8, Sp. 335-338). Wo Clemens Gerechtigkeit als »Gleichheit« definiert, ist letztere in stoischem Sinne als gerechter Ausgleich und gleichmäßiges Verhalten Gottes gegenüber allen Geschöpfen verstanden. Zu seinem Werk und seiner Theologie vgl. TRE 8, S. 102-111.

36. enthalten sei. – Vgl. Mörlin, Bericht, Bl. D2b: »Da leits, da steckts, da habt irs nu! Sprecht morgen mehr, ir widersacher zu Königsperg, hatte schier gesagt, ir theologi, her Osiander hab seiner schwermerey keinen bestendigen grund aus der schrifft. Ich meine ja, es sey grob und deutlich genung, das mans greiffen könne, und ist warlich recht grob und greifflich und der rechten probation eine, damit der heilige Machomet seinen Alcoran auch bestetiget hat, nemlich ein menschlicher traum und geticht eigener vernunft«; vgl. auch u. S. 709, Anm. 76.

37. Vgl. die von Osiander in dem Bekenntnis ›Von dem einigen Mittler‹ angeführten zahlreichen biblischen Belege, etwa u. S. 707, Anm. 58.

38. Hier ist auf die Sage von Ödipus angespielt, der sich selbst die Augen ausstach, nachdem er entdeckte, daß er unwissentlich seinen Vater getötet und seine Mutter geheiratet hatte; vgl. PRE, SupplBd. 7, Sp. 777-779. Vgl. auch Mt 15,14.

39. Vgl. Mörlin, Bericht, Bl. L2a: »... aber nicht mit einem tittel [= Tüttel, Punkt] unsern warhafftigen grund widerleget, viel weniger das seine bewiesen ...«

40. Jer 23,6 und 33,16.

41. Vgl. die Schrift ›Von dem einigen Mittler‹ o. S. 228,27-230,22 und 236,27-240,35, Nr. 488.

42. Vgl. auch Osianders Schrift ›Widerlegung der unbegründeten, undienstlichen Antwort Philipp Melanchthons‹ o. S. 628,18-26 und 669,6-670,8, Nr. 522.

weyßheit von Gott und zur gerechtigkeit« etc., »auff das, wer sich rhuͤmet, sich des Herrn (das ist des יהוה) rhuͤme«; item aus dem ersten buch Moses am 15. cap.[43], aus der epistel zun Roͤmern am 3.[44], 5.[45], 10.[46] capiteln und andern schrifften mehr, wie ich ihm in der volligen[47] antwort gewaltig[48] wider unter die nasen stossen wil[49].

Zum fuͤnften schilt er mein lehr vorfuͤrisch[50]. Und wiewol es auch nicht war ist, wie es dann noch keiner bewisen hat, ob sie wol vil darwider geplaudert haben – es sey dann, das sie das verfuͤrisch haissen, das die leuͤth von dem wittebergischen puͤndschuch[51] zu Jesu Christo und durch Christum zum Vater fuͤret –, so will ich doch solche luͤgen jetzo nicht hefftig anziehen[52], sonder in der volligen antwort redlich auff ihn beweysen[53], das er mein lehr hierinne auch frevenlich angelogen hat.

Zum sechsten leuͤgt er mich noch vil schendlicher an, dann wie obgemeldet ist, da er sagt, mein lehr sey antichristisch[54]. Dann der antichrist hat das schendlich malzeychen[55], das er mus laugnen, das Jhesus Christus ins fleysch kommen sey. Dann der heylig evangelist Johannes in seiner ersten epistel am 4. cap. [2f] schreibt also: »Daran solt ihr den geyst Gottis erkennen: Ein jeglicher geyst, der da bekennet, das Jhesus Christus ist in das fleysch kommen, der ist von Got. Und ein jeglicher geyst, der da nicht bekennet, das Jhesus Christus ist in das fleysch kommen, der ist nicht von Got. Und das ist der geyst des antichrists, von welchem ihr habt gehoͤret, das er kommen werd, und ist schon jetzt in der weldt«.

Nun leugne ich je nicht, das Jesus Christus sey ins fleisch kommen, sonder glaub von hertzen, bekenne mit dem mund[56], lehr in der schul und auff der cantzel und streit all meins vermoͤgens wider die widersprecher, das der sohn [*4b:] des lebendigen Gottis, den er von ewigkeit her geporn hat, sey warlich ins flaisch kommen und hab ein ware, gantze, volkommenliche menschliche natur von flaisch und plut der hochgelobten allweg jungfrauen Mariae aus dem stamme und samen Davids an sich

43. Gen 15,1; vgl. o. S. 250,15-252,19, Nr. 488.

44. Röm 3,20-30 sind mehrere Passagen der Schrift ›Von dem einigen Mittler‹ gewidmet; vgl. o. S. 166,16-18; 168,27-30; 170,7f; 244,20-26; 250,12-19 und 288,31-290,12, Nr. 488.

45. Zu Röm 5,1-19 vgl. ›Von dem einigen Mittler‹ o. S. 156,27-30; 168,30f; 172,14-18; 248,24-250,3; 286,24-28 und 254,4-17, Nr. 488.

46. Zu Röm 10,3f.14 vgl. ›Von dem einigen Mittler‹ o. S. 114,17f; 118,31-120,11 und 164,5-7, Nr. 488.

47. ausführlichen.

48. überwältigend.

49. unter die Nase reiben will (vgl. *Grimm*, Wörterbuch 7, Sp. 405). – Hier wird auf eine nicht ausgeführte Schrift gegen die Konfutation angespielt.

50. Vgl. den Titel der Konfutation o. S. 702,16.

51. Der Bundschuh, Sinnbild bäuerlicher Bünde und Aufstände, steht hier für ›Verschwörung‹; vgl. *Grimm*, Wörterbuch 2, Sp. 523f. In bezug auf den Wittenberger Doktoreid spricht Osiander von einer Konspiration, die sich durch die Verpflichtung der Vereidigten auf die Confessio Augustana herausbilde; vgl. o. S. 579,11-13, Nr. 522.

52. beharrlich darlegen, ausführen.

53. gegen ihn darlegen.

54. Vgl. den Titel der Konfutation o. S. 702,16.

55. Brandmal, Kennzeichen.

56. Vgl. Röm 10,9.

genomen und sey uns aller ding gleich worden, außgenomen die sund[57], hab in solcher menscheit das gesetz fur uns erfullet, sey fur unser sund gestorben, hab gnad und vergebung erworben, uns mit dem Vatter versoͤnet und laß uns nun durch die predig des euangelions solchs furtragen und anpieten, auff das, wann wirs glauben, wir durch solchen glauben gerecht werden.

Deßgleichen glaub, bekenn, lehr und streit ich, das er auch in unser flaisch kommen sey und wohne durch den glauben in uns, Ephes. 3 [17] und 2. Corinth. 3 [3] und 6 [16], item Ro. 8 [10]. Daher gehoͤrn die schoͤnen spruͤch aus der heiligen schrifft, der ich uber dreißig ([Bl.] E 1)[58], und doctor Luthers, der ich uber die viertzig ([Bl.] I 3)[59] in meinem bekantnus dargethon hab, welche mir fur Gott und der welt wol zeugnus geben, das ich von hertzen bekenn, das Jesus Christus in das flaisch komen sey, und derhalben stracks wider den antichrist streit.

Darumb, je feindseliger, je schendlicher und je verfluchter der name des antichrists ist, je ein groͤsserer, unverschembter, verlogner bub, boͤswicht, schelm und ehrndieb der Moͤrlein ist, der mein lehr, die das recht malzeichen hat eines gaists, der aus Gott ist, wider die offenlichen[60] heiligen schrifft, wider mein getruckte puͤcher und wider sein aigen erstorben gewissen thar[61] antichristisch schelten und verlestern. Was er und Stancarus[62] sonst mehr schrifftlich und muͤntlich, als solt ich der antichrist selbs sein[63], geplaudert haben, soll die vollig antwort mitpringen.

Zum sibenden thut er erst das maul weit auff und lest den luͤgengaist, der sein hertz eingenomen hat, ein grosse, grobe, greifliche, ungeheure, unmenschliche luͤgen gleichwie [** 1a:] ein starcken wasserstrom[64] wider und uber mich durch seinen rachen außgiessen, mit der er jah[65] maint, mich zu ertrencken, zu verschwemmen und zu versencken, da er spricht, ich leuͤgne, das Christus in seinem unschuldigen leyden und sterben unser gerechtigkeit sey[66].

57. Vgl. Hebr 5,16.
58. Vgl. die Schrift ›Von dem einigen Mittler‹ o. S. 132,10-136,18, Nr. 488.
59. Vgl. ebd., S. 172,3-190,16, Nr. 488.
60. offenbare.
61. wagt … zu.
62. Franciscus Stancarus (1501-1574), der 1551 ein kurzes Zwischenspiel als Hebräischprofessor in Königsberg hatte, bevor er die Universität aufgrund der osiandrischen Streitigkeiten verließ (vgl. *Stupperich*, Osiander, S. 166-169), hatte in einem Brief an Herzog Albrecht vom 29. Juli 1551 Osiander mit dem Satan verglichen: »Nam Osiander Vestrae Celsitudini peius consilium subministravit, quam Satan Adamo et Evae. Satan illis dicebat: »Et eritis similis Deo, scientes bonum et malum«. Hic vero, et eritis uno, estis ipse Deus natura … Si illi miseri Adam et Eva, protrusi in horrendas calamitates, damnati fuerunt, quanta magis illi, qui audiunt doctrinam Osiandri« (Berlin GStAPK, XX. HA StA Königsberg, HBA J2, Franciscus Stancarus an Herzog Albrecht, 1551 Juli 29 (K. 974), fol. 1v).
63. Vgl. Stancarus' Warnung im gleichen Brief a. a. O., fol. 2r.
64. Vgl. Ps 124,4f.
65. sofort, gleich.
66. Vgl. den Titel der Konfutation o. S. 702,17f. – Dieser Vorwurf ist Grundtenor des Mörlinschen ›Berichtes‹, vgl. Mörlin, Bericht, Bl. O2b: »Und noch mehr: dieweil die gerechtigkeit ist das leiden und sterben Christi, er uns aber das aus dem trost der gerechtigkeit in der rechtferti-

Hilf, allmechtiger Got! Wie ist der teuffel so gewaltig in dem man! Das ist der haubtartickel, uber dem ich wider all meine feind kempf biß auff gefahr leybs und lebens, nemlich das Jesus Christus, warer Got und mensch, sey unser gerechtigkeit – er sey gleych in[!] mutterleyb oder -schoss oder gehe auff der gassen oder hang am creuͤtz im leyden oder sey im tod oder in der helle, er sey erstanden, wandel bey seinen juͤngern oder fahr gen himel und sitzt zur gerechten Gottis, so ist er jederzeyt vom anfang der weldt bis ans end die gerechtigkeit aller glaubigen. Darumb leuͤgt mich der angstboͤsewicht alhie auffs allergifftigst und -moͤrderist[!] an, wie ich droben gesagt hab.

Nachdem ich nun die siben luͤgen auff ihn bewisen hab, will ich nun auch beweisen, das er selbs der gotlose schwermer, ketzer und abgefallen Mammaluck ist, der da laugnet, das Jhesus Christus unser gerechtigkeit sey, und lugstraft also Esaiam, Jeremiam und Paulum.

Dann da F.D. in Preuͤssen, unser gnediger herr, von ihme, Staphylo, Hegemone und Veneto gleychsowol als von mir bekentnus von der gerechtigkeit des glaubens forderte[67], die ich bald in truck geben will[68], hat Moͤrlein mit eigner handt also geschriben: »Unser gerechtigkeit, die wir auch die gerechtigkeit des glaubens nennen, ist nichts anders (merck eben, christlicher leser, das Moͤrlein spricht: nichts anders!) dann der schmehliche, bittere todt, unschuldige schweyss und aufferstehung unsers lieben herrn und heylands Jhesu Christi«[69]. [**1b:] Nun ist jhe der todt Christi weder sein menschliche noch sein goͤtliche natur, sonder nur ein leyden, das auffgehoͤret hat, Rom. 6[70]. So ist sein aufferstehung auch weder sein menschliche noch goͤtliche natur, sonder nur ein werck, das schon volendet ist; item, sein schweyss ist nicht die gantz menschliche natur, ob er wol in der menschlichen natur ist, vil weniger ist er die goͤtliche natur. Darumb, dieweyl er spricht, gerechtigkeit sey nichts dann Christi tod, schweis und aufferstehung, so muͤssen wir wol sehen und, wann wir blindt weren, dannoch greiffen[71], das er weder die menschlichen noch die goͤtlichen natur noch sie baide sambtlich, sonder alleyn sein blutvergiessen, sterben und aufferstehung zur gerechtigkeit will haben, wie er auch geprediget hat, er sey weder nach der goͤtlichen oder nach der menschlichen natur unser gerechtigkeit, sonder al-

gung vor Gott niemet, so niemet er zugleich die gerechtigkeit des glaubens und hebet die gantz und gar auff; und noch mehr, dieweil aber dieser artickel das heuptguet, ohn welches uns Gottes wort kein nütz ist, so hebet und reumet er hinweck, verschluckt auff einen bissen bibel, predigt, sacrament, tauff, glauben, kirchen und alles, was zu der kirchen gehört …«

67. Im Mai 1551 hatte Herzog Albrecht sowohl von Osiander wie von seinen Gegnern eine Darlegung ihrer Lehre gefordert. Mörlin reichte sein Bekenntnis am 9. Juni, v. Venediger und Hegemon ihre Gutachten am 10. Juni ein. Osiander überreichte sein umfangreiches Bekenntnis ›Von dem einigen Mittler‹ dem Herzog erst am 9. Juli; vgl. *Stupperich*, Osiander, S. 151-154.

68. Die Gutachten seiner Gegner wurden von Osiander nicht im Druck herausgegeben.

69. Dieses Zitat findet sich in einem Gutachten, das Mörlin am 9. Juni 1551 Herzog Albrecht überreichte; s. Berlin GStAPK, XX. HA StA Königsberg, HBA J2, K. 974, Fassung I und II, jeweils fol. 1r.

70. Vgl. Röm 6,10.

71. einsehen.

lein in seinem ambt[72]. Darumb thut er selbs, das[73] er mich felschlich zeyhet, und laugnet, das Christus unser gerechtigkeit sey, raubet uns Christum und setzt seine werck an seine stadt und andere stuͤck mehr, die mein vollige antwort an tag bringen sol.

Ob aber jemandt wurd gedencken, ich wer zu hefftig, der wisse, das ich D. Moͤrleins liegen, schelten, lestern, fluchen und vormaledeien auff der cantzel und sonst[74], welchs allen menschen, die es nicht gehort haben, unglaublich ist, lenger dann jar und tag gelitten und nicht hinwider gescholten, on das ich die groben luͤge – unvermeldet eyniger person – angetastet hab, die da saget, ich lehret jetzo anderst dann vor etlichen jaren[75]. Noch thar er in seinem luͤgenpuch schreyben ([Bl.] L2), ich hab ihn und seine unterschribne – maint villeicht noch andre mehr – schelm, poͤßwichter, ehrndieb und ketzer gescholten[76]; daran er leuͤgt als ein solcher, dieweil er nun solchß mit unwarheit durch zwaytausent exemplar wider mich in die weldt außgeust, wie er mich vor auch verlogen hat, ich trette das plutt Christi mit fuͤssen[77], [**2a:] und dergleychen, damit ers wol verdienet, das ich ihn schelte. So will ichs ihm auch war machen; dann ich halts dafur, er hab gemaint, dieweil ich so lang stillgeschwigen, ich forcht mich vor ihm und seinem anhang. Aber er sols im werck[78] spuͤren, das es viel andre ursach gehabt hat, das ihm so lang ist zugesehen. Sein bekantnus[79] und sein luͤgenpuch[80], sambt andrer vilen luͤgenschrifften sein nun heraus[81]

72. Vgl. hierzu Mörlin, Bericht, Bl. N2b: »Lutherus behelt in dem handel unser rechtfertigung imer die person gantz und vereiniget die mit irem ampt oder werck ... Osiander reist erstlich das werck von der person, sagt, das könde nicht unser rechtfertigung sein. Nachmals, do es die person sein sol, trennet er dieselbigen auch, und hiemit füret er dich in die selbwesende blose gottheit ...« Zu verweisen ist auch auf eine Predigt, die Mörlin am 10. April 1552 gehalten hat: »Da uns der himmlische Vatter mit Christo alles geschenckt hatt, so könne die menschliche natur in Christo und sein gantzes ampt von dem wortt nicht ausgeschlossen werden, sondern gehört alles zusambe und ist dan erst unser gerechtigkeytt« (Berlin GStAPK, XX. HA StA Königsberg, HBA J2, K. 978, unfoliiert).

73. dessen.

74. Im Frühjahr 1552 hatte Mörlin erneut in einer Reihe von Predigten gegen Osiander polemisiert; vgl. *Stupperich*, Osiander, S. 314f.

75. Vgl. o. S. 702,22-703,2.

76. Vgl. Mörlin, Bericht, Bl. L2a: »... und hat er noch bis auff heutigen tagk mit keinem andern grunt wider uns gehandelt, denn wenn er gehort, wie gewaltig wir aus den prophetischen und apostolischen schrifften unser lere bewiesen, das er vor grossem ach und wehmut uns mit ehrenrürigen, schmelichen worten ausgeruffen und uber uns geschrien, wir sein schelm, bösewicht, ehrendib, ketzer, schwermer, irrige geister«.

77. Vgl. Mörlin, Bericht, Bl. G4b: »Wer wil nu sagen, das Osiander vom blud, leiden und sterben Christi nicht viel halte? Ich meine ja, das klingt in die gantze christenheit wider alle seine widersacher, die im bis daher schult gegeben, er trette das blud Christi mit füssen, achte seines unschuldigen todes nicht, was kan doch herrlichers und tröstlichers darvon gerümet werden, denn es mit süssen, lieplichen worten so fein kurtz und rund allhie ist ausgestrichen?«

78. in der Tat.

79. Mörlin hatte bereits im Juni 1551 ein Bekenntnis eingereicht; s. Berlin GStAPK, XX. HA StA Königsberg, HBA J2, K. 974 (Fassung I und II).

80. Gemeint ist die Konfutation.

81. Hier ist wohl an die im Frühjahr 1552 sich anbahnende Flut der gegnerischen Schriften

und lassen sich nicht durch laugnen widerumb hineinschlicken[82] wie die ehrndiebischen luͤgen und gotslesterungen, die etlich auff der cantzel außgespeyet haben. Darumb will ich auch furo[83] gegen ihm und denselben[84] vil anderst handeln, dann ich bißher gethan hab. Dann ich wil gegen sie handeln als gegen verlognen schelmen, poͤßwichtern und ehrndieben, wie sie es auch sein.

Ich zweyffel aber nicht, Moͤrlein wirdt hieruͤber gar toll und toͤricht werden und herwider schelten und lestern als ein rasender, beseßner mensch, sonderlich dieweil ihn sein gewissen als ein ungehorsamen auffruͤrischen wirdt schlagen, dieweyl er disen erlognen, schelmischen und ehrndiebischen tittel, ehe dann ims F.D. erlaubt, meuͤchlings im truck hat fertigen und außgehn lassen[85]. Darumb bezeuͤg ich fur Got und der weldt, das ich ihn fur einen solchen nichtigen[86] man halt, des schelten und lestern nichts gebe oder nehme, wils derhalben verachten, als wans die unverschembtist huer oder ergester bub auff erdtrich theten! Mitler zeyt pitt ich alle fromme christen, sie wollen den Moͤrlein fur ein solchen man halten, wie ihn jetz erzelte seine luͤgen und andre mehr sambt seinem ungehorsam abcontrafeyen und dargeben so lang, biß er die greuͤlichen, lesterlichen luͤgen, so er auff mich gethon hat, genugsam erwise. Das wirdt er nicht thun koͤnnen immer und ewiglich. Amen.

auf Osianders Bekenntnis ›Von dem einigen Mittler‹ zu denken. Schon etwa einen Monat später hat Osiander eine Sammlung von Auszügen aus den verschiedensten Schriften gegen ihn unter dem Titel ›Schmeckbier‹ veröffentlicht; vgl. u. S. 742-796, Nr. 538.

82. hinunterschlucken.

83. in Zukunft.

84. dieselben.

85. Vgl. dazu die Einleitung o. S. 698.

86. nichtsnutzigen.

Nr. 533
Sieben Syllogismen gegen Bartholomäus Wagner
[1552][1]

Bearbeitet von *Hans Schulz*

Einleitung

Wie stark die mit Osianders Rechtfertigungslehre aufgeworfenen Fragen die Lehrer der Königsberger Universität bewegten, zeigt der Streit zwischen Johannes Sciurus[2] und Bartholomäus Wagner[3]. Am 28. Mai 1552 hielt der damalige Gräzist und Ethiker Sciurus eine Disputation ›De fortitudine‹. Obwohl es sich um keine theologische Disputation handelte, konnten natürlich auch christliche oder biblische Sentenzen zur Erörterung vorgegeben werden. Eine der Thesen enthielt die biblische Weisung, man solle in aller Anfechtung und Trübsal die Hilfe des Herrn anrufen und ihm allein vertrauen. Einer frommen Tradition folgend hatte Sciurus die Ehrenbezeichnung Gottes mit großen Buchstaben drucken lassen. Im Verlauf der Disputation verband der Mathematiker Wagner mit dieser Großschreibung gegnerische Argumente, die zwar nicht zur Themenstellung des Streitgesprächs gehörten, aber auf dem Hintergrund Osiandrischer Gedanken verständlich werden: Wagner ließ sich von Sciurus zunächst versichern, daß die großen Buchstaben »den grossen namen, der Gott und göttlicher natur allein zugehöre«, angeben sollten – die Formulierung der zitierten Anfrage weist bereits auf die von Osiander in seinem Bekenntnis gebrauchte Argumentationsweise[4] –, und entwickelte dazu folgende kritische Einwände: »Welcher saget, man sol den gantzen Christum anruffen und im vertrauen, der schleust in Christo kein natur aus. Ir aber schlist in Christo die einen, nemlich die menschliche natur auss. Darumb so wolt ir, man sol den gantzen Christum nit anruffen«[5]. Diese syllogistische Kette ist aus der These, daß Christus der Herr (als Person) angerufen werden soll, und der Antithese, daß dieser Titel Christi zugleich das göttliche Wesen bedeutet, abgeleitet; der letzte Satz des Zitats ist ein weiterer Umkehrschluß aus der ersten spekulativen Folgerung. Wagner versuchte, mit dieser Pseudologik Sciurus öffentlich der nestorianischen Ketzerei[6] zu bezichti-

1. Zur Datierung vgl. weiter u. die Einleitung.

2. Zu dem aus Nürnberg stammenden, seit 1547 an der Albertina in verschiedenen Disziplinen – auch Mathematik – lehrenden Magister, Professor und späteren Hofprediger, der Osiander nahestand, vgl. Altpreußische Biographie 2, S. 638.

3. Zu dem in Königsberg geb. Magister, der seit 1546 an der Universität Mathematik las, später im Zuge des osiandrischen Streits nach Danzig auswanderte und dort 1571 als Mediziner starb, vgl. Altpreußische Biographie 2, S. 766, und *Stupperich*, Osiander, S. 151, Anm. 44.

4. Vgl. z.B. o. S. 228,17-19, Nr. 488.

5. Vgl. dazu *Stupperich*, Osiander, S. 322f, bzw. a.a.O. in Anm. 12, Bl. A3b-4a (beide Zitate auf Bl. A4a).

6. Vgl. TRE 16, S. 735f; RGG 1, Sp. 1769, und LThK 7, Sp. 885f.888f.

gen, und gab ihn zusätzlich im Laufe der Disputation dem Gelächter des Auditoriums preis, wobei er sich nicht von seinem Hauptvorwurf abbringen ließ, Sciurus schließe die menschliche Natur in Christus aus[7]. Dasselbe hielten seine Gegner Osiander vor, unbeirrt von dessen Erläuterungen zur Lehre von der communicatio idiomatum[8]. Daß Wagner im Eifer des Wortgefechts selbst den Fehler beging zu unterstellen, auch die menschliche Natur Christi müsse angebetet werden[9], zeigt unter anderem, wie grobschlächtig die diffizilen Probleme des theologischen Streits inzwischen bearbeitet wurden[10].

Sciurus, der bei der Disputation ›ob solcher hohen Fragen‹ nach eigenen Worten überfordert war und sich nicht durchsetzen konnte[11], veröffentlichte gegen den Vorwurf der Ketzerei am 22. Juli eine »Apologia oder schützred …«[12], in der er die Ereignisse schilderte und die Kritik seines Kontrahenten mit Hilfe der Lehre von der communicatio idiomatum zurückwies[13].

Osiander, sich dessen bewußt, daß er der eigentlich Angegriffene in dieser ›untheologischen‹ Disputation war, unterstützte die Verteidigung von Sciurus durch ein eigenes Flugblatt, das schon im Titel Grund, Absicht und Verfasser zu erkennen gibt: »Andreas Osiander lectori salutem. Propter insidiosas et malitiosas argumentationes magistri Bartholomei Vvagneri contra magistrum Ioan[nem] Sciurum, Nurenbergensem, cogor hosce syllogismos in vulgus edere«. Das Flugblatt dürfte ziemlich bald nach der Disputation vom 28. Mai entstanden sein, als die Vorwürfe Wagners noch frisch waren, spätestens aber kurz vor oder mit der Verteidigungsschrift des Sciurus, da sich die gegebenen Unstimmigkeiten mit dem Flugblatt auf eine höhere ›professorale‹ Ebene verlagerten.

Der syllogistischen Derbheit Wagners wurde von Osiander entsprechend geantwortet. Daß er dabei die lateinische Sprache wählte, die ja auch die beiden Kontrahenten in der Disputation benutzten, zeigt, daß dem Professor nichts daran gelegen war, die Angelegenheit außerhalb der Universität diskutieren zu lassen, zudem konnte er mit der Präzision lateinischer Syllogistik seine Satire schärfer gestalten. Die von ihm aufgestellten sieben Syllogismen greifen die Aussagen des Mathemati-

7. Vgl. a.a.O. in Anm. 12, Bl. A4a-B3b.

8. Vgl. dazu die unverfängliche Stimme der Schwiegermutter des Herzogs, Gräfin Elisabeth von Henneberg, o. S. 471,12f(-472,9), Nr. 511; weiter Osianders Bekenntnis o. S. 200,6-208,31, Nr. 488.

9. Vgl. a.a.O. in Anm. 12, Bl. A4b.

10. Das macht auch die Antwort Osianders verständlich; die kantige Abstraktheit der ›Logik‹ Wagners (vgl. dazu die Einleitung o. vor Anm. 5 und u. S. 714, Anm. 5) muß ihn verärgert haben; vgl. dazu weiter unten.

11. Vgl. a.a.O. in Anm. 12, Bl. B1b-2a und B3ab.

12. Die in Wolfenbüttel HAB, 183.20 Theol. 4° (12), vorh. Schrift hat den vollen Titel: »Apologia oder schützred wieder bede Bartholomaeum Wagner und Johannem Hoppium, magistros, von denen ich öffentlich beschüldigt worden bin, als solt ich in Christo, waren Gott und menschen, wen wir in anruffen und anbeten, die menschliche natur ausschlisen, sampt einem kurtzen und christlichen bekantnus von dem artickel der rechtfertigung«.

13. Vgl. a.a.O. in Anm. 12, Bl. A2a-B3b und B3b-E3a; Sciurus' Bekenntnis findet sich auf Bl. E3a-E5a.

kers über den großen Namen Gottes (das göttliche Wesen) und die menschliche Natur Christi auf und führen sie in logische Absurditäten, die geradezu lächerlich wirken. Abschließend wird über Wagner das Urteil gefällt, daß er, der andere verketzert, der größte aller Ketzer sei. Als Grund für Wagners Irrtum wird ihm Unkenntnis der communicatio idiomatum vorgehalten.

Das Flugblatt Osianders hatte denn auch eine anonyme Gegenflugschrift zur Folge: »Nycticorax Rabi Osiandro primario«[14], die sich in reiner Polemik erging und die theologische Diskussion nicht fortsetzte.

Unsere Edition bietet den Text des Flugblattes nach dem einzig erhaltenen Exemplar in Dresden LB, Hist. eccles. E 335, 18 2° (= *Seebaß*, Bibliographie, S. 178, Nr. 66).

Text

Andreas Osiander lectori salutem. Propter insidiosas et malitiosas argumentationes magistri Bartholomei Vvagneri contra magistrum Ioan[nem] Sciurum, Nurenbergensem, cogor hosce syllogismos in vulgus edere.

1. Quisquis vocatur יהוה, est Deus verus et ab aeterno aeternus[1]. Humana natura in Christo secundum magistrum Bartho[lomeum] Vvag[nerum] vocatur יהוה[2]. Ergo humana natura in Christo secundum eundem est Deus verus et ab aeterno aeternus.

2. Quisquis dicit humanam naturam in Christo esse ab aeterno aeternam, negat Jesum Christum venisse in carnem et asserit eum ab aeterno fuisse in carne. Magister Barthol[omeus] Vvagner dicit humanam naturam in Christo esse ab aeterno aeternam. Ergo magister Bathol[omeus] Vvagner negat Jesum Christum venisse, ut supra.

3. Quisquis negat Jesum Christum venisse in carnem, non est ex Deo, sed habet spiritum antichristi, 1. Ioan. 4 [2f] et 2. Ioan. [7]. Magister Bartho[lomeus] Vvagner negat, ut supra. Ergo magister Barthol[omeus] Vvagner non est ex Deo, sed habet spiritum antichristi.

4. Christus secundum divinitatem est aequalis Patri, secundum humanitatem vero minor Patre, ex symbolo Athanasii[3]. Humanitas Christi secundum Vvagnerum dicitur יהוה. Ergo יהוה est minor Patre.

5. Pater etiam dicitur יהוה. יהוה est minor Patre. Ergo Pater est minor seipso. Vel sic.

6. יהוה est minor Patre. Ergo sunt duo יהוה maior, scilicet et minor.

7. Nomen יהוה non tribuitur nisi divinae essentiae[4]. Ergo humana natura Christi est divina essentia eiusdem.

14. Vgl. *Stupperich*, Osiander, S. 324.

1. Vgl. o. S. 711, vor und mit Anm. 4.
2. Vgl. a.a.O. S. 712, Anm. 12, Bl. A4b.
3. Vgl. BSLK, S. 29,31-33. Dieses Argument wird auch von Sciurus in seiner Apologie verwendet; vgl. a.a.O. S. 712, Anm. 12, Bl. B4b.
4. Vgl. o. Z. 4 mit Anm. 1.

Hoc est confundere naturas contra symbolum Athanasii.

Haec delyramenta omnia et longe plura sequuntur ex assertione magistri Bartho[lomei] Vvagneri, qui tamen pro sua virulentia dissentientes proclamare ausus est haereticos[5], cum ipse sit vere, si in his pertinax fuerit, omnium haereticorum haereticissimus. Causa erroris eius est, quod putat, quaecunque tribuantur toti personae Christi, tribuantur etiam utrique naturae distinctum et singulatim enumeratis[6]. Ita male feriati homines irrumpunt in adyta sacratissimae theologiae, antequam vel catechismum recte didicerint. Deinde eos, qui rectius sapiunt ipsisque contradicunt, calumniantur turbare ecclesias. Sed brevi ferent iudicium suum[7]! Amen.

5. Sciurus beschwert sich eingangs in seiner Apologie, er sei als Ketzer angeprangert worden (a.a.O. S. 712, Anm. 12, Bl. A2b.3a), und gibt Wagners Attacke vor dem Auditorium wörtlich wieder: »Das wörtlein Herr oder Jehovah wird eur meinung nach nur allein der göttlichen und nicht der menschlichen natur zugeeignet. So muss darauss folgen, das ir die ander natur ausschlist und zureist also die person und machet uns mit dem Nestorio zwen Christos, einen, den man anruffen und vertrauen sol, den andern, den man solchs nit thun sol« (ebd., Bl. A4a).

6. Diesen Grundsatz hat Osiander schon ausführlich in seinem Bekenntnis erläutert, vgl. a.a.O. auf S. 712, Anm. 8. Zum ntl. Sprachgebrauch im Sinne der communicatio idiomatum vgl. LThK 5, Sp. 607; zur dogmatischen Notwendigkeit, bei der Person Christi von zwei ›Naturen‹ zu reden, vgl. RGG 1, Sp. 1782-1784.

7. Vgl. Gal 5,10; auch Mt 23,14 par. u. ö.

Nr. 534
Äußerung über die herzoglichen Räte
[1552, Frühjahr bis Sommer][1]

Bearbeitet von *Hans Schulz*

Einleitung

1. Datierung

Herzog Albrecht sah in Osiander gleichsam seinen ›geistlichen Vater‹[2]; der Professor genoß daher in besonderer Weise das Vertrauen des Herzogs und konnte sich auch eine sehr ungeschützte Äußerung dem Fürsten gegenüber erlauben. Leider kennen wir dafür weder die Zusammenhänge noch den Anlaß. Alle herzoglichen Räte mit Ausnahme von v. Köteritz standen auf seiten der Osiandergegner[3]. Auch v. Köteritz entfremdete sich im Winter 1551/52 mehr und mehr von Osiander, obwohl er zur Durchführung des Planes, für Osianders Bekenntnis ›Von dem einigen Mittler‹ das Urteil der Kirche einzufordern, seine Unparteilichkeit zu wahren suchte[4]. Osiander aber ließ v. Köteritz den Bruch der Freundschaft spüren, indem er von ihm Mitte März 1552 die nicht geringe Summe von 100 Talern, die er ihm geliehen hatte, ohne Vorankündigung zurückforderte[5]. Eine Auseinandersetzung mit dem herzoglichen Kammerrat (dem Finanzminister) Caspar von Nostitz, von der auch der Herzog tangiert wurde, ergab sich Anfang Juni: v. Nostitz schrieb antiosiandrische geistliche Verse an seine Haustür, der Hofprediger Funck polemisierte dagegen von der Kanzel, und der Fürst versuchte, den herzoglichen Rat zur Tilgung der Verse zu bewegen, was jedoch nicht ohne weiteres gelang[6]. Osianders Äußerung über die Räte dürfte am besten in diese spannungsgeladene Zeit von Frühjahr bis Sommer 1552 zu datieren sein, selbst wenn man keine unmittelbare politische Ursache angeben kann. Die späteren Ereignisse bieten keine Gelegenheit mehr dazu. Im August erkrankte Osiander erstmalig[7], er starb am 17. Oktober[8]. Eine vertrauliche Bemerkung über ›Mißstände bei Hofe‹ ist für die Zeit der Krankheit, die ihm die unmittelbaren Ereignisse in der Umgebung des Fürsten sicherlich weniger zur Kenntnis brachte, auch weniger wahrscheinlich.

1. Zur Datierung vgl. weiter u. die Einl.
2. Vgl. u. A. Bd. 9, S. 637,10.26f, Nr. 458 u. ö.
3. Vgl. *Stupperich*, Osiander, S. 182f.
4. Vgl. ebd., S. 262f.
5. Vgl. o. S. 518f, Nr. 517.
6. Vgl. *Stupperich*, Osiander, S. 316. Die Funcksche Predigt fand am Pfingstmontag, dem 6. Juni, statt; vgl. *Grotefend*, Zeitrechnung, S. 197. – Zu Kaspar v. Nostitz (1500-1588) vgl. Altpreußische Biographie 2, S. 474f. Er war von 1538-1578 Kammerrat des Herzogtums, vgl. *Hubatsch*, Albrecht, S. 192.
7. Vgl. u. S. 868,13f, Nr. 544.
8. Vgl. *Stupperich*, Osiander, S. 352.

So treumeinend Osianders Ausführungen auch gewesen sein mögen und so gut sie der Herzog auch im Gedenken behalten hat[9], so wollte Osiander wohl doch keine Beurteilung der allgemeinen Lage am Hofe oder der Politik des Herzogs gegenüber den Ständen abgeben. Es dürften vielmehr konkrete Vorkommnisse gewesen sein, die die ›Räte und Diener‹ als Vorteil suchende Nutznießer und den Fürsten als Opfer der eigenen Arglosigkeit erscheinen ließen. Immerhin hatte Albrecht 1525 bei der Säkularisation des Deutsch-Ordens-Gebietes Preußen eine starke Zentralregierung eingeführt, die unter seiner Leitung die Besetzung der Haupt- und Kammerämter vornahm, die Pfründen vergab und ›Steuern‹ in verschiedener Form einforderte. Der Herzog selbst wirkte mit seiner Entscheidungsbefugnis an erster Stelle beim Aufbau des Landes, war aber in seiner Haushaltsführung kein sehr ökonomischer oder gar sparsamer Herrscher. 1556 etwa war fast ein Drittel der herzoglichen Ämter verpfändet. Möglichkeiten, sich zu bereichern, konnten bei entsprechenden Verwaltungsposten, etwa den Amtleuten, durchaus gefunden werden; wiederholt wurden einzelne aus diesem Grunde abgesetzt[10]. Osianders eher ›pastorale‹ Ausführungen sind daher weniger als Beurteilung unter dem Gesichtspunkt der großen Politik zu werten. Besondere politische Vorfälle oder Notwendigkeiten in dieser Hinsicht für das Jahr 1552 sind nicht zu finden.

Die Brieffaltung des beschriebenen Blattes, die Spuren eines Siegels und die ›vertrauliche‹ Form der Anschrift, die Osiander niemals gewählt hätte[11], beweisen, daß eine Amtsperson am Hof dem Fürsten die freimütige Äußerung Osianders – vielleicht auch erst posthum – weitergegeben hat[12], die offenbar nicht in Gegenwart des Herzogs erfolgt ist. Doch macht die Diktion den Eindruck wörtlicher Wiedergabe. Zu welchem Zweck die ›tröstende Auskunft‹ Osianders Herzog Albrecht übermittelt wurde, wissen wir auch nicht. Die nachträglich mit eigener Hand angefügte Notiz des Fürsten freilich bezeugt, daß er die Meinung Osianders geteilt und mit seiner Wertschätzung und Trauer um den Verstorbenen verbunden hat.

2. *Überlieferung*

Unsere Ausgabe gibt die einzige Überlieferung zu Osianders Äußerung wieder: Berlin GStAPK, XX. HA StA Königsberg, HBA J2, K.956: Ausf. mit dem Dorsale: »F. D., meim gnedigsten herren, in eigne furstliche hande zu uberantwurten«, und dem späteren Zusatz von der Hand Herzog Albrechts: »Verba Osiandri pie memorie etc.«. Die Textseite wurde von anderer Hand, wohl nicht der des Briefschreibers, mit der Überschrift versehen: »Verba Osiandri inter caetera«.

9. Vgl. die autogr. Notiz des Herzogs auf dem Bl. u. in der Überlieferung.

10. Zum Ganzen vgl. *Hubatsch*, Albrecht, S. 186, 187-189 und 192. Vgl. weiter *Ommler*, Landstände, passim.

11. Der Professor hat den Fürsten trotz des persönlichen Verhältnisses stets mit den gebotenen Titeln und dem Namen angeschrieben; vgl. etwa u. S. 868,1-3, Nr. 544.

12. Vgl. dazu u. die Überlieferung.

Text

[1r:] Mein gnediger her ist von seinen eignen redten [a]und dienern[a][1] zum hochsten befharet[2]: Sie haben den fromen[3] fursten so weit ausgesogen[4], das sie numher herren und ire gnaden ir diener sein, und stehet sehr ubell, wann den dienern geholfen ist, das sie hernacher iren herren lassen nodt leiden; ader da[5] ehr sie umb hulfe anspricht, thun sie nichts, es sei dann, das ire gnaden ein hauss ader dorf inen versetzen, alsdann, und nicht ehe, wissen sie radt[6]! Aber ich will den tagk erleben, ire F.D. sollen ire heuser und dorfer wieder einloͤsen[7] und inen nicht mher so viel raumes lassen[8], damitt ire gnaden ein herr des landes und sie dienerr pleiben etc.

a-a) vor den linken Rand geschrieben.

1. Die Wendung ›Räte und Diener‹ beschreibt nur ungenau die Gruppierungen von Personen, die sich am Hof oder im Herzogtum um den Fürsten scharten, um ihm zu Dienst zu sein. Sehr wahrscheinlich ist nicht nur an die einfachen ›Hoflakaien‹ gedacht, sondern an die ›Staatsdiener‹ des preußischen Herzogtums. Die obersten und wichtigsten Räte des Herzogs waren die Mitglieder der ›Oberratsstube‹, d.h. der herzoglichen Zentralregierung. Zu ihnen gehörten der Hofmeister, der Oberste Burggraf, der Obermarschall, der Kanzler und der Kammerrat der Rentkammer. »Neben sechs bis acht weiteren Hofräten standen die Hauptleute der nächstgelegenen Ämter Fischhausen, Schaaken, Tapiau und Brandenburg dem Herzog in der Residenz zur Verfügung; diese Ämter stellten auch in erster Linie den etwa erforderlichen Ersatz für einen der Oberräte.« Vgl. *Hubatsch*, Albrecht, S. 192 (Zitat ebd.). Auch Universitätsprofessoren führten den Titel eines herzoglichen Rates, wie Wolf v. Köteritz oder Christoph Jonas; vgl. u. A. Bd. 9, S. 281, Anm. 6, Nr. 401; S. 335, Anm. 38, Nr. 413, bzw. S. 322, Anm. 23, Nr. 411; S. 335, Anm. 37, Nr. 413.

2. belauert, hinterhältig verfolgt (vgl. *Grimm*, Wörterbuch 1, Sp. 1248, Punkt 3).

3. rechtschaffenen, braven.

4. Vgl. o. die Einl. vor Anm. 11 und die dort angegebene Lit.

5. oder wenn.

6. Derartiges gehörte ohne Zweifel zum Hofleben. Genauere Umstände für Osianders Äußerung kennen wir nicht. Auch v. Köteritz etwa wandte sich, von Osiander wegen der Rückgabe von 100 Talern aufgeschreckt, sogleich an den Herzog; vgl. o. S. 518f, Anm. 6 und 7, Nr. 517. Herzog Albrecht selbst war zeit seines Lebens sehr freigebig; Osiander hat Anfang 1540 dem Fürsten dazu sogar einen Gratulationsbrief geschrieben; vgl. u. A. Bd. 7, S. 252,1-254,4 und Anm. 8, Nr. 259. Zu Herzog Albrechts Verhältnis zu Staat und Ständen vgl. *Hubatsch*, Albrecht, S. 185-209; zu seiner Persönlichkeit vgl. ebd., S. 266-277; außerdem *Gause*, Königsberg 1, S. 197-330 passim.

7. Osiander wußte zweifellos genau, wovon er redete, wenn er die Habgier derer, die dem Fürsten zu Dienste stehen sollten, anprangerte, da er als Seelsorger des Herzogs sicher mehr als andere Einblick in dessen Verhältnis zu seinen Räten gewinnen konnte. Die fürstlichen Güter zurückzugewinnen, war freilich nicht seine Aufgabe. Dagegen hatte er u. a. als Pfarrer der Altstadt auch die Verpflichtung, die durch die Wirren der Reformation verlorenen Güter der Kirche zurückzuführen; vgl. etwa eine diesbezügliche Anweisung des Herzogs vom Sommer 1549 in u. A. Bd. 9, S. 109,1-110,17, Nr. 371.

8. Zur ›Milde‹ des Herzogs vgl. auch die anders gearteten Ausführungen Osianders in seinem ›Beichtbrief‹ vom 21. April des Vorjahres u. A. Bd. 9, S. 637,8.26-29, Nr. 458.

Nr. 535
Brenz an Osiander
Tübingen, 1552, Juni 3

Bearbeitet von *Hans Schulz*

Handschriften:

a: Berlin GStAPK, XX. HA StA Königsberg, HBA A4, 1552 Juni 3 (K. 228), autogr. Ausf., unfoliiert (Foliierung vom Bearbeiter), liegt unserer Edition zugrunde.

b: Wolfenbüttel HBA, Cod. Guelf. 29.4 Aug. 2°, fol. 263v-264r, Teilkop. von a aus dem 16. Jh.[1]

Edition:

Ed. 1: *Pressel*, Brentiana, S. 336-339, Nr. 183, nach a.

Hatte gehofft, das erste Württemberger Gutachten zum Bekenntnis ›Von dem einigen Mittler‹ könne den Streit in Königsberg beenden; deshalb auch das zweite Gutachten. Die Parteien sollten die berechtigten Lehranliegen des Gegners nicht abweisen und verketzern. Er sei tief beunruhigt, daß Osiander Melanchthon angreife, der ihn doch sehr schätze und große Verdienste um Wissenschaft und Religion habe. Empfiehlt das zweite Gutachten, in dem beide Seiten zu ihrem Recht kämen. – Nachrichten über den ausgebrochenen Fürstenaufstand. – Herzog Christoph von Württemberg ließ dem Konzil von Trient ein Lehrbekenntnis übergeben und entsandte danach ihn und andere Theologen. Man habe, weil die Sitzung des 19. März auf den 1. Mai verschoben wurde, das Bekenntnis vor dem Konzil nicht verteidigen, sondern nur eine Eingabe an die kaiserlichen Oratoren übergeben können. Auf die Nachricht von der Übergabe Augsburgs seien viele Konzilsteilnehmer abgereist, sie selbst am 17. April nach Tübingen zurückgekehrt. Die Fortsetzung des Konzils sei ungewiß; die Kriegsfürsten hätten am 18. Mai den Ehrenbergpaß erobert. – Er selbst habe noch kein kirchliches Amt, bleibe aber in der Nähe seines Landesherrn.

[4v: Adresse:] Clarissimo viro, domino Andreae Osiandro, maiori suo in Christo observando, in Regiomonte Borussiae[a].
[Kanzleivermerk:] Anno 52, Iunii 3.

[1r:] Salutem in Christo! Ego vero, observandissime et amicissime mi Osiander, optarim, ut Vuirtenbergensium theologorum scriptum[2], quod te legisse affirmas[3], non

a) Borussiae. Jo[hannes] Brent[ius]: b.

1. Vgl. *Heinemann*, Handschriften 2,5, S. 300, Nr. 2295.
2. Gemeint ist das erste Württemberger Gutachten o. S. 511, Nr. 516.
3. Vgl. Osianders Brief an Brenz vom 30. Jan. 1552 o. S. 458,1f, Nr. 510.

solum attulisset tibi privatam consolacionem, sed eciam dedisset occasionem constituendae inter vos publicae pacificacionis, idque non ecclesiae tantum, verum tuae quoque tranquillitatis caussa. Si enim hoc odioso dissidio delectaris, vicem tuam vehementer doleo. Si autem abominaris et ipse, sicut non dubito, speravi nostrum scriptum daturum vobis aliquam occasionem, qua haec controversia amice et pie inter vos componeretur. Etsi autem tu animum de resipiscencia praecipui tui adversarii despondes[4], tamen adhuc nos spes tenet posse de hoc dissidio inter vos divina clemencia recte transigi. Quare scripsimus iam iterum racionem[b] conciliacionis[5], in qua hoc praecipue egimus, ut, si quid monstri adversarii tui intus alunt, iam prodatur, necesse sit[6]. Percurri[c] vestra scripta[7], sed profecto haud scio, num mutua illa scommata – loquor enim tecum pro veteri nostra amicicia[8] libere – bonis viris placere queant. [1v:] Nec hoc a te peto, ut de veritate, sed de severitate aliquid remittas[9]. Recte pro meo exiguo iudicio, et quantum ego hanc caussam intelligo, faceres, si tuum dogma ita tuereris, ut tamen adversariorum dogmati – loquor autem non de παρέργοις, sed de praecipuo statu caussae – suum locum concederes. Et ipsi quoque pie facerent, si suam sentenciam ita defenderent, ut et tuam in suo loco non tam praefracte damnarent[10]. Ego certe cohorresco, quocies et in inscripcionibus libellorum vestrorum et in ipsis scriptis nomina haereticismi et antichristianismi lego[11]. De adversariis enim tuis, qui mihi omnino sunt ignoti, iuxta regulam caritatis, ἣ πάντα πιστεύει καὶ

b) canonem: Ed. 1.
c) nach b in a (Schlußbuchstabe nicht lesbar) korr.; percurro: Ed. 1.

4. Vgl. o. S. 458,3f(-462,6), Nr. 510.

5. Der schwäbische Reformator meint das von ihm und seinen Kollegen verfaßte zweite Gutachten, das von Herzog Albrecht zur weiteren Klärung angefordert worden war; vgl. o. S. 513, Nr. 516, und u. S. 855, Nr. 543. Es ist anzunehmen, daß der Brief an Osiander der Sendung der Württemberger nach Königsberg beigegeben war.

6. Zum Inhalt dieses neuen Gutachtens vgl. u. S. 855-857, Nr. 543.

7. Der preußische Herzog hatte seinem Ersuchen um ein zweites Gutachten weitere Schriften Osianders und die Konfutation seiner Gegner beigelegt; vgl. o. S. 513, Nr. 516.

8. Brenz und Osiander verband seit dessen Nürnberger Zeit eine jahrzehntelange freundschaftliche Beziehung; beide hatten 1533 sogar gemeinsam die Brandenburg-Nürnbergische Kirchenordnung erarbeitet; vgl. *Stupperich*, Osiander, S. 265; weiter o. S. 513f, Nr. 516, und u. A. Bd. 5, S. 40-49, Nr. 176.

9. Ähnliches hatte Brenz bereits in seinem Schreiben vom 23. Aug. des Vorjahres angeregt; vgl. u. A. Bd. 9, S. 756,12-18, Nr. 486.

10. Aufgrund dieser Einsicht wurden beide Württemberger Gutachten von ihren Verfassern erstellt; vgl. o. S. 511f, Nr. 516, und u. S. 855f, Nr. 543. Das zweite Württemberger Gutachten folgt diesem Prinzip noch einen Schritt weiter und formuliert sechs Konsensthesen, die beide Parteien unterschreiben könnten; vgl. u. S. 856, Nr. 543.

11. Vgl. etwa den Titel der von Mörlin verfaßten Konfutation: ›Von der Rechtfertigung des Glaubens gründlicher, wahrhaftiger Bericht … wider die neue, verführerische und antichristische Lehre Andreas Osianders …‹ (s. *Stupperich*, Osiander, S. 225). Die Gegner hatten sich hartnäckig geweigert, die von Herzog Albrecht monierten polemischen Charakterisierungen der Lehre Osianders aus dem Titel zu streichen; vgl. ebd., S. 231-236, außerdem Osianders Gegenschrift ›Wider den erlogenen Titel‹ o. S. 698-710, Nr. 532.

πάντα ἐλπίζει[12], melius spero. De te autem non iudico ex aliorum vociferacionibus, sed ex tua ipsius pietate, quae mihi iam multis annis perspecta fuit[13], ideoque, cum audio te ut haereticum et antichristianum traduci, perinde afficior, ac si quis saxo pectus meum verberet. Sed et e tuis scriptis maximo animi dolore – des, quaeso, veniam libertati, quam fiducia amiciciae nostrae usurpo – per-[2r:]turbor, quocies lego, quod Philippum tam contemptim abiicere videaris[14]. Scio enim, quod Philippus non solum amaverit te plurimum, sed eciam quod te plus quam quemquam alium et quisquam alius universae ecclesiae Christi magnis laudibus commendaverit[15]. Nec est ignotum, quam[d] bene meritus sit et de bonis literis et de tota doctrina religionis[16]. Quare, si quid hostilius adversus eum institueris, vereor, ne tam doctorum quam piorum ecclesia se ipsam a te hostiliter impetitam existimet. Quod, si susurrones aliud tibi de[e] Philippo praedicaverint, memineris, quid sit illud Salomonis: »Cum defecerint ligna, extinguitur ignis, et susurrone substracto conquiescunt iurgia!«[17] Sed haec hactenus, si tamen prius te per Christum, communem servatorem nostrum, et per illam divinam iusticiam, quam tu urges et qua nos speramus perpetuo fruituros, rogavero, ut, quod in te est, non paciaris nos iam secundo frustra quaesivisse [f]racionem conciliacionis[f]; videbis [2v:] enim nos in scripto nostro sentenciae cuiusque vestrum suum competentem locum tribuisse[18].

[g]De bello illo Germanico[19], quid[h] scribam, vix habeo. Gallus[20] profitetur publico

d) quod: Ed. 1. – e) Drf. in Ed. 1: ed.
f-f) conciliationes: b.
g-g) fehlt in b; dafür die Bemerkung des Kopisten: Novitates huic epistolae ad Osiandrum adiunctas omisi.
h) quod: Ed. 1.

12. Vgl. I Kor 13,7.
13. Ähnlich schrieb Brenz an Osianders Schwiegersohn Andreas Aurifaber am gleichen Tag; vgl. *Stupperich*, Osiander, S. 332.
14. Vgl. etwa Osianders polemische Ausfälle am Ende seines Gutachtens gegen die Adiaphoristen 1549, die, wenn auch anonym, hauptsächlich auf Melanchthon zielen, in u. A. Bd. 9, S. 397,1-401,10, Nr. 418, oder den Vergleich des Verräters unter den Jüngern Jesu mit einem aus der Umgebung Luthers o. S. 158,17-160,10 (vgl. S. 280,7-282,3 u. ö.), Nr. 488.
15. Die wenn auch von beiden Seiten mit Distanz gewahrten guten Kontakte zwischen beiden Reformatoren überdauerten Osianders Nürnberger Wirksamkeit: Noch nach seinem Weggang aus der süddeutschen Reichsstadt schrieb ihm der Wittenberger in Freundschaft und bot ihm eine Professorenstelle an. Wenig später – nach Osianders Ankunft in Königsberg – gratulierte Melanchthon ihm und der Kirche des Herzogtums ›zu einem solchen Lehrer‹! Vgl. u. A. Bd. 8, S. 677f, Nr. 359, und 9, S. 81-87, Nr. 368.
16. Zu Melanchthons Verdiensten um die Wissenschaften und zu seiner theologischen Wirksamkeit vgl. TRE 22, S. 371-389, bzw. RGG 4, Sp. 834-838. Zum Ehrentitel ›Praeceptor Germaniae‹ vgl. u. A. Bd. 9, S. 398, Anm. 224, Nr. 418.
17. Prov 26,20.
18. Vgl. o. Anm. 10.
19. Brenz meint den Fürstenaufstand unter Führung von Moritz von Sachsen, der im März 1552 begonnen hatte; vgl. ADB 22, S. 293-305, bes. S. 301.
20. Heinrich II. von Frankreich (geb. 1519, König von 1547 bis zu seinem Tod 1559) hatte

scripto se vindicem Germanicae libertatis et principum captivorum[21], et tamen fama fert eum reverti nunc ad sua – alii dicunt eum iterum Spiram versus proficisci[22]. Aliquot civitates coniunxerunt se foedere cum ducibus belli[23]. Ulma adhuc resistit[24]; Norimberga dicitur oppugnata, sed non expugnata[25]. Nos piam pacem poscimus, quam tamen vix in tantis omnium rerum difficultatibus sperare licet. Inicia belli videmus[26], sed quis sit eventus eius, ϑεοῦ ἐν γούναισ[i] κεῖται.

i) Schreibfehler in a: γούνασι.

sich im Vertrag von Chambord am 15. Jan. 1552 mit den protestantischen Fürsten Moritz von Sachsen, Wilhelm von Hessen und Johann Albrecht von Mecklenburg gegen Kaiser Karl V. verbündet; vgl. *Gebhardt*, Handbuch 2, S. 115, § 33, zum Vertrag ausführlich *Born*, Fürstenverschwörung, S. 47-53, zu Heinrich II. *Decaux – Castelot*, Dictionnaire, S. 482f.

21. Zum Verlauf des französischen Feldzuges vgl. *Stälin*, Geschichte 4, S. 520-522, auch S. 521, Anm. 2. Zum Kriegszug der aufständischen Fürsten (vgl. u. Anm. 26) berichtet *Stälin*, ebd., S. 523: »Wo die Fürsten Städte einnahmen, wurde ein Anschlag angeheftet mit der lateinisch ausgedrückten Inschrift: ›Beschützer der deutschen Reichsfreiheit und Erlöser der gefangenen Fürsten‹, darunter das Wappen des französischen Königs und noch tiefer unten nebeneinander die mecklenburgischen, kursächsischen und hessischen Wappen«.

22. Am 13. Mai antwortete Heinrich II. Kurfürst Moritz, der seinen Kriegsverbündeten über die Absicht informiert hatte, die Kriegsziele durch Verhandlungen mit Hilfe von König Ferdinand zu erreichen, daß Frankreich zwar weiterhin mit der vertraglich festgesetzten Hilfe seiner Verbündeten rechne, er, der König, aber jetzt seine »affaires particulières« ordnen werde, deshalb brach er am 15. sein Lager bei Speyer ab und zog sich nach Frankreich zurück; vgl. *Born*, Fürstenverschwörung, weiter *Stälin*, Geschichte 4, S. 521f.

23. Damit dürften die Reichsstädte des östlichen Schwaben gemeint sein, das die Kriegsfürsten Ende März durchzogen; Interim und spanische Besatzung wurden dort aufgehoben. Vgl. *Stälin*, Geschichte 4, S. 513 (und 523).

24. Ulm war vom 12. bis 18. April von den Kriegsfürsten eingeschlossen und lag unter Feuer, ergab sich jedoch nicht; der dem Bündnis assoziierte Markgraf von Brandenburg-Kulmbach, Albrecht Alcibiades, verwüstete daraufhin die Umgebung und zog Richtung Nürnberg ab, richtete aber noch am 20. Juni, als er vor der fränkischen Reichsstadt lag, drohende Forderungen an Ulm; vgl. *Stälin*, Geschichte 4, S. 517f und S. 525, Anm. 1, bzw. *Voigt*, Albrecht Alcibiades 1, S. 278f, 281-283, 286 und 316f.

25. Anfang Mai trennte sich der fränkische Markgraf von den protestantischen Kriegsfürsten. Auf seinem Kriegszug gegen Nürnberg besetzte er die nürnbergische Festung Lichtenau (bei Ansbach) und beschoß seit dem 18. Mai die fränkische Reichstadt; außerdem raubte und brandschatzte er, wie es ›seine Art‹ war, im Nürnberger Land. Nach wechselseitigem Beschuß und beidseitigen Verhandlungen mußte sich die Reichsstadt im Juni als Ergebnis des zweiten Markgräflerkrieges trotz des durch den Fürsten angerichteten Schadens zu einer Kriegsentschädigung von 200000 fl. bereiterklären; vgl. *Pfeiffer*, Nürnberg, S. 168f; *Engelhardt*, Reformation 3, S. 133, und *Voigt*, Albrecht Alcibiades 1, S. 282f, 286 und 288-315.

26. Die gegen den Kaiser rebellierenden Fürsten von Kursachsen, Hessen und Mecklenburg hatten sich vertraglich die Hilfe des französischen Königs gesichert (vgl. Anm. 20), um die Befreiung des von Karl V. seit 1548 gefangen gehaltenen Schwiegervaters von Moritz, des Landgrafen Philipp, und die Wiederherstellung der alten fürstlichen »libertet und freiheit« im Reich gegen die ›spanische Servitut‹ des Kaisers zu erreichen, vgl. *Born*, Fürstenverschwörung, S. (43-)50. Am 25. März trafen sich Moritz, von Thüringen kommend, Wilhelm von Hessen, der schon am 23. in Bischofsheim dazugestoßen war, und Johann Albrecht von Mecklenburg mit

Res synodicae[27] sic se habent: Cum illustrissimus princeps meus, dux Christophorus, curasset per legatos suos Tridenti confessionem piae doctrinae synodo exhiberi[28], misit paulo post ad Tridentum me una cum aliis tribus collegis, et addebat Argentoratensis respublica nobis e suis quoque theologis duos[29]. Venimus igitur nos sex Tridentum [3r:] die 18. Marcii. Sperabamus autem die sequenti, quae[k] erat 19. Marcii, publicam sessionem, sicut indictum erat futuram, in qua suscipienda esset nobiscum tractacio de iis articulis, quos synodici patres in confessione principis reprehendendos iudicarent[30]. Sed cum patres cerciores essent facti de nostro adventu, mutaverunt sessionem in congregacionem, in qua nihil aliud decrevisse dicebantur,

k) qui: Ed. 1.

Albrecht Alcibiades von Brandenburg-Kulmbach, von Crailsheim über Dinkelsbühl ziehend, in Rothenburg ob der Tauber und vereinigten ihre Armeen, die zusammen ein sehr großes Kontingent von 30000 Mann Fußvolk und 8000 Reitern umfaßten. Gemeinsam zogen sie durch das östliche Schwaben (vgl. Anm. 23) auf die Reichsstadt Augsburg zu über Nördlingen und Donauwörth. Sie erreichten Augsburg am 1. April; vgl. *Stälin*, Geschichte 4, S. 512f.516; ADB 22, S. 301; *Voigt*, Albrecht Alcibiades 1, S. 269-272, und u. Anm. 33.

27. Der schwäbische Reformator meint das Konzil von Trient, das seit dem Vorjahr in seiner zweiten Tagungsperiode fortgesetzt wurde, vgl. *Brandi*, Reformation, S. 249 bzw. 294, und *Bizer*, Confessio, S. 32. Zur ganzen Entwicklung vgl. *Jedin*, Trient 3, S. 219-399.

28. Herzog Christoph von Württemberg hatte dafür gesorgt, daß eine Delegation das Konzil besuchte und die eigens dazu von Brenz verfaßte Confessio Virtembergica überbrachte; vgl. TRE 7, S. 174 (zur Entstehung und Vorgeschichte vgl. *Bizer*, Confessio, S. 9-32). Die beiden Gesandten, die herzöglichen Räte Hans Dietrich von Plieningen und Hans Heinrich Hecklin von Steineck, waren bereits am 22. Okt. 1551 in Trient eingetroffen, erhielten jedoch erst am 24. Jan. 1552 Audienz bei einer Konzilskongregation, auf der sie die Confessio übergaben. Die auf den 25. Jan. festgesetzte Generalsitzung des Konzils wurde freilich bis zum 19. März vertagt, und die Württemberger reisten unverrichteter Dinge am 1. Febr. nach Hause; vgl. *Jedin*, Trient 3, S. 310-312, 359f, 374-377, und *Bizer*, a.a.O., S. 28, 33 und 50-52. Trotzdem entschloß sich der Herzog, eine zweite Gesandtschaft abzufertigen, der auch Theologen beigegeben werden sollten. Die politischen Vertreter, Werner von Münchingen und Hieronymus Gerhard, reisten am 28. Febr. ab und trafen rechtzeitig vor der anberaumten Konzilssession schon am 11. März in Trient ein; vgl. *Bizer*, ebd., S. 53f und 56. Dazu und zum weiteren vgl. auch *Brecht – Ehmer*, Reformationsgeschichte, S. 305-312.

29. Zu den Theologen der württembergischen Gesandtschaft gehörten neben Brenz Jakob Beurlin, Jakob Heerbrand und Valentin Vannius (Wanner). Die Stadt Straßburg hatte die beiden Theologen Johann Marbach und Christoph Söll abgeordnet, die sich den Württembergern anschlossen. Die Gruppe reiste am 7. März gemeinsam aus Tübingen ab und erreichte die Stadt des Konzils am 18., dem Vortag der anberaumten Generalsession; vgl. *Bizer*, Confessio, S. 54-56, und *Hartmann – Jäger*, Brenz 2, S. 210-213.

30. Vgl. o. Anm. 28. Brenz formuliert die Aufgabe der Theologen auf der Generalsession natürlich nach den württembergischen Vorstellungen. Er selbst hatte im Einvernehmen mit den andern fünf Theologen vor Antritt der Reise eine wesentlich umfassendere Instruktion ausgearbeitet, die nicht nur die Verteidigung einzelner von den Konzilsvätern beanstandeter Artikel der Confessio vorsah, sondern vor allem die ›Errores priorum Decretorum‹ des Konzils nach der Hl. Schrift anzufechten gedachten; vgl. *Bizer*, Confessio, S. 55.

quam[l] quod sessionem reiecerint in primum diem Maii[31]. Nos interea, cum aliquot diebus ibi commorati essemus et nihil nobis de instituenda aliqua legitima actione significaretur, dedimus supplicem libellum caesareanis legatis, cuius exemplum ad te mitto[m][32]. Pruisquam autem quicquam istarum rerum, quas postulabamus, gereretur, nunciatur urbem Augustam dedidisse[n] se principibus, qui nunc bellum gerunt[33]. Confestim igitur proripiunt se e Tridento[34] omnes episcopi et suffraganei Germanici et aliquot Italici ac paulo ante discesserunt episcopi electores[35]. Nos [3v:] autem soli e Germanis ibi relicti iudicavimus eciam nobis propter bellicos motus discedendum esse[36]. Suscepto igitur reditu in patriam pervenimus divina clemencia per immania saxa Alpium salvi et incolumes ad Tubingam ipso die Paschae[37] et, cum multi de nostra incolumitate varie affecti essent, apparuimus ex improviso quasi ex mortuis resuscitati. Quid autem Tridenti actum sit [o]prima die Maii[o], aut nunc agatur, ignoramus[38].

l) in a korr. aus: quod.
m) in a Schlußbuchstabe unleserlich. – n) dedisse: Ed. 1.
o-o) vor den linken Rand geschrieben und eingewiesen in a.

31. Die Generalsession am 19. März fand nicht statt; sie wurde vielmehr vom päpstlichen Legaten Kardinal Marcello Crescenzio – der das Auftreten der Protestanten auf dem Konzil stets verhindern und auch die am 24. Jan. ohne Verlesung übergebene Confessio Virtembergica nicht veröffentlicht sehen wollte –, auf den 1. Mai vertagt; vgl. *Bizer*, Confessio, z. B. S. 58; weiter S. 59 und S. 60, und *Lecler – Holstein – Adnès – Lefebvre*, Trient II, S. 206-208 und 215.

32. Bei dieser Bittschrift dürfte es sich nicht um die ›Protestation‹ der württembergischen Gesandten an die kaiserlichen Oratoren vom 22. März (vgl. *Bizer*, Confessio, S. 60), sondern um die Eingabe der Theologen an die Oratoren vom 31. März handeln, in der sie von den Konzilsvätern Auskunft erbitten, »was mangels sie an der Confession haben«, und fordern, daß ihre Gegenantwort öffentlich gehört werde (vgl. ebd., S. 61).

33. Die Kriegsfürsten Kursachsen, Hessen, Mecklenburg und Brandenburg-Kulmbach (vgl. o. Anm. 20 bzw. 24) lagen am 1. April vor Augsburg und rückten am 4. in die Stadt ein; vgl. *Brandi*, Reformation, S. 256, und *Stälin*, Geschichte 4, S. 509, 512f und 516.

34. Trient liegt nur ca. 135 km Luftlinie südlich von Innsbruck, über den Brennerpaß erreichbar; vgl. dazu u. Anm. 40.

35. Die drei geistlichen Kurfürsten waren schon Mitte Febr. bzw. März abgereist; vgl. *Bizer*, Confessio, S. 58. Auf die Nachricht von Kriegsgeschehen – so schrieb Brenz in seiner ›Ordentlichen Beschreibung‹ der Verhandlungen der Württemberger Gesandtschaft (zum Titel vgl. ebd., S. 199) – »weichent von Trient hinweg nit allein die Teütschen Bischoff vnnd jhre gesandten, so vil deren noch vorhanden waren, sonder auch etliche Italianische Bischoff« (ebd., S. 62). Die oft heimliche Flucht der Prälaten wegen der katastrophalen Lage wurde sogar in den Konzilsakten vermerkt; vgl. *Lecler – Holstein – Adnès – Lefebvre*, Trient II, S. 216f, und *Jedin*, Trient 3, S. 386f. Vgl. auch *Brecht – Ehmer*, Reformationsgeschichte, S. 311.

36. Die Württemberger reisten am 8. April aus Trient ab, vgl. *Bizer*, Confessio, S. 62.

37. Am Ostersonntag, dem 17. April, traf die Delegation wieder in Tübingen ein; vgl. a. a. O.

38. Das Konzil war wegen der drohenden Kriegsgefahr am 28. April vertagt worden. Die zweite Tagungsperiode war damit abgeschlossen; der letzte und einzige konziliäre Versuch, die Spaltung der abendländischen Kirche zu überwinden, blieb ohne Erfolg; vgl. u. Anm. 41 und *Brandi*, Reformation, S. 294; *Stälin*, Geschichte 4, S. 507, und *Lecler – Holstein – Adnès – Lefebvre*, Trient II, S. 218f, bzw. *Jedin*, Trient 3, S. 391.

Reliquimus enim [p]post nos Hispanos tantum episcopos et paucos Italicos, quos et ipsos[q] nunc discessisse existimo[39], quia claustra Alpium 18. die Maii a ducibus belli capta et occupata sint[p][40]. Fortassis haec arma, quae nunc in Germania circumferuntur, definient de ea synodo[41].

Tu bene ac foeliciter vale et ora, quaeso, diligenter pro salute nostrarum ecclesiarum, quae nunc in magno discrimine versantur[42]. Ego apud principem meum ita adhuc haereo, ut, etsi nondum fungar aliquo publico in ecclesia ministerio, non tamen possim eum et ecclesias eius hoc tempore deserere[43]. Expecto igitur voluntatem Domini et huius belli eventum[g][44].

Tubingae, die 3. Iunii anno 1552.

[r]Jo. Brentius[r]

p-p) vor den linken Rand geschrieben und eingewiesen in a.
q) in der Randnotiz übergeschrieben und eingewiesen in a (Schreibfehler): ipsis.
r-r) fehlt in b (vgl. Anm. a).

39. Offenbar bevor die Württemberger sich zur Heimreise aufmachten, reisten Anfang April sechs italienische Bischöfe und zwei Ordensgenerale ab; vgl. *Jedin*, Trient 3, S. 387. Zur folgenden Abreise weiterer Konzilsteilnehmer vgl. ebd., S. 387-392.

40. Am 8. Mai kam der sächsische Kurfürst von den Verhandlungen mit König Ferdinand in Linz nach Gundelfingen (Pfalz-Neuburg) zurück, um am 10. zum eigentlichen Zug gegen den Kaiser aufzubrechen. Über Ichenhausen (13. Mai), Kaufbeuren (15./16.) und Füssen (18.) drang er nach Tirol vor. In der Nacht zum 19. Mai eroberten seine Truppen die kaiserliche Garnison am Ehrenbergpaß (vor Reutte in Tirol, ca. 100 km südlich von Augsburg, 10 km südlich von Füssen und nur ca. 45 km nordwestlich von Innsbruck!); der Weg nach Tirol und Innsbruck, wo sich der Kaiser ohne militärischen Schutz aufhielt, war offen. Karl V. floh nach Villach in Kärnten; Moritz ritt am 23. in Innsbruck ein; am 26. trat der offizielle Waffenstillstand in Kraft, noch am 25. zog der Kurfürst mit seinen marodierenden Soldaten aus Innsbruck ab und reiste nach Passau. Vgl. *Rabe*, Geschichte, S. 435, und *Stälin*, Geschichte 4, S. 523f.

41. Vgl. o. Anm. 38. Erst sehr viel später, als sich die politische Lage gänzlich geändert hatte, wurde das Konzil am 18. Jan. 1562 zu einer dritten Tagungsperiode eröffnet, der die Protestanten jedoch fernblieben; vgl. *Brandi*, Reformation, S. 295; *Hartmann – Jäger*, Brenz 2, S. 215f, und *Lecler – Holstein – Adnès – Lefebvre*, Trient II, S. 290-292.

42. Im Herzogtum Württemberg wurde durch ein kaiserliches Edikt vom 24. Okt. 1548 das Interim zwangsweise eingeführt und die evangelische Kirche hart bedrängt (Zwang zum Meßgottesdienst, Verbot kritischer Predigten, Restitution der Klöster u. a.); vgl. TRE 16, S. 233. Brenz mußte aus Schwäbisch Hall fliehen und sich an unterschiedlichen Orten verborgen halten; vgl. a. a. O. und TRE 7, S. 172.

43. Während der Zeit seines Exils hatte Brenz Berufungen nach Leipzig, Dänemark, England und Preußen erhalten, aber nicht angenommen; er hielt sich dagegen in der Umgebung des württembergischen Hofes zur Verfügung des Fürsten; vgl. TRE 7, S. 172.

44. Der Fürstenaufstand führte zur Aufhebung des Interims und zum Beginn eines dauernden Religionsfriedens mit dem Passauer Vertrag vom 15. Aug. 1552; vgl. *Rabe*, Geschichte, S. 437-439; TRE 16, S. 235. Brenz erhielt 1553 die Anstellung als Propst der Stuttgarter Stiftskirche und herzoglicher Rat, vgl. TRE 7, S. 172.

Nr. 536
Sendbrief an einen guten Freund
1552

Bearbeitet von *Urte Bejick* und *Hans Schulz*

Einleitung

1. Vorgeschichte

Nachdem Osiander wohl im Frühsommer 1551 mit einer Predigtreihe über den Römerbrief begonnen hatte[1], scheint Joachim Mörlin spätestens im Herbst ebenfalls mit der Auslegung des Römerbriefs auf der Kanzel im Gegenzug begonnen zu haben[2]. Verschiedene seiner Predigten bzw. spezielle Äußerungen daraus wurden von Osianders Schwiegersohn Andreas Aurifaber und anderen mitgeschrieben[3]. In einer der Osiander in Ausschnitten übermittelten Predigten, der am 1. Juni 1552 vorgetragenen Auslegung von Röm 11,33, hatte Mörlin zum wiederholten Mal Osianders Auffassung von der wesentlichen Gerechtigkeit angegriffen und behauptet, niemand könne wissen, was Gottes Wesen überhaupt sei[4]. Auszüge aus dieser Predigt finden sich in einer Nachschrift Herzog Albrechts[5]. Osiander antwortete Mörlins Predigt mit einer kleinen Schrift, die am 3. Juni bereits konzipiert war, am 11. Juni im Druck erschien[6] und den Titel trägt: »Ein sendebrief an ein guten freund von der unchristlichen predig D. Joachim Mörleins, zu Königsperg im Kneiphoff am ersten Junii gethan«. Vielleicht läßt sich aus den autographischen Notizen des Herzogs, die

1. Vgl. dazu u. A. Bd. 9, S. 707, Nr. 477.

2. Er schreibt, nach dem Erscheinen von Osianders gedr. Lehrbekenntnis ›Von dem einigen Mittler‹ im Sept. 1551 (vgl. o. S. 50f, Nr. 488/496) hätten sich die Gegner zu einer Widerlegungsschrift entschlossen. »Und ist solch werck von den andern beiden theologen [Hegemon und v. Venediger] darumb mir aufferleget worden, dieweil ich doch one das dieselbige zeit die epistolam ad Romanos predigte und diese materiam derhalben unter handen hatte« (vgl. Mörlin, Historia, Bl. R1a, Zitat ebd.).

3. Angaben zu Mitschriften bei *Stupperich*, Osiander, S. 314, Anm. 57.

4. Vgl. ebd., S. 314f. Mörlin selbst schreibt dazu: »... gleichwie ich mich auch dazu bekenne, das ich nicht allein geprediget, wir wissen nicht, was Gott sey in seinem wesen, können es viel weniger reden und sagen ..., sondern hab noch mehr gesaget, die schrifft rede auch wenig darvon, wer Gott in im selbst sey, nemlich Gott vater, son und heiliger geist, sondern rede das meiste teil darvon, was er uns ist, nemlich barmhertzig, der sich unser elend erweichen lest und leichtlich bewegen, hat mit uns mitleiden, niemet sich solchs jamers an« (Mörlin, Historia, Bl. R3b).

5. Die Nachschrift findet sich unter dem Titel »Etzliche artickel, so Morlein offenlich auff der cantzel in der epistel zu den Romeren vor der gantzen versammlung ausgeruffen« in Berlin GStAPK, XX. HA StA Königsberg, HBA J2, K. 974.

6. Vgl. u. S. 731,16 und 727,4.

Osiander, der ›geistliche Vater‹ des Fürsten[7], eingesehen haben mag, darauf schließen, daß Albrecht der ›gute Freund‹ und Adressat des Sendbriefs gewesen ist[8].

2. *Inhalt*

Der ›gute Freund‹ habe ihm, Osiander, Mörlins Auslegung von Röm 11,33 dargestellt, Notizen dazu übergeben und um sein Urteil gebeten: Mörlin habe von Weisheit, Barmherzigkeit und Güte Gottes, dazu von unserer Rechtfertigung gesprochen, schließlich aber angefügt, daß man das alles nicht vom göttlichen Wesen verstehen solle, denn man könne eigentlich nicht wissen, was Gott in seinem Wesen sei.

Joh 1,18 aber steht, daß uns Christus Gott, den unsichtbaren, verkündigt hat, und zwar in seiner Lehre vollkommen. Zum ewigen Leben ist es notwendig, daß wir nicht nur Christus als Menschen, sondern auch Gott in seinem Wesen erkennen: Gott ist kein leibliches Ding, sondern Geist, Gott ist ›einer‹, von Ewigkeit, unermeßlich und unendlich, drei Personen in einem Wesen, unwandelbar, unveränderlich ewig. Gott ist Weisheit, Gerechtigkeit, Leben, Güte und vieles mehr.

Da Mörlin nicht einmal dieses Grundwissen besitze, müsse mit Paulus vor ihm als Lehrer gewarnt werden. Kenne er aber Gottes Wesen nicht, so wisse er ja auch nicht, ob es unsere Gerechtigkeit sei oder nicht. Seine Predigten seien daher zu meiden.

3. *Nachgeschichte*

Sicherlich hat der ›gute Freund‹, an den die kleine Erbauungs- und Streitschrift gerichtet war, den Sendbrief zur eigenen Stärkung gelesen – er hat wohl eine derartige Antwort von Osiander erwartet[9]. Inwieweit Mörlin, der indirekte Adressat, von dem offenen Brief tangiert wurde, läßt sich nur schwer abschätzen, zumal er selbst

7. Vgl. etwa u. A. Bd. 8, S. 675,9f und Anm. 20, Nr. 358, weiter Bd. 9, S. 630,8f und Anm. 10, Nr. 458.

8. Aus folgenden Gründen ist es sehr wahrscheinlich, daß der Herzog mit dem ›guten Freund‹ identifiziert werden kann: zunächst die erhaltenen Notizen, sodann das Gespräch über die Predigt und die Bitte um eine Beurteilung – damit scheidet ein Berufskollege Osianders als Gesprächspartner aus, er hätte das theologische Wissen mitgebracht –; weiter läßt die Erbaulichkeit der Schrift auf einen doch wohl gebildeten Laien als Adressaten schließen, den Osiander mit ›eure Achtbarkeit‹ anreden kann – vielleicht um das Inkognito des Fürsten zu wahren –; ferner muß Osiander die Person des ›Freundes‹ mit ihrem Anliegen sehr am Herzen gelegen haben, sonst hätte er doch wirkungsvoller eine Streitschrift unmittelbar gegen Mörlin gerichtet, und schließlich könnte sich die Frage der Druckerlaubnis, die vielleicht wegen der Polemik gegen Mörlin aufkommen mußte, durch die anonyme Widmung an den Herzog von selbst erledigt haben. Einige der Gründe treffen jedoch auch auf andere Personen zu, etwa auf Andreas Aurifaber (beachte dazu besonders Osianders Gesprächseinladung am Ende der kleinen Schrift). Restlos läßt sich die Frage nach der Identität des Adressaten also nicht klären.

9. Vgl. dazu Osianders Bemerkung u. S. 728,11f.

ein Meister der Polemik war[10]. Er schreibt zum ganzen Vorgang: »Diese predig hat mir auch Osiander durch den offentlich druck greulich angetzogen und mich wol daruber zerlestert, seinen grindt und knatz zimlich an mich gerieben, darumb das ich hette predigen durfen, man wuste nicht, was Gott were. Do ers aber solte in selbigen buch besser machen, sprang er uber hin und sagete, wer Gott were. Ich aber erbote mich darauff, wenn er mir koͦndte das sagen, was Gott were in seinem wesen, so wolt ich im hundert taler geben! Aber der meister war nicht doheime und hat sein leben lang keinen heller gefordert«[11]. Man darf wohl annehmen, daß die erneuerte Herausforderung Mörlins zum gleichen Thema irgendwie öffentlich, vielleicht wieder von der Kanzel, geschah – eine nochmalige Antwort war aber wohl nicht beabsichtigt. Vielleicht war die ›zweite Runde im Schlagabtausch‹ von Mörlin auch nur gewünscht, nicht aber eingeleitet.

4. *Überlieferung*

Unserer Edition liegt der Druck: Königsberg: [Hans Weinreich], 1552 (= *Seebaß*, Bibliographie, S. 179, Nr. 67; Abb. des Titelblatts S. 180), zugrunde nach dem Exemplar Erlangen UB, Thl. V, 104 [3].

Text

[*1a:] Ein sendebrief an ein guten freund[1] von der unchristlichen predig D. Joachim Moͦrleins, zu Koͦnigsperg im Kneiphoff am ersten Junii gethan. Andreas Osiander.

Psal. 14 [1] und 53 [2]: »Die thoren sprechen in irem hertzen: Es ist kein Gott«.

Koͦnigsperg in Preussen, 11. Junii 1552.

[*2a:] Gnad, frid und barmhertzigkait von Got dem vater und von Jesu Christo, unserm herrn und hailandt.

Erbar, achtbar, goͦnstiger, lieber herr und freund!

Nachdem ir mir vil von doctor Joachim Moͦrleins predig, die er am nechstverschinen[2] ersten tag Junii gethon, mundtlich gesagt, auch etliche seine wort aus derselbigen schrifftlich uberantwort[3], als die ir selbs mit sonderm[4] fleis angehoͦret und

10. Vgl. etwa Mörlins Äußerungen, die den sog. Kanzelkrieg in Königsberg Ende Mai 1551 ›einläuteten‹, bei *Stupperich*, Osiander, S. 154f; vgl. weiter etwa Mörlins Schilderung zu seiner Predigt vom 1. Juni in Mörlin, Historia, Bl. R3b-4a.

11. Mörlin, Historia, Bl. R4a.

1. Zur Identität des ›guten Freundes‹ vgl. o. S. 725f.

2. letzten, vergangenen.

3. Zu solchen Predigtnotizen vgl. o. S. 725.

4. besonderem.

eingenommen[5] habt, mich bittend, mein urtail von derselben euch widerumb in schrifften zuzuschicken, so bin ich willig, euer achtbarkeit und einem yeden, der es guter meinung begeret, nach meinem geringen verstand zu unterrichten.

Und hab ichs recht verstanden, so hat er die wort Pauli Rhom. 11 [33] gehandelt[6]: »O welch ein tieffe des reichtumbs baide der weißhait und erkantnus Gottis« etc., und hat daruber vil gesagt von der gnade, guͤte und barmhertzigkait Gottis, desgleichen von unserer rechtfertigung und gerechtigkeit des glaubens, hats aber zuletst also beschlossen[7]: ›Man soll es beyleibe nicht also[8] verstehn, das es von Gott selbs oder goͤttlichem wesen oder der goͤttlichen majestet geredt sey, wie die neuen schwermer furgeben‹[9], hat aber keinswegs gesagt, villeicht auch nicht sagen koͤnnen, was es dann sey oder wie man im doch ein namen geben soll – wiewol ir daßelbig von hertzen gern gehoͤrt hette[t] –, sonder hatt vom gottlichen wesen weiter gesagt: ›Wann man in fraget, was Gott in seinem wesen sey, so wuͤste ers bey dem waren Gott nicht‹[10]. So vil hab ich von euer achtparkait eingenommen, daruber ir mein urtail begert. [*2b:]

Und sag zum ersten, es ist wol war, das niemand yemals Gott gesehen hat, Joh. 1 [18]. Es volgt aber gar nicht daraus, das darumb niemand solt wissen, was Gott ist. Lernen wirs durchs gesicht[11] nicht, wie wirs dann in disem leben durchs gesicht nicht lernen koͤnnen, dieweil Gott spricht im andern buch Mosis am 33. [20]: »Mich wirt kein mensch sehen und leben«, so lernen wirs aber durchs gehoͤr und den glauben, durch die wirs allain in disem leben begreiffen koͤnnen. Darumb spricht Johannes [1,18] alsbald[12] auff die vorigen wort: »Der aingeporne Sohn, der da ist im schoß des Vatters, der hat es uns verkuͤndigt« – aber nicht allain, weil er auff erden unter uns gewandelt hat, sonder auch von anfang der welt her, da er mit Adam, Noah, Abraham, Isaac, Jacob, Mose und allen propheten geredet hat[13]. Dann zu der zeit, da Johannes solchs von im zeuget[14], hett er nach seiner menscheit noch nicht angefangen zu lehren, und spricht doch Johannes, er hab es schon verkündigt. Doch hat er in seiner menschait solche lehr, was Got sey, volkommenlich vollendet, wie er selbs

5. verstanden.

6. abgehandelt, ausgelegt.

7. beendigt.

8. keinesfalls so.

9. In den Notizen des Herzogs (vgl. o. S. 725, Anm. 5) findet sich folgende Passage: »12. Auch hat er [Mörlin] in einer predig offentlich geredet, Gottes gerechtigkeit sey nicht unsere weisheit, auch nicht der heilige Geist, wy unsere schwermer sagen, sondern Christus sey uns gemacht zur weisheit und zur gerechtigkeit und nicht der Vatter oder der heilige Geist«. Vgl. Mörlin, Historia, Bl. R3b-4a.

10. Vgl. o. S. 725, Anm. 4.

11. Sehen.

12. unmittelbar.

13. Zur Vorstellung, daß Christus als Ebenbild Gottes vor seiner Menschwerdung den biblischen Vätern und Propheten erschienen sei, vgl. Osianders Schrift ›An filius Dei‹ u. A. Bd. 9, S. 467,35-470,3, Nr. 427.

14. Joh 1,18 wird von Osiander als Wort Johannes des Täufers verstanden; vgl. Joh 1,15 und 19.

spricht: »Vatter, ich hab deinen namen geoffenbaret den menschen, die du mir von der welt gegeben hast«, Joh. 17 [6]. Das wirs aber nicht volkommenlich fassen, da ist der mangel nicht an seinem verkuͤndigen, sonder an unserer schwachait; darumb spricht auch Paulus 1. Cor. 13[12]: »Jetz erkenne ich (verstehe: Gott) stuckweis (oder unvolkommenlich), dann aber (im ewigen leben) werd ich erkennen, wie ich erkennet pin«.

Und ist doch solchs erkentnus so notig und nutz, das wir on sie aus dem tod der sunden nicht auffstehn und ewigs leben nicht haben können; den Christus spricht: »Das ist das ewige leben, das sie dich, einigen, waren Got, und den du gesant hast, Jhesum Christum, erkennen«[15] – aus welchen worten klar zu verstehn ist, das es nicht genug wil sein zum ewigen leben, das wir Christum als ein men-[*3a:]schen erkennen, sonder muͤssen auch das goͤttlich wesen und natur, welchs der ainig[16], ware Gott, Vater, Sohn und heiliger Geist, ist, erkennen oder des ewigen lebens beraubt sein.

Was hatt uns dann der sohn Gottis, der im schoß des Vaters und mit im sambt dem heiligen Gaist ein ainigs, goͤttlichs wesen ist, von demselben ainigen goͤtlichen wesen verkuͤndigt? Antwort: Wer das alles erzelen wolt, der muͤst die gantzen heiligen schrifft duͤrchlauffen. Ich will euer erbarkait nur ein wenig ein anlaitung geben, damit irs in der heiligen schrifft selbs sehen und lernen moͤgt[17]:

Zum ersten, auff das wir ja nicht gedencken[18], das goͤtlich wesen sei ein leiblich ding, das lang, preit und dick und an einer sondern stat begriffen[19] und umbfangen sei, spricht Christus: »Got ist ein geist, und wer in anpeten wil, der muß in im geist und in der warheit anpeten«, Joh. 4[24]. Und das er ein ainiger Got sey, zeuget Moses Deut. 6[4]: »Hoͤr, Israel, der יהוה, unser Gott, ist ein ainiger יהוה«, und Paulus zun Galatern am 3.[20]: »Gott ist ainig«.

Das er auch von ewigkait zu ewigkait Gott sey, zeuget der 90. psalm [2]: »Ehe dann die berge und die erde und die welt geschaffen wurden, bistu Gott von ewigkait zur ewigkait«.

Item, das er unmeßlich[20] und unentlich sey, zeuget Salomo im ersten tail der Koͤnig am 8.[I Reg 8, 27]: »Die himel und aller himel himel koͤnnen dich nicht begreiffen«.

Das auch in disem ainigen goͤtlichen wesen drey unterschiedliche person seien, deren keine die ander ist, nemlich Vatter, Sohn und heiliger Gaist, der[21] auch ein yede das gantz goͤttlich wesen selbs sey, darf[22] yetz keiner beweisung, es gibts[23] der kindercatechismus[24].

15. Joh 17,3.
16. eine, einzige.
17. könnt.
18. meinen.
19. umschrieben, umgrenzt, befindlich.
20. unermeßlich.
21. von denen.
22. bedarf, braucht.
23. zeigts.
24. Gemeint ist das Glaubensbekenntnis, vgl. Osianders Katechismuspredigten 1533 u.A. Bd. 5, S. 259,15-281,4 Nr. 177.

Das aber das aynig goͤttlich wesen unwandelbar sey, zeugt der 102. psal. [28]: »Du bleibest, wie du bist, und deine jar nemen kein ende«. [*3b:]

Aus dem volget, wie man in der gantzen, heiligen christenheit allweg und je ainhellig gelehrt hat: quod in Deum non cadat accidens[25], das ist, das an Gott oder in Gott nichts sey, das verendert koͤn werden, sonder alles, was man von im sagen kan, das[26] er von ewigkait her sey, das ist alles Got und goͤttlichs wesen selbs: als da Paulus spricht, Gott sey allain weiß[27], Rhom. 16[27], das ist: Gott ist weyß und die weißhait selbs, und weißhait ist sein goͤttlichs wesen selbs; da Christus spricht: »Gerechter Vatter, die welt kennet dich nicht«, Joh. 17[25], das ist: Gott ist gerecht und die gerechtigkait selbs, und gerechtigkait ist sein goͤttlich wesen selbs; da er spricht: »Mich hat der lebendig Vater gesandt«, Joh. 6[57], das ist: Got ist lebendig und das leben selbs, und das leben ist das goͤttlich wesen selbs; da er spricht: »Niemand ist gut dan Gott allain«, Marc. 10[18], das ist: Got ist gut und die guͦte selbs, und die guͦte ist Gottis wesen selbs! Hie sehet ir ja, was sich fur ein reicher schatz der erkentnus[28] des goͤttlichen wesens auffthut in der heyligen schrifft, wann wir sein[29] nur wollen warnemen. Und solt ichs alles ertzelen, so muͦst ich ein grosser puch schreiben, dann die bibel selbs ist.

So gedenckt ihr nun, günstiger, liber herr und freuͦnd, was das fur ein doctor der heyligen schrifft und fur ein lehrer der armen, einfeltigen[30] christen sey, der von dem stuͦck, daran uns allen das ewig leben ist gelegen, nemlich von der erkantnus des eynigen, waren Gottes und goͤtlichen wesens, so gar nichts weyß – dann also bin ich von euch berichtet[31], das er offenlich auff der cantzel fur[32] der gantzen gemain[33] mit einem starcken aydt[34], nemlich bey dem waren Gott[35], nicht allein bekennen, sonder auch gleych rhuͦmen und außsagen thar[36], er wisse nicht und koͤn nicht sagen, was goͤtlichs wesen sey. Wie feyn hat uns Paulus vor solchen gewarnet, 1. Corinth. 15[34], da er spricht: »Wacht recht auff und sündiget nicht; dann etliche wissen nichts von Got, das sag ich euch zur schande«. [*4a:]

Niemandt dann der laidige[37] teuͦffel und, wer mutwilliglich verdambt und verlorn

25. In *Altenstaig – Tytz*, Lexicon, Sp. 233f, finden sich dazu folgende Ausführungen: ›... cum Aug[ustinus] dicit 5. [l.] de tri[nitate] c. 5, quod omne, quod dicitur de Deo, dicitur secundum substantiam, vel respective, et nihil secundum accidens, dicendum, quod ibi loquitur de illis praedicatis, quae conveniunt Deo secundum naturam divinam et eius intrinseca et non respectu creaturae ad extra ...«

26. sc. das, was, welches.

27. weise.

28. Vgl. Röm 11,33.

29. es (sc. das Wesen Gottes).

30. einfachen.

31. unterrichtet.

32. vor.

33. Gemeinde.

34. kräftigen, echten Eid. – Zu Osianders Auffassung vom Eid und dessen Mißbrauch vgl. *Schulz*, Eid, S. 186-191.

35. Vgl. o. S. 728,13f.

36. zu ... wagt.

37. widerwärtige, böse.

will sein in ewigkait, soll solchen prediger hoͤren, der vom goͤttlichen wesen nichts waiß und derhalben kein ewig oder goͤtlich leben in ihm[38] hat, sonder ligt erstorben in seinen sunden und des teuͤffels gewalth. Dann wie kan er andere zum ewigen leben fuͤren, das er nicht hat, und waiß nicht, was das ist, darvon wir das ewig leben haben? Und warumb hat er jahr und tag[39] wider mich wie ein besessener getobet und gewuͤtet, die wesenlich gerechtigkeit Gottis sey nicht unser gerechtigkeit und der teuͤffel sol mich und meinen Christum sambt seiner wesenlichen gerechtigkeit in abgrundt der hellen stuͤrtzen?[40] Waiß er nicht, was Gottis wesen ist, so waiß er gewißlich auch nicht, obs unser gerechtigkeit sey oder nicht, sonder hat alles mit boͤsem gewissen aus lautter neydt, haß, zorn, geldtgeytz[41] und ehrgeytz[42] wider mich und die warheit gehandelt, was er gehandelt hat. Daher kan er auch nicht sagen, was sein gerechtigkeit endtlich und bestendiglich[43] sey. Darumb wanckt er hin und wider wie ein rohr, vom winde getriben[44]. Derhalben rhat ich euer erbarn achtbarkeit, ihr wollet ihn und seinsgleychen meyden. Wann ihr wider zu mir kompt, wollen wir weitter darvon reden.

Geben in eyl zu Koͤnigßperg am 3. Junii 1552.

A. Osiander etc.

38. sich.

39. Seit Ende Mai 1551 hat Mörlin Osiander mit scharfer Polemik von der Kanzel bekämpft, vgl. u. A. Bd. 9, S. 688, Nr. 474.

40. Solche oder ähnliche Äußerungen dürften bei Mörlin nicht selten gewesen sein, vgl. a.a.O. in Anm. 39 oder o. S. 92,15-19, Nr. 488.

41. Osiander bezog neben seinem Pfarrergehalt Geld aus seiner Professorentätigkeit, vgl. *Stupperich*, Osiander, S. 28.

42. Osiander, Pfarrer der Altstadt und professor primarius, wurde im Frühjahr 1551 de facto vom Herzog zum ›Vizepräsidenten‹ des Bistums Samland gemacht; die Gegner versuchten, ihm diese Funktion streitig zu machen; vgl. u. A. Bd. 9, S. 336, Anm. 40, Nr. 413.

43. letztlich und unwiderleglich.

44. Vgl. Mt 11,7 par.

Nr. 537
Gutachten zu einem Gutachten von Peter Palladius über das Bekenntnis ›Von dem einigen Mittler‹

[1552, zwischen Juni, Mitte, und Juli, Anfang][1]

Bearbeitet von *Urte Bejick* und *Hans Schulz*

Einleitung

1. Vorgeschichte

Osianders großes Werk ›Von dem einigen Mittler‹[2] war von Herzog Albrecht im November 1551 auch an seinen Schwager Christian III. von Dänemark[3] übersandt worden. Dieser antwortete bereits am 9. November mit ablehnender Skepsis und teilte mit, daß er Osianders Konfession an seine Theologen zu weiterer Begutachtung übergeben habe[4]. Am 5. Januar 1552 reichten die Theologen Johannes Machabaeus und Peter Palladius zwei kurze Stellungnahmen ein und kündigten zwei aus-

1. Die Datierung läßt sich aus der Zusendung des Gutachtens von Palladius an Herzog Albrecht mit einem Begleitschreiben Christians III. von Dänemark am 11. Mai 1552 und der Antwort des Herzogs an den dänischen König vom 31. Aug., in die Osianders Stellungnahme übernommen wurde, als den direkt feststehenden Daten erschließen; vgl. *Stupperich*, Osiander, S. 220f. Der angegebene Zeitraum kann jedoch weiter eingegrenzt werden: Der Brief des Königs dürfte einige Wochen benötigt haben, um nach Königsberg zu gelangen, der Herzog hat sicher einige Tage bis zur Beauftragung Osianders verstreichen lassen. Als frühesten Termin für die Entstehung von Osianders Gutachten darf man daher Mitte Juni ansetzen. Sein umfangreiches Werk ›Schmeckbier‹, das am 24. Juni herauskam (vgl. u. S. 742-796, Nr. 538), befand sich zu dieser Zeit wohl bereits im Druck. Osiander selbst schreibt am Ende des Gutachtens, er wisse nicht, wie N. N. – damit dürfte der König gemeint sein – zu ›berichten‹ sei, während er – offenbar einige Zeit später – ein weiteres Gutachten ›Wie N.N. besser bericht mocht werden‹ (vgl. u. S. 832-846, Nr. 540) verfaßt hat, das vom Herzog ebenfalls im Brief vom 31. Aug. verwendet wurde. Für diese Vorgänge ist rückwirkend ausreichend Zeit in Ansatz zu bringen. Am Schluß des obigen Gutachtens kommt Osiander auf ›des Brentii iudicium‹, also das erste Gutachten der Württemberger Theologen zu sprechen: Er kennt zu diesem Zeitpunkt noch nicht das ergänzende zweite, das, am 1. Juni verfaßt, Anfang Juli in der preußischen Hauptstadt eintraf. Der Herzog begab sich zur gleichen Zeit auf eine Schiffsreise nach Danzig (vgl. *Stupperich*, Osiander, S. 329). Man darf annehmen, daß Osiander sein Gutachten dem Fürsten noch rechtzeitig vor der Abfahrt übergeben hat, andernfalls hätte Herzog Albrecht es erst nach seiner Rückkehr zur Kenntnis nehmen können. Osianders Gutachten gegen Palladius muß demnach bis spätestens Anfang Juli verfaßt worden sein.

2. Vgl. o. S. 49-300, Nr. 488/496.

3. Zu Christian III. (1503-1559) vgl. NDB 3, S. 233f. Herzog Albrechts erste Gattin Dorothea (gest. 1547) war die Schwester des dänischen Königs; vgl. *Hubatsch*, Albrecht, S. 149 und S. 291 (die Stammtafel).

4. Vgl. *Stupperich*, Osiander, S. 220f.

führlichere Gutachten an[5]. Von diesen ist nur das des Bischofs von Seeland[6] bekannt. Der dänische König übersandte es Herzog Albrecht am 11. Mai[7].

Palladius leitet sein »Iuditium de libello Confessionis D. Andreae Osiandri«[8] mit einer Reihe von Bibelstellen ein, in denen vor falschen Propheten gewarnt wird, um sie schließlich auf Osiander zu deuten, der die Frucht des Leidens und Sterbens Christi leugne. In erster Linie wendet sich Palladius gegen den Gebrauch des Begriffs »iustitia essentialis« im Zusammenhang mit der Rechtfertigung, da er allein auf das Wesen der Trinität anwendbar und ›nicht vermittelbar‹ sei. Osiander könne sich in seiner Interpretation weder auf die Bibel, die den Begriff nicht kenne, noch auf Augustin oder Luther beziehen. Besonders zu Luthers Schriften gelte – im Gegensatz zu der Osianders –, »sed quemadmodum non continent unum iota expressum de essentiali iusticia Christi, sic nullo iure possunt eo torqueri, quo sunt a D. Osiandro detortae«[9]. Beim Nachweis, daß Osiander sich nicht auf Luther beziehen könne, führt Palladius u. a. aus: In Christus seien drei Arten von Gerechtigkeit zu unterscheiden: 1. die essentiale Gerechtigkeit, die nicht mitteilbar sei, 2. die Gerechtigkeit Jesu, die dieser ›eingegossen‹ als ›perfectio humanitatis‹ ›plenitudine Spiritus sancti‹ vor seiner Geburt besessen habe, und 3. die durch den ›vollkommenen Gehorsam‹ erworbene Gerechtigkeit Christi. – In seiner unter sachlichen Gesichtspunkten gegliederten Schrift befaßt sich Palladius ausführlich mit der Besprechung vieler Einzelbelege aus Osianders Bekenntnis. Es finden sich Kapitel zu den von dem Königsberger Professor verwendeten theologischen ›Loci‹, zu den Zitaten aus Luthers Schriften, zu den verwendeten Beispielen, zu fehlerhaften Schlußfolgerungen, zu vorgetragenen Fragestellungen, zu Bibelzitaten und ihren fehlerhaften Erklärungen, schließlich zur Terminologie und ihrer fehlerhaften Verwendung. Mit einem Bekenntnis gegen Osianders ›dogma‹ und für die rechte ›fides nostra catholica‹ schließt der dänische Theologe sein Gutachten.

König Christian muß den preußischen Herzog gefragt haben, ob das Gutachten gedruckt werden solle, und zweifellos hat Herzog Albrecht Osiander beauftragt, diese Frage zu beantworten[10]. Dies geschah selbstverständlich ganz im Geheimen[11]. Im Auftrag des Fürsten muß auch die Maßgabe enthalten gewesen sein, die Stellungnahme in einer Form abzufassen, die die wörtliche Übernahme in ein Antwortschreiben an den dänischen König gestatten würde – Osiander hat sich an dieses Er-

5. Vgl. *Schwarz-Lausten*, Skrifter, S. 151; *Stupperich*, Osiander, S. 288f und Anm. 119.
6. Zu Palladius (1503-1560) vgl. RGG 5, Sp. 33; *Stupperich*, Reformatorenlexikon, S. 162.
7. Vgl. *Stupperich*, Osiander, S. 288.
8. Das Gutachten ist hg. in *Schwarz-Lausten*, Skrifter, S. 3-26.
9. ebd., S. 14.
10. Osiander hätte diese Frage wohl kaum ohne Auftrag begutachtet. Das Auftragsschreiben des Herzogs ist verloren.
11. Darauf läßt u. a. die Verwendung des Kürzels »N.N.« u. S. 741,3 schließen. Der Herzog hat in seinem Anschreiben Osiander offenbar auch ersucht, Vorschläge für eine Umstimmung seines Schwagers diskret zu unterbreiten. Vgl. auch *Stupperich*, Osiander, S. 310.

suchen gehalten und, mit Ausnahme der Überschrift, Schlußpassage und Unterschrift, ein Briefkonzept zur Anfrage vorgelegt[12].

2. Inhalt

Schon mit der Überschrift macht Osiander klar, daß Palladius' Gutachten nicht gedruckt werden solle, und listet im folgenden die Gründe auf, die der Herzog anführen könne: Er wirft dem dänischen Theologen vor, auf die unter seinen übrigen Gegnern wirklich strittigen Punkte gar nicht einzugehen, sondern ohne deren Kenntnisnahme eigene Gedanken zu äußern. Er weist die Unterstellung, er habe gelehrt, ein Mensch könne die ihm verbleibenden Sünden noch in diesem Leben austilgen, mit dem Hinweis auf einschlägige Passagen seines Bekenntnisses zurück, ebenso die andere, er verwerfe die Gerechtigkeit, die Christus mit seinem Leiden erworben habe. Der Begriff ›iustitia essentialis‹ sei zwar nicht biblisch – auch Palladius gebrauche solche nicht-biblischen Termini –, doch habe er diesen ›aus Not‹ zur Erklärung des Ausdrucks ›Gottes Gerechtigkeit‹ herangezogen, weil der von anderen anders verstanden werde. Palladius' Meinung selbst sei fragwürdig, wenn er gegen II Petr 1,4 behaupte, Gottes Wesen sei ›incommunicabilis‹. Seine Definition der drei Gerechtigkeiten Christi (1. Göttliches Wesen, 2. Fülle des Geistes, 3. vollkommener Gehorsam) stelle etwas völlig Neues dar. Dazu sei festzustellen: Göttliches Wesen und Heiliger Geist seien eins; der Gehorsam Christi könne nur als Frucht der Gerechtigkeit verstanden werden. – Abschließend weist Osiander im ›Ich-Stil‹ darauf hin, daß er weitere Gründe gegen den Druck des Gutachtens anführen könne, die aber nicht mehr als ›Antwort Herzog Albrechts‹ verstanden werden könnten. Wie ›N.N.‹ zu besserer Erkenntnis zu bringen sei, könne er nicht sagen, vielleicht durch bereits Gedrucktes oder etwa das Württembergische Gutachten vom Januar 1552.

3. Wirkung

Osiander übermittelte seine wohl zwischen Mitte Juni und Anfang Juli verfaßte Stellungnahme[13] wahrscheinlich, wie üblich, mit einem Begleitschreiben dem Herzog[14]. Der Fürst schien freilich mit der Auskunft am Schluß des Gutachtens, daß Osiander keinen Rat wisse, wie ›N.N.‹ besser über die Rechtfertigung zu unterrichten sei, nicht zufrieden; er muß nochmals an den Professor herangetreten sein mit dem wiederholten Auftrag, zu dieser Frage Vorschläge zu unterbreiten[15]. Dieses

12. Er schreibt – bis zum letzten Absatz – über sich in der dritten Person Einzahl; vgl. auch u. A. Bd. 9, S. 699-704, Nr. 475.
13. Vgl. o. Anm. 1.
14. Der Brief muß als verloren gelten.
15. Vgl. dazu weiter u. die Einleitung S. 833, Nr. 540.

weitere Schriftstück hat der Herzog offenbar abgewartet, um beide Gutachten in sein sehr ausführliches Antwortschreiben an Christian III. von Dänemark aufzunehmen, das erst am 31. August abgesandt wurde[16]. Obwohl sich der König in seinem Anschreiben an den Herzog vom 11. Mai klar gegen Osiander ausgesprochen hatte[17], scheint die Antwort seines preußischen Schwagers – auch der vom Herzog forcierte Einigungsprozeß mit Hilfe des württembergischen Gutachtens, das von beiden Seiten gebilligt worden war[18], und vor Weiterungen des Streites warnte[19], wurde am Ende erwähnt – bewirkt zu haben, daß das Gutachten des Palladius nicht gedruckt wurde – es galt lange Zeit als verschollen[20] – und vielleicht auch, daß über die angekündigte Schrift des Johannes Machabaeus[21] nichts weiter bekannt ist: Die dänischen Theologen hielten sich im Streit zu dieser Zeit offenbar zurück; Palladius schrieb freilich später erneut gegen Osiander[22].

4. Überlieferung

Handschriften:

a: Berlin GStAPK, XX. HA StA Königsberg, HBA J2, o.D. [1552, zwischen Juni Mitte und Juli Anfang] (K. 959, fol. 120r-121v): Autograph, das unserer Ausgabe zugrundeliegt.

b: Berlin GStAPK, XX. HA StA Königsberg, HBA Konzepte F, Herzog Albrecht an Christian III. von Dänemark, 1552 Augsburg 31 (K. 1254, fol. 13r-16r): gleichzeitige Kop. von a.

c: Berlin GStAPK, XX. HA StA Königsberg, HBA J2 (K. 970: Abschriften verschiedener Briefe, meistens von Osiander, an den Herzog Albrecht, fol. 29r-31v): zeitgenössische[23] Kop. von a.

Text

[120r:] [a]Ursach, warumb D. Petri Palladii buch nicht in truck zu geben sey[a]:

a-a) fehlt in b.

16. Vgl. Berlin GStAPK, XX. HA StA Königsberg, HBA Konzepte F, Herzog Albrecht an Christian III. von Dänemark, 1552 August 31 (K. 1254, fol. 1r-17v).
17. Vgl. *Stupperich*, Osiander, S. 283f.
18. Zu dieser Entwicklung vgl. o. S. 511-514, Nr. 516, und *Stupperich*, Osiander, S. 265-268.
19. Vgl. dazu u. S. 736,11-737,2 und S. 741,1-11, Anm. t-t.
20. Vgl. *Schwarz-Lausten*, Skrifter, S. 150-153.
21. Vgl. o. Anm. 5.
22. Vgl. dazu *Fligge*, Osiandrismus, S. 124 und S. 650, Anm. 62.
23. nach Auskunft des Archivs.

1[b]. In den ersten zwaien paragraphis zeucht er[c] vil schrifft an von[d] falschen propheten und deutet dieselbigen auff Osiandrum[1] on genugsamen, ja[e] on allen[f] grund, [g]und ›urtailt der satan mißbrauch seines ingenii‹[2] etc.; ist zu vermuten[g], wo das buch getruckt solt werden, Osiander wurd im solche schrifft und beschwerliche red widerumb auff sein kopf schuten[3].

2[h]. [i]So beweyset er auch[i] im gantzen puch nichts bestendigklich[k][4], das da strittig ist, sonder redet nur sein aigen geduncken, gleich als must man im on alle schrift glauben, was er wolt. Das wurd unauffgedeckt nicht bleyben, sinteinmal[5] es so offenlich am tag, das es on das einem vleyssigen leser in die augen leuchtet, im[l][6] zu mercklicher verklainerung[7].

3[m]. Zudem[n] stymmet er mit den andern, so wider Osiandrum geschriben[o], nicht

b) vor den linken Rand geschrieben: a; fehlt in b, davor in b die Passage: Weil wir auch des hochgelerten, e[uerer] k[öniglichen] w[eisheit] superintendenten des pistumbs Selandt uns zugeschickt puch, e.k.w. begern nach, uberlassen, kunnen wir derselben aus christlichem und treuherczigem gemute nicht pergen und aus den gnaden, dy wir, wywol unbekant, zu dem erlichen man tragen, das wir allerley bedencken haben, dy uns verursachen, zu warnen und bitten, das man sich wol fursehe, was man mit dem truck furneme. Denn zum ersten.

c) s[eine] a[chtbare] w[eisheit]: b.

d) vom: c. – e) ja wir besorgen: b.

f) fehlt in b. – g-g) ist zu besorgen: b.

h) vor den linken Rand geschrieben: a.

i-i) Zum andern sorgen wir, das s.w. auch: b.

k) bestendigs beweise: b. – l) s.w.: b.

m) vor den linken Rand geschrieben: a; zum dritten: b.

n) fehlt in b. – o) geschriben, unsers erachtens: b.

1. Palladius beginnt sein Gutachten mit einer Reihe von Bibelversen, in denen vor falschen Propheten und vor Spaltungen in der Gemeinde gewarnt wird. Die Aufzählung endet mit der Schlußfolgerung: »Tales enim hodie, pro dolor, quam plurimi post mortem Lutheri, viri Dei, passim surgunt, et Ecclesias Christi satis alioqui turbatas, pro suorum ingeniorum petulantia, magis ac magis turbare pergunt, et Christianae Religionis dissipationem sine necessitate moliuntur. Quomodo Satan ingenio singulari D. Andreae Osiandri, proh dolor, abuti uideatur. Is enim nuper admodum edidit libellum suae Confessionis, de Vnico Mediatore Iesu Christo deque loco iustificationis fidei, ut titulus inscribitur, in quo libello, tametsi quaedam scribit quae sunt analoga Fidei Christianae, tamen quantum ad scopum Confessionis attinet, nouum ac prius inauditum dogma spargit, quod in Scriptura Sacra nusquam a Deo patefactum esse uideatur« (*Schwarz-Lausten*, Skrifter, S. 3).

2. Osiander greift hier eine Wendung aus Palladius' Gutachten auf, vgl. Anm. 1.

3. sprichwortartig: vergelten, strafen (vgl. *Grimm*, Wörterbuch 5, Sp. 1756).

4. gründlich, unwiderlegbar.

5. weil.

6. sc. Palladius.

7. Herabsetzung, Schmach, Schande.

uberain[8], sonder pringet vil neuer punct, die vormals[9] nicht gehort worden, daraus dan die spaltung nur deste grosser und ferlicher mocht[10] werden.

4[p]. Uber das thut[q] [r]er dem[r] Osiandro in vilen stucken unrecht und mist im unpillich[11] zu, das er nie gelert noch[s] geschriben, sonder das widerspil[12] vilmals in seinen[t] buchlein[13] gelesen wirt, als da er im schuld gibt, er lehre, das ein mensch moge[14] die ubrigen[15] sunde, so noch in unserm flaisch wone[16], in disem leben gar austilgen, wan er nur wolle. Und weyset den leser auffs [Bl.] B3 und B4[17], so doch Osiander am [Bl.] B3[a] also schreybt: »Auff das er uns durch den glauben vom tod der sunde lebendig und gerecht mach und die sunde, so schon vergeben, aber doch noch in unserm flaisch wonet und anklebet, so wir in seinem tod absterben, in uns gantz und gar abgetodet und vertilget werde«[18] etc. Am [Bl.] B4[a] aber schreibt er also: »Dieweil wir wissen, das die sund, uns vom Adam angeborn, nicht, dan im tod, gantz und gar ausgefegt und vertilget wirt«[19]. Solcher stuck[u] wurd im Osiander wol mer anzaigen, solt es in truck kommen. [120v:]

5[v]. [w]Desgleichen verkeret[w] er Osiandro seine wort und mainung in vil weg, wie bald[20] am ersten blat, § »Nam vera« etc., zu sehen ist, da er in[x] beschuldigt, er veracht und verwerf die gerechtigkait, die Christus mit seinem leiden, sterben, blutvergies-

p) vor den linken Rand geschrieben: a; fehlt in b.
q) lassen wir uns duncken, thu: b.
r-r) er zum firten: b. – s) und: b.
t) seinem: c. – u) stuck, besorgen wir uns: b.
v) vor den linken Rand geschrieben: a; fehlt in b.
w-w) Desgleichen besorgen wir uns zum 5., verkere: b.
x) übergeschr. und eingewiesen in a.

8. Dieses summierende Urteil weist darauf hin, daß Osiander sich einen Überblick über die Kritik verschiedenster Gegner verschafft hat. Die Stellungnahmen einiger Gegner Osianders und seine Antwort finden sich in der Schrift ›Schmeckbier‹, die ebenfalls im Juni 1552 erschien, vgl. u. S. 742-796, Nr. 538.

9. zuvor.

10. gefährlicher könnte.

11. unangemessen.

12. Gegenteil.

13. Gemeint ist die Schrift ›Von dem einigen Mittler‹, o. S. 49-300, Nr. 488/496.

14. könne.

15. restliche.

16. Vgl. Röm 7,20 und Hebr 12,1.

17. Palladius vermerkt in seinem Gutachten: »Quid clarius contra totalem reliquiarum peccati expurgationem et destructionem (quam ponit D. Osiander) in hac uita, vt apparet B III, scribi potest deinde contra deprauationem loci Paulini, qui est Fol. II, scilicet spem iusticiae expectantes. Nam vt Augustinus ita etiam Paulus sentit adhuc nobis expectandam esse justiciam, perfectam illam, videlicet formalem, quae hic inchoatur et in futura foelicitate perficienda expectatur« (*Schwarz-Lausten*, Skrifter, S. 8).

18. s. o. S. 112,17-20, Nr. 488.

19. s. o. S. 114,24f, Nr. 488.

20. gleich.

sen und erfullung des gantzen gesetzes erworben hab[21] etc., so doch Osiander das leiden, sterben, blutvergiessen, gehorsam und erfullung des gesetzes, die Christus geliten und gelaistet hat, zum hochsten preiset, desgleichen alles dasihenig, das dardurch verdienet ist als Gottis gnad, vergebung der sunde, erlosung vom gesetz und seinem fluch und die gantzen rechtfertigung und erlosung[22]. Er wais auch kain andre gerechtigkait, die uns Christus erworben hab, dann Christum selbs, der durch den glauben in uns wonet und unser gerechtigkait ist – darvon hernach weiter uber den dreierlay gerechtigkaiten[23].

6[y]. Er meldet auch[z] zum uberflus und schier zum verdrus, das das wort ›essentialis‹ nicht in der schrifft ist[24], gleich als thurste[25] man gar kain wort prauchen, das nicht in der heiligen schrifft stunde, so er doch das aristotelische wort ›iusticia formalis‹[26] so offt praucht, wie in seinem puch zu sehen, welchs nicht allain in der heiligen schrifft nirgen gefunden wirt, sonder auch, die es geprauchen, bestendigklich nicht konnen sagen, was es fur ein gerechtigkait sey; desgleichen thut er mit andern worten mer als[27] ›applicare‹[28] etc. Osiander aber hat[a] aus not[b] die ›gerechtigkait des glaubens‹[29], welche die schrifft auch ›Gottis gerechtigkait‹[30] nennet, mussen die ›wesenlichen gerechtigkait Gottis‹ nennen, auff das er sich erkleret, was er durch das

y) vor den linken Rand geschrieben: a; fehlt in b.
z) auch zum 6.: b.
a) in b korr. aus: hats.
b) danach gestr. in a (Ditt.): mussen.

21. Palladius schreibt in diesem Abschnitt: »Nam vera fidei iustitia, quam Christus acquisiuit sua legis impletione, passione, morte et sanguine, cum hic in terris ageret in sua gloriosa humanitate, uidelicet ea iustitia qua uero iustificatur impius coram Deo, neglecta, contempta et reiecta iustitiam essentialem Christi, iustitiam diuinitatis seu deitatis, qua Christus ipse iustus Filius a Patre iusto genitus est ab aeterno, piis omnibus et Ecclesiae Dei ingerere et obtrudere conatur« (*Schwarz-Lausten*, Skrifter, S. 3f).
22. Vgl. etwa o. S. 104,32-108,32, Nr. 488.
23. Vgl. u. S. 739,12-740,19.
24. Diesen Vorwurf erhebt Palladius an mehreren Stellen seines Werkes, z. B.: »Enumerat [Osiander] plus minus triginta tres locos ex epistolis Pauli et aliorum Apostolorum, quorum ne unus quidem essentiae Dei mentionem facit, nec ex uno loco probare potest, nos essentiali iusticia Christi coram Deo iustificari, sed omnes hos locos torquet ad suam opinionem, sicut et scripta Patrum et Lutheri, de quibus infra dicitur« (*Schwarz-Lausten*, Skrifter, S. 7).
25. dürfte, wagte ... zu.
26. Vgl. etwa o. Anm. 17.
27. wie, z. B.
28. Palladius vermerkt in seinem Gutachten: »Phrases sunt in Scriptura loquendi non ignotae christianis, tametsi non ascendunt cum D. Osiandro, nec induunt essentialem iustitiam Christi, induunt tandem Christus cum fide, iusticiam, sanctimoniam, perfectionem et quicquid in Christo credentibus offertur apprehendunt et sibi applicant« (*Schwarz-Lausten*, Skrifter, S. 21f).
29. Vgl. etwa Röm 4,11.
30. Vgl. etwa Röm 1,17; 3,21.25; II Kor 5,21 u. ö.

wort ›Gottis gerechtigkait‹ verstunde und von andern verstanden haben wolt, dieweil etlich[c] andre theologi solches wort vil anderst verstehn dan er, wie das in seinem bekantnus [Bl.] H3[b-4a] klarlich [d]zu finden[d] ist[31].

7[e]. Sovil aber[f] sein[g], [h]des Palladii[h], lehr[i] antrifft, wirt auch allerlay darin gefunden, das zur farlichen weitleuffigkait[32] mocht gedeien. Dan er setzt, [121r:] das die gottlich natur oder gottlichs wesen sey ›incommunicabilis‹[33], das ist, sie moge nymand mitgetailt werden, und widerspricht also dem heiligen Petro, der da sagt, 2. Petri 1 [4], wir werden der gottlichen natur tailhafftig. Das er aber solchen spruch Petri seins gefallens und anderst dan der Luther selbs auslegt[34] und doch solch sein auslegung mit dem wenigsten wort nicht[k] beweyset, das wirt gar vil widersprechens und disputirns gepern.

Das er aber dem Osiander [l]on allen bestendigen[l] [35] grund der warhait widerspreche, ist aus seinen aignen worten zu schliessen, dann er setzt dreierlay gerechtigkait in Christo, welchs vor im kainer gethon hat: Die ersten, setzt er, sey die got-

c) am linken Rand erg. in a.
d-d) aus »gefunden« in b falsch korr. in: zu funden[!].
e) vor den linken Rand geschrieben: a; fehlt in b.
f) übergeschr. und eingewiesen in a; nun zum 7.: b.
g) fehlt in b.
h-h) übergeschr. und eingewiesen in a.
i) lere weiter: b.
k) übergeschr. und eingewiesen in a.
l-l) wissen nicht, mit was: b.

31. Vgl. o. S. 162,29-174,12, Nr. 488. Zum Verständnis der Gegner vgl. etwa u. A. Bd. 9, S. 565-571, Nr. 445, oder o. S. 406,31-408,4, Nr. 505.

32. gefährlichen (und) überflüssigen Breite der Darlegung.

33. Palladius führt zu Luthers Buch ›de duplici iusticia‹ aus: »Quae omnia commendant nobis gloriosam Christi incarnationem et humanitatem ac ea, quae nobis cum Christo donata sunt, quae Lutherus magnifacit, quemadmodum dicit. Non irruit tamen propterea statim in aeternam Dei sapientiam et essentiam nec eam quoque nostram esse gloriatur. Quamquam enim deus, per Christum omnia pedibus nostris subiecit, tamen seipsum in sua Deitate nobis propterea non subiecit, nec essentialem suam et Filii iustitiam non communicauit« (*Schwarz-Lausten*, Skrifter, S. 13). Vgl. auch u. Anm. 36.

34. Vgl. Luthers Schrift »Sermo de duplici iustitia« von 1519: »Prima [iustitia] est aliena et ab extra infusa. Haec est qua Christus iustus est et iustificans per fidem ... Haec ergo iusticia datur hominibus in baptismo et omni tempore verae poenitentiae, ita ut homo cum fiducia possit gloriari in Christo et dicere ›meum est quod Christus vixit, egit, dixit, passus est, mortuus est, non secus quam si ego illa vixissem, egissem, dixissem, passus essem et mortuus essem‹. Sicut sponsus habet omnia, quae sunt sponsae, et sponsa habet omnia, quae sunt sponsi (omnia enim sunt communia utriusque, sunt enim una caro), ita Christus et Ecclesia sunt unus spiritus. Sic benedictus deus et pater misericordiam secundum B. Petrum maxima et preciosa donavit nobis in Christo« (WA 2, S. 145,9-10,14-21; am Rand ist II Petr 1,4 angegeben).

35. beweisbaren.

lich natur oder gottlichs wesen[36], da auch Osiander von redet. Die andern[37] setzt er, es[m] sey die fulle des heiligen Gaists sambt seinen gaben, mit dem sein menschliche natur geziret[n] sey[38]. Die dritten, setzt er, sey der volkommen gehorsam Christi[39] etc.

Nun ist offenbar und greifflich[40] zu vernehmen, das die erst und ander einerley sein und nicht zwaierlay, wie er maint. Dan ist die fulle des heiligen Gaists die gerechtigkait der menschhait Christi, so ist unwidersprechlich das gantz gottlich wesen ir gerechtigkait, er wolt dan das gottlich wesen zertailen und den heiligen Gaist[o] vom Vater und Son trennen; das wer unchristlich zu horen[p]. So[41] ist der gehorsam Christi ein werck und frucht der gerechtigkait, welche zuvor dasein muß, eh dan die frücht herfürwachsen[q]. Dan der baum muß vorhin gut sein, eh er gute frucht tregt, dan »ein poser baum kann nicht gute frucht tragen«, spricht Christus selbs[r] Math. 7[18], das ist, der mensch muß zuvor gerechtigkait haben, die in gerecht mach, eh dan die frucht der gerechtigkait herausprechen. Solte nun Palladius selbst sagen, was die gerechtigkait in Christo were, die solche edle frucht der gerechtigkait, nemlich den volkommenen gehorsam, het getragen, so wurd er noch[42] seinen aignen worten kain andre konnen anzaigen [121v:] dann die gotlichen natur oder das gottlich wesen, er wolte uns dan on allen grund der[s] heiligen schrifft die vierten gerechtigkait auch tichten. –

m) fehlt in b.
n) danach gestr. in a: gewest.
o) danach gestr. in a: tailen.
p) danach in a drei gestr., unleserliche Worte.
q) korr. in b aus: waschen.
r) fehlt in b. – s) danach gestr. in a: gerechtigkait.

36. Palladius definiert: »Porro distinguenda est in Christo Jesu triplex iusticia: Prima ratione diuinitatis essentialis iusticia, communis Patri et Filio et Spiritui Sancto ab aeterno in aeternum. Haec neque commutari neque communicari neque effundi neque confundi neque diffundi potest magis quam ipsa incommutabilis et incommunicabilis natura seu essentia Dei« (*Schwarz-Lausten*, Skrifter, S. 13).

37. zweite.

38. Palladius definiert: »Secunda iusticia Christi ratione humanitatis est, quam veteres infusam appellauerunt, quam habuit Christus homo priusquam nasceretur uel legem impleret, quae est summa illa perfectio humanitatis, qua humanitatis ornata est, scilicet plenitudine Spiritus Sancti et summa omnium coelestium donorum affluentia, copia et abundantia« (*Schwarz-Lausten*, Skrifter, S. 13).

39. Palladius definiert: »Tertia Christi iustitia est perfectissima, sanctissima et integerrima ipsius obedientia, qua et legi et voluntati Patris in omnibus satisfecit … Ad quam iusticiam pro nobis praestandam nobis datus, nobis natus, nobis vixit, nobis legem impleuit, nobis mortuus est, nobis resurrexit ut sempiternus noster iustificator. Hanc nobis non semel, sed sine fine communicabit« (*Schwarz-Lausten*, Skrifter, S. 13).

40. (be-)greifbar.

41. Ebenso.

42. nach.

[t]Ich wolt noch vil ursach[43] anzaigen, aber man würds mercken, das sie von mir oder meinsgleichen kemen und nicht von eur F.D., darumb laß ichs bey disen bleiben. Wie aber N.N.[44] zu berichten[45] und zu gewinnen sey[46], kan ich kainen sondern vortail[47] erdencken, dieweil ich nicht wais, was fur gedancken, sprüch und argument inen[48] gefangenhalten; derhalben muß man geprauchen, was vorhin im truck ist ausgangen. Es mocht auch des Brentii iudicium[49] darzu dinstlich sein, so man die furnemsten[50] puncten daraus zuge[51], aber nichts wer pesser, dan das man[u] seine gedancken und vermainte[52] gründ kont herauslocken, so mocht im alsdan leichtlich geholfen werden. Das hab ich kurtzlich wollen anzaigen, erputig[53], wo es vonnoten, weiter zu dienen etc.

A. Osiander[t]

t-t) fehlt in b; dafür folgen die Ausführungen: Es weren e[uerer] k[öniglichen] w[eisheit] noch vyl ursachen anzuzeigen, dardurch ein fursichtiger pillich zu erwegen, den druck vort zu gehen lassen aber nicht. Weil aber e.k.w. ane das mit ubrigem lesen auff dismal zufyl beladen wurt, wollen wir mit disem abprechen und dasjenich, so wir disfals thun, e. k. w. gancz dinstfreuntlich [halten], wy [wir] auch hirbevor gebeten haben, das es von uns weder e.k.w. noch andern dohin verstanden werde, als das wir uns glug[er] den ihren und gelertere leren wolten und also wasser ins mehr tragen. Sunder, wy vor gemeldet, zeugen wir auch mit Got, das wir nichts hohers suchen und begeren, alleins das in der kirchen frid were und diser zugenotteter[!] spalt durch christliche mittel [beendigt würde], weil durch dy oberlendischen teologen genungsam ercleret, was fur ein spalt es sey und mittel furgeschlagen, dy unsers erachtens christlich und gegrundet, dardurch er zu stillen, wo einich part an ym dy schuldige liebe sehen wurt lassen.

u) übergeschr. und eingewiesen in a.

43. Gründe.

44. Gemeint ist vermutlich König Christian III. von Dänemark, vielleicht auch Markgraf Hans von Küstrin, mit dem Herzog Albrecht im Mai 1552 ebenfalls in brieflichem Austausch stand; vgl. *Stupperich*, Osiander, S. 281.

45. unterweisen.

46. Beachte freilich auch sein späteres Gutachten ›Wie N.N. besser bericht mocht werden‹ u. S. 832-846, Nr. 540.

47. keinen besonderen Umstand, Kunstgriff, Rat, Plan.

48. ihn.

49. Johannes Brenz hatte mit einem Kreis von württembergischen Theologen im Jan. 1552 ein Gutachten zu Osianders Bekenntnis überschickt, in dem sie sowohl Osiander als auch seinen Gegnern zustimmten; vgl. Albrecht, Ausschreiben, Bl. F3b-H1a. Osiander erklärte sich in einem Schreiben an Herzog Albrecht vom 26. Febr. damit einverstanden, vgl. o. S. 511-517, Nr. 516. Eine weitere, die erste bekräftigende Deklaration der Württemberger vom 1. Juni ging Anfang Juli in Königsberg ein; vgl. Albrecht, Ausschreiben, Bl. K2b-M3b, und *Stupperich*, Osiander, S. 329. Sie war Osiander bei Abfassung seines Gutachtens offenbar noch unbekannt.

50. wichtigsten.

51. excerpierte.

52. gemeinten.

53. erbietig.

Nr. 538
Schmeckbier

1552

Bearbeitet von *Urte Bejick* und *Hans Schulz*[1]

Einleitung

1. Vorgeschichte

Fast alljährlich wurde in Königsberg am Himmelfahrtstag das ›Schmeckbier‹ gefeiert, ein auf der Oberburg stattfindendes Fest für ausgewählte Bürger des Kneiphofs, bei dem das neue Schloßbier einer Probe – eben dem ›Schmeckbier‹ – unterzogen wurde[2]. Eine Kostprobe eigener Art bot Osiander im Juni 1552, indem er in seiner Schrift »Schmeckbier« Auszüge einiger auf sein Bekenntnis ›Von dem einigen Mittler‹ bezogenen Gutachten vorstellte und kommentierte.

Neben den offiziellen Gutachten hatten insgesamt 37 Theologen privat zu Osianders Konfession Stellung bezogen und ihre Urteile Herzog Albrecht übersandt[3]. Am 6. Juni 1552 hatte Wolf von Köteritz Herzog Albrecht eine gesonderte Liste der ihm zugegangenen privaten Stellungnahmen überreicht; darin sind u.a. auch v. Amsdorf, Roting, Menius, Pollicarius, Flacius, Alesius und der Nürnberger Anonymus »W.W.« genannt, deren Schriften neben anderen mehr Osiander sich zur Entgegnung vornahm[4]. Nach seiner Kritik des Gutachtens der Gräfin Elisabeth und dem Versuch, mit dem kleinen Druck ›Brentii Lehr‹ seine Übereinstimmung mit Johannes Brenz darzulegen, sowie der ›Widerlegung der unbegründeten, undienstlichen Antwort Philipp Melanchthons‹[5] geht Osiander in seinem neuen Werk »Schmeckbier« gleichsam ›mit einem großen Rundumschlag‹ gegen die Menge seiner Gegner vor. Zu der Art der Darstellung wurde er möglicherweise durch Mörlins am 26. April 1552 herausgegebenes Pamphlet »Drey seuberliche truncklin aus des Osianders schmeckbier«[6] angeregt, einer Zitaten- und Paraphrasenreihe aus Osianders ›Widerlegung Melanchthons‹ mit kurzem Kommentar – freilich hat er nach damals gängiger literarischer Art und Weise in dieser Schrift selbst bereits abschnittweise zitiert und kommentiert. Ähnlich wollte der Königsberger Professor nun mit den Schriften anderer Gegner verfahren. Über das Erscheinen des neuen Druckes berichtet Mörlin rückblickend: »Unterdes ward Osiander mit seinem stenckbier

1. Vom Zweitbearbeiter wurden Druckfehlerliste und Textkritik neu erarbeitet sowie das Ms. der Erstbearbeiterin den Ausgaberichtlinien angepaßt.

2. Vgl. *Gause*, Königsberg 1, S. 362.

3. Vgl. *Stupperich*, Osiander, S. 290.

4. Zu dieser Liste vgl. Berlin GStAPK, XX. HA StA Königsberg, HBA J2, K. 979, Bl. 12.

5. Zu den drei Schriften vgl. o. S. 450-456, Nr. 509, S. 463-483, Nr. 511, und S. 561-670, Nr. 522.

6. Zwei Fassungen finden sich in Berlin GStAPK, XX. HA StA Königsberg, HBA J2, K. 978 und 979.

oder schmeckbier fertig, das lies er den 26. Junii in offentlichem freien marck vor jedermenniglichen an alle thor der Alten Stad ankleistern. Und wiewol es mit kott beschmieret, auch aus ungedult und wehmut [= Zorn] von etlichen fromen leuten mehrmahl abgerissen ward, so wurden doch fast die gantze acht tag newe exemplaria widerum angekleibet«[7].

2. Die gegnerischen Schriften und ihre Kommentierung

a) Zur Schrift Joachim Mörlins:

Bereits vor Erscheinen der großen Konfession Osianders ›Von dem einigen Mittler‹ hatten seine Königsberger Gegner, allen voran Joachim Mörlin, Herzog Albrecht um die Möglichkeit einer offiziellen, schriftlichen Stellungnahme zur Osiandrischen Rechtfertigungslehre gebeten[8]. Nach der Veröffentlichung des Bekenntnisses am 8. September 1551 wurde die Bitte dringender, und für den Oktober berichtet Mörlin: »Ich hab mitlerweil unsere confutationem zugericht und gefertiget«[9]. Die in erster Linie durch Mörlin erstellte Schrift, für die auch Peter Hegemon und Georg von Venediger verantwortlich zeichneten, wurde am 7. Dezember unter dem Titel »Von der rechtfertigung des glaubens gründtlicher, warhafftiger bericht auss Gottes wort etlicher theologen zu Künigsberg in Preussen. Wider die neue, verfürische und antichristische lehr Andreae Osiandri, darinnen er leugnet, das Christus in seinem unschüldigen leiden und sterben unser gerechtigkeit sey«[10] fertiggestellt. Nach langen Verhandlungen mit Herzog Albrecht über inhaltliche Kürzungen und die Berechtigung des polemischen Untertitels erschien sie endlich am 23. Mai 1552 im Druck. Gegen den Titel wandte sich Osiander mit der Schrift ›Wider den erlogenen Titel‹ und kündigte dabei eine ›völlige Antwort‹ an[11], er wollte also auf die ganze Schrift Mörlins zu einem späteren Zeitpunkt antworten.

Nach einer von allen Verantwortlichen unterzeichneten Präfation beginnt die Konfutation Mörlins mit einem kurzen Abriß über das Wirken des Antichristen in der Geschichte der Kirche und der Gegenüberstellung vom ›Reich der Sünden‹ unter dem ›Gesetz‹ und dem ›Reich der Gnaden‹ unter dem Evangelium. Gegen Osiander, »der uns die menschwerdung Christi sampt seinem unschuldigen schweis aus dem artickel der rechtfertigung nimpt und uns an die blosse gottheit weisen will«, soll bewiesen werden, »das rechtfertigung und erlösung ein dinck sey«. In diesem Abschnitt wird Osiander die Mißachtung des Blutes Christi und seiner sühnenden Erlösungsfunktion vorgeworfen, sowie die Trennung von Rechtfertigung und Erlösung getadelt. Mit Berufung auf Paulus und Luther soll nachgewiesen werden, daß außerhalb des Leidens und Sterbens Christi »vor Gott keine rechtfertigung ist, sintemal keine erlösung ist ..., wo nicht ist das köstbarliche bluet Christi Jhesu unse-

7. Mörlin, Historia, Bl. T3ab.
8. Vgl. ebd., Bl. N3b.
9. ebd., Bl. S1a.
10. Ein Exemplar dieser Schrift findet sich in München SB, 4° Polem. 362.
11. Vgl. o. S. 698-710, Nr. 532.

res herren, in dem sint wir erlöset, in dem sint wir auch gerechtfertiget, also das kein unterscheid darunter ist«.

Weiter wird Osiander die Trennung der beiden Naturen Christi vorgeworfen, da er nur die Einwohnung der göttlichen Natur als Rechtfertigung anerkenne, die menschliche zum bloßen Vehikel der Gottheit mache. Dagegen sei festzuhalten, daß Christus im Sakrament »in uns wohne und nach beiden naturn unser leben sey«[12]. Osianders Definition der göttlichen Gerechtigkeit verleugne deren richtenden, strafenden Aspekt; auch für Luther bedeute ›iustitia Dei‹ stets die Gerechtigkeit, die vor Gott gelte. Gegen Osiander sei ausdrücklich das Zusammenwirken beider Naturen Christi und die Einheit von Rechtfertigung und Erlösung zu bekennen.

Osianders Kommentierung:

In seiner Replik bestreitet Osiander energisch, die Bedeutung des Leidens und des Blutes Christi je geleugnet zu haben. Diese bewirkten die Erlösung und seien ihre Voraussetzung, seien aber nicht mit der Gerechtigkeit gleichzusetzen. Zum Verständnis des eigenen Gerechtigkeitsbegriffs verweist er auf Bibelstellen, in denen ›Gerechtigkeit‹ als Name Gottes erscheint. Das Blutvergießen Christi vor 1500 Jahren stelle ein einmaliges, notwendiges Geschehen dar, die Verleihung von Gerechtigkeit an sündige Menschen geschehe aber oftmals und täglich. Die Erlösung sei ein Werk Gottes, nicht aber seine Gerechtigkeit selbst, wie auch das Blut Christi Erlösung bewirke, aber keinesfalls mit der Gerechtigkeit selbst gleichzusetzen sei. Ferner weist Osiander Mörlins Vorwürfe der Unruhestiftung zurück und kritisiert seinerseits Mörlins willkürlichen Umgang mit Osianderanhängern und polemische Predigtäußerungen[13].

b) Zur Schrift Michael Rotings:

Der Nürnberger Lateinlehrer Michael Roting (1494-1588)[14] veröffentlichte im Herbst 1551 sein »Testimonium optimi ac doctissimi viri D. Michaelis Rotingi, unius e populo ecclesiastico, contra falsam Andreae Osiandri de iustificatione sententiam«[15]. Im September 1551 erkundigte sich Osiander besorgt bei seinem ehemaligen Mitbürger Hans Fürstenauer nach Verbreitung und Wirkung dieses Buches[16]. Am 18. Oktober erhielt er die Auskunft, daß viele Prädikanten das Werk mit Gefallen gelesen hätten[17]. Roting hatte die Schrift allerdings nicht selbst in Druck gegeben; dies geschah durch den Mathematiker Joachim Heller, der auch für den Titel des Buches verantwortlich war[18].

Rechtfertigung allein aus Glauben aufgrund der Sündenvergebung durch das Leiden und Sterben Christi – dies ist der Glaubenssatz, der Rotings ganze Schrift

12. Die angegebenen Zitate finden sich bei Mörlin, Bericht, Bl. D1a, D1b, E3a und H1b.
13. s.u. S. 760,28-769,10.
14. Vgl. *Will*, Gelehrtenlexikon 3, S. 410-414.
15. Das Werk findet sich in Göttingen SUB, 8° Th. Pol. 138/7 (4), bzw. 8° Th. Pol. 134/75.
16. Vgl. o. S. 305,3-5, Nr. 489.
17. Vgl. o. S. 341,16-342,3, Nr. 495.
18. Vgl. o. S. 350,18-351,2 mit Anm., Nr. 495.

durchzieht und durch sie verteidigt werden soll. Der Inhalt des Evangeliums, der apostolischen und kirchlichen Lehre sei in diesem Glaubenssatz ausgedrückt. Die Lehre von der Rechtfertigung allein durch Glauben an die Sündenvergebung durch Christus sieht Roting zunächst durch die katholische Sakramentslehre gefährdet, die mit dem Opfergedanken ein fremdes Element zwischen Glauben und Rechtfertigung einschiebe. Genauso werde sie durch Osiander verfälscht: »Sed hic professor dicit hanc doctrinam de reputatione iusticiae et remissione peccatorum, cum propter fidem in Christum peccatum tegitur et non imputatur«. Die Auffassung der Rechtfertigung als Einwohnung der göttlichen Natur sei von keinem Apostel je gelehrt worden; wo Luther von der essentialen Gerechtigkeit spreche, geschehe dies, um sie von der Rechtfertigung aus Werken abzusetzen. Die Einwohnung Gottes ereigne sich logischerweise erst nach und aufgrund der Rechtfertigung, die im Glauben angenommen werden müsse. Durch diesen Glauben allein könnten Menschen Gottes Tempel werden und konstituierten die Kirche als Haus Gottes. Wer die Reihenfolge von Rechtfertigung durch Sündenvergebung und Einwohnung leugne, gefährde diesen Tempel: »Si enim imputatio iusticiae propter remissionem, quae sola fide accipitur, nulla est, nulla est iuxta apostolos iusticia, nulla sanctificatio, nulla iustificatio et per consequens nullum templum Dei ibi existere potest«. Ebenso sei Osianders Imagolehre in seiner Schrift ›An Filius Dei‹ abzulehnen, wie die Auffassung, Christi Inkarnation sei auch ohne die menschliche Sünde notwendig gewesen: »Item: Quid est clarius contra Osiandrum? Qui propter nos homines et propter nostram salutem descendit de coelis ... Descendit igitur ob hanc causam solam, ut homines pulsi ex paradyso in eum iterum recipiuntur«. Die Gottesebenbildlichkeit werde erst nach der Annahme der Sündenvergebung in Christus wiederhergestellt. Durch seine Imago- wie durch seine Einwohnungslehre füge Osiander dem Rechtfertigungsvorgang ein fremdes Mittlerelement bei. Der Einwohnungslehre wird durch Roting das Nichtangerechnet- und Bedecktwerden der Sünden durch den Glauben entgegengehalten. ›Einwohnung‹ wird dabei im weiteren Sinne als Wohnen Gottes unter den Menschen und Konstituierung der Kirche verstanden[19].

Osianders Kommentierung:

Osiander übt zunächst Kritik an Rotings schlechtem Latein und seiner Verwendung griechischer Begriffe. Auch antworte er nur, weil er sich Sorgen um die Nürnberger Jugend mache, die durch Roting unterrichtet werde. Die Rechtfertigung durch die Werke Christi erkenne er, Osiander, an, die Gerechtigkeit selbst aber sei das Wesen Christi. Roting könne dagegen die Rechtfertigung nicht von ihrer Ursache unterscheiden. Auch I Kor 1,30 beweise, daß die Einwohnung Christi unsere Gerechtigkeit und Heiligkeit darstellten, wohingegen Roting die Heiligung der Gerechtigkeit vorordne. Roting stelle die Heiligung der Einwohnung voran, ohne die Heiligung begründen zu können[20].

19. Vgl. in Rotings Werk Bl. B1a, B4ab, C1b-2b, F2b; die Zitate finden sich auf Bl. E4b, F2b und F4b-G1a.

20. Vgl. u. S. 769,10-772,24.

c) Zur Schrift Wolfgang Waldners:

Osianders Nürnberger Anhänger Hans Fürstenauer hatte in einem Schreiben vom 18. Oktober 1551 diesen darüber informiert, daß Wolfgang Waldner (gest. 1583), seit 1548 in Nürnberg und am Dominikanerkloster tätig[21], die Opposition gegen den ehemaligen Lorenzer Prediger in der Reichsstadt schüre und bereits im Sommer 1551 auf der Kanzel gegen dessen Rechtfertigungslehre polemisiert habe[22]. Waldner stecke auch hinter einer Schrift, die Nürnberger Prediger gegen Osiander geplant hätten[23].

Waldners eigener, bereits 1551 erschienener »Christlicher und gründtlicher bericht von der rechtfertigung des glaubens, einwonung Gottes und Christi in uns. Der ehrwirdigen, gottseligen herrn und evangelischer warheyt lehrern«[24] stellt eine Zitatensammlung aus der Bibel und den Schriften Luthers, Brenz' und Urbanus Rhegius' – Autoritäten also, auf die sich auch Osiander berief – dar, die durch ein »W.W.« signiertes Vorwort eingeleitet wird. In diesem wird betont, »das unser rechtfertigung oder göttliche und christliche gerechtigkeit nichts anders sey dann Gottes gnad, sein unaussprechliche liebe und barmhertzigkeyt«. Dieser Glaubenssatz sei zu verteidigen gegen »solliche leut, welche die erlösung und gerechtigkeyt trennen, zerreyssen und nicht für ein ding wöllen halten« und gegen die, »die unser gerechtigkeit nicht stellen auf das leyden und sterben oder blutvergiessen Christi Jhesu, sondern auff die göttliche natur in Christo«[25]. Das Vorwort definiert ›Rechtfertigung‹ dagegen als Bedeckung der Sünden durch den Sühnetod Christi und will in Zweifel geratene Gläubige durch die Autorität der Schrift und Luthers auf den rechten Weg leiten.

Die Zitatensammlung beginnt mit solchen Stellen des Alten Testaments, die eine messianische Verheißung enthalten und führt aus dem Neuen Testament Passagen an, die vom Mittleramt Christi oder der Sündenvergebung handeln. Die Zusammenstellung wird kommentiert: »In summa: das ist aller apostolischer predigt der rechte kern aller christlichen rechtfertigung und ewige gerechtigkeyt, das wir vergebung der sünden und das ewige leben durch niemandt anders haben denn durch Jhesum Christum und durch kein ander werck noch mittel denn durch seinen heylsamen tod und sieghafftige aufferstehung«. An diese Zitate schließt sich die Wiedergabe von Luthers Auslegung von Jes 53 aus der Jesajavorlesung 1527-1529 in deutscher Übersetzung an. In diesem Kommentar betont Luther ausdrücklich das ›pro nobis‹ des Leidens Christi, welches im Glauben angenommen unsere Rechtfertigung ausmache. So lautet eine der zentralen Aussagen: »Dann allein die christen glauben disen spruch und heyssen allein daher christen ..., das sie diesem artickel glauben, das Christus für uns gestorben, und an dem frembden werck, so Christus

21. Zu Waldner vgl. *Will*, Gelehrtenlexikon 3, S. 161f, und *Simon*, Nbg. Pfb., S. 244, Nr. 1493 (mit der fehlerhaften Angabe: Augsburg 1552).

22. Vgl. o. S. 342,11-15; 343,4-6, Nr. 495.

23. Vgl. o. S. 345,14-346,4, Nr. 495.

24. Ein Exemplar dieser Schrift findet sich in Wolfenbüttel HAB, 231.155.Th. 4°.

25. Die Zitate finden sich in Waldners Schrift auf Bl. A2a und A2b-3a.

gethon hat, hangen und dasselbige inen zueygen«[26]. Ergänzt werden diese Aussagen durch Passagen der Galater-Auslegung, die ebenfalls das ›pro nobis‹ zum Inhalt haben. Luther setzt in den zitierten Abschnitten sein Verständnis der Rechtfertigung von der Gerechtigkeit durch Werke, nicht von der Gerechtigkeit durch das einwohnende Wesen Gottes ab. Auf dieses Bezug nehmend führt Waldner Zitate aus der Sonntagspredigt zu Eph 3,14-21 und der Hauspostille zu Pfingsten an, die vom Wohnen Christi im Herzen durch den Glauben sprechen[27].

Es folgt eine Predigt über die Rechtfertigung aus dem (übersetzten) lateinischen Katechismus des Johannes Brenz[28], in der betont wird, daß die ›Gerechtigkeit‹ eines Menschen nicht sein inneres Wesen, sondern die Annahme trotz seiner Sünden bezeichne. Die Zusammenstellung endet mit einer Passage aus dem »Dialogus von der schönen Predigt« des Urbanus Rhegius[29], die die menschliche Gerechtigkeit als Sündenvergebung und Gerechtigkeit deutet.

Osianders Kommentierung:

Osiander vermutet hinter dem Kürzel »W.W.« Wolfgang Waldner, dem er als ein Motiv Neid unterstellt, da die osianderfeindlichen Prediger Nürnbergs jetzt keine Geschenke mehr durch seine Anhänger erhielten. Osiander wirft Waldner vor, die Gerechtigkeit allein als Gnade zu verstehen und daher zu verkürzen. Die Gnade stelle das Werkzeug dar, durch das Gerechtigkeit geschenkt werde, nicht diese selbst. Die ihm vorgeworfene Trennung von Rechtfertigung und Erlösung habe er, Osiander, nie vertreten, doch sei die Gerechtigkeit nicht mit der Erlösung am Kreuz gleichzusetzen, denn der Grund der Gerechtigkeit könne nicht diese selbst sein. Das Blut Christi bewirke zwar die Sündenvergebung, die Reinigung von der aktuell im Menschen noch wohnenden Sünde geschehe aber durch das geistige, durch den Glauben genossene Blut Christi, das Waldner willkürlich und polemisch mit dem leiblichen Blut Christi verwechsele. Erlösung bedeute Vergebung, Gerechtigkeit aber Reinigung von und Tilgung der Sünde[30].

d) Zur Schrift von Justus Menius:

Justus Menius (1499-1558) hatte bereits 1537 in Schmalkalden Osianders Bekanntschaft gemacht[31]. Die Stellungnahme des Thüringer Reformators erfolgte im Anschluß an Beratungen mehrerer sächsischer Theologen, deren Ergebnis drei »Cen-

26. Zitate ebd., Bl. D3a und G4a.

27. Zu den in Waldners Schrift aufgenommenen Lutherstellen vgl. WA 25, S. 325,33-339,17 (bes. S. 330,8-18); WA 40,1, S. 75,27-80,16; 224,15-29; 231,20-233,24; 297,15-300,21; WA 21, S. 458,11-459,30; 462,5-464,2; WA 17,1, S. 436,1-28, und WA 52, S. 322,24-323,25.

28. Es handelt sich um den »Catechismus pia et utili explicatione illustratus« von 1551; vgl. *Köhler*, Bibliographia Brentiana, S. 84f, Nr. 197 und 198; dazu *Weismann*, Katechismen, S. 405, Anm. 18.

29. Zu dieser Schrift (vorh. etwa in Heidelberg UB, V 1319) vgl. o. S. 436, Anm. 145 und S. 438, Anm. 162, Nr. 508.

30. Vgl. u. S. 773,1-777,18.

31. Vgl. ABD 21, S. 354-356.

surae« Erhard Schnepfs, Victorinus Strigels und Menius' waren[32]. Herzog Albrecht übersandt wurde am 1. April die Schrift des Gothaer Theologen Menius, die Ende April in Erfurt unter dem Titel »Von der gerechtigkeit, die für Gott gilt. Wider die neue alcumistische theologiam Andreae Osiandri«[33] im Druck erschien.

Das Herzog Albrecht gewidmete Werk fällt durch seinen gemässigten Ton auf. Menius, der sich wiederholt als demütiger Schüler Luthers und Melanchthons zu erkennen gibt, der sich mit Osianders Scharfsinn nicht messen könne, sieht sich zu einer Stellungnahme genötigt, um die Lehre der Apostel und Propheten zu verteidigen und vielleicht sogar Osiander auf den rechten Weg zurückzubringen: »Denn Gott weis, das mirs umb den mann, dem Gott viel hoher gaben verliehen hat, damit er auch der kirchen und dem reich Christi wol dienen koendte und es billich thun sölte, hertzlich und getreulich leid ist. Gott wölle ihm gnediglich helfen, das er sich erkenne und bekere, beide im selbst und andern zur seligkeit. Amen«. Gleichwohl weiß Menius, daß Osiander ihn als »ein hund, sau, fuchs oder esel … zu verachten … sich unterstehen wird«. Schon zu Luthers Lebzeiten – wie seine Predigt in Schmalkalden vermuten ließ – habe Osiander seine Irrlehre »im Kopf« verborgen gehalten, um sie bei Gelegenheit auszuspeien. Jetzt sei es an der Zeit, ihr energisch entgegenzutreten[34].

Nach einer kurzen Zitatenreihe aus Osianders Bekenntnis ›Von dem einigen Mittler‹ kritisiert Menius, daß Osiander ein inneres Wort, d.h. Christus selbst, und ein äußeres, wie es die Predigt über Christus darstellte, unterscheide. So schließe er auf die Sündenvergebung durch die Vermittlung des inneren Wortes, d.h. der wesentlichen Gerechtigkeit selbst. Um seine Lehre zu beweisen, übersetze Osiander ›iustificare‹ falsch: Er deute es als ein »in der Tat gerecht machen«, wobei es sich doch um ein »gerecht und fromm sprechen« handele. Ebensolche Fehlübersetzungen lägen im Falle von ›redemptio‹ und ›reconciliatio‹ vor, und gleiches, wenn bei der Auslegung von Schriftstellen ›Gerechtigkeit‹ als »Gerechtigkeit aus Gott« übertragen werde. Wie inneres und äußeres Wort, so zerreiße Osiander auch die beiden Naturen Christi, Rechtfertigung und Erlösung, Person und Amt Christi. Rechtfertigung, Sündenvergebung und Erlösung gehörten aber untrennbar zusammen, wobei der Erlösungsprozeß allein durch Christi Gehorsam in Gang gesetzt werde: »Also ist widerumb der bereitte, willige gehorsam, damit das gesetze vollkömmlich erfüllet wird, die wahrhafftige gerechtigkeit, die Gott von allen menschen fordert und umb irentwillen ewiges leben und seligkeit gibt«. Christus sei in seinem Wesen gerecht, er mache aber auch gerecht, während die ›Summe‹ der osiandrischen Alchemie, die unerlaubt den göttlichen Ratschluß herauszufiltern suche, sich allein auf die wesenhafte Gerechtigkeit konzentriere. Diese könne aber nicht gerecht machen, da sie mit der menschlichen Sündhaftigkeit nicht vereinbar sei: »Und sind die zwey, Gottes wesentliche, ewige gerechtigkeit und unsere sünde warhafftig … zwey ding,

32. Vgl. *Schmidt*, Menius 2, S. 146.
33. Das Werk findet sich in Wolfenbüttel HAB, 140.8.Th. 4° (2).
34. Die angegebenen Zitate finden sich in Menius' Werk auf Bl. A5a, A5b und C3a.

die einander gar mitnichten leiden noch vertragen kennen«. Die wesentliche Gerechtigkeit stelle zwar die dem Menschen zugedachte Gottesebenbildlichkeit dar, doch wirke sie – da an die Erfüllung des Gesetzes gebunden – gegenüber der wesenhaften Sündhaftigkeit des Menschen als richtende Gerechtigkeit, als »iustitia iudicis, mandans und iudicans«. Der Graben zwischen göttlichem und menschlichem Wesen werde durch das Mittleramt Christi überbrückt: »Denn die eine, nemlich die ewige, wesenliche gerechtigkeit Gottes, ist die gerechtigkeit des richters, die durchs gesetz redet, gebeut, strafft und verdammet die sünder und macht sie nicht gerecht noch selig, ist iusticia mandans, arguens und damnans, nequaque vero iustificans peccatores. Dagegen aber die gerechtigkeit des mitlers Jhesu Christi, die gerechtigkeit, die das gesetz für die armen sünder erfüllet und die straff und verdamnis des sünders auff sich nimpt, tregt und die armen sünder davon frey macht«. So sei es unmöglich, daß bei der Sündhaftigkeit des Menschen die wesentliche Gerechtigkeit vor ihrer Zusprechung in der Sündenvergebung schon in ihm wohne.

Osianders Lehre versetze den Menschen in eine kurze Euphorie, die aber der von der Sündhaftigkeit geprägten Realität nicht standhalte: »Und es ist mit allen menschen, auch den wahrhafftigen, heiligen gottiskindern also gethan, das sie in inen keine oder jezumal eine kleine und schwache gerechtigkeit empfinden, dagegen aber empfinden sie nur sehr viel und grosse sünde in ihrer gantzen natur«. »Denn es heist und ist eine gerechtigkeit des glaubens und nicht eine gerechtigkeit natürlichen fülens und empfindens, ... die allein in Christo ohn uns und ausser uns erworben ist und in ihm auch bestehen mus wider alles unser fülen im todeskampff«[35].

In einem Anhang wird schließlich die Praefation eines Werkes wiedergegeben, für dessen Verfasser Raimundus Lullus gehalten wird. Die hierin enthaltenen Aussagen über eine ›iustitia essentialis‹ stellt Menius Osianders Lehre an die Seite.

Osianders Kommentierung:

Osiander wendet sich in erster Linie gegen den Untertitel der gegnerischen Schrift, die ihm vorwirft, ein Alchimist nach dem Vorbild Raimundus Lullus' zu sein. Er habe Lullus' Buch in der Annahme gekauft, daß es sich um ein medizinisches Werk handele und kenne die zitierte Praefation gar nicht. Auch deute Lullus, anders als er selbst, ›rechtfertigen‹ als ›recht tun‹. Zudem sei die eigene Lehre nicht mit Lullus' oder der eines anderen Theologen zu vergleichen, sondern allein an der Schrift zu messen. Einen weiteren Kritikpunkt stellt Menius' Deutung des inneren und äußeren Wortes dar. Dieser selbst zerreiße das innere Wort Christi, Gottes Wesen und Prophetenwort, während er, Osiander, viel subtiler unterscheide: das äußere Wort sei der hörbare Laut, das innere sein Inhalt, Gott selbst[36].

35. Zitate ebd. Bl. D2b, H2ab, H2b, M1a, M4ab, P1b und P3a.
36. Vgl. u. S. 777,18-781,7.

d) Zur Schrift von Matthias Flacius und Nikolaus Gallus:
In Matthias Flacius Illyricus (1520-1575)[37] und Nikolaus Gallus (1516-1570)[38] mußte Osiander zunächst Bundesgenossen vermuten, galten beide doch als Gegner der Philippisten. So bot Herzog Albrecht dem von den Wittenbergern angefeindeten Flacius eine Stelle in Königsberg an, wenn er sich in einem Gutachten zugunsten von Osiander äußere[39]. Jener jedoch lehnte Osianders Verständnis der Rechtfertigung ab und leitete mit der auf den 1. März 1552 datierten, in Magdeburg bei Christian Rödinger gedruckten Schrift »Verlegung des bekentnis Osiandri von der rechtfertigung der armen sünder durch die wesentliche gerechtigkeit der hohen maiestet Gottes allein«[40] eine Reihe von Stellungnahmen gegen den ehemaligen Nürnberger ein. Beigefügt ist der ›Verlegung‹ ein kurzer Anhang, für den Nikolaus Gallus verantwortlich zeichnet. Der Regensburger Reformator war seinerzeit von Osiander und den anderen Nürnberger Predigern in seiner Ablehnung des Interims unterstützt worden[41], äußerte sich aber Anfang Januar 1552 in einem Brief an den Ratskonsulenten seiner ehemaligen Heimatstadt skeptisch über Osianders Rechtfertigungslehre und drückte gegenüber dem Hamburger Joachim Westphal seine Zustimmung zu Mörlins »Bekenntnis« aus[42]. Flacius' Stellungnahme erfolgte in Abstimmung mit Gallus. Nach Erscheinen des »Schmeckbier« fanden sich beide noch einmal in der Verfasserschaft eines »Antidotum auff Osiandri gifftiges schmeckbier« zusammen[43].

Flacius' Widerlegung beginnt mit einer vorangestellten eigenen Definition der Gerechtigkeit: »Unsere gerechtigkeit... ist die erfullung des gesetzes Gottes, welche nicht wir, sondern Christus, warer Gott und mensch, durch seinen allervolkommensten gehorsam gantz uberschwencklich und uberreichlich geleistet hat, beide mit thun desjenigen, so das gesetz von uns zu thun hat erfordert, und mit leiden des, das wir von wegen unser sünden hetten leiden sollen, uns aber durch den glauben von Gott geschenckt und zugerechnet wird ... Wiewol nu neben der zurechnung dieser gerechtigkeit zugleich auch mit anfeht der mensch erneuert zu werden durch einwohnung des Heiligen Geistes..., so kan oder sol doch niemand mit solchem gantz unvolkomenen gehorsam und erneuerung seiner natur vor Gott kommen, dadurch vor seinem gericht zu bestehen, gerecht und selig zu werden«.

In seiner Dedikation an Herzog Albrecht äußert Flacius seine Sorge um die junge Universität Königsberg und erinnert daran, daß Osiander schon in Schmalkalden Mißfallen erregt habe. Bereits in der Vorrede werden die Hauptvorwürfe gegen Osiander genannt: ›Gerechtigkeit‹ sei als Gehorsam und Erfüllung des Gesetzes zu definieren; vor Gott durch sein eigenes Wesen gerecht zu sein bedeute, ihm ohne Mittler entgegenzutreten; Osiander setze den Gottesnamen mit der wesentlichen

37. Vgl. TRE 11, S. 206-214, und *Preger*, Flacius.
38. Vgl. NDB 6, S. 55f; TRE 12, S. 21-23, und *Voit*, Gallus.
39. Vgl. *Preger*, Flacius 1, S. 217.
40. Das Werk findet sich in Wolfenbüttel HAB, 235.10.Th. 4° (2).
41. Vgl. u. A. Bd. 8, S. 549-558, Nr. 346.
42. Vgl. *Voit*, Gallus, S. 194f.
43. Vgl. *Stupperich*, Osiander, S. 292, Anm. 141.

Gerechtigkeit gleich, lege ihn aber auch dem gestorbenen Christus zu. In der eigentlichen ›Widerlegung‹ zählt Flacius Osiander mit den Adiaphoristen und den Befürwortern des Interims zu den Gegnern der Reformation im Innern, die unter Anstiftung des Antichristen Luthers Werk zu zerstören drohen, obwohl für Osiander noch Hoffnung auf Sinnesänderung bestehe.

Des weiteren wird Osianders Umgang mit der Schrift kritisiert: »Aber was darf man sich viel verwundern? Osiander ist ein stoltzer, frecher geist, der durch die schrifft hin- und herleufft wie eine sau durch einen wolgebauten und sehr lustigen garten und leget sie itzt also, itzt anders aus, zureist, zustümpelt und füret sie, wie es ihm gefellig ist und gutdünckt«. So vernachlässige Osiander die hebräische und griechische Bedeutung von ›iustificare‹, das als ›Gerechtigkeit zurechnen‹ zu übersetzen sei. Opfertexte des Alten und Neuen Testaments machten deutlich, daß Rechtfertigung und Erlösung nicht zu trennen seien: »Denn was haben wir doch für ein ander kleid, dadurch unsere sünde, die wir teglich thun, auch wenn wir gerechtfertiget worden, bedeckt werden, denn das stetige ›Vergib uns unser schuld‹. Dagegen sondert Osiander unser rechtfertigung und gerechtigkeit von der vergebung der sünden soweit als der himel von der erden abgesondert ist«. Ziel des menschlichen Lebens sei Heiligkeit in Gehorsam gegenüber dem Gesetz, was die sündige Natur des Menschen aber verhindere. Daher habe Christus Gehorsam geleistet, der den Menschen zugerechnet werde, worauf dann Neugeburt, Heiligung und das Anziehen Christi selbst erfolgten. »Gerechtigkeit« bedeute einmal die von Menschen geforderte und nicht erfüllbare Ebenbildlichkeit und Gesetzeserfüllung, dann aber auch die Abwendung von Strafe. Ebenso sei Christi Gerechtigkeit eine doppelte: die ihm eigene wesentliche und die durch Gehorsam erworbene Tugend. Für die Rechtfertigung relevant sei allein die erworbene Gerechtigkeit, die sich in Gehorsam dem Gesetz gegenüber äußere: Für Christus wie für den gerechtfertigten Menschen ist also vorwiegend die sich in der Tat äußernde Gerechtigkeit von Belang. Ferner werden Osiander die Trennung der Naturen Christi und die von Sündenvergebung und Erlösung vorgeworfen. Ebenso wie die Schrift interpretiere er auch Luther falsch: Dieser gebrauche den Begriff ›essentialis‹ in bezug auf die Gerechtigkeit zur Beschreibung ihres dauerhaften Charakters in Unterscheidung zu ihrem aktuellen Vollzug; als menschliche Gerechtigkeit lasse er allein das im Glauben angeeigneten Verdienst Christi gelten.

In seinem Nachwort unterschreibt Gallus ausdrücklich alle von Flacius angeführten Einwände und Entgegnungen. Er selbst vergleicht Osiander mit Nestorius, aber auch mit Eutyches. Indem Christi Gehorsam allein seiner göttlichen Natur zugeschrieben werde, sei sein Amt als Mittler verkannt und verleugnet. ›Gerechtigkeit‹ bedeute Gesetzeserfüllung und Gehorsam, der den Menschen angerechnet werde, wie auch das menschliche Gewissen bezeuge: »Und leidet niemals derhalben einige anfechtung, das er nicht die selbswesende götliche gerechtigkeit, weisheit und almechtigkeit hat oder selbs ist«[44].

44. Die angeführten Zitate aus der Schrift von Flacius und Gallus finden sich auf Bl. A1b, H1b, C4b und Q1b.

Osianders Kommentierung:

Osianders Kostprobe schöpft nur aus dem Titel und Vorwort des Buches, während er auf den Hauptteil nicht eingeht. Der Titel allein schon sei unverschämt, vermerkt er, da er die Rechtfertigung noch nie allein der göttlichen Natur, sondern immer auch der Sündenvergebung im Glauben zugeschrieben habe. Schon die Definition der Gerechtigkeit als tätiges Erfüllen des Gesetzes disqualifiziere das ganze Werk. Ein »praedicamentum actionis« sei einem »praedicamentum qualitatis«, wie es die Gerechtigkeit als Habitus des Menschen darstelle, nicht zu vergleichen. Ihr gegenseitiges Verhältnis entspreche vielmehr dem von Frucht und Baum. Werde Christus die Erfüllung des Gesetzes als Gerechtigkeit zugeschrieben, bedeute dies, daß er vor der Gesetzesbefolgung, also vor der Beschneidung, ein Sünder gewesen sei. Gerechtigkeit als Aktion könnte aber – bei Christus wie dann im gerechtfertigten Menschen – nur aus der wesentlichen Gerechtigkeit als Habitus folgen. Was aber Christi Mittleramt und die Bedeutung seiner menschlichen Natur betreffe, sei in seinen, Osianders, Schriften reichlich belegt und nachzulesen. Aber wie sollten Flacius und Gallus dies verstehen, erfaßten sie doch weder Luther noch die heilige Schrift[45].

e) Zur Schrift von Johannes Pollicarius:

Unter die Wittenberger Gutachten reiht sich die Schrift »Antwort auf das buch Osiandri von der rechtfertigung des menschen«[46] des Johannes Pollicarius[47], des Archidiakons und Superintendenten von Weißenfels, ein.

Pollicarius sieht als Osianders Hauptirrtum die Trennung von Rechtfertigung und Erlösung sowie die der beiden Naturen Christi an. Nur Gottheit und Menschheit zusammen könnten die Erlösung bewirken, wobei die Rechtfertigung durch Glauben der Einwohnung vorausgehen müsse: »Darumb mus in der iustification der verdienst Christi imerdar mit gefasset werden, und in diesem handel allezeit fürherleuchten. Da stöst sichs summa zum ersten zwischen uns und dem Osiandro, und das ist der berge einer, für welchen wir nicht zusammen kümmen«. Hoffnung in Anfechtung könne sich allein auf den Glauben an das Verdienst Christi halten. Rechtfertigung umfasse – wie auch Melanchthon betone – immer ein »sowohl als auch«, Verdienst Christi und Teilhabe an ihm. Der Sündenerkenntnis durch das Gesetz folge die Annahme des Evangeliums als stellvertretendem Gehorsam Christi, der im Glauben angenommen allein die Rechtfertigung bewirke. Die wesentliche Gerechtigkeit jedoch sei – nach Gal 5,5 – diejenige, auf die noch gehofft werde. Außer auf Melanchthon, Augustin, Bernhard und Chrysostomus beruft sich Pollicarius besonders auf Luther. Diesem zufolge werde der Sünder aus Gnade angenommen und erhalte darauf erst die Gabe des Heiligen Geistes, während für Osiander die Rechtfertigung allein in der Gabe, nicht in der Gnade bestehe. Es folgt eine Liste von Lutherzitaten aus dem Galaterbrief und der Hauspostille, die vor allem

45. Vgl. u. S. 781,8-785,5.

46. Das Werk findet sich in Wolfenbüttel HAB, 140.8.Th. 4° (13).

47. Vgl. *Jöcher*, Gelehrtenlexikon, ErgBd. 6, S. 522f. Das Lexikon nennt Pollicarius erst seit 1561 ›Superattendent‹, während er dies Osianders Titulatur zufolge bereits 1552 gewesen sein muß.

um die Gnade kreisen. Pollicarius beschließt diese Aufzählung und das Buch mit der Feststellung: »Hierwider ist stracks Osiander, darumb folget aus not, das Osiander Luthero unrecht thut. Und das Lutherus der meinung Osiandri de essentiali iusticia sein lebenlang nie gewesen«[48].

Osianders Kommentierung:

Osiander empört sich besonders über die Auslegung von I Kor 1,30 – Christus als unsere Gerechtigkeit – im Sinne einer erworbenen Qualität. Diese Deutung des ›ist‹ gleiche der reformierten Art und Weise, die Abendmahlsworte auszulegen. Melanchthons an und für sich richtige Regel, daß der Mensch durch das Verdienst Christi und die Teilhabe an ihm gerecht werde, werde von Pollicarius, der Verdienst und wesentliche Gerechtigkeit einfach gleichsetze, falsch interpretiert. Auch die sich auf Gal 5,5 berufende Trennung einer gegenwärtigen und in Zukunft verliehenen wesentlichen Gerechtigkeit sei Folge einer Fehlinterpretation, die durch nicht recht zur Sache gehörige Lutherzitate gestützt werden solle. Dabei bezeuge Luther gerade auch in seiner Galaterauslegung, daß die Gerechtigkeit Christi als ein Habitus dem Menschen schon jetzt zugeeignet sei[49].

f) Zur Schrift von Alexander Alesius:

Der in Leipzig ansässige Schotte Alexander Alesius (1500-1565)[50] wandte sich mit der 1552 in Wittenberg gedruckten Schrift »Alexandri Alesii doctoris theologiae diligens refutatio errorum, quos sparsit nuper Andreas Osiander in libro, cui titulum fecit: de unico mediatore Christo«[51] gegen den Königsberger Theologen. Er wirft ihm vor, sich fälschlicherweise als Interpret Luthers auszugeben, doch stehe ihm dessen Lehre klar entgegen. Wie in neutestamentlicher Zeit die Gnostiker bekämpft worden seien, müsse sich die Kirche jetzt gegen Osiander wenden. Osianders Verständnis der Rechtfertigung gleiche der ›mönchischen‹ Lehre: Werde von diesen die ›iustitia inhaerens‹ vertreten, so gebrauche Osiander für denselben Sachverhalt den Begriff ›iustitia inhabitans‹.

In mehreren Einwänden wird die Lehre Osianders zurückgewiesen: Gerechtigkeit durch Einwohnung der göttlichen Natur Christi impliziere, daß alle Erlösten sündlos sein müßten, was leicht durch die Realität widerlegt werde. Alle Menschen seien Sünder, auch wenn die Erlösten bereits unter der Gnade stünden. Doch: »Haec est clara probatio nostrae sententiae, quod iustificatio significet remissionem peccatorum et non significet infusionem virtutum vel perfectam iustitiam in renatis«. Könne, wie Osiander unterstelle, die jetzige Generation nicht durch die in der Vergangenheit vollzogene Tat Christi erlöst werden, so auch nicht die Väter, die vor Christus lebten. Die Gerechtigkeit aber, die Christus durch seinen Gehorsam erworben habe, wohne in ihm, nicht im Menschen. Dieser könne sie sich zurechnen

48. Die beiden Zitate aus der Schrift von Pollicarius finden sich auf Bl. A4b und G3a.
49. Vgl. u. S. 785,6-789,7.
50. Vgl. TRE 2, S. 231-235.
51. Das Werk findet sich in Neuburg (an der Donau) SB, 8 Theol. 400/7.

lassen, da Christus zur Rechten des Vaters aufgefahren sei, sie sei also ›extra nos‹ zu suchen. Daher gelte: »Aliud enim est Christum habitare in cordibus per fidem et aliud per essentiam«[52]. Da Osiander dies nicht unterscheiden könne, müsse die Kirche seine Lehre zurückweisen.

Osianders Kommentierung:

Osiander beginnt seine Entgegnung nach persönlichen Vorwürfen gegen Alesius erneut mit einer Darlegung seiner eigenen Lehre: Christus habe durch Gehorsam und Leiden Vergebung der Sünden erworben, werde dies im Glauben erfaßt, wohne seine wesentliche Gerechtigkeit dem Menschen inne. Christus selbst sei unsere Gerechtigkeit, nicht indem er in uns wirke, sondern allein durch die bloße Einwohnung. Besonders empört Osiander daher der Vorwurf, er lehre eine ›mönchische‹ Gerechtigkeit. Schon Luther habe erklärt, was unter dieser zu verstehen sei, nämlich eine »qualitas haerens in corde«, die aufgrund eigener guter Werke eingegossen werde. Die nach ›mönchischer‹ Lehre eingegossene Liebe sei aber ein bloßes Hirngespinst, da es kein gutes Werk gebe, das der Mensch, ohne sie zuvor zu besitzen, vollbringen könne. Als ›qualitas‹ sei sie nicht Gott selbst, sondern kreatürlich. Sie stelle ein bloßes »gedicht« dar, das in den Gedanken der Menschen existiere. Mit dieser scharfen Abgrenzung will Osiander den Verdacht zerstreuen, die ›iustitia inhabitans‹ sei in gleicher Weise zu verstehen. Alesius' Vorwürfe schreibt er den Machenschaften des Teufels zu, der nach Apk 20,7 jetzt wieder freigekommen sei[53].

g) Zur Schrift Nikolaus von Amsdorfs:

Von seinem Wohnsitz Eisenach aus antwortete der Gefährte Luthers und Melanchthongegner Nikolaus von Amsdorf (gest. 1565)[54]. Neben Victorinus Strigel, Erhard Schnepf und Justus Menius unterzeichnete er das offizielle Gutachten »Censurae der fürstlichen sechsischen theologen zu Weymar und Koburg auf die bekentnis Andreae Osiandri von der rechtfertigung des glaubens« und nahm in drei weiteren Schriften zu Osianders Lehre Stellung[55]. Das im »Schmeckbier« bekämpfte Werk trägt den Titel »Auff Osianders bekentnis ein unterricht und zeugnis, das die gerechtigkeit der menscheit Christi, darinnen sie empfangen und geboren ist, allen gleubigen sündern geschenckt und zugerechnet wird und für ihr person hie auff erden nimmermehr gerecht und heilig werden«[56]. Es erschien 1552 in Magdeburg.

v. Amsdorf betonte, daß die menschliche Gerechtigkeit allein aus der Zurechnung des stellvertretenden Leidens und Sterbens Christi resultiere und Rechtfertigung und Erlösung eine untrennbar zusammengehörende Einheit darstellten. Durch Osiander sieht er Rechtfertigung und Erlösung auseinandergerissen, wobei ihm vor allem die zeitliche Dimension dieses Bruchs mißfällt: Osiander werte das Leiden Christi als ›Vergangenheit‹ ab, für die Aktualisierung der durch Christus erworbe-

52. Die beiden Zitate aus der Schrift von Alesius finden sich auf Bl. B4b und E2b.
53. Vgl. u. S. 789,8-792,16.
54. Vgl. TRE 2, S. 487-497; NDB 1, S. 261.
55. Vgl. *Kolb*, Amsdorf, S. 108.
56. Das Werk findet sich in Wolfenbüttel HAB, 380.47.Th. 4° (8).

nen Gerechtigkeit gebe es aber nur eine zeitliche Dimension: die Gegenwart des Menschen, in der dieser im Glauben das Angebot der Sündenvergebung ergreife: »Es ist ein einige zeit, die erlösung und rechtfertigung zu erlangen, nemlich die zeit des glaubens. Wer anhebet zu gleuben an das fleisch und blut Christi, waren Gott und mensch, der ist nicht allein erlöst, sondern auch gerechtfertiget; wer aber nicht gleubet, der ist auch zur zeit des leidens Christi weder erlöset noch gerechtfertiget«[57]. Messe Osiander dem Leiden Christi als einem Geschehen der Vergangenheit für die Erlösung des gegenwärtigen Menschen keine Bedeutung zu, so müsse er konsequenterweise auch dessen rechtfertigende Wirkung leugnen, da diese an den aktuellen Glauben des heute lebenden Menschen gebunden sei. An die Stelle der wesentlichen Gerechtigkeit bei Osiander tritt für v. Amsdorf die in Glauben ergriffene erworbene. Die ewige, wesentliche Gerechtigkeit sei nämlich von keinem Menschen zu ertragen, da sie sich gegen die Sünder kehre. Vor ihr schütze die natürliche, angeborene Gerechtigkeit der Menschheit Christi.

Osianders Kommentierung:

Osiander äußert seine Verwunderung darüber, daß der strikte Melanchthongegner v. Amsdorf plötzlich mit diesem übereinstimme, wenn es gelte, die Gerechtigkeit allein als die durch Christus erworbene zu definieren. Von Amsdorfs zweiter großer Fehler sei zu unterstellen, er, Osiander, deute die einwohnende Gerechtigkeit als die guten Werke, die im Menschen gewirkt würden. Auch er selbst habe immer zugegeben, daß ein Rest Sünde stets im Menschen bleibe[58].

h) Zur Schrift von Johannes Knipstro:

In Pommern hatte Herzog Philipp Osianders Konfession erhalten und zwei Synoden mit ihrer Begutachtung beauftragt. Auf ihr Geheiß gab der Generalsuperintendent für Pommern, der Greifswalder Universitätsprofessor Johannes Knipstro (1497-1556)[59], eine gedruckte Stellungnahme mit dem Titel »Antwort der theologen und pastorn in Pommern auf die confession Andreae Osiandri, wie der mensch gerecht wird durch den glauben an den herrn Christum«[60] heraus, deren Vorwort auf den Januar 1552 datiert ist und die in Wittenberg erschien.

Im Vorwort werden Osiander vier Vorwürfe gemacht. Er lehre, daß 1. der Tod Christi keine Gerechtigkeit wirke; 2. der Tod Christi nur erlöse, nicht aber rechtfertige; 3. die Erlösten durch die einwohnende Gottheit gerechtfertigt würden, ›iustificare‹ also nicht ›von Sünden lossprechen‹, sondern ›mit der Tat gerechtmachen‹ bedeute, und 4. die menschliche Natur Christi nicht rechtfertigen könne, da es sich dann um eine kreatürliche, endliche Gerechtigkeit handele. Dagegen werden vier Antithesen aufgestellt: 1. Die Rechtfertigung erfolge durch das Leiden und Blut Christi; 2. sie werde durch den Glauben ergriffen und bedeute daher 3. Sündenver-

57. Das Zitat findet sich in v. Amsdorfs Schrift auf Bl. B1a.
58. Vgl. u. S. 792,17-793,7.
59. Vgl. *Stupperich*, Reformatorenlexikon, S. 119f; *Fligge*, Osiandrismus, S. 124.
60. Das Werk findet sich in Wolfenbüttel HAB, 156.19.Th. 4° (7).

gebung und Zurechnung der Gerechtigkeit Christi. 4. Die Heiligung sei ein eigener Akt, den Osiander mit der Rechtfertigung vermenge.

Die vier Antithesen werden im Hauptteil entfaltet. »Ewiges Leben« bedeutet nach Knipstros Gutachten Erkenntnis Gottes. Diese könne nur der Mittler Christus in seinem Amt als Messias, Priester und König verleihen. Dem Priesteramt sei dabei die Funktion als Mittler und Versöhner zuzurechnen: Durch Leiden, Blutvergießen und Sterben erwerbe der Mittler Christus die Sündenvergebung. Da Blut und Tod das Sühneopfer darstellten, könne nicht allein die göttliche Natur die Rechtfertigung erwerben, sondern die menschliche nehme eine wichtige Rolle ein. Wenn sich Osiander auf I Kor 1,30 berufe, so sei der Kontext zu beachten, in dem Paulus von Christus als der Gerechtigkeit spreche: Es sei gerade der gekreuzigte Christus, auf den der Apostel sich beziehe: »Daraus hell und klar ist, das er nicht allein nach seiner gottheit unser weisheit, gerechtigkeit und heiligung sey, sondern durch sein creutz, todt, blut, leiden und sterben«. Wo Jesus der Christustitel beigelegt werde, bezeichne er nicht seine göttliche Natur, sondern sein Amt und seine Person. Durch dieses Amt wie in seiner ganzen Person sei er vom Vater zur Gerechtigkeit und Weisheit gemacht worden. In dieser Amtsfunktion erwerbe Christus Gerechtigkeit durch sein Leiden und Sterben. Dem königlichen Amt sei die Heiligung zuzuschreiben, die von der Rechtfertigung zu trennen sei. Bis zur ewigen Seligkeit brauche der Mensch als Sünder Gnade und Vergebung, seine Wandlung und Heiligung erfolge aber durch den Geist. Die göttliche Gerechtigkeit selbst sei für den Sünder gar nicht tragbar. Wenn Osiander sich auf Jer 23 und 33 berufe, so sei zu beachten, daß im Kontext nicht nur der Gottesname mit der Gerechtigkeit gleichgesetzt werde, sondern auch vom Sohn Davids die Rede sei, also auch auf die menschliche Natur des Mittlers angespielt werde. Menschliche Gerechtigkeit könne nur die unsichtbare, im Glauben faßbare Gerechtigkeit sein, die aus Leiden, Sterben, Auferstehen und der Himmelfahrt Christ resultiere. »Es ist aber solche gerechtigkeit gar heimlich und verborgen, nicht allein für der welt und vernunft …, denn sie ist nicht ein gedancken, wort noch werck in uns selbst, wie die sophisten von der gnade getreumet haben, das es sey ein gegossen ding in unsere hertzen, sondern aussen und uber uns, nemlich der gang Christi zum Vater, das ist sein leiden und aufferstehung oder himelfahrt …, aus unserm sinne und augen gesetzt, das wirs nicht sehen und fülen konnen, sondern alleine mit dem glauben mus ergriffen werden durchs wort, so von ihm gepredigt wird«[61]. Die göttliche Gerechtigkeit liege ›extra nos‹, gehöre uns aber ganz. Die Erneuerung erfolge durch den Geist, doch sei die Heiligung Frucht der Rechtfertigung. Da unsere Heiligung nachweisbar unvollkommen sei, könne sie nicht die Gerechtigkeit sein.

Osianders Kommentierung:

Osiander sieht Knipstros Hauptirrtum darin, das Mittel mit dem Ziel zu verwechseln und in der Fehldeutung des Wortes ›durch‹ das, wodurch der Mensch gerecht werde, für die Gerechtigkeit selbst zu halten. So setze er auch abwechselnd Tod und

61. Die beiden Zitate finden sich bei Knipstro, Antwort, Bl. C2a und G3b-4a.

Leiden Christi, sein Blut und seine Person oder die Sündenvergebung und die Gerechtigkeit gleich. Leiden, Sterben und Blutvergießen Christi führten zwar die Gerechtigkeit herbei, stellten sie aber nicht selbst dar. Auch die in der Vorrede erhobenen Vorwürfe seien durch seine, Osianders, bisher erschienenen Schriften reichlich widerlegt[62].

Osiander schließt sein Werk mit der resignierten Feststellung, alle seine Gegner hätten zwar Lügen über ihn verbreitet, seien aber nicht stichhaltig auf seine Argumentation und Beweise eingegangen. Er erwähnt noch einige Schriften, die er kurzfristig erhalten habe und daher nicht behandeln könne: Es handelt sich um die Entgegnung des Andreas Musculus[63], eine zweite Schrift des ›lichtflüchtigen Nachtraben‹, eines von ihm so benannten anonymen Verfassers[64] und ein weiteres Werk des Matthias Flacius Illyricus gegen die »neue ketzerey der dikaeusisten«[65], in dem Osiander unterstellt wird, er bezeichne die Gerechtigkeit, die Christus durch sein Werk erworben habe, als eine der ›pharisäischen Gerechtigkeit‹ gleichzusetzende. Zum Schluß appelliert Osiander an die Leser, sich an seinen Lehrsatz zu halten, daß Christus durch seinen Gehorsam die Sündenvergebung erworben habe und durch den Glauben in uns wohne, unsere Weisheit und Gerechtigkeit sei.

3. Überlieferung

Handschrift:

a: Breslau UB, Ms. R 2282, Kop. von A, unfoliiert, wird textkritisch nicht berücksichtigt.

Druck:

A: Königsberg: Hans Weinreich, 1552 = *Seebaß*, Bibliographie, S. 181, Nr. 68. Dieser Druck liegt unserer Edition zugrunde nach dem Exemplar in Nürnberg StB, Theol. 919. 4° (12). Folgende Druckfehler wurden dabei stillschweigend verbessert: S. 759,22: hortens; S. 760,11: lerman (Ditt. der Vorsilbe des nächsten Wortes); S. 763,11: zu; S. 763,29: jarm; S. 765,7 (letztes Wort): forderst; S. 765,17: da; S. 770,9: rechfertigung; S. 771,5: lugstraff; S. 772,7: wleche; S. 772,8: diem; S. 772,20: goslestrern; S. 773,14: Walner; S. 773,18: Waldnar; S. 777,25: schilit; S. 778,1: (nach dem Wort ›dann‹): antichrisch; S. 778,6: son-sonder (Ditt.); S. 778,11: alchumististisch; S. 779,15: schifft; S. 779,30: schedlicher; S. 779,30: lugenen; S. 780,5: diewell; S. 780,7: nun; S. 780,14: (nach dem Wort ›dritt‹): de; S. 782,18: (nach dem Wort ›dann‹): gerechtigkaie; S. 782,31: gesetzs; S. 783,38: genng; S. 784,27: findests; S. 785,15: wr; S. 785,29: hab; S. 785,30: hab; S. 786,13:

62. Vgl. u. S. 793,8-794,23.
63. s. u. S. 795, Anm. 247.
64. s. u. S. 795, Anm. 248.
65. s. u. S. 795, Anm. 249.

zeüge; S. 786,18: supperattendent; S. 786,27: supperattendent; S. 786,29: gerechtidkait; S. 787,2 (10. Wort): g-rechtigkait; S. 787,5: heilger; S. 787,8: einauder; S. 787,20: supperattendentem; S. 788,1: wider; S. 788,16: fascher; S. 788,25: darumb; S. 789,3: disem; S. 790,8: das; S. 790,16: maiestae; S. 791,22: ewigtlich; S. 791,26: gebicht; S. 792,1: sch; S. 793,11f: supperattendens; S. 793,17: supperattendent; S. 794,13: der; S. 795,5: Musiculum; S. 795,7: lichfluchtigen; S. 796,4 (vor dem Wort ›springe‹): dar; S. 796,6: Gedruck. – Auf Bl. B3a des Druckes fehlt die Blattangabe und die Custode, auf Bl. E2b die Custode, auf Bl. E3a die Blattangabe und auf Bl. E4a die Custode, vielleicht wegen des nachfolgenden Untertitels. Auf Bl. H5a fehlt ebenfalls die Blattangabe, wohl weil es sich um das letzte bedruckte Textblatt handelt.

Text

[A1a:] Schmeckbier
aus doctor Joachim Moͤrleins buch,
aus magister Michael Roͤtings buch,
aus des ›nuͤrmbergischen uhu‹ buch[1],
aus Justi Menii buch,
aus Mathiae Illirici und Nicolai Galli buch,
aus Johannis Policarii buch,
aus Alexandri Halesii buch,
aus Nicolai Amsdorffs buch,
aus Johannis Knipstro buch.

Das sein kurtze anzaigung etlicher furnemblicher[2] stuck und artickeln, die in iren buchern wider mich begriffen sein, aus denen man leichtlich iren gaist, glauben und kunst[3] kan pruefen, gleichwie man aus einem trunck, was im faß fur bier ist, kan schmecken.

Andreas Osiander.

2. Thimoth. 3[8f]: »Gleicherweis aber, wie Jannes und Jambres Mosi widerstunden, also widerstehn auch dise der warheit. Es sind menschen von zerruͤtten synnen, untuchtig zum glauben. Aber sie werdens die lenge nicht treiben, dann ir thorhait wirt jederman offenbar werden.«

Konigsperg in Preussen 1552

1. d. h. aus Wolfgang Waldners Buch; zu ihm vgl. o. S. 742 und 746.
2. hauptsächlicher, bevorzugter.
3. Können, Kenntnis, Wissen.

[A2a:] Schmeckbier.
Andreas Osiander.

Allen frommen, christlichen hertzen, denen diß mein buͤchlein zu lesen furkombt, gnad, frid und barmhertzigkait von Gott dem vater und von seinem sohn Jesu Christo, unserm herrn. Amen.

Es ist der laidige[4] satan, gottlob, meiner lehr und mir so pitter feind und gram, das er mich durch die, so er bethoͤret hat, zum hefftigsten lestert und verfolget. Und wiewol im[5] Gott biß anher gewaltigklich und wunderbarlich gewehret, das er seinen willen, mir mein christlichen namen abzustricken[6], leib und leben, ehr und gut zu nemen, durch die seinen ins werck zu pringen, nicht vermocht, so hoͤret er doch nicht auff, wider mich zu liegen[7] und zu lestern und zu troen, als hette ers im entlich furgesetzt, mich mit solcher seiner poßhait durch stete traurigkait und schwere gedancken zu erwurgen. Dieweyl er aber merckt, das mich Gottis wort wider solche seine poßheit gewaltigklich troͤst und [A2b:] sterckt, so untersteht er sich auch noch, durch ein andern weg mein lehr und mich zu vertrucken[8], nemlich mit verachten, spotten und hoͤnen, gleych als sprech er: Du amechtiger[9] man, was untherstehestu dich, mit deinem Christo mir mein reich unruig zu machen? Waistu nicht, das ich fuͤrst der weldt[10] bin? Sichstu nicht, das ich ein gemalten christum in meinem reych hab? Der gefelt meinem gesind viel baß[11] dann dein lebendiger, warer Christus. Schau doch an den grossen hauffen meiner gelerten, die all wider dich sein! Vermainstu sie zu uͤberwinden mit heyliger schrifft? Jawol, sie geben nichts darauff! Sie sollen dir auch nichts darauff antworten, sonder sich stellen, als sehen und hoͤrten sie es nicht, wie sie schon gar[12] gehorsamlich thun; vil weniger sollen sie ihr lehr mit heyliger schrifft beweisen. Dann eben darumb sein sie magistri und doctores, das man ihnen on alle zeuͤgnus der schrift glauben soll. Warumb solten sie sonst so vil geldts außgeben[13]? Und warumb solt ich sie mit trummeln und pfeiffen wie die preuͤt zum doctorat fuͤren[14], wann es ihnen nicht das grosse und tapfer ansehen solt machen, das man ihnen on schrifft muͤste glauben? Des zum zeuͤgnus nympt man ein offne bibel, schleuͤßt sie zu und gibt sie ihnen an den arm, damit heymlich zu deuͤten, das sie nicht mehr Gottis wort auß der heyligen schrifft, sonder ihre aigne gedancken auß ihren schwindelhirnigen koͤpfen sollen außgiessen. [A3a:] Dargegen sollen sie dich mit liegen, lestern, schenden, schmehen also uberschutten, mit mut-

4. leidbringende, böse, widerwärtige.
5. ihm.
6. zu rauben.
7. lügen.
8. unterdrücken, beseitigen.
9. ohnmächtiger, schwacher.
10. Vgl. Joh 12,31; 14,30; 16,11.
11. besser.
12. ganz.
13. Der Erwerb eines Doktorgrades war an deutschen Universitäten an eine Gebühr und hohe Ausgaben für Ehrengeschenke und Festgelage gebunden; vgl. *Kaufmann*, Geschichte 2, S. 317f.
14. Zu den Feierlichkeiten bei einer Promotion vgl. ebd., S. 290-293 und 319-323.

williger verkerung deiner wort so scheuchtzlich dargeben, mit falscher deutung der schrifft so irr machen und mit mancherley neuen gerechtigkaiten in so weitlaufftige gedancken ziehen, das du nicht solt wissen, welchen, warauff, welcher ordnung, mit was beschaidenhait oder ernst du solt antworten oder wie du dein antwort unter die leut solt pringen; dan kein buchfurer soll deine schriften weder verlegen noch verkauffen. Mittlerzeit will ich alle die meinen und, wen ich kan, also blenden, bethoͤren und bezaubern wie die Galater[15], das sie mit sehenden augen nicht sehen, mit hoͤrenden ohren nicht hoͤren[16] und sich also an deine beweisung, aus der heiligen schrifft gefuͤrt, gantz und gar nichts keren, sonder mit schmehschrifften, schandliedlein, pasquillen haimlich hinter dem liecht also außtragen, verunglimpfen, verhast machen und ein solchen lerm anrichten, das du erkennen solt, das mein reich ein reich der finsternus, des liegens, auffrurens und moͤrdens wider deinen Christum und all seine glider sey.

Wollan, wils und sols dann also sein und kan nicht anderst sein, so walts der allmechtig, ewig, barmhertzig Gott! Ich wils versuchen, ob ich im namen und krafft unsers lieben herrn Jesu Christi und seines gaists den satan, den alten drachen mit seinen falsch gleissenden schuppen, hinwider spotten und auff den kopf tretten koͤnn[17], das es ime auch wehe thue. [A3b:] Und dieweil so vil schrifften, im truck und sonst wider mein lehr und mich außgangen, im land umbfliegen, das ich in der eyl, wiewol vonnoͤten wer, nicht einem yeden auff sein liegen, lestern, felschen und schwermen volligklich antworten kan, so will ich doch umb der schwachen willen, die durch solche schrifften geergert, geblendet und verfurt moͤchten werden, einem jeden ein wenig antworten und dem gemeinen mann zu verstehn geben, mit was untreu und aus welchem gaist sie wider mich handeln, gleich als wann man ein faß anzepft und schmeckpier daraus gibt, da man dann aus einem oder zweyen truncken wol schmecken kan, was im gantzen faß ist. Und will an doctor Joachim Moͤrleins buch anheben.

Schmeckbier aus doctor Joachim Morleins buch[18]:

Erstlich leugt mich doctor Moͤrlein an als ein unverschembter, verruchter unman, da er am [Bl.]A2 schreibt, ich schließ das unschuldig leiden und sterben unsers lieben herrn und hailands Jesu Christi in dem artickel der rechtfertigung aus[19], und sterckt solche seine teuffelische luͤgen noch paß[20], da er darzusetzt, ich hab solchs in meinem

15. Vgl. Gal 3,1.
16. Vgl. Mk 8,18.
17. Vgl. Gen 3,15.
18. Vgl. o. S. 743f.
19. Vgl. Mörlin, Bericht, Bl. A2a: »Unter denen [= Ketzereien] dieser zeit nicht die geringste ist diejenige, so Andreas Osiander alhier im landt zu Preussen von sich gegeben, in welcher er das unschuldige leiden und sterben unsers lieben heilands Jesu Christi in dem artickel der rechtfertigung ausschleust, wie er solches in seiner confession durch einen öffentlichen druck hat lassen ausgehen«.
20. weiter.

bekantnus[21] offentlich in truck geben, so doch nicht ein ainig wort in meynem gantzen bekantnus ist, damit er solche seine teufelische luͤgen koͤnt schmucken. [A4a:] Der ungelerte man, der mit urlaub[22] ein wittebergischer doctor soll heyssen[23] und mich in seinen predigen und heymlichen schmehschrifften so offt gehoͤnet und gesagt hat, man solt mich in die schule fuͤren und mit rutten streychen[24], der waiß selbs noch nicht, was fur unterschid zwischen der gerechtigkeit und der rechtfertigung ist und was ›außschliessen‹ heyst.

Wann man mich fraget: Was ist unser gerechtigkeit?, so antwort ich mit Esaia am 45. [24], Jeremia am 23. [6] und 33. [16], Paulo 1. Corint. 1 [30f], Augustino ad Consentium[25] und mit Luthero Psal. 5[26]: יהוה (das ist die goͤtlich natur in Christo und nicht außerhalb Christo) ist unser gerechtigkeit. Wann man mich aber fragt: Was gehoͤrt dann zu unserer rechtfertigung, durch die wir solche gerechtigkeit bekommen?, so antwort ich: Es gehoͤrt darzu, das wir zuvor von Gottis zorn, sund, todt und helle erloͤset werden, nemlich also, das Gottis sohn mensch werd und solche seine gerechtigkeit von himel ins fleysch, das er von uns hat, widerpringe, das gesetz fur uns erfuͤlle, unser sünd und den zorn Gottis sambt dem fluch des gesetzs, die wir mit der sünd verdienet hetten, auff sich neme, darfur leyde, sein bluet vergiesse, den todt, jah den allerschmelichsten todt am creuͤtz[27] erdulde und also ein fluch fur uns werd, sund, todt und helle uͤberwinde, Gottis zorn stille, uns mit seinem himlischen Vater wider versoͤne, auff das Got der vater umb der gnugthuhung und erloͤsung Christi willen uns zu rechtfertigen bewillige, darnach uns puß, auff [A4b:] das wir uns fur sünder bekennen, und das euangelion, auff das wir seine wolthat erkennen, laß predigen. Dem muͤssen wir glauben, so wonet er dann durch den glauben in unserm hertzen, Ephe. 3[17], und ist also unser weyßheit, gerechtigkeit, heyligung etc., 1. Corint. 1 [30], wie vor aus Esaia und Jeremia gemeldet ist.

Dise lehr hab ich von anfang meines predigampts biß anher getriben und in meiner bekantnus durchauß[28] beschriben. Derhalben sag ich zum andern und dritten mal, das mich doctor Moͤrlein als ein unverschembter, verruͤchter unman anleuͤgt und anstinckt (ich hett wol ursach, ihn anderst anzutasten), das ich das unschuldig leyden und sterben unsers lieben herrn Jhesu Christi von der rechtfertigung außschliesse. Und dise seine ungeheuͤre und teuͤfflische luͤge, mit der er so vil tausent ge-

21. Gemeint ist die am 8. Sept. 1551 erschienene Schrift ›Von dem einigen Mittler‹, s. o. S. 49-300, Nr. 488/496.

22. Verlaub, Erlaubnis.

23. Joachim Mörlin hatte in Wittenberg studiert, wo er 1536 Magister und 1540 auf Luthers Wunsch hin zum Dr. theol. promoviert wurde. Vgl. *Stupperich*, Reformatorenlexikon, S. 146.

24. Dies hatte Mörlin in einem im Sept. 1551 unter den Königsberger Studenten verbreiteten Flugblatt gefordert: »... ut in schola sub ferulis indicent et helleborum nigrum adferant ad purgandum cerebrum«; s. o. S. 324,11-13, Nr. 493.

25. Augustinus Consentio ad quaestiones de trinitate sibi propositas, Epistola 120 (PL 33, Sp. 452-462); s. o. S. 212,26-214,3, Nr. 488.

26. Vgl. WA 5, S. 144,17-22 (zu Ps 5,9).

27. Vgl. Phil 2,8.

28. von Anfang bis Ende, durchgängig.

wissen, fur die Christus gestorben ist, zerruttelt, zerschůttelt, verwirret, geergert und betrůbet hat, die er wider mein offenlich bekantnus, so im truck außgangen, widerumb offenlich im truck hat außgeben, wer allein wichtig, schwer und groß genug, das man ihme nicht allein den predigstul und alle erbare gemeynschafft absaget, sonder ihm auch befelhe, das er sich fůrohin doctorstittels und aller wirde und freyheiten, demselbigen anhengig, nicht mehr rhůmen oder prauchen solte, wie zu unsern zeytten ettlichen wol in geringern sachen widerfahren ist. Noch vil greůlicher leůget er dise lůgen auff [B1a:] mich am [Bl.] D[2] bald[29] im anfang[30]. Aber ich laß es jetzo bey der gethanen antwort bleiben.

Ebenso unverschembt leugt er, das ich zu Stancaro[31] soll gesagt haben: Nolo vinci, nolo vinci[32] etc., dann das widerspil ist war, das ich gesagt hab: Cupio vinci, si erro, das ist: Ich wils gern haben, das man mich uberwind, wann ich irre[33]. Und warn das meine letzte wort: Habt ir gleich die ehr darvon, wann ir mich uberwindet, so hab doch ich den nutz darvon, das ich gelerter und pesser werd[34].

Noch vil unverschembter leugt und stinckt er mich an, der lose, verruchte man, da er schreibt am [Bl.] D2, ich soll den 22. Septembris des vergangen 51. jars von der cantzel lesterlichen geruffen und außgegeben haben, das blut Christi sey vor funfzehenhundert jaren lengst vergossen, vertrucknet und in der erden verwesen[35]. Er sols auch mit all seinen moͤrdischen moͤrlisten[!] sein leben lang nimmermer auff mich beweisen und wahrmachen, des bin ich in Got, der die warhait ist, wol sicher und gewiß, sonder dise greůliche lůge sambt andern noch mer, die ich in der volligen antwort hernach redlich auff in will beweisen[36], sollen und můssen im in seinem lügenhafftigen rachen stecken und stincken bleiben sein leben lang. Dann ich weis von

29. gleich.

30. Der Bogen D des Mörlinschen ›Berichts‹ enthält unter dem Obertitel »Das rechtfertigung und erlösung ein dinck sey« eine Auseinandersetzung mit den wichtigsten Thesen der Schrift ›Von dem einigen Mittler‹; in Bl. D2a wird der von Mörlin oft wiederholte Vorwurf, Osiander verleugne die Bedeutung des Blutes Christi, das er vor 1500 Jahren vergossen habe, erneut erhoben und ausgeführt.

31. Franciscus Stancarus (um 1501-1574), italienischer Exulant, fand 1551 als Lektor für Hebräisch Aufnahme in Königsberg, das er aufgrund der osiandrischen Streitigkeiten bald wieder verließ; vgl. ADB 35, S. 436.

32. Mörlin beschwert sich in seinem ›Bericht‹, Bl. A4b, über den Druck der Schrift ›Von dem einigen Mittler‹: »Zudem das er solte öffentlichen durch den druck ausgebracht werden, ehr denn die kirche darüber indicirete, ob es gifft und eine schedliche oder heilsame, göttliche gute lere wehre. Wir kunten aber daraus wol vernemen, was die kirche war, daran er seine schrifft und lere stellen wolte, dieweil er mit grimmigem muth zum doctore Francisco Stancaro gesagt: ›Nolo vinci, nolo vinci. Neque te neque alios ferre possum iudices‹«.

33. Diese Äußerung konnte nicht nachgewiesen werden.

34. Diese Äußerung konnte nicht nachgewiesen werden.

35. In seinem ›Bericht‹, Bl. D2a, konstatiert Mörlin, daß man sich, habe Osiander recht, nicht auf das Leiden und Sterben Christi berufen dürfe, »sondern musten uns des begeben, als das vor funfzehenhundert jaren lengest vergossen, vertrucknet und in der erden verwesen, wie er den 22. Septembris dises jars nechst lesterlichen von der cantzel geruffen und ausgegeben hat«.

36. Zu dieser umfassenden Gegenschrift ist Osiander nicht mehr gekommen.

Gottis gnaden mit mehrer gottisfurcht, zucht und beschaidenhait von solchen gőtlichen dingen zu reden und zu schreiben, dan das mir dise wort vom ›vertrucknen‹ und ›verwesen‹, die Mőrlein selbs lesterlich erdichtet hat, solten in meinen mund kommen, sinteinmal sie mir mein leben lang weder in mein hertz noch gedancken nie sein eingefallen. [B1b:]

Hieraus hastu, christlicher leser, den lůgengaist, den[37] sich Mőrlein furen und treiben lest, genügsam zu erkennen. Er gibt mir zwar auch schuld, ich hab in und andre – wais nicht, wer sie sein sollen – hart beschwert mit lůgen[38], aber – gottlob – er hat noch keine angezeigt, vil weniger bewisen, wirts auch, ob Gott will, wol anstehn lassen. Wir sollen sein grosse kunst nun auch ein wenig schmecken:

In meinem bekantnus am [Bl.] B[1] zu end und B2 hab ich dise mainung gehandelt, Christus hab uns vor funfzehenhundert jarn durch sein leiden, sterben und blutvergiessen am creutz erlőset und dőrf[39] uns nicht noch ainmal, vil weniger offt, mit neuem leiden, sterben und blutvergiessen erlősen, aber er můß noch heutigs tags rechtfertigen alle die, so in sunden kinder des zorns[40] werden geporn, sőllen sie anderst selig werden[41]. Darumb kőnne das werck der erlosung, das vor funfzehenhundert jarn geschehen und vollendet ist, nicht das werck sein, da Got noch teglich die gotlosen rechtfertigt. Darumb kan auch die erlősung, so am creutz geschehen ist, nicht die rechtfertigung sein, die noch teglichs in uns geschicht. Bey der erlősung dorften wir nicht sein, aber bey der rechtfertigung mussen wir selbs personlich auch dabeysein, es wurd sonst nichts daraus etc.

Dises ainfeltigs argument hatt den Mőrlein so toll, tőricht, rasend und wahnsynnig gemacht, das er sich nicht anderst stelt, dann als wer er [B2a:] aller seiner vernufft[!] beraubt. Er wolts gern umbstossen, aber es ist im unmüglich, das wais ich, und dieweil er im nichts angewinnen kann, begaiffert ers mit einer falschen folgerey und spricht, es volge daraus, das die wesentlich gerechtigkait Gottis auch nicht kőnn unser gerechtigkait sein, dann sie sey wol elter dann funfzehenhundert jar[42] etc. Hilf Gott, wie ist der man so tollkůn! Solte der ewig Gott nicht kőnnen mein gerechtigkait sein, darumb das er ewig ist oder darůmb das ein werck, das vor funfzehenhundert jarn geschehen und vollendet ist, nicht kan das werck sein, das bey ettlichen erst morgen oder uber vil jar angefangen wirt? Soll das ein naturliche, dialectische folge sein? Ja, es ist des laidi-

37. von dem.

38. Nach Mörlin, Bericht, Bl. A3a, hat Osiander »mit eitel gifftigen scheltworten denen geantwortet, die in nur redelichen mit guten, bestendigen argumenten angetastet haben, darinnen er auch derjenigen mit seinen ungestümen gicht, zornigen stürmworten nicht verschonet, die im in mancherley wege viel lieb und dienst zum offternmael bewiesen«.

39. braucht … zu.

40. Vgl. Eph 2,3.

41. Vgl. o. S. 110,1-15, Nr. 488.

42. Vgl. Mörlin, Bericht, Bl. D2a: »Also schleust er [= Osiander] im quatern B, folio 2: Die erlösung ist geschehen vor 1500 jaren, unser rechtfertigung aber ist nicht geschehen vor 1500 jaren, derhalben kan erlösung und rechtfertigung nicht ein dinck sein. Antwort: Die selbwesende gerechtigkeit Gottes ist wol elter denn funfzehenhundert jar, und wer kan ire jar zehlen? Derhalben schlissen wir mit einerley grunt, kan sie unser gerechtigkeit auch nicht sein. Stehet jenes argumentum, so stehet unsers auch! Felt das, so leit jenes zuvor!«

gen teufels unverschembte gotslesterung! Ich zweifel auch nicht, Moͤrlein empfindets wol, was er hierin fur ein grauel begangen hat. O, wie soll sein gewissen zittern und zappeln und sein hertz puchen, wann er daran gedenckt, das er so frevenlich wider die goͤtlichen majestet geplaudert und gelestert hat, und das darzu offenlich im truck, da es so vil tausent menschen verergern kan und nicht vergessen wirt, solang sein puch in der welt pleibt! Darumb wolt ers auch gern verpergen und mit langem geschwetz, darin er mich beleugt, schilt, hoͤnet, lestert und on allen grund verdammet, gantz und gar uberschuͤtten, das man nicht mercken soll, das er mein argument hat muͤssen ungepissen lassen und sein falsche volg ein rechte, volle gotslesterung ist. Lis in seinem buch [B2b:] vom [Bl.] D2 an ein plat oder viere, so wirstu hoͤren, wie er poltert, tobet und raset, als der vor wehmut[43] nicht waiß, was er sagen soll[44].

Er gibt mir auch schuld [Bl.] D3, ich hab enderung in der religion angerichtet, fuͤrstliche durchleuͤchtigkeit betruͤbet, ihr land aus dem frid in unfrid gesetzt[45], so es doch Moͤrlein selbs gethon hat und nicht ich, daruͤber mag ich fuͤrstlicher durchleuͤchtigkeit erkantnus[46] wol leyden. Ich hab im frid geleret gantz und gar nichts neues, dann das ist je nicht neu, das Esaias am 45.[24], Jeremias am 23.[6] und 33.[16], Paul 1. Corin. 1[30] und Augustinus zum Consentio[47] schreiben: »Got ist unser gerechtigkeit«. Moͤrlein aber hat noch biß auff den heuͤtigen tag nichts bestendiges von der gerechtigkeit geleret. Ich hab kein ceremonien in der kirchen geandert wie Moͤrlein, mich keins banns unterstanden, hab nimand aus neydt und haß das heylig sacrament versagt wie Moͤrlein[48], hab niemandt von der gefatterschafft verstossen wie Moͤrlein, hab niemand die gemeyn begrebnus versagt wie Moͤrlein[49]. Dannoch thar[50] mir der unverschembt man schuld geben, ich hab das land in unfrid gesetzt. Und wie thar der auffruͤrische gaist eins unfrids gedencken, da keiner ist, dann das ers den leuͤten, die er lang mit liegen und lestern verpittert hat, gern wolt einpilden, das sie unfrid und auffruhr solten anfangen? Was hats auch anders be-

43. Zorn.

44. Die Abschnitte des Druckbogens D in Mörlins ›Bericht‹ werfen Osiander vor allem die Mißachtung des Blutes Christi vor.

45. Vgl. Mörlin, Bericht, Bl. D2b-3a.

46. Überprüfung.

47. Vgl. o. S. 761, Anm. 25.

48. Im Sommer 1551 verweigerte Mörlin Osianderanhängern die Teilnahme am Abendmahl; vgl. *Stupperich*, Osiander, S. 163f. Am 31. Juli berichtete Osiander Herzog Albrecht in einem Brief, daß Mörlin jeden, der Osianders Predigten besuche und seine Lehre unterstütze, das Altarsakrament verweigern wolle. Gegenüber dem polnischen Landedelmann Stanislaw Suszyski habe er seine Drohung bereits wahr gemacht; vgl. u. A. Bd. 9, S. 744,8-745,8, Nr. 482.

49. Vgl. Mörlin, Historia, Bl. P3a: »Darneben hab ich aber auch gewarnet, welche sich daruber und des ungeachtet der osiandrischen verdampten schwermerey wurden anhengig machen, das ich dieselbigen wolt bey der tauffe zu gevattern nicht stehen lassen und in summa: wie dieselbigen mich nicht fur iren hirten, also wolt ich sie widerumb auch nicht fur meine schefflin erkennen und mich demnach weder mit sacrament reichen noch einiger sorge in leben und sterben irer annemen, wie ich denn auch Gott lob einmal oder zwey gethan, mehr war es mir auch nicht vonnöten«.

50. wagt … zu.

deuͤtet, da Moͤrlein auff der cantzel lesteret, mein lehr thet grossern schaden, dann wann der kaiser, babst und Turck mit drey grossen heern vor der stadt legen, und schrie darnach: Thut darzu, thut darzu, wo nicht umb euernwillen, [B3a:] doch umb eurer kleinen kindlein willen[51], wie er dann sinther offt in seinen predigen solchs widerholet und getriben hat, dann das er gern unfrid und aufruhr angerichtet und angestifftet hett? Und was thut er noch heuͤtigs tags anders, wann er furgibt, er woll hinwegziehen, lest ihm urlaub fordern[52], so es ihm doch nicht ernst ist – er forderts sonst wol durch sein aigne handtschrifft –, dann das er seinen anhang zur auffruhr begert zu erhitzen und anzuhetzen? Aber er sols, ob Got wil, nicht vermoͤgen, und hett er noch so grossen anhang, dann der ist noch vil stercker, der ihms wehren sol!

Ferner poltert er also daher: Wir dringen, treiben, bitten und flehen, herr Osiander, gebt schrifft her! Eia, spricht er[53], beweiset zuvor, das diser mein grundt unrecht sey – hie leuͤgt mich Moͤrlein aber einmal[54] an, dan dise wort hat er weder aus meinen schrifften noch aus meinem mund –, und antwort auf solche sein selbsgetichte wort, es sey ihnen nicht vonnoͤten[55] etc. Lieber Got, wie ist der man so irr in seinem wehmut! Hab ich nicht schrift genug gefuͤret in meinem bekantnus? Ja, er moͤcht sprechen: In dem capitel, [Bl.] B[1] an der andern seiten, das sich anhebt: »Es ist aber offenbar« etc., da fuͤrestu kein schrifft[56]. Antwort: Lieber, sein aber nicht alle meine wort aus der schrift genommen oder darinnen gegruͤndet, ob ich schon die buͤcher und capitel nicht melde? Wolt er aber sagen, er verstund es nicht und glaubets nicht, wolan, so wil ich ihm schrifft anzeygen:

Das Christus lenger dann vor fuͤnfzehenhundert jahrn am creuͤtz fur uns gestorben und am dritten tag wider erstanden ist, zeuͤgen die vier evangelisten, sonderlich Lucas am 2. und 3. cap. [2,1f;3,1f], alle chri-[B3b:]stliche chronicken und alle brieff[57] und sigel im Roͤmischen Reych, darin das gewonliche datum steht[58]. Das ist ja gewiß und ungezweyffelt. – Das er uns aber am creuͤtz erloͤset hab, das zeuͤget Paulus zun Galatern am 3.[13] und spricht: »Christus hat uns erloͤset vom fluch des gesetzs, da

51. Diese Predigtäußerung ist erhalten in einer Nachschrift Herzog Albrechts, Berlin GStAPK, XX. HA StA Königsberg, HBA J2 (K.974, fol. 1v).

52. Ein Entlassungsgesuch konnte nicht nachgewiesen werden. Die Schwiegermutter des Herzogs, Elisabeth von Braunschweig-Calenberg, berichtet in einem Schreiben an diesen allerdings, daß Mörlin früher erwogen habe, Preußen zu verlassen und nach Breslau zu ziehen, jetzt aber seinen Platz in Königsberg sehe; vgl. *Stupperich*, Osiander, S. 319.

53. sc. Osiander.

54. wieder einmal, einmal mehr.

55. Vgl. Mörlin, Bericht, Bl. D3b: [Wir] »dringen, treiben, bitten und flehen: Herr Osiander, gebt schrifft her! Ey ja, spricht er, beweiset zuvor, das dieser mein grund unrecht sey. Antwort: das ist uns nicht vonnöten, denn wie kome ein ider armer Christ darzu, wenn in der Türck seines glaubens bereden wolt, das er im denseliben aus Gottes wort verlegen must, oder must im flucks also bald beifallen«.

56. Gemeint ist das Gleichnis vom türkischen Leibeigenen in Osianders Bekenntnis, vgl. o. S. 110,1-15, Nr. 488. Zur Kritik Mörlins s. u. S. 767, Anm. 66.

57. Urkunden.

58. Gemeint ist die Urkundenformel »actum et datum anno Domini ...«; vgl. *Boor*, Actum, S. 3. Zur christlichen Zeitbezeichnung »anno Domini« vgl. *Grotefend*, Zeitrechnung, S. 10.

er ward ein fluch fur uns«. Nun ist er am creütz ein fluch worden, wie Paulus beweist aus Mose, Deu. 21[23]. Darumb hat er uns ja vor funfzehenhundert jarn am creütz erlôset. – Das aber die, so noch teglich geborn werden, noch nicht gerechtfertigt seien, das zeuget Paulus zun Ephe. am 2. cap. [3.1], wir seien alle von natur kinder des zorns etc., erstorben in sünden etc., sonder mussen erst gerecht werden durch den glauben, wie er zeuget Ro. 3[28] und spricht: »So halten wirs nun darfur, das der mensch gerecht werd allein durch den glauben« etc. Was mussen aber das fur decoctores[!] theologiae sein, die uber disen artikeln schreien: Schrift, schrifft, schrift her, gleych als weren sie zweyffenlich oder unglaublich, so doch die jungen kinder solchs alles wissen, die nur den catechismum recht gelernet haben? Oder sol ich ihm noch beweysen, das das werck der erlôsung, das Christus vor funfzehenhundert jarn am creütz volendet hat, sey nicht das werck der rechtfertigung, das Gott morgen oder uber kurtz oder lange zeyt an einem jungen kind, das in sûnden geborn ist, erst anheben mus? So mus er ja der scham den kopf greulich abgebissen haben, dann was ist das anders, dann wann er wie ein toller [B4a:] mensch begeret und schrie, ich solt ihm beweisen, das das heurig jar nicht das ferdig[59] were. Wolan, thar er so unverschembt sein, das ers fodder, so kan ich noch so unverdrossen sein, das ichs ihm in der schrifft zaige! Dann zun Hebr. am 9.[12] steht also geschriben: Er ist »einmal in das heylig eingangen und hat ein ewige erlôsung gefunden«, item [9,25f]: »nicht das er sich offt opfere, er hett sonst offt mûssen leyden vom anfang der weldt her«, item am 10.[12]: Christus »hat ein opfer fur die sund geopfert, das ewiglich gilt« etc. Hieraus ist klar, das das werck der erlôsung nur einmal und vor funfzehenhundert jarn geschehen ist und geschicht nicht noch einmal. Das werck der rechtfertigung aber ist offt geschehen und geschicht noch teglichs, soofft ein außerwelter mensch geborn wirdt. Darumb kan das werck der erlôsung nicht das werck der rechtfertigung sein.

Darnach meulet er obgedachts mein argument aber ein wenig an[60] und begaifert es mit einer falschen folgerey, [Bl.] D4 an der andern seytten, und gibt fur, es soll daraus folgen, das uns die freyheit vom teüffel, todt und helle angeborn sey und dorfen derhalben weder predig, tauff noch glaubens, sampt andern lesterlichen worten mehr[61]. Und sihet der elende, blindt und wansynnige mataeologus[62] nicht, das, gleychwie den kindern ires erledigten[63], leyblichen vatters freyheit angeboren wirdt durch die leybliche, fleyschliche geburt, also wirdt uns die freyheit von sünd, todt, teüffel und helle angeborn durch die neue geystliche wi-[B4b:]dergepurt; die kan ja on predig, tauff und glauben nicht geschehen. Hilf Gott, wie hat doch der laidige satan den man so

59. vergangene.

60. reißt er den Mund über ... wieder ... auf.

61. Vgl. Mörlin, Bericht, Bl. D4b: »Schleust dasselbig gewis, wie es thuen mus, wo diese meinung daraus sol erhalten werden, das wir erlöset sind, aber nicht gerechtfertiget, ehr denn wir gleuben oder geborn werden, so folget entweder, das uns die vergebung der sünden (denn darauff stehet die erlösung, Eph. 1, Col. 1) unser freiheit vom teufel, tod und ewigem hellischen feur auch angeborn ist, dorfen wider der predig, tauff noch glaubens darzu«.

62. Vgl. Tit 1,10.

63. freigelassenen, befreiten.

greuͤlich und erschrocklich geplendet und uberweldigt, das er vor grossem wehmut mit offnen augen die widergepurt, die teglich in der tauff gehandelt wirt, nicht hat koͤnnen sehen noch daran gedencken. Hat er koͤnnen ersehen, das ich in disem gleichnus durch die leiblichen freyhait unser gaistliche freyhait von sund, todt, teuffel und hell hab furgepildet[64], warumb hat er nicht auch ersehen, das ich durch die leiblichen gepurt unsere gaistliche widergepurt auch furgepildet hab; ja, mutwilligklich wil er nicht sehen! Es ist eitel hohfart, neid, haß und grimmiger zorn, darmit er wider mich entprandt ist und andre teglich auch gern anzundet, wie er lang her gethon hat. Er hat sich verstigen mit liegen, lestern und schwermen und kann nicht wider zuruck, darumb ist er so unsynnig auff mich, dann er wais, das ichs verstehe und in sambt all seinsgleichen uberweysen[65] kan; sucht derhalben der laidige teuffel, mich zu verjagen oder zu ermoͤrden, ehe dann ichs thue, aber er solls, ob Gott will, nicht enden.

Nach diser falschen, blinden, lesterlichen folgerey hebt er aber einmal an zu rhuͤmen, mein exempel und prob lige darnider[66], aber es ist nicht war, wie er selbs wol wais, dann er hat disem meinem argument und gleichnus noch nicht ein harpreit abgeprochen, das laß ich allen gesunden verstand in der gantzen christenhait urtailn. [C1a:]

Noch ains, und darmit des schmeckpiers genug: Er pranget sehr mit den worten Pauli Rom. 3[24]: »Wir werden on verdienst gerecht aus seiner gnad durch die erloͤsung, so durch Christo Jesu geschehen ist«, und abermals zun Roͤm. 5[9]: »Wir werden vilmehr durch Christum behalten werden fur dem zorn, nachdem wir durch sein blut gerecht worden sein« etc., und malet dise wort ›durch die erlosung‹, item ›durch sein blut‹ den leuten mit grossen buchstaben fur[67]; vermaint sie darmit zu plenden, das sie nicht sollen sehen, warumb wir streiten. Ich sage: Jesus Christus, warer Gott und mensch, wonet durch den glauben in unsern hertzen und ist unser gerechtigkait nach seiner gothait, wie Esaias am 45.[24], Jeremias 23[6] und 33[16], Paulus 1. Corinth. 1[30], Augustinus zum Consentio[68] bezeugen. Das wolt Moͤrlein gern widerlegen, dann er hat lange zeit her greuͤlich darwider getobet und gelestert, aber es ist im unmuͤglich zu widerlegen, darumb fehret er mit toͤlpischer sophisterey daher und beweiset, das wir durch die erloͤsung und durch das blut gerecht werden. Solche sophisterey zu verstehn, merck eben, christlicher leser, das vil ein andre red ist, wann man spricht: ›Durch die erloͤsung werden wir gerecht‹, und vil ein andre, wann man spricht: ›Die erloͤsung ist die gerechtigkait selbs‹. Dann die erst ist war und ist die mainung, Christus hats mit seiner erloͤsung erworben und erlangt, das wir – ein jeder, wann er glaubt – gerecht werden; die ander red, das die [a]erloͤsung die[a]

a-a) Die Silben »-sung die« finden sich nur in der Custode auf Bl. C1a.

64. Vgl. o. Anm. 56.
65. überwinden, überführen, überzeugen.
66. Mörlin lehnt das Gleichnis vom Leibeigenen ab, da hier unbiblisch und mit der Vernunft argumentiert werde; vgl. Mörlin, Bericht, Bl. D2b.
67. Vgl. Mörlin, Bericht, Bl. F4b-G1a.
68. s. o. S. 761, Anm. 25.

[C1b:] gerechtigkait selbs sey, die ist nicht war, dann יהוה selbs ist unser gerechtigkait[69], die erlo̊sung aber ist nicht der יהוה selbs, sonder nur ein werck des יהוה. Deßgleichen ist das auch vil ein andre red, wann man spricht: ›Wir sein yetzo gerecht worden durch sein blut‹ (der Mo̊rlein sagt ›in seinem blut‹, aber es ist nicht recht), und wann man spricht: ›Das blut ist die gerechtigkait selbs‹, dann die erst red ist war und ist die mainung, durch das blutvergiessen ists erworben und erlangt, das wir yetzo – yetzo sagt Paulus![70] – gerecht worden sein. Was will er aber mit dem wo̊rtlein ›yetzo‹? Nichts anders, dann wie droben gesagt ist: zur yeden zeit, wann wir glauben. Mich wundert aber, warumb das wo̊rtlein ›yetzo‹ in allen wittebergischen puchern ist außgelassen! Die ander red, nemlich das das blut die gerechtigkait selbs sey, die ist in dem synn, den Mo̊rlein furgibt, nicht recht geredt, er wirts auch nimmermer mit der heiligen schrifft ko̊nnen erhalten, dan יהוה, das ist die go̊ttlich natur in Christo, ist unser gerechtigkait, das blut aber ist nicht go̊ttliche natur, darumb kans auch nicht gerechtigkait sein. Und solte das blut Christi selbs die gerechtigkait gesprochen werden, so wurd gar vil schwirmerey daraus ervolgen, dann man mo̊cht alsdann also schliessen: Unser gerechtigkait ist יהוה, das go̊ttlich wesen in Christo. Das blut ist unser gerechtigkait. Darumb muß das blut יהוה, das ist das go̊ttlich wesen, sein. [C2a:] Weiter: יהוה hat himel und erde geschaffen. Das blut ist יהוה. Darumb hat das blut himel und erde geschaffen. Weiter: יהוה ist von ewigkeit her. Das blut ist יהוה. Darumb ist das blut von ewigkait her. Dise greuel alle und unzelig vil mehr wurden volgen, wann wir des Mo̊rleins mainung zuliessen und annemen. Got behůt all seine außerwelte darvor! Darumb merck du, christlicher leser, mit fleis, das die obgedachten[71] zwen sprůch Pauli nichts anders beweisen, dann das es durchs blut Christi und durch die erlo̊sung erworben und erlangt ist, das, so wir yetzo glauben, Christus durch den glauben in uns wonet und unser gerechtigkait ist nach seiner go̊ttlichen natur, und gar nicht, das das blut, da es vergossen worden ist, oder die erlo̊sung, die am creutz vollendet ist, die gerechtigkait selbs sey, wie Mo̊rlein furgibt, aber nicht beweiset. Wan du das verstehest und beheltest, so wirstu wol sehen und urtailn ko̊nnen, das er in seinem gantzen buch gar kein bestendigen grund hat, sonder ist eitel liegen, ho̊nen, spotten, lestern, schrifft unrecht deuten, sophisterey treyben, falsche volg machen[72], grosser, eiteler rhum, da nichts hinter ist, und entlich eitel irrthumb, verfůrung und schwermerey, wie ich in der volligen antwort auffs reichlist will beweisen[73]. [C2b:] Und nymbt mich wunder, wie doch doctor Pomer zu Witteberg[74] das

69. Vgl. Jer 33,16.
70. s. Röm 5,9.
71. oben erwähnten.
72. Folgerungen ziehen.
73. Vgl. o. S. 762, Anm. 36.
74. Johannes Bugenhagen (1485-1558), der Wittenberger Stadtpfarrer und Organisator des niederdeutschen Kirchenwesens gehörte zu den engsten Freunden Melanchthons; vgl. TRE 7, S. 354-363.

buch hat moͤgen loben – an doctor Forster[75] und magister Eber[76] aber nymbts mich nicht wunder[77]!

Also hastu, christlicher leser, zwen schmecktruͤnck aus Moͤrleins pierfaß, ainen, daraus du den luͤgengeyst, den andern, daraus du den irrigen schwarmgeyst wol erkennen und, so du wilt, auch meiden kanst. Ist aber jemandt, dem des Moͤrleins pier wol schmeckt und sich nicht warnen wil lassen, dem kan ich nicht wehren, wil er sein nicht geraten, so sauff er das faß gar aus und freß die heffen darzu, bis er daumele, tholl und toͤricht wirdt und endlich mit liegen, lestern und schwermen auch ubergehe wie sein lehrmeyster!

Schmeckbier aus Michel Rotings fass[78]:

Mit was boͤsem gewissen Michel Roͤting, ein schulmaisterlin zu Nurmberg, wider mich geschriben hab, ist aus disen stuͤcken zu mercken: Erstlich, das er lateinisch schreibt, so er billicher umb des armen gemeynen hauffens willen solt deuͤdsch geschriben haben. Zum andern, das er sein latein so kraus, so finster, so verwickelt hat gemacht, das es kein gemeiner[79] priester verstehn kan, ja – das noch mer ist – man hats an vilen orten versucht, aber nimand gefunden, der es wolle deuͤdsch machen, glaub auch nicht, das ers selbs deuͤdsch machen koͤnn. Darzu ha-[C3a:]ben seine gutte freuͤnd und pundgenossen hie und anderswo bekent, sie wissen nicht, was er sagen woͤl. Zum dritten, das er die noͤtigsten haubtwoͤrter, daran der gantz handel hangt, fast durchaus[80] kriechisch und nicht lateinisch setzt, also das die, so schon sein latein verstehen, on die krichischen sprach gar nicht koͤnnen wissen, was er sagt, daraus dann offenbar ist, das er das liecht scheuͤhet, und trifft ihn das urtail Christi Johan. 3[20.19]: »Wer arges thut, der hasset das liecht, und kombt nicht ans liecht, dann seine werck sein boͤss«. Ich hett ihm auch zwar[81] nichts geantwortet, wann er nicht ein schulmaister were und die allergeschicktisten knaben und juͤngling zu Nuͤrmberg mit seiner gotlosen schwirmerey verfuͤrete. Umb derselben willen und, ihre eltern zu warnen, erkenn ich mich schuldig, sein schwirmerey auffzudecken,

75. Johann Forster (1496-1556) war 1542 in Nürnberg ein Amtskollege Osianders. Nach dem Tode Crucigers lehrte er seit 1549 Hebräisch in Wittenberg; vgl. BBKL 2, Sp. 72.

76. Paul Eber (1511-1569) studierte nach seiner Schulzeit in Nürnberg und Wittenberg, wo er seit 1536 Latein und Physik lehrte. Eber gehörte zu den engsten Anhängern Melanchthons; vgl. BBKL 1, Sp. 1441f.

77. Bugenhagen, Forster und Eber hatten sich in einem Schreiben an Mörlin vom 25. Jan. 1552 lobend und zustimmend zu dessen ›Bericht‹ geäußert, den sie vor der offiziellen Einreichung zur Stellungnahme erhalten hatten. Alle darin enthaltenen Artikel seien schriftgemäß und entsprächen dem Konsens der kirchlichen Lehre. Nur in ihrem polemischen Ton gehe die Schrift etwas zu weit. Hierin wolle man aber keine Vorschriften machen, da alles zur Bekämpfung der falschen Lehre Osianders getan werden müsse. – Der Brief findet sich in zwei Ausführungen in Berlin GStAPK, XX. HA StA Königsberg, HBA J2, Bugenhagen, Forster und Eber an Mörlin, 1552 Januar 25 (K. 978); vgl. *Vogt*, Briefwechsel, S. 724.

78. Vgl. o. S. 744f.

79. einfacher.

80. immer.

81. wirklich.

sonst hett ichs wol gelassen. Sinteinmal[82] ich mein lebtag kein luͤgenhafftigere, gifftigere[b], moͤrdischere schrifft gelesen hab dann dises Roͤtings, derhalben ich sie lieber gar nicht lesen, will schweigen[83], darauff antworten wolt, dann das ich die zeyt daruͤber verlieren soll. Aber umb gedachter ursach willen, die einfeltigen zu warnen, will ich sein bier auch anzepfen und zu versuchen geben, villeicht schlag ich ihm in der volligen antwort den poden gar[84] aus.

Er schreibt am plat C2: Man sol die inwonung Gottis nicht fur die ursach unserer rechtfertigung setzen[85]. Darzu sag ich: Ich setz nicht die inwonung Gottis in uns fur die ursach unserer rechtfertigung, [C3b:] sonder ich sag, wir werden gerechtfertigt darumb, das der son Gottis fur uns gelitten, gestorben ist und sein blut vergossen und uns also von Gottis zorn, sünd, todt und helle errettet, mit Gott versoͤnet und vom gesetz erledigt hat. Die rechtfertigung ist der gantze handel, dardurch wir glaubig werden, nemlich das Got seinen aposteln und andern, das euangelion uns zu predigen befilet, das er mitwuͤrckt und uns zu Christo zeuͤcht[86], das die priester predigen und tauffen, das wir zuhoͤren, bis uns Got das hertz oͤffnet, das wir glauben etc. Die gerechtigkeit aber an ihr[87] selbs ist Jesus Christus nach seiner goͤtlichen natur, wie er durch den glauben in uns wonet, nicht alleyn wie Gott in seinem tempel und als der herr in seinem reych, sonder ist auch ein fleysch mit uns wie praut und preutgam, und »wir sein glider seines leybs, von seinem fleysch und seinem gebain«, Ephe. 5[30], und seiner goͤtlichen natur theylhafftig, 2. Pet. 1[4]. Aus dem ist nun greyfflich am tag, das diser esel in der lewenhaut[88] mein lehr noch nie vorstanden noch recht gelesen hat, versteht auch gar nicht, was fur unterschid ist zwischen der rechtfertigung und der ursach, darumb uns Gott rechtfertigt, vil weniger versteht er, was fur unterschid ist zwischen der gerechtigkeit, die Christus als warer Got selbs ist, und zwischen der rechtfertigung, die das werck und der gantz handel ist, dardurch uns solche gerechtigkeit angeboten, gegeben, eingegossen und mit uns vereinigt wirdt. [C4a:] Ja, hett er doctor Luthern fleyßig gelesen, er wurd die wort in seiner lateinischen außlegung uber die epistel zun Galatern am 79. blat haben gefunden: »Christus, durch den glauben ergriffen und in unsern hertzen wonend, ist die christlich gerechtigkeit, umb dero willen uns Got fur gerecht helt und ewigs leben gibt«[89]. Er aber und seinsgleychen glauben der heyligen schrift nicht, wie solten sie dann dem Luther oder mir glauben.

b) Den Komparativen der anderen Adjektive entsprechend konj. für: gifftige.

82. Da, weil.
83. geschweige denn.
84. ganz.
85. Vgl. Rotings ›Testimonium‹, Bl. C2ab.
86. Vgl. Joh 6,44f.
87. sich.
88. Sprichwort: ein Dummkopf, der sich wichtig macht, vgl. *Röhrich*, Sprichwörtliche Redensarten 1, S. 242.
89. WA 40,1, S. 229,27-30.

Bald darnach spricht er, es koͤnn niemandt Gottis tempel sein, in dem Got wone, es sey dann die heyligung schon dargestellet, item, die inwonung Gottis in uns volge erst hernach, wann wir schon gerechtfertigt und geheyligt sein[90]. Darauf schuͤttet er dann ein gantzen wolckenpruch von luͤgen und lesterungen uber meinen kopf aus wie ein rasender mensch[91]. Er lugstrafft aber den heyligen Paulum zwifach ins angesicht mit obgedachten seinen worten: Dann Paulus spricht 1. Corint. 1[30], Christus sey unser gerechtigkeit und heyligkeit, so spricht Roͤting, wir muͤssen vor[92] gerecht und heylig sein, ehe dann Christus in uns wone[93]. Wir koͤnnen aber je nicht heylig sein, die heyligkeit sey dann in uns. Solte dann Christus nicht in uns kommen, die heyligkeit were dann vor in uns, so muͤste die heyligkeit etwas anders sein dann Christus und Christus konte nicht die heyligkeit sein – damit wuͤrde Paulus von disem ›rotzingen[94] Michel‹ schendlich als ein luͤgner gelestert. Item, Paulus spricht: »Wer den [C4b:] gaist Christi nicht hat, der ist nicht sein.[95]« Ist er aber nicht Christi, so ist er des laidigen teuffels, Gott mag in erretten! Kan nun der ›rotzinge Michel‹ gerecht und heilig und also Gottis kind sein, ehe dann er den heyligen Gaist hat, so luͤgstrafft er ja Paulum zum andernmal ins angesicht, oder aber er muß ein solche gerechtigkait und heiligkait dichten, mit denen er – wann der heilig Gaist nicht pald hernach keme und errettet in – muͤste zum teuffel in abgrund der helle faren. Eben also helt es sich mit den worten Pauli 2. Corinth. 13[5], da er spricht: »Wisst ir nicht, das Christus in euch ist? Es sey dann, das ir untuͤchtig seit.« Kan nun der Michel gerecht und heylig sein, ehe dann Christus in im wonet, und ist dardurch tuͤchtig zum ewigen leben, so luͤgstrafft er Paulum zum dritten mal. Hat aber Paulus recht, so ist offenbar, das er solche gerechtigkait und heiligkait hat gedichtet, die in untuchtig bleiben lassen. – Aber noch vil greulicher ists, das er den sohn Gottis, die ewigen warhait, Christum, unsern herrn, selbs auch lugstrafft. Dann Christus spricht Joh. 3[5]: »Es sey dann, das yemand neugeporn werd aus wasser und Gaist, so kan er das himmelreich nicht sehen und nicht darein kommen«. Wer aber neugeporn ist aus wasser und Gaist, in dem ist schon der heylig Gaist. Kann nun diser schwermer gerecht und heilig sein, ehe dann der heilig Gaist zu im kommet und in neugepirt, so sihet er nicht allain das reich Gottis, [D1a:] sonder er ist schon drinnen und Gottis reich ist in im, ehe dan er neugeporn ist, dann Paulus spricht Rom. 14[17], Gottis reich sey gerechtigkait etc. (nicht die vor dem heiligen Gaist kom, sonder die im heiligen Gaist sey, das ist, die des heiligen Gaists aigne und goͤttliche gerechtigkait sey); so muß im ja Christus – Got verzeihe mirs – liegen, der da sagt, der heilig Gaist muß zuvor dasein und uns neugepern, ehe dan wir Gottis reych

90. Vgl. Rotings ›Testimonium‹, Bl. E4b.
91. In seinem ›Testimonium‹, Bl. E4b, erhebt Roting wiederholt den Vorwurf, Osiander leugne die Sündenvergebung als Rechtfertigung.
92. vorher.
93. Vgl. Rotings ›Testimonium‹, Bl. E4b.
94. rotzigen.
95. Röm 8,9.

sehen oder drein kommen. Und dieweil Esaias[96] und Jeremias[97] auch zeugen, יהוה, das ist Gott, goͤtliche natur oder goͤttlichs wesen, sey unser gerechtigkait, so muͤssen sie im sambt Christo auch liegen, und muß im יהוה nicht sein gerechtigkait sein, sonder hat vil ein andre und pessere gerechtigkait, dann die Got selbs ist – die muß zuvor mit irer schwester, Roͤtings heiligkait, da sein, ehe dann Gott יהוה zu im kom und in im wohne.

Behuͤt lieber Gott, welche greuͤliche schwermerey, ketzerey und gotslesterung stecken in disem Roͤting! Ist der mensch nicht wahnsynnig, so ways ich nicht, was wahnsynnig ist. Darumb moͤgen die burger zu Noͤrmberg wol bedencken, was sie thun, wann sie ire geschicktiste knaben und juͤngling in sein schul lassen gehn, zuvor[98] dieweil er sich der heyligen schrifft, die er nicht gelernet hat, so gewaltigklich[99] anmast, das er auch, die prediger daselbst zu regirn, seins gefallens zu vexirn[100] und zu meistern, vorlangst unterstanden hat, das sie sollen sich nach im richten und lehren, was er wil. [D1b:] Man hat, weil[101] ich zu Noͤrmberg gewest, ettlichen von fluchens und gotslesterns wegen die zungen zum nacken herausgerissen[102], und wan[c] des Roͤtings gotslesterung alß eins vermainten[103] gelerten mans, der auch ein theologus sein will – darumb sein lesterung so vil desto greulicher ist –, solt gegen jener lesterung auff die wag gelegt werden, wais ich noch nicht, welche baide vor Got und der welt schwerer erfunden wuͤrde. Darumb moͤcht ich gern sehen, das ein erbar, weiser rhat der stat Nurmberg solchen frevelen gotslestrern ein zil stecketen[104], damit ich nicht gedrungen würd, denselben dermaleins also zu antworten, das ich sein lieber uberhaben[105] sein wolt. – Das sey auff dißmal genug. Ists pier nicht gut, des soll sich niemand verwundern, Roͤting ist ein Franck, die haben weins genug, lernen derhalben kein gut pier preuen.

c) Fälschlicherweise danach gedrucktes »man« muß wegen der Satzkonstruktion getilgt werden.

96. Vgl. Jes 45,24.
97. Vgl. Jer 23,6; 33,16.
98. besonders.
99. mit Gewalt.
100. reizen, ärgern.
101. als.
102. Nachdem schon sehr viel früher Bußen und Geldstrafen üblich waren, wurden 1514 durch Papst Leo X. für Gotteslästerung drei unterschiedliche Stufen von Geldstrafen festgelegt, darüber hinaus wurde gestraft »bei armen Plebejern mit öffentlicher Ausstellung, das zweite Mal mit Auspeitschen und das dritte Mal mit Zungendurchstechen und Galeerenstrafen«. Die Reichspolizeiordnung von 1530 kennt Verstümmelungsstrafen für das zweite Mal der Lästerung; vgl. RE 7, S. 32 (Zitat ebd.).
103. angeblichen.
104. eine Grenze setzte.
105. davon befreit, verschont.

Schmeckbier aus der gifftigen vorred
des ›nurmbergischen uhu‹[106]:

Es hat ainer zu Nuͤrmberg ettliche spruͤch aus der heyligen schrifft zusamengeraspelt – und zaigt nicht an, warumb oder zu welchem end – und an dieselbigen doctor Luthers außlegung uber das 53. cap. Jesaiae gehenckt sampt andern wenigen spruͤchen Lutheri, Urbani Rhegii und Johann Brentii. [D2a:] Und nachdem dises alles als unschedlich ding getruckt worden, hat er zuletst erst ein gifftige, ketzerische vorred, als ich acht, ehe dann des die obrigkait gewar worden ist[107], darzugesetzt, die gantz und gar wider mein person gerichtet ist, ob er mich wol nicht nennet. Es ist aber kein wunder, das er mich nicht nennet, dieweil er so from und redlich nicht ist, das er seinen aignen namen thuͤrst bekennen, dann er hat sich nicht anderst unterschriben dann »W. W.« Und wiewol mir von vilen zugeschriben wirt, es habs Wolff Waldner gethon[108], welchs mir auch nicht unglaublich ist, dieweil gedachter Wolff Waldner, weiland ein muͤnch, nun aber ein prediger zu Nürmberg, mir ein luͤgenhafftigen, gifftigen und ehrnruͤrigen brieff, mit seiner hand geschriben und unterschriben, zugeschickt hat[109] fast der art, wie die vorred ist, darin er troet, der brieff sambt anderm mehr soll bald getruckt hernach volgen, dannoch, dieweil ich der sach noch nicht gewiß genug bin, will ichs weder Wolffen Waldner noch jemands anders zeihen, sonder den liechtflüchtigen man von wegen seiner zwen buchstaben »W. W.« den ›nuͤrmbergischen uhu‹ nennen so lang, bis er seinen namen selbs an tag gibt oder ich so vil kundtschafft uberkom, das, wann er sich verlaugnen wolt, ich in uberweisen koͤnn. Wir wollen sein feßlein auch anzepfen und sehen, was darinnen sey!

Es scheinet anfencklich, als sey das gantz [D2b:] buch darumb zusamengehuͤmpelt und -gestuͤmpelt, das man den gemeynen man betriegen woͤll, das er gedencken sol, ich lehre allen denselben spruͤchen der schrifft, dem doctor Luther, doctor Urbano Regio und magister Johanni Brentio stracks zuwider. Ist das sein meynung, so sol ihm solche luͤgen als ein wolckenpruch auff sein aigen haupt wider außgeschuͤtet werden und die untreu ihren herrn redlich treffen.

Damit ich aber zur hauptsach komme, so spricht er bald[110] im anfang, goͤtliche und christliche gerechtigkeit sey nichts anders dann Gottis gnad, sein unaussprechliche lieb und barmhertzigkeit[111]. Das merck wol, christlicher leser, und sonderlich, das er spricht, es sey nichts anders, nichts anders, merck – es ist jhe

106. Dazu und zum folgenden vgl. o. S. 746f.

107. Druckerzeugnisse mußten vor ihrer Veröffentlichung in Nürnberg einer Aufsichtsbehörde vorgelegt werden; vgl. *Kapp – Goldfriedrich*, Buchhandel 1, S. 574.

108. So von dem Nürnberger Bürger Hans Fürstenauer, s. o. S. 345,14-346,4, Nr. 495.

109. Dieser Brief konnte nicht nachgewiesen werden. Gegen Osiander veröffentlichte Waldner 1552 noch den Einblattdruck »Nycticorax Rabi Osiandro Primario«, vgl. *Möller*, Osiander, S. 559, Anm. 161.

110. gleich.

111. Waldners ›Bericht‹ beginnt Bl. A2a mit den Worten: »Wiewol die christliche kirche und alle glaubigen ye und allweg darfür gehalten und gantz recht geglaubet hat, das unser rechtfertigung oder göttliche und christliche gerechtigkeit nichts anders sey dann Gottes gnad, sein unaußsprechliche liebe und barmhertzigkeyt«.

thurstig[112] und frevel genug geredt! Dann mit disem ungeheuͤern, ketzerischen schwarm widerspricht er dem heyligen Paulo auffs allerunverschembtist und luͤgenstrafft ihn, dieweil Paulus die gnad und die gerechtigkeit auffs allerklerist unterscheidet, da er also spricht Rom. 5[17]: »Vilmehr werden die, so da empfahen die fuͤlle der gnad und der gabe der gerechtigkeit, herschen im leben durch den ainigen Jhesum Christum«, und bald darnach [21] spricht er: »Gleychwie die sund geherschet hat zum tod, also auch hersche die gnad durch die gerechtigkeit«. Hie hoͤren wir jah, das Paulus die gnad und gab der gerechtigkeit untherscheidet – und nicht[d] [D3a:] unbillich[113]. Dann Gottis gnad, lieb und barmhertzigkeit sein – auff menschliche weyß zu reden – in Gottis hertze. Die gerechtigkeit aber ist ein gab, die er uns gibt, und mus in uns sein. Dann ist »Gottis reych in uns«, wie Christus sagt Luc. am 17.[21], und ist »Gottis reych gerechtigkeit, frid und freud im heyligen Geyst«, wie Paulus zun Roͤmern am 14.[17] sagt, so mus die gerechtigkeit auch in uns sein, oder Gottis reych ist nicht in uns, und must Christus – Got verzeihe mirs – liegen, da er spricht, Gottis reych sey in uns. Deßgleychen, soll die gnad herschen durch die gerechtigkeit, so kan die gnad nicht die gerechtigkeit sein, sonder gnad und gerechtigkeit muͤssen unterschidlich sein. Dann das kan auch ein kindt wol verstehen, das wann ich etwas außricht durch ein andre person, die ein andern namen hat, das ich dieselbig person nicht bin, sonder unser sein zwen. Richt ich aber etwas durch ein werckzeuͤg aus, so bin ich vil weniger derselbige werckzeuͤg. Darumb kan in keynem weg gnad und gerechtigkeit auff meynung des ›uhu‹ ain ding sein – und er spricht doch, gerechtigkeit sey nichts anders dann Gottis gnad. Das heyst Paulo recht ins maul gegriffen[114] und sein lehr unverschembterweyß mit fuͤssen getretten.

Darnach leuͤgt er sicher daher, man trenne die erloͤsung und gerechtigkeit[115], dann wir bekennen [D3b:] und streyten, das kein rechtfertigung koͤnn erlangt werden on die erloͤsung, obwol[116] die erloͤsung an vilen verlorn ist. Das er aber klagt, man woͤll die erloͤsung, die am creuͤtz geschehen ist – dann von der rede ich in disem handel –, nicht die gerechtigkeit sein lassen, darzu bekenn ich mich, dann ich sag, יהוה selbs ist unser gerechtigkeit, die erloͤsung aber ist nur ein werck – wiewol ein koͤstlich werck! – des יהוה, und hat mirs noch niemandt widerlegt!

Das er aber sagt, wir stellen die gerechtigkeit nicht auf das leyden, sterben und blutvergiessen Christi[117], das leuͤgt er auch auffs allerunverschambtist. Dann sollen wir die gerechtigkeit auff etwas stellen, so mus dasjenig, darauff wir sie stellen sollen, etwas anders sein dann die gerechtigkeit selbs. Was sols aber anders sein, darauff wir die gerechtigkeit sollen stellen, dann das leyden, sterben und blutvergiessen

d) Nur in der Custode auf Bl. D2b.

112. verwegen, keck.
113. unangemessen.
114. einen Zaum angelegt.
115. Vgl. Waldners ›Bericht‹, Bl. A2b.
116. wenn auch.
117. Vgl. Waldners ›Bericht‹, Bl. A2b-3a.

Christi, důrch das er uns die rechtfertigung erworben und ein ewige erlôsung funden hat, wie ich in meinem bekantnus reychlich genug gelehrt hab, wie man [Bl.] B2 am end und weitter lesen mag?[118] Der ›uhu‹ schreiet uhu und versteht sich selbs nicht!

Ferner leůgt er, unser glaub oder lehr fůhr ihn nicht auff das leyden und sterben Christi[119], dann wir lehren eben das, das durch denselben glauben, der da glaubt, Christus hab uns erlôset, er auch in uns wohne und sey unser gerechtigkeit. Darnach fehrt er daher wie ein plinder, wansynniger [D4a:] mensch und plaudert, als kônte es nicht baides miteinander geglaubt werden, das uns Christus am creůtz erlôset hab und das er durch den glauben in uns wohne und unser gerechtigkeit sey, so es doch baides mus geglaubt sein, dieweil sie die schrift baide bezeuget. Darumb leůgt er abermal nicht on gotslesterung, das diser glaub, der da glaubt, Christus wohne durch den glauben in uns und sey unser gerechtigkeit, der verklainer die hôchsten genugthuung und volkommene bezalung des unschuldigen lembleins Gottis[120], so es doch kein verkleinerung, sonder die allerhôchste ehr ist, das sie so krefftig ist, das, wann wir daran glauben, Christus in solchem glauben wohnen, unser leben, weyßheit, gerechtigkeit, heyligung und erlôsung sein wil[121].

Vom blut Christi lehr ich, das da es am creůtz vergossen ist, da hab es erworben vergebung der sünd, doch also, das die sünd, wiewol sie vergeben ist, dannoch in unserm fleysch noch wone, Ro. 7[17f]; da aber eben dasselbig blut durch den glauben geystlich getruncken wirdt, wie Christus Joan. 6[53-56] darvon lehret, da rainigt es uns von der sünde, die noch in unserm fleysch wonet. Dann ›sünd vorgeben‹ und ›sünd außfegen‹ auß unserm fleysch, das sind zwey unterschidliche werck, gleychwie die erlôsung und die rechtfertigung auch unterschidlich sein: Die erlôsung bringt vorgebung der sünd, die gerechtigkeit aber uberweldiget die sünd, das sie endlich vortilget und wir gar darvon gereynigt werden. Das aber Johannes spricht 1. Joan. 1[7]: »Das blut [D4b:] Christi rainigt uns von allen sunden«, ist zu verstehn, wann wirs gaistlich trincken. Es thuts auch nicht darumb, das es blut ist, dann wann es nichts dann blut were, so kônt es nicht rainigen, sonder darumb, das es Gottis blut ist und Gott darin wohnet, wie doctor Luther in der kirchenpostill am 95. blat schreibt: »Der mensch Christus, so er on Gott were, so wer er kein nutz«[122], und bald darnach: »Es ist nicht der plossen menschait Christi zuzuschreiben, das sie uns lebendig mache, sonder in dem wort ist das leben, welchs im flaisch wonet und durchs flaisch uns lebendig macht«[123] etc. Daraus volget, das das blosse blut, wans on Gott were, auch nicht rainigen kônte, sonder das wort im blut rainiget. Darvon versteht der liechtflůchtig ›uhu‹ nichts recht, sonder was ich vom blut, da wirs gaistlich trincken, gesagt hab, das deutet er mir wider meine klare wort und wider sein ai-

118. Vgl. o. S. 110,15-112,6, Nr. 488.
119. Vgl. Waldners ›Bericht‹, Bl. A3a.
120. Vgl. Waldners ›Bericht‹, Bl. A3ab.
121. Vgl. I Kor 1,30.
122. Vgl. die Predigt zum ›Evangelium in der hohen Christmesse‹ WA 10,1,1, S. 198,22-199,2.
123. Vgl. ebd., S. 198,22-199,2 und S. 208,22-209,7.

gen gewissen dahin, da das blut am creutz vergossen worden ist. Und wolt der unrain, feindselig nachtvogel den leuten gern einpilden, als het ich gesagt oder volget aus meinen worten, Christus hett seine gotthait am creutz vergossen[124], so gar pitter, pőß und gifftig ist der liechtflůchtig ›uhu‹; mengt darnach das sacramentlich essen und trincken des leibs Christi und das gaistlich untereinander, wie die zwinglianer auch thun[125].

Endtlich klagt er, mein lehr hab berait mercklichen schaden gethon[126]. Darauff ist mein antwort: Es ist zweyerlay schaden, einer im gewissen, der an-[E1a:] der in der kuchen, keler und dem peůtel[127]. Im gewissen hat mein lehr kein schaden gethon, wie man dann alle die zeit, die ich zu Nůrmberg gewest und dise lehr, wie mein bůchlein ›Beweisung‹ zeuget[128], getriben hab, keinen schaden gespůrt hat. So hats im und seinsgleichen im haus auch kein schaden gethon. Dann solang sie sich gestelt haben, als lehrten sie wie ich, sein sie lieb und werd gewest, ist in wein in keler, vorrhat in die kuche geschenckt, gelt gelihen und nicht wider gefoddert, klaider an hals gekaufft worden. Nachdem aber die gelerten zu Witteberg, durch Mőrleins und andrer ungeheure lůgen und iren aignen unverstand betrogen und bezaubert, anfiengen, mich als ein schwermer zu vorleumbden, haben es ettlich prediger zu Nůrmberg inen bald nachgethon, waidlich auff mein lehr gelogen und gelestert auff der cantzel und in schrifften haimlich unter die gemain gestreuet, deren mir ettlich zugeschickt worden sein. Dieselbigen ire lůgen und lesterungen haben den mőrdlichen schaden in den gewissen gethon erstlich. Darnach, da es diejenigen hőreten und lasen, die mich zuvor lang und fleißig gehőrt und rain vernommen und sie[129] als meiner lehr mitgenossen gehalten hetten, und vermerckten, das sie nun verkert warn, da zogen sie hand ab – dann von denselben ist meinen lestrern am maisten guts neben irer besoldung geschehen –, gaben nicht allain nichts mehr, sonder foderten auch die schuld, die inen sonst nachgelassen wern worden, und leschten sie aus iren testamenten[130]. Da wurd der keler ler, die kůche kalt, der peutel leicht und die klei-

124. Vgl. Waldners ›Bericht‹, Bl. A3b-4a: »Also auch von seinem heyligen blut, darvon 1. Johan. 1: ›Das Blut Christi macht uns reyn von aller sünde‹, das solte auch nicht von blut Christi verstanden werden, das der herr Christus am creutz vergossen, sonder von der gottheyt Christi, die im blut ist, und wie es im glauben sambt dem fleisch Christi unser himmlische speyse und tranck ist«.

125. Osianders Auseinandersetzungen mit Zwinglis Abendmahlsverständnis gehen auf die Nürnberger Zeit zurück, vgl. etwa den Brief an Zwingli vom Sept. 1527, u. A. Bd. 2, S. 537-578, Nr. 90.

126. Vgl. Waldners ›Bericht‹, Bl. A4a.

127. Vgl. hierzu einen Ausspruch Luthers aus der ›Vermahnung an die Geistlichen, versammelt auf dem Reichstag zu Augsburg‹: »Wolan, so wollen wir hie jm heimlichen concilio schliessen, Das newe lere heisse, was ym beutel und kuchen schaden thut, Alte lere heisse, was den beutel und kuchen fullet« (WA 30,2, S. 303,4-6). Vgl. auch das Sprichwort: »Er hat Küchen und Keller verloren« (*Wander*, Sprichwörterlexikon 2, Sp. 1655, Nr. *96).

128. Vgl. o. S. 427,16-433,24, Nr. 508.

129. die Nürnberger Prediger.

130. Der Nürnberger Bürger Hans Fürstenauer berichtet beispielsweise in einem Brief an Osiander vom 18. Okt. 1551, wie er nach dem Weggang Osianders die Pfarrkirche wechselte

der beschaben. [E1b:] O, das war der grosse schaden an der heillosen religion des grossen gottis, des bauchs[131]! Aber in der warheit: Sie haben inen disen kleglichen schaden selbs zugefugt, und nicht mein lehr.

Entlich sagt er, er hab das puch umb derowillen in truck geben, die der warheit begirig sein[132]. Das mag wol war sein, aber nicht, inen zu helfen, sonder sie an der warheit zu verhindern, damit sie allain lesen, was er will, und die andern pŭcher doctor Luthers, darin die schőnen, klaren und gewaltigen sprŭch stehn, die ich angezogen und in truck geben hab[133], nicht sollen lesen, wie ettlich ander auch mit disem griff umbgangen sein und noch umbgehn. Das aber dem also sey, kann man aus dem wol vernemen, das der ›uhu‹ den tittel setzt: ›Von der gerechtigkait des glaubens und einwonung Gottis‹ und furet doch unter funfzig sprŭchen, die er aus der heiligen schrifft zusamengeraspelt hat, nicht ein ainigen[134] spruch, der von der inwonung Gottis in uns rede, so ich doch bis in die 36 allain aus dem neuen testament angezaigt hab[135], und sein ir noch wol mer zu finden nicht allain im alten, sonder auch im neuen testament. Ja, er lestert auch den glauben, da wir glauben, Christus wone in uns und sey unser gerechtigkait, wie droben gehőrt ist – das kan doch ja[136] ein unverschembter, verruchter man und ungelerter schwermer und pitterer lesterer sein! In summa, sein bier ist nichts werdt! [E2a:]

Schmeckbier aus Justi Menii buch[137]:

Ich wais nicht, ob Justus Menius von doctor Mőrlein oder doctor Mőrlein von Justo Menio oder sie paide von einem lehrmaister gelernet haben, das sie so unverschembte lŭgen, die man auch greiffen kan, on alle vorberaitung frey offentlich bald[138] in den titteln irer pŭcher daherliegen: Mőrlein leŭgt, mein lehr sey neu, verfŭrisch und antichristisch, Menius leugt, sie sey neu und alcumistisch[139], und hat daran nicht genug, sonder schilt sie im puch noch darzu auch verfŭrisch und anti-

und auch den Aufenthalt an der neuen Kirche seiner Wahl nicht lange aushielt, s.o. S. 346,5-350,5, Nr. 495.

131. Vgl. Phil 3,19.

132. Vgl. Waldners ›Bericht‹, Bl. A4ab: »... aber weyl ihr noch viel zu erretten hoffnung ist, die der rechten warheyt begierig, hab ich ihnen zugut umb rechtes berichts willen das 53. capitel Esaie mit des ehrwirdigen herrn D. Martini Luthers seliger gedechtnuß außlegung lassen drucken, weyl darin der rechte grund von der rechtfertigung des glaubens verfasset und auch sonst allen betrübten sündern, so ihrer sünden halben angefochten werden, gantz heilsam und tröstlich ist, darbey auch etliche ander christlichen reynen lehrern büchern gezogen und verdeutscht, weil nicht jederman die bücher hat. Und wiewol solcher zeugknuss von gemelten artickeln in des herrn D. Luthers um der andern schrifften neben der bibel sehr vil sind und alle bücher vol, so sollen doch diese auff dißmal billich einen jedlich, der der warheit folgen will, vergnügen«.

133. In der Schrift ›Von dem einigen Mittler‹.

134. einzigen.

135. s.o. S. 132,10-136,19, Nr. 488.

136. nur.

137. Vgl. o. S. 747-749.

138. sogleich, schon.

139. alchemistisch.

christisch, ja, erger dann antichristisch[140]. Was ich nun dem Moͦrlein in seinen dreyen worten ›neu, verfůrisch und antichristisch‹ fůr lůgen angezeigt und was ich im in meinem půchlein, das den tittel hat: »Wider den erlognen, schelmischen und ehrndiebischen tittel auff doctor Joachim Moͦrleins puch«[141] etc., darauff geantwortet hab, das will ich allhie dem Menio auch geantwortet haben und im kein besonders machen, sonder allain im zaigen, wie manigfeltige lůgen in seinem wort ›alchumistisch‹ stecken:

Er gibt fur am [Bl.] I4, ich hab mein theologey aus einer vorred Raimundi Lullii[142] geschoͦpft, in der dise wort: ›Gott und sein gerechtigkait sein ainerley‹[143] etc., stehn sollen. Nun ist Raimundus ein artzt und ein alchumist gewest[144]; daraus soll dem Menio volgen, das mein lehr alchumistisch sey[145]. Reim dich, pundschuch[146], warumb nicht vilmehr ein ertzneische lehr, dieweil er ist ein artzt gewest? – [E2b:] Und in disem seinem furgeben leůgt er erstlich mich und mein lehr aufs allerunverschembtist an, darumb das ich mich nicht erinnern kan, das ich solche vorred jemals hab gantz gelesen. Dann ich gedachts bůchlein Lullii, wie es zu Straßburg gedruckt, heůtigs tags von wegen der ertzney hab, und ist solche vorred nicht darzugedruckt; hab auch vil geschribene exemplar gesehen, deren keines solche vorred gehabt hat. – Zum andern leůgt er mich gleycherweyß an aus der ursach, dann, wann ich solche vorred schon gelesen hett, so wůste ers doch nicht. Wann aber einer ein ding fur gewiß und war thar sagen, ja, durch den druck in die weldt außgeben und wais doch keyn wort darvon, kan auch nichts darvon wissen, sonder wais wol, das ers nicht

140. Vgl. etwa den Titel der Schrift o. S. 748.

141. s. o. S. 698-710, Nr. 532.

142. Raimundus Lullus (1235-1316), bis zu seiner Bekehrung im Jahre 1265 als Hausminister des spanischen Königs in seiner Heimat Mallorca tätig, wurde als Theologe, Mystiker und Sarazenenmissionar bekannt. »Lullus war überzeugt, in der kombinatorischen Reallogik seiner Ars generalis (1272) die Methode zur Zusammenfassung, Ordnung und Entdeckung aller Seins- und Wissensgebiete von Gott erhalten zu haben«; vgl. RGG 4, S. 474 (Zitat ebd.); RE 11, S. 706-716. Zu seinem umfangreichen Werk zählen auch naturwissenschaftliche und medizinische Werke, vgl. RE 11, S. 711.

143. Vgl. Menius Schrift ›Von der Gerechtigkeit‹, Bl. I4ab: »Und wer weis, ob Osiander diese seine neue theologia aus des Raimundo Lullii buch, welches er »librum secretorum naturae seu quinte essentie« intitulirt und genennet hat, genommen hab? Denn in desseliben buchs praefation stehet nach der lenge beschrieben, erstlich, wie Lulius seine kunst gern in die gantze welt hette ausgebreitet, das er davon ein namen bekommen und in der welt ein neuer gott und schepfer worden were und gleichwohl nicht dazu kommen kondt, darumb er fast darüber betrübt ward«. Die genannte Schrift, deren Vorwort Menius am Ende seiner Stellungnahme auf Bl. T1b-3b wiedergibt, wird zu den unechten bzw. zweifelhaften Werken Lullus' gerechnet, vgl. RE 11, S. 711.

144. Vgl. Anm. 142.

145. Menius vergleicht in seiner Schrift ›Von der Gerechtigkeit‹, Bl. I4ab Osianders subtile Unterscheidung der Naturen Christi mit Lullus' ›alchemistischer‹ Scheidung der Elemente, um die ›quinta essentia‹ herauszukristallisieren. Christi menschliche Natur stelle dabei im Rechtfertigungsprozeß lediglich das ›Scheidewasser‹ dar, um Silber und Gold von anderer Materie zu lösen.

146. Verschwörung.

wais, der mus ja ein loser, leychtfertiger, unverschembter luͤgner von natur sein, als der ein sondern lust zu liegen hat, dann, wann er in solchen fall gleych die warheit unwissend erriete, so wer er dennoch ein luͤgener im hertzen. – Zum dritten leuͤget er gleycherweyß, dann, wann er schon wůste, das ich gedachte vorred hett gelesen, so kont er dennoch nicht wissen, ob ich sie vor oder nach erkanter gerechtigkeit hett gelesen. Darumb ist das, das er spricht, ich habs aus der vorred gefast, aus der ursach, oben gemelt, abermals ein lose, leychtfertige, unverschembte luͤgen. – Zum vierden: Wann er schon wůste, das ichs vor erkanter gerechtigkeit hett gelesen, so kont er dennoch nicht wissen, ob es mich zu einem nachdencken hett bewegt oder ob ichs aus einem andern grund, nemlich aus der heyligen schrifft, hett gelernet. Darumb [E3a:] ists und bleibts in alle weg ein luͤgen wie vor. – Zum fůnften: Wan ichs schon aus dem Lullio geschepft hette, so leuͤgt und lestert er dennoch wider Got, wider sein heyliges wort und wider mich, wie ihm das sein gewissen wol sagt. Dann es volget noch lang nicht, das, was ein alchumist sagt, das es darumb alchumistisch sey, es muste sonst der catechismus, ja, die gantz heylig schrifft nicht allein alcumistisch, sonder auch eebrecherisch, schelmisch, ehrndiebisch und ketzerisch sein. Dann die alcumisten, ebrecher, schelm, ehrndiebe und ketzer lesens auch, reden und disputirn darvon, eins theyls[147] wol vleyssiger dann Lullius von der gerechtigkeit. Sol man aber Gottis wort also ehren? Wie konth ichs aus dem Lullio geschoͤpft haben, so er doch kein wort von unserer rechtfertigung redet, sonder alleyn von der gerechtigkeit Gottis, wie er in allen seinen wercken gerecht ist; und heyst ›iustificare‹ im Lullio nicht ›rechtfertigen‹, sonder ›recht thun‹[148], wie er in seiner theologia wol mehr lateinische wort auff die weyß mißbraucht. Warumb vergleicht aber Menius mein lehr mit des Lullii worten, die er noch nie vorstanden hat, und nicht vil lieber mit der heyligen schrifft, darmit ichs bewisen hab? Darumb: Er sihet, das er mein gezeuͤgniss nicht umbstossen kan, wolt derhalben gern aller menschen augen und ohren von der schrifft auff den Lullium weisen, auff das sie mein lehr vorachteten und nicht sehen, wie er und andere so gar nichts bestendiges auff meine grundt konnen antworten. – Und das sey nun vom titel genug. [E3b:]

Im buch aber geht er noch schendlicher mit groben, greyfflichen luͤgen daher. Dann [Bl.] B2 im 7. artickel leuͤgt er auff mich, ich setze zwayerley gottiswort, welchs mir all mein leben lang in syn nie koͤmen ist[149]. Sonder ich setz ein innerlich und euͤsserlich wort und sag von dem ausserlichen, es sey ein stimm, die in der zuhoͤrer ohren verschwinde. Das kan ja nicht Gottis wort heyssen, dann Gottis wort

147. zum Teil.

148. Vgl. z.B. das Vorwort zum »Liber de iustitia Dei« von 1314: »Iustitia est forma, cum qua iustus iuste agit. Et quia Deus est iustitia, Deus iuste agit. Iuste agere non potest sine sua iusta unitate, bonitate, magnitudine, aeternitate, potestate, intellectu, voluntate, virtute, veritate et gloria« (Lullus, Opera 2, S. 45).

149. Vgl. Menius in seiner Schrift ›Von der Gerechtigkeit‹, Bl. B2a: »Und sey Gottes wort zweyerley als nemlich ein innerlich und ein eusserlichs.« Das ›innere Wort‹ sei Christus als wahrer Mensch und Gott selbst, das äußere stelle die Predigt dieses inneren Wortes durch Propheten und Apostel dar. Das äußere Wort – so interpretiert Menius Osiander – werde gepredigt und gehört und vermittle so das innere Wort, das durch Glauben ergriffen werde.

wirdt nicht also zunichte wie die stymm, die da auffhoͤret. Vom innerlichen wort aber sag ich: Wann Got – ich mus auf menschliche weyß darvon reden – seine gedancken aus seinem goͤtlichen, ewigen rhat heraus redet und offenbart den propheten und sie verkuͤndigens uns, so ist ihr stymm ein euͤsserlich wort, der syn aber und die meynung ist Gottis wort, das ewiglich bleibet, und dieweil es im ewigen rhat Gottis ist, so ists auch Got selbest. Alle andre wort, die nicht in Gottis rhat sein und aus denselbigen[!] herfliessen, die sein weder Got noch Gottis wort, sonder nur menschenwort oder teuͤffelswort. Liß in meinem bekantnus im quatern C durchaus[150], so wirstu mich wol verstehn und seine lugen greiffen.

Aber »Justus Menius, doctor Martini und domini[151] Philippi (nicht Christi) wenigster discipulus«[152], kans nicht verstehn, sonder leuͤgt weitter auff mich im 9. artickel und schwermet darzu eytel ketzerisch gift, macht uns dreyerley wort: eins die euͤsserlichen stim, das ander das ewig wort und weyßheit Gottis, welche der sohn Gottis ist, das dritt der syn und verstandt in der propheten predig, wann sie von [E4a:] Christo reden[153] – unterscheidet also Gottis wort, das Got selbs ist, von dem innerlichen gottiswort, das er aus seinem ewigen rhat den propheten hat eroͤffnet, so es doch nur einerley ist, machet also aus der gebenedeieten, allerheyligsten dryfaltigkeit ein ertichte vierfeltigkeit, die weder im himel noch auff erden ist, nemlich Vater, Sohn, eroffneter rhat und heyliger Geyst, macht darzu aus der stimm ein got, dieweil ers Gottis wort nennet. Dann Gottis wort ist Got selbest, und alles, das nicht Got ist, das kan auch sein wort nicht sein. Und das das allergifftigst und groͤste schelmstuͤck ist, thut er solchs unther meinem namen, gleych als hette ich also geschrieben. Dieweil ich aber wol mercke, das sein meynung nicht ist, das sein drittes wort, nemlich der propheten predig nach irem rechtem inwendigen verstand, Gottis wort, das Got selbst ist, in sich schließen und in die gleuͤbigen hertzen bringen [kann][e], und schreybt mir doch zu, ich heyß es ein krafft Gottis zum heyl allen, die dran glauben[154], kan ich ihm das auch nicht gestehen, dann ich hab von solchem sei-

e) konj.

150. s. o. S. 120,40-122,32, Nr. 488.

151. Die Abkürzung »D.« muß korrekt mit dominus aufgelöst werden, da Melanchthon zwar den Grad des Magisters, nicht aber den des Doktors besaß. Angesichts der Polemik Osianders gegen den Wittenberger Doktoreneid und die theologischen Doktoren ist nicht ausgeschlossen, daß er hier dennoch an den Titel Doktor gedacht hat.

152. Menius betont in seiner Vorrede des öfteren, Schüler Luthers und Melanchthons zu sein und als solcher sich mit Osiander auseinanderzusetzen. Die Unterschrift unter das Vorwort lautet: »Justus Menius, D. Martini und D. Philippi wenigster discipulus«; vgl. Menius' Schrift ›Von der Gerechtigkeit‹, Bl. A4a, A5b (Zitat Bl. A6a).

153. Vgl. Punkt 9 in der folgenden Anm.

154. Menius sieht bei Osiander ›innerliches‹ und ›äußerliches‹ Wort geschieden, vgl. seine Schrift ›Von der Gerechtigkeit‹, Bl. B2b: »8. Das innerliche, das von anfang gewesen ist, der sohn Gottes, warer Gott und mensch, nemlich unser lieber herr Jhesus Christus. 9. Das eusserliche aber, welchs die propheten und aposteln von dem innerlichen wort, das ist vom sohn Gottes, Jhesu Christo, gepredigt haben. 10. Und diese predig des evangelii sey eine krafft Gottes, die da selig macht alle, die daran gleuben«. – Vgl. Röm 1,16.

nem dritten getichten wort, das uns goͤtliche warheit verkuͤndigen und doch nicht Gottis wort, das Got selbest, sein soll, in meinem bekantnus kein syllaben geschriben, auch nicht davon gedacht. Sonder ich rede vom ewigen rhat Gottis, der uns im ewangelio von Christo geoffnet wirdt, das ist Gottis wort und Gottis kraft zum heyl allen, die daran gleuͤben, ja, es ist Christus, Got selbst. Aus dem allem ist der luͤgegeyst und irregeyst in disem bier auch gantz leichtlich zu schmecken. Darumb sey iderman gewarnet, das er nicht darvon trincke. [E4b:]

Schmeckbier aus Mathiae Flacii Illirici
und Nicolai Galli buch[155]:

Das buch hat disen tittel: »Widerlegung des bekantnus Osiandri von der rechtfertigung der armen sunder durch die wesenlichen gerechtigkait der hohen majestet Gottis allain«. Diser leugt mich auch auffs allerschendlichst und -unverschembtist an, dann ich hab mein leben lang nie weder geschriben noch gelehret noch gedacht, das wir durch die hohen, goͤttlichen majestet allein gerechtfertigt werden. Dann es müssen unser glaub und die predig und die menschait Christi auch vil darzuthun, wie ich in meinem bekantnus [Bl.] D3 am end[156] und furtan auffs allerklerist hab geschriben, deßgleichen [Bl.] P2 am ende[157] und [Bl.] R3 am ende[158], sonderlich am [Bl.] Aa4[159]. Das, pitt ich, wollestu, christlicher leser, besehen, so wirstu greiflich befinden, wie leichtfertigklich unverschembter- und unehrlicherweise dise zwen menner, Illiricus und Gallus, wider ir aigen gewissen auff mich liegen und darzu iren groben unverstand offenlich an tag geben, das sie noch nicht wissen, was fur unterschid zwischen der rechtfertigung und der gerechtigkait ist. Solche leut solten seuhirten und nicht seelhirten sein!

Das gantz puch aber steht auff disem falschen, schwermerischen und ketzerischen ungrunt, das gerechtigkait fur Gott sey die erfullung des [F1a:] gesetzs, gleichwie vor dem hausvatter, schulmaister oder landsfürsten gerechtigkait sein soll, wann man iren befelh außrichtet, wie sie bald am ersten blat und am [Bl.] A3 schreiben[160], und geben damit genugsam und offenlich allen gelerten zu verstehn, das sie nicht allain von der goͤttlichen, sonder auch von der menschlichen gerechtigkait nicht ein ainigs wort verstehn. Denn eins menschen befelh oder gesetz erfuͤllen ist ein thun oder ein werck und gehoͤrt, wie man in der schulen redet, in das praedicamentum actionis. Die menschlich gerechtigkait aber ist ein habitus, das ist ein gute art oder tugendt in

155. Vgl. o. S. 750-752.
156. Vgl. o. S. 130,22-132,3, Nr. 488.
157. Vgl. ebd., S. 216,33-218,4.
158. Vgl. ebd., S. 236,3-12.
159. Vgl. ebd., S. 106,14-18.
160. Vgl. Flacius' und Gallus' Schrift ›Verlegung‹, Bl. A3a: »Erstlich ist gewis, das die erfüllung des gesetzes gerechtigkeit ist für Gott, welchs nicht allein aus eines jeden vernunft bekant ist (denn thu, was dich deine eltern oder herrn heissen, so wirstu gerecht sein vor ihnen, thu, was dich dein schulmeister oder fürst heist, so wirstu gerecht sein für ihnen, thu, was dich Gott heisset, so wirstu gerecht sein vor ihm), sondern leichtlich auch aus der schrifft kann beweiset werden«.

des menschen natur, durch gesetz, lehr und zucht hineingetriben, und ist in dem menschen, er schlaff oder wache, er thue etwas oder nichts, so lang, biß ers wider verleuͤrt, und gehoͤrt ins praedicamentum qualitatis. Darumb kan kein erfuͤllung ainigs befehls auch vor den menschen gerechtigkait sein, dann actio kann kein qualitas sein. Es wer auch lecherlich zu hoͤren, wann ein knab von vierzehen oder funfzehen jarn in der dialectica also narret, wie dise zwen thun. Darumb mag ich mit warhait und vor Gott sagen, das ich mein leben lang unter gelerten leuten, wie dise gehalten werden und auch sein woͤllen, groͤbere toͤlpel weder gehoͤrt noch gesehen hab dann disen Illiricum und Gallum. Sie haben noch nie verstanden, das der paum muß vor in im selbs gut sein, ehe er gute frucht trage[161]. – [F1b:] Wir woͤllen aber setzen, es sey war – wiewol es nicht war ist –, das die erfuͤllung der gepot fur der welt ein gerechtigkait sey: mainen sie, es soll darumb fur Gott auch also sein? Wer hat sein lebtag tollere folgerey gehoͤrt? Soll man von goͤttlichen dingen nach der vernunft und menschlichem wahn urtailn und nicht vilmehr nach Gottis wort? Sprechen sie aber: Hat doch Christus selbs die erfuͤllung seines gehorsams ein gerechtigkait genennet, da er zu Johanne dem tauffer sprach: »Also gepuͤrt uns, alle gerechtigkait zu erfuͤllen«[162] – antwort: Darmit werden sie langsam[163] beweisen, das die erfuͤllung ein gerechtigkait sey, dann ›gerechtigkait erfuͤllen‹ haist nichts anders, dann das wir außwendig mit dem werck thun, was die gerechtigkait, die schon in uns ist – der wir auch unsere glider zu waffen oder werckzeug sollen dargeben, Rom. 6[13] –, von uns erfodert und uns darzu treibet. Derhalben beweiset diser spruch vilmehr, das gerechtigkait und erfuͤllung des befelhs zweierley sein, nemlich als ein werckmaister und sein werck. Dann der mensch muß allweg die gerechtigkait zuvor in im haben und durch sie gerecht sein, ehe dann er recht thut, dieweil Christus sagt: »Es kan kein poͤser paum gute frucht tragen«[164]. Dieweil nun die erfuͤllung vor den menschen kein gerechtigkait ist, wann man ›aigentlich‹ von der gerechtigkait und nicht ›tropice‹ wil reden, so wirt die erfuͤllung des gesetzs, die Christus gelaistet hat, vil weniger die gerechtigkait des glaubens [F2a:] sein, die wir muͤssen in uns haben. Dann wann Christus nicht vorhin[165] gantz und gar volkommenlich gerecht were gewest, ehe dann er anfienge, das gesetz zu erfuͤllen, so het er nicht ein tuͤttel noch ein harprait vom gesetz[166] koͤnnen erfuͤllen, dann »es kan ye kein poͤser paum gute frucht tragen«. Und solte die erfuͤllung des gesetzs die gerechtigkait Christi sein, so wuͤrde volgen, das er kein gerechtigkait gehabt noch gerecht gewest were, ehe dann er anfieng, das gesetz zu erfuͤllen. Er hat aber erst angefangen, das gesetz zu erfuͤllen, da er sich hat lassen beschneiden; derhalben het er in muterleib und die acht tag fur der beschneidung muͤssen one gerechtigkait sein. Wer aber on gerechtigkait ist, der muß vonnoͤten ein suͤnder sein. Solcher greuel volget aus irer falschen lehr, und ferner vol-

161. Vgl. Mt 7,18 par.
162. Mt 3,15.
163. schwer.
164. Mt 7,18 par.
165. zuvor.
166. Vgl. Mt 5,17f.

get, das Christus nie gar gerecht gewest were, bis er das gesetz gar erfuͤllet hett, sonder wer von tag zu tag ymmer ein wenig und aber[167] ein wenig gerecht worden, nachdem er heut etwas und morgen etwas vom gesetz hett erfuͤllet, welchs er erst gar erfuͤllet hat, da er vom tod ist aufferstanden. Sein aber das nicht ungeheuͤre greuel?

Ich aber sag mit meinem lieben herrn Jesu Christo, das kein poͤser paum koͤnn gute fruͤcht tragen, das ist, das niemand das gesetz erfuͤllen koͤnne, er sey dann vor gantz und gar volkoͤmmenlich gerecht mit der gerechtigkait, [F2b:] die im gesetz erfordert ist und doch das gesetz nicht geben kan[168]. Nun ist aber nach Adams fal kein mensch auff erdtrich erfunden, der also gantz und gar volkommen gerecht were und das gesetz nach seinem geystlichen vorstand erfuͤllen het koͤnnen dann unser lieber herr Jhesus Christus allein. Darumb sag ich, das die gerechtigkeit, die das gesetz erfuͤllet, sey von natur alleyn in Jesu Christo, unserm herren, als in dem waren Got, nemlich sein goͤtliche natur selbs. Darumb spricht er: »Ich bin von himel gestigen, das ich thue nicht meinen willen, sonder den willen des, der mich gesandt hat«, Johan. 6[38], welche wort unuͤberwindtlich schlissen, das die goͤttliche natur Christi, die vom himel herabgestigen ist, sey die gerechtigkeit und die gutte art, durch die er das gesetz erfuͤllet hatt. Und das hat er noch lichter, klarer und stercker gemacht, da er spricht: »Der Vater, der in mir wonet, der thut die werck«, Johan. 14[10]. Dann dieweyl der Vater, der nicht mensch ist worden, die werck in Christo thut, durch die das gesetz und der wille des Vaters erfuͤllet worden, so ist unwidersprechlich, das dieselben werck zugleych auch thun der Sohn und heylige Geyst, das eynig goͤttlich wesen – die gerechtigkeit, die das gesetz durch Jhesum Christum, unseren lieben herren, erfuͤllet hat. Die menscheit Christi aber ist ein werckzeuͤg gewest, durch welchem[!] die goͤtlich natur und wesentliche gerechtigkeit erfuͤllung des gesetz gewuͤrckt hat. [F3a:] Solche gerechtigkeit, die in Christo Jhesu, unsern herrn und heyland, ist von natur, wirdt uns auch aus gnaden mitgeteylt, so Christus durch den glauben in uns wonet. Darumb spricht Paulus zun Roͤmern am 6.[13], wir sollen unsere glider begeben zu waffen der gerechtigkeit, item, wir sollen uns selbs ergeben Got, welchs alles eynerley ist, dann[169] begeben wir uns Gott zu waffen der gerechtigkeit, so begeben wir uns der gerechtigkeit, und widerumb, begeben wir unsere glider zu waffen der gerechtigkeit, so begeben wir uns Gott, dem herrn, dann Got ist unser gerechtigkeit, wie Esaias am 45.[24], Jeremias am 23.[6] und 33.[16], Paulus 1. Corint. 1[30], item Augustinus zum Consentio[170] bezeuͤgen, welche gezeuͤgnus ich meinen widersachern darumb so offt furwirf, das sie sich doch einmal daran stossen und darauff richtig antworten sollen, dann wo nicht, will ich ihnen bald zeygen, was sie fur leut sein, die auff dise gezeuͤgnus nichts geben, also das es ihnen weethun, und, weyl[171] dise weldt steht, nicht abgelescht werden sol.

Das wer nun wol genug zum schmeckbier. Aber zum uͤberfluß wil ich noch ein

167. wieder.
168. Vgl. Röm 8,4; 3,20; Gal 2,16 u. a.
169. denn.
170. Vgl. o. S. 761, Anm. 25 u. ö.
171. solange.

grobe, ungeheuͤre luͤgen anzeygen, die sie nicht alleyn wider mich, sonder auch wider sich selbst liegen, und ist dise: Sie schreiben am [Bl.] B1, mein lehr dringe die leut dahin, das sie stracks mit Got on mittel und on mitler handlen mussen[172] etc. Wie unverschempt und ungeheuͤr dise luͤgen sey, bezeuͤget mein gantzes [F3b:] bekantnus durchaus, sonderlich aber an obgemelten orten, nemlich [Bl.] D3[173], S4[174], P2[175], R3[176] und Aa4[177], item ›wider Philippum‹ am [Bl.] C4[178], L1[179], L2[180] und andern orten mehr, da ich jah lautter lehre, das wir on vorgehende gantze genugthuung und erloͤsung unsers herrn Jhesu Christi nicht gerechtfertigt koͤnnen werden, darzu, das es unmuͤglich sey, die gerechtigkeit, die Got oder goͤtlich wesen selbs ist, außerhalb der menscheit Christi zu erlangen. Zudem ist es wider sie selbs: Dann sie sagen, wir mussen durch die gerechtigkeit ein zutrit zu Got haben, und setzen, die erfullung des gesetzs sey die gerechtigkeit. Dargegen spricht Paulus zun Rom. am 5.[2]: Wir haben den zugang zu Got durch Jesum Christum, item zun Ephe. am 2.[18]: »Durch ihn haben wir den zugang alle baide in einem geyst zum Vater«, item daselbst am 3.[12]: »Durch welchen wir haben freydigkeit und zugang in aller zuversicht durch den glauben an ihn«. So schleuͤs ich nun aus ihren worten und Pauli gezeuͤgnissen wider sie selbst also: Sie sagen, niemandt hat ein zutrit zu Got dann durch die gerechtigkeit. Wir haben aber alle ein zutrit zu Got durch Jesum Christum, als Paulus sagt. Daraus volget on mittel, das Jhesus Christus selbs die gerechtigkeit sey – und nicht die erfullung des gesetzs, dann die erfullung ist ja nicht Jhesus Christus, sonder nur ein werck unsers herrn Jesu Christi.

Was Illiricus an disem orth weitter wider mich plaudert vom namen יהוה, das ich di-[F4a:]sen namen dem sterblichen und gestorbnen Christo zulege[181], das ist war und recht, es folget aber nicht, wie er meint, wann ich Christum, den sterblichen und sterbenden menschen, יהוה nenne, das ich darumb seine menschliche natur also nenne, wie ichs auch nie gethan hab und wais, das es nicht recht wer. Warumb es aber unrecht were, findestu in meinem bekantnus im [Bl.] N bis in das [Bl.] O[182], deßgleychen im doctor Luther ›Von der kirchen und concilien‹[183], und wann du der eins vleyßig lisest, so wirstu wol mercken, das weder Illiricus noch Gallus je recht ver-

172. Vgl. Flacius' und Gallus' Schrift ›Verlegung‹, Bl. B1a.
173. Vgl. o. S. 128,18-130,10, Nr. 488.
174. Vgl. ebd., S. 244,20-30.
175. Vgl. ebd., S. 216,16-32.
176. Vgl. ebd., S. 236,7-10(-29).
177. Vgl. ebd., S. 106,14-108,3.
178. Vgl. S. 590,3-29, Nr. 522.
179. Vgl. ebd., S. 631,9-19.
180. Vgl. ebd., S. 631,20-35.
181. Vgl. Flacius' und Gallus' Schrift ›Verlegung‹, Bl. B1b.
182. Die Abschnitte auf Bl. N1b-O2a in Osianders Bekenntnis ›Von dem einigen Mittler‹ handeln von den zwei Naturen Christi sowie vom Namen ›Jesus‹ und ›Sohn Gottes‹; vgl. o. S. 200,6-208,17, Nr. 488.
183. In dieser Schrift analysiert Luther u. a. die großen altkirchlichen Konzilien, in denen über die Naturen Christi und ihr Verhältnis zueinander verhandelt wurde; vgl. WA 50, S. 570,10-575,9 (Nicäa), S. 581,15-592,16 (Ephesus), S. 592,16-596,26 (Chalkedon).

standen oder gelernet haben, wie man ›de communicatione idiomatum‹ oder von der einigen person Christi und seinen zweyen naturn, der gőtlichen und der menschlichen, unterschidlich reden sol. So stecken sie vol eigner menschlichen[!] gedancken, das weder mein noch des Luthers noch die heylig schrifft bey ihnen stat[184] finden, darumb schmeckt das pier nach dem fass[185] und ist nichts werdt.

Schmeckpier aus Johannis Policarii buch[186]:

Wann mir dises Johannis Policarii buch beyzeyt zuhanden kommen were, so hett ich ihn billich obenan gesetzt fur die andern alle, dann er bringt mir die rechten gloß und außlegung, wie ich all meiner widersachern bůcher verstehen sol, und spricht [Bl.] B1, wann wir sagen mit Paulo, [F4b:] Christus ist unser gerechtigkait[187], das ist sovil gesagt: Christus hat uns die gerechtigkait erworben[188]. Das laut, da steckts![189] Ich bitt dich aber, christlicher lieber leser, du wollest dise wort fleißig zu hertzen nemen, dann es ist aigentlich dise mainung drinnen: Wann uns Osiander schon dringt und zwingt nicht allain mit Esaia, Jeremia, Paulo, Augustino, Luthero[190], sonder auch mit der gantzen heiligen schrifft, mit vetern und concilien, das wir bekennen můssen uber[191] unsern danck und willen, das Jesus Christus unser gerechtigkait sey, so wőllen wirs doch allain also bekennen, das es nicht bekennet sey, sonder, wann wirs schon bekennen und der gemain man vermaint, es sey frid und wir seien ainhellig in dem, das Jesus Christus, durch den glauben in uns wonend, unser gerechtigkait sey, und nimpts also auch als ein ainhellige, ungezweyfelte lehr mit freuden an und gibt sich darin zufride, so wollen wir dannoch der warhait nicht raum lassen noch frid halten, sonder hinter inen her sein und mit diser ertraumbten, falschen, verfůrischen und teuffelischen gloß inen Christum wider rauben und stelen und sagen, er sey nicht anders unser gerechtigkait, dann das er uns gerechtigkait verdient hab. Das kan doch ja[192] ein teuffelischer, durchteuffelter und uberteuffelter hochmut und verstockte, verzweyffelte poßhait sein. Und wo will es doch zuletst mit diser teuffelischen gloß hinaus? Wollen wir sagen: ›Christus ist [G1a:] Gottis sohn‹, das sey soviel gesagt als: ›Christus hat Got einen sohn erworben‹, ›Christus ist unser heylandt‹, das sey soviel gesagt: ›Christus hat uns einen heylandt erworben‹, ›Christus ist der jungfrauen Marie sohn‹, das sey soviel gesagt: ›Christus hat der jungfrauen

184. Raum.

185. sprichwörtliche Redensart; hier etwa: Darum verrät ihre Lehre ihre Herkunft; vgl. *Röhrich*, Sprichwörtliche Redensarten 1, S. 256.

186. Vgl. o. S. 752f.

187. Vgl. I Kor 1,30.

188. Pollicarius schreibt in seiner ›Antwort‹, Bl. B1a: »Wenn wir nu sagen mit Paulo, Christus ist unser gerechtigkeit, das ist so viel gesagt: Christus hat uns die gerechtigkeit erworben, das ist, er hat uns mit seinem volkomenen gehorsam, leiden und sterben von sünden und ewigem tode erlöset«.

189. Das klingt, da steckt's dahinter! (Vgl. *Grimm*, Wörterbuch 6, Sp. 372-374, und *Wander*, Sprichwörterlexikon 4, Sp. 788, Nr. *4 und *5.)

190. Vgl. o. S. 783,32f.

191. ohne.

192. wahrlich.

Marie ein sohn erworben‹, ›Christus ist unser יהוה‹, das sey soviel gesagt: ›Christus hat uns ein יהוה erworben‹? Hatt man dem Zwingel und Oecolampad[193] nicht zugeben koͤnnen noch sollen, das das woͤrtlein ›ist‹ in disen reden: »Das ist mein leyb, das ist mein blut«[194], solt als vil gelten: ›Das deut mein leib, das deut mein blut‹[195], oder: ›Das ist meins leibs oder meins bluts zeychen‹, warumb solten oder wie koͤnten wir disem groben schwermer zulassen, das ›ist‹ solt ›erwerben‹ haissen? Ich will auch gern hoͤren, sehen und vernemen, wer die unverschembten schwermer werden sein, die dise rede werden auff sich ligen[196] lassen und sich nicht entschuldigen, das er in unrecht thue, dieweil er so duͤrr und kuͤn daherfehret und redet nicht fur sich allain, sonder fur den gantzen hauffen und spricht: ›Wann wir‹[197] – ›wir‹ sagt er, nicht ›ich allain‹, sonder: ›wann wir sagen‹, ja das noch wol mehr ist, spricht er, ›wann wir mit Paulo sagen‹, zeuͤcht also den heiligen Paulon[!] auch hinein, als sey er ein solcher schwirmer, des mainung sey, wann er von Christo zeuge, das er unser gerechtigkait sey, das er nichts anders woͤll sagen, dann Christus hab uns die gerechtigkait erworben. Werden sie, die andern, im nicht einreden offentlich, [G1b:] wie ers offentlich in truck hat geben, so will ichs annemen als offenlich von inen bekant und sie recht daruͤber in die schul fuͤren.

Das aber diser elende superattendent von Weissenfels selbs nicht verstehe, was er sagt, ist klar aus dem, das er am [Bl.] B3 des Philippi regel anzeucht, der also spricht: »Wir werden gerecht et merito Christi et communicatione sui«[198], das ist: durchs verdienst Christi und, das er sich selbs uns mittailt. Dann das verdienst Christi ist nicht die gerechtigkait selbs, sonder die gerechtigkait ist durchs verdienst Christi verdienet und erworben worden, wie ein edelman durch seine treue dienst ein lehengut von einem fuͤrsten, koͤnig oder kaiser verdienet und erwirbet, und ist doch ja sein verdienst nicht das lehengut. Dieweil sich aber Christus uns selbs mittailt, sich uns zu eigen gibt und durch den glauben in uns wonet, ist er unser gerechtigkeit, und ligt die teuffelische glosa schon ernider, damit der elende superattendent daherprangt. Dann wann Paulus spricht, Christus sey unser gerechtigkait, so will er nicht sagen, das uns Christus die gerechtigkait erworben hab – wiewol es war ist –, sonder er will

193. Gegen das Abendmahlsverständnis Zwinglis und Oekolampads hatte sich Osiander in seiner Nürnberger Zeit heftig verwahrt, vgl. *Seebaß*, Osiander, S. 115-120, und u. A. Bd. 2, S. 585,15-586,3, Nr. 91.

194. Mt 26,26.28.

195. Vgl. WA 26, S. 271,20-272,22, und WA 23, S. 86,22-35; 88,32-90,4; 92,1-17.

196. lügen.

197. s. o. Anm. 188.

198. Pollicarius beruft sich in seiner ›Antwort‹, Bl. B3a, auf den Wittenberger: »Aus itzt getanem bericht ist je offenbar, das der trost und grund unserer gerechtigkeit nicht allein sol gezogen werden auff die wesentliche gerechtigkeit Christi, sondern auch sampt und zugleich auff seinen verdienst. Und hieher gehöret auch die regel Philippi: Wir werden gerecht et merito Christi et communicatione sui«. Vgl. hierzu auch Osianders ebenfalls 1552 veröffentlichte ›Widerlegung‹ Melanchthons, o. S. 634,21-24, Nr. 522. Zur ›Regel‹ Melanchthons vgl. seine Schrift »Antwort auf das buch herrn Andreae Osiandri von der rechtfertigung des menschen«, CR 7, Sp. 898f, Nr. 5017.

sagen, das Christus selbs sich uns mittaile – wie Philippus auch sagt[199] – und sey also unser gerechtigkait in uns und Gott rechne uns solche gerechtigkait zu – dann alldieweil Christus nicht durch den glauben in uns ist, sein wir untüchtig, 2. Cor. 13[5].

Der ander schwarm seins gantzen puchs ist nichts dann ein unnuͤtzes plauderwerck, darin er [G2a:] nichts mit heiliger schrifft beweiset, sonder sagt sein aignen tandt und pringt vil spruͤch doctor Luthers[200], er antwort aber nichts auff die spruͤch, die ich angezogen hab, wie er und andre schuldig weren. Dann sie muͤssen die spruͤch miteinander vergleichen oder bekennen, das Luther in dem ain tail geirret hab – das nußlein wollen sie nicht peissen! Und das man sehe, wie diser suppenattendent[f] so frevenlich wider den doctor Luther plaudert, will ich sie fein gegeneinandersetzen:

Doctor Luther schreibt in der kirchenpostill am 76. blat also: »Alles das leben, das ein rechtglaubiger christ fuͤret nach der tauff, ist nicht mehr dan ein warten auff die offenbarung der seligkait, die er schon hat. Er hatt sie gewißlich gantz, aber doch im glauben verporgen. Derselbig glaub, wann er abgethon were, so wer sie offenberlich in im, welchs geschicht im leiblichen sterben«[201] etc. Und bald darnach: »Laß dich die werckheiligen nicht verfuͤren, dein seligkait mit wercken zu holen. Nein, lieber mensch, sie ist in dir inwendig, es ist schon alles geschehen, wie Christus sagt Luc. 17[21]: ›Das reich Gottis ist in euch‹. Darumb ist das ubrig leben nach der tauff nichts anders dann ein harren, warten und verlangen, das da offenbart werde, das in uns ist«[202]. Solchs sein doctor Luthers wort; wir wollen den superattendentem[!] auch hoͤren, wie er so fein mit doctor Luther gleich als ein hungeriger wolf mit einem guten schafhirten, der wol singen kan und des stym die schefflein wol kennen[203], uberainstymmet. [G2b:] Also schreibt er [Bl.] B3 an der andern seyten: »Obwol Gott in den gleuͤbigen wonet warhafftig, so hat es doch gar vil ein andre meynung jetz in disem leben, wirdt auch gar vil ein andre meynung haben mit den heyligen in jenem leben, da Gott, wie Paulus spricht, wirdt alles in allen sein[204]. So hoffen wir ja auch noch ein andere gerechtigkeit, wie S. Paulus klerlich sagt Gal. 5[5]. Die gerechtigkeit, so wir hoffen und erst in jenem leben bekommen sollen, mus jhe freilich diejenig nicht sein, so wir durch die itzigen beywonung Gottis in disem leben haben. Was dorfen wir sonst warten und hoffen? Dort und alsdann wirdt unser gerechtigkeit ein wesentliche gerechtigkeit sein, welche hie nur ein gerechtigkeit ist imputative und aus gnaden. Das ist nun unser meynung«, spricht der superattendens, »von der justification, und ist nicht fleyschlich und philosophisch, wie sie Osiander nen-

f) wohl nicht zweifacher Drf., sondern polemischer Ausdruck.

199. Vgl. o. Anm. 198.
200. Auf Bl. D4a-G1b und G1b-3a zitiert Pollicarius in seiner ›Antwort‹ Luthers Galaterkommentar und die Hauspostille, vor allem solche Stellen, die um die Verleihung der Gnade kreisen.
201. WA 10,1,1, S. 108,6-11.
202. WA 10,1,1, S. 108,16-21 (von Osiander gekürzt).
203. Vgl. Joh 10,4.27.
204. Vgl. I Kor 15,28.

net«[205]. Darauff antwort ich, Osiander: Es ist war, sie ist weder fleyschlich noch philosophisch, sonder fantastisch, nerrisch, eselisch, puͤfflisch[206], ruͤltzisch[207], viltzisch[208] und, was man nur dergleychen mehr von ihr sagen koͤn. Dann weder die philosophi noch fleysch und blut, das sein rechte vernunft hat, narren also von der gerechtigkeit, vil weniger die theologi, dann alle philosophi und alles gesundes fleysch versteht, das gerechtigkeit mus etwas tetigs sein, das den menschen macht recht thun, das ist im buͤrgerlichen und philosophischen wesen ein gutter habitus oder gutte art de genere qualitatum, in der heyligen schrifft aber und in Gottis reych ist es Got selbs, »der in uns wuͤrckt beyde das wollen und das volbringen nach seinem goͤtlichen wolgefallen«, Phili. 2[13]. [G3a:] Ich mochte aber gern von dem superattendenten hoͤren und lernen, wie er doch den einigen, ewigen, waren Got in seinem goͤtlichen wesen so kuͤnstlich kont in zwey teyl voneinanderreyssen, das das ein, wie er bekennet, warlich in uns wone, auch in disem leben, das ander aber, nemlich wesentliche gerechtigkeit, gantz und gar außerhalb unser bleib biß nach dem juͤngsten tag. Ist das nicht schwermerey? Ists nicht ketzerey? Wa bleiben da die großen helden, die sich ruͤmen, Gottis eyffer treybe sie, falscher lere zu weren? Wie, das sie disem superattendenten nicht weren? Ja, warum leget er den spruch Pauli zun Gal. am 5.[5] von der gerechtigkeit so gar anders aus dann doctor Luther selbs? Warumb spricht er, wir mussen erst in jenem leben die gerechtigkeit bekommen, so doch doctor Luther [spricht][g], die gantze seligkeit und Gottis reich, welchs ist »gerechtigkeit, frid und freuͤd im heyligen Geyst«, Ro. 14[17], sey schon in uns, und wir sollen nur auff die offenbarung warten[209]? Und dieweil ich gemelten spruch in meinem bekantnus am [Bl.] R1 und fortan auch fleyßig erwegen, gehandelt und bewisen hab[210], das er mus, wie doctor Luther hievor gemeldet, und nicht anderß[!] verstanden werden, warumb antwortet er mir nichts darauf? Warum stoͤst er meine grund nicht umb und beweist die seinen? O nein, er ist ein superattendent, darf[211] nichts beweisen! Was sind aber seine gruͤnd? Er spricht also: »Die gerechtigkeit, die wir hoffen, mus freylich diejenig nicht sein, die wir durch die itzige beywonung Gottis in disem leben haben«[212]. Lieber, ists grund, das man spricht: ›Es mus freylich‹? Wie, wann es ›nicht mus‹? Hat er kein ander gezeuͤgnus der schrift dann: ›es mus freylich‹, so steht er warlich ubel. [G3b:] Und warumb ist aus der wonung Gottis in uns jetz ein beywonung worden? Wil er auch sprechen wie jhenes weyb, das da saget: Ich glaub wol, das Got nahe bey mir sey und alle meine schalkheit sehe, ich glaub aber nicht, das er

g) konj.

205. So Pollicarius in seiner ›Antwort‹, Bl. B3b.
206. büffelhaft, grob.
207. rülpsend.
208. bäurisch, geizig.
209. Vgl. den Galaterkommentar von 1535 WA 40,2, S. 23,13-32,24.
210. Vgl. o. S. 230,23-27, Nr. 488.
211. braucht ... zu.
212. Vgl. o. S. 787,27-29.

in mir wone? Und dieweyl er bekennet, das im kůnftigen leben Got selbs alles in allen und also auch unser wesenliche gerechtigkeit sein werd, wie werden die mit ihm stimmen, die disen reymen an ihre heuser lassen schreiben: »Gottis wesenliche gerechtigkeit ist nicht mein seligkeit«[213]? Dise beten gewißlich nicht mit Christo zu Got: »Dic animae meae: Salus tua ego sum«, Psal. 5[34,3Vg.!], sonder die warheit sagt von ihr jedem: »Non est salus ipsi in Deo eius«, Psal. 3[3Vg.]. Und hiermit wil ich disem stinckenden schmeckbier auff dißmal urlaub[214] geben.

Schmeckpier aus Alexandri Halesii buch[215]:

Diser Alexander Halesius, ein geborner Schotte, erstlich aus Schottenland, darnach auch aus Englandt vertriben, jetzo zu Leyptzick[216], hat ein lateinisch bůchlein wider mein deůdsch bekantnus geschriben, das stinckt fur grossen hochfart und eignem wolgefallen auffs allergreůlichst, dann ich kenn ihn wol, wil itzo hiervon nicht mehr sagen dann das allein, das er mich bald im anfang am [Bl.] A5 und A7 mit kurtzen worten so gar unverschembt und lesterlich anleůgt und anstinckt[217], das des Justi Menii[218] und Joachim Mőrleins lůgen[219], damit sie [G4a:] doch der andern lůgen alle weyt ůberstochen[220] haben, fur lautter schertz mochten gehalten werden gegen der uberschwencklichen, unmeßigen, lesterlichen lůgen dises vorjagten, landflůchtigen Schotten.

Dann ich lehre also, Christus sey fur unser sünd gestorben, hab das gesetz fur uns erfůllet, uns ein gnedigen Gott gemacht und vorgebung der sünden erworben, und wann wir das gleůben, so wohne Christus durch den glauben in uns und sey unser gerechtigkeit nach seiner gőtlichen natur, nach welcher er mit dem Vater und mit dem heyligen Geyst ein eynigs, unzertrennets gőtlichs wesen von ewigkeit zur ewigkeit ist. Und setz also, das hőchste gut, das in himel und erden ist, nemlich Got selbest, der mensch worden ist, sey unser gerechtigkeit, durch den glauben von uns ergriffen und uns zur gerechtigkeit zugerechnet, nicht darumb, das er dis oder das in uns wůrcke – wiewol er in uns wůrcken (Philip. 2[13]) und wir in unsere glieder zum

213. Hierzu berichtet Mörlin, Historia, Bl. R2b: »Es hat einer aus den löblichen fürstlichen rethen, herr Caspar von Nostitz, an sein hause diesen spruch aus dem heiligen Ambrosio: »Mors Christi est iustificatio peccatoris«, und darauff folgende reimen schreiben lassen: »Gottes wesentliche gerechtigkeit, dies ist nicht meine seligkeit, sondern das leiden Jesu Christ mein heil, trost und rechtfertigung ist«.

214. den Abschied.

215. Vgl. o. S. 753f.

216. Nach seiner Wende zum Protestantismus mußte Alesius Schottland verlassen und hielt sich in Cambridge und Köln auf, bevor er sich in Leipzig niederließ; vgl. ADB 1, S. 336.

217. Auf Bl. A5 und A7 seines Werkes ›Refutatio‹ wirft Alesius Osiander vor, eine ›mönchische‹ Rechtfertigungslehre zu vertreten; Bl. A7a: »... sponte corruet tota ipsius doctrina de iustificatione, quae tamen non est ipsius sed monachorum, restituta nunc ab ipso et multo absurdius tractata quam ab illis«. Zu dem Vorwurf auf Bl. A5, auf den Osiander weiter eingeht, s. u. Anm. 222.

218. Vgl. o. S. 777,19-781,7.

219. Vgl. o. S. 760,28-769,9.

220. übertroffen.

werckzeuͤg ergeben sollen (Rom. 6[13]) –, sonder schlecht und einfeltig darumb, das er in uns wonet, uns zu eygen gegeben ist und wir glider seiner allerheyligsten menscheit sein.

Dargegen leuͤgt und stinckt mich diser unverschembter Schott gantz und gar unmenschlicherweyse an und schreibt also: ›Es hab aber gleych die sach ein gestalt, wie sie woll, so bringt doch Osiander nichts anders fur dann der munchen lehr von der rechtfertigung, verdeckt und geschmuͤckt mit andern worten, ja nur mit verenderung eines einigen[221] [G4b:] worts: Dann da[h] jene lehren, wir werden gerechtfertigt mit der anhangenden gerechtigkait, da spricht Osiander: Wir werden gerechtfertigt mit der inwonenden gerechtigkait‹[222].

Nun merck, christlicher leser: Mein gerechtigkait, die ich lehre, ist Gott selbs, nemlich יהוה, der einige, ware Gott und mensch. Die gerechtigkait aber, die die muͤnch gelehret und die ›anhangenden gerechtigkait‹ genennet haben, ist ein pur, lauter gedicht und nichts. Noch thar der unverschembt, verruchte Schott so moͤrdlich und sicher daherliegen wider mich, sein aigen gewissen und wider die goͤttlichen majestat, mein gerechtigkait sey nichts anders dann der muͤnch gerechtigkait und ich hab nur ein ainigs wort geendert, so doch himel und erden so ferne nicht voneinander und unterschiden sein als mein gerechtigkait und der muͤnch gerechtigkait. Das recht und aus dem waren grund zu verstehn, wollen wir doctor Luthern von der anhangenden muͤnchischen gerechtigkait hoͤren, dann der mann hat sie vor andern woll gekennet und an tag geben und schreibt uber die epistel Pauli zun Galatern im teutschen unter dem tittel ›theologia der schullerer‹ am 72. blat, das die schulerer[!] von der anhangenden form der gerechtigkait also gaiffern: ›Wann der mensch ein gut werck thut, solchs werck lest im Gott gefallen und geuͤst im darnach die lieb ein fur solches werck, welche eingegoßne [H1a:] lieb sie dann sagen, das sie sey ein ›qualitas haerens in corde‹, das ist ein art oder tugend, die da am hertzen hange, und solche lieb oder eigne tugend nennen sie iustitiam formalem, das ist: die anhangenden gerechtigkeit‹[223] etc., und bald darnach spricht er: ›Und welcher solche lieb im hertzen hat, da sagen sie, er sey gerecht und from, wie sichs vor Got gepuͤret‹[224]. Aus diesen worten doctor Luthers koͤnnen wir woll und reichlich versthen[!], was der muͤnch gerechtigkait sey, doch will ychs umb der einfeltigen willen paß[225] erkleren: Und zum ersten ist wol zu mercken, das sie reden von einer lieb, die inen Gott gebe fur die gutten werck, die sie thun, ehe dann inen die lieb werd eingegossen. Nun ist un-

h) konj. für: das (Drf.).

221. einzigen.

222. Alesius in seiner Schrift ›Refutatio‹, Bl. A5a: »Quicquid autem negocii sit, tamen nihil aliud affert quam doctrinam Monachorum de iustificatione, textam et ornatam aliis verbis, imo mutata una tantum voce. Nam pro eo quod illi docent nos iustificari iusticia inhaerente, iste dicit iustitia inhabitante«.

223. Vgl. den Galaterkommentar von 1535 WA 40,1, S. 225,26-28.

224. Vgl. den Galaterkommentar WA 40,1, S. 226,16-18.

225. besser.

mŭglich, das ein ainigs werck gut sey, ehe die lieb werd eingegossen, 1. Cor. 13[1-3]. Darumb bleibt solche lieb ewigklich uneingegossen und ist ein pur gedicht und nichts. Zum andern ist offenbar, das sie nicht von der lieb reden, die Gott selbs ist, dann sie nennens ein qualitatem. Darumb mŭssen sie solche lieb fur ein creaturliche oder ein erschaffne lieb halten. Zum dritten ist offenbar, das mancherley ding in der welt sein: etliche sein fŭr sich selbs etwas als engel, mensch, thier, fogel, fisch, holtz, stain und dergleichen, etliche sein nichts fur sich selbs, sonder nur, wann sie in einer andern creatur sein als fiber, schlaff, traurigkait. Dann wann der, so das fieber hat, wider gesundt wirt, so ist sein fiber nichts mehr, wann der schlaffend auffwacht, so ist sein schlaff nichts mehr, wann der traurig wider frŏlich wirt, so ist sein traurigkait nichts [H1b:] mehr, sonder wirt alles ein pur, lauter nichts. Etliche ding sein noch geringer dan dise, als wan ein teuffel oder ein mensch etwas dichtet in seinen gedancken, das sonst weder fur sich selbs ist noch in einem andern, sonder allain in iren plossen gedancken, als wann ein alber[226] mensch ein haus dichtet, das auff kainem grund, sonder auff einer wolcken stŭnde etc. Diser art ist auch der mŭnch gerechtigkait, gelogen vom teuffel und den irrigen menschen in ire gedancken eingegeben, dan sie ist nicht fŭr sich selbs, dieweil sie ein qualitas soll sein, so ist sie in keynem anderen ding als fiber, schlaff oder traurigkait, sonder ist ein pur, lauter gedicht, dieweil die werck unmŏglich sein, umb derowillen sie solt gegeben werden, und dieweil unmŭglich ist, das uns ein eingegossne qualitas fur Gott solt gerecht machen. Darumb schleust sich gewaltiglich, das solche munchsgerechtigkeit oder -liebe weder in himel noch auff erden ist, darzu nie gewest ist und immer und ewiglich nimer werden wirt noch werden kan, on das sie ein lŭgenhefftig gedicht in des laidigen teufels und in etzlicher verfurter, irrigen menschen gedancken ist. Nun kan ye kain nichtiger, verfluchter ding sein noch genennet werden dan das, das weder fur sich selbs noch in einem anderm ist, sonder ist ein plosses gedicht des leidigen teuffels wider Gottis ehr und der menschen heil, in des teufels gedancken angespunnen. Darumb kan yederman leichtlich erkennen [H2a:] und urtayln, das diser unverschempter, wansinniger Schot ein solche lŭge wider mich, wider sein eigen gewissen und wider die gŏtlichen majestet gethon hat, die grŏsser ist dann himel und erden und alle creatur, die darinnen sein. Dan er hebt an an der munchsgerechtigkeit, die das allernichtigst, verfluchtist teufelsgedicht ist, und fehret damit hinauff in himel, ya uber alle himel und uber alle creaturn in die hoen gotlichen majestat, die allen creaturn unbegreifflich ist und sich umb unserwillen gedemŭttigt hatt und mensch worden ist, und spricht, die munchsgerechtigkeit sey ebendieselbig gŏtlich mayestat, und fehret mit derselben gotlich mayestat wider herab in abgrund der hellen bis yn des teufels gedancken hienein und spricht, die gŏtlich mayestat sey ebendasselbig teufelsgedicht und munchsgerechtigkeit, dieweil er spricht, mein gerechtigkeit, die Gott selbs ist, und der munich gerechtigkeit, die ein gedichte qualitas des teufels ist, sey eben ain ding. So gros aber die unterschied ist zwischen der gotlichen mayestat und des teuffels gedicht, so gros ist auch die lugen; die unterschied aber ist unentlich, darumb ist die lugen unbegreifflich und unmeslich. Darnach scherpft er sie noch paß,

226. unsinniger.

da er spricht, ich hab nicht mehr dan ein einig wort an der munch lehr und gerechtigkeit geendert, nemlich das ich fur die ›anhangenden‹ gerechtigkeit ein ›einwonende‹ gerechtigkeit nenne, so ich doch die gerechtigkeit, die Gott selbs ist, mein leben lang nie also mit plossen worten genennet hab. Dan ich wais wol, [H2b:] das die buͤrgerlich gerechtigkeit auch ein inwonende gerechtigkeit ist, deßgleychen die muͤnichsgerechtigkeit des teuͤffels gedicht, dann sie wonen auch in den menschen, die buͤrgerlich im gemuͤet, die teuͤflisch in den irrigen gedancken. Darumb hab ich wol gewust, wann ich ploßlich die inwonenden gerechtigkeit nennete, das niemand wissen kondte, welche ich meinet.

Wer nun nicht verstehet, was es ist, das in der Offenbarung Johannis am 20.[7] geschriben stehet, der teuͤffel werd noch tausent jaren (versthe[!]: nach der marterer verfolgung) wider ledig, der lerne es an diser handlung, die mir begegenet. Dann des liegens wider mich ist kein ziel noch maß, und konth der teuͤffel morden, wie er gern wolth, so wer ich und alle, die mich hoͤren, langst aus der weldt vertilget, daran man jah den luͤgner und moͤrder kennen solt, das er wider ledig worden und in disem Schotten und seinsgleychen gantz gewaltig eingesessen ist.

Schmeckbier aus herrn Niclasen von Amßdorff buch[227]:

Wolt Gott, das der alte Herr Niclas von Amßdorff seiner selbs person und alters[228] verschonet und sich in disen kampf nicht eingemenget het, dann zu dem, das ich alter leut gern verschonen wolt, muß ich auch besorgen, er entfall [H3a:] mir durch den todt mitten im kampf, und gedunckt mich selbs nicht fein, das ich mitt todten leuten kempfen solt. Aber dieweil es nach dem gemainen teutschen sprichwort geht, das da sagt, es helf kein alter fur thorhait[229], so muß ichs lassen gehn, wie es geht, und mich schutzen vor einem yeden, der zu mir[230] schlecht. Derhalben, dieweil er auch an mich kombt, muß ich im antworten, wie ers verdienet, er mag ims gefallen lassen, ob er will.

Sein irrthumb steht in zweien dingen: Erstlich, das er in des Philippi Melanthonis unrecht verstandner lehr gantz und gar ersoffen ist, die da sagt, Gott halt uns fur gerecht darumb, das Christus fur uns gestorben sey, und nicht darumb, das Christus durch den glauben in uns wohne und unser gerechtigkait sey[231]. Und nimbt mich wunder, das sie im yetzo so wol gefelt, so er doch etwo hundert und ettlich artickel in des Philippi schrifften getadelt hat[232]. Zum andern, das er maint, wann ich sag, Gott ist unser gerechtigkait, das sey nichts anders gesagt, dann die guten werck, die Gott in uns wuͤrckt, seien unser gerechtigkeit[233]. Hierauff tobet er gleych und

227. Vgl. o. S. 754f.

228. v. Amsdorf war zu diesem Zeitpunkt 68 Jahre alt; vgl. TRE 2, S. 487.

229. Vgl. *Wander*, Sprichwörterlexikon 1, S. 59, Nr. 7; S. 60, Nr. 21; S. 62, Nr. 90.

230. gegen mich.

231. Dieser Vorwurf bezieht sich auf den Inhalt der ganzen Schrift v. Amsdorfs.

232. Als Gnesio-Lutheraner gehörte v. Amsdorf den Magdeburger Antiphilippisten an, die sich gegen das Leipziger Interim mündlich und schriftlich verwahrten, vgl. TRE 2, S. 492f, und *Kolb*, Amsdorf, S. 92f.

233. Vgl. v. Amsdorf in seiner Schrift ›Bericht und Zeugnis‹, Bl. A3b.

schreiet, Gott mach keinen suͤnder auff erden gerecht[234], gleich als saget ich, wir werden gerecht von aigner gerechtigkait, so ich doch streit, sund bleib in uns, weil wir leben, und wir werden allain darumb fur Got fur gerecht gehalten und gesprochen, das Christus, der gerechte mensch, der nach seiner goͤttlichen natur die gerechtigkait selbs ist, durch den glauben in uns wone und unser gerechtigkait sey; das ist ja [H3b:] nicht wider die lehr Pauli, die da sagt, das sünd in unserm flaisch wone[235]. Aber der teuffel ist ledig, er mag toben, wie es im Gott zulest!

Schmeckpier aus Johannis Knipstrow buch[236]:

Kein unverschembtern esel hab ich noch unter allen meinen widersachern gefunden dann disen Knipstro! Dann er gibt sein buch unter seinem aignen namen aus, wie ich auch gentzlich glaub, das ers allain gemacht hab, und sein doch der rector, superattendens und alle professores der hohen schul Gripßwald[237] und alle pastores oder pfarrherr des lands ingemain unterschriben[238]. Hat ers nun allain gemacht, warumb unterschreibet er die andern? Haben sie aber im alle geholfen, warumb fuͤrt er den namen allain? Also, acht ich, sey es an andern orten mehr zugangen, da ein ainiger narr, schwirmer und ketzer ein buch wider mich geschriben und darnach zweyunddreißig pfarrhern als ein superattendent zu unterschreiben bewegt hat. Und muß nun solchs buch den schein haben, als sey es von so vil gelerten leuten – die eins tails iren aignen namen nicht recht haben schreiben koͤnnen! – gemacht worden.

Diser Knippstrow irret durchaus uber dem woͤrtlein ›durch‹ und mainet, wadurch wir gerecht werden, dasselbig sey auch die gerechtigkait[239], welchs doch weit fehl ist. Daher hat er so [H4a:] vil gerechtigkeit, das er nicht wais, wo er darin ist: Ein weyl sagt er, vergebung der suͤnden sey unser gerechtigkait[240], ein weil sagt er, das plut

234. v. Amsdorf vermerkt in seiner Schrift ›Bericht und Zeugnis‹ auf Bl. B2b: »Darumb ist Osianders schrifft, so ein heilig leben fordert, ein lauther gewesch und gespey menschlicher vernunft und weisheit, so auff eigen verdienst der werck allzeit dringet, dieweil solch leben, wie gestreng und heilig es immer sey, ohn gnad und glauben fur Gott nichts gilt noch taug. Denn die wesentliche gerechtigkeit Gottes, im gesetz uns offenbart, kan uns nicht gerecht machen, noch unser gerechtigkeit sein, dieweil sie kein sünder dulden noch leiden kann«.

235. Vgl. Röm 7,23.

236. Vgl. o. S. 755-757.

237. Greifswald.

238. Die Unterschrift unter die Vorrede lautet: »E.F.G. undertheniger rector, superattendens, professores und pastores in E.F.G. universitet und kirchen« (Knipstro, Antwort, Bl. A4b).

239. Dieser Vorwurf ist auf die ganze Schrift Knipstros zu beziehen, für die programmatisch der Satz der Vorrede stehen kann: »Zum ersten: Das wir durch den todt und blut Christi, damit er uns erlöset und die sünde bezalet hat, gerecht werden, denn Paulus Roma. 3 spricht: ›Wir werden gerecht durch die erlösung in seinem blut‹ ... Derhalben werden wir durch das sterben, todt und blut Christi gerecht, das wir für Gott bestehen; und ist wunder, das er (Osiander) spricht, man habe solches in der Schrifft nicht gelesen« (Knipstro, Antwort, Bl. A3b-4a).

240. Die Sündenvergebung als Grund der menschlichen Gerechtigkeit wird von Knipstro öfter genannt, vgl. etwa Knipstro, Antwort, Bl. A4a: »Die gerechtigkeit, die für Gott gilt, ist vergebung der sünden und zurechnung der gerechtigkeit Christi ..., damit Gott die gerechtigkeit darbiete, indem, das er die sünde vergibet«.

Christi, ein weil der todt Christi[241], ein weil die person Christi[242], und hab noch keyn gesehn, der mit ihm selbs so gar uneins ist als er. Und ist alles dessen allein schuldt, das er das wőrtlein ›durch‹ nicht versteht: Dann ›durch‹ treue dienst erwerben die edeln lehengůtter, es volget aber darumb noch lang nicht, das die treuen dienst das lehengut seyen; ›durch‹ ertzney werden die krancken gesund, es volget aber darumb noch nicht, das die ertzney die gesuntheit sey; ›durch‹ geldt wirdt einer ein doctor[243], aber das geldt ist darumb nicht das doctorat etc. Also auch: ›durchs‹ leyden, sterben und blutvergiessen Christi sein wir gerechtfertiget worden, aber es volget darumb noch nicht, das sein leyden, sterben und blutvergiessen unser gerechtigkeit sey. Sonder das volget wol, das er uns die gerechtigkeit darmit verdienet und erworben hat, die gerechtigkeit aber an ihr selbs ist יהוה, wie ich offt gnug hab bewisen. – Aus dem ist nun gut zu erkennen, wie gifftig ers gegen mir meynt, da er meine meynung so schlims erzelet in seiner vorred in den ersten vier artickeln[244], das ich ihn schier in allen worten auff die schnautzen kont schlagen wie ein unverschembten, verruchten lůgner, und er macht mich eben darmit verdrossen, das er sovil lůgen aneinanderknüpft, das ich nicht wais, welche ich am [H4b:] ersten sol angreiffen. Doch wil ich im auffs wenigst eine anzeygen: Er schreibt [Bl.] A4 an der andern seyten, ich lehre wie die papisten von der gnad etc., desgleychen leůgt er auch, ich hebe die imputation auff[245], so doch das die allerhőchst und -grőst imputation ist, so im himel und auff erd sein kan, das uns Gott sein selbs gerechtigkeit zurechnet. Er leůget auch, ich menge die gerechtigkeit und heyligkeit untereinander[246], so ich doch gleych so unterschiedlich darvon rede als Paulus selbs, und kans auch nicht ferner unterschieden, dann Paulus selbs thut, der da spricht, Christus sey baide unser gerechtigkeit und unser heyligung, 1. Corinth. 1[30].

In summa: Es hat noch keyner wider mich geschriben, der nicht auch grobe, greiffliche lůgen auff mich gelogen hab, so hat auch noch keyner weder meine grůnd, so

241. Für Knipstro gehören Blut und Tod im Rechtfertigungsprozeß zusammen, was an mehreren Stellen vermerkt wird, z. B. Knipstro, Antwort, Bl. C1b.

242. Vgl. etwa Knipstro, Antwort, Bl. B2a: »Das der gecreutzigte Jhesus Christus, warer Gott und mensch in einer unzertrenneten person, von ampts wegen, dazu er von Gott verordent ist, unser mittler, unser gerechtigkeit, heiligung und erlösung sey«.

243. Vgl. o. S. 759, Anm. 13.

244. Knipstro erhebt in seiner Vorrede vier Hauptvorwürfe gegen Osiander. Dieser lehre: 1. daß der Tod Christi nicht die Gerechtigkeit bewirke, 2. der Tod Christi zwar erlöse, aber nicht rechtfertige, 3. die Erlösten durch die einwohnende Gerechtigkeit Gottes gerecht würden, ›iustificare‹ werde so nicht als ›von Sünden lossprechen‹, sondern ›in der Tat gerecht machen‹ gedeutet, 4. Christi menschliche Natur könne nicht rechtfertigen, da es sich bei der Gerechtigkeit dann um eine endliche, kreatürliche Größe handeln würde; vgl. Knipstro, Antwort, Bl. A2b-3a.

245. Vgl. Knipstro, Antwort, Bl. A4b: »Er (Osiander) macht keine unterscheid zwischen der iustification und sanctification, sondern leret wie die papisten von der gnade, das uns die gerechtigkeit, das ist die gottheit, eingegossen wird, die uns rechtzuthun bewege, neu gebere und in der thadt recht mache; damit hebet er auff ›imputationem iusticiae‹ und menget ineinander die gerechtigkeit und heiligung«.

246. Vgl. Anm. 245.

ich aus der heyligen schrifft gelegt, noch die spruͤch Luͤtheri, die ich angezogen hab, widerlegt; sie begeyffern sie wol mit ihrem eygen tand, aber on allen grund. Darumb hoff ich, es soll nun fast dem gantzen deuͤdschen land kunth sein, das sie der luͤgengeyst und irregeyst treybe, wiewol ich bald, ob Gott will, stercker hernach kommen will! – Ich solt Andream Musculum[247] auch empfangen haben, so hat mir sein buch nicht zuhanden konnen gebracht werden. Wie ich aber diß alles geendet, sein mir zwey buͤchlein zukommen, ains von dem ›lichtfluͤchtigen nachtraben‹, der so fromm nicht ist, das er [H5a:] weder seinen noch seines buchdruckers namen nennen oder bekennen thar. Darumb laß ich ihn auch on antwort als ein lichtfluͤchtigen unman[248]. Das ander buͤchlein ist M[atthiae] Flacii Illirici und hat den tittel: »Wider die neuͤe ketzerey der dikaeusisten«[249] – ich weyß nicht, was das fur ein wort ist! Darin leuͤget er mich an als ein verzweyffelter, ehrloser bub, boͤßwicht, schelm und ehrndieb [Bl.] B am 4. zu end, ich hab lesterlich gesagt, die gerechtigkeit, die Christus hie auff erden bewisen, sey nichts bessers dann die heuͤchlerische oder phariseische gerechtigkeit[250]. Das kan doch jha[!] ein unverschembter, verlogner, verzweyffelter, ehrloser bub, boͤßwicht, schelm und ehrndieb sein! Was soll ich doch mith solchen boͤßwichtern von Gottis wort handeln? Solt doch einer lieber todt sein, dann unter soͤlchen boͤßwichtern leben!

Du aber, christlicher leser, bleyb in dem, das du gehoͤrt und gelernet hast, nemlich das Jhesus Christus, warer Got und mensch, das gesetz fur uns erfuͤllet, fur unser sund gestorben und vergebung der sünd erworben hab, und laß uns nun das alles predigen, auff das, wann wirs glauben, das wirs auch haben und Christus durch den glauben in uns wone, unser weyßheit, gerechtigkeit, heyligkeit und erloͤsung sey umb seiner goͤttlichen natur willen, on die er uns nicht helfen konth, und laß die irr-

247. Andreas Musculus (1514-1581) sandte 1552 die in Frankfurt/Oder gedruckte Schrift »De adorando summa veneratione et fide inconcussa amplectendo mysterio unitionis duarum naturarum Christi in unam personam contra Antichristum septentionis Osiandrum« nach Preußen; vgl. *Stupperich*, Osiander, S. 295, Anm. 165. Zu Musculus vgl. *Stupperich*, Reformatorenlexikon, S. 151f.

248. Zur Identität des von Osiander so benannten ›lichtflüchtigen Nachtrabens‹ vgl. o. S. 399-402, Nr. 505. Die Schrift, die offenbar erst kurz vor der Drucklegung von Osianders »Schmeckbier« diesem bekannt wurde, konnte nicht gefunden werden.

249. Matthias Flacius entfaltete, abgesehen von seinem offiziellen Gutachten, eine rege schriftstellerische Polemik gegen Osiander in mehreren Werken, vgl. *Stupperich*, Osiander, S. 292, Anm. 141. Die hier erwähnte Schrift trägt den Titel »Wider die neue ketzerey der dikaeusisten vom spruch Christi Joh. am XVI.«; vorh. etwa in Göttingen SUB, 8° H.E.E. 378/27.

250. Die erwähnte Passage in Flacius' Schrift ›Wider die neue Ketzerei‹, Bl. B4b, lautet: »Schwach und ungegründet ist, das er in der deutung des spruchs Matt. am 5. – es sey denn eure gerechtigkeit besser denn der schrifftgelerten und phariseer etc. – verneinet, das keine gerechtigkeit ausserhalb der selbwesentlichen innerlichen gerechtigkeit Gottes uberflüssiger oder, wie es im deudschen gegeben, besser sey denn der schrifftgelehrten und phariseer. Aber er beweiset solchs nicht. Wiewol dis auch gantz lesterlich ist, das er sagt, Christi gerechtigkeit, die er hie auff erden bewisen, oder anderer heiligen gerechtigkeit, sey nichts bessers, denn die heuchlerische oder phariseische gerechtigkeit«.

geyster und luͤgengeyster mit ihrem stinckenden bier immer fahren und schepfe du lebendiges wasser aus [H5b:] dem haylprunnen, wie Esaias am 12.[3] vermanet und Christus Johan. am 4.[14] verheyst, auff das es in dir werd ein strom des lebendigen wassers, das da springe in das ewig leben, Johan. 7[38]. So wirstu immer und ewigklich selig sein. Amen. Die gnade Gottis sey mit allen, die den herrn Jhesum Christum lieben. Amen.

Gedruckt zu Koͤnigßperg in Preussen durch Hanns Weynreich am 24. des Brachmons[251] im jahr 1552.

251. Juni.

Nr. 539
Gutachten über ein Gutachten des Wolf von Köteritz zum (zweiten) Mandatsentwurf Herzog Albrechts

1552, Juli 2

Bearbeitet von *Hans Schulz*

Einleitung

1. Entstehung und Wirkung von Osianders Gutachten

Nachdem Osianders Konfession ›Von dem einigen Mittler‹ im Herbst 1551 an die protestantischen Stände und Städte im Deutschen Reich verschickt worden war, um ein Urteil über sie zu erwirken[1], faßte Herzog Albrecht im Winter den Plan, die öffentlichen Streitereien in seinem Herzogtum durch ein Mandat zu beenden, das bis zur endgültigen Klärung nach dem Urteil der Kirche alle kontroversen Disputationen über die Rechtfertigung, vor allem jegliche Polemik in der Öffentlichkeit verbieten und die Geistlichen in dieser Sache auf die einfachen Formulierungen des apostolischen bzw. des nizänischen Glaubensbekenntnisses und des ›Kinderglaubens‹ verpflichten sollte; nur Osiander, der Pfarrer der Altstadt, und Mörlin, der Pfarrer im Kneiphof, sollten ohne gegenseitige Verunglimpfungen widereinander disputieren dürfen. Der Fürst wollte sich schließlich die endgültige Regelung der Lehre nach dem Urteil der Kirche vorbehalten[2]. Diesen ersten Entwurf eines Mandats ließ der Herzog am 27. Dezember 1551[3] erstellen, dem herzoglichen Rat v. Köteritz und Osiander zur Kenntnis bringen und von ihnen mit Korrekturen versehen[4].

Die Veröffentlichung des Entwurfs mit Gesetzeskraft unterblieb jedoch, wohl weil im Januar 1552 das (erste) Urteil der Württemberger Theologen über Osianders Bekenntnis eingegangen war[5]. Der Herzog hatte dazu von dem Professor und seinen Gegnern Stellungnahmen eingeholt, in denen beide Parteien erklärten, ihre Lehre stimme mit den Württemberger Ausführungen überein[6]. Albrecht sah darin

1. Vgl. o. S. 64f, Nr. 488/496.

2. Zu diesen Inhaltsangaben vgl. die Beil. u. S. 827-831 und die Überlieferung.

3. Der Entwurf ist mit der Zahl 1552 versehen, vgl. u. S. 831,15. *Grotefend*, Zeitrechnung, S. 14, teilt mit, daß der Deutsche Orden das Jahr mit dem 25. Dez. beginnen ließ. Man wird daher, auch was den Inhalt des Entwurfs betrifft, der in dieser Form ein Jahr später nicht mehr entstanden wäre, auf die Jahreszahl 1551 nach unserem Verständnis schließen dürfen; vgl. *Stupperich*, Osiander, S. 299.

4. Diese Korr. sind in der Beil. bes. kenntlich gemacht.

5. Vgl. o. S. 71f, Nr. 488/496.

6. Trotz ihrer Zustimmung beschuldigten die Königsberger Gegner Osiander jedoch, daß er anders lehre; der Professor dagegen warnte im gleichen Atemzug vor den Umtrieben seiner Gegner; vgl. o. S. 72, Nr. 488/496, bzw. Albrecht, Ausschreiben, Bl. Cc3ab.

die Chance, mit dem süddeutschen Vermittlungsvorschlag zu einem Konsens zu kommen und den gesamten Streit beizulegen. Er faßte im Frühjahr den Plan, die Württemberger Erklärung als Grundlage einer einheitlichen Lehrvereinbarung zu verwenden und alle Seiten durch obrigkeitliches Mandat, wie es ihm schon im Winter vorschwebte, darauf zu verpflichten, um auf diese Weise die öffentlichen Streitigkeiten zu beenden und die im Land eingerissene Unordnung zu beseitigen[7].

Zu diesem Zweck ließ der Herzog – sehr wahrscheinlich von dem Hofprediger Johannes Funck[8] – einen neuen (zweiten) Mandatsentwurf verfertigen, der recht umfangreich geriet, da er mindestens 13 Folien umfaßte[9]. Der Schriftsatz konnte freilich nicht gefunden werden, so daß wir seinen Inhalt nur wahrscheinlich machen können[10]. Wie schon im Winter ließ Albrecht v. Köteritz und Osiander dazu Stellung nehmen[11].

7. Da es freilich zwischen beiden Seiten nicht, wie der Herzog erhoffte, zu einer Einigung im aktiven Sinn kam, übersandte er am 26. Februar die Konfutation Mörlins nach Württemberg und bat um eine deutlichere Erklärung der dortigen Theologen. Auch ein zweiter Versuch des Herzogs im April, die Parteien mit dem Württemberger Vorschlag zusammenzubringen, blieb ohne Erfolg; vgl. *Stupperich*, Osiander, S. 271.

8. Wolf v. Köteritz gibt in seinem Schreiben an den Herzog vom 6. Juni an, »das der ordo und die wort magistri Funcken als Osiandri discipuli gewislich seint«. Ein halbes Jahr später beschwerte er sich über dessen übermäßigen Einfluß auf Angelegenheiten der öffentlichen Verwaltung; vgl. *Stupperich*, Osiander, S. 300 und 357; Zitat Berlin GStAPK, XX. HA StA Königsberg, HBA J2, v. Köteritz an Herzog Albrecht, 1552 Juni 6 (K. 979), fol. 1r (Foliierung durch den Bearbeiter).

9. Im Brief vom 6. Juni formuliert v. Köteritz eine Notiz zu Folio 13 dieses Entwurfs, vgl. Berlin GStAPK a. a. O., fol. 4r.

10. Zur Bestimmung einzelner Inhalte lassen sich neben Osianders Gutachten der Brief v. Köteritz' an den Herzog vom 6. Juni, der erste Mandatsentwurf vom Winter 1551/52 und das veröffentlichte ›Ausschreiben‹ vom Jan. 1553 heranziehen. Direkte Angaben zum zweiten Mandatsentwurf finden sich bei v. Köteritz und Osiander. Der Frühsommerentwurf hat vermutlich Strukturelemente enthalten, die sich bereits in der Wintervorlage fanden. Das ›Ausschreiben‹ vom Jan. 1553 andererseits hat den zweiten Mandatsentwurf aufgenommen und das zweite Württemberger Gutachten eingearbeitet (vgl. *Stupperich*, Osiander, S. 329 und 358f); die Gesamtstruktur des Entwurfs wurde sehr wahrscheinlich beibehalten, wie sie im Sommer schon gegeben war. Aus einem Vergleich dieser fünf Quellen ergibt sich folgendes Bild:

Der Entwurf hat bereits die Darstellung der ›Streitgeschichte‹ enthalten (ein direkter Hinweis findet sich in v. Köteritz' Ausführungen u. S. 799f; vgl. auch den Text der Beil. u. S. 827,9–828,8). Außerdem wurde ausführlich eine ›Lehrnorm‹ dargelegt, bei deren Formulierung u.a. auch das erste Württemberger Gutachten benützt wurde (vgl. dazu Anm. 15). Bereits der Mandatsentwurf vom Winter enthielt eine Lehrvorschrift (vgl. dazu o. S. 797). Auf eine Normierung der Lehre im Entwurf weist v. Köteritz in seinem Brief vom 6. Juni hin, indem er ›Ordnung und Worte‹ Funck, einem ›Schüler‹ Osianders, zuweist, Osianders eigenhändige Korrektur als Zustimmung zur geplanten Veröffentlichung einstuft, mehrfach von ›Osiandri Dogma‹ in bezug auf den Inhalt des Entwurfs spricht (vgl. dazu Anm. 8 und 11 und S. 799f) und vielfach theologische Formulierungen kritisiert. Die Ankündigung dazu lautet im Brief v. Köteritz': »Damit aber E.F.G. ferner mogen vornemen, das mich die ursachen, nemlich des Funcken getichte und Osiandri correctur etc., nicht betrogen, daraus zu schliessen, das die notula die Osiandrische lere gentzlich sey, so hab ich nachfolgende punct befunden, die solchs offentlich bezeugen« (Berlin GStAPK, a. a. O., fol. 2r; die kritisierten Stellen folgen bis fol. 4r!).

Mit v. Köteritz hatte Albrecht wohl am 5. Juni eine Unterredung, bei der der herzogliche Rat den Mandatsentwurf gesehen hat und bereits solche Bedenken geäußert haben muß, daß der Fürst noch in der gleichen Nacht ein eiliges Schreiben übermittelte, in dem er ihn aufforderte, die geäußerten Andeutungen zu präzisieren und ein gründliches Gutachten zu erstellen[12]. v. Köteritz antwortete unverzüglich am Tag darauf mit einem vorläufigen Schreiben, in dem er verschiedene Erwägungen zu Verfasserschaft, theologischen Formulierungen, Polemikverbot und Gefahr des Aufruhrs bei Veröffentlichung zusammenstellte und vorab dem Fürsten ankündigte, über den Entwurf müsse gründlicher nachgedacht werden und er sei gerade dabei, einen ›Summarienbericht‹ zu Osianders Bekenntnis und Mörlins Gegenschrift ›Von der Rechtfertigung des Glaubens gründlicher, wahrhaftiger Bericht‹ zu verfassen[13]. Der Tenor der Auskunft v. Köteritz' kann aus folgender Passage vom Anfang des Briefes ausreichend erkannt werden: »... so wil ich E.F.G. hiermit yn underteniger treue nicht bergen, das ich nach offt widderholter verlesunge der notula [= des Mandatsentwurfs] sovil befunden, das, wan ich gleich den handel [= den Streit] gar nicht vorneme, so muste ich doch das gentzlich schliessen, das nicht anders yn der notula begriffen dan Osiandri dogma ... Weyl dan die lere Osiandri von aller herrn theologis, sovil dero uff E.F.G. begern respondirt und privatim geschrieben, vordammet ist und E.F.G. ym ausschreiben an fursten und stedte sich offentlich

Im Mandatsentwurf wurde sodann über Unruhe, ›Unordnung‹ und Machenschaften der Parteiungen gesprochen, die der Zwiespalt mit sich brachte, die – wörtlich – »nicht vil geringer als auffrur« gewertet wurden (vgl. u. S. 817,3-5, weiter die Beil. u. S. 828,1-4.12-22). Osiander setzt sich damit ausführlich auseinander, weil v. Köteritz, durch diese Wendung veranlaßt, ebenfalls ausführlich auf die ›Gefahr des Aufruhrs‹ einging (vgl. Berlin GStAPK, a.a.O., fol. 1v-2r.4rv; s.u. S. 817, Anm. 117), und zerstreut dessen Befürchtungen für den Herzog (vgl. u. S. 817,6-819,2; auch Albrecht, Ausschreiben, Bl. Bb2a.Ee3a). – Nach Darlegung der Lehrnorm gehörte auch die ›Lehrverpflichtung‹ und das ›Verbot anderer Lehre‹ im Sinne der bisherigen Streitigkeiten dazu (vgl. Berlin GStAPK, a.a.O., fol. 4r, bzw. u. S. 820, Anm. 158; u. S. 822,6-823,3; Beil. u. S. 829,7-19, und Albrecht, Ausschreiben, Bl. Ee3a), auf jeden Fall aber das ›Verbot der Kanzelpolemik‹, wohl auch der üblen Nachrede in der Öffentlichkeit (vgl. u. S. 820,10f, und Beil. u. S. 829,23-27) und bei Nichtbeachtung des herzoglichen Willens die ›Bedrohung mit Strafe‹ (vgl. u. S. 821,16-822,5; Beil. u. S. 831,11f und 829,4f, und Albrecht, Ausschreiben, Bl. Dd4b.Ee3a). Ob im zweiten Mandatsentwurf ähnlich wie im ersten der Vorbehalt des Herzogs aufgenommen war, selbst den Streit nach dem Urteil der Kirche zu einem Ende zu bringen, läßt sich nicht entscheiden.

Alle – gesperrt – aufgelisteten Punkte lassen sich aus den vier genannten Quellen für den neuen Mandatsentwurf erschließen. Das im Jan. 1553 veröffentlichte ›Ausschreiben‹ des Herzogs hat nur noch durch das zweite Württemberger Gutachten eine wesentliche Ergänzung für die damit gegebene endgültige Formulierung der sechs Artikel des Lehrkonsens' erfahren; vgl. Albrecht, Ausschreiben, Bl. Dd1b-2a.4a-Ee2a.

11. Nach Notizen v. Köteritz' hat Osiander den Mandatsentwurf auch korrigiert, jedenfalls war eine Korrektur von seiner Hand zu finden. Er schreibt: »... 2. so ist am 10. blate, facie 2 Osiandri correctur, daraus clar, das er die notula als ein thun, das seinem dogma gemes, abprobirt[!] ...« (Berlin GStAPK, XX. HA StA Königsberg, HBA J2, v. Köteritz an Herzog Albrecht, 1552 Juni 6 (K. 979), fol. 1rv; vgl. das Zitat von fol. 2r o. in Anm. 10).

12. Vgl. Berlin GStAPK, a.a.O., fol. 1r.

13. Vgl. den Brief a.a.O. und das Zitat u. S. 808, Anm. 35.

vorpflichtet, diesen kirchenzang[!] secundum iuditia beyzulegen, ... wie kan dan nu E.F.G. widder alle iuditia et scripta theologorum des Osiandri dogma fur recht bekennen, dasselbige confirmirn und zu halten mandirn und, die es nicht thun wurden, punirn?«[14] v. Köteritz hält also die Formulierungen des Entwurfs für osiandrisch, seine Lehre durch die meisten Theologen bereits für irrig erklärt und den Herzog an das eingeleitete Verfahren nach dem Urteil der Kirche gebunden. Die vom Herzog angestrebte Möglichkeit des Ausgleichs zwischen beiden Parteien, die die Entwicklung eröffnet hatte, wurde von ihm nicht in den Blick genommen und gewürdigt[15].

Das summarische Gutachten, das v. Köteritz dem Herzog ankündigte, konnte ebenfalls nicht gefunden werden; es dürfte im gleichen Sinne wie der Brief vom 6. Juni ausgefallen sein und neben dem Vergleich beider Positionen der Streitparteien aus der Sicht des herzoglichen Rates wohl auch eine Beurteilung des neuen Mandatsentwurfs enthalten haben[16]. Vermutlich bis Mitte Juni erstellt und dem Herzog übergeben, wurde der ›Summarienbericht‹ von diesem bald an Osiander zur Gegenbegutachtung weitergeleitet.

Der Professor, der den neuen Mandatsentwurf bereits kannte und korrigiert hatte[17], verfaßte bis zum 2. Juli[18] ein Gutachten zu der in einzelnen Abschnitten

14. Vgl. den Brief a. a. O., fol. 1rv.

15. v. Köteritz erkennt zwar an einer Stelle, daß das Gutachten der Württemberger verwendet wurde, hält es aber nicht für erlaubt, »ein kirchenbedencken also stuckweyse zu allegirn« (fol. 3v des Briefes a. a. O.), hat also sicher nicht das Urteil gewonnen, daß das württembergische Gutachten eine wesentliche Rolle für die Einigung spielen sollte.

16. Vgl. o. Anm. 13. – Auch v. Köteritz' Gutachten läßt sich nur in groben Umrissen rekonstruieren. Man wird den Aufriß, den der herzogliche Rat angibt (vgl. u. S. 808, Anm. 35), zugrundelegen müssen. In Osianders Gegengutachten finden sich zwei Argumentationsblöcke (Block A: u. S. 808,9-813,7 = Punkt 5; Block B: u. S. 813,8-817,2 = Punkt 6-10), die dem Vergleich entsprechen könnten, den v. Köteritz mit Osianders Bekenntnis (dazu Block A) und Mörlins Konfutation (dazu Block B) vornehmen wollte: Um beide Seiten einander zuordnen zu können, muß man die Gegenargumentation Osianders außer acht lassen bzw. umkehren auf den Inhalt der gesuchten Vorlage hin und zusätzlich bedenken, daß v. Köteritz auch in seinem Vergleich sehr wahrscheinlich von der Mörlinschen Überzeugung her gedacht hat (vgl. dazu u. S. 809,25-27, aber auch S. 825,6-9). – Die von v. Köteritz für sein Gutachten angekündigten ›3 Fundamenta‹ (vgl. u. S. 808, Anm. 35) konnten aus Osianders Gegengutachten nicht aufgespürt werden. Vielleicht darf man aber aus Osianders Abschnitt 12 (u. S. 819,3-820,9) auf eine Art Zusammenfassung v. Köteritz' schließen, die dieser (eher) im Sinn der Gegenpartei getroffen hätte (vgl. aber den Text u. S. 824,9-825,17, der in Hinsicht auf Osianders Vorlage nicht klar einzuordnen ist). Für literarische Rückschlüsse unverwertbar sind die Abschnitte 3 und 4 (u. S. 807,22-808,8). Auch Abschnitt 2 (u. S. 806,6-807,21) ist kaum eindeutig zuzuweisen: Die zugrundeliegenden Ausführungen könnten sich auf das Mandat beziehen, einleitende Ausführungen v. Köteritz' gewesen sein oder die Zweinaturenlehre Christi als ein Fundament Osiandrischer Formulierungen besprochen haben. – Die Textstücke Abschnitt 1 (u. S. 806,1-5), Abschnitt 11 (u. S. 817,3-819,2) und Abschnitt 13 (u. S. 820,10-824,8) beziehen sich über die Vorlage, die v. Köteritz für Osiander geliefert hat, zurück auf den Mandatsentwurf selbst (vgl. o. Anm. 10).

17. Vgl. o. Anm. 11.

18. Vgl. dazu u. S. 826,12. Das Datum ist zwar von anderer Hand dazugesetzt, doch muß

durchnumerierten Schrift von v. Köteritz[19], indem er Punkt für Punkt die vorgeführten Argumente kurz oder sehr ausführlich widerlegte und dem Herzog durchweg zur Veröffentlichung des Mandats riet, wie es entworfen war, bzw. nur an wenigen Stellen kleine Ergänzungen anbrachte[20].

Die scharfe Warnung des herzoglichen Rates vor den Folgen einer öffentlichen Inkraftsetzung des Mandats[21] hat offenbar den Herzog nach seiner Rückkehr von Danzig – Albrecht war Anfang Juli mit dem Schiff zu dieser Reise aufgebrochen – veranlaßt[22], seinen Plan nicht mehr im Sommer durchzuführen, zumal um diese Zeit auch das vom Herzog veranlaßte zweite Württemberger Gutachten eintraf[23] und es ihm ratsam erschien, dieses in den festzusetzenden Konsens mit einzubeziehen. Die unverzügliche und unveränderte Veröffentlichung des Mandats, zu der Osiander in seinem Gutachten geraten hatte, fand also nicht statt. Der Fürst ließ freilich seinen Plan, ein Mandat zu veröffentlichen, nicht fallen.

Im Oktober desselben Jahres starb Osiander nach wochenlanger Krankheit[24]. Im Januar des folgenden Jahres unternahm Herzog Albrecht mit einem dritten Entwurf den lange vorbereiteten Versuch, den Streit durch obrigkeitliches Mandat zu beenden. Er setzte ein umfangreiches ›Ausschreiben‹ öffentlich in Kraft[25], das den Verlauf des Streites dokumentierte, die Bildung eines Lehrkonsens und dessen Inhalte

dies unmittelbar im Zusammenhang mit dem Eingang des Gutachtens in der Hofkanzlei geschehen sein: Die in Klammern offenbar gesondert (in einem zweiten Impuls) nach Tag und Monat im Nachtrag angefügte Jahreszahl deutet an, daß die Ergänzung bezweckte, den Zeitpunkt der Abgabe des Gutachtens exakt festzuhalten.

In diesem Zusammenhang wird man auf zwei verschollene Begleitschreiben schließen dürfen: Mit ziemlicher Sicherheit hatte Osiander dem Gutachten, das ohne brieflichen Rahmen erstellt ist, ein Schreiben an den Herzog zur Übermittlung beigegeben. Dieser Brief, der ebenfalls auf den 2. Juli anzusetzen ist, muß als verschollen gelten. Zu denken wäre aber des weiteren auch an ein Begleitschreiben des Herzogs an Osiander, mit dem das Gutachten v. Köteritz' übermittelt und dessen Gegengutachten in Auftrag gegeben worden war; es wäre zwischen dem 6. Juni und dem 2. Juli anzusetzen. Man könnte freilich auch eine mündliche Beauftragung durch den Herzog annehmen.

19. Die von Osiander in seinem Gutachten angebrachten Zahlen bezeichnen im Satzzusammenhang oft den gleichnumerierten Abschnitt bei v. Köteritz, vgl. etwa u. S. 807,22 oder 813,12.

20. Zum Inhalt des Gutachtens s. weiter u. Zu kleinen Änderungen vgl. u. S. 806,1-5; 817,2-5; 818,12-15.

21. Diese Warnung findet sich bereits in v. Köteritz' Schreiben vom 6. Juni, vgl. u. S. 817, Anm. 117. Osiander setzt sich in Abschnitt 11 damit auseinander, vgl. u. S. 817,6-819,2.

22. Vgl. *Stupperich*, Osiander, S. 326 und 329. Da das Gutachten abgefaßt wurde, als der Herzog verreiste, könnte es bei seiner Rückkehr an Aktualität eingebüßt haben.

23. Vgl. *Stupperich*, Osiander, S. 329.

24. Vgl. a.a.O., S. 352-354. Schon im Herbst nach Osianders Tod gab es polemische Gerüchte, Osianders Lehre sei ›doctrina Dei‹ bzw. der Herzog werde die Kirche mit dem ›neuen Dogma‹ reformieren, vgl. ebd., S. 355 und 357.

25. Den Plan hatte Herzog Albrecht Herzog Christoph von Württemberg schon im Okt./Nov. mitgeteilt, vgl. a.a.O., S. 356. Zur weiteren Vorbereitung und Durchführung vgl. ebd., S. 357-359. Albrechts ›Ausschreiben‹ erschien im Druck am 24. Jan. 1553.

mit Hilfe der beiden württembergischen Gutachten darstellte und rechtlich festlegte; andere Lehrmeinungen – besonders die bisherigen Streitereien – wurden in Zukunft streng verboten unter Androhung obrigkeitlicher Maßnahmen bis hin zur ›Leibesstrafe‹. Dieses ›Ausschreiben‹ darf man als Ergebnis der Bemühungen des Herzogs zur Beendigung des sog. osiandrischen Streites bezeichnen. Mit ihm kam die Absicht, eine Regelung durch fürstliche Verordnung zu erreichen, zum Ziel. Ein Vergleich des ›Ausschreibens‹ mit dem Gegengutachten Osianders zu v. Köteritz läßt manche seiner Argumente wiederfinden[26] und verdeutlicht die Wirkung, die sein Gutachten auf die endgültige Gestalt des vom Herzog erstellten Mandats gehabt hat.

Aus diesen Darlegungen ergibt sich folgende Übersicht zum Ablauf der Entwicklung:

26. Vgl. die Sachanmerkungen zu Osianders Gutachten im einzelnen.

(Eckige Klammern weisen in der Tabelle darauf hin, daß das angegebene Schriftstück verschollen ist.)

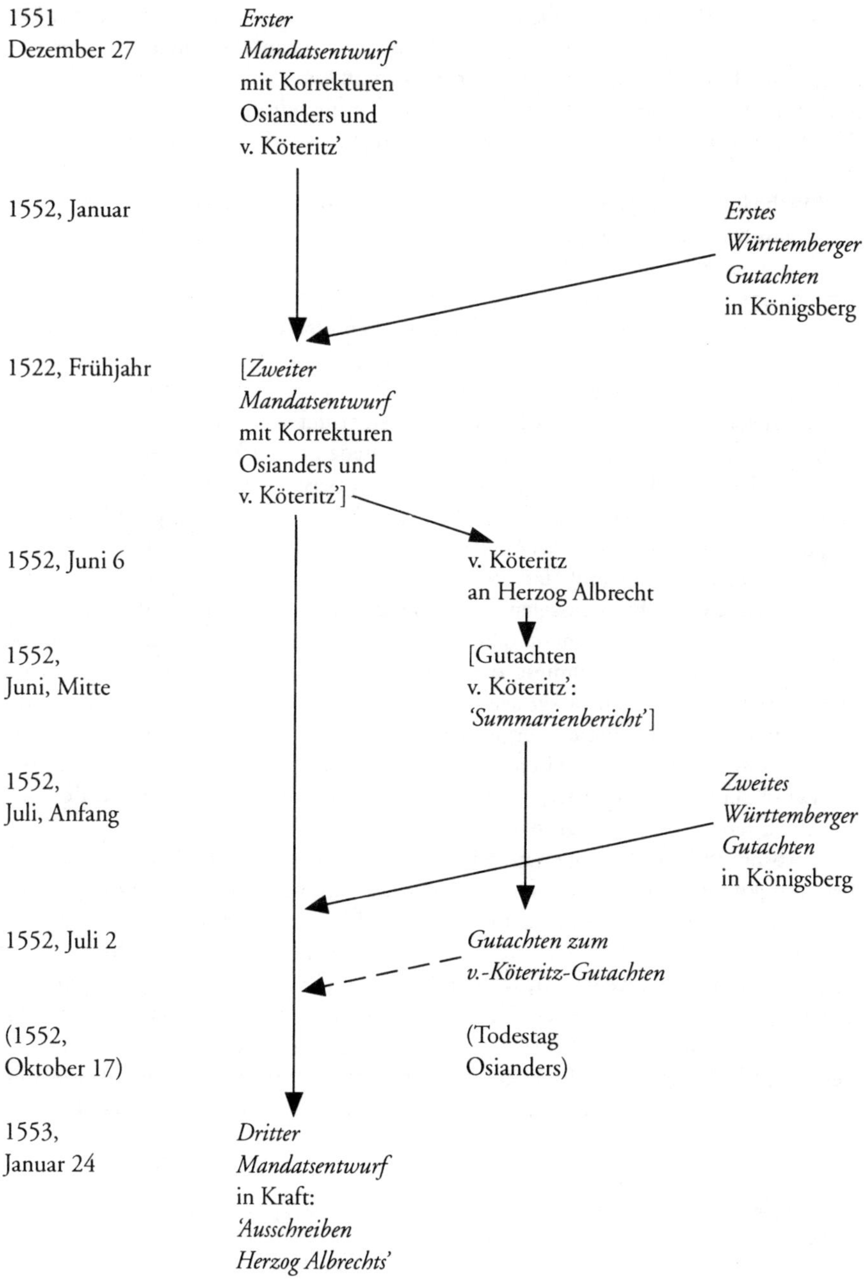
1551
Dezember 27
Erster Mandatsentwurf mit Korrekturen Osianders und v. Köteritz'
1552, Januar
Erstes Württemberger Gutachten in Königsberg
1522, Frühjahr
[*Zweiter Mandatsentwurf* mit Korrekturen Osianders und v. Köteritz']
1552, Juni 6
v. Köteritz an Herzog Albrecht
1552, Juni, Mitte
[Gutachten v. Köteritz': *'Summarienbericht'*]
1552, Juli, Anfang
Zweites Württemberger Gutachten in Königsberg
1552, Juli 2
Gutachten zum v.-Köteritz-Gutachten
(1552, Oktober 17)
(Todestag Osianders)
1553, Januar 24
Dritter Mandatsentwurf in Kraft: *'Ausschreiben Herzog Albrechts'*

2. *Form und Inhalt des Gutachtens*

Das Gegengutachten Osianders ist ohne Adresse, Anrede und Einleitung bezüglich des erteilten Auftrags und der zu beurteilenden Vorlage. Am Ende sind von anderer Hand, wohl der eines Kanzlisten, Datum und Unterschrift hinzugefügt[27]. Das Schriftstück erweist sich als echtes Gutachten, bezogen auf die Gliederung der Vorlage, nicht als locker aufgereihte Ansammlung von Glossen[28]: Der Fortgang der Argumente ist durch die Vorlage vorgegeben; nach Abhandlung der durchnumerierten Abschnitte folgt eine Gesamtbeurteilung und die Wendung an den herzoglichen Auftraggeber mit dem erwarteten Rat zur Lage[29].

Manche Erläuterungen Osianders zu einzelnen Abschnitten seiner Vorlage sind zu kurz, um ihren Inhalt zu referieren oder auf die Darlegungen der Vorlage genauer rückschließen zu können, selbst wenn sie in sich verständlich sind; sie werden deshalb nicht eigens besprochen: Dies gilt für die Erläuterungen zu den Ziffern 1, 3, 4, 6, 7, 8 und 10. Die anderen Abschnitte und der Rest des Gutachtens enthalten folgendes:

Unter Punkt 2 behandelt Osiander die Implikationen der Zweinaturenlehre Christi, die dem Autor der Vorlage offenbar nicht selbstverständlich waren.

Für Abschnitt 5 gibt der Professor als Absicht der Vorlage an, beiden Parteien recht zu geben oder sogar Mörlin allein; dazu dienen in der Vorlage folgende Argumente: 1. Es sei nicht dasselbe, zu sagen: Christus ist unsere Gerechtigkeit, oder: Christus selbst ist unsere Gerechtigkeit. 2. Christus sei nicht nach der Gottheit allein unsere Gerechtigkeit. 3. Wenn wir durch Christi Blut, seinen Gehorsam, seine Erlösung gerechtfertigt sind, dann folge, daß Christi Blut, sein Gehorsam, seine Erlösung unsere Gerechtigkeit seien. 4. Nach Gen 15,6 sei der Glaube die Gerechtigkeit. 5. Das Blut Christi, nicht ›Christus selbst‹ habe entscheidende Bedeutung. 6. Christus sei eine Bezeichnung des Amtes, nicht der Person. Diese Argumente werden von Osiander zurückgewiesen. Die Vorlage beruft sich schließlich auf das erste Gutachten der württembergischen Theologen. Osiander stellt dagegen fest, daß die Württemberger seine Lehre gebilligt haben und den Vorschlag unterbreiten, die Lehre der Gegner solle als ›tropische‹ Redeform anerkannt werden für den Fall, daß diese seine Lehre billigen würden.

In Abschnitt 9 der Vorlage wurde bestritten, daß die Gerechtigkeit eigentlich die Frömmigkeit des Glaubenden sei und daß die Lehre von der Einwohnung der wesentlichen Gerechtigkeit Gottes nicht mit Paulus übereinstimme. Gegen ersteres verweist Osiander auf Luther; bei der Frage der Einwohnung setzt er Schriftbeweise dagegen, besonders I Kor 1,30f, wo der Name Gottes für Gottes Wesen steht. Die Unterscheidung des Gutachtens der pommerischen Theologen zwischen Gerechtigkeit und Heiligkeit wird zurückgewiesen. Gegen Michael Roting stellt er – wie bereits in seiner Schrift ›Schmeckbier‹ – fest, daß Glaube, Gerechtigkeit und Einwohnung nicht aufeinander folgen, sondern ein einziges Geschehen darstellen.

27. Vgl. u. S. 826,12f, Anm. g-g.
28. anders *Stupperich*, Osiander, S. 301.
29. Vgl. o. S. 800f.

Osianders Vorlage hat sich unter Punkt 11 mit der Gefahr des Aufruhrs befaßt, der entstehen könnte, wenn das herzogliche Mandat in Kraft gesetzt würde. Der Professor hält diese Sorge für übertrieben: Es werde keinen Aufruhr geben. Der Fürst solle auf Gott vertrauen und seines Amtes als gottgesetzte Obrigkeit walten. Vor Machenschaften, den Herzog zur Wehrlosigkeit zu veranlassen, sei allerdings zu warnen. Die theologischen Gegner würden durch ihre Bücher in der Öffentlichkeit selbst überführt.

Zu Abschnitt 12 der Vorlage, in der der Artikel der Rechtfertigung behandelt wurde, entgegnet Osiander, die Gegner sollten endlich angeben, wo in der Schrift Paulus die Gesetzeserfüllung, den Gehorsam, das Blut, die Auferstehung Christi oder die Sündenvergebung die Gerechtigkeit genannt habe; Röm 4,25 oder 5,9 seien dazu nicht dienlich. Paulus nenne eigentlich die Person Christi unsere Gerechtigkeit, keines seiner Erlösungswerke, sondern Gott selbst in seinem Namen.

Gegen die Ausführungen der Vorlage in Abschnitt 13 rät Osiander, alle Kanzelpolemik zu verbieten und nur die reine Lehre zuzulassen. Da es unmöglich sei, unrechte Behauptungen und Beleidigungen nachzuweisen, und die Öffentlichkeit aufgehetzt würde, sei den Predigern eine Grenze zu ziehen. Die Androhung von Strafe sei rechtens. Auch könne nicht erlaubt sein, daß jeder nach eigenem Gutdünken lehre, was er wolle. Kein Fürst im ganzen Deutschen Reich lasse das zu. Die Obrigkeit habe nicht nur die Aufgabe, für das weltliche Regiment zu sorgen, sondern auch, Spaltung in der Kirche zu verhüten; auch müsse die Wahrheit bekannt werden.

Die restlichen Darlegungen der Vorlage, in denen ausgeführt wurde, daß Osianders Lehre abgelehnt sei und untergehen müsse und der Herzog den Zorn Gottes auf sich und das ganze Land bringen würde, wenn er für sie eintrete durch das geplante Mandat, werden von dem Professor zurückgewiesen mit dem Argument, der Autor der Vorlage habe zuvor selbst seine mangelnde Urteilsfähigkeit in der Angelegenheit eingeräumt. Im ganzen Gutachten spüre man zudem sein Schwanken zwischen den beiden unvereinbaren Aussagen: Christus ist unsere Gerechtigkeit, und: Christi Verdienst, Gehorsam, Leiden, Sterben usw. sind unsere Gerechtigkeit.

Zum Schluß rät Osiander dem schon mehrfach unmittelbar angesprochenen Fürsten nachdrücklich, er möge seines Amtes walten und sich durch nichts abschrecken lassen. Mit der Veröffentlichung des Mandats könnten nicht nur viele Theologen, sondern auch Fürsten zum Nachdenken über die Wahrheit veranlaßt werden.

3. Überlieferung

Unsere Edition folgt der einzigen erhaltenen, zeitgenössischen Kopie[30] des Gutachtens, die sich in Berlin GStAPK, XX. HA StA Königsberg, HBA J2, Osiander an Herzog Albrecht, 1552 Juli 2 (K.979, fol. 1r-7v) befindet.

30. nach Auskunft von Berlin GStAPK (gegen *Stupperich*, Osiander, S. 301; eine Inhaltsangabe ebd., S. 301f).

Zur Beilage

Der (erste) Mandatsentwurf Herzog Albrechts findet sich Berlin GStAPK, XX. HA StA Königsberg, HBA J2, Konz., [1551, Dezember 27][31] (K. 1302): Konz. mit Korr. von v. Köteritz' und Osianders Hand.

Text

[1r:] 1. Ich khann nicht sehen, warumb die wort[1]: »durch den glauben, durch den er in uns wohnet«, nicht solten dastehn, sonderlich[2] nachdem ettliche wort droben auszgelescht worden. Es mocht[3] aber auch wol also[4] gesetzt werden: ›2. Und ist also durch den glauben, durch den er in uns wohnet, unser leben, weyszhait, gerechtigkait[a], heiligkait und erlösung worden[5]. Dem sey auch lob‹ etc.

2. Hie bekennet der author[6] recht, das im der handel[7] zu hoch, und ist und bleibt war, das die heilig schrifft, die vetter, die concilia, die scholastici theologi, doctor Luther und andre mehr albeg[8] ainhelligklich gelehrt haben und noch lehren, wie ich in meinem bekandtnus[9] im [Bl.] N[1b] bis in das [Bl.] O[2b][10] nach lengs[11] erzelet hab, nemlich: Wann man von der gantzen person Christi, die Gott und mensch und dannoch nur ein ainige[12] person ist, redet, so mag[13] und soll man ir alle attributa oder praedicata zulegen, die von den baiden naturn sambtlich[14] oder ir jeden son-

a) danach gestr.: und.

31. Zur Datierung der Beil. vgl. o. Anm. 3.

1. sc. des herzoglichen Mandatsentwurfs, für die das Osiander zur Beurteilung vorliegende Gutachten von Köteritz' Streichung vorsah (vgl. dazu die Einleitung S. 797-801).
2. besonders.
3. könnte.
4. so.
5. Vgl. I Kor 1,30.
6. sc. des von Osiander beurteilten Gutachtens, nämlich v. Köteritz, der auch im folgenden immer wieder so bezeichnet wird. Da der Professor nirgends den Namen des herzoglichen Rates nennt, wohl aber mehrfach unterstreicht, daß der ›Autor‹ offenbar kein Theologe ist (vgl. die folgenden Worte und u. S. 814,10; 819,3-5 und 824,9-825,7), kann man auch annehmen, daß Osianders Vorlage keine Verfasserangabe enthielt, er ihn aber trotzdem zu identifizieren wußte.
7. die Sache, Angelegenheit.
8. immer.
9. Osianders wohl bekannteste Schrift »Von dem einigen Mittler« vom Sept. 1551; vgl. o. S. 49-300, Nr. 488/496.
10. s. o. S. 200,6-208,31, Nr. 488.
11. der Länge nach.
12. einzige.
13. kann.
14. zusammen.

derlich[15] mögen gesagt werden, wann man aber von den baiden naturen unterschidlich[16] redet, als von der gotthait und menschait oder von der gottlichen natur und menschlichen natur, so soll man kein aigenschafft ainer natur der andern zulegen. Und ist solchs so lauter[17] an im[18] selbs, das man keiner beweysung darzu bedarf, wiewol man ir genug hatt! Als wann man spricht: Christus hatt himel und erden erschaffen, so ist es recht und wol geredet, wann man aber wolt sprechen: Die menschait oder menschliche natur Christi hatt himel und erde beschaffen[19], so könt es kein christlich ohr leiden[20]; also auch wann man spricht: Christus ist fur uns gestorben, so ist es auch recht und wol geredt, wann man aber wolt sprechen: Die gotthait oder gottlich natur Christi ist gestorben, so möchten einem christen wol die har[b] emporstehen[21]. Darumb spricht Athanasius[22] in seinem ›Symbolo‹, Christus sey dem Vatter gleich nach der[c] gotthait, aber geringer nach der menscheit[23]. Dann Christus redet es von seiner person baides, nemlich: »Ich und der Vatter sein eins«[24], und: »Der Vatter [ist] grosser (oder mehr) dann ich «[25]. Wie nun Christus von seiner person paides redet und Athanasius, da er von den unterschidlichen zwaien naturn in Christo redet, einer yeden ir aigens [gibt], nemlich der gotthait, das sie dem Vatter gleich sey, und der menschait, das sie minder[26] dann der Vatter [1v:] sey, also muss man in andern allen auch thun. Und wolt Gott, wie diser author versteht, das man der gantzen person alles mag zulegen, also auch ime selbs und andern zugut, [daß er] könte lernen und begreiffen, das man mit den naturn obgedachte unterschid müste halten.

3.[27] Ist ein lauterer[28] traum, hatt kein grund in der schrifft, ist in keiner theologischen schul jemals also darvon geredet; und was die relation belangt, ist aristote-

b) korr. aus: »haupt-«(?).

c) erst »seiner« gestr. und »der« übergeschrieben, dann beides weggewischt und »der« in die Zeile geschrieben.

15. von jeder einzeln.
16. getrennt, unterschieden.
17. klar.
18. sich.
19. geschaffen, erschaffen.
20. Vgl. o. S. 204,7-9.13-15, Nr. 488.
21. Vgl. o. S. 204,21-23.28-30, Nr. 488.
22. Athanasius, Kirchenvater (295-373 n. Chr.), vgl. RGG 1, Sp. 669f; LThK 1, Sp. 976-981, und TRE 4, S. 333-349.
23. Das gegen die Arianer verfaßte Symbolum Athanasianum lautet an dieser Stelle: »Aequalis patri secundum divinitatem, minor patre secundum humanitatem« (BSLK, S. 29,49f). Zum Glaubensbekenntnis vgl. TRE 4, S. 328-333.
24. Joh 10,30.
25. Joh 14,28.
26. kleiner, geringer.
27. Die Zahl bezeichnet auch im folgenden den entsprechenden Abschnitt bei v. Köteritz.
28. reiner.

lisch[29]; und ist war, das Christus den Vatter und uns und wir in und den nechsten lieben mit der lieb, die Gott selbs ist[30], wie die gantz [1.] epistel Johannis zeuget.

4. Da möcht man den spruch: Du pist ja der Herr, umb deinen willen muss ich leiden, woll auszlassen. Dann er lautet im Hebraischen vil anderst, wie ich in der s[c]hul[31] offenlich bezeugt hab, nemlich also: Du pist der Herr, das mir wol sey, oder: das du mir guts thuest, das[d] ligt nicht auff dir, das ist: du pist nicht darzu verpunden[32], sonder wann du mir guts thuest, so thustu es aus lauter göttlicher güte. Das sein wort der menschlichen natur Christi, wie der gantz psalm zeuget[33].

5.Hie wirt nichts anders gehandelt[34], dann das man gern die zwo partey wolt verainigen, also das sie baid recht behielten – das ist unmöglich – oder aber das Mörlein und sein hauff allain recht behielten[e] – das ist noch unmüglicher![35]

Und steht[36] der erst angriff in dem, als were es nicht ainerley rede, wann Paulus spricht: »Christus ist uns worden zur weyszhait von Gott und zur gerechtigkait«[37]

d) danach gestr.: ist. – e) korr. aus Schreibfehler(?).

29. abschätzige Bezeichnung der Reformatoren für: philosophisch (nicht theologisch); vgl. o. S. 670, Anm. 865, Nr. 522.

30. Vgl. I Joh 4,16.

31. Universität.

32. verpflichtet.

33. Osiander bezieht sich auf Ps 16,2: אֲדֹנָי אַתָּה טוֹבָתִי בַּל-עָלֶיךָ. Luther übersetzt in der Ausgabe 1545 der Deutschen Bibel: »Du bist ja der HErr, Ich mus vmb deinen willen leiden« (WA.DB 10, S. 141,21f). Der hebr. Text des Verses ist schwierig, vielleicht verderbt; Osianders Deutung ist sprachlich möglich. Für diese Auskunft danken wir Herrn Prof. Dr. *Manfred Weippert*, Heidelberg.

34. abgehandelt, besprochen.

35. In seinem Antwortschreiben an den Herzog vom 6. Juni, in dem er vorab bereits zum Mandatsentwurf Stellung nimmt, kündigt v. Köteritz ein umfangreiches Gutachten an: »... wil ich E.F.G. uff diese eyle nicht bergen, das ich yn der arbeytt, aus beyder part confession einen summarienbericht, sovil den hauptpunct belanget, zu zihen und etwa die dreye sterkesten fundamenta darneben zu setzen. Dan mich dunckt, es sey der handel von yne gar zu weitleufftig gefast und derwegen, darvon zu reden, sovil schwerer. Idoch will ich den summarienbericht mit yren selbst worten fassen treulich und ungeferlich« (Berlin GStAPK, XX. HA StA Königsberg, HBA J2, v. Köteritz an Herzog Albrecht, 6. Juni 1552 (K. 979), fol. 1r). Sollte dieser Bericht v. Köteritz', der offensichtlich Osianders Bekenntnis ›Von dem einigen Mittler‹ und Mörlins Konfutation ›Von der Rechtfertigung des Glaubens gründlicher, wahrhaftiger Bericht‹ (vgl. dazu o. S. 67-69, Nr. 488/496) vergleichen sollte, zugleich als das im Brief angekündigte fundierte Gutachten zum Mandatsentwurf des Herzogs ausgearbeitet worden sein (vgl. a. a. O., fol. 1r und 5rv), so darf man annehmen, daß sich Osiander an dieser Stelle auf v. Köteritz' Vergleich der beiden Schriften bezieht. Der herzogliche Rat hat dabei wohl nicht anders geurteilt als bereits in seinem Brief vom 6. Juni, daß nämlich »die lere Osiandri von aller herrn theologis, sovil dero uff E.F.G. begern respondiert und privatim geschrieben, vordammet ist« (a. a. O., fol. 1v); er dürfte den Versuch gemacht haben, Osiandersche Argumentationsweisen aus der Sicht Mörlins zurechtzurücken oder beides zu vereinheitlichen, wie sich aus Osianders weiteren Darlegungen oben rückschließen läßt.

36. besteht.

37. I Kor 1,30.

etc., und wann wir sprechen: Christus selbs ist unser gerechtigkait. Soll dann ein unters[c]hid sein zwischen den zweien reden: Christus ist unser gerechtigkait, und: Christus selbs ist unser gerechtigkait? Das wöll Gott nicht! Sie sollens beweysen – das werden sie lassen ewigklich! Ist es aber nicht erschröcklich, das der author sagt, Paulus sage nicht, das Christus selbs unser gerechtigkeit sey[f], dieweil die schrifft, die er allegirt, und andre ort mehr so reichlich zeugen, das יהוה (das ist das göttlich wesen)[38] unser gerechtigkait ist? [2r:]

Der ander angriff ist, das man[39] sagt, er sey nicht nach der gotthait allain unser gerechtigkait[40]. Darzu sag ich: Können sie beweysen, das יהוה ein menschait hais, das mögen sie thun, darnach wollen wir weiter darvon reden!

Der dritt angriff ist, das sie irren im wörtlein ›durch‹ und wollen schliessen: Durchs blut, durch die erlösung, durch den gehorsam etc. sein wir gerechtfertigt, ergo ist erlösung, blut, gehorsam etc. unser gerechtigkait. Wie gar aber das nicht schleust[41], hab ich inen mit kurtzen worten gezaigt: Durchs gelt wirt einer ein doctor, aber das gelt ist nicht das doctorat![42] Und wurd ein wüstes gerümpel[43] in der heiligen schrifft werden, wann man mit dem wörtlein ›durch‹ also wolt handeln. In summa, sie wollen kein gerechtigkait in inen haben[44], sie bedechten sonst, das Christus spricht: »Das reich Gottes ist in euch inwendig«[45], und Paulus: »Das reich Gottes ist gerechtigkait, frid, freud im heiligen Gaist«[46]. Darumb musz die gerechtigkait in uns sein, darvon wissen sie nichts, können auch nicht sagen, was doch Gottes gerechtigkait und reich in uns sey.

Der vierte angriff ist mit dem spruch: »Credidit Abraham Deo«[47]. Disen spruch hab ich in meiner bekantnus [Bl.] T[3b-]4[b][48] und fortan erklert; das mag man sehen.

Der funft, man müsz dem blut Christi mehr zugeben und, was Paulus dem blut zuschreib, sey wider das, das Christus selbs unser gerechtigkait sey etc. Das fleusst alles aus dem miszverstand des wörtleins ›durch‹.

Der sechst, das Christus soll ein namen des ambts sein. Das wirt sich aber nicht erfinden, sonder ist ein namen der person, gleichwie episcopus ein namen der person ist, aber episcopatus ist ein namen des ambts, apostolus der person, apostolatus des

f) korr. aus: ist.

38. Vgl. o. S. (228,14-)230,28f, Nr. 488.
39. Gemeint sind, wie auch im folgenden, Osianders Gegner.
40. Vgl. dazu o. S. 226,20-28, Nr. 488.
41. folgt, sich als Schluß(folgerung) ergiebt.
42. Vgl. o. S. 254,4-17, Nr. 488.
43. wirres Getöse, Gepolter.
44. Vgl. etwa auch o. S. 256,26-31, Nr. 488.
45. Lk 17,21.
46. Röm 14,17.
47. Gen 15,6.
48. Vgl. o. S. 250,32-252,22, Nr. 488.

ampts, dux der person, ducatus des ambts etc. Darumb alles, was auff den grund gepauet worden, felt zugrund[49]. [2v:]

Das er aber zu ende dises funften artickels[50] das oberlendisch iudicium[51] fur sich anzeucht, ist mir wunderlich zu vernehmen, so doch dasselbig mein lehr lauter und klar erzelet vom §»Dann dominus Osiander lehret hierinne« etc. bis[g] auff den §»Dargegen, nachdem wir hoffen« etc.[52] und dieselbigen rechtfertigt, als die da sey die gemain[53] christliche lehr, wie der §»Das ist nun«[54] etc. bezeuget[h] – dann sie[55] mainen on zweiffel meine lehr, die sie gleich zuvor erzelet haben[56] – und der §»So

g) korr. aus unleserlichem Wort.
h) vom linken Rand eingewiesen.

49. Vgl. *Grimm*, Wörterbuch 4,1,6, Sp. 673f, auch Mt 7,26f.
50. sc. des Gutachtens v. Köteritz'; vgl. o. S. 808,9.
51. das oberdeutsche Gutachten. – Gemeint ist das (erste) Gutachten der württembergischen Theologen unter der Federführung von Johannes Brenz vom 5. Dez. 1551, das Herzog Christoph von Württemberg als offizielle Antwort auf Herzog Albrechts Ausschreiben an die evangelischen Stände und Städte im Deutschen Reich an den preußischen Hof übermittelt hat; vgl. Albrecht, Ausschreiben, Bl. (F2a-)F3b-H1a.
52. Um zu einem Ausgleich zwischen beiden Parteien zu kommen (vgl. u. Anm. 63), schlagen die württembergischen Theologen vor, als erstes »die hauptlere beider part zusamenzutragen« und »von der hauptsach [zu] reden:
Denn dominus Osiander leret hierin – soviel wir aus seiner confession vernemen mögen und wir im auch als einem feinem, gelerten christlichen lerer zugetrauen – christlich und wol, das Christus, warer Gott und mensch, sey nach seiner gottlichen natur unser rechte, ware und ewige gerechtigkeit, wie denn auch Gott allein unser recht, liecht, leben, wiesheit und seligkeit ist.
Darneben aber erkleret er sich auch, das er hiemit weder die menschliche natur Christi noch iren verdienst verworfen und vernichtiget haben wolle, sonder leret, das Christus als ein getreuer mitler durch sein leiden und sterben für unsere sünde gegen Gott, seinem himlischen vater, von unsertwegen gehandelt und erworben hat, das er uns die sünde vergeben und nicht mehr darumb verdammen wil, uns auch unser schwacheit und schuld, das wir das gesetz in diesem leben keineswegs erfüllen, dieweil es Christus fur uns erfüllet hat, nicht zurechnet.
So verwirft und ausschleust er auch nicht den glauben, sonder sagt, wenn wir solchs mit rechtgeschaffnem und festem glauben fassen, so werden wir gerechtfertiget.
Und helt recht vom glauben, das man den glauben verstehen sol nicht leer und blos, wie er an im selbst ein tugent ist, sonder das er den herrn Jesum Christum, waren Gott und menschen, gantz und gar unzertrennet ergreiff und in sich schliesse, das also der herr Christus selbst unser gerechtigkeit sey.
Das ist nu unsers verstands die gemeine christliche lere, so bis anher in der rechten christlichen kirchen aus Gottes gnaden auff solche kurtze weise getrieben worden ist, nemlich das wir gerechtfertiget werden nicht durch den verdienst unserer werck, sonder durch den glauben allein von wegen Jesu Christi, unsers einigen heilands« (Albrecht, Ausschreiben, Bl. G1b-2a; das Gutachten fährt dann mit dem im Text o. a. Abschnitt »Dargegen ...« fort).
53. allgemeine.
54. Albrecht, Ausschreiben, Bl. G2a, vgl. o. Anm. 52.
55. sc. die württembergischen Theologen (hier und im folgenden; vgl. o. Anm. 51).
56. Vgl. o. Anm. 52.

achten wir nicht« etc. unwidersprechlich geben[57]. Sie wollen auch in der sache[i] keiner andern gestalt nicht raten, dann soferne mein widertail[58] mein obgemelte lehr zuvor zulassen und bekennen[59] – welchs sie[60] doch bis auff den heutigen tag noch nie gethon haben. Solche ir mainung zaigen die oberlendischen in den vier § »So achten wir« etc. [k]und »Hierauff«[k] und »War ists« etc. und »War ists auch« etc.[61] Darumb mag man iren rhat pillich[62] als fur keinen rhat halten, dann sie selbs wollen in[l] noch vil weniger fur ein iudicium dargeben, als die da besorgen, sie seien meiner widersacher halben noch nicht genug berichtet[63] –, dieweil die condition »So dises ir mainung wer«[64] etc. sich nirgen[65] finden will, sonder fur ein vergebliche, todte rede, die nichts würckt, [gehalten werden muß].

i) korr. aus unleserlichem Wort.
k-k) vom linken Rand eingewiesen.
l) danach gestr.: »vi-«.

57. An Osianders Gegenspieler gewendet, fahren die Württemberger Theologen fort (vgl. o. Anm. 52): »So achten wir nicht, das sie verleugnen, Christus nach seiner gottlichen natur sey unser rechte, ewige gerechtigkeit, sonder wollen allein, das man zu dieser ewigen göttlichen gerechtigkeit Christi nicht kommen noch irer ewiglich geniessen möge, man glaub denn in Jesum Christum, der nach seiner menschlichen natur das leiden und den tod auf sich genomen und damit unser sünde gebüsset, uns mit Gott versönet und vertragen hat« (Albrecht, Ausschreiben, Bl. G2ab).

58. meine Widersacher, Gegner.

59. Osiander interpretiert in dieser Weise den Fortgang des Gutachtens: Nachdem die Württemberger festgestellt haben, daß sie über beide Seiten noch nicht ausreichend unterrichtet seien und deshalb einen Vergleich suchen wollten (vgl. dazu u. Anm. 63), formulieren sie die ›Hauptlere‹, die für beide Seiten gelten müsse, anhand der Darlegungen Osianders (vgl. dazu o. Anm. 52).

60. sc. Osianders Gegner.

61. Nach dem ersten o. in Anm. 57 zitierten Abschnitt fahren die Württemberger fort: »Hierauff, so dieses ire meinung were, wie wir uns aus christlicher liebe zu inen versehen, so were nunmehr unsers geringen erachtens der sachen also zu helfen:

War ist es, wie dominus Osiander leret, das Christus nach seiner gottlichen natur unser ewige gerechtigkeit sey.

War ists auch, das Christus nach seiner menschlichen natur, doch aus krafft der gottlichen, das gesetz mit volkomener liebe Gottes und des nechsten, auch mit gantzem, reinen, willigen gehorsam in allem leiden, das im Gott der vater aufferlegt, erfüllet und damit unser sünde gebüst, Gottes zorn gestillet und versönet hat« (Albrecht, Ausschreiben, Bl. G2b).

62. zurecht.

63. unterrichtet, informiert. – Die Württemberger Theologen haben in ihrem Gutachten zu Beginn die Klagen und Gegenklagen beider Parteien aufgelistet und dann folgenden Standpunkt eingenommen: »Darumb wissen wir, als die des handels noch nicht allerding beiderseits, wie sichs gebüret, berichtet, zu diesem mal keine andere erkanntnus zu thun, denn das wir gerne helfen wolten, billiche und geburliche mittel und weg zu suchen, das beide parteien miteinander christlich vereiniget, vergliechen und vertragen würden« (Albrecht, Ausschreiben, Bl. G1a; vgl. Bl. G4b).

64. Die Württemberger unterstellten den Gegnern Osianders aus Wohlwollen und Konsensbemühen diese Bedingung; sie findet sich im o. Anm. 61 zitierten Abschn. »Hierauff«.

65. sc. bei den Gegnern (Osianders).

Im fahl aber, da mein widertail mein lehr zuliesz, so rhaten sie, wie man ire temerarias contradictiones und frevele widerfechtung möchte zudecken, hailen und in ein leidlichen verstand glosirn[66], damit sie, wo sie es annemen wolten, aus der sach kommen möchten. Und ist das ir furschlag, wie das der § »Wiewol nun die werck der gerechtigkait« etc.[67] klarlich zeuget: Wiewol die wesentlich gerechtigkait, die Christus nach seiner göttlichen natur selbs ist, auch unser gerechtigkait ist und sein musz – welchs doch jene widersprechen –, so mag man doch die werck Christi, auff die sie[68] so hart dringen, als seien dieselbigen allain unser gerechtigkait, auch wol eine gerechtigkait nennen – doch also, das man eben darauff sehe, das mans recht und nicht unrecht verstehe. Darvon hab ich selbs auch fleissig geschriben in meinem bekandtnus [Bl.] H4[ab], § »Noch ains ist not zu wissen«[69] etc. Dann es ist war, das die heilig schrifft ettlich [3r:] mal tropice gerechtigkait nennet, welchs sie doch proprie werck der gerechtigkait, frucht der gerechtigkait und frücht des Gaists nennet. Es will sich aber in diser hefftigen und hessigen[70] disputation, darin man mir nach leib und leben, eher und gut und nach meinem christlichen namen steht[71], nicht leiden, das man verba tropica, gleich als werens verba propria, wolte einfüren, sonder man soll in den demonstrationibus propriissime reden! Wann man aber das thut, so kan man schon nichts mehr wider mich schliessen[72].

Das aber das die oberlendischen auch lauter und klar verstanden haben, zeugt der §, da sie also schreiben: »Wiewol nun die werck der gerechtigkait (das ist je klar, das sie nicht von der gerechtigkeit selbs reden), so Christus in seiner menschait gethon, nicht sein die wesentlich gerechtigkait Gottis, so Gott selbs ist (darvon sie zuvor gesagt, ich lehre christlich und wol, das Christus nach seiner göttlichen natur unser rechte, ware und ewige gerechtigkait sey), jedoch mögen sie (sie thüren[73] und können nicht sagen: ›müssen sie‹, sonder allain: ›mögen[74] sie‹) dannoch ein gerechtigkait in seinem rechten verstand (das ist in tropico, dann wann mans in proprio verstehn wolt, so were es nicht recht, sonder greifflich[75] falsch) genennet werden« etc.[76]

66. in ein leidliches Verständnis bringen. – Vgl. dazu u. Anm. 76. Es ist anzunehmen, daß v. Köteritz sich aus dem gleichen Grund auf das Gutachten aus Württemberg bezog; vgl. dazu o. S. 810,3f und u. S. 825,6-9.

67. Der Abschnitt wird von Osiander weiter u. Z. 20-27 wörtlich zitiert.

68. sc. Osianders Gegner.

69. Vgl. o. S. 164,18-166,15, Nr. 488.

70. gehässigen, haßerfüllten.

71. Vgl. o. S. 80,1-3; 92,4-7; 128,9-13 mit Anm., Nr. 488.

72. folgern, beweisen, behaupten. – Zu dieser auch gegen die Württemberger gerichteten Forderung, die in ihrem Gutachten biblische Beispiele des ›tropischen‹ Sprachgebrauchs demonstrieren, vgl. u. Anm. 76.

73. wagen … zu, dürfen.

74. können.

75. greifbar, augenfällig, klar erkennbar.

76. Albrecht, Ausschreiben, Bl. G2b. – Mit demonstrativen Beispielen (vgl. dazu o. Anm. 72) zum Sprachgebrauch des Paulus weisen die Württemberger Theologen im weiteren auf, daß ›der Gehorsam Christi‹, ›Christi menschliche Gerechtigkeit‹, ›der Glaube‹, ›die Verzeihung der Sünden‹, ›das Blut, das Leiden, der Tod und Urstand [= Auferstehung] Christi‹ un-

Wann nun mein gegentail bekennet[77], das mein lehr, soferne sie die oberlendischen recht gesprochen[78] haben, recht sey, und bekennen, das [sie], wann sie gerechtigkait nennen, nicht die gerechtigkeit selbs, sonder allain die werck der gerechtigkait mainen[m], so wollen wir bald aus der sach kommen. Wa sie aber der baider keins bekennen, so ist je am tag[79] und greifflich offenbar, das der oberlendischen schrifft stracks wider sie[n] ist, welchs aus Brentii ›Commentariis in Johannem‹[80], darin er mein lehr vil stercker dargibt[81] dann ich selbs, wol zu vernehmen ist.

6.[82] Doctor Luther hatt nicht verteutscht: ›in seinem blut‹, sonder: »durch sein blut«[83], und ist recht! Dann die hebraisch sprach spricht ›in‹, da wir sprechen [3v:] ›durch‹, als ›cadent in gladio‹, das ist ›durchs schwert‹[84], und dergleichen findet man ettlich hundertmal in der schrifft[85].

7. Ist nicht also; es trifft den articulum iustificationis an, nemlich das wir gemainschafft mit Gott haben[86]. Darumb sollen die angefochtnen wort[87] pleiben.

m) korr. aus: nennen. – n) korr. aus: in.

sere Gerechtigkeit und Rechtfertigung genannt werden können, wenn sie auch – selbstverständlich – nicht ›die wesentliche Gerechtigkeit Gottes, die Gott selbst ist‹, seien; vgl. Albrecht, Ausschreiben, Bl. G2b-4a. Das Gutachten resümiert: »So wir nun aus glauben und vertröstung dieser erzelten stück in unser grösten not durch Gottes gnade erhalten und von den sünden absolviret und für gerecht für Gott gezelet werden, könten wir nicht gedencken, warumb es unrecht sein solte, das man sie auch unsere gerechtigkeit nennet.

Dieser itzt erzelter weg möcht unsers geringen verstands und einfeltigen bedenckens ein mittel sein, dardurch die zwo parteien vereiniget werden möchten ...« (a.a.O., Bl. G4ab; vgl. o. Anm. 63).

77. meine Gegner bekenn(et)en.

78. als richtig beurteilt.

79. Redewendung, vgl. *Grimm*, Wörterbuch 11,1,1, Sp. 39.

80. Zum 1545 erschienenen Kommentar von Brenz »Evangelium quod inscribitur secundum Ioannem ...« vgl. o. S. 450f, Nr. 509. Osiander hatte Anfang des Jahres die Passage zu Joh 5,25 über die Rechtfertigung als Bestätigung seiner Auffassung veröffentlicht.

81. darstellt, -legt.

82. bezogen auf den 6. Abschnitt des v. Köteritz'schen Gutachtens.

83. bezogen auf Röm 5,9: »iustificati in sanguine ipsius« (δικαιωθέντες ἐν τῷ αἵματι αὐτοῦ); vgl. WA.DB 7, S. 44f. Andere Stellen mit dieser Wendung verwenden ›per‹ (διά mit Genitiv im instrumentalen Sinn, vgl. *Gemoll*, Wörterbuch, S. 194): Eph 1,7; Kol 1,20 (Hebr 9,12; 13,12).

84. בְּחֶרֶב; vgl. Jos 10,11; Jer 5,17 u.ö. Die hebräische Präposition בְּ (lat.: in) bezeichnet auch das Werkzeug und Mittel in der Bedeutung: durch, mit (Hilfe von), vgl. *Gesenius*, Wörterbuch, S. 80f und 256. (Die lat. Wendung ›cadere in gladio‹ kommt allerdings selten vor, z.B. Ps 77,64 [Vg. nach LXX], häufiger finden sich andere sinnähnliche Verben mit dem einfachen Dativ, vgl. z. St. Vg. nach Hebraica, Num 14,3.43; Hi 33,18 u.ö.

85. Daß Osiander zu Röm 5,9 hebräisch-lateinisch-deutsche Ausdrucksregeln erläutert, ist exegetisch als Abwehr der gegnerischen Argumentation gedacht, die die Stelle nicht im instrumentalen, sondern kausalen Sinn (διά mit Akkusativ!) verstehen will, vgl. o. S. 809,11-16, und S. 254,4-17, Nr. 488, bzw. S. 619,24-26, Nr. 522.

86. Vgl. 1Joh 1,3.6f.

87. sc. die im Mandatsentwurf des Herzogs, die v. Köteritz kritisiert hatte.

8.[88]: Luc. 1[74]: »Auff das wir, erlöset aus der hand unserer feinde, im dieneten« etc.! – Der author will villeicht umb meiner person willen den frommen Zachariam[o], Johannis [p]des tauffers[p] vatter, und Lucam und den heiligen Gaist nicht hören[89], sonder stellt sich, als wüste er obgedachte wort Luc. 1[74] nicht, oder er glaubt villeicht nicht, das wir Gott im künftigen leben dienen werden, dieweil er den schacher[90] und jung gestorbne kinder anzeucht. Aber Apoc. 7[14f] ist klar angezaigt, das, die aus der trübsal diser welt fur den stul Gottes kommen, im dienen tag und nacht.

9. Er[91] lese den doctor Luther in der ›Postill‹ am 10. plat[92] – und mach in zum ketzer! Es ist laider war, das er in der theologia nicht vil gelesen hatt[93].

Was er ferner sagt von der wesentlichen gerechtigkait und inwonung Gottis, als soll es mit Paulo nicht uberainstymmen, ist erbermlich zu hören! Dann Paulus spricht ja Ro. 8[10]: »So Christus in euch ist« etc., und 1. Cor. 3 [II Kor 13,5]: »Prüffet euch selbs, ob Christus in euch sey«, item Rho. 8[9]: »Ir seit gaistlich, so anderst der gaist Gottis in euch wonet. Wer aber den gaist Christi nicht hatt, der ist nicht sein«[94]. Nun können je der son Gottis und der heilig Gaist die wesentlichen gerechtigkait nicht von sich legen, sie müsten sonst das gantz göttlich wesen von sich legen, das ist unmüglich, dann da were Gott nymmer Gott. Ist nun Christus in uns und unser, so ist sein wesenliche gerechtigkait auch in uns und unser. Darumb spricht Paulus, »Christus sey uns zur gerechtigkait worden, auff das, wer sich rhüme, der rhüme sich des יהוה«[95]. Nun ist unstrittig, das יהוה die göttlichen natur oder wesen hais[96], und obs jemand [4r:] strittig machen wolte, dem wirts die heilig schrifft gar gewaltigklich[97] wehren! Sollen wir uns nun rhümen, das Christus unser gerechtigkait sey, und sollen uns doch allain des יהוה rhumen, so müssen wir uns warlich der wesentlichen gerechtigkeit rhumen oder den rhum lassen anstehn!

o) danach unleserliches Wort ausgewischt.
p-p) korr. aus unleserlichem Wort.

88. Das folgende Bibelwort ist als Antwort auf Abschnitt 8 des v. Köteritz'schen Gutachtens gedacht.
89. Vgl. dazu Lk 1,59-63.67.80.
90. Vgl. die Verheißung Jesu an den reuigen Schächer Lk 23,42f.
91. sc. der ›anonyme‹ Autor v. Köteritz (vgl. o. Anm. 6).
92. Gemeint ist die Predigt über das Evangelium am 1. Adventssonntag in Luthers Adventspostille von 1522, genauer die Ausführungen, in denen er die Gerechtigkeit Gottes als die von Gott geschenkte ›Frommheit‹ und Rechtschaffenheit des Glaubenden beschreibt; vgl. o. S. 164,11-13 mit Anm. 304, Nr. 488.
93. Vgl. dazu o. S. 806,6 mit Anm. 6.
94. Zu Röm 8,9 und 10 vgl. auch Osianders Predigt vom 22. Febr. 1552 o. S. 500-510, Nr. 515.
95. I Kor 1,30f.
96. s. o. S. 809,6f.
97. zwingend, unwiderleglich.

Ferner ist war[98], das die Pomern[99] meldung thun von unterschid der gerechtigkait und heiligkait[100], beweisen aber nichts, dann das sie noch nicht wissen, was heiligkait ist. Dann Christus ist baides, unser gerechtigkait und unser[q] heiligkait, und steht die unterschid allain in der wurckung Christi. Dann wann er in uns wurckt das wöllen und volpringen[101], so erzaigt er sich als unser gerechtigkait, wann er uns aber durch sein inwonung so ehrwirdig macht – ich kans jetzo nicht pesser geben –, das andre leut, darumb das er in uns ist, gegen uns schuldig sein, also zu geparen als gegen den heiligen gottiskindern, und sich nicht an uns zu vergreiffen bey vermeydung Gottis zorn, wie er spricht Zach. 2[12]: »Wer euch anrüret, der rüret meinen augapfel an«, so erzaigt sich Christus als unser heiligkait. Sie[102] aber halten ein bebstliche heiligkait, nemlich wer vil gute werck thue, der sey heilig[103]. Und diser author[104] vermengt die frömbkeit[105], die iusticia ist, und die primitias Spiritus[106], das der heilig Gaist

q) vom linken Rand eingewiesen.

98. In Osianders Vorlage wurde darauf hingewiesen. Schon im Brief vom 6. Juni an den Herzog kam v. Köteritz auf diesen Punkt – freilich in unklarer Ausführung – zu sprechen, vgl. Berlin GStAPK, XX. HA StA Königsberg, HBA J2, v. Köteritz an Herzog Albrecht, 6. Juni 1552 (K. 979), fol. 2v.

99. Gemeint ist das Gutachten der Theologen des Herzogtums Pommern-Wolgast auf Osianders Bekenntnis ›Von dem einigen Mittler‹, das Herzog Philipp Ende Febr. 52 an den Königsberger Hof übersandte, vgl. *Stupperich*, Osiander, S. 287 und Anm. 110, weiter o. S. 755-757, Nr. 538.

100. Die pommerischen Theologen betonen diese Unterscheidung nachdrücklich: »... damit ein unterschiedt gehalten würde zwischen der gerechtigkeit, damit wir für Gott bestehen, die in Christo Jhesu ist, und der heiligung, welche die gabe des heiligen Geistes in uns ist, wenn uns unser sünden vergeben sind ...« (Knipstro, Antwort, Bl. F1a) »... aus grossem missverstand in dem, das man keine underscheidt helt zwischen der gerechtigkeit des glaubens und heiligung des Geistes; denn das Gott sünde vergibet durch das blut Christi, das ist unsere gerechtigkeit, das er aber in uns wircket durch den heiligen Geist, das wir verneuet werden, das ist unsere heiligung« (ebd., Bl. H1a).

101. Vgl. Phil 2,13.

102. sc. die pommerischen Theologen (vgl. o. Anm. 99 und 100).

103. Diese polemisch gefärbte Äußerung Osianders entspricht nicht ganz den Ausführungen der pommerischen Theologen, die das Begriffspaar Gerechtigkeit – Heiligung in etwa ähnlich verwenden, wie Osiander die beiden Begriffe Sündenvergebung und Gerechtmachung; zu ihren Ausführungen über ›Heiligkeit‹ vgl. Knipstro, Antwort, Bl. (E3a-)F1a,4b,H1a(-2a). Sie würdigen freilich nicht die Einwohnung Christi in den Gläubigen und verurteilen nachdrücklich verschiedene Definitionen Osianders, etwa in folgender Ausführung: »Darumb weil die neugeburt zum gottseligen leben in uns gewircket und angerichtet wird durch Gottes wort und den heiligen Geist, der die hertzen der kinder Gottes treibet und füret in den früchten der gerechtigkeit, so kan die vorgemelte definition, das das gerechtigkeit sey, das uns beweget, recht zu thun, ... nicht beweiset werden ... Und das ist die heiligung, die eine frucht ist der gerechtigkeit und weil die neu geburt und tödtung des fleisches unvolkomen ist, so kan sie unser gerechtigkeit nicht sein, da wir für Gott mit bestehen können« (ebd., Bl. H2a).

104. sc. v. Köteritz.

105. ›Frommheit‹ (Frömmigkeit); s. dazu o. S. 814,9 mit Anm.

106. Vgl. u. Anm. 108.

selbs ist, mit den fructibus, das ist mit den guten wercken[107]. Villeicht betreugt in, das ›primitiae‹ pluralis numeri ist, aber Paulus nennets ›aparchen‹[108], das ist singularis numeri. Darumb kan man ex numero plurali nicht schliessen, das primitiae nicht den ainigen Gaist, sonder vil werck des Gaists haisse, dann Paulus nennet Christum, den ainigen, auch primitias, 1. Cor. 15[20].

Das er aber sagt, die gerechtigkait müss vorhergehn, ehe die einwonung etc. volgen, das hab ich in Michel Rotings schmeckbier genugsam widerlegt[109]. Und sag das noch mehr, das in dem spruch: »Wer mich liebet, der wirt mein wort behalten«[110], das wörtlein ›halten‹ in der kriegischen sprach ist τηρεῖν (teri̅n) und haist aigentlich ›in acht haben‹[111], als [4v:] wann man das evangelium höret und verachtets nicht, vergessts[r] nicht, redet nicht frevenlich darwider, stösts nicht von sich, trits nicht mit füssen, lesterts nicht, verfolgts nicht, sonder denckt im vleissig nach und begeret von hertzen grundtliche gewisshait, obs also war sey oder nicht, welchs alles vor dem rechten glauben geschehen kan – wer nun das euangelion also behelt, zu dem kombt Gott und macht in zur wonung[112], indem das er im den rechten glauben gibt und wonet in im und rechnet im sein aigne gerechtigkait zu in Christo, schenkt im sie auch[113]! Ist also kein unters[c]hid der zeit zwischen glauben, inwonung Gottis und empfahung der gerechtigkait, sonder sie fahen alle dreie zugleich in einem augenplick in uns an. – Das ander, was daran hangt, ist vor widerlegt.

10. Ist ein sophisterey[114]! Christus hatt das gesetz in krafft seiner gotthait erfüllet, dann er spricht: »Ich bin von himel kommen, das ich thue den willen meines Vatters«, Joh. 6[38f]. Die natur, die von himel kommen ist, die vermags und gibts[115], das die gantze person Christus das gesetz erfüllet. Wann es nun ein anderer auch thette, so were es ein gewises zaichen und unuberwindtlich gezeugnus, das Gott in im wonete und würckte »baide das wöllen und das volpringen«, Philip. 2[13]; wie könt er sonst das gesetz so volkommenlich erfüllen als Christus selbs? Wann aber Gott in im

r) korr. aus: vergesets.

107. Auch dazu findet sich in v. Köteritz' Brief vom 6. Juni eine Passage, die im Sinn des pommerschen Gutachtens argumentiert, vgl. Berlin GStAPK, XX. HA StA Königsberg, HBA J2, v. Köteritz an Herzog Albrecht, 6. Juni 1552 (K. 979), fol. 3r.

108. Röm 8,23 [NT griech.]: »... τὴν ἀπαρχὴν τοῦ πνεύματος ἔχοντες ἡμεῖς ...«; »... nos ipsi primitias Spiritus habentes ...« [Vg.]. *Bauer*, Wörterbuch, Sp. 161, erklärt: »... da wir die Erstlingsgabe des Geistes, das, was an Geist bisher zur Ausschüttung kam, besitzen ...«.

109. Gemeint ist der Abschnitt über Michael Roting in Osianders Schrift ›Schmeckbier‹, die kurz zuvor – Ende Juni – erschienen war; vgl. o. S. 770,7-772,6, Nr. 538. In diesem Werk gibt der Königsberger Professor Kostproben aus den Schriften seiner Gegner – dem von ihnen gebrauten ›Bier‹ – und kommentiert sie jeweils, vgl. dazu o. S. 742, Nr. 538.

110. Joh 14,23.

111. Vgl. *Bauer*, Wörterbuch, Sp. 1612f.

112. Vgl. Joh 14,23.

113. Vgl. o. S. 226,28-33, Nr. 488.

114. trügerische Vernünftelei, Trugschluß; vgl. *Grimm*, Wörterbuch 10,1, Sp. 1752.

115. Vgl. dazu auch o. S. 226,25-28, Nr. 488.

were und wurckete, warumb solt er nicht gerecht und selig sein[116]? Was thut solchs wider das argument? Es bestettigts vilmehr!

11. Da gib ich zu bedencken, ob die wort [beim Zeichen] x möchten also gesetzt werden: ›und nicht vil geringer dann auffrur‹, dann das wörtlein ›als‹ will nicht aigentlich fur ›dann‹ gesetzt sein.

Was aber der author von der auffrur disputirt[117], bedunckt mich, es dörf[118] der sorg nicht, dann es ist kein auffrur nie gewest, es sein ettlich untherthanen unschuldig bliben. Das gibt auch das wort ›zwispalt‹[119]. Wer nun unschuldig ist, der darf[120] sich der auffrur nicht annemen. Wer sich aber des [5r:] worts ›auffrur‹[s] annimbt, der gibt sich schuldig. Wolten sie aber darüber zusamenlauffen, sich rottirn[121] und uber die injuri klagen, das wer erst ein rechte neue auffrur, und wer gantz thörlich, das sie eben in dem, da sie der auffrur sich wolten purgirn, solten ein auffrur anfahen und auffrur mit auffrur wollen zudecken! Ich glaub auch nicht, das die unschuldigen sich wider E.F.D. werden lassen bewegen. Dann was were es anders, dann die schuldigen helfen vertaidigen, an denen sie doch kein gefallen haben, sonder selbs wider und uber sie klagen. So ist auch nicht zu vermuten, das die schuldigen allain werden zusamenlauffen, dann sie scheuhen das liecht[122] und fürchten, eur F.D. wisse und werd inen anzaigen[t] mehr, dann sie verantworten können.

s) vom linken Rand eingewiesen. – t) danach gestr.: können.

116. Vgl. o. S. 248,13-21, Nr. 488. v. Köteritz muß diese Vorstellung als anstößig zurückgewiesen haben.

117. Schon im Schreiben vom 6. Juni hatte v. Köteritz den Herzog vor Aufruhr gewarnt. Zur geplanten Veröffentlichung des herzoglichen Mandats führt er aus: »... damit E.F.G. selbst erwegen wöllen, yn was gefar beyde an leib und seele land und leute Osian[der] und Funcke E.F.G. durch diese notula, do sie solte publicirt werden, fueren wurden, nemlich das E.F.G. gewislich mit yne von allen kirchen wurden condemnirt werden und einer grossen landsentpörunge mussen gewertig sein. Dan das uff solch mandat nymandts, der der warheit bericht, konte, solte odder möchte gehorsam laysten, das spuere ich an meiner persone ...« (Berlin GStAPK, XX. HA StA Königsberg, HBA J2, v. Köteritz an Herzog Albrecht, 6. Juni 1552 (K. 979), fol. 1v-2r). »Aus diesem ungeferlichen, treuen bericht haben E.F.G. zu vornemen, wie hoch beschwerlich E.F.G. mit solchen confession und mandat anlauffen wurden, do E.F.G. des parts consulirn nach dieselbige solte publicirn. Dan das ist gewis, das E.F.G. mit yne condemnirt werden ... Zum andern, so ist gewis, das E.F.G. mandat gar wenig parirn wurden. Solten nu E.F.G. wöllen exequirn, das wurde nicht one merterer zugehen, und das wurde Osiander und sein anhang kegen Gott und der gantzen cristenheitt fur E.F.G. nicht vorantworten« (ebd., fol. 4rv).

118. bedarf.

119. Zu ergänzen ist wohl der Gedanke: wie es im Mandatsentwurf gebraucht wurde. Tatsächlich findet sich dieser Begriff auch im schließlich publizierten ›Ausschreiben‹ des Herzogs ein halbes Jahr später bereits in der Einleitung: »Ausschreiben an unsere alle liebe, getreuen und landschafften, ... wie sich die ergerliche zwispalt uber dem artickel von unser armen sünder rechtfertigung und warer, ewiger gerechtigkeit erhaben ...« (Albrecht, Ausschreiben, Bl. A1a).

120. braucht.

121. (zu Verschwörung, Aufruhr) zusammenrotten.

122. sprichwortartig; vgl. *Röhrich*, Sprichwörtliche Redensarten 1, S. 600.

Ich setze aber, das es alles geschehe, wie der author furchtet, so kann doch E.F.D. inen mit wenig worten also begegnen, das sie von rechts wegen müssen zufriden sein, sie wöllen dann in der warheit treuloss und auffrürisch werden. Und soll E.F.D. alhie fleissig bedencken, das kein obrigkait kan bestehn, Gott erhalt sie dann, wie David sag: »Herr, du pists, der mein volck unter mich zwingt!«[123] Das thut aber Gott vil lieber, wann die obrigkait ir ampt getreulich auszrichtet[124], dann wann sie sich lest abschrecken. Er wirt freilich eur F.D. wol handhaben[125], der ir das hertzogthumb so wunderlich geben hatt[126], ob sie gleich ettlichen irrigen, aigenwilligen und widerspenstigen köpfen saget und gepeut, das inen nicht gefellt! Und könte das eur F.D. – das Gott nicht wolle – nicht glauben, wie wolt sie dann – bitt, das in keinen ungnaden zu vernemen – das grösser glauben, das wir christen herrn der welt sein und ewigklich bleiben sollen[127]? – Zudem find ich auch solche weitlaufftigkait der wort im mandat nicht, dero sich das gantz land könte beschweren, wie oben gemelt[128]. Und ob sie darin were, kann mans mit zweien worten einziehen[129] und bey[m Zeichen] x[130] also setzen: ›und bey ettlichen nicht vil geringer‹ etc.[131]

Solchs alles bewegt mich, das ich gedenck, es werd durch ettlicher haimliche practicken[132] gesucht, das man eur F.D. also ein nebel fur die [5v:] augen mache[133] und sie also schrecke, das sie der ungehorsamen und ungetreuen mutwillen nicht allain wissen und leiden, sonder auch nichts darwider mandirn, schreiben, reden oder klagen thüren solle. Wann das geschehe, da Gott fur sey, ist zu besorgen, sie würden noch halsstarriger, trotziger und wilder und sich ferner unterstehn, das E.F.D. beschwerlich[134] sein wurde.

Sovil der theologen gegenbericht und grosz pücher-schreiben belanget, lasz man sie schreiben, bis sie müd werden[135]! Sie schreiben doch nur ir aigne schand und sein

123. Ps 144,1f (vgl. Ps 18,48; 47,4).

124. In seinem im Jan. 1553 publizierten Mandat redet der Herzog mehrfach mit Nachdruck von ›seinem tragenden Amt‹, das ihn zu allen Bemühungen um die Einigung veranlaßt habe; vgl. etwa Albrecht, Ausschreiben, Bl. Aa4a, Bb2a, Ee2a.

125. schützen, leiten, schirmen.

126. Albrecht, letzter Hochmeister des Deutschen Ordens in Preußen, hat das Gebiet säkularisiert und 1525 als Herzogtum aus der Hand des polnischen Königs Sigismund II. zu Lehen empfangen; vgl. *Hubatsch*, Albrecht, S. 131-137.

127. Vgl. Apk 21f, bes. 22,5.

128. Vgl. o. S. 817,6-8. Osianders Vorlage muß dazu eine Vermutung enthalten haben.

129. einfügen.

130. Vgl. o. S. 817,3f.

131. Vgl. auch Albrecht, Ausschreiben, Bl. Bb2a.

132. Machenschaften, Anschläge.

133. Redensart, vgl. *Grimm*, Wörterbuch 7, Sp. 476.

134. mühevoll, schwierig.

135. Offensichtlich hatte v. Köteritz in seinem Gutachten die Möglichkeit in Betracht gezogen, Osianders Gegner könnten gegen das herzogliche Mandat eine Gegenstellungnahme veröffentlichen (wollen), ähnlich wie dies mit Mörlins Konfutation gegen Osianders Bekenntnis geschehen war. Das über Monate sich hinziehende Gerangel um die Drucklegung war erst Ende Mai zum Abschluß gekommen (vgl. *Stupperich*, Osiander, S. 231-236). Auf diesem Hintergrund ist Osianders Aussage durchaus erstaunlich.

in glaubenssachen mit heiliger schrifft, sovil aber die unterhandlung[136] belangt, mit iren aignen brieffen zu uberweisen[137].

12. Was den strittigen artickel[138] belangt, ist gnug gehandelt, und wirt allhie gespürt, das der author meine schrifften aintweder gar nicht gelesen oder ja on sonder[u] auffmercken[139] gelesen hatt[140]. Ich möchte gern von im oder, wer mirs sagen könt, einmal hören, wa[141] doch der heilig Paulus all sein lebtag[142] gesagt oder in all seinen episteln jemals geschriben hett, das die erfüllung des gesetz' oder der gehorsam oder das leiden oder das sterben oder das blut oder das blutvergiessen oder die aufferstehung oder die vergebung die gerechtigkait sey. Ists dann nicht zu erbarmen[143], das man solche ding so gewaltig[144] rhümet und es doch niemand anzaiget, wo es geschriben stehe? Paulus zeucht wol jetztgedachte[145] werck und wolthat Christi fur und fur hoch an, wie dann recht, christlich und apostolisch ist, aber er hatt der keins noch nie gerechtigkait genennet[146].

Dann das er spricht: Er ist erstanden umb unserer rechtfertigung willen[147], schleust warlich nicht, das sein aufferstehung die gerechtigkait sey, sonder allain, das er darumb aufferstanden sey und aufferstehn hab sollen, auff das der glaub, das uns die sund umb seinenwillen vergeben sein, bestehn kont, damit die gerechtigkait, die er selbs ist, durch den glauben in uns wonet und wir also gerechtfertigt wurden[v][148]. Und da er spricht: »Nachdem wir jetzo durch sein blut gerecht worden sind«[149], schleust sich warlich nicht daraus, [6r:] das das blut die gerechtigkeit sey, sonder allain, das die gerechtigkait durchs blut Christi erworben sey[150].

Da aber Paulus gründtlich[151] und aigentlich sagen will, was gerechtigkait sey, da nennet er die person unsers lieben herrn Jesu Christi und spricht, er sey »uns worden zur gerechtigkait«, 1. Corinth. 1[30]. Dieweil aber Christus zwo natur hatt, göttliche und menschliche, deutet[152] Paulus, von welcher natur dise person das hab,

u) korr. aus Schreibfehler: »sn-«.
v) korr. aus: werden.

136. Verhandlung (zwischen den beiden Parteien).
137. überführen.
138. sc. über die Rechtfertigung.
139. besondere Aufmerksamkeit.
140. Vgl. o. S. 806,6.
141. wo (wann).
142. zeit seines Lebens, jemals.
143. Redewendung, vgl. *Grimm*, Wörterbuch 3, Sp. 701.
144. eindrücklich, nachhaltig.
145. Vgl. o. S. 812,5-10 und 813,1-4.
146. Dazu und zum folgenden vgl. o. S. 812, Anm. 76.
147. Vgl. Röm 4,25.
148. Vgl. o. S. 252,24-254,3, Nr. 488.
149. Röm 5,9.
150. Vgl. o. S. 809,11-16.
151. grundsätzlich, wirklich.
152. zeigt, erklärt, legt … aus.

das sie die gerechtigkait sey, und spricht: Auff das man sich des יהוה rhüme, welchs ich droben erklert hab[153]. Dahin sihet er auch Philipp. 3[9], da er schreibt, er woll haben »die gerechtigkait aus Gott, die im glauben ist«. Daraus ist[w] offenbar, das es ein eiteler rhum ist, das die wort Pauli sollen klar sein, das der verdienst, blut, leiden, sterben, aufferstehung die gerechtigkait seien, dann das sein eitel[154] werck, kein werck aber ist die person, vil weniger sind sie der יהוה selbs, der himel und erde erschaffen hatt, wie David offt sagt[155]; nun musz aber יהוה unser gerechtigkait sein, wollen wir anders dem Esaia, Jeremia und Paulo glauben[156] und nicht unchristlich widersprechen.

13. Da were ja gut, das man auff der cantzel nicht allerley schwermerey[157], schelten, schenden und lestern gestattet, sonder allain die nötigen lehr fleissig tribe[158]. Dann ettlich, was sie in der predig herausliegen, das liegen sie, wann sie darumb

w) korr. aus: »re-«.

153. Vgl. I Kor 1,31 und o. S. 814,19-26.

154. bloß, nur; unnütze.

155. Vgl. Ps 124,1.8. Die Formel ›Der Herr, der Himmel und Erde gemacht hat‹ kommt in den Psalmen öfter vor, ebenso werden David viele Psalme als Autor zugeschrieben.

156. Osiander nimmt zweifellos Bezug auf die von ihm in seinem Bekenntnis bereits im Zusammenhang der Erklärung des Tetragramms herangezogenen Stellen Jer 9,23; 23,5f; 33,15f und I Kor 1,30f; dort exegesiert er auch Jes 9,5f und 53,11. Vgl. o. S. 228,14-230,29; 260,22-31; 264,1-35, Nr. 488. In seiner im April gedruckten Schrift gegen Melanchthon ›Widerlegung‹ fügt er zur Erklärung des Namens Gottes noch die Stelle Jes 45,24 an. Dabei findet sich auch die hier gebrauchte Abfolge der drei berufenen Zeugen; vgl. o. S. 625,(23-)25-626,3, Nr. 522. Die Stelle Jes 45,23-25 wird schließlich am Ende des Werkes nochmals ausgelegt; vgl. o. S. 669,6-670,8, Nr. 522.

157. fanatische Reden, Phantastereien, Ungereimtheiten.

158. betreibe, unterrichte. – Zum sog. ›Kanzelkrieg‹ zwischen den beiden Parteien, der seit Mai 1551 offenbar unvermindert anhielt und in dem bes. der Domprediger Mörlin eine exzessive Rolle spielte, schließlich zu den wiederholten und erfolglosen Polemikverboten des Herzogs vgl. o. S. 84, Anm. 51; S. 128,9-13 mit Anm. 205; S. 220,14-222,4 mit Anm. 502, Nr. 488, bzw. *Stupperich*, Osiander, S. 154-165, 314f und 318-322. – Ganz anders als Osiander urteilte v. Köteritz schon in seinem Brief vom 6. Juni: »So konnen E.F.G. den predigern, widder falsche lere zu schelten, nicht vorbyeten, quia Spiritus sanctus arguit mundum per eos ... Sollen sie nu umb solchs straffen, so gehoren scharfe wort dartzu, die dem ampt des heyligen Geists gemes sein, und dieselbigen wöllen sich keineswegs vorbyten lassen, [die Prediger] seint auch zu gehorsamen nicht pflichtig, dan es ist widder Gots wort« (Berlin GStAPK, XX. HA StA Königsberg, HBA J2, v. Köteritz an Herzog Albrecht, 6. Juni 1552 (K. 979), fol. 4r). – Herzog Albrecht, der wiederholt die Kanzelpolemik durch Verbot einzudämmen versucht hatte, verhängte in seinem später publizierten ›Ausschreiben‹ erneut ein nun verschärftes Polemikverbot mit der ausdrücklichen Weisung, »das man fortmehr von der gerechtigkeit und rechtfertigung predige, wie die oberlendischen theologen in iren schrifften erkleret und diese verzeichnete sechs artickel klerlich ausweisen, befehlen auch ..., das ir ... diesem befelh stracks nachkomet, als lieb euch Gottes gnade und eur dienst ist« (Albrecht, Ausschreiben, Bl. Ee3a; Polemikverbot und Lehrnorm, zusammen mit der Androhung von Leibesstrafe und Amtsenthebung finden sich im Mandat auf Bl. Dd4b-Ee3b).

angesprochen werden, wider hinein, und ir anhang[159]; wann sie lang daruber gefrolockt haben, dannoch, wann sie hören, das es strefflich ist, thüren[160] sie sagen, sie habens warlich nicht gehört. Wann es aber in truck keme, so könten sie nymmer laugnen! Zudem wirt der ainfeltig[161] gemein man schwerlich[162] verergert und verfüret durch solche lügen, schwermerey und lesterung, die er nicht urtailn[163] kan; und könnens die gelerten von wegen des unverschembten laugnens, das mit unterlaufft[164], auch nicht örtern[165] und wehren. Darumb were gut, das man den predigern ein zill[166] steckt! Wer aber irgeneiner, der sich so hochgelert bedunckte, das er uber das zil fahren konte, wolte und müste, der gebs in truck und lassz die gantzen christenheit daruber urteiln. Wirt er verdambt, so kan er doch nicht laugnen, und bleiben die ainfeltigen, die nicht urtailn können, mittler[x] zeit unbelestigt, bis es auszgetragen wirt. Sonst ist des liegens, lesterns und schwermens vor dem armen, ungelerten gemeinen man kein ende, und könnens doch die gelerten, die es [6v:] straffen solten und könten, nicht erfahren oder je nicht beweisen; derhalben müssen sie schweigen und das ergernus lassen einreissen – das ist erschrocklich[167]!

Das aber straff gedroet wirt denjenigen, die reine, klare lehr widerfechten, das ist recht[168], unangesehen das die ain[y] partey oder gleich mehr sich dessen beschweren,

x) korr. aus unleserlichem Wort.
y) korr. aus: ein.

159. ihre Anhänger.
160. wagen ... zu.
161. einfache.
162. schwer, stark.
163. beurteilen.
164. dazwischenkommt, sich einschleicht.
165. erörtern, besprechen.
166. eine Grenze.
167. Auch diese ausführlichen Darlegungen Osianders haben ihren Niederschlag im Mandat vom Jan. 1553 gefunden. Der Herzog ermahnt die Theologen zu brüderlicher Liebe und fährt fort: »... und euch nit bewegen lassen, das so vielerley und mancherley bis anher gehört und erfaren, wie ungeschickt und unbestendig von vielen in diesen landen von der gerechtigkeit ... geredet worden«. Nach Aufzählung verschiedener polemischer Aussprüche, die meist Mörlin zuzuschreiben sind, fährt er fort: »Haben auch mit ernste nachforschung gehabt und gern auff den grund komen, so sind doch diese hendel bis anher also gespunnen, das, was einer heut geredet, morgen ein ander deuttung gemacht und geleugnet, und sind auff allen seiten erfunden, die die deuttung bestettigt, wir aber dardurch verhindert, das wir zur gebür nicht komen können« (Albrecht, Ausschreiben, Bl. Bb1ab). – In den Zusammenhang derartiger Vorkommnisse gehört auch der Fall des Studenten Faustinus Grunau, der in einer Predigt des Hofpredigers Funck am 10. Juni diesen durch Zwischenruf der Lüge bezichtigte, deshalb eingekerkert wurde, später ein Geständnis ablegte und für zehn Jahre aus dem Herzogtum verbannt wurde; vgl. *Stupperich*, Osiander, S. 317f.
168. Auch hierzu finden sich im ›Ausschreiben‹ des Herzogs starke Entsprechungen, die in einem obrigkeitlichen Erlaß freilich auch sonst nicht fehlen konnten: »So gebieten und befelhen wir bey höchster ungnad und auch bey leibsstraff, das nun fortmehr in unsers fürstenthumbs kirchen dieser zwiespalt von der gerechtigkeit und rechtfertigung auffhören solle, und wollen auch, das alle prediger ... sich solcher disputation auff den predigstülen enthalten und

auch unangesehen das E.F.D. bey sich geschlossen, welchs klare, raine lehr sey[169]. Dann soll jemand nach dem gesetz gestrafft werden, so musz er zurecht genugsam uberwunden sein[170]. Findet sichs aber, das er iustas causas dubitandi gehabt und sich weisen lest, so wirt sich F.D. der christlichen güte allzeit nach gelegenheit wol wissen zu halten[171].

Das man aber einem jeden gönnen solt, seins gefallens auff laugnen fur den ainfeltigen zu liegen und zu schwirmen, das wirt kein christ, ja auch kein vernufftiger mensch mit gutem gewissen können rhaten[172]. Ist auch kein gottsfurchtiger furst im gantzen teuts[c]hen land, der ein lehr, die er in seinem gewissen fur unrecht helt, offenlich lasse predigen[173], auszgenommen diejenigen, so der bischoff und pfaffen noch nicht mechtig sein[174]. Wie keme dann E.F.D. darzu, das sie allain in irem her-

zu calumnirn und injurirn nachlassen«. Denn wo jemand, es sey gleich, wer er wolle, diesen unser befelh mit rechten treuen und ernst nicht nachsetzen würde, der solle ... der leibstraff gewarten und, das wir inen im ampt weiter gar nicht leiden wollen, sich getrösten« (Albrecht, Ausschreiben, Bl. Dd4b und Ee3a). – Vgl. dazu auch die ganz gegenteiligen Ausführungen v. Köteritz' o. Anm. 117 und 158.

169. Daß der Herzog, obwohl er mit größter Geduld den Prozeß der theologischen Einigung voranbrachte und beide Seiten immer wieder zu Gehör kommen ließ, trotzdem als ›bedingungsloser‹ Anhänger Osianders verpönt wurde, ist nicht zuletzt auch auf die intrigante Polemik der Gegenpartei zurückzuführen. Albrecht selbst hat sich zu Osiander, dem er die reformatorische Erkenntnis verdankte (vgl. u. Anm. 177), und seiner Lehre bekannt, wobei er freilich immer die Parteien übergreifende Aufgabe seines Regierungsamtes zu wahren wußte und nicht in Parteilichkeit abglitt (vgl. dazu v. Köteritz' Warnung vor einseitiger Parteinahme des Fürsten mittels Veröffentlichung des geplanten Mandats o. S. 817, Anm. 117). In seinem ›Ausschreiben‹ vom Jan. 53 hat der Herzog die übergreifende, zur Einigung verpflichtende Funktion seines ›tragenden Amtes‹ auch theologisch zu wahren gewußt: Nachdem beide Seiten dem Gutachten der württembergischen Theologen zugestimmt hatten (vgl. Albrecht, Ausschreiben, Bl. Aa3a), erklärte er für seine Person zu dem gefundenen Konsens: »Mügen auch mit guten gewissen fur Gott zeugen, das wir die lere d[omini] Andreae Osiandri, der nunmehr in Gott ruhet, als sie die oberlendischen theologen erkleren, nie anders verstanden und Gott dancken seiner gnaden, dardurch er uns zu diesem erkantnus gebracht« (Albrecht, Ausschreiben, Bl. Cc3a).

170. überführt sein. – Im Mandat des Herzogs 1553 findet sich nach der Androhung der Leibesstrafe (vgl. o. Anm. 168) folgender Passus: »Neben dem, würde jemands von unsern theologen und andern kirchendienern hinfort befunden, der wider klare, reine lere one grund fechten und darin fortfaren wolte und des endlich mit klarer, heiliger schrifft uberwunden würde, der sol seiner gebürlichen straff alzeit gewertig sein« (Albrecht, Ausschreiben, Bl. Ee3a).

171. gebrauchen. – Vgl. weiter u. Anm. 173.

172. Vgl. dazu o. Anm. 158 und 167.

173. Der evangelische Fürst hatte als ›praecipuum membrum ecclesiae‹ die Aufgabe des Schutzes von Lehre und Kirche (›custodia utriusque tabulae‹); zum Landesherrlichen Kirchenregiment vgl. TRE 18, S. 727-729; 19, S. 60.63; RGG 3, Sp. 1520-1522, und RE 10, S. 466-470.

174. Trotz der zügigen Ausbreitung der Reformation zur damaligen Zeit gab es im Deutschen Reich viele unreformierte geistliche Gebiete und Stände; vgl. *Jedin – Latourette – Martin*, Atlas, S. 73: Die obrigkeitliche Einführung der Reformation in Deutschland bis 1570; vgl. weiter S. 76.

tzogthumb müste leiden, das verlogne lestrer und s[c]hwermer möchten predigen, was sie wolten oder was ettlichen – denen sie aus forcht müssen heucheln – angenem und wolgefellig were[175]?

Gott hatt E.F.D. mit hohem verstand[176] seines worts begabt[177]. Das will bekennet sein[178], oder Christus will uns[z] auch verlaugnen[179]; es will gepflantzt, gefürdert[a], gehandhabt und geschutzt sein, oder Christus wirt sprechen: »Wer nicht mit mir ist, der ist wider mich!«[180] Und ob die mörlischen[!] vom Mörlein gelernet hetten zu sagen: ›Ein furst soll seins weltlichen regiments warten und sich umb die kirchen und lehr nichts annemen‹[181], das wollen wir inen mit David und Jo-

z) korr. aus Schreibfehler: »s-«.
a) korr. aus: gefordert.

175. Eine deutliche Bezugnahme Osianders auf seine Ausführungen über den Wittenberger Doktoreid in seiner Schrift ›Widerlegung‹: Der Eid verpflichte die Schüler auf die Lehre Melanchthons, nicht auf den Lehrmeister Christus; vgl. o. S. 574,7-576,2; 578,11-580,16; 665,17-667,11, Nr. 522. Osianders Königsberger Gegner hatten fast alle in Wittenberg studiert. – Osiander rät dem Herzog unverhohlen zur Normierung der Lehre, wie sie dann auch im Mandat vom Jan. 53 geschehen ist; vgl. Albrecht, Ausschreiben, Bl. Dd4a-Ee3a.

176. großem Verständnis.

177. Durch Predigten Osianders in der Lorenzkirche von Nürnberg im Jahre 1524 wurde der damalige Hochmeister des Deutschen Ordens für die Reformation gewonnen, vgl. u. A. Bd. 8, S. 675, Anm. 20, Nr. 358. Albrecht hatte zeitlebens zu Osiander ein Vertrauensverhältnis wie zu seinem ›geistlichen Vater‹, und Osiander erwiderte die Beziehung. Diesem gegenseitigen Verstehen ist es wohl auch zuzurechnen, daß der Herzog Anfang 1549 den von Nürnberg wegziehenden Theologen zu sich ins Land holte und ihm eine hervorragende Stellung einräumte, vgl. u. A. Bd. 8, S. 673-676, Nr. 358, und Bd. 9, S. 61f.67-73, Nr. 362, 364 und 365.

178. Gegenüber dieser Aufforderung Osianders, das Mandat zu veröffentlichen, vgl. die warnenden Ausführungen v. Köteritz' o. S. 817, Anm. 117.

179. Vgl. Mt 10,32f par.

180. Mt 12,30 par.

181. Diese Auffassung wird man natürlich auch bei Osianders Gegnern nicht unbedingt finden. Selbst der inzwischen zur Partei Mörlins gehörende v. Köteritz schreibt an den Herzog ganz anders, wenn auch Grenzen ziehend: »Es haben E.F.G. wol befel und macht, die reine lere zu schutzen und die vorechter zu straffen. Aber vordampte leere einzusetzen und zu defendirn, das ist E.F.G. ausdrucklich vorbotten, und yderman bey vorlust seiner seelen heyl gebotten, der öberkeytt yn solchen fellen nicht zu gehorsamen« (Berlin GStAPK, XX. HA StA Königsberg, HBA J2, v. Köteritz an Herzog Albrecht, 6. Juni 1552 (K. 979), fol. 1v). Wohl aber gab es seit dem Sommer des vergangenen Jahres zwischen Mörlin und dem Herzog eine ernstzunehmende Differenz über den Gehorsam gegen obrigkeitliche Weisung in Fragen der Lehre: Mehrfache fürstliche Anordnungen, die öffentliche Polemik zu mäßigen, blieben fruchtlos, und Mörlin berief sich vor dem Herzog auf den Auftrag Gottes selbst, seine Gemeinde vor Irrlehre zu schützen mit allen ihm zu Gebote stehenden Mitteln, auch unter Einsatz seines Lebens. Diese unduldsame Haltung des fanatischen Dompfarrers konnte sich bis in den Sommer 1552 ungeklärt durchhalten, ohne daß der Herzog aus den damit entstehenden Irritationen – Mörlin verhängte etwa eigenmächtig den (kleinen) Bann über unliebsame Gemeindeglieder u.a. (vgl. *Stupperich*, Osiander, S. 163f, 321f, und Albrecht, Ausschreiben, Bl. Ee3b) – Konsequenzen gezogen hätte. Den Fürsten immer neu um Entschuldigung bittend, berief sich Mörlin stets auf sein Gewissen, daß er »in religion- und glaubenssachen keinen andern herren er-

sia[182] und ettlichen christlichen kaisern, so concilien gehalten und spaltung gewehret haben[183], ja auch mit irem selbs exempel wol benemen! Dann sie haben vor wenig jarn, da sie noch s[c]hutz und s[c]hirm[184] bedorften, vil ein ander lied gesungen[185], wie E.F.D. wol wais[186].

Lest es sich aber gleich ansehen, als musz man etwas daruber leiden[187], so ist es doch nicht gewisz, und Gott kans wol verhüten! Er will aber dannoch, [7r:] das wir darzu berait seien, dann er spricht, wer sein seel oder sein leben mer liebe dann ine, der sey sein nicht wirdig[188].

Was nun der author[189] weiter bisz ans ende schreibet, das weis ich nicht, warfür ichs halten soll. Dann anfenglich, da er soll von der hauptsach reden, ettwas beweisen oder widerlegen, da bekent er sein unverstand[190] und urtailt doch zu end so sicher daher, mein lehr müsz unthergen und meiner widersacher lehr gewiszlich bestehn, macht aus den theologen, so wider mich geschriben, eitel[191] kirchen und helts fur gewis, wann eur F.D. ettwas thun werd, die lehr, die sie fur Gott recht helt, zu

kennet noch leiden kann denn Gott allein« (Brief Mörlins an Herzog Albrecht vom 18. Juli 1552, in: Mörlin, Historia, Bl. X3b; vgl. *Stupperich*, Osiander, S. 161-165.237f.318-322, und o. S. 92, Anm. 101, Nr. 488). Der Starrsinn, mit dem er sich über herzogliche Anweisungen hinwegsetzte, hatte ihn bereits früher in ähnlicher Weise mit dem Rat der Stadt Göttingen in Konflikt gebracht; vgl. *Stupperichs* Urteil a.a.O., S. 113. Die spätere Entwicklung verwundert daher nicht, daß nämlich im Febr. 1553, als Mörlin sich mit dem gleichen Standpunkt gegen das Mandat des Herzogs wandte, schließlich seine Ausweisung aus Preußen vom Fürsten verfügt wurde, vgl. *Stupperich*, Osiander, S. 360-362.

182. Dabei könnte man an das Einholen der heiligen Lade oder die Absicht des Tempelbaues durch David (II Sam 6f) und die Kultreform durch Josia (II Reg 22f) denken.

183. Zu denken ist etwa an die Reichssynode Karls d. Gr. in Frankfurt 794 oder an das Konzil von Konstanz 1414-1418 unter Kaiser Sigismund; vgl. TRE 17, S. 647; 19, S. 529-535; RGG 3, Sp. 1150; 5, Sp. 905f; 6, Sp. 28f; LThK 5, Sp. 1356; 6, Sp. 529f; 9, Sp. 749.

184. Redewendung, vgl. *Grimm*, Wörterbuch 9, Sp. 2120.

185. Sprichwort, vgl. *Röhrich*, Sprichwörtliche Redensarten 1, S. 601.

186. Gemeint ist Mörlins eigene Vergangenheit, bevor er nach Preußen kam: Als Prediger an St. Johannis in Göttingen wurde er im Frühjahr 1550 durch Herzog Erich II. von Braunschweig-Lüneburg vertrieben und auf Vermittlung der protestantisch gesinnten Herzoginmutter Elisabeth, die zugleich Schwiegermutter Herzog Albrechts war, von diesem in Königsberg aufgenommen; vgl. *Stupperich*, Osiander, S. 113f.

187. deshalb erleiden.

188. Vgl. Mt 10,37 und 39 (Osiander kombiniert zwei Logien miteinander).

189. sc. v. Köteritz.

190. Obwohl man diese Bemerkung auf Abschnitt 2 des v. Köteritz'schen Gutachtens beziehen könnte (vgl. o. S. 806,6), läßt sie sich auch als Beginn eines letzten (14.) Abschnitts der Ausführungen des herzoglichen Rats verstehen. In ersterem Fall würde sich Osiander auf die oben behandelten Abschnitte 2 bis 10 und 12 seiner Vorlage beziehen, die offenbar alle Argumentationspunkte zur umstrittenen Rechtfertigungslehre enthielten; vgl. o. S. 806,6-817,2 und 819,3-820,9. Im andern Fall wäre die Aussage v. Köteritz', der ganze ›Handel‹ sei ihm zu ›hoch‹, nochmals zu Beginn des letzten Abschnitts wiederholt worden, um dann wie in seinem Brief vom 6. Juni auszuführen, daß Osianders ›Dogma‹, das bereits verurteilt sei, der wahren Lehre unterliegen müsse; vgl. dazu o. S. 808, Anm. 35, und S. 817, Anm. 117.

191. reine, ganze.

furdern und zu erhalten[b], so werd Gottes zorn uber eur F.D. und uber das gantze land kommen, verredet[192] darzu, er [c]wölle und könne[c] ewigklich nicht rhatten, das disz mandat auszgehn[d] solte, er möcht doch das zill[193] gesetzt haben, bis mein lehr mit heiliger schrifft genugsam bewisen und erhalten[194] würd. Wie sich aber das alles zum bekantnus des unverstands reime, kan ich nicht ersehen.

Dessgleichen die unbestendigkait, die er in diser schrifft dargibt, wirt eur F.D. one zweiffel selbs wol mercken, dann er ettlich mal bekennet, Christus, warer Gott und mensch, sey unser gerechtigkeit, herwiderumb ettlich mal streitet[195], sein verdienst, gehorsam, leiden, sterben etc. sein die gerechtigkait[196]. Wie unmöglich aber sey, das man dise zwo rede solte baide zugleich vertaidigen, ist aus dem, das ich droben[197] und vor[198] offt vom יהוה, unserer gerechtigkait, geschriben, zimlich[199] klar. Ich wüste es auch wol noch reichlicher darzuthun, wann [es] die kurtze der zeit erleiden und die not erfordern wolt, aber ich zweiffel nicht, eur F.D. versteht es selbs wol! Dann gleichwie das recht verstentlich und gantz klerlich folget, wann ich sprech: Ist Gott die weiszhait, so ist keines seiner werck die weiszhait[200], also folget ebenso recht verstentlich und klar: Ist Christus unser gerechtigkait, so ist keines seiner[e] werck unser gerechtigkeit[201].

Dieweil nun eur F.D. sihet, mit was unverstand man[202] handelt, so bitt und vermane ich eur F.D. in dem Herrn, sie wolle ein starcken glauben fassen, ir ampt bedencken und fortfahrn, sich keine troung – deren die vernufft, welt und der satan vil auffblasen, auch durch die, so es gut meinen[203] –, noch kein ungewise weltliche ge-

b) korr. aus: halten.
c-c) durch übergeschriebene Zahlen so umgestellt.
d) korr. aus: aussgehn.
e) »von se-«(?) weggewischt und »seiner« in die Zeile geschrieben.

192. gelobt, schwört (daß etwas nicht geschieht); vgl. *Grimm*, Wörterbuch 12,1, Sp. 999.
193. den Grenz-, Ziel-, Wendepunkt.
194. behauptet, durchgesetzt.
195. dafür streitet, verficht.
196. Diese Doppelheit, die auch im Gutachten der Württemberger vertreten wird (vgl. o. S. 812,1-813,4), läßt sich bereits aus weiter oben im Gutachten behandelten Abschnitten erkennen: vgl. o. S. 806,6-807,21; 808,12-809,10; 814,9-26 gegenüber 809,11-16 und 812,1-813,4.
197. Vgl. o. S. 814,21-26.
198. vorher, früher. – Vgl. o. Anm. 38.
199. angemessen, genügend.
200. Vgl. auch o. S. 224,8-226,15, Nr. 488.
201. Vgl. auch o. S. 226,34-228,13, Nr. 488.
202. Hier ist an Osianders Gegner, bes. an Mörlin zu denken, mit dem er im Frühjahr 1551 über die angemessene Terminologie eine briefliche Kontroverse führte (vgl. etwa u. A. Bd. 9, S. 659-661, Nr. 465), aber auch an v. Köteritz, dessen Gutachten er hier beurteilt, und sogar an die württembergischen Theologen, deren Vorschlag einer tropischen Ausdrucksweise nach apostolischem Vorbild Osiander nicht für sich aufgreift (vgl. o. S. 812,13-18).
203. Ein versteckter Hinweis auf den zweifellos wohlmeinenden v. Köteritz und seine Sorge um Aufruhr im Lande, vgl. o. S. 817, Anm. 117, bzw. dessen ganzes Schreiben vom 6. Juni a. a. O.

fahr[204] lassen s[c]hrecken, das sie nicht mit Christo, sonder wider Christum wolte sein[205], und gar nicht [7v:] zweifeln, eur F.D. werd aller rechtglaubigen gepet und gaist, vil tausent engel und Gott selbs mit und fur sich haben. Dann ich zweifel nicht, wo das eur F.D. thun wirt, es werden nicht allain vil theologi, sonder auch ettlich fursten bewegt, der sachen fleissiger nachzudencken, die zuvor aus eur F.D. fragen den wohn[206] ges[c]höpft haben, als zweifelte sie an diser lehr und mög mit einem kleinen schein[f][207] darvon abfellig gemacht und der Osiander augenplicklich gestürtzt werden. Wirt nun eurer F.D. ernstlich bekantnus und mandat sie zu fernerem und fleissigern nachgedencken verursachen, so wirt die warheit, Gottes eher und der seelen hail dardurch deste mehr gefürdert.

Darzu gebe Gott sein gnad durch Jesum Christum, amen.

[g]2. Iulii 1552.

Andreas Osiander[g]

f) vom linken Rand eingewiesen für gestr.: shein.
g-g) von Hand II zugeschrieben.

204. Vgl. o. Anm. 203.
205. Vgl. dazu Osianders Streitargument von dem einzigen Lehrmeister Christus gegenüber allen menschlichen Verpflichtungen, das dem Herzog nicht unbekannt war, in u. A. Bd. 9, S. 397,1-401,10, Nr. 418, und o. S. 582,2-12, Nr. 522.
206. Annahme, Vermutung.
207. Augenschein, Beweis, Hinweis.

Beilage zu Nr. 539
(Erster) Mandatsentwurf Herzog Albrechts mit Korrekturen Wolf von Köteritz' und Osianders

[1551, Dezember 27][1]

Text[2]

[1r:] Von Gottes gnaden wir, Albrecht der elter, marggraffe tzu Brandenburg und hertzog in Preussen etc., entbieten allen und itzlichen unsern freyhern, landtvoiten, heuptleuten, denen von der ritterschafft, burgemeystern, richtern, gemeynen[3] der stede und allen andern unsern unterthanen unsern grus, gnade und alles gutes zuvor. Wolgeborne, edele, ernvheste, erbare, ersame, lieben rethe und getreuen!

Wiwol der almechtige Got aus lauter gnaden, gruntlosser gute und veterlichen barmhertzigkeit sein heiliges, werdes wort und evangelium von Christo Jhesu, das da ist, wie der heilige Paulus spricht, »eine crafft Gottes, die da selig machet **alle**, die daran gleuben«[4], in dissen letzten gezeytten wyderumb lauter und clar an den tag geben, welchs nhun etliche viel jar hero, yn unsern steten, ampten, flecken und dorfern lauter und rein zu predigen, durch uns ernstlich befolen und angeschafft[5], und unsers verhoffens solcher unser bevhel ins werck gesetzt, auch ceremonien, dem heiligen evangelio in allen unsern kirchen gemes und nach inhalt der publicirten ordenung[6] gehalten und geubet werden, [1v:] so haben wir doch dis vorschinen jare hero[7] mit hochbetruptem gemute gantz schmertzlichen erfaren, horen und sehen mussen, welcher gestalt die hochwichdigen spaltungen[8] uber dem heiligen artikel von der rechtfertigunge unsers christlichen glaubens schwischen[!] unsern doctoribus der heiligen schrifft und pfharhern in unser stat Konnigsperck, wie euch dan zum theil unvorborgen ist, sich angespunnen, erbreytert und bis an dissen

1. Zur Datierung vgl. o. S. 797 und Anm. 3.
2. v. Köteritz' und Osianders Korr. wurden im Text optisch hervorgehoben, bei v. Köteritz durch gesperrte, bei Osiander durch fett gedruckte und unterstrichene Buchstabenfolge. Andere Korr. im herzoglichen Konz. sind nicht vermerkt.
3. Gemeinden.
4. Röm 1,16.
5. angeordnet. – Als letzter Hochmeister des Deutschen Ordens in Preußen hatte Albrecht 1525 das Ordensgebiet säkularisiert und der Reformation zugeführt; vgl. u. A. Bd. 9, S. 328, Nr. 413.
6. Bereits im Dez. 1525 war die erste evangelische Kirchenordnung in Preußen beschlossen worden; sie blieb fast zwanzig Jahre in Gebrauch und wurde 1544 durch eine Neufassung ersetzt. Vgl. *Hubatsch*, Geschichte 1, S. 35-39.
7. im ganzen letzten Jahr.
8. Streitigkeiten.

tag vorharlich vortgestellet[9], darneben dan des offentlichen, ergerlichen schmehens vom predigtstull und in schrifften[10] und unzeytigen ausbanne[n]s[11] **von etlichen** zum uberflus angemast und geubet worden, und das des allen nochmals[12] kein auffhoren sein wyll, ungeachtet unser gnedigen, veterlichen und gutlichen vormanunge, begern und ansinnen, auch hindangesatzt aller unserer christlichen, billichen[13] und notwendigen vorschlege, mittel und manchfeltige befelich[14], so wir die zeyt hero den parteyen und den dreyen redten unser stat Konnigsberck[15] zu erkennen geben[16], derwegen wir wol ursach hetten, nhumals die geburliche straffe wider dieyenigen, so unser christliche angebottene mittel und ernstliche bevhelich ungehorsamlich hindangesetzt und denselbigen fur sich, auch kegen anderen nicht volge geleystet, unseumlich ergehen zu lassen, [2r:] welchs wir doch aus bewegenden ursachen abermals beruhen lassen und an seinen ort stellen[17]. Damith aber dergleichen ungehorsam und gemanchfeltige[!] widersetzigkeyt ferner nicht geubet und, sovil muglich, vorkommen werde und entlich[18] nicht ein gebrauch daraus erwachsse, des sich unsere und eure pfharner und cappellan, desgleichen unsere unterthanen auff dem lande und yn stedten auch anmassen und zu uben unterstehen mochten – wie wyr dan berichtet, das albereyt etliche sich des mit offentlichen injurirn und schrifften angemast haben sollen[19] –, aus welchem allen entlich nichts anders dan untregliche spaltunge und vorunruunge[20] unserer kirchen, gemeynen fridens und des hausregiments gepflantzet, auffwachssen und uberhandtnemen wolten, uns und unsern untherthanen zu hochster beschwerunge, nachteyl, vorfange[21] und schaden beyde an ewiger und zeytlicher wolfart, welchs wir vormittelst gotlicher gnaden durch alle christliche, billiche und ubliche wege und mittel abzuwenden, zu vorhuten und zuvorkommen nicht weniger hoch begirig und geneygt sein, dan wir uns von wegen unsers furstlichen tragenden [2v:] ampts und hohen obrig-

9. fortgesetzt haben. – Der eigentliche Beginn des Streits um die Rechtfertigungslehre läßt sich mit Osianders Disputatio de iustificatione vom 24. Okt. 1550 ansetzen, vgl. u. A. Bd. 9, S. 422-447, Nr. 425/490.

10. Zum Beginn des sog. Königsberger ›Kanzelkrieges‹ Ende Mai 1551 vgl. etwa *Stupperich*, Osiander, S. 154-165. Zum Wechsel von Streitschriften zwischen Mörlin und Osiander im Herbst vgl. ebd., S. 212-215.

11. unpassenden Bannens. – Vgl. u. Anm. 34.

12. noch immer.

13. angemessenen.

14. Zur schlichtenden Tätigkeit des Herzogs vgl. *Stupperich*, Osiander, S. 124-129, 151-154 und 203-225.

15. Neben der herzoglichen Burg bestand Königsberg zur damaligen Zeit aus drei selbständigen Kommunen: Altstadt, Kneiphof und Löbenicht; vgl. *Gause*, Königsberg 1, S. 24-40. 77-82.

16. Vgl. etwa *Stupperich*, Osiander, S. 161.179f.204.

17. beiseite stellen.

18. schließlich.

19. Vgl. *Stupperich*, Osiander, S. 178f.

20. Beunruhigung.

21. Hindernis.

keit, darein uns Got der almechtige gesetzt und vorordenet, schultig und pflichtig erkennen und bis anhero an unser geburlicher, fleysigen sorgfeltigkeyt und an vorfugunge der billigkeyt nach befindunge keinen mangel haben erscheynen lassen. Demnach wollen, gebietten und befelen wyr ernstlich und bey vormeydunge unserer schweren straff und ungenade hirmith und in crafft dieses unseres offenen[22] trucks: Ir von der hersschafft, unsere landtvoigte, heuptleute, die von der ritterschafft, burgemeister und richtere wollet allen unsern und euren pfharhern, cappellanen und kirchendienern beyde in steden und auff dorfern in unserm hertzogthumb Preussenn ernstlich von unsertwegen anzeygen, befelen und aufferlegen, das sie hinfurt den heiligen artickel von unser rechtfertigunge fur Gott anderer gestalt nicht furtragen, leren, auslegen, noch deuten sollen, dan wie derselbige artickel im heiligen Simbolo Apostolico und Niceno und kinderglauben mit feinen, einfeltigen[23], claren und vorstend-lichen worten reichlich und herlich[24] ausgedruckt und dargeben[25] [3r:] und die heilige, christliche, evangelische kirche denselbigen bis anhero eintrechtig geleret und ausgeleget hat, und das sie, sooffte die gelegenheit, von gedachtem artickel unser rechtfertigunge zu reden oder schreyben, sich zutreget, mit hochstem ernst sich dohin befleysigen sollen, das ir leren von der rechtfertigunge mit vil gemeltem artickel des Simboli Apostolici und Niceni gantz vornemlich[26] und im grunde der warheyt ubereinstimme, und die zuhorer darhin weyssen, furen und leyten sollen und dieser gegenwertigen spaltunge ausserhalb[27] ym gemeinen[28] gebett, idoch nhur mit den bescheidenen worten, nemlich das der almechtige Gott diese **und alle andere religions**-spaltungen wolle aus genaden lassen zu christlicher voreinigunge kommen, **gedencken sollen, und sunstent** wider[29] yn predigten noch schrifften gantz und gar keine meltunge thun und sich neben yren zuhorern alles schmelichen ausruffens vom predigtstull, bucher, dialogen, lider, reime, gemelde und dergleichen zu tichten und unter die leute auszustreuen, genzlich enthalten, unterlassen und vormeyden sollen. In sonderheit **aber** wollen und gebiten wir ernstlich, das hinfurt sich kein pfharner noch kirchendiener, yn massen[30] bis anhero, nicht an[31] [3v:] unsern besondern **mis**-fallen, von etlichen vormessentlicherweysse und uber[32] unsere befelich geschehen, anmassen, vil weniger ins werck stellen sollen, aus eigener turst[33] und gewalt ymandt offentlich oder heimlich mit dem banne und vor-

22. öffentlichen.
23. einfachen.
24. vorzüglich.
25. (vor)gegeben.
26. besonders.
27. nur.
28. allgemeinen.
29. sonst weder.
30. wie.
31. ohne.
32. gegen.
33. eigener Keckheit, eigenem Frevel.

sagunge des hochwirdigen sacraments zu beschweren und betruben[34], er habe dan zuvor unserm vorordenten vicepraesidenten[35] die ursachen, warumb er solchs ym vorhaben **were**, notturftiglich[36] zu erkennen gegeben, der, es furder[37] an uns zu gelangen, sol vorpflicht sein, darauff wir alsdan, uns mit notwendigen befelichen und zulassunge nach vorgehender erwegunge der sachen gelegenheit[38] geburlich zu yder zeit zu erzeygen, wissen wollen. Nachdem wir auch den parteyen, nemlich den beyden hern pfharnern yn unserer Alten Stadt[39] und Kneiphoff[40], Konnigsperck, fur yre person alleine hirvor aus bewegenden[41] ursachen zugelassen[42], welchs noch zur zeit nicht erlediget, so vorgunnen wir ynen hirmith abermals, das sie von hoch gemeltem artickel unser rechtfertigung kegen- und widereinander bescheidenerweysse und one meyniglichs vorkleynerunge predigen und leren mugen, [4r:] wie es ein yder uff seine sele zu laden und zu voranthworten getrauet fur dem gestrengen und ernsten richtstull unsers lieben hern Jhesu Christi[43], der sunder[44] zweyffel nach sanct Pauli lher »uns von Got gemacht ist zur weisheit und zur gerechtigkeit und zur heiligunge und zur erlosunge«[45] und nach auslegung des teuren mannes D. Martini Luttheri seligen – yn massen wir diselbige verstehen – als ein warhafftiger Got und mensch, unzutrennet, unser gerechtigkeit worden, welche gerechtigkeit die gerechtigkeit Gottes heist und Got selbst ist[46]. Wir wollen uns aber vorbehalten haben, itz berurter unserer vorgunstigunge halben zu yder zeit nach gelegenheit christliche und notturftige einsehung vorzuwenden[47], darmit wir kegenwertige spaltunge nach laut und inhalt der christlichen kirchen ordentlichen erkentnus aus Gottes wort, dero wir auff unsern uberschickten, warhafftigen bericht[48] und des beclagten teyls gedruckte

34. Mörlin hatte u.a. eigenmächtig Sympathisanten Osianders das Abendmahl verweigert, vgl. *Stupperich*, Osiander, S. 163f.
35. Gemeint ist Osiander, dem die Gegner freilich dieses Amt nicht zubilligen wollten, vgl. a.a.O., S. 162f.
36. je nach Bedürfnis, Notwendigkeit.
37. weiter.
38. Beschaffenheit.
39. sc. Osiander.
40. sc. Mörlin.
41. gewichtigen.
42. Dies geschah wahrscheinlich bereits im Sommer des Jahres, um die um sich greifende Polemik von dritter Seite einzugrenzen; vgl. etwa *Stupperich*, Osiander, S. 151-165 und 178-183.
43. Vgl. II Kor 5,10.
44. ohne.
45. I Kor 1,30.
46. Der Herzog bezieht sich dabei möglicherweise auf Osianders Zusammenstellung von Lutherzitaten aus dessen Galatervorlesung in der Schrift ›Etliche schöne Sprüche‹, vgl. u. A. Bd. 9, S. 582-601, Nr. 448.
47. notwendige Untersuchung vorzunehmen.
48. unsere ... Unterrichtung, Darstellung.

confession[49] gewertig sein[50], vormittelst gottlicher gnade entlich und forderlich[51] beyzulegen und zu entscheiden.

Und ist hirrauff [4v:] an euch alle semptlich und yden sunderlich[52] unser ernstlich begeren, meynunge und bevhel, ihr wollet dis mandat nach vorgehender vorkundigunge und publication in unsern stedten und flecken ye uber 14 tage einmhal bis zu austrage[53] der sachen offentlich uff die sontage an die kirchthuren anschlagen lassen und etliche stunde lang stehen und vorhuten[54] lassen, darmit daran kein muttwille[55] geubet und begangen werde, und euch dieses unsers gebots und befhels gehorsamlich und gentzlich halten, demselbigen also geleben[56] und unwegerliche[!] und unseumigliche volge thun in bedacht, was zu vorhuttunge euer selbst nachteils und schadens hiran gelegen, zudem das wyr uns kegen den ubertrettern mit geburlicher straffe wollen zu erzeygen wyssen, und geschicht daran unsere gentzliche und ernstliche meynung[57].

Zu urkundt mit unserm auffgedrucktem secret besigelt[58] und geben auff unserm schlos Konnigsperck am tage S. Johannis evangeliste anno 1552[59].

49. Gemeint ist Osianders Bekenntnis ›Von dem einigen Mittler‹ o. S. 49-300, Nr. 488/496.

50. Herzog Albrecht hat Osianders gedrucktes Bekenntnis an die protestantischen Stände und Städte im Reich verschickt, in einem zugehörigen Anschreiben zur Beurteilung der Schrift aufgefordert und beabsichtigt, mit Hilfe der eintreffenden Gutachten den Streit der Theologen zu beenden; zum Ganzen vgl. o. S. 64f, Nr. 488/496.

51. schnell.

52. besonders.

53. zum Ausgang.

54. behüten, bewahren.

55. Frevel.

56. so nachkommen.

57. unsere ... Absicht, unser ... Ansinnen.

58. Zum Geheimsiegel des Fürsten vgl. u. A. Bd. 9, S. 550,3f mit Anm. 38 und 39, Nr. 439.

59. 27. Dez. 1551. Zur Datierung vgl. o. S. 797 und Anm. 3.

Nr. 540
Wie N.N. besser unterrichtet werden könnte

[1552, Juli, zweite Hälfte][1]

Bearbeitet von *Hans Schulz*

Einleitung

1. Vorgeschichte

Nachdem Osiander Herzog Albrecht wohl noch vor dessen Abfahrt nach Danzig Anfang Juli 1552 sein Gutachten zur Stellungnahme von Peter Palladius übergeben hatte[2], ihm darin am Schluß jedoch auch mitteilte, daß er nicht wisse, »wie aber N.N. (damit ist König Christian III. von Dänemark, der Schwager des Herzogs, gemeint) zu berichten und zu gewinnen sey«[3], dürfte ihn Mitte Juli – jedenfalls nach der Rückkehr des Fürsten – ein zweites herzogliches Ersuchen erreicht haben[4], auf diese Frage eine Antwort zu formulieren. Da Osiander bei seinen Ausführungen nur vom (ersten) Württemberger Gutachten spricht[5], ihm somit das inzwischen in Preußen eingetroffene[6] und am Hof bekannte[7] zweite Gutachten aus Württemberg noch nicht zur Kenntnis gebracht wurde, dürfte seine Stellungnahme zur Unterrichtung des dänischen Königs um die Mitte des Monats Juli bzw. in der zweiten Hälfte entstanden sein[8]. Wann Osiander seine Darlegungen dem Herzog übergeben hat, ist nicht bekannt; es wird wohl Ende des Monats gewesen sein[9].

1. Zur Datierung vgl. weiter u. die Einl.
2. Vgl. o. S. 732, Anm. 1, Nr. 537.
3. Vgl. o. S. 741,3f und S. 732, Anm. 3, Nr. 537.
4. Der übliche schriftliche Auftrag ist verschollen.
5. Vgl. dazu weiter u. S. 843, Anm. 64.
6. Das Gutachten soll am Morgen der Abreise des Herzogs nach Danzig angekommen sein; vgl. *Stupperich*, Osiander, S. 329.
7. v. Köteritz und Funck berichten brieflich am 13. Juli darüber, vgl. a.a.O. Möglicherweise hat Osiander auch schon von der Existenz des Gutachtens gewußt, ohne seinen Inhalt zu kennen.
8. Den gegnerischen Theologen wurde am 9. Aug. das neue Württemberger Gutachten zur Stellungnahme bekanntgemacht; vgl. *Stupperich*, Osiander, S. 333. Osiander dürfte davon spätestens gleichzeitig erfahren haben. Da sich der Herzog mit Hilfe der beiden Württemberger Gutachten eine Lösung des Streites versprach und v. Köteritz bereits am 22. Juli einen Einigungsentwurf ausgearbeitet hatte (vgl. ebd.), darf man doch annehmen, daß Osiander gegen Ende des Monats über die Entwicklung unterrichtet war und beim Abfassen seiner Ausführungen zu diesem wichtigen neuen Schriftstück nicht geschwiegen hätte. Seine Ausführungen für den Herzog dürften daher vor der Bekanntgabe des zweiten Württemberger Gutachtens abgeschlossen gewesen sein. Vgl. dazu auch u. S. 834, Anm. 24.
9. Das übliche Beischreiben ist verschollen.

2. *Inhalt*

Der Herzog erwartete von Osiander offenbar ein Briefkonzept, ähnlich wie bei dessen Stellungnahme zu der Schrift des Peter Palladius[10], um die Ausführungen dann wörtlich in sein Schreiben an den dänischen König aufzunehmen. Osiander hat diesem Auftrag entsprochen: Er schreibt bei seinen Darlegungen von sich in der dritten Person[11]. Seine Ausführungen sind eine zusammenfassende kurze Darstellung seiner Lehre – gewissermaßen für den (königlichen!) Laien – ohne theologische ›Spitzfindigkeiten‹, dafür aber mit deutlicher Erweiterung altkirchlicher Zeugnisse[12]. In keiner anderen Schrift, auch nicht in den beiden Hauptwerken ›Von dem einigen Mittler‹[13] und ›Widerlegung Melanchthons‹[14] ist Osiander eine solch umfassende, zugleich aber klare und überschaubare Darstellung seiner Lehre geglückt[15]. Man darf deshalb die kleine Erörterung mit gewissem Recht als den Höhepunkt der theologischen Abhandlungen Osianders im osiandrischen Streit bezeichnen:

Gleich zu Anfang formuliert der Königsberger Professor die Hauptfrage des Streites: Was eigentlich ist die Gerechtigkeit des Glaubens? Eine Zusammenstellung theologischer Loci zum Heilswerk Christi und der Einwohnung in den Glaubenden vermitteln einen Überblick über die Punkte, die nicht strittig sind. Auf die umstrittene Frage, was die Gerechtigkeit sei, mit der wir gerechtfertigt werden, gibt er sodann die Antwort: Jesus Christus ist selbst unsere Gerechtigkeit. Als Schriftbeweise dienen I Kor 1,30f; Jer 23,5f; 33,15f und Jes 45,22-25. Die Antwort auf die Hauptfrage wird danach verdeutlicht durch den Zusatz: Christus ist ›nach seiner Gottheit‹ unsere Gerechtigkeit. Zur Bezeugung werden angeführt: das Nizänische Glaubensbekenntnis, Luther und Gottes eigener Name in der Schrift (das Tetragramm), den wiederum Luther, Regius und Brenz als Gottes eigenes Wesen verstehen. Die Aussage: Gottes wesentliche Gerechtigkeit in Christus rechtfertigt uns, beweisen nicht nur die vier angegebenen zentralen Bibelstellen, sondern auch Röm 3,26; 3,25; I Joh 3,7; Phil 1,11; 2,13 und Röm 6,13: Mit ihnen wird zugleich Gottes Wesensgerechtigkeit in Christus und seine bzw. ihre Wirkung in den Gläubigen erläutert. Als altkirchliche Zeugen für Gottes lebendige Gerechtigkeit kommen Origenes, Chryso-

10. Vgl. o. S. 733f, Nr. 537.

11. Vgl. u. S. 836,11f; 837,4.27 u. ö. Anders freilich die Wendungen S. 836,5 und 845,9. Auch entspricht der Anfangssatz u. S. 836,1 mehr einer Anweisung als einem Konzept.

12. Osiander hat also die Bestätigung seines Standpunktes durch Zeugnisse der Kirchenväter ausgebaut; vgl. dazu die Verweise auf frühere Schriften in den Sachanmerkungen.

13. Vgl. o. S. 52-54, Nr. 488/496.

14. Vgl. o. S. 565-567, Nr. 522.

15. Dazu paßt auch, trotz des leicht polemischen Charakters, die übersichtliche Darstellung der gegnerischen Meinungen am Schluß, die zum Zweck der Unterweisung des dänischen Königs natürlich als Zurückweisung falscher Lehre und Bestätigung der rechten, eigenen Lehre gedacht ist. Die Abweisung von Vorwürfen der Gegner (vgl. u. S. 836,12-14; 837,28f; 838,2f, und 846,5f) und die Auseinandersetzung mit Philipp Melanchthon (vgl. u. S. 839,17-19 und 20-26) findet dagegen nur verstreut jeweils im Rahmen des eigenen Argumentationszusammenhangs statt.

stomus, Clemens Alexandrinus, Cyrillus und Augustinus zu Wort; für Gottes wesentliche Gerechtigkeit in Christus, die bzw. der in uns wirkt und unser Wesen wird, folgen Zitate aus vier Schriften Luthers und ein Hinweis auf das (erste) Württemberger Gutachten. Die Darstellung der eigenen Lehre wird mit einer systematischen Zusammenfassung des Heilswerkes Christi und seines Wirkens in den Glaubenden im Stile kurzer Bekenntnisaussagen abgeschlossen. – Die Gegner dagegen lehren nichts Sicheres, widersprechen sich selbst und haben keinen einzigen unwiderlegbaren Schriftbeweis: Etwa zwanzig ihrer verschiedenen Antworten auf die Hauptfrage werden aufgelistet. Die ›Schriftbeweise‹ der Gegner widerlegen seine Antwort auf die Hauptfrage jedoch in keiner Weise, sondern zeigen nur Grund und Ursache der Rechtfertigung an, nämlich daß uns die Gerechtigkeit ›durch‹ Christus erworben sei. Widerspruch gegen die Wahrheit sei allerdings ein Greuel und sträflich, jeder ernste Christ davor zu warnen.

3. Nachgeschichte

Wie das Gutachten zur Schrift von Peter Palladius[16] hat der Herzog auch Osianders ›Bericht‹ vollständig in seine Antwort an Christian III. aufgenommen: Nach einem längeren Resümee[17] über die Gründe des Schreibens, in dem u.a. angeführt wird, daß der König selbst den Herzog aufgefordert habe, Osianders Lehre mit anderen zu vergleichen und zu beurteilen, wird Osianders Konzept unmittelbar und ohne längeren Übergang[18] wiedergegeben, nur selten durch einen Einschub erweitert[19] und in den Schlußabschnitten durch leichte Korrekturen etwas abgemildert[20]. Es scheint, daß der Herzog dem Schreiben beide Gutachten der Württemberger Theologen beigelegt und die besonders im zweiten Gutachten enthaltenen Passagen über eine Einigung[21] eigens kenntlich gemacht hat[22]. Dies geschah wohl mit Wissen Osianders[23] und dürfte der eigentliche Grund dafür gewesen sein, daß das Schreiben des Fürsten erst am 31. Aug. aus Königsberg abging[24]. Sei es nun, daß die vom Her-

16. Vgl. dazu o. S. 734f, Nr. 537.
17. Vgl. Hs. b, fol. 1r-3r.
18. Vgl. u. S. 836,1, Anm. b-b.
19. Vgl. u. S. 843,12, Anm. u-u; S. 844,22, Anm. f-f, und S. 846,10, Anm. c. Bei diesen Erweiterungen ist der Stilbruch zwischen Osianders Formulierungen und denen des Fürsten deutlich spürbar.
20. Vgl. u. S. 845,15f, Anm. r-r und s u.a.
21. Vgl. dazu weiter u. S. 855-857, Nr. 543.
22. Vgl. dazu u. S. 843,12, Anm. u-u.
23. Die kleine Korrektur u. S. 845,1, Anm. i ist möglicherweise von Osiander angebracht worden: Er müßte das herzogliche Schreiben also durchgesehen haben.
24. Zu diesem Datum vgl. u. die Angaben bei Hs. b. – Osiander war über die Pläne des Herzogs zur Beilegung des Streits informiert und wurde spätestens mit seinen Gegnern über das zweite Württemberger Gutachten unterrichtet; vgl. o. Anm. 8. Da Osiander nach eigener Auskunft sein Gutachten zu der neuen Schrift aus Württemberg wegen Krankheit erst am 1. Sept. abgeben konnte (vgl. *Stupperich*, Osiander, S. 339, und u. S. 855-867, Nr. 543), bei seiner Ausar-

zog in der Briefbeilage angegebenen Einigungsvorschläge Hoffnung weckten, sei es, daß Osianders Lehrdarstellung auf den König Eindruck machte, die dänischen Theologen, wohl veranlaßt durch den königlichen Hof und als Folge des preußischen Schreibens, verzichteten bis auf weiteres auf Beiträge zu den Streitigkeiten[25].

4. Überlieferung

Handschriften:

a: Berlin GStAPK, XX. HA StA Königsberg, HBA J2, o.D. [1552, Juli, zweite Hälfte] (K.959, fol. 126r-131r[26]): Autogr., liegt u. A. zugrunde.

b: Berlin GStAPK, XX. HA StA Königsberg, HBA Konzepte F, Herzog Albrecht an Christian III. von Dänemark, 1552 August 31 (K. 1254, fol. 3r-13r): gleichzeitige Kop. von a.

c: Berlin GStAPK, XX. HA StA Königsberg, HBA J2 (K.970: Abschriften verschiedener Briefe, meistens von Osiander, an den Herzog Albrecht, fol. 23v-29r): zeitgenössische[27] Kop. von a.

Edition:

Ed. 1: *Lehnerdt*, Auctarium, S. 125, Anm. 38(-S. 137), Nr. 29: nach c.

Text

[126r:] [a]Wie N.N.[1] pesser mocht bericht[2] werden von der rechtfertigung des glaubens[a].

a-a) fehlt in b.

beitung aber die Stellungnahmen seiner Gegner bereits kannte (vgl. ebd.), darf man annehmen, daß der Herzog von ihm – freilich wohl erst, als er sich auf dem Weg der Besserung befand – nicht nur eine Beurteilung des Württemberger Gutachtens, sondern auch eine Durchsicht des Schreibens an den König und Auskunft darüber erbat, welche Ausführungen von Brenz in den Antwortbrief aufgenommen werden sollten. Osiander dürfte demzufolge damit einverstanden gewesen sein, die Einigungsvorschläge der Württemberger zusätzlich heranzuziehen, obwohl sie dem Schreiben des Herzogs einen anderen Akzent verliehen als Osianders eigene apologetische Ausführungen. Der verzögerte Absendetermin jedenfalls wird auf diese Weise hinreichend erklärt.

25. Vgl. o. S. 735, Nr. 537.

26. Die Zählung findet sich in der rechten unteren Ecke.

27. Vgl. Hs. c o. S. 735 und Anm. 23, Nr. 537.

1. Damit ist der Schwager Herzog Albrechts, König Christian III. von Dänemark gemeint, vgl. o. die Einl., S. 832.

2. könnte unterrichtet, unterwiesen.

[b]Erstlich mocht angezaigt werden, das er und seine theologi[b] [3] des Osianders maynung noch nie recht hetten[c] eingenomen[4]. Dann die haubtfrag[d] ist nicht, wardurch[e] oder wie die gerechtigkait verdient sey, auch nicht, wie wir gerechtfertigt[f] werden, sonder allain, was die gerechtigkait an ir[5] selbs sey[6].

Dann des sein wir ains, das Christus unser sund auff sich genomen, dafur geliten, gestorben und sein blut zu vergebung derselben vergossen hat, desgleichen sich unter das gesetz gethon, dasselbig mit volkommenem gehorsam erfullet, uns darmit vom gesetz und seinem fluch erledigt, dardurch er uns hat erworben, verdienet und erlangt, das wir, von sund, tod und helle erloset, wider zu Gottis gnaden genomen werden, vergebung der sunde und ewige gerechtigkait empfangen und also Gottis kinder und erben, ja miterben Christi werden. Solchs alles lehret Osiander zum allerfleyssigsten und -treulichsten, darumb sichs nicht ansehen lest, das aus seiner lehr volgen soll, das Christus vergebens[g] ins flaisch kommen und sein leiden, sterben und aufferstehn[h] ein vergeblich spectackel[7] den Juden allain gewesen[8].

Ferner[i] ist das auch unstrittig, das wir vergebung der sunde und die ewigen gerechtigkait, die da, wie oben gemeldet, durch Christum verdienet, erworben und erlanget sein, allain durch den rechten, waren glauben an Christum, den Got wirckt, ergreiffen und empfangen, wie geschriben ist Ro. 3[28]: »Wir haltens darfur, das der mensch gerecht werd on zuthun der werck allain durch[k] den glauben«.

Uber das sein die theologi disses[l] auch ainhellig, das Jesus Christus, warer Got und mensch, durch den glauben in uns wone, Ephes. 3[17], und wurck in uns die frücht der gerechtigkait, Philipp. 1[11], »das wollen und das volpringen«, Philip. 2[13]. [126v:]

b-b) Den erstlich besorgen wir uns, das e.k.w. sambt iren theologis: b.
c) haben: b.
d) haubtfrage unssers erachtens: b.
e) danach gestr.: »man g-«: a.
f) gerecht: b. – g) fehlt in c, Ed. 1.
h) auferstehung: b. – i) Ferner so: b.
k) Ditt. in c. – l) dessen: c, Ed. 1.

3. Der König hatte in einem Schreiben vom 9. Nov. 1551 an Herzog Albrecht auf Osianders Konfession skeptisch reagiert und angekündigt, er werde sie zur Begutachtung an seine Theologen weiterleiten. Am 11. Mai 1552 übersandte er dann ein Gutachten des Bischofs von Seeland, Peter Palladius, das Osianders Werk ebenfalls ablehnte; vgl. o. S. 732f, Nr. 537.

4. bedacht, verstanden.

5. sich.

6. Ähnliches schrieb Osiander in seiner Schrift gegen Melanchthon ›Widerlegung‹, vgl. o. S. 591,23-27, Nr. 522.

7. nutzloses Schauspiel.

8. Diese Wendung dürfte eine polemische Äußerung der Königsberger Gegner gewesen sein, zumal Mörlin Osiander vorgeworfen hat, er trenne Christi Menschheit von seiner Gottheit (vgl. u. Anm. 13), und Osianders Argumentation, Christus habe sein Blut vor 1500 Jahren vergossen (vgl. o. S. 248,29-32 (und 254,17-22), Nr. 488), mit der Behauptung polemisch noch verstärkt hat, Christi Blut sei »vor funfzehenhundert jaren lengest vergossen, vertrucknet und in der erden verwesen« (Mörlin, Bericht, Bl. D2a).

Aus dem allem entsteht nun allererst die frag, dieweil wir durch den glauben gerechtfertigt werden, was doch dieselbig gerechtigkait, die[m] wir durch den glauben ergreiffen, an ir selbs sey.

Hie steht nun Osiander fest auff der heiligen schrifft und spricht, das Jesus Christus, warer Got und mensch, durch den glauben in uns wonend, sey selbs unser gerechtigkait. Und beweiset es erstlich mit Paulo, 1. Cor. 1[30f], der da spricht: Christus ist uns worden »zur weyßhait von Got und zur gerechtigkait und zur heiligung und zur erlosung, auff das – wie geschriben ist –, ›wer sich rhumet, der rhume sich des Herrn!‹«

Zum andern mit Jeremia, der am 23.[5f] und 33.[15f] capiteln[!] spricht: »Sihe, es kombt die zeit, spricht der Herr, das ich dem David ein gerechtes zweig erwecken [will], und soll ein konig sein, der wol[9] regirn wirt und recht und gerechtigkait auff erden anrichten. Zu desselbigen zeit wirt Juda geholfen werden und Israel[n] wirt sicher wonen. Und dis[o] wirt sein name sein, das man in nennen wirt: Jehovah, unser gerechtigkait.« Dan also, sagt er, [p]steh es[p] im hebreischen text[10].

Zum dritten beweyset ers mit Jesaia 45[22-25], der also spricht: »Ich bin Got, und kain ander mehr. Ich schwer[11] bey mir selbs, und ein wort der gerechtigkait geht aus meinem munde, da soll es bey bleyben, dan mir sollen sich alle knie piegen und alle zungen schweren und sagen: Im Jehova hab ich gerechtigkait und sterck. Solche werden auch zu im kommen; aber alle, die im widerstehn, mussen zuschanden werden. Dann im Jehovah werden[!] gerecht aller samen Israel und sich sein rhumen.« [127r:] Diser spruch bezeuget klerlich, das Paulus, da er spricht: »... auf das, wer sich rhumet, wie geschrieben ist, der rhume sich des Herrn«, auch nichts anders sagen wil noch sagen kann, dann das wir uns sollen des hern Jehovah rhumen. Hiemit ist ja genug bewisen[q], das Jesus Christus, warer Got und mensch, durch den glauben in uns wonend, unser gerechtigkait selbs ist.

Das[r] aber Osiander[s] den artickel[12] weiter erklert und spricht, er sey nach seiner gotthait unser gerechtigkait, das thut er[t] nicht, die menschait von der gotthait zu trennen, wie im etlich gern wolten aufflegen[13], sonder folget darin den fusstapfen aller glerten theologen, sonderlich dem Symbolo Niceno, das da sagt, Christus sey dem Vater gleich, aber nur nach seiner gotthait und nicht nach der menschait[14], des-

m) das: c; das (die): Ed. 1. – n) Schreibfehler: Israal: a.
o) das: c, Ed. 1. – p-p) stehets: c, Ed. 1.
q) bewisen und dargethon: b. – r) danach gestr.: er: a.
s) vor den linken Rand geschrieben und eingewiesen in a.
t) er unssers erachtens: b.

9. wohl, gut.
10. Damit soll offenbar auf das Tetragramm, den Namen Gottes, hingewiesen werden; vgl. dazu u. S. 838,6-9.
11. schwöre.
12. Vgl. o. Z. 4-6.
13. Dies ist ein von Mörlin so oder ähnlich immer wiederholter Vorwurf, vgl. u. A. Bd. 9, S. 657,13-23, Nr. 464, und Mörlin, Bericht, Bl. I2b, I3b, S1b u. ö.
14. Gemeint ist die Aussage des Nicaenum: »... consubstantialem Patri ...« (BSLK,

gleichen dem Luther, der da spricht im buchlein ›von der kirchen‹[15], Christus sey schopfer himels und erden, aber allain nach seiner gotthait[16] etc.[u] Vil weniger thut ers, uns auff die plossen[17] gothait zu furn[18], sinteinmal[19] er genugsam bewisen und bezeuget hat, das die gerechtigkait Gottis on und ausserhalb der menschait nicht kan erlanget noch ergriffen[v] werden[20].

Sonder darumb hat ers gethon, das in die heilig schrifft darzu zwingt: Dann erstlich ist gewiß und hat gar kain strit, der groß, aigne namen Gottis Jehova kan kainer creatur zugelegt werden, sonder deute[!][w] allain das ainig, ewig, unzertrente gotlich wesen oder gottliche natur[21], wie das Luther zeuget im 5. psalm[22], im 45. psalm[23], im 110. psalm[24], im ›Schem hamphoras‹[25], im buchlein ›Von den letsten worten Davidis‹[26] und andern orten mer, item Urbanus Regius, Johannes Brentius[27] und ander alt

u) usw.: Ed. 1.
v) Vorsilbe »er-« übergeschr. für ungenau gestr. Vorsilbe »be-« in a; begriffen: c, Ed. 1.
w) deutet: c, Ed. 1.

S. 26,10f). Das Athanasianum erklärt ausführlicher: »Deus est ex substantia Patris ante saecula genitus, et homo est ex substantia matris in saeculo natus« (BSLK, S. 29,43-45).

15. Gemeint ist Luthers Schrift »Von den Konziliis und Kirchen« 1529, WA 50, S. (488-)509-653.

16. WA 50, S. 595,18-22: »Denn wer das bekennet, das Gott und Mensch eine Person ist, der mus umb solcher vereinigung willen der zwo naturn in einer person schlecht auch zulassen, das dieser mensch Christus, von Maria geborn, sey Schepffer Himels und der erden, Denn er ist dasjenige worden in einer Person, nemlich Gott, der Himel und erden geschaffen hat«; vgl. auch WA 50, S. 589,33-590,4 u.a.

17. nackte, reine.

18. Wiederum ein Vorwurf Mörlins, vgl. Mörlin, Bericht, Bl. D1a.

19. zumal, weil.

20. Vgl. Osianders Ausführungen in seinem Bekenntnis o. S. 294,1-16, Nr. 488.

21. Vgl. o. S. 228,17-19, und S. 230,16-19, Nr. 488.

22. In Luthers Werk »Operationes in Psalmos« 1519-1521 findet sich bei der Auslegung zu Ps 5,12 eine ausführliche Erörterung zum Namen Gottes (Tetragramm), vgl. WA 5, S. 184,4-187,16. Er schreibt u.a.: »Recte quoque soli deo hoc unicum nomen tributum dicitur, et quod deum secundum substantiam et internam naturam significat« (WA 5, S. 186,27-29).

23. In Luthers »Praelectio in psalmum 45« von 1532/33 findet sich zu Ps 45,12 folgende Ausführung: »›Adonai‹ est nomen sanctum, quod in hac forma, qua hic est positum, non appropriatur nisi uni vero et naturali Deo, testibus omnibus Iudeis« (WA 40,2, S. 585,30f; vgl. Z. 9f).

24. In Luthers 1. Predigt über Ps 110 vom 8. Mai 1535 (Predigten des Jahres 1535, Nr. 13: Der CX. Psalm, gepredigt und ausgelegt) finden sich folgende Aussagen zur Bezeichnung HERR (in der Luther-Bibel mit Großbuchstaben!): »... significat verum deum et nulli datur hoc nomen nisi vero et naturali deo« (WA 41, S. 82,5f) bzw. »... ist der name, damit allein die Gottliche Maiestet genennet und keiner Creaturn gegeben wird ...« (ebd., Z. 29f).

25. Vgl. u. A. Bd. 9, S. 696,1-6, Nr. 474, und o. S. 230,25-27, mit Anm. 528 und 529, Nr. 488.

26. Vgl. u. A. Bd. 9, S. 695,31-33, Nr. 474, und o. S. 230,23-25, mit Anm. 526 und 527, Nr. 488.

27. Osiander denkt offensichtlich an die Zusammenkunft zwischen Melanchthon, Rhegius, Brenz und ihm auf dem Augsburger Reichstag 1530, die er in seiner Schrift ›Beweisung‹ vom Anfang des Jahres ausführlich geschildert hat; vgl. dazu o. S. 423 und 434,12-438,21, Nr. 508.

und neue scribenten mer. Dan was darfs[28] vil erzelens, so es aller ding[29] unstrittig ist. Dieweil dan Paulus auff [127v:] den namen Jehova sihet und Jesaias sagt, im Jehovah haben wir gerechtigkait und im Jehovah werden wir gerecht, Jeremias aber zwaimal spricht, Jehovah sey unser gerechtigkait, so mussen wir je bekennen, das Got oder gottliche natur in Christo, der durch den glauben in uns wohnet, unser gerechtigkait sey, wir wolten dan den heiligen Gaist, der in der heiligen schrifft redet, verachten und lugstraffen und die schrifft mit fussen tretten, welchs ja in kain glaubig hertz soll fallen[30].

Ferner dringt auch das, das Paulus[x] zun Romern am 3.[26] von Got dem vater schreybt und spricht: »... auf das er allain gerecht sey und gerecht mach den, der da ist des glaubens an Jesu Christ«. Dan ist Got allain gerecht, so kann kain andre ware gerechtigkait sein dan Gottis wesenliche gerechtigkait, die der Son und heilig Gaist mit dem Vater gemain[31] haben. Soll er uns aber gerecht machen, so mussen wir eben dieselben gerechtigkait haben, welche ist Christus, durch den glauben in uns wonend, und ists nach seiner gottlichen natur. Gebe er uns aber ein andre gerechtigkait, so were es aintweder kain gerechtigkait, oder er wer nicht allain gerecht[y]. Darumb spricht Paulus zuvor[32], er piete uns ›sein‹ gerechtigkait dar[33], und disen spruch hat Osiander wider Philippum reichlich gehandelt im quatern[34] H bis ins K[35], das mag man lesen.

Zudem bewegt und dringt auch, das Johannes in seiner epistel spricht, [I Joh] 3[7]: »Wer recht thut, der ist gerecht, gleichwie er[36] gerecht ist«. Dann so[z37] man die gerechten darbey kennen soll, das sie recht thun, so muß unser gerechtigkait ein solche gerechtigkait sein, die uns, recht zu thun, bewege, raitze und laite[38]; das kan dan auch kain andre gerechtigkait sein dan Christus selbs, dieweil Paulus spricht Phil. 1[11], wir sollen »erfullet sein mit fruchten [128r:] der gerechtigkait, die durch Jesum Christum geschehen in euch zu ehr und lobe Gottis«. Und das es[a] Christus nach sei-

x) S. Paulus: c, Ed. 1.
y) vor den linken Rand geschrieben und eingewiesen in a.
z) danach gestr.: nymand gerecht ist, dann: a.
a) übergeschr. und eingewiesen in a.

28. bedarf, braucht es.
29. in jeder Hinsicht.
30. keinem gläubigen Herzen einfallen soll.
31. gemeinsam.
32. davor.
33. Vgl. Röm 3,25.
34. Druckbogen.
35. Vgl. die im April erschienene Schrift Osianders ›Widerlegung der unbegründeten Antwort Philipp Melanchthons‹ o. S. 613,29-626,10, Nr. 522.
36. sc. Christus.
37. wenn.
38. Mit diesen Ausführungen zeigt sich, daß dieser von Melanchthon unter wenigen anderen Punkten monierte Leitgedanke für Osiander eine feste biblische Wurzel hat; vgl. dazu o. S. 160,(11-)22-24; 246,28-30, Nr. 488, und S. 565 bzw. S. 639,27-640,2(-642,3), Nr. 522.

ner gotthait thue, zeuget er am 2.[cap.] zun Philipp. [13] und spricht: »Got ists, der in euch wurckt baide das wollen und das volpringen nach seinem wolgefallen«. Darzu dienet auch das wortlein, das Joh[annes] spricht: »Wer recht thut, der ist gerecht, wie er gerecht ist«. Sollen wir aber gerecht sein wie er, so mussen wir sein gerechtigkait haben; die haben wir auch, wan er durch den glauben in uns wonet und die frucht der gerechtigkait in uns wurcket.

Hierzu dienet auch, das Paulus Ro.[b] 6[13] sagt, wir sollen unsere »glider begeben[39] [c]Got dem herrn[c] zu waffen (oder werckzeugen)[40] der gerechtigkait«. Dann dise wort zeugen, das unser gerechtigkait muß ein lebendige gerechtigkait sein, die da unsere gelider geprauchen konne zum werckzeug; die kan je nichts anders sein dan die gottlich natur in Christo. Darumb spricht auch Paulus, wir sollen sie Got begeben; dann wan wir das thun, so seind es warlich waffen[d] und werckzeug dessen, der die gerechtigkait selbs ist, wie geschriben steht: »Jehova, unser gerechtigkait«!

Dise lebendige gerechtigkait beschreybt auch der alte lehrer Origenes in der 5. homilia uber Esaiam also[41]: »Es spricht der prophet, Christus sey ein lebendige gerechtigkait[42], und wir maineten, der apostel Paulus wers allain, der da saget, das Christus unser gerechtigkait, heiligung, erlosung und weyßhait[e] sey. Aber villeicht wais es der apostel, als der es von den propheten gelernet hat, das die gerechtigkait leblich[43] ist und lebendig. Was ist aber dise gerechtigkait? Der aingeporne Gottis! Dieweil es aber nicht allain vom apostel herkombt, das Christus die gerechtigkait sey, ja die lebendig und wesenlich gerechtigkait, sonder du wirst auch [128v:] finden, das dis gehaymnus in den prophetischen predigen ist dargethon, so ist gewiß, das es auch in dem capitel ist, das man ytzo gelesen hat, dann er spricht: Wer hat[f] die gerechtigkait erweckt[g] [h]vom aufgang[i][h] und hat sie beruffen zu iren fussen[44]? Hat er die gerechtigkait beruffen, so ist offenbar, das sie leblich ist und wandelt, wan man sie rufft. Es hat aber Christum berufft der Vater, das er umb unser seligkait willen den weg zu uns neme und stig von himel zu uns«. Aus disen worten ist je[k] klar, das Origenes die wort Pauli, das Christus unser gerechtigkait sey, von seinem gottlichen wesen verstanden hat.

b) in Ro. am: b.
c-c) vor den linken Rand geschrieben und eingewiesen in a.
d) danach gestr.: »de-«: a.
e) vor den linken Rand geschrieben und eingewiesen für gestr.: gerechtigkait: a.
f) fehlt in c. – g) erwegt: c, Ed. 1.
h-h) von anfang: b. – i) anfang: Ed. 1. – k) ja: b.

39. hingeben.
40. Osianders Interpolation entspricht dem ntl. Text: ὅπλα δικαιοσύνης. Der Begriff ὅπλον bedeutet in erster Linie (Hand-)Werkzeug, dann auch Waffe, Kriegsgerät; vgl. *Bauer*, Wörterbuch, Sp. 1140; *Gemoll*, Wörterbuch, S. 545.
41. Origenes, In Isaiam Homilia 5,1 (PG 13, Sp. 234).
42. Vgl. dazu u. Anm. 44.
43. lebend, belebt, munter.
44. Jes 41,2 nach der Lutherbibel: »Wer hat den Gerechten vom Aufgange erweckt? Wer rief ihn, daß er ging?« (Ähnlich Vg. und Hebraica.)

Desgleichen sagt Chrysostomus, wir werden durch den glauben »gerecht mit der allerhochsten gerechtigkait«, Ro. 1[17][45]. Das kan ja kain andre gerechtigkait sein dan die wesenlich gerechtigkait Gottis in Christo.

Item Clemens Alexandrinus sagt[46], unser gerechtigkait sey ein gleichait, und das wir gottlicher natur oder des freundlichen Gottis tailhafftig sein.

Item Cyrillus, lib. 2, cap. 74, uber Johannem spricht[47]: »Christus geht zu uns ein durch den glauben und wonet in uns durch den heiligen Gaist, wie der evangelist in [l]den episteln[l] bezeuget, wie er dan spricht: ›In dem erkennen wir, das er in uns ist, dann er hat uns von seinem Gaist gegeben‹[48]. Derhalben macht Christus die glaubigen lebendig, dan dieweil er von natur das leben ist, wonet er in den glaubigen. Und so der Son wesenlich das leben ist und durch den glauben in den glaubigen wonet, wie solt das nicht[m] mit warhait gesagt werden: ›Wer an den Son glaubt, der hat das ewig leben‹[49]?«

Nun spricht Paulus zun Galatern am 3.[21]: »Wan ein gesetz geben were, das lebendig machen kont, so keme die gerechtigkait war-[129r:]hafftigklich aus dem gesetz«. Dieweil dan, das da lebendig macht, auch rechtfertigt, und Cyrillus klarlich sagt, Christus mach uns lebendig mit seinem wesenlichen leben, das er von natur ist, so ist auch gewiß, das er uns zugleich auch mit seiner wesenlichen gerechtigkait gerecht macht.

Aber noch klerer sagt es Augustinus zum Consentio in der 85. epistel[50], da er also schreybt: »Die Gerechtigkeit, die in ir selbs lebet, ist on zweifel Gott selbs und lebet unwandelbar. Gleich aber wie sie, dieweil sie in ir selbs das leben ist, auch unser leben wirt, wann wir ir theilhafftig werden, also auch, dieweil sie in ir selbs gerechtigkait ist, wirt sie auch unser gerechtigkeit, wann wir ir anhangen und gerecht leben. Wir sein auch so vil[n] mer oder minder gerecht, wie vil mehr oder minder wir ir anhangen. Daher ist von dem eingepornen sohn Gottis geschriben, dieweil er ja des Vatters weisshait und gerechtigkait ist und allweg in im selbs ist,

l-l) der epistel: b.
m) danach gestr.: »w-«: a.
n) Schreibfehler: soivl: a.

45. Johannes Chrysostomus, In Epistolam ad Romanos Homilia 2,6 (PG 60, Sp. 409), schreibt zur o.a. Bibelstelle: »Deinde, quia vix credibilis sermo videtur esse, quod moechus, mollis, sepulcrorum effossor, praestigiator, confestim non modo a supplicio eripiatur, sed etiam justus fiat, et justus suprema justitia …« Diese Stelle hat Osiander schon in seinem Bekenntnis ›Von dem einigen Mittler‹ verwendet; vgl. o. S. 296,16-20, Nr. 488.

46. Das folgende Zitat konnte nicht nachgewiesen werden. Anklänge finden sich allenfalls in Clemens Alexandrinus, Paedagogus, l. 1, cap. 8: »Adversus eos, qui existimant non esse bonum id, quod justum est«; vgl. PG 8, Sp. 325-340.

47. Cyrillus, In Johannis Evangelium, l. 2, zur Stelle Joh 3,36 (PG 73, Sp. 286).

48. I Joh 4,13.

49. Joh 3,36.

50. Vgl. Augustinus Consentio ad quaestiones de Trinitate sibi propositas, Epistola 120 (PL 33, Sp. 452-462).

das er auch »uns von Gott gemacht sey zur weishait, gerechtigkeit, heiligung und erlosung, auff das, wie geschriben steht, wer sich rhümet, der rhüme sich des Herrn«[51].

Item doktor Martinus Luther, ›Von zwaierlay gerechtigkait‹[52], spricht also: »So wirt nun die gerechtigkeit Christi durch den glauben in Christum unser gerechtigkeit, und alles, was sein ist, ja er selbs auch, wirt unser. Darumb nennet sie der apostel Paulus ›Gottis gerechtigkeit‹, da er spricht Rom. 1[17]: ›Die gerechtigkeit Gottis wirt im evangelio geoffenbaret aus dem glauben in den glauben, wie geschriben steht: Der gerecht wirt seins glaubens leben‹. Und solcher glaub wirt auch genennet die gerechtigkeit Gottis, wie daselbst am 3. cap. [28] geschriben ist: ›Wir halten[53] es nun, das der mensch gerecht werde durch den glauben‹. Das ist ein unentliche gerechtigkeit, und wer an Christum glaubet, der hangt an Christo und ist eins mit Christo, hat ebendieselbigen gerechtigkeit mit im«[54]. [129v:]

›Uber das 15. cap. Johannis‹[55], am 217. blat: »Summa, grund und podens meins hertzens[o] wirdt verneuert und verendert, das ich gar[p] ein neu gewechs werde, gepflantzt in den weinstock Christum und aus im gewachsen. Denn mein heiligkeit, gerechtigkeit und reinigkeit kompt nicht aus mir, sonder ist allain aus und in Christo, welchem ich eingewurtzelt pin durch den glauben, gleichwie der safft aus dem stock sich in die reben zeucht etc.[q] Und bin nun im gleich und[r] seiner art, das baide er und ich ainerley natur und wesens sind und ich in im und durch in frucht trage, die nicht mein, sonder des weinstocks sein«[56].

In der auslegung uber den 5. psalm[57]: »Doch mus man das nicht gantz und gar verwerfen, das dis[s] wort ›gerechtigkeit Gottis‹, auch nach der weise und art zu reden, wie jetz gesagt, sey dise gerechtigkeit, durch welche Gott selbs gerecht ist, das also gleich durch eine gerechtigkeit beide[t] Gott und wir gerecht sind, gleichwie durch ein

o) korr. Schreibfehler: hertzenss: a. – p) gar in: c, Ed. 1.
q) fehlt in Ed. 1. – r) in: b.
s) das: c, Ed. 1. – t) fehlt in Ed. 1.

51. I Kor 1,30f. – Dieses Zitat hat Osiander seinen Gegnern immer wieder vorgehalten, vgl. den Schluß seiner Schrift ›Etliche schöne Sprüche‹ vom Frühjahr 1551 u. A. Bd. 9, S. 600,12-22, Nr. 448, und sein großes Bekenntnis ›Von dem einigen Mittler‹ in zentralem Zusammenhang o. S. 212,26-214,3, Nr. 488.

52. »Sermo de duplici iusticia« 1518, gedr. 1519, vgl. WA 2, S. 143.

53. behaupten.

54. Auch dieses Zitat WA 2, S. 146,7-13.14f hat Osiander in den beiden Schriften ›Etliche schöne Sprüche‹ und ›Von dem einigen Mittler‹ verwendet; vgl. u. A. Bd. 9, S. 587,10-18, Nr. 448, und o. S. 174,24-34, Nr. 488.

55. »Das 14. und 15. Kapitel S. Johannes durch D.M. Luther gepredigt und ausgelegt« 1538, vgl. WA 45, S. XXXIXf.

56. WA 45, S. 667,24-31. – Das Zitat findet sich ebenfalls in beiden o.a. Schriften Osianders, vgl. u. A. Bd. 9, S. 590,5-12, Nr. 448, und o. S. 178,24-180,6, Nr. 488.

57. Das folgende Zitat findet sich in Luthers »Operationes in Psalmos« bei der Auslegung zu Ps 5,9; s. WA 5, S. 144,18-23.

wort Gott wircket, das wir sind, das er ist, das wir in im sind und sein wesen unser wesen ist. Aber davon alhie zu reden, ist vil zu hoch und zeu[c]ht[58] sich auff vil ein andre meinu[n]g[59], denn heuchler begreiffen konnen, wiewol es nutz und not wer. Doch wollen wir auff ein ander zeit darvon sagen«.

In der predig am tag Petri und Pauli[60]: »Aber wann ich in erwische und auff in baue, so ergreiff ich seine gerechtigkeit, seine gütigkeit und alles, was sein ist; das erhebt mich fur[61] im, das ich nicht zuschanden werde. Warumb kan ich nicht zuschanden werden? Dann ich bin gepauet auff Gottis gerechtigkeit, welche Gott selber ist, dieselbigen kan er nicht verwerfen, sonst must er sich selbs verwerfen! Das ist der ainfeltige, richtige verstand[62], darvon las dich nicht füren, sonst wirstu von dem fels gestossen und verdampt werden«[63].

[u](Hie mocht auch etwas aus des Brentii iudicio[64] eingeleibt[65] werden etc.[v])[u]

u-u) Anstelle dieser Anweisung findet sich in b folgende Passage: Domit aber e.k.w. dessen so fyl noch mehr zu sehen und sich zu ergrunden, schicken e.k.w. wir auch dy mittel und furschlege der oberlendischen teologen, welche, wir nicht anderst urtheilen kunnen, aus eingissen des heiligen Geistes und aus christlicher liebe kegen Got und der kirchen herflyssen und aus dem gemute, das si als christliche lerer gern frid und einigkeit in der kirchen gestifdet sehen. Domit wir aber e.k.w. mit ibrigem lesen nicht besweren, werden e.k.w. in der copey dy artickel gezeichent sehen, dy, wir gancz hoch und freuntlich bitten, e.k.w. mit fleis erwegen wollen und andern zu erwegen befelen, verhoflich, das dardurch mehr bewogen, in gleichem christlichen eiffer sich neben den oberlendischen teologen zu befleissen, mehr mittel und wege zur concordien als zu confutationen, der kirchen mehr zank anzurichten, d[i]enlich, zu suchen, sunderlich weil zu sehen, das Oseander mit den propheten, aposteln, vettern, doktor Lutern und andern gelerten diser zeit stehet.

v) fehlt in c, Ed. 1.

58. bezieht.

59. einen ganz anderen Sinn.

60. Gedacht ist an Luthers Predigt zum 29. Juni, dem Tag der beiden Apostel, über Mt 16,13-19, wie sie sich in Stephan Roths Festpostille findet, einer Kompilation von Predigten Luthers, erstmals 1527 erschienen, vgl. WA 17,2, S. 446-453.

61. vor.

62. einfache, richtige Sinn.

63. Vgl. Mt 16,18. – Das Zitat in WA 17,2, S. 450,26-33. – Osiander hat dieses Zitat bereits in seiner Schrift ›Daß unser lieber Herr‹ vom Frühsommer 1551 verwendet und den Kern des Zitats auch in seinem Bekenntnis ›Von dem einigen Mittler‹; vgl. u. A. Bd. 9, S. 696,18-697,2, Nr. 474, und o. S. 242,5-9, Nr. 488.

64. Gemeint ist das (erste) Württemberger Gutachten zu Osianders Bekenntnis ›Von dem einigen Mittler‹, das unter Federführung von Brenz entstanden war und im Jan. 1552 in Preußen ankam. Es beurteilte Osianders Lehre als richtig, ließ der Auffassung der Gegner Raum und forderte zur gegenseitigen Einigung auf; vgl. o. S. 511f, Nr. 516. Welche Teile des Gutachtens Osiander als Ergänzung seiner Darlegungen vorgesehen hatte, ist unklar. Der Herzog hat dem Schreiben an seinen Schwager schließlich beide Gutachten beigelegt und die Ausführungen zur Einigung gekennzeichnet; vgl. Anm. u-u und o. die Einl. S. 834.

65. eingefügt.

[w]Also steht Osiander mit den propheten, aposteln, vetern, doktor Luthern und andern gelerten diser zeit[w] fest[x] und unbeweglich auff dem ainigen[66] felsen Christo und lehret, das er, der ewig son Gottis, [130r:] umb unser seligkait sey mensch worden durch wurckung des heiligen Gaists und geporn aus Maria, der junckfrauen, one sund, hab auff sich genomen[y] aller welt sund, fur dieselbigen durch sein leiden, sterben und blutvergiessen volkommenlich genuggethon, das gesetz fur uns und uns zugut erfullet, seines himelischen Vaters zorn gestillet, vergebung der sunden, gnad und versonung erworben und uns also von sund, tod und helle[z] erloset; wer nun das mit einem rechten glauben fasse[a], der hab es auch, und – des mehr[67] – das Christus durch solchen glauben in seinem hertzen wone und sey selbs sein gerechtigkait nach seiner gotlichen natur und werd im, dem glaubigen, zugerechnet, als wer sie sein aigen, so sie doch Gottis und Got selbs ist, ja sie werd[b] im auch geschenkt und soll ewigklich sein bleiben, soferne er sie nicht mit unglauben oder groben sunden von sich stesst, und ob[68] das geschehe, kön[c] er sie doch durch ware puß widererlangen; dise gerechtigkait wurcke[d] in uns frucht der gerechtigkait, das wollen und volpringen, wie gesagt ist, und wir sollen ir unsere glider zu waffen und werckzeugen der gerechtigkait[e] dargeben, Rom. 6[13]; und ob da unser gehorsam nicht volkommen sey – wie er dan nicht volkommen sey, bis wir in jhenes leben kommen –, so setze doch Christus seinen volkommenen gehorsam fur uns, damit er das gesetz erfullet hat, auff das uns unser schwachait und unvolkomener gehorsam nicht zugerechnet werd.

[f]Des Osianders widersacher aber lehren nichts bestendigs[f][69], sein auch eins tails greyfflich[70] wider sich selbs, beweysen nichts und haben nicht ein einigen[g] klarn spruch, darauff ein[h] christ wider die porten der helle bestehn kont[71]. Dan wer ir

w-w) Dieser Satzteil ist in b als Abschluß des vorangehenden Einschubs aufgenommen (s. Anm. u-u).
x) Den Oseander stehet fest: b; fehlt in Ed. 1.
y) Wort in b am Seitenende versehentlich nicht zu Ende geschrieben: »genu-«.
z) danach gestr.: erledigt: a. – a) fasset: c, Ed. 1.
b) korr. aus: wird: a. – c) kan: c, Ed. 1.
d) wircket: c, Ed. 1. – e) danach gestr.: »ge-«: a.
f-f) Weil den nun e.k.w. uns anhalten, das wir anderer lerer lar mit Oseandri collationiren und examiniren sollen, haben wir, sofyl in unsser einfalt und ungeschickheit ist, demselben uns e.k.w. zu gehorsamen, nicht nachlassen wollen und kunnen in unsser dorheit nicht finden, das des Oseanders widersacher ichtes bestendiges leren: b.
g) danach gestr.: »s-«: a. – h) fehlt in c: erg. in Ed. 1.

66. einen, einzigen.
67. was mehr ist.
68. selbst wenn.
69. Zuverlässiges, Sicheres.
70. sichtlich, erkennbar.
71. Vgl. Mt 16,18.

schrifft, im truck ausgangen[72], vleyssig[i] liset, der wirt bis in zwaintzgerlay gerechtigkait finden[73], die sie bis anher an[k] tag geben und doch noch kaine bestendigklich erwisen haben. Dann etlich setzen, die gerechtigkait des glaubens, damit wir sollen[l] gerecht werden, sey der gehorsam Christi, [m]etlich der verdienst Christi[m], etlich die erfullung des gesetzs, etlich vergebung der sunde, etlich der glaube, [130v:] etlich, das uns Got fur gerecht schetze, etlich die volkommenhait Christi, etlich die gnade Gottis, etlich die wunden Christi, etlich das blut Christi, [n]etlich den tod Christi, etlich die aufferstehung Christi[n], etlich den gang zum Vater[74], etlich die ewigen erlosung, etlich die epi[e]ikia Gottis ([o]wais nicht, was[o] es ist!), etlich ein mitel gerechtigkait, die nicht die gotlich noch die menschlich sey, etlich Christum in seinem ambt, etlich Christum in seinem leiden und sterben, etlich, das uns Got umb Christi willen annehm zum ewigen leben, etlich ein werck Gottis, das er in Christo wirck[p], etlich sagen, die wesenlich gerechtigkait Gottis wurck in den glaubigen ein creaturliche gerechtigkait.

Ists[q] aber nicht erschrocklich, das sich so vil gelerter – [r]als man gemaint hat![r] – menner wider Osiandrum also spalten und im so[s] ungeschickterweyß widersprechen, allain darumb, das er bekennet und lehret mit Esaia, Jeremia, Paulo, Augustino, Origene, Luthero etc.[t], Christus nach seiner gothait sey unser gerechtigkait – und sie konnen doch nichts beweysen? Dan alle spruch, die sie aus der heiligen schrifft anziehen[u], beweysen nicht, das etwas anders dan Christus nach seiner gotthait unser gerechtigkait sey, sonder beweysen allain, das die erlosung und die gerechtigkait uns ›durch‹ dieselben[75] erworben sein. Nun ists[v] ein grosser felh, nicht wissen, was der christen gerechtigkait ist; aber noch vil greulicher ists[w], wan man

i) mit fleis: b (davon das 1. Wort von anderer Hand, möglicherweise von der Osianders, übergeschr. und eingewiesen).
k) in: c, Ed. 1. – l) danach gestr.: »s-«: a.
m-m) fehlt in c, Ed. 1. – n-n) fehlt in c, Ed. 1.
o-o) wissen nicht, wie: b.
p) wirckt: b. – q) Ist: b.
r-r) wy ich si auch halt: b.
s) wollen nicht sagen: b.
t) u.a.: Ed. 1. – u) anzeigen: b.
v) ist: b. – w) ist: b.

72. Nur wenige Wochen zuvor hatte sich Osiander in seinem Buch ›Schmeckbier‹, das am 24. Juni erschienen war, mit einer Reihe von gegnerischen Schriften auseinandergesetzt; vgl. o. S. 742-796, Nr. 538.
73. Ähnliche Zusammenstellungen wie die folgende – freilich nicht so umfangreiche – hat Osiander schon früher aufgelistet; vgl. sein großes Bekenntnis o. S. 150,18-26, dazu auch S. 62f, Nr. 488, oder seine Schrift ›Wider den lichtflüchtigen Nachtraben‹ o. S. 410,15-411,18, Nr. 505.
74. Vgl. Joh 16,10 und o. S. 307-316, Nr. 491, bzw. S. 322-330, Nr. 493.
75. sc. Christus nach seiner göttlichen Natur.

dieselben aus grund[76] der heiligen schrifft furtregt, das sie noch[77] soll von [x]den vermainten[x] gelerten verworfen, widerfochten[78] und gelestert werden, welchs warlich Got nicht wirt ungestrafft lassen[79], und ist zu besorgen, das sich ir etlich in disem handel[80] mit der sunde in den heiligen Gaist[81] mutwilligklich beladen[y].

Aus dem, [z]achten wir[z], solt[a] nun leichtlich zu urtailn sein, ob Osianders lehr pillich[82] ein fantastische[b] opinion solt genent werden oder ob man seiner widersacher gespaltne[83] lehr [131r:] pillich solt fur verdechtig halten. Ein yeder christ, dem rechter ernst ist umb seiner seelen seligkait, wirt sich hierin woll wissen zu halten. Uns ist befolhen, wir sollen uns huten vor den falschen propheten[84]. Das mag im[85] ein yeder gesagt sein lassen[c]!

x-x) fehlt in b.
y) beladen und achten: b.
z-z) fehlt in b.
a) sol: b. – b) fanatische: b.
c) lassen, den wir wolten auch je gern unssere land und kirchen nicht in ungesunte lere, dy wider Gottes wort were, furen lassen. Das wir mit Got zeugen: b (Fortsetzung des Briefes danach, wie S. 736, Anm. b, Nr. 537, angegeben).

76. aus der Grundlage.
77. dennoch.
78. bestritten.
79. Vgl. Ex 20,7; Num 14,18 u. ö.
80. dieser Sache, Angelegenheit.
81. Vgl. Mt 12,31 par.
82. zurecht.
83. zerteilte, getrennte.
84. Vgl. Mt 7,15.
85. sich.

Nr. 541
Elisabeth von Henneberg an Osiander
1552, Juli 22

Bearbeitet von *Hans Schulz*

Berlin GStAPK, XX. HA StA Königsberg, HBA A2a, 1552 Juli 22 (K. 102): Ausf. des Sekretärs Wilhelm Spangenberg mit eigenhändiger Unterschrift[1], unfoliiert (Foliierung vom Bearbeiter).

Mahnt, um Herzog Albrechts willen den Streitschriftenwechsel zu beenden, und bietet ihre Vermittlung an.

[1r: Adresse:] Dem wirdigen und hochgelerten, unserm lieben, besundern herrn Andreen Osiander, der heiligen, gotlichen schrift professorn und lerern zu Konigsberg in Preussen.

[2r:] Von Gots gnaden Elisabet, geborne marggravin zu Brandenburg etc., grafin und frawe zu Hennenberg[2].

Gots gnade in unserm lieben hern Jesu Christo zuvorn! Wirdiger und hochgelerter, lieber, besunder!

Wir haben aus etlichen wechselschriften, so ir[3] untereinander gehabt, vermerckt[4], zu was weitleuftigkeit[5] und zenckischen worten ir[6] mitt ewerm widerpart[7] geraten,

1. Vgl. *Mengel*, Elisabeth und Albrecht, S. 161, Nr. 173, Regest.

2. Zur Absenderin, der Schwiegermutter Herzog Albrechts, vgl. NDB 4, S. 443f, und o. S. 463, Anm. 2, Nr. 511.

3. sc. Osiander und seine Gegner, bes. Mörlin.

4. Elisabeth kannte die Entwicklung der Streitigkeiten zwischen Osiander und Mörlin durch die Korrespondenz sowohl mit dem Herzog als auch mit dem Domprediger, der in Göttingen Superintendent gewesen und von ihrem Sohn, Herzog Erich II., 1549/50 gegen ihren Widerstand entlassen worden war; sie selbst hatte Mörlin dann nach Königsberg empfohlen. Sicher wußte die Fürstin auch, welche Schriften Osiander und Mörlin miteinander gewechselt hatten. Im Okt. 1551 hatte sie Osianders Bekenntnis ›Von dem einigen Mittler‹ und seine Rechtfertigungsdisputation von Herzog Albrecht erhalten. Die zur damaligen Zeit schon sehr viel stärker zu Osiander als zu Mörlin neigende Frau war von dem Königsberger Glaubensstreit so erfaßt – sie hatte mehrere Gutachten dazu geschrieben –, daß sie sich selbst für die Rolle der ›Unterhändlerin‹ zwischen den Parteien zur Verfügung stellen wollte; vgl. *Klettke-Mengel*, Fürstenbriefe, S. 73-77; *Stupperich*, Osiander, S. 346f; o. S. 463-468, Nr. 511, und den Text des Briefes weiter u.

5. lästige oder überflüssige Breite der Darlegungen (vgl. *Grimm*, Wörterbuch 14,1,1, Sp. 1305).

6. Da die Fürstin am gleichen Tag einen ähnlichen Brief an Mörlin schrieb (vgl. *Mengel*, Elisabeth und Albrecht, S. 161, Nr. 173, Regest), läßt sich bei dieser Anrede nicht immer eindeutig erkennen, ob Osiander allein oder auch sein(e) Gegner gemeint sind.

7. Gegner (sc. Mörlin).

welichs uns warlich als numehr ein grossmutter des loblichen hertzogthumbs Preussen[8] und zuvorter[9] als eine, die Gots wort liebet und zu aller einigkeit geneigt[10], hertzlich betruebet und mer betruebet, als wir schreiben und sagen konnen, und gibt uns noch mer ursach, das durch solich schelten das guete unter dem bosen verloren und der loblich furst, unser freuntlicher lieber sohn[11], vetter, bruder und gevatter[12], ewer gnedigster herr, in seinem hergebrachten[13], herlichen, christlichen und loblichen alter[14] mit diser grossen uneinigkeit dermassen bekummert und gekrencket wirdet, das wir auch nicht unterlassen haben konnen, aus mutterlichem gemuete, wie ein ungeacht, schwach creatur des lieben Gots wir auch seint[15], euch mit dieser unserer ermanung und gnedigem begern zu ersuchen der hofnung, ir werdet euch bewegen lassen und uns als die wolmeinenden darin verfolgen[16].

Und erstlich ermanen wir euch durch Gott[17]: Bawet und zerbrechet[18] nicht! »Ewere rede sei allezeit lieblich«, Coloss. 4[6]. »Ewere lindigkeit[19] lasset kundt werden allen menschen«, Philip. am 4.[5]. »Vergebt euch untereinander«[20] nach der lere Petri in der ersten epistel am 4.[8]: »Fur allen dingen aber habet unter-[2v:]einander eine brunstige[21] liebe, dan die liebe decket auch der sunden menge.« »Darumb ne-

8. Herzog Albrecht hatte am 16. Febr. 1550 Elisabeths Tochter Anna Maria in zweiter Ehe geheiratet; vgl. u. A. Bd. 9, S. 305, Anm. 65 und 66, Nr. 407. Zur Charakterisierung der Ehe des älteren Fürsten und einer sehr viel jüngeren Frau vgl. *Hubatsch*, Albrecht, S. 277f, und *Mengel*, Elisabeth und Albrecht, S. XXVIII. Die Verbindung sollte den erwünschten Thronfolger bringen. Als erstes Kind wurde am 20. Mai 1551 die Tochter Elisabeth, der erwartete Sohn Albrecht Friedrich erst am 29. April 1553 geboren. Vgl. *Hubatsch*, Albrecht, S. 278; weiter *Schwennicke*, Stammtafeln 1, Taf. 159a.

9. besonders.

10. Die Fürstin war eine entschiedene reformatorische Christin, die für einen Ausgleich der streitenden Parteien eintrat, vgl. *Klettke-Mengel*, Fürstenbriefe, S. 67, 72, 74f und 78, auch *Stupperich*, Osiander, S. 346f.

11. Schwiegersohn.

12. Freund. – Um die verwandtschaftlichen Verhältnisse zwischen Elisabeth, der Großnichte, aber auch Schwiegermutter, und dem älteren Albrecht, ihrem Großonkel (Oheim) und Schwiegersohn (in 2. Ehe), optisch zu erfassen vgl. die Stammtafel in *Klettke-Mengel*, Sprache in Fürstenbriefen, S. 111, und bei *Schwennicke*, Stammtafeln 1, Taf. 63.

13. ihm eigenen.

14. bereits erreichtem Alter. – Der Herzog war damals 62 Jahre alt, vgl. *Hubatsch*, Albrecht, S. 15.

15. Vgl. bes. I Kor 12,22f, bzw. I Kor 1,27; II Kor 12,9; I Petr 3,7 u. ä.

16. folgen, gehorsam sein.

17. Zu dieser ntl. Ermahnung vgl. Röm 12,1 u. ö. – Zur gehäuften Anwendung von Bibelzitaten in den Briefen der Fürstin vgl. *Klettke-Mengel*, Fürstenbriefe, S. 68-72, und *dieselbe*, Sprache in Fürstenbriefen, S. 102f. Immerhin fällt im folgenden auf, daß Elisabeth, anders als es ihre Gewohnheit ist, für den Theologen Osiander die meisten Zitate mit Stellenangaben versieht; vgl. dazu ebd.

18. Vgl. Koh 3,3 oder Jer 45,4.

19. Güte, Milde.

20. Kol 3,13; vgl. Eph 4,32.

21. innige, beständige.

met euch auf untereinander«[22]! Wie Paulus zun Galatern am 6.[5,25-6,2]: »So wir im geiste leben, so lasset uns auch im geiste wandeln. Lasset uns nicht eiteler ehre geitzig sein, untereinander zu entrusten und zu hassen. Lieben bruder, so ein mensch etwa von einem feile ubereilet[23] wurde, so helfet ime wider zurecht mit sanftmutigem geiste, die ir geistlich seit; und siehe auf dich selbst, da du auch nicht versucht werdest. Einer trage des andern last, so werdet ir das[a] gesetze Christi erfullen.« Noch weiter zun Gal. am 5.[13-15]: »Durch die liebe diene einer dem andern. Dan alle gesetze werden in einem worte erfullet, in dem: ›Liebe deinen negsten als dich[b] selbst‹. So ir aber euch untereinander beisset und fresset, so sehet zu, das ir nicht untereinander verzert werdet.« »Dan wer seinen bruder hasset, der ist ein todtschleger« und die liebe Gottes ist nicht bei ime, 1. Jo. 3[15][24]. Noch weiter spricht Paulus 1. Thimoth. 5[1]: Die jungen ermane als die bruder, und »verstopfe die unwissenheit der thorichten menschen mit wolthatt«[25]. Dan das ist wolthat bei Gott, so du wol thust dem, der dir ubel thut, und umb gerechtigkeit willen leidest[26]. Sehet nicht an, wie lesterlich ir geschulten[!] werdett[27]; »vergeltet nicht scheltwort mit scheltwort«, 1. Petri 3[9], dan ir wisset, das »feindtschaft, hader, neidt, zorn, zanck, rotten, hass« »wercke des fleisches« seint, »die das reich Gots nicht ererben werden«, Gal. am 6.[5,20.19.21]. [3r:] Dargegen ist aber »die frucht des geistes liebe, friede, geduldt, freuntlicheit, gutigkeit«, Gal. 6[5,22], dan »die liebe sucht nicht das ir«, sunder, was eins andern ist, 1. Cor. 13[5]. »Darbei wirdet man erkennen, das ir mein junger seit, so ir liebe untereinander haltet«, Johan. 13[35]. »Die liebe ist langmutig«, »die liebe lest sich nicht erbittern«, 1. Cor. 13[4.5]. »Gott ist die liebe. Wer in der liebe pleibt, der pleibt in Gott und Gott in ime«, 1. Johan. 4[16]. So wil auch Christus selbst die einigkeit der lerer, da er spricht: Ich wil, »das sie alle eines[!] sein, gleichwie du, Vater, in mir und ich in dir, das auch sie in uns eins sein«, Johan. 17[21].

Derohalben deuchte uns[28], so ir vorige spruche aus der schrift wolt behertzigen und dem heiligen gotteswort und uns verfolgen und zuvor[29] ein christliche liebe gegeneinander fassen, wie ir schuldig seit[30] und der herr Jesus Christus seiner christlichen kirchen sunderlich[31] bevolen hatt, Johan 13[34f]: »Ich gebe euch ein newe gebott, das ir einander liebet, wie ich euch geliebet hab«, und dabei sol man warhaftig »erkennen, das ir mein junger seitt, wan ir liebe untereinander haltet«, so wurdet ir

a) Die ersten beiden Buchstaben des Wortes durch Loch im Papier nicht lesbar.
b) Schreibfehler: doch.

22. Röm 15,7.
23. von einer Verfehlung ereilt.
24. Vgl. I Joh 3,17.
25. I Petr 2,15.
26. Vgl. I Petr 2,19f und 3,14.
27. Zu dieser Ausdrucksweise vgl. Dtn 9,27 u. ä.; Ps 139,20; Ps 31,14 u. ä. und I Petr 2,23 u. ä.
28. dünkte uns, vermuteten wir.
29. vor allem.
30. Vgl. Lk 17,10 oder Gal 5,3 u. ä.
31. besonders.

ungetzweifelt Gott zu eren und uns zu gefallen die schmehetruck hinderhalten[32], die nichts bawen, sundern verwirren und zubrechen[33], auch bei vielen ergerlich gedeutet[34] werden, und fort[35] nuhmer ein stilstandt in solichem druck geben, domit man zur heubtsachen greiffen muchte. [3v:]

So ir uns dan als eine underhendelerin laiden kontet, so wolten wir uns bevleissigen[c], das wir die gelertisten menner unser[d] christlichen religion zusamen berieffen, die da die heubtlere beider part[36] zusamentrugen und darin ein billichen[e37] wegk, Gots wort gemess, zur vereinigung suchten, domit hinfurter kein spaltung in dem hohen artickel der rechtfertigung gefunden wurde, sundern ir eintrechtiglich darin lereten.

Aber zuvorderst, dieweil es eine wichtige sache und sich nicht eilen wil lassen[f], muste uf allen seiten mit dem druck eingehalten werden und uns eine geraume zeit bis auf Ostern[38] gegeben werden, solichs zu bearbeiten[39]. Ir aber wollet euch mitlerweil mit worten und wercken gegeneinander freuntlich und glimpflich[40] halten! So[41] zweifeln wir nicht, Gott wurde gnade geben[42] und die spaltung aufheben und herwider[43] alle gotselige kirchen in dem reinen, rechtschaffenen, unverfelschten verstandt[44] seins gotlichen worts gnediglichen erhalten und becreftigen, widerumb einigkeit unter den lerern geben und den schaden heilen.

c) Buchstabe »– l –« im Wortbild verwischt.
d) Buchstabe »– s –« im Wortbild verwischt.
e) korr. aus Schreibfehler: billicher.
f) Durch Loch im Papier nur folgender Buchstabenbestand lesbar: »las..n«.

32. zurückhalten.
33. Vgl. Gen 11,1-9, bzw. auch Lk 12,16-21.
34. (als) anstößig ausgelegt, erklärt.
35. weiter.
36. Parteien, Seiten.
37. unparteiischen, tauglichen.
38. Gedacht ist an Ostersonntag, den 2. April 1553.
39. Der Plan, den die Fürstin erwogen hatte, um den Streit zu beenden, findet sich ausführlich in den Schreiben an Herzog Albrecht vom 21. und 22. Juli 1552; vgl. *Mengel*, Elisabeth und Albrecht, S. 161-172, Nr. 173-175. Die Vergleichsverhandlungen sollten gut vorbereitet werden und in der ihrem Fürstensitz Hannoversch Münden nahegelegenen Stadt Kassel in der Landgrafschaft Hessen stattfinden. Die bereits von Albrecht für eine Versöhnung vorgesehenen württembergischen Theologen sollten neben den Wittenbergern eine wichtige Rolle spielen; vgl. o. S. 511-517, Nr. 516, S. 855-867, Nr. 543, und *Stupperich*, Osiander, S. 346-348. – Osiander hat die Initiative der Fürstin offenbar nicht aufgegriffen. Über die Weiterentwicklung der Vorschläge von seiner Seite ist nichts bekannt, ebensowenig ein Antwortschreiben. Durch den Tod Osianders am 17. Okt. 1552 wurde die eingeleitete Entwicklung abgebrochen. Zum Ganzen vgl. ebd., S. 348-350 und 352.
40. anständig, ehrbar.
41. Dann.
42. Vgl. I Petr 5,5 u. a.
43. wieder, dagegen (vgl. *Grimm*, Wörterbuch 4,2, Sp. 1206 bzw. 1099).
44. Verständnis.

Also habt ir unsere vermanung, weliche aus christlicher und mutterlicher trewe, so wir zu euch und dem vaterlande tragen, aus liebe und gnaden herfleusst, von uns vernomen, dartzu das anhangende[45] erpieten, mit gnedigem begern, solichs im besten zu verstehen und uns darin gutwillig zu verfolgen. Das meinen wir der kirchen und euch allen zu gutem [4r:] gnediglich, wollens uns auch versehen, in gnaden zu erkennen[46], jedoch aber dessen ewere antwort begerndt.

Datum Munden, am tage Marie Magdalene[47] anno etc. 52.

[g]Elisabet etc. mit eigener hant etc.[g]

g-g) eigenhändige Unterschrift der Fürstin.

45. beigefügte.

46. wollen auch hoffen, uns (dabei) in Gnaden erkenntlich zu zeigen; vgl. *Grimm*, Wörterbuch 12,1, Sp. 1247, und 3, Sp. 869.

47. 22. Juli.

Nr. 542
Osiander an Herzog Albrecht
Königsberg, 1552, August 17

Bearbeitet von *Hans Schulz*

Berlin GStAPK, XX. HA StA Königsberg, HBA J2, 1552 August 17 (K.979), autogr. Ausf. mit dem Vermerk von anderer Hand auf dem Dorsale: D[omini] Osiandri.

Fragen zu Pfarrstellenbesetzungen.

[Dorsale: Adresse:] Dem durchleuchtigen, hochgebornen fursten und herrn, herrn Albrechten, marggraven zu Brandenburg etc., hertzogen in Preussen, meinem gnedigen herrn, zu aignen handen.

Durchleuchtiger, hochgeborner furst, gnediger herr!

Ich hab Gregorium Vilnensem[1], fur den der haubtman zur Memel[2] geschriben, das er pfarherr zu Rusin[3] werden solt[4], examinirt[5] und find in[6] des lateins zimlich be-

1. Für das Jahr 1558 belegt *Moeller*, Altpreußisches Pfarrerbuch, S. 124, einen Pfarrer gleichen Namens im Kirchspiel Ruß, Amt Memel (vgl. u. Anm. 3), ohne nähere Angaben. Der Bewerber stammte aus Wilna in Litauen; er ist wohl aufgrund dieses Briefes und des Ersuchens des Amtshauptmanns (vgl. u. Anm. 2 und 4) bald in Ruß Pfarrer geworden und mindestens bis zum Jahr 1558 geblieben. (Die nächste Jahresangabe für einen Pfarrer lautet 1586 bzw. 1595 – beides Zahlen, die kaum den Abschluß seines Wirkens markieren; vgl. *Moeller*, ebd.)

2. Das Herzogtum Preußen gliederte sich nach der Säkularisation durch Herzog Albrecht in drei Regierungskreise, nämlich den samländischen, den natangischen und den oberländischen Kreis. Die Kreise unterteilten sich in eine unterschiedliche Anzahl von Ämtern, denen Amtshauptleute (zur Ordenszeit Komturen) vorstanden; vgl. *Hubatsch*, Albrecht, S. 185-188. Am weitesten im Norden des Kreises Samland lag das Amt Memel mit der gleichnamigen Stadt (ca. 120 km etwa nordnordöstlich von Königsberg). Zur Gliederung dieses Amtes vgl. *Mortensen – Mortensen – Wenskus*, Atlas, Lfg. 8: Die Besiedelung der großen Wildnis (bis 1618), Nebenkarte 4: Die unteren Verwaltungseinheiten in den litauischen Ämtern 1540/50. Amtshauptmann von Memel war damals nach Auskunft von Berlin GStAPK Ernst von Rechenberg (gest. 1554). – Der Kirchenkreis Memel gehörte schon vor der Reformation zum Bistum Samland. Die Grenzen der meisten Kirchensprengel stimmten zur Erleichterung der allgemeinen Verwaltung und Durchführung der Visitationen im wesentlichen mit denen der Hauptämter überein; vgl. *Hubatsch*, Geschichte 1, S. 48.

3. Gemeint ist das Kirchspiel Ruß, das schon zur Ordenszeit bestanden haben soll, vgl. *Hubatsch*, Geschichte 2, S. 100. Die Ortschaft Ruß liegt am gleichnamigen Mündungsfluß der Memel nahe der Küste auf halber Höhe des Kurischen Haffs; vgl. ebd. die dem

richtet[7], aber der rechten lehr gar wenig. Er erpeut sich aber, vleyssig zu lesen und zu lernen. Hab im mein ›Confession‹ lateinisch[8] geschenckt etc. Was nun eur F.D. seinenhalben fur gut ansihet, bit ich, mir gnedigst anzuzaigen[9].

Mir hat auch der archipresbiter[10] zu Rastenburg[11], magister Albertus[12], auch eins priesters halben geschriben, wie beyligender brief zeuget[13]. Was ich demselben in gedachtem fal antworten soll, sovil eur F.D. sich des handels[14] annehmen will, beger ich auch unterthanigklich zu wissen[15]. Das ander will ich selbs ordnen und verrich-

Band beiliegende Karte »Evangelische Kirchspiele in Ostpreußen bis 1944/1945«. Als Jahr der ersten erfaßten Erwähnung findet sich die Zahl 1498, vgl. *Mortensen – Mortensen – Wenskus*, Atlas, Lfg. 3: Der Gang der Kirchengründungen (Pfarrkirchen) in Altpreußen, Teilblatt 2; vgl. weiter ebd. die Karte »Besetzte und unbesetzte Pfarrstellen Altpreußens in der 1. Hälfte des 16. Jahrhunderts«: Dort ist zwischen Memel und Tilsit bzw. Ragnit nur Ruß als besetzte Pfarrstelle eingezeichnet! (*Gaigalat*, Ruß, bietet leider für das 16. Jh. keine Informationen.)

4. Dieser Brief, der entweder an das Konsistorium oder an Osiander als dessen Vorsitzenden gerichtet war (vgl. dazu o. S. 414, Anm. 2, Nr. 506), ist nicht erhalten. Es dürfte sich dabei um eine Art Präsentationsschreiben zur Besetzung der Pfarrstelle gehandelt haben, vgl. o. S. 415, Anm. 8, Nr. 506. Nach der Landesordnung von 1525 bzw. 1540 sah das Besetzungsverfahren vor, daß der Lehensherr einen Kandidaten vorschlug, ihn der Gemeinde vorstellte und ihn dann vom Bischof examinieren ließ; vgl. *Sehling*, Kirchenordnungen 4, S. 38 und 47f. Die herzogliche Regierung sorgte dann für die Anstellung des Pfarrers, vgl. *Hubatsch*, Geschichte 1, S. 28.

5. Als Leiter des Konsistoriums (dazu vgl. o. S. 328-336, Nr. 413) hatte Osiander auch die Aufgabe, Pfarramtskandidaten zu examinieren. Da es zwischen den Mitgliedern deshalb zum Streit gekommen war und Osiander sich entschloß, seine Gegner zu den Prüfungen nicht mehr zu laden (vgl. o. S. 414, Anm. 2, Nr. 506, und *Stupperich*, Osiander, S. 163), dürfte er den Kandidaten allein – allenfalls zusammen mit dem Hofprediger Funck – examiniert haben (vgl. o. S. 415, Anm. 5, Nr. 506).

6. ihn.

7. angemessen unterrichtet, kundig.

8. die lateinische Ausgabe von Osianders Bekenntnis ›Von dem einigen Mittler‹, vgl. o. S. 79-299, Nr. 496.

9. Der Antwortbrief des Fürsten ist nicht erhalten.

10. Superintendent; vgl. *Hubatsch*, Geschichte 1, S. 48.

11. Rastenburg, etwa 90 km südöstlich von Königsberg gelegen, mit der dreischiffigen Hallenkirche St. Georg aus dem 14. Jh.; vgl. *Hubatsch*, Geschichte 2, S. 81 und Abb. 307-309; *Beckherrn*, Georgenkirche, S. 234-239, bzw. *Witt*, Wehrkirche, S. 37-42 (mit vielen Bildern und Karten im Anhang).

12. Magister Albert Melde (Meldius), dem im April 1552 die Superintendentur in Rastenburg vom Herzog übertragen worden war; er starb dort 1566 (vgl. *Stupperich*, Osiander, S. 324; *Beckherrn*, Georgenkirche, S. 288, und *Moeller*, Altpreußisches Pfarrerbuch, S. 118).

13. Die Briefbeilage ist nicht erhalten.

14. der Sache, Angelegenheit.

15. Der Herzog dürfte beide Fragen im gleichen Schreiben beantwortet haben; vgl. o. Anm. 9.

ten. Bit furderliche[16] antwort, eur F.D. in den schutz des Almechtigen mit meinem armen gepet befelhend.

Datum in eil, den 17. Augusti, in meinem haus[17], 1552.

E.F.D. williger, unterthaniger

Andreas Osiander etc.

16. alsbaldige, schnellstmögliche.

17. dem Pfarrhaus der Altstädter Kirche, vgl. *Stupperich*, Osiander, S. 28, und *Hase*, Hofprediger, S. 132.

Nr. 543
Gutachten zum zweiten Württemberger Gutachten über das Bekenntnis ›Von dem einigen Mittler‹

1552, September 1

Bearbeitet von *Achim Jillich*

Einleitung

1. Das zweite Württemberger Gutachten

Die Württemberger Theologen waren am 26. Februar 1552 von Herzog Albrecht um ein zweites Gutachten gebeten worden[1], nachdem ihr erstes vom 5. Dezember 1551 die erstrebte Verständigung zwischen Osiander und seinen Gegnern Mörlin, v. Venediger und Hegemon in Königsberg nicht hatte bewirken können. Die zweite Stellungnahme wurde am 1. Juni 1552 in Tübingen von Johannes Brenz, Matthäus Alber, Martin Frecht, Jakob Beurlin, Jakob Andreae, Johannes Eisenmenger (Isenmann), Kaspar Gräter (Gretter), Johannes Otmar Mailänder, Martin Cles und Valentin Vannius unterschrieben[2]. Zusammen mit dem Begleitschreiben des Herzogs Christoph von Württemberg vom 12. Juni 1552 traf es Anfang Juli 1552 in der preußischen Residenz ein[3].

Brenz und seine Mitarbeiter unternahmen im Gegensatz zu den meisten anderen Verfassern von Stellungnahmen zur Lehre Osianders wie schon in ihrem ersten Gutachten noch einmal den Versuch, zwischen den beiden Parteien theologisch zu vermitteln. In dem zweiten Gutachten vom 1. Juni 1552 lassen sich dazu drei Ansätze finden: die Feststellung, daß die gegenseitigen Vorwürfe sachlich unbegründet seien, eine thesenartige Zusammenstellung der beiden Seiten gemeinsamen Überzeugungen in der Rechtfertigungslehre und die Auffassung des Streites als eines nicht inhaltlich-theologischen, sondern lediglich sprachlich-formalen ›bellum grammaticale‹ mit einer Reihe von exegetischen Beispielen.

Zur Begründung dafür, daß die gegenseitigen Beschuldigungen ohne Grundlage seien, führen die Verfasser des württembergischen Gutachtens an, daß die Vorwürfe den Vergleich mit den ihnen zugesandten Schriften beider Parteien nicht standhielten. So dürfe Osiander nicht vorgeworfen werden, er lehre eine substanzhafte Vergottung des Menschen (›das wir daraus naturlich gőtter werden mussen wie Chri-

1. Dieser Brief des Herzogs Albrecht an Herzog Christoph von Württemberg ist gedruckt in Albrecht, Ausschreiben, Bl. J3b-K1a. Zu der darin geäußerten Bitte um ein zweites Gutachten vgl. o. S. 513, Nr. 516.

2. Das zweite Württemberger Gutachten ist gedruckt in Albrecht, Ausschreiben, Bl. K2b-M3a.

3. Dieser Brief des Herzogs Christoph von Württemberg an Herzog Albrecht von Preußen findet sich in Albrecht, Ausschreiben, Bl. K1b-K2a. Vgl. *Stupperich*, Osiander, S. 329.

stus ein natůrlicher son Gottes ist‹[4]), und bei ihm die Rechtfertigung durch die mit Gott identische Gerechtigkeit diejenige um des Leidens und Sterbens Jesu Christi willen verdränge. Aber auch seine Gegner würden zu Unrecht beschuldigt, daß sie einen Glauben lehrten, der keine Erneuerung und Heiligung des Menschen mit beinhalte[5].

In einem zweiten Schritt listen Brenz und seine Kollegen in zwei Reihen zu je drei Thesen die »hauptpunckten« auf, in denen aus ihrer Sicht »beide parteien gleicher christlicher meinung sind«[6]. Hinsichtlich des ›Gehorsams Christi‹, also des Anliegens der Osiander-Gegner, bestehe Übereinstimmung darüber, daß

1. der Gehorsam Christi seinen Grund in der göttlichen Natur habe und deren Frucht sei,
2. der Gehorsam Christi in seinem blutigen Kreuzestod dem Menschen die Versöhnung mit Gott, die Vergebung der Sünden, die Erlösung und die ewige, göttliche Gerechtigkeit und Seligkeit erworben habe, und
3. er von uns im Glauben angenommen und uns so Trost in Anfechtung und im Sterben sein soll.

Der Konsens über das Thema Osianders, die göttliche Gerechtigkeit, könne so formuliert werden:

1. Gott ist in seinem Wesen die rechte, ewige Gerechtigkeit nach Lk 18,19.
2. Durch den Glauben an Christus wohnt Gott in allen drei Personen mit allen ihren Gütern im Menschen gemäß Joh 14,23.
3. Der durch den Glauben im Menschen wohnende Gott befreit ihn zunehmend von seinen Sünden und heiligt ihn, was aber erst im künftigen Leben vollendet sein wird.

Aus der von ihnen angenommenen Übereinstimmung in diesen sechs Punkten folgern Brenz und seine Mitarbeiter, daß der Streit nicht auf der Kanzel, sondern im gelehrten Studium seinen Ort habe[7].

Neben der Zurückweisung der gegenseitigen Polemik und den Konsens-Thesen argumentieren die Württemberger Theologen noch auf eine dritte Weise. Sie meinen, ein und dieselbe Bibelstelle könne manchmal auf unterschiedliche, ja widersprüchliche Weise ausgelegt werden, ohne daß eine der exegetischen Möglichkeiten verworfen werden müsse. Beispielhaft verdeutlichen sie dies an den Stellen Mt 11,13; Lk 17,21; Röm 1,16; IJoh 4,2; Röm 1,17; Röm 3,22; Röm 4,6-8; Röm 3,24f; Röm 5,18. Besonders im Römerbrief werde die Rechtfertigung im Sinne der Sündenvergebung beschrieben. Da sich aber aus der Sündenvergebung auch das Gerechtwerden des Menschen »mit der that« ergibt, könne gesagt werden, daß die Rechtfertigung beides meine, die Absolution von Sünden, aber auch die Heiligung in der zunehmenden, erst im zukünftigen Leben abgeschlossenen Gerechtwerdung in den Werken, den Früchten der Gerechtigkeit[8].

4. Vgl. Albrecht, Ausschreiben, Bl. K3b.
5. Vgl. ebd., Bl. K3a-K4a.
6. Vgl. ebd., Bl. K4b.
7. Vgl. ebd., Bl. K4b-L1a.
8. Vgl. ebd., Bl. L1a-M3a.

Insgesamt scheinen Brenz und die anderen württembergischen Theologen die Verständigungsmöglichkeiten zwischen Osiander und seinen Gegnern darin gesehen zu haben, daß die theologischen Anliegen beider Seiten, also sowohl der Erwerb der Sündenvergebung durch Christi Kreuzestod als auch die zunehmende Anteilhabe des Menschen an der Gott wesenhaft eigenen Gerechtigkeit, einander zugeordnet werden könnten im Sinne des Zusammenhangs von Rechtfertigung und Heiligung, und in beidem die Gerechtigkeit des Menschen gemeint sei.

2. Osianders Stellungnahme zum zweiten Württemberger Gutachten

Herzog Albrecht übergab das zweite Gutachten der Württemberger sowohl Osiander als auch dessen Gegnern zur Stellungnahme[9]. Mörlin, Hegemon und v. Venediger stimmten in ihren im August 1552 abgegebenen Antworten darin überein, daß die Thesen der Württemberger Theologen der Lehre Osianders entgegengesetzt seien und ihre Zustimmung fänden[10]. Osiander scheint die Stellungnahme seiner Gegner abgewartet zu haben. Aus einem bezugnehmenden Zitat in seinem Gutachten vom 1. September 1552 geht hervor, daß er sie kannte[11]. In seinem Begleitbrief, datiert vom gleichen Tag, begründet er die Verzögerung mit seiner »leibschwachheit«[12].

Da er vom Herzog zusammen mit dem zweiten württembergischen Gutachten vom 1. Juni 1552 noch einmal das erste vom 5. Dezember 1551 erhalten hatte, nahm Osiander in seiner Stellungnahme auch auf beide Schriftstücke Bezug. Grundsätzlich stimmt er den Ausführungen Brenz' und dessen Kollegen zu. Er begründet diese Haltung damit, daß er, in Anknüpfung vor allem an das zweite Gutachten, zwei Hauptanliegen findet, nämlich erstens die Beschreibung der Gerechtigkeit im Rechtfertigungsgeschehen als ewige Gerechtigkeit des göttlichen Wesens und zweitens im Sinne der menschlichen Werke der Gerechtigkeit. Im ersten Aspekt erkennt er seine Lehre wieder, die die württembergischen Theologen in ihren beiden Gutachten zutreffend wiedergegeben hätten. Für den zweiten Gesichtspunkt, also die Bezeichnung der Werke oder Früchte der Gerechtigkeit als Gerechtigkeit, wie dies in der Schrift belegt werden kann, verweist er auf ähnlich lautende Ausführungen in seinem Bekenntnis ›Von dem einigen Mittler‹. Diesen biblischen Sprachgebrauch hatte er dort mit der rhetorischen Redefigur des Tropus erklärt. Beide Aspekte widersprechen sich nach Osiander auch nicht, da mit der Gerechtigkeit der Werke ja gar nicht die wesentliche Gerechtigkeit Gottes gemeint sei. Auch der Einschätzung der Württemberger, bei dem Streit handele es sich lediglich um ein »bellum grammaticale«, widerspricht Osiander nicht. Er hält aber daran fest, daß seine Gegner die

9. Zum mehrfachen Schriftwechsel zwischen dem Herzog und den Theologen Mörlin, Hegemon und v. Venediger im August 1552 wegen deren Stellungnahme zum zweiten Württemberger Gutachten vgl. *Stupperich*, Osiander, S. 333f.

10. Vgl. dazu die vorige Anm.

11. Vgl. hierzu u. S., Anm. 94.

12. Dieser Brief ist ediert o. S. 868f, Nr. 544.

Rechtfertigung durch die göttliche Gerechtigkeit anerkennen sollen, wie sie in den drei letzten Konsensthesen des Württemberger Gutachtens formuliert sei. Denn im Gegensatz hierzu lehrten sie immer noch die Rechtfertigung im Sinne der bloßen Zurechnung derjenigen Gerechtigkeit, die Christus in seinen Werken, nämlich Gehorsam, Leiden und Sterben am Kreuz, für uns erworben habe, was doch mit dem göttlichen Wesen und seiner Gerechtigkeit nicht gleichgesetzt werden könne. Die Rechtfertigung durch die Einwohnung des göttlichen Wesens Christi, also seiner göttlichen Natur, im Menschen, habe auch zur Konsequenz, daß er nach I Kor 6,11 schon in diesem Leben gerecht sei und nicht erst im künftigen.

Im großen und ganzen interpretiert Osiander das zweite wie schon das erste Württemberger Gutachten als Bestätigung seiner Lehre. Im Wissen, daß seine Opponenten die Ansichten der Württemberger Theologen in ihrem Sinn lesen, bittet er den Herzog zum Schluß seiner Stellungnahme, deren »gotteslestern« entgegenzutreten.

3. Wirkung

Die weitere Entwicklung des osiandrischen Streites in den Monaten nach der Begutachtung des zweiten württembergischen Gutachtens war weniger durch Osianders Stellungnahme bestimmt als durch die Auseinandersetzung der Theologen inner- und außerhalb von Preußen. Mörlin, Hegemon und v. Venediger sahen sich in ihren theologischen Überzeugungen und in ihrer Ablehnung der Lehre Osianders durch die Württemberger bestätigt. Melanchthon und seine Anhänger beklagten sich sogar bei Brenz über die ihrer Meinung nach Osiander zu sehr entgegenkommende Haltung[13].

Osiander hat jedoch durch seine beiden Stellungnahmen zu den Württemberger Gutachten eine Stärkung seiner Position durch das weitere Vorgehen des Herzogs Albrecht erreichen können. Dessen Briefe in diesem Zeitraum an Mörlin, Hegemon und v. Venediger lassen erkennen, daß ihm die Sichtweise Osianders von der Bestätigung seiner Lehre durch die Württemberger und der Haltlosigkeit der gegnerischen Vorwürfe einleuchtete. Sein Ziel, die Uneinigkeit in der Lehre zu beseitigen und die streitenden Parteien zu versöhnen, konnte der Herzog mit dieser Fürsprache für Osiander allerdings nicht erreichen, weder vor dessen plötzlichem Tod am 17. Oktober 1552 noch in der Fortsetzung der Streitigkeiten danach[14].

13. Zur Nachgeschichte des zweiten Württemberger Gutachtens vgl. *Stupperich*, Osiander, S. 333-338 und S. 342f.

14. Die Entwicklung der zunehmenden Parteinahme des Herzogs Albrecht für Osiander, besonders im August 1552, ist nachgezeichnet bei *Stupperich*, Osiander, S. 341f.

4. *Überlieferung*

a: Berlin GStAPK, XX. HA StA Königsberg, HBA J2 (K. 981): zeitgenössische Abschrift, unfoliiert (Foliierung vom Bearbeiter). Auf fol. 6r kopfstehend die archivalische Notiz: »Osiandri bedencken auf der oberlendischen radtschlege oder declarationen, 1. Septemb[ris] 52«. Diese Hs. liegt unserer Edition zugrunde.
b: Berlin GStAPK, XX. HA StA Königsberg, HBA J2 (K. 977, fol. 201-210): zeitgenössische Kop., Vorlage für c.
c: Berlin GStAPK, XX. HA StA Königsberg, HBA J2 (K. 975, fol. 86v-90r): zeitgenössische Kop. von b als Vorlage für Ed. 1.

Editionen:

Ed. 1: Königsberg: Hans Lufft, 1553 = *Seebaß*, Bibliographie, S. 187, Nr. 74.1.
Ed. 2: Königsberg: Hans Lufft, 1553 = *Seebaß*, Bibliographie, S. 187f, Nr. 74.2.

Daraus ergibt sich folgendes Stemma:

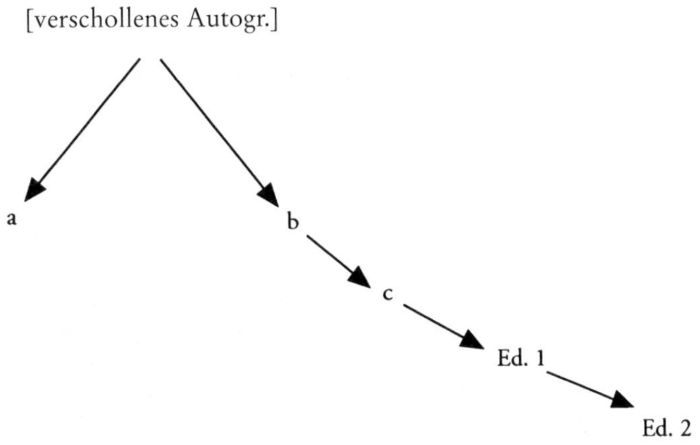

Text

[1r:] Gnad[a], frid und barmhertzigkait von Gott dem vatter und von seinem eingepornen sohn Jesu Christo, unserm herrn und heiland, durch gezeugnus[1] des heiligen Gaists, wunsch ich eur F.D. sampt erpietung meiner willigen unthertenigen dienst und armen gepets gegen Gott um eur F.D. langs leben, gluckliche regirung, zeitliche und ewige wolfart. Amen.

Durchleuchtiger, hochgeborner furst, gnediger herr!

Nachdem eur F.D. zwen rathschlege der achtbar wirdigen, hoch- und wolgelerten herrn, meiner lieben brüder in Christo, herrn Johannis Brentii und seiner zugeordneten[2], wie die widersprechung[3], so mir im artickel der rechtfertigung unbillicherweis begegnet[4], möcht gestillet[5] und zu frid gestellet[6] werden, zugeschickt hat, deren ersten ich vorlangs[7] empfangen und kurtzlich[8] also, das klar daraus zu vernehmen, das der mangel des frids an mir nicht were, beantwortet hab[9], wie eur F.D. on zweifel sich solcher meiner schrifftlichen[b] antwort wol zu erinnern wirt wissen, und eur F.D. nun zum andern[10] mal, auff sie baid zu antworten und mich lauter[11] zu erkleren begeret[12], ist das kurtzlich mein antwort, das sie mir baide in irem rechten

a) Davor die Überschrift: Antwort hern Andreae Osiandri auf der wirtenbergischen theologen letztes bedencken: c; Ed. 1; Ed. 2. Als Anweisung zur Einfügung einer Überschrift davor: titulus: b.
b) vor den linken Rand geschrieben in a.

1. Zeugnis.
2. Gemeint sind die beiden Gutachten der Württemberger Theologen vom 5. Dez. 1551 und vom 2. Juli 1552 zu Osianders Bekenntnis ›Von dem einigen Mittler‹ bzw. den ihnen ebenfalls zugekommenen Schriften seiner Gegner. Das erste dieser Gutachten ist gedruckt in Albrecht, Ausschreiben, Bl. F3b-H1a. Zu seinem Inhalt vgl. *Stupperich*, Osiander, S. 265-267, und o. S. 511f, Nr. 516. Das zweite Gutachten findet sich in Albrecht, Ausschreiben, Bl. K2b-M3b. Sein Inhalt ist zusammengefaßt in *Stupperich*, Osiander, S. 329-333, und o. S. 855f.
3. der Widerspruch.
4. der Streit um die Rechtfertigungslehre zwischen Osiander und seinen Gegnern in Königsberg Mörlin, Hegemon und v. Venediger.
5. beruhigt, beendet.
6. zum Frieden geführt, befriedet.
7. vor langer Zeit, längst.
8. kurz.
9. Der Herzog hatte das erste Gutachten der Württemberger Theologen Osiander nach seinem Eintreffen im Laufe des Januar zugesandt und um eine Stellungnahme gebeten. Der genaue Zeitpunkt, zu dem Osiander das Gutachten erhielt, ist nicht bekannt, da das Begleitschreiben des Herzogs nicht mehr gefunden wurde. Osianders Stellungnahme dazu ist abgedruckt o. S. 511-517, Nr. 516.
10. zweiten.
11. klar, unzweideutig.
12. Auch der Herzog erwähnt in seinem Ausschreiben, daß er Osiander wie seinen Gegnern Mörlin, Hegemon und v. Venediger das zweite Gutachten der Württemberger Theologen habe

und[c] natürlichen verstand[13] wolge-[1v:]fallen als, die aus rechter, christlicher lieb hergeflossen, zur pesserung und, der spaltung zu wehren, dienstlich sein, will auch, sovil ich mit Gott kan, denselben zuwider nichts handeln[14].

Dann gedachte[15] zwen rhatschleg berhuhen auff zweien stucken: Zum ersten zaigen sie an, was die rechte, ware, ewige gerechtigkeit sey, dardurch wir ewigklich gerecht und selig mussen werden. Zum andern melden sie, wie das[16] die werck der gerechtigkeit auch ein gerechtigkeit genennet werden[17].

Sovil nun das erste stuck belanget, geben sie meiner lehr ein lauter, rain und hell gezeugnus, das sie recht und unstrefflich[18] sey, auch das ich mich »aller bezicht[19] christlich und woll[20] verantwort«[21] hab. Im ersten rhatschlag, §[d] »Dann dominus Osiander vermeldet«[22] etc., und nicht lang darnach, im §[e] »Dann dominus Osiander lehret hierinne«[23] etc., und fortan erzelen sie das rechte hertz und[f] den rechten kern meiner lehr durch neun paragraphos nacheinander[24] und zeugen[25], das es die »gemein[26] christlich lehr sey der rechten waren christlichen kirchen«[27]. Desgleichen im

c) fehlt in b, c, Ed. 1, Ed. 2.
d) fehlt in Ed. 1, Ed. 2.
e) fehlt in Ed. 1, Ed. 2.
f) danach gestr.: und (Ditt.): b.

zukommen lassen, vgl. Albrecht, Ausschreiben, Bl. N1b. Doch das Begleitschreiben Albrechts an Osiander ist nicht mehr auffindbar.

13. einfachen, ungekünstelten Verständnis.

14. unternehmen.

15. die erwähnten.

16. auf welche Weise.

17. Osianders Grobgliederung der beiden württembergischen Gutachten in die Themenkreise ›göttliche Gerechtigkeit‹ und ›Gerechtigkeit im Sinne der Werke der Gerechtigkeit‹ bezieht sich wohl darauf, daß sie in beiden Gutachten durch die Auslegung biblischer Zitate erläutert werden. Mit der Behandlung der ›göttlichen Gerechtigkeit‹ sollten Osianders Aussagen gewürdigt werden, so im ersten Gutachten in Albrecht, Ausschreiben, Bl. F4b-G2b, und im zweiten ebd., Bl. M1a-M2b. Unter dem Stichwort ›Werke der Gerechtigkeit‹ greifen die Württemberger vor allem die paulinischen Aussagen vom Gehorsam Christi in seinem Leiden und Kreuzestod auf, um das Anliegen der Gegner ebenfalls zu würdigen, so im ersten Gutachten in Albrecht, Ausschreiben, Bl. G2b-G4a, und im zweiten ebd., Bl. M3a.

18. untadelig.

19. Bezichtigungen, Vorwürfe.

20. wohl.

21. Osiander zitiert hier aus dem ersten Gutachten der Württemberger, vgl. Albrecht, Ausschreiben, Bl. F4b.

22. Vgl. Albrecht, Ausschreiben, Bl. F4b-G1a.

23. Vgl. ebd., Bl. G1b-G2a.

24. Osiander bezieht sich hier nicht auf eine etwaige Zählung in den Gutachten, sondern faßt selbst die dort gemachten Äußerungen zu den einzelnen Streitpunkten zusammen.

25. bezeugen, versichern.

26. allgemeine.

27. Zitat Osianders aus dem ersten Gutachten der Württemberger in Albrecht, Ausschreiben, Bl. G2a.

andern rhatschlag stymmen die sechs hauptartickel[28] gantz und gar mit meiner lehr uberein.

Das sie aber setzen[29], wann mein meinung were, das [2r:] wir »naturliche götter wurden« oder »das wir uns des leidens und sterbens Christi nicht solten trösten«[30] etc., so konten sie mir nicht beyfallen[31], wie der §[g] »Dann so des Osiandri schrifft«[32] etc. nach lengs vermeldet[33], daran thun sie recht, sie sollen keinem menschen darin beyfallen. Mich wundert aber, mit was geschwindigkeit die hoch- und wolgelerten menner in dise gedancken gefürt sein, als solt ich solch ungeheur ding lehren, so ichs doch mein leben lang in syn nie genommen und das widerspil[34] in meiner confession[h] [Bl.] B1 und P2[35] klarlich gesetzt hab.

Sovil aber das ander stuck antrifft[36], da sie setzen, das die werck der gerechtigkait auch ein gerechtigkeit genennet werden[37], das ist nicht allain war und nicht wider mich, sonder ich hab es zuvor und ehe[38] dann sie in meinem bekantnus zum vleissigsten gemeldet[39] und eben meinen widersachern zugut, ob sie der greulichen und erschrocklichen gotslesterung, damit sie Gottis gerechtigkeit, die Gott selbs ist, in Christo Jesu, unserm heiland, verlestert, verflucht und in abgrund der helle verdambt haben, wolten abstehn[40] und mit den heiligen propheten, aposteln und vettern[41] bekennen, das er sampt dem Vatter und heiligen Gaist nach seiner gottheit unser ainige, ware und ewige gerechtigkait sey, durch die wir ewigklich gerecht und selig müssen werden, darnach, was sie anders von [2v:] der gerechtigkeit Gottis gelert und geschriben hetten, also entschuldigen, sie hetten die werck und frucht der gerechtigkeit eine gerechtigkeit genennet, wie zuzeiten[42] in der schrifft auch geschicht[43], so hett der sachen noch mögen geholfen werden, dann ich hab [Bl.] H4

g) fehlt in Ed. 1, Ed. 2.
h) danach gestr.: 1: a.

28. Brenz und seine Mitarbeiter hatten in ihrem zweiten Gutachten jeweils drei Punkte zum Gehorsam Christi (vgl. Albrecht, Ausschreiben, Bl. K4b) und zur göttlichen Gerechtigkeit (vgl. Albrecht, Ausschreiben, Bl. K4b-L1a) formuliert, in der Annahme, daß darin »beide parteien gleicher christlicher meinung sind« (ebd., Bl. K4a).
29. schreiben.
30. Beide Zitate aus dem zweiten Gutachten in Albrecht, Ausschreiben, Bl. K3b.
31. zustimmen.
32. Vgl. Albrecht, Ausschreiben, Bl. K3b.
33. der Länge nach sagt, angibt.
34. Gegenteil.
35. Vgl. o. S. 108,12-32 und S. 216,2-21, Nr. 488.
36. betrifft, belangt.
37. Vgl. o. Anm. 17.
38. eher, früher.
39. Vgl. o. S. 164,18-166,15, Nr. 488.
40. ob sie von der … Gotteslästerung … lassen wollten.
41. Kirchenvätern, Lehrern der Kirche.
42. bisweilen.
43. Vgl. o. Anm. 17.

also geschriben[44]: »Noch eins ist not zu wissen, nemlich das das wörtlein ›gerechtigkeit‹ zuzeiten gepraucht wirt fur die werck und frucht der gerechtigkeit, so doch die gerechtigkeit kein werck, kein thun, kein leiden ist noch sein kan, sonder ist die art, die denjenigen, der sie bekumpt und hatt, gerecht macht und, recht zu thun und zu leiden, bewegt, und musz alweg[45] zuvor dasein, ehe dann die werck und frucht der gerechtigkeit herausprechen und -wachsen, dann es kan kein böser baum gute frucht tragen[46]. Es bleibt auch solche art, das ist die gerechtigkeit, on unterlos in uns, wann wir schon schlaffen und nichts thun, leiden noch gedencken, es sey dann, das wirs durch den unglauben[i] oder andre sund verlieren.

Darumb soll man die werck und frucht der gerechtigkait auffs allerfleissigst von der gerechtigkeit selbs[k] unterscheiden und wissen, das wann man die frucht der gerechtigkeit [l]oder das thun gerechtigkeit[l] nennet, das es ein tropus[47], das ist ein verwechselte[48] oder verlümbte red, ist, die im streit nichts beweisen kan, man setz dann das [3r:] ausgewechselte [m]und eigentlich, recht, naturlich[m] wort wider[49] an die stat des frembden, verblümbten worts. Als da Johannes in der ersten epistel am 3. cap. [7] spricht: »Wer gerechtigkait thut, der ist gerecht, gleichwie er (Christus) gerecht ist«, da ist das wort gerechtigkeit ein verblümbt wort und gesetzt fur rechte, gute werck oder frücht der gerechtigkait. Wo nun jemand darmit wolt beweisen, die werck weren die gerechtigkait, der wurd nichts schaffen[50]. Dann man musz das verblümbte wort, wann man etwas beweisen will, fahren lassen und das recht natürlich wort an sein stat setzen. Darumb hats auch doctor Luther also verteutscht: »Wer recht thut, der ist gerecht«[51].

Dieweil dann nun die achtpar wirdigen, hoch- und wolgelerten herrn, Johann Brentius und andere im[52] zugeordnete theologi[53], lauter und klar zeugen, ich lehr recht, christlich und wol, »das Christus, warer Gott und mensch, sey nach seiner gottlichen natur unser rechte, ware und ewige gerechtigkait, wie dann auch allain

i) Silbe »un–« übergeschr. und eingewiesen in a.
k) fehlt in b, c, Ed. 1, Ed. 2.
l-l) fehlt in b, c, Ed. 1, Ed. 2.
m-m) fehlt in c.

44. Das folgende Zitat Osianders stammt aus seinem Bekenntnis ›Von dem einigen Mittler‹, vgl. o. S. 164,18-166,15, Nr. 488.
45. immer.
46. Vgl. Mt 7,18 und Lk 6,43.
47. Rhetorischer Terminus technicus für den uneigentlichen, bildlichen Gebrauch eines Wortes, vgl. *Lausberg*, Rhetorik, S. 282-285, bzw. S. 829-831.
48. ausgewechselte.
49. wieder.
50. bewirken.
51. WA.DB 7, S. 333.
52. ihm.
53. Vgl. o. Anm. 2.

Gott unser recht liecht, leben[54], weisheit[55] und seligkait[56] ist«[57]; »item, von meinen widersachern schreiben sie, sie achten nicht, das sie verlaugnen, Christus nach seiner göttlichen natur sey unser rechte, ewige gerechtigkeit«[58]; [3v:] item, »war ists, wie dominus Osiander lehret, das Christus nach seiner gottlichen natur unser ewige gerechtigkait«[59] ist; item, in dem andern rhatschlag, »das Gott in seinem göttlichen wesen allain die recht, ewige gerechtigkeit sey, Lucae 18[19]: ›Nemo bonus, nisi solus Deus‹«[60]; und neben dem die werck der gerechtigkait auch ein gerechtigkeit nennen in seinem verstand[61], so nim ich solches an in massen[62], wie ich vor darvon geschriben hab[63], nemlich das es geschehe durch einen tropum, das ist ein verwechselte und verblümbte red, daraus dann volget unwidersprechlich, das disz die rechte, eigentliche und natürliche red ist, wann man sie werck der gerechtigkeit nennet. Die ander aber, da sie schlechts[64] ein gerechtigkeit genennet werden, ist ein verwechselte, verblümbte und nicht natürliche [n]oder eigentliche[n] red. Darumb kan man niemand wehren[65], das er solche mainung[66] nicht mit iren[o] rechten, aigentlichen und natürlichen worten ausspreche; und so es andre mit verwechselten oder verblümbten worten reden, so hatt ein jeder macht, dieselbigen mit den rechten, aigentlichen und natürlichen worten zu erkleren.

Und das solchs des Brentii und der andern theologen mainung auch sey, ist aus dem zu vermercken[p][67], das [4r:] sie es selbs ausztrucklich die werck der gerechtigkeit nennen und so offt bekennen, das sie »nicht die wesenliche[q] gerechtigkeit Gottis seyen, so Gott selbs ist und in uns sein mus, sollen wir anderst[r][68] selig werden«[69];

n-n) fehlt in b, c, Ed. 1, Ed. 2. – o) fehlt in c, Ed. 1, Ed. 2.
p) mercken: b, c, Ed. 1, Ed. 2. – q) korr. aus: wesenlichen: a.
r) fehlt in c, Ed. 1, Ed. 2.

54. Vgl. Joh 1,4f.
55. Vgl. 1Kor 1,24.30.
56. Vgl. z.B. Joh 10,9. – Die Formulierung, Christus sei unser ›Leben, Licht und Seligkeit‹ hatte Osiander bereits in seinem Bekenntnis ›Von dem einigen Mittler‹ aus Luthers Postillenauslegung zu Joh 1,1-14 zitiert, vgl. o. S. 258,14-16, Nr. 488.
57. Osiander zitiert aus dem ersten Württemberger Gutachten (Albrecht, Ausschreiben, Bl. G1b).
58. Albrecht, Ausschreiben, Bl. G2a.
59. ebd., Bl. G2b.
60. Osiander zitiert hier einen der oben (vgl. S. 856) von ihm genannten ›sechs hauptartickel‹ im zweiten Württemberger Gutachten (Albrecht, Ausschreiben, Bl. K4b).
61. Verständnis, Sinn. – Die Stelle findet sich im ersten Gutachten, vgl. Albrecht, Ausschreiben, Bl. G2b-G3b.
62. solchermaßen, so.
63. Vgl. o. S. 863,1-22.
64. schlicht, einfach.
65. verwehren.
66. Bedeutung.
67. zu entnehmen.
68. denn, überhaupt.
69. Zitat aus dem ersten Gutachten in Albrecht, Ausschreiben, Bl. G3b.

item, das sie weiter schreiben: »Nun ist es nicht on[70], man soll sich auff das hochst befleissigen, von der christlichen lehr, bevorab[71] in den hauptpuncten, auff das eigentlichst zu reden und die[s] spruch der heiligen schrifft nach irem rechten, grundtlichen[72] verstand auszulegen. Aber es kan sich wol zutragen, das ettlich spruch irer umbstend halben, auch »propter tropos[73] und schemata[74], so einem mehr bekandt dann[t] dem andern, auff mancherley weys mögen auszgelegt werden«[75]. Und ist hie fleissig zu mercken[76], das sie sagen, wie »solche sprüch auff mancherley weis auszgelegt werden mögen«[77], aber nicht müssen, sonder das man sich fleissen[78] soll, den rechten, aigentlichen und naturlichen verstand zu treffen, entschuldigen auch die andern auszlegung nicht anderst, denn soferne sie sonst mit der heiligen schrifft ubereinstymmen, das man niemand kein ketzer darumb schelten soll noch kein gefahrlich zenck[79] daruber anheben, doch ungewehret[80], das andre nicht solten macht haben, [4v:] den rechten, eigentlichen und naturlichen verstand zu suchen[81].

Dieweil nun dem also ist, kan ich, sovil dises anders stuck[82] belanget, auff diszmal noch nichts anders antworten noch zur sache reden, dann wie ich anfengklich und vorlangst auff die ersten schrifft Brentii und seiner zugeordneten geantwort hab, nemlich »das ich mein tag[83] mit keinem gezanckt noch zu zancken begeret, der do bekennet hatt, das die gottlich natur Christi in uns und unsere ware[u], ewige gerechtigkeit sey, obgleich darneben ettliche red, der eigenschafft dises handels[84] ungemes, mit eingefallen sein«[85].

Und möchte sehr wol leiden, das Brentius sampt den gedachten seinen zugeordneten schwebenden unsern[86] zwispalt ein »bellum grammaticale« nenneten[87], so-

s) fehlt in c; der: Ed. 1, Ed. 2.
t) als: b, c, Ed. 1, Ed. 2. – u) ware und: c.

70. wichtig (vgl. *Grimm*, Wörterbuch 7, Sp. 708f).
71. besonders.
72. begründeten.
73. Vgl. o. Anm. 47.
74. Hier im Sinne von »rhetorische Figur« gemeint, vgl. *Lausberg*, Rhetorik, S. 801.
75. Zitat aus dem zweiten Württemberger Gutachten in Albrecht, Ausschreiben, Bl. L1b.
76. zu beachten.
77. Zitat aus dem zweiten Württemberger Gutachten in Albrecht, Ausschreiben, Bl. L1b.
78. befleißigen, bemühen.
79. Pluralbildung des 16. Jh. von: Zank (vgl. *Grimm*, Wörterbuch 15, Sp. 228).
80. ohne Vorbehalt.
81. Osiander bezieht sich in dem ganzen Satz auf die Ausführungen des zweiten Württemberger Gutachtens in Albrecht, Ausschreiben, Bl. L1b.
82. diesen anderen Punkt (vgl. o. Anm. 17).
83. Leben lang.
84. Art dieser Angelegenheit.
85. dazwischen, dazu gekommen sind. – Osiander zitiert hier wörtlich aus seiner Stellungnahme zum ersten Württemberger Gutachten, vgl. o. S. 517,2-5, Nr. 516.
86. den zwischen uns schwebenden, vorhandenen.
87. Brenz und seine Kollegen meinen damit, daß die Stellen in der Bibel zur Rechtfertigung, vor allem in den Paulusbriefen, sprachlich-grammatikalisch sowohl im Sinne Osianders als

ferne mein widertail[88] bekenneten, das Jesus Christus, warer Gott und mensch, sampt dem Vatter und heiligen Gaist, unser ainige[v], ware und[w] ewige gerechtigkeit sey. Aber es ist offenlich am tag, das sie der furgenommenen[89] gotslesterung, damit sie solche gottliche gerechtigkeit verdammen, verfluchen und in ab[g]rund der helle zu verstossen bitten, noch nicht abstehn, sonder je lenger je greulicher lestern. Dessgleichen ist offenlich am tag, das sie die letzern[90] [5r:] drey hauptartickel[x] von der gottlichen gerechtigkeit in des Brentii andern schrifft[91] nicht annemen, ja das noch wol mehr ist, wann sie sich schon mit worten hören lassen, als geben sie es zu, das Christus unser gerechtigkeit sey, so ists doch eitel sophisterey[92] und greifflicher[93] betrug, wie daraus zu schliessen ist, das sie nicht allain also reden, sonder auch also schreiben, »das alle diejenigen, so die gerechtigkeit Gottis oder des glaubens nicht pur, lauter, allain geben der frembden unschuld und dem gang Christi zum Vatter oder seinem tod, die lehren de facto, das ist mit der that, das Christus umbsonst gestorben sey«[94], dann in disen[y] worten wirt lauter und klar verlaugnet, das Christus weder nach der gottlichen noch menschlichen natur unser gerechtigkeit sey, sonder allain sein unschuld, sein gang oder sein todt, welcher[95] doch keins Christus selbs ist, weder in seiner gottheit oder[96] in seiner menscheit. Und ob sie gleich die gottlichen natur erst[z] nach disem leben wolten unser gerechtigkeit sein lassen, so ist es doch nicht genug, dann Paulus 1. Cor. 6[11] spricht uns, weil[97] wir noch in disem leben sein, gerecht eben mit der gerechtigkeit, die Gott selbs ist, dann er spricht also: »Ir seit gerecht worden durch den namen des heren Jesu und durch den gaist unsers Gottis«, wie [5v:] auch die propheten zeugen, יהוה[a] sey unser gerechtigkeit[98].

v) fehlt in c. – w) fehlt in c.
x) artickel: c, Ed. 1, Ed. 2. – y) fehlt in b.
z) erstlich: c, Ed. 1, Ed. 2. – a) Jehova: b, c.

auch im Sinne seiner Gegner ausgelegt werden können; vgl. die Ausführungen in ihrem zweiten Gutachten in Albrecht, Ausschreiben, Bl. L1a-M3a.

88. meine Gegner.
89. vollzogenen, geschehenen.
90. letzten.
91. Vgl. Albrecht, Ausschreiben, Bl. K4b-L1a.
92. Spitzfindigkeit.
93. greifbarer, offensichtlicher.
94. Diese Stelle ist ein wörtliches Zitat aus dem Brief Mörlins an Herzog Albrecht vom 17. Aug. 1552, vgl. Albrecht, Ausschreiben, Bl. S2a. Dieser Brief steht im Zusammenhang mit der Stellungnahme der Osiandergegner zum zweiten Württemberger Gutachten vom Juni 1552. Das Zitat Osianders aus diesem Brief belegt, daß er die Schriften seiner Gegner zum Württemberger Gutachten kannte, bevor er selbst in seinem Gutachten am 1. September antwortete; vgl. dazu o. in der Einleitung S. 857.
95. von denen.
96. noch.
97. solange.
98. Vgl. Jer 23,6; 33,16.

Hiemit acht ich, durchleuchtiger, hochgeborner furst und herr, sey mein mainung und gemüt genugsam erkleret. Was aber weiter ettliche bezichtigung, einred und sophisterey meines widertails belanget, will ich jetzo sparen, bis ich grundtlich erfahr, wie sie sich in disem fahl ferner halten werden, dann ich wol besorg[99], wie treulich und christlich dise des Brentii und seiner zugeordneten rhatschlege gemeint sein, so werden sie doch bey meinem widertail kein frucht schaffen. Darumb bitt ich eur F.D. umb Gottis willen, wo es sich also erfinden[100] wirt, sie wollen der armen christenheit zugut vilgedachtem[101] gotslestern gegensteuern[b], durch welcherley weg es müglich und thunlich ist, sinteinmal[102] es durch Gottis wort, guten bericht[103] und getreue rhatschleg nicht will fortgehn[104]. Daran thut eur F.D. on zweiffel Gott ein sonder[105] gefallen und der christenheit ein fruchtbar werck, dardurch eur F.D. zeitlichs und ewigs lob erlangen wirt, der ich mich hiemit unterthenigst befilhe, mit erpietung weiterer erklerung und berichts, wo des vonnöten sein wirt.

[c]1. Sept[embris] 1552.
E.F.D. williger untertheniger
Andreas Osiander[c]

b) Silben »gugen-« (mit Schreibfehler) übergeschr. in a; steuern: b, c, Ed. 1, Ed. 2.
c-c) fehlt in c.

99. habe große Sorge.
100. zeigen.
101. dem oben oft erwähnten.
102. da, weil.
103. gute Unterweisung.
104. vorankommen, zum Erfolg führen.
105. besonderen.

Nr. 544
Osiander an Herzog Albrecht
Königsberg, 1552, September 1

Bearbeitet von *Hans Schulz*

Lehnerdt, Auctarium, S. 214f, Nr. 124.

Übersendet seine Stellungnahme zum ersten und zweiten Gutachten der Württemberger Theologen, die sich wegen Krankheit verzögert hat.

[214:] Dem durchleuchtigen, hochgebornen fursten und herrn, herrn Albrechten, marggraven zu Brandenburg etc., hertzogen in Preussen etc., meinem gnedigen herrn, zu aignen handen.

Gnad, fried und barmhertzigkeit von Gott dem vater und von seinem eingebornen sohn Jesu Christo, unserm herrn und heilant, durch gezeugnus des heiligen Geists, wunsch ich E.F.D. sampt erbietung meiner willigen, unterthenigen dienst und armen gebets gegen Gott umb E.F.D. langes leben, gluckliche regirung, zeitliche und ewige wolfart, amen. [215:]

Durchleuchtiger, hochgeborner furst, gnediger herr!

Ich schick E.F.D. hiemit eine kurtze antwort auf des achtpar wirdigen, hoch- und wolgelerten herrn Johannis Brentii und der andern im[1] zugeordneten theologen beide ratschleg[2] und bitt unterthenigst, E.F.D. wolle des verzugs kein beschwerd tragen, dan es keiner meiner nachlesigkeit, sonder leibsschwachheit schuld ist, die mich etlich tag hart beschwert hat[3], und versihe mich, E.F.D. werde zimlichen bericht[4] nach irem hohen verstand daraus schöpfen konnen. Dero ich mich auch hie-

1. ihm.

2. Gemeint sind die Gutachten der Württemberger Theologen um Johannes Brenz, die im Januar und Juli des Jahres in Preußen eintrafen. Der Herzog hatte die Absicht, mit ihrer Hilfe einen Lehrkonsens herbeizuführen, indem er beide Parteien zu übereinstimmenden Erklärungen mit den theologischen Darstellungen der süddeutschen Theologen bewegen wollte. Osiander und seine Gegner hatten bereits Stellungnahmen zum ersten Gutachten abgegeben. Das zur weiteren Klärung der Standpunkte aus Württemberg angeforderte zweite Gutachten wurde beiden Parteien vom Herzog nochmals zusammen mit dem ersten überstellt, und ihre erneute Beurteilung gefordert. Das Anschreiben Albrechts, das diesen Auftrag enthielt, ist nicht erhalten (vgl. dazu Albrecht, Ausschreiben, Bl. N1b.2b und Z3a). Osianders Stellungnahme zu den beiden württembergischen Gutachten findet sich o. S. 860-867, Nr. 543. Zum Ganzen vgl. *Stupperich*, Osiander, S. 265-271 und 329-339, und o. S. 511-514, Nr. 516, bzw. S. 855-858, Nr. 543.

3. Osiander ist also um diese Zeit erkrankt und verstarb wenige Wochen später, vgl. Albrecht, Ausschreiben, Bl. Q1b, und *Stupperich*, Osiander, S. 352-354.

4. geziemende, angemessene, ordentliche Unterrichtung, Auskunft.

mit unterthenigst befilhe und bitt, E.F.D. wolle der guten vertrostung, die sie mir in der schmacken[5] meins geldes halben getan hat[6], ingedechtig[7] sein. Das wil ich mit meinen unterthenigen, willigen dinsten und armen gebet gegen Gott umb E.F.D. zeitliche und ewige wolfart zu verdienen unvergessen sein.

Datum den 1. Septemb[ris] 1552.
E.F.D. williger, unterheniger
Andreas Osiander

5. im Schiff (Schmacke ist eine besondere Art von Seeschiff, vgl. *Grimm*, Wörterbuch 9, Sp. 896f). – Der Herzog war Anfang Juli mit dem Schiff nach Danzig gefahren und verhandelte dort mit dem Beauftragten des polnischen Königs, dem Bischof von Ermland, Stanislaus Hosius, über die Streitigkeiten in Königsberg; vgl. *Stupperich*, Osiander, S. 326f. 329. Osiander dürfte daher mit dem Fürsten vor dessen Abfahrt noch eine Unterredung gehabt haben.

6. Osiander nimmt damit wohl auf ausstehende Besoldung Bezug. Zu seinen Einkommensverhältnissen vgl. u. A. Bd. 9, S. 68,4-69,4, Nr. 364, und S. 71,6-72,10, Nr. 365.

7. eingedenk.

Nr. 545
Osiander an Herzog Albrecht
[Königsberg, 1552, September 6/7][1]

Bearbeitet von *Hans Schulz*

Berlin GStAPK, XX. HA StA Königsberg, HBA J2, o. D. [1552 September 6 oder 7] (K. 968), autogr. Ausf.

Berichtet von einer Bittschrift der drei Städte Königsberg wegen des Glaubensstreits, die dem Burggrafen Christoph von Kreytzen überreicht wurde, und von einer eigenen des Kneiphofs, die statt der ersten übergeben werden sollte, der aber die Altstadt nicht zustimmte; übersendet Abschriften.

[Dorsale: Adresse:] Dem durchleuchtigen, hochgebornen fursten und herrn, herrn Albrechten, marggraven zu Brandenburg etc., hertzogen in Preussenn etc., meinem gnedigen herrn, zu aignen handen.

Durchleuchtiger, hochgeborner furst, gnediger herr!

Mir ist angezaigt, wie ein gemaine[2] supplication, von den rethen der dreier stete[3] an eur F.D. ainhelligklich zu fertigen, bewilligt, betreffend ausschiffung des korns[4] und die spaltung der relligion[5]. Als aber dieselbig dem burggraven[6] uberantwortet

1. Zur Datierung vgl. u. Anm. 5.

2. gemeinschaftliche, gemeinsame.

3. Altstadt, Kneiphof und Löbenicht, die drei selbständigen Kommunen Königsbergs; vgl. *Gause*, Königsberg 1, S. 12, 24-27, 35-38. Zur Ratsverfassung der drei Städte vgl. ebd., S. 77-84.

4. Die Supplikation der drei Städte dürfte sich mit der Abwicklung des Getreideexports im Hafen durch die staatliche und die kommunale Verwaltung und die Erhebung und Verteilung der dabei anfallenden Gelder befaßt haben. Zu Wirtschaft und Handel im Raum Königsberg vgl. *Hubatsch*, Albrecht, S. 189f, und *Gause*, Königsberg 1, S. 306-308.

5. Ein Auszug über diesen Teil der Bittschrift findet sich Berlin GStAPK, XX. HA StA Königsberg, HBA J2, K. 968, mit der Überschrift: »Austzugk aus der dreier redte supplication von wegen des ausschieffen des korns und spaltung der theologen, den 6. September dem hern burggraffen uberantwurth«. Damit ergibt sich das Datum des Briefes: Er wird entweder noch am gleichen Tag oder einen Tag danach, kaum später, geschrieben worden sein. – Der Auszug hat folgenden Wortlaut: »Uber dies alles, genedigster furst und her, ursacht uns auch die hoche nodt, eur F.D. zum allerunderthenigsten zu erinneren, wes wir ehrmals bei eur F.D. von wegen der erbarmlichen spaltung der hern theologen, daraus dann viell wiederwertigkeit, auch unter dem gemeinen mahn, entstanden, underthenigklichen gesucht und wes fur gnedige vertroestung wir daruf erlanget. Nun aber bleibt sulcher [Zwiespalt] im vorigen schwange immer anstehen, dadurch dann viell frommer gewissen betrubet und besorgen mussen, das, so sulche zwispalt nicht aufgehaben, von Gothe zum hochsten sowoll ahn dem unschuldigen als [= wie] dem schuldigen gestraft werde. Derwegen bieten [= bitten] wir abermals eur F.D. zum underthenigsten, sulchen grossen ergernuss durch furstliche gnedige mittell weiter mit gnaden zu-

worden[7], haben in[8] die Kneiphofer[9] gepeten, er soll sie eur F.D. nicht uberantworten, dan sie haben in der relligionsachen ein weiters bedencken[10]. Haben darauff ein andre, neue supplication irs gefallens gestellet[11], dieselben den Altenstet-

verkommen [= zuvorzukommen], uff das wir einstmals in gute zuversicht, einickeit, ruhe, liebe und friede kommen mugen, welchs diss getzengke ein tzeitlangk gar zerrissen, davor eur F.D. den tzeittigen und ewigen lhon von Gothe zu gewarten, und wir wollen sulchs alles gantz underthenigk, willigk und gerne verdienen etc.«

6. Zum Burggrafen Christoph von Kreytzen (1512-1578) vgl. *Stupperich*, Osiander, S. 41, Anm. 33. Dieser gehörte zur obersten Hofverwaltung und zentralen Landesregierung und sollte das Gesuch an den Herzog weiterleiten; vgl. *Hubatsch*, Albrecht, S. 192f.

7. Vgl. o. Anm. 5.

8. ihn.

9. sc. die Vertreter der Gemeinde, in der Mörlin wirkte.

10. eine weitere Bittschrift.

11. Ein Auszug aus diesem Gesuch findet sich a.a.O., wie in Anm. 5, mit der Überschrift: »Der Kneiphoefer insundere supplication«. Er hat folgenden Wortlaut: »Durchlauchtster[!], hochgeborner furst, g[nädig]ster herr! Eur F.G. seint unsere schuldige und verpflichte dinste in aller underthenigkeit hochstes vleises und vermugens alletzeit zuvor etc.

Genedigster furst und herr!

Wir tzweivelen nicht, eur F.G. sei nach in frieschem gedechtnuss, wes wir derselben getreue, arme underthanen aus hocher, dringender nodt und unverbeigenglichen [= nicht zu übergehenden] ursachen furm jare ahn eur F.G. als unsern g[nädig]sten landtsfursten und hern gesuppliciret und in aller underthenigkeit gebeten etc., nemblichen, weill durch etzliche in kurtzen tzeitten neuickeit und enderung der lhere in diesen landen vorgenhomen, dadurch mergkliche zuispalt und zerruttung erreget, auch viell frommer gewissen nicht allein irre gemacht, sondern auch etzliche von der gewhonlichen und biesher gehorten, reinen lhere dadurch abgefurt, das eur F.G. gnedige und christliche mittel vornhemen wolte, damit solche zuispalt der lhere aufgehaben und die einigkeit der rechten, reinen lehre bey uns erhalten muchte werden etc.

Und wiewoll wir auff dasselbige mael nichts liebers gesehen, wie es dann auch hoch vonnöten ware, mit der sachen umb allerlei unradt willen nicht zu vertziehen, so ist uns dannach unverhoft [= unerwartet] von eur F.G. zur antwurt gegeben, das eur F.G. nicht gelegen were, ein disputation ader aber synodum in dieser irrigen tzwiespalt halten zu lassen, sondern eur F.G. weren bedacht, des Osiandri bekentnuss vom artickel der rechtfertigung in druck komen und die orterung der gantzen christlichen kirchen daruber gehen zu lassen und sich der zu halten etc.

Sintemael dann eur F.D. und dies arme landt die reine lhere des evangelii, so durch doctorem M. Lutherum wiederumb durch [Seitenwendung:] sunderliche schickung Gotes ans licht gebracht, mit grossen freuden anfenglichen angenhomen, dieselbige uns auch viel jare durch Speratum, Poliandrum, Brismannum und andere gelerte und gothfurchtige menner bei leben des heiligen Lutheri rein, lauter und eintrechtigk furgetragen und gepredigt, wie auch bei uns in der thumbkirchen nach [= noch], eur F.G. uns auch vielfeltig dabei zu erhalten gar oftmals zugesagt etc., Osiandri lhere aber, in kurtzen jaren nach absterben Lutheri seeligen in diesem lande herfugebracht, der reinen lhere ungemess, wie dieselb dann fast in allen iuditiis verdammet wirdt, so ist derwegen ahn eur F.G. als unsern gnedigsten landtsfurs[t]en und hern, ja vatern dieses armen landes, welchs eur F.G. bies auff diese eingefurte neuickeit gantz cristlich und gothseeligklichen geregiret, unsere gantz demutige, underthenige und fleeliche bitte, dieselben wollen gne-

tern[12] furgehalten und begeret, sie solten unterschreyben, welchs sie gewaigert haben, erstlich darumb, das sich der Kneiphofer supplication auff ein andre alte supplication[13] referiret und repetirt, als stünde darin, das nicht darin steht, das ist, als were ich dazumal von den dreien stetten als ein anfenger der neuigkait in der lehre und stiffter der spaltung angeklagt[14], so doch dieselbig alte supplication kain person vor der andern beschweret, sonder allain umb ainhelligkait gepeten hat[15]; zum andern darumb, das die neue supplication der Kneiphoffer mich sambt meiner lehre – und also auch verdeckterweyse eur F.D. selbs – verdammet[16]; zum dritten darumb, das inen das exempel nicht gefelt, das sie in die ersten supplication bewilligt und alsbald ein andre on der andern stet rethe wissen und willen gemacht haben, wie das eur F.D. aus beygelegten copeien klerer zu vernehmen hat[17]. Das hab ich eur F.D. darumb unangezaigt nicht wollen lassen, auf das, so die neu practicirt[18] supplicatio eur F.D.

diglich erwegen irer F.G. und derselben underthanen seelenheill und seeligkeit und uns bei der lhere, die wir von anfang bey leben des heiligen propheten doctoris M. Lutheri von D. Sperato, Brismanno, Poliandro und dergleichen gehoeret, mit der auch aller kirchen iuditia ubereinstimmen, irer vielfeltigen zusage nach pleiben und keine neuerung einfuren und von der einigkeit der lhere dringen lassen. Es gilt hie nicht tzeitlich gut nach wolfart; es trieft [= betrifft] den hochsten artickel unsers glaubens, wie wir fur Goth gerecht, from, ewigk leben und seeligk werden etc.«

12. d.h. den Vertretern der Gemeinde, in der Osiander wirkte.

13. Eine Auswirkung des im Frühjahr 1551 einsetzenden Kanzelkrieges zwischen den streitenden Parteien war eine erste Bittschrift der drei Städte, auf die der Herzog am 19. Juli antwortete; vgl. *Stupperich*, Osiander, S. 161.179f, und u. A. Bd. 9, S. 699-704, Nr. 475.

14. Vgl. die Bittschrift o. in Anm. 11.

15. Das Städtegesuch vom Frühsommer 1551 dürfte also ähnlichen Inhalt gehabt haben wie das vom Jahr darauf, vgl. o. Anm. 5. Dafür spricht auch die Antwort des Fürsten vom 19. Juli 1551, die ebenfalls einen anderen Inhalt aufweist, als ihn die Kneiphöfer referieren. Der Herzog schlägt folgende Maßnahmen für beide Parteien vor: Osianders Bekenntnis soll gedruckt werden, die Gegner sollen den Wortlaut erhalten und ihre Gegendarstellung dazu dem Fürsten einreichen. Mit zwei oder drei derartigen Schriftwechseln solle die Spaltung überwunden werden, andernfalls auch mit anderen Mitteln. Sei auch dann kein Erfolg zu verzeichnen, wolle er den Gegnern zulassen – so schreibt der Herzog –, »ire kegenconfession widerumb zu stellen und uns zu uberantworten. Die wolten wir nach vorgehender besichtigung gleicher gestalt wie des domini Osiandri confessionem [zu] drucken zulassen und dem urtheil der christlichen kirchen zu underwerfen wissen und derselben erkentnus neben inen gewertig sein« (Zitat und Inhalt: Berlin GStAPK, XX. HA StA Königsberg, HBA J3, Herzog Albrecht an die drei Städte Königsberg (Konz. von Köteritz, Kop.), 1551, Juli 19 (K. 1026); vgl. u. A. Bd. 9, S. 699-704, Nr. 475).

16. Vgl. o. Anm. 11.

17. erfassen, verstehen kann. – Man darf aus den geschilderten Ereignissen und Gründen schließen, daß Osiander über diese Vorgänge durch einen Ratsherrn der Altstadt unterrichtet wurde, der ihm wohl auch die vertraulichen Papiere übermittelte. Diese Beilagen zum Brief konnten nicht gefunden werden.

18. mit List betriebene (vgl. *Grimm*, Wörterbuch 7, Sp. 2052).

wirt furkommen[19], sie deste[a] paß[20] wisse, sich zu halten[21] und zu antworten[22]. Der Almechtig geb eur F.D. gnad und verstand, zu handeln, das zu Gottis ehr, iro selbst und der unterthanen seligkait dienstlich[23] sey. Amen.

E.F.D. williger und unterthaniger

A. Osiander

a) danach gestr.: e[her ?].

19. vor ... kommen wird.
20. besser.
21. verhalten.
22. Auch dieser Vorgang dürfte u.a. den Fürsten veranlaßt haben, wenige Monate später – nachdem Osiander unerwartet am 17. Okt. 1552 gestorben war (vgl. *Stupperich*, Osiander, S. 352-355) – die Lösung des Streites im Jan. 1553 durch ein herzogliches Mandat zu suchen (vgl. ebd., S. 355-359, und o. S. 801f, Nr. 539).
23. dienlich.

Nr. 546
Predigt über Mt 6,9-15
1552, Oktober 2

Bearbeitet von *Hans Schulz*

Einleitung

1. Osianders Predigttätigkeit in Königsberg

Aus Osianders letztem Lebensjahr ist eine Reihe von Predigten erhalten; vgl. dazu o. S. 376-379, Nr. 503.

2. Inhalt

In seiner Predigt vom 2. Oktober 1552 über Mt 6,9-15 führt Osiander aus: Im Vaterunser lehrt uns Christus recht beten; es ist das vollkommene Gebet, alle anderen sind in ihm enthalten. Die drei Hauptteile des Katechismus Gesetz – Evangelium – Gebet sind aufeinander bezogen: Im Vaterunser bitten wir Gott, er wolle uns Kraft geben, die Zehn Gebote zu erfüllen und uns die Zusagen des Glaubens(bekenntnisses) schenken.

Zur Anrede des Vaterunsers: Wir bitten nicht um das erste Gebot; der wahre Gott kommt uns zuvor und offenbart sich als ›lieber Vater‹. – In der ersten Bitte beten wir um den Inhalt des zweiten Gebots. – Die zweite Bitte hängt mit dem dritten Gebot zusammen, das Reich Gottes mit dem Feiertag: Wenn die weltlichen Geschäfte ruhen und unsere sündliche Natur Gottes Wort Raum gibt, zieht Gott wie ein König in unsere Herzen, um sie zu regieren. – Die dritte Bitte umfaßt die zweite Tafel der Gebote: Wie die Engel im Himmel Gottes Willen tun, so sollen wir es auf Erden, nämlich keinen Schaden tun, sondern dem Nächsten Schutz und Hilfe sein. Gott wird gebeten, dafür zu sorgen, daß wir die Verbote der zweiten Tafel halten.

In der ersten Hälfte des Vaterunsers bitten wir Gott, daß er uns ermöglicht, das Gesetz zu halten, in der zweiten Hälfte, daß er uns die Zusagen des Evangeliums schenke: Der erste Artikel des Glaubensbekenntnisses bezieht sich auf die vierte Bitte, d.h. alles zur Erhaltung Nötige, gute Luft, Familie, Kleidung, Frieden, Schutz vor Gewalt; wir sollen täglich um unser ›Brot‹ bitten. – Der zweite Artikel (Christi Werk) und die fünfte Bitte gehören zusammen, ebenso der dritte Artikel mit der sechsten und siebten Bitte (das Regiment des heiligen Geistes gegen Satan, Welt und eigenes Fleisch). – Dekalog und Credo werden also vom Herrengebet zusammengefaßt. Der Beschluß des Gebets weist auf die Anrede zurück.

Das von Matthäus angehängte Wort Christi, das Bezug zur fünften Bitte hat, weist auf ein Geheimnis: Wenn du dem Nächsten vergibst und dich darin übst, kannst du auch glauben, daß Gott dir vergeben will.

3. Überlieferung

Königsberg: [Hans Lufft], 1553 = *Seebaß*, Bibliographie, S. 182, Nr. 69. Unserer Edition liegt das Exemplar Berlin DSB, Dm 900 (10) zugrunde. Folgende Druckfehler werden von uns stillschweigend berichtigt: S. 878,4 (2. Wort): dar; S. 878,15 (vorletztes Wort): den; S. 879,11: Ggtt; S. 879,31: hetzen; S. 880,13: geiligen; S. 882,4: anch; S. 882,24: kounen; S. 883,11f: vegeben; S. 883,19: reziet; S. 884,14: baer; S. 885,36 (4. Wort): verhebt.

Text

[A1a:] Ein sermon auss dem 6. capit. Matthei uber das heilige vaterunser des ehrwirdigen, achtparn herrn Andreae Osiandri seligen[1], die er die letzte gethan den 2. Octobris im 1552. jar, auff vieler fromen christen der Altenstadt Koͤnigsperg begern, inen zu einem gluͤckseligen neuen jar ausgeben. Psalm 50[15]: »Ruff mich an in der not, so wil ich dich erretten, so solt du mich preisen«. Koͤnigsperg in Preussen, 1552. [A1b:]

Matth. am sechsten capitel [9-15]: »Darumb solt ir also beten: Unser Vater im himel! Dein name werde geheiliget. Dein reich kome. Dein wille geschehe auff erden wie im himel. Unser teglich brodt gib uns heute. Und vergib uns unsere schülde, wie wir unseren schüldigern vergeben. Und fuͤre uns nicht in versuchung, sondern erloͤse uns von dem ubel. Den dein ist das reich und die krafft und die herrligkeit in ewigkeit. Amen. [A2a:] Den so ir den menschen ire feile[2] vergebet, so wird euch euer himelischer Vater auch vergeben. Wo ir aber den menschen ire feile nicht vergebt, so wird euch euer Vater eure feile auch nicht vergeben«.

Wir haben am negsten[3] gehoͤret, was fur ein unterschied sey eines heuchlerischen gebets und eines rechten gebets und wie wir uns sollen schicken; auff das wir recht beten[4]. Itzt leret uns der herre Christus selber beten und schreibet uns alle wort fur

1. Osiander war am 17. Okt. gestorben, vgl. *Stupperich*, Osiander, S. 352.

2. Fehler.

3. zuletzt, beim letzten Mal. – Der 2. Okt. 1552 war ein Sonntag. Da Osiander in der Woche noch montags und dienstags predigte (vgl. o. S. 381, Anm. 2, Nr. 503), ist wohl damit die Predigt von Dienstag, dem 27. Sept., gemeint. Der Pfarrer der Altstadt predigte freilich in unregelmäßigem Wechsel auch über den Römerbrief u. a. (vgl. o. S. 546, Anm. 10, Nr. 520-521, und die Wochentage und Daten der o. ed. Predigten Nr. 503, 504, 514, 515, 518 und 520-521). Die Predigt über die unserem Text vorausgehende Mt-Perikope könnte daher auch am 25. und 26. oder zwischen dem 18. und 20. Sept. gehalten worden sein.

4. Osiander war also seit dem Osterfest am 17. April, nachdem er die Predigten über Mt und Röm wieder aufgenommen hat (vgl. o. S. 546,12-16, Nr. 520-521), von Mt 5,1 ab nicht weiter als bis hierher gekommen (vgl. ebd. Anm. 11). Die kurze Zusammenfassung dürfte sich auf Mt 6,5-8 beziehen. In seiner lectio continua zu Röm dagegen war er bis Kap. 11 gekommen; ein eifriger Gottesdienstbesucher hat 22 Predigten nachgeschrieben, die heute wohl als verloren angesehen werden müssen; vgl. dazu o. S. 671-693, Nr. 523-530.

und spricht: »Darumb solt ir also beten«[5]. Es moͤcht[6] aber hie einem menschen einfallen, dieweil[7] uns Christus befielet, das wir also sollen beten, das wir ebendieselbigen wort muͤsten gebrauchen und nicht andere, dieweil doch viel schoͤner gebet in den psalmen sind, die auch aus dem heiligen Geist herflissen, und ein christ nicht ubel dran thut, der dieselben spricht und betet. Aber wan wir dis gebet werden recht ansehen, so wird sichs finden, das ein christ nichts anders beten kan, dan das in diesem gebet begriffen ist. Greifft er aber mit worten weiter und betet, das im vaterunser nicht begriffen ist, so betet er un-[A2b:]recht, und sein gebet ist nichts. Darumb so seind alle andere gebet in der heiligen schrifft nichts anders dan schoͤne, weitleufftige auslegung dieses einigen[8] gebets, das wir hoͤren werden. Dan etwan[9] nimpt der heilige David ein wort heraus und macht einen gantzen psalm darvon. Am andern ort nimpt er etwan zwey oder drey wort etc.[10] Darumb last uns dis gebet mit allem fleis ansehen, so werden wirs befinden, das es volkommen sey und das man wol andere mer wort darvon kan machen, aber kein bessers wird jemand koͤnnen finden[11].

Ir wist aber, das die gantze christliche lehre in diesen dreien heuptstuͤcken stehet, nemlich im gesetz, im evangelio und im gebet. Das gesetz haben wir in den zehen geboten, das evangelium ist im glauben[12] gefast, wie der im catechismo wird geleret und geprediget[13]; darauff gehoͤret dis gebet: Und sicht[14] erstlich auff die zehen gebot; dan das bitten wir hie, das es Gott geben wol, auff das wirs thun koͤnnen. Und das im evangelio ist zugesagt, das bitten wir hie, das Gott dasselbige uns wolte geben[15]. Und ist also ein schon[16], volkommen gebet, das alles in sich schleust, damit die christen umbgehen[17].

Ir wist aber, das die zehen gebot also lauten: »Du solt nicht ander goͤtter haben neben mir. Du solt den namen Gottes nicht unnuͤtzlich fuͤren. Du solt die feier heili-

5. Mt 6,9.

6. könnte.

7. weil.

8. einen, einzigen.

9. bisweilen.

10. Beispielsweise ließe sich zur fünften Bitte an die ›Unterweisung Davids‹ Ps 32 denken.

11. Zu Exegese und liturgischem Gebrauch des Gebets vgl. RGG 6, Sp. 1235-1238; LThK 10, Sp. 624-629. Zum reformatorischen Brauch der Katechismuspredigten, zu denen auch Predigten über das Vaterunser gehörten, vgl. TRE 17, S. 744-774; RGG 3, Sp. 1182f, 1186f und u. A. Bd. 5, S. (186)281,5-310,23(334), Nr. 177.

12. Glaubensbekenntnis.

13. Die mittelalterliche Katechismustradition der Lehrstücke Zehn Gebote, Glaubensbekenntnis, Vaterunser wird von der Reformation aufgegriffen und mit Lehrstücken über die Sakramente erweitert, vgl. TRE 17, S. 710-713 und 715.

14. sieht.

15. Vgl. dazu Osianders ›Vorwort‹ zu den Vaterunserpredigten in seinen Katechismuspredigten 1533 u. A. Bd. 5, S. 281,5-283,25, Nr. 177.

16. schönes.

17. Die systematisierende Parallelisierung zwischen Dekalog, Credo und Vaterunser findet sich bereits in Osianders Vaterunserpredigten 1533, vgl. u. A. Bd. 5, S. 281,5-310,23, Nr. 177 (jeweils die Anfänge der einzelnen Predigten).

gen«[18]. Und darnach alle andere gebot, die den negsten belangen: »Du solt vater und mutter ehren«[19] etc. Das seind wir alle schuͤldig zu thun und koͤnnens doch aus eigenen krefften nicht, sondern Gott mus es geben, das wirs koͤnnen. Und dieweil er es uns mus geben, so muͤssen wir in auch darumb bitten. [A3a:]

Aber das mercket mit fleis, das wir in umb das erste gebot nicht bitten, dan das heist: »Du solt nicht frembde goͤtter haben neben mir«[20]. Dan solange wir im unglauben bleiben, wissen wir nichts von Gott[21]. Wie kuͤnden wir in dan bitten, das er unser Gott sey und genediger Vater? Wir kuͤnden ja nicht beten, dan wir seind dan noch im finsternis und ein theil weis nicht, ob ein Gott sey, die andern, die do meinen, es sey ein Gott, die haltens doch dafuͤr, Gott achte unser nicht, und die do gleuben, das er auff uns sehe, die meinen, er sey unser feind und unser richter und woͤl uns verdammen, und ob sie gleich gleuben, das Gott guͤtig sey und das er uns nicht umbsunst geschaffen habe und das er nicht alle verderben werde, so wissen sie doch nicht, wie sie zur gnaden und seeligkeit kommen sollen – in summa: Der mensch stecket von natur in lauter unwissen. Darumb mus Gott aus gnaden zuvorkommen und gantz ungebeten[22] sich zum Vater darstellen, und wir muͤssen von im lernen und gleuben, sonst wuͤrden wir nicht beten.

Mercket aber mit fleis, das das die rechte auslegung sey uber das erste gebot: »Du solt nicht ander goͤtter haben neben mir«. Last uns die rede wenden[23], dan es ist ebensoviel, als sprech Gott: Du solt mich alleine fur deinen Gott halten. So last uns nun sehen, was das sey, wan Gott unser Gott ist: Dieweil du es von natur nicht wist[!], das Gott dein Vater sey, das er dich liebe als sein kind, das er fuͤr dich sorge und das er dich wol neu geberen[!] durch wasser und Geist[24], wie wir dan bisher offt gehoͤret haben, so kompt er zuvor, schicket uns seinen lieben son, unsern herrn Jesum [A3b:] Christum, lest den fuͤr uns leiden und sterben, lest in fuͤr uns das gesetz erfuͤllen und fur unser suͤnde genugthun und uns also widerumb zu gnaden bringen. Und wan das geschehen ist, so lest er es uns durchs evangelium verkuͤndigen, und wen wirs gleuben, so gebirt er uns neu durch sein wort und durch seinen heiligen Geist[25]. Alsdan seind wir kinder Gottes und er gibt uns seinen heiligen Geist, der in unsern hertzen schreiet: Abba, lieber Vater! Dan er gibt gezeugnis[26] unserm geist, das wir Gottes kinder sein, wie der heilige Paulus spricht[27]. Wen wir den also Gottes kinder sein, so sagen wir nicht: Lieber Gott, werde unser Vater, den er ist[s][a] schon

a) konj.

18. Ex 20,3.7f par.
19. Ex 20,12 par.
20. Ex 20,3.
21. Vgl. Eph 4,17f.
22. entweder: ohne Gebet, ohne Bitte, oder: ohne, daß ihn jemand hätte bitten können.
23. umwenden, umdrehen, genau ansehen von allen Seiten.
24. Vgl. Joh 3,5.
25. Vgl. dazu etwa o. S. 112,4-22 und 248,24-250,12, Nr. 488.
26. beweist.
27. Vgl. Röm 8,14-16.

vorhin[28], und wir haben schon die freudigkeit[29] in unsern hertzen[30] und sagen ›Vater unser‹ durch Christum, seinen son, durch welchen er unser Vater worden ist. Wen also Gott selbest ohn unser zuthun den grundt und anfang geleget hat, das wir wissen, das er unser Gott und vater sey, so folget, das wir wissen, was wir thun und haben sollen, und bitten den[31] auch darumb.

Ich kan aber hie nicht unterlassen, zwo ungeheure schwermerey zu melden. Dan fur[32] wenig jaren einer ist erstanden[33], der wolt, man solt nur allein Gott den vater anbeten und nicht den herren Christum, sondern Gott den vater durch Christum[34], welches gantz wieder die heilige schrifft ist, wie man zun Ephesern [Hebr 1,6] liset, das nicht alleine die menschen, sondern auch die engel anbeten den herrn Christum[35]. Die schwermerey ist verschwunden, itzt aber treibet der lůgengeist[36] das wiederspil[37] und spricht, das man Christum anbeten sol und nicht den Vater und den heiligen Geist; und ist zu verwundern, wie doch die leute sol-[A4a:]che lesterung anhőren můgen. Betet doch der herre Christus selbst den Vater an[38], warumb solten den[39] wir in nicht anbeten? Und der herr Christus spricht Johan. 4[22] zu dem samaritischen weibe: »Ir wist nicht, was ir anbetet; wir wissen aber, was wir anbeten, dan das heil kompt von den Jůden«. Und weiter spricht er [23]: »Aber es kompt die zeit, und ist schon itzt, das die warhafftigen anbeter werden den Vater anbeten im Geist und in der warheit, dan der Vater wil auch haben, die in anbeten«. Hie hőren wir ja, das man den Vater sol anbeten im Geist und in der warheit. Und Christus zelet sich auch darein und spricht: »Wir wissen, was wir anbeten«, das ist: Ich und alle, die an mich gleuben, beten den Vater an. Und warumb lehret uns der herre Christus beten:

28. vorher, zuvor.
29. Freiheit.
30. Vgl. IJoh 5,14; 3,21f.
31. dann.
32. vor.
33. aufgestanden, aufgetreten.
34. Diese Aussagen Osianders richten sich gegen die Bewegung der Antitrinitarier (Sozinianer, Unitarier); vgl. TRE 3, S. 168-174; RGG 1, Sp. 459; 6, Sp. 207-210, 1031 und 1147f. Es läßt sich nicht feststellen, welche Persönlichkeit im besonderen gemeint ist. Sie müßte wohl den ersten Jahrzehnten der Reformationszeit zugeordnet werden. Man könnte an Michael Servet (1511-1553), den »Antitrinitarier seines Jahrhunderts« (vgl. TRE 3, S. 169f, Zitat S. 169; RGG 5, Sp. 1714; *Cantimori*, Häretiker, S. 31-44; *Fulton*, Servetus, S. 19-46) denken oder an Lelio Sozzini (1525-1562), den Oheim von Fausto Sozzini (1539-1604); vgl. RGG 6, Sp. 208; *Cantimori*, Häretiker, S. 118-136. Lelio Sozzini unternahm 1551 eine Reise nach Polen; vgl. ebd., S. 130, und *Völker*, Kirchengeschichte, S. 190. Es ist unwahrscheinlich, daß der Königsberger Professor die in Polen entstehende Bewegung der Antitrinitarier gekannt hat und sich mit diesen Äußerungen insgesamt dagegen wenden will. Doch führten in Polen in der Zeit nach Osiander die unitarischen Bestrebungen sogar zu kirchlichen Ausformungen; vgl. TRE 3, S. 170f; RGG 5, Sp. 428, und *Völker*, Kirchengeschichte, S. 188-194.
35. Vgl. auch Phil 2,10f.
36. Vgl. Joh 8,44.
37. Gegenteil.
38. Vgl. z.B. Joh 17.
39. denn.

»Vater unser, der du bist im himel«[40]? Wir muͤsten ja sagen: Bruder Christe, der du bist im himel, so der schwermern geist solt war haben. Darumb so mercket hie mit fleis, das man die gantze heilige dreifaltigkeit, den Vater, Son und heiligen Geist zugleich anbeten sol und ein jede person in sonderheit[41]. Bey solcher schwermerey aber mercket, wie gantz[42] kein wissenheit und vernunft sey bey denen, welche der teuffel in irthumb fuͤret, das sie gantz taub und blind werden. Darumb so muͤssen wir sie fahren lassen, bis das Got inen weret, das sie nicht andere verfuͤren.

Wir aber haben nicht frembde goͤtter wider das erste gebot, sondern wissen, das uns Gott fur seine kinder helt. Alsdan koͤnnen wir auch, als die wir aus Gott geboren sein und kinder Gottes[43], sprechen: »Vater unser, der du bist im himel«, und alsden nicht erst sprechen: Lieber Gott, sey unser vater und gib, das wir dich fur einen vater halten. [A4b:] Dan wan wir das nicht gleuben, so seind wir nicht christen. Darumb kuͤnden wir auch gantz und gar nicht beten. Darumb ist das erste gebot gleich als ohn das gebet sicher und fest im glauben, welchs wir nicht eher haben, wir sein dan seine kinder, geboren aus seinem wort und Geist. Darvon redet der prophet Esaias im 64. capitel [63,16], da er also spricht: »Bistu doch unser vater; dan Abraham weis von uns nicht, und Israel kennet uns nicht. Du aber, Herre, bist unser vater und unser erloͤser«, und hernach [64,7] spricht er widerumb: »Aber Herre, du bist unser vater. Wir sind thon, du bist unser toͤpfer, und wir alle sind deiner hende werck«.

Sihe, so hoch gibt der prophet Gott die vaterschafft, das er sagt, Abraham und Israel seind nicht die rechten veter der Juͤden. Dan ob sie wol fleisch und blut von inen haben, so hat es doch Gott gewircket. Und ist viel ein geringere vaterschafft der veter gegen den kindern alhie in dieser welt, dan die Gottes ist gegen den gleubigen. Darumb spricht der prophet: Gleichwie du den Adam aus der erden gemacht hast, also seind wir auch heute der thon, daraus du uns in mutterleibe formiret hast; vielmehr aber bistu unser Vater, dieweil du unser erloͤser bist und uns neugebirest, und der samen – das wort Gottes – in uns bleibet[44]. Also sollen wir von Gott halten, das er durch Christum unser Vater sey und uns neugeber durch sein wort, welches Gott selbst ist[45], und durch den heiligen Geist, welcher auch Got selbst ist, welche er uns durch den glauben in unsere hertzen gibt[46], das wir ware kinder Gotts werden[47] und in einem festem glauben fur in dorfen[48] treten und sagen: »Vater unser, der du bist im himel«! [B1a:]

Und spricht der herr Christus weiter: »Geheiliget werde dein name«[49]. Das sicht

40. Mt 6,9.
41. besonders.
42. gar.
43. Vgl. Joh 1,12f.
44. Vgl. IJoh 3,9.
45. Vgl. Joh 1,1.
46. Vgl. Gal 4,6; Eph 3,17.
47. Vgl. Röm 8,14; Gal 3,26.
48. wagen zu.
49. Mt 6,9.

nun in das ander[50] gebot: »Du solt den namen deines Gottes nicht unnůtzlich fůren«[51]. Wie sol man im den thun[52]? Man sol seinen namen heylig halten; alsden aber wird er heilig gehalten, wen man in nicht misbraucht, ob mans gleich heimlich helt und nicht ans licht bringt. Wie du nun den Vater im hertzen hast und sein gesetz und sein wort und woltest nicht gerne wider in thun, also soltu auch seinen namen heilig halten, nicht leichtfertig fůren, sondern in ehren halten. Darumb so sicht man hie, wie das so ein grosse sůnde sey, das man also mit dem namen Gottes umbgehet und so vil leichtfertigkeit daraus gemacht wird, das man auch den misbrauch nicht verstehet. Und ist so vil[53] erger, wen man in misbraucht zum ligen, falsch schweren, zauberey und dergleichen[54], wie wir den nun kinder Gottes worden seind und wissen, das er unser Vater ist, und wissen auch seinen willen in den zehen geboten. So sollen wir uns auch mit allem fleis bemůhen, das wir durch sein word und durch den heiligen Geist seinem willen kőnnen genugthun, auff das also sein name bey uns geheiliget werde und wir in nicht unnůtzlich fůren und also nicht schůldig werden am andern gebot.

»Dein reich zukomme!«[55] Was ist den das reich Gottes? In dieser welt ist es, das Gott durch den glauben in unsern hertzen wonet[56] und uns durch sein wort und den heiligen Geist regieret; das sol zu uns kommen; und sicht hiemit der herr Christus in das dritte gebot: »Du solt den feiertag heiligen«[57]. Der feiertag aber ist erstlich gegeben umb der eusserlichen ubung willen im [B1b:] wort Gottes, auff das wir etzliche tage hetten, darin wir die weltlichen geschefft lissen ligen und hőrten Gottes wort, darin[58] wir kőnten beten und danck sagen[59]. Die feire[60] aber deutet[61] auch ein andere feire, nemlich das unser bőse sůndtliche natur feiren sol und Gott in unsern hertzen raum geben, das er mit seinem wort und Geist darin regire. So bitten wir nun umb das, das uns im dritten gebot geboten wird, das wir die feiere sollen heiligen, das wir uns auswendig[62] sollen ledig machen von allen gescheffften, inwendig[63] aber von der bősen art und natur und Gott in uns lassen wircken; darumb so sprechen wir: »Dein reich komme«. Denn je wir mer feiren, je[64] er mer wircket. Die zukunft aber seines reiches fehet[65] itzt in uns an, und ist eben, als wen ein grosser

50. zweite.
51. Ex 20,7.
52. dem denn nachkommen.
53. umso(viel).
54. Vgl. BSLK, S. 508,5-7; weiter u. A. Bd. 5, S. 208,14-211,11, Nr. 177.
55. Mt 6,10.
56. Vgl. Eph 3,17.
57. Ex 20,8.
58. an denen.
59. Vgl. BSLK, S. 508,14-17; weiter u. A. Bd. 5, S. 215,30-216,17, Nr. 177.
60. Die Feier, die Ruhe.
61. bedeutet.
62. äußerlich, nach außen.
63. innerlich, nach innen.
64. desto.
65. fängt.

kůnig einzeucht: Wen der vordrab[66] kompt, so spricht man: Der kůnig kumpt, und werd[67] doch der zog[!] lange, ehe dan er kumpt. Also fehet auch Gott die feire in uns an, aber sie nimpt von tag zu tag zu, so wir uns anders[68] recht darein schicken. Das ists, das wir bitten: »Zukomme dein reich«, das ist, das es in uns anfahe und wachse, bis das es auff den jůngsten tag in der aufferstehung volkommen werde. Alsden werden wir sehen, das wir itzt gleuben[69], und entpfinden, das das reich Gottes in uns sey, und das Gott alles in allen sey[70].

Es hat aber der herre Christus zuvor[71] gesaget, das wir nicht sollen viel wort machen, wen wir beten, den der Vater weis vorhin wol, was wir bedörfen[72], derhalben spricht er: »Dein wille geschehe auff erden wie im himel«[73]. Diese bitte begreifft in sich die sieben gebot der andern taffel[74]. Den es wer nicht fein[75], wen wir sprechen: Lieber Gott, gib, das wir uns nicht todt-[B2a:]schlahen oder einander verwunden. Gib, das ich nicht ehbreche und in unzucht lebe. Gib, das ich nicht stehle und andere betrige etc.[76] Dan der Geist in uns hat gar subtile ohren. Der heilige Paulus spricht von den heiden, das sie solches thun, darvon auch scheutzlich[77] sei zu reden[78], das ist: Umb der jugent willen und auch umb der alten willen solt man solche laster in der christenheit nicht nennen, dan es brent umb sich, und ein mensch kan dardurch leichtlich verfůrt werden. Darumb decket das alles der herr Christus zu und redet nicht ausdrůcklich darvon und zeiget doch alles an und spricht: »Dein wille geschehe auff erden wie im himel«.

Das ist ein hohes[79] und ernstliches gebet, das wir nicht allein sollen schlecht from[80] sein, sondern auch wie die engel im himel. Dann gleichwie kein ungehorsam im himel ist, sondern ist der engeln hochste freude, das sie thun, was Gott wolgefelt, also sol es auch in uns sein. Und wie die engel nicht allein niemand beleidigen, son-

66. Vortrupp, Vorhut (vorausgeschickte Reiterabteilung, vgl. *Grimm*, Wörterbuch 12,2, Sp. 1748-1751).
67. dauert.
68. nämlich.
69. Vgl. I Joh 3,2.
70. Vgl. I Kor 15,28.
71. sc. vor der Anordnung des Vaterunsers, vgl. o. S. 875,15-17.
72. Vgl. Mt 6,7f.
73. Mt 6,10.
74. Zu den zwei Bundestafeln des Gesetzes mit den Zehn Geboten vgl. Ex 31,18 u.ö. Die evangelisch-lutherische und die römisch-katholische Tradition, die zweite Gesetzestafel beim Vierten Gebot zu beginnen, geht auf Augustin zurück, vgl. RE 4, S. 561,42-46, und TRE 8, S. 418,36-41; weiter u. A. Bd. 5, S. 199,28-201,8, Nr. 177. Zum Dekalog im Ganzen vgl. TRE 8, S. 408-430.
75. recht.
76. Vgl. das Fünfte bis Siebte Gebot Ex 20,13-15, bzw. BSLK, S. 508,29.37, 509,7. Vgl. weiter u. A. Bd. 5, S. 227,7-247,5, Nr. 177.
77. abscheulich.
78. Vgl. Eph 5,12 und Röm 1,18-32; I Kor 6,9f; Gal 5,19-21 u.a.
79. wichtiges, wertvolles.
80. einfach, rechtschaffen, brav.

dern behůtten und beschirmen uns auch, und nicht allein unser person, sondern auch alles das unser, die frůcht auff dem felde, unser gůtter im hause, das sie uns nicht gestolen werden oder verbrennen, in summa, sie thun uns alles guttes und gantz und gar keinen schaden, also sollen wir auch nicht allein nicht todschlagen und andere grobe laster meiden, sondern sollen uns auch fein freundlich gegen unserm negsten halten, gleichwie sich die engel gegen uns halten. Und wer kůnde doch gedencken, das ehbruch oder diebstal etc. in den engeln were? Also sol es auch in uns sein! [B2b:] Und es mus entlich dahin kommen, das wir inen gleich werden. Darumb můssen wir auch den tod leiden, welcher dasjenige hinwegnimpt, das uns daran hindert. Darumb, was Gott in den sieben geboten[81] verbeut, darumb bitten wir hie, das ers gebe, auff das wir das thun kőnnen, da wir sprechen: »Dein wil geschehe auff erden wie im himel«.

Also habt ir nun den ersten theil, da wir bitten umb das, das das gesetz von uns fodert[82], das es uns Gott geben wolle, auff das wirs thun kőnnen. Nu sicht er weiter in den glauben und lehret uns beten, das uns Gott das gebe, das uns im evangelio ist zugesaget; und fehet an, gleichwie wir sprechen: Ich gleube an Gott den vater, almechtigen schőpfer himels und der erden[83].

Ist er aber ein schőpfer himels und der erden, so hat er uns auch geschaffen und alles, was in der welt ist. Hat er aber uns geschaffen, so wil er uns auch erhalten, er wil uns unser speis und narung, unser haus und frůcht geben und erhalten und wil unser vater und schőpfer sein, der sein creatur erhalten wil. Wen wir dan die zusagung haben und wissen, das er der schőpfer himels und der erden ist, so sollen wir auch erstlich wissen, das wir alles das, das wir in diesem leben bedůrfen, nirget[!] her konnen haben, den allein von im. Darumb so můssen wirs auch von im bitten, das ers gebe. Es ist aber kurtz gefast, und lehret uns also beten: »Unser teglich brodt gib uns heute«[84]. Teglich brodt nennet er alles das, dadurch wir erhalten werden. Den der mensch lebet nicht alleine des brodts, er mus auch gesunde lufft haben, haus und hoff, kleider etc. Und sol er leben, so mus er auch fried und schutz haben fůr gewalt. Darumb gehőret dis alles hieher.

Es lehret uns aber der herre Christus beten: [B3a:] »Unser teglich brodt gib uns heute«. Warumb lehret er uns nicht beten: Gib uns, sovil wir uber ein jar bedůrfen? Nein, dan er spricht: »Ir solt nicht sorgen fur den morgen tag«[85], sonder sollen teglich umb das tegliche brodt bitten. Denn was wiltu auff das zukůnftige sorgen, so du doch nicht weist, ob du die nacht leben werdest, wie uns das der herr Christus fůrmalet in dem reichen manne, der seine scheune weiter bauet und getreide einleget und ein lange zeit gute tage wolt haben[86]. Was saget aber der Herre? »Du narr! Heute wird deine seele von dir genommen werden. Wes werden den deine gůtter

81. sc. der zweiten Tafel.
82. fordert.
83. Vgl. das Glaubensbekenntnis BSLK, S. 510,29-31.
84. Mt 6,11.
85. Mt 6,34.
86. Vgl. Lk 12,15-21.

sein?«[87] Darumb so sol man heute umb das teglich brodt bitten und morgen wiederumb, auff das wir in steter ubung bleiben und wissen, das es alles von im herkumpt.

Darnach sagen wir: Ich gleube an den herren Jesum Christum, seinen eingebornen Son, unsern Herren, der entpfangen ist vom heiligen Geist[88] etc. Was wil aber der artickel des glaubens? Nichts anders den, dieweil der herr Christus durch sein leiden und sterben uns vergebung der sünden erworben hat und es dahin gebracht, das das evangelium in der gantzen welt geprediget wird[89], das, wer an Christum gleubet, dem wöl Gott seine sünde vergeben. Derhalben dieweil wir die zusagung haben, so sollen wir auch das von Gott bitten, das uns Christus verdinet hat, das ist – auffs kürtzte – vergebung der sünden. Darumb spricht der herre Christus, das wir sollen bitten: »Und vergib uns unsere schülde, wie wir unsern schüldigern vergeben«[90]. Warumb wird aber das hinzu-[B3b:]gesetzt: »Wie wir unsern schüldigern vergeben? Das wollen wir sparen[91] bis ans ende, da der herr Christus des widerumb meldung thut[92].

Zum dritten sagen wir auch: Ich gleube an den heiligen Geist[93] etc. Der heilige Geist aber mus in uns sein, uns regiren und leiten[94], auff das wir nicht verfüret werden. Darumb so bitten wir auch und sprechen: »Und fure uns nicht in versuchung, sondern erlose uns von dem ubel«[95], das ist: Wen der sathan oder die welt oder unser eigen fleisch uns versucht und reizet und treibet zu sündigen, das er seinen heiligen Geist in uns lasse walten, das wir nicht in versuchung kommen, das ist, das wir nicht darein verwilligen.

Also habt ir die zehen gebot und den rechten, christlichen glauben fein ins gebet gefast, das wir umb das alles bitten. Darumb sehet ir auch, das das ein volkommen gebet sey und das alles darin begriffen werde, das ein christ beten sol. Was sonst andere christliche gebet sein heiliger leute, die inen der heilige Geist hat eingegeben, die werden alle hirin begriffen, und wird nichts ausgelassen, das zu unser seeligkeit gehöret, und ist sonst auch reich[96], und man künde von einer jeden der sieben bith ein predigt thun[97]. Aber ich habs umb der einfeltigen[98] willen also kurtz wollen furlegen, auff das sie möchten sehen, was der catechismus[99] vermöge: Dan das gesetz lehret uns, was wir thun sollen, das evangelium lehret uns, was uns Gott thun wolle, das vaterunser lehret uns bitten, das wir das können thun, was wir sollen, und das

87. Lk 12,20.
88. Vgl. BSLK, S. 511,11-13.
89. Vgl. Mk 16,15 par.
90. Mt 6,12.
91. aufsparen.
92. Vgl. u. S. 884,13-15(-885,36).
93. Vgl. BSLK, S. 511,40.
94. Vgl. Gal 5,18.
95. Mt 6,13.
96. Vgl. o. S. 876,5-14.
97. Vgl. Osianders Katechismuspredigten von 1533 u. A. Bd. 5, S. 281,5-310,23, Nr. 177.
98. einfachen (Leute).
99. Vgl. o. Anm. 13.

uns das Gott geben wolle, was er uns zugesaget hat[100]. Was sonst weiter erklerung bedarf, das wird sich wol finden, [B4a:] itzunt mercket die drey stůck im catechismo, denn es ist alle krafft und macht an den dreien stůcken gelegen!

Hernach aber folget: »Den dein ist das reich und die krafft und die herrligkeit in ewigkeit. Amen.[101]« Die wort geben ebendas, das die ersten wort geben: »Vater unser, der du bist im himel«[102]: Dan er ist allein der einige, ware Gott und wil unser Vater sein[103]. Den das reich ist sein; er sol durch sein wort in uns regiren. Und die krafft ist sein, den niemandt kan des teuffels list uberwinden, den alleine er. Und die herrligkeit ist sein, den sollen wir von sůnden gefreiet[104] werden, so mus uns Gottes son seine herrligkeit mitteilen, das ist, durch das wort und heiligen Geist in uns leben und leuchten, unser leben, gerechtigkeit und herrligkeit sein. – Das ist das gebet auffs kůrtzte.

Das er aber hernach spricht: »Den so ir den menschen ire feile vergebt, so wird euch euer himelischer Vater auch vergeben. Wo ir aber den menschen ire feile nicht vergebt, so wird euch euer vater eure feile auch nicht vergeben«[105], das solt ir nicht also verstehen, als můste man das zuvor verdinen, das uns die sůnde vergeben werden durch das, das man dem negsten verzeihe. Nein, warlich! Sondern es ist ein anhang, der ein heimlich, verborgen ding anzeiget, nemlich wie es umb unser hertz stehe und wie es umb Gottes werck stehe.

Gott vergibt die sůnde bey sich in seinem hertzen, und wir wissen hie nichts darvon, und kan uns die vergebung der sůnde[106] noch nicht zufriedenstellen. Aber Gott schickt uns nach seiner gelegenheit[107] das [B4b:] evangelium und lest uns vergebung der sůnden verkůndigen[108]. Wan wir den das gleuben, so haben wir nicht allein vergebung der sůnden, sondern haben auch trost und friede im gewissen, das wir kőnnen frőlich sein[109] und die sůnde uns nicht kan anklagen. Nemet ein exempel von menschen: Ein knecht beleidiget und erzőrnet seinen herren und meint nun, er mus urlaub haben[110]. Der herr aber gedenckt anders und vergibt im, das er gethan hat, aber er list im zuvor ein gut capitel[111]. Die gedancken hat der herr im hertzen, das er dem knecht verzeihen woll, aber der knecht weis nichts darvon, bis das ims der herr saget, er wols im vergeben. Alsden weis der knecht, wie er mit dem herren doran sey und das er mit seinem herren zufriedestehe. Also můssen wir hie auch die vergebung der sůnden ansehen: Gott hats von ewigkeit im sinn, das er umb des herren Christi

100. Vgl. o. S. 876,15-22.
101. Mt 6,13.
102. Mt 6,9.
103. Vgl. o. S. 877,20-878,5; 879,8-33.
104. befreit.
105. Mt 6,14f.
106. sc. in Gottes Herz.
107. wann er will.
108. Vgl. Lk 24,47; Act 2,38 u.ö.
109. Vgl. Gal 5,22; Phil 4,7; I Petr 3,21; Hebr 13,18 u.ä.
110. seinen Abschied nehmen.
111. sprichwörtlich: liest ihm die Leviten, erteilt ihm eine Lektion, weist ihn mahnend zurecht; vgl. *Grimm*, Wörterbuch 6, Sp. 779.

willen die suͤnde vergeben woͤlle[112]; wir wissen das aber nicht. Wen ers uns aber zusagt und wirs gleuben, so bekommen wirs auch. Den man mus uns vergebung der suͤnden predigen, und wir muͤssens auch gleuben. Den wen wirs nicht gleuben, so haben wirs auch nicht, sondern bleiben im unfried.

Hieher gehoͤrt nun dis: Wiltu gleuͤben, das dir Gott deine suͤnde vergebe, so mustu auch vergeben. Denn wen du des negsten suͤnde ansihest und bist im drumb feindt und gram, also das du sie im nicht wollest vergeben, und meinest, du seist es nicht schuͤldig zu thun, sondern die suͤnde sey des zorns und der rach wol werd, was thustu dan? Du verderbest dein hertz, dein gedancken und verstandt. Den wen du das evangelium hoͤrest, das Gott die suͤnde ver-[B5a:]geben wolle, alsdan kommen die gedancken zwischen dich und Gott, die du hettest zwischen dir und deinem negsten. Den wie du gedacht hast, das deines negsten suͤnde der vergebung nicht wirdig sein, so mustu auch gedencken, das dein suͤnde der vergebung nicht wirdig sein. Derhalben so du wilt gleuben, das dir Gott deine suͤnde vergebe – welchs den sehr schwer ist –, so mustu dich uben und dem negsten die suͤnde auch vergeben. Dan wen du gedenckest: Mein negster weis nicht, was er thut; er schadet sich selber mehr den mir, so kommen dir auch die gedancken, wen du auff[113] Gott gedenckest, den du gedenckest, Gott vergibt mir auch meine suͤnde; er weis, das ich schwach und unverstendig bin.

Derhalben ist es nicht die meinung[114], das wir durch das, das wir die suͤnde vergeben, verdineten, das uns Gott auch die suͤnde vergebe, sondern es ist ein ubung, das wir uns durch verzeihung des negsten suͤnde unser hertze uben, das wir auch koͤnnen vergebung der suͤnden fuͤr Gott gleuben. Und ist eben, als sprech Gott: Wirstu die augen nicht auffthun, so wirstu das liecht nicht sehen. Also, wirstu dem negsten nicht vergeben, so wirstu auch nicht koͤnnen gleuben, das dir Gott deine suͤnde vergebe.

Das ist der reine verstandt[115], welcher der heiligen schrifft gleichmessig[116] ist. Darumb spricht der herr Christus, das wir sollen beten: »Vergib uns unser schuld, als wir vergeben unsern schuͤldigern«[117]. Wirstu viel vergeben, so kanstu auch gedencken, das dir viel vergeben werden. Meinstu aber, du darfest[118] nicht vergeben, so wirstu auch gedencken, das dir [B5b:] Gott nicht vergebe. Darumb vermanet uns der herr Christus, als sprech er: Wiltu vergebung der suͤnden haben, so mustu es gleuben; wiltus gleuben, so mustu dich uben; den wie du gedenckest deinem negsten zu vergeben, also wirstu auch koͤnnen schlissen, das dir Gott vergebe. Darumb widerholet der herre Christus das zum andernmal und spricht: »So ir aber dem negsten ire feile nicht vergebt, so wird euch euer Vater eure feile nicht vergeben«[119].

112. Vgl. Act 2,23; Gal 4,4f; Phil 2,6-8 u.ä.
113. an.
114. der Sinn.
115. das … Verständnis, der … Sinn.
116. angemessen, entsprechend.
117. Mt 6,12.
118. brauchst … zu.
119. Mt 6,15.

Also sollen wir fein mercken, wie sich der catechismus fein ineinanderschleust[120]: Wen du betest: »Vater unser, der du bist im himel! Geheiliget werde dein name. Dein reich komme. Dein wille geschehe auff erden wie [im][b] himel«[121], so soltu die zehen gebot fein darin betrachten, das wirs schuͤldig sein zu thun und das wirs ohn Gottes huͤlf nicht koͤnnen thun[122]. Und wen du betest: »Unser teglich brodt gib uns heute. Und vergib uns unsere schuͤlde, wie wir unsern schuͤldigern vergeben. Und fuͤre uns nicht in versuchung, sondern erloͤse uns von allem ubel«[123], so soltu den glauben darbey betrachten, das dich Gott der vater, der ein schoͤpfer ist himels und der erden, wolle annemen und umb des herren Christi willen, der fur unser suͤnde gelitten hat, ist gestorben und sein blut vergossen hat etc., wol dir deine suͤnde vergeben und durch seinen heiligen Geist erhalten, das du nicht in versuchung eingefuͤret werdest[124]. Das verleihe uns Gott allen gnediglich. Amen.

b) konj.

120. ineinanderfügt. – Zum folgenden vgl. o. Anm. 17.
121. Mt 6,9f.
122. Vgl. o. S. 876,18f; 876,23-882,14 und 883,29f.
123. Mt 6,11-13.
124. Vgl. o. S. 882,14-883,21.

Nr. 547
Bucheinträge
aus verschiedenen Jahren[1]

Bearbeitet von *Hans Schulz*

Einleitung

1. Buchwidmungen

Aus der zweiten Hälfte seiner beruflichen Laufbahn in Nürnberg und Königsberg[2] gibt es verschiedene Buchwidmungen Osianders, die hier zusammengestellt werden sollen. Alle sind kurz gehalten, nennen nur den Widmungsadressaten, gewöhnlich in ehrender Anrede, den Spender (den Namen dabei oft in gekürzter Form) und den Vorgang der Widmung selbst; niemals findet sich eine inhaltliche Darlegung oder eine persönliche Ausführung Osianders, die über den aufgezeigten Rahmen hinausgeht. Bekannt sind folgende Buchwidmungen[3]: Zur 1537 erschienenen Evangelienharmonie[4] findet sich die Widmung: »Praestantissimo viro, d[omino] Georgio Voglero, illustriss[imorum] principum Georgii et Alberti, marchionum Brandenburgen[sium] etc., consiliario, amico sinceriss[imo] Andreas Osiander dono dedit«[5]. Zum gleichen Werk findet sich weiter eine spätere Zueignung: »Humanissimo et doctiss[imo] viro, d[omino] Matthaeo Veter Andreas Osiander, gratus hospes, dono dedit anno 1542«[6]. Auf einem Exemplar der 1542 erschienenen Schrift ›Unterricht und Vermahnung gegen den Türken‹[7] findet sich der autographische Eintrag: »Herrn Georgenn Voglernn A. O.«[8]. Zum 1544 fertiggestellten Werk ›Coniecturae

1. Es schien sinnvoll, die kurzen Widmungen Osianders an einer Stelle zusammenzufassen.
2. Osiander wurde 1522 Prediger an St. Lorenz in Nürnberg (vgl. u. A. Bd. 1, S. 18) und ging im Winter 1548/49 nach Königsberg in Preußen wegen des Augsburger Interims ins Exil, wo er bis zu seinem Tod im Okt. 1552 wirkte (vgl. u. A. Bd. 8, S. 14f; Bd. 9, S. 18, und o. S. 17).
3. Die Aufzählung der Widmungen erfolgt nicht in der Reihenfolge ihrer Entstehung, sondern in der Abfolge der Jahre, in der die gewidmeten Werke im Druck erschienen sind.
4. Vgl. u. A. Bd. 6, S. 229-396, Nr. 233.
5. Rothenburg o. T., StadtArch, Th. 602, Titelblatt; vgl. *Seebaß*, Bibliographie, S. 110. – Zum ansbachischen Kanzler Georg Vogler, zu seinem Einfluß auf die Reformation im Fürstentum Ansbach, seinem Kontakt mit Nürnberg und seiner Korrespondenz mit Osiander vgl. *Schornbaum*, Politik Georgs, passim, und u. A. Bd. 3, S. 298-301, Nr. 104; S. 442-444, Nr. 121; Bd. 4, S. 247-251, Nr. 156; S. 253f, Nr. 157, bzw. u. A. Bd. 3, 4 und 5, Personenreg., sub nomine.
6. Augsburg SStB, 2° Th 314, Titelblatt; vgl. *Seebaß*, Bibliographie, S. 109. – Matthias Vetter (gest. 1552) war Hofprediger und Pfarrer an der Frauenkirche in Neuburg a. D. von 1542-1548; vgl. *Weigel – Wopper – Ammon*, Neuburgisches Pfarrerbuch, S. 139, Nr. 971, und S. 179. Osiander wurde 1542 von Pfalzgraf Ottheinrich nach Neuburg gerufen, um im Fürstentum Pfalz-Neuburg die Reformation einzuführen: vgl. u. A. Bd. 7, S. 13 und S. 570, Nr. 293, bzw. *Seebaß*, Osiander, S. 243f.
7. Vgl. u. A. Bd. 7, S. 469-485, Nr. 282.
8. Rothenburg o. T., StadtArch, Th 752/L, 9, Titelblatt; vgl. *Seebaß*, Bibliographie, S. 128.

de ultimis temporibus‹[9] gibt es zwei Widmungen: »Illustriss[imo] principi ac domino, d[omino] Alberto, marchioni Brandenburgen[si] etc., And. Osiand.«[10], und: »Praestantiss[imo] d[omino] Georgio Voglero etc. A. Os. dedit«[11]. Die Schrift ›Von den Spöttern des Wortes Gottes‹[12] 1545 hat Osiander ebenfalls zweimal signiert: »Dem erbarn und achtbarn Georgen Vogler Andreas Osiander«[13], und: »D[octori] Stephano Castenpaur A. O. dedit«[14]. Auch zum Druck ›Wider die Verfolger des Wortes Gottes‹[15] 1546 gibt es eine autographische Widmung: »H[errn] Georgen Vogler A. O. dedit«[16]. Auf einem Exemplar von Osianders 1551 erschienenen großen Bekenntnis ›Von dem einigen Mittler‹[17], findet sich die Notiz: »D. vir D. A. O. dono dedit 1551, 13. Novem[bris]«[18]; sie stammt nicht von Osianders Hand, zeigt aber immerhin, daß er auch ungewidmete Exemplare seiner Werke verschenken konnte. Zum Schluß ist die Widmung aufzuführen, mit der er seine 1552 erschienene Schrift ›Beweisung‹[19] nach Nürnberg geschickt hat: »Katharina Pesoldin, meiner lieben thochter«[20].

2. Ein ›lehrhafter Bucheintrag‹ Osianders?

Lehnerdt hat seinem Auctarium[21] eine Lithographie mit einem Bild Osianders vorangestellt, das letztlich auf den bekannten Stich des Balthasar Jenichen zurückgeht,

9. Vgl. u. A. Bd. 8, S. 150-271, Nr. 306/315.
10. Thorn UB, Pol. 6 II. 598, Titelblatt; vgl. *Seebaß*, Bibliographie, S. 139; s. auch u. A. Bd. 8, S. 152, Anm. 17, Nr. 306/315.
11. Dubuque (Iowa, USA), Wartburg Seminary, Reu Memorial Library, 10596, Titelblatt; s. auch u. A. Bd. 8, S. 152, Anm. 17, Nr. 306/315.
12. Vgl. u. A. Bd. 8, S. 380-423, Nr. 326.
13. Rothenburg o. T., StadtArch, Th. 752/L, 10, Titelblatt; vgl. *Seebaß*, Bibliographie, S. 145.
14. Wolfenbüttel HAB, K. 287 4° (2) Helmst.; vgl. *Seebaß*, Bibliographie, S. 146. – Zu Dr. Stephan Agricola (eigentlich Kastenbauer; gest. 1547) vgl. RGG 1, Sp. 188f; RE 1, S. 253-255; *Stupperich*, Reformatorenlexikon, S. 20 (Lit.!). Osiander hat Agricola wohl von seinen kurzen Aufenthalten in Nürnberg 1530 und 31 gekannt, bevor dieser in Hof Pfarrer wurde. 1542 folgte Agricola einem Ruf nach Sulzbach in der Oberpfalz, dessen Territorium zum kleinen Fürstentum Pfalz-Neuburg gehörte, in dem Pfalzgraf Ottheinrich durch Osiander im Frühsommer die Reformation einführen ließ (vgl. u. A. Bd. 7, S. 569f, Nr. 293, und RE 1, S. 255). Beide Reformatoren sind durch diese Ereignisse sicher wieder enger miteinander in Beziehung gekommen. Unter welchen Umständen Osiander Agricola seine Schrift übermittelte, ist nicht bekannt; vgl. auch u. A. Bd. 8, S. 18, vor und mit Anm. 11.
15. Vgl. u. A. Bd. 8, S. 429-463, Nr. 329.
16. Rothenburg o. T., StadtArch, Th. 752/IX, 32, Titelblatt.
17. Vgl. o. S. 49-300, Nr. 488/496.
18. Danzig BAW, Ha 304 8° (2), Titelblatt.
19. Vgl. o. S. 421-449, Nr. 508.
20. Erlangen UB, 4° Thl. V, 207$^{\underline{b}}$, Titelblatt; vgl. *Seebaß*, Bibliographie, S. 174; s. auch o. S. 425, Nr. 508.
21. Vgl. das Literaturverzeichnis. Das Buch enthält die Korrespondenz zwischen Osiander und Herzog Albrecht von Preußen sowie einen ›Index scriptorum Osiandri plenissimus‹.

von dem freilich im 18. Jahrhundert eine Reihe Nachstiche hergestellt wurden[22]. Unter diesem Bild findet sich ein kurzer faksimilierter Text in der Handschrift Osianders, der folgendermaßen lautet:

»Wer ein ander gerechtigkait dichtet oder treumet dan den herrn Jesum Christum, der durch den glauben in uns wonet und seinen heiligen Gaist mit sich pringt, bey denen on zweyfel der Vater auch ist, der fehlet aller ding und ist vergeblich auffgeplasen.

Andreas Osiander,
mea manu«.

Das wirkt auf den ersten Blick wie ein originaler Bucheintrag. Tatsächlich handelt es sich aber nicht um einen solchen. Vielmehr hat *Lehnerdt* den Passus aus einer umfangreichen Stellungnahme entnommen, die Osiander zu einem Gutachten der Gräfin Elisabeth von Henneberg zwischen Januar und Ende März 1552 aufgesetzt hatte. Osiander faßte dort nach paulinischen Aussagen und einem längeren Lutherzitat zur Einwohnung Christi folgendermaßen zusammen: »Das sein alles des Luthers wort, mit dem sag ich einhelligklich, das, wer ein andre gerechtigkait dichtet oder treumet …, der fehlet allerding und ist vergeblich auffgeplasen, helt sich nicht an das haupt etc., wie Paulus sagt«[23].

Offensichtlich schien *Lehnerdt* dieser Passus in Polemik und Inhalt eine besonders charakteristische Zusammenfassung der umstrittenen Lehre Osianders. In diesem herausgehobenen Sinn ist die Stelle bei Osiander selbst nicht gemeint.

Ob *Lehnerdt* auch für die Wiedergabe der Unterschrift und das mea manu eine archivalische Vorlage benutzte, hat sich bisher nicht klären lassen, ist aber auch ohne große Bedeutung. Feststeht, daß es sich bei der gesamten Bildunterschrift um eine von *Lehnerdt* gestaltete Zusammenstellung handelt, der keine eigene Überlieferung als ›Widmung‹ oder ›Bucheintrag‹ zugrundeliegt.

22. Vgl. *Seebaß*, Osiander, S. 280-288 mit den dazugehörigen Abbildungen.
23. Vgl. o. S. 475,3-7, Nr. 511.

NACHTRÄGE ZUR GESAMTAUSGABE

Nr. 121 a
Osiander an Melanchthon
Nürnberg, 1529, Oktober 15

Bearbeitet von *Hans Schulz*

Wolfenbüttel StArch, 298 N 864, Bl. 22, wohl Kop. aus dem 16. Jh.[1] (auf der Rückseite die Notiz von anderer Hand: Osiander)[2].

Vom Marburger Religionsgespräch zurückgekehrt; Erfolg gegen Zwingli; Nachrichten über die Belagerung von Wien durch den Türken; Johannes Fabri wirkt am Hofe Ferdinands gegen die Protestanten; Kaspar Nützel gestorben; neuer Losunger Christoph Tetzel.

[22r:] Suo Philippo Melanchthoni Wittembergae.

Salutem! Prospere omnino Norimbergam redivimus[3]. Nec parum profecisse contra Cinglium[4] visi sumus[5]. Vienna Pannoniae a Turco obsidetur[6], magni exercitus apud

1. Wolfenbüttel StArch konnte keine Auskunft erteilen.
2. Ein Regest findet sich MBW 9, Nr. 830a. – Durch Herrn Staatsarchivdirektor i. R. Dr. *Günter Scheel* wurden wir freundlicherweise auf diese Handschrift aufmerksam gemacht.
3. Osiander war vom Marburger Religionsgespräch (vgl. dazu u. A. Bd. 3, S. 391-397, Nr. 115-121) zurückgekehrt. Die Rückreise zusammen mit Brenz und Stephan Agricola dauerte vom 5. bis 8. Okt. (vgl. ebd., S. 401).
4. Ulrich Zwingli, wie Luther auf der Gegenseite Wortführer der Schweizer und Oberdeutschen, vgl. u. A. Bd. 3, S. 392, Nr. 115-121.
5. Das Marburger Religionsgespräch war hauptsächlich eine Disputation über die Realpräsenz Christi im Abendmahl zwischen den oberdeutschen, Schweizer und lutherischen Reformatoren. Man konnte sich in diesem Punkt nicht einigen (vgl. den 15. Art. der als gemeinsame Schlußerklärung gefaßten ›Marburger Artikel‹, u. A. Bd. 3, S. 414-424, hier bes. S. 422,12-423,10, Nr. 119). Doch haben die beiden Parteien auch über die anderen Themen der Marburger Artikel verhandelt und Einigung erzielt; die Vertreter der lutherischen Seite verstanden die Einigung als Zugeständnisse der Oberdeutschen und Schweizer, diese wiederum konnten die Übereinkunft in ihrem Sinn auslegen und vertreten; vgl. ebd., S. 399f. Luther hatte übrigens die gleiche Meinung wie Osiander (vgl. ebd.).
6. Die erste Belagerung Wiens durch die Türken unter Sultan Suleiman dem Prächtigen (1520-1566; vgl. *Merriman*, Suleiman, passim) dauerte etwa von 25. Sept. bis 14. Okt. 1529. Der Sultan war aus Istanbul am 10. Mai zur Eroberung Ungarns und zu einem Feldzug gegen Ferdinand aufgebrochen und über Ungarn (Fall von Ofen am 8. Sept.) nach Wien gezogen, wo er am 26. Sept. seine Zeltburg aufschlug; vgl. *Hummelberger*, Belagerung, S. 5, 15, 21 und 28f. Die Stadt hatte damals mit Befestigung etwa die Größe der heutigen Inneren Stadt, die von der Ringstraße umgrenzt wird (1. Bezirk). Das türkische Heer hatte schon Tage zuvor die Donaubrücken (über den heutigen ›Donaukanal‹) in Brand gesetzt und die Stadt von Süden her bis zur Donau eingekreist. Die Hauptmasse der Angriffstruppen lag zwischen dem Stubentor am Wienfluß auf der Ostseite über das Kärntnertor im Süden hinweg bis zum Burgtor bzw. Schot-

nos contrahuntur[7]. Periculum est, ne tota Germania vastetur[8]. Partem suburbii et pontem occuparant Turci, nostri eruptione facta pontem liberarunt. Duos capitaneos subegerunt, alter vivus captus, alter occisus[9]. Magnus apud nos timor est, magna expectatio. Quottidie litaniae habentur magna frequentia, magna animorum

tentor im Südwesten und Westen. Die beiden langen Mauerabschnitte rechts und links des Kärntnertores boten gute militärische Angriffsmöglichkeiten. Wien war durch die Umschließung völlig isoliert, niemand konnte die Stadt betreten oder verlassen; vgl. *Hummelberger*, ebd., S. 21-23, bes. die optische Darstellung auf der Karte Anh. IV, S. 63; weiter Wien 1529, S. 14-16 und die beiden Karten nach S. 160: »Die Festung und der türkische Angriff« und »Die Belagerung Wiens durch die Türken«.

7. Die Residenzstadt des damaligen Erzherzogs von Österreich und Königs von Böhmen war für eine Belagerung durch den Sultan ziemlich schlecht gerüstet (zur Einschätzung der politischen Gefahr vgl. *Hummelberger*, Belagerung, S. 1-8, und Wien 1529, S. 7-14). Nicht mehr als 8000 Knechte und 1700 gepanzerte Reiter (Reisige) standen für die Verteidigung zur Verfügung. In: Wien 1529, S. 14, wird die Verteidigungsstärke der Stadt mit 17000 Mann angegeben und das türkische Heer mit 150000. Ferdinand brach bei Herannahen des Feindes eiligst zu einer Reise nach Prag auf, um militärische Kräfte in den Ländern der böhmischen Krone zu rekrutieren; die in der Stadt vorhandenen Verteidiger waren auf sich selbst gestellt; vgl. *Hummelberger*, ebd., S. 8-13 und 19-23. In dem von dem wie Osiander am 15. Okt. in Nürnberg weilenden ansbachischen Kanzler Georg Vogler an seinen Markgrafen Georg geschriebenen Brief, der sich auch mit den Nachrichten aus dem Südosten beschäftigt, heißt es (vor dem Zitat über das Marburger Religionsgespräch u. A. Bd. 3, S. 443, Anm. 8, Nr. 121) auf fol. 67v: »Koniglich Mt. ist nur mit 18 pferden gein Brag kumen und hat die Beh[m]enn wainend umb hilf angesucht«. Vgl. *Jorga*, Geschichte 2, S. 411. – Reichstruppen trafen erst nach dem Abbruch der Belagerung durch den Sultan ein, zu spät, um wirksam eingreifen zu können, vgl. *Hummelberger*, ebd., S. 30, und Wien 1529, S. 28.

8. Die Türken verwüsteten bei ihrem Aufmarsch weite Gebiete in Österreich, vgl. *Jorga*, Geschichte 2, S. 410f. Die Streifzüge reichten bis vor die Stadt Linz, vgl. *Hummelberger*, Belagerung, S. 17. Im Brief Voglers heißt es vor dem o. Anm. 7 angegebenen Zitat a. a. O.: »Dann wie man glaublich hieher schreibt und sagt, so hat der Turck, seith er vor Wien gelegen ist, nit allain die landtschafft dorob und doneben biß uff drei meil gein Lintz alle verprenet, sonder ob hunderttausen menschen, mann und weibspild, jungk und alt, ermort und alles zu stucken gehauen; nimbt auch nymandt gefangen.« – Die für die Schnelligkeit und Überraschung gefürchtete Waffengattung der türkischen Armee war die der Akindschi, eine schnelle Reitertruppe, die mit ihren leichten Pferden in mörderischen Streifzügen das Land verheerten, ohne daß sofortige Gegenwehr hätte gefunden werden können; vgl. *Hummelberger*, a. a. O., S. 19.

9. Solche brieflichen Nachrichten können oft nicht auf ihren historischen Kern geprüft werden. In großer Eile wurden die Stadtmauern verstärkt und durch Niederbrennen der Vororte ein Glacis für die Artillerie der Verteidiger geschaffen. Freilich nutzte die türkische Armee die verbliebenen Ruinen, um sich darin zu verschanzen. Die Brücken über die Donau waren von den Feinden zerstört. Die gegenseitigen Attacken bei laufenden Kriegsvorbereitungen dauerten bis zum 8. Okt.; etwa bis zu diesem Termin spätestens dürfte es Osiander möglich gewesen sein, neueste Nachrichten zu melden. Die weitere Entwicklung konnte am 15. Okt. bei der großen Entfernung noch nicht in Nürnberg bekannt sein; vgl. *Hummelberger*, Belagerung, S. 19, 21 und 24; weiter Wien 1529, S. 16f. Zu den Nachrichten Osianders könnten zwei größere Kriegsereignisse beigetragen haben, entweder vom 23. Sept. oder vom 6. Okt.: Am 23. Sept. versuchten die Verteidiger eine gewaltsame Erkundung mit 500 gepanzerten Reitern unter dem Kommando des Grafen Johann v. Hardegg. Die leichten türkischen Reiter täuschten Flucht

deiectione publicus luctus indicitur. Faber[10] non desinit instigare Ferdinandum[11], ut in innocentes[12] saeviat, episcopatum Constantinopolitanum maxima insania sibi vulgo et aperte promittit[13], neque alia de causa, quam quod hostiliter resistit omni pietati, quo magis timendum est nostros nil prospere gesturos[14]. Caspar Nutzel dumvir obiit[15], successit contra omnium opinionem in eo ordine, ex quo eligi solent,

vor und lockten die schwere Kavallerie in eine Falle, die zu einer vernichtenden Niederlage wurde. Der Fähnrich Christoph Zedlitz von Gersdorf wurde mit anderen gefangen und zusammen mit aufgespießten Köpfen gefallener Mitstreiter im Triumph dem Sultan vorgeführt; vgl. Wien 1529, S. 19f. – Am 6. Okt. unternahmen die Verteidiger im Morgengrauen mit fast der Hälfte der Besatzung einen Vorstoß unter dem Obristen Leonhard von Vels gegen das Eindringen der Türken in die Ruinenstellungen und zur Zerstörung der angelegten Stollen und Batterien; es kam zu heftigen Gefechten. Die Verteidiger mußten sich zurückziehen, konnten aber ein Eindringen des Feindes in die Stadt verhindern. Das türkische Kriegstagebuch berichtet: »... der außerhalb der Festung bleibende Theil der Ungläubigen springt über die Klinge; mehr als 500 Köpfe werden abgeschnitten und auch einige lebendig gefangengenommen« (vgl. *Hummelberger*, a.a.O., S. 24f, Zitat S. 25). Über die in Osianders Brief genannten Hauptleute konnte nichts Weiteres in Erfahrung gebracht werden.

Die osmanischen Belagerer entschlossen sich zu einem Minenkrieg mit Sturmangriffen, d.h. sie gruben unterirdische Stollen und errichteten Sprengkammern, um Breschen in die Befestigung zu schlagen und mit nachsetzenden Attacken in die Stadt einzudringen. Die Hauptrichtung des Angriffs kam dabei von Süden und richtete sich auf den Mauerabschnitt rechts und links des Kärntnertores. Vom 9. bis 14. Okt. berannten die Türken die Festung – ohne Erfolg! Dann zog der Sultan ab; vgl. ebd., S. 24-30; Wien 1529, S. 24-28, und *Jorga*, Geschichte 2, S. 411f.

10. Johannes Fabri (1478-1541), seit 1523 Rat und ein Jahr später Beichtvater Ferdinands; 1530 Bischof von Wien; Kontroverstheologe und einer der profiliertesten Vertreter der Altgläubigen. Zu ihm vgl. TRE 10, S. 784-788.

11. den Erzherzog.

12. sc. die Protestanten.

13. Fabri wurde 1518 Generalvikar des Bistums Konstanz und häufte im Laufe der Jahre die verschiedensten Pfründen auf; dazu erhielt er sogar ein päpstliches Indult; vgl. TRE 10, S. 784. Möglicherweise hat er sich auch den bischöflichen Hut von Konstanz versprochen.

14. Zu diesen Gerüchten und Befürchtungen läßt sich die Rolle Fabris am Hofe Ferdinands wie folgt beschreiben: »Glaubensfrage und Türkenabwehr waren die beiden Hauptaufgaben, mit denen Fabri als österreichischer Hofrat ab 1523 befaßt war. Dem ersten Thema galten dutzende erhaltener Gutachten Fabris für Ferdinand zu bevorstehenden Reichstagen, Fürstentagen, Disputationen und Religionsverhandlungen, seine Mitarbeit an den erzherzoglichen Ketzer- und Zensurbehörden, weiterhin Begründung, Entwurf, Ausfertigung und Promulgation königlicher Mandate gegen die Neugläubigen sowie Herstellung und Pflege diplomatischer Kontakte zu Legaten und Behörden der päpstlichen Kurie; der zweiten Aufgabe dienten ausgedehnte Bettelreisen zur Sicherung einer »beharrlichen Hilfe gegen die Türken« durch alle Länder Ferdinands sowie ins Ausland. Mit seiner Ernennung zum Bischof von Wien ging Fabris Tätigkeit am Hofe Ferdinands deutlich zurück« (TRE 10, S. 786f). Zur Kirchenpolitik König Ferdinands vgl. Wien 1529, S. 35-45; S. 59-64; zum Wirken Fabris als Bischof vgl. ebd., S. 62f.

15. Zu dem einflußreichen Ratsherrn und Losunger (d.i. einer der zwei Finanzbürgermeister) Kaspar Nützel, von *Pfeiffer*, Nürnberg, S. 263, auf einer Karte von Zeitgenossen unter die ›großen Gestalten‹ Nürnbergs aufgenommen, vgl. u. A. Bd. 2, S. 309 und 310, Anm. 2, Nr. 72;

minimus, sed idem inter omnes pietati addictiss[imus] Christophorus Tetzel[16], ab omnibus bene speratur defuncto non inferiorem futurum. Si quid certius de Turca habuero, statim ad te – nam haec festinantissime! Vale.

Norimbergae, die Veneris post Gereonis[17] 1529.

A. Osiander

Bd. 3, S. 109, Nr. 95; S. 123, Nr. 96; S. 686, Nr. 134 u. ö.; weiter *Pfeiffer*, Nürnberg, S. 146 und 148. Das Ämterbuch der Reichsstadt (angelegt 1735), Nürnberg StadtArch, B 11, 125, S. 31, verzeichnet zu ihm: geb. 1480, Losunger (ab) 1524, gest. 1529.

16. Das Ämterbuch der Reichsstadt a. a. O., S. 32, verzeichnet: Christoph Tetzel, geb. 1486, Losunger (ab) 1529, gest. 1544. Das Ratsgang- oder Bürgermeisterbuch, ebd., B 11, 72, enthält auf fol. 1v unter der Rubrik Losunger folgende Eintragungen: »Item 1524 Caspar Nuczell. Item 1530 Cristoff Tetzel. Item 1532 Marthin Geuder.« Im o. a. Ämterbuch ersieht man auf S. 4 aus der Liste »Adeliche uralte Geschlechte ...«, die die von 1198 bis 1504 ›erwählten‹ Patriziergeschlechter Nürnbergs aufzählt, daß das Geschlecht der Tetzel ziemlich spät aufgenommen wurde, nämlich 1343.

17. 15. Okt.

Nr. 145a
Osiander an Wenzeslaus Linck und Dominikus Schleupner
Augsburg, [1530], Juli 14

Bearbeitet von *Hans Schulz*

a: Augsburg SStB, 4° Cod. H 30, fol. 26rv: gleichzeitige Kop.[1]
b: Nürnberg StB, Strobel Ms. 34, fol. 286v-287r: Kop. um 1540[2].

Verweist zur Lage in Augsburg auf seinen Brief vom 12. (Nr. 145). Bucer und Capito seien insgeheim anwesend; Melanchthon habe sich bei ihnen entschuldigen lassen. Die Confessio Tetrapolitana wurde übergeben; der Kaiser sei darüber unzufrieden. In der Fürstenkurie beriet man heute, ob der Kaiser gebeten werden solle, das Konzil schnellstmöglich herbeizuführen, und wie jedermann bis dahin glauben und leben solle. Man beschloß ersteres. Die Protestanten erwarten einen harten Kampf. Die Altkirchlichen berieten lange, ihre Absichten seien noch unbekannt. Will die lateinische CA in Abschrift übersenden.

[26r:] Gratiam[a] et pacem. Quae apud nos gerantur, proximis litteris significavi[3]. Neque hactenus quidpiam accidit novi, praesertim in publico negotio[4]. Argentinenses praedicatores Bucerus et Capito hic sunt, sed occulte[5]. Petierunt Philippum, ut se

a) Davor in b: Andreas Osiander ad eosdem (vgl. u. Anm. 3).

1. nach Auskunft von Augsburg SStB eher gleichzeitig als zeitgenössisch.
2. nach Auskunft von Nürnberg StB, Handschriftenabteilung (die gültige Foliozählung findet sich in der rechten unteren Ecke).
3. Obwohl die Adresse fehlt, lassen sich die Empfänger erschließen: Osiander verweist hier auf seinen Brief vom 12. Juli 1530, der in u. A. Bd. 4, S. 112-115, Nr. 145, ed. ist. Dort werden Linck und Schleupner in der Anschrift genannt (vgl. ebd., S. 112,1f). Beide Hss. a und b, die zum Zeitpunkt der Ed. von Nr. 145 der Osiander-Forschungsstelle noch nicht vorlagen, bieten jedoch weitere Hinweise auf die genannten Adressaten: Hs. a enthält auf fol. 25r-26r eine weitere Abschrift des Briefes Nr. 145 mit der Überschrift: »Doctissimis viris N. et N. An[dreas] Osiander«. Da die Briefe nacheinander kopiert wurden, darf man schließen, daß sie für die gleichen Empfänger bestimmt waren. Hs. b verweist mit ihrer Überschrift (s. o. Anm. a) ebenfalls auf eine vorausgehende Briefkop. von Nr. 145 (fol. 286rv), die auf fol. 286r folgende Empfängerangaben enthält: »Doctissimis viris N. et N. Andreas Osiander«, dazu am rechten Rand notiert und eingewiesen: »Vincislao Linco et Dominico Sleupnero«.
4. sc. die Religionsverhandlungen auf dem Reichstag.
5. Die Straßburger Prediger Martin Bucer und Wolfgang Capito waren bereits Ende Juni in Augsburg eingetroffen und bei den Gesandten ihrer Heimatstadt Jakob Sturm und Matthias Pfarrer untergekommen. Noch am 12. Juli schreibt Capito, »daß unsere Herren [= die Gesand-

adiret; Philippus recusavit[6]. Argentinenses, Lindauenses[b], Memingenses et Constantienses dederunt confessionem caesareae maie[stati], in qua meminerunt Zuinglianae doctrinae[7], sed hoc appendice: Sic docuerunt concionatores nostri, qui parati sunt reddere rationem suae doctrinae et meliora docentibus per verbum Dei cedere, significantes se eam doctrinam nolle tueri, sed concionatoribus suo periculo defendendam imponere[8]. Caesar, conquestus civitates imperii diversa proponere, voluit,

b) Schreibfehler: Landauenses: a; Landauienses: b.

ten] uns noch nicht erlaubt haben, öffentlich auszugehen und uns zu zeigen«; vgl. *Baum*, Capito und Butzer, S. 468f (Zitat S. 469), und *Lienhard – Willer*, Straßburg, S. 216f.

6. Zu diesen Vorgängen schreibt *Heinz Scheible*: »Durch Brenz, der am 12. [Juli] mit den beiden Straßburgern gesprochen hatte, war ihm eine Einladung zugegangen, aber Melanchthon wollte sie noch nicht annehmen, weil er befürchtete, ein offenkundiges Gespräch mit Straßburgern könnte der Sache der Unterzeichner der CA schaden« (*Krieger – Lienhard*, Bucer 1, S. 372). Da Brenz und Osiander einander freundschaftlich verbunden waren (vgl. etwa u. A. Bd. 4, S. 478 das Personalregister sub nomine), dürfte der Nürnberger über ihn von diesen Kontakten erfahren haben. Am 15. Juli schlug Melanchthon den Straßburgern einen vertraulichen Schriftwechsel vor; vgl. CR 2, Sp. 221f, Nr. 797 (mit falschem Datum), und MBW 1, S. 406, Nr. 972.

7. Die beiden Straßburger Prediger arbeiteten nach ihrer Ankunft ein Bekenntnis aus (vgl. u. A. Bd. 4, S. 109,16-110,3, Nr. 143), die von den vier Städten Straßburg, Konstanz, Memmingen und Lindau unterschrieben (›Confessio Tetrapolitana‹) und am 9. Juli dem kaiserlichen Vizekanzler Balthasar Merklin übergeben wurde. Mit seiner Kritik dürfte Osiander insbesondere den Artikel über das Abendmahl gemeint haben. In einem sehr umfangreichen Schreiben hatte Osiander 1527 Zwingli dessen fehlerhaftes Abendmahlsverständnis vorgehalten; vgl. u. A. Bd. 2, S. 537-578, Nr. 90. Zur Beurteilung der ›Tetrapolitana‹ läßt sich feststellen, daß sie in fast allen zentralen Aussagen durchaus mit dem Augsburger Bekenntnis übereinstimmt. »Es gibt daneben jedoch drei Punkte, an denen sie von diesem abweicht und die zugleich auf die Eigenart der Reformation am Oberrhein hindeuten: 1. den umstrittenen Artikel 18 über das Abendmahl; 2. ihre Betonung der Ethik; 3. einen gewissen Biblizismus«; vgl. TRE 8, S. 173-177 (Zitat S. 176); RGG 1, Sp. 1860f, und *Greschat*, Bucer, S. 106.

8. Osiander faßt mit diesen Ausführungen mehrere Gedanken aus der Schlußrede der Tetrapolitana an den Kaiser zusammen und akzentuiert den Zusammenhang schärfer: »Diss sind, Allergnedigister Kayser, Die fürnembsten stuckh, ... in wellchen vnnsere Prediger aus göttlicher schryfft verursacht, Ettwas von gemainer leer abgetretten seind ... So haben wir doch E. Kay. Mt. ... Sollichs nit vorhallten söllen, Damit wir ... vnnsers glaubenns Rechnung ... zuerkennen geben ... Derhalb auch E. Kay. Mt. gar Cristenlich ansteen wurd, ... alle mögliche mittel fürnemen, das sy vns wenigen, gegen den anndern zu achten, zu Rechter waid unnd schafstal widerprechte. Solliche mittel aber werden nit wol anndere sein mögen, dann das wir in misshelligen puncten durch gottlich schryfft der warhait genuegsam bericht wurden. Wir zwar alls zu hörer sein ganntz willig vnnd berayt, wo wir durch gottlich schryfft bessers bericht wurden, dasselbig mit allen begirden anzenemen vnnd erwisnen irrthumb Cristo zubegeben« (*Stupperich*, Tetrapolitana, S. 163,38f.41-165,4.20f.24-27;171,18f.24-38; vgl. weiter S. 171,3-42;173,1-7.10-12.14-18).

ut consentirent[9], fortasse quorundam instinctu[c] sperans Zuinglianos errorem coenae derelicturos[10]. Quid futurum sit, post scribam[11].

Hodie in senatu principum duo proposita [26v:] sunt consultanda, scilicet an caesar rogandus, ut, quam cito possit, concilium procuret, deinde quomodo interea quisque credere et vivere deberet. Conclusum caesarem rogandum; quomodo vero quisque interim credat, nondum esse movendum[12]. Nos acerrimam aliquam pugnam expectamus, posteaquam papistae[13] tam diu deliberaverunt; quid parituri sint[d], nescimus adhuc[14]. Quotquot principes naturali bonitate valent, causae nostrae aequiores sunt exceptis iis, quos nostis[15]. De confessione[16] dabo operam, ut propediem Latine habeatis vel mea manu scriptam[17]. Valete et orate, ut Dominus foelicem exitum largiatur, de quo nondum desperandum esse arbitror.

Datum Augustae 14. Iulii.

And. Osiander

c) instructu: b. – d) korr. in a aus: simus (Hom.).

9. Den Unmut des Kaisers bekamen die Städtevertreter schon bei der Übergabe der Confessio zu spüren: Am 8. Juli mußten sie den ganzen Vormittag warten, ohne daß der Kaiser sie empfing; sie wurden wiederbestellt auf den nächsten Tag. Dann war der Kaiser jedoch zur Jagd geritten. Bucer und Capito berichten am Tag nach der Übergabe, der Kaiser wolle lieber sein Leben lassen, als den Ungehorsam dieser Städte dulden; vgl. RE 19, S. 562, bzw. *Walter*, Reichstag, S. 66, und *Virck*, Correspondenz Straßburgs 1, S. 469, Nr. 758.

10. Vgl. o. Anm. 7.

11. Vgl. dazu Osianders Brief vom 22. Juli u. S. 900f, Nr. 145b.

12. Zur Lage vgl. auch Osianders Schilderung in seinem Schreiben vom 12. Juli u. A. Bd. 4, S. 113,5-114,14, bes. S. 113, Anm. 16, Nr. 145. Am 14. Juli, als Osiander den obigen Brief nach Nürnberg schickte, sandte Karl V. ein persönliches Handschreiben an Papst Clemens VII., in dem er die Einberufung eines allgemeinen Konzils forderte; vgl. *Walter*, Reichstag, S. 63f, außerdem S. 55 und 74f.

13. Die wichtigsten Theologen auf seiten der Altgäubigen waren Johannes Cochläus, Johannes Eck und Johannes Fabri; vgl. u. A. Bd. 4, S. 112,5f, Nr. 145.

14. Vgl. u. A. Bd. 4, S. 112,5-113,3; 115,1f, Nr. 145. »Schon zwei Tage nach der Übergabe der Augustana beobachtete Melanchthon eine geschäftige Tätigkeit bei den katholischen Theologen« (*Walter*, Reichstag, S. 61). Die altkirchlichen Theologen waren in diesen Tagen mit der Ausarbeitung einer Widerlegung der CA beschäftigt, die freilich in ihrer Erstfassung viel zu umfangreich und polemisch geraten war, so daß sie wenige Tage später sowohl vom Kaiser als auch von den altgläubigen Fürsten abgelehnt wurde; vgl. *Walter*, Reichstag, S. 60-62, und u. S. 900,2-4, Nr. 145b.

15. Im Gegensatz zu manchen Theologen auf altkirchlicher Seite, die eine gewaltsame Auseinandersetzung nicht ausschlossen (vgl. o. Anm. 14 und u. S. 900,6f, Nr. 145b) – zu ihnen gehörte auch der päpstliche Legat Lorenzo Campeggio (vgl. *Walter*, Reichstag, S. 60) –, waren der Kaiser und die altgläubigen Fürsten zu friedlichen Verhandlungen bereit; vgl. u. S. 901,1-3, Nr. 145b; u. A. Bd. 4, S. 113, Anm. 16, Nr. 145, und *Walter*, Reichstag, S. 55f, 57f, 63f und 69f; weiter *Engelhardt*, Reformation 2, S. 232f.

16. sc. die CA (Osiander war am 25. Juni, dem Tag der Übergabe des Bekenntnisses an den Kaiser, noch nicht in Augsburg, er kam dort erst am 28. an; vgl. u. A. Bd. 4, S. 49, Nr. 138; S. 105, Anm. 1, Nr. 142, und S. 116f, Nr. 146).

17. Dieses Vorhaben hat er ausgeführt; vgl. u. S. 901,4-7, Nr. 145b.

Nr. 145 b
Osiander an Wenzeslaus Linck und Dominikus Schleupner
Augsburg, [1530], Juli 22

Bearbeitet von *Hans Schulz*

Augsburg SStB, 4° Cod. H 30, fol. 26v-27r; gleichzeitige Kop.[1]

Ausgang des Reichstags noch ungewiß. Der Kaiser habe die Altgläubigen zu einer Antwort auf die CA veranlaßt; diese habe ihm sehr mißfallen und werde nochmals überarbeitet. Am 16. habe Karl V. den sächsischen Kurfürsten Johann den Beständigen zur Rückkehr zum alten Glauben aufgefordert; dieser lehnte ab. Die Altgäubigen erwarteten, daß der Kaiser gewaltsam gegen die Protestanten vorgehe. Aus dessen Umgebung verspreche man aber, er werde in Frieden alles dem künftigen Konzil vorbehalten. Überschickt die CA, eigenhändig geschrieben, zur Einsichtnahme; es bestehe kaiserliches Druckverbot. Möchte das Exemplar nach seiner Rückkehr wiederhaben. Die italienischen ›Propositiones‹ habe er nicht übersandt, da sie ihm verdächtig erschienen.

[26v:] Gratiam et pacem[2]. Nondum recto coniicere possum, quis finis horum comitiorum sit futurus. Caesar iussit sophistas[3] nostrae confessioni respondere[4]. Responderunt, sed ita, ut caesari maxime displicuerit. Redditus est libellus ipsis, et iussi sunt denuo brevius, modestius et ad rem ipsam respondere. Nondum perfecerunt[5]. Interim caesar ducem Saxoniae[6] proximo sabbatho[7] graviter admoneri fecit, ut ad veterem vomitum rediret. Dux respondit, ut se dignum [27r:] fuit[8]. Episcopi et sophi-

1. s. o. S. 897, Anm. 1, Nr. 145 a.
2. Zu den Briefempfängern vgl. o. S. 897, Anm. 3, Nr. 145 a.
3. sc. die altgläubigen Theologen.
4. Dies geschah bereits Ende Juni; die altgläubigen Fürsten waren mit dem Plan einverstanden; vgl. *Walter*, Reichstag, S. 56 und 58f, und *Engelhardt*, Reformation 2, S. 232f.
5. Die von Johannes Eck ausgearbeitete erste Fassung der Gegenschrift stellte eine viel zu breit und polemisch geratene Kompilation ›protestantischer Irrlehren‹ von 351(!) beschriebenen Blättern dar. Der Kaiser, dem sie am 12. Juli übergeben wurde, soll die weitschweifigen Ausführungen auf 12 oder 16 Blatt zusammengestrichen und verlangt haben, alle Verleumdungen zu unterlassen. Die altgläubigen Fürsten stimmten seinem Verlangen bei. Die Neubearbeitung der Gegenschrift zog sich bis zum Ende des Monats hin. Am 3. August wurde die Confutatio ganz offiziell im Namen des Kaisers im gleichen Raum, in dem am 25. Juli die CA vorgetragen worden war, dem Kapitelsaal des bischöflichen Palastes, verlesen; vgl. *Walter*, Reichstag, S. (52), 60-63 und 71f; *Engelhardt*, Reformation 2, S. 233-235, und TRE 4, S. 628f.
6. den sächsischen Kurfürsten Johann den Beständigen.
7. Samstag, den 16. Juli.
8. Karl V. versuchte, die beiden Führer der Protestanten, den hessischen Landgrafen Philipp und den sächsischen Kurfürsten, unter Druck zu setzen. Letzterer war noch nicht mit der Kurwürde belehnt und die kaiserliche Bestätigung des Ehevertrages zwischen dem sächsischen

stae[9] sperant se triumphaturos, caesarem scilicet vi nos aggressurum esse. Qui vero circa caesarem sunt, meliora spondent caesarem rem omnem dilaturum esse cum pace ad concilium futurum – quod si fiet, nos vere triumphamus[10].

Confessionem hic mitto, mea manu scriptam[11], ut, qui velit, exscribat, sed ea conditione, ne cuiquam communicetur, nisi ibi certum sit eam contineri, ne aedatur, nam caesar iustis de causis interdixit[12], et ut mihi exemplar meum, ubi domum rediero, reddatur. Iam omnia sunt in ancipiti. Proxime copiosius scribam et multa[13]. Valete et orate, ut verbum Dei vincat. Amen.

Datum Augustae feria tertia ante Iacobi[14].

De propositionibus Italicis[15] hoc habete: pervenerunt ad me et excripsissem, sed suboluit mihi dolus et scio, cuius artificis sint, alioqui misissem; coram dicam rem ipsam Deo volente.

And. Osiander

Kurprinzen und Sibylle von Cleve stand noch aus. Am 16. Juli erschienen vier Fürsten im Auftrag des Kaisers und eröffneten dem Kurfürsten, daß beide sächsischen Anliegen nicht erfüllt würden, wenn er »des lutherischen Glaubens und Wesens nicht abstehen wolle«. In einem Schreiben vom 21. Juli lehnte Kurfürst Johann Karls Ansinnen ab, erklärte jedoch seine Bereitschaft zu friedlichen Verhandlungen und betonte nachdrücklich die Notwendigkeit eines Konzils; vgl. *Walter*, Reichstag, S. 67 und 70; weiter *Virck*, Correspondenz Straßburgs 1, S. 472, Nr. 762, bzw. S. 475, Nr. 765.

9. Vgl. u. A. Bd. 4, S. 112,5-113,3, Nr. 145.

10. Vgl. o. S. 899, Anm. 15, Nr. 145 a.

11. Dieses Autograph ist leider verloren.

12. Vgl. *Engelhardt*, Reformation 2, S. 231, und *Virck*, Correspondenz Straßburgs 1, S. 474, Nr. 764.

13. Dieses Vorhaben hat Osiander nicht ausgeführt; jedenfalls ist kein weiterer Brief von ihm aus Augsburg bekannt. Am 26. Juli verfügte der Nürnberger Rat die Heimkehr Osianders. Zwischen dem 28. und 31. reiste er in die süddeutsche Reichsstadt zurück; vgl. u. A. Bd. 4, S. 67 mit Anm. 49, Nr. 140-141, und S. 115, Anm. 31, Nr. 145.

14. 22. Juli.

15. Am 5. Juli hatte Osiander an Linck und Schleupner geschrieben: »Sunt et in Italia docti viri, quos pontificiae tyrannidis pertaeduit. Pervenerunt enim ad nos propositiones quaedam Italicae satis Lutheranae, quas Philippus vidit et probat« (u. A. Bd. 4, S. 107,4-6, Nr. 143). Eine literarische Vorlage konnte jedoch nicht ermittelt werden (vgl. a. a. O., Anm. 5).

Nr. 148 a
Osiander an Christoph Ering
Nürnberg, 1530, August 13

Bearbeitet von *Hans Schulz*

Leipzig UB, Ms. 0332, fol. 8rv, autogr. Ausf.

Nach Übergabe der CA hätten die Altkirchlichen während des ganzen Monats Juli, als er in Augsburg war, nichts geantwortet. Der Kaiser habe ihnen eine Widerlegung befohlen, deren Erstfassung ihm jedoch mißfiel. Inzwischen sei die Confutatio verlesen, den Protestanten aber nicht ausgehändigt. Die Evangelischen seien sehr rege. Obwohl die Gegner ihren Untergang wollten, bestehe weiter Hoffnung auf Frieden. – Empfiehlt den Boten seiner christlichen Fürsorge.

[8v: Adresse:] Optimo et doctissimo viro, Christi servo, d[omino] Christophoro Ering[1], suo in Christo fratri[a].

[8r:] Gratiam et pacem. Cum tam ratum et tam notum ad te haberem nuncium, Christophore charissime, putavi omnino aliquid ad te mihi scribendum esse, quamquam credam vulgaria ista de comitiis Augustensibus[2] tibi non esse ignota. Nam post exhibitam confessionem nostram[3] toto sesquimense, quo et ego Augustae fui[4], nihil responderunt papistae[5]. Causa fuit, quod primum conviciatricem et calumniatricem

a) Danach die Notiz von anderer Hand: And. Osiander.

1. Christoph Ering aus Leipzig wurde an der dortigen Universität im Winter 1514/15 zum magister artium promoviert und am 8. März 1516 in Merseburg zum Priester geweiht. Nach Jahren als Hofprediger Herzog Georgs von Sachsen und der eigenen reformatorischen Wende wirkte er 1529-1532 in Joachimsthal (Böhmen), danach längere Jahre in Zwickau. Wie Lazarus Spengler am 12. Nov. 1533 Veit Dietrich mitteilt, hatte der Nürnberger Rat zweimal versucht, ihn als Prediger zu gewinnen. Ering starb am 1. März 1554. Vgl. zu ihm WA.B 6, S. 373-375, Anm. 1, Nr. 1965, und NASG 11, S. 58, Anm. 44.

2. Gemeint sind die Religionsverhandlungen auf dem Augsburger Reichstag.

3. Zur Übergabe der Confessio Augustana an den Kaiser am 25. Juni vgl. TRE 4, S. 619.

4. Osiander kam am 28. Juni nach Augsburg (vgl. u. A. Bd. 4, S. 105, Anm. 1, Nr. 142) und reiste zwischen dem 28. und 31. Juli wieder nach Nürnberg zurück (vgl. ebd., S. 116, Anm. 9, Nr. 146).

5. Bis zur Abreise Osianders war die Widerlegung der Altgäubigen noch nicht fertiggestellt, vgl. Anm. 6 und 7.

quandam silvam diversissimarum rerum, contra nos evomeruant[b], verius quam scripserant, adeo ut et imperatore improbante iussi sint et modestius et ad confessionem nostram respondere[c] – fecerunt, exhibuerunt et adhuc displicuere cesari; tandem nescio, qui limam adhibuerunt[6]. Lecta est eorum responsio publice, adeo infirma, insulsa et impia, ut nihil supra, cuius conscii[7]. Imperatorem persuaserunt, ne nostris exhiberetur manuscriptu[m][d], nisi iuramento constrictis, ne publicarent[8]. Recusata a nostris conditio[ne][e9] multum terruit papistas, et eorum timiditas, lucem fugiens, multo[s][f] lucrifecit evangelio. Nostri, confidentes in Domino, valde animosi sunt. Et quanquam papiste ab initio procul dubio nihil aliud cogita[runt][g] quam interitum nostrum, tamen desperabundi videntur conditiones pacis non omnino recusare[10]. Quid futurum sit, Deus novit! Tu una cum ecclesia tua Deum orabis, ut felicem habeant exitum haec comitia.

Georgium, qui has tibi affert literas[11], ut notum et amicum mihi tibi commendo, non solum ut virum bonum et christianum, verum etiam ut de te honorifice sentientem et loquentem; cui si quid potes commodare, propter Christum facito, donec ista tempora mala, quibus[h] multi christiani affliguntur et exulant, in melius commutentur. Ego si quid potero, vicissim lubens tibi gratificavero.

b) »-u-« über die Wortmitte geschrieben und eingewiesen.
c) korr. aus: responderent.
d) erg.
e) erg.
f) erg.
g) erg.
h) korr. aus: »qua-«.

6. Die Erstfassung der vom Kaiser in Auftrag gegebenen Confutation war viel zu umfangreich und polemisch; sie mußte umgearbeitet werden. Dies zog sich bis über das Monatsende hin. Zum Ganzen vgl. o. S. 900, Anm. 5, Nr. 145 b.

7. Am 3. Aug. wurde die Confutatio im Namen Karls V. verlesen. Der von Osiander wiedergegebene Eindruck über sie wurde allgemein von den Evangelischen geteilt; vgl. a.a.O. Osiander und seine Nürnberger Kollegen hatten sich in diesen Tagen selbst auf Anordnung des Rates der Stadt mit der Confutatio auseinanderzusetzen, vgl. u. A. Bd. 4, S. 118-136, Nr. 147 und 148.

8. Auf Betreiben des päpstlichen Legaten Lorenzo Campeggio verweigerte Karl V. zunächst die Übergabe des Textes an die Protestanten und stellte später dazu die Bedingungen der Geheimhaltung und des Verzichts auf Gegenschriften; vgl. u. A. Bd. 4, S. 118, Nr. 147 und 148; *Walter*, Reichstag, S. 73f, und TRE 4, S. 632.

9. Die Evangelischen lehnten diese Bedingungen ab und kündigten eine Gegenantwort an aufgrund der Mitschriften, die bei Verlesung der Confutatio entstanden waren; vgl. TRE 4, S. 632f, und u. A. Bd. 4, S. 118-121, Nr. 147 und 148.

10. Zu dieser Einschätzung Osianders vgl. ähnliche Äußerungen in seinen Briefen vom Augsburger Reichstag: u. A. Bd. 4, S. 112,2-113,5, dazu Anm. 16; S. 114,15-115,3, Nr. 145; o. S. 899,7-9, mit Anm. 15, Nr. 145 a, und S. 900,6-901,3.7, Nr. 145 b.

11. Der Name des Briefboten konnte nicht ermittelt werden.

Gratia Christi tecum et consolator[!] omnes pusillanimes[12]. Dominus enim nobiscum est. Amen.

Datum Nurmberge, 13. Augusti anno 1530.

Tuus A. Osiander

12. Osianders Schreibweise und Formulierung wurde nicht konj. Grammatikalisch ergeben sich folgende Möglichkeiten: 1. consoletur omnes pusillanimes; 2. consolator omnium pussillanimium, 3. consolamini (consolare) omnes pusillanimes. Wahrscheinlich sind Anklänge zweier Bibelstellen miteinander verschränkt: Joh 14,26 und I Thess 5,14 Vg. Osiander denkt wohl an beide und setzt die notwendige grammatikalische Konstruktion nicht mehr um.

Nr. 179[1]
Osiander an Brenz, Fragment
[Nürnberg, 1533][2], April 28

Bearbeitet von *Hans Schulz*

Nürnberg StB, Strobel Mss. 34, fol. 7v-9r, Kop. nach 1564[3] mit der Überschrift: »Andreas Osiander Johanni Brentio 28. Aprilis, cum vocatus esset a comite, sed nescio quo«[4]. Die Abschrift wurde von einem Gegner Osianders mit Anmerkungen versehen, die wir im textkritischen Apparat berücksichtigen.

Sieht die Nürnberger Kirche durch den Streit um die allgemeine Absolution in großer Gefahr, denkt an ein mögliches Exil. Dankt für Brenz' Antwort an den Rat. Linck hat Bugenhagen als Befürworter der allgemeinen Absolution angegeben. In Wittenberg sei über die allgemeine Absolution beraten worden. Berichtet ausführlich über Versetzungen von Schleupner, Venatorius und Frosch durch den Rat sowie über Besoldungsverhandlungen. Seine Predigten seien vom Rat getadelt worden, obwohl er nur die Unterdrückung der Stiftungen Christi, der Kirchenzucht und die mangelhafte Besoldung der Prediger angeprangert habe.

1. Ein Teil des Briefes wurde bereits ediert in u. A. Bd. 5, S. 345-347, Nr. 179.

2. Der Ort läßt sich aus dem Textbeginn des Briefes erschließen. Die Jahreszahl läßt sich ermitteln: Mit der Wiedereinführung der ›Offenen Schuld‹ und der ›allgemeinen Absolution‹ zu Beginn des Jahres 1533 entstand im Frühjahr in Nürnberg ein Streit zwischen Osiander und seinen Kollegen im Predigtamt; vgl. u. A. Bd. 5, S. 335-337, Nr. 178. Der ›Ratschlag über die allgemeine Absolution‹, der von den durch den Rat der Stadt angestrengten Verhandlungen berichtet, trägt das Datum des 3. April, vgl. ebd., S. 339-344. Über die ganze Entwicklung hat Osiander Johannes Brenz, der sich im September/Oktober des Vorjahres in Nürnberg aufhielt und mit ihm zusammen die ›Brandenburg-Nürnbergische Kirchenordnung‹ konzipierte (vgl. ebd., S. 40, Nr. 176), bereits am 4. April berichtet, vgl. ebd., S. 348-353, Nr. 180. Im obigen Brief setzt Osiander seinen Bericht über die weiteren Ereignisse fort. – Die Jahreszahl 1533 läßt sich auch aus dem Umstand erschließen, daß mehrere im Konvolut Strobel Mss. 34 ab fol. 9r folgende Briefe mit dieser Jahreszahl versehen sind.

3. Vgl. dazu u. S. 911, Anm. 1, Nr. 181a.

4. Zu diesen Angaben konnte nichts in Erfahrung gebracht werden; vgl. u. S. 925, Anm. 3, Nr. 193b. – Auch bei der vorliegenden Kopie handelt es sich um ein Brieffragment. Dafür spricht nicht nur die aus Adresse und (sonst am Briefschluß üblichen) Datierung gebildete Überschrift oder die darin enthaltene unverständliche Zusatzangabe, die im übrigen aus brieflichen Ausführungen zu stammen scheint, die nicht mehr erhalten sind, sondern auch der Briefinhalt, in dem nur Ereignisse in Nürnberg mitgeteilt werden und an dessen Ende der Text mit einem zugefügten ›etc.‹ abbricht; zumindest fehlt ein ausführlicher Briefschluß mit Wünschen, Grüßen und Unterschrift, wahrscheinlich jedoch ein ganzer Informationsteil mit Angaben, die nichts mit Nürnberg als Schauplatz der Ereignisse zu tun hatten.

[7v:] Nullibi esse mallem quam Nurmbergae, nisi nec religioni, nec mihi prodessem, quamquam non mea culpa, sed urbis. Sed, ut dixi, Deus viderit, nisi tamen brevi alia facies fuerit huius rei publ[icae]; ni Deus obstiterit, discedam et hanc Sodomam suae conflagrationi relinquam[5]. Imminet enim, nisi nihil video, διχοστασία non a fere vulgi, sed optimatibus, in qua, si peior pars vicerit, mihi succumbendum, sin melior, excitatae seditionis ignominia ferenda fuerit. Neutrum placet. Alterum enim evangelio dedecorosum, alterum liberis meis[6] perniciosum et mihi quoque, ut ingenue fateor, molestum in medio scilicet cursu et flore non corporis, sed studiorum[7] extinctum iri, nihil dum edito eorum, quae[a] molior. Sed Deus omen avertat, et ego sim potius pseudopropheta.

In causa absolutionis placet responsio tua[8] et gratias tibi ago ingentes, quod me

a) danach gestr.: habeo.

5. Vgl. Gen 19,1-25. – Daß Osiander den Vorstoß des Nürnberger Rats zugunsten der allgemeinen Absolution als bedrohlich ansah, hatte er schon im Brief an Brenz vom 4. April zum Ausdruck gebracht; vgl. u. A. Bd. 5, S. 352,6-8, Nr. 180.

6. Seit 25. Okt. 1525 war Osiander mit Katharina Preu verheiratet. Dieser Ehe entstammten drei Kinder: die Töchter Katharina und Agnes und der Sohn Lukas; vgl. *Seebaß*, Osiander, S. 197, und Deutsches Geschlechterbuch 170, S. 294f.

7. Osiander war damals 37 Jahre alt (vgl. u. A. Bd. 1, S. 18), hatte nach seiner Nominierung zum Prediger von St. Lorenz 1522 als Protagonist die Nürnberger Kirche reformiert (vgl. *Seebaß*, Osiander, S. 90-99) und im Herbst 1532 zusammen mit Brenz die Brandenburg-Nürnbergische Kirchenordnung verfaßt (vgl. u. A. Bd. 5, S. 37-181, Nr. 176). Seine Leistung zeichnet ihn als ›Reformator der ersten Stunde‹ aus.

8. Der Nürnberger Rat hatte sich beim Streit über die allgemeine Absolution am 8. April um Gutachten aus Wittenberg und von Brenz bemüht, vgl. u. A. Bd. 5, S. 412, Nr. 186, und u. Anm. 16. Brenz formulierte seine Antwort an den Rat bereits am 12. April; sie findet sich gedr. in *Strobel*, Leben Veit Dietrichs, S. 32-38. Der Prediger von Schwäbisch Hall stand auf der Seite Osianders. Um die Problemstellung besser zu beleuchten, die sich zwischen Osianders Kollegen (vgl. dazu u. S. 912,4-913,8; 915,6-916,6, Nr. 181 a; S. 919,1-6, Nr. 181 b), dem Nürnberger Rat (vgl. u. S. 913,8-914,2, Nr. 181 a; S. 918,10-14, Nr. 181 b), unterstützt durch die Stellungnahme aus Wittenberg (vgl. dazu u. S. 917f, Anm. 7, Nr. 181 b) einerseits und dem Lorenzer Prediger andererseits ergab, seien wichtige Ausführungen aus Brenz' Gutachten wiedergegeben. Er schreibt nach Nürnberg: »... Und halt auch dafür, das die gemein offentl. Absolution wie sie bishieher im brauch gewesen der gmeinen Predig des Evangelions auch den rechten brauch der sunndern privat absolution nachthailig und derohalben billich zu unterlassen sey ... So dann nach der predig auch ein Absolution gesprochen wird unnd doch nicht einer sonnderlichen person wie sein artt erfordert, zuaiget, sonnder in die gemain, darinn zu zeiten der gröst hauff böß, unnd der absolution nicht begirig ist, als die perlin für die schwein ... geschlenkert würdt, könt sich das beschwert gewissen eben als wenig daraus als aus der predig zufriden stellen unnd blieb für und für in seiner unrw[!] bis es die privat Absolution erhalt ... Hierauff nach dem die gemain predig des Evangelions von der gemainen Absolution ... verdunkelt und die Absolution nach irer artt die gemain predig auff sonnderliche personen appliciren und zuaignen soll, auch gegen ainen gemainen unbekannten Hauffen baide thail des schlüssels nemlich auffschliessen und zuschliessen zu uben sein ... So bedünkt mich nützlich und gutt sein das die gemain absolution wie sie bishieher nach der Predig gebraucht, genntzlich unterwegen bleib« (*Strobel*, Leben Veit Dietrichs, S. 32, 35 und 37; vgl. *Möller*, Osiander, S. 180f).

eam videre volueris[9]; proderit mihi in omnem eventum, idque sine tuo incommodo. Nihil est, quod hac de re amplius iam scribere possim, nisi Vincilaum[10] in consilio allegasse, Pomeranum[11] in ordinatione Brunsvicensi[12] publicam illam absolutionem approbasse[13], instituisse et conscripsisse libello mendacium refellente. Adeo enim publice confessioni nullam absolutionem annexuit, ut appareat cavisse, ne annecti posset[14]. Cumque haec scriberem, accepi literas a Georgio Celere, olim famulo meo, Vitebergae nunc agente[15], scripsisse senatum, nescio quid, ad[b] Lutherum[16], de quo cedulo, sed occulte, fuerit illic consultatum, se vero post longam inquisitionem e Luthero tantum eruisse, esse quaestionem de absolutione [8r:] et praeterea nihil. Utinam Lutherum ea de re prius admonere potuissem[17]. Nam ex literis senatus, ad te da-

b) danach gestr. (aberratio oculi): senatum.

9. Osiander hat also die Stellungnahme aus Schwäbisch Hall am 28. April schon gekannt. Da der Rat am gleichen Tag erst beschloß, die Prediger über die eingegangenen Beurteilungen zu unterrichten (vgl. u. A. Bd. 5, S. 412, Anm. 4, Nr. 186), darf man annehmen, daß Brenz das Gutachten zunächst Osiander zur Kenntnis gebracht und danach erst dem Rat hat übergeben lassen. Ein der Sendung beigefügtes Anschreiben Osianders muß als verloren angesehen werden.

10. Wenzeslaus Linck, seit 1525 Prediger am Heilig-Geist-Spital; zu ihm vgl. *Simon*, Nbg. Pfb., S. 128f, Nr. 759, und *Lorz*, Linck. Er soll die ›offene Schuld‹ zum Zweck der allgemeinen Absolution vor dem Abendmahl in Nürnberg wiedereingeführt haben, gehörte jedenfalls zu deren Befürwortern; vgl. u. A. Bd. 5, S. 335, Nr. 178; S. 348-353, Nr. 180, und *Lorz*, Linck, S. 163-165.

11. Johannes Bugenhagen, seit 1523 Pfarrer der Wittenberger Stadtkirche und Verfasser vieler Kirchenordnungen; zu ihm vgl. TRE 7, S. 354-363, bzw. RGG 1, Sp. 1504.

12. Gemeint ist Bugenhagens Kirchenordnung für die Stadt Braunschweig von 1528, vgl. *Sehling*, Kirchenordnungen 6,1, S. 348-455.

13. Vgl. u. A. Bd. 5, S. 343,13-16, Nr. 178 (wo allerdings Frosch auf Bugenhagen verweist).

14. Bugenhagen schreibt im Kapitel »Van der missen« nach langen Ausführungen in bezug auf den Gang zum Sakrament: »Wente Christene könen der orenbycht wol christlick, doch fry brüken. Unde wen etlike, de doch vorstendige genöch synt, rede nicht bychten, so erkennen se doch öre sunde vor Gade unde is en leyt. Dat is de rechte bicht, de wy ock vor den unsen int gemeyne alse sundere mit ernste bekennen scholen ...« (*Sehling*, Kirchenordnungen 6,1, S. 414; vgl. S. 443f).

15. Über den Famulus Osianders ist nichts bekannt. Sein Schreiben ist verloren. – Im »Amptbüchlein allerley geschworenen ampter und handwerk, so vor den herren zum pfenter verordent gehorsam thun« vom Jahr 1562 findet sich der Eintrag: »Jorg Zeller, beym predigerkloster« bezüglich der dortigen Apotheke, die schon 1442 erwähnt wird; vgl. Mitteilungen des Vereins für Geschichte der Stadt Nürnberg 7, 1888, S. 108, Anm. 1; und 38, 1941, S. 37. Vielleicht darf man die von Osiander gemeinte Person mit dem später in Nürnberg wirkenden Apotheker gleichsetzen.

16. Vgl. o. Anm. 8. Das Schreiben selbst findet sich Nürnberg StArch, BB 106, fol. 134rv; gedr. WA.B 6, S. 446-448, Nr. 2008, und *Strobel*, Leben Veit Dietrichs, S. 30-32.

17. Osiander muß kurz nach den Beratungen vom 3. April auch an Luther geschrieben haben. Der Wittenberger hat freilich nach eigener Auskunft dessen Meinung erst zu spät erfahren; vgl. u. A. Bd. 5, S. 11, vor Anm. 1, und S. 412, Anm. 5, Nr. 186.

tis[18], facile intelligo, quo artificio agere soleant[19]. Scripsi quidem ei ea de re, sed vereor, ne sero[20].

De Dominico longa et mirabilis fuerit historia, quomodo miris technis hoc egerit, ut praeposito suo excuso ipse succederet, quam insaniam eius callidi quidam senatores clanculum aluerunt, non ut, quod vellet, efficeret, sed ut praepositum, quem oderant, eiicerent. Interim de eo saepius consultatum, quo pacto ita subigi posset, ut stipendium, in omnem vitam promissum, solvi non oporteret – foedum auditu, tamen factum, atque haud scio, an non et effectum. Cumque res cum praeposito non, ut vellent, succederet, vim admoverunt, unde ille iam propemodum melancholia perit detractum annuis eius reditibus 150 fl.: Dominicus loco motus in omnium infimum reiectus est[c], ubi antea Venatorius concionabatur. Venatorius Froschio, Froschius praeposito in labores, non in conditionem, nec in titulum successit, simul praepositi et concionatoris vices obeundo, incertus, quam diu. Et statim vilescit iis, qui Dominicum ferre non potuerunt, neque omnino sine sua culpa. Cum enim visum habeat hebetem et in legendo[d] speculis opus habeat, non potest tantum laboris devorare, ut textum scripturae tractandum ediscat, sed e libello, naso speculis occluso, ridicule pronunciat, neque id semel, sed tota concione subinde respectans putendum de se spectaculum praebet, nulla necessitate coactus. Et auget haec licentia e libello pronunciandi negligentiam in tractando, dum finem certum non statuunt, sed quousque lubet, progrediuntur non excusis praecedentibus, ut iam nostra quoque culpa vilescamus. Dominicus cum ob fortunae ictum[21] subtristis esset, senatorum, qui ei favore videbantur, verbis erectus est. Nam promiserunt ei se in senatu diligenter acturos, ne deteriorem conditionem haberet quam antea, quae res effecta[e] ei placeret, non enim [8v:] debebatur[f] ex pacto, sed aliquanto minus. Literis res mandata est: debere eum habere stipendium, quod antea, et concionari in divae Catharinae templo, quamdiu senatus volet[22]. Hoc postremum: quamdiu senatus volet, ipse haud dubie ad contionem tantum referat, ego autem vertor olim ad totum stipendium referendum et prius pactum hoc novo abolitum. Hanc suspicionem auget omnium eorum, quibus hoc

c) Danach am rechten Rand von anderer Hand notiert: Quid ad rem haec cavillatio.

d) Danach am rechten Rand von anderer Hand notiert: Idem fecit et doctor Lutherus [et] Wenceslaus Linck. Reprehendit, quod non est reprehendum.

e) danach gestr.: eum.

f) Davor am linken Rand von anderer Hand notiert: Charitas hoc non facit, quae condolet, non laedatur de aliorum infirmitate.

18. Das Schreiben des Nürnberger Rats an Brenz hatte den gleichen Wortlaut wie das an Luther und Melanchthon, wie aus einer Schlußnotiz zum Brief hervorgeht; vgl. o. Anm. 16 und WA.B 6, S. 447,47f, Nr. 2008.

19. Vgl. dazu u. S. 917f, Anm. 7, Nr. 181b.

20. Vgl. a.a.O. in Anm. 17. – Der nachfolgende Text von Osianders Schreiben an Brenz (bis Z. 18) ist bereits in u. A. Bd. 5, S. 345-347, Nr. 179, ediert. Die notwendigen Informationen zu seinem Verständnis werden an dieser Stelle nicht wiederholt.

21. Vgl. u. A. Bd. 5, S. 346,5f und Anm. 10, Nr. 179.

22. Vgl. u. A. Bd. 5, S. 346f, Anm. 10 und 14, Nr. 179.

indicavi, consensus opinantium subesse dolum. Praeterea, quod eiusdem tenoris literae sint etiam datae Venatorio et Froschio[23], cum nihil omnino fuerit opus ni hoc solum, ut, si Dominicus neget suas literas ita intelligendas, illi fateantur suas ita intelligendas, quae res Dominicum convincet et eis os occludet, miserabiliter tamen circumvento. Mihi quidem, nisi subesset dolus, incredibile videtur plus ei daturos fuisse, quam ex pacto deberent. Tanta est avaritia! Nonnulli putant hoc Dominico merito contingere, quantumvis illos dedeceat, quod stipendii in omnem vitam promissionem in seditione tandem[g] extorserat – quae res me latuit –, callide aestimans eos tum sine sua pernicie negare non posse et me hoc nomine senatui adhuc charum – quod mihi est incredibile –, quod nihil tale prae me tulerim, cum tamen ob seditiosorum reprehensionem etiam de vita periclitarer[24]. Beneficium amant, sed benefactorem minime, id, quod est eis peculiare. Fortassis inde, quia proditionem et beneficium pro eodem habeant, caesarem augustum deinde imitantes, qui itidem proditiones amabat, proditores detestabatur. Emergit[h] et nunc fama Dominicum etiam fuisse monachum[25], quod quidem ego verum esse nondum persuadeor, tametsi omnes circumstantiae adiiciantur, qua aetate quibusque de causis per dispensationem pontificis liberatus sit[26]. Quod si verum est, habebo eum omnium bipedum nequissimum, non quia monachus fuit, sed quia tanto studio negavit et alios semper detestatus sit, subinde [9r:] tentans mihi odium eorum inspirare, quo mea familiaritate solus frueretur, ridicule applicans illud: Non arabis in bove et asino![27]

Ego nuper ex senatusconsulto[i] septemvirum, quorum praecipua maiestas[28], repre-

g) korr. aus: tantam.
h) Davor am linken Rand von anderer Hand notiert: Ecce alia calumnia.
i) Nach der vorletzten Silbe, die am Zeilenende steht, am rechten Rand von anderer Hand notiert: Alia calumnia. Calumniarum hic homo plenus est.

23. Vgl. ebd., Anm. 10 und 11.
24. Ähnliches behauptet Osiander auch später noch, vgl. u. A. Bd. 9, S. 75,3f, Nr. 366.
25. Dominikus Schleupner, geb. in Schlesien, studierte in Krakau, war 1508 Kanzleischreiber in Breslau, 1516 Chorherr der Kathedralkirche, Kantor und bischöflicher Rat. 1519 studierte er in Wittenberg, 1520 in Leipzig und wurde 1522 Prediger an St. Sebald in Nürnberg; vgl. *Simon*, Nbg. Pfb., S. 198, Nr. 1211.
26. Ein Lebensweg unter den geschilderten Umständen war damals keineswegs ungewöhnlich, wie sich neben Luther u.a.m. am Beispiel Martin Bucers, Johannes Oekolampads und Wolfgang Waldners, der Jahre später in Nürnberg wirkte, erkennen läßt. Zu Bucer vgl. TRE 7, S. 258f, und *Greschat*, Bucer, S. 25-47; zu Oekolampad vgl. TRE 25, S. 29-36; RGG 4, Sp. 1567f, und RE 14, S. 289f; zu Waldner vgl. *Simon*, Nbg. Pfb., S. 244, Nr. 1493, und *Will*, Gelehrtenlexikon 3, S. 161f. Andererseits waren viele Reformatoren und Prediger, wie Osiander und andere seiner Nürnberger Kollegen, nicht Mönche gewesen.
27. Vgl. das Sprichwort: »Ein Ochs und ein Esel gehen (ziehen) nicht wohl an einem Pflug« (*Wander*, Sprichwörterlexikon 3, Sp. 1098, Nr. 125; ähnliche Sprichwörter ebd., Sp. 1099, Nr. 159; Sp. 1101, Nr. 190; Sp. 1102, Nr. 219; Sp. 1104, Nr. 260, und Sp. 1110, Nr. *411).
28. Gemeint sind die ›Älteren Herren‹, der engste Kreis des Nürnberger Rats, die als die ›sieben obersten Regenten‹ die Politik der Stadt gestalteten und somit den größten Einfluß besaßen; vgl. u. A. Bd. 1, S. 509 und Anm. 41; S. 523, Anm. 117, Nr. 42; Bd. 4, S. 138, Nr. 149, und *Reicke*, Nürnberg, S. 261.

hensus sum ob conciones meas immeritissime[29], id adeo ipsi non ignoraverunt, ut, quod sentirent, dicere non fuerint ausi, conscii et esse verum et me non immoderate, nec intempestive dixisse, quod dixeram. Ipsi aliud finxerunt, scilicet me laesisse benevolentiam et favorem vulgi erga eleemosynarios, quod erat impudens mendacium, totius urbis testimonio refutabile. Ego vero notaram tyrannidem in opprimendis institutis Christi et ecclesiae disciplina, tum etiam in ministris fame conficiendis etc.[30], unde facile apparet mortuo Ebnero[31] eos meditari oppressionem[k] verbi praedicandi, cuius quamvis idoneas causas non habeant; quiescere tamen nolunt, veriti, ne occasionem amittant etc.

k) Nach der drittletzten Silbe, die am Zeilenende steht, am rechten Rand von anderer Hand notiert: Vult videri propheta.

29. Dies dürfte in der Zeit zwischen den Verhandlungen vom 3. April und dem Datum des obigen Briefes gewesen sein, obwohl wir dazu keine näheren Angaben besitzen. Die von dem Lorenzer Prediger angedeutete Spannung, die durch den Streit und die ›willkürlichen‹ Umbesetzungen des Rates – wie im Brief geschildert – sich aufbaute, wurde, wie man folgern darf, von ihm in seinen Predigten durchaus, wenn auch nur mittelbar, artikuliert. Erst nach der Bekanntgabe des Wittenberger Antwortschreibens zum Streit am 28. April und einer gemäßigten Reaktion Osianders, die den Kirchenpfleger Hieronymus Baumgartner freilich Schlimmes befürchten ließ, kam es am 4. Mai zu der Predigt Osianders, die den Streit von der Kanzel öffentlich machte und die auf Befehl des Rats nachgeschrieben wurde; Verhandlungen mit dem Lorenzer Prediger schlossen sich an, um den öffentlichen Frieden zu wahren; vgl. u. A. Bd. 5, S. 412f, Nr. 186. Die Befürchtungen Baumgartners, die sich erst Tage nach dem obigen Brief bewahrheiteten, wurden daher nach Osianders eigenen Worten bereits in den Predigten des Monats April erkennbar.

30. Zu diesen Darlegungen vgl. die Ausführungen im Brief weiter o. bei und mit Anm. 5.

31. Gemeint ist der einflußreiche Ratsherr Hieronymus Ebner, eine Stütze der Reformation im Nürnberger Rat, der im Vorjahr gestorben war; zu ihm vgl. u. A. Bd. 1, S. 140f, Anm. 33, Nr. 17, und Bd. 4, S. 116, Anm. 1, Nr. 146. Ähnliches zur evangelischen Einflußnahme Ebners konnte bereits Lazarus Spengler im März 1530 schreiben, vgl. u. A. Bd. 3, S. 686,3-5, Nr. 134.

Nr. 181a
Osiander an Brenz, Fragment
[Nürnberg], 1533, Juli 13

Bearbeitet von *Hans Schulz*

Nürnberg StB, Strobel Mss. 34, fol. 9v-10v, Kop. nach 1564[1] mit der Überschrift: »Osiander Brentio 13. Iulii 1533«[2].

Der Streit in Nürnberg habe nicht nur mit der allgemeinen Absolution zu tun. Schon früher hätten seine Kollegen ihn heimlich beim Rat wegen falscher Lehren und mit persönlichen Vorwürfen verklagt. Er habe bisher nur einmal, am 4. Mai, gegen die zwangsweise Wiedereinführung der allgemeinen Absolution durch den Rat gepredigt, sonst nicht. Heute freilich habe er aus Not öffentlich angekündigt, er werde auf die Verleumdungen antworten und sich in Zukunft mit den Irrtümern, nicht den Personen seiner Gegner auseinandersetzen. Ein Komet sei zu sehen, schon der dritte in zwei Jahren. Schleupner sei verzweifelt, Frosch und Eichhorn, ebenso Linck und Koberer seien ausgemachte Gegner, anders Fürnschild und Pistorius. Man arbeite gegen ihn mit allen Mitteln.

1. Zum Kopisten vgl. u. S. 925, Anm. 3, Nr. 193b. – Nürnberg StB gibt als Alter des ganzen Handschriftenbandes an: um 1540. Das Konvolut enthält Manuskriptbündel von mehreren Händen. Die Randnotiz des Briefkopisten u. S. 915, Anm. f, macht eine Korrektur der Altersbestimmung für die von ihm abgeschriebenen Briefe notwendig. Dazu die nötigen historischen Daten: Johann Eichhorn d. Ä. (vgl. u. S. 915, Anm. 24) starb 1548. Sein Sohn Johannes Sciurus (vgl. u. A. Bd. 9, S. 612-614, Nr. 452, und o. S. 711-714, Nr. 533; außerdem Altpreußische Biographie 2, S. 658) war Professor für Griechisch und altes Testament in Königsberg, wurde 1557 Hofprediger des Herzogs und starb 1564. Philipp Melanchthon unternahm im Herbst 1555 eine Reise nach Nürnberg; der Osiandrismus in der süddeutschen Reichsstadt fand damit sein Ende; die verbleibende Geistlichkeit war antiosiandrisch eingestellt; vgl. *Fligge*, Osiandrismus, S. 324-339, und *Simon*, Nbg. Pfb., S. 41, Nr. 204: Culmann. Im Jahr 1566 ereignete sich in Preußen die Katastrophe des Osiandrismus; vgl. *Hase*, Hofprediger, S. 331-373.

Aus diesen Angaben kann man folgende Altersbestimmung für das Handschriftenbündel des Briefkopisten ableiten: Wenn der Wortlaut der o. angegebenen Randnotiz exakt gelten soll, schrieb der Kopist frühestens nach 1564, dem Todesjahr Johannes Sciurus'. Sehr wahrscheinlich wird man diese Jahreszahl als bestimmend festhalten müssen. Die Angabe, Sciurus habe 1557 die Hofpredigerstelle übernommen, hat wohl zu wenig Gewicht im Vergleich zum Todesjahr, um in der süddeutschen Stadt registriert zu werden. Nach dem Ende des Osiandrismus 1555 dürfte man in Nürnberg außerdem Nachrichten dazu aus Preußen aufmerksam vermerkt haben, besonders aber den Zusammenbruch im Jahr 1566. Es ist daher wahrscheinlicher, daß der Schreiber des Handschriftenbündels die zugehörigen Briefe erst nach 1566 abgeschrieben hat. Das Alter der Handschriften des Kopisten wird aber wohl am besten festgelegt mit der Angabe: nach 1564.

2. Für die Annahme, daß es sich um ein Brieffragment handelt, sprechen folgende Gesichts-

[9v:] Salutem. Rectius fecisses, mi Brenti, si ea, quae de tragoedia nostra ad te scripta sunt, paucis adumbrasses[3]. Neque enim periculum fuisset, ne te proderem, et eo melius te docere de toto negocio potuissem. Nihil cognovi in omni vita mea atrocius. Et erras longe, si putas statum causae esse, utrum absolutio publica sit retinenda nec ne[4]. Iam olim gladiatoris animo in[a] me grassantur[5], haereticum traducunt, quia in catechismo[6] tria sacramenta numerarim[7], cum idem sit in ›Apologia‹[8]; et haec calumnia antiquior est multo quam ea de clavibus. Insuper Leonardus Tucher, praestantissimus senator, una cum Leone Schurstab et Hieronymo Baumgartnero[9] mihi indicavit me a meis collegis iam olim apud senatum clam accusatum, quasi qui multa docuerit erronea, seductoria, haeretica, quae sacris literis[b] probari nullo modo pos-

a) korr. aus: im.
b) danach gestr. Ditt.: literis.

punkte: Adresse und Datum (vom Briefschluß) sind in einer Überschrift zusammengefaßt. Der Kopist gibt nur Informationen über Nürnberger Ereignisse wieder. Der Text des Briefes bricht mit einem ergänzten »etc.« ab; weitere Mitteilungen und der übliche Briefschluß mit Wünschen, Grüßen und Unterschrift fehlen.

3. Osiander bezieht sich möglicherweise auf Brenz' Gutachten an den Nürnberger Rat vom 12. April, das anfänglich den erteilten Auftrag wiederholt, um sodann theologisch-fachliche Auskunft dazu zu geben. Vielleicht ist auch der Beibrief aus Schwäbisch Hall gemeint, in dem Brenz zu erkennen gab, daß Osiander über dessen Inhalt informiert werden sollte; vgl. o. S. 906,11f mit Anm., Nr. 179. Da der Lorenzer Prediger im obigen Brief Brenz freilich zusätzlich zitiert (vgl. u. S. 914,3), ebenso im Folgeschreiben drei Tage später (vgl. u. S. 921,4, Nr. 181b), ohne daß diese Wendungen nachgewiesen werden können, darf man ein weiteres Schreiben von Brenz an Osiander annehmen, das ihn nach eigenen Worten am 12. Juli erreicht hat, vgl. dazu u. S. 915,2-4 mit Anm.

4. Eigentlicher Anlaß zum Streit war freilich die Einführung der ›Offenen Schuld‹ und der allgemeinen Absolution, die vom Volk als Ersatz für die Beichte genommen wurde; vgl. u. A. Bd. 5, S. 335(-337), Nr. 178. Der Rat der Stadt hatte jedoch anders an Brenz geschrieben, vgl. o. S. 907, Anm. 16, Nr. 179, und u. S. 917f, Anm. 7, Nr. 181b.

5. Ähnliches vermutet auch Luther in seinem Schreiben an die Nürnberger Geistlichen vom 20. Juli: »... fuisse aliquot veteres antea offensiones inter vos ...« (WA.B 6, S. 502,19f, Nr. 2037).

6. Gemeint sind Osianders Katechismuspredigten, die 1533 im Druck erschienen sind und vielfachen Nachdruck gefunden haben; vgl. u. A. Bd. 5, S. 182-324, Nr. 177.

7. In der Katechismuspredigt über die Taufe nennt Osiander »drey besondere und unterschidliche sacrament oder heylige pundszeichen«, nämlich Taufe, ›Gewalt der Schlüssel‹ und Abendmahl; vgl. u. A. Bd. 5, S. 313,1-13, Nr. 177 (Zitat Z. 2f). Daß Osianders Kollegen daran wirklich Anstoß nahmen, zeigt sich auch in einem Ratsbeschluß vom 17. Juli 1533, in dem beide Seiten aufgefordert werden, »das yeder teil seine gründe und ursachen der itzo strittigen artickel, nemlich der dreyer sacrament und gemeinen absolution halben einem rath furderlich in schrifften zustelle« (Nürnberg StArch, Rst. Nbg., RB 16, fol. 94rv).

8. In Art. 13 der Apologie schreibt Melanchthon: »Vere igitur sunt sacramenta baptismus, coena Domini, absolutio, quae est sacramentum poenitentiae« (BSLK, S. 292,24-27).

9. Es handelt sich um die drei Abgeordneten des Rates, die nach Osianders Predigt über den Absolutionsstreit vom 4. Mai mit ihm Verhandlungen führten (vgl. u. A. Bd. 5, S. 413, Nr. 186) und denen er am 16. Mai bereits eine briefliche Stellungnahme übermittelt hatte (vgl. ebd., S. 354-356, Nr. 181).

sint[10]. Postea, cum vocati essent ob rem componendam, Dominicus in me absentem in praetorio evomuit me nihil prorsus sentire de eucharistia. Colophon horum omnium fuerunt impudentissima mendacia me omnem eruditionem meam habere ex libello Martini Cellarii[11], me sententiam meam de clavibus non potuisse nec defendere, nec excusare, nisi quod deprecando confessus fuerim me inter concionandum melancholia oppressum solere, effundere, quae non proposuerim, nec cogitarim unquam. Est, qui aperte etiam dicat me daemone obsessum. Haec est ipsorum charitas[12]! Ego hactenus praeter unicam contionem, in qua satis graviter egi – cum nondum scirem reliquos concionatores a me dissentire – contra vim senatus, qui publicam absolutionem restituit, nihil de tota controversia publice dixi usque in hodiernum diem[13]. [10r:] Nam hodie primum aciem instruxi, et in illa praedicta

10. Daß bei den Verhandlungen beider Seiten mit den Ratsverordneten auch Vorwürfe und Beschuldigungen über die Frage der offenen Schuld hinaus laut wurden, zeigt schon das Verhandlungsprotokoll vom 3. April, vgl. den ›Ratschlag über die allgemeine Absolution‹ u. A. Bd. 5, S. 343,25-344,4, Nr. 178. Dabei mag auch länger Zurückliegendes wieder vorgebracht worden sein. Vgl. auch ebd., S. 492,4-17, Nr. 187.

11. Martin Borrhaus (1499-1564; genannt Cellarius) schloß sich in jungen Jahren der Reformation an, studierte in Wittenberg und lebte nach ruhelosen Jahren mit vielen Reisen als Professor in Basel. Als individueller Geist stand er den Wiedertäufern und den Reformierten nahe; vgl. RGG 1, Sp. 1367f; LThK 2, Sp. 611, und RE 3, S. 332f. – Welches Werk von Borrhaus gemeint ist, läßt sich nicht feststellen, vielleicht seine 1527 verfaßte Schrift ›De operibus Dei‹; vgl. a.a.O.

12. Die von Osiander aufgezählten Anschuldigungen sind im einzelnen historisch eigentlich nicht zu verifizieren. Wie weit in damaliger Zeit ehrenrührige Polemik möglich war, zeigt das Pamphlet »Speculum Andreae Osiandri« von 1544, das zwar nicht von einem Amtskollegen, wohl aber von einem Autor stammt, der sehr viele Interna über Osiander kannte, nämlich von dem ehemaligen Nürnberger Ratskanzleischreiber Georg Frölich; vgl. u. A. Bd. 8, S. 281 und 305-318, Nr. 311.

13. Um Osianders Darlegungen richtig zu verstehen, werden die zugehörigen Ereignisse chronologisch angegeben: Nach Verhandlungen mit dem Rat und Einholung von Gutachten zur Frage wurden die Prediger am 28. April vom Rat zu Stillschweigen und Gebrauch der allgemeinen Absolution verpflichtet. Bis zu diesem Zeitpunkt hatte sich Osiander zum Streit nicht öffentlich geäußert. Am 4. Mai hielt er darüber jedoch eine scharfe Predigt, die vom Rat nachgeschrieben und beraten wurde. Selbst wenn aus der Nachschrift des Nürnberger Lehrers Michael Roting der im Brief genannte eigentliche Skopus der Predigt nicht zu erkennen ist, war wohl auch in den anschließenden Verhandlungen Osianders Bestreben eigentlich gerichtet »contra vim senatus, qui publicam absolutionem restituit«. Zum Ganzen vgl. u. A. Bd. 5, S. 335-337, Nr. 178, und S. 412-414, Nr. 186. Ende des Monats Juni sandten Osianders Kollegen ein Schreiben an Luther, in dem neben einer Darstellung des Streites auch eine Auflistung anstößiger Predigtäußerungen Osianders zu finden war; vgl. ebd., S. 414, Nr. 186. Wohl im Zusammenhang mit diesen oder ähnlichen Ränkespielen hat sich offensichtlich Osianders Überzeugung gefestigt, mit seinen Kollegen in vielen Punkten im Dissens zu stehen. Wie stark gegen ihn intrigiert wurde, zeigt etwa eine Notiz im Ratsprotokoll vom 17. Juli über die Verhandlungen mit den anderen Predigern: »Es hat sich auch der Cartheuser [= Georg Koberer] in sunderheit vernemen lassen, das es mit den vor augen [liegenden] irthumben des Osianders noch kein ende hab, sunder er wisse ime noch andre mere und derselben viel, die er gepredigt, anzuzei-

concione hoc solum agebam, ut pericula manifestarem oritura, si publica absolutio pro privata arriperetur, nihil subindicans, cum quibus mihi negocium esset[14]. Quod vero me admones, ut causae consulam, personas parcam[15], recte facis et mecum sentis, imo vero ego tecum. Nisi ipsi sibi omnem excusandi sui viam obstruxissent, facturus essem, ut ex hac controversia ipsi nihil peius haberent. Sed ita egerunt, ut Vitebergenses etiam dixerint mirari se, quod senatus hos nebulones non urbe exigat[16]. Hodie tandem cum necessitate impulsus, tum etiam occulta senatus voluntate invitatus (sentiunt enim: Quid moliatur Satan?) meam causam agere coepi et nihil aliud, quam eorum accusationem, quam in me absentem ubique evomuerunt, publice produxi, meque responsurum promisi, adiungens, quae in meam vitam et mores finxerunt, condonaturum, in vitam ipsorum nihil dicturum, in doctrinam eorum non inquisiturum, tantum ea, quae de mea fide et doctrina dixissent, confutaturum hortando, ut moderate se gererent et Deum pro veritate orarent[17]. In posterum cum erroribus, cum personis vero nihil, mihi negocii erit, nisi me coegerint. Si dicendo negocium sanare potero, bene erit, si non, scribam in publicum et hunc Satanam ita confutabo, ut ad[c] omnem posteritatem exemplum memorabile permansurum sit.

c) korr. aus: »ado-«.

gen« (Nürnberg StArch, Rst. Nbg., RB 16, fol. 94r). Am 22. Sept. schreibt Osiander an den Rat, er habe gehört, »man habe uber die sechzig artickel zusamengelesen, darin ich unrecht geleert soll haben« (u. A. Bd. 5, S. 492,12f, Nr. 187; vgl. S. 383,12f, Nr. 184). Selbst Luther formuliert im Brief an Linck vom 20. Juli einen ähnlichen Eindruck: »Nam ut ex articulis per te mihi missis coniicio, suspicor, vos nimis rigide observasse eius conciones« (WA.B 6, S. 506,18-20, Nr. 2038).

14. Am gleichen Tage – offenbar vor seinem Schreiben an Brenz – hatte Osiander erneut und noch schärfer über das strittige Thema gepredigt. Lazarus Spengler war darüber entsetzt; vgl. u. A. Bd. 5, S. 414, Nr. 186. Das Protokoll der anschließenden Verhandlungen des Rates mit Osiander und den anderen Predigern spricht davon, daß er das auferlegte Redeverbot zum zweiten Mal gebrochen, »wider ein ungeschickte und zum teil betrohliche predig gethan, daraus meniglich spüren mögen, das er, mere sein person und namen zu erhohen weder[!] das wort Gottes und die warheit zu suchen, sich beflissen«, klagt ihn wegen Verunglimpfung seiner Kollegen jedoch nicht an; vgl. Nürnberg StArch, Rst. Nbg., RB 16, fol. 93rv (Zitat fol. 93v). Natürlich konnte der Lorenzer Prediger auch den Rat als Gegner im Sinn gehabt haben. Er erhielt eine scharfe Verwarnung der Obrigkeit, wußte sich jedoch mutig zu verteidigen, die anderen Prediger wurden wie er zu einer dreiwöchigen Pause und schriftlicher Darlegung ihrer Gründe verpflichtet; vgl. ebd., fol. 93v-94v, und u. A. Bd. 5, S. 414f, Nr. 186.

15. Wahrscheinlich zitiert Osiander aus einem uns nicht bekannten Schreiben; vgl. o. Anm. 3.

16. Diese Äußerung aus Wittenberg konnte nicht nachgewiesen werden. Luther z. B. redete mit seinen beiden Schreiben vom 20. Juli den Kollegen Osianders ins Gewissen und riet nachdrücklich zur Versöhnung; vgl. WA.B 6, S. 502-507, Nr. 2037 und 2038.

17. Das alles dürfte in der vormittäglichen Predigt des 12. Juli geschehen sein. Immerhin steht diese erregte Darstellung in einer gewissen Spannung zu Osianders vorausgehender Feststellung, er habe nicht angedeutet, mit welchen Gegnern er zu tun habe.

Cometen vidi, et ipse visus est et Vitebergae. Res est terrenda tres cometas intra biennium vidisse[18]. Etiam nunc, ut aliquid iocer, effectus suos nobis exhibent[19]. Nam literae tuae, 14. Iulii datae – id quod omnia ostenta et prodigia superat: 12. eiusdem mensis mihi sunt reditae[20], ut iam fateri cogar, quod praeter rerum ordinem id sit, quia retro sua per vestigia labitur annus[21]!

Sed ad rem: Dominico nihil est [10v:] desperatius et virulentius[22]. Frosch[23] sub hypocriseos tegumento benevolentiam[d] simulans tanto pestilentius me[e] infamat. Concionator Omnium Sanctorum, quem[f] forte non nosti[24], Satanam ipsum malitia exuperat. Solus dominus Sebastianus, Sancti Aegidii concionator[25], animum christianum erga me retinuit, nam abbas[26] semper sui similis est, vir bonus – quibus Deus ipsorum in[g] me charitatem renumerare dignetur in die illo[27]! Vincilaus[28] et Carthusianus[29], ex professo hostes[30], modestius agunt reliquis, in aperto tanto nequiores,

d) danach gestr.: »sin-«. – e) Davor am linken Rand von anderer Hand notiert: Ist ein frommer, eyfferiger mann gewesen.

f) Danach am rechten Rand von der Hand des Kopisten notiert: Johannes Eychhorn, qui habuit filium eodem nomine, qui fuit in Prussiae Regiomonte professor artium in schola, qui Osiandricas depra[e]vationes strenue defendere adiuvit.

g) korr. aus: »m-« (Ditt.).

18. Zu den Kometen der Jahre 1530, 1531 (Halleyscher Komet), 1532 und 1533 vgl. u. A. Bd. 6, S. 446, Anm. 22, Nr. 239.

19. Zur Wirkung dieser Himmelerscheinungen auf Osiander und seine Zeitgenossen vgl. a. a. O., Anm. 24 und 26, Nr. 239.

20. Dieses Schreiben konnte nicht gefunden werden.

21. Publius Vergilius Maro, Georgica 2, 402: »redit agricolis labor actus in orbem, atqu' in se sua per vestigia volvitur annus«. – Vgl. Jes 38,7f (s. auch u. A. Bd. 9, S. 102,20-104,25, Nr. 370). Der kleine Scherz dürfte wohl durch einen Schreibfehler im Absendedatum möglich geworden sein.

22. Vgl. dazu o. S. 908,3-909,20, bes. S. 908,21, Nr. 179.

23. Vgl. dazu u. A. Bd. 5, S. 346,6-347,2 mit Anm., Nr. 179.

24. Zu Johann Eichhorn, dem Prediger der Allerheiligenkapelle, vgl. u. A. Bd. 5, S. 492,11-13, und Anm. 17, Nr. 187. Brenz dürfte ihn bei seinem Aufenthalt in Nürnberg im Herbst des Vorjahres wohl nur flüchtig kennengelernt haben; vgl. o. S. 905, Anm. 2, Nr. 179.

25. Zum Prediger der Egidienkirche Sebastian Fürnschild vgl. *Simon*, Nbg. Pfb., S. 70, Nr. 376. Seinem dort mit 1532 angegebenen Ruhestand stehen Osianders Angaben hier und die Verzeichnung seines Namens unter den Teilnehmern an den Verhandlungen des Rates zum Streit am 3. April 1533 entgegen; vgl. u. A. Bd. 5, S. 339,3, Nr. 178.

26. Zu dem letzten Abt des Nürnberger Benediktinerklosters St. Egidien, Friedrich Pistorius, vgl. u. A. Bd. 7, S. 301, Anm. 1, Nr. 269, u. ö. Osiander hatte zu ihm ein gutes Verhältnis. Auch nach seinem Weggang aus Nürnberg unterhielt er mit ihm Briefkorrespondenz; vgl. u. A. Bd. 9, S. 88-90, Nr. 369, u. ö.

27. Vgl. II Tim 1,12.18.

28. Zu Wenzeslaus Linck vgl. o. S. 907, Anm. 10, Nr. 179.

29. Zu Georg Koberer, dem ehemaligen Prior und späteren Hausverwalter des Nürnberger Kartäuserklosters, vgl. *Simon*, Nbg. Pfb., S. 112, Nr. 655.

30. Osiander hat offenbar von ihren gegen ihn gerichteten Agitationen gewußt, vgl. o. Anm. 13.

qui per histriones malunt malam causam agere: Subornant[h] in me viros, mulieres, doctos, indoctos; concionantur passim in foro publico, in foro suario, in plateis, symposiis, conventiculis[i]. Omnia fervent mendaciis incredibilibus, quae res, quantum ad me adtinet, me mirabiliter delectat, doleo tamen ipsorum vicem, ut qui non credam fieri posse, quin multum mali ad eos rediturum sit ob eiusmodi mendacia, omnem humanam fidem superantia etc.

h) Schreibfehler: subornamt.
i) falsch korr. Schreibfehler: conetiticulis.

Nr. 181 b
Osiander an Brenz
[Nürnberg, 1533][1], Juli 16

Bearbeitet von *Hans Schulz*

Nürnberg StB, Strobel Mss. 34, fol. 10v-12r, Kop. nach 1564[2] mit der Überschrift: »A. Osiander Johanni Brentio 16. Iulii«.

Reaktionen auf seine Predigt zum Absolutionsstreit am 13. Juli. Die Wittenberger antworteten, die Privatabsolution sei nötig, die allgemeine ›unschädlich‹. Es gebe zwischen beiden, auch nach Luther, einen Unterschied. Der Rat habe ihn ermahnen lassen, Ruhe zu halten; er habe das nur für kurze Zeit versprochen, um eine Lösung zu ermöglichen. Man halte ihm besonders vor, er lehre drei Sakramente, obwohl Luther und Melanchthon ebenso lehrten. Sieht die Autorität der Geistlichkeit und die Ordnungen Gottes in der Kirche in Gefahr; befürchtet für sich Exil. Wenn die Absolution als Sakrament abgelehnt werde, stehe auch die leibliche Gegenwart Christi im Abendmahl in Frage. Er sei sehr deprimiert, der Komet bei Nacht erschreckend.

[10v:] Gratiam et pacem. Quo pacto bellum finiendum sit[3], nondum coniicere possum, optime et doctissime Brenti. Nam cum proxima concione publice de iniuriis adversariorum questus sim[4], magna facta est mutatio[5]. Populus valde dolet, boni et sapientes viri fremunt tantum licere impudenti arrogantiae et pertinaci invidiae[6]. Nam nihil eorum, quae questus sum, potest negari et sunt satis atrocia. Accedit adversariis aliud incommodum, quia Vitebergae post longam in hoc negocio et diligentem disputationem conclusum est [absolutionem][a] privatam esse necessariam, publicam innocuam[7]. Nam vident ad hanc confessionem[b] necessitatis consecuturum id,

a) konj. – b) danach gestr.: accedere.

1. Die Jahreszahl ergibt sich durch den Inhalt des Briefes, vgl. u. Anm. 3, außerdem die Angaben zur Jahreszahl o. S. 905, Anm. 2, Nr. 179.
2. Vgl. dazu o. S. 911, Anm. 1, Nr. 181 a.
3. Der Brief gibt sich damit als Fortsetzung des Schreibens drei Tage zuvor: Zum ›Krieg‹ mit seinen Kollegen und dem Rat der Stadt über die allgemeine Absolution vgl. o. S. 911-916, bes. S. 914,14-17, Nr. 181 a. Noch 14 Tage später kann Osiander Bucer gegenüber die Lage als ›controversiola‹ ziemlich ähnlich schildern; vgl. u. A. Bd. 5, S. 383,2-19, Nr. 184.
4. Zur Predigt vom 13. Juli vgl. o. S. 913,11-914,17 mit Anm., Nr. 181 a.
5. Zur im folgenden von Osiander geschilderten Reaktion vgl. auch u. A. Bd. 5, S. 414, Nr. 186.
6. sc. seiner Kollegen.
7. Wie auf das Anschreiben des Nürnberger Rats an Luther und Melanchthon vom 8. April (s. WA.B 6, S. 446-448, Nr. 2008), in dem in erster Linie um Rat gefragt wurde, ob die allgemeine Beichte und Absolution zu unterlassen und zu ersetzen sei, nicht anders zu erwarten

quod ipsi maxime stu-[11r:]dent amoliri – taceo, quod diversa docuerunt. Vident item hanc necessitatem mihi probe ancillari ad declarandam inter publicam et privatam differentiam[8]. Neque enim, si sint eiusdem generis, stare potest ea necessitas. Aut enim recte facit, qui publica contentus privatam negligit, aut privatam oportet amplius esse aliquid, quae post publicam necessaria sit[9]. Et Lutherus diligenter distinxit inter clavem scientiae et clavem solvendi, negatque confundi oportere. Clavem scientiae fatetur esse publicam praedicationem evangelii et publicam absolutionem esse publicum evangelium[10]. Unde manifestum est eam esse partem seu potius summam clavis scientiae, si non, fore intollerabilem.

Senatus me vocari iussit[11] – neque enim audet nihil agere in tam manifestis calumniis – et voluit, ut a toto negocio desisterem. Non consensi, sed, cum instarent senatum alio pacto hanc controversiam[c] finiendam curaturum, promisi me ad aliquos dies quieturum, ut, si commodior ratio iniretur, obsecundarem, si non, ut rursus hoc agerem, quo omnes boni intelligerent me neque esse haereticum, neque fanaticum[12].

c) falsch korr. Schreibfehler: controverisiam.

war, antworteten die Wittenberger mit Schreiben vom 18. (s. ebd., S. 453-456, Nr. 2010) vornehmlich auf diese Frage; das Problem der Einzelabsolution wurde dem Ganzen unter- und eingeordnet. Sie antworteten, sie wüßten »die offentlich gemein absolutio nit zu straffen oder zu verwerffen ... Denn auch die predig des heiligen Euangelii selb ist im grund und eigentlich ein absolutio ...« Doch sei »leichtlich zu verstehen, das man die priuata absolutio daneben nit soll fallen lassen« (ebd., S. 454,5f.6f.27f).

8. Diese ›Unterscheidung‹ zwischen beiden hat Osiander tatsächlich immer gelehrt gegen die gleichsetzende Auffassung seiner Kollegen, vgl. etwa seine kurze Darstellung Bucer gegenüber u. A. Bd. 5, S. 383,3-8, Nr. 184, u. ö.

9. So etwa schon in seiner Predigt vom 4. Mai, vgl. u. A. Bd. 5, S. 413, Nr. 186.

10. Vgl. dazu u. A. Bd. 5, S. 429,8-14 und Anm. 74, Nr. 186.

11. An die scharfe Predigt vom 13. Juli schlossen sich wiederum Verhandlungen an. Der Ratsbeschluß, Osiander eine Ermahnung zukommen zu lassen, wurde am 14. vormittags gefaßt und nachmittags ausgeführt. Das Ratsprotokoll hält dazu fest: »[Es] ist erteilt, ine, den Osiander, – wie auch nach essens bescheen – zu beschicken und anzuzeigen, ime hette, sein jungste predig dermassen zu thun, nit gebürt, ein rath hette auch beschwerde, das er uber die ander gutlich warnung nit stillgestanden were, und begeret ein rath nochmals, diesen handel in rue zu stellen biß zu orterung der hauptsach, und ob er solchs thun wolt oder nicht; sein antwort und ursach zu vernemen. Eodem die [= 14. Juli], per h[er]r[n] L[eonhard] Tucher, Sig[mund] Furer et Bern[hard] Baumgartner« (Nürnberg StArch, Rst. Nbg., RB 16, fol. 93v; Datum fol. 93r).

12. Vgl. dazu seine Ankündigung am 13. Juli o. S. 914,7-17, Nr. 181a. Das Protokoll des Rates bietet folgende Darstellung: »Als nun die genanten herren dem Osiander obgemelte eins raths meynung furgehalten, darauf er sich gleichsam trutzig vernemen lassen, als ob einem rath dieses ersuchens nit not thette, das er auch, dieweil ime das predigampt bevolhen were, nit stillschweigen und, was er gepredigt, gewissens halben nit umbgeen hette konnen oder noch nit stillschweigen kont, mit dem beschlus, soverr ein rath bei den andern predigern verfuget, das sie ire grunde gegen ime schrifftlich darthetten, das er alsbald seine grunde daneben auch auflegen und drey wochen stillsteen wolt, biß ein teil dem andern seine gründe schrifftlich widerleget und also die hauptsach gehandelt wurde, doch könt er auch nit umbgeen, mitlerzeit der dreyer wochen sein materi, davon er versprochen zu predigen, zu werck zu ziehen, das wolt er

Valde urgebam manifestam calumniam in eo, quod tria a me sacramenta in catechismo numerata[13] etiam publicis contionibus insectarentur, cum et Lutherus in ›Captivitate Babylonica‹[14] et Philippus in ›Apologia‹[15] item facerent. Neque tamen potui exprimere ullam quantumvis levem displicentiae significationem, quin excusabant potius, et ›Apologiae‹ non subscripsisse se, sed tantum ›Confessioni‹ aiebant[16], quae res me supra, quam dici potest, conturbat. O mi Brenti, quam ego videor mihi iam propemodum aliquid sapere, qui haec mala iam pridem ipse sobrius et vigil impendere praevidi, cum alii nimia securitate ebrii tanquam in summa tranquillitate sterterent[17], tum, cum ministrorum ecclesiae authoritas violabatur et ecclesiastica [11v:] disciplina pro πολλοστημορίῳ[d] τῆς πολιτείας censeretur, intellexi omnia ruere[18] et ipsissimum ἀντικείμενον in ecclesia nostra regnare[19]! Iam assentari summa est eruditio, ut gratuler iis, quibus, quum hanc naturam, plenam sudoris, laboris, periculorum viam despexerint, tanto compendio consumatis licet esse theologis; neque audit currus habenas! Si quantumvis manifestum et inviolabile[e] θεοπρόπιον[f] obiicias, statim hoc audis: A principio non sic eruditi sumus. Cur iam tandem? Etiamsi falsissime hoc dicant, nihil pudet. O virum sapientem et divinum Lutherum, qui Corinthum aut non habere aut non retenturum esse verbum constanter lusit[20]! Mihi ni-

d) Schreibfehler: πολλοστωμορίω.
e) Schreibfehler: involabile.
f) Schreibfehler: θεοπρόωιον.

aber mit solcher maß und beschaidenheit thun, das es nymant darfur, das es wider seine widerteil gericht oder geredt were, versteen könt etc.; diese Osianders bedingliche antwort haben die verordenten hern heut mitwoch [= 16. Juli] wider an einen rath bracht« (Nürnberg StArch, a.a.O., fol. 93v-94r). Der Rat verpflichtete am gleichen Tage auch die anderen Prediger zu Stillschweigen und am Tag darauf nochmals beide Seiten zusammen zur schriftlichen Darlegung ihrer Gründe (vgl. ebd., fol. 94rv).

13. Vgl. o. S. 912, Anm. 7, Nr. 181 a.

14. Luther schreibt in ›De captivitate Babylonica‹ 1520: »Principio neganda mihi sunt septem sacramenta et tantum tria pro tempore ponenda, Baptismus, Poenitentia, Panis« (WA 6, S. 501,33f).

15. Vgl. o. S. 912, Anm. 8, Nr. 181 a.

16. Zu erinnern ist, daß Nürnberg als die führende evangelische Reichsstadt zu den Erstunterzeichnern der Confessio Augustana gehörte, vgl. BSLK, S. 137,6, und TRE 4, S. 618-620 und 625. Dagegen war es für die protestierenden Stände gar nicht notwendig, die Apologie zusätzlich zu unterzeichnen; vgl. BSLK, S. XVIIf und XXII. Osiander und Veit Dietrich sollten 1537 andererseits die Schmalkaldischen Artikel selbst mit unterzeichnen; vgl. ebd., S. 497,14f.

17. Sehr kennzeichnend zu vergleichen u. A. Bd. 5, S. 343,21-344,4, Nr. 178.

18. Vgl. o. S. 910,5-9, Nr. 179.

19. Vgl. II Thess 2,3f. Zum theologischen Hintergrund bei Osiander vgl. seine spätere Erbauungsschrift ›Von dem neu gebornen Abgott und Antichrist zu Babel – Widerlegung‹ 1550 in u. A. Bd. 9, S. 340-363, bes. S. 354,5-355,11, Nr. 415. Vgl. auch u. Anm. 21.

20. Osiander faßt damit in eigener Wortwahl eine von Luther öfter ausgeführte Gedankenreihe zusammen; vgl. etwa die Predigt zum Sonntag Quinquagesimae vom 24. Febr. 1544 über I Kor 13,1: »S. Paulus Corinthios convertit ad fidem Christi und fein Kirch darin gestifft und

hil superat spei, nisi in illa admirabili Dei potentia, qua libenter solet facere, quae non expectamus. Causam vincere possum, invidiam nequaquam. Proinde hoc est bivium: aut honestum aut turpe exilium mihi sit[21]. Contingat honestum, propemodum vota mea vicerit! Nostri foedus inierunt cum Augustanis et Ulmensibus reliquum, quod Satan moliatur, coniice: non subscripsimus etc.[22] Non est nobis pars in David, filio Isai[23], adoremus potius vitulos[24], ubi licet, quod libet[25]. Nihil tale cogitant esse, sed Satan in tenebris ea ludit, ad quae haec procul dubio sequentur. Fiet articulus fidei: absolutionem non esse sacramentum, quid tum postea? Nihil quidem, sed quare? Quia dictum est ab Augustino: Accedat verbum ad elementum et fit sacramentum[26]. Bene! At id elementum nusquam apparet in absolutione. Probe! Non est igitur sacramentum. Basilice! Spectatores plaudite! Quantum audio, inquient alii: Sacramentum nihil aliud est quam verbum et elementum. Ita certe, nihil manifestius, praesertim in baptismo. Assentior, atqui [12r:] verbum non transsubstantiat aquam. Quid ais? Ah dubitas? Minime. Respice igitur ad coenam, illic sum: nihil illic erit[g] nisi verbum et panis vice elementi, neque enim amplius, quid requiritur. Proh Deum atque hominum fidem! Itane erupit invicta veritas? Ita est. Annon semper dixi: Osiandrum tyrannide quadam obstare, quo minus veritas agnosceretur, et alios, ab eo impeditos, nunc eum per cuniculos oppressisse non vides? Nonne id antea saepe significaverunt iis, quibus mens non laeva fuit, cum enim diceret: Putas[h] te videre Christum – de pane sentiens –: execrabilem diabolum vides!, cumque idem diceret se non credere infidelem non corpus Christi, sed panem tantum accipere, idque praesente duumviro[27] – quid aliud voluit? Profecto recte iudicas! Nam et saepe dixit,

g) korr. aus Schreibfehler: erat. – h) korr. aus Schreibfehler: putans.

angerichtet … Ubi discedit, veniunt pseudapostoli … ut everterunt doctrinam et seen disteln, dorn drein, das sie gar zurüt« (WA 49, S. 351,11f.14-16). Vgl. auch andere Stellen, die WA 62, S. 227-229 im Ortsregister unter dem Stichwort Korinth (im Zusammenhang mit dem Problem der Pseudapostoli) aufgeführt sind. Für die Auskünfte danke ich Frau *Lydia Quaas* vom Institut für Spätmittelalter und Reformation der Universität Tübingen, Register der Weimarer Luther-Ausgabe.

21. Im Spätherbst 1548 vor eine ähnliche Notlage gestellt, verließ Osiander die süddeutsche Reichsstadt; vgl. u. A. Bd. 9, S. 668-672, Nr. 356 und 357.

22. Obwohl Augsburg und Ulm zur Partei der Evangelischen gehörten, hatten beide Städte die Confessio Augustana nicht unterzeichnet; vgl. *Walter*, Reichstag, S. (34f), 48, 64-66, und *Zorn*, Augsburg, S. 176f, 180f, bzw. *Endriß*, Ulmer Reformationsjahr, S. 11f, und *Specker – Weig*, Einführung, S. 13f, 141-157.

23. Vgl. II Sam 20,1.

24. Vgl. Ex 32,1-6.

25. Vgl. Ex 32,6; I Kor 10,7f und I Kor 6,12; 10,23.

26. Augustin führt zu Joh 15,1-3 aus: »Quare [Christus] non ait, mundi estis propter Baptismum quo loti estis, sed ait, propter verbum quod locutus sum vobis; nisi quia et in aqua verbum mundat? Detrahe verbum, et quid est aqua nisi aqua? Accedit verbum ad elementum, et fit Sacramentum, etiam ipsum tamquam verbum visibile« (In Johannis Evangelium Tractatus 80, c. 3; s. PL 35, Sp. 1840).

27. Gemeint ist einer der beiden Losunger (Verwalter der städtischen Finanzen), die zum

nihil esse factus[i] in signis sacramentorum externis et nos seduci ab iis, qui ea magnificarent et ad ea urgerent. Tandem emersit[k] diu oppressa veritas! – Haec colloquia, mi Brenti, iam nunc mihi audire videor[28]. Sunt enim nonnulli potentes[29], eruditi, vafri, hac labe infecti. Sed inquies: Praemuni ecclesiam, obsiste, detege, confuta[30]! Facerem, idque sine aliorum damno, sed ni prohibeor periculum simulantibus iis, quos supra dixi, ut iam cogar aut desertor officii coram Deo vere esse, aut seditiosus contra magistratum coram mundo videri[31]. Quodnam[l] igitur faciam? Da mihi consilium! Exoritur a longe nescio quae nova lux, nonnihil spei afferens – hactenus sub specie explorandorum doctiorum me ludificarunt. Nullus iam reliquus est: Tu deliras, Lutherus corruptus[m], omnes suspecti! Quo tandem confugient? Ad Eccium[32]? Insanient ad Bucerum[33]? Invidia flagrabunt, ecclesia fucum intelliget!

i) Schreibfehler: faictus.
k) Schreibfehler: eneersit.
l) korr. aus Schreibfehler: quodnann.
m) korr. aus Schreibfehler: correptus.

ratsinternen Kreis der 7 Älteren Herren gehörten und als die vornehmsten Personen der Reichsstadt betrachtet wurden; vgl. *Reicke*, Nürnberg, S. 261f. Das angedeutete Ereignis läßt sich historisch nicht verifizieren. Für die Zeit der geschilderten Ereignisse kommen die beiden Ratsherren Christoph Tetzel und Hans Volkamer in Frage: Ersterer war Losunger von 1529-1544, letzterer von 1532-1536.

28. Zu dem hinter diesen Erwägungen stehenden Kampf des Reformators gegen die römische Sakraments- und Meßopferlehre einerseits, andererseits gegen das zeichenhafte Abendmahlsverständnis der ›Sakramentierer‹ vgl. *Seebaß*, Osiander, S. 93-96, und u. A. Bd. 1, S. 200,13-241,18, Nr. 20; S. 526,24-527,28, Nr. 42; bzw. *Seebaß*, Osiander, S. 114-122, und u. A. Bd. 2, S. 513-517, Nr. 87; S. 537-578, Nr. 90.

29. Vgl. o. S. 909,21-910,9, Nr. 179.

30. Diese Ermahnung von Brenz konnte nicht nachgewiesen werden; zu dem verlorenen Brief von Brenz, der Osiander am 12. Juli erreicht hat, vgl. o. S. 912, Anm. 3, Nr. 181 a. Vielleicht legt Osiander dem ihm vertrauten Brenz auch nur ein Argument seiner vermuteten Gesinnung in den Mund.

31. Vgl. o. S. 906,2-8 und Anm. 5, Nr. 179; außerdem u. A. Bd. 8, S. 668-670, bes. S. 668,7-669,1, Nr. 356.

32. Zu dem Ingolstädter Professor und altgläubigen Kontroverstheologen Johannes Eck (1486-1543) vgl. TRE 9, S. 249-258, und RGG 2, Sp. 302f. Osiander hatte wohl während seines Studiums in Ingolstadt (vgl. *Seebaß*, Osiander, S. 71) zum ersten Mal mit ihm Kontakt; er kannte natürlich Ecks Auseinandersetzung mit Luther bei der Leipziger Disputation 1519 und seine Einstellung gegen die Reformation (vgl. dazu Osianders Ausführungen über die Confutatio in seinem Brief an Linck und Schleupner vom 22. Juli 1530 o. S. 900,2-4, Nr. 145 b). Eck hat 1533 – jedoch erst im Herbst – eine Schrift gegen die Brandenburg-Nürnbergische Kirchenordnung verfaßt und sich 1539 gegen Osianders Katechismuspredigten gewandt: Damals hat ihn der Nürnberger mit einer Antwort bedacht; vgl. u. A. Bd. 7, S. 76-81, Nr. 253, und *Seebaß*, Osiander, S. 251.

33. Der Straßburger Reformator Martin Bucer (1491-1551; zu ihm vgl. TRE 7, S. 258-270; RGG 1, Sp. 1453-1457, und *Greschat*, Bucer) wurde von Osiander als Vertreter der oberdeutschen Reformation angesehen, die bes. in der Abendmahlslehre eine andere Auffassung hatte – die Wittenberger Konkordie unter Bucers maßgeblicher Mitwirkung kam erst 1536 zustande.

Velim, [ut] iam saepe scriberes, si sit, cui des. Nam et utile et iucundum mihi esset, qui moerore alioqui tabesco[34]. Vale et Deum pro causa veritatis diligenter orato! Cometen hac nocte luculentiss[imum] vidi; dirus ac horridus videbatur[n][35].

n) Schreibfehler: videbattur.

1530 berichtete Osiander vom Augsburger Reichstag über Bucers Tetrapolitana; vgl. o. S. 897,1-899,2, Nr. 145 a. Wenige Tage nach dem obigen Brief an Brenz schreibt er am 30. Juli 1533 auch an Bucer und berichtet ihm nach Besprechung der Abendmahlskontroverse ebenfalls über den Nürnberger Absolutionsstreit; vgl. u. A. Bd. 5, S. 381-383, Nr. 184.

34. Daß Osiander unter den innerkirchlichen Querelen mit seinen Kollegen und dem Rat sehr gelitten hat, bezeugen auch Anwürfe seiner Kollegen, die er selbst wiedergibt, vgl. o. S. 913,5f, Nr. 181 a. Seine starke Anspannung beim Abfassen des Briefes ist verständlich, wenn man sich in Erinnerung ruft, daß das Schreiben in den Tagen der Verhandlungen mit dem Rat vom 14. bis 17. Juli entstanden ist; vgl. o. Anm. 11 und 12.

35. Zu diesem offenbar länger im Sommer 1533 sichtbaren Kometen, den Osiander als unterstützendes Omen seiner Befürchtungen deutete, vgl. o. S. 915,1f mit Anm. 18 und 19, Nr. 181 a.

Nr. 193 a
Osiander an Brenz, Fragment
[Nürnberg, 1534, zwischen Mai, Mitte, und Juni, Ende][1]

Bearbeitet von *Hans Schulz*

Nürnberg StB, Strobel Mss. 34, fol. 13v, Kop. nach 1564[2] mit der Überschrift: »De acri illa censura ex epistola quadam M. Lutheri ad Amsdorfium contra Erasmum. A. Osiander Brentio«[3].

Übersendet Desiderius Erasmus' Antwort »Purgatio adversus epistolam non sobriam Lutheri« auf Luthers Brief an Nikolaus v. Amsdorf (März 1534), in dem Erasmus jegliche Glaubwürdigkeit abgesprochen wird; eine schwerwiegende Beschuldigung.

[13v:] Erasmus[4] respondit epistolae Lutheri[5]. Mitto exemplar[6]. Conflictatio nemini utilis, nisi fallor; mihi displicet, non quod nolim Erasmum reprehendi, sed quod errorum eiusdem causam efficientem ἐπικουρισμὸν[7] et finalem occultam eiusdem apud alios insinuationem et persuasionem asserere nolim. Grave crimen, quo atrocius et ego nullum fingere possum, quod quibus Lutherus non persuadere poterit, iisdem certo malo genio agitari iudicabitur. Ego malim septies occidi quam id de

1. Wohl gegen Ende April 1534 erschien in Basel die im Brief Osianders erwähnte Antwort des Erasmus an Luther im Druck; vgl. WA.B 7, S. 27, Nr. 2093. Es dürfte einige Wochen gedauert haben, bis sie der Nürnberger in Händen und gelesen hatte. Luther etwa hatte sie Ende Juni noch nicht gelesen, wohl aber Jonas, Bugenhagen und Melanchthon; vgl. ebd., S. 28, Anm. 3. Der Brief Osianders an Brenz wird daher frühestens auf die zweite Hälfte des Monats Mai, eher in die erste Hälfte des Monats Juni zu datieren sein; auch bis Ende des Monats läßt sich die Abfassung des Briefes noch annehmen.

2. Vgl. dazu o. S. 911, Anm. 1, Nr. 181 a.

3. Daß es sich um ein Brieffragment handelt, ist nicht nur aus der Überschrift, sondern auch an der Kürze der Einzelausführung und dem Fehlen der üblichen Form eines Briefes zu erkennen.

4. Zu Desiderius Erasmus (mit dem Beinamen ›Roterodamus‹, 1466/69-1536) vgl. TRE 10, S. 1-18.

5. Mit seinem ziemlich ausfallenden Brief an v. Amsdorf um den 11. März 1534 (vgl. WA.B 7, S. 27-40, Nr. 2093) eröffnete Luther zum zweiten Mal einen Streit mit Erasmus, nachdem er sich bereits 1525 mit seiner Schrift »De servo arbitrio« gegen ihn gewandt hatte; vgl. TRE 10, S. 11, und 21, S. 520.

6. Erasmus' noch im April in Basel gedruckte Antwort auf Luthers briefliche Attacke trägt den Titel: »Purgatio adversus epistolam non sobriam Lutheri«; vgl. WA.B 7, S. 27, Nr. 2093. Zu seiner Einschätzung der Anwürfe Luthers vgl. die ebd. zitierten Belege.

7. Das mit scharfen Einzelangriffen ausgestattete Schreiben Luthers vergleicht Erasmus aus theologischer Sicht mehrfach mit Epikur, Arius u. a. und spricht ihm jegliche Glaubwürdigkeit ab; vgl. bes. WA.B 7, S. 29,39-41; S. 30,50-52.54f; S. 33,202.207f, und S. 35,270-272.

me vulgo persuaderi[8]. Fieri potest, ut Erasmus talis sit, sed haud scio, an id cuiquam certo constare possit ipso negante. Nam si fateretur, recte ex ore suo iudicaretur[9]. Sed valeat haec contentio.

8. Vgl. etwa Gen 4,24 oder Prov 24,16. – Osianders Stellungnahme ist bei dem Ungestüm, mit dem Luther öffentlich gegen Erasmus vorgeht, verständlich; vgl. etwa Anm. 6.

9. Vgl. Lk 19,22. Die Bibelstelle klingt auch mehrfach in Luthers Äußerungen an, vgl. WA.B 7, S. 33,187f; 35,271f, und 36,227-230.

Nr. 193 b
Brenz an Osiander und N. N., Fragment

[Schwäbisch Hall, 1534, zwischen Mai, Mitte, und Juni, Ende][1]

Bearbeitet von *Hans Schulz*

Nürnberg StB, Strobel Mss. 34, fol. 13v, Kop. nach 1564[2] mit der Überschrift: »Brentius Osiandro et mihi«[3].

Antwortet zu Erasmus' Schrift »Purgatio adversus epistolam non sobriam Lutheri«: Er sehe Streit zwischen Luther und Erasmus nicht gern. Da er aber durch Luther die Erkenntnis Christi als des Retters empfangen habe, wolle er ihm weiter gewogen bleiben.

[13v:] De libello Erasmi[4] rescripsi Osiandro[a] me non libenter quidem has tragoedias inter Lutherum et Erasmum[5] legere, sed quia suspiciam Lutherum ut organum, quo

a) danach gestr.: mei.

1. Zur Datierung vgl. o. S. 923, Anm. 1, Nr. 193 a: Brenz' Antwort ist freilich einige Tage später anzunehmen innerhalb des angegebenen Zeitraums.
2. Vgl. dazu o. S. 911, Anm. 1, Nr. 181 a.
3. Die Identität des Kopisten konnte nach Auskunft des Stadtarchivs Nürnberg nicht festgestellt werden. Da er die beiden Briefe zum Streit Luthers mit Erasmus 1534 kopiert hat (vgl. diesen Brief und Nr. 193 a), außerdem auch die anderen zeitlich vorausgehenden über Osianders persönliche Ansichten zum Absolutionsstreit 1533 und das Verhalten der Nürnberger Amtskollegen (vgl. Nr. 179, 181 a und 181 b), darf man annehmen, daß es sich um einen späteren Amtskollegen gehandelt hat, der möglicherweise beabsichtigte, desavouierende Angaben Osianders festzuhalten (dafür spricht auch, daß der lange Brief Nr. 179 von anderer Hand mit entsprechenden Randbemerkungen versehen wurde; vgl. dort die Textkritik), und somit zu dessen Gegnern gezählt werden müßte. Da die Hs. nach 1564 entstanden ist, die berichteten Ereignisse also ein ›Menschenleben‹ zurückliegen, dürfte der Kopist freilich nicht der in der Briefüberschrift neben Osiander erwähnte Empfänger gewesen sein, sondern alle Formulierungen in der ersten Person Singular ebenfalls abgeschrieben haben. Der ursprüngliche zweite Adressat des obigen Briefes und Besitzer der Kopiervorlagen bleibt wie der Kopist unbekannt. – Der vorliegende Brief von Brenz hat den Zweck, Luther diskret zu entschuldigen und ungebrochene Solidarität zu versichern. Daß es sich dabei um ein Fragment handelt, ist offensichtlich. Die Frage, ob es sich um einen Brief an den unbekannten Empfänger gehandelt hat, der im identischen Wortlaut zuvor an Osiander gerichtet war, oder ob Brenz an N.N. in freier Wortwahl und neuer Satzbildung die Gedankenabfolge seines Osiander geschriebenen Briefes, den man dann als verschollen ansehen müßte, wiederholt hat, läßt sich nicht entscheiden. Da die Ausführungen von Brenz deutlich auf Einzelheiten bezogen sind, nicht aber weitschweifig und verallgemeinernd, neigt man dazu, den Text bis auf den ersten Halbsatz als wörtliche Wiedergabe eines Briefes an Osiander zu verstehen.
4. Vgl. o. S. 923,1 mit Anm., Nr. 193 a.
5. Vgl. o. S. 923, Anm. 4, Nr. 193 a.

Christum salvatorem meum didici[6], me impetum eius, quo pro suo more in adversarios ferri soleat[7], nolo[b] iudicare[c]. Ac videor mihi id me non iniuria facere. Sensi enim in multis aliis rebus Lutherum egregium spirituum iudicem. Et vidit Lutherus in papa antichristum[8], quem certe ego meopte ingenio non vidissem. Quare, etsi non existimem Erasmum tam atroci et nefando crimini affinem esse[9], tamen, si Lutherus videt in eo epicurismum[10], abundet suo sensu, ego interim pergam in mea vocatione. Ego subinde magis ac magis experior Lutheri iudicia sublimiora et veriora esse, quam ut ego assequi aut condemnare queam.

b) korr. aus: nollo.
c) danach unleserlicher Buchstabe gestr.

6. »Die entscheidenden Impulse für seine Theologie hat Brenz von Luther empfangen, den er im April 1518 zusammen mit Bucer bei der Heidelberger Disputation persönlich kennengelernt hat« (TRE 7, S. 171,30-32).

7. Vgl. etwa Erasmus' Urteil über den Angriff Luthers: »Non pudet hominem tam impudenter mentiri, et adhuc promittit acerbiora« (WA.B 7, S. 27, Nr. 2093).

8. Luthers Erkenntnis, daß die Institution des Papsttums der Antichrist sei, führt zurück bis zur Leipziger Disputation, bei der ihn Brenz kennengelernt hat; vgl. TRE 3, S. 29. – Im Brief an v. Amsdorf hält Luther Erasmus beiläufig auch vor, daß er »revera, quae nos proprie in nostro consortio contra Papae synagogam docemus, non intelligat neque possit intelligere« (WA.B 7, S. 30,68f, Nr. 2093).

9. Brenz nimmt auf den Wortlaut von Osianders Anschreiben Bezug, vgl. o. S. 923,4, Nr. 193 a.

10. erneute Bezugnahme auf Osianders Schreiben, vgl. o. S. 923,2f, Nr. 193 a.

Nr. 198 a
Osiander an Justus Jonas
Nürnberg, 1534, Dezember 30

Bearbeitet von *Gunter Zimmermann*

Dessau StB, Georg Hs. 108, fol. 10v-11v, Abschrift aus der ersten Hälfte des 16. Jh.

Bedankt sich für Nachrichten über das Münsteraner Täuferreich. Bisherige Informationen sind in Nürnberg auf Unglauben gestoßen, obwohl Martin Pfintzing Osiander Kopien der Briefe des Bischofs von Münster, Franz von Waldeck, und des Herzogs Philipp von Braunschweig-Grubenhagen gezeigt hat. Erzbischof Cranmer berichtet über große Fortschritte der evangelischen Predigt in England. Osiander erwartet, daß sich Kaiser und Papst mit der reformatorischen Bewegung einigen werden.

[10v: Adresse:] Optimo et doctissimo viro, D. Iusto Ionae, theologo, suo in Domino fratri.

Salutem. Rem mihi omnium longe gratissimam fecisti, Iuste Iona, in Domino charissime, qui proximis tuis literis[1] de Monasteriensium insania[2], quae vobis comperta sunt, perscripsisti[3]. Nam quamvis ex libello quodam typis excuso ante annum a cive quodam ipsorum mihi communicato[4] satis intelligerem eos a patre mendacii[5] prorsus occecatos esse, tamen cum ab aliis tum a me quoque iudicabatur adhuc intra opi-

1. Dieser Brief konnte nicht gefunden werden; vgl. aber u. Anm. 3.

2. Am 23. Febr. 1534 hatten die Täufer bei der Ratswahl in Münster die Mehrheit gewonnen. Seither befand sich das Stadtregiment in ihrer Hand. Sogleich nach ihrem Erfolg führten sie die Gütergemeinschaft ein, hoben den Handel auf – und brachten die Verteidigungsanlagen der Stadt auf den notwendigen Stand, vgl. *Dülmen*, Täuferreich, S. 13-16. Zu allen weiteren Einzelheiten der Täuferherrschaft, die von Febr. 1534 bis Juni 1535 dauerte, vgl. *Dülmen*, Täuferreich, und *Deppermann*, Hoffman, S. 278-304; auch *Galen*, Münster, S. 108-156 (mit Abb.!).

3. In einem Schreiben an Georg von Anhalt vom 20. Dez. 1534 berichtet Justus Jonas, was er durch Spalatin über das Täuferreich in Münster erfahren hat, vgl. *Kawerau*, Jonas-Briefe, S. 220, Nr. 261. Vermutlich hat er dem Nürnberger Reformator ähnliche Informationen mitgeteilt.

4. Bei diesem Buch handelt es sich um die erste größere Schrift des Münsteraner Predigers Bernhard Rothmann (vgl. RGG 5, Sp. 1200, und *Deppermann*, Hoffman, S. 196-200), das 1533 publizierte ›Bekenntnis von beiden Sakramenten‹ (jetzt gedr. in SMTG 1, S. 138-195). Osiander hat dieses Werk vermutlich nicht selbst gelesen, sondern seinen Inhalt aus der Widerlegungsschrift Bucers erfahren, die dieser im Aug. oder Sept. 1534 ihm zuschickte, vgl. u. A. Bd. 5, S. 518, Anm. 4 und 5, Nr. 196.

5. Vgl. Joh 8,44.

niorum et nondum operum limites eorum errores cohiberi. Ac si quid fama deinceps horrendum afferebat, quamvis ego crederem, tamen aliis incredibilia et a papistis ficta omnia esse censebatur. Eaque opinio eatenus apud nostros invaluit, ut ne hodie quidem ausim tale quid pro vero affirmare non credituris. Proinde vehementer optarim, si quid eiusmodi vobis certo perscriptum esset, ut id in lucem ederetur. Vereor enim tragicum exitum, cuius invidia ne in nos quoque ex parte derivetur, caveri operae pretium est puto. Ostendit mihi nuper d[ominus] Martinus Pfintzing[6] copiam literarum episcopi[7] ad ducem Brunsvicensem[8] auxilium implorantis[9] et nostram dati Brunsvicensis conventum ad consultandum indicentem ingnarum altera, scilicet episcopi, eadem fere continebantem de Monasteriensibus, quae tu indicasti[10]; sed ne sic quidem nostri [11r:] credunt. Quae res me impendit, quo minus ausim eorum insaniam publice traducere, ne occultos acquirat fautores, metuentem, ne apud ista non credentes in aliis quoque fidem amittam. Fama est apud nos cesarem traiecturum rursumque in Germaniam venturum Monasterium obsessurum[11], cum quo utinam omnia monasteria, in quibus hominum traditiones et non verbum Dei regnat[12], expugnet ac deleat.

6. Martin Pfintzing (1490-1552) war seit 1523 Mitglied des Nürnberger Rates, seit 1533 Alter Bürgermeister, vgl. Nürnberg StA, Amts- und Standesbücher 3, fol. 106v. 1532 und 1542 nahm er an zwei Zügen gegen die Türken teil, die er anschließend in allem Anschein nach sehr farbigen Berichten beschrieben hat, vgl. *Biedermann*, Geschlechtsregister, Tafel 408, und u. A. Bd. 3, S. 426, Anm. 1, Nr. 120.

7. Franz von Waldeck, geb. um 1492, wurde am 1. Juli 1532 zum Bischof von Münster gewählt. Von Anfang an hatte er Schwierigkeiten mit der Stadt, in der zunächst die herrschende lutherische ›Partei‹ ihm etliche Konzessionen abtrotzte. Nach dem Aufstieg und Sieg der radikalen Partei, den sogenannten Melchioriten, ging Franz von Waldeck als zuständiger weltlicher Herrscher militärisch gegen die Täufer vor, vgl. ADB 7, S. 290f.

8. Herzog Philipp von Braunschweig-Grubenhagen (vgl. ADB 25, S. 762-764), der im Auftrag des Bischofs von Münster die Belagerung leitete, vgl. *Cornelius*, Augenzeugen, S. 259, Actenstücke, Nr. 26.

9. Dieser Brief konnte nicht gefunden werden.

10. Bei diesem Schreiben könnte es sich um eine Kopie des Briefes des Herzogs von Braunschweig-Grubenhagen an Kurfürst Johann Friedrich von Sachsen vom 5. Aug. 1534 handeln, in dem der Braunschweiger die Verhältnisse in der belagerten Stadt schildert und die beim Belagerungsheer eingetroffenen Fürsten und Grafen aufzählt, vgl. *Cornelius*, Augenzeugen, S. 266, Actenstücke, Nr. 31.

11. Karl V. weilte von Okt. 1534 bis März 1535 in Madrid, vgl. *Brandi*, Karl V., S. 299. Dennoch suchte er schon frühzeitig im Zusammenhang mit dem münsterischen Aufruhr eines seiner politischen Ziele, die Expansion und Stabilisierung seiner burgundischen Erblande, zu fördern. Seine Absicht war, den Bischof von Münster in ein ähnliches Abhängigkeitsverhältnis zu bringen wie den Bischof von Utrecht. Diese Pläne scheiterten jedoch am Widerstand der benachbarten Fürsten, vgl. *Stupperich*, Täufertum, S. 21f.

12. Der Gegensatz von Menschenlehre und Gotteswort ist von Anfang an eines der Hauptthemen der Osiandrischen Theologie; vgl. die grundlegenden Feststellungen des Lorenzer Predigers im ›Großen Nürnberger Ratschlag‹ von 1525, u. A. Bd. 1, S. 321,22-322,6, Nr. 25, und die darauf aufgebauten theologischen Erörterungen dieser Schrift.

Episcopus Cantuarensis[13] scripsit hisce diebus ad me[14] ex Anglia negotium evangelicum illic sua ipsius opinione celerius et felicius procedere[15] – est autem ardens et syncerus amator veritatis. Particulatim autem famulo suo[16] omnia mihi narranda reliquit, qui hac transiens Friderichum palatinum[17] invisit, cras aut perendie reversurus, ex quo omnia diligenter expiscaram, ad vos scribam. Dixit iam nunc regem et praecipuos episcopos sponte confessionem nostram Augustanam amplexos, ecclesias ad eius scopum reformare incepisse[18]. Et literae archiepiscopi Cantuarensis ex visitatione ad me sunt scriptae, cui plus quam duos menses iam tum impartierat[19]: Abbas quidam ostendit ei cervum argenteum plenum reliquiis sanctorum iactans eciam miracula solere facere[a]. Cumque ille urgeret: Quae miracula?, ut est vir sagax, et abbas responderet sudare solere, ille cervo accepto et diu considerato, tandem e manibus labi passus, ut cornu frangeret, quo fracto liquor effluxit et artificium [11v:] imposturae deprehensum est. Famulus putat conscios laqueo strangulatum iri[b]. Multos abusus dicit abiectos, quorum nomine archiepiscopo in annos singulos[c] fere decem[d] milia ex reditibus decedant[20], id, quod ipse non tam equo fert animo, verum ex alio hortatur, ut idem faciant ac patiantur. O infelicem hypocrisin et superstitionem, quae tam repente mutato regno prodita concidit! Credo enim vos historiam de

a) danach gestr.: cuique.
b) korr. aus: rei. – c) danach gestr.: annos.
d) korr. aus: decere. – Am Rand: alii dare.

13. Erzbischof von Canterbury war seit 1533 Thomas Cranmer (1489-1556). Er war seit seinem Aufenthalt in Nürnberg 1532 mit dem Lorenzer Prediger verwandtschaftlich verbunden. Er hatte eine Nichte Osianders geheiratet, vgl. *Seebaß*, Osiander, S. 192f; *Ridley*, Cranmer, S. 46f.

14. Dieser Brief konnte nicht ermittelt werden.

15. Die Trennung der englischen Kirche von Rom beruhte nicht auf Differenzen in der Lehre. Die Separation führte deshalb auch zunächst nicht zur Duldung oder gar zur Annahme neugläubiger Auffassungen. Doch unter dem Schutz des zu den Protestanten tendierenden Erzbischofs Cranmer nahmen evangelische Predigten und Publikationen unaufhaltsam zu, vgl. *Ridley*, Cranmer, S. 85-91. Zu einer Analyse der Ausbreitung der neugläubigen Botschaft in der Grafschaft Kent, in der Canterbury liegt, vgl. *Clark*, Reformation.

16. Thomas Theabold, vgl. *Ridley*, Cranmer, S. 90 und 135.

17. Friedrich II. von der Pfalz, geb. am 9. Dez. 1482, Kurfürst von 1544 bis 1556. Seit 1516 residierte der Pfalzgraf in Neumarkt als Statthalter des pfälzischen Kurfürsten in der Oberpfalz. Der verschwenderische und leichtlebige Kavalier war ein gern gesehener Gast an allen europäischen Höfen, vgl. ADB 7, S. 603f.

18. Schon im April 1534 hatte Cranmer mit der Visitation seiner Erzdiözese begonnen. Das Ziel der Visitation war aber nicht, die Confessio Augustana verbindlich zu machen (obwohl Cranmer vielleicht dem Nürnberger Reformator diesen Eindruck vermittelt hat), sondern die Bischöfe auf die königliche Oberhoheit zu verpflichten, vgl. *Ridley*, Cranmer, S. 79.

19. Bekannt ist, daß Cranmer persönlich im Juni 1534 die Diözese Rochester und im Herbst die Diözesen Gloucester, Worcester und Leicester besucht hat, vgl. *Ridley*, Cranmer, S. 80. Es ist nicht festzustellen, welche dieser Visitationen Osiander meint.

20. Vermutlich handelt es sich dabei um die Einkünfte aus dem Zehnten, die vom Parlament am 3. Nov. 1534 dem König zugesprochen wurden, vgl. RE 4, Nr. 322.

moniali, falsorum miraculorum architectrice necata cum quinque doctoribus consciis, iam olim audivisse[21].

Et sic existimo neque cesarem neque papam posthac in violentia huius negocii catastrophen[22], quae sic procedit, ponere ausuros, sed aliud consilium volentes nolentes inituros, ut ecclesiae consulatur[23]. Quod si factum fuerit, tum vere felicia secula orientur iis duntaxat, qui oculis Spiritus rem considerare noverunt[24].

Sed iam in Domino vale et, si fieri potest, fac, ut, verbosissime vel quicquid in buccam venerit, rescribas. Salutat te et tuos uxor mea[25] a puerperio decumbens filium tertium enixa[26]. Sed primogenitus iam olim obiit[27]. Salutat amicos quemquam nominatim. Iterum vale. Nurmbergae 3. Calendas Ianuarii 1535[28].

Andreas Osiander

21. Das Dienstmädchen Elizabeth Barton, geb. um 1506, hatte im Jahre 1525 während einer Krankheit religiöse Visionen. Nach Ansicht des Gemeindepfarrers Richard Masters beruhten sie auf der Inspiration des Heiligen Geistes. Dr. Edward Bocking, einer der von Erzbischof Warham von Canterbury bestellten Visitatoren, erkannte die Chance, das seherisch veranlagte Mädchen zur Verteidigung der altgläubigen Lehre zu gebrauchen. Unter seiner Betreuung und Leitung wurde Elizabeth Barton zwischen 1528 und 1532 als ›die Nonne von Kent‹ die Führerin der Altgläubigen in England. 1533 begann ihre Popularität zu sinken: Die Prophezeiung, Heinrich VIII. werde einen Monat nach der Hochzeit mit Anne Boleyn sterben, hatte sich nicht erfüllt. Dem König war die Visionärin zu diesem Zeitpunkt schon suspekt geworden. Nach mehreren Verhören durch Cranmer legte Elizabeth Barton im August 1533 ein volles Geständnis ab. Zusammen mit Richard Masters, Dr. Edward Bocking und drei anderen Geistlichen, die ihr bei ihren ›Visionen‹ geholfen hatten, wurde ›die Nonne von Kent‹ am 20. April 1534 in Tyburn hingerichtet, vgl. DNB 3, S. 343-346.

22. In diesem Fall: günstige Wendung, Aufstieg, vgl. *Georges*, Wörterbuch 1, Sp. 1030.

23. In den Jahren 1532 und 1533 hatte Karl V. die Einberufung eines Konzils betrieben. Er war am Widerstand des Papstes gescheitert, der von Frankreich und England unterstützt wurde. Am 24. April 1534 gestand der Kaiser in einem Schreiben an seinen Bruder Ferdinand das Scheitern seiner Konzilspolitik ein, vgl. *Brandi*, Karl V., S. 289-292. Ein neuer Anlauf war, wie Osiander andeutet, unvermeidlich.

24. Osianders Hochstimmung ist verständlich. Am Ende des Jahres 1534 – nach der Rückeroberung Württembergs, dem Übergang Schwedens und Dänemarks zur lutherischen Lehre sowie der Trennung Englands von Rom – standen die evangelischen Stände glänzend da, vgl. *Brandi*, Karl V., S. 275f.

25. Katharina Preu, die erste Frau Osianders, vgl. u. A. Bd. 2, S. 173-175, Nr. 58, und *Seebaß*, Osiander, S. 197.

26. Lukas Osiander, der älteste überlebende Sohn des Nürnberger Reformators, wurde am 16. Dez. 1534 geboren, vgl. Deutsches Geschlechterbuch 170, S. 295.

27. Über diesen Sohn ist nichts bekannt. Er könnte zwischen 1526, dem Geburtsjahr der Tochter Katharina, und 1530, dem Geburtsjahr der Tochter Agnes, geboren worden sein, vgl. Deutsches Geschlechterbuch 170, S. 294.

28. 30. Dez. 1534 (vgl. *Grotefend*, Zeitrechnung, S. 17).

Nr. 231 a I und II
Paul Fagius an Osiander
[Straßburg, zwischen 1537, März, und 1538, Frühjahr][1]

Bearbeitet von *Hans Schulz*[2]

Basel UB, Ms. A XII 20, S. 75f, fragmentarische Kop. des hebräischen Briefes und lateinische Übersetzung von *Johann Buxtorf d.Ä.* (1564-1629)[3], in zwei Spalten zeilenweise nebeneinander notiert. Text und Übersetzung werden in unserer Edition wiedergegeben. Der von *Buxtorf* kopierte Text besteht aus zwei Brieffragmenten, die durch die Zwischenbemerkung: »Ex Pauli Fagii epistola ad Osiandrum, cuius

1. Zu Ort und Zeit der Abfassung: Paul Fagius (1504-1553; zu ihm ADB 6, S. 533f; NDB 4, S. 77; *Raubenheimer*, Fagius) lernte in Straßburg bei Capito Hebräisch und wurde Lehrer und ganz besonderer Liebhaber dieser Sprache, 1540 z.B. gründete er in Isny (im Allgäu) eine Hebräischdruckerei; vgl. *Raubenheimer*, Fagius, S. 23 und 25f. 1536-1538, die ersten Monate, ließ er in der elsäßischen Stadt neben seiner pädagogischen Tätigkeit sich auch theologisch ausbilden und trat danach das Pfarramt in Isny an, vgl. ebd., S. 21f. Zusammen mit Martin Bucer besuchte er den Bundestag von Schmalkalden im Februar 1537, auf dem auch Osiander anwesend war. Beide dürften sich dort kennen- und wegen ihrer besonderen Neigung zur Sprache des Alten Testaments auch schätzen gelernt haben; vgl. a.a.O., weiter u. A. Bd. 6, S. 218-223, Nr. 230, und die Unterschriften der beiden beim damaligen Theologenkonvent BSLK, S. 497f. Da der Nürnberger in seinem Brief vom 17. Februar nur Bucer, nicht Fagius nennt, darf man vielleicht annehmen, daß er erst nach diesem Tag mit dem Straßburger in Kontakt kam oder ihn damals nur als Begleitung von Bucer ansah; vgl. u. A. Bd. 6, S. 219,7-13; 220,11f, Nr. 230. Fagius wollte seinerseits – vielleicht eine gewisse Zeit nach dieser Tagung (vgl. u. S. 936,2f; 937,2f) – Kontakt zu dem Nürnberger Hebräischkollegen aufnehmen oder hatte bereits Verbindung (vgl. u. S. 932,6; 933,6). Die beiden Briefpartner reisten freilich zunächst in ihre Stadt zurück, und weil die ›Schmalkaldischen Artikel‹ erst am 24. Februar unterzeichnet wurden (vgl. u. A. Bd. 6, S. 220, Anm. 28, Nr. 230) dürfte sich Osiander frühestens Ende Februar wieder in Nürnberg und Fagius in Straßburg befunden haben (man wird daher das Schreiben von Fagius hinter Osianders Schreiben Nr. 231, das offenbar erst nach seiner Rückkehr verfaßt werden konnte, einordnen). Da man davon ausgehen darf, daß *Johann Buxtorf* (vgl. u. die Überlieferung und Anm. 3) Zugang zum Nachlaß von Elias Schad gehabt hat, der von 1589-93 in Straßburg Hebräischprofessor war, und dieser seinerseits wieder zu Schriften und Briefen von Fagius, wird man das (die) u. ed. Brieffragment(e) nicht später als bis zu Fagius' Übersiedlung von Straßburg nach Isny ansetzen. Denn nur, wenn der Brief an Osiander in Straßburg geschrieben wurde, dürfte er sich auch in den dortigen Akten erhalten haben. Sollte Fagius' Kontakt zu Osiander doch erst von Isny aus erfolgt sein, müßte er wohl vor dem Besuch von Elias Levita aus Venedig 1540 angesetzt werden, da Fagius damals mit der Herausgabe einer Schrift seines Gastes in Hebräisch doch wohl sehr beschäftigt war und, Besuch und Drucklegung zu erwähnen, nicht vergessen hätte. Durch den fragmentarischen Charakter der Briefkopie sind freilich alle weiteren Annahmen spekulativ; auch die bisher getroffenen Folgerungen sind nicht zwingend. Der gesamte Text kann durchaus zurecht als kaum datierbar angesehen werden.

2. Der hebräische Text wurde entziffert von Prof. Dr. *Klaus Berger*, Heidelberg, und Prof. Dr. *Günter Stemberger*, Wien.

3. Zu ihm vgl. ADB 3, S. 668-673; NDB 3, S. 84, und EJ 4, S. 1543.

habeo integrum exemplar«, getrennt sind und nicht zueinander passen[4]. Da es nicht möglich ist, die Zwischenbemerkung eindeutig einem der beiden Fragmente zuzuweisen, werden beide als Brief von Fagius an Osiander ediert unter der Bezeichnung Text I bzw. II[5]. An Text II schließt sich eine psalmartige Ausführung an, die nicht den Briefabschluß bilden kann. Dieser Teil des Textes wird nur im textkritischen Apparat wiedergegeben.

Text I

Hat nicht schreiben können, weil kein Bote zur Verfügung stand … Hat seinen Brief empfangen, der voll des Lobes war. Alles soll in Ordnung kommen. Wünscht schnelle Übermittlung der Antwort von N.N. Verspricht, alles zu tun; wird nichts verschweigen … Grüße.

[:75] הנה אהובי גיסי אל תשׁית עלי
חטאת[6] ואשׁם מה שׁלא כתבתי מ״כ[a]
מקדמא דנא כי לא מחמת עצלות
עשיתי אלא מחמת מניעת עובדי'[b]
ושׁבים[7] וגם מפני כו'[c]
דברי מ״כ קבלתי נוטפים מור

a) Abkürzung für aramäisch: מר כבודו.
b) Der Apostroph ist Abkürzungszeichen für das fehlende ם. In Handschriften und Drukken wird oft ein einzelner Buchstabe aus Platzgründen durch Strich ersetzt.
c) Abkürzung, dem lat. ›etc.‹ entsprechend.

4. S. 74 und 76 der Hs. enthalten keine zugehörigen Hinweise. Für hilfreiche Auskunft zur Hs. bedanken wir uns bei Herrn Dr. *Martin Steinmann*, UB Basel.

5. Die in den beiden Texten geschilderten Vorgänge sind zu incommensurabel. Text I kann nicht Vorläufer von Text II gewesen sein (vgl. Text II, Z. 2). Ebenso ist es unwahrscheinlich, daß Text II Vorläufer von Text I gewesen ist und eine Antwort Osianders, die zwischen beiden Briefen zu datieren wäre, verloren gegangen ist (wie aus Text I, Z. 6 zu folgern wäre). Tatsächlich kann nur Text I oder Text II den gemeinten Brief von Fagius an Osiander darstellen. Die Zwischenschrift, die ganz offensichtlich ein Nachtrag ist (vgl. u. S. 937, Anm. 16), kann nach Auskunft der UB Basel nicht eindeutig zugeordnet werden. Bei benachbarten Briefen hat der Kopist *Johann Buxtorf* keine entsprechenden Angaben gemacht. Da er jedoch normalerweise, wenn überhaupt, seine Exzerpte mit Titeln versieht, ist es wahrscheinlicher, die Zwischenschrift Text II zuzuweisen.

6. Vgl. Num 12,11.

7. vielleicht terminologischer Anklang an Ez 35,7.

Text I

[75:] Amice affinis, ne, quaeso, mihi vitio vertas, quod non citius tibi scripserim, Non enim propter pigritatem id feci, sed quod non habuerim, per quos mitterem, et propter etc.[8] Epistolam tuam[9] accepi, stillantem

8. An dieser Stelle wurde der Brieftext gekürzt.
9. Sollte Text I den Brief von Fagius wiedergeben, müßte man ein vorausgegangenes, verlorenes Schreiben Osianders annehmen.

עובר[10] וכל מיני בשמים

הכל בא ביושר

ומה תשובה[f] מ״כ[f] תודיעני על[g]

המוקדם האפשר

אעשה כל מה שעלי אי״ה[h]

לא אעלים מ״כ על המוקדם[l]

האפשר אי״ה את אשר[13]... כו׳[m]

ורובי אלפי שלומי לכל בית מר

ותשואת חן חן[15] על הטורח:

Text II

Hat ihm noch nie geschrieben, weder hebräisch noch lateinisch. Jetzt hat er zuverlässige Briefboten … Wünscht Frieden. Kann wegen Zeitmangels nicht ausführlicher schreiben.

f-f) Da die Buchstabenfolge korr. wurde, ist die Lesart unsicher. Möglich wäre auch die Buchstabenfolge (י)תיב, die lat. ›responderit‹ entspräche.
g) danach (eigentlich nicht bei Briefen, sondern nur in Hss. üblicher ›Zeilenfüller‹, d.h. Anfangsbuchstabe(n) der nächsten Zeile:) ה (wird für u. A. weggelassen).
h) Abkürzung für: אם ירצה השם.
l) danach ›Zeilenfüller‹: ה.
m) Vgl. dazu o. Anm. c.

10. Vgl. Anm. d.
13. An dieser Stelle wurde der Brieftext gekürzt.
15. Vgl. Sach, 4,7.

myrrham transeuntem et omnis generis aromata[d].

Omnia recte evenerunt[e].

Quid responderit[11], significa mi-

hi per primam occasionem, quam fieri potest[12].

Faciam, quicquid potero, [i]decebit me[i].

Non celabo te hoc[k] per proximam

occasionem, si Deus voluerit[14], etc.[n]

Multa millia salutationum univer-

sae tuae domui sint et gratiae immortales pro omni molestia etc.[o]

d) Am rechten Rand notiert: Cant. 5,13.

e) für gestr. unleserliches Wort übergeschr. Schreibfehler: evenerim; der Schreibfehler wurde undeutlich, vielleicht richtig korr.: evenerunt.

i-i) Die hebr. Abkürzung wurde hier (wegen undeutlicher Schreibweise?) wohl fehlerhaft übersetzt; vgl. dagegen Z. 7.

k) übergeschr. und eingewiesen für das offene hebr. Satzende in Z. 7.

n) nach dem hebr. Text erg.

o) mit dem vorausgehenden Wort als Abschlußkürzel zusammengeschrieben. – Danach folgt in der nächsten Zeile unter den lat. Text und an den rechten Rand geschrieben die in der Überlieferung angegebene Zwischenbemerkung.

11. Wer damit gemeint sein könnte, ist wegen der gleichsam ›schwebenden Anonymität‹ des Brieffragmentes nicht zu bestimmen.

12. Ob Osiander geantwortet hat – Text I als Brief des Fagius vorausgesetzt –, ist nicht auszumachen.

14. Auch diese Gegenantwort des Straßburgers ist unbestimmbar.

Text II

[:75] הנה אדוני אישׁ גדול ומפואר
אע״פ[q] שעד הנה לא כתבתי אל מ״כ[r]
כלום כתב לא בלשׁון עברי ולא בלשׁון
רומי מכל מקום לא יכולתי בפעם
הזה למנוע ידי מלכתוב אליך על
ידי אנשׁים מהוגנים הנושאים
כתבי הזה וזה מפני הרבה סבות [:76]
האלקים יענה את שׁלום[19] אהובי[s]
אחי כמר פלוני [t]יצו נא אהובי אחי
לסיבות אפיסת הפנאי[u] וטרדת
יגוני הבלי זמני מׁשתומם עלי לא
יתנו מנוחי לי להאריך בכתבי[vt]:

q) Abkürzung für: אף על פי.
r) Vgl. o. S. 932, Anm. a.
s) Buchstabenbestand der letzten drei Buchstaben nicht ganz deutlich: (ו)בי...
t-t) Die Lesart dieser hebr. Zeilen ist syntaktisch kaum aufzulösen. Herr Prof. Dr. *G. Stemberger* schlägt folgende deutsche Übersetzung vor, die nicht immer mit der lat. übereinstimmt: »Gestatte, bitte, mein geliebter Bruder, [aus] Gründe[n] des Mangels an Freizeit und der Last meines absurden Kummers vergeht mir die Zeit [wörtlich: meine Zeit erstarrt über mir], nicht lassen sie mir Ruhe, mein Schreiben zu verlängern«.
u) danach gestr. zwei unleserliche Buchstaben.
v) Danach folgt mit einer Leerzeile Abstand folgender Text:
ואז אכיר כי חסדך הוא קבוע
וקיים עמדי כקיום [הק: ›Zeilenfüller‹]
הקבועים והקיימים לעולם
כי סהדי [übergeschr.: testis] במרומי׳ ועדי בשׁחקי׳ [Vgl. dazu Hi 16,19]
כי בכל אמצי [unter die vorangehenden beiden Worte geschrieben: per virili]
כחי עבדתי לאדוני:

19. Vgl. Gen 41,16.

Text II

[75:] [p]Ecce domine, vir maxime et honoran-[p]te! Etsi huc usque non scripserim ad d[ignitatem] t[uam] quidquam nec Hebraice nec Latine[16], tamen non potui nunc abstinere manus meas, quin tibi perscriberem aliquid per hosce viros probissimos, harum literarum portatores[17]; idque propter multas caussas[!][18]. [76:] Deus det tibi pacem, amice et frater cariss[ime]! Mi amice, propterea quod caream otio et occupatus sim stupendis negotiis, non permisit mihi requies mea pluribus ad te perscribere etc.[w][20]

p-p) Darüber geschrieben und an den rechten Rand (bis Z. 3) findet sich die in der Überlieferung angegebene Zwischenbemerkung.

w) Danach folgt unter einem waagrechten Trennstrich folgende Übersetzung: Tunc cognoscam benevolentiam tuam fixam firmamque, mecum permansuram, sicut montes fixi firmique in perpetuum permanent … (Der Rest der Übersetzung des hebr. Textes fehlt. Sie könnte in deutscher Version von Prof. *Stemberger* lauten: »Denn mein Zeuge ist in den Höhen und mein Bürge im Himmel, daß mit allem Einsatz [wörtlich: allen Stärken] meiner Kraft ich gearbeitet habe für meinen Herrn«.)

16. Diese Formulierungen sprechen zwar für Text II als den eigentlichen Brief von Fagius an Osiander (vgl. o. Anm. 1 und 4), doch läßt sich keine Entscheidung fällen, zumal die in der Überlieferung angegebene Zwischenbemerkung, die die Korrespondenten benennt, nachträglich zwischen die beiden Texte geschrieben, mindestens jedoch am Rand ergänzt worden sein muß, weil die zweite Hälfte der Bemerkung mit einem Abtrennstrich hinter die drei ersten Zeilen von Text II am Rand gedrängt notiert wurde (vgl. o. Anm. p-p).

17. Die Boten sind unbekannt.

18. Offenbar wurden Ausführungen im folgenden ausgelassen.

20. Das im hebr. Text fehlende »etc.« weist auf weitere Ausführungen hin. Der Briefschluß fehlt.

Nr. 284a und 284b
Bedenken und Entwurf zur Pfalz-Neuburgischen Kirchenordnung

[Neuburg/Donau, 1542, nach Juli 1][1]

Bearbeitet von *Hans Schulz*[2] und *Gottfried Seebaß*

Einleitung

1. Der Fund

Für die Entstehung der pfalz-neuburgischen Kirchenordnung waren wir bisher, da die sogenannten Kabinettsakten Ottheinrichs, die *Weber* und *Heider*[3] für ihre Darstellung noch benutzen konnten, bislang nicht wieder aufgetaucht sind und möglicherweise als Kriegsverlust gelten müssen, ausschließlich auf die dürftige Korrespondenz Osianders[4] sowie auf die Analyse der pfalz-neuburgischen Kirchenordnung selbst[5] angewiesen. Inzwischen aber wurden weitere Dokumente entdeckt, die im Zuge der Vorarbeiten zur pfalz-neuburgischen Kirchenordnung entstanden[6]. Es

1. Zum Ort und zur Datierung vgl. weiter u. die Einl.
2. Textübertragung und textkritischer Apparat sind von ihm erarbeitet.
3. Vgl. *Weber- Heider*, Reformation, passim.
4. Vgl. den Brief Osianders an Abt Friedrich Pistorius aus Neuburg/Donau vom 1. Juli 1542, u. A. Bd. 7, S. 492f, Nr. 284; den Brief Osianders an Herzog Albrecht von Preußen vom 9. August 1542, u. A. Bd. 7, S. 500-503, Nr. 286 und derselbe an denselben vom 1. April 1543, u. A. Bd. 8, S. 57f, Nr. 295.
5. Vgl. u. A. Bd. 7, S. 569-878, Nr. 293, und besonders die Ausführungen von *G. Zimmermann* zur Arbeitsweise Osianders, a. a. O., S. 571-573.
6. Vgl. *Cramer-Fürtig*, Osianders Entwurf, passim. Herr Dr. *Michael Cramer-Fürtig* war freundlicherweise sogleich bereit, mich über seinen Fund eingehend zu orientieren und überließ mir auch die Edition der von ihm aufgefundenen Akten. *Cramer-Fürtig* macht außerdem aufmerksam auf einen Hinweis auf diese Akten in handschriftlichen Aufzeichnungen des Neuburger Kaufmanns *Joseph Benedikt Graßegger* (gest. 1840): »Auszüge aus den zwei aktenbänden der pfarrregistratur zu hl. Geist in Neuburg« (heute: München HSA, Sammlung Grassegger 15475). Dort heißt es auf fol. 15v-16v unter Nr. 41: »Andreas Osiannders bedencken der kirchenordnung halben« und genauer: »Andreas Osiannders bedencken, wie ein kirchenordnung zu machen, haltendt 24 plat, und sein darin nachfolgende puncten begriffen: fol. 6: Vom alten und neuen testament, von der puß, vonn der christlichen peicht, vom gesetz, vom euangelio; fol. 6: vom creutz und leiden, vom christlichen gebet, vonn christlicher freihait; vonn menschen satzungen, fol. 7; fol. 8: vonn den sacramenten und iren ceremonien, von der tauff, von der nottauf oder jachtauf; von der peicht und absolution, fol. 9; von der firmung, fol. 10; von ordnung der messe, fol. 11; von ordnung der messe so communicanten vorhanden sein, fol. 12; vom tagambt, wann kain communicant vorhanden, wie dasselbig soll gehalten werden, fol. 15; ordnung von allerlay chorgesang, fol. 16; von besuchung und communion der krancken, fol. 18; ordnung der begrebnus, fol. 20; von berueffung der kirchendiener, fol. 21; ist one datum und jarzal.« An anderer Stelle vermerkte *Graßegger*: »Dise 2 bände original manuskripte er-

handelt sich dabei um ein ›Bedenken, die Kirchenordnung belangend‹[7] und um eine ›Verzeichnung‹[8], einen ersten Entwurf Osianders für die pfalz-neuburgische Kirchenordnung.

2. *Das ›Bedenken‹*

Osianders Bedenken beschäftigt sich nicht nur intensiv mit den Fragen, die die Einführung einer neuen Kirchenordnung in Pfalz-Neuburg betreffen, sondern ebenso mit einigen grundsätzlichen Aspekten der Ordnung selbst[9].

Im Blick auf die Einführung der Kirchenordnung rät Osiander, daß noch vor der offiziellen Herausgabe und Anordnung die dazu bereiten Geistlichen möglichst bald mit der Verlesung der Katechismuspredigten im Haupt- oder Nebengottesdienst beginnen sollten. Darüber hinaus verlangt er, den Prinzipien lutherischer Reformation entsprechend, daß vor jeder Änderung die Gemeinde über deren theologisch-biblische Grundlage genau zu unterrichten sei. Dabei müsse langsam und schrittweise vorgegangen werden. Osiander denkt daran, mit der Feier der Taufe in deutscher Sprache und mit dem Laienkelch zu beginnen. Erst danach könne man an die Eheschließung der Geistlichen denken. Die Stillmessen und die Messen für Verstorbene sowie die Veränderung der Abendmahlsliturgie durch Auslassung von Canon minor und maior mit der Anrufung der Heiligen schien ihm offensichtlich die einschneidendste und deswegen besonders gut vorzubereitende Änderung.

Dennoch befürwortet Osiander nicht die durchgängige Verwendung der deutschen Sprache für alle Gottesdienste. Vielmehr solle man in der Liturgie der Hauptgottesdienste und der Nebengottesdienste durchaus das Lateinische beibehalten, ja womöglich noch das Griechische und Hebräische hinzunehmen – ein Vorschlag der zwar früher auch einmal von Luther gemacht, aber niemals durchgeführt wurde.

Andrerseits will Osiander die Rücksicht auf die Gemeindeglieder, denen zunächst durch die Predigten das Recht der nachfolgenden Änderungen klargemacht werden müsse, doch nicht zum Kriterium für den Inhalt der Kirchenordnung erheben. Die Ordnung selbst müsse durchaus evangelisch gestaltet werden, selbst wenn man deren Durchführung zurückstellen und eine zeitlang noch vielfältig Rücksicht auf die ›Schwachen‹, die in ihrem Gewissen an die alten Gottesdienstformen Gebundenen, nehmen müsse. Osiander ist überzeugt, daß bei dieser Form der Einführung auch die Klagen von altgläubig-kirchlichen Institutionen gegen die neue Ordnung keinen Erfolg haben würden.

hielt der domkapitular Steichele vom herrn pfarrer Zipfel zur benutzung«. *Cramer-Fürtig* hat daraus mit Recht geschlossen, daß offenbar auf diesem Weg die beiden Bände aus Neuburg nach Augsburg und später dann wohl in das Ordinariatsarchiv gelangten, wo sie als Kabinettsakten Ottheinrichs bezeichnet wurden, vgl. *Cramer-Fürtig*, Osianders Entwurf, S. 62.

7. Vgl. u. S. 944-950, Nr. 284a.

8. Vgl. u. S. 951-985, Nr. 284b.

9. Die folgende Inhaltsangabe folgt nicht dem Gutachten, sondern faßt dessen Inhalt thematisch zusammen. Anders verfährt *Cramer-Fürtig*, Osianders Entwurf, S. 65-69.

Am Ende muß dann aber auch für Osiander die verbindliche Einführung der neuen Ordnung durch den Fürsten stehen. Ihre Einführung solle mit der Ankündigung einer allgemeinen Visitation nach Jahresfrist verbunden sein. Wer dann noch nicht zur evangelischen Lehre und Seelsorge bereit oder fähig sei, solle entlassen werden. Dennoch will Osiander, daß denen, die aus Unsicherheit begründete Einwände vorbringen, ausführlicher Unterricht gewährt werde, nur die Verstockten müsse man sofort ihrer Ämter entheben.

Im Blick auf Osianders Ratschläge in diesem Gutachten ist die Behauptung: »Dieser Wunsch nach einer eigenen Ordnung verzögerte die weiteren Maßnahmen«[10] nicht mehr ohne weiteres überzeugend. Vielmehr könnte entsprechend den Vorschlägen Osianders der Druck und der Erlaß der Kirchenordnung absichtlich verzögert worden sein, muß jedenfalls nicht mit einer lange sich hinziehenden Arbeit Osianders an der Kirchenordnung zusammenhängen. Wenn Osiander bereits am 9. August 1542 Herzog Albrecht von Preußen mitteilt, daß er die in Neuburg mit dem Pfalzgrafen und seinen Räten beratene Kirchenordnung »ytzo alhie zu Nurmberg ad mundum schreybe«[11], so deutet das doch wohl darauf hin, daß Osiander, der ja bereits Mitte Juli von Neuburg nach Nürnberg zurückgekehrt war, zu diesem Zeitpunkt bereits kräftig an der Reinschrift war. Die Verzögerung läßt sich doch wohl viel eher mit dem vom Pfalzgrafen gewünschten und von Osiander in seinem Bedenken auch durchaus gutgeheißenen Vorgehen erklären. Dazu fügt sich auch, daß der Fürst erst im Dezember 1542 die Messe und im Januar 1543 auch die ›Winkelmessen‹ und die Weihehandlungen verbieten ließ[12]. Denn bis dahin konnte schon ausreichend evangelisch gepredigt und der Katechismusunterricht durchgeführt sein.

3. Der Entwurf zur Kirchenordnung

Osiander sagt zwar in der Überschrift seines Entwurfs für die Kirchenordnung[13], der keineswegs nur eine nachträgliche Reinschrift darstellt, sondern sehr deutlich die Spuren der fortgehenden Arbeit zeigt[14], durchaus korrekt, daß dieser sich auf die Kirchenordnungen für die Mark Brandenburg von 1540 und die nürnbergische von

10. So *Simon* in *Sehling*, Kirchenordnungen 13, S. 21.

11. Vgl. u. A. Bd. 7, S. 101,16-102,3, Nr. 286.

12. Vgl. *Weber – Heider*, Reformation, S. 19.

13. Eine recht genaue Analyse des Entwurfs, bei der allerdings nicht nach dem Verhältnis zur endgültigen pfalz-neuburgischen Kirchenordnung gefragt wird, bietet *Cramer-Fürtig*, Osianders Entwurf, S. 70-81. Allerdings kann man *Cramer-Fürtig* bei seiner Charakterisierung der pfalz-neuburgischen Kirchenordnung nicht überall zustimmen. Daß »die rechtlichen Grundsätze der katholischen Kirchenverfassung« erhalten blieben, wird man ebensowenig behaupten können, wie daß hier »katholisches Überlieferungsgut« in den evangelischen Gottesdienst übernommen wurde (a. a. O., S. 89), es müßte denn ›katholisch‹ im Wort- und nicht im konfessionellen Sinn verstanden werden.

14. Vgl. dazu die vielfältigen Verbesserungen, Einweisungen und Randbemerkungen, die sich im textkritischen Apparat finden.

1533 stütze, gleichwohl legte er, dem Wunsch Ottheinrichs entsprechend, die Kirchenordnung Joachims II. für Brandenburg seinem Entwurf zugrunde.

Schon die große Gliederung der Kirchenordnung in die drei Teile ›Von der Lehre‹, die ›Katechismuspredigten‹ und ›Von den Sakramenten und Zeremonien‹[15] entsprach der brandenburgischen Ordnung.

Im ersten Teil hielt sich Osiander genau an die Abfolge der einzelnen Abschnitte in der brandenburgischen Ordnung, die freilich ihrerseits auf die in diesem Teil wesentlich von Osiander entworfene nürnbergische zurückging. Darüberhinaus aber tilgte er in dem Abschnitt ›Von der Lehre‹[16] ebenso wie in dem ›Von der Buße‹[17] die Zusätze, die sich gegenüber der nürnbergischen in der brandenburgischen fanden. Dadurch daß er dann auch noch den Abschnitt ›Von der christlichen Beichte‹ ausließ[18] (bzw. in den Zeremonialteil verwies) und den Artikel ›Von Menschensatzungen‹[19], den die brandenburgische ausgelassen hatte, wieder aufnahm, erhielt dieser erste Teil faktisch einen durchaus ›nürnbergisch-osiandrischen‹ Charakter, da er in allen anderen Artikeln zwar der brandenburgischen, aber eben auch der nürnbergischen entsprach.

Für den zweiten Teil der Kirchenordnung, die Katechismuspredigten, die ja Osiander seinerzeit für Nürnberg verfaßt und die man in die brandenburgische Ordnung so gut wie unverändert übernommen hatte, galt das ohnehin.

Im dritten Teil der Kirchenordnung hielt sich Osiander zwar, mit Ausnahme des Artikels über die Firmung, an die Abfolge der Artikel in der brandenburgischen Ordnung, griff aber vielfältig und tief in sie ein. Schon die Vorrede ließ er weg. In den Abschnitt über die Taufe[20] fügte er lange Passagen aus der nürnbergischen Ordnung ein, ließ aber die Ausführungen über die Nottaufe[21] weithin unverändert. In dem Abschnitt ›Von der Beichte und Absolution‹[22] nahm er einige Veränderungen vor, zumal an der brandenburgischen Absolutionsformel, und fügte eine weitere aus der nürnbergischen Ordnung hinzu. Grundsätzlich war Osiander bereit, den Artikel ›Von der Firmung‹[23] weithin unverändert aus der brandenburgischen Ordnung zu übernehmen, glaubte aber nicht, daß man die entsprechenden Ausführungen angesichts der Rechte des Augsburger Bischofs würde halten können, und formulierte deswegen einen eigenen kurzen Zusatz zu dem Artikel ›Von der Beichte‹, der auf die Bezug nahm, die zum ersten Mal zum Abendmahl gehen wollten. Den Abschnitt ›Vom Abendmahl‹ wollte Osiander unverändert lassen[24], entwickelte dann aber auf der Grundlage der brandenburgischen und der nürnbergischen Ordnung eine neue

15. Vgl. u. S. 951,7; 958,17-19, und 959,1.
16. Vgl. u. S. 951,5-953,14.
17. Vgl. u. S. 953,17-955,7.
18. Vgl. u. S. 955,8-16.
19. Vgl. u. S. 957,3-958,16.
20. Vgl. u. S. 959,8-16.
21. Vgl. u. S. 959,17-961,6.
22. Vgl. u. S. 961,7-963,13.
23. Vgl. u. S. 963,14-965,16.
24. Vgl. u. S. 965,18f(-967,13).

›Ordnung der Messe, wenn Kommunikanten vorhanden sind‹[25]. Gleiches galt für die Ordnung des Gottesdienstes ohne Kommunikanten und für die Werktage[26]. Auch der Abschnitt ›Ordnung von allerlei Chorgesang‹ stellte eine neue Ausarbeitung Osianders dar[27]. Tiefe Eingriffe mußten sich auch der Abschnitt ›Von Besuchung und Kommunion der Kranken‹[28] sowie die ›Ordnung des Begräbnisses‹[29] gefallen lassen. Der Artikel ›Vom heiligen Ehestand‹[30] wurde durch Kürzung praktisch auf die nürnbergische Fassung zurückgeschnitten. Osiander übernahm dann zwar wieder einen kurzen Teil des Artikels ›Von Berufung der Kirchendiener‹[31], ließ aber den größten Teil aus. Für die restlichen Artikel der brandenburgischen Ordnung (›Von den Festen‹, ›Von dem Fasten‹, ›Von der heiligen Zeit der Marterwochen und Ostern‹, ›Von der Kreuzwoche‹ und ›Von den Schulen‹) arbeitete Osiander gar keine konkreten Vorschläge aus[32]. In der endgültigen Ordnung waren sie dann teils ganz neu formuliert, teils ausgelassen. Trotz aller Übernahmen aus der brandenburgischen Ordnung ergab sich insgesamt der Entwurf einer durchaus eigenen und neuen Kirchenordnung, die freilich, wie Ottheinrich es gewünscht hatte, in ihrem Zeremonialteil durchaus ›konservativer‹ war als die nürnbergische.

Tatsächlich hat dieser Entwurf Osianders auch die endgültige Ordnung bestimmt. Zwar bildeten in dieser – und das entsprach wiederum eher der nürnbergischen Ordnung – die Katechismuspredigten den dritten und die Ordnung des gottesdienstlichen Lebens den zweiten Teil, aber im übrigen blieb der Entwurf die Grundlage, die allerdings für die endgültige Ordnung von Osiander noch einmal vielfältig und an manchen Stellen auch tiefgreifend verändert wurde, allerdings nirgends in Form einer stärkeren Anlehnung an die brandenburgische Ordnung, sondern eher der nürnbergischen Ordnung folgend[33].

4. Zur Datierung

Die beiden Stücke bieten keinen Anhaltspunkt für eine genaue Datierung. Sie können noch während des ersten Aufenthalts Osianders in Neuburg von Anfang Juni

25. Vgl. u. S. 967,16-974,9.
26. Vgl. u. S. 974,10-976,4.
27. Vgl. u. S. 976,5-977,22. Die Behauptung von *Cramer-Fürtig*, Osiander orientiere sich an den Absätzen des entsprechenden Artikels der Kirchenordnung der Mark Brandenburg von 1540 scheint mir nicht richtig, vor allem aber verkennt er, daß es Osiander darum geht, das Stundengebet in erster Linie zu nutzen, um möglichst umfassend mit der Bibel vertraut zu machen.
28. Vgl. u. S. 979,11-983,5.
29. Vgl. u. S. 983,6-984,2.
30. Vgl. u. S. 984,3-11.
31. Vgl. u. S. 984,13-17.
32. Vgl. u. S. 984,18-985,2.
33. Im sachlichen Apparat wurde genau vermerkt, wieweit die endgültige Fassung der pfalz-neuburgischen Kirchenordnung dem Entwurf Osianders entspricht und wo sie von ihm abweicht.

bis in die zweite Julihälfte 1542[34] entstanden sein. Es ist aber ebenso gut denkbar, daß Osiander in Neuburg nur einen Rohentwurf fertigte und die eigentliche Ausarbeitung in aller Ruhe in Nürnberg vornahm. In diese Richtung weist Osianders Bemerkung, daß man nach vorangegangener Predigt gegen das Meßopfer die »lang berhatschlagte« Kirchenordnung erlassen solle[35]. In jedem Fall aber dürften die beiden Stücke noch in das Jahr 1542 gehören, da Ottheinrich den Nürnberger Rat am 27. Februar 1543 bat, Osiander zur Einführung der Kirchenordnung nach Neuburg reisen zu lassen und zu dieser Zeit die endgültige Fassung der Kirchenordnung bereits im Druck war[36].

5. *Überlieferung*

Zu Nr. 284a

München HSA, Pfalz-Neuburg Akten 3310 (alte Signatur: Pfalz-Neuburg Akten 509 I), fol. 1r-4v: autographische Ausfertigung. Auf dem ersten Umschlagblatt findet sich von späterer Hand der Vermerk: »Reformations Acta«, auf dem zweiten Umschlagblatt von einer Hand des 16. Jahrhunderts: »Andreas Osianders, Hern Othainrichs Bedengken wie ain kirchenordnung zemachen«. Danach die gestrichenen Numerierungen »No 71« und »No 75.

Zu Nr. 204b

München HSA, Pfalz-Neuburg Akten 3310 (alte Signatur: Pfalz-Neuburg Akten 509 I), fol. 5r-21v: autographische Ausfertigung.

34. Zur Datierung seines Aufenthalts vgl. *Seebaß*, Osiander, S. 243f. Die dort in Anm. 517 geäußerte Vermutung, Osiander könne sich damals 9 Wochen in Neuburg an der Donau aufgehalten haben, ist angesichts der sonstigen Angaben zur Eingrenzung seines Aufenthalts unbegründet.

35. Vgl. u. S. 949,6f.

36. Vgl. *Seebaß*, Osiander, S. 244.

Nr. 284 a
Bedencken zur Pfalz-Neuburgischen Kirchenordnung

Text

[1r:] Bedencken, die kirchenordnung belangend. [2r:] Ein nutzliche kirchenordnung zu machen, bedarf diser zeit allerlay bedenckens:

Erstlich, dieweil Gottis wort noch nicht stattlich und genugsam gepredigt[a], der widerwertigen[1] lehr aber, die Gottis wort anfechten und verfolgen, sambt allerlay beschwerlichen[2] nachreden, so wider die lutterischen – als man sie nennet – erdichtet[3] und ausgegossen[4] sein, dem gemainen mann lange zeit her umb die ohren geklungen haben, so ist wol zu besorgen[5], es werd etlichen guthertzigen und ainfeltigen leuten die endrung der alten kirchenpreuch beschwerlich und frembd[6] anzusehen sein. Derhalben, damit sie nicht verstürtzt[7] noch in iren gewissen ubereylet werden, zu thun oder zu lassen anderst, dann[8] sie in iren gewissen recht sein[9] glauben, welchs inen zu einer sünde gedeien[10] würde[11], so muß vor allen dingen Gottis wort vleyssig gepredigt und die haubtartickel unsers glaubens, durch welche die mispreuch am allerklerlichsten auffgedeckt und auffs allergeweltigst gesturtzt werden, vleyssig und emssig getriben werden. Und ob[12] man in etlichen stucken[13] der schwachen ein zeitt lang verschonen[14] und inen etwas umb der alten gewonhait willen nachlassen wolt[15], so ist abermals[16] vleyssig zu bedencken, das man sich also dar-

a) korr. aus: »be-«.

1. Gegner.
2. schädigenden.
3. erlogen.
4. verbreitet.
5. befürchten.
6. eine Last und abzulehnen.
7. überfahren.
8. als.
9. daß es recht sei.
10. gereichen, werden.
11. Vgl. Röm 14,23.
12. selbst wenn.
13. einigen Punkten.
14. Vgl. Röm 14,1.
15. Das war offenbar der Wunsch Ottheinrichs, der eben deswegen zwar die nürnbergisch-brandenburgische Kirchenordnung von 1533 seiner eigenen zugrunde legen, daneben aber um der Schonung der Schwachen willen möglichst viel auch aus der Kirchenordnung der Mark Brandenburg von 1540 übernehmen wollte; vgl. Osiander an Herzog Albrecht, 1542 August 9, u. A. Bd. 7, S. 501,5-8, Nr. 286.
16. dagegen.

ein schick, damit nicht die pesserung, so[17] auffs kunftige[18] wirt auffgeschoben, ye lenger ye minder iren furgang mog gewinnen. Das mocht darmit furkommen[19] werden, wann man solche nachlassung in der kirchenordnung nicht austrücket, sonder die pesserung, so da volgen soll, als were sie schon im werck, in die ordnung einleybet[20] und den kirchendienern in sonderhait[21] bericht thete, wie sie sich gegen den schwachen darin halten solten[22]. Solchs dienete auch darzu, das wann die widersacher mandata, nichts [!][23] weiter zu schreiten, ausprechten[24], das alsdann nichts sonders daran würd gelegen sein. [2v:]

Weiter: Dieweil man aus den worten Pauli 1. Cor. 12[4-10] wol vermerckt[25], das die gabe der zungen oder mancherlay sprachen durch den heiligen gaist im anfang der christenhait nicht allain von des predigens wegen unter den frembden gegeben und ausgegossen ist, sonder auch darzu furnemlich gedienet hat, das[b] die [c]heilige, gottliche[c] schrifft und andre nutzliche pucher in iren haubtsprachen, darin sie anfencklich geschriben worden, mit merer[26] frucht mochten[27] gelesen und erlernet werden – dann kain puch nymmermehr[28] so rain und vleyssig[29] in andre sprach vertolmetscht wirt, das sich nicht ein fall mog zutragen, das von noten sey, dasselbig in seiner ursprunglichen sprach zu besehen und zu bewegen[30] – darzu mangerlay sprachen wissen[31] von natur[32] des menschen verstant liechter und behender[33] macht und dann die hebreisch, kriechisch und lateinisch sprachen vor andern, Christum zu erkleren, im[34] titel auff seinem creutz[35] gewidembt[36] und gleich[37] geheiligt worden sein, so will sichs kaineswegs lassen rhaten noch leiden, das man die lateinischen

b) danach gestr.: man.
c-c) korr. aus: heiligen, gottlichen.

17. wenn sie.
18. in die Zukunft.
19. Dem könnte man damit zuvorkommen.
20. hineinsetzt.
21. insbesondere.
22. Damit konterkarierte Osiander die Wünsche Ottheinrichs, vgl. o. Anm. 15.
23. in keinem Punkt.
24. herausbrächten, erwirkten.
25. genau entnehmen kann.
26. größerer.
27. könnten.
28. doppelte Verneinung: jemals.
29. eifrig.
30. erwägen.
31. das Verstehen verschiedener Sprachen.
32. seiner Art nach; natürlich.
33. heller und beweglicher.
34. durch den.
35. Vgl. Joh 19,20.
36. gestiftet.
37. geradezu.

sprache[d] aus der kirchen kommen[38] lasse, zuvor[39] an den orten, da man schulen hat oder haben kann, desgleichen, wo collegia, stifften[40] oder sonst ein anzal priester erhalten[41] werden, sonder es were pesser, wann es moglich were, [e]das man[e] die kriechischen und hebraischen noch darzu in die kirchen und teglich ubung prächte. Derhalben achte ich, wann man ettliche teutsche capitel aus der heiligen schrifft lese, das gemain[42] gepet oder collecten[43] und die wort des nachtmals[44] teutsch spreche, ains[45], zway oder mer guter, gaistreicher[46] teutscher gesang senge und in teutscher sprach tauffete etc., es solt nicht unfuglich[47] noch unfruchtbar sein, das man in dem ubrigen[48] die lateinischen sprach ließ bleyben, sonderlich dieweil sich nicht allerlay guter lateinischer gesang artlich[49] will lassen teutschen[50] noch mit gleicher lieblicha[i]t lassen ervolgen[51] und erlangen. [3r:]

Eben umb vorgemelter[52] ursach willen mocht man an den orten, da schulen oder sonst ein anzal priester sind, verordnen, das sie alle tag oder auffs wenigst zwen oder drey tag in der wochen etwas, inen selbs zur ubung, aus der heiligen schrifft in der kirchen zu bequemen[f53] stunden süngen oder lesen, auch gepett fur sich und die gantzen gemain theten, welchs noch vil mehr geschehen soll, wo etlich aus der gemaine von der taglichen arbait so vil muß und rhue hetten, das sie auch darzu kommen mochten[54] und pflegten. Denn das wurde erstlich dienen, damit die schuler dester vleyssiger lerneten, dieweil sie sähen, das one die lateinischen sprache nymand, der kirchen zu pflegen, tuglich, desgleichen der gantzen priesterschafft, das sie in Gottis wort dester geubter wurden, sindteinmal[55] nicht ein yeder, wann er mussig

d) korr. aus: sprachen.
e-e) übergeschr. und eingewiesen.
f) korr. aus: »bek-«.

38. verschwinden.
39. zumal, besonders.
40. Stiftskirchen (mit einem entsprechenden Kapitel).
41. unterhalten.
42. allgemeine (nämlich Fürbittengebet).
43. die Kollektengebete.
44. gemeint sind die Einsetzungsworte, die in den Kirchenordnungen üblicherweise nicht einem Evangelisten, sondern einem überlieferten Mischtext in Übersetzung folgten, vgl. u. A. Bd. 5, S. 134, Anm. 526, Nr. 176.
45. einen.
46. geisterfüllter.
47. ungehörig.
48. allen anderen Stücken des Gottesdienstes.
49. ordentlich, kunstgerecht.
50. verdeutschen.
51. zustande bringen.
52. der genannten.
53. gelegenen, geeigneten.
54. könnten.
55. zumal.

ist, die zeit dahaim im hauß woll[56] anlegt, auffs wenigst[57] nicht allezeit; darumb mochten sie mit solcher ordnung gleich gezogen und getrungen werden, Gottis wort zu uben und das gepet nicht zu verlassen[58]. Item, es dienete, den mussigang [!] und ausschwayffung der priesterschafft zu wehren, welche sonst[59] vil unrhats[60] und ergernus gepern[61], darzu[62] wurde es dem neyd etlicher unter dem pöfel nicht wenig steurn, die da sonst den kirchendienern gram sein, als die mit grosser kost[63] herlich[64] erhalten werden und dannoch wenig darfur thun. Zu dem allem sein sie es auch zu thun schuldig, wie aus den Geschichten der Aposteln, am 6. cap. [2-6], wol[65] ist zu vernehmen. Dann daselbst beschweren sich die apostel, mit den gemainen gutern oder mit dem almosen umbzugehn, und setzen daruber andre siben gaistreiche menner, auff das sie unverhindert mogen am gepet und wort Gottis anhalten. [3v:]

Auff solchen oder pessern bedacht, auch auff beschehnen befelh furstlicher durchleuchtigkait[66], die predig des worts Gottis belangend, mocht man in Gottis namen verursachen, das durch die guthertzigen und verstendigen seelsorger angefangen wurde als aus aigner bewegung:

erstlich den Catechismum von wort zu wort, wie er in der nurmbergischen oder[g] brandennburgischen ordnung ausgangen ist[67], zu lesen, one das allain, das sie die clauseln, so albeg zu ende daran gehenckt, also lautend: »Darumb, meine geliebten, merckts mit vleyß, und wann man euch fraget«[68] etc., noch zur zeit ausliessen, dieweil dieselben wort vorhin[69] auch darin stehn. Dann es mochten sonst die alten ainfeltigen erschreckt werden, als musten sie solche antwort lernen, und also der endrung alzuseer gram werden. Und mocht solche verlesung des Catechismi[h] aintweder

g) übergeschr. für gestr.: und.
h) korr. aus: »Catechismu-«.

56. gut.
57. wenigstens.
58. unterlassen.
59. ohnehin.
60. Schaden.
61. gebären, verursachen.
62. außerdem.
63. Kosten.
64. herrenmäßig, wie Herren.
65. gut.
66. gemeint ist Pfalzgraf Ottheinrich.
67. Für die Brandenburg-Nürnbergische Kirchenordnung und ihre Katechismuspredigten, die von Osiander stammten, vgl. u. A. Bd. 5, S. 182-334, Nr. 177, und zu dem Abdruck der Katechismuspredigten in der kurbrandenburgischen Ordnung vgl. ebd., S. 192, bei Siglum L, und S. 193, bei Siglum N, sowie *Seebaß*, Bibliographie, S. 76, Nr. 21.12, und S. 77, Nr. 21.14.
68. So die Einleitungsformel für die Formulierungen aus dem Kleinen Katechismus Luthers gegen Ende jeder Katechismuspredigt in den Osiandrischen Kinderpredigten, vgl. etwa u. A. Bd. 5, S. 205,13f; 212,35-213,1; 218,4f, Nr. 177. Osiander schlägt also vor, die gesamte Zusammenfassung seiner Katechismusauslegung durch Luthers Katechismus auszulassen, vgl. a.a.O., S. 205,13-16; 212,35-213,5; 218,4-7, Nr. 177.
69. ohnehin.

anstat der gemainen feirtagspredig, nachdem man den text des evangelii, so auff denselben feirtag gewonlich ist[70] gelesen worden, gesagt hette, furgenommen werden oder aber zu ende der vesper oder zu einer andern gelegnen stunde, das dannoch die gewonlich predig furtging wie vor[71]. Und ob es gleich hierin an ainem ort nicht wie am andern, sovil die zeit betrifft, gehalten würde, so lege nichts daran. Dann es gebe furstlicher durchleuchtigkait nur dester mer glimpfs und fugs[72] zu irer gelegenhait[73], ein ainhellige ordnung offenlich auszugeben.

Darnach, wann sie von der tauff etliche vleyssige predig gethon hetten und angezaigt, wie vil daran gelegen, das sie alsdann dem volck einpildeten[74], pesser sein[75], das man in teutscher sprach tauffete, und alsdann dasselbig auch anfiengen. [4r:]

Eben also mit dem heiligen sacrament: Wann sie dem volck stattlich[76] eingepildet hetten, das baiderlay gestalt[77] von Christo eingesetzt[78] und es die christlich kirch vil hundert jar durchaus[79] also gehalten, item das nymand, Gottis wort zu endern, macht hat, auch nymand ways, wan, wo oder warumb die aine gestalt des kelchs ernidergelegt worden ist[80], so sollen sie sich auch erpieten, baiderlay gestallt zu geben allen, die es begern, mit anzaigung, das man mit denjhenigen, so noch zweifeln, ob sie recht daran theten, ein zeitlang wöll gedult haben, mit vermanung, das sie lernen, mer auff Gottis befelh, dann auff gewonhait zu sehen und zu vertrauen etc.

Item mit dem ehstand, den priestern offenlich zuzulassen: Wo das vorhin in der predig vleyssig getriben[81] were und ymand[82] aus inen[83] ehlich werden wolte, das im[84] solchs nit gewehrt wurde, allain das sie one die offenlichen bezeugung[i][85] sonst kain geprenck oder besonder freudenfest machten mit iren hochzeiten.

i) korr. aus: bezeugen.

70. Gemeint sind die altkirchlichen Perikopen aus den Evangelien, vgl. dazu Leiturgia 2, S. 149-166.

71. Die Katechismusauslegung soll also niemals anstelle der üblichen Predigt treten. Zur Katechismuspredigt insgesamt vgl. TRE 17, S. 744-786.

72. an ehrenvollem Vorwand und Recht.

73. ihrem Vorhaben.

74. einprägten.

75. daß es besser sei.

76. gründlich.

77. nämlich der Empfang von Brot und Wein, Leib und Blut Christi.

78. Vgl. Mt 26,20-29.

79. stets.

80. Tatsächlich ist die genaue Entstehung von Kelchverweigerung oder -enthaltung bis heute nicht genau geklärt. Ein ausdrückliches Verbot des Laienkelches wurde erst gegen die Hussiten auf der 13. sessio des Konstanzer Konzils am 15. Juni 1415 erlassen, vgl. DS 1198-1200 (626).

81. behandelt.

82. jemand.

83. sc. von den Geistlichen.

84. ihm.

85. Gemeint ist die Trauung in der Kirche.

Weren dann etlich[86], die der schrifft so geubet, das sie das feugfeur[!] in verdacht ziehen[87] und widerlegen, darzu den misprauch des opfers und der gantzen privatmeß auffdecken konnten[88], die solten das auch auffs beschaidenlichst[89] angreiffen. Und wann sie uber das den canonem[90] und anruffung der heiligen[91] liessen fallen[92], das inen das zugut gehalten und aus dem allem zu gelegner zeit ein ursach genomen würde, allerlay mispreuch, zwispallt, ungleichait und ergernus zu verhuten, die lang berhatschlagten kirchenordnung[93] offenlich auszulassen und den unterthanen befelhen, derselben sich zu geprauchen. [4v:]

Und ob sich alsdann etliche pfarhern oder seelsorger wurden sperren, gemelte[94] ordnung anzunehmen, das man dieselbigen forderte und ir ursach[95] horete und, wa dieselben bedachts werdt, inen gute, gegrundte antwort darauff gebe; wann das an inen nicht verfahen wolt[96] oder sie kain gegrundte ursach konndten darthun, soferne hoffnung irer pesserung vorhanden, das man in ein termin setzet, darin[97] sie aintweder die ordnung annehmen oder aber, vor den verordenten[98] ursach, warumb sie das nicht zu thun vermainten, aus heiliger, gottlicher schrifft darzuthun, bey furstlicher durchleuchtigkait ungnad oder andrer straff verpflichtet wurden, auff das man also den weg, in ir unwissenhait, irthumb und superstition zu benehmen, mocht finden; wo das auch nicht hulfe und es verlebte[99], unschedliche leut weren, das man weg suchet, wie der sachen mocht gerhaten werden. Wann es aber ungelerte, trutzige, ver-

86. nämlich Seelsorger, vgl. o. S. 947,14f.

87. unglaubwürdig machen.

88. Zu Osianders Auseinandersetzung mit dem Fegfeuer, dem Meßopfergedanken und den Privatmessen vgl. seine Schrift ›Grund und Ursach‹, u. A. Bd. 1, S. 237,14-241,18; 207,25-225,21, und 233,22-247,13, Nr. 20.

89. angemessenste.

90. Gemeint ist der canon minor der Messe, das heutige Offertorium (vgl. dazu *Meyer*, Messe, S. 135-151) und der canon maior, der eigentliche canon missae (vgl. dazu a. a. O., S. 204-246). Zu Osianders Auseinandersetzung mit den Meßcanones vgl. seine Schrift ›Grund und Ursach‹, u. A. Bd. 1, S. 209,17-213,3, Nr. 20.

91. Eine Erwähnung der Heiligen findet sich sowohl in den Gebeten des canon minor (Suscipe, sancta Trinitas) wie in denen des canon maior (Communicantes; Memento etiam).

92. Zu Osianders Auseinandersetzung mit der Heiligenverehrung vgl. seine in Pfalz-Neuburg im Zuge der Einführung der Kirchenordnung später gehaltene Predigt, u. A. Bd. 7, S. 884,5-899,10, Nr. 294.

93. Gemeint ist natürlich die Pfalz-Neuburger Kirchenordnung; vgl. seinen Entwurf dafür u. S. 951-985, Nr. 284b, und die Ordnung selbst u. A. Bd. 7, S. 569-878, Nr. 293. Doch kann die dort ebenfalls publizierte Fassung der Katechismuspredigten, die eine leichte Überarbeitung der Katechismuspredigten aus der brandenburgisch-nürnbergischen und der kurbrandenburgischen Kirchenordnung darstellt, damals noch nicht vorgelegen haben, da Osiander eine überarbeitete Fassung oben (S. 947,16-20) nicht erwähnt.

94. die erwähnte.

95. Grund, Begründung.

96. nicht zum Ziele führen sollte.

97. bis zu dem.

98. Osiander denkt offenbar an diejenigen, die vom Pfalzgrafen den Befehl zur Durchführung der Kirchenordnung erhalten sollten.

99. alte.

stockte papisten wern, die Gottis wort verlesterten und allain sich auff den babst – wie man etlich findet – verliessen, dieweil sie nicht zu bekeren sein, das man sie auffs erste und fuglichste abschaffet, dann sie nichts guts anrichten, sonder nur lügen, falsche lehr und gifftige nachred ausgiessen, dardurch die ainfeltigen geergert, verpittert und zu neid und haß, unainigkait, rachgir und auffrhur erregt werden, wie man das in vill weg durch erfarung nicht on mercklichen schaden hat erfarn. [k]Man mag in auch furhalten, das man in jars frist, kurtzer oder lenger, woll ein gemeine visitation halten, und sie betroen, welcher die haubtpuncten der christlichen lehr nicht beschaidenlich wissen oder die ordnung mutwilligklich verachten und ubertreten werde, den werd man hinwegjagen – sonst studirn sie eins tails[100] gar nichts etc.[k]

Andreas Osiander

k-k) Die Passage ist aufgrund des vorgerückten Zeilenanfangs, der größeren Zeilendichte und der wegen Platzmangels vor die nachfolgende Unterschrift gedrängt geschriebenen letzten drei Worte als erst nach Abschluß des Gutachtens nachgetragene Notiz anzusehen.

100. zum Teil.

Nr. 284b
Entwurf der Pfalz-Neuburgischen Kirchenordnung

Text

[5r:] Verzaichnung[1], wie[a] aus baiden der brandenburgischen[2] und nurmbergischen kirchenordnung[3] ein gute, nutzliche ordnung fur meins g[nädig]en heren, herrn hertzogen Otthainrichs[4] etc., furstenthum[5] gezogen und zusamengeschriben werden mög.

Sovil die kirchenordnung betrifft, haben wir die branndennburgische und nurmbergische gegeneinander gehalten, und dieweil die brandennburgisch mit der nurnbergischen von wort zu wort uberainstymmet vom anfang des titels[6] ›Von der lehre‹ biß zu ende desselben in der nurmbergischen ordnung[7], lassen wir uns gefallen, das derselbig titel also durch aus und aus[8] beleybe.

Dieweil wir aber befinden, das die branndenburgisch ordnung an etlichen orten der nurmbergischen allerlay zugesetzt und eingemischt hat, welchs zuzeiten[9] unnottig, zuzeiten weitleufftig, zuzeiten dermassen ubersehen[10], das es nicht allain der

a) danach gestr.: man(?).

1. Aufzeichnung.

2. Zur Kirchenordnung Joachims II. für die Mark Brandenburg von 1540 (im folgenden = MB), die hier gemeint ist, vgl. *Sehling*, Kirchenordnungen 3, S. 6-8, sowie den teilweisen (nämlich der von der Brandenburg-Nürnbergischen Kirchenordnung abweichenden Teile) Druck a.a.O., S. 39-90. Im folgenden wird, wo es möglich ist, auf diesen Abdruck verwiesen. Wo es nicht möglich ist, verweisen wir auf die Erstausgabe der Kirchenordnung von 1540. Zu deren genauem Titel vgl. *Seebaß*, Bibliographie, S. 76f, bei Nr. 21. 12. Das von uns benutzte Exemplar in UB Erlangen hat die Signatur 4° Thl. XVIII 83.

3. Zur Brandenburg-Nürnbergischen Kirchenordnung des Jahres 1533 (im folgenden = BN), die hier gemeint ist, vgl. u. A. Bd. 5, S. 37-181, Nr. 176.

4. Ottheinrich von der Pfalz (1502-1559), vgl. über ihn *Kurze*, Ott Heinrich, sowie die bei *Spindler*, Handbuch 3,2, S. 1304f und 1335-1337 (mit der S. 1304f, Anm. 4, und S. 1336, Anm. 3) angegebene Literatur.

5. Das Fürstentum Pfalz-Neuburg, die sogenannte Junge Pfalz, das 1505 für die Brüder Ottheinrich und Philipp von Kaiser Maximilian geschaffen wurde; unter Vormundschaft standen die Brüder bis 1522, danach regierten sie das Fürstentum zunächst gemeinsam, teilten aber 1535 die Herrschaft, wobei Philipp seinen Teil 1541 an Ottheinrich abtrat, vgl. *Kurze*, Ott Heinrich, S. 9-18.

6. Abschnitts.

7. Vgl. u. A. Bd. 5, S. 65,18-71,4, Nr. 176.

8. vollständig.

9. hier: an manchen Stellen.

10. schlecht gemacht.

nurmbergischen ordnung – in der branndennburgischen eingeleybt[11] –, sonder auch im selbs widerwertig[12] erscheinet und mit vilen worten die haubtpunct nur verdunckelt[13], und aber die nurmbergische ordnung, sovil die lehre betrifft, mit hochstem vleys erwegen[14] und kurtz also ineinander geschlossen[15] ist, das ein yeder gelerter obgemelte zusetz leichtlich wirt kennen, so mocht pesser sein, das man[b] die nurmbergischen ordnung[c], sovil die lehre betrifft, unverrückt[16] ließ bleyben[17]; dann solten die widerwertigen[18], die ordnung zu tadeln, unterstehn[19], wurden sie warlich durch solche zusetze, solchs uberflussiger[20] zu thun, nicht wenig scheins[21] haben. [5v:]

Im fall aber, das man solche branndennburgische zusetze ye[22] erhalten und mit einlauffen wolt lassen, welchs doch warlich mer nachtails dann frucht pringen mag, so werden sie[d] doch hin und wider[23] pesserung bedorfen. Wie aber dieselbig mocht geschehen, wollen wir yedes orts in sonderhait[24] anzaigen, doch unverpflichtet, sie aller ding[25] untadenlich zu machen.

Und zum ersten hat die brandenburgisch ordnung ein langen zusatz im titel ›Von der lehre‹ zu ende angehenckt, der also anfahet: »Wiewol es der bischoff ambt ist« etc.[26], in welchem anfencklich auff die fursten ingemain und sonderlich auff den alten curfursten zu Brandennburg gestochen[27] wirt, auch vil von der fursten gewalt

b) danach gestr.: so vil.
c) danach gestr.: »bet-«.
d) vor dem Wort ein »d-«, das gestrichen werden sollte.

11. enthalten.
12. sich selbst widersprechend.
13. Zusätze zu BN finden sich in MB hauptsächlich in dem Artikel ›Von der Lehre‹ und ›Von christlicher Freiheit‹, vgl. *Sehling*, Kirchenordnungen 3, S. 42-47 und S. 50.
14. erwogen. Der Lehrteil von BN geht im wesentlichen auf die Arbeit Osianders zurück, vgl. dazu u. A. Bd. 5, S. 41-46, Nr. 176.
15. in sich zusammenhängend. Tatsächlich beginnen die einzelnen Artikel des Lehrteils von BN stets mit einer klaren Rückbindung an den vorhergehenden Artikel, vgl. etwa u. A. Bd. 5, S. 70,29-71,9 und 75,9-21, Nr. 176.
16. unverändert.
17. Mit diesem Vorschlag setzte sich Osiander durch, vgl. die Pfalz-Neuburger Kirchenordnung (im folgenden = PfN) u. A. Bd. 7, 581,2-586,12, Nr. 293, wobei Osiander allerdings geringfügige Änderungen gegenüber BN gleichwohl vornahm, die a. a. O. im textkritischen Apparat nachgewiesen sind.
18. Gegner.
19. sich daran machen.
20. im Übermaß.
21. Vorwand.
22. doch.
23. an manchen Stellen.
24. an jeder Stelle gesondert.
25. vollständig, durchgehend.
26. Vgl. MB in *Sehling*, Kirchenordnungen 3, S. 42-47.
27. abgezielt, im Sinn von ›gestichelt‹.

und befelh disputirt[28], welchs bei den gaistlichen uber die massen hessig[29] ist; darumb soll derselbig artickel oder paragraphus gantz ausgelassen werden biß an die letsten wort: Es »steht aber die summa der christlichen lehre kurtzlich hierinne verfast, das gepredigt werd busß und vergebung der sunde«[30] etc., und also furo, was volget.

Wiewoll das ubrig[31] fast allain dahin gerichtet ist, das man beweyse, die buß schließ in sich den glauben[32], und man muß die exclusivam ›allain der glaub macht gerecht‹ etc., offenlich und austrucklich lehren[33], dieweil aber das erst mit heiliger schrifft mog angefochten werden, die da spricht: »Thut puß und glaubt dem evangelio«[34], als seien es zway unterschiedliche stuck – und »Judas penitentia ductus«[35] etc. hat ja nicht geglaubt etc. –, das ander aber, die exclusivam belangend[36], in der nurmbergischen ordnung vil kurtzer und gewaltiger[37] hernach gehandelt ist[38], mocht[39] man solchen [6r:] zusatz wol gar[40] außlassen biß auff den titel ›Vom alten und neuen testament‹.

Volget der titel: »Vom alten und neuen testament«.

Dieweil er in baiden[41] ainhellig, mag man in also pleiben lassen[42].

Volget der titel: Von der buß[43].

In disem titel hat die branndenburgisch aber[44] ein langen zusatz, darin sie auß puß und glauben ain ding wil machen[45], und setzt die peicht on genugsame erklerung nö-

28. Vgl. MB in *Sehling*, Kirchenordnungen 3, S. 42 (»Von der Lehre«, erster Absatz).

29. verhaßt.

30. Osiander zitiert nicht ganz genau, vgl. MB in *Sehling*, Kirchenordnungen 3, S. 41.

31. der restliche, 21 Absätze umfassende Zusatz von MB zu BN, vgl. *Sehling*, Kirchenordnungen 3, S. 42-47.

32. Vgl. MB in *Sehling*, Kirchenordnungen 3, S. 42f (die Absätze »Von verkündigung der buss« bis zum Ende des Absatzes »Die aber nu dermassen«).

33. Vgl. MB in *Sehling*, Kirchenordnungen 3, S. 43-47 (vom Absatz »Nu ist alhie das hauptstück« bis zum Ende des Abschnitts).

34. Mk 1,15.

35. Mt 27,3(Vg.).

36. Vgl. Anm. 33.

37. zwingender.

38. nämlich im Abschnitt »Vom evangelio«, vgl. u. A. Bd. 5, S. 86,28-97,17, Nr. 176.

39. könnte.

40. gut ganz.

41. sc. BN und MB, vgl. u. A. Bd. 5, S. 71,5-72,14, Nr. 176, mit *Sehling*, Kirchenordnungen 3, S. 47.

42. Mit diesem Vorschlag setzte sich Osiander durch, vgl. PfN in u. A. Bd. 7, S. 586,13-587,27, Nr. 293 wobei er den Text, wie im textkritischen Apparat nachgewiesen, geringfügig veränderte.

43. Im Original lautet der Titel des Abschnitts »Von der rechten christlichen buss«, vgl. MB in *Sehling*, Kirchenordnungen 3, S. 47.

44. wiederum.

45. Vgl. MB in *Sehling*, Kirchenordnungen 3, S. 47f (vom Beginn des Abschnitts bis zum Ende des Absatzes »Darumb sol die busspredigt«).

tig und schier ubernötig[46], darvon doch die nurmbergisch, deren wort sie behalten, hernach anderst redet[47], und geben also stattlich[48] zu vermuten, das sie die nurmbergischen ordnung vor irer flickerey[49] nie gantz durchlesen, geschwigen offt durchlesen und bewegen[50] haben, wie pillich[51] gewest. Will man nun denselben zusatz behalten, so muß der erst tail[52] sein ebenteur bestehn[53]. »Judas penitentia ductus«[54] etc. und »paenitet me fecisse hominem«[55] und lex ministerium mortis[56] werdens nicht gern gedulden. Im andern tail[57] mocht man die beicht nennen ›nützlich‹ und nicht ›nötig‹ und also dasselbig wortlein durch aus verwechseln[58].

Desgleichen hat sie am end aber[59] ein zusatz, also anfahend: »Darumb ist diser artickel« etc.[e] biß zu ende[60], welchs eitel überflussige wort sein, zum tail in selbs widerwertig, als im paragrapho: »Und solche rechte reu«[61] etc., sagen sie, Got wurcks allain und doch offtmals durch sein wort, als geschehe es zuzeiten [f]on sein wort und zuzeiten[f] nicht on sein wort, beweysen zuletst durch Esaiam[62], das es alles durchs wort geschehe – welchs unbedechtige, sichere leut anzaigt. Darumb soll man disen

e) danach gestr.: »z-«.
f-f) vor den linken Rand geschrieben und eingewiesen.

46. Vgl. MB in *Sehling*, Kirchenordnungen 3, S. 47f (vom Absatz »Und dieweil nu unser mitler« bis zum Ende des Absatzes »Auf das aber auch ein jeder«).
47. Osiander denkt hier nicht an die in MB beibehaltenen Ausführungen von BN über die Buße (vgl. BN in u. A. Bd. 5, S. 72,15-75,13, Nr. 176, mit MB in *Sehling*, Kirchenordnungen 3, S. 48f, vom Absatz »Wenn ein prediger« bis zum Ende des Absatzes »Also sol man auch«, sondern an die von BN über die Beichte (vgl. u. A. Bd. 5, S. 141,6-146,14, Nr. 176), die in MB in einem eigenen und stark erweiterten Abschnitt »Von der beicht und absolution« übernommen wurden, vgl. *Sehling*, Kirchenordnungen 3, S. 50-63.
48. guten Grund.
49. nämlich der Einfügung der Ausführungen über die Beichte in den Artikel ›Von der Buße‹.
50. erwogen.
51. angemessen.
52. nämlich des Abschnitts ›Von der rechten christlichen Buße‹, vgl. o. Anm. 45.
53. sein Abenteuer bestehen = sein gefahrbringendes Unternehmen wagen, vgl. *Grimm*, Wörterbuch 1, Sp. 28.
54. Mt 27,3(Vg.).
55. Gen 6,7(Vg.).
56. Es handelt sich um kein wörtliches Zitat. Osiander denkt an den Zusammenhang von II Kor 3,6f.
57. nämlich des Zusatzes zu dem Artikel ›Von der rechten christlichen Buße‹, vgl. o. Anm. 46.
58. Tatsächlich spricht MB in dem von Osiander angesprochenen Abschnitt (vgl. Anm. 46) an keiner Stelle von ›nötig‹ oder notwendig, selbst wenn der Duktus der Ausführungen dies nahelegt.
59. noch einmal.
60. Vgl. MB in *Sehling*, Kirchenordnungen 3, S. 49f.
61. Vgl. MB in *Sehling*, Kirchenordnungen 3, S. 49f.
62. Vgl. Jes 55,11.

zusatz auslassen[63]. [6v:] Will man in aber behalten, so mag man in[64] also flicken: ›Und solche reu und schrecken uber die sünde[g] wurcket Got der herr allain, und kann der mensch auß aignen krefften nicht darzukommen. Er will aber dannoch das predigambt als ein ordenlichen [!] werckzeug darzu geprauchen. Darumb sollen die prediger[h] die grobhait der sunden[i] sambt der straff und dem zorn Gottis und widerumb sein geneigten willn, die sunde den busfertigen zu vergeben, auffs allervleyssigst[65] anzaigen. Denn wie man‹ etc.

Volget der titel im brandenburgischen: »Von der christlichen beicht«[66].

Disen titel hat die nurmbergisch ordnung gar nicht. Dieweil aber der Catechismus in baiden ordnungen zugleich angenomen, wie wir alhie[67] auch zu thun treulich rhaten, und im selben in der predig ›Von schlusseln‹ klar genug gelert ist[68], mag[69] man disen titell alhie[70] woll auslassen. Will man aber maß[71] geben, wie sich der beichtvatter und die beichtkinder sollen halten, wie dann geschehen soll, so gehort es doch unter die ceremonien[72] und nicht hieher; daselbst soll darvon meldung geschehen, und diser titel gantz eingeleybt werden[73]. Wil man in aber [k]an disem ort[k] behalten, so bleyb er, wie er ist[l].

g) danach gestr.: »wiewol sie Got d-«. – h) danach gestr.: mit vleyß.
i) danach gestr.: anzaigen. – k-k) übergeschr. und eingewiesen.
l) vor den vorausgehenden Absatz auf den linken Rand geschrieben: Diser titell soll hie ausgelassen werden. Dann im letsten tail der ordnung wirt er fuglicher gesetzt, wie er dan daselbst verzaichent ist. Vgl. u. S. 961,7-962,8.

63. Mit diesem Vorschlag hat sich Osiander durchgesetzt, vgl. PfN in u. A. Bd. 7, S. 587,28-590,25, Nr. 293, mit MB in *Sehling*, Kirchenordnungen 3, S. 47-50.
64. ihn. Osiander meint nicht den ganzen Zusatz, sondern lediglich den gerade erwähnten Absatz »Und solche rechte reu« (vgl. MB in *Sehling*, Kirchenordnungen 3, S. 49f), für dessen ersten Satz er im folgenden einen Verbesserungsvorschlag macht.
65. sehr nachdrücklich.
66. Vgl. MB in *Sehling*, Kirchenordnungen 3, S. 50.
67. hier, nämlich im Fürstentum Pfalz-Neuburg.
68. Vgl. die von Osiander verfaßten Nürnberger Katechismuspredigten »Vom ampt der schlüssel«, u. A. Bd. 5, S. 319,7-326,36, Nr. 177.
69. kann.
70. an dieser Stelle.
71. Anweisung.
72. d.h. also in den zweiten Teil der Kirchenordnung, da Osiander offenbar die gleiche Zweiteilung in Lehre und Zeremonien vorschwebt, wie er sie in BN verwirklicht hatte, vgl. u. A. Bd. 5, S. 41 mit Anm. 38, Nr. 176.
73. So ist es dann auch geschehen, vgl. MB in *Sehling*, Kirchenordnungen 3, S. 50, mit u. A. Bd. 7, S. 660,8-661,22. Die auf S. 660 aufgeführte textkritische Anmerkung n-n muß allerdings berichtigt werden, da dieser Abschnitt eben nicht, wie dort behauptet, von Osiander neu formuliert, sondern aus dem Lehrteil von MB übernommen wurde. Osiander hat allerdings auch dabei eine Bearbeitung vorgenommen. Wir bringen daher an dieser Stelle nachträglich den textkritischen Vergleich zu MB für diesen Abschnitt:
»Von der [a]beicht und absolution[a].
Wo das volck in der lehr von der bůß recht ist unterricht und nun in gottisforcht und schrecken ire sünd erkennen, da[b] wirdt es leichtlich bewegt zur beicht, die[c] anfengklich in der kirchen ge-

Darnach volgen die titel: »Vom gesetze«, »Vom evangelio«, »Vom creutz und leiden«, »Vom christlichen gepet«, »Vom freien willen«, »Von christlicher freihait«. [7r:]

weßt ist[d], darin man auch[e] hilf, rath und trost wider solche[f] schrecken [g]kan uberkommen[g], dann ein yedlicher sucht in der not gern hilf, da [h]sie zu finden ist[h]. Darumb[i] wirdt ein yeder[k] Christ, der[l] [m]beschwerde in seinem gewissen empfindet[m], der beicht begern und nicht alleyn Got mit weynenden augen beichten, das[n] er seine gebot nicht [o]gehalten hab[o], sonder wirt auch[p] rath, hilf und absolution bey seinem seelsorger suchen und sonderlich, wann er zum heyligen[q] sacrament wil gehen, damit[r] ers nicht unwirdig neme, [s] und es ihm zum gericht gedeyhe[s]. [t]Dann es ist nicht alleyn einem yeden christenmenschen in sonderheyt, sonder[t] auch der gantzen gemeyn seer[u] vil daran gelegen, das man das [v]heylig, hochwirdig[v] sacrament mit rechtem, waren glauben und zuversicht empfahe. Dann wie Paulus sagt, so strafft Got nicht alleyn den sünder, der[w] es unwirdig empfahet, sonder schickt auch vil kranckheyt und den sterben[x] unter das volck, [y]bey dem das heylig sacrament unwirdigklich gehandelt und von den unwirdigen empfangen wirt[y]. Derhalben sollen die pfarrherrn niemand, zum heyligen sacrament [z]zu gehn[z], gestatten, [a]er habe[a] sich dann zuvor angezeygt[b] und unterricht[c] und absolution gebetten [d]und empfangen[d]. Es sollen in auch die pfarrherren zu[e]solcher verhoͤr[e] weil genug nemen, und[f] nicht gestatten[g], das ir vil miteinander[h] ein gemeyne beicht thuͤen[i], sonder[k] eyn yeder [l]sol für sich selbst[l] sein beicht thun und absolution begern[m].

Man sol auch das volck unterweisen[n], das sie glauben[o] und gar nicht zweifeln, dieweil der priester da sitzt nicht an eines schlechten[p] menschen statt, sonder an der statt Christi, fuͤrt und braucht auch[q] nach dem befelch Christi sein goͤtliche wort zu der entbindung oder behaltung der sünden, das Christus selbs das beichtkind durch den mund des priesters, der [r]in disem werck[r] ein diener Christi ist, absolvir[s] [t]und ledig sprech[t] von suͤnden. Dann wir sind doch des gewiß [u]durch das heylig euangelion[u], das Christus die schlüssel des himels den dienern [v]des worts und[v] der kirchen, welche Paulus außtheyler[w] der geheymnus Christi nennet, seiner heyligen[x] kirchen zugut aus sonderen gnaden hat befolhen und wil auch selbs uber solchem[y] seinem befelch halten[z], das alles, was sie vergeben werden[a], sol[b] vergeben sein und alles[c], was sie binden werden, das sol gebunden sein. Daraus dann gewißlich folget, das die, so nach der beicht, mit[d] rechter hertzlicher reu gethoͤn[e], durch den priester absolvirt werden, die sein für Gott absolvirt und die, so [f]ein getichte beycht on reu und guͤten fürsatz, ir leben[f] mit Gottis hilf[g] zu bessern, [h]zu eynem falschen schein thun und fürwenden, so sie[h] derhalben vom priester gebunden und nicht absolvirt werden, das sie vor Gott gewißlich unabsolvirt bleiben. Derhalben sollen wir nicht weniger[i] von der absolution des priesters halten, dann[k] wenn Christus leibhafftig bey uns were und uns durch seinen eygnen[l] mund absolviret, wie er die [m]sünderin, Luce am 7.[48], und[m] den gichtbrüchigen, [n]Marci 2[5][n], und [o]die ehebrecherin, Johannis 8[11][o], absolviret hat[p]«.

a) christlichen beicht. – b) so. – c) fehlt. – d) fehlt. – e) fehlt. – f) solche forcht und. g-g) uberkompt. – h-h) ers finden kan. – i) und. – k) fehlt. – l) gerne beichten, und so er. m-m) beschwernis seins gewissens wird fülen, wird er. – n) von wegen, das. – o-o) behalten hat. – p) fehlt. – q) heiligen, hochwirdigen. – r) das. – s-s) mit einem bösen vorsatz, sein leben nicht zu bessern, auf das er im das sacrament nicht zum gericht neme. – t-t) Und dieweil denn dem menschen, ja. – u) mechtig. – v-v) fehlt. – w) das er. – x) tod. – y-y) fehlt. – z-z) fehlt. a-a) sie haben. – b) angeben. – c) unterrichten lassen. – d-d) fehlt. – e-e) solchem examen. f) und derhalben. – g) zustatten. – h) mit einander komen und beichten miteinander. – i) wie sie gesundigt haben mit bösen gedanken, worten und werken etc. – k) sondern sollen alle in sonderheit. – l-l) fehlt. – m) bitten. – n) unterweisen, das niemands disputire, ob der priester könne die sunde vergeben, sondern man sol das volk unterweisen. – o) glauben wollen. p) fehlt. – q) fehlt. – r-r) fehlt. – s) MB: in diesem werck absolvir. – t-t) fehlt. – u-u) im

In disen sechs namhafftigen[74] titeln stymmen bayde ordnung von wort zu wort uberain[75]. Darumb mag man sie auch also annehmen und lassen beleyben[76].

Volget der titell: Von menschensatzungen[77].

Disen titel hat die branndenburgisch ordnung gar[78] außgelassen. Dieweil aber die art und natur dises handels[79] mit sich pringt, das man muß wissen, was menschensatzung seyen, das sie unnutz und schedlich seyen, das man sie zu meiden schuldig und[m] mit den widersachern darob disputirn muß, dieweil es wenig der ainfeltigen priester recht verstehn, achten wir disen titel sonders notig und nutzlich sein. Man mocht auch disen titel stercken und pessern im andern paragrapho, der anfahet: »Das menschenlehr vor Got vergeblich«[80] etc., und nach disen[n] worten[o] nahen [!] bey dem ende: »das man Gottis wort nicht allain nicht mer versteht, sonder auch als den hochsten irthumb und ketzerey vervolget, wie man diser zeit offenlich in der welt sihet und greifft«[81], disen neuen paragraphum hineinsetzen: ›Es ist auch kain wunder, dann wa menschenlehr, als wern sie zum rechten gottisdinst oder zur seelenseligkeit vonnöten, angenomen und die gewissen also darmit gefangen und verstrickt werden, da wirt Got anderst furgepildet[82], dann er ist, nemlich als wöll ers also haben und[p] laß ims gefalln[q], so ers doch nicht begert und nichts darnach fraget. Und was also diser mainung geschicht, [7v:] das geschicht nicht dem rechten, waren Got, sunder dem falschen pild, im hertzen gebildet, zu ehren und zu gefallen; das ist dann ein haimliche, subtile und greuliche abgotterey! Darumb auch Jeroboam, da er dem Got Israelis, der sie aus Egypten gefurt, neuen gottisdinst aus seinem aignen gutbeduncken anrichtet, 3. Regum 12 [I Reg 12,25-33], wirt er dannoch angezogen

m) danach gestr.: doch. – n) Schreibfehler: disem. – o) Schreibfehler: wortem.
p) vor den linken Rand geschrieben für gestr.: oder. – q) danach gestr.: wie.

evangelio. – v-v) fehlt. – w) MB (fälschlich und durch ein nachfolgend gesetztes Komma doppelt fehlerhaft): austeilet. – x) fehlt. – y) fehlt. – z) halten, also. – a) würden. – b) solt. c) fehlt. – d) so in. – e) geschicht. – f-f) falsch und ertticht beichten und haben kein reu, auch keinen vorsatz. – g) hülf sich. – h-h) und. – i) wenigers zweifeln und. – k) als. – l) fehlt. m-m) büsserin Magdalena. – n-n) fehlt. – o-o) das weiblein, so im ehebruch befunden war. p-p) fehlt.

74. genau benannten.

75. Das ist richtig. Osiander erwähnt allerdings nicht, daß der Abschnitt »Von christlicher freiheit« in MB in den letzten beiden Absätzen von BN leicht abweicht, da MB an dieser Stelle genau der Vorlage von BN, dem ›Unterricht der Visitatoren‹ Melanchthons vom Jahre 1528, folgt, vgl. die entsprechende Notiz bei *Sehling*, Kirchenordnungen 3, S. 50.

76. Osiander hat dann allerdings doch für PfN die Vorlage von BN leicht überarbeitet, wie aus den textkritischen Bemerkungen zu u. A. Bd. 7, S. 590,26-632,22, Nr. 293, zu entnehmen ist.

77. Osiander zitiert den Abschnitt nicht korrekt. Die Überschrift lautet »Von menschenleren«, vgl. u. A. Bd. 5, S. 116,7-122,2, Nr. 176.

78. ganz.

79. nämlich der Erlaß einer Kirchenordnung.

80. Vgl. u. A. Bd. 5, S. 116,22-117,10, Nr. 176.

81. Vgl. u. A. Bd. 5, S. 117,7-9, Nr. 176.

82. dargestellt.

und gescholten, das er solchen gottisdinst den feldteuffeln angericht und gelaistet hab, 2. Paralipomenon 11[14f]. Wa nun der teufel mit falscher lehr an Gottis stat gesetzt wirt, da wirt gemainklich Gott mit seinem wort, als were es irthumb, verworfen. Und das ist auch[r] die ursach, darumb der heilig apostel Paulus 2. Tim. 3[1-7] die menschenlehr, so speys und eh[83] verpeut, eitel teufelslehr nennet[84]. Dann etliche speys meiden und on eh bleyben, ist ja an im selbs kain teufflisch werck, sonder wann man Got den leuten also furbildet, als gefall im ungewise, paufellige[85] keuschait mer dann ein zuchtig ehlich leben und ain speyß gefall im paß[86] dann die ander, das ist des teufels lügen, damit er uns den warn Got aus dem hertzen ruckt und sich selbs an sein statt setzt und also greuliche und erschrockliche abgoterey subtiler- und verdeckterweys anrichtet.‹ Daran sol dan gehenckt werden, wie in der ordnung volget: »Darumb die christen menschenlehr nicht allain als ein vergeblich ding, sonder auch als ein schedlich, todlich gifft sollen meiden«[87], und so furtan. – Allain mocht man den letsten paragraphum dargegen auch woll auslassen, der also anfahet: »Und das kann man auch leichtlich mit der vernunft begreiffen« etc.[88]

So vil vom ersten tail, die lehr betreffend. [8r:]

Der ander[89] tail der ordnung soll sein der Catechismus[90], welcher in baiden nurmbergischen und brandenburgischen gleich gehalten wirt[91], derhalben wir, kain endrung darin zu thun, auff dismal rhaten[92].

r) übergeschr. und eingewiesen.

83. die Ehe.

84. Osiander bezieht sich inhaltlich nicht auf die angegebene Stelle, sondern auf I Tim 4,1-3. Allerdings wird auch in II Tim 3,1-7 vor den entsprechenden Verführern gewarnt.

85. wankende.

86. besser, mehr.

87. Vgl. u. A. Bd. 5, S. 117,9f, Nr. 176.

88. Vgl. u. A. Bd. 5, S. 121,12-122,2, Nr. 176.

89. zweite.

90. Der Vorschlag Osianders, die Katechismuspredigten als zweiten Teil der Kirchenordnung einzusetzen geht wohl zunächst darauf zurück, daß er sich auch in MB als zweiter Teil der Kirchenordnung findet, dem dann der Teil über die gottesdienstlichen Ordnungen folgt, vgl. *Sehling*, Kirchenordnungen 3, S. 50f.

Das war ja auch durchaus sinnvoll, da man den Katechismus als eine Zusammenfassung der Lehre für jedermann verstand, der dann eben unmittelbar nach dem Lehrteil der Kirchenordnung folgen konnte. Allerdings wurde dieser Vorschlag in der endgültigen Fassung von PfN nicht verwirklicht. Vielmehr folgen hier die Katechismuspredigten – ähnlich wie es in Nürnberg, wenn auch aus ganz anderen Gründen, gewesen war – als dritter Teil der Kirchenordnung, die als zweiten den Teil über die Zeremonien enthält, vgl. u. A. Bd. 7, S. 640,6f, und 747,7f, Nr. 293.

91. Osianders Behauptung ist prinzipiell richtig. Allerdings haben die mit MB erschienenen Katechismuspredigten (vgl. zum genauen Titel *Seebaß*, Bibliographie, S. 76-79, Nr. 21.12 und 21.14) neben kleineren, völlig unbedeutenden Veränderungen einen längeren Zusatz, vgl. u. A. Bd. 5, S. 217f, Anm. b, Nr. 177.

92. Tatsächlich hat Osiander dann den Zusatz der Katechismuspredigten für die Mark

Der dritte tail der ordnung: Von den sacramenten und iren ceremonien.

Dieweil die brandenburgisch ordnung der alten gewonhait und den schwachen[93] mer nachgibt dann die nurmbergisch, so wollen wir nun die brandenburgischenn fur uns nehmen und dieselbigen, wo es vonnoten oder gelegen sein will, nach gelegenhait dises furstenthumbs messigen[94] und richten.

Und lassen die vorrhede[95] farn, an dero stat man ein andre machen oder aber alle drey stuck der ordnung unter einer vorrede mag ausgehn lassen[96].

Und nehmen fur uns die tauff: Von der tauff.

Erstlich lassen wir uns die vorred von der tauff durchauß gefalln, die also anfahet: »Dieweil einem yeden christen hoch und vil an der tauff gelegen«[97] etc.

Nach derselben mocht man auß der nurmbergischen ordnung unter dem titel ›Von der tauff‹ den funften artickel ader [!] paragraphum mit den nachvolgenden setzen also: »Und sinteinmal die tauff«[98] etc., »Die pfarhern und kirchendiener aber«[99], »Und solche zucht«[100], [8v:] »Auff das wir aber«[101] etc., »Auffs erste solln wir«[102] etc., »Auffs ander«[103] etc., »Auffs dritte«[104] etc., »Es sollen auch die pfarherrn«[105] etc.

Nach disen artickel aus der nurmbergischen soll dann volgen der titel der brandennburgischen: »Von der nottauff«[106] oder jachtauff.

Diser titell soll also angefangen werden: ›Und dieweil bißher in der christlichen gemain ein nutzliche, nöttige und wol gegrundte gewonhait gehalten ist, das alle christenliche personen in zeit der not die kindlein mit gemainem[107] wasser haben

Brandenburg (vgl. vorige Anm.) in der endgültigen Fassung der Katechismuspredigten für Pfalz-Neuburg ausgelassen, (vgl. u. A. Bd. 7, S. 765,5-12, Nr. 293, mit u. A. Bd. 5, S. 217,14-18 mit Anm. b, Nr. 177) und sie, wenn auch nicht die Nürnberger Fassung, damit verändert.

93. Vgl. Röm 14,1-6.

94. an den Erfordernissen dieses Fürstentums ausrichten.

95. Vgl. die Vorrede zum zweiten Teil von MB »Vorrede von den sacramenten und ceremonien« bei *Sehling*, Kirchenordnungen 3, S. 51-53.

96. So geschah es dann tatsächlich in PfN, vgl. die Vorrede u. A. Bd. 7, S. 576,1-580,31 mit S. 640 und 747, Nr. 293.

97. Vgl. die »Vorrede der taufe« in MB bei *Sehling*, Kirchenordnungen 3, S. 54. Sie wurde dann auch mit unbedeutenden Änderungen und kleineren Zusätzen in PfN übernommen, vgl. u. A. Bd. 7, S. 640,9-642,2, Nr. 293.

98. Vgl. den Absatz von BN in u. A. Bd. 5, S. 123,17-124,3, Nr. 176.

99. Vgl. den entsprechenden Absatz von BN in u. A. Bd. 5, S. 124,3-16, Nr. 176.

100. Vgl. den entsprechenden Absatz von BN in u. A. Bd. 5, S. 124,17-27, Nr. 176.

101. Vgl. den Absatz von BN in u. A. Bd. 5, S. 124,28-125,6, Nr. 176.

102. Vgl. den Absatz von BN in u. A. Bd. 5, S. 125,7-28, Nr. 176.

103. Vgl. den entsprechenden Absatz von BN in u. A. Bd. 5, S. 126,1-127,10, Nr. 176.

104. Vgl. den entsprechenden Absatz von BN in u. A. Bd. 5, S. 127,11-24, Nr. 176.

105. Vgl. den entsprechenden Absatz von BN in u. A. Bd. 5, S. 127,25-27, Nr. 176. Die in Anm. 98-104 genannten Absätze wurden dann in PfN mit unbedeutenderen Änderungen und kleineren Zusätzen übernommen, vgl. u. A. Bd. 7, S. 642,3-646,16, Nr. 293.

106. Vgl. den genannten Abschnitt von MB bei *Sehling*, Kirchenordnungen 3, S. 54f.

107. normalem, d. h. nicht geweihtem.

tauffen mogen[108], wollen wir dieselbigen[109] auch nicht auffheben, sonder in irer crafft bleyben lassen[110]. Es sollen aber doch die pfarhern das volck in den predigen unterrichten[111] etc., [s]und also furtan[s], wie es in brandenburgischer ordnung volget. Und soll also die gantz brandenburgisch ordnung von der nottauff und von gemainer[112] tauff ordnung von wort zu wort unverrückt[113] bleyben[114], on[115] das das gepet, das da anfahet: »Got, du unsterbliche zuflucht«[116], soll baß hinhinter, nemlich zunechst vor dem exorcismo: »Ich beschwere dich«[117] etc., gesetzt und darnach die clausel: »Darumb, du vermaledeiter«[118] etc., abermals darauff repetirt werden. Dann also ist die ordnung im Latein im augspurger bistumb[119]; der haben wir hie wollen nachvolgen[120]. Auch soll am ende der paragraphus: »Nym hin die prinnend fackel«[121], mit seiner vorgehenden rubrica gar ausgelassen wer-

s-s) vor den linken Rand geschrieben und eingewiesen.

108. dürfen.
109. sc. die Nottaufe.
110. Bis hierhin folgt Osianders Vorschlag für eine neue Einleitung des Artikels über die Nottaufe leicht verändernd BN, vgl. u. A. Bd. 5, S. 127,28-31, Nr. 176. Er wurde dann auch in PfN übernommen, vgl. u. A. Bd. 7, S. 646,18-21, Nr. 293.
111. Mit diesem Satz greift Osiander leicht geändert den Einleitungssatz des Artikels über die Nottaufe von MB auf, vgl. *Sehling*, Kirchenordnungen 3, S. 54. Dieser Vorschlag einer neuen Einleitung in den Artikel über die Nottaufe wurde in die endgültige Ordnung, minimal verändert, übernommen, vgl. PfN in u. A. Bd. 7, S. 646,21f, Nr. 293.
112. der üblichen, gewöhnlichen.
113. unverändert.
114. Vgl. den entsprechenden Text von MB bei *Sehling*, Kirchenordnungen 3, S. 54-59. Tatsächlich folgte die endgültige Fassung der Kirchenordnung bis auf die im folgenden von Osiander vorgeschlagenen Änderungen dann dem Text von MB, den Osiander aber doch an vielen Stellen, wenn auch nur leicht, veränderte, vgl. den Wortlaut von PfN mit dem textkritischen Apparat in u. A. Bd. 7, S. 646,17-660,7, Nr. 293. Allerdings erschien dann noch 1543 eine gegenüber der Kirchenordnung in Richtung von BN veränderte Taufordnung. Deren Anlaß war in erster Linie, daß man nach dem Verbot sämtlicher Weihehandlungen die Verwendung von Öl und Chrisam bei der Taufe (vgl. PfN in u. A. Bd. 7, S. 658,6f und 658,19-659,2, Nr. 293) nicht mehr dulden konnte. Deswegen wurde zunächst ein wohl gedruckter Zettel in die Kirchenordnungen eingefügt, der die Salbungen untersagte (vgl. die entsprechenden Mitteilungen u. A. Bd. 7, S. 650f, Anm. q-q, Nr. 293, die Überlieferung von TF), dann aber entschloß man sich doch zur Herausgabe einer neuen und veränderten Taufordnung, vgl. dazu *Sehling*, Kirchenordnungen 13, S. 22 und 100-102.
115. abgesehen davon.
116. Vgl. das Gebet in MB bei *Sehling*, Kirchenordnungen 3, S. 56.
117. Vgl. die entsprechende Textstelle in MB bei *Sehling*, Kirchenordnungen 3, S. 57.
118. Vgl. die entsprechende Anrede an den Teufel im vollständigen Wortlaut nach MB in *Sehling*, Kirchenordnungen 3, S. 57.
119. Zu den Exorcismusgebeten vgl. im Archiv des Bistums Augsburg das »Obsequiale Augustense«, gedr. bei Erhard Ratdolt in Augsburg 1487, fol. 29v-32r. Für diese Auskunft danken wir dem Archivleiter, Herrn Dr. *Stefan Miedaner*.
120. So geschah es dann auch in PfN, vgl. u. A. Bd. 7, S. 653,20-654,4, Nr. 293.
121. Vgl. den entsprechenden Text von MB bei *Sehling, Kirchenordnungen 3, S. 59.*

den[122]. – [9r:] Man mochte auch, vil abeglaubens und unrhats zu furhuten, den letsten paragraphum on ain[123], in der nurmbergischen ordnung eingeleybt[124], der also anfahet: »Es sollen auch die pfarhern und prediger die kindtpeterin[125] unterrichten«[126] etc., zu ende[t] nach der tauffordnung hinzusetzen[127]; desgleichen auch den letsten[128], ob[129] man will, dann es wirt doch das aussegnen der kindpetterin[130] als ein ungegrund ding zuletst mussen gar fallen, wie es schon ein guten tail gefallen ist[u].

Volget der titel in der brandenburgischen: »Von der beicht und absolution«[131].

Wir haben droben im ersten tail von der lehre, bei dem titel ›Von der christlichen beicht‹ gerhaten, man soll denselben titell daselbst auslassen und inen hieher ziehen[132], dann er mer ordnung gibt, dan[133] lehret. Darumb rhatten wir nochmals wie vor, das er hieher gesetzt [v]und auß baiden ain titel[vw] werd, wie folget:

›Von der beicht und absolution.

»Wo das volck in der lehre von der buß recht ist[x] unterricht« etc., und also den gantzen titel durch aus[134], on das im dritten paragrapho: »Man soll auch«[135] etc., etliche wort ausgelassen und derselb also gesetzt werd: ›Man soll auch das volck unterweysen[136], das sie glauben und gar nicht zweyfeln, dieweil der priester‹ etc., und also

t) danach gestr.: »des titels v-«.

u) danach vom linken Rand auf freien Raum nach den vorausgehenden Worten eingewiesen: Hie soll meldung von der confirmation geschehen. (Vgl. dazu u. S. 963,16-964,8 bzw. bis 965,16.)

v-v) vom linken Rand eingewiesen.

w) danach gestr. Ditt.: werd.

x) übergeschr.

122. Das geschah dann auch in der endgültigen Ordnung, vgl. PfN in u. A. Bd. 7, S. 659,3-8, Nr. 293.

123. weniger einen, d.h. den vorletzten Paragraphen.

124. enthalten.

125. die im Kindbett liegenden.

126. Vgl. den entsprechenden Absatz von BN in u. A. Bd. 5, S. 128,9-20, Nr. 176.

127. Das geschah dann auch in der endgültigen Fassung, vgl. PfN in u. A. Bd. 7, S. 659,9-660,2, Nr. 293.

128. Vgl. den entsprechenden Absatz in BN nach u. A. Bd. 5, S. 128,20-25, Nr. 176. Auch dieser Absatz wurde mit unwesentlichen kleinen Änderungen in die endgültige Ordnung übernommen, vgl. PfN in u. A. Bd. 7, S. 660,2-7, Nr. 293.

129. wenn.

130. Zur Segenshandlung an den Müttern vgl. u. A. Bd. 3, S. 216, Anm. 21, Nr. 98.

131. Vgl. den Wortlaut des Abschnitts über Beichte und Absolution in MB bei *Sehling*, Kirchenordnungen 3, S. 59-63.

132. Vgl. o. S. 955,8-16.

133. als.

134. vollständig. – Vgl. den entsprechenden Abschnitt von MB bei *Sehling*, Kirchenordnungen 3, S. 50.

135. Vgl. *Sehling*, Kirchenordnungen 3, S. 50.

136. Danach läßt Osiander die Worte aus: »das niemands disputire, ob der priester könne die sunde vergeben, sonder man sol das volk unterweisen«, vgl. *Sehling*, a. a. O.

biß zu ende[137]. Darnach soll folgen, was unter dem titel »Von der beicht und absolution« im dritten tail der brandenburgischen ordnung steht[138], doch [9v:] das der erst paragraphus: »Wie zuvor im Catechismo«[139] etc., gar ausgelassen[140] und der ander nachvolgend also gestelt werd: ›Dieweil dann nun die beicht und privata absolutio zu guter unterweysung und krefftigern trost der gewissen dienet, sinteinmal sie auff ein yede person in sonderhait gerichtet ist, wie dann der herr Christus zur sunderin sprach: Dir werden deine sund vergeben[141], etc., so soll sie mit allem vleyß gefurdert und erhalten werden‹[142] etc., und also durch aus biß zur »Form der absolution«[143].

Die form der absolution ist im brandenburgischen nicht auffs artlichst[144] gestellt, dann sie helt in sich die absolution und ein vermanung, derselben zu glauben[145]. Dise zway stuck sollen nicht untereinander gemengt, sonder unterschieden sein. Darumb sol man die form der absolution also stelln:

›Form der absolution.

Der almechtig Got und vater unsers herrn Jesu Christi wil dir gnedig und barmhertzig sein und dir all deine sund[y] vergeben umb des willen, das sein lieber son Jesus Christus, unser herr, darfur geliten hat und gestorben ist. Und im namen desselbigen unsers herrn Jesu Christi, auff seinen befelh und in crafft der wort, da er sagt: »Welchen ir die sund erlasst, den sein sie erlassen«[146], sprich ich dich aller deiner sund frey, ledig und loß, das sie dir alzumal sollen vergeben sein so reichlich und volkommen, als Jesus Christus dasselbig durch sein leiden und sterben verdienet und durchs euangelion, in alle welt zu predigen befolhen hat: Im namen des Vaters und des Sons und des heiligen Gaists, amen.‹[147] [10r:]

[z]Wir sehen auch fur gut an, das mer dan ain form der absolution gesetzt werd wie

y) danach gestr.: »verzeih-«.

z-z) offenbar später zugeschrieben, da die letzte Silbe des Satzes wegen Platzmangels unter die Zeile gesetzt und eingewiesen wurde.

137. So geschah es dann auch in der endgültigen Ordnung, wobei allerdings Osiander den Wortlaut von MB an vielen Stellen leicht veränderte, vgl. PfN in u. A. Bd. 7, S. 660,8-661,22, Nr. 293, mit dem dazugehörenden textkritischen Apparat.

138. Vgl. den Nachweis in Anm. 134.

139. Vgl. den Wortlaut in MB bei *Sehling*, Kirchenordnungen 3, S. 59.

140. So geschah es in der endgültigen Ordnung, vgl. PfN in u. A. Bd. 7, S. 661,22f, Nr. 293.

141. Lk 7,48.

142. Osiander hat den entsprechenden Wortlaut von MB nur leicht verändert, vgl. *Sehling*, Kirchenordnungen 3, S. 59f.

143. Vgl. den entsprechenden Text von MB bei *Sehling*, Kirchenordnungen 3, S. 60-62. Tatsächlich wurde dies dann auch in PfN so ausgeführt, wobei allerdings Osiander den Wortlaut von MB noch vielfältig, wenn auch unbedeutend änderte, vgl. u. A. Bd. 7, S. 661,23-669,26, Nr. 293, mit dem dazugehörigen textkritischen Apparat.

144. angemessenste, beste.

145. Vgl. den Wortlaut von MB bei *Sehling*, Kirchenordnungen 3, S. 62f.

146. Joh 20,23.

147. Wie vorgeschlagen, übernahm Osiander damit den ersten Teil der Absolutionsformel von MB, ließ aber die damit verbundene Mahnung weg, vgl. *Sehling*, Kirchenordnungen 3, S. 62f. PfN nahm dann diese Formel auf, vgl. u. A. Bd. 7, S. 669,27-670,8, Nr. 293.

auch in der nurmbergischen ordnung[148], die mogen bald nach der obgeschribnen gesetzt werden mit der uberschrifft[z]: ›Oder also:

Der almechtig Got hat sich dein erbarmet und durch verdienst des allerheiligsten leidens, sterbens und aufferstehens unsers herrn Jesu Christi, seines geliebten sons, vergibt er dir al dein sund, und ich, als ein beruffner diener der heiligen[a], christlichen kirchen, aus befelh[b] unsers herrn Jesu Christi, entpinde dich von allen deinen sunden: Im namen des Vaters und des[c] Sons und des heiligen Gaists, amen.‹[149]

Darnach sag er, wie im brandenb[urgisch]en volget: »Und diser trostlichen zusag, die ich dir ytz im namen und aus befelh unsers hern Jesu Christi gethon hab, der wollest dich trostlich und bestendigklich annehmen, dein gewissen darauff zufridenstellen und festigklich glauben, dein sünd sein dir gewißlich vergeben«[150]. Gehe hin im frid und sundige nicht mer, sonder pesser dich on unterlaß. Des hilf dir Got, amen[d151].

Volgt weiter im brandenburgischn: »Auch sollen sie achthaben« etc., biß zu ende des titels[152].

Von[e] der firmung.

Wir wolten nichts liebers, dann das die confirmatio oder firmung mochte wie in Brandenburg[153] und Hessen[154] widerumb[f] aufgericht werde[g]. Und soferne das moglich, so liessen wir uns gefallen, das man den titel der brandenburgischen ordnung

a) übergeschr. und eingewiesen.
b) danach gestr.: »C-(?) Christi«.
c) übergeschr.
d) danach vor den linken Rand geschrieben und eingewiesen: Hie mocht man den paragraphum ›Von der firmung‹ hinein-[gestr.: »-ge-«]setzen, soferne die gantz ordnung [sc. der Firmung] noch nicht stat wolt haben. (Vgl. dazu u. S. 963,16-964,8 bzw. bis 965,16.)
e) davor am linken Rand notiert: Das solt vor dem nechst obgehandelten titel gesetzt sein.
f) übergeschr. für gestr.: mochte.
g) in Hs. fälschlicherweise nicht korr.: werden.

148. Vgl. BN in u. A. Bd. 5, 145,10-21, Nr. 176.

149. Mit dieser Absolutionsformel griff Osiander auf seinen Kirchenordnungsentwurf von 1530 zurück (vgl. u. A. Bd. 3, S. 546,9-14, Nr. 126), setzte aber die dort verkündigte Form der Vergebung in die definitive Absolutionsformel um. Diese Formel wurde auch in PfN aufgenommen, vgl. u. A. Bd. 7, S. 670,9-14, Nr. 293.

150. Bis hierhin entspricht der Text dem zweiten Teil der Absolutionsformel von MB, vgl. *Sehling*, Kirchenordnungen 3, S. 62f.

151. Auch dieser Vorschlag wurde in PfN übernommen, vgl. u. A. Bd. 7, S. 670,15-19.

152. Vgl. den Text von MB in *Sehling*, Kirchenordnungen 3, S. 63. Tatsächlich wurde auch dieser Abschnitt in PfN aufgenommen, vgl. u. A. Bd. 7, S. 670,21-671,19. Zu dem danach von Osiander zugesetzten Text vgl. u. S. 964,16-965,12.

153. Vgl. den Artikel »Von der confirmation oder firmung« in MB bei *Sehling*, Kirchenordnungen 3, S. 59.

154. Vgl. die entsprechenden Bestimmungen der Ziegenhainer Zuchtordnung und der Kasseler Kirchenordnung von 1539 sowie das in der letzteren enthaltene Formular für die Konfirmation: *Sehling*, Kirchenordnungen 8,1, S. 104 und 124-126. Vgl. außerdem TRE 19, S. 437-441 und 444f (Lit.).

»Von der confirmatio oder firmung« gar setzet, wie er ist[155], on allain den letsten paragraphum, den must man außlassen, nemlich der[h] anfahet: »Weil aber, Got hab lob, des volcks«[156] etc. Darnach solte volgen die ordnung [10v:] der firmung, wie sie in der hessischen ordnung steht von wort zu wort, anzufahen am paragrapho: »Dise sol geschehen zu Weihnachten« etc., biß zu ende des gepets[157], dan des letsten paragraphi, an welchem ort der kirchen das geschehen soll, kan man woll gerhaten[158]. Und ob die fragstuck mit iren antworten den kindern wolten zu scharpf sein[159], mocht[i] mans bei den fragstucken, so im Catechismo[160], beleyben lassen[k].

Dieweil aber die Confirmatio ein bischofflicher actus und uns noch unbewust[161] ist, ob der bischof von Augspurg[162] darein bewilligen, darzu helfen oder ymand darzu schicken werde – im fall, wo das nicht, konnen wir noch nicht rhaten, das man die firmung diser zeit den gemainen dorfpfarherrn solt befelhen[163], sonder bedencken, das man anstat dises gantzen titels, den man mog auslassen[164], ain ainigen paragraphum mocht stellen und denselbigen zu ende des titels »Von der beicht und absolutio« hinzusetzen, wie volget:

›Es sollen auch alle pfarherrn und seelsorger ein besonder auffmercken haben auff die jungen leut, so das erst mal zum heiligen sacrament des leibs und bluts Christi gehn wollen, und dieselbigen nicht [11r:] eh darzulassen, sie haben sie dann vorhin[165] offenlich in der kirchen vor dem volck verhöret, das sie den text des gantzen Catechismi[166] können, und befunden, das sie desselben ein zimlichen

h) Schreibfehler (Tintenfleck?): dar.
i) Schreibfehler (?): mochts.
k) danach gestr.: Volget der titel im brandenburgischn: ›Vom abend-‹. Was unter disem titel gesetzt, soll alles also bleyben biß zu dem titulum ›Ordnung der meß‹.

155. Vgl. den Text von MB in *Sehling*, Kirchenordnungen 3, S. 59.
156. Vgl. den entsprechenden Passus bei *Sehling*, Kirchenordnungen 3, S. 59.
157. Vgl. den Wortlaut der hessischen Ordnung in *Sehling*, Kirchenordnungen 8,1, S. 124-126, Anm. 1.
158. entbehren. – Vgl. den Wortlaut bei *Sehling*, Kirchenordnungen 8,1, S. 126 (noch Anm. 1) von »Des platz halben« bis »und cappellan etc.«.
159. Die hessische Ordnung enthielt eine Reihe von Fragen, zu denen auch die Antworten vorgeschrieben waren, vgl. den Wortlaut bei *Sehling*, Kirchenordnungen 8,1, S. 124f, Anm. 1.
160. Gemeint ist von Osiander der von ihm zur Übernahme vorgeschlagene Katechismus von BN und MB, der am Ende jeder Predigt auf Frage und Antwort nach Luthers Kleinem Katechismus zulief, vgl. u. A. Bd. 5, S. 184, Nr. 177.
161. unbekannt.
162. Christoph von Stadion; zu ihm vgl. *Zapf*, Christoph von Stadion; weiter *Zoepfl*, Bistum Augsburg 2, S. 1-172, und *Schmauch*, Christoph von Stadion.
163. anvertrauen, überlassen.
164. So geschah es dann in PfN.
165. vorher.
166. Gemeint ist natürlich nicht der Text der Katechismuspredigten, sondern – wie aus dem folgenden hervorgeht – der Wortlaut der Katechismusstücke, also Zehn Gebote, Glaubensbekenntnis, Vaterunser sowie wohl die Einsetzungsworte der Sakramente. Diese Grundtexte

verstand[l][167], wie ongeverlich frag und antwort im Catechismo mit sich pringen[168], konnen anzaigen. Darumb sollen sie ongeverlich acht tag vor Ostern, Pfingsten und Weinachten verkundigen, das wer solche junge leut hab, die auffs kunfftig fest das erst mal zum heiligen sacrament gehn wollen, das man dieselbigen zuvor anzaige und, sobald man am feirabend[169] vesper leutet oder am morgen darnach, sobald man das erst zum tagambt leutet, in der kirchen darstelle. Daselbst sol man sie offenlich verhoren; und so sie genugsam bericht[170] sein, das volck, fur sie zu piten, vermanen, das sie in solchem glauben bestendig bleiben biß ans ende, und ein vaterunser uber sie lassen sprechen. Und dise ordnung soll also gehalten werden, bis der Almechtig durch sein gnad gibt, das die bischoff die firmung in ein christlichen, nutzlichen weg pessern und darin solche verhör selbs thun und mit aufflegung der hende bestettigen, oder aber biß wir selbs fernern befelh geben werden.‹

Soferne mocht man zusetzen[171]. – Wolt mans aber bei der gemainen unterricht, so in der beicht geschehen soll und kan, lassen pleyben, so mocht man disen paragraphum auch nachlassen und die firmung bis zur pessern zeit gar stillschweygend umbgehn. [11v:]

Volget im brandennburgischen der titel: Vom abendmal.

Diser titel[172] mag auch bleyben von wort zu wort biß an den titell ›Ordnung der messe‹[173]:

Von ordnung der messe.

Alhie ist erstlich zu bedencken: Dieweil die brandennburgisch und nurmbergisch ordnung einander gleich sein, ausgenommen die drey stuck, das die[m] brandenburgisch epistel und evangelia[174] lateinisch und darnach teutsch, die nurmbergisch aber

l) danach gestr.: »ong-«. – m) übergeschr.

hatte Osiander auch in seinen Kirchenordnungsentwurf aus dem Jahr 1530 aufgenommen, vgl. u. A. Bd. 3, S. 516,17-518,28, Nr. 126; vgl. außerdem die entsprechende Änderung des Wortlauts in PfN, u. A. Bd. 7, S. 671,23-25, Nr. 293.

167. angemessenes Verständnis.

168. Gemeint sind Fragen und Antworten aus Luthers Kleinem Katechismus, mit denen die Katechismuspredigten zusammengefaßt wurden, vgl. o. Anm. 160.

169. am Abend vor dem Festtag.

170. unterrichtet.

171. Tatsächlich wurde dieser Text, wenn auch noch einmal leicht, aber unwesentlich verändert an der von Osiander vorgeschlagenen Stelle in PfN eingefügt, vgl. u. A. Bd. 7, S. 671,20-672,12, Nr. 293.

172. Vgl. den Wortlaut von MB bei *Sehling*, Kirchenordnungen 3, S. 63-67.

173. Zwar wurde in PfN der Wortlaut von MB zugrundegelegt, aber doch von Osiander, vor allem gegen Ende noch einmal umgearbeitet, vgl. u. A. Bd. 7, S. 672,13-686,7, Nr. 293, mit dem entsprechenden textkritischen Apparat.

174. Osiander erwähnt hier die traditionelle zweifache Lesung von Epistel – einem Abschnitt aus den neutestamentlichen Briefen – und Evangelium – einem Abschnitt aus einem der vier Evangelien, macht aber nicht deutlich, daß man in Nürnberg die lectio continua eines neutestamentlichen Briefes oder eines Evangeliums hielt, während man in MB die überlieferten Perikopen beibehielt, die aus unterschiedlichen Büchern des Neuen Testaments genommen

allain teutsch lest lesen[175], darnach die brandenburgisch das offertorium[176] mit der praefatio[177] behelt, die nurmbergisch aber aussen lest und zum dritten die brandenburgisch das sanctus[178] vor den verbis consecrationis[179], die nurmbergisch aber erst darnach[180], und was dann die brandenburgisch mer hat dann die nurmbergisch, woll behalten kann werden, das es dannoch gar kain schein kainer ungleichait gibt, so ist, wie gesagt, zu bedencken, obs umb der nachbarschafft willen[181] und, das baider herschafften unterthanen vil zusamen handeln[182] und ye ain tail des andern ceremonien sehen, ja auch mit prauchen mag[183] in vil fellen, mocht dahin gerichtet werden, das man sich mit der messe der nurmbergischen ordnung in disen dreyen stucken vergleichet, dann das würd allerlay ergernus bei dem gemainen man[184] verhuten, und wurden die priester sich dester leichter aus nurmbergischem oder marggravischem gepiet[n][185] hieher und in andre, meins g[nädig]en herrn[186] flecken lassen bewegen[187]. Es mocht auch zwischen den herschafften allerlay [12r:] guts willens verursachen und, das man auch auffs kunfftig in allerlay sachen der religion dester treulicher zusamensetzet[188].

n) danach gestr.: in.

waren, vgl. *Sehling*, Kirchenordnungen 3, S. 68 mit u. A. Bd. 5, S. 155,12-21, Nr. 176. In PfN wurde dann ausdrücklich die lectio continua vorgeschrieben, vgl. u. A. Bd. 7, S. 687,15-688,19, Nr. 293.

175. Vgl. MB bei *Sehling*, Kirchenordnungen 3, S. 68 mit u. A. Bd. 5, S. 155,12-21, Nr. 176.

176. Zu dem hier gemeinten Offertoriumsgesang vgl. *Jungmann*, Sollemnia 2, S. 34-40.

177. Zur Praefation und dem sie einleitenden und natürlich auch beibehaltenen Dialog zwischen Priester und Gemeinde vgl. *Jungmann*, Sollemnia 2, S. 138-161.

178. Zur lateinischen Fassung des Sanctus (Jes 6,3 und Mt 21,19), die nach MB gebraucht werden sollte, vgl. u. A. Bd. 1, S. 157, Anm. 39 und 40, Nr. 18. Zu der in Nürnberg auch zugelassenen deutschen Fassung vgl. u. A. Bd. 3, S. 531, Anm. 429, Nr. 126.

179. Für die Einsetzungsworte war in BN ein aus den verschiedenen neutestamentlichen Überlieferungen harmonisierter Text vorgesehen, vgl. u. A. Bd. 5, S. 134, Anm. 526, Nr. 176.

180. Vgl. die Stellung des Sanctus in MB bei *Sehling*, Kirchenordnungen 3, S. 68, und in BN in u. A. Bd. 5, S. 159,1, Nr. 176.

181. Mit der Oberpfalz, die Ottheinrich seit 1541 allein regierte, stieß sein Fürstentum vor allem im Süden, Südosten und Osten direkt an das Nürnberger Landgebiet.

182. Umgang miteinander haben.

183. Selbstverständlich nahmen pfalz-neuburgische Untertanen, die im Nürnberger Gebiet sich aufhielten, auch an den dortigen Gottesdiensten teil.

184. den Untertanen.

185. Gemeint ist das Fürstentum Ansbach der fränkischen hohenzollernschen Markgrafen.

186. sc. Ottheinrich von der Pfalz.

187. Ottheinrich versuchte mehrfach, durch Vermittlung Osianders Prediger und Pfarrer für sein Fürstentum zu erhalten, vgl. *Seebaß*, Osiander, S. 205. Die dort erwähnten Briefe Ottheinrichs an Osiander gehören leider, wie die sogenannten ›Kabinettsakten‹ überhaupt, zu den bisher nicht aufgefundenen, möglicherweise verlorengegangenen Stücken.

188. Diese Hoffnung Osianders erfüllte sich allerdings nicht. Jedenfalls führte der Nürnberger Rat seit November 1542 in den ihm von Ottheinrich verpfändeten Ämtern Heideck,

Zudem, so ist vor augen und rüchtig[189], das curfurstliche durchleuchtigkait[190] schier[o] zu vil zu unnötigen ceremonien genaigt, mit welchen doch die kirch, vor[191] beschwert, kaum genugsame zeit hat, Gottis wort zu hörn; darumb unnotig ist, ainerlay[192] zwaymal, lateinisch und teutsch zu lesen[193]. Auch ist zu besorgen, wo man der branndenburgischen ordnung hierin werde folgen, es werden die verharten[194], ungelerten papisten unter[195] dem offertorio canonem minorem[196] und dan fur die teutschen gepet unter dem sanctus[197] den canonem maiorem[198] behalten, dieweil sie in wol[199] auswendig konnen und vor dem[200] gesang nymand horn kann, was sie sprechen, und blieb also bey etlichen der groste misprauch und die schwerste sund, so vormals bei der meß gewest, nemlich das Christus widerumb als ein sacrificium propiciatorium geopfert wurd, welchs wider die gantzen schrifft[201] ist und erschrocklich were zu hören und zu gedulden.

Wa man nun disem rhat wil folgen, so mag man die messe also ordnen:

›Ordnung der messe, so communicanten vorhanden sein.

Erstlich soll der priester, so[202] die mesß halten will, sambt seinen ministranten, wo und wan man dieselben zu geprauchen pflegt, in iren gewonlichen kirchenornaten[203] nach gewonhait einer yeden kirchen zu dem altar gehn,

o) End-»r« durch Fleck nicht lesbar.

Hilpoltstein und Allersberg die nürnbergische Kirchenordnung ein, obwohl damals bereits an einer evangelischen Kirchenordnung für Pfalz-Neuburg gearbeitet wurde, vgl. *Klaus*, Dietrich, S. 202-206.

189. offensichtlich und allgemein bekannt.

190. nämlich Joachim II. von Brandenburg.

191. von vornherein.

192. dasselbe, nämlich die oben erwähnten Lektionen.

193. Vgl. dazu o. Anm. 175.

194. verhärteten.

195. während.

196. Die von Osiander abgelehnten (vgl. u. A. Bd. 1, S. 209,16-211,4, Nr. 20) Gebete des Canon minor umfassen die Gebete zur Darbringung von Brot und Wein und dann die beiden Gebete Suscipe sancta trinitas und Orate fratres, vgl. *Jungmann*, Sollemnia 2, S. 51-125.

197. In MB war vorgesehen, daß der Priester während des vom Chor lateinisch gesungenen Sanctus eines oder mehrere Fürbittgebete sprechen sollte, vgl. *Sehling*, Kirchenordnungen 3, S. 68f.

198. Gemeint sind die von Osiander vor allem abgelehnten (vgl. u. A. Bd. 1, S. 211,5-213,3, Nr. 20) Gebete des Canon maior: Te igitur, Memento etiam, Communicantes, Hanc igitur, Quam oblationem, vgl. *Jungmann*, Sollemnia 2, S. 191-243.

199. gut.

200. wegen des.

201. nämlich nach reformatorischem Verständnis gegen das Zentrum der Heiligen Schrift, Jesus Christus, der sich für uns geopfert hat. Zu Osianders Auseinandersetzung mit dem Opfergedanken der Messe vgl. vor allem seine Schrift ›Grund und Ursach‹, u. A. Bd. 1, S. 209,17-225,21, Nr. 20.

202. der.

203. üblichen (d.h. also den tradierten) Meßgewändern.

anfengklich das confiteor oder ein feinen pußpsalm sprechen[204]. [12v:]

Darnach sol der introitus[205],

das kirieeleyson[206],

gloria in excelsis und das et in terra[207] gewonlicherweyß durch den chor oder, wa man kain chor hatt [p]als auff dem land in dorfern[p], durch den priester selbs gesungen werden oder aber gelesen; kann er aber das volck lehren ein gut teutsch gaistlich gesang, das sie anstat desselben singen[208], das mag [q]und soll[q] er auch thun[209].

Darnach soll er sich gegen dem volck keren und singen: »Der Herr sey mit euch allen«[210], darauff soll der chor antworten: Amen.

Darnach soll er sich wider zum altar keren und singen: Last uns peten, und dann ain teutsche collecten nach gelegenhait der zeit oder aber [r]zwu oder drey[r][211] unter ainem beschluß[212], unter denen albeg[213] die erst umb gaistliche und himelische ding biten soll[214], die andern mogen nach gelegenhait umb frid[215], gut regiment[216] oder fruchtbar zeit[217] oder dergleichen piten; die soll er[s] in dem gewonlichn tono, wie man die lateinischen gepfleget hat, singen und der chor abermals darauff antworten: Amen, oder[t], wa kain chor ist, [u]als auf dem land in dorfern[u], und dem priester gelegner sein will, mag er sie laut, das in alles volck mog hören, und mit hertzlicher andacht sprechen.

p-p) vor den linken Rand mit Textanschluß geschrieben.
q-q) übergeschr. und eingewiesen.
r-r) übergeschr. und eingewiesen.
s) danach gestr.: »v-«. – t) danach gestr. ein unleserlicher Wortanfang.
u-u) vor den linken Rand geschrieben und eingewiesen.

204. Zum Confiteor vgl. *Jungmann*, Sollemnia 1, S. 386-402. Die bekanntesten Bußpsalmen waren wohl die auch von Luther wiederholt ausgelegten ›sieben Bußpsalmen‹ Ps 6, 32, 38, 51, 102, 130 und 143.

205. Zum Introitus vgl. Leiturgia 2, S. 59-67.

206. Vgl. Mt 15,22; 17,15 sowie zum liturgischen Stück des Kyrieeleison vgl. Leiturgia 2, S. 14-22.

207. Vgl. Lk 2,14 sowie Leiturgia 2, S. 23-29.

208. Der Formulierung ›anstatt desselben‹ ist nicht schlüssig zu entnehmen, ob Osiander an eins der damals bekannten Glorialieder denkt, etwa an Luthers Lied »All' Ehr und Preis soll Gottes sein« oder an das Lied von Nicolaus Decius »Allein Gott in der Höh' sei Ehr«, vgl. dazu Leiturgia 2, S. 24.

209. An dieser Stelle fügt die endgültige Fassung, PfN, einen Passus über die deutschen Lieder ein (u. A. Bd. 7, S. 686,20-687,4, Nr. 293), der die Überlegungen aufgreift, die Osiander am Ende seines ›Verzeichnisses‹ vermerkte, vgl. u. S. 985,3-7.

210. II Thess 3,16. – Zum Gruß vgl. Leiturgia 2, S. 570-578.

211. Vgl. z.B. die in BN enthaltenen Kollektengebete, u. A. Bd. 5, S. 148,3-155,11, Nr. 176.

212. Damit ist der stets gleichlautende Beschluß der Kollektengebete gemeint, vgl. z.B. u. A. Bd. 5, S. 148,8-10, Nr. 176.

213. stets.

214. Vgl. z.B. die Gebete von BN in u. A. Bd. 5, S. 148,6-10; 148,21-149,4 und 5-13, Nr. 176.

215. Vgl. z.B. die Gebete in BN, u. A. Bd. 5, S. 155,1-11, Nr. 176.

216. Vgl. etwa das Gebet von BN in u. A. Bd. 5, S. 152,16-26, Nr. 176.

217. Vgl. z.B. das Gebet von BN in u. A. Bd. 5, S. 149,14-20, Nr. 176.

Nachfolgends soll er [v]oder der subdiaconus[218], wan man ministranten hat[v], die epistel teutsch lesen mit lauter, verstentlicher stymme und also anfahen: Eur lieb verneme (oder[w]: Hört und vernemet) mit vleyß[219] das erst (oder: ander etc.) capitel der epistel Pauli (oder: Petri, oder: Johannis) zun Romern (oder: zu[n] Corinthiern etc.) geschriben. Und am end des capitels soll er also beschliessen: Das ist das erst capitel der epistel Pauli zun Romern. Und damit das volck dester mer nutzs daraus empfahe, sol man die epistel Pauli[x], Petri[y] und [13r:] Johannis alle, [z]desgleichen die Geschicht der Aposteln[z] ordenlich nacheinander lesen[220], also das, wann er ain tag das erst capitel der epistel zun Romern hat gelesen, das er den andern tag, daran das volck wider zusamenkombt, das ander capitel derselbigen epistel lese und also furan biß zu ende, doch ausgenomen die grossen fest, die ir historien, darumb sie auffgesetzt[221] sein, in der heiligen schrifft haben als Ostern[222], Auffart[223], Pfingsten[224], Johannis des Tauffers[225], Visitationis[226], Weinachten[227], Obersten[228], Liechtmeß[229]: Dann an disen festen sol man die capitel aus der bibel lesen fur die epistel und euangelion, darin die histori des fests beschriben und die sonst[230] darzu verordent sein[231].

Nach der epistel sol der chor widerumb singen lateinisch ein gradual[232] oder alleluia mit einer sequentz[233] oder ein tract[234], wie es die ordnung gibt[235], oder, wa man kain chor hat als in dorfern, mags der priester selbs singen oder sprechen und dieweil das volck abermals ein gut gaistlich teutsch gesang lassen singen.

v-v) vor den linken Rand geschrieben und eingewiesen.
w) danach gestr.: »vern-(?)«.
x) danach gestr.: »P- alle«.
y) danach gestr.: alle.
z-z) vor den linken Rand geschrieben und eingewiesen.

218. Der Subdiakon, einer der beiden ›Leviten‹ oder Ministranten in der Messe las traditionell die Epistel, vgl. *Jungmann*, Sollemnia 1, S. 93 und 526.
219. Aufmerksamkeit.
220. also die in Nürnberg übliche lectio continua.
221. eingesetzt, angeordnet.
222. Vgl. Mt 28,1-7.
223. Himmelfahrt, vgl. Act 1,1-11.
224. Vgl. Act 2,1-11.
225. Johannis baptistae nativitas, 24. Juni; vgl. Lk 1,5-17.
226. Visitationis Mariae, 2. Juli; vgl. Lk 1,39-47.
227. Vgl. Lk 2,1-14.
228. Epiphanias, 6. Januar; vgl. Mt 2,1-12.
229. Purificationis Mariae, 2. Februar; vgl. Lk 2,22-32.
230. ohnehin.
231. Vgl. die Anm. 222-229.
232. Zum Gradual vgl. *Jungmann*, Sollemnia 1, 539-549; Leiturgia 2, S. 68-71.
233. Vgl. dazu Leiturgia 2, S. 71-75.
234. ein Tractus, also ein Psalm, anstelle des Halleluja (vgl. dazu Leiturgia 2, S. 75f).
235. Der Tractus wurde nur an den Sonntagen und Feiertagen der Fastenzeit an Stelle des Halleluja gesungen, vgl. Leiturgia 2, S. 75.

Darnach soll er [a]oder der diaconus[236], wan man ministranten hat[a], das euangelion auch mit lauter, verstentlicher stym lesen und also anfahen: Eur lieb verneme (oder: Horet und vernemet) mit vleys das erst capitel des euangelions sanct Mattheus etc., und am end soll er also beschliessen: Das ist das erst capitel des euangelions sanct Mattheus. Und sol mit dem evangelio eben die ordnung gehalten werden wie mit den episteln, nemlich das, wann er ain tag das erst capitel des euangelions S. Mattheus [!] hat gelesen, so soll er den andern tag, daran das volck wider zusamenkombt, das ander capitel lesen, und also fortan, biß an den [!] passion[237]; den soll man[b] sparn [13v:] biß in[238] die Marterwochen[239] und einen andern evangelisten zu lesen anfahen, auch nicht weiter dann biß auff den passion, das ist biß auff das abendmal des Herrn[240]. Und also soll es mit allen vieren evangelisten gehalten werden.

Nach dem evangelio sol der priester das credo[241] und der chor das patrem[242] lateinisch singen oder, wa kain chor ist als auff den dorfern, mag es der priester selbs singen oder aber sprechen und das volck dieweil[243] das teutsch gesang ›Wir glauben all in einen Got‹[244] lassen singen.

Wa es nun die gewonhait und der prauch ist, unter der messe zu predigen, da sol die predig nach disem gesang geschehen.

Nach der predig aber soll der priester wider uber den altar gehn[c] und dises nachvolgendes gepet sprechen[245]: Herr Jesu Christe, du ainiger, warer son des lebendigen

a-a) vor den linken Rand geschrieben und eingewiesen.

b) übergeschr. für fälschlich nicht gestr.: er.

c) vor den linken Rand geschrieben und eingewiesen: Nota: [danach gestr.: Und die vermanung, so baide in brandenburgischer] Hie ist zu bedencken, ob man die vermanung vor disem gepet wolt lassen lesen oder aber ob mans woll lassen anstehn, bis man gleich wil communicirn, wie hernach wider meldung darvon geschicht. An disem ort were es der nurmbergischen ordnung gleich und beweget die leut, das sie alles, was hernach volget, dester vleyssiger zu hertzen nemen.

236. Der Diakon, einer der beiden Ministranten, las schon traditionell das Evangelium, vgl. *Jungmann*, Sollemnia 1, S. 93 und 566f.

237. Gemeint ist der Passionsbericht, der für Osiander offenbar nicht mit dem Einzug Jesu in Jerusalem (vgl. Mt 21), sondern mit dem Abendmahlsbericht (Mt 26,17-30) beginnt, vgl. u. Zeile 10f.

238. auf.

239. die Woche vom Sonntag vor Ostern, Palmarum, bis Ostersonnabend.

240. Vgl. dazu o. Anm. 237.

241. Gemeint sind die Anfangsworte des Nicaeno-Constantinopolitanum: Credo in unum deum.

242. Gemeint ist die Fortsetzung des Textes des nicaenischen Glaubensbekenntnisses, vgl. BSLK, S. 26. Zum Credo insgesamt vgl. Leiturgia 2, S. 29-37.

243. währenddessen.

244. Gemeint ist das Lied Luthers, vgl. WA 35, S. 451f.

245. Die endgültige Ordnung, PfN, fügt an dieser Stelle (vgl. u. A. Bd. 7, S. 691,4-692,21, Nr. 293) die Abendmahlsvermahnung aus BN (vgl. u. A. Bd. 5, 156,8-158,13, Nr. 176) und MB (vgl. *Sehling*, Kirchenordnungen 3, S. 69f) ein, wie es Osiander in der Randbemerkung (vgl. Anm. c) erwog.

Gottis, der du dein leib fur uns alle in den pittern tod hast dargeben und dein blut zu vergebung unserer sunden vergossen, darzu denselben deinen leyb und dasselbig dein blut allen deinen jungern zu essen und zu trincken und deines todes darbei zu gedencken hast befolhen[246], wir pringen fur dein gottliche majestat dise deine gaben, prot und wein, und pitten, du wollest dieselben durch dein gotliche gnad, gute und crafft heiligen, segnen und schaffen, das dises prot dein leib und diser wein dein blut sey und allen denen, die darvon essen und [14r:] trincken, zum ewigen leben lassen erspriessen, der du mit Got dem vater in ainigkeit des heiligen gaists lebest und regirest immer und ewigklich. Amen[247].

Also sopald[248] soll er singen oder mit lauter, vernemlicher stym lesen die wort des nachtmals, wie hernach volget: Hie sollen volgen die wort des nachtmals, notirt[249], wie sie in der nurmbergischen ordnung gesetzt sein[250].

Darnach soll der chor das sanctus[251] lateinisch singen oder[d], wa kain chor ist als in dorfern, mag es der priester selbs singen oder sprechen und anstatt desselben das volck darfur[252] ein gut teutsch gaistlich lied lassen singen[253]. Und unter demselben gesang soll er dieweil dise gepet sprechen: (Hie sollen volgen die vier teutsche gepet[e], in der brandenburgischen ordnung vor den verbis consecrationis gesetzt, nemlich: »Barmhertziger, himlischer Vater, in welches hende aller menschen gewalt und obrigkait steht« etc., »O almechtiger[f], gütiger Got und vater« etc., »Almechtiger Got und ewiger vater«[254] etc., »Barmhertziger Got und himelischer vater«[255] etc.)

d) danach gestr.: »d-«.
e) danach gestr., da fehlerhaft in vorgerückten Zeilenanfang gesetzt: »in der (–)«.
f) danach gestr.: Got.

246. Vgl. I Kor 11,23-26.
247. Es handelt sich um ein von Osiander geschaffenes, aber vorreformatorische Formulierungen aufnehmendes epikletisches Konsekrationsgebet, das an das ›Quam oblationem‹ des Meßkanons erinnert, vgl. *Jungmann*, Sollemnia 2, S. 234-243 sowie *Graff*, Epiklese, und Leiturgia 1, S. 348-357.
248. direkt danach.
249. mit Noten versehen.
250. Vgl. u. A. Bd. 5, S. 158,14-159, Nr. 176. In der endgültigen Fassung, PfN, fügte Osiander verschiedene Anweisungen zum Umgang mit den Elementen während des Sprechens der Einsetzungsworte ein, vgl. u. A. Bd. 7, S. 693,10-14, Nr. 293.
251. Vgl. o. S. 966, Anm. 178.
252. währenddessen.
253. Hier ist wohl nicht an eine der verschiedenen deutschen Fassungen des Sanctus, sondern eher an eine Liedform gedacht, wie wir sie in Luthers Lied ›Jesaja dem Propheten das geschah‹ finden, vgl. WA 35, S. (230f), 455 und 518-520. Danach wäre u. A. Bd. 7, S. 695, Anm. 758, Nr. 293, zu korrigieren.
254. Vgl. den Wortlaut dieses Gebets in MB bei *Sehling*, Kirchenordnungen 3, S. 68f; es wurde als einziges der hier genannten Gebete in die endgültige Ordnung, PfN, nicht aufgenommen, vgl. u. A. Bd. 7, S. 695,6-697,4, Nr. 293.
255. Vgl. den Wortlaut der Gebete in MB bei *Sehling*, Kirchenordnungen 3, S. 68f. Mit ganz leichten Veränderungen findet sich der Text auch in PfN, vgl. u. A. Bd. 7, S. 695,6-697,4, Nr. 293.

Wann dann das sanctus oder[g] ander gesang geendet ist und er dise gepet gesprochen hat, so soll er das vaterunser singen oder mit lauter stym lesen, wie hernach volget: (Hie soll das vaterunser, notirt wie in der nurmberger ordnung, gesetzt werden[256]. Item: Der frid des Herrn[257] etc.) [14v:]

Darnach soll der chor oder in den dorfern der priester selbs das agnus Dei[258] singen, wie der prauch ist[259], oder ja[260] sprechen und das volck abermals ein guten teutschen gaistlichen gesang lassen singen[261] und unter demselbigen nachvolgende lateinische gepet sprechen: (Hie sollen volgen die lateinische gepeet, so in der brandenburgischen ordnung stehn[262]: »Domine Jesu Christe, qui dixisti apostolis tuis« etc., »Domine Jesu Christe[h], fili Dei uni[i][263]« – und in disen gepett soll das lateinisch wort ›mundum‹ ausgelescht und ›ecclesiam tuam‹ an die statt gesetzt werden, dann Christus spricht: »Ich bitt nicht fur die welt, sonder fur, die Du mir geben hast«[264]. »Sie sind nicht von der welt«[265] etc. –, »Sacramentum corporis tui«[266] etc.)

Darnach soll er [k]oder, wa man ministranten hat, der diaconus[k] sich zum volck keren und dise nachvolgende[l] vermanung lesen[m]: »Ir allerliebsten in Gott« etc., wie sie

g) übergeschr. für gestr.: und.
h) danach gestr.: qui. – i) Schreibfehler: unu.
k-k) vor den linken Rand geschrieben und eingewiesen.
l) Schreibfehler: nuchvolgende.
m) danach gestr.: sie were den vor gelesen.

256. Vgl. u. A. Bd. 5, S. 160, Nr. 176. Der Hinweis auf die ›Notierung‹ ist ganz eng zu verstehen, denn Osiander übernimmt den Wortlaut des Vaterunsers im Unterschied zu BN in der endgültigen Fassung, PfN, aus Mt 6,9-13, also mit der Doxologie am Schluß, die in BN fehlt. Diese Doxologie wird deshalb auch in den für Neuburg überarbeiteten Katechismuspredigten von ihm ausgelegt, vgl. u. A. Bd. 7, S. 853,12-854,34, Nr. 293, wobei er nicht MB folgte. Daraus darf aber nicht geschlossen werden, daß Osiander sich bei seiner Bemerkung zum Vaterunser »notirt wie in der nurmberger ordnung« geirrt habe, gegen *Cramer-Fürtig*, Osianders Entwurf, S. 76, Anm. 93, der sich irrtümlich auf die Bemerkung zu den Einsetzungsworten bezieht, vgl. o. Anm. 250. Die mit der entsprechenden Bemerkung gemeinten ›Worte des Nachtmahls‹ stammen in der endgültigen Fassung, PfN, eindeutig aus der BN, nicht aus MB.

257. Vgl. u. A. Bd. 5, S. 160, Nr. 176.

258. Gemeint ist das lateinische Agnus Dei, vgl. dazu *Jungmann*, Sollemnia 2, S. 413-422.

259. Das bezieht sich wohl nicht nur auf die lateinische Fassung, sondern auch auf die Melodie.

260. auch.

261. Möglicherweise ist hier an eine der deutschen Liedfassungen des Agnus Dei gedacht, vgl. Leiturgia 2, S. 41-44.

262. Die endgültige Ordnung, PfN, stellt vor die folgenden drei Gebete noch den vollen Wortlaut des Agnus Dei, vgl. u. A. Bd. 7, S. 698,9f, Nr. 293.

263. Vgl. den Wortlaut der beiden Gebete in MB bei *Sehling*, Kirchenordnungen 3, S. 69. Er findet sich auch in PfN, vgl. u. A. Bd. 7, S. 698,11-699,4, Nr. 293.

264. Joh 17,9.

265. Joh 17,14.

266. Vgl. den Wortlaut dieses Gebets in MB bei *Sehling*, Kirchenordnungen 3, S. 69. Er findet sich entsprechend auch in PfN, u. A. Bd. 7, S. 699,5-9, Nr. 293.

in der brandenburgischen ordnung steht[267]. Es were dann, das man sie, wie in der nurmbergischen ordnung geschicht, lieber wolt[n] bald[268] nach dem patrem[269] oder nach der predig lassen lesen[270], wie droben gemelt und in bedacht gestellt ist[271].

Darnach sollen zum sacrament gehn alle, die sich vor angesagt und die absolution empfangen haben, und der priester soll inen den leib des Herrn raichen mitt disen worten: Nym hin und isße: Das ist der leib Christi, der fur dich gegeben ist! [15r:] Desgleichen, wa man ministranten hat, soll der diaconus den kelch raichen denen, so den leib Christi genossen haben, und also sprechen: Nym hin und trinck: Das ist das blut des neuen testaments, das fur dich vergossen ist! Wo man aber nicht ministranten hat, da soll der priester den leib des Herrn erstlich yederman raichen und darnach erst den kelch. Dieweil das geschicht, soll der chor das commun[272] lateinisch singen, und, wan das zu kurtz were, ander gut lateinisch gesang mer, sonderlich[o][273] was de cena Domini ist als: Discubuit Jesus[274] etc. Wa aber kain chor ist als in dorfern, soll man die gemain abermals ein gut teutsch gaistlich gesang lassen singen[275].

Wann yderman das heilig sacrament hat empfangen, so soll es dann der priester auch empfangen und anfenglich vleyß haben, das nichts uberbleyb, wie Christus spricht: »Tailets unter euch«[276] etc.,

und darnach dise zwo teutsche collecten unter ainem beschlus in gewonlichem ton singen oder aber mit lauter, vernemlicher stymme sprechen: (Hie sollen volgen die zwo collecten, wie sie in brandenburgischer ordnung stehn: »Last uns biten: O almechtiger, ewiger Got! Wir sagen deiner gottlichen mildigkait lob und danck« etc., »Wir dancken Dir auch«[277] etc.)

Deinde inclinatus ad altare dicat submissa voce: »Corpus tuum, Domine« etc.,

n) wolt lassen (wegen Ditt. im Satz an dieser Stelle getilgt).
o) letzte Silbe übergeschr. und eingewiesen.

267. Vgl. *Sehling*, Kirchenordnungen 3, S. 69f. Die Vermahnung findet sich entsprechend, wenn auch leicht verändert in PfN, u. A. Bd. 7, S. 691,4-692,21, Nr. 293.

268. sogleich.

269. Vgl. dazu o. S. 970, Anm. 242.

270. In BN wurde die Vermahnung zu Beginn der Abendmahlsfeier direkt nach dem Credo und an den Sonntagen nach der Predigt gesprochen, vgl. u. A. Bd. 5, S. 155,22-158,13, Nr. 176.

271. Vgl. o. S. 970,18f mit Anm. c und Anm. 245.

272. Ein zum Proprium der Messe gehörender Chorpsalm, vgl. dazu *Jungmann*, Sollemnia 2, S. 486-493.

273. vor allem.

274. Vgl. Lk 22,14-20 und *Sehling*, Kirchenordnungen 11, S. 498-500 und 747f, sowie *Schulz*, Discubuit.

275. In der endgültigen Ordnung, PfN, machte Osiander an dieser Stelle konkrete Vorschläge, vgl. u. A. Bd. 7, S. 699,20f, Nr. 293.

276. Lk 22,17.

277. Vgl. den Wortlaut der beiden Gebete in MB bei *Sehling*, Kirchenordnungen 3, S. 70. Dem Vorschlag entsprechend finden sich die beiden Gebete, wenn auch leicht verändert in PfN, u. A. Bd. 7, S. 700,7-20, Nr. 293.

»Quod ore sumpsimus« etc., (wie im brandenburgischn steht[278]; soll hieher geschriben werden.)

Darnach soll er oder seine diaconi, ainer oder baide, singen: Benedicamus Domino, unter dem ton[p], wie [15v:] das kirie eleyson gesungen ist, und der chor soll darauff antworten im selben ton: Deo dicamus gratias.

Darnach segne er das volck also mit lauter, vernemlicher stymme: »Der Herr gesegen euch« etc., oder also: »Got sey uns gnedig« etc., oder also: »Gesegen und behute uns« etc., oder also: »Der segen Gottis«[279] etc.‹ (Dise vier segen stehn in der nurmbergischen ordnung[280] und sollen hieher gantz geschriben werden.)[281]

Vom tagampt, wan kain communicant vorhanden, wie dasselbig sol gehalten werden. ([q]Diser titel soll also geschriben werden, wie volget etc.[q]:)

›Dieweil auch die messe mit dem brauch des abendmals on communicanten nicht mag[282] gehalten werden und dannoch sich zutragen und begeben mag, das auff etliche fest und sontag nicht communicanten vorhanden, damit alsdann die gemain nicht vergeblich zusamenkomme, so soll[r] der priester nicht in gewonlichem meßgewand, sondern allain in seinem chorrock[283] oder aber auch in einem chormantel[284] fur den altar tretten und es aller ding halten, wie oben[s] gesetzt ist, biß auff die gemainen predig[285].

Nach der predig aber soll man die teutschen litaney[286] singen mit einer collecten pro pace[287], [16r:]

und dann[288] mit dem gemainen segen[289] beschliessen,

p) danach gestr.: »d-«.

q-q) nachträglich auf freien Raum nach den vorangehenden Worten in kleinerer Schrift zugeschrieben.

r) danach gestr.: dannoch. – s) korr. aus: »obs-«.

278. Vgl. den Wortlaut der beiden Gebete in MB bei *Sehling*, Kirchenordnungen 3, S. 70f. Er findet sich dem Vorschlag entsprechend auch in PfN, vgl. u. A. Bd. 7, S. 700,21-701,2, Nr. 293.

279. Der vollständige Wortlaut der vier Segensformeln findet sich in BN, u. A. Bd. 5, S. 162,20-163,2, Nr. 176.

280. Vgl. die vorige Anm.

281. Im wesentlichen wurde die hier von Osiander vorgeschlagene Ordnung der Messe, abgesehen von den erwähnten Auslassungen und Zusätzen sowie kleineren, aber nicht schwerwiegenden Änderungen in die endgültige Fassung, PfN, übernommen, vgl. u. A. Bd. 7, S. 686,8-701,16, Nr. 293.

282. darf, kann.

283. Vgl. dazu u. A. Bd. 7, S. 702, Anm. 796, Nr. 293.

284. Vgl. dazu u. A. Bd. 7, S. 702, Anm. 797, Nr. 293.

285. Vgl. o. S. 967,15-970,17.

286. Vgl. deren Wortlaut in PfN, u. A. Bd. 7, S. 713,13-719,9, Nr. 293.

287. Vgl. o. Anm. 215 sowie die Kollektengebete der endgültigen Ordnung in PfN, u. A. Bd. 7, S. 710,3-11, Nr. 293.

288. Die endgültige Fassung, PfN, erwähnt an dieser Stelle noch ausdrücklich das Benedicamus Domino, vgl. u. A. Bd. 7, S. 702,6, Nr. 293.

289. Vgl. die oben Z. 6-8 genannten Segensformeln.

oder aber, wan die gelegenhait der zeit die litania nicht erfordert, soll der chor anstat der litania einen[t] guten chorgesang lateinisch singen, in dorfern aber, wa kain chor ist, das volck ein gut teutsch gaistlich gesang singen,

und der priester ein collecten darauff, die zur gelegenhait der zeit am pesten fuget, und dan mit dem segen beschliessen.

(Zu bedencken, ob man das der nurmbergischen ordnung gemeß woll ordnen[290].)

An wercktagen aber, wo ein anzal priester und schulen sein, mag man anstat des tagampts

zwen oder drey psalm, nachdem[291] sie lang oder kurtz sein, mit einer antiphona[u292] lateinisch singen, anzufangen, wie man in horis canonicis pflegt[293]: »Deus in adiutorium meum«[294] etc.,

darnach ein gantz capitel teutsch aus den episteln noch [!] der ordnung, wie in der meß gemelt[295],

und dan wider zwen oder drey psalmen mit einer antiphona,

darnach ein gantz teutsch capitel aus einem evangelisten nach ordnung[296], wie obgemelt[297],

darnach ains aus den canticis maioribus als: »Benedictus dominus Deus Israel«[298], oder: »Te Deum laudamus«[299], oder ein guten hymnum oder ein guten sequentz de tempore[300],

und dann mit einer teutschen collecten beschliessen.

(Das auch zu bedencken; ist[301] der nurmbergischen ordnung.)

Desgleichen in den dorfern[v] soll man auffs wenigst in der wochen zwaymal, nemlich am mitwoch und freitag, auff ein stund, so dem maisten tail des volcks gelegen ist, [16v:] zusamenkommen,

t) geschrieben auf verwischte, d.h. zu verbessernde Schriftzüge: und ein(?).
u) danach gestr.: »s-«. – v) danach gestr.: »d-«.

290. Die Bemerkung bezieht *Cramer-Fürtig*, Osianders Entwurf, S. 76 mit Anm. 101, fälschlich auf die Kollektengebete. Tatsächlich aber hat Osiander hier eine andere Form der Messe ohne Kommunikanten vorgeschlagen als in BN, wo es nur eine Form der Messe ohne Kommunikanten (für Sonntage und Werktage) gibt und zwar die, die Osiander im folgenden entwickelt (vgl. u. A. Bd. 5, S. 165,1-20, Nr. 176) und von der er deswegen zu recht behauptet, sie »ist der nurmbergischen ordnung«, vgl. u. Z. 21. Osianders Bemerkung meint also, daß man eventuell die vorstehende andere Form des (sonntäglichen) Gottesdienstes entsprechend der Nürnberger Ordnung ändern könne.
291. je nachdem.
292. In den Stundengebeten wurden zu Beginn üblicherweise drei Psalmen gesungen.
293. Vgl. dazu u. A. Bd. 7, S. 702, Anm. 807, Nr. 293.
294. Ps 69,2 Vg.[70,2], der Ingressus verschiedener Stundengebete.
295. Vgl. o. S. 969,1-15.
296. also in lectio continua.
297. Vgl. o. S. 970,1-11.
298. Der Lobgesang des Zacharias, Lk 1,68-79, aus den Laudes am Sonntag.
299. Vgl. Ps 24 und *Wackernagel*, Kirchenlied 1, S. 24, Nr. 26.
300. Vgl. dazu u. A. Bd. 7, S. 703, Anm. 817, Nr. 293.
301. stammt aus.

und das volck erstlich ein gut teutsch gaistlich gesang singen,

darnach der priester ein teutsch capitel[w] aus einem buch der bibel, das dem volck zu unterricht am allerdienstlichsten ist[x], nach ordnung[302] lesen,

und dan mit einer collecten beschliessen[303].

Ordnung von allerlay chorgesang.

Wa man in stifften[304], clostern, pfarrhen etliche oder alle horas pflegt zu singen[305], es sey alle tag oder nur zu etlichen festen, sollen dieselben wie biß anher noch zur zeit gehalten werden, doch mit der masß[306] und ordnung, das man zu der metten nicht homilias[307] lese, sonder lectiones aus der bibel; die mogen in den stifften und klostern, da man teglich metten singt, also geordent werden, das, wan man novem lectiones[308] helt, drey aus den historischen buchern der bibel als Mose, Josua, Iudicum, Ruth, Samuel, Regum, Paralipomenon[309], darnach drey aus den propheten und der[310] letsten drey die ersten zwu aus den episteln, die dritt und letste aus dem evangelio gelesen werden; wan man aber nur drey lectiones helt, die erst aus den historien, die ander aus den propheten, die dritt aus dem neuen testament genomen werd, und sollen also auffeinander gehn, das wo man heut auffhoret in diser dreier unterschied, jedem in sonderhait, da soll man morgen wideranheben, und also die heiligen schrift ordenlich nacheinander lesen, alleweg ein zimliche lange lection, wie biß anher der prauch gewest. Doch mag man[y] auff die hohen fest aus diser ordnung gehn und lesen, [17r:] was sich zum fest am allermaisten schicket[311].

Desgleichen sol man die capitula zur prim, tertz, sext und non[312], auch zur complet alle aus dem neuen [z]oder alten[z] testament nehmen und ordenlich[313] halten, also

w) danach gestr.: lesen.
x) danach gestr.: ordenlich.
y) danach gestr.: »z-«.
z-z) übergeschr. und eingewiesen.

302. also in lectio continua.

303. Abgesehen von kleineren Änderungen entspricht die Ordnung für die Messe ohne Kommunikanten und an Werktagen in der endgültigen Ordnung, PfN, diesem Vorschlag, vgl. u. A. Bd. 7, S. 701,17-703,15, Nr. 293.

304. Stiftskirchen mit einem entsprechenden Kapitel.

305. Die volle Form des Stundengebets mit den drei großen Horen (Matutin mit Laudes, Vesper und Komplet) und den vier kleinen Horen (Prim, Terz, Sext, Non) wurde nur in Stiftskirchen und Klöstern gehalten.

306. Maßgabe.

307. also die aus den Kirchenvätern und den Werken der frühen Päpste genommenen Lesungen der Stundengebete.

308. Aufgrund der drei Nocturnen mit ihren je drei Lesungen ergaben sich für die Mette neun Lesungen.

309. die beiden Bücher der Chronik.

310. bei den.

311. Vgl. die entsprechende Anordnung für die Lesungen des Hauptgottesdienstes o. S. 969,11-15.

312. Die divina opera per diem, die vier kleinen Horen, vgl. Leiturgia 3, S. 154.

313. also in lectio continua.

das, wo man in der prim hat auffgehort, soll man in der tertz anheben, und also durch und durch. Und sollen die capitula auch nicht zu kurtz sein, sonder auffs wenigst ein gantzen und volkommenen sententz[314], soferne er aneinander hangt, in sich schliessen.

Die vesper in den pfarrhen soll auch gewonlicherweyß gehalten werden, doch also, das ein gantzs teutsch capitel aus dem neuen testament anstat des lateinischen gelesen und mit einer teutschen collecten beschlossen werde.

Und dieweil die gantz bibel diser zeit vleyssig verdeutscht[315], zuvor[316] aber der psalter dermassen an tag pracht, das er im teutschen liechter[317] ist dann in andern sprachen, so sollen[a] die frauen in den clöstern lernen, teutsch psallirn[b] in gewonlichem ton, wie sie lateinisch pflegen, und ire lectiones[c], capitula [d]und collecten[d] teutsch lesen, damit sie dester mer gepessert und zu reichlicher erkantnus Gottis worts mogen kommen.

Furnemlich aber soll in aller diser ordnung der messen und alles andern chorgesangs vermitten werden, das man kain lateinisch gesang sing, das nicht aus der heiligen schrifft genomen oder aber ja[318] der heiligen schrifft gantz gemeß sey und aller der ungegründten lehr frey, so diser zeit mit heiliger gottlicher schrifft angefochten und uberzeugt[319] werden[320], wie dann[e] ein yeder, so er vorgehenden unterricht von der christlichen lehr[321] vleyssig einnymbt[322], dieselben wol wirt wissen zu urtailn.‹[323]

[17v:]

(Nota: Man mocht die brevir[324], mespucher und gradual[325] besehen und, was darin strefflich[326], in der visitation oder sonst namhafftig machen.)

a) vor den linken Rand ohne Einweisung geschrieben, obwohl im Text vor dem Wort ein Zeichen angebracht ist: Nota, ob man woll hie setzen ›sollen‹ oder ›mogen‹.

b) danach gestr.: und.

c) danach gestr.: und.

d-d) vor den linken Rand geschrieben und eingewiesen.

e) übergeschr. für gestr.: das.

314. Sinnabschnitt.

315. Die vollständige lutherische Bibelübersetzung lag seit 1534 vor, vgl. *Volz*, Luther-Bibel 1, S. 79*-83*.

316. vor allem.

317. verständlicher.

318. doch.

319. erwiesen (nämlich als falsch).

320. Die endgültige Ordnung, PfN, fügt an dieser Stelle einige Beispiele ein, vgl. u. A. Bd. 7, S. 705,13-19, Nr. 293.

321. Vgl. o. S. 952,14-958,16.

322. erfaßt.

323. Die endgültige Ordnung, PfN, entspricht mit nur kleinen und unwesentlichen Änderungen diesem Vorschlag für die Gebetsgottesdienste, vgl. u. A. Bd. 7, S. 703,16-705,21, Nr. 293.

324. die Ordnungen des Stundengebets.

325. das Chorbuch, das die gesamten Gesänge der Messe enthält.

326. tadelnswert.

Wann nun dise ordnung, wie wir hoffen, furstlicher durchleuchtigkait[327] gefellig und annemlich[328] wirt sein, so sein die drei titel: Ordnung der meß, ordnung des tagambts on communicanten, ordnung des chorgesangs, schon gefertigt. Wo aber mein g[nädig]er herr ye die brandenburgischen ordnung wolt unverruckt[329] behalten, das lassen wir geschehen, allain die letsten zwen titel[330] werden pesserung und endrung nach gelegenhait des lands bedurfen.

Volgen die collecten.

(Nota: Die collecten sollen aus der brandenburgischn ordnung geschriben werden[331] doch also, das yede ein titel hab, wie hernach volget.)

Titel:

Volgen die collecten, die man in allerlay gottsdienst soll geprauchen[f]:

1. Umb gnad und pesserung des lebens[332], 2. Umb sterck und sig wider die sunde[333], 3. Umb danckbarkeit fur Gottis gute[334], 4. Umb gnad und bruderliche lieb[335], 5. Umb gnad und hulf in widerwertigkait[336], 6. Umb gaistlichen und zeitlichen segen[337], 7. Umb volkomenhait und fur die feint[338], 8. Fur die abgefallen und irrigen[339], 9. Fur die betrubten[340], [18r:][g] 10. Fur die schwangern frauen[341], 11. Fur alle obrigkait[342], 12. Umb ein christlich, gotselig leben[343], 13. Umb hulf in allerlay

f) danach bei den nachfolgenden ersten Kollektentiteln vor den linken Rand geschrieben: Nota: Der erst titel gehort auff die ersten collecten in der brandenburgischn ordnung, der ander auff die andern, der drit auff die dritten, und also furan, wie sie in der ordnung stehn und mit zifern verzaichent sein.

g) als erste Zeile der neuen Seite gestr.: 10. Fur braut und breutgam.

327. sc. Ottheinrich von der Pfalz.

328. annehmbar.

329. unverändert.

330. nicht die letzten beiden Abschnitte von MB überhaupt, sondern die beiden zuletzt oben genannten, also das Tagamt ohne Kommunikanten und die Ordnung des Chorgesangs.

331. Vgl. den vollen Wortlaut der Kollektengebete in MB bei *Sehling*, Kirchenordnungen 3, S. 72-74, deren Abfolge Osiander bei der folgenden Titelgebung genau einhält, während das in der endgültigen Fassung PfN nicht der Fall ist.

Wir geben daher im folgenden jeweils auch den Hinweis auf die Fundstelle des Gebets in PfN, zumal sich dort auch eine Kommentierung findet.

332. Vgl. u. A. Bd. 7, S. 707,12-18, Nr. 293.

333. Vgl. u. A. Bd. 7, S. 707,19-23, Nr. 293.

334. Vgl. u. A. Bd. 7, S. 710,12-17, Nr. 293.

335. Vgl. u. A. Bd. 7, S. 708,5-11, Nr. 293.

336. Vgl. u. A. Bd. 7, S. 709,10-19, Nr. 293.

337. Vgl. u. A. Bd. 7, S. 709,3-9, Nr. 293.

338. Vgl. u. A. Bd. 7, S. 708,12-18, Nr. 293.

339. Vgl. u. A. Bd. 7, S. 711,7-12, Nr. 293.

340. Vgl. u. A. Bd. 7, S. 711,3-6, Nr. 293.

341. Vgl. u. A. Bd. 7, S. 710,8-711,2, Nr. 293.

342. Vgl. u. A. Bd. 7, S. 707,1-12, Nr. 293.

343. Vgl. u. A. Bd. 7, S. 707,24-28, Nr. 293.

widerwertigkait[344], 14. Umb die rechten lehr und gaistreiche prediger[345], 15. Fur alle hohe weltliche obrigkait[346]; die andern haben ir titel im gedruckten[347].

Volget der titel: Die litaney.

Die vorred vor der litaney reymbt[348] sich in dise ordnung nicht, darumb soll sie außgelassen werden[349], und die litaney unter disen titel notirt werden, wie sie zu Wittemberg und Nurmberg mermals gedruckt ist[350], dann die brandenburgischen noten[351] sein nicht als lieblich als die andern. Am end hat die brandenburgisch ordnung vor den collecten der litanei etliche teutsche versikel[352], die sollen ausgelassen werden, dan es mer ein superstitio ist, solch monchisch tendelwerck alles im teutschen wollen behalten, dann ein nutz oder Gottis ehr.

Volget der titel: »Von besuchung und communion der krancken«[353].

Unter disem titel steht vil guts christlichs dings, und ist doch zu lang, darumb muß er berhatschlagt[354] und verkurtzt werden:

Erstlich, was zu unterricht der pfarherrn geschriben ist vom anfang, soll also bleyben[355] bis auff[356] den sechsten paragraphum: »Es sollen auch in grossen stedten« etc., dan disen paragraphum mag man wol auslassen bis auf die wort: »Und soll nicht gestattet werden, das die munch« etc.; dieselben sollen bleyben und also gesetzt werden: ›Es soll aber nicht gestattet werden‹ etc., und also furan bis auff den alften paragraphum, [18v:] der anfahet: »Wo es auch des krancken gelegenhait leiden wolt«[357] etc.

344. Vgl. u. A. Bd. 7, S. 709,20-710,2, Nr. 293.

345. Vgl. u. A. Bd. 7, S. 705,24-706,14, Nr. 293.

346. Vgl. u. A. Bd. 7, S. 706,15-26, Nr. 293.

347. Es handelt sich um die folgenden Kollektengebete von MB (bei *Sehling*, Kirchenordnungen 3, S. 73f), die sich alle auch, wenn auch in anderer Reihenfolge in der endgültigen Fassung PfN finden und dort in unserer Ausgabe kommentiert sind: »Von der Geburt Christ« (u. A. Bd. 7, S. 711,14-19, Nr. 293), »Vom leiden Christi« (u. A. Bd. 7, S. 712,1-5, Nr. 293), »Ostern« (u. A. Bd. 7, 712,6-14, Nr. 293), »Himmelfahrt« (u. A. Bd. 7, S. 712,15-19, Nr. 293), »Pfingsten« (u. A. Bd. 7, S. 712,20-713,6, Nr. 293), »Dreifaltigkeit« (u. A. Bd. 7, S. 713,7-12, Nr. 293), »Das gottes reich komme« (u. A. Bd. 7, S. 708,1-4, Nr. 293), »Das gottes wille geschehe« (u. A. Bd. 7, S. 708,19-709,2, Nr. 293), »Pro pace« (u. A. Bd. 7, S. 710,8-11, Nr. 293) und »Pro pace« (u. A. Bd. 7, S. 710,3-7, Nr. 293).

348. fügt.

349. Vgl. den entsprechenden Text von MB in *Sehling*, Kirchenordnungen 3, S. 74.

350. Von den in WA 30,3, S. 1-16 genannten Drucken der Litanei kommen folgende in Frage: für Wittenberg a, 1, 2, d, e, n und o, für Nürnberg die beiden Gutknecht-Drucke des Jahres 1529: A und B.

351. Bei *Sehling*, Kirchenordnungen 3, S. 74f sind die Noten nicht mit abgedruckt; sie finden sich in dem Druck von 1540 von MB auf Bl. N3b-P4a.

352. Es handelt sich um vier Versikel, deren Wortlaut sich bei *Sehling*, Kirchenordnungen 3, S. 75 findet.

353. Vgl. den Wortlaut des Abschnitts von MB bei *Sehling*, Kirchenordnungen 3, S. 75-81.

354. überdacht.

355. Vgl. den Text bei *Sehling*, Kirchenordnungen 3, S. 75f.

356. bis zum, hier: ausgenommen.

357. Vgl. den Wortlaut bei *Sehling*, Kirchenordnungen 3, S. 76f.

Hie ist nun zu bedencken, dieweil so vil treffenlicher, wichtiger ursach sein, die da zwingen, das man nicht umbgehn kann, man muß das heilig sacrament in etlichen fellen bei den krancken in heusern consecirn, wie solcher ursach gar vil hernach in der brandenburgischen ordnung angezaigt werden[358], ob man lieber durchaus[359] bei den krancken consecirn oder aber in der kirchen consecirn und es darnach allererst uber die gassen zum krancken tragen wolle. Wir zwar konnens kainswegs rhaten, das man hie ungleich handel, sonder sehens fur das allernutzlichst und pesserlichst[360] an, das mans durchaus gleich halt und bei den krancken im haus consecrir, erstlich darumb, das ebensowol gefahr in stetten sich mogen zutragen als auff dem land, sonderlich bei der nacht in schnellen zufellen[361]; zum andern darumb, das es nicht zur ehre, sonder zur verachtung des heiligen sacraments dienet, wan mans uber die gassen tregt. Dann soll mans on glocken und on liecht tragen, so ways nymand, was dem priester begegnen mag von allerlay leichtfertigkait andrer menschen. Sol man dan glocken und liecht prauchen, so sehens und horens doch vil leut, die aus zufellen[362] dem heiligen sacrament gepurliche ehr nicht thun konnen; das ist dann ergerlich den andern und in[363] ein eingang[364], sonst[365] auch sich verechtlich dargegen zu erzaigen, zudem das es on das ein unansehenlich menschenfündlein scheinet, das heilig sacrament mit glocken und liechten zu tragen und zu ehren. Zum dritten were das ja ein verkerte superstition, wan man in eins armen baurn hütlein solt consecirn, wie mans nicht umbgehn kann, und in eins erbarn, wolhabenden burgers haus nicht wolt consecirn, [19r:] da doch sein hausgesind und nachbarn wie ein christliche samlung darbei sein und dem heiligen sacrament allerlay ehr mogen erzaigen mer, dan im dorf geschicht, zuvor dieweil durch disen weg alle unehr, so dem heiligen sacrament [h]auff dem weg[h] widerfahrn kan, verhutet wirt und die leut nur, hoch darvon zu halten, geraytzt werden.

Wil man nun bei den krancken allen, die, in die kirchen zu kommen, nicht vermogen[366], durchaus[367] lassen consecirn, wie wir fur gut ansehen und treulich rhaten, so ist am fuglichsten, das man obgemelten ailften paragraphum mit etlichen volgenden außlasse und setze an sein stat die ursach, in der brandenburgischen ordnung am blat T2[a] geschriben, mit solchem anfang: ›[i]Es will[i] aber aus vilen wichtigen ursachen

h-h) vor den linken Rand geschrieben und eingewiesen.
i-i) vor den linken Rand geschrieben und eingewiesen für gestr.: Dieweil es.

358. Vgl. *Sehling*, Kirchenordnungen 3, S. 77.
359. ausschließlich.
360. am meisten bessernde.
361. plötzlichen Ereignissen.
362. besonderen Umständen.
363. ihnen, für sie.
364. Anlaß.
365. bei anderer Gelegenheit.
366. nicht in der Lage sind. – So schlug es MB vor, vgl. *Sehling*, Kirchenordnungen 3, S. 77.
367. in jedem Fall.

nicht gelegen sein[k], das heilig sacrament uber die gassen und uber land tragen zu lassen, dann erstlich seind die strassen etwo gantz unwegsam‹ etc. durchaus, wie in der brandenburgischn ordnung derselb und volgend paragraphus lauten[368]. Darnach der dritt soll also gestelt werden: ›Darumb, solche und andre mer ungeschicklichait zufurkommen und damit auch nicht neue und ergerliche mispreuch einreyssen, soll[l] das hochwirdig sacrament in den heusern bei den krancken, so, in die kirchen zu gehn, nicht vermogen, consecrirt und dem krancken alspald gereicht werden.‹ Hernach sol gesetzt werden der 14. paragraphus am blat R[1], also anfahend: »[m]Und wann der priester zum krancken kombt[m]«[369], und also furo, biß zu dem titel: »Wenn solchs geschehen«[370]. [19v:] Weiter[371], vor dem grossen titel: »Wen solchs geschehen«, soll auch gesetzt werden der funft paragraphus am blat T2, also anfahende: »Wo aber der kranck noch nicht gepeicht«[372] etc., [und er][n] soll also gestellt werden: ›Wo aber der kranck noch nicht gepeicht, soll er in[373] beicht hören und in erkantnus der sund unterrichten, darnach im die absolution mittailen. Und eh dann er das heilig sacrament consecrirt, soll er im den glauben[374] und das vaterunser vorsprechen. Indes soll[o] man ein tisch sauber und reinlich mit einem weyssen tuch bedecken, ein prinnend liecht darauff setzen, und der priester soll haben ein corporal[375] und kelch, sonderlich darzu verordnet, die sol er[p] auffpraiten und ordenlich setzen[q] wie uber dem altar in der kirchen, ein klaine hostia oder nur ein stucklein von einer hostia aufflegen und ein wenig weins in den kelch schencken, das es ja der kranck baide verniessen[376] moge, und dann sprech er das gepet: »Her Jesu Christe, du warer und ainiger son des lebendigen Gottis« etc.,‹ wie das droben in ›ordnung der meß‹ geschriben steht[377]. ›Darnach neme er die hostia in die hand und sprech: »Unser herr

k) danach gestr.: will.
l) danach gestr.: man(?).
m-m) zu diesem in der Hs. besonders unterstrichenen Halbsatz auf freiem Raum davor die Ditt.: und wann der priester etc.
n) konj. – o) danach gestr.: »der t-(?)«.
p) danach gestr.: »geprauch-«.
q) danach gestr.: uber.

368. Vgl. den Wortlaut von MB bei *Sehling*, Kirchenordnungen 3, S. 80.
369. Vgl. den Anfang dieses Absatzes bei *Sehling*, Kirchenordnungen 3, S. 77 am Ende.
370. Vgl. die entsprechende Stelle bei *Sehling*, Kirchenordnungen 3, S. 78.
371. Im Unterschied zum bisherigen Text des Abschnitts über die Krankenkommunion folgt die endgültige Ordnung, PfN, im folgenden bis S. 982,18 nicht mehr genau dem Vorschlag Osianders, sondern bietet einen vielfach und deutlich umgearbeiteten Text, vgl. u. A. Bd. 7, S. 727,21-729,20, Nr. 293.
372. Vgl. den entsprechenden Absatz bei *Sehling*, Kirchenordnungen 3, S. 80.
373. ihn.
374. das Glaubensbekenntnis.
375. die palla corporalis, ein mindestens 58 cm² großes Tuch, auf dem die geweihten Hostien lagen, vgl. LThK 3, Sp. 62.
376. vollständig zu sich nehmen.
377. Vgl. o. S. 970,16-971,9.

Jesus Christus, in der nacht, da er verratten ward« etc.‹, wie in der brandenburgischn am blat T3 steht, soll von wort zu wort hieher geschriben werden bis auf den paragraphum: »Darnach sprech man«[378] etc. Derselb paragraphus soll also gestellt werden: ›Darnach spreche er[r] dem krancken etliche dancksagung und trostsprüch vor und beschliesse mit einem segen, wie bei der messe verordent ist[379]. Und ob der kranck [20r:] so schwach were, das man eylen must oder sonst viel wort nicht wol leiden konnt, soll der priester mit grosser beschaidenhait[380] handeln und allain die haubtstuck als die absolution[381], consecration[382] und communion volziehen und nachvolgends so vil unterricht und trostes mittailen, als sich leiden will. Es soll auch der priester den leuten, so umb den krancken sein, etlich spruch anzaigen, die sie dem krancken in der letsten not furhalten und in allain auff Christum weysen.

Im fall, so er selbs nicht dasein kann, [s]und dieweil sich offt zutregt, das etliche leut als schwangere weyber oder, die uber land ziehen wollen, des heiligen sacraments begern und nicht warten konnen, biß man ein gemaine communion in gewonlicher mesß helt, so soll es mit denselben in der kirchen aller ding gehalten werden uber dem altar, wie es bei den krancken in heusern gehalten wirt. Man[t] mag auch die krancken, so es vermogen, auch [!] vermanen, das sie, das heilig sacrament zu empfahen, also in die kirchen kommen[s].

Hie volgen nun etliche trostpsalm und danckpsalm, sambt andern trostspruchen, aus denen man den krancken vor oder nach der communion etlich vorsprechen mag, alles nach gelegenha[i]t[383] der zeit, des orts und der krancken: (Hieher mogen nun geschriben werden die trostpsalm, so in brandenburgischer ordnung stehn, am blat R2 anzufahen am psalm: »Ad te, Domine, levavi animam meam«[384], und also furo vier gantze bletter bis auff den letsten paragraphum: »Es soll auch der priester«[385] etc. Darnach mag man auch hie herzuschreyben, was am blat S3 steht, anzufahen am

r) danach gestr.: mit.

s-s) vor den linken Rand geschrieben und eingewiesen mit der am Rand darüber notierten Anweisung: Diser paragraphus sol da hineingesetzt werden. (Osiander hat diese Passage mit dem im Text vorausgehenden Halbsatz zunächst vergessen und die folgende Überschrift geschrieben, dann das Versäumnis bemerkt und nachgeholt, indem er den freien Raum der Zeile vor der Überschrift mit dem Halbsatz gefüllt und dann den Text auf dem Rand zu Ende geschrieben hat; der Text nach der Überschrift wurde schließlich von ihm mit schmalerem Zeilenblock fortgesetzt).

t) danach gestr.: soll.

378. Vgl. den Wortlaut von MB bei *Sehling*, Kirchenordnungen 3, S. 80.

379. Vgl. o. S. 974,6-9.

380. nach billigem Ermessen.

381. Vgl. o. S. 962,14-22.

382. Das Sprechen der Einsetzungsworte.

383. den Umständen.

384. Ps 24,1 Vg.[25,1].

385. Vgl. den entsprechenden Text von MB bei *Sehling*, Kirchenordnungen 3, S. 78f.

psalm: »Laudate Dominum omnes gentes«[386], und also furfarn bis an das blat T2, an den titell: »Der gestalt und also« etc.[387] Man mag auch wol etliche oder schier alle außlassen oder andre an die stat setzen, wie man will[u388]. Macht mans im puch lang und der priester im werck kurtz, so gepirt es haß und nachred, als sey den priestern vil befalhen und richten wenig auß.) [20v:]

Volget: »Ordnung der begrebnus«.

Dise ordnung ist in der brandenburgischen zu lang und zu superstitiosa[389], darumb muß man nach gelegenhait des lands und der zeit alhie ein andre stellen. Darzu mag man prauchen erstlich[390] die ersten acht zeil aus der brandenburgischen ordnung, und nicht weiter[391]; zum andern die vermanung, in der nurmbergischen ordnung gestelt, die sich anfahet: »Ir andechtigen, lieben bruder und schwester in dem Herrn«[392] etc.; zum dritten die collecten aus der brandenburgischen ordnung, die sich anfahet: »O almechtiger Got, der du durch den tod deines Sons« etc., im andern paragrapho unter dem titel der ordnung der begrebnus[393]; zum vierten die gemelten gesang[394], nemlich: »Ego sum resurrectio et vita«[395], »Media vita«[396], »Libera me Domine«[397], »Si enim[v] credimus«[398], den psalm: »De profundis«[399], »Benedictus«[400], »Domine, refugium«[401], oder das teutsch gesang: »Mitten unsers lebens zeit«[402] etc. Und aus disen allen oder etlichen mag man ordnen, was man vor oder in dem haus,

u) danach wohl irrtümlich an falscher Stelle: Und also ist die ordnung der begrebnus volendet.

v) Schreibfehler: eninn.

386. Ps 116,1 Vg.[117,1].

387. Vgl. den Wortlaut von MB bei *Sehling*, Kirchenordnungen 3, S. 79.

388. In der endgültigen Fassung folgte man dann nicht so genau den hier gemachten Vorschlägen, vgl. u. A. Bd. 7, S. 729,21-732,22, Nr. 293.

389. Vgl. den Wortlaut des Abschnitts in MB bei *Sehling*, Kirchenordnungen 3, S. 81.

390. zunächst.

391. Es handelt sich um den Text bei *Sehling*, Kirchenordnungen 3, S. 80 unter dem Abschnitt »Ordnung der begrebnis« bis zu den worten: »an jedem ort gewönlich ist«.

392. Vgl. den Wortlaut von BN in u. A. Bd. 5, S. 173,17-174,13, Nr. 176.

393. Vgl. den Wortlaut von MB in *Sehling*, Kirchenordnungen 3, S. 80. Das genannte Gebet ist auch in der endgültigen Ordnung, wenn auch an anderer Stelle der Begräbnisordnung enthalten und dort kommentiert, vgl. u. A. Bd. 7, S. 734,3-10, Nr. 293.

394. Die folgenden Gesänge werden in MB gleich zu Anfang der Begräbnisordnung erwähnt, vgl. *Sehling*, Kirchenordnungen 3, S. 80.

395. Vgl. Joh 11,25.

396. Vgl. den vollen Text bei *Wackernagel*, Kirchenlied 1, S. 94, Nr. 141, und *Lipphardt*, »Mitten wir im Leben sind«.

397. Ps 108,21 Vg.[109,21].

398. Vgl. I Thess 4,14. Der Text des Liedes stammt wohl aus dem lutherischen Begräbnisbuch von 1542, vgl. WA 35, S. 483,9.

399. Vgl. Ps 129,1 Vg.[130,1].

400. Vgl. o. S. 975, Anm. 298.

401. Vgl. Ps 89,1 Vg.[90,1].

402. Vgl. o. Anm. 396.

auf dem weg und bei dem grab lesen oder singen soll[403]. [w]Und also ist die ordnung der begrebnus volendet[w].

Vom heiligen ehstand.

Diser titel sol aus der brandenburgischn ordnung geschriben werden, wie er gestelt ist von wort zu wort, bis auff den paragraphum, der sich anfahet: »Des andern tags«, am blat X2; derselbig paragraphus sambt allem, was hernach volget, soll ausgelassen werden[404]. Dan Sachsen und Marck[405] haben ein sondern brauch, das man braut und breutgam umb vesperzeit im haus einlaitet und segnet, und [21r:] geschicht alsdann das beischlaffen; des morgens nach dem beyschlaffen gehn sie allererst mit dem geprenck[406] zu kirchen. Darumb soll man in abschreybung diß titels die nurmbergischen ordnung vor der hand haben[407].

[x]Von etlicher aintzelicher wort wegn in titeln[x]:

Der nechst titel soll also lauten: Von beruffung der kirchendiener,

und sol aus brandenburgischer ordnung geschriben werden, wie er steht, die ersten drei paragraphi, bis auff den, der anhebt: »Ob auch ymands«[408] etc. Das ubrig alles hat nicht stat, es bewilligte dan der bischoff von Augspurg[409] alles, was in disem titel steht, so[410] mocht man in gar setzen.

In den ubrigen titeln: Von festen[411], Von fasten[412], Von der palmwochen, Marterwochen, Ostern, Kreutzwochen[413], Auffart, Pfingsten und dergleichen[414], Von schu-

w-w) Satz hier angefügt; vgl. o. S. 983,3, Anm. u.

x-x) Osiander vergaß offenbar, diesen Satz, der zum folgenden nicht paßt, zu streichen.

403. Wie hier vorgeschlagen, hat dann die endgültige Ordnung, PfN, die Begräbnisordnung unter Verwendung der hier genannten Stücke genauer ausgearbeitet, vgl. u. A. Bd. 7, S. 732,24-734,10, Nr. 293.

404. Vgl. den Wortlaut von MB bei *Sehling*, Kirchenordnungen 3, S. 81-84. Tatsächlich entspricht die endgültige Ordnung, PfN, bis hierhin mit Ausnahme einer größeren Auslassung am Anfang (vgl. *Sehling*, Kirchenordnungen 3, S. 81f) und geringen Abweichungen MB (die allerdings ihrerseits auf BN beruht) und läßt alles in MB folgende (vgl. *Sehling*, Kirchenordnungen 3, S. 84f) aus, vgl. u. A. Bd. 7, S. 734,12-738,25, Nr. 293. Auf die genannten beiden größeren Auslassungen bezieht sich in u. A. Bd. 7, S. 734, Anm. q-q, Nr. 293, die Bemerkung, daß MB stark von der Trauordnung in PfN abweiche.

405. sc. die Mark Brandenburg.

406. Zeremoniell.

407. Vgl. den Wortlaut von BN in u. A. Bd. 5, S. 168,3-173,6, Nr. 176.

408. Vgl. den Wortlaut von MB bei *Sehling*, Kirchenordnungen 3, S. 85.

409. Christoph von Stadion.

410. dann.

411. Vgl. den Wortlaut des entsprechenden Abschnitts bei *Sehling*, Kirchenordnungen 3, S. 86f. In der endgültigen Ordnung, PfN, ist der Abschnitt völlig anders formuliert als in MB, vgl. u. A. Bd. 7, S. 739,20-741,9, Nr. 293. Auch die Feiertage und ihre Aufzählung weichen voneinander ab.

412. Vgl. den Wortlaut des Abschnitts von MB in *Sehling*, Kirchenordnungen 3, S. 87f. In die endgültige Ordnung, PfN, wurde er nicht übernommen, vgl. u. A. Bd. 7, S. 741,10-746,6, Nr. 293.

413. Die Kreuzwoche ist die Woche nach dem 5. Sonntag nach Ostern (Vocem iucunditatis).

414. Vgl. den Wortlaut der entsprechenden Anordnungen von MB in *Sehling*, Kirchenord-

len[415], ist kain gefar. Man verordne, wie mans fur gut ansihet, doch alle superstition vermitten. [21v:]

Zu gedencken, ob man etliche teutsche gesang, so man in der kirchen solt geprauchen, wolt namhafftig machen oder aber gar in die ordnung trucken lassen, so mocht man das »Teutsch gesangbuchlin«, zu Wittemberg ausgangen[416], durchsehen und aus denjhenigen, so der Luther selbs gemacht, die bequemlichsten und gepreuchlisten, erwelen.

nungen 3, S. 88. In der endgültigen Fassung, PfN, wurden zwar dazu Ausführungen gemacht und Anordnungen getroffen, sie griffen aber kaum auf den Wortlaut von MB zurück, vgl. u. A. Bd. 7, S. 741,12-744,4, Nr. 293.

415. Vgl. den Wortlaut des Abschnitts in MB bei *Sehling*, Kirchenordnungen 3, S. 88f. Die endgültige Ordnung, PfN, enthielt wie BN einen solchen Abschnitt gar nicht, vgl. u. A. Bd. 7, S. 744,4-746,7, Nr. 293.

416. Gemeint sind die verschiedenen Auflagen des von Luther erstmals 1529 herausgebrachten sogenannten Klugschen Gesangbuches. Vgl. insgesamt: *Jenny*, Luthers Gesangbuch.

Nr. 338 a
Ewiggeldurkunde
Nürnberg, 1547, Januar 5

Bearbeitet von *Hans Schulz*

Nürnberg StadtArch, A 1, 1547 Januar 5: Ausf.[1]

Die verstorbene Martha Münch, Witwe des verstorbenen Hans Münch, hat testamentarisch die Stiftung eines Theologiestipendiums verfügt, dessen Verwalter Osiander und Veit Dietrich sind. Aus dem Stiftungsvermögen hat die Stadt Nürnberg 600 Gulden erhalten. Dafür verpflichtet sich der Rat der Stadt, einen ewigen jährlichen Zins von 30 Gulden an die Stiftungsverwalter zu zahlen. Zur Absicherung der Zahlungen stellt der Rat vier seiner Mitglieder als Bürgen, die bei Zahlungsverzug vom Gläubiger verpflichtend aufgefordert werden können, sich in acht Tagen in einem bestimmten Gasthaus einzufinden und als Gast zu zahlen, bis die Zahlungen an die Prediger erfolgt sind. Für diesen Vertrag behält sich der Rat ein Rückkaufsrecht für 600 Gulden vor; die vor dem Rückkauf geleisteten Zinszahlungen sind verloren.

[Dorsale:] Stipendium, durch Martha Hanns Munchin[2] seligen gestifft, pro 30 gulden ewigsgelts[3].
[Von anderer Hand:] 1547.

Wir, die burgermaistere und rate der stat Nuremberg, bekennen[4] fur uns und die burgere gemainiklich[5] daselbst und thun kundt offenlich mit disem briefe[6], das wir

1. Es handelt sich um eine Pergamenturkunde, bei der das u. S. 989,10 angekündigte Siegel allerdings fehlt. – In Nürnberg StadtArch, A 1, UR Bd. 2 (Regesta Norica. Urkundenregesten Lochners Bd. I), S. 38, Nr. 86 findet sich ein Regest von *Georg W. K. Lochner*, dem ersten Leiter des Archives, 1865 oder später angelegt; es wird textkritisch nicht berücksichtigt. Da sich am Rand des Regests die Bemerkung findet: »Siegel abhanden«, muß das Siegel der Urkunde schon vor der Verzeichnung verloren gegangen sein.

2. Martha Münch starb zwischen dem 17. Dez. 1544 und dem 25. Febr. 1545; vgl. *Burger*, Totengeläutbücher 3, S. 119f, Nr. 3080: »Martha Hannß Münchin die ellter, goltschmidin am Zotenberg«. Zur Benennung des Ehemannes im Namen der Ehefrau vgl. o. S. 335f, Anm. 12, Nr. 495.

3. DRW 3, Sp. 339, definiert: »Rente, unablösliche Geldleistung« (vgl. Sp. 340, Art. Ewigzins). Eine Ablösung war durch Rückzahlung vorgesehen. Das Ewiggeld ist hier also nur als ›Rente‹ zu erklären.

4. beurkunden.

5. insgesamt.

6. dieser Urkunde.

mit wolbedachtem mut[7] durch unserer stat nutzs und notturft[8] willen recht und redlich verkaufft und ze kauffen gegeben[9] haben den wirdigen herren Andreas Osiander und magister Veyten Dietrich[10], derzeyt bede predicanten hie, in Sannt Laurentzen und Sannt Sebalds parrkirchen[11], als ve[r]walter und ausrichter eines stipendiums in theologia, so Martha Munchin selige[12], Hannsen Munchs, weyland[13] unsers burgers seligen[14], gelassne wittib[15], in irem testament gestifft und geordent hat, demselben stipendio zusteende dreyssig gulden an guter, grober[16] muntz ewigsgelts auff[17] derselben unserer stat Nuremberg, die wir und unser nachkommen[18] inen, den benanten zweyen predicanten und iren nachkommenden, ye zuzeytten wesenden[19] predicanten der gemelten zweyen pfarrkirchen, von wegen bemelts stipendiums alle jar jerlich von unsers conmuns[!] gelt[20] aus der losungstuben[21] raichen und geben sollen und wollen, halb zu Sannt Walpurgen tag[22] und halb zu Sannt Martins tag[23], und mit erster bezalung anzefahen pro rata nach anzal der zeyt Walpurgis schierst[24] kommende, on alles verziehen, verbieten und verhefften[25] aller gaistlicher und weltlicher leut und gericht und on allen iren schaden ongeverde[26],

7. wohl bedachter Absicht.

8. Notwendigkeit.

9. das Recht überlassen, die Schuld eingeräumt. – In der Urkunde wird dargelegt, daß die Verwalter des Stipendiums (s. dazu u.) vom Rat das Ewiggeld ›gekauft‹ haben; der ›Kaufbetrag‹ wird wesentlich später (S. 988,26) auch genannt. Nach heutigem Verständnis wird man den Vorgang im Sinne einer Schuldverschreibung genau umgekehrt sehen: Die Verwalter des Stipendiums überlassen der Stadt Kapital zu einer festen jährlichen Verzinsung; vgl. das Regest. Für klärende Hinweise danke ich Frau Dr. *Wiltrud Fischer-Pache* vom Stadtarchiv Nürnberg.

10. Zu Veit Dietrich (1506-1549) vgl. *Simon*, Nbg. Pfb., S. 46, Nr. 234, und *Klaus*, Dietrich, passim.

11. Die beiden Reformatoren der süddeutschen Reichsstadt hatten in kirchlichen Angelegenheiten immer wieder im Auftrag des Rates zu handeln und wurden auch anderweitig um Rat gefragt: Für Herbst und Winter 1546/7 vgl. etwa u. A. Bd. 8, S. 466-468, Nr. 331; S. 471, Nr. 333; S. 493f, Nr. 339; S. 496-501, Nr. 341 und 342.

12. verstorbene.

13. vormals.

14. Der Sterbeeintrag des zwischen dem 15. Dez. 1540 und dem 9. März 1541 verstorbenen Ehemanns Hans Münch in *Burger*, Totengeläutbücher 3, S. 87f, Nr. 2276, lautet: »Hans Munch, goldschmid, der ellter, beym Neuen Spital«.

15. zurückgelassene Witwe. Sie war offenbar nicht unbegütert.

16. großer, hochwertiger (vgl. *Grimm*, Wörterbuch 4,1,6, Sp. 390). – Zu den in Nürnberg gebräuchlichen Guldenarten vgl. u. A. Bd. 9, S. 65, Anm. 47, Nr. 363, und S. 78, Anm. 6, Nr. 367.

17. sc. auf Kosten.

18. Nachfolger (im Amt).

19. vorhandenen.

20. unserem Gemeindegeld.

21. Stadtkasse.

22. 1. Mai.

23. 11. Nov.

24. als nächste.

25. verpflichten.

26. ungefährdet.

doch mit dem rechten, das sie uns dasselb ewiggelt vorlosungen[27] und versteuern sollen als ander unser burger, die ewiggelt von uns haben. Und auff das inen oder iren nachkommenden, wesenden verwaltern von wegen bemelts stipendiums solchs von uns und unsern nachkommen gentzlich volzogen und gehalten werde, so haben wir inen zu merer sicherhait zu uns und unsern nachkommen zu rechten purgen gesetzt vier unser burger aus unserm rat, die sie ine[28] dann furnemen und erkiesen[29] werden also, ob[30] wir sie solcher obberurter jerlicher und ewiger zyns auf yede vorbenante frist, nachdem wir dess ungeverlich von ine ermant wurden, nicht bezalten, sunder ine die geverlich verzugen und sie desshalb zu schaden brechten, so haben sie vollen gewalt und gut recht, dieselben ir furgenommen vier burger unsers rats oder ir ains tails, wie ine das fuglich[31] ist, manen ze laisten[32], und welcher also ungeverlich von inen gemant wirdet, der solle pey seinen guten treuen in acht tagen den nachsten on alles verziehen in die laistung in eines offen gastgeben[!] haus[33] hie zu Nuremberg, darein er gemant wirdet, einziehen und laisten nach gasts recht und gewonhait und aus der laistung nicht kommen solang, pis wir inen[34] die erschynen[35] zyns mitsambt den redlichen[36] und ungeverlichen[37] scheden, ob[38] sie die enpfangen[!] hetten, gar und gentzlich entricht und bezalt haben ongeverde. Ob aber solche burger unsers rats, die also ze laisten gemant wurden, einer oder mer, nicht anhaims[39] weren oder selbst nicht laisten, der yeder mocht einen knecht an sein stat schicken, der da laistet in der mass, als vor geschriben steet. Und welch burger unsers rats also gemant und laisten wurden, den versprechen wir auch, hierin sie on alle ir scheden gutlich[40] davon ze ledigen[41].

Auch haben wir uns mit willen und gunst der obgenannten kauffere hierin vorbehalten, das wir und unser nachkommen die obgeschriben dreyssig gulden ewigsgelts von inen oder iren nachkommen, den ye zuzeytten wesenden verwaltern bemelts stipendiums, von wegen desselbigen mit sechshundert gulden an grober muntz obgemelter werung, darumb sie erkaufft sind, zu einer yeglichen zeyt, uns das synnlich[42]

27. für … Abgaben bezahlen.
28. sich.
29. erwählen.
30. für den Fall, daß.
31. recht.
32. zahlen.
33. zur Bezahlung in ein öffentliches Gasthaus.
34. sc. der Rat den Verwaltern.
35. fälligen.
36. zu Recht entstandenen, berechtigten (vgl. *Grimm*, Wörterbuch 8, Sp. 476).
37. ohne böse Absicht entstandenen (vgl. *Grimm*, Wörterbuch 4,1,1, Sp. 2070 und 2075).
38. wenn.
39. daheim.
40. einvernehmlich.
41. lösen.
42. ratsam.

ist, wider abkauffen mugen[43]. Und wann wir sie dann derselben summa mitsambt dem zyns Walpurgis oder Martini, nechst vor der abverkundung erschynen[44], und auch allen andern davor verfallen[45], unbezalten zynsen entrichtet oder die zu bezalung zu unsern wechsel[46] gelegt und ine das verkundt haben, die daselbst ze heben[47], so sollen wir und unser nachkommen von der e[h]genannten unser stat wegen umb die obgeschriben summa gulden und umb alle andere zyns furbas[48] ledig und lose und inen der nicht mer zu geben schuldig noch pflichtig sein. Und uns solle alsdann diser briefe on verzug widergegeben werden, alle arglist und geverde hierin gantz ausgeschlossen.

Zu urkund diss brieffs mit der stat Nuremberg anhangendem insigel versigelt.

Geben am mitwoch nach dem neuen jars tag, den funften tag des monats January nach Christi, unsers liebsten herren und seligmachers, gepurt im funftzehenhundertistenundsybenundviertzigisten jare etc.

43. können.
44. letztmals vor der Aufkündigung vergangen.
45. angefallenen.
46. Kauf(betrag).
47. erheben, entnehmen, entgegenzunehmen (vgl. *Grimm*, Wörterbuch 4,2, Sp. 730).
48. in Zukunft.

Nr. 342a
Gutachten zu heimlichen Verlöbnissen oder Winkelehen

1547, Februar 7

Bearbeitet von *Hans Schulz*

Einleitung

1. Vorgeschichte

Ein Gutachten von Johannes Brenz aus dem Jahr 1533 stellt fest, »das sich in keiner sach, die ee betreffendt, mehr verwirrter unordnung und ungeschickter handlung begeben, dann in den heimlichen contracten, so von den jungen on vorwissen und verwilligung irer eltern oder ordenliche fürmünder ungehorsamlichen gescheen«[1]. Damit ist die historische Problematik der sog. Winkelehen umrissen, die durch Bestimmungen des päpstlich-mittelalterlichen Rechtes[2] möglich geworden waren[3]. Auch nach Einführung der Reformation[4] blieb die Sitte, einander die Ehe zu versprechen und sogleich zu vollziehen ohne Bestätigung durch die Eltern und in der Öffentlichkeit, weiter bestehen und mußte von der weltlichen Obrigkeit immer wieder verboten werden. Der Nürnberger Rat befaßte sich im Sommer 1533 mit den ›heimlichen Verlöbnissen‹ und forderte Brenz durch den Ratsschreiber Lazarus Spengler auf, ihn in der Angelegenheit zu beraten. Brenz schickte am 14. Juli[5] eine für den ansbachischen Kanzler Georg Vogler von ihm ausgearbeitete Mandatsvorlage[6], in der die ›Winkelehe‹, d.h. das Eheversprechen unmündiger junger Leute – bis zu 25 Jahren – ohne Einwilligung der Eltern, bei Strafe verboten wurde; sollten junge Leute dem trotzdem zuwiderhandeln, »sollen sich die jungen nicht eigens fürnemens scheiden, ... sonder beid partey für die verordnete eerichter gewisen werden«[7]. Der Nürnberger Rat ließ zusätzlich die Juristen der Stadt befragen, die zur

1. Das Gutachten findet sich als Beilage zu dem weiter u. Anm. 5 genannten Brief an Spengler; es ist in Form eines Mandatsentwurfs für das Fürstentum Brandenburg-Ansbach verfaßt. Das Zitat findet sich auf fol. 1r.

2. Vgl. etwa die Bestimmung des Konzils von Florenz von 1439: »Causa efficiens matrimonii regulariter est mutuus consensus per verba de praesenti expressus« (DS 1327 (702)).

3. Die vorsichtigen Ausführungen dazu in LThK 3, Sp. 693, beschönigen die historische Wirklichkeit.

4. Zur reformatorischen Eheauffassung vgl. TRE 9, S. 336-346 (Lit!).

5. Brenz Schreiben an Spengler antwortet auf dessen vorausgegangenen Brief und findet sich Nürnberg StArch, Rst. Nbg., Ratskanzlei, A-Laden 127, Nr. 23/1.

6. Brenz schreibt über die dem Brief zugefügte Beilage: »Ich hab neulich meinem freintlichen, lieben herrn Georg Vogler ... meine thörichte phantasey zu erkennen geben, wie und in was meinung ongeverlich ein statut in diser sach gestellt möcht werden. Desselben schick ich euch hiemit ein copey« (a.a.O. in Anm. 5).

7. a.a.O. in der Beil. zu Brenz' Schreiben.

Frage der Nichtigkeit der heimlichen Verlöbnisse geteilter Meinung waren[8]. Fast ein Jahr später erst, am 3. Juni 1534 schließlich erließ der Rat ein Mandat, das Winkelehen bei Strafe verbot, sie jedoch nicht grundsätzlich für nichtig erklärte, sondern für den Fall, daß doch »haimliche gelübd und unordenliche eeliche zusamenverbindung unter den kindern« geschehen sollten, »so sollen dieselben verlübdten personen für sich selb oder auff begern der eltern..., sollich ee zu trennen und voneynander zu schayden, nit macht haben..., sunder bayde personen ... zuvorderst schuldig sein, vor dem stadtgericht zu Nürnberg zu erscheinen und alda nach genugsamer verhörung ... entschyeden werden, ob solche verbundtnus krefftig sey oder nicht«[9].

Da Osianders Ausführungen zu Ehe und Ehescheidung sich zur damaligen Zeit nicht mit dem Problem der Winkelehen befassen, nicht einmal die von ihm zusammen mit Brenz ausgearbeitete Brandenburg-Nürnbergische Kirchenordnung von 1533[10], darf man annehmen, daß die Nürnberger Theologen beim Vorhaben der Obrigkeit nicht befragt wurden, diese vielmehr die erbetenen Vorschläge von Brenz aufgegriffen hat. Erstaunlich freilich bleibt es doch, daß Osiander sich zum Mißstand der Winkelehen überhaupt nicht geäußert haben soll, hatte der Rat doch mit seiner Rechtssetzung ›nec pro nec contra‹[11] und dem Verweis der einzelnen Fälle an das Stadtgericht die heimlichen Verlobungen nicht eindeutig für nichtig erklärt, und war der Nürnberger Reformator doch mutig und furchtlos genug, die Obrigkeit auf das Wort Gottes hinzuweisen, wie er es zur gleichen (!) Zeit im sog. Streit um die Allgemeine Absolution getan hat[12] und ein Jahr nach seinem späteren Gutachten über die heimlichen Verlöbnisse in der Zeit des Interims 1548 wieder tun sollte[13]. Immerhin ist anzunehmen, daß er das Mandat des Rats gekannt hat.

Die Unsitte der ›heimlichen Verlöbnisse‹ bestand freilich offenkundig fort, so daß der Rat der Reichsstadt sich zum wiederholten Mal 1547 gezwungen sah, neuerlich darüber zu beraten. Am 21. und 22. Januar beschloß man, die Ratskonsulenten und die Theologen Veit Dietrich und Osiander um Ratschläge zu ersuchen[14]. Es ist sicher, daß beide Theologen schon vorher mündlich Auskünfte gegeben hatten, die ›unterschiedlich‹ ausgefallen waren, so daß sie nun beauftragt wurden, ihre Meinung schriftlich zu fixieren[15]. Osianders Gutachten ist auf den 7. Februar datiert und zeigt immer wieder mit längeren Ausführungen, daß er gegen die Auffassung seines Kol-

8. Dies ergibt sich aus der Darstellung eines Juristen 1550 in Nürnberg StArch, RSB 13, fol. 242r, die besagt: Als damals (1534) das Edict verfaßt wurde, hätten sich manche Juristen für, manche gegen die Nichtigkeit der Winkelehe ausgesprochen; deshalb sei die ›Ordnung‹ »nec pro nec contra gestellt« und das Urteil in Einzelfällen dem Stadtgericht überlassen worden.

9. Das Mandat findet sich Nürnberg StArch, Rst. Nbg., Mandate, Band A, fol. 89v-90r (Zitate ebd.).

10. Vgl. etwa u. A. Bd. 5, S. 168, Nr. 176. Zu andern Fragen des Eherechts dagegen hat er sich ausführlich geäußert, vgl. etwa u. A. Bd. 3, S. 106-122, Nr. 95; S. 284-294, Nr. 102; Bd. 6, S. 152-157, Nr. 220; S. 407-433, Nr. 237, u. ö.

11. Vgl. dazu o. Anm. 8.

12. Vgl. u. A. Bd. 5, S. 335-344, Nr. 178; S. 412-490, Nr. 186, und Bd. 6, S. 166-185, Nr. 224.

13. Vgl. u. A. Bd. 8, S. 563-616, Nr. 348; S. 623-640, Nr. 352, und S. 653-664, Nr. 354.

14. Zum Wortlaut der Ratsbeschlüsse vgl. weiter u. S. 1008, Anm. 4, Nr. 342b.

15. Vgl. a. a. O.

legen argumentiert, zum mindesten, daß er sie gekannt und in seine Darlegungen einbezogen hat.

2. Inhalt

Anders als sein Kollege Veit Dietrich, der die heimlichen Verlöbnisse ohne Bewilligung der Eltern für nichtig erklärte[16], argumentiert Osiander differenzierter: Winkelehen sind ungültig, aber vor Zeugen geschlossene Ehen sind gültig auch ohne Zustimmung der Eltern. Trotz der Ausführlichkeit seiner Darlegungen und der Klarheit des Ergebnisses mutet sein Gutachten an einigen Stellen spitzfindig und übergelehrt an, besonders weil er mehrfach eine Art ›negativer‹ Beweisführung anwendet, die das behauptete Argument für recht erklärt, wenn das Gegenteil als nichtig anzusehen ist. Als wichtigste Gedanken führt er aus:

Alle Fragen zur Ehe sollen nach Gottes Wort entschieden werden. Gott selbst stiftet die Ehe. Ehefähig sind die Kinder mit Abschluß der Pubertät, die nach dem Alten Testament an der Änderung des körperlichen Erscheinungsbildes, nicht nach dem Alter gemessen wurde; danach unterstanden die Kinder nur sechs Monate der elterlichen Gewalt, bevor sie selbst eine Ehe eingehen konnten. Zum rechtmäßigen Eheschluß gehören zwei ehefähige Personen, nicht verwandt oder verschwägert, die vor zwei oder mehreren Zeugen ihr Eheversprechen abgeben. Schriftliche Eheversprechen sind nicht möglich, weil die Umstände der Abfassung unklar bleiben; das mündliche Versprechen vor Zeugen ist nötig. Daraus folgt, daß heimliche Verlöbnisse ungültig sind. – Fehlende Zustimmung der Eltern dagegen löst eine gültig geschlossene Ehe nicht auf. Das vierte Gebot beinhaltet nicht, daß eine Eheschließung ohne Zustimmung der Eltern unmöglich sei. Nach Paulus soll man heiraten. Eltern verweigern ihre Zustimmung oft aus opportunen gesellschaftlichen Gründen. Das vierte Gebot bezieht sich auf das Ehren der Eltern, nicht die Gültigkeit der geschlossenen Ehe. Heirat der Kinder ohne Zustimmung der Eltern kann zwar nicht als richtig angesehen werden, aber die Ehe bleibt gültig, wenn sie vor Zeugen geschehen ist; die Eltern können ihre Kinder allerdings bestrafen. Eine Trennung der Ehe ist aber nicht möglich; Gott will gültig geschlossene Ehen nicht geschieden haben.

3. Wirkung

Sicherlich wurden die Theologengutachten, wie vorgesehen[17], in einer Ratssitzung besprochen. Ob das bis Ende Februar geschehen ist, läßt sich nicht angeben[18]. Es dürfte weiterer Zeit bedurft haben, danach die städtischen Juristen zu befragen[19].

16. Vgl. dazu weiter u. S. 1000, Anm. 52.
17. Vgl. dazu u. S. 1008, Anm. 4, Nr. 342b.
18. Es finden sich dazu keine Ratsbeschlüsse bis zu diesem Zeitpunkt.
19. Vgl. a. a. O. in Anm. 17.

Erst vor der Fastenzeit 1548 ›schnürte‹ man für das zur Reichtsstadt gehörende Landgebiet ein 25 Mandate umfassendes Paket, das in den Kirchen am ersten und zweiten Fastensonntag verlesen werden sollte; darunter befindet sich an 5. Stelle ein Mandat über die Winkelehen[20]. Bis Ostern 1548 freilich hat es sonst keinen neuen Erlaß des Stadtregiments gegeben[21]. Ob man ein neues Mandat inhaltlich, etwa in Bezug auf die Voten der Theologen, nicht ausfertigen wollte oder die Problematik bis auf eine Verlautbarung für das Landgebiet ruhen ließ, kann nicht entschieden werden.

Erst drei Jahre später, am 22. Januar 1550, in der Zeit des sog. ›Interim‹, als Osiander längst in Königsberg wirkte[22], findet das Problem der Winkelehen ausführlichen Niederschlag in den Akten des Rates[23]. Man ließ von den Juristen freilich nur prüfen, ob die reichsstädtische Rechtsordnung zur Frage der heimlichen Verlöbnisse dem durch die päpstliche Gesetzgebung bestimmten Interim angemessen sei oder man nachbessern müsse. Die Voten der Ratskonsulenten haben sich erhalten. Beispielhaft sei der lange Jahre in den Diensten der Stadt stehende Christoph Gugel[24] zitiert, der die bisherige Ordnung für gut hielt, »dorinnen nit precise mandirt, dos ein jede winckelehe crefftig oder nichtig soll sein, sonder dem stattgericht uff alle qualitates und umbstende der personen, fell und sachen die ordenlich cognition und erkantnus vorbehalten werden«[25]. Ähnlich argumentierten auch Valentin Kötzler[26] u. a. Der Rat beschloß keine Änderung des Eherechts, er gab erst 1571 und 1572 weitere Mandate zur Frage der Winkelehen heraus[27]. Vielleicht offenbaren die Stellungnahmen der Juristen von 1550 und die andere Auffassung der Theologen, die ja beide die Winkelehe grundsätzlich für null und nichtig erklärt hatten, warum der Rat bei der einmal gesetzten Rechtsnorm geblieben ist. An Osianders Gutachten sind jedenfalls zwei Punkte als bedeutsam festzuhalten: einerseits erklärte es nach dem Wort Gottes alle Winkelehen für ungültig, andererseits eine vor Zeugen geschlossene Ehe geschlechtsreifer Jugendlicher für gültig und recht auch ohne Zustimmung der Eltern, d. h. nicht als Verletzung des vierten Gebots.

20. Dies ist einer Mitteilung von Herrn Dr. *Peter Fleischmann*, StArch Nürnberg, zu entnehmen, dem wir auch den Fund von Nr. 342 a und b verdanken, die in keinem Findbuch verzeichnet waren.

21. In Nürnberg StArch, RSB 12 und 13 finden sich für diese Zeit keine Eintragungen zum Thema.

22. Vgl. dazu u. A. Bd. 8, S. 668-676, Nr. 356 bis 358, und Bd. 9, S. 67-77, Nr. 364 bis 366.

23. Vgl. Nürnberg StArch, RSB 13, fol. 238v-244r.

24. Christoph Gugel (1499-1577, seit 1526 Ratskonsulent); zu ihm vgl. die Angaben in *Wachauf, Helmut*: Nürnberger Bürger als Juristen, jur. Diss. Erlangen 1972, S. 34, Nr. 64, unter Punkt II.a, und u. A. Bd. 3, S. 183, Nr. 97; Bd. 6, S. 146, Nr. 219; Bd. 8, S. 340, Anm. 11, Nr. 319; S. 507, Anm. 21, Nr. 344, u. ö.

25. Vgl. a. a. O. in Anm. 23, fol. 239r.

26. Valentin Kötzler (1499-1564; seit 1528 Ratskonsulent); zu ihm vgl. in Anm. 24 die angegebene Diss., S. 41f, Nr. 82, und die gleichen Verweise; sein Beitrag findet sich a. a. O. in Anm. 23, fol. 240v.

27. Nach Mitteilung des StArch Nürnberg am 18. Juni 1571 und am 8. Okt. 1572.

4. *Überlieferung*

Unsere Edition gibt das Autograph wieder, das sich in Nürnberg StArch, Rst. Nbg., Ratskanzlei, A-Laden 127, Nr. 23/1 (neue Signatur) befindet; es ist unfoliiert (Foliierung vom Bearbeiter), auf fol. 1r (fol. 1v leer) findet sich die autogr. Aufschrift: Winckeleh. A. Osiander. In der rechten unteren Ecke von fol. 2r bis 6r findet sich eine eigene Zählung Osianders von 1 bis 5, die nicht zutreffend ist: fol. 1, 7 und 8 sind nicht mitgezählt.

Text

[2r:] Von haimlichen verlubdnussen oder winckelehen[1].

Erstlich halt ich das fur ungezweyfelt, das die ehsachen sollen noch[!] Gottis wort gerichtet und geurtailt werden und gar nicht noch menschensatzungen[2], dann menschenlehr und -satzung, so die eh verpieten und verhindern, da sie Gottis wort nicht verpeut noch verhindert, nennet der heilig apostell Paulus in der ersten zum Timotheo am vierdten capitel [1-3] teufelslehr. Und die menschensatzung, so etwas in ehsachen erlauben und nachgeben, das Got verpoten hat oder sonst seinem klarn und lautern wort entgegen ist, als da baide, das gantz Judenthumb und das alt romisch kayserthumb den schaidbrief[3] in andern und geringern fellen dann umb der hurerey willen zuliessen, die werden von dem herrn Jesu Christo Mathei am funften [27f] und neunzehenden [7-9] und von dem heiligen apostel Paulo in der ersten zun Corinthiern am sechsten und sibenden capiteln [6,17; 7,2] nichtig gesprochen und verworfen als, die nie recht gewest noch immer mehr[4] recht werden konnen.

Zum andern hat das auch kain zweyfell, das ein yede rechtmessige und christliche

1. Durch die kirchlich-mittelalterliche Auffassung, daß das Eheversprechen zwischen Mann und Frau allein für eine vollgültige Ehe ausreichend sei, wurden ›klandestine‹ Ehen möglich. Vgl. o. S. 990, Anm. 2. Zu diesem auch nach Einführung der Reformation weit verbreiteten Unwesen schreibt Osianders Kollege Veit Dietrich in seinem Gutachten: »Von den winckelehen wer gantz und gar keine irrung, wo nit der bapst in solche hendel sich geschlagen... Denn aus keyserlichem rechten ... ist klar, das zur ehestifftung der eltern bewilligung gehore... Aber der bapst hat in diesem fall der eltern bewilligung und macht gar hindangesetzt und die heimliche verlubdniss ... gestercket« (Nürnberg StArch, Rst. Nbg., A-Laden 127, Nr. 23/1).

2. Vgl. dazu Osianders Ausführungen in der Brandenburg-Nürnbergischen Kirchenordnung 1533 u. A. Bd. 5, S. 116,7-122,2, Nr. 176.

3. Zum Scheidebrief vgl. Dtn 24,1; zur Scheidung im AT und im Judentum vgl. TRE 9, S. 311f und 314-318. Zum Scheidungsrecht der römischen Kaiser vgl. etwa die Gesetzessammlungen Digesten 24,2: De divortiis et repudiis (*Krüger – Mommsen – Schöll*, Corpus Iuris Civilis 1, S. 355f), und Codex Iustinianus 5,17: De repudiis et iudicio de moribus sublato (ebd. 2, S. 211-214).

4. jemals.

eh von Got selbs unsichtlicher-[5] und wunderbarlicherweyss gemacht und gesegnet wirt. Dann welcher mensch auff erden konnt schaffen, das zway ain flaisch würden – wie doch in der eh on zweyfel geschicht ([a]Genesis 2[24]; Math. 19[5][a]) –, on[6] Got der herr allain? Darumb spricht auch der herr Christus Matthei am neunzehenden [6]: »Was Got zusamenfuget, das soll der mensch nicht schaiden!« Daraus volget aber unwidersprechlich, das wa ein eh furgegeben[7] wirt, die doch dem wort Gottis zuwider und derhalben nicht von Got gemacht ist – dann Got thut nichts wider sein selbs aigen wort –, das dieselbig vermaint[8] eh nichtig und ein lautre[9] hurerey ist, als da der konig Herodes seines bruders Philippi weyb und jhener zu Corinthen sein stieffmuter zur eh vermainten zu haben[10].

Zum dritten sein ettliche personen ausgezogen[11], das sie kain eh konnen schliessen, einstails fur und fur, als die von muterleib an oder [2v:] durch menschenhend verschniten oder verderbt worden und zun ehlichen wercken aller ding untüchtig sein[12], einstails aber nur ein zeitlang, als die unsynnigen[13], so wider zur vernunft mogen[14] kommen, und die kinder, so noch nicht ›puberes‹, das ist manbar[15], sein. Es wirt aber kain maidlein vor zwelf gantzen jarn und kain knab vor dreyzehen gantzen jarn mannbar[b]; wol mag es lenger anstehen[16], etwo bis in zwayundzwaintzig oder funfundzwaintzig jar und in etlichen wunderlichen misgepurten bis in sechsunddreyssig jar, dann man hat im alten testament nicht auff die anzal der jar, sonder auff die geschicklichait[17] des leybs gesehen und an den knaben des parts, der stym und der har an der haimlichait[18], an den maidlein aber der prust, irer zeit[19] und auch der har etc. wargenomen. Wa nun dise zaichen alle dreye oder auffs wenigst zwaie zeugnus geben, da sein sie recht manbar und die eltern schuldig, sie auff ir begern zu verheiraten. Sein sie aber seumig und sich die kinder selbs verheiraten oder verloben, so konnen das die eltern mit irem plossen misfallen nicht wehren noch zerreyssen. Und haben die eltern im alten testament nicht mer dan sechs monat raum und zeit gehabt,

a-a) ohne Einweisung vor den linken Rand geschrieben.
b) vor den linken Rand geschrieben und eingewiesen.

5. unsichtbarer-.
6. als (außer).
7. vorgegeben, vorgeschützt.
8. angebliche.
9. klare.
10. Vgl. dazu Mt 14,3f und I Kor 5,1.
11. ausgenommen.
12. Vgl. Mt 19,10-12.
13. Geisteskranken.
14. können.
15. geschlechtsreif.
16. dauern.
17. Fähigkeit.
18. Schamhaare; vgl. *Grimm*, Wörterbuch 4,2, Sp. 879.
19. Periode; vgl. ebd. 15, Sp. 539.

darinne die kinder von rechts wegen auff ire eltern mit dem heiraten haben mussen sehen, und alsbald dieselbigen verlauffen und die kinder unverheirat bliben sein, wan sich die kinder darnach selbs verheirat haben, mustens die eltern lassen geschehen[20].

Solchs recht ist geschopft aus den worten Mosis im andern buch am ainundzwaintzigsten capitel [1f. 7-11], da Got also spricht: »So du ein hebreischen knecht kauffst, der soll dir sechs jar dienen; im sibenden jar soll er frey ledig ausgehn[21]« etc. »Verkaufft aber ymand sein tochter zur magd, so soll sie nicht ausgehn wie die knecht. Gefellt sie aber irem herrn nicht und hat sie nymand vertrauet[22], so soll er sie zu lösen geben[23]. Aber unter ein frembd volck sie zu verkauffen, hat er nicht macht. Vertrauet er sie aber seinem son, so soll er tochterrecht an ir thun. Gibt er im aber ein andre, so soll er ir doch an irer speyse, klaidung und ehschuld nichts abprechen. Thut er dise dreye nicht, so soll sie frey ausgehn on lösegelt.« [3r:] In disem gesetz sihet man zum ersten, das die leibaignen tochter Israel kain bestymbte zeit haben, wie lang sie dienen mussen, dann sie sollen nicht eben im sibenden jar ausgehn wie die knecht, sonder mussen dienen, bis sie manbar werden und desselben gepurliche zaichen sich finden, sie dienen gleich minder oder mer dan sechs jar, und alsdann soll sie ir herr ehlichen oder seinem son geben oder sie einem andern, der solch recht an ir thun will, zu lösen geben; im lösen aber zeucht man den vergangen dinst von der kauffsumma, also das sie gantz leichtlich geloset werden kont. Behelt er sie oder gibts seinem son, so soll sie als ein frey ehweyb mit speys, klaid und ehpflicht gehalten werden. Wo nicht, so soll sie frey on alles lösegelt ausgehn, da sie dann alspald[24]

20. Zu Heirat und Ehe im AT und in der jüdischen Tradition vgl. TRE 9, S. 311-314. – Die von Osiander ausgeführten Bestimmungen finden sich im einzelnen in: The Code of Maimonides (Mishneh Torah) 4: The Book of Women, Treatise I: Marriage, Chapter 2 und 3. Dort heißt es: »A female child ... is called a minor or a little girl. If, however, she grows two hairs in the nether parts of the body, in the places known for growth of hair, and is twelve years and one day old or over, she is called a maiden... Once a girl produces the nether token, she is called a maiden, until the expiration of six full months. From the beginning of the day that completes the six months and onwards, she is called a mature woman. Thus the interval between a maiden and a mature woman is only six months« (zitiert nach der Übersetzung von *Isaac Klein* in: Yale Judaica Series, Editor *Leon Nemoy*, 19, Hew Haven and London 1972, S. 8f, § 1 und 2). »A father may betroth his daughter without her consent as long as she is a minor, and she also remains under his authority as long as she is a maiden... Once a girl comes of age, her father no longer has any authority over her, and she has the same status as all other women, who may not be betrothed unless they consent thereto« (ebd., S. 17f, § 11 und 12). Vgl. dazu weitere Bestimmungen in Kap. 2 und 3. Diesen Hinweis und alle weiteren zur jüdischen Tradition für dieses Stück verdanken wir Herrn Prof. Dr. *Aharon Agus* von der Hochschule für Jüdische Studien in Heidelberg.

21. freikommen.

22. Ob es sich bei diesem Halbsatz um einen Schreibfehler oder eine Ungenauigkeit der Übersetzung handelt, läßt sich nicht entscheiden: Die Biblia hebraica hat: ... ihrem Herrn, der sie nicht [sc. als seine Frau] erkannt hat; Vg. hat: ... oculis domini sui cui tradita fuerit; die Lutherbibel hat: ... und will er sie nicht zur Ehe nehmen. Vgl. Osianders Exegese weiter u.

23. zum Loskauf freigeben.

24. sogleich.

macht hat, sich zu verheiraten, wie und wa sie will. So man nun ein leybaigne, erkauffte tochter uber die manbarn jar nicht auffhalten kann, sonder muß sie alsbald zum ehlichen stand kommen lassen, so můß das vil mehr recht sein mit den freyen, dann die conditio der freyen kann und mag in kainem rechten[25] erger sein dan der leybaignen, bevor[26] in fellen, das gewissen und die seligkait belangend. Darumb haben[c] sie gerechnet, das ein solche magd, nachdem sie manbar worden, auffs lengst in sechs monden[27] zu irer freihait und zům ehlichen stand hat mogen kommen, und haben also den eltern uber ire freye kinder kain lengere oder schwerere herschafft, sie mit gewalt von der eh auffzuhalten, können zůlassen, dann die kauffherrn uber ire leybaigne, erkauffte mägd hetten[28].

Zum vierdten: Ein rechtmessig, bestendig und gotlich ehgelübde zu schliessen, sein vonnoten zwu glaubige[29] personen, man und weib, der manbarn jar, zur eh nicht untuchtig, weder blutfreundschafft noch schwegerschafft[30] halben einander von Got verpoten, die mit guter vernunft, ungezwungen einander vor zwaien oder mer rechtmessigen zeugen, ehliche pflicht und treu zu laisten, lauter und klar verhaissen[31]. Und wa das also geschicht, da ist Got darbey und stifftet ein rechte eh, von der man kann sagen: »Was Got zusamenfüget, das soll der mensch nicht schaiden«. [3v:] Und von disen umbstenden allen und yeden in sonderhait ist ytzo nicht not, nach lengs[32] zu reden.

Allain das sie mussen manbar sein, schleust sich also: Got verhindert die eh in kainen weg, sonder schilt verhinderung der eh des teufels lehr, wie droben[33] aus Paulo gehört ist, dann er hat die eh selbs geordnet und darzu gepoten[34]. Got aber lest die töchter aufhalten durch sein selbs gesetz, bis sie manbar werden. Darumb kan solchs auffhalten kain verhinderung der eh sein. Es wer aber ein verhinderung der eh, wa die kinder, so noch nicht manbar, ein eh schliessen konten. Weiter, wann die kinder konnten ein eh schliessen, ehdann sie manbar wurden, so würd man ir auch finden, die es thun wolten. Wan sie es nun baide konten und wolten und würden dannoch

c) übergeschr. und eingewiesen.

25. nach keinem Recht.
26. besonders, zumal.
27. Monaten.
28. Zu Osianders Erläuterungen vgl. die Erörterung der zit. Bibelstelle im Traktat Àrakhin IX,I in: Talmud babli. Der Babylonische Talmud, ... übertragen durch *Lazarus Goldschmidt*, 3. Aufl., 11, Königstein im Taunus 1981, S. 740-742 (fol. 29b).
29. vertrauenswürdige.
30. Blutsverwandtschaft und Verwandtschaft durch Heirat. – Zu den verbotenen Verwandtschaftsgraden für eine Ehe vgl. Osianders Schrift ›Von den verbotenen Heiraten‹ 1537 u. A. Bd. 6, S. 407-433, Nr. 237.
31. Vgl. dazu die Trauordnung der Brandenburg-Nürnbergischen Kirchenordnung 1533 u. A. Bd. 5, S. 168,3-173,6, Nr. 176.
32. der Länge nach, in aller Breite.
33. Vgl. o. S. 994,3-6.
34. Vgl. Gen 2,18.23f.

durch Gottis gesetz darvon auffgehalten, so were Got ein verhinderer der eh und sein gesetz ein teufelslehr – das ist aber unmöglich; darumb können die kinder, eh dan sie manbar werden, kain eh schliessen. Geschicht aber durch sie oder durch ire eltern von irenwegen ein zusagen, so stet es noch zu inen, wan sie nun manbar werden, ob sie es wollen ratificirn oder nicht. Und also ist es im alten testament durchaus[35] gehalten worden.

Desgleichen das kain ehlich verpündnus konn geschlossen werden on vor zwaien oder mehr rechtmessigen zeugen, das schleust man also: Got muß ja die eh selbst machen und segnen, wie droben[36] bewisen ist. Got aber verpeut allen richtern, das sie kain[d] strittige sach bestendig und aufrichtig sprechen sollen dann auff den mund zwaier oder dreyer zeugen, wie Moses im letsten puch am sibenzehenden [6] und neunzehenden [15], Christus selbs Matthei am achtzehenden [16] und Paulus auch in der andern zun Corinthiern am dreitzehenden [1] klarlich anzaigen und bezeugen. So sich nun zway miteinander verloben on genugsame zeugnus, so muß der richter, da das ain laugnet[37], die sach aus Gottis befelh nichtig sprechen. Solt nun Gott auff ir haimlich verlübdnus sie baide ain flaisch gemacht und sie als ware ehleut gesegnet haben und solt doch dem richter daruber und darwider gepieten, das ers ab und nichtig erkennet, und solt zum dritten dannoch wider verpieten, »was Got zusamenfüget, das soll der mensch nicht schaiden«, das were ein zwifache unrichtigkait und unbestendigkait[38], die auch einem menschen ubel anstünde. Darumb ist [4r:] gewiß, das dieweil Got ein unbeweyßlich verlübdnus den richter haist nichtig halten und aberkennen, das er, Got selbs, auch auff ein unbeweyßlich verlübdnus kain eh stifftet, sie zway nicht ain flaisch macht noch sie segnet. Und auff disen grund hat sich das volck Israel im alten testament durch und durch gesteuret[39] und schlechts[40] kain eh wollen wissen noch horen, die nicht vor zwaien zeugen zugesagt oder bestettigt war[41]. – Wann sich aber zway also haimlich miteinander verloben und das hernach vor genugsamen zeugen bekennen mit angehenckter bezeugung, das es noch ir baider will und maynung sey, solchs einander zu laisten, das wirt ein ehlich verpindnus, nicht umb des haimlichen, sonder umb des nochvolgenden offenlichen und beweyßlichen bekantnus und bewilligens oder ratificirens willen.

d) danach gestr.: sach.

35. stets, überall.
36. Vgl. o. S. 994,14-995,5.
37. sc. wenn die eine Partei die Verlobung ableugnet.
38. Wankelmut, Unzuverlässigkeit, Inkonsequenz.
39. gestützt.
40. schlicht.
41. Zur Eheschließung im AT vgl. TRE 9, S. 311f. – Vgl. auch die Ausführungen des a.a.O. in Anm. 20 angegebenen Kap. 3, in dem mehrfach wiederholt wird, daß eine Verlobung nur stattfinden könne »in the presence of witnesses« (vgl. etwa a.a.O., S. 15). Ebd., Kap. 4, §6 wird festgestellt: »If a man betrothes a woman in the presence of only one witness, no attention need be paid to such a betrothal...« (a.a.O., S. 24).

Hie mocht nun ymand fragen, ob briefe, handschrifte oder instrumenta[42] on lebendige zeugnus zur eh genugsam sein mogen. Darzu sag ich: Nain. Dann ein schrift mag geschriben werden nicht der maynung, das sie gelten soll, sonder zur ubung, fantasey oder, ymand, dem sie doch nicht gilt, darmit irr zu machen – sie mag auch gesigelt werden –, das dannoch der, des der brief ist, noch in bedacht steht, ob er in ubergeben oder schicken wolle oder nicht, und ob er in gleich schickt, mag[43] der ander tail in nicht annehmen noch drein bewilligen, sonder darwider reden und protestirn. Und mogen solcher umbstend mer gefunden werden. Indes aber mocht ein solcher brief verlorn, geraubt und gestolen oder sonst zum vortail behalten und nicht wider haimgeschickt[44] werden und also dem andern tail an[45] willen und wissen des ersten in sein hende kommen oder sonst wider recht darinnen bleiben. Nun ist aber offenbar, das solche brief in disem fall von rechts wegen nichts würcken sollen. Darumb ein yeder offner brief im alten testament, der schon vom gericht ausgieng, must mit zwaien zeugen unterschriben und signirt werden, die da zeugeten, das der brief von ainem tail gegeben und vom andern angenomen worden were, oder, wa der brief uber land gesendet wurde, musten vier zeugen unterschreyben, zwen, das er an dem ort ubergeben, und zwen, das er an jhenem ort in sein wirden angenomen worden were[46]. – [4v:] Lest sich aber ymand durch solche seine brief dahin bringen, das er vor genugsamen zeugen bekent, das sie mit wolbedachtem mut[47] und an die person von im ausgeschickt worden sein, und hat weiter kain rechtmessige einred darwider, der ist durch sein selbs bekantnus uberzeugt[48], und werden also die brief krefftig durch sein aigne bekantnus und lebendig gezeugnus der anhörer, vor denen er solchs bekennet.

Also ist offenbar, das die haimlichen, unbeweyslichen ehgelübde oder winckelehe an inen[49] selbst gar nichts sein noch geachtet werden sollen als, bey denen Got nichts zu schaffen hat, auch sie weder zusamenfüget noch segnet.

Es wirt aber von etlichen das auch noch hefftig disputiert: Wann sich die kinder on willen und wissen der eltern verloben, so soll dasselbig kain eh sein, unangesehen das die andern nötigen umbstend alle vorhanden sein. Etlich aber lassens ein eh sein und sprechen doch: Wann die kinder wollen zurucktreten und den eltern, so darein nicht bewilligen, wollen gehorsam sein und volgen, das mogen sie thun und thuen nicht unrecht daran, und man soll inen auch das gestatten. Dise letste maynung aber taug[t] doch gar nichts. Dann ists ein eh, so hats Got zusamengefüget; »was aber Got

42. Urkunden; vgl. *Grimm*, Wörterbuch 4,2, Sp. 2146.
43. kann.
44. sc. dem Besitzer zurückgeschickt.
45. ohne.
46. Vgl. dazu z. B. die Bestimmungen für die Erstellung und Übergabe eines Scheidebriefes im o. in Anm. 20 angegebenen Werk unter Treatise II: Divorce, Chapter 1, 4 und 6: Der Mann benötigt zwei Zeugen, die unterzeichnen, und die Frau muß einen Bevollmächtigten zur Entgegennahme vor zwei Zeugen bestimmen; vgl. a. a. O., S. 165, § 1; S. 184, § 2; S. 186, § 12, und S. 195, § 1 und 2.
47. Entschluß.
48. überführt, überwunden.
49. sich.

zusamenfuget, das soll er mensch nicht schaiden«. Nun sein die eltern auch nichts anders noch pessers dann menschen. Darumb ists ein eh, so sollen und konnen sie dieselben nicht schaiden; understehn sie es aber, so volget, das ›so der gesell ein andre nymbt, so pricht er die eh, und wer die geschaidnen magd nymbt, der pricht auch die eh‹, wie Christus Matthei am fünften [32] klarlich bezeuget. Darumb, solten die eltern solchs macht haben und die verlobten kinder inen darin mogen volgen, so müst es warlich allain auff disem grund bestehn, das das verlübdnus, on der eltern willen geschehen, anfencklich an im selbs nichtig und unkrefftig gewest were als, bey dem Got nichts zu thun hette, wie dann der unmanbarn kinder verlubdnus und die unerweyßlichen[50] verlübdnus vom anfang [5r:] an inen selbs nichtig und unkrefftig sein. Nun hab ich aber droben schon gemeldet und zum tail auch bewisen, das die eltern mit irem nichtbewilligen oder plossen widersprechen kain eh konnen verhintern oder zunichte machen, wa sie nicht durch andre umbstend verhindert und nichtig gemacht wirt. Das will ich ytzo weiter beweysen.

Diejhenigen, so der maynung sein, das man on der eltern bewilligung sich nicht verehlichen konne, haben solche irer maynung zway argument: Erstlich ziehen sie Gottis gepot an: »Du solt vater und muter ehren«[51] etc. Darnach erzelen sie vil exempel und sprüch, die da zeugen, das die eltern iren kindern umb gemahel trachten sollen und getrachtet haben, desgleichen das die kinder ire eltern umb gemahel gepeten und inen gefolget haben[52]. Aber solche exempel und sprüch beweysen nicht mer dan, was geschehen ist und noch geschehen mag, beweysen aber gar nicht das scharpfe[53] recht, was geschehen muß, dann es volget nicht, ob schon die eltern den kindern umb heirat sollen trachten, das darumb die kinder nicht auch fur sich selbs darumb möchten trachten und zugreyffen. Darzů hat man exempel und sprüch dargegen auf das widerspil[54]. Dann Esau nymbt weyber, die seinen eltern nicht gefallen, als Moses im ersten bůch am sibenundzwaintzigsten [26,34f] anzaigt, und spricht

50. unbewiesenen.

51. Ex 22,12 par.

52. Auch Osianders Amtskollege Veit Dietrich, der ebenfalls um ein Gutachten gebeten wurde (vgl. u. S. 1008, Anm. 4, Nr. 342b), war dieser Meinung. Er schreibt u. a.: »Denn erstlich ist es aus gottlichem rechten gewis, das die kinder unter ir eltern gewalt und ir selb nicht mechtig sind ... Nu aber ist es offenbar, wo die kind wider irer eltern willen und inen zuwider sich verheyraten, das vater und muter dadurch und auf das höchst ungeehret ... Derhalb sollen die eltern in disem fall, sovil inen möglich, ir gewalt und macht inen nit lassen nemen, sonder mit ernst darob halten. Solches ist Gottes befelh und ordnung ... Weil nu di winckeleen durchaus one und wider der eltern vorwissen und bewilligung geschehen und bloss auf dem consenss beder part, so doch ... ir selb nit mechtig sind, berugen, sind sie in alle weg, sonderlich nach gottlichen recht und guten herbrachten breuchen fur unbundtig, krafftlos und nichtig zu achten ... Denn hie nit zu bedencken, was junge leut geloben und ob sie des zeugnis haben, sonder das sie ires verlobdens kein macht haben und das der eltern bewilligung dabey sol und mus sein oder es sol nichts sein, wenn gleich sonst alle welt dabey wer« (Nürnberg StArch, Rst. Nbg., A-Laden 127, Nr. 23/1: Veit Dietrich, Von den winckeleen bedencken). Er gibt dafür auch biblische Beispiele an.

53. strenge.

54. Gegenteil.

sein muter Ribeka [27,46], wan Jacob auch also thun würde, so würd sie des lebens verdriessen. Sie spricht aber nicht und kann auch nicht sprechen, wan Jacob heiratet, das es dem vater und ir nicht gefiel, das dieselbig heyrat würde nichtig und unpündig[55] sein; dann wann das gewest were, hetten sie dem Esau auch wol konnen wehren oder auffs wenigst den Jacob, der da from und gotsforchtig war, aber die eltern haben solche macht nicht, wie vor angezaigt ist. Item, da der stamme Benjamin gar nahe gar[56] erschlagen war und die ubrigen nicht weyber konnten bekommen, rieten inen die andern stemme, die verschworen hetten, inen kain tochter zu geben, sie solten die tochter zu Silo mit listen rauben, dan die zu Silo hetten nicht geschworn, und wan die eltern darumb zurneten, wolten sie die sach vertragen[57] etc., wie im bůch der [5v:] Richter am ainundzwaintzigsten capitel [(1-)16-23] geschriben ist. Solte nun kain eh on der eltern verwilligung konnen gemacht werden, was weren baide diser rhat und die that fur ein greul gewest? Darumb hats warlich kain grůnd, das verlübdnus on der eltern willen an in selbs unkrefftig und nicht sein solten. Dann dieweil Got der herr allain die ehleut zusamenfugen und segnen muß, lest er sich nicht an die eltern pinden, das er on ir bewilligung nicht dorft zwaien ledigen kindern ehliche lieb gegeneinander eingiessen und dieselbigen auff ir verlubdnus baide ain flaisch machen und sie segnen. Sonder er ist frey in seinem werck, und was, in daran zu verhinderen oder zu verpinden[58], unterstehet, ist des teufels geschefft. Darumb spricht Salomon in Sprüchen am neunzehenden capitel [14]: »Haus und güter erbt man von eltern; aber ein vernunftig weib kombt vom Herrn«, und Got selbs spricht: »Der mensch wirt vater und muter verlassen und seinem weyb anhangen«. – Ich will aber hiemit darumb nicht alle verlübdnus wider der eltern willen also schmucken[59], dann der satan kann auch wol ein unordenliche lieb entzünden, das die kinder umb derselbigen willen den eltern, die inen das pest rhaten, nicht folgen. Darumb soll man zu paider seiten mit gottisforcht handeln.

Das man aber Gottis gepot: »Du sollt vater und muter ehren«, also anzeucht, als solt man on iren willen kain eh schliessen konnen, das ist weder gegründet noch recht. Dann gesetzt, doch nicht gestanden, das solchs des gepots mainung[60] sey, so stesst es sich doch selbs on andrer argument hülf und zuthun zu poden[61] und wirt durch sich selbs zunichte, und das also: Alles das, das uns Got im gesetz verpeut, das konnen wir thun und also dasselbig gesetz ubertretten, dann Paulus spricht: Das gesetz ist umb der ubertrettung willen gegeben, zun Galatern am dritten [19]. Wa nun kain ubertrettung sein kann, da ist auch kain gesetz. Darumb ist auch nirgen verpoten, das unmanbare kinder einander zur eh nicht nehmen sollen, dann sie konnens nicht thun, und wan sie wöllen wehnen, sie thuens, so ists doch nichts. Es ist auch nirgen verpoten, das man kain haimliche eh on zeugen machen soll, dann man kanns

55. nicht bindend.
56. beinahe ganz.
57. ertragen, dulden.
58. binden, verpflichten.
59. so herausputzen.
60. Bedeutung, Sinn.
61. Redewendung, vgl. *Grimm*, Wörterbuch 2, Sp. 213.

nicht thun, und wan man [6r:] wil wehnen, man thue es, so ist es doch nichts. Also ist auch die blutfreundschafft nicht verpoten, das man sie nicht ehlichen soll, dan man kanns nicht thůn, und wan man will wehnen, man thue es, so ist es doch nichts; sonder es wirt allain verpoten, das man sie nicht auffdecken, das ist beschlaffen, soll, dann dasselbig konnt man thun[62]. Ist uns nun verpoten, wir sollen uns on vater und muter bewilligung nicht verehlichen, so volget daraus gewaltigklich, das wirs thůn können. Thun wirs dann, so ists geschehen, und könnens die eltern nicht wider zurreyssen[!], wie vorhin bewisen ist. Konnen wirs aber nicht thůn, so ists ein gedicht[63] on allen grund, das uns in dem gepot: »Du solt vater und muter ehren«, soll verpoten sein, das sich nymand on ir bewilligung verehlichen soll. Dann was man nicht thun kann, das wirt nirgen verpoten, es muste sonst Paulus liegen, das das gesetz umb der ubertrettung willen gesetzt were. Berichten[64] mag uns wol die schrifft, das wir dis oder das nicht thun konnen, aber dasjhenig, das wir on das nicht thun konten, mit grossem ernst und majestat wollen verpieten, were ein torhait, die steht der gotlichen weyßhait nicht zů. Wir gestehn aber nicht, wie gemelt, das das gepot: »Du solt vater und muter ehren«, das mit sich pringe, das man sich on ir bewilligung nicht verehlichen konne oder das die kinder, so sich selbs verehlichen on der eltern willen und wissen, wider dises gepot sundigen, es weren dan andre umbstend mehr vorhanden, die da zeugeten, das der handel[65] an im selbs ungottlich were. Dann Paulus spricht in der ersten zun Corinthiern am sibenden cap. [28]: »So ein jungfrau heirat, sündigt sie nicht«, und redet solchs von den junckfrauen ingemain, sie heiraten gleich mit der eltern willen oder nach irem selbs willen allain, wie kain anders mit kainem schein[66] bewisen werden kann. Sundigt sie nun nicht, so thut sie warlich nicht wider das gepot: »Du solt vater und muter ehren«, dann thet sie wider das gepot, so were es gewislich gesündigt. Ists nun nicht wider das gepot, so muß es gewißlich des gepots maynung nicht sein, das man wider iren willen nicht heiraten konne. Mer[67] spricht Paulus: »Wer sich nicht enthelt, der soll ehlich werden«, und solchs ist [6v:] ja Gottis gepot; wer aber Gottis gepot volget, der kann ye nicht gescholten werden, das er vater und muter darmit verunehre, ob sie sich gleich lassen beduncken, sie werden zum hochsten verunehret. Dann also theten vorzeiten auch die haiden, wan ire kinder on ir willen und wissen christen wurden[68]. Wer kan aber heutigs tags gestehn, das solche kinder ire eltern verunehrt haben in dem, das sie on iren willen sein christen worden? Und ob ymand wolt sagen, die kinder konnten sich woll enthalten, bis sie die eltern bedencken[69] etc., das ist nicht allain bey den gotlosen, sonder auch bey den frommen eltern nichts geredt. Dann zum warn christlichen enthalten gehort nicht allain, fremden leib nicht beruren, sonder des menschen aig-

62. Osiander denkt offenbar an die Bestimmungen Lev 18,6-20.
63. eine Erfindung.
64. Unterweisen.
65. die Sache, der Vorgang.
66. Vorwand; vgl. *Grimm*, Wörterbuch 8, Sp. 2429.
67. Darüberhinaus. – I Kor 7,9.
68. Vgl. Lk 21,16.
69. versorgen.

ner leib soll sich aůch weder schlaffend noch wachend besämen. Das steht nun nicht ins menschen macht und ist doch ein solche unrainigkait des menschlichen leibs, der ein tempel des heiligen Gaists sein soll[70], das umb iren willen der heilig Paulus spricht: »Es ist pesser heiraten dan prennen«[71]. Solchs wirt villeicht bey weltlichen kopfen verlacht werden, aber ich als ein christ rede mit christen. »Wer unwissend ist, der sey unwissend«, spricht Paulus[72].

Und zwar[73], das es kain unehr der eltern sey, zeugen sie selbs mit der that, dann es geschehen solcher heirat on der eltern willen unter tausenden nicht zehen, da die eltern zu paiden seiten zurnen, sonder es zurnet gemainklich nur der ain tail, der sich beduncken lest, der ander tail sey im nicht gemess. Wie solchs offenlich am tag ist und geschicht, das heut derjhenig, des tochter ein geringen geselln nymbt, gern wolt, das es nichts gelte, morgen aber, wan sein son ein reiche junckfrau nymbt, wolte er gern, das eitel[74] eyserene pand wern, die nymand aufflösen konnt. Were es aber wider Gottis gepot und würden die eltern dardurch verunehret, so must es gleich geurtailt werden auff baiden seiten, und ain tail als hefftig zurnen als der ander. Dann dieweil sie baide on der eltern wissen sich miteinander verloben, so theten sie paide wider Gottis gepot, und verunehreten baide ire eltern, wann solche heirat wider das gepot were. Es ist aber nicht, und haltens auch die eltern selbs[e] nicht darfur, deren kinder zu hohen, ehrlichen und reichen leuten heiraten, sonder haltens fur gluck und ehr und keren allen vleyss an, das sie es mogen erhalten, das es ein eh bleyb, und thet der zornig tail gewißlich eben auch also, wan der vortail auff seiner seiten were. [7r:] Doch gesetzt, das die kinder ire eltern warlich verůnehrn, wie dan in etlichen fellen geschehen mag, so volget dannoch darumb nicht, das es kain rechte, ware eh sey. Dann es kan doch das gepot nicht schaffen, das unehr nicht unehr sey, wie laut und hefftig es schreyet: »Du solt vater und muter nicht unehrn«. Wie solt es dan schaffen, das ein eh nicht ein eh were, wan es gleich hefftig schrie: Du solt kain eh geloben on deiner eltern willen? Nun gedenckt[75] es aber der eh nicht, sonder nur der unehr, und so es die unehr, die es meldet, nicht weren kan, wie solts dan die eh, die es nicht meldet, konnen wern? Es ist ja sünde, das man die eltern verunehret, aber solche sünd hindert oder zerpricht kain eh, gleichwie das auch sünd ist, da aines das ander allain umb gelts willen on alle christliche und ehliche lieb nymbt – solts darumb kain eh sein? Und solt Got kain eh machen, wa praut und preutgam sünde mit sich zum verlübdnus prechten, so dorffte[76] er nymmermer kain eh machen.

e) übergeschr. für gestr.: gar.

70. Vgl. I Kor 6,19.
71. I Kor 7,9.
72. I Kor 14,38.
73. wahrlich, in der Tat.
74. lauter, rein.
75. erwähnt.
76. könnte.

Es spricht Paulus in der ersten zun Corinthiern am sechsten capitel [15-17]: »Wist ir nicht, das eure leib glider Christi sein? Solt ich nun die glider Christi nehmen und hurenglider daraus machen? Das sey ferne! Oder wist ir nicht, das, wer an einer hurn hangt, der ist ain leib mit ir? Denn ›sie werden‹, spricht er[77], ›zway in aynem flaisch sein‹. Wer aber dem Herrn anhanget, der ist ain gaist mit im«. Das seind alles S. Paulus wort, mit welchen klarlich bezeugt wirt, das, der sich an ein hurn henckt, der nymbt seinen leib, der ein glid Christi und – wie Paulus daselbst weiter [19] spricht – »ein tempel des heiligen Gaists ist«, und macht hurnglider draus und ein teufelsnest. Dann das darf ye nymand gedencken, das ein leib zugleich einer hurn leib und Christi leib konn sein und der hurn gaist – als in der prophet Oseas nennt[78] – zugleich mit dem heiligen Gaist in solchem leib konne wonen. Wirt der leib ein hurnleib, so ist er nymmer Christi leyb, zeucht der hurngaist ein, so zeucht der heilig Gaist aus, das kann nicht felen! Es muste sonst Christus ein hurer sein, und der heilig Gaist sich mit dem Belial[79] vertragen. Nun laß man aufftretten alle eltern auff einen hauffen und besehe, ob ymand unter inen so blind, tollkün und unverschambt konn sein, das er sich unterstünde, also zu schliessen[80]: Der son ist mein [7v:] und in meinem gewalt, nun hab ich nicht drein bewilligt, das er ain leyb mit der hurn soll sein, darumb kann er nicht ain leib mit der hurn sein. S. Paulus muß liegen, und Christus můß in fur sein glid erkennen, und der heilig Gaist soll nicht von im abweichen, dann mein will ist nicht darbey, ob er sich gleich an ein hurn henckt. Hie muß ye alle vernunft bekennen, das der eltern nichtbewilligen nichts hilft noch helfen kan in kainen weg, sonder der son, so zur hůrn geht on ir wissen und willen, der wirt auch on und wider iren willen ein hurnleib, wendet sich von Christo und verleurt den heiligen Gaist so lang, bis er durch rechtgeschaffne, ware puss widerkeret und gnad erlangt; das konnen die eltern nicht wehren, ob sie gleich vor laid stürben. So dann nun die eltern mit irem nichtbewilligen des teufels werck, darob hurn und půben[81] zu ainem leib werden, auf das der heilig Gaist ausfare und sie in Gottis ungnad kommen, nicht konnen verhindern oder zunichte machen, wie solten sie dann mit irem nichtbewilligen Gottis werck, der braut und preutgam zu ainem leib macht, auf das sie der hurerey mögen müssig stehn[82] und der heilig Gaist bey in wonen und bleiben moge, können verhindern oder zunichte machen? Es were ye ein schendlicher gewalt, den nymand annehmen solt, wan man im in[83] schon geben wolt. Dann wer wolts gern von im lassen sagen, das in dem fall, da er dem teufel das pöß nicht wehren konte, da kont und mochte er Got dem herrn das gut wehren? Dann daraus konnt man schliessen, das solcher mensch mit dem teufel ains und unter seinem gewalt, mit

77. sc. Gott durch Adam: vgl. Gen 2,24.
78. Vgl. Hos 5,4.
79. Vgl. II Kor 6,15.
80. zu folgern, die Schlußfolgerung zu machen.
81. Schurke, Lotterbube.
82. Vgl. I Kor 7,2.
83. ihm ihn.

Got aber unains und sein widerwertiger[84] were. In summa: Gibt der son sein leib einer hurn, so ists ein hurnleib, wan sich gleich die eltern daruber zerrissen, gibt er in aber einer, die der eh begert, zur eh, so ists ein eh, und wan gleich die eltern daruber zersprächen.

Und solt der mensch nicht konnen ehlich werden on seiner eltern willen darumb, das im gepoten ist: »Du solt vater und muter ehren«, so würd unwidersprechlich volgen, das er weder die andern[85] noch dritten eh konnt schliessen on iren willen, dann er ist dem gepot sein leben lang unterworfen. Das ist aber vormals unerhört baide im alten und neuen testament. [8r:] Item, es würd folgen, das er dem vater nicht thürst[86] volgen, so es der muter nicht gefiel und herwiderumb, dann er ist in[87] baiden gleiche und nicht unterschiedliche ehre schuldig, wie kain anders zu beweysen. Item, es würd volgen, das er eben so hoch verpflicht were, die zu nehmen, die im die eltern wolten geben, als hoch er verpflicht were, die zu meiden, die im die eltern wehren, wie kain anders zu beweysen; das ist aber auch vormals unerhöret. – Desgleichen würden vil mehr ungeschicklichait[88] der eltern halben sich zůtragen, dann sich ytzo der kinder halben zutragen. Dann findet man eltern, die ire kinder in unehren selbs verkuppeln, darzu sie doch weder forcht noch armut treybt, was würd nicht folgen, wan sie macht hetten, der kinder eh zu hindern und nichtig zu machen? Da würden die kinder uber die zeit zu irem verdamnus und menigklichs[89] verergerung wider Got von der eh auffgehalten werden darumb, das man ir im haus bedorft oder nicht gern heiratgut gebe oder ir muterlich erbe mit schaden[90] must geben, oder darumb, das man sie nerrischerweyß lieb het und nicht gern von sich ließ oder das man immer hoffet, sie hoher und pesser on zu weren[91]. Und wer kont die konftigen fell all bedencken, darin die eltern ire kinder wider Got würden von der eh abhalten, vil manigfeltiger, dann die kinder ytzo wider der eltern willen sich verheiraten. Darumb wil ymand, das im sein kind volge, so ziehe ers von jugent auf vleyssig und laß im den zaum nicht zu lang[92], dan mit disem neuen, vormals unerhörten rechten, das die eltern der kinder eh solten mögen zerreyssen, wirt es warlich ungethan sein.

Da mocht nun ymand fragen: Ists dan recht, das die kinder on irer eltern willen sich verheiraten? Darzu sag ich: Nain. Dann vil ding sein nicht recht, weil[93] sie noch nicht geschehen sein, die man doch, wan sie geschehen, in iren wirden[94] muß

84. Widersacher, Feind.
85. zweite.
86. wagte zu.
87. ihnen.
88. Unzuträglichkeiten, hindernde Umstände.
89. jedermanns.
90. Beeinträchtigung, Benachteiligung.
91. loszuwerden.
92. sei ihm gegenüber nicht zu nachgiebig (Redewendung, vgl. *Röhrich*, Sprichwörtliche Redensarten 2, S. 1172). – Vgl. etwa auch Prov 13,24; 22,15; 29,15; Sir 30,1 u.ä.
93. solange.
94. ihrem Wert.

bleyben lassen. Als da David mit des Urias weyb die eh prach, darnach den Urias im krieg liess umbpringen, da nam er zuletst uber das alles desselben Urias weyb, mit der er die eh geprochen hette, zum ehlichen weyb[95]. Nun zeuget die heilig schrift im andern buch Samuels am ailften und zwelften capiteln [11,27; 12,9.10], das dis letste stuck, das er sein ehprecherin zum ehlichen weyb nymbt, dem Herrn auch seer ubel gefallen hab, wie dasselbig dreymal [8v:] daselbst austrucklich gemeldet wirt. Aber dannoch, dieweil er sie genomen, so must er sie behalten, wiewol solche eh leichtlich wer zu trennen gewest aintweder durch Gottis sondern befelh oder durch den gepreuchlichen weg des schaidbriefs[96]. Got aber wolte den beschwerlichen eingang[97] nicht lassen machen, das zwaier schon gemachte eh des dritten misfallen sollt zertrennen, und lest also die eh bleyben, legt aber dem David dargegen dise[f] ruten und straff auf, das das schwert von seinem haus nymmer soll aufhören[98]. So dann nun Got dise eh, die im so greulich misfelt, dannoch lest bleyben, sollen die eltern irer kinder eh auch nicht zerreyssen, ob sie inen schon seer misfelt; wollen sie aber iren kindern dargegen ein ruten und straf auflegen, die den kindern auch nicht gefelt, das wayss ich inen nicht zu wehren, allain das die straff nicht grosser sey dann die ubertrettung; das zuverhüten, mag sich die obrigkait darumb annehmen und sehen, das man den kindern nicht zu vil nachhenge[99] noch alzu hefftig sey.

Und beschließlich[100] sollen die eltern zuhause, die prediger in der kirchen und die obrigkait im regiment lehren, vermanen und gepieten, das die kinder den eltern gehorsam seien[101], und wa sie das nicht thuen, das sie baide von Got und der welt gestrafft mussen werden. Heiraten sie daruber[102] one der eltern willen und wissen, so ist es wol nicht loblich, sonder [g]in etlichen fellen auch[g] strefflich, aber darumb nicht nichtig noch unpundig. Darumb kann und soll mans nicht trennen, es weren dan andre umstend da, die es nichtig und unpündig macheten. Dann konnen die eltern iren kindern unpillicherweys und on redlich ursach ein gemahel abschlagen, den das kind gern hette, wie dan solchs offt geschicht, so kan Got dem kind auch ein synn geben, das es nicht volgt, und widerumb, konnen die eltern iren kindern treulich und wol rhaten, so kan der satan die kinder anfechten und verfüren, das sie aber[103] nicht volgen; wie aber das straffens wol wert ist, also ist jhenes verzeihenswert – wer

f) korr. aus: die.
g-g) vor den linken Rand geschrieben und eingewiesen.

95. Vgl. II Sam 11.
96. Vgl. dazu die Ausführungen o. vor und mit Anm. 3.
97. schwer wiegenden Anfang, Präzedenzfall.
98. Vgl. II Sam 12,10 bzw. 1-12.
99. nachgebe, nachsehe.
100. zum Schluß, abschließend.
101. Vgl. etwa Eph 6,1 par. u. ä. Dabei ist natürlich an das vierte Gebot gedacht; vgl. dazu die Ausführungen o. vor und mit Anm. 39 und 40.
102. überdies, außerdem.
103. wiederum.

kanns aber urtailn? Darumb wil Got die gemachten eh unzertrennt haben; ists mit Got angefangen, so wirt ers handhaben[104], ists mit sünden angefangen, so wirt die straff gewißlich nicht ausbleyben. Darumb soll man in alle weg mit gottisforcht handeln.

1547, die 7. Febr[uarii].
Andreas Osiander

104. schützen.

Nr. 342 b
Osiander an Georg Volkamer
[Nürnberg, 1547, Februar 7][1]

Bearbeitet von *Hans Schulz*

Nürnberg StArch, Rst. Nbg., Ratskanzlei, A-Laden 127, Nr. 23/1 (neue Signatur): autogr. Ausf., Cedula; Siegelabdruck auf dem Dorsale erkennbar.

Übersendet sein Gutachten zu heimlichen Verlöbnissen oder Winkelehen.

[Dorsale:] An den erbarn und weysen herrn Georgen Volckhamer[2], mein gonstigen hern.

F. E. W. gonstiger, lieber herr! Eur E. W. hat mir durch M.[a] Strobel[3], mein bedencken von winckelehen zu verzaichnen, befolhen[4], das hab ich auffs kurtzist und ainfeltigst[5] gethon, wie hie zu sehen. Und ob die sach ferner[6] erklerung oder furfallender einred[7] verantwortung wurd bedorfen, will ich, wa das von mir begert, auch willig darzu sein.

Damit alzeit eur E. W. williger
Andreas Osiander

a) korr. aus Schreibfehler: N.

1. Der undatierte Kurzbrief ist von Osiander als Begleitschreiben zum Gutachten Nr. 342 a verfaßt worden, wie man dem Inhalt entnehmen kann, und muß deshalb ebenso datiert werden.

2. Zum Ratsherrn Georg Volkamer, der schon früher für Eherechtsfragen zuständig war, vgl. u. A. Bd. 5, S. 506, Anm. 2, Nr. 191, und Bd. 6, S. 410, Anm. 19 und 20, Nr. 237.

3. Matthias Strobel d. Ä. war Kanzleischreiber; vgl. Nürnberg StArch, Rst. Nbg., Ämterbüchlein 67 (1547). Er starb zwischen dem 15. Dez. 1557 und dem 2. März 1558; vgl. *Burger*, Totengeläutbücher 3, S. 222, Nr. 5986. Zu ihm vgl. auch u. A. Bd. 8, S. 528, Anm. 5, und S. 529, Anm. 12, Nr. 345.

4. Im Januar des Jahres hat sich der Nürnberger Rat wieder mit dem Problem der heimlichen Verlöbnisse befaßt. Am 21. Jan. 1547 verzeichnen die Ratsverlässe folgenden Beschluß: »Dweil die wincklehen so gar überhandt nemen wöllen, solls den hochgelerten [= Juristen] fürgetragen und ein bedacht gegeben, alsdan volgends ir ratschlag, was darin fürzenemen, eingenomen und widerpracht werden. Her H[ans] Geuder« (Nürnberg StArch, RV 1005, fol. 23v). Am folgenden Tag findet sich der Ratsverlaß: »Den beden predicanten Osiandern und magister Veiten zusprechen, ire unterschidlichen ratschleg der winckelehen halben s[c]hriftlich ze geben; die solln alsdan zuvor, ehe mans den juristen fürhellt, beim rath gehört werden. Her J[örg] Volkh[am]er« (ebd., fol. 25r). Es ist anzunehmen, daß der beauftragte Ratsherr den Boten noch am gleichen Tag oder am folgenden zu Osiander geschickt hat.

5. Einfachste.

6. weiterer.

7. Einwände, Widersprüche, Gegenargumente.

Nr. 481 a
Gutachten zu: Jan Laski, Compendium doctrinae de vera unicaque Dei et Christi ecclesia

[1551, zwischen Juli 27 und August 20][1]

Bearbeitet von *Hans Schulz*

Einleitung

1. Entstehung und Begutachtung von Laskis Schrift

Der ostfriesische Reformator Jan Laski[2] wurde durch das kaiserliche Interim von 1548 aus seinem Wirkungskreis vertrieben und wandte sich im Frühjahr 1550 nach England[3]. Dank seiner freundschaftlichen Beziehungen zum Erzbischof von Canterbury, Thomas Cranmer[4], wurde er zum Superintendenten der ›Gemeinde der Fremdlinge‹ in London ernannt, die sich hauptsächlich aus Italienern, Franzosen, Niederländern und Deutschen zusammensetzte, die letzteren zumeist hansische Kaufleute, Seeleute und Soldaten, die ebenfalls vor dem Interim geflüchtet waren[5]. Die autarke Gemeinde erhielt von König Eduard VI. im Sommer 1550 Kirche und Kloster der Austin Friars im Herzen von London zum Eigentum[6]. Unter erheblichen Mühen gegen die Einflußnahme des anglikanischen Bischofs von London, Dr. N. Ridley, und die mannigfachen Gegensätze, die die unterschiedlichen Nationalitäten verursachten[7], gelang es Laski und vier ihm unterstehenden Geistlichen, ein evangelisches Gemeindewesen eigener Prägung aufzubauen, das bis zum Regierungsantritt von Eduards VI. Nachfolgerin, Maria der Katholischen, 1553 bestand[8].

Zu den Grundlagen des Gemeindelebens[9] gehörte ein von Laski verfaßtes Lehrbekenntnis »Compendium doctrinae de vera unicaque Dei et Christi ecclesia …«[10],

1. Zur Datierung vgl. die Einleitung weiter u.

2. Zu Jan Laski (1499-1560) vgl. TRE 20, S. 448-451; RGG 4, Sp. 236, und u. A. Bd. 9, S. 117, Anm. 27, Nr. 373.

3. Vgl. *Dalton*, Lasco, S. 307-314 und 333f; *Bartel*, Laski, S. 129f.

4. Vgl. etwa *Dalton*, Lasco, S. 334. – Auch Osiander war mit Thomas Cranmer gut bekannt, hatte dieser doch 1532 eine Nichte des Nürnberger Reformators geehelicht und blieb ihm über die Jahre durch Briefwechsel verbunden; vgl. u. A. Bd. 9, S. 339, Anm. 16, Nr. 414.

5. Vgl. *Dalton*, Lasco, S. 334-336 (zur historischen Anschaulichkeit vgl. bes. die Liste der protestantischen Flüchtlinge von 1567 S. 335, Anm. *), bzw. TRE 20, S. 449.

6. Vgl. *Dalton*, Lasco, S. 336-338; *Bartel*, Laski, S. 137.

7. Vgl. *Bartel*, Laski, S. 138f.

8. Vgl. *Dalton*, Lasco, S. 336, 343-345 und 414f; weiter TRE 20, S. 449.

9. Vgl. *Dalton*, Lasco, S. 377-410.

10. Zum Inhalt vgl. *Dalton*, Lasco, S. 346f, bzw. *Bartel*, Laski, S. 139f.

das jedes Gemeindeglied unterschreiben mußte[11]. Diese 1551 gedruckte ›Confessio ecclesiae Londinensis‹[12] wurde bereits Anfang des Jahres von Laski an Herzog Albrecht gesandt, zu dem er im Sommer 1549 eine diplomatische Reise unternommen hatte und mit dem er in jahrelangem Briefwechsel stand[13]. Am 5. Januar 1551 schrieb er an den Fürsten: »Nos hic Divino et Regio benificio iam instituimus Germanicam, Gallicam et Italicam Ecclesias edidimusque unanimem illarum confessionem, quod ad doctrinae praecipua quaedam captia attinet, quam et Vestrae Celsitudini adiunctam hisce litteris mitto ...«[14]. Der Herzog, der das Schreiben mit großer Verzögerung erst am 27. Juli empfangen hatte[15], antwortete am 20. August auf den Empfang des Werkes mit Dank und guten Wünschen, ohne näher auf dessen Inhalt einzugehen: »Libellum confessionis vestrae nobis missum grato accepimus animo ...«[16]. Im Gegenzug bedankte sich der Londoner Superintendent in seinem nächsten Schreiben vom 1. Dezember 1551: »Libellum confessionis nostrae gratum Celsitudini tuae fuisse valde gaudeo«[17].

Die kurze Bezugnahme des Herzogs, der sonst Laskis diplomatische Dienste in Anspruch nahm[18], ist wohl auf das vorliegende Kurzgutachten Osianders zurückzuführen. Offenbar schien es dem Fürsten nicht sinnvoll, wegen der von Osiander beanstandeten Lehrmängel mehr als eine Danksagung auszusprechen. Den Auftrag zur Beurteilung von Laskis Schrift[19] erhielt der Königsberger Professor wahrscheinlich wenige Tage nach Eingang der Sendung aus London. Die Kürze des Gutachtens könnte sich freilich auch aus einem eiligen Auftrag erklären, den der Herzog erst kurz vor dem 20. August erteilt hat, und nicht allein aus der besonderen Arbeitsbelastung, der Osiander durch den Druck seines Bekenntnisses ›Von dem einigen Mittler‹[20] im gleichen Monat ausgesetzt war[21]. Die Datierung des Kurzgutachtens ist deshalb zwischen dem 27. Juli und dem 20. August 1551 anzusetzen[22].

Daß Osiander dem Werk Laskis so viele Mängel bescheinigte, ist aufgrund seiner

11. Vgl. *Dalton*, Lasco, S. 345f; *Bartel*, Laski, S. 140.

12. Vgl. ebd.; der Wortlaut des Bekenntnisses findet sich bei *Kuyper*, Opera 2, S. 285-339 (die Verweise der Kommentierung weiter u. beziehen sich auf diese Ausgabe).

13. Vgl. *Dalton*, Lasco, S. 302-308 und 365-367, bzw. den Briefwechsel zwischen beiden Personen seit 1549 in *Kuyper*, Opera 2, ab S. 624 passim; vgl. auch u. Anm. 23.

14. *Kuyper*, Opera 2, S. 645, Nr. 71.

15. Vgl. Berlin GStAPK, XX. HA StA Königsberg, Ostpr. Fol. 82, S. 705. Auch Laski wundert sich über die lange Übermittlungsdauer, vgl. *Kuyper*, Opera 2, S. 665, Nr. 82.

16. Das Schreiben Herzog Albrechts an Jan Laski findet sich Berlin a.a.O., HBA Konzepte B, 1551 August 20 (K. 1174), in dt. und lat. Fassung, und ebd., Ostpr. Fol. 82, S. 705-707 als lat. Reg. (Zitat S. 707).

17. *Kuyper*, Opera 2, S. 666, Nr. 82.

18. Vgl. den vorausgehenden Inhalt des Schreibens a.a.O. in Anm. 16, weiter o. Anm. 13 und u. Anm. 23.

19. Das übliche Beauftragungsschreiben ist verschollen.

20. Vgl. u. S. 49-300, Nr. 488/496.

21. Vgl. *Stupperich*, Osiander, S. 206f.

22. Der übliche Beibrief zur Übermittlung des Gutachtens ist verschollen; vielleicht war er bei der Kürze der Auskunft unnötig.

Theologie verständlich, aber doch erstaunlich: Als Laski im Sommer 1549 eine diplomatische Reise mit dem Grafen Volradt von Mansfeld nach Preußen unternahm, um im Geheimen u.a. zwischen dem englischen Hof und Herzog Albrecht mit dem Ziel eines internationalen Bündnisses der Protestanten gegen Karl V. zu vermitteln[23], hatten sich beide Theologen in Königsberg getroffen und ein Gespräch über die Rechtfertigungslehre geführt[24]; sie kannten sich also. Es ist jedoch wahrscheinlich, daß sie sich gegenseitig nicht verstanden. Nur so läßt sich Laskis Äußerung an seinen Bremer Freund Hardenberg vom 23. August 1551 verstehen: »Osiandri neque doctrinam, neque institutum probo, quod quidem ad causam iustificationis ... attinet«[25]. Polemischer und sachunkundiger äußert er sich im oben erwähnten Brief vom 1. Dezember an den preußischen Herzog: »Osiandrum nova istic quaedam prorsusque paradoxa dogmata serere, quae nova rursum dissidia pariant ... De Osiandri eruditione nihil dicam, qui meam ipse inscitiam satis agnosco, sed ingenium hominis multis et piis et doctis viris suspectum iam olim fuisse non ignoro«[26]. Im Gegensatz dazu ist beachtenswert, daß in Osianders Gutachten jegliche Polemik fehlt.

2. *Überlieferung*

Unsere Ausgabe richtet sich nach der einzig erhaltenen Überlieferung Berlin GStAPK, XX. HA StA Königsberg, HBA J2, K. 991: Cedula: Autogr. Osianders in zwei Spalten, mit einem Dorsale von anderer Hand aus der Hofkanzlei: »Osiandri iudicium von des Lasken buch«.

Text

Der konig in Engelland[1] hat den frembdlingen zu Londa[2] ein kirchen eingeben[3], darin ist Johan von Lasco superattendens[4]. Der hat sambt andern seinen mithelfern dis buchlein gestellt[5]. Darin misfelt mir:

23. Vgl. o. Anm. 13, bzw. *Bartel*, Laski, S. 127f und 154f.
24. Vgl. u. A. Bd. 9, S. 117,8-10, Nr. 373.
25. *Kuyper*, Opera 2, S. 663, Nr. 80.
26. Beide Zitate ebd., S. 666, Nr. 82.

1. Eduard VI.
2. London.
3. übergeben, eingeräumt. – Vgl. dazu o. die Einleitung.
4. Vgl. ebd.
5. Gemeint ist die ›Confessio ecclesiae Londinensis‹; vgl. dazu o. die Einleitung.

1. das es alle sacrament nicht anderst nennt dan zaichen und element[6], das ist, sie sein zwinglisch[7];

2. das es von der rechtfertigung nichts lehret[8];

3. den löseschlussel, das ist die absolution, misprauchte[9];

4. lehret uns, Christum allain vor den freunden bekennen, gedenckt der vervolger nicht[10];

5. redet von der obrigkait, als musten christen albeg christliche obrigkait haben[11];

6. redet von dem son Gottis auff ungewonliche, neue weyß[12], das ich besorg, sie

6. Die Formel ›symbola atque elementa‹ des von Christus eingesetzten cultus divinus findet sich öfter, vgl. *Kuyper*, Opera 2, S. 298 und 300; zur Terminologie vgl. weiter S. 324, 326(!), 328 und 330.

7. Nach Zwinglis Auffassung sind die Sakramente Zeichen, die den Glauben des Christen bzw. der Kirche voraussetzen; Gnade teilen sie nicht mit. Vgl. TRE 1, S. 113f; RGG 1, Sp. 31, und 6, Sp. 1966f.

8. Tatsächlich enthält die confessio Laskis keinerlei Darstellung des ›Hauptartikels‹ der Reformation, sondern lediglich breite Ausführungen zur ›fides ecclesiae‹, d.h. zum Glauben der Menschen, die durch die Stimme Gottes berufen sind, an den Sohn Gottes glauben und dies durch ihr Zusammenkommen (»coetus«) bezeugen (vgl. *Kuyper*, Opera 2, S. 300-322). Diese fides wird von Laski neben der perpetua duratio und der publica professio zu den tres notae ecclesiae gezählt (vgl. ebd., S. 296). Nur in einer Paraphrase des zweiten Glaubensartikels verwendet er einmal den Begriff Rechtfertigung: »[Christus] ... resurrexisse propter nostri iustificationem ...« (ebd., S. 322). – Mit dem folgenden beginnt die 2. Spalte des Autogr.

9. Zur Terminologie Osianders vgl. etwa seine Katechismuspredigt »Vom ampt der schlüssel« 1533 u. A. Bd. 5, S. 319,7-326,36, Nr. 177. Einen Mißbrauch der Absolution erkennt Osiander bei Laskis »Absolutionis forma« darin, daß alle Beichtenden gemeinsam absolviert werden: »... Quotquot ergo vestrum tales sunt, ut illos suorum delictorum pudeat poenitentque ac deinde firmiter credunt ..., iis ... ex verbo Dei denuncio, peccata in coelis remissa esse ...« *Kuyper*, Opera 2, S. 366). Schon 1533 hat sich der Nürnberger Reformator im Streit um die Allgemeine Absolution aus dem gleichen Grund gegen seine Kollegen gewandt, vgl. u. A. Bd. 5, S. 335-344, bes. 342,15-28, Nr. 178. Daher begrüßte Osiander 1548 die nach dem Interim vollzogene Wiedereinführung der Privatbeichte in Nürnberg als Stiftung Christi, obwohl er sich strikt gegen andere Maßnahmen des Interims wandte und ihretwegen schließlich der süddeutschen Reichsstadt den Rücken kehrte; vgl. u. A. Bd. 8, S. 659,14-660,3, Nr. 354; weiter ebd., S. 668-670, Nr. 356.

10. Die dritte nota ecclesiae (vgl. o. Anm. 8) wird von Laski unterteilt in ›professio privata‹ (der einzelnen Gemeindeglieder sive domi sive foris) und ›professio publica‹ (der Gemeindevorsteher und -glieder im Gottesdienst als professio oris bzw. ceremoniarum publica); vgl. *Kuyper*, Opera 2, S. 322-330. Seine Ausführungen beschränken sich dabei auf das Gemeindeleben. Vom (Blut-)Zeugnis für Christus vor dessen Feinden ist nicht die Rede.

11. Die als ministri gladii bezeichnete Obrigkeit hat im Rahmen der Gemeinde – neben den ministri verbi (Predigern) und ministri mensarum (Diakonen) – die Aufgabe, Lehre, Leben und öffentliche Wohlfahrt in der Kirche zu schützen; vgl. a.a.O., S. 328-330. Eine ›nichtchristliche‹, d.h. nicht zur Gemeinde bzw. Kirche gehörige, Obrigkeit wird nicht in den Blick genommen.

12. Im Abschnitt über den Sohn Gottes gebraucht Laski neben der herkömmlichen Begrifflichkeit der Trinitätslehre (existentia divina – tres personae u.ä.) auch kaum geläufige Bezeichnungen wie unitas – pluralitas, um die Stellung des Sohnes in der Dreieinigkeit Gottes zu be-

selbs mainen und verstehn ire wort vil anderst dann wir, so in der waren christlichen lehr bleyben.

schreiben. Besonders wichtig erscheint dabei die mehrfach formulierte Feststellung: »... in ea Divinae existentiae monade pluralitatem quoque constitui videmus« (*Kuyper*, Opera 2, S. 316; vgl. S. 318 und 320). Zwei weitere Zitate seien angefügt: »Eam autem pluralitatem in monade Divina clarissime nobis explicat Christus Dominus, qui illam solus alioqui in terris novit, adeoque et pars illius est[!], dum nos in nomen Dei Patris, Filii et Spiritus S. baptizari iubet« (ebd., S. 316-318). »Deinde in ipso Christi Domini baptismo perspicue docemur, traidem illam in monade Divina, non tantum nominibus solis, sed ipsa etiam hypostasi seu subsistentia discerni[!]. Nos iuxta receptum in Ecclesia morem personas vocamus« (ebd., S. 318). Osiander, der 1549 in einer Schrift gegen Matthias Lauterwald und einer weiteren gegen Bernhard Ziegler die Notwendigkeit klarer und eindeutiger Ausdrucksweise für Aussagen über die Trinität verteidigt hatte (vgl. u. A. Bd. 9, S. 99,21-101,4, Nr. 370, und S. 228,20-241,2, Nr. 388), hat die »ungewonliche, neue weyß« der Formulierungen Laskis gespürt und angemahnt.

Ergänzungen

Bis zum Abschluß des letzten Bandes unserer Ausgabe wurden zusätzlich folgende Überlieferungen gefunden:

zu u. A. Bd. 4, Nr. 145:
Osiander an Wenzeslaus Linck und Dominikus Schleupner
1530, Juli 12
Handschrift:
Nürnberg StB, Strobel Mss. 34, fol. 286rv;

zu u. A. Bd. 4, Nr. 175:
Luther an Osiander
1532, September 19
Handschrift:
Nürnberg StB, Strobel Mss. 34, fol. 283v-284r;

zu u. A. Bd. 5, Nr. 185:
Wie und wohin ein Christ fliehen soll
1533
Edition:
Predigt || über || Psalm 91, || welche ungefähr um das Jahr 1529 bei damals || herrschender Pest gehalten wurde, und ihrer Sel-||tenheit und Trefflichkeit wegen wörtlich abgedruckt || und zu haben ist, bei || *Johann Michael Thoma*, || Antiquar zu Nürnberg in der Bindergasse, Nürnberg 1833.

Nach einem Vorwort (S. I-VI) findet sich auf den Seiten 1-26 der Predigttext. Auf der Innenseite des rückwärtigen Einbandes findet sich vermerkt: »Anmerkung: Das Manuscript, aus dem diese Predigt genommen ist, enthält 51 ausgezeichnete Predigten verschiedenen Inhalts, die zu Anfang der Reformation gehalten wurden. Es ist dasselbe sehr schön geschrieben mit Gold verzierten Anfangsbuchstaben, deren jedoch mehrere fehlen, und dadurch manche Rückseite letirt worden ist, und bei mir zu kaufen. || Am Ende steht der Titel: || Ich Johannes Krebs hab diß puch mit || meiner aygen Hand geschrieben, Vollendt || den Letzten November Im 1554. Jar. || gebunden in Schwein Leder.«

Es ist mit Sicherheit davon auszugehen, daß es sich um eine Abschrift von einem der 10 verschiedenen Drucke handelt, die in und außerhalb Nürnbergs seit 1533 erschienen. Der Nachdruck aus dem Jahr 1833 kann deswegen in das Stemma (vgl. a.a.O., S. 389) nicht eingeordnet werden.

zu u. A. Bd. 8, Nr. 306/315:
Coniecturae de ultimis temporibus ac de fine mundi
1544
Vermutung von den letzten Zeiten und dem Ende der Welt
1545
Druck des deutschen Textes:
Etliche Tractetlein || Eustachij Poyssels. || VOn verenderung etlicher || verlauffner Zeit/ Auch wie lang die Welt noch zu=||stehen habe/ Neben einem wunderbarlichen Gesicht/ so bey || der Nacht am Himmel gesehen worden. || Jtem/ || Etliche Vermutungen/ Eustachij Poyssels mei=||nung nicht fast vngleich/ von den letzten Zeiten vnd En=||de der Welt/ Aus heiliger Schrifft/ vnd sonderlich aus || dem Propheten Daniel vnnd der Offenbarung || Johannis gezogen. || A: O: ||
Jtzo Nachgedruckt ann der Oder/ || apud Rupertum Fluuium H. || ANNO XCVII. || [=1597]
8°, 74 ungezählte Bll., A1a-T2b
(vorh. Wolfenbüttel HAB, G 146. 4° Helmst. (3))
Der Druck des dt. Textes (ohne Titelblatt): L2b-T2b;
nach Textende auf Bl. T2b: Jm Jahr 1597.
Den Hinweis auf diesen Abdruck der Conjecturen Osianders verdanken wir Herrn Dr. *Volker Leppin*, Heidelberg.

zu u. A. Bd. 8, Nr. 311 Beil.:
1544, September 1
Druck:
Oxford, Bodleian Library, Tr. Luth. 118. 8.

zu u. A. Bd. 8, Nr. 319:
Gutachten zum Besuch des Konzils von Trient
1545, April 4
Handschrift:
Nürnberg StArch, Rst. Nbg., E-Laden, Akten, Nr. 127: Autogr. mit eigenhändiger Unterschrift Osianders und Veit Dietrichs; 6 unfoliierte Bll. (11 Seiten beschrieben). Das 6. Blatt trägt auf der Rückseite kopfstehend den Kanzleivermerk: »Ratschlag 4. Aprilis 1545«. Es dürfte sich dabei um das Datum der Übergabe in der Kanzlei handeln; vgl. a.a.O., S. 341.

Den Hinweis auf das Autograph verdanken wir Frau Dr. *Rosemarie Aulinger*, Wien. Ein Vergleich zeigt, daß die unserer Edition zugrunde gelegte Marburger Abschrift (vgl. a.a.O., S. 344, Hs. a) sehr sorgfältig kopiert wurde. Es finden sich nur wenige und keine sinnverändernden Varianten. Das Autograph bietet allerdings nicht die Überschrift (a.a.O., S. 3441f) und schließt mit der üblichen Höflichkeitsformel und den Unterschriften.

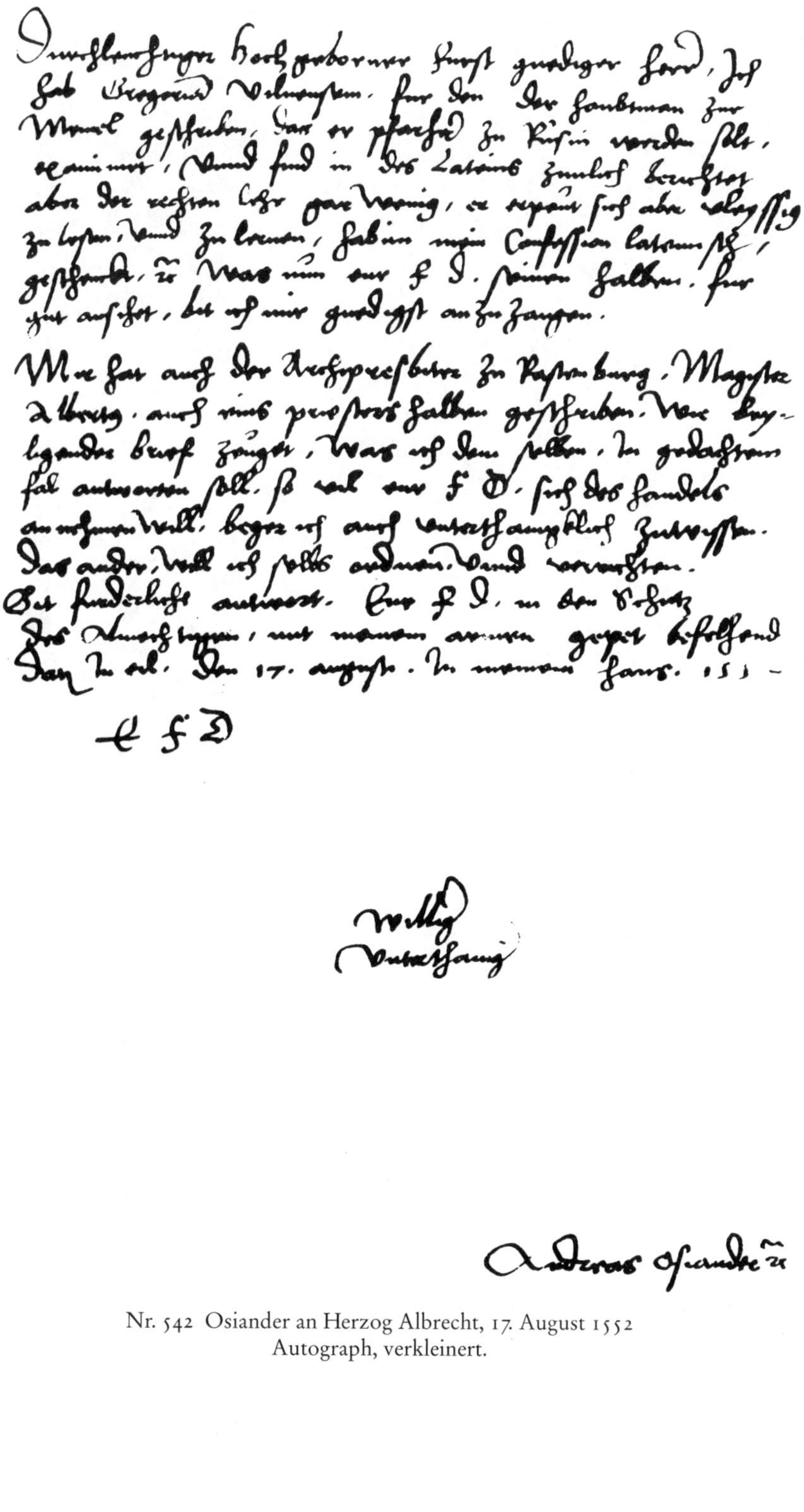

Nr. 542 Osiander an Herzog Albrecht, 17. August 1552
Autograph, verkleinert.

Register

Bearbeitet von *Hans Schulz*

Seitenzahlen mit dem Zusatz »A« verweisen auf den Anmerkungsteil

1. Bibelstellen

2. Zitate

Hier sind nur im Text der edierten Stücke ausdrücklich genannte Verfasser und Schriften aufgenommen. Von den Bearbeitern erschlossene Vorlagen sind über Personen- und Sachregister bzw. Literaturverzeichnis zu ermitteln. Autorennamen und Titel in eckigen Klammern sind vom Bearbeiter ergänzt. Die einzelnen Schriften der Autoren sind in der Reihenfolge der Seitenzahlen des vorliegenden Bandes geordnet, damit sich erkennen läßt, zu welchem Zeitpunkt sie benutzt worden sind. Aufgenommen sind auch gedruckte Werke Osianders, die er selbst benützt hat, nicht jedoch handschriftliche Gutachten zum Streit um die Rechtfertigungslehre.

3. Personen

Mit Ausnahme der Kaiser werden die regierenden Fürsten unter ihrem Territorium aufgeführt.

A

B

C

D

E

F

G

H

I

J

K

L

M

N

O

P

Q

R

S

T

U

V

W

Z

4. Orte

5. Sachen

A

B

C

D

E

F

G

H

I, J

K

L

M

N

O

P

R

S

T